条文疏义 | 典型案例

中华人民共和国
民法典物权编
实务指引与案例解读

【上册】

李显冬　孟　磊 / 主编

中国法制出版社
CHINA LEGAL PUBLISHING HOUSE

中华人民共和国

民法典物权编

实务指引与案例解读

【上册】

审　定

张勇健

主　编

李显冬　孟　磊

副主编

陈　雪　曹玉珠　高　哲

撰稿人

刘　艳　张　迪　王　童　陈　超　邹严毅　王亦卓
刘　今　马闻起　李云琪　张进尧　蔺　迪　孙辉育
张景舜　姚志华　薛　璟　张晓阳　潘　坤　何　欣
刘　群　王子晗　赵　成　鞠　婷　梁鸿郁　刘昕悦
司炜琳　鲁声遥　陈佩云　薛　强　陈　兴　杨　晨
曹玉珠　王晓娜　王浩宇　高　哲

序

中华人民共和国成立以来，特别是改革开放以来，我国经济迅速发展，国家、集体和人民群众所掌握的物质财富越来越丰富，因此，对物的归属和利用以及相关权利的立法就越发成为关乎国计民生的大事。

为维护国家基本经济制度，维护社会主义市场经济秩序，明确物的归属，发挥物的效用，保护权利人的物权，2007 年 10 月 1 日《中华人民共和国物权法》正式实施。2014 年 10 月，党的十八届四中全会明确提出编纂《民法典》的立法任务。2018 年 8 月，《民法典（草案）》提请全国人大常委会审议，2019 年 4 月，再次提请审议。2020 年 5 月，《民法典》在十三届全国人大三次会议表决通过，成为中国特色社会主义法治体系的一座里程碑。其中物权编作为七大分编之一，体现了立法者对物权在民事关系中地位的重视。

在《物权法》和《民法典》物权编相关立法过程中，社会各界的争论从未停止过，然而法律的生命力终究应当在实践中获得。因此，司法实践中产生的物权相关案例，就成为《民法典》物权编学习和研究的重要资料。案例研究在各国法律体系的形成与完善过程中发挥了不可或缺的作用。英美法中有对判例法的优先适用规则，成文法国家判例有对制定法的弥补作用，甚至在我国法制史中，也可以找到案例研究存在的痕迹，中国古代就有“律例并用、以例辅律，甚至以例破律”的案例法。

案例研究在法学教育中具有重要的地位和意义。案例研究是法律学习目的所决定的不可或缺的内容，是学生在法律学习中必不可少的方法，更是法学学生的基本功。正确地分析案例还是法学理论学习效果的检验标准。

学习法律的学生不能仅仅专注于法律条文的分析，更不能只对现行法律条文穿凿附会，而应当在法律条文之外，对社会变迁、社会现状、社会发展趋势，有相应的了解，而要做到这一点，研究各种案例便是最便捷的途径之一。因此，学习法律的学生，在将必要的社会科学作为基础课的同时，在学习各种法律学科的过程中，都应以各种方法注重对典型案例的研析。

本书依据新编纂的《民法典》物权编，充分利用中国裁判文书网、北大法宝、北大法意等资料库，结合《民法典》物权编相关条文，采用逐条分析和案例释义的方式，将近几年发生的物权方面的典型案例进行整理、研究和分析。以《民法典》物权编的释解为主线，结合相关的典型案例运用物权法理论对条文进行解读。对于每一个法律条文，首先以问题导入，随后从“条文疏义”“典型案例”两个方面切入。“典型案例”下又细分“基本案情”“法院审理”阐释裁判意见，“案件评述”解析裁判思路。将抽象的条文和鲜活的案例有机结合起来，将理论研究和法律实践结合起来，通过对《民法典》物权编多角度、立体式的研究，将《民法典》物权编与实施中的问题与解决思路全方位地展示出来。力求做到资料翔实完备，理论严谨周延，兼具理论深度与可操作性。对于《民法典》物权编的学习者、研究者、执法者、裁判者和广大群众来说，都具有较大的参考价值。

本书由中国政法大学国土资源法律研究中心主任、中国地质大学（北京）特聘教授李显冬和中国地质大学法学教研室主任孟磊任主编，中国地质大学（北京）经济管理学院法学教研室讲师陈雪以及曹玉珠、高哲、樊少江、陈佩云4位研究生任副主编，组织中国地质大学（北京）法学专业研究生29人，历经2年多的资料收集、整理、研讨、撰写和不断修改，最终得以面世。

本书的完成无疑是由李显冬教授和孟磊教授作为主编带领中国地质大学（北京）研究团队通力合作而共同完成的成果，是集体智慧的结晶。

中国地质大学（北京）的研究生张迪、王童、陈超、邹严毅、王亦卓、刘今、马闻起、李云琪、张进尧、蔺迪、孙辉育、张景舜、姚志华、薛璟、张晓阳、潘坤、何欣、刘群、王子晗、赵成、鞠婷、梁鸿郁、刘昕悦、司炜琳、鲁声遥、陈佩云、薛强、刘艳、杨晨、曹玉珠、王晓娜、王浩宇、门向飞等同学，以及山西财经大学法学院硕士研究生高哲同学，均承担了本书资料收集整理和文字撰写等工作。

李显冬主编承担了全书有关理论构建的指导工作，孟磊主编和陈雪副主编承担了前期具体组稿和大部分初稿的统稿工作。由于我国《民法典》编纂的长期性与复杂性，草稿形成以后特别是《民法典》最后审议前后，大量的条文修订与理论研究均需与时俱进，面对大量艰苦细致的文字订定与资料核查工作需要有人认真来做，高哲、曹玉珠、樊少江和陈佩云几位副主编于新冠肺炎抗疫的特殊时期，临危受命，承担了本书最终电子版的文稿整理及校订等艰苦细致的文字工作，他们付出了自己艰苦的努力。

全书完稿之前，李显冬教授与孟磊披星戴月对每一条文的定稿，均进行了认真的文字审核与修改。

倍感荣幸的是，本书完稿前后，我们有幸邀请到最高人民法院审判专家，法学博士，曾任最高人民法院审判委员会委员、民一庭、民二庭、民四庭庭长、第一巡回法庭副庭长的张勇健高级法官，对本书的司法审判实务部分进行了认真审定，以期最终实现本书理论与实践的真正结合。

我国物权相关立法起步较晚，一些内容目前仍存在争议，而我国的改革目前正处于攻坚期和深水区，随着社会发展变革，因物的归属和利用而产生的民事关系也必将发生深刻的变化，因此，相关法律也必然需要作出必要的修订。可以预见，我国未来物权法相关法治建设仍任重而道远，希望本书能在其中贡献绵薄之力。

最后，我们对承担本书编辑工作的编辑同志，表示衷心的感谢，没有他们的努力，本书不可能得以编辑出版。

李显冬、孟磊

2021年1月16日

目　录

Contents

上　册

第一分编　通　则

第一章　一般规定

第二章 物权的设立、变更、转让和消灭

第三章 物权的保护

第二分编　所有权

第四章　一般规定

第六章 业主的建筑物区分所有权

第七章　相邻关系

第九章 所有权取得的特别规定

下 册

第三分编 用益物权

第十章 一般规定

第十一章 土地承包经营权

第十二章 建设用地使用权

第十三章 宅基地使用权

第十四章 居住权

第十五章 地 役 权

第四分编　担保物权

第十六章　一般规定

第十七章 抵 押 权

第十八章 质 权

第十九章 留 置 权

第五分编　占　有

第二十章　占　有

第一分编　通　　则

第一章　一般规定

第二百零五条　【物权编的调整范围】本编调整因物的归属和利用产生的民事关系。

【条文疏义】

本条基本沿袭《物权法》第二条之规定，首次采用了“本编”这一文字表达。

一、本条规定了物权法调整的社会关系即物权法的调整范围

《民法典》[①] 物权编规定，其调整平等主体之间因物的归属和利用而产生的财产关系，这就首次在立法上确认：物的归属和利用在现代社会是同等重要的，可以说，这是我国立法价值取向方面的重大改变，就此也再次奠定了我国民法物权编的财产基本法的地位。其表明物的归属和利用在现代社会的同等重要性。

---

① 《中华人民共和国民法典》于2021年1月1日起实施，《中华人民共和国婚姻法》《中华人民共和国继承法》《中华人民共和国民法通则》《中华人民共和国收养法》《中华人民共和国担保法》《中华人民共和国合同法》《中华人民共和国物权法》《中华人民共和国侵权责任法》《中华人民共和国民法总则》同时废止。最高人民法院对相关司法解释也进行了废止或修改。本书收录的案例均裁判于《中华人民共和国民法典》生效前，适用的是当时有效的法律法规及司法解释，下文将不再对此进行提示。

民法是自然人和法人（特殊情况下可以是国家）对于物的支配关系的法律规范的总和。《民法通则》及其他法律、法规中都有物权的相关规定，从我国社会主义市场经济的现实和发展趋势的需要出发，我国于2007年正式颁行了较为完备的《物权法》。传统民法理论认为，我国物权法的调整范围就是人对物的支配关系。这种支配关系，是在社会生产、交换、分配、消费的过程中所发生的主体——人对于物的占有、使用、收益或处分的关系。物权法的调整范围决定于其调整对象的特点。①

这里所谓物的归属即确定在民事法律关系上财产权益归属于谁，所有权既是商品交换的出发点，亦是这一交换的归宿，在理论上自成了对物予以利用的法律前提。所以物权法调整物的归属关系，首先即确定物的归属原则，这自为物权法的重要内容。不论所有权人对其所有之物是自己使用还是交他人使用，都是对物的利用。物的利用自是对物拥有所有权的目的所在。如此，物权法调整因物的利用而产生的相互关系，要确定对物进行利用的规则，这自为物权法的重要内容。

二、因物的归属和利用而产生的民事关系适用物权法

《民法典》物权编这一新的规定改变了传统物权法以调整物的归属关系为核心的基本理论，确认了财产利用关系在物权法中的基本地位，堪称是历史的转折。传统的物权理论把维护所有权的绝对性和优势地位视为自己的核心使命，在法律上赋予所有权以神圣不可侵犯的尊崇地位。故而，传统的物权理论尤其注重财产的归属关系，维护权利主体对所有物的占有和支配，自然形成了物权法调整财产归属关系的理论概括。这种认识虽然申明了其对财产归属关系和所有权理论的根本立场，但是也因此局限了物权法的调整对象的范围。

在传统物权法中虽然通过他物权和占有制度对不可回避的财产利用现实予以相应的关注，但所有权人在依法设定他物权时，无论他物权人的权

---

① 钱明星：《我国物权法的调整范围、内容特点及物权体系》，载《中外法学》1997年第2期。

能多么广泛，他物权人都不能享有对所有物的处分权，因而总是受到所有权人意志的制约；占有则不明身份地躲在所有权及他物权之后，这使得传统物权法关于调整财产归属关系的表述，在本质上均在于将财产归属关系置于物权法之首，始终强调须将所有权作为解决一切财产流转的起点和终点，故而容易造成将所有权的归属作为物权法永恒的价值追求的误解。但是在社会化大生产条件之下，非所有人利用他人财产经营日益广泛化和日常化，"用别人的钱来过好日子的人，才是世界上最聪明的人"，财产合法有效利用无疑也就日益成了社会的基本问题，具有了独立于财产归属的法律地位和意义。所以无论是原来的《物权法》，还是现在的《民法典》物权编，不仅要调整财产归属问题，还要调整财产利用问题。

尤其是在我国这样一个以公有制为主体的社会主义国家，建立统一的、独立的财产利用制度是现代社会财产利用关系多元化、普遍化和公有制的共同要求，自然也成为现代物权法发展的必然趋势。毋庸置疑，物的利用才是人们对物拥有所有权的最终目的所在。物权法调整因物的利用而产生的相互关系，要确定对物进行利用的规则，这也是物权法的重要内容。所以，因物的归属和利用而产生的民事关系都适用物权法。[①] 以所有权为中心的传统物权法对现代社会所普遍存在的财产利用法律关系无能为力，用益物权适用范围的有限性和权利内容的局限性使其无法担任规范财产利用关系的使命，因为所有权人对其所有物无论自己使用还是交他人使用，都是对物的利用。

在司法实践中，根据《最高人民法院关于适用〈中华人民共和国民法典〉物权编的解释（一）》第一条的有关规定，因不动产物权的归属，以及作为不动产登记基础的买卖、赠与、抵押等产生争议，当事人提起民事诉讼的，法院均应依法受理。只有当事人已经在行政诉讼中申请一并解决上述民事争议，且人民法院一并审理的除外。

---

① 张素华：《论我国物权法的调整对象与范围——兼论物权法草案第 2 条》，载《法学评论》2006 年第 3 期。

三、物权法上的物具有其特定的内涵和外延

物权法上的物并非指自然界的一切客观物质对象，其不仅具有自然属性，还具有法律属性。首先，物必须是为人们的感官所感觉的客观实在。其次，物必须存在于人身之外。再次，物须为人力所能支配。最后，物须能满足人们社会生活的需要。

适用本编所调整的一定是由物权意义上的物所产生的归属和利用之民事法律关系。物权作为一种财产权，是权利人在法律规定的范围内对一定的物享有直接支配并排除他人干涉的权利。由于物权是直接支配物的权利，因而物权又称为“绝对权”；物权的权利人享有物权，任何其他人都不得非法干预，物权的义务人是物权的权利人以外的任何其他的人，因此物权又称为“对世权”。在权利性质上，物权与债权不同。债权的权利义务仅限于当事人之间，如合同的权利义务仅限于订立合同的各方当事人。债权是债权人具备要求债务人作为或者不作为的权利，而不能要求与其债权债务关系无关的人作为或者不作为。正因如此，债权被称为“对人权”“相对权”。

物权作为一种支配权，其支配的对象自然必须明确，而其支配对象明确也就意味着被支配的物必须具有特定性和可公示性。物具有一定的外在形体固然有助于物的特定性和公示性，因为形体是人们惯常用以区分此物与彼物的基本标准之一，也是公示制度赖以存在的物质性基础。但不言而喻，物的特定性与物的外在形体并不能完全画上等号。后工业时代和知识经济的来到，给财产概念带来了许多新的内涵，除土地房产这些影响社会和个人总体财富的有体财产外，经济学已愈益更多地研究未来性等诸多具有货币价值的财产，福布斯年度财富总量评比标准，很多都是货币财富的总和，包括公司资产、有价证券以及银行存款等，这些财产按传统物权法理论均是无“体”的财产，但无法否认其具有可支配的性质且其价值与有形财产的价值并无不同，商品交换也不存在任何障碍。不仅如此，随着人类社会的发展，为整个人类的和谐发展，对自然资源和其他社会公共资源的利用亦须采取适当的监管措施，有关“准物权”等新的物权类型的立

法，业已提上了人大立法议程。[1]

物权包括所有权、用益物权和担保物权。所有权是指权利人依法对自己的物所享有的全面支配的权利。用益物权是指依法对他人的物所享有的使用和收益的权利，比如农村土地承包经营权、建设用地使用权等。担保物权是指为确保债务履行而设立的物权，当债务人不履行债务时，债权人依法有权就担保物的价值优先受偿，比如抵押权、质权、留置权等。需要明确的是，物权法并不一般性地调整所有的物之归属和利用关系，物权法只调整平等主体之间因物的归属和利用而产生的财产关系，即所谓“民事关系”。按照法律部门的划分，物权法属于民法，调整横向的社会关系；经济社会管理活动中管理者与被管理者之间的纵向关系，也涉及财产的归属和利用问题，但此类关系主要是由行政法和经济法调整，故并不仅仅囿于物权相关法律调整的范围之内。

【典型案例】

“流量”是否属于民法上的物，能否受到物权法的保护[2]

——物权法的调整范围

基本案情

2013 年 6 月，刘某到中国移动甲分公司专营店办理移动通信业务，在双方签订的《移动业务受理单》中约定了业务类型，刘某办理了一个 20 元 150 兆的上网流量包服务。当年 8 月刘某查询发现 7 月尚未使用的 92 兆流量被清零。

刘某认为流量包的所有权、使用权即归属自己。中国移动在未有合同

---

① 孙宪忠：《关于修改我国〈物权法〉的议案（征求意见稿）》，载中国法学网，www.iolaw.org.cn/showA，最后访问时间：2020 年 6 月 12 日。

② 参见刘某与中国移动甲分公司侵权责任纠纷案，载中国裁判文书网，http://wenshu.court.gov.cn/content/content?DocID=9094a684-47f3-4201-af08-5cfeb7605e83&，最后访问时间：2020 年 6 月 9 日。

约定亦未提前告知原告的情况下，将本属于原告的上网流量清零，侵犯其合法权益。

2014 年 2 月，刘某对中国移动甲分公司提起侵权之诉，要求中国移动甲分公司返还其已购买但未使用的 7 月剩余上网流量 92 兆或现金补偿；中国移动甲分公司停止对刘某购买的上网流量进行月底清零的侵权行为等诉讼请求。因无法律和事实依据，受理法院一审驳回刘某的诉讼请求。刘某不满判决结果，认为一审判决认定事实错误，基本事实不清，向该市中级人民法院提起上诉。该案原、被告双方围绕“流量”是不是《物权法》规定的物、流量使用是否有时限限制、中国移动甲分公司在本案中是否存在过错等焦点问题展开了激烈庭审辩论。

上诉人刘某认为，原审判决认为流量不具有物的特征，不能构成所有权的标的物是错误的。物，包括有形物和无形物。流量和电力等物一样，虽然看不见摸不着，但均属于物，是无形物。刘某认为，本案所争议的“流量”是一个随着信息技术的发展和无线电频谱资源的广泛利用而产生的名词，原审判决简单地将“流量”界定为一种计量单位，忽视了“流量”所依托的无线电频谱资源及相关配套设备、设施等物权客体，未能充分认识并认定“流量”的物权属性。因此，刘某认为，本案所争议的“流量”，应当属于我国物权法所保护的物权客体。《物权法》第二条第一款规定：“因物的归属和利用而产生的民事关系，适用本法。”一审法院判决错误。

被上诉人中国移动甲分公司答辩称，流量是一个通俗意义上的网络数据概念，用来指网络数据传输与交换过程中所产生的数据流通量，也就是实际消耗掉的比特（bit）与字节（数据的基础单位为比特，一个字节等于 8 个比特）。流量既不是有形物，也不是无形物，在本案中“流量”只是被用来量化手机上网服务的。

法院审理

二审法院经审理认为，“流量”的通常概念是指单位时间内通过特定表面的流体量，“手机流量”则是指手机上网时网络数据传输与交换过程中所产生的数据流通量，也即单位时间内手机上网消耗掉的字节数（字节是网络数据的计量单位），因此，本案中，从本质上说，“流量”自身只是一个用于计量的网络数据概念，不具有物的特征，不属于物权客体，也不能成为本案的侵权客体。

最终二审法院判决驳回刘某的上诉，维持一审原判。

案件评述

一、生活中“物”的概念范围在不断扩大

“流量”这个词在我们生活中经常使用，但是“流量”的定义到底是什么？它是否属于物权法上的物或者属于其他范畴？由此，《民法典》物权编第二百零五条所沿袭的《物权法》第二条第一款规定的“因物的归属和利用而产生的民事关系，适用本法”中的物，涵摄的范围有多大，值得我们深思，什么样的民事法律关系适用物权法？本案对此有着典型的意义。

我们通常所说的上网流量的计量单位兆，是兆字节的简称。所谓字节（Byte）是计算机信息技术用于计量存储容量和传输容量的一种计量单位。

随着现代科技的迅速发展，我们生活中“物”的概念范围也不断地扩大，但是从法律层面如何进行界定还需要进一步探讨。本案中的“流量”到底是不是物权法上的物？对此在认识上存在一定分歧。

通说认为，凡是存在于人身之外的，能够满足人们一定的社会需要而又能为人所控制和支配的自然物及人类创造物，都能称为民法上的物。从这个意义上讲，民法上的物的范围将随着人类征服自然的能力不断扩大而呈扩大趋势。[①] 物具有非人格性、能够为人力所支配，具有独立性、效用性、可支配性等特征。一种意见认为，流量不符合传统物权客体的特征，其不具有独立性，也不属于自然力。《物权法》第二条第二款规定：“本法所称物，包括不动产和动产。法律规定权利作为物权客体的，依照其规

① 魏振瀛主编：《民法》，北京大学出版社2000年版，第118页。

定。”套餐流量不属于动产和不动产之列，也不属于法律规定的作为物权客体的权利。因此有学者认为，流量并不是物权法上的物，不能作为物权的客体。[①] 但是也有另一种意见认为，流量虽然无形，但并不影响其作为商品的属性，其与电力、天然气等商品一样，虽然看不见摸不着，但方便计量、便于控制，并给使用者带来收益。随着社会经济和现代科技的发展，“物”早已不局限于有形、有体的范畴，只要具有法律上的排他支配或管理的可能性，都可以认定为“物”。因而湖南省常德市中级人民法院在法院评论中所持的观点为：手机流量作为一种无形商品，消费者购买之后就对其享有相应的所有权或用益物权，可以对其进行自由支配。孙宪忠教授认为：物最重要的特性是，人身之外，为人力所能支配，并且有一定使用价值的物质资料，包括生产资料、生活资料，自然物、劳动产品，流通物、限制流通物，有体物及光、热、电、气等无体物。流量作为一种特殊的物，是完全符合上述民法上关于物的定义的。[②]

随着生产力的发展和人类认识能力的提高，物权客体的范围必将不断扩张，因此，有学者主张以“财产”概念代替“物”的概念来指称物权客体，以使物权客体具有更强的时代包容性。[③] 但是流量在现阶段是否可以列入财产作为物权客体还有待研究。在德国法中，财产权利客体的物不限于有体物，但作为法律意义上物权的客体仅限于有体物。由于流量无体无形的特点，以及由此造成支配方式上的特殊性，导致将其纳入物权法客体予以规范存在障碍。[④] 在刑法学界，董晓华教授秉持的观点为：手机流量是由电信运营商生产并用于出售获利的财物，虽然没有具体的物质形态，

① 方芳：《手机流量套餐月底清零合法性分析》，载《河北联合大学学报（社会科学版）》2014 年第 2 期。

② 《我的手机流量我能做主吗?》，载新浪网，http：//news. sina. com. cn/o/091931839645. shtml，最后访问时间：2020 年 6 月 12 日。

③ 李国强：《时代变迁与物权客体的重新界定》，载《北京师范大学学报（社会科学版）》2011 年第 1 期。

④ 季境：《互联网新型财产利益形态的法律建构——以流量确权规则的提出为视角》，载《法律科学》2016 年第 3 期。

但它具备了财物的主要特征。梁根林教授则说：网络流量属虚拟财产是确定无疑的。在实践中已将流量作为财产进行交易且司法实务已将之作为财产权益认定的情况下，对流量进行法律属性界定尤为重要。

民法学界上，近来有学者所持观点是：我国现在类比有体物来保护网络虚拟财产这种不同于“物”的新生事物。同时，也应该看到，网络虚拟财产权利还要指向特定人的行为，虽然在权利人使用或享用其利益的角度表现出来的是类似于物权的特征，但是缺乏特定人行为的辅助，网络虚拟财产权利是不能存在的。① 法院在审理虚拟财产相关案件时也只是认定虚拟财产具有法学意义上的财产权性质。②

二、民事权利的发展演化从重“归属”转向重“收益”

随着经济社会的发展，在物权实现方式发生变化的情形下，所有权权能的重心移至收益权能，法律制度的作用在于保障所有权人安全地取得收益。当我们将传统物权法的规则应用到新兴财产形态时，显得过时、显得不配套、显得难以容纳等问题凸显出来。有学者在探讨数字文化商品的法律属性时，将其权利性质界定为信息权这一新型财产权。将流量为客体的财产权纳入信息权予以规范是妥洽选择。③ 也有学者对物权法上客体提出构建，对物权立法提出一些意见。在物权调整范围方面，物权法仍然规范有体物之物权，但也不排除将无形体之物权纳入物权法调整范围，因此，在物权制度设计上，我国更应当借鉴英美法的抽象不动产物权制度，应允许分散的各个主体对虚拟之物（权利）拥有自主支配权。将物化的权利及信息产品纳入物权法保护、确立价值保护等均是我们物权立法应当予以考虑的内容。④

---

① 李国强：《网络虚拟财产权利在民事权利体系中的定位》，载《政法论丛》2016 年第 5 期。

② 参见于某诉孙某泰虚拟财产买卖合同纠纷案，载法信网，http：//www. faxin. cn/lib/cpal/AlyzContent. aspx？isAlyz = 1&gid = C369367&libid = 0201，最后访问时间：2020 年 6 月 12 日。

③ 季境：《互联网新型财产利益形态的法律建构——以流量确权规则的提出为视角》，载《法律科学》2016 年第 3 期。

④ 高富平：《从实物本位到价值本位——对物权客体的历史考察和法理分析》，载《华东政法学院学报》2003 年第 5 期。

《民法典》总则编第一百二十七条所沿袭的《民法总则》第一百二十七条规定："法律对数据、网络虚拟财产的保护有规定的，依照其规定。"可以说是立法上的一大进步。也有学者主张与其适用既有的法律制度创造太多的例外性解释，使既有的权利体系分崩离析，破坏权利体系的内在逻辑结构，给物权和债权的二分体系带来冲击，不如正视虚拟财产权的特殊性及虚拟经济蓬勃发展的现实，将虚拟财产的权利性质认定为一种新型的财产权，即"虚拟财产权"。[①] 这两种建议都值得我们思考，至于何者更适合中国现行经济发展状况，还有待于实践的检验。

三、民法理论上尚有争议的几种特殊物体

此外需要注意的是，有些东西作为民法上的物也存在争议：

1. 人体及人体器官在物权法上的地位

从维护人格尊严的角度出发，人在民法上只能是绝对受保护的主体，而不能是法律行为支配的对象，更不能作为物从而成为物权的客体。因此，要严格限制处分他人人体或人体的组成部分的行为。

人体不仅指人的肉体，从人身绝对受保护意义上看，残疾人的假肢一旦结合于人体，就成为人体不可分割的组成部分，对人体的不可侵犯也包括对假肢的不可侵犯。以前世界各国法律许可的对人体的处分，一般只能是血液和被割去的毛发。此外，其他的人体器官移植或捐献，只能是死因行为，即在主体死亡后才生效。而如今，随着医学的进步，在不妨害人的生命与健康的条件下，生前的器官移植与捐赠也受到法律的承认与保护，这就引起了人体器官是不是民法上的物的问题，需要认真研究。

一般观点认为，被捐赠的器官一旦脱离人体，就成为民法上的物，但一旦重新结合为人体时就不再是物，捐赠者不可以享有对此"物"的返还请求权。

---

① 李岩：《"虚拟财产权"的证立与体系安排——兼评〈民法总则〉第127条》，载《法学》2017年第9期。

2. 尸体在物权法上的地位

关于尸体是否为物，学说不一。有的学者认为，尸体为物，得以之为所有权的客体，但所有权的行使要受限制，即不得为使用收益等处分，而只能以埋藏、管理、祭祀为内容，且不能将其抛弃。尸体的所有权，属于继承人。有的学者认为，尸体虽为物，但不能成立所有权，因此不构成遗产、不能继承，只不过是埋葬、祭祀、管理的标的，这是德国学者的通说。有的学者认为，尸体不是物，只是特定亲属埋葬权的标的，因为人的人格并不因死亡而完全消灭，死者的人格至少在尸体之上还存续。还有的学者认为，尸体是否为物不能纯依理论来判断，而应根据一国社会上一般人的心理予以判断。以上诸种学说，均具有其合理的一面。其中，第一种为多数学者的通说并为外国立法例所采纳。

3. 企业在物权法上的地位

所谓企业，是指为实现某一经济目的所组成的人与物的结合。属于企业的有各种权利及财产，如土地、机器设备、货物、专利、商标、技术与商业秘密以及企业与其雇员、顾客的关系等。总之，企业实际上是财产的总和，性质上属于集合物。

根据一般原则，作为财产总和的企业不是独立的权利客体，如进行处分，也只能对构成企业的各个财产分别进行。但在现代社会中，企业已经可以成为买卖合同或租赁合同的对象。例如，在我国的实务中，企业就可以成为买卖和租赁（承包）的客体。而在德国的实务中，联邦法院的判决不仅承认企业的买卖，而且承认买卖企业的瑕疵责任，如果所购买的企业存在瑕疵，同样可以适用《德国民法典》关于货物买卖瑕疵责任的规定。

物的支配秩序，完全由物的利用所决定。由于作为集合物的企业的价值远远超过构成企业的物的单个价值之和，所以集合物成为交易客体在法律上是必然的，企业抵押和财团抵押等就是适例。不过，在承认企业可以成为交易客体或权利客体的同时，构成集合物的各个物的所有权（或物权）的存在也是可能的。

总之，民法上的物的范围是不断发展完善的，这一方面是社会生产力发展的结果，另一方面也与人们的思想观念的进步密切相关。生产力的发展为我们人类提供了更为广阔的物质空间，而思想观念的进步，特别是人的伦理观念和经济观念的发展则使得对物的界定更加体现出人文关怀，更加有效率地服务于经济建设的需要。

第二百零六条　【我国基本经济制度与社会主义市场经济原则】国家坚持和完善公有制为主体、多种所有制经济共同发展，按劳分配为主体、多种分配方式并存，社会主义市场经济体制等社会主义基本经济制度。

国家巩固和发展公有制经济，鼓励、支持和引导非公有制经济的发展。

国家实行社会主义市场经济，保障一切市场主体的平等法律地位和发展权利。

【条文疏义】

本条整合了《物权法》第三条之规定并吸纳了《宪法》第六条第二款的相关规定，是对我国社会主义初级阶段基本经济制度与社会主义市场经济原则的肯认。

一、社会主义市场经济体制以所有制关系为前提和基础

中国共产党把马克思主义基本原理和中国具体实际相结合，在社会主义革命、建设和改革的伟大实践中，不断探索、丰富和完善我国社会主义基本经济制度。党的十九届四中全会提出了“公有制为主体、多种所有制经济共同发展，按劳分配为主体、多种分配方式并存，社会主义市场经济体制等社会主义基本经济制度”。理解起来，“公有制为主体、多种所有制经济共同发展”“按劳分配为主体、多种分配方式并存”“社会主义市场经济体制”，三者相互联系、相互支撑、相互促进，内在统一于社会主义基本经济制度。

其中，公有制为主体、多种所有制经济共同发展反映了生产资料的归属关系，不仅规定了我国社会主义基本经济制度的性质，也对分配制度和市场经济体制起着决定性的作用；按劳分配为主体、多种分配方式并存是由我国生产力状况、所有制关系决定的，是所有制关系在收入分配领域中的实现，反映了生产方式、生产成果的分配方式，对所有制关系及其实现方式具有重要影响；社会主义市场经济体制以所有制关系为前提和基础，体现所有制关系、交换方式和资源配置方式，并受所有制关系、生产力发展水平等影响，对所有制关系及其实现形式也有重要影响。①

二、物权法是一个国家调整财产关系的基本法律

物权法根本的决定因素在于一国的社会经济生活状况。我国是社会主义国家，处于社会主义初级阶段，实行以公有制为主体、多种所有制经济共同发展的基本经济制度，实践证明这一基本经济制度是有利于社会主义建设的，是符合我国现实生产力的发展要求的。基本经济制度反映在物权法上便是所有权主体的多元化，即国家所有权、集体所有权、个人所有权的并存。

与个人所有权相比，国家所有权和集体所有权具有其特殊性，这主要表现在，首先，国家和集体本质上是抽象的集合性民事主体，这也决定了其存在天然的“主体虚位”问题。其次，所有权客体具有广泛性、多样性。其中有些财产类别是其他所有权形式所无法涉及的。例如，在我国只有国家和集体可以成为土地的所有者。再次，所有权取得方式也具有多样性。例如，国家可以通过征收、征用等方式获得所有权或使用权。最后，所有权与行政权之间存在密切的联系。② 对于国家而言其既具有公法主体的身份，行使公共管理权，又具有私法主体的身份，参与民商事交易。对于后

① 蔡丽华：《正确理解我国社会主义基本经济制度》，载《经济日报》2019 年 12 月 16 日。
② 梅夏英：《物权法 · 所有权》，中国法制出版社 2005 年版，第 97 ~ 116 页。

者而言，国家也应该服从市场交易的一般规则，即一切民事主体一律平等，凡是合法取得的财产不分公有私有，均应得到平等的对待、同等的保护。

这种按照所有权主体的不同所进行的所有权三元划分，其意义并不在于要继续坚持计划经济时代下的区别对待，而仅仅是对我国改革成果的总结，是对我国现有所有权状况的一种宣示。“区分三种所有权而明确宣示其平等地位，并不是人为地制造了对公有财产的优先保护。相反，在目前实践中对公有财产进行特别保护的背景下，这样做恰恰是将实践中受到歧视的私有财产提升到了与公有财产平等的地位。例如，在物权法中规定国家所有权，并对作为国家所有权的取得方式之一的征收加以严格限制，对公共利益的概念加以严格界定，并对征收后公民的补偿作出限制，这也有利于充分保护公民的财产权利。”① 实行社会主义市场经济最重要的一条就是要保障市场主体的平等地位和发展权利，这是实行市场经济的前提。作为规范平等主体之间因物的归属和利用而产生的财产关系的物权法，物权关系的主体具有平等的法律地位是物权法调整的平等财产关系存在的前提，这也是物权法乃至民法存在的前提。

【典型案例】

在市场交易中一方主体为政府单位如何保障另一方权益②

——私权利与公权力之间的平衡

基本案情

2003 年 10 月 20 日，某省社会保险管理局（以下简称省社保局）与兴

① 王利明：《试论物权法的平等保护原则》，载北大法律信息网，http：//article. chinalawinfo. com/article/user/article_ display. asp？ArticleID = 32423#m1，最后访问时间：2020 年 6 月 1 日。

② 参见某省社会保险管理局与兴大公司、贺某玲抵押权纠纷案，载中国裁判文书网，http：//wenshu. court. gov. cn/content/content？DocID = 95f3c3e6 - b00c - 4bea - b1a5 - a72001661fdc&KeyWord = %E6%88%90%E6%B0%91%E5%88%9D%E5%AD%97%E7%AC%AC1923%E5%8F%B7%E6%B0%91%E4%BA%8B%E5%88%A4%E5%86%B3，最后访问时间：2020 年 6 月 1 日。

大公司签订了《商品房买卖合同》，约定省社保局购买兴大公司以出让方式取得的位于戊侯区小天九路12号土地使用权地块上开发建设的2栋2层商用房屋，即现该市小天巳街8号2栋2层房屋，建筑面积1020.76平方米。同月25日，省社保局又与兴大公司签订《商品房买卖合同》，约定省社保中心购买兴大公司开发的住房，建筑面积129.93平方米。合同约定交房时间为2004年10月30日。后该房交付给省社保局使用至今，并缴纳物管费、水电费等费用。但是兴大公司一直拖延预售备案和办理产权证、国土证，故省社保局一直未取得商业用房产权证。2005年11月，该市成房测绘有限责任公司作出了对案涉房屋的房产面积测量报告，合计1110.35平方米。

2014年5月12日，贺某玲与兴大公司等签订《借款合同》约定，兴大公司向贺某玲借款3000万元，兴大公司用其开发的商业用房等为该借款抵押担保，并签订了抵押合同。兴大公司将其小天巳街8号三处房屋共6511.31平方米抵押给贺某玲时，擅自将前述原告所购房屋1110.35平方米一并抵押给贺某玲，并在市房管局办理了抵押登记，将原告所购的二楼共1110.35平方米一并设置了抵押权。后来，兴大公司未还款，2014年10月法院现场查封该房屋时，省社保局才得知该房已被抵押给了贺某玲，为此省社保局将兴大公司和贺某玲诉至法院。

原告省社保局诉请：确认两被告之间就原告所购戊侯区房屋擅自签订的抵押合同无效，被告兴大公司未作答辩。被告贺某玲作出答辩：原告占有房屋是基于下属公司租赁关系占有，不是买卖交付。原告怠于行使权利，对产权没有办理具有重大过错。贺某玲已经取得抵押权，原告的房屋买卖的合同债权不能对抗答辩人的抵押权。即使该房屋不能执行，也没有任何法律法规规定抵押无效。

法院审理

一审法院经审理认为，其一，从购房的计划与购房款的来源，合同、转账的房款及购房发票来看，占有使用形成了完整的证据锁链，可以得知原告通过合法程序购买了房屋并全额支付了购房款，占有使用房屋至今，其房屋买卖合同合法有效。其二，关于抵押权是否有效。一审法院认为，一方以欺诈、胁迫的手段订立合同，损害国家利益，合同无效。确认被告兴大公司与被告贺某玲之间签订的抵押合同就涉及原告省社保局所购戊侯区房屋部分无效。

贺某玲不服该市戊侯区人民法院（2015）戊侯民初字第4722号民事判决，向该市中级人民法院上诉。

二审法院经审理认为，依照《物权法》第三条第三款关于“国家实行社会主义市场经济，保障一切市场主体的平等法律地位和发展权利”的规定，省社保局向兴大公司购买案涉房屋虽系使用财政预算内专项资金，但其进入房地产交易市场的购房行为仍属于正常的市场交易行为，其在该交易行为中亦属于普通的市场主体。

2014年5月12日，兴大公司与贺某玲签订了借款合同，双方签订的抵押合同约定，兴大公司用涉案房屋为该借款抵押担保并办理了抵押登记，并经省高级人民法院（2016）民终1240号已生效的民事判决书认定前述抵押权合法有效。一审法院仅依据《合同法》第五十二条第一项关于一方以欺诈、胁迫的手段订立合同，损害国家利益的，合同应当确认无效的规定，认定前述抵押合同无效，属于认定事实不清。

故撤销该市戊侯区人民法院（2015）戊侯民初字第4722号民事判决，将案件发回该市戊侯区人民法院重审。

案件评述

一、案涉国有房屋作为抵押物办理了抵押登记因而具有公信力

本案的争议焦点即兴大公司与贺某玲就省社保局所购戊侯区房屋签订的抵押合同是否有效。由于本案双方中涉及政府单位一方主体，一审法院认为，省社保局购买案涉房屋的资金系省财政预算内专项资金，其购房款来源属于国家财政支付且经审批购买，属于国有资产。兴大公司以省社保局购买、占有、使用并已经支付了全额购房款的案涉房屋作为

抵押物担保其公司的借款，该行为损害了国家利益，认定前述抵押合同无效。

此处必须说明的是，我国法律明确规定，也是我国基本经济制度的阐述："国家在社会主义初级阶段，坚持公有制为主体、多种所有制经济共同发展的基本经济制度。国家巩固和发展公有制经济，鼓励、支持和引导非公有制经济的发展。国家实行社会主义市场经济，保障一切市场主体的平等法律地位和发展权利。"这项规定给各类市场主体吃了一颗"定心丸"，对于保障社会主义市场经济发展起到重要的作用。

二、市场主体的法律地位平等，其财产权利受同等保护

1. 《物权法》对平等保护原则已有明确的规定①

一审法院忽视现在市场交易中双方主体法律地位相同，应当一律受到法律平等的保护。二审法院予以纠正，明确肯定在我国无论是政府机关单位、事业单位还是普通的老百姓，国家保障一切市场主体的平等法律地位和发展权利，真正地体现出公平正义的法律价值，不会因任何主体的不同而有所偏见。

私人所有权和国家、集体所有权之间是否因"政治地位差别"而给予"区别保护"的问题，在西方国家，属不证自明的问题，在我国，《物权法》确立了不同类型所有权的"一体承认、同等保护"原则，这一立法成果应当是老一代民法学家矢志不渝、长期努力的结晶。物权法对私人所有权的承认和尊重，对不同类型所有权实行平等的保护，是物权法人文主义精神和民权思想的基本要求。②

贯彻物权平等保护原则，必须对平等保护的含义和要求有一个全面而正确的认识。

---

① 马黎：《基于公平的考量：不动产善意取得的实践分析与制度完善》，载《法律适用》2012年第4期。

② 薛波：《物权法基础理论研究的新境地——评孙宪忠教授的〈中国物权法总论〉》，载《西部法学评论》2017年第4期。

2. 物权法的平等保护原则有其明确的内容

（1）物权主体的法律地位平等

首先，在物权法上，国家的物权地位和集体、私人、团体等是一样的。它们都是国家的民事法律乃至宪法认可和保护的民事主体。民事主体的法律地位平等是民事法律的基本精神。物权本身是一种民事权利，物权法在属性上是民事法律，因此物权主体应该具有平等的法律地位。

其次，解决物权冲突适用的规则平等。在国家和其他物权主体发生纠纷诉请司法解决的情况下，司法机关对不同的物权主体应该适用相同的法律规则，而不能因主体的不同适用不同的保护规则和保护方式。

（2）物权受到侵犯后所获得的保护平等

在我国，目前各类主体的物权都可能受到侵犯。在物权受到侵犯的情况下，法律应该给予平等的保护，不能因主体的不同而在保护程度上分出轻重。[①] 案涉省社保局对所购房屋没有办理产权登记具有重大过错，抵押权人贺某玲的信赖利益同样应予以保护。

党的十九届四中全会提出，“公有制为主体、多种所有制经济共同发展，按劳分配为主体、多种分配方式并存，社会主义市场经济体制等社会主义基本经济制度，既体现了社会主义制度优越性，又同我国社会主义初级阶段社会生产力发展水平相适应，是党和人民的伟大创造”。中国特色社会主义物权制度是由社会主义基本经济制度决定的，所有权是所有制在法律上的表现，是物权的核心和基础。制定一部具有中国特色的物权法，必须全面、准确地体现社会主义的基本经济制度。我国实行的是社会主义市场经济体制，它的社会主义性质是由国家的基本经济制度，主要是由居于主体地位的公有制经济决定的，同时对属于不同市场主体的财产给予平等保护又是市场经济公平竞争的一项基本原则的要求。因此，坚持我国的

① 马黎：《基于公平的考量：不动产善意取得的实践分析与制度完善》，载《法律适用》2012年第4期。

基本经济制度和对国家财产、集体财产和私有财产给予平等保护是一个统一的有机体。没有前者，就会改变社会主义性质。没有后者，就违背了市场经济原则，反过来又会损害基本经济制度。

第二百零七条　【平等保护原则】 国家、集体、私人的物权和其他权利人的物权受法律平等保护，任何组织或者个人不得侵犯。

【条文疏义】

本条沿袭了《物权法》第四条之规定，仅作文字修订。

一、物权法平等保护原则的含义

物权法的平等保护原则是指物权主体的地位在法律层面上是平等的，物权主体享有的所有权和其他物权在受到侵害后，都能得到平等的保护。无论是国家物权还是个人物权，其主体在法律上都是平等的。物权法的平等保护原则是我国基本经济制度的特色体现，对于维护我国市场经济体制有着重要的意义。法律面前人人平等。物权法中的平等保护原则的含义就是在我国的宪法中确认了“法律面前人人平等”原则。简单来讲，就是确保民族、国家、社会以及公民的财产安全受到应有的保护。物权法也是我国法律体系的重要组成部分，必然要实行平等保护的原则。

物权法的平等保护原则符合现代社会法治文明建设的需要，物权法坚持平等保护原则不仅反映了我国基本经济体制的立法目的，还充分体现了我国的基本国情，其对于促进我国的经济发展有着重要的意义。

二、物权法平等保护原则的基本内涵

平等保护原则包括如下几个方面的内容：一是法律地位的平等。即所有的市场主体在物权法中都具有平等的地位。二是适用规则的平等。也就是说，除法律有特别规定的情况外，任何物权主体在取得、设定和移转物权时，都应当遵循共同的规则。三是保护的平等。即在其物权受到侵害之后，各个物权主体都应当受到平等保护。

1. 物权主体在法律地位上拥有平等的权利

我国的物权法是民法的核心组成部分，因此，物权的主体应该平等地享有被保护的权利，公民的私有财产和国家的财产拥有平等的法律地位。我国所有经济体制的主体都适用物权的平等保护原则，所有经济体制的主体在享受相同的权利的同时，也承担着相同的义务。

2. 物权在发生冲突时针对不同主体都应该平等对待

在国家和其他主体发生纠纷时，任何一方都有权向法院请求确定物权的归属。物权法的平等保护原则要求依法来处理各种财产纠纷，这样才可以让各物权主体平等地享有物权保护请求权。

3. 当物权受到侵害后各物权主体都应该平等地受到保护

不管是公有财产还是私有财产，只要是在合法的范围内，所有的财产都受到物权法的保护。当物权受到侵害时，各物权主体平等地享有请求权，而且各物权人在保护的范围和力度上是一样的，不可能出现公有财产多赔，私有财产少赔的现象。

三、物权法平等原则的发展近况

物权是一定的财产支配关系在法律上的表现形式，人民大众在我国市场经济中居于主体地位，为了调整主体之间的财产安全利用和归属保护，我国在法律上实行了平等保护的原则，它规定任何物品都拥有平等的权利，所有的财产形式都享有法律规定的义务和权利。

我国当前实行的是社会主义市场经济，社会主义法治体系的主要内容就是把运用不同的所有制形式作为基础，将物权法平等保护原则划分为国家所有保护原则、集体所有保护原则和个人所有保护原则。在进行探寻我国特有的完善市场经济体制的路途上，我国经历了长期的社会实践和无数次的失败，终于在探索过程中诞生了《物权法》，它的实施有效地规范了市场经济的秩序，让原本杂乱无章的市场变成促进经济发展的主要推动力。[①]《民法典》物权编编纂的意义更不言待。

四、物权平等保护原则之目的

保护所有的民事主体。出于保障民生、保护民权的考虑，物权法的平等保护原则既是对公民的基本人权的保护，也是维护最广大人民群众根本利益的要求，更是构建和谐社会的法律保障。

建立和完善社会主义市场经济体制。平等保护是构建市场经济秩序的基础。坚持平等保护，才能为市场经济提供基本的产权制度框架。平等保护是市场主体平等发展的条件，是市场经济繁荣和经济增长的动力与源泉。

建设社会主义法治文明。平等保护原则要求平等地保护每一类财产权，既尊重了个人人格的平等和基本的人权，也有利于构建市场经济的基础，而且有利于消除封建残余和等级特权思想，促进社会主义法治文明。因此正如王利明教授指出的，“平等保护原则体现了现代法治的基本精神，也有助于建设社会主义的法治文明”。[②]

【典型案例】

不动产物权受到他人非法妨害时权利如何得到救济[③]

——任何组织或者个人都不得无故侵犯他人物权

基本案情

原告（反诉被告）某省丁山国家级自然保护区管理局与被告（反诉原告）吉某某返还原物纠纷一案，该省丙丰县人民法院于2018年11月21日立案受理后，经被告吉某某申请，依法追加王某某作为第三人参加诉讼，

① 柯晓军：《物权法平等保护原则之探析》，载《法制博览城》2018年第12期（下）。

② 王利明：《物权法平等保护原则之探析》，载《法学杂志》2006年第3期。

③ 参见丁山国家级自然保护区管理局与吉某某返还原物纠纷案，载中国裁判文书网，http://wenshu.court.gov.cn/content/content? DocID = 5ca4d9f3 - 3a79 - 4ffe - ba16 - a9c50037d7a3&KeyWord = %E5%90%89%E4%BF%8A%E5%B3%B0，最后访问时间：2020年6月3日。

适用普通程序于2018年12月14日公开开庭进行了审理。

被告吉某某所居住的房屋由原告丁山国家级自然保护区管理局于1995年建造，当时为解决资金不足及分配不均问题，要求申请住房的职工每户缴纳集资建房款1万元。该栋楼房的所有权归原告丁山国家级自然保护区管理局所有，其中无一住户办理过分户产权手续。

第三人（反诉被告）王某某系原告单位职工，王某某曾与被告吉某某于2006年2月10日签订了《房屋转让协议》，吉某某从王某某处花1.8万元购买了该处房屋（吉某某不是该管理局职工，无权享有职工福利房。吉某某与王某某签订的房屋转让合同未经该管理局同意）。原告丁山国家级自然保护区管理局于2013年启动机关危旧房改造工程建设工作，制定了《丁山国家级自然保护区管理局2013年危旧房改造工程建设实施方案》。根据该实施方案，原告对其老局机关旧址（桥西路144号）内职工原有的单位集资建房、半产权房和自建房统一收回。其间，原告发现该楼房原分配给单位职工王某某的宿舍，由被告吉某某居住。之前居住在楼房内的职工已全部搬离。但被告一直占住在原告的宿舍内，拒不搬迁。

为促使被告搬迁，原告于2018年8月20日向吉某某发出停水停电告知书，限其在一个月内腾空房屋，并于一周后进行停水停电处理。此后被告未按期搬迁，原告于告知书指定的时间进行了停水停电处置。但被告至今仍拒不搬迁，原告诉至法院。

法院审理

一审法院经审理认为，根据《物权法》的规定，国家、集体、私人的物权和其他权利人的物权受法律保护，任何单位和个人不得侵犯。物权的取得和行使，应当遵守法律，尊重社会公德，不得损害公共利益和他人合法权益。本案被告吉某某居住的房屋，其虽与第三人王某某签订了《房屋转让协议》，但王某某并不是该房屋的所有权人，且未提供有效证据证实经房屋所有权人授权，因而该份转让协议对该房屋的所有权人原告丁山国家级自然保护区管理局不具有约束力。对原告要求被告返还房屋的诉请，法院予以支持。

但该房屋系原告职工宿舍，并非对外出租的房屋，故对原告要求被告补交房租的要求不予支持，依照《物权法》第四条、第七条、第三十二条、第三十四条，《民事诉讼法》第一百四十二条之规定，判决如下：

其一，限被告吉某某于判决生效之日起 1 个月内搬出所居住的原告丁山国家级自然保护区管理局职工宿舍，将该房屋返还原告丁山国家级自然保护区管理局；

其二，驳回原告丁山国家级自然保护区管理局的其他诉讼请求。

吉某某不服该省丙丰县人民法院（2018）0924 民初 1724 号民事判决，向该省乙春市中级人民法院提起上诉。

二审法院经审理认为，关于吉某某与王某某签订的《房屋转让协议》合同性质的问题。合同性质的认定不能仅凭合同名称确定，而应根据订立合同的目的、合同内容所涉法律关系进行理解和判定。本案所涉合同虽然名为房屋转让协议，但协议中明确记载“住房是单位集资性公房，自愿转让给乙方居住、使用”，并“服从单位统一管理”，故该协议实为房屋使用权转让合同，不涉及所有权的处分。

丁山国家级自然保护区管理局于 1995 年建造该栋楼房，并于 1998 年办理房屋产权证，登记所有权人为该管理局。入住职工每户缴纳集资建房款 1 万元，该集资款不是购房款，王某某自始未取得诉争房屋的所有权。故二审法院驳回上诉，维持原判。

案件评述

一、案涉被告吉某某无正当理由所占用的房屋应返还所有权人

案涉房屋所有权人登记为丁山国家级自然保护区管理局。因此王某某不是房屋所有权人，吉某某虽然与王某某签订了《房屋转让协议》，但是正如法院所判定该协议实为房屋使用权转让合同，不涉及所有权的处分。《物权法》第四条业已明文规定：“国家、集体、私人的物权和其他权利人的物权受法律保护，任何单位和个人不得侵犯。”这是我国平等保护国家、集体和私人的物权的体现，因此吉某某应当将该房屋返还原告丁山国家级自然保护区管理局。

但同时，鉴于该房屋系原告职工宿舍，并非对外出租的房屋；且当时申请住房的职工每户缴纳集资建房款1万元，被告又系花费1.8万元有偿占有，故对原告并无法律依据而要求被告补交房租的要求不予支持，体现了平等保护原则。

二、民法调整的社会关系属性决定了物权法的平等保护原则

物权法给予国家所有权、集体所有权和私人所有权的保护是同等的，并不会因为所有权享有者身份的不同而区别对待，各所有权主体都必须遵循同样的设立和变动规则，所有权和其他物权在受到侵害以后，应当受到物权法的平等保护。这是民法平等原则在物权法中的具体化。在社会主义市场经济条件下，各种所有制经济形成的市场主体都在统一的市场上运作并相互发生关系，各种市场主体都处于平等地位，享有相同权利，遵守相同规则，承担相同责任。

物权是一种对世权，即其他任何民事主体都负有消极的不侵害义务。当物权受到不法侵害或有被侵害的危险时，物权人可以行使物权请求权使物权恢复到完满状态。具体包括以下主要内容：

首先是确认物权请求权。当物权归属产生争议时，当事人有权向法院提起“确认之诉”，要求确认物权，使物权处于一个稳定的状态。

其次是排除妨碍、消除危险请求权。请求排除妨碍是指请求除去已经构成的妨碍。例如，房屋租期届满后，房主请求承租人拆除搭建于室内的特殊板材结构以消除房主自用房屋的不便。排除妨碍是指请求防止可能出现的妨碍。例如，请求施工队清除堆积于自家院墙外的建筑废旧材料，以防止其倾塌使自家的房屋受损。

再次是恢复原状请求权。当物权的标的受到他人侵犯而发生毁坏时，如果有修复的可能，物权人则可以请求侵权人加以修理更换以恢复物的原状。例如，电脑的所有人要求使用者修理更换因其使用不当而导致主板烧毁的电脑。

复次是返还原物请求权。当所有人的财产被他人非法占有时，财产所有人或合法占有人，可以依照法律的规定请求不法占有人返还原物。例如，约定期满后，寄卖人要求店主返还没有出售的物品。

最后是损害赔偿请求权。当他人侵害物权的行为造成物权人经济损失时，物权人可以向其请求赔偿损失。损害赔偿请求既可以单独提出，也可以与前述其他请求权一并提出。

三、物权法需要对各种所有权进行平等保护

当时的《物权法》在起草、审议、修改过程中争论的重大核心问题之一，便是其到底应该以保护私有财产为主，还是以保护公有财产为主？有人认为，国家和其他民事主体不是平等主体，对他们的财产不能平等保护；也有人认为，物权法是私法，首先应保护私人财产，按照先私人、再集体、后国家的顺序加以保护。

主流学者承认物权法对公有财产的保护，但同时指出："我们也应该注意不能将保护国有资产、防止国有资产流失的任务都加在物权法上，这显然是物权法不能承受之重。"① 对不同物权主体应该实行平等保护的原则。在社会主义市场经济条件下，各种所有制经济形成的市场主体都在统一的市场上运作并发生相互关系，各种市场主体都处于平等地位，享有相同权利，遵守相同规则，承担相同责任。如果对各种市场主体不给予平等保护，就不可能发展社会主义市场经济，也不可能坚持和完善社会主义基本经济制度。

四、物权平等受法律保护原则的理论意义

"国家、集体、私人的物权和其他权利人的物权受法律保护，任何单位和个人不得侵犯" 的规定确立了物权法上的平等保护原则。

学界普遍认为："所谓物权法上的平等保护原则，是指物权的主体在

---

① 王利明：《试论物权法的平等保护原则》，载《河南政法干部管理学院学报》2006 年第 3 期。

法律地位上是平等的，依法享有相同的权利、遵守相同的规定。其物权受到侵害以后，应当受到物权法的平等保护。”物权法上所谓“平等对待”与“一体保护”原则是指：“在物权法的物权体系中，国家、集体对于公有财产的归属权，将被界定为所有权。在此基础上，国家、集体的所有权就将与其他非公有制主体的所有权获得共生，而共同适用物权法关于所有权之效力和保护的规定。”并特别指出：“一体承认、平等保护”原则，即对现行法律条件下存在的公有制财产和私有财产给予无差别的法律地位承认并给予平等保护的原则。这一原则应该包括两个方面的内容：一是立法对各种财产给予无差别的承认，二是立法对各种财产权利给予平等保护。① 由此可见，学者对物权法的平等保护原则的表述既有共同点，又不尽相同。其共同点在于都强调各个主体享有的所有权在被侵害时应当受到物权法的平等保护。所不同的是有的学者侧重从民法的基本原则即平等原则出发，一般地强调各个主体之间地位平等，因而对其所有权应平等地给予保护；有的学者并不只是从一般主体地位平等来说明平等保护原则的含义，而是侧重从所有权类型平等，强调对公有财产权和私人所有权的平等保护，即国家、集体和私人所有权的平等保护。当然，其前提是承认所有权主体应当一律平等。

第二百零八条　【物权公示原则】不动产物权的设立、变更、转让和消灭，应当依照法律规定登记。动产物权的设立和转让，应当依照法律规定交付。

【条文疏义】

本条沿袭了《物权法》第六条之规定。

---

① 孙宪忠：《再论我国物权法中的“一体承认、平等保护”原则》，载《法商研究》2014年第2期。

一、物权公示原则

物权的公示是指物权的享有和变动具有可取信于社会公众的外部表现形式。

物权公示原则是指在物权设立或变动时，必须采取一定的方式使公众知晓该物权设立或变动的事实，若未采取法定的公示方式则不发生物权设立或变动的法律后果。不动产物权的公示方法为登记，动产物权的公示方法为转移占有——交付。

二、物权公示原则的意义

物权之所以要采用公示的方式，其根本原因在于物权的性质，即物权具有绝对性和排他性。既然物权的效力是及于任意第三人的，那么这就要求它采取一定方式使得公众知道这种权利的存在和变动，这样人们才会明确他人是否享有物权，享有何种程度的物权。人们只有在这样一个合理预期的前提下才会进行有效的利益考量，整个社会的交易秩序才会变得有条不紊。

因此，建立科学的物权公示制度，对维护物的占有秩序和交易安全均具有重要的意义。也正是基于物权公示原则的意义，现代各国物权立法无不建立物权公示公信制度，在《民法典》物权编中以专章、专节或专条规定物权的公示方法，并辅之以有关单行法律、法规，以建立完善的物权公示制度。

三、物权公示制度的基本内容

物权公示制度的基本内容是规定物权公示的方法和物权公示的效力。

1. 物权公示的方法法定

根据各国物权法的规定，物权公示的方法因不动产或动产物权的不同而有所区别：不动产物权以登记与登记变更作为其享有与变更物权的公示方法；动产物权以占有作为其享有的公示方法，以交付作为其变更的公示方法，占有、交付之所在即为动产物权之所在。法律赋予登记或登记变更，以及占有或交付以公信力，社会公众也就可以通过登记或登记变更，以及占有或交付等知悉物权的享有及变动情况。如此对于保障交易安全，尤为有利。

2. 物权公示的效力法定

登记或登记变更，以及占有或交付等法定物权公示的效力如何，世界各国有三种不同的立法主义：

（1）成立要件主义

此种立法主义不仅赋予法定公示以社会的公信力，还把登记与交付作为物权变动的要件之一。按照此种立法主义，仅有当事人的物权变动的意思表示而无法定的公示方法，其物权变动的意思表示不仅不发生社会的公信力，也不具有物权变动的法律效果。

（2）对抗要件主义

此种立法主义只赋予法定公示方法以社会的公信力，但不把它作为物权变动的要件。按照此种立法主义，当事人一经形成变动的意思表示，即发生物权变动的法律效果，只是在未依法进行公示前，不具有社会公信力，不能对抗善意第三人，即不知情的第三人可以以当事人未公示为由，否认其物权变动的效果。

（3）折中主义

此种立法主义是成立要件主义与对抗要件主义兼采的一种立法主义。但是在兼采两种立法主义的同时，往往有所偏重，或以成立要件主义为原则对抗要件主义为例外，或以对抗要件主义为原则成立要件主义为例外。

通过对前述三种立法主义的分析，我们可以看出成立要件主义、对抗要件主义虽以是否进行物权公示作为物权变动要件的区别，但它们都同样规定了物权的公示方法并赋予了法定物权公示以公信力。因此，规定物权公示方法并赋予其公信力，是物权公示制度的两个重要的基本原则。

四、我国物权公示原则的立场

应当认为，《物权法》在物权变动上采取的是以成立要件主义为原则的登记折中主义立场。

《民法典》物权编第二百零九条第一款规定："不动产物权的设立、变更、转让和消灭，经依法登记，发生效力；未经登记，不发生效力，但是法律另有规定的除外。”第二百二十四条规定：“动产物权的设立和转让，自交付时发生效力，但是法律另有规定的除外。”这就在原则上树立了公示要件主义原则。

然而《民法典》物权编沿袭《物权法》的有关规定，在准不动产物权、土地承包经营权以及地役权等方面又规定了“未经登记，不得对抗善意第三人”。这都体现出公示对抗要件的特征，但这毕竟是特殊规定。所以我国在物权变动上采取的是以成立要件主义为原则的登记折中主义立场。

【典型案例】

夫妻双方的离婚协议中对不动产归属的约定能否直接产生物权变动的效果①

——物权公示原则

基本案情

原告付某华与第三人刘某锋于1989年10月登记结婚，婚后于2000年购买了案涉本市松江区中山二路某房屋，并于2003年购买了案涉本市松江区北翠路的某房屋。双方于2007年10月29日登记离婚，在离婚协议中约定，该两处房屋的所有权均归原告所有。但两人为减少按揭贷款转贷手续费和缓缴交易契税，暂未办理不动产变更过户手续。

第三人刘某锋与被告吕某白于2012年发生股权转让纠纷并诉至法院，被告依据生效的法律文书民四（商）初字第51号民事判决书向法院申请执行，法院查封了登记于该案被执行人刘某锋名下的中山二路房屋及登记于原告和其名下的北翠路房屋。原告就此查封向该案执行部门提出执行异议，被裁定驳回。原告认为，尽管上述房屋的所有权尚未变更登记至原告

① 参见付某华诉吕某白、刘某锋案外人执行异议之诉案，载法信网，http：//www. faxin. cn/lib/cpal/AlyzContent. aspx？ isAlyz = 1&gid = C1311308&libid = 0201，最后访问时间：2020年9月9日。

一人名下，但已有充分证据证明原告对上述二处房产有合法物权。第三人对被告的债务是其与原告离婚后所发生的个人债务，原告仅是该执行案件的案外人。

被告吕某白辩称，原告付某华和第三人刘某锋在离婚协议中的约定不能对抗《物权法》第九条和第十四条的规定。房产权利人要以登记为准，不能因当事人的私自约定而改变。故不同意原告的诉讼请求。

该市第一中级人民法院依照《物权法》第六条和第九条的规定，于2015年2月9日判决：驳回原告付某华的诉讼请求。一审判决后，各方当事人均未提起上诉，一审判决已经发生法律效力。

法院审理

本案系争房屋是原告付某华与第三人刘某锋夫妻关系存续期间所购买，根据《婚姻法》的相关规定，系争房屋应属原告与第三人刘某锋的夫妻共同财产。《物权法》明确规定，不动产物权的设立、变更、转让和消灭，经依法登记，发生法律效力；未经登记，不发生法律效力。虽然案涉双方在离婚协议中约定上述房屋产权均归原告所有，但这仅是刘某锋对自己在系争房屋产权中所拥有份额的处分，该处分行为并未经产权变更登记，故不能直接发生物权变动的法律效果，因而不具有对抗案外第三人的法律效力。

鉴于案涉系争房屋的产权未进行变更登记，所以第三人刘某锋仍为系争房屋的登记簿上的产权人，其在系争房屋中的产权份额尚未变动至原告名下，故在其对外存在未履行债务的情况下，被告吕某白作为案涉第三人的债权人，要求对第三人名下的财产予以司法查封并申请强制执行，符合法律规定。

案件评述

一、不动产物权变动原则上以登记完成为生效要件

《民法典》物权编第二百零九条沿袭的《物权法》第九条规定，不动产物权的设立、变更、转让和消灭，经依法登记，发生效力；未经登记，不发生效力，但是法律另有规定的除外。《民法典》物权编沿袭《物权法》的有关规定明确，不动产物权变动原则上以登记完成为生效要件。所以夫妻双方签订的离婚协议中对不动产归属的约定并不直接发生物权变动的效果，一方仅可基于债权请求权向对方主张履行房屋产权变更登记的契约义务。在不动产产权人未依法变更的情况下，离婚协议中关于不动产归属的约定不具有对抗外部善意第三人债权的法律效力。

大部分婚姻法学者认为，在调整夫妻内部财产关系时，应优先适用《婚姻法》的规定，但在调整夫妻与第三人之间的物权关系时，则应优先适用《物权法》的规定。只要夫妻双方不动产归属约定真实有效，即可发生物权变动的债权效力，只是未经不动产登记，不得对抗善意第三人。

二、离婚协议对不动产归属的约定不发生物权变动的效力

曾有法院认定，离婚协议具有人身属性，约定房屋所有权后虽未经登记，但在夫妻间应适用亲属法规定，不存在善意第三人时，应当认定发生物权变动效力。① 其理由是：

其一，《婚姻法》第十九条规定："夫妻可以约定婚姻关系存续期间所得的财产以及婚前财产归各自所有、共同所有或部分各自所有、部分共同所有。约定应当采用书面形式。没有约定或约定不明确的，适用本法第十七条、第十八条的规定。夫妻对婚姻关系存续期间所得的财产以及婚前财产的约定，对双方具有约束力……"双方签订的离婚协议已备案登记，合法有效。

《婚姻法》立法原意为尊重夫妻间的真实意思表示，夫妻间的约定无须另行经过物权变动，在婚姻关系内部已经发生法律效力。

其二，虽然《物权法》规定不动产物权的设立、变更、转让和消灭应

---

① 最高人民法院中国应用法学研究所编：《人民法院案例选》2016年第2辑（总第96辑），人民法院出版社2016年版，第145～149页。

当经过登记和公示，方能产生物权效力，否则不具有对抗第三人的效力。但其第十五条同时规定，当事人之间订立有关设立、变更、转让和消灭不动产物权的合同，除法律另有规定或者合同另有约定外，自合同成立时生效；未办理物权登记的，不影响合同效力。离婚协议关于不动产归属约定虽未办理变更登记，但不影响其效力。

其三，《合同法》第二条原则性规定了婚姻、收养、监护等有关身份关系的协议，适用其他法律规定。经登记备案的离婚协议作为身份关系协议，则应适用《婚姻法》的规定。就不动产物权的转移、变动而言，《物权法》及《合同法》的规定是一般规定，《婚姻法》对夫妻财产关系的规定是特殊规定。因此，约定房屋的所有权在夫妻间应尊重当事人的意思。

其四，根据物权大于债权的法律原则，物权发生变动而未履行登记和公示程序的，所不能对抗的是善意第三人主张的物权，而非债权。故而只要双方所签离婚协议已备案登记，即合法有效。显而易见，其失误在于并未真正理解潘德克顿民事法律行为的“区分原则”，没有把债权约定的生效和物权变动法律行为的成立及生效，两者区别开来。

不过，最高人民法院公报案例业已明确规定：根据《物权法》的规定，不动产物权变动原则上以登记完成为生效要件。夫妻双方签订的离婚协议中对不动产归属的约定并不直接发生物权变动的效果，一方仅可基于债权请求权向对方主张履行房屋产权变更登记的契约义务。只是在不动产产权人未依法变更的情况下，离婚协议中关于不动产归属的约定不具有对抗外部第三人债权的法律效力。[①]

所以目前我们应当以最高人民法院的规定为依据，《民法典》物权编肯认了在夫妻双方签订的离婚协议中，对于不动产归属的约定不直接发生物权变动的法律效力。

---

① 参见《最高人民法院公报案例》2017 年第 3 期。

第二章　物权的设立、变更、转让和消灭

第一节　不动产登记

第二百零九条　【不动产物权的登记生效原则及其例外】不动产物权的设立、变更、转让和消灭，经依法登记，发生效力；未经登记，不发生效力，但是法律另有规定的除外。

依法属于国家所有的自然资源，所有权可以不登记。

【条文疏义】

本条沿袭了《物权法》第九条之规定。

一、不动产登记制度

1. 不动产的定义

一般是指性质上不能移动或者虽然可以移动但移动会损害其价值的物。由于不动产具有重要的经济意义，所以法律规定了严格的不动产登记制度来确定其归属。

2. 不动产登记

其是指权利人申请有关机关将不动产上的物权变动事项记载于不动产登记簿上的事实。从私法意义上讲，不动产物权登记的主要目的有二：一是明确不动产物权的归属，二是保障不动产的交易安全。完备的不动产物权登记制度不仅是财产交易有序化的必要条件，也是物权制度赖以生存的

重要基础。

二、世界各国不动产登记的立法例及其特点

1. 德国模式的权利登记制度

（1）不动产登记为物权变动之效力发生要件

不动产物权要发生法律上的变动效力，除当事人的合意外，尚须进行登记。

（2）不动产登记要采所谓“实质审查主义”

在实质登记中登记官进行不动产登记时，享有审查不动产物权变动实质之法律关系的权限。

（3）不动产登记具有公信力

此种公信力即意味着不动产登记簿上之事实，即使在实体法上不成立或无效，也不得以其不成立或无效对抗善意第三人，通常视为其在实体上依然有效。

（4）不动产登记簿采“物之编成主义”

即物权登记簿以不动产为标准编制而成。

（5）登记内容仅记载物权之静的状态

即于登记簿不记入物权的变动事实，而仅记入物权的现时状态。

2. 法国模式的“契据登记制度”①

（1）不动产登记为物权变动对抗第三人的要件

即物权变动，依当事人的合意即可发生法律上的效力，至于登记不作为已发生的物权变动对抗第三人的构成要件。

（2）不动产登记机关于登记之时仅作形式上的审查

不动产登记机关对于物权变动并无实质的审查权限。

（3）不动产登记并无法律上的公信力

不动产登记事项，与登记实质上不成立或无效时，不得以之对抗善意

---

① 史尚宽：《土地法原论》（第五版），中国政法大学出版社1975年版，第58～59页。

第三人。

(4) 不动产登记簿的编成采“人的编成主义”

即不以不动产为标准，而以权利人为标准编成。

(5) 不动产登记须登记物的“动”的状态

即不动产登记过程之中，不仅要登记物权的现时状态，而且须登记物权的变动历程。

3. 澳大利亚模式的“托伦斯登记制度”

澳大利亚托伦斯登记制度以其创始人托伦斯命名，1855 年始行于南澳大利亚洲，又称“登记发证制度”或“地券交付主义”，其是指经实质审查，用政府所发的凭证确认产权以便利物权移转的物权制度。

此制度被澳大利亚所有的州、新西兰、英格兰、苏格兰、爱尔兰、加拿大大部分的省、新加坡、马来西亚以及美国的科罗拉多州、夏威夷州等相当多的州所采用。被认为是登记制度中最优秀的制度。其主要特点为：

(1) 程序严格而采人的编成

特定的不动产初始登记之时，不动产登记机关须依一定的程序，精确查明该不动产的权利状态后，始得制成记载此权利状态之登记券两份。一份交与所有人，另一份保存，登记簿上的编成采取人的编成主义，即不动产登记簿按不动产权利人登记的先后次序编成，而不是以物为标准。地籍图可辅助说明登记簿的内容。

(2) 颁发不动产权利凭证

不动产物权变动之时，登记机关审查以后，记录权利的变动，要制成特定的制式证书两份，登记机关保留正本，权利人取得副本，正副本内容完全一致，副本作为不动产权利人持有的土地权利凭证。

(3) 虽初次登记不强制，但一经登记即进入强制登记状态

不强制要求一切不动产都必须登记，但任何一种不动产只要经第一次登记，其后每一次权利的转移或变动，都必须经过登记，非经登记不发生效力。登记采取实质审查主义。登记机关对登记都要进行实质性审查，并

可要求经公告程序后方准予登记。

（4）登记有公信力且不动产登记机关负有赔偿责任

不动产权利一经登记，便有不可推翻的效力。此种不动产登记后所产生的不可推翻的效力是由国家保证的，国家专门从收取的登记费中提取一定比例资金作为保证金，以赔偿由于错登而使权利人受到的损失。不动产上如设有抵押权或其他权利，则作为其负担予以登记。不动产经登记后，如有处分或设定负担，以及其他各种法律行为，须依照法定的契约方式，订立契约。

三、我国的不动产登记制度的模式

1. 物权制度包括其登记制度具有鲜明个性

我国目前立法受转型期社会的影响，其行政管理倾向较为明显，保障交易安全功能尚待进一步完善，物权法在此主要采德国登记规则，但遗憾的是并未建立起完善的赔偿储备金等制度，故不具备托伦斯登记制度的特色。

同时需要注意的是，对于不动产登记，各国大都有单行的不动产登记法，但其地位有所不同。在德国，基于物权行为的理论，登记是物权变动的程序要件，故《德国不动产登记法》成为关于物权的程序法；在日本，《日本不动产登记法》是民法的特别法；在意大利，《意大利民法典》将登记制度列入第六章“权利的保护”的范畴，并且从契约的文件角度规定登记事项，明定动产与不动产两种登记。

总之，不动产登记法的地位很大程度上受到物权基本理论及立法者主观认识的影响。

2. 我国实践中采取的为不动产形式审查的“实质主义登记”

依照本条的规定，不动产物权的变动必须办理登记手续，否则不发生物权变动的效力。在实质主义登记下，不动产物权的变动不仅需要当事人的法律行为，还需要登记。法律行为和登记双重法律事实决定了不动产物权变动的效力。与实质主义登记相对的是形式主义登记。在形式主义登记下，不动产物权的变动，当事人的法律行为是决定物权变动的唯一效力依据，登记与否仅仅是对抗第三人的要件。[①]

物权的取得与变动，依照不动产实质主义登记应当通过可取信于社会公众的外部表现形式，就不动产而言，法律规定其公示方法即为不动产物权登记。同时，为保护交易安全，应当采取实质主义登记的立法模式。然而，由于社会生活的现实需要，又有必要承认非依法律行为变动的不动产物权无须登记即可发生效力。在不牵涉第三人的情况下，新权利人可以享有对不动产的自由支配。但如果第三人的利益牵涉其中，不动产物权登记制度仍然应当发挥重要作用。[②] 本条中的“法律另有规定的除外”主要是指非依法律行为的物权变动，这主要包含物权法明文规定的几种特殊情形。在这几种情况下，物权的变动无须公示即可直接生效。

根据《宪法》“矿藏、水流、森林、山岭、草原、荒地、滩涂等自然资源，都属于国家所有，即全民所有；由法律规定属于集体所有的森林和山岭、草原、荒地、滩涂除外”之规定，国家对自然资源的所有权已经为宪法所确认和公示，无须登记。

【典型案例】

“一房二卖”，房屋归谁[③]

——不动产物权登记的效力

基本案情

杨某与钱某为夫妇，二人于2007年10月以32万元的价格购置三居室楼房一套，后因嫌该房离其工作单位较远，决定将该房卖掉，但一直未找

---

① 梁慧星：《中国物权法草案建议稿附理由——物权编》，法律出版社2004年版，第19页。

② 王全弟、佘轶峰：《非依法律行为的不动产物权变动研究——以实质主义登记立法为背景》，载《复旦学报（社会科学版）》2005年第5期。

③ 参见唐某诉杨某、汪某房屋买卖合同纠纷案，载法信网，http：//www.faxin.cn/lib/cpal/AlyzContent.aspx？isAlyz = 1&gid = C1270364&libid = 0201&userinput = %E4%B8%80%E6%88%BF%E4%BA%8C%E5%8D%96，最后访问时间：2020年6月12日。

到合适的买主。2008 年 2 月初，杨某赴外地出差，唐某经人介绍，找到钱某，称已过去看过房，愿以 28 万元价格买下，钱某不同意，双方经协商，钱某决定以 30 万元价格将该房出售。次日，唐某先将 15 万元送来。钱某遂将钥匙交给唐某，但因产权证被杨某存放在其单位，钱某提出待其丈夫出差回来，即办理产权过户登记。办完手续后唐某再付 15 万元。

同年 5 月初，杨某从外地回来后得知该房价格已经上涨，遂找到唐某，要求增加 2 万元价款才能去办理过户登记手续，唐某不同意，杨某便在同年 5 月 10 日以 32 万元的价款，将该房卖给了汪某，并于 5 月 15 日与汪某办理了登记过户手续。汪某遂找到唐某要求其搬走，唐某遂到法院提起诉讼，告出卖人杨某与买受人汪某侵害了其所有权，并要求法院解除杨某与汪某之间的房屋买卖合同。

而杨某则提出，其妻钱某将该房卖给唐某时，他并不知情，也未征得其同意，因此案涉买卖行为无效。

法院审理

法院经依法开庭审理，于 2008 年 6 月作出判决，认定汪某与杨某之间的房屋买卖合同合法有效，判定唐某腾出争讼房屋交付汪某，同时判决杨某赔偿唐某因合同履行不能所受到的损失 2.5 万元。

案件评述

“一房二卖”是实践中经常发生的房屋产权纠纷类型。虽然“买房必须登记”的观念已经日趋深入人心，但是现实中由于交易诚信、登记不便、登记机关失职，甚至逃避税费等问题，房屋买卖不登记的现象还时有发生。

一、前后两个房屋买卖合同的效力

前后两个房屋买卖合同的效力取决于合同本身，应当考虑 4 个因素：合同主体的缔约能力；意思表示真实、自愿；标的确定、合法；符合法定形式。因此，正如法院对于本案的认定，前后两个房屋买卖合同都是有效的。但因为案涉房屋的唯一性，两个有效的合同中必定有一个履行不能。这正体现了物权与债权的区别，物权是绝对权，同一物上不可能同时存在两个所有权；而债权是相对权，同一物上可以同时存在若干债权。因此，从理论上来说一个人完全可以将自己的房屋同时卖给许多人。然而，债的目的在于债权的实现，即债的履行。虽然作为房屋所有权转移的标志，过户登记是物权上的要求，与合同的效力无关，但是其属于出卖人的义务，属于合同履行的范畴。一个人就同一房屋进行多次出卖，其所签订的合同都可以是有效的，但这就意味着出卖人必须同时向多人去履行自己的合同义务，即办理房屋过户登记手续。显然，在客观上他是不能全部履行的。他只能向其中一人履行转移所有权的义务，而对于其他人，出卖人就只能承担违约责任。

二、不动产登记与房屋买卖合同的效力关系

根据物权的变动与其基础行为相区分的原则，不动产过户登记只是房屋买卖合同法律上的交付要件，影响的是房屋所有权的转移，并不影响房屋买卖合同的效力。房屋买卖合同的签订仅仅是在当事人之间产生债权关系，即合同的一方根据合同可以要求房屋所有人向其转让房屋所有权。至于房屋所有权是否已经转移到买受人手里，则要依据《物权法》的相关规则。根据《物权法》的规定，不动产物权的设立、变更、转让和消灭，经依法登记，发生效力；未经登记，不发生效力，但法律另有规定的除外。据此，买受人只有办理了过户登记手续之后才可以享有房屋的所有权。所以实践中大量存在的交付房产证、交付钥匙或实际居住都不是物权转移的法定方式，不受法律保护。

案涉两份房屋买卖合同应该都是有效的，根据债的平等性原理，其效力也无时间先后之分，互不具有优先性。杨某将房屋卖与汪某，并办理了过户登记手续，因此该房屋的产权应该归汪某所有。杨某与唐某间的房屋买卖合同虽然也合法有效，但由于汪某已合法取得房屋所有权，对唐某而言已发生法律上的履行不能。在此情况下，唐某可向杨某主张违约责任，也可要求解除合同，赔偿损失。

三、民事责任及其他法律责任均须具体问题具体分析

“一房二卖”或是“一房多卖”的法律责任是要具体问题具体分析的。“一房多卖”首先要承担的是民事责任。卖方如果签订了若干有效的合同，那么对于若干不能履行的合同，卖方都要承担违约责任。如果卖方存在故意欺诈，或者仅仅以骗取他人财物为目的将房屋进行多次出卖的话，其会受到《消费者权益保护法》的约束，要承担双倍赔偿责任；如果卖方的主观恶意巨大，而且后果比较严重时，卖方甚至还会受到《刑法》的制裁。

四、唐某因未办理登记而无法取得房屋所有权

由上述分析可知，本案中钱某和杨某作为卖方，先后将房屋卖给唐某和汪某，是典型的“一房二卖”。虽然，唐某买房在先，房屋也已经交付，但由于未办理过户登记，所以唐某不能取得该房屋的所有权。

依此理论解读，鉴于本案判决发生于《物权法》刚刚颁行不久，案涉法院判决中所谓“杨某赔偿唐某因合同无效所受到的损失”的说法并不准确，严格来说应为案涉“一物二卖”所造成的违约责任。

第二百一十条　【不动产登记机构和不动产统一登记】 不动产登记，由不动产所在地的登记机构办理。

国家对不动产实行统一登记制度。统一登记的范围、登记机构和登记办法，由法律、行政法规规定。

【条文疏义】

本条沿袭了《物权法》第十条之规定。

一、不动产统一登记制度是相对于分散登记制度而言的

不动产登记，又称为“不动产物权登记”，它是《物权法》确立的一项物权登记公示制度，是指权利人或者利害关系人提出申请，由国家专门机关将房屋、土地、林地、草原、海域等不动产权利的设立、变更、转让和消灭或者其他法定事项记载于不动产登记簿予以公示的活动。

而统一的不动产登记机关是指依据《民法典》或其他法律的规定，按照法律规定的程序，依统一的收费标准，负责接收自然人、法人等民事主体的不动产登记申请，将不动产物权的设立、变更、消灭等情况记载于国家设立的统一的登记簿，并颁发统一的权属证书，而进行登记的社会组织。[①]

不动产登记是物权公示的重要手段，建立完善的不动产登记制度是实现不动产交易安全、有序和便捷的重要条件。随着我国市场经济体制的不断完善，不动产登记制度也在不断发展和完善。不动产统一登记制度是我国物权法律制度建设的重要里程碑，是保护广大民众财产权利、维护交易安全、促进交易便捷和活跃的重要保障，是推动社会主义市场经济健康发展的重要条件。[②]

改革开放后，为保障不动产物权的实现和交易的安全性，促进不动产交易的进行，客观的经济发展要求我国必须建立不动产统一登记制度，但综观国际社会，多数国家已经确立了不动产统一登记制度，不论是权利登记制、托伦斯登记制或是契约登记制诸类型，虽各具特点，相互独立，又相互影响和渗透，但都包括了统一登记机关、统一登记立法、统一登记簿等必要的内容。

二、过去“部门分割而多头登记”制度实践中弊端颇多

根据我国行政体制的有关规定，我国登记机关虽均为行政机关，但不完全统一，仍存在个别“多头执法”现象。我国不动产登记制度长期呈现多层级、多头登记的特点，存在有待统一法律依据和登记机关，登记类型体系尚待完善，登记程序有待优化，登记机关有待提升专业性，权属证书

① 王利明：《中国民法典学者建议稿及立法理由——物权编》，法律出版社2005年版，第27页。
② 解大勇：《土地制度与不动产登记》，载《农村经济与科技》2018年第20期。

有待统一，登记错误赔偿责任机制有待完善等问题。

例如，根据《担保法》的规定，办理抵押物登记的部门有：(1) 以无地上定着物的土地使用权抵押的，为核发土地使用权证书的土地管理部门；(2) 以城市房地产或者乡（镇）、村企业的厂房等建筑物抵押的，为县级以上地方人民政府规定的部门；(3) 以林木抵押的，为县级以上林木主管部门；(4) 以航空器、船舶、车辆抵押的，为运输工具的登记部门；(5) 以企业的设备和其他动产抵押的，为财产所在地的工商行政管理部门。“九龙治水”式的“多部门登记”制度在实践中可能导致以下弊端：

1. 增加交易成本必然不利于交易便捷

在当事人如若要以多项财产向同一债权人提供抵押时，其不得不根据抵押标的不同进行多次登记。此外，由于各登记机关有其各自的登记程序，要求当事人提交的材料也尚待统一。这些无疑都会使当事人耗费大量的时间，并且增加登记费用。

2. 权力交叉也必然会影响交易安全

对于同一物权，如果不同的当事人要到不同的机关去办理同样的登记，则必然会造成物权变动法律基础的冲突，影响交易安全。

正是考虑到以上这些弊端，为严肃不动产物权登记的公信力，《民法典》物权编沿袭《物权法》的规定，采取了不动产统一登记制度。具体包括统一的法律依据、统一的登记机关、统一的登记效力、统一的登记程序以及统一的权属证书。这些具体细节将由法律、法规进行具体规定。

三、持续完善我国不动产登记制度优化营商环境[①]

国家对不动产的登记实行统一登记制度。统一登记的范围、登记机构和登记办法，均由法律、行政法规规定，无疑将有利于明确权利边界，实现不动产等诸多资源在市场配置中权责统一，其最初的立法意旨不但是从

① 王立彬：《我国持续完善不动产登记制度优化营商环境》，载新华社，http：//www.xinhuanet.com/local/2019－03/09/c_ 1124214272.htm，最后访问时间：2020 年 6 月 8 日。

便民角度出发，而且在诉讼中，亦能够明确诉的主体和争议内容，使法院在适用法律时于法有据。登记财产一直是世界银行营商环境评价的指标之一，主要用于衡量企业从二级市场购买土地、房产等不动产所需的流程、时间及办理费用，并从信息透明度、土地争议解决指数等角度评估土地管理质量。评价涉及的财产登记程序、时间和费用包括与不动产交易、税务、登记等政府部门之间的各项事务以及律师、公证员等中介服务机构的尽职调查等事项。

得益于近年来不动产统一登记制度的加快完善，我国以土地、房产等不动产为主的登记财产指标排名跻身全球先进行列。世界银行发布的《2019 营商环境报告》显示，在其监测的 190 个经济体中，我国营商环境评价“登记财产”指标从 2018 年的第 41 名上升至第 27 名，提升了 14 名，达到全球先进水平。

实行不动产统一登记制度是市场经济发展的内在要求，也是城镇化背景下发展的必然趋势，同时也是与国际不动产登记制度的逐步契合。不但有利于更好地落实物权法的规定，保障不动产交易安全，有效保护不动产权利人的合法权益，还具有激活沉淀资产、撬动经济发展的杠杆功能，对提高政府治理效率，方便企业、方便群众等都具有重要意义。同时这既是稳增长、促改革、调结构、惠民生的重要政策工具，也是全面建成小康社会的重要措施。

不动产统一登记制度既为商品交换的基础性的法律制度，我们自然须结合国内外建设不动产统一登记制度的实践，根据我国目前的经济发展水平和不动产登记状况，构建不动产统一登记制度需要明确不动产登记范围，建立完善的不动产统一登记制度的法律体系，不仅应设立专门的不动产登记机关，制定统一的登记程序，统一权属证书的形式和内容，还应当完善不动产登记错误赔偿机制，加强不动产登记簿的公开化和电子化。

【典型案例】

行政机构不能以未经公证为由拒绝登记申请[①]

——统一不动产登记的作用与意义

基本案情

2011年5月23日，曹某林亲笔书写遗嘱，将其房产及一间储藏室（8平方米）以及曹某林名下所有存款、住房中的全部用品无条件赠给陈某华。后曹某林于2011年6月22日在医院去世。

2011年7月22日，原告经该市公证处作出公证，声明接受曹某林的全部遗赠。2011年8月3日，原告携带曹某林遗嘱、房产证、公证书等材料前往被告下设的房地产交易中心办理过户手续被拒绝。2011年10月10日，原告向被告提出书面申请，要求被告依法为其办理房屋所有权转移登记，被告于2011年10月27日书面回复，以“遗嘱未经公证，又无‘遗嘱继承权公证书’”为由不予办理遗产转移登记。

原告认为被告强制公证的做法，与我国《继承法》《物权法》《公证法》等多部法律相抵触。故提起行政诉讼，要求法院确认被告拒为原告办理房屋所有权转移登记的行为违法，责令被告就该涉案房屋为原告办理房屋所有权转移登记。

本案被告区住房和城乡建设局（以下简称区住建局）辩称，原告陈某华仅以曹某林所立书面遗嘱为依据提出房屋所有权转移登记申请，该遗嘱并未经过公证，且原告也未提供该遗嘱分割协议，故不符合《联合通知》的规定，不应为其办理房屋所有权转移登记。

---

① 参见陈某华诉南京市江宁区住房和城乡建设局不履行房屋登记法定职责案，载法信网，http://www.faxin.cn/lib/cpal/AlyzContent.aspx?isAlyz=1&gid=C998106&libid=0203，最后访问时间：2020年6月9日。

法院审理

法院经审理认为，根据相关法律法规的规定，房屋登记由房屋所在地的房屋登记机构办理。被告区住建局作为房屋登记行政主管部门，负责其辖区内的房屋登记工作。

根据《行政诉讼法》第五十二条之规定及第五十三条之规定，根据《物权法》第十条第二款“国家对不动产实行统一登记制度。统一登记的范围、登记机构和登记办法，由法律、行政法规规定”之规定，《继承法》第十六条第三款“公民可以立遗嘱将个人财产赠给国家、集体或者法定继承人以外的人”之规定，以及第十七条第二款“自书遗嘱由遗嘱人亲笔书写，签名，注明年、月、日”之规定，《房屋登记办法》[①] 第三十二条“发生下列情形之一的，当事人应当在有关法律文件生效或者事实发生后申请房屋所有权转移登记……（三）赠与……”之规定可知，我国未作出规定，要求遗嘱受益人须持公证机关出具的遗嘱公证书才能办理房屋转移登记。

本案中，《联合通知》是由司法部和建设部联合发布的政府性规范文件，不属于法律、行政法规、地方性法规或规章的范畴，其规范的内容不得与《物权法》《继承法》《房屋登记办法》等法律法规相抵触。行政机关行使行政职能时必须符合法律规定，行使法律赋予的行政权力，其不能在有关法律法规规定之外创设新的权力来限制或剥夺行政相对人的合法权利。行政机构以此为由干涉行政相对人的合法权利，要求其履行非依法赋予的责任义务，法院不予支持。故被告依据《联合通知》的规定要求原告必须出示遗嘱公证书才能办理房屋转移登记的行为与法律法规相抵触，对该涉案房屋不予办理房屋所有权转移登记的具体行政行为违法。

据此，案涉区人民法院于 2013 年 7 月 24 日判决：

---

① 现已失效，后文不再注明。

其一，撤销被告区住建局于2011年10月27日作出的《关于陈某华办理过户登记申请的回复》。

其二，责令被告区住建局在判决发生法律效力后30日内履行对原告陈某华办理该涉案房屋所有权转移登记的法定职责。

区住建局不服一审判决，向该市中级人民法院提起上诉，在审理过程中，区住建局同意为陈某华办理涉案房屋的登记手续并申请撤回上诉，该市中级人民法院于2013年10月8日裁定如下：准予上诉人区住建局撤回上诉。

案件评述

一、法律规范效力等级理论在法律适用中意义重大

本案中双方唯一的争议点，即房产登记部门要求陈某华提交经过公证的相关材料是否合法，所以本案的争议焦点就成了司法部、建设部颁布的《联合通知》相关内容的合法性以及因继承、受遗赠办理房产登记时是否需要提交经过公证的相关材料。

《联合通知》是由司法部和建设部联合发布的政府性规范文件，不属于法律、行政法规、地方性法规或规章的范畴，其规范的内容不得与《物权法》《继承法》《房屋登记办法》等法律法规相抵触。根据《民法典》物权编第二百一十条所沿袭的《物权法》第十条的规定，不动产登记，由不动产所在地的登记机构办理。国家对不动产实行统一登记制度。统一登记的范围、登记机构和登记办法，由法律、行政法规规定。依《联合通知》的规定需要陈某华提交经过公证的相关材料，但《物权法》并未作出明确规定。但同时我国又存在继承受遗赠强制公证的制度，二者之间的冲突不仅表现为法律上的冲突，同时也是现实中的困境。现实生活中类似陈某华这样的案子不是个案，本案具有特殊意义。

正如有学者指出，陈某华案虽不是第一起否定继承受遗赠强制公证的案件，但却是已影响至今，并开始超越个案进而为我们反思和变革现有做法提供重要契机的案件。从法律规范角度分析，以行政规范性文件

作为确立继承受遗赠强制公证的依据，不可避免会存在合法性上的困境。就继承受遗赠强制公证在我国的正当性问题上，的确仍留有得以维系的可能。[①] 陈某华案件判决之前，不同地方曾出现过类似案件，法院判决却不同，就因继承、受遗赠办理房产登记时是否需要提交经过公证的相关材料存在不同的做法，该问题在实务上有争议，在理论界也存在不同声音。

二、法院判决的合法性与正当性须基于法律渊源的效力等级

我国目前关于当事人因继承、受遗赠申请房产登记时，房产登记部门通常要求当事人提交经过公证的相关材料，如继承权公证书。自1991年以来，这一做法业已成为因继承、受遗赠进行房产登记的基本要求和惯例。在陈某华之前有18起类似案件，其中14起案件法院都是判决认可需要提交经过公证的相关材料，法院均以登记机关未要求申请人提供公证材料即办理登记手续，构成违法，撤销登记。另4起案件中法院认为继承公证不是办理房产继承转移登记的法定要件，登记机关未要求当事人提交公证材料办理登记的行为不构成违法。而其他案件法院则是以诉请登记机关履行登记法定职责的诉讼，认为提交公证材料作为办理房产登记的条件不合法。

本案明显属于占少数的这一边，但是陈某华案成为最高人民法院公报案例，《民法总则》已经对民法的渊源进行了进一步明晰，我们应该看到本案在推动不动产登记条件的变革特别是房产登记条件的变革方面，提供了重要契机。

正如有学者指出，我们不仅需要思考个案中法院判决的合法性与正当性，更为重要的问题是，我们是否需要继承受遗赠房产登记强制公证制度。这是一个很复杂的问题，涉及多方利益，因此还有待进一步研究。

---

① 杨伟东：《继承受遗赠强制公证的合法性和未来走向——以陈某华诉南京市江宁区住房和城乡建设局不履行房屋登记法定职责案为分析基点》，载《法律适用》2015年第4期。

三、不动产统一登记制度改革与实施的重大意义

1. 实行不动产统一登记是助力全面建成小康社会的重要举措

不动产，包括土地、海域及其附属的房屋等建筑物、构筑物和森林、林木等定着物，既是重要的资源，也是重要的资产和资本。长期以来，我国的不动产处于分散登记的状态，职能交叉、各自为政，不但制度成本高，而且很多技术上的问题尚未得到解决，造成了不动产产权不明晰、管理权责不明确的问题，客观上阻碍了不动产市场交易的正常运行，影响了不动产权利人财产权益的实现，弱化了城乡经济协调发展的动力。

我国既是世界上最大的发展中国家，也是最大的农业国家之一，这一点显得尤为重要。因此，实行不动产统一登记，对于我们这样一个农村经济比较薄弱的大国来说，意义更加重大，作用更加显著，将促进土地等资源要素的合理有序流动。

2. 不动产统一登记是全面深化改革中一项十分重要的改革

2013 年，党的十八届二中全会和十二届全国人大一次会议审议通过的《国务院机构改革和职能转变方案》，明确将建立不动产统一登记制度列入加强基础性制度建设的范畴，充分说明了不动产统一登记制度在全面深化改革方略中的重要性和基础性。只有产权明晰、权责清楚、法制健全，市场交易双方的权益才能够得到安全保障，市场才能灵、经济才能活。如果不动产产权制度不完善，有序、安全的市场交易就无从谈起，与不动产相关的其他改革也就难以开展。可见，建立和实施不动产统一登记制度，是全面深化改革中一项十分重要的举措，是构建中国特色社会主义市场经济体制的一项重要的基础性制度。

3. 不动产统一登记是自然资源管理部门依法治国的重要内容

全面推进依法治国，建设法治国家，其前提和要求就是要让人民群众的人身权、财产权等各项基本权利得到充分尊重，各种所有制经济组织和个人的财产权得到依法确认和依法保护，不动产统一登记制度，将为资产法制化创造基本条件，这是有效保护不动产权利人合法财产权的核心制度

安排。所以，积极推动不动产统一登记制度的落实，也是自然资源管理部门落实全面依法治国、推进法治国土建设的重要任务。原国土资源部党组高度重视不动产统一登记法治化建设工作，曾印发《关于全面推进法治国土建设的意见》，明确提出了“建立健全以不动产统一登记为基础的自然资源产权法律制度”。这是我国土地督察机构义不容辞的职责所在，必须全力以赴贯彻落实，不折不扣完成任务。

4. 不动产统一登记是简政提效、方便群众的客观要求

高效、便民、服务，是中央政府推进行政体制改革的主基调。我们的一切行政服务行为，都要把是否高效作为衡量的标准，都要把是否便民作为服务群众的根本出发点和落脚点。不动产统一登记作为一项系统性改革，同样也不例外。李克强总理曾在国务院常务会上明确强调，不动产统一登记是简政放权、转变职能、方便群众的一项重大改革举措。这是对不动产统一登记工作的明确定位。

总之，我们要以更加宽广的视野，深刻理解不动产统一登记对健全现代产权制度、提高政府治理水平、方便企业群众、促进市场经济发展等方面的重大意义，进一步提高思想认识，增强责任感和紧迫感，把思想和行动统一到党中央、国务院的决策部署和自然资源管理部门的要求上来，把我们的不动产登记职责和机构整合工作抓紧抓好、抓出成效。[①]

第二百一十一条 【申请不动产登记应提供的必要材料】当事人申请登记，应当根据不同登记事项提供权属证明和不动产界址、面积等必要材料。

【条文疏义】

本条沿袭了《物权法》第十一条之规定。

---

① 严之尧：《国家土地总规划师：不动产统一登记制度改革的重大意义》，载《经济日报》2015年11月14日。

一、不动产权利的登记能力

1. 登记能力的概念

究竟哪些不动产权利可以记载于登记簿并产生特定法律效力，此即所谓不动产权利的登记能力问题。

不动产登记簿除了记载不动产的自然状况（标示部分）之外，主要反映不动产之上的权利状况，如此才能达到不动产登记维护交易安全和提高交易效率的公示目的。但并非所有不动产权利均能登载于不动产登记簿，否则，不仅违背了不动产登记的公示目的，也加重了登记机构的负担。

2. 我国不动产登记规范就不动产权利的登记能力均作了规定

其中，《土地登记办法》明确规定包括“国有土地使用权、集体土地所有权、集体土地使用权和土地抵押权、地役权以及依照法律法规规定需要登记的其他土地权利”（第二条第一款）。①

这里，“国有土地使用权，包括国有建设用地使用权和国有农用地使用权；集体土地使用权，包括集体建设用地使用权、宅基地使用权和集体农用地使用权（不含土地承包经营权）”（第二条第二款）。《房屋登记办法》明确规定的可登记的房屋权利包括房屋所有权、抵押权、地役权等。在这些既有规定的基础上，《不动产登记暂行条例》第五条统一规定：“下列不动产权利，依照本条例的规定办理登记：（一）集体土地所有权；（二）房屋等建筑物、构筑物所有权；（三）森林、林木所有权；（四）耕地、林地、草地等土地承包经营权；（五）建设用地使用权；（六）宅基地使用权；（七）海域使用权；（八）地役权；（九）抵押权；（十）法律规定需要登记的其他不动产权利。”

这里第一项至第三项规定的是不动产所有权；第四项至第六项、第八项、第九项是《民法典》物权编所沿袭的《物权法》明确规定的不动产他

---

① 2017 年 12 月 29 日，国土资源部部长姜大明签署第 78 号国土资源部令，决定废止《土地登记办法》（国土资源部令第 40 号）。

物权；第七项是《民法典》物权编沿袭的《物权法》用益物权编“一般规定”（第一百二十二条）中明确肯认且由其他法律（《海域使用管理法》）具体调整的不动产他物权（又称准物权）；第十项是兜底条款，明确“法律”中可以规定不动产权利的登记能力。

二、《物权法》和其他法律中规定的各类物权的登记能力

在登记能力法定的观念之下，不动产物权的登记能力首先受“物权法定原则”的约束，具有登记能力的不动产物权无论在类型还是在内容上均需有明确的法律根据来支持。这里的法律根据，包括《民法典》物权编沿袭的《物权法》和其他法律。就《民法典》物权编沿袭的《物权法》所规定的不动产物权种类而言，所有权部分有土地所有权和建筑物、构筑物所有权；用益物权部分有土地承包经营权、建设用地使用权、宅基地使用权和地役权；担保物权部分有抵押权（又有一般抵押权和最高额抵押权的区分）。其他法律中规定的不动产物权种类，包括了海域使用权、探矿权、采矿权等。

不动产产权的登记制度使得物权公示制度得到了落实，从而将物权法的法律效果予以具体实现。不动产的类型有很多种，不动产登记根据其不动产的性质和作用的不同，也分为很多种。在具体的不动产产权登记中存在着多种权利类型，而不同的权利类型所依据的法律又有其差异性。不动产登记作为我国物权法确立的一项制度，记载的是该不动产物权变动的事项，作为一种公示手段，使人们能够知晓，以便对该不动产的处分能够使当事人双方得到保障。依据《物权法》的规定，不动产所有权、土地承包经营权、建设用地使用权、宅基地使用权、地役权、抵押权等均可申请登记。

三、不动产登记的不同类型

2015 年 3 月 1 日，《不动产登记暂行条例》正式生效，不动产统一登记在我国正式拉开序幕。《立法法》第六十五条第三款规定：“应当由全国人民代表大会及其常务委员会制定法律的事项，国务院根据全国人民代表

大会及其常务委员会的授权决定先制定的行政法规……"

《立法法》第十条第二款规定，授权期限不得超过五年，但授权另有规定的除外。《不动产登记暂行条例》作为不动产统一登记过渡期内的一部行政法规，其规定相对原则。2016 年 1 月 1 日，《不动产登记暂行条例实施细则》正式施行，明确了不动产统一登记的各项实体与程序规定。

从实体法上登记事项的权利内容及其效力的变动看，《不动产登记暂行条例》第三条规定了其可包括：不动产首次登记、变更登记、转移登记、注销登记、更正登记、异议登记、预告登记以及查封登记等。①

1. 首次登记

尽管其在不同条文中有着不同的含义，但是《不动产登记暂行条例实施细则》第二十四条规定，未办理不动产首次登记的，不得办理不动产其他类型登记。可见此处的首次登记，强调的是自物权登记对于他物权登记的基础作用，所以在不动产登记中提到首次登记通常是指土地、房屋等不动产所有权的初始登记。即指不动产的所有人依法在规定的时间内对其权利进行的第一次登记，其登记原因一般既可能是因为新的不动产法付诸实施，需要对不动产所有权进行清理性登记，也可能是对新产生的不动产，如新建成的建筑物等进行登记。

2. 变更登记

不动产变更登记的广义概念包括权利主体、客体、内容的改变，狭义概念仅包括客体、内容的改变。根据《民法典》物权编沿袭的《物权法》第一百二十九条规定，土地承包经营权人将土地承包经营权互换、转让的，当事人可以向登记机构申请登记。类似的规定还有《土地登记办法》第二十八条的规定等。②

由此可见，上述法条规定的变更登记包括权利主体的变更，即不动产

① 孙宪忠：《中国物权法总论》，法律出版社 2003 年版，第 217～220 页。
② 已于 2017 年 12 月 29 日废止。

物权转让登记，这是变更登记的广义概念，亦称不动产转移登记，仅限于不动产权利主体发生了改变，《不动产登记暂行条例实施细则》第二十七条明确列举了转移登记的情形。但是《不动产登记暂行条例实施细则》第二十六条规定的变更登记，采取了狭义概念，将变更登记仅限于不动产权利客体、内容的变化，包括在不涉及其他人的情况下权利主体对自己权利内容的变更。例如，国有土地使用权人变更土地的使用目的，或者扩大与缩小原来的权利范围的登记等。

3. 注销登记

也称废止物权登记。包括权利人抛弃其不动产物权的登记和不动产因自然灭失（如房屋因自然灾害而灭失）而进行的登记。其往往是指权利人对自己享有的不动产主动废止所有权行使的行为。

不动产权利的消灭往往是注销登记的起因，它一般包括绝对消灭和相对消灭，绝对消灭即指不动产权利依附的特定物的灭失。

4. 更正登记

所谓更正登记即对错误的内容予以纠正登记。有两种情况：其既可是利害关系人确有证据证明登记错误，且权利人同意更正的；亦可是不动产登记机构发现登记簿记载事项错误，依法定程序所进行的更正。

更正登记与变更登记两者最主要的区别在于：对于登记簿记载的信息与不动产权利真实信息不符的事实究竟发生在什么时候的问题，更正登记，强调的是登记信息在登记之初就与实际的信息不符；而变更登记，强调的是登记之初的信息是正确的，只是之后不动产权利的客体、内容发生了变化才导致登记簿记载的信息与实际信息不相符合。

5. 异议登记

它是指对登记的内容提出异议抗辩，旨在限制登记的“正确性推定”效力，以保护特定人利益的登记。利害关系人认为登记有错误，而权利人不同意更正的，可依法申请异议登记。《不动产登记暂行条例实施细则》对更正登记与异议登记要求申请人所需提交的材料、证明登记信息错误的力度等分别作出规定。对于更正登记而言，申请人提交的材料必须能够证明登记确有错误，而异议登记申请人提交的材料只需达到证明登记错误的可能即可。如果申请人提交的材料足以证明登记错误，就可以直接依程序办理更正登记了。

6. 预告登记

它是指当事人所期待的不动产物权变动所需要的条件缺乏或者尚未成就，权利人仅仅对未来物权享有请求权时，法律为了保护这一请求权而进行的登记。旨在保护买受人的合法权益以将来能够取得该物权，暂时限制登记权利人的处分权。预告登记多发生在商品房预售、预售商品房抵押以及债权处分行为、与物权变动行为之间存在时差等情形中。预告登记是一种独立的登记类型，而预售登记备案则是一种行政管理制度，仅具有债权合同的公示效力。

7. 查封登记

它是指登记机构依法院或其他有权机关的嘱托，按法定程序对特定的不动产的处分权予以限制的登记类型。查封登记的目的在于保障利害关系人的权益和行政、司法执行的实现。查封登记一旦作出，对行政机关、司法机关、社会公众等均具有普遍约束力。[①]

8. 他项权利登记

它是指所有权以外的其他事项的登记，它们是不动产所有权确立之后针对所有权的各种限制，如土地使用权、抵押权登记等。

四、当事人应依相应的申请登记类型全面如实地提交相关材料

不同的不动产物权登记时，需要提供的权属证明材料是不同的。通过合同方式设立、变更、转让或者消灭不动产物权的，需要提供的权属证明材料就是不动产合同，如不动产抵押权合同、房地产买卖合同、建设用地使用权出让合同、农村土地承包经营合同等。如果是通过法院、仲裁的生

---

① 高圣平：《不动产权利的登记能力》，载《政治与法律》2014 年第 12 期。

效法律文书设立、变更、转让或者消灭不动产物权的，提供的权属证明材料即为法院的生效判决书、裁定书或者调解书，仲裁机构作出的生效仲裁裁决书或者调解书。通过建设、拆除等方式设立或者消灭不动产物权的，一般应当提供有关部门建设批准书等材料作为权属证明材料。在司法实践中，根据《最高人民法院关于适用〈中华人民共和国民法典〉物权编的解释（一）》第七条的相关规定，人民法院、仲裁机构在分割共有不动产或者动产等案件中作出并依法生效的改变原有物权关系的判决书、裁决书、调解书，以及人民法院在执行程序中作出的拍卖成交裁定书、变卖成交裁定书、以物抵债裁定书，应当认定为《民法典》第二百二十九条所称导致物权设立、变更、转让或者消灭的人民法院、仲裁机构的法律文书。除上述权属证明材料外，在进行登记时一般还要提供原权利人的权利证明，登记申请人的身份证明等相关材料。

【典型案例】

判断拆迁房屋物权归属的依据①

——房屋登记需提交的材料

基本案情

2010 年，巴台县城市重点工程项目建设指挥部对位于巴台县仁里镇马村社区的旧房进行拆迁。王某成所有的自建房在拆迁范围内。2010 年 4 月 28 日，王某根与巴台县城市重点工程项目建设指挥部签订了《安置协议》，补偿方式为产权调换，安置房屋两套，位于该县蓬莱路，具体为 D 栋 3 单元 201 室、502 室，后依此取得了位于蓬莱路 D 栋 3 单元 201 室安置房屋（以下简称 201 安置房）的房屋产权证、土地使用权证。

① 参见王某根、巴台县人民政府房屋拆迁管理行政复议案，载中国裁判文书网，http：//wenshu. court. gov. cn/content/content？DocID = 8c99b4bd － 857d － 4b8f － 954e － a97c0152dd76&KeyWord =，最后访问时间：2020 年 6 月 9 日。

2017年1月，王某成向巴台县政府提出行政复议申请，要求更正王某根签订的《安置协议》，申请为王某成颁发201安置房的房地产权证，巴台县政府于2017年2月8日作出巴证复决字（2017）01号行政复议决定书，决定：撤销巴台县房地产管理局作出的将201安置房产权登记给王某根的具体行政行为；巴台县不动产登记管理部门应在本决定生效之日起60日内，将201安置房产权重新登记至王某成名下。王某根对此复议决定不服，遂成讼。

法院审理

一审法院经审理认为，行政复议机关应当对被申请人作出的具体行政行为进行审查并作出行政复议决定。不动产登记机构受理不动产登记申请，应当对登记事项进行查验，对存在尚未解决的权属争议的登记申请，应当不予登记。

案涉201安置房原系王某成房屋拆迁安置所得，巴台县房地产管理局未对王某根是否合法取得该安置房屋进行合理审验，仅依据《安置协议》上登记的拆迁人即将安置房屋登记在王某根名下，程序违法，应予撤销。王某根是否合法取得201安置房未经评判，且现该安置房的权属产生争议，径行办理产权登记不符合《不动产登记暂行条例》的规定。综上，巴台县政府撤销该县房地产管理局作出的将位于蓬莱路案涉201安置房房屋产权登记给王某根的具体行政行为程序合法、适用法律正确。

二审法院经审理认为，根据《物权法》第十一条的规定，当事人申请登记，应当根据不同登记事项提供权属证明和不动产界址、面积等必要材料。本案中，王某根申请产权登记的房屋权属来源为拆迁安置，根据2010年尚在施行的《城市房屋拆迁管理条例》第四条规定，被拆迁人（即被拆迁房屋的所有人）享有获得补偿、安置的权利。

本案中被拆迁房屋的所有人为王某成，而案涉王某根提交的权属来源证明（即补偿安置协议）显示被拆迁人为王某根。在这种情况下，房屋登记机构应当根据上述法律规定查验与权属变更相关的必要材料。王某根称该房屋系第三人王某成在房屋拆迁时明确将该房屋拆迁所产生权益赠与王某根，但未提供充分证据证明，且王某成否认赠予行为。由于王某根未提交充分材料证明自己为该房产所有人，法院最终驳回王某根的诉请，维持原判。

案件评述

一、不动产登记均须依法提供相关证明材料

国家对城市房屋进行管理，实行房屋所有权登记颁证制度。所有权登记申请人需要依照法律规定提交有关证明材料。如是购买的房屋，须提交原房屋所有权证、买卖合同和契证；受赠的房屋，须提交原房屋所有权证、赠与书和契证；获准拆迁的房屋，须提交原房屋所有权证和批准拆除证件等。经房屋管理部门审查核实后，方能取得房屋所有权证。证明材料不全或房屋所有权不清楚的，暂缓登记，待条件成熟后办理。

案涉巳台县房地产管理局疏于审查其他必要的材料，仅依据《安置协议》确定的被拆迁人就将201安置房登记在王某根名下，程序违法，当事人并未提交申请登记的必要材料。

王某根不能原始取得房产，虽然其取得了房产的房屋产权证、土地使用权证。在我国，原始取得包括：劳动生产、收益、孳息、添附、拾得遗失物、漂流物、失散的饲养动物、发现隐藏物、埋藏物、先占、征收，等等；而继受取得包括：合同、继承、接受遗赠，等等。但所有权的取得不包括“登记”。虽然不动产登记是物权归属和内容的根据，但就登记本身的意义而言，其更重要的是“权利的证明”。因此《民法典》物权编第二百二十二条沿袭《物权法》第二十一条的规定，也对登记错误作出了规定，“因登记错误，给他人造成损害的，登记机构应当承担赔偿责任。登记机构赔偿后，可以向造成登记错误的人追偿”。

二、登记所须提供的证明材料由法律法规予以规定

1. 不动产登记作为公示行为依法行政越权无效

关于申请登记需要向登记机构提供哪些材料的问题，有些国家是由专门的不动产登记法去作规定的，如《日本不动产登记法》规定：申请登记，应提供申请书、证明登记原因的材料、关于登记义务人权利的登记证明书，第三人许可、同意或承诺的证明，代理人权限的证明等。我国《物权法》在此只是原则性地作出一个衔接性的规定，当事人申请登记所需要提供的具体材料，还需要专门法律法规，包括将来可能制定的不动产登记法去进一步明确。

例如，本条规定的权属证明材料可以包括权属证书、合同书、法院判决或者征收决定等，其他的必要材料也需要具体明确。此外，关于登记申请的其他一些问题，也需要专门法律法规明确，如具体的不动产物权登记申请，是共同申请，还是单方申请；注销登记是否要权利人申请，不申请怎么办，利害关系人能否申请，等等。我国在不动产登记制度上采取了权利登记模式，并坚持了设权登记为主、宣示登记为辅的原则。所谓设权登记，"乃创设物权效力之登记"；而宣示登记，"乃将已成立之物权变动昭示于人之登记"。[①]

应该看到，我国申请登记需要向登记机构提供材料的规定，有其独到的优势亦有不足。申请人提出登记申请，是财产初始登记程序的起始环节和必经步骤，是引起财产登记程序法律关系的重要法律事实，其直接后果是引起财产登记关系主体之间的权利和义务的产生，即引起登记关系的发生；其最终目的是使当事人的财产权利通过法律程序而得到法律的认可。[②] 房地产登记制度最主要的功能在于物权公示，有利于保护不动产交易的安全和正当性。一些学者认为，登记根本就不是私法上的法律行为，而是具有国家意志性的公法行为。准确地说，登记行为是公法上的确认行为。[③]

2. 不动产登记无疑是对私权契约自由的公法经济管制

房地产等不动产登记制度是公法上的行为毋庸置疑，但是同时我们应

---

① 温丰文：《土地法》，台中洪记印刷有限公司 2005 年版，第 152 页。

② 许明月、光志：《财产权登记法律制度研究》，中国社会科学出版社 2002 年版，第 80 页。

③ 于海涌：《论不动产登记》，法律出版社 2007 年版，第 128 页。

该看到，房地产登记也具有私法属性。就财产登记法而言，与财产权因登记而产生的效力有关的法律制度，实际上与财产权自身的构成和效力密切相关，是财产权制度的基本构成，因此，显然具有民事财产法（私法）的性质。①

我国对于申请登记需要提供材料的规定，见于《城市房地产管理法》第六十一条第二款，其具体规定在依法取得的房地产开发用地上建成房屋的，应当凭土地使用权证书向县级以上地方人民政府房产管理部门申请登记，由县级以上地方人民政府房产管理部门核实并颁发房屋所有权证书。

《民法典》物权编第二百一十一条沿袭《物权法》第十一条规定，当事人申请登记，应当根据不同登记事项提供权属证明和不动产界址、面积等必要材料。由于《物权法》与《城市房地产管理法》规定的内容不一致，且都属于原则性规定，并未作出统一的界定。在实践中，更是有不同的地区出台不同登记管理办法，这些都是值得我们思考的问题，或许正如有些学者提出的：充分考虑合法买受人利益的保护要求，对一般情形下的房屋所有权初始登记申请材料提供制度进行适当的调整。② 这或许是将来立法完善过程中的一个走向。

第二百一十二条　【不动产登记机构应当履行的职责】

登记机构应当履行下列职责：

（一）查验申请人提供的权属证明和其他必要材料；

（二）就有关登记事项询问申请人；

（三）如实、及时登记有关事项；

---

① 谭启平、卓洁辉：《论房屋所有权初始登记应提交材料的范围》，载《现代法学》2011 年第 3 期。

② 谭启平、卓洁辉：《论房屋所有权初始登记应提交材料的范围》，载《现代法学》2011 年第 3 期。

（四）法律、行政法规规定的其他职责。

申请登记的不动产的有关情况需要进一步证明的，登记机构可以要求申请人补充材料，必要时可以实地查看。

【条文疏义】

本条沿袭了《物权法》第十二条之规定。

不动产登记从程序上看，可以大致分为形式审查的登记和实质审查的登记两大类。

一、登记的形式审查

所谓形式审查，通常是指当事人提出申请，只要手续完备，材料齐全，符合法律规定的程序性条件即可准予登记而不考察当事人提供的申报材料内容是否属实，有无瑕疵等。

二、登记的实质审查

所谓实质审查，是指登记机关有实质审查权，不仅审查必须具备的形式要件，还要审查申报材料内容的真实性、权利变动的原因与事实是否相符，以确保权利变动的合法性。我国实行登记实质主义，在司法实践中给予不动产登记极高的公信力，这在客观上也就要求登记机关在登记时要进行至少是形式要件方面的实质审查。

三、我国登记机关需要履行的职责

1. 查验申请人提供的权属证明和其他必要材料

申请人在申请登记时应提交相应的法律文件。例如，身份证、法人资格证、合同、相关人同意的证明等。登记机关应依法对其合法性予以审查。

2. 就有关登记事项询问申请人

登记机关有权就审查中的存疑部分进行询问。

3. 如实、及时登记有关事项

登记机关应就登记事项的真实性进行调查，不得无故拖延。

4. 法律、行政法规规定的其他职责

这是一个兜底条款，有待相应法规具体规定。

5. 行使实地查看权

赋予登记机关一定的调查权，是实质审查主义的要求。

【典型案例】

登记机关未按程序颁发的房产证能否有效①

——不动产登记过程属公法职责越权无效

基本案情

原告郭某平与薛某英1997年1月22日登记结婚。2000年在新城改造时，在新批宅基地建楼房一座共五层，并以薛某英的名义办理了新房字第2005××××2号房屋所有权证。2007年10月24日，薛某英通过马某某持李某子身份证复印件和新房字第2005××××2号房屋所有权证到被告该县房地产管理局处单方书写了房屋买卖协议，以李某子的名义缴纳了房屋买卖契税，填写了私有房屋所有权登记申请表及房地产买卖过户登记表等相关手续。被告于2007年10月25日为李某子办理了新房字第2007××××9号房屋所有权证，2007年11月5日薛某英代李某子签名领走该房屋所有权证，并交给马某某，现被诉房屋仍由郭某平、薛某英夫妇管理使用。

原告诉称：在2014年2月第三人李某子起诉原告要求退还房屋和赔偿损失时，原告才得知2007年薛某英未征得我同意，私自与他人串通，将我家共同财产该楼房的第三层转移给第三人李某子，由被告为李某子颁发了

① 参见郭某平与新安县房地产管理局行政纠纷案，载河南法院裁判文书网，https：//www.itslaw.com/detail? judgementId = 4fb0c7e1 - 7626 - 4e6c - a2ad - a86d28ee8bc8&area = 1&index = 10&sortType = 1&count = 519&conditions = regulation%2B1000017165%2B13%2B%E4%B8%AD%E5%8D%8E%E4%BA%BA%E6%B0%91%E5%85%B1%E5%92%8C%E5%9B%BD%E7%89%A9%E6%9D%83%E6%B3%95%EF%BC%882007%EF%BC%89%E7%AC%AC%E5%8D%81%E4%BA%8C%E6%9D%A1，最后访问时间：2020年6月10日。

新房字第2007××××9号房屋所有权证。

办理案涉房屋所有权证时，申请人李某子没有亲自到场，也没有委托手续，由办证人员引导和授意薛某英单方书写虚假买卖协议，所有办证手续上李某子签名和捺印都是薛某英一人所为。故被告县房地产管理局为第三人李某子办理的房产证事实不清，证据不足，程序违法，应予撤销。

法院审理

法院经审理认为，县房地产管理局具有为本辖区内办理各类房地产权属登记，颁发各类权属证书的登记职责。本案涉诉房产系郭某平、薛某英夫妻婚后共同所建，虽房产登记在薛某英名下，实为夫妻共同财产。

《物权法》第十二条规定："登记机构应当履行下列职责：（一）查验申请人提供的权属证明和其他必要材料；（二）就有关登记事项询问申请人；（三）如实、及时登记有关事项；（四）法律、行政法规规定的其他职责。申请登记的不动产的有关情况需要进一步证明的，登记机构可以要求申请人补充材料，必要时可以实地查看。"

《城市房屋权属登记管理办法》[①] 第十三条第二款规定："代理人申请登记时，除向登记机关交验代理人的有效证件外，还应当向登记机关提交权利人（申请人）的书面委托书。"

本案中，表面上看被告在为李某子办理房产登记时依据的申请书及其他材料齐全，登记行为合法有效，但事实上李某子与薛某英素不相识，在涉诉的房屋买卖协议上，李某子既未签名、捺印，又未提供购房付款手续，属涉诉房屋权属不清，故被告的办证行为属主要证据不足。

本应当"亲自到场"申请房产转移登记，李某子却始终未到场，未签名、捺印，也未提供书面委托证明，所有登记领证行为均系薛某英一人所为。被告在审查、登记时对"必要时可以实地查看""可以要求申请人补充材料""房产是否交付"等情况考虑尚有不足，违反了行政机关应当遵

---

① 现已失效，后文不再注明。

循的正当程序的原则，属于程序违法，故被告为李某子颁发的房屋所有权证应予撤销。

最终法院撤销了被告县房地产管理局于2007年10月25日为第三人李某子颁发的房权证新房字第2007××××9号房屋所有权证。

案件评述

一、登记机关的职责决定其审查模式

《物权法》制定以前，法律对不动产物权的登记要件和登记审查标准没有明确的规定，各地登记机构掌握的尺度宽严不一，法院在审理有关房地产登记的行政案件中审判标准也不尽相同。据在立法过程中的调研了解，房产登记机构一般只是对登记申请人提供的有关必要材料是否齐备进行审核，各城市基本都没有将询问当事人纳入登记程序，大部分城市在登记时不去现场查看。主管部门部分工作人员认为，实质审查登记虽然错误率低，但效率也低，登记机关也承担了较大的风险；形式审查效率高，登记机关不承担风险，但存在着不安全因素。

在《物权法》立法以及《民法典》编纂过程中，关于本条的意见主要集中在登记审查应当采用何种模式上，主要有形式审查和实质审查两种意见的争论。有的意见认为，登记机构应当对登记申请进行实质审查，以避免错误登记；还有的意见认为，登记机构的审查主要是形式审查，实质审查是没有能力做到的。然而，对于何谓形式审查，何谓实质审查，也存在争论。有的学者从登记审查的范围对此二者进行界定，认为形式审查就是登记机构不审查登记申请是否与实体法上的权利关系一致，而仅审查登记申请在登记手续、提供材料等方面是否合法、齐备；实质审查则是不仅审查登记申请在登记手续上是否合法，还要审查其是否与实体法上的权利关系一致，实体法上的权利关系是否有效。有的学者则从登记机构的调查权限上界定实质审查，即登记机构接受登记申请后，应当对登记内容进行询问和调查，以确保登记内容的真实性。还有的学者认为登记机构的审查权限及于不动产物权变动的原因关系的，就是实质审查，反之，就是形式审查。

从《民法典》物权编第二百一十二条所沿袭的《物权法》第十二条及相关规定看，我国不动产登记的审查模式虽然比较接近于实质审查，但毕竟还不是针对登记基础民事法律关系作出法律判断，在审查模式选择上还是偏向于形式审查。[①] 所以有学者认为，称之为“形式要件的实质审查”更切合实际。

二、被告该县房地产管理局未尽到其法定职责

案涉该县房地产管理局未依法全面履行自己的职责，并违反了行政机关应当遵循的正当程序的原则，属于程序违法，说明行政登记机关不仅被动地接受了申请人的申请，对于一些特殊情况还没有主动地进行审查。无论是实质审查还是形式审查，登记机构都应该尽职履责。

但正如学者指出的那样，由于登记机关承担形式审查义务毕竟留有不动产登记簿上权利“虚像”和现实中权利“实像”不相吻合的漏洞，存在制度弥补的必要。所以在特殊情况下的职权主义实质审查义务、当事人主义的异议登记和更正登记、公证制度和产权保险制度可以很好地填补该漏洞。[②] 在法律的不断完善中，应当从多方面进行考虑以达到利益最大化，作出公平公正的审核。

三、民法典体现了我国不动产登记形式要件实质审查原则

登记机关不仅要审查申请是否符合登记程序，还要审查其申请是否与实体法上的权利关系相一致，以及实体法上的权利关系是否有效。具体来说，就是审查当事人提交材料是否齐全、权属是否清晰，以及物权变动的法律原因是否符合法律规定等。对于材料的真实性，登记机关只能说是在一定程度上承担了力所能及的审查职责，但是这并不意味着登记机关一定能确保登记事项的真实可靠。登记机关所能达到的也仅仅是尽力接近客观

① 王亦白：《不动产登记审查的模式选择和标准确立》，载《中国土地科学》2018年第11期。

② 朱岩：《形式审查抑或实质审查——论不动产登记机关的审查义务》，载《法学杂志》2006年第6期。

真实而已。随着国家大力推动信息互通共享，无疑可以有力支撑不动产登记提速增效。在积极推动政府履行信息共享集成的主体责任，进一步梳理各类登记业务信息，了解相关部门数据存储层级及其网络环境，制订详细的共享工作计划，对接政务服务部门和相关单位，在因地制宜地推进信息共享的基础上，形式要件的实质审查应完全可以做到。

四、物权法和其他法律关于登记机构应当履职的规定

《民法典》物权编沿袭了《物权法》的规定，申请登记的不动产的有关情况需要进一步证明的，登记机构可以要求申请人补充材料，必要时可以实地查看。但是对于有关情况并未作出详细说明，而《不动产登记暂行条例》第十九条规定属于下列情形之一的，不动产登记机构可以对申请登记的不动产进行实地查看：（1）房屋等建筑物、构筑物所有权首次登记；（2）在建建筑物抵押权登记；（3）因不动产灭失导致的注销登记；（4）不动产登记机构认为需要实地查看的其他情形。对可能存在权属争议，或者可能涉及他人利害关系的登记申请，不动产登记机构可以向申请人、利害关系人或者有关单位进行调查。

本案中，登记机构在为当事人办理相关手续的时候应当按照法律规定进行处理，应当向申请人及其利害关系人进行调查确认，登记机构应当明确自己的职责，尽职尽责合理审慎进行。有学者认为，总体来看，登记机构在进行审查时应当负有“合理审慎义务”，即必须就登记申请材料认真仔细地加以审查核对，只有在申请材料无瑕疵时才可予以登记，即所谓“形式要件的实质审查”。如果当事人的申请材料存在瑕疵，如缺少必备证明材料，合同文本存在更改痕迹等，登记机构当然能够发现并有权不予登记，在此情形下仍予登记的，需承担相应的过错责任。[①]

这便是从登记机构应该认真履职方面进行的要求，并且提出相应的惩处及承担相关过错责任的建议，这有利于减少登记中的错误，对相关权利

---

① 王亦白：《不动产登记审查的模式选择和标准确立》，载《中国土地科学》2018年第11期。

人的利益作出保护。针对不同的法律对于不动产登记有不同规定的情况，有学者指出，关于不动产登记的规定，参照《不动产登记暂行条例》的相关规定作出适当修改，以使两者之间不发生龃龉、冲突。[①] 应当认为，如此编纂《民法典》利于法律体系的完善，可更加全面地保护权利人的利益。

五、域外关于不动产物权登记机构职责规定

域外关于不动产物权登记机构职责有不同的规定，德国规定不动产登记机关除有审查当事人的申请材料是否齐备的权利外，对当事人申请登记的内容只有消极的登记义务。登记机关既没有权利也没有义务对当事人申请登记的涉及实质权利义务的内容进行调查，也无权对当事人的财产法律关系进行变更。但德国是以登记材料实现需要公证为前提的。在买家选择一次性付款或者通过银行贷款解决资金问题后，就到了起草买卖合同、进行公证这一步骤。这就需要找公证人，将买卖者信息、房屋信息以及可能的银行贷款信息在那里汇总，公证人则会检查是否存在“一房多卖”等情况，安排买卖合同、银行贷款申请的签署，办理房产过户。公证人出示的法律公证书是德国法律保障的代名词，在法律事务当中可以被完全得以信任。

我国台湾地区关于土地登记的有关规则也只规定了登记机关审查当事人的申请材料的职能。《日本不动产登记法》规定，登记官在有土地或者建筑物标示登记的申请时，或依职权进行其登记时，如有必要，可以调查土地或建筑物标示事项。

第二百一十三条　【不动产登记机构的禁止行为】登记机构不得有下列行为：

① 陈华彬：《论编纂民法典物权编对〈物权法〉的修改与完善》，载《法治研究》2016 年第 6 期。

（一）要求对不动产进行评估；

（二）以年检等名义进行重复登记；

（三）超出登记职责范围的其他行为。

【条文疏义】

本条沿袭了《物权法》第十三条之规定。

一、登记同样依法行政越权无效

《民法典》对于《物权法》规定的登记机构在应当履行的职责基础上，作出的“不应得为之”限制性之规定一脉相承，本条主要是针对在立法调研过程中特别是登记实践中所发现的一些问题而作出的相关规定。诸如个别地方的不动产登记机构履行职责态度不端正，管理不严格，不思如何准确及时登记申请事项，如何为当事人提供便利，而是挖空心思利用手中职权给当事人设置重重障碍，在为单位和个人谋取私利上做足功夫，炮制出评估、年检等诸多名目，收取高额费用。

显而易见，这些行为无端地增加了当事人的负担，同时也是与登记机关的职责不相符的。

二、没有制约的权力必定是腐败的权力

《民法典》物权编对不动产登记机构的审查职权有明确的规定，赋予形式要件其实质审查的权力。为避免登记机构滥用其登记职权而损害登记申请人之权益，必须对登记机构的权力进行限制和规范。本条规定了登记机构不得实施的三种行为。从我国物权登记实践看，其中最应该规范的还属于借登记之权而乱收费或者变相收费的问题。对于不动产物权收费问题，在《民法典》物权编中有明确规定，该登记只能按照登记物权的件数收费，不能按照物的价值进行收费。本条规定解决的重点就是禁止登记机构变相乱收费。

【典型案例】

行政登记机构能否要求被登记人实施与登记无关的行为[①]

——行政登记机构不应得为之行为的禁止

基本案情

原告王某明于2003年11月26日通过参加鸡寅市拍卖行举行的拍卖会，拍得原所有人为滴卯区西安商店所有的鸡寅市滴道公房产权执照第0××0号和第0××1号两所房屋。2015年12月16日，原告王某明携带本人身份证明、产权来源证明、不动产权属证书、完税凭证等相关材料向被告鸡寅市滴卯区房地产管理处申请办理该两所房屋的产权转移登记。

被告在原告向其申请办理房屋产权转移登记时，只是制作了两份只有申请人签名，其余内容均为空白的询问笔录，其上既无询问人员的签名，也无具体日期；被告对原告作出书面告知，因其申请的两所房屋不具有使用价值，被告不予受理，要求原告对房屋进行修复，达到使用标准后再申请办理。

原告认为被告的行为属不履行法定职责，于2015年12月24日向法院提起诉讼，要求判决被告履行法定职责，给予办理房屋产权转移登记。

法院审理

法院经审理认为，被告鸡寅市滴卯区房地产管理处在接到原告王某明办理房屋产权转移登记的申请后，应当严格依照《物权法》第十二条、《房屋登记办法》第十八条和《不动产登记条例》第十七条的规定，就有关登记事项询问申请人，询问结果应当经申请人签字确认，并归档保留。就申请人所持办理房屋产权登记的材料是否齐全，应根据不同登记申请进

---

① 参见王某明与滴卯区房地产管理处不履行法定职责案，载中国裁判文书网，http://wenshu.court.gov.cn/content/content?DocID=5d56f68c-e6c5-466f-a53f-b421cbb03923&KeyWord=，最后访问时间：2020年6月11日。

行查验。凡申请材料齐全并符合法定形式的，应当受理并书面告知申请人；而申请材料不齐全或者不符合法定形式的，应当当场书面告知申请人不予受理并一次性告知需要补正的全部内容。

《房屋登记办法》第三十三条规定了申请房屋所有权转移登记，应当提交的材料；鉴于被告告知原告补正的内容，并不在办理房屋所有权转移登记应当提交的材料之中；且被告告知原告补正的内容也不属于需要补正的材料的范畴，而是要求原告使房屋达到一种客观使用的状态；根据《物权法》第十三条第三项的规定，被告要求原告对房屋进行修复，使其达到使用标准的行为，超出其法定登记职责范围，属于没有正确履行其法定职责。

被告所述，按市政府下达的相关规定，自 2016 年 1 月 26 日办理房屋登记业务交由不动产登记局受理，被告只是从事产权确认职责行为。是被告职能发生变化的事实，但在原告向其申请办理房屋登记时并未发生，且被告仍然履行房屋产权确认的法定职责，被告的抗辩理由与本案无关联性，不能作为被告免责的理由，故法院对此不予支持，遂判决责令被告鸡寅市滴卯区房地产管理处自判决生效之日起 30 日内，依法履行原告王某明申请办理房屋所有权转移登记的法定职责。

案件评述

本案说明行政登记机关不仅应当有所为，还应当有所不为，法律明确规定了登记机关不能作出超出登记职责范围的其他行为，如果实施了应当承担不利后果，本案就是说明行政机关应当有所不为的生动案例。

一、本案中登记机关的做法效力如何

行政登记机关无权要求原告对房屋进行修复，达到使用标准后再申请办理。《民法典》物权编不仅规定了行政登记机关应当履行的职责，也规定了禁止性事项。本案中，根据《民法典》物权编关于本条所沿袭的《物权法》第十三条第三项的规定，被告要求原告对房屋进行修复，使其达到使用标准的行为，超出其法定登记职责范围，属于没有正确履行其法定职责。被告鸡寅市滴卯区房地产管理处超出法定职责，让当事人作出不属于法律规定的义务，以此来给当事人房屋登记制造人为障碍。登记机构的行为既违反了《物权法》第十三条的规定，又违反了第十二条的规定，其做法不符合法律规定，理应作出改变。

二、物权法关于登记机构禁止行为规定的法理解析

在前面规定登记机构应当履行的职责的基础上，《民法典》物权编沿袭《物权法》第十三条的法律规范再次作出本条规定，对不动产登记机构的不规范行为予以明确禁止，在明确列举“要求对不动产进行评估”和“以年检等名义进行重复登记”这两项反映较多的问题的同时，又规定了一项兜底内容，即“超出登记职责范围的其他行为”，以防止这些登记机构改头换面，钻法律的空子，同时也为当事人在权益受到侵害时提供法律武器。

《民法典》物权编确认规定登记机构不得有“超出登记职责范围的其他行为”（第二百一十三条），足以表明不动产登记机关在办理不动产登记时丝毫不能带有自身的意志，即仅进行形式审查，不进行实质审查。[①] 当然事实上只能做到形式要件的实质审查，本条与前条在物权编中是相辅相成的，二者共同规范登记机构的行为，应当有所为，但也要注意不能作出超出自己职权范围的行为，不能加上自己的主观意志。

三、登记机构正确履职必须依法行政

登记机构作为专门的公示机构，应当严格按照法律规定履行自己的行政职责。正如学者指出根据《民法典》物权编所沿袭的《物权法》之规定，除因遗嘱引起的不动产物权变动外，其他基于法律行为的不动产物权变动原则上采取的是形式主义物权变动模式，例外情形下采取的是意思主义物权变动模式。[②] 因而在履职中，必须“依法行政，越权无效”，应当注

---

① 吴光荣：《不动产登记与不动产权属确认的实体与程序问题研究》，载《法律适用》2014年第10期。

② 吴光荣：《不动产登记与不动产权属确认的实体与程序问题研究》，载《法律适用》2014年第10期。

意不能随意要求前来办理登记事项的民众对房屋进行修复之后再行申请。被告告知原告补正的内容，并不在办理房屋所有权转移登记应当提交的材料之中。

原《房屋登记办法》第三十三条规定，申请房屋所有权转移登记，应当提交下列材料：（1）登记申请书；（2）申请人身份证明；（3）房屋所有权证书或者房地产权证书；（4）证明房屋所有权发生转移的材料；（5）其他必要材料。除非影响不动产权利的取得，否则登记机构不得以登记申请违反法律、行政法规规定为由拒绝登记。[①] 因而在司法实践中，登记机构应当尽到自己应尽的义务，与此同时亦不能为难申请人。

所以由此案可见，正确认定不动产登记的法律属性，无疑是正确适用有关法律规范的前提。不动产登记法律事实的综合法律调整，必然形成“权利/权力束”式的法律事实构成。

第二百一十四条　【不动产物权变动的生效时间】 不动产物权的设立、变更、转让和消灭，依照法律规定应当登记的，自记载于不动产登记簿时发生效力。

【条文疏义】

本条沿袭了《物权法》第十四条之规定。

一、不动产登记的前提是须有法定的登记能力

不动产一般是指性质上不能移动或者虽然可以移动但移动会损害其价值的物。由于不动产具有重要的经济意义，所以法律规定了严格的不动产登记制度来确定其归属。

不动产登记是指权利人申请有关机关将不动产上的物权变动事项记载

① 尹飞：《不动产登记行为的性质及其展开——兼论民法典编纂中不动产登记制度的完善》，载《清华法学》2018 年第 2 期。

于不动产登记簿上的事实。从私法意义上讲，不动产物权登记的主要目的有二：一是明确不动产物权的归属，二是保障不动产的交易安全。完备的不动产物权登记制度不仅是财产交易有序化的必要条件，也是物权制度赖以生存的重要基础。

审判实践中，适用本条要注意一个前提，即要明确哪些不动产物权的设立、变更、转让和消灭应当登记，对于那些无须登记的不动产物权，当然不适用本条的规定。此即所谓“登记能力”问题。

二、不动产物权登记只有记载于不动产登记簿始告完成

《民法典》物权编第二百零九条对不动产物权变动时间进行了规定，本条则具体明确了不动产物权设立、变更、转让和消灭登记生效的时间，即“自记载于不动产登记簿时发生效力”，也就是说，不动产物权登记，自登记机构将不动产物权有关事项记载于不动产登记簿时，始告完成。不动产物权登记效力的发生关键看是否有效登记在了不动产登记簿上。提出登记申请或者登记机构颁发证书都不是产生物权变动的时间点。

三、适用这一规定必须理解“物权变动的区分原则”

1. 所谓物权变动的“区分原则”的概念

物权变动的区分原则，是指在发生物权变动时，物权变动的原因与物权变动的结果作为两个法律事实，它们的成立和生效依据不同的法律根据的原则。《物权法》第九条和第二十三条最早规定了这一基本精神，《民法典》物权编第二百零九条与第二百二十四条再次予以肯认。

这一原则源于德国法，他们认为，买卖合同的成立生效与所有权的转移之间的区分，并不是人为的拟制，而是客观的事实。无论物权变动的原因是什么，原因的成立与物权的变动都不是一个法律事实，而是区分为两个法律事实。在原因行为中，当事人享受债权法上的权利，并承担债权法上的义务；而在结果行为中，当事人完成物权的变动，使得物权能够发生排他性的后果。区分原则的关键问题，是债法上的意思表示不能引起物权法上的变动，必须按照《物权法》的规定加以变动，才能够产生物权变动的效果。

2. 所谓区分原则的基本内涵

（1）区分物权变动的原因行为与结果行为

在物权变动上，区分原则所要区分的，是物权变动的原因行为与结果行为（即处分行为），物权变动的原因行为是债法上的意思表示即债权行为，它不一定引起物权变动的结果，理由是原因行为发生时，物的处分行为还不存在，将来有可能不成就，但是无论如何债权意思表示即合同是成立的。

（2）物权变动原因行为的成立不以物权的变动为要件

物权变动是依该债权行为成立的自身要件来予以判断，不能以物权的变动是否成立为标准判断。因此，登记行为不是合同生效的要件，而是物权的公示要件。合同生效要件取决于法律规定，登记并不表明合同生效。

（3）物权的变动以公示为基本表征

由法律规定的公示方式决定物权变动的效力，即以动产的交付和不动产的登记为必要条件，而不能认为基础关系或者原因关系的成立生效就必然发生物权变动的结果。要发生物权变动的结果，必须进行物权变动的公示。物权变动的成就只能是在物权变动的公示之时。如果合同生效而未发生动产的交付和不动产的登记，则权利人取得的就只是享有请求交付的权利，即债权法上的权利，而没有取得对物的支配权。

3. 践行区分原则必须承认公示效力

（1）公示被视为物权变动的基本标识

首先是物权变动的基本程序必须进行公示；同时公示也被作为物权变动的确认依据，物权的设立、变更、转让、消灭均须如此。这样的规定，就使物权人对其享有的物权有了绝对性的支配效力。而且，公示的方式也是法定的，不动产要登记，动产要交付；同时，占有也是动产的公示方法之一，具有权利推定的作用。

（2）公示具有法定物权变动之效力

公示有三个方面的效力：其一是公示决定物权变动能否生效。其二是公示具有权利正确推定的效力。登记，就推定登记权利的存在。从法律上讲，登记的权利与实际权利是一致的，但是客观上可能会存在不一致的情况，尽管如此，只要是登记，就确认权利的真实性。其三是具有善意保护与风险告知的法律效力，使第三人可以相信物权变动的公示，即使是无权处分，只要受让人是善意取得，相信不动产登记簿，即确认其取得了所有权，这样自可以更好地对善意第三人予以保护。

【典型案例】

物权变动的生效时间①

——国能公司与老虎石煤矿、刘某坤等采矿权转让合同纠纷案

基本案情

老虎石煤矿系个人独资企业，于2006年成立，2010年12月取得有效期至2019年3月的采矿权许可证，2011年7月取得有效期至2014年7月24日的安全生产许可证。

2009年9月7日，老虎石煤矿为乙方、刘某坤为甲方签订《某县高坪乡老虎石煤矿转让协议》，约定乙方将老虎石煤矿全部资产及其权益转让给甲方，总价款为2300万元。

2011年9月22日，老虎石煤矿出具《授权委托书》，授权刘某坤代为支配、管理、处分老虎石煤矿的全部民事、行政活动事宜（包括对老虎石煤矿行使占有、使用、收益和处分的物权权利；代为煤矿履行参加所有民事、行政义务；代为承担老虎石煤矿法人责任或非企业法人责任，其他涉

① 参见最高人民法院（2015）民一终字第151号民事判决书，载中国裁判文书网，http://wenshu.court.gov.cn/website/wenshu/181107ANFZ0BXSK4/index.html?docId=523a25e98f264f82abc0274f8dee7e6c，最后访问时间：2020年6月10日。

及煤矿的所有权利、义务均由受托人行使等)。同日，该县公证处出具《公证书》，证明前述授权委托书由双方签名、捺印，双方知悉委托的法律意义和法律后果，并认为该委托行为符合《民法通则》第五十五条的规定。

2014年1月16日，作为全权代理人的刘某坤代表老虎石煤矿（甲方)，与国能公司（乙方）签订《某县老虎石煤矿资产（含采矿权）转让合同》(以下简称《转让合同》)，约定转让价款2600万元；本合同签订后，如非因过错而一方单方面解除合同，须向对方支付违约金500万元；不能及时办理兼并重组等过户变更手续，乙方有权单方面解除合同，在乙方解除合同30日内，甲方须把乙方已付款项全额退还给乙方，承担由此给乙方造成的损失并向乙方支付违约金500万元。案涉《转让合同》签订后，老虎石煤矿向国能公司交付合同约定的采矿权证书等部分清单资料，国能公司于2014年1月22日支付了首期资产转让款1560万元。

2014年5月11日，刘某坤、老虎石煤矿作为乙方，与国能公司作为甲方签订《关于〈某县老虎石煤矿资产（含采矿权）转让合同〉之补充协议(一)》，主要约定：(1）乙方应在2014年6月4日前与该省钰祥矿业公司解除合作协议，确保甲方能够办理老虎石煤矿的过户手续；(2）若不能解除协议，则甲方于2014年6月4日单方面解除《转让合同》，乙方须在2014年6月15日前退还甲方已经支付的首期转让款1560万元；(3）若乙方未能在规定的时间内退还甲方已付款项，每逾期一日，乙方须另行承担应付总额（1560万元）每日千分之一的滞纳金。乙方应在2014年6月30日前向甲方支付违约金500万元，否则应另行支付违约金总额（500万元）每日千分之一的滞纳金。

2014年6月17日，刘某坤以实际投资人的名义代表老虎石煤矿及其本人并作为乙方，与国能公司为甲方签订《关于〈某县老虎石煤矿资产（含采矿权）转让合同〉之补充协议（二)》，主要约定：(1）乙方最迟应在2014年6月20日前与钰祥矿业公司解除合作协议，确保甲方能够办理老虎石煤矿的过户手续；（2）若不能解除协议，乙方须在2014年6月25日前退还甲方已经支付的首期转让款1560万元及支付资金占用费50万元，否则每逾期1日，乙方需另行承担20万元滞纳金；（3）若乙方未能在2014年6月30日前退还甲方支付首期转让款及违约金的，乙方应支付甲方违约金500万元，并且从2014年6月15日算起，每逾期1日，乙方须承担总额（2060万元）每日千分之一的滞纳金。

2014年8月11日，朗月公司与老虎石煤矿（刘某坤代表签字）签署《煤矿转让协议书》，约定：老虎石煤矿全部股东一致同意将煤矿有偿转让给朗月公司，煤矿转让价格为3100万元（包括所有地面和井下的建筑、机械等用于煤矿的所有设施、设备），其中签订协议时付定金500万元，7日内老虎石煤矿向朗月公司提供其与国能公司签订的废除或终止双方原签订的煤矿转让协议的协议，并由国能公司主要负责人在场时付款1600万元，余款在煤矿全部证照过户给朗月公司后3日内支付。同日，朗月公司向老虎石煤矿支付定金500万元，2014年8月14日，朗月公司先后分四次向老虎石煤矿支付转让款1600万元，合计2100万元。刘某坤代理人当庭承认已经收到该2100万元。

2014年8月25日，刘某坤、老虎石煤矿与国能公司三方签订《关于〈某县老虎石煤矿资产（含采矿权）转让合同〉之补充协议（三）》，主要约定：（1）该协议签订后，由于刘某坤无法将采矿证过户给国能公司，但表示对于合同款项的返还承担连带责任。（2）老虎石煤矿和刘某坤应在2014年9月30日前，将国能公司已经支付的老虎石煤矿转让款退还给国能公司，同时另外支付100万元给国能公司作为补偿。（3）如在2014年9月30日国能公司未收到前述款项，老虎石煤矿及刘某坤仍然按照《转让合同》及相关补充协议约定的款项和违约责任承担给付义务。

2014年8月，国能公司提起一审诉讼，请求：

1. 依法确认解除国能公司与老虎石煤矿于2014年1月16日签订的《转让合同》。

2. 依法判令老虎石煤矿退还国能公司已付购买老虎石煤矿资产（含采矿权）首期转让款及违约金、滞纳金。

3. 本案诉讼费用由老虎石煤矿承担。

法院审理

法院经审理认为，本案应属采矿权转让合同纠纷。

2014 年 1 月 16 日的《转让合同》约定将老虎石煤矿全部资产及其权益转让，根据《矿产资源法》第六条的规定，该合同属于采矿权转让合同。依据《合同法》第八条、第四十四条以及《最高人民法院关于适用〈中华人民共和国合同法〉若干问题的解释（一）》[①] 第九条的规定，该合同成立但因未经采矿权转让审批部门批准，依法应当认定为未生效合同，但合同中报批义务条款有效。

同时，本案双方此后签订的三份补充协议约定解除本案合同并涉及相应的违约、担保条款，三份补充协议解除的对象是已经成立且部分条款有效但未生效的采矿权转让合同，不涉及采矿权转让，无须经过采矿权转让审批部门批准。因此，该合同虽然未生效，但是当事人可以约定对之依法予以解除，且无须审批就有效。

综上，本案三份补充协议意思表示真实，内容合法，不违反法律法规效力性、强制性规定，应当认定有效。三份补充协议有效，老虎石煤矿依约应当履行补充协议约定的义务，老虎石煤矿未能在 2014 年 9 月 30 日返还国能公司已付 1560 万元转让款及 100 万元补偿款，应当承担补充协议中约定的违约责任。本案双方均认可合同已经解除，应当返还国能公司已付 1560 万元转让款，对此予以确认。

最高人民法院认为，本案中涉及一份《转让合同》及三份补充协议。

其中，《转让合同》明确约定转让的标的为“老虎石煤矿的 100% 采矿权及煤矿关闭后剩余的其他全部资产”，转让金额为 2600 万元；结合整个

---

① 现已失效，后文不再注明。

《转让合同》的内容及当事人当庭陈述，案涉合同应属于包含采矿权和其他资产在内的煤矿整体转让。根据《矿产资源法》第六条、《探矿权采矿权转让管理办法》第十条第三款之规定，虽然合同中涉及采矿权转让的部分因未经地质矿产主管部门审批而未生效，但涉及采矿权转让的报批义务条款及因该报批义务而设定的相关条款和其他资产转让部分无须审批，自合同成立时即发生法律效力。

三份补充协议的内容，包括其中违约金及滞纳金的条款，是为排除办理煤矿收购和采矿权转让报批的障碍以及在不能排除障碍时如何处理的约定，属于与履行报批义务相关的条款，没有违反法律、行政法规的强制性效力性规定，应为合法有效。老虎石煤矿、刘某坤在不能排除办理采矿权转让障碍，进而办理采矿权转让审批的情况下，应据此承担相应的违约责任。

案件评述

一、“一矿二卖”问题的三种处理意见

对于“一矿二卖”问题的处理，自然涉及物权变动的时间。就此，学界至少有三种不同的意见：

第一种意见认为，矿业权人与受让人已经签订了矿业权转让合同，该合同是双方当事人的真实意思表示，已经依法成立且不具有任何法定无效情形，法律应当予以保护。矿业权人与第三人签订的矿业权转让合同是在矿业权人与受让人签订矿业权转让合同之后，矿业权人此时已经受到在先的矿业权转让合同的拘束，其对矿业权的第二次处分将侵害受让人的期待权，因此在后的矿业权转让合同无效。

第二种意见认为，矿业权人与第三人签订的矿业权转让合同虽然是在矿业权人与受让人签订的矿业权转让合同之后，但其已经行政主管机关批准并办理了矿业权变更登记，因此相比较而言，在先的矿业权转让合同不值得保护。

第三种意见认为，矿业权人与受让人签订的矿业权转让合同以及矿业权人与第三人签订的矿业权转让合同都应当保护。在后的矿业权转让合同已经生效并履行，第三人可以依法取得并享有矿业权。而原矿业权人对受让人负有过错，应对受让人予以救济。

通过比较可知，第三种意见更加符合法律规定，在实践中更具有可操作性。第一种意见在学理上不能说明为何矿业权人与第三人签订矿业权转让合同因侵害受让人的期待权而无效，在实践中也会损害善意第三人的合法权益；第二种意见在学理上忽视了已经成立的矿业权转让合同已经对当事人产生了拘束力以及当事人对合同生效并获全面履行的合理期待，在实践中自然会损害受让人的合法权益；而第三种意见在学理上对负担行为和处分行为作了区分，保障自始不存在瑕疵的第三人的负担行为和处分行为的效力，同时也对两个矿业权转让合同的效力作了区分，对已经生效的矿业权转让合同和已成立但尚未生效的矿业权转让合同予以不同的保护，逻辑严谨，在实践中也能平衡受让人与第三人的利益，值得提倡。[①]

二、区分原则在本案审理过程中的运用

本案中享有采矿权的老虎石煤矿先后被转让给国能公司和朗月公司，即“一矿二卖”，实质上存在两份互相冲突的煤矿转让合同，而朗月公司取得了老虎石煤矿包括采矿权在内的整体资产。最高人民法院认为，受让人为国能公司的煤矿转让合同中，“涉及采矿权转让的部分因未经地质矿产主管部门审批而未生效”。之所以在后的煤矿转让合同能够生效并实际履行，而在先的转让合同却因无法完成审批而部分未生效，是因为最高人民法院在本案中亦运用了区分原则。负担行为不需要具有处分权、不具有排他性，即使关于同一项矿业权存在多份互相冲突的转让合同，这些转让合同的效力亦互不干涉，都具有债权请求权的法律效力。相反，处分行为生效必须具有处分权。所谓“物权行为”其实不过是物权法上的处分行为罢了。[②] 简言

① 许德风：《不动产一物二卖问题研究》，载《法学研究》2012 年第 3 期。

② 陈卫佐：《处分行为理论之正本清源》，载《政治与法律》2015 年第 7 期。

之，未登记物权就没有发生变动，案涉合同仅具有债权请求权的法律效力。

德国和日本等国家的民事诉讼处分原则中的“处分”与民事实体法上的“处分”一脉相连，主要围绕诉讼标的展开且具有约束法院的效力。与之不同，我国长期以来却将处分原则中的“处分”简单理解为“当事人决定是否行使以及如何行使权利的自由”，将“处分”混同于一般权利的“处置”，结果直接诱发了处分原则中“处分”的泛化与非约束性。有鉴于此，我国有必要还原处分原则中“处分”的本意，将其与实体法上的“处分”联系起来，界定为“当事人决定是否行使特定诉讼权利以实现在诉讼中主张、变更或抛弃民事实体权利的自由”。①

因此，本案中由于老虎石煤矿已经转让给朗月公司，以国能公司为受让人的转让合同自然无法继续履行，国能公司只能向转让人主张解除合同或承担违约责任。

三、潘德克顿理论要求承认物权变动区分原则的概念

物权变动的区分原则，其实就是在发生物权变动时，物权变动的原因与物权变动的结果被作为两个法律事实，它们的成立和生效依据不同的法律根据的原则。这就是《民法典》物权编第二百零九条和第二百二十四条所沿袭的《物权法》第九条和第二十三条规定的基本精神。

这一原则源于德国法，他们认为，买卖合同的成立生效与所有权的转移之间的区分，并不是人为的拟制，而是客观的事实。无论物权变动的原因是什么，原因的成立与物权的变动都不是一个法律事实，而是区分为两个法律事实。在原因行为中，当事人享受债权法上的权利，并承担债权法上的义务；而在结果行为中，当事人完成物权的变动，使得物权能够发生排他性的后果。区分原则的关键问题是债法上的意思表示不能引起物权法上的变动，必须按照物权法的规定加以变动，才能够产生物权变动的效果。

---

① 王次宝：《新解处分原则中的“处分”》，载《河北法学》2014 年第 11 期。

四、为何不以其他时间作为不动产物权设立的时间

有学者认为，考虑到登记机关的工作人员的法律知识水平有限，因此如果以正式办理登记或者发放权属证书的时间作为不动产登记的生效时间，必然会出现后申请的不动产登记先办理登记以及获得权属证书的情形，这样显然是不合理的。而采取不动产登记申请日则既简便可行，又较为客观公正。这一担忧不是没有道理的，但解决问题的办法不能损害制度的完整性与严密性。如果以不动产登记申请日为物权的设立、变更、转让和消灭发生效力的时间，由于不动产登记涉及第三人的利益，那么，在登记申请日之后记载于不动产登记簿之前发生的行为可能就会损害第三人的利益。

以发放权属证书的日期作为不动产物权设立、变更、转让和消灭发生效力的时间也不科学。因为不动产权属证书是权利人享有该不动产物权的证明，而不是物权公示的方式。只有不动产登记簿才是物权归属和内容的根据，是物权公示的方式。在不动产物权设立、变更、转让和消灭的情况记载于不动产登记簿后，物权已经实现了公示，而此时可能还没有发放不动产权属证书。如果以发放权属证书的日期作为不动产物权设立、变更、转让和消灭发生效力的时间，那么在不动产物权设立、变更、转让和消灭的情况记载于不动产登记簿后至发放权属证书的日期前这段时间内，第三人的利益有可能被损害。

综上，有学者言：有了这些规定，在基于法律行为的物权变动中，人们能够很容易地明确物的归属，进而充分发挥物的效用，权利人也可以很好地维护自己的物权。[①] 与此同时，结合司法实践经验，要不断完善法律体系。

五、《民法典》物权编坚持不动产物权登记生效规则

由上，我们可以看出，《民法典》物权编就不动产权属状况的界定是以登记簿记载的时间为准的。当事人仅签订买卖合同而未办理过户手续，对于第三人而言，其基于对不动产登记簿的信赖，与出卖人签订的抵押合

---

① 程啸：《因法律文书导致的物权变动》，载《法学》2013 年第 1 期。

同合法有效。所以，要想事实上的权利关系的变更真正发生法律效力，还需遵循法定程序办理过户登记，这样才会使权属变得更加清晰，避免不必要的纠纷。但是也有学者指出，在社会中如果非要求乡民们在涉及土地承包经营权、宅基地使用权等不动产权利变动时一定要翻山越岭地到指定机构办理登记手续，其后才产生物权变动的效力，这显然是不现实的。如此规定其结果只能导致人们将该规则“束之高阁”而以社会习惯加以调整之。①

第二百一十五条　【合同效力和物权效力区分】当事人之间订立有关设立、变更、转让和消灭不动产物权的合同，除法律另有规定或者当事人另有约定外，自合同成立时生效；未办理物权登记的，不影响合同效力。

【条文疏义】

本条基本沿袭了《物权法》第十五条之规定，仅是将“合同另有约定”变为“当事人另有约定”。根据本条规定，民事主体之间订立的以物权变动为内容的合同的法律效力完全可以与不动产物权变动的法律效力相区分。

一、当事人间约定物权变动的合同在法理上属债法调整的范围

只要双方签订的合同是缔约双方的真实意思表示，并且该合同不违背法律的禁止性规定，除当事人另有约定外，该合同自成立之日起便具有法律效力，在缔约双方之间产生债权债务关系。这时合同一方根据该有效的合同便可要求另一方办理物权变动登记。但事关物权变动，合同有效并不意味着物权已经发生了变动，不动产物权变动必须按照法律规定办理登记之后才能发生。该合同只是当事人之间的一种合意，并不必然与登记联系在一起。登记是针对民事权利的变动而设定的，它是与物权的变动联系在

① 费安玲：《论我国民法典编纂活动中的四个关系》，载《法制与社会发展》2015 年第 5 期。

一起的，是一种物权变动的公示方法。登记并不是针对合同行为，而是针对物权的变动所采取的一种公示方法，如果当事人之间仅就物权的变动达成合意，而没有办理登记，该合同仍然有效。

二、不动产物权未经登记的法律效果只是不发生物权变动

在区分原则下，绝不能以未登记而否认双方合同的债权性质的法律效力，任何合同一旦当事人意思表示达成一致，就不但具有了法律上的确定力和拘束力，还具有了法律后果的执行力。负有合同义务的一方未能按照合同办理不动产物权登记，那么同样要负有法律上的义务。而且其承担的是合同法上的违约责任，而并非缔约过失责任。合同的权利人可以诉请法院判决强制义务方实际履行，即强制义务人办理登记，或诉请义务方支付违约赔偿金。

【典型案例】

处分权限不完整的房屋买卖合同的效力究竟如何①

——不动产物权变动合同的效力

基本案情

熊某伟与熊某伦均系该市寅北区××镇××村第1村民小组成员。2001年6月29日，熊某伟与熊某伦签订《房屋买卖协议》，双方约定：(1) 熊某伟因在本地另建有一栋新房，将原马井子旧宅，即正向3间土木结构房屋、厢房1间、偏所猪圈1间（占地共136平方米）折价3000元卖与熊某伦；(2) 房前地坝一块归熊某伦使用；(3) 熊某伦原旧宅拆除还耕

---

① 参见熊某伦与熊某伟房屋买卖合同纠纷案，载中国裁判文书网，https：//www. itslaw. com/detail? judgementId = 4328a057 - 09be - 4116 - 97d9 - 8be4c2864f58&area = 1&index = 2&sortType = 1&count = 2&conditions = searchWord%2B%E4%B9%B0%E5%8D%96%E5%90%88%E5%90%8C%E4%B8%8E%E7%89%A9%E6%9D%83%E5%8F%98%E5%8A%A8%2B1%2B%E4%B9%B0%E5%8D%96%E5%90%88%E5%90%8C%E4%B8%8E%E7%89%A9%E6%9D%83%E5%8F%98%E5%8A%A8，最后访问时间：2020年6月10日。

后为熊某伟搬迁拆房的依据，还耕地由熊某伦耕种。

当日，熊某伟与熊某伦签订《房屋交换契据》，载明：熊某伟与熊某伦系叔侄关系，熊某伦因家庭经济困难，住房已成危房，无法居住，而熊某伟经济宽裕，现已新修砖房，为支援熊某伦，双方共同协商同意熊某伟将原住房（土木结构）4间与熊某伦现已成危房4间交换使用，解决支援熊某伦居住问题。该契据落款处加盖有该市寅北区××镇××村村民委员会印章。当日，熊某伦支付熊某伟房款3000元，熊某伟向熊某伦出具收条并交付旧宅。

因熊某伟一直未协助熊某伦办理位于该市寅北区××镇××村1组马井子的房屋产权转移登记，故熊某伦于2017年2月向寅北区人民法院起诉。被告熊某伟辩称，其只享有诉争房产中正房1间、灶房1间、猪圈屋1间的产权，其余正房2间分别归案外人王某玉和熊某菊所有，因其将他人房产卖与熊某伦，故主张《房屋买卖协议》无效。

法院审理

经法院审理查明，位于该市寅北区××镇××村1组马井子的房屋登记在熊某伟名下。

法院经审理认为，根据物权变动区分原则，熊某伟作为出卖人对诉争部分房产没有所有权或处分权，并不影响作为原因行为的买卖合同效力，故熊某伟上述关于双方买卖合同无效的抗辩事由不能成立，对其该项抗辩，法院不予支持。

熊某伦作为买受人已支付出卖人熊某伟房款，熊某伟负有协助熊某伦办理不动产转移登记的义务，故对熊某伦要求熊某伟协助办理登记在熊某伟名下诉争房产转移登记的请求，法院予以支持；因熊某伟对登记在案外人名下的诉争房产没有所有权或处分权，熊某伟协助熊某伦办理该部分诉争房产转移登记的合同义务属法律上履行不能的义务，故对熊某伦该部分诉讼请求，法院不予支持。

法院遂判决熊某伟于判决生效之日起10日内协助熊某伦将登记在熊某

伟名下位于该市寅北区××镇××村1组马井子的房产转移登记至熊某伦名下。

案件评述

本案关键在于处理好以下几个法律问题：

一、熊某伟与熊某伦签订《房屋买卖协议》效力的认定

近代以来，合同因意思表示一致成立，“几乎有如私法上之信仰，甚而被视为债法学上之基本常识”。[①] 熊某伟与熊某伦签订《房屋买卖协议》，系双方当事人的真实意思表示，双方当事人作为诉争房产所在地农村集体经济组织成员，买卖宅基地上农村房屋，不违反法律、行政法规的强制性规定，应认定双方买卖合同合法有效。

在合同成立方面，我国台湾地区所适用的“民法”第153条在一般性规定中明确合同除以“当事人相互表示意思之一致”为要件外，将该条第2款规定“必要之点，意思一致”作为推定合同成立的实质性要求。[②]

《最高人民法院关于审理买卖合同纠纷案件适用法律问题的解释》（法释〔2012〕8号）第三条第一款规定：“当事人一方以出卖人在缔约时对标的物没有所有权或者处分权为由主张合同无效的，人民法院不予支持。”本案中，虽然《房屋买卖协议》除涉及登记在熊某伟名下房产外，还涉及登记在案外人名下房产，但根据物权变动原因（即买卖合同）与物权变动结果（即所有权转移区分原则），熊某伟作为出卖人对诉争部分房产没有所有权或处分权，并不影响作为原因行为的买卖合同效力，因此，熊某伟关于双方买卖合同无效的抗辩事由不能成立，双方签订的《房屋买卖协议》属当事人的真实意思表示，且内容合法，应认定为有效合同。

二、熊某伦能否取得讼争房产的全部所有权

在我国现有的民事立法中，已确认了对物权变动与债权合同的效力予

① 邱聪智：《新订民法债编通则》（上），中国人民大学出版社2003年版，第23页。
② 罗昆：《缔约方式发展与民法典缔约制度完善》，载《清华法学》2018年第6期。

以区别的理论与实践，也就是说，物权并不随着债权合同的生效而发生变动，动产交付和不动产登记均被视为独立的法律行为。因此，在尚未办理过户登记前，买受人与出卖人签订的商品房买卖合同生效却并不发生物权变动的法律后果。

本案中，双方当事人已签订了《房屋买卖协议》，买卖合同系出卖人转移标的物所有权于买受人，买受人支付价款的合同。熊某伦作为买受人已支付出卖人熊某伟房款，熊某伟负有协助熊某伦办理不动产转移登记的义务。因熊某伟对登记在案外人名下的诉争房产没有所有权或处分权，熊某伟协助熊某伦办理该部分诉争房产转移登记的合同义务属法律上履行不能的义务，所以，熊某伦无法取得讼争房产的全部所有权，只能取得熊某伟享有所有权或处分权的相应房产。

在此，需要明确的是，合同仅是双方当事人意思一致的结果，合同的效力原则上是与标的物的物权状况无关的。只要是双方当事人的真实意思表示，即使当事人没有处分权，也不影响当事人之间合同的效力。但合同无法履行，出卖人同样需要承担履行不能的违约责任。

三、《民法典》物权编再次肯认区分原则的解读

物权变动的区分原则之所以被称为“分离原则”，是其要把权利主体移转标的物的交付义务的法律行为（一般为债法上的合同）与其完成物权的各种变动的行为视为两个法律行为，而不是一个法律行为，这两个行为各有其独立的意思表示和成立方式，因此它们是两个相互分离的不同的法律事实。简言之，即所谓“交付或登记是一个独立的法律行为”。

关于不动产登记是否影响不动产物权转移合同的效力问题，在司法实践中曾经一度存在巨大争议。早在1990年2月，最高人民法院在致黑龙江省高级人民法院《关于公产房屋的买卖及买卖协议签订后一方可否翻悔问题的复函》中认为，“签订房屋买卖协议后，提出解除买卖协议，未办理产权转移登记手续，应认为该民事法律行为依法尚未成立，一方翻悔是允许的”。可见这时司法界认为登记不仅是物权变更的要件，同时也是合同本身成立的要件。

后来这种观念发生了转变。最高人民法院1995年12月27日《关于审理房地产管理法施行前房地产开发经营案件若干问题的解答》第十二条规定，国有土地使用权“转让合同签订后，双方当事人应按合同约定和法律规定，到有关主管部门办理土地使用权变更登记手续，一方拖延不办，并以未办理土地使用权变更登记手续为由主张合同无效的，人民法院不予支持，应责令当事人依法办理土地使用权变更登记手续”。这一解释以及后来出台的《最高人民法院关于适用〈中华人民共和国合同法〉若干问题的解释（一）》第九条规定基本肯定了物权转让合同的效力和物权转移效力之间的差别。①

1. 区分原则符合合同履行的逻辑

如果我们将登记作为不动产买卖合同的生效要件的话，未经登记该合同本身不生效力，那么出卖人就不负有履行合同的义务，出卖人完全可以不去办理登记。该合同将成为没有任何法律约束力而可任意撕毁的废纸，双方签订合同的目的是否能够实现完全取决于出卖方的自觉行为，这样的话，合同秩序将无以维系。此外，即使卖方办理了登记变更手续，那么合同成立同时房屋的所有权已经发生转移，这时卖方已经不负有履行合同的义务，这样就人为地将不动产买卖认定为单方法律行为，使其与买卖合同的本质背道而驰。

2. 有利于对不动产物权受让方的保护

在将登记作为合同成立要件的立法模式下，不动产出让方不进行过户登记仅仅承担缔约过失责任，其赔偿范围仅以对方缔约成本为限。而在区分原则的立法下，不动产登记与否不影响合同本身效力，出让方不履行义

---

① 《担保法》第四十一条规定，当事人以本法第四十二条规定的财产抵押的，应当办理抵押物登记，抵押合同自登记之日起生效。有人认为这一规定还是将合同效力与登记效力混为一谈，但根据《物权法》第一百七十八条的规定，担保法与本法的规定不一致的，适用本法。故抵押作为物权设立行为之一，其登记效力也将与抵押合同本身相分离。

务将承担违约责任，其赔偿范围包括了合同的履行利益，所以对受让方来说更为公平。

四、《民法典》物权编再次肯认区分原则意义

长达20多年物权行为理论的纷争在2007年颁布实施《物权法》时仍存在，《物权法》第十五条明确规定了合同效力与物权变动的区分原则。坚持和否定物权行为理论观点的学者，依然对《物权法》的规定存在不同的解读。对物权行为理论的承认与否，不仅关乎物权法基本范畴的确立，而且在物债二分背景下，对民法制度体系的建设也影响深远。[①] 因此，区分原则在《民法典》物权编本条作出明文规定，这使得民法体系得以更加完善。

综上，应当认为《民法典》物权编对区分原则的再次肯认，既明晰了有关不动产物权变动合同的效力，也明确了不动产登记的法律性质，是新中国私法规范承认物权行为的明证。

第二百一十六条　【不动产登记簿效力及管理机构】

不动产登记簿是物权归属和内容的根据。

不动产登记簿由登记机构管理。

【条文疏义】

本条沿袭了《物权法》第十六条之规定。

一、不动产登记簿的作用与意义

不动产登记簿是指由特定机关保存的，记载不动产上权利状况的簿。它是国家行为保障下的不动产物权公示的重要手段。它具有以下重要作用：

1. 不动产登记簿是享有不动产物权的证明

所以当权利人的不动产物权受到侵害或产生争议时，不动产登记簿可

① 薛波：《物权法基础理论研究的新境地——评孙宪忠教授的〈中国物权法总论〉》，载《西部法学评论》2017年第4期。

以用来确定真正的权利人。

2. 不动产登记簿对第三人具有公信力

这是指即使登记发生错误，登记物权状况与实际情况不相符，法律也会基于交易安全的考虑，保护善意信赖登记簿或登记证书的人取得相关的权利。

3. 不动产登记簿还是经济管理的有力工具

毋庸置疑，不动产登记簿还有利于国家对不动产的监督和管理。

二、不动产登记簿对物权归属与内容具有推定正确的法律效力

不动产登记簿记载的权利和事实上的权利应当是一致的，法律也要求登记机构正确履行职责，如实记载登记事项，但是由于现实经济生活的复杂性，也会产生两者不相符合的情形。在实际生活中，由于当事人自己的过错或者由于登记机关的过错，可能会出现登记的权利和事实上的权利不一致的情况。因此，规定不动产登记簿的推定正确效力，对实现不动产物权变动中的客观公正有十分重要的意义，正因登记簿有此效力，第三人依据登记簿的取得才受到法律的保护，交易的安全才有保障。

由此可见，法律规定物权的归属和内容以不动产登记簿为根据，目的就是从国家公信力的角度对物权相对人的利益进行保护，从而建立一个能以客观标准衡量的公正的经济秩序，这也是物权公示原则的价值和要求。

【典型案例】

没有相反证据情况下登记在不动产登记簿上的人就是所有人①

——不动产登记簿的公示和公信效力

基本案情

2008年间，董某霞与王某烂结识后成为朋友，关系特殊。2010年4月，王某烂作为买受人与武汉甲房产开发有限公司签订了《商品房买卖合

① 参见董某霞与王某烂物权确认纠纷案，载北大法宝，http://www.pkulaw.cn/Case/pfnl_a25051f3312b07f3ed84f7e8b2f706608f43b258aca4ce77bdfb.html，最后访问时间：2020年6月11日。

同》（合同编号：夏101118100），约定王某烂购买坐落于省城乙夏区经济开发区藏龙岛甲梅尔小镇一期×栋×单元×室的房屋（即案涉房屋），建筑面积113.92平方米，4614.66元/平方米，房款总额525702元，其中首付款105702元。2010年4月19日，王某烂作为抵押人在中信银行股份有限公司武汉分行办理了诉争房屋的抵押按揭贷款，约定贷款金额为42万元，贷款期限为20年。

2011年1月，房屋装修后董某霞进入该房屋居住使用，前期物业服务协议中的业主、物业服务费的付款人等均显示为王某烂。王某烂在2011年暑假和2011年寒假曾和董某霞一起居住，在居住期间，其从诉争房屋拿走了购房合同原件以及多张信用卡。2012年7月27日，诉争房屋在房产管理部门进行了登记，产权人登记为王某烂（份额100%）。

2016年8月9日，因王某烂将诉争房屋大门锁芯更换，双方发生争吵，后经报警纠纷停息。王某烂到法院起诉董某霞。

法院审理

一审法院经审理认为，因物权的归属、内容发生争议的，利害关系人可以请求确认权利。当事人对自己提出的主张，有责任提供证据。当事人对自己提出的诉讼请求所依据的事实或者反驳对方诉讼请求所依据的事实，有责任提供证据加以证明。没有证据或者证据不足以证明当事人的事实主张的，由负有举证责任的当事人承担不利法律后果。

根据《物权法》第十六条的规定，不动产登记簿是房屋等不动产物权归属和内容的根据，该诉争房屋已登记在王某烂名下，董某霞欲在诉讼中推翻不动产登记簿上的记载，须提供充足证据。

董某霞以借王某烂名义买房为由，要求确认诉争房屋为其所有，但对双方借名买房的合意，未提供借名买房协议之类的相关证据加以证实，也无充足证据证明诉争房屋的首付款、按揭贷款等都由其支付，故董某霞要求确认诉争房屋为其所有的请求，证据不足，一审法院不予支持。

遂判决驳回董某霞的诉讼请求。本案受理费500元，减半收取为250

元，由董某霞负担。

二审法院经审理认为，根据《物权法》第十六条“不动产登记簿是物权归属和内容的根据。不动产登记簿由登记机构管理”的规定，案涉房屋的权属已登记在王某烂名下，王某烂是案涉房屋的所有权人。现董某霞以其借王某烂名义买房为由，要求确认案涉房屋归其所有，但其对双方借名买房的合意，未提供借名买房协议之类的相关证据加以证实，故董某霞要求确认涉案房屋为其所有的请求，证据不足，法院不予支持。

遂二审法院判决驳回上诉，维持原判。

案件评述

一、不动产登记簿是物权归属和内容的外观根据

当事人进行民事交往时对不动产登记簿存在合理的信赖。法律本着交易安全和便利的考虑，自然要对善意第三人的这种合理期待进行保护。“参与交易的善意第三人，只需要了解标的物变动的公示方法从事交易即可实现经济利益，不必担忧公示方法以外的物权状态会使自己遭遇不测。”① 但是正如学者所说，如果土地登记簿的内容不符合真实的权利状况，即如果形式的权利状况与实质的权利状况不符，土地登记簿就是不正确的。不正确涉及的是土地登记簿公信的对象。②

二、基于公示和公信原则不动产登记人应受法律保护

本案中，产权登记机关登记的房屋所有权人是王某烂，在登记为不动产物权变动的生效要件主义下，登记产生法律规定的效力，即发生权利正确性推定的效力，法律推定不动产登记簿上记载的不动产权属状况以及权利限制事项与真实情况保持一致。

这种推定不但体现了国家公权力对不动产权属的介入，而且还有利于维护交易安全。在否定不动产登记簿作为不动产物权权属的证据证明力这

---

① 江平主编：《民法学》，中国政法大学出版社 2000 年版，第 340 页。
② 耿林：《不动产善意取得制度的法政策研究》，载《清华法学》2017 年第 6 期。

一问题上，应秉持审慎态度，不宜轻易否定不动产登记簿记载的真实性。一方面，以不动产登记簿举证证明其有不动产物权的当事人不必再举证证明不动产登记簿本身的真实性以及记载内容的真实性；另一方面，不动产登记簿本身就具有很强的证明力。换言之，这就意味着要否定不动产登记簿证明力的当事人不但要有证据证明不动产登记簿的记载与真实权利状态不符，而且其提供的证据需达到一定的证明标准。结合《民法典》物权编第三百一十一条所沿袭的《物权法》第一百零六条等条款之规定解释，也可以说它承认了不动产物权登记的公信原则、公信力。

三、不动产登记的公信力

1. 物权登记公信力的概念

物权登记的公信力，指物权登记机关在其物权登记簿上所作的各种登记，具有使社会公众相信其正确、全面的效力。基于物权登记的公信力，即使登记错误或有遗漏，因相信登记正确、全面而与登记名义人（指登记簿上记载的物权人）进行交易的善意第三人，其所得利益应受法律保护。

2. 受登记公信力保护的善意第三人

其既包括自登记名义人取得物权的人，也包括向登记名义人履行给付义务的人。

（1）自登记名义人取得物权的人

自登记名义人取得物权的人受以下法律保护：

首先自登记名义人取得所有权者，如登记名义人并非真正的所有人，取得人仍确定地取得其名义下登记的所有权，真正权利人并因此而丧失其所有权。

其次自登记名义人取得财产所有权者，如果该财产上存在没有登记的抵押权，视该财产上不存在抵押权，取得人取得不负抵押权负担的所有权。

最后还包括自处分权受到限制的登记名义人（如登记名义人受有破产宣告的限制）受让物权者，如此种限制未记载于物权登记簿，受让人受让的物权不受登记名义人所受限制的影响，仍能确定取得受让的物权。

（2）向登记名义人履行给付义务的人

如登记名义人并非真正权利人，然第三人基于登记相信其享有权利而向他履行给付义务，第三人所作的履行有效，真正权利人不得再请求第三人履行，只能请求登记名义人返还不当得利。

法律赋予登记公信力，旨在保护善意第三人的利益，如错误登记使第三人遭受不利，则此错误登记不发生公信力。

3. 第三人受登记公信力保护的条件

第三人受登记公信力的保护须具备以下条件：

（1）须登记之错误不能从登记簿发现

所谓登记错误，是指登记与权利的实际情况不一致。若登记没有错误，或登记之错误能从登记簿中发现，则都不发生第三人受登记公信力保护的问题。

（2）须第三人为善意

所谓善意，是指第三人自登记名义人受让权利或者向登记名义人履行义务时，不知及不应知登记错误，如第三人明知或依当时之情形应知登记错误，则为恶意，不受登记公信力的保护。

4. 对真正权利人的保护

法律赋予错误登记以公信力，旨在维护善意第三人的利益，确保交易的安全，并非将错就错，置真正权利人的利益于不顾。法律对真正权利人的利益，采取了如下保护措施：

（1）登记异议

善意第三人自登记名义人取得权利前，真正权利人有权向登记名义人提起诉讼，请求法院否定登记名义人的权利，确认自己的权利。诉讼获胜后，真正权利人有权以法院判决为依据，请求登记机关更正错误登记。在此之前，真正权利人还可以向登记机关提出异议登记，阻止错误登记的公信力。

（2）要求赔偿

善意第三人自登记名义人取得权利后，真正权利人的权利虽然因此而丧失，但真正的权利人有权请求登记名义人赔偿损失。如登记机关对错误登记有过失，真正的权利人有权请求登记机关赔偿损失。登记机关的赔偿责任为行政赔偿责任，须通过行政程序来确定。

第二百一十七条　【不动产登记簿与不动产权属证书的关系】 不动产权属证书是权利人享有该不动产物权的证明。不动产权属证书记载的事项，应当与不动产登记簿一致；记载不一致的，除有证据证明不动产登记簿确有错误外，以不动产登记簿为准。

【条文疏义】

本条沿袭了《物权法》第十七条之规定。

不动产权属证书，是登记机关颁发给权利人作为其享有权利的证据。由于我国实行“登记发证制度”，即不动产权利除依法在登记机关进行登记外，还应由登记机关颁发不动产权属证书，所以在此我们必须明确不动产权属证书的效力。从本条中，我们看出：

一、不动产权属证书仅是不动产登记簿的外在表现形式

不动产物权的法律根据是登记簿而非权属证书。权属证书在交易中仅仅起到初步的证明作用，即当事人不应该仅根据权属证书就认定对方享有相关物权，当事人还必须到登记机关查阅相关的登记簿，方可受到物权公信力的保护。在司法实践中，根据《最高人民法院关于适用〈中华人民共和国民法典〉物权编的解释（一）》第二条的相关规定，当事人有证据证明不动产登记簿的记载与真实权利状态不符、其为该不动产物权的真实权利人，请求确认其享有物权的，应予支持。

二、不动产登记簿才是证明不动产物权的法律根据

不动产登记簿是不动产物权的公示手段，是不动产权属证书的根据，所以当权属证书与登记簿不一致时要以登记簿为准。在司法实践中，根据《最高人民法院关于适用〈中华人民共和国民法典〉有关担保制度的解释》第四十七条的相关规定，不动产登记簿就抵押财产、被担保的债权范围等所作的记载与抵押合同约定不一致的，人民法院应当根据登记簿的记载确定抵押财产、被担保的债权范围等事项。

我国目前不动产登记制度及其实际运作还有待进一步完善，不动产登记簿的设置、管理和查阅复制工作需要重视和加强。实践中，单位和个人普遍存在重视不动产权属证书而轻视不动产登记簿的现象，这样将削弱不动产物权的公示性，影响不动产交易的安全。我们一定要改变以往仅重视权属证书而轻视不动产登记簿的思维习惯。

国外也有类似的规定，如《意大利民法典》规定，在不动产登记簿、复印件或证明存在不同的情况下，登记簿的效力优先。

【典型案例】

登记簿记载的权利人如果与不动产权属证书登记的权利人不相符时的处理[①]

——不动产权属证书的法律属性

基本案情

1997 年 7 月，张某军花 35 万元经黄某学介绍从第三人袁某处购买了面

① 参见张某军与闫某、袁某及高某峰申请执行人执行异议纠纷案，载中国裁判文书网，https://www.itslaw.com/detail?judgementId=a6a89665-1b22-48e9-9e9a-ac920f6c0414&area=1&index=3&sortType=1&count=35&conditions=searchWord%2B%E4%B8%8D%E5%8A%A8%E4%BA%A7%E7%99%BB%E8%AE%B0%E7%B0%BF%E7%9A%84%E6%95%88%E5%8A%9B%2B1%2B%E4%B8%8D%E5%8A%A8%E4%BA%A7%E7%99%BB%E8%AE%B0%E7%B0%BF%E7%9A%84%E6%95%88%E5%8A%9B，最后访问时间：2020 年 6 月 11 日。

积为77.3平方米的一处非住宅用房，并于1997年7月31日办理了所有权人为张某军、产籍号为C01－××－2－25的房屋所有权证。同时，张某军取得了所有权人登记为袁某的位于该市戌州管理区北关街灯塔委，产权证号为房字第30××6号，产籍号为C01－××－2－2012，面积为77.3平方米的一处非住宅用房的使用权。张某军从1998年起将该两处房屋一直出租至2017年11月。

2014年11月10日法院审理闫某与袁某民间借贷纠纷一案，判决袁某于该判决生效后立即偿还闫某借款29.1万元及利息。同时高某峰对前项债务在袁某的抵押物坐落于戌州管理区北关街灯塔北顺城路20栋13号、登记房屋所有权人为袁某的房权证海城市字第A129××1号、建筑面积为91.8平方米的房屋价值以外的部分承担连带偿还责任。

2014年11月28日闫某申请执行。法院于2015年3月30日裁定查封位于戌州管理区北关街灯塔委产权证号为房字第30××6号、产籍号为C01－××－2－2012、面积为77.3平方米的房屋一处。张某军提出书面异议，法院于2015年5月28日裁定中止对案涉房屋的执行。

之后闫某向一审法院起诉，请求法院继续执行袁某所有的位于该市戌州管理区北关街灯塔委，房产档案中的产籍号为C01－××－2－2012，面积为77.3平方米的房屋。

法院审理

一审法院经审理认为，原告闫某陈述在该市房产管理处的房屋登记档案中登记的产权证户名为袁某，认为本案诉争房屋即应为袁某自己所有。被告张某军提供了所有权人为张某军、产籍号为C01－××－2－25的房屋所有权证两份，但上述两份房屋所有权证包括产籍号在内等内容与袁某的房屋所有权证书完全一致，无法证明被告张某军取得了包括本案诉争房屋在内的两处房屋的所有权。

另被告提出通过案外人黄某学以65万元的价格购买了包括本案诉争房屋在内的两处房屋的辩解，第三人袁某仅认可以35万元的价格出售给黄某学一处房屋并到房产处办理了该处房屋的产权变更手续，另一处是其向黄某学借款30万元，将房屋抵押给黄某学，因被告仅提供了证人黄某学的证言，并未提供其他证据证明就本案诉争的房屋与第三人袁某之间形成买卖关系，并未证明其取得了案涉房屋的所有权。故被告应承担举证不能的责任，对被告的辩解，不予采信。

一审法院裁定继续执行戌州管理区北关街灯塔委产权证号为房字第30××6号，产籍号为C01－××－2－2012，面积为77.3平方米的房屋。

张某军不服，提起上诉。二审中，当事人没有提交新证据。

二审法院经审理认为，张某军作为闫某与袁某民间借贷纠纷一案的案外人，对本案案涉房屋提出了执行异议，依据是其持有该房屋的所有权证（房字第41××4号，产籍号为C01－××－2－25），而该市人民法院裁定执行的房屋系房字第30××6号，产籍号为C01－××－2－2012，二者的产籍号并不一致。依照《物权法》第十七条“不动产权属证书是权利人享有该不动产物权的证明。不动产权属证书记载的事项，应当与不动产登记簿一致；记载不一致的，除有证据证明不动产登记簿确有错误外，以不动产登记簿为准”之规定，加之现据房产局的房产档案记载，袁某才是真正的权利人，故应否定不动产权属证书记载的权利人张某军的权利。张某军并不享有足以排除强制执行的民事权益，故一审法院判决支持闫某的诉讼请求正确。

法院终审判决驳回上诉，维持原判。

案件评述

由于我国实行登记发证主义，所以不动产物权在登记机关办理完相关登记后，登记机关还要向登记权利人颁发权属证书。这时对于该不动产物权的权属状况就会出现“三个权利主体”，即不动产实际所有人、登记簿上记载的所有人以及权属证明上记载的所有人。由于各种原因，该三项主体并非会时刻保持一致。这时在三者间存在以下效力关系：

一、不动产权属证书仅是权利人享有该不动产物权的初步证明

不动产权属证书作为不动产登记簿的外在表现形式，只是一种不动产权属证明且仅仅具有初步证明的效力。一方面，权属证明需要以登记簿为依据，不得与登记簿相矛盾；另一方面，这也意味着，权属证明本身并不是不动产物权公示的手段，第三人仅仅基于对错误的不动产权属证明的信赖是不受物权法公示公信原则保护的。

二、不动产登记簿才是物权归属的表见根据

物权的公示手段是登记，这里的登记指的是将不动产的权属状况向登记机关提出申请，并由登记机关予以记载的事实。记载该事实的不动产登记簿便是物权归属的依据，第三人因信赖该不动产登记簿的记载而进行的交易受物权法公示公信原则的保护。如学者所言，只有承认物权登记仅具有对抗效力而非物权生效效力，才能符合事实物权也为法律上的物权的逻辑，也才能与社会现实相符。①

三、登记的公示效力和公信力主要体现在物权交易中

本条规定明确了不动产登记公示体现出的物权之正确性推定效力。在不动产登记簿上记载某人享有某项物权的，应推定该人享有该项登记的物权；在登记簿上注销某项物权的，则推定该项物权已消灭。② 不动产登记的公示公信原则主要是在第三人参与交易的情况下才予以适用的，其出发点是保护交易的安全。如果争议仅发生在实际权利人和登记权利人之间，当事人只要有充分的证据能够证明自己是不动产实际权利人，法律就会保护实际权利人的利益，即否认登记权利人的所有者地位，将不动产重新登记在真正权利人的名下。

四、不动产登记簿的效力优于不动产权属证书

在没有证据证明不动产登记簿确有错误的情况下，不动产登记簿的效力优于不动产权属证书。本案中，申请执行人提起的执行异议之诉，案外人是否享有足以排除强制执行的民事权益，是审理本案的关键所在。

① 郭明瑞：《关于物权法公示公信原则诸问题的思考》，载《清华法学》2017 年第 2 期。
② 郭明瑞：《关于物权法公示公信原则诸问题的思考》，载《清华法学》2017 年第 2 期。

第二百一十八条　【不动产登记资料的查询、复制】 权利人、利害关系人可以申请查询、复制不动产登记资料，登记机构应当提供。

【条文疏义】

本条沿袭了《物权法》第十八条之规定。

一、不动产登记既为公示其价值即在于公开

不动产登记作为不动产物权的公示手段其核心价值在于公开。只有能够便利地了解到相关不动产的物权状况，当事人才可能合理安全地安排自己的经济生活。同时我们还应注意到，这种公开并非任意地公开，它还要考虑到对当事人隐私的保护。

二、查阅主体的限制旨在保护当事人的隐私不被泄露

所以为了避免登记簿所载信息中涉及的当事人资料被滥用，因此本条将查阅主体限定在权利人及利害关系人。这里的“权利人”应当是指对登记的不动产已享有所有权或他物权的人；这里的“利害关系人”应当是指与登记的不动产有一定现实利益关系，并有可能因登记结果而影响其利益存在或实现的人。即查阅主体必须与所查事项具有一定程度的关联性。

登记资料只要能够满足合同双方当事人以外或者物权权利人以外的人中可能和这个物权发生联系的这部分人的要求，就达到了登记和物权公示的目的。

【典型案例】

不动产登记簿依法查阅是实现公示公信作用的途径[①]

——不动产登记的查阅权

基本案情

贾某、刘某（原告）于2013年11月11日与甲凯房地产开发有限公司

---

① 参见贾某、刘某诉寅州市国土资源局政府信息公开案，山东省德州市中级人民法院，(2017)鲁14行终62号。

签订商品房买卖合同，房屋坐落于卯风东路626号乙星国际广场一期1号楼1单元31层3××3号。2016年8月24日，原告向被告（寅州市国土资源局）邮寄政府信息公开申请表，申请公开曾用名“乙星国际广场”，现用名“甲凯国际广场”项目的土地成交确认书、国有土地使用权出让合同、国有土地使用权证三项政府信息，被告于2016年8月29日签收。

被告于2016年8月26日向寅州甲凯房地产开发有限公司征询意见，该公司于2016年8月30日回函不同意公开，被告于2016年9月6日对原告的申请作出寅国土信公字〔2016〕第12号《政府信息部分公开告知书》，原告不服，遂涉诉。

法院审理

一审法院经审理认为，原告向被告申请公开“甲凯国际广场”项目的土地成交确认书、国有土地使用权出让合同、国有土地使用权证三项政府信息，依国务院办公厅政府信息与政务公开办公室给国土资源部办公厅的复函，不动产登记资料查询“属于特定行政管理领域的业务查询事项”，其法律依据、办理程序、法律后果等与《政府信息公开条例》所调整的政府信息公开行为存在根本性差别；当事人申请这类查询业务的，应告知其依据相应的法律法规规定办理。

本案原告向被告申请公开其所购房屋涉及的“国有土地使用权证”信息应按照上述规定申请查询，原告申请公开的“国有土地使用权出让合同”作为不动产权属来源系不动产登记资料的内容，亦应按照上述规定申请查询，由具体办理不动产登记的不动产登记机构依据法律法规规定办理。本案原告申请公开的成交确认书的内容被告已主动在互联网上向公众公开，被告已告知原告获取的方式和途径，法院也已经通过被告提供的网址查询到该信息情况并加以核实，对原告主张被告应当向其公开土地成交确认书信息的理由不能成立，法院对此不予支持。

贾某、刘某不服，提起上诉。

二审法院经审理认为，本案中，贾某、刘某向寅州市国土资源局申请公开的信息为甲凯国际广场（曾用名乙星国际广场）项目的土地成交确认书、国有土地使用权出让合同及国有土地使用权证。根据《不动产登记暂行条例实施细则》第九十四条的规定，此二人申请的三项信息均属于不动产登记信息。但问题是，对于不动产登记信息查询，应当按照《政府信息公开条例》的规定办理，还是按照不动产登记资料查询方面的特别规定办理，自属法律适用中需要解决的问题。

因不动产登记信息涉及特定的权利人或利害关系人，为平衡个人隐私与公众知情权，国家从法律、法规、规章等层面对不动产登记信息查询作出了专门规定。其中《物权法》第十八条规定："权利人、利害关系人可以申请查询、复制登记资料，登记机构应当提供。"自 2015 年 3 月 1 日起施行的《不动产登记暂行条例》第二十七条第一款、第二十八条之规定以及自 2016 年 1 月 1 日起施行的《不动产登记暂行条例实施细则》专设第六章"不动产登记资料的查询、保护和利用"，对不动产登记资料查询的主体、范围、方式和期限等作出了详细规定。上述规定充分保障了权利人和利害关系人获取不动产登记信息的权利。在此情况下，当事人如需获取相应的不动产登记信息，应根据上述法律、法规和规章的规定予以查询办理，而不应通过申请政府信息公开的方式办理。

综上，二审法院认为寅国土信公字〔2016〕第 12 号《政府信息部分公开告知书》虽论述理由欠妥，但其对贾某、刘某申请公开的信息均未予公开的处理结果并不违反法律的有关规定。

案件评述

一、不动产登记查阅的意义

不动产登记查阅是实现不动产登记功能的重要渠道。登记本身就是一项物权的公示方式，其本身就具有公开性。然而在具体操作中，究竟在多大程度上对登记予以公开，如何来实现其他主体的查阅权，在实践中和理论上一直存在争议。有的学者曾对《物权法》的有关规定提出批评，认为将不动产查阅的主体仅仅限定在权利人和利害关系人之间存在一系列弊端。[①] 理由在于：

1. 将大量的有不动产交易意图且需要准确不动产权属信息的潜在交易者排除在享有查阅权主体之外

这些人在没有与登记的不动产权利人建立法律关系之前，可能无法举证证明自己是利害关系人，因为他查阅登记簿的目的就是要与权利人缔结不动产买卖合同。

2. 过度限制查阅主体会与不动产登记之目的产生背离

不动产登记的目的就是要让社会公众便利地了解他已经进行或正在考虑进行的不动产交易的准确权属信息。因此，不动产登记是不动产权属得以公开的法定方式。不动产登记立法因此必须建立不动产登记簿的查询制度，这一制度属于程序性的制度。物权公示原则和不动产登记簿公开是实体与程序的关系，通过不动产登记簿的公开，物权公示原则得以落实。[②]

二、不动产登记查阅规定的价值判断

1. 不动产的登记是国家用法律对公民财产进行保护的一种重要举措

从本质上来看就是体现了不动产的归属状态，决定着不动产物权变动是否完成的法律标示工具，旨在保障物权的静态安全和动态安全，通过不动产登记的方式合法地保障自身的权益。[③]

它取决于两个价值判断：一是不动产与社会生活的重要关联。不动产物权登记的重要原因在于，不动产的所有权和他物权关系到人们的基本生存，而不动产的相邻关系也极易产生不同利益的冲突。二是不动产登记能够保护人们的交易安全。

---

① 费安玲：《公众享有不动产登记簿查阅权》，载中国普法网，http：//www. legalinfo. gov. cn/lfqy/2005 - 07/20/content_ 170351. htm，最后访问时间：2020 年 6 月 11 日。

② 孙宪忠：《不动产登记基本范畴解析》，载《法学家》2014 年第 6 期。

③ 赵发庆：《从〈物权法〉相关规定看不动产登记的服务功能》，载《地产》2019 年第 8 期。

2. 不动产登记是具有公信力的客观要求

有学者认为如果将享有查阅权的人限定在权利人和利害关系人，则无法真正实现不动产登记的目的，使登记制度的设立在一定程度上流于形式。建议原则上对有查阅权的人不作限制，任何人均可以申请查阅不动产登记簿。这样才能最大程度上实现不动产登记制度的公示公信效力。

但也有学者认为，这样的观点值得商榷，不动产登记簿记载的内容是个人的财产权利，没有必要予以公告。公告是公共权力的运用，必须有法律规定的条件。无论如何，不能因为建立了不动产登记制度，就发生将一般人的财产隐私暴露于公众的结果。个人财产权利尤其是一般人的财产权利属于“风可进、雨可进、国王不可进”的范畴。①

3. 不动产登记的开放程度取决于立法者在公共需求与个人隐私间的平衡

《民法典》物权编本条的规定确实有待进一步探讨，但同时需要注意的是《民法典》物权编在此仅仅作出一个原则性的规定，具体的操作还有待在《不动产登记管理法》中予以进一步明确。对信息公开主体的确定，可以认为更应该从申请人申请事项所依据的具体实体法律法规来进行确认。② 综合多方因素，可以相信对于不动产登记查阅和当事人隐私保护之间能够做到更好地平衡。

对于本条，学者提出应明确以下两方面的内容：一方面，应当具体解释何谓权利人、何谓利害关系人；另一方面，在利害关系人内部，也应当根据利害关系的不同、交易的需求不同，而设置不同的查询范围。

通过列举《瑞士民法典》和《德国民法典》，不但可以论证以上两个方面的重要性，而且我们应明确法律设立房屋登记制度的初衷，旨在明确房屋产权归属，保障交易安全。此种方法既有利于发挥不动产登记制度的作用，也有利于保障权利人的利益。因为房产登记制度的主要功能即在于满足交易安全与交易效率的需要。因此，应当将查询的目的主要限于满足

---

① 孙宪忠：《不动产登记基本范畴解析》，载《法学家》2014 年第 6 期。

② 秦瑞基、李建伟、王洪坚、刘英、刘力铭、王明：《关于政府信息公开行政诉讼案件审理问题的调研》，载《山东审判》2015 年第 2 期。

交易需要，除房产本人及利益相关人有权进行查询外，其他主体查询他人的房产信息时，应当向房产登记机关提供相关的交易材料。利害关系人和权利人对不动产的利害关系程度不同，其查询权限也应当有所不同。①

三、我国目前有关不动产登记查阅的相关立法

目前，我国对土地登记资料和房产登记信息的查询有不同的规定。国土资源部制定的于2003年实施的《土地登记资料公开查询办法》第二条和第三条对不同主体规定了不同的查询范围：对于土地登记结果，任何单位和个人都可以查询；对于原始登记资料（包括土地权属来源文件、土地登记申请书、地籍调查表和地籍图），只有土地权利人、取得土地权利人同意的单位和个人、土地登记代理机构、国家安全机关、公安机关、检察机关、审判机关和纪检监察部门有权查询。

2016年之前，各地土地房屋登记资料查询利用所依据的文件主要是《土地登记资料公开查询办法》和《房屋权属登记信息查询暂行办法》，各省《房地产档案业务规范》和《房地产登记技术规程》，这些文件与《物权法》第十八条有所抵触，自然也和本条规定相左。

2015年以来，我国逐步建立全国统一的不动产登记资料查询管理工作机制，2016年1月1日公布了《不动产登记暂行条例实施细则》，但此前由于法律法规规定的空白或者不清晰，不动产登记资料的查询主体在实践当中和学术界都存在争议。② 我国目前法律的规定正如有学者指出，立法上未将有关房屋登记的信息纳入个人隐私的范畴，而是倾向于保护公众对此类信息的知情权。③

四、"限制主义"与"开放主义"两种选择④

关于不动产登记信息的查阅权主体，存在着"限制主义"与"开放主

---

① 王利明：《构建统一的不动产物权公示制度——评〈不动产登记暂行条例（征求意见稿）〉》，载《政治与法律》2014年第12期。

② 蒋英：《不动产登记资料查询的主体探析》，载《住宅与房地产》2018年第6期。

③ 刘桂敏：《个人隐私权与公众知情权的冲突与选择》，载《山东审判》2015年第5期。

④ 张威：《不动产登记的查阅主体之浅论》，载中国法院网，https://www.chinacourt.org/article/detail/2015/01/id/1530990.shtml，最后访问时间：2015年1月9日。

义”的分野。所谓“限制主义”指的是不动产登记信息的查阅权主体仅限于“权利人和利害关系人”,《民法典》物权编第二百一十八条沿袭《物权法》第十八条的规定，明确了权利人、利害关系人可以申请查询、复制不动产登记资料，登记机构应当提供。而“开放主义”则是指，不动产登记信息应当向社会公众开放，而不应当限制查阅主体，《俄罗斯民法典》第131 条第 4 款即规定，“对不动产权利和与不动产有关的法律行为进行国家登记的机关，有义务向任何人提供关于所进行登记和所登记权利的信息。信息可以由任何进行不动产登记的机关提供，而不论进行登记的地点何在”。

1. “查阅限制主义”的立法依据

(1) 不动产查阅限制主义旨在保护个人隐私

对不动产登记的查询主体进行限制的最重要的理由毫无疑问是为了保护个人隐私，但并不是所有的隐私都应得到法律的保护，法律保护的隐私的范围应严格限定为具有合法性的个人隐私。[①] 不动产登记信息是否属于应受法律保护的个人隐私，自成为问题的前提。

隐私，此类私生活秘密，是一种旨在保护私人生活安宁不受他人非法干扰，私人信息保密不受他人非法收集、刺探和公开等的人身权。其从客观方面考察，一切与个人有关的信息都可称之为隐私；而从主观方面来看，隐私指的是人们对与自身有关的信息所持的态度。可分为自愿公开、不愿公开两种性质不同的主观状态。

不动产登记信息，原始登记凭证以及房屋的权利信息属于个人隐私，而其他信息如不动产自然状况不宜纳入个人隐私的范畴。因此，保护隐私作为限制查阅权主体的理由成立的前提在于区别不动产登记的信息，只有属于个人隐私的信息才能以个人隐私的保护作为限制理由。

(2) 其认为公示并不等于向任何不特定人都得展示

其反对“限制查阅主体违反了物权公示原则的要求”，有学者提出：

---

① 李秀芬:《论隐私的法律保护范围》，载《当代法学》2004 年第 4 期。

公示不等于向任何不特定的人展示，对于那些未与不动产权利人间存在法律行为，发生法律关系者，就没有公示的必要，这种人自然也就无权查询或复制登记资料。可以认为《物权法》中规定的只有利害关系人才可以查阅登记信息的做法，正是体现此种观点。但反对者则认为，其问题在于：

第一，公示并不等于向任何不特定人展示。反过来说，即不动产公示只向“特定人和一些不特定人”展示。确定究竟哪些人才属于“特定人和一些不特定人”，本条所沿袭的《物权法》第十八条将其规定为“利害关系人”。但“利害关系人”的利害究竟仅限于法律上的利害关系，还是包括事实上的利害关系，甚至是否包括一般意义上的公共利害关系，亦即申请查阅的人是否应增加基于公益性目的之查询规则，[①] 都反映了目前“利害关系人”的界定看似明确实则相当模糊，在实践中容易引起不必要的混乱。

第二，“公示并非向任何不特定的人展示”的观点，事实上还将大量的有不动产交易意图但需要准确的不动产权属信息的潜在交易者统统排除在享有查阅权的民事主体之外。这些民事主体在没有与登记的不动产权利人建立法律关系之前，自然不可能举证证明自己是所谓的“利害关系人”，而这些查阅不动产登记簿之目的，恰恰是要与特定的不动产权利人设定某种法律关系。显而易见，这种做法阻却了潜在的交易者获取不动产信息的正常渠道，只能产生不利于保障交易安全的严重后果，使不动产交易大受影响。

2. “查阅开放主义”的立法依据

（1）对登记资料开放查阅是物权公示的题中应有之义

主张对查阅权主体不应加以限制的学者则认为，限制查询主体并非一个简单的查询主体范围问题，其涉及了体现物权公示本意的原则问题。公示公信原则是物权法的基本原则，而要贯彻公示公信，公示自是前提，只有经过公示才谈得上产生公信力的问题。不动产登记作为不动产权属得以

---

① 路磊：《不动产登记资料的查询主体探讨》，载《山东社会科学》2015 年第 11 期。

向社会公开宣示的法定方式，取决于两个价值判断：首先是不动产在社会生活之中的重要意义；其次是不动产登记所能起到的保护社会商品交易安全保障。对查阅权主体的严格限制，实际上只能产生公示范围过窄的结果，对不动产登记结果的查询主体的限制，不仅违背世界立法趋势，且不符合物权公示的要求，也与实践情况相矛盾，不动产登记结果应向一般民众公开，这是全面保护交易安全的体现。①

相反，开放不动产登记查阅之优点在于：第一，对于正在进行或者准备进行不动产交易的当事人，通过查阅不动产的登记资料可以便利和准确地了解该不动产的真实状态，降低交易成本、避免交易风险；第二，开放查阅有利于不动产错误登记的纠正、不动产争议纠纷的处理和解决，而限制查询主体则使得登记机构和登记内容失去公众的监督，不利于腐败的防止；第三，开放查阅也有利于国家的宏观调控和监管。

（2）限制查询违背了不动产登记簿设置的初衷

不动产登记簿设置的初衷就是使物权为公众所知，以鼓励不动产交易，而限制查询主体恰恰违背了这一初衷。当今社会，人人都有可能成为潜在的交易人和利益相关人，要说明一个正当的理由非常容易。而且，限制查询使得一般公众不能了解到财产的物权状况，也使实际进行的财产交易处于更大的风险之中。从这个意义上来说，限制查询主体本质上又是反市场经济规律的。

五、以内容确定不动产登记资料查阅主体的“区分主义”

在域外有关立法上多将不动产登记的资料作适当划分，分为基本的登记信息资料和登记簿记载的详细资料。对于基本的登记信息资料，一般都规定任何人均可以查阅；对于登记簿记载的详细资料，规定有利害关系的人可以查阅。而有的国家则规定，任何人都得缴纳手续费，请求交付登记簿之誊本、节本或地图及建筑物所在图之全部或一部之副本。并且，以有

---

① 金曼：《不动产登记资料的查询主体研究》，载《河南财经政法大学学报》2016年第4期。

利害关系部分为限，得请求阅览登记簿及其附属文件或地图、建筑物所在图。登记事项无变更、未登记、登记簿无誊本或节本之记载事项无变更之证明，亦同。这种做法在我国的立法中影响较大。①

在借鉴域外以及总结我国的法律实践的基础上，从对限制主义和开放主义的角度来分析，应当认为在未来不动产登记法的立法中，可以考虑将登记资料划分为基本的信息资料（包括不动产的权利人、不动产的自然状况及不动产的权利状况等）和登记簿记载的原始登记资料两类。对于基本的信息资料，应当规定任何人都可以查阅；对于登记簿记载的原始登记资料，规定有一定证据证明其与该不动产具有利害关系者可以查阅。此外尚需注意以下两点：

其一，对于交易前一般性了解查询，应规定只能按照物的编号查询，而不能按人名查询，且披露的信息应仅限于房屋位置、面积、朝向以及有无他项权利负担等有限的信息，以保护权利人的个人隐私；

其二，若当事人已经进入了实际谈判阶段，则一方从潜在的利害关系人成了现实利害关系人，可以与权利人协商，获得权利人的书面授权而查询进一步的信息，如物权是否为权利人所有。当然，潜在的利害关系人有权利人的授权书，同样可以查询这种信息。

第二百一十九条　【利害关系人的非法利用不动产登记资料禁止义务】 利害关系人不得公开、非法使用权利人的不动产登记资料。

【条文疏义】

本条为新增法条，与《民法典》人格权编有关隐私权的相关规定相呼应。

---

① 李启峰：《论我国不动产登记资料查询制度研究》，山东师范大学2018年硕士学位论文。

一、权利和义务的关系不可分割

没有义务，权利便不再存在；没有权利，也没有义务存在的必要。同时，权利和义务不可分，同为权力所保障。而法律所规定的权利的实现，当然离不开义务的履行。本条的规定，实际上是对享有查询、复制不动产登记资料的不动产物权利害关系人施加的一项保密义务。按此法律规定，举凡非法使用、公开、公布登记权利人资料的行为，利害关系人均不得随意实施。

二、登记公示原则与隐私权保护为问题的“一体两面”

不动产登记资料的查询工作不仅要反映不动产登记公示的功用，也要符合《政府信息公开条例》的基本精神。不动产登记查询规则的解释与适用，涉及的主要问题实际上就是登记公示原则与当事人的隐私权保护之间的协调问题。

对于《不动产登记暂行条例》第二十七条应区分不动产登记资料的不同情形作出不同解释：任何单位和个人可以依法查询、复制不动产登记簿中的不动产登记单元的基本状况、不动产权利归属状况（权利人身份、住所信息除外）及查封、抵押等权利限制状况的信息；权利人、利害关系人可以依法查询、复制不动产登记簿中的其他信息；权利人及其同意的人可以依法查询、复制其权利范围内的原始登记资料；有关国家机关可以依照法律、行政法规的规定查询、复制与调查处理事项有关的不动产登记资料。就此，可以在《不动产登记暂行条例实施细则》或《不动产登记查询办法》等配套行政规章中予以明确。[①]

三、全面落实不动产登记资料依法查询制度

除权利人、利害关系人和有关国家机关可以依法查询登记资料外，其他主体不得随意查询，而且查询不动产登记资料的单位和个人要履行保密义务，未经权利人同意，不得泄露查询获得的不动产登记资料。不动产登

---

① 高圣平：《政府信息公开视角下的不动产登记查询规则》，载《法学》2015 年第 1 期。

记机构、不动产登记信息共享单位以及有关工作人员应当对不动产登记信息保密，除正常办理不动产登记业务外，不动产登记机构工作人员不得随意调取、查阅与办理业务无关的登记信息，也不得泄露不动产登记信息。不动产登记机构不得通过政府信息公开的方式提供不动产登记信息。违反国家规定泄露不动产登记信息的，要严肃处理；对造成信息安全事故或者给他人造成损害的，要依法追究法律责任。①

【典型案例】

非法公开权利人登记资料的法律责任②

——公示的登记资料之使用与公开不能侵害当事人隐私权

基本案情

2012年9月，蔡乙在浏览微博时无意间发现网友“正义者联盟”发布一条名为“退休干部蔡甲堪称房叔”的微博被迅速转发上千条，引起热议，遂进入查看。发现其中爆料的“某市城管局退休人员蔡甲一家在本市拥有16套住房”这一信息中的当事人正是其父亲蔡甲。蔡乙发现该条信息爆料的内容相当详细，甚至其半年前购置的准备用于结婚的某处商品房信息也在曝光的房产清单之上，爆料人还称1997年3月“蔡甲位于本市某区房改房系与该市房屋登记机构工作人员勾结违反房改政策非法取得”。

蔡乙及家人均表示无人前往登记机构查询房屋登记信息，蔡乙回忆称：“2010年3月，其将该市某区的一套商业用房设置抵押时，曾办理《委托公证书》，委托中介公司周某查询房产档案并代办房屋抵押登记事宜。”蔡乙及家人遂要求登记机构出具“曾查询、调取其家人房屋登记信息的历史记录”以及2010年3月受托人周某代为查询房屋登记信息时填写的《房屋登记信息查询申请表》、登记机构核准周某查询档案信息的“审核表”。登

① 《国土资源部关于印发〈不动产登记操作规范（试行）〉的通知》（国土资规〔2016〕6号）。

② 文志敏：《房屋登记信息查询与当事人隐私权保护》，载《中国房地产》2013年第9期。

记机构以蔡乙及家人申请查询的内容不属于房屋登记信息为由拒绝查询。

后该市纪检部门对蔡甲展开纪律调查，要求登记机构提供蔡甲于1997年3月取得的位于该市某区房改房的房屋登记资料，包括登记机构制作审核意见表等全部档案资料。蔡乙及家人遂向法院起诉，要求登记机构承担泄露其房屋登记信息的赔偿责任。

法院审理

法院经审理查明，蔡乙一家房屋登记信息的泄露系该市登记机构档案工作人员李某利用职务便利所为，李某系网友“正义者联盟”撰稿人曾某的侄儿。后来，该市登记机构在媒体上发文对公众道歉，称“在个人住房信息系统及其管理上确实存在薄弱环节”。

案件评述

一、立法已对不动产权利人登记信息保护的范围予以明确

本案中，登记机构在个人住房信息系统及其管理上存在的疏漏，致使蔡甲一家的房屋登记信息广而传之，给当事人造成了极大困扰。基于民法的权利价值及社会价值，我国立法有必要对不动产权利人的登记信息予以保护。

随着市场经济的不断推进，房地产市场得到快速发展，在房屋建设中最关键的一个部分就是不动产登记资料亦即有关信息的内容，它是城市拆迁规划、房屋交易以及产权权属登记等的基础。而不动产登记资料查询是广大人民群众办理不动产买卖、继承等事项的重要基础性支撑，是不动产登记机构的重要服务事项。不动产登记档案信息的保密涉及面广、责任重大，在新的社会形势下，增强不动产登记信息保密责任意识，进一步筑牢不动产信息保密防线显而易见业已成为当前工作中的一个重要课题。[①]

根据《最高人民法院、最高人民检察院关于办理侵犯公民个人信息刑事案件适用法律若干问题的解释》第一条之规定，《刑法》第二百五十三

---

① 梁嘉敏：《增强不动产登记档案保密责任意识进一步筑牢档案保密防线》，载《城建档案》2019年第3期。

条之一规定的“公民个人信息”，是指以电子或者其他方式记录的能够单独或者与其他信息结合识别特定自然人身份或者反映特定自然人活动情况的各种信息，包括姓名、身份证件号码、通信方式、住址、账号密码、财产状况和行踪轨迹等。据此，不动产登记所涉及的这些内容自然属于受法律保护的公民个人信息。

有学者建议将此条修改为：权利人、利害关系人对所查阅、复制的登记资料应当予以保密，不得非法使用、公开所查阅、复制的登记资料。[①]虽然立法赋予权利人、利害关系人享有查阅权、复制权，但是，他们应当对所查阅的、复制的登记资料加以保密，只能基于合法的目的合理使用这些登记资料，不能滥用这些登记资料。

二、非法泄露私人登记信息既为私法上的侵权行为亦有公法责任

2015 年 3 月 1 日生效施行的国务院《不动产登记暂行条例》第二十七条规定：“权利人、利害关系人可以依法查询、复制不动产登记资料，不动产登记机构应当提供。有关国家机关可以依照法律、行政法规的规定查询、复制与调查处理事项有关的不动产登记资料。”第二十八条规定：“查询不动产登记资料的单位、个人应当向不动产登记机构说明查询目的，不得将查询获得的不动产登记资料用于其他目的；未经权利人同意，不得泄露查询获得的不动产登记资料。”由此可知，在不动产登记的整个环节中，知悉不动产登记信息的主体主要有三类：一是不动产登记机构及其工作人员，二是有关国家机关，三是权利人及利害关系人。前两者是依法履行公权力的公法主体，而后者则主要是私法中的不动产交易主体。就私权交易而言，查询不动产登记资料的目的在于降低交易成本和交易双方的信息不对称性，使意欲购买或租赁不动产的主体可有效了解不动产的权属状况，避免因信息不对称而遭受损失。

---

① 张民安：《关于民法典各分编（草案）的修改意见》，载 360 图书馆，www.360doc.com/content，最后访问时间：2020 年 6 月 20 日。

但在赋予权利人、利害关系人查阅复制权的同时，也应对不动产权利人的财产隐私权给予充分的保护。如果权利人、利害关系人将查阅获得的资料用于其他目的，或者擅自泄露、公开登记资料，则构成对他人隐私权等民事权利的侵犯。非法获取公民个人信息，即以窃取或者其他方法非法获取国家机关或者金融、电信、交通、教育、医疗等单位在履行职责或者提供服务过程中获得的公民个人信息，出售或者非法提供给他人，情节严重的行为，根据《刑法》的规定，构成犯罪的，处三年以下有期徒刑或者拘役，并处或者单处罚金。

按此规定，举凡非法使用、公开、公布登记权利人的资料的，不但是违法行为，利害关系人皆不得为之，而且情节严重，还会被绳之以法。应当指出的是，此规定是对我国如今登记实务的经验总结和吸纳，故而值得肯定与赞同。[①] 案涉非法泄露利用公民不动产登记信息，既然业已产生恶劣的社会影响，自应承担相应的法律责任。

第二百二十条　【更正登记和异议登记】权利人、利害关系人认为不动产登记簿记载的事项错误的，可以申请更正登记。不动产登记簿记载的权利人书面同意更正或者有证据证明登记确有错误的，登记机构应当予以更正。

不动产登记簿记载的权利人不同意更正的，利害关系人可以申请异议登记。登记机构予以异议登记，申请人自异议登记之日起十五日内不提起诉讼的，异议登记失效。异议登记不当，造成权利人损害的，权利人可以向申请人请求损害赔偿。

---

① 陈华彬：《论我国民法典〈物权编（草案）〉的构造、创新与完善》，载《比较法研究》2018 年第 2 期。

【条文疏义】

本条沿袭了《物权法》第十九条之规定，仅作文字修订。

一、更正登记的概念

1. 更正登记实际上就是对原登记权利的涂销登记

其是指不动产权利人、利害关系人、登记机关发现登记事项出现错误进行的予以更正的登记，实际上就是对原登记权利的涂销登记。由于各种原因，登记簿上的权利人和实际权利人难免会出现不一致的情况。如果实际权利人或利害关系人不及时申请更正登记的话，就有可能导致善意第三人对错误的登记簿产生合理信赖，进而使得实际权利人无法对善意第三人行使抗辩权。

2. 不动产登记簿错误可以分为权利事项错误与非权利事项错误

权利事项错误是指登记簿上对不动产物权的归属和内容的记载不正确，而非权利事项错误则是指那些不涉及物权归属和内容的登记簿错误。二者在是否会对物权构成妨害、是否导致善意取得以及更正登记的程序上完全不同。《民法典》物权编本条沿袭了《物权法》第十九条的规定，区分了这两类错误，并确立了不同的更正程序与要件。当不动产登记簿上存在权利事项错误时，应由利害关系人行使更正请求权请求登记簿记载的权利人同意更正。如果权利人拒绝的，更正请求权人应诉请法院或仲裁委员会解决该民事争议。

原则上，只有法院、仲裁委员会的生效法律文书才属于证明登记确有错误的证据，登记机构才能据此进行更正登记。但是，对于非权利事项错误，权利人可以通过提供证据证明登记确有错误而申请更正登记，登记机构也可以依职权进行更正登记。[①]

3. 更正登记可及时纠错并终止登记权利的正确性的推定效力

更正登记的意义就在于及时纠错，彻底地终止现实登记权利的正确性

① 程啸：《不动产登记簿错误之类型与更正登记》，载《法律科学》2011年第4期。

的推定效力，杜绝第三人依据不动产登记簿取得登记的物权，最终保护实际权利人的合法权益。

虽然更正登记是当事人解决登记权利与实际权利不一致的一条途径，但是更正登记一般常常伴随着纠纷。这一纠纷的解决往往需要双方进行漫长的举证，所以更正登记程序一般比较长。但是在更正的过程中，登记权利人仍然可能会对登记不动产进行处分，善意第三人的合理信赖仍然需要法律进行保护。基于上述考虑，法律规定了异议登记制度。

二、异议登记

1. 异议登记的概念

所谓异议登记是指实际权利人以及利害关系人申请登记机关将其对登记权利所持的异议进行登记。依据这一制度，异议登记赋予申请人以抗辩权，可以阻却现实登记权利人行使其登记权利。

但是异议登记只是一种临时保护措施，如果这一权属状态长期存在，无疑会影响该不动产的自由流转，不利于物权关系的稳定。所以法律规定申请人必须在异议登记之日起 15 日内起诉，否则异议登记自然失效。同时法律为了防止异议登记制度被不当使用，给权利人造成损失，故规定了申请人在此情况下的赔偿责任。

2. 异议登记与处分登记之外其他登记之间的效力

(1) 异议登记与查封登记

在同一不动产之上进行了异议登记之后，如果登记簿记载的权利人的债权人申请法院对该房屋予以查封，就两者效力而言：

第一，应明确二者同为对不动产权利的限制登记而非对房屋权利的处分，因此，二者相互之间能够并存。第二，查封登记系登记机构依法院的协助执行通知书而作出的嘱托登记。严格地讲，是在执行法院查封的命令。登记机构在此并无选择的余地，在核对协助执行通知书的真实性并确定查封的具体不动产为登记簿所记载后，只能依照协助执行通知书的要求予以查封登记。

因此，异议登记并不能影响此后的查封登记。但是当被保全的财产面临被处分的危险时，譬如要拍卖时，利害关系人应该可以以异议登记为依据提出执行异议，并且要求中止执行，待更正登记完成或异议登记失效之后再由法院决定是否继续执行程序。而且即使当事人没有提出执行异议，法院在发现其执行的不动产权属有争议（只要登记簿上存在异议登记），法院也应该主动中止执行，否则将使异议登记丧失存在的意义。

（2）异议登记与预告登记的相互关系

如果异议登记之后，登记簿记载的权利人就该房屋的买卖或者抵押申请预告登记，笔者认为，登记机构应当准许。因为预告登记本质上是对债权的保障，预告登记的只是债权，在预告登记之后，只是限制了登记簿记载权利人的处分权，权利人并未对其不动产权利加以处分。因此，允许权利人预告登记，并不违反有关的规定以及《物权法》的精神。

应当认为，预告登记的权利人通过预告登记，实际上仅仅是获得了一种优先权，旨在有效避免异议登记失效后，登记簿记载的权利人将该不动产另行处分的可能性。所以异议登记后，一旦登记簿记载的权利人申请处分登记，其应被拒绝，但登记机构可以建议当事人申请预告登记，这样既可以避免异议登记失效之后可能出现的纠纷，也减少了登记机构可能承担的赔偿责任。

鉴于异议登记实际上仅仅是限制了登记簿记载权利人的处分权。故而异议登记后又进行预告登记时，自应待异议登记注销后，方可申请登记。所以预告登记3个月的期间，亦应至少在异议登记注销之日开始起算。同时，既然异议登记实际上业已限制了登记簿记载的权利人的处分权，为避免其因不知此项限制而受到损害，登记机构应及时书面通知登记簿记载的权利人，以便其及时提出更正或者采取其他措施维护自己的合法权益。

（3）异议登记与在先的处分登记效力如何认定

“申请在先、登记在先”是一般的登记规则，但如果此前登记簿记载的权利人已经和他人就该不动产进行了交易，并申请了处分登记，但至异议登记之日，该处分登记尚处于审核过程中，“申请在先、登记在先”的规则之适用，实际上就成了在先的处分登记与异议登记的效力哪一个优先的问题。

只要双方申请了转移登记并被登记机构受理。依据有关行政规定，登记机构应当在30个工作日内将申请登记事项记载于房屋登记簿或者作出不予登记的决定。在这一期间，如果有人对该房屋的所有权申请异议登记，继续办理在先申请的处分登记，显然有悖异议登记作为临时性保障措施的宗旨。故此，法律强调只要在先的处分登记尚未完成，登记机构尚未将申请登记事项记载于房屋登记簿上，那么，第三人所申请的异议登记，其效力应予优先，亦即不动产登记机构应当中止办理原登记申请。

因为异议登记完成以后，自然会对第三人起到警示作用。第三人可以通过异议登记的公示，知悉该不动产权利上所存在的纠纷，从而不再与登记簿记载的权利人继续交易，或者待其纠纷解决后，再行决定所涉交易的进展。

如果在先的处分登记中的双方申请人，在签订合同以及申请办理登记时，并不知悉异议登记的存在；买受人或者他项权利人无从预见此种风险从而拒绝交易，而登记簿记载的权利人对登记无法正常进行也是不知的。为避免在先登记的双方申请人不知异议登记的存在导致其处分登记中止，有关行政法规要求不动产登记机构负有通知义务。即登记机构在受理异议登记并中止办理原登记申请的情况下，应当尽快书面通知在先的处分登记中的双方申请人，以便其有所准备，并通过合理手段维护自己的合法权益。

在司法实践中，根据《最高人民法院关于适用〈中华人民共和国民法典〉物权编的解释（一）》第三条的相关规定，异议登记因《民法典》第二百二十条第二款规定的事由失效后，当事人提起民事诉讼，请求确认物权归属的，应当依法受理。异议登记失效不影响人民法院对案件的实体审理。

【典型案例】

承包人能否对不动产登记行使独立的异议请求权①

——不动产登记异议申请主体的确定

基本案情

2016年7月25日，马某斌以辰乡市人民政府2009年给辰乡市甲研石发电有限责任公司办理辰国用（2009）第68××8号国有建设用地使用权证程序违法，地籍调查严重失实，无任何事实及法律依据，向辰乡市不动产登记局提交了《辰乡市不动产异议登记申请表》及证据材料，提出辰国用（2009）第68××8号国有建设用地使用权证异议登记申请，并要求辰乡市不动产登记局撤销辰乡市人民政府向辰乡市甲研石发电有限责任公司颁发的上述国有建设用地使用权证。

辰乡市不动产登记局收到马某斌的材料后，于2016年7月29日对马某斌提出的不动产登记异议申请作出《不动产登记不予受理告知书》。

马某斌签收《不动产登记不予受理告知书》后，于同年8月3日提起行政诉讼，请求：判决撤销辰乡市不动产登记局于2016年7月29日作出的《不动产登记不予受理告知书》。

法院审理

一审法院经审理认为，马某斌虽然提供了其自2000年开始承包辰乡市乙坑电厂内部石门水电站的证据，但辰乡市丙光实业（集团）有限公司已以1800万元收购了该厂申请破产的全部财产，该资产处置已经辰乡市人民政府下文同意，马某斌提供的证据不能直接证明其与辰国用（2009）第

---

① 参见马某斌诉辰乡市不动产登记局纠纷案，载中国裁判文书网，https：//www. itslaw. com/detail? judgementId = 15b13992 - fcfd - 48ed - b702 - c0cf770951ad&area = 1&index = 2&sortType = 1&count = 3&conditions = searchWord% 2B% E5% BC% 82% E8% AE% AE% E7% 99% BB% E8% AE% B0% 2B1% 2B% E5% BC% 82% E8% AE% AE% E7% 99% BB% E8% AE% B0&conditions = litigant% 2B143802% 2B1% 2B% E9% A9% AC% E6% B5% B7% E6% 96% 8C，最后访问时间：2020年6月11日。

68××8号国有建设用地使用权证存在物权上的利害关系，即不能确认马某斌系辰国用（2009）第68××8号国有建设用地使用权证的利害关系人。

一审法院判决：驳回马某斌的诉讼请求。马某斌不服一审判决，提起上诉。

二审法院经审理认为，根据《物权法》第十九条和《不动产登记暂行条例实施细则》第八十二条的规定，权利人、利害关系人认为不动产登记簿记载的事项错误的，可以申请更正登记；不动产登记簿记载的权利人不同意更正的，利害关系人可以申请异议登记。本案中，马某斌系对辰国用（2009）第68××8号国有建设用地使用权证提出异议登记申请并提交了材料，其提供的《承包水电站协议书》可以证明马某斌于2000年承包经营了辰乡市乙坑电厂内部石门水电站，其还提交了照片以证明其在石门水电站土地上加盖了建筑物和构筑物，主张其在承包期间对土地进行了利用。但是，这并不意味着其可以对辰国用（2009）第68××8号国有建设用地使用权证载明的土地主张物权，其提供的申请材料不能证明马某斌是该宗土地的真正权利人或对该宗土地能够行使独立请求权。辰乡市不动产登记局决定不予受理马某斌的异议登记申请，实体处理正确。在程序上也并无不当之处。

二审法院判决：驳回上诉，维持原判。

案件评述

一、异议登记的申请主体

当事人申请不动产异议登记，应当提供证明其对登记的不动产权利有利害关系的材料，证实不动产登记簿记载的事项错误的材料，以及权利人不同意更正的材料。申请人对不动产物权有利害关系，是异议登记的首要前提和必要条件。

申请异议登记提交的材料应是申请人可据以主张其是该登记的不动产权利的真正权利人或能够行使独立请求权的材料。本案中，马某斌对辰国用（2009）第68××8号国有建设用地使用权证提出异议登记申请，但所提供的申请材料仅仅为债权性质的承包合同，并不能证明其是该宗土地物权的真正权利人，所以其不能够对该宗土地独立地行使物权登记请求权，故法院判决驳回马某斌的诉讼请求是正确的。

二、异议登记与处分登记之间的效力

不动产异议登记之后，如果登记簿记载的权利人再行申请处分登记的，登记机构应当如何处理，学术界存在两种不同的认识。

1. “无权处分说”

这种观点认为，在异议登记后，如果登记权利人再行处分该不动产的，则构成无权处分。因此，登记机构有权拒绝办理处分登记。其理由在于，《物权法》虽然没有直接对异议登记的效力加以规定，但该法第一百八十四条明确规定“所有权、使用权不明或者有争议的财产”不得抵押，类而推之，在产权存在争议的情况下，权利人显然无权处分其权利。因此，异议登记期间，登记机构应当暂缓办理处分登记，否则一旦有误就要进行变更登记，增加登记机关的负担，也容易造成交易秩序的混乱。因不能及时办理过户登记而造成受让人不能及时取得物权的，则应当按照登记权利人违约予以处理。

有学者认为，异议抗辩纳入登记后，登记簿上记载的权利人不可以行使处分权。法律规定这一制度的意义在于，不动产登记簿上记载的权利人或者权利有可能是不真实的，或者是不够充分的，此时登记簿上的权利人处分其权利，就有可能损害真正权利人的利益。法律设置异议抗辩登记后，登记簿上的权利人不得随意处分其权利，而第三人也不得以登记具有公信力为由而取得交易设定的不动产物权。[①]

《物权法》并未对异议登记的效力进行明确的规定。在《城市房屋权属登记管理办法》起草过程中，对完成异议登记之后，如果登记簿记载的权利人再行申请处分登记，登记机构应当如何处理，存在不同认识：“无

---

① 孙宪忠：《不动产登记基本范畴解析》，载《法学家》2014 年第 6 期。

权处分说”的这一认识也是登记实践中的通常做法，虽然《城市房屋权属登记管理办法》没有明确对此加以规定，但是其第二十七条规定：“登记机关应当对权利人（申请人）的申请进行审查。凡权属清楚、产权来源资料齐全的，初始登记、转移登记、变更登记、他项权利登记应当在受理登记后的30日内核准登记，并颁发房屋权属证书；注销登记应当在受理登记后的15日内核准注销，并注销房屋权属证书。”这里所言的“权属清楚”，就暗含了产权存在争议情况下不予或者暂缓登记的意思。在地方性法规中，多数地区对产权存在争议的情况下不予或者暂缓登记进行了明文规定。

2. “异议登记无权暂缓或者拒绝登记请求说”

这种观点认为，存在异议登记的情况下，并不妨碍权利人的处分权，登记机构也无权暂缓或者拒绝其登记请求。理由在于：

(1) 异议登记并不表征权利

异议登记后，登记权利人并没有被剥夺或者限制其权利，其仍然有权处分其财产，受让人也可以购买，其与相对人订立的处分其不动产权利的合同仍然是有效的。但是因为有异议登记，所以受让人不能构成善意取得。在登记簿记载的权利人的处分权仍然存在且法律没有对其限制的情况下，如果登记机构拒绝为其办理处分登记，不仅缺乏法律依据，而且妨害了不动产的流转，违背了鼓励交易的原则。

(2) 异议登记不影响处分登记

此观点认为，存在异议登记的情况下，并不妨碍权利人的处分权，登记机构也无权暂缓或者拒绝其登记请求。

实践中一般采取比较谨慎的态度，在《物权法》没有明文规定的情况下，类推《物权法》第一百八十四条，认为在办理了异议登记的情况下，登记机构不能再为登记簿记载的权利人办理处分登记。至于究竟是不予登记还是暂缓登记，考虑到异议登记只是一种临时性保障措施，故而将异议登记的效力确定为暂缓办理处分登记，待异议登记注销后，登记簿记载的权利人仍然有权申请办理处分登记。

异议登记并不妨碍异议登记立法目的的实现。这一立法目的无须登记机构在异议登记之后拒绝处分登记，即可实现。允许登记机构继续办理处分登记，并不损害真正权利人的利益，符合异议登记设立的本旨，也不会引发登记机构的赔偿责任。

目前登记实践中的通常做法是异议登记之后，登记权利人再行处分该不动产的，登记机构有权拒绝办理处分登记。

三、从异议登记的本质审视异议登记的效力

应当认为，从异议登记的本质出发，异议登记之后，不应影响登记簿记载的权利人另行处分其房屋权利；登记机构也不应拒绝其处分登记的请求，理由除异议登记并不表征权利外，主要在于：

1. 异议登记不影响处分登记

并不妨碍异议登记立法目的的实现。异议登记的本质在于为真正权利人提供临时性的救济，避免在异议登记期间第三人善意取得房屋权利。这一立法目的无须登记机构在异议登记之后拒绝处分登记，即可实现。例如，甲的房屋被乙申请了异议登记，现甲将房屋卖给丙，而登记机构亦为丙办理了转移登记。在此种情况下，丙明知异议登记的存在而购买房屋，显然不能适用善意取得。因此，如果最终法院判决该房屋系乙所有，则乙可以持判决书直接申请更正登记，将房屋更正到自己名下。在这一过程中，乙的利益并未因登记机构办理处分登记而受到损害。而丙明知异议登记的存在，就意味着其自愿承受了房屋所有权被更正登记到乙名下的风险，因此，不能认为其受到损失，故而丙也无权要求他人予以赔偿。可见，允许登记机构继续办理处分登记，并不损害真正权利人的利益，符合异议登记设立的本旨，也不会引发登记机构的赔偿责任。

2. 没有理由禁止登记机构继续办理处分登记

禁止登记机构继续办理处分登记，可能损害登记簿记载的权利人及第三人的利益，并可能引发登记机构的赔偿责任。

在上一案例中，如果登记机构拒绝为丙办理转移登记，最终法院判决乙的异议不成立，可能出现以下两种情形：其一，此时甲见房价大涨，在丙不知情的情况下，持法院终审判决申请注销异议登记，再将之卖给丁并办理了转移登记。在此种情况下，丙只能要求甲承担违约损害赔偿责任，而无法请求交付房屋并办理转移登记。其固然可能对甲请求违约损害赔偿，但也可能认为登记机构的不作为导致其无法取得房屋所有权，从而对登记机构要求赔偿。尤其是在甲无力承担赔偿责任的情况下，其往往会要求登记机构赔偿。其二，房价大跌，丙拒绝再购买该房屋，从而导致甲的损害。在此种情况下，甲固然可以依据《民法典》物权编第二百二十条沿袭的《物权法》第十九条的规定，要求异议不当的乙赔偿，也可以要求丙承担违约责任；但也可能甲认为登记机构的不作为导致了丙的违约，从而对登记机构要求赔偿。

3. 可能导致查封制度虚置、异议登记滥用并妨碍不动产的流转

如果认为异议登记可以阻止不动产权利的处分登记，就意味着异议登记具有与人民法院查封相同的法律效力。但在设定条件和审查程度上，异议登记远远较查封登记宽松。依据《民法典》物权编第二百二十条沿袭的《物权法》第十九条之规定，申请异议登记无须申请人提供担保，登记机构也仅做纯粹的形式审查。而依据《民事诉讼法》的规定，无论是诉前财产保全还是诉中财产保全都有较为严格的条件和程序要求。例如，申请诉前财产保全，一方面，法律要求“情况紧急，不立即申请财产保全将使其合法权益受到难以弥补的损害”作为诉前财产保全的前提；另一方面，申请人应当提供担保，不提供担保的，驳回申请。此外，人民法院接受申请后，必须作出裁定；裁定采取财产保全措施的，应当立即开始执行，即向登记机构发出《协助执行通知书》，由其进行查封登记。二者效力相同，但条件和程序上存在天壤之别，这就必然导致当事人通过异议登记来解决诉前财产保全的问题，从而导致查封制度的虚置。而异议登记极为宽松的申请条件和成本，以及与之不匹配的严厉效果，就可能引发当事人滥用异议登

记的道德风险。例如，可能出现指使或者收买没有财产的人，对竞争对手恶意申请异议登记，使其无法对其房屋进行处分，从而受到损失。最终即便法院认定异议登记不当，异议登记申请人也没有财产进行赔偿。在这种情况下，不仅阻碍了不动产的正常流转，实际上也加大了登记机构的风险。

四、异议登记的法律关系的本质

1. 异议登记制度仅为真正权利人提供了临时性的救济

异议登记制度设定的本质在于为真正权利人提供临时性的救济，旨在避免在异议登记期间第三人善意取得房屋权利。但异议登记也仅是一种临时保护措施，如果这一权属状态长期存在的话，无疑会影响该不动产的自由流转，不利于物权关系的稳定。所以法律规定申请人必须在异议登记之日起 15 日内起诉，否则异议登记自动失效。

2. 异议抗辩登记只是中止了不动产登记权利正确性的推定效力

同时法律为了防止异议登记制度被不当使用，给权利人造成损失，故规定了申请人在此情况下的赔偿责任。因此，异议抗辩登记的本质是中止不动产登记权利正确性的推定效力和公信力，以保护事实上的权利人和真正的权利状态。[①]

第二百二十一条　【预告登记】 当事人签订买卖房屋的协议或者签订其他不动产物权的协议，为保障将来实现物权，按照约定可以向登记机构申请预告登记。预告登记后，未经预告登记的权利人同意，处分该不动产的，不发生物权效力。

预告登记后，债权消灭或者自能够进行不动产登记之日起九十日内未申请登记的，预告登记失效。

① 孙宪忠：《物权法的实施》（第一卷），社会科学文献出版社 2013 年版，第 115 页。

【条文疏义】

本条沿袭了《物权法》第二十条之规定，但将应当申请登记的时间由3个月改为了90日。

一、预告登记的概念

所谓预告登记是指为保全一项请求权而进行的不动产登记，该项请求权所要达到的目的，是在将来发生不动产物权变动。这种登记是不动产登记的特殊类型。其他的不动产登记都是对现实的不动产物权进行登记，而预告登记所登记的，不是不动产物权，而是旨在将来发生不动产物权变动的请求权。预告登记的本质特征是使被登记的请求权具有物权的效力。

二、预告登记的效力主要表现于物权权利人与债权人之间

预告登记保障了债权人实现其物权权利变更的债权请求权。它可以有效防止物权权利人作出与预告登记请求权相冲突的物权处分。但同时需要注意的是，预告登记仅仅是对被保全的请求权提供物权性质的保障，但并不改变请求权本来的法律关系。当事人基于合同关系所产生的各种抗辩权依然存在，如买受人不能支付价款，出卖人可以行使抗辩权阻止登记请求权的实现。

在司法实践中，根据《最高人民法院关于适用〈中华人民共和国民法典〉物权编的解释（一）》第四条的有关规定，未经预告登记的权利人同意，转让不动产所有权等物权，或者设立建设用地使用权、居住权、地役权、抵押权等其他物权的，应当依照《民法典》第二百二十一条第一款的规定，认定其不发生物权效力。

三、预告登记同样为一种临时应急措施

预告登记与异议登记一样，作为一种临时保护措施，如若允许其长期存在，无疑将会使不动产的流通性受到限制，影响物权关系的稳定。特别是当预告登记所保护的债权请求权已经消灭或已经有了实现变更登记的可能性时，这一消极作用会更加明显。所以法律对此作出一定限制，即预告登记后，债权消灭或者自能够进行不动产登记之日起3个月内，法律明定为90日内，未申请登记的，预告登记失效。

在司法实践中，根据《最高人民法院关于适用〈中华人民共和国民法典〉有关担保制度的解释》第五十二条的相关规定，当事人办理抵押预告登记后，预告登记权利人请求就抵押财产优先受偿，经审查存在尚未办理建筑物所有权首次登记、预告登记的财产与办理建筑物所有权首次登记时的财产不一致、抵押预告登记已经失效等情形，导致不具备办理抵押登记条件的，人民法院不予支持；经审查已经办理建筑物所有权首次登记，且不存在预告登记失效等情形的，人民法院应予支持，并应当认定抵押权自预告登记之日起设立。当事人办理了抵押预告登记，抵押人破产，经审查抵押财产属于破产财产，预告登记权利人主张就抵押财产优先受偿的，人民法院应当在受理破产申请时抵押财产的价值范围内予以支持，但是在人民法院受理破产申请前一年内，债务人对没有财产担保的债务设立抵押预告登记的除外。

【典型案例】

预告登记之后的申请登记①

——预告登记的作用与意义

基本案情

2010年11月17日，上海浦东发展银行（以下简称浦发银行）戊锡分行与巳洛公司签订《个人住房按揭贷款合作协议书》一份，约定：浦发银行戊锡分行同意对巳洛公司开发建设并依法销售的戊锡市洛城水韵园1区、3区楼宇的购房人提供按揭贷款；巳洛公司同意对每一位购买戊锡市洛城水韵

① 参见上海浦东发展银行戊锡分行诉王某某等借款合同纠纷案，载北大法宝，http://www.pkulaw.cn/Case/pfnl_a25051f3312b07f31f11a4a96909a9e264f519d91c9bd1d1bdfb.html?match=Exact，最后访问时间：2020年6月12日。

园1区、3区楼宇的购房人提供无条件、不可撤销的连带责任保证；保证范围为借款本息、罚息及浦发银行戊锡分行为实现债权发生的费用（包括处分抵押物费用等）；保证期间自浦发银行戊锡分行与借款人签订借款合同之日起至巳洛公司为购房人办妥房屋所有权证、土地使用证，并办妥房屋抵押登记，将房屋他项权证等房屋权属文件交付浦发银行戊锡分行保管为止。

2011年1月27日，浦发银行戊锡分行与王某某、周某某（夫妻关系）签订《个人购房借款（综合）合同》一份，约定：(1) 浦发银行戊锡分行借给王某某94万元用于购买戊锡市洛城水韵园3×2号房屋，借款期限为4年，采用浮动利率。(2) 王某某、周某某以上述房产作为抵押担保。(3) 王某某在合同期内未按约还本付息，致使浦发银行戊锡分行追索的，由此产生的包括但不限于诉讼费、律师费等一切费用由王某某承担。

2011年2月21日，浦发银行戊锡分行发放上述借款。之后，双方就房产办理了抵押预告登记手续。自2011年10月起，王某某未按期足额还本付息，尚欠借款本金817513.8元及相应利息。浦发银行戊锡分行遂提起诉讼。审理中，王某某、周某某于2012年3月23日归还借款本息10.5万元，尚欠借款本金734498.56元及相应利息4228.84元（计算至2012年3月27日）。巳洛公司表示，抵押房产属预售商品房，已取得预售许可证，目前尚未竣工。

法院审理

法院经审理认为，浦发银行戊锡分行与王某某、周某某签订的《个人购房借款（综合）合同》合法有效。合同履行中，王某某未按期足额还本付息，已构成违约，浦发银行戊锡分行有权按《个人购房借款（综合）合同》约定宣布借款提前到期，要求王某某立即清偿借款本息及相关费用。《个人购房借款（综合）合同》约定浦发银行戊锡分行追索债权而产生的包括但不限于诉讼费、律师费等一切费用由王某某承担，现浦发银行戊锡分行主张为实现债权已实际支付的律师代理费25449元，符合约定，予以支持。

王某某与周某某系夫妻关系，上述债务应认定为夫妻共同债务，二人应承担共同清偿责任。合同双方当事人就抵押房产仅办理预告登记手续，至今未办妥正式抵押登记手续，浦发银行戊锡分行亦未取得房屋他项权证，浦发银行戊锡分行主张就抵押房产折价或拍卖、变卖所得价款优先受偿，无法律依据，法院不予支持。

根据商品房销售贷款合作协议书，巳洛公司与浦发银行戊锡分行形成合法有效的保证合同关系，商品房销售贷款合作协议书约定："保证期间自浦发银行戊锡分行与借款人签订借款合同之日起至巳洛公司为购房人办妥房屋所有权证、土地使用证，并办妥房屋抵押登记，将房屋他项权证等房屋权属证明文件交付浦发银行戊锡分行保管为止"，由此，巳洛公司为本案所涉借款提供的是阶段性保证担保，抵押房产至今未办理正式抵押登记手续，巳洛公司应按约定在保证担保范围内对借款人的债务承担连带保证责任。巳洛公司承担保证责任后，有权向债务人追偿。

案件评述

一、预告登记的作用

经预告登记的请求权，可以对抗不动产的所有权人和其他物权人。

梁慧星、孙宪忠等教授负责起草的《中华人民共和国物权法草案学者建议稿》首次对预告登记的客体、效力，预告登记中义务人的抗辩权以及预告登记的涂销作出了详细规定。[①] 权利人所期待的未来发生的物权变动对于自己具有极为重要的意义，旨在发生这种变动，而法律也认可这种变动对于权利人的意义，并予以保障。从我国社会经济生活看，常有撕毁合同的行为发生。撕毁合同的一方往往是经济上的强者，相对人常是弱者。考虑到市场经济的发展和人民生活的需要，以及预告登记制度符合法律保护弱者的价值取向，应当建立该制度。[②] 在司法实践中，根据《最高人民

---

① 梁慧星：《中国物权法草案建议稿：条文、说明、理由与参考立法例》，社会科学文献出版社2000年版，第11页。

② 梁慧星：《中国物权法草案建议稿：条文、说明、理由与参考立法例》，社会科学文献出版社2000年版，第169页。

法院关于适用〈中华人民共和国民法典〉物权编的解释（一）》第五条的相关规定，预告登记的买卖不动产物权的协议被认定无效、被撤销，或者预告登记的权利人放弃债权的，应当认定为《民法典》第二百二十一条第二款所称的“债权消灭”。

二、预告登记物权人与第三人之间的法律效力

预告登记是对物权登记权利人处分权的限制，物权人所进行的任何违背预告登记的处分行为都是无效的，不发生物权变动的效力。但这并不妨碍物权人与第三人之间签订与预告登记相冲突的合同，因为合同的效力与预告登记无关，物权的变动仅仅是合同履行的问题。

三、预告登记债权人与第三人之间的法律效力

预告登记的本质特征就是使被登记的请求权具有物权的效力。预告登记使得债权人的请求权具有了物权性质，这表现在预告登记所保全的请求权可以排斥任何第三人取得指定不动产的物权的行为。我国物权法设定不动产预告登记制度的背景和目的主要是赋予房产预售过程中的购房人以排他效力。当年《物权法》的起草者即认为，预告登记的功能是限制房地产开发商等债务人处分其权利，以保障债权人将来实现其债权，它对于解决类似商品房预售中“一房二卖”这样一些敏感的社会问题有着特殊的作用。[①]“以不动产交易为例，在商品房预售中，买受人因未完成登记而无法取得所有权，有必要建立预告登记制度，使被登记的请求权具有物权效力，即具有排他效力，使其不但可以对抗不动产的所有权人和其他物权人，也可以对抗任意第三人。即使后来发生了未经预告登记权利人同意的与该项请求权内容相同的不动产物权处分行为时，由于该预告登记的请求权具有排他效力，足以确保预告权利人不受损害。”[②]

“在一项不动产物权变动的债权行为成立之后和物权变动发生之前，

---

① 胡康生：《中华人民共和国物权法释义》，中国法制出版社2007年版，第61～70页。

② 参见最高人民法院物权法研究小组编著：《〈中华人民共和国物权法〉条文理解与适用》，人民法院出版社2007年版，第103～104页。

虽然不动产的现实权利人已经承担了未来发生物权变动（如转移其所有权或者其他物权）的义务，但因为合同相对人享有的债权没有对抗第三人的效力，所以相对人获得物权变动的目的不一定会实现（原因既可能是不动产所有人将物卖给第三人，也可能是所有权人沦为破产）。而在将这种请求权依预告登记的方式进行登记后，后来的违背预告登记的不动产物权变动是无效的，因此相对人及纳入登记的请求权人的目的就会得到保全。"①

四、预告登记的扩展研究

尽管在实务中预告登记被广泛而普遍地运用，但理论界对预告登记的研究尚不深入，尤其就预购商品房抵押权预告登记的可行性、在建建筑物抵押权登记的性质、抵押权预告登记权利人于债务人不履行到期债务时有无优先受偿权等问题，仍存在很大分歧。因此有学者指出，预购商品房及其抵押权的预告登记正是预告登记引入我国后的主要适用对象。无论是预购商品房预告登记，还是预购商品房抵押权的预告登记，都符合《民法典》物权编第二百二十一条所沿袭的《物权法》第二十条的规范目的和构成要件。②

第二百二十二条　【不动产登记错误损害赔偿责任】

当事人提供虚假材料申请登记，造成他人损害的，应当承担赔偿责任。

因登记错误，造成他人损害的，登记机构应当承担赔偿责任。登记机构赔偿后，可以向造成登记错误的人追偿。

【条文疏义】

本条沿袭了《物权法》第二十一条之规定，仅作文字修订。

---

① 孙宪忠：《中国物权法总论》，法律出版社 2003 年版，第 234 页。

② 程啸：《论抵押权的预告登记》，载《中外法学》2017 年第 2 期。

一、当事人提供虚假材料申请登记民事侵权责任

不动产登记作为不动产法定的公示方法，可以清晰、准确地展现出不动产物权上的归属和内容，具有保护权利人物权、维护物权交易安全的功能。正因如此，不动产登记的正确与否，直接关系着权利人的财产利益。因此，当发生不动产错误登记时，对受损害人提供及时有效的救济就自然显得尤为重要。

当事人提供虚假材料申请登记，给他人造成损害其行为性质乃民法上的侵权行为。根据一般侵权行为理论，受害人只要证明行为人存在过错、违法行为、损害后果以及违法行为与损害后果之间的因果联系，便可以向行为人主张赔偿相关损失。

二、登记机关错误登记的行政责任

登记机关的登记行为其本身无疑应是一种行政行为，由于当事人提供虚假申请登记材料所形成的错误登记，鉴于登记机关依法负有对申请登记材料进行审查的法定义务，由此所引起的损害赔偿责任或多或少应当属于国家赔偿法所调整的范围。只是对于登记机关赔偿责任的归责原则，学界还存在一定程度的争议，应当认为这是一种过错推定责任，即当登记错误致使当事人受损时，受害人无须举证证明登记机关存在过错，须登记机关自己对其已尽合理的审查义务进行举证。对于行政机关来说，登记错误的赔偿范围一般仅限于直接损失，包括主权利的损害赔偿、利息以及当事人主张权利的费用。

三、侵权事实构成的混合归责原则

这里造成登记错误的原因，既包括登记机构工作人员故意以及疏忽大意等过错，也包括当事人提供虚假材料欺骗登记机构等情形。登记错误的受害人即处于相对弱势的地位，为对受害人提供更加充分的保护，不动产登记错误赔偿责任作为不动产登记制度的重要组成部分，其在《不动产登记条例》中占据非常重要的地位。《民法典》物权编第二百二十二条沿袭了《物权法》第二十一条之规定，也明文指出在登记出现错误后，不动产

登记机构应当承担相应的赔偿责任，但这些法律也仅是作了一些原则性的规定，登记机构赔偿后，可以依法向造成登记错误的人进行追偿。

【典型案例】

当事人提供虚假材料申请登记的法律责任的承担①

——不动产登记错误的法律责任之承担

基本案情

1996年11月18日吴甲于婚前购买房屋，所有权人登记为吴甲。2007年5月21日吴甲与吴乙在民政局协议离婚，《备案离婚协议》中约定争议房屋所有权归吴乙与双方所生之女吴某婕。当月23日，吴甲与吴乙又订立《补充离婚协议》，变更房屋分割的约定，将争议房屋所有权人变更为吴甲一人，该《补充离婚协议》未至民政部门备案。之后，吴乙抹去《备案离婚协议》中“吴某婕”的名字，将争议房屋的分割约定变造为“原产权人吴甲，离婚后归吴乙所有”，于2007年9月20日持“变造离婚协议”到该市住房保障和房产局办理所有权变更登记，2007年9月23日，争议房屋所有权变更登记至吴乙名下。

2007年12月29日，吴乙与沈某在市住房保障和房产局签订了案涉房屋的买卖合同并交件，办理该房屋的所有权过户登记手续。2008年1月11日，争议房屋所有权已过户登记至沈某名下。此间，争议房屋一直由吴甲、吴乙父母及吴某婕居住使用。

2010年3月3日，沈某以该房为抵押物，从招商银行某市分行贷款。2012年8月中旬，沈某派人来到争议房屋并更换门锁，吴甲与吴某婕搬离该房。

① 参见吴甲与吴乙、沈某物权纠纷案，载中国裁判文书网，https://www.itslaw.com/detail?judgementId=184efec8-6ec4-4daa-98ba-bb717a495140&area=1&index=19&sortType=2&count=43&conditions=searchWord%2B%E8%99%9A%E5%81%87%E7%94%B3%E8%AF%B7%E7%99%BB%E8%AE%B0%2B1%2B%E8%99%9A%E5%81%87%E7%94%B3%E8%AF%B7%E7%99%BB%E8%AE%B0，最后访问时间：2020年6月11日。

2014年吴甲向一审法院起诉，请求确认被告吴乙与被告沈某买卖争议房屋的合同无效；涂除被告沈某以争议房屋为沈某债务而设定的抵押；确认争议房屋所有权归原告吴甲所有；两被告协助将争议房屋所有权过户至原告吴甲名下。

法院审理

一审法院经审理认为，吴乙变更《备案离婚协议》中关于争议房屋分割的约定，持“变造离婚协议”到该市住房保障和房产局办理房屋所有权变更登记。在变更登记的过程中，涉及房屋所有权归属的合同是离婚协议中关于房屋所有权处分的约定，该约定涉及的合同双方当事人是吴甲与吴乙，影响物权变动的原因是吴乙变造离婚协议，并持变造的离婚协议至房屋产权登记管理部门办理变更登记，吴乙是虚假申请登记材料的变造人与提供人，故其应当向吴甲承担相应的法律责任。

此外，根据《物权法》第十四条的规定，不动产物权的设立、变更、转让和消灭，依照法律规定应当登记的，自记载于不动产登记簿时发生效力。因争议房屋所有权已于2007年9月23日变更登记至吴乙名下，因此，争议房屋第一次过户已经发生物权变动的法律后果。之后，吴乙将争议房屋转让给沈某的行为属于无权处分，但沈某因信赖登记的公信力，与吴乙签订房屋买卖合同，并支付相应对价，应当认定其为善意第三人，依法享有讼争房屋的所有权。

一审法院判决：驳回原告吴甲的诉讼请求。

吴甲不服一审判决，于2016年提出上诉，请求撤销一审判决，依法改判支持上诉人一审全部诉请。

二审法院经审理认为，本案讼争房屋原登记在吴甲名下，吴甲与吴乙在协议离婚时明确讼争房屋归吴乙及吴某婕所有，符合法律规定，可以认定在离婚协议登记后吴乙、吴某婕享有讼争房屋的物权。此后吴乙借助变造离婚协议的违法行为将讼争房屋登记至其自己名下，该过户行为依法应当认定无效，所产生的侵权后果应当由吴乙承担。

吴乙取得讼争房屋的所有权登记后，沈某因信赖登记的公信力，与其签订房屋买卖合同，并支付相应对价，应当认定其为善意第三人，依法享有讼争房屋的所有权。故法院认定吴乙与沈某之间系真实的房屋买卖合同关系，吴甲要求认定房屋买卖合同无效以及涤除抵押、协助过户的诉讼请求，无事实和法律依据。

二审法院判决：驳回上诉，维持原判。

案件评述

一、当事人提供虚假材料申请登记的责任之承担

本案是一起因当事人提供虚假材料申请办理房屋产权变更登记，致合同相对人所有权受到侵害的案件。本案中，讼争房屋原登记在吴甲名下，吴甲与吴乙在协议离婚时明确讼争房屋归吴乙及吴某婕所有，可以认定在离婚协议登记后吴乙、吴某婕享有讼争房屋的物权，但因此后吴乙、吴某婕并未完成讼争房屋的所有权登记，故其享有的物权并不能对抗善意第三人。

此后吴乙通过变造离婚协议的违法行为将讼争房屋登记至其自己名下，该过户行为依法应当认定无效，所产生的侵权后果应当由吴乙承担，吴乙应当向吴甲承担相应的法律责任。

加强不动产登记错误的法律救济，无疑是完善我国不动产登记制度的重要内容和目标。我国的不动产登记机关业已统一，不动产登记行为本质上是民事活动，但既为公示就是行政行为。对不动产登记究竟是应采实质审查，还是形式审查，抑或形式要件的实质审查，一直有争议，故强化登记机关的法律责任一直为不动产登记工作的努力方向。当事人提供虚假材料申请登记，给他人造成损害，其行为性质实质上是民法上的侵权行为，故应通过民事诉讼予以更正和补救，亦可设立赔偿基金，旨在完善不动产登记错误的赔偿机制。①

---

① 李明发：《论不动产登记错误的法律救济——以房产登记为重心》，载《法律科学》2005年第6期。

二、登记机关登记错误的责任承担及其归责原则

关于不动产登记错误赔偿责任的性质，我国法律、法规中并没有予以明确，学界中对此争论不一，主要形成了民事赔偿责任说、国家赔偿责任说及双重责任说，这些学说争议的焦点主要在于对不动产登记行为性质的主张不同。从考察域外国家和地区对不动产登记赔偿责任的成果，以及从我国现行法治环境的角度分析，将不动产登记机构赔偿责任定性为国家赔偿责任更为适宜。

在登记机关违背法定的审查义务而导致登记错误，并致人受到财产损害时，要根据具体情形，来确立登记机关、申请人以及其他相关人员的赔偿责任。有关行政规定明确了行政机关应承认自身错误并进行改正，也客观承认行政机关在工作时出现错误的可能性。[①] 登记机关因登记错误，给他人造成损害的，应当承担赔偿责任。至于究竟是如何造成登记错误，以及登记机关因之应承担怎样的责任，即归责原则，理论界莫衷一是，但主要有以下两种观点。

1. 严格责任原则

此种观点认为，对于登记机关的赔偿责任应采严格责任原则。该观点认为，严格责任原则能够更加有效地保证登记簿的真实性与准确性，防止登记机关及其工作人员的违法登记行为的发生，最终有利于登记簿公信力的确定。[②]

2. 过错责任原则

该观点的主要根据为，确立过错责任原则可以在兼顾登记机关和受害人利益的基础上最大限度地保护公民和法人的求偿机会和权利，同时也有利于对违反职务者的教育。[③] 例如，梁慧星教授起草的《中华人民共和国物权法专家意见稿》中便采用此观点。[④]

---

① 杜曼：《房屋产权纠纷民行交叉诉讼研究》，载《湖北警官学院学报》2015 年第 2 期。

② 王利明：《中国民法典学者建议稿及立法理由——物权编》，法律出版社 2005 年版，第 62 页。

③ 李昊：《不动产登记程序的制度构建》，北京大学出版社 2005 年版，第 420 页。

④ 梁慧星：《中国物权法草案建议稿》，社会科学文献出版社 2000 年版，第 10 页。

学界较为认同过错责任原则，因为登记发生错误的原因是多方面的。特别是在当事人提供虚假材料的情况下，登记机关可能已经尽到了一定的注意义务，但仍然无法避免登记错误，在这种情形下，要求登记机关承担责任则显得过于苛刻。所以我们还是采取过错责任原则较为恰当，而且归责原则无疑也与实质审查、形式审查的模式紧密相连。当然，考虑到实践中当事人举证的操作，我们可以实行过错推定原则，即由登记机关对自己已经尽注意义务进行举证，从而达到当事人间的利益平衡。

三、登记错误的救济途径

1. 混合过错的责任认定应以法律行为的事实构成为基础

有专家认为，那些必须有两个以上的法律事实存在才能造成民事法律关系的变化的客观事实，即为民事法律事实的构成。[①] 在我国不动产登记之行政属性的现实基础上，要处理登记错误，不能仅依靠诉讼途径，更要注重更正登记制度的建设。在物权法之下，不动产登记错误的司法救济有民事诉讼与行政诉讼两种形式，就登记机构不予更正登记多提起行政诉讼；异议登记后提起的诉讼则属于民事诉讼；登记错误的赔偿诉讼既有民事诉讼，又有行政诉讼，不动产登记法应当统一司法救济模式，以便受损害的当事人主张权利。[②]

侵权赔偿是由侵权行为引起的赔偿，赔偿所针对的是行为而非事件，混合过错之所以存在是由于多个侵权关系的重叠，形成了多个责任比例的并存，从而导致了责任指向的不明。与此相应，确定混合过错责任的基本方法，有过错决定说、原因力决定说和综合说三种主张。应当认为，单纯以过错决定混合过错责任和单纯以原因力决定混合过错责任的主张，都有其片面性，应采综合说的主张，比较过错和原因力，以过错比较为主要的决定因素，以原因力的大小作为相对的调整因素，综合确定混合过错责任。

---

① 王远卓：《论民事法律事实的类型区分》，载《法制博览》2013 年第 9 期。

② 刘璐、高圣平：《解释论视野下的不动产登记错误的司法救济——从民事诉讼和行政诉讼交错的视角》，载《海南大学学报（人文社会科学版）》2011 年第 6 期。

这种基本方法已如上述。所以确定混合过错责任所指向的对象也同样是行为的事实构成。

同时应当注意，在混合过错的情况下，当事人应如何救济。有时错误登记行为并不是导致当事人权益受到损害的唯一原因，一方当事人的隐瞒欺骗行为也是损害后果发生的必要条件，这两种行为同时存在才导致最后的损害后果。这种违法行政行为和民事侵权行为的共同加害称为混合侵权。登记在性质上不是纯粹的行政行为，登记行为将产生民法上的法律后果，因此，登记机关因登记错误给公民和法人造成损害的，应当承担相应的民事赔偿责任。《民法典》物权编第二百二十二条沿袭《物权法》第二十一条，规定了登记机构登记错误的赔偿责任，这本身就表明了其属于民事责任。可见，立法者是从民事责任的角度出发，确立相关规范的。①

但混合过错的责任认定应以行为为对象。同一事件同一责任只是符合了常识所认为的合理，是一种表面的合理，而非实质意义上的合理，更不具有法律意义上的合理，以行为作为责任认定的对象，既符合法律的规定，保证法律裁量的一致性，在实际中也便于操作，而且不影响当事人自由行使诉权。②

2. 混合责任的法律救济的适应

在混合责任的情况下当事人应当如何寻求救济，也存在争议。

（1）任选说

该观点认为，申请人应当和登记机关承担连带责任，即可向两者任意其一主张全部损失。

（2）裁量说

该观点认为，如何救济应当由法院充分考虑行政机关在损害发生过程

---

① 王利明：《构建统一的不动产物权公示制度——评〈不动产登记暂行条例（征求意见稿）〉》，载《政治与法律》2014 年第 12 期。

② 刘加辉：《浅析混合过错的归责原则》，载中国法院网，https：//www. chinacourt. org/article/detail/2006/10/id/221767. shtml，最后访问时间：2006 年 10 月 20 日。

中所起作用的大小，依据自由裁量权确定登记机关的责任份额，判令其赔偿相应的损失。

（3）补充说

该观点认为，应当由当事人先通过其他途径求偿，当穷尽其他求偿手段仍无法得到赔偿时，方可提起行政赔偿之诉，由行政机关承担补充赔偿责任。

根据现在的司法实践看，第三种观点较为得到认可，但此做法是否合理，我们还需进一步地深入研究。曾有学者指出，有必要将《物权法》第二十一条第二款的规定稍作修正，明确过错作为登记机关承担赔偿责任的要件。[①]

过错原则、无过错原则以及违法原则等归责原则皆存在某些“先天不足”，无法作为行政不作为的归责原则。法国公务过错原则、德国公职义务标准、英美混合过错原则在处理行政不作为国家赔偿责任方面将行为人的主观过错客观化，以适应怠政现象违法认定和责任负担的司法适用需要。故有学者建议，我国应当借鉴国外经验，确立过错推定原则来指导行政不作为的归责适用。[②]

第二百二十三条 【不动产登记收费标准的确定】不动产登记费按件收取，不得按照不动产的面积、体积或者价款的比例收取。

【条文疏义】

本条基本沿袭了《物权法》第二十二条之规定。删除了关于不动产登

① 崔建远：《民法分则物权编立法研究》，载《中国法学》2017 年第 2 期。

② 曾哲、周泽中：《论过错推定原则在行政不作为归责中的适用——以“过错客观化”理论为介入点》，载《山东警察学院学报》2018 年第 7 期。

记具体收费标准制定权力部门的宣示性规定。

一、本条旨在确认不动产登记的计费依据

在《物权法》出台之前，我国各地关于不动产登记收费的实践并不统一，有的地方按不动产价值的一定比例收取登记费，有的则按件数计费。由于部门利益的存在，不动产登记收费标准不统一的现象一直存在，这会导致出现收费过高，乃至重复收费，不但最终增加了登记申请人的负担，影响了当事人登记的主动性，还导致不动产登记公信力的降低。

长期以来，我国不动产登记收费一般均是按财产标的价额的比例收取登记费用这一做法饱受争议。从物权登记程序以及成本支出角度分析，不论不动产标的价额大小，登记程序并无不同。鉴于登记机构以往多采取形式要件的实质审查方式，不动产标的价额大小也一般不会增加登记机构的成本支出。不动产登记收费应当以登记的件数为标准，以避免采取其他收费标准加重不动产登记人的负担，增加不必要的交易成本，以促进市场交易。

二、现行不动产登记收费的办法①

1. 不动产登记的收费

国土资源部和县级及以上地方不动产登记机构（以下简称不动产登记机构）办理下列不动产权利的首次登记、变更登记、转移登记、更正登记、异议登记时，收取不动产登记费：

(1）房屋等建筑物、构筑物所有权及其建设用地使用权、宅基地使用权或海域使用权；(2）无建筑物、构筑物的建设用地使用权或宅基地使用权；(3）森林、林木所有权及其占用的林地承包经营权或国有林地的使用权；(4）耕地、草地、水域、滩涂等土地承包经营权；(5）地役权；(6）抵押权。

上述不动产权利登记中，申请国务院确定的重点国有林区的森林、林木和林地，中央国家机关使用的国有土地及地上建筑物、构筑物等不动产

---

① 参见《财政部关于不动产登记收费有关政策问题的通知》(财税〔2016〕79号)。

登记，由国土资源部办理并收取不动产登记费；申请其他不动产登记，由县级及以上地方不动产登记机构办理并收取不动产登记费。

上述规定以外的不动产权利登记，以及因不动产登记机构错误导致的更正登记不收取不动产登记费。

2. 不动产登记费由不动产登记申请人缴纳

按规定需由当事人各方共同申请不动产登记的，不动产登记费由登记为不动产权利人的一方缴纳；不动产为多个权利人共有（用）的，不动产登记费由共有（用）人共同缴纳，具体分摊份额由共有（用）人自行协商；不动产抵押权登记费由登记为抵押权人的一方缴纳。

3. 不动产登记费按件定额收取

不动产登记申请人以一个不动产单元提出第一条所列一个不动产权利事项的登记申请，并完成一次登记的为一件。

不动产登记申请人以同一宗土地上多个抵押物办理一笔贷款申请办理抵押权登记的，视为一件。

4. 不动产登记费中包含一本不动产权属证书工本费

不动产登记机构依法向一个以上权利人核发不动产权属证书的，自第二本证书起收取工本费。

不动产登记机构依法核发不动产登记证明，不得收取登记证明工本费。

5. 免收、减收不动产登记费

（1）对下列情形免收不动产登记费

农村集体经济组织成员以家庭承包或其他方式承包取得农用地的土地承包经营权申请登记的；农村集体经济组织成员以家庭承包或其他方式承包取得森林、林木所有权及其占用的林地承包经营权申请登记的；依法由农村集体经济组织使用的国有农用地从事种植业、林业、畜牧业、渔业等农业生产，申请土地承包经营权登记或国有农用地使用权登记的；因农村集体产权制度改革导致土地、房屋等确权变更而申请变更登记的；申请与房屋配套的车库、车位、储藏室等登记，不单独核发不动产权属证书或登记证明的；因行政区划调整导致不动产坐落的街道、门牌号或房屋名称变更而申请变更登记的；小微企业（含个体工商户）申请不动产登记的；国家法律、法规规定予以免收的其他情形。

（2）对下列情形只收取不动产权属证书工本费

单独申请宅基地使用权登记的；申请宅基地使用权及地上房屋所有权登记的；因将夫妻共有不动产的权利人变更为夫妻一方或双方而申请变更登记的；因不动产权属证书丢失、损坏等原因申请补发、换发证书的。

（3）对下列情形减半收取不动产登记费

经济适用房等保障性住房所有权及其占用的建设用地使用权申请登记的；因不动产权利人姓名或名称变更而申请变更登记的；同一权利人因分割、合并不动产而申请变更登记的；申请不动产更正登记、异议登记的。

6. 相关不动产登记申请人未按规定缴纳不动产登记费的，不予核发不动产权属证书或登记证明。

7. 不动产登记机构遵循“权利不变动、证书不更换”原则

亦即全面启动不动产统一登记工作后，自要颁发新的不动产权证书和不动产证明，停发旧证。这意味着，统一的不动产登记簿已启用前依法制作并记载登记内容的土地、房屋、林权、农村土地承包经营权涉及的簿、卡、表、册、记继续有效。按照国家“不变不换”的原则，“权利不变动、证书不更换”。可以在依法办理变更登记，转移等登记时，逐步更换为新的不动产登记簿证。

所以，各地在完成不动产登记机构和职责整合、实施统一登记颁发新证书前，已依法核发的各类不动产权属证书和登记证明继续有效。不得强制要求不动产权利人换领新版不动产权属证书和登记证明。今后，在依法办理变更登记、转移登记等不动产权利登记时，逐步更换为新版不动产权属证书和登记证明。

在权利不变动、未产生新的登记类型的情况下，不动产权利人自愿申请换领新版不动产权属证书和登记证明的，不动产登记机构不得向相关不

动产权利人收取相关费用。

8. 不动产登记费具体收费标准的主管机关

不动产登记费的具体收费标准由国家发展改革委、财政部另行制定。

【典型案例】

不动产登记费由谁缴纳[①]

——不动产登记缴费主体的确定

基本案情

黄某坤与郑某娥于2013年4月7日共同与开发商甲房地产公司签订了商品房买卖合同，缴清了购买前述房屋的首付房款。并约定委托甲房地产公司去申请办理产权转移登记。其后黄某坤收到盖有甲房地产公司发票专用章的两张收据。黄某坤向甲房地产公司交付了办理产权转移登记的全部材料后收到不动产登记的产权复印件，甲房地产公司拒绝将分项收据给黄某坤。2016年9月，黄某坤向该县不动产登记局要求发放不动产产权登记原件，该县不动产登记局未发放给原告。

原告黄某坤随后提起诉讼，要求该县不动产登记局退还土地办证费、土地工本费、产权预告登记费及要求领取不动产产权原件。不动产权证原件应该给不动产权利人持有，没有规定只给不动产权证复印件。该县不动产登记局收费是没有任何法律依据的，不把不动产产权原件给予不动产权利人是没有法律依据的，即两类行为都是违法的。

被告该县不动产登记局辩称，黄某坤购买住房，并委托开发商到登记中心办理了转移登记业务，同时还委托开发商办理了不动产抵押登记。将《不动产权证书》原件存放于登记中心的抵押登记档案中，在不动产统一

① 参见黄某坤、郑某娥等与定南县不动产登记局房屋登记管理案，载中国裁判文书网，http://wenshu.court.gov.cn/search? searchMode = judgements&sortType = 1&conditions = searchWord%&searchView = text，最后访问时间：2020年6月12日。

登记前是国土局和房管局的通行做法。不动产登记局于2016年年底决定，在办理抵押登记时不再抵押产权证书原件。抵押在登记中心的证书原件可以领回。

法院审理

法院经审理认为，根据《物权法》，1990年国家土地管理局、国家测绘局、国家物价局、财政部《关于土地登记收费及其管理办法》，2008年国家发展改革委、财政部《关于规范房屋登记费计费方式和收费标准等有关问题的通知》和2016年国家发展改革委、财政部《关于不动产登记收费标准等有关问题的通知》的规定，不动产登记费由登记申请人缴纳。当事人以住宅及其建设用地设定抵押，办理抵押权登记，向购房人提供抵押贷款的商业银行，不得把办理抵押权登记的费用转嫁给购房人承担。

该三个文件属国家规章没有废止，该县不动产登记局按国家部委的规定收取了产权转移登记费80元合法，该费用应该由申请抵押权登记的商业银行承担，故该县不动产登记局开具了收取该费用80元的发票违法应退还。此外，对黄某坤诉请的土地办证费、土地工本费、产权预告登记费，该县不动产登记局也没有收取，即使甲房地产公司在代办房屋登记时收取该费用也应属民事关系调整范畴，不属行政诉讼范围。

遂法院判决被告该县不动产登记局收取黄某坤80元产权抵押登记费的行为违法，应于判决生效后3日内退还。

案件评述

一、《物权法》颁布实施前的收费情况

在《物权法》颁布实施之前，房屋登记收费依据2002年原国家计委、财政部发布的《关于规范房屋所有权登记费计费方式和收费标准等有关问题的通知》。当时规定县级以上地方人民政府行使房产行政管理职能的部门依法对房屋所有权进行登记，并核发房屋所有权证书时，向房屋所有权人收取的登记费，不包括房产测绘机构收取的房产测绘（或勘丈）费用。

房屋所有权登记费的计费方式和收费标准，按下列规定执行：对住房收取的，将按现行房屋价值定率计收、按房屋建筑面积定率或定额计收、按套定额计收等，统一规范为按套收取，每套收费标准为80元。住房以外其他房屋所有权登记费，统一规范为按宗定额收取，具体收费标准由省、自治区、直辖市价格、财政部门核定。

二、《物权法》规定登记收费标准的原因

以前各地规定，对住房所有权登记费统一按每套80元收取，基本上降低了当事人的负担。登记机构作为具有行政性质的单位不是营利性组织，我国各地的不动产登记机构，尤其是房产登记机构，从事的登记工作一般也只是对登记申请人提供的有关材料是否符合规定的条件进行审核，所谓“形式要件的实质审查”，在此基础上收取登记费，不宜与不动产的面积、体积或者价款等因素挂钩，把这些作为计费的标准，同时在不区分房屋的性质上，采取以申请登记的房屋数为标准有助于降低相关交易成本，尤其是其他类的商业用房在正常的市场交易中的费用减少，有助于商业用房的正常交易，以此促进商品交易的发展。故《民法典》物权编在本条作出如此规定。

在立法过程中，有的部门提出，基本法不宜对登记收费问题作规定。有的专家也认为，登记收费的问题属于具体的程序性问题，可以由将来的“不动产登记法”再作规定，《民法典》物权编作为民事基本法，对此可以不作规定。立法机关经研究认为，物权法律关系事关群众的切身利益，为社会各方面所普遍关注，对于社会生活中反映较多，与人民群众利益较为密切的问题，应当在民事基本法中作出适当的规定。

同时，《物权法》和《民法典》物权编确定的不动产登记收费规则也从侧面将不动产登记机构的审查限定于形式要件的实质审查。这里的按件收费标准只能是较低的而不能是较高的，否则会造成对于简单的登记申请收取较高费用的问题。标准化的收费也意味着登记机构所提供的登记服务也应该是标准化，这实际上就排除了登记机构根据登记申请材料的实际情况，对怀疑存在权属争议的申请进行主动调查的可能性。[①]

三、不动产登记按件收费的法理分析

按件收费也称计件收费，是指“不以申请登记的不动产物权所附着的不动产标的的面积、价值作为计算费用收取的标准，而是对同样的不动产权利登记申请收取同样的费用，对所有的申请者都一视同仁”。[②] 对于《物权法》这一规定，应当说，这一收费标准是比较低的，有其优势，当事人在办理房屋登记时，登记费用不会成为负担。与此同时为执行这一规定，国家发展改革委、财政部于2008年发布了《关于规范房屋登记费计费方式和收费标准等有关问题的通知》，其中第三条明确规定了收费的具体标准：“住房登记收费标准为每件80元；非住房房屋登记收费标准为每件550元。住房登记一套为一件；非住房登记的房屋权利人按规定申请并完成一次登记的为一件。”根据权利义务相一致的原则，不动产登记机构收取如此低廉的登记费，发生登记错误之后如果要承担巨额的赔偿责任，是否会造成权利义务的失衡？[③] 这是值得我们思考的问题。故此，《民法典》物权编结合我国实践，不断探索适合我国的不动产登记机构登记错误的赔偿限额与风险分散制度，在此基础上努力寻求平衡。

第二节　动产交付

第二百二十四条　【动产物权变动生效时间】 动产物权的设立和转让，自交付时发生效力，但是法律另有规定的除外。

---

① 杜志红：《论继承登记公示催告制度》，载《法律科学》2017年第1期。

② 向明：《不动产登记费用制度研究》，载《法治研究》2010年第9期。

③ 孟强：《论不动产登记机构登记错误的赔偿责任——兼评〈不动产登记暂行条例（征求意见稿）〉相关规定》，载《政治与法律》2014年第12期。

【条文疏义】

本条沿袭了《物权法》第二十三条之规定，仅作文字修订。

一、明文规定动产物权变动以交付为生效要件的适用范围

学说认为，此处所谓“动产物权的设立和转让”指的是基于法律行为而生的动产物权变动，其中所谓的“法律另有规定的除外”，在此还有两层意思：首先是非基于法律行为而生的动产物权变动不以交付为生效要件；其次是某些基于法律行为而生的动产物权变动，如海上运输的指示票证，法律规定是以记名背书或空白背书为生效要件的而不以交付为生效要件。

当然，动产抵押权、浮动抵押权的设立也不需要交付抵押物。故可见，此次《民法典》未再沿袭《合同法》关于“当事人另有约定的除外”的债权意思主义的思想，仅保留了“法律另有规定的除外”的但书规定。值得注意的是，《民法典》物权编不但明文规定了动产物权的变动以交付为生效要件，而且规定了动产质权以交付质押物为生效要件，只有动产抵押权、浮动抵押权除外。

总之，当事人双方若约定特定物的所有权自买卖合同生效时移转，法律就不宜否定。当事人双方若无此约定，就要完全按照《民法典》物权编本条等规定来确定动产物权变动的时间点。

二、交付并非唯一的公示方法

交付无法完全公示物权状况，尤以在观念交付的情况下，更为突出，故而法律不得不就某些动产物权变动的公示方法，兼采登记的方法或将动产证券化，把交付作为动产物权变动的生效要件，将登记作为对抗（善意）第三人的要件。

需要注意的是，转让人向受让人交付了船舶、航空器或机动车辆，即使没有登记，物权也发生了变动，只是不能对抗善意第三人；反过来说，转让人没有交付船舶、航空器或机动车辆，即使办理了登记，受让人也未取得其物权。

应当认为《民法典》物权编第二百二十五条沿袭《物权法》对船舶、航空器和机动车的物权变动所采取的交付为生效要件模式，而非合同生效时发生物权变动，只有设立抵押权时例外。故而学界坚持认为，交付船舶、航空器、机动车此类物权变动的生效要件，登记仅为对抗善意第三人的要件。这一观点在《民法典》编纂过程中得到了肯认。

三、商品交换中以“交付”作为动产物权变动的公示方法

《民法典》物权编再次肯认了物权公示原则，以维护交易安全，为第三人利益提供切实法律保障。不动产物权以登记为公示手段，与此相对应，动产物权以占有和交付为公示手段。占有主要在静态下，即在不发生物权变动的情况下发挥动产物权的公示作用；而交付主要是在动态之中，即在发生物权变动的情况下发挥动产物权的公示作用。《民法典》物权编第二百二十四条沿袭的《物权法》第二十三条关于动产物权变动的规定属于强制性规范。依照“物权法定”的原则，当事人在进行物权变动的时候，不能做出与现行法强制性的规定不一致的约定。①

公示原则要求物权的产生、变更、消灭，必须以一定的可以从外部查知的方式表现出来。否则，因为物权具有排他的性质，如果没有通过公示方式将物权的变动表现出来，就会给第三人带来不测的损害，影响交易的安全。因此，民法上关于物权的变动，以“登记”为不动产物权的公示方法，以“交付”为动产物权的公示方法。物权的变动以登记或者交付为公示方法，当事人如果信赖这种公示而为一定的行为，即使登记或者交付所表现的物权状态与真实的物权状态不相符合，也不影响物权变动的效力。

在司法实践中，根据《最高人民法院关于适用〈中华人民共和国民法典〉有关担保制度的解释》第五十四条的相关规定，动产抵押合同订立后未办理抵押登记，动产抵押权的效力按照下列情形分别处理：（一）抵押人转让抵押财产，受让人占有抵押财产后，抵押权人向受让人请求行使抵

---

① 刘爱萍：《特殊动产物权变动中的疑难问题》，载《山东审判》2008 年第 1 期。

押权的，人民法院不予支持，但是抵押权人能够举证证明受让人知道或者应当知道已经订立抵押合同的除外；（二）抵押人将抵押财产出租给他人并移转占有，抵押权人行使抵押权的，租赁关系不受影响，但是抵押权人能够举证证明承租人知道或者应当知道已经订立抵押合同的除外；（三）抵押人的其他债权人向人民法院申请保全或者执行抵押财产，人民法院已经作出财产保全裁定或者采取执行措施，抵押权人主张对抵押财产优先受偿的，人民法院不予支持；（四）抵押人破产，抵押权人主张对抵押财产优先受偿的，人民法院不予支持。

【典型案例】

动产物权的转让何时生效[①]

——动产的交付可以意味着物权变动

基本案情

豫A号小型汽车的登记车主为田某占。2017年5月10日，田某占出具一份证明载明："因车主田某占欠靳某红16万元（壹拾陆万元正），现无力偿还，故将此车转让给靳某红偿还债务，该车已交付。特此证明田某占。"案涉车辆由靳某红使用至今，田某占未协助靳某红办理车辆过户手续。

靳某红于2018年7月20日、8月13日通过其在中国农业银行尾号为8870的账户分别向汪某转款5919元、38202.95元，用于偿还田某占以该车抵押所借的款项。2018年11月5日，靳某红在中国人寿财产保险股份有限公司该县营销服务部为豫A号小型汽车投保了机动车交通事故责任强制保险（以下简称交强险），被保险人为靳某红。2015年1月1日，田某占借靳某红10万元并向靳某红出具了一份借款凭条。

---

① 参见靳某红诉王某庆、第三人田某占执行异议之诉纠纷案，载北大法宝，http://www.pkulaw.cn/case/pfnl_a6bdb3332ec0adc4efc60a162d9c20de298ff675b4ae9490bdfb.html?keywords=%E7%8E%8B%E6%99%93%E5%BA%86%E3%80%81%E9%9D%B3%E4%B9%A6%E7%BA%A2&match=Fuzzy，最后访问时间：2020年6月12日。

因田某占未向王某庆偿还借款，王某庆诉至县人民法院，该院于2018年7月19日作出（2018）豫1621民初2064号民事判决书，判决田某占于判决生效之日起10日内返还王某庆借款本金80万元，田某占承担案件受理费5900元。2018年8月2日，该院依照王某庆的财产保全申请作出（2018）豫1621民初2064－1号民事裁定书，冻结田某占名下的存款80.59万元或查封其名下同等价值的财产。

2018年8月13日，该院作出（2018）豫1621执保419号协助执行通知书，查封登记车主为田某占的豫A号车辆，期限自2018年8月13日至2020年8月12日。

2018年9月5日，靳某红向法院提出执行异议，请求中止执行（2018）豫1621民初2064－1号民事裁定书，解除查封。该院于2018年9月12日作出（2018）豫1621执异31号执行裁定，驳回案外人靳某红的异议请求。靳某红不服该裁定，提起本案诉讼。

法院审理

一审法院经审理认为，田某占以其车辆转让给靳某红用于偿还所欠靳某红借款的以物抵债行为应为代物清偿，该代物清偿不违反法律规定，属有效法律行为。县人民法院依照王某庆申请于2018年8月13日查封了登记在田某占名下的豫A号车辆，但在查封前即在2017年5月10日靳某红已经依照其与田某占达成的以物抵债协议，实际占有使用田某占交付的豫A号车辆，并为该车辆投保了交强险。

《物权法》第二十三条规定，动产物权的设立和转让，自交付时发生效力，但法律另有规定的除外。虽然田某占未协助靳某红办理车辆过户手续，但田某占已于2017年5月10日向靳某红履行交付义务，靳某红即取得了该车辆的所有权。

王某庆虽辩称靳某红未按照《机动车登记办法》《机动车登记规定》规定办理转移登记，不能取得车辆所有权，但《机动车登记办法》及《机动车登记规定》作为行政规章只是对车辆所有权转移后进行车辆登记所作的规定，并不调整物权的转移，故法院对该抗辩理由不予支持。因靳某红提交的证据能够证明其对执行标的享有足以排除强制执行的民事权益，故对靳某红的诉请，法院予以支持。

一审法院判决：不得执行该县人民法院作出的（2018）豫 1621 民初 2064－1 号民事裁定中关于豫 A 号车辆的内容；确认原告靳某红与第三人田某占于 2017 年 5 月 10 日签订的关于豫 A 号车辆以物抵债协议有效。

案件评述

一、交付以事实管领力为中心进行了相应的扩大化

《民法典》物权编第二百二十四条沿袭《物权法》第二十三条的规定，肯认了交付原则是动产所有权变动的生效要件，它在物权法与合同法领域都具有重要的地位。本条的目的在于明晰交付的概念，突出当事人意思在其中的作用，而非无意识的纯粹客观行为。交付在有形交付的框架下可以被理解为行为人有意识地取得占有和丧失占有的事实行为，而非法律行为。交付要求出让人必须为受让人而丧失占有，以使后者在行使事实管领力上不存在障碍。因此，移转所有权的交付不同于设立质权的交付，也不同于租赁合同、保管合同的交付，更区别于买卖合同中交付需要运输的标的物等情况。在占有辅助人、占有媒介人、受指令人等第三人大量参与交易的情况下，交付的含义已经不再局限于直接占有的移转；交付概念应适应现代社会的交易需求，以事实管领力为中心进行相应的扩大化。[①]

二、《民法典》对动产物权变动采交付为生效要件的原则

在物权理论中，交付必须是明确的、可见的、一次性的、全部的占有转移，使得出让人不再成为任何意义上的占有人。在债权相关法律或者其他的法律中，交付也可以采取当事人约定的方式，而且还可以形成出让人和受让人之前的占有中介关系，产生出让人的间接占有。所以法律另有规定，依据其规定。

① 庄加园：《动产所有权变动中的"交付"》，载《环球法律评论》2014 年第 3 期。

由于动产的特性，不同于不动产需要通过登记来确认和保护权利人，因此行为人占有动产是处分动产，设立、转让动产物权的权利外观，为维护交易秩序，简化交易手续，动产物权的设立和转让通过交付即可生效。

这一规定主要出于以下几点考虑：其一，以交付作为动产物权变动的生效要件，是物权公示原则的必然要求，是社会经济生活的客观需要，有利于保护动产的交易安全，也有利于保护第三人的利益。其二，以交付作为动产物权变动的生效要件，是我国的固有做法。《民法通则》第七十二条第二款规定："按照合同或者其他合法方式取得财产的，财产所有权从财产交付时起转移，法律另有规定或者当事人另有约定的除外。"

《合同法》第一百三十三条规定："标的物的所有权自标的物交付时起转移，但法律另有规定或者当事人另有约定的除外。"可见，我国民法历来坚持以交付作为动产所有权移转生效要件的原则。这一原则符合物权公示原则，并为审判实践所遵循，物权法应继续坚持。此外，以交付作为动产物权变动的生效要件，是许多国家民法的通例，也符合物权变动立法模式的基本潮流。

三、法律规定了关于动产物权变动的一般原则

《民法典》物权编第二百二十四条沿袭《物权法》第二十三条规定："动产物权的设立和转让，自交付时发生效力，但是法律另有规定的除外。"交付为动产物权变动的公示方法，这是因为动产物权变动不仅容易而且频繁，难以普遍采用登记的方法公示，只能以转移占有这一手段来表现动产物权的变动。而且，在现代社会经济发展的条件下，时间和效率成为经济发展的一个重要因素，为保证交易的迅速进行，还有简易交付、占有改定、指示交付等方法作为现实交付的补充。从经济发展的需要看，交付足以作为动产物权变动的有效的公示方法。可见，物权法上所说的交付，指的是物的直接占有的转移，或者更准确地说，指的是一方民事权利主体按照法律行为要求，将物的直接占有转移给另一方的事实。

关于船舶、航空器等特殊动产物权变动的生效要件，既不能类推适用一般动产物权变动的生效要件，也不能随意超越《民法典》物权编这一规定的字面含义范围，把交付和登记作为特殊动产物权变动的生效要件。而应当按照“登记对抗”的立法宗旨进行目的解释，只有将当事人之间的意思表示作为特殊动产物权变动的生效要件，才能在特殊动产的多重买卖中出现“善意且对同一标的物享有物权利益”的多个买受人以及“善意第三人”，而为了解决“善意第三人”之间“物权利益”的冲突，《民法典》物权编所规定的登记对抗的法律效力才能真正发挥其规范作用。①

四、《民法典》物权编对动产物权转移理论的承继

本条规定继承了我国传统民法理论的有关规范。依照本条规定，“动产物权的设立和转让，自交付时发生效力”主要是指当事人通过合同约定转让动产所有权和设立动产质权两种情况。

本条规定的“法律另有规定的除外”主要指的是：

其一，对动产物权的设立和转让规定了一些特殊情况：“动产物权设立和转让前，权利人已经占有该动产的，物权自法律行为生效时发生效力。”“动产物权设立和转让前，第三人占有该动产的，可以通过转让请求第三人返还原物的权利代替交付。”“动产物权转让时，双方又约定由出让人继续占有该动产的，物权自该约定生效时发生效力。”

其二，《民法典》物权编第二百二十九条沿袭的《物权法》第二十八条主要是对非依法律行为而发生的物权变动问题作了规定。

其三，本法担保物权编对动产抵押权和留置权的相关规定。

当事人能否就《民法典》物权编的规定作出约定，其更多地仅具有形式意义，实质却是在物权法领域尤其是在动产所有权移转背后存在多大的意思自治空间。物权法不宜被解读为带有过重的强行法色彩，至少在动产所有权移转领域处于支配地位的依然是意思自治。所以《民法典》物权编

---

① 赵俊劳：《我国物权法特殊动产物权变动生效要件的解释与完善》，载《法律科学》2017年第7期。

另有约定的交付原则自属于任意法，发挥着默示条款的作用。即便默示的占有改定获得认可，也并不意味着我国法从交付原则走向合意原则。相反，居于主导地位的仍是双方移转所有权的意思。

虽然采用交付原则的国家未在立法中提及约定例外，但在适用法律时却处处渗透着意思自治。德国法的实践发展早就超越了交付原则以及交付替代规则所表现出来的文义，交付原则由此被戏称为“历史上的道具”。“DCFR”（欧洲民法典草案）更是明文允许当事人约定不同于交付原则的所有权移转时间，甚至完全与动产占有相脱离。有鉴于此，合意原则与交付原则的差异不应被过分夸大，只是默示的所有权移转时间有所不同。在欧洲私法整合的进程中，交付原则在保持法律适用的统一性上更显优势。同时，这种非强制的交付原则又为私法自治保留了发展空间，以满足当事人不同程度的交易需求，在某种程度上也意味着交付原则逐渐向合意原则靠拢。

第二百二十五条　【船舶、航空器和机动车物权变动采取登记对抗主义】 船舶、航空器和机动车等的物权的设立、变更、转让和消灭，未经登记，不得对抗善意第三人。

【条文疏义】

本条沿袭了《物权法》第二十四条之规定，仅作文字修订。

一、准不动产的登记公示主义

本条规定了船舶、航空器和机动车等特殊动产的物权变动规则。民法学一般认为，船舶、航空器和机动车因价值超过动产，在法律上被视为一种“准不动产”，其物权变动应当以登记为公示方法。但在登记的效力上不采用登记生效主义，这是考虑到船舶、航空器和机动车等本身具有动产的属性，其物权变动并不是在登记时发生效力，依照本法规定，其所有权转移一般在交付时发生效力，只是其抵押权在抵押合同生效时即设立。在司法实践中，根据《最高人民法院关于适用〈中华人民共和国民法典〉物权编的解释（一）》第十九条的相关规定，转让人将本条规定的船舶、航空器和机动车等交付给受让人的，应当认定符合《民法典》第三百一十一条第一款第三项规定的善意取得的条件。

但是，法律对船舶、航空器和机动车等动产规定有登记制度，其物权的变动如果未在登记部门进行登记，就不产生社会公信力，不能对抗善意第三人。所谓善意第三人，就是指不知道也不应当知道物权发生了变动的物权关系相对人。特殊动产的变动不同于一般动产物权的交付规则，特殊动产的变动规则之所以采取登记对抗主义是由于其旨在保护第三人的利益，是因为在特殊动产买卖双方之间可以通过交付的生效来明确双方的权利义务关系，但是无法宣示有关第三人的相关利益。特殊动产的交付虽然在当事人双方之间生效，自然其生效时并不必然需要考虑第三人，因此，只有通过公示来保证交易安全，才能保护第三人的利益。

二、准不动产将登记作为对抗（善意）第三人的要件

交付在理论上本来并非一种完全的公示方法，再加上动产物权变动中允许观念交付存在，显而易见，观念交付就难以谈得上一般意义上的公示了。所以在立法上不得不将准不动产这些动产物权变动的公示方法，兼采登记的方法或将动产证券化的办法来予以解决，仅仅把交付作为准不动产物权变动的生效要件；而是将登记作为对抗（善意）第三人的公示要件。《民法典》物权编承继了《物权法》关于“船舶、航空器和机动车等物权的设立、变更、转让和消灭，未经登记，不得对抗善意第三人”的规定，也采取了这种模式。

应当认为，关于船舶、航空器和机动车辆等“准不动产”变动场合，将登记作为对抗第三人的要件的规定，并非对传统民法规定的交付为动产物权变动的生效要件主义的否定，而应是对其效力强弱和范围的一种补充，即此类物权变动仍以交付为生效要件，而并非以登记作为生效要件。这就是说，如果转让人向受让人交付了船舶、航空器或机动车等准不动产，即使没有登记，负担行为即已成立并生效，合同即具有了法律上的拘束力和执行力。但在物权效力上，依然不能对抗善意第三人；反过来说，转让人没有交付船舶、航空器或机动车，即使办理了登记，受让人也未取得事实上的处分权，仅仅获得了法律上的处分权。

在理论上通说坚持我国的物权变动采取债权形式主义，对船舶、航空器和机动车的物权变动则未见有明确的条文采取债权意思主义。就此而言，亦应认为《民法典》物权编对船舶、航空器和机动车的物权变动采取了交付为生效要件的模式；而非合同生效时发生物权变动，只有设立抵押权时例外。否则会产生负面的结果，不但难以时时、事事都表征着真实的法律关系，还明显不符合客观实际法律关系及当事人的权利义务状况，违反了《民法典》物权编本条规定的规范意旨。

在司法实践中，根据《最高人民法院关于适用〈中华人民共和国民法典〉物权编的解释（一）》第六条的相关规定，转让人转让船舶、航空器和机动车等所有权，受让人已经支付合理价款并取得占有，虽未经登记，但转让人的债权人主张其为《民法典》第二百二十五条所称的“善意第三人”的，不予支持，法律另有规定的除外。

在此种情况下，避免此类弊端的有效办法就得坚持：交付亦为船舶、航空器、机动车等“准不动产”物权变动的生效要件，登记仅为对抗善意第三人的要件。

【典型案例】

债权对特殊动产非登记物权是否具有优先效力①

——对抗善意第三人法律规定的适用

基本案情

岳甲与闫乙于2014年11月签订《车辆买卖合同》，由岳甲购买闫乙的

---

① 参见岳甲、郭丙执行异议之诉案，载北大法宝，http：//www.pkulaw.cn/case/pfnl_a25051f3312b07f345f89b3d9de411292888fb36ab773650bdfb.html？keywords=&match=Fuzzy，最后访问时间：2020年6月12日。

奔驰轿车，并于合同签订当日将车辆交付岳甲，但未依法进行登记。郭丙因对闫乙享有债权，对登记在闫乙名下由岳甲实际占有的轿车申请法院进行了执行。

2018年岳甲对此执行提出执行异议之诉认为，自己对奔驰轿车享有所有权。其与闫乙在双方的合同签订当日，闫乙即将《车辆买卖合同》约定的奔驰轿车一辆交付其，其一直占有使用至今；闫乙在交付车辆的同时，还将车辆的登记证书、车钥匙、行驶证一并予以交付，说明双方的车辆买卖意思表示真实，车辆买卖合法有效；其在占有该车期间，不但购买了机动车交通事故责任强制保险，而且还对车辆进行了检验，说明其已实际控制该车。鉴于在法律没有特殊规定或者当事人未特别约定下，我国对动产物权的变动采用的是交付生效主义，即财产所有权从交付时起转移。汽车也是民法上动产的一种。

当时的法律、行政法规对汽车的买卖中所有权何时转移没有特殊规定；《物权法》第二十四条规定："船舶、航空器和机动车等物权的设立、变更、转让和消灭，未经登记，不得对抗善意第三人。"我国法律只是规定船舶、航空器和机动车所有权的变动应当登记，未经登记的不得对抗善意第三人，但并未规定未经登记的，合同就必然无效或者所有权不发生转移。而根本不存在善意第三人的情况下，自然也就不存在对抗问题了。

被告郭丙辩称，其有证据证明案涉闫乙名下有3辆豪车，闫乙是为逃避债务才将名下的3辆豪车都进行了转移，其中两辆已办理过户手续，就剩一辆车没有办理过户手续，所以他才申请法院对该车辆进行查封。

法院审理

一审法院经审理认为，《物权法》第二十四条规定："船舶、航空器和机动车等物权的设立、变更、转让和消灭，未经登记，不得对抗善意第三人。"这一规定的实质含义之一就是动产物权的变动自交付时生效，这无疑是动产物权变动的一般原则；而船舶、航空器和机动车等特殊的准不动产物权的变动，则以登记为对抗要件，亦即未予登记，受让人取得的物权就是不完整的。

《最高人民法院关于人民法院办理执行异议和复议案件若干问题的规定》（法释〔2015〕10号）第二十五条规定，对案外人的异议，人民法院就已登记的机动车、船舶、航空器等特定动产，按照相关管理部门的登记，来判断相关人是否系权利人。岳甲与闫乙双方当事人于合同签订当日即将车辆交付岳甲，但并未依法进行登记，所以不得对抗善意第三人。

二审法院经审理认为，动产物权的设立、转让，公示的方法为交付，交付行为完成后，占有动产的人一般被推定为真正的权利人；但对于特定的准不动产，如船舶、航空器、机动车等财产价值较高的动产，非经登记，不得对抗善意第三人。案涉机动车作为特殊动产，依法应办理车辆所有权的登记，才能发生权利变动的公示效力。由于机动车未办理车辆所有权变更登记，郭丙申请执行并无不当。

遂二审法院判决驳回岳甲的上诉请求，维持原判。

案件评述

一、物权变动形式主义与登记之法律效力

在比较法视野中，形式主义物权变动模式多与公示主义相对应，意思主义物权变动模式则与公示对抗主义相对应。《民法典》物权编沿袭《物权法》的规定，对机动车等特殊动产，在采取债权形式主义变动模式的同时，又确立了登记对抗主义，在制度设计上确实与一般动产不同。具体而言，对于机动车等特殊动产，交付与登记具有不同的效力：交付是动产物权发生变动的生效要件，未经交付，物权不发生变动；登记是物权发生变动的对抗要件，交付之后未经登记，物权也能发生变动，但是不能对抗善意第三人。

二、机动车登记并非认定所有权归属的法律依据

在机动车实际占有和登记不一致的情况下，应当如何认定所有权的归属。《最高人民法院关于审理买卖合同纠纷案件适用法律问题的解释》（法释〔2012〕8号）第十条规定，出卖人将标的物交付给买受人之一，又为其他买受人办理所有权转移登记，已受领交付的买受人请求将标的物所有

权登记在自己名下的，人民法院应予支持。该规定正是物权变动形式主义的体现，这里的登记不能和所有权画等号。目前，我国机动车登记是公安部门对机动车和道路交通安全管理的一种行政手段，本身并不能直接确定机动车所有权。

根据《公安部关于确定机动车所有权人等问题的复函》的规定，公安机关办理的机动车登记，是准予或者不准予上路行驶的登记，不是机动车所有权登记。为了交通管理工作的需要，公安机关车辆管理所在办理车辆牌证时，凭购车发票或者人民法院判决、裁定、调解的法律文书等机动车来历凭证确认机动车的车主。因此，公安机关登记的车主，不宜作为判别机动车所有权的依据。将车辆管理部门办理过户登记的时间作为机动车财产所有权转移的时间没有法律依据。

三、申请执行的债权人不得针对登记欠缺主张对抗利益

《最高人民法院关于适用〈中华人民共和国物权法〉若干问题的解释（一）》① 规定，转让人转移船舶、航空器和机动车等所有权，受让人已经支付对价并取得占有，虽未经登记，但转让人的债权人主张其为《物权法》第二十四条所称的“善意第三人”的，不予支持，法律另有规定的除外。基于交付取得的特殊动产所有权，未经登记欠缺的是对抗效力，而非无物权效力。所谓物权未经登记没有对抗力，本质是物权对第三人无效力。特殊动产登记的对抗力原则上系向后发生，在未经登记的情况下，不能对抗的是其后发生的交易。一般而言，在后设立的物权因为在先设立的物权没有进行登记，即可否定在先设立的物权。

同样，强制执行债权人也不能依据善意取得制度取得机动车的所有权。善意取得制度旨在保护有偿交易中不知道转让人系无权处分的善意第三人。尤需注意的是，善意取得制度中的“善意第三人”与《物权法》第二十四条所指的“善意第三人”属不同概念，前者是基于权利正确性推定效力保

① 现已失效，后文不再注明。

护交易安全，后者是提示缺乏登记对抗力带来的风险，两者的制度功能和旨趣全然不同，不可混为一谈。

第二百二十六条　【简易交付】动产物权设立和转让前，权利人已经占有该动产的，物权自民事法律行为生效时发生效力。

【条文疏义】

本条沿袭了《物权法》第二十五条之规定，删除了“依法”两字，明确了即便权利人在动产物权设立和转让前系无权占有，亦能适用简易交付。

一、简易交付是动产物权变动的一种特殊法律形式

在传统民法理论中，动产物权的变动一般均以交付为其生效要件，但是，实际情况中存在所谓“简易交付”的情形，即在动产物权设立和转让前，权利人就已经基于其他原因占有了所涉动产，这时就无须采取动产一般交易生效的规则，即原权利人无须再通过转移占有以达到交付生效的法律效力，而是直接通过双方合意的达成就可以产生动产物权转移的法律效果。此种所谓的“观念交付”既降低了不必要的现实交付的种种麻烦，也减轻了现实交付的各种经济成本。

二、简易交付使当事人间的物权变动于合意形成时即已生效

就简易交付而言，在受让人已经取得对动产的占有又依据法律行为取得其物权的情况下，动产物权的公示已经在事先予以完成，故而物权受让人已经能够依物权的排他性行使自己依法享有的物权。因此，物权的变动就在当事人之间关于物权变动的协议生效时即已生效。《德国民法典》规定，为转让一项动产所有权，必须有物的所有权人将物交付于受让人的法律事实，以及双方就所有权的移转达成的合意。如受让人已经占有该项动产的，则仅须让与所有权的合意即可生效。譬如为设立质权，必须由物的所有权人将物交付于债权人，以及双方为债权人设立质权的合意。故当债权人已经占有该项动产时，仅须质权成立的合意即为必要。所以我国台湾地区所适用的“民法”规定，动产物权之让与，非将动产交付，不生效力。但受让人已占有动产者，于让与合意时，即生效力。

【典型案例】

动产占有改定之观念交付的法律效力①

——案涉动产物权何时得以变动

基本案情

2014年7月30日沈某与刘某签订《车辆买卖合同》，约定沈某将解放大威翻斗车（车籍四通公司），车号吉D××××转让给刘某，转让金额7.5万元一次性付清，刘某于当日给沈某出具了“今欠吉D××××车款柒万伍仟元整”的欠条一份，因刘某未给付沈某车款，故沈某诉至法院，要求判令偿还欠款7.5万元、诉讼费用由刘某承担。

另查明，该车的机动车登记证书载明该车所有权人为四通公司。刘某为该车缴纳了交强险保险费4480元、车船税1190元、修理费650元，故刘某反诉要求解除双方签订的《车辆买卖合同书》，给付刘某为该车缴纳的交强险保险费4480元、车船税1190元、修理费650元，沈某承担反诉费。

法院审理

一审法院经审理认为，当事人对自己提出的诉讼请求所依据的事实或者反驳对方诉讼请求所依据的事实有责任提供证据加以证明，没有证据或者证据不足以证明当事人的事实主张的，由负有举证责任的当事人承担不利后果。本案中沈某所提供的证据不能证明其对本案所涉车辆拥有所有权、

① 参见沈某与刘某买卖合同纠纷案，载北大法宝，http：//www. pkulaw. cn/Case/pfnl_ a25051f3312b07f3cec0387515066946583d9ace5d27d6b7bdfb. html？ match = Exact，最后访问时间：2020年6月12日。

处分权，故双方所签订的《车辆买卖合同》属无效合同，因此对沈某的诉讼请求，不予支持。

刘某所提供证据不能证明其在与沈某签订《车辆买卖合同》后未曾使用本案所涉车辆经营运输，故对刘某要求沈某给付保险费、车船税、修理费的诉讼请求，不予支持，因双方所签订的《车辆买卖合同》属无效合同，致使双方不能实现合同目的，故对刘某要求解除《车辆买卖合同》的诉讼请求，予以支持。根据《合同法》第五十二条、第九十四条，《最高人民法院关于民事诉讼证据的若干规定》[①] 第二条的规定，判决：其一，驳回沈某的诉讼请求。其二，解除沈某与刘某于 2014 年 7 月 30 日签订的《车辆买卖合同》。其三，驳回刘某的其他诉讼请求。案件受理费 838 元、反诉费 838 元、诉讼费用 60 元，共计 1736 元，由沈某负担。

二审审理期间，沈某围绕上诉请求依法提交了四通公司出具的二份证据，二审法院组织当事人进行了质证。二审法院对一审法院所认定的关于刘某与沈某签订买卖合同及出具欠据的事实部分予以确认。

对当事人争议的车辆所有权人的事实法院另查明，2013 年 6 月沈某从刘某手中购得案涉车辆，并与四通公司签订了《委托合同》，合同期限为 2013 年 6 月 24 日至 2014 年 6 月 24 日。该合同约定，乙方（四通公司）对车辆行使管理权，甲方（沈某）的车辆所有权不发生转移，车辆所有权归甲方所有。2014 年 7 月 30 日刘某与沈某签订车辆买卖合同前，刘某自行将车辆提走并投入使用。

二审法院经审理认为，在二审审理期间，四通公司出具了证明，证明案涉车辆系挂靠四通公司车辆，该车辆未登记在四通公司名下，不能办理营运许可，车籍落到四通公司名下后，四通公司仅对车辆行使管理权，车辆所有权和使用权不变；车辆所有权人向四通公司缴纳管理费，由四通公司办理车辆营运手续。四通公司的法定代表人王某伟到院说明情况，四通

① 已于 2019 年修正，后文不再注明。

公司出具的证明材料以及四通公司与沈某所签订的《委托合同》足以证明沈某对案涉车辆拥有所有权和处分权，沈某出售案涉车辆系有权处分，故沈某与刘某所签订的车辆买卖合同合法有效。

《物权法》第二十三条规定，动产物权的设立和转让，自交付时发生效力。第二十五条规定，动产物权设立和转让前，权利人已经依法占有该动产的，物权自法律行为生效时发生效力。刘某在与沈某签订《车辆买卖合同》前已经实际占有了该车辆，双方已经完成简易交付，刘某已经取得案涉车辆的合法所有权，车辆交付后，沈某负有协助办理车辆登记的附随义务。刘某购买并已实际占有使用案涉车辆两年之久，应当承担给付购车款的义务。一审法院将双方所签订的车辆买卖合同认定为无效合同并判决予以解除是错误的，应予纠正。

综上所述，沈某的上诉请求成立，予以支持。依照《合同法》第一百三十二条、第一百四十条，《物权法》第二十三条、第二十四条、第二十五条，《民事诉讼法》第一百七十条第一款第二项之规定，判决：

第一，撤销该市龙山区人民法院（2016）0402 民初 3029 号民事判决。第二，刘某于判决生效后 10 日内给付沈某购车款 7.5 万元。第三，驳回刘某的诉讼请求。

案件评述

一、简易交付直接影响物权变动生效的时间

在简易交付中，从转让合同生效之时起，物权就从出卖人转移至买受人。简易交付实际上是以动产物权让与的合意来代替现实交付，是一种观念上的交付。其并没有破坏动产物权变动的一般原则，而是在特殊情形下的一种灵活变通。

二、交付若为事实行为同样区别于民事法律行为

1. 通说认为交付应为事实行为

我国学者普遍认为，引发物权变动的物权行为可区分为成立要件和生效要件。其中成立要件系物权合意，如让与所有权的合意，此处合意系意思表示之合意，即存在指向规范层面的法效意思，而生效要件包括交付和行为人有处分权。此处交付，依德国通说为事实行为。

但也有学者认为，作为物权行为构成要件的交付应为法律行为。申言之，也有学者认为，仅仅移转占有，亦以须法律行为而为之，但他们在“负担行为与处分行为”语境之中，往往又采通说见解，称交付系事实行为。

2. 传统民法上“事实行为”是“法律行为”的对称

根据《民法通则》的规定，民事法律行为是指公民或者法人设立、变更、终止民事权利和民事义务的合法行为。而事实行为是指行为人实施一定的行为，一旦符合法律的构成要件，不管当事人主观上是否有设立、变更或者终止某一民事法律关系的意思，都会由于法律的规定，从而引起一定的民事法律效果的行为。其区别如下：

(1) 是否要求以意思表示为其必备要素不同

民事法律行为以意思表示为其必备要素，实质上是当事人设立法律关系意图的外在表示；而事实行为则不管当事人是否具有发生民事法律后果的意思表示，这是两者的根本区别。这在简易交付中表现得最为典型，转移占有并不一定就有物权变动的意思，如租赁；而简易交付如实验买卖，付款完毕即取得所有权。

(2) 是依意思表示还是仅依法律规定直接发生法律后果不同

民事法律行为依当事人的意思表示的内容而发生效力，具有设权性的特点，事实行为仅依法律规定而直接发生法律后果。毋庸置疑，简易交付无疑是法律规定直接发生物权变动的法律后果。

(3) 是否要求符合法定的构成要件不同

民事法律行为的本质并不在于事实构成，而在于意思表示，事实行为只有在当事人的客观行为符合法定的构成要件时才能发生法律规定的后果。

(4) 是否要求具有相应的民事行为能力不同

要使民事法律行为有效，当事人必须具有相应的民事行为能力，而事实行为的构成不要求当事人具有相应的民事行为能力。

三、《民法总则》法律行为“溯本求源”对其进一步肯认

1. 民事法律行为理论要求正确区分债权行为与物权行为

（1）理论上得区分物权变动的原因行为与结果行为（处分行为）

在物权变动上，区分原则区分了原因行为与作为其结果的处分行为。物权变动的原因行为是债法上的意思表示即债权行为，它不一定引起物权变动的结果，理由是原因行为发生时，物的处分行为还不存在，将来有可能不成就，但是无论如何债权意思表示即合同是可以成立的。

（2）物权变动原因行为的成立不以物权的变动为必要条件

物权变动的原因行为不能以物权的变动是否成立为标准判断。简单理解，一般都是先订合同，后交付。违约的话，就只订合同没有交付了。

（3）物权的变动须以公示为其基本表征

理论上是由法律规定的公示方式决定物权变动的效力，即以动产的交付和不动产的登记为必要条件，而不能认为基础关系或者原因关系的成立生效就必然发生物权变动的结果。在简易交付中则相反，占有在前，故而无须交付，补足了物权变动的意思表示，法律即允许以动产物权让与的合意，来代替现实的交付。

2. 法律行为中还有“负担行为”与“处分行为”之分

（1）我国法学界事实上已经接受了负担行为和处分行为的理论

2012 年《最高人民法院关于审理买卖合同纠纷案件适用法律问题的解释》第三条规定：“当事人一方以出卖人在缔约时对标的物没有所有权或者处分权为由主张合同无效的，人民法院不予支持。出卖人因未取得所有权或者处分权致使标的物所有权不能转移，买受人要求出卖人承担违约责任或者要求解除合同并主张损害赔偿的，人民法院应予支持。”该规定明显是对《合同法》第五十一条的直接否定。

处分行为是指直接作用于某项现存权利的法律行为，如变更、转让某项权利、在某项权利上设定负担和取消某项权利等。理论通说认为，处分行为包括物权行为及准物权行为。负担行为主要包括债务合同。不过并不

是任何一项在债法中规定的合同都是负担行为，像债务免除以及债权让与的行为都是处分行为。

（2）负担行为与处分行为的区分

第一，客体不同。

处分行为适用客体确定原则，即最迟在处分行为生效之时，处分行为所涉及的具体的客体必须予以确定；而负担行为则无此要求，负担行为在债务具体化为特定的物件之前就已经有效。

第二，是否要求有“处分权”不同。

处分行为以处分人有处分权为生效要件；而负担行为因为其在债务具体化为特定的物件之前就已经有效，所以并不以对其具体化的客体有处分权为必要。

第三，是否需要公示的要求不同。

对于物权法上的处分行为（仅仅对于物权法上的处分行为），适用公示原则；而负担行为则不需要公示即生效。

以上这三点区别，归根结底是其标的的不同，即处分行为的标的确定（特定），而负担行为的标的则无此要求。

四、简易交付的法理分析

1. 简易交付实现了债权合意与物权变动的公示的统一

（1）法律行为可将物权变动的原因与结果区分为两个法律事实

物权变动的区分原则是指发生物权变动时，物权变动的原因与物权变动的结果作为两个法律事实，它们的成立和生效依据不同的法律原则。

《合同法》规定，合同的成立要经过要约与承诺两个不同的阶段。合同是当事人之间合意的结果。因此，合同行为不同于物权行为，它并不必然与不动产的物权变动联系在一起。而登记和交付都是针对民事权利的变动而设立的。

（2）物权行为的法律属性不同于合同行为的法律属性

物权公示行为一经作出，必将产生物权归属和物权内容等法律后果。

而合同行为只在合同相对人之间产生权利义务关系。因此，简易交付既然在事实上占有了合同标的物，只要有移转其的意思表示的合意，即可以认为物权行为业已完成且取得该物权，已属于物权法调整的范围，而有别于合同法的调整对象。

2. 简易交付以动产物权让与合意代替现实交付为观念上的交付

简易交付并未破坏动产物权变动的一般原则。在简易交付情形下，尽管没有形式上的交付，但标的物已由受让人实际占有，交付之目的已经达到，物权的变动和变动后的状态具有明确的外部表征，物权的公示在事实上已经完成。也就是说，简易交付与现实交付的法律后果并无实质区别，简易交付不是对动产物权变动须以交付作为生效要件原则的破坏，是该原则在特殊情形下的一种灵活变通。

毋庸置疑，在民事法律行为理论正本清源的语境下，理解观念上的交付，更为顺理成章。

第二百二十七条　【指示交付】 动产物权设立和转让前，第三人占有该动产的，负有交付义务的人可以通过转让请求第三人返还原物的权利代替交付。

【条文疏义】

本条沿袭了《物权法》第二十六条之规定，删除了“依法”二字。

一、新权利人以行使出卖人返还原物请求权以替代交付

所谓指示交付，又称返还请求权的让与，是指让与动产物权的时候，如果让与人的动产由第三人占有，让与人可以将其享有的对第三人的返还请求权让与受让人，以代替现实交付。指示交付由德国民法首创，德国民法学者将商法中的交付证券引入民法之中，抽象成为指示交付制度。后被世界各国所接受，《民法典》物权编第二百二十七条沿袭《物权法》第二十六条的规定就是指示交付制度。

指示交付发生时，所应交付的标的物是在买卖双方以外的第三人的实际占有之中，此时转让人为完成交付，会将其对第三人的返还请求权让与该受让人，以代替标的物的实际交付。譬如，出卖人将已经出租的标的物或由他人保管的标的物出卖的，就可将对承租人的租赁物返还请求权或将对保管人、仓储人的返还请求权让与买受人，以代替标的物的实际交付。如果是以比较常见的提单、仓单等物权凭证交付给买受人，以代替货物的实际交付，即被称为拟制交付。

故可见，当双方交易由第三人占有标的物时，无须通过第三人将标的物交付给原权利人后再由原权利人交付给新的权利人，原权利人只须将返还原物的请求权转让给新的权利人即可，新的权利人通过行使原权利人的返还原物请求权即可获得该动产的物权。

二、指示交付通知之法律效力应将物权与债权予以区分

在不以通知到达第三人为成立要件的现行指示交付制度下，受让人在取得所有权之时并不能实现其所有权的全部权能，同时其将在交易过程中承担较大的风险责任，从而使便捷交易之目的难以实现。

同时，通知义务是动产物权出让人实施指示交付时的法定义务，至于通知的法律效力，物权法视野下的指示交付与债法上的依指令而履行在个别场合虽有重合，但总体来说，二者在类型、构成要件和法律后果方面不尽相同，应予区别而适用法律。指示交付所涉让与的标的物，既可以是债权的返还请求权，也可以是所有物的返还请求权，不可偏废。在让与的是债权的返还请求权的情况下，应区分债法上的效力与物权法上的效力。在债法上，债权的返还请求权让与的事实未通知占有媒介人时，对于占有媒介人不发生效力。但在物权法上，只要受让人自转让人处取得了返还请求权，也就取得了动产所有权。这与是否通知了占有媒介人无关。[①]

---

① 崔建远：《物权法视野下的指示交付》，载《法律适用》2014 年第 10 期。

本条沿袭《物权法》的法条规定了指示交付的动产物权的变动方式，通过转让基于占有媒介关系的原物返还请求权，使出让人无须占有媒介人的同意和协助，就能移转动产的所有权，更无须将第三人的占有限于“依法”占有。出让人是否通知占有媒介人，并非动产所有权移转的要件，而只是设立动产质权的前提，并在债法领域发挥保护债务人的作用。为使无权占有的出让人也能同其他占有人一样移转其动产所有权，以满足合理的交易需求，借鉴德国通说，允许当事人仅根据其合意来移转所有权，该种情形超出了我国《物权法》第二十六条的文义范围。我国法院过去不少判决以转让提单、仓单等交付证券作为适用《物权法》第二十六条的情形，有误解之嫌。当事人以该类证券的交付替代证券项下货物的交付，仍然是适用《物权法》第二十三条的现实交付。此类交易方式虽法无明文，但应根据商事交易习惯予以认可，以便证券项下的货物便捷流通。①

【典型案例】

动产指示交付对善意第三人的法律效力②

——动产所有权是否随指示交付转移

基本案情

富甲集团与苟乙公司于2013年1月签订《协议书》，采购共计5万吨尿素，后因质量问题双方签订回购协议，由苟乙公司回购该尿素。货物一直由鲅鱼圈港、营口港务集团等三家单位负责仓储及出入库作业。2014年5月，中丙公司向苟乙公司采购尿素等货物，并向苟乙公司支付货款。由于苟乙公司不能交付也无力退还货款，于2014年11月与中丙公司签订《补充协议》，用案涉货物中的7400吨“折抵”预付款，且该货物已完成

① 庄加园：《基于指示交付的动产所有权移转——兼评〈中华人民共和国物权法〉第26条》，载《法学研究》2014年第3期。

② 参见富甲集团与中丙公司、苟乙公司所有权确认纠纷案，最高人民法院，（2016）最高人民法院申1514号。

交付。富甲集团于2015年提起诉讼要求确认7400吨尿素的所有权。

原告富甲集团认为，苟乙公司通过转让返还原物请求权完成了指示交付，富甲集团即通过该指示交付取得案涉货物所有权。双方共同确认案涉货物所有权属于富甲集团控股股份有限公司，富甲集团事实上即已实际控制了案涉货物。仓储人是否变更登记不影响案涉货物所有权转移。被告苟乙公司向中丙公司转让案涉货物构成无权处分。中丙公司应当知道苟乙公司对案涉货物不享有所有权，且未支付对价并实际占有货物，不能基于善意取得主张所有权。

第三人中丙公司认为，富甲集团不能取得涉案尿素的所有权。富甲集团并没有通过指示交付的方式取得案涉尿素的所有权。即使苟乙公司并无案涉尿素的所有权，中丙公司也构成善意取得苟乙公司通过指示交付的方式向中丙公司交付了7400吨尿素，中丙公司获得案涉尿素的所有权。

苟乙公司认为，案涉7400吨尿素确已出售给中丙公司且办理了货权转移，虽然苟乙公司与富甲集团之间有尿素购销合同，但是并不能确定哪些尿素是出售给富甲集团的，案涉尿素并未交付给富甲集团，苟乙公司有权另寻买家，遂成诉。

富甲集团随后提起所有权确认之诉，一审法院判决确认富甲集团是案涉货物的所有权人，二审法院判决确认中丙公司为案涉货物的所有权人。富甲公司不服，遂向最高人民法院申请再审。

法院审理

法院经审理认为，首先是富甲集团与苟乙公司双方之间仅有尿素买卖的相关约定，并无转让返还原物请求权的意思表示，在合同中并未转让返还原物请求权。

其次是双方之间的《协议书》约定的是由富甲集团向苟乙公司出售尿素，虽然数量与《尿素购销合同》一致，并载明了所有权由富甲集团保留，根据合同相对性原则，两方当事人在两份合同中的身份地位并不相同，该份协议并不能当然成为《尿素购销合同》项下的返还原物请求权转让协议。

最后是尿素属于种类物，在没有特定化之前无法确定双方销售的尿素就是存放在营口港的货权登记在苟乙公司名下的5万吨尿素。富甲集团因其质量问题要回购，因此未办理货权转移手续，存放在营口港的案涉尿素其控制权仍在苟乙公司手中，双方未在合同中约定将苟乙公司所有的向仓储人营口港请求返还5万吨尿素的请求权转让给富甲集团，并未完成指示交付，所有权并未转移，富甲集团对案涉尿素不享有所有权。

中丙公司与苟乙公司签订合同并支付价款，双方在货物仓储方营口港处办理了货权转移证明，将案涉7400吨尿素登记在中丙公司名下，已完成指示交付。该合同是双方当事人真实意思表示，应确认有效，中丙公司享有案涉7400吨尿素的所有权。

中丙公司有理由依据案涉尿素在营口港仍记载于苟乙公司名下而信赖苟乙公司仍对其享有所有权，从而向其购买。二审法院判决案涉标的为中丙公司所有，驳回了富甲集团的诉讼请求。

案件评述

一、指示交付的定义

不动产物权的变动是通过登记簿的记载而被外部识别的，而动产物权的变动，则由交付这一行为完成。民法上，交付的原意仅指现实交付，即动产占有的现实转移。实践中，动产的交付并非必须是由出让人之手直接交到受让人之手，本条所规定的指示交付就是一种例外情形，它与现实交付具有同等效力。关于指示交付作为现实交付的一种变通方式，已多为各国民法所采纳。

本条所规定的指示交付，其逻辑上的前提是，动产物权的让与人对其所转让的标的不享有物理意义上直接占有和直接控制的可能，出让人无法通过现实交付的方式使得动产物权得以变动。因此才有本条指示交付适用的余地。条文中的“第三人”既指能够对转让标的（动产）进行物理意义上直接占有和直接控制的一方，也指在适用不具备法律上的正当原因而占有动产的无权占有人。

二、让与的返还请求权的性质

指示交付中让与人所让与的返还请求权，属于债权请求权还是物权请求权，学术界的争论比较激烈。指示交付中被出让的动产不在出让人手中，而是被第三人直接占有和控制。而第三人对动产的占有又可大体分为两种：一种为基于租赁或者质权合同等关系而发生的有权占有；另一种为没有正当法律依据的无权占有。因此向第三人请求返还原物的权利，也因有权占有和无权占有在性质上的差别而有所不同。有的意见认为，指示交付中出让人让与的返还请求权仅指所有人的物上请求权，而非债权请求权；还有的意见认为，在第三人基于租赁或者借用合同等而对动产进行有权占有的情况下，出让人转让给受让人的仅是债权上的请求权。

在第三人有权占有的情形下，出让人应当将其基于与第三人之间的合同关系而产生的债法上的请求权让与受让人，此时让与人在指示交付时应当将其针对第三人享有的任何合同上的返还请求权都让与受让人。如果让与人与第三人间的合同无效，出让人还应当将自己基于不当得利的返还请求权或者基于侵权损害赔偿的请求权让与受让人。如果第三人对动产为无权占有，假设第三人从出让人处盗取该动产，出让人无法向受让人让与任何基于合同等关系而产生的返还原物请求权，那么出让人可以将其基于所有权的返还请求权让与受让人。

三、本条有关立法理论的演进

在2007年《物权法》中，规定的是第三人合法占有的情况，才可以进行指示交付。有学者提出修改意见，即对此条进行了学理分析，此次《民法典》编纂便体现出对指示交付制度的完善。过去将指示交付限定于“动产由第三人依法占有”的场合，作茧自缚，使一些本应通过指示交付来解决动产物权变动的问题却无法如愿，只得先由转让人从占有动产的第三人之处收回，再交给受让人，徒增周折和成本。无法使受让人于让与合同生效不久就可取得标的物的直接占有，因为此时第三人对该标的物仍处于有权占有的状态。有鉴于此，《民法典》物权编才将“第三人依法占有”中的“依法”二字删除。①

我国过去规定的指示交付制度比较粗糙，这给指示交付的适用带来了不少麻烦。另外，由于对指示交付制度研究不够深入，在一些指示交付的细节问题上含混不清，这样就又给指示交付的适用增加了难度。仓单、提单等交付证券应该适用现实交付还是指示交付；指示交付制度下标的物转移过程中受让人是直接得到了物权还是得到了让与返还请求权；指示交付的标的物的损毁、灭失的风险是从什么时候开始转移的；指示交付中的让与返还请求权是物权请求权还是债权请求权，还是兼而有之。这些问题制约着指示交付的适用，对其进行更深入的研究有利于在司法实务上解决更多问题。

《民法典》物权编再次确认指示交付是拟制交付的一种形式，其设立的本意应该是简化交易过程。但一直以来，指示交付的适用却处处掣肘，不出现问题时交易各方还能够心平气和，一旦出现问题则互相推卸责任。结合具体案件对理论问题进行研究比较具有针对性。（2018）最高法民申3999号案中的三方当事人经过两次指示交付以后对于物权的归属以及物上风险的承担都产生了争议。

随着市场经济的快速发展，指示交付制度越来越受到广泛应用，尤其是在大宗商品贸易中，但是目前我国现有法律对这项制度的规定不尽完善，仍有许多问题处于不明确的争论阶段。为了解答这些问题，有学者查阅了很多书面资料和电子资料，得出以下结论：指示交付与债权让与属于不同的法律制度，指示交付的本质就是返还请求权的让与，而这个返还请求的性质为物权请求权，通过指示交付制度可以实现“一物多质”，只是在后质权的担保效能较弱。

---

① 崔建远：《民法分则物权编立法研究》，载《中国法学》2017年第2期。

第二百二十八条 【占有改定】动产物权转让时，当事人又约定由出让人继续占有该动产的，物权自该约定生效时发生效力。

【条文疏义】

本条沿袭了《物权法》第二十七条之规定，仅作文字修订。

一、本条规定了动产物权占有改定的变动规则

动产物权转让时，原权利人基于和现权利人的其他协议继续占有该动产时，原权利人此时丧失动产的物权，虽然是合法占有，但占有的依据并非物的所有人，而是依据新的协议，新的权利人取得动产的物权，并通过间接占有来保证其权利。除去现实已经存在的动产，占有改定制度还适用于将来可取得的动产。

所以，占有改定其实是指动产物权的让与人使受让人取得对标的物的间接占有，以代替该动产现实移转的交付。占有改定的原因在于，社会生活中，出卖人虽然将其动产出卖，但是在某一段时间内仍然可能还有使用的需要；或者买受人已经取得了该动产的所有权但是需要出卖人对该动产进行暂时的保管或者改进。在德国民法中，占有改定已经成为让与担保制度的法律基础。

二、观念交付的前提在于直接占有同间接占有的区分

要准确地把握和理解占有改定的概念，有必要先对学理上间接占有的概念作一点了解。学理上，占有作为一种对物进行控制和管领的事实状态，可分为直接占有和间接占有。

1. 直接占有

即不通过他人媒介而能够对自己所有或他人之物进行直接控制和管领的事实状态。直接占有侧重的是物理意义上对物现实、直接的控制。

2. 间接占有

即因他人媒介的占有而对物享有间接的控制。间接占有的前提是间接占有人同媒介占有人（直接占有人）之间存在某种法律关系。间接占有侧重于间接占有人通过与直接占有人的某种特定法律关系，而间接地对物进行控制和管领。

本条所规定的占有改定即出让人自己保留直接占有，而为受让人创设间接占有以代替现实交付的一种变通方法。

三、占有改定的历史渊源

占有改定制度起源于罗马法中的占有协议，罗马法早期，对于交易形式非常严苛，如略式物（罗马法中的“物”分为要式物和略式物。要式物是通过要式买卖向他人转让的物品；而略式物多体现为债权、继承权、城市役权等无形物），只有经过让渡或者交付才能发生所有权移转，这使得交易形式极为僵化，阻碍了交易的发展，因此只好扩展让渡内容，以占有协议的方式来缓解这种矛盾。后来占有协议的观念为大陆法系国家和地区所接受，《德国民法典》《法国民法典》以及我国台湾地区所适用的“民法”均对此作出规定，即本条所规定的占有改定制度。

四、占有改定的构成要件

占有改定必须符合下列三项要件：

1. 让与人与受让人达成移转动产物权的合意

一般通过买卖或者让与担保的设定，使得受让人取得动产所有权。

2. 要有由出让人继续占有该动产的双方约定

让与人与受让人之间还需要具有某种使得受让人取得动产间接占有的具体法律关系，即本条所规定的由出让人继续占有该动产的双方约定。在德国民法中，这种具体的法律关系也被称为占有媒介关系，即为了保护间接占有人和直接占有人的利益而由法律拟制出来的一种法律关系，具体到本条规定，出让人可以根据租赁关系、寄托关系以及其他类似关系为占有改定。

3. 让与人已经对物进行了直接占有或者间接占有

没有直接或间接的占有就不会发生占有改定的适用问题。当让与人间接占有标的物时，让与人可以使受让人取得更上一级的间接占有，这样可能存在多层次的占有关系。当然，占有改定制度还可以适用于未来可取得之动产。

【典型案例】

占有改定如何认定①

——案涉设备的所有权有无变动

基本案情

2015年3月1日，章某平、姚某雨签订购买合同一份，约定章某平将原自己用于生产的机器设备折价10万元转让给姚某雨。在合同签订后，章某平即将机器设备清点交付姚某雨，姚某雨将部分机器设备装运取走，剩余部分机器设备因缺乏位置摆放而与章某平协商好暂时存放在章某平家中。

至2015年3月24日，姚某雨对所欠的余款5万元转让款出具欠条一份，承诺于2016年4月30日结清。此后，姚某雨于2016年5月19日支付2万元，对剩余的3万元再次换签了欠条，承诺于2016年8月左右付清。

2016年9月，姚某雨派员至章某平处要求搬运剩余部分机器设备，章某平提出须先付清余款3万元再搬，双方由此发生争执，纠纷成讼。

法院审理

一审法院经审理认为，姚某雨所欠章某平机器设备转让款到期未付，则应继续支付。姚某雨未及时取走所购买的部分机器设备，而是与章某平协商一致暂时存放在章某平处，该项协商一致的结果，不能视作章某平可以拒绝交付转让物，而应视作双方业已将转让物交付完毕，且另行就剩余机器设备的临时摆放事项成立了无偿保管合同。该项无偿保管合同的履行问题，与本案之转让合同并非同一法律关系，其相应争执，应另行处理，

---

① 参见姚某雨与章某平买卖合同纠纷案，载北大法宝，http：//www. pkulaw. cn/Case/pfnl_a25051f3312b07f363cc608bea8f04193a11b175bdb3faaebdfb. html? match = Exact，最后访问时间：2020年6月13日。

故姚某雨在本案中主张减免转让款或同时履行抗辩，其理由不成立，不予支持。

故一审法院判决：姚某雨给付章某平机器设备转让款3万元，限于判决生效之日起10日内付清。

二审法院经审理认为，《物权法》第二十七条规定，动产物权转让时，双方又约定由出让人继续占有该动产的，物权自该约定生效时发生变动效力。本案中，姚某雨自认当时系因其自身原因而没有取走全部转让物，经与章某平协商而将部分机器设备暂时存放于章某平处。

故本案应认定为章某平与姚某雨达成了转让物所有权转移采取占有改定方式的约定，该约定符合《物权法》的相关规定，具有法律效力。亦即双方当事人另行就部分机器设备暂时存放成立了无偿保管合同。故章某平已实际完全履行了合同约定的交付义务，姚某雨理应支付剩余的3万元货款。在姚某雨未付清3万元货款的情况下，章某平就基于无偿保管合同而合法占有的剩余机器设备享有留置权。最后二审法院判决驳回上诉，维持原判。

案件评述

一、占有改定的认定

在德国民法中，占有改定已经成为让与担保制度的法律基础。占有改定作为现实交付的三种变通方式之一，对其效力各国民法大都作了明确规定。

二、占有改定与简易交付的区别

占有改定仅有当事人移转动产物权的合意和使买受人取得间接占有的合意，它不仅与现实交付不同，与同为观念交付的简易交付和指示交付也存在大的差别。就简易交付而言，买受人已经占有动产，其所有权可被人们从外部识别。而在指示交付中，虽然受让人尚未占有动产，但出让人已经脱离占有，对直接占有人已经没有返还请求权。但占有改定与上述两种情况皆不相同，在占有改定情形下，所有权的移转仅仅是通过当事人的合意在观念中完成的，无论约定采取何种形式，口头或者书面，都不具有可被人们察知的外观，人与物的事实控制和支配关系并未发生改变。

但根据物权公示的原则，物权的设立、变更、转让或者消灭应当以一定的可以从外部察知的方式表现出来，因此物权公示在不动产为登记，在动产为交付即占有的移转。而以占有改定取得的所有权移转，第三人是无从察知其物权业已变动的，所以对于因信赖出让人直接占有动产这一事实状态，而与之交易的第三人而言，就只有适用善意取得制度才能加以保护。

三、占有改定的效力及善意取得制度的适用

善意取得在占有改定情况下是否适用的问题在学术界一直存在争议，故而善意取得之适用在《最高人民法院关于适用〈中华人民共和国物权法〉若干问题的解释（一）》中被有意回避，其第十八条第二款规定，当事人以《物权法》第二十五条规定的方式交付动产的，转让动产法律行为生效时为动产交付之时；当事人以《物权法》第二十六条规定的方式交付动产的，转让人与受让人之间有关转让返还原物请求权的协议生效时为动产交付之时。并未提及第二十七条关于占有改定的效力如何，这更使得这一问题一直存在争议。大陆法系立法和理论经验较多采否定说，并不认可占有改定在善意取得中可以适用。学术界对此形成了多种学说。

占有改定仅有当事人移转动产物权的合意和使买受人取得间接占有的合意，它不仅与现实交付不同，与同为观念交付的简易交付和指示交付也存在大的差别。在简易交付中，买受人已经占有动产，其所有权可被人们从外部识别；在指示交付中，虽然受让人尚未占有动产，但已经脱离了出让人的占有，对直接占有人已经没有返还请求权。

四、主张善意取得可以适用于占有改定的理由

首先，《民法典》关于善意取得构成要件所规定的“已经交付给受让人”并不排除观念交付（简易交付、指示交付和占有改定）的适用；其次，顺理成章，如果承认乙可通过占有改定的方式从甲处取得所有权，那么自无排除丙以同样方式取得所有权的理由；最后，因信赖出让人而承担的风险，是当事人自己选择的结果，完全符合私法意思自治的原则，并且如果要避免风险，完全可以要求现实交付。而鉴于善意取得制度所保护的正是第三人对于所有权外观的信赖，因此，只要受让人具备了善意取得的各项要件，自可以主张对基于占有改定所取得之动产的所有权。

五、主张善意取得不可适用于占有改定的理由

一直以来，我国学界支持否定说的学者认为，无论从法律解释角度，还是从公示公信角度以及利益衡量角度论述，可以看出，占有改定如果适用善意取得均有其一定的缺陷，他们认为善意取得中的交付不能包含占有改定的实质理论依据，应是重在其支配力的缺乏。①

六、交付限制说

由于持肯定说的学者认为，占有改定和善意取得制度的悖论是两种制度分别提升交易效率与保护交易安全功能之间的冲突，以及对交付行为不同定性产生的法律后果的对立。此悖论由这两种制度在法律规定上的漏洞和动产物权变动中“意思主义”与“形式主义”在原则上存在的冲突而致。针对学界所提出的各种解决方案，尤其是“否定说”进行批判与反思，发现“肯定说”在我国最为可取。其主张可以通过对交付行为的定性和“交付”概念进行目的性扩张的解释；在多重让与中明确所有权最终归属于最后一个善意受让人，其他权利受害人可以向无权处分人要求赔偿；以及善意标准的明确和受让人承担“善意”的举证责任来规制占有改定下善意取得的适用。②

故此，为防止占有改定在善意取得中的直接适用所带来的不利后果，需要对其加以限制，所谓善意取得在占有改定中的适用，最终还是须以现实是否交付为标准来予以判断。③

---

① 王伟舟、黄维：《论占有改定和善意取得》，载《职工法律天地》2014 年第 6 期。

② 吴倩倩、曾瑞玉、罗爱梅：《占有改定下善意取得制度的适用》，载《广播电视大学学报（哲学社会科学版）》2017 年第 4 期。

③ 陈奕：《占有改定在动产善意取得中的适用限制》，载《山西省政法管理干部学院学报》2018 年第 1 期。

第三节　其他规定

第二百二十九条　【法律文书、征收决定导致物权变动效力发生时间】因人民法院、仲裁机构的法律文书或者人民政府的征收决定等，导致物权设立、变更、转让或者消灭的，自法律文书或者征收决定等生效时发生效力。

【条文疏义】

本条沿袭了《物权法》第二十八条之规定，仅作文字修订。

一、本条规定的是嘱托登记原因所致物权变动规则

动产的物权转移通过公示来显示物权变动情况，以明确物权人，特殊原因下的物权变动并未通过一般情况下的交付和登记来实现，而是通过法律文书和征收决定来实现，之所以不采用物权变动的一般规则是因为旨在减少程序，并且法律文书和征收决定本来就是公示且已使得其可以为人所知，本身所起到的公示作用和登记转移物权效果相同，因此法律文书或者征收决定生效的时候，物权也发生了转移。

二、登记机构对嘱托登记法律文书仅应作形式审查

房地产登记机构依据人民法院已生效法律文书所进行的登记在学理上被称为嘱托登记。依据《民法典》物权编所沿袭的《物权法》以及《最高人民法院关于审理房屋登记案件若干问题的规定》的规定，房地产登记机构应当严格按照法律文书的要求履行登记义务，并相应地取得司法审查豁免的待遇。但在实践中，地方性法规却又往往对嘱托登记设定了条件，赋予了房地产登记机构对“登记与法律文书内容是否一致”的裁量权，从而使嘱托登记的最终实现在一定程度上还必须依赖于房地产登记机构的主观判断。

三、嘱托登记审查的关键在于法律文书的可执行性

在司法实践中，根据《最高人民法院关于适用〈中华人民共和国民法典〉物权编的解释（一）》第七条的相关规定，人民法院、仲裁机构在分割共有不动产或者动产等案件中作出并依法生效的改变原有物权关系的判决书、裁决书、调解书，以及人民法院在执行程序中作出的拍卖成交裁定书、变卖成交裁定书、以物抵债裁定书均为导致物权设立、变更、转让或者消灭的人民法院、仲裁机构的法律文书。

即法律文书所载明的内容按照现有的登记条件是否可以实现。只要客观上具备可执行性，登记机构即应当予以登记。应当认为，嘱托登记的可执行性取决于以下三项内容：不动产四至、登记类型以及法律文书确定的登记权利人。只要不动产四至、登记类型以及法律文书确定的登记权利人明确，则嘱托登记即具有可执行性，登记机构即应无条件执行生效法律文书的内容。至于房地产所有权认定等问题，则不应纳入登记机构的审查范围，登记机构不必也不应进行审查。

【典型案例】

特殊原因导致动产物权变动对善意第三人的影响①

——善意第三人是否可以对抗动产物权变动的特殊原因

基本案情

胡某振（1960 年去世）与袁某（2009 年 11 月 21 日去世）夫妇共育有子女五人，即胡某兰、胡某发、胡某某、胡某才（2012 年 8 月 26 日去世）、胡某运。武汉市硚口区××街××号平房一栋（占地面积 38.5 平方米）系袁某与胡某才于1968 年 9 月共同购买，并以胡某才的名义办理了房

① 参见胡某兰等与胡某发等所有权确认纠纷上诉案，载北大法宝，http：//www.pkulaw.cn/Case/pfnl_a25051f3312b07f3097f0859add2904a34a76db8b6ed7be4bdfb.html？match＝Exact，最后访问时间：2020 年 6 月 12 日。

屋交易手续。1981 年 3 月，袁某出资在该房屋后扩建了 7 平方米厨房一间。1986 年 10 月，袁某向一审法院提起诉讼，要求确认房屋产权。

一审法院于 1989 年 8 月 18 日作出 1986 年度硚法民字第 1136 号民事调解书，调解协议内容为：坐落在该市硚口区××街××号房屋（占地面积 45.5 平方米）从东到西以 4.2 米处为界线，界线以东房屋产权归胡某才所有，并归其使用，界线以西房屋产权归袁某所有，并归其使用。后该房屋登记至袁某、胡某才名下，登记房屋建筑面积 50.3 平方米。1990 年，案涉房屋改建成三层。

1991 年 1 月 17 日，袁某在该市硚口区公证处的见证下签订《赠与书》，内容为："我袁某是坐落在硚口区××街××号砖木结构平房（此房屋从东至西 4.2 米处为分割处）西边房屋产权所有人，我自愿将我的上述房屋产权赠与胡某发和胡某某二人共同所有。"案涉房屋后又扩建成六层。现案涉房屋已被政府征收并拆除。

法院审理

一审法院经审理认为，《物权法》第二十八条规定："因人民法院、仲裁委员会的法律文书或者人民政府的征收决定等，导致物权设立、变更、转让或者消灭的，自法律文书或者人民政府的征收决定等生效时发生效力。"第三十条规定："因合法建造、拆除房屋等事实行为设立或者消灭物权的，自事实行为成就时发生效力。"

案涉胡某兰主张其对该市硚口区××街××号 38.5 平方米的平房享有四分之一的产权份额，但该房屋权属已经一审法院 1986 年度硚法民字第 1136 号民事调解书确认属袁某、胡某才二人共有，后袁某又将其对房屋享有的份额赠与胡某发和胡某某，故袁某对案涉房屋享有的权利应归胡某发和胡某某所有。

此外，案涉房屋已经被政府征收并拆除，物权已经消灭。故胡某兰要求确认其对案涉房屋原始平房享有四分之一份额的请求，无事实和法律依据，一审法院不予支持。一审法院判决：驳回胡某兰全部诉讼请求。

二审法院经审理认为，胡某兰上诉认为案涉房屋在1968年是用家庭共同财产购买，属于家庭共有，胡某兰因对家庭贡献大而对该市硚口区××街××号38.5平方米的平房享有份额，但其对此并未提交充分证据予以证明，法院对胡某兰的该项上诉理由不予采纳。1991年1月17日，袁某在该市硚口区公证处的见证下签订《赠与书》，将其对房屋享有的份额赠与胡某发和胡某某，故袁某对案涉房屋享有的权利应归胡某发和胡某某享有。现案涉房屋已被政府征收并拆除，物权亦已实际消灭。

一审法院综合本案事实，判决驳回胡某兰要求确认其对案涉房屋原始平房享有四分之一份额的诉讼请求，法院予以维持。二审法院判决：驳回上诉，维持原判。

案件评述

一、物权变动的一般构成

物权的设立、变更、转让或者消灭，依其发生根据可以分为依法律行为而进行的物权变动以及非依法律行为而发生的物权变动。依法律行为而进行的物权变动，是指以一方当事人的单方意思表示或双方（或者多方）当事人共同的意思表示为基础进行的物权变动。此种物权变动必须遵循物权公示的一般原则才能发生效力，但无论何种情形，物权变动的效力是同公示方法密切相关的。本条规定，物权的设立、变更、转让或者消灭，并非基于原权利人的意思表示，而是在无原权利人甚至法律有意识排除原权利人意思表示的情况下发生的物权变动，此种变动遵循的不是一般性的物权公示原则，而是法律的直接规定。

在司法实践中，根据《最高人民法院关于适用〈中华人民共和国民法典〉物权编的解释（一）》第八条的相关规定，依据《民法典》第二百二十九条至第二百三十一条规定享有物权，但尚未完成动产交付或者不动产登记的权利人，依据《民法典》第二百三十五条至第二百三十八条的规定，请求保护其物权的，应予支持。

二、基于国家司法裁判权行使而使物权发生变动的情形

因国家司法裁判权的行使、仲裁裁决而导致物权的设立、变更、转让或者消灭。基于国家司法裁判权的行使、仲裁裁决而产生的生效法律文书，即人民法院的判决书、调解书以及仲裁委员会的裁决书、调解书等法律文书的生效时间，就是当事人的物权设立、变动的时间，在此需要说明两点：

第一，导致物权变动的人民法院判决或者仲裁委员会的裁决等法律文书，指直接为当事人创设或者变动物权的判决书、裁决书、调解书等。例如，离婚诉讼中确定当事人一方享有某项不动产的判决、分割不动产的判决、使原所有人回复所有权的判决即属于本条所规定的设权、确权判决等。此类设权或者确权判决书、裁决书、调解书本身，具有与登记、交付（移转占有）等公示方法相同的形成力，因而依据此类判决书、裁决书、调解书而进行的物权变动，无须再进行一般的物权公示而直接发生效力。

第二，由于法院的判决书或者仲裁委员会的裁决等，所针对的只是具体当事人而非一般人，对当事人以外的第三人来说公示力和公信力较弱。对于依照法院判决或者仲裁裁定而享有的物权，在处分时，如果法律规定需要办理登记的，不经登记，不发生物权效力。

三、国家行政管理权的行使对物权变动的影响

因国家行政管理权的行使而导致物权的设立、变更、转让或者消灭。因国家行政管理权的行使而导致物权变动的情况，主要指因人民政府的征收决定等而产生的物权变动。国家征收，是国家取得财产的特殊方式，按照《土地管理法》的规定，国家征收土地，县级以上人民政府要进行公告，这已起到了公示作用，而且集体所有土地被征收，即成为国家所有的自然资源，依法属于国家所有的自然资源，所有权可以不登记，因此人民政府的征收决定生效之时即生物权变动的效力。

四、嘱托登记立法亦须与时俱进

《最高人民法院关于适用〈中华人民共和国民法典〉物权编的解释

(一)》第七条规定："人民法院、仲裁机构在分割共有不动产或者动产等案件中作出并依法生效的改变原有物权关系的判决书、裁决书、调解书，以及人民法院在执行程序中作出的拍卖成交裁定书、变卖成交裁定书、以物抵债裁定书，应当认定为民法典第二百二十九条所称导致物权设立、变更、转让或者消灭的人民法院、仲裁机构的法律文书。"其对于本条进行了细化和明确，我们也应该注意一些学者所提出的问题，如梁慧星教授提出法律文书的生效时间如何确定的问题，对此，法律上并没有明文规定。

有学者认为，《物权法》第二十八条虽然规定了征收决定生效时发生物权变动，但是征收决定何时生效则没有规定，也就是说究竟征收决定是在政府作出的时候就已经生效了，还是在公告后才生效，并不明确。可以借鉴"没有补偿就没有征收"的思路，即将征收补偿到位作为判断征收决定生效的时间点，对于解决现实中的社会矛盾非常有帮助。

第二百三十条　【因继承取得物权的生效时间】因继承取得物权的，自继承开始时发生效力。

【条文疏义】

本条基本沿袭了《物权法》第二十九条之规定。但作了修改，仅规定了因继承取得物权的情形，删除了"受遗赠"的情形。

一、学者认为"民法之继承仅以财产继承为限"

继承权是指自然人依法取得死者个人所遗留的合法财产的权利。继承遗产是指依法享有继承权的民事权利主体，基于相关法律规定的资格得以继承被继承人的财产。广义的继承事实上是指对死者生前事物的概括承受，但私法上的继承一般则囊括公民个人合法财产所有权，包括自物权、公民知识产权中的财产权利、继承财产、抚恤金、死亡保险赔偿金以及公民的其他合法财产等。公民可继承的其他合法财产还包括有价证券和履行标的为财物的债权等。承包人死亡时尚未取得承包收益的，可把死者生前对承包所投入的资金和所付出的劳动及其增值和孳息，由发包单位或者接续承包合同的人合理折价、补偿，其价额作为遗产。

因继承发生的物权变动又分为因法定继承而发生的物权变动和因遗嘱继承而发生的物权变动两类。

二、我国继承法规定“继承从被继承人死亡时开始”

所谓“继承开始”就是“被继承人死亡”之时。而此所谓“死亡”既包括事实死亡，也包括宣告死亡。在宣告死亡的情形下，自判决所确定的死亡之时继承开始。

1. 因法定继承而产生的物权变动

被继承人去世后，鉴于原有的财产所有人业已去世，其民事主体资格自然不复存在。而物权一般的变动规则又为交付或者登记后才能发生法律效力，所以在继承开始后，亦即被继承人死亡以后，如果坚持通行的物权公示规则，被继承人的遗产在继承开始之后，亦即被继承人死亡后至不动产登记或动产交付前，就只能被认为处于一种无主状态。因为一旦被继承人死亡，其民事权利能力即告终止，权利主体资格归于消灭，其生前享有的财产权利包括动产、不动产所有权在法律上理应归于消灭。

显然易见，这既与事实不符，也与法理冲突。因此，被继承人死亡时所遗留的合法财产，于继承开始之际，其原来享有的不动产物权即理应由其所有的继承人概括承受，而不受现行《物权法》以及《民法典》物权编关于不动产物权之变动须经登记始生效力规定之限制。①

鉴于被继承人死亡这一法律事实是区分被继承人的个人所有财产与遗产在时间上的法律界限，为维护家庭财产关系的稳定以及相关生产关系秩序，所以，法律才承认，继承人无须通过交付或者登记来实现遗产的物权变动，继承开始，遗产的物权转移即已完成。

---

① 尹勇：《我国现行立法中遗产继承的物权变动路径研究》，载《法制与经济》2018 年第10 期。

2. 因遗嘱继承而发生的物权变动

根据《民法典》继承编的规定，公民可以依照法律规定立遗嘱处分个人财产，公民可以立遗嘱将个人财产指定由法定继承人的一人或者数人继承，公民可以立遗嘱将个人财产赠给国家、集体或者法定继承人以外的人。可见，遗嘱是公民生前按照自己意愿处分自己的财产所有权的一种单方法律行为，关于遗嘱这种单方法律行为究竟属单方债权行为，还是单方物权行为，一直存在不同意见。

鉴于传统民法理论，事实上是把遗嘱继承视为“契约自由，意思自治”范畴的事务，受遗嘱继承时物权的变动，自可参照债权与物权区分的原则来认定遗产物权变动的规则。故而应当认为，在采形式主义之德、瑞民法之中，动产所有权移转，须依交付；而不动产所有权之移转则须经登记，故除被继承人指定或视为继承人外，无论遗嘱或指定遗赠，均仅有债权效力。遗嘱既为单方债权行为，从继承开始后，所有继承人是基于遗嘱这一单方法律行为来享有遗嘱之债履行的请求权；至于继承财产的物权变动是基于法律的直接规定而非依法律行为，故而只要有继承开始的法律事实，其作为遗产共有人的主体资格即得以确立，继承权作为期待权即业已依据法律的规定转化为既得权。

因此，继承人取得遗产物权的生效时间始于继承开始。但无论是因法定继承还是因遗嘱继承而取得物权，如果涉及遗产的分割，动产依然需要交付，才能归属继承人个人所有；如果遗产为不动产，自须依照法律的规定办理不动产登记，未办理登记的，继承人个人的处分行为不发生物权变动的效力。不过这无疑已是共同共有遗产分割范畴的事情了。

【典型案例】

继承从被继承人死亡时开始该遗产的所有权随即移转[①]

——遗产的财产所有权已归全体合法继承人共有

基本案情

攸攸板镇东乌素图村村民张某财、段某枝夫妇（已去世）有二子二女，长子张某明、次子张某春、长女张某女、次女张某英。二人去世后该宅基地由其长子张某明、次子张某春居住使用。张某春与乌某系继父与继子女关系。王某梅与张某春于2005年12月21日在该市回民区婚姻登记处登记结婚，婚后二人共同居住在本案诉争院落的后院四间房屋之内，张某明居住在前院三间房屋之内。该院落为张某春与张某明父母留下的宅基地。王某梅与张某春于2006年翻建其所居住的房屋。

2014年1月8日，该市回民区攸攸板镇东乌素图村村民委员会向金海支行出具村镇房产证明，上述宅院的土地使用权及房屋产权确属张某春、王某梅共同所有。2015年10月16日，张某春死亡，王某梅、乌某是张某春仅剩的两个第一顺序法定继承人。

张某春死亡后王某梅、乌某向该市青城公证处提出办理继承张某春遗产的继承权公证申请，该公证处于2015年11月13日作出（2015）青证内字第8619号公证书，确认张某春的遗产应由其配偶王某梅和继女乌某共同继承。鉴于包括后院四间房屋的整个院落现由张某明所占有，王某梅与乌某诉至法院。

法院审理

一审法院经审理认为，本案系物权保护纠纷。物权是指权利人对特定物享有直接支配和排他的权利，包括所有权、用益物权和担保物权。本案中，王某梅、乌某坚持要求变更诉讼请求，并认为其已“通过继承权取得

---

① 参见王某梅等与张某明物权保护纠纷案，载北大法宝，http：//www. pkulaw. cn/Case/pfnl_a25051f3312b07f3b0b68d1b005b14701341445a1885b58dbdfb. html，最后访问时间：2020年6月3日。

了本案争议的房屋全部所有权，不需要另行通过继承程序确认”。但“确认因法定继承而取得了案涉该市回民区攸攸板镇东乌素图村诉争院落后院四间房屋的所有权”属于继承纠纷解决的范畴，也是确定王某梅、乌某享有物权的基础。

因王某梅、乌某不愿另案通过继承程序先行确定其是否对诉争房屋享有所有权，以及所有权的份额是多少，法院无法查明其要求张某明停止侵权、返还房屋的请求权基础事实是否成立，故对王某梅、乌某的诉讼请求，法院不予支持。故判决：驳回王某梅、乌某的诉讼请求。

二审法院经审理认为，张某明作为本案争议宅基地实际使用人亦未提供证据证明张某春已另行审批宅基地，故张某春作为其父张某财的家庭成员仍享有本案争议宅基地的使用权，其在该宅基地上建造住宅符合法律规定。鉴于本案诉争房屋所有权系张某春基于合法建造行为而设立，且该房屋建造于张某春、王某梅夫妻关系存续期间，属于张某春、王某梅夫妻共同所有。

现张某春已去世，王某梅、乌某作为张某春仅存的两名第一顺序继承人已取得共同继承张某春遗产的公证书，张某明作为张某春的第二顺序继承人亦未提供足以推翻上述公证书的相反证据，故依据《继承法》第二条、第五条、第十条及《物权法》第二十九条之规定，王某梅、乌某作为张某春的第一顺序继承人已经取得案涉该市回民区攸攸板镇东乌素图村诉争院落后院四间房屋的所有权。

二审法院判决：撤销该市回民区人民法院（2017）0103 民初 1071 号民事判决；张某明于判决生效之日起停止对案涉该市回民区攸攸板镇东乌素图村诉争院落后院四间房屋的侵害，并将上述房屋返还王某梅、乌某。

案件评述

一、继承过程中物权变动的两个不同层次

1. 法定继承的推定接受原则

《民法典》继承编第一千一百二十四条沿袭《继承法》第二十五条，规定了法定继承采取推定接受原则，遗产之继承因被继承人之死亡而开始，

继承人自继承开始时即取得被继承人之遗产，无须继承人主张，更无须具备一定之方式，继承人是否知悉亦非所问。即使是不动产也无须法定共同继承人为意思表示来进行登记，基于继承开始的法律事实就会被继承人处直接取得遗产共有权。可以说，这同样是可以不依一般的公示原则直接发生物权变动的例外。

2. 继承一旦开始遗产依法即被推定为全体继承人共同共有

对于遗产物权继承变动的效力溯及何时以及其变动的具体走向究竟何如，学界认为，被继承人离世后，鉴于《继承法》采纳当然继承主义，遗产所承载的物权即过渡到共同继承人概括承受，此谓遗产物权变动的第一阶段。在此期间，各类继承人、受遗赠人、协议履行方等统称为共同继承人，对遗产的物权享有一种概括承受效力，并承担连带责任。对此，各国法律均有类似的表述。可以认为，罗马法上的此种继承人对被继承人财产法律地位概括承受的学说，一直为后世一些民法学说者所承袭。

可以说，在观念上承认继承为承袭被继承人法律上之地位，比一般所采之权利义务概括移转说，更为妥当。遗产由被继承人移转至继承人所产生的物权变动被学界称为因继承而发生的第一阶段之物权变动。

3. 遗产推定共同共有后才可进入共有分割的第二阶段

继承开始后所有继承人即概括承受被继承人的全部法律地位，并在责任自负的理念下实现权利义务的有限过渡。共同继承因共同继承人于继承开始之时即共同取得遗产的所有权，自为共同共有，但共同继承人的共有状态至各继承人之单独所有尚须进行遗产之分割，此类物权变动被学界称为“遗产继承之第二阶段的物权变动”。继承人个人财产所有权，直到遗产分割后遗产的物权才最终变动为继承人个人单独所有。

二、依遗产物权变动的实践与方法继承样态可予区分

大陆法系“因继承而取得不动产物权的，自继承开始时发生效力，非经登记不得处分”，与各个国家和地区之继承样态相关，依继承人取得遗产的时间和方法之不同，区别为四种继承样态：

1. 当然继承主义

也称之为"直接继承主义"，即继承一经开始，被继承人财产上之一切权利义务（积极财产和消极财产），当然概括移转于继承人，不必继承人为接受继承的意思表示，更无须个别地履行移转之手续，亦即不以继承人的意思为其取得遗产的必要条件。

至于继承的放弃，则须有继承人的积极意思表示，始能发生不为继承之效力且为谋求时间上的连续，放弃继承之效力溯及于继承开始时。此样态为现行德国、法国、俄罗斯、埃塞俄比亚、葡萄牙、韩国以及我国台湾地区等大多数大陆法系国家和地区民法所采用。

2. 承认继承主义

此种主义源于罗马法，认为继承财产并不因被继承人的死亡而当然地归属于继承人，须继承人为接受继承的意思表示后，始发生归属之效力。为谋求时间上的连续，继承的承认具有溯及效力。

3. 法院交付主义

奥地利民法理论认为，在继承人接受遗产之前，遗产被视为仍由死者占有。遗产须经法院裁定才能将其交付于继承人，始生归属继承人之效力。继承的承认自系积极请求遗产交付的意思表示。

4. 剩余财产交付主义

英国法认为，继承开始，遗产并不直接移转于继承人，必须选任一个受托人为遗产管理人，令其清算遗产，遗产管理人需制作遗产目录，受领继承债权且清偿继承债务后，始将剩余财产按应继承份额分配给继承人。依此立法例，须有遗产管理人之移转行为，继承人始能取得遗产。继承的承认，仅为剩余财产交付请求权的行使。

《民法典》继承编沿袭《继承法》的规定，无条件地采用当然继承主义，并将其作为非基于法律行为之物权变动情形之一。

三、遗嘱继承中遗产的物权变动

所谓遗嘱继承指法定继承人范围内之民事主体概括承受全部或者一部

分的遗产，依法行使继承行为所享有遗嘱继承权。根据《民法典》继承编的规定，遗嘱继承只是人为地改变了法定继承人的继承顺序或份额，并不影响继承人的身份特殊性，故其遗产物权变动路径及效力与法定继承相同，学者认为，与法定继承不同的只是其设权效力始于遗嘱生效时。

四、遗赠之中遗产的物权变动

1. 遗赠在学说上存在债权效力说与物权效力说之争

遗赠，是指遗嘱人依遗嘱对受遗赠人无偿给予财产上利益之单方法律行为。在我国遗赠虽然属于法律行为，但在物权变动方面同样适用继承的规则。简言之，仅改变法定继承人的应继承份额和继承顺序的就是遗嘱继承；将遗产赠给法定继承人以外的人的就是遗赠。因继承或者受遗赠这两种原因取得物权的，均不适用物权变动的一般原则，即不以登记或交付为物权变动的生效要件，而是在继承或受遗赠开始时，继承人、受遗赠人当然地、直接地取得物权。遗赠是基于遗嘱而产生的，而遗嘱属于法律行为非事实行为，是否应将其纳入因事实行为所发生的物权变动范围，在物权法立法过程中存在争议。

多数学者与判例均采物权性效力说，其认为，遗赠不过是依据遗言将财产权给予受遗赠人的意思表示，虽然遗言人的死亡期限是不确定的，但在以意思表示而发生物权变动的效果方面与赠与是相同的，所以，即使遗赠生效，在以遗赠为原因的所有权移转登记未进行之际，应解释为并未发生完全排他的物权变动。

2. 物权变动应否经登记始生效力与遗产分割的效力密切关联

遗产分割之效力素有“宣示主义”与“移转主义”之分。

(1) 宣示主义

又被称为“宣言主义”“溯及主义”，是指各共同继承人因分割所得之财产，被视为从继承开始时直接继承被继承人之财产，即继承人分得之财产从继承开始时已归诸各继承人单独所有。因此，遗产虽为不动产，也无须经登记即可直接取得，遗产为债权时，也无须其他共同继承人对债务人为通知。遗产分割仅仅是遗产已归各继承人单独所有的一种事实上的宣示而已，即遗产分割溯及继承开始时发生效力。

（2）移转主义

又称为“不溯及主义”“付与主义”，肇始于罗马法，认为分割的效力为归属的移转，即将遗产分割作为各共同继承人应有部分所有权之互相移转而发生的新的所有关系，故遗产分割后，各继承人就分得之财产，始能取得单独所有权。换言之，遗产分割具有创设或移转的效力。

受遗赠人在遗产继承第一阶段表示接受遗赠，取得受赠权，成为遗产共同继承人；在第二阶段参与分割，登记移转，取得相应遗产。其间，问题主要出现于遗产遗赠人去世后，受遗赠人并没有取得遗赠物的所有权，而是取得受遗赠权，受遗赠人表示接受是遗赠成立的要件之一，此与《民法典》合同编规范的赠与合同相同，从法理上应归入债形式主义的物权变动模式。遗赠作为法律行为引起的物权变动，理应符合物权变动模式的形式要求，行登记规则，效力始于登记。

3. 遗赠标的物之所有权须践行交付或登记始生物权变动之效力

在采形式主义物权变动模式的国家或地区，因不承认概括遗赠，遗赠仅具有债权效力，即遗赠乃受遗赠人与遗赠义务人间的债权债务关系，其本质如同遗产债权一样，而非如同遗嘱继承具有直接导致物权变动之效力。在我国现行法上遗赠不能与继承等同而直接引起物权变动，即遗赠仅具有债权效力。遗嘱继承人只能是法定继承人范围之内的人，且其对遗产的继受乃权利义务的概括继受；而受遗赠人则只能是法定继承人范围之外的人，且其仅承受积极财产。

基于继承而发生的物权变动可划分为两个阶段，即遗产由被继承人移转至共同继承人共有的第一阶段，遗产由共同继承人共有至各共同继承人单独所有的第二阶段。如果遗产分割的效力采宣言主义，则各继承人对于遗产之取得均视为自被继承人处直接取得，遗产分割并无物权变动可言，故无须登记即可直接发生物权变动之效力，唯未经登记（继承登记）不得处分所取得之财产。反之，若采取移转主义，则遗产分割乃各继承人间互相交换移转各自应有部分的所有权，此过程乃是新的物权变动过程，且此物权之变动乃发生于各共同继承人相互之间，自与遗产由被继承人移转于共同继承人之第一阶段的物权变动不同，故须经登记始能发生物权变动之效力。

遗赠能否与继承同样看待从而遗赠之标的物于遗赠开始时即当然移转于受遗赠人，与各国所采取的遗赠制度之立法模式及物权变动模式密切相关。在不承认概括遗赠，遗赠仅具有债权效力即遗赠乃受遗赠人与遗赠义务人间的债权债务关系，其本质如同遗产债权一样，而非如同遗嘱继承具有直接导致物权变动之效力。遗赠标的物之所有权须践行交付或登记始生物权变动之效力。在我国现行立法采“区分遗嘱继承与遗赠”及“形式主义物权变动模式”之框架下，遗赠仅具有债权效力而不具有直接导致物权变动之物权效力。[①]

第二百三十一条　【因事实行为设立或者消灭物权的生效时间】 因合法建造、拆除房屋等事实行为设立或者消灭物权的，自事实行为成就时发生效力。

【条文疏义】

本条沿袭了《物权法》第三十条之规定。

一、事实行为

1. 事实行为的内涵外延

是指行为人不具有设立、变更或消灭民事法律关系的意图，但依照法律的规定能引起民事法律后果的行为。在传统民法理论中，事实行为包括：无因管理行为、正当防卫行为、紧急避险行为以及侵权行为、违约行为、

① 刘耀东：《论基于继承与遗赠发生的不动产物权变动》，载66法律网，https：//www.66law.cn/，最后访问时间：2020年6月3日。

遗失物的拾得行为、埋藏物的发现行为，等等。

2. 事实行为的法律特征

（1）事实行为完全不以意思表示为其必备要素

民事行为以意思表示为必备要素，而在事实行为中，当事人实施行为的目的并不在于追求民事法律后果。

（2）事实行为依法律规定直接产生法律后果

民事行为依据行为人的意思表示的内容而发生效力。事实行为则是指行为人不具有设立、变更或消灭民事法律关系的意图。

（3）事实行为中的客观行为必须符合法定构成要件

民事行为的本质在于意思表示，其以意思表示为要素，而不在于事实构成不同；事实行为导致的物权变动属于法定物权变动，故而应遵循特殊的物权变动规则。尽管基于事实行为的性质，各国对因事实行为导致的物权变动作出了不同的规定。但是，事实行为只有符合一定的条件才能导致物权变动，其变动形态包括物权的取得和消灭。在法律没有特殊规定的情况下，因事实行为导致的物权变动，其变动时间为事实行为成就时。故事实行为只有在行为人的客观行为符合法定构成要件时才发生法律规定的效果。

（4）事实行为的构成不要求行为人具有相应的民事行为能力

民事行为以行为人具有民事行为能力为生效条件；事实行为无此要求，不具有民事行为能力的民事主体同样可以实施事实行为。

二、"事实行为"应是一种效果法定的非表意的适法行为

1. 法定物权变动自应遵循其特殊的物权变动规则

基于事实行为的性质，各国对因事实行为导致的物权变动作出了不同规定。事实行为只有符合一定的条件才能导致物权变动，其变动形态包括物权的取得和消灭。在法律没有特殊规定的情况下，因事实行为导致的物权变动，其变动时间为事实行为成就时。①

---

① 房绍坤：《论因事实行为导致的物权变动》，载《山东社会科学》2014 年第 10 期。

在导致物权变动的非法律行为中，事实行为是一种重要的物权变动原因。

2. 导致物权变动的事实行为的理论基础

（1）事实行为的性质使然

既然事实行为是指不以行为人的意思表示为要素，能够产生事实效果与法律效果的行为。事实行为均产生一定的事实效果，体现为一种客观存在于外界、明确有物理或技术品质的事态变化。[①] 在事实行为导致的物权变动中，如若仍采用一般的物权公示方法作为物权变动的生效要件，当事实行为成就而尚未进行登记时，即会出现财产无主的情况，可能会使得新权利的人利益受损。这种事实效果经法律确认后即成为法律效果，且无论行为人的意思如何。因此，受事实行为的性质所决定，其必定产生一定的事实效果，这种事实效果反映在物权法上的法律效果，就是物权的变动。

（2）因事实行为导致的物权变动通常也有其一定公示权利外观

实际上，事实行为就是一种事实上的行为，而这种事实上的行为通常都占有这种权利外观，从而可以认定物权变动的事实。

（3）非此难以尊重人的劳动价值和维护物尽其用的经济价值

事实行为是通过人的行为而使事实状态发生变化，这其中通常包括人的劳动价值。

（4）尊重一般生活习惯以为法律渊源

市场经济的规律要求尊重商品交换实践中的当然，如果不承认通过事实行为可以导致物权变动，显然不符合一般的生活习惯。[②]

三、事实行为导致物权变动所要求的法律构成要件

在民事立法上，对事实行为导致的物权变动采取法定主义的调整方式，直接由法律确定事实行为所引起的法律后果。因此，并不是所有的事实行

---

① 常鹏翱：《事实行为的基础规范》，载《法学研究》2010 年第 1 期。

② 王利明：《物权法研究》（上卷），中国人民大学出版社 2013 年版，第 293 页。

为都可以发生物权变动的效果，法律只是基于政策的考虑，赋予某些事实行为的成就具有了物权变动的效力。因此，基于事实行为的物权变动必须符合法律规定的构成要件。[①] 根据能够导致物权变动的事实行为的类型，能致物权变动的事实行为应具备的条件是：

1. 事实行为作用的对象应当是物

只有事实行为的作用对象为物时，才有可能导致物权的变动。从事实行为的作用对象看，其范围包括物、智力成果、人身利益等。

2. 该事实行为表现为人对物的一种占有关系

事实行为的事实效果应当是行为人与物之间形成一种事实上的控制关系。这种事实上的控制关系表现为人对物的一种占有关系，如因先占、拾得遗失物、发现埋藏物、加工等事实行为所形成的占有关系。

3. 事实行为成就后具备取得或消灭物权的可能性

事实行为的法律效果应当是取得或消灭物权。如该事实行为的法律效果不涉及物权的取得或消灭的，不会导致物权的变动。在无因管理中，管理人管理的对象也可能是物，且会形成管理人对物的占有关系，但该物的物权关系并不因无因管理而受到影响，因此，无因管理不会导致物权变动。

虽然事实行为的效果法定，但基于事实行为所产生的法定后果并不仅限于引致物权变动。事实行为导致的物权变动表现出了物权变动后果法定性和公示非强制性的特征，故展现出与形式主义物权变动模式下基于法律行为导致的物权变动不同的图景。应承认基于事实行为取得物权的权利人在未公示前取得物权效力的完整性。在司法实践中，根据《最高人民法院关于适用〈中华人民共和国民法典〉有关担保制度的解释》第四十九条的有关规定，以违法的建筑物抵押的，抵押合同无效，但是一审法庭辩论终结前已经办理合法手续的除外。抵押合同无效的法律后果，依照该解释第

---

① 王利明：《物权法研究》（上卷），中国人民大学出版社2013年版，第292页。

十七条的有关规定处理。当事人以建设用地使用权依法设立抵押，抵押人以土地上存在违法的建筑物为由主张抵押合同无效的，人民法院不予支持。可以认为，应当对权利人再处分权利予以限制，但不应对权利人未经公示便直接处分不动产的行为效力作否定性评价。

【典型案例】

合法建造房屋的事实行为即创设了物权①

——若主张权利人或真实权利均须提交证据证明

基本案情

2017年4月25日，深圳市不动产登记中心出具《不动产权资料电脑查询结果表》，显示案涉房屋即宝安区××街道××社区×××路×号，权利人为黄某东，份额为100%，核准日期为2007年5月11日。该宗地土地权属为集体，土地用途为私宅用地，用地价款为0元。该宗地土地使用权和房屋所有权已经公告，现期满无异议，颁发房屋所有权证。

黄某若诉至法院，主张黄某若、黄某东分割涉案房产产权时应将其分割为8个单位，黄某若享有其中八分之一，要求确认黄某若为涉案房产的共有人，享有涉案房产12.5%的份额。

黄某东不认可黄某若上述主张，辩称黄某若、黄某东双方未达成共有房产的合意，黄某若亦未出资兴建涉案房产，涉案房产系黄某东一人所有。

法院审理

一审法院经审理认为，本案为物权确认纠纷，案涉房地产登记在黄某东名下，黄某若主张涉案房产系多人共同出资兴建，各所有权人协议对涉案房产的产权进行分割，黄某若享有案涉房产12.5%的份额，要求确认黄

---

① 参见黄某若与黄某东所有权确认纠纷案，载北大法宝，http://www.pkulaw.cn/Case/pfnl_a25051f3312b07f3180d3cdb19d48895239e243fb18ba860bdfb.html?match=Exact，最后访问时间：2020年6月8日。

某若作为涉案房产共有人，享有该房产12.5%的份额。

法院认为，《物权法》第九条规定：“不动产物权的设立、变更、转让和消灭，经依法登记，发生效力；未经登记，不发生效力，但法律另有规定的除外……”第十五条规定：“当事人之间订立有关设立、变更、转让和消灭不动产物权的合同，除法律另有规定或者合同另有约定外，自合同成立时生效；未办理物权登记的，不影响合同效力。”第三十二条规定：“物权受到侵害的，权利人可以通过和解、调解、仲裁、诉讼等途径解决。”故不动产登记簿是物权归属和内容的依据。

根据不动产登记公示原则及物权变动无因性原则，案涉房地产的所有权人应为黄某东，案涉房地产未曾登记在黄某若名下，黄某若并非案涉房地产的所有权人或共有人。黄某若可依据其主张的与黄某东间存在案涉房地产份额的约定提起合同纠纷之诉，诉请黄某东按约定履行合同义务；其依据《物权法》关于物权归属及共有权确认的法律规定提起本案诉讼，没有事实依据，一审法院不予支持。

二审法院经审理认为，宝安区××街道××社区×××路×号私宅经历史遗留违法私房申报，由行政主管部门处理后核发房地产证，该房产建造行为的合法性已由行政主管部门予以确认。根据《物权法》第三十条的规定，因合法建造房屋的事实行为设立物权的，自事实行为成就时发生效力。原审仅以案涉房产未登记在黄某若名下，据此认定黄某若并非该房产的所有权人或共有人，适用法律错误，故二审法院予以纠正。

鉴于涉案房产现登记于黄某东名下，原告（一审上诉人）黄某若主张登记的权利人与真实权利状态不符，主张其对涉案私宅享有12.5%的份额，黄某若自应当提交充分证据证明其享有该物权。具体到本案，黄某若提交了以下证据：

首先，对于因建造房屋实际出资金额，黄某若无法说明具体数额且未提交证据证明。

其次，1997年6月18日《确认书》明确载明，“本确认书经所有权人签章和公证机关公证后作为办理房屋所有权证的依据”，本案中上述条件均为满足。此外，《确认书》中所涉其他两方权利人黄某戊、黄某己虽然在本案诉讼期间出具证人证言认可《确认书》的真实性并承认其业已实际履行，且黄某若称该二人已经将其所有的份额分别有偿转让给黄某东。但黄某若对案涉转让事实却无法提交证据证明，对转让对价款项金额也无法作出具体说明，法院认为该《确认书》不足以证明权利人合资建设或分割房产的事实。

最后，关于黄某东于 2015 年 10 月 22 日出具的《承诺书》，以及案涉房产水电费缴纳流水单据等，仅涉及黄某若主张的案涉房屋使用权事宜，黄某东并未在《承诺书》中确认该房产所有权归属于黄某若。

综上，黄某若提交的证据未达到民事诉讼证据规则的高度盖然性证明标准，二审法院对黄某若关于其享有涉案私宅 12.5% 份额的主张不予采纳。黄某若的上诉请求不能成立，应予驳回；一审判决认定事实清楚，适用法律虽有瑕疵，但裁判结果正确，法院对判决结果予以维持。

案件评述

一、事实行为与物权变动

有观点认为，事实行为的法律后果直接来源于法律的规定，不论当事人有无产生这种效果的意愿，这种意愿对行为的后果也不起决定性作用，最终起决定性作用的是法律的认可。也有观点认为，依事实行为发生的物权变动，依法理，物权的变动当然在事实行为完成时生效。在民事立法上，对事实行为导致的物权变动采取法定主义的调整方式，直接由法律确定事实行为所引起的法律后果。因此，并不是所有的事实行为都可以发生物权变动的效果，法律只是基于政策的考虑，赋予某些事实行为的成就具有物权变动的效力。因此，基于事实行为的物权变动必须符合法律规定的构成。

二、对事实行为的认定

民法中能够引起法律后果的自然事实是有限的，且仅限于法律的明文规定。能够产生法律后果的事实主要表现为人的行为，而人的行为又可分为民事法律行为、准法律行为和事实行为。事实行为不以意思表示为要素，属于无关乎心理状态的行为。事实行为应是指不以意思表示为要素的能够产生民事法律后果的法律事实。这一定义表明：首先，事实行为是人的行为，是人的一种有意识的活动，与自然事实有别；其次，事实行为是一种法律事实，即能够在人与人之间产生、变更或终止民事法律关系；最后，事实行为不以意思表示为要素，即行为人是否表达了某种心理状态，法律不予考虑，只要有某种事实行为存在，法律便直接赋予其法律效果。本条就是对事实行为导致物权变动效力的规定。

能够引起物权设立或者消灭的事实行为，因事实行为而导致的物权的设立或者消灭，自事实行为成就时发生效力，而不需要遵循一般的物权公示方法（不动产为登记，动产为交付）即生效力。

三、未登记的物权行使权利的限制

我国存在许多因合法建造房屋等事实行为设立物权的情况，这种情况下的建房有些虽然缺少登记行为，但不能将这种行为形成的建筑物作为无主财产对待，对其所有权法律承认归建房人所有。此类合法建造的房屋，固然因建造完成而取得所有权，但如果按照法律规定应当办理登记而未登记的，所有权人其后的处分行为，不发生物权效力。

四、事实行为导致的物权变动之域内外规定

无论是采取何种物权变动模式，各国和地区均有所规定，但各国和地区采取的态度有所不同。概括而言有两种类型。

1. 分散型

即民法分别对因事实行为导致的物权变动加以规定，而不对事实行为导致的物权变动作概括性规定。这是多数国家的立法例，这些国家所规定的事实行为所导致的物权变动主要是动产物权变动，其具体形态包括先占、附合、混合、加工、拾得遗失物、发现埋藏物等。应当指出，各国对上述事实行为的含义界定不尽相同。

2. 概括与分散结合型

即概括规定因事实行为导致的不动产物权变动，分散规定因事实行为导致的动产物权变动。我国台湾地区“民法”没有明确指出事实行为，但显然包括了因事实行为导致的不动产物权变动。

五、《民法典》物权编沿袭了《物权法》所采取的概括立法例有其特定

1. 《物权法》明确使用了事实行为的概念

其明确了包含合法建造、拆除等事实行为。

2. 将因事实行为导致的物权变动作为独立条款

将因事实行为导致的物权变动作为独立条款加以规定，与其他因非法律行为导致的物权变动并列；而非从条文规定的解释中得到的结论。[①]

3. 其既包括不动产而且可以解释为包括动产

《民法典》物权编沿袭了《物权法》的规定，虽然规定的是因合法建造、拆除房屋等事实行为导致的物权变动，但从解释来看，其既可以解释为既包括因建造、拆除房屋导致的不动产物权变动，基于“等”字的解释也包括了因事实行为导致的动产物权变动；而其他立法例仅涉及不动产物权变动，不包括因事实行为导致的物权变动。

4. 所涉形态包括整个物权变动

《民法典》物权编沿袭了《物权法》所规定的因事实行为导致的物权变动，其形态包括物权的设立（取得）、消灭两种形式。

5. 事实行为所致物权变动时间区别于其处分时间

《物权法》规范的重点是因事实行为导致的物权变动的时间，其物权处分的限制由《物权法》第三十一条加以规范。[②] 有学者指出，依事实行为发生的物权变动，依法理，物权的变动当然在事实行为完成时生效。[③]

---

① 王利明：《物权法研究》（上卷），中国人民大学出版社2013年版，第292页。

② 常鹏翱：《事实行为的基础规范》，载《法学研究》2010年第1期。

③ 史尚宽：《民法总论》，中国政法大学出版社2000年版，第302～304页。

六、事实行为的法律后果直接源于法律的规定

不论当事人有无发生这种效果的意愿，这种意愿对行为的后果也不起决定性作用，最终起决定性作用的是法律的认可。[①] 在分散规定上，《民法典》物权编沿袭了《物权法》的规定，仅规定了拾得遗失物、发现埋藏物两种导致动产物权变动的事实行为，没有规定先占、添附是一种立法缺陷，不利于相关纠纷的解决。

七、不法行为能否导致物权变动

《民法典》物权编第二百三十一条沿袭《物权法》第三十条的规定，使用了“合法建造”一词，应当认为，事实行为不限于合法行为，也包括不法行为。《物权法》第三十条明确规定，只有合法建造行为才能取得所有权，从而排除违法建造行为取得所有权的可能性。也就是说，事实行为之所以能够产生法律效果是由法律确认的，与事实行为本身是否合法并无因果关系。但从学理上看，违法建筑能否取得所有权并不是一个事实判断问题，而是一个完全取决于法律规定的法律效力问题。

第二百三十二条　【非依民事法律行为享有的不动产物权变动】 处分依照本节规定享有的不动产物权，依照法律规定需要办理登记的，未经登记，不发生物权效力。

【条文疏义】

本条基本沿袭了《物权法》第三十一条之规定，仅作一些文字表述上的修改，以便于理解与适用。

一、设定物权公示例外之相应规则以消除交易中的混乱

各种非依法律行为发生的物权变动，均仅仅是物权变动的一种特殊情

① ［德］鲍尔、施蒂尔纳：《德国物权法》（下册），申卫星、王洪亮译，法律出版社2006年版，第456页。

况，为适用物权公示原则的例外。由于不需要进行物权公示便发生了法律效力，所以其在一定程度上自然导致了事实上的物权和法律上的物权的分离。在市场交易中无疑容易引起归属的混乱，危及交易安全。所以立法上必须设定相应的规则予以消除。

根据本条规定，非依法律行为而获得的物权，如需登记，只有登记后始能处分其物权。这种对当事人处分权的限制的目的就在于使事实上的物权与法律上的物权趋于统一，以维护交易安全。

在司法实践中，根据《最高人民法院关于适用〈中华人民共和国民法典〉有关担保制度的解释》第六十三条的有关规定，债权人与担保人订立担保合同，约定以法律、行政法规尚未规定可以担保的财产权利设立担保，当事人主张合同无效的，人民法院不予支持。当事人未在法定的登记机构依法进行登记，主张该担保具有物权效力的，人民法院不予支持。

二、宣示登记绝非必要但未经登记不便为法律上的处分

需要注意的是，这里的登记并无创设物权的效力，不过是将已经发生的不动产物权变动向世人宣示，称为宣示登记，该登记并非绝对必要，不经登记者，当事人仍能取得物权，只是不经登记，当事人不得处分其物权。同时，这里的处分也主要是指法律上的处分，而非事实上的处分，当事人不经登记当然可以进行正常的消费使用。

三、不发生物权变动的效力并非不发生债权行为的效力

本法条的非经登记，不发生物权效力，系禁止性的法律规范。其意味着，当事人若以上述方式取得的不动产与他人订立买卖契约，该不动产买卖行为不生物权变动的效力，但该不动产买卖契约却能成立并生效。此时，出卖方应理解为履行不能，承担违约责任。

【典型案例】

未经登记的不动产物权效力如何①

——非以法律行为取得物权的限制

基本案情

2010年12月29日，法院作出裁定将松辰实业有限公司所有的位于寅爱县环城北路××号的土地使用权及地上房产的所有权转移给新巳工贸有限公司，抵偿贷款343万元及利息。2011年8月22日，新巳工贸有限公司与李某胜签订协议书，约定新巳工贸有限公司将上述土地使用权及该土地上房产作价510万元转让给李某胜（新巳工贸有限公司尚未取得土地使用证和房产所有证），双方对该协议进行了公证。

李某献与毕某红、新巳工贸有限公司、鸿丙化工有限公司、毕某波发生借款担保合同纠纷，法院2013年5月3日作出判决，判决毕某红承担还本付息义务，新巳工贸有限公司、鸿丙化工有限公司、毕某波承担连带清偿责任。

李某献于2013年6月25日申请强制执行。在执行过程中，法院查封了新巳工贸有限公司位于寅爱县环城北路××号土地使用权及土地上的四套房产，2014年3月10日提取查封房产所得租金。2014年3月25日，李某胜对此提出案外人执行异议，请求判令立即停止对位于寅爱县环城北路××号土地使用权及土地上的四套房产的强制执行，并解除查封。

法院审理

一审法院经审理认为，新巳工贸有限公司取得诉争土地使用权及房产所有权的方式应属于《物权法》第二十八条规定的取得方式，新巳工贸有

---

① 参见李某献与李某胜案外人执行异议之诉案，载中国裁判文书网，http：//wenshu. court. gov. cn/content/content? DocID = dd811a18 - 0bae - 4cab - b68d - a78b011b45b2&Key Word = % E7% 89% A9% E6% 9D% 83% E6% B3% 9531% E6% 9D% A1，最后访问时间：2020年6月10日。

限公司与李某胜签订的以物抵债协议，应视为新巳工贸有限公司对上述不动产作出的处分，但其在行使该处分权利时未办理登记，根据《物权法》第三十一条的规定，未经登记，不发生物权效力。故李某胜并非上述不动产物权权利人。综上，李某胜就执行标的不享有足以排除强制执行的民事权益。故判决驳回原告李某胜的诉讼请求。

二审法院经审理认为，除法律另有规定外，不动产物权的设立、变更、转让和消灭，经依法登记，发生效力；未经登记，不发生效力。本案诉争土地和房产物权的设立、变更、转让和消灭属于依照法律规定应当进行登记的不动产。虽然新巳工贸有限公司与李某胜签订协议书，约定将本案诉争土地使用权及该土地上房产作价 510 万元转让给李某胜，但没有依法进行登记，李某胜并未取得诉争土地使用权和诉争房产所有权。

另在执行异议之诉中，案外人基于以物抵债协议所产生的物权期待权，主张阻却执行行为的诉讼请求，不仅需要有债务协议和收据，还应当提供相应的转账凭证，否则人民法院不予支持。

本案中，李某胜与新巳工贸有限公司虽然签订了以物抵债协议，但其既未提供借款合同和收据，又未提供出借款项的银行转账凭证，不足以证明其为新巳工贸有限公司的债权人，难以形成证据链条排除被执行人新巳工贸有限公司与案外人李某胜恶意串通逃避执行的合理怀疑。

综上，李某胜对执行标的不享有足以排除强制执行的民事权益，其上诉请求法院不予支持。

案件评述

一、案外人对此案提出的案外人执行异议证据不足

在案涉执行异议之诉中，案外人基于以物抵债协议所产生的物权期待权，主张阻却执行行为的诉讼请求，不仅需要有债务协议和收据，还应当提供相应的转账凭证。李某胜与新巳工贸有限公司虽然签订了以物抵债协议，但其既未提供借款合同和收据，又未提供出借款项的银行转账凭证，不足以证明其为新巳工贸有限公司的债权人，难以形成证据链条排除被执

行人新巳工贸有限公司与案外人李某胜恶意串通逃避执行的合理怀疑。

二、对非依法律行为取得的物权之处分应予限制有其合理性

基于此种方式取得的物权存在严重的法律物权与事实物权不一致的情况。以继承为例，争议房产系被继承人共同共有，然而房产登记簿上可能登记的还是被继承人的名字。法律要求非经登记不得处分其物权，正是为了弥补此种特殊的物权获得形式对物权公示公信原则的破坏。

本案也从一个侧面反映了这一问题，对本案争议房屋，虽然新巳工贸有限公司与李某胜签订协议书，约定将本案诉争土地使用权及该土地上房产作价510万元转让给李某胜，但没有依法进行登记，就物权法律关系而言，李某胜就不能认为业已取得了诉争土地使用权和诉争房产所有权。

三、“物权变动效力说”的理论基础

1. 我国《民法典》“从一般到特别规定”的公示原则之表达范式

公示实质上是学者对可作为裁判基准的物权变动公示规范予以学说构成的产物，其适用范围的有限性决定了不能把它当作一种抽象、概括的法律原则予以规定，而应立足于具有明确适用条件和法律效果的法律规则予以规定。《物权法》在表达公示原则上采取了“原则规定——一般规定—特别规定或者具体规定”的三层规范结构体系。《民法典》在表达公示原则时，没有再沿袭《物权法》叠床架屋的略显烦琐的规范模式，以“一般规定—特别规定”的规范模式来充分将公示原则表达清楚。

2. 公示方法有使物权变动发生法律上一定效果之机能

为减少交易成本降低交易风险，现代物权法区分物权交易的不同情况，确立了如下规则：凡以法律行为方式发生的物权变动，须采用法定方法将物权变动表征于公众，否则不发生物权变动效力；非以法律行为方式取得的不动产物权，处分该物权时，不动产物权人应先进行不动产物权登记，以使物权具有可识别性，否则不发生物权变动效力。

公示原则系指物权变动之际，必须以一定之公示方法，表现其变动，始能发生一定法律效果之原则。因此，物权之变动，如未能依此一定之公示方法，表现其变动之物权内容，则物权变动之一定法律效果，即无从发生。可见公示方法有使物权变动发生法律上一定效果之机能，此种机能自法律上之效果观之，即为公示力。

3. 公示旨在节约交易成本以便捷交易并降低交易风险

公示作为物权法的一项结构原则，其适用范围主要限于以法律行为方式发生的物权变动和处分非以法律行为方式取得的不动产物权的情形，目的是节约交易成本、便捷交易并降低交易风险（促进交易安全）。非以法律行为方式发生的物权变动，自法定事实或事实行为发生或生效时发生效力，法律没有向此种情形下的物权变动强加公示要件（《民法典》物权编第二百二十九条沿袭了《物权法》第二十八条）。但是，非以法律行为方式取得的不动产物权，处分该物权时，法律则向权利人强加了先办理登记的公示要件（《民法典》物权编第二百三十二条沿袭了《物权法》第三十一条）。如此规定的目的与以法律行为方式发生的物权变动完全一样。①

《民法典》物权编第二百二十一条沿袭了《物权法》第二十条的规定，第一款后段“预告登记后，未经预告登记的权利人同意，处分该不动产的，不发生物权效力”中所谓“物权效力”、《民法典》物权编第二百三十二条沿袭了《物权法》第三十一条后段“未经登记，不发生物权效力”中所谓“物权效力”，都改变了传统物权法理论所赋予物权效力的含义，因为这两个条款所称物权效力本为“物权变动的效力”之意。②

四、分离原则构建了负担行为与处分行为各自适用于不同法领域的逻辑结构

1. 负担行为与处分行为是民法最重要的法律行为理论分类

在《德国民法典》中，分离原则的概念即将负担行为与处分行为视为两个独立的法律行为。

① 朱广新：《物权公示原则的立法表达》，载《法学杂志》2019年第10期。
② 崔建远：《民法分则物权编立法研究》，载《中国法学》2017年第2期。

所谓负担行为是指一个人相对于另一个人（或若干人）承担或不为一定行为之义务的法律行为。其首要义务是确定某项给付义务，即产生债务关系。一般来说，负担行为是以发生债权债务为内容的法律行为，债权行为即负担行为。对于交易的过程，负担行为仅是手段而非目的，是暂时的，是物权或其他权利变动的准备阶段。通说认为，负担行为一般通过合同表现出来，也可以通过单方法律行为表现出来。

相对应的概念是处分行为。处分行为是直接发生某项权利移转或消灭效果的行为。主要包括物权行为和准物权行为。客体可以是权利，如物权、债权、知识产权，也可以是物。处分行为相对于负担行为而言，它并不是以产生请求权的方式，为作用于某项既存的权利作准备，而是直接完成这种作用行为。所以这里所谓“处分”即为权利的转让或者变更以及权利的消灭。其合理性建筑于意思表示的精致化、债权法律关系与物权法律关系的区分、债权与物权的区分等因素之上。

2. 我国司法实践已经接受了负担行为和处分行为的理论

《最高人民法院关于审理买卖合同纠纷案件适用法律问题的解释》（法释〔2012〕8号）第三条规定：“当事人一方以出卖人在缔约时对标的物没有所有权或者处分权为由主张合同无效的，人民法院不予支持。出卖人因未取得所有权或者处分权致使标的物所有权不能转移，买受人要求出卖人承担违约责任或者要求解除合同并主张损害赔偿的，人民法院应予支持。”该规定明显是对《合同法》第五十一条①的直接否定。

德国法学家为理论的彻底，还创设了处分行为的无因性理论，他们认为，既然负担行为和处分行为是两种截然不同的法律行为，那么就要严格区分，其中任何一个法律行为的有效性必须在完全不考虑另一个法律行为的有效性的情况下予以判断。其中一个法律行为不成立、不生效或被撤销，不影响另一个法律行为的有效性。

---

① 《民法典》合同编删除了《合同法》第五十一条。

依此理论，本案诉争土地和房产物权的设立、变更、转让和消灭属于依照法律规定应当进行登记的不动产。案涉新巳工贸有限公司与李某胜签订将争议土地及房产转让的协议书，是负担行为且已对该协议进行了公证。但鉴于其未对此进行登记，就不发生处分行为的物权效力，不动产物权仍然由新巳工贸有限公司享有，因此，在后续清偿过程中，此不动产及土地使用权作为新巳工贸有限公司的财产用来清偿是合理合法的。

3. 案涉“物债两分”的解读旨在鼓励降低交易成本

依此理论，案涉新巳工贸有限公司与李某胜签订的协议既属“以物抵债”协议，此协议从内容上看貌似为新巳工贸有限公司对本案争议的不动产所作出的处分，其实其仅仅是旨在处分案涉不动产的负担行为，由于其行使该处分权利时未办理登记，尽管案涉新巳工贸有限公司与李某胜签订的对上述土地使用权及该土地上房产的转让协议书是合法的，其本质上依然仅具债权的效力，案涉不动产物权的转让，根据《民法典》物权编第二百三十二条沿袭的《物权法》第三十一条之规定，未经登记，不发生物权变动的效力。因此，案涉李某胜并非上述不动产物权的权利人，其就执行标的不能享有足以排除强制执行的民事权益。

总而言之，从理论上探讨，一个买卖合同是不是由负担行为和处分行为所构成，解释与理解均极其晦涩难懂，但德国民法创制这个理论观点的根本原因，是基于市场经济中必须鼓励交易和降低交易成本的价值取向所决定。对于将善意取得制度引入不动产转让中，有学者认为，无论是动产还是不动产，买受人只要是善意的，同样可以起到保护交易安全的目的，故而已经没有必要采用德国民法的物权行为（处分行为）的无因性理论了。

第三章　物权的保护

第二百三十三条　【物权保护争讼程序】 物权受到侵害的，权利人可以通过和解、调解、仲裁、诉讼等途径解决。

【条文疏义】

本条沿袭了《物权法》第三十二条之规定。

一、法律救济的内涵和外延

所谓法律救济是指公民、法人或者其他组织认为自己的人身权、财产权因行政机关的行政行为或者其他单位和个人的行为而受到侵害，依照法律规定向有权受理的国家机关告诉并请求法律上的补救，由有关国家机关受理并作出具有法律效力的措施之活动。

一般认为，法律救济的方式主要有行政复议、行政裁决、国家赔偿、民事诉讼。和解、调解、仲裁、诉讼等途径无疑是民事纠纷最重要的解决方式。

二、有权利必有各种救济途径

同其他民事权利一样，物权也不可避免地会受到侵害。“有权利必有救济”，所以法律必须为物权人提供切实有效的保护途径，使受到侵害的物权恢复到原先的完满状态或得到一定的补偿。当民事主体的物权受到不法侵害时，当事人可以选择各种法律途径寻求救济：①

① 常怡：《民事诉讼法学》（修订版），中国政法大学出版社2002年版，第23～24页。

1. 和解

和解是指纠纷当事人通过自身的力量相互妥协、相互让步最终达成一致以维护自己的权益，它不需要第三人的参与，也不受任何规范的制约。可以说和解是最古老、最简单的纠纷解决方式，其特点在于及时且成本较低，有利于防止纠纷扩大化，有利于纠纷主体的稳定与团结。

2. 调解

调解是指由第三人出面，依据一定的道德和法律规范，对发生纠纷的双方当事人进行劝说，摆事实，讲道理，促使双方当事人达成谅解和让步，从而消除争端，改善相互间的关系，最终解决纠纷的一种活动。调解仍然是以当事人自愿为前提，不带有强制性。

3. 仲裁

仲裁是指发生纠纷的当事人根据有关规定或者双方当事人之间达成的协议，将纠纷提交一定的机构，以第三人的身份对双方发生的争议，在事实上作出判断，在权利义务上作出裁决的一种纠纷解决机制。与诉讼相比其优点在于，当事人具有更大的自主性，程序简便灵活，收费较低。

在司法实践中，根据《最高人民法院关于适用〈中华人民共和国民法典〉有关担保制度的解释》第二十一条第一款的相关规定，主合同或者担保合同约定了仲裁条款的，人民法院对约定仲裁条款的合同当事人之间的纠纷无管辖权。

4. 诉讼

诉讼是指由代表国家审判权的人民法院，在纠纷主体参加的情况下，对案件进行认定处理的纠纷解决方式。其是各种解决方式中最正规、最权威、最有效的解决机制。

根据《最高人民法院关于适用〈中华人民共和国民法典〉有关担保制度的解释》第二十一条第二款的规定，债权人一并起诉债务人和担保人的，应当根据主合同确定管辖法院。第三款则规定，债权人依法可以单独起诉担保人且仅起诉担保人的，应当根据担保合同确定管辖法院。

在司法实践中，根据《最高人民法院关于适用〈中华人民共和国民法典〉有关担保制度的解释》第二十三条的有关规定，人民法院受理债务人破产案件，债权人在破产程序中申报债权后又向人民法院提起诉讼，请求担保人承担担保责任的，人民法院依法予以支持。担保人清偿债权人的全部债权后，可以代替债权人在破产程序中受偿；在债权人的债权未获全部清偿前，担保人不得代替债权人在破产程序中受偿，但是有权就债权人通过破产分配和实现担保债权等方面获得清偿总额中超出债权的部分，在其承担担保责任的范围内请求债权人返还。债权人在债务人破产程序中未获全部清偿，请求担保人继续承担担保责任的，人民法院应予支持；担保人承担担保责任后，向和解协议或者重整计划执行完毕后的债务人追偿的，人民法院不予支持。

根据《最高人民法院关于适用〈中华人民共和国民法典〉有关担保制度的解释》第二十四条的有关规定，债权人知道或者应当知道债务人破产，既未申报债权也未通知担保人，致使担保人不能预先行使追偿权的，担保人就该债权在破产程序中可能受偿的范围内免除担保责任，但是担保人因自身过错未行使追偿权的除外。

同时，根据《最高人民法院关于适用〈中华人民共和国民法典〉有关担保制度的解释》第二十二条的有关规定，人民法院受理债务人破产案件后，债权人请求担保人承担担保责任，担保人主张担保债务自人民法院受理破产申请之日起停止计息的，人民法院对担保人的主张应予支持。

【典型案例】

物权保护纠纷并非只有诉讼一条路径①

——物权保护的多元法律途径

基本案情

寅北县小江镇环城路223号的房地产原属寅北卷烟厂，中国华甲资产

① 参见李某森与晨乙置业有限公司物权保护纠纷案，载中国裁判文书网，http：//wenshu.court.gov.cn/content/content？DocID=74f02143-4c48-4621-8bf2-a33b0ab68a91&KeyWord=%E7%89%A9%E6%9D%83%E4%BF%9D%E6%8A%A4%E7%BA%A0%E7%BA%B7，最后访问时间：2020年6月10日。

管理公司卯宁办事处对寅北卷烟厂享有债权，并在此债权上设立了担保物权。2002 年 6 月 24 日，寅北县人民法院裁定宣告寅北卷烟厂破产还债。2004 年 5 月 30 日，李某森通过拍卖，购买了原属中国华甲资产管理公司卯宁办事处拥有的寅北卷烟厂的全部债权。2004 年 6 月 7 日，李某森与中国华甲资产管理公司卯宁办事处签订《债权转让合同》，约定将中国华甲资产管理公司卯宁办事处拥有的对寅北卷烟厂的主债权转让给李某森，为上述债权所设的原担保债权一并转让。

2007 年 10 月 12 日，寅北县人民法院裁定位于寅北县小江镇环城路寅北卷烟厂内的房屋所有权及土地使用权归买受人寅北县国土资源储备评估中心所有。

2010 年 11 月 16 日，晨乙置业有限公司与寅北县国土资源局签订《国有建设用地使用权出让合同》，约定寅北县国土资源局将坐落于寅北卷烟厂的一国有建设用地使用权出让给晨乙置业有限公司。晨乙置业有限公司取得该块土地使用权后，进行开发。

李某森于 2015 年 8 月 3 日以其为寅北卷烟厂的债权人及该厂位于寅北县小江镇环城路 223 号房地产的抵押权人，该房地产的债权债务纠纷问题尚未解决，但晨乙置业有限公司强行在该房地产上进行开发、建房，侵犯其合法权益为由，向寅北县人民法院提起诉讼，请求判令晨乙置业有限公司拆除在原寅北卷烟厂位于寅北县小江镇环城路 223 号房地产上的非法建筑物并清理晨乙置业有限公司在该房地产内的物品。寅北县人民法院裁定对起诉人李某森的起诉不予受理。

李某森不服，向法院提起上诉。法院裁定驳回上诉，维持原裁定。

2015 年 8 月 24 日，李某森再次以晨乙置业有限公司强行在该房地产上进行开发、建房，侵犯其合法权益为由，向辰州市中级人民法院提起诉讼。

法院审理

法院经审理认为，原告曾于 2015 年 8 月 3 日以其是寅北卷烟厂的债权人及涉案房地产的抵押权人，被告对涉案房地产进行开发建设，损害其合法权益为由向寅北县人民法院提起诉讼。法院审查对原告的起诉不予受理，并作出生效裁定，驳回了原告的上诉。

2015 年 8 月 24 日，原告又以同样的当事人、同样的诉讼标的、同样的事实理由和法律关系为由，请求被告赔偿非法损毁原告寅北卷烟厂抵押担保房产的财产损害（或恢复原状），以及被告立即拆除在原告寅北卷烟厂抵押担保土地上的一切非法建筑物，及清理在该财产内的一切物品和进驻人员。

法院认为，李某森的诉讼请求实质上否定了前诉的裁判结果，因此，李某森的起诉属重复起诉，依法应予驳回。至于李某森对本案所涉房产享有抵押权，并不等同于享有所有权。本案所涉房产已在破产程序中处置，因此，李某森与本案没有直接利害关系，其起诉要求晨乙置业有限公司赔偿 3112.96 万元及排除对该县小江镇环城路 223 号房地产的妨害，不具备原告的诉讼主体资格。裁定驳回李某森的起诉。

李某森不服一审裁定，再次上诉称，自己对案涉房产享有合法抵押权，具备原告主体资格；其于 2015 年 8 月 3 日提起的诉讼法院未予受理，没有经过审理和判决，不存在本案诉讼请求否定前诉的裁判结果，不构成重复起诉，且前案不予受理是枉法裁定，不能作为认定本案属重复起诉的依据。请求撤销一审裁定，指令一审法院继续审理本案。

二审法院经审理认为，李某森主张之前的起诉法院没有受理，因此不构成重复起诉是其对法律的误解。前诉裁定不予受理也是对其起诉的一种处理，其再次起诉仍构成重复起诉。至于其认为前诉的裁定错误，可通过审判监督程序对相关生效裁定寻求救济，不属于本案审理范围。李某森对本案所涉房产享有抵押权，并不等同于享有所有权。本案所涉房地产已在破产程序中处置，因此，李某森与本案没有直接利害关系，其起诉要求晨乙置业有限公司赔偿 3112.96 万元及排除对该县小江镇环城路 223 号房地产的妨害，不具备原告诉讼主体资格。

一审裁定驳回起诉正确，依法应予维持。其上诉理由不能成立，依法不予支持。故裁定驳回上诉，维持原裁定。

案件评述

从本案的诉讼中可以看出，我国现行物权保护立法存在行为规则与结果规则配置失衡的问题，使制度效率不彰。故而，物权保护的救济途径的重要性尤为凸显。

一、物权保护的含义

所谓物权保护，是指在物权受到侵害时，依照法律规定的方式恢复物权的完满状态。物权的保护是物权人享有的权利，也是物权绝对权特性的表现。物权是所有制在法律上的表现，对物权的侵犯事关统治阶级的安危。因此，自人类社会出现国家和法律以来，统治阶级为维护有利于自己的财产占有秩序，不仅以法律的形式确定所有权和其他物权，而且总是运用其能运用的一切法律手段保护物权。①

二、物权救济可有各种法律途径但以民事诉讼为主

物权受到侵害的，权利人可以通过和解、调解、仲裁等途径解决，也可以依法提起诉讼。

本条是关于物权保护争讼程序的规定。物权受到侵害，物权人有权选择和解、调解、仲裁、诉讼途径救济。和解是当事人之间私了。调解是通过第三人调停解决纠纷。仲裁是当事人协议选择仲裁机构，由仲裁庭裁决解决争端。诉讼包括民事、行政、刑事三大诉讼，物权保护的诉讼主要指提起民事诉讼。

三、物权保护的内容

根据物权保护法律依据的不同，物权的公力救济分为公法保护和私法保护。二者相互区别又彼此配合，各有侧重，共同为物权人保护其合法权利提供法律支持。

---

① 李绍章：《物权的保护》，载北大法宝，http：//www. pkulaw. cn/fulltext_ form. aspx？Db = art&Gid = a1e82d888cf35f42aca8b418a5cb4b99bdfb&keyword = &EncodingName = &Search _ Mode = &Search_ IsTitle = 0，最后访问时间：2020 年 6 月 5 日。

1. 物权的私法保护

物权的私法保护，是指国家通过民法、商法特别是物权法等私法性质的法律法规对物权进行的保护。《民法典》物权编第二百零七条沿袭《物权法》第四条规定："国家、集体、私人的物权和其他权利人的物权受法律保护，任何单位和个人不得侵犯。"这是《民法典》物权编和《物权法》对物权私法保护的宣示性规定。

按效力性质的不同，物权的私法保护细分为物权性质的物权保护和债权性质的物权保护。《民法典》物权编第三章沿袭《物权法》第三章的规定，对这两种性质的物权保护方式作出集中规定。该章规定了物权确认请求权、返还原物请求权、排除妨害请求权、防止妨害请求权等物权性质的请求权保护方式，也规定了恢复原状请求权、损害赔偿请求权等具有债权性质的请求权保护方式。

2. 物权的私力救济

物权的私力救济，是指物权人在法律许可的范围内，依自身力量通过实施自卫、自助行为保护被侵害的物权。按照行为方式的不同，私力救济分为自卫行为和自助行为。自卫行为包括正当防卫和紧急避险。自助行为是指权利人在紧急情况下，为保护自己的权利而对义务人财产进行扣押或对其人身进行拘束的私力救济，包括自力防卫和自力取回。其中，自力防卫是指物权人对正在进行的非法侵害，依据自力予以防御甚至打击；自力取回是指物权人在其物被非法侵夺后，以强力当场或就地追踪取回。

3. 物权的公力救济

物权的公力救济，是指国家机关依权利人请求运用公权力对被侵害物权实施的救济，包括司法救济和行政救济，其中最重要的形式是民事诉讼。物权的公力救济集中体现了国家通过积极作为的方式保护物权人的合法权益。

4. 物权的公法保护

物权的公法保护，是指国家通过宪法、行政法、刑法及诉讼法等公法性质的法律法规对物权进行的保护。《刑法》中对盗窃罪、抢夺罪、抢劫罪、毁坏公私财物罪等罪名的规定就是从公法角度对民事主体的物权进行的保护。

四、物权的法律保护须突破传统法律部门间的樊篱

晚近法经济学分析方法，打破了传统不同法律部门间的樊篱，转而以行为结果模式，将物权的法律保护方式类型化为财产规则、责任规则和禁易规则，清晰展现出三种规则在制度效率上的功能。有鉴于此，《民法典》物权编立法自应在行为规则与结果规则之间达到平衡，确立同一物权违法行为的公法责任与私法责任，明确财产规则和禁易规则的行为结果，规定责任规则的适用条件，增设惩罚性责任规则，赋予禁易规则以结果性规定，从而提升物权保护规则的整体效率。社会经济实践的发展要求针对具体问题，具体领域或具体的社会关系制定集公法规范和私法规范、管理性规范和约定性规范、实体性规范和程序性规范、实体规范和法律适用规范等于一体的相关规定，更易掌握，亦便于执行。故在司法实践中，根据《最高人民法院关于适用〈中华人民共和国民法典〉有关担保制度的解释》第三十一条的有关规定，一般保证的债权人在保证期间内对债务人提起诉讼或者申请仲裁后，又撤回起诉或者仲裁申请，债权人在保证期间届满前未再行提起诉讼或者申请仲裁，保证人主张不再承担保证责任的，人民法院应予支持。连带责任保证的债权人在保证期间对保证人提起诉讼或者申请仲裁后，又撤回起诉或者仲裁申请，起诉状副本或者仲裁申请书副本已经送达保证人的，人民法院应当认定债权人已经在保证期间内向保证人行使了权利。所以立法者才将同一物权保护需求置于统一的法律体系下，基于法律秩序的共同价值，打破部门法的樊篱，构造有威慑力的物权保护体系。同时，晚近法经济学进一步启示立法者应在公法中配置适当的责任形态，并明确物权违法行为与公法责任与私法责任的对应关系。在面对复杂多变的社会关系时，民事责任、行政责任与刑事责任之间难免产生界限模糊、责任程度不清的问题，不同法律责任的适用往往会呈现交错、纠结和聚合等现象。首先，立法应在责任性质上针对不同性质的物权违法行为，区分

不同的法律责任适用，并进而构建公法责任与私法责任内容；其次，针对物权违法行为的程度适用责任规则或者财产规则，对物权违法行为中公法责任的错位、缺位等加以责任的修补。[①] 是为法学界提出的构建我国社会主义法律规范系统以实行综合法律而调整。

第二百三十四条　【物权确认请求权】 因物权的归属、内容发生争议的，利害关系人可以请求确认权利。

【条文疏义】

本条沿袭了《物权法》第三十三条之规定。

一、物权确认请求权是物权保护请求权的一种

物权归属或者内容发生争议，物权人可以请求有关行政机关、人民法院等部门确认该物权的归属或者内容。物权发生争议后，首先面临的问题便是确认物权的归属和状态，只有明确了这一大的前提，物权权利人才能够行使其他相关请求权。物权的确认既包括对所有权归属的确认，也包括对其他物权的确认。

二、行使物权确认请求权是物权保护的前提

《民法典》物权编沿袭《物权法》之规定，将物权的确认置于物权的保护一章中，表明它是物权保护的一项重要内容。通常物权请求权的行使都是以物权人享有物权为基础的，也就是说，在物权人享有物权的情况下，才能行使该请求权。但在物权的归属发生争议的时候，当事人不能直接行使物权请求权，而必须首先请求确认物权的归属。也只有这样，才能发挥《民法典》物权编确认产权、定分止争的功能。

1. 物权的确认包括自物权与他物权多方面的内容

物权确认请求权根据确认的类型不同，包括确认所有权请求权和确认

---

① 郭洁、姚宇：《卡－梅框架下我国物权保护规则的配置研究》，载《政法论坛》2017 年第 6 期。

他物权请求权。

(1) 对自物权的确认

请求确认所有权之争执通常发生在物的真正所有人与非所有人之间，对所有权的确认无疑为保护所有权的前提，因为返还所有物、排除妨害等请求权均须以所有权的确认为前提。如果所有权的归属不清，则无法适用所有权的保护。

(2) 对他物权的确认

他物权的设定虽有登记，但登记记载的内容也可能有误，因此也有必要确认。请求确认他物权之争执通常发生在他物权人与所有人或他物权人与其他人之间。诸如在司法实践中，根据《最高人民法院关于适用〈中华人民共和国民法典〉有关担保制度的解释》第十六条的相关规定，主合同的当事人协议以新贷偿还旧贷，债权人请求旧贷的担保人承担担保责任的，人民法院不予支持；债权人请求新贷的担保人承担担保责任的，按照下列情形处理：(一) 新贷与旧贷的担保人相同的，人民法院应予支持；(二) 新贷与旧贷的担保人不同，或者旧贷无担保新贷有担保的，人民法院不予支持，但是债权人有证据证明新贷的担保人提供担保时对以新贷偿还旧贷的事实知道或者应当知道的除外。主合同的当事人协议以新贷偿还旧贷，旧贷的物的担保人在登记尚未注销的情形下同意继续为新贷提供担保，在订立新的贷款合同前又以该担保财产为其他债权人设立担保物权，其他债权人主张其担保物权的顺位优先于新贷债权人的，人民法院不予支持。

(3) 对物的确认即所谓对物权内容的确认

指当事人对物权的内容发生争议可以请求人民法院对物权的内容加以确认。

2. 行使物权确认请求权必须向有关机关或法院提出

在物权的归属有争议的情况下，可以在登记机构要求办理更正登记。更正登记虽然是对先前登记的纠正，但实际上也是对登记权利的重新确认，因此更正登记本身具有重新确认的功能。当事人除可以要求更正登记外，也可以直接向法院提起确权之诉，请求确认物权的归属和内容。当发生产权争议时，只有人民法院的确权才是最终解决争议的途径。

3. 确认物权必须由利害关系人提出请求

利害关系人包括真正权利人、对物主张权利的人，以及与他们具有债权债务关系的人。在物权确认中，只有利害关系人才能主张权利。如果任何人都可以主张确认权利，则不利于稳定财产秩序，也会增加法院的诉讼负担。

三、确认物权请求权的构成要件

1. 民事主体之间就物权认定方面发生争议

这种争议既可以是对某人是否对某物享有物权发生争议，即一方认为其无权，而另一方认为其有权；也可以是对物权的支配范围发生争议，即对权利人之间的权利界限发生争议。

2. 物权争议不能由当事人自身凭私力救济来确认物权的归属

由于物权发生争议以后，只能通过司法裁判才能最终决定权利的归属，并维持或推翻已经形成的财产关系，所以不能由当事人自身凭私力救济来确认物权的归属，而只能向法院提起诉讼请求法院确权，即提起确认之诉。

3. 利害关系人一方向有关国家机关提出请求

确认物权的请求权，一般是直接向法院提起，但是利害关系人也可以向有管辖权的行政部门提起。关于土地使用权的确认，可以向国家土地管理部门提起；关于确认房屋所有权的请求权，可以向国家房地产管理部门提起。一般而言，行政部门的裁决都不是终极的。

确权物权之诉是确认之诉的一种形态，在性质上是民事诉讼，是在平等主体间，一方当事人针对另一方就物权的争议提起的诉讼。

【典型案例】

合伙工程款抵款所得房屋过户争议的诉讼裁决①

——不动产物权确认的效力如何

基本案情

李甲、李乙系夫妻关系。2015年8月11日，黄丙与李甲签订一份存量房屋买卖合同，合同约定：黄丙将铜陵市某某花园×栋1××8室房产（面积为125.08平方米）以50万元的价格出售给李甲，李甲于2015年8月11日前一次性付清房款，所有税费由李甲承担，2015年8月11日前，双方共同向房屋登记机构申请办理房屋转移登记，房屋转移登记完成以后，双方共同向土地登记机构申请办理该房屋占用范围内的土地使用权转移登记，黄丙应当在2015年8月11日前，将房屋交付给李甲。

合同签订当日，李乙分两次向黄丙共计支付了24.4万元，李甲按计税价格缴纳了购房各项税费。当日下午2时24分，铜陵市房地产市场管理处受理了李甲申请的房地产登记。但随后双方发生争议，李乙拨打110报警电话，长江路派出所民警将双方当事人带回所里处理。黄丙于2015年8月14日向铜陵市房地产市场管理处申请了异议登记，并向本院提起民事诉讼，请求判令解除上述房屋买卖合同。

法院审理

一审法院经审理认为，因物权的归属、内容发生争议的，利害关系人可以请求确认权利。本案中，已生效的民事判决书已认定，本案诉争房屋某某花园×栋1××8室是黄丙与李乙在合伙期间内，由合伙的工程款抵款所得，虽然登记在黄丙一人名下，但应为双方的合伙财产，双方最终清算

---

① 参见黄丙与李甲等物权确认纠纷案，载北大法宝，http：//www.pkulaw.cn/Case/pfnl_a25051f3312b07f38c7391X85aeX5aXXece2da45ac95c3d1bdfb.html？match = E某某act，最后访问时间：2020年6月11日。

结果为李乙支付给黄丙24.9万元，诉争房屋就过户给李乙。现李乙已支付24.4万元，且该市房地产市场管理处受理了李甲的房地产登记申请，故李甲、李乙作为夫妻诉请确认案涉房屋归其所有于法有据，应予支持，黄丙应向李甲、李乙交付某某花园×栋1××8室房屋并配合办理过户登记手续。

综上所述，依据《物权法》第三十三条、《最高人民法院关于适用〈中华人民共和国物权法〉若干问题的解释（一）》第一条、《最高人民法院关于适用〈中华人民共和国民事诉讼法〉的解释》[①] 第九十三条第五款之规定，判决：该市某某花园×栋1××8室房产归原告李甲、李乙所有；被告黄丙于判决生效之日起1个月内向李甲、李乙交付案涉房屋并配合办理过户登记手续。

二审法院经审理认为，诉争案涉房屋系黄丙与李乙在合伙期间内，由合伙工程款抵款所得，李甲、李乙依据生效的民事判决主张诉争房屋为合伙财产，且最终清算结果为李乙支付给黄丙24.9万元，诉争房屋就过户给李乙，一审对该证据证明效力予以采信，并无不当，据此，一审将诉争房屋判决归李甲、李乙所有，所述事实理由充分、明确，应予支持，黄丙的上诉事实理由不足以说明合伙最终清算事实不能成立，故对其上诉请求不予支持。

虽然李甲、李乙依据生效的民事判决被本院提起再审，但再审维持该判决，且认定对合伙双方“最终清算结果为李乙支付黄丙24.9万元，涉案房屋就过户给李乙”的证人证言予以采信，因此，再审事实未影响一审事实认定，一审判决应予维持。

综上所述，黄丙的上诉请求不能成立，应予驳回。依照《民事诉讼法》第一百七十条第一款第一项规定，判决如下：

驳回上诉，维持原判。

---

① 已于2020年修正，后文不再注明。

案件评述

本案清楚地体现了确认物权请求权的具体要求。

一、关于确认物权请求权的理论争议

需要注意的是，确认物权请求权究竟是不是一种独立的物上请求权，在民法学界存在争议。

1. 非独立请求权说

有的学者认为物权的确认并非一项独立的请求权，它与一般的债权请求权是有区别的，主要表现在：一方面，民法上的请求权可能是对某种权利遭受侵害后的救济手段。例如，所有物返还请求权是在所有物被他人侵占之后产生的一种救济手段，也可能是某种民事权利自身蕴含的内容，物权的确认是因为物权本身存在归属上的争议而发生的，既然连物权本身的归属仍存在争议，就不能认为提出确认物权归属的人就当然享有物权。而债权请求权就是债权本身固有的内容，所以其与某种权利的存在是密不可分的。另一方面，请求权既可以采取公力救济的方式，也可以通过自力救济的方式，即由权利人直接向义务人提出请求的方式加以行使。但就物权的确认而言，只能由国家机关进行而不能由发生争议的当事人一方向另一方提出。①

2. 独立请求权说

有学者认为，物权请求权是一种独立的请求权。物权作为一种支配权，直接体现为权利人对标的物进行各种形式支配的权利。但物权并非一种单纯的人与物之间的关系，它归根结底体现为人与人之间的关系。物权并非一个孤立的、封闭的空间，物权人在享有、行使物权时需要得到他人的尊重与认可。这种尊重与认可首先表现为对物权归属状态以及权利支配范围的尊重与认可，然后才表现为对权利内容及其界限的尊重与认可。如果一项物权的归属存在争议，那么物权人的物权实际上就处于一种不确定、不

---

① 屈茂辉：《物权法·总则》，中国法制出版社 2005 年版，第 439 页。

安全的状态中。同样，如果一项物权的支配范围存在争议，权利也会丧失确定性与安全性。尽管在这种情况下，物权人对于相对人的争议可以置之不理，等到相对人对其权利的行使现实地加以妨害、干涉时，再行使排除妨害请求权。但在很多情况下，物权人不愿意坐等这种妨害行为的发生。比如，物权人准备将标的物出租或转让给他人，但是有人对其权利的归属提出争议，这必然会影响其出租或转让。这种情况下，物权的完满状态实际上已经受到损害，为恢复物权的完满状态，物权法当然应赋予物权人以确认物权请求权。[①] 物权法在此采取的是后一种观点。

二、物权权属确认之诉之实质

《最高人民法院关于适用〈中华人民共和国民法典〉物权编的解释(一)》第二条规定，当事人有证据证明不动产登记簿的记载与真实权利状态不符、其为该不动产物权的真实权利人，请求确认其享有物权的，应予支持。物权权属确认的诉讼程序下，主要是当事人基于自己的认识，认为其享有物权，从而提起诉讼。这其中就包括了该当事人实际上确实享有物权而提起的确认之诉，也包括了该当事人实际上并不享有物权，但其基于自身认识认为其享有物权，而提起的确认之诉。

如有学者所言："从程序法上理解，利害关系人自然可以是任何与特定的物就物权的归属和内容有相应权利诉求的人，因此，物权权属确认之诉的程序价值具有与实体价值相对独立的属性，并不能把两者完全等同视之。"[②]

三、确认物权归属之诉仍然属于实体法的范畴

就物权法领域而言，确权之诉具体表现在确认物权归属之诉、确认物权内容之诉、分割共有财产之诉等。

---

① 折喜芳、杨代：《论物上请求权的类型——兼评〈中国物权法草案建议稿〉之相关内容》，载北大法律信息网，http：//www. chinalawinfo. com/research/academy/details. asp？lid = 3844，最后访问时间：2020 年 6 月 8 日。

② 司伟：《论不动产登记与权属确认——兼论对〈物权法司法解释一〉第 2 条的理解》，载《法律适用》2016 年第 5 期。

所谓确认之诉，是指原告请求法院确认其与被告之间是否存在某种法律关系，或确认其是否享有某种民事权利的诉讼。确认之诉适用的范围非常广泛。

有一种观点认为，“请求确认所有权并不是一项民法上的权利，而是一项诉讼法上的权利，属诉权范畴，因为其相对人不是一般的民事主体，而是国家机关”。因此，其只是“物权法上的排除妨害请求权所派生的权利，没有必要将其列为一种单独的物权民法保护的方法”。

应当认为，确认物权的归属应当属于实体法的范畴，虽然该权利能够不以真实的物权存在为基础，任何利害关系人都可以提起这一诉讼，但其解决的是实体权利纠纷，由《物权法》作出具体规定，因此应当属于实体法上的权利。在物权的归属发生争议以后，如果不提起确权之诉，权利人便无法完满地支配其物，无法充分地行使权利，而确权之诉的目的就在于通过司法程序确认权利人的物权，以使权利人能回复对物完满支配的状态。可见，确权之诉也是保护物权的重要方法。

所以，确权之诉通常都是在物权法中直接规定的。诉讼只是行使权利的具体方式，不能因为物权人为了维护物权提起了诉讼，便认为该项权利转化为了程序法上的诉权。

第二百三十五条　【返还原物请求权】无权占有不动产或者动产的，权利人可以请求返还原物。

【条文疏义】

本条沿袭了《物权法》第三十四条之规定。

一、返还原物请求权

所谓返还原物请求权是指所有人以及其他物权人依法享有的要求无权占有其物的人返还该物的请求权。在我国物权法体系中，除抵押权外，其他物权基本都以占有标的物为首要权能，如果失去占有，这些物权将无法实现。因此，该项请求权对物权的保护意义重大。

在司法实践中，根据《最高人民法院关于适用〈中华人民共和国民法典〉有关担保制度的解释》第六十四条的有关规定，诸如所有权保留买卖中，出卖人依法有权取回标的物，但是与买受人协商不成，当事人请求参照《民事诉讼法》“实现担保物权案件”的有关规定，拍卖、变卖标的物的，人民法院应予准许。出卖人请求取回标的物，符合《民法典》第六百四十二条规定的，人民法院应予支持；买受人以抗辩或者反诉的方式主张拍卖、变卖标的物，并在扣除买受人未支付的价款以及必要费用后返还剩余款项的，人民法院应当一并处理。

二、返还原物请求权的构成要件[①]

1. 享有返还原物请求权的权利人为物权人

从构成要件上看，返还原物请求权的主体是失去占有的物权人或依法可以行使物权的人，其既包括所有权人，也包括他物权人，由于请求排除妨害的事实依据是他人行为构成了对所有权人行使所有权使用、收益等权能的妨害，因此排除妨害之请求，不仅直接占有物的所有人可以提出，而且直接占有物的用益物权人也可以提出。具体包括：失去占有的所有权人和失去占有的他物权人以及失去占有的依法可以行使物权的人，但是失去占有的单纯占有人不能主张返还原物请求权。其行使对象为无权占有人，即不仅没有法律根据，而且没有合法原因而占有该物的人。

所以，行使返还原物请求权的主体应为失去占有的所有权人、他物权人及其他依法享有权利的人。至于占有人，无论其是否为有权占有，均应依据占有请求权行使权利，而不能依返还原物请求权行使权利。

2. 相对人须为现时的无权占有人

所谓现在占有该物之人，是指现在仍事实上管领其物但无正当权源的人，亦即返还原物请求权的相对人是现时的无权占有人，即返还原物请求

---

① 李石山、汪安亚、唐义虎：《物权法原理》，北京大学出版社2008年版。

权的义务人首先是占有人。曾经占有该物但现在没有事实上管领其物之人，即使所有人的占有关系因其人的行为而丧失，所有人也仅仅在此项行为具备侵权行为要件时，向该人请求损害赔偿，而不能对其行使返还原物请求权。

3. 须有他人无权占有动产或不动产的事实

无权占有即该占有没有权源，是指没有法律根据、没有合法原因的占有。一般包括两种情形：其一，占有人从占有之始就没有法律根据，如占有人占有的物是他人的盗窃物。其二，占有之始本来有法律根据，但是后来该根据消灭，如租赁他人的物，已经超过约定的期限而不返还。

侵占的构成是以无法律根据地占有他人之物为要件的，而不论占有人的占有是否有过错。这里的占有仅指对物予以实际控制，而致使权利人不能控制，不论占有人是否有为自己利益而占有的意思。侵占占有的行为人应承担的直接后果就是将不法占有的物返还给合法占有人，这也就是承担返还原物的侵权责任。返还原物当然以不法占有人对原物的占有为条件。①

4. 返还请求权的行使必须以物的存在为前提

即没有权源的占有在权利人提出主张时仍然存在。

返还原物请求权的客体是被相对人无权占有的客观存在的原物。如果原物已经灭失，则物权将因客体的消灭而消灭。这意味着，如果原物已不存在，无论是物已毁灭还是已被第三人取得，物的侵占人都不再承担返还原物的侵权责任，此时，权利人只能要求无权占有人进行违约损害赔偿或侵权损害赔偿，侵占人只承担经济赔偿损失的法律责任。而如果该物之不能返还或者在对物的占有上侵占人并无过错，则其也会承担返还不当得利的责任。②

---

① 郭明瑞：《论物之受侵的侵权责任》，载《河南社会科学》2017 年第 8 期。

② 郭明瑞：《论物之受侵的侵权责任》，载《河南社会科学》2017 年第 8 期。

【典型案例】

粮油公司要求腾退转制业已取得所有权的房屋能否得到支持[①]
——原物返还请求权之行使

基本案情

陈某兴、黄某顺、江某铭系粮食部门退休职工，俞某福、朱某姑、张某霞系粮食部门退休职工的配偶。俞某根曾是粮食部门职工，后解除劳动合同关系。上述7人在辰窑粮油公司成立前后，一直居住在位于辰窑镇大桥北路3×号的房屋内。

1999年12月30日，原辰窑粮食管理所转制，2000年3月16日，新成立原辰窑粮油贸易有限公司，后于2006年9月15日更名为辰窑粮油公司（该公司系职工集资入股成立的公司）。2010年，巳杭区房管局和土管局向辰窑粮油公司颁发了房屋产权证和国有土地使用证。辰窑粮油公司对上述7人居住的房屋，拥有合法的房屋产权和土地使用权。为此，辰窑粮油公司向法院起诉，要求上述7人将坐落于辰窑镇大桥北路8×号的房屋腾退给辰窑粮油公司。

案涉房屋房产证上是辰窑镇大桥北路3×号，现在已经更改为辰窑镇大桥北路8×号。

法院审理

法院经审理认为，原告辰窑粮油公司通过企业转制，合法取得了辰窑镇大桥北路3×号的房屋所有权证及土地使用权证，辰窑粮油公司系该房产的所有权人，其对该房屋享有占有、使用、收益、处分的权利。现辰窑粮油公司要求7名被告腾房的诉讼请求，符合法律规定，法院予以支持。7

① 参见原辰窑粮油贸易有限公司与陈某兴、黄某顺、汪某铭、俞某福、朱某姑、张某霞、俞某根返还原物纠纷案，载中国裁判文书网，http：//wenshu. court. gov. cn/content/content? DocID = c0b12d0b - c0e0 - 42aa - 9ca3 - fadb08438012，最后访问时间：2020年6月2日。

名被告以没有享受过房改及粮食局转资不合法为由的抗辩意见，因理由不充分及证据不足，且不属于法院审理的范围，故法院不予采纳。

据此，依照《最高人民法院关于民事诉讼证据的若干规定》第二条之规定，判决被告陈某兴、黄某顺、汪某铭、俞某福、朱某姑、张某霞、俞某根于判决生效之日起1个月内将坐落于辰窑镇大桥北路3×号（现8×号）房屋腾空交给原告辰窑粮油公司。

案件评述

一、本案为一起返还原物纠纷案件

本案中，虽然被告一直居住在案涉房屋中，但是原告辰窑粮油公司通过企业转制，业已合法取得了辰窑镇大桥北路3×号的房屋所有权证及土地使用权证，辰窑粮油公司系该房产的所有权人，其对该房屋享有占有、使用、收益、处分的权利。7名被告的无权占有行为侵犯了原告辰窑粮油公司的房屋所有权。

本案中，当被告的占房行为非法妨碍了原告辰窑粮油公司行使其对其所有的房屋进行处分的权利，辰窑粮油公司就可以选择直接向侵权人请求物权保护请求权或者请求法院责令妨碍人排除妨碍，保护自己对争议房屋所有权的处分权利。

二、返还原物请求权以所有物返还请求权为核心

大陆法系国家的返还原物请求权（所有物返还请求权）经历了从返还原物之诉到返还原物诉权再到返还原物请求权的发展演进路径。在此过程中，罗马法中的返还原物之诉是最为重要的基础。但是，日耳曼法、教会法中的相关制度因素，也发挥了重要作用。大陆法系国家的返还原物请求权以所有物返还请求权为核心，同时通过该国法典中的准用规定或判例实践，将其扩展到所有权之外的他物权，从而发展为一般的返还原物请求权。

不过，大陆法系国家并非全部将返还原物请求权导入民法典中。但即使在民法典中没有规定返还原物请求权的，也有国家会在学说和判例中认可返还原物请求权体系的存在。返还原物请求权制度在其发展过程中不仅对大陆法系发挥着实质影响，也对英美法系返还原物制度的成型产生重要影响。因而英美法系中的返还原物制度与大陆法系最终发展而成的返还原物请求权制度有相近的制度血脉，在当下新兴国家的民法典编纂或民法制度完善进程中，可资借鉴。

除物权人可以基于返还原物请求权而要求无权占有人返还原物外，《德国民法典》、我国台湾地区适用的“民法”及我国《民法典》物权编所沿袭的《物权法》等内容都为物权人考虑而设置了用益返还请求权和损害赔偿请求权，为占有人考虑而设置了费用偿还请求权。这些请求权是对返还原物请求权的补充，也以返还原物之诉的存在为前提，因而也属于返还原物请求权法律效果的范畴。返还原物请求权诉讼的案由呈现出多样性。除最基本的返还原物纠纷外，公司证照返还纠纷、取回权纠纷等都是返还原物请求权诉讼中可能选择的案由。遵循德国法上所有权人——占有人关系规则，考察用益返还、损害赔偿及费用偿还等问题时，需要根据占有人的善意和恶意而予以不同的考虑，总的原则是恶意占有人承担加重的责任。

在债权行为存在效力瑕疵而物权行为有效的情形下，如果认可物权行为抽象性原则，则会产生不当得利请求权的广泛适用而限缩返还原物请求权的适用；如果不认可物权行为的抽象性，则将有返还原物请求权的广泛适用而限缩不当得利请求权的适用，二者以物权行为抽象性原则为媒介，呈现互为消长的关系。但无论如何，返还原物请求权仍然极具独立的存在价值。

三、物权保护请求权的法律选择适用

本条将物权保护的请求权放在《民法典》物权编中加以表达，但其不代表立法机关认可了独立的物权请求权概念，可以认为遵循我国自《民法通则》以来一贯的法律传统，其仅仅是物权侵害民事责任在《物权法》中的体现。并且，在认可侵权责任承担方式及归责原则多元的背景下，无论适用《物权法》的规定还是《侵权责任法》的规定，对当事人的救济效果并无二异。[①] 所以在《民法典》物权编的编纂过程中选择法律适用的时候自要做到有理有据，有理有法。

在司法实践中，返还原物请求权诉讼存在案由与裁判依据脱节、案由与裁判内容脱节、证明被告现时占有标的物困难、财产保全措施不到位等诸多问题。这就倒逼我们认真思考返还原物请求权的理论问题，并通过理论反哺实践。从法理上看，返还原物请求权是物权人对无权占有其不动产或动产的人所享有的要求其返还该不动产或动产的物权请求权。返还原物请求权的伦理基础在于，对物的占有和使用是人的本能需求，尊重这一占有和使用符合人类最基本的正义观念。返还原物请求权的经济基础在于资源的稀缺性和经济人的假设，返还原物请求权的前提是对于产权的界定，这一界定能够减少外部效应，降低交易成本。

因此，返还原物请求权有利于提高效率。此外，返还原物请求权本身是对财产权交易外部效应的内部化。返还原物请求权的社会基础在于，在市民社会中，赋予返还原物请求权是对权利主体的极大尊重，并且在现代社会中具有特殊必要性。

但我国物权法基于对有权占有的保护和对无权占有的否定，统一规定无论善意占有人还是恶意占有人，应返还全部孳息。在损害赔偿方面，如果占有物在无权占有期间因可归责于善意占有人的原因而毁损灭失的，则善意占有人只在标的物因毁损、灭失所受利益的范围内承担损害赔偿责任。

基于合同而转移占有的情况下，如果合同约定的占有期限终止，如租赁合同到期，承租人（占有人）拒不返还租赁物的，则发生返还原物请求权和合同上返还请求权（租赁物返还请求权）的竞合。权利人的占有被侵夺的，则发生侵权责任中返还财产请求权与返还原物请求权的竞合。但是，考虑到返还财产请求权在时效和举证责任方面均劣于返还原物请求权，在

---

① 包晓丽：《物权保护请求权在民法典中的体例选择问题研究》，载《法律适用》2015 年第 10 期。

二者发生竞合时选择返还原物请求权更为有利。因为返还财产责任请求权同时还适合于返还物权之外的其他财产，因而仍然有其适用性。

死亡宣告后被继承的遗产是动产或不动产时，也可发生返还原物请求权与被撤销死亡宣告人返还财产请求权的竞合。此外，返还原物请求权还可能与无因管理中的请求权以及部分恢复原状请求权发生竞合。

返还原物请求权诉讼中，原告（权利人）的抗辩主要来自其在实体法上的抗辩，其抗辩事由主要有非占有人抗辩、正当权源抗辩、善意取得抗辩、时效抗辩、不法原因给付抗辩、社会适当性抗辩、行使权利与执行职务抗辩等。在返还原物纠纷中，原告请求返还原物和孳息的待证事实包括：原告拥有物权或具有与物权人相同的法律地位，被告占有标的物，被告的占有没有权源，标的物在被告占有期间产生孳息。

这些待证事实中，除“被告的占有没有权源”这一事实外，其他事实均应由原告负证明责任。在事实查明的过程中，法官还需要发挥一定的主观能动性，对部分事实进行司法推定。在返还原物请求权诉讼中，裁定驳回起诉、判决驳回诉讼请求、判决返还原物以及对于替代性诉讼请求的判决都有其相应的裁判基准。今后，法官应适当发挥司法能动性，在坚持一般的证明责任分配规则的同时，应根据个案情况对部分待证事实进行司法上的事实推定，并根据个案情况对原告是否采取保全措施、是否提出替代性诉讼请求进行释明。[①]

第二百三十六条　【排除妨害、消除危险请求权】 妨害物权或者可能妨害物权的，权利人可以请求排除妨害或者消除危险。

① 丁宇翔：《返还原物请求权研究》，中国社会科学院 2017 年博士学位论文。

【条文疏义】

本条沿袭了《物权法》第三十五条之规定。

一、停止侵害、排除或消除的妨害与危险应是持续存在的

遭受的危险或正被妨害特定的物依然存在，是权利人对现时妨害人行使请求权的前提。物权的正当行使遭受妨害的，物权人即有权请求排除妨害。被排除的妨害需具有不法性，倘若物权人负有容忍义务，则无排除妨害请求权可言。

故这里所谓的妨害是指以非法的、不正当的行为，或者以无权施加的设施对权利人的物或物权造成侵害或妨碍，现实地阻碍了特定物的权利人行使权利。排除妨害请求的目的是消除对物权的障碍或侵害，使物权恢复圆满状态。

这里所谓的危险是指相对人对权利人之物将来必然造成妨害或损害的行为或者设施状态。危险是可以合理预见而不是主观臆测的。

二、排除妨害请求权的行使亦不以相对人具有过错为要件

排除妨害请求权，即在当物权的圆满状态已经受到他人以剥夺占有以外的任何行为损害时，物权人所享有的请求排除妨害、恢复物权圆满状态的请求权。这里的妨害应为他人现实地造成了对权利人物权圆满行使的阻碍，且权利人根据约定或法定不负有对该阻碍的容忍义务的行为。排除妨害的相关费用由妨害人承担。

三、消除危险请求权的实质是对实际损害的提前预防

消除危险请求权，又叫妨害预防请求权，是指物权人可以在他人可能以剥夺占有以外的任何行为损害自己物权的行使时，有权要求他人消除危险的请求权。这里请求消除危险，又称请求防止侵害。侵害虽未发生，但物权面临遭受侵害的危险，存在被侵害的可能，对于这种可能发生的侵害，物权人有权请求相对人为一定行为或者不为一定行为，防止侵害，消除既存的危险，以避免侵害的发生。

本条中所指的“可能妨害物权”的危险，必须有合理的事实根据，而不能任由当事人臆测。该请求权的行使，仅以危险事实的存在为必要，行为人的主观状态在所不问。危险形成后，应当由危险的形成人承担消除危险的责任，消除该危险以及因避免该危险而产生的合理费用应当由危险形成人来支付。

在审判实践中，权利人请求消除危险同样不需要证明相对人具有过错，只需要证明其享有物权的特定物遭受危险即可。因消除危险的费用同样由形成危险的相对人承担。

本条规定的适用不受民事诉讼时效的限制。

【典型案例】

土地使用权受侵害时如何排除妨害①

——排除妨害请求权的行使

基本案情

小寅村有一地名为“老屋后”，东抵风景山陡坎、南抵李某银正木瓦房的座向右侧屋档头（屋檐滴水）、西抵李某房屋后坎、北抵李某方园子，分别为菜地和李某银偏厦房屋占地。县人民政府于1992年10月8日向李某银颁发集体土地建设用地使用证，该证记载李某银偏厦房屋的建设用地位于“老屋后”内。

1998年县人民政府给李某银颁发土地承包经营权证书，该证将“老屋后”记载为李某银的承包地。沈某珍以其夫李某益1981年的《土地使用证分户清册》记载有“老屋后”地块为由，主张对“老屋后”享有使用权。后经县人民政府多次处理，2010年9月26日，县人民政府作出决定：

① 参见沈某珍诉李某银排除妨害纠纷案，载中国裁判文书网，http：//wenshu. court. gov. cn/content/content？DocID＝c6e6504f－e303－4702－b453－66a64b8158ed，最后访问时间：2020年6月3日。

撤销县人民政府颁发、小寅村村民李某银持有的土地承包经营权证书中关于“老屋后”争议地块的登记；对李某银持有的镇集建集体土地建设用地使用证的原土地登记争议地四至范围及面积更正登记为：东至陡梗、南至李某金交界线、西至陡坎、北至将原登记为过道更正为本人屋檐滴水沟。面积将原登记的291.4平方米更正为244.6平方米。偏厦占地46.8平方米属争议地，以有关部门最后作出的调解协议或处理决定为准，再按照土地登记规则的有关程序，由合法土地使用者重新申请办理土地登记手续。

该处理决定经法院判决予以维持，沈某珍不服该判决，上诉至州中级人民法院，州中级人民法院作出了维持法院行政判决的决定。2014年1月7日，县人民政府为沈某珍补发了土地承包经营权证书，该证其中一项记载：地块名称“老屋后”，四至界线为上抵封景山、下抵自己房子、左抵李某银房子、右抵李某方园子。该证对土地面积未记载。

2014年9月30日，沈某珍起诉至法院，请求判令李某银限期拆除修建在其承包管理土地上的建筑物。

法院审理

法院经审理认为，根据《物权法》第三十五条之规定，排除妨害请求权人应系享有物权的权利人，只有在土地权属明确的情形下，才会产生侵权的问题。法院作出被告侵权的认定，是基于土地使用权明确属于原告。本案争议地由农用地和宅基地组成。争议地原来的权属证明已被撤销，需要等政府重新确权之后，才能明确使用权归属。

根据原告土地承包经营权证上记载的“老屋后”的四至界线看，其左至李某银的偏厦房子，而案涉原告主张至李某银正房，故法院认为，李某银的房子由正房和偏厦构成，原告请求拆除的偏厦也属于李某银房子的一部分，故对原告该主张不予支持。

原告提供的土地承包经营权证书仅能证明行政机关对于争议地中属于农用地的部分已重新确权给原告管理使用。李某银房屋偏厦占地的使用权仍属于权属不明的状态。本案实为原告与被告之间因土地权属有争议而引发的纠纷，应先就该土地的使用权申请人民政府进行确权，待人民政府确权之后，法院才能就原告的权利是否受到妨害作出认定，故应驳回原告沈某珍的起诉。

案件评述

本案例体现了排除妨害请求权人应是享有物权的权利人。只有在土地权属明确的情形下，才会产生侵权的问题，权利人可以请求排除妨害或者消除危险。本案实为原告与被告之间因土地权属有争议而引发的纠纷。

一、本案是一起土地使用权的排除妨害纠纷案件

1. 排除妨害是物权保护的一项基本方式

《德国民法典》第1004条规定排除及停止侵害请求权：

（1）所有权有继续受妨害之虞的均可以提起停止妨害之诉

所有权人受到除剥夺或者扣留占有外的其他方式的妨害时，可以要求妨害人排除妨害。

（2）所有权人负有容忍妨害义务的均不享有上述请求权

我国台湾地区适用的“民法”第767条规定所有权人之物上请求权：所有人对于妨害其所有权者，得请求除去之。

我国《民法通则》第一百三十四条第一款规定的承担民事责任的方式包括排除妨碍。《民法总则》第一百七十九条承担民事责任的方式中也有排除妨害之规定。

2. 消除危险也是物权保护的一项基本方式

《意大利民法典》第949条规定了否认所有权之诉：物品的所有人为宣告在自己的物品上不存在他人的权利，可以以惧怕遭受损害为由提起否认所有权之诉。第1171条规定了新施工警告：由于惧怕如同在他人土地上进行的施工那样可能给自己的土地、权利或者占有造成损害，土地的所有人、物权人或者占有人可以请求司法机关发出新施工警告，但是，以施工尚在进行并且自施工开始之日起未超过1年为限。在进行简单的事实审理之后，司法机关可以作出禁止继续施工或者在施工方采取适当的防范措施的情况下准许继续施工的处理决定。

在第一种情况下，如果提出的异议没有充分的依据，则控告方应当赔偿施工方因停工造成的损失；在第二种情况下，尽管施工方取得了继续施工的许可，但是在控告方胜诉的情况下，施工方应当根据判决拆除建筑物或者缩减工程范围，在给控告方造成损失的情况下，还应当向控告方承担赔偿损失的责任。

《意大利民法典》第1172条规定惧怕损害之诉：由于惧怕位于自己享有权利的财产或者占有的财产附近的任一建筑、树木或者其他物品可能发生给自己的财产、权利或者占有造成严重损害的紧急危险，所有权人、物权人或者占有人可以将这一危险告知司法机关，由司法机关根据具体情况采取排除危险的措施。必要时，司法机关可以裁定为可能发生的危险提供适当的担保。

我国《民法通则》第一百三十四条第一款承担民事责任的方式包括了消除危险；《民法总则》第一百七十九条承担民事责任的方式中也有消除危险。

本案争议地由农用地和宅基地组成。排除妨害请求权，相当于国外的妨害停止请求权，是指物权因侵夺占有以外方式被妨害时，权利人享有的请求排除妨害的权利。[①] 所谓妨害，是指以侵夺占有以外的方式，影响了物权的圆满状态。[②] 本案即这种情况。

二、请求除去妨害或请求防止妨害是物权人的权利

《民法典》物权编第二百三十六条沿袭《物权法》第三十五条规定："妨害物权或者可能妨害物权的，权利人可以请求排除妨害或者消除危险。"其中"可能妨害物权"也就是说有妨害物权的危险，相当于大陆法系中的"有妨害其所有权之虞者"；"消除危险"相当于大陆法系中的"得请求防止之"。[③] 物权请求权属于直接打击侵害的物权保护方法，其不同于

① 周友军：《我国物权请求权制度的解释论》，载《社会科学研究》2008年第3期。

② 谢在全：《民法物权论》，中国政法大学出版社1999年版，第135页。

③ 龚赛红：《关于侵权责任形式的解读——兼论绝对权请求权的立法模式》，载《法学杂志》2010年第4期。

侵权损害赔偿。

1. 存在妨害他人物权正常行使的状态

排除妨碍的主要构成要件是存在妨碍他人行使民事权利或者享有民事权益的状态。与停止侵害的主要构成要件不同之处在于：一为动态，二为静态。

妨碍状态多为行为造成的。例如，堆放影响通行；违章建筑物妨碍相邻一方通风、采光；在他人建筑物上设置广告；将有害液体泄漏在他人使用的土地上等。妨碍状态也有自然原因形成的。例如，树根蔓延至相邻一方的土地。

2. 妨碍物权行使的状态具有不正当性

妨碍状态具有不正当性是指没有法律根据，没有合同约定，缺乏合理性。有些妨碍同时造成他人财产的损失。例如，在施工过程中，塔吊因超负载掉下，破坏了他人的房屋，并阻塞了通道（排除妨碍是独立的责任方式，不直接涉及因妨碍同时造成的赔偿损失责任）；有些妨碍是给他人造成不便。认定妨碍状态主要是看妨碍是否超过了合理的限度，轻微的妨碍是社会生活中难免的，不承担排除妨碍责任。妨碍状态是否超过了合理的限度，应当结合当时当地人一般的观念判断。①

由于请求排除妨害的事实依据是他人行为构成了对所有权人行使所有权使用、收益等权能的妨害，因此排除妨害之请求，不仅直接占有物的所有人可以提出，而且直接占有物的用益物权人也可以提出。本案实为原告与被告之间因土地权属有争议而引发的纠纷，应先就该土地的使用权申请人民政府进行确权，待人民政府确权之后，法院才能就原告的权利是否受到妨害作出认定。

3.《民法典》物权编为完善物上请求权规则体系奠定了规范基础

所有权人的物上请求权也称所有权人的物权请求权抑或对物诉权，其

---

① 魏振瀛：《民法》（第四版），高等教育出版社2010年版，第674~675页。

狭义上系指所有权人的物权请求权，广义上则还兼指占有请求权。狭义的所有权人的物上请求权涵括所有权人的所有物返还请求权、所有物妨害除去（排除）请求权与所有物妨害防止（预防）请求权。此三种请求权制度或规则的内容主要囊括各制度或规则的（规范）旨趣、构成（要件）、行使、法律特性、费用负担、有无让与性及是否罹于诉讼时效。①

《民法典》物权编第二百三十六条沿袭《物权法》第三十五条规定了物权排除妨害请求权，但未明确该项请求权的构成要件与法律效果，以致实践中出现妨害与损害难以区分、请求权人容忍义务的边界不明晰、妨害人难以认定、妨害排除过程中所产生的费用无法合理负担等现实问题。针对这些问题，《民法典》物权编排除妨害请求权制度在具体适用中重点把握了妨害的持续性特征，明确了物权人意志力可得支配的具体范围；在权利人负有容忍义务时，因妨害不具备违法性要件，权利人须得忍受此种妨害；如此解读，可以在行为妨害人与状态妨害人并存的情况下，允许权利人来任择其一主张妨害排除；如此妨害排除过程中产生的费用原则上应由妨害人负担，特殊情况下可由妨害人与请求权人共同分担。

《民法典》物权编虽无完善而系统的所有权人的物上请求权规则体系，但以本条物上请求权规则体系的原则规定，在法律渊源上可以透过学理与学说的阐释，而对之予以完整的建构奠定了规范基础。

第二百三十七条　【修理、重作、更换或者恢复原状请求权】 造成不动产或者动产毁损的，权利人可以依法请求修理、重作、更换或者恢复原状。

【条文疏义】

本条沿袭了《物权法》第三十六条之规定，仅作文字修订。

---

① 陈华彬：《论所有权人的物上请求权》，载《比较法研究》2020年第1期。

一、恢复原状请求权的概念

所谓恢复原状请求权是指行为人导致他人财产损失后，物权人享有的请求行为人进行修补、重作、更换等措施使物恢复原有状态的请求权。当物受损后，对双方当事人来说，行为人对物进行修补可能是一种较为经济的选择，从而避免了确定赔偿额所产生的困难。当然，权利人也可以在请求赔偿和恢复原状间根据自己的需要进行选择，同时当恢复原状尚不足以弥补权利人损失时，两种请求权可以同时行使。

二、德国法中恢复原状更多的是一种救济原则

在德国法中，恢复原状是损害赔偿的一种法定形式，其涵盖了能够恢复原有状态所有的救济方式，如在物被他人侵占的情形下，恢复原状自意味着可以要求返还原物；而在物被他人所损坏的情形时，恢复原状则可以通过有体物的修理来得以实现。只有在原始状态的重现难以完成的情况下，才去采取金钱赔偿的方式对受害人的合法权益予以补救。在德国法中，物权调整的恢复原状与债权调整的金钱赔偿相并列，只能择一适用，且恢复原状优先于金钱赔偿予以适用。这无疑意味着，只有在无法恢复原状、恢复原状不足以弥补损失或者恢复原状需要支付不对称的费用时，才会采取金钱赔偿的方式。

在德国法中，损害赔偿作为一种对权利的负面的调整制度，有多少种侵权状态就应该有多少种救济方式相对应，其注重的是受害人完整利益的保护，故而才以恢复原状为其最基本原则。恢复原状体现的就是对法律调整的原始状态的重现。

三、恢复原状中要充分保证受害人的自由选择权

既然物权受到侵害后，受害人既可以基于物权法律关系要求对方恢复原状，也可以基于侵权行为之债法律关系要求对方赔偿损失，而且，无论是采取物权模式来恢复原状，还是以债权模式来进行赔偿损害，在商品经济充分发展的条件下，受害人均得有可能要求侵害人支付相应的费用，在此种情况下，对于侵害人而言，其承担的责任在经济后果上最终都差不多是一样的，均须付出经济代价。当然，侵害人作为违法行为人应没有选择的权利。

而就受害人而言，他才最清楚什么方式的救济才可以最大限度地保护自己的合法权益，也只有受害人自己才最清楚，究竟是物权救济，还是债权救济，哪种利益对他来说才更合适。所以，若是受害人选择恢复原状，即便侵害人认为恢复原状操作起来过于复杂，也要遵循受害人的选择去予以实施。因为对于受害人说，二者的区别是很大的。恢复原状旨在不论采取何种方式，其结果都是在于原权利的恢复，都要求达到原有物权的原始状态；而赔偿损失则是放弃原有物权的圆满状态，转换为一种债权债务关系，用金钱弥补所受损害的物权利益损害。

故而在此种“恢复原状优先”的原则下，法律救济的基本方式首先即得恢复原状，而恢复原状又意味着，不管损害是如何发生的，损害赔偿的内容即怎么赔的问题，都取决于损害本身的性质。在此种救济原则下，恢复原状的方式须根据损害状态的不同，赋予权利人可以选择任何能够达到自己最大利益的方式。

四、恢复原状中的利益平衡原则

《德国民法典》规定，如果只有支付不相当的费用才能恢复原状时，赔偿义务人才可以通过金钱来赔偿损害。其实这也就意味着，只有当物权救济的恢复原状已经违背利益平衡原则时，才可以不予适用。譬如假定受损车辆的维修费用业已远远超过买一辆新车本身的价值，依旧要求侵权人恢复原状显然就不合理了。但《德国民法典》同时规定，因救治动物而产生的费用，并不因其大大超过动物本身的价值就被视为不相当。这意味着，所谓的利益平衡原则只适用于商品交换领域，并非在所有的领域都可以绝对地进行经济效益的权衡。

利益平衡原则的贯彻要由法官自由裁量，在侵权受害人提出申请之后，法官应该秉着合理平衡各方利益的原则来决定是否应予以适用。在普通物品遭受损害的情况下，法官只要依据市场价值进行评判即可；而在特殊物品遭受损害的情况下，受害人若是选择恢复原状救济则需提供该物具有特殊意义或是特殊价值的证据，法官须综合考虑其特殊意义和市场价值予以评判。法律既赋予受害人提出申请的权利，也规定了受害人提供证据的义务，并将利益平衡原则如何贯彻的最终决定权赋予了法官。

【典型案例】

不动产物权的恢复原状和损害赔偿由谁决定[①]

——恢复原状请求权的行使

基本案情

陈父、陈某云系父女关系，陈父与陈某明系继父子关系，陈某明与陈某云系继兄妹关系。1997 年陈某明养母（陈某云母亲）覃某枝与陈父共同出资，在该镇卯别街建造三间一层砖混结构房屋，门牌编号 ×8。

1999 年因陈某云与母亲覃某枝产生矛盾，2000 年 3 月 14 日，在街坊及亲戚朋友的参与协调下，各方就覃某枝、陈父的养老，房屋、田地的分割达成协议，并制作兄妹分居契纸，约定上述位于卯别街的房产，从东到西第一间、第二间分割给陈父、陈某云，第三间分割给养母覃某枝；覃某枝的养老送终由陈某明负责，陈父的养老送终由陈某云负责。

自陈某云与覃某枝分家后，覃某枝一直随陈某明生活，并帮助陈某明照看两个小孩。2010 年年初覃某枝生病住院，陈某明出资给其住院治疗，2010 年 3 月 20 日，覃某枝病故，一切后事处理均由陈某明及其妻子操办。分家后陈某明在上述 ×8 号房屋西侧紧邻该房建起一间一层砖混结构房屋，门牌编号为 ×8。陈某明一家在养母覃某枝去世后，从覃某枝的房屋搬回卯别街 ×7 号房居住。

---

① 参见陈某明与陈父、陈某云恢复原状纠纷案，载中国裁判文书网，http://wenshu.court.gov.cn/content/content? DocID = 398b8f3a - 47b9 - 49b6 - 9a64 - 03e99c39a47a&KeyWord = % E6% 81% A2% E5% A4% 8D% E5% 8E% 9F% E7% 8A% B6% E8% AF% B7% E6% B1% 82% E6% 9D% 83，最后访问时间：2020 年 6 月 9 日。

2012年10月，陈父、陈某云将自己与覃某枝房屋相连的隔墙打通，开凿了两个门洞，占用原覃某枝的房屋。陈某明于是对二人提起诉讼，请求确认二人强占×8号房屋第三间（原属覃某枝房屋）归陈某明所有，经辰池市中级人民法院二审，于2014年12月2日确认位于该镇卯别街×8号房屋西面一间砖混结构平房归陈某明所有。

2015年6月9日，陈某明依据生效判决申请重新办理自有房屋用地的土地使用权证，上述×8号房屋西面一间并入陈某明所有的×8号房产的土地使用证之中。在终审判决后，二被告依然未将原先开凿的两个门洞封堵，并在陈某明对门洞封堵时进行阻挠，不让其封堵，陈某明遂诉至法院。

在案件审理过程中，经法院组织当事人调解，但因双方意见分歧过大，亦没有达成协议。

法院审理

法院经审理认为，物权，是指权利人依法对特定的物享有直接支配和排他的权利，包括所有权、用益物权和担保物权。该市中级人民法院的判决已经发生法律效力，判决位于该镇卯别街×8号房屋西面一间砖混结构平房属原告陈某明所有。所有权人对自己的不动产或者动产，依法享有占有、使用、收益、处分的权利。造成不动产或者动产毁损的，权利人可以请求修理、重作、更换或者恢复原状。

被告陈父、陈某云于2012年10月将自己的房屋和原告房屋相连的隔墙打通，开凿了两个门洞，其行为妨害了陈某明对其房屋物权的行使，侵害了原告的合法权益，故陈某明要求恢复原状的诉求，于法有据，应予支持。

综上所述，法院依照《物权法》第二十九条、第三十六条规定，判决被告陈父、陈某云在10日内将其所有的该镇卯别街的房屋与原告陈某明所有的房屋之间隔墙上的两个门洞封堵，恢复该隔墙的原状。

案件评述

本案件是一起典型的物权行使纠纷。体现了所有权人对自己的不动产或者动产，依法享有占有、使用、收益、处分的权利。造成不动产或者动产毁损的，权利人可以请求修理、重作、更换或者恢复原状等法律救济。

一、所有权首位原则

在物权的冲突中，必须始终将所有权的保护放在首位。即一般情况下侵害了他人的合法物权均需承担民事责任。以本案来说，被告陈某、陈某云将自己的房屋和原告房屋相连的隔墙打通，其行为妨害了陈某明对案涉房屋物权的行使，侵害了原告的合法权益。法院自应当将其作为首要考虑因素予以保护。

二、恢复原状是大陆法系的一个重要基本制度

我国实践中，关于恢复原状，在法律上并无明确的概念或定义，学术上也是众说纷纭。在英美法系国家，权利受到侵害时优先考虑金钱赔偿，只有在金钱无法赔偿的情况下，衡平法才给予权利人要求债务人为特定行为的救济，并未有恢复原状一词的明确规定。而以德国为代表的部分大陆法系国家则将恢复原状作为一项具体的救济形式在法律中加以规定。即使侵权行为之债也以恢复原状为其最高原则，将恢复原状置于金钱赔偿前。

三、恢复原状与赔偿损失的界限

恢复原状与赔偿损失的界限之所以难以界定，是因为二者采用的法律后果手段可能一致，最后都可能涉及采取金钱的方式给付，但恢复原状和赔偿损失的法律性质显然不同，一项属于物权请求权，一项属于债权请求权，故区分二者的意义非常重大。

1. 二者主要区分点在于操作模式上的严格限定

若是受害人选择恢复原状，即不管是由受害人还是侵害人去修理、更换、重作，该笔恢复原状的费用都只能专款专用，受害人不能拿着该笔费用去从事其他支出，也不能将其予以转移，当然，在业已请求支付的有关费用花完后而恢复原状之前，受害人可以再次请求侵害人支付费用。

2. 赔偿金所有权的转移与请求权消灭的法律效力不同

受害人若是选择赔偿损失，一旦具体数额予以确定就不能随意改变，费用的用途即由受害人自由处置，可以选择去进行修理、更换、重作，也可以挪作他用并进行转移，修理、更换、重作后多余的费用也理所当然地归受害人所有，但费用不足一般即不得再次请求补足。

实践中，损害赔偿一般均为差额补充赔偿，即受害人继续占有受损之物，侵害人只赔偿差额损失，若是侵害人赔偿了全额损失，即意味着原有物权已从受害人处转移至侵害人处，残骸即应归侵害人所有了。

四、恢复原状请求权的法律属性

不论是称为恢复原状，还是称为回复原状，都是民法上的基本概念。于民法典编纂前的我国现行立法之上，包含“恢复原状”的法条，有《民法通则》第一百一十七条和第一百三十四条，《物权法》第三十六条，《合同法》第九十七条和第二百二十三条，《侵权责任法》第十五条等，涉及物权的保护、合同的解除、侵权责任的承担方式等多项制度。法律体系的形成是以概念为基础，以价值为导向，并以归纳或具体化而得之的类型或原则为其联结上的纽带。恢复原状这一概念被嵌入数个不同的法律制度，无疑是潘德克顿类型化思维的结果。

虽然《物权法》在第三十三条至第三十七条分别规定了物权确认请求权、物的恢复原状请求权和物的损害赔偿请求权，对于此三类请求权法学界业已基本达成了共识，《民法总则》第一百七十九条仍然将其规定于承担民事责任的主要方式之中，依然被认为，它们并不属于物权请求权的范畴，仅仅基于法律体系贯通一致的考虑，《民法典》第二编“物权”才对物权保护的方式进行了集合规定，其并非物权请求权的法律依据和基础。

1. 侵权责任的承担方式说

其认为，《民法通则》第一百三十四条第一款将恢复原状作为民事责任的方式，与返还财产、赔偿损失等并列规定。依据有关学者的解释，上述法条中的恢复原状，应是指对毁损之物修复的损害赔偿类型。2009 年颁布的《侵权责任法》第十五条第一款规定承担侵权责任的方式主要有：停止侵害、排除妨碍、消除危险、返还财产、恢复原状、赔偿损失、赔礼道歉、消除影响以及恢复名誉。从文义上看，《侵权责任法》第十五条规定的恢复原状，不仅包括修理，而且涵盖重作、更换类型，与《民法通则》第一百三十四条的规定相比，扩大了恢复原状的含义。从体系解释的角度上看，《侵权责任法》第十五条与《物权法》第三十六条中“恢复原状”的规范意义是一致的，均是指在有体物受到损害时，通过修理、重作、更换的方式，使该物恢复到损坏发生之前的状态。

所以，这些学者认为，《民法典》物权编第二百三十七条沿袭《物权法》第三十六条规定的恢复原状，其方式主要是修理、重作或者更换，使该物恢复到损坏发生之前的状态，以实现物的效用。故恢复原状请求权的法律性质属于侵权请求权，而非物权请求权。[①]

2. 物权请求权说

这种观点认为，恢复原状是一种重要的物权请求权形式，虽然合同法上也大量使用恢复原状的方法以实现对违约的救济，但《物权法》第三十六条规定的恢复原状请求权并非债权请求权，而属于物权请求权的范畴。本条规定的恢复原状的含义，并不是通过价值的补偿来恢复原状，而是通过对物进行修理、替换的方式来恢复原状。

虽然与之相对的债权请求权说认为，《民法典》物权编第二百三十七条沿袭《物权法》第三十六条规定的恢复原状为损害赔偿的一种表现形式，属于侵权责任的一种方式。一旦该损害赔偿构成，受害人就有权请求责任人予以赔偿，责任人就有义务满足受害人的该项请求，从而在双方之间形成债权债务关系。在这个层面上来观察，应将恢复原状请求权作为侵权损害赔偿之债请求权对待。[②]

---

① 冉克平：《民法上恢复原状的规范意义》，载《烟台大学学报（哲学社会科学版）》2016 年第 2 期。

② 包晓丽：《物权保护请求权在民法典中的体例选择问题研究》，载《法律适用》2015 年第 10 期。

3. 恢复原状在我国民法中有广义与狭义之分

有学者指出，民法中广义的恢复原状，是指恢复权利被侵害前的原有状态，而狭义的恢复原状仅指将受到损害的财产修复。[①] 前者如通过消除影响使被侵害的名誉权得到恢复。后者如通过修理恢复财产原有的状态。也有学者认为，我国法上的恢复原状的含义与他国法上的恢复原状的含义不同，仅指狭义的恢复原状。[②]

还有学者认为，恢复原状这种方式的具体表现形式，就是指通过修理、重作、更换等方式对受害人遭受的财产损失进行救济。[③] 恢复原状的适用以须有修复的可能与必要为前提，如玉器既已破碎就不可能适用恢复原状这种责任形式。

所以，恢复原状在不同的场合适用具有不同的内涵。在合同法上，恢复原状主要适用于合同无效、被撤销或部分的解除场合，通过恢复原状使当事人的权利义务状态达到合同订立前的状态。在物权法上，恢复原状作为物权请求权的一种，意在使权利人恢复对物的原有的支配状态。在侵权法上，通过修理、重作、更换等方式使权利人的损失得以补偿。

4. 《民法典》中物权请求权规范是对其存在正当性的肯认

《民法通则》《侵权责任法》《物权法》都曾规定了物权保护的内容，但由于立法的指导理论不一，导致我国物权的民法保护仍存在一些问题，也使得侵权责任时常掩蔽了物权请求权。在司法实践方面，由于学说的混乱和立法的缺失，导致法院在处理物权保护纠纷时形不成请求权思维，致物权保护纠纷适用法律混乱。

我国物权请求权制度的现状，无疑使这一制度存在的正当性逐渐凸显：首先，物权请求权与债权请求权具有区别，二者不可相互替代；其次，物权本身的特征决定了只有物权请求权才能更有针对性地对物权进行保护；

---

① 王利明：《侵权责任法研究》（上卷），中国人民大学出版社 2010 年版，第 639 页。

② 郭明瑞：《论物之受侵的侵权责任》，载《河南社会科学》2017 年第 8 期。

③ 王利明：《侵权责任法研究》（上卷），中国人民大学出版社 2010 年版，第 640 页。

最后，若采用单一的侵权请求权模式保护物权，将导致侵权责任体系内部的不协调。

所以我国才有必要在《民法典》物权编编纂过程中为完善现有的物权请求权制度，以利于真正完整的物权保护制度的建立，不但要遵守严密的体系构造和拟制的逻辑推理，更要回归公平正义的理念来对待物权请求权制度。①

所以，《民法总则》与《民法典》物权编事实上承认了民法上的恢复原状有赔偿型、利益恢复型与妨害排除型之分。恢复原状的规范意义有作为损害赔偿标准的恢复原状和作为责任承担方式的恢复原状之双重属性。不同立法例下恢复原状责任方式的规范配置有别，法律构造大异其趣。《侵权责任法》过去采以金钱赔偿为主，对恢复原状兼采并容的思路，其规范意义和制度设计，已与传统民法有较大差别。②

此即恢复原状民事责任方式于民法典编纂过程之中的演进。

第二百三十八条　【物权损害赔偿请求权】侵害物权，造成权利人损害的，权利人可以依法请求损害赔偿，也可以依法请求承担其他民事责任。

【条文疏义】

本条基本沿袭《物权法》第三十七条之规定，新增“依法”，强调民事主体请求承担民事责任必须依法进行。

一、损害赔偿请求权为对物权救济的债权补充救济

损害赔偿在一般意义上，是指通过其他方式无法恢复物权的圆满支配状态的情况下，由权利人转向侵害人来主张的以货币的方式赔偿其损失的

① 杨卓黎：《我国物权请求权制度研究》，湖南大学 2015 年硕士学位论文。

② 胡卫：《民法中恢复原状类型与规范意义》，载《行政与法》2015 年第 5 期。

请求权的实现。

在德国法中，恢复原状是一种优先于金钱赔偿而适用的法律救济方式，只有当恢复原状在事实上不可能，亦即不能通过修理和替代、恢复原有的功能，或这样做在经济上具有重大的不合理性时，才考虑用金钱赔偿代替恢复原状，损害赔偿是实践中运用最广泛且最常用的民事责任形式，在物权的保护中同样起着重要的补充作用。

二、物权保护请求权

所谓物权保护请求权是指通过法律规定的方法和程序，来保障物权人在法律许可范围内，对自己的财产行使占有、使用、收益和处分权利的制度。

物权受到侵害时，权利人可以通过和解、调节、仲裁、诉讼等途径解决。因物权的归属、内容发生争议的，利害关系人可以请求确认权利。无权占有不动产或者动产的，权利人可以请求返还原物。妨害物权或者可能妨害物权的，权利人可以请求排除妨害或者消除危险。造成不动产或者动产毁损的，权利人可以请求修理、重作、更换或者恢复原状。

三、多元化保护物权的立法旨在协调民事责任的契合性

侵害物权，造成权利人损害的，权利人可以请求损害赔偿，也可以请求承担其他民事责任。对于物权保护方式，可以单独适用，也可以根据权利被侵害的情形合并适用。侵害物权除承担民事责任外，违反行政管理规定的，依法承担行政责任；构成犯罪的，依法追究刑事责任。

本条规定的赔偿损失特指侵害物权的责任形式，对侵害物权，造成权利人损害的行为，权利人享有损害赔偿的请求权，侵害人应当以自己的财产对所造成的损害予以赔偿。恢复原状请求权的性质在理论和实务上存有争议：学界对恢复原状请求权与恢复原状费用请求权的表里关系的认知亦没有形成共识，因恢复原状属性不明，实践中恢复原状费用纠纷存在同案不同判的现象。梳理恢复原状请求权的内涵与内部结构发现：恢复原状请求权应区分手段性恢复原状请求权与替代性恢复原状请求权，且恢复原状请求权应属于债权请求权。

《民法典》物权编的制度安排无疑是在类型化分解恢复原状请求权的基础上增加了具体的责任形式，以符合多元化保护物权的立法目的；进而整合《物权法》第三十六条与第三十七条责任方式的规定，协调恢复原状与其他责任的契合性。①

【典型案例】

房屋因漏水受损且屋中存物受损的不同民事责任②
——房屋恢复原状但屋中存物只能金钱赔偿

基本案情

邓某民系该市×小区丙×号楼×单元×室业主××的母亲，在此居住多年，屋内物品均为邓某民所有。邓某民因预将房屋出租（根据甲家地产销售管理系统，邓某民居住房屋在2014年3月11日至12月20日的信息显示为招租状态），把室内物品打包后搬至女儿家居住。

2015年1月2日，有其他住户反映邓某民楼上的201室房屋漏水，因201室租户回老家过年，物业公司关闭了进水阀门，并对室外公共下水管道进行了疏通。2015年1月3日，邓某民回家取东西时发现房屋漏水，及时通知物业公司及二楼业主、租户，物业公司进入201室内对下水管道进行了清理。事故发生后，乙龙物业公司于2014年3月11日至2015年3月23日对邓某民居住的房屋墙面进行了修理。邓某民及乙龙物业公司在2015年1月3日对其被淹物品进行了清点，邓某民签字确认。

2015年4月22日，邓某民将所居住房屋租于他人。2015年9月22日，邓某民诉至法院，请求乙龙物业公司赔偿被淹物品损失和3个月房租。庭

① 郭洁、朱海荣：《论恢复原状请求权的债权属性——兼论民法典物权法编的相关设计》，载《江西社会科学》2017年第11期。

② 参见邓某民与高某等财产损害赔偿纠纷案，载首都政法综治网，http：//www.bj148.org/zhengfa/zfsfgk/zfcpws/ms/201701/t20170117_ 1290388.html，最后访问时间：2020年6月7日。

审中，乙龙物业公司认为己方无责任，修复房屋出于道义，认可被淹物品清单但不认可其价值，认为邓某民房屋被淹应该由二楼业主承担责任，但并未提供二楼厨房反水的有效证据。邓某民主张一楼下水管道被堵，乙龙物业公司进行梳理，但亦未提供有效证据。

法院审理

法院经审理认为，因民事侵权行为导致他人财产损害的，应该根据双方责任大小和损害物品价值承担相应的赔偿责任。本案的关键问题在于原告房屋和物品被淹是否系被告的责任。本案中，原告事发时不在家居住，其楼上住户及租户亦不在家居住，被告主张二楼房屋漏水系人为原因导致不符合常理，法院不予采纳。事发后，被告关闭了进水阀门，还对室内和室外下水管道进行了清理，而下水管道属于公共设施，被告有责任保证其正常使用，故对其主张应该由二楼业主承担责任的意见，法院不予认可。

除此之外，201 室在 2015 年 1 月 2 日即被其他业主发现漏水，但物业公司并未主动发现，也未主动将漏水事实告知本案原告，在物业设施维护上存在一定的失职。综上，被告和原告房屋及物品损害之间存在必然因果关系，应该承担损害赔偿责任。鉴于被告已经对原告房屋墙面进行了修理，原告予以认可，法院不持异议。

针对原告的经济损失，法院认为，原告物品损失已经被告当场签字确认，对于其价值，法院考虑鉴于部分物品已经灭失，原告物品亦非全新，应该考虑折旧。关于原告的租金损失，法院认为原告房屋未能出租系被告行为直接导致，原告房屋被淹至被告维修完毕近 3 个月，考虑新装修房屋墙面需要晾干和租户难找等因素，原告要求 3 个月房租合理。

最终判决被告赔偿原告邓某民物品损失 4700 元、房屋租金损失 5300 元，共计 1 万元；驳回原告邓某民的其他诉讼请求。

案件评述

本案系对房屋这一不动产受损后的恢复原状和对房屋中存放的物品进

行金钱赔偿的案例，其充分体现了损害赔偿请求权与物权保护的契合。

一、民事侵权行为损害赔偿责任的认定

1. 一般侵权行为依过错责任为转移

因民事侵权行为导致他人财产损害的，应该根据双方责任大小和损害物品价值承担相应的赔偿责任。本案的争议焦点在于原告房屋和物品被淹是否系被告的责任。鉴于下水管道属于公共设施，是被告履行保证公共设施正常使用义务的行为。显然系对物的恢复原状的救济。

但案涉201室在2015年1月2日即被其他业主发现漏水，鉴于物业公司并未主动发现，亦未主动将漏水事实告知本案原告，故其在物业设施维护上存在一定的失职。有过错即有责任，自应承担相应的损害赔偿责任。

2. 被告和原告房屋及物品损害之间存在必然的因果关系

由于被告已经对原告房屋墙面进行了修理，原告予以认可。针对原告的经济损失，物品损失已经被告当场签字确认，对于其价值，考虑鉴于部分物品已经灭失，原告物品亦非全新，故应该考虑折旧。关于租金损失，原告房屋未能出租系被告行为直接导致，原告房屋被淹至被告维修完毕近3个月，考虑新装修房屋墙面需要晾干和租户难找等因素，原告要求3个月房租合理。

《民法典》物权编第二百三十八条这一规定，实际上即明确了其所沿袭的《物权法》第三十七条与《侵权责任法》之间的关系。《物权法》第三十七条规定的侵害物权所生损害赔偿的请求权，不是物权请求权，也不宜作为物权请求权的从请求权，所以即侵权损害赔偿请求权，有时适用于一般侵权行为场合，有时适用于特殊侵权行为场合，有时单独作为侵权损害赔偿的请求权基础，有时须与有关规定一起作为请求权基础。①

3. 损害赔偿原则的理解与适用

损害赔偿原则包括三个方面，全部赔偿原则指加害人应当赔偿因其加

---

① 崔建远：《中国债法的现状与未来》，载《法律科学》2013年第1期。

害行为给物权人造成的全部损失。损益相抵原则如物权人因损害发生而受有利益，应当将此利益从损失额度中予以扣除。侵权人仅就二者差额部分予以赔偿的原则。过失相抵原则指在侵害物权的损害赔偿责任中，由于双方的混合过错成立而减轻加害人责任的原则。

按照《物权法》的立法逻辑，侵害物权的损害赔偿，应以《物权法》第三十七条作为请求权基础。①

侵害物权，造成权利人损害，是行使损害赔偿请求权的前提。侵害物权的行为，是指行为人主要通过非法侵占、损坏他人之物等手段侵害他人的物及物权的行为；侵害物权的行为与损害结果之间应当具有前因后果关系，即因果关系；一般而言承担损害赔偿责任，侵权人实施侵害物权的行为在主（客）观上须有故意或者过失的过错，过错轻微，或者没有过错，也应当对损害结果承担相应的公平责任。根据我国现行法律的规定，除法律特别规定的侵权行为外，一般侵权行为的受害人要行使侵权请求权都适用过错责任原则。对侵害物权，造成权利人损害的，应当适用全部赔偿的原则。

鉴于就本条与其他法律的关系，有学者认为，《物权法》第二百四十二条和第二百四十四条关于无权占有场合侵害物权所生损害赔偿的规定，应视为第三十七条的特别规定。所以在民法典中的债权相关内容，亦进一步协调了侵权责任与物权相关法条间的体系关系。② 学界业已基本达成共识：《民法典》物权编所分别规定的物权确认请求权、物的恢复原状请求权和物的损害赔偿请求权，虽为请求权但其并不属于物权请求权的范畴，仅仅是基于法律体系贯通一致的考虑，才于《民法典》物权编“物权的保护”章节就物权保护方式作出集合性的规定。③

① 蔡养军：《论相邻关系纠纷的法律适用》，载《北方法学》2016 年第 2 期。

② 崔建远、韩世远、于敏：《债法》，清华大学出版社 2010 年版，第 213 ~ 215 页。

③ 包晓丽：《物权保护请求权在民法典中的体例选择问题研究》，载《法律适用》2015 年第 10 期。

二、对于物权请求权的法律属性学界充满争议

请求权这一概念是由德国学者温德沙伊德站在历史维度，通过逻辑演绎将其从司法概念中剥离出来的，物权请求权的基本形态最早萌芽于罗马法时期。综观物权请求权性质的各种学说，所有的物权请求权性质的争议其实最终都指向一个问题，即物权请求权是否具有独立存在的价值。有关物上请求权的性质，历来有多种观点：

1. 物权请求权之债权说

认为物权的请求权系对特定人行使的独立的权利，属债权性质的权利。

2. 物权请求权之物权作用说

也称物权说，其认为物上请求权是物权的作用，而非独立的权利，其依存于物权而存在、消灭。日本判例采此见解。

3. 物权请求权之准债权说

认为其为类似于债权的一种独立的请求权，但从属于基础物权并与之共命运。凡此种种，不无道理，但又不无偏颇。其中的债权说及准债权说的前提无非把请求权视同债权，然而正如有的学者所指出的，债权与请求权不是同一概念，请求权非为债权内容的全部，债权主要内容在于受领债务而给付。物权作用说，否认物上请求权的独立性的做法未免走得太远。虽然，物上请求权依附物权而发生、移转、消灭，但是，还具有区别于物权的禀性，如物权为支配权，非为请求他人为或不为一定行为，而仍具有请求权的某些属性，以请求他人给付为内容，即二者是相区别的权利。

4. 物权请求权已为一种与侵权行为的回复原状请求权有区别的独立请求权

《物权法》颁布之前，我国民法未将物上请求权作为一项独立的请求权对待，而是将其置于侵权请求中。如各种侵害物权人的权利或妨害物权的请求权都在《民法通则》第六章“民事责任”中加以规定。对于侵权民事责任方式的规定中，《民法通则》第一百三十四条规定了停止侵害、排除妨害、消除危险、返还财产、恢复原状等责任形式。2007 年《物权法》

颁布实施以后，物权请求权已作为一种独立的请求权，该法第三十四条、第三十五条和第三十六条分别规定了返还原物请求权、排除妨害请求权和消除危险请求权、恢复原状请求权。

但是我们应该看到，物上请求权与侵权行为的回复原状请求权是有区别的。弥补侵权行为所生损害的方法，有货币赔偿和回复原状，即货币赔偿请求权与回复原状请求权。此种因侵权行为而生的回复原状请求权是对过去损害进行弥补的一种方法。而物上请求权是对正在进行的侵害的排除或对将来有可能发生的侵害进行预防。

三、物权请求权与债权请求权的基本区别

1. 物权请求权具有绝对性

在现代意义上是指物权人在其物被侵害或有可能遭受侵害时，有权请求侵害人返还原物、恢复原状、停止侵害、消除危险、排除妨害。物权请求权是保护物权的一项专门的制度，是民法上的一项独立请求权制度。其原则上不考虑相对人是否有过错。如果物权人在其物权受到侵害或妨害的情况下，行使物权的请求权，只需要证明相对人已实施了侵害或妨害其物权的行为，便可以要求相对人排除妨害、返还原物、恢复原状。基于物权对世性的特点，即物权的权利主体是特定的权利人，而其义务主体则是权利人以外的一切不特定人，使物权的请求权的行使能够有效地保护物权。

2. 债权请求权仅为相对权

是指在物权受到侵害并发生财产损害时，物权人要求行为人赔偿损失的权利，它是一种索求性、进取性的请求权。其典型的民事责任形式即赔偿损失责任。

3. 物权请求权与债权请求权作为物权保护的不同方法的区别

（1）对人和对物的诉讼对诉讼主体的要求不同

物权请求权的行使主体并不局限于物权人本身，因为物权请求权是与物密不可分的，任何对物的占有构成侵害或妨碍的，物的持有、占有者即可行使此项请求权。如租赁物的承租人对他人侵害租赁物的行为可以提起诉讼行使上述权利。因此，这是一种对物的诉讼。而债权性请求权的行使是以相对人为对象，且以权利人受到实际损害为前提。因此，只有受到损害者才可以以侵害方为被告提起诉讼，故这是一种对人的诉讼。

（2）主观要件不同

物权请求权的实现或物权性民事责任的承担，权利人无须证明行为人主观上有过错。因为权利人仅仅要求将受到妨害的物权恢复到其完满状态。而受害人欲请求行为人损害赔偿者，则应证明其实施侵权行为时主观有过错。

（3）客观损害的证明要求不同

物权请求权的实现不以行为人的行为造成受害人财产损失或其他损失为前提。而行为人承担损害赔偿责任的前提是加害人造成了受害人现有财产或非财产性损害。

（4）诉讼时效的限制不同

债权请求权的行使有诉讼时效的限制，而物权请求权很难适用诉讼时效。《山东省高级人民法院2008年民事审判工作会议纪要》（鲁高法〔2008〕243号）即规定了关于商品房买卖合同中的买受人请求出卖人办理物权变动手续是否适用诉讼时效的问题。在商品房买卖中，如果出卖人已经将商品房实际交付给买受人，买受人亦实现了对商品房的占有，此时买受人请求出卖人转移房屋所有权，办理商品房产权的登记手续的请求权具有物权属性，依据《物权法》的规定不适用《民法通则》关于诉讼时效的规定。

第二百三十九条　【物权保护方式的单用和并用】 本章规定的物权保护方式，可以单独适用，也可以根据权利被侵害的情形合并适用。

【条文疏义】

本条基本沿袭《物权法》第三十八条，但在此基础上作了修改，删除了后半部分关于行政责任和刑事责任的宣示性的规定。

一、本条是关于物权保护的各种方式予以适用的规定

物权受到侵害的，当事人可以通过请求确认权利、返还原物、消除危险、排除妨害、修理、重作、更换、损害赔偿等方式保护自己的权利。上述保护方式，可以单独适用，也可以根据权利被侵害的情形合并适用。

法律责任包括民事责任、行政责任、刑事责任。侵害物权，除承担民事责任外，违反行政管理规定的，依法承担行政责任；构成犯罪的，依法追究刑事责任。宏观上来说，法律对物权的保护可以分为私法上的保护和公法上的保护。物权的公法保护是指直接依据行政法、刑法甚至宪法这样的法律来追究侵权者的责任，以达到保护物权人利益的目的。物权的私法保护是指直接依据民法这样的法律，追究侵权者的民事责任，以达到恢复物权的完满状态的目的。这两种保护方式在法律程序和责任性质上有很大的不同，公法保护主要是强制性规范的应用，具有惩罚性；私法保护则是任意规范的应用，具有补偿性。虽然其存在不同，但两者并不相互排斥，而是相互配合、相互包容，共同对公民合法物权进行有效的保护。

二、物权保护是一个内涵丰富的法律范畴

1. 物权保护总体可分为公法保护和私法保护

公法保护就是刑法、行政法以及诉讼法对物权的保护。私法保护则是物权的民法保护。传统民法理论对物权的保护主要有物权请求权和侵权请求权两种保护模式。从法制发展的角度来看，我国对物权民法保护的立法安排主要是：1987 年施行的《民法通则》确立了与传统物权请求权不同的侵权请求权的保护模式，2007 年施行的《物权法》又提出了传统的物权请求权模式，2010 年施行的《侵权责任法》承袭了《民法通则》的侵权责任模式，2017 年施行的《民法总则》才进一步完善了民事责任的承担方式。

2. 明确物权保护的立法安排以建立完善的权利救济体系

面对我国如此复杂的或称重复或交叉的立法规定，一方面使得物权保护在法律适用上产生了困难和分歧，另一方面也有违现代法制逻辑体系科学严谨的特点。于此民法典编纂的时代契机，《民法典》物权编之所以明确物权保护的立法安排，是因为要建立完善的权利救济体系，是民法典编纂工作中的重要一环。

【典型案例】

所有权人偷盗自己业已出质之物权利人如何获得法律保护①

——多重物权保护措施的综合实验

基本案情

2012年10月16日，宋某与王某口头约定，由王某将10万元借给宋某，宋某则将其牌号为赣EU××××的奥迪A4小轿车质押在王某处。借款到手后，宋某用预留的车钥匙于同年11月30日在该市某酒店附近将质押给王某的奥迪A4小轿车秘密开走。当王某发现车子不见时，便询问宋某是否将车子开走，宋某则予以否认，并谎称该车可能是被银行或车行开走。

2012年12月1日，宋某又将该车质押给楼某，借款12万元，宋某将借来的两笔款项大部分用于赌博。经鉴定，质押物奥迪A4小轿车的价值为人民币24.3万元，公诉机关以宋某涉嫌盗窃罪提起公诉。

法院审理

法院经审理认为，被告人宋某盗窃他人财物，价值人民币24.3万元，数额巨大，其行为已构成盗窃罪。被告人对主要事实如实供述，可认定坦白，依法可从轻处罚。依法判决被告人宋某犯盗窃罪，判处有期徒刑5年，并处罚金5万元。

一审判决后，被告人宋某不服，提出上诉。市中级人民法院经审理后裁定：驳回上诉，维持原判。

① 参见《出质人窃回他人合法占有的质押物构成盗窃罪》，载中国法院网，https：//www.0chinacourt.org/article/detail/2014/03/id/1221902.shtml，最后访问时间：2020年6月8日。

案件评述

一、本案的观点争议

对被告人宋某秘密窃回由被害人王某占有的质押物奥迪 A4 小轿车是否构成盗窃罪存在争议：

第一种意见认为，宋某的行为不构成盗窃罪。理由如下：

宋某与王某未按《物权法》的规定订立书面质权合同，违反法律的强制性规定，口头质权合同无效，被害人王某占有宋某奥迪车没有法律依据，因此，宋某秘密将自己的轿车取回不构成盗窃罪。刑法理论通说认为，盗窃罪侵犯的客体是他人公私财产所有权（所有权说），而本案中奥迪轿车在质押后只是转移了占有，其所有权并未发生转移，仍属于宋某，宋某窃取的是自己的财物，不构成盗窃罪。

第二种意见认为，宋某的行为构成盗窃罪。理由如下：

宋某与王某之间的口头质权合同系在双方真实意思表示的情况下订立，且双方均已经履行主要义务，该合同成立有效。被害人王某对质押物的占有受法律保护，宋某秘密将质押物窃走侵犯了王某的合法占有权和就质押物享有的优先受偿权。我国传统刑法理论将盗窃罪侵犯的法益限定为公私财产所有权，导致刑法保护的范围过于狭隘，不利于发挥刑法保护法益的作用，在司法实践中几乎处于被抛弃的边缘。

二、本案法律适用的启示

本案虽然是一个刑事案件，但是它也从侧面反映了法律对物权人的保护。这个案件可以给我们带来以下几点启示：

1. 物权法保护客体的广泛性使其不能仅仅局限于所有权

用益物权人和担保物权人的合法物权无疑也要受法律保护。

（1）限制物权限制了所有权

对于用益物权而言，虽然其仅仅具有对物的部分支配权利，但在其存续的时间和空间上，也存在对物的所有人和其他人的对抗和排斥。当他人的行为侵害用益物权人行使其权利时，用益物权人也可以提出请求排除妨害、恢复原状、赔偿损失等诉讼请求。

（2）对于担保物权可将其分为抵押权、质权和留置权分别讨论

抵押权由于是不转移对物的占有，所以其并不存在物的返还请求权。一般认为，抵押权人可以主张停止侵害请求权、恢复原状请求权以及增加担保请求权。与抵押权不同，质权和留置权的成立要以担保物权人对物的占有为前提，所以一般认为，这两种担保物权的权利人是可以享有返还原物请求权的。

2. 物权不能仅依赖物权法保护须实行综合法律调整予以规制

例如，刑法中就规定有盗窃罪、抢劫罪、侵占罪等一系列对财产权益侵害而适用的罪名。所以对他人合法的物权进行侵害，如果损害后果达到一定程度的话，侵权人还要承担公法上的责任。

本案中，宋某与王某之间的口头质权合同系在双方真实意思表示的情况下订立，且双方均已经履行主要义务，该合同成立有效。被害人王某对质押物的占有受法律保护，宋某秘密将质押物窃走侵犯了王某的合法占有权和就质押物享有的优先受偿权。所以其不仅要承担民法上的责任，也要受到刑法的严厉制裁。

《民法典》物权编第二百三十九条所沿袭的《物权法》第三十八条明确了物权请求权与侵权请求权之间的相互关系。在物权遭受侵害后，受害人可以仅行使一项请求权，也可以合并行使两项请求权。[①] 受害人在行使不同请求权的同时可以依法选择适用不同的保护方式，这二者并不矛盾。

三、此条规定旨在于行为规则与结果规则之间达到平衡

确立同一物权违法行为的公法责任与私法责任，明确财产规则和禁易规则的行为结果，规定责任规则的适用条件，增设惩罚性责任规则，赋予禁易规则以结果性规定，从而提升物权保护规则的整体效率。[②]

在我国法上，物权请求权与侵权责任形式存在重复，《民法典》物权

---

① 蔡养军：《论相邻关系纠纷的法律适用》，载《北方法学》2016 年第 2 期。

② 郭洁、姚宇：《卡－梅框架下我国物权保护规则的配置研究》，载《政法论丛》2017 年第 6 期。

编第三章“物权的保护”中有物权请求权的内容，而总则编第一百七十九条规定的侵权责任形式中也包含物权请求权的内容。我国学界的观点中，也有很多人认为物权请求权可以纳入侵权责任形式之中。所以这些学者认为，我国的侵权责任法应该独立出债法，从而完善民法典体系和醇化债法。

但是，实际上这种观点仍有值得反思之处。物权请求权的独立价值，应该从物权的权利划分和物权本身的性质中去寻找。当权利科学发展到请求权的阶段时，权利自身成为第一位，通过诉来实现和保护权利成为第二位。但是，相较于之前权利与诉讼是融为一体的，请求权的法律技术具有里程碑式的意义。物权的支配权性质与其支配状态的可恢复性是物权请求权的存在基础。

而且，物权的支配权性质与绝对权效力又往往融为一体、相互交织，在物权实际行使和对物权的理解中又是难以分开的。这样就必然对物权请求权的性质在理解上造成分歧，不一致的理解实际上是理解的角度出现了偏差。物权请求权与侵权责任的确都能保护物权，但是它们的作用是在不同的层面上的，比较而言，物权请求权在保护物权上更具直接性，丢弃物权请求权的观点反映出对民法请求权体系和请求权思维方式的欠缺。①

四、本案可否附带民事诉讼的问题

最高人民法院曾指出，刑事附带民事诉讼制度是具有中国特色的重要诉讼制度。全国人大法律委员会经研究认为，为有效化解社会矛盾纠纷，在总结司法实践经验的基础上，进一步完善附带民事诉讼程序是必要的。因此，新的刑事诉讼法，对附带民事诉讼制度进行了修改完善。修改后的附带民事诉讼制度更符合中国的实际情况，也更讲理，更能保护被害人的合法权益，更能落实宽严相济政策。对维护被害人、被告人的合法权益，对树立司法权威和保障司法的统一，都有极其重要的意义。

因此，本案被告判处有期徒刑 5 年，并处罚金人民币 5 万元。说明其尚有经济赔偿能力，故而，本案应否正确理解并正确贯彻执行刑事附带民

---

① 栾群：《侵权责任形式论》，中国政法大学 2011 年博士学位论文。

事诉讼制度的问题，就值得案涉法律工作者进行思考了。

1. 附带民事诉讼有利于及时充分地保护受害人的合法权益

参与本案刑事诉讼的法律人对被害人的物质损失了如指掌或相当清楚，如在刑事诉讼过程中附带予以解决，不但便于损失的及时解决，也有利于及时安抚被害人。

2. 附带民事诉讼有利于对贯彻宽严相济政策正确量刑

审理刑事附带民事诉讼案件，人民法院自应结合被告人赔偿被害人物质损失的情况认定其所具有的悔罪表现，并在量刑时予以考虑。这在物质损失的赔偿情况已为法定的量刑情节的情况下，没有赔偿损失情节，当然不予考虑，而如若赔偿损失，量刑时即可有所体现。故在被告人赔偿被害人物质损失的情况下，既然已是认定被告人悔罪表现的要素之一，可以影响到量刑。司法实践中，赔偿和不赔偿是不一样的，对于附带民事诉讼已经调解或和解且取得被害人方谅解的，事实上都给予了从宽处理。[①] 故可见，赔偿被害人物质损失的情节作为被告人悔罪的一个具体体现，也有利于维护被告人的合法权益。

所以，本案没有刑事附带民事诉讼，本案被告人也就难以被认定具有这一量刑情节。

3. 附带民事诉讼有利于案结事了，节约诉讼资源

一般情况下，被告人为了获得较轻的量刑情节，除个别家庭经济困难者外，都会有较高的赔偿积极性。如此，不但可以满足一些被害人的物质损失的正当要求，安抚了被害人，使矛盾得以化解；也有利于被告人可以减轻所受刑罚，就个案而言降低缠诉的情节。同时，由同一司法机关同一组织解决，轻车熟路，得心应手，避免重复劳动，当事人也不必受多次讼累，无疑节约了司法资源。

故而可以认为，本案如能刑事附带民事诉讼有其积极意义。

---

① 殷桂海：《关于刑事附带民事诉讼的几个问题》，载中国法院网，https：//www. chinacourt. org/artIcle/2013－06－27，最后访问时间：2020 年 6 月 18 日。

第二分编　所有权

第四章　一般规定

第二百四十条　【所有权的定义】 所有权人对自己的不动产或者动产，依法享有占有、使用、收益和处分的权利。

【条文疏义】

本条沿袭了《物权法》第三十九条之规定。

一、所有权与所有权的权能

1. 所有权为永久性支配权

所有权是指所有人依法按照自己的意志，通过对其所有物进行占有、使用、收益和处分等方式，独占性支配其所有物并排斥他人非法干涉的永久性权利。所有权是物权制度的基本形态，是其他各种物权的基础，所有权以外的物权，都是由所有权派生出来的，因此，所有权是其他物权的源泉，其以永续存在为基本特征。本条还规定了所有权的权能及其分类。

2. 所有权的权能是所有人实现其独占利益的措施和手段

所有权的权能是所有人为利用所有物以实现对所有物的独占利益，而于法律规定的范围内可以采取的各种措施与手段。所有权的不同权能表现了所有权的不同作用形式，构成所有权内容的有机组成部分。①

① 赵万一：《论所有权的权能》，载《现代法学》1985 年第 2 期。

所有权的积极权能是财产所有人为利用所有物实现所有权而须主动进行的行为。按照《民法典》物权编第二百四十条沿袭的《物权法》第三十九条的规定，占有、使用、收益和处分就是所有权的积极权能。此外，所有权尚有消极权能，即排除他人非法干涉的权能。

二、我国《物权法》规定了所有权的四项积极权能

财产所有权是财产所有人在法律规定的范围内对属于他的财产所享有的占有、使用、收益、处分的权利。其特征有：所有权是绝对权，所有权是排他性的权利，所有权是一种最完全的权利，所有权具有恒久性。

1. 占有

是指权利主体对物的实际支配和管领。它并非行使所有权的目的，而往往是所有人对物进行使用、收益或处分的前提。占有权能作为所有权的一项独立权能，在一定条件下可与所有权分离。当占有权能与所有权分离而属于非所有人时，非所有人享有的占有权能同样受法律保护，故所有人不能随意请求返还原物而恢复其对所有物的占有。

占有在此处是作为所有权的权能论及，因而它与传统民法占有制度中的占有权有所区别，不可混淆，即占有是一种事实上对财产的支配，占有权则可能会涉及财产的交付、权能的移转、物之返还、所有权的取得等方面。

2. 使用

是指依物的通常使用方法，不毁损该物或变更其性质，以供生活需要而对物进行的利用，[①] 如：使用电脑、阅读图书、骑自行车等。该权能是所有权权能中一个重要权能，它通常由所有人享有，但有时也与所有权分离而由非所有人享有。

3. 收益

是指收取所有物的孳息的权能。孳息分为天然孳息与法定孳息。天然

---

① 梁慧星主编：《中国民法典草案建议稿附理由·物权编》，法律出版社2004年版，第67页。

孳息，是利用物的自然属性而获得的，如种植树木收取果实，饲养鸡鸭收取禽蛋等。法定孳息，是依一定法律关系的存在而获得的，如出租房屋收取租金，储蓄货币而获得利息等。

4. 处分

是指权利主体对其财产在事实上和法律上的处置。处分权能是所有权权能中带有根本性的一项权能，因为处分权能涉及财物的命运和所有权的发生、变更和终止问题，而占有、使用和收益，通常不发生所有权的根本改变。处分包括事实上的处分和法律上的处分，前者是指对标的物有形的变更或客观上使物归于消灭，如打碎玻璃，爆破违章建筑等；后者是指将标的物所有权加以转移、限制或消灭，从而使所有权发生变动的法律行为，如买卖行为、赠与行为、所有权的抛弃及设定其他物权等。

民法的所有权是基于所有物而产生的所有权人与他人的财产关系。民法上讲所有权，不仅要讲所有权人对所有物的权利，而且主要是讲所有权人与他人的关系。首先，法律处分是一种法律行为。其次，其导致物的权利变动。最后，它是对物的价值的利用，利用的目的不在于直接满足生产生活的实际需要，而在于取得物的货币价值。通常，处分权只有所有权人才能享有，非所有权人只有在特定情况下才能依法享有财产处分权。

三、对抗他人非法干涉为其消极权能

所有权是排他性的权利，任何人没有合法理由均不得干涉所有权人行使所有权，更不得剥夺他人的所有权，否则即构成对他人所有权的侵害，就要承担赔偿责任。所有权的消极权能，即排除他人干涉的权能。所有权作为所有权人对其物享有全面支配性的权利，其可以对抗所有权人之外的任何人。故而此项权能，被认为是所有权绝对性的体现，也是实现所有权的各项积极权能的必要条件。

排除他人干涉的权能，体现于所有权的行使受他人非法干涉之时。若无非法干涉，则此项权能隐而不现，故名“消极权能”。排除干涉的方法，广义上包括请求侵权赔偿和行使物上请求权，后者如前所述包括返还原物请求权、排除妨害或消除危险请求权、恢复原状请求权等内容。其要件虽然相异，但目的均在于恢复所有人对其所有物的圆满支配状态。

自罗马法以来，所有权就一直被看成对物的最完全的支配权，是物权的最高级形态。

但这并不意味着所有权是一种绝对的、不受任何制约的权利。相反，所有权自古以来就受到一定的限制。在我国，国家、集体和公民个人财产所有权在受到法律充分保护的同时，也受到一定的限制。

【典型案例】

如何保护所有权人的所有权①

——有了所有权能干什么

基本案情

2014年年初，原告邱某宝与被告福某宏公司签订了一份江淮牌厢中型式货车的挂靠协议，原告邱某宝全资购买该车辆，挂靠到被告福某宏公司用于经营，约定原告邱某宝以自有资金的形式将所购车辆挂靠到被告福某宏公司名下，车牌号为×××，车辆的所有权和使用权归原告邱某宝所有，挂靠期间，被告福某宏公司每年一次性收取服务费3000元，如原告邱某宝拖欠该协议所涉费用，超过一个月不交的，被告福某宏公司有权将该车辆停驶。

2017年7月22日，被告福某宏公司从北京市大兴区黑色金属有限公司门口将×××号货车拖走，现停放在被告福某宏公司的停车场。2017年协议到期后，原告邱某宝与被告福某宏公司协商解除协议但遭到拒绝，协商不成后，被告福某宏公司于2017年7月22日将×××号货车强行开走，原告邱某宝多次索要无果，故诉至法院。

① 参见福某宏公司与邱某宝返还原物纠纷案，载中国裁判文书网，http：//wenshu. court. gov. cn/website/wenshu/181107ANFZ0BXSK4/index. html，最后访问时间：2020年6月8日。

法院审理

一审法院经审理认为，所有权人对自己的不动产或者动产，依法享有占有、使用、收益和处分的权利。虽车牌号为×××的车辆登记在被告福某宏公司名下，但双方均认可原告邱某宝系该车辆的实际所有权人，故原告邱某宝享有该车辆的占有使用权。现被告福某宏公司强行占有该车辆，虽双方存在挂靠合同关系，但被告福某宏公司并未提供充分证据证明其享有占有车辆的权利，故其应该将车辆返还原告邱某宝。

依据《物权法》第三十四条、第三十九条之规定，判决被告福某宏公司于本判决生效后10日内将车牌号为×××的江淮牌中型厢式货车返还原告邱某宝。

二审法院经审理认为，根据查明的本案事实，案涉车牌号为×××车辆虽然登记在福某宏公司名下，但双方均认可邱某宝系该车辆的实际所有权人，故一审法院关于邱某宝享有该车辆的占有使用权的认定是正确的。二审法院遂驳回上诉，维持原判。

案件评述

本案例体现了所有权人对自己的不动产或者动产，依法享有占有、使用、收益和处分的权利，公民的合法财产受法律保护，任何组织和个人不得侵害。通过这个案例，我们可以很好地理解所有权的四项积极权能：占有、使用、收益和处分。积极权能确切地反映了所有制关系的内容，又适当地概括了所有权人实现其法定利益的各种行为措施与手段。而所有权的消极权能，正如本案可见，就是排除他人非法干涉的权能。

一、“挂靠”是改革开放以来出现的一种新型经营模式

1. “挂靠经营”有合法和不合法之分

“挂靠”这个词，即使在《现代汉语词典》和《辞海》里原来也是找不到其注解的。它凸显了汉语言不断演进中的进步，也彰显了中华民族的创新能力。挂靠曾几乎遍布各行各业，工业、农业、商业、文化产业，挂

靠现象无所不有。不过挂靠经营，有合法和不合法之分。[①]《建筑法》对这所谓挂靠经营模式，是明令禁止的。但即使在建筑市场上，实际的建筑经营活动中，其也是屡见不鲜，屡禁不止。既有“优势互补”型挂靠；也有“收费创效”型挂靠；还有“劳务分包”型挂靠；以及“现成项目”型挂靠；或者还有“项目经理资质”型挂靠。

2. 凡事总有利弊得失，当然“挂靠”也不例外

挂靠双方关于“挂靠的交易”，总是在偷偷摸摸地不那么光明正大地进行着。无论何种形式的违规挂靠，总有一纸《协作协议》或《联营协议》之类的东西。为规避违规挂靠中的某些风险，被挂靠单位总要同挂靠人签一个东西，写上几条，甲乙双方的权利义务，谁谁在哪些方面该如何如何，谁谁在哪些方面不能如何如何，总是写得清清楚楚，明明白白。有些地方，可能还几度斟酌，文字处理得相当严谨和严密，让人挑不出任何毛病。尽管这是一个“不平等条约”——被挂靠单位总是以强势地位居高临下地在“协议书”上要求挂靠人如何如何，而对自己应尽的义务却是闪烁其词。尽管这是一个“无效合同”——国家明令禁止的挂靠经营行为，所签合同均应视为“无效合同”。

《民法总则》第一百四十六条规定：“行为人与相对人以虚假的意思表示实施的民事法律行为无效。以虚假的意思表示隐藏的民事法律行为的效力，依照有关法律规定处理。”故本案这种挂靠，即为隐藏的民事法律行为。

3. “挂靠”经营屡禁不止绝非“一禁能百了”

很多学者认为，挂靠经营的发生、发展，及其违规挂靠经营的屡禁不止，具有一定的历史渊源，其原因是多方面的。既有转型时期的体制机制影响；更多的是经济管制中各种资质构筑的市场壁垒影响；再加上挂靠双

---

① 陆汉洲：《违规挂靠：福乎？祸乎?》，载人民网，http：//www. people. com. cn/GB/index. html/，最后访问时间：2020 年 6 月 12 日。

方的既得利益驱动；在对无序状态的市场监管不力的语境下，违规挂靠绝非“一禁”即能“百了”。

治理违规挂靠，绝不是发一个文件，开一次会，出一张罚单就能轻易解决的。司法实践中，为了要正确把握和处理好法与理的关系，法官应正确把握和处理好禁与管的关系，正确把握和处理好疏与堵的关系。对于违规挂靠，“堵”是必需的。但最好的办法是对此加强“疏导”。

二、隐名股东的合法权益同样受法律保护

1. 被记载在股东名册上的民事主体可以并非真实的股东

一般而言，被记载在股东名册上的人即为公司股东，但实践中也存在很多被记载在股东名册上，却并非真实股东的情况，即“代持股”。有些实际对公司履行出资义务的人因为种种原因选择不成为被记载于股东名册上的股东，而是选择委托他人代为持有公司股份、享有股东权利。这种委托他人代为持有公司股份的行为就是代持股。

代持股必然会涉及显名股东和隐名股东，显名股东是代为持股、被记载于股东名册上的人，对于公司和公司债权人而言，显名股东就是被认可的股东；隐名股东是实际出资、委托他人代持股的人，隐名股东虽然是事实上的股东，但是对于公司和公司债权人而言，隐名股东的身份不被认可。由于这种代持股关系的复杂性和不稳定性，隐名股东和显名股东之间容易就股权归属、股东权利问题引发纠纷，隐名股东的权益极易受到侵害。

2. 隐名股东可依法请求行使股东权利

（1）隐名股东要证明与显名股东之间存在代持股的约定

一般来说，代持股协议书、委托投资协议书等书面协议的证明力比较高，法院对于双方签字、盖章确认的已成立并生效的协议书效力会予以认定。如果双方只达成口头代持股协议，需要转账记录、证人证言等证据来综合证明隐名股东的确对公司进行了实际出资，如果证人证言可以证明公司其他股东对于代持股情况知情，则更加有利于法院对代持关系的认定。

（2）隐名股东可以请求办理股权变更登记

只要隐名股东证明了自己业已依法向公司出资的事实，譬如通过代持股协议中对出资情况的约定，以及银行流水等证据来综合证明。

在公司其他股东的配合下，自可办理股权变更，从隐名股东变为显名股东。

三、以个人主义为基础的权能理论在现代市场经济环境下遭遇挑战[①]

传统的所有权权能理论是建立在个人主义的哲学基础上的，即将所有权的享有和行使视为单个社会主体理性思考的结果。随着商品经济的发展以及生产力水平的提高导致剩余财产的增多，人与财产的关系除占有和使用权能外在所有权层面上就表现为收益和处分权能的出现。

在简单商品经济条件下，对物的支配利用体现为直接占有、使用，因而传统的所有权权能理论具有充分的解释力。在商品经济发展到一定时期，出现权能初级分离的现象时，所有权人与他物权人各自关注物的交换价值和使用价值，两者不发生交叉重叠，现有所有权权能体系通过所有权的“弹力性”规则、权能分离理论能够有效协调主体之间的关系。个人或者家庭将财产投资于企业、基金等形成社会广泛层面的物的聚合或者人的聚合。物的聚合主要表现为财产的共有或者基金等情形，人的聚合主要表现为公司或者企业。

在现代市场经济条件下，团体、企业或者法人成为社会生活中主要的财产所有者。团体、企业、法人虽然具有独立的法律人格，但不可能像自然人那样形成所有人与财产的直接结合。团体或者法人的所有权的意义在于如何保证使其财产增值或者保值。这就涉及如何对财产进行科学的管理。在物的聚合中如财产共有和基金同样涉及财产的管理问题。因此人的聚合和物的聚合要求所有权包含管理权能。

四、所有权从归属到利用并从利用到管理的演进

强调所有权人直接对物进行管领、支配，实现其使用价值和交换价值，

① 赵万一：《论所有权的权能》，载《现代法学》1985 年第 2 期。

体现了物之归属的重要性。以“权能分离”为中心的理论则将关注的重心从物之归属转向物之利用，从而实现“物尽其用”的目标。从归属到利用的观念转变在一定程度上改变了人们对所有权权能的认识。现代社会，伴随社会分工的细化、人的聚合与物的聚合现象出现，管理者阶层的作用日益显现。他们虽然关心物的使用价值和交换价值，但是并不直接从使用价值与交换价值中获益，而是基于绩效获得薪酬。公司治理结构中，“股东会中心主义向董事会中心主义转变”以及“董事会中心主义向职业经理人中心主义转变”等趋势表征了从利用到管理的发展趋势。所有权权能理论和内在结构也应当随之发生变化，以适应新型的社会生活。管理权能应运而生。

第二百四十一条 【所有权人设立他物权】 所有权人有权在自己的不动产或者动产上设立用益物权和担保物权。用益物权人、担保物权人行使权利，不得损害所有权人的权益。

【条文疏义】

本条沿袭了《物权法》第四十条之规定。

一、他物权是指在他人所有的物上所享有的权利

在我国，用益物权和担保物权都属于他物权。他物权来源于所有权，或者因所有权人的授予而获得，或者因法律的规定而取得。《民法典》物权编第二百四十一条规定了所有人在自己的不动产或动产上设立用益物权和担保物权的权利。所有权的特点之一即其不但可以与所有权的四项权能中的一项发生分离，而且可以与其中的两项、三项，直到全部都发生分离。所有权人在自己的动产和不动产上设立用益物权和担保物权也是所有权人实现使用和处分权能的体现。

二、用益物权的概念及其法律特征

所谓用益物权，是指非所有人基于法律、合同或者其他合法依据，在一定范围内对他人所有的物进行使用、收益的权利。作为一种物权，它除了具备物权的一般法律特征以外，又具有自己的一些独特特征：

1. 用益物权的产生和存在以所有权的存在为前提；

2. 用益物权属于限制物权；

3. 用益物权的内容是在一定期限内对物的占有、使用和收益的权利；

4. 用益物权主要以不动产为标的物。

三、担保物权及其法律特征

1. 担保物权为用益物权的对称

属于他物权或限制物权范畴。为了担保债权的实现，由债务人或第三人提供特定的物或者权利作为标的物而设定的限定物权。包括抵押权、质权、留置权等。

2. 担保物权具有物上代位性，属有随附性的价值权

担保物权不以标的物的实体利用为目的，而是注重于其交换价值，以确保债务的履行，故又被称为“价值权”，其标的物必须具有交换价值。至于权利客体价值形态的变化，并不影响担保物权的存在。因而担保物权具有物上代位性，即当担保物权的标的物转化为其他价值形态时，担保物权以变形物为客体。担保物权以债权的存在为前提，具有附随性。

四、意定他物权的设定应具备法定的要件

1. 他物权设定原则上要有设定他物权的合意

所谓合意，是指当事人就是否设定他物权以及他物权的内容等方面达成一致的意思表示。

2. 他物权的设定应予公示

法律对物权变动的效果的产生，并不仅仅满足于当事人单纯的法律行为上的意思表示，而必须满足一定的公示要件，如果比较他物权的设定与所有权的取得，自可以看出他物权设定在公示方法上更为严格。

（1）动产他物权设定的公示方法

如果他物权的客体为动产，那么原则上应当采取交付的方式，但对于某些特殊的动产物权也可以采取登记方式，如民用航空器抵押权、船舶抵押权等，这业已属于“准不动产”之范畴。

（2）不动产物权变动的公示方法原则上采取登记方式

就所有权的取得而言，未必都要采取登记的方式，而就不动产他物权的设定而言，则一般应当采取登记的方式，例如，土地使用权设定应当采取登记方法。如果没有登记，当事人之间只能够产生债权的效力。

【典型案例】

质押权人能否在未通知且未取得同意时即处分抵押物[1]

——法律对质押权人处分质押物的限制

基本案情

2014年12月26日，原告王某奎（借款人）与被告侯某英（出借人）签订《车辆抵押借款合同》，约定借款2万元，月利息1600元，借款期限自2014年12月26日至2015年1月25日。合同还约定原告以车牌号渝A6××的奇瑞车作抵押，车辆由被告保管。

合同第三条约定，如果原告到期不能全额偿还本借款，则从逾期之日起对未偿还部分加收150元/天的违约金，逾期超过10日的视为原告彻底违约，被告可以解除本借款合同，要求原告支付合同总借款金额20%的违约金。

合同第七条约定：1. 抵押期间，原告对抵押车做出的任何处置均无效；2. 原告如不能按时还款，自逾期60天后，被告可以变卖抵押物挽回损失，原告同时签署《逾期变卖委托书》。

合同签订当天，被告交付了借款2万元给原告，原告交付其名下的诉

① 参见王某奎与侯某英动产质权纠纷案，载中国裁判文书网，http：//wenshu. court. gov. cn/content/content? DocID = f3582966 - da9a - 492d - 996f - 70ae43ee8f3c，最后访问时间：2020年6月8日。

争车辆渝 A6××号、钥匙及相关文件、证件，该车交付时行驶里程为4.2万公里左右，该车交付前按时进行了保养。

借款期满后，原告未能按时还款，被告于2015年5月初将车以2万元价格出售。原告称，被告在未通知且未取得其同意的情况下擅自将质押车辆低价变卖，要求赔偿给原告造成的损失。审理中，经过专业估值，案涉车辆目前参考市值4万元整。

法院审理

法院经审理认为，根据《合同法》第八条、第六十条、第一百零七条，《物权法》第二百零八条、第二百一十四条，原、被告签订《车辆抵押借款合同》约定原告将其案涉渝 A6××号奇瑞车交与被告作为借款担保，后原告实际将该车交与被告，故双方成立以案涉渝 A6××号奇瑞车为标的物的质押。借款期满后，原告未能及时还款，被告有权通过拍卖、变卖、折价等方式实现质权并优先受偿，但本案被告出售案涉渝 A6××号奇瑞车的价格明显低于该车市值，给原告造成损失，应当予以赔偿。

法院认为，原告损失应以案涉渝 A6××号奇瑞车的市值4万元扣除应偿债务计算为宜。原告应偿债务由借款本金、借款利息、逾期利息三部分组成。《最高人民法院关于审理民间借贷案件适用法律若干问题的规定》第三十条规定，出借人与借款人既约定了逾期利率，又约定了违约金或者其他费用，出借人可以选择主张逾期利息、违约金或者其他费用，也可以一并主张，但总计超过合同成立时一年期贷款市场报价利率四倍的部分，人民法院不予支持。

经计算，原告应付被告借款本息共计21649.32元。抵扣后，被告应支付原告18350.68元（4万元－21649.32元）。

综上所述，法院判决被告侯某英在本判决生效后立即支付原告18350.68元。

案件评述

一、本案所涉及的质权之设立与实现问题

抵押权、质权、留置权均属于担保物权。本案中，原告王某奎以车牌号渝 A6××的奇瑞车作质押向被告侯某英借款，双方签订借款质押合同，该合同真实有效，且不违反法律规定。后原告实际将该车交与被告，故双方成立以案涉渝 A6××号奇瑞车为标的物的质押。借款期满后，原告未能及时还款，被告依据其依法享有的质权有权通过拍卖、变卖、折价等方式实现质权并优先受偿。

《民法典》物权编第四百一十条规定："债务人不履行到期债务或者发生当事人约定的实现抵押权的情形，抵押权人可以与抵押人协议以抵押财产折价或者以拍卖、变卖该抵押财产所得的价款优先受偿。协议损害其他债权人利益的，其他债权人可以请求人民法院撤销该协议。抵押权人与抵押人未就抵押权实现方式达成协议的，抵押权人可以请求人民法院拍卖、变卖抵押财产。抵押财产折价或者变卖的，应当参照市场价格。"本案被告作为质权人，以不合理低价实现质权时，即出售案涉渝 A6××号奇瑞车的价格明显低于该车市值，给原告造成损失，应当予以赔偿。

二、他物权的设定旨在物尽其用和定分止争

1. 所有权的行使是他物权的本源和基础

用益物权与担保物权的设定，源于所有权人对其所有权的行使。让渡对物的占有、使用，或者以物的价值为他人设定担保，正是所有权人对其所有权中诸项权能的行使。所有权人根据法律和合同，可以将使用权转移给非所有权人行使，非所有权人取得使用权、行使使用权，必须依据法律与合同的规定进行。所以，非所有人享有的使用权，不过是从所有权中分离出来的权能。

所有权人根据法律或者合同用自己的物为他人债务提供担保，是对其物所有权中处分权的行使，非所有权人取得担保物权、行使担保物权，必须依据法律与合同的规定进行。所以，他人享有的担保权利，同样也是从

所有权中分离出来的权能。也正因如此，用益物权人、担保物权人行使权利必须依据法律或者合同的约定进行，不得损害所有权人的权益。

2. 新型物权的融入要求他物权制度之功能的不断提升

（1）以权利与权能为出发点的“权能分离论”须与时俱进

“权能分离论”把权能与权利的关系理解为部分与整体的关系作为他物权设定的前提。其符合近代物权法的绝对所有权观念，与自由资本主义的经济理念相契合，强调所有权人的理性亦即市场主体的理性。

随着市场交易的发展，物的利用关系日趋复杂，作为“权能分离”基础的绝对所有权此时的解释能力，自然捉襟见肘。在错综复杂的经济关系中，绝对所有权都对资源的有效利用和优化配置设置了诸多障碍。“权能分离论”是特定时代的一种理论解释模式，其难以适应时代发展对物权制度体系更新的需求。

（2）新的具体制度已超越“权能分离论”的局限

虽然“权能分离论”因受时代的局限而具有诸多缺陷，但却因其内在规定性表现于就物权客体所包含的特定的利益而设定权利，而能够实现制度上的超越。

首先，他物权的优位化趋势愈益增长。他物权作为财产的一种积极实现方式，基本适应了市场经济发展的需要。成为当今国际社会优化配置和充分利用有限社会资源的普遍做法。在第二次世界大战后获得迅速的发展，尤其是对区分所有建筑物的发展起到了推动作用。与此类似，日本在战后也制定了《日本借地借家法》以适应这种趋势。

其次，物权制度与债权制度相互交融。即“物权的债权化，债权的物权化”。物权法从以“归属”为中心向以“利用”为中心转变，确认某些债权具有对抗第三人的效力，即强化债权的效力。代表债权的有价证券也开始成为物权的客体，即债权物权化的现象业已普遍产生，作为商业货币的票据广泛使用，并且适用“善意取得”等物权制度，使债权能自由地如同物一样进行交易。

赋予特定的权利之“持有人”以“准物权”地位外延的不周延至少说明了物权法体系本身已经出现了对现实的不适应症。

最后，信托制度的蓬勃发展与扩张应用，能够消除两大法系在价值取向和思维模式上之差异，实现信托这一英美法系开创之制度与大陆法系基本理念的融合。使受托人与受益人之间具有多种性质的权利义务关系。所有权人只具有名义上的地位，所有权人能实际支配的只是物权客体上的一定利益。其具体的物权制度却因为适应了社会需要而表现出旺盛的生命力。

3. 他物权的行使既限制了所有权也受其权能限制

担保物权是指为了确保债权的实现，债务人或第三人以自己所有的物或者权利为标的而设定的一种限制物权。担保物权具有从属性、不可分性和物上代位性。典型的担保物权包括抵押权、质权、留置权等。

用益物权人、担保物权人可依照法律规定对他人所有的物享有用益物权和担保物权。设立用益物权制度，有利于发挥物的效用，并且有利于正确处理相邻各方的经济纠纷，方便人民生活。但由于用益物权人和担保物权人对物的实体或价值的某一方面具有直接的支配权，并且这种对物的支配可以取得对世的效力，所以对用益物权人、担保物权人行使权利应有一定的限制，防止他们滥用自己的权利。在此方面的内容《物权法》第四十条作出了规定：“……用益物权人、担保物权人行使权利，不得损害所有权人的权益。”

三、英美法“权利束”和“领域法学”理论启迪了法经济学的勃兴

英美财产法本身就是一个不断演进的权利体系，从最初强调对物的排他性归属到趋向于分解所有权。其“权利束”的理论认为，财产权绝不是抽象的、空泛的概念，它总是表现为由各种具体范畴组成的结构。亦即财产权是一个复数名词，为“一权利束”的组合。实际上，其将所有权视为一种“权利束”。他们认为，大陆法系国家的传统做法只是从物的归属的角度看问题，而不是从纯粹的权利分析的角度看问题。而英美法系国家财产法中的这种“权利束”观念实际上来源于经济学者对社会经济发展的理解。他们认为：在封建和农业时代，财产主要是有形体。在英国 17 世纪重商主义时期，财产成为可以转让的债务那种无形体财产。在资本主义阶段最近 40 年中，财产又成为卖者或买者可以自己规定价格的那种自由的无形的财产。当财产不再是一个个具体的有体物时，以有体物的性质为前提建立的绝对所有权观念就失去了立足的根基，而价值化的物权客体的一个明显表现就是不存在一个绝对归属的所有权，所谓的所有权已经与他物权归于平等，都只是对物权客体的某一方面利益的支配。

考虑到部门法划分的局限，以问题和领域为基本定位的“领域法学”也正在兴起。领域法学以问题为中心，目标为导向，以特定经济社会领域部分法律有关的现象为研究对象，是新兴交叉领域“诸法合一”研究的有机结合，与部门法学同构而又互补。[①]

第二百四十二条　【国家专有】法律规定专属于国家所有的不动产和动产，任何组织或者个人不能取得所有权。

【条文疏义】

本条沿袭了《物权法》第四十一条之规定，仅作文字修订。

一、国家所有权的性质

国家对全民所有制财产进行占有、使用、收益和处分的权利，是社会主义全民所有制在法律上的表现。其权利主体是代表全体人民利益和意志的国家，任何国家机关、企事业单位、集体和个人，都不能与国家分享所有权。其客体具有无限广泛性，某些关系国计民生和国家安全的重要财产，如矿藏、水流、军事设施等，只能为国家专有。一切全民所有制财产，不管是由国家直接占有，或是由国家机关、企事业单位、集体、个人占有，

① 刘剑文等：《领域法学——社会科学的新思维与法学共同体的新融合》，北京大学出版社 2019 年版，序。

都是国家所有权的统一客体。

在中国，构成国家所有权客体的财产有：国家专有的矿藏、水流、军事设施等财产；国家专营的铁路、航空、港口、邮电、广播、电视等企事业及其设施；国家所有的土地、森林、草原、滩涂、水面等自然资源；国家机关和国营企事业单位占有的财产；国家所有的文化、科学、教育、卫生、体育等公共设施；国家所有的历史文物；国家在国外的财产及国家所有的其他财产。国家所有权的内容，与其他类型的所有权一样，仍然包括占有、使用、收益、处分等权能。但国家行使所有权的方法却不同于其他所有权形式，即国家通常并不直接占有国有财产，而是将其绝大部分交由国家机关、企事业单位经营管理或由集体、个人占有使用。

国家行使财产所有权的行为，其实就是指：国家可以授权他人经营管理、占有使用的行为；国家制定法律或颁发具体管理文件确定经营人、管理人、使用人权利义务界限的行为；国家运用政权的力量维护其合法权益，监督他们认真履行对国家的义务的行为；等等。国家财产所有权的取得方法除生产、收益、实施民事法律行为外，还包括国有化、赎买、征税、没收、罚款、征用、规定无主财产归国家所有等诸种特殊方法。国家所有权受社会主义各个法律部门的共同保护，维护国家财产的安全是全体公民应尽的神圣义务。

二、国家所有权的法律特性

在生产资料公有制社会里，国家代表社会全体成员支配生产资料和劳动成果，财产不是用于满足个人的和狭隘的小集体的利益，而是用于实现全社会的需要。所以，对于关乎国家的生存发展，国计民生的重要的动产和不动产只能由国家享有所有权。任何国家为了整个社会利益和公共事业的需要，都需要有国家财产作为保障，同时国家财产也是实现国家公权力的物质基础，国家作为财产的所有人依法对属于国家的财产享有所有权。

所有权体现的是一种法权关系，国家所有权要不要在作为调整财产关系的基本法的物权法中加以规定及如何规定，是一个复杂也是争议颇多的问题。有学者认为，将所有权区分为国家所有权、集体所有权和公民个人所有权，是为反映生产资料所有制的性质，更多具有政治意味，而不是法学意味。有的学者主张不应坚持国家所有权，而是将公有财产区分为经营资产和公用物，然后确定其不同的所有权归属。

国家所有权具有所有权的共同特性，基于所有权的性质，一方面，国家所有权作为私权利和公权力的结合，对之应讲究所有权的平等性，自身必然有接受私法约束的要求。另一方面，作为所有权主体的国家是抽象的，其自我保护能力极其脆弱，极易受到其他所有权扩张性要求的侵害。为了保证国家机关的正常运转，维护稳定的社会秩序，方便人民群众的生产生活，对公共物品赋予特别的民法地位是非常必要的。表现在物权法上，就是国有资产与私人财产的统一适法。

第一，在所有权主体方面，国家所有权具有统一性和唯一性的特征。这是指只有代表全体人民的意志和利益的国家才享有国家财产所有权，中华人民共和国是国家所有权的统一的和唯一的主体。这是国家财产所有权的最基本的特征。国家是国家所有权的统一的、唯一的主体，是由全民所有制的性质决定的。国家财产是社会主义全民所有的财产，其所有权的行使必须根据全国人民的意志和利益，而只有国家才能真正代表人民的意志和利益。同时，由全民所有的财产组成的全民所有制经济是国民经济的主导力量，它决定着整个国民经济的发展速度和方向，只有由国家统一行使所有权，国家才能对整个国民经济进行宏观调控，实现组织经济的职能。

第二，国家所有权客体的广泛性。这是指任何财产都可以成为国家所有权的客体，而不受任何限制。国家所有权的客体包括土地、矿藏、水流、森林。

三、国家所有权的客体具有广泛性

我国《宪法》《民法通则》及其他有关法律都有具体规定，通常可以分为以下几类：[①]

① 许明月、李东方：《公民的物权》，中国社会科学出版社 1999 年版，第 71 页。

1. 国家专有的资源和物资，如矿藏、水流、军事设施；

2. 国家专营的企业、事业及其设施，如铁路、公路、航空、港口、海洋运输、邮电、通信、广播电视设施等；

3. 国家所有的土地、山岭、森林、草原、荒地、渔场、水库资源等；

4. 国家所有的文化、教育、卫生、科学、体育设施和风景游览区、自然保护区等；

5. 国家所有的历史文物、古建筑、古墓葬、古遗址等；

6. 国家在国外的财产；

7. 不能证实属于集体或个人所有的财产；

8. 国家所有的其他财产。

由于属于国家所有的财产种类之多、范围之广和价值之大，是集体或个人财产所无法比拟的。国家所有的财产受法律保护，禁止任何单位和个人侵占、哄抢、私分、截留、破坏。对于专属于国家所有的财产，任何单位和个人不能取得所有权，这也是国家所有权权利主体唯一性的体现。尽管单位和个人对国有财产不能取得所有权，但他们可以依照相关法律的规定使用或经营某些国有财产。

【典型案例】

国家财产能否成为执行标的[1]

——国家财产所有权的绝对性

基本案情

原告闫某良依据2014年9月25日该市中级人民法院作出的（2014）中民一初字第00017号民事判决书，于2015年4月13日向该院申请执行

① 参见闫某良与王某、万甲公司申请执行异议之诉纠纷案，载中国裁判文书网，http：//wenshu.court. gov. cn/content/content? DocID = 96ff7824 - 8e93 - 4c13 - 869f - fe3b91f8cc25，最后访问时间：2020年6月7日。

被告万甲公司拖欠原告的工程款5205146.7元及利息。2015年5月25日，法院依法查封了万甲公司开发的万甲曼哈顿小区的80个地下停车位。

后被告万甲公司和另一被告王某因欠款200万元，在未经法院审理的情况下签订顶账协议，用车位抵顶欠款。原告称，该市中级人民法院（2016）卯04执异9号执行裁定书适用法律错误，原告的工程款应享有优先权，并且原告已经在执行程序中申请了优先权，而王某的是债权，根据司法解释的规定，原告应优先受偿。

故提起诉讼，要求撤销该市中级人民法院（2016）卯04执异9号执行裁定书，继续对29号、41号、73号车位进行强制执行。

法院审理

法院经审理认为，根据《物权法》第四十一条，法律规定专属于国家所有的不动产和动产，任何单位和个人不能取得所有权，人民防空是国防的组成部分，《物权法》第五十二条第一款规定，国防资产属于国家所有。万甲曼哈顿小区的120个地下停车位属于人防工程，系国家资产，不得买卖，不能办理产权登记。且该小区的人防车位未经人防部门验收，万甲公司也未取得人防部门发放的使用证，故本案涉及的人防车位尚不能产生收益权，不能成为执行标的。万甲公司出售人防车位、出售人防车位永久使用权或以人防车位抵顶欠款的行为均属于违法行为，侵犯了国有财产所有权，应为无效。因此，执行异议申请人不是适格的申请主体，执行标的本身也不是适格的执行标的。

综上，本案不宜通过实体裁判处理，遂驳回闫某良的起诉。

案件评述

一、本案争议焦点是案涉标的的所有权权属问题

本案中，执行异议申请人闫某良基于对被申请人万甲公司的债权，要求保全其“所有”的80个地下停车位，从而引起纠纷。然而，经法院查明，万甲曼哈顿小区的120个地下停车位属于人防工程，系国家资产，不

得买卖，不能办理产权登记。万甲公司出售人防车位、出售人防车位永久使用权或以人防车位抵顶欠款的行为均属于违法行为，侵犯了国有财产所有权，应为无效。因此，执行异议申请人不是适格的申请主体，执行标的本身也不是适格的执行标的。

二、对国家所有权的规制

市场经济的竞争规则要求物权法对国家所有权进行规制。以私法规范形式规定国家所有权主体参与民事活动，其本身就是将国家、集体和个人的所有权同等对待，体现民法的基本原则——平等原则的要求，确保合法财产的一体保护。因此，物权法中规定国家所有权，确认其民事主体地位，不仅有利于实现国家财产的保护和利用，同时也使参与民事活动的那部分国有资产特别是国有经营性财产，充分遵循市场经济的规则，更体现了所有权主体内部结构的平等关系，这有助于推进整个社会主义市场经济建设的发展。

通过本案我们可以得知，自然界中的水以及其他自然资源不是无主物，不是任何人都可以任意获取的，亦不是无偿获取的资源。专属于国家所有的财产，任何人都不可以据为己有，未经许可地使用实际上就是侵占国家财产，对国家所有权的侵害。

三、我国当前国家所有权的实现路径

第一，对于资源性公共财产国家所有权，通过规定经营主体的排他性资源使用权（探矿权、采矿权、取水权、养殖权、捕捞权等），以及公民日常性少量取水、取矿（土、石）自由，来实现其目的；第二，对于城市土地国家所有权，通过规定公益性建设用地的划拨使用权与非公益性用地的出让使用权，来实现其目的；第三，对于行政性公共财产国家所有权，通过规定机关与事业单位法人财产权来实现其目的；第四，对于经营性公共财产国家所有权，通过规定国有企业法人财产权，来实现其目的；第五，对于营建性基础设施（道路、桥梁等）国家所有权，通过规定投资主体特许经营权，来实现其目的；第六，对于自然公用基础设施（景区等）国家所有权，通过规定承包经营主体特许经营权，来实现其目的。

四、社会主义国家所有权的创建旨在公共财产利用的法律保障

社会主义公共财产利用的法律保障机制被主要纳入民事立法与物权技术范畴，创立国家所有权制度，是法制史上的重大变革。它也是社会主义公共财产法与资本主义公共财产法的标志性区别，是在社会主义初级阶段将长期实施的经济赶超发展模式的重要法律表现形式。它在解决经济发展问题的同时，也存在公益分享方面的缺陷。而通过将这一模式还原到关于公共财产的社会主义宪法承诺之中，可以挖掘国家所有权制度的公益性潜力。

首先，针对国家所有权遁入私法而致滥用的制度缺陷，通过宪法解释赋予"全民所有"以未列举的基本权利地位。① 宪法实施是基本权利实施。② 立法者应在最低限度上规定基本权利的内容。③ 全民所有是作为基本经济制度的公有制的宪法表达。公有制的核心不在于所有权形式，而在于如何扩散经济利益的收益面，使更多的人能享受到社会发展的好处。④ 全民所有基本权利，将成为公民要求国家作出适当的关于公共财产利益分享法律制度安排的宪法上请求权基础。在我国经济社会发展取得举世瞩目的成就，民生投入稳步增长，官方语体中的"国富民强"被"国强民富"悄然替换的条件下，赋予全民所有以基本权利地位的时机可以说已经成熟。

其次，针对国家所有权遁入私法的实质缘由，阐明"国家所有即全民所有"的宪法精义：宪法上的"国家所有"其实是为实现全民所有基本权利的一揽子法制"任务"，是针对各部门法的立法指示；其中的"即"是"实现"而非"等同"，更非"顺带"之意。这些任务可以是：根据不同公共财产类型确立公共财产法律关系调整的公、私法模式；确定欠类型化公共资源后续类型化的法律方法；限制物权法关于国家所有权客体范围与权

---

① 张卓明：《中国的未列举基本权利》，载《法学研究》2014 年第 1 期。
② 范进学：《宪法实施：到底实施什么》，载《学习与探索》2013 年第 1 期。
③ 谢立斌：《论基本权利的立法保障水平》，载《比较法研究》2014 年第 4 期。
④ 高富平：《物权法原论》，中国法制出版社 2001 年版，第 662 页。

能组合的立法形成自由，形成对“物权法定原则”适用条件的法定。

最后，针对国家所有权遁入私法的制度路径，采取防范国家所有权被滥用的措施。在主体方面，将国家所有权主体统一性、唯一性原则的功能，投向限制国家所有权行使主体滥用对公共财产的实际支配地位、形成小集团私益方面，将物权平等保护原则功能限定在交换正义范围内。在客体方面，增设物权法上可先占取得的“无主物”类型与范围，形成其与未来公物法上“不可有物”的辨别方法。对自然资源公共财产新类型的形成，禁止物权法自我授权立法形成或解释形成。在权能方面，严格限制对作为民生基础的资源型、设施型公共财产的收益权能。对城市居民的居住用地，国家所有权收益权能一次用尽：出让土地使用权到期后原则上自动且无偿续期，对土地使用权期限较长而承担较多土地使用权出让金者，可由政府按比例退回其部分土地使用权出让金。在权利行使方面，增设公共地役权，扩大公民非排他自由利用范围，承认公民的国有企业民营化参与权，保障公民预算知情权与监督权，限制被特许人用益物权、法人（尤其是公法人）财产权的绝对性与排他性，加强国有企业利润补贴社保基金力度，探索国有企业利润全民分红，等等。

从根本上说，公共财产的利用本质应属于公共事务。

公有制的确立并不自动产生权力的公共性，公有制的实践也需要权力的公共性予以保障。科学阐释社会主义本质，深化政治体制改革，实现人民民主，确保权力的公共性，才是解决国家所有权公共性问题的根本出路。完善符合全民所有理念的各级权力机关对政府主导的日常公共财产管理、运营的严格外部监督机制，才能最终确保即便是在政资合一、政企合一的体制下，国家所有权也能合宪合法、公平高效地运转。

第二百四十三条　【征收】为了公共利益的需要，依照法律规定的权限和程序可以征收集体所有的土地和组织、个人的房屋以及其他不动产。

征收集体所有的土地，应当依法及时足额支付土地补偿费、安置补助费以及农村村民住宅、其他地上附着物和青苗等的补偿费用，并安排被征地农民的社会保障费用，保障被征地农民的生活，维护被征地农民的合法权益。

征收组织、个人的房屋以及其他不动产，应当依法给予征收补偿，维护被征收人的合法权益；征收个人住宅的，还应当保障被征收人的居住条件。

任何组织或者个人不得贪污、挪用、私分、截留、拖欠征收补偿费等费用。

【条文疏义】

本条基本沿袭了《物权法》第四十二条之规定，作为对不动产征收的一般性规定，《民法典》在本条第二款补充了征收集体所有的土地时应予补偿的费用之类型，并强调“支付”要及时。

一、不动产的政府征收行为及其法律属性

1. 征收属于政府行使行政权的行政法律行为

征收是指国家为了公共利益的需要，依照法律规定的权限和程序强制取得国有土地上单位、个人的房屋及其他不动产。

征收的特征在于，征收的主体一方是政府，而且政府以行政命令的方式从集体、单位和个人手中取得物权，集体、单位和个人必须服从。在我国，征收的对象包括：集体所有的土地和单位、个人的房屋及其他不动产。在物权法上，征收是物权变动的一种极为特殊的情形。征收属于政府行使行政权，形成的是行政关系，而并非民事关系。

2. 征收作为所有权丧失的一种原因是对所有权的限制

所以物权法也对征收作出相应的规定。征收将导致所有权的丧失，当然也可能对所有权人造成损害。因此，征收虽然是被许可的行为，但通常都附有严格的法定条件的限制。我国土地实行社会主义公有制，作为土地所有制的法律表现形式，土地所有权也相应地包括国家土地所有权和集体土地所有权两种类型。征收通常要移转所有权，土地征收是发生在国家和农民集体之间的土地所有权转移，是国家为了社会公共利益的需要，依照法定程序，将农民集体所有的土地转变为国家所有，并给予农村集体经济组织和农民个人相应的补偿。土地征收是保证国家公共设施和公益事业建设所需土地的一项重要措施，世界各国都设置了土地征收的法律制度。

在土地征收过程中，要注重被征收土地者在整个过程中的参与，让他们在征收的目的性、征收的范围、征收补偿安置和补偿安置费用的使用、管理方面都有充分发表意见的机会，并能够采取足够的措施保障其合法权益。

二、征收应有严格的程序限制

1. 征收属于附有严格法定条件的行政许可的行为

当今各国法律普遍规定，不动产征收权的行使必须满足三个基本条件：其一，征收目的必须出于公共利益需要，其二，征收行为必须符合法定程序，其三，对被征收对象必须给予公正补偿。可以说，这三个条件构成了不动产征收权正当行使的核心要素，只是具体应当如何把握和正确适用，无疑不仅是法理和宪法学，毋庸置疑更是民法和行政法学以及法律经济学，于私权利和公权力的利益比较和平衡之中，进行理论上的探讨和实践总结的较难解决的问题。

由于征收本质上是公权力之行使的特点，征收极有可能对民事权利主体的物权造成最为严重的损害，故在各国的立法中，征收虽然是一种许可的行为，但属于一种附有严格法定条件的法律行为。

2. 不动产征收程序是不动产征收制度的核心

在我国现阶段，由于城市化发展步伐的加快以及城市规划的快速进步，城市建设成为地方经济的重要载体和基础。可是在征收的过程中，政府与被征收人往往产生利益冲突。究其原因，一方面是由于政府在征收程序中的行为失范，另一方面是由于我国在法律制度方面有关不动产征收程序的法律规定有所缺失，缺乏“正当性”，并不符合“正当法律程序”的一些基本要素，属于“不正当”的法律程序。因此造成利益分配失衡，使双方形成对抗局面，极大影响了社会的稳定。任何组织和个人限制或剥夺公民的私有财产都必须经过正当法律程序，这是权利不受侵犯的一道有力屏障。

程序正义除了可以实现实体的正义，法律程序本身还具有它独立于实体结果的内在价值，包括参与、公开、人道以及程序及时、效率、尊重个人尊严，等等。①

三、《民法典》物权编再次规定征收应给予公平补偿

私有财产所有权作为公民的一项宪法基本权利，受国家根本大法的保护，非经法定授权，不受任何团体、组织以及个人的侵犯。而不动产作为私有权利的一个组成部分，同样受到法律的严格保护。

在市场经济条件下，为了切实保护农民利益，也为了建立我国完善的土地市场机制，土地征收补偿应借鉴世界上大多经济发达国家或地区的做法，将土地市场价格作为土地征收的补偿依据，提高、拓宽征收补偿的标准及范围，丰富土地征收的补偿方式，实行公正补偿。公正补偿是规范征收行为的有效手段，通过迫使政府为征收付出应有的代价，使强制性的征收行为市场化，从而有助于实现社会资源的最佳配置。另外，在给予被征地者金钱补偿的同时，还要给予合理安置，如给予换地补偿安置或为失地农民办理保险等，为其日后生活提供保障。

---

① 吕默：《不动产征收制度正当法律程序之考量——以〈国有土地上房屋征收与补偿条例〉为例》，西南政法大学2012年硕士学位论文。

【典型案例】

土地被征收农民应得到什么①

——土地补偿费的支付

基本案情

2011 年 7 月 11 日，盘卯市政府会议纪要决定，在兴辰台区赵家村征用土地，其中征用第九村民小组土地 268.394 亩，九组总计获得补偿款 228134.9 元。九组村民大会决定，根据本组实际情况，本组经济组织成员分为四等，一等成员的标准是原集体经济组织成员及自然增长人员每人获得补偿款 7.7 万元，同时对二等、三等、四等成员都作了具体的规定。2012 年 1 月该土地征收补偿款按照规定全部分给各集体经济组织成员。

原告曹某某于 2011 年 6 月 27 日出生，其父母均系该组集体经济组织成员，符合本组一等成员标准。但是由于原告上户口时间是 2011 年 8 月 2 日，在确定集体经济组织成员时遗漏，故诉至法院，请求判令被告给付土地补偿款 7.7 万元；给付拖欠补偿款利息 24255 元。

法院审理

法院经审理认为：依照《物权法》第四十二条第二款的规定："征收集体所有的土地，应当依法足额支付土地补偿费、安置补助费、地上附着物和青苗的补偿费等费用，安排被征地农民的社会保障费用，保障被征地农民的生活，维护被征地农民的合法权益。"《土地管理法实施条例》第二十六条："土地补偿费归农村集体经济组织所有；地上附着物及青苗补偿费归地上附着物及青苗的所有者所有。征收土地的安置补助费必须专款专用，不得挪作他用。需要安置的人员由农村集体经济组织安置的，安置补

① 参见曹某某与盘卯市兴辰台区兴海街道赵家村第九村民小组承包地征收补偿费用分配纠纷案，载中国裁判文书网，http://wenshu.court.gov.cn/content/content? DocID = 73bee517 - 0830 - 476d - 9c3d - bc04b519f2e4，最后访问时间：2020 年 6 月 3 日。

助费支付给农村集体经济组织，由农村集体经济组织管理和使用……”

《最高人民法院关于审理涉及农村土地承包纠纷案件适用法律问题的解释》第二十四条规定：“农村集体经济组织或者村民委员会、村民小组，可以依照法律规定的民主议定程序，决定在本集体经济组织内部分配已经收到的土地补偿费。征地补偿安置方案确定时已经具有本集体经济组织成员资格的人，请求支付相应份额的，应予支持……”

原告曹某某出生时，由于其父母双方都具有本集体经济组织成员资格，故曹某某的集体经济组织成员资格系原始取得，且具有了农村集体经济组织成员所在地的常住户口，被告应该按照村民大会的决议中一等集体经济组织成员的标准给付补偿款。故对于原告的诉请，法院予以支持。

案件评述

一、本案是村民委员会侵犯农民权益的土地补偿费纠纷

《民法典》物权编第二百四十三条第二款沿袭《物权法》第四十二条第二款规定：“征收集体所有的土地，应当依法及时足额支付土地补偿费、安置补助费以及农村村民住宅、其他地上附着物和青苗等的补偿费用，并安排被征地农民的社会保障费用，保障被征地农民的生活，维护被征地农民的合法权益。”

本案中，由于法律规定征地补偿款归农村集体经济组织所有，有权参与分配的应该是集体经济组织成员。集体经济组织成员，有权要求集体经济组织支付因承包地被征收所得土地补偿费，土地补偿费归农村集体经济组织所有。农村集体经济组织或者村民委员会、村民小组，可以依照法律规定的民主议定程序，决定在本集体经济组织内部分配已经收到的土地补偿费。征地补偿安置方案确定时已经具有本集体经济组织成员资格的人，请求支付相应份额的，应予支持。

二、公共利益的界定是社会本位的具体体现

1. 不动产征收权的扩张行使已成为全世界共同的发展趋势

近年来，伴随着大规模的城市化开发建设和旧区改造进程，有关农村集体土地征收、城市房屋拆迁等不动产征收行为的正当性如何界定的争论，从来就没有停止过。在我国《物权法》颁布施行后，基于实践中不动产征收权行使的种种不规范甚至一些被滥用的情况，特别是综观各国相关的立法、司法实践及其发展沿革，在此问题上虽表现各异，但这为行政权扩张的共同趋势。故而出于对个人不动产所有权予以充分尊重和保护，需要严格限制国家征收权行使的呼声在全世界不断高涨。

2. 《民法典》物权编明确了征收须以公共利益为转移

学者一直主张在集体土地征收制度中公共利益的界定应以保护农民集体及其成员的土地财产权益为主旨，不符合公共利益的征收均应予以制止；同时，必须对集体土地征收制度中的公共利益加以限定，不能将征收集体土地作为实现各种公共利益的“万能灵药”。①

公共权力的财产征收和人们拥有的财产所有权及其他财产权的利益之间的关系也越来越紧张，矛盾日益显现。解决这一冲突的基本思路应当是从司法的角度正确认识不动产征收行为的法律性质，在正确认识财产征收和征用关系的基础之上，对房地产征收制度的理论进行反思与回顾，重新设计一个具有法律制约的不动产征收制度体系。② 鉴于征收为行政法律行为，所以《民法典》物权编第二百四十三条第二款沿袭《物权法》第四十二条第二款之规定，安排被征地农民的社会保障费用，保障被征地农民的生活，显然由于其并非物权法所应调整的问题，当然也就不是物权法所能解决的问题。③

而根据《物权法》第四十二条第四款的规定，任何单位和个人不得贪污、挪用、私分、截留、拖欠征收补偿费等费用。被告兴辰台区赵家村第九村民小组的行为明显违反了该规定，因此被告兴辰台区赵家村第九村民

---

① 高飞：《集体土地征收中公共利益条款的法理反思与制度回应》，载《甘肃政法学院学报》2018 年第 1 期。

② 李昊冉：《论中国物权法规定的不动产征收制度》，载《中国市场》2018 年第 21 期。

③ 苗连营、郑磊：《民法典编纂中的宪法三题》，载《法制与社会发展》2015 年第 6 期。

小组应如数发给原告曹某某土地补偿费。

三、不动产征收法律规范系统随着《民法典》颁行而完善

随着社会的发展，城镇化进度不断加快，农民的集体土地征收问题引发了一系列社会矛盾，各地征地上访案件逐年增多。同时，民以食为天，食物来源于土地，在我国这样一个人均耕地资源匮乏的国家，土地资源变得更加重要，发展与征地之间的矛盾问题直接关系到国家稳定及和谐发展。2018 年中央 1 号文件提出振兴乡村战略，要求深化农村土地制度改革，完善农村土地利用管理政策体系；2019 年 8 月修改的《土地管理法》第十八条提出国家建立国土空间规划体系，第四十七条和第四十八条对农村集体土地征收和补偿作出了更为完善的规定，这些举措无疑为以后因地制宜制定和完善集体土地征收补偿机制提供了指导方针和法律依据。

虽然《土地管理法》和《民法典》物权编都规定了征收必须依照法定的权限和程序进行，但是对程序的具体内容尚欠缺明确的规定，在补偿程序中，也还存在着一些缺陷，譬如，现行法律中关于补偿异议程序的设计就不利于被征地农民权益的保障。有学者主张我国目前由行政主体进行补偿金确定的方法，难以有效地保障被征地农民获得公平的补偿，为保障被征地农民的合法权益，应进一步建立健全行政征收的损害评估机制，由中立的第三方评估机构对损害进行认定，看来十分必要。[①]

第二百四十四条　【保护耕地与禁止违法征地】国家对耕地实行特殊保护，严格限制农用地转为建设用地，控制建设用地总量。不得违反法律规定的权限和程序征收集体所有的土地。

---

① 王崇敏：《宅基地使用权保障机制研究》，载《河南财经政法大学学报》2013 年第 5 期。

【条文疏义】

本条沿袭了《物权法》第四十三条之规定。

一、农用地转为建设用地必须依法办理转用审批

耕地转为建设用地的问题，其实也是土地使用权设定的前提条件问题，故在物权法中作出规定是十分必要的。但由于耕地保护的具体制度并不反映在物权法律中，故本法对此仅设原则性的规定。农用地转为建设用地，必须符合土地利用总体规划、城市总体规划、村庄和集镇规划，纳入年度土地利用计划，并依法办理农用地转用审批手续。禁止通过“以租代征”等方式使用农民集体所有农用地进行非农业建设，擅自扩大建设用地规模。

农民集体所有建设用地使用权流转，必须符合规划并严格限定在依法取得的建设用地范围内。未依法办理农用地转用审批，国家机关工作人员批准通过“以租代征”等方式占地建设的，属非法批地行为；单位和个人擅自通过“以租代征”等方式占地建设的，属非法占地行为，要依法追究有关人员的法律责任。

二、国家保护耕地特别注重严格控制耕地转为非耕地

这是对耕地保护的最重要的措施。当前，耕地转为非耕地的主要方式有：城市建设，村镇建设，能源、交通、水利等基础设施建设，乡镇企业、宅基地、其他建设项目占用耕地，农林结构调整中发展林果、渔业等占用耕地，生态建设即退耕还林还牧及自然灾害毁坏耕地，造成耕地的大量减少，因此对各项建设占用耕地的，都要采取严格的限制措施。

1. 实行严格的用途管制制度

通过制定土地利用总体规划，限定建设可以占用土地的区域。

2. 对各项建设用地下达土地利用年度计划

通过建设用地利用年度计划来控制建设占用土地（包括占用耕地）。

3. 农用地转用要报省级以上人民政府批准

通过这些措施，使各项建设占用耕地的总量降到最低限度。

三、国家实行占用耕地补偿制度

非农业建设项目经批准占用耕地的，按照“占多少，垦多少”的原则，由占用耕地的单位负责开垦与所占用耕地的数量和质量相当的耕地；没有条件开垦或者开垦的耕地不符合要求的，应当按照省、自治区、直辖市的规定缴纳耕地开垦费，专款用于开垦新的耕地。作出这样的规定是因为过去建设占用大量的耕地，而补充的耕地却很少，造成耕地面积锐减，所以需要建立占用耕地补偿制度。其具体内容包括：

1. 任何建设占用耕地都必须履行开垦耕地的义务。
2. 开垦耕地的责任者是占用耕地的单位。
3. 开垦耕地的资金必须落实。
4. 开垦耕地的地块应当落实。
5. 落实耕地开垦费的缴纳。

没有条件开垦，或开垦耕地不符合要求的，建设单位可以缴纳耕地开垦费，由地方政府土地行政主管部门履行造地义务。

【典型案例】

是否能在农用地上建设工厂①

——保护耕地是既定国策

基本案情

2012年3月，被执行人骆某钦未经依法批准，擅自在乙乌市上申镇塘西村东北面、金塘路边地块建设并经营砂石加工厂，至案件调查勘测时，被执行人在上述地块建成平房一幢、搭建机器设备一处，并在设备周围地块堆放砂石，总占地面积6110.2平方米。

---

① 参见乙乌市国土资源局与骆某钦行政规划案，载无讼网，https：//m.itslaw. com/mobile/judgements/judgement? id = c8c07f2d - 32b2 - 467d - bd08 - e2f80d63f707，最后访问时间：2020年8月6日。

该地块属乙乌市上申镇塘西村的集体土地。该地块土地类别为耕地697.9平方米、水域及水利设施用地7.5平方米、其他土地5404.8平方米。该地块土地规划用途为农用地706平方米，其中基本农田698平方米，不符合土地利用总体规划；建设用地138平方米、未利用地5266.2平方米，符合土地利用总体规划。

被执行人的上述行为，违反了《土地管理法》第二条第三款、第四十三条第一款[①]，《基本农田保护条例》第十七条第一款的规定，属破坏耕地、非法占用土地行为。依据《土地管理法》第七十六条第一款[②]、《基本农田保护条例》第三十三条、《土地管理法实施条例》第四十二条的规定，乙乌市国土资源局故决定对其进行罚款处罚，对其在非法占用的土地上新建的建筑物和其他设施，根据土地用途不同，进行没收或者要求其限期拆除恢复土地原状，将土地返还原土地权属单位。

申请执行人乙乌市国土资源局于2015年7月29日向被执行人送达了处罚决定书。被执行人接到处罚决定后，于2015年8月11日缴纳罚款153265元，但在法定期间既不提起行政诉讼，又不完全履行。2016年2月4日，申请执行人向被执行人送达了履行行政处罚决定催告书，被执行人仍未在规定期限内履行。为此，申请执行人向本院申请强制执行行政处罚决定。

法院审理

本案中，被执行人的上述行为，违反了《土地管理法》第二条第三款、第四十三条第一款，《基本农田保护条例》第十七条第一款的规定，属破坏耕地、非法占用土地行为。依据《土地管理法》第七十六条第一款、《基本农田保护条例》第三十三条、《土地管理法实施条例》第四十二条的规定，被执行人破坏耕地、非法占用土地，将农用地用作建设用地，

---

① 《土地管理法》（2019年修正）删除了《土地管理法》（2004年修正）第四十三条的内容。

② 《土地管理法》（2019年修正）第七十七条第一款沿袭了《土地管理法》（2014年修正）第七十六条第一款的内容。

由此受到行政处罚，体现了《物权法》第四十三条对耕地保护的原则性规定。

法院认为，申请执行人作出的行政处罚决定，认定事实清楚，适用法律正确，执法程序并无不当。因被执行人未完全自动履行，依照《行政诉讼法》第九十七条、《行政强制法》第五十七条的规定，裁定准予强制执行，由乙乌市上申镇人民政府组织实施。

案件评述

一、本案是一起因破坏耕地而引起的案件

本案中被执行人骆某钦未经依法批准，擅自在乙乌市上申镇塘西村东北面、金塘路边地块建设并经营砂石加工厂，该地块属乙乌市上申镇塘西村的集体土地。该块部分土地用途为农用地，骆某钦的行为不符合土地利用总体规划。根据《民法典》物权编第二百四十四条所沿袭的《物权法》第四十三条之规定，国家对耕地实行特殊保护，严格限制农用地转为建设用地，控制建设用地总量。可是骆某钦在未经任何批准时，就将此耕地转为建设用地使用，与国家对耕地的特殊保护原则严重抵触。由此受到行政处罚，体现了《物权法》对耕地保护的原则性规定。

二、耕地特殊法律保护的基本内容

我国是一个人口急剧增加、耕地资源急剧下降的国家，为了保证国计民生的持续发展，我国建立了耕地强制保护制度。国家保护耕地，严格控制耕地转为非耕地。国家实行严格的用途管制制度。我国目前建立的耕地强制保护制度，除物权法中的概括性规定外，主要规定在我国的《土地管理法》和国务院制定的一些行政规章之中。

1. 强化耕地转化为建设用地的审批。

2. 强制性耕地保护区规划。

3. 严格批准程序。

4. 加重违法责任。

5. 政府可以行使国务院耕地强制保护的指令权。

被批准的地方发展规划中许可将耕地转化为建设用地的，方可被批准。明确划定的基本耕地保护区，使其没有发生转化的可能。

依据这一权力，政府可以在一定时间内停止耕地转化为建设用地。

我国实行基本农田保护制度，划定基本农田保护区，对基本农田保护区内的耕地实行特殊保护，并有一些其他规定。

三、全面划定永久基本农田实行特殊保护

为全面完成永久基本农田划定工作，切实加强特殊保护，国土资源部、农业部于2016年8月4日联合发布《关于全面划定永久基本农田实行特殊保护的通知》[①]（以下简称《通知》），对全面完成永久基本农田划定工作加强特殊保护，作出部署。[②]

《通知》提出，不得多预留一定比例的永久基本农田为建设占用留有空间，不得随意改变永久基本农田规划区边界特别是城市周边永久基本农田。该负责人解读，这意味着把永久基本农田保护区边界特别是城市周边永久基本农田作为不能随意改变的红线，把"红飘带"固定下来，变成了带电的"高压线"。

实行特殊保护，要加大永久基本农田建设力度。各地要加大财政投入力度，整合涉农资金，吸引社会投资，在永久基本农田保护区和整备区开展高标准农田建设和土地整治，全面推行耕作层土壤剥离再利用，提高永久基本农田质量等级。

实行特殊保护，要完善永久基本农田保护激励约束机制。一方面，要切实落实地方各级政府永久基本农田保护主体责任；另一方面，要充分调动农村集体经济组织、农民管护和建设永久基本农田的积极性。

《通知》指出，全面划定永久基本农田是保障国家粮食安全，提高粮食综合生产能力的重要举措，是推动节约集约用地、促进生态文明建设的

---

① 现已失效。

② 《全面落实永久基本农田特殊保护制度》，载财经频道－金融界，http：//www. finance. jrj. com. cn，最后访问时间：2020年6月3日。

重要途径，是推动农村发展和农业现代化建设、维护农民权益的重要保障，各地应深刻认识其重大意义并切实做好相关工作。《通知》明确，划定永久基本农田要坚持“依法依规、规范划定，统筹规划、协调推进，保护优先、优化布局，优进劣出、提升质量，特殊保护、管住管好”五项原则，将《全国土地利用总体规划纲要（2006—2020年）调整方案》确定的全国15.46亿亩永久基本农田保护任务落实到用途管制分区，落实到图斑地块，与土地承包经营权确权登记颁证工作相结合，实现上图入库、落地到户，确保划足、划优、划实，实现定量、定质、定位、定责保护，划准、管住、建好、守牢永久基本农田。

《通知》要求，要统筹做好永久基本农田划定与规划调整完善。要切实落实全面划定各项任务，一方面，要全面落实永久基本农田划定上图入库、落地到户，落实“落地块、明责任、设标志、建表册、入图库”等工作任务，及时形成划定成果；另一方面，要按照“县级自验、市级初验、省级验收”自下而上的程序，认真做好永久基本农田划定成果验收工作。要实行永久基本农田特殊保护，要建立完善永久基本农田保护激励机制，建立健全“划、建、管、护”长效机制，调动广大农民保护永久基本农田的积极性。

《民法典》物权编本条规定，显而易见是对这些行之有效的临时应急措施的法律定型化之概括规定。

第二百四十五条　【征用】因抢险救灾、疫情防控等紧急需要，依照法律规定的权限和程序可以征用组织、个人的不动产或者动产。被征用的不动产或者动产使用后，应当返还被征用人。组织、个人的不动产或者动产被征用或者征用后毁损、灭失的，应当给予补偿。

【条文疏义】

本条基本沿袭了《物权法》第四十四条之规定。新增因疫情防控紧急需要的情形。

一、征用的概念

所谓征用就是指行政机关为了公共利益和公共目的，依法强制获得公民、法人财产的使用权或所有权，并给予其合理补偿的一种行政法律制度。

征用在本质上即以国家的名义强制使用单位、个人的财产。而这里所谓强制使用的含义，就是不必得到权利人的同意，在国家有使用需求时直接使用。作为行政法上行政征用的含义，简言之，就是国家依照法律规定的条件将集体或个人的土地等财产收归公用的措施。其可分为有偿征用和无偿征用。

在我国，有偿征用要适应国家建设的需要，有关部门以支付赔偿费等方式依法强制获得公民、法人财产的使用权或所有权，其甚至包括集体所有制单位或农民所耕种的土地；更不必说全民所有制单位的土地等。当然征用单位要照顾被征者的利益，做到国家、集体、个人利益相结合。

征用的对象，一般是具体的物，包括动产和不动产。国家有需要征用单位、个人的动产或不动产，是国家因抢险、救灾等紧急需要。在抢险、救灾中，为了防止国家社会整体利益遭受损害，国家必须动用一切人力物力。故征用虽然对集体、个人行使物权有妨害，但法律也仍然许可。

二、征收与征用的区别

本条所规定的征用与《民法典》物权编第二百四十三条沿袭的《物权法》第四十二条所规定的征收制度有相同之处，但也有本质区别。其区别在于：征收，是为政府方面取得所有权或者他物权；而征用，则是在紧急需要时的强制使用，紧急需要结束后，被征用之物应返还给原权利人。《民法典》物权编第二百四十五条沿袭《物权法》第四十四条规定了被征用的不动产或者动产使用后，应当返还被征用人。

所以征用是指为了公共利益的需要，强制性地使用公民的私有财产；而征收则是指为了公共利益的需要，国家把私人所有的财产强制地征归国有。由此可见，征收意味着财产所有权的改变，征收是国家从被征收人手中取得了所有权，在法律上发生了所有权的转移；而征用则是在紧急情况下对特定财产的强制性使用，在紧急情况结束后，要把被征用的财产归还给权利人，仅仅是特定期间的使用权的改变。

三、征收和征用的共同之处

1. 征收、征用均有三个主要法律特征

（1）征收、征用均须有公益性

公益性是行政征用的核心，如果是为了个人或组织的私益，则其只能租用或购买。

（2）征收、征用均具有强制性

强制性是行政征用的保证，行政征用权是一种社会公共权力，可以无须相对方同意而强制征用其财产。

（3）征收、征用均须有偿实现

补偿性是行政征用的重要法律属性，公民合法财产神圣不可侵犯是现代社会的普遍原则，如果政府为了公共利益而强制征用私人财产，就必须给予合理补偿。

2. 征用与征收均必须遵循的三个原则

（1）公共利益需要的原则

公共利益是指社会整体利益和全体社会成员的共同利益，在实践中要严格区别是社会公共利益需要还是商业利益或某部门、某集体、某单位利益需要。

（2）依照法律规定程序进行的原则

征收、征用在一定程度上限制了公民的私有财产权。要正确处理好公共利益的需要同私有财产保护的关系，征收、征用必须依照法律规定进行，按照法律规定的原则、条件和程序办理。

（3）依法给予补偿的原则

根据宪法规定，征收、征用都要给予补偿。补偿的标准，需要在相关法律中作出明确规定。征收对象一般是不动产，而且作为所有权的改变，要给予金钱补偿或相应的财产以及其他形式的补偿。征用的对象一般是物，使用结束后要物归原主，对物的价值减少的部分要给予补偿。补偿要及时，不能因补偿的延误给被征收、征用人造成损失。

可见，确立征收、征用制度，既是为了公共利益的需要，又是对私有财产在特殊情况下的一种保护。

故关于紧急状态消除后的补偿问题，虽然《民法典》物权编第二百四十五条与其所沿袭的《物权法》第四十四条均规定了组织、个人的不动产或者动产被征用或者征用后毁损、灭失的，应当给予补偿。但通常因为物的被征用有其合法的目的，故对被征用物的损害赔偿只限于物本身，而不能包括相关利益。

【典型案例】

地震抢险救灾时期征用的房屋还给不给补偿[①]

——征用的补偿问题

基本案情

原告马某系寅川县卯秀镇秀坪街42号B幢4层住房等的房屋所有权人，其商铺位于寅川县卯秀镇秀坪街42号大院。特大地震发生后该五幢大楼受损但未倒塌，当时为了防止发生次生危害划定封控区域并进行爆破，马某房屋在封控区内。

在灾区重建的《总体规划》中，原寅川县卯秀镇秀坪街42号大院的原址不作为安置区和进行原址重建地段，因此该地段土地确定由国家收回

① 参见马某与寅川县人民政府行政纠纷案，载无讼网，https：//m. itslaw. com/mobile/judgements/judgement？id = c8c07f2d – 32b2 – 467d – bd08 – e2f80d63f707，最后访问时间：2020年6月9日。

作为国有土地使用。寅川县政府对土地使用权收回工作启动后，2009 年 9 月，寅川县国土资源局委托卯秀镇政府通知马某办理相关手续、领取补偿款事宜，马某收悉通知后委托冯某富与寅川县国土资源局签订了《补偿协议》。该补偿协议签订后，马某认为其商铺在地震中虽然受损，但未倒塌，寅川县政府对该商铺进行爆破后，对土地使用权予以收回，应属于房屋拆迁范围，寅川县政府作出的补偿明显过低，马某不服而未予领取收回该块土地使用权的补偿款。

2011 年 1 月 28 日，卯秀镇政府出台对抢险救灾爆破城乡居民自有产权的住房确定补偿标准。该意见出台后，马某认为其所有权的商铺在地震中虽然受损，但并未倒塌，政府在未通知其本人，也未对未倒塌的房屋进行价格评估就自行进行了爆破的行为严重侵犯了其财产权，为此马某一直不服，遂找寅川县政府申请按照市场鉴定评估价值对爆破的房屋进行补偿，寅川县政府收到申请后作出行政决定按照上述标准予以补偿。马某因补偿过低不服，遂以寅川县政府的行政行为违法向法院提起了诉讼。

法院审理

一审法院经审理认为，对特大地震中受损房屋进行爆破后，马某权属涉及的房屋实物在特定情况下已经灭失，不适用《城市房地产管理法》《国有土地上房屋征收与补偿条例》作出的房屋拆迁的相关法律规定，故马某认为寅川县政府的行政行为违反了《城市房地产管理法》《国有土地上房屋征收与补偿条例》的理由不能成立。

根据《防震减灾法》第三十八条①、《突发事件应对法》第十二条、《物权法》第四十四条的规定，寅川县政府作出的行政补偿决定符合法律作出“应当给予补偿”的相关规定，至于补多补少这是行政机关根据自己行政区域内的具体情况作出的行政权力，马某提出寅川县政府作出的具体行政行为具有违法性、不公正性、程序违法的理由不能成立。故驳回马某

① 《防震减灾法》（2008 年修订）已删除该条规定。

的诉讼请求。

原告不服，提起上诉，称被诉行政行为缺乏事实依据和程序正当性，不具备合法性。一审法院认定事实不清，适用法律有误，故请求本院撤销一审判决，支持其全部诉讼请求。

二审法院经审理认为，根据马某一审时的诉讼请求，本案的争议焦点是寅川县政府作出的1号行政决定是否合法，因此，爆破及收回国有土地使用权是否合法，不属于本案的审理范围。二审过程中原、被告提供的证据，并不能对本案焦点问题提出新的证明。一审判决认定事实清楚，适用法律正确，判决结果并无不当，判决驳回上诉，维持原判。

案件评述

一、本案为特大地震中因不动产征收补偿产生的纠纷

鉴于本案纠纷发生在特大地震的特殊时期，基于广大人民的安全对地震中受损严重但未倒塌的房屋进行爆破，这是特大地震的特殊危急情况下政府采取的紧急应对措施，在当时特大地震灾害造成极大人员伤亡的危急情况下，不能用正常情况的危房爆破需要进行鉴定评估的法律法规去衡量和规范，所以紧急需要下，被告征收案涉房屋的行为不违反相关规定。

二、对紧急状况需要的恰当理解和把握

1. 紧急状况是一种突发性的非常状态下的需要

即说威胁、破坏或者危险正在进行之中，需要立即采取应对措施。如我国《宪法》所规定的“紧急状态”，是指在全国或部分地区的安全或社会秩序，因面临战争、动乱或自然灾害而受到严重威胁或破坏时，国家依法宣布的一种非常的政治状态，在紧急状态下，可以停止宪法某些条文的实施，限制公民的自由权利，甚至实行军事管制。

又如《突发事件应对法》所规定的“突发事件”，是指突然发生，造成或者可能造成严重社会危害，需要采取应急处置措施以应对的自然灾害、事故灾难、公共卫生事件和社会安全事件。应对紧急状态、处理突发事件

时征用土地的需要即此处讲的紧急需要。如果是正常状态下需要征用土地的，则不能以紧急需要的名义进行。

2. 该紧急状况必须事关公共利益保护的需要

这里讲的紧急需要属于“公共利益”的范畴，即遭受威胁、破坏或者危险的利益属于公共利益范围，需要动用公共行政权力进行干预。如上文所讲的“紧急状态”“突发事件”下的利益保护均属于公共利益保护的范围。如果突然发生的危险仅仅涉及私人利益的范围，则处理该事件的需要不属于这里的紧急需要。如《刑法》第二十一条和《民法通则》第一百二十九条所规定的紧急避险，在仅仅为本人或他人的利益而发生的情况下即是。

本案纠纷发生的背景即为上述的紧急情况下才产生的紧急需要，为了多数人的安全需要，对原告的房屋进行征收、爆破，该行为是合法合理的。

3. 征用须依据法定的权限和程序进行

征用补偿自应遵循一定的程序，并为被征用者提供法律救济途径。行政征用属于行政强制法中的“即时强制”措施，将在行政强制立法中予以规范，而行政征用的程序将由行政程序法规范。

三、征用应从目的上限制其适用的范围

1. 行政征用应当给予补偿

关于行政征用补偿，在理论上有既得权说、恩惠说、社会职务说、特别牺牲说、公用征收说、公平负担说等多种观点，其中特别牺牲说逐渐占据主导地位。该学说认为：“国家原有使人民负担义务之权力，人民有服从其命令之义务，唯如非加于一般之负担，而仅使特定人受特别牺牲时，自应予补偿，俾合于正义公平之原则。”关于补偿标准，各国根据本国的实际情况确立不同的原则，如美国是公平合理补偿原则，法国是公正补偿原则，日本是正当补偿原则。

我国法律，如《宪法》第十条第三款规定：“国家为了公共利益的需要，可以依照法律规定对土地实行征收或者征用并给予补偿。”第十三条第三款规定："国家为了公共利益的需要，可以依照法律规定对公民的私有财产实行征收或者征用并给予补偿。"

《民法典》物权编第二百四十五条沿袭了《物权法》第四十四条规定，因抢险救灾、疫情防控等紧急需要，依照法律规定的权限和程序可以征用组织、个人的不动产或者动产。被征用的不动产或者动产使用后，应当返还被征用人。组织、个人的不动产或者动产被征用或者征用后毁损、灭失的，应当给予补偿。仅作"单位"变"组织"，增加"疫情防控"文字修订。本案中征用马某房屋显然是为了后续发生次生危害的紧急需要。只要整个征用过程严格遵守法定程序，符合征用的法定条件，也无可厚非。

《外商投资法》规定的是"公平、合理的补偿"原则，《戒严法》规定的是"相应补偿"原则。

随着我国经济实力的增强和民主法治的发展，行政征用似应确立"合理补偿"原则较为适宜。所谓"合理补偿"，应理解为补偿数额与被征用财产的实际价值或被征用人的实际财产损失相当。

2. 补偿标准公开原则强调补偿估价的程序化、非利害关系化和透明化

（1）确立合理补偿原则和补偿标准公开化原则

合理补偿原则旨在强调基于人文主义和人文关怀的考虑，防止公力任意侵犯私益，应当将因征用所发生的补偿的基本点立足于不使原权利人的生活恶化。法律把征用的范围限定在不动产和动产，无映射对财产权施加的限制或负担之意。唯梁慧星教授和王利明教授对权利的剥夺予以关注，但仍未提及对财产权施加的限制或负担。政府管制行为对私人财产权施加的限制或负担，纵然没有侵占财产，没有通过转移财产所有权进行占有，可是会使财产丧失应有的功能，使所有权变成一具空壳，产生的效果与剥夺所有权的行为已无太大区别，公平补偿也无从谈起。[①]

---

① 杨显滨：《管制性征收与警察权行使的区分标准》，载《法学杂志》2016年第11期。

（2）各种法律关系的调整结果都可以视为一种经济利益的平衡

财产权“不仅仅是物质财产财富、精神财产，包括每个人的生命本身，以及制度性的设置”。因此，“由于现代社会的各种调整手段中越来越离不开经济补偿这一办法，因而不妨将一切有经济价值的物（包括有体物和无体权利）都视为财产，或至少是新财产”。①

在不少国家的立法中均对此得以确认。但是，对目的的规定，虽然从社会公共利益、国家发生紧急状态的需要等许可适用征用程序的角度进行规定十分必要，但是尚不充分，还需要从禁止性的角度作出明确规定。这不仅表明法律虽然认可基于社会公共利益或国家发生紧急情况时，直接根据法律的规定而对个人的财产权进行限制，而且还表明这一限制也是有范围的，法律依然以维护个人财产权利为基本原则。

① 冉昊：《财产含义辨析：从英美私法的角度》，载《金陵法律评论》2005年春季卷。

第五章　国家所有权和集体所有权、私人所有权

第二百四十六条　【国家所有权】 法律规定属于国家所有的财产，属于国家所有即全民所有。

国有财产由国务院代表国家行使所有权。法律另有规定的，依照其规定。

【条文疏义】

本条沿袭了《物权法》第四十五条之规定，仅做了标点方面的修订。

一、国家所有权的概念

国家所有权，是指国家对国有财产的占有、使用、收益和处分的权利，它本质上是社会主义全民所有制在法律上的表现。①

这里的“国家所有的财产”是指依法属于全民所有的财产，不仅包括国家拥有所有权的财产，如矿藏、水流、海域，国有的土地以及森林、山岭、草原、荒地、滩涂等自然资源，野生动植物资源，无线电频谱资源，依法属于国家所有的文物，国有的铁路、公路、电力设施、电信设施和油气管道等基础设施，国家机关和国家举办的事业单位依法直接支配的国有财产，而且包括国家依法投入企业的动产和不动产。另外，国家的财政收入、外汇储备和其他国有资金也属于国家所有的财产。

所有权是一项民事权利，但国家所有权与个人所有权相比，有两个显

---

① 许明月、李东方：《公民的物权》，中国社会科学出版社 1999 年版，第 69 页。

著的特征：第一，国家是主权者，是法律的制定者，国家主要以立法形式决定其所有权的行使方式及相关问题。第二，国家所有权由国务院代表国家具体行使。

二、国家所有权主体的唯一性和统一性

苏联法学理论认为，将国家所有权主体的唯一性与统一性解读为国家所有权两个最重要的特征。主流法学基本理论信守这一理论，并将其视为坚持社会主义公有制不变的信条。①

国家所有权主体的唯一性与统一性理论坚持，国家财产只有国家才享有所有权，任何组织和个人都不得成为国家财产的所有人。国家的各级行政机构和国有企业事业单位虽然都可占有一定的国有财产，并对其所占有的国有财产在法律规定的范围内享有使用、收益和处分的权利，但占有者的这些权利是来源于国家的授权，是代表国家行使所有权，其本身并不是国家财产的所有人。

然而，这一与计划经济体制相适应的理论，在社会主义市场经济中仅能有条件地适用于纯粹的国有企业，而且其内涵业已发生重大变化，其难以适用于其他诸如国家出资的企业。②《民法典》物权编第二百四十六条第二款沿袭《物权法》第四十五条第二款规定："国有财产由国务院代表国家行使所有权；法律另有规定的，依照其规定。"这是因为国有财产具有广泛性，国家要对所有国家财产直接行使占有、使用、收益和处分是不可能的。所以国务院代表国家对国有财产行使所有权，以便更好地利用和发挥国家财产的效用，取得最佳的经济效益和社会效益。关于国家所有权的行使法律另有规定的，还应当依照相关法律的具体规定。

改革开放以后，国家所有权主体的唯一性与统一性，并非国家所有权的唯一模式。在历史与现实中，存在多种双重或多重的所有权模式，其都

---

① 刘士国：《评"国家所有权主体的唯一性与统一性"》，载《山东法学》1998 年第 1 期。
② 刘士国：《评"国家所有权主体的唯一性与统一性"》，载《山东法学》1998 年第 1 期。

为选择适合市场经济需要的国家所有权的其他模式提供了借鉴的可能。所以明晰产权，必须分割所有权，必须承认所有权主体可以分为多个层次，必须破除所谓“国家所有权主体的唯一性与统一性”的理论，在“不重归属而重利用”的社会本位主义语境下，必须承认一物可以“多主”的法律现象。在产权实现多层次、多元化之后，国家只作为国有财产第一层次或最高层次的产权主体存在，只在这个层次上明确国家为国有财产的所有者即可，这种“所有者”的地位已表明，“两权分离”理论业已完成其历史使命，将被多重所有权的理论所取代，国家所有权主体的唯一性与统一性理论也将无须存在于任何经济领域中。①

【典型案例】

挖出的乌木究竟应归谁所有②

——自然资源属于国家所有如何理解

基本案情

2013 年 3 月至 6 月，被告欧某平、欧某富、潘某华等九人口头协议共同在辰波县马申村新华组地段挖乌木，因需在原告张某发家的自留地中开挖乌木，开挖乌木前，被告代表各合伙人给付了原告土地使用费 3 万元，并协议挖出乌木后扣除开挖费用，按乌木出售价格总价的 10% 支付原告提成。后在原告及他人的自留地中挖出乌木一根，该乌木经全体股东协商以 105 万元出售，出售乌木后原告之子张某分得了 8.5 万元。经查明，原、被告在挖掘乌木时并未取得相关的挖乌木的资质，也未参加辰波县人民政府进行的乌木勘查开采权公开竞拍。

原告张某发诉称，被告挖出一根乌木，售价 135 万元，扣除开挖成本

---

① 刘士国：《评“国家所有权主体的唯一性与统一性”》，载《山东法学》1998 年第 1 期。

② 参见张某发与欧某平等合同纠纷案，载无讼网，https：//m. itslaw. com/mobile/judgements/judgement? id = 6e2f77de - 94c8 - 4e93 - 8e5d - 294809a06d43，最后访问时间：2020 年 6 月 5 日。

10 万元后，被告应分给原告 12.5 万元的提成，但被告只给了原告之子 8.5 万元提成，余款至今未付，致原告的合法权益受到侵犯。故依法向法院提起诉讼，请求法院判令被告支付原告剩余的乌木提成 4 万元及相关诉讼费用。

被告欧某平辩称，卖乌木时在场的股东有欧某平等九人，经全体股东协商同意后的乌木出售价共计 105 万元，乌木卖出后所有股东在现场按股份除去开销的 20 万元后价款的 10% 为 8.5 万元，之后张某发不知听谁说乌木卖了 135 万元，要求给付余款 4 万元，因无相关的事实依据，请求法院驳回原告的诉讼请求。

法院审理

法院经审理认为，除法律规定属于集体所有的以外，自然资源属于国家所有。乌木是由楠木、红椿等树木因自然灾害埋入淤泥，在缺氧高压状态下，在细菌等微生物的作用下，经长期的碳化过程形成的碳化木。因此，乌木形成于自然，属于自然资源，且不属于法律规定属于集体所有的范围，故乌木应属于国家所有。乌木不属于集体所有，更不属于个人所有。

《物权法》第四十五条第一款规定法律规定，属于国家所有的财产，属于国家所有即全民所有。故原、被告等合伙人挖出的乌木并不属于原、被告及各合伙人所有。《合同法》第五十二条规定损害社会公共利益的合同无效。[①] 原、被告在未取得相关资质的情况下擅自挖掘乌木并进行买卖，损害了社会的公共利益，违反了法律的相关规定。

故本案中，原、被告订立的口头协议无效。原告无权根据无效合同主张其民事权利，故判决驳回原告张某发的诉讼请求。

---

① 《民法典》删除了《合同法》第五十二条的规定，取代以第一百四十三条："具备下列条件的民事法律行为有效：……（三）不违反法律、行政法规的强制性规定，不违背公序良俗。"

案件评述

一、传统国家所有权主体的统一性与唯一性的理论认知

1. 本案涉及国有财产所有权的理论认识问题

本案中，原、被告签订的协议虽然是双方真实的意思表示，但案涉自然资源依法属于国家所有，所以原、被告就挖出的乌木进行买卖并分配收益的协议无效。当然，随着《民法总则》对民事法律行为理论内涵的正本清源，这一结论显然业已成为“无本之木，无源之水”，《民法典》物权编沿袭了《民法总则》的相关规定。

《物权法》第四十五条规定：“法律规定属于国家所有的财产，属于国家所有即全民所有。国有财产由国务院代表国家行使所有权；法律另有规定的，依照其规定。”第四十八条规定：“森林、山岭、草原、荒地、滩涂等自然资源，属于国家所有，但法律规定属于集体所有的除外。”本案所涉及的乌木属于自然资源，且不属法律规定属于集体所有的范围，根据《物权法》规定属于国家所有。

2. 本案的特殊之处在于协议所指向的对象是自然资源

自然资源是国民经济和社会发展的重要物质基础，只有严格依照宪法的规定，坚持法律规定的自然资源属于国家所有，即全民所有，才能保障我国自然资源的合理开发、利用、节约、保护和满足各方面对自然资源日益增长的需要，适应国民经济和社会发展的需要。《宪法》第九条第一款规定：“矿藏、水流、森林、山岭、草原、荒地、滩涂等自然资源，都属于国家所有，即全民所有……”

可见，无论是国家的根本大法，还是保护财产利用和归属的《物权法》，均无一例外地确认了自然资源的国家所有权。国家是法律规定自然资源的所有权人，享有对该范围内自然资源的占有、使用、收益、处分的权利。

3. 违法占有、使用和转让属于国家所有的自然资源的行为性质

本案中的原、被告在签订该协议时应当知道乌木属于自然资源，属于国家所有，但原、被告仍在未取得相关资质的情况下擅自挖掘乌木并进行

买卖，损害了社会的公共利益，违反了法律的相关规定。根据《合同法》第五十二条的规定，损害国家利益订立的合同无效，而且这种无效是自始无效、当然无效且绝对无效。

4. 国务院代表国家行使国有财产所有权

国家作为抽象的主权者其不可能具体行使国家所有权的各项权能，具体权能的行使还需要由中央政府的各有权部门来完成。

在《民法典》物权编征求意见的过程中，有的学者认为，由“国务院代表国家行使国家所有权”可操作性不强。有的学者提出，国有自然资源的所有权实际上有不少是由地方人民政府具体行使的，应规定地方人民政府也有权代表国家具体行使国有自然资源的所有权。有的学者建议，明确实践中行使所有权的地方各级政府同国务院之间的关系是委托还是授权。有的学者认为，应该由全国人民代表大会代表国家行使国家财产所有权。

立法机关经研究认为，依据宪法规定，全国人民代表大会是最高国家权力机关，国务院是最高国家权力机关的执行机关。全国人民代表大会代表全国人民行使国家权力，体现在依法就关系国家全局的重大问题做出决定，而具体执行机关是国务院。我国的许多法律已经明确规定由国务院代表国家行使所有权。

有学者强调自然资源国家所有权的公权力属性，认为自然资源归国家所有是一种积极干预权，目的在于实现自然资源的合理利用。[①] 但是针对该规定有学者提出部分意见，一方面，是国家所有权的代表表现出所有者的虚置；另一方面，认为由国务院代表国家行使国家所有权可操作性并不强。[②]

二、有学者主张乌木系无主物故通过自由先占构成习惯法

1. 有学者主张依《物权法》第三十条案涉乌木可因先占取得其所有权

传统民法理论认为，土地上若有特定类型用益物权，用益物权人享有

---

① 巩固：《自然资源国家所有权公权说》，载《法学研究》2013 年第 4 期。

② 汪庆华：《自然资源国家所有权的贫困》，载《中国法律评论》2015 年第 3 期。

排他先占权；若无，就集体土地，集体成员有排他先占权，就国有土地，国家负有容忍自由先占之义务。先占若侵害他人之排他先占权，或违反先占之禁止，不能取得所有权。

国家所有权可分为宪法上、民法上国家所有权，两者之性质、规范意义不同；后者系前者于私法上之落实，且采“种类法定主义”。民法上自然资源国家所有权之客体，仅限于构成“国民经济与社会发展的重要物质基础”者；就国有之自然资源，公民亦享有合理使用之基本权利。

就乌木所有权之归属，考察学界现有论述，大体可分为两类：一类学说主张直接按照“国家所有”之法律规定，无须另有他种法律事实，即可确定其所有权，可称为“确认说”；另一类学说则主张权利人系依他种法律事实而取得所有权，如下述“天然孳息先占说”“埋藏物发现说”，可概称为“取得说”。

2. 学界主张经运用法学方法可知习惯法肯认“自由先占”规则

（1）乌木非属文物、古生物化石，亦非矿产资源、野生植物资源或其他自然资源，亦不构成天然孳息、埋藏物，其系无主物；

（2）就无主物，我国习惯法上承认自由先占规则，故无法律漏洞。

先占人得因先占而取得乌木所有权（《民法总则》第十条肯认习惯法之法源地位）。经立法者考量而未作规定，未必构成“有意义之沉默”，其亦得作为立法者“有意之暧昧”而构成“明知之法律漏洞”，此种情形于我国法上尤为常见。

土地上存有土地承包经营权、宅基地使用权等特定类型之用益物权时，用益物权人享有排他先占权（《民法典》第三百二十三条沿袭了《物权法》第一百一十七条“收益”概念之目的性扩张）。土地上未设定上述特定类型用益物权时，如属集体土地，集体成员方具有先占权（《物权法》第五十九条第一款[①]结合第三十九条[②]“收益”概念之目的性扩张），其成员内

---

① 《民法典》第二百六十一条第一款沿袭了《物权法》第五十九条第一款的规定。

② 《民法典》第二百四十条沿袭了《物权法》第三十九条的规定。

部之利益分配，得以集体规约定之；如属国有土地，国家负有容忍合理自由先占之义务，此为“法律保留”原则的题中应有之义，没有立法机关的明文规定，行政机关不得代为规定，行政机关实施任何行为必须有法律授权。

先占若侵害他人之排他先占权，或违反先占之禁止，即不能取得其所有权（违反《物权法》第三十条之“合法”要件）。

无论自由先占，还是依先占权之先占，先占人均负有遵守自然资源保护、环境保护法律规定之义务，其违反得引发相应刑事、行政、民事责任，故可据以遏制或避免因先占而导致自然资源或环境之破坏。①

第二百四十七条　【矿藏、水流和海域的国家所有权】

矿藏、水流、海域属于国家所有。

【条文疏义】

本条沿袭了《物权法》第四十六条之规定。

一、本条是关于矿藏、水流、海域所有权的规定

我国《宪法》第九条第一款明确规定：“矿藏、水流、森林、山岭、草原、荒地、滩涂等自然资源，都属于国家所有，即全民所有……”《物权法》与《宪法》的规定一脉相承，为了保护矿藏、水流、海域，《物权法》又一次强调了它们的权利归属，本条规定突出了矿藏、水流、海域三种自然资源的重要性。

二、矿藏指能用于生产和生活的蕴藏在地壳中的各种矿物

大自然中的矿产资源包括固体、液体、气体状态的各种金融矿产、非金融矿产、燃料矿产、地下水和地下热能等。矿藏属于国家所有，由国务院行使国家对矿产资源的所有权。地表或者地下的矿藏的国家所有权，不

① 金可可：《论乌木之所有权归属——兼论国家所有权之种类及其限度》，载中国社会科学网，www. cssn. cn/fx/fx_ cgzs.../，最后访问时间：2020 年 6 月 3 日。

因其所依附的土地的所有权或者使用权的不同而改变。

三、水流、海域都属于水资源

海洋、江河、湖泊、池塘、水库、运河、冰川、积雪等所含的水以及地下水都应属于国家所有。为了保护水流、海域，解决我国水资源利用存在的问题，应采取各种保护措施，对水流、海域进行合理开发利用。

【典型案例】

河流是否可以属于集体所有①

——河流属于国家所有

基本案情

涪江河为嘉陵江的一条支流，原告系该河一岸甲家村4组的农村承包经营户（合并之前为天乙村七社）。1998年农村土地进行第二轮承包，据当年《承包土地及附着物登记簿》记载，原告承包的“河坝”坐落于“河边”。2010年11月30日，原寅南县人民政府向原告颁发了《农村土地承包经营权证》，其中原告所承包“河坝”北至界线为：“河心”。2014年11月，经招标，隆丙建材有限公司为寅南航电枢纽工程供砂石骨料采购中标单位，砂石骨料开采地点为天主坝采点和鹭鸶溪坝采点，其中天主坝采点的涪江河南岸为原告所在的甲家村4组。2016年9月，隆丙建材有限公司委托被告庄丁公司进行开采，庄丁公司于同年10月取得在涪江河天主坝采点开采砂石的许可，同月18日，被告开始采砂，采砂地点为涪江河道内。

原告认为其所持有的《农村土地承包经营权证》合法有效，涪江河为其集体土地范围，被告在其承包范围内采砂侵犯其权益，并且被告的采砂行为造成河岸水土流失，多次阻拦被告采砂未果，遂诉至法院，请求人民

① 参见罗某果农村承包经营户与庄丁公司侵害集体经济组织成员权益纠纷案，载无讼网，https://m.itslaw.com/mobile/judgements/judgement? id = 2a2e07b0 - 8757 - 4f13 - 9895 - 683653003fee，最后访问时间：2020年6月5日。

法院依法判决被告停止侵害、排除妨碍，返还原告被侵占的土地。

原告认为一审认定滩涂错误，以一审法院事实认定不清，适用法律错误，请求二审法院依法改判。

法院审理

一审法院经审理认为，原告的诉讼请求，与事实不符，于法无据，应予以驳回。理由如下：其一，根据《物权法》第四十六条、第四十八条的规定，矿藏、水流、海域属于国家所有。森林、山岭、草原、荒地、滩涂等自然资源，属于国家所有，但法律规定属于集体所有的除外。本案中所涉及的涪江河为国家所有，该河流中所涉及的砂石等自然资源亦应为国家所有。其二，原告所在社的农村集体土地所有权登记的范围表明，该社集体土地范围并未包括涪江河。其三，原告于2010年取得的《农村土地承包经营权证》上“河坝”登记范围与原告于1998年实际承包的“河坝”土地范围不一致，法院认为，《农村土地承包经营权证》仅仅是证明土地承包经营权的凭证，并非设立土地承包经营权的依据，因此，单凭《农村土地承包经营权证》不能证明原告的土地承包经营权范围延至河心。

综上，被告庄丁公司依法取得采砂许可并在采砂规划区中开采砂石，未侵犯原告的权益，故法院驳回原告的诉讼请求。

二审法院经审理认为，关于上诉人承包土地范围是否包含“河心”“河滩”的问题。第一，从权利来源看，寅南县梓寅镇（乡）天乙村农村集体土地登记飞地汇总表（四）可以证明，在1996年11月28日登记时，天乙村的河流和河滩均属国有。第二，从登记内容是否正确看，重卯市寅南区农业委员会向法院出具了说明书，可以证明潼街道甲家村4社部分农户地块四至界线地块边界错误，对边界有错误的承包经营权证至今没有修改更正。第三，从法律规定看，根据《物权法》第四十六条和第四十八条的规定，矿藏、水流、海域属于国家所有。森林、山岭、草原、荒地、滩涂等自然资源，属于国家所有，但法律规定属于集体所有的除外。

本案中所涉及的涪江河为国家所有，该河流中所涉及的砂石、河滩、河心等亦应为国家所有。综上，上诉人承包土地范围不应包含“河心”“河滩”，被上诉人仅在水面上作业，并没有在上诉人承包土地范围进行施工，被上诉人并未侵害上诉人的权益。故维持原判。

案件评述

一、本案涉及河流的所有权问题

《民法典》第二百四十七条沿袭《物权法》第四十六条规定：“矿藏、水流、海域属于国家所有。”对于矿藏、水流、海域这些特殊的自然资源，国家对其享有所有权，关于这些自然资源的开发和经营，法律根据不同的自然资源分别另有规定。

针对本案，我们将以河流为例探讨矿藏、水流、海域的国家所有权问题。《宪法》《水法》《物权法》都明确规定了河流属于国家所有。本案中涪江河的归属是本案纠纷解决的前提。根据法律规定，涪江河为国家所有，该河流中所涉及砂石等自然资源亦应为国家所有，体现了国家对水流等自然资源的所有权，其他个人或组织不能基于其主张权利。所以本案中原告的诉求被驳回。

通过本案可知，矿藏、水流、海域是属于国家所有的，同时国家允许单位或个人对其开发利用，但单位或个人应依法提出申请，经批准并办理登记后方可有权开发利用，但那已是他物权或限定物权，乃至“准物权”范畴内的事了。

二、本条规定的实际意义

矿产资源是国民经济和社会发展的重要物质基础，只有严格依照宪法的规定，坚持矿藏属于国家所有，即全民所有，才能保障我国矿产资源的合理开发、利用、节约、保护和满足各方面对矿产资源日益增长的需求，适应国民经济和社会发展的需要。

水流是我国最宝贵的自然资源之一，是实现可持续发展的重要物质基础。只有严格依照宪法的规定，坚持水流属于国家所有，即全民所有，才能保障我国水资源的合理开发、利用、节约、保护和满足各方面对水资源日益增长的需求，适应国民经济和社会发展的需要。目前世界各国都在对传统的水资源配置方式进行改革和探讨，以求更有利于水资源的合理利用和保护。从新西兰、美国、澳大利亚等国家目前的研究结果和改革趋势来看，将政府和市场的结合作为解决这一问题的有效途径，即在加强政府对水资源保护和管理的同时将水资源纳入市场配置的轨道。[①]

水资源有重要的价值，我国要建立健全水资源物权保障体系，首先应当从传统的以占有为核心的权属观转变为以利用为核心的权属观，从水资源利用的单一经济价值观转变为多元价值观，承认水资源在经济价值以外还具有生态价值、美学价值和其他价值。在强调水资源所有权的同时，重视以实现对水资源的使用和收益为目的而设立的用益物权。

此外，也有学者认为，市场配置对生态用水分配是无功能的。主要基于以下原因：第一，水资源的生态价值无法衡量，更无法定价，因而无法进入市场；第二，生态用水的公共物品属性更加突出，其具有很强的非排他性与非竞争性的特点[②]。并且有学者提出：若允许生态用水权进入流通领域，则很可能发生许多为了眼前利益而牺牲人类生存环境的现象。因此，应该对生态用水权采取公共保留政策，国家作为生态用水的权利人，统一对生态用水进行调度和分配。[③]

海域属于国家所有，指国家享有对海域的占有、使用、收益和处分的权利。这不仅能正本清源，纠正思想上的错误认识，而且有助于树立海域国家所有的意识和有偿使用海域的观念，使国家的所有权权益能在经济上得到实现。

三、关于自然资源的法律规制

自然资源的国家所有程度之高与立法保护的强度之强是较明显的，在

---

① ［新西兰］里昂德·伯顿、克里斯·库克林：《新西兰水资源管理与环境管理政策改革》，杜群译，载《外国法译评》1998 年第 4 期。

② 陈德敏、于彦梅：《浅谈水权交易及其法律规制》，载《2003 年中国环境资源法学研讨会（年会）论文集》。

③ 庄超：《水资源市场化的物权法审视》，载《河南财经政法大学学报》2013 年第 4 期。

自然资源的国家所有领域，除《宪法》和《民法典》外，我国还有专门的立法规定。自然资源具有较高的经济价值，又有较强的稀缺性。面临经济发展的资源需求，此类财产能带来巨大的收益，因此，自然资源的国家所有权行使，很大程度上是保护与使用、支配与收益的权衡问题。

自然资源的产权，包括两个部分：一个是对资源的收益权，另一个是对资源的控制权。如果两种权利相互分离，那么，无论何时、何地、何人，由于自利行为的出现就会导致效率的损失，目前，资源性财产的所有权就存在这种支配与收益的分离。结果，一方面，资源的实际控制权被各地方和部门条块分割，国家的整体权利得不到维护；另一方面，缺乏收益机制的地方与部门，或怠于保护，或变更管理为占有，导致资源的流失与滥用。权能配置不当与利益冲突，严重影响着所有权的行使效率，造成自然资源的破坏。

改变这一局面的关键，是作为所有者的国家与实际管理者的地方之间确立利益协调机制，实现收益权与控制权相结合、相统一。具体思路就是依据自然资源分级管理的现状，实行信托“分级收益”。目前，为确保国家所有权的行使，仍要坚持实践中形成的以国务院作为统一的代表，省与市、县分级行使的模式。依法确立地方各级政府在行使国家所有权时的代理人地位，并给予其享有一定比例资源利益的权利。从而，在地方政府完成代理责任，国家作为所有者权益实现的同时，确保地方政府的利益也可以得到合理的实现。

为照顾拥有自然资源地区的自身利益，国家应给予地方及当地群众一定的特殊权利，而不应局限于允许个人采挖零星分散资源和只能用作普通建筑材料的砂、石、黏土以及为生活自用采挖少量矿产。这样，国家通过部分收益的下放，充分调动地方政府管理和保护自然资源的积极性；地方支付管理与保护成本后，既实现了自身的收益，也确保了国家的利益。因此，可以说，在坚持重要资源为国家所有的前提下，采取信托“分级收益”的方式既避免了收益与支配分离的所有权残缺状态，又实现了对自然资源的合理利用与保护。

四、自然资源“准物权”属性之争

1. 在我国自然资源国家所有权应属于民法上的所有权

既然相当一部分学者否认其非“主权性权力”；从大陆法系主要国家的立法例与学说，结合我国民事立法与理论看，自然资源使用权理所当然应归入用益物权的范畴，学者们多认为“准物权”说不符合传统物权理论完整的制度设计与体系效应，应予以摒弃。自然资源权在结构上应区分自然资源国家所有权、自然资源使用权、资源出产物个人所有权三类，它们都属于物权；在立法模式上应选择一般法与特别法相结合的形式，在《物权法》或《民法典》中只作原则性规定，而由单行特别法作具体规范设计，以保障法律体系的完整与协调，促进自然资源的效用最大化与价值的扩张。①

2. 我国自然资源产权相关法律制度基本成型

传统物权制度在自然资源领域必须不断改革。健全自然资源资产产权的必要性体现在：（1）“社会的集体行动”构建了所有权的交换规则；（2）自然资源的使用价值与价值的社会基础性；（3）自然资源在经济活动之中所具有的经济稀缺性；（4）“定分止争”“物尽其用”是自然资源开发利用的根本原则。

故民法学界主流观点都已认识到，自然资源准物权与典型的用益物权存在明显的差别；“准用益物权”完全可以诠释自然资源使用中的非典型物权特征。未来统一物权登记应将准用益物权列为独立的类型，明确自然资源产权之归属通过合理分配权利义务以在公法规制下实现社会整体收益最大化。②

---

① 邓社民、刘平：《自然资源权之性质刍议及法律重构——兼论对“准物权”的质疑》，载《经济法论丛》2015 年第 1 期。

② 李显冬、牟彤：《完善准物权理论以健全自然资源资产产权制度》，载《中国国土资源经济》2014 年第 2 期。

3. “准物权”理论业已比较成熟

人大代表孙宪忠研究员，曾就类似于采矿权可以准用物权保护规则予以规定，提出正式立法提案：他认为，“准物权”大体上有：采矿权、海域使用权、渔业权、采伐权、取水权等。这些权利的基本特点，是依据行政批准或者行政许可取得、直接占有使用特定物，有些还可以取得收益，它们虽然并非根据民事行为取得，但是权利的享有和保护也可以准用物权规则，因此在民法上统一称之为“准物权”。考虑到这些权利都是在所有权基础上设置的权利，将它们规定在“用益物权”的体系之下，强调其外观上占有、使用和收益的特点，这种体例既符合法理也符合国情。①

第二百四十八条　【无居民海岛的国家所有权】无居民海岛属于国家所有，国务院代表国家行使无居民海岛所有权。

【条文疏义】

本条为新增条款，其源于《海岛保护法》第四条的有关规定。

一、《海岛保护法》曾对海岛保护规划作出专章规定

2010 年 3 月 1 日实施的《海岛保护法》明确规定，无居民海岛属于国家所有，国务院代表国家行使无居民海岛所有权。未经批准利用的无居民海岛，应当维持现状；禁止采石、挖海砂、采伐林木以及进行生产、建设、旅游等活动。

有关立法明确了制定海岛保护规划应遵循有利于保护和改善海岛及其周边海域生态系统，促进海岛经济社会可持续发展的原则。

二、《民法典》将无人居住海岛纳入物权编至关重要

《民法典》将其纳入物权编，这一法律规范的界定以国家基本法改变

① 孙宪忠：《关于修改我国〈物权法〉的议案（征求意见稿）》，载中国法学网，www. iolaw. org. cn/showA，最后访问时间：2020 年 6 月 13 日。

了无居民海岛权属问题的模糊认识，解决了一些地方曾经出现的对无居民海岛的非法开发利用甚至占为己有等乱象。而由国家依法对海岛享有使用、收益、处分等权利，对海岛的开发利用、环境生态保护、国防等方面都至关重要。

公开数据显示，我国作为一个“海洋大国”，共有海岛10100多个，其中约9600个为无居民海岛。中国相关法律法规规定无居民海岛属于国家所有，为无居民海岛的保护提供了理论基础和制度保障。

三、无居民海岛国家所有权具有历史的必然性和合理性

法律规定无居民海岛属于国家所有，从法律功能的角度看，这一规定无疑为无居民海岛的保护提供了理论基础和制度保障。自然资源所有权制度社会本位思潮奠定了无居民海岛国家所有的理论基础，然而，在我国宪法语境下，无居民海岛国家所有权由公法与私法共同调整，不仅本身需要相关理论诠释其合理性，而且需要完善和强化无居民海岛使用权属制度指导无居民海岛保护与管理的实践。从无居民海岛基本属性对无居民海岛所有权的影响来看，无居民海岛国家所有权功能释放的理性途径为完善无居民海岛使用权属制度。[①] 从无居民海岛基本属性对无居民海岛所有权的影响来看，无居民海岛国家所有权具有历史的必然性和合理性。[②]

【典型案例】

市民的“岛主梦”有望实现[③]

——《海岛保护法》早已正式实施

基本案情

在金庸笔下，桃花岛“岛主”黄药师独居一岛，类似世外桃源，对此

① 马得懿：《无居民海岛国家所有权之考察》，载《中国政法大学学报》2011年第6期。

② 马得懿：《无居民海岛属于国家所有的法理分析》，载《海洋经济》2012年第2期。

③ 《福州无居民海岛可供开发市民当“岛主”热情高》，载《福州晚报》2010年1月22日。

你羡慕吗？福州市民的“岛主梦”有望实现。

2010年3月1日实施的《海岛保护法》对有居民海岛生态系统的保护、无居民海岛的保护和利用等作出一系列规定。《海岛保护法》明确指出，无居民海岛属于国家所有，国务院代表国家行使无居民海岛所有权。未经批准利用的无居民海岛，应当维持现状；禁止采石、挖海砂、采伐林木以及进行生产、建设、旅游等活动。从事全国海岛保护规划确定的可利用无居民海岛的开发利用活动，应当遵守可利用无居民海岛保护和利用规划，采取严格的生态保护措施，避免造成海岛及其周边海域生态系统破坏。

福州市海洋与渔业局海域与资源处林先生表示，《海岛保护法》的实施意味着我国从法律意义上将海岛尤其是无居民海岛纳入日常管理范围，这对福州这样的临海城市来说，有着非常重要的实际意义。同时也意味着市民个人当“岛主”将变得更方便了。因为《海岛保护法》明确规定，开发无居民海岛必须缴纳使用金，这意味着市民个人在根据法定程序提出申请获批并缴纳使用金后，就有机会当“岛主”。

林先生还表示，为了做好无居民海岛的开发利用等工作，省、市今年采取多个措施来加大无居民海岛的相关保护和利用工作力度。

一方面，将在近期出台《福建省无居民海岛保护和利用控制性详细规划》，将对全省重点的413个利用类海岛和181个特殊功能类海岛进行控制性详细规划，以便更好保护和利用这些海岛。

另一方面，今年将开展无居民海岛利用情况调查，对全市无居民海岛进行全方位了解，以更好地确定哪些无居民海岛开发、利用更具有可行性等。

案件评述

一、无人居住海岛立法草案意旨明确

我国相关法律几乎不约而同地规定了无居民海岛属于国家所有。《海岛保护法》起草之初，草案即对无居民海岛的权属问题作出规定，明确无居民海岛所有权属于国家，国务院代表国家行使无居民海岛所有权。

《海岛保护法》明确规定，海岛生态保护的内容包括防止海岛生态破坏，严格限制海岛建筑物和设施的建设，严格限制填海连岛工程，严格限制在海岛采石、挖砂和砍伐，严格保护海岛沙滩、珊瑚和珊瑚礁，严格保护海岛历史、人文遗迹和物种，严格保护海岛植被、淡水资源等，明确无居民海岛的利用，必须在规划确定可以利用的前提下有偿使用，避免破坏和浪费等。

《海岛保护法》还明确规定，国家根据生态安全、科学研究等需要，严格保护特殊用途海岛，应当保护海岛生态系统的完整性。特殊用途海岛包括领海基点所在海岛、海洋自然保护区内的海岛、科学研究用途海岛、国家确定的其他特殊用途海岛。①

《海岛保护法》还明确规定，开发建设有居民海岛不得超出岛屿本身的环境容量。

对于改变海岸线、填海连岛等严重影响海洋生态的行为，法律强化了国土资源、环境保护、建设、海洋等行政管理部门的责任，还对有居民海岛生态保护中的其他事宜作出了相应的具体规定，对现行有关法律规定作了重要补充。

二、无居民海岛被《民法典》确认为民法上的物

1.《海岛保护法》业已明确无人居住海岛的所有权

虽然无人居住海岛的所有权已由《海岛保护法》作出规定，但是，我国却一直尚未形成完整的无居民海岛的物权体系，导致在无居民海岛的开发利用过程中出现了很多问题。

鉴于我国无居民海岛数量众多，由国家一一开发利用既不现实，也无效率，因此有必要在保证国家所有的前提下派生出无居民海岛使用权这一可以流转的权利，这样既可以保证无居民海岛的国家所有属性，又有利于其自身经济价值、社会价值的实现。通过构建无居民海岛的物权体系能有效遏制其

① 《无居民海岛国家所有填海连岛严格限制》，载《解放日报》2009年6月23日。

开发利用中“无序、无度、无偿”的局面，促进其科学合理地开发利用。

2.《民法典》确认了无居民海岛可以成为民法上的物

无居民海岛是独立于土地资源之外的一类特殊自然资源；无居民海岛所有权的客体包括岛上土地和周围海域，它是一个多种资源并存的经济综合体，国家是其所有权的唯一主体。在确保其国家所有的前提下派生出一种可以流转的无居民海岛使用权是实现其所有权最有效的途径。

同时，无居民海岛是独立的一类自然资源，所以应该将其和土地、林地、草地、滩涂等自然资源平行地写入宪法，最大限度地实现对其所有权的保护；无居民海岛使用权有别于传统用益物权和准物权，它是一种新型的用益物权，根据物权法的基本理论，它可以依法设立、流转和终止，在这些过程中，无居民海岛使用权人依据合同和法律享有权利并履行义务。

3. 将各种临时应急措施定型化构建无居民海岛物权制度

学者建议，可以从以下几个方面着手，构建起我国的无居民海岛的法律规范系统：首先要建立无居民海岛权利登记制度，而且要实行无居民海岛集中统一管理制度；其次要实行无居民海岛有偿使用制度，自须完善无居民海岛价值评估体系；再次还要实行无居民海岛规划制度，确立在开发和利用中对生态保护的优先地位；最后自须处理好无居民海岛使用权和传统渔业权的冲突与协调等。①

第二百四十九条 【国家所有土地的范围】 城市的土地，属于国家所有。法律规定属于国家所有的农村和城市郊区的土地，属于国家所有。

【条文疏义】

本条沿袭了《物权法》第四十七条之规定。

① 张庆松：《无居民海岛的物权法律制度研究》，中国海洋大学2012年硕士学位论文。

《民法典》物权编进一步确认了我国宪法中所规定的土地公有制。在我国，土地所有权主体是由国家基本经济制度决定的：我国的社会主义公有制决定了土地所有权的主体只有两种，一是国家，二是农民集体。任何个人不得拥有土地所有权。

在法律上：我国城市市区的土地都属于国家所有；而农村和城市郊区的土地，除由法律规定属于国家所有的外，都属于农民集体所有；宅基地和自留地、自留山，属于农民集体所有。

一、国家所有土地的内涵外延

1. 本条即关于国有土地所有权的规定

所谓国有土地所有权，是指由国家代表全民对土地所享有的排他性支配权利，主要包括占有、使用、收益、处分等权能。在我国，属于国家所有的土地，包括以下范围：

《宪法》第十条明文规定："城市的土地属于国家所有。农村和城市郊区的土地，除由法律规定属于国家所有的以外，属于集体所有……"

2.《土地管理法实施条例》第二条规定国家所有的土地主要包括：

（1）城市市区的土地。

（2）农村和城市郊区中已经依法没收、征收、征购为国有的土地。

（3）国家依法征收的土地。

（4）依法不属于集体所有的林地、草地、荒地、滩涂及其他土地。

（5）农村集体经济组织全部成员转为城镇居民的，原属于其成员集体所有的土地。

（6）因国家组织移民、自然灾害等原因，农民成建制地集体迁移后不再使用的原属于迁移农民集体所有的土地。

3. 全民所有即国家所有土地的所有权由国务院代表国家行使

这在2019年修订的《土地管理法》中再次得以明确，《民法典》物权编中再次得以肯认。本条中所称的城市一般是指行政区划规定的各级市，也包括县城、建制镇、工矿区等。对于城市市区的范围，目前并无统一的标准和概念。

国家享有国有土地所有权，但通常并不以国家名义直接使用、经营，而是通过一定的方式，将国有土地交由机关、团体、企业、事业单位、农村集体经济组织或自然人使用、经营。例如，国家对城镇国有土地实行限期使用，出让土地使用权、收取地租（出让金），并对使用范围和用途进行监督，拥有对土地的处分权等。

二、我国土地所有权的法律特征

1. 土地所有权的权利主体的特定性

土地所有权是一项专有权，其主体只能是国家或农民集体，其他任何单位或个人都不享有土地所有权。这是由我国实行的土地社会主义公有制决定的。

2. 土地交易的限制性

《土地管理法》第二条第三款规定："任何单位和个人不得侵占、买卖或者以其他形式非法转让土地……"显然，土地所有权的买卖、赠与、互易和以土地所有权作为投资，均属非法，在民法上应视作无效。

3. 土地权属的稳定性

由于主体的特定性和交易的限制性，我国的土地所有权处于高度稳定的状态。除《土地管理法》第二条第四款规定"国家为了公共利益的需要，可以依法对土地实行征收或者征用并给予补偿"外，土地所有权的归属状态不能改变。

4. 土地权能的可分离性

土地所有权包括对土地的占有、使用、收益、处分的权利，是一种最全面、最充分的物权。在土地所有权高度稳定的情况下，为实现土地资源的有效利用，法律需要将土地使用权从土地所有权中分离出来，使之成为一种相对独立的物权形态并且能够交易。因此，现代物权法观念已由近代物权法的以"所有为中心"转化为以"利用为中心"。

5. 土地所有权的排他性

即土地所有权的垄断性，就是说一块土地只能有一个所有者，不能同时有多个所有者。马克思指出："土地所有权的前提是，一些人垄断一定量的土地，把它作为排斥其他一切人的、只服从自己个人意志的领域。"

6. 土地所有权具有追及力的法律效力

土地为他人非法占有时，无论转入何人或何单位控制，所有权人都可以向其主张权利。

【典型案例】

被征用的土地到底是谁的[①]

——法律规定属于国家所有的土地的所有权

基本案情

2011年4月7日，常辛市物价局发布《关于核定市城区道路公共停车泊位收费标准的通知》，对市城区停车费收费标准及收费范围进行规定。4月18日，常辛市公安局交通警察支队、常辛市城市管理行政执法局、常辛市物价局、常辛市财政局发布《关于加强城区停车管理维护道路交通秩序的通告》，决定对市中心城区道路停车泊位上停放的机动车辆实行计时收费。

2011年4月27日，常辛市财政局发布《市城区道路停车泊位收费资金管理暂行办法》，停车泊位收费收入是政府国有资源有偿使用收入，属于政府非税收入。停车泊位收费由市财政局授权市非税收入征收管理局委托市城市公用资产经营管理有限公司依规收取。常辛市物价局发布常价函〔2014〕42号《关于调整城区道路停车泊位收费区域及收费标准的通知》，对收费区域及收费标准进行了部分调整。

贺全甲系案涉车辆的车主。2017年3月1日至4月13日，案涉车辆在

---

① 参见常辛市非税收入征收管理局与贺全甲租赁合同纠纷案，载中国裁判文书网，http://wenshu.court.gov.cn/website/wenshu/181107ANFZ0BXSK4/index.html?docId=c8e820f6d5a34ab8baa0a7ad00a877f3，最后访问时间：2020年6月6日。

人民路－金瑞商务会所停车场停车共产生停车费595元未缴纳。该市非税收入征收管理局为维护其合法权利，特诉至法院。

法院审理

法院经审理认为，城市的土地属于国家所有。市城区道路停车位属于社会公共资源，停车泊位收费是政府国有资源有偿使用收入，自属政府非税收入。系公法法律关系，故依法行政，必须有法律授权；该市财政局发布了《市城区道路停车泊位收费资金管理暂行办法》，故收费具有法律依据。

需要注意的是，车主将车辆停放在道路停车位上，实质上系其与管理人建立了租赁合同关系，车主作为承租人应当缴纳租赁费用。政府相关部门通过合法程序对停车区域、停车收费标准进行了规定，并授权该市非税收入征收管理局依规收取，该市非税收入征收管理局系本案的适格主体。

贺全甲作为案涉车辆的车主，使用停车位产生了停车费用并未支付，其自应承担交付停车费的责任。贺全甲经法院合法传唤，无正当理由未到庭参加诉讼，自可依法缺席判决。

综上，依据《物权法》第四十七条，《合同法》第一百零九条、第二百一十二条、第二百二十七条，《民事诉讼法》第一百四十四条之规定，判决：贺全甲于判决生效之日起7日内向该市非税收入征收管理局一次性支付停车费595元。

案件评述

一、本案涉及国有土地的土地所有权问题

根据《土地管理法》的相关规定，以及《民法典》物权编第二百四十九条沿袭的《物权法》第四十七条“城市的土地，属于国家所有”之规定，本案诉争之地属于城市的土地，属于国家所有，故而其所有权属于国家，使用权、收益权、处分权都属于国家。

无论在国际法上还是在国内法上，国家都是一种高度抽象的拟制存在，而不像自然人或法人那样是一种可以看得见、摸得着的具体存在。国家自身的抽象性决定了它无法扮演城市土地所有权主体这样一个角色，难以行使城市土地所有权内含的占有、使用、收益、处分等具体权能。[①] 所以目前我国越来越多的学者开始省思所谓国家所有权理论，而所有的质疑都是从国家本身的抽象性开始的。在民事法律制度上，作为所有权主体，必须是具体的自然人或法人，任何抽象的东西都难以作为所有权的主体，国家自身不可能拥有独立的意思和实施法律行为，无法行使所有权本身所包含的各种具体权能。只有通过具体的特定国家机关才能得以实现。

虽然说国家土地所有权的主体具有唯一性、统一性，除国家外，任何组织、个人均不能充任国家土地所有权的主体。但一般并不由国家直接使用、经营，而是国家在行使该所有权时将其通过土地管理部门交由全民所有制组织、集体所有制组织、其他组织及公民个人使用。当然，这种使用在市场经济条件下，应让市场在资源配置中起决定性的作用。

二、土地所有权的法律内涵

土地所有权，自罗马法以来到现今，为全部土地问题的核心，是各国土地制度中的根本制度。它是涉及历史、经济、法律、社会学等方面的一个复杂话题，受到各国的极大关注。

在法律上，所谓土地所有权，大抵有两层含义：一是土地所有权法律制度，即指不同类型的国家立法明定的与本国土地所有制相联系的法律规范体系；二是土地所有之民事权利，即将土地所有权作为一项民事权利来认识。在这一意义上，土地所有权是指以土地为标的物，所有人依法对土地占有、使用、收益、处分等独占性地支配，并可排除他人干涉的权利。

三、国有土地所有权法律制度

1. 土地所有权制度是我国一切土地制度中的核心

《宪法》第十条第二款规定：农村和城市郊区的土地，除由法律规定

---

① 刘练军：《城市土地国家所有制度性保障说》，载《政治与法律》2016 年第 9 期。

属于国家所有的以外，属于集体所有……《土地管理法》对此也作出了相关规定，该法第二条第一款和第二款规定："中华人民共和国实行土地的社会主义公有制，即全民所有制和劳动群众集体所有制。全民所有，即国家所有土地的所有权由国务院代表国家行使。"第九条规定："城市市区的土地属于国家所有。农村和城市郊区的土地，除由法律规定属于国家所有的以外，属于农民集体所有……"

2. 《民法典》物权编中的土地公有是宪法原则在部门法中的具体体现

《土地管理法》对土地所有权范围的规定在表述上与《宪法》的规定不同，但内容是一致的。根据我国土地公有制的性质，土地所有权分为两类，一是国家土地所有权，二是集体土地所有权。其他民事主体包括个人及其他社会团体等，均不得享有土地所有权。

3. 国家土地所有权由国务院代表国家行使

（1）国务院可通过制定行政法规或者发布行政命令授权地方人民政府或其职能部门行使国家土地所有权

被授权的县级以上地方人民政府及其职能部门以本机关的名义行使国家土地所有权，但须依法经有审批权的人民政府审批。

国有土地使用权的出让、租赁、划拨经有批准权的人民政府批准后，由市、县人民政府土地管理部门作为国有土地所有者代表实施；国家直接以国有土地使用权对企业进行投资的，由国务院或者地方人民政府土地管理部门委托的国有企业或者政府机构代表国家土地所有者行使投资者权益。

在由市、县人民政府土地管理部门行使国家土地所有权的收益权和处分权（如出让、租赁、划拨）时，应依法报有审批权的人民政府审批。此时，对外担任国有土地所有者代表的，仍然是市、县人民政府土地管理部门。因为从法律关系上看，市、县人民政府土地管理部门是代表国家以本机关的名义直接与用地者发生法律上的权利、义务关系，如签订出让合同。明确其具有国有土地所有者代表的身份，才能使其与用地者的法律关系明确、具体，发生争议纠纷时也便于确定责任。当市、县人民政府土地管理部门未经依法审批而行使国有土地的收益权及处分权时，其行为无效，并依法承担相关的法律后果。

(2)“统一领导、多级行使”的土地管理制度

在我国，国家土地所有权的代表是单一的。但是，在这种情况下，行使国家土地所有权的主体却可以是多级的。

根据我国现行的政权体制，中央人民政府即国务院是国家所有权的唯一代表，这是毫无疑问的。但是，权利的行使并不等同于权利的归属；权利归属的单一性并不妨碍权利行使方式的多样性、灵活性。委托行使所有权是各国财产法普遍承认的一种方式。所以，地方政府经中央政府授权，可以代表国家行使所有权。也就是说，我国采用的是“统一领导、分级行使”的制度，而地方政府的行使权不是以所有权代表的资格为基础，而是以所有权代表即中央政府的授权为基础。

《土地管理法》第二条第二款规定全民所有，即国家所有土地的所有权由国务院代表国家行使，是单一代表制的体现。《城镇国有土地使用权出让和转让暂行条例》第九条规定土地使用权出让，由市、县人民政府负责。第十一条规定土地使用权出让合同应当按照平等、自愿、有偿的原则，由市、县人民政府土地管理部门（以下简称出让方）与土地使用者签订，则是分级行使制的体现。在实践中，长期以来由市、县人民政府及其土地管理部门直接行使国有土地的收益权、处分权，并依法律规定报上级人民政府审批以及向上级人民政府上缴部分土地收益。这种格局已经形成，并将长期继续下去。

我国幅员辽阔，仅规定国务院代表国家行使国有土地所有权存在很多问题，所以学者建议，我国应依据土地所有权的五项权利内容建立国有土地所有权分层受托权利行使主体体系：国务院在抽象层次上作为国有土地所有权代表，地方各级政府具体行使土地所有权；在国有土地所有权行使方式上，国务院主要是制定行政法规和发布命令，地方各级政府则根据行

使的权能不同而各不相同，对于以上土地而言，其土地所有权人为中华人民共和国，由国务院为其代表行使权利。[①]

第二百五十条 【国家所有的自然资源】 森林、山岭、草原、荒地、滩涂等自然资源，属于国家所有，但是法律规定属于集体所有的除外。

【条文疏义】

本条沿袭了《物权法》第四十八条之规定。

一、宪法上自然资源全民所有权须由《民法典》落实为国家所有权的具体规定

森林、山岭、草原、荒地、滩涂等都是重要的自然资源，而且也是重要的环境因素。例如：森林在蓄水保土、调节气候、防风固沙、保障农牧业生产、保存生物物种、维持生态平衡等方面都发挥了巨大作用。为了保护上述自然资源，我国制定颁布了许多法律、法规，如《森林法》《草原法》等，对其实现"种类法定主义"，这里所称之"法"，限于法律、行政法规，紧随之后的法律法规条文均属其列；现行法律、行政法规没有规定的，得依据本条制定或修改法律作出具体规定。旨在强调民法上国家所有权之性质，仍为全民所有，究其实质，系明确民法上之国家所有权亦以全民为其主体，仅以全民利益为其目标；立法者系以此而履行其保障全民财产为全民利益之核心的宪法义务。

二、自然资源作为国有财产须依多层次种类法定

基于"国有财产种类法定主义"的理念，《民法典》物权编才以法条明定之方式进一步不完全列举何种财产属于国有，被称为"次位种类法定"；而对于其本身尚不能满足种类法定要求的自然资源，若要认定其归

① 刘俊、朱小平：《国有土地所有权权利行使制度研究》，载《江西社会科学》2012年第2期。

于国有，须另以其他法律、行政法规上之规定为依据。

故此，《民法典》物权编沿袭《物权法》第四十八条规定了森林、山岭、草原、荒地、滩涂等自然资源的权属：除属集体所有的外，均属国家所有。这些自然资源的所有权受法律保护，任何单位和个人不得侵犯。我国法律对上述自然资源权属的保护，主要采取确认权属、返还非法占有、排除妨碍、赔偿损失等措施。

【典型案例】

河道滩涂能否承包和转包①

——河道滩涂能否属于集体所有

基本案情

2013年5月28日，被告喜寅镇某组与被告姚某刚签订《农村集体土地租赁合同》，由被告姚某刚租赁该县喜寅镇甲然村菜喜码头公路边“喜寅码头至岷江船厂”所占土地。合同约定了租赁用途为砂石堆放及转运（不加工生产）；合同期内可转租，但不得改变租赁用途。

2015年9月11日，双方对租赁用途进行补充约定：姚某刚可加工生产，但必须取得受影响村民的同意并尽量控制噪声及污染。2015年9月15日，原告富启公司与姚某刚签订了转租合同，姚某刚将上述土地转租给原告使用并签订了《农村集体土地租赁（转租）合同》。合同约定租赁用途为砂石堆放、加工生产及转运，要尽量控制噪声及污染；在合同期限内，姚某刚应保证原告能充分使用所租用的场地，确保该场地不因任何第三方的权利主张或其他因素而使原告受到使用上的障碍或者其他损失，否则，应由被告赔偿原告的一切经济损失。

合同签订后，原告在组织生产运输及加工的过程中，多次遭到村民的

① 参见姚某刚与富启公司等确认合同无效纠纷案，载无讼网，http：//www.pkulaw.com/pfnl/a25051f3312b07f39af4689962e8ba625454dd162fd1cf0ebdfb.html，最后访问时间：2020年6月8日。

阻挠，影响了正常的生产加工活动。2015 年 10 月 16 日，原告停止加工生产并撤离工作人员。2016 年 1 月，原告诉至法院，要求确认租赁合同无效，返还租金及赔偿损失。

法院审理

法院经审理认为，第一，本案诉争土地为该县喜寅镇甲然村某组菜喜码头公路边河道侧喜寅码头至岷江船厂所占土地，即岷江河边的土地。被告提供的航拍图以及法院实地拍摄照片均显示，该区域位于岷江河道侧，且已被洪水淹没大部分。依照《物权法》第四十八条的规定，结合该县水务局《关于喜寅段河道管理范围的说明》，二被告并未出示其对该区域具有土地所有权的相关证据，故该区域应属于滩涂性质，系国家所有的自然资源。

第二，据前述分析，本案诉争租赁地属于滩涂，系国家所有，依照《物权法》第五十六条的规定，被告甲然村村组无权出租该地块，即被告甲然村村组将该地块出租于被告，出租行为违反法律的禁止性规定应属无效，进而转租合同亦无效。被告因该合同取得的租金应予返还。对原告要求被告赔偿损失的诉请，因原告并未提供造成其损失的相关证据，故法院依法不予支持。

案件评述

一、本案涉及滩涂所有权的问题

《民法典》物权编第二百五十条沿袭了《物权法》第四十八条，规定森林、山岭、草原、荒地、滩涂等自然资源，属于国家所有，但是法律规定属于集体所有的除外。由此可知，滩涂除规定属于集体所有的以外，均属国家所有，《宪法》也有相同的规定。

在这个案件中，争议焦点为诉争租赁土地是否属于物权法规定的滩涂范畴，以及《农村集体土地租赁（转租）合同》是否合法有效，前者决定了后者合同的法律效力。

该县水务局《关于喜寅段河道管理范围的说明》中载明“喜寅段河道

的管理范围内有农户的责任承包地（集体土地），如村社或者农户能够提供相应的土地承包手续，应认定为集体土地，如没有相应的土地承包手续，应视为习惯性耕种，土地属性为国有河滩地，属国家所有”。

二被告并未出示其对该区域具备土地所有权的相关证据，故该区域应属于滩涂性质，系国家所有的自然资源。

依照《物权法》第五十六条“国家所有的财产受法律保护，禁止任何单位和个人侵占、哄抢、私分、截留、破坏”的规定，被告甲然村某组无权出租该地块，即被告甲然村某组将该地块出租于被告姚某刚，该出租行为违反法律的禁止性规定应属无效，进而案涉《农村集体土地租赁（转租）合同》亦无效。

二、自然资源所有权的含义

自然资源所有权，是指对自然资源占有、使用、收益、处分的权利。按照自然资源种类不同，可以将自然资源的所有权分为土地所有权、森林所有权、草原所有权、矿藏所有权等；按自然资源权属的主体不同，又可以将自然资源的所有权分为国家所有权、集体所有权、个人所有权等。对于不同种类的自然资源所有权的取得、变更、消灭，法律的规定是有差异的。

三、自然资源所有权的取得

法律调整自然资源的主要制度就是为自然资源创设所有权，而自然资源的国家所有渐成自然资源所有权制度的核心。之所以如此，是因为这些自然资源构成人类生存与生活的基础和保障，本质上应归全民所有，法律上创设为国家所有是为赋予国家对全民所有资源的管理与保护职责。[①] 自然资源所有权的取得，是指资源权属主体按一定方式取得一定种类的自然资源的所有权。在我国，自然资源权属主体不同，其权利取得的方式也不同。

① 王克稳：《论自然资源国家所有权的法律创设》，载《苏州大学学报（法学版）》2014 年第 3 期。

1. 国家所有权的取得

国家所有权的取得主要有法定取得、强制取得、天然孳息与自然添附三种方式。

（1）法定取得

是指由法律明确自然资源属国家所有。自然资源的国家所有权，大部分是由法律直接规定的。《宪法》第九条第一款规定："矿藏、水流、森林、山岭、草原、荒地、滩涂等自然资源，都属于国家所有，即全民所有；由法律规定属于集体所有的森林和山岭、草原、荒地、滩涂除外。"

（2）强制取得

是指国家依据法律，将原来不属于国家所有的自然资源，通过强制性的国有化、没收、征收、征用等方式归属国家所有。其中，国家通过国有化、征收、征用取得自然资源所有权应按照法律规定对原所有者予以相应的补偿。

（3）天然孳息与自然添附

按照民法的原理，天然孳息是指果实、动物的出产物，及其他依照物的使用方法所收获的出产物。自然资源中取得的天然孳息是指自然资源依自然规律产生的新的自然资源，如森林资源的木材储蓄量的增加。民法意义上的添附包括附合、混合与加工。自然资源添附则是指自然资源在自然条件的作用下而使自然资源产生或增加的情况，如河流入海口由于泥沙淤积形成的土地。国家的自然资源所有权客体不受限制，一切种类的自然资源，都可以成为国家所有权的客体。

2. 集体所有权的取得

集体所有权的取得主要有以下几种方式：法定取得、开发利用取得与天然孳息取得。

（1）法定取得

是指除国家所有的自然资源外，法律规定属于集体所有的自然资源，集体依法律规定取得所有权。《土地管理法》第九条第二款规定，农村和城市郊区的土地，除由法律规定属于国家所有的以外，属于农民集体所有；宅基地和自留地、自留山，属于农民集体所有。

（2）开发利用取得

即传统民法上的所谓“先占”。是指按法律规定，集体组织可以通过开发利用自然资源的行为取得一定自然资源的所有权。开发利用取得是一种原始取得。可以通过开发利用方式取得所有权的资源，一般由法律明文规定。非经法律明文规定，虽开发利用，也不能取得所有权，只能取得使用权或其他权益。

（3）天然孳息取得

集体组织也可以与国家一样取得依自然规律在其所有的自然资源基础上产生的自然资源。集体组织可以享有所有权的资源客体范围不是无限的，矿藏、水流、城市土地不能成为集体所有权的客体。

3. 个人所有权的取得

在我国，基本没有完整意义的自然资源个人所有权，只存在某些自然资源个别部分的个人所有权。因此，自然资源个人取得方式主要是开发利用和继承，而不存在法定取得和强制取得。

四、自然资源所有权的变更

自然资源所有权的变更，是指自然资源所有权从一个主体移转到另一个主体。自然资源所有权的变更，主要有以下原因：

1. 因征用而变更

法律授予国家有依法征用集体所有的自然资源的权利。集体所有的自然资源被征用后，其所有权的主体就变更为国家。

2. 因原权属主体变更而变更

集体经济组织自我变更名称，或集体组织的合并与分立，原集体组织享有的资源所有权转移、合并或分割为新的集体组织的所有权。

3. 因行政调整而变更

国家出于公益的需要，可以以国家所有的一种资源对换或调换集体所有的一种资源的方式达到目的。在不同集体经济组织之间也时常发生自然资源对换或调换的情况，在该种情况下会产生自然资源所有权的变更问题。

4. 因依法转让而变更

在我国，自然资源所有权只能发生有限的转让。《土地管理法》第二条规定，任何单位和个人不得侵占、买卖或者以其他形式非法转让土地。依此规定，土地资源所有权是不允许转让的，但是林地上个人承包种植的林木资源可以依法转让，因此，认为自然资源的所有权在我国严禁转让的观点是不全面的。

五、自然资源所有权的灭失

自然资源所有权的灭失，是指资源所有权因法律规定的法律事实的出现而归于灭失。在一般情况下，资源所有权的灭失是与资源本身的灭失联系在一起的，但也有直接以法律规定灭失一定所有权的情形。自然资源所有权的消灭，主要有两种原因：

1. 因自然原因而灭失

实践中，因自然原因灭失资源所有权，往往是改变资源种类，产生另一种资源的所有权。

2. 因人为原因而灭失

（1）因人工利用而灭失

因人工利用使某种资源改变，变为另一种资源时，原资源的所有权因用途改变而灭失。

（2）因人为毁损而灭失

因人为的过度开发，自然资源被破坏殆尽，客体不存在，所有权也就灭失了。

通过本案我们可以得知，国家对一些重要的自然资源享有国家所有权，任何单位和个人都无权取得所有权，且未经有关机关批准，任何单位和个人对这些自然资源都不可以随意利用。

第二百五十一条 【国家所有的野生动植物资源】法律规定属于国家所有的野生动植物资源，属于国家所有。

【条文疏义】

本条沿袭了《物权法》第四十九条之规定。

一、野生动植物所有权亦采“种类法定主义”立法模式

野生动物作为自然生态系统的重要组成部分，是人类宝贵的自然资源，为人类的生产和生活提供了丰富的资源，对人类发展有重要的促进作用。我国也是世界上野生植物资源种类最为丰富的国家之一。野生植物是自然生态系统的重要组成部分，是人类生存和社会发展的重要物质基础，是国家重要的资源。野生植物资源作为社会经济发展中一种极为重要的资源，具有生态性、多样性、遗传性和可再生性等特点。

根据《野生植物保护条例》第二条第二款的规定，野生植物资源是指原生地天然生长的珍贵植物和原生地天然生长并具有重要经济、科学研究、文化价值的濒危、稀有植物。《野生动物保护法》第三条规定：“野生动物资源属于国家所有。国家保障依法从事野生动物科学研究、人工繁育等保护及相关活动的组织和个人的合法权益。”1992 年 11 月国务院批准发布的《陆生野生动物资源保护管理费收费办法》规定：“野生动物资源属于国家所有。”此种须另有其他法律、行政法规之规定作为依据，方可明确其本身能否满足种类法定之要求，从而认定所涉财产属于国有的立法模式，亦被称为“次位种类法定”。

二、本法条系基于宪法规定来设定私法上的国家所有权

民法上之自然资源国家所有权，其权利范围与行使亦间接受到宪法的强力约束。上文指出，宪法对国家所有权的规范功能之一在于令国家及其机关负有保障义务，自然资源方面之保障内容则包括：保障为全民利益而行使、保障自然资源之合理使用、保障对珍贵动植物之保护等。据此，作为国家机关之立法者、司法者、行政机关于其立法、司法、行政职权活动中，均须贯彻落实此种保障，并以此为合法性、合理性检验之圭臬。①

本条法律规范虽采用与《宪法》完全相同之表述，但其规范含义全然不同：《民法典》物权编系立法者基于《宪法》的有关规定，以本条设定民法上之野生动植物的国家所有权者，履行其宪法上贯彻、保护之义务；规定属于国家所有的野生动植物资源，属于国家所有。以此，宪法上之野生动植物全民所有权，即由公法落实为私法上之国家所有权。这样规定，有利于保护我国的野生动植物资源，也有利于更加合理地利用野生动植物资源。②

【典型案例】

红豆杉的所有权归谁③

——野生植物所有权归属

基本案情

2013年7月，被告寅南路港建设有限公司在施工G207国道双牌至道县县城公路改建工程建设项目ⅢA6标过程中，将原告何某某栽种在梅花镇车头村的一棵南方红豆杉挖断导致其死亡。7月26日，道县林业调查规划设计队作出《技术鉴定报告》，鉴定结果为受损的树种为南方红豆杉，属国家级重点保护野生植物，树龄25年。2014年10月20日，原告将受损的南方红豆杉拿到寅南省野生动植物司法鉴定中心鉴定，经鉴定，价值约为16.5万元。

原告请求法院判令：被告赔偿原告损失及鉴定费；被告赔偿原告因追

---

① 金可可：《论乌木之所有权归属——兼论国家所有权之种类及其限度》，载《东方法学》2015年第3期。

② 转引自法信网，http://ai.lawiask.com/pages/lawsParaphraseDetails.html? gid = A190594&tiao =49。

③ 参见何某某与寅南路港建设有限公司损害赔偿纠纷案，载中国裁判文书网，http://wenshu.court.gov.cn/content/content? DocID = 1ded2047 - d57b - 4654 - a0ae - b9905cae4506&KeyWord，最后访问时间：2020年6月12日。

偿的交通费、误工费等经济损失；本案诉讼费用由被告承担。

被告寅南路港建设有限公司、寅南路港建设有限公司G207线道县段ⅢA6标项目部共同辩称：

其一，被告寅南路港建设有限公司G207线道县段ⅢA6标项目部只是被告寅南路港建设有限公司的一个下属临时机构，不具有法人资格，故依法不承担相关法律义务，不是适格的被告主体。

其二，案涉南方红豆杉是国家一级保护植物，属于国家所有的财产资源，原告何某某不具有该红豆杉的财产权，故原告何某某不是本案的适格原告主体。

其三，红豆杉系国家重点保护植物，应当在当地政府部门备案，事先通知施工方；若未备案且种植在施工的红线范围内，红豆杉的所有者或者管理者应在规定期限内向当地村委会办理征地补偿登记或者及时移栽；显然，对于在施工红线范围内具有一株红豆杉的事实，当地村委会和施工方都是不知情的，二被告在本案中不具有任何过错。

其四，《物权法》第六十六条规定私人的合法财产受法律保护，既然案涉红豆杉系国家一级保护植物，依法不得出售、收购及非法采集，那么本案原告何某某提出案涉红豆杉又是从何而来的呢？如果原告何某某不能举证证明该红豆杉的来源，则应当认定系其不合法的财产，其诉请依法不能得到法庭的支持。原告何某某要求二被告承担赔偿责任没有事实和法律依据，且诉讼的主体不适格，请求依法驳回原告何某某的诉讼请求。

法院审理

法院经审理查明，本案中被损坏的树木系2004年何某某、周某兰夫妇从山上移植并种植在自己的自留地上，这一事实客观存在。该树木经寅南省野生动植物司法鉴定中心鉴定为南方红豆杉，属于国家一级重点保护野生植物。《野生植物保护条例》第十六条规定禁止采集国家一级保护野生植物。因科学研究、工人培育、文化交流等特殊需要，采集国家一级保护野生植物的，必须经采集地的省、自治区、直辖市人民政府野生植物行政主管部门签署意见后，向国务院野生植物行政主管部门或者其授权的机构申请采集证。

本案中，原告何某某未经林业主管部门审批，擅自采挖生长在野外即野生的国家一级保护植物南方红豆杉，违反了法律的相关规定。《物权法》第四十八条规定，森林、山岭、草原、荒地、滩涂等自然资源，属于国家所有，但法律规定属于集体所有的除外。第四十九条规定法律规定属于国家所有的野生动植物资源，属于国家所有。因此案涉南方红豆杉的所有权并不因为原告何某某非法移栽种植在其责任山而改变其所有权性质，该株南方红豆杉仍然属于国家所有。

原告何某某不是被损坏的南方红豆杉的合法所有权人，不具备主张权利的原告适格主体资格。原、被告之间没有直接的利害关系。最终法院驳回了原告何某某的起诉。

案件评述

一、本条是关于野生植物所有权保护的规定

根据《民法典》物权编的规定，野生动植物属于国家所有。在这个案例中，南方红豆杉所有权争议部分涉及国家所有权法律关系，符合本条的野生动植物资源属于国家所有的主旨。

二、野生动植物所有权归国家所有的意义

野生植物是自然生态系统的重要组成部分，是人类生存和社会发展的重要物质基础，是国家重要的资源。《野生植物保护条例》保护之原生地天然生长珍贵、濒危、稀有植物，纵使不成规模，亦属国有范围，因为其立法理由之一在于其系“自然生态系统的重要组成部分，是人类生存和发展的重要物质基础”[①]。野生植物资源作为社会经济发展中一种极为重要的资源，同时它还是重要的战略资源，保存着丰富的遗传基因，为人类的生

---

① 全国人大常委会法制工作委员会民法室：《〈中华人民共和国物权法〉条文说明、立法理由及相关规定》，北京大学出版社2007年版，第76页。

存与发展提供了广阔的空间。同样，野生动物也受到国家保护。野生动物是国家宝贵的种质资源，人类生产生活的重要物质基础，人类的衣食住行都与其密切相关。野生动物资源在国民经济和社会发展中具有非常重要的地位。因此，本条规定，法律规定属于国家所有的野生动植物资源，属于国家所有。

三、对野生动植物的法律保护

1. 野生动植物管理体制及各级政府和主管部门的职责法定

国务院其他有关部门依照职责分工负责有关野生动植物保护工作。县级以上地方人民政府负责野生动植物管理工作的部门及其职责，相关部门应当开展保护野生动植物的宣传教育，普及野生动植物知识，提高公民保护野生动植物的意识。同时应当定期组织国家重点保护野生植物资源调查，建立资源档案。在国家重点保护野生植物物种和地方重点保护野生植物物种的天然集中分布区域，应当依照有关法律、行政法规的规定，建立自然保护区。有关部门应当监视、监测环境对国家重点保护野生植物生长和地方重点保护野生植物生长的影响，并采取措施，维护和改善国家重点保护野生植物和地方重点保护野生植物的生长条件。

2. 对野生植物的采集管理进行严格法律管控

未取得采集证或者未按照采集证的规定采集国家重点保护野生植物的，由野生植物行政主管部门没收所采集的野生植物和违法所得，可以并处违法所得10倍以下的罚款；有采集证的，并可以吊销采集证。

3. 对野生植物的出售和收购予以严格管理

禁止出售、收购国家一级保护野生植物。出售、收购国家二级保护野生植物的，必须经省、自治区、直辖市人民政府野生植物行政主管部门或者其授权的机构批准。野生植物行政主管部门应当对经营利用国家二级保护野生植物的活动进行监督检查。

4. 对野生植物的进出口予以严格管理

进行严格管理，严格按照法律相关规定进行，非法进出口野生植物的，由海关依照海关法的规定处罚。伪造、倒卖、转让允许进出口证明书或者有关批准文件、标签的，由野生植物行政主管部门或者工商行政管理部门按照职责分工收缴，没收违法所得，可以并处罚款。野生植物保护违反《野生植物保护条例》的规定，构成犯罪的，要依法追究刑事责任。对于野生动物的保护则要按照《野生动物保护法》进行严格保护。本条规定中所指的具体野生动物种类，应以《国家重点保护野生动物名录》《国家保护的有益的或者有重要经济、科学研究价值的陆生野生动物名录》，以及各省颁布的《重点保护野生动物名录》为准。①

四、野生动物的繁育利用始终期待造福整个和谐社会

1. 近年来围绕野生动物繁育利用的信息和观点纷繁混杂

在这样多彩的春天里，人类关于野生动物利用的话题始终敲打着人们的生态良心。我国《野生动物保护法》明文规定要“加强资源保护、积极驯养繁殖、合理开发利用”。对野生动物积极驯养繁殖和合理开发利用，是我国野生动物保护工作的重要内容。有关资料指出，野生动物是我国重要的基础资源，在国民经济发展中具有重要的战略地位，合理经营利用野生动物资源，是促进经济和社会持续、快速、协调、健康发展的重要保证。

有专家认为，我国已经成为“发展野生动物利用产业受益最大的国家之一”。我们期待这一新兴产业在规范中健康发展，在健康发展中造福和谐社会。有消息显示，2006 年全年野生动植物繁育利用产值达到 2000 亿元。②

2. 远离野生动物不仅仅是保护它们也是保护人类自己

2020 年新年伊始，一场突如其来的新型冠状病毒感染的肺炎疫情袭来。据新华社相关报道，相关专家研究认为，穿山甲可能是新型冠状病毒

① 金可可：《论“狗头金”、野生植物及陨石之所有权归属——再论自然资源国家所有权及其限度》，载《东方法学》2015 年第 4 期。

② 韦荣华：《野生动物繁育利用，期待造福和谐社会》，载《中国林业》2007 年第 5 期。

的潜在中间宿主，引发热议。若为病毒中间宿主，则再次警示着我们肆意破坏生态的后果，让我们反思该如何正确对待野生动物。

事实上，野生动物的营养元素与家禽家畜并无多大差异，而人类新发的传染病78%与野生动物有关或者来源于野生动物。它们体内含有许多未知的病毒。野生动物是生态食物链中的一环，人类肆意猎杀捕食链条中的重要环节，不加限制地一味攫取自然资源，不假思索地打破人与野生动物相处的界限，必然使人类自身陷于险境、困境。这次肆虐的新型冠状病毒感染的肺炎疫情，就是强有力的一击。

鉴于我们每个人都是“命运共同体”中的一环，谁也不能置身事外。新型冠状病毒感染肺炎疫情牵动着每一位中华儿女的心。“疫情”终会过去，但只要我们还在以任何形式消费野生动物，距离下一次新发传染病就还是很近。所以要杜绝消费野生动物，减少对野生动物栖息地的侵扰。①

第二百五十二条　【无线电频谱资源的国家所有权】

无线电频谱资源属于国家所有。

【条文疏义】

本条沿袭了《物权法》第五十条之规定。

一、无线电频谱资源应纳入准物权的调整范畴

无线电频谱是无线电频率排列起来所形成的集合，无线电频谱资源属于非传统自然资源。从物权客体属性角度看，无线电频谱资源不属于《民法典》物权编中的动产和不动产，也不属于法律规定的权利，应将其纳入准物权的范畴。国家所有权所指向的对象是国家对无线电频谱资源的初始管理权。有学者认为，无线电频谱资源国家所有权的行使主体是国务院和

① 陆瑶：《保护野生动物，亦是保护人类自己》，载中国日报网，http：//cn. chinadaily. com. cn/a/202002/13/WS5e44ab84a3107bb6b579f278. html，最后访问时间：2020 年 2 月 14 日。

中央军委，与《物权法》中国有财产由国务院代表国家行使所有权的规定有不符之处，需研究制定高位阶的无线电频谱资源法。①

无线电频谱之所以纳为国有，是因为其是非传统自然资源的重要组成部分，是人类生存和发展的重要物质基础。作为社会经济发展中一种极为重要的资源，自须依据公法的经济管制才可能真正实现市场配置的自由，旨在有利于其保护与合理利用。

二、无线电频谱资源所具有的基本法律特性

本条规定是《民法典》物权编对无线电频谱资源所有权“种类法定”的具体化。无线电频谱是宝贵的、有限的非传统自然资源。

1. 有限性：无线电频谱是不可再生的资源

2. 固有性：传播不分区域、不分界限

3. 易污染性：容易受到干扰

4. 非耗竭性：限制不用或使用不当都是浪费频率资源

5. 排他性：同一频道之内必会相互干扰

6. 可复用性：放弃权利，他人可用

三、无线电频谱资源统一规划、分级指配、有偿使用

1. 对无线电频谱资源国家所有体现其应有的公法规制

发展无线电事业离不开频谱资源，无线电业务的发展取决于有没有可用的频段，但是当前大多数可用的频段都在使用之中。《民法典》物权编此次对无线电频谱资源作出明文规定，无疑是将其作为公民基本权利之物权，也即《宪法》第十三条所称“私有财产”给予法律保护。此种所谓“公法上的国家所有权”性质的法律规范系以国家及其机关为规范对象，其规范功能首先系一种禁止国家及其机关侵害民事主体基本权利之命令；同时系命令国家及其机关于其立法、行政、司法活动中落实对基本权利之

① 王文娟：《国家所有权下的无线电频谱资源法律属性研究》，载《北京邮电大学学报（社会科学版）》2018 年第 8 期。

保护。前者通称防御权；而后者通称保障权。[①]

因此，国际上以及各个国家都设有权威的机构来加强无线电频谱资源的管理，在我国无线电频谱资源国家所有权的行使主体为国务院和中央军委，[②] 以使有限的资源得到充分而有效的利用。无线电频谱资源属国家所有即国家可对无线电频谱资源实行统一规划、分级指配、有偿使用。

2.《民法典》物权编对其肯认意在宣示其国家专属特性

无线电频谱作为财产归全民所有，并非简单地设定一种私法上之所有权，或者授予国家机关占有、使用、收益、处分等私法权能，而是宣示其为宪法这种公法上的“全民或国家所有权”。其规范意义旨在：

明确其不得为私法上私人所有权之客体，以维护我国基本经济制度。不过这种所有权虽非私法所有权，但可以成为立法者在私法上为全民设定私法所有权之宪法依据。同理，宪法“国家所有”之规定，可以成为以私法设定国家私法所有权之依据。故知宪法上全民或国家所有权，系以全民（而非国家）为其权利主体。

正因如此，其仍具有双重规范功能：第一是防御功能，即构成禁止国家及其机关侵害全民所有权之命令，《宪法》第十二条第一款“社会主义的公共财产神圣不可侵犯”之含义即在于此；第二是保障功能，即构成国家及其机关在其职权活动中保护全民所有权之命令，《宪法》第十二条第二款系其明文规定。而作为公权力主体的国家及其机关，其在规制无线电频谱法律关系之中的核心义务，亦在保障无线电频谱作为全民所有之财产为全民所用且只能为全民之利益而行使。[③]

故而《民法典》物权编沿袭《物权法》第五十条的规定宣示了无线电

---

① 金可可：《论“狗头金”、野生植物及陨石之所有权归属——再论自然资源国家所有权及其限度》，载《东方法学》2015 年第 4 期。

② 王文娟：《国家所有权下的无线电频谱资源法律属性研究》，载《北京邮电大学学报（社会科学版）》2018 年第 8 期。

③ 金可可：《论“狗头金”、野生植物及陨石之所有权归属——再论自然资源国家所有权及其限度》，载《东方法学》2015 年第 4 期。

频谱资源的国家专属性，任何单位和个人不得取得所有权，对无线电频谱资源的使用应依照相关的法律规定，未经允许不得占用。

【典型案例】

无线电频谱资源的所有究竟是基于权力还是权利[①]

——公法的私法化与私法的公法化

基本案情

刘某于2013年6月17日到中甲移动通信集团寅南有限公司辰沙分公司的专营店办理移动通信业务，在该公司提供的宣传资料中，刘某得知该公司有5元/月包30MB流量、10元/月包70MB流量、20元/月包150MB流量、30元/月包280MB流量等上网流量优惠套餐。刘某选择了一个20元/月包150MB流量的上网流量包服务。同时，中甲移动通信集团寅南有限公司辰沙分公司向刘某出具的《移动业务受理单》上注明了“20元/月包150MB流量”。2013年8月1日刘某发现，2013年7月1日至31日其未使用的7月的92MB流量被清零。

原告认为，物包括有形物和无形物。流量和电力等物一样，虽然看不见摸不着，但均属于物，是无形物。刘某认为，本案所争议的“流量”是一个随着信息技术的发展和无线电频谱资源的广泛利用而产生的名词，原审判决简单地将“流量”界定为一种计量单位，忽视了“流量”所依托的无线电频谱资源及相关配套设备、设施等物权客体，未能充分认识并认定“流量”的物权属性。如果“流量”仅仅是一个计量单位，那么，为什么上网套餐不表述为“20元包150流量”，而表述为“20元/月包150MB流量”呢？因此，刘某有理由认为，“流量”是一种表示物权客体的名词，

---

① 参见刘某与中甲移动通信集团寅南有限公司辰沙分公司侵权责任纠纷案，载中国裁判文书网，https：//www. itslaw. com/detail？judgementId = b11cf5ef - d685 - 442f - 8b8f - 47b702a5ab12&area = 1&index = 3&sortType = 1&count = 6&conditions = searchWord%，最后访问时间：2020年6月12日。

其核心应当是无线电频谱资源，其内涵包括无线电频谱资源、与利用无线电频谱资源相配套的设备、设施及服务等。“流量”本身并不是一种计量单位，“MB、KB”等是流量的计量单位。

《物权法》第五十条规定无线电频谱资源属于国家所有，即无线电频谱资源依法属于无形物。该法第二条规定因物的归属和利用而产生的民事关系，适用本法。因此，刘某认为，本案所争议的“流量”，应当属于我国物权法所保护的物权客体。

被告认为本案当事人之间不涉及电信资源所产生的物权关系，刘某利用的是中甲移动通信集团寅南有限公司辰沙分公司的网络，中甲移动通信集团寅南有限公司辰沙分公司开发和利用的才是无线电频谱资源，刘某不能越位取代该公司享有的无线电频谱资源的用益物权主体资格。

在电信市场中，确实存在电信资源所产生的物权关系，但其只发生在电信资源所有者（电信主管部门）与电信业务经营者（电信运营商）之间，基于电信资源所有者对电信业务经营者经营电信业务的行政许可以及电信业务经营者缴纳电信资源费而产生。在电信市场法律关系中，存在电信资源许可使用法律关系与电信服务法律关系两类层次不同且性质也各不相同的法律关系。电信资源许可使用关系发生在信息产业主管部门与电信业务经营者之间，电信服务法律关系发生在电信服务经营者与电信用户之间。尽管无线电频谱资源属于国家所有，但无线电频谱资源的使用权只属于经过行政许可并缴纳电信资源使用费的电信业务经营者，而不属于电信用户。

本案中，中甲移动通信集团寅南有限公司辰沙分公司是经过许可、具有电信业务经营权的电信业务经营者，刘某只是一个电信用户，案涉分公司与刘某之间存在的是电信服务法律关系，刘某只能向中甲移动通信集团寅南有限公司辰沙分公司主张电信服务的债权，但不能主张无线电频谱资源的使用权及其相关物权。

法院审理

本案中，“流量”的通常概念是指单位时间内通过特定表面的流体量，“手机流量”则是指手机上网时网络数据传输与交换过程中所产生的数据流通量，也即单位时间内手机上网消耗掉的字节数（字节是网络数据的计量单位），因此，本案中，从本质上说，“流量”自身只是一个用于计量的网络数据的概念，不具有物的特征，不属于物权客体，也不能成为本案的侵权客体。

《物权法》第五十条规定：“无线电频谱资源属于国家所有。”《电信条例》第七条规定：“国家对电信业务经营按照电信业务分类，实行许可制度。经营电信业务，必须依照本条例的规定取得国务院信息产业主管部门或者省、自治区、直辖市电信管理机构颁发的电信业务经营许可证。未取得电信业务经营许可证，任何组织或者个人不得从事电信业务经营活动。”

其第二十六条规定：“国家对电信资源统一规划、集中管理、合理分配，实行有偿使用制度。前款所称电信资源，是指无线电频率、卫星轨道位置、电信网码号等用于实现电信功能且有限的资源。”

其第三十条规定：“电信业务经营者应当按照国家规定的电信服务标准向电信用户提供服务……”根据上述法律规定可知，无线电频谱资源作为电信资源的一种，其所有权属于国家，对无线电频谱资源的占有、使用必须经过行政许可，中甲移动通信集团寅南有限公司辰沙分公司作为电信业务经营者通过法律规定的行政许可方式取得了无线电频谱资源的用益物权，并据此向电信用户提供服务。

中甲移动通信集团寅南有限公司辰沙分公司通过对无线电频谱资源进行开发、利用，向电信用户传输以字节为单位的网络数据，网络数据经资源转换，以动态方式存在，能够被电信用户利用并支配，具有物的特性，可以成为本案侵权客体。电信用户通过支付费用，获得相应字节的网络数据的使用权，中甲移动通信集团寅南有限公司辰沙分公司如果未经权利人许可或者合同约定，擅自进行清除，将构成侵权。

案件评述

一、本案涉及无线电频谱公法私权双重法律规制

无线电频谱资源是有限的自然资源

为充分、合理、有效地利用无线电频谱，保证各种无线电业务的正常运行，防止各种无线电业务、无线电台站和系统之间的相互干扰，本条规定无线频谱资源属于国家所有。无线电频谱资源属于国家所有，是指国家对无线电频谱资源享有占有、使用、收益和处分的权利。《无线电管理条例》第三条规定："无线电频谱资源属于国家所有。国家对无线电频谱资源实行统一规划、合理开发、有偿使用的原则。"

在《民法典（草案）》征求意见过程中，有学者认为，规定无线电频谱资源属于国家所有，不利于新技术的开发，会产生争议。事实上，《无线电管理条例》第五条规定："国家鼓励、支持对无线电频谱资源的科学技术研究和先进技术的推广应用，提高无线电频谱资源的利用效率。"因此，规定无线电频谱资源属于国家所有并不会不利于新技术的开发，而会更有利于充分、合理、有效地利用无线电频谱资源。

无线电频谱是一种有限的自然资源，归国家所有，国家对无线电频谱资源的所有权神圣不可侵犯。无线电管理机构代表国家行使对无线电频谱资源的所有权，通常采用行政、法律、技术和经济相结合的综合管理公法管制，以保障无线电频谱资源的科学、合理开发和有效通过市场予以配置利用；防止对无线电频谱资源的非法占有；保护良好的空中电波秩序，促进无线电事业的可持续发展。

二、无线电频谱资源属于国家专有的原因

1. 无线电频谱资源属于国家专有是由其自然属性决定的

无线电频谱资源是全世界平等共享的自然资源，其传播不受行政区域和国界的限制，又具有易受干扰的特性，因而要使无线电频谱资源得到合理利用，维护良好的空中电波秩序，必然需要从国家层面进行统一控制和管理。

2. 无线电频谱资源于既定技术条件下并非用之不竭，且已凸显有限性

随着各种无线电技术与应用层出不穷，人类对无线电频谱资源的需求急剧膨胀，无线电频谱资源的稀缺程度不断加大。因此，需要以国家的公权力统筹规划无线电频谱资源的开发、利用，以协调、解决频谱资源供需之间的矛盾。

3. 确认无线电频谱的私法属性意在“定分止争，物尽其用”

国家只有对无线电频谱资源实行统一公法管制，才能更好地协调各方用频需求，确保用频安全，促进无线电频谱资源通过市场有效得以利用，定分止争。

而无线电频谱资源作为国有自然资源，明晰其所有权属于国有自然资源所有权范畴，有利于解决无线电频谱资源的立法和管理上的不足，如明显滞后于经济的发展，各部门法间权责不明晰，资源流转不顺畅的困局，有利于确保无线电频谱资源充分发挥其经济效能，服务于国家建设和无线电技术进步，故通过《民法典》物权编来再次肯认无线电频谱资源使用权制度这一新型的用益物权体系。①

4. 私法公权综合法律调整

所有权是对物进行全面支配的典型物权，按照《民法典》物权编的规定，所有权人依法享有对所有物占有、使用、收益和处分的权利。无线电频谱属国家所有，使国家作为所有者同样成为私法法律关系的主体，国家对无线电频谱资源具有全面的支配权，可排除他人非法干涉。当然，所有权的市场配置也要受公法规制，因为具体操作是通过国家授权的各级无线电管理部门实施的，国家对无线电频谱资源所有权的行使要受到公法的限制，同样是以保护社会公益为目的。

---

① 魏功庆：《无线电频谱资源国家所有权研究》，载《法制博览》2015 年第 6 期。

第二百五十三条　【国家所有的文物的范围】法律规定属于国家所有的文物，属于国家所有。

【条文疏义】

本条沿袭了《物权法》第五十一条之规定。

一、文物是人类精神文明历史文化发展的宝贵遗产

所谓文物，现在尚没有一个明确的概念，一般指人类在历史发展过程中遗留下来的遗物、遗迹。《现代汉语词典》中对文物的定义是："历史遗留下来的在文化发展史上有价值的东西，如建筑、碑刻、工具、武器、生活器皿和各种艺术品。"《辞海》中对文物的解释是："遗存在社会上或埋藏在地下的历史文化遗物。"可见，文物具有不可再生性和不可替代性，不同于普通的物。

文物作为人类在社会活动中遗留下来的具有历史、艺术、科学价值的遗物和遗迹，无疑是人类宝贵的历史文化遗产。所以文物是指具体的物质遗存，它的基本特征是：第一，必须是由人类创造的，或者是与人类活动有关的；第二，必须是已经成为历史的，不可能再重新创造的。目前，各个国家对文物的称谓并不一致，其所指含义和范围也不尽相同，因而至今尚未形成一个对文物共同确认的统一定义。

二、境内地下、内水和领海中遗存文物属于国家所有

1. 国有不可移动文物的所有权不因其所依附土地所有权或者使用权的改变而改变

《文物保护法》第五条规定，中华人民共和国境内地下、内水和领海中遗存的一切文物，属于国家所有。古文化遗址、古墓葬、石窟寺属于国家所有。国家指定保护的纪念建筑物、古建筑、石刻、壁画、近代现代代表性建筑等不可移动文物，除国家另有规定的以外，属于国家所有。

2. 属于国家所有的可移动文物的所有权不因其保管、收藏单位的终止或者变更而改变

根据《文物保护法》第五条的规定，下列可移动文物，属于国家所有：

(1) 中国境内出土的文物，国家另有规定的除外；

(2) 国有文物收藏单位以及其他国家机关、部队和国有企业、事业组织等收藏、保管的文物；

(3) 国家征集、购买的文物；

(4) 公民、法人和其他组织捐赠给国家的文物；

(5) 法律规定属于国家所有的其他文物。

三、祖传文物可归个人私有

虽然文物属于限制流通物，但我国法律并不禁止公民个人合法拥有。《文物保护法》第六条规定，属于集体所有和私人所有的纪念建筑物、古建筑和祖传文物以及依法取得的其他文物，其所有权受法律保护。文物的所有者必须遵守国家有关文物保护的法律、法规的规定。可见法律允许私人拥有文物。

我国《文物保护法》确认了私人对文物依法享有所有权，规定属于私人所有的纪念建筑物、古建筑和祖传文物，其所有权受国家法律的保护，从法律上明确规定了文物的私人所有权制度。但与此同时，因为文物具有脆弱性和不可再生性，为实现对文物这一具有公共利益属性的物的保护，需要采取一些预防性措施，势必需要对私人文物所有权予以限制。

四、法律规定属于国家所有的遗存文物应指无主文物

虽然《文物保护法》规定，在中国境内地下、内水和领海中遗存的一切文物均属国家所有，但其依法律逻辑理解是有其前提的，即该文物必须是无主文物。我国法律规定，所有人不明的埋藏物、隐藏物，归国家所有。

根据《最高人民法院关于贯彻执行〈中华人民共和国民法通则〉若干问题的意见（试行）》[①] 第九十三条的规定，公民、法人对于挖掘、发现的埋藏物、隐藏物，如果能够证明属其所有，而且根据现行的法律、政策又可以归其所有的，应当予以保护。

---

① 现已失效，后文不再注明。

一般人可能会认为自家祖坟挖出来的宝贝理应归自己所有，其实这个理解是错误的。主张文物归其个人所有，需要具备一定的条件，拿出充分的证据证明。这是因为文物不同于一般的陪葬物品，它是人类在历史发展过程中遗留下来的遗物、遗迹。它是人类宝贵的历史文化遗产，其并不属于个人所有。

【典型案例】

属于文物的随葬品归谁所有①

——国家所有文物的所有权

基本案情

原告郑某显、郑某杰系亲兄弟关系，祖籍在申丰县商酒务镇商酒务村，原告的曾祖父郑某麒于1930年去世，葬于申丰县商酒务镇商酒务村东。

1969年11月，因修建焦枝铁路原告将郑某麒墓葬迁至申丰县商酒务镇商酒务村北现薛杨公路北侧。2011年4月4日晚，张某等人在盗掘二原告曾祖父郑某麒的墓葬时被抓获，张某等人从原告曾祖父墓中盗掘出翠镯、翠扳指等32件随葬物品，经该省文物鉴定委员会鉴定上述涉案的32件随葬物品属清代文物，其中7件为三级文物，其余为一般文物。上述物品由被告申丰县公安局扣押后移交给被告申丰县文物局。

二原告向二被告提出申请，要求返还其扣押的32件随葬物品，被告未予返还。

法院审理

法院经审理认为，《文物保护法》第五条规定："中华人民共和国境内地下、内水和领海中遗存的一切文物，属于国家所有……"涉案随葬物品经该省文物鉴定委员会鉴定为文物，由于随葬文物是用于祭奠先人的物品，

① 参见郑某显、郑某杰诉公安局、文物局返还原物纠纷案，载央广网，http：//news. cnr. cn/native/gd/201407/t20140708_ 515805122. shtml，最后访问时间：2020年6月12日。

故从随葬开始在世的后人就丧失了该文物的物权。

据此，随葬文物不属个人物权，不在继承权行使的范围内，不适用民事法律关于埋藏物的规定。根据《文物保护法》第五条的规定，凡地下遗存的一切文物均属于国家所有，故本案随葬的文物，也应属于国家所有。

再审法院亦认为，申请人认为“遗存”仅指“古代即1840年以前遗留下来的文物”，该解释实际上意味着1840年以后的随葬文物可能不再属于国家所有，一方面这与随葬物品的“无主”属性不相符，因为根据民事法律精神，无主物品推定为国家所有；另一方面这也与扩大文物范围、严格保护文物的总体趋势相悖。

故二原告要求返还文物的诉讼请求，二审法院依法不予支持。

案件评述

一、文物国家所有权在民法中采“种类法定主义”

依民法物权种类法定理论，这里所称的“法”，限于法律、行政法规，《民法典》物权编自然资源准物权各条均属其列；现行法律、行政法规没有规定的，可以依据本法条制定或修改法律作出具体规定。强调民法上国家所有权之性质，仍为全民所有，究其实质，系明确民法上之国家所有权须以全民为其主体，仅以占全体人民最大多数人的最长远的最大利益为其最终目标；否则不足以履行民法保障全民财产权实为全民利益之核心宪法义务。[①]

二、本案审理采“随葬物抛弃所有权说”

本案争议的焦点是随葬文物是否一律属于国家所有以及国家行使文物所有权的时机和状态，判决结果表明，凡是法律规定属于国家所有的文物，均属于国家所有，亦即随葬物死者的亲属业已不对其享有继承权。

有学者认为，虽然法律允许私人拥有文物，但必须符合相关法律法规。按照对《文物保护法》的逻辑理解，既为“随葬品”，物品原来的所有人

---

① 金可可：《论“狗头金”、野生植物及陨石之所有权归属——再论自然资源国家所有权及其限度》，载《东方法学》2015年第4期。

去世后，后人的陪葬行为自可被推定为放弃了对“随葬物”的所有权，那么，其被挖出来之后，国家或集体自可取得所有权。[①]

但也有学者认为，陪葬文物并非抛弃物，亦非自然无主物，绝户之墓葬陪葬文物才属于无主物。所有人不明之陪葬文物具备埋藏物之外表不可见以及所有人不明之要件特征，因此属于埋藏物。《文物保护法》第五条关于我国境内地下、内水和领海中遗存的一切文物，属于国家所有的规定，其适用对象应该限于在我国境内出土之无主文物以及所有人不明的文物。有主墓葬中的陪葬文物，应该为墓主后人所有，但是古墓葬除外。故而其将《文物保护法》第五条解释为国有化或者征收我国境内普通墓葬出土的有主文物不合时宜。即使按照国有化或者征收予以解释，依照现行《宪法》也应该对被征收陪葬文物的所有权人予以补偿。[②]

三、国有不可移动文物受法律保护

根据2002年《文物保护法》[③] 第五条的规定，中华人民共和国境内地下、内水和领海中遗存的一切文物，属于国家所有。古文化遗址、古墓葬、石窟寺属于国家所有。国家指定保护的纪念建筑物、古建筑、石刻、壁画、近代现代代表性建筑等不可移动文物，除国家另有规定的外，属于国家所有。

国家所有的不可移动文物的所有权，有其独特的法律特性。“国有不可移动文物的所有权不因其所依附的土地所有权或者使用权的改变而改变”的规定，保证了国有不可移动文物所有权不受侵犯。

四、国有可移动文物亦采“种类法定主义”

1. 明文规定的可移动文物归国家所有

《文物保护法》第五条规定了属于国家所有的可移动文物的范围。

---

① 刘先琴：《河南32件被盗陪葬品归属》，载《光明日报》2014年7月15日。

② 刘先琴：《河南32件被盗陪葬品归属》，载《光明日报》2014年7月15日。章正璋：《陪葬文物所有权归属问题研究兼论〈文物保护法〉第五条的理论基础与适用范围》，载《法律科学》2016年第5期。

③ 已被修改。

2. 发现埋藏物和隐藏物中的文物负有报告义务

《文物保护法》第三十二条规定："在进行建设工程或者在农业生产中，任何单位或者个人发现文物，应当保护现场，立即报告当地文物行政部门……"《民法通则》第七十九条规定："所有人不明的埋藏物、隐藏物，归国家所有……"

3. 拣选文物属于无主文物

根据《文物保护法》第五十九条之规定，从掺杂在金银器和废旧物资中拣选出的文物，或作为废品卖掉的文物等，属于无主文物，其中既有古代文物，也有近现代文物；移交文物行政部门的，属于国家所有。国有可移动文物所有权，不因其保管、收藏单位的终止或者变更而改变的规定，是一条重要的原则。

五、文物具有独特的文化和经济价值双重属性

文物因其具有特殊的历史、艺术、科学价值，特别是其经济价值吸引利益追逐者倒卖文物以致文物流失，文物使用者使用不当造成文物损毁，以及自然损耗等使我国面临严重的文物危机。为保护文物，《文物保护法》作出了一系列措施，防止私人文物所有人滥用权利损害文物而对私人文物所有权的限制就是措施之一。

六、对私人文物所有权进行合理限制有利于文物保护①

私人文物所有权保护与限制的法理依据对私人财产所有权的绝对保护是随着社会逐渐发展起来的。各国宪法和法律开始强调个人社会义务，认为所有权不得违背社会公共利益，国家基于社会公共利益的需要可以对个人财产权予以约束和限制，如德国 1919 年《魏玛宪法》规定了所有权负有义务，其行使应同时有益于公共福利，《法国民法典》则在所有权的定义中规定"所有权是以绝对的方式对物享用和处分的权利，但不得为法律禁止的使用"。也就是说，国家有权对私有财产权予以限制，这种对财产

① 王男：《我国私人文物所有权限制问题研究》，大连海事大学 2016 年硕士学位论文。

所有权限制的权力是国家主权中的一个固有权限。

我国有关私人文物所有权的限制具体规定在《文物保护法》中，任何私人文物的所有人，不得以拥有文物所有权为借口，在行使其所有权时违反《文物保护法》的规定。对公民私人所有权的限制属于国家公法性质的行为，其本质是国家作为公权力的代表对公民合法的财产所有权的强行制约，不以财产权人的同意为必要条件，但是财产权作为人权的重要组成部分，关系人类的生存与发展，对财产权的保护是财产权存在的基础。对所有权的限制并不是完全否认个人利益，对私人所有权不予保护，即对所有权的限制并不意味着对所有权权能的克减是随心所欲的，也不意味着这种克减是没有任何约束的。[①]

第二百五十四条　【国防资产、基础设施的国家所有权】国防资产属于国家所有。

铁路、公路、电力设施、电信设施和油气管道等基础设施，依照法律规定为国家所有的，属于国家所有。

【条文疏义】

本条沿袭了《物权法》第五十二条之规定。

一、基础设施的内涵外延

基础设施主要包括交通运输、机场、港口、桥梁、通信、水利及城市供排水、供气、供电设施和提供无形产品或服务于科教文卫等部门所需的固定资产，它是一切企业、单位和居民生产经营、工作和生活的共同的物质基础，是城市主体设施正常运行的保证，既是物质生产的重要条件，也是劳动力再生产的重要条件。因此，在《物权法》中规定基础设施的所有

① 章正璋：《陪葬文物所有权归属问题研究兼论〈文物保护法〉第五条的理论基础与适用范围》，载《法律科学》2016年第5期。

权具有重要意义。

二、基础设施事关经济发展和社会稳定的大局

铁路、公路、电力设施、电信设施和油气管道等基础设施，是国家投资的基础设施，其所有权应当归国家所有。保护基础铁路、公路、电力设施、电信设施和油气管道等设施安全稳定运行，事关经济发展和社会稳定的大局。《民法典》物权编第二百五十四条沿袭《物权法》第五十二条的规定，明确了铁路、公路、电力设施、电信设施和油气管道等基础设施的所有权归属，它们一般均属国家所有，禁止任何单位和个人对铁路、公路、电力设施、电信设施和油气管道等基础设施进行破坏。

三、“国防资产”的归属权自在国家

国防是国家生存和发展的安全保障，是维护国家安全统一，确保实现全面建设小康社会目标的重要保障。建立强大巩固的国防是我国现代化建设的战略任务。国防资产在国家和军队的现代化建设中扮演着非常重要的角色。《国防法》明确提出了“国防资产”的概念，并明确其归属权属于国家，处置权在国务院、中央军委或其授权机构。国家对国防科技工业的投入数额巨大，这些巨额投入必然形成大量的国防资产，如何加强对此类资产的管理，保障其安全、完整和有效使用，保障其科研生产能力的充分发挥，就成为迫在眉睫的问题。

四、确保基础设施安全意义重大

铁路、公路、电力设施、电信设施和油气管道等基础设施都是国家重要的基础设施，建设铁路、公路、电力设施、电信设施和油气管道等基础设施对方便人民生活、提高人民生活水平有重要意义，确保铁路、公路、电力设施、电信设施和油气管道等基础设施的安全对于国民经济发展和保障人民群众生命财产安全意义重大。本条规定对于提高基础设施的建设速度、使用效率和保障基础设施的安全等都有重要意义。

【典型案例】

骗卖备战铁路大桥案侵犯了何种权利①

——战备铁路设施属于国家所有

基本案情

1993年4月的一天，被告人张某东从开平乘火车去秦皇岛，发现相邻旧路堤上有一座大型铁路桥梁，原系铁路备用大桥，全长147.4米，上下行共8孔，钢梁总重584吨。张某东听说该桥早已报废，遂产生了“卖桥赚钱”的邪念。此后，张某东便制造谎言，声称自己买了一座报废的铁路大桥，且可以办理拆桥手续，到处招骗买主。他先后与某矿务局机电厂和某市机械厂、某市某玛钢厂三家企业联系“卖桥”，均因对方及时拆穿其“能办拆桥手续”的谎言而未能得逞。

同年6月，张某东找到该市开平区人民法院劳动服务公司（以下简称法院劳服公司）经理康某，谎称自己已经买下一座报废铁路桥梁并能办理拆桥手续，愿以每吨800元的价格卖出，买者负责拆桥工程。康某驱车随张某东到现场看桥后，认为有利可图，遂口头同意购买此桥。

之后，法院劳服公司即将此桥转卖给金发公司拆除，并由张某东以法院劳服公司经办人的身份，与金发公司签订了买卖并拆除大桥的《施工合同协议》。协议规定，甲方法院劳服公司以每吨1550元的价格，将大桥钢梁转卖给乙方金发公司由其拆除。

案涉金发公司一方面作拆桥开工准备，另一方面向法院劳服公司催要拆桥手续。张某东在法院劳服公司经理康某的再三催促下，到处蒙骗拆桥手续。先是猜测大桥归铁路分局古冶车务段管辖，即前往该车务段企图骗取证明但未得逞，后又猜测大桥归铁路分局车务段管辖。同年7月30日，

① 参见张某东骗卖备用铁路大桥案，载最高人民法院中国应用法学研究所编：《人民法院案例选》1995年第4辑（总第14辑），人民法院出版社1996年版，第3页。

张某东再次骗得法院劳服公司经理康某及金发公司负责人王某的信任，三人一同乘车赴车务段。

张某东等三人找到当地车务段，其自称是段长的侄子，企图骗取拆桥手续，又因段长公出未逞。张某东将康、王二人安置在招待所，自己无奈在街头转悠。忽然发现邮局后面有一个单位：铁道部工程局电务工程处招待所，张某东即进去与服务员搭讪，找到经理自我介绍。张某东谎称："我是法院的法警，我们劳服公司买了铁路分局一座报废桥梁，现已拆卖得款90多万元，院领导想把钱转出来兑成现款，你们如果能办，可以提一笔管理费。"经理请示处领导，不同意为其转款，遂将张某东介绍给另一工程局三处贸易公司经理卢某。

张某东对卢某表示，如能顺利将法院拆桥款转到你们公司账上办妥兑换现款，可给卢某提3万元好处费。卢某见张某东身着夏季警服，腰别五四式手枪（实际是仿真钢珠手枪），皮枪套外面镶嵌五颗子弹，即相信他是法院的人，表示同意合作。当卢某找张某东要身份证件时，其谎称出来匆忙未带，遂解下腰间手枪交给卢某暂作抵押。卢某即信以为真，将枪小心锁进抽屉，向张某东提供了开户银行和账号，商定收取10%的代扣税和管理费，并根据张某东的口授草拟了大意为铁建局三处将报废铁路桥转给法院劳服公司拆除的假合同。后张某东神秘兮兮地嘱咐卢某，这事只有我们法院某院长知道，其他人来问不要乱讲，企图封住卢某口。

张某东将草拟的假合同带回给法院劳服公司经理康某看后，康某即于8月2日与张某东正式签订了买卖大桥的书面协议。协议规定：甲方张某东与铁路建设局三处贸易公司建筑工程处联系，将留守营东侧报废的铁路桥转交乙方法院劳服公司拆除，每吨按人民币1250元计价，乙方法院劳服公司在1993年8月31日前，将桥款人民币40万元汇入铁建局三处贸易公司账户，其余款项由甲方张某东结算。

1993年8月4日，张某东带领康某来到铁建局三处贸易公司找卢某正式签订转款合同。康某当面问卢某是否有拆桥手续，在一旁的张某东用脚碰卢某腿示意其说有，于是卢某会意回答说：“手续没问题”，双方遂在正式合同上签字。合同约定：“甲方铁建局三处建筑工程处与乙方法院劳服公司商定，甲方将留守营东侧天津铁路分局报废桥梁一座，转卖给乙方拆除，每吨按人民币800元计价。自合同签订之日起至1993年8月31日前，将全部桥款人民币40万元转入甲方账户。”铁建局加盖其贸易公司下属的“铁建局三处贸易公司建筑工程处”的公章。

合同签订后，法院劳服公司即正式通知金发公司进行拆桥施工。同年8月9日，金发公司将队伍拉入工地，鸣放鞭炮后即开始了大规模拆桥工程。案发时，该桥上行线第三孔钢梁已被切割落地，下行线第三孔钢梁第五节间纵梁下平面联结系已被切割落地，第四节间纵梁也已经被切割，至此，给铁路运输企业造成直接经济损失275210元。

法院审理

铁路运输检察院以被告人张某东犯盗窃罪（未遂），向铁路运输法院提起公诉。被告人张某东对起诉书中指控他犯盗窃罪不服，提出自己没有到达现场秘密窃取他人财物，只是为了露脸，欺骗了他人。其辩护人认为，张某东没有实施秘密窃取行为，而是实施了诈骗行为，应认定张某东犯诈骗罪；张某东的诈骗行为由于其意志以外的原因而未能得逞，应认定为未遂，依法予以从轻处罚；张某东犯罪后认罪态度较好，能够如实供述自己的犯罪事实，应酌情从轻处理；张某东的行为给铁路企业造成严重损失的后果，与法院劳服公司领导人的麻痹大意有着直接的联系，希望法庭对张某东在量刑时给予综合考虑。

铁路运输法院经审理认为，被告人张某东以非法占有为目的，采取签订假合同的方法，企图骗取他人的巨额财物，且给铁路运输企业造成数额特别巨大的财产损失，其行为已构成诈骗罪，应依法严惩。张某东在着手实施诈骗犯罪的过程中，由于意志以外的原因而未得逞，是诈骗犯罪的未遂，但其行为已给铁路财产造成严重损失，均应作为量刑情节一并考虑。

铁路运输检察院起诉书指控张某东犯罪的事实清楚，但适用罪名不当，应予纠正。张某东及其辩护人所提的关于其行为属于诈骗犯罪未遂的意见已予采纳。据此，该院依照《刑法》第五十三条第一款、第二十条、第六十条、第一百五十二条的规定，于1994年10月28日作出刑事判决如下：被告人张某东犯诈骗罪（未遂），判处无期徒刑，剥夺政治权利终身；违禁品仿真钢珠手枪一支、“六四式”手枪子弹五发及枪套一个予以没收。

宣判后，被告人张某东不服，提出上诉。

铁路运输中级法院经二审审理认为，张某东以非法占有他人财物为目的，采用编造虚假事实的手段，企图骗取他人巨额财物，其行为已构成诈骗罪，应依法惩处。张某东曾因犯罪被处罚，但仍不思悔改，又犯新罪，不仅切割破坏了备用的部分桥梁，而且使有关单位为拆除桥梁投入了巨额资金及设备，给国家财产造成巨大损失，必须予以从重处罚。原审法院根据张某东的犯罪事实、情节、社会危害程度，对其定罪、量刑均无不当，且审判程序合法，应予维持。

遂二审法院驳回张某东的上诉，维持原判。

案件评述

一、张某东的刑事犯罪在民法上属无权处分无法得以补正

本案中，张某东已按诈骗罪被判处刑罚。其骗取他人财物的方式是通过与他人签订合同而实现的。单就张某东盗卖铁路大桥的民事行为而言，其在法律上并无处分权，自属无权处分行为。尽管《合同法》第五十一条规定：“无处分权的人处分他人财产，经权利人追认或者无处分权的人订立合同后取得处分权的，该合同有效。”但张某东对该报废的大桥并无处分权，鉴于其处分的是国家基础设施这样的财产，因此其事后并不可能经权利人追认或与权利人订立合同而取得该项财产的所有权，故其行为显而易见是不具有法律上的效力的。

二、案涉刑事犯罪同时对国家铁路设施造成民事侵权

铁路的一切设施无疑都是国家重要的经济基础设施，其事关国计民生，所以国家自然对其有特别的法律保护规定。《民法典》物权编第二百五十四条沿袭《物权法》第五十二条规定："国防资产属于国家所有。铁路、公路、电力设施、电信设施和油气管道等基础设施，依照法律规定为国家所有的，属于国家所有。"铁路设施根据法律的规定既属于国家所有，任何单位和个人就不得予以任何破坏。而本案被告的行为已经严重违反了法律的规定，侵害了国家对铁路设施的所有权，有关当事人应当依法承担相应的民事赔偿法律责任，且其行为已触犯刑法，应受刑事制裁。

三、基础设施属于国家所有应为国家所支配

我国的特殊国情和社会主义制度决定国家要掌握经济命脉，要继续投资于经济建设，就必须是某些特定财产的所有权人。对于铁路、公路、电力设施、电信设施和油气管道等基础设施，国家应当拥有完全的所有权，这是确保我国社会主义性质的物质保证。

借鉴其他国家的经验，国家所直接控制的财产可以分成两类。

1. 其为公共利用和为公共利益而存在的财产

国家在任何情况下都不能处分它们，任何处分都必须经过特定的程序，使其"私权化"，才能融入整个社会财产的流转中。

2. 铁路为国家所专有的财产

对于这类财产国家可以以所有者的身份自主处分，不管是用于社会公益事业，还是用于商业投资，抑或是出卖于个人等都是所有权权限范围之内的事情，在这里，只要符合民法的平等自愿、等价有偿原则，即不存在国有资产的流失问题。

第二百五十五条　【国家机关的物权】国家机关对其直接支配的不动产和动产，享有占有、使用以及依照法律和国务院的有关规定处分的权利。

【条文疏义】

本条沿袭了《物权法》第五十三条之规定。

一、国家机关的界定

所谓国家机关是指按照国家行政系统的分工，负责某一地区或某一方面的领导或管理工作的机关。国家机关也是一种社会组织，也要进行民事活动，也会涉及对物的占有、使用和处分。例如，国家机关也要购买办公用品，使用交通工具等。所以《物权法》第五十三条规定了国家机关对其直接支配的物的权利，可以占有、使用，并且可以依照法律和国务院的有关规定进行处分，因为对不动产和动产的处分将关系到物的命运，所以不可任意为之，必须依照法律和国务院的有关规定行使。

国家机关作为一个特殊的机关，其民事活动的范围是有限的，只能进行那些为实现自己所领导或管理职能所需的民事活动，其不能进行和实现与其职能无关的活动，不能经商，所以在它对其直接支配的不动产或动产行使权利时，国家机关只可占有、使用，依法处分，不可进行收益。

二、物权法调整的是直接支配物并排除他人非法干涉的权利

所谓直接支配，是指权利人无须借助于他人的帮助，就能够依据自己的意志依法直接占有、使用其物，或采取其他的支配方式。如房屋所有人有权占有、使用其房屋，并有权将房屋出售。国有土地使用权人有权依法使用土地，或转让其土地使用权。所有人和使用权人在依法行使其权利时，一般不需要取得义务人的同意，也不需要义务人的辅助，就可以实现其权利，这就是所谓的直接支配。这一点和合同债权是不同的，合同债权必须通过债务人履行债务才能实现。

【典型案例】

国家机关对其占有的不动产享有的权利[①]

——国家享有的所有权

基本案情

H省总工会（以下简称总工会）于1991年年初决定征地建房，并得到全国总工会的批准。省C市卫生防疫站（以下简称防疫站）与总工会相邻，正好要迁址新建，便多次主动找总工会协商，愿将现址转让给总工会。双方于6月正式签订了《房地产有偿划拨转让协议书》，协议书约定：协议经双方签字盖章、经市国土局鉴证、办理房地产过户手续后生效。

双方签字盖章后，市国土局以鉴证机关身份在协议上盖章。总工会共付款370万元给防疫站。1992年年底至1993年年初，防疫站以建筑材料价格上涨、建筑承包合同变更、资金严重短缺、工程难以继续进行、不能按期搬迁为由，先后六次致函总工会，要求增加转让费。总工会不同意，于是防疫站拒绝在约定时间内交付。

总工会遂起诉至法院，要求解除合同，由对方支付违约金和赔偿自己所遭受的损失。防疫站则辩称：合同约定协议在办理房地产过户手续后才生效，现双方尚未办理过户手续，所以合同尚未生效。

法院审理

一审法院经审理认为，其一，双方当事人同意解除《房地产有偿划拨转让协议书》，法院予以准许。其二，防疫站退还总工会已付的转让费370万元及利息，利息按一般基建贷款月息7.5‰计算，自总工会付款之日起至收款之日止。其三，防疫站支付总工会赔偿金275万元。

案件受理费51260元、财产保全费41770元全部由防疫站负担。以上

---

① 参见总工会诉防疫站房地产转让合同纠纷案，载最高人民法院中国应用法学研究所编：《人民法院案例选》1994年第3辑（总第9辑），人民法院出版社1994年版，第77页。

应付款项，防疫站应在判决生效后两个月内付清，逾期不付，拍卖该站在该市火星开发区新站址的12.9亩土地及地上建筑物，以所得价款偿付总工会，多退少补。

防疫站不服一审民事判决，向最高人民法院提起上诉。理由是：（1）双方签订的《房地产有偿划拨转让协议书》，因没有按双方的约定和法律的规定办理房产过户手续，尚未生效，法院不应保护。（2）对方在履行协议中也有过错，不应由其承担275万元赔偿金和已付的370万元转让费的利息，以及全部受理费和财产保全费。（3）防疫站新站址的房地产是经市人民政府规划的，法院无权将其拍卖。

总工会辩称：双方签订的协议已经生效；违约给其造成了经济损失，应承担全部赔偿责任；防疫站新站址的房地产，是用总工会支付的转让费建设的，应将其作价抵偿给总工会。

最高人民法院经审理查明，防疫站经上级批准，决定迁址新建，以适应卫生防疫事业的发展；总工会为解决直属单位住宿、办公用房决定征用防疫站的旧站址建房，得到全国总工会的批准。双方就旧站址的房地产划拨转让进行了多次协商，在经市政府及其土地管理局、城建局等有关部门办了手续后，于1991年6月22日签订《房地产有偿划拨转让协议书》。双方约定：

防疫站将该市民主西街6亩土地使用权及地上7259.9平方米房屋及其他附属设施的所有权，作价550万元划拨转让给总工会。协议生效后30日内，总工会付给防疫站转让费250万元，1992年5月31日前再付100万元。1993年2月底防疫站交付3栋住宅楼（3563平方米）后，总工会于同年3月10日前付给防疫站120万元；余下80万元待其于1994年3月底前将全部房地产交付总工会，经验收双方签字认可后半个月内，总工会一次付清。

协议还约定两项违约赔偿条款，即双方不得以任何借口不履行协议，也不得提出协议以外的要求，不论哪方违约，不划拨转让或不接受划拨转让上述房地产，均按转让费总价格的50%向对方交纳赔偿金。如果总工会逾期付款，每逾一日，按已付款数的3%向防疫站交纳赔偿金；如防疫站逾期交房，亦按对等条件向总工会交纳赔偿金。

协议签订后，总工会按约定于1991年7月21日、22日分别付给防疫站150万元、100万元；1992年5月26日又付100万元；1993年1月8日应防疫站的请求，提前给付20万元，总共付给转让费370万元。按协议的约定，防疫站向总工会移交了房屋档案材料，总工会于1992年12月26日向该市房屋产权监理处申请办理房屋产权证。在协议履行期间，防疫站于1991年11月5日经市政府批准，在该市火星开发区征地12.9亩作为新站址，并于1992年4月开始动工建设。

后防疫站6次要求增加转让费。总工会口头通知防疫站要严格执行协议，不同意增加转让费。防疫站未按约定在1993年2月底向总工会交付3栋住宅楼，总工会遂向法院起诉，要求法院判令防疫站全面履行合同，承担违约赔偿责任。

在诉讼中，根据总工会的申请，省高级人民法院裁定对防疫站新站址房地产进行财产保全，即未经法院许可，防疫站不得擅自转让新站址的房地产。在一审庭审中，总工会以防疫站违约使合同继续履行成为不必要为由，要求终止合同，防疫站亦表示同意。

最高人民法院认为，双方当事人经过平等协商，并经各自上级主管部门批准，又在该市人民政府及其有关部门办理了房地产划拨转让手续，因此所签订的《房地产有偿划拨转让协议书》是合法有效的。防疫站主张的未办理房产过户手续，即总工会未领取房屋产权证，协议尚未生效的上诉理由不能成立。

协议约定的逾期付款一日，按3%交纳赔偿金的违约条款，参照有关合同违约责任的法律规定，显属过高。因此，原审法院撤销了协议中的这一条款，确认其余部分继续有效，是正确的。

协议订立后，总工会按约定向防疫站交付了转让费。防疫站不能以建筑材料涨价，建筑承包合同变更，资金严重短缺为借口，不按期向总工会交付3栋住宅楼。防疫站违反协议，给总工会造成了经济损失，依据《民法通则》第一百零六条的规定，以及双方当事人的约定，应承担违约赔偿责任。

最高人民法院还认为，原审法院认定事实清楚，但对本案的处理有不当之处。第一，总工会的经济损失应是双方协议转让的房地产原协议的价格与现行市场价格之间的差价。此差价已经包括总工会付给防疫站370万元转让费的利息损失，原审法院判决防疫站赔偿总工会经济损失的同时，又判决支付转让费的利息，是不妥的。

另外，原审法院判决认定总工会的经济损失（即原协议价格与现行市场价格之间的差价）为275万元，与现行房地产市场价格比较，此差价偏低，应予适当提高。

第二，法院判决应当是依法对双方当事人讼争的实体问题，以及诉讼费用作出处理。总工会要求防疫站以转让其新址房地产的价款抵偿应付的款项，总工会的这一请求，只有在防疫站确实不能履行判决确定的给付义务，法院决定强制执行时才可考虑予以实施。原审法院将可能采取的强制执行措施写入判决书内，也是不妥的。

最高人民法院依照《民法通则》第五十七条、第一百一十二条、第一百一十五条和《民事诉讼法》第一百五十三条第一款第二项的规定，于1993年10月30日作出判决：维持原审判决第一项；撤销原审判决第二项、第三项；防疫站退还总工会转让费370万元；防疫站支付总工会赔偿金300万元。

案件评述

一、本案法官在审理过程中坚持了物权变动形式主义理论

所谓“形式主义”，是指一个法律行为只能产生一种效果，不能产生债权和物权双重变动效果，债权行为产生债权关系，物权行为变动物权关系，因此物权行为在效果上有别于债权行为，是独立的法律行为。据此，依债权合同设定、让与物权的债权合同只发生以“交付”或者“登记”为标的的债权债务，即负担行为，但标的物的所有权并不转移；只有物权变动的意思表示再加上法定的公示形式，所有权才转移，在物权行为完成前，权利并未转移。

本案中，双方当事人签订的协议书中约定：“协议经双方签字盖章、经市国土局鉴证、办理房地产过户手续后生效”，显然是欲通过一个法律行为产生债权和物权双重变动效果，这与《物权法》中将债权行为的效力与物权行为的效力区别对待是相违背的，故被告防疫站不能以合同未经过过户登记为由否定合同的效力，合同在双方当事人签字盖章之后即已生效。

二、本案也是一起国家机关支配其所有的不动产的案件

《物权法》第五十三条规定：“国家机关对其直接支配的不动产和动产，享有占有、使用以及依照法律和国务院的有关规定处分的权利。”此案中的国家机关有权支配自己的办公楼，并依照法律和国务院的有关规定对该办公楼进行处分。该国家机关将自己的办公楼与防疫站的办公楼交换，是在行使自己的权利，应该受到法律的保护，所以，他们的交换活动也应该遵守相关法律的规定。在本案中，双方进行的房地产的交换，既有房地产产权、土地使用权的转换问题，又有实物收入与货币收入补差的问题。总而言之，在市场经济的条件下，其各自对合法交换来的不动产所享有的物权均受法律保护。

三、本条规定的意义及立法完善意见

保护国有财产权，防止国有财产流失，是我国的一项长期任务。《物权法》颁布后，需要制定国有财产管理法，进一步完善国有财产的管理制度。国有财产权作为一种物权，有关这种权利的归属及其内容的基本规则已经在《物权法》中作出规定，但也要看到，国有财产的行使及其监管又具有特殊性，因而单纯依靠《物权法》的规定是不够的，还需要制定国有财产管理法，区分经营性财产和非经营性财产，建立不同的管理制度。依据本条规定，国家机关应当依法对其直接支配的财产行使占有、使用和处分的权利。国家机关对其占用的财产的处分必须依照法律规定的限制和程序进行，不得擅自处置国有财产。

第二百五十六条　【国家举办的事业单位的物权】 国家举办的事业单位对其直接支配的不动产和动产，享有占有、使用以及依照法律和国务院的有关规定收益、处分的权利。

【条文疏义】

本条沿袭了《物权法》第五十四条之规定。

一、本条是关于国家举办的事业单位的物权的规定

1. 国有事业单位的财产是国有资产的重要组成部分

明确国有事业单位对其直接支配的财产享有的权利，哪些权利必须依照法律和国务院的有关规定行使，这对保护国有事业单位的财产具有重要意义。

2. 国家举办的事业单位对其直接支配的物享有物权

国家举办的事业单位对其直接支配的不动产和动产，享有占有、使用以及依照法律和国务院的有关规定收益、处分的权利。《民法典》物权编本条依照《民法通则》和《事业单位登记管理暂行条例》中关于事业单位法人应当具备“必要的财产或者经费”“与其业务活动相适应的经费来源”“能够独立承担民事责任”等条件，从物权角度作出了上述规定。

二、对国家事业单位占用的财产分类予以具体规制

对国家举办的事业单位占用的财产，要根据事业单位的类型、财产的特殊性对其收益和处分的权利分别处理：一是国家举办的事业单位对其占用的财产之处分权利应受到严格的限制，如故宫博物院对其占用的文物类财产；二是经过审批，国家举办的事业单位对其占用的财产具有部分的处分权利；三是国家举办的事业单位对其占用的财产具有完全的处分权利。这就需要通过以后制定国有财产管理法对国家举办的事业单位如何有效行使、如何处分其占用的财产作出明确规定。

三、国有事业单位的财产受严格保护不得擅自处置

国家举办的事业单位应当依法对其直接支配的财产行使占有、使用、收益和处分的权利，不得擅自处置国有财产。《事业单位登记管理暂行条例》第十五条规定："事业单位开展活动，按照国家有关规定取得的合法收入，必须用于符合其宗旨和业务范围的活动。事业单位接受捐赠、资助，必须符合事业单位的宗旨和业务范围，必须根据与捐赠人、资助人约定的期限、方式和合法用途使用。"本条对国家举办的事业单位对其直接支配的国有财产行使占有、使用、收益和处分的权利作出了规定，加强了对国家举办的事业单位直接占有的国有财产的保护。

【典型案例】

国有事业单位为归侨安置的居所之所有权归属[①]

——事业单位公产房的物权变动有严格限制

基本案情

武寅县供销合作联社系武寅县人民政府举办的事业单位法人，经费来源为全额拨款。1978年12月，武寅县供销合作联社的下属单位武寅县土产公司被政府分配安置难侨包括被告杨某贤一户在内共11人，该房屋性质属公产房，未办理房屋产权登记，由武寅县土产公司掌管使用。同时政府

① 参见武寅县供销合作联社与杨某贤、黄某秋排除妨害纠纷案，载无讼网，https：//www.itslaw.com/search？searchMode = judgements&sortType = 1&conditions = searchWord% 2B% E6% AD% A6% E9% B8% A3% E5% 8E% BF% E4% BE% 9B% E9% 94% 80% E5% 90% 88% E4% BD% 9C% E8% 81% 94% E7% A4% BE% 2B1% 2B% E6% AD% A6% E9% B8% A3% E5% 8E% BF% E4% BE% 9B% E9% 94% 80% E5% 90% 88% E4% BD% 9C% E8% 81% 94% E7% A4% BE&searchView = text，最后访问时间：2020年6月13日。

安排杨某贤到武寅县土产公司工作。因此，杨某贤一户从1981年起即在本案两间半讼争房内居住。2004年6月，企业改制实行职工身份置换，确认双方解除劳动合同关系。双方还约定乙方（即杨某贤等）未购买企业公有住房的，可继续租用甲方（即武寅县土产公司）的公有住房，但要服从甲方管理。

为解决职工住房困难问题，发改局批复同意在城厢镇农坛路××号武寅县土产公司大院正北面，建设1栋单套住房面积为70平方米至90平方米的职工住宅楼共132套。2014年11月，武寅县供销合作联社书面通知杨某贤住户，载明：杨某贤居住的公产房产权××归武寅县供销合作联社所有，该地块将作整体规划使用，限杨某贤一户于11月15日前自行搬迁到县土产公司红岩汽车修理厂新回建的第11号公产楼房。

逾期后，被告杨某贤等仍未腾迁，原告遂诉至法院。

原告武寅县供销合作联社诉称，被告系越南归侨，20世纪80年代初和其他归侨一样是政府安置于原告下属单位——武寅县土产公司，居住房是砖木结构房屋，该房由原告直属企业武寅县土产公司于1980年兴建并投入使用，该房产权属原告。被告住所是在该项目用地范围内，为确保武寅县供销合作联社系统棚户区改造工程顺利施工，原告曾与县政府、县侨联等部门多次上门做被告的思想工作，但被告认为现住房是联合国安置的，房产使用权是他的，置之不理。

直至2014年11月6日，原告才做最后通知，限被告于11月15日前自行搬迁到新回建的第11号公产楼房，腾出旧公产房，以便收回该房产所有权，依照规划法有效地使用土地，但是被告杨某贤未予搬迁。为维护原告的合法权益，特向人民法院起诉，请求依法判令被告搬出现住属原告所有的位于武寅县城厢镇农坛路××号武寅县土产公司大院正北面回建房后面的砖瓦结构瓦房4间。

法院审理

国家、集体、私人的物权和其他权利人的物权受法律保护，任何单位和个人不得侵犯。《物权法》第五十四条规定："国家举办的事业单位对其直接支配的不动产和动产，享有占有、使用以及依照法律和国务院的有关规定收益、处分的权利。"武寅县供销合作联社通过划拨方式依法取得坐落于武寅县城厢镇农坛路县土产公司大院内的国有土地使用权。据此，武寅县供销合作联社对该宗地享有占有、使用以及依照法律规定收益、处分的权利。

本案中，武寅县供销合作联社主张对其宗地行使占有、使用的物权，杨某贤等则主张其对现居住的讼争房具有准物权，拒不搬离，双方系因物权的行使受到他人的妨害而引发的以排除这种妨害为目的的纠纷，故本案系排除妨害纠纷，原告武寅县供销合作联社作为坐落于武寅县城厢镇农坛路县土产公司大院内的宗地及被告杨某贤等现居住的公产房的权利人，在行使物权时受到妨害，有权请求妨害人杨某贤等排除妨害。

最终法院判决被告应于判决生效之日起5日内自行搬离坐落于武寅县城厢镇农坛路××号武寅县土产公司大院正北面供销合作社系统棚户区改造工程1号楼后面的砖木结构瓦房4间，将房屋腾空交给原告武寅县供销合作联社。

案件评述

一、本案的争议焦点涉及国有事业单位财产权的法理

武寅县供销合作联社与个人之间，就该县土产公司大院正北面砖木结构瓦房4间所有权的争议，事关国有事业单位对其直接支配的财产可以行使何种权利的问题。

行政事业单位在国有资产中占据着重要地位，加强对行政事业单位的管理对于社会主义经济的发展与完善起着极大的促进作用，同时对于国有资产的保护也有着关键的影响。

二、国有事业单位之财产权各有具体规定

事业单位法人财产和法人财产权在性质上与企业单位法人是一致的，但在量和度上可以有所不同。譬如《教育法》第三十一条第三项规定，学

校及其他教育机构中的国有资产属于国家所有。《物权法》第五十四条也明确规定国家举办的事业单位对其直接支配的不动产和动产，享有占有、使用以及依照法律和国务院的有关规定收益、处分的权利。为此，我们可依《高等教育法》的规定，公立高等学校对国家投入公立高等学校的资产、受赠的财产以及办学积累享有法人财产权。[①]

三、立法现状及完善

1. 事业单位是颇具中国特色的产生于计划经济体制的称谓

它作为中国社会的基本组织形态之一，在科学、教育、文化、医疗以及卫生等领域发挥着极为重要的作用。改革开放以后，立足于事业单位分类体制改革这一时代背景，以国有事业单位的国家所有权问题为切入点，在深入分析、比较世界各国公益职能机构的设立及其所有权结构的基础上，提出未来事业单位改革的新思路。即在事业单位管理体制上，回归传统民法的法人理论，将各类事业单位按其设立的法律根据、内部结构、成立目的等因素归类于传统民法中法人的制度框架内。在事业单位的外部关系方面，承认各级事业单位的公法人所有权，并进一步理顺事业单位与国家、行政机构以及其他事业单位之间的财产关系。[②]

2. 行政事业单位国有资产管理改革已经取得了喜人的成绩

随着我国经济体制的不断改革，当前行政事业单位当中的国有资产管理已经取得了喜人的成绩，但是同时受到各种因素的影响，行政事业单位的国有资产管理仍然存在一些问题，这些问题都是在新的时代背景下亟待解决的。为加强对国有资产的管理，推进行政事业单位的改革已经迫在眉睫。随着《党政机关厉行节约反对浪费条例》和《行政单位国有资产管理暂行办法》等一系列政策的出台，国家对国有资产的管理提出了更加严苛

---

① 何文杰：《从体系解释的角度看我国公立高等学校民事责任之承担——兼论我国事业单位法人制度之完善》，载《法学杂志》2011 年第 5 期。

② 李欣倩：《国有事业单位国家所有权问题研究》，载《2014 年第五届全国民商法学博士生学术论坛论文摘要集》。

的要求。多位学者对行政事业单位资产管理当中存在的问题进行了探析，并且对这些问题提出了相应的解决办法。[①]

四、对国有资产的保护我国曾主要用刑事制裁负面调整

国有资产流失会动摇我国社会制度的根基，国有资产的保护是目前国有经济和国有企业改革必须关注的问题。在《刑法》首次使用国有资产的概念后，其作为保护国有资产的最后一道安全阀，尤其在分则中还设立了许多直接、较直接和间接涉及国有资产犯罪的条文。

私分国有资产罪是《刑法》修改后规定的新罪名，有必要对此罪进行立法上的完善。应在我国立法中确立对公私财产所有权平等保护的思想及市场经济主体平等的理念，以适应我国社会经济改革发展进程及犯罪形态的特征，对此罪的立法完善应分步骤进行。在我国经济体制改革基本完成、市场经济体系基本建立、国有企业的产权关系真正明确后，应在完善我国宪法、民商法、经济法等法律的理论研讨及立法的基础上，对此类犯罪进行彻底的系统刑事立法完善。[②]

《刑法》第九十一条第二款规定，在国家机关、国有公司、企业、集体企业和人民团体管理、使用或者运输中的私人财产，以公共财产论。事业单位是由政府设立、领导，以政府职能、公益服务为主要宗旨的公益性机构，在所有制性质、经费保障等方面与国家机关、国有公司、企业和人民团体具有相同或相似之处。如不将事业单位管理、使用、运输中的私人财产纳入公共财产，明显与刑法立法目的相悖，不利于保护公共财产和私人财产。

对侵犯法益的犯罪行为坚持平等规制原则，是刑法面前人人平等原则的具体体现。国有事业单位管理、使用、运输中的私人财产与刑法规定的国家机关、国有公司、企业、集体企业和人民团体管理、使用、运输中的私人财产具有同质性。鉴于此，将事业单位管理、使用、运输中的私人财

① 王茹：《行政事业单位国有资产管理探析》，载《中外企业家》2020 年第 1 期。
② 邹利民：《论私分国有资产罪的立法完善》，湘潭大学 2003 年硕士学位论文。

产纳入公共财产，是遵循平等规制原则的应有之义，有利于维护法律权威和公正。

当前，行政事业单位国有资产管理问题非常重要，预防国有资产流失浪费迫在眉睫，要想更好地管好和用好国有资产，领导重视是关键，制度建设是重点。[①]

第二百五十七条　【国有企业出资人制度】国家出资的企业，由国务院、地方人民政府依照法律、行政法规规定分别代表国家履行出资人职责，享有出资人权益。

【条文疏义】

本条沿袭了《物权法》第五十五条之规定。

一、本条是关于国有企业财产所有权的规定

国有企业法人所有权，是指国家作为出资人拥有国有企业的资本及其权益但不直接拥有企业的法人财产，企业在存续期间内对国家投资和企业负债构成的全部法人财产，享有以其名义独立地占有、使用、收益和处分的权利。

国有企业产权应为经济学范畴的概念，是指国家作为出资者以其投入企业的资本额享有所有者的资产收益、重大决策和选择管理者等权利。这个权利在价值上体现为国家资本金及其收益。国有企业产权有两种情况，一是国家作为唯一的出资者，出资设立的企业为国有企业或国有独资公司；二是国家作为出资者之一，与其他出资者共同出资设立的企业为有限公司或股份有限公司。前者国家拥有企业的全部产权，后者国家拥有企业的部分产权。

---

① 雷晴：《行政事业单位国有资产管理存在的问题及应对措施》，载《中国经贸》2017 年第 14 期。

二、国有企业是我国国民经济的支柱

随着国有企业改革的不断深化，国有资产管理体制改革不断推进，国有资产管理面临的体制性障碍还未得到真正解决，政府的社会公共管理职能与国有资产出资人职能没有完全分开，一方面，造成国有资产出资人不到位，国有资产监管职能分散，权利、义务和责任不统一，管资产和管人、管事相脱节；另一方面，导致政府对企业进行行政干预，多头管理，影响了政企分开，制约了国有企业建立现代企业制度。

为此，十五届四中全会的决定指出："政府对国家出资兴办和拥有股份的企业，通过出资人代表行使所有者职能，按出资额享有资产收益、重大决策和选择经营管理者等权利，对企业的债务承担有限责任，不干预企业日常经营活动。"

三、中央和地方政府分别代表国家履行出资人职责即股权

党的十六大作出改革国有资产管理体制的重大决策，提出："继续调整国有经济的布局和结构，改革国有资产管理体制，是深化经济体制改革的重大任务。在坚持国家所有的前提下，充分发挥中央和地方两个积极性。国家要制定法律、法规，建立中央政府和地方政府分别代表国家履行出资人职责，享有所有者权益，权利、义务和责任相统一，管资产和管人、管事相结合的国有资产管理体制。关系国民经济命脉和国家安全的大型国有企业、基础设施和重要自然资源等，由中央政府代表国家履行出资人职责。其他国有资产由地方政府代表国家履行出资人职责。"

本条根据国家有关国有资产管理体制改革的政策，对国有企业出资人制度作出规定，目的是充分调动中央和地方的积极性，使社会生产力得到进一步解放。同时中央政府和地方政府合理分工分别代表国家履行出资人职责，这就界定了各级政府管理国有资产的权利和责任，改变了过去中央统一管理，地方"责、权、利"不明确的弊端。这有助于强化管理上的激励和约束机制，克服"出资人主体虚位"的现象。

【典型案例】

国有企业能否行使对其财产的支配权①

——国企职工的“居住权”能否对抗所有人的所有权

基本案情

德寅县第二瓷厂属全民所有制企业，2002年7月因改制被注销工商登记。从1997年6月24日起，德寅县国有资产管理委员会将该厂有关改制后的财产委托给德寅国投公司经营管理。原德寅第二瓷厂内职工宿舍路下石头厝第三座3－13号房屋以前由德寅第二瓷厂安置给庄某周居住使用，后第二瓷厂依法进行改制，庄某周应退还该房屋给德寅国投公司。德寅县第二瓷厂于2002年7月被注销工商登记。2000年12月31日，庄某周与原德寅第二瓷厂解除劳动合同并终止劳动关系。解除合同后其继续居住在涉讼房屋。现涉讼房屋因年代久远，已出现安全隐患，为保护居住人员的生命财产安全，德寅国投公司决定收回涉讼房屋进行改建或维修。催告后庄某周均以各种理由推脱。

德寅国投公司向法院提出诉讼请求，要求被告庄某周把占用的房屋一间退回给德寅国投公司。

庄某周辩称：(1) 德寅国投公司诉讼主体不适格。德寅国投公司没有证据证实其对诉争房屋享有物权，其向人民法院请求物权保护的主张没有事实和法律上的依据。(2) 涉讼房屋系由原德寅第二瓷厂经营管理的资产，答辩人系德寅第二瓷厂员工，厂里为保障老员工权利，在德寅第二瓷厂的授意下合法取得讼争房屋的居住权，并颁发了居住证。在取得该房屋的居住权后，答辩人已经在该房屋居住30多年，其间涉讼房屋的维修、修

① 参见德寅国投公司、庄某周物权保护纠纷案，载中国裁判文书网，http：//wenshu. court. gov. cn/website/wenshu/181107ANFZ0BXSK4/index. html？ docId ＝ 3800115bc1e04234b174ab0d00901f70，最后访问时间：2020年6月13日。

缮与添置均由答辩人自行负责，房屋的水电设施也均登记在答辩人名下，德寅第二瓷厂至今未作出收回房屋的决定，德寅国投公司主张答辩人一直占用该房屋没有依据。

一审判决认定原告胜诉，庄某周遂上诉请求：撤销一审判决，改判驳回德寅国投公司的一审诉讼请求。

后德寅国投公司申请再审。

法院审理

《物权法》第五十五条规定，国家出资的企业，由国务院、地方人民政府依照法律、行政法规规定分别代表国家履行出资人职责，享有出资人权益。原德寅第二瓷厂属全民所有制企业，企业财产属国家所有，该企业被注销登记后，德寅县国有资产管理委员会作为监督管理机关有权对德寅第二瓷厂的资产进行管理，并对该企业资产的保值增值进行监督。现德寅县国有资产管理委员会将德寅第二瓷厂的资产委托给德寅国投公司经营管理，德寅国投公司作为原告向法院提起本案诉讼并无不当。

庄某周主张德寅国投公司作为原告诉讼主体不适格，法院不予采纳。原德寅第二瓷厂将涉讼房屋交付给庄某周居住使用，庄某周取得居住使用权，但双方并未约定庄某周使用涉讼房屋的期限。现德寅国投公司作为原德寅第二瓷厂资产的经营者、管理者诉讼要求庄某周返还涉讼房屋，法院予以准许。

最终法院判决庄某周应于判决生效之日起30日内将位于原德寅第二瓷厂内职工宿舍路下石头厝第三座3－13号房屋腾空移交给德寅国投公司。

二审法院确认一审查明的事实。另查明：诉争房屋由原德寅第二瓷厂安置给庄某周居住使用，庄某周持有该厂向其发放的《职工居住证》。2001年1月19日，庄某周向该厂缴纳住房保证金1200元。二审法院认为，庄某周系原德寅第二瓷厂的职工，由该厂安置居住、使用诉争房屋，根据《最高人民法院关于房地产案件受理问题的通知》第三条关于“因单位内部建房、分房等而引起的占房、腾房等房地产纠纷，均不属于人民法院主管工作的范围，当事人为此而提起的诉讼，人民法院应依法不予受理或驳回起诉，可告知其找有关部门申请解决”的规定，本案占房、腾房纠纷不属于人民法院主管工作的范围，德寅国投公司的一审起诉依法应予驳回，当事人可向有关部门申请解决。二审法院裁定：撤销县人民法院（2016）0526 民初 4130 号民事判决；驳回德寅国投公司的起诉。

再审法院认为，根据《最高人民法院关于房地产案件受理问题的通知》第三条的规定，庄某周系原德寅第二瓷厂的职工，由该厂安置居住、使用诉争房屋，并持有该厂向其发放的《职工居住证》。后虽原德寅第二瓷厂改制，双方解除了劳动关系，但庄某周居住使用讼争房屋仍源于单位内部分房，故本案符合上述规定情形。

综上，德寅国投公司的再审请求不能成立，法院不予支持，二审法院裁定驳回德寅国投公司的起诉，并无不当。依照《民事诉讼法》第一百七十条第一款第一项、第二百零七条第一款之规定，裁定如下：

维持该市中级人民法院（2017）05 民终 737 号民事裁定。

案件评述

一、国企职工对国有企业住房的租赁权为另一法律关系

本案庄某周的所谓“居住权”当时没有明确法律依据，其本质即国有企业宿舍的租赁权。关于本条的规定，有学者指出：一方面，政府没有经过人民同意的法律程序，随意处置公共财产的情况，至今仍然不断发生，公共财产大量流失的结果让人触目惊心；另一方面，私有财产被罪恶化，公共财产被神秘化，造成这样一个结果：公共财产与私有财产一旦发生冲突，民众的私有财产权要绝对服从“公共利益”的需要，绝对满足权力机关的要求。现实生活中不胜枚举的拆迁案例，充分反映了这种状况。[①]

所以，如若案涉房屋需要拆迁，房屋的承租人即加入拆迁法律关系中。如果案涉租赁期限未满的，承租人对被拆迁房屋仍享有使用权，那么拆迁

① 孙宪忠：《所有权制度的历史分析》，载《河南财经政法大学学报》2013 年第 3 期。

人应该替其寻找周转房予以安置过渡。被拆迁人要求产权调换的，该安置房屋的所有权人当然应是案涉国企。承租人与被拆迁人之间的租赁关系仍应保持，但租赁合同因原房屋被拆迁也应作相应修改。如果租赁期限届满，承租人自应无条件迁让，并承担拒迁的法律责任。

如未定租赁期限的，应当确定承租人对该拆迁房屋的使用权，责令承租人与被拆迁人约定一定租赁期限。如协议不成，被拆迁人要求承租人解除租赁合同的，法院一般应当准许。但承租人确无腾房条件的，在征得被拆迁人同意后可判令拆迁人对承租人进行安置，由承租人根据承租房屋价格的实际情况，付给被拆迁人一定的经济补偿。

被拆迁人违反协议，拒绝腾退周转房的，拆迁人也可向法院提起民事诉讼，由法院判令被拆迁人搬迁至安置房；房屋拆迁主管部门也可根据《城市房屋拆迁管理条例》第三十二条的规定，裁决被拆迁人按期搬迁，被拆迁人既不履行又不起诉的，由房屋拆迁主管部门向法院申请强制执行。

总而言之，这都是另外的法律关系，同样须依法处置，但并不影响本案探讨的国有企业对其财产的处分权问题。

二、《民法典》物权编本条规定的内涵

本案中德寅国投公司有权收回庄某周的房屋和租金，体现了国家出资的企业由地方政府代表国家履行出资人职责。

《民法典》物权编第二百五十七条沿袭《物权法》第五十五条的规定："国家出资的企业，由国务院、地方人民政府依照法律、行政法规规定分别代表国家履行出资人职责，享有出资人权益。"我国国有资产管理的基本政策是，要按照国家所有、分级管理、授权经营、分工监督的原则，逐步建立国有资产管理、监督、营运体制和机制，建立与健全严格的责任制度。国务院代表国家统一行使国有资产所有权，中央和地方政府分级管理国有资产，授权大型企业、企业集团和控权公司经营国有资产。这意味着：

第一，国家出资的企业，不仅包括国家出资兴办的企业，如国有独资公司，也包括国家控股、参股有限责任公司和股份有限公司等。当然国家出资的企业不仅仅是以公司形式，也包括未进行公司制改造的其他企业。

第二，谁来代表履行国有企业的出资人职权。我国国有企业众多，即使经过调整、改制，目前还有十几万户分布在各地。为了实现有效管理，由中央政府直接管理这么多企业是困难的。因此，适宜的做法就是通过资产的划分和权利的划分，由中央政府和地方政府分别代表国家履行出资人的职责。

根据《企业国有资产监督管理暂行条例》的规定，国务院和地方人民政府的具体分工是：国务院代表国家对关系国民经济命脉和国家安全的大型国有及国有控股、国有参股企业，重要基础设施和重要自然资源等领域的国有及国有控股、国有参股企业，履行出资人职责。省、自治区、直辖市人民政府和设区的市、自治州级人民政府分别代表国家对由国务院履行出资人职责以外的国有及国有控股、国有参股企业，履行出资人职责。需要明确的是，国家实行国有企业出资人制度的前提是国家统一所有，国家是国有企业的出资人。中央政府与地方政府都只是分别代表国家履行出资人职责，享有出资人权益。不能把国家所有与政府所有等同，更不能把国家所有与地方政府所有等同。

第三，出资人职责和权益内容。中央政府和地方政府通过各自设立的国有资产管理委员会，代表国家享有《公司法》中规定的资产收益、重大决策和选择管理者等出资人权益；对国有资产保值、防止国有资产流失负监管责任。需要注意的是，根据国有资产管理改革所遵循的政企分开的原则，中央政府和地方政府以及其设立的国有资产管理机构不能干预国家出资的企业依法行使自主经营权。

三、国有企业法人所有权与经营权的关系

全民所有制企业对国家拨给它作为生产经营活动的国家财产以及在进行经营活动中增值的财富，享有什么权利，所享有的权利的性质、内容和范围，与国家作为整个全民财产的所有者之间的关系，以及如何从所有权的角度来看待全民所有制企业相互之间的关系等问题，是公有制国家经济建设和法制建设实践中发生的共同问题，也是理论上需要解决的具有一定

普遍意义的问题。所以，许多国家的经济学家和法学家虽然历来对这些问题都比较重视，但是对此看法却不尽一致。[①]

1. 赋予国有企业法人财产所有权是保证国企改革成功的关键[②]

国有企业改革的过程就是解决如何提高国有企业经济效益的过程，也是如何赋予和保障国有企业独立法人地位和经营自主权的过程，通过对各种措施的验证，找出能够实现上述目的的制度安排。国有企业财产归属是问题的核心，决定了国家作为出资人与国有公司之间的关系。

2. "两权分离"模式难以落实企业自主权

我国企业改革是沿着"两权分离"的思路进行的，即国家行使企业的财产所有权，企业享有财产经营权。随着改革的深化，尤其是社会主义市场经济体制目标的提出，传统的"两权分离"的企业组织制度暴露出一些问题。

（1）阻碍建立起真正的社会主义法人制度

法人的主要特征是拥有独立的财产，并对这部分财产享有法人所有权。而过去"两权分离"改革思路，恰恰是要把对企业财产的所有权核心的支配权掌握在国家管理机关手中，而不是交给企业的经营者，这就使其丧失了成为法人的最基本的条件。

（2）不易实现政企职责分开

两权分离模式没有触及国有企业受行政干预的制度根基，即政府同时承担行政管理职能和所有者职能，政府对企业作为国家所有者和国家行政管理者具有不同的目标，因而向企业发出管理信号和指令常常存在矛盾，而政权的特征又使这些管理带有企业不得不接受的强制属性，这是现实中两权难以分离的根本所在。

（3）两权分离与全民企业的商品生产者地位相矛盾

因为如果承认在全民所有制经济内部也存在实质性商品关系，那就必

---

① 陈文：《全民所有制企业国家财产权的性质、内容和范围》，载《中国法学》1985年第4期。

② 李仁玉、吴万军：《论国有企业法人财产所有权的建立》，载《美中法律评论》2005年第4期。

须承认各个全民企业是不同的所有者，全民企业间的交换关系，事实上存在商品所有权的让渡和转换，企业间的关系就是不同所有权的关系。而根据两权分离的理论，不同企业间只是同一所有者内部的不同经营单位的关系，仍然类似同一经济实体内部的关系，其不可能成为自负盈亏的实体。

（4）所有者的客体同企业作为法人行使经营权的客体混淆

传统的两权分离思路，没有将国家作为所有者行使所有权管理的客体同企业作为法人行使经营权的客体区分开来。

国家管理机关作为所有者的代表和企业作为经营者同时直接对同一数量的企业财产行使所有权和经营权。由于国家管理机关对企业法人财产行使所有权的核心支配权，企业财产直接体现为国家所有，自然就难以避免国家对企业财产经营进行直接干预和支配，甚至对企业财产进行平调。其结果一方面使得国家所有者行为和企业法人经营行为混淆，国家所有权和企业经营权难以界定清楚，甚至互相冲突；另一方面又造成国家对企业财产经营权直接干预和剥夺，企业法人独立的财产权利得不到保障。

第二百五十八条　【国有财产的保护】国家所有的财产受法律保护，禁止任何组织或者个人侵占、哄抢、私分、截留、破坏。

【条文疏义】

本条沿袭了《物权法》第五十六条之规定，仅作文字修订。

一、全民所有的国有财产是国家发展的物质基础

国有财产属全民所有，是国家经济、政治、文化、社会发展的物质基础。加大对国有财产的保护力度，切实防止国有财产流失，是巩固和发展公有制经济的重要内容。

《宪法》第十二条规定：“社会主义的公共财产神圣不可侵犯。国家保护社会主义的公共财产。禁止任何组织或者个人用任何手段侵占或者破坏国家的和集体的财产。”《民法通则》第七十三条规定：“国家财产属于全民所有。国家财产神圣不可侵犯，禁止任何组织或者个人侵占、哄抢、私分、截留、破坏。”

二、《民法典》物权编应坚持平等保护的原则

《民法典》物权编沿袭《物权法》之规定，就加强对国有财产的保护、切实防止国有财产流失作出有针对性的规定，是必要的。因此，《民法典》物权编第二百四十二条根据《宪法》和《民法总则》的规定，针对国有财产的特点，从物权的角度做出了保护国有财产的一般原则性规定，即“法律规定专属于国家所有的不动产和动产，任何组织或者个人不能取得所有权”。该法第二百五十八条沿袭《物权法》第五十六条规定：“国家所有的财产受法律保护，禁止任何组织和个人侵占、哄抢、私分、截留、破坏。”

这里的“国家所有的财产”是指依法属于全民所有的财产，不仅包括国家拥有所有权的财产，如矿藏、水流、海域，国有的土地以及森林、山岭、草原、荒地、滩涂等自然资源，野生动植物资源，无线电频谱资源，依法属于国家所有的文物，国有的铁路、公路、电力设施、电信设施和油气管道等基础设施，国家机关和国家举办的事业单位依法直接支配的国有财产，而且包括国家依法投入企业的动产和不动产。还有国家的财政收入、外汇储备和其他国有资金也属于国家所有的财产。

三、侵犯全民所有的国有财产的表现形式

1. 侵占

是指以非法占有为目的，将其经营、管理的国有财产非法占为己有的行为。侵占的客体是国有财产。侵占的主体一般是经营、管理国有财产的单位或者个人，侵占主体要有以非法占有国有财产为目的的主观故意。

2. 哄抢

是指以非法占有为目的，组织、参与多人一起强行抢夺国有财产的行为。

3. 私分

是指违反国家关于国有财产分配管理规定，以单位名义将国有财产按人头分配给单位内全部或者部分职工的行为。

4. 截留

是指违反国家关于国有资金等国有财产拨付、流转的决定，擅自将经手的有关国有财产据为己有或者挪作他用的行为。

5. 破坏

是指故意毁坏国有财产，影响其发挥正常功效的行为。

侵占、哄抢、私分、截留、破坏国有财产的，应当承担返还原物、恢复原状、赔偿损失等民事责任；触犯《治安管理处罚法》和《刑法》的，还应当承担相应的法律责任。有关单位的责任人也要依法追究行政责任甚至刑事责任。

【典型案例】

国家的财产是否受到保护①

——国家财产受法律保护

基本案情

根据区政府文件，由国资委授权原告北寅市甲区房屋土地经营管理中心物业管理中心作为产权单位，委托原告行使产权人的相应责权。北寅市甲区×号楼属于上述授权范围。2013 年 5 月，原告发现被告李某海、刘某清未经原告同意，私自将位于该楼的一套一居室抢占，并且在此地开设棋牌室。被告的侵权行为严重侵犯了原告的合法权益，同时违反物业管理的相关规定。

---

① 参见李某海等与北寅市甲区房屋土地经营管理中心物业管理中心排除妨害纠纷案，载中国裁判文书网，http：//wenshu. court. gov. cn/website/wenshu/181107ANFZ0BXSK4/index. html? docId = b054ba5c16794ee18b8571f86e63299f，最后访问时间：2020 年 6 月 14 日。

原告多次要求被告腾退房屋，被告不理不睬，故原告依法提起诉讼，请求法院判令被告立即腾退位于北寅市甲区的案涉房屋一套。

被告李某海、刘某清辩称：二被告系夫妻关系，现共同使用涉诉房屋经营棋牌室。北寅市甲区×号房屋原产权人是李某海之父李某，属于私房。1991年6月30日，李某海全家人与北寅市甲区城市建设开发公司签订拆迁协议，约定给回迁房屋四套，其中有的安置后，仍为租赁关系，房屋所有权为公房，有的则为私房。因拆迁安置后的私房房屋面积缩水，被告方找开发商协调，开发商称无空房。2002年被告方发现涉诉房屋系开发商的办公地点，而该房屋空置，由二被告进驻，并通知开发商，开发商让被告方交纳5000元。

入住该房屋后，李某海一家作为原告，将北寅市甲区城市建设开发公司诉至法院，要求开发公司补足面积，诉讼期间开发商承认面积缩水，经调解让开发商补足被告方面积，解决后被告再腾房，后被告方撤诉。撤诉后开发商也找过被告，说让被告交纳5000元，涉诉房屋即地下室就归被告方，被告方拒绝，仍要求其补足面积。被告方接到本案起诉书后，于当年8月将西都地产即原北寅市甲区城市建设开发公司诉至法院，要求补足面积。综上，被告同意腾房，但要求补足回迁缩水的房屋面积。

法院查明李某海与刘某清系夫妻关系，北寅市甲区的案涉房屋现由李某海、刘某清占有使用。

庭审中，原告向法院提交《授权委托证明》一份，内容为："根据西国资委办（2003）1号文件精神，由区国资委授权我中心作为产权单位，对直管公房进行管理并行使产权人相应责权。我中心将××小区的直管公产房屋授权给甲区房屋土地经营管理中心物业管理中心进行管理，授权权限包括：房屋修缮、收缴租金、查处违约、解决相邻关系纠纷及收回房屋使用权，并以甲区房屋土地经营管理中心物业管理中心的名义对相关事宜进行诉讼等。"案涉房屋属于上述授权范围。

后李某海与刘某清上诉，二审法院判决：驳回上诉，维持原判。

法院审理

一审法院经审理认为，国家所有的财产受法律保护，禁止任何单位和个人侵占、哄抢、私分、截留、破坏。妨害物权或者可能妨害物权的，权利人可以请求排除妨害或者消除危险。无权占有不动产或者动产的，权利人可以请求返还原物。当事人对自己提出的诉讼请求所依据的事实或者反驳对方诉讼请求所依据的事实有责任提供证据加以证明。没有证据或者证据不足以证明当事人的事实主张的，由负有举证责任的当事人承担不利后果。

本案中，原告受涉诉房屋产权管理单位的委托，依法行使相关权利，其有权对妨害涉诉房屋物权的行为提起诉讼，现涉诉房屋由二被告占用，且二被告未举证证明其占有使用涉诉房屋具有合法依据，故原告要求被告腾退涉诉房屋的诉讼请求，于法有据，法院予以支持。

综上所述，依据《物权法》第三十四条、第三十五条、第五十六条，《最高人民法院关于民事诉讼证据的若干规定》第二条之规定，判决被告李某海、刘某清将其占用的北寅市甲区案涉房屋腾空。

二审法院经审理认为，甲区房地中心物业中心受案涉房屋产权管理单位的委托，依法行使相关权利，其有权对妨害涉诉房屋物权的行为提起诉讼。现李某海、刘某清占用涉案房屋，且未举证证明其占用该房屋的合法依据，故甲区房地中心物业中心要求其腾退涉诉房屋的诉讼请求，有合理依据，法院予以支持。

案件评述

一、本案体现的法理

由国资委出资的案涉一居室被抢占后有权请求权利，体现了国家所有的财产受法律保护，禁止任何单位和个人侵占、哄抢、私分、截留、破坏。根据区政府文件，由国资委授权原告作为产权单位，委托原告行使产权人的相应责权。

二、物权法规定的特色

国有财产范围的规定为制定国有资产法确定了框架。《民法典》物权编沿袭《物权法》对国有财产范围作出了明确的规定，这是在基本法律中再一次全面规定和列举国有财产的范围。这一列举有以下两个特色：

1. 抽象概括的特别法与概括列举的基本法规制

作为概括性条款，《民法典》物权编作为基本法的抽象概括与明文列举的基本权条款间的关系，可用“普通法与特别法之关系”或“增补关系”解释，尽管两种学说对概括性条款的定位截然不同，但在具体的适用规则上并没有太大的区别——均以“竭尽”列举自由权条款适用的可能性为前提，尽可能地来扩大该条款的涵盖保护范围。[①]

《民法典》物权编第二百四十六条沿袭《物权法》第四十五条第一款采用了抽象概括的规定方式。第四十五条采取概括列举的方式明确了国有财产的范围，《民法典》物权编第二百四十七条至第二百五十七条沿袭《物权法》第四十五条至第五十五条之规定，作出对国有财产范围的规定。抽象概括列举不穷尽，抽象概括是为将来制定特别法律，确定哪些是国有资产提供一个立法依据。《物权法》关于国有财产范围的规定，可以说为未来制定国有资产法确定了框架。对国有财产的具体列举，是在《物权法》上第一次宣告为国有，如将野生动植物资源宣告为国有。规定无线电频谱资源属于国家所有，也是把过去由一个行政法规规定的无线电频谱资源，在法律上第一次规定为国家所有。《物权法》在此处对野生动植物资源加了一个限定词，“法律规定为国家所有的”，这就是将来要编一个野生动植物资源的名录，只有纳入名录保护范围的一些重要的、稀缺或者是具有重大科研价值、经济价值的野生动植物才属于国家所有。现在对讲机通话普及，鉴于政府允许企业生产或者允许商店出售此类产品，就可以认为

① 余军：《德国宪法上的概括性人权保障条款——〈基本法〉第 2 条第 1 项之功能地位、规范构造与规范领域》，载《公法研究》2017 年第 1 期。

国家允许个人在一定范围内使用无线电频谱。

2.《民法典》物权编沿袭《物权法》规定了国家专有和非专有的财产范围

这里专属于国家所有就是说，国有的城市土地、海域、河流等，还有一些重要的国防资产，只能由国家享有所有权。这些财产不能转让，不能抵押，也不适用善意取得制度。

三、法治程序保障国家所有权的行使以彰显其公共价值

作为现代所有权体系的重要构成，国家所有权的治理，关乎国有财产的价值增损，关乎国家经济实力与宏观调控能力的提升，关乎全体国民的公共福祉和幸福指数，更关乎国家的长治久安乃至社会主义事业的成败得失。明晰国家所有权的权利属性与权能结构，通过法治程序保障国家所有权的有效行使，彰显国有财产的公共价值，实现国家所有权的“贤政”，同时，通过程序治理为国家所有权运行内置刚性的边际约束，凸显国有财产的公法责任，实现国家所有权的“限政”，达至国家所有权治理的高效、公正与共享状态，是我国法治建设的一项重大议题，也是当前我国国家所有权运行实践所提出的急切而紧迫的时代诉求。

在我国，国家所有权在财产权体系中占有举足轻重的地位，在宪法层面上体现出国家消灭剥削、维护公平和保障人权的建制功能，更是公有制的经济基础在上层建筑上的真实反映。国家所有权是一种私权与公权相融通的混合型财产权利，其根本价值旨在实现平等之自由，其制度实践源于私有制的强剥夺性积弊。①

在生产资料公有制社会里，国家代表社会全体成员支配生产资料和劳动成果，财产不是用于满足个人的和狭隘的小集体的利益，而是用于实现全社会的需要。所以，对于关乎国家的生存发展，国计民生的重要动产和不动产只能由国家享有所有权。任何国家为了整个社会利益和公用事业的

① 黄笛：《国家所有权治理法律程序论》，华中师范大学 2015 年博士学位论文。

需要，都须有国家财产作为保障，同时国家财产也是实现国家公权力的物质基础，国家作为财产的所有人依法对属于国家的财产享有所有权。这些财产受法律保护，禁止任何单位和个人侵占、哄抢、私分、截留、破坏。

第二百五十九条　【国有财产管理法律责任】履行国有财产管理、监督职责的机构及其工作人员，应当依法加强对国有财产的管理、监督，促进国有财产保值增值，防止国有财产损失；滥用职权，玩忽职守，造成国有财产损失的，应当依法承担法律责任。

违反国有财产管理规定，在企业改制、合并分立、关联交易等过程中，低价转让、合谋私分、擅自担保或者以其他方式造成国有财产损失的，应当依法承担法律责任。

【条文疏义】

本条沿袭了《物权法》第五十七条之规定。

本条旨在为建立健全国有财产管理法律体系打好立法基础。

在我国，造成国有财产流失的一个重要原因就是国有财产法律保护体系不完善，国有财产基础管理法律制度不完善，此外，我国国有企业的公司治理结构也存在问题。

一、本条明确了公法规制机关的公法职责

本条第一款规定："履行国有财产管理、监督职责的机构及其工作人员，应当依法加强对国有财产的管理、监督，促进国有财产保值增值，防止国有财产损失；滥用职权，玩忽职守，造成国有财产损失的，应当依法承担法律责任。"该款规定的是管理、监督国有资产的机构及其工作人员的职责和不履行职责时应承担的法律责任。在我国履行国有资产管理、监督职责的部门是国家国有资产管理委员会，他们负有促进国有资产保值增值，防止国有资产损失的职责。

二、本条为其民事职责的行使提供了法律依据

同时，《民法典》物权编第二百五十九条沿袭《物权法》第五十七条第二款还规定了其他应承担法律责任的情况，明确在企业改制、合并分立、关联交易等过程中，低价转让、合谋私分、擅自担保或者以其他方式造成国有财产损失的，应当依法承担法律责任。

国有资产管理范围主要包括资产配置、资产使用、资产处置等，为维护国有资产的安全和完整，必须全面执行国有资产管理办法，否则会造成资产的不合理配置和利用效率的低下。[①] 国有资产的具体管理自是公法法律关系，违反国有资产管理办法应承担的法律责任，首先亦应为公法责任，旨在提高有关领导的法律意识，但国有财产流失的法律责任不仅限于刑事责任，还必须强化有关的私法责任，以全面保护国有资产的安全和完整。

【典型案例】

行政管理部门能否就租赁合同提起诉讼[②]

——负有国有财产管理责任即有资格

基本案情

2015 年 12 月 7 日被告张某梅与南辰市顺庆区西门市场管理办公室签订《摊位租赁合同》，承租西门市场摊位，租期 1 年，自 2015 年 12 月 1 日起至 2016 年 11 月 30 日止，租金在上年度基础上递增 12.5% 为 8142 元。该合同到期后，被告没有与南辰市顺庆区西门市场管理办公室续签租赁合同，但按租金递增 12.5% 的标准交纳了自 2016 年 12 月 1 日至 2017 年 11 月 30 日的租金 9160 元。2017 年 3 月南辰市顺庆区财政局发文将包括本案摊位在

① 牟昀辉、于润吉：《违反国有资产管理办法的法律责任》，载《医院院长论坛》2012 年第 4 期。

② 参见张某梅与南辰市顺投发展集团有限公司物权保护纠纷案，载中国裁判文书网，http://wenshu. court. gov. cn/website/wenshu/181107ANFZ0BXSK4/index. html? docId = 2018f2063e8f4b5294abaaa001644a0d，最后访问时间：2020 年 6 月 18 日。

内的西门市场6号楼2层、3层资产移交给原告统一经营管理。

之后原告南辰市顺投发展集团有限公司与南辰市顺庆区西门市场管理办公室多次就摊位移交、2017年租赁到期后的续租事宜及租金标准等事项进行通知及公告，但被告至今拒不与原告签订摊位租赁合同及交纳租金，并继续占用该摊位拒不腾退归还原告。被告原所交租金对应的租期已于2017年11月30日届满截止，之后在原告与原出租方南辰市顺庆区西门市场管理办公室的多次催告下，拒不签订新的租赁合同及交付租金并继续占用该摊位，没有任何合同及法律依据，并严重侵害了原告的合法权益及国有资产的增值保值。

原告向法院提出诉讼请求：（1）判令被告立即向原告腾退返还西门市场摊位；（2）判令被告从2017年12月1日起至房屋实际腾退期间，按9618元/年标准向原告支付房屋占用费。

被告认为原告顺投公司主体不适格，没有和原告产生过任何法律关系。

后张某梅上诉，二审法院判决：驳回上诉，维持原判。

法院审理

一审法院经审理认为，根据南辰市顺庆区财政局的批复以及南辰市顺庆区西门市场管理办公室的信访答复，包括本案诉争摊位在内的西门市场6号楼2层、3层一直是国有资产，最初产权人为南辰市工商行政管理局顺庆分局，2001年11月原南辰市人民政府（现顺庆区人民政府）与南辰市工商行政管理局顺庆分局进行产权置换，置换后西门市场6号楼2层、3层产权归顺庆区人民政府，之后国有资产主管部门顺庆财政局国有资产管理中心将该资产产权划归移交原告，并批复由原告对该国有资产进行统一经营管理，确保国有资产的保值增值。

故原告经政府职能部门批复的安排，代表国家持有本案摊位产权并负责经营管理，合法有效，故原告主体适格。遂判决被告张某梅应于判决生效后10日内向原告南辰市顺投发展集团有限公司腾退返还西门市场摊位。

案件评述

一、本案是国有财产管理职责的具体表现

原告经政府职能部门批复的安排，代表国家持有本案摊位产权并负责经营管理，符合《民法典》物权编第二百五十九条所沿袭的《物权法》第五十七条第一款“履行国有财产管理、监督职责的机构及其工作人员，应当依法加强对国有财产的管理、监督，促进国有财产保值增值，防止国有财产损失；滥用职权，玩忽职守，造成国有财产损失的，应当依法承担法律责任”的规定。

履行国有财产管理、监督职责的机构及其工作人员，应当依法加强对国有财产的管理、监督，促进国有财产保值增值，防止国有财产损失。

二、现行国资管理体制习惯以负面法律调整模式来确认

《民法典》物权编第二百五十七条沿袭《物权法》第五十五条确定了国家出资企业的管理体制，即国务院和地方政府分别享有出资人资格和履行出资人义务。

这实际上为经营性资产的管理确定了一种体制，即中央政府和地方政府分别代表国家享有出资人权益，履行出资人职责。关键是地方政府，不能说地方政府在法律上享有所有权，否则会出现国家所有权和地方所有权，这会对现行的国家所有权体制产生冲击。《民法典》物权编第二百五十七条沿袭《物权法》的表述，没有承认地方政府享有所有权，但实际上能够发挥鼓励其出资、投资兴办企业的积极性，并且为地方政府加强对其投资企业的管理提供法律依据。“地方政府享有出资人权益”，就是其有权进行一定程度的管理。所以，虽然国家机关和事业机关的权限由国务院规定，但是按照《民法典》物权编第二百五十七条沿袭的《物权法》第五十五条之规定，地方政府对其出资的企业应有权进行必要的管理。

恩格斯指出：“每一个社会的经济关系，首先是作为利益表现出来的。”在我国还未完全建立起公有产权制度的状况下，把国有资产交给根本不可

能负财产责任和享有相关利益的人去支配，这本身就是一个体制缺陷。[①]针对国有资产在经营中的流失问题，《民法典》物权编第二百五十九条沿袭《物权法》作特别规定。只是对《民法典》物权编第二百五十九条沿袭《物权法》第五十七条第二款之规定一直存在一些争议。该款规定，凡是违反了国有资产管理的有关规定，从事了低价转让、合谋私分、擅自担保等行为，造成国有财产损失的，均应当承担法律责任。因为传统“视法为刑，视法为禁”、视法为“王者之政”的法律思维，不但对于中国古代法自身的性格和命运具有决定性作用，而且对于中国社会和中国文化至今都产生着深远影响。[②] 使得现行法律规范多为刑事责任和行政责任。故而使学者对此产生了不同的看法。

目前，国有财产的流失主要是经营中的流失，情况复杂、查处困难，司法机关介入调查后，未发现相关人员的刑事违法行为，就很难处理。而《民法典》物权编第二百五十九条沿袭《物权法》第五十七条第二款为此问题的解决提供了法律依据——即便不涉嫌刑事犯罪，也不能免除其他法律责任。但是，究竟该如何承担责任，还需通过相关法律规范加以明确。

三、本条规范为民事职责的行使提供了法律依据

根据《民法典》物权编第二百五十七条沿袭《物权法》规范确定的原则，对国有财产流失后的追讨，应该通过司法程序主张合同无效或撤销，通过恢复原状的方法来进行。也就是说，一旦出现低价转让、合谋私分、擅自担保等行为，有关管理机关就有权主张合同无效，追讨国有财产。

对此最高人民法院也考虑过作出相关的司法解释，如低价转让到何种程度可以主张无效。对此，实际上还有不同的看法，有人认为应将其纳入对于合同无效制度的有关规定中，也有人认为这是《民法典》物权编第二百五十七条沿袭《物权法》的特别规定，不能完全纳入合同编的框架中考

---

① 许凌艳：《论国有资产管理的责任利益化及其法治化》，载《前沿》1997 年第 11 期。

② 朱明月：《电视法制节目〈官林警界〉中“视法为刑”问题研究》，东北师范大学 2015 年硕士学位论文。

虑，需要配套的法律、法规、司法解释来明确。

四、物权编对国有财产的民事保护奠定了大致预期的基本框架

《民法典》物权编第二百五十七条沿袭《物权法》第五十五条所确定的国家出资企业的管理体制，即国务院和地方政府分别享有出资人资格和履行出资人义务。

1. 物权法对国有财产范围作出了明确的规定

《民法典》物权编沿袭《物权法》之规定，对国有财产抽象概括是为将来制定特别法律提供立法依据。该法关于国有财产范围的规定，可以说为未来制定国有资产法确定了框架。其对国有财产的具体列举，实际上即通过法律宣告其为国有，以填补现行立法的空白。“法律规定为国家所有的”限定词就是将来要编写其具体的名录。

2.《民法典》物权编沿袭《物权法》明确了国家专属财产的特点

第一是其使用权虽可移转，但所有权不可移转；第二是不能进行交易、抵押或者处分行为；第三是不能适用物权法中的善意取得制度，任何人不能善意取得国家专属财产。此外，对于国家专有的自然资源，无须登记即可确立所有权。

这里的“国家举办”限定，主要是指国家投资。但若确实由其他主体投资，那么投资者要举证他确实作出了投资。也就是说，需经过确权程序来确定确属其他主体的投资，属于其他主体所有的财产，如果没有经过这一确权程序，就不能认定为其他主体所有的财产。

3. 国家机关和事业单位的具体权限主要由法律和国务院的有关规定来界定

其中国务院的有关规定指以国务院的名义颁布的有关行政法规或者规范性文件。行政规章和地方性法规不能确定国家机关和国家举办事业单位所享有的权利。国家机关和国家举办的事业单位的权限是不同的，前者不享有收益权而后者享有。即国家机关不能用国有财产来从事经营活动、从中受益。《民法典》物权编沿袭《物权法》的规定，明确授权只限于国务

院这一级别，规定由国务院进行界定，因此需要在以国务院名义颁布的法规文件中作出规定。

五、本条规范旨在解决国有资产经营中可能的流失

学界曾对《物权法》第五十七条第二款存在一些争议。该款规定，凡是违反了国有资产管理的有关规定，从事了低价转让、合谋私分、擅自担保等行为，造成国有财产损失的，应当承担法律责任。首先，该条规定为追究相关责任人对国有财产流失的法律责任提供了法律依据，此责任不限于刑事责任，还包括行政和民事责任。目前，国有财产的流失主要是经营中的流失，情况复杂、查处困难，司法机关介入调查后，若未发现相关人员的刑事违法行为，就很难处理。

而第五十七条第二款为此问题的解决提供了法律依据——即便不涉嫌刑事犯罪，也不能免除其他法律责任。究竟该如何承担责任，还需要通过相关法律规范加以明确。对国有财产流失后的追讨，应该通过司法程序主张合同无效或撤销，通过恢复原状的方法来进行。也就是说，一旦出现低价转让、合谋私分、擅自担保等行为，有关管理机关就有权主张合同无效，追讨国有财产。

《民法典》物权编沿袭《物权法》之规定，大体上已经对国有财产的保护奠定了一个基本框架，在此基础上，应当认为还应制定《国有资产管理法》。国有财产所有权只是物权的一种类型，首先应由物权法确定物权管理的共同基本原则和规则，在此基础上才可制定物权法的特别法。国家机关和国有事业单位的权限如何确定，对国有出资企业的管理，对经营性资产和非经营性资产究竟如何对待，等等。对这些问题还需要进一步深入研究，细化规定，因此需要制定《国有资产管理法》，[1] 以实现公私法律综合调整。《企业国有资产法》已于 2008 年 10 月 28 日通过，自 2009 年 5 月

① 王利明：《国有资产保护和国有资产管理法——〈物权法〉的实施与配套法律法规完善（之二）》，载《光明日报》2007 年 8 月 10 日。

1日起施行，于2016年6月24日颁行了《企业国家资产交易管理办法》，将多年来的行之有效的国有资产管理中的各种临时应急措施予以法律规范的定型化。

第二百六十条　【集体财产范围】 集体所有的不动产和动产包括：

（一）法律规定属于集体所有的土地和森林、山岭、草原、荒地、滩涂；

（二）集体所有的建筑物、生产设施、农田水利设施；

（三）集体所有的教育、科学、文化、卫生、体育等设施；

（四）集体所有的其他不动产和动产。

【条文疏义】

本条沿袭了《物权法》第五十八条之规定。

一、集体所有权的概念

所谓集体所有权，是指集体组织对其财产依法享有占有、使用、收益和处分的权利，它是劳动群众集体所有制的法律表现。集体所有权的本质和作用，是由它所反映、确认和保护的集体所有制经济的本质决定的。集体组织对其财产享有完整的所有权和经营自主权。其享有者主要是农村集体组织，也包括城镇集体企业和合作社集体组织。劳动群众集体所有制是我国社会主义公有制的组成部分。集体组织所有权对集体所有制起着巩固和保护的作用，在我国财产所有权制度中居于重要地位。

二、集体所有权的特点

1. 集体组织所有权的主体是特定的集体经济组织

集体所有权的主体，即其所有人是"劳动群众集体组织"。各个集体组织的财产，都分别属于各该集体组织。不同于国家所有权主体的唯一性，集体所有权的主体多种多样：既包括农村中的村集体经济组织、合作社、乡镇企业等，还包括城市中的城镇集体企业、合作社等。此外，农民集体所有的不动产和动产，属于本集体成员集体所有。因此与该集体所有权相关的法定事项必须依照法定程序经本集体成员决定。

城镇集体所有的不动产和动产，依照法律、行政法规的规定由本集体享有占有、使用、收益和处分的权利。

2. 集体组织所有权属于集体组织而并非组成它的个人

只有集体组织本身才能作为该组织全体成员的代表对集体财产行使所有权，它的成员个人不是集体组织财产的所有人，无权处分集体组织的财产。因此，我国法律规定，集体所有的土地和森林、山岭、草原、荒地、滩涂等，如果属于村农民集体所有的，则由村集体经济组织或者村民委员会代表集体行使所有权；如果分别属于村内两个以上农民集体所有的，由村内各该集体经济组织或者村民小组代表集体行使所有权；如果属于乡镇农民集体所有的，由乡镇集体经济组织代表集体行使所有权。

值得注意的是，如果集体经济组织或者村民委员会的管理人作出的决定侵害集体成员合法权益的，该集体成员可以请求人民法院予以撤销。

3. 集体组织可拥有除国家专有财产外的其他任何财产

集体所有权的客体较之公民个人所有权的客体，在范围上要广泛得多。但比起国家所有权的客体，范围又要窄小得多。属于国家的专有财产、专有资源和涉及国计民生的重要财产，均不能成为集体所有权的客体。

集体所有的不动产和动产，包括如下四个方面：（1）法律规定属于集体所有的土地、森林、山岭、草原、荒地、滩涂；（2）集体所有的建筑物、生产设施、农田水利设施；（3）集体所有的教育、科学、文化、卫生、体育等设施；（4）集体所有的其他不动产和动产。

【典型案例】

集体所有土地能否用作村民的墓地①

——集体土地依照法律规定属于集体所有

基本案情

原告寅定县卯屯村村委会小辰屯村二组村民陈某与被告寅定县卯屯村村委会小辰屯村一组村民陈某贤、王某宝、陈某平、陈某伟、陈某圣因损坏陈某母亲的坟墓赔偿事项发生争议。2017 年 7 月 4 日，陈某之母李某芝因病去世，陈某按民俗将遗体下葬于小辰屯村的“官地上”（被告陈某贤二女儿陈某琼耕种的玉米地里），原告认为其对该地享有使用权，而被告则认为该地的使用权属于被告。

被告陈某贤知道后，就叫其女婿（即被告王某宝）找人把原告之母的坟迁走。2017 年 9 月 9 日，陈某的儿媳打电话告诉陈某，陈某母亲的坟墓被陈某平和陈某伟家组织人员撬平，陈某便从浙江返回家中，经实地查看，坟墓确实已被掘毁，棺木尸体已不在原处。

9 月 20 日，原告陈某向法院提起诉讼，将陈某贤等五人诉至法院。

法院审理

一审法院经审理认为，《物权法》第五十八条规定的集体所有的不动产和动产包括法律规定属于集体所有的土地和森林、山岭、草原、荒地、滩涂。

本案中原告安葬其母亲的“官地上”的土地属于小辰屯村集体所有，原告认为其对该地享有使用权，而被告则认为该地的使用权属于被告，但

---

① 参见陈某诉陈某贤等财产损害赔偿纠纷案，载北大法宝，http：//www. pkulaw. cn/case/pfnl_ a25051f3312b07f3bd4568eb714e253705b90b3e2f0444bfbdfb. html? keywords = % E9% 9B% 86% E4% BD% 93% E6% 89% 80% E6% 9C% 89% E7% 9A% 84% E4% B8% 8D% E5% 8A% A8% E4% BA% A7% E5% 92% 8C% E5% 8A% A8% E4% BA% A7% E5% 8C% 85% E6% 8B% AC&match = Exact，最后访问时间：2020 年 6 月 26 日。

双方均未向法院提交取得该地使用权的相关证据。《土地管理法》第十四条规定：土地所有权和使用权争议，由当事人协商解决；协商不成的，由人民政府处理。单位之间的争议，由县级以上人民政府处理；个人之间、个人与单位之间的争议，由乡级人民政府或者县级以上人民政府处理。

依据《殡葬管理条例》第五条第二款规定：在允许土葬的地区，县级人民政府和设区的市、自治州人民政府应当将公墓建设纳入城乡建设规划。法院判决由被告陈某贤、陈某圣赔偿原告陈某精神损害赔偿金6000元，二被告承担连带责任。

案件评述

一、本案例体现了集体所有权法定的概念

对广大农民来说，土地是其可以利用的一切自然资源中最基本、最宝贵的资源，是其安身立命的根本。

这里首先要明确集体财产的主体是集体。集体所有和共有是不同的。共有是两个以上自然人、法人对一项财产共同享有占有、使用、收益和处分的权利，都有权要求分割共有财产。集体所有是公有制的一部分，集体的成员不能独自对集体财产行使权利，离开集体时不能要求分割集体财产。

在我国，土地公有制是我国土地制度的基础和核心，我国土地公有制的法律表现形式是国有土地所有权和集体土地所有权。农村和城市郊区的土地，除由法律规定属于国家所有的外，属于集体所有。宅基地和自留地、自留山，也属于集体所有。除土地外，根据法律规定，森林、山岭、草原、荒地、滩涂等自然资源，也属于集体所有。

集体财产的类别和种类在本条文中采取列举式立法例进行阐述，规定了一系列属于集体财产的类型，同时也在最后使用了兜底性条款。应当认为，国家通过兜底性条款的方式，更为概括性地表明集体财产受到保护，不仅仅是列举出来的受到保护，其他未列举出来的也受到保护，不仅仅是一般性的保护，这更加是对一种权利主体和自由空间的扩大，对于未来发展中不易预见到且可能为集体所有的事物亦加以保护。

二、本案争议焦点涉及土地权利归属问题

本案焦点在于首先是王某宝、陈某平、陈某伟是否是本案适格的被告；其次是原告的诉讼请求是否应予支持。

我们应特别注意第二个争议焦点，即土地权利归属问题。原告与被告均对该争议地块宣称存在使用权，但均未向法院提交证据。虽然法院无法认定其使用权归属，但案涉土地所有权的归属在法律上是确定无疑的。根据本条规定，该村集体对这片土地享有所有权，因此，法院在判决中也表明，地块使用权应由村集体进行划分，且不得随意改变用途，违法用于土葬。至于随意迁坟是否侵权，应否事先征得同意，那已是另外的精神损害赔偿法律关系，不在我们的论题范围之内。

三、集体土地股份化与集体土地所有权的坚持

集体土地股份化实践，对集体土地所有权的本质特性以及农民集体与农村集体经济组织的关系提出了挑战。为避免集体土地股权实质化分割集体土地所有权，股份化的客体不应是集体土地所有权而应是集体土地使用权；为缓和集体土地股权固化对集体土地所有权主体中集体成员的流动性及其保障所有集体成员受益之本质的背离，应配套设计无集体土地股权之集体成员分享集体土地利益的保障措施。同时，集体土地使用权股份化的组织载体集体股份合作社，不是对农民集体的法人改造，而是对农村集体经济组织的续造，并已异变为集体土地用益物权人。[①] 故在《民法典》物权编编纂中对“农村集体经济组织代表集体行使所有权”的表述；以及非本集体成员继受之股权设计，均产生了争议。

四、从总有到共有：集体产权权能重构及治理效应

还有学者认为，集体产权权能重构是继土地改革、集体化和家庭联产承包后的第四次重大改革，对农村治理体系形成了巨大的冲击。其中股份的横向量化和权能的纵向分置，扩大了集体成员自主支配权。从总有

① 高海：《论集体土地股份化与集体土地所有权的坚持》，载《法律科学》2019 年第 1 期。

到共有的产权结构变化引起从公平到兼顾公平和效率的功能转向。公平和效率功能导向下集体成员自主支配权的内涵和实现方式发生转变，集体成员参与权的深度和广度不断增加，民主权的内容出现分化。权能重构为农村治理体系的创新提供了新的契机，但其治理效应的发挥也有一定的限度。

他们认为，改革中应重视公平与效率之间的协调，不可偏重其一，同时应重视利益的诱导作用以及规则、程序的保障功能，以更好地发挥权能重构的自治效能和治理效应。①

五、农村集体产权制度改革的法治困境与出路

我国农村集体产权制度改革的内在逻辑为：以坚持集体所有制为前提，以农民持续增收为根本目标，改革过程应充分体现市场在资源配置中的决定性作用。基于该逻辑，农村集体产权制度改革的法治实现应遵循三项原则：一是促进实现产权清晰的原则；二是完善农民对集体资产的股份（份额）权能的原则；三是与国情相适应的原则。集体产权制度改革面临的法治困境主要包括：主体虚化之困，权能羸弱之困，流转封闭之困。因此，要建立“名实相符”的集体所有权主体制度，扩权赋能以适应市场经济的要求，逐步建立顺畅的股权流转体制机制，以突破改革所面临的法治之困。②

第二百六十一条　【农民集体所有财产归属及重大事项集体决定】农民集体所有的不动产和动产，属于本集体成员集体所有。

下列事项应当依照法定程序经本集体成员决定：

① 肖盼晴：《从总有到共有：集体产权权能重构及治理效应》，载《财经问题研究》2020 年第 2 期。

② 房绍坤、林广会：《农村集体产权制度改革的法治困境与出路》，载《苏州大学学报（哲学社会科学版）》2019 年第 1 期。

（一）土地承包方案以及将土地发包给本集体以外的组织或者个人承包；

（二）个别土地承包经营权人之间承包地的调整；

（三）土地补偿费等费用的使用、分配办法；

（四）集体出资的企业的所有权变动等事项；

（五）法律规定的其他事项。

【条文疏义】

本条沿袭了《物权法》第五十九条之规定。

一、农民集体所有权的概念

一般是指对原来以土地公有制为基础的基本核算单位乡村、村民小组等农村地区性经济组织所拥有的所有权。[①] 集体所有权是一种具有特殊性质的所有权，它既不是国家所有，也不同于集体成员对财产所拥有的共有权。集体所有权是通过法律规定的整体上代表相应范围内劳动群众集体的某一机构、单位、组织来行使所有权的，而不是若干集体成员按照份额行使所有权，在某一具体的物上，集体所有权的主体只有一个。《民法典》物权编第二百六十一条沿袭《物权法》第五十九条第一款之规定，明确了农民集体所有的不动产和动产，属于本集体成员集体所有。

二、农民集体重大事项经本集体成员依法定程序决定

这是因为在现实生活中，有些村干部不依法办事，擅自处分集体财产，严重侵害了农民的合法权益。因此，《民法典》物权编第二百六十一条沿袭《物权法》第五十九条第二款的规定，将有力保障农民集体所有权的合法行使。这些重大事项主要包括以下五项：

1. 土地承包方案及将土地发包给本集体以外的单位或个人承包；

---

① 孙林：《财产法律知识宝典》，法律出版社2003年版，第25页。

2. 个别承包经营权人之间承包地的调整；

3. 土地补偿费等费用的使用、分配办法；

4. 集体出资的企业的所有权变动等事项；

5. 法律规定的其他事项。

【典型案例】

被征土地的土地补偿费究竟应如何分配①

——土地补偿费的分配办法应经集体成员决定

基本案情

郭某生因与乙元市丙州区辰轮镇安全村第一农业合作社（以下简称安全村第一农业合作社）农村土地承包合同发生纠纷，向法院起诉。1997年1月1日，原告郭某生与被告安全村第一农业合作社签订《承包协议书》，约定承包合作社土地用以种植果园。后被告安全村第一农业合作社的部分土地被征占，包括原告承包的土地在内，原告领取了安置补助费、青苗补偿费等。2014年7月12日，被告安全村第一农业合作社召开群众大会，确定该组被征用的所有土地（包括原告承包的土地）按土地证人数分配土地补偿款，人均1.08万元，并报村委会、辰轮镇人民政府备案审核发放，原告参加了会议并在该分配方案会议记录上签字捺手印，随后原告领取了按分配方案原告家7人应分配的土地补偿款7.56万元。

原告（郭某生）因对征地赔偿分配不满，向法院提起诉讼：请求判令被告立即支付属原告承包果园赔偿款增值部分约30万元。

法院审理

一审法院经审理认为，本案被告安全村第一农业合作社通过召开群众大会的形式，对该组被征用的各类土地补偿费制定分配方案（包括原告郭

① 参见郭某生与乙元市丙州区辰轮镇安全村第一农业合作社农村土地承包合同纠纷案，四川省广元市中级人民法院，案号：（2017）川08民终1208号。

某生承包的土地在内)，大家一致决定按土地证人数分配，人均1.08万元，原告郭某生亦在分配方案上签字捺印，并按分配方案领取了原告家所应分配的土地补偿费7.56万元。故原告要求被告立即支付属原告承包果园土地赔偿款增值部分约30万元的诉讼请求不予支持。依照《物权法》第五十九条，《土地管理法实施条例》第二十六条及《民事诉讼法》第一百四十二条的规定，判决：驳回原告郭某生的诉讼请求。郭某生不服一审法院判决提起上诉。

二审查明的其他事实与一审一致，法院予以确认。

二审法院经审理认为，本案争议的焦点是上诉人（原审原告）郭某生是否享有分配土地征收补偿费差价的权利。因郭某生也获得了青苗补偿费、安置补助费等，其自身损失已得到了充分的弥补，故无须再给予额外补偿。

同时，根据《物权法》第五十九条“农民集体所有的不动产和动产，属于本集体成员集体所有。下列事项应当依照法定程序经本集体成员决定：……（三）土地补偿费等费用的使用、分配办法……”以及《土地管理法实施条例》第二十六条第一款“土地补偿费归农村集体经济组织所有；地上附着物及青苗补偿费归地上附着物及青苗的所有者所有”的规定，土地补偿费归农村集体经济组织所有，其应当依法按照民主程序使用、分配。安全村第一农业合作社通过召开村民小组会议，已经对案涉土地补偿费分配方案进行了讨论和通过，且已按方案分配完毕。原告郭某生参与了讨论分配方案并实际领取了分配款项，系对分配方案的认可。

故二审法院认为郭某生的上诉理由不能成立，驳回上诉，维持原判。

案件评述

一、本案涉及集体财产归属问题

1. 集体财产归本集体成员集体所有

农民集体所有的特征就是集体财产集体所有、集体事务集体管理、集体利益集体分享。只有本集体的成员才能享有这些权利。农村集体成员有两个特征：一是平等性。即不分加入集体时间长短，不分出生先后，不分贡献大小，不分有无财产投入等，其成员资格都一律平等。二是地域性和身份性。一般来说，农村集体组织成员就是当地的村民，他们的子女自出生后自动取得该集体成员资格。此外，也有的成员是通过婚姻、收养关系或者移民迁入本集体而取得成员资格。农民只能在一个集体内享有成员权利，不能同时享有两个或者多个集体成员权利。

2. 集体成员决定表明集体成员对集体事项的表决权和参与权

集体成员权作为一种私权利，其内部构成中既包含实体性的获益权，还包括程序性的参与权。其中程序性的参与权如《民法典》物权编第二百六十一条所沿袭的《物权法》第五十九条第二款规定的五项集体事务，应当依法定程序经本集体成员决定。

这一规范提供的启示在于，集体组织成员依据集体成员权能够塑造起符合本集体共同利益的"利益过渡程序"，一方面，集体所有权收益权能行使的根本目的是维护集体的共同利益，由集体成员行使成员权以塑造"利益过渡程序"与此根本目标相契合；另一方面，由集体成员行使成员权来塑造"利益过渡程序"，能够保证利益过渡符合集体成员的全体意志，以保障过渡程序的正当性。因此由集体成员行使成员权，共同塑造集体土地上用益物权人利益向集体过渡的程序，能够最大限度防止集体土地所有权收益权能的滥用。①

3. 集体所有的特征就要求了民主管理集体事务

本法条也采取了列举式立法例和兜底条款结合的方式，以现阶段发生争议较多或是最为紧迫的第一项至第四项进行引导，给出了必须应当由全体集体成员决定的事项，紧接着第五项便明确了凡是被法律法规所规定的集体事务，都应该以村集体成员为本，依集体成员的意志进行管理。这里

① 陈小君：《论民法典编纂背景下农地私法体系的逻辑自洽性》，载《土地法制科学》2017年第1期第1卷。

也为将来可能发生的新型事物留出了空间。由于在经济高速发展的今天，如人工智能等新事物的出现，给法律带来的挑战及其自身的滞后性，故留出这样的兜底条款有利于今后法律的发展，避免朝令夕改。

二、本案涉及的补偿分配问题

1. 集体所有权的行使应以集体成员的意志为转移

本案例体现了集体所有即集体所有权在行使时应以集体成员意志为转移。农民集体所有是社会主义公有制的一种重要组织形式，是以社会主义的公有制为基础的，其以土地为中心的主要生产资料为集体内的农民集体所有。无论是采用统还是分的经营方式，其生产资料都是由成员即劳动者直接占有和使用，经营目的也是基于全体成员的利益，经营成果也是为全体成员所享有。现实中，往往发生少数村干部擅自决定涉及全体村民利益的大事的情况。群众对此反映十分强烈。为了维护集体成员的合法权益，促进社会的和谐与稳定，本条明确规定了农民集体财产的归属以及涉及须经集体成员决定的重大事项。

2. 不取得相应的集体成员资格即无法对集体事务参与表决

根据《民法典》物权编所沿袭的《物权法》第五十九条的规定，集体成员对其所在集体享有的土地补偿费等费用的使用、分配办法有决定权。案涉土地补偿款项属于集体财产，而郭某生在承包经营土地时仅获得土地承包经营权，并没有取得土地的所有权，所有权仍归集体所有。

在日后的补偿分配使用中，村集体自然依法取得由于征收、征用土地而获得的这部分钱款，法院判决郭某生要求分得土地补偿款的诉讼请求不成立。这也再度说明了地域性和身份性的重要性，如不取得相应集体成员资格，则在众多集体事务上无法参与表决，也就很难享有其中所蕴含的福利分配。

三、《民法典》物权编应界定农民集体所有权类型的本质属性

《民法典》物权编应当界定农民集体所有权类型的本质属性，应将农民集体所有权界定为体现农民集体公有制的所有权类型。农民集体所有权是指农村社区的成员集体以保障本集体成员的生存和发展为目的，对属于本集体所有的土地及其他自然资源和财产依法管理和占有、使用、收益、处分，并使集体成员受益的权利。以此为基础，才能完善农民集体所有权制度。

马克思在论述社会主义的所有制时说过，那是在资本主义时代成就的基础上，也就是说，在协作和对土地及靠劳动本身生产的生产资料共同占有的基础上，重新建立个人所有制。故而农民集体土地所有制就是农村一定范围内的群体对土地共同占有基础上的个人所有制，也就是由群体共同所有土地实现群体中每个人的利益。群体不可分割的共同所有土地，就是土地的集体公有制，排除了私人对土地的所有，确保群体中的每个人都能平等地实现土地利益，从而实现了个人所有制，也就是在土地集体共同占有基础上重新建立的个人所有制。

因此，集体土地所有制就是对土地联合为集体的成员个人所有制。这种所有制反映在法权制度上就是集体土地所有权，其本质是农村一定社区的成员在对本集体土地不可分割地共同所有基础上实现成员个人的利益。所谓不可分割，就是不可将土地所有权分割为单独的个人的私有权，从而保障每个集体成员都能够对集体土地享有利益，实现耕者有其田、居者有其屋，防止富者兼并土地、穷者失去土地。这也就使得集体土地对集体成员具有了社会保障功能。因此，农民集体土地所有权的实质就是通过农民集体公有制排除任何人对农村土地的私人所有权，确保在每一个集体范围内人人平等地集体享有土地所有权。作为集体成员的个人只能作为集体的一员享有集体土地所有权，脱离集体就不再享有土地所有权。[①]

---

① 韩松：《我国民法典物权编应界定农民集体所有权类型的本质属性》，载《四川大学学报（哲学社会科学版）》2019 年第 3 期。

第二百六十二条　【行使集体所有权的主体】对于集体所有的土地和森林、山岭、草原、荒地、滩涂等，依照下列规定行使所有权：

（一）属于村农民集体所有的，由村集体经济组织或者村民委员会依法代表集体行使所有权；

（二）分别属于村内两个以上农民集体所有的，由村内各该集体经济组织或者村民小组依法代表集体行使所有权；

（三）属于乡镇农民集体所有的，由乡镇集体经济组织代表集体行使所有权。

【条文疏义】

本条沿袭了《物权法》第六十条之规定。

一、集体土地等所有权“主体平等”且“村民自治”

农民集体土地所有权的性质决定了其管理权能是集体土地所有权之权能经济学抽象，该管理权能包括集体成员的民主管理、民主监督和集体组织的执行管理和监督管理。在涉及集体土地所有权的立法中，应当明确将管理权能规定为集体土地所有权的权能的经济学概括，并从管理权能的内容、管理权能的行使等各个方面作出完善的规定，使集体土地所有权管理权能的行使有法可依。

按照乡（镇）、村和村民小组农民集体三类所有权主体，将农村集体土地所有权确认到每个具有所有权的农民集体。

二、由村集体经济组织或村民委员会代表集体行使所有权

土地等自然资源属于村农民集体所有自由行使其所有权。

这一规定的含义有以下三层：

1.“村”

这里的“村”是指自治村俗称行政村，即设立村民委员会机构的农民集体。对于农民集体土地所有权权能行使的代表主体，不能总是以村民委员会的自治组织属性而否认其本应具有的经济组织属性，进而否认其作为农民集体所有权行使代表组织的合理性；对作为集体所有权行使代表组织的集体经济组织，我们也不能将其看作纯粹的集体经济组织，而要注意其本应具有的社区性及其社会组织的管理属性。

2. 权利主体

即集体经济组织或村民委员会，这里所讲的村集体经济组织应理解为农村中土地所有权的农业集体经济组织。村民委员会是指《村民委员会组织法》中所规定的村民委员会。即农村集体经济组织，作为集体土地所有权权能的行使代表，其不仅仅是经济组织，还肩负着社会组织的功能。在我国，实际上社区性的集体经济组织，一般都具有社区管理的职能。

3. 集体所有权的主体是集体范围的成员集体

农民集体所有权的成员集体是指农村一定的集体所有的社区范围的人的整体。其权利之享有以团体内全体成员为主体，成员集体共同承受权利义务，但团体的权利义务又非成员个人的权利义务，成员个人的权利义务也非集体的权利义务。成员个人可以从集体分配取得利益和权利。集体成员是农村社区范围内依赖集体土地和其他自然资源和财产为基本生存保障的自然人。

三、土地等自然资源分属村内两个以上农民集体所有

此时的所有权，由村内各集体经济组织或者村民小组代表集体行使。所谓村民小组，是指行政村内的由村民组成的自治组织。这里所说的“分别属于村内两个以上农民集体所有的”土地等自然资源的所有权，不同于前一种情况，是由村内各集体经济组织或者村民小组代表集体行使。

四、土地等自然资源属于乡镇农民集体所有

这种情况是指，在改革开放以前，原来以人民公社为核算单位的土地等自然资源，在公社改为乡镇以后，仍然属于乡镇农民集体所有。此时的集体所有权由乡镇集体经济组织代表集体行使。

【典型案例】

集体所有的土地排除妨害由谁来申请[1]

——集体所有权的行使主体

基本案情

原告子丹县丑安街道办事处辰道子村民委员会巳道河村民小组一组、二组与被告王某琴因土地使用问题发生争议，争议内容为幸福沟（原麻花沟）的房屋等构筑物及附属物，原告要求被告恢复土地原状，达到可耕种状态，并将整理好的土地交还原告。该处地界分别属于村内两个以上农民集体所有，故其派出代表进行诉讼。

原告向一审法院起诉：请求判令被告排除妨害，拆除位于幸福沟（原麻花沟）的房屋等构筑物及附属物，恢复土地原状，达到可耕种状态，并将整理好的土地交还原告；判令被告向原告赔偿因其侵权行为给原告造成的经济损失 3500 元。

一审法院驳回了原告的诉讼请求。原告不服提起上诉，二审法院发回重审。

法院审理

法院经审理认为，原告子丹县丑安街道办事处辰道子村民委员会巳道河村民小组一组、二组能否成为本案的诉讼主体是本案争议的焦点。

《物权法》第六十条第二项规定，对于集体所有权，分别属于村内两个以上农民集体所有的，由村内各集体经济组织或者村民小组代表集体行使所有权。《土地管理法》第十一条则规定，农民集体所有的土地依法属

---

[1] 参见子丹县丑安街道办事处辰道子村民委员会巳道河村民小组一组、二组与王某琴排除妨害纠纷案，载中国裁判文书网，http：//wenshu. court. gov. cn/content/content？DocID = d12be71b - fdfe - 425a - af20 - a8f001198f34&KeyWord = % E9% 9B% 86% E4% BD% 93% E6% 89% 80% E6% 9C% 89% E6% 9D% 83% 7C% E8% A1% 8C% E4% BD% BF% 7C% E5% 9C% 9F% E5% 9C% B0，最后访问时间：2020 年 9 月 26 日。

于村民集体所有的，由村集体经济组织或者村民委员会经营、管理；已经属于乡（镇）农民集体所有的，由乡（镇）农村集体经济组织经营、管理。原告作为村民小组，拥有对所属集体土地行使所有权及经营、管理的权利。结合上述规定，村民小组是村集体经济组织，拥有土地的所有权、使用权，成为民事主体资格需要满足的条件应将其归为“其他组织”。

同时，《最高人民法院关于村民小组诉讼权利如何行使的复函》（〔2006〕民立他字第23号）中答复明确将村民小组纳入“其他组织”范畴内。

综上，二审法院撤销了原裁定书，并指定原审法院重新审理。

案件评述

一、本案涉及集体土地所有权的行使主体

根据《物权法》及相关法律的规定，我国实行社会主义的土地所有权制度，土地所有权包括国家所有权和集体所有权两种形式，均不允许土地私人所有权的存在。本案中的土地就是属于集体所有的，只是在集体经济组织中，属于集体所有的土地应如何行使其所有权呢？

《民法典》物权编第二百六十二条所沿袭的《物权法》第六十条规定了三种具体的行使方式：属于村农民集体所有的，由村集体经济组织或者村民委员会代表集体行使所有权；分别属于村内两个以上农民集体所有的，由村内各集体经济组织或者村民小组代表集体行使所有权；属于乡镇农民集体所有的，由乡镇集体经济组织代表集体行使所有权。

本案例体现了主体认定问题，排除了非法主体行使权利的可能。在行使权利主体发生争议时，依据本法该条文基本可以直接确定权利归属。根据我国广大农村集体所有权基本形式来规定相应的主体代表集体行使所有权，这与《民法通则》《土地管理法》《农村土地承包法》等现行法律的相关规定是一致的，也使得国家在农村的政策具有连续性和稳定性，进而保护和调动广大农民的积极性。

子丹县丑安街道办事处辰道子村民委员会巳道河村民小组一组、二组能否成为权力行使的主体是本案的关键性问题。法院在裁定书中认定，子丹县丑安街道办事处辰道子村民委员会巳道河村民小组一组、二组属于“其他组织”，也就是从程序上肯定了其对于土地和森林、山岭、草原、荒地、滩涂等资源行使所有权的合法性。同时，本案中也出现了两个村民小组，因此，依据《物权法》第六十条和《民法典》本条规定，其均有权代表村集体行使所有权。

二、关于村民委员会之职权的不同观点

有观点则认为，村民委员会在实践中的政府行政职能，和对其监督机制的不健全，决定了村民委员会不适合担任集体土地所有权的行使机构，村民委员会不能作为村农民集体土地所有权的行使代表。①

有学者认为我国《民法典》物权编第二百六十二条所沿袭的《物权法》第六十条关于村集体经济组织或者村民委员会是村农民集体所有权行使的管理执行主体的规定，符合村民委员会的性质和我国农村现实情况，没有必要非得强调集体所有权管理执行主体与村民委员会的分离。②

三、集体土地所有权实现的理论基础

1. 权利的本质旨在促进其实际利益的实现

只有将人们手中静态的权利转化成动态的权利，将权利所包含的规范的利益转化成现实的利益，这样的权利才是人民真正享有的权利。否则权利只能是一张白纸上的文字，对人民来说起不到任何作用，只能是毫无意义的空气震动。

集体土地所有权作为权利的一种，它的实现也越来越受到了社会的关注，而集体土地所有权的实现，其实就是将集体经济组织的成员享有的静态的所有权转化成一种动态的所有权的过程，同时也是将集体土地所有权中所包含的规范的利益转化成现实的利益的过程。在这个过程中有许多的

---

① 张安毅：《论农村集体土地所有权的行使——评我国〈物权法〉草案第62条之规定》，载《法学杂志》2006年第5期。

② 韩松：《论农民集体土地所有权的管理权能》，载《中国法学》2016年第2期。

实现方式。我国选取的方式就是农地的“三权分置”，[①] 并一直以它作为视角展开具体的论述与实践。

2. 集体经济主体的群体性重在如何形成权能行使的统一意志

在个人的私人所有权中，所有权主体直接依据自己的意志就能实现对所有物占有、使用、收益和处分的权能，而在农民集体土地所有权中，由于主体的群体性，主体如何形成权能行使的意志，以实现对集体土地的占有、使用、收益和处分，这在实质上就表现为管理权能的实现问题。

3. 法人的治理结构和财产管理规则保障着法人财产权的行使

权能只是权利本质的外化形式，是法律保障权利主体于外部世界实施行为的可能性。农民集体所有权是农村一定社区的成员集体对依法属于本社区所有的土地和集体积累财产不可分割地共同所有，其目的是实现集体成员的利益，为集体成员提供基本的生存保障和福利，在本质上是集体成员的集体意志和利益的反映，是在集体成员不可分割地共同所有的基础上重新实现集体成员的个人利益，是成员的集体意志和利益与集体成员个人意志和利益的有机统一。

4. 集体成员的组织及其管理者的民主决策和监督即为管理

农民集体所有权的管理权能就是集体成员对集体所有的财产支配的决定、安排及其监督实施的活动。

从权能行使的角度看，对不同性质的权能需要相应的行使主体，因而需从权能行使的角度考虑主体的选择，回答集体何以能够成为农民集体土地所有权的主体。一般来讲，所有权的权能行使主体就是所有权主体，但由于农民集体土地所有权主体的群体性特点，本集体的成员是本集体土地的所有权主体，本集体的成员如何行使所有权的各项权能就完全不同于单个的自然人或者法人。集体土地所有权的行使实质上是通过管理制度来行

---

① 刘扬：《论农民集体土地所有权的实现——以“三权分置”为视角》，山东财经大学2017年硕士学位论文。

使的，因此，集体土地所有权的行使主体也就是管理权能的行使主体。①

四、集体经济之规制与契约自由本质上即公法私权共治

管理权能及其行使机制也决定了集体经济组织完全可以成为集体所有权主体。在涉及集体土地所有权的土地管理法或者专门的集体所有权立法中，自应明确地将集体财产管理权能的内容，以及管理权能行使的程序等各个方面，作出系统的规制性规定，旨在集体土地所有权管理的实施有法可依。如果没有集体经济的管理权能的落实，农业经营中的集体经营、集体成员对集体资产的股份权的实现、集体经营性建设用地的经营和入市，都无从谈起。这自为管制性公法调整；而《民法典》物权编的立法自为商品交换的最一般行为规则的确立，自是私法调整。集体经济组织章程、村民委员会章程等法律文件，自不得违反示范性的强制规定，虽然其法律本质为所谓的社会契约性质，但说到底，村民所依法享有的这些基本权利均是法律赋予的，故而村民管理与监督集体经济活动行为规则，本质上依然是公法调整的结果，至少是类似于“合同默示条款”的，“私法自治”对强制性公法规范的认可。

故此，明确规定和完善集体土地所有权的管理规范，对于落实党的十八届三中全会决定所提出的农村土地改革的各项措施，具有极为重要的意义。

第二百六十三条　【城镇集体财产权利】城镇集体所有的不动产和动产，依照法律、行政法规的规定由本集体享有占有、使用、收益和处分的权利。

【条文疏义】

本条沿袭了《物权法》第六十一条之规定。

① 韩松：《论农民集体土地所有权的管理权能》，载《中国法学》2016年第2期。

一、城镇集体所有权是法律规定和保护的公有财产权

城镇集体所有权，又称为城镇集体企业、事业单位所有权，是指在城镇范围内的劳动群众集体对其集体企业、事业单位范围内的财产拥有的所有权，其基本形式是城镇集体所有制企业、事业单位，包括合作社、城镇街道组织或某些个人自愿联合组成的以按劳分配为主的企业组织，以及机关、企业、事业单位、基于某种特定目的在特定时期所开办的集体企业等。城镇集体所有权作为我国《宪法》《物权法》以及现行的《民法典》等法规规定和保护的一种公有财产权，是各级联社和各类集体合作企业等范围劳动群众拥有的集体财产的所有、占有、处分、收益权。目前，各地从企业内部和外部进行侵占、侵吞集体资产的现象时有发生。如何依据法律支持城镇集体所有权的行使，努力为多种形式集体经济的发展创造良好的法律环境，[①] 自是法律规制的基本目的。

二、劳动群众集体所有权的行使受法律保护

我国《宪法》规定，我国社会主义经济制度的基础是生产资料的社会主义公有制，即全民所有制和劳动群众集体所有制。城镇中的手工业、工业、建筑业、运输业、商业、服务业等行业的各种形式的合作经济，都是社会主义劳动群众集体所有制经济。国家保护城乡集体经济组织的合法权利和利益，鼓励、指导和帮助集体经济的发展。

根据《民法典》物权编第二百六十三条所沿袭的《物权法》第六十一条规定，城镇集体对其所有的不动产和动产，依法享有所有权。关于城镇集体所有权的占有、使用、收益和处分，我国相关法律和行政法规都有具体规定。如《城镇集体所有制企业条例》等规定，城镇集体在对其不动产和动产行使所有权时，应当依照法律、行政法规的规定。

---

① 姚康镛：《城镇集体所有权的行使和改革思考》，载《上海集体经济》2013 年第 1 期。

【典型案例】

城镇集体所有制的工厂其合法权利由谁来行使①

——城镇集体所有权的内容

基本案情

覃某芳等25人是案涉城镇集体所有制企业“午都市西甲龙百货贸易商场”的职工，戴某、刘某林（二人均为第三人）也是商场职工，戴某是商场原法定代表人。午都市西甲龙百货商贸有限责任公司是戴某、刘某林出资设立的有限责任公司，属私营性质。

覃某芳等25人诉称午都市西甲龙百货贸易商场改制时，确认有大笔剩余净资产未作处分，应属全体职工。可以确认该资产权属并未变更、转移，仍属于集体企业，全体职工仍是改制时剩余净资产的所有者。戴某、刘某林未支付对价，私自于2006年将三处房产所有权和一处公房租赁使用权登记、转移到了午都市西甲龙百货商贸有限责任公司名下，归自己所有。

据此原告诉请：确认案涉四处房屋公房租赁使用权，是集体企业午都市西甲龙百货贸易商场改制时政府改制批文确认的剩余资产，没有依法出售、有偿转让，属于该商场所有和原集体企业全体成员集体所有，不属于被起诉人的股东权益，不是被起诉人的两个股东（第三人）投资经营形成的资产。

覃某芳等25人在企业改制时均自愿申请自谋职业，同时选择领取安置费、补偿金并签署承诺书后离开了西甲龙百货贸易商场，已经与商场解除了劳动合同关系，其并不能代表该商场或原商场全体职工主张该商场改制

---

① 参见覃某芳等25人与午都市西甲龙百货商贸有限责任公司物权保护纠纷案，载北大法宝，http：//www.pkulaw.cn/case/pfnl_ a25051f3312b07f352191d24ee478c7804ae 9d5c03db0d7abdfb.html?keywords=%E5%9F%8E%E9%95%87%E9%9B%86%E4%BD%93%E6%89%80%E6%9C%89%E7%9A%84%E4%B8%8D%E5%8A%A8%E4%BA%A7%E5%92%8C%E5%8A%A8%E4%BA%A7&match=Exact，最后访问时间：2020年8月26日。

后所涉及资产的相关权利，故其与本案没有直接的利害关系，原审法院裁定不予受理。

故覃某芳等25人上诉，请求撤销原裁定，指令原审法院立案审理或由午都市中级人民法院立案审理。

法院审理

法院经审理认为，《物权法》第六十一条规定："城镇集体所有的不动产和动产，依照法律、行政法规的规定由本集体享有占有、使用、收益和处分的权利。"第六十七条规定："国家、集体和私人依法可以出资设立有限责任公司、股份有限公司或者其他企业。国家、集体和私人所有的不动产或者动产，投到企业的，由出资人按照约定或者出资比例享有资产收益、重大决策以及选择经营管理者等权利并履行义务。"该法第六十八条第一款规定："企业法人对其不动产和动产依照法律、行政法规以及章程享有占有、使用、收益和处分的权利。"

依照上述规定，结合覃某芳等25人关于案涉剩余净资产仍属集体企业所有的主张，可知他们并不等同于集体或集体企业本身，不是法律规定的集体所有财产的权利主体；同时，该25人也没有提交证据证明自己有权依法代表本集体或集体企业主张权利，故其与本案没有直接利害关系。根据《民事诉讼法》第一百一十九条第一项的规定，提起民事诉讼的原告必须是与本案有直接利害关系的公民、法人和其他组织。据此，该25人的起诉不符合该项规定，原审法院裁定不予受理并无不当。

综上，二审法院裁定驳回上诉，维持原裁定。

案件评述

一、城镇集体职工个体并非集体所有财产的权利主体

本案例体现了集体对于集体财产的占有、使用、收益和处分等权利的行使。本条从物权的角度作了原则规定，即城镇集体所有的不动产和动产，依照法律、行政法规的规定由本集体享有占有、使用、收益和处分的权利。

本案例是对《物权法》第六十一条所规定的，在占有、使用、收益、处分等问题上城镇集体对于其所有的财产享有权利，而排除了其单位内部组成部分对于财产的权利要求之具体体现。

本案中，覃某芳等25人到底能不能代表案涉城镇集体企业即“午都市西甲龙百货贸易商场”是最为关键的问题，覃某芳等25人为城镇集体职工，并不等同于集体或集体企业本身，不是法律规定的集体所有财产的权利主体，故二审法院作出驳回上诉的判决。

二、集体财产权行使的主体是该集体组织本身

集体所有、集体管理、集体经营是集体所有制的应有之义，因此，行使城镇集体财产权的只能是该集体，而不能由个别集体成员独断专行。

1. 集体财产权的客体只能是属于该城镇集体所有的不动产和动产

如果城镇集体企业已经改制，成为有限责任公司或者股份有限公司、个人独资企业或者合伙企业的，就不适用本条，而应分别适用公司法、个人独资企业法或者合伙企业法的有关规定。

2. 城镇集体财产权的内容

城镇集体财产权包括对本集体所有财产所享有的占有、使用、收益和处分的权利。作为本集体所有财产的所有人，当然享有所有权的“占有、使用、收益和处分”四项权能，全面支配本集体所有的财产。

三、城镇集体所有制是公有制改造临时应急措施的定型化

1. 城镇集体企业是城镇集体所有制在我国的实践

我国的城镇集体企业最初是通过对个体手工业的社会主义改造、组织手工业合作社建立起来的。

然而，从1958年开始到改革开放，合作社或者过渡为地方性全民所有制企业，或者归入合作联社成为大集体的合作工厂，经历了一系列变革后，最终演变成了现如今的多种形态。

2. 股份制改革为城镇集体企业产权制度改革的主要内容

一般所指的城镇集体企业仅限定于一般意义上的城镇集体企业，街道办集体企业、城镇集体企业投资设立的股份制企业或者由其改制而来的股份合作制企业，另外还有国有企事业单位的资金投入的企业，其不在本文论述范围之内。城镇集体企业有其自身的产权缺陷，因此自20世纪90年代起城镇集体企业即开始以股份制企业、股份合作制企业为方向进行产权制度改革，其中股份制改革为城镇集体企业产权制度改革的主要内容。目前仍有城镇集体企业存在，其中部分城镇集体企业的产权制度改革，建立在留存另一部分城镇集体企业，如集体资产经营平台的基础之上。[①]

3. 中央和部分地方性法规逐步将其明定为共有

我国城镇集体所有权的形成其实与城镇集体所有制的形成是一脉相承的，且表现载体主要为城镇集体企业。现实生活中城镇集体企业中的集体所有权极其复杂，尤其是对城镇集体所有权的性质存有争议，在城镇集体所有权的一系列改制后，更使城镇集体所有权的消灭成为某种必然趋势。[②]

四、民营经济已被称为公有制基础上劳动者个人财产权

1. 公有制企业改革的核心最终须落实到产权即所有权上

社会主义经济体制的改革历程，在某种意义上就是一部公有制企业的改革史。产权改革的基本原则是：以公有制为主体，走共同富裕道路。因此，如何在市场经济条件下保持公有制的主体地位，如何使劳动者走向共同富裕？始终为人们所关注的焦点。

多年来的改革实践，使人们对社会主义初级阶段的公有制概念有了新的认识和理解：公有制不是纯而又纯的，它可以是公共占有与个人所有的结合；公有制的实现形式不是单一不变的，它可以有多种多样的实现形式；国有制、集体所有制只是公有制的一种形式。以公有制为主体，并不意味着必须以国有制占绝对优势。它可以从质量和数量上，从整体和宏观上，从集体经济等公有制形式的发展上，来发挥其主体作用。

---

① 黄婷：《城镇集体企业产权制度改革的法律分析》，西南财经大学2013年硕士学位论文。

② 冯乐坤：《城镇集体所有权的性质初探》，载《西部法学评论》2006年第4期。

2. 股份制改革成了城镇集体企业产权制度改革的主要模式

鉴于城镇集体企业有其自身的产权缺陷，因此自20世纪90年代起城镇集体企业即开始以股份制企业、股份合作制企业为方向的产权制度改革，其中股份制改革业已成为城镇集体企业产权制度改革的主要模式。

改革的实践使公有制经济结构发生了巨大的变化，国有制已逐步从一般性、竞争性领域退出，重点向公共领域倾斜。而集体所有制经过产权制度改革，在公有制基础上恢复了劳动者的个人财产权，客观上成为社会主义条件下的民有民营经济，成为劳动者共同劳动、共享共有的经济，成为市场经济中的资本、技术、劳动等生产要素全面合作的股份合作经济，它使人们从一个新的角度重新认识到如何实现劳动者集体所有权的制度价值。①

第二百六十四条 【集体财产状况的公布】 农村集体经济组织或者村民委员会、村民小组应当依照法律、行政法规以及章程、村规民约向本集体成员公布集体财产的状况。集体成员有权查阅、复制相关资料。

【条文疏义】

本条基本沿袭了《物权法》第六十二条之规定，并在集体经济组织前新增了“农村”，同时新增了“集体成员有权查阅、复制相关资料”的权利。

一、健全村务公开和民主管理制度以推进基层民主建设

1. 健全村务公开和民主管理制度是推进基层民主建设的措施

村民自治制度实施多年来，村务公开制度在民主监督，民主管理，民

① 赖少英：《我国集体所有制产权变革研究》，厦门大学2001年博士学位论文。

主决策上取得了巨大成就，为基层民主建设打下了良好的基础。但是随着时代的发展，社会的变迁，村务公开制度需要进一步完善以适应不断变化的新形势。在社会主义新农村建设背景下如何处理好，解决好村务公开的问题，是农村工作的重点。

所谓村务公开，就是村委会、村民小组等及时向全体村民如实公布村级管理中涉及村民重大利益的事项。财务公开是村务公开的重点，具体到《民法典》物权编及其所沿袭的《物权法》规定中，公布集体财产状况自是财务公开的重要内容。公布集体财产状况的主体有：集体经济组织、村民委员会、村民小组。他们应当依照法律、行政法规、章程、村规民约向本集体成员公布。

2. 民主管理的基本机制就是以村民自治为核心的农村治理结构

村务公开、民主管理就是广大农民直接参与并主导农民经济文化社会的治理活动。改革开放以来，这一机制在村务公开制度创新方面无疑有着重大的贡献，开创了许多符合我国国情的村务公开制度。

集体经济组织、村民委员会、村民小组公布集体财产的内容通常主要包括下列几项：各项收入、各项支出、各项财产、债权债务、收益分配等。其中集体所有的收入包括：村提留乡统筹费、发包及上交收入，集体统一经营收入，集资款，土地补偿费，救济扶贫款，上级部门拨款及其他收入。各项财产包括：现金及银行存款，产品物质、固定资产、对外投资及其他财产等。

在新的历史时期，自应继续制度创新，完善村务公开制度，保证农村真正实现民主选举，民主决策，民主管理，民主监督。在新农村建设的背景下我国仍必须更加重视村民的权利保障，保证村民对村集体财富监管与农村公共事务监督权利。①

---

① 吴丽雯：《新农村建设背景下福建省村务公开问题研究》，福建农林大学 2011 年硕士学位论文。

二、集体成员依法享有查阅和复制相关资料的权利

1.《民法典》物权编编纂增加了一款集体成员查阅、复制权

本条规范编纂增加了一款集体成员有权查阅、复制相关资料的权利，这不仅让相关集体成员有被动接受公布的权利，亦增加了集体成员的主动查阅权，有利于保障集体成员的利益。每一次向集体成员公布集体财产状况后，应广泛听取群众的反映和意见。对群众提出的疑问，要及时予以答复。要真正通过物权法的规定，保护集体财产，保护集体经济组织内的集体成员的利益。①

集体经济组织成员要求直接查阅财务账目的，通常是因为村务公开中财务不能详尽地公开财务账目，或者不能通过民主理财小组得到满意的答复，或者对村社干部和民主理财小组的不信任。所以，可以直接查阅财务账目是对集体经济组织成员知情权的底线保证。允许集体经济组织成员直接查阅财务账目，可以发现存在的更多问题，或者消除集体经济组织成员的疑虑，可以促进村社干部尽职尽责且廉洁自律，可以促进民主理财小组履行职责，充分维护各方的合法权益。

2. 集体经济组织成员可直接查阅本集体经济组织财务账目

农业部、民政部、财政部、审计署发布的《关于推动农村集体财务管理和监督经常化规范化制度化的意见》中“集体经济组织的成员有权对本集体的财务账目提出质疑，有权委托民主理财小组查阅审核财务账目”，故而有人将该文件中的相关规定解读为集体经济组织成员只能通过民主理财小组查阅账目。这种观点显然是对文件的误读。依据本条法律规定，自可明确，集体经济组织成员理应可直接查阅本集体经济组织财务账目。②

---

① 田永源：《信访官员为农民支招》，中国农业出版社 2003 年版，第 108 页。

② 王洪军：《直接查阅账目是集体成员权利》，载《农村财务会计》2015 年第 3 期。

【典型案例】

谁可以要求将集体所有财产明细予以公开[①]

——集体财产公开的重要意义

基本案情

2015年6月8日，郭某春向寅家屯区政府提出《履行法定职责申请书》，要求其监督村委会公开财务票据及账目收支情况等事项，郭某春认为其作为村集体一员有对村集体财务监督的权利。寅家屯区政府在收到《履行法定职责申请书》后，便公开了财务账目。

寅家屯区政府收到郭某春履行法定职责申请后向郭某春作出《答复》，认为卯红村委会不存在财务账目未进行公开的情况，并告知了郭某春查询途径。因此，寅家屯区政府收到郭某春履行职责申请后，即进行了相关调查核实工作，认为不存在不履行法定职责的情形。

故一审驳回了郭某春的请求。后郭某春认为公开内容和程度没有达到要求，故提起上诉，依旧被驳回。

再审申请人（一审原告、二审上诉人郭某春）称，二审法院只是判令寅家屯区政府监督卯红村委会限期公开村务信息，却没有判令公开村务信息的具体内容和方式，未达到法律规定的监督、责令的程度。故其提出再审申请。

法院审理

再审法院经审理认为，《行政诉讼法》第七十二条规定，人民法院经过审理，查明被告不履行法定职责的，判决被告在一定期限内履行。

---

① 参见郭某春、辽宁省沈阳市寅家屯区政府再审审查与审判监督案，载中国裁判文书网，http://wenshu.court.gov.cn/content/content? DocID=8f6c480f-65eb-4c2f-b708-a8f901100b9c&KeyWord=%E9%9B%86%E4%BD%93%E8%B4%A2%E4%BA%A7%7C%E5%85%AC%E5%BC%80，最后访问时间：2020年6月27日。

本案中，寅家屯区政府《答复》认为卯红村委会不存在未进行村务公开的情况，但没有提供证据证明卯红村委会已对郭某春的申请事项进行村务公开，仅作出《答复》应当属于未履行责令职责。一审判决驳回郭某春的诉讼请求，适用法律错误，二审判决撤销一审判决并无不当。

《村民委员会组织法》第三十条规定村民委员会实行村务公开制度。郭某春申请公开卯红村委会1999年至2014年的财务票据及财务收支情况，应当为该法第二十三条、第二十四条、第三十条规定的村务公开事项中有关财务收支的事项，二审判决主文部分对此已予以认定，同时认为应当依法支持郭某春的诉讼请求。

故二审判决寅家屯区政府在判决生效之日起60日内监督卯红村委会依法公开相关村务信息，判项所指明确、内容具体，并无不妥。郭某春申请再审的理由不能成立，法院不予支持。

案件评述

一、集体成员有权参与对集体财产的民主管理和监督

本案例体现了集体财产公开的必要性以及法院对于公开的支持态度。集体所有的财产关系到每一个集体成员的切身利益，尊重集体成员的民主权利，才能保障集体成员的财产权益，才能调动劳动群众的积极性，推动集体经济向前发展。现实中，有的集体经济组织的管理人为政不勤、未尽职尽责地为集体办事，而是以权谋私，挥霍浪费，造成了集体财产巨大的损失，损害广大集体成员的权益。

根据《民法典》本条所沿袭的《物权法》第六十二条之规定，集体财产应该向本集体所有成员公开。本案中，郭某春为了解其所在集体的财产状况，申请公开事项为村委会财务票据及账目收支情况，属于村务公开范畴，而村委会的答复无法满足申请公开的要求。历经一审、二审和再审，法院确认寅家屯区政府在判决生效之日起60日内监督卯红村委会依法公开相关村务信息，保障了集体成员知晓村集体的财务状况。

为避免村民知情权被侵害的事实发生，应依照《民法典》物权编本条

沿袭的《物权法》第六十二条的规定进行村务公开，集体财产的公开。而且还应注重从制度建设上进行规范，加强有效监督，建立健全财务账目，以及村务、财务公开制度和村民理财小组制度，使村务、账务随时都有群众参与和监督，重点应防止村务公开变“空开”“假开”，从源头上防止贪污腐败的温床；从审计和打击力度上加强，建立金融、监察、纪检、审计、司法等部门联动机制，重点加强对村官的任期和离任财务审计力度和政法机关打击力度。

二、农村集体资产管理制度是农民财产权利实现的保障

党的十八届三中全会明确指出“赋予农民更多财产权利”的要求，赋予农民更多财产权利，是实现城乡居民收入平等的必然要求。目前农村集体资产管理制度仍存在“主体不清，家底缺失”等问题。农村集体经济发展受阻将最终影响农村经济的发展，农民财产权利的实现和农村政治社会的稳定。随着工业化和城镇化的推进，农业规模化成为现如今大势所趋，这也就使得对集体经济产权的明晰、管理的科学化需求呼之欲出。[①]

坚持走中国特色社会主义政治发展道路，建设中国特色民主政治制度，是中国共产党坚定不移的奋斗目标。我国现代化建设的主要目标之一在于实现社会主义民主政治与社会主义政治文明。中国特色社会主义政治文明的建设是个系统工程，其中心内容是要加快推进社会主义民主政治制度化、规范化、程序化，从各层次、各领域扩大公民有序政治参与，实现国家各项工作法治化。

这就必须坚持党的领导、人民当家做主及依法治国的有机统一，以保证人民当家做主为根本，以全面增强党和国家的活力，着力提高广大人民群众的积极性为目标，扩大社会主义民主，建设社会主义法治国家，全面发展社会主义政治文明。这就要求必须重视各层次民主制度的建立健全，

---

① 楚雅楠：《农村集体资产管理中农民财产权利实现问题探讨》，载《法制与社会》2017年第2期。

确保人民群众民主选举、民主决策、民主管理及民主监督“四个民主”的依法实现，充分发挥法治在国家治理及社会管理中的重要作用，切实保证人民群众广泛权利和自由的依法实现和享有。在此背景下，农村民主管理制度不仅是我国广大农民政治参与的重要制度形式，也是我国农村基层民主政治发展所面临的重要理论与实践问题，更是法治中国建设进程之中，具有中国特色社会主义现代法治国家在农村基层的实践发展所面临的重要理论与实践问题。[①]

第二百六十五条　【集体财产的保护】 集体所有的财产受法律保护，禁止任何组织或者个人侵占、哄抢、私分、破坏。

农村集体经济组织、村民委员会或者其负责人作出的决定侵害集体成员合法权益的，受侵害的集体成员可以请求人民法院予以撤销。

【条文疏义】

本条基本沿袭了《物权法》第六十三条之规定，仅作文字修订，第二款新增“农村”集体经济组织。

一、本条第一款为保护集体所有权的宣示性条款

通常认为，宣示性条款是法律条文中仅仅彰显某种观念价值，并不包括行为模式和法律后果等要素，不直接调整社会关系的条款。根据本条的规定，集体所有的财产是受法律保护的，任何单位和个人都不得侵犯。《民法典》物权编第二百六十条沿袭《物权法》第五十八条详细规定了集体所有的财产范围，其中包括：

---

① 胡建华：《农村民主管理制度：法理分析与法治保障——基于法治国家建设视野下社会演进型路径与政府主导型路径协同发展的分析视角》，华中师范大学 2014 年博士学位论文。

1. 法律规定属于集体所有的土地和森林、山岭、草原、荒地、滩涂

2. 集体所有的建筑物、生产设施、农田水利设施

3. 集体所有的教育、科学、文化、卫生、体育等设施

4. 集体所有的其他动产和不动产

这一规定即在宣示上述财产均属集体所有，而且受法律保护，相关集体经济组织依照法律规定对其行使所有权，他人不得侵犯。此处侵犯的含义是指对于上述财产任何单位和个人都不得违背集体的意愿进行处置，即禁止侵占、哄抢、私分和破坏等行为。

二、侵犯集体经济组织成员权益的诉讼权

侵犯集体经济组织成员权益纠纷作为一个法律用语，第一次出现是在《物权法》第六十三条第二款“集体经济组织、村民委员会或者其负责人作出的决定侵害集体成员合法权益的，受侵害的集体成员可以请求人民法院予以撤销”中，该条在《物权法》章节架构中属于第二编所有权中的集体所有权部分，这就在立法层面对侵犯集体经济组织成员权益纠纷的性质作出明确规定，即物权纠纷中的所有权纠纷。之后，最高人民法院在《民事案件案由规定》中明确列出了该纠纷案由，即“六、所有权纠纷”中“39. 侵害集体经济组织成员权益纠纷”，自此，司法机关对该类型的争议进行了确认，并为此类型纠纷进入诉讼解决渠道打开了通道口。

三、集体所有的财产应当采取民主管理的模式

从法理上看，集体经济组织成员权益以集体财产所有权为基础，集体财产所有权为我国宪法所确立的公有制的两种表现形式之一，集体财产属于集体成员共同所有，无论财产形式如何转化，有些地方所发生的侵害集体成员合法权益的情形，有的是负责人作出的决定，有的是以集体的名义作出的决定。但即使是以集体的名义作出的决定，如果侵害了集体成员的合法权益，也应有法律救济手段。

集体所有的财产一般要由集体经济组织经营管理，村民委员会也可以代表集体经营管理村集体所有的财产。因为集体所有的性质，涉及集体成

员重大利益的事项，应当依照法定程序或者章程规定，由本集体成员（或者其代表）来共同决定。本集体成员有权参与集体经济组织的民主管理，监督集体经济组织的各项活动和管理人员的工作。

现实中，有的集体经济组织、村委会的负责人违反法定程序或者章程规定，擅自决定或者以集体名义作出决定，低价处分、私分、侵占集体所有的财产，严重侵害集体成员的财产权益。针对这种情况，《民法典》物权编沿袭《物权法》之规定，赋予了集体成员请求人民法院撤销集体经济组织、村民委员会或者其负责人作出的不当决定的权利。

四、集体经济组织成员诉权的主要内容

1. 此种撤销权是法律赋予每个集体经济组织成员的

每个集体经济组织成员都可以针对集体经济组织、村民委员会或者其负责人作出的损害其权益决定，向人民法院请求撤销该决定。这里的“集体经济组织”不仅包括农村集体经济组织，也包括城镇集体经济组织。

2. 其赋予合法权益受侵害的集体成员更实际更有效的权利

没有救济就没有权利，对于非法侵犯集体所有权的行为，集体成员可以请求人民法院保护其合法的权益。他们可以请求人民法院撤销集体经济组织或者村民委员会的管理人作出的不合理决定。这样可以更好地保护集体财产，保护集体财产的全体所有者。

提起诉讼的事由，是集体经济组织、村民委员会或者其负责人作出的决定，侵害了该集体成员的合法财产权益。

3. 此项诉权受《民法总则》3 年诉讼时效的限制

提起诉讼的时间，根据《民法总则》的规定，集体成员从知道或者应当知道其权利被侵害时起 3 年内，可以向人民法院提起诉讼，请求撤销集体经济组织或者村民委员会管理人作出的不当决定。

【典型案例】

居委会及居民小组长私自处分集体财产侵犯了谁的权利[①]

——集体所有的财产受法律保护

基本案情

2000年6月6日，辰头居委会委托时任辰头一组小组长的洪某场与被告洪某祝签订土地出租协议，约定将位于辰头一组前的六亩五分坡地出租给洪某祝兴办企业，租期为30年，自2000年12月30日至2030年12月30日；同时约定租金及其支付方式为：（1）由于洪某祝通过法院执行现已取得该土地12年的使用权（自2000年3月13日至2012年12月30日）且租金已交清，共3.6万元；（2）自2012年12月30日至2030年12月30日共18年的租金为每亩每年200元，每年共计1300元，18年租金总额共计2.34万元。

原告（洪某培等30户）称：2000年6月6日，一审被告辰头居委会原主任未召开辰头一组村民会议或村民代表大会，也未经辰头一组集体经济组织成员的村民会议三分之二以上成员或者三分之二以上村民代表同意，在辰头一组村民均不知情的情况下，委托时任小组长的洪某场，以辰头居委会的名义私自将上述地块出租给洪某祝，每亩每年的租金才200元，远低于市场行情。经辰头一组召集召开村民会议表决，三分之二以上代表及村民不同意将上述地块出租给洪某祝，要求撤销该合同。

故请求判令：撤销洪某祝与辰头居委会于2000年6月6日签订土地出租协议；由洪某祝、辰头居委会承担本案的诉讼费用。

法院审理

一审法院经审理认为，洪某祝与辰头居委会签订的土地出租协议时并

---

① 参见洪某培等30户诉洪某祝、辰头居民委员会侵害集体经济组织成员权益纠纷案，厦门市翔安区人民法院，（2013）翔民初字第95号。

非善意和等价有偿，严重侵害了辰头一组集体经济组织成员的合法权益，故应予撤销。一审被告（洪某祝与辰头居委会）不服，提起上诉。

二审法院经审理认为，洪某培等系以户作为提起诉讼的主体，非以小组名义起诉，且《物权法》第六十三条第二款规定，集体经济组织、村民委员会或者其负责人作出的决定侵害集体成员合法权益的，受侵害的集体成员可以请求人民法院予以撤销。另外，证人洪某宗在二审时陈述未在两份会议纪要及声明书上签名，仅在推举诉讼代表人的会议纪要上捺印，其二审时自认文化程度为初中未毕业，但应当具有阅读理解会议纪要及声明书的能力，故法院对其不知道洪某培等起诉的主张不予采信。

洪某岩、陈某海均陈述曾在两份会议纪要及声明书上签名、捺印，故二审法院对此二人的诉讼主体资格予以认可。洪某富陈述未在两份会议纪要及声明书上签名、捺印，但未举证证明。至于洪某富进行声明未在推举诉讼代表人会议纪要上签名，因其未出庭接受质证，二审法院对其陈述不予采信。故原审判决认为洪某培等30户诉讼主体适格是正确的。

二审法院维持了一审撤销洪某祝与案涉辰头居民委员会的土地出租协议的判决。

案件评述

一、集体所有权受法律保护

集体所有权区别于集体成员的个人所有权和个人利益。

集体所有权是指劳动群众集体组织享有对其财产占有、使用、收益和处分的权利。在我国，集体经济组织有农村集体经济组织和城镇集体经济组织两种类型，其为国家、个人之外的另外一种权利主体，依法对自己的财产享有所有权。其财产不是国家财产，也不是某个人的私人财产，而是该集体经济组织全体成员组成的“集体”的财产。

从集体所有权的渊源看，集体所有权是新中国成立以后逐渐产生并长时间保持、发展的一种财产所有权类型。在农村和城镇分为两个支脉。其中，农村集体所有权具有特别的地位和法律意义。集体所有权是反映集体公有利益的私权利。集体所有权表明作为其客体的财产归属于一定的集体，属于全体集体成员共同支配，体现了集体成员的共同利益。

虽说集体所有权主体是由全体集体成员组成的集体，离不开集体成员个人，但组成集体的成员个人在参与集体所有权的行使时并不以孤立的具体个人行使，而是作为集体人格的集体行使，集体成员个人只能为了集体利益参与所有权的行使，离开了集体就无法享有集体所有者的利益。因此集体所有权是集体成员公有利益的体现。这种公有利益是就一个具体的集体范围而言的。在一个特定的集体内部，集体利益区别于具体成员的个人利益，是全体成员人人有份但又不具体分割给个人的整体利益，因而是一种公有利益。

二、集体所有权与集体成员个人的联系体现为成员权

这不但意味着只要是集体成员，具备集体成员资格就可享有集体利益。而且意味着，集体经济组织或者村民委员会的管理人作出的决定，凡是涉及全体村民的重大事项，都必须由它讨论、批准和作出最后决定。只要是讨论决定涉及大多数村民利益的问题，随时可以召集会议，以便让全体村民了解问题的真相，体现民主管理、民主决策和民主监督的精神。

三、本案涉及侵害集体财产权利后的撤销问题

关于集体成员诉权，主要有以下几个内容：

1. 合法权益受侵害的集体成员之诉权具有普遍性

本撤销权的主体是集体成员，每个集体经济组织成员都有权针对集体经济组织、村民委员会或者其负责人作出的损害其权益的决定，向人民法院请求撤销。本条规定的集体经济组织不仅仅包括农村集体经济组织，也包括城镇集体经济组织。

2. 合法权益受侵害的集体成员之诉由具体明确

提起诉讼的事由，是集体经济组织、村民委员会或者其负责人作出的决定，侵害了该集体成员的合法财产权益。但应当注意撤销权的客体只是集体经济组织、村民委员会或者负责人作出的决定。撤销权人主张撤销，并不需要证明集体经济组织、村民委员会或者负责人作出的决定是否违反了法定程序，而只是要证明这些决定造成了自身的损害即可。[①]

3. 提起诉讼的时间于本条之中没有明确限制

根据《民法总则》第一百八十八条的规定，向人民法院请求保护民事权利的诉讼时效期间为3年。法律另有规定的，依照其规定。诉讼时效期间自权利人知道或者应当知道权利受到损害以及义务人之日起计算。法律另有规定的，依照其规定。但是自权利受到损害之日起超过20年的，人民法院不予保护；有特殊情况的，人民法院可以根据权利人的申请决定延长。因此，集体成员从知道或者应当知道其权利被侵害时起3年内向人民法院提起诉讼，请求撤销集体经济组织或者村民委员会或其负责人作出的不当决定。在本案中应当适用《民法总则》关于诉讼时效的规定。

四、保护集体财产是巩固和发展公有制经济的需要

本案对集体所有财产受到侵害后集体成员的撤销权进行了明确。由于集体资产的管理还相当薄弱等原因，造成集体资产的严重流失，不仅使集体经济遭受了损失，集体生产力受到破坏，而且直接损害劳动群众的切身利益，影响了社会和谐发展。

根据《民法典》物权编第二百六十五条所沿袭的《物权法》第六十三条之规定，集体成员有权对侵害集体成员权益的决定提出撤销，本案中，洪某培等系以户作为提起诉讼的主体，符合法律规定的主体资格。洪某祝、辰头居委会侵害集体经济组织成员权益，洪某培等依法要求撤销其侵害集体经济组织成员权益的行为，法院在最终判决里认为洪某祝关于洪某培等的起诉超过诉讼时效的主张，依据不足，故不能支持其诉讼请求。但也明确表明受侵害的集体成员有资格主张撤销的权利，这自是关于物权法律规定的应有之义。

五、集体财产权制度模式的变革是改革开放成果的体现

改革开放后，农村的生产结构和社会结构发生了巨大的变化，人民公

---

① 丁文：《论土地承包权与土地承包经营权的分离》，载《中国法学》2015年第3期。

社退出政治、经济舞台，乡（镇）、村、村民小组，在农村现实的政治、经济舞台上作为主角发挥作用。随着国家政策和法律的变革，不同的所有权，包括村民小组的财产所有权、村集体的财产所有权、乡（镇）集体的财产所有权等，在政策上和法律上得到了确认和保护。[①] 集体所有权作为我国所有权体系中的重要类型，是城、乡劳动群众集体经济组织的基本财产权利，是集体经济组织从事社会主义市场经济条件下的生产、活动的基本法律条件，是集体经济组织的成员通过本集体取得个人生活基本保障的法律资源。确认和保护集体所有权的重点在于不允许任何机关、单位、个人以任何方式不法侵害集体的不动产和动产。

近代财产所有权观是建立在对古代和中世纪财产所有权社会义务观的批判中产生的个人自然财产权理论基础之上的，强调个人财产绝对权利；现代财产所有权观则作为对近代个人自然财产权利理论的反作用，强调个人财产权的社会责任。而科学的财产所有权观表明：财产所有权具有两个方面：个人方面与社会方面，个人与社会两方面的利益是共存的。虽然对个人利益或社会利益的强调，在历史每个时期各有所重，但其基本趋势都是走向个人与社会的利益平衡，其根本目标都是促进个人与社会的和谐发展。[②]

第二百六十六条　【私人所有权】 私人对其合法的收入、房屋、生活用品、生产工具、原材料等不动产和动产享有所有权。

【条文疏义】

本条沿袭了《物权法》第六十四条之规定。

---

① 佚名：《对农民集体财产所有权的保护更明确》，载法帮网，www. fabang. com/，最后访问时间：2010 年 5 月 4 日。

② 王铁雄：《论财产所有权观——写在〈农村集体土地征收补偿条例〉出台之际》，载《法学杂志》2013 年第 2 期。

一、私人所有权的概念及其法律特征

1. 概念

所谓私人所有权是指自然人对其所有的财产依法进行占有、使用、收益和处分的权利。自然人的私人财产所有权是社会主义所有制制度一个重要的组成部分，是我国自然人的基本财产权之一。

2. 法律特征

（1）私人所有权的主体具有个体性和多样性

私人所有权的主体主要是自然人，个体工商户、农村承包经营户等，包括外国人和无国籍人、独资企业和外资企业都可以成为私人财产所有权的主体。

（2）私人所有权的客体包括生活资料和生产资料

生活资料包括私人的房屋，合法收入所得以及用于本人及其家庭的物质、文化生活消费的财产。生产资料包括私人从事生产经营而依法占有支配的生产工具、原材料等财产。这些生产和生活资料都可以成为私人所有权的客体。

（3）私人所有权的取得方式主要是劳动所得和其他合法收入

私人通过从事体力或脑力劳动所得到的收入都属于劳动所得，其他合法收入是指劳动收入以外的、按照法律规定的方式所取得的收入，如接受赠与、继承取得的财产、投资收益、租金、利息等。

二、私人所有权的法律效力

私人所有权具有占有、使用、收益和处分的积极权能，也有物权请求权的消极权能。

为了社会公共利益的需要，国家依照法律规定的权限和程序可以征收私人的不动产（《民法典》物权编第二百四十三条所沿袭的《物权法》第四十二条）；因抢险、救灾等紧急需要，依照法律规定的权限和程序可以征用私人的不动产或动产（《民法典》物权编第二百四十五条所沿袭的《物权法》第四十四条），私人无法依其所有权予以对抗。另外，在国家机关不能证明其征收系为了社会公共利益的需要，不能证明其征用系因抢险、救灾等紧急需要的情况下，私人可以依其所有权对抗征收、征用。这也是私人所有权效力的表现。

三、私人所有权的种类

1. 公民个人生活资料所有权

公民个人生活资料所有权是指我国公民对其生活资料依法享有的占有、使用、收益和处分的权利。公民个人生活资料主要来源是劳动所得，是根据劳动者对社会贡献的大小、劳动数量和质量来决定的。公民占有生活资料的主要目的是个人及家庭成员的消费。

根据《民法典》的有关规定，公民个人生活资料所有权的客体，主要包括公民依法取得的收入、储蓄、公民自有的房屋，法律允许公民所有的其他财产。随着生产的发展，人们生活水平的提高，个人生活资料所有权的客体范围也将不断扩大。

2. 公民个人生产资料所有权

公民个人生产资料所有权包括个体工商户、农村承包经营户对生产资料依法享有的所有权，以及私营企业的投资者对其财产依法享有的所有权。

个体工商户和农村承包经营户占有生产资料，并不是作为奴役和剥削他人的手段，而是以这些生产资料为基础，主要依靠个体劳动从事商品生产和交换活动，或者为社会提供劳动服务。他们凭借自己的劳动获得的产品和收入，在依法缴纳各种税费后，应归个人所有。私营企业的投资者对其投资的财产、工资收入和税后利润分配所得，依法享有所有权，其财产可以依法继承。

公民个人生产资料所有权的客体是非常广泛的，凡是法律不禁止公民拥有的生产资料，都可以成为公民生产资料所有权的客体。

四、私人所有权的客体

依据《民法典》的规定，私人所有权的客体主要包括如下几种：

1. 合法收入

2. 房屋

3. 生活用品、生产工具、原材料等不动产和动产

4. 合法储蓄

5. 投资及其收益

6. 继承的财产和其他合法权益

《民法典》物权编第二百六十六条所沿袭的《物权法》第六十四条规定了私人所有权的客体，将其分为不动产和动产两类。合法的收入，是指自然人按照法律允许的方式所取得的收入，包括劳动收入、租金、利息、接受赠与的财产等。此处要特别强调的是，对于非法收入，即通过非法途径和形式而取得的收入，是不受法律保护的。房屋、生活用品等属于私人的生活资料，这些生活资料主要是自然人自己的合法收入所得，用于本人及其家庭的物质生活和文化生活消费需要。

自然人对房屋、生活用品这些生活资料享有所有权。生产工具、原材料应属生产资料范畴，是公民个人及其家庭为了从事生产经营而依法占有、支配的财产，同样受物权法有关规定的保护。

五、私人所有权的行使和保护

私人可以自由地利用其财产从事法律所许可的任何民事活动，如从事生产经营和投资活动，获取经营利润和投资收益。私人行使其所有权，必须遵守国家的法律和政策，依法纳税，服从有关国家机关的监督管理。不得通过非法手段获取财产，不得滥用个人所有权危害社会公共利益和社会主义道德及损害他人的利益，否则应依法承担法律责任。

《民法典》物权编第二百六十七条沿袭《物权法》第六十六条，规定了私人的合法财产受法律保护，禁止任何单位和个人侵占、哄抢、破坏。私人依法对其所有的生产资料和生活资料享有完全的占有、使用、收益和处分的权利。私人在法律规定的范围内利用其生产资料从事正当的生产经营活动，或利用其生活资料满足个人的需要，都受法律的保护。私人在其所有权受到侵犯时，有权要求侵权行为人停止侵害、返还财产、排除妨害、恢复原状、赔偿损失，或依法向人民法院提起诉讼。

除此之外，《民法典》物权编沿袭《物权法》的有关规定，还对私人所有权作出了以下规定：第一，保护私人合法的储蓄、投资及其收益；第二，保护私人的财产继承权及其他合法权益；第三，禁止以拆迁、征收等名义改变私人财产的权属关系。

【典型案例】

宝马车到底应该归谁所有[①]

——对私人合法财产的范围的界定

基本案情

2012年10月26日，吕某（买方）与案外人那某拉（卖方）签订二手车交易协议书一份，主要内容为："一、那某拉将其所有的黑色宝马X53车，车牌号蒙A××××××号汽车一辆以45万元的价格出售给吕某。二、该车为方便过户，开二手车交易发票为30万元，实际购买价格为45万元。"2014年3月15日，吕某经人介绍向案外人赖某新借款20万元，并向赖某新出具借据一份，该款由赖某新借用李某的账号通过银行转账向吕某支付。2014年9月，由于吕某未向赖某新偿还借款，李某将原告吕某所有的宝马X53汽车开走（车牌号：蒙A×××××号）。

原告（吕某）称：李某至今仍未归还汽车，请求：判令李某返还车辆（约45万元）并停止侵权。

法院审理

一审法院经审理认为，根据《物权法》第六十四条规定："私人对其合法的收入、房屋、生活用品、生产工具、原材料等不动产和动产享有所有权。"第六十六条规定："私人的合法财产受法律保护，禁止任何单位和个人侵占、哄抢、破坏。"

---

① 参见李某与吕某返还原物纠纷案，河南省驻马店市中级人民法院，案号：(2018) 豫17民终1448号。

本案中，吕某所购买的宝马 X53 汽车系其合法财产，依法享有所有权，任何单位和个人不得侵占。原告吕某向案外人赖某新借款 20 万元，已被法院认定为系赖某新借用李某的银行卡向吕某支付。李某抗辩主张吕某该车系吕某欠李某 5 万元借款及利息 4.8 万元，吕某抵偿给李某的，但李某未提交 5 万元的借条及吕某、李某办理该车辆的过户手续，李某所举证据不足以证实其主张。

被告李某侵占吕某车辆的行为，侵犯了吕某的财产所有权，已构成侵权。根据《物权法》第三十四条“无权占有不动产或者动产的，权利人可以请求返还原物”之规定，李某无权占有吕某的车辆，现吕某请求李某返还，于法有据，予以支持。

依照《物权法》第三十四条、第六十四条、第六十六条和《侵权责任法》第二条之规定，原审法院判决：限被告李某于判决书生效后 10 日内向原告吕某返还宝马 X53 汽车一辆（车牌号：蒙 A×××××号），停止侵权。

二审法院经审理认为，本案争议的焦点是李某是否应当返还吕某案涉宝马 X53 汽车。当事人对自己提出的主张有责任提供证据。李某虽未能提供充分证据证明吕某曾向其借款 5 万元，用以证明其扣押吕某的宝马 X53 汽车系吕某不能向其偿还欠款，或因其他事由对吕某的该车辆进行实际占有或控制。但李某向法庭提供的“二手车销售统一发票”“机动车辆保险单”“机动车所有人变化信息单”等证据证明吕某所有的宝马 X53 汽车，先是由吕某出卖给李某并变更登记车主为李某，车牌号为蒙 A×××××号。后该车辆所有人又变更为朱某珍，车牌号为蒙 A×××××号。

据此，该涉案车辆经李某接收后又依法转让给其他人，已不为其所控制，要求李某返还该车辆给吕某的目的将无法实现，即李某返还不能。吕某对李某占有并转让其所有的车辆所造成的损失，可通过其他途径另行主张权利。

案件评述

一、本案涉及私人合法财产的所有权问题

该案例体现了个人对其财产的所有权范围。完善保护私有财产的法律制度，首先要明确私有财产的范围。本条的含义主要有以下几项内容：

所有权的主体——私人。这里的“私人”是与国家、集体相对应的物权主体，不但包括我国的公民，也包括在我国合法取得财产的外国人和无国籍人。不仅包括自然人，还包括个人独资企业、个人合伙等非公有制企业。

私有财产的范围。根据《民法通则》和《民法总则》之规定，《民法典》物权编列举了收入、房屋等最常见、最重要的几类私有的不动产和动产。例如，收入、房屋、生活用品、生产工具和原材料等方面。

合法。这里必须强调的是，私人只能对其合法获得的财产享有所有权，换句话说，《民法典》物权编和其他法律只保护私人的合法财产权，对贪污、侵占、抢夺、诈骗、盗窃、走私等方式非法获取的财产，不但法律不予保护，而且还要依法予以追缴。行为人构成犯罪的，还要依法追究刑事责任。

二、本案中所有权的保护

本条依据宪法的精神，参照《民法通则》等法律的规定，作出具体规定：“私人对其合法的收入、房屋、生活用品、生产工具、原材料等不动产和动产享有所有权。”根据《物权法》第六十四条的规定，本案中吕某所购的宝马 X53 汽车属于合法财产，而李某侵占吕某宝马汽车的行为已经严重侵害了其所有权。该案认定关键有两处，第一，宝马 X53 汽车是不是合法财产；第二，有没有对宝马 X53 汽车进行侵害。本案中法院依次递进，在认定私人合法财产后，结合其中侵权行为，认定李某侵占吕某汽车的行为违法，应当负法律责任。

三、平等保护原则已为物权法的基本原则

《物权法》颁行之际，其第六十三条、第六十四条、第六十五条即采

纳了“私人所有权”的概念。这一立法成果应当是改革开放后民法学家们矢志不渝、长期共同努力的结晶。《民法典》物权编再次肯认了物权法对私人所有权的承认和尊重，对不同类型所有权实行平等的保护，是物权法人文主义精神和民权思想的基本要求。[①] 对于私人财产范围的界定以及私人所有权的提出将会更有利于保护私人财产。

在我国，所有权的形式通常分为三种：国家所有权、集体所有权和私人所有权。国家所有权和集体所有权在我国立法中一直都被放在非常重要的位置，各种制度规定得十分完备。而关于私人所有权立法一直都很谨慎，直到2004年宪法修正案，才第一次使用“私人所有权”一词，公开宣示私人的合法财产受法律保护。《民法典》物权编沿袭《物权法》之规定，并秉承《宪法》的立法精神，对私人财产权作出详细规定。

由宪法所确立的“所有权平等保护原则”自此成了制定物权法的指导思想，具体弘扬我国宪法精神，贯穿整部物权法，直接反映了中国特色社会主义经济制度的特点。“物权平等保护原则”对维护和完善我国基本经济和制度，公民的基本权利的保护以及建设社会主义和谐社会具有重要的作用。[②]

物权法作为我国民法的核心内容，必须要遵循平等的原则。面对各种市场主体，如果不给予平等的保护，不运用法律手段解决纠纷的话，就不可能均衡持续发展社会主义市场经济，也不可能巩固和完善社会主义基本政治制度。所以，必须真正理解物权平等保护原则的寓意，对《民法典》物权编予以深度的认识和探析。[③]

---

① 薛波：《物权法基础理论研究的新境地——评孙宪忠教授的《中国物权法总论》，载《西部法学评论》2017年第4期。

② 唐琳：《我国物权法的平等保护原则评析》，载《法制博览》2016年第2期。

③ 柯晓军：《物权法平等保护原则之探析》，载《法制博览》2018年第36期。

第二百六十七条　【私有财产的保护】 私人的合法财产受法律保护，禁止任何组织或者个人侵占、哄抢、破坏。

【条文疏义】

本条基本沿袭了《物权法》第六十六条之规定。将“禁止任何单位和个人”修改为“禁止任何组织或者个人”，仅做了文字修订。

私人财产，是指个人或私人机构所拥有的具有经济价值的财产。私人财产权是私人对财产所拥有的全部权利。《物权法》第六十四条规定了私人财产的范围，而本条则强调了对私人财产权利的保护。

自改革开放以来，随着经济的发展和人民生活水平的提高，公民拥有的私人财产也有了不同程度的提高，特别是越来越多的公民有了私人的储蓄、投资及其收益。然而，在现实生活中侵犯公民财产权的现象时有发生。所以规定对私人财产权的保护是非常重要的。《宪法》第十三条第一款和第二款就对私人财产权的保护作出了“公民的合法的私有财产不受侵犯”和“国家依照法律规定保护公民的私有财产权和继承权”的具体规定。

【典型案例】

采取危房鉴定来强制拆除算不算侵犯私人合法财产①

——公民私有财产的保护

基本案情

2010年，吉乙省人民政府作出批复，同意对向阳村集体土地实施征收，王某超等3人所有的房屋被列入征收范围。后王某超等3人与征收部门就房屋补偿安置问题未达成一致意见。2013年11月19日，长甲市国土资源管理局作出责令交出土地决定。

---

① 参见《最高人民法院公布第二批人民法院“征收拆迁典型案例”》。

2015年4月7日，经当地街道办事处报告，吉乙省建筑工程质量检测中心作出鉴定，认定涉案房屋属于“D级危险”房屋。同年4月23日，长甲市九台区住房和城乡建设局（以下简称九台区住建局）对涉案房屋作出紧急避险决定。在催告、限期拆除未果的情况下，九台区住建局于2015年4月28日对涉案房屋实施了强制拆除行为。王某超等3人对上述紧急避险决定不服，提起行政诉讼，请求法院判决确认该紧急避险决定无效、责令被告在原地重建房屋等。

法院审理

一审法院经审理认为，本案紧急避险决定所涉的房屋建筑位于农用地专用项目的房屋征收范围内，应按照征收补偿程序进行征收。九台区住建局作出紧急避险决定，对涉案房屋予以拆除的行为违反法定程序，属于程序违法。

一审判决撤销被诉的紧急避险决定，但同时驳回王某超等3人要求原地重建的诉讼请求。王某超等人不服，提起上诉。

二审法院经审理认为，案涉房屋应当由征收部门进行补偿后，按照征收程序予以拆除。根据《城市危险房屋管理规定》的相关要求，提出危房鉴定的申请主体应当是房屋所有人和使用人，而本案系当地街道办事处申请，主体不适格；九台区住建局将紧急避险决定直接贴于无人居住的房屋外墙，送达方式违法；该局在征收部门未予补偿的情况下，对涉案房屋作出被诉的紧急避险决定，不符合正当程序，应予撤销。

但王某超等3人要求对其被拆除的房屋原地重建的主张，不符合该区域的整体规划。二审法院遂判决驳回上诉、维持原判。

案件评述

一、程序违法是一种常见多发的违法侵权

本案中，被告为节省工期，对于已经启动征地程序的房屋，错误地采取危房鉴定和强制拆除的做法，刻意规避补偿程序，构成程序滥用，严重侵犯当事人合法权益。

对于此种借紧急避险为由行违法强拆之实的情形，人民法院依法判决撤销被诉行为，彰显了行政诉讼保护公民产权的制度功能。此案的典型意义在于昭示行政程序的价值，它不仅是规范行政权合法行使的重要方式，也是维护相对人合法权益的保障机制。在土地征收当中，行政机关只有遵循行政程序，才能做到“严格、规范、公正、文明”执法，才能体现以人为本，尊重群众主体地位，才能实现和谐拆迁，才能符合新时代中国特色社会主义法治精神的要求。

人民法院通过诉讼监督，及时纠正行政机关在征收拆迁中的违法行为，同时确认行政机关合法行为的效力，切实实现了对行政管理相对人诉权、产权的双重保护。同时促使行政机关在城市化进程中秉持尽责担当的理念，依法行政，规制侵犯群众权益的违法行为，增强政府的公信力和执行力，建成人民满意的法治政府；引导社会公众正确运用手中的法律法规，依法诉讼、依法维权。

二、财产所有权制度保护私人合法财产

所有权是所有人依法对其所有物享有占有、使用、收益、处分的独占性支配权，这种独占性的支配，在法律上体现了物对所有人的最终归属，从而使财产关系特定化和稳定化。人在社会中，一旦离开了物质财富，就生活不下去。人们占有的物质财富越多，生活质量可能就越高。但社会物质财富的数量远远不能满足人们对财富占有和支配的需求。怎么解决这个矛盾呢？就要靠财产所有权制度，保护那些通过合法渠道已经占有财产的人。

《民法典》物权编第二百六十七条沿袭《物权法》第六十六条之规定，私人的合法财产受法律保护，禁止任何单位和个人侵占、哄抢、破坏。同时，侵占、哄抢、破坏他人合法财产的行为也是法律所禁止的，法律保护私人的合法财产不受侵害，尊重他人的财产所有权是我们每个公民的义务。

我们知道，排除第三人对所有权的非法侵害远不是所有权的全部意义，所有权人对其财产的自由支配才是所有权的本质。因此，在国家为私人所有权提供一个安全的社会环境后，我们应以确立人的主体性、弘扬个体的价值和尊严为核心目标，加快意思自治的合理扩张，最大限度地保障财产所有权的自由，激发所有权人的自主性和创造性，使我国社会主义市场经济的活力喷发出来，从而使社会主义制度的优越性更完整、更真实地表现出来。

三、私有财产保护立法的完善

对私人财产所有权予以法律保护，是市场经济发展的必然要求。市场经济是平等经济，民法作为市场经济的基本法律和社会生活的基本准则，要平等地保护市场公平竞争的结果。但对私人财产所有权的保护，不仅是民法的任务，更是宪法、行政法的使命，只有确立相应的法律保障机制，并把对私人财产权的保护落到实处，才能实现公平竞争，保护公平竞争的结果，市场经济的发展才有可能。[①] 我国私人所有权制度存在诸多弊端，需要在安全、自由、平等等理念的指引下对我国的私人所有权制度加以完善。统一私人所有权的名称内涵，提升其法律地位，加强法律保护。[②]

四、私有财产的民商法保护探讨

在市场经济体制不断完善的背景下，公有财产保护法律相对完善，而私有财产保护法律却不够健全。为私有财产保护提供有效措施的主要是民商法，对其予以改进和完善，无疑是加强公民私有财产保护的关键路径。从法理角度而言，应将公有财产保护和私有财产保护放在平等的位置看待，从而充分发挥法律对于维护社会公共关系的作用。

1. 民商法中私有财产保护的法理分析

（1）市场经济发展收入水平不断提高，私有财产保护更加重要

客观而言，目前我国对私有财产保护的法律规范系统还存在许多空白，需要对其进行完善和提升。民商法作为公民私有财产保护的基本法律规范，可以从两个方面对其私有财产保护理论进行分析。

从公民私有财产保护法律依据的分类情况看，主要分为两种类型，即公民经济生活和家庭生活类型。我国私有财产保护法律是将公民的合法合规私有财产作为保护对象，在民商法中有关于“合法合规”的明确界定。

---

① 程宏：《私人财产所有权的法律保护》，载《江苏行政学院学报》2003 年第 2 期。

② 牛立夫：《论我国私人所有权制度的法律完善》，载《理论与改革》2004 年第 6 期。

这无疑是为公民私有财产保护的法律适用提供了范围和界限。

（2）个人私有的合法财产是社会经济的重要组成部分

通过民商法对其保护范围进行界定自有重要意义。公民在经济生活中依靠正当途径获取劳动报酬，积累起来的合法私有财产，必须得到法律的认可和保护，这无疑也是社会经济稳定发展的重要基础。

2. 学者对完善民商法私有财产法律保护措施的期许有加

（1）不断完善民商法中的私有财产的保护制度

民商法的法理特点决定了其属于被动性的存在，如果公民缺乏法律保护意识，民商法则无法发挥对私有财产的保护作用。而目前民商法私有财产保护规范系统本身不够完善，缺乏可操作性，因此容易在落实过程中出现问题。

针对这种状况，首先应对民商法私有财产法律保护制度加以完善，从司法实践层面着手，分析私有财产保护条款在实际操作过程中存在的问题。包括因制度内容的缺失、无法解决私有财产纠纷中的新问题，以及由于缺乏监管机构，导致私有财产保护法落实不到位等问题。在此基础上，充分围绕民商法私有财产保护的法律机理，从私有财产侵害人角度出发，尽快对相关法律条款加以完善，进一步明确私有财产保护的范围、执行主体和保护方式，减少司法实践过程中的不必要的争议。

（2）加强民商法司法执行力及监督力度

鉴于民商法私有财产保护的重要性，必须尽快对民商法法律实践的监管体系加以完善，加强司法监督，保证司法执行的公正性。

同时应对民商法法律条款描述模糊的部分加以修正，避免有人利用法律空白对公民私有财产实施侵害。法律保护手段是公民私有财产保护的最后一道屏障，如果这道屏障失去效力，公民的合法权益就无法得到保障，将会对社会秩序产生严重影响。因此，司法执行主体及相关监管主体必须坚守法律底线，充分发挥民商法的私有财产保护作用。

3. 通过各经济领域民商法律规范子系统的补正扩展物权法的调整范围

《物权法》的出台，以及《民法典》物权编的颁行，都为公民私有财产保护提供了有力支持。对国家、集体、个人等层面的私有财产保护进行了法律上的界分，并强调加强公民私有财产保护力度，自为市场经济的稳定发展提供基础。

如此可以使民商法中关于公民私有财产保护范围的界定更加精准，避免出现司法实践中判定失误的情况。此外，在知识经济时代下，对公民知识产权等无形财产的侵犯行为愈益增多，也需要对其侵权行为的判定、补偿措施等作出合理规定，故而自须提高民商法律规范系统的可操作性。因此，必须从司法实践层面不断反思目前民商法公民私有财产保护中可进一步完善之处，尽快将各种临时应急措施予以法律定型化，对各种经济领域的有关法律规范子系统予以改进和完善。

毋庸置疑，民商法是公民私有财产保护的重要法律依据，要充分发挥民商法对于公民私有财产保护的作用，首先要深刻认识其传统的私有财产保护理论。在此基础上，通过对其存在的缺陷和漏洞加以改进，加强司法执行力，无疑可以更好地发挥民商法律规范的作用。这不但有利于推动市场经济的稳定发展，也可营造良好的市场经济社会秩序。[①]

第二百六十八条　【企业出资人的权利】国家、集体和私人依法可以出资设立有限责任公司、股份有限公司或者其他企业。国家、集体和私人所有的不动产或者动产投到企业的，由出资人按照约定或者出资比例享有资产收益、重大决策以及选择经营管理者等权利并履行义务。

【条文疏义】

本条基本沿袭了《物权法》第六十七条之规定。

---

① 苗士光：《私有财产的民商法保护探讨》，载《法制博览》2019年7月（下）。

一、依法出资人

所谓依法出资人是指企业法定资本金的提供者，而不是指一般资金的提供者。出资人的资本，包括出资的货币资本、各种资产及土地等，出资人的各类资本统称为货币资本。一个企业必须有出资人。出资人可以是一个，也可以是多个。就国有独资企业来说，出资人就是国家；就国有控股企业来说，国家是该控股企业出资部分的出资人。

二、出资人之权益

出资人权益即股东权益与企业法人财产权的权益既有联系又有区别。依据出资人权益说认为，法人产权的界定应遵循“谁投资，谁所有”的基本原则。在企业存续期间，企业对举办者投入的资产、国有资产、受赠的财产以及企业积累，享有法人财产权。而出资人在出资范围内享有占有、使用、收益处分权能。

三、出资人权益理论旨在解决企业国有资产的法律地位

《企业国有资产法》所称的企业国有资产，是指“国家对企业各种形式的出资所形成的权益”。根据这一条文的限定，企业国有资产在法律意义上具有两个特征：一是由国家作为主体以各种形式对企业的出资形成的；二是由国家作为出资人对出资企业所享有的一种权益。

国有资产可以划分为经营性国有资产、行政事业性国有资产和资源性国有资产。企业国有资产自为经营性的国有资产，由国家作为出资人，以出资资本向企业投资而形成，出资形式除货币出资外，还包括用实物、知识产权、土地使用权等可以用货币估价并依法转让的非货币财产作价出资。值得强调的是，《企业国有资产法》中的国有资产的含义，是指国家对企业出资所形成的权益，由国务院和地方人民政府依照法律、行政法规的规定分别享有；而代表本级人民政府履行出资人职责的机构所享有的出资人权利，与接受国家出资的企业对自己的法人财产享有依法占有、使用、收益和处分的权利应当加以区别。

四、本法条是对国家、集体和私人企业财产支配性权利的宣示

《民法典》物权编规定这项权利旨在与《公司法》及其他相关法律在内容上保持统一，更好地保护国家、集体和私人对其财产的所有权。

本条规定了可以出资设立的企业的组织形式，包括有限责任公司、股份有限公司或者其他企业。国家、集体和私人都可以在上述组织形式中依法选择最适合自己的进行经营，设立上述有限责任公司、股份有限公司或者其他企业时，应当依照法律规定的条件和程序，完成一定的行为，取得相应的资格。

当有限责任公司、股份有限公司或者其他企业设立后，国家、集体和私人作为出资人对投入的资产，包括不动产和动产，投资人按照约定或者出资比例享有资产收益、重大决策以及选择经营管理者等权利。选择经营管理者具体包括选举公司的管理者的权利，如选举董事，选任管理者等；资产收益则是指分配收益的权利，通常按照约定或者出资比例进行分配；重大决策权，则包括决定有限责任公司、股份有限公司或者其他企业的合并、分立以及经营范围的改变等重大问题。

【典型案例】

乡政府托管的煤矿到底该归谁所有①

——出资才能享有股权

基本案情

案涉卯鲁区歇甲关煤矿由于多种原因长期停产。2001 年 4 月，为使煤矿摆脱困境，辰村乡政府决定对煤矿实施托管经营，规定托管期限为 50 年。王某与赵某、苏某、宣某以 213 万元的出资成为该托管煤矿的接收人，其中王某投资 60 万元。四人签订了《合伙协议》，约定王某享有该煤矿

① 参见王某等与辰村乡人民政府等股权确认纠纷案，最高人民法院，案号：(2011) 民二终字第 79 号。

30%的股份，四人退还了村民的集资款。

2002年，因该煤矿经营不景气，赵某、苏某、宣某三人将各自股份转让给伊某积、张某山、吴某礼、于某福四人，王某将自己股份对应的经营权发包给伊某积等四人，双方签订《承包经营合同书》：约定承包人伊某积等四人前三年每年给付甲方王某20万元承包费，以后每年给付15万元；如遇股权转让，双方必须提前通知对方，协商解决；煤矿新增资产归乙方伊某积等四人所有。

2005年1月23日，王某与伊某积、张某山、吴某礼、于某福、李某贵、李某明六人签订《承包经营合同书补充合同》，约定由李某明等六人继续承包该煤矿。后李某明等六人经过股东内部协商，一致同意把产权、经营权转让给李某明。辰村乡政府与李某明签订《净资产转让协议》，将歇甲关煤矿的净资产转让给李某明。

2008年3月18日，李某明以该煤矿净资产及现金（合计300万元）作为出资改制成立大乙煤业后，将歇甲关煤矿转让给大乙煤业。后李某明又与龙丙能源签订《股权转让协议》，约定李某明将大乙煤业股权的80%转让给龙丙能源。股权转让后，李某明在大乙煤业享有20%的股权。

原告（王某）称：因签订《合伙协议》并获得煤矿股份，请求法院判令确认王某享有大乙煤业30%的股权或者支付王某1.284亿元。

法院审理

一审法院经审理认为，本案争议焦点之一主要为应否确认王某为歇甲关煤矿、大乙煤业的股东。

歇甲关煤矿原为辰村乡政府开办的集体企业，1992年，辰村乡政府作为歇甲关煤矿的所有权人，在“有关四矿的批复”中明确要求：“所有村民集资入股者可在规定的期限内参与分红（不计利息）和监督，但不是所有权的股份者。故歇甲关煤矿性质为歇甲关村集体所有。”可见，辰村乡政府的意思表示很明确：歇甲关煤矿出让给歇甲关村，村民可以集资入股，但不能成为所有权人。

因此，无论王某等村民投资歇甲关煤矿的主观目的是什么，其只能依据“有关四矿的批复”享有分红和监督的权利，而不能成为歇甲关煤矿的所有权人或者股东。

2001 年，辰村乡政府对歇甲关煤矿进行托管招标，亦非所有权转让，王某对歇甲关煤矿投资的 60 万元系托管费，而非所有权转让款。依据托管文件的规定，王某等托管人取得的是独立完整的经营自主权，而不是歇甲关煤矿的所有权，2002 年王某向辰村乡政府申请将其在歇甲关煤矿的“股份”承包给他人，也证明王某享有的仅是歇甲关煤矿的经营权。故王某不是歇甲关煤矿的所有权人，更不是股东。

大乙煤业系在歇甲关煤矿与另一煤矿整合的基础上成立的公司企业法人，但王某对大乙煤业无出资，其对歇甲关煤矿的 60 万元投资也未转为对大乙煤业的出资。因此，王某并非大乙煤业的股东。法院据此驳回王某关于确认其享有大乙煤业 30% 的股权的诉讼请求。

案件评述

一、本案为因公有财产投资发生争议而引起的民事纠纷

本案例对多种所有制参与经济活动中的情况进行了调整。出资人作为股东，按照《公司法》的规定，依法享有资产收益、参与重大决策和选择经营管理者等权利，《民法典》物权编本条沿袭《物权法》第六十七条之规定，也从出资人的角度作出同样的规定。

获得红利是出资人投资的主要目的，只要出资人按照章程或者其他约定，如期、足额地履行了出资义务，就有权向企业请求分配红利。一般而言，出资人应当按照其实缴出资比例或者股东协议、章程等约定分取红利。本案中，王某投资的 60 万元仅仅作为经营煤矿的托管招标费，而非股权出资，那么就不能被认定为股东。因此，根据法律规定，只有出资股东才享有资产收益等权利，王某不是股东因而被排除在享有股东权利的人之外。

二、财产所有人对其财产都有直接支配的权利

民法所有权的核心正是财产所有人直接控制其财产的权利。根据所有权的基本理论，所有权人有权在自己的动产和不动产上设立用益物权和担保物权。所以，国家、集体或者个人可以将自己所有的不动产或者动产，投入企业而受益。《民法典》物权编本条再次肯认《物权法》第六十七条的规定实际上也是体现了所有权的权能——处分权能，所有权人对自己的动产或者不动产有权决定由谁来经营管理和如何管理，以最大限度地保护自己的财产利益。

本条规定对于发展生产力是有积极意义的，因为只有财产所有人对于如何有效地使用财产，使财产增值最为关心。只有财产所有人有权直接控制其财产时，他才能充分利用其财产。随着社会和经济的发展，财产所有人控制其财产的法律机制也有新的发展。①

三、以管资本为主加强国有资产监管完善其管理体制

1. 国有资产出资人制度是适应资产市场化经营而建构起来的

党的十八届三中全会提出完善国有资产管理体制，以管资本为主加强国有资产监管，这为全面深化改革时代背景下的国资管理体制改革指明了新的方向。国有资产属于国家所有，按照《公司法》的基本原理，运用国有资产向企业出资，国家依法当然成为出资人，国有资产所有权亦自然转变为资本形态的股份所有权（法律意义上的国有股权）。可以说，以管资本为主加强国有资产监管，这是国家作为出资人厉行法治的基本要义。我国现行的国有资产出资人制度，就是适应国企股份制、公司制改革，顺应国有资产市场化、资本化经营的发展要求而建构起来的。

2. 部门分割的行政管理体制难以适应现代企业法人治理的要求

经过出资股权转化后的国有资产，客观上就需要塑造一个具有商业行为模式的持有和行使主体，以股东的角色依法进入国家出资企业，按照

① 左羽书：《公司法人所有权和股东的权利》，载《中国法学》1994 年第 3 期。

《公司法》要求形成法人治理机制。改革国有资产管理体制，模拟商业化资产运作模式，建立国有资产出资人制度与管理体制，自然成为改革的理性逻辑。按照党的十六大的决策部署，中央和地方政府依法相继组建了国有资产监督管理委员会（简称国资委），代表本级政府履行出资人职责和企业国有资产监督。[①]

四、《民法典》物权编颁布实施对投资权益的保护的积极影响

1. 股权及相关投资权益的定性

投资有多种形式，包括基金、债券、股票等方式，具有不同的法律性质，至于股权，在现代市场经济的投资模式下，无疑具有极其重要的地位，其法律性质的廓清最为复杂，争议颇多。

法学界关于股权的性质之争由来已久，可谓众说纷纭、莫衷一是。目前主要有所有权说、债权说、社员权说、综合权利说和独立说。

就目前的主流学说看，社员权说自德国学者瑞纳德于 1875 年提出后，已经成为德国和日本的通说，目前我国也有很多学者持此种观点。但该说仅仅以社员权的方式，描述了股权的内容，而回避了股权性质的问题。相比之下，股权独立说在国内逐渐被大多数学者所接受，该说认为股权实际上既不是所有权，也不是债权，而是与所有权和债权并列的一种权利，关于这一点，江平教授曾明确提出："股权只能是一种自成一体的独立权利类型。"

股权既包含物权性权利因素，也包含债权性权利因素。物权性因素主要是股东对其持有股份的支配权，虽然其对该股份所代表的公司财产不享有所有权，但对股份本身的支配却与物权的权能很相似，如股东对其股份也享有类似于所有权的占有、使用、收益、处分的权利。债权性因素主要是收益的请求权及公司剩余财产的请求权。权衡二者的关系，物权性因素显然是股权存在的基础，只有保证股东对其持有的股份享有支配权利，才

① 胡良才：《国有资产出资人法律制度研究》，西南政法大学 2015 年博士学位论文。

能保证股权的其他权利因素。

股东作为股份的所有者，不仅拥有与公司资本、利润和公积金相关联的财产权利，而且拥有“支配权”，诸如股东大会出席权和表决权，此类权利与股份的所有权永不分离。

2.《民法典》物权编沿袭《物权法》关于保护投资权益的宣示性规定之立法初衷

《物权法》明定对投资权益保护的内容，虽然投资权益本身很难被界定为纯粹的物权，但《物权法》对其所作出的宣示性的保护规定，其立法初衷在于厘清国有企业中国家所享有的权利的性质，明确国家对其投入企业的财产不再享有所有权，而是享有股权，即资产收益、重大决策以及选择经营管理者等权利，而不能随意处分其出资的财产。

《物权法》对投资人权益的保护，并未涉及具体的制度设计，只是以极少的条文作出总括性规定，宣示了投资人享有的投资权益受法律保护。《民法典》物权编本条沿袭《物权法》的规定虽然是出于厘清国有产权的目的，但却在《物权法》的基础上使《民法典》物权编明确了对投资及其收益的保护，并规定了与《公司法》第四条一致的股权内容，使出资人所享有的资产收益、重大决策以及选择经营管理者的权利在《民法典》物权编中再次得到确认。

五、《民法典》物权编沿袭《物权法》关涉投资权益保护的规范负载历史使命

在传统民法理论中，作为物权客体的一般是有体物，权利作为物权的客体只是一种例外，《物权法》也采取了这种做法。故而也有观点认为，从逻辑体系的角度看，既然投资所形成的权益并非纯粹的物权，那么就不应该将其放在《民法典》物权编中予以保护，而应在相关立法中规定。

如果超越逻辑层面上升到价值层面来考量，我国《物权法》的立法初衷在于对公民合法私有财产的保护，在于对私有财产权的确认，从这个立法价值出发，《物权法》立法从一开始就并未局限于传统民法上物的概念，而是着眼于对整个私有财产权的保护，如《物权法》第二条第二款规定："本法所称物，包括不动产和动产。法律规定权利作为物权客体的，依照其规定。"甚至在第六十五条第二款中对继承权也作出了宣示性的规定；而作为大陆法系民法典经典之作的德国民法典物权编之所以局限于对物权的保护，不仅因为其逻辑体系的严密性，更源于西方根深蒂固的私有财产权利观念，这使其《物权法》已经无须再对私有财产权利作出总括性的规定，而是仅仅承担其保护物权的法律职能就够了。

正是鉴于我国私有财产权利观念尚未深入人心，《民法典》编纂除首先要明确宣示公民的私有财产权利受法律保护外，还要在这个大前提下，具体规定物权以及与物权有关的法律保护问题。由此可见，《民法典》物权编背负着更为沉重的历史使命，从此种意义上讲，它已经超出了传统物权法所应承载的价值和内涵。①

第二百六十九条　【法人财产权】营利法人对其不动产和动产依照法律、行政法规以及章程享有占有、使用、收益和处分的权利。

营利法人以外的法人，对其不动产和动产的权利，适用有关法律、行政法规以及章程的规定。

【条文疏义】

本条基本沿袭了《物权法》第六十八条之规定，并将"企业法人"修改为"营利法人"。

一、法人所有权的概念

所谓"法人所有权"是指法人对其财产所享有的占有、使用、收益和

① 宁晨新、高华：《以股权为例：〈物权法〉对投资权益提供哪些保障》，载《中国证券报》2008年1月15日。

处分的权利。

所有权源于原始共同体的解体，随着私有制的产生而产生。法人所有权是对“个人所有权”的扬弃，它将共有的众多主体凝聚为单一意志的法人主体，形成了新的开放式的个人所有权。法人所有权与国家主权在形成过程与结构上具有“同构性”。个人向法人的变化是局部量变导致的局部质变，但最终会导致向更大或者更为复杂的法人转变的整体质变，进而为逐步实现公有制奠定基础。

二、法人所有权制度的确立是市场经济的客观要求

要想理顺产权关系，完善我国的法人制度，其核心和关键即确立营利法人所有权和非营利法人所有权法律制度。在竞争性行业中，起着主要作用的是拥有法人所有权的法人公司，它是实现公有制的中介桥梁。在经济改革中，原来大量的竞争性行业中的国有企业应当改造成为资本与劳动合作的股份合作制法人公司。①

三、法人所有权理论与经营权相比更符合现代企业制度的要求

改革实践证明，法人所有权理论在下述两个方面相较经营权有所突破：一是区分了国家作为所有者行使所有权管理的标的物和营利法人作为法人行使经营权的标的物，前者只对国有资本及其权益行使所有权管理，后者则对构成营利法人的全部财产行使经营权。由于标的物不同，管理目标也就不同，所有权管理主要是保障资本及其权益的安全与增值，法人所有权主要是法人实体财产的保值增值。二是从法律上保障了营利法人财产权利的完整性和不可侵犯性，奠定了建立营利法人制度的基础。

营利法人所有权表现为营利法人对其经营的不动产和动产所构成的全部法人财产依法享有占有、使用、收益和处分的权利。营利法人以其全部法人财产承担民事责任。克服了之前仅规定企业法人财产所有权的弊端。《民法典》物权编第二百六十九条沿袭《物权法》第六十八条还规定，营

① 王健：《法人所有权的法理学思考》，南京师范大学2005年硕士学位论文。

利法人以外的法人，对其不动产和动产的权利，应当适用有关法律和章程的规定。

譬如于司法实践中，根据《最高人民法院关于适用〈中华人民共和国民法典〉有关担保制度的解释》第十条的相关规定，一人有限责任公司为其股东提供担保，公司以违反公司法关于公司对外担保决议程序的规定为由主张不承担担保责任的，人民法院不予支持。公司因承担担保责任导致无法清偿其他债务，提供担保时股东不能证明公司财产独立于自己的财产，其他债权人请求该股东承担连带责任的，人民法院应予支持。

【典型案例】

公司能否将其不动产进行处分[①]

——物权法对营利法人财产归属的确定

基本案情

2012年12月11日，驿甲大酒店以法定代表人邵乙贤的名义与恒丙公司签订商品房买卖合同，约定邵乙贤购买两套房屋，分别是位于寅城市解放南路277号都市豪庭小区3幢1×1室、2×1室，房款均是驿甲大酒店分期支付给恒丙公司，恒丙公司出具的收据中交款人都是驿甲大酒店。2013年2月1日，驿甲大酒店以邵乙贤和蒋丁鹊的名义取得涉案房屋产权证，邵乙贤、蒋丁鹊是两套房屋的所有权人和土地使用权人。原告驿甲大酒店提出诉讼请求：确认案涉两套房屋所有权属于原告。

2014年1月22日，驿甲大酒店与卯苏银行文峰支行（以下简称卯苏银行，授信人）签订一份《最高额综合授信合同》，约定授信人向驿甲大酒店提供最高综合授信额度2000万元，授信期限自2014年1月22日起至

---

① 参见江苏驿甲大酒店等诉蒋丁鹊房屋所有权确认纠纷案，载北大法宝，http：//www.pkulaw.cn/case/pfnl_ a25051f3312b07f368d3085635cd13892a8cbc380dac8644bdfb.html，最后访问时间：2020年6月28日。

2015年1月21日止；本合同项下的全部债务由邵乙贤方（及其保证人）与授信人另行签订《最高额保证合同》和《最高额抵押合同》作为本合同附件，为全部债务提供全额担保。同日，邵乙贤、蒋丁鹊与卯苏银行签订两份最高额抵押合同，该合同约定：抵押物为邵乙贤、蒋丁鹊所有的位于寅城市解放南路277号都市豪庭小区3幢1×1室、2×1室的房屋。

同年1月27日，卯苏银行与邵乙贤、蒋丁鹊至寅城市房产交易登记中心，就上述抵押房产办理了抵押登记手续。后因驿甲大酒店未按期归还贷款本息，卯苏银行诉至寅城市亭湖区人民法院。一审法院经审理作出判决：第一，驿甲大酒店给付卯苏银行贷款本金9627893.84元、利息1118584.04元，合计10746477.88元，并承担逾期还款分段计算的利息；第二，邵乙贤、蒋丁鹊及其他保证人对判决第一项所确定的款项承担连带清偿责任；第三，卯苏银行对邵乙贤、蒋丁鹊所有的位于寅城市解放南路277号都市豪庭小区3幢1×1室、2×1室的房屋拍卖、变卖的价款在抵押担保的债权范围内享有优先受偿权，卯苏银行实现抵押权后，邵乙贤、蒋丁鹊有权向驿甲大酒店追偿。上述判决已生效。

原告认为，案涉房屋产权证虽然登记在两被告名下，但是实际由原告出资购买，用案涉房屋抵押的借款也是实际交原告使用，房屋的租金收益也归原告所有。综上，原告与被告约定以“被告的名义、原告实际出资”的方式购买案涉房屋，该不动产应当归原告所有。故请求法院支持原告的诉讼请求。

法院审理

法院经审理认为，物权是权利人依法对特定的物享有直接支配和排他的权利，包括所有权、用益物权和担保物权。根据《物权法》的相关规定，不动产物权的设立、变更、转让和消灭，依照法律规定应当登记的，自记载于不动产登记簿时发生效力。权利人、利害关系人认为不动产登记簿记载的事项错误的，可以申请更正登记。即虽然不动产的所有权应当以其权属证书为形式根据，但如果权利人提供充分的证据证明权属证书或不动产登记簿确有错误的应当依法予以更正。

本案中，案涉房屋虽登记在邵乙贤、蒋丁鹊名下，但驿甲大酒店已当庭提供案涉购房付款的凭证，且此后被告邵乙贤、蒋丁鹊不仅为原告向卯苏银行借款提供担保，还以该房屋进行抵押。此外，案涉房屋租赁给他人后，租金收益也归原告驿甲大酒店所有。故驿甲大酒店实际上不仅是案涉房屋出资购买人，也享有案涉房屋的支配、收益权。

法院确认坐落于寅城市解放南路 277 号都市豪庭小区 3 幢 1 ×1 室、2 ×1室的房屋归原告驿甲大酒店所有。

案件评述

一、本案是一起房屋所有权确权案件

本案中的驿甲大酒店属营利法人，对其不动产和动产依法享有所有权，有权对其财产进行占有、使用、收益和处分。驿甲大酒店有购房付款的凭证，之后将房产进行抵押，并取得了两被告的担保。房屋租赁给他人后，租金收益归驿甲大酒店所有，这表明驿甲大酒店在行使对涉案房屋的支配权和收益权。

根据《民法典》物权编所沿袭的《物权法》的规定，营利法人对其不动产和动产依照法律、行政法规以及章程享有占有、使用、收益和处分的权利。驿甲大酒店对其所有的房屋行使收益权受物权有关法律保护，因此法院支持了驿甲大酒店将两套房屋所有权确认属于自己所有的诉讼请求是正确的。

二、营利法人所有权的内涵

1. 营利法人所有权是对其所有之物所享有的全面支配权

这是最全面的物权，包括占有、使用、收益和处分权能。因营利法人是以取得利益分配给股东等出资人为目的成立的法人，以公司和企业为主，因此营利法人财产来自出资者的出资，出资者将其财产投入法人，财产的所有权移转于法人，法人获得该财产所有权。其他不具有法人资格的企业和其他组织也依照所有权的权能理论享有不同的权能。

2. 营利法人只有拥有了所有权才能真正成为市场经济中自负盈亏、自主经营的主体

（1）营利法人可自主决定其财产用途；

（2）营利法人积极性提高有保障；

（3）基于所有权，营利法人经营决策不再受所有者影响；

（4）营利法人以其财产对外承担债务，完全自负盈亏。

可见，与经营权相比营利法人所有权更有利于实现成立营利法人的目的。上述营利法人所有权的分析是以股份制这种典型现代企业形式为基础的。事实上，我国全民所有制企业的投资主体是国家，虽然是单一主体，但基于公有制特殊性，全民所有制企业也可成为具有法人资格的独资企业，并使企业具有法人所有权。

三、出资者出资方式不同，营利法人对出资后的财产权利也不同

营利法人对营利法人财产中的货币、实物等出资才享有权利。所有权作为物权，其客体必须为物，且为有形物。对其他方式出资，如工业产权、专有技术等，非物权客体，而是知识产权客体，故营利法人对其不享有所有权。另外，土地使用权作为出资方式之一，但土地由国家所有，因而土地非营利法人所有权的客体。可见，营利法人所有权尚不足以涵盖全部法人财产，营利法人对其全部财产应当享有更广泛的权利。应指出的是营利法人所有权是营利法人享有的核心权利。

通过本案，我们可以深刻理解《民法典》物权编第二百六十九条沿袭的《物权法》第六十八条规定，营利法人对其不动产和动产依照法律和章程享有占有、使用、收益和处分的权利。故此，在司法实践中，根据《最高人民法院关于适用〈中华人民共和国民法典〉有关担保制度的解释》第十一条的相关规定，公司的分支机构未经公司股东（大）会或者董事会决议以自己的名义对外提供担保，相对人请求公司或者其分支机构承担担保责任的，人民法院不予支持，但是相对人不知道且不应当知道分支机构对外提供担保未经公司决议程序的除外。金融机构的分支机构在其营业执照

记载的经营范围内开立保函，或者经有权从事担保业务的上级机构授权开立保函，金融机构或者其分支机构以违反公司法关于公司对外担保决议程序的规定为由主张不承担担保责任的，人民法院不予支持。金融机构的分支机构未经金融机构授权提供保函之外的担保，金融机构或者其分支机构主张不承担担保责任的，人民法院应予支持，但是相对人不知道且不应当知道分支机构对外提供担保未经金融机构授权的除外。担保公司的分支机构未经担保公司授权对外提供担保，担保公司或者其分支机构主张不承担担保责任的，人民法院应予支持，但是相对人不知道且不应当知道分支机构对外提供担保未经担保公司授权的除外。公司的分支机构对外提供担保，相对人非善意，请求公司承担赔偿责任的，参照《最高人民法院关于适用〈中华人民共和国民法典〉有关担保制度的解释》第十七条的有关规定处理。

四、经济学和法学在法人所有权的认识上方法论隽异

1. 经济学看重股东的意志和行为

在主流经济学看来，公司由一系列契约所构成，公司不过是一张面纱，揭开公司的面纱，其背后的股东是公司真正的所有者和行为主体，公司的意志和行为体现着股东的意志和行为。如果公司控制权由股东转向职业管理阶层，发生“经理革命”，那么在经济学看来，这种安排不仅符合专业化分工（风险承担和专业管理的分工）要求，也能有效地控制由于决策与风险承担功能分离所导致的代理问题，是组织大型产权最有效的途径。

2. 法理强调公司是权利主体而非客体，其行为自主自为

按照主流的法学观点，公司是权利主体而非客体，法人有其独立的“人格”和利益，其行为自主自为。也就是说，公司是法人的公司，股东一旦将出资移转给公司，其所有权即移转为法人所有，股东的“原始”所有权同时转化为股权。因此，所谓的“所有权与经营权的分离”只是经济学上的描述，而不是在法律术语之解读。公司法人享有公司资产的所有权，公司聘用管理者来经营公司资产，股东只是在笼统含义上“拥有”公司，

而没有享有对公司资产的法律上的所有权。

在法学界看来，因为存在经营者的行为对公司及股东的利益造成伤害的可能性，这种分离是个值得关注的问题，而非经济效率的体现。至少公司法律中的部分规定旨在将公司的所有权与控制权分离的危害降低。

经济学和法学在对待法人所有权问题上的不同态度，反映了两种学科在此问题上的方法论差异。

3. 不同视角与层级的目标均影响着公司法人的整体性功能

虽然经济学的个人主义方法论体现了科学还原论的标准，满足了科学理论的分析要求，却不能解释某些整体性现象，例如作为群体性概念的法人不仅是法律意义的事实存在，而且发挥了巨大的经济功效。人类社会之所以复杂，不仅体现在它是由广大个体和许多整体组织构成的，而且还体现在这些个体与群体之间的依赖、对立和互动。所有的生物都由粒子构成，但并不是说创建生物学的自然出发点必然要从粒子开始，也可从有机体和细胞开始。相应地，所有的人类社会现象都是自然人行动的结果，并非意味着解释这些现象必然要从个体的人出发，也可以从作为有机体的法人开始。因此经济学可以在特定的情形和语境中接纳某种整体论思想，明确将法人视为一个真实的（法律意义上）行为体，肯定法人作为一个整体拥有公司所有权之说。

同样的道理也适用于法学。公司法的立法宗旨体现的是多层次、多视角的目标。从国家层面（整体视角）看，公司法的制定首要目标在于如何推动公司的快速发展（国家视角）；从公司层面（整体视角）看，其目标则在于如何确保法人所有权和完善的公司治理机制；从股东层面（个体视角）看，其目标则在于如何完善个体投资者的有效选择，保护投资者的利益。如此看来，法学领域无论是关于公司自治还是股东自治的争议便可休矣，因为它们反映出的是不同视角、不同方法和不同目标的差异。

在司法实践中，根据《最高人民法院关于适用〈中华人民共和国民法典〉有关担保制度的解释》第八条的相关规定，有下列情形之一，公司以其未依照公司法关于公司对外担保的规定作出决议为由主张不承担担保责任的，人民法院不予支持：（一）金融机构开立保函或者担保公司提供担保；（二）公司为其全资子公司开展经营活动提供担保；（三）担保合同系由单独或者共同持有公司三分之二以上对担保事项有表决权的股东签字同意。上市公司对外提供担保，不适用前款第（二）项、第（三）项的规定。

可见，虽然不同视角、不同层级的目标伴随着不同的问题，但这并不影响公司法的整体性。其中更为明确和细化的问题是，公司立法如何在明确法人所有权的同时，也强调保护股东的权益的重要性，毕竟组织的成功一定与成功的个人有关。这样，企业的契约理论、委托代理等经济学理论也应该被作为讨论公司立法的理论基础而被认真对待。虽然分析表明方法论整体主义与个体主义并非必然冲突，但如何在同一部公司法中同时体现建基于方法论整体主义的法人所有权论述和建基于方法论个体主义的股东所有权论述仍然构成对法学家的高超技巧的挑战。[①]

第二百七十条 【社会团体法人、捐助法人合法财产的保护】社会团体法人、捐助法人依法所有的不动产和动产，受法律保护。

【条文疏义】

本条基本沿袭了《物权法》第六十九条之规定，增加了对捐助法人的物权保护。

一、本条系对《民法总则》关于法人规定的进一步呼应

本条是对《民法总则》关于法人规定的进一步呼应。在《民法典》总则编修改稿中具体规定了社会团体法人和捐助法人依法所有的不动产和动

---

① 胡明：《法人所有权争议的方法论根源》，载《政法论坛》2014 年第 3 期。

产，受法律保护。

社会团体法人和捐助法人在《民法总则》中有明确规定，第九十条明确规定社会团体法人：“具备法人条件，基于会员共同意愿，为公益目的或者会员共同利益等非营利目的设立的社会团体，经依法登记成立，取得社会团体法人资格；依法不需要办理法人登记的，从成立之日起，具有社会团体法人资格。”第九十二条规定：“具备法人条件，为公益目的以捐助财产设立的基金会、社会服务机构等，经依法登记成立，取得捐助法人资格。依法设立的宗教活动场所，具备法人条件的，可以申请法人登记，取得捐助法人资格。法律、行政法规对宗教活动场所有规定的，依照其规定。”

二、社会团体法人所有权的内涵外延

社会团体所有权，是指各类社会团体对其财产所享有的占有、使用、收益和处分的权利。

社会团体占有、使用、支配的财产，存在两种不同的所有权：

首先是社会团体如工会、各种学会、协会等群众团体和社会公益团体等由国家拨款形成的资产，属于国家所有。

其次是社会团体由其成员缴纳会费或社会团体向社会募捐或除国家拨款外，以其他合法的方式取得的财产，由社会团体法人享有所有权。

三、捐助法人是在《民法总则》中新规定的概念

捐助法人可归为两类，一类为基于公益目的而以捐助财产设立的基金会、社会福务机构；另一类为依法设立的宗教活动场所。捐助法人依法所有的不动产和动产，同样也如社会团体法人一般受法律保护。依照本条的规定，只要是社会团体法人和捐助法人依法所有的不动产和动产，均受法律保护，他人不得随意侵害。

【典型案例】

医院的财务账册是否受法律保护①

——沿甲医院诉施某芳返还原物案

基本案情

沿甲医院原为丁东县沿南镇卫生院，2001年10月11日，施某芳一次性买断产权，合法取得原沿南镇卫生院的产权和经营权。原沿南镇卫生院后更名为丁东县沿甲医院，实行股份制，其股东为原沿南镇卫生院的一部分职工，其单位性质为从事非营利性服务活动的社会组织，是非政府举办的非营利性医疗机构。

沿甲医院自施某芳买断产权后一直由施某芳担任医院董事长（理事长）和法定代表人，医院内部出资人之间的矛盾由来已久，由于多年未换届选举产生新的理事会成员和理事长，医院的年度检查工作一直未能得到登记管理机关的认可，因而出现基本账户被冻结，工资发不出，药款不能及时到位等诸多问题。

2018年5月27日，沿甲医院召开新一届理事会成员会议，会议选举缪某元为沿甲医院的理事长，同时根据医院现状，还作出决议，书面通知原法定代表人配合办理变更手续并移交医院公章等一切应当移交的医院相关资料，如原法定代表人不配合，将以新一届理事会的名义走司法途经办理移交的相关手续。

2018年5月28日，缪某元、梅某平、於某琴以新一届理事会成员的名义向施某芳发送了一份通知书，内容为："根据选举结果，你不再担任丁东县沿甲医院的理事长和法定代表人，故你应将你保管的医院公章、印鉴章等印章以及医院的相关证照、文本资料移交新的理事会（具体的接收人

---

① 参见施某芳与沿甲医院返还原物纠纷案，江苏省南通市中级人民法院，案号：(2019) 苏06民终2309号。

为缪某元），以便能够及时提供年检所需的相关材料，恢复医院的正常运营。请在7日内将上述印章和资料移交。特此通知！”但施某芳拒不移交沿甲医院的相关证照、印章和财务账册，故沿甲医院提起本案之诉。

法院审理

一审法院认为，沿甲医院作为民办非企业单位，属于非营利法人，我国《民法总则》第九十二条将该类民事主体归类为社会服务机构，具有捐助法人资格，其有独立的法人财产，享有法人财产权。医院的证照、财务账册、公章等是医院的财产，医院对其证照等财产的所有权受法律保护，任何单位和个人不得侵占。当医院的证照、财务账册等财产由他人无权控制、占有时，医院有权要求返还。

沿甲医院现法定代表人为缪某元，故施某芳无权再控制和占有沿甲医院的财务账册等财产，负有返还义务。综上，施某芳对其占有、控制的牵涉沿甲医院的财务账册，负有返还义务。据此，一审判决：施某芳于判决生效后7日内返还其占有和控制的沿甲医院财务账册等。

二审法院同意一审法院裁判意见，驳回了施某芳的上诉，维持原判。

案件评述

一、捐助法人的财务账册作为财产受法律保护

本条规定，社会团体法人、捐助法人依法所有的不动产和动产，受法律保护。关于财产受法律保护，本章规定，国家所有的财产受法律保护，禁止任何组织或者个人侵占、哄抢、私分、截留、破坏。集体所有的财产受法律保护，禁止任何组织或者个人侵占、哄抢、私分、破坏。私人的合法财产受法律保护，禁止任何组织或者个人侵占、哄抢、破坏。

同时规定，国家、集体和私人依法可以出资设立有限责任公司、股份有限公司或者其他企业。国家、集体和私人所有的不动产或者动产投到企业的，由出资人按照约定或者出资比例享有资产收益等权利。

案涉医院作为捐助法人，其也是非营利法人。捐助法人系《民法总则》增加的法人类型。《民法通则》根据当时的经济社会发展状况，仅规定了企业法人、机关法人、事业单位法人和社会团体法人四种法人类型。随着我国经济社会各方面发展，这四种法人类型已不能完全满足经济社会发展的需求。基金会、社会服务机构无法纳入《民法通则》确立的法人分类。此外，寺庙等宗教活动场所也无法人资格。《民法典》第九十二条规定，具备法人条件，为公益目的以捐助财产设立的基金会、社会服务机构等，经依法登记成立，取得捐助法人资格。依法设立的宗教活动场所，具备法人条件的，可以申请法人登记，取得捐助法人资格。法律、行政法规对宗教活动场所有规定的，依照其规定。

二、社会团体法人与捐助法人是物权法保护的主体

社会团体是社会组织领域一个重要概念，现行法律中使用频率较高，有学者通过北大法宝检索，曾于 84 部法律中找到了关于“社会团体”的表述。社会团体同时也是《民法典》中明确的重要法人类型，深入学习贯彻民法典，有必要对法律法规中社会团体的内涵和外延进行历时梳理，以期准确把握。根据学者考察，新中国成立后法律法规中“社会团体”的表述最早出现在 1950 年公布的《社会团体登记暂行办法》。[①]

我国目前的社会团体主要包括人民群众团体（如工会、共青团、妇联）、专业团体（如律师协会）、学术研究团体（如法学会）。社会团体可以是法人，也可以不是法人，但都必须是依法成立的。[②] 因此，《物权法》第六十五条规定保护社会团体法人的不动产和动产。

三、社会团体法人财产法律关系的特征

1. 社会团体是指为一定目的由一定人员组成的社会组织

社会团体法人可分为以营利为目的和非以营利为目的两种类型。前者如合作社、公司等，后者如科技、文化、艺术、慈善事业等社会群众团体。

① 朱鸣：《法律中“社会团体”概念使用的演进》，载《中国民政》2021 年第 4 期。
② 刘保玉：《物权法》，中国法制出版社 2007 年版，第 165 页。

成立社会团体除需要一定数量的人员组成外，还要制定章程、到有关机关登记，有的还须依法申请许可等。

2. 社会团体社会组织的重要组成部分

《社会团体登记管理条例》规定，成立社会团体必须提交业务主管部门的批准文件。业务主管部门是指县级以上各级人民政府有关部门及其授权的组织。我国的社会团体是社会组织的一种。

社会团体法人作为具有民事权利能力和民事行为能力，依法独立享有民事权利和承担民事义务的社会组织。《民法通则》曾规定，具备法人条件的社会团体，依法不需要办理法人登记的，从成立之日起，具有法人资格；依法需要办理法人登记的，经核准登记，取得法人资格。

3. 社会团体法人同样有自己必须具备的法人特征

（1）依法成立

社会团体法人有两种成立方式：一种是依法不需要办理法人登记而又具备了法人应具备的条件的，这种社会团体从成立之日起，即具备了法人资格，如县以上各级工会组织；另一种则是需要经核准登记后才能取得法人资格的，这种社会团体必须在经过核准登记后，才能取得法人资格。如各种协会、学会等。

（2）有必要的财产和经费

社会团体要开展活动，就要有相应的财产和经费。这种财产和经费可以是国家划拨的，也可以是其他组织或公民个人提供的。但不管来自何种途径，这些财产和经费应由社会团体独立支配使用，并能以其承担民事责任，才符合法人资格的要求。

（3）有自己的名称、组织机构和场所

社会团体的性质不同，其名称也不同，组织机构和活动场所也不一样，但都有自己的名称，如某工会委员会、某协会等。如果社会团体没有自己的名称和组织机构，而只是附属于其上级单位或是某机构的一部分，则其不具备法人资格。

(4) 能够独立承担民事责任

社会团体还要独立承担民事责任，才完全符合法人的条件，如果不能独立承担民事责任，就不具备法人资格，而必须由具有法人资格的上级单位或机关来承担民事责任。

四、加强社会组织资产管理是国家治理中其发挥作用的保障

以“多元共治”为核心的现代化国家治理要求社会组织发挥更大作用，而加强社会组织资产管理无疑是发挥这一作用的基本保障。故应积极探索构建“政府部门综合管理、社会组织依法运营、各方力量共同监督”的社会组织资产管理体制，建立围绕社会组织资产全生命周期和防范国有资产流失的“审查管理、产权管理、规范管理、监督管理、剩余财产管理、国有资产管理”管理体系，聚焦难点症结，发力施策。[①]

① 谭静：《社会组织资产管理问题研究》，载《中央财经大学学报》2019 年第 10 期。

第六章　业主的建筑物区分所有权

第二百七十一条　【建筑物区分所有权】业主对建筑物内的住宅、经营性用房等专有部分享有所有权，对专有部分以外的共有部分享有共有和共同管理的权利。

【条文疏义】

本条沿袭了《物权法》第七十条之规定。在司法实践中，根据《最高人民法院关于审理建筑物区分所有权纠纷案件适用法律若干问题的解释》第一条的相关规定，依法登记取得或者依据民法典第二百二十九条至第二百三十一条规定取得建筑物专有部分所有权的人，应当认定为本章所称的业主。基于与建设单位之间的商品房买卖民事法律行为，已经合法占有建筑物专有部分，但尚未依法办理所有权登记的人，均可以认定为这里所称的业主。

一、学理上和立法上对建筑物区分所有权的概念有不同见解

建筑物区分所有权是随着住宅的多元化和层级化而产生的，进而成为近现代民法上不动产所有权形态中一种重要的类型。

1. 建筑物区分所有权之“一元论”

又称单一要素说，主张建筑物区分所有权就是区分所有人对建筑物的专有部分享有的所有权，此即专有权。

2. 建筑物区分所有权之“二元论”

又称复合要素说，主张建筑物区分所有权不仅包括专有人的专有权，还包括区分所有人对建筑物之共有部分的共有权。

3. 建筑物区分所有权之“三元论”

又称三要素说，该说认为建筑物区分所有权是专有人对其专属部分之专有权与对共有部分之共有权加之基于对建筑物的管理、修缮、维护等共同事务而形成的成员权的总和。

二、《民法典》物权编沿袭《物权法》规定采“三元论”

本条涉及了业主对建筑物内的住宅、经营性用房等专有部分享有的所有权，以及对专有部分以外的共有部分享有的共有权，似乎采二元论，但是结合本法第二百七十一条至第二百七十四条的规定，即业主委员会为建筑物区分所有权人之自治组织，其成员共同决定并参与管理建筑物有关之事务，且业主大会或者业主委员会的决定，对业主具有约束力。

其中，专有权具有主导性。[①] 也就是说，具有业主身份的自然人取得了专有权，即取得了共有权和成员权。专有权、共有权、成员权三权是建筑物区分所有权的三个不同方面，既包含物权内容——涉及财产性权利，又包含人法要素——涉及人身关系，三者相辅相成，共同构成了完整的建筑物区分所有权，使之成为区别于一般所有权的特殊的所有权样态。因而其不仅含有一般所有权所涵盖的权能，同时还含有其不能容括的特殊内涵和外延。

三、建筑物区分所有权人的共有权

建筑物区分所有权人不仅享有对专有部分的专有权，并且基于专有权的同时享有对各共有人之共有部分的共有权以及成员权。

在区分所有权人行使自己权利的时候，要界定该权利的对象属于专有部分还是共有部分，并且基于对象的不同而享有不同程度的权利以及权利范围的界定。

1. 区分所有权中的专有权的行使

是指以区分所有权之专有部分为客体而成立之权利，其当然具有所有

---

① 梁慧星、陈华彬：《物权法》（第二版），法律出版社 2003 年版，第 160 页。

权之一般权能，即占有、使用、收益和处分之四项权能。并且此权能具有所有权之绝对性、永久性、排他性，专有权人可排除他人妨碍，并在不损害他人利益之情况下任意处分专有权之标的物。

在司法实践中，根据《最高人民法院关于审理建筑物区分所有权纠纷案件适用法律若干问题的解释》第二条的相关规定，建筑区划内符合下列条件的房屋，以及车位、摊位等特定空间，应当认定为民法典物权编本章所称的专有部分：（一）具有构造上的独立性，能够明确区分；（二）具有利用上的独立性，可以排他使用；（三）能够登记成为特定业主所有权的客体。规划上专属于特定房屋，且建设单位销售时已经根据规划列入该特定房屋买卖合同中的露台等，应当认定为前款所称的专有部分的组成部分。前述第一款所称的房屋，包括整栋建筑物。

2. 业主对建筑区划内共有部分的共有权的行使

即本条规定的业主对专有部分以外的共有部分，如电梯、过道、楼梯、水箱、外墙面、水电气的主管线等享有共有的权利。《民法典》物权编沿袭《物权法》之规定，明确了建筑区划内的道路，属于业主共有，但属于城镇公共道路的除外。建筑区划内的绿地，属于业主共有，但属于城镇公共绿地或者明示属于个人的除外。建筑区划内的其他公共场所、公用设施和物业服务用房，属于业主共有。占用业主共有的道路或者其他场地用于停放汽车的车位，属于业主共有。

在司法实践中，根据《最高人民法院关于审理建筑物区分所有权纠纷案件适用法律若干问题的解释》第三条的相关规定，除法律、行政法规规定的共有部分外，建筑区划内的以下部分，也应当认定为民法典第二编第六章所称的共有部分：（一）建筑物的基础、承重结构、外墙、屋顶等基本结构部分，通道、楼梯、大堂等公共通行部分，消防、公共照明等附属设施、设备，避难层、设备层或者设备间等结构部分；（二）其他不属于业主专有部分，也不属于市政公用部分或者其他权利人所有的场所及设施等。建筑区划内的土地，依法由业主共同享有建设用地使用权，但属于业主专有的整栋建筑物的规划占地或者城镇公共道路、绿地占地除外。

此种共有所有权，也称“共用部分持份权”或“持份共有所有权部分”，是建筑物区分所有权结构中的“物法性”要素，其与另一“物法性”要素——专有所有权共同构成建筑物区分所有权制度的“两个灵魂”——共同性灵魂和单独性灵魂。[①] 这两个“灵魂”相辅相成，支撑起区分所有权的主要构架。此种共有权其实就是指，区分所有人依据法律、合同以及区分所有人之间的规约，对建筑物的共有部分、宅基地使用权、小区土地使用权及公用设施等所共同享有的财产权利。[②]

3. 业主对建筑区划内的共有部分的共同管理权即成员权

即《民法典》物权编沿袭《物权法》之规定，业主对专有部分以外的共有部分享有共同管理的权利。其规定，业主可以自行管理建筑物及其附属设施，也可以委托物业服务企业或者其他管理人管理。业主可以设立业主大会，选举业主委员会，制定或者修改业主大会议事规则和建筑物及其附属设施的管理规约，选举业主委员会和更换业主委员会成员，选聘和解聘物业服务企业或者其他管理人，筹集和使用建筑物及其附属设施的维修资金，改建和重建建筑物及其附属设施等。业主大会和业主委员会，对任意弃置垃圾、排放大气污染物或者噪声、违反规定饲养动物、违章搭建、侵占通道、拒付物业费等损害他人合法权益的行为，有权依照法律、法规以及管理规约的规定，要求行为人停止侵害、消除危险、排除妨害、赔偿损失。

而其中的成员权是区分所有权人基于业主的身份而取得的对其专有部分和共有部分进行管理、修缮、维护以及对该部分之事项进行决策的权利。成员权虽基于专有权而产生，但却是独立于专有权与共有权之外的一项权利，其本身不仅包括共有的财产关系，还关涉对财产的管理关系，因而具

---

① 梁慧星、陈华彬：《物权法》（第二版），法律出版社 2003 年版，第 163 页。
② 王利明：《物权法教程》，中国人民大学出版社 2003 年版，第 201 页。

有人法的要素。这就使得成员权具有了更为复杂的内涵和外延，在司法实践中，根据《最高人民法院关于审理建筑物区分所有权纠纷案件适用法律若干问题的解释》第十八条的相关规定，人民法院审理建筑物区分所有权案件中，涉及有关物权归属争议的，应当以法律、行政法规为依据。对此，我们将在后面的法条中加以详细论述。

【典型案例】

外墙面的所有权和使用权究竟是归开发商还是归业主①

——建筑物区分所有人的权利分解

基本案情

亥阳市体育路五环星城由景辰房地产公司开发建设，于2010年年底向五环星城业主交付使用。2011年8月26日，景辰房地产公司与金巳广告中心签订广告位租赁合同，由景辰房地产公司将五环星城二楼商铺南外墙出租给金巳广告中心设置商业广告牌，租赁期限自2011年9月1日起至2014年8月31日止，年租金为1.3万元。

2011年9月19日，经亥阳市城市管理监察大队批准，金巳广告中心于10月在五环星城二楼至三楼南外墙安装了一块4米×30米的"三面翻"广告位。金巳广告中心安装完毕后即投入使用，并按合同约定的标准向景辰房地产公司支付了至起诉日前的全部租金。

2016年1月，亥阳市体育路五环星城业主委员会成立后，以景辰房地产公司无权对外出租二楼外墙为由，向景辰房地产公司主张权利，要求将租金收入归亥阳市五环星城业主委员会所有，并多次找金巳广告中心协商处理未果。

---

① 参见亥阳市五环星城业主委员会诉金巳广告中心等物权保护纠纷案，载北大法宝，http://www.pkulaw.cn/case/pfnl_ a25051f3312b07f39618156a930dc147fc45c4b66e7d0011bdfb.html，最后访问时间：2020年6月28日。

另查明，景辰房地产公司与五环星城业主签订的《商品房买卖合同》中有约定：该商品房所在楼宇的外墙使用权归出卖人即景辰房地产公司所有。上述房屋均属景辰房地产公司单独所有，规划用途为营业。该广告位所占南墙为五环星城业主所共有，多位业主向其主张权利。

2016 年，五环星城业主委员会成立并登记以后，多次向金巳广告中心及景辰房地产公司主张权利并要求拆除该广告位，但金巳广告中心以向楼盘开发商景辰房地产公司支付了使用费为由，拒绝了原告五环星城业主委员会的请求。因此，五环星城业主委员会向法院提起诉讼，请求法院判令被告向原告支付广告位使用费 2.6 万元。

法院审理

一审法院经审理认为，已查明的证据证实，被告金巳广告中心将“三面翻”广告位安装在五环星城二楼至三楼外墙，既占用了被告景辰房地产公司的窗户，也占用了外墙墙体。

商品房外墙属于商品楼的基本结构部分，应由该商品楼所有业主共有和共同管理，开发商不能在出售房屋时在《商品房买卖合同》中约定保留外墙面的所有权和使用权。被告景辰房地产公司与五环星城业主签订的商品房买卖合同将五环星城业主购买的商品房外墙使用权归出卖人即被告景辰房地产公司所有的约定，违反了法律相关规定，该约定无效。

因此，被告景辰房地产公司无权对案涉外墙使用权作出处分并向被告金巳广告中心出租，应将收取的租金交与原告。故判决景辰房地产公司将金巳广告中心收取的 2016 年租金 1.3 万元交给原告五环星城业主委员会。

原审被告景辰房地产公司对一审判决不服，提起上诉，请求撤销原判，改判驳回五环星城业主委员会的诉讼请求。

二审法院经审理认为，景辰房地产公司作为开发商与购房户所签订的《商品房买卖合同》约定商品房外墙使用权归景辰房地产公司所有，但案涉房屋外墙作为具有经济价值之财产，景辰房地产公司未能举证证明其保留商品房外墙使用权时已向业主支付了相应合理对价并对该外墙使用权保留条款进行了明确、充分之说明，案涉诉争外墙使用权应归全体业主共有。

遂二审判决：一审判决认定事实清楚，适用法律正确，应予维持。

案件评述

一、本案是一起典型的建筑物区分所有权纠纷案

房地产公司为了最大地发挥商业价值，在住房外墙设置商业广告牌已成普遍现象。但商品房外墙属于商品楼的基本结构部分，应由商品楼所有业主共有和共同管理，开发商不能出售房屋时在《商品房买卖合同》中约定保留外墙面的所有权和使用权。

本案被告景辰房地产公司在与业主签订的《商品房买卖合同》中约定，商品房的外墙使用权归出卖人景辰房地产公司所有，该约定因违反了法律强制性或禁止性规定而无效。故判决被告将收取的2016年的租金1.3万元交给原告五环星城业主委员会。

二、本案讼争的外墙应属五环星城业主所共有而非景辰房地产公司单独所有

在司法实践中，根据《最高人民法院关于审理建筑物区分所有权纠纷案件适用法律若干问题的解释》第四条的相关规定，业主基于对住宅、经营性用房等专有部分特定使用功能的合理需要，无偿利用屋顶以及与其专有部分相对应的外墙面等共有部分的，不应认定为侵权。但违反法律、法规、管理规约，损害他人合法权益的除外。

依据共有理论，对于共有物的处分应取得共有人的一致同意，即对建筑物外墙的处分，应该由该建筑物全体区分所有权人即五环星城所有业主一致同意后，方为有效。

三、建筑物区分所有权与“一物一权”主义

又称物权客体特定主义，即指一物之上仅能存在一个所有权，不能同时存在两种内容和性质相同的物权；而将一幢建筑物分成多个空间，由多人享有单独所有权，这是否是对“一物一权”主义之物权法基本原则的违反，需要从“一物一权”主义的规范目的来寻找答案。

1. 物权法定的原因即理由

（1）物权直接反映社会所有制关系

经济基础决定上层建筑。鉴于其对社会经济秩序和安全影响重大，故一般都不允许当事人随意创设物权。

（2）物权的支配性使然

由于其具有强烈的排他性，直接关系到第三人的利益和交易安全，自然也不能随意创设物权。

（3）出于建立物权理论及规范体系的需要

传统民法理论也要求“物权法定”，不能随意创设物权。

2. 建筑物区分所有理论仅仅是对城市现实建筑客观要求的反映

但对建筑物来说，将其划分成不同的部分与“一物一权”主义不仅不矛盾，而且恰恰体现了“一物一权”主义，这是因为：

（1）建筑物就使用功能而言为集合物，故在法律性质上当然可以进行分割

（2）将建筑物划分成不同部分会使其功能得到最大发挥

既可以满足人们居住的愿望，特别是土地的稀缺带来的多层建筑物的大量涌现，也为建筑物区分所有权的建立提供了市场运行的基础。

（3）将建筑物划分成不同部分有利于权属明确

不但使各区分所有人可以对共用部分享有使用权，满足自己生活所必需，而且对成员权的享有将会使区分所有人能够拥有安全、健康的生活，增强维权意识。

（4）体现了我国物权体系的开放性

实践证明，将实践需求的建筑物所有权之内容，以法律予以定型，能使物权交易更加安全，从而丰富和发展物权理论。可见，建筑物区分所有权，不仅不影响其功能的发挥，而且恰恰起到了物尽其用的功效。更为重要的是，各区分所有人均可对建筑中的专有部分进行独立性和排他性的占有、使用、收益、处分，并可通过不动产登记公之于众，实现了物权交易

秩序和安全。由此可见，建筑物区分所有权，与“一物一权”主义并不矛盾，前者丰富、发展和印证了后者，而后者有利于前者功能的更进一步发挥，二者相得益彰。

第二百七十二条　【业主对专有部分的专有权】 业主对其建筑物专有部分享有占有、使用、收益和处分的权利。业主行使权利不得危及建筑物的安全，不得损害其他业主的合法权益。

【条文疏义】

本条沿袭了《物权法》第七十一条之规定。不言而喻，在司法实践中，根据《最高人民法院关于审理建筑物区分所有权纠纷案件适用法律若干问题的解释》第十六条的有关规定，建筑物区分所有权纠纷涉及专有部分的承租人、借用人等物业使用人的，参照《最高人民法院关于审理建筑物区分所有权纠纷案件适用法律若干问题的解释》处理。专有部分的承租人、借用人等物业使用人，根据法律、法规、管理规约、业主大会或者业主委员会依法作出的决定，以及其与业主的约定，享有相应权利，承担相应义务。

建筑物区分所有权的三个层次的权利，均包含着权利人正确行使自己权利不越界限的要求，并且因为权利与义务是对等的，权利人必然负有相应之义务。对专有权而言，权利人负有不将自己专有部分危及他人之人身财产安全之义务。比如，在阳台等危险处放置易坠落伤人的花盆须对其严加固定。对共有权而言，权利人负有维护共有部分之义务。比如，不擅自更改其结构及用途，不私设障碍物等。对于成员权而言，权利人在对共有部分进行管理决策的时候要基于善意，用最有利于共有人对共有部分进行用益的方式进行管理解决问题。

一、建筑物区分所有之专有权的内涵外延

1. 建筑物区分所有之专有权的概念

指权利人享有的以区分所有建筑物的独立建筑空间为标的物的专有所有权。专有部分的范围在建筑学上应分为内部关系和外部关系。在业主建筑内部关系上，专有部分应仅包含壁、柱、地板以及天花板等境界表层所粉刷的部分；但在建筑外部关系上，尤其就相邻第三人之关系上，专有部分应仅包含壁、柱、地板以及天花板等境界部分厚度的中心线。

2. 建筑物区分所有人的专有权的概念中的“空间说”和“非空间说”

多数学者持前一观点，认为专有权是指区分所有人对专属自己的，由建筑材料组成的，在构造上和使用上具有独立性的封闭建筑空间所享有的所有权。如德国法学家贝尔曼认为，专有权是在“供居住或供其他用途(尤其供营业或办公）之建筑空间上所设立的专有所有权”，专有部分的范围内建筑物区分所有人的专有权的客体，是指专有权人的权利和义务指向的对象区分所有建筑物的专有部分。

二、对于专有部分的界定

对于专有部分的界定标准，有学者认为应该满足两个条件，其一是构造上的独立性，又称“物理上的独立性”。[①] 亦即各专有部分需要与建筑物的其他专有部分相分离，在空间上划出界限并且彼此独立。其二是利用上的独立性，又称功能上的独立性。[②]

这就是说专有权人能够对专有部分单独行使权利而不必经他人允许也不受他人妨碍和侵害。并且由于建筑物区分所有权客体之特殊性，该专有部分对于专有权人须具有生活上的可应用性以及经济价值上的可利用性，其专有部分的应用非依专有权人之允许他人不得介入。

---

① 梁慧星、陈华彬：《物权法》（第二版），法律出版社 2003 年版，第 161 页。
② 梁慧星、陈华彬：《物权法》（第二版），法律出版社 2003 年版，第 162 页。

三、建筑物区分所有之专有权人的权利义务

1. 业主的专有权所享有的权利内容

包括所有权的一切权能，因而业主对其专有的标的物具有完整的占有、使用、收益、处分的权能。

专有权既是区分所有权的“单独性灵魂”，也是区分所有权结构中的单独所有权要素。[①] 其含义是指，专有权人即业主享有对其建筑物之专有部分进行占有、使用、收益和处分的权利，该四项权能实属所有权的应有之义。但因为该专有权所针对的对象特定，即仅指建筑物之专有部分，因而其有着特殊的内涵与权利的界限。

专有权人之权利包括专有权人对其建筑物专有部分享有占有、使用、收益和处分的权利。区分所有权人在不改变建筑物之固有用途的前提下，可以自由地用益和处分，比如装潢、租赁、出卖、抵押等。专有权人在对其专有部分行使专有权时得排除他人妨碍，该专有权是具有排他性的绝对权。

2. 业主的专有权所承担的义务

专有权人之义务：由于建筑物区分所有权的特殊性，专有人在行使权利时不得违反全体建筑物所有人的利益，不得妨碍他人权利的正常行使，不得危及他人安全。不得随意改变建筑物的结构，负有维护建筑物本身及建筑物良好环境的义务。

由于建筑物之特殊属性，各专有权人之专有部分相毗邻连接，各自依赖共存，因而专有人对其专有部分的用益须以符合建筑物的整体安全需要以及相邻专有权人之权利不受侵犯为限度。没有约束的自由即为不自由，规定了权利就必然会以明示或默示的方式规定该权利的界限，这样权利的存在才有其积极意义并且摒除其中之消极因素。

因此，《民法典》物权编本条明确要求业主在行使其专有权时不得危

---

① 梁慧星、陈华彬：《物权法》（第二版），法律出版社 2003 年版，第 161 页。

及建筑物的安全，不得损害其他业主的合法权益。具体为：不得违反使用目的；承担维护建筑物牢固和完整的义务；不得侵害专有部分中的共有部分；不属于专有部分的附属建筑物之准许进入的义务；过错侵权损害赔偿的义务。

专有权人的权利义务共同构成了专有权的积极和消极内涵，使得其权利得以更好地实现并且用义务来约束其行为。

【典型案例】

业主要求排除妨碍恢复原状不能损害其他业主的利益①

——专有权人的权利及其界限

基本案情

原告黄子亭于2015年2月11日从周丑处购买四间商铺，分别签订四份房地产买卖协议，该四份协议在寅吉市城建档案馆有备案。该商铺位于飞卯财富商厦内，面积合计348.33平方米。原告黄子亭于2月12日取得商铺的所有权及国有土地使用权，四处房产分别按231120元、529890元、193260元、90720元，即3000元/平方米的价格缴纳契税及印花税。

被告汇壬美丽百货公司对按3000元/平方米的原始购买价格为基数计算租金没有异议。经查，本案争议商铺由被告汇壬美丽百货公司从案外人飞卯财富商贸公司处接手经营，属于产权式商铺，物理空间形态有别于其他房屋，四至无明确隔断，由被告汇壬美丽百货公司统一经营。原告黄子亭与被告汇壬美丽百货公司未签订任何合同。黄子亭在一审中请求法院判令被告汇壬美丽百货公司立即排除妨碍，搬出占用黄子亭的房屋。

---

① 参见黄子亭诉寅吉市汇壬美丽百货公司排除妨害纠纷案，载北大法宝，http：//www.pkulaw.cn/case/pfnl_ a25051f3312b07f300434fe5cb2710750baab950b1e0075fbdfb.html，最后访问时间：2020年6月28日。

法院审理

一审法院经审理认为，公民合法的民事权益受法律保护，但公民行使个人权利不得损害国家、集体及他人的合法权益。本案诉争的商铺系所有权与经营权分离的产权式商铺，物理空间形态有别于其他商铺，四至无明确隔断。原告通过买卖方式取得商铺所有权，在其取得商铺所有权之前，该商铺已经由被告汇壬美丽百货公司经营，原告对此是明知的，且被告汇壬美丽百货公司从案外人飞卯财富商贸公司处接手经营，系合法取得商铺的经营权。

根据《物权法》第七十一条“业主对其建筑物专有部分享有占有、使用、收益和处分的权利。业主行使权利不得危及建筑物的安全，不得损害其他业主的合法权益”的规定，商铺统一经营更有利于经济发展需要，否则会影响商场整体功能的发挥，损害其他业主的权利，造成社会财富的极大浪费，不利于社会经济发展。故对原告要求被告排除妨碍，搬出占用房屋的诉讼请求，缺乏事实及法律依据，一审法院不予支持。

一审判决后，黄子亭向二审法院提起上诉，请求撤销原审判决，改判汇壬美丽百货公司立即排除妨害，搬出占用黄子亭的房屋。

二审法院经审理认为，根据《物权法》第七十一条“业主对其建筑物专有部分享有占有、使用、收益和处分的权利。业主行使权利不得危及建筑物的安全，不得损害其他业主的合法权益”的规定，业主对其建筑物专有部分享有占有、使用、收益和处分的权利。业主行使权利不得危及建筑物的安全，不得损害其他业主的合法权益，本案中大多数业主都与汇壬美丽百货公司签订了租赁合同，虽然黄子亭未与该公司签订书面租赁合同，但任一业主要求返还商铺均会影响商场整体功能的发挥，损害商场其他业主的权利，造成社会财富的极大浪费，不利于社会经济发展，维持目前的产权经营模式有利于保护全体产权人也包括原告自身的权益。

按照常理，原告在购买商铺时，应了解到商铺的现状及商场统一经营的模式，其应当知道该商铺所有权的性质不能等同于独立商铺，其权利行使必然要受到一定的限制。

综上，二审法院判决驳回上诉，维持原判。

案件评述

一、本案争议焦点为建筑物区分所有权人专有权范围界限的认定

原告黄子亭是四间商铺的所有权人，被告汇壬美丽百货公司为租赁方。该四间商铺为产权式商铺，无明显隔断，由被告汇壬美丽百货公司统一经营。

一幢独立的房屋，必须具有基础、框架、承重墙体、隔板、顶盖、走道、阶梯、门窗、各种管线以及必要的活动场所等，才可能区分出供不同的人分别独立使用的一定空间。这些部分必须结合在一起，房屋才能独立存在。而只有房屋独立存在，供人分别独立使用的一定空间才能发挥其功能。当一幢独立房屋具备了可供区分出独立使用一定空间的物质条件后，房屋建设投资者就可以将这些空间分别转让给不同的购买者，从而使这幢房屋成为多人所有。这种房屋的建筑特点决定了每个所有权人取得的都是房屋的区分所有权，这是与“一物一权”形态下的房屋所有权不完全相同的权利。

房屋区分所有权首先是指每一个房屋区分所有权人对特定空间的专有权，其次还指全体区分所有权人对整幢独立房屋以及房屋内所有共同设施的共有权。

二、房屋区分所有权中的共有权作为不可分割的从权利只能随专有权的转让而转让

权利人有权按照共用部分的种类、性质、构造、用途正当使用共用部分，有权分享整幢房屋或者房屋的共用部分产生的收益，有权制止对整幢房屋或者房屋共用部分的任何侵害。《民法典》物权编第二百七十二条所沿袭的《物权法》第七十一条规定：“业主对其建筑物专有部分享有占有、使用、收益和处分的权利。业主行使权利不得危及建筑物的安全，不得损害其他业主的合法权益。”在司法实践中，根据《最高人民法院关于审理

建筑物区分所有权纠纷案件适用法律若干问题的解释》第五条的有关规定，建设单位按照配置比例将车位、车库，以出售、附赠或者出租等方式处分给业主的，应当认定其行为符合《民法典》物权编第二百七十六条有关“应当首先满足业主的需要”的规定。这里所谓配置比例是指规划确定的建筑区划内用于停放汽车的车位、车库与房屋套数的比例。因此，专有部分的权利人在享有权利的同时需要尽到的义务是：维持共用部分现状，不得请求分割；维护共用部分的正常使用状态，不得侵占、改动或破坏；负担合理分摊的维护共用部分正常使用所需的费用。在建筑物区分所有的权利形态下，由于整幢房屋以及房屋内的所有共用设施为全体区分所有权人共有，全体区分所有权人需要对整幢房屋享有权利、承担义务，他们在此与一般的共同共有不同，可以形成一种团体性的法律关系。

三、区分所有的专有权人不仅对专属于自己所有的专有部分享有权利，对整个建筑物的共有部分也享有权利

这也是建筑物区分所有的权利状态与传统的“一物一权”的权利状态最明显的不同之处。正因为如此，建筑物的区分所有人在行使自己专有部分的权利时，也必须照顾到整栋建筑物共有部分的利益和安全，否则其将侵犯全体共有人的合法共有利益。

四、业主行使权利不得危及建筑物的安全亦不得损害其他业主的合法权益

虽然黄子亭享有对商铺的所有权，但在其取得商铺所有权之前，该商铺已经由被告汇壬美丽百货公司经营，原告对此是明知的，且被告汇壬美丽百货公司从案外人飞卯财富商贸公司处接手经营，系合法取得商铺的经营权。根据《民法典》物权编第二百七十二条所沿袭的《物权法》第七十一条之规定，该商铺不等同于一般的独立商铺，因此，所有权人行使权利必然受到一定的限制。

《民法典》物权编第二百七十二条所沿袭的《物权法》第七十一条以及《物业管理条例》中的相关规定都表明业主行使权利时不得损害他人利益，

体现了业主专有权受到限制的思想。有学者主张："此处的损害他人利益的行为即为不当行为，然而，不当行为种类各异，造成影响的大小依具体环境也有所差异。法律的规定抽象且简单，在实践中人们难免对不当行为产生认识上的分歧而发生纠纷。通过管理规约或业主大会决议明确规定各种不当行为，能明确业主的权利义务，减少纠纷的发生，维护共同生活秩序。"①

第二百七十三条 【业主对共有部分的共有权及义务】

业主对建筑物专有部分以外的共有部分，享有权利，承担义务；不得以放弃权利为由不履行义务。

业主转让建筑物内的住宅、经营性用房，其对共有部分享有的共有和共同管理的权利一并转让。

【条文疏义】

本条沿袭了《物权法》第七十二条之规定，仅作文字修订。

一、建筑物区分所有人的共有权的概念及其法律特征

1. 建筑物区分所有人的共有权之概念

所谓建筑物区分所有人的共有权是指，建筑物区分所有人依照法律或管理规约的规定，对建筑物的共有部分所享有的占有、使用和收益、处分的权利。

2. 建筑物区分所有中共有部分的法律特征

（1）区分所有共有部分具有不可分割性

根据区分所有建筑物的使用目的，共有部分具有不可分割性。否则，不称其为共有。因此，各国涉及建筑物区分所有权的法律大都明确规定，禁止分割区分所有建筑物的共有部分，但区分所有建筑物已完成区分所有

---

① 尤佳：《业主自治协议中专有权限制条款效力探析》，载《法律科学》2012年第5期。

人的使用目的的，不在此限。

（2）区分所有共有部分具有从属性

鉴于区分所有建筑物的专有部分与共有部分在物理上具有不可分的统一结构体关系，区分所有人取得专有部分所有权，必须附带取得共有部分所有权，以获得使用上的方便。因此各国涉及建筑物区分所有权法律大都明确规定，共有部分具有从属性，任何移转区分所有专有部分的行为，均推定移转了整个区分所有权。

由于主体的复合身份，在区分所有权人转让建筑物内的住宅、经营性用房等专有部分时，其共有权利因此而受到干涉，也就是说，其对共有部分之共有权以及基于特殊的成员身份而享有的共同管理的权利一并转让，因此该共有权是隶属于专有权的权利，其取得与转让都取决于专有权的状态。

故此，在司法实践中，根据《最高人民法院关于适用〈中华人民共和国民法典〉有关担保制度的解释》第三十八条的相关规定，主债权未受全部清偿，担保物权人主张就担保财产的全部行使担保物权的，人民法院应予支持，但是留置权人行使留置权的，应当依照民法典第四百五十条的规定处理。担保财产被分割或者部分转让，担保物权人主张就分割或者转让后的担保财产行使担保物权的，人民法院应予支持，但是法律或者司法解释另有规定的除外。第三十九条规定，主债权被分割或者部分转让，各债权人主张就其享有的债权份额行使担保物权的，人民法院应予支持，但是法律另有规定或者当事人另有约定的除外。主债务被分割或者部分转移，债务人自己提供物的担保，债权人请求以该担保财产担保全部债务履行的，人民法院应予支持；第三人提供物的担保，主张对未经其书面同意转移的债务不再承担担保责任的，人民法院应予支持。

二、区分所有共有部分之范围

共有部分是建筑物区分所有的核心重要问题，共有部分范围包括：

1. 专有部分以外的其他部分

如门厅、电梯、走廊、屋顶、地下室等。

2. 不属于专有部分的附属建筑物

（1）建筑物的附属物

如给水排水设备、供电设备、空调设备、各种配备线等。

（2）建筑物的附属设备

如天井、水塔、游泳池、停车场、建筑物外的照明设备等。原建设部于1989年11月21日曾发布《城市异产毗连房屋管理规定》，以列举的方式明定了共有部分的范围：门厅、阳台、屋面、楼道、厨房、院落、上下水设施、基础、柱、梁、墙、可上人层盖、楼梯、电梯、水泵、暖气、电照、沟管、垃圾道、化粪池等。[①]

三、建筑物区分所有之共有所有权的具体权能

作为建筑物区分所有权的从权利第二层面的权利是业主基于专有部分的所有权所依法享有的共有部分的共有权。建筑物的全体业主对建筑物之公共部分享有共有权应有的使用权、收益权和处分权权能，当然也承担相应义务。

1. 所谓使用权

是指各区分所有权人对共有部分依其设置目的及通常使用方法享有正当使用的权利，包括共同使用与轮流使用。如庭院、电梯、走廊等依其性质可共同使用。而电话、洗衣机、球场、会客室等仅可供轮流使用。

2. 所谓收益权

是指收取共有部分的天然孳息及法定孳息的权利。对于共有部分所产生的收益，除区分所有权人另有约定外，应当由区分所有权人按其共有部分应有的比例收取。

3. 所谓处分权

包括事实上的处分和法律上的处分。对于事实上的处分，如对共有部

---

① 该规定于2001年8月15日根据《建设部关于修改〈城市异产毗连房屋管理规定〉的决定》修正，现已失效。

分及其相关设施的拆除，应由区分所有权人全体会议决定。对于法律上的处分，如区分所有权人处分共有部分时，应随专有部分同时进行。

四、区分所有权的共有权人不得放弃权利而不履行义务

普通的共有权之权利人可以抛弃其权利而因此求得不履行相应义务的正当性，但是区分所有权的共有权人在这一点上却与一般共有权人不同。并且对于某些特殊的共有部分，权利人也不可能做到彻底地抛弃权利，比如权利人不想交纳楼道清理费用而不再经由楼道出入，这在客观上是不可能的，因而某些情形下通过放弃权利而逃避义务在事实上也成为不可能。

【典型案例】

业主能否在公共露台种植植物、堆放杂物[①]

——建筑物区分所有共有人的权利及其界限

基本案情

杨申林、高酉系该市南城区稻花村19栋2×1号房屋的权属人，符戊铃系该小区18栋2×6号房屋的权属人。在18栋和19栋的2楼房屋之间有一个大露台，大露台还被一面墙体一分为二，其中一半在杨申林、高酉与符戊铃的房屋之间即本案所涉露台部分。

符戊铃的房屋与露台在同一平面上，且只有符戊铃的房屋有房门通向露台。而杨申林、高酉的房屋则低于露台面约1米，没有房门通向露台。现露台由符戊铃管理使用。杨申林、高酉与符戊铃的房屋产权证面积均不包含该露台。按杨申林、高酉的房产证记载，在杨申林、高酉的客厅窗户外有一个1.25米×3.85米的不封闭阳台。二人在露台上以铺设混凝土、地板砖和安装防护栏的方式围起的阳台，与房产证上的不封闭阳台的位置

---

① 参见杨申林等诉符戊铃业主共有权纠纷案，载北大法宝，http：//www.pkulaw.cn/case/pfnl_ a25051f3312b07f36e728125705033c15325460f69a46068bdfb.html，最后访问时间：2020年6月28日。

相吻合。露台上，由符戊铃的房屋前业主在约10年前建起了一个U形花坛，并种植了一些植物，该露台及花坛一直由18栋2×6号房屋的权属人使用及管理；符戊铃购得房屋后，也实际使用了案涉露台，并管理露台上的花坛。花坛里离杨申林、高酉围起的阳台约0.88米和2.6米处各种有1棵高约3.1米的树木，影响了二人客厅的通风和采光；花坛及花坛里种植的其他植物则对杨申林、高酉客厅的通风和采光没有影响或影响很小。符戊铃一直有对露台进行卫生管理。

关于露台的使用。杨申林、高酉二人主张该露台属于公共部分，应归18栋和19栋全体业主共有，要求符戊铃拆除花坛。而符戊铃主张开发商将露台一分为二，且只有符戊铃的房屋才有房门通向露台，表明案涉露台应归符戊铃使用，故不同意拆除花坛。

杨申林和高酉向法院提起诉讼，请求依法判决符戊铃限期拆除公共露台中靠近杨申林、高酉房屋一侧的花坛，移除树木、其他植物等杂物，恢复公共露台原貌，消除妨碍；要求符戊铃以后在靠杨申林、高酉房屋一侧的公共露台上栽种植物、堆放杂物、放置非临时性晾衣架等，必须经过杨申林和高酉的允许，否则杨申林和高酉有权要求物业公司将其移除。符戊铃向一审法院提起反诉，请求依法判决杨申林、高酉拆除其在露台上铺设的承重砖块、地板砖，以及安装的防护栏等，恢复露台原貌。

法院审理

一审法院经审理认为，从案涉露台与符戊铃的房屋在同一平面，且只有符戊铃的房屋有房门通向露台的情况可以看出，案涉露台在交付使用之前已由开发商进行了设计规划，在规划中只有符戊铃才可以进入该露台，其他业主根本无法进入。因此，该露台由符戊铃实际管理。

对于花坛里种植的2棵高约3.1米的树木，因该2棵树木已影响了杨申林和高酉的房屋客厅的通风和采光，故符戊铃应该移除该2棵树木，排除对上述二人房屋客厅的通风和采光权的妨碍。对于花坛和花坛里种植的其他植物，因对杨申林和高酉的房屋的通风、采光等相邻权没有影响或影响很小，且符戊铃一直有对露台进行卫生管理，故对上述二人基于相邻权而针对露台提出的除前述应移除2棵树木外的其他诉讼请求，一审法院均不予支持。

二审法院经审理认为，对于靠近杨申林和高西房屋一侧的共用部分，因二人不同意符戊铃使用，符戊铃无权独自使用该共用部分。依据《物权法》第六十八条第二款的规定，符戊铃自愿购买18栋2×6号房屋，依法不但取得该房屋专有部分的所有权，而且一并取得对案涉房屋共有部分享有的共有和共同管理的权利，并对案涉房屋专有部分以外的共有部分不得以放弃权利为由不履行义务。现符戊铃房屋的前业主擅自占用18栋、19栋楼房共有露台一半加建花坛及种植植物的行为未得到杨申林和高西的同意，且符戊铃房屋前业主的加建及种植植物行为依据《最高人民法院关于审理建筑物区分所有权纠纷案件具体应用法律若干问题的解释》第十四条第一款之规定属于违法行为，二审法院支持杨申林和高西关于以案涉露台中心线为界，拆除及移除符戊铃占用案涉露台中靠近二人房屋一侧的花坛和植物。

案件评述

一、本案争议焦点在于区分所有建筑物的公共露台的权属

房地产开发企业将建筑物按单元（套房）划分成商品房出售后，购买者之间形成多产权的所有权关系，单元所有者即区分所有权人。区分所有权人依其所购份额对建筑物套内空间独自占有、使用，享有专有权；对全体业主专有权之外的部分享有共有权；对共同关系事务决定其意思的成员权。

本案中，双方诉争的稻花村18栋和19栋的2楼房屋之间的露台部分在交付使用之前已由开发商进行了设计规划，在规划中，只有符戊铃可以进入，因此该露台由符戊铃实际管理。鉴于符戊铃自愿购买18栋2×6号房屋，依法仅取得该房屋专有部分的所有权，而且一并取得案涉房屋共有部分即案涉露台的共有和共同管理的权利；对于靠近杨申林和高西房屋一侧的共用部分，因二人不同意符戊铃使用，符戊铃无权独自使用该共用部分。

二、建筑物区分所有权之客体的特殊性

建筑物区分所有权之共有权由于其特殊之处而区别于一般共有所有权，其特殊性在于：

1. 复合性

该权利主体人数众多并且其身份特殊，具有区分所有权人同时又是专有部分之专有权人和业主委员会即建筑物区分所有权人自治性组织之成员，而一般的共有权之主体仅具有单一性质的身份。

2. 客体范围之广泛性

就其客体而言，区分所有权之共有权的其不仅包括法定的建筑物共有空间而且包括约定之共有部分，而一般共有权在通常情况下仅附着于一个单一的客体且范围狭窄有限。

3. 内容即权利义务的复杂性

因为基于其复杂的主体和广泛的客体，其权利义务也呈现出多元的层次，亦即其权利涉及多个方面包括所有主体之共有权与一部分主体之共有权，对一部分客体设定的共有权以及对所涉及的所有客体设定的共有权，法定之共有权利与意定之共有权利等，相对应的义务也交错复杂。

三、建筑物区分所有权人作为共有人所享有的权利

1. 对区分所有之共有部分的使用权

这里的所谓使用，包括共同使用与轮流使用。例如，作为共同设施的电梯、走廊，依其性质可以共同使用，而电话、洗衣机因使用具有排他性，故仅可轮流使用。[①] 因此判断其是共同使用还是轮流使用要看该共有部分是否具有排他性。

---

① 梁慧星、陈华彬：《物权法》（第二版），法律出版社2003年版，第165页。

2. 对区分所有之共有部分的收益权

作为财产性权利也必然涉及该财产给其所有人带来利益之可能性，共有人依其共有权而当然享有该项权利，但该权利须依约定或共有持份而定量取得。

3. 对区分所有之共有部分的修缮和改良的权利

因共有部分属各共有人共同所有，因此某一共有人只能够向对共有部分有利的方向对共有部分进行改变，比如修葺破损部分或美化原有部分，而不能够擅自拆毁破坏。

四、建筑物区分所有权人作为共有人所应承担的义务

1. 依共有部分的固有用途使用共用部分

这要求共有人应按照共用部分的本来用途，即根据其性质、特征、结构、属性、状态选择其合理用途进行使用收益，而不得违反其本来用途的要求破坏其用益价值。

2. 分担共同费用的义务

为了维护共有环境的清洁和共有部分使用的方便，对于共有部分进行清理维修等相应费用理应由共有人分摊，这也符合一般共有理论的基本要求。

3. 共有人对于共有部分负有维护、修理与保存的义务

各共有人不得随意破坏共有部分，并且于共有部分遭受破坏损毁之时，任一共有人均具有维护其完整的义务，并因此而得以向侵权人要求恢复原状或赔偿。

4. 尊重其他权利人所有权消极权能的义务

任何共有人均应对其他共有人的使用收益权予以尊重和维护，不得侵害，不得以任何理由妨碍其他共有人对共有部分行使其正当权利。本案中对于花坛里种植的2棵约3.1米的树木，因该2棵树木已影响了杨申林和高酉的房屋客厅的通风和采光，故法院判决符戊铃应该移除该2棵树木，排除对二人房屋客厅的通风和采光权的妨碍。

第二百七十四条 【建筑区划内的道路、绿地等场所和设施属于业主共有财产】建筑区划内的道路，属于业主共有，但是属于城镇公共道路的除外。建筑区划内的绿地，属于业主共有，但是属于城镇公共绿地或者明示属于个人的除外。建筑区划内的其他公共场所、公用设施和物业服务用房，属于业主共有。

【条文疏义】

本条沿袭了《物权法》第七十三条之规定，仅作文字修订。

一、建筑物区分所有权纠纷多数因共有权问题而生

自改革开放以来，我国经济得到了飞速发展，城市化的脚步也在不断迈进。面对城市人口数量的极速增长，房地产企业得到了快速发展的契机，越来越多的高层住宅林立，就当下来看，最普遍的居住形式莫过于物业小区。因此，建筑物区分所有权制度也越来越受到社会的重视。它是一种有别于一般所有权的集合多种权利类型的复合型权利。在我国，建筑物区分所有权主要包括专有权、共有权和成员权。而其中的共有权一直是建筑物区分所有权研究中的难点。①

二、本条是对建筑区划内共有部分的列举

1. 列举方式可明定界定建筑区划内共有部分

由于建筑物区分所有权之共有权本身在主体、客体、内容上的复杂性决定了其存在争议的可能性很大，因此，我国《物权法》在此明确规定了建筑区划内的道路、绿地以及建筑区划内的其他公共场所、公用设施和物业服务用房均属业主共有，但属城镇公共财产或明令归属于个人的除外。本条用列举的方式确认了共有权的客体中的三项，以期许对于该共有部分

① 王奕衡：《建筑物区分所有权之共有权问题研究》，吉林财经大学 2016 年硕士学位论文。

的争议得以适当减少。

2. 采概括是对列举方式界定建筑区划内共有部分的补充

还有一点要注意的是，该列举对共有权之客体仍然未穷尽，比如楼顶天台以及楼道、外墙、大门等。我们可以看到《民法典》物权编沿袭《物权法》之规定实则采取概括加列举的方式，如在本条中列举出三项共有部分，以及《民法典》物权编第二百七十五条沿袭的《物权法》第七十四条所涉之车位与车库均属共有部分，而列举中未穷尽部分在《民法典》物权编沿袭《物权法》第七十二条中已然概括为“建筑物专有部分以外的共有部分”。

三、道路、绿地共有不涉及土地所有权

需要说明的是，本条规定的绿地、道路归业主所有，不是说绿地、道路的土地所有权归业主所有，而是说绿地、道路作为土地上的附着物归业主所有。

1. 建筑区划内道路的归属只涉及道路作为附着物本身

本条明确了建筑区划内道路的归属，不仅区分了业主对道路的所有权与物业公司对道路的所有权，而且明确将国家对道路的所有权与私人对道路的所有权界定开来。这使得业主能够以共有人的身份对建筑区划内的道路行使共有权，明确其在法律上的权利，并给予其坚实的法律后盾作保障。无疑，此种权利神圣而不可侵犯，即使是国家也不得随意予以剥夺。

2. 建筑区划内的草坪绿地的使用权为全体业主的共有财产

而关于小区绿地的权属规则是：有约定的依照其约定，没有约定的，除开发商能够证明其享有所有权的外，其使用权属于建筑物区分所有权人共有。这是由于建筑区划内的草坪是为了美化区内环境而设，所以其是全体业主的共有财产，因而业主对于草坪享有共有权并承担与该权利相对应的义务，即保护草坪维护良好环境、阻止他人践踏破坏草坪的作为义务和不随意破坏草坪之生态的不作为义务。并且由于现实生活中的小区楼盘都是楼宇相隔间有相应面积的草坪，该草坪实为该小区之全体业主所有而非部分业主所有。

3. 法律明确规定建筑区划内物业服务用房归全体业主共有

建筑区划内的物业服务用房是容易产生争议的标的物，因为人们很容易理所当然地认为物业服务用房是物业公司为业主提供服务之需要所设，因而似乎应该归属于物业公司。但是，《民法典》物权编沿袭《物权法》在此明确规定其归属为全体业主共有，其原因在于该用房是为全体业主提供服务之需，并且全体业主有权因为共同使用之需要而自由对其使用，业主买下楼盘就取得了共同对该用房进行支配使用的权利，其作为建筑区划内主建筑的从属物，理应属于全体业主所有，此规定能够起到定分止争的作用。

【典型案例】

小区绿地变车库造成业主起诉开发商①
——建筑区划内的共有部分之归属

基本案情

房产开发商擅自占用小区公共绿地，建成五间车库，被业主告上法庭。7月23日，甲西省乙川县人民法院审理了一起商品房销售合同纠纷案件，一审判决被告丁东县远丙房地产公司在判决生效后1个月内拆除在乙川县永泰小区西南角所建的五间车库，并为胡某平等四原告办理所购商品房的房屋所有权证。

2006年，被告在乙川县城开发永泰小区。2008年1月15日、16日，四原告分别与被告签订了《商品房买卖合同》，分别购买永泰小区第一幢A单元6×1室、D单元7×1室、D单元4×1室、A单元3×1室商品房，并约定同年5月交付使用，在房屋交付后90日内为买受人办理房产证。

---

① 参见胡某平等四原告诉丁东县远丙房地产公司商品房销售合同纠纷案，载找法网，http://china.findlaw.cn/fangdichan/yezhuweiquan/xiaoquwq/248845.html，最后访问时间：2020年6月28日。

2008年7月，被告未经有关部门批准，擅自改变原设计，将小区西南角原设计为绿地的地方改建五间车库。9月，乙川县政府办公室通过检查认定，永泰小区商住楼项目建筑占地面积超66平方米，建筑容积率超过1.99，建筑密度超过6.99，未设置绿地。

当年10月，被告补交了城建规费并接受罚款。另查明，被告至起诉前仍未为四原告办理房产证，遂涉讼。

法院审理

法院经审理认为，《最高人民法院关于审理建筑物区分所有权纠纷案件具体应用法律若干问题的解释》第十四条规定，建设单位或者其他行为人擅自占用、处分业主共有部分，改变其使用功能或者进行经营性活动，权利人请求排除妨害、恢复原状，确认处分行为无效或者赔偿损失的，人民法院应予支持。

被告擅自改变原设计，将小区西南角原设计为绿地的地方改建五间车库，侵害了四原告等业主的合同权益，原告诉请被告拆除五间车库，符合法律规定，予以支持。

同时被告未按约为原告办理房产证，原告诉请要求被告办理符合法律规定。

案件评述

一、建筑物区分所有之共有权具有重要的理论与实践价值

现代社会随着人们居住条件的改善，独门独院的居住方式越发少见，人们的住所从独立式住宅搬进了公寓大厦，从一条胡同几十口人到一栋楼、一个商业小区几千上万人，短短二十几年人们的居住模式发生了翻天覆地的变化。人多了纠纷就随之而来，在一栋楼里，共同的墙壁、走廊、电梯怎么使用，小区绿地是否可以归属于一楼的业主，停车位、停车库为什么会卖给非本小区的业主，屋顶楼台是否可以使用，这些都是当下社会常见的共有权纠纷的问题。

建筑物区分所有权制度作为民法物权领域一项重要的制度，于 2007 年在《物权法》中正式确立。《物权法》对此进行了较为明确的规定，但在实践运用过程中，仍存在诸多不足之处，尤其是对建筑物区分所有权中的共有权还存在很多争议，因建筑物区分所有权之共有权关系而引发的纠纷日益凸显，在处理该类纠纷时，《物权法》则显得捉襟见肘。[①]

虽然我国在 2007 年颁布并实施了《物权法》，2009 年由最高人民法院公布并施行了司法解释（法释〔2009〕7 号），基本满足了我国目前的一些关于共有权的司法纠纷，但是具体要以什么标准、什么方式来确定区分所有权共有权共有部分的范围、权利的归属，以及区分所有权人对共有部分享有哪些权利，应履行哪些义务这些在法律中仍尚有不明之处。[②]

二、建筑物区分所有区划内的公共场所归全体业主共有

《民法典》物权编第二百七十四条沿袭《物权法》第七十三条规定，建筑区划内的道路，属于业主共有，但属于城镇公共道路的除外。建筑区划内的绿地，属于业主共有，但属于城镇公共绿地或者明示属于个人的除外。建筑区划内的其他公共场所、公用设施和物业服务用房，属于业主共有。不言而喻，非公共场所不属于业主共有。

三、业主对共有部分享有共同所有权

1. 业主对专有部分以外的共有部分享有共同所有权

《物权法》在国务院之前颁布的《物业管理条例》等有关规定的基础上，又做了大量的调查研究，并借鉴国外的有益经验，对业主共有权的客体范围及其权利义务等问题作了较为全面和妥善的规定。

即指业主依照法律的规定或管理规约及业主大会的决定，对建筑物内住房或经营性用房的专有部分以外的共有部分享有占有、使用、收益和处分的权利。

① 李浩挺：《建筑物区分所有权之共有权制度研究》，江西财经大学 2016 年硕士学位论文。

② 赵赫：《建筑物区分所有权之共有部分权利研究》，延边大学 2016 年硕士学位论文。

2. 区分所有共有权与一般共有权的区别

（1）从主体看，权利人的身份具有复合性

权利人同时是共有权人、专有权人和建筑物区分所有权人管理团体的一个成员。而一般共有权人的身份是单一的，只能是共有权人。

（2）从客体看，此类共有权的客体范围十分广泛

不仅包括法定共有部分，也包括约定共有部分。而一般共有权的客体通常限于一项财产。

（3）从内容看，这种共有权所包含的权利义务较为丰富

而一般共有权场合，共有权人的权利义务相对简单，仅指共有人因共有财产而发生的权利义务。本条概括作出规定，对于我们常见的小区内绿地应当属于本条规定中的“建筑区划内的其他公共场所”。

第二百七十五条　【车位、车库的归属规则】建筑区划内，规划用于停放汽车的车位、车库的归属，由当事人通过出售、附赠或者出租等方式约定。

占用业主共有的道路或者其他场地用于停放汽车的车位，属于业主共有。

【条文疏义】

本条在《物权法》第七十四条规定的基础上作出相应修改，将第一款删除，保留了第二款和第三款。

在司法实践中，根据《最高人民法院关于审理建筑物区分所有权纠纷案件适用法律若干问题的解释》第六条的有关规定，建筑区划内在规划用于停放汽车的车位之外，占用业主共有道路或者其他场地增设的车位，应当认定为本条第二款所称的车位。

一、建筑物区分所有区划内的车位事实上类型各异

建筑物区分所有区划内无论车库还是其他类型的停车场所，均是由数量各异的车位组成的。因此，所谓建筑物区分所有区划内的车位，既包括通过规线设置的开放式车位，也包括空间封闭、具有建筑物特征的车库。

由于车位与其他建筑物共享了小区范围内土地的使用权，要明确其权利归属，应适用建筑物区分所有权的理论。即在小区的范围内，若为专有部分，则开发商可将车位（库）单独出售并单独为其进行物权登记；若为共用部分，则开发商无权将车位（库）单独出售，车位（库）应为住宅小区全体业主共同所有，无须单独登记以公示。而具体哪些车位属于专有部分，哪些属于共有部分，对于物理状态及所处位置不同的车位而言是不同的。

二、住宅小区内的地面车位

由于建筑物区分所有区划内地面车位是直接在地面上划出界限设置，即直接设置在房屋单元所有人共同拥有使用权的土地表面上，地面停车位的产权在本质上就是土地使用权。通常来讲，开发商将住宅小区的房屋售出并办理转移登记后，建筑物区分所有权人即按份共同拥有了该小区的全部土地使用权。此时，住宅小区地面车位就随土地使用权一并转移给了小区的全体业主。

三、建筑物区分所有区划内首层架空停车位

楼房首层架空层位于建筑物的底部，是建筑物不可分割的一部分。但是其权利归属应分情况讨论。根据国家质量技术监督局《房屋测量规范》的规定，层高 2.2 米以下的房屋和地下室不计入建筑面积。所以，如果楼房首层架空停车位层高较矮，低于 2.2 米，不单独计算建筑面积，也不参与计算建筑容积率，此时，首层架空车库是房屋建筑的从物，是共有部分，应由设置架空层的该幢建筑全体业主共有；当层高在 2.2 米以上时，因其可以计入建筑面积、参与计算建筑容积率、分摊土地使用权，而成为区分所有权的专有部分。

四、建筑物区分所有区划内独立建设的多层车位

主要指小区内专为停车目的而建设的独立建筑物，具有结构和利用上的独立性。作为独立建造的建筑物，它应独立计算建筑面积，参与分摊土地的使用权，并且在《国有土地使用权出让合同》以及《建设工程规划许可证》等法律文件中，都明确规定了这种经营性停车位的土地使用权面积，因此，该类型的车位是计算建筑容积率的。根据建筑物区分所有权的理论，可以成为区分所有权的专有部分。

五、建筑物区分所有区划内的地下车位

对地下车位的权属问题一向争议较大，在此主要根据是否属于人防工程性质将其分为两类，分别判断其归属：

1. 利用人防工程改造的地下车位

根据《人民防空法》的规定，我国人防工程实行多元化投资，不仅由国家建设，商品房的开发商也可修建。实践中，在开发商经过有关部门审核同意后，就可以将这种人防工程改建为地下停车位使用，此即为利用人防工程改造的地下车位。

对该类车位的权属，存在两种观点：一种观点认为依据《国防法》第三十七条“国防资产归国家所有”的规定，人防工程性质的地下车位应推定为国家所有；另一种观点认为《人民防空法》第五条已规定人民防空工程平时由投资者使用管理，收益归投资者所有。应当认为，认定产权的基本原则应当是谁投资谁所有，并且管理和维护人防工程的费用是由开发商或者小区业主承担的，国家并没有承担。因此，认为由人防工程改建的地下车库属于国家所有显然是不合理的，应将这类地下停车位的产权归属于“投资人”所有。

2. 非人防工程性质的地下车位

一般而言，我国的土地和城市规划仅限于地上的建筑物部分，地下的建筑物往往被视为地上建筑物的附属部分，作为从物来处理。因此，在《国有土地使用权出让合同》中，地下工程面积一律都不计入建筑用地容

积率。在这种情况下，地下工程面积就不分摊土地使用权的份额，也就没有办法单独取得所有权。但是，我国各个部门在处理这一问题时口径并不一致，如前所述，房产管理部门在核定建筑面积时，对层高大于 2.2 米的地下室和半地下室计算全部建筑面积，可以单独取得所有权。

鉴于《物权法》第一百三十六条明确规定“建设用地使用权可以在土地的地表、地上或者地下分别设立”，并且地下建筑在城市中的重要性日益凸显，从本质上来讲，我国容积率忽视地下建筑的做法与城市建设的实际也是相分离的。地下与地上的建筑并没有实质性的差别，不应区别对待。因此，对于层高小于 2.2 米的，应当认定其权属依附于地上建筑物，由小区业主共有；而层高大于 2.2 米的地下车库，其与地上建筑物虽可能在载体上有连接，但在功能上已完全脱离，可以独立经营、获取效益。因此，这部分地下车位不应当作为从物，而应当成为专有权的客体。

六、本条明确了建筑区划内的车位与车库的归属情况

其可分为两个方面两个层次。

1. 以出售、出租或者附赠等方式约定

开发商可以与业主或其他当事人就非占用业主共有道路或其他共有场地而用于停放汽车的车位、车库进行约定。

2. 车位属于业主共有

对于占用业主共有的道路或者其他共有场地用于停放汽车的车位，这是由于共有的道路或场地本身就是业主享有的建筑物区分所有权之中的共有部分，业主对其享有共有权。此种共有有两个方面的含义：

（1）对车位、车库所占用的土地使用权的共有；

（2）对土地上的地上附着物的共有。

即车位、车库本身的所有权，这两个部分都属于全体区分所有权人所共有。因此占用该部分而建的车位当然属于业主共有。

【典型案例】

一户一车位之后多余车位能否分给部分业主①

——共有部分的归属需要明确

基本案情

2017年6月1日，般庚贸易公司取得了车库地下1层车位（人防）2×1室的不动产权属证书。7月11日，般庚贸易公司（签约乙方，买方）与旭辛置业公司（签约甲方，卖方）签订《商品房出售合同》，合同中约定：

（1）乙方向甲方购买某小区车库，地下1层车位（人防）2×1室。（2）乙方购买的总价款为27万元，于签订本合同时支付。（3）甲方在收到乙方全部款项后60天内向乙方交付案涉车位。（4）案涉车位交付的标志为签署车位交接文件。（5）甲、乙双方商定，2017年8月24日前由甲方向闵行区房屋土地管理局办理价格申报及过户申请手续，申领该房屋的房地产权证（小产证）。

因甲方原因，乙方无法在2017年8月24日前取得房地产权证，甲方应承担违约责任，违约金为总房价款的0.1%。在约定之日起的365日内，乙方仍无法取得房地产权证（小产证），则乙方有权单方解除合同。

2017年9月25日，般庚贸易公司委托律师致函被告，要求旭辛置业公司接函后5日内配合原告办理案涉车位的过户手续。

原告般庚贸易公司向法院提出诉讼请求：被告旭辛置业公司将车库地下1层车位2×1室过户至原告名下。

---

① 参见般庚贸易公司与旭辛置业公司房屋买卖合同纠纷案，载北大法宝，http：//www.pkulaw.cn/case/pfnl_ a25051f3312b07f356b0cc5deac87c5ad023aaee7c828455 bdfb.html，最后访问时间：2020年6月1日。

旭辛置业公司提供的验收监测报告上载：案涉车位所在小区建有房屋共计300套，有微型车泊车位4个，小型车泊车位530个，子母车泊车位2个。地下车位与房屋套数比例为1.79:1。

法院审理

《物权法》第七十四条第二款规定："建筑区划内，规划用于停放汽车的车位、车库的归属，由当事人通过出售、附赠或者出租等方式约定。"就本案而言，原告系案涉车位所在小区业主，其在该小区内拥有一套房屋，同时已拥有一个车位。但该小区内建有300套房屋，设有地下车位536个，房屋与车位的配比为1:1.79，车位数量远大于房屋数量。

据法院向有关部门的咨询结论，车位数量大于房屋套数，多余的车位可由被告本着公平合理的原则出售给小区业主，以满足小区业主的需要。现原告在案涉车位所在小区拥有一套房屋及一个车位，其依据与被告就涉案车位签订的买卖合同，在付清车位款项后要求被告配合办理案涉车位的过户手续，于法有据，法院支持原告的诉讼请求。判决被告协助原告将车位过户登记。

案件评述

一、地下车库所有权从属于小区的房屋所有权

从本案来看，案涉地下车库完全依附于作为主物的由业主住宅组成的建筑物，其不能单独从建筑物中分离出来，根据建筑物区分所有权和基地使用权一体性的原则和"地随房走"的原则，依附于该建筑物土地上的地下车库自然应该归全体业主所有，而且从本案业主双证载明的数据看，小区的土地使用权和地下车库的面积实际上已经全部分摊到每一位业主。因而地下车库应归全体业主所共有。本案中，原告与被告就案涉车位签订了买卖合同，是通过出售的方式确定车位的归属，属于《物权法》第七十四条规定的约定方式，因此原告在付清车位款项后要求被告配合办理案涉车位的过户手续，完全合法合理。

二、小区车位制度旨在实现建筑物及区划内的设施之终极功能

开发商在预售、销售住宅时，有义务配建地下车库供业主停车。因而在一般情况下，停车场为区分所有建筑物的公用设施部分，在无相反证明的情况下，应为全体业主共有。同时，根据地上建筑物与土地使用权不能分割的原则，如果不能取得土地的使用权则不能取得附着于该土地上任何建筑物的所有权。停车场作为建筑物的附属公共配套设施，若无相反证明，则应由业主共同使用。

《民法典》物权编沿袭《物权法》的规定首先考量建筑物固有之价值和用途，将业主的权利置于首位，以商业性利益为其次，明确后者不能凌驾于前者之上，通过此种强制性规则和任意性规则相结合的立法模式，公平合理地解决了这一历来纷争不断的棘手问题。

三、《物权法》规定的车位权属相关法律规范

1. 《物权法》明定小区车位车库法定共有和约定归属两种方式

即在业主共有道路或者其他场地修建的车位属于业主共有范围，除此之外的其他类型车位车库属于约定归属的范畴。法定共有与约定归属两种确权方式在一定程度上为解决车位车库权属之争提供了法律上的依据，但是由于约定说存在的一些问题并未能很好地解决车位车库权属之争。[①]

《物权法》第七十四条规定："建筑区划内，规划用于停放汽车的车位、车库应当首先满足业主的需要。建筑区划内，规划用于停放汽车的车位、车库的归属，由当事人通过出售、附赠或者出租等方式约定。占用业主共有的道路或者其他场地用于停放汽车的车位，属于业主共有。"2009 年 3 月 23 日，最高人民法院出台了《关于审理建筑物区分所有权纠纷案件具体应用法律若干问题的解释》，其中第五条第一款规定："建设单位按照配置比例将车位、车库，以出售、附赠或者出租等方式处分给业主的，应当认定其行为符合物权法第七十四条第一款有关'应当首先满足业主的需要'的规定。"

---

① 王芳：《住宅小区车位车库所有权归属问题研究》，西南政法大学 2017 年硕士学位论文。

2.《物权法》的相关法律规定存在一定程度的模糊性

《物权法》第七十四条第一款虽然规定用于停放汽车的车位应当首先满足业主的需要，但实践中如遇到业主没有能力承担过高的车位买卖或者租赁价格，那么业主的优先权如何受到保障并得以实现？该条第二款规定将住宅小区内车位权属交由当事人约定，但对约定不明或没有约定情况下车位权属及法律后果未作出明确规定，导致在确定车位权属时无法可依；第三款规定的“业主共有的道路或者其他场地”中“共有”，是共同共有还是按份共有、共有的是车位所有权还是使用权、如何分配设置专用权的收益等法律均未说明；《最高人民法院关于审理建筑物区分所有权纠纷案件具体应用法律若干问题的解释》第五条虽然对《物权法》第七十四条第一款“首先满足业主的需要”的规定进行了细化，规定了“按照配置比例”将车位以出售、附赠或出租等方式处分给业主，但是尚待进一步明确具体的比例设置。可以看出，无论是《物权法》第七十四条还是上述司法解释第五条，都只是对车位权属的初步规定，比较模糊。

3. 其规定没有明确区分不同类型的车位权属

我国的住宅小区车位分为专有部分的车位和共有部分的车位两种类型。但《物权法》第七十四条仅规定了占用业主共有的道路及其他场地的车位属于共有，对除此之外的哪些车位属于共有、哪些车位属于专有并未作出明确规定。故司法实践中因车位权属不明发生纠纷的案件大多都是针对地下车位而言的。并且，对于属于共有部分车位的使用制度，如共有部分“专用使用权制度”，立法中仍待进一步明确，大多数小区均采用将该部分车位的使用权出租给小区业主的做法。但在法律上并没有合法的根据，具体如何操作也易引起争议，业主权益受损后也难以展开救济。

四、《民法典》物权编就车位权属相关的法律及制度的完善

由于城市土地资源的稀缺，汽车数量的急剧增长已远远超出了城市与其规划的承载能力，买车容易停车难成为困扰城市发展的一大问题。随着小区车位矛盾日益凸显，车位产权究竟归属何方，房地产开发商、小区业主之间展开了长久的利益博弈。

1. 立法明确各类车位的权属

相关立法应明确规定小区的地面车位、层高小于2.2米的首层架空车位和非人防工程性质的地下车位是属于业主共有的，其归属不由约定来决定，且不得出售于小区以外的第三人。共有的车位应当占小区全部车位的一定比例，以保证业主的使用需要。

除此以外的其他车位，包括独立建设的多层车库、层高大于2.2米的首层架空车位和地下车位以及由人防工程改建的车位都属于专有部分的范畴。其权属可交由业主和开发商约定。在约定不明的情形下，此部分车位应当推定为开发商所有。

2. 细化法律规范使其已具备可操作性

为增强"首先满足业主的需要"条款的可操作性，可通过法律法规或司法解释等进行细化，为业主表达购买、租赁车位的意思设定期限，期限届满，业主应以书面方式回复开发商。如决定购买车位，则可由有资质的专业评估机构对车位价格进行评估，防止业主和开发商无休止的争议，评估后的价格业主不满意、不同意购买，开发商便可向小区之外的第三人出租出售车位，但同时应限制开发商对外出售车位的比例。同时，可参考国外实践，对小区车位及住户"配置比例"即设置明确的义务性数值。达到义务性定值的配置比例，就表示开发商完成了强制性车位的建造义务。

3. 确立共有部分车位专用权制度

在对共有部分车位专用权制度的具体规定中，为防止开发商滥用权利损害业主的正当利益，应当允许有异议的业主向业主大会提出，由业主大会表决决定是否更改开发商设立专用权的方案，重新分配共有车位的使用。同时，针对部分开发商双重获利的问题，可在停车场专用使用权的设定费和使用费上作出规定，即设定费与使用费均归全体区分所有权人所有。因此，开发商收取的设定费和使用费应当返还给全体业主，作为维修基金来使用。

第二百七十六条　【车位、车库优先满足业主需求】 建筑区划内，规划用于停放汽车的车位、车库应当首先满足业主的需要。

【条文疏义】

本条沿袭了《物权法》第七十四条第一款之规定。

一、难以共有公用之车库和车位一般均为业主专有专用

随着住房制度改革，现代化社区大量出现。因小区内车位、车库的归属问题，以及停放在小区内道路上车位收费问题而引发的纠纷逐渐成为社会各界关注的热点。

1. 小区的车位、车库应首先满足业主的需要

为此，《物权法》颁行时明确规定，在建筑区划内，规划用于停放汽车的车位、车库应当首先满足业主的需要，其归属由当事人通过出售、附赠或者出租等方式约定。占用业主共有的道路或者其他场地用于停放汽车的车位，属于业主共有。

这是因为车库、车位不像电梯、楼梯、绿地那样可以共有共用，它一般都是由业主专有和专用的。而且在买房过程中，通常都是和开发商约定，这些约定可能是出售、附赠或者出租。《物权法》之所以规定："建筑区划内，规划用于停放汽车的车位、车库应当首先满足业主的需要"，主要针对现实生活中的一些情况，即有的开发商将车位、车库高价出售给小区外的人停放；不少小区没有车位、车库或者车位、车库严重不足，占用共有的道路或者其他场地作为车位等。《民法典》物权编第二百七十六条沿袭了《物权法》第七十四条第一款的有关规定。

2. 开发商、物业公司不能将车位收费所得据为己有

故而对于在小区共有道路上停放汽车并收取相关费用的现象，有学者指出，法律规定，占用业主共有道路停放汽车的车位，属业主共有。这就

意味着，开发商、物业公司不能将车位收费所得据为己有；如果需要收费，在扣除必要管理费后的所得款应属于全体业主共有。

如果有车的业主无偿占用了小区的公共道路，则损害了无车业主的利益，因此只有让全体业主共同分享停车利益，天平才能得到平衡。

而针对实际生活中由于开发商和业主信息不对称，许多开发商利用“协商”机制在格式合同中变相决定车位归自己所有的情况，有执业律师指出，可以通过具体的地方条例来补充完善物权相关法律规定。

例如，《杭州市居住区配套设施建设管理条例》就规定，地面公共停车泊位、按标准建设的自行车库属于居住区全体业主所有，开发商不得擅自租售用于谋利，否则可处以 10 万元以上 50 万元以下罚款。

二、《民法典》物权编再次明确了建筑区划内的车位与车库应满足业主的需要

随着我国经济快速发展以及人们生活水平的不断提高，私家车数量迅速增加，“停车难”的问题逐渐凸显出来。土地这种有限资源日益珍贵，不管开发商和业主之间，还是业主和业主之间对于建立在土地之上有限的停车位的竞争也是越来越激烈。尽管我国《物权法》的明文规定使得住宅小区停车位问题的解决有法可依，但是《物权法》的规定相较《民法典》略显简单，对于现实中的问题解决的可操作性不是很强。[①]

本条规定主要是针对不少小区没有车位、车库或者车位、车库严重不足，开发商却将车位、车库高价出售给小区外的人停放；或占用共有的道路或者其他场地作为车位的问题。在《物权法》中原来是将本条作为一款，但《民法典》将其单列为一条，可以看出立法者的本意在于首先保护业主利益。

业主对车位、车库的基本需要是优先于当事人的约定的，不能以约定而排除业主对车位、车库的需要，这是业主法定的权利。当然，该需

① 王天荣：《住宅小区停车位法律问题研究》，山东财经大学 2014 年硕士学位论文。

要是社会一般平均要求，因而不能任意扩大膨胀，而应界定在合理的范围内。

【典型案例】

业主放弃对车位的优先购买权的后果[①]

——业主的车位优先购买权

基本案情

2017年2月，郭某玉有意向购买大甲公司开发的大甲绿城·某府楼盘商品房。15日，大甲公司以短信的形式确认郭某玉成功认购，并告知签约当日开展二期车位的选购。同月28日，双方签订《商品房买卖合同》及补充协议，约定郭某玉购买大甲公司开发的某府二期1幢2×1室房屋。

2017年3月20日，大甲公司短信联系郭某玉，告知郭某玉二期车位定于25日上午开盘，具体安排：上午8点开始签到，8点30分正式开始摇号。当日郭某玉因故未能及时到达现场。8点20分左右，他联系大甲公司工作人员，表示要在“8点半多一点到”，工作人员告知“来晚了就只能等他们摇完了再选”，郭某玉回复“好”。后其于8点40分左右到达销售现场，又于9点左右离开。11点左右，大甲公司工作人员告知郭某玉，车位已经售罄。

2017年6月30日，双方经沟通后签订《地下车位使用权转让协议》，约定郭某玉受让某府项目编号为498号的地下汽车位使用权，转让款为38万元。

郭某玉认为他本可以30万元购买车位，但以38万元的高价购买了三期的一个车位，同时因大甲公司的原因造成其失去购买第二个车位的机会，如今不仅购买第一个车位的价格高出了8万元，而且车位离房子也较远，给他的生活带来了诸多不便。郭某玉诉请要求大甲公司赔偿其损失8万元。

---

① 参见郭某玉诉大甲公司车位纠纷案，载北大法宝，http：//www. pkulaw. cn/case/pfnl_ a25051f3312b07f310e565c96ffeb4c03c7b2bbd872704c9bdfb. html，最后访问时间：2020年5月2日。

法院审理

一审法院经审理认为，建筑区划内，规划用于停放汽车的车位、车库应当首先满足业主的需要。车位、车库的归属，由当事人通过出售、附赠或者出租等方式约定。《物权法》相关规定确认了业主对建筑物区划内车位的优先购买权，原告作为某府二期业主，有权参与建筑区划内的车位的选购。但合同的成立需双方当事人意思表示一致，被告于事前告知原告车位选购的时间及程序，原告亦表示接受，原告未能按规定时间到达现场参与摇号。且之后又离开现场，致使无法参与再次摇号。原告的行为导致其选购车位的意思表示并未能到达被告处，即未能形成有效的承诺。双方的合同并未成立，被告对原告不负有合同义务。

根据《物权法》的规定，被告事先通知原告参与选购，并告知选购流程，原告未有证据证明被告在出售过程中存在违反法律规定的情形，被告已经保证了原告作为业主的优先购买权。原告未能及时到达现场，也未有效委托他人参加代行权利，视为原告自愿放弃。由此造成的后果，由原告自行承担。

故原告的主张存在损失并要求赔偿的诉请，缺乏事实和法律依据，法院不予支持。一审判决驳回原告郭某玉的诉讼请求。

后郭某玉不服一审判决，提起上诉，请求依法改判。二审法院驳回上诉，维持原判。

案件评述

一、业主应对车位和车库享有优先购买权

1. 业主享有对车位和车库的优先购买权

本案中，大甲公司已短信告知郭某玉车位购买方式及摇号时间，郭某玉也收到并知晓这一信息，并表示接受，但因郭某玉个人原因中途离开，车位售罄。

2. 业主郭某玉的意思表示未形成承诺可以认为其放弃了优先购买权

可以认为，郭某玉个人的行为导致其选购车位的意思表示未能及时到

达被告处，以致未能形成有效的承诺，合同并未成立。郭某玉自愿放弃了作为业主依法享有的优先购买权，因此被告无须承担不利后果，法院判决于法有据。

二、开发商不能违反该强制性规定

1. 小区的车位、车库必须先保证小区业主的使用

根据《最高人民法院关于审理建筑物区分所有权纠纷案件适用法律若干问题的解释》第五条的规定，建设单位按照配置比例将车位、车库，以出售、附赠或者出租等方式处分给业主的，应当认定其行为符合民法典第二百七十六条有关“应当首先满足业主的需要”的规定。配置比例是指规划确定的建筑区划内规划用于停放汽车的车位、车库与房屋套数的比例。

必须在保证小区业主使用的前提下，才允许小区业主以外的第三人购买或租用。开发商、物业公司如果违反该规范，将车位、车库出售或赠与、出租给小区业主以外的人，其行为因违反法律的强制性规范而无效。

2. 违反强制性规范买卖合同自始无效故无须撤销

在现实生活中，房产开发商具有信息和技术上的天然优势，其常常利用一些变相手段和格式条款的不平等性来限制业主用合理价格购买或租赁车位，而将车位高价转卖给业主以外的投资商来牟取暴利，从而侵害业主优先享有车位、车库的权利。从司法实践的可操作性来看，有学者建议在立法及司法解释中赋予权利受到侵害的业主以撤销权。这样，一旦开发商没有“首先满足业主对小区车库、车位的合理需要”而把小区车位、车库高价转让给了小区业主以外的人，业主可以提起撤销权诉讼，请求法院依法撤销开发商与非业主之间的合同行为，从而维护业主的“首先满足权利”的合法权益。

但有学者认为上述做法值得商榷，认为《物权法》第七十四条第一款的规范性质不同于任意性规范，其不是对合同当事人的意思表示的解释或者补充，也不同于授权第三人规范，所涉及的利益不是特定第三人的利益，

而是业主群体的利益，同时也得不出赋予业主撤销权的解释结论。

《民法典》本条沿袭的《物权法》第七十四条之规定应当属于强制性规范，且属于其中的效力性强制规范。违反此种具体强制性规范的后果，须结合《合同法》第五十二条第五项的规定，当属无效。王利明教授认为，“首先满足业主需要”的原则旨在针对实践中存在的车位、车库建成之后，开发商将其高价卖给小区以外的第三人的情形。因此，需要限定车位、车库首先满足业主的需要，在没有首先满足业主的需要之前，开发商与业主以外的第三人订立的合同应当是无效的。①

三、小区车位和车库的处分权应予适当予以限制

伴随经济的高速发展，当今中国早已迈入了汽车时代，私家车数量的急剧增长，使得住宅小区的车位、车库不足以满足业主的停车需求，停车难问题越发突出。针对住宅小区车位、车库的处分问题，《物权法》和《最高人民法院关于审理建筑物区分所有权纠纷案件具体应用法律若干问题的解释》相继予以了一定程度的规范和限制。

由于法律和司法解释层面对车位、车库处分权的规定有待进一步明确和细化，各地的地方性规定略显零散，故而通过车位、车库处分权的主体资格、处分方式结合不同处分方式下的配置比例，厘清处分权限制的一般规则。②

第二百七十七条 【设立业主大会和选举业主委员会】业主可以设立业主大会，选举业主委员会。业主大会、业主委员会成立的具体条件和程序，依照法律、法规的规定。

地方人民政府有关部门、居民委员会应当对设立业主大会和选举业主委员会给予指导和协助。

---

① 刘阅春：《“应当首先满足业主需要”的规范性质探究——〈物权法〉第74条第1款的解释论》，载《法律科学》2013年第5期。

② 吴佳蔚：《论住宅小区车位、车库处分权的限制》，西南政法大学2017年硕士学位论文。

【条文疏义】

本条基本沿袭了《物权法》第七十五条之规定，在第二款新增“居民委员会”作为主体的具体条件和程序要依照法律法规的规定之宣示性条款，明确了居委会要对业主大会和选举业主委员会给予指导或协助的职能。

一、区分所有权为具有财产和身份双重性质的权利

建筑物区分所有权人除享有专有权及共有权外，还享有一项身份权即成员权。这使得区分所有权具有了财产和身份双重性质的权利特征，该成员权即体现在其业主的身份，具有了业主的身份就有权参加业主大会，选举业主委员会，决定有关共有部分财产的占有、使用、收益、处分的事项。

二、成员权的概念

所谓成员权是指，建筑物区分所有权人基于一栋建筑物之构造、权利归属及使用上的不可分离的共同关系而产生的，作为建筑物的一个团体组织的成员而享有的权利与承担的义务①。从而我们可以知道，成员权仅凭字面意思看即对权利的描绘，不过是基于成员的身份的取得，该成员不仅仅取得了其可以享有的各项权利，同时还意味着其以明示或默示的方式同意，并且保证履行其所应该负担的义务。因此，该身份给区分所有权人带来的其实是双面的法律后果。

三、成员权是一项独立于专有权和共有权的民事权利

成员权虽然基于专有权的享有而当然取得，但是其行使却并非受制于专有权；而共有权则是对共有部分享有的财产性权利。成员权作为全体区分所有人对于共有部分享有的共同管理的权利，其性质偏重于人法而非物法。同时，成员权又是超个人生命期限的永续性的民事权利，只要专有权和共有权所依附的建筑物一直存在，那么该成员权也就永久存续。成员权

---

① 陈华彬：《现代建筑区分所有权制度研究》，法律出版社 1995 年版，第 196 页。

与专有权、共有权三者相辅相成且密不可分，其共同构成了建筑物区分所有权的完整意义。

【典型案例】

业主委员会主体资格①

——建筑物区分所有权之成员权的行使平台

基本案情

济申大厦共有业主22户，2007年11月12日该大厦15名业主在《济申大厦全体业主承诺书》上签字，主要内容为："同意本大厦全体业主共同推选的业主委员会和主持日常工作的常委人选具体负责大厦日常物业管理工作，自觉履行大厦所需并由大厦业委会作出的各项应缴物业管理费等决定，绝不以各种理由不缴或欠缴各项物业管理费，决定在大厦全体业主70%支持通过时，我将无条件服从和支持。"

2008年8月29日济申大厦业主委员会出具《济申大厦业主委员会决议》，主要内容为："从即日起由大厦业主委员会对大厦全部物业管理工作进行'自治'管理，考虑到大厦日常物业管理工作的复杂性及业主委员会组成人员的个人情况和精力，决定由于酉儒同志负责大厦日常的物业管理；于酉儒同志对大厦物业管理的时限，以选举产生新一届业主委员会为止。"

2013年1月24日济申大厦业主委员会第四次业主大会会议纪要内容为：决定大厦物业管理体制为维持现行大厦业委会管理下的物业自治管理；物业管理费为1.5元/月/平方米；大厦常住人员电梯费12元/人/月。自2015年1月始至2017年4月14日止谭戊东未交物业费、电梯费，现济申大厦业主委员会和谭戊东因此产生纠纷，济申大厦业主委员会起诉至法院，

---

① 参见谭戊东与济申大厦业主委员会物业服务合同纠纷案，载北大法宝，http://www.pkulaw.cn/case/pfnl_a25051f3312b07f323441c4154e7dce3bb487a1c2f39e7c8bdfb.html，最后访问时间：2020年5月2日。

请求判令谭戊东给付济申大厦业主委员会3年所欠物业管理费总计10158元、电梯费1108元。谭戊东辩称对原告主体有异议。

法院审理

一审法院经审理认为，根据《物权法》第七十五条的规定，业主可以设立业主大会，选举业主委员会，地方人民政府有关部门应当对设立业主大会和选举业主委员会给予指导和协助。因此，地方人民政府有关部门对业主委员会的设立仅是指导和协助，济申大厦业主委员会虽在寅河区住宅小区管理办公室备案任期为3年，但该备案到期后并不影响济申大厦业主委员会的主体资格。

案涉济申大厦业主委员会依据《济申大厦业主委员会决议》对济申大厦全部物业管理工作进行“自治”管理。谭戊东所在大厦一直由济申大厦业主委员会选举的于酉儒负责日常管理，谭戊东庭审时亦承认济申大厦存在物业服务。2013年1月24日济申大厦第四次业主大会的会议纪要证明经全体业主三分之二以上表决决定，物业收费标准为1.5元/月/平方米，电梯费12元/人/月。一审法院遂判决被告谭戊东一次性给付原告济申大厦业主委员会物业管理费8042.55元、电梯费684元，并驳回了被告谭戊东的抗辩。

被告谭戊东对一审判决不服，向二审法院提起上诉。二审法院经审理认为，依据《济申大厦业主委员会决议》，大厦由业主委员会对全部物业管理工作进行“自治”管理。谭戊东作为该大厦业主，应当向济申大厦业主委员会履行交纳物业费及电梯费的义务，故一审法院判决谭戊东向济申大厦业主委员会支付2015年1月1日至2017年4月14日的物业管理费及电梯费并无不当。

二审法院判决驳回上诉，维持原判。

案件评述

一、业主委员会的法律地位

根据当地《居民业主管理条例》规定，业主委员会是在业主管理区域代表业主对物业实施自治管理的组织。对此，国家建设部也有相应的规定。

业主委员会、业主大会或业主代表大会选举产生常设代表，行使业主大会的权利，维护整个住宅小区的物业管理活动正常进行。业主委员会有权选聘或解聘物业管理公司，监督物业管理公司的工作，也可以利用物业公司广告效益或停放车辆的收费等经营活动。业主委员会是类似于居民委员会等法律授权的其他组织。它产生于业主大会或业主代表大会，受业主大会的委托约束，对外从事民事活动所产生的权利义务应由大会业主承担法律后果。业主委员会是法律意义上的人，应具有诉讼主体资格。

当然，业主委员会不具有独立财产，按现行法律尚难承担民事责任。若要进行民事活动，也仅能从事纯收益性活动。若要进行民事诉讼，诉讼和聘请律师等相关费用的支付，存在一些具体操作上的问题。对业主委员会的法律地位的规定需从立法上作进一步的完善。

二、成员权有赖于业主大会的选举表决机制来辅助实现

成员权是建筑物区分所有权人的一项重要权利，并不是专有权或共有权的附庸，但是，很多业主并不知道自己享有这项权利，直到该权利受到侵害，并且物业公司也往往不重视对业主该项权利的尊重和保护，不能够良好地履行自己应尽的义务保证业主成员权的合法行使。

业主取得了建筑物的区分所有权当然包含成员权的内容，但是成员权并非业主个人就得以实行的权利，它有赖于一项完整的选举表决机制来辅助实现，这一机制就是业主大会。每个业主都有出席业主大会并进行选举和表决的权利，而业主委员会就是由业主大会选举而产生的，用于执行日常事务召开业主大会等。《物权法》用授权性、任意性规范明确是否设立业主大会是权利人的自由，可以设立业主大会也可以不设立。而《物权法》又用命令性规范规定县级以上地方人民政府有关部门应当对设立业主大会和选举业主委员会给予指导和协助，这在法律上保障了业主大会及其选举的业主委员会得到地方人民政府的帮助和支持，使其摆脱了有名无实、无法维权的尴尬局面。

三、业主大会和业主委员会性质的定位是研究的起点

随着《物权法》和《物业管理条例》的相继实施，区分所有建筑物管理立法上的空白得以填补，但是相关法令中对于区分所有权人管理团体的立法规定仍有待进一步完善。区分所有权人管理团体是区分所有建筑物管理法律制度中的一项重要内容，关乎每一个区分所有权人的切身利益，是区分所有权人的成员权得以行使的重要途径。

区分所有权人管理团体是在建筑物区分所有权理论的基础上建立起来的，它由业主大会和业主委员会组成。现在的通行理论认为，建筑物区分所有权包括专有所有权、共同部分持分权和成员权。建筑物区分所有权理论认为，为维护共同的生活秩序，协调彼此之间的利益，充分发挥建筑物各个组成部分的功能，需要一个超越个人的组织来处理共同事务，这是成员权的具体体现，也是业主自治管理区分所有建筑物的体现。[①]《民法典》物权编自承继了有关的研究成果。

第二百七十八条　【由业主共同决定的事项以及表决规则】 下列事项由业主共同决定：

（一）制定和修改业主大会议事规则；

（二）制定和修改管理规约；

（三）选举业主委员会或者更换业主委员会成员；

（四）选聘和解聘物业服务企业或者其他管理人；

（五）使用建筑物及其附属设施的维修资金；

（六）筹集建筑物及其附属设施的维修资金；

（七）改建、重建建筑物及其附属设施；

---

① 陆漪：《论区分所有权人管理团体——业主大会与业主委员会》，华东政法大学2008年硕士学位论文。

（八）改变共有部分的用途或者利用共有部分从事经营活动；

（九）有关共有和共同管理权利的其他重大事项。

业主共同决定事项，应当由专有部分面积占比三分之二以上的业主且人数占比三分之二以上的业主参与表决。决定前款第六项至第八项规定的事项，应当经参与表决专有部分面积四分之三以上的业主且参与表决人数四分之三以上的业主同意。决定前款其他事项，应当经参与表决专有部分面积过半数的业主且参与表决人数过半数的业主同意。

【条文疏义】

本条基本沿袭了《物权法》第七十六条之规定。《民法典》新增列举两项业主共同决定事项的内容，对业主共同决定的事项进行了趋严的修订，提高了决议通过所需表决权的比例。

一、共同管理权主要体现为对共同事务的表决权

1. 共同管理权中的表决权的表决方式比较特殊

共同管理权是业主对共有部分和小区共同事务所享有的管理权，共同管理权在性质上属于成员权，即基于成员存在于一个社区或群体中而享有的管理权。在表决权方面，共同管理权介于社员权和股权之间，采取人数和面积双重表决标准，即占总人数的比例与专有部分的建筑面积占总面积的比例均需达到一定要求，表决方才有效。这样能够更好地维护大多数业主的利益，以防大业主损害小业主的利益。

2. 业主大会和业主委员会的设置是共同管理权的又一体现

为了使共有部分更好地发挥效能和处理小区共同事务，业主有必要组织业主大会进行表决。然而，如果凡事必经过业主大会，则不仅程序烦琐，实现起来也很困难。于是，业主委员会便有了存在的必要。《物权法》和《物业管理条例》都规定了业主大会和业主委员会。

3. 业主对小区设施享有优先使用权

为确保小区业主的利益，业主可以通过业主大会规定业主对小区配套设施享有优先使用权。例如，对于小区的健身房、会所、学校等，即使约定不在业主共有部分的范围内，但基于这些配套设施是为了更好地满足小区业主的需要而存在的，相较于小区之外的民事主体而言，小区业主应享有优先使用的权利。例如，《物权法》第七十四条就规定，车位、车库应当首先满足业主的需要。但是，在小区业主之间，不宜再区分针对小区设施的优先使用权，不能因为专有部分面积的不同而使业主在小区的生活中分为不同的身份等级。

4. 共同管理权不能放弃

如果小区业主都放弃共同管理权，则小区事务就无法处理、小区生活就无法维系，但在行使表决权时可以弃权。

共同管理权是一种资格权，享有业主资格的人，不仅可以享受在小区生活的利益，还要承担遵守业主大会决议的义务，尽管有的业主对决议持反对意见，但其仍然受表决通过的决议的约束。

总之，建筑物区分所有权，包括对专有部分的所有权、对共有部分的所有权、提案权、表决权、选举或被选举为业主委员会成员的权利、享受小区配套设施的权利等。这些权利是一个整体，不能割裂开来单独转让。建筑物区分所有权不仅体现为权利，还具有附义务性。作为小区成员的一分子，业主应履行作为小区成员的义务。①

---

① 《业主应如何行使建筑物区分所有权》，载正义网，http：//www. sina. com. cn，最后访问时间：2010 年 5 月 26 日。

二、建筑物区分所有权中的共有权内容及表决标准

根据本条规定，建筑物区分所有权之建筑区划内的下列事项需由业主共同决定：

1. 业主大会议事规则

业主大会议事规则是业主大会组织、运作的规程，自然需要由业主共同决定。

2. 小区内建筑物及其附属设施的管理规约

建筑物及其附属设施的管理规约是业主自我管理、自我约束、自我规范的规则约定，应当由全体业主共同制定和修改。

3. 业主委员会的组成

业主通过业主大会选举能够代表和维护自己利益的业主委员会委员，成立业主委员会。对不遵守管理规约，责任心不强，不依法履行职责的委员予以更换。

4. 物业管理人员的聘任

物业服务机构或者其他管理人的管理水平如何，与业主利益有直接关系，需要通过业主大会集体决策选聘和解聘。

5. 小区建筑物及其附属设施维修资金的筹集、使用

维修资金的筹集、使用关系到业主的切身利益，应当由业主共同决定。

6. 物业设施改建与重建

建筑物及其附属设施的改建、重建，涉及费用的负担，事情重大，需要由业主共同决定。

7. 其他重大事项

除上述所列事项外，对建筑区划内有关共有和共同管理权利的其他重大事项，也需要由业主共同决定。

在司法实践中，根据《最高人民法院关于审理建筑物区分所有权纠纷案件适用法律若干问题的解释》第七条的有关规定，处分共有部分，以及业主大会依法决定或者管理规约依法确定应由业主共同决定的事项，应当

认定为本条第一款第九项规定的“有关共有和共同管理权利的其他重大事项”。

三、业主知情权

涉及业主公共利益的信息资料，业主要求公开或查阅的，自应允许，物业企业对相关信息的披露义务并非毫无限制，物业企业仅对涉及业主合法权益的信息负有披露义务。

在司法实践中，根据《最高人民法院关于审理建筑物区分所有权纠纷案件适用法律若干问题的解释》第十三条的相关规定，业主请求公布、查阅下列应当向业主公开的情况和资料的，人民法院应予支持：（一）建筑物及其附属设施的维修资金的筹集、使用情况；（二）管理规约、业主大会议事规则，以及业主大会或者业主委员会的决定及会议记录；（三）物业服务合同、共有部分的使用和收益情况；（四）建筑区划内规划用于停放汽车的车位、车库的处分情况；（五）其他应当向业主公开的情况和资料。

四、建筑物区分所有成员权与其他相关权利休戚相关

1. 成员权事关区分所有建筑物范围内整体利益的平衡

随着经济的发展，人们拥有了舒适、干净的居家环境，也自然地参与到物业管理事务中来，行使法律上的区分所有权人之成员权。成员权是区分所有权人在区分所有建筑物管理范围内参与对建筑物使用、管理、维护的法定权利，它关系到管理范围内整体利益的平衡，关系到区分所有权人、管理团体机构以及物业管理者之间的权利义务关系，关系到整个社会的和谐稳定。

2. 发展已久的成员权已经于《物权法》开始上升为法定权利

成员权在世界上其他国家发展已久，而在我国，最终以立法的形式对此予以确立的是 2007 年《物权法》，该法将成员权上升为业主的法定权利，但《物权法》的概括性导致成员权的行使在实际生活中存在一些困境。基于此，《民法典》物权编需要对成员权的相关理论及成员权行使制度、权利救济上的现实缺憾进行探讨研究，并加以完善。

成员权的理论基础，包括成员权的历史发展、成员权作为一项独立权利的必要性，以及成员权行使方式的选择，都说明了成员权的产生并不是孤立的，而是与建筑物区分所有权的其他权利休戚相关。并且正是基于此种关联性，才应以特有的方式行使。①

在司法实践中，根据《最高人民法院关于审理建筑物区分所有权纠纷案件适用法律若干问题的解释》第九条的有关规定，本条第二款规定的业主人数可以按照专有部分的数量计算，一个专有部分按一人计算。但建设单位尚未出售和虽已出售但尚未交付的部分，以及同一买受人拥有一个以上专有部分的，按一人计算。

【典型案例】

建筑物区分所有权中共有权的具体事项及表决标准②

——业主共有权的行使

基本案情

2012 年 9 月 1 日，寅华市卯甲小区经业主大会讨论并通过了《卯甲小区业主自治公约》。公约规定：本公约对本物业内全体业主、非业主使用人均具有约束力；小区不再采用传统的物业公司收费模式，而采用业主大会自主收缴、自主管理物业费的模式，小区内物业费、停车费等相关费用由业主直接缴纳给业主管理委员会，存入一般账户，其中小高层住户（7 楼至 16 楼）物业管理费收取标准为 1.2 元/月/平方米，对欠缴物业服务费、停车管理费等各项费用的业主和非业主使用人，经催缴仍不缴纳的，业委会有权代表业主大会提起诉讼，追究拒缴业主责任，产生的诉讼费、执行费、律师费等一切费用由该业主承担。

---

① 刘维维：《建筑物区分所有权之成员权行使研究》，西南政法大学 2016 年硕士学位论文。

② 参见寅华市卯甲小区业主委员会与刘某物业服务合同纠纷案，载中国裁判文书网，http://wenshu.court.gov.cn/content/content?DocID=1d28deb4-6548-44d7-aba3-699d07b89cec&KeyWord=，最后访问时间：2020 年 5 月 3 日。

2012 年 11 月，原告卯甲小区业委会开始按公约管理该小区。2015 年，原告组织业主签字表决，过半数的业主同意将物业费在原有标准基础上，上调 0.2 元/月/平方米，且同意的业主名下的专有部分面积合计超过小区建筑物总面积的一半。被告刘某系卯甲小区 30 幢 2 单元 1×5 室业主。截至 2015 年年末，被告尚欠原告 2012 年至 2015 年物业管理费 1622.86 元。后经原告催缴未果，因此原告请求法院判决被告依合同支付相应钱款。

法院审理

法院依照《民法通则》第一百零六条第一款，《物权法》第七十六条、第七十八条和《最高人民法院关于民事诉讼证据的若干规定》第二条之规定，判决案涉被告刘某于判决生效之日起 3 日内支付原告物业服务费 1622.86 元及原告律师代理费 500 元。

案件评述

本案是一起有关业主委员会在各业主授权的情况下是否有权对不遵守业主委员会规定的业主追究法律责任以及如何追究法律责任的相关规定。同时体现了建筑物区分所有权中的共有权的内容及表决流程标准。

一、业主大会及管委会有权对建筑物及其附属物予以管理

解决本案涉及纠纷的关键在于认定业主大会及业主管理委员会对建筑物及其附属物是否有管理的权利。本条规定表明，筹集、使用建筑物及其附属设施的维修资金，或者改建、重建建筑物及其附属设施决定的作出，必须同时具备两个条件，才为有效的决定：其一，必须获得专有部分占建筑物总面积三分之二以上的业主的同意；其二，必须获得占业主总人数三分之二以上的业主的同意。

此即共有物重大事务绝对多数决定权的具体体现。

二、建筑区划内一般常规事务可采普通多数同意的方式

除筹集、使用建筑物及其附属设施的维修资金，改建、重建建筑物及其附属设施外的其他事项，属于建筑区划内的一般性、常规性事务，可以采取普通多数同意的方式。对此，本条第二款规定，决定前款其他事项，应当经专有部分占建筑物总面积过半数的业主且占总人数过半数的业主同意。这一规定表明，建筑区划内的一般性、常规性事务，虽然可以采取普通多数同意的方式作出，但也必须同时符合如下两个条件：一是必须获得专有部分占建筑物总面积过半数的业主的同意；二是必须获得占总人数过半数的业主同意。

本案中，原告业主委员会组织业主签字表决，过半数的业主同意将物业费在原有标准基础上，上调0.2元/月/平方米，且同意的业主名下的专有部分面积合计超过小区建筑物总面积的一半，因此该规定有效，被告作为该小区的业主应当遵守该规定。

本案充分说明了业主大会或业主大会选举产生的业主委员会，在物业管理中所享有的决定权，充分体现了业主委员会代表全体业主来行使共有权从而体现全体共有人意志的特征。

三、业主大会和委员会构成区分所有自治管理的支柱机构

作为团体法的产物，社员权中的共益权经由决议行为的方式行使。决议行为的根本特征在于其根据程序正义的要求，采取多数决的意思表示形成机制，决议结果对团体全体成员都具有法律约束力。决议行为不同于共同行为或者合同行为，其扩展了民事法律行为的类型。我国《民法总则》中关于“民事法律行为”的规定自应规定决议行为的共同法律规则，以促进团体意志的依法形成，保障农民集体经济组织成员权、业主成员权、股东共益权等社员权的实现。①

业主大会会议应由全体业主组成，包括定期会议和临时会议两种，全体业主和单个业主对业主大会享有相应的权利并承担一定的义务。业主大会只有经一定程序由有权召集的人召集，其所作的决议方才发生法律效力。

---

① 王雷：《论民法中的决议行为——从农民集体决议、业主管理规约到公司决议》，载《中外法学》2015年第2期。

业主大会表决权大小的计算标准，应依专有部分的面积与建筑物专有部分总面积的比例确定。在司法实践中，根据《最高人民法院关于审理建筑物区分所有权纠纷案件适用法律若干问题的解释》第八条的有关规定，《民法典》第二百七十八条第二款和第二百八十三条规定的专有部分面积可以按照不动产登记簿记载的面积计算；尚未进行物权登记的，暂按测绘机构的实测面积计算；尚未进行实测的，暂按房屋买卖合同记载的面积计算。业主大会的会议决议包括一致决与多数决两种方法，所作出的决议不得违反管理规约。

业主大会的决定既约束业主，也约束区分所有权的概括继受人与特定继受人。业主大会的召集程序或决议方法违反法律、行政法规或管理规约时，业主得于决议后一定期间内请求法院撤销其决议（决定）；业主大会会议决议的内容违反法律、行政法规或管理规约时无效。[①]

第二百七十九条　【业主将住宅转变为经营性用房应当遵循的规则】 业主不得违反法律、法规以及管理规约，将住宅改变为经营性用房。业主将住宅改变为经营性用房的，除遵守法律、法规以及管理规约外，应当经有利害关系的业主一致同意。

【条文疏义】

本条基本沿袭了《物权法》第七十七条之规定。新增“一致”同意的表述。

一、业主不得随意改变住宅居住用途是其最基本准则

不得随意改变住宅用途无疑是业主必须承担的一项基本义务。如果业

① 陈华彬：《业主大会法律制度探微》，载《法学》2011年第3期。

主确实因生活需要，将住宅改变为经营性用房，必须遵守法律、法规以及管理规约的规定。在遵守法律、法规以及管理规约的前提下，还必须征得有利害关系的业主同意。只有同时具备这两个条件，才可以将住宅改变为经营性用房，二者缺一不可。

至于何谓有利害关系的业主，因住宅与经营性用房的用途不同，影响的范围、程度不同，要具体情况具体分析。总之，不论是否为隔壁的业主，还是相邻或者不相邻的业主，凡是因住宅改变为经营性用房受到影响的业主，均是本条所说的“有利害关系”的业主。

二、须经利害关系业主一致同意方能“住改营”

1. “住宅改为营业用房”对相邻关系人影响较大且纠纷较多

业主若想将住宅改变为歌厅、餐厅等，使原本用于居住的房屋改为用于经营的房屋，由于住宅的性质、用途由居住变为商用，往往纠纷较多，主要体现在干扰业主的正常生活，造成邻里不和，引发社会矛盾，成为物业小区产生矛盾的重要原因。同时在所难免会造成小区车位、电梯、水、电等公共设施使用紧张，也容易产生安全隐患。不但来往小区人员过多，造成楼板的承重力过大，而且外来人员流动快且杂，增加了小区不安全、不安定的因素，特别是防火防盗压力大，隐患多。

“住改营”还会使城市规划目标难以实现。本来某个地区的住宅原规划是用来居住的，但由于将住宅大量改为经营性用房，用于商业目的，结果必然造成该地区交通拥堵、人满为患。

最后，“住改营”还容易造成国家税费的大量流失。

2. 《物权法》颁布前已有法规规章对“住改营”予以规制

针对“住改营”难免造成小区业主的公共资源被不平等地占用，使小区的治安状况增加潜在的威胁，物业维护成本增加等诸多不便之处，法律制度的建立与完善方面逐渐加强，就业主是否可以将住宅改变为经营性用房作了一系列规定。

例如，《物业管理条例》第四十九条规定：“物业管理区域内按照规划建设的公共建筑和共用设施，不得改变用途。业主依法确需改变公共建筑和共用设施用途的，应当在依法办理有关手续后告知物业服务企业；物业服务企业确需改变公共建筑和共用设施用途的，应当提请业主大会讨论决定同意后，由业主依法办理有关手续。”随着这方面实践经验的不断积累和完善，国家有关部门还将对这一问题作出具体规定，《民法典》物权编本条即对此问题采取的临时应急措施的概括总结。

在司法实践中，根据《最高人民法院关于审理建筑物区分所有权纠纷案件适用法律若干问题的解释》第十条的有关规定，业主将住宅改变为经营性用房，未依据民法典第二百七十九条的规定经有利害关系的业主一致同意，有利害关系的业主请求排除妨害、消除危险、恢复原状或者赔偿损失的，人民法院应予支持。将住宅改变为经营性用房的业主以多数有利害关系的业主同意其行为进行抗辩的，人民法院不予支持。

三、住宅性用房改为经营性用房的限制性法律条件

1. “住改商”必须遵守法律法规及管理规约的规定

对于住宅性用房改作经营性用房，不能违反相关法律规定对房屋现实状态及质量标准的要求。例如，《住宅室内装饰装修管理办法》第五条规定，住宅室内装饰装修活动，禁止下列行为：

（1）未经原设计单位或有资质的设计单位提出设计方案变动建筑主体和承重结构

（2）将没有防水要求的房间或者阳台改为卫生间、厨房间

（3）扩大承重墙上原有的门窗尺寸，拆除连接阳台的砖、混凝土墙体

（4）损坏房屋原有节能设施，降低节能效果

（5）其他影响建筑结构和使用安全的行为

2. 相关建筑名词已有专门界定

（1）所称建筑主体

是指建筑实体的结构构造，包括屋盖、楼盖、梁、柱、支撑、墙体、连结点和基础等。

（2）所称承重结构

是指直接将本身自重与各种外加作用力系统地传递给基础地基的主要结构构件和其连结点，包括承重墙体、立杆、柱、框架柱、支墩、楼板、梁、屋架、悬索等。

因此，如果企业违反上述法律规定，擅自将住宅房屋改变原有结构，严重影响房屋质量安全，是被法律所禁止的，不得作为经营性用房使用。

3. 管理规约与业主公约具有相同的法律意义

这里所谓管理规约是小区业主全体或业主大会为管理小区针对小区住户所制定的一系列管理规定，如果“住改营”的相关行为被小区管理规约所禁止，其住宅性用房就不得被改为经营性用房。

四、“住改商”必须征得有利害关系的业主的同意

现代中小型企业，为了节约企业经营成本，在选择公司经营注册地时往往会选一些小区住宅作为自己的企业营业注册地及办公地，这样的做法虽然能够达到企业控制成本的目的，但也为小区带来了很多负面影响，特别影响到有利害关系的业主。

所谓有利害关系的业主，根据《最高人民法院关于审理建筑物区分所有权纠纷案件适用法律若干问题的解释》第十一条的规定，业主将住宅改变为经营性用房，本栋建筑物内的其他业主，应当认定为《民法典》第二百七十九条所称“有利害关系的业主”。在建筑区划内，本栋建筑物之外的业主，主张与自己有利害关系的，应证明其房屋价值、生活质量受到或者可能受到不利影响。可以确定的是，在住宅小区内，如果企业想利用住宅作为企业的营业场所，必须征得本栋建筑物内其他业主同意，尤其是邻居的同意，才可以改变住宅房屋的用途。

同时在工商登记过程中，如果企业利用住宅作为企业登记注册地，则工商部门还会要求申请人提供建筑物内其他业主同意的书面凭证，才可以为其登记注册。

综上所述，如果企业为降低企业成本使用住宅作为注册地及经营地，必须满足以上两个条件，如果小区业主所在的小区存在住改非现象且严重影响到业主的正常生活，小区业主可以通过举报或者诉讼的方式依法维护自己的合法权益。

【典型案例】

业主将住宅改变为经营性住房①

——“住改营”必须征得相关业主同意

基本案情

原告李某芹现居住于申北区友谊南楼3楼2门103室，被告家房屋位于原告家西侧，与原告家相邻，原、被告家设计均为住宅。2008年11月被告未经任何审批手续私自将自家原本规划设计为窗户的部分改建为阳台，使之符合其经营性用房的需要。原告发现该情况后，多次找被告协商，原告表示不同意被告将住宅改为经营性用房，协商未果后原告又找到相关部门均未能阻止被告的改建行为。被告改建后的阳台与原告家原有的阳台距离很近，仅有0.1米，严重影响了原告的正常生活，损害了原告的合法权益。

2009年11月，因被告私自改建的行为导致原告家进水，造成原告家具、衣物等损失共计3000元。因此，原告请求法院依法维护其合法权益，判令被告排除妨碍，恢复原状，赔偿原告因被告私自改建给原告造成的损失共计人民币3000元。

法院审理

法院经审理认为，公民的合法民事权益受法律保护。被告将其规划设计为窗户的部分改为阳台，后作为经营性用房使用，且未经原告同意，对

---

① 参见李某芹诉武某超排除妨碍纠纷案，载中国裁判文书网，http：//wenshu. court. gov. cn/content/content？DocID = 14ef9913 - a9b9 - 4f28 - afe6 - 47febd0d5986&KeyWord，最后访问时间：2020年5月4日。

原告造成一定影响，现原告要求排除妨害，恢复原状，应予以支持。原告要求被告赔偿因其改建阳台导致的原告家阳台进水，造成家具、衣物损坏的请求，因原告提供的证据不能够证明其损失情况，法院不予支持。

依照《民法通则》第五条、《物权法》第七十七条、《最高人民法院关于审理建筑物区分所有权纠纷案件具体应用法律若干问题的解释》第十条第一款之规定，判决被告武某超于判决生效后10日内将改建的阳台拆除，恢复原状。

案件评述

本案中，业主将住宅性用房改为经营性用房的行为损坏了住宅共用部位，对小区的安全产生了潜在威胁，超出了其正当行使房屋所有权的权利界限，对有关业主的相邻权构成了侵害，并且违反了相应法律的规定及双方合同约定，因此其行为是违法的。

一、“住改商”指业主将住宅用房改为商业性用房的行为

“住改商”亦称“住改非”，这一现象的产生与社会经济的发展历程密切相关。住房改革之初，商品经济还不发达，市场对经营性用房的需求也较少。但随着经济的发展和城市化进程的加快，城市人口逐渐密集，人们创业的激情越发高涨，对经营性用房的需求不断增加。由于经营性用房的房价相对比较高，导致大量创业者选择将住宅用房作为经营性场所，进而降低创业资本。“住改商”现象也变得越来越普遍，其带来的种种弊端也开始凸显，随之而来的利益冲突和社会矛盾逐渐加剧，有必要通过法律手段进行规制。在《物权法》颁布之前，我国各地区对“住改商”的行为，尚未形成统一的法律规定。[①]

二、“住改商”的监管部门较为模糊

经营场所登记依据《公司登记管理条例》的相关规定，管理部门应是工商管理部门，若涉及改变房屋用途等由规划、住房、建设、安监等相关

---

① 史月强：《“住改商”法律问题研究》，湘潭大学2017年硕士学位论文。

职能部门依法管理。实践中，小区出现“住改商”经营行为扰民的，业主大多要求物业管理公司出面协调制止，后者则只能以《商品房买卖合同》所附《临时管理规约》中，约定业主不得变动、改变物业的用途和结构，或在行使权利时不得发生与物业的使用性质相悖的行为等内容，要求相关业主整改或通过安装门禁卡、禁止其使用电梯运货等措施“请走”扰民公司。

当这些措施无法达到效果时，可向社区居委会和街道办、工商、住房、公安等部门举报，仍然拒不整改的，可依据《最高人民法院关于审理建筑物区分所有权纠纷案件具体应用法律若干问题的解释》第十条的规定向人民法院起诉。

三、各地有效解决“住宅商用”乱象的有益探索

2019 年 7 月，济南市住房和城乡建设局对《关于规范“住宅商用”管理工作的实施意见》再次公开征求意见。与上一版本相比，新版征求意见稿明确未征得全体有利害关系业主同意擅自“住宅商用”的，区县政府要依法查处、取缔。

1. 工商部门负责各类市场主体登记行为的监督检查工作

提交虚假材料或者采取其他欺诈手段隐瞒重要事实，取得工商登记的，由登记机关责令改正并进行处罚；情节严重的，撤销工商登记或者吊销营业执照。工商部门在依法履职过程中通过登记的住所无法与企业取得联系的，依据相关规定列入“经营异常名录”，并向社会公示。对未取得营业执照擅自从事生产经营活动的行为，依法依规进行查处。

2. 规划部门加强建筑物使用的规划管理

任何单位和个人都应当按照规划部门批准的建筑物功能使用建筑物。建设用地的规划使用性质和已建成的建筑物、构筑物的规划使用性质不得擅自变更。规划部门应完善现有建筑物（临时）改变使用功能规划管理规定，确需对现有建筑物（临时）改变使用功能的，应按规划部门规定办理相关手续。

规划部门要从规划阶段加强管理，合理布局商业用房，开发建设单位在开发新建小区时，要合理配建小区居民所需的公共配套设施，满足居民的消费需要。依法确认建筑物的使用性质。

3. 城管负责对破墙开店的监管和违反规划建设行为予以查处

对存在擅自进行外部装修、破坏房屋结构、变更临街门窗、私搭乱建、私设牌匾等违法行为，严格按照法律、法规依法进行查处，该拆除的拆除，该处罚的处罚，对于无法采取改正措施的，应当依法强制拆除。

4. 城乡建设部门负责对改变建筑物主体和承重结构的监督管理

对违反《建筑法》规定，涉及建筑主体或者承重结构变动的装修工程擅自施工的，责令改正。

5. 房屋管理部门负责加强对物业服务企业的监督管理

对于擅自改变房屋用途等违反房屋管理规定的市场主体或业主，督促物业服务企业予以劝阻、制止并及时报告有关行政部门。住所（经营场所）使用功能及法定用途为住宅的房产经批准取得合法“住宅商用”资格的，其物业公共服务费应按照经营性用房标准缴纳。

6. 各部门加强对各自行政许可的监督管理

自然资源、环保、公安、消防、教育、食品药品监督、卫生计生、文化广播新闻出版、商务、民政、人力资源和社会保障、税务及有关部门，要按照“谁审批、谁监管、谁负责”的原则，依法加强对使用住宅作为住所（经营场所）的经营活动相关行政许可的事中事后监管工作，对不符合法律法规要求的撤销有关许可。

第二百八十条　【业主大会、业主委员会决定的效力】 业主大会或者业主委员会的决定，对业主具有法律约束力。

业主大会或者业主委员会作出的决定侵害业主合法权益的，受侵害的业主可以请求人民法院予以撤销。

【条文疏义】

本条基本沿袭了《物权法》第七十八条之规定，仅作个别文字表述上的修改。

一、业主委员会的概念及其权利和义务

1. 业主委员会

业主委员会本质上是指由物业管理区域内业主代表组成，代表业主的利益，向社会各方反映业主意愿和要求，并监督物业管理公司管理运作的一个民间性组织。业委会的权利基础是其对物业的所有权，它代表该物业的全体业主，对该物业有关的一切重大事项拥有决定权。

业主委员会作为业主大会的执行机构，由业主大会或业主代表大会选举产生，每届任期 2 年至 3 年，可连选连任。业主委员会委员由业主担任，业主委员会主任、副主任在业主委员会委员中推选产生。一般来说，一个物业管理区域成立一个业主委员会，根据物业管理区域规模大小，由 5 人至 15 人组成。如北京曾规定，凡商品房、经济适用房入住率超过 50%，或首户入住已满 2 年的新建居住小区，均可组建业主委员会。

2. 业主委员会作为业主大会执行机构的权利

（1）召集业主大会会议，修订业主公约、业主委员会章程。

（2）代表业主与业主大会选聘的物业管理企业签订物业服务合同。

（3）及时了解业主、物业使用人的意见和建议，监督和协助物业管理企业履行物业服务合同。

（4）审议年度管理工作计划、年度费用预算。

（5）监督公共建设、公共设施的合理使用。

（6）监督业主公约的实施。

（7）业主大会赋予的其他职责。

3. 业主委员会负有的法定义务

（1）向业主大会报告工作。

（2）执行业主大会通过的各项决议，接受广大业主的监督。

（3）贯彻执行并督促业主遵守物业管理及其他有关法律、政策规定，协助物业管理企业落实各项管理工作。

（4）接受政府行政管理机构的监督指导，执行政府部门对本物业的管理事项提出的指令和要求。

（5）业主委员会作出的决定不得违反法律、法规政策，不得违反业主大会的决定，不得损害业主公共利益。

二、业主大会决议的法律效力

1. 业主大会的决议既约束业主也约束业主委员会

由于业主委员会系业主大会的常设机构和执行机构，执行业主大会的决定事项。业主大会或者业主委员会作出的决定，对物业管理区域内的全体业主具有约束力。所以业主大会或者业主委员会的决定应当以书面形式在物业管理区域内及时公告。

但必须注意的是，对全体业主具有约束力的业主大会的决定，必须是依法设立的业主大会依据法定程序作出的，同时应符合法律、法规及规章的规定，不损害社会公共利益、专属国家利益和他人的合法权益的决定。

2. 业主大会或业主委员会决定效力及于小区内物业实际使用人

业主大会或者业主委员会的决定对全体业主具有约束力，包括该业主的继受和物业的承租人等实际使用人。当业主将房屋出租或者借给他人使用时，业主大会或者业主委员会的决定涉及业主的权利和义务的，也同样适用于这些房屋实际使用人。当业主基于赠与等方式将房屋赠给他人时，也同样适用继受人。当发生继承事由时，该物业的继承人无权以其未参加有关会议而不履行因业主大会或者业主委员会决定所产生的义务和责任，当然也同样享有相应的权利。

3. 业主大会或业主委员会作出的与物业管理无关的决定自始无效

《物业管理条例》规定，业主大会、业主委员会应当依法履行职责，不得作出与物业管理无关的决定，不得从事与物业管理无关的活动。由此可见，并非业主大会或者业主委员会的所有决定都是有效的。凡是业主大会或者业主委员会作出与物业管理无关的决定，属于违反法律、行政法规的强制性规定的行为，自始就不具有法律效力，因而也就不对业主具有约束力。至于业主大会或者业主委员会作出的虽然与物业管理有关但涉及侵害业主合法权益的决定，则属于业主有权请求人民法院撤销的范围。

三、对业主大会或业主委员会的不正当决议业主可以请求法院予以撤销

1. 部分业主对业主大会或业主委员会决定事项不服可提起诉讼

实践中，经常发生一些业主以其没有参加业主大会或者业主委员会的会议为由，提出与业主大会或者业主委员会的决定事项相反的意见，要求人民法院支持其诉讼请求。根据有关法律和行政法规的规定，业主大会或者业主委员会的决定，只要符合法定人数或者具有投票权的业主参加，所作出的涉及小区事项的决定，对该小区所有业主都发生效力，具有约束力，所产生的权利和义务都必须享有和承担。单个业主或者部分业主以其未参加会议为由提出的主张不能得到支持。

2. 业主撤销权行使期限及其法律属性的确定

《民法典》物权编沿袭《物权法》之规定，没有直接规定业主请求人民法院撤销业主大会或者业主委员会作出的侵害其合法权益的决定期限及其性质如何确定的问题。对于这个问题，《最高人民法院关于审理建筑物区分所有权纠纷案件适用法律若干问题的解释》第十二条规定，业主以业主大会或者业主委员会作出的决定侵害其合法权益或者违反了法律规定的程序为由，依据《民法典》第二百八十条第二款的规定请求人民法院撤销该决定的，应当在知道或者应当知道业主大会或者业主委员会作出决定之日起一年内行使。

如何确定业主知道或者应当知道其合法权益被侵害，一般情况下，以业主大会或者业主委员会的决定公布、公示或传达等业主稍加注意就能得知作为标准。需要注意的是，《物权法》规定的业主享有的撤销权行使期限，应该理解为一个不变期间，不是诉讼时效，即不存在中止、中断、延长等情况。

【典型案例】

业主大会的决议无效，受害业主如何救济[①]

——业主撤销请求权的行使

基本案情

原告吕某均系在帝景花园小区建筑区划内取得了建筑物专有部分所有权的业主，被告系该帝景花园小区业主委员会。该业主委员会未经法定程序，擅自行使业主专属权利，选聘戊已物业管理有限公司为新的物业服务企业，这一行为违反了《物权法》和《物业管理条例》等法律规定，侵犯了原告作为业主的合法权益。帝景花园小区业主为1300户，而与会代表仅52户，不符合法律法规规定的“制定和修改业主大会议事规则，制定和修改管理规约应当经专有部分占建筑物总面积过半数的业主且占总人数过半数的业主同意的条件”，故原告认为案涉帝景花园小区首次业主大会通过的《业主大会议事规则》《管理规约》因违反法律的强制性规定而无效。

法院审理

法院经审理认为，依照《物权法》第七十六条、第七十八条，《最高人民法院关于审理建筑物区分所有权纠纷案件具体应用法律若干问题的解释》第一条、第八条、第九条、第十二条，《物业管理条例》第六条、第十一条、第十二条、第十五条、第二十条，《最高人民法院关于适用〈中华人民共和国民事诉讼法〉的解释》第九十条之规定，判决撤销被告于2016年4月27日作出的选聘戊已物业管理有限公司为帝景花园小区物业服务企业的决定。

---

① 参见吕某均与帝景花园业主委员会业主撤销权纠纷案，载中国裁判文书网，http://wenshu.court.gov.cn/content/content? DocID = e203bc30 - af03 - 4eec - a18d - 2f7329a8a740&Key Word = %E7%89%A9%E4%B8%9A%E7%AE%A1%E7%90%86，最后访问时间：2020年5月5日。

案件评述

一、我国区分共有社区早期传统管理形态鲜有讨论机制

1.《物权法》业主大会决议撤销的规定相对简单

公寓大厦、封闭小区已经成为居住之主流。业主大会决议，对于落实业主自治制度，更好地管理自身居住环境，决定自己生活方式，意义重大。因而，建构业主大会决议的效力规则十分必要。虽然《物权法》第七十五条对业主大会决议的撤销有所规定，但条文略显简单，制度略显单薄。①

故此，对业主大会决议之性质进行界定，厘清业主大会决议之效力规则，自有裨益。特别是就瑕疵业主大会决议效力的研究而言，业主大会决议作为多方法律行为，不同之瑕疵类型对决议效力自有其不同影响以及效力认定的考量。对此，有待下位法进一步予以明确。

2. 保障业主的管理决策权是维护业主共有权的关键

业主共有权的实现方式是通过业主大会对区分所有建筑物进行管理，因此，业主管理决策权的内容包括对涉及业主共同利益的重大事项进行讨论和表决、对业主委员会进行监督、对业主大会和业主委员会的不当决议进行制约。为此需要通过业主小组强化业主大会议事多数决的程序保障，采用事中监督、机构化等措施切实实现对业主委员会的监督，同时完善业主对业主大会和业主委员会决议的异议权。②

二、本案业主委员会选聘物业的违法行为侵害了业主权益

本案业主委员会选聘物业的行为违法。业主大会是由建筑区划内的全体业主参加，依法成立的自治组织，是建筑区划内建筑物及其附属设施的管理机构。业主大会依据法定程序作出的决定，通常才能反映出建筑区划内绝大多数业主的意志与心声。业主委员会是由业主大会从热衷公益事业、责任心强、具有一定组织能力的业主中选举产生的，作为业主的代表履行

---

① 陈对：《论瑕疵业主大会决议之效力》，浙江大学 2017 年硕士学位论文。

② 薛源：《论业主管理决策权的法律保障》，载《西北大学学报》2013 年第 9 期。

对建筑物及其附属设施的具体管理职责，是为全体业主服务的组织。业主委员会作为业主大会的执行机构，具体实施业主大会作出的决定。业主大会或者业主委员会作为自我管理的权力机关和执行机关，其作出的决定，对业主应当具有约束力。

《物业管理条例》第十九条第二款规定，业主大会、业主委员会作出的决定违反法律、法规的，物业所在地的区、县人民政府房地产行政主管部门，应当责令限期改正或者撤销其决定，并通告全体业主。业主大会、业主委员会主要对建筑区划内业主的建筑物区分所有权如何行使、业主的合法权益如何维护等事项作出决定。例如，可以对制定和修改业主大会议事规则作出决定，对制定和修改建筑物及其附属设施的管理规约作出决定，对选举、更换业主委员会作出决定，对选聘、解聘物业服务企业或者其他管理人作出决定，对筹集、使用建筑物及其附属设施的维修资金作出决定，对改建、重建建筑物及其附属设施作出决定。无论业主大会、业主委员会作出哪一项决定，对业主都具有约束力。

现实中，有的业主大会或者业主委员会不遵守法律、法规、管理规约，或者不依据法定程序作出某些决定，侵害业主的合法权益。针对这些情形，本条第二款规定："业主大会或者业主委员会作出的决定侵害业主合法权益的，受侵害的业主可以请求人民法院予以撤销。"这一规定赋予了业主请求人民法院撤销业主大会或者业主委员会作出的不当决定的权利。业主在具体行使这一权利时，还要依据《民法总则》《民事诉讼法》等法律的规定。

第二百八十一条 【建筑物及其附属设施维修资金的归属和处分】 建筑物及其附属设施的维修资金，属于业主共有。经业主共同决定，可以用于电梯、屋顶、外墙、无障碍设施等共有部分的维修、更新和改造。建筑物及其附属设施的维修资金的筹集、使用情况应当定期公布。

紧急情况下需要维修建筑物及其附属设施的，业主大会或者业主委员会可以依法申请使用建筑物及其附属设施的维修资金。

【条文疏义】

本条沿袭了《物权法》第七十九条的规定，增加了维修资金的使用范围和在紧急情况下，业主大会或者业主委员会可以依法申请使用维修基金的规定。

一、建筑物区分所有的维修资金由业主共有

1. 建筑物区分所有及其附属设施的维修资金

1998 年印发的《国务院关于进一步深化城镇住房制度改革加快住房建设的通知》明确提出，要建立住房专项维修资金制度。1998 年 12 月，建设部和财政部联合印发的《住宅共用部位共用设施设备维修基金管理办法》规定，商品住房和公有住房出售后都应当建立维修基金。同时，对维修资金如何缴纳作出了具体规定。

我国的房屋维修金制度始于 1998 年，2004 年房屋维修金演变为房屋办理产权证时必须缴纳的费用。其缴纳标准也由最初的“按购房款 2% 至 3% 的比例缴纳”变为 2008 年的“按住宅建筑安装工程每平方米造价的 5% 至 8% 缴交”。

2. 公共维修基金归全体业主共有专用于小区公共设施的维修

按照 2007 年重新修订的《住宅专项维修资金管理办法》规定，公共维修基金专门用于小区公共设施的维修，归全体业主共有。但在业主委员会成立之前，该资金一般情况下由房地产行政主管机关来代管。房屋维修基金的名字多年来经过数次变化，1998 年，叫作“房屋维修基金”，后改为“商品房公共维修基金”，2007 年，根据当时建设部和财政部联合发布的 165 号令，最终改为“住宅专项维修资金”。

二、业主有权对专项维修资金的管理和使用予以监督

2000 年建设部发布的《关于进一步深化国有企业住房制度改革加快解决职工住房问题的通知》指出，出售公有住房，应当按照有关规定建立住宅共用部位共用设施设备维修基金并健全维修基金使用与管理制度，实施有效监督。

2003 年国务院颁布的《物业管理条例》对建立健全维修资金制度作出了进一步规定。专项维修资金属业主所有，专项用于物业保修期满后物业共用部位、共用设施设备的维修和更新、改造，不得挪作他用。专项维修资金收取、使用、管理的办法由国务院建设行政主管部门会同国务院财政部门制定。

房屋维修基金实际上包括房屋公用设施专用基金和房屋本体维修基金。房屋公用设施专用基金简称“专用基金”，用于物业共用部位、公用设施及设备的更新、改造等项目，不得挪作他用。专用基金实行“钱随房走”的原则，房屋转让时，账户里的余额资金也随之转移给房屋的新的产权所有人。

三、其使用旨在建筑物共有部分的维修改造

1. 法律明确建筑物及其附属设施的维修资金属业主共有专用

维修资金的使用涉及共有部分、共用设施设备的维修、更新、改造、维护等，涉及业主能否正常使用建筑物及其附属设施，关系到每个业主的切身利益，因此，本条规定维修资金的使用应当经业主共同决定。至于业主如何决定维修资金的使用，要依据《民法典》物权编第二百七十八条所沿袭的《物权法》第七十六条作出决定。

2. 维修资金主要用于业主专有部分外共用部分的维修

至于业主专有部分以外的哪些部分为共有部分，如电梯、水箱等。哪些设施为建筑物的附属设施，要根据每一栋建筑物、每一个建筑区划的不同情况具体分析。建设部和财政部联合印发的《住宅共用部位共用设施设备维修基金管理办法》规定，共用部位指住房主体承重结构部位（包括基础、内外承重墙体、柱、梁、楼板、屋顶等)，户外墙面、门厅、楼梯间、走廊通道等。共用设施设备，是指在住宅小区或单幢住房内，建设费用已分摊进入住房销售价格的共用的上下水管道、落水管、水箱、加压水泵、电梯、天线、供电线路照明、锅炉、暖气线路、煤气线路、消防设施、绿地、道路、路灯、沟渠、池、井、公益性文体设施和共用设施设备使用的房屋等。

【典型案例】

主张缴纳建筑物维修资金的主体资格①

——业主大会或业主委员会

基本案情

曹戊元等 17 人因与重庆亥宇置业公司业主共有权纠纷一案，不服该市第一中级人民法院（2016）民终 82 号民事裁定，向该市高级人民法院申请再审。

曹戊元等 17 人申请再审称，亥宇置业公司没有交纳专项维修金，损害了其他业主的合法权益，曹戊元等 17 人是本案适格的原告。一、二审以其主体不适格为由驳回起诉，属认定事实和适用法律错误。曹戊元等 17 人依据《民事诉讼法》第二百条第二项和第六项的规定申请再审。

法院审理

人民法院经审理认为，根据《物权法》第七十六条、第七十九条规定，建筑物及其附属设施维修基金属于业主共有，其筹集和使用应由全体业主共同决定，曹戊元等 17 人作为公寓业主起诉要求亥宇置业公司交纳专项维修资金，无证据证明其可以代表该公寓全体业主。

---

① 参见邓某德、彭某福等与重庆亥宇置业公司业主共有权纠纷申诉、申请再审案，载中国裁判文书网，http：//wenshu. court. gov. cn/website/wenshu/181107ANFZ0BXSK4/index. html？ docId = 72f7 63dcecac4e18bf17a79000f2e3b1，最后访问时间：2020 年 5 月 6 日。

同时，因业主共有权主体多元，具有群体性，加之《物权法》第八十三条第二款规定："业主大会和业主委员会，对任意弃置垃圾、排放污染物或者噪声、违反规定饲养动物、违章搭建、侵占通道、拒付物业费等损害他人合法权益的行为，有权依照法律、法规以及管理规约，要求行为人停止侵害、消除危险、排除妨害、赔偿损失。业主对侵害自己合法权益的行为，可以依法向人民法院提起诉讼。"可见，对住宅小区内业主共有权和共同管理权遭受损害的情形，业主大会和业主委员会有权代表全体业主向人民法院提起诉讼，对业主专有权受到侵害的情形，由业主主张权利。

该市《物业专项维修资金管理办法》第五十条亦规定，对业主拒不交存或续筹专项维修资金的，由业主大会和业主委员会行使相应的权利。因此，一、二审法院以本案应以业主大会和业主委员会作为诉讼主体行使相关诉讼权利为由，认定曹戊元等 17 名单独的业主不具有原告诉讼主体资格，并无不当。

案件评述

一、属业主共有的维修资金之权利行使须经业主共同决定

针对实践中业主疑问较多的有关建筑物及其附属设施的维修资金所有权归属、维修资金的用途以及如何使用等问题，本条规定，建筑物及其附属设施的维修资金属于业主共有。经业主共同决定，可以用于共有部分的维修。

这一规定首先明确了建筑物及其附属设施的维修资金是属于业主共有。但是建筑物及其附属设施的维修资金的使用关系着业主专有部分以外的共有部分、共用设施设备保修期满后的维修、更新、改造、维护等，关系着每个业主的切身利益。因此，本条规定维修资金的使用应当经业主共同决定。

本案中，曹戊元等 17 名业主，并没有权利单独主张维修资金，因为对于住宅小区内业主共有权和共同管理权遭受损害的情形，业主大会和业主委员会有权代表全体业主向人民法院提起诉讼，对业主专有权受到侵害的情形，才由业主主张权利。

二、小区维修涉及业主切身利益事关社会的和谐与稳定

本条规定的立法背景是由于我国住房制度改革的不断深入，人民群众的生活水平不断提高，居民个人拥有住宅的比例越来越高，住宅房屋的维修管理责任也相应地由过去的国家、单位承担转移到居民个人承担。而我国的住宅多为高层或者多层的群体建筑，又往往以住宅小区的形式开发建设，导致建筑物及其附属设施的维修问题日益表现出来。

区分所有的建筑物及其附属设施能否正常、及时、顺利地维修，关系到小区建筑物及其附属设施能否正常使用及业主的安全，关系到全体业主的切身利益，也关系到社会的和谐与稳定。因此，《民法典》物权编对建筑物及其附属设施的维修资金作出了具体规定。

三、其本质为行使区分所有权之共同管理权的便利而设立的管理工具

1. 业主拥有资金所有权并不代表业主必须进行自主管理

在业主管理能力有限的现实背景下，立法并未将增强业主管理能力作为重点，而是希望通过政府代管专项维修资金、物业服务企业代管维修事务转移业主的共同管理责任，但问题是，专项维修资金的管理事务虽然被转移，但住宅小区建筑物维护保养的长期风险并未转移，建筑物维护管理责任是住宅小区业主难以逃避的责任。

2. 行政机关代管专项维修资金难以及时决策且平衡各方利益

对于政府行政机关代管专项维修资金的模式而言，政府作为外在行政力量，难以真正深入住宅小区了解建筑物维护保养现状，难以逐一确定专项维修资金的提取是否为资金滥用，也难以介入小区微观治理过程，难以在专项维修资金决策使用过程中平衡各方主体利益。

第二百八十二条　【业主共有部分产生收入的归属】

建设单位、物业服务企业或者其他管理人等利用业主的共有部分产生的收入，在扣除合理成本之后，属于业主共有。

【条文疏义】

本条为新增法条，强调了在扣除合理成本后，共有部分产生的收入属于业主共有。

在司法实践中，根据《最高人民法院关于审理建筑物区分所有权纠纷案件适用法律若干问题的解释》第十七条的有关规定，审理建筑物区分所有权纠纷案件时所称的建设单位，包括包销期满，按照包销合同约定的包销价格购买尚未销售的物业后，以自己名义对外销售的包销人。

一、建筑物共有部分的界定

鉴于《民法典》物权编沿袭《物权法》的规定，小区建筑物区划内的其他公共场所、公用设施和物业服务用房，属于业主共有；占用业主共有的道路或者其他场地用于停放汽车的车位，属于业主共有。

我国的物业服务行业随着房地产业迅猛发展而不断壮大，业主与物业服务企业之间的纠纷日渐增多，其中涉及建筑物共有部分的收益分配问题尤为突出。在现实生活中，一些物业服务企业擅自利用共有部分进行经营活动，并将所得收益据为己有，其行为侵犯了业主的合法权益。因此，解决好建筑物共有部分的收益分配问题，对业主及物业服务企业都是具有现实意义的。

二、区分所有之建筑物共有部分的收益归属

根据《物业管理条例》的相关规定，利用物业共用部位、共用设施设备进行经营的，应当在征得相关业主、业主大会、物业管理企业的同意后，按照规定办理有关手续。业主所得收益应当主要用于补充专项维修资金，也可以按照业主大会的决定使用。

我国各地区在有关建筑物共有部分的收益归属及其分配使用的问题上，曾经存在一些现实问题。如物业服务企业为了满足自身利益，在没有事先征得业主同意的情况下直接与商家签约，利用小区共有部分开展经营活动；擅自设立摊位、投放广告；所得收益未向业主公示和返还，而是收归己有等。

在司法实践中，根据《最高人民法院关于审理建筑物区分所有权纠纷案件适用法律若干问题的解释》第十四条的有关规定，建设单位、物业服务企业或者其他管理人等擅自占用、处分业主共有部分、改变其使用功能或者进行经营性活动，权利人请求排除妨害、恢复原状、确认处分行为无效或者赔偿损失的，人民法院应予支持。属于前款所称擅自进行经营性活动的情形，权利人请求建设单位、物业服务企业或者其他管理人等将扣除合理成本之后的收益用于补充专项维修资金或者业主共同决定的其他用途的，人民法院应予支持。行为人对成本的支出及其合理性承担举证责任。

三、小区业主享有建筑物共有部分的所有权

《民法典》物权编沿袭《物权法》的有关规定，业主对建筑物内的住宅、经营性用房等专有部分享有所有权，对专有部分以外的共有部分享有共有和共同管理的权利。物权所有人对自己所有的不动产或者动产享有占有、使用、收益和处分的权利。同时，物业服务企业或者其他管理人员，根据业主的委托管理建筑物区划内的建筑物及其附属设施，并接受业主的监督，即物业服务企业基于与所有权人签订的委托合同才获得了从属于所有权的物业管理权。物业服务企业应当按照物业服务合同的约定，提供相应的服务，在相应的权限范围内行使权利，不可越权。

四、小区业主享有建筑物共有部分的收益权

收益权一般由所有权人行使，他人使用所有物时，除法律或合同另有规定外，收益归所有人所有。收益是因物而带来的利益，包括孳息和利润。小区业主作为建筑物共有部分的所有权人，对利用建筑物共有部分经营而获得的收益，享有收益权。作为建筑物区分所有权人，各共有所有权人可依规约或者其共有持份，获得因共用部位所产生利益的权利。综上所述，利用小区共有部分经营权所获取的收益应当归业主所有。

五、物业服务企业可获得一定的合理收益

根据《物业管理条例》的相关规定，业主依法享有的物业共用部位、共用设施设备的所有权或者使用权，建设单位不得擅自处分；利用物业共用部位，共用设施设备进行经营的应当在征得相关业主、业主大会、物业管理企业的同意后，按照规定办理有关手续。业主所得收益应当主要用于补充专项维修资金，也可以按照业主大会的决定使用。

据此，利用住宅小区的电梯、外墙、楼顶等部位发布广告，利用配套会所（已公摊）进行经营活动，或者利用小区公共道路停车等，都属于公共部位收益。在上述收入的具体分配比例和方式上，应当根据经营项目情况的不同，双方协商解决分配方案。物业公司在小区广告、会所经营、车位租金的具体操作过程中，会产生一些具体的经营成本、管理成本。例如，室内外广告的保洁维护、会所的经营管理费用、人员工资、占道停车位的看管支出等。这部分成本费用应当从相应的经营收益中扣除，以保证物业公司成本、支出和利益合理，以促进小区共用设施、设备的优化利用。[①]

故此，既然建筑物共有部分为业主共同所有，那么，利用建筑物共有部分所得的收益自应当由所有人即业主共同所有。

【典型案例】

小区内利用建筑物共有部分所得收益如何分配[②]

——小区共有部分产生的收益应当归业主共有

基本案情

2010年9月15日，申海市酉口区子仕世家小区业主大会经全体业主同意，与丑亚公司签订合同，决定将小区内一个公共车库租借给丑亚公司，作为丑亚公司的仓库使用，按照合同规定，丑亚公司每年向子仕世家小区支付20万元整。子仕世家小区业主大会经过多数业主表决，决定按照业主的专有部分所占比例来分配这20万元。

---

① 张富信：《住宅小区内共有部分收益的归属问题》，载新浪网，http://blog.sina.com.cn/u/5083865209，最后访问时间：2020年5月6日。

② 《小区公共部分收益如何分配?》，载《新民晚报》2010年9月16日。

法院审理

法律已明文规定，建设单位、物业服务企业或者其他管理人等利用业主的共有部分产生的收益，在扣除合理成本后，属于业主共有。

本案中，申海市西口区子仕世家小区业主大会在经过全体业主同意之后，将小区内车库租借给丑亚公司，对于此租借行为所获得的利益，应当如何进行分配？这个问题在学理上已形成主流观点。

虽然《物权法》《物业管理条例》并未明确规定公共部分产生的收益的归属，但是根据《物权法》的规定，电梯间、小区楼房外墙等部位属于建筑物共有部分，归小区业主共有，那么由此产生的收益也应归业主所有。

而小区共有部分所产生的收益归小区业主所有的做法已被司法审判实践所认可。比如，在最高人民法院公布的一起发生在无锡市的物业纠纷案中，无锡市锡山区人民法院一审认为，共有部分在物业服务企业物业管理（包括前期物业管理）期间所产生的收益，在没有特别约定的情况下，应属全体业主所有并主要用于补充小区的专项维修资金。物业服务企业对共有部分进行经营管理的，可以享有一定比例的收益。

因此，申海市西口区子仕世家小区业主大会所获得的20万元，应当按所有业主专有部分所占全体的比例来进行分配，此种分配方式体现了建筑物区分所有权中专有部分的主导型。

案件评述

一、小区物权共有部分经营收益所有权归属

利用小区物权共有部分经营所得收益具有稀缺租赁属性，而对其维护、监管和处分的规范机制长期以来呈滞后状态，业主共有收益的流失和不当使用的问题时有发生，以致业主与物业服务企业或开发商之间的权益纠纷不断（有时还涉及业主与业主委员会之间的纠纷），追索应得共有收益在很多情况下成为业主群体组织起来维权或成立业主大会的主要动因之一。业主共有收益对于小区治理和物业管理的运作具有灵活而多方面的支持和调节功能，其中主要包括抵免物业管理服务费和支持物权共有部分的更新、改造、增值，除此之外，还包括对社区福利和社区文化建设等方面的支持。

二、业主共有收益的维护和管理事关物业小区秩序稳定

在以往的案例中，凡业委会成功向物业服务企业索回业主应得共有收益，且业主共有收益丰厚的小区，凭借其共有收益的丰厚积累，不仅实行自管，而且物业管理服务费标准多年来维持不变，那些未涉嫌不当占用业主共有收益的物业服务企业，与业主群体之间构建或维持契约合作关系也较为顺利。

可见，业主共有收益的维护和管理是构建稳定和谐的物业管理秩序的一个关键。学者提出的应让业主共有收益发挥公益价值的基本观点，即业主共有收益的分配应以小区建筑物体系生命周期内的可持续性维护为第一原则。物权共有部分价值的保值增值不仅是物权专有部分保值增值的基础性保障，而且是促进团体生活共同之善和成员参与的纽带。业主共有收益的管理制度应围绕用途规范、物权界定明晰、积累过程透明、使用程序正当可行而推进。

三、法律原则转化为监管和促进措施受制于利益博弈成本

法律法规对利用业主物权共有部分经营及其所得收益的维护和使用有明确的原则规定。《民法典》物权编第二百八十三条沿袭《物权法》第八十条规定："建筑物及其附属设施的费用分摊、收益分配等事项，有约定的，按照约定；没有约定或者约定不明确的，按照业主专有部分面积所占比例确定。"这里强调的是明确区分建筑物体系专有和共有部分前提下业主的共同权益和责任的分配规则。

国务院《物业管理条例》第六条第二款第八项规定，业主对物业共用部位、共用设施设备和相关场地使用情况享有知情权和监督权。第五十四条规定："利用物业共用部位、共用设施设备进行经营的，应当在征得相关业主、业主大会、物业服务企业的同意后，按照规定办理有关手续。业

主所得收益应当主要用于补充专项维修资金，也可以按照业主大会的决定使用。”

该条例第五十九条、第六十二条还分别就物业服务企业“将一个物业管理区域内的全部物业管理一并委托给他人”和“未经业主大会同意，物业服务企业擅自改变物业管理用房的用途”的违规行为作出惩戒性规定，并规定上述行为所产生的委托收益或所得收益“用于物业管理区域内物业共用部位、共用设施设备的维修、养护，剩余部分按照业主大会的决定使用”。

该条例第六十三条除规定对个人或单位擅自改变物业管理区域内按照规划建设的公共建筑和共用设施用途或擅自占用、挖掘物业管理区域内道路、场地或擅自利用物业共用部位、共用设施设备进行经营的行为予以责令限期改正、警告、罚款等惩处外，还规定了所得收益，用于物业管理区域内物业共用部位、共用设施设备的维修、养护，剩余部分按照业主大会的决定使用。上述规定强调了物业管理区域内利用物权共有部分经营及其收益分配的规则。

四、有关法律法规的原则性要求须有效遵循和贯彻

1. 区分所有权人团体自治权能不足以影响业主共有收益监管

我国法律法规对建筑物区分所有权人团体依法自治的支持性安排目前还不够充分，业主团体运作账户设置的完整性和规范性问题亟待解决。较之物业管理服务费和专项维修资金的管理，业主共有收益的管理更成问题。由于业主共有收益未专门设立账户，除非物业服务企业具有高度的自觉性依法依规依约履责，否则其运作缺乏公开透明度和有效监督。

在业主大会成立前的物业管理阶段，开发商在交易过程和物业体系运作过程中居于资源、信息的优势地位，并且是临时管理规约的决定性制定者、前期物业服务企业的选择者和同意利用物权共有部分经营的决定者，因而业主共有收益一般由开发商通过前期物业服务合同委托物业服务企业进行管理，此类合同甚至约定了物业服务企业享有业主应得共有收益的一定比例（有的高达50%）。而众多分散的小业主往往是临时管理规约被动的接受者和前期物业服务合同的承受者，不仅在信息、专业知识和控制权结构上处于劣势，而且实现有效监督的集体行动需要付出很高的信息、组织和协调成本，加之地方政府部门贯彻落实法律法规被动滞后，业主共有收益的流失和不当分配便难以遏止。

2. 共有物权界定残缺滞后制约了业主共有收益范围的确定

近年来，开发商或建设单位与小区业主之间围绕小区地下停车场、会所、租赁摊位等场所物权归属的争议纠纷，既反映出物权共有部分界定上的滞后和残缺性，也指向这些场域的经营所得收益的归属博弈。小区的类型复杂多样，包括商品房小区、房改房小区、单位大院内员工居住区等，其物权归属主要依据法律规定和售房合同的约定。而开发商或建设单位在物权共有部分的约定中居于支配地位，开发商主导的物权共有部分的约定只能被动接受（除非放弃购买）。

3. 业主共有收益不应成为物业转嫁经营风险的重要途径

物业服务企业提供质价相符的物业管理服务当然是解决契约关系中供求矛盾的一个基本原则。在物业服务合同实行酬金制的资金配置方式的情形下，更高的物业管理支出将抬高酬金比例，如果在预算控制的监督约束机制滞后的情况下，业主共有收益也可能被用于弥补预算超支部分，从而产生收益隐性转移。

4. 有关法规的原则规定可操作性有待加强

《物业管理条例》规定了物权共有部分经营收益主要用于补充专项维修资金，这是有利于建筑物体系的可持续性维护要求的，但由于没有规定具体量化比例，也没有规定收益补充的程序，从而可操作性有待进一步加强。并且，业主共有收益一旦纳入专项维修资金将受制于“双过三分之二”的表决规则。加之一旦地方政府部门对专项维修资金的运作管得过严，就可能消减业主团体将共有部分经营收益补充到专项维修资金账户的积极性，业主大会或业委会账户健全性及管理和分配规范性的不足、专有物权的可转让性、以较低成本获得较高物业服务效用的业主群体性倾向和业主群体内部的纠纷等因素也制约着业主共有收益合理的维护、分配及使用。

五、保障用途规范的前提下促其灵活使用

为进一步规范物权共有部分经营收益的管理和分配，平衡业主群体的现实利益与未来利益，有学者提出如下建议：促进物权共有部分经营收益的有效管理与合理分配的可行性配套。应促进专项维修资金的政府管理规定与业主团体治理规则之间的有机衔接，以便业主团体自主而合理地改进治理规则。建议基于预算额度来界定政府的事项审批权限，即维修资金使用超过一定额度的，需经政府部门审核同意；在该额度以内的，由业主团体依法定程序启用，并向政府部门报备，并且，业主团体应完善管理规约和业主大会议事规则，明确共有收益的支出分配比例，并按预算额度来界定业主大会、业委会、业委会负责人的决策权限。①

在界定住宅物业共有部分范围的基础上，明确可经营共有部分的内容及经营的方式。针对现实中住宅物业共有部分的经营中存在的若干问题，着重讨论了经营机制的建设问题。提出可以通过明确住宅物业共有部分的产权，实行经营过程的“双授权制”，优化经营收益的分配模式来充分发挥住宅小区的经济功能，用以保证住宅小区物业管理的基本秩序。②

第二百八十三条　【建筑物及其附属设施的费用分摊和收益分配确定规则】建筑物及其附属设施的费用分摊、收益分配等事项，有约定的，按照约定；没有约定或者约定不明确的，按照业主专有部分面积所占比例确定。

【条文疏义】

本条沿袭了《物权法》第八十条之规定，仅作了文字修订。

---

① 杨知源：《规范业主共有部分经营收益管理》，载《现代物业·新业主》2019 年第 1 期。

② 张金娟、白丽华：《住宅物业内共有部分经营问题探讨》，载《建筑经济》2010 年第 3 期。

为保障业主的居住安全，保证建筑物及其附属设施能够正常运转和使用，保证业主的正常生活，有必要及时对建筑物及其附属设施进行养护和维修。

一、业主对异产毗连房屋养护与维修费用的负担惯例

《城市异产毗连房屋管理规定》第九条规定，异产毗连房屋发生自然损坏（因不可抗力造成的损坏，视同自然损坏），所需修缮费用依下列原则处理：

1. 共有房屋主体结构中的基础、柱、梁、墙的修缮

由共有房屋所有人按份额比例分担。

2. 共有墙体的修缮

共有墙体包括因结构需要而涉及的相邻部位的修缮，按两侧均分后，再由每侧房屋所有人按份额比例分担。

3. 楼盖的修缮

其楼面与顶棚部位，由所在层房屋所有人负责；其结构部位，由毗连层上下房屋所有人按份额比例分担。

4. 屋盖的修缮

（1）不上人的屋盖

由修缮所及范围覆盖下各层的房屋所有人按份额比例分担。

（2）可上人的屋盖

包括屋面和周边护栏，如为各层所共用，由修缮所及范围覆盖下各层的房屋所有人按份额比例分担；如仅为若干层使用，使用层的房屋所有人分担一半，其余一半由修缮所及范围覆盖下层房屋所有人按份额比例分担。

5. 楼梯及楼梯间（包括出屋面部分）的修缮

（1）各层共用的楼梯

由房屋所有人按份额比例分担。

（2）特定楼层所专用的楼梯

由其专用的房屋所有人按份额比例分担。

6. 房屋共用部位必要的装饰

由受益的房屋所有人按份额比例分担。

7. 房屋共有、共用的设备和附属建筑

如电梯、水泵、暖气、水卫、电照、沟管、垃圾道、化粪池等的修缮，由所有人按份额比例分担。

二、建筑物及其附属设施经营收益的分配

1. 收益应主要用于补充专项维修资金亦可按业主大会决定使用

《物业管理条例》第五十四条规定："利用物业共用部位、共用设施设备进行经营的，应当在征得相关业主、业主大会、物业服务企业的同意后，按照规定办理有关手续……"

2. 以按业主专有部分占建筑物总面积的比例确定为其指导原则

如何规定业主对建筑物及其附属设施的费用负担、收益分配的问题，立法过程中有不同的看法。有的认为，应当按照业主专有部分占建筑物总面积的比例确定；有的认为，应当按照业主专有部分占建筑物的价值比例确定。还有的认为，这一比例应当考虑业主专有部分的面积、楼层、朝向、购买时的价钱等综合因素。

鉴于现实中情况复杂，各地及每个建筑区划的具体情况不同。业主如何负担建筑物及其附属设施的费用，如何分配建筑物及其附属设施的收益，是业主行使建筑物区分所有权的问题，业主可以依法处分，故本条规定，建筑物及其附属设施的费用分摊、收益分配等事项，有约定的，按照约定。对建筑物及其附属设施的费用分摊、收益分配等事项，没有约定或者约定不明确的，本条作出兼具原则性和指导性的规定，即按照业主专有部分占建筑物总面积的比例确定。

【典型案例】

建筑物的维修费用究竟应如何来分摊①

——有约定者按照约定而没约定者按法定

基本案情

赵某富与王某毅均系新寅市卯街道辰巳商城午区未单元的业主。2014年，该房屋屋面漏雨，赵某富经部分业主委托，找到丁某忠进行屋面维修，后由于要求王某毅付款时，王某毅未予支付，双方发生纠纷。

另查明，丁某忠曾作为本案共同原告参加诉讼，后于2017年3月2日自愿退出本案诉讼。赵某富与丁某忠之间就案涉房屋维修费尚未实际结清。

法院审理

一审法院经审理认为，王某毅否认与赵某富之间存在委托合同关系，赵某富未提供证据证实王某毅与其存在委托的合意，亦未提供充分证据证实王某毅应支付维修费2000元，故对赵某富的主张，不予支持。据此，一审法院遂判决驳回赵某富的诉讼请求。

赵某富不服，上诉至该市中级人民法院。

二审法院经审理认为，区分建筑物的屋顶属于业主共有部分，依据《物权法》第八十条的规定，对于维修建筑物产生的费用分摊，有约定的，按照约定处理；没有约定或者约定不明确的，按照业主专有部分占建筑物总面积的比例确定。

本案中，赵某富、王某毅均为同一区分建筑物的业主，双方因屋顶维修费用产生纠纷。从修理人员丁某忠的陈述来看，其应收取的费用为“每家2700元，共计8家”，赵某富明确陈述“8家不包括一楼门面房”，而王

---

① 参见赵某富与王某毅委托合同纠纷案，载北大法宝，http：//www. pkulaw. cn/Case/pfnl_a25051f3312b07f35dc4d3be63905011ef44c6726495ac7dbdfb. html？match = Exact，最后访问时间：2020年5月7日。

某毅恰属于一楼门面房业主。并且，对于费用总额及已付款项、尚欠款项等，赵某富与丁某忠的陈述不一，存在矛盾之处，二审法院无法确定是否尚欠款项及具体数额。依据《最高人民法院关于适用〈中华人民共和国民事诉讼法〉的解释》第九十一条的规定，主张法律关系存在的当事人，应当对产生该法律关系的基本事实承担举证证明责任。因赵某富提供的现有证据不足以证明王某毅应支付维修费用2000元，其应承担举证不能的法律后果，一审法院未支持其诉讼请求并无不当。

虽然一审法院对于双方法律关系的认定错误，但处理结果正确，二审法院予以维持。依照《民事诉讼法》第一百七十条第一款第一项之规定，判决驳回上诉，维持原判。

案件评述

一、小区维修费用实践中争议频发自需要厘清其法律适用

随着市场经济的发展，小区维修费用与收益分配于立法层面欠缺明确的规定来给法院裁判提供明确规范依据。关联的仅仅是《物权法》中关于建筑物共有部分权属的规定，但区分所有的小区在法律上属特殊区域，我国现行立法仅从各个单方面的规定中予以确定。

本案中，法院按照《物权法》的规定，建筑物费用分摊、收益分配等事项，有约定的，按照约定；没有约定或者约定不明确的，按照业主专有部分所占建筑物总面积的比例确定。只是鉴于原告并未提供证据证明被告属于建筑物业主，得到其授权委托，故法院并未支持其主张。

可见，本案涉及《物权法》《合同法》等诸多法律关系中的全新问题，法律关系较为复杂，我国司法实践中就处理区分所有小区费用特别是收益的司法实践中，各地法院往往对其处理缺乏统一标准。故《民法典》物权编需与时俱进。

二、就专项维修资金使用而言规则明确却现实中具有模糊性

1. 范围限定于共用部位和共用设施设备

建设部与财政部联合发布的《住宅专项维修资金管理办法》第二条第

二款规定："本办法所称住宅专项维修资金，是指专项用于住宅共用部位、共用设施设备保修期满后的维修和更新、改造的资金。"所谓"共用部位"，是指由单幢住宅内业主或者单幢住宅内业主及与之结构相连的非住宅业主共有的部位；所谓"共用设施设备"，是指由住宅业主或者业主及有关非住宅共有的附属设施设备。就住宅装修维修资金的使用而言，《住宅专项维修资金管理办法》第十八条明确规定："住宅专项维修资金应当专项用于住宅共用部位、共用设施设备保修期满后的维修和更新、改造，不得挪作他用。"

2. 住宅专项维修资金属于专款专用但有例外

断然将小区业主的专有部分排除在外，无法解决现实中的复杂问题，假如由于外墙面开裂导致业主的专有部位产生裂缝并引起渗漏水，则业主的专有部分显然应当通过动用维修资金予以修复。

三、业主权益的保障取决于"业主决策"的现实与可能

除规定住宅专项维修资金的使用范围外，在对其的使用决策制度方面，现行立法努力寻求实现业主在决策权益上的相互平衡。为保证行动的及时有效性，现行立法排除了全体一致的决策方式。①

《民法典》物权编第二百七十八条沿袭《物权法》第七十六条规定，决定筹集和使用建筑物及其附属设施的维修资金，以及改建、重建建筑物及其附属设施的，应当经专有部分占建筑物总面积三分之二以上的业主且占总人数三分之二以上的业主同意。这无疑沿袭了共有财产处分重大事务绝对多数决策权的商事习惯。然而，这种充分保障业主决策权与监督权的规则在现实中却存在落实不到位的困境，特别是遇及小区未成立业主大会、业主委员会缺位，或之前的业主委员会成员辞职或者被解聘而之后的成员却尚未被选任等情况。同时，从当前社会实践看，小区业主对不涉及自身

---

① 赵洲：《专项物业维修资金归集和使用上的权益平衡》，载《武汉科技大学学报（社会科学版）》2009年第6期。

利益的决策权与监督权行使往往漠不关心，导致业主大会无法召开或者即使召开但出席人数、表决通过人数达不到法定要求，致使动用专项维修资金的提议流产。

因此，如何调动业主的维权积极性，将“双重多数决定权”等相应机制予以落实，是需要我们进一步思考的问题。

第二百八十四条　【建筑物及其附属设施的管理】 业主可以自行管理建筑物及其附属设施，也可以委托物业服务企业或者其他管理人管理。

对建设单位聘请的物业服务企业或者其他管理人，业主有权依法更换。

【条文疏义】

本条沿袭了《物权法》第八十一条之规定。

一、业主既可自行管理建筑物亦可委托物业公司管理

实践中，对建筑物及其附属设施进行管理主要有两种形式：一是业主委托物业服务企业或者其他管理人管理；二是业主自主管理。

1. 自主管理

这里所谓自主管理指区分所有人自己执行管理业务或构成一个管理团体执行管理业务。自主管理主要是区分所有权人自我管理意思的直接体现，是最贴近区分所有人意思的管理方式。其主要发生在只有一个业主或者业主人数较少的建筑区划。

与委托管理相比较而言，自主管理更符合民法的理念，即理性的行为人对自己的行为负责，在此种情况下，参与管理的人员与管理对象之间有着直接的利益关系。依人数的多寡，自主管理又分为直接管理与管理团体组织的管理。对建筑物及其附属设施进行管理，除委托物业公司外，也有业主自行管理的。

2. 委托管理

这里所谓委托管理指区分所有人将管理业务概括地委托管理公司或第三人进行管理的管理方式。此时区分所有人与管理人之间是一种委托关系，且相互间通常有委托合同存在。区分所有人与委托管理人之间是委托代理关系，适用委托代理法律关系。

二、房地产开发与物业管理相分离的原则

1. 建设单位选聘物业管理公司对建筑物及其附属设施进行管理

在通常情况下，一栋楼或者一个住宅小区建好后，就要对建筑物及其附属设施进行管理，但业主们是陆陆续续迁入居住的，在业主大会尚未成立以前，不能召开业主大会成立业主委员会及时委托物业管理公司。在这种情况下，只能由建设单位选聘物业管理公司对建筑物及其附属设施进行管理。

《城市新建住宅小区管理办法》第五条规定："房地产开发企业在出售住宅小区房屋前，应当选聘物业管理公司承担住宅小区的管理，并与其签订物业管理合同。住宅小区在物业管理公司负责管理前，由房地产开发企业负责管理。"

在业主、业主大会选聘物业管理企业前，建设单位选聘物业管理企业的，应当签订书面的前期物业服务合同。《城市新建住宅小区管理办法》规定，物业管理合同应当明确：（1）管理项目；（2）管理内容；（3）管理费用；（4）双方权利和义务；（5）合同期限；（6）违约责任等。

物业管理合同应当报房地产行政主管部门备案。建设单位与业主签订的买卖合同应当包含前期物业服务合同约定的内容。建设单位在销售住宅或者经营性用房时，应当向业主明示前期物业服务合同。业主应当履行与建设单位签订的前期物业服务合同，服从物业公司的管理。

2. 依房企与物业相分离的原则通过招投标选聘有资质的物业

《物业管理条例》规定，国家提倡建设单位按照房地产开发与物业管理相分离的原则，通过招投标的方式选聘具有相应资质的物业管理企业。

业主大会成立后，可以对建设单位选聘的物业管理企业予以更换。故本条第二款规定，对建设单位聘请的物业服务企业或者其他管理人，业主有权依法更换。

三、专业化、市场化、社会化的物业管理公司

1. 物业服务企业的界定

这里所谓的物业服务企业通常是指符合法律规定，依法向业主提供物业服务的民事主体（市场主体），包括物业公司以及向业主提供服务的其他组织。物业公司是指依法设立、具有独立法人资格，从事物业管理服务活动的企业。

《物业管理条例》第三十二条规定，从事物业管理活动的企业应当具有独立的法人资格。国家对从事物业管理活动的企业实行资质管理制度。具体办法由国务院建设行政主管部门制定。《城市新建住宅小区管理办法》第八条则规定，物业管理公司需向工商行政管理部门申请注册登记，领取营业执照后，方可开业。

2. 我国对物业管理企业实施资质管理

我国有关管理部门对符合不同条件的企业授予不同的资质等级。不同资质等级的物业管理企业只能依据自己的资质水平承接不同的物业管理项目，例如，《物业管理企业资质管理办法》第八条规定，一级资质物业管理企业可以承接各种物业管理项目。二级资质物业管理企业可以承接30万平方米以下的住宅项目和8万平方米以下的非住宅项目的物业管理业务。三级资质物业管理企业可以承接20万平方米以下的住宅项目和5万平方米以下的非住宅项目的物业管理业务。

同时，国家有关主管部门还制定了一系列的规章制度，规范物业公司的行为，《物业管理条例》、建筑部颁布的《物业管理企业资质管理办法》《城市新建住宅小区管理办法》《物业管理企业财务管理规定》《前期物业管理招标投标管理暂行办法》等。目前，业主多选择委托物业公司管理建筑物及其附属设施。

3. 提倡选择专业化、市场化、社会化的物业管理公司管理

随着科技的进步，建筑领域不断出现新技术、新产品，建筑物及其附属设施的科技含量也越来越高，管理更为复杂，业主自行管理有一定难度，加之《城市新建住宅小区管理办法》第四条规定，住宅小区应当逐步推行社会化、专业化的管理模式。由物业管理公司统一实施专业化管理。《物业管理条例》第四条规定，国家鼓励物业管理采用新技术、新方法，依靠科技进步提高管理和服务水平。所以还是提倡选择专业化、市场化、社会化的物业管理公司对建筑物及其附属设施进行管理。

【典型案例】

小区建筑物管理人之资格①

——自主管理或者委托管理

基本案情

双午公司于1999年1月20日成立并取得物业管理资格。2016年8月双午公司与格未小镇小区业主委员会签订为期三年的《物业服务合同》，合同期限自2016年8月15日起至2019年8月15日止。

2016年10月27日于某江与双午公司签订了《物业管理转让协议》。该协议约定：

转让物业管理期限从2016年10月28日起，双午公司前期对该小区进行物业管理后垫付进行的改造和经营成本均由于某江全额承担，待业委会审定后，于某江于10月28日先支付5万元给双午公司，余款在11月3日前结清。双午公司在10月28日正式撤场。协议签订后，双午公司与于某

① 参见双午公司与于某江合同纠纷案，载北大法宝，http：//www. pkulaw. cn/Case/pfnl_a25051f3312b07f32e5ad1e414d88b58a7764ce70a0d9ab2bdfb. html？match = Exact，最后访问时间：2020年5月9日。

江对该小区设施设备进行了清点移交。

协议签订的次日，于某江向双午公司出具欠条一张："今欠双午公司5万元，承诺于2016年11月1日前付清，之后的余款于7日内付清。此据。欠款人：于某江。2016年10月28日。"10月27日，双午公司向格未小镇小区业主委员会发出《关于双午公司将停止格未小镇小区物业服务的报告》。

2016年11月13日，格未小镇小区业主委员会向于某江发出通知，告知于某江，对双午公司转让该小区物业服务给于某江的行为不予认可，同时要求于某江将已接收的资料和资产于11月20日前交与该业委会。于某江于11月15日该将小区的设施设备、资产、客户档案及资料移交给该小区业委会。

该业委会于2016年11月23日发出物业管理招标邀请书和招标文件，并于12月27日与该市金佳会物业公司签订了《物业服务合同》。合同期限自2016年12月3日起至2019年12月2日止。

案涉双午公司不服，向中级人民法院上诉。

法院审理

一审法院经审理认为，双午公司诉请的5万元费用是基于其前期对该小区的改造和经营所产生的。于某江未实际管理该小区，因此双午公司对该小区前期管理投入产生的费用，不应由于某江承担。综上所述，双午公司将格未小镇物业管理转让给于某江的行为不合法，且该协议未生效，本案诉争标的是双午公司对格未小镇小区前期管理的投入，而于某江亦未实际管理该小区。因此，对双午公司主张于某江支付5万元的诉求，法院不予支持。

依照《合同法》第四十五条和《物业管理条例》第三十二条的规定，判决驳回原告双午公司的诉讼请求。

二审法院经审理认为，虽然《物业管理条例》第三十二条第一款规定："从事物业管理活动的企业应当具有独立的法人资格。"但2007年10月1日施行的《物权法》第八十一条第一款规定："业主可以自行管理建筑物及其附属设施，也可以委托物业服务企业或者其他管理人管理”，即从事物业管理活动的主体已经由原来需要具有独立的法人资格，扩大为业主、物业服务企业、其他管理人。依照《最高人民法院关于审理物业服务纠纷案件具体应用法律若干问题的解释》第十一条“本解释涉及物业服务企业的规定，适用于物权法第七十六条、第八十一条、第八十二条所称其他管理人”之规定，于某江作为个人应属于《物权法》规定的其他管理人，可以进行物业服务，双午公司将物业服务转让给于某江的行为并不违法。故一审判决认定自然人不具备物业管理资格错误，法院予以纠正。

根据双方签订的《物业管理转让协议》第四条、第五条的约定，该协议的生效须征得小区业委会审定同意。2016 年 11 月 13 日，格未小镇业主委员会已书面通知于某江，对“双午公司转让与于某江经营一事不予认可”，并要求于某江将已接收的小区资产、资料移交业主委员会，随后小区业委会经招投标与新的物业公司建立了物业服务关系。因双午公司与于某江签订的《物业管理转让协议》未被业委会认可，故该转让协议并未实际生效，且于某江虽短暂接收了双午公司移交的小区设施设备、资产、资料，但并不能视为已合法对格未小镇小区进行了物业管理服务。虽然双午公司与于某江的移交清单上有小区业委会主任王某、副主任刘某在监交人处签字，但该移交清单未加盖小区业主委员会公章，不能将该签字行为视为小区业委会已对物业服务转让协议认可，故双午公司认为“转让协议已生效，小区已交由于某江管理”的理由不能成立，其主张于某江应履行合同义务支付 5 万元费用的请求，依法不予支持。

综上所述，双午公司的上诉理由不能成立，应予驳回；一审判决认定事实清楚，判决结果正确，应予维持。

案件评述

一、既有法律规定中物业管理的主体地位有待纠正

物业管理本质上是业主行使共同管理权利的体现，业主作为物业的所

有人，是物业管理的主导者和物业服务的消费者，并通过业主大会行使物业管理的权利。《物业管理条例》的规定确认了业主委托物业服务企业管理的物业管理方式。但在我国物业管理的发展过程中，业主的主体地位和权利长期被忽视，一些物业服务企业越俎代庖，成了物业管理活动的主导者。

二、既有物业服务中市场机制付之阙如

任何市场都应当包含买方和卖方，在物业服务市场中，买方是业主大会，卖方是物业公司。物业服务产品是准公共服务产品，是对公共部位的管理和服务，任何单一的业主不能决定其价格，只有代表全体业主的组织才能够决定其价格，换句话说，没有代表全体业主的组织就没有真正的买方。

但在既有的物业管理市场上，作为物业服务买方的业主大会在大部分住宅区还没有成立，这就可能使得物业服务处于有卖方无买方、物业服务强卖强买的状态，导致物业服务企业在服务过程中，即使不提升自己的业务水平也能够生存，且能赚取暴利。在这种状况下，我国的物业管理行业整体上缺乏足够强大的市场竞争压力和不断进步的动力，市场机制完全失灵，最终阻碍物业管理行业的健康发展。

三、物业服务与政府应提供的公共服务的边界有待明晰

在既有物业管理模式下，物业服务包含大量的政府应提供的公共服务内容，容易使物业管理偏离行业的核心价值。传统的建筑区划“红线”混淆了物业服务和公共服务的边界，由物业服务企业代为承担起了物业管理区域的公共服务职责，造成与政府公共服务的重叠。

这种状况导致了物业服务企业以管理者自居，而忽视了保障房屋建筑的使用安全、宜居和保值增值这一物业管理的核心价值。这不仅容易给政府的公信力带来负面影响，也阻碍了物业服务企业的健康发展。

四、既有的物业监督管理制度难以落实

在《民法典》的编纂过程中，物业管理的深层次矛盾逐渐显现，因物业管理引发的各种纠纷层出不穷，群体事件、暴力事件有增无减，已经严

重影响到住宅区的生活秩序与和谐社会的建设，而这些矛盾纠纷都可以从现行物业管理制度、机制和物业管理模式上找到其产生的根源。如果再不变革现行制度，重塑物业管理模式，则必将葬送物业管理行业的前途，也必将危及既有房屋的可持续管理，甚至将对和谐社会的建设起到直接的破坏作用。①

第二百八十五条 【物业服务企业或其他接受业主委托的管理人的管理义务】 物业服务企业或者其他管理人根据业主的委托，依照本法第三编有关物业服务合同的规定管理建筑区划内的建筑物及其附属设施，接受业主的监督，并及时答复业主对物业服务情况提出的询问。

物业服务企业或者其他管理人应当执行政府依法实施的应急处置措施和其他管理措施，积极配合开展相关工作。

【条文疏义】

本条在《物权法》第八十二条的基础上，增加了“物业服务企业或者其他管理人根据业主的委托，依照本法第三编有关物业服务合同的规定管理建筑区划内的建筑物及其附属设施”的表述，物业公司应当按照业主大会的指导进行建筑物管理，同时承担管理义务，将物业服务企业或者其他管理人应当及时答复业主对物业服务情况提出的“质询”改成了“询问”。

一、小区物业由本地区房地产行政主管部门负责管理

有关法律规定，小区的物业归县级以上人民政府住房和城乡建设或者房地产行政主管部门管理，但业主有监督的权利。《物权法》以及《物业管理条例》等法律文件都赋予了全体业主对物业的选聘权和监督权。《物

① 张农科：《关于我国物业管理模式的反思与再造》，载《城市问题》2012年第5期。

业管理条例》第五条规定："国务院建设行政主管部门负责全国物业管理活动的监督管理工作。县级以上地方人民政府房地产行政主管部门负责本行政区域内物业管理活动的监督管理工作。"

故可见，相关单位只是指导物业和小区的工作，所享有的是行政管理权；而小区物业由业主监督则是依据房屋所有权所享有的支配权的具体表现。

二、房屋的所有权人作为业主于物业管理活动中的权利

《物业管理条例》第六条规定，房屋的所有权人为业主。业主在物业管理活动中，享有下列权利：

1. 按照物业服务合同的约定，接受物业服务企业提供的服务

2. 提议召开业主大会会议，并就物业管理的有关事项提出建议

3. 提出制定和修改管理规约、业主大会议事规则的建议

4. 参加业主大会会议，行使投票权

5. 选举业主委员会成员，并享有被选举权

6. 监督业主委员会的工作

7. 监督物业服务企业履行物业服务合同

8. 对物业共用部位、共用设施设备和相关场地使用情况享有知情权和监督权

9. 监督专项维修资金的权利

10. 法律、法规规定的其他权利

三、物业管理合同是平等主体间的民事法律关系

1. 物业服务企业或者其他管理人接受业主的监督是其合同义务

《民法典》物权编第二百八十四条沿袭《物权法》第八十一条的规定，业主可以选择物业服务企业或者其他管理人对建筑区划内的建筑物及其附属设施进行管理。选聘物业服务企业或者其他管理人的办法、程序等，应当依据第七十六条的规定由业主共同决定。业主选好物业服务企业或者其他管理人后，应当签订物业管理合同，将自己对建筑物及其附属设施的管理权利

委托给选聘的物业服务企业或者其他管理人。《物业管理条例》第三十四条规定，业主委员会应当与业主大会选聘的物业服务企业订立书面的物业服务合同。因此，业主与物业服务企业或者其他管理人之间是一种合同关系。

2. 依合同向业主提供相应的服务是物业公司的合同义务

在物业服务合同中，业主应当对自己委托物业服务企业或者其他管理人的权限范围、双方的权利义务、合同期限、违约责任等作出规定。《物业管理条例》规定，物业服务合同应当对物业管理事项、服务质量、服务费用、双方的权利义务、专项维修资金的管理与使用、物业管理用房、合同期限、违约责任等内容进行约定。

物业服务企业或者其他管理人与业主签订委托合同后，应当按照合同的约定向业主提供相应的服务。

3. 物业侵权导致业主人身财产受损为违约与侵权的竞合

《物业管理条例》第三十五条第二款规定，物业服务企业未能履行物业服务合同的约定，导致业主人身、财产安全受到损害的，应当依法承担相应的法律责任。第三十六条规定，物业服务企业承接物业时，应当与业主委员会办理物业验收手续。第三十九条规定，物业服务企业可以将物业管理区域内的专项服务业务委托给专业性服务企业，但不得将该区域内的全部物业管理一并委托给他人。第四十三条规定，物业服务企业可以根据业主的委托提供物业服务合同约定以外的服务项目，服务报酬由双方约定。

四、对物业公司的监督为区分所有权中成员权的具体体现

1. 接受业主的监督为物业的法定义务

《城市新建住宅小区管理办法》规定，物业管理公司的义务有：

（1）履行物业管理合同，依法经营；

（2）接受管委会和住宅小区内居民的监督；

（3）接受行政监督指导。

包括房地产行政主管部门、有关行政主管部门及住宅小区所在地人民政府的监督指导。

2. 业主对物业服务予以监督的具体形式

《物业管理条例》规定，业主委员会应当及时了解业主、物业使用人的意见和建议，监督和协助物业管理企业履行物业服务合同。业主对物业服务企业或者其他管理人的监督具体可以采取如下不同形式，如对物业服务企业履行合同的情况提出批评、建议，查询物业服务企业在履行合同中形成的有关物业管理的各种档案材料。查询物业服务企业的收费情况等。业主对物业服务企业的监督有利于其更好地向业主提供服务，履行合同规定的义务。

【典型案例】

小区建筑物物业管理人义务的履行①

——应当接受业主的监督

基本案情

原告唐某钗系己德市庚辛广场下沉式158号商铺商户。2017年7月26日，被告该市戊豪物业公司以原告租赁的商铺未安装隔油池为由采取停电营业相威胁，同年8月1日，在原告未欠被告物业费、电费情况下，采取停电措施达3个小时，严重影响原告正常经营。

8月28日，被告又以原告未安装隔油池为由威胁停水、停电。原告认为被告无视商户权益，因此依据相关法律规定，向法院诉请被告应对原告所受损失承担赔偿责任。

法院审理

一审法院经审理认为，依照《物权法》第八十二条、第八十三条，《合同法》第八条、第六十条第一款、第一百零七条，《最高人民法院关于

① 参见唐某钗诉戊豪物业公司物业服务合同纠纷案，载中国裁判文书网，http：//www.pkulaw.cn/case/pfnl_a25051f3312b07f3ab9ac9eeb4ca4b6ad642425e81956f35bdfb.html？keywords =《中华人民共和国物权法》第八十二条 &match = Exact&tiao = 1，最后访问时间：2020年5月9日。

审理物业服务纠纷案件具体应用法律若干问题的解释》第四条、第十二条，国务院《物业管理条例》第七条第二项、第十七条，《民事诉讼法》第六十四条，《最高人民法院关于适用〈中华人民共和国民事诉讼法〉的解释》第九十条之规定，判决驳回原告唐某钗的诉讼请求。

唐某钗不服一审法院判决，上诉至中级人民法院。

二审法院经审理认为，唐某钗与业主周某签订《租赁合同》、业主周某和戊豪物业公司签订的《前期物业委托合同》系各方当事人真实意思表示，且不存在法律、行政法规强制性规定的情形，应认定合法有效。戊豪物业公司在本案处置过程中并无不当之处，唐某钗的上诉请求不成立，二审法院驳回上诉，维持原判。

案件评述

一、案涉几方形成了物业服务合同法律关系

本案中，原告唐某钗与被告戊豪物业公司签订《物业管理合同》，被告戊豪物业公司接受了业主的委托，因而其享有自主管理建筑区划内建筑物及其附属设施并因此而收取物业管理费的权利。同时也负有为业主之利益而以最大努力管理好建筑物及附属设施的义务，二者相辅相成，共同构成物业管理的应有之义。业主不仅享有物业公司提供服务的权利还享有对受托管理人的监督权，同时业主也因此负有按约定支付物业管理费的义务。因此，在戊豪物业公司未如约履行合同的情况下，原告唐某钗有权向法院诉请被告应对原告所受损失承担赔偿责任。

根据《物权法》第八十一条的规定，业主可以选择物业服务企业或者其他管理人对建筑区划内的建筑物及其附属设施进行管理。业主选好物业服务企业或者其他管理人后，应当签订物业管理合同，将自己对建筑物及其附属设施的管理权利委托给选聘的物业服务企业或者其他管理人。因此，业主与物业服务企业或者其他管理人之间是一种合同关系。

二、物业服务企业或其他管理人应依合同约定向业主提供相应的服务

《物业管理条例》第三十五条第二款规定，物业服务企业未能履行物业服务合同的约定，导致业主人身、财产安全受到损害的，应当依法承担相应的法律责任。第三十六条规定，物业服务企业承接物业时，应当与业主委员会办理物业验收手续。第三十九条规定，物业服务企业可以将物业管理区域内的专项服务业务委托给专业性服务企业，但不得将该区域内的全部物业管理一并委托给他人。第四十三条规定，物业服务企业可以根据业主的委托提供物业服务合同约定以外的服务项目，服务报酬由双方约定。物业管理区域内，供水、供电、供气、供热、通信、有线电视等单位应当向最终用户收取有关费用。第四十四条规定，物业服务企业接受委托代收上述费用的，不得向业主收取手续费等额外费用。

第四十五条规定，对物业管理区域内违反有关治安、环保、物业装饰装修和使用等方面法律、法规规定的行为，物业服务企业应当制止，并及时向有关行政管理部门报告。第四十六条第一款第一句规定，物业服务企业应当协助做好物业管理区域内的安全防范工作。

《城市新建住宅小区管理办法》规定物业管理公司的义务有：其一，履行物业管理合同，依法经营；其二，接受管委会和住宅小区内居民的监督；其三，接受房地产行政主管部门、有关行政主管部门及住宅小区所在地人民政府的监督指导。

《物业管理条例》规定，业主委员会应当及时了解业主、物业使用人的意见和建议，监督和协助物业管理企业履行物业服务合同。业主对物业服务企业或者其他管理人的监督可以采取如下不同形式，如对物业服务企业履行合同的情况提出批评、建议，查询物业服务企业在履行合同中形成的有关物业管理的各种档案材料，查询物业服务企业的收费情况等。业主对物业服务企业的监督有利于其更好地向业主提供服务，履行合同约定的义务。

三、物业企业须弥补既有的行业性不足以建立和谐的业主关系

物业管理作为一种从我国香港引进内地的专业化、社会化、企业化的不动产管理，其经营与服务模式从 1981 年开始，已经走过了近 40 年的历程。但是随着物业服务市场的扩大，物业服务企业与业主之间的权利义务关系并没有在双方的磨合与博弈过程中变得更加顺畅和谐，业主对物业企业服务的满意度也没有得到显著提升，双方之间的各种矛盾纠纷依然频发，成为当前最重要的民生关切点之一。虽然近年来广大业主维权意识和对物业服务质量的要求都在不断提高，但在权利行使方面仍然面临巨大障碍。[①]物业企业欲获得健康的市场发展环境与和谐的业主关系，也必须弥补当前物业行业中的不足。这正是《民法典》物权编对此予以完善的题中应有之义。

第二百八十六条　【业主守法义务和业主大会与业主委员会职责】业主应当遵守法律、法规以及管理规约，相关行为应当符合节约资源、保护生态环境的要求。对于物业服务企业或者其他管理人执行政府依法实施的应急处置措施和其他管理措施，业主应当依法予以配合。

业主大会或者业主委员会，对任意弃置垃圾、排放污染物或者噪声、违反规定饲养动物、违章搭建、侵占通道、拒付物业费等损害他人合法权益的行为，有权依照法律、法规以及管理规约，请求行为人停止侵害、排除妨碍、消除危险、恢复原状、赔偿损失。

业主或者其他行为人拒不履行相关义务的，有关当事人可以向有关行政主管部门报告或者投诉，有关行政主管部门应当依法处理。

【条文疏义】

本条基本沿袭了《物权法》第八十三条的法律规范，增加了“排除妨

① 石玉峰：《物业管理纠纷成因及企业应对策略研究——以V公司为例》，福建农林大学2018年硕士学位论文。

碍”和“恢复原状”请求权的表述，并明确了“行为人拒不履行相关义务的，有关当事人可以向有关行政主管部门报告或者投诉，有关行政主管部门应当依法处理”。

一、业主大会是业主自治组织而业主委员会为其执行机构

立法部门经调查研究认为，业主大会是业主的自治性组织，业主委员会是业主大会的执行机构，业主大会或者业主委员会享有的权利、承担的义务都要落在业主身上，目前许多小区没有成立业主大会或者业主委员会，对业主大会或者业主委员会提起诉讼、申请仲裁的权利暂不作规定为妥；对侵害业主共同权益的纠纷，可以通过民事诉讼法规定，推选代表人进行诉讼。

二、《物权法》规定了小区业主应该遵守的基本义务

基本义务可以说是在住宅小区内生活，作为业主所必须履行和遵循的行为规则。

1. 不得任意丢弃垃圾

现代小区中最重要的是文明的生活环境，而营造文明环境的一个重要方式就是有固定地点和在固定时间倾倒生活垃圾。

2. 不得侵占通道

楼房的通道属于建筑物区分所有权中共有部分，小区业主在行使自己的专有权的同时也应该尊重他人共有权的行使。

3. 不得随意排放大气污染物

大气污染物的排放，不仅影响了相邻人的合法权益，而且也给一个城市的环境造成了不可估量的负担和损失。

4. 不得释放噪声

噪声污染在现代小区中是个很重要也很棘手的问题，尤其是相邻的住户更是深受其害。例如，虽然目前普遍肯定乐器演奏之适法性，但是于一定的特殊时点仍不得演奏。

5. 按规定饲养宠物

业主是否享有饲养宠物的自由，该问题于世界主要国家如美国、法国、日本均有原则规定，但因各国文化传统及社会发展程度不同而有不同的立场和态度。

业主在饲养宠物的时候也要考虑到城市美好的环境和小区的整洁。宠物的饲养过程中要注意不能随地排泄粪便，不要随意侵犯他人，不要扰乱人们的正常生活习惯和作息时间，饲养好宠物是人们现代文明和遵纪守法的重要标志。对此，我国有关法律法规特别是地方立法已有规定。在司法实践中，根据《最高人民法院关于审理建筑物区分所有权纠纷案件适用法律若干问题的解释》第十五条的相关规定，业主或者其他行为人违反法律、法规、国家相关强制性标准、管理规约，或者违反业主大会、业主委员会依法作出的决定，实施下列行为的，可以认定为本条第二款所称的其他“损害他人合法权益的行为”：（一）损害房屋承重结构，损害或者违章使用电力、燃气、消防设施，在建筑物内放置危险、放射性物品等危及建筑物安全或者妨碍建筑物正常使用；（二）违反规定破坏、改变建筑物外墙面的形状、颜色等损害建筑物外观；（三）违反规定进行房屋装饰装修；（四）违章加建、改建、侵占、挖掘公共通道、道路、场地其他共有部分。

三、物业管理的公法与私法属性体现为不同的法律关系

物业管理关系到千家万户的权益，物业管理的双重法律属性及其复杂的多方法律关系致使物业管理领域纠纷频发。社会治理法治化有助于保证政府、市场和业主自治组织等法律关系主体的基本权利和义务的履行，真正实现多元民主的社会治理。因此，有必要以治理社会公共性问题为指引，从社会治理视域出发，为物业管理的运行提供法制规范。

物业管理行为的公法和私法属性体现为行政法律关系和民事法律关系，在运行中出现物业监管主体法律职能虚化，物业服务企业管理职能强化，业主及其自治组织法律地位弱化等困境。究其原因，在于现行物业管理法律制度的缺陷，如立法层面的物业管理基本立法缺失，可操作性指引缺乏，区域地方立法繁杂混乱，执法主体缺席和错位共存，司法判决标准不统一等。

对此，需将社会治理与物业管理法律制度相结合，重塑政府物业管理法律制度引导职能、法律服务职能和法律监管职能。进而厘清物业管理法律关系，完善物业管理立法体系，依法引入第三方服务机构，明确业主自治组织的法律地位和物业服务合同的性质，促进纠纷调解机制的完善。在政府负责、社会协调、公众参与和法治保障的社会治理环境下，努力使物业管理朝着良性方向发展，营造共建共治共享的社会治理格局。[①] 对任意弃置垃圾、排放污染物或者噪声、违反规定饲养动物、违章搭建、侵占通道、拒付物业费等损害他人合法权益的行为如何处置，依据本条规定可采取以下几种办法：首先，业主大会、业主委员会依照法律、法规以及管理规约的规定，要求其停止侵害、消除危险、排除妨碍、赔偿损失；其次，受到侵害的业主个人依据民事诉讼法等法律的规定，向人民法院提起诉讼；最后，共同受到侵害的业主，推选代表人，依据民事诉讼法等法律的规定，向人民法院提起诉讼。

【典型案例】

业主大会的规定对业主具有约束力[②]

——业主自治的权利义务

基本案情

原告沙某兰与吴某同时于建设单位申江常西置业有限公司购买了位于该市常甲广场2幢8×2室房产，并登记为所有权人。被告吴某系该市常甲广场2幢8×1室房屋的所有权人。原告发现吴某对通道和平台作了变动：

其一，东西向通道位于消火栓箱旁加装防盗门以及为加装门自建了部分墙体，该墙体直接将平台西侧墙体上的两扇铝合金窗户封闭。

---

① 陈妙媚：《社会治理视域下物业管理法律制度研究》，广州大学2019年硕士学位论文。

② 参见沙某兰与吴某排除妨害纠纷案，载中国裁判文书网，http：//wenshu. court. gov. cn/content/content？DocID = 568eeeb7 - 25f6 - 4c80 - 853f - 465e86addbc1&KeyWord =，最后访问时间：2020年5月10日。

其二，在平台北面高55厘米的外墙墙体上加装玻璃窗户。

其三，东西向通道的北侧栏杆隔断和踏步墙体被拆除。原、被告之间的争议和纠纷在常甲广场1幢至3幢楼并非个案，针对部分业主圈占公共通道、改建平台等行为，建设单位和物业服务公司张贴告知书，明示上述位置作为通风采光使用，原设施不可改变。原告为主张自己权益诉至法院。

法院审理

法院经审理认为，我国《物权法》第八十三条明确对“违章搭建、侵占通道”等损害其他业主合法权益的行为予以禁止，该项法律规定应当成为相邻不动产权利人之间行使和享用其不动产权利的合理边界。2幢8×1室入户通道作为公摊面积，并非吴某独有，吴某在入户通道外加装门，并将入户通道两侧栏杆进行改造，意将入户通道据为己有，不仅影响了公众消防安全，也侵害了其他业主的权利，故吴某应承担恢复原状的责任。

同时申江市住房和城乡建设局、规划局、城市管理行政执法局、公安局消防支队联合发布公告，禁止违法搭建建筑物、构筑物。

依照《物权法》第八十三条、第八十四条、第九十二条、第九十五条，《侵权责任法》第十五条和《民事诉讼法》第一百四十二条之规定，判决被告吴某于判决生效后15日内拆除东西向通道消火栓箱旁加装的防盗门及自建的墙体，并保持平台西侧墙体上两扇铝合金窗户呈可闭启状态。

案件评述

一、本条立法背景

本条所反映的一个重点内容就是根据民法原理，建筑物区分所有权人作为业主所负有的义务及在权利被侵害时的救济，这是区分所有权人对其居住环境的捍卫。同一栋建筑物上的全体区分所有人因共同关系的存在而产生相邻关系，对于区分所有人或第三人任意弃置垃圾、侵占通道、排放大气污染物、释放噪声以及违反规定饲养动物、违章搭建、拒付物业费等损害他人权益的行为，业主或业主大会为维护居住品质和居住环境，有权按照建筑物区分所有权人会议通过的物业管理规定，请求其停止侵害，消除影响，排除妨害，并采取其他必要措施。

需要说明的是，妨害居住环境的行为并非仅限于以上条文中列举事项，凡对居住环境具有危害性的行为，建筑物区分所有权人会议及其执行机关建筑物区分所有权人委员会均可对其享有请求权，以确保良好的居住环境。

目前，有些建筑区划内的个别业主，不遵守法律、法规以及管理规约的规定，任意弃置垃圾、排放污染物或者噪声、违反规定饲养动物、违章搭建、侵占通道、拒付物业费，损害了部分业主甚至是全体业主的合法权益，对这些侵权行为，由谁予以制止，是否可以追究其侵权责任，本条第二款作了规定。

二、本案体现的法理

本案中，房屋楼道属于公共建筑设施，系全体业主共有，任何业主无权对公共部分的归属擅自进行处分。被告吴某的行为侵害了其他业主的权利，故吴某应承担恢复原状的责任。

三、对《物权法》及有关立法曾有的完善建议

《物权法》第七十六条、第七十七条及第八十三条对管理规约的订立、变更或废止、管理规约应规范的事项、管理规约（含原始管理规约）的效力、保管及阅览等并无规定。①

同样，有学者针对本条规定指出，针对他人对于公共物业财产的侵害行为，应赋予业主团体作为所有人的各种救济权利。《物权法》第八十三条规定了业主不当使用公共物业财产的情形，《最高人民法院关于审理物业服务纠纷案件具体应用法律若干问题的解释》第十四条规定了外部第三人侵害公共物业财产的情形，但这些法条没有明确权利主体资格的问题。应当明确，业主团体是各种救济权的主体，同时规定业主团体可授权业主

① 陈华彬：《论编纂民法典物权编对〈物权法〉的修改与完善》，载《法治研究》2016 年第 6 期。

委员会、物业公司或他人行使；在上述机构不履行职责时，业主个人可代为行使权利。①

1. 社会权力与国家权力相辅相成互相制约

在中国城镇化的进程中，业主这个群体的人数也在不断上升，而其拥有属于社会权利的业主权利。而社会权力的具体表现就是自治。业主如何自治则是业主物权得以实现、公共秩序得以维持以及中国民主法治得以进步的重要保障。

不可否认，当下业主自治的现状存在不足，比如业主参与程度较弱，业主自治组织运作存在一定程度的困难，政府在业主自治中缺位或越位，物业服务质量不高，业主自治的规则效力不强等，因此，我们需要改善并提出一套业主自治的理想模式。在公平的视角下，肯定政府的指导作用，相信市场的调节作用，增强业主的自治观念及能力。②

2. 业主自治是物业管理区域内的私法自治

（1）物业管理中业主自治是现代民主法治精神的反映

物业管理是现代社会的产物，物业管理中业主自治是现代民主法治精神的反映。由于我国相关立法和研究起步较晚，物业管理发展程度较低，业主自治意识和自治能力有待加强，导致现实生活中业主与物业管理企业纠纷时有发生。

（2）业主自治的法律基础来源于宪法和建筑物区分所有权理论

《民法典》物权编再次肯认了业主自治是物业管理区域内的私法自治，其法律基础源于宪法和建筑物区分所有权理论。业主为了实现自治可制定业主公约，对业主、业主自治机构及其他相关主体的权利义务进行规定，业主公约是物业区域内私法自治的最高规则。业主要想全面实现自治，就得建立、健全和完善业主自治机构。业主自治机构包括业主委员会和业主

---

① 尤佳：《业主自治协议中专有权限制条款效力探析》，载《法律科学》2012 年第 5 期。
② 范亚威：《我国业主自治的法理审视与路径重构》，苏州大学 2016 年硕士学位论文。

大会。全体业主成员组成业主大会，负责管理物业区域内的物业基本事项。业主大会通过选举和推荐而产生业主委员会，业主委员会负责履行业主大会的决议，以及负责选聘物管、筹备和召集业主大会。[①]

第二百八十七条 【业主请求权】 业主对建设单位、物业服务企业或者其他管理人以及其他业主侵害自己合法权益的行为，有权请求其承担民事责任。

【条文疏义】

本条在《物权法》第八十三条规定上作出修改，直接规定业主的权利。

一、住宅小区运行涉及多重法律关系

1. 小区物业服务合同法律关系

小区物业服务合同法律关系主要涉及两个层面：一是合同的签订和解除是业主集体意志的体现；二是合同的履行。业主是物业合同的实际当事人，支付费用的是业主，接受服务的也是业主，业主自然有权自己选择服务企业。

2. 物业行业行政管理问责监督法律关系

至于业主大会的召开困局，完全可以通过对主管部门的行政问责机制来予以解决，即以行政问责机制督促建设主管部门指导、协助召开业主大会。

3. 司法救济程序

业主委员会在物业解除合同诉讼中原告资格的司法确认，使得问题的解决有了良好基础。从这个意义上讲，其为程序性公法诉讼。物业服务企业擅自转让物业服务业务给第三人。业主个人无法予以承受，由业主委员会出面解决更为妥当。当然，业主委员会解除权行使的依据是业主大会的决议，没有决议，业主委员会无权解聘物业服务企业。

---

① 聂瑜琳：《物业管理中业主自治法律制度研究》，中国科学技术大学2014年硕士学位论文。

二、小区共有权益被侵害时的法律救济

小区共有权益被侵害时，司法实践并不认可业主委员会的原告资格。有学者认为，即使赋予业主委员会原告资格，高额的诉讼成本也会导致诉讼难行，而业主委员会银行账户的缺位可能导致胜诉后赔偿金入账困难。有学者提出，在业主委员会缺位时，可由居民委员会替代业主委员会，履行本属于业主委员会的职责。因为在现实生活中，居民委员会往往与业主委员会在同一场所办公，二者又同属于自治组织，且居民委员会有资格在金融机构开设账户，由其充当原告似乎行得通。

我国 2017 年颁行的《民法总则》规定，非法人组织是独立的民事主体。非法人组织是指不具有法人资格但可以自己的名义进行民事活动的组织，亦称非法人团体。应当认为，业主委员会即非法人组织。依此自可具有原告资格。《民法典》物权编沿袭了上述规定。

三、业主因此被授予民事权益的司法救济权

业主可能受到来自建设单位、物业服务企业或者其他管理人的侵害，当业主的合法权益受到侵害时，有权请求其承担民事责任。这就是对业主权利的救济。

本条所反映的一个重点内容就是根据民法原理，建筑物区分所有权人作为业主在权利被侵害时，对于建设单位、物业服务企业或者其他管理人以及其他业主侵害自己权益的行为，业主有权按照建筑物区分所有权人会议通过的物业管理规定，请求其承担停止侵害，消除影响，排除妨害等民事责任。

作为业主，物业服务公司若有违法行为且业主大会和业主委员会不能解决，而此时法律规定业主可以依法对侵害自己权利的行为提起诉讼以维护自己的合法权利，这是公民拥有的最基本的权利，即当协商、调解等平等处理纠纷的办法不能奏效时，可以诉诸最后一种救济方式，即国家公力救济的方式，由法院依照法律解决侵权纠纷。

本条作为新修改的条款，更加强调业主维护自己的合法权益。

【典型案例】

擅自将进户门外移却占用公共通道咋办[①]

——业主能够要求违规改建业主承担民事责任

基本案情

某小区业主周某标在装修自家房屋的过程中，擅自将其进户门外移。住在对门的黄某、朱某忠夫妇以周某标擅自占用公共通道面积从而侵害其合法权益为由起诉。

周某标辩称，根据《最高人民法院关于审理建筑物区分所有权纠纷案件具体应用法律若干问题的解释》第四条的规定，业主基于对住宅、经营性用房等专有部分特定使用功能的合理需要，无偿利用屋顶以及与其专有部分相对应的外墙面等共有部分的，不应认定为侵权。周某标进户门所剩的特定空间，在使用功能上和建筑结构上可以认定物权法上所称的使用特定功能，因此其行为没有损害黄某、朱某忠的实际权益。

后经法院工作人员到现场查看，黄某、朱某忠、周某标通往电梯过道宽度约为123厘米，黄某、朱某忠、周某标大门现在相隔距离约为198厘米，同户型进户门未外移的情况下进户门实际相隔距离约为230厘米，黄某、朱某忠大门宽度约为85厘米，周某标大门宽度约为80厘米。在黄某、朱某忠、周某标均将进户门完全打开的情况下，两进户门距离约为33厘米。

法院审理

一审法院经审理认为，《物权法》第八十三条第二款规定："业主大会和业主委员会，对任意弃置垃圾、排放污染物或者噪声、违反规定饲养动物、违章搭建、侵占通道、拒付物业费等损害他人合法权益的行为，有权

---

① 参见周某标与黄某、朱某忠业主共有权纠纷案，载北大法宝，http：//www. pkulaw. cn/case/pfnl_ a25051f3312b07f377a503ebb43a2ddc1b3be41602f810f2bdfb. html？ keywords = % E4% B8% 9A% E4% B8% BB% E5% 85% B1% E6% 9C% 89% E6% 9D% 83&match = Exact，最后访问时间：2020 年 5 月 10 日。

依照法律、法规以及管理规约，要求行为人停止侵害、消除危险、排除妨害、赔偿损失。业主对侵害自己合法权益的行为，可以依法向人民法院提起诉讼。”其中业主违反法律、法规、国家相关强制性标准、管理规约，或者违反业主大会、业主委员会依法作出的约定，实施违章加建、改建、侵占、挖掘公共通道、道路、场地或者其他共有部分的行为，应当认定为损害他人合法权益。黄某、朱某忠以周某标擅自占用公共通道面积从而侵害其合法权益为由起诉，符合上述法律规定。

本案中，周某标擅自将进户门外移，占用公共通道面积是事实。《物权法》第七十条规定了业主对建筑物内的住宅、经营性用房等专有部分享有所有权，对专有部分以外的共有部分享有共有和共同管理的权利。周某标虽然对占用的部分面积享有使用权，但该使用权并不具有排他性，不能因自身的使用而排除、妨害其他业主的正常使用，否则将构成侵权并应当承担法律责任。现周某标将进户门外移，独占部分共有面积，排除、妨害其他业主的正常使用，其行为显然侵害了包括黄某、朱某忠在内的众共有人的共有权。

建筑物区分所有中的专有部分是指构造上能够明确区分，具有使用上的排他性且可作为区分所有权之标的物的建筑物部分。周某标进户门外移，占有的部分面积均不具备上述三个条件，故法院对周某标上述抗辩意见不予采纳。黄某、朱某忠、周某标作为对门邻居，应当互相尊重、互相帮助，而不应为了一时的占有欲而损伤了情谊。据此，法院判决周某标应于判决生效后10日内将房屋进户门恢复原状。案件受理费50元，由黄某、朱某忠负担。

二审法院经审理认为，根据《物权法》第七十条的规定，黄某、朱某忠与周某标同为业主，对公共通道享有平等的权利，而周某标外扩进户门后，将原本的部分公用通道面积圈入自家门内，黄某、朱某忠等其他业主对该部分公用面积无法继续使用，即已侵害了黄某、朱某忠的业主共有权。周某标所占用的公共通道部分与其专有部分并不存在相互对应的关系，不能适用《最高人民法院关于审理建筑物区分所有权纠纷案件具体应用法律若干问题的解释》第四条的规定。需要引起双方注意的是，近邻之间应互谅互让，即使因故产生罅隙，也应积极沟通协调，力争和谐解决，友好居住。

据此，二审法院依法判决：驳回上诉，维持原判。

案件评述

一、业主擅自占用公共通道侵犯了其他业主的共有权

案涉楼房内每户门前的走廊属于公共通道，业主擅自占用公共通道侵犯了其他业主的共有权，受到侵害的业主有权请求其承担民事责任。

根据法律规定，业主对专有部分享有所有权，对专有部分以外的共有部分有共有和共同管理的权利，且对共有部分的使用不具有排他性，不得妨碍其他业主的正常使用。住宅楼内每户进户门前的通道属于公共部位，任何人不得独占。黄某、朱某忠作为周某标的邻居，对公共通道享有共有权，对周某标侵犯其共有权的行为有权提起民事诉讼。

二、业主权益保护具有可司法性与可裁判性

民事审判权的作用范围是民事诉讼立法与司法的重要逻辑前提。当事人只有将具有可司法性或可裁判性的事项提交法院，才能够使纠纷通过司法途径获得解决。

业主自治在实践的有关纠纷日益突出，虽然《物权法》和有关司法解释对于业主与业主自治团体纠纷的司法救济有所规定，但由于民事诉讼制度上对于审判权范围规定的缺失，导致实践中有关起诉受理条件变得难以把握，各地法院掌握标准也不相同，业主在行使该诉权时往往显得力不从心。理论界与实务界已清楚地认识到，要解决这一问题，必须从法律制度上准确界定我国民事审判权的作用范围。此即《民法典》物权编本条法律规范编纂出台的立法背景。

三、业主自治纠纷于民事审判权范围之内可予司法介入[①]

1. 司法的介入应当为社团自治保留必要的空间

现代法治国家，社会自治权的功能在于对抗国家公权对社会的挤压与

---

① 邓娟：《民事审判权之于业主自治的作用范围》，载广州审判网，www. gzcourt. org. cn/，最后访问时间：2020 年 5 月 11 日。

侵蚀，与国家公权构成分离与制衡的良性互动关系。社会自治体的公共事物和公益事物，国家公权不得介入。对于自治社会来说，国家之所以有存在必要，是因为自治社会需要国家保护其自治权利的充分实现，防止自治权利的异化与变质。只有在自治权的行使受阻，或自治权的运行突破了法治的框架，国家公权力才可以强行介入社会自治领域，以排除自治权的变形与异化。

公权（含司法权）与社会权力间领域划分仍为理论上的盲区，划分国家公权与社会权力的界限让其各司其职，保障社会良好运行自待解决。

2. 法律对业主自治纠纷的可诉性有其制度安排

业主自治，一方面是由业主共同组成业主大会订立《业主公约》——"自己制定自己的法律"，使《业主公约》对特定小区的业主具有法律般的效力，从而实现业主自己管理自己事务的目标；另一方面是基于多数决议的自治——"自己决议自己的事务"。但由于业主自治是按照多数决原则确定，这种"多数决"所达成的决议可能是一种"假性的"或推定的"意思一致"。

司法的作用主要是针对社团权力，防止社团权力的越权和滥用，保护在社团治理空间中的个人权利、社团内部的自由和秩序。目前我国法律法规中对业主自治纠纷救济途径规定得很模糊。《民法典》物权编沿袭《物权法》和有关司法解释创设的业主撤销权，用于弥补物业管理区域内业主大会或业主委员会民主决策制度的缺陷，反映了国家公权力（审判权）对于业主自治纠纷的干预。但该撤销权仅限于对业主大会和业主委员会的决定，包括该决定损害业主合法权益以及违反法律规定程序两种情形。

此处所指的"合法权益"究竟是指个人权益还是既包括个人利益又包括共同利益，对于违反业主公约的规定可否享有撤销权等有待进一步明确，对于更多的业主自治纠纷的司法救济范围也有待法律作出明确规定。

3. 以穷尽团体内部救济为前置条件

原则上，团体、组织内部的纷争应尽量通过自身来加以解决。穷尽内部救济原则，可以说是社会团体自治与国家干预相妥协的产物，它既反映了团体自治的要求，也反映了法治国家对当事人权利保障的需要。当然要做到这一点，还有赖于社会团体、组织内部有一套良好而又顺畅的解决争议的程序保障机制。否则，用尽内部救济的原则将会失去其应有的依托。所以，作为业主自治规则的业主规约自治规范，国家允许其在自治范畴内制定纠纷解决替代性规范，因此，在启动审判权进行干预之前，应首先尊重其内部自治规范。

4. 探索多渠道的纠纷解决机制

法治社会的和谐绝不是法律强制下的和谐，维持和谐这种动态的平衡，仅靠法律的强制力显然力不从心。“真正的法律”其实是人们在行动时产生的自发秩序安排。司法的目的在于解决纠纷，而不在于寻求所谓的绝对正确的答案。为了追求自然中的和谐，法律有时也会退避三舍，或因势利导，强调当事人对约定的遵从。因业主自治所涉纠纷与生活紧密相连的特性使然，通过自主磋商解决小区业主自治过程中的纠纷也许是最值得期待的。

对广大业主而言，维持持续性的协作关系，回避痛苦而漫长的诉讼程序，无论在经济上还是在生活上都可谓上策。在司法实务中强调民事审判权作用的同时，应大力完善仲裁、民间调解等替代性纠纷解决机制，从而做到堵疏有机结合，实现定分止争之功效。

学者建议增加对业主自治纠纷的行政救济途径，赋予行政机关对业主自治纠纷的调解权和行政裁决权。应该说，行政机关的救济是解决业主自治纠纷的第一选择，因为这种救济途径较司法救济更加迅速、快捷、专业，成本更低，可以迅速化解业主自治主体之间的矛盾，避免主体之间关系的进一步恶化，对区域和社会的稳定起到重要的作用。因此，赋予行政机关对自治纠纷的裁决权或调解权十分必要。

第七章　相邻关系

第二百八十八条　【处理相邻关系的原则】不动产的相邻权利人应当按照有利生产、方便生活、团结互助、公平合理的原则，正确处理相邻关系。

【条文疏义】

本条沿袭了《物权法》第八十四条的规定。

一、不动产相邻关系的处理原则一脉相承

《民法典》物权编第二百八十八条沿袭《物权法》第八十四条规定了相邻关系处理的基本原则："不动产的相邻权利人应当按照有利生产、方便生活、团结互助、公平合理的原则，正确处理相邻关系。"其实《民法通则》第八十三条即已规定："不动产的相邻各方，应当按照有利生产、方便生活、团结互助、公平合理的精神，正确处理截水、排水、通行、通风、采光等方面的相邻关系。给相邻方造成妨碍或者损失的，应当停止侵害，排除妨碍，赔偿损失。"

二、处理相邻关系的原则

处理相邻关系，应遵循三项法定原则。

1. 有利生产、方便生活的原则

（1）有利生产就是要保障生产的顺利进行

本原则亦即保障社会生产的发展。如果因不动产的相邻权利冲突阻碍了生产的发展，就违背了社会发展的基本原则。所以相邻权利人应该从有利生产的角度处理相互之间的矛盾冲突。

（2）方便生活是为保障相邻权利人生活便利的基本权利

这意味着，一方权利人在行使物权时原则上不能造成相邻权利人的生活不便。如果出现这种情况而发生仲裁和诉讼，裁决机关会按照方便生活的原则处理纠纷。

（3）相邻关系涉及不动产相邻各方的生产和生活

法律调整相邻关系的目的在于通过对相邻不动产所有权或使用权进行适当的限制、扩张，满足相邻各方生产、生活上的利益需要，充分发挥不动产的社会经济效益。因此，在处理相邻关系时，应当从有利生产、方便生活的角度出发，妥善解决有关问题，努力实现法律调整相邻关系所追求的目的。在处理有关共用墙壁、过道、截水、通风、采光等相邻关系时应当从满足相邻各方生产和生活的正当需要出发，公平合理协调相邻各方的利益关系，坚决反对只顾自己方便、不管邻人需要的行为。

2. 团结互助、公平合理的原则

（1）团结互助是我国民间长期倡导的相邻关系处理原则

基于这样一个社会道德要求，对于因相邻关系发生的权利冲突，有关部门的处理原则是通过调解促进相邻权利人实现团结互助。

（2）公平合理是解决一切民事纠纷的基本原则

相邻权利冲突的处理也应该本着公平合理的原则进行。无论是民间调解组织、有关行政机关，还是仲裁和审判机关，在处理和解决相邻权利冲突和纠纷时，都必须做到公平合理，只有做到公平合理，才能真正实现平息争诉，促进相邻关系的和谐相处。

（3）处理相邻关系要理智对待，注重协商，互谅互让

团结互助、公平合理的原则要求不动产相邻各方发扬团结互助的精神，在相邻关系中发生纠纷时，兼顾对方的利益需要，必要时互相给予对方方便，从中找出一个合理的解决办法，而不能打击报复，恶意造成他人的人身、财产损失。

团结互助、公平合理的原则还要求人民法院在审理相邻关系的案件时，应当注重调解，加强教育，防止相邻各方之间矛盾的加深和扩大；在查清事实、分清是非的基础上，充分考虑到相邻各方的生产、生活需要以及由此产生的正当利益要求，公平、合理地协调相邻各方的利益，公正地解决纠纷。

3. 尊重历史和习惯的原则

（1）《民法总则》业已明确“有法依法没有法律依习惯”

《民法典》物权编第二百八十九条沿袭《物权法》第八十五条规定，解决和处理相邻关系，法律、法规对处理相邻关系有规定的，依照其规定；法律、法规没有规定的，可以按照当地习惯。

这一处理相邻关系的原则也非常重要，因为法律、法规有规定的，必然要求按照法律、法规处理。当法律、法规没有规定时，按照当地的民俗习惯处理相邻权利冲突也容易被相邻权利人所接受。

（2）处理相邻关系应尊重历史和习惯以稳定社会正常经济秩序

基于历史和习惯形成的排水、通行等相邻关系以及历史形成的分界墙、通道、间隔等，相邻一方未经他方同意，原则上不得擅自变更。即使相邻一方提出了解除相邻关系的正当理由，人民法院也要对各方面的利益认真加以考虑，在处理上要慎重。这是因为基于历史和习惯形成的相邻关系已经在观念上普遍被相邻各方及周围的人们所接受，已经成为正常的社会秩序的一个组成部分。我国民事法律对相邻关系的许多具体类型没有加以明确规定，而这些相邻关系在实践中又是经常发生的。

【典型案例】

阻碍相邻人修复唯一通行道路，是否应当承担民事责任①

——不动产权利人行使权利应尊重他人之相邻权

基本案情

季某侠与杨某、刘某琴为邻居，杨某、刘某琴系夫妻，季某侠在杨某、刘某琴家房后坎上居住。在通往季某侠家唯一通行的道路上，路面发生坍塌，这给季某侠的生活带来不便。季某侠要将道路修复，但需要到杨某、刘某琴家进行施工。当季某侠进入杨某、刘某琴院内施工时，杨某、刘某琴便予以阻碍，使季某侠的必经通道无法修复，经有关部门出面调解未果。

为此季某侠诉至该院，请求判令杨某、刘某琴停止阻碍季某侠对其门前通道的修复工作。

法院审理

一审法院经审理认为，《物权法》第八十四条规定："不动产的相邻权利人应当按照有利生产、方便生活、团结互助、公平合理的原则，正确处理相邻关系。"本案中，季某侠与杨某、刘某琴系前后院邻居，应协商处理双方的纠纷。坍塌路段系季某侠出行的唯一通道，应在不影响杨某、刘某琴正常生产和生活的前提下对道路进行修复，杨某、刘某琴应对季某侠道路修复工作予以配合，并提供必要的便利，故季某侠的诉讼请求，该院予以支持。

综上所述，依照《民法通则》第八十三条、第一百三十四条，《物权法》第八十四条规定，一审法院判决杨某、刘某琴于判决生效后立即停止

① 参见杨某等与季某侠排除妨害纠纷案，载北大法宝，http：//www. pkulaw. cn/case/pfnl_a25051f3312b07f35d74d67d682b4225b113562b6742a23cbdfb. html？keywords =% E3% 80% 8A% E4% B8% AD% E5% 8D% 8E% E4% BA% BA% E6% B0% 91% E5% 85% B1% E5% 92% 8C% E5% 9B% BD% E6% B0% 91% E6% B3% 95% E9% 80% 9A% E5% 88% 99% E3% 80% 8B% E7% AC% AC% E5% 85% AB% E5% 8D% 81% E4% B8% 89% E6% 9D% A1&match = Exact，最后访问时间：2020 年 5 月 12 日。

阻碍季某侠对坍塌路面进行修复的工作。

二审法院经审理认为，因季某侠与杨某、刘某琴为邻居，双方应本着方便生活、友好相处的原则，正确处理相邻关系。现季某侠出行的唯一道路有部分路面坍塌，影响了其通行安全，季某侠欲对该路进行维修。考虑到该道路的修复亦可消除因路面坍塌可能对杨某、刘某琴宅院造成的危险，故杨某、刘某琴应对季某侠修复道路的工作提供必要的便利。另外，季某侠进行道路维修时，应尽最大可能减少对杨某、刘某琴生活、生产的影响。

综上所述，一审判决认定事实清楚，适用法律正确。据此，二审法院依法判决：驳回上诉，维持原判。

案件评述

一、本案实为相邻关系而引发的纠纷

1. 季某侠有权要求相邻人为其修复唯一通道提供便利

案涉季某侠出行的唯一道路路面坍塌，若想修复则需要进入杨某、刘某琴的家中施工。考虑到通行安全，作为季某侠的邻居，杨某、刘某琴应当尊重季某侠的相邻权，为其施工提供必要便利，不得阻碍其施工。

2. 行使相邻权的同时也负有法定义务

案涉季某侠维修道路时也应当在不影响邻居正常生活、生产的限度之内。相邻人之间应当相互尊重，互帮互助，季某侠的修复行为也应以不妨碍杨某、刘某琴的生活为限，尽最大可能减少对邻居的不利影响。对邻居造成损失还负有恢复原状，赔偿损失的义务。

二、相邻关系的概念与性质①

1. 相邻关系的法律概念

通说认为，相邻不动产的物权人在对不动产进行占有、使用、收益或

---

① 张怡然：《论相邻关系与相关纠纷的处理依据》，载《黑龙江省政法管理干部学院学报》2019 年第 6 期。

处分时，相互给予对方便利或对一方权利加以限制而对他方权利予以延伸，由此形成的权利义务关系即所谓相邻关系。

2. 相邻关系法律属性的不同学说

（1）“权利的限制与延伸说”

该种学说从禁止权利滥用的角度出发，主张相邻关系不是一种独立的物权，而是法律基于私人利益的协调而对不动产物权做出的某种限制。认为相邻关系本质上是对相邻不动产权利人的限制或延伸，或者说“相邻关系制度的功用在于谋求实现不动产相邻各方发生冲突之际的利害关系的衡平调整”。我国民法学界承袭《德国民法典》此种学说，以其为通说。

（2）“相邻权即为权利说”

此种学说从民法“权利法”的角度出发，把相邻关系定义为一种独立的权利，称为相邻权。《法国民法典》采此学说以“法定地役权”对相邻权予以规范。

（3）“相邻权与相邻关系区分说”

英美法系没有名为相邻关系或者相邻权的规定，区分相邻权与相邻关系。所谓不动产相邻关系指相邻近的不动产所有人或利用人之间，一方所有人或利用人的支配力与他方所有人或利用人的排他力相互冲突时，为调和其冲突以谋共同利益，而由法律直接规定的权利义务关系。特别是针对相邻关系中的权利人而言，本质上是不动产所有权人之所有权的限制或扩大，相邻各方不仅享有相邻权利，而且负有容忍对其权利进行合理限制的义务，因而将其称作相邻关系似乎更为妥当。

相邻关系仅就不动产发生，其主体与客体均围绕不动产而展开。首先，相邻关系中的主体为不动产之所有人和使用人，而非仅依所有权而得享有相邻权利，亦须承担相应的义务。其次，相邻关系中的客体主要是相邻不动产利用之间所体现的利益。最后，相邻关系并非仅限于传统民法中的土地，还应承认，建筑物区分所有权之中也存在相邻关系。

三、相邻关系的主体为“不动产的相邻权利人”

我国实行土地公有制，故《民法典》物权编沿袭《物权法》之规定，将“不动产的相邻权利人”而非所有权人，确定为相邻关系的主体。

“相邻”，并不要求两个不动产在空间上直接连接，只要两个不动产的使用足以相互影响即可。

“权利人”则包括占有人与用益物权人，而用益物权人包括建设用地使用权人、土地承包经营权人、宅基地使用权人等。

我国法院的审判实践肯认建筑物区分所有权业主之间的管理规约是处理相邻关系时的依据，因此，建筑物区分所有权人可以作为相邻关系的主体，其权利与义务受相邻关系法律规范的保护与限制。

四、相邻关系制度价值功能即划定权利行使的边界

社会要正常运转，离不开一定的秩序。各种权利的行使都要遵守一定的边界。在这个边界内，属于权利的正常行使，相邻不动产所有人或者使用权人不得加以干涉，但是一旦越过这个边界，就可能对相邻不动产权利人构成侵权，相邻不动产权利人有权制止这种侵害行为并对已经造成的损害要求给予赔偿。

在数个相邻不动产权利人间划定权利行使边界的必要性毋庸置疑，令人困惑的仅仅是如何划定的问题。这道界限将有可能决定一个行为是权利行使行为还是侵权行为，也将有可能成为判断一个行为是合法还是非法的标尺。所以，如果划定得不合理，将违背相邻关系制度设计时定分止争的初衷而使该制度走向助纣为虐的深渊。

这一困惑促使人们在安排相邻关系的各个具体制度之前，必须找到一个保障这些具体制度的正义性的平衡工具。处理相邻关系的原则性条款即应运而生。“有利生产、方便生活、团结互助、公平合理”的原则性条款，以它的高度概括性，可以在整个相邻关系制度体系中适用，起到填补立法不足，纠正司法不当的作用。在司法实践中，对于法律法规有明确规定的相邻关系案件类型，法院的判决必须要做到不偏离“有利生产、方便生活、团结互助、公平合理”的原则；对于法律法规没有明确规定的相邻关系案件类型，法官在进行自由裁量时，更要强调遵循这一原则。

针对这些相邻关系产生的纠纷，人民法院可以根据处理相邻关系的三个原则，结合案件的具体情况，寻求公平合理的解决办法；即使对于法律有具体规定的相邻关系，处理相邻关系的三个原则也应在法律适用中发挥指导作用。在某些情形下，相邻一方的行为侵害他方的合法权益的，构成侵权行为，受害人可以根据侵权行为法的规定寻求相应的救济，但人民法院应当考虑相邻关系的特殊性。

第二百八十九条　【处理相邻关系的依据】 法律、法规对处理相邻关系有规定的，依照其规定；法律、法规没有规定的，可以按照当地习惯。

【条文疏义】

本条沿袭了《物权法》第八十五条之规定。

一、处理相邻关系的法律依据历来多元化

1. 相邻人间的很多民事法律关系都可以通过相邻关系来调整

相邻关系涉及的范围较广，因此法律对于相邻关系的种类以及调整手段和相应规定可能并不能够穷尽所有。

2. 相邻关系是一种特殊的民事法律关系

相邻关系本身并非一项独立的民事权利。相邻关系是不动产所有权内容的扩展或者限制，其规范、内容均由法律直接进行规定，其取得无须进行登记。这也是物权法定的体现，相邻关系不因人而异，当事人也不能根据意思自治进行改变。①

---

① 赵云川主编：《民法物权案例与评析》，中山大学出版社 2005 年版，第 143 页。

3. 相邻关系包括土地相邻关系和建筑物相邻关系

《民法典》物权编沿袭《物权法》所明确规定的相邻关系包括：相邻水流关系与排水关系、相邻必要通行关系、邻地使用权、相邻采光权、相邻通风权、日照妨害以及相邻环保权，等等。虽然相邻关系是一种法定权利，但是法律并非仅仅用列举方式加以规定，而是按照有法律、法规规定的则依其规定，在法律法规没有明确规定的情况下，准许参照相邻人当地的习惯来调整。

二、调整相邻关系的法律为强行性规范与意思自治相结合

《民法典》物权编作为物权法律的核心内容，不仅仅要通过法律来规制人们的行为，使物的静态所有关系更加明晰以减少纷争，使社会更有秩序。其还是关注经济效益的法律，同时还肩负着使物的经济效用得到最大限度发挥的任务，因此，在强行性规范规制人们行为的同时，给予物之所有人或使用人以一定私法自治的余地无疑能够使整个社会的总体效率增加。

三、法律渊源体系在当代的多元主义和多中心主义

1. 多元主义与多中心主义构成了法典化在当代最大的挑战

民法典的法律渊源体系必然保持开放性，对成文法之外的其他法律渊源保持开放。我们必须摈弃成文法中心主义，允许习惯、司法解释与判例、一般法律原则等其他法律渊源进入民事关系的场域以发挥各自的功能；在保证法的安定性价值的同时，保持法的演进性，使民法典真正成为与时俱进的“活法”。

2. 习惯在民法典中业已取得了正式的一般性法律渊源的地位

特别是 2017 年《民法总则》关于法律渊源的规定确实具有重大的进步意义，这突出表现为习惯从过去由《合同法》《物权法》等部门法中的零散规定，上升为总则中的一般性法律渊源，也决定了《民法典》的开放性。

3. “有法依法，没有法律依习惯，没有习惯依法理”之传统

虽然《民法总则》并未明定所有的法律渊源形式，但包括国家政策、

司法性渊源、一般法律原则等，依然不宜完全将其排斥在法源体系之外，而应根据民事案件审判的具体需要，运用法律解释学的方法，将其作为实质性渊源据以参考，从而最终做出最适宜的判决。①

【典型案例】

在自己摊位修建隔断如何判断是否影响相邻摊位的商业经营②

——相邻关系中习惯的作用

基本案情

2012年9月13日，壬山县工农宾馆将其所有的位于癸庆市壬山县壁城街道一商场内的摊位（39.55平方米）卖给被告黄某秀、王某琴。原告万某碧的摊位与黄某秀、王某琴的摊位相邻且相邻边不是通道，双方摊位左侧有一人行通道，宽度为2米。

2013年4月1日，黄某秀、王某琴在毗邻万某碧所有的经营摊位前，已方摊位内邻近万某碧摊位的一边修建了一面高达2米的隔断。该商场内每个摊位之间留有2米宽的顾客通道可以自由通至每一个摊位，案涉商场管理公约（征求意见稿）第十四条规定："隔断高度不得高于1.5米。"万某碧认为黄某秀、王某琴修建的该隔断挡住了其摊位，遮挡了顾客的视线、影响了商机、无法正常经营，遂诉至法院。请求判决被告停止侵害、排除妨碍、恢复原状，并赔偿损失。

法院审理

一审法院经审理认为，本案双方摊位较为偏僻，视线开阔对于摊位经

---

① 石佳友：《民法典的法律渊源体系——以〈民法总则〉第10条为例》，载《中国人民大学学报》2017年第4期。

② 参见万某碧诉黄某秀、王某琴相邻关系纠纷案，载北大法宝，http://www.pkulaw.cn/case/pfnl_a25051f3312b07f38e3b9b78dfb5ba3cfab30f6e88756f5ebdfb.html?keywords=%E4%B9%A0%E6%83%AF%20%E7%9B%B8%E9%82%BB%E5%85%B3%E7%B3%BB&match=Exact，最后访问时间：2020年5月13日。

营相当重要。《物权法》第八十四条规定："不动产的相邻权利人应当按照有利生产、方便生活、团结互助、公平合理的原则，正确处理相邻关系。"第八十五条规定："法律、法规对处理相邻关系有规定的，依照其规定；法律、法规没有规定的，可以按照当地习惯"。

案涉商场管理公约（征求意见稿）第十四条明确要求"隔断高度不得高于1.5米"。虽然该公约是征求意见稿，但是商场管理者经过调查研究，综合考虑多方面因素后制定的，基本反映了当地的生产经营习惯，公约规定隔断不得高于1.5米的条款，可予以参考。

本案被告黄某秀、王某琴修建高达2米的隔断确实影响相邻的万某碧摊位的商业经营。据此，壬山县人民法院判令黄某秀、王某琴在判决生效后10日内自行将与万某碧相邻摊位边所建的隔断高于1.5米以上部分予以拆除。

一审宣判后，黄某秀、王某琴不服，提起上诉。二审法院于2013年11月5日依法判决：驳回上诉，维持原判。

案件评述

一、相邻关系的构成

处理本案先要找出本案的基本法律关系，看其是否构成相邻关系。

1. 相邻关系的主体

从主体上考察，相邻关系顾名思义须关系人之相互毗邻始成法律关系，因而需要有两人以上才能构成。而本案确系两个以上的主体之间，且万某碧的摊位与黄某秀、王某琴的摊位相邻。

2. 相邻关系的客体

从客体上考察，相邻关系是不动产所有权之延伸，是对该所有权之限制或扩充，因而客体是对不动产的利用而体现出的利益。该利益不仅仅归属于所有权人，而且应当归属于使用权人。因为相邻关系之特殊性决定了相邻人之间的利益关系已经超出了所有人专有部分的范围，对于非为自己所有但有利用之必要的不动产，基于使用人的身份亦得以行使相邻权。

本案中，双方摊位较为偏僻，视线开阔对于摊位经营相当重要。黄某秀、王某琴在摊位上修建的过高隔断已经影响了万某碧的正常经营，因此万某碧得行使相邻权请求黄某秀、王某琴拆除隔断的高出部分。

3. 相邻关系的内容

相邻关系的内容，即指相邻法律关系中当事之间的权利和义务。相邻一方有要求他方为自己在行使不动产所有权或使用权时提供必要便利的权利，他方负有给予相邻方必要便利的义务。这里所说的必要便利，是指非从相邻方得到这种便利，就不能正常行使不动产所有权和使用权。[①]

本案中，由于隔断阻挡顾客视线，万某碧的摊位就不容易被顾客发现，可能会错失商机，这足以说明过高的隔断已经影响了万某碧的正常经营，而相邻人有不妨碍其正常经营的不作为义务，因此，万某碧与黄某秀、王某琴的情况符合相邻关系的内容要求。

二、具体的法律规范优于风俗习惯

1. 有法依法没有法律才依习惯

案涉纠纷依当地有关风俗习惯来加以解决的问题则涉及《物权法》的相关规定，在法律适用上，法律、法规对处理相邻关系有规定的，依照规定；法律、法规没有规定的，可以按照当地习惯。可以看出，物权法定，相邻权是法定权利，有法律规定的依照法律，无法律规定的才能依照习惯来处理相邻关系纠纷。

既然可以确定万某碧与黄某秀、王某琴之间确系相邻关系纠纷，因此，法院适用《物权法》对相邻关系的规定，并且参考了该商场内部关于隔断高度的规定，认定原告与被告摊位相邻，一方隔断过高，影响另一方的经营活动，因此法院判令被告拆除隔断高出的部分，排除妨碍，保护相邻人原告的合法权益是正确的。

2. 尊重习惯是处理相邻关系的有效途径

在成文法出现前，习惯法是最主要的法律渊源。当成文法取代习惯法

---

① 梅夏英：《物权法·所有权》，中国法制出版社2005年版，第328页。

成为法律的主要渊源时，习惯法并没有就此消失。习惯，作为一种社会普遍认同的行为方式，有时候比制定法更合理，更能够起到定分止争的作用。德国历史法学派的代表性人物萨维尼对习惯法的推崇不无道理。

虽然物权法与债权法不同，债权法世界大同小异，而物权法则带有很浓的固有法属性，只是作为物权法组成部分的相邻关系制度，也应注重吸收本土习惯，否则，法院的判决难以获得社会公众的认同，执行起来困难重重，而且也达不到定分止争的效果。

3. 在我国大陆成文法优于习惯法

我国台湾地区适用的“民法”在处理相邻关系纠纷时，提出优先适用习惯，也就是说习惯比成文法律、法规的效力更强，成文法律、法规在相邻关系领域不得同习惯相抵触，否则无效。而我们大陆是把习惯作为成文法的补充渊源，只有在出现立法漏洞时才用习惯来填补，不允许在法律、法规有规定时适用习惯。

故《民法典》编纂沿袭了《物权法》明确规定了在处理相邻关系时，首先在考虑法律、法规规定的基础上，确定在法律、法规未加以规定的情形下，才可以按照当地的习惯予以处置。由此，我国的法律承认习惯法在解决相邻关系时的法律渊源地位，但是习惯的约束力次于法律和法规。

三、调整相邻关系的多种法律渊源

1. 法律规范为处理相邻关系纠纷的首要依据

处理相邻关系，首先依照《物权法》等私法关于相邻关系的规定。其他相关公法对处理相邻关系有规定的，从其规定。这体现特殊性优于一般性原则。

2. 法律行政法规适用于相邻关系须依规范效力等级

根据行政法规、地方性法规做出行政行为的合法性，遵循“行政行为合规即合法，从而不侵权”的裁判依据，但根据合法的行政行为作出的民事行为，不能因其具有合法依据而豁免其侵权的民事责任。故而行政许可不能免除当事人的民事责任。

3. 习惯同样可作为相邻关系纠纷的处理依据

社会生活中的相邻关系丰富多样，而法律的规定比较原则且抽象，为克服法律在调整相邻关系中的局限性，处理相邻关系自需要以习惯作为依据。在没有相应的法律、法规时，当地习惯只要存在多年并为当地人认可且主张者能就此举证：只要其不与法律法规冲突，亦不违背公序良俗，即可认为是由于当事人违反了当地习惯，才产生相邻关系纠纷。

4.《物权法》业已肯认业主管理规约具有“自律法”效力

《民法典》物权编第二百八十六条沿袭《物权法》第八十三条赋予了业主间的管理规约以规范效力。业主大会以及物业服务企业依法制定的规章制度，业主应当予以遵守，不得违反。因而在调整不动产区分所有权人间相邻关系纠纷时可具有“自律法”之法律效力。

5. 各相邻关系法律渊源适用的先后顺序

关于处理各类纠纷时各种依据适用的先后顺序，我国《民法典》物权编第二百八十九条沿袭《物权法》第八十五条实际上借鉴了《瑞士债法典》的规定，开宗明义规定“有法依法，没有法律依习惯，没有习惯依法理”，还规定在存在可适用的法律、法规时，其得优先适用，而无可适用的法律、法规时，适用当地习惯。

其他几种法律依据在适用上的先后顺序，依法理应排列为：“自律法”应与当地习惯位于同一适用的优先级，二者都是在没有相关法律、法规时适用；“有利生产、方便生活、团结互助、公平合理”作为法律原则，在没有前述依据时，可作为裁判依据。可见，法律原则作为相邻关系纠纷的处理依据不具有优先性。在无其他依据时，才可以直接作为相邻关系纠纷的处理依据。

相邻关系纠纷案件是审查不动产权利行使行为是否给相邻方造成妨碍或者损失，而非审查该不动产权利行使行为本身是否违规。综合考虑相邻方的合理容忍义务及被告未构成实质性相邻侵权等案件情况，虽然对原告诉求未予支持，但被告也应严格约束自己及相邻关系客体之使用人，尽量避免扰民现象的发生，将对邻里的影响降到最小。遇到问题时积极与对方协商，加强沟通，减少矛盾发生，共同创造和谐、有序的邻里关系。

第二百九十条　【相邻用水、排水、流水关系】不动产权利人应当为相邻权利人用水、排水提供必要的便利。

对自然流水的利用，应当在不动产的相邻权利人之间合理分配。对自然流水的排放，应当尊重自然流向。

【条文疏义】

本条沿袭了《物权法》第八十六条之规定。

本条第一款明确了相邻不动产权利人应当相互给予水流之利用与排放的便利，第二款则进一步明确自然流水相邻关系问题的处理原则。水之相邻关系包括相邻用水关系与相邻排水关系。

一、相邻用水、排水关系

所谓相邻用水、排水关系，是指相邻不动产权利人之间在用水和排水上相互给予必要便利的关系。相邻人应当尊重水的自然流向，在需要改变流向并且影响相邻他方用水时，应征得他方的同意，并对由此造成的损失给予适当补偿。为了灌溉土地，需要提高上游的水位、建筑水坝，必须附着于对岸时，对岸的土地所有人或者使用人应当允许；如果对岸的土地所有人或者使用人也使用水坝或者其他设施时，应当按照受益的多少分担费用。

习惯上自然水流经过地的所有人或者使用人都可以使用流水，但应当共同协商，合理分配使用。如果来自高地段的自然流水，常为低地段的所有人或者使用人使用，即使高地段所有人或者使用人也需要此水，也不得全部截堵，断绝低地段的用水，以免给低地段的所有人或者使用人造成损失。低地段的所有人或者使用人应当允许高地段的自然流水流经其地，不得擅自筑坝堵截，影响高地段的排水。

相邻一方在为房屋设置管、槽或者其他装置时，不得使房屋雨水直接注泄于邻人建筑物上或者土地上。

二、《民法典》物权编规范水之相邻关系源于其事关国计民生

水性就下，加以防堵，将造成水患。任其排泄，则无异以邻为壑，宜加规律。农水灌溉、舟楫通行、饮用洗濯，缺水不行，关系当事人利益甚巨。[①] 因此，《民法典》物权编对于水之相邻关系有调整之必要。其第二百九十条沿袭《物权法》第八十六条第一款对此作出了明确规定。不动产相邻人不得因为一己私利而妨害相邻他方之合法排水权利，并且在他方排水遇到阻碍需要合理帮助时应积极协助配合。

三、排水权因自然排水和人工排水而有不同之要求

1. 自然流水相邻关系中有所谓“承水义务”说

在自然排水之情况下，由于水有就下的属性，因此低地所有人或使用人通常应负容忍义务，学说称为“承水义务”。此时的义务人不但负有最基本的消极不作为之容忍义务，而在水流于低地处淤积受堵之时还附有帮助排除妨害的积极作为义务。承水义务同时也是一种法定义务，当事人不得事先约定免除。承水义务不过问义务人的主观心理状态，只要义务人的某种设施导致自然流水无法排放，义务人就要承担相应的责任，而不管义务人设置这种障碍物是出于故意、过失还是其他目的。

2. 排水时高地相邻权人享有使水流通过低地的“过水权”

而于人工排水之时，高地所有人或使用人享有使水流通过低地的权利，称为“过水权”。[②] 自然排水与人工排水之义务人的义务不尽相同。而且，此时相邻排水关系之义务人仅负有不为妨害其排水之行为的不作为义务，而并不负有积极疏通的义务。

---

① 王泽鉴:《民法物权1通则·所有权》，中国政法大学出版社2001年版，第218页。

② 梁慧星、陈华彬:《物权法》，法律出版社2003年版，第189页。

【典型案例】

在自家修建护坡却影响了邻家用水排放该如何处理[①]

——不动产相邻人之间的排水关系

基本案情

卿某英与蒋某荣的房屋南北相邻，卿某英的房屋在南面，双方房屋的东面为小山坡，地势较高，西面是村公路。卿某英与蒋某荣双方发生争执的排水沟位于卿某英房屋北面墙与被告房屋南面墙之间，两墙之间相距：东面进水口处0.76米，西面出水口处0.80米。排水沟长13.96米（自东面进水口处起至西面村公路止），系双方所在村历史上形成的公共排水沟。

2012年蒋某荣以保护其墙体为由，在该排水沟上修建了护坡，该护坡挤占了原有排水沟。蒋某荣于2008年修建其房屋时，在讼争的排水沟往西至村公路处堆放了扫把等杂物。

卿某英以生活污水无法排出，严重影响其生活为由诉至法院，请求判令蒋某荣拆除建在公共排水沟上的护坡，并清除堆放在路口的杂物，排除妨碍、恢复原状。

法院审理

一审法院经审理认为，不动产相邻双方应当按照有利生产、方便生活、团结互助、公平合理的原则，正确处理相邻排水关系。原、被告房屋相邻处历史上就存在滴水、排水，理所当然两家相邻之处存在排水沟，法院实地勘验了原、被告房屋周围的地理地势，其雨水的自然流向应是从地势较高的后山坡流至本案讼争的排水沟，再穿过乡村公路注入小溪流。若依现

① 参见蒋某荣与卿某英相邻排水纠纷案，载中国裁判文书网，http：//wenshu. court. gov. cn/content/content？DocID = d36b8dcc - 9553 - 4169 - 8f35 - 53ae944379f6&KeyWord = % E7% 89% A9% E6% 9D% 83% E6% B3% 95% E7% AC% AC% E5% 85% AB% E5% 8D% 81% E5% 85% AD% E6% 9D% A1，最后访问时间：2020年5月13日。

状，被告修建的护坡造成地势较高及排水沟狭窄，如果原告房屋后墙根基（即本案讼争处）外无排水沟或排水沟狭窄，汇集的雨水必然自北向南流入原告房屋内并冲刷原告房屋后墙及侧墙根基，故原、被告房屋相邻处宜有一排水沟以导排雨水，以保护原告房屋后墙、侧墙根基。考虑到被告修建护坡的目的是保护其墙体墙基，该做法并无不妥，应予支持，但护坡过宽，挤占了排水沟，影响了排水，根据本案实际情况及排水需要，讼争排水沟的宽度以 0.3 米为宜，因此被告所修建的护坡的宽度以 0.25 米为宜，同时，被告在村公路处等排水沟上堆放杂物应以不妨碍排水为限。

据此，一审法院依照《物权法》第八十四条、第八十六条的规定，判决被告蒋某荣在本案判决生效之日起 5 日内拆除其所修建的超出 0.25 米宽的护坡，并清除堆放在该排水沟上的所有杂物。本案受理费 50 元，由被告蒋某荣负担。

二审法院经审理认为，《物权法》第八十六条规定，不动产权利人应当为相邻权利人用水、排水提供必要的便利。对自然流水的排放，应当尊重自然流向。原、被告房屋的相邻处历来就存在滴水、排水，房屋之间必然有可供排水的通道。从一审法院和二审法院到讼争地点勘验的实际情况看，双方的房屋东面有一小山坡，雨水从小山坡处往地势低的讼争排水通道排放是自然规律。蒋某荣修建过宽护坡会造成地势较高及原有排水沟狭窄，无法顺畅排出小山坡流下的雨水及房屋滴水，并导致汇集的雨水自北向南流入卿某英的房屋内并冲刷其房屋后墙及侧墙根基。因此，蒋某荣为保护其墙体根基而修建护坡及在排水通道上堆放杂物，应当以不影响卿某英的房屋排水为限，现其修建的护坡及在排水通道上堆放杂物挤占了排水通道，对卿某英的房屋排水造成了妨碍，一审法院判决蒋某荣拆除部分护坡并清理堆放在排水通道上的所有杂物，既有利于卿某英的房屋的排水，又没有妨碍蒋某荣保护其房屋墙体、墙基，因此，对于蒋某荣提出的修建护坡没有侵犯原告权益的理由，法院不予支持。

综上所述，二审法院依法判决驳回上诉，维持原判。

案件评述

本案中蒋某荣修建过宽护坡，挤占了原告排水通道，因此被告不仅没有按照《物权法》的要求为原告房屋排水提供必要的便利，反而已经对其构成妨碍，应当令其排除。

一、相邻用水关系包括两种情况

1. 水流地所有人之用水关系

自然流水自罗马法以来就被认定为公物，为自然的共用物。中华自古亦认定自然流水为公共物，对于自然流水不认为有所有权，从而对于流水之权利关系，为流水利用之关系，以何人有利用流水之权为中心问题。[①]水为天然资源，属于国家所有，不因人民取得土地所有权而受影响。[②] 依现行法规定水流地所有人对于流经其地之水流，不论地上水还是地下水，均有自由利用之权利。而其行使权利必须要考量他人之利益，不能因自己对于水流的利用而剥夺邻人用水之权利，也不能因自己不当用水而对邻人利益造成损害，也不得故意截住水源而使下游邻人无水可用。

2. 缺水地所有人之用水关系

习惯上，土地所有人无水源，或虽有水源，其量不足时，自应许其取用邻地之水，以有余补不足。[③]《物权法》规定了处理相邻关系的原则——有利生产、方便生活、团结互助、公平合理。因此，在缺水地之人遇有用水之困难时，邻地之水则可由其当然合理使用，而邻人秉持团结互助之原则负有容忍其利用之义务，不得以其非为水流地之不动产权利人而予以妨碍。

二、相邻排水关系也包括两种情况

1. 自然排水

所谓自然流至之水，指雨水、温泉、雪解、冰雹等。[④] 高地所有人或

① 史尚宽：《物权法论》，中国政法大学出版社 2000 年版，第 93 页。
② 王泽鉴：《民法物权 1 通则 · 所有权》，中国政法大学出版社 2001 年版，第 220 页。
③ 王泽鉴：《民法物权 1 通则 · 所有权》，中国政法大学出版社 2001 年版，第 221 页。
④ 王泽鉴：《民法物权 1 通则 · 所有权》，中国政法大学出版社 2001 年版，第 218 页。

使用人有向低地排水的权利，低地所有人或使用人负有承受高地排水的义务。[①] 即《民法典》物权编第二百九十条第二款沿袭《物权法》第八十六条第二款“……对自然流水的排放，应当尊重自然流向”的规定。按照一般情况，水之流向均为由高到低，但是由于特殊的自然现象，“水往低处流”的古语也未必放之四海而皆准。如王泽鉴先生所言：“唯水由低地自然流至高地者，亦属有之，如潮汐涨满，河流泛滥，海水倒灌。在此等情形，应认为高地所有人亦负有不得妨阻之义务。”[②]

2. 人工排水

自然排水，邻地所有人或利用人当然地负有不妨碍之容忍义务，而对于人工排水，在原则上邻地所有人或利用人并不负有前述义务。比如，邻人于不动产建筑物之上倾注水流而下层之住户并不必须容忍之，并且在注水之人侵害自己权利之时可以请求损害赔偿。但是，各国立法与判例都例外地附有条件地承认人工排水在特定必要情况下的正当性。这些条件包括：第一，权利行使的目的必须使浸水的土地干涸或者排除家用、农用、工业废水等。第二，必须有排水的河渠或者沟道。第三，必须两地有高低之势。第四，必须选择对低地损害最小的处所以及方法为之。第五，因排水导致低地损害时，高地所有人或者使用权人应该向低地权利人支付补偿金。

三、水资源所有权派生出的水权兼具私法公权双重属性

汲水权、引水权、蓄水权、排水权、航运水权等组成的水权的权利束，具有其支配形式的特定性与其客体的特定性。其客体的特定性是个别形态，不特定性反而常见。

汲水权、引水权等类型犹如水所有权主体的转换器，其运行使水所有权从水资源所有权中分离出来，转归水权人享有。因此，它们不含有占有权能。水权基本上不具有排他性，应通过优先性规则来解决水权人之间的

---

① 梁慧星、陈华彬：《物权法》（第二版），法律出版社 2003 年版，第 189 页。

② 王泽鉴：《民法物权 1 通则 · 所有权》，中国政法大学出版社 2001 年版，第 218 页。

利益分配。依据先占用原则取得的水权只要闲置达一定年限便归于消灭。因水权与典型物权差别过大，物权有关法律不宜直接规定，但应为其预留足够的发展空间。

相关的民法理论亦应就此予以反思。特别是在编纂《民法典》物权编的过程中，水权、矿业权等准物权是否应被纳入其中的问题上，其既取决于立法者对物权法准确的总体把握，也离不开对准物权的透彻了解。即使是借鉴德国法系的物权编体例，我国不直接规定准物权，也应给准物权的存在及其发展预留适宜的空间，而绝不能成为它们生长的羁绊。我们只有准确把握准物权的属性、构成和效力，才能使《民法典》物权编总则适应准物权的要求，成为填补准物权规范漏洞的依据，使各种物权制度与准物权制度衔接和配合得恰到好处。

鉴于我国水权制度相对简单，水权理论贫瘠的现状，其难以发挥应有作用。既然存在现有民法理论系对以往的民法现象的概括和总结，难以完全涵盖后出的民事法律关系，当某些民法理论已不能令人信服地说明现在活跃着的民事权利义务的状态，不能概括全部民法现象的本质要求，而亟待修正之时，诸如水权、矿业权及其制度的独特属性和法律要求，自是我们修正相关民法理论的动力，而且研究它们的成果本身也成了达到其目的之组成部分。[①]

第二百九十一条　【相邻关系中的通行权】不动产权利人对相邻权利人因通行等必须利用其土地的，应当提供必要的便利。

【条文疏义】

本条沿袭了《物权法》第八十七条之规定。

---

① 崔建远：《水权与民法理论及物权法典的制定》，载《法学研究》2002年第3期。

一、相邻必要通行权是邻地使用关系的重要内容

邻地关系由相邻必要通行关系、相邻管线安设关系以及营缮的使用关系三者共同构成，三者各自反映了相邻关系中各相邻人对于邻地之不同功用的需要。本条规定的是邻地使用关系中的相邻必要通行关系，而后两种邻地使用关系则由《民法典》物权编第二百九十二条所沿袭的《物权法》第八十八条予以规定，容其后详细论述。

二、相邻必要通行权

其是物权法赋予在没有其他更适宜之通过路径的情况下，出于生产或生活的需要而必须于邻人之土地上通行的不动产权利人的一种通行权利。该权利所对应的义务是相邻土地权利人的义务，该义务包含三个层次的要求。

1. 不动产权利人负有容忍相邻权人通行之消极法定义务

相邻必要通行之权利的产生是由不动产的性质所决定的。不动产本身具有位置不能移动的特点，因此权利人基于该不动产的固定位置而产生了往来于不动产与其他地点的通行需要，而该通行需要如果必须经过邻人之土地而别无他法的情况下，相邻人须容忍其以最小损害的方式通过其土地，这是由不动产相互毗邻而产生的相邻关系的内在要求。该义务属于物权法明确规定的法定义务，相邻土地权利人在相邻他方具备相邻必要通行关系的各个要件构成相邻关系的情况下当然应该履行容忍其通行的权利。

2. 不动产权利人负有不得妨害相邻权人通行之消极法定义务

相邻土地权利人不仅负有容忍相邻他方无害通过的不作为义务，而且还负有不阻碍其正常通过的义务。也就是说，不动产权利人不得动辄以土地为自己所有或使用而阻止相邻权利人通行或为其他利用，也不得私设障碍物妨害他人之正常通行。

3. 不动产权利人负有提供相邻权人通行便利之积极法定义务

在于土地上通行遇有障碍之时，相邻权利人得请求不动产权利人协助其排除妨碍，而不动产权利人对于存于自己所有或使用的土地上的障碍物负有积极除去的义务，并且由于其对于土地性质最为了解，由其排除妨碍最为简单且效率最高。

三、相邻必要通行权列举加概括的立法模式

本条中“相邻权利人因通行等必须利用其土地”是一个列举加概括的立法模式，即相邻权利人对于该土地的需要可能不仅仅限于通行的必要，而《民法典》物权编在此用“等”字体现了法律规范的弹性，给相邻权利人利用土地的需要留下法律上的权利空间，为权利人权利的行使提供了方便。

【典型案例】

在道路上挖沟影响邻人通行是否应当承担责任[①]

——相邻必要通行关系中不动产权利人的义务

基本案情

原告史某庚与被告史某辛系前后邻居，原告史某庚房屋位于被告史某辛房屋南面，原告史某庚的院门朝东开。原告走出院门后，向北无法通行，只能向南再向西通行。现被告在原告向西通行的道路上，原告倒塌的院墙外挖了一个横沟，影响了原告的通行。现原告以要求被告恢复道路原状，不影响其通行为由，诉至法院。

原告史某庚诉称：2017年11月17日下午，被告雇用挖掘机将原告通往老房的唯一道路挖了一道深约1米，宽约2米的横截沟，挖出来的泥土堆在道路上，阻断了原告通往该房子的道路。经村两委多次调解被告拒不改正。故请求法院判令被告排除对原告通行权的妨碍，恢复破坏道路的原状。

① 参见史某庚与史某辛相邻关系纠纷案，载北大法宝，http：//www. pkulaw. cn/case/pfnl_a25051f3312b07f36a661933db8cbe0e0a8818668bdf6a76bdfb. html？keywords =% E7% 9B% B8% E9% 82% BB% E5% 85% B3% E7% B3% BB&match = Exact，最后访问时间：2020年5月14日。

被告史某辛辩称：第一，原告诉被告主体错误，被告从未雇用挖掘机在原告通往老房的唯一道路上挖沟。第二，原告诉状中所称的沟，所在的位置是被告的菜园地，不是原告通行的唯一和必经道路，沟所在的位置也没有所谓的道路，原告通往老房的道路不在原告诉状中所称的沟中且被原告自行废弃，综上，请求驳回原告对被告的起诉及所有诉请。

法院审理

法院经审理认为，原告向法院提供的现场照片，原、被告村委出具的证明及法院现场勘验能够证明被告在原告通行的道路上挖一道横沟的事实。

被告在原告通行的道路上挖一道横沟，影响了原告的正常通行，被告应当停止侵害、排除妨碍，以保障原告的通行权。故法院判令被告史某辛将位于原告史某庚老房倒塌的院墙外所挖横沟填平，恢复道路原状，不得妨碍原告史某庚正常通行。

案件评述

一、不动产相邻通行关系

除《民法典》物权编所沿袭的《物权法》相关规定外，《最高人民法院关于贯彻执行〈中华人民共和国民法通则〉若干问题的意见（试行）》第一百零一条也规定："对于一方所有的或者使用的建筑物范围内历史形成的必经通道，所有权人或者使用权人不得堵塞。因堵塞影响他人生产、生活，他人要求排除妨碍或者恢复原状的，应当予以支持。但有条件另开通道的，也可以另开通道。"

相邻两土地，若法律不科以在外侧之地权利人容忍内侧之地权利人通行的义务，则内侧之土地可能因为无法抵达或者抵达成本过高不得不荒废，这将造成社会资源的巨大浪费。因此，相邻必要通行关系是为了满足相邻人通行的便利，而规定由通行之必要路径所属土地的所有权人或使用权人负有容忍其合理通行的义务，同时还应当积极为其提供必要的便利而不能故意为阻碍以妨害他人之通行。

被告在原告通行的道路上挖掘横沟的行为阻碍了原告的正常通行，造成了原告出入困难，从而影响原告正常生活，故被告侵害了原告的相邻权，自应停止侵害、排除妨碍，所以被告理应将横沟填平，恢复道路原状。

二、相邻必要通行关系的成立

相邻必要通行关系的成立需要满足其要件，具备这些要件的相邻人就当然地取得了相邻必要通行权，而不需要特殊的方式来确认，比如契约或者通过法律特殊规定予以宣示。

1. 相邻必要通行人所须经过的土地与公路之间无适宜的联络

土地与公路不相交情形决定了生活于该土地之上的不动产权利人除非足不出户否则必然要路经邻人之土地。“无适宜联络”的要求并不是严格的互不交接，在公路绝对不通、不可直达或者虽有他路可通至公路但所需费用过高甚至通过该路会有危险时都构成无适宜联络的标准。

2. 相邻人须有经常使用邻地通行之必要

其中“经常”是就通过之频率而言，也就是说，相邻人必须是出于生产或生活的需要而在一段时间内持续地在相邻土地上通行，如果是偶然经过则不足以构成相邻必要通行权。

判定是否土地通常的使用所必要，除应考虑土地的位置、面积、形状、地势等因素外，还应考虑土地的用途。对于土地用途的考虑，应以合法的利用为限，如将土地做违法使用，则当然不得主张必要通行权。[1]

3. 享有通行权的主体须为相邻土地或建筑物的物权人

这是对有权主张必要通行权的主体之资格的规定。作为物权关系的一种，不是所有人都可以主张相邻必要通行权的。享有通行权的主体必须是土地或建筑物等不动产的所有权人或者使用权人，其他人不仅不能享有，而且没有必要享有该种权利。

---

① 梁慧星、陈华彬：《物权法》（第二版），法律出版社 2003 年版，第 191 页。

4. 相邻必要通行人所须经过的土地与公路之间无适宜联络的事实不得源于通行人之故意行为

由于土地与公路无适宜联络而给通行人造成不便，因此物权法赋予其相邻必要通行权。如果该不便系由该人故意造成，以谋求不当利益达到非法目的，则不应对于该不法行为给予法律上的特权。比如，故意毁坏土地与公路之间的桥梁、道路等。也就是说，每个理性的人都要对自己的行为负责，如果该故意破坏行为系权利人自己的行为，那么就应当承担不便通行的后果。同时，故意破坏行为不仅给行为人自身带来不利益，而且可能为其他相邻人带来不利益从而损害社会公共利益，那么法律对该行为必然持否定态度，不可能对该行为人的通行权予以肯定或保护。

三、相邻必要通行关系中必要时应支付补偿金

被通行之土地常常会遭受不同程度的损失，对主张享有必要通行权的土地所有人或者使用权人的损失给予适当补偿，是民法上权利义务相一致原则的必然要求。

在该相邻关系对于该权利人赋予必要通行权的同时，要求以必要为限，即通行权人应于通行必要之范围内，择其损害最少之处所及方法为之。①通行权人虽得自由通过邻地，但是其通行可能对邻地造成损害，比如相邻土地为耕种目的，为了满足相邻人的通行需要而得忍受其于自家耕地上经过，而该经过必然会因踩踏而对地上之植株造成破坏，通行权人应该负有选择最近通过的途径并且于通过之时避免踩踏植株，如果给相邻土地权利人造成损害，应当基于公平的原则而予以适当补偿。

四、物权防御请求权

1. 排除妨碍和消除危险这两种责任方式被合称为防御请求权

防御请求权源于罗马法的地役权保护思想，并逐渐扩展形成物上请求权制度。在自由权以及潘德克顿法学派的影响下，转变为所有权之诉并扩

---

① 王泽鉴：《民法物权 1 通则·所有权》，中国政法大学出版社 2001 年版，第 223 页。

展到动产领域，逐渐由最初的物权防御请求权发展到对其他权利的保护，即出现了侵权法上的防御请求权。

我国应当在坚持物、债二分的前提下，明确两种防御请求权的关系，在侵权法防御请求权上以违法性为要件，并将妨碍排除请求权适用于持续且不断更新的妨害源的情况下。①

2. 物权防御请求权的历史发展为观察和讨论的基础

拉伦茨指出："排除妨害请求权在当今私法中是最为晦暗不明的领域，从理论基础到构成要件乃至法律后果，无不疑窦丛集、聚讼纷纭。"《物权法》第三十五条和《侵权责任法》第二十一条都规定了排除妨害请求权和消除危险请求权（即妨害防止请求权），但长久以来，关于防御请求权这种物上请求权的性质、具体内容、法律解释等都是极具争议的问题。仍然有一些更为根本性的问题却时常被忽略——何为妨害？妨害和损害的区别是什么？妨害人承担责任的理论基础何在？

我们满足于将妨害作为一种描述性概念，凡是妨碍物权之圆满支配状态的外来侵害，皆可以被认定为"妨害"。但应注意在若干重要的情况下，妨害和损害可能难分难辨，容易导致原本应以过错为要件的一般侵权责任，可以借由"妨害"这道"任意门"逃遁过错主义的大原则。

为探寻物权防御请求权的责任基础和法律构成，全面系统地对这一制度进行研究，自须梳理物权防御请求权的历史发展脉络，作为观察和讨论的基础。②

---

① 王洪亮：《论侵权法中的防御请求权》，载《北方法学》2010年第1期。

② 马勇：《物权防御请求权研究》，华东政法大学2013年博士学位论文。

第二百九十二条　【相邻土地的利用权】 不动产权利人因建造、修缮建筑物以及铺设电线、电缆、水管、暖气和燃气管线等必须利用相邻土地、建筑物的，该土地、建筑物的权利人应当提供必要的便利。

【条文疏义】

本条沿袭了《物权法》第八十八条之规定。

一、邻地使用权系由德国法首先创设

邻地使用关系是相邻一方当事人基于生产生活的需要而对相邻另一方当事人所有或所利用的土地进行使用的权利，另一方当事人负有容忍其在合理范围内使用自己所有或所利用之土地的义务。

其不仅仅考虑了物之所有人或使用人之利益，同时兼顾社会总体之经济效率，是对各方利益之全面考量与平衡。至土地权利人有使用邻地之必要时，如史尚宽先生所言，盖此时若不能使用邻地，则自疆界线应预留不少之空地。在土地利用上甚为不经济，尤其在地价高昂之市街地为然。故民法斟酌相邻者相互之利害，于具备一定之法律上要件时，对于利害关系较浅之邻地所有人，使负忍受土地使用之义务，而对于利害关系较巨之土地所有人，予以邻地使用权。①

二、"物尽其用"平衡各方合法权益

土地贵乎利用，以尽地利，但应防范损及邻地以策安全，为事理之当然。② 在邻地使用关系中，使用权人在有使用邻地之必要而由于法律调整之相邻关系的存在使得邻地所有人或利用人被迫容忍其于自己土地之上为一定使用行为之时，使用权人不得危及相邻不动产之安全，如若违反，不论其主观状态如何均应予以补偿。

---

① 史尚宽：《物权法论》，中国政法大学出版社2000年版，第107页。

② 王泽鉴：《民法物权1通则·所有权》，中国政法大学出版社2001年版，第216页。

【典型案例】

阻拦邻人铺设通水及通电管道是否要承担民事责任①

——相邻管线安设关系

基本案情

李巳与李辰系两兄弟，其父母去世后留有遗产瓦房两间，后因继承遗产发生纠纷，经法院生效判决书确认，宅基地上的两间瓦房由李辰继承西边一间，由李巳、骆午、童未、李壬共同继承东边一间。2015年李巳、骆午、童未、李壬与李辰因相邻关系纠纷一案，经该市城区法院（2015）初字第02507号民事判决书判决：1. 李巳、骆午、童未、李壬为居住使用其继承的房屋在李辰享有使用权的临土集建（97）字第×号宅基地上可以无害通行。2. 李巳、骆午、童未、李壬为居住使用其继承的房屋时，可以临时使用李辰享有的宅基地进行铺设通水、通电管道，但应与李辰协商选择对其宅基地使用权妨害最小的方式进行，且不得影响李辰今后对该宅基地的使用，并在临时使用之日起30日内恢复宅院原状。

2016年6月，李巳、骆午、童未、李壬为居住使用其继承的房屋进行通水、通电、铺设管道过程中遭到李辰阻拦，经村委会调解无效。李巳、骆午、童未、李壬向一审法院起诉请求：1. 李辰停止侵害并不得阻挡李巳、骆午、童未、李壬进行通行，铺设通水、通电管道及维修房屋；2. 本案诉讼费由李辰承担。

法院审理

一审法院经审理认为，法院生效判决已经明确李巳、骆午、童未、李壬可以无害通行，并可以在李辰享有的宅基地进行铺设通水、通电管道。

---

① 参见李辰与李巳等排除妨害纠纷案，载北大法宝，http：//www. pkulaw. cn/Case/pfnl_ a25051f3312b07f3ae851816a488d26caa5c0a7ffa5c35d3bdfb. html？ match = Exact，最后访问时间：2020年5月13日。

李辰不得对李巳、骆午、童未、李壬的正常使用房屋构成妨害。故李巳、骆午、童未、李壬要求李辰不得阻挡其通行、铺设通水和通电管道及为居住使用而维修房屋的诉讼请求，依法应予支持。李巳、骆午、童未、李壬对房屋进行维修时应当维持当前房屋的结构、状况及规模，并不得对李辰所有的房屋及宅基地使用权造成妨害。

综上所述，对李巳、骆午、童未、李壬的诉讼请求，依法应予支持。遂依法判决：其一，李辰于判决书生效之日起不得阻拦李巳、骆午、童未、李壬为居住使用其继承的房屋在李辰享有的宅基地上通行、铺设通水及通电管道。其二，李辰于判决书生效之日起不得阻拦李巳、骆午、童未、李壬为居住使用对继承的房屋进行维修，李巳、骆午、童未、李壬对房屋进行维修时应当维持当前房屋的结构、状况及规模，不得对李辰所有的房屋及宅基地使用权造成妨害。

二审法院经审理认为，《物权法》第八十八条规定："不动产权利人因建造、修缮建筑物以及铺设电线、电缆、水管、暖气和燃气管线等必须利用相邻土地、建筑物的，该土地、建筑物的权利人应当提供必要的便利。"

因2016年6月李巳、骆午、童未、李壬为居住使用其继承的房屋进行通水、通电、铺设管道过程中遭到李辰阻拦，李辰的行为对李巳、骆午、童未、李壬正常使用房屋构成妨害，故李巳、骆午、童未、李壬要求李辰不得阻拦其通行、铺设通水及通电管道及维修房屋的诉讼请求，法院应予支持。

综上所述，一审判决认定事实清楚，适用法律正确，李辰的上诉请求不能成立，应予驳回。遂依法判决：驳回上诉，维持原判。

案件评述

一、本案系由铺设通水、通电管道而必须利用相邻不动产引发的纠纷

本案涉及的问题在现实生活中相当常见。《民法典》物权编第二百九十二条沿袭的《物权法》第八十八条明确规定："不动产权利人因建造、修缮建筑物以及铺设电线、电缆、水管、暖气和燃气管线等必须利用相邻

土地、建筑物的，该土地、建筑物的权利人应当提供必要的便利。”本案中被告李辰负有对相邻的原告李巳等人行使安设权的容忍义务，其阻拦原告通行、通水、通电、维修房屋的行为是欠妥当的，理应排除妨碍。

二、邻地使用权以邻地之使用忍受为其构成要件

邻地使用权的此忍受义务为法律上当然之负担，故无须登记而得对抗第三人。邻地使用之必要消灭时，例如，土地所有人取得邻地之所有权，或必须修缮之房屋被烧毁，邻地使用权亦因而消灭。[①] 邻地使用权包括：相邻必要通行关系、相邻管线安设关系和营缮的邻地使用关系。本条主要涉及了后两种邻地使用关系。

三、营缮的邻地使用关系

邻地使用权又称营缮的邻地使用关系，指土地所有人或利用人在疆界或近旁营造或修缮建筑物而有使用邻地的必要时，邻地所有人或利用人负有容忍其使用自己土地的义务。[②] 从概念中我们可以看出，营造或修缮的邻地使用权有以下几个要件：

1. 主体须为土地之所有人或利用人，如非对土地享有权利之人不得行使营缮的邻地使用权。

2. 该土地所有人或利用人之目的为在疆界或近旁营造或修缮建筑物。

3. 该土地所有人或利用人对邻地须有使用之必要，如不使用邻地则无法进行营造或修缮等工作。

4. 营缮的邻地使用权须存在一定界限，不能对邻地所有人或利用人造成损害，否则应赔偿损失。

四、相邻管线安设关系

相邻管线安设关系，又称“安设管线权”“导引权”“通过权”[③]，是指土地所有人或使用人非通过他人土地，不能安设电线、水管、煤气管、

---

① 史尚宽：《物权法论》，中国政法大学出版社 2000 年版，第 109 页。

② 梁慧星、陈华彬：《物权法》（第二版），法律出版社 2003 年版，第 192 页。

③ 谢在全：《民法物权论》（上），中国政法大学出版社 1989 年版，第 215 ~ 216 页。

下水道、电缆，或虽能安设而需要的费用较多时，可以通过他人土地的上下安设之。但本着诚实信用原则和民法对等正义原则，管线安设人应选择对邻人损害最小的线路和方法为之，并应支付补偿金。[①] 对于相邻管线安设关系依然需要强调土地所有人或使用人对于相邻土地利用之必要，但此处之“必要”包括两种情况，即如果不通过邻地则不能够安设或者安设费用较高，而后者在一定程度上放宽了对“必要”的限制。

从相邻不动产权利人的角度来观察，协助不动产所有人或使用权人该管线安设权利的实现，也是履行一种私法上常见的容忍义务。要主张管线安设权，应符合以下条件：

1. 须非经他人之土地不能安设管线，或虽能安设但费用巨大
2. 须通过他人土地的地下或上空安设，而不得安设于地表
3. 须选择损害最小的处所以及方法安设
4. 须支付赔偿金

赔偿金具有补偿性，土地所有人或使用权人无先行给付的义务。所以，邻地所有人或使用权人不能以未付补偿金为由而拒绝管线的铺设，仅能依此项补偿金的规定请求对方给付。而且补偿金支付后，如果该土地的所有权或使用权转移的，受让人仍负有容忍通过的义务。

如果安设管线以后情况发生变更，管线安设人还可以请求变更安设，即管线安设人享有“管线安设人的变更请求权”。管线安设人在享有“管线安设权”和“管线安设人的变更请求权”的同时，须负防止损害的义务以及因安设管线给邻人造成的损害予以补偿的义务。

五、相邻关系与相邻权的法律问题研究

相邻权和相邻关系在实务中被界定为完全不同的两种概念，在学界争议也很大，“义务说”和“权利说”能否真正揭示他们各自的真正含义，从目前的实践来看，实务的效果不尽如人意，并未厘清它们的真正含义。

---

① 梁慧星、陈华彬：《物权法》（第二版），法律出版社2003年版，第190页。

故应尝试对其本身加以解构，尽可能充分地理解这两种概念的意义，试图从一个全新的视角去理解相邻权和相邻关系的真正含义。

相邻权是相互邻近的不动产所有权的权利主体以及占有权利主体相互之间所具备的权利，而这对于其相互邻近的相互比邻人来讲，相邻权同时也体现为相互比邻人之间的义务。

相邻关系指的是相互毗邻不动产权利人行使权利时，同时施以一定的方便和受到一定的约束而产生的权利义务关系。

随着时代的发展，相邻关系和相邻权在现代有了新的亟须解决的问题，环境因素在相邻关系与相邻权中的比重越来越大，单纯的传统相邻关系与相邻权已经不能很好地解决由环境纠纷引发的相邻关系问题。《民法典》物权编第二百九十四条沿袭《物权法》第九十条之规定，实际上已经对环境相邻关系作出了规定，反映了相邻关系的生态化趋势。学界将这种变化称为环境相邻关系和环境相邻权。环境相邻关系和环境相邻权的出现是为了解决相邻关系和相邻权中日益增多的环境纠纷，所以其本质上还是相邻关系和相邻权。[①]

第二百九十三条　【相邻建筑物通风、采光、日照】建造建筑物，不得违反国家有关工程建设标准，不得妨碍相邻建筑物的通风、采光和日照。

【条文疏义】

本条沿袭了《物权法》第八十九条之规定，仅作文字修订。

一、相邻通风、采光和日照权的内涵外延

1. 相邻通风、采光、日照权

其是指不动产（主要是建筑物）的自然通风、采光和日照有不受相邻

① 李欢利：《相邻关系与相邻权的法律问题研究》，广西大学2017年硕士学位论文。

他方建筑或者其他设施影响的权利。一方在修建房屋等建筑物、种植树木以及在建筑物上附设其他装置的时候，应当注意与相邻的不动产保持适当的距离，不得影响相邻他方的通风、采光和日照。否则相邻他方有权要求排除妨害，赔偿损失。

在现代社会，人类生存的环境被建筑物占据了很大的空间，而基于建筑物所引发的相邻关系纠纷也层出不穷，因此法律对相应相邻权就需要加以规定。

2. 相邻通风权

其专指房屋的所有人或使用人所享有的，通过门窗保证其室内与室外空气的流通和正常开关窗户进行室外空气交换的权利。[①] 正常的通风是每个人的生活都需要的权利，而通风权的实现不仅仅依靠房屋所有人或使用人的自己行为，还取决于建筑物本身和相邻建筑物的合理设计以及相邻人对其通风权的不得侵犯的不作为义务。

3. 相邻采光权

其是指房屋所有人或使用人享有从室外采取适度光源的权利。一般采光可扩展到日照，而日照仅指“自然采光权”，现已成为环境民事权益之一。专指建筑物使用人享有获取日光照射的权利。

二、“采光权所受侵害”的法律属性

采光权受到侵害在德国被称为“采光妨害”，在日本被称为“日照妨害”。关于日照侵害的性质，主要有两种学说，即消极侵害说和积极侵害说。

1. 消极侵害说

其认为，日照权并非受害地固有的自然权利，而是邻地的一种恩赐。

2. 积极侵害说

其认为，日照同空气、水一样，同属于人类的共同资源，为一般人的生存所不可或缺，如有缺乏，个人的健康或生存将会受到威胁甚或遭到严

---

① 赵云川主编：《民法物权案例与评析》，中山大学出版社 2005 年版，第 132 页。

重破坏，因此，日照权为基本人权之一种。即便是合法建筑，也不能剥夺邻地之人享受阳光的权利。受害地所有人与日照经由地所有人即使没有设立有关禁止修建高楼的地役权合同，受害地所有人仍可以人格权受侵害为由，请求排除侵害和损害赔偿。[①]

各种学说中以“积极侵害说”为通说。

三、相邻通风、采光和日照权的构成要素

作为建筑物相邻关系的重要内容，建筑物相邻关系则是指相邻近的建筑物所有人或利用人之间，建筑物所有人或利用人与邻近的土地所有人或利用人之间，以及一栋建筑物内彼此邻近的住宅所有人、利用人之间，一方所有人或利用人的支配力与相邻方所有人或利用人的排他性冲突时，为调和其冲突以谋共同利益，而由法律直接规定的权利义务关系。[②] 在适用本法条时，应当注意其基本法律构成。

1. 其权利主体必须为相邻关系人

构成通风、采光和日照相邻关系的主体必须是相邻不动产的权利人，否则他人无权主张该权利。

2. 权利客体的建造在先性

被影响的不动产应当建造在先，而影响的不动产应当建造在后，否则，被影响方属于明知有侵害还要建造，显然无法主张该权利。

3. 必须有实际的损害事实

如果只是相邻一方想象或者担心会受到影响，是无法提出排除妨害，要求损害赔偿的。

---

① 闻丰文：《现代社会与土地所有权理论之发展》，五南图书出版公司1998年版，第214页。

② 赵云川主编：《民法物权案例与评析》，中山大学出版社2005年版，第131页。

【典型案例】

在自家屋后空地建造围墙与花坛影响邻人通风采光该如何处理[①]

——相邻通风权、采光权应受保护

基本案情

李某的房屋与秦某云的房屋紧邻。2014 年 10 月，秦某云发现李某已在房屋后面空地（未办理土地使用权证）与秦某云房屋相邻处建了一堵围墙和一个花坛，秦某云认为该围墙与自家房屋外墙紧邻，以致自家厨房、餐厅位置无法通风采光，并且该花坛造成自家房屋墙体常年潮湿并有脱落痕迹，于是起诉至法院，请求判令：其一，李某拆除在其屋后空地与秦某云房屋相邻处所修建的围墙和花坛；其二，李某承担本案诉讼费用。

被告李某辩称：围墙及花坛的修建早于秦某云购买房屋。秦某云厨房排出的烟尘影响到李某的居住质量，故请求依法驳回秦某云的诉讼请求。

法院审理

一审法院经审理认为，秦某云、李某系不动产的相邻权利人，李某在对其房屋后面空地不享有土地使用权的前提下，紧邻秦某云房屋修建围墙，以致秦某云房屋中靠围墙位置无法通风采光，影响了秦某云的通风采光权利，依照《物权法》第八十九条“建造建筑物，不得违反国家有关工程建设标准，妨碍相邻建筑物的通风、采光和日照”的规定，对秦某云要求李某拆除其屋后空地与秦某云房屋相邻处所建围墙的诉讼请求，予以支持。

此外，李某在对其房屋后面空地不享有土地使用权的前提下，紧邻秦某云房屋修建花坛，以致秦某云房屋墙体与李某花坛持平处常年潮湿，并有脱落痕迹，影响到秦某云房屋的安全，依照《物权法》第九十一条“不

---

① 参见李某与秦某云相邻通风纠纷案，载中国裁判文书网，http：//wenshu. court. gov. cn/content/content? DocID = 8ac4d83b - 88e0 - 44e7 - b748 - 3885590d2a10&KeyWord = ，最后访问时间：2020 年 5 月 16 日。

动产权利人挖掘土地、建造建筑物、铺设管线以及安装设备等，不得危及相邻不动产的安全”的规定，对秦某云要求李某拆除其屋后空地与秦某云房屋相邻处所建花坛的诉讼请求，予以支持。

综上所述，法院依法判决被告李某于判决生效之日起30日内拆除其房屋后面空地与原告秦某云房屋紧邻处所建的围墙与花坛；驳回原告秦某云的其他诉讼请求。

二审法院经审理认为，本案争议的问题是围墙应否拆除。

第一，李某对于其屋后空地并未获得土地使用权，在未经相关行政部门审批同意的前提下在该地块修建的任何建筑均属违法建筑，其紧邻秦某云家房屋修建围墙，致使秦某云家房屋靠围墙位置无法通风采光，影响了秦某云通风采光的权利，系侵权行为，理应拆除其修建的围墙。

第二，综合现场情况，因秦某云家房屋窗户系与李某屋后空地相邻，房屋即便开窗，油烟也不会直接排到李某家室内，如李某认为秦某云家房屋通风排烟会影响其正常使用房屋，可以另寻其他途径主张权利。当然，作为邻居，秦某云房屋获得通风采光权利后，应本着邻里之间互谅互让原则，处理好房屋排烟问题。

因此，一审法院判决李某拆除其房屋后面空地与秦某云房屋紧邻处所建的围墙并无不当之处。二审法院判决驳回上诉，维持原判。

案件评述

一、案涉李某修建围墙违反有关规定影响原告秦某云房屋通风采光

本案的争议焦点是被告李某所建围墙应否拆除。被告并未取得围墙所在空地的土地使用权证，该围墙的修建未经审批，属于违法建筑，且其影响了原告秦某云的房屋通风和采光，理应拆除。至于李某辩称的围墙是为阻挡秦某云厨房烟尘而建，根据现场位置来看，秦某云家排除的烟尘不会直接进入李某屋内。即使烟尘影响到李某正常居住，李某也应根据《物权法》规定的处理相邻关系的原则寻求其他途径，秦某云也应当遵循邻里之间团结互助的原则解决此事。

二、妨害采光权的界定标准

1. 理论界和实务界均以妨害是否逾越“忍受限度”为判断标准

侵害采光权达到何种程度，受害人可请求排除妨害和损害赔偿是采光权妨害的界限标准。如果对他人采光权的侵害凌驾于社会一般人的忍受限度之上则突破合法界限，物权法将其归于违法。反之，如果对他人之采光权利有微势侵害但尚未逾越社会一般人的忍受限度，则不构成采光权侵害。

至于何为社会一般人的忍受限度，则可以从采光权纷争地的地域性、受损害的程度、土地利用的前后关系以及损害回避的可能性等因素进行考量。

对所谓以采光权纷争地的地域性进行考量，即是指按照不同的地域性质去衡量“社会一般人的忍受限度”。一般认为，如果纷争地在工业区或者商业区，应优先保护土地的高度利用，居住权的保护则被视为第二位，在此种情况下侵犯采光权的主张较难成立；相反，如果纷争地在住宅区，则应优先保护居民的居住权，土地高度利用的价值退居其次，由此侵犯采光权的主张较易得到支持。

2. 受损害的程度其实主要就是指受损害时间的长短

土地利用的前后关系是指以土地利用的时间顺序去判断是谁妨碍谁。如果受害方的建筑物建造的时间在前，则基于“既得权不可侵”的法理，主张采光权被侵害较易得到支持。反之，如果受害方建筑物建造的时间在后，则主张采光权被侵害很难成立。

3. “妨害采光”回避的可能性

是指以采光妨碍之发生能否回避作为判断采光权妨碍的主张成立与否的标准。如果采光妨碍无法回避，那么主张采光权被侵害较易得到支持。反之，如果采光妨碍能够回避，则主张采光权被侵害很难成立。

三、本条规定的必要性

本条规定了建造建筑物不得违反国家有关工程建设标准，这是认定是否侵犯相邻权人的相邻通风权、相邻采光权，是否对邻人构成日照妨害的一种技术参考标准。

四、《民法典》编纂新增日照权之法律属性之争

在《民法典》编纂的过程中，在传统的通风、采光外，提出了“日照”的概念，表明如今日照已经越来越引起人们的重视。加之日照侵权案件的频繁发生，对其进行切实保护已属当务之急。而实现对日照权的保障，首要确定的是日照权的法律性质。当今法学界对日照权的法律性质见解颇多。

1.“日照权”物权说

有学者认为日照权是一项物权。究其原因有二：第一，因为“日照”属于民法上的物。日照存在于人的身体之外，与人的身体是完全不同的两个物质；日照可以满足人的需要，包括物质和精神方面的价值；日照具有稀缺性，特别是在无限供给的日照被人或物阻挡了的情况下，无限的日照难以享受，那么日照就不再是无限的了。这里所谓的日照可以为人支配，是指能够为人占有、使用、受益，准确地说，就是人能够与日照进行交往，地理位置的占有便决定了人可以对日照进行支配。因此，日照满足了传统物权法关于物的相关特性的描述。第二，他们认为日照权是人与日照进行交往的一种权利。从而可以得出日照权是一种物权。

2.“日照权”人格权说

也有很多学者认为日照权不是一项财产权，应属于人格权，因为其不仅与生命、健康息息相关，还包括生活的安适、宁静，毕竟阳光是金钱所不能换取的。

3.“日照权”相邻关系说

日照权这个概念最早在物权的相邻关系中被提出，即作为不动产建筑物的相邻关系的一种，是基于建筑物物权的一种附属性权利。因此，有诸多学者认为，日照权是相邻关系中的一种，是基于对不动产建筑物的利用与限制而产生的一种相邻关系，并且物权法中在相邻关系部分对日照的规定也更加证明了这种观点。

4. “日照权”环境权说

这一观点认为，所谓的环境权应当是指公民、法人和其他非法人单位享有的在清洁健康的环境中平等利用自然资源、享受环境资源的基本权利，而日照显然是一种自然资源。公民环境权包括的范围很广泛，从实体上一般包括清洁空气权、清洁水权、安宁权、通风权、采光权、日照权、眺望权、欣赏权及环境美学权等。日照权是基于不动产对相邻一方提供便利与方便的需要而产生的一种权利。[①] 因此，日照权符合环境权的性质和特征，应该是一项环境权。

5. 日照权是一项财产权利和人格权利相结合的复合性权利

有学者提出，日照权作为一种环境相邻权，应该通过公法和私法的双重法律途径对其进行保护，故可见，日照权是一项公法和私法共同进行调整的权利。

通风、采光和日照是衡量一个人居住质量的重要标准之一。随着城市化的发展，在现代都市，建筑物的通风、采光和日照日益成为社会关注的问题之一。由于城市土地价值的提升，导致建筑物之间的距离比过去缩小，高层建筑进一步普及，这些变化使得建筑物之间通风、采光和日照的矛盾越来越多，因此，《民法典》编纂有必要在《民法通则》和《物权法》有关规定的基础上，对通风、采光和日照的问题作出进一步规定，以保证相关权利人能够在权益受到侵害时有主张的依据。

第二百九十四条 【相邻不动产之间不得排放、施放污染物】 不动产权利人不得违反国家规定弃置固体废物，排放大气污染物、水污染物、土壤污染物、噪声、光辐射、电磁辐射等有害物质。

① 肖娴娴：《日照权法律性质浅析》，载《法制与社会》2007 年第 7 期。

【条文疏义】

本条沿袭了《物权法》第九十条之规定，仅作文字修订。

一、相邻环境保护权简称相邻环保权

随着社会经济的发展，各种工业及生活废液、废气、废物充斥着现代社会人们的生活，各种粉尘、烟尘、噪声与有毒、难闻气体将人们本来提高的生活水平降低了档次，而由此引发的纠纷也日益增多。《物权法》将上述现象进行抽象归类，将能够归于液体和固体具体形态之污染直观视作液体和固体污染，对于不能够在形态上具体称量的污染则称作“不可量物侵害”。

环保相邻权包含两项内容：首先，相邻人在排污排废的时候，不得超过规定的排放标准，不得影响相邻方的生产和生活；其次，相邻人不得制造噪声、喧嚣、振动、恶气、异味等，妨碍相邻他方的正常生产、生活，损害他人身心健康。其是相邻权和环境权外延的重合。相邻一方在自己疆界内经营工业或行使其他权利时，对另一方负有不得污染周围环境、危害人身、财产安全的义务，以及另一方对其边界外的人享有的，可请求其采取必要的防治污染环境措施的权利的关系。①

二、固体、液体对环境的污染

固体、液体污染按照程度的不同，其所需要适用调整的法律强度也有所不同。在固体、液体污染仅仅限于日常生活利用如生活污水的排放、生活垃圾的处理问题，那么仅适用相邻关系即可圆满解决，但是如若超出合理界限，即不仅侵犯了他方当事人之相邻环保权，而且对其人身和财产造成损害后果或者损及社会之公共利益，那么就要超越相邻关系之法律规范还有涉及《环境保护法》及《侵权责任法》之必要。

三、不可量物对环境的侵害

自 19 世纪后半叶工业革命以来，交通、能源、制造业和通信业都飞速

---

① 赵云川：《民法物权案例与评析》，中山大学出版社 2005 年版，第 136 页。

发展。工业的突飞猛进在促进人类社会前进的同时，也给人类社会带来了巨大的痛苦。“不可量物侵害”即为困扰人类的痛苦之一。德国、瑞士创设了“不可量物侵害”制度，认为这是相邻关系制度中的一种类型。英美则将之命名为“安居妨碍”制度，归为侵权责任法的范畴。法国民法起初并未设计“不可量物侵害”的问题，后经判例以及学说的努力，形成了相关规则。

不可量物亦被称为不可称量物，是指噪声、光、烟尘、煤气、蒸气、热气、臭气、烟气、灰屑、喧嚣、无线电波、光、振动及观念等在形态上不具有可“称量”性质之物质。

所谓不可量物侵害，是指上述这些物质及其他相类者侵入邻人的土地、建筑物或其他工作物时造成的干扰性妨害或损害，性质上属于相邻关系之一。[①] 不可量物侵害不独就不动产而发生，其基于动产也得以实行，但实务中纠纷往往与不动产相邻，因此将其并入相邻关系的一种，以方调整之便。

【典型案例】

安装空调外机对邻人造成污染是否要承担责任[②]

——侵害相邻环保权的构成

基本案情

杨某系戊海市东方路××号楼601室房屋权利人之一，高某系同号楼602室权利人之一，两人系隔壁邻居关系。高某于2013年年初通过二手房屋买卖获得602室的所有权，并于同年5月开始装修。

---

① 梁慧星编著：《中国物权法草案建议稿条文、说明、理由与参考立法例》，社会科学文献出版社2000年版，第345页。

② 参见杨某诉高某排除妨害纠纷案，载中国裁判文书网，http：//wenshu. court. gov. cn/content/content？DocID = 4da2846b - 2e9e - 42c0 - b3f1 - 4df1d2b6ddea&KeyWord = % E5% 99% AA% E5% A3% B0% 7C% E6% B1% A1% E6% 9F% 93，最后访问时间：2020年5月17日。

601室系三室一厅房型，阳台和两个卧室均朝南，阳台居中，为开放式阳台。601室次卧窗户与602室客厅阳台紧邻成90度。602室客厅阳台封闭，并在装修过程中将三匹空调外机安装在其阳台东侧，其中心排风口与杨某次卧的窗台直线距离约1.1米。

同年8月4日，管理两人居住小区的戊海恒联物业公司作出《违规行为整改通知书》，认定高某的空调室外机安装不符合规定。杨某认为高某的室外机排风口正对自家开放式阳台，距离不足3米，该室外机距离自家卧室窗台距离不足0.5米，将造成热量排放和噪声污染。故起诉至法院，请求判令被告高某移除安装在戊海市东方路××号楼602室阳台东侧的空调室外机并承担案件受理费。

被告高某辩称：被告通过二手房买卖购得与原告相邻的602室房屋，原业主的空调室外机就安装在阳台东侧。2013年5月，被告开始对该房屋装修，在装修方案尚未确定时，原告丈夫主动提出将其与被告客厅相邻卧室的空调外机向东侧移位，将被告打算安装的空调外机安放在原告空调外机的西侧。被告欣然接受并按此制订了装修方案。

同年9月被告打算安装空调时，原告夫妇却出尔反尔，不仅推翻了原来的承诺还不同意被告将外机安装在原业主安装的位置。被告不得已只能将外机安装在阳台东侧即原业主安装的位置。之后被告主动通过居委会、物业等与原告沟通，原告拒绝协调方案坚持起诉。被告认为如果现在移动外机将影响被告客厅布局，重新装修会付出大量人力和财力，故请求法院驳回原告的诉讼请求。

法院审理

法院经审理认为，不动产的相邻方，应当按照便利生活、团结互助、公平合理的精神，正确处理通行、通风、采光等相邻关系。根据该市空调设备安装使用管理规定，制冷额定电功率2kW以上不满5kW的空调设备排风口中心与相邻方房屋固有门窗的最近距离不得小于4米。据此认定被告安装空调外机的位置明显违反规定，给原告的正常生活带来影响，现原告要求其移除的诉讼请求符合法律规定。

依照《民法通则》第八十三条、第一百三十四条第一款第五项的规定，判决被告高某于判决生效之日起15日内移除安装在戊海市东方路××号楼602室阳台东侧的松下牌空调室外机及相关设施。案件受理费人民币80元，由被告高某负担。

案件评述

一、本案是一起环境污染导致的相邻关系纠纷

《民法典》侵权责任编第一千二百二十九条沿袭《民法通则》第一百二十四条“违反国家保护环境防止污染的规定，污染环境造成他人损害的，应当依法承担民事责任”的规定。本案原告住在被告隔壁，被告安装的空调设备排风口距原告窗户过近，对原告造成热量和噪声污染，影响原告正常生活，侵犯了原告的相邻权，被告应当移除空调设备，排除妨碍。《民法典》物权编本条是对《民法通则》以及《侵权责任法》有关规定的进一步细化，对相邻环保权提供进一步保护。

二、处理此类不可量物侵害的相邻关系应遵循的原则

1. 环境污染相邻各方忍受义务之竭尽原则

在日常生活中，相邻各方不免会对其共同生活的环境造成一定的污染，物权法对于生活中不可避免之微弱污染是不予否定的，并不是所有的污染侵害均可要求行使损害赔偿权、妨害排除请求权或妨害停止请求权等。也就是说，基于相邻关系的存在，要求相邻各方对于适度的废水、废气、废物有容忍之必要，但是一旦这种污染不能够及时处理而超越了社会一般人的容忍限度，至此其容忍义务已经竭尽，相邻人则不必继续容忍下去。

2. 环境污染应平衡双方当事人利益以确定侵害是否构成

判断不动产权利人是否违反《民法典》物权编之规定，是否对邻人之生活环境造成侵害，应衡量加害方和受害方各自的权利和义务。即加害方对于不动产的利用所造成的扩散物是否在其正当行使权利的范围内，而受害方因加害方的污染行为所受之损失是否构成侵权标准。

三、环境污染中不可量物侵害的构成

所谓不可量物侵害，是指按照通常的计量手段无法加以精确测量的某些物质因排放、扩散等致他人损害。不可量物的侵害是否属于相邻关系范畴，值得讨论。如果不可量物散发很远，行为人与受害人相距较远，一般不宜作为相邻关系纠纷，而应当按照环境侵权来处理。

1. 是实质性影响还是非实质性影响

所谓非实质性影响是指不妨碍或者不实质性妨碍别的不动产的使用的影响。非实质性影响排放是许可的，是不会被禁止的。只有实质性影响才可能构成非法排放。

2. 是当地通行的影响还是非当地通行的影响

所谓当地通行，是指在当地的确经常性地进行使用。这要从妨碍人一方来判断，而不是从被妨碍的不动产一方来判断。如果排放行为是当地通行的，则是合法的。只有非当地通行的排放，才可能构成非法排放。

3. 能否采取经济上可行的措施

如果可以采取经济上可行的措施来阻止某种影响，那么即使这种影响是实质性的也不能容忍，这种恶意排放是非法的。非法排放不可量物，构成不可量物侵害的，受害的不动产所有人或者使用权人可以向加害的不动产权利人请求损害赔偿，排除妨碍，停止侵害等。

四、其他相邻所受扩散之人在合理限度内的放任义务

罗马法中关于不可量物侵入他人邻地的内容即已显示出将不可量物限定于有体物的极大趋向。①

现代社会就不动产而毗邻之人之不可量物在一定程度上依附于不动产而向外界扩散，波及之人与日俱增，按相邻关系之容忍义务，其他相邻所受扩散之人应在合理限度内放任之。为了维持相邻共同体关系的存在，受

---

① 陈华彬：《德国相邻关系制度研究——以不可量物侵害制度为中心》，载《民商法论丛》第4卷，第279页。

到侵害的一方当事人负有一定程度的容忍义务。一般认为，在下列情形下，受害的不动产权利人不可主张不可量物侵害：

1. 环境污染侵入轻微的

排放的气体、废水、噪声等有害物质，虽有碍卫生或扰人宁静，但侵入轻微的，邻人应予以忍受。

2. 习惯认为环境污染相当的

按照土地、建筑物或者其他工作物的形状，当地习惯认为相当的。侵入虽然已经超过轻微的限度，但按土地、建筑物或者其他工作物的形状，当地的习惯认为相当时，邻人也不得加以制止。

土地之使用上当然发生之散放作用，不得不忍受之。然超过相当程度之侵入，为共同生活之安静，才应为禁止或使为预防之措施，以防免邻人之损害。①

五、环境保护相邻权的确立

在司法实践中，污染源与当事人相邻或接近而引发其身体的不适或健康的损害，过去往往都是依据《民法通则》和《物权法》有关相邻关系的规定进行处理。

1. 据《民法通则》污染程度远超相邻不动产范围的损害难以调整

环保相邻权难以适用民法上相邻关系的规定的原因，首先在于现阶段环境污染事件往往是污染物质随水流、空气等介质顺流而下、顺风而走地形成污染区域，已经明显不能完全适用过去相邻关系的法律规定。所以，《物权法》第九十条规定："不动产权利人不得违反国家规定弃置固体废物，排放大气污染物、水污染物、噪声、光、电磁波辐射等有害物质。"

2. 环境污染侵犯了公众受宪法所保护的环境权

公众环境权益是公民基本权利中具有共通性和非独占性地享用环境利益的各种权利之集合，也是公民对其正常生活和工作环境享有不受他人干

---

① 史尚宽：《物权法论》，中国政法大学出版社2000年版，第89页。

扰和侵害的权利与利益。有学者认为，环境权在其权利性质上是一种宪法权利，指向的义务人是国家，环境权对国家的立法权、行政权和司法权具有拘束力。这种拘束力既体现了环境权的防御功能，也免予国家的侵犯，当国家自身侵犯公民环境权时，公民可以请求排除侵害。同时，这种拘束力还体现在环境权的给付请求权功能方面，这体现了环境权的社会权性质。而这种社会权对于公民私法上的权利救济显然是无能为力的。

环境权在公民要求国家保护环境或者据以参与环境监督和管理的意义上使用时，主要具有共益权的性质。当环境权用于私主体之间的法律关系时，因其具有自益权的性质而成为一种实质上的私权。具体涉及的环境民事诉讼领域还需要《侵权责任法》方面的相关规定。

3. 违反保护环境防止污染规定造成他人损害的应承担民事责任

《民法典》侵权责任编第一千二百二十九条沿袭《侵权责任法》第六十五条“因污染环境造成损害的，污染者应当承担侵权责任”的规定。故必须以违反国家法律为前提，如果国家没有相关立法则难以认定为侵权，这不但导致了诸如光污染、振动污染等因无法可依而无法被认定为环境侵权，不能提起环境保护诉讼，还违反了环境保护的初衷或者说相邻权的立法原意，也不符合公民环境权的“公民对其正常生活和工作环境享有不受他人干扰和侵害的权利与利益”的立法原意。

4. 确立和完善超越民法的环境相邻权是解决交叉重叠的良策

环境保护相邻权是指基于环境保护的客观要求而发生的一定范围的相邻关系，是环境物权主体具体享有的权利和承担的相应义务。就环境污染而言，行为人因行使企业的营业权，利用自己或他人的土地经营或从事开发建设活动而产生废水、废气、粉尘、噪声、振动、地面下陷等侵害，危害邻人身体健康和财产的，如果超过社会容忍限度，则构成对公民环境相邻权的侵害。显而易见，环境保护相邻权较传统相邻权具有相邻范围的扩大、调节利益的多元及权利属性的复合性等特征。这也是目前环境法学者主张深入研究环境法学的题中应有之义。

5. 突破现行民法相邻权束缚构建综合法律调整的环境保护相邻权制度

一是在环境法领域确立和完善环境保护相邻权。在《环境保护法》中确立环境保护相邻权并明确阐释其内涵。二是与环境权区分，明确其权利属性。作为宪法权利的环境权在当今环境法学领域已被滥用，通常被错误地当作私法权利对待。正确的做法应该是严格区分环境权和环境保护相邻权：公法领域为环境权；私权和社会法领域为环境保护相邻权。三是明确具体权利内容。环境保护相邻权的内容至少包括：宁静权、清洁空气权、清洁水权、日照权等权利种类。①

第二百九十五条　【维护相邻不动产安全】 不动产权利人挖掘土地、建造建筑物、铺设管线以及安装设备等，不得危及相邻不动产的安全。

【条文疏义】

本条规定沿袭了《物权法》第九十一条的规定。

一、不动产的安全是对不动产权利人最为重要的因素

不动产权利人依赖不动产进行生产或者生活，这都是与其息息相关的活动，也是整个社会赖以存在和发展的物质基础。

相邻关系的特殊性决定了相邻人之间互相负有容忍对方在合理限度内进行必要活动而给自己带来不便的不作为义务。这种不便必然造成容忍方的不利益，但是这种不利益是严格限定在适度范围内的。正是这样的适度，使得相邻关系得以和谐存续，社会得以稳定发展。但是，如若超过了此等适度，那么对于相邻容忍方而言，自不必再负担忍受与姑息之义务；对于另一方相邻权利人而言，应将这种适度作为自己权利的最高上限，一旦突破则要承受由此而带来的不利益。

---

① 魏双、孙磊：《确立环境保护相邻权》，载《中国社会科学报》2014 年第 7 期。

二、法律会将防险注意义务附加于不动产权利人

不动产权利人由于生产或者生活的需要而必须挖掘土地、建造建筑物、铺设管线以及安装设备时，法律会将安全注意义务附加于不动产权利人之上，该义务是针对相邻权利人、保护可能受到安全威胁的相邻他方的不动产而言的。虽然相邻他方的不动产理应由该不动产的所有权人或使用权人负有完全的安全保障义务，但是由于该注意义务的边缘呈有扩散的趋势，因此安全保障义务应由相邻权利人承担。也就是说，相邻权利人在行使自己权利的同时，可能会对相邻容忍人一方的不动产造成安全上的威胁，而此种威胁对于相邻容忍人是不可能时时尽到注意义务的，而威胁的产生是相邻权利人出于满足自己的需要而作出的行为，且该行为是严格受控于相邻权利人之自由意志以及理性行为的。根据民法的原理，理性的行为人要对自己的行为负责，因此基于相邻权利人的行为而产生的安全隐患与威胁理应归责于相邻权利人，由相邻权利人承担安全注意义务。

另外还要说明的是，相邻权利人的行为所带来的安全威胁由发出该行为的人予以解决才最符合效率原则的要求。因为相邻权利人最了解行为的性质，最能够合理预期该行为在什么情况下会产生怎样的威胁，以及如何预防最为有效。

【典型案例】

改建房屋造成邻人财产损失是否要赔偿①

——相邻关系中的防险注意义务之规定

基本案情

田某里的房屋与麻某志的房屋均系门面房，位于街道南边，坐南朝北，

① 参见麻某志、田某里财产损害赔偿纠纷案，载中国裁判文书网，http：//wenshu. court. gov. cn/content/content? DocID = 7f4a9318 - 2cd6 - 4962 - bcd2 - a8b0011c5a64&KeyWord = % E9% BA% BB% E6% B4% AA% E5% BF% 97% 7C% E7% 94% B0% E5% 90% 8C% E9% 87% 8C，最后访问时间：2020 年 5 月 18 日。

东西紧邻，田某里居住在西边，麻某志居住在东边。2017 年春，麻某志开始对自己的房屋进行改造，原房屋未拆除，在原基础上改造升高，一楼立柱，一楼、二楼墙体改建。麻某志在改造过程中，造成田某里房屋东山墙墙体有孔、裂缝、破损，东山墙梁体破损，房屋一楼前沿挑梁破损，一楼、二楼东侧房间墙体向室内凸出，阳台等多处裂缝和破损，部分出现塌陷迹象。

田某里向法院提起诉讼，请求法院依法判令：1. 麻某志立即停止危害原告房屋安全的改造行为；2. 麻某志赔偿原告损失 66450. 80 元；3. 诉讼费由麻某志承担。田某里申请了鉴定。法院委托有关鉴定机构对房屋进行鉴定，该公司作出房屋安全鉴定报告和房屋加固处理项目工程预算书。报告显示田某里房屋受损系受外力影响，房屋承重及承重连接部位损伤，影响房屋整体安全。预算书表明该工程造价为 60450. 68 元。

被告麻某志辩称：改建房屋未导致田某里房屋结构发生变化，没有影响田某里的房屋安全。

法院审理

一审法院经审理认为，根据鉴定机构的报告，田某里的房屋受损系因被告改建房屋造成，故麻某志的辩解理由不成立。《物权法》第九十一条规定，不动产权利人挖掘土地、建造建筑物、铺设管线以及安装设备等，不得危及相邻不动产的安全。田某里和麻某志的房屋紧邻，麻某志作为田某里的邻居，在改建自己的房屋时应当注意到田某里房屋的安全，不应当影响原告房屋安全。田某里在起诉后，麻某志就停止了改造房屋，故田某里的该项停止改造的请求，不再支持。麻某志改造房屋，造成田某里房屋受损，应当承担侵权责任。

《侵权责任法》第十九条规定：“侵害他人财产的，财产损失按照损失发生时的市场价格或者其他方式计算。”原告房屋受损，需进行加固处理，加固处理的工程造价为 60450. 68 元，田某里要求麻某志赔偿 60450. 68 元，理由正当，予以支持。故依法判决：1. 限麻某志于判决生效后 5 日内赔偿田某里损失60450.68元。2. 驳回田某里的其他诉讼请求。案件受理费3000元，鉴定费6000元，田某里负担1500元，麻某志负担7500元。

二审法院经审理认为，依据《最高人民法院关于民事诉讼证据的若干规定》第二十七条之规定，该鉴定意见书由法院委托鉴定机构作出，麻某志在一审期间并未提出重新鉴定申请，且根据该市住房和城乡建设委员会出具的房屋安全鉴定机构登记证书显示，鉴定机构在出具鉴定报告及预算书时其资质未超过有效期。另外，麻某志亦无证据证实该鉴定结论明显依据不足、鉴定人员不具备相关的鉴定资格或鉴定程序严重违法等情形，故二审法院对鉴定机构出具的鉴定报告及预算书证明力予以确认。

原审法院据此认定麻某志改建房屋的行为与田某里的房屋受损存在直接因果关系，导致了田某里该房屋受损的法律后果，并判决麻某志停止侵权并承担田某里的房屋加固处理费用合法有据，理由阐述充分，故对麻某志的上诉请求，二审法院依法不予支持。因此判决驳回上诉，维持原判。

案件评述

一、案涉麻某志违反安全注意义务致紧邻房屋受损应予赔偿

相邻权是保障不动产所有权和与之相联系的财产权正常行使的客观需要，各相邻人要相互为他方正常行使权利提供方便，而不能妨碍他方正常行使权利，这是相邻权的实质。

相邻权作为一种物权，具有其特殊性，即只能发生于相邻各方之间的一种相对权。相邻各方均享有相邻权，一方相邻权的行使会对他方造成妨害，但这种妨害不应超出一定的限度，否则就侵犯了他方的相邻权。如果一方在行使其不动产权利时基于恶意给他方造成损害，就构成权利滥用，从而应当被追究行为人的侵权责任。

二、相邻防险关系的调整范围

1. 地尽其用虽为土地物权的题中应有之义，但应注意防范损及相邻不动产的安全

通常认为，危及相邻不动产安全的情形有三种：

(1) 经营工业以及行使其他权利对相邻不动产造成的危险。

(2) 开掘土地或建造房屋对相邻不动产造成的危险。

(3) 工作物倾倒对相邻不动产造成的危险。

相邻防险关系所调整的且最传统的是第二种情形，即土地所有人或使用权人挖掘土地或修建建筑物时不得使邻地地基动摇或使之发生危险，或者使邻地上的工作物受到损害。

2. 防险致相邻不动产损失时的赔偿请求权

瑞士、德国民法典相邻防险关系的法律均规定，土地所有人或使用权人违背防险义务时，邻地所有人或使用权人不仅可以请求停止施工，除去危险或采取其他必要的措施，如果已经造成损害，还可以请求赔偿。需要指出的是，相邻防险请求权要以不动产相邻为前提，而且它和侵权行为的请求权不同，类似于物权请求权，不以挖掘土地或建筑施工一方有故意或过失为要件。

三、土地所有权人的危害预防请求权

土地所有人不得对邻地上空实施侵害，对于地基下层，亦不得加以侵害。掘地或其他施工，对于邻地或其工作物，有生危险之虞者，应请求预防方法。土地所有人违反此义务时，相邻地人得请求其危害部分施工之禁止或已成危险之除去。[①] 每个人行使的权利都并非存在于真空之中，所有的权利之上必有所限制，最基本的界限就是不得侵害他人之利益以谋求自己的方便，该原则放之四海而皆准。

因此，在不动产权利人挖掘土地、建造建筑物、铺设管线以及安装设备等情况下，一定要负起对邻人不动产之安全的注意义务，尽量避免对相邻不动产造成侵害。这不仅仅是对于相邻人权利的保护，更是物权法对于社会整体效率的考量。因为如果允许一方以危及邻人不动产安全的方式来实现自己的权利，那么造成损害一方的当事人所获得的效率为正值，另一方受损的当事人则要忍受负效率，双方当事人所获得的效率总和则少于将

---

① 史尚宽：《物权法论》，中国政法大学出版社2000年版，第91页。

注意义务附加于前者时的社会总体效率。

四、“相邻防险权”的外延

1. 危害预防请求权

在自己的土地上开挖地基时，要注意避免使相邻土地的地基发生动摇或有动摇之危险，致使相邻土地上的建筑物受到损害。很多国家和地区对此有规定，例如，《瑞士民法典》第685条第1款规定：“所有人在挖掘或建筑时，不得使邻人的土地发生动摇，或有动摇的危险，或使其土地上的设施受到危害。”我国台湾地区所适用的“民法”第794条规定：“土地所有人开掘土地或为建筑时，不得因此使邻地之地基动摇或发生危险，或使邻地之工作物受其损害。”我国建筑法对施工现场对相邻建筑物、地下管线的安全提出了明确要求。该法第三十九条第二款规定：“施工现场对毗邻的建筑物、构筑物和特殊作业环境可能造成损害的，建筑施工企业应当采取安全防护措施。”第四十条规定：“建设单位应当向建筑施工企业提供与施工现场相关的地下管线资料，建筑施工企业应当采取措施加以保护。”

在与相邻不动产的疆界线附近处埋设水管时，要预防土沙崩溃、水或污水渗漏到相邻不动产。《日本民法典》第238条对此亦有规定。

2. 危害除去请求权

不动产权利人在相邻土地上的建筑物有倒塌的危险从而危及自己土地及建筑物安全时，有权要求相邻不动产权利人消除危险。例如，《德国民法典》第908条规定，因与邻地相关的建筑物或其他工作物有倒塌的危险，或因建筑物或工作物的一部分有崩离的危险，致土地有受损害之虞时，所有人对发生的损害可能应负责的人，得请求采取为防止危险发生所必要的措施。我国台湾地区所适用的“民法”第795条规定：“建筑物或其他工作物之全部，或一部有倾倒之危险，致邻地有受损害之虞者，邻地所有人，得请求为必要之预防。”

3. 竹木刈除请求权

不动产权利人在自己的土地范围内种植的竹木根枝伸延，危及另一方建筑物的安全和正常使用时，应当消除危险，恢复原状。《最高人民法院关于贯彻执行〈中华人民共和国民法通则〉若干问题的意见（试行）》第一百零三条规定："相邻一方在自己使用的土地上挖水沟、水池、地窖等或者种植的竹木根枝伸延，危及另一方建筑物的安全和正常使用的，应当分别情况，责令其消除危险，恢复原状，赔偿损失。"

第二百九十六条　【相邻权的限度】 不动产权利人因用水、排水、通行、铺设管线等利用相邻不动产的，应当尽量避免对相邻的不动产权利人造成损害。

【条文疏义】

本条基本沿袭了《物权法》第九十二条之规定，删除了"造成损害的，应当予以赔偿"的规定。

一、相邻损害防免权的内涵外延

所谓相邻损害防免是指相邻不动产权利人在使用自己的不动产时，要防止和避免损害相邻之不动产的安全，如在挖掘土地、建造建筑物、铺设管线以及安装设备等时，要注意避免危及相邻不动产一方的安全。

具体而言，指相邻各方在挖掘土地、建造建筑物、铺设管线以及安装设备等设施时，不得危及相邻不动产的安全。不得使邻地的地基受到危害，不得使邻地的建筑物受到危害；相邻一方的建筑物有倾倒的危险，威胁邻人的生命、财产安全时，相邻一方应当采取预防措施，如加固、拆除；相邻一方堆放易燃、易爆、剧毒、放射、恶臭物品时，应当与邻地建筑物保持一定距离，或者采取预防措施和安全装置。

二、相邻损害的受害人有权要求侵权方予以赔偿

相邻的不动产权利人在行使权利的同时要注意彼此间避免损害，否则就要为其付出相应代价。

不动产权利人应当按照有利生产、方便生活、团结互助、公平合理的原则，对相邻不动产权利人因用水、排水、通行、铺设管线等而使用自己的不动产负容忍义务，即提供必要的便利。但从使用一方来讲，在行使相邻权的同时，也要承担尽量避免对被使用的相邻不动产的权利人造成损害的义务。相邻他方在对方未尽此义务的情况下，有权要求排除妨害，赔偿损失。即使在无法避免造成损害的情况下，也要给予赔偿，这是公平合理原则的体现。

相邻人关系人，尤其是化工企业、事业单位，在生产、研究过程中，不得违反国家规定弃置固体废物，排放大气污染物、水污染物、噪声、光、电磁波辐射等有害物质。相邻他方对超标排放，有权要求相邻人排除妨害，有关单位或企业必须按国家规定的排放标准予以排放，进行治理，否则受到损害的受害人自有权要求予以赔偿。

【典型案例】

违反宅基地调解协议并打伤人承担何种民事责任①

——不动产相邻权人的避害责任

基本案情

杨某福与申某刚相邻而居，李某彬系申某刚之女婿。2014 年，申某刚因危房新建房屋，在建房过程中，申某刚与杨某福因宅基地边界发生纠纷，12 月 25 日经永乐村人民调解委员会调解，明确申某刚今后新修建房屋的墙的外沿距杨某福现有房屋阶沿石不少于 60 厘米，距杨某福水泥院坝的外沿不少于 70 厘米，申某刚新修房屋的屋檐水滴落的位置必须距杨某福的阶

① 参见杨某福与申某刚等排除妨害纠纷案，载北大法宝，http：//www. pkulaw. cn/case/pfnl_a25051f3312b07f3a60455d1b40d637b99c9c4beebeb4682bdfb. html？ keywords = % E6% 9D% A8% E4% BB% 95% E7% A6% 8F% E4% B8% 8E% E7% 94% B3% E6% 89% BF% E5% 88% 9A% E7% AD% 89% E6% 8E% 92% E9% 99% A4% E5% A6% A8% E5% AE% B3% E7% BA% A0% E7% BA% B7% E4% B8% 8A% E8% AF% 89% E6% A1% 88&match = Exact，最后访问时间：2020 年 5 月 19 日。

沿石和水泥院坝外沿分别不少于60厘米和70厘米。

2015年，杨某福与申某刚、李某彬因此而打架，经法院4月20日调解处理，由杨某福赔偿李某彬受伤造成的损失3000元，并明确李某彬与杨某福院坝之间所修理围墙的占地维持现状。

2015年11月28日，杨某福与申某刚因为杨某福沼气池边界问题发生纠纷，经永乐镇永乐村人民调解委员会调解，明确申某刚一个月内清除房屋后面的泥巴（现已清除），以保持边沟畅通。后双方涉讼。

法院审理

生效裁判法院经审理认为，杨某福与申某刚均认可杨某福要求拆除的申某刚墙角外土地上的硬化部分，是双方房屋相邻通道上的边沟，经法院现场查看，该边沟现已无硬化状况，且已生长了部分植物，故对杨某福的这一上诉理由，法院不予采信。

对于申某刚在自己房屋与杨某福房屋相邻的墙体开了三道窗以及房屋顶部有宽20厘米的外延，法院认为，对于申某刚的上述建房行为，杨某福并未提出反对意见，申某刚房顶的外延是其房屋的必要组成部分，屋檐滴水是通过申某刚在房顶安装的管道滴落，并未影响杨某福的生产生活，双方签订《调解协议》也是本着互不影响彼此生活的目的，根据《物权法》第八十四条“不动产的相邻权利人应当按照有利生产、方便生活、团结互助、公平合理的原则，正确处理相邻关系”之规定，杨某福要求申某刚封闭窗户以及拆除房屋超出墙体的部分，不符合公平原则，法院不予采信，但今后杨某福拆房重建时，申某刚应给予杨某福必要的便利。

对于杨某福认为沼气池的水流应从申某刚的房屋后面经过，保持自然流水畅通的上诉理由，因该沼气池排水并非自然流水，根据《物权法》第九十二条“不动产权利人因用水、排水、通行、铺设管线等利用相邻不动产的，应当尽量避免对相邻的不动产权利人造成损害；造成损害的，应当给予赔偿”之规定，该沼气池排水若从申某刚房屋背后通过，会流经申某刚房屋的厨房，为有利于双方生产生活，避免产生更多矛盾，原审认定该排水朝双方房屋相邻间的边沟通过并无不当。

综上，杨某福的上诉理由不成立，原判认定事实清楚，适用法律正确，为此，依照《民事诉讼法》第一百七十条第一款第一项之规定，判决驳回上诉，维持原判。

案件评述

一、本案为相邻关系中邻地损害防免缺失侵权

相邻关系是指相互毗邻的两个以上不动产所有人、用益物权人或占有人，在用水、排水、通行、通风、采光等方面根据法律规定产生的权利义务关系。在本质上，相邻关系是相邻不动产的权利人行使其权利的一种延伸或限制。给对方提供必要便利的不动产权利人是权利受限制的一方，因此取得必要便利的不动产权利人是权利得以延伸的一方，这种延伸是行使所有权和使用权所必需的。

二、相邻损害防免关系涉及众多传统法律部门

1. 相邻损害防免权与相邻污染侵权有竞合

所谓“相邻损害防免”是指因相邻不动产权利人一方在使用自己的不动产时损害相邻之不动产的安全而发生的纠纷。而相邻污染侵害纠纷，是指相邻不动产权利人因弃置固体废物，排放大气污染物、水污染物、噪声、光、电磁波辐射等有害物质侵害相邻人生命安全、身体健康和生活环境引发的相邻纠纷。两者在权利人，法律关系的客体、内容诸方面，难免交叉重叠。

2. 环境权益保护也要防御邻人所致环境污染与侵害

环境权益的保护需要环境法与众多传统法律部门的协同与配合。相邻环境权益就是发生在相邻关系领域中由相邻主体所享有的环境权益。在私法中，相邻关系制度是最能凸显民法与环境法内在联系的法律制度，因为环境污染和破坏首先侵害的就是“邻居”。

从罗马法开始，民法相邻关系制度就有对环境权益保护的内容。早期的相邻关系制度主要是通过对相邻环境财产权益的调整来达到实现环境保护的功能，调整相邻关系的法律一般不调整人身伤害或是人格权侵害。随着现代社会环境的恶化，相邻关系中通风、采光、眺望、生活安宁等环境人格权益的保护逐渐得到了重视。

如果从相邻环境人格权益的视角来研究相邻环境权益的私法保护即可发现，与传统相邻关系制度的法律调整不同，相邻环境权益既具有相邻权的属性，又具有环境权和人格权的属性。因此，如何在相邻关系的制度框架内，通过借鉴国外优秀的理论和制度，规定我国环境权益侵害的理论构成，增加环境权益的私法救济内容，具体化规定责任承担的方式，以方便法律实践操作就成了民法典相关内容编纂的起点。相邻环境权益常与人们最基本的生存利益密切相关。它不仅关系到个人的基本人权，也关系到个人的人格尊严。[①] 为了协调相邻不动产利用过程中所产生的环境权益冲突，自需多个法域的法律规范予以综合调整。

三、环境权的私法保护与物权的社会化

打破固有制度樊篱协力实现对环境相邻关系的周密调整。

从传统民法相邻关系制度的规范性分析入手，在"环境权的私法保护"这一研究视野下，通过对环境相邻关系特点的全面把握与深度解构，明确指出传统相邻关系制度于相邻环境（人格）权保护之不适应性。为打破固有的制度樊篱，有必要在传统人格权法体系中探索创设环境人格权制度，同时辅以环境侵权法律制度，以协力实现对环境相邻关系的周密调整。

回顾相邻关系制度的演变历程，可以揭示相邻损害防免的制度价值和理论基础——所有权社会化理论。鉴于相邻关系的法律属性，即并非一种独立的物权类型，而只是对相邻不动产所有权或使用权的扩张和限制，自可从中概括出相邻关系区别于人格权关系等其他民事法律关系的本质特征。所以，对相邻关系的内容进行类型化归纳，根据其所体现的利益表征，将其划分为相邻防免关系和相邻利用关系两大类。基于环境权的基本理论，

① 陈红梅：《相邻环境权益的私法保护》，南京大学 2014 年博士学位论文。

自可明晰环境权亦包含“公民享有的在不被污染和破坏的环境中生存及生态性利用环境资源的实体权利”。[①] 故此，新兴系统法学亦即所谓领域法学等，均主张环保法等社会领域，其事实上只能是一种多传统法律部门综合调整的法律规范子系统。

① 张小羿：《环境权视野下的相邻关系制度研究》，中国政法大学2009年硕士学位论文。

第八章　共　　有

第二百九十七条　【共有及其形式】 不动产或者动产可以由两个以上组织、个人共有。共有包括按份共有和共同共有。

【条文疏义】

本条基本沿袭了《物权法》第九十三条之规定，仅将原法条中“单位”替换为了“组织”。

一、共有的概念及其法律特征

1. 共有的概念

所谓“共有”是指两个以上的民事主体（单位或个人）对同一项财产共同享有所有权。共有的主体称为共有人，客体称为共有财产或共有物。各共有人之间因财产共有形成的权利义务关系，称为共有关系。共有的物权可简称为共有权。

2. 共有为各个共有人共同对一物享有一个所有权

财产的所有形式可分为单独所有和共有两种。单独所有是指财产所有权的主体是单一的，即一个民事主体单独享有对某项财产的所有权。共有既为多个权利主体对一物共同享有所有权，即并非在一项财产上存在两个以上所有权。

3. 共有的法律特征

（1）共有的主体具有多数性

即共有的主体是两个以上的民事主体。

（2）共有的客体具有同一性

即共有物是特定的同一不动产或者动产，共有物在共有关系存续期间不予分割，共有人的权利及于整个共有物。

（3）共有的内容具有共通性

即全体共有人的共同利益制约和影响各共有人对共有物享有的权利和承担的义务。

二、共有的发生原因及其表现形式

1. 共有财产关系的发生原因

一是基于当事人的意思而发生，如共同出资购买一栋房屋。二是非基于当事人的意思而发生，主要是基于法律的直接规定而发生。如夫妻对婚姻关系存续期间财产的共有（双方另有约定的除外）、各继承人在遗产分割前对遗产的共有、家庭成员对家庭财产的共有等。

2. 共有按其形式分为共同共有与按份共有

共同共有，是两个以上的权利主体，对同一财产不分份额地共同享有同一所有权。按份共有，是指数人对同一财产按各自确定的份额共同享有所有权的共有形态。

【典型案例】

共有人对共有形式没有约定或者约定不明确如何应对①

——按份共有和共同共有的确立规则

基本案情

原告母亲田某芝与被告任某才于2006年协议离婚，离婚协议中约定，位于卯州市河北街永红委和瑞小区4单元5×1室房屋归男方（任某才）和

---

① 参见任某坤与任某才共有纠纷案，载北大法宝，http：//www. pkulaw. cn/case/pfnl_ a25051f3312b07f3a52380461a1dbfd6e13c46e00e2f723cbdfb. html？keywords = %E4%BB%BB%E7%A6%B9%E5%9D%A4%E4%B8%8E%E4%BB%BB%E7%A6%8F%E6%89%8D%E5%85%B1%E6%9C%89%E7%BA%A0%E7%BA%B7%E6%A1%88&match = Exact，最后访问时间：2020年5月20日。

任某坤（婚生子）共同所有，该协议当时即生效。2012年8月，在任某坤不知情的情况下，任某才将该房屋以10万元的价格出售给了案外人任某环并办理了产权过户手续。任某坤得知此事后多次找任某才协商催要卖房款，被告一直推脱，故原告诉至法院。

原告任某坤称：任某才在2012年的确是给我打款1.5万元，但那是任某坤的抚养费并非卖房款。

被告任某才称：在我与田某芝离婚时确实约定位于卯州市河北街永红委和瑞小区4单元5×1室房屋为自己与任某坤共同所有。在卖房子时，我已将此事通知任某坤的法定代理人田某芝，并将部分售房款1.5万元给了任某坤，打到了任某坤法定代理人田某芝妹妹的账户上。该房屋为贷款房，在离婚时该房屋仍有1.8万元贷款尚未偿还，这部分贷款是任某才一人偿还的。

法院审理

法院经审理认为，共有包括按份共有和共同共有，任某才与田某芝离婚时协议约定，位于卯州市河北街永红委和瑞小区4单元5×1室房屋归男方任某才和婚生子任某坤共同所有，该协议是各方真实意思表示，符合法律规定，且诉讼中任某才承认该房屋是其与任某坤共有，因此上述协议有效，该房屋为任某才与任某坤共有。

《物权法》第一百零三条规定："共有人对共有的不动产或者动产没有约定为按份共有或者共同共有，或者约定不明确的，除共有人具有家庭关系等外，视为按份共有。"任某才与任某坤为父子关系，据此任某才与任某坤共同共有案涉房屋。

《物权法》第九十七条规定："处分共有的不动产或者动产以及对共有的不动产或者动产作重大修缮的，应当经占份额三分之二以上的按份共有人或者全体共同共有人同意，但共有人之间另有约定的除外。"

《最高人民法院关于贯彻执行〈中华人民共和国民法通则〉若干问题的意见（试行）》第八十九条规定："……在共同共有关系存续期间，部分共有人擅自处分共有财产的，一般认定无效。但第三人善意、有偿取得该项财产的，应当维护第三人的合法权益，对其他共有人的损失，由擅自处分共有财产的人赔偿。”

本案中，任某才未经共同共有人任某坤同意擅自处分共有财产，其行为给任某坤造成了损失，应当承担赔偿责任。遂判决被告任某才在判决生效之日起15日内一次性给付原告任某坤售房款5万元。

案件评述

一、本案作为共同共有的财产其所有权主体为多数

1. 按份共有的概念及其成因

其又称分别共有、通常共有，是指数人按应有份额对共有物共同享有权利和分担义务的共有。《民法通则》规定，共有分为按份共有和共同共有。按份共有人按照各自的份额，对共有财产分享权利，分担义务。《物权法》规定，按份共有人对共有的不动产或者动产按照其份额享有所有权。

按份共有因一定法律事实而形成。共同购买物品，共同投资建筑房屋、兴修水利、共同开发自然资源、高新技术以及物的添附等，都会在一定条件下形成按份共有。按份共有的形成，除法律有特别规定外，各共有人须预先订立合同，以合同来确定彼此的按份共有关系。随着经济体制改革的深入，全民所有制与集体所有制的单一结构的打破，各种经济联合的发展，按份共有在我国经济生活中的地位越来越重要。

2. 共同共有的概念及其成因

其是指依一定原因成立共同关系的数人，基于共同关系，对共有物享有权利、承担义务的共有。《民法通则》规定，共同共有人对共有财产享有权利，承担义务。《物权法》规定，共同共有人对共有的不动产或者动产共同享有占有、使用、收益和处分的权利。

共同共有通常发生于婚姻家庭领域，包括夫妻共有、家庭共有和遗产分割前的共有。夫妻共有是夫妻在婚姻关系存续期间，除双方另有约定外，所得财产为夫妻共同共有。夫妻对共同共有的财产，有平等的处理权。家庭共有是家庭成员间基于共同生活与共同经营而发生的共有。一个家庭是否存在共同共有，取决于两个条件：一是有无共同的生产经营活动；二是家庭的结构。遗产分割前之共有，是继承开始之后遗产分割之前，全体继承人对遗产的共有。

二、合伙财产共有状态的确定

对此学界认识不一。有学者认为，合伙财产权是基于合伙关系而产生的，合伙人对合伙财产的份额是对抽象的合伙资产而言的，是一种潜在的应有部分。在合伙关系存续期间，合伙人亦不能处分其份额、不能请求分割合伙财产。因此，合伙财产的性质应当为共同共有。这样，有利于维护合伙关系和合伙的主体地位，并可以充分保护债权人的利益。

事实上，《民法典》物权编沿袭《物权法》之规定，已经明确了按份共有和共同共有的确立规则。即共有人对共有的不动产或者动产没有约定按份共有或者共同共有，或者约定不明确的，除共有人具有家庭关系等外，视为按份共有。可见，在通常情况下，当按份共有和共同共有不明确时，推定为按份共有。只有在具备家庭关系等共同关系时，才能确立为共同共有。

三、共同共有因与身份关系相关联域外多放入身份法中

共有制度是《民法典》物权编沿袭《物权法》的一项重要法律制度，也是物权法理论中的一个重要问题。目前对我国共有制度所规定的按份共有和共同共有两种类型，学者更多地关注按份共有，共同共有关系在现实生活中比较常见，关于不同情形下共同共有如何认定，学界一直存在争议，在司法实践中某些问题的处理也存在模糊和不统一。

按份共有与共同共有无疑在许多地方存在不同，但二者的本质区别在于共同关系是否存在，对此少有学者详加阐述。使得共同共有的适用边界和类型模糊不清，尤其在合伙财产共有、同居财产、区分所有的建筑物共用部分等情形的认定上，学者存在不同的意见，观点多样。

故此考察共同共有制度，除研究共同共有制度的发展外，明确其起源与特点，了解共有制度本身，自应通过对共同共有理论的研究，发现共同共有制度的特点，掌握其精神内涵。如此才能理解共同共有制度的认定核心在于共同关系的存在。所以，只有理解了共同关系的内涵，掌握共同关系的性质、特征，才能找到按份共有和共同共有的界限，继而正确适用共同共有制度，确定共同共有的类型。①

四、共同共有的财产份额仅为共同关系总财产的价值比例

无论是按份共有还是共同共有，都是数人对同一个独立物共同享有一个所有权。按份共有是区分份额的共有，所谓份额是所有权量上的分割；共同共有是不区分份额的共有，故并无该意义上的份额可言。共同共有中有“财产份额”的概念，但与“所有权量上的分割”意义上的“份额”有着本质的区别。

共同共有中的财产份额，实质上是共同关系中总财产的价值比例，学说上称为“潜在份额”。但“份额”或“潜在份额”之有无，并不是共有之为按份共有或为共同共有的认定依据，其认定依据是共有人之间是否存在共同关系下的共有，为达成共同关系中的共同目的所必要，故应为共同共有夫妻之间和家庭成员之间，相对于其共有财产，固然存在共同关系；各合伙人之间、共同继承人之间，相对于合伙组织中的财产、共同继承的财产，亦存在共同关系。故夫妻共有、家庭共有、合伙共有和继承共有均应为共同共有。②

第二百九十八条　【按份共有】按份共有人对共有的不动产或者动产按照其份额享有所有权。

① 杨勇：《论共同共有——以其适用类型为核心》，华东政法大学 2015 年硕士学位论文。

② 戴永盛：《共有释论》，载《法学》2013 年第 12 期。

【条文疏义】

本条沿袭了《物权法》第九十四条之规定。

一、按份共有又称分别共有，是共同共有的对称

其是指数人按应有份额（部分）对共有物共同享有权利和分担义务的共有。在按份共有制度中，共有人对于共有的动产、不动产的所有权按比例享有其相应部分的权利义务。

在按份共有中，各共有人对共有物享有不同的份额。各共有人的份额又称应有份，其具体数额一般是由共有人约定而予明确的。在按份共有中，各共有人的应有份必须是明确的，如果按份共有人对共有的不动产或者动产享有的份额，没有约定或者约定不明确的，依照《民法典》物权编第三百零九条所沿袭的《物权法》第一百零四条之规定，按照出资额确定；不能确定出资额的，视为等额享有。

二、按份共有人的份额决定了其权利义务的范围

在按份共有中，每个共有人对共有财产享有的权利和承担的义务，是依据其不同的份额确定的。共有人对共有物持有多大份额，就对共有物享有多大权利和承担多大义务，份额不同，共有人对共有财产的权利义务也不同。按份共有人共同决定可将房屋出租以获取收益。在租金的分配上，有权获得与自己份额相应的租金；反之，在对房屋维修费用的负担上，亦要承担相应的责任。

三、按份共有中各共有人的权利均及于共有财产的全部

与分别所有相区别，在按份共有中，各个共有人的权利不是局限在共有财产的某一部分上，或就某一具体部分单独享有所有权，而是各共有人的权利均及于共有财产的全部。当然，在许多情况下，按份共有人的份额可以产生和单个所有权一样的效力，如共有人有权要求转让其份额，但是各个份额并不是一个完整的所有权，如果各共有人分别单独享有所有权，则共有也就不复存在了。

【典型案例】

共有不动产以及动产的权利归属[①]

——按份享有的构成

基本案情

原告吕某的母亲与被告吕某甲、吕某乙系兄弟姐妹关系；被告吕某乙、孙某系夫妻，吕某丙为两人之子。系争本市复兴中路××弄××号二层统前楼房屋（使用面积23.5平方米）系公有居住房屋，承租户名吕某丁（系吕某之外祖父，吕某甲、吕某乙之父，于1999年过世）。2016年11月，吕某甲、吕某乙与征收单位签订《国有土地上房屋征收补偿协议》，约定支付征收补偿款，征收单位提供产权调换房屋三套。

原告在读中学时曾居住系争房屋，且原告与被告户籍均在系争房屋内，其中原告与吕某甲为一本户籍，吕某乙一家为一本户籍。原告为系争房屋同住人之一，应享有征收补偿利益。

吕某乙一家在2015年8月以原、被告五人居住系争房屋困难为由申请购买位于浦东新区三彩路××弄××号的经济适用房一套，不应再获动迁安置。因原告提出分割要求，被告方置之不理，故原告诉至法院，请求判如所请。

被告吕某甲、吕某乙、孙某、吕某丙辩称，系争房屋由四被告居住，原告从未居住。原告户籍报出生在系争房屋，1984年原告父亲单位分配本市高安路××弄××号处房屋（使用面积11.7平方米），原告及其母亲均为受配人，原告将户籍迁至该处。

1989年原告父母离婚，原告由其母抚养，居住在位于高安路的房屋

---

① 参见吕某与吕某甲、吕某乙等共有纠纷案，载中国裁判文书网，http：//oldwenshu. court. gov. cn/content/content？DocID = a2424401 - fb4d - 4c8f - 8111 - a89600a64bf9&KeyWord = % E5% 90% 95% E6% 96% 87% E5% A7% AC，最后访问时间：2020年5月21日。

内。1996年8月，原告为入学就读将户籍迁入诉争房屋。因原告未居住系争房屋且享受过福利分房，故原告不符合同住人资格，不应享有征收利益。四被告之间对于征收补偿利益的分配没有争议。

法院审理

一审法院经审理认为，原告与其父母已享福利分房，受配本市高安路××弄××号的房屋，原告因此户籍迁入高安路的房屋并实际居住。原告虽之后将户籍自高安路的房屋迁入诉争房屋，但该户籍迁入显然并非系争房屋承租人及同住人让渡居住权给原告，而是因为原告入学就读需要而给予的帮助，即便原告曾在读中学期间暂住系争房屋，其仍不具有同住人的身份。

鉴于此，原告不应再取得系争房屋的征收补偿利益。四被告之间对征收补偿利益的分配不存在争议，可由被告方自行分配解决。

综上，根据《物权法》第九十四条的规定，原告要求取得系争房屋征收补偿利益的主张，经审查，不符合该规定的要求，依法不应支持。据此，法院对于原告吕某要求取得本市复兴中路××弄××号二层统前楼房屋征收补偿利益的诉讼请求，不予支持。

二审法院同意一审法院的裁判意见，维持原判。

案件评述

一、案涉房产之按份共有关系应予确认

本案的争议焦点是对涉案房产共有关系的确认原告未能举证证明其系房屋共有人，按照法律规定，不能进行分割处理。在按份共有中，共有人对共有物的处分包括两种：一是对其享有的份额的处分，二是对整个共有物的处分。按份共有人有权处分其份额。由于共有人的份额都是抽象的，而不是具体的，因此，共有人对其份额只能进行法律上的处分，即将其份额分出或者转让。所谓分出，是指共有人将自己存于共有物的份额分割出去。《物权法》规定，若没有约定或约定不明确，按份共有人可以随时请

求分割其份额。所谓转让，是指共有人将自己的份额转让给他人。由于各共有人的份额是所有权的量的一部分，具有所有权的效力，故共有人对其份额可以转让，而不必征得其他共有人的同意。

二、按份共有所具有的法律特征

1. 按份共有人可以转让其享有的共有的不动产或者动产份额

值得注意的是，如果共有人之间在合同中对共有份额的处分进行了限制，这时应认为共有人自愿接受了对于处分其份额的权利的限制，如果共有人无合同约定或者法律规定的正当理由而要求处分其份额时，会构成对其他共有人的违约行为，要承担一定的责任。这是由于共有关系一般是建立在共有人相互信任的基础上的，为防止在某一共有人转让其份额时，接受转让的人是为其他共有人所不了解或者所不信任的，从而给其他共有人带来损害。

2. 按份共有人转让其份额时其他共有人同等条件下所享有的优先购买权

按份共有人可以转让其享有的共有的不动产或者动产份额，其他共有人在同等条件下享有优先购买的权利。也就是说，在共有人转让其份额时，在价格等条件同等的情况下，其他共有人有优先于非共有人购买的权利。如果几个共有人都想购买这项份额，应由转让份额的共有人决定将其份额转让给哪一个共有人。

应当指出的是，其他共有人的这种优先购买权，应当在一定期限内行使，以保护转让其份额的共有人的权益，否则，如果其他共有人无限拖延不作出是否购买的表示，共有人转让其份额的权利就无法得到实现。在法律上没有规定期限的情况下，当事人可以自行确定一个合理期限，共有人及时告知其他共有人后，其他共有人在此期限内不作出是否购买的表示的，应认为其丧失优先购买权，共有人可以将其份额转让给非共有人。共有人在不损害社会利益和他人利益的条件下，可以抛弃其应有份额，这是共有人行使其处分权的一种表现。但是，国家机关和国有企业、事业单位不得抛弃其占有的国家财产，当然亦不得抛弃其在共有关系中的份额。

三、其他共有人能否取得按份共有人所抛弃的应有份额观点隽异

1. “否定说”与“肯定说”

持否定说的学者认为，应有份额仅仅是共有物所有权的量的部分，既不是他物权对所有权的限制，也不是应有份额相互之间的限制，共有人抛弃其份额，其他共有人的应有份额不会发生恢复其原来的圆满状态的问题，因此，被抛弃的份额不能当然由其他共有人享有。

持肯定说的学者则认为，所有权具有弹性，则应有份额亦应具有，一部分应有份额的消灭，其他的应有份额随之扩张，因而共有人抛弃其应有份额后，该份额应归属于其他共有人。

2. 我国明确采取肯定说

《日本民法典》第255条规定：“共有人之一人，抛弃其应有部分时，或者无继承人而死亡时，其应确部分归属于其他共有人。”即便我国现行立法对此未作规定，亦应采肯定说，即共有人抛弃其应有份额后，应由其他共有人取得。按份共有人的处分权还包括对共有物的处分，包括：事实上的处分，如改变物的形状、毁坏；法律上的处分，如将物转让（出卖、互易、赠与）他人，在物上为他人设定租赁使用权等债权或者他物权。这种处分及于共有物的全部，涉及全体共有人的利益。因此，我国《民法典》物权编第三百零一条沿袭《物权法》第九十七条的规定，处分共有的不动产或者动产以及对共有的不动产或者动产作重大修缮的，应当经占份额三分之二以上的按份共有人的同意。但是共有人之间另有约定的除外。某一共有人或者某部分共有人未得到全体共有人或者拥有共有份额三分之二以上的共有人的同意，擅自处分共有物的，对其他共有人构成侵权行为。如果是事实上的处分，如毁损共有物，对其他共有人应负侵权责任。

如果是法律上的处分，对于其他共有人不产生法律效力。但对于第三人来说，该行为属于效力待定。如果其他共有人事后追认了该行为，则该行为有效；如果其他共有人事后不追认该行为，则该行为无效。第三人在取得该动产时是出于善意，可按善意取得规则处理。在共有人擅自进行的

法律处分行为得不到其他共有人追认时，其他共有人可要求其承担侵权的民事责任。

第二百九十九条　【共同共有】共同共有人对共有的不动产或者动产共同享有所有权。

【条文疏义】

本条沿袭了《物权法》第九十五条之规定。

一、共同共有

1. 共同共有的概念

其是指两个或两个以上的民事主体，根据某种共同关系而对某项财产不分份额地共同享有权利并承担义务。

2. 共同共有的法律特征

（1）共同共有基于共同关系而产生

其以共同关系的存在为前提，如夫妻关系、家庭关系。

（2）在共同共有关系存续期间内共有财产不分份额

这是共同共有与按份共有的主要区别。

（3）各共同共有人平等地对共有物享受权利和承担义务

3. 共同关系的定义

是指民事主体依据一定身份或因法律规定而形成的足以形成共同共有根基的关系。其包括两层含义：

（1）共同关系的创立均具备共同性目的

如夫妻共有财产为处理夫妻间产生的财产关系，遗产的共同共有则是处理共同继承的法律关系。因此，各共同共有人对此项所有权的享有，因自受共同目的约束，方能达到其共同目的。

（2）每个主体间必须具有特定的连接关系

共同共有的建立还应满足另一个条件，即共同关系。这样的特定连接关系消失前，各共有者无权单独处分其中的某一部分，也无权申请分割共有物。上述两者的结合，正是共同共有特性所在，亦是其与按份共有的最大差别之处。

二、所有权既能为单个主体享有也能为多个主体享有

根据民法上“一物一权”原则，一物只有一个所有权。但根据社会发展需要，如今财产所有权的保护愈加受到人们的重视，共有权作为所有权制度中的一项重要内容，在现代社会得到不断发展。共同共有是共有权的一个重要的分支，它在某些范围内发挥着重要作用，主要表现在夫妻法律关系、家庭法律关系和遗产法律关系的三大领域。[①]

【典型案例】

共同人对共同财产享有的权利分割[②]

——共同享有的财产权利如何分割

基本案情

冯某民、王某梅认为，冯某民与村委会于2000年8月30日续签土地租赁合同后，即在当年10月用自己的积蓄和提前收取原三户房客的3年房租19500元（每户6500元）及向亲属借款共约3万元，投资建造了三间二层门面房。当时，冯某利、李某茹与冯某民、王某梅已经分户，况且冯某利、李某茹在涉案房屋建造中无任何投资。

被告冯某利、李某茹称：其是2000年10月盖的房，盖房人系冯某利的岳父，是李某茹的父亲找的。还有三个投资人，每个投资人投资6500

① 邱明佳：《物权法共同共有制度的探析》，载《法制与社会》2019年第7期。

② 参见冯某民等与冯某利等侵权责任纠纷案，载北大法宝，http：//www. pkulaw. cn/case/pfnl _ a25051f3312b07f3a6600a56ea06ac1fd833e2c3b9252dc9bdfb. html? keywords =% E5% 86% AF% E6%99% AF% E6% B0% 91% E7% AD% 89% E4% B8% 8E% E5% 86% AF% E5% 8B% 87% E5% 88% A9% E7% AD% 89% E4% BE% B5% E6% 9D% 83% E8% B4% A3% E4% BB% BB% E7% BA% A0% E7% BA% B7% E4% B8% 8A% E8% AF% 89% E6% A1% 88&match = Exact，最后访问时间：2020年1月5日。

元，约定房屋建好后投资人使用3年，三个投资人将钱交到了冯某利与李某茹手中。

一审中，直到冯某利陈述了建房经过后，被告方才在上诉状中提到了有投资人，并将盖房时间也从一审陈述的1998年改为2000年。

法院审理

法院裁判意见为：不动产或者动产可以由两个以上单位、个人共有。从双方均认可的吴某的证人证言内容看，2000年为李某茹建房；建房相关事宜与李某耀、冯某民共同协商处理；建房款经由冯某民之手清结，案涉房屋为冯某民夫妇与冯某利夫妇共同出资所建，原审判决认定双方就涉案房屋为共同共有关系，并无不当。

冯某民夫妇上诉主张案涉房屋为其自建，没有证据证明，可以认定与事实不符。依据《物权法》第九十五条"共同共有人对共有的不动产或者动产共同享有所有权"、第九十六条"共有人按照约定管理共有的不动产或者动产；没有约定或者约定不明确的，各共有人都有管理的权利和义务"的规定，案涉冯某民夫妇诉请冯某利夫妇停止侵权，并不得妨碍其对涉案房屋正常出租，于法无据，故不予支持。

案件评述

一、共同共有以共同关系为前提或基础

1. 共同关系性质不同，该财产供给与利用就有明显差异

（1）夫妻共同共有以夫妻共同生活之共同体为基础

夫妻共同共有的财产，以供给夫妻共同生活为目的，服务于夫妻关系的长久维系。故而在夫妻关系存续期间，并无夫妻各方对夫妻共同财产的份额可言。即使双方对共同财产之全部约定有份额，关于其份额的处分，在夫妻关系存续期间事实上亦极其有限。

（2）合伙共同共有财产以基于信赖而结成的团体组织为基础

合伙的共同共有财产乃为达成共同事业之经营目的而存在。这种利用

具有浓重的、纯粹的财产谋利性质。简言之，就是利用合伙组织中的财产获取利益。因此，在合伙的共同共有关系中，客观上要求在合伙存续期间，即应对各合伙人的财产份额予以明确，进而以此作为合伙损益分配的依据，以满足合伙人之共有权在合伙存续期间的处置可能性，亦即承认在合伙存续期间就应当有合伙财产份额的存在，并承认合伙财产份额本质上具有可移转性；合伙人得有限制地处分其合伙财产份额。合伙人的债权人亦得扣押其债务人在合伙中的财产份额。

2. 遗产的共同共有基于复数继承人的共同继承关系而发生

共同继承关系系以遗产清算和分配为终局目的，此与夫妻共有财产及合伙共有财产自有本质上的不同。所以遗产的共有，非为共同关系的存续而存在，各共同继承人可依其应继份随时请求分割遗产。所谓应继份，乃相对于全部遗产，而非针对共有遗产中的各个客体而言。共同继承人不但可以处分自己的应继份，而且可以抛弃或让与其应继份。

总之，在各种共同共有中，夫妻财产的共同共有在夫妻关系存续期间呈明显的多元财产份额的观念，合伙财产的共同共有在合伙关系存续期间和遗产的共同共有在遗产分割前即有明显的财产权利的存在。特别是合伙中的财产份额与遗产上的应继份，于共同关系存续期间都具有较大程度的可处分性即可移转性，只是略有差异而已。[①]

本案涉及共有人对共有物的支配权问题。判断本案中被告是否就案涉房屋侵权，关键在于其与原告是否形成了共同共有关系；如果他们之间并未形成共同共有关系，按照法律规定只有“共有人（才）对共有物共同享有所有权”，案涉冯某利夫妇自不会存在侵犯原告的共有权的问题。

二、我国法律中关于共同共有的形式规定

我国学界普遍认为共同共有主要包括“夫妻共有”“家庭共有”“遗产分割前共有”。

---

① 戴永胜：《共有释论》，载《法学》2013 年第 12 期。

1. 夫妻财产的共同共有

共同共有最典型的形式就是夫妻共有。根据《民法典》婚姻家庭编第一千零六十二条沿袭《婚姻法》第十七条之规定，夫妻在婚姻关系存续期间所得的下列财产，归夫妻共同所有：一是工资、奖金；二是生产、经营的收益；三是知识产权的收益；四是继承或赠与所得的财产，但遗嘱或赠与合同中确定只归夫或妻一方的财产除外；五是其他应当归共同所有的财产。夫妻对共同所有的财产，有平等的处理权。例如，夫妻双方出卖、赠与属于夫妻共有的财产，应取得一致同意。夫妻一方明知另一方处分财产而未作否定表示的，视为同意。

2. 家庭财产的共同共有

家庭共有财产是指家庭成员在家庭共同生活关系存续期间，共同创造、共同所得的财产。例如，家庭成员交给家庭的财产，家庭成员共同受赠的财产，以及在此基础上购置和积累起来的财产等。概言之，家庭共有财产是家庭成员的共同劳动收入和所得。家庭共有财产和家庭财产的概念是不同的。家庭财产是指家庭成员共同所有和各自所有的财产的总和，包括家庭成员共同所有的财产、夫妻共有财产和夫妻个人财产、成年子女个人所有的财产、家庭成员各自所有的财产等。家庭共有财产则不包括家庭成员各自所有的财产。

区分家庭共有财产与家庭成员个人财产的主要意义在于：

《民法典》婚姻家庭编第一千一百五十五条沿袭《继承法》第二十六条第二款规定："遗产在家庭共有财产之中的，遗产分割时，应当先分出他人的财产。"家庭共有财产的某一共有人死亡，财产继承开始时，必须把死者在家庭共有财产中的应有部分分出，作为遗产继承，而不能把家庭共有财产都作为遗产继承。

3. 遗产分割前的财产共同共有

我国台湾地区所适用的"民法"第 1151 条规定，继承人有数人时，在分割遗产前，各继承人对于遗产全部为公同共有。所谓"公同共有"即我们所说的“共同共有”。《民法典》婚姻家庭编第一千一百五十一条沿袭《继承法》第二十四条规定：“存有遗产的人，应当妥善保管遗产，任何人不得侵吞或者争抢。”

三、关于合伙财产的共同共有性质的争议

1. “合伙财产”究竟是按份共有还是共同共有值得研究

很多学者把我国台湾地区所适用的“民法”中归为共同共有的“合伙”认为是按份共有。有学者认为，我国台湾地区所适用的“民法”第668条规定：“各合伙人之出资，及其他合伙财产，为合伙人全体之共同共有。”第682条第1款规定：“合伙人于合伙清算前，不得请求合伙财产之分析。”第683条规定：“合伙人非经其他合伙人全体同意，不得将自己之股份转让于第三人。”

从我国台湾地区所适用的“民法”的规定看，其对合伙财产的规定符合共同共有的某些特征，首先是共同管理，个人不得处分；其次是在共有关系解除前，不得分割共有财产。

我国多数学者认为合伙财产属于按份共有的理由是：首先，共同共有是不能划分份额的，而在合伙财产中，实际按投资比例划分份额。其次，按份共有是按照自己的份额享有共有财产的收益，而合伙人对收益的分配主要也是以投资比例确定。我国台湾地区所适用的“民法”第677条第1款规定：“分配损益之成数，未经约定者，按照各合伙人出资额之比例定之。”反观，共同共有人对共有财产的收益则是不分份额的共同享有。

2. 关键在于对“清算”这个时间点的理解

“折中说”认为，合伙财产于“清算”前只有抽象的财产比例；只有合伙财产“清算”之后，才可以确定其中某个具体合伙人应得的具体财产部分。

3. 合伙财产的出资须明确公示且以权利义务一致为原则

《个人独资企业法》第十八条规定：“个人独资企业投资人在申请企业设立登记时明确以其家庭共有财产作为个人出资的，应当依法以家庭共有财产对企业债务承担无限责任。”《个人独资企业登记管理办法》第十条第

二款规定："个人独资企业投资人以个人财产出资或者以其家庭共有财产作为个人出资的，应当在设立申请书中予以明确。"

《最高人民法院关于贯彻执行〈中华人民共和国民法通则〉若干问题的意见（试行）》[①] 规定："民法通则第三十五条第一款中关于'以各自的财产承担清偿责任'，是指合伙人以个人财产出资的，以合伙人的个人财产承担；合伙人以其家庭共有财产出资的，以其家庭共有财产承担；合伙人以个人财产出资，合伙的盈余分配所得用于其家庭成员生活的，应先以合伙人的个人财产承担，不足部分以合伙人的家庭共有财产承担。"

四、共同共有制度的意义

1. 成立于共同关系基础上的共同为一种身份关系

所有共同关系是在一定情况下因某些共同目的确立的，如夫妻共同共有就是以婚姻生活为目的。为达成目的，就要对当事人的财产进行规划。这样的规划能够通过两种不同方式进行，分别所有或共同所有。其中，分别所有的特性决定了它稳定共同关系并达成共同目的相对较难实现。因而共同所有较之有很大优势。

2. "物以人合"的共同共有维持共同关系以达到"共同目的"

两人以上同时拥有在法律制度上有三种规范类型。

（1）按份共有

在按份共有中，各共有人可随时申请分割共有物以退出关系，这对维持共同关系来达成目的不具优势。

（2）法人所有

法人所有自然也可以较好维护共同关系以达到共同目的，然而，法人设立的限制相当严格，并不是在任何条件下都可以设立法人的。

（3）共同共有

在共同共有中，各共有人间虽因有共同目的而产生一定的联结关系，

---

① 现已失效，后文不再注明。

但这种联结关系尚未达到其个人人格已退居幕后，成为独立人格的程度。要保证共同关系的稳定，同时确保各所有人对财产的管理，拥有对该财产的所有权利，只有共同共有制度能满足这样的标准了。

实际上，共同共有最主要的作用就是维持共同关系以达到共同目的，以至于有学者称按份共有是“人以物合”；而共同共有是“物以人合”。这种说法可以说是相当贴切的。[①]

第三百条 【共有物的管理】 共有人按照约定管理共有的不动产或者动产；没有约定或者约定不明确的，各共有人都有管理的权利和义务。

【条文疏义】

本条沿袭了《物权法》第九十六条之规定。

一、对共有物的“管理”是一个外延宽泛的大概念

共有物管理是指为了维持共有财产的功能，从而使其充分发挥社会的、经济的功能而对其所进行的一切经营活动。

一般来说，共有物的管理主要包括共有物的保存、改良、利用和处分。这里所谓对共有物的管理包括共有人对共有物的保存、使用方法和简易修缮。对共有物的处分和重大修缮则不属于对共有物管理的内容，在本章中另有规定。

另外，本条没有区分按份共有、共同共有而对共有物的管理分别作出规定，应当说按份共有人与共同共有人在对共有物管理的权利和义务上还是有所区别的。

二、共有人对共有物的管理

共有人对共有物享有共同的权利、承担共同的义务。在对共有物的管

① 邱明佳：《物权法共同共有制度的探析》，载《法制与社会》2019 年第 19 期。

理上，共有人按照约定管理共有物；没有约定或者约定不明确的，各共有人都有管理的权利和义务。

1. 就共有物的保存而言有约定的即按约定

没有约定或者约定不明确的，各共有人都有妥善保存的权利和义务。所谓对共有物保存的约定，主要是对共有物保存方式的约定，使共有物处于良好状态，以使共有物对全体共有人发挥更大的功效。例如，夫妻可以对共有的汽车商定如何保养、存放，以避免汽车毁损、灭失。有约定的依约定，没有约定的，夫妻当中主要使用汽车的一方要妥善保存。

2. 没有约定的，各自使用时要尽合理的注意义务

在对共有物的使用方法上，也要遵循有约定的依约定，没有约定的，共有人在各自使用时，要尽合理的注意义务，以避免共有物毁损。

3. 在对共有物简易修缮问题上共有人要商量确定

协商不成的，各共有人都有权利和义务进行修缮。因为共有物的有些小毛病如不及时修理，可能导致损失进一步扩大，对全体共有人都是不利的。

【典型案例】

共有人众多时谁有权持有物权证明[①]

——共有人对共有物如何管理

基本案情

根据酉州人民政府在土改时颁发的产字第0774号土地房产所有证，坐落于原酉州东浦区民胜乡张溇村（现名为酉州华舍街道张溇村）九都二图0695－1地号内楼房三间、平房二间由胡某夫、赵某娣、沈某婷、胡某康、

① 参见胡某德等诉孙某玲等返还原物纠纷案，载北大法宝，http：//www. pkulaw. cn/case/pfnl _ a25051f3312b07f37c996bb5c91ed199eadf9f9b097b9f77bdfb. html？ keywords ＝% E8% 83% A1% E4% BC% A0% E5% BE% B7% E7% AD% 89% E8% AF% 89% E5% AD% 99% E6% B0% B8% E7% 8E% B2% E7% AD% 89% E8% BF% 94% E8% BF% 98% E5% 8E% 9F% E7% 89% A9% E7% BA% A0% E7% BA% B7% E6% A1% 88&match＝Exact，最后访问时间：2020年9月21日。

胡某耆、胡某忠、胡某德、胡某庆、胡某贤、胡扬某、胡展某、胡芳某、胡镇某、盛某芳、倪某花15人共同登记。

原告称：五原告系胡某康的子女，五原告的祖父胡某夫在酉州华舍街道张溇村建有二层楼房一幢，并由胡某夫的女儿胡某芬寄住。胡某芬去世后，由胡某芬的女儿即两被告继续寄住。1961年胡某夫夫妇去世前，按农村习惯将上述楼房分家析产给长子胡某康、次子胡某耆，当时胡家的所有家庭成员均无异议。

原告主张：1989年经居住人胡某芬代办，胡某康所分得的房屋取得土地使用权登记，其土地使用证的证号为酉集建（华舍）字第5××4号，内容载明土地使用权人胡某康、图号6－8－2、地号239、用地面积57.6平方米。该土地使用证现由两被告非法持有。因该证载明的权利人是五原告的父亲胡某康，胡某康去世后，上述第5××4号土地使用证所对应的房屋应归五原告所有，故该土地使用证应由两被告返还给胡某康的继承人即五原告。

综上，五原告作为胡某康的继承人以及胡某康所分得房屋的所有人，有权对房屋的产权凭证进行保管使用，依据我国《物权法》第三十四条的规定，提起本案诉讼，诉讼请求为：要求两被告返还酉集建（华舍）字第5××4号集体土地建设用地使用证。

被告孙某玲、沈某华共同称：原、被告系表兄妹关系。酉集建（华舍）字第5××4号集体土地建设用地使用证由两被告持有属实，但该证所对应的全部房屋已由胡某康于1993年卖给两被告所有，其转让价款1000美元亦由两被告交付给了胡某衍。至此，上述房屋已归两被告所有。胡某康的子女在这20年中从未提出异议，案涉土地使用证上的房屋被拆迁，五原告提出该证对应的房屋归其所有并要求两被告返还土地使用证，两被告不予认可，要求法院驳回其诉讼请求。

法院审理

法院经审理认为，本案五名原告以及胡某庆等人曾于2011年12月提起（2012）酉民初字第21号所有权确认之诉，要求确认包括案涉房屋在内的房屋归该10人所有，但法院仍以此房屋尚有部分共同共有人的继承人未参加诉讼或继承人没有明确放弃房产的实体权利为由，未支持上述10人的确权诉求，进一步说明原、被告对涉案房屋归属的主张并不正确。

另外，结合原、被告与土改登记时15位共有人的亲属关系，因案涉房屋的部分共有人已亡故，该部分共有人对案涉房屋所拥有的产权份额经过继承以后，原、被告实际上对案涉房屋均拥有产权份额，即双方均为涉案房屋的共有人之一。

按照我国《物权法》第九十六条“共有人按照约定管理共有的不动产或者动产；没有约定或者约定不明确的，各共有人都有管理的权利和义务”之规定，并结合前述认定，第5××4号土地使用证应当由案涉房屋的共有人保管持有，鉴于原、被告对于第5××4号土地使用证的管理事宜并未作出明确约定，在此情形下，两被告持有保管该土地使用证，并未违反法律规定。据此，五原告主张两被告系非法持有土地使用证，并主张返还，法院难以支持。

综上，五原告对自己提出诉讼请求所依据的事实未提供充分证据加以证明，加之两被告持有第5××4号土地使用证并不构成无权占有，故五原告的诉求应予以驳回。依照《物权法》第十条、第二十九条、第三十四条、第九十六条，《最高人民法院关于民事诉讼证据的若干规定》第二条之规定，判决驳回原告的诉讼请求。

案件评述

一、本案的争议焦点为对涉案房屋产权份额归属的确定

根据法律“共有人按照约定管理共有的不动产或者动产；没有约定或者约定不明确的，各共有人都有管理的权利和义务”的规定，原、被告对涉案房屋有共同管理的权利与义务，被告对于涉案土地使用证的保管并未违反法律的规定。

二、按份共有人对共有物的管理

1. 按份共有人对共有物的保存

对共有物的保存是指以维持共有物的现状为目的，保持共有物的完好状态，通过相应的管理措施，避免共有物的毁损、灭失。

就共有财产如何维护、保养可以进行约定，共有人各自应遵守双方有关的规定。如果没有作出约定，那么共有人各自应尽妥善保存的义务。

2. 按份共有人对共有物的使用方法

按份共有人对共有物的使用与按份共有人决定对共有物的使用方法是两个性质不同的问题。按份共有人对共有物的使用及收益分配是《民法典》物权编第二百九十八条沿袭《物权法》第九十四条调整的内容，即各共有人按照其份额对共有物享有所有权。而按份共有人商定对共有物的使用方法则属于对共有物管理的内容。因为对共有物的使用方法决定着共有物的状态及使用寿命。全体共有人可以约定以下几种对共有物的使用方法：一是各共有人对共有物分部分或者分时间使用；二是将共有物交与个别共有人使用，由使用的共有人对不使用的共有人给予补偿；三是将共有物出租，租金在各共有人中按各自的份额分配。

3. 按份共有人对共有物的简易修缮

对共有物的简易修缮与对共有物的重大修缮不同。对共有物的简易修缮是出于对共有物的保存目的，即保持共有物现有的状态。例如，给共有房屋破损的玻璃换上好的玻璃等。而对共有物作重大修缮，目的往往是增加共有物的效用或价值。对共有物的重大修缮，往往费用过高，依照《民法典》物权编第三百零一条所沿袭的《物权法》第九十七条的规定，需要在按份共有人中间实行多数决。而对共有物的简易修缮，往往费用较少。按照本条的规定，只需共有人按约定办理。如果没有约定或者约定不明确的，各共有人都有义务对共有物作简易修缮。我国台湾地区所适用的“民法”第820条规定：“共有物，除契约另有订定外，由共有人共同管理之。共有物之简易修缮，及其他保存行为，得由各共有人单独为之。”

三、共同共有人在权利义务上共同享有和负担

共有人对于共有物的管理，从权利能力角度看，每个共有人都有所谓共同管理能力；共有物的处分及重大修缮应当经过全部共有人批准认可。

法律强调，“共同行使和承担”是一种模糊且不确定的定义：倘若共有人就共有物的使用产生了不同意见，又该怎样应对？如果管理费用超出共有物价值，又该怎样负担呢？还有，一共有人负担所有共同之债后，有无可能再向其余共有人追偿？这些不确定因素都为司法带来很多不便之处。共同共有人对共有的财物共同享有所有权；对共有物的各类负担共同承担。总体看来，共同关系和份额的研究是我国共同共有制度里的两个突出问题，理应得到充分关注。

《民法典》物权编是我国法律中保障人民权利的重要章程，共有制度的存在更是保证我国社会稳步向前发展的内在动力。共同共有开端于日耳曼法的合有制度，从其问世起就体现了身份的重要地位，共同共有的建立根本是共同关系，本质上就是一种为同种目的而结成的身份关系。虽然当今社会身份关系日益削弱，共同共有存在空间被缩小，但只要身份依旧存在，共同共有就有其存在的意义，不能全然否认其作用。

四、从按份共有人的“一致决”到“绝对多数决”规则的演化

1. 我国《物权法》中按份共有的共有物处分即采“多数决”方式

从表面上看，这既与传统民法理论相冲突，也不同于大部分国家和地区的立法实践。但如果从复杂社会的视角看，“多数决”方式不仅可以实现从物的静态价值向动态价值的转换，还对培育市民社会下的团体自治性有着重要意义，是我国《民法典》编撰应坚持的方向。唯需补强相关的制度设计，保障少数共有人的权利得到有效救济。[①]

2. “绝对多数决”制的形成对共有制度有着重大影响

按份共有人依“一致决”或“绝对多数决”规则处分共有物，看似只是行使规则“份额”的变化，但实质上却蕴含着深刻的制度性重构。处分为所有权的权能，在对共有物的处分中有其特定的内涵；处分属于重要的

---

① 胡斌、朱博夫：《按份共有物的处分：在一致决与多数决之间》，载《大庆社会科学》2018 年第 3 期。

管理行为，在对共有物的管理中有着特殊的地位。《民法典》物权编沿袭《物权法》，规定对共有物依“绝对多数决”进行处分，按份共有人处分权的行使则不同于传统民法的“一致决”原理而应有自身的特殊规则。对共有物依“绝对多数决”进行处分的规定必然对我国按份共有制度的价值取向、共同管理、分割协议等产生重大影响。①

第三百零一条　【共有人对共有财产重大事项的表决权规则】处分共有的不动产或者动产以及对共有的不动产或者动产作重大修缮、变更性质或者用途的，应当经占份额三分之二以上的按份共有人或者全体共同共有人同意，但是共有人之间另有约定的除外。

【条文疏义】

本条在《物权法》第九十七条上增加“变更性质或者用途的”之规定，共有人对共有物的处分按其所有份额比重或集体意见处分。

一、兼顾效益与公平原则的“共有处分多数决”原则

我国《物权法》规定，在对按份共有物的处分问题上兼顾效益原则和公平原则，实行“多数决”原则。即只有占份额三分之二以上的按份共有人同意，方可处分共有物。

而传统民法从公平原则出发，规定只有在全体按份共有人同意的前提下，才能对共有物进行处分。《德国民法典》第 747 条第 2 款规定：“整个共有物仅得由全体共有人共同处分。”我国台湾地区适用的“民法”第 820 条第 2 款规定：“共有物之处分、变更及设定负担，应得共有人全体之同意。”

---

① 李石山：《按份共有中的“绝对多数决”处分规则》，载《法学》2009 年第 8 期。

在我国《物权法》的起草过程中，经过对此问题深入细致的研究，认为传统民法的规定存在一定弊端，并不能适应新时代对物尽其用的要求。全体同意原则不仅使按份共有人间易滋生矛盾，丧失合作信心，也阻碍物之及时有效的利用。在当今社会，机会稍纵即逝，很多情况下，等到每个共有人都首肯，机会早已丧失，使物不能尽其用。因此，《民法典》物权编沿袭《物权法》的规定，在对按份共有的共有物处分问题上采用“多数决”的原则。但如果按份共有人约定对共有物的处分应经全体共有人一致同意，则应当依照约定行事。

二、对按份共有物的重大修缮

按份共有人对共有物的重大修缮，在我国台湾地区被称为对共有物的改良。对共有物的重大修缮或改良行为，是在不改变共有物性质的前提下，提高共有物的效用或者增加共有物的价值。例如，家庭成员多人决定将共有的房屋重建。

由于对共有物的重大修缮较对共有物的保存而言所需费用较大，需要各共有人按照自己所占共有物份额的比例支付重大修缮费用，因此为维护多数共有人的利益，《民法典》物权编沿袭《物权法》对共有物作重大修缮的行为规定，也实行“绝对多数决”的原则，即占共有物三分之二以上份额的共有人同意，才能对共有物作重大修缮。

其实大陆法系有些国家和地区的规定，对共有物的改良也实行“相对多数决”原则。我国台湾地区所适用的“民法”第820条第3款规定：“共有物之改良，非经共有人过半数，并其应有部分合计已过半数者之同意不得为之。”由此可见，我国台湾地区相关规定对共有物的改良也实行“相对多数决”原则，但是其强调不但份额要过半数，共有人的人数也要过半数，这样才能对共有物进行改良。《物权法》第九十七条只是规定占份额三分之二以上共有人同意，即可对共有物进行重大修缮。应当说，这样规定是有其合理性的。因为既能体现物尽其用的原则，又能兼顾多数共有人的利益，可以说是兼顾了效率原则与公平原则。

三、对共同共有物的重大修缮

无论是夫妻共有财产，还是家庭共有财产，对共有财产作重大修缮，特别是对价值较大的共有财产作重大修缮，往往事关各共有人的利益，一般需要从共有财产中支付费用，还可能基于修缮而使共有人在一段时间内不能使用，或者影响共有物所创造的价值。所以《民法典》物权编规定，对共有物作重大修缮的，须经占份额三分之二以上的按份共有人或者全体共同共有人同意，但共有人另有约定的可以除外。

四、全体共同共有人一致同意的规则与其他法律冲突

《民法典》物权编第三百零一条沿袭《物权法》第九十七条的规定，应当经占份额三分之二以上的按份共有人或者全体共同共有人同意才可以处分共有物。但根据《合伙企业法》第三十条的规定，在具备一定前提条件的时候，比如说处分的对象不涉及不动产，以多数决议就可以将处于合伙财产中的动产出卖从而获得价金。所以，如果将《物权法》第九十七条的规定严格适用于合伙人对合伙财产中的共同共有物的处分，那么合伙人对合伙财产的任何处分行为都必须采用一致同意原则，在司法实践中显然难以适用。

所以，《物权法》第九十七条关于共同共有人处分共有物，或者对其进行重大修缮的时候，必须采取全体同意的规则，在适用过程中，必须要让位于一些具体法律中关于共同财产的管理和处分的特别规定。如果共有人共同共有的物从属于一个基于具体的共同关系所形成的共同财产之中，那么对该共有物的处分，应该优先适用共同关系人对共同财产的管理和处分所设定的规则，以及法律的规定，而不能适用第九十七条的规定。

从这个角度看，与按份共有相比，多数决原则在共同共有物的处分中其实更有理由被接受。在共同共有物的处分中，多数决原则并不侵犯单个共有人的处分权。这是因为在共同共有中，共有人对共同财产（包括处于共同财产中的物）享有的是价值意义上的抽象的份额。即使享有处分权，这种处分权所针对的也只是抽象的，体现为共同财产价值的一定比例的份

额的处分权，而不及于共同财产中的实际的物，因为共同共有人对处于共同财产中的特定之物本来就不是按照份额享有所有权的。

故而共同共有人对共同财产的处分权，非常类似于股东对公司财产的处分权。后者不直接针对公司财产中的具体的权利，而只能针对自己的股权。因此，即使在针对共同共有物处分的问题上，《物权法》第九十七条的规定所存在的这些问题，在《民法典》物权编编纂中终于得以进一步修正。

【典型案例】

未经多数共有人同意的房屋处分协议无效①

——共有人对共有物的处分

基本案情

洪某宏、洪某武、李某君、洪某婕、洪某超、洪某英、洪某君认为本案讼争的房产系洪某忠、黄某夫妇的财产，黄某于2010年2月26日去世之后，黄某所有一半的房产，由丈夫洪某忠和双方当事人共同继承。因此，案涉《转让房屋协议书》所涉及的转让房产，从2月26日开始，产权人为洪某忠和双方当事人共同共有，洪某忠不是该房产唯一的产权人。洪某英利用父亲洪某忠病重和神志不清之机，私下于2012年2月10日制作了一份所谓洪某英与洪某忠签订的《转让房屋协议书》(洪某忠没有签名，只有所谓的印章和指纹)，该协议由于洪某宏等人没有签名，因此，该协议违反《民法通则》第五十五条规定的民事法律行为应当具备的条件，该协议无效。

《有关洪某忠家庭财产继承及有关赡养问题》是2013年1月24日洪某

---

① 参见洪某宏等与洪某英确认合同无效纠纷案，载北大法宝，http：//www. pkulaw. cn/case/pfnl _ a25051f3312b07f301ea7cb4be5c393c9eca6c205226bb6abdfb. html？ keywords = % E6% B4% AA% E6% BD% AE% E5% AE% 8F% E7% AD% 89% E4% B8% 8E% E6% B4% AA% E7% 8E% A9% E8% 8B% B1% E7% A1% AE% E8% AE% A4% E5% 90% 88% E5% 90% 8C% E6% 97% A0% E6% 95% 88% E7% BA% A0% E7% BA% B7% E4% B8% 8A% E8% AF% 89% E6% A1% 88&match = Exact，最后访问时间：2020年9月21日。

忠生前与多位继承人之间为解决赡养和遗产继承问题所签订的，因此，这份书面材料不仅是一份遗嘱，而且是继承人与被继承人之间达成的协议书，同时，这份书面材料也印证洪某英私下于2012年2月10日制作了一份所谓洪某英与父亲洪某忠签订的《转让房屋协议书》，不是父亲洪某忠的真实意思表示。

2013年1月24日，除洪某英外，其他人都在场，洪某忠将本人赡养和遗产继承问题告知在场的全体人员之后，全体人员都没有异议，于是由洪某宏执笔代书，洪某忠及其他在场人签名，这份遗嘱（协议）中，参加的公亲洪某边、洪某洋二人也签名，这份代书遗嘱（协议），符合《继承法》的规定。参加1月24日签订《有关洪某忠家庭财产继承及有关赡养问题》的二位公亲，其中洪某边已于2014年1月2日死亡，一审法院以公亲洪某边（已经死亡）未出庭为由，否认这份遗嘱（协议）的存在是没有法律依据的，也不符合法律的规定。

洪某英利用这份2012年2月10日所谓的《转让房屋协议书》，于3月7日向国土资源部门申请对本案讼争土地办理变更登记手续，但一审时洪某英又称该协议书上“洪某英”三个字不是其本人签名，一审法院没有告知洪某英有申请笔迹鉴定的义务，而是直接采信其陈述，系程序不合法，对举证责任分配不当。

原告洪某英口头诉称：洪某英所持案涉集体土地使用证是由国土部门依法依规办理颁发领取的，受法律保护，而洪某宏于2012年12月25日偷拿了洪某英的土地证，后来被洪某英发现，洪某英向其讨要了两次，至今未归还，该行为侵犯了他人财物，是违法的。对方恶人先告状，弄虚作假，将非法霸占他人财产的犯罪行为变相成为合同纠纷。要求对方归还土地证。

法院审理

生效裁判法院经审理认为，本案属确认合同无效纠纷，该土地使用权是洪某忠、黄某生前夫妻关系存续期间所取得的，虽然登记在洪某忠名下，但在没有相反证据予以推翻的情况下，应为洪某忠、黄某二人的夫妻共同财产。因此洪某忠并不是本案唯一的土地使用权人，根据《物权法》第九十七条“处分共有的不动产或者动产以及对共有的不动产或者动产作重大修缮的，应当经占份额三分之二以上的按份共有人或者全体共同共有人同意，但共有人之间另有约定的除外”及第一百零五条“两个以上单位、个人共同享有用益物权、担保物权的，参照本章规定”的规定，处分本案的土地使用权，应经全体共同使用权人同意，但洪某忠在未经其他共同使用权人同意的情况下，与洪某英签订的本案2012年2月10日的《转让房屋协议书》，对该土地使用权进行处分，违反了上述规定。

上述情况经综合审查，不能认定洪某英是善意、有偿取得该土地使用权，不能认定双方之间存在买卖合同关系。本案属于洪某忠作为部分共有使用权人擅自处分共有土地使用权，因此洪某忠与洪某英签订的《转让房屋协议书》无效。

撤销（2017）5122民初617号民事判决，并认定洪某忠与洪某英2012年2月10日签订的《转让房屋协议书》无效。

案件评述

一、本案涉及共有人对共有物的处分权问题

本案中该合同所涉及的土地在签订合同时并没有房屋，处分的是土地使用权。按照一般的民法理论，按份共有财产的份额是各共有人对共有物所有权的比例，其性质为所有权。而所有人对其所有物在法律规定的范围内可以自由转让，那么共有人对其份额在法律规定的范围内也应该可以自由转让，更何况共有人之一人转让其份额，其他共有人的份额仍然存在，其权利不受影响，“故法律自无不许各共有人自由处分之理，此为个人主义下之共有制度所当然，亦为分别共有之本质所在”。相对于作为整体的物而言，虽然所有权的性质属于按份共有，但是按照《民法典》物权编沿袭《物权法》所规定的“一物一权”原则，一个物之上只能设立一个所有权而不能同时设立两个以上所有权，故按份共有的财产上也只有一个所有权。

二、共有物的整体处分与共有份额的处分应予区分

《民法典》物权编第三百零一条沿袭《物权法》第九十七条之规定应理解为，其是将按份共有的不动产或动产作为一个整体来看待的，该条的处分行为应理解为对整个共有物整体的处分行为而不是对共有份额的处分行为。当按份共有人对共有物的处分行为涉及整个共有物的所有权的处分时，应当经占份额三分之二以上的按份共有人同意，如果只是单纯地处分按份共有人自身享有的份额并不有害于存在于整个物之上的所有权，则不需要取得三分之二以上份额的按份共有人同意。如果按份共有人对自身所享有份额的任何处分行为都必须经过三分之二以上份额共有人的同意，无疑会与《民法典》物权编第三百零五条所沿袭的《物权法》第一百零一条的规定有相悖之处，亦不符合按份共有制度的基本法理。

因此，各按份共有人均有权转让自身享有的份额，在转让时需要通知其他按份共有人，其他按份共有人在同等条件下享有优先购买权。而如果转让属于对作为整体的物之所有权的处分行为如将整栋房屋出售之时，则需要按照《民法典》物权编第三百零一条所沿袭的《物权法》第九十七条的规定，经三分之二以上份额的共有人同意方可为之。

三、共有物的法律与事实处分

《民法典》物权编第三百零一条所沿袭的《物权法》第九十七条规定："处分共有的不动产或者动产以及对共有的不动产或者动产作重大修缮的，应当经占份额三分之二以上的按份共有人或者全体共同共有人同意，但共有人之间另有约定的除外。"《民法典》物权编第三百零五条沿袭的《物权法》第一百零一条规定："按份共有人可以转让其享有的共有的不动产或者动产份额。其他共有人在同等条件下享有优先购买的权利。"这两条规定确立了我国按份共有物处分问题的基本规则。

其实，民法上所谓处分是指物的所有人通过一定的方式决定其所有物命运的行为，分为法律上的处分和事实上的处分。如将所有物消费、抛弃等，此称为事实上的处分；而将所有物出卖或赠与他人，则称为法律上的

处分。《物权法》第九十七条规定的“处分”自然包括这两个方面的内容，如将共有物消费、抛弃，为共有物事实上的处分；将共有的房产卖与他人，则为共有物法律上的处分。

第三百零二条　【共有物管理费用的分担规则】 共有人对共有物的管理费用以及其他负担，有约定的，按照其约定；没有约定或者约定不明确的，按份共有人按照其份额负担，共同共有人共同负担。

【条文疏义】

本条基本沿袭我国《物权法》第九十八条规定，新增主体为“共有人”，其对主体予以明确，共有人对共有物的管理费用以及其他负担，有约定的，按照约定；没有约定或者约定不明确的，按份共有人按照其份额负担，由共同共有人共同负担。对共有物的管理费用主要包括以下几项：

一、对共有物的保存费用

1. 保存费用的界定

即为保持共有物免予毁损、灭失，处于良好安全状态或使用状态而支付的费用。以共有的汽车为例，共有过程之中所需支付的保险费、养路费、车船使用税、保养费、存放费等都可归入保存费用。

2. 对共有物作简易修缮或者重大修缮所支出的费用

如修理共有物损坏时所支付的修理费；装修共有房屋时所支付的费用等。对共有物的其他负担，如共有的房屋倒塌造成他人损害，而向受害人赔偿的医疗费、误工损失费等，如因为共有物对共有人以外的人造成损害，而向受害人支付的赔偿金等。

共有人对共有财产进行管理所涉及管理费用以及由此而带来的相关负担。共有人之间有约定，那么将尊重理性人的自由意志，共有人之间没有约定或者约定不尽明确的，法律规定则在此时充当补充性的角色。在按份共有中，对共有物的管理费用以及其他负担，有约定的，按照约定；没有约定或者约定不明确的，按份共有人按照其份额负担。在共同共有中，对共有物的管理费用以及其他负担，原则上由共同共有人共同负担，即由其他的共有财产，如从共有的积蓄中支付。但是共同共有人另有约定的，则依照其约定。

二、对共有物共同管理的具体方法

1. 共有物的保存

这里所谓共有物的保存是指以防止共有物的灭失、损毁或者权利丧失、限制等为目的，而维持现状的行为。因为对共有物的保存对全体共有人都有好处，不会损害其他共有人的利益，所以对共有物保存的行为可以单独进行，不需要先经过其他共有人的同意。

2. 共有物的改良

这里所谓共有物的改良是指以对于共有物或者物上的其他权利的利用或改善为目的的行为，可以增加共有物的收益或者效用为目的的行为。

与保存行为相比，改良没有保存行为那样的紧迫和必要，而且改良行为所需要的费用又往往比较大，与各共有人的利益相关，所以改良行为不可能像保存行为那样由某一任意的共有人单独决定。所以《物权法》规定对共有的不动产或者动产作重大修缮的，除共有人之间另有约定的外，应当经占份额三分之二以上的按份共有人或全体共同共有人的同意。

3. 共有物的利用

这里所谓共有物的利用是指以满足共有人的共同需要为目的，不变更共有物的性质，而决定其使用、收益方法的行为，如将共有房屋出租。这种行为不涉及增加共有物的效用或者价值，属于重要的管理行为，应当经全体共有人同意。

三、共有物的管理费用的负担

对共有物保存、改良或者利用行为所支付的费用就是因共有物的存在而产生的私法和公法上的费用，就是共有物的其他负担。对共有物产生的费用如何负担，《民法典》物权编第三百零二条所沿袭的《物权法》第九十八条规定：“对共有物的管理费用以及其他负担，有约定的，按照约定；没有约定或者约定不明确的，按份共有人按照其份额负担，共同共有人共同负担。”如果共有人之一支付的必要的管理费用超出了应当由其承担的份额时，如果属于按份共有，因为每一个共有人的份额是确定的，其承担的义务应该与其份额相称，超出其应当承担的份额时，应该有权要求其他共有人偿还。

而如果属于共同共有，因为共有人对于共有物共同享有权利，共同承担义务，共有人之间并不存在份额，因此，在共同共有的领域不存在某一共有人因支付的必要的管理费用超过了其应当承担的份额这种情况。

【典型案例】

共有人对共有物所承担的相应费用以何为准①
——共有物修理费用之承担

基本案情

原、被告均是位于阳明区光华街57号建筑物（阳明商城）的产权共有人，被告产权占比12.82%。2013年11月，原、被告将阳明商城从承租者手中收回，原告筹资445.6万元对商城进行装修、消防改造。12月至2016年年底，阳明商城亏损额为449.44万元，按照产权比例，被告应承担576182元。

① 参见长甲房地产开发有限公司诉天乙木业有限责任公司共有纠纷案，载北大法宝，http：//www. pkulaw. cn/case/pfnl_ a25051f3312b07f3456f11a1697ef2878088c4709910 012cbdfb. html？keywords =%E7%89%A1%E4%B8%B9%E6%B1%9F%E5%B8%82%E9%95%BF%E5%9F%8E%E6%88%BF%E5%9C%B0%E4%BA%A7%E5%BC%80%E5%8F%91%E6%9C%89%E9%99%90%E5%85%AC%E5%8F%B8%E8%AF%89%E7%89%A1%E4%B8%B9%E6%B1%9F%E5%B8%82%E5%A4%A9%E4%BF%A1%E6%9C%A8%E4%B8%9A%E6%9C%89%E9%99%90%E8%B4%A3%E4%BB%BB%E5%85%AC%E5%8F%B8%E5%85%B1%E6%9C%89%E7%BA%A0%E7%BA%B7%E6%A1%88&match = Exact，最后访问时间：2020年9月21日。

原告长甲房地产开发有限公司多次要求被告支付其承担的费用，被告以种种理由拖延，使原告利益受到损害，故诉至人民法院，请求支持原告的诉讼请求。

被告天乙木业有限责任公司辩称：被告认为原告所述的事实基本属实，关于双方互相占比原告计算得不准确，因为被告现在没有达到12.82%的比例，现在被告只占比6.89%，总面积应该是1504平方米，故请求法庭予以查清并确认。

法院审理

法院经审理认为，原、被告双方于2015年11月5日签订的《协议书》，双方对其真实性均没有异议，双方也认可是真实意思表示，虽然不能确认案涉建筑物（阳明商城）的共有人有哪些及各占份额是多少，但没有证据证明双方存在恶意串通而损害第三人利益及违反法律强制性规定的情形，因此，法院确认该《协议书》对原、被告具有约束力。既然被告名义之下占有案涉建筑物（阳明商城）的份额，则其在共有人内部转让其名下的部分份额亦不违反法律规定，如因此给其他共有人造成损害，其他共有人可依法另行主张权利。

对于《阳明商城共有人第二次临时会议记录》的形式和内容，原、被告均没有异议，虽然原告认为被告应分摊的亏损数额计算有误，但也仅仅是从理论上分析，并没有证据证明不是双方当事人的真实意思表示，应视为原告对记录内容同意。没有证据证明原、被告召开共有人会议确定的内容损害了第三人的利益，《阳明商城共有人第二次临时会议记录》对原、被告双方具有约束力，如因此给其他共有人造成损害，其他共有人可依法另行主张权利。由于原、被告之间于2017年11月5日签订了新的《协议书》，又有《阳明商城共有人第二次临时会议记录》记载，法院认定被告应给付原告其应分摊的亏损数额30.97万元。

综上所述，法院对原告请求被告支付阳明商城装修、消防改造、管理费用30.97万元予以支持。依照《物权法》第九十八条“对共有物的管理费用以及其他负担，有约定的，按照约定；没有约定或者约定不明确的，按份共有人按照其份额负担，共同共有人共同负担”，《民事诉讼法》第六十五条第一款“当事人对自己提出的主张应当及时提供证据”，以及《最高人民法院关于适用〈中华人民共和国民事诉讼法〉的解释》第九十条“当事人对自己提出的诉讼请求所依据的事实或者反驳对方诉讼请求所依据的事实，应当提供证据加以证明，但法律另有规定的除外。在作出判决前，当事人未能提供证据或者证据不足以证明其事实主张的，由负有举证证明责任的当事人承担不利的后果”的规定，判决被告天乙木业有限责任公司于判决生效后10日内，给付原告长甲房地产开发有限公司阳明商城装修、消防改造、管理费用合计30.97万元。

案件评述

一、本案中数个当事人之间成立按份共有的关系

本案中被告名义之下占有案涉建筑物（阳明商城）的份额，则其在共有人内部转让其名下的部分份额亦不违反法律规定，如因此给其他共有人造成损害，其他共有人可依法另行主张权利。上述费用属于《物权法》所规定的“对共有物的管理费用以及其他负担”，在共有人没有约定的情况下，应当由共有人按其份额分担。

参考外国立法例和根据我国实践，除共有人之间有特别约定外，对共有物的管理，应由全体共有人共同进行。但有两项例外：

1. 保存行为比较急迫时可单独进行

就保全共有物的物质上或者权利上利益的行为而言，如共有物的修缮。由于这种行为是为了防止共有物及其权利遭受损害，只会给其他共有人带来利益，而且保存行为往往比较急迫，所以共有人可以单独进行。

2. 改良行为虽不能单独进行但有绝对多数共有人同意即可

这是指在不改变共有物性质的前提下，对共有物进行的加工、修理等行为，以增加共有物的效用或者价值。这种行为不像保存行为那样急迫，而且多少会改变共有物的现状，所以不能完全由共有人单独进行，但它又不如处分行为那样重大，故改良行为不必经全体共有人的同意，只要拥有共有份额三分之二以上的共有人同意即可进行。

二、共有物管理费用承担涉及共有的内部法律关系

1. 共有物的费用负担为按份共有的内部关系

我们对按份共有内部关系的研究就是各按份共有人在对共有物的管理、使用、收益、处分中形成的各种权利义务关系，对于各权利义务如何分配。讨论的按份共有的内部关系，主要涉及共有物的使用收益、共有物的处分、共有物的管理以及共有物的费用负担四个方面，主要是因为这四个方面和各共有人的物质利益紧密相连，而且共有人之间的争议也大多是围绕这几个方面展开的。①

2. 承担费用时不能不考虑其在共有关系中所占的份额

按份共有的内部关系，就是指按份共有人之间的权利义务关系。这要从四个方面对这一问题进行研究，分别是使用、管理、处分以及费用承担。

贯穿这一问题的是应有部分，它是确定按份共有人之间权利义务范围的依据。在按份共有关系中，除应有部分外，还要根据共有人之间的约定，这是在共有关系中遇到问题时首要使用的依据，法律的规定在没有约定或者约定不明确的时候起作用。按份共有的共有人之间是一种纯粹的基于财产结成的关系，他们在这一关系中既要维护自己的利益，又不能侵害其他共有人的利益。在需要承担责任时，既需要考虑其在共有关系中所占的份额，又要考虑有无主观过错。②

三、两大共有类型的根本差异在于有无存在共同关系

1. 共同共有基于共同关系是其与按份共有的根本区分所在

共同共有并不排斥份额，但共同共有存在份额的根据必须明确。实际

---

① 陈珊：《论按份共有内部关系》，扬州大学2016年硕士学位论文。

② 王远栋：《按份共有之内部关系研究》，吉林大学2010年硕士学位论文。

上就像合伙期间的所得一样，这些类型共同共有在设立之初就表明它必须有份额的存在，这类合伙股份单纯是为了维护共同关系，共同共有人是不得随意处分的。故而在共有关系继续时，其份额的功能不是很明显，必须在共有关系消除后分割共有物时，方可表现出份额的功能。

因此，这在理论上往往被称为潜在份额。应当认为，在共同共有整体财产之上，份额已并不是潜在的，相反是确定的，应当承认，此时就像法定继承中的应有份一样，其仅仅为一种期待权，而非共有物分割后份额业已划定的既得权。所以其功能是受限的。

2. 共同共有并非单纯不论份额之共有

《物权法》相关条款反映出的主流观念，均反对共同共有在一定程度上存在份额。这样看来，《物权法》所显示出的大众化普遍思想，与学者的深入探讨观点有着一定的差别。自然，在《民法典》物权编编纂过程中也须正本清源。

共同共有在我国法律中表现为共同共有人对共有的财产共同享有所有权，而按份共有又表现为按份共有人对共有的财产按照其份额享受所有权。由此可知，共同共有并不是单纯不论份额共有。这使得许多问题一直难以化解：合伙经营期间的财产的性质依然难以处分，共同继承分割前，共同共有人的债权人依旧无法申请强制执行等。

3. “共同行使和承担”是模糊且不确定的表达自需予以明确

有关共同共有人在权利义务上的享有与负担，法律上常运用“共同”二字。例如，对于共有物的管理，每个共有人都有管理能力；共有物的处分及重大修缮应当经过全部共有人批准和认可。再如，共同共有人对共有的财物共同享有所有权；对共有物的各类负担共同承担。此“共同行使和承担”就成了一种模糊且不确定的概念：倘若共有人就共有物的使用产生了不同意见，该怎样应对？管理费用要是超出共有物价值，该怎样负担？一共有人负担所有共同之债后有无可能再向其余共有人追偿？这样的不确定因素是否会为司法带来很多不便之处?①

故此，在《民法典》物权编编纂过程中对其作出了与时俱进的规定。

第三百零三条　【共有物的分割规则】 共有人约定不得分割共有的不动产或者动产，以维持共有关系的，应当按照约定，但是共有人有重大理由需要分割的，可以请求分割；没有约定或者约定不明确的，按份共有人可以随时请求分割，共同共有人在共有的基础丧失或者有重大理由需要分割时可以请求分割。因分割造成其他共有人损害的，应当给予赔偿。

【条文疏义】

本条沿袭了《物权法》第九十九条之规定，仅作文字修订。

一、共有人对共有物的分割须尊重私法自治

共有人对共有财产是否可以分割，在什么情况下可以分割没有约定，或者约定不明确的，应当依据《民法典》物权编第三百零三条沿袭《物权法》第九十九条的规定予以分割。即本条规定的，按份共有人可以随时请求分割，共同共有人在共有的基础丧失或者有重大理由需要分割时可以请求分割。

故可见，在共有人约定不得分割共有的不动产或动产，以维持共有关系的情况下，各共有人应当按照约定。但同时又赋予共有人在有重大理由需要分割共有物时的分割请求权，以达到物到尽其用、方便流转的目的，这同样是对意思自治的保护。只是在对于共有物的分割没有约定或者约定不明确的情况下，何时可请求分割则因共有之类型不同而有所区别。

---

① 邱佳明：《物权法共同共有制度的探析》，载《法制与社会》2019 年第 19 期。

二、按份共有人可以随时请求分割

按份共有是各共有人按照确定的份额对共有财产享有权利承担义务的共有。按份共有人对其应有份额享有相当于分别所有的权利。因此，按份共有关系存续期间，按份共有人有权请求从共有财产中分割出属于自己的份额。这种请求不需要征得其他共有人的同意，只要共有人提出请求，就会产生分割的后果。

三、共同共有人在共有基础丧失或有重大理由需分割时可请求分割

共同共有是共有人对全部共有财产不分份额地享有权利承担义务的共有。在共有关系存续期间，各共有人对共有财产没有确定的份额，无论在权利的享有上还是在义务的负担上都无份额和比例之分。那么，在共有人对共有财产的分割没有约定的情况下，通常共有人只有在共同共有关系消灭时才能协商确定各自的财产份额，对共有财产予以分割。

因此，本条规定共同共有人在共有的基础丧失或者有重大理由需要分割时可以请求分割共有财产。共同共有人共有的基础丧失，如夫妻财产的共同共有，因婚姻关系的解除而失去了共有的基础，在这种情况下，夫或者妻一方可以请求分割共有的财产。有重大理由需要分割，如在婚姻关系存续期间，夫妻二人约定由原来的夫妻共同财产制变更为夫妻分别财产制，在这种情况下，夫或者妻一方也可以请求分割共有的财产。

四、共有物分割中的损害赔偿原则

共有财产关系的客体为一项特定的统一的财产，因某些法定的特殊原因，共有人分割共有财产，会使共有财产的功能丧失或者削弱，降低它的价值，有可能给其他共有人造成损害，因此本条规定，因分割对其他共有人造成损害的，应当给予赔偿。

【典型案例】

父女共同出资购房能否对共有物要求分割①
——按份共有随时可以请求分割

基本案情

原告海某荣与被告海某英系父女关系。被告海某英于2009年9月从杨某处购买位于金领佳苑小区的20号楼4单元3×1室房屋一套。被告海某英购买涉诉房屋时，原告交付了房款共计78579元。原、被告双方自2009年9月至2010年7月在此共同居住，后因家庭琐事发生争议，原告搬出此房屋。

原告海某荣称：2009年9月，原、被告约定共同居住。当时，被告购买位于金领佳苑小区20号楼4单元3×1室楼房时原告前后两次替被告支付房款共计78579元。后因家庭琐事双方发生矛盾，被告拒绝与原告共同生活，原告独自租房居住，被告承诺向原告支付房租费。

原告自2010年至2014年12月一直独自租房居住，产生了房租费、电费等费用共计10657.81元。被告违反《共同居住生活》的约定，因此应当偿还其购房时原告所支付的房款及承担原告租房产生的房租费等多项支出。故原告诉至法院要求被告偿还购房款78579元及利息、支付违约产生的租房费10657.81元。

被告海某英称：不同意向原告偿还78579元房款，因为全部房款是由被告自己交付。涉诉房屋所有权证名称系被告，因此该房屋由被告所有且被告没有违约，自2010年至2013年，被告替原告交付了全部房租费和水电取暖费共计13365.92元。另外替原告交付过水电费105元、取暖费185元。

---

① 参见海某荣诉海某英共有纠纷案，载北大法宝，http://www.pkulaw.cn/case/pfnl_a25051f3312b07f33d3e4931d77184d43fdfbeb4f0caeff0bdfb.html? keywords = %E6%B5%B7%E6%98%8C%E8%8D%A3%E4%B8%8E%E6%B5%B7%E5%BB%BA%E8%8B%B1%E5%85%B1%E6%9C%89%E7%BA%A0%E7%BA%B7%E5%88%A4%E5%86%B3%E4%B9%A6%E6%A1%88&match = Exact，最后访问时间：2020年9月21日。

法院审理

法院经审理认为，原告海某荣向法院提交的3份收据由涉诉房屋开发单位及房屋出卖人杨某出具，并由原告持有。该3份收据能够充分证实原告在其女儿即被告海某英购买位于亥州市金领佳苑小区20号楼4单元3×1室房屋时，原告交付购房房款78579元的事实，且当时约定共同居住。

被告没有提供相关证据加以证实房款由被告交纳的主张，故法院对原告要求被告偿还购房款78579元的诉求予以支持。庭审中，原告海某荣自愿放弃违约金10657.81元的诉求，法院予以支持；原告要求被告自2009年9月18日起至2016年5月25日止，按照中国人民银行同期贷款利率支付利息的主张，经查明，原告替被告交付房款78579元的事实存在，双方虽然没有利息约定但按照公平原则，对该利息主张应予以支持。

综上，依照《合同法》第六十条、第一百零七条，《物权法》第九十三条、第九十九条的规定，共有人约定不得分割共有的不动产或者动产，以维持共有关系的，应当按照约定，但共有人有重大理由需要分割的，可以请求分割；没有约定或者约定不明确的，按份共有人可以随时请求分割，共同共有人在共有的基础丧失或者有重大理由需要分割时可以请求分割。因分割对其他共有人造成损害的，应当给予补偿。《物权法》第一百零四条规定，按份共有人对共有的不动产或者动产享有的份额，没有约定或者约定不明确的，按照出资额确定。同时依照《民事诉讼法》第一百四十四条和第一百五十二条之规定，判决如下：

被告海某英自判决生效之日起10日内退还原告海某荣购房款共计78579元，并支付利息（以78579元为基数，自2009年9月19日起至2016年5月25日止，按中国人民银行同期贷款利率计算）。

案件评述

一、本案原告作为按份共有人可随时请求分割共有物

本案中原告出示了在其女儿购买案涉房屋时，交付购房款78579元的

3 份收据，原告作为按份共有人的事实清楚，证据充分。原、被告双方当时约定共同居住且被告没有提供相关证据加以证实房款由被告交纳的主张，故法院对原告要求被告偿还购房款 78579 元的诉求予以支持。

按份共有是各共有人按照确定的份额对共有财产享有权利承担义务的共有。按份共有人对其应有份额享有相当于分别所有的权利。因此，按份共有关系存续期间，按份共有人有权请求从共有财产中分割出属于自己的份额。这种请求不需要征得其他共有人的同意，只要共有人提出请求，就可以产生分割的后果。

二、依据共有人约定分割的原则

无论是按份共有，还是共同共有，共有人对共有财产的分割有约定的依其约定。共有人约定不得分割共有的不动产或者动产以维持共有关系的，应当按照约定，但共有人有重大理由需要分割的，可以请求分割。

三、司法实践中家庭共有财产分割的特有原则

1. 男女平等

夫妻双方对其共同财产有平等的处理权和平等分割的权利。

2. 照顾无过错方

2001 年修正的《婚姻法》明确规定，对离婚有过错的一方，在处理财物时，应给予无过错方适当的补偿。《民法典》婚姻家庭编第一千零九十一条再次肯认，有下列情形之一，导致离婚的，无过错方有权请求损害赔偿：包括重婚；与他人同居；实施家庭暴力；虐待、遗弃家庭成员；有其他重大过错五种情形。

3. 有利生产，方便生活

对于夫妻共同财产中的生产资料，分割时不应损害其效用和价值，以保证生产活动的正常进行。对于生活资料，分割时应做到方便生活，物尽其用。

4. 保护妇女、儿童的合法权益

在分割夫妻共同财产时，不但不能损害女方和子女的合法权益，还要视情况对女方和子女给予必要的照顾。

四、家庭共有财产“分家析产”模式的财产分割

分家析产是中国传统的家庭财产代际传递方式，它产生的背景是同居共财的家庭经济组织形式，采用的财产分配方式是诸子均分，在财产的析分过程中体现了身份关系和财产关系的密切联系。经典儒家伦理强调每个家庭成员应尽的义务，家庭之内虽然以父为中心，但是并不强调纲纪，只有每个人应尽的义务。家庭的所有政治和经济生活共同为祭祀祖先和延续后嗣的目的，财产的取得具有履行身份义务的附随性。

在法律实践中，内生于中国社会的分家析产习惯、家庭财产观念与现代民事法律规范体系无疑会发生碰撞。不论按照古代、近代、现代的历史时期，对我国的分家析产进行梳理均会发现，国家法与民间分家析产习惯的一致性在近现代社会出现了分化。不言而喻，现代民法是建立在个人主义的基础之上的，家庭并非法定的民事法律关系主体，对于夫妻财产关系之外的家庭财产关系法律规范没有区别于陌生人之间的特殊规定。

所以，身份权理论在“从身份到契约”的运动之后，即成了现代民法基本理论中的薄弱环节，原本以市场交易需要为中心而产生的财产法理论成为贯穿现代民法体系始终的普遍原理。财产法理论在于依照市场的逻辑，实现经济发展的功能，对于家庭当中如何协调身份关系和财产关系的问题，解决现代民法体系当中存在逻辑的断裂[①]有着重要意义。

五、婚内夫妻共同财产分割制度的探索

婚内夫妻共同财产分割制度是在不解除婚姻关系的前提下对夫妻共同财产进行分割并且分割后的财产归各自所有的一项新制度。这种形式的财产分割在保障夫妻弱势一方财产权益的同时还维护了家庭的完整，相比较于传统离婚财产分割以及非经约定不能分割的制度而言，体现了《婚姻法》在调整夫妻财产关系方面的灵活多样。但在司法实践中，由于《最高

---

① 雷蕾：《当代中国分家析产纠纷的法律实践研究》，吉林大学 2019 年博士学位论文。

人民法院关于适用〈中华人民共和国婚姻法〉若干问题的解释（三）》规定的婚内夫妻共同财产分割还存在一些问题或不足，因此，不离婚分割夫妻财产的模式在实践中运用时可能会导致实务中无所适从或同案不同判的结果。鉴于我国澳门特别行政区和我国台湾地区以及一些大陆法系国家，如法国、德国、意大利等在婚内财产分割制度方面较为完善的相关立法规定，详尽分析研究并完善我国婚内夫妻共同财产分割制度是非常必要的。①《民法典》婚姻家庭编自然对此尽量均予以吸收。

第三百零四条　【共有物分割的方式】 共有人可以协商确定分割方式。达不成协议，共有的不动产或者动产可以分割且不会因分割减损价值的，应当对实物予以分割；难以分割或者因分割会减损价值的，应当对折价或者拍卖、变卖取得的价款予以分割。

共有人分割所得的不动产或者动产有瑕疵的，其他共有人应当分担损失。

【条文疏义】

本条沿袭了《物权法》第一百条之规定。

一、共有物分割请求权的概念

所谓共有物分割请求权就是指共有人依法享有的请求分割共有物的权利。

二、共有物分割请求权的法律特征

1. 共有物分割请求权的主体是共有人

根据《民法典》物权编第二百九十七条所沿袭的《物权法》第九十三

① 郭菲菲：《我国婚内夫妻共同财产分割制度研究》，山东大学2015年硕士学位论文。

条的规定，不动产或者动产可以由两个以上组织（物权法中原为单位）、个人共有。共有包括按份共有和共同共有两种类型。其中按份共有人对共有的不动产或者动产按照其份额享有所有权（《民法典》物权编第二百九十八条沿袭的《物权法》第九十四条），共同共有人对共有的不动产或者动产共同享有所有权（《民法典》物权编第二百九十九条沿袭的《物权法》第九十五条）。一般认为，共有人可以约定共有物为按份共有或者共同共有，对于没有约定或约定不明的，除有法律规定或习惯外，此种共有视为按份共有。

依通说，共同共有一般包括合伙人的共有、夫妻共同共有、家庭共同共有，以及遗产分割前继承人的共有等。作为共有物分割请求权的主体只能是共有物所有权的享有者，即共有人，除此之外的其他权利人都不享有分割请求权。

共有人的认定应以物权法以及相关法律的规定为依据。对于不动产共有人的认定，原则上以登记簿为准，但在存在夫妻关系的情形时，即使房屋登记在一方的名下，也应依婚姻法的规定认定为双方共有，未登记方也应当认定为共有人。

2. 分割请求权共有人请求分割自己对共有物应有部分的权利

应有部分是共有人在共有物中所占的份额。所谓分割共有物，究其实质即请求分出自己的应有份。

3. 共有物分割请求权是向其他共有人主张的权利

即分割请求权的相对人是其他共有人，而并非共有人之外的第三人。即使此项权利最终依赖法院的裁判得以实现，该法院也只是居中裁判机构，而并非共有分割请求权的相对人。

4. 共有分割请求权是启动和最终实现共有物分割的权利

由于共有具有权利人的非单一性从而不利于对物发挥最大效益的利用，因此分割共有物是结束共有的最终方法。有了此项权利，共有人才能启动共有物的分割程序，法律也才会保障共有人的这种请求，最终共有物的分割才能真正实现。

三、共有物的分割方法有协议分割与法定分割之分

共有人基于某种原因欲分割共有财产而结束共有关系时，就涉及共有物的分割方法的问题。共有物的分割方法有两种：一为协议分割；二为法定分割。而后者又因为共有财产之不同属性而本着最有利于共有物之价值保存与合理利用的原则采取不同的分割方式。

【典型案例】

共有人对共有财产分割的法律依据[①]

——可以参照适用《继承法》

基本案情

法院再审审理认定：程某戊认为本案应是共有房产的析产纠纷，不是继承纠纷，原一、二审将已成为共同共有的房产重新作为被继承人财产进行遗产处理是定性错误，与法相悖，且损害了其合法权益。

《继承法》第二十五条第一款规定：“继承开始后，继承人放弃继承的，应当在遗产处理前，作出放弃继承的表示。没有表示的，视为接受继承。”1987 年 10 月 17 日，《最高人民法院关于继承开始时继承人未表示放弃继承遗产又未分割的可按析产案件处理的批复》明确：“……各继承人都没有表示过放弃继承，根据《继承法》第二十五条第一款的规定，应视为均已接受继承。诉争的房屋应属各继承人共同共有，他们之间为此发生之诉讼，可按析产案件处理，并参照财产来源、管理使用及实际需要等情况，进行具体分割。”

案涉当事人均系被继承人程某诚、赵某梅夫妻的婚生子女，属法定继

① 参见程某戊与程某庚等继承纠纷案，载北大法宝，http：//www. pkulaw. cn/case/pfnl_a25051f3312b07f335ceeed2b315ba8d5aa9b4fe8e0fba00bdfb. html? keywords =% E7% A8% 8B% E6% 9F% 901% E8% AF% 89% E7% A8% 8B% E6% 9F% 902% E7% AD% 89% E7% BB% A7% E6% 89% BF% E7% BA% A0% E7% BA% B7% E6% A1% 88&match = Exact，最后访问时间：2020 年 9 月 21 日。

承人。至1998年7月在被继承人先后死亡，法定继承开始后，该4位继承人均未作出放弃继承的表示，应依法认定4位继承人均接受继承，被继承人的遗产八孔窑洞应属本案当事人共同共有，故时隔14年后各继承人之间发生的房产之争不属“继承纠纷”，应依据《最高人民法院民事案件案由规定》第四十八条“共有纠纷”中的“共有物分割纠纷”进行析产处理。

本案当事人共有的八孔窑洞发生争议时，都已坍塌报废，原一、二审判决将不完全存在并有灭失的窑洞作为完整的八孔窑洞“均分”属认定事实错误。八孔窑洞在院内分布情况及现状是：正面五孔窑洞门脸尚存，但正面靠西三孔窑洞已成危窑不能使用，靠东两孔窑洞的里面全部通顶坍塌；院内西面原有大门和一孔窑洞，现大门和窑洞的前半部分已灭失不存在，所剩坍塌的后半孔窑洞已成废墟；院内东面原有两孔窑洞，靠北的一孔早已坍塌灭失不存在，靠南的一孔大部分坍塌后灭失，只剩不足2平方米的塌窑废墟。

八孔窑洞如完整，本案当事人尚可均分，现在五孔坍塌危废，三孔已成废墟，原一、二审判决“均分”是由当事人自己实施分割行为，但当事人的现存“共有物”是无法实施“均分”行为的；谁分取坍塌危窑？谁又分取废墟窑址？故原一、二审判决没有从根本上解决本案房产分割纠纷，仍保留纠纷隐患，次生矛盾会随时发生，既损害当事人的利益，也不利社会稳定。

《物权法》第一百条规定：“共有人可以协商确定分割方式。达不成协议，共有的不动产或者动产可以分割并且不会因分割减损价值的，应当对实物予以分割；难以分割或者因分割会减损价值的，应当对折价或者拍卖、变卖取得的价款予以分割。”“共有人分割所得的不动产或者动产有瑕疵的，其他共有人应当分担损失。”（注：八孔窑洞一直由再审申请人程某戊管理并同时使用正面靠东的两孔窑洞，至1999年7月因特大暴雨洪灾，致使窑洞坍塌受损，后因成本大无人出钱修复，致成现状。）《民事诉讼法》

第七十六条第二款规定："当事人未申请鉴定，人民法院对专门性问题认为需要鉴定的，应当委托具备资格的鉴定人进行鉴定。"

法院审理

法院再审裁判认为，再审申请人程某戊与被申请人程某己、程某庚、程某美均系程某诚的子女，该诉争遗产为八孔窑洞及院内外60棵树木。程某诚在世时，其子女对老人均尽到了赡养义务，程某诚去世后所留的遗产，其子女均有权继承。程某己、程某庚、程某美起诉程某戊要求分割遗产，一审法院按照继承纠纷，对该诉争的八孔窑洞及60棵树木按每人四分之一平均分配处理，二审法院给予维持，并无不妥。

依照《民事诉讼法》第二百零四条第一款，《最高人民法院关于适用〈中华人民共和国民事诉讼法〉的解释》第三百九十五条第二款的规定，裁定驳回程某戊的再审申请。

案件评述

一、本案中当事人未达成协议时分割方式的确定

共有的不动产或者动产，可以采取各共有人间协商确定的方式。协商的内容，由共有人自由决定，当然须征得共有人全体同意。当无法达成协议时，共有人可提请法院进行裁判分割。本案当事人尚可均分，现在五孔坍塌危废，三孔已成废墟，原一、二审判决"均分"是由当事人自己实施分割行为。

二、裁判分割可采实物分割或变价分割及折价分割

1. 实物分割

即在不影响共有物的使用价值和特定用途时，可以对共有物进行实物分割。

2. 变价分割

如果共有物无法进行实物分割，抑或实物分割将减损物的使用价值或者改变物的特定用途时，应当将共有物进行拍卖或者变卖，对所得价款进行分割。还有一种情形，也适用变价分割的方式，即各共有人都不愿接受共有物，这时也可采取将共有物出卖，分割价金的方式。

3. 折价分割

折价分割方式主要存在于以下情形，即对于不可分割的共有物或者分割将减损其价值的，如果共有人中的一人愿意取得共有物，可以由该共有人取得共有物，并由该共有人向其他共有人折价赔偿。

三、共有分割中的瑕疵担保责任

所谓瑕疵担保责任，共有人分割所得的不动产或者动产有瑕疵的，其他共有人应当分担损失，包括权利的瑕疵担保责任和物的瑕疵担保责任。前者指共有人应担保第三人就其他共有人分得之物不得主张任何权利；后者指共有人对其他共有人应担保其分得部分于分割前未隐含瑕疵。本款的规定是为了防止在共有物被分割后，共有人发现权利或者利益受到侵害而得不到赔偿的情况发生。此种瑕疵担保责任，应同于《合同法》中规定的出卖人对买受人所负的瑕疵担保责任。关于共有人的瑕疵担保责任，《德国民法典》《日本民法典》及我国台湾地区“民法”均明确规定，即解除共有关系时，各共有人对于其他共有人分割而得的物，按其份额负与出卖人同一的担保责任。

四、共有物分割请求权的法律属性

共有物分割请求权属于何种权利？学说上主要有两种不同的观点。

1. 共有物分割请求权自然应为请求权说

该说认为，共有物分割请求权是请求权。但就请求权的性质而言又有两种不同的观点。一种是德国学者的通说，认为共有物分割请求权是请求其他共有人为合意废止共同关系及分割共有物之债权请求权。另一种是日本学者的观点，认为共有分割请求权是请求脱离共有关系之物权请求权。

2. 共有物分割请求权为形成权说

该说认为，共有物分割请求权，是共有人得随时以一方意思表示，请求对方终止共有关系的权利，在性质上属于形成权。此为我国台湾地区的通说，如王泽鉴先生认为，共有分割请求权是分割共有物的权利，并非请求其他共有人同为分割行为的权利，其性质为形成权，并非请求权。我国大陆地区较多的学者也同意此种观点。

五、共有物分割请求权之制度价值

1. 共有物分割请求权体现了法律对效率的价值追求

就所有权的制度安排而言，单独所有权因其主体的单一性更有利于权利人自由支配其权利，较共有更符合效率的要求，因此，各国民法以单独财产权为主。但由于民事生活的复杂性，各国民法也都同时规定了共有权。在共有状态下，必然要耗费一定的组织成本、缔约成本，致使共有物无法有效地利用与融通，使物的利用价值的发挥不如在单独所有权状态下有效率。同时由于共有物的管理、处分都需要全体或多数共有人的同意，容易减损效率。

法律规定的对共有物处分或重大修缮应绝对多数甚至全体共同共有人同意，共有物的负担须按份额负担或共同负担。上述规定均使得各共有人在管理处分共有物时极易发生权利冲突，不利于物的最大效率的发挥，而共有物分割请求权可以使共有人结束这种状态，符合法的效率价值。

2. 共有物分割请求权有利于发挥法的自由价值

法律上的自由是指在法律范围内的自由，私法上对自由的限制很少，只要法律没有限制就是自由。权利人是否愿意维持共有关系是自己的自由，只要不损害其他人的利益，法律就不应该禁止。赋予共有人共有物分割请求权正体现了私法对自由的尊重。

3. 共有物分割请求权有利于物尽其用

物权法存在的目的之一就是要发挥物的效用，使之物尽其用。而在共有的状态下由于所有权主体的非单一性，各共有人之间在物的使用上容易发生冲突，导致互相推诿或争抢，最终不利于物尽其用。法律通过赋予共有人分割请求权可以结束共有状态，有利于发挥物的效用。

据此，固然共有制度具有共同合作创造财富，促进经济繁荣的作用，但是，无论从效率、自由等法的价值方面考虑还是从物权存在之目的考虑，共有物分割请求权都有存在的必要。

第三百零五条　【按份共有人的优先购买权】 按份共有人可以转让其享有的共有的不动产或者动产份额。其他共有人在同等条件下享有优先购买的权利。

【条文疏义】

本条是关于共有人优先购买权的规定，承袭了《物权法》第一百零一条的规定。

本条第一句规定了共有关系存续期间，按份共有人有权转让其享有的不动产或动产的共有份额。第二句规定了其他共有人的优先购买权及行使条件。其他共有人给出的受让条件必须与共有人以外的第三人给出的受让条件相同，优先购买权才有发生效力的必要。

共有关系中的优先购买权是解决利益冲突、实现利益平衡的重要法律依据，在共有人的优先购买权受到侵害时，如何界定优先购买权及其效力如何实现等问题，在审判实践中尚存争议。

一、共有人优先购买权的概念

1. 本条规定明确了按份共有关系优先购买权的法律适用主体

共有可分为按份共有和共同共有，共有关系中优先购买的权利在《民法通则》《最高人民法院关于贯彻执行〈中华人民共和国民法通则〉若干问题的意见（试行）》《物权法》中均可见其规定。《民法通则》第七十八条第三款规定了按份共有人出让其共有财产份额时，其他共有人在同等条件下享有优先购买权；《物权法》第一百零一条规定了对于按份共有人所转让的动产和不动产份额，其他共有人享有同等条件下的优先购买权；《最高人民法院关于贯彻执行〈中华人民共和国民法通则〉若干问题的意见（试行）》规定了共同共有人出卖自己分割的共有财产时，其他主张购买的共有人在同等条件下享有优先权。

《民法典》本条规定再次明确了按份共有人在同等条件下可以享有优

先购买权。

2. 对权利客体采取了折中说

对于共有关系中优先购买权的定义，一种观点认为，优先购买权是指共有人在其他共有人有偿转让其共有份额或者已经分割的应有部分时，所享有的在同等条件下优先于其他第三人购买的权利；而另一种观点认为，优先购买权者，谓特定人约定或法律规定，于所有人（义务人）出卖动产或不动产时，有依同样条件优先购买之权利。

这两种观点的不同之处在于共有人之间的优先购买权是否仅限于动产和不动产，其他的概念基本相同，鉴于《物权法》相对于《民法通则》来说是特别法，故根据“特别法优于一般法”的原则，可以得出共有人优先购买权的标的只能为动产和不动产。

应当认为，既然《民法典》的编纂旨在统一民事基本法的基本规则，《民法典》物权编本条规范更恰当地将其表述为动产和不动产的财产份额，以此消除不必要的争议。

二、共有人优先购买权的特征

综合分析优先购买权的法律条文，以及优先购买权的基本概念，从优先购买权的主体、范围和内涵来看，其特征有以下几点：

1. 共有人优先购买权的权利主体是共有关系中特定的共有人

即除出卖人外的其他共有人，而相对于共有人之外的第三人，在同等条件下不能作为优先购买权的权利主体。

2. 共有人优先购买权的权利客体

法律关系的客体和标的，在我国民法理论中一直有争议。[①] 本条规范调整的对象，应当是民法上的物和共有关系中的特定财产，至于权利是否能作为标的，与物的概念的发展息息相关。

物与物权客体的区别以及权利能否成为物权的客体，一直是物权法中

---

① 李金雷：《民法中客体与标的的内涵及其相互关系》，载《齐鲁学刊》1990 年第 6 期。

争论的问题之一。传统民法理论中“物必有体”且“物权法定”。我国《物权法》第二条第二款明文规定：“本法所称物，包括不动产和动产。法律规定权利作为物权客体的，依照其规定。”《物权法》规定有权利质权和权利抵押权，还有国有建设土地使用权这一系列以他人的所有为客体的类型。自然即承认了权利可以成为物权的客体。《民法典》物权编事实上沿袭了这一规则体系。

仅仅是由于中国民事立法一直囿于德国模式，其权利体系遵循“主体—客体—权利”的逻辑模式，依客体的不同作为划分权利的标准。因此，不少持否定态度的学者认为，以权利作为权利的客体会产生权利之上再有权利的逻辑悖论，还可能导致依据客体划分的权利体系的崩溃。[①]

3. 共有人优先购买权行使前提要求必须是同等条件下

法律规定，只有其他共有人在与第三人的购买条件同等时，才存在优先购买的问题，这样严格的限定条件，无疑是旨在体现利益公平公正，有利于交易的公平安全。根据《最高人民法院关于适用〈中华人民共和国民法典〉物权编的解释（一）》第十条的有关规定，这里所谓“同等条件”，应当综合共有份额的转让价格、价款履行方式及期限等因素确定。

4. 共有人优先购买权效力的特征是优先于第三人购买的权利

共有人的优先购买权具有排除他人购买权利的法律特征，这是优先购买权的主要作用，也是法律规定优先购买权的主要立法目的。

三、共有人优先购买权的范围

优先购买转让的是份额而非共有物。

一般来说，在法律或共有协议未作限制的情况下，按份共有人任何时候均可要求分割或转让其份额。按份共有人转让标的物是其享有的共有财产份额，而非共有物，是所有权量的抽象分割。

按份共有的共有人转让自己所享有之份额是一种权利，无须经他人同

---

① 戴哲宇：《权利能否作为物权客体的法律分析》，载《中国律师》2011 年第 5 期。

意，仅仅是由于共有关系的存在有异于单独所有而导致转让份额的自由，也当然地弱于单独所有人转让其所有物的自由。因为相对于单独所有，共有为复数权利主体，对共有物使用、收益及处分等事项均须经过共有人之间协商后作决定，自然要比单独所有物权人行使物权麻烦一些，会产生更多的时间成本或者交易成本，但同时这也是保障共有关系稳定的需要。

四、按份共有人内部转让份额其他共有人并无优先购买权

《最高人民法院关于适用〈中华人民共和国物权法〉若干问题的解释(一)》第十三条规定："按份共有人之间转让共有份额，其他按份共有人主张根据物权法第一百零一条规定优先购买的，不予支持，但按份共有人之间另有约定的除外。"由此可以看出，按份共有人向共有人之外的人转让其共有财产份额的，其他按份共有人自可享有优先购买权，但按份共有人之间转让共有财产份额，其他按份共有人无优先购买权。约定优于法定，除非按份共有人之间就该问题另有约定的，须尊重共有人的意思表示。《最高人民法院关于适用〈中华人民共和国民法典〉物权编的解释（一)》再次肯认了这一原则，在其第十三条明定："按份共有人之间转让共有份额，其他按份共有人主张依据民法典第三百零五条规定优先购买的，不予支持，但按份共有人之间另有约定的除外。"

五、优先购买权的实现方式

1. 优先购买权的行使须在同等条件下

根据《最高人民法院关于适用〈中华人民共和国民法典〉物权编的解释（一)》规定的"同等条件"，应当综合共有份额的转让价格、价款履行方式及期限等因素确定。可见，我国立法就同等条件采取"相对等同说"。"相对等同说"符合我国现实生活中交易复杂的实际情况，也为我国在司法实践中赋予法官自由裁量权提供了法律依据。此外，基于司法实践的复杂性，法律无法穷尽各种因素，由此赋予法官行使自由裁量权的权利。

2. 转让人负有法定的通知义务

《最高人民法院关于适用〈中华人民共和国民法典〉物权编的解释（一）》明确了，转让人负有通知其他按份共有人转让其享有的共有财产份额的义务，并且要求该通知中必须包含同等条件的内容。但是并未规定转让人履行该通知义务的期间，也未对该通知的形式作出要求。

3. 按份共有人优先购买权的行使有期间限制

根据《最高人民法院关于适用〈中华人民共和国民法典〉物权编的解释（一）》的规定，将优先购买权行使期间确定为15日有三种情况：一是转让人未通知的；二是转让人虽进行了通知，但通知中未载明行使期间的；三是转让人虽进行了通知，也载明了优先购买权的行使期间，但该载明的期间短于通知送达之日起15日的。

按份共有人优先购买权为形成权，适用除斥期间，因此不受诉讼时效的限制。故按份共有人优先购买权行使期间不管是约定行使期间还是法定行使期间，均不适用中止、中断和延长。①

【典型案例】

优先购买权在按份共有人转让其享有共有份额中的行使②

——共有人的优先购买权

基本案情

2015年5月15日，原告何某强与二被告黄某珍和郑某凤签订《渔船转让合同》，二被告作为甲方，原告作为乙方，合同约定：甲方自愿将其所有的“66003”号船转让给乙方，价款为1029880元。约定合同签订后3日内，乙方支付20万元给甲方作为购买船订金，余款829880元于8月15日前付

---

① 李文莉：《浅析按份共有人优先购买权》，载《法制与社会》2017年第17期。

② 参见何某强与黄某珍、郑某凤船舶买卖合同纠纷案，北海海事法院，（2017）桂72民初400号。

清。付清余款当日，甲方将渔船及船上设备一并交付给乙方。交付前船舶及船上设备的风险、涉及船舶的债权债务由甲方承担，交付后则由乙方承担。

合同签订后，原告分别于2015年5月15日、8月5日支付了20万元和829880元给二被告，被告黄某珍分别出具两张收据给原告，确认收到原告的上述款项。此后，二被告没有把“66003”号船交付给原告，也没有把“66003”号船的所有权变更登记到原告名下。

故双方涉讼。

经查，案涉“66003”号船属海岛专属籍渔船，虽然所有权属二被告，但因为该省限制本省渔船所有权登记在外省人员名下，故该船以挂靠的形式将所有权登记在第三人远源公司名下，《渔船所有权登记证书》中明确载明被告黄某珍占有“66003”号船所有权95%的份额，第三人远源公司占有5%的份额。取得所有权日期为2011年9月15日。但第三人远源公司拒绝协助办理案涉船舶，原因是黄某珍未通知其对案涉船舶所享有的优先购买的权利，致其与原告所签订的案涉合同无效。

法院审理

法院经审理认为，被告黄某珍有权对其所有的“66003”号船的95%的份额进行处分。被告黄某珍在转让船舶份额时，应当通知按份共有人远源公司，远源公司依法享有优先购买权。

根据《物权法》第一百零一条和《最高人民法院关于适用〈中华人民共和国物权法〉若干问题的解释（一）》第十一条的规定，按份共有人在同等条件下有优先购买权，但按份共有人的优先购买权应当在一定期间内行使。该期间为除斥期间，不因其他事由而中断、中止或延长。

本案中，鉴于远源公司为“66003”号船的按份共有人，在二被告出让其按份共有份额情况下，远源公司怠于行使自己的权利，在法定期间没有主张优先购买权，故其已丧失对二被告所占“66003”号船95%份额的优先购买权。所以其应当协助原告办理“66003”号船95%的份额的变更登记手续。

原告与被告签订的《渔船转让合同》合法有效，且原告已按合同约定支付了全部购船款给二被告，二被告应当将“66003”号船交付给原告，并将该船的95%的份额转移给原告，并协助原告办理该船的所有权变更登记手续。

案件评述

一、优先购买权的价值释义

优先购买权是对出卖人所有权行使设置的一个合理的负担，以牺牲出卖人和第三人的合法利益为代价，换取对先买权人特殊利益的保护。民法上的优先购买权制度自拜占庭时期的罗马法于租佃关系中确立之后，为法国、德国民法典所继承，并得以完善和发展。中国古代法上也有“应典卖倚当物业，先问房亲，房亲不要，次问东邻”关于优先购买权的规定。

优先购买权作为民法上的一项制度能够长期坚持下来，并被社会所接受，必有其合理性，而正是这种合理性和正当性满足了社会主体对一定社会价值的追求。

作为财产法基本法的《民法典》物权编以及其编纂中所沿袭的《物权法》，自然被期望能够调整所有财产的权属问题。部分新出现的财产权利，像许可证、频道、排污权、收费权、网络的虚拟财产、航道、各种特许权、准物权等绝对权，自然需要纳入《民法典》物权编以及其编纂中所沿袭的《物权法》规制的范畴，只是由于物权客体理论的限制，不能抽象出统一的标准来进行判断，而处于性质未定不能直接适用《民法典》物权编以及其编纂中所沿袭的《物权法》的尴尬境地。因此，有必要在积极应对社会经济和科学技术发展需要的基础上，扩大物权客体的范围。

二、共有人优先购买权的性质及其法律效力

1. 共有人优先购买权的法律性质

有关优先购买权的性质，学者们有着不同的看法。例如，有的学者主张“期待权”说，有的学者主张“物权”或“债权”说，还有的学者主张“形成权”说。

(1) 优先购买权为一种期待权说

主张“期待权”说的学者认为，优先购买权所涉及标的物，在所有人即共有人未将其出卖以前，其仅仅是具有可能性，亦即优先购买权人的此种权利并未实际享有，更不可能实际行使；只有当作为出卖人的共有人，将签订出卖共有之标的物之合同这一特定法律行为出现或者完成后，优先购买权人才能得以行使其依法享有的优先购买权，使该权利由可能性变为现实性。因此，优先购买权应为一种期待权。

(2) 优先购买权为物权抑或债权说

有的学者主张，优先购买权的效力除一般效力外，还具有债权和物权的特殊效力，债权效力即优先购买权具有债的效力，不能影响出卖人和第三人的买卖合同的效力。物权的效力是指优先购买权具有对世性效力，可以对抗任何人，即使出卖人和第三人之间订立了买卖合同，对于共有人仍不具效力。

该说认为，优先购买权具有物权的效力，可以对抗第三人，属于物权范畴，故而具有了物权的法律属性。其理由是优先购买权是由法律明文规定的，经过不动产的登记自具有了公示的法律效力，具备公信力。最后，即使是动产，对其予以法律上的占有，也使优先购买权具有了对抗第三人的效力，所以其物权的法律效力就十分明显了。

而持“债权”说的学者则认为，优先购买权之所以为债权，是由于其本质上是一种债权请求权，其仅仅是可以对出卖人行使的一种请求权，只是具有优先于第三人的效力而已。

(3) 优先购买权为形成权说

“形成权”说在我国得到了大多数学者的认同，优先购买权性质为形成权。按份共有人主张优先购买权的，在该按份共有人与出卖人之间即按照出卖人与第三人之间的交易条件成立买卖合同。当优先购买权人行使优先购买权即可依法排除出卖人将标的物出卖给第三人的可能，使其与出卖人形成买卖标的物合同的权利义务关系。因此，优先购买权是一种形成权。

应当认为，形成权的观点，因为共有人主张优先购买权，就是依照其一方的意思表示，和出卖人形成一种合同的权利义务关系，但是这种关系必须依据同等的条件为前提，因此，可以说是一种附条件的形成权。

2. 共有人优先购买权适用的法律效力

优先购买权具有对抗其他一般约定的效力，出卖人如果与其他第三人签订了买卖合同，除非共有人放弃行使优先购买权，这种约定对于共有人应当是无效的。此外，优先购买权具有及于转让财产的权利，就是对于处分的动产和不动产份额，其效力及于特定财产的全部。

三、优先购买权竞合问题探析

1. 共有人优先购买权和债权优先购买权的竞合

《最高人民法院关于贯彻执行〈中华人民共和国民法通则〉若干问题的意见（试行）》第一百一十八条规定了出租人出卖出租房屋的，承租人在同等条件下享有优先购买权；而《民法典》合同编第七百二十六条沿袭《合同法》第二百三十条也规定了出租人租赁房屋的，应当在出卖之前的合理期限内通知承租人，承租人享有以同等条件优先购买的权利。这就产生了共有人优先购买权与承租人优先购买权竞合的情形。

在这种情况下，学者认为处理的原则应该是，在同等的价格条件下，共有人的优先购买权优先于承租人的优先购买权，其理由有：其一，共有人本来就是共有财产的所有人，与共有财产的联系较为密切，有利于其他共有人对接收者的信任；其二，共有关系先于租赁关系发生，即共有人的物权相对于承租人的物权优先，根据国外立法的一般规则——物权优于债权的原则，共有关系的购买权属于物权范畴，而承租人的购买权属于债权范畴，可见共有人的优先购买权优于债权的优先购买权；其三，依“买卖不破租赁”的原则，承租人不会因没有行使优先购买权而使原有租赁合同受到影响，其权利也不会受到影响和损害。

2. 放弃优先购买权后共有人与第三人合同的效力

本案中，原告与被告签订的《渔船转让协议》系双方当事人在平等自愿的基础上作出的真实意思表示，其内容不违反国家法律强制性规定，亦未损害国家、集体或第三人的合法权益，故合同合法有效，对双方具有法律约束力。

本案的处理体现了按份共有人转让其享有的共有的不动产或者动产份额时，其他共有人在同等条件下可以放弃行使优先购买权。

四、《民法典》对共有人的优先购买权立法上的完善

我国对于共有的优先购买权的立法规定，只是在诸部法律的若干条文中规定，特别是《物权法》仅以一条法律条文规定了共有关系中按份共有的动产和不动产的优先购买权利，而《物权法》对于共同共有的优先购买权没有规定。因此，《物权法》未能形成一个统一完整的体系，如上面阐述的与承租人优先购买权的分歧问题，以及对于优先购买权的具体范围、效力和顺序以及行使权利的条件期限、违反这一制度的救济等没有作出详细规定。这样自然增加了在实务操作中的难度，使得其规范交易秩序难以发挥强有力的作用。

针对上述不足，在《民法典》编纂过程中，立法者将实践中行之有效的各种临时应急措施予以立法的定型化，旨在进一步完善优先共有关系的优先购买权制度，特别是统一按份共有和共同共有的规定，尽量克服制度上的缺陷，避免法律条文之间的冲突，建立具体的优先购买权制度，通过对优先购买权制度的范围、效力、行使的条件，地点，期限、竞合的优先顺序、解决冲突的途径等方面制定优先购买权制度。

总结司法实践经验，根据《最高人民法院关于适用〈中华人民共和国民法典〉物权编的解释（一）》第十二条的相关规定，按份共有人向共有人之外的人转让其份额，其他按份共有人根据法律、司法解释规定，请求按照同等条件优先购买该共有份额的，应予支持。其他按份共有人的请求具有下列情形之一的，不予支持：（一）未在本解释第十一条规定的期间内主张优先购买，或者虽主张优先购买，但提出减少转让价款、增加转让人负担等实质性变更要求；（二）以其优先购买权受到侵害为由，仅请求撤销共有份额转让合同或者认定该合同无效。

综上所述，共有人优先购买权是指共有人在共有财产被转让时，就可以转让的不动产或动产份额，作为共有人享有同等条件下优先购买的权利。优先购买权和其他优先购买权竞合时具有较强的效力。

总而言之，对我国法律规定的优先购买权利的不断完善，始终旨在使其有利于共有财产的管理，以实现物尽其用。

第三百零六条　【按份共有人行使优先购买权的规则】 按份共有人转让其享有的共有的不动产或者动产份额的，应当将转让条件及时通知其他共有人。其他共有人应当在合理期限内行使优先购买权。

两个以上其他共有人主张行使优先购买权的，协商确定各自的购买比例；协商不成的，按照转让时各自的共有份额比例行使优先购买权。

【条文疏义】

一、本条系《民法典》新增的规定

《民法典》物权编第三百零五条沿袭《物权法》第一百零一条规定了按份共有人优先购买权制度，但对该制度规定得较为简单，可操作性有待加强。其中，特别是对主体资格、转让方式、同等条件等规定得不够具体明晰，对行使期限亦未作规定，容易给当事人实现权利及司法裁判带来困难。《民法典》物权编第三百零六条对前述空白予以填补。

在财产共有制度中，其人合性远远高于其资合性，各共有人间的熟悉与信任尤为重要，优先权制度的设立有利于维护共有关系，让各共有人彼此更高效、合理地利用共有物，物尽其用，减少纷争。优先购买权作为特定民事主体依照法律规定享有的先于他人购买某项特定财产的制度，在我国古已有之。《唐律》规定："房地买卖必先问近亲，次问四邻，近亲四邻不要，才得卖与别人。"同时，法国、德国等国民法典中以及我国台湾地区"民法"中对该制度均有相关规定。

二、共有人内部优先购买权的实现

在共有关系中，某一共有人拟转让其份额时，其他共有人都要行使优先购买权，其他共有人谁更有优先购买权，《物权法》并未予以规制。《民法典》编纂过程中，学界主要有三种观点：

其一，认为应通过抽签方式决定。理由是《最高人民法院关于人民法院民事执行中拍卖、变卖财产的规定》（法释〔2004〕16号）第十六条第二款规定："顺序相同的多个优先购买权人同时表示买受的，以抽签方式决定买受人。"

其二，认为应在共有人中（包括拟转让人）三分之二以上同意的买受人行使优先购买权，若不能形成三分之二的共有人同意，则采取抽签方式。

其三，认为由拟出让人决定谁更有优先购买权。理由是为减少不必要的纠纷，充分尊重出让人的所有权，应该由出让人自己决定。

《民法典》物权编第三百零一条沿袭《物权法》第九十七条规定："处分共有的不动产或者动产以及对共有的不动产或者动产作重大修缮、变更性质或者用途的，应当经占份额三分之二以上的按份共有人或者全体共有人同意，但是共有人之间另有约定的除外。"参照前述规定之内涵，若共有人为三人的，转让人与被转让人决定的拟行使优先购买权买受人必然会形成三分之二共有人的同意，充分尊重了出让人的所有权。若全体共有人为四人以上的，仅就转让人与被转让人决定的买受人二人同意，未经得其他共有人同意，便应由形成三分之二以上的共有人同意的买受人行使优先购买权。鉴于转让人转让其共有财产份额后一般都不再参与共有财产的管理，此种表决方式能够避免其主观好恶而影响财产转让后共有关系的稳定。

此外，倘若共有人之间不能形成三分之二以上的一致表决，最终通过抽签方式仍可保障优先购买权确定过程的公平和效率。从解释论上说，有学者主张，按份共有人优先购买权是《民法典》物权编第三百零五条所沿袭的《物权法》第一百零一条所规定的一种权利，属于法定权利的范畴。既然是法定权利，就应当按照法律的规定认定这种权利的行使条件，而不能作扩张解释。①

故此，《最高人民法院关于适用〈中华人民共和国民法典〉物权编的解释（一）》在其第十三条明确了："按份共有人之间转让共有份额，其他按份共有人主张依据民法典第三百零五条规定优先购买的，不予支持，但按份共有人之间另有约定的除外。"

三、法律对转让方式的限制

《民法典》物权编第三百零五条所沿袭的《物权法》第一百零一条规定，按份共有人在对外转让其共有份额时，其他共有人才有优先购买权，此处之"转让"规定不够明晰。诚然，仅就从条文的前半段来看，按份共有人的优先购买权在有偿转让和无偿转让的情形下均可享有，而在该条的后半段又规定"其他共有人在同等条件下享有优先购买的权利"。实践中，无偿转让时无具体的价格，同等条件亦无从谈起，优先购买权便无法实现。因此，该条款中的"转让"应属有偿转让行为。此外，大陆法系国家的民法一般也都规定了按份共有人的优先购买权仅在有偿转让时方能实现，如《法国民法典》第 815 条和《德国民法典》第 463 条等。

四、同等条件的限制只有设立同等条件的要求才能有效地保护转让份额的共有人的利益不受损害

我国《物权法》及司法解释对此均无规定。国外民法对此有不同的立法模式，《德国民法典》第 505 条规定："行使先买权时，先买权利人和义务人之间的买卖，按照义务人与第三人约定的相同条款而成立。"《法国民法典》第 815 条规定，优先权人以让与共有人通知的"价格及条件"行使

① 房绍坤：《论按份共有人优先购买权的适用范围》，载《山东社会科学》2012 年第 5 期。

先取权。在我国《民法典》编纂过程中，主要存在两种不同观点，其一是绝对同等标准，认为同等条件不仅仅是价格条件，还包括付款条件，以及拟转让的共有人提出的影响其利益实现的其他条件。其二是相对同等条件，认为“同等条件”只是价格条件，不包括支付条件。

实践中，如选择绝对等同标准，按份共有人优先购买权制度往往会形同虚设，拟转让人和受让人完全可以订立某些权利人无法达到的条件而使优先购买权落空。故而，在后续《民法典》物权编相关的司法解释中，建议对“同等条件”进一步解释与说明以便排除司法实践中的或有障碍。

五、优先购买权有行使期间的限制

按份共有人的优先购买权必须在从出卖人通知之日起的一定期限内行使，超期则其他共有人就不再享有优先购买权。

《法国民法典》对此规定的行使期限是一个月，《德国民法典》对此规定的期限以土地为标的时为两个月，其他标的为一周。我国《民法典》第三百零六条仅规定“合理期限”，并未作出更细分的规定。故此，最高人民法院已在《民法典》物权编相关司法解释中予以明示，对本条中的“合理期限”加以限制。借鉴其他国家立法范例，使期限不会过长，避免共有人可能恶意利用期限没有限制而使转让人的利益受损，不利于交易的进行。

根据《最高人民法院关于适用〈中华人民共和国民法典〉物权编的解释（一）》第十一条的相关规定，优先购买权的行使期间，按份共有人有约定的，按照约定处理；没有约定或者约定不明的，按照下列情形确定：（一）转让人向其他按份共有人发出的包含同等条件内容的通知中载明行使期间的，以该期间为准；（二）通知中未载明行使期间，或者载明的期间短于通知送达之日起15日的，为15日；（三）转让人未通知的，为其他按份共有人知道或者应当知道最终确定的同等条件之日起15日；（四）转让人未通知，且无法确定其他按份共有人知道或者应当知道最终确定的同等条件的，为共有份额权属转移之日起6个月。

【典型案例】

按份共有房屋的回赎权和先买权如何行使①

——按份共有的优先购买权界定

基本案情

经案涉（2009）一中民终字第04371号民事判决（以下简称第04371号判决）确认，案涉房屋为谢某大、关某平及代某三人所共有，分别所占产权份额为：谢某大33%、关某平34%、代某33%。

2010年4月2日，谢某大取得案涉房屋共有人产权登记证书。2007年9月18日，关某平、代某联合案外人卞某民办理虚假的共有人产权登记，并于2008年4月29日与第三人王某签订房屋买卖合同，以4226995.50元的价格将该房屋全部出售给王某，其中包括谢某大所有的33%份额。

后因谢某大办理案涉房屋异议查封登记，未能完成房屋产权变更登记程序。2010年11月，谢某大提起优先购买权诉讼。2012年6月19日，经（2012）一中民终字第05025号民事判决（以下简称第05025号判决）确认，谢某大作为案涉房屋共有人之一，享有以合同的同一价格购买该房屋的优先购买权。

案涉优先购买权诉讼一、二审宣判后，谢某大分别向关某平、代某发出律师函，主张根据第05025号判决中所确认的优先购买权购买二人对案涉房屋享有的34%、33%的产权。但关某平、代某一直拒不配合谢某大办理相关手续，侵害了谢某大依法享有的优先购买权，遂成诉。

法院审理

法院经审理判决如下：

---

① 参见谢某大与王某等共有人优先购买权纠纷案，北京市海淀区人民法院，2013年海民初字第08744号。参见宋婕、陈锋：《豪宅升值千万收益怎么分？名人合伙北京购房引纠纷》，载《华夏时报》2019年10月26日。

其一，于判决生效后 10 日内，被告关某平以 1437178.47 元价格向原告谢某大出售其持有的该市海淀区海淀 × 号房屋 34% 的产权份额，被告代某以 1394908.52 元价格向原告谢某大出售其持有的该市海淀区海淀 × 号房屋 33% 的产权份额。

其二，于原告谢某大支付上述房款后 10 日内，被告关某平、代某协助原告谢某大办理该市海淀区海淀 × 号房屋的权属转移登记手续，将本判决第一项中明确的份额过户至原告谢某大名下，办理权属转移登记手续所需费用由原告谢某大负担。

案件评述

一、优先购买权的性质应为形成权

案涉优先购买权的法律性质，是分析关某平、代某如何承担侵害谢某大优先购买权之责任的逻辑起点。

1. 案涉优先购买权已是既得权

当共有这一基础性法律关系存在时，优先购买权即处于“潜在”状态，当买卖这一前提性法律关系成立并生效时，优先购买权才得以从“潜在”状态转变为可以实际行使的权利，法律赋予其一定的权能，在其受到侵害时可以单独请求保护。据此，结合上文关于关某平、代某和王某之间房屋买卖合同效力尚未被否定之分析，谢某大享有的优先购买权已成为既得权。

2. 理论通说认为优先购买权属于形成权

从形成权设置的情形看，由于形成权的权利人不需要相对人积极行为，可以通过单方行为产生、变动或消灭其与他人的法律关系，其效力相较于其他权利类型更为强烈，故一般认为，只有在两种情形下有必要设置形成权：一是当权利人行使形成权不涉及任何他人利益时，如先占行为；二是当权利人行使形成权涉及他人利益时，该行使必须具有合理性。这个合理性，既可以体现为权利相对人事先同意，也可以是法律基于某种社会性或公益性考虑而作出规定。关于形成权的特点：一是体现在其通常来说是法定权利；二是基于较强效力而一般不得附条件或附期限；三是基于对他人权利的直接影响而不得撤回；四是为不致使相对人面临不安定的状态而通常以除斥期间的形式对其行使期间加以限制。

根据上述形成权设置的情形及特点，结合《物权法》对优先购买权的规定，司法机关对于优先购买权的性质通常认定如下：

首先，对于共有人优先购买权而言，虽然该权利的行使将涉及义务人及第三人等他人利益，但鉴于该权利为法定权利，共有人在加入共有关系时，第三人在与其中的共有人进行交易时，法律视为其了解共有之状态及共有权所受的限制，且设置该权利的目的在于维护共有关系，最大可能地发挥共有物之功效，从长远来看，也将有利于社会资源的高效运转和合理配置。据此，将优先购买权定性为形成权符合形成权合理性之要求。

其次，从共有人优先购买权法定，共有人行使权利应在“同等条件”下进行故不可能附条件或附期限，一般情形下亦不得撤回，行使权利的期间亦受到法定限制等因素影响，优先购买权符合形成权构成要件。

最后，优先购买权的行使方式亦符合形成权的特征。通说认为，优先购买权的行使方式是权利人通知义务人（出卖人），通过意思表示为之，该意思表示无须使用买卖合同确定的形式。即自优先购买权通过不受方式约束的单方表示行使时，无须义务人再次作出意思表示，经权利人与义务人（出卖人）之间的买卖合同即依义务人与第三人所约定的条款而成立。

综上，优先购买权为形成权，即只要权利人一方为意思表示，无须义务人的配合便可以使得法律关系产生变动，这种变动首先体现为影响义务人和第三人之间的买卖合同中的处分行为无法得以继续。

二、义务人侵害优先购买权时权利人的救济途径

优先购买权的行使以获得出卖人通知为前提，因此，在按份共有关系中，作为共有权人的出卖人（义务人）在向第三人出卖其按份共有份额时，负有通知其他共有人（优先购买权人）的义务。如因未履行通知义务，造成优先购买权无法实现权利（如已对第三人转移共有份额并完成物权变更登记）便构成对优先购买权人的侵害，此时，优先购买权人可以通过诉讼方式请求人民法院对其主张进行支持。由于本案中谢某大进行的异议登记阻却了关某平、代某和王某完成物权法意义上的交易，故谢某大优先购买权仍有行使之可能，关某平、代某应对谢某大行使优先购买权受阻承担相应的法律责任。

如前所述，优先购买权系形成权。根据形成权的相关理论，在权利人行使权利受阻的情形下享有“形成诉权”，可提起形成诉讼，即基于权利人的意思表示，法院根据法律所要求的前提条件进行审查后，以司法手段的方式“完成”权利人的形成行为，而形成关系的另一方当事人必须接受法院作出的形成后果。据此，本案中，谢某大作出行使优先购买权之表示后，即在其与义务人关某平、代某之间，以与王某达成的同等条件的交易价格，就案涉房屋34%、33%份额成立买卖合同关系。但由于关某平、代某对谢某大的形成意思表示拒绝，故谢某大以提起诉讼之方式，要求关某平、代某根据其与王某签订的房屋买卖合同及补充协议之价格，履行接受谢某大付款并向其转让案涉房屋67%份额的主张，即行使其形成诉权。结合谢某大行使优先购买权这一形成权已经满足了法律规定的相关要件之情形，谢某大关于关某平、代某应当接受其行使优先购买权的形成后果之主张，具有事实和法律依据。

第三百零七条　【因共有产生的债权债务承担规则】 因共有的不动产或者动产产生的债权债务，在对外关系上，共有人享有连带债权、承担连带债务，但是法律另有规定或者第三人知道共有人不具有连带债权债务关系的除外；在共有人内部关系上，除共有人另有约定外，按份共有人按照份额享有债权、承担债务，共同共有人共同享有债权、承担债务。偿还债务超过自己应当承担份额的按份共有人，有权向其他共有人追偿。

【条文疏义】

本条是关于因共有财产产生的债权债务关系的对外以及对内效力的规定，沿袭了《物权法》第一百零二条之规定。

一、共有财产产生的债权债务关系的对外效力

本条第一句中规定了因共有财产产生的债权债务关系的对外效力。按照本条规定，不论是按份共有还是共同共有，只要是因共有的不动产或者动产产生的债权债务，在对外关系上，共有人对债权债务享有连带债权、承担连带债务，但法律另有规定或者第三人知道共有人不具有连带债权债务关系的除外。

所谓连带的方法，是指共有人享有连带债权时，任一共有人都可向第三人主张债权，共有人承担连带债务时，第三人可向任一共有人主张债权。连带之债的债权中，债权人为复数，在履行期限届满之日，任何一个债权人都能够请求债务人为连带债权之全部给付，债务人向任一债权人清偿其债务，就构成债务的解除，连带债权中的债务人享有充分的自由，债务人可自由选择债权人中的任何之一向之履行债务。

二、共有财产产生的连带责任是对善意第三人权利的保护

民法保护第三人在不知权利真实状态下对权利外观的合理信赖，在这种情况下，第三人实施的法律行为应为有效，其旨在保护交易安全。本条对共有财产产生的债权债务关系的对外效力不区分按份共有和共同共有，系为保护善意第三人的权益。对于第三人来说，很难获知共有人的共有关系的性质，在此种情形下，若不使各共有人承担连带义务，易发生共有人互相推托履行义务的可能，对债权人不利。在第三人不知道共有人内部关系的情况下，法律规定共有人对其享有连带债权、承担连带债务，第三人即可向共有人中的任一共有人主张其债权，这样就保护了善意第三人的权利。

三、连带债务的内部效力

连带债务人中的一人或数人清偿了全部债务，其他债务人的债务也随之消灭，清偿债务的债务人就超过其应承担的部分可向其他债务人请求偿还。清偿债务的债务人就超过其应承担的部分向其他债务人请求偿还，就形成了清偿债务的债务人的求偿权。求偿权发生的根据是一个债务人为他人履行了债务清偿义务，依公平原则，使履行超过自己债务份额的债务人取得求偿权。求偿权发生的要件是求偿权人履行了超过自己承担的债务份额，产生其他债务人共同免责的后果。求偿权的范围不仅包括超出求偿权人应承担份额的部分，同时还包括履行债务的必要费用以及由求偿权人单独负责的事由所产生的费用。

【典型案例】

第三人是否知悉共有人之间的债权债务关系的情况①

——决定共有财产产生的债权债务关系的对外效力

基本案情

赵某向李某、杨某出售价值11万元的柴油，经原告赵某追要，被告李某、杨某一直拖欠柴油款未还。原告赵某遂诉至法院请求二被告限期支付所欠款项。

原告赵某诉称，原告向二被告出售柴油。截至2014年11月1日，经原告赵某追要并与二被告结算，二被告拖欠原告的柴油款11万元未还。11月1日，二被告给原告出具欠条一张，原告与二被告未约定欠款利息，应按照同期同类贷款利率支付，从原告主张权利之日起计算。根据《合同法》第一百一十四条、第一百二十五条，《物权法》第一百零二条等之规

① 参见赵某与李某、杨某买卖合同纠纷案，载无讼网，https：//www. itslaw. com/detail?judgementId = 0acb6835 - 026a - 4cf8 - b7d6 - f873ed9e97b9&area = 1&index = 6&sortType = 1&count = 1346&conditions = regulation% 2B1000017405% 2B13% 2B% E4% B8% AD% E5% 8D% 8E% E4% BA% BA% E6% B0% 91% E5% 85% B1% E5% 92% 8C% E5% 9B% BD% E7% 89% A9% E6% 9D% 83% E6% B3% 95% EF% BC% 882007% EF% BC% 89% E7% AC% AC% E4% B8% 80% E7% 99% BE% E9% 9B% B6% E4% BA% 8C% E6% 9D% A1，最后访问时间：2020年9月21日。

定，请求二被告限期支付原告柴油款11万元及利息，二被告承担连带清偿责任，诉讼费由二被告负担。

法院审理

法院经审理认为，被告李某、杨某向原告赵某出具欠条，买卖合同双方当事人应为原告赵某和被告李某、杨某，原告赵某转移货物所有权给二被告，二被告应当按约定支付货款，二被告因买卖原告出售的柴油对柴油形成共有关系，对外关系上共有人享有连带债权、承担连带债务。原告请求二被告连带支付货款11万元及利息，理由成立，予以支持。原告请求二被告支付拖延货款利息，拖延货款利息应当视为逾期付款违约金，但双方未约定逾期付款违约金及其计算办法，参考中国人民银行同期同类贷款利率从原告主张权利之日（2015年7月29日）开始计算。

根据《民事诉讼法》第六十四条、第一百四十四条，《合同法》第一百零七条、第一百零九条、第一百五十九条、第一百六十一条，《物权法》第一百零二条和《最高人民法院关于审理买卖合同纠纷案件适用法律问题的解释》（法释〔2012〕8号）第二十四条之规定，判决被告李某、杨某于判决生效后5日内支付原告赵某货款11万元及利息（按中国人民银行同期同类贷款利率计算，自2015年7月29日起至实际清偿之日止）。二被告对上述债务负连带清偿责任。

案件评述

一、本案涉及因共有财产产生的债务关系的对外效力

因共有财产所产生的债权债务关系，其对外效力不区分按份共有和共同共有，旨在保护善意第三人的权益。因为对于第三人来说，很难获知共有人的共有关系的性质，若各共有人不承担连带义务，将发生共有人推脱履行义务的可能，显然对债权人不公平。

故在第三人不知道共有人内部关系的情况下，法律规定共有人对其享有连带债权、承担连带债务，即第三人可向任何一个共有人主张其债权，进而保护善意第三人的权利。此即本案判决的法律依据。

不可分之债的不可分债权要求债务人向全体债权人清偿，或者向全体债权人委托的人清偿，不可分之债的债务关系才告解除，债务人向债权人中任一位清偿而该债权人未得到其他债权人授权，即该清偿不发生消灭债务的法律效力，债务人对不可分债权人仍负有清偿的义务，该债务人只能向受领全部清偿的债权人主张不当得利。

本案例体现了因共有财产产生的债权债务关系对第三人以及对共有人的效力。

二、共有人之间的追偿权问题

1. 共有人在享有债权上不会发生追偿权的问题

按份共有人对外享有不可分债权，共同共有人对外享有共同债权，债务人必须向全体共有人为给付，这样的制度设计本身就有效避免了因受领给付的共有人不诚实或无资力而损害其他共有人的利益。

2. 共有人对外各债务人都负有清偿全部债务的义务

债权人可以要求部分或全部债权人为部分或全部的给付。偿还债务超过自己应当承担份额的按份共有人，有权向其他共有人追偿，这是连带之债的应有之义。

《民法通则》第八十七条如此规定。其第三十五条规定了偿还合伙债务超过自己应当承担数额的合伙人的追偿权。有鉴于此，《民法典》物权编第三百零七条所沿袭的《物权法》第一百零二条规定了偿还债务超过自己应当承担份额的按份共有人的追偿权。

3. 共同共有人之间是否也应当存在追偿权

有学者认为，“共同共有是不分份额的共有”，但“履行了义务的共有人，有权要求其他负有连带义务的共有人偿付他应当承担的份额”。追偿权无疑是基于不当得利的原理，旨在实现连带债务人之间的利益平衡。不过，有观点以共同共有内部没有份额为由，认为共同共有人之间无追偿权。全国人大常委会法工委在《民法典》物权编第三百零七条所沿袭的《物权法》第一百零二条的立法理由中讲道："关于共有财产产生的债权债务关系的对内效力及其追偿权，这样规定的理论基础是按份共有人在内部关系上是按照其份额承担义务的。"

还有学者则认为，"共同共有人之间是不分份额的共有关系，因此，他们彼此之间不存在相互追偿的问题"。共同共有中是否存在份额，这个问题是有争议的，只是主流观点认为共同共有中不分份额而已。"共同共有是不分份额的共有。在共同共有关系存在期间，共同共有人不能对共同共有财产确定份额。只有在共同共有关系终止，共有财产分割后，才能确定各共有人的份额""各个共有人没有应有部分，没有份额和份额权，只是享有一个共有权"。

也有学者则提出不同观点，认为："共同共有和按份共有均为按份共有，区别在于：在按份共有中，共有人之间无特定的身份关系……而在共同共有中，共有人之间存在特定的身份关系……实际上，正是因为共同共有也是按份额共有，共同共有关系解体时，原则上共有人平等分割共有财产。否则，这样的分割就没有依据。"

实际上，共同共有并不排斥份额。有些类型的共同共有如合伙和共同继承，在成立之初就确定了份额，只不过在共有关系存续期间，受共同关系的约束而"潜在"地存在，其作用并不突出。共同共有是团体主义法制下的共同共有形态——总有——经个人主义法制下的共同所有形态（即按份共有）修正发展而来，强调共有人之独立财产地位，共同共有应当有份额存在。

故顺理成章，自然得出结论：偿还债务超过自己应当承担份额的共同共有人，也有权向其他共有人追偿。至于如何追偿，则应由规定各种类型共同共有的法律具体规定。

三、《物权法》第一百零二条的不足及完善

1. 共有人对外债权定性问题

共有人对外享有连带债权的制度中带有先天的不足，即无法避免因受领给付的共有人不诚实或无资力而损害其他债权人的利益，这可能也是连带债权在民法中不受重视并且日益没落的原因所在。《物权法》因为要规定共有人对外承担连带债务，便对应地认为共有人对外享有的债权就是连带债权，有学者认为这是错误的。

同样，有学者认为，我国《民法通则》对多数人之债只规定了按份之债和连带之债，这种立法模式略显滞后。立法应突破性地吸收先进理论成果，将按份共有人对外债权定性为不可分债权，将共同共有人对外债权定性为共同债权。

2. 连带债务例外情况用语模糊

连带之债的产生不外乎两种情况：当事人明确约定和法律规定。而当法律已经明确规定了连带之债，变更连带之债也不外乎两种情况：当事人明确约定和法律规定。

《物权法》第一百零二条规定的连带例外情况为“法律另有规定或者第三人知道共有人不具有连带债权债务关系”。

3. 共同共有人之间追偿权有待弥补

《物权法》第一百零二条最后特别规定了按份共有人的追偿权，没有规定共同共有人追偿权，显然是对共同共有人之间的追偿权持否定态度。这是不承认共同共有中存在份额的自然结果。这样不仅容易忽视共有物价值不足以偿还对外债务或共有人为了保存共有物而以各自财产偿还对外债务的情况，也容易忽视共同共有中存在份额并顺应共有人于共有中有独立的发展趋势。

四、学者对《物权法》第一百零二条完善的建议

1. 共同共有人享有的债权应为共同债权

《民法典》物权编立法应定性按份共有人对外享有不可分债权，共同共有人对外享有共同债权。鉴于连带债权存在一些难以克服的弱点，故除依当事人意思自治产生连带债权外，法律不应再规定连带债权。若某债务为连带债务，立法也不应为追求“对称美”而规定连带债权，这种“耦合”是没有理由且没有必要的。而对于先进的理论成果，立法则应予及时恰当地吸收。不可分债权和共同债权中，债务人必须向全体债权人为给付，在受领给付上不会发生债权人的互相侵权，能够有效地保护全体债权人的利益。

2.《民法典》编纂自应明确连带债务之例外情况

依照法理要改变法律的强制性规定，只有两种情况：上位法优于下位法；特别法优于一般法。《民法典》为基本法律，其上位法只有《宪法》，而《宪法》并无共有法律关系连带债务的例外情况的规定。

此外，规定各种债的法律，如《合同法》《侵权责任法》等，规定各种共同关系的法律，如《婚姻法》《继承法》等，在特定的共有法律关系方面，相对于《物权法》也可认为是特别法，其有关规定优先于《物权法》适用。

3.《民法典》编纂确立了共同共有人之间的追偿权

在尚未确立追偿权时，共同共有人只有当终止共同关系时，才能分割共同财产，偿还因共有物产生的债务超过自己份额的共有人才有可能得到补偿。这样规定不仅可能超过自部分共有人损失发生时起20年的最长权利保护期限，而且也会造成举证上的困难，在理论和实践上均有解决不了的难题。

共有财产是为维护共同关系而存在的，但倘若共有人之间长久的利益不平衡无法消除，利益受损的部分共有人将不得不选择消灭共同关系来恢复和维护自己的利益，这样反而增加了共同关系的不确定性。在共同共有中实际上是存在份额的，只有法律赋予共同共有人追偿权，实现共同共有人之间损益的正常流通，利益受损的共有人才不用消灭共同关系即可维护自己利益。当然，追偿权要确定合理的诉讼时效。如果共同共有人之间可以不计得失，完全可以在诉讼时效内不予理会追偿权；但不能使共同共有人利益受损时，找不到一种及时的救济权。因此，《民法典》物权编于本条确立了共同共有人之间的追偿权。[1]

第三百零八条　【共有关系不明时对共有关系性质的推定】共有人对共有的不动产或者动产没有约定为按份共有或者共同共有，或者约定不明确的，除共有人具有家庭关系等外，视为按份共有。

【条文疏义】

本条承袭了《物权法》第一百零三条之规定。

一、共有性质不同则分割方法迥异

共同共有是共有人对全部共有财产不分份额地享受权利和承担义务。共同共有人只有在共有关系消灭时才能协商确定各自的份额。当共有人对共有的不动产或动产没有约定为按份共有或者共同共有，或者约定不明确的，如果推定为共同共有，共有人对共有财产的份额仍不明确。

根据《物权法》的规定，按份共有人对共有物权没有约定份额或约定不明确的，应当严格按照出资比例进行分割，不能确定出资额的则视为等额出资。如此确定了共同共有人对共有物的分割应以等分为原则，并考虑共有人对共有财产的贡献等其他因素。

可见，法院在对共有物进行分割前应先对共有关系的性质进行认定。《物权法》生效前形成的共有关系，其共有性质不明时应适用《最高人民法院关于贯彻执行〈中华人民共和国民法通则〉若干问题的意见（试行）》第八十八条的规定推定为共同共有；《物权法》生效后形成的共有关系，其共有性质不明时，即应适用《物权法》第一百零三条的规定推定为按份共有，共有人具有家庭关系等除外。换言之，共有性质的推定应适用共有

---

① 杨善长：《共有法律关系的内外部效力研究——以〈物权法〉第 102 条的评析与完善为中心》，载《河北法学》2014 年第 8 期。

关系形成时的法律。显然，《民法典》物权编本条再次肯认了《物权法》第一百零三条之规定。

二、共同共有物权的分割则须考虑共有人的贡献等因素

对于按份共有，《民法典》物权编第三百零九条沿袭《物权法》第一百零四条规定："按份共有人对共有的不动产或者动产享有的份额，没有约定或者约定不明确的，按照出资额确定；不能确定出资额的，视为等额享有。"因此，按份共有人对共有物权没有约定份额或约定不明确的，应当严格按照出资比例进行分割，不能确定出资额的则视为等额出资。

《最高人民法院关于贯彻执行〈中华人民共和国民法通则〉若干问题的意见（试行）》第九十条规定："在共同共有关系终止时，对共有财产的分割，有协议的，按协议处理；没有协议的，应当根据等分原则处理，并且考虑共有人对共有财产的贡献大小，适当照顾共有人生产、生活的实际需要等情况。但分割夫妻共有财产，应当根据婚姻法的有关规定处理。"故可见，共同共有人对共有物权的分割应以等分为原则，并考虑共有人对共有财产的贡献等其他因素。法院在分割时可根据公平原则及共有人生产、生活的实际予以裁量。可见，共有性质不同，分割方法迥异，法院在对共有物进行分割前应先对共有关系的性质进行认定。共有关系性质不同，共有财产的分割方法完全不同。

三、《物权法》业已改变了共有性质的推定规则

在《物权法》出台之前，《最高人民法院关于贯彻执行〈中华人民共和国民法通则〉若干问题的意见（试行）》第八十八条规定，如果不能证明财产是按份共有的，应当认定为共同共有。而《物权法》第一百零三条的规定改变了《最高人民法院关于贯彻执行〈中华人民共和国民法通则〉若干问题的意见（试行）》对共有性质的推定规则，除非共有人具有家庭关系等客观情形，将共有关系不明的均推定为按份共有。《民法典》物权编对这一推定原则进一步予以了肯认。

【典型案例】

共有人是否具有家庭关系对共有关系性质的影响[①]

——法律于共有关系不明时对其性质的推定

基本案情

原告芦甲源、郑乙妹系夫妻关系，原告芦甲源与第三人芦丙会系兄弟关系，被告芦丁为原告芦甲源和第三人芦丙会的父亲。被告芦丁与妻子于1948年结婚，婚后同芦丁的父母共同生活。共有五间半祖传房产（三间厢房、二间半正平房）及一所猪圈。

1985年，五间半祖宅因某矿采煤塌陷需迁建，村委会为解决住宅问题安排新宅基地用于建房，分给芦丁的妻子戊母宅基地两间，为原告郑乙妹批宅基地三间。

新宅基地安排后，二原告及被告芦丁、戊母自1985年8月至11月在新宅基地上共同建造五间正平房。

1987年2月，戊母因病去世。3月，被告芦丁召集亲友、长辈及村干部等人召开分家会议，协议分家。在分家时并未签订书面材料。

双方现因分家无法达成一致。原告芦甲源、郑乙妹请求依法确认坐落在路南区某号的东两间房为原、被告共同共有。

被告芦丁及第三人芦丙会共同辩称：1987年3月在戊母去世后召开分家会议，处理继承、分家、析产事宜，约定西三间房归芦甲源，东两间房归芦丙会。

法院审理

法院经审理认为，根据案涉证据材料能够认定诉争房屋是由原告芦甲源与郑乙妹、戊母及被告芦丁共同出资、出力建造而成。原告芦甲源与郑

---

① 参见芦甲源、郑乙妹与芦丙会共有纠纷案，唐山市路南区人民法院，（2018）冀0202民初4号。

乙妹、戊母及被告芦丁共同出资、出力建房设定了诉争房屋的物权，即房屋物权从原告芦甲源与郑乙妹、戊母及被告芦丁共同出资、出力建成时即共有。现无证据证明双方对房屋的共有情况进行了明确的约定。

对于被告抗辩，应依据分家协议对涉案房产进行分配，法院认为，在举行分家会议时并未形成书面文字材料，鉴于事后被告芦丁整理的材料中没有子女们的签字确认，且案涉房产为二原告与被告及戊母共同建造，被告无权个人进行处分，故对被告的该抗辩意见，法院不予支持。

鉴于原告芦甲源、郑乙妹与被告芦丁具有家庭关系且未约定诉争房屋为按份共有或共同共有，故诉争房屋为原告芦甲源与郑乙妹、戊母及被告芦丁共同共有。

现原告芦甲源、郑乙妹请求确定诉争房屋与被告芦丁共同共有，而戊母已经去世，共同共有关系终止。二原告与被告之间并未对诉争房屋订立相关分割协议，考虑到双方对诉争房屋的贡献大小，法院认为原告芦甲源、郑乙妹对东两间房屋享有二分之一的份额为宜。依照《民事诉讼法》第六十四条第一款、第一百四十二条规定，判决如下：原告芦甲源和郑乙妹对坐落于东面的两间房屋享有二分之一的份额。

案件评述

一、家庭关系是本案审理过程中的重要基础依据

案涉房屋源于当地煤矿采煤塌陷搬迁新址，该矿按迁建规定对原有老房凡新建的每间补偿888.66元；拆而不建的每间补偿400元；村委会在新庄址为戊母安排宅基地两间，为原告安排新宅基地三间。新宅基地安排后，原告与被告在新宅基地上共同建造五间正平房等。共得补助5843.30元，全部用于建造新房。建房期间，被告芦丁同戊母共同为建房出力，并汇款200元用于建造新房。原告芦甲源、郑乙妹与被告芦丁具有家庭关系且未约定诉争房屋为按份共有或共同共有，该诉争房屋为原告芦甲源与郑乙妹、戊母及被告芦丁共同共有。

二、婚姻中的财产分割应适当照顾生产生活的实际需要

《最高人民法院关于贯彻执行〈中华人民共和国民法通则〉若干问题的意见（试行）》第九十条规定，在共同共有关系终止时，对共有财产的分割，有协议的，按协议处理；没有协议的，应当根据等分原则处理，并且考虑共有人对共有财产的贡献大小，适当照顾共有人生产、生活的实际需要等情况。但分割夫妻共有财产，应当根据婚姻法的有关规定处理。

三、对分家协议的认定

被告召集亲友、长辈及村干部等人召开分家会议，协议分家时并未签订书面材料，事后被告整理的材料中也没有子女的签字确认，且案涉房产为二原告与被告及戊母共同建造，被告无权单独进行处分，故被告所辩称的依据分家协议对涉案的房产进行分配，法院不予支持。

四、当共有关系不明时对共有关系性质的推定

《物权法》第三十条规定："因合法建造、拆除房屋等事实行为设立或者消灭物权的，自事实行为成就时发生效力。"原、被告共同出资、出力建房设立了诉争房屋的物权，即房屋物权从原、被告共同出资、出力建成时形成共有关系。现无证据证明双方对房屋的共有情况进行了明确的约定。法院认为原告芦甲源、郑乙妹对东两间房屋享有二分之一的份额为宜。

本案的处理体现了共有人具有家庭关系时对共有的不动产或者动产没有约定时，视为共同共有。

五、《物权法》生效前的共有关系性质不明应推定为共同共有

因为《物权法》改变了共有关系性质的推定规则，因此在《物权法》生效后法院审理的共有财产分割纠纷案件，应首先考虑适用何种法律认定共有关系性质。这就涉及法律的溯及力问题。一般来说，实体法律规范不具有溯及力，因为法律是社会公众从事社会交往活动的行动指南，人们根据行为之时的法律判断自己行为的性质和法律后果。如果适用新法改变经旧法确立的法律关系，不利于维护法律关系及社会关系的稳定性，也超出了行为人可预见的范围，有违责任自负原则。

我国有关法律规定也体现了实体法律规范不具有溯及力的这一原则。《最高人民法院关于贯彻执行〈中华人民共和国民法通则〉若干问题的意见（试行）》第一百九十六条规定，1987 年 1 月 1 日以后受理的案件，如果民事行为发生在 1987 年以前，适用民事行为发生时的法律、政策，当时的法律、政策没有具体规定的，可以比照民法通则处理。《立法法》第九十三条规定："法律、行政法规、地方性法规、自治条例和单行条例、规章不溯及既往，但为了更好地保护公民、法人和其他组织的权利和利益而作的特别规定除外。"因此，我国法律特别是实体法律规范一般不具有溯及力。

鉴于案涉双方对两套系争房产的共有关系形成于 2007 年 10 月 1 日《物权法》施行前，《物权法》对此前形成的共有关系性质的认定不具有溯及力。因此，《物权法》生效前形成的共有关系应适用《最高人民法院关于贯彻执行〈中华人民共和国民法通则〉若干问题的意见（试行）》第八十八条的规定加以认定；而 2007 年 10 月 1 日《物权法》生效后形成的共有关系则应适用《物权法》第一百零三条的规定加以认定。由于案涉当事人也没有提出证据证明共有性质为按份共有，因此本案适用《最高人民法院关于贯彻执行〈中华人民共和国民法通则〉若干问题的意见（试行）》第八十八条的规定认定为双方共同共有。而共同共有的财产分割应以等分为原则，并兼顾共有人对共有财产的贡献等其他因素。

因此，一审法院认定双方对案涉房屋系共同共有人符合民法的基本原则，定性准确。民法中的共有指法律上未分割之物归属复数主体，各成员对共有物特定份额享有所有权，共有对象非所有权，乃所有物，实质上是所有物价值。财产可以共有，权利不能共有。与共同共有不同，按份共有中，各成员可在本共有关系存续期间处分份额，民法必须区分两者。

在特殊情况下，因复数共有物发生之按份共有中，各成员对个别共有物之份额处分有法律障碍，但可在本共有关系存续期间排除，非共同共有。按份共有不含身份关系，或虽含身份关系，但不发生作用，为纯粹财产关系，表现共有份额，计量出资和劳务。共同共有含身份关系，实即家庭成员间发生最高信赖关系，各共有人达成或推定达成协议，互不主张份额，不表现共有份额，不计量出资和劳务，身份关系掩盖财产关系。①

第三百零九条　【按份共有人份额不明时份额的确定】

按份共有人对共有的不动产或者动产享有的份额，没有约定或者约定不明确的，按照出资额确定；不能确定出资额的，视为等额享有。

【条文疏义】

本条是关于按份共有人份额不明时份额的推定原则的规定。本条沿袭了《物权法》第一百零四条的法律规范。

一、共有关系的成立是当事人意思自治的结果

按份共有依共有人意思而成立，共有人应有份额依共有人的约定而定；没有特别约定，但共有关系基于有偿行为而发生的，按其出资比例确定。既然共有关系的成立是当事人意思自治的结果，那么各共有人应有份额也应贯彻同样原则，即由当事人约定。当事人没有约定应有份额时则依出资比例确定共有份额，在不能确定出资额的情况下，推定为等额享有，不仅易于操作，还能简化当事人之间的法律关系，符合社会生活中最基本的公平正义。

二、按份共有分割便利更有利于体现效率原则

1. 分割请求权的自由行使不同

如果以分割共有物的便利程度作为标准来判断何种共有类型对效率原则的体现更为充分，那么，按份共有显然更有利于物的分割，因为《物权

---

① 李锡鹤：《究竟何谓“共同关系”——再论按份共有与共同共有之区别》，载《东方法学》2016 年第 4 期。

法》第九十九条（《民法典》物权编第三百零三条）规定："没有约定或者约定不明确的，按份共有人可以随时请求分割"，而"共同共有人"只有在"共有的基础丧失或者有重大理由需要分割时"，才"可以请求分割"。从这一规定可以看出，共同共有财产的分割请求权与按份共有财产的分割请求权在是否可以自由分割上是有区别的。

2. 两者在究竟是以允许分割为原则还是为例外上恰恰相反

对于按份共有，各共有人得自由处分其应有份额，以允许分割为原则，不允许分割为例外。但对于共同共有财产，由于共有人的结合关系比较密切，为了维持共同共有关系的稳定和谐，以不允许分割为原则，允许分割为例外。在现实生活中，约定共同共有的情形，相较基于共同关系的共同共有（即非约定的共同共有），应该说是少之又少的。这也是司法部门认为"没有某种特殊的共同关系的共有人之间不能形成共同共有，只能形成分别共有"的原因所在。

但应当认为，少见不等于没有，故而没有必要对《物权法》第一百零三条"约定为共同共有"的情形作严格的限缩解释。当然，约定的共有，更为常见和普遍的应是按份共有。就按份共有和共同共有两者而言，显然按份共有比共同共有更有利于动产或者不动产的分割，从而更有利于实现所有权的定分止争功能，更能发挥物的效用，也更符合效率原则。①

三、权利义务相一致民事主体法律地位平等

在我国《物权法》制定时即有人认为，按照传统民法共有人对共有的不动产或动产没有约定为按份共有或者共同共有，或者约定不明确的，应视为共同共有。

《民法典》物权编沿袭了《物权法》的规定，共有人对共有的不动产或者动产没有约定为按份共有或者共同共有，或者约定不明确的，除共有人具有家庭关系等外，视为按份共有。共同共有是指共有人对全部共有财

① 刘青文：《论共有的法律适用——以〈物权法〉为视角》，载《河北法学》2008年第9期。

产不分份额地享受权利和承担义务的共有。共同共有的共有人只有在共有关系消灭时才能协商确定各自的份额。当共有人对共有的不动产或动产没有约定为按份共有或者共同共有，或者约定不明确的，如果推定为共同共有，共有人对共有财产的份额还是不明确的。

因此，《民法典》物权编规定，共有人对共有的不动产或者动产没有约定为按份共有或者共同共有，或者约定不明确的，除共有人具有家庭关系等外，视为按份共有。这样规定，在共有人对共有的不动产或者动产没有约定为按份共有或者共同共有，或者约定不明确时，就能很明确地确定各共有人享有的份额。

【典型案例】

什么情况下可以推定共有人对其财产为等额享有权利义务①

——按份共有人份额不明时的确定原则

基本案情

2009 年 4 月 2 日，马某通过银行转账方式将 135 万元汇入该省红甲有限公司后，马某与李某共同取得了该公司的部分国有土地使用权。7 月 28 日，该市国土资源局颁发的土地使用权证中，使用权人为李某，地类（用途）为住宅、仓库，使用类型为出让，终止日期为 2049 年 9 月 3 日。

2009 年 9 月 24 日，马某与李某在案涉土地使用权证复印件“记事”空白位置处，由李某亲自书写《协议》约定：“坐落于 × 号、土地使用权人为李某的土地，是马某、李某共同合伙共有、共同使用。”双方各自在

---

① 参见马某与李某共有权确认纠纷案，载无讼网，https：//www. itslaw. com/detail？ judgementId = 1d6634a6 - 1df3 - 472f - bc68 - 764dc617912d&area = 1&index = 5&sortType = 1&count = 2221&conditions = regulation% 2B1000017409% 2B13% 2B% E4% B8% AD% E5% 8D% 8E% E4% BA% BA% E6% B0% 91% E5% 85% B1% E5% 92% 8C% E5% 9B% BD% E7% 89% A9% E6% 9D% 83% E6% B3% 95% EF% BC% 882007% EF% BC% 89% E7% AC% AC% E4% B8% 80% E7% 99% BE% E9% 9B% B6% E5% 9B% 9B% E6% 9D% A1，最后访问时间：2020 年 9 月 21 日。

《协议》右下方签名并捺手印。取得该土地使用权系马某与李某共同出资，各自出资一半。但是被告李某将该土地使用权证办在自己名下。

2015年年初，李某下落不明，马某向法院起诉请求依法判决国有土地使用权为原、被告双方等额按份共有，并判令被告将土地使用权证按份变更登记在原、被告双方名下。

法院审理

法院经审理认为，《物权法》第九十三条规定：“不动产或者动产可以由两个以上单位、个人共有。共有包括按份共有和共同共有。”第一百零三条规定：“共有人对共有的不动产或者动产没有约定为按份共有或者共同共有，或者约定不明确的，除共有人具有家庭关系等外，视为按份共有。”第一百零四条规定：“按份共有人对共有的不动产或者动产享有的份额，没有约定或者约定不明确的，按照出资额确定；不能确定出资额的，视为等额享有。”

本案中，案涉土地使用权证上的使用权人虽然只有李某，但是，马某系该土地使用权的共同出资人，根据上述《物权法》第九十三条的规定，马某与李某对案涉土地享有共同使用权。李某在办理案涉土地使用权证时未将马某办理在该使用权证中作为共同使用人，侵害了马某共有人的合法权益。马某与李某共同出资取得的案涉土地使用权，由于双方对共有的约定不明确，根据上述《物权法》第一百零三条的规定推定，双方的共有应当是按份共有。

此外，双方各自出资66.90万元，由于双方对共有份额约定不明确，根据上述《物权法》第一百零四条的规定，双方的共有权应当是按份等额享有，即各自享有50%的使用权。马某请求确认案涉国有土地使用权为原、被告双方等额按份共有，事实清楚、证据充分，法院予以支持。

综上所述，判决案涉土地使用权证确定的土地（土地使用权人为李某），马某、李某享有按份等额共有使用权，各自享有50%的使用权。

案件评述

一、国有土地使用权及国有土地使用证

国有土地使用权，指依法使用国家所有土地的权利。国有土地使用权的主体非常广泛，任何单位和个人，包括境外的企事业单位和个人，符合依法使用中国国有土地条件的，都可以成为中国的国有土地使用者。国有土地使用证是证明土地使用者（单位或个人）使用国有土地的法律凭证，受法律保护。办理对象主要是各类规划区内的房改房和经济适用房。城镇土地使用登记发证的范围包括城镇房改房、经济适用住房、商品房和城镇其他用地，它是房屋所有权和国有土地使用权发生转移后的变更土地登记，发证对象为拥有土地使用权的个人或企业。房屋和土地是不可分割的整体，只有进行发证登记并且两者权利主体一致，房屋产权人的合法权益才能得到有效的保护。

二、原、被告双方对案涉国有土地是否享有共同使用权

本案的争议焦点问题是原、被告双方对国有土地使用权证项下的国有土地是否享有共同使用权。若双方享有共同使用权，份额不明时双方份额应当如何确定。《民法典》物权编第二百九十七条沿袭的《物权法》第九十三条规定："不动产或者动产可以由两个以上组织、个人共有。共有包括按份共有和共同共有。"本案中，该土地使用权证上的使用权人虽然只有被告，但是，原告系该土地使用权的共同出资人，原告、被告各自出资66.90万元，根据上述规定，原告与被告对该土地享有共同使用权。被告在办理土地使用权证时未将原告办理在该使用权证中作为共同使用人，侵害了原告共有人的合法权益。

三、共有人对共有权利没有约定或者约定不明确的，按照出资额确定

《民法典》物权编第三百零九条沿袭《物权法》第一百零四条规定："按份共有人对共有的不动产或者动产享有的份额，没有约定或者约定不明确的，按照出资额确定；不能确定出资额的，视为等额享有。"李某与马某共同出资取得的土地使用权，因双方各自出资66.90万元，加之双方对共有份额约定不明确，故推定双方的共有权应当是按份等额享有，即各自享有50%的使用权。

另原告请求判令被告将土地使用权证按份变更登记在原、被告双方名下并由被告承担国有土地使用权变更登记产生的税费，超出了本案共有权确认的范围，因为使用权的变更登记、怎样变更登记以及产生多少费用是当事者申请办理的行政事务，不应在本案中处理，故法院对此不予支持。

该案件的处理体现了按份共有人对共有的不动产或者动产享有的份额，没有约定或者约定不明确的，按照出资额确定；不能确定出资额的，视为等额享有。

四、共有类型的推定规则

《民法典》物权编第三百零八条沿袭《物权法》第一百零三条规定："共有人对共有的不动产或者动产没有约定为按份共有或者共同共有，或者约定不明确的，除共有人具有家庭关系等外，视为按份共有。"这一规定所采用的推定规则，与《最高人民法院关于贯彻执行〈中华人民共和国民法通则〉若干问题的意见（试行）》第八十八条所确立的规则相矛盾，后者规定："对于共有财产，部分共有人主张按份共有，部分共有人主张共同共有，如果不能证明财产是按份共有的，应当认定为共同共有。"

司法实践中多数观点认为，与《最高人民法院关于贯彻执行〈中华人民共和国民法通则〉若干问题的意见（试行）》第八十八条的规定相比，物权编的规定更为科学。其理由是：共同共有主要是夫妻共有、家庭共有和遗产分割前的共有，共同共有人之间都有某种法律认可的特殊的共同关系，如夫妻关系、家庭成员关系以及继承人关系。换言之，没有某种特殊的共同关系的共有人之间不能形成共同共有，只能形成按份共有。《物权法》关于共同共有的规定也体现了共同关系在共同共有中的作用，如《民法典》物权编第三百零三条沿袭《物权法》第九十九条规定："……共同共有人在共有的基础丧失或者有重大理由需要分割时可以请求分割……"

该条中的“共有的基础”就是指作为共同共有产生之基础的，存在于共有人之间的共同关系。

但是，根据《物权法》第一百零三条的规定，共有人之间对共有的不动产或者动产，是可以在并不存在夫妻关系、家庭关系或者继承人关系等共同关系的前提下，约定为共同共有的。因为仅仅是在“没有约定为按份共有或者共同共有，或者约定不明确的”情况下才“视为按份共有”。承认约定共同共有的存在，这是意思自治原则在物权法中的体现，而且与物权法定原则并不相悖，因此法律没有必要否定其存在的可能性。我国台湾地区“民法”也规定，依契约可以成立公同共有即我国大陆地区所称的共同共有。如第827条规定：“依法律规定或依契约，成一公同关系之数人，基于其公同关系，而共有一物者，为公同共有人。各公同共有人之权利，及于公同共有物之全部。”这里所谓的“依契约成一公同关系”，主要是指订立合伙契约，因为我国台湾地区的“民法”将合伙认定为公同共有（共同共有）。

诚然，我国的《民法通则》《最高人民法院关于贯彻执行〈中华人民共和国民法通则〉若干问题的意见（试行）》及《合伙企业法》并未明确合伙为共同共有还是按份共有，判定其共有类型应“按照协议”。而在协议未约定共有类型时，从《民法通则》和《最高人民法院关于贯彻执行〈中华人民共和国民法通则〉若干问题的意见（试行）》有关合伙的规定来看，应推定其为“按份共有”，如《民法通则》第三十五条第一款规定：“合伙的债务，由合伙人按照出资比例或者协议的约定，以各自的财产承担清偿责任。”该条第二款规定：“……偿还合伙债务超过自己应当承担数额的合伙人，有权向其他合伙人追偿。”这些规定，都是对按份共有的共有财产进行分割的原则在合伙中的体现。在合伙协议有关共有的类型约定不明时推定其为按份共有，这与《民法典》物权编第三百零八条所沿袭的《物权法》第一百零三条的规定可谓殊途同归。虽然学者一般认为，共同共有是“物以人聚”，按份共有是“人以物聚”，而合伙的“人合”因素大于“资合”因素（物的因素），但这里的“人合”因素显然大大弱化于前述共有关系中的夫妻关系和家庭关系，并且具有更大的不稳定性。

共有作为所有权的特殊形态，对确定物的归属和发挥物的效用存在某种不安定性，法律应尽可能为消除这种不安定性提供条件，而不是反其道而行之。

约定的共有和基于共同关系的共有，并非相互排斥的两个范畴。如《民法典》婚姻家庭编第一千零六十五条沿袭的《婚姻法》第十九条规定：“夫妻可以约定婚姻关系存续期间所得的财产以及婚前财产归各自所有、共同所有或部分各自所有、部分共同所有……”可见，基于共同关系的共有也可以有约定的存在。在有约定的情形下，当然按照约定内容来确定共有的类型。①

第三百一十条　【准共有】两个以上组织、个人共同享有用益物权、担保物权的，参照适用本章的有关规定。

【条文疏义】

本条沿用了《物权法》第一百零五条之规定，但与有关条款保持一致，将《物权法》所采用的“单位”的表述修改为“组织”，旨在彻底摆脱计划经济时代的印记。

一、民事准用制度以其独特性得以成为一项独立的制度

民事法律关系之中法律规范的准用，不仅能促进民事理论的创新，而且与司法实践密切相关，对于物权、债权、人身权等民事权利的保障具有重要意义，其制度本身具有极大的研究价值。民事准用制度得以准用的前提在于拟调整的案型与拟准用的法律所规范的案型之间具有相似性，这种相似性体现在准用的事项与拟准用的制度所规范的事项之间或者法律事实

① 刘青文：《论共有的法律适用——以〈物权法〉为视角》，载《河北法学》2008年第9期。

特征相同，或者法律后果相同，抑或立法价值取向相同。

同时，这种相似性即准用的前提，也决定了准用的界限，被准用的法条，只能在差异许可的范围之内予以准用。而且准用中必须注意案型之间的差异，并结合民法的基本原则和两种制度之间的性质差异，慎重地认定是否进行以及如何进行限制性准用或者修正性准用。[①]

二、准共有的概念及其法律特征

所谓"准共有"是指两个以上的权利主体共有一项所有权以外的财产权。共有在其本来意义上为数个权利主体共享一个所有权的状态，但所有权以外的财产权，如地上权、地役权、抵押权等物权，渔业权、水权等准物权以及著作权、专利权等无体财产权等，事实上都可为数人所共有，传统民法认为此类共有法律关系与所有权的共有并无差别，因此对于此类财产权的共有，无论其为按份共有还是共同共有，均适用所有权共有的规定。但法律特别规定不得准共有的，不在此限。

准共有作为数人按份共有或者共同共有所有权以外的财产权，具有以下法律特征：

1. 准共有的客体是所有权之外的财产权

包括用益物权、担保物权等，晚近又逐渐演化出以权利为其客体的准物权，事实上诸如矿业权、水权、捕鱼权、狩猎权等早已成为共有的标的物。

2. 准共有自可适用共有的有关规定

在法律适用过程中，准共有自可适用共有的基本原理。各人就所有权之外的财产究竟是准用共同共有还是准用按份共有，应当视其共有关系而定。

3. 准共有优先适用关于该权利立法的特别规定

准共有准用按份共有或共同共有的前提是规范该财产权的法律没有特

① 刘甡：《民事准用制度探析》，载《苏州大学学报（哲学社会科学版）》2016 年第 4 期。

别规定。如果有，则应首先适用该特别规定。

三、准共有的类型及其发生

1. 准共有按照共有的权利的不同性质划分

其可以包括：

（1）用益物权的准共有；

（2）担保物权的共有；

（3）特许物权或者准物权的共有；

（4）知识产权的共有；

（5）债权的共有。

2. 准共有的发生

准共有基于两个或者两个以上民事主体的共同行为，取得所有权以外的财产权而发生。该种所有权以外的财产权一经取得，即在共有人之间产生准共有关系，数个共有人对共有的他物权、知识产权和债权等享有共同的权利，承担共同的义务。

四、准共有的法律效力

两个或者两个以上的民事主体共同取得所有权以外的财产权，是准共有发生的原因。对其他财产权的取得，分为原始取得和继受取得。

准共有一旦发生，在准共有人之间就发生了准共有权利义务关系。

1. 准共有的权利

（1）准共有的基本权利

在准共有项下，每个共有人都对共有的客体享有按份的和平等的权利。每个人都可以依照规定占有、用益、处分该客体，获得收益，保护该权利。

（2）共同行使准共有之权

包括：一是共同的使用收益权；二是共同的处分权；三是行使准共有财产产生的物上请求等权利；四是设置在准共有财产物上的权利；五是代表权。

(3) 按份行使准共有之权

包括：一是份额和份额权利；二是请求分割的权利；三是使用收益的权利；四是共有部分的处分权。

2. 准共有的义务

(1) 对共有物（或者权利标的）进行维修、保管、改良；

(2) 共同准共有的不得分割共有；

(3) 对外的连带义务或者按份义务的承担。

【典型案例】

家庭的宅基地共同使用权能否适用共有规定来处理①

——用益物权的准共有

基本案情

周戊某之妻刘某与被告周己某、周庚某、周辛某、周辰某系母子关系。2012 年 1 月 1 日，被告周己某、周庚某、周辛某、周辰某签订《周宅划分协议书》，约定了周家老宅基地兄弟四人（周己某、周庚某、周辛某、周辰某）划分具体事宜。

同时约定在谁的宅基地里面的树归谁所有，路上的树碍事就砍掉，另外，谁开垦的荒地归谁所有，旁人不得占用。该协议从约定之日起生效，以后永不更改。协议上有证明人曹某的签字。

2014 年 4 月 10 日，因周戊某之妻住房面临倒塌的危险，被告周庚某给周戊某建房，正在施工建房时，被告周己某把原告建好的墙体拆掉。

---

① 参见刘某与周庚某等四人确认合同无效纠纷案，载无讼网，https：//www. itslaw. com/detail? judgementId = d49b9f4b - 72be - 41dd - 9a30 - 93e164fe8e74&area = 1&index = 2&sortType = 1&count = 228&conditions = regulation% 2B1000017411% 2B13% 2B% E4% B8% AD% E5% 8D% 8E% E4% BA% BA% E6% B0% 91% E5% 85% B1% E5% 92% 8C% E5% 9B% BD% E7% 89% A9% E6% 9D% 83% E6% B3% 95% EF% BC% 882007% EF% BC% 89% E7% AC% AC% E4% B8% 80% E7% 99% BE% E9% 9B% B6% E4% BA% 94% E6% 9D% A1，最后访问时间：2020 年 9 月 22 日。

周戊某之妻遂请求法院认定，四被告签订的《周宅划分协议书》无效。

被告周己某辩称，四被告签订的划分协议书是经原告同意后四被告及原告共同意思表示，内容合法，不违背法律强制性规定，应为有效协议。

法院审理

法院经审理认为，农村居民宅基地是为了保障农民最基本的居住需求。周戊某之妻作为农村家庭成员之一享有宅基地使用权。本案中，待确认协议中的宅基地系老宅，周戊某之妻获得宅基地时的所有户内共同居住人包括周戊某之妻平均享有的宅基地使用权，四被告周己某、周庚某、周辛某、周辰某对周戊某之妻所享有的讼称宅基地使用权及现居住在该宅基地上的房屋内均不持异议，此事实亦有居委会等相关单位证明，足以认定原告系争议宅基地使用权人。

四被告签订的《周宅划分协议书》上无周戊某之妻的签字或指印，无法确认该协议系原告的真实意思表示。

宅基地使用权属于用益物权，自应参照所有或共有关系处理。

案涉四被告恶意串通，冒签合同擅自分割他人单独所有或者他人共同所有的宅基地使用权，侵犯了他人的合法权利，其行为自应无效。案涉周戊某之妻请求认定四被告签订的《周宅划分协议书》无效，理由正当，应予支持。

案涉四被告分别辩称具有宅基地使用权、原告同意划分宅基地及原告起诉非其真实的意思表示的辩称理由，均无相关证据证明，对其辩称理由不予采纳。

根据《合同法》第五十二条和《物权法》第九十七条、第九十九条、第一百零五条之规定，判决确认被告周己某、周庚某、周辛某、周辰某于2012年1月1日签订的《周宅划分协议书》无效。

案件评述

本案涉及多人共同享有的宅基地使用权这种用益物权。

一、案涉准共有主要事关他物权

1. 农村居民宅基地旨在保障农民最基本的居住需求

他物权既包括用益物权，亦包括担保物权等内容。用益物权是以一定范围内的使用、收益为目的而在他人之物上设立的定限物权。比如，土地承包经营权、建设用地使用权、宅基地使用权、地役权，自然资源使用权诸如海域使用权、探矿权、采矿权、取水权和使用水域、滩涂从事养殖、捕捞的权利。本案中的房屋涉及用益物权中的农村宅基地使用权。

2. 宅基地使用权人对案涉宅基地享有支配性权利

案涉当事人依法对集体所有的土地享有占有和使用的权利，有权依法利用该土地建造住宅及其附属设施。宅基地使用权的取得、行使和转让，适用土地管理法等法律和国家有关规定。宅基地因自然灾害等原因灭失的，宅基地使用权消灭。对失去宅基地的村民，应当重新分配宅基地。已经登记的宅基地使用权转让或者消灭的，应当及时办理变更登记或者注销登记。

案涉原告获得宅基地时的所有户内共同居住人包括原告均享有宅基地使用权。本案的处理体现了多个个人共同享有用益物权，具体到本案中为宅基地使用权，故可准用共有的规定。

二、案涉中被告在原告不知情的情况下恶意串通订立的划分协议无效

根据《民法典》总则编第一百四十六条的规定，行为人与相对人以虚假的意思表示实施的民事法律行为无效。以虚假的意思表示隐藏的民事法律行为的效力，依照有关法律规定处理。就本案而言，四被告签订的《周宅划分协议书》是四人故意所为，存在恶意串通行为，严重损害了原告的合法权益。被告对原告享有讼称宅基地使用权及现居住在该宅基地上的房屋内不持异议，此事实亦有居委会等相关单位证明，足以认定原告系争议宅基地使用权人。四被告签订的《周宅划分协议书》上无原告的签字或指印，无法确认该协议系原告的真实意思表示。根据《民法典》物权编所沿袭的《物权法》之有关规定，宅基地使用权属于用益物权，自应当参照所有或共有关系处理。

三、民事法律规范的准用制度

1. 对于“准用”的内涵不同的学者有不同的见解

有学者认为，准用就是法律明文规定的类推适用。而又有学者认为，准用是指由于参照所规范的案型与被引用的规范所调整的案型在构成要件或者法律结果上相似，故可以准用拟引用的规范来调整拟规范的案型。他们分别从宏观和微观两个角度对准用进行了描述。

从宏观角度，以区别类推适用的方式来定义准用，意在强调法律准用制度的形式要件，即必须有法律明确规定才可以准用。从微观角度，以对比法律规范的方式强调准用的实质条件，即在拟规范的案件与拟准用的规范所调整的案型之间具有构成要件或者法律结果上的相似性。

2. “准用制度”即准用条款与参照适用其的规则之统称

概括来说，“准用”系指由于拟引用的法律所调整的事项与拟调整的事项在法律事实上或者法律效力上具有相似性，为了立法的简约和周延，法律明文规定拟调整的事项可在构成要件或法律效果部分参照适用拟引用的法律规范。上述法律明文规定可以参照适用的条款称为准用性条款，而在制定准用条款和参照适用准用条款的过程中有关的各种规则统称为“准用制度”。

四、民事法律关系调整中准用制度的独特性

民事准用制度的独特性首先表现在其与刑事领域和行政领域的法律准用的不同。此种独特性除表现在调整领域的差异外，在民事领域内部也有所体现。这种独特性主要表现在民事准用制度与民事领域中的“法律适用”“法律推定”“类推适用”的差异上。

1. 法律准用与法律适用不同

适用作为最基本的法律术语，是指法律就某一事项的明文规定可以全部应用于该事项的活动。在法律准用中被准用的法条仅在性质许可的范围

内适用被准用的法律规范，而不是完全适用。有学者指出，在法律准用中必须注意两个案型之间的性质差异，以判断是否需要对拟准用的规范进行必要的限制和修正。这就是说“适用”一词表明可以将该法律规范完全应用于拟规范的案型，而“准用”一词则表明可能对拟准用的法律规范进行必要的限制或修正。一般应表述为本法没有规定的，参照适用什么样的有关规定。

2. 法律准用与法律推定不同

所谓推定，是指在特定事实存在与否真伪不明时，法律依据常理而假定该事实存在或不存在。法律推定是基于法律上处理事务的便利性，而依事理演变规则推导出的结果，通常难以用积极证据证明该推定是正确的，但是可以提出相反的证据，即消极证据来推翻之前的推定。

3. 法律准用与类推适用也不同

有学者认为，类推推理是在法律许可范围内对法律规则的扩大适用。在此种定义下的类推是法官不得拒绝裁判之时用以填补法律空白的方法。但也有观点提出，类推就是法律适用的整个推理过程，认为法律适用的过程就是类推的过程。但无论采取哪种定义，类推与准用的区别都是存在的。

准用虽是法律明文规定的类推适用，但是准用只是在案型的适用范围上有所扩展，在具体法律规则的适用上则与类推适用不同，可能存在限制。除此之外，二者还存在差异：一是侧重点不同，法律准用重在寻找实体准用法律依据，是法律问题；而类推适用重在判断拟调整的事项与拟类推的事项是否相似，属于事实范畴。二是在适用上有先后之分，对于拟调整的事项在无法律明确规定时，应当先查找是否存在准用性规范，找不到准用性规范，才可类推。三是法律准用是客观的，是对已有法律规范或制度的引用，即便是需要进行必要的限制和修正，也是基于客观的规则确定的，它仍然不具有主观性，推定则不然。

因为准用制度创制的另一重要目的在于可解释各项明文规定之法律关系，又不得滥用类推。所谓准用就是借以达到节减法条之目的，从而使得解释法典者明了，既然谓之准用，则其效力只及于准用之范围。

故而可见，民事法律规范的准用制度值得研究的原因在于，其既可实现契约自由和私法自治，又能维护法律的权威和稳定，民事准用制度推动着《民法典》物权编的创新，对民法理论研究和民事司法实践都具有重大意义。

第九章　所有权取得的特别规定

第三百一十一条　【善意取得】 无处分权人将不动产或者动产转让给受让人的，所有权人有权追回；除法律另有规定外，符合下列情形的，受让人取得该不动产或者动产的所有权：

（一）受让人受让该不动产或者动产时是善意；

（二）以合理的价格转让；

（三）转让的不动产或者动产依照法律规定应当登记的已经登记，不需要登记的已经交付给受让人。

受让人依据前款规定取得不动产或者动产的所有权的，原所有权人有权向无处分权人请求损害赔偿。

当事人善意取得其他物权的，参照适用前两款规定。

【条文疏义】

本条承袭了《物权法》第一百零六条之规定，仅作文字修订。

一、善意取得的概念

这里所谓的善意取得，指受让人以财产所有权转移为目的，善意地、有对价地受让出让人占有的案涉财产，即使出让人无转移所有权的权利，受让人仍然可以取得转让之标的物的所有权。传统民法中的善意强调受让人须不知出让人是无权处分人，而在司法实践中，根据《最高人民法院关于适用〈中华人民共和国民法典〉物权编的解释（一）》第十五条的相关规定，认为具有下列情形之一的，应当认定不动产受让人知道转让人无处分权：（一）登记簿上存在有效的异议登记；（二）预告登记有效期内，未经预告登记的权利人同意；（三）登记簿上已经记载司法机关或者行政机关依法裁定、决定查封或者以其他形式限制不动产权利的有关事项；（四）受让人知道登记簿上记载的权利主体错误；（五）受让人知道他人已经享有不动产物权。真实权利人有证据证明不动产受让人应当知道转让人无处分权的，应当认定受让人具有重大过失。传统民法仅强调动产善意取得，《民法典》物权编第三百一十一条沿袭《物权法》第一百零六条，使这一制度既可适用于动产，又可适用于不动产。在司法实践中，根据《最高人民法院关于适用〈中华人民共和国民法典〉物权编的解释（一）》第十四条的相关规定，受让人受让不动产或者动产时，不知道转让人无处分权，且无重大过失的，应当认定受让人为善意。真实权利人主张受让人不构成善意的，应当承担举证证明责任。

故我国司法实践中，根据《最高人民法院关于适用〈中华人民共和国民法典〉物权编的解释（一）》第十六条的相关规定，受让人受让动产时，交易的对象、场所或者时机等不符合交易习惯的，应当认定受让人具有重大过失。

善意取得制度起源于日耳曼法中的“以手护手”的法律原则，区别于罗马法中占有与物权的相互独立，占有只是一种观念上的法律事实，并不给人占有即所有的合理信赖，而在日耳曼法体系中，占有与所有权并未严格区分，占有是拥有所有权的重要表现形式，其认为如果未占有其物而拥有其权利，对该物的权利效力必将大打折扣。日耳曼法的此种“所有权无非是一个过了诉讼时效之占有”的观念，自演绎出有占有外观但无所有权的处分，受让人基于占有即所有的信赖而取得物权的原始模型，并随着市场交易日趋频繁而逐渐演化和完善进而形成现今的善意取得制度。

善意取得的条件：第一，受让人须是善意的，不知出让人是无处分权人。第二，受让人支付了合理的价款。第三，转让的财产应当登记的已经登记，不需要登记的已经交付给受让人。这三项条件必须同时具备，否则不构成善意取得。反过来看，在司法实践中，根据《最高人民法院关于适用〈中华人民共和国民法典〉物权编的解释（一）》第二十条的相关规定，具有下列情形之一，受让人主张依据民法典第三百一十一条规定取得所有权的，不予支持：（一）转让合同被认定无效；（二）转让合同被撤销。

二、任何人只能向他人转让属于他自己的权利

罗马法的“任何人只能向别人转让属于他自己的财产”的规则在生活城市之中，已经具有了普适性，显然，为了维护社会稳定和保障财产安全，任何人不能随便处分他人的财产。这是因为对无权处分人来说，其处分行为会导致原所有人权利发生变动，没有合法授权依据，本当无效；只是无权处分人对案涉处分财产的占有是基于原所有人的意思，不论是基于租赁合同租得，还是基于保管协议代为保管，甚至可以是在受胁迫、欺诈而将财物转移给无权处分人的情况下，其中任何的交易都蕴含着难以预料的风险，当原所有人一旦交出其财物，就意味着存在不能收回的风险。

而且为了预防或者应对这种风险的发生，法律既已规定了返还原物请求权、侵权损害赔偿请求权、不当得利返还请求权等众多维护原所有权人利益的救济渠道，较为充分地考虑了原所有权人的利益，既然所有权人利益业已有较为圆满的救济渠道，那就取得所有权的人而言，自然其利益保护就得加强。因此，在善意的交易人买受了原所有权人并无权处分的财物后，善意交易人如果能够受到善意取得制度的保护，那么原所有人即只能找无权处分人去追责了。同时，法律也规定了被盗的财物和遗失物不适用善意取得，也是对原所有权人利益的弥补。

可见，善意取得系基于占有的公信力对交易安全予以维护的一种法律制度。

三、如何才构成善意的受让

由于我国民法之中并无“善意”的概念抑或明确判断之标准，致其判

断成为一项复杂的工程。学界认为当然需要确定一个一般的标准，这里所谓善意，即“不明知且非因重大过失而不知”，而此一般标准的符合与否，则需要通过具体考量因素来予以确定，诸如个案的交易价格、交易场所、交易环境、当事人情况等来判定。

由此可见，在法律上所谓善意是指一种行为人对自己作为及其后果所抱有的主观心态，其表现形式强调行为人不知道或者不应知道其行为欠缺法律上的依据。反过来，如果行为人知道或者应当自己的行为没有法律上的依据，那么在主观上即属于恶意。而且，如果是应当知道而不知道，也至少被认为有过失，将被推定为恶意。

此种所谓善意与恶意的区分，对受让人能否取得无权处分人处分的财产具有至关重要的法律意义。善意取得制度保护的是善意受让人，其在进行市场交易的过程中没有存在谋取不正当利益的心理态度，只要受让人尽到其合理的注意义务，其合法利益就应受到法律的保护。如此要求受让者须为善意，在交易时一定要尽到自己合理的注意义务，既是对整个市场交易行为的规范，也是一种体现对原所有权人法律保护的措施。在司法实践中，根据《最高人民法院关于适用〈中华人民共和国民法典〉有关担保制度的解释》第六十七条的有关规定，在所有权买卖、融资租赁等合同中，出卖人、出租人的所有权未经登记不得对抗的“善意第三人”的范围及其效力，参照《最高人民法院关于适用〈中华人民共和国民法典〉有关担保制度的解释》第五十四条的规定处理。

四、关于何为合理的价格

市场交易的核心就是买卖双方须达成货物与价格的合意，如此，合理的价格便成了善意取得的一个重要判别标准。所谓价格不合理首先就是指无偿。市场交易一般都是需要支付对价的，无偿的转让很容易使人怀疑动机或财物来源的正当性，因此，在赠与以及继承等无偿取得财物的情况下，都不适用善意取得。

在司法实践中，根据《最高人民法院关于适用〈中华人民共和国民法典〉物权编的解释（一）》第十七条的有关规定，民法典第三百一十一条第一款第一项所称的“受让人受让该不动产或者动产时”，是指依法完成不动产物权转移登记或者动产交付之时。当事人以民法典第二百二十六条规定的方式交付动产的，转让动产民事法律行为生效时为动产交付之时；当事人以民法典第二百二十七条规定的方式交付动产的，转让人与受让人之间有关转让返还请求权的协议生效时为动产交付之时。法律对不动产、动产物权的设立另有规定的，应当按照法律规定的时间认定权利人是否为善意。既然价值决定价格，交易是一种以获利为其目的之交易行为，明显不合理的低价肯定是赔本买卖，但出让人仍乐意为之，理性人自有理由怀疑其货物非其所有。在正常的交易中，明显不合理的低价也能成交，受让人依然买受，其主观心态自难谓善意了。当然，所谓合理价格不一定就非要是市价，可以因付全款，或者是购买量大等因素而有折扣，在具体的案件中，法官有其自由裁量权，可审时度势，具体问题具体分析。

在司法实践中，根据《最高人民法院关于适用〈中华人民共和国民法典〉物权编的解释（一）》第十八条的有关规定，民法典第三百一十一条第一款第二项所称的“合理的价格”，应当根据转让标的物的性质、数量以及付款方式等具体情况，参考转让时交易地市场价格以及交易习惯等因素综合认定。

五、关于公示公信原则的适用

动产善意取得和不动产善意取得的公示有所差别，动产只须交付即可，而不动产需要办理过户登记。公示的意义即对外表明取得标的物的所有权，若没有公示，即使买方已经付清价款，在此阶段也只能要求卖方基于买卖合同交付货物，但仍由债法关系来调整，只有交付完成之后才发生物权变动的效果，其后出现的无权处分行为才能由物权法来进行规范。

不动产只有通过办理过户登记才能移转所有权，而对于动产而言，交付的方式可以由现实交付、指示交付和简易交付完成，但排除了占有改定，由于就动产而言，这种交付不具备所有权的权利外观，因而传统民法认为其不适用善意取得。[①]

【典型案例】

善意第三人在什么条件下取得不动产之所有权[②]

——什么情况下不动产才能善意取得

基本案情

红清公司与昌永公司共同开发房地产项目，红清公司为项目投资方，昌永公司为项目工程建设方。昌永公司在约定期限届满后未归还投资方款项，红清公司遂起诉昌永公司。

2013年3月5日，法院依法对登记在昌永公司名下的包含案涉房屋在内的26套房屋予以查封。

2014年1月6日，辰甲与昌永公司签订购房合同，约定将案涉房屋以368480元的价格（单价为3200元/平方米）出售给辰甲，辰甲已向昌永公司支付全部购房款368480元。

2015年5月21日，法院作出民事判决书，判决昌永公司于判决生效之日起15日内返还红清公司投资款。该判决生效后，红清公司向法院申请强制执行。在执行过程中，辰甲以其是房屋的合法买受人和实际所有人为由，向法院提出执行异议，请求法院解除对涉案房屋的查封。

法院审理

法院经审理认为，对于善意取得，《物权法》第一百零六条第一款规定："无处分权人将不动产或者动产转让给受让人的，所有权人有权追回；除法律另有规定外，符合下列情形的，受让人取得该不动产或者动产的所

---

① 张志强：《浅析善意取得制度的构成要件》，载《职工法律天地·下半月》2019年第3期。

② 参见辰甲与红清公司、昌永公司案外人执行异议之诉案，成都市新都区人民法院，（2017）川0114民初4931号。

有权：（一）受让人受让该不动产或者动产时是善意的；（二）以合理的价格转让；（三）转让的不动产或者动产依照法律规定应当登记的已经登记，不需要登记的已经交付给受让人。”根据上述规定，构成善意取得的，可以取得房屋所有权，但构成不动产善意取得有条件限制，一是转让的价格合理，二是取得的房屋已经办理了登记，三是受让人无重大过失。

辰甲在购买房屋时，《物权法》规定的不动产登记制度已经实施，预售房屋的基本信息在不动产登记机关已经能够查询，也包括人民法院的查封情况，但辰甲并未到房管部门查询房屋权属及是否查封情况。同时法院查明，在案涉房屋进行交易时，当时房价基本在每平方米4000元左右，辰甲以明显低于市场价格的价款购入案涉房屋。鉴于辰甲未做到审慎交易，对房屋存在权利瑕疵主观上存在过失，在其交易时，登记簿上已经记载司法机关或者行政机关依法裁定、决定查封或者以其他形式限制不动产权利的有关事项，故其不属于善意第三人。

综上，辰甲不享有善意不动产买受人的物权期待权。遂判决驳回辰甲的诉讼请求。

案件评述

一、本案为案外人执行异议之诉

案外人执行异议之诉，是指案外人就执行标的物享有足以有效阻止强制执行的权利（如所有权或者足以阻止执行标的转让、交付的实体权利），在执行程序终结前，向执行法院对申请执行人（必要时被执行人可列为共同被告）提起的旨在阻止对执行标的物进行强制执行的诉讼。案外人执行异议之诉目的是当案外人的合法权益受到侵害时，可以采取有效手段予以救济，既保障自身的合法利益，又维护司法公正。原告诉讼的目的是通过确认对执行标的物的实体权利，从而阻止申请执行人对被执行标的物的强制执行。

本案有两个争议焦点：第一，红清公司与昌永公司之间属何种法律关系，红清公司是否负有交付房屋的义务；第二，辰甲购买并占有房屋的性质是否属于善意取得。根据已查明的事实，案涉红清公司与昌永公司之间系合作开发房地产，红清公司负责出资，昌永公司负责工程建设及房屋销售。合作开发系二者关于房地产开发这一法律关系的约定，而对外销售由昌永公司负责。

昌永公司与购房者形成的是商品房买卖合同关系，基于合同的约定，昌永公司对购买者有交付房屋的义务，购买者有支付对价的义务，但此权利义务仅仅是债权上的法律关系而非物权上的法律关系。

二、辰甲购买并占有房屋不属于善意取得

2015 年 12 月 10 日，《最高人民法院关于适用〈中华人民共和国物权法〉若干问题的解释（一）》第十五条第一款规定："受让人受让不动产或者动产时，不知道转让人无处分权，且无重大过失的，应当认定受让人为善意。"第十六条第一款第三项规定："具有下列情形之一的，应当认定不动产受让人知道转让人无处分权：（三）登记簿上已经记载司法机关或者行政机关依法裁定、决定查封或者以其他形式限制不动产权利的有关事项。"根据上述规定，符合善意取得构成要件的，构成善意取得，可以取得房屋所有权。

就本案而言，辰甲在购买房屋时未查询房屋权属及是否查封情况，且购入案涉房屋的价款明显低于市场价格，辰甲未做到审慎交易，对房屋存在权利瑕疵主观上存在过失，在其交易时，登记簿上已经记载司法机关或者行政机关依法裁定、决定查封或者以其他形式限制不动产权利的有关事项，故其不属于善意第三人。

本案例体现了善意取得既可适用于动产，又可适用于不动产。善意取得中的受让人须是善意的，即不知出让人是无处分权人的，否则不构成善意取得。

三、保护交易安全是善意取得制度的核心功能

1. 善意取得制度之本质在于平衡原所有权人与善意受让人间的利益

日耳曼法强调占有对所有权的影响，罗马法则侧重保护静态的安全，两个历史时期均不怎么重视保障交易的安全性，而经济的高速发展无疑是催生善意取得制度的最大动因。商品经济的发达必然使商品交易的数量和频率激增，商品交易的瑕疵必然会加剧所有权人和受让人之间的矛盾，所以善意取得法律制度应运而生就是为了解决人们快速交易与商品交换安全之间的矛盾，其本质法律问题在于所有权人与受让人之间的利益权衡，或者说究竟是原所有权人的利益有限，还是更倾向于选择保护买受人的利益的问题。如果侧重保护买受人的利益，那么所有权人就要承担丧失所有权的风险；如果侧重保护原所有权人的利益，使其享有对抗所有人的物权，那么自意味着善意买受人要承担交易的风险。①

2. 市场经济的发展是善意取得制度得以建立的经济基础

善意取得制度重在解决动态与静态的两大对立矛盾的平衡。动态平衡要求保障无过失的善意买受人的利益；而静态平衡要求维护原所有权人的既存利益。如果不保护动态的交易安全，市场经济秩序将难以维持，而如果怠于对静态所有权保护，则无恒产者自无恒心，又难以维护社会的稳定。善意取得制度应运而生，在保障所有权人利益的同时维护着交易的安全。

在司法实践中，根据《最高人民法院关于适用〈中华人民共和国民法典〉有关担保制度的解释》第五十六条的相关规定，买受人在出卖人正常经营活动中通过支付合理对价取得已被设立担保物权的动产，担保物权人请求就该动产优先受偿的，人民法院不予支持，但是有下列情形之一的除外：（一）购买商品的数量明显超过一般买受人；（二）购买出卖人的生产设备；（三）订立买卖合同的目的在于担保出卖人或者第三人履行债务；（四）买受人与出卖人存在直接或者间接的控制关系；（五）买受人应当查询抵押登记而未查询的其他情形。前款所称出卖人正常经营活动，是指出卖人的经营活动属于其营业执照明确记载的经营范围，且出卖人持续销售同类商品。前款所称担保物权人，是指已经办理登记的抵押权人、所有权保留买卖的出卖人、融资租赁合同的出租人。

---

① 李羚、张莉：《论善意取得制度》，载《法制与社会》2020 年第 1 期。

四、《民法典》物权编进一步完善了善意取得制度

在《物权法》出台之前，关于不动产是否适用善意取得制度就存在诸多争议，在《物权法》出台之后，将不动产和动产善意取得制度规定在同一条款里，但没有对二者加以区分。不动产善意取得要求无权处分，但该无权处分应是不动产登记簿错误导致的无权处分，且限于权利事项错误。受让人善意是指其基于信任不动产登记簿而受让不动产，重大过失不是排除其善意的理由。判断善意的时间点应该是实际取得登记之时。合理价格的判断要结合不动产市场价格等诸多因素综合判断，以是否登记作为物权生效要件来判断是否构成善意取得。①

《民法典》物权编第三百一十一条沿袭《物权法》第一百零六条之规定，再次肯认不动产和动产善意取得条件，特别就不动产所有权及他物权善意取得制度而言，其主旨应在于限制其适用。要实现恢复交易之常态的目的，长远路径是完善登记制度，令登记达到其理想状态，即记载内容与真实权利状况相一致。随着《不动产登记暂行条例》的颁布实施，发生登记错误的概率亦即不动产物权善意取得制度适用的前提将会逐步减少，是以达至限制该制度适用之目的。

第三百一十二条　【遗失物的善意取得】 所有权人或者其他权利人有权追回遗失物。该遗失物通过转让被他人占有的，权利人有权向无处分权人请求损害赔偿，或者自知道或者应当知道受让人之日起二年内向受让人请求返还原物；但是，受让人通过拍卖或者向具有经营资格的经营者购得该遗失物的，权利人请求返还原物时应当支付受让人所付的费用。权利人向受让人支付所付费用后，有权向无处分权人追偿。

---

① 王吉康：《论不动产善意取得的构成要件》，载《湖南税务高等专科学校学报》2018 年第 6 期。

【条文疏义】

本条沿袭了《物权法》第一百零七条的规定，仅作文字修订。

一、动产的善意取得亦受原物返还请求权的限制

出让人让与的动产若是货币或者无记名有价证券之外的遗失物，遗失人有权向善意取得人请求返还原物。善意取得人应当予以返还，善意取得人承担返还责任后，自可依法向让与人予以追偿。

倘若该遗失物是由善意取得人在拍卖市场、公共市场或者在贩卖与其物同类之物的商人处购得的，遗失人尚需偿还其购买之价金，方能取回其遗失物。遗失物若是货币或者无记名有价证券，遗失人无权向善意取得人请求返还原物，只能向出让人请求返还同种类物或者请求其他赔偿。

二、回复请求权的除斥期间是对善意取得的限制

《民法通则》第七十九条规定拾得人在拾得遗失物之后应当归还失主，旨在彰显我国拾金不昧的优秀道德传统。《物权法》第一百零七条比较系统地针对此问题作出了相应规定，是由于“占有脱离物”违背所有人本意故而法律的天平才倾向更多地给予保护。《民法典》物权编第三百一十二条沿袭《物权法》第一百零七条之规定，之所以如此规定，是因为原所有人虽然丧失了对遗失物的占有，但这并非基于其内心本意，遗失之事实是违背本人意愿才使其丧失占有，所有人并不希望发生占有物脱离的结果，因而所有权人有权依据物权的追及效力追回其遗失物，同时为了兼顾善意受让人的利益和交易安全的保护，也限定了物权追及的时间效力。

换言之，对于遗失物而言，两年的界限是一个重要的分水岭，当超过两年的时效之后，善意受让人如果确实符合《物权法》第一百零六条规定的善意取得要件，就遗失物而言便可以适用善意取得制度。

三、从有经营资格的经营者处或经拍卖购得应具公信力

1. 法律须兼顾静态所有权保护与动态市场交易安全

法律之所以规定赃物、遗失物等若从具有经营资格的经营者处或者通过拍卖购得的，即可发生善意取得。这也就意味着，原所有权人、遗失人等权利人不得向善意受让人请求返还原物，而只能向无权处分人请求损害赔偿。

这自然是因为合法的公共交易场所，与地下交易市场和其他任意交易场所显然不同，其所进行的交易理应具有广泛的公信和权威性，普通人没有能力也没有义务对此类交易进行严格审查。此类交易场所经营的商品的合法性问题，应属政府相关部门审查权限范围内的事情，而对善意的购买者来说自然无法深入调查其来源是否合法，购买者既然在购买商品时没有过错，要购买者承担与此有关的法律责任当然也就显失公平了。

2. 除斥期间限制是对原物返还请求权与善意取得的平衡

《民法典》物权编第三百一十二条沿袭《物权法》第一百零六条主要规定了善意取得制度及其构成的要件，而沿袭《物权法》第一百零七条则规定了遗失物的追及以及原所有权人和善意第三人享有的各自的权利主张，这些权利主要有返还原物请求权、损害赔偿请求权以及追偿权。从逻辑结构以及设计顺序来观察对比《物权法》第一百零六条和第一百零七条，我们可以看出，《物权法》第一百零七条有关遗失物的规定不是第一百零六条的例外性规定，而是在第一百零六条善意取得制度规定基础上的特殊性规定或者补充性规定。

由此观之，我国《物权法》并没有完全否认对遗失物适用善意取得制度，而只是考虑到遗失物与正常的财物相比除来历比较特殊外，并没有多大区别，因此，遗失物在适用善意取得制度的时候，对其善意取得附加了一个两年的时间限制，即针对遗失物的原所有人而言，在此两年期间内的回复请求权要积极地向善意买受人行使，若是经过了此两年的除斥期间，那么他就丧失了对遗失物的回复请求权，在这种情况下，遗失物的原所有人即不能再向善意受让人行使回复请求权回复原物，而只能向无权处分人主张损害赔偿。

【典型案例】

所有人发现了自己丢失的手机在修是否有权追回[①]

——送修人未出示发票和三包凭证整机更换承揽人有无责任

基本案情

2013年6月30日，陈某在网上商城购买了一台手机，花费4698元。

2013年12月12日，陈某手机丢失，向市公安局派出所报警。

2013年12月16日，有送修人将上述涉案手机送至计思公司白云分公司维修，计思公司白云分公司对涉案手机进行了整机更换，送修人未出示发票和三包凭证。

于是陈某诉至法院，请求计思公司白云分公司返还手机。

法院审理

一审法院经审理认为，苹果公司及维修商计思公司白云分公司在对案涉手机维修的过程中，在不知其为盗赃物的情况下对手机进行了整机更换，也就是取得案涉手机是以交付一台同款新手机为代价的，换言之，是支付了对价，以正规途径合法取得的。参照上述规定陈某可以请求返还原物，但同时应当支付受让人即苹果公司及维修商计思公司取得案涉手机所付的费用。

据此，原审法院判决如下：苹果公司返还陈某手机一部，同时陈某支付苹果公司4698元（如手机已经灭失苹果公司则无须返还）。

二审法院经审理认为，苹果公司、计思公司白云分公司、计思公司是

---

① 参见陈某与计思公司白云分公司等返还原物纠纷案，载无讼网，https：//www. itslaw. com/detail？judgementId = 4b9a83d6 - 60cb - 440c - b587 - 9275ac49c75f&area = 1&index = 1&sortType = 1&count = 1&conditions = searchWord%2B%E9%99%88%E6%95%8F%E4%B8%8E%E5%B9%BF%E5%B7%9E%E8%AE%A1%E6%80%9D%E4%BF%A1%E6%81%AF%E7%A7%91%E6%8A%80%2B1%2B%E9%99%88%E6%95%8F%E4%B8%8E%E5%B9%BF%E5%B7%9E%E8%AE%A1%E6%80%9D%E4%BF%A1%E6%81%AF%E7%A7%91%E6%8A%80，最后访问时间：2020年9月22日。

否应向陈某赔偿同型号的新手机或支付4698元，应审查苹果公司、计思公司白云分公司、计思公司是否存在过错。

首先，依照主机机身号显示的出厂日期推算仍在三包有效期内的，销售者、修理者、生产者仍应对产品进行免费修理，这是销售者、修理者、生产者的法定义务，除此之外，销售者、修理者、生产者不能自行设定其他条件。

其次，从日常生活经验而言，手机送修人与所有人不一致的情况并不罕见。修理者对手机进行维修时，在无法律法规相关规定的情况下，没有能力审查手机送修人是否是所有人。本案中，陈某于2013年6月30日购买案涉手机，至12月16日，案涉手机在三包有效期内，送修人虽未提供发票或三包凭证，但计思公司白云分公司通过手机的序列号和机身号查询到手机在保修期内，对手机进行维修，并根据故障情况进行整机更换，该公司的行为符合法律规定，不存在过错。

陈某主张计思公司白云分公司维修时未对手机的来源尽审慎审查义务，未核对更换人信息，存在重大过错，缺乏充分依据，法院不予采纳。

综上，计思公司白云分公司对案涉手机进行维修过程中并不存在过错，陈某要求苹果公司、计思公司白云分公司、计思公司赔偿新的同型号手机或者支付4698元，于法无据，法院不予支持。原审判令苹果公司返还案涉手机，同时陈某支付苹果公司4698元，超出了陈某的诉讼请求，处理不当，二审法院予以纠正。

综上，陈某的上诉请求不成立，法院不予支持。原审判决认定事实清楚，但处理结果不当，二审法院予以纠正。遂判决：撤销原一审民事判决；驳回陈某的诉讼请求。

案件评述

本案的争议焦点首先在于案涉手机是否为遗失物；其次是苹果公司及维修商计思公司白云分公司在对案涉手机维修的过程中是否尽到审查义务，有无法律责任。

一、涉案手机应当认定为遗失物

1. 遗失物指非基于遗失人的意志而暂时丧失占有的物

遗失物的拾得属于事实行为，不以拾得人有行为能力为必要且遗失物只能是动产，不动产不存在遗失的问题。遗失物和无主财产也是两个概念，对遗失物而言，所有人仅仅丧失了对该物的事实上的占有，且不为任何人所合法占有。

至于所有人丧失对于物的占有的情况，则有种种不同。一般是所有人自己因某种原因遗失，但还有其他的情况。例如，直接占有人将物遗失，或无行为能力的所有人将物抛弃，只因无行为能力人欠缺意思能力，故构不成所有权的抛弃。但如果是所有人基于安全目的或者其他考虑，将物品埋藏于土地之中或放置于一定的隐秘场所，这时所有人并没有丧失对于物的占有，因此并非遗失物，如果因年长日久，所有人忘其所在，则为埋藏物或者隐藏物。

案涉陈某为证实案涉手机为其所有，不但出示了发票及购机明细，而且为证实手机被盗出示了报警回执，可以证明案涉遗失物已经脱离了物品丢失人的控制，并及时报警已经采取了必要的措施。

2. 案涉手机维修且整机更换符合法律规定不存在过错

国家质量监督检验检疫总局、国家工商行政管理总局、信息产业部发布的《移动电话机商品修理更换退货责任规定》第九条第三款规定，消费者丢失发货票和三包凭证，且不能提供发货票底联或者发货票（底联）复印件等有效证据，但依照主机机身号显示的出厂日期推算仍在三包有效期内的，应当以出厂日期后的第 90 日为三包有效期的起始日期，销售者、修理者、生产者应当按照本规定负责免费修理。

案涉手机既在三包有效期内，计思公司白云分公司对手机进行维修，并根据故障情况进行整机更换，其行为符合法律规定，不存在过错。

3. 原审判令返还手机支付货款超出了原告的诉讼请求

原审法院依据《民事诉讼法》第六十四条之规定判决苹果公司返还陈某手机一部，同时陈某支付苹果公司 4698 元（如手机已经灭失苹果公司则无须返还）。该判决于法无据，二审法院不予支持。认为原审判令苹果公司返还案涉手机，同时陈某支付苹果公司 4698 元，超出了原告的诉讼请求。

本案的处理尽力体现所有权人或者其他权利人有权追回遗失物。倘若该遗失物是由善意取得人在拍卖市场、公共市场或者在贩卖与其物同类之物的商人处购得的，遗失人须偿还其购买之价金，方能取回其物。

二、善意取得如何具体适用于遗失物的问题

遗失物是否适用善意取得制度一直饱受争议。

学者将遗失物解读为无人占有，但为有主之动产。换言之，判定是否为遗失物，必须具备首先应为动产；其次为有主物；最后须无人占有三个要件。理论界对遗失物是否适用善意取得制度分歧较多，归纳起来主要有几种学说：

1. 否定说

此种学说认为，鉴于所有权所具有的绝对性和排他性的法律效力，从理论上来看，遗失物的原所有权人对遗失物并未丧失自己的所有权，故而从法律上说自仍应具有支配性的权利。

2. 限制说

此种学说认为，应当对遗失物设定一个期间，在此期间内，遗失物的原所有权人可以请求返还原物，即使受让人为善意也在所不问。但是如果此期间届满，此时，原所有权人便会丧失权利，不得再向善意受让人请求返还原物。

3. 肯定说

此种学说认为，既然市场交易安全至上，那么为了更好地保护动态市场交易的安全性，遗失物应当完全且充分地适用善意取得制度。

第三百一十三条　【善意取得的动产上原有的权利负担消灭及其例外】善意受让人取得动产后，该动产上的原有权利消灭。但是，善意受让人在受让时知道或者应当知道该权利的除外。

【条文疏义】

本条承袭了《物权法》第一百零八条的规定，仅作文字修订。

一、我国现行法仅规定有诉讼时效但没有取得时效

1. 取得时效即“消灭时效”，又称“占有时效”

取得时效是指无权占有人在法定条件下占有他人财产持续地经过法定期间而对该项财产取得所有权的制度。其成立条件应包括：首先，无权占有人取得了对他人财产的占有；其次，该占有须为自主、和平、公然的占有；最后，该占有须为持续不间断占有并使法定期间届满。

依多数国家的法律规定，取得时效期间届满将使无权占有人对占有的财产取得所有权；但依据德国和日本、瑞士等国的民法，该时效期间届满后无权占有人依占有意思可能取得该项财产的所有权或其他占有物权。大陆法系各国民法对取得时效期间都设有不同规定；其中不动产的取得时效多为长期时效，动产的取得时效则为短期时效。社会主义各国的民法沿袭苏联民法理论对取得时效多未作规定，新中国自亦然。

2. 没有取得时效不合国际立法趋势亦难以解决司法实践困境①

取得时效和诉讼时效调整占有和所有的分离技术功能不同。取得时效将占有直接转化为所有，诉讼时效则通过限制返还原物请求权，间接影响所有和占有的分离。

就返还原物请求权应受诉讼时效限制的肯定说而言，其价值正当性仍存在澄清的必要。在立法技术层次，由于诉讼时效不能解决时效届满后物权利益的归属问题，因此诉讼时效不适合调整占有和所有的分离。②

我国《民法总则》第七章仅规定了诉讼时效，依然未有关于取得时效的规定，《物权法》中也未对取得时效予以规定。但在我国很多法律法规

---

① 陈琼章：《论我国民法典中取得时效制度的构建》，载《法制与经济》2016 年第 8 期。

② 金印：《论所有权与时效制度的关系》，载《法学家》2017 年第 3 期。

中却似乎一直存在承认取得时效的倾向。最高人民法院审判委员会于1984年8月印发的《最高人民法院关于贯彻执行民事政策法律若干问题的意见》[①] 第五十八条第二款规定："典期届满逾期十年或典契未载明期限经过三十年未赎的，原则上应视为绝卖。"这条规定显然是肯认了我国习惯法上典权的取得时效。

1995年，国家土地管理局颁布的《确定土地所有权和使用权的若干规定》第二十一条规定："农民集体连续使用其他农民集体所有的土地已满二十年的，应视为现使用者所有……"这一规定再次说明司法实践业已认识到，取得时效对于解决农民集体间的土地权属纠纷有其不可替代的重要作用。多年来学界的《民法典》（立法建议稿）中也都提及关于取得时效制度的规定。

二、回复期间盗赃物与遗失物所有权的归属曾为空白

新中国对于盗赃物善意取得制度的立法态度，突出反映了相关立法零散且态度又反复变动的情势，自1951年起，我国对于盗赃物是否善意取得制度并未存在一个明确的态度。盗赃物作为一个关涉民法物权、刑法等不同法律部门的问题，在经济的发展以及社会秩序的安定方面的作用不容小觑。[②]

《物权法》对此问题的规定当时有待《民法典》物权编予以回应以维护静态物权保护与动态交易安全间的平衡。因而在《民法典》物权编编纂过程中，就应否明确规定盗赃物适用善意取得，是否增添回复请求权并完善除斥期间的起算点等，不断争鸣。

许多学者认为，相关立法规定对于如何肯定或否定盗赃物善意取得制度以及如何实现各方利益的均衡，特别是对于盗赃物有条件地适用善意取得制度，囿于物权法定原则，基于法律未对盗赃物可否善意取得进行明确

---

① 现已失效，后文不再注明。

② 曹影：《民法典视阈下盗赃物善意取得之探析》，载《河北工业大学学报（社会科学版）》2019年第3期。

的释解，也不存在一致的规定，特别是构成条件的规定不够明确，模糊不清的立法态度非常容易影响司法机关处理相关刑事案件。

三、本条规定旨在填补原物返还请求权届满没有占有时效的权利空白

《民法典》物权编第三百一十二条沿袭《物权法》第一百零七条规定了遗失物的善意取得问题。对遗失物究竟是否适用于善意取得制度，学界依然存在较大争议。依据《民法典》物权编第三百一十二条沿袭《物权法》的规定，原权利人对遗失物的现时占有人的返还原物请求权受到两年的除斥期间的限制，故只有两年期间届满后，原权利人才不得主张返还原物的请求权。由于我国欠缺占有时效，亦即取得时效配套，导致现时占有人还不能基于法律的规定成为该物的有权占有人，出现了物上请求权等不能得到行使的情形，而遗失物在原物返还请求权的除斥期间届满之后，善意的占有人却不能基于占有时效的经过，而直接取得善意占有的标的物的法律空白。[①]

四、本条无疑是对法律空白的负面弥补

显而易见，本条规范是沿袭借鉴了《物权法》第一百零七条关于遗失物的回复请求权的两年期间的规范，此期间应认定为除斥期间。其理由在于，通说将诉讼时效又称消灭时效，指对在法定期间内不行使权利的权利人，使其丧失在诉讼中的胜诉权的法律制度；而将除斥期间认定为法定权利存续的期间，因该期间经过而发生权利消灭的法律后果。二者的区别在于：

1. 适用对象不同

诉讼时效仅适用于请求权；除斥期间主要适用于形成权，但也可适用于请求权。

2. 构成要件不同

诉讼时效须具备两个要件，即法定期间经过和权利继续不行使之事实

---

① 吴悦滢、邓欢欢、吴家欢：《论遗失物的善意取得》，载《法制博览》2018年第2期。

状态；除斥期间只需要具备一个要件，即法定期间经过。

3. 法律效力不同

诉讼时效并不使没有行使的权利本身消灭，而只是消灭附着于其上的胜诉权；而除斥期间则使权利本身消灭。

4. 期间起算点不同

诉讼时效期间自权利人知道或应当知道权利被侵害之日即权利人能行使权利之日起算；而除斥期间自权利成立之时起算。

5. 期间是否可变不同

诉讼时效期间是可变期间，可以中止、中断、延长；而除斥期间为不变期间，不能中止、中断、延长。

6. 法院是否可依职权主动适用不同

诉讼时效之经过必须经享有时效利益之人为主张之后法院才可适用之；除斥期间之是否经过，法院应依职权主动调查而适用之。

显而易见，这里的两年期间，原权利人可以向受让人请求返还原物的权利，是原物返还请求权的除斥期间，而并非盗赃物、遗失物的诉讼时效期间。其应解读为以“自标的物脱离原权利人占有之日起算”。[①]

从法律方法论的角度来进行考察，即可了解这其实即中国固有民法所主要采用的那种负面防范的表述方法，也就是用现代民法中那种“凡是不违法的就是合法的”思维方式来界定民事法律关系的权利和行为的开放调整模式。[②] 作为对法律文本主义或法律实证主义的克服，《民法典》物权编规定了除斥期间经过，“善意受让人取得动产后，该动产上的原有权利消灭”，事实上，这意味着承认了除斥期间一旦完成，原来可以通过“回复请求权”予以返还的，效力未定的该动产的所有权，从此即鉴于除斥期间

---

① 曹影：《民法典视阈下盗赃物善意取得之探析》，载《河北工业大学学报（社会科学版）》2019 年第 3 期。

② 李显冬：《试论中国古代固有民法的开放性体系》，载《杭州师范大学学报（社会科学版）》2003 年第 5 期。

的占有期间的完成，产生了物权变动的法律效力。故其除斥期间与占有时效的法律关系的双重事实构成，在变动的社会中寻找到了自己法的价值。

【典型案例】

善意受让人取得动产后的权利变化[①]

——该动产上的原有权利是否消灭

基本案情

2013 年 7 月 14 日，李某红出资 15.89 万元购买了别克牌小型轿车一辆，并于 7 月 15 日办理了机动车辆登记手续。后李某红因装修房屋缺乏资金，于 2015 年 11 月 26 日通过服务商深圳某公司向案外人王某借款 7.6 万元，并签订借款协议。

同日，在扣除李某红应向服务方支付的服务费及第三方的应付款项后，王某将借款本金 62248 元通过银行汇款的方式汇入李某红的账户。李某红对该笔借款以案涉别克牌小型轿车作为抵押，并于当日办理了抵押登记，抵押权人为千泓公司。

2016 年 2 月 17 日，案涉别克牌小型轿车被人悄悄开走，李某红以车辆失窃为由向该市公安局分局已庚派出所报了案。

李某红认为，车辆是因其没有按约偿还借款本息被千泓公司员工用备用钥匙开走。李某红遂起诉请求千泓公司返还侵占李某红的案涉别克牌轿车或者赔偿损失 15.89 万元。

李某红辩称他并不认识王某，也没有向王某借款，其是经人介绍与千

---

① 参见李某红与辰德市千泓公司占有物返还纠纷案，载无讼网，https：//www. itslaw. com/detail？judgementId = 58f7fb29 - e284 - 4342 - ad4f - 207b69f9b804&area = 1&index = 10&sortType = 1&count = 137&conditions = regulation% 2B1000017423% 2B13% 2B% E4% B8% AD% E5% 8D% 8E% E4% BA% BA% E6% B0% 91% E5% 85% B1% E5% 92% 8C% E5% 9B% BD% E7% 89% A9% E6% 9D% 83% E6% B3% 95% EF% BC% 882007% EF% BC% 89% E7% AC% AC% E4% B8% 80% E7% 99% BE% E9% 9B% B6% E5% 85% AB% E6% 9D% A1，最后访问时间：2020 年 2 月 10 日。

泓公司客户经理向某某安排的工作人员签订了一系列借款合同、抵押合同，并将案涉车辆的备用钥匙、机动车登记证、身份证复印件等交给了该工作人员，其与千泓公司形成了借款和抵押合同关系。

李某红提供的与千泓公司之间的抵押合同及抵押登记证明、微信聊天记录、该市公安局分局己庚派出所的《接处警案件登记表》及答复，能证实案涉车辆是被千泓公司占有、处置，千泓公司是侵权人。

千泓公司辩称，其与李某红之间并没有形成借款合同关系。李某红向王某借款后将车辆抵押给千泓公司，因李某红没有按约清偿债务，千泓公司才对案涉车辆进行了处置。千泓公司没有实施侵权行为，不应承担返还原物或赔偿损失的侵权责任。

法院审理

一审法院经审理认为，李某红提出车辆是由千泓公司员工开走，但在庭审过程中，李某红表示不知晓谁开走了案涉车辆，仅有李某红于2016年4月2日的报警记录和陈述，无其他证据佐证，无法证明本案案涉车辆由千泓公司占有、处置，故认为李某红证明其主张的证据不足，对其诉讼请求不予支持。

且本案诉争车辆现登记所有权人为第三人肖某，该车系其自辰德市二手车市场以市场价格购买，根据《物权法》第一百零八条的规定，该车辆的原有权利已消灭。综上判决：驳回李某红的诉讼请求。案件受理费3478元，由李某红负担。

法院认为，当事人对自己提出的诉讼请求所依据的事实，有责任提供证据加以证明，否则应承担不利的后果。李某红要求千泓公司承担返还车辆或赔偿损失的民事责任，是以千泓公司存在侵权行为为前提。李某红对主张千泓公司实施了侵占案涉车辆的侵权行为负有举证责任。但李某红所提供的证据不能形成证据链，不足以证明千泓公司实施了侵占并处置案涉车辆的侵权行为，其应承担举证不能的法律后果。

综上所述，李某红的上诉理由均不能成立，应予驳回；一审判决认定事实清楚，适用法律正确，应予维持。判决驳回上诉，维持原判。

案件评述

一、善意取得制度对本案的作用

1. 善意取得制度于原所有人与善意第三人间平衡双方的利益

赃物在流转时如果不适用善意取得制度，那么即使善意的受让人暂时占有该财物，但原权利人一旦主张权利，善意的受让人因为不能善意取得该财物，所以将会向原权利人返还已经合法占有的财物，如此一来，已经完成的市场交易将会荡然无存，丝毫没有交易安全感可言。结合众多学者的主张及我国实际情况，法律规定在此回复期间内，善意的受让人应取得赃物、遗失物的所有权。因为善意受让人在符合善意取得的要件时，便已然即时取得了盗赃物、遗失物等的所有权。这样规定是为了在回复期间内更好地保护善意买受人的利益，而且也能保障交易秩序稳定，同时也符合善意取得制度的宗旨。

善意受让人取得动产后，该动产上的原有权利消灭。例如，动产上有抵押的权利，抵押权消灭。但是，善意受让人取得动产时，知道该动产已被抵押，抵押权不消灭。

鉴于从事商品交易的当事人很难知道对方是否对其占有的物品拥有所有权，也很难进行查证。况且在商机万变的信息时代，一般情况下，要求当事人对每一个交易对象的权利是否属实加以查证，不太现实。如果受让人不知道或不应当知道转让人无权转让该财产，而在交易完成后因出让人的无权处分而使交易无效使其善意第三人退还所得的财产，这不仅要推翻已形成的财产关系，还使当事人在交易中心存疑虑，从而造成当事人交易的不安全，法律为了避免这些不安全因素的干扰规定了善意取得制度。

为均衡所有权人和善意受让人利益，首先要在一定程度上维护所有权人的利益，保证所有权安全。其次要侧重维护善意受让人的利益，促进交易安全。当所有权人与善意受让人发生权利冲突时，侧重保护善意受让人。这样不仅有利于维护交易的安全，还有利于鼓励交易。在这种情况下，对所有权人利益的限制，可以认为是对所有权人在托付别人保管自己财产或管理自己财产时不尽注意义务，而使他承担相应不利后果的责任。

2. 本案的争议焦点实为盗赃物回复请求权行使的举证责任问题

根据《最高人民法院关于民事诉讼证据的若干规定》第二条的规定，当事人对自己提出的诉讼请求所依据的事实或者反驳对方诉讼请求所依据的事实有责任提供证据加以证明。没有证据或者证据不足以证明当事人的事实主张的，由负有举证责任的当事人承担不利后果。李某红提出车辆是由千泓公司员工开走的，但却不知晓谁开走了案涉车辆，仅有其报警记录和陈述，而无其他证据佐证，无法证明本案案涉车辆是由千泓公司占有、处置，故认为李某红证明其主张的证据不足，致其无法行使其盗赃物恢复返还请求权。

3. 善意第三人权利的保护

本案诉争车辆现登记所有权人为第三人，该车系其自该市二手车市场以市场价格购买，根据《民法典》物权编第三百一十三条所沿袭的《物权法》第一百零八条规定，善意受让人取得动产后，该动产上的原有权利消灭，但善意受让人在受让时知道或者应当知道该权利的除外。鉴于车辆的原有权利已消灭，现李某红要求千泓公司返还别克牌小轿车的主张无法律依据。

本案中第三人在取得该车辆所有权时，符合善意取得的构成要件，故其所有权应得到法律保护。故此可见，本案的处理体现了善意受让人取得动产后，该动产上的原有权利即已消灭。

二、盗赃物在善意取得适用中的法律问题

1. 我国曾有大量有关盗赃物不适用善意取得的法律条文

我国法律严格禁止销售和购买赃物，即使买受人购买赃物时出于善意，也不能取得对该物的所有权。根据《民法通则》第七十九条的规定，所有人不明的埋藏物、隐藏物、遗失物、漂流物或失散的饲养动物，应归国家所有或归还失主，自不适用善意取得制度。所以如果所有人因为被盗、遗失等原因而丧失对其财产的占有以后，不管财产几经转手，所有人都有权请求最后占有人返还。

2. 区分知情与不知情不同处理体现对善意占有人的承认和保护

1965 年 12 月 1 日，最高人民法院、最高人民检察院、公安部、财政部联合发布的《关于没收和处理赃物赃款若干问题的暂行规定》[①] 第二款第六项规定："在办案中已经查明被犯罪分子卖掉的赃物，应当酌情追缴。对买主确实知道是赃物而购买的，应将赃物无偿追出予以没收或退还原主；对买主确实不知是赃物，而又找到了失主的，应该由罪犯按卖价将原物赎回，退还原主，或者按价赔偿损失；如果罪犯确实无力回赎或赔偿损失，可以根据买主与失主双方的具体情况进行调解，妥善处理。"

1995 年我国的《票据法》第十二条规定："以欺诈、偷盗或者胁迫等手段取得票据的，或者明知有前列情形，出于恶意取得票据的，不得享有票据权利。持票人因重大过失取得不符合本法规定的票据的，也不得享有票据权利。"该规定表明，持票人出于恶意取得欺诈、偷盗而来的票据的，不享有票据权利，但是持票人出于善意的，则可以取得票据权利。该规定仅仅适用于票据等这类财产性质比较特殊的物品，没有发展为一般赃物的善意取得制度。

3. 诈骗有关司法解释确立了诈骗罪中赃物的善意取得制度

现已失效的《最高人民法院关于审理诈骗案件具体应用法律的若干问题的解释》（法发〔1996〕32 号）曾规定："行为人将财物已用于归还个人欠款、货物或其他经济活动的，如果对方明知诈骗财物而收取属恶意取得，应当一律予以追缴；如属善意取得则不再追缴。"该解释颁布后，有学者曾认为，此举已经明确承认了赃物的善意取得制度。但也有学者对此提出反对意见，认为该司法解释仅仅是针对诈骗案件提出的，对于其他赃物不能发生法律效力，因此还不能据此认为我国的司法机关已经承认了赃物的善意取得制度。

---

① 现已失效，后文不再注明。

1998 年 5 月最高人民法院、最高人民检察院、公安部联合国家工商行政管理局等四部门颁布了《关于依法查处盗窃、抢劫机动车案件的规定》，该规定明确规定，对明知是赃车而购买的，应将车辆无偿追缴。对违反国家规定购买车辆，经查证是赃车的，公安机关可以根据《刑事诉讼法》第一百一十条、第一百一十四条规定进行追缴和扣押。对不明知是赃车而购买的，结案后予以退还买主。这也就是承认了机动车作为赃物，可以适用善意取得制度。

4.《物权法》关于占有脱离物适用善意取得仍存争议

《物权法》并没有明确规定盗赃物能够适用善意取得制度，只是在《民法典》物权编第三百一十二条沿袭《物权法》第一百零七条规定了与盗赃物同性质的遗失物的善意取得制度。有的学者认为《民法典》物权编第三百一十二条沿袭《物权法》第一百零七条是对动产或不动产适用善意取得制度的一般规定，物权法既然没有对盗赃物是否适用善意取得制度作明确的规定，那么就应该适用物权法关于动产或不动产适用善意取得制度的一般规定，即盗赃物应该适用《物权法》第一百零七条的规定。自然对《民法典》物权编亦是如此。

另有学者认为，盗赃物和遗失物都属于占有脱离物，两者在外观上和物理属性上无法区分。《物权法》第一百零七条规定了遗失物的善意取得，遗失物与盗赃物都属于占有脱离物，对于盗赃物应该类推适用《物权法》第一百零七条关于遗失物的相关规定。

三、盗赃物能否适用善意取得一直为学界争论不休

1. 盗赃物与遗失物共同的本质均属占有脱离物范畴

善意取得制度的法律效果会使原所有权人对标的物的返还请求权得以消灭，这自然在一定程度上使得极端个人主义的所有权原则受到了撼动，故而在学界多有异议和批评。除此之外，普通老百姓往往认为，如若赃物也能适用善意取得制度，会与人民大众的内在法感情不符，难以让人接受，因此也饱受群众诟病。

而传统民法理论界则认为，适当对占有委托物与占有脱离物作出界定，是研究善意取得制度的基础性条件。而遗失物、盗赃物在界定时，其共同的本质都可归属于占有脱离物的范畴。

2. 盗赃物善意取得依然是临时应急措施的法律定型化

盗赃物的善意取得在我国现有的法律条文中有待进一步明确，在司法实践层面也是比较急迫的现实问题。特别是在刑事司法实践中侵犯财产型犯罪等案件中，在通常情况下，犯罪分子得到赃物后会以正常的交易价格在市场上出卖用以其消费或生活，对刑事案件不知情的买受人若购买该盗赃物，自现实地提出了在刑事司法实践案涉盗赃物可否适用善意取得制度的问题。

在司法实践过程中，如果盗赃物被侦查机关及时查获，侦查机关通常都以其是盗赃物为由而予以收缴，之后即把案涉盗赃物上缴国库或者返还给被害人。往往容易忽视对善意受让人取得财物时的合法权益的保护。可见，在赃物市场流转过程中，原权利人的所有权和市场交易的安全两者间自会产生冲突，故法律需要权衡利弊，于两者之间作出合理的选择以平衡两者的利益关系。

赃物流转后如果不适用善意取得制度，即使善意的受让人暂时占有该财物，但原权利人一旦主张权利，善意的受让人会由于已经完成的市场交易不受法律保护，毫无交易安全可言。市场交易必须尊重物权法公示公信原则，既然权利外观使得善意受让人合理地、充分地相信动产的占有处分人即为真正的所有权人，但盗赃物却不能适用善意取得，否则将导致市场交易毫无安全性。

3. 对赃物能否适用善意取得制度的问题不能一概而论

所以学者普遍认为，基于对善意取得制度的宗旨的考虑，盗赃物仅仅在于其来历特殊，但在正常市场交易时其实与普通财物并无任何明显区别，所以如果善意第三人符合善意取得的要件，自应适用这一制度让善意第三人取得该财物的所有权。当然在适用善意取得制度后，可以充分加大对无处分权人的法律处罚，使之得到更大的制裁力度，如可以对无权处分人处以高于原物几倍甚至更高数额的罚款，并且可以允许权利人与善意第三人协商，在善意第三人同意的情况下通过返还原物等路径来实现原物返还。仅仅是鉴于实践中盗赃物的追回可能性并不大，盗贼往往“要钱没有，要命一条”。故而难以平衡原所有人，善意第三人间的利益。所以只有对盗赃物有条件地适用善意取得，才能为刑事司法实践中的盗赃物被收缴后的法律处置，提供有效的法律依据。①

第三百一十四条　【拾得遗失物的返还】拾得遗失物，应当返还权利人。拾得人应当及时通知权利人领取，或者送交公安等有关部门。

【条文疏义】

本条沿用了《物权法》第一百零九条的规定。

一、肯认遗失物的拾得制度

我国传统观念坚持“路不拾遗”的道德标准，故《民法典》物权编第三百一十五条沿袭《物权法》第一百一十条未将拾得遗失物确立为所有权取得的一般原因，仅规定无人认领的遗失物归国家所有，国家以外的主体不得成为拾得之遗失物所有权的合法主体。物权法实质上是国家立法政策依分配正义而对社会财富进行物权配置使得所有，从而实现物尽其用。肯认遗失物拾得制度，是现代民法理念使然，有助于区分法律规范与道德规范，有利于促进财产的高效利用，提升社会资源的利用效率。②

二、遗失物拾得的法律性质

拾得遗失物是一种发现他人遗失物而予以占有的法律事实。拾得人不要

① 刘淦：《以赃物、遗失物为视角谈善意取得制度的适用》，载《现代交际》2017 年第 2 期。
② 康浩：《我国民法典物权编特殊动产所有权立法研究》，载《西部法学评论》2018 年第 5 期。

求必须具有民事行为能力，故无民事行为能力人和限制民事行为能力人也可以成为拾得人。拾得遗失物无须意思表示，也无须以所有的意思。因此，遗失物拾得应当属于事实行为。拾得遗失物之后，拾得人应依照法定的遗失物拾得程序办理，否则构成侵权或不当得利。依照法定程序办理，具有无因管理情形的，适用无因管理的特别规定。但原则上，遗失物先于无因管理适用，仅在法律未有规定时，或不符合遗失物拾得条件时适用无因管理。[①]

三、遗失物拾得人的义务

根据物权法的法理及域外有关立法经验，遗失物拾得的程序，包括遗失物的返还、上交与找寻，遗失物的保管及拍卖，遗失物所有权的取得与交回等程序。依本条规定，拾得人应承担对应的义务。

首先是返还义务。失主在认领遗失物时，拾得人应及时将遗失物返还，不能据为己有。拾得人将遗失物据为己有，拒不返还的，按照不当得利或侵权行为处理。

其次是通知义务。拾得人在拾得遗失物以后，应当在规定的时间内通知遗失人或者所有人。遗失物中存在联系失主的线索时，应尽可能通知。

再次是送交义务。在遗失人和所有人不明的情况下，拾得人应送交有关部门。在特殊场所，如机关、学校等单位，或者在图书馆、博物馆、公共交通工具等公共场所拾得遗失物的，可以送交该单位或者公共场所的管理人。在拾得人通知所有权人、遗失人等权利人领取遗失物，权利人不领取的情况下，拾得人应当在规定时间内将该物送交有关部门。

最后是保管义务。在失主认领遗失物或将遗失物交付主管部门前，拾得人应对遗失物尽保管义务，此时拾得人实际处于无因管理地位，应尽善良管理人的注意义务，因故意或重大过失造成遗失物损坏的应负赔偿责任。

四、有关部门的公告义务

接受报告的机关或者是被移交遗失物的部门，需将有关遗失物特征的

---

① 康浩：《我国民法典物权编特殊动产所有权立法研究》，载《西部法学评论》2018 年第 5 期。

信息通过媒体向大众发布招领信息，这不仅仅是为寻找遗失物的原权利人以便其寻回所遗失之物。更重要的是，公告期届满后，法律会将遗失物的所有权分配给其他的社会成员，以实现物尽其用的原则。但我国并未在法条中对接受报告与送交的特定机构进行相关的规定。《物权法》将接受报告与招领机构规定为“公安等有关部门”。该规定在法律的适用过程中虽能在一定程度上留有余地，但考虑到法律的指引功能，应对行为人的行为有明确的指向性。①

从性质上来说，接受报告与送交的特定机构是法律规定的在拾得人无法找到失主时，报告有关拾得遗失物情况的公共服务机构。除接受报告与送交外，其还承担着保管遗失物、公告、送还或者无人认领时进行遗失物归属变更手续的职能。在《日本遗失物法》中规定了接受报告和送交的机构是警局。② 这样的规定不仅是由日本警局分布广泛的特点决定的，也是由日本民众一直有将见到的物品或发现的走失动物交给警局的习惯决定的。其实我国也有类似的习惯，从这个角度来看，我们可借鉴日本的有关经验。

对于公告义务的实现途径也是各有不同，导致失主在物品丢失后往往寻找起来非常困难。若可以建立统一的失物招领平台，通过现代高速发展的互联网手段，无疑更有可能高效地联络到失主。

【典型案例】

抱走主人身边的宠物如何认定③

——拾得人的法定义务

基本案情

2016年9月20日，己州市公安局工业园区分局某派出所出具的报警记

① 赵越：《遗失宠物索回涉及的法律问题分析》，兰州大学2019年硕士学位论文。
② 赵越：《遗失宠物索回涉及的法律问题分析》，兰州大学2019年硕士学位论文。
③ 参见唐某雯与李某返还原物纠纷案，江苏省苏州市中级人民法院，（2017）苏05民终6764号。

录显示，9月4日凌晨2时47分，唐某雯报警称：在星洲街华润万家对面小吃摊，其灰色泰迪走失了。9月6日上午10点左右，唐某雯又报警称：在9月4日凌晨2点左右，其狗在超市被一名陌生男子抱走，通过查看监控，该男子的汽车车牌号为苏E×××××，经查，该男子为李某。

关于丢失过程：庭审中，原告提供了视频及录音内容，证明小狗是在被告手上丢失的。原告诉称，当时自己在遛狗，顺便去超市买东西，狗确实没有挂狗牌，也没有拴绳子，但是站在原告边上大概5米远的地方。狗丢失后原告报警并通过监控找到被告，之后派出所与被告进行交涉。被告辩称，当时时间为凌晨2点，狗实际已经脱离了原告的掌控范围，可以视为走失的宠物。而且狗确实没有挂狗牌，也没有拴绳子，不符合宠物饲养规定，原告本身也存在过错。

关于诉请主张的金额：原告诉称，当时购买的品种为茶杯犬，属于比较高档的泰迪品种，购买价格为8000元。原告为证明其损失，提供了麽麽茶宠物生活馆出具的证明："兹证明2014年卖给唐某雯泰迪一条，价值8000元（捌仟元整），特此证明。"被告辩称，自己养的中等品相的泰迪狗价格为5000元一对，原告主张的价格过高；其提交证明是宠物店单方面出具的手写证明，属于人证而非物证，宠物店相关人员应当出庭作证，对其真实性不予认可。被告另确认宠物狗随着饲养年限增加本身价值会下降。

原告另提交内容为宠物用品1588元的发票一张以及疫苗接种记录，证实支出疫苗费1588元。被告辩称该费用属于宠物饲养的必然支出，与本案无关。

原告另主张宠物饲养久了会与人产生感情并据此主张精神抚慰金，被告对此不予认可。

法院审理

一审法院经审理认为，我国法律规定，拾得遗失物、漂流物，或者失散的饲养动物，应当归还失主，因此支出的费用则由失主偿还。另规定拾得遗失物，应当返还权利人。拾得人应当及时通知权利人领取，或者送交公安机关等有关部门。拾得人在遗失物送交有关部门前，应当妥善保管遗失物。因故意或者重大过失致使遗失物毁损、灭失的，应当承担民事责任。

本案中，原告的宠物狗由被告带离现场之后丢失的事实，根据现有证据及当事人陈述可以得到证实。被告李某在未能确定宠物狗为无主物的情况下自行将狗带离事发现场，其既未作出失物招领或者将小狗送交公安机关，在接到公安机关的电话后也未及时联系亲属妥善保管，后致使小狗下落不明，被告对此存在过失，应当承担相应的赔偿责任。鉴于被告表示宠物狗已经丢失而无法返还，原告也不能举证证实宠物狗仍在被告处，原告诉请被告返还存在障碍，难以支持。

就原告主张的各项财产损失，购买宠物狗的价格，结合各方陈述及被告过错，酌情支持5000元；至于宠物狗繁殖小狗的出售价格，因该项损失是否必然产生并不明确，法院不予支持；至于疫苗费，归属养殖成本，并非因被告的侵权行为所致，原告诉请被告赔偿缺乏依据，不予支持；至于精神抚慰金，原告不能举证该宠物狗具有独特的纪念价值或因此遭受相关精神损失，该项诉请缺乏依据不予支持。

二审法院经审理认为，原审法院酌定判决其承担5000元并无不当，同意一审法院裁判意见，对裁判结果予以维持。

案件评述

一、拾得人的返还、通知、送交的法定义务

本案中，被告牵走了走失的宠物，并拒不归还，在刑法上已构成盗窃罪。但退一步讲，如果审理中证明不了其究竟是从主人附近抱走的宠物，还是的确是捡拾的，是否其就没有法律责任呢？这就涉及拾得遗失物时拾得人的法定义务问题。

由于拾得遗失物的行为作为拾得人发现他人遗失物并予以占有的事实行为，《民法通则》第七十九条第二款规定："拾得遗失物、漂流物或者失散的饲养动物，应当归还失主，因此而支出的费用由失主偿还。"《最高人

民法院关于贯彻执行〈中华人民共和国民法通则〉若干问题的意见（试行)》第九十四条规定："拾得物灭失、毁损，拾得人没有故意的，不承担民事责任。拾得人将拾得物据为己有，拒不返还而引起诉讼的，按照侵权之诉处理。"《民法典》物权编第三百一十四条沿袭《物权法》第一百零九条规定："拾得遗失物，应当返还权利人。拾得人应当及时通知权利人领取，或者送交公安等有关部门。"

遗失物是指他人不慎丢失的动产。所以，遗失物并不是无主物，也不是所有人抛弃或因为他人的侵害而丢失的物，而是因所有人和合法占有人不慎丢失的动产。拾得人在拾得遗失物后，产生了通知失主或送交有关部门的法定义务，对拾得物既可以主动找到失主归还，也可以将遗失物上缴到有关部门，但不能据为己有。所以，本案中即使证明不了被告李某应承担刑事责任，仅从拾得人之民事责任看，其也是民事侵权，至少形成了不当得利之债。

二、遗失物的构成要件

这里所谓遗失物是指动产的所有人、占有人因主观上的疏忽或自然原因致失落它处而失去控制的物品。作为遗失物须满足下列条件。

1. 须为动产

遗失物首先必须是动产，而非不动产或权利。不动产因为其物理性不会发生遗失的情况，且其价值较大，无法随意被替代，所以从公共利益的角度出发，即便是长期无人使用，法律也不会直接适用遗失物的相关规则，而是将其进行重新分配。权利不在遗失物范围之内的原因是有其他法律对其进行专门的保护，不属于遗失物相关法律的调整范围。[①]

2. 须无人占有

遗失物在拾得前必须不为任何人占有。判断占有是否丧失，应依社会一般观念，根据具体情况，考察原占有人是否具有事实上控制该物的可能

① 赵越：《遗失宠物索回涉及的法律问题分析》，兰州大学2019年硕士学位论文。

性。仅一时丧失对物的占有，并不能构成遗失。因此，占有的物品偶然进入他人地内、建筑物内，均不能构成遗失物。在自己房屋遗失的物品，不能被视为遗失物。此外，占有丧失必须具有确定性。无人占有是一种客观状态，与遗失人的主观认识无关，因此即使失主知悉遗失物的下落，仍不妨碍遗失物的成立。

3. 非无主物

遗失物占有的丧失非基于所有人之意。拾得遗失物的情况较为复杂，漂流物和失散的饲养动物，通常也被视为遗失物。特别是就拾得走失的饲养动物而言，通常认为，拾得人在拾得遗失物后，主观上并无将拾得物据为己有的意思，那么拾得人管理拾得物，实际上是在无法定和约定义务的情况下，为避免他人利益受到损失而从事的无因管理行为，从而在拾得人和动物的主人之间形成无因管理之债。由此，拾得人在管理过程中所支出的各种费用，可以根据无因管理之债而向物主请求返还。

三、拾得遗失物的法律后果

拾得遗失物的行为可产生不同的法律关系。

1. 拾得人积极寻找失主并妥善保管遗失物者构成无因管理

此种观点认为，拾得人在拾得遗失物之后，必须从事一些寻找失主的行为，才能表明其主观上是善意的，其是为他人利益从事管理行为，如未作出这些行为，则并不表明拾得人具有为他人利益进行管理的意思，因而不构成无因管理。

2. 拾得人想据为己有不予归还或者擅自处分则构成侵权行为或不当得利

对“拾得人主观上有无将拾得物据为己有”的判断，学界仍然是有分歧的。一种观点认为，拾得人必须具有为他人利益进行管理的意思，才构成无因管理，但此种意思，不一定必须通过实施一定的行为明确表示出来，只要拾得人没有明确地将拾得物据为己有，而其客观上又是在为他人保管拾得物，就应当以客观效果为依据，推定拾得人具有为他人利益而从事管理的意思。如果认为必须实施一定行为，才可以确定其具有为他人利益从事管理的意思，则未免对拾得人要求过于苛刻，且不利于鼓励拾得人在拾得遗失物后悉心保管遗失物。

鉴于拾得他人走失的动物构成拾得遗失物。依照我国民法精神，拾得人因拾得行为是不能取得遗失物的所有权的，但其却应当承担保管遗失物、找寻所有人等义务。拾得遗失物后，应及时通知遗失人或所有人。不知所有人或所有人不明时，应当交给有关部门处理。发出招领公告经过一段时间，无人认领的，即归国家所有。

所以本案中李某即使真的如其所说捡到了宠物狗，其也负担了相应的管理人的义务，同样必须采取善意的、恰当的管理行为，履行通知和持续管理的义务，如及时接种疫苗等，以及履行报告和返还的义务等。

第三百一十五条　【有关部门收到遗失物的处理】 有关部门收到遗失物，知道权利人的，应当及时通知其领取；不知道的，应当及时发布招领公告。

【条文疏义】

本条承袭了《物权法》第一百一十条的规定。

“遗失物拾得制度”不仅包括实体问题，而且也包括程序问题。不仅包括所有权人、遗失人等权利人与拾得人之间的私法上的权利义务关系，而且包括他们与公安机关、失物招领机关等有关部门间的公法管理关系。

一、我国遗失物管理的主管部门主要为公安机关

1. 公安机关负有受理遗失物并履行通知招领的法定义务

在实务工作中，公安机关要按照法律的规定履行通知与招领义务。通知义务为在知晓权利人下落的情况下，直接通知权利人领取或由民警予以送还；公安机关在履行通知招领义务后，仍无人领取遗失物的，按照我国法律规定，公告期限届满后，无人认领的遗失物归国家所有。

2. 期满遗失物归国家所有欠缺实体法规定无程序性保障

立法规定遗失物归国家所有，但由于实体法规定缺乏程序性保障措施，致使在实际工作中，基层单位对期满的遗失物无法处理。公告期满后，没有上级单位或其他部门进行统一的接收处理，法律亦未规定如何归国家所有。在全国人大常委会法制工作委员会民法室编著的《〈中华人民共和国物权法〉条文说明、立法理由及相关规定》对遗失物收归国有的说明是：公安机关可拍卖、变卖遗失物，所得价金归国家所有，但是在实践中仍然存在很多操作上的问题。

二、失物招领尚未建立起一个完善统一的实施体制

1. 法律要求公安机关受理权利人求助寻找遗失物、遗忘物的报案

在现有遗失物法律规定中，公安机关如何帮助权利人寻找遗失物、遗忘物的义务规定尚属空白。在实务工作中，公安机关通常是根据权利人提供的线索走访周围群众、调取事发地监控，帮助寻找遗失物、遗忘物。但多数寻找都石沉大海。而遗失物、遗忘物的送还在一定程度上多依靠拾得人自身道德约束来完成，而现有一些公民道德水平无法满足权利人的返还期许，造成了此类求助案件多数无法寻找。

2. 道德性抽象规范欠缺可操作性，具体措施无法实施

由于我国失物招领并未建立一个完善、统一的体制，致使个别人认为即使进行了相关遗失物招领工作，仍然难以实现物归原主。我国的遗失物制度旨在保护所有人的权利，但现实中存在的诸多操作问题使得该目的很难实现，尽管该制度也为权利无归属时明确了新的权利人，但是亦由于其规定之抽象，无法解决现实中如何实现归属之目的。

《物权法》第一百零七条对于遗失物的善意取得制度的表述不明晰，也导致司法实践中适用时困难不断。许多学者主张，在当今的经济发展的视角下，附条件的适用遗失物的善意取得制度无疑更能适应经济的发展潮流。[①]

---

① 蔡旻君、刘行一：《浅谈我国遗失物的善意取得制度的不足与完善》，载《法制博览》2017年第7期。

遗失物拾得的处理在我国民法研究领域中始终占有一定地位，我国法律虽有相关规定，但其仍需完善，既有法律对拾得人科以的义务过重，权利和义务严重失衡，招领公告方式太窄，不利于信息的充分流通，并且我国现有法律还未肯定拾得人的报酬请求权。此外，对于标示不明的悬赏广告也有待完善。

【典型案例】

边防巡逻所查获的不明财产在法律上如何处理①

——有关部门对遗失物的通知与招领义务

基本案情

2009年3月，根据部队工作安排，某边防派出所三名警务区民警到边境一线巡逻，当行至一条出入境便道（非授权出入境通道）附近时，发现前方200米处从他国一侧驶来一辆红色摩托车，驾驶人看到民警后立即调转车头沿边境便道向境外该国方向逃窜，摩托车急速调头时当场从车上甩下一灰色编织袋。

经在场民警打开检查，发现袋内装有捆好的20沓百元现金，共20万元整，至今无人到该派出所报案及认领该笔现金。

案涉款项因性质不明暂由该公安边防部门保管。

法官说理

由于现金持有人与边防派出所巡逻民警相遇时当场已逃窜至境外，目前该事件无接警、处警记录，无群众举报，无证人证明，无受害人报案，只有人民币现金在案，无其他证据佐证。涉案金额巨大，可能存在涉毒或涉及其他种类犯罪事实，但由于无其他人证、物证或线索材料，案件性质

① 参见《论对边防巡逻查获不明财产的法律处理》，载北大法宝，http：//www. pkulaw. cn/fulltext_ form. aspx？Db = art&Gid = e367247c73575f3984cd927f4000c0ebbdfb&keyword = &Encoding Name = &Search_ Mode = &Search_ IsTitle = 0，最后访问时间：2020年9月22日。

有待进一步核查，实践中无法将该案认定为具体的刑事案件。

根据《公安机关办理刑事案件程序规定》第一百六十二条的规定，公安机关刑事案件立案标准为“经过审查，认为有犯罪事实，需要追究刑事责任，属于自己管辖”。该案为不排除属于公安边防部门管辖的“三类六种”刑事案件，至于是否有犯罪事实并不明确，至于犯罪事实属于何种类别更是无任何证据证明，实际上达不到立案条件。

此案情况特殊，查获现金是违法所得、赃款还是无意间遗落的“无主现金”，均有待进一步查证。

至于当事人（即现金持有人）在边境地区逃避巡逻民警盘查的真正原因，有可能是现行作案畏惧法律的惩处，也可能是有违法犯罪前科未处理逃避盘查，也不排除有别的原因所导致。但该笔现金数额、来源、性质和出现地均违反常理，尤其是结合查获地点为边境线不远、当事人躲避民警盘查向他国一侧逃跑、当事人偷越国境、现金数额巨大等情况，可以初步判断该笔拾获现金可能与犯罪案件有关，但由于事实不清、证据不足，不能构成“没收、收缴、追缴”的理由，并不能依处理涉案财物程序处理。

该案线索无法审查核实，无法立案，对该现金不能下最终结论，对这笔现金只能初步定为民警在巡逻执勤中所查获的持有人遗失的可能涉嫌非法交易的财物。

案件评述

一、本案可以采取的做法——发布招领公告以处理“拾得的遗失物”

《民法典》物权编第二百三十四条沿袭《物权法》第三十三条规定，因物权的归属、内容发生争议的，利害关系人可以请求确认权利。第一百零九条规定，拾得遗失物，应当返还权利人。拾得人应当及时通知权利人领取，或者送交公安等有关部门。《民法典》物权编第三百一十五条沿袭《物权法》第一百一十条规定，有关部门收到遗失物，知道权利人的，应当及时通知其领取；不知道的，应当及时发布招领公告。该法第一百一十三条规定，遗失物自发布招领公告之日起6个月内无人认领的，归国家所有。招领公告一般应在当地政府的报纸或媒体发布，公安边防部门根据本案发生地等具体情况在当地报纸上发布公告即可。

如果由查获单位公安边防部门自行发布招领公告有一定法律隐患，该案很可能产生认领财物争议：由于事情发生已有很长时间，该财产属于无明显外部特征的现金人民币，对外包装物未及时进行拍照固定，编织袋现已遗失无法查找，无照片固定现场，无其他目击证人，无其他证据证明，涉案金额巨大，事件知情者较多，不排除将来发生冒领的可能，一旦有人冒领，边防部门无法进行有效的比对与核实，可能给公安边防查获单位的工作带来极大的被动。

鉴于现金为公安边防部门依法履行边防巡逻职能中所得，属于执行公务查获所得，事件性质与公民捡拾财物的行为性质上并不完全相同，故学者认为，可以不适用普通遗失物的处理程序。

二、遗失物管理中的有关部门不够明确

一般认为，有关部门应为管理实物的公权力机关，即不以遗失物拾得行为是否发生在该地为必要条件，均有义务受理该遗失物并适用上述法定权利义务的公权力机关。① 公安机关为遗失物管理的公权力机关毋庸置疑。可理解为：不管实物在哪里被拾得，拾得人是谁，公安机关都有义务受理该遗失物，并适用上述法定权利义务。但应当注意的是，首先，我国立法唯一明确公安机关属于有关部门之一；其次，除公安机关外，我国关于遗失物管理的有关部门具体指哪些部门未予明确。

所有人或占有人在丢失遗失物时，本人也未必知晓遗失物到底是在哪里脱离其占有的。现实情况中存在的多种可能性为权利人的寻找增添了多重环节，如果盲目多头寻找，则无形中延长了遗失物返还并利用的周期，不仅为权利人带来了不必要的麻烦，还浪费了一定社会管理资源。

---

① 吴延杰：《公安机关在遗失物管理中心的法律地位研究》，大连海事大学2013年硕士学位论文。

全国人大常委会法制工作委员会民法室就遗失物的管理曾有如下说明：有关部门收到遗失物，应当查找遗失物丢失人，请其认领。无人认领的，上缴公安机关。公安机关收到遗失物，应当查找遗失物的丢失人，请其认领。或者存放于遗失物品的招领处，待人认领。自公安机关发布招领公告之日起6个月内无人认领的，遗失物归国家所有。公安机关可以拍卖、变卖遗失物，所得价金上缴国库。[①] 但一直未将遗失物管理通过相关法律、法规予以明确。

域外各国及地区对遗失物的管理均有详细规定。对此，我国也完全可以借鉴相关规定，从而完善我们的遗失物管理制度。

三、遗失物管理之义务规定较为粗疏

《物权法》中关于公安等有关部门的通知招领义务的规定相对宏观，仅在第一百一十条规定，知道遗失物权利人的，应当及时通知其领取；不知道的，应当及时发布招领公告。

遗失物管理制度的改进与完善亟待解决。

就通知义务而言，如何界定“知道”的范围，以及约束其义务履行的通知招领期限等问题，由于并无相关法律作出详细规定，致使其履行通知招领义务欠缺具体法律依据而功效不足。特别是对当事人而言，许多物品的丢失会给其造成较大的生活困扰，诸如丢失毕业证、资格证、借条、钥匙、存有重要资料的优盘、照片等，物品本身虽经济价值微小，对国家或他人无甚利用价值，但对权利人本身价值却难以替代。遗失物招领制度运行效果不佳，对其影响甚大。

综观域外各国及地区相关规定，对于遗失物的管理，职能部门的通知、招领、保管等义务设置大致相同，在细节规定上也较我国立法更为周全详尽，有关职能部门的职能设置须更为系统完善。故应更充分考虑拾得人的

---

① 参见全国人大常委会法制工作委员会民法室编：《〈中华人民共和国物权法〉条文说明、立法理由及相关规定》有关内容。

利益失衡问题，通过赋予职能部门遗失物拍卖权、详细界定必要费用等设置，以避免拾得人在履行善良管理人的义务后又遭受不必要的损失。并通过立法规定拾得人向职能部门履行特定义务后可取得的报酬权或遗失物所有权来平衡拾得双方的权利义务的失衡问题。

四、遗失物拾得管理在实体问题和程序问题上均有待改善

有学者认为，我国遗失物管理法律规定，过于注重公权力介入其中，国家的强制力过多介入民事利益解决过程当中，欠缺在市场经济条件下，让市场规则在遗失物管理中起决定性的作用。实践中存在诸多实际问题。

对于有关部门应当及时通知权利人或发布招领公告缺乏程序性的规定，所有人、遗失人等权利人往往并不知晓，没有按时领取遗失物导致权利的丧失，难以达到立法原本要保护权利人的初衷，使拾得人在上交遗失物时往往也心存顾虑。因此，明确有关部门通知权利人或发布招领公告的程序性规定就显得十分必要。

在现实生活中，拾得人把不知所有人或所有人不明的遗失物交由公安机关处理，由于法律上没有规定相应的程序，公安机关在处理时也就缺少法定性、职责性和公开性。

因此，首先，我们应明确有关部门的具体权限范围。其次，如果遗失物中含有所有人的身份证明或相关线索资料，有关部门可以直接返还所有人或通知其来领取。如果无法辨认遗失物的所有人，需要公开招领，这就需要明确遗失物招领、认领的具体程序，尤其是招领公告发布的范围、期限和公告期满的法律效力。

所有人等权利人在招领期限内前来认领的，有关部门在公示保管费用得到偿还后，应当将遗失物返还所有人。逾期未认领遗失物的，由有关部门扣除公示及保管费后，将遗失物收归国有或返还给拾得人，归其所有。

值得注意的是，并非在所有情况下，有关部门收到拾得人送交的遗失物都有必要及时通知或发布招领公告。如果遗失物价值过于微小，远远低于通知权利人或发布招领公告的成本，如果权利人来认领，通知权利人或发布招领公告的费用要由权利人承担，或者权利人认为得不偿失，不来认领，通知权利人或发布招领公告的成本则无从转移，因而从成本效益分析的角度看，就没有必要遵从此程序。当然遗失物价值的大小，要结合社会观念分析，有些遗失物的经济价值虽小，但对所有人、遗失人等权利人有着重要的意义，不在此限。

虽然《民法典》物权编第三百一十二条沿袭《物权法》第一百零七条之规定，遗失物不适用于善意取得制度。但对此在学理界一直存在一些争议。依据《物权法》的规定，原权利人对遗失物的现时占有人的返还原物请求权受到两年的除斥期间的限制。两年期间届满后，原权利人则不能再主张返还原物请求权，而物的占有人又不能基于法律的规定成为该物的有权占有人，出现了物上请求权等不能得到行使的情形，因此，适用传统的遗失物在一定的时效期间经过后，善意的占有人可基于该时效经过，而善意取得该物的制度。[①] 至少可理解为物权上的原物返还请求权已经由除斥时间的经过而消灭。辅以法定公示制度制约，无疑即可解决拾得人怠于通知权利人或欠缺发布招领公告的积极性的问题。

目前，社会上已出现了“有偿招领”现象。[②] 专门的失物招领公司实行有偿服务，当拾得人把捡到的东西交到公司后，公司要开具收据并付给拾得人一定的定金，然后根据现有的线索联系失主。当失物被失主认领后，公司将根据失物的价值向失主收取一定的酬金，然后再把酬金的一部分付给拾得人。如果一定时间后没有找到失主，公司则把失物转交给公安部门，或退给拾得人或接受拾得人委托拍卖无主拾得物。

---

① 吴悦滢、邓欢欢、吴家欢：《论遗失物的善意取得》，载《法制博览》2018 年第 2 期。

② 据新华社南京 2003 年 7 月 27 日报道，江苏“徐州诚信失物招领公司”最近挂牌营业。目前这家公司已经和一些出租车公司建立了固定联系，帮助寻找失主。

第三百一十六条　【遗失物的妥善保管义务】 拾得人在遗失物送交有关部门前，有关部门在遗失物被领取前，应当妥善保管遗失物。因故意或者重大过失致使遗失物毁损、灭失的，应当承担民事责任。

【条文疏义】

本条沿袭了《物权法》第一百一十一条的规定。

拾得人不能因其拾得行为取得遗失物的所有权，且负有返还、通知、送交义务，在遗失物返还权利人或送交有关部门之前还负有妥善保管义务。若因为故意或者重大过失导致遗失物毁损、灭失的，还应当承担民事责任。

一、妥善保管遗失物

妥善保管遗失物，实为避免他人利益损失进行的管理行为，可以构成无因管理。拾得人应尽到善良管理人的注意义务，妥善保管拾得的遗失物。如遗失物易腐烂变质或保管费用过高的，拾得人可以将其拍卖，提存价金。

二、赔偿责任

拾得人因故意或重大过失造成遗失物毁损、灭失的，应当承担赔偿责任。与此相类似，有关部门在遗失物未被领取之前，应当妥善保管遗失物。因故意或者重大过失致使遗失物毁损、灭失的，应当承担损害赔偿责任。

【典型案例】

捡到的钱包里面东西不见时拾得人有无责任[①]

——侵权责任与物权责任的构成要件不同

基本案情

2016 年 7 月 26 日下午 1 时 44 分许，吕某伟驾车与其妻子到该市碧水

① 参见吕某伟与张乙不当得利纠纷案，辽宁省葫芦岛市中级人民法院，(2018) 辽 14 民终 182 号。

家园小区对面荣盛典当行西侧送人。停车时，吕某伟的妻子下车不慎将黑色钱包掉落在停车处，当时并未发现。同日下午1时45分许（监控显示时间），张乙骑自行车在路过荣盛典当行时捡到案涉丢失的黑色钱包。张乙捡到案涉钱包后将该钱包放置于自行车车筐内，由原路返回，当行至瑶池洗浴附近时将该钱包放到自己的包里。吕某伟后来到加油站加油结账时才发现该钱包丢失，便开车回到荣盛典当行原停车处寻找，未发现钱包，当即向机场派出所报案。

吕某伟主张钱包内有现金9500元、银行卡7张、身份证2张、医疗卡1张及购楼发票等物，张乙不承认钱包里有钱物。

一审法院认定钱包里有卡，但卡的数量及其他钱物无法确定。

法院审理

一审法院根据《物权法》第一百一十一条，即“拾得人在遗失物送交有关部门前，有关部门在遗失物被领取前，应当妥善保管遗失物。因故意或者重大过失致使遗失物毁损、灭失的，应当承担民事责任”。

鉴于当事人张乙自认：拾到该钱包后，发现里面没有任何物品又将该钱包扔掉了。张乙在拾到钱包后有对该物品予以妥善保管的义务，因此对于该钱包的灭失应承担民事赔偿责任。

对于案涉钱包的价值问题，虽然钱包属于生活用品，但本案案涉钱包价值较高，其奢侈程度高于普通钱包，并且自身具有一定的保值性，考虑到市场价格等因素，再结合案涉钱包使用时间不足一年，重置所需其他必要费用等因素，对于吕某伟主张钱包损失2150元，应属合理范围，予以认可。对于张乙提出钱包存在价值的折旧情况，不予认定。对吕某伟请求张乙返还钱包损失的诉讼请求，予以支持。

二审法院经审理认为，本案二审争议焦点为吕某伟丢失的钱包内有多少现金，有何种物品，物品的数量及补办价值是多少。吕某伟主张其丢失的钱包内有9500元现金、银行卡7张、身份证2张、医疗卡1张及购楼发票，上述银行卡、身份证、医疗卡的补办费用为510元。依据民事诉讼举证原则，吕某伟对于其主张负有举证责任。依据现有证据，无法认定吕某伟主张的事实具有高度可能性，吕某伟应承担举证不能的法律后果。

一审法院对于吕某伟主张由张乙返还钱包内现金 9500 元、银行卡 7 张、身份证 2 张、医疗卡 1 张及购楼发票的诉讼请求，未予支持，无不当之处。遂判决驳回上诉，维持原判。

案件评述

一、本案涉及拾得人的保管义务和赔偿责任

1. 拾得人在遗失物未被领取之前有义务妥善保管遗失物

《民法典》物权编第三百一十六条规定："拾得人在遗失物送交有关部门前，有关部门在遗失物被领取前，应当妥善保管遗失物。因故意或者重大过失致使遗失物毁损、灭失的，应当承担民事责任。"《民法通则》第七十九条第二款规定："拾得遗失物、漂流物或者失散的饲养动物，应当归还失主，因此而支出的费用由失主偿还。"

本款规定对失主而言，负有确定其物的返还请求权的权利及其相应的义务，即向拾得人支付必要费用的义务；对拾得人而言，负有返还义务，同时有权要求失主偿付其支出的必要费用。因故意或者重大过失致使遗失物毁损、灭失的，应当承担损害赔偿责任。

本案中，张乙在没有法律和合同规定义务的情况下拾得吕某伟钱包，致使吕某伟利益因此而受损，张乙是否受益应疑罪从无，在吕某伟和张乙之间形成了不当得利返还的债权债务关系。吕某伟要求返还钱包应予支持。对于返还案涉钱包内的财物须由原告承担举证责任。

2. 对遗失物的归属问题，所产生的不应是债权法律关系，而是物权法律关系

调整拾得物的法律规范是在物权法或民法物权编中规定的，而调整不当得利和无因管理的法律规范是由债权规定的。在物权关系下，物之所有权是绝对权，任何人都不得侵犯他人的所有权。根据《民法通则》第七十九条第二款关于拾得物返还的规定，确立的是物上请求权，而不是债上请

求权；拾得人为管理拾得物而支出的费用应由失主偿还，是在物权争议中必须一并解决的问题，但确定拾得人的责任时，不能不考虑拾得人是出于将拾得物据为己有，还是为他人利益免受损失而予以管理的动机、目的。

二、拾得遗失物的行为可产生不同的法律关系

1. 无因管理

拾得人积极寻找失主并妥善保管遗失物，构成无因管理，诚实拾得人以为他人利益之意思管理的，构成无因管理，不诚实之拾得人以为自己的利益拾得以及认为是无主物拾得的，不构成无因管理。

2. 侵权行为或不当得利

拾得人想据为己有不予归还，或者擅自处分，则构成侵权行为或不当得利，应承担相应的责任。

3. 拾得遗失物

拾得他人遗失的动产构成拾得遗失物。拾得行为以合法为要件，不得违反法律规定。拾得人须为占有遗失物之人，但拾得行为也可以指示他人为之，而以发出指示的人为拾得人。若拾得行为由占有机关或占有辅助人为之，且在占有辅助关系范畴内，则应以其所属机关为拾得人，但若与所属机关的指示无关，则系个人行为，以行为人为拾得人。同时有数人发现并占有拾得物的，其数人为共同拾得人。依照我国民法的规定，拾得人因拾得行为不能取得遗失物的所有权，并应当承担妥善保管遗失物的义务。

在法律适用时应当注意，法律对遗失物拾得的规定与无因管理多有不同。因此，无因管理的规定只有补充适用的余地。

第三百一十七条　【权利人领取遗失物时的费用支付义务】权利人领取遗失物时，应当向拾得人或者有关部门支付保管遗失物等支出的必要费用。

权利人悬赏寻找遗失物的，领取遗失物时应当按照承诺履行义务。

拾得人侵占遗失物的，无权请求保管遗失物等支出的费用，也无权请求权利人按照承诺履行义务。

【条文疏义】

本条承袭了《物权法》第一百一十二条的规定。

一、奖励拾遗凸显的是软法之治

1. 现行有关遗失物的立法体现出了明显滞后性

自 2017 年 10 月 1 日《民法总则》施行以来，对于《民法典》编纂中关于遗失物制度中拾得人权利与义务的失衡，引起了学界的注意。综观国内外相关法律文献，对我国遗失物制度中拾得人之权利与义务的立法现状予以分析，就会得出在发生遗失物返还纠纷时，现行立法业已略显滞后性的结论。

因此在《民法典》遗失物制度的法条编纂过程中，只有充分贯彻公平与诚实信用等民事法律基本原则，不断完善拾得人权利与义务的相关规定，才能更好地解决遗失物返还纠纷。

2. 现行立法仅关注遗失人的权利却忽视了对其权利的保护

（1）遗失物拾得是物权法中的一个具体制度

我国现行立法对遗失人的权利给予了充分的关注，却忽视了对拾得人权利的保护。但伦理学上的性恶论以及经济学上的分析却使赋予拾得人权利获得了合理性。结合各国实践，学者一直建议我国立法赋予拾得人报酬请求权、留置权以及在一定情况下取得拾得物所有权的权利。[①]

（2）笼统的法律规定致使公安机关执行法律缺乏直接依据

对于公告期满后，无人认领遗失物，拾得人、有关部门支付的必要费

---

① 杜娟：《浅析遗失物拾得人的权利》，载《知识经济》2009 年第 7 期。

用如何主张，《物权法》及相关法律解释有待于进一步完善，就此，《民法典》物权编义不容辞。

（3）遗失物的必要费用偿还请求权的行使也于法无据

拾得人、公安机关等有关部门如何行使遗失物的必要费用偿还请求权也缺乏具体法律支持。《民法典》物权编第三百一十七条沿袭《物权法》第一百一十二条第一款规定，权利人领取遗失物时，应当向拾得人或者有关部门支付保管遗失物等支出的必要费用。只是关于必要费用的界定，一直无统一的标准和解释。

社会生活中，个体从拾得遗失物到返还或送交有关部门期间，对于如何履行通知、招领、保存遗失物的义务采取的措施不同。拾得人认为此项费用必要，权利人未必认同。受理遗失物的单位在保管遗失物等方面采取的措施亦各不相同。这些差异可能导致双方就必要费用偿还问题发生纠纷，这就需要相关法律解释对必要费用的标准予以细化具体，以此作为有关单位评判的依据。

3. 地方奖励返还拾得遗失物立法已在填补立法空白与缺漏①

据报道，广州市政府常务会议于 2015 年 10 月 12 日审议通过了新的《广州市拾遗物品管理规定》，其中明确规定，遗失物自发布招领公告之日起 6 个月内无人认领的，归国家所有；处理无人认领的物品后，公安部门按拾获财物价值 10% 的金额对拾得人给予奖励。②

有人评论说，奖励拾遗是法律之手介入了道德领域，不可避免地产生道德滑坡。可以认为，这种观点未免有失偏颇。其实，“失主领回遗失物时，可自愿以遗失物品价值 10% 的金额奖励拾遗者”，意味着奖励与否取决于失主，失主拥有较大的自主权。况且，类似条款对“水中捞车牌、索要高价报酬”等现象，能起到一定的规范作用，而这凸显的正是“软法”之治。

“软法”虽然不具备“一刀切”的强制力，但软法也有硬主张。以拾

① 朱增：《奖励拾遗凸显的是软法之治》，载《中国社会工作》2015 年第 33 期。

② 《广州市拾遗物品管理规定》，载《南方都市报》2015 年 10 月 13 日。

遗奖励10%为例，这既是对感恩文化的倡导，也是对道德洁癖的祛魅——义与利并非水火不容，而是可以有效互动进而彼此促进。①

二、遗失物拾得人的权利

1. 拾得人既有义务也有权利

拾得人拾得遗失物后，负有保管遗失物、通知所有人或者报告、公告、返还遗失物或者上交遗失物的义务。在负担以上义务的同时，也享有费用偿还请求权。拾得人对因遗失物所支出的费用，有权请求遗失物受领人偿还。这里的费用主要是保管遗失物或查明失主所支出的费用，如保管费、公告费及其他的费用。

2. 报酬请求权和接受权的行使

遗失物拾得人的报酬请求权，是指在遗失物拾得之情势发生时拾得人依法向失主主张酬劳的权利。遗失物所有人以悬赏广告的方式承诺给予报酬，或接受拾得物的时候主动给予拾得人报酬的，拾得人有权接受遗失物所有人给予的报酬。遗失物所有人以悬赏广告的方式承诺给予拾得人报酬的，应当主动履行悬赏广告的义务，支付拾得人相应的报酬。否则，拾得人有权要求遗失物所有人按照悬赏广告支付报酬。例外是，如果拾得人是负有特定义务的人，比如警察等，按照规定不能取得报酬的，无权索要报酬。

三、报酬请求权的物权法基础

1. 权利与义务不可分

报酬请求权是拾得人对拾得物返还要求取得一定报酬的权利，在拾得的过程中，拾得人在保管和返还中，也会付出一定的成本和代价，基于此，要求一定的报酬也有其正当性。物权法层面对于报酬请求权进行了规范，其取得需要拾得人完全履行了应该通知当事人并保管和返还遗失物的义务，如果没有这一前提，报酬请求权就不存在。②

---

① 胡一刀：《奖励拾遗10%凸显软法之治》，载《海峡导报》2015年10月。

② 王超：《基于物权法对拾得人报酬请求权的思考》，载《法制博览》2019年第6期（下）。

2. 不同的立法例理念其运行机理不同

关于拾得人报酬请求权的规定，域外历史上有两种立法与规定。一种是罗马法的无报酬请求权，另一种是日耳曼法的报酬请求权。西方国家大都采取日耳曼法的立法例，例如，《德国民法典》中规定拾得人可以要求受领人支付其相应的报酬。我国台湾地区适用的“民法”第805条也明确规定，“拾得人对于所有人，得请求其物价值十分之三报酬”。

3. 国外还有遗失物占有取得时效的理念

在《物权法》制定之初，我国尚处于社会主义初级阶段，经济水平相对欠发达，加之深受传统文化的影响，拾金不昧不仅是一种道德观念，更渗透到法律之中，成了公众所默认的道德要求，经过几千年的发展的习惯要求，甚至可以说是一种社会义务。受法制与经济发展水平的差异影响，在市场经济高度发达的国家，在关于遗失物物权的立法中，并没有全面否定遗失物拾得人取得遗失物所有权的主体资格。

故可见，我国遗失物拾得人物权相关制度的立法更偏向于对遗失物所有权人的保护，但忽视了对拾得人利益的保障，现如今这种立法规定明显已经不符合时代的发展趋势以及人们的本心认知。故而有许多学者认为，在民法典编撰的背景下，完善拾得人权利与义务的相关立法规定，不仅能减少遗失物返还纠纷的发生，还能对和谐社会的发展起到推动作用。[①]

4. 任何道德规范一旦负有了法律上的义务即为法律规范

可以看出，境外许多国家和地区对于拾得人的报酬请求权多予肯定，相应的报酬比例由法律直接作出规定。建立报酬请求权制度和满足一定条件后取得遗失物所有权的制度能够提高拾得人的积极性，促使拾得人妥善保管并归还遗失物，有利于弘扬中华传统美德，同时有利于降低在寻找遗失物过程中投入的时间等成本。在一定期限届满后遗失物仍无人认领时，

---

① 黄灿：《民法典编纂背景下遗失物拾得人权利与义务的相关法律问题研究》，载《中国集体经济》2018年第11期。

将遗失物所有权在纳税后归拾得人所有，会进一步鼓励拾得人归还上交的积极性，对于其他社会民众也能起到很好的引领作用。①

四、拾得人侵权之法律适用

本条同时规定，在拾得人侵占遗失物时，丧失费用和报酬请求权。

拾得人侵占遗失物，是指拾得人拾得遗失物后，据为已有，拒不返还，也包括拾得人对遗失物的不法处置的情形。在拾得人拒不返还拾得物情况下，拾得人拒绝履行其应尽的法定义务，显然是有过错的，而因其不履行法定义务而支付的费用，仍要求由失主承担，这不仅不符合公平原则，而且在实际上是鼓励和纵容拾得遗失物后拒绝返还的行为，从而完全违背了公平正义观念。拾得人侵占遗失物，据为已有，拒不返还或非法处置，既违背了法定义务，因而也丧失了其相应权利，无权请求失主给付遗失物的保管费等必要费用或者报酬。主要表现为两种情况：

其一是拾得人将遗失物据为己有而自行使用收益，拾得人将丧失报酬请求权与取得遗失物所有权的权利，还可能构成侵权或不当得利。

其二是拾得人据为己有而加以处置。如拾得人将遗失物转让或出质等。在此场合，拾得人虽应负第一种情形的各种责任，但对受让人或质权人则应依善意或恶意而定，以保护善意受让人或质权人的利益。

【典型案例】

男子捡钻戒误认是假货而扔掉被判赔偿4.6万元②

——拾得人恶意占有的后果

基本案情

新京报快讯　王某的订婚钻戒在停车场不慎丢失，捡拾者张某自称以为是假钻戒随手丢弃，无法归还。

---

① 马宁：《拾得遗失物中拾得人的权利保护》，载《法制与社会》2019年6月（下）。

② 参见《男子捡钻戒误认假货扔掉　被判赔偿4.6万元》，载《新京报》2010年7月28日。

王某说，遗失钻戒是男朋友赠送的，价值4.6万余元，作为两人的订婚信物，有重大意义。2009年7月9日上午11时许，王某在该区一停车场内不慎将钻戒丢失。随后，王某向警方求助。民警调取事发地点的录像资料，发现是张某拾得了钻戒。

在警方的帮助下，王某找到了张某，对方认可捡到钻戒，但拒绝返还。张某自称，当时认为戒指是假的，就随手扔掉了。

无奈之下，王某将张某告上法庭，要求赔偿钻戒损失4.6万余元。

此案开庭时，张某称确实曾经捡到了一枚戒指，但当时认为这是假钻戒便随手丢弃，也没有在意。对于王某丢失订婚钻戒一事，他表示惋惜，但不同意赔偿4.6万余元。

法院审理后认为，张某拾得遗失物未妥善保管，且具有主观故意造成损失，应向王某赔偿4.6万余元。

法官说理①

一、理想的道德化立法加重了拾得人的义务和责任而对其权益的保障不力

拾得遗失物于《民法通则》第七十九条仅作了概括性的规定，《物权法》对此问题虽作了相对比较具体的规定，欲明确拾得人和权利人双方的权利义务，但依然难以规制有关法律关系。

解读我国关于拾得遗失物现行法律规定，可以看出，报酬请求权的缺失和遗失物权属规定不尽合理，使得当事人权利义务不平等。法律规定相对简单，可操作性有待提升，部分事项存在空白和漏洞，责任追究和权利救济缺乏具体的法律依据，不利于实践中遗失物返还。

二、明确了拾得遗失物的返还与送交义务但并没有取得遗失物所有权

法律规定首先明确，拾得人知道权利人的，有义务及时通知权利人领

① 冯蓉：《关于拾得遗失物相关法律问题的探析》，载陕西法院网，sxfy.chinacourt.gov.cn/，最后访问时间：2020年9月22日。

取，不知道权利人的，有义务交存有关部门（主要指公安机关），即通知或者交存义务。明确了遗失物的保管义务为无因管理。其次《民法典》物权编所沿袭的《物权法》第一百一十一条规定：“拾得人在遗失物送交有关部门前，有关部门在遗失物被领取前，应当妥善保管遗失物。因故意或者重大过失致使遗失物毁损、灭失的，应当承担民事责任。”明确拾得人应当尽到“善良管理人”的注意义务，妥善保管遗失物，对因故意或重大过失以外的情形导致遗失物毁损、灭失的，拾得人不承担责任。

对无人认领的遗失物的处分，《民法典》物权编所沿袭的《物权法》第一百一十条规定：“有关部门收到遗失物，知道权利人的，应当及时通知其领取；不知道的，应当及时发布招领公告。”第一百一十三条规定：“遗失物自发布招领公告之日起六个月内无人认领的，归国家所有。”规定了有关部门在收到遗失物后负有通知和公告义务，但也反过来否定了拾得人的取得所有权。

三、法律规定了必要费用偿还请求权但并未赋予拾得人报酬请求权

《民法典》物权编第三百一十七条沿袭《物权法》第一百一十二条规定：“权利人领取遗失物时，应当向拾得人或者有关部门支付保管遗失物等支出的必要费用。权利人悬赏寻找遗失物的，领取遗失物时应当按照承诺履行义务。拾得人侵占遗失物的，无权请求保管遗失物等支出的费用，也无权请求权利人按照承诺履行义务。”这一条规定了拾得人和保管机关的权利，享有必要费用的偿还请求权。同时，本条规定了如果拾得人主观上有将遗失物据为已有的意思，则无权主张偿还费用，也无权要求悬赏广告发布者兑现其承诺。

四、我国现行拾得遗失物制度已经不再适应社会现实需要

随着市场经济的发展和社会公众观念的转变，我国拾得遗失物制度已经不符合社会现实需要，导致实施效果反而有悖于立法初衷。司法实践之中暴露出的漏洞和不足都亟待改进，所以应当区分对待道德规范和法律规范，建立拾得人报酬请求权制度和留置权，进一步规范和细化拾得人权利和义务，明确法律责任，以更好地保护人民财产权益，平衡各方利益和解决纠纷，稳定市场经济秩序。这自是《民法典》物权编有关制度设计的题中应有之义。

案件评述

一、遗失物的保管义务应为无因管理

本条规定了拾得人和保管机关的权利，享有必要费用的偿还请求权。必要费用是拾得人为避免遗失人利益受到损失进行管理或服务而支付的合理费用，包括管理费、维护费、公告费和交通费等，但主张这些费用需举证证明。法律没有赋予拾得人报酬请求权，但也没有禁止，只是明确了悬赏广告作为例外情形，拾得人有权依据广告中承诺的报酬内容向失主主张。

同时，本条规定了如果拾得人主观上有将遗失物据为已有的意思，则无权主张偿还费用，也无权要求悬赏广告发布者兑现其承诺。本案中，当事人捡到王某的订婚钻戒，没有积极寻找失主，自称以为是假钻戒而随手丢弃，难以排除具有据为已有的意思，则对于支出的费用无权主张偿还，即便是合理支出的费用也没有请求偿还的权利。

二、域外对于遗失物保管的处理

域外对返还遗失物是拾金不昧还是获取报酬，有不同规定。例如，《德国民法典》第970条规定了偿还费用：拾得人出于保管或保存遗失物的目的，或出于查明有权受领人的目的而支出拾得人依当时情况认为必要支付的费用者，得向有权受领人请求偿还之。第971条规定了拾得人的报酬：

1. 拾得人得向有权受领人请求拾得人的报酬

《德国民法典》规定，遗失物价值在1000马克以下者，其报酬为5%，超过此数部分，依价值的3%，关于动物，依价值的3%。如果遗失物仅对受领人有价值的，拾得人的报酬应按公平原则衡量确定之。

《日本遗失物法》第3条规定了费用负担：遗失物的保管费、公告费及其他必要费用，由受物品返还的人或取得物品的所有权而将其领取的人

负担。第4条规定了酬劳金：受物品返还的人，应向拾得者给付不少于物品价格5%、不多于物品价格20%的酬劳金。但国库或其他公法人不得请求酬劳金。第9条规定了拾得人的权利丧失：因侵占遗失物或其他准用本法规定的物品而受处罚的人，及自拾得之日起7日内不办理第1条第1项、第11条第1项手续的人，丧失受领第3条费用及第4条酬劳金的权利及取得遗失物所有权的权利。

我国台湾地区适用的“民法”第805条规定，遗失物拾得后6个月内，所有人认领者，拾得人或警署或自治机关，于揭示及保管费受偿还后，应将其物返还之。拾得人对于所有人，得请求其物30%之报酬。我国《刑法》规定：将代为保管的他人财物非法占为己有，数额较大，拒不退还的，处2年以下有期徒刑、拘役或者罚金；数额巨大或者有其他严重情节的，处2年以上5年以下有期徒刑，并处罚金。将他人的遗忘物或者埋藏物非法占为己有，数额较大，拒不交出的，依照前款的规定处罚。

拾得人拾得遗失物，有人主张拾得人应获得报酬，遗失物所有人不支付酬金的，拾得人享有留置权。立法及《民法典》物权编编纂中均未采纳这种意见。路不拾遗、拾金不昧始终被我国推崇为高尚的道德风尚，立法要有价值取向，弘扬中华传统美德。拾得人因拾得遗失物、寻找遗失物丢失人、保管遗失物而实际支付的费用，可以按无因管理请求遗失物所有人偿还。无人认领的，由公安机关在上缴国库前支付。

2. 违反法定义务请求权即告消灭

拾得人违反报告义务，或在询问时隐瞒遗失物的，上述请求权即告消灭。《德国民法典》第972条规定了拾得人的留置权：拾得人可基于费用偿还请求权与报酬请求权对遗失物实施留置。第978条规定在公共行政机关或者交通机构中拾得：拾得人为该机关或该交通机构的公务员，或拾得人违反交存义务时，无此请求权。《瑞士民法典》第722条规定：（1）遗失物交与失主的，拾得人有请求赔偿全部费用及适当拾得报酬的权利。（2）住户人、承租人或公共场所管理机关在其住宅内或在其管理的公共场所拾得遗失物，无拾得报酬请求权。

拾得人如若隐匿遗失物据为己有的，自构成侵犯所有权。遗失物所有人可以请求拾得人偿还，公安机关可以责令拾得人缴出。拾得人丧失报酬和费用请求权。拾得人将数额较大的遗失物据为己有，拒不交出的，构成犯罪，依刑法惩处。

第三百一十八条　【无人认领的遗失物的处理规则】遗失物自发布招领公告之日起一年内无人认领的，归国家所有。

【条文疏义】

本条基本沿用了《物权法》第一百一十三条的规定，但将无人认领的公告期由六个月延长为一年。

一、遗失物归属之规定的落后

遗失物不是无主物，从法律属性上看，应为“占有脱离物”法律规定拾得人的通知、送交有关部门和返还权利人的义务以及有关部门通知和发布公告的程序，都是对权利人的保护。但在招领公告期满而无人认领时，遗失物的法律性质发生变化，扣除遗失物的保管费等必要费用后，归国家所有。

二、物权法的主旨在于物尽其用且定分止争

随着社会经济的发展，物尽其用原则已经深入人心，市场流通也需要发挥物的最大价值。因此，《物权法》第一百一十三条对遗失物自发布招领公告之日起6个月内无人认领归国家所有的规定已经不适应社会的发展，实则不符合市场竞争的原则，过于强调国家利益而忽略个人利益也不利于激励拾得人履行义务和寻找失主的积极性。况且，国家在取得拾得物的所有权后，不一定就能直接利用该拾得物。当拾得物为金钱以外的动产时，国家还需花费一定的费用对拾得物进行管理、拍卖、返还拾得人或上交拾得物。这在无形之中降低了遗失物的利用价值，不利于实现社会财富的最大化。①

【典型案例】

海事部门救助的“三无船舶”被认定为无主财产

——公告期满无人认领可予以拍卖

基本案情

2016年10月20日，温州海事局接到群众报警，发现一艘船舶搁浅在瓯越大桥下游潜坝上。经查，该船装载有燃料油，未携带任何证书，无任何能够表明船舶身份的标识，也无船员在船。温州海事局立即开展救助，并于当天将船舶脱浅后转移至浙江华航实业有限公司船坞内存放，船上油品转驳至海远公司的“海远1”邮轮上存放。

经温州海事局进一步调查，未找到该船船员和船东，遇险船舶也没有任何证书或能够显示其身份的标识，船舶所有权情况无法证实，也无任何人对该船主张所有权。由此，向宁波海事法院申请认定财产无主。

法院审理

宁波海事法院经审查，于2017年1月5日作出（2016）浙72民特728号民事裁定，拍卖涉案无名船舶及船载油品，经委托评估，船载油品计169吨。

2017年7月18日和20日，上述无名船舶和船载油品分别以10.7万元、62.4万元的价格由买受人浙江华航实业有限公司和段某买受。法院分别于2016年12月18日和21日在《浙江法制报》和《人民法院报》发出认领上述财产的公告，法定公告期间为一年，期间内无人认领上述财产。

---

① 岳强：《我国遗失物式的制度之重构》，载《政治与法律》2017年11月。

法院经审理认为，人民法院受理认定财产无主申请后，经审查核实，发出财产认领公告满一年无人认领的，判决认定财产无主，收归国家或者集体所有。依照《民事诉讼法》第一百九十二条之规定，判决如下：温州海事局于2016年10月20日发现搁浅在温州瓯越大桥下游潜坝并于次日经救助脱浅的无名船舶1艘及船载油品169吨为无主财产，拍卖所得价款合计73.1万元在扣除公告、评估以及为保存、拍卖该无名船舶及船载油品产生的费用后，余款收归国家所有。

案件评述

一、本案是宁波海事法院近十年首例无主财产认定案件

据媒体报道，温州水域已发生多起无人认领船舶及船载货物情形，装载油品或冷冻食品，船舶发生险情后，无人认领，无人管控。

本案的典型意义在于，为海事部门依法加强对海上无主船舶、货物、漂浮物的管制，解决管理和处置财产需要支出的必要费用提供了司法支持。虽然法律没有明确申请认定财产无主的申请人的范围，但是对于一般人来说，其对于海上无主财产并无关注、管理的需要，且处置财产的所得款项归国家所有，不能由申请人获得，故不会向法院申请认定财产无主并积极采取措施处置财产。海事部门作为负责海上安全与船舶管理的行政机关，依据《民法通则》第五十条、《民法总则》第九十七条规定，可以从事与职权有关的民事活动，包括对无主财产的管理和申请法院认定无主。

海事部门一方面负有职责确保海上停放或漂浮的船舶、物品处于安全状态，不会对航行安全造成妨碍；另一方面由于此类财产没有登记信息，长时间联系不到所有人、经营人，海事部门无法通过对人的管理实现对财产安全的控制，亟须在法律上督促权利人履行对该财产的安全管理责任，而申请认定财产无主是最为有效的督促方式。支持海事部门申请海上财产无主，有利于帮助其依法履职，维护航行安全和船舶登记管理秩序。另外，对于无主财产的处置，法院支持了海事部门提前处置的要求。无主财产往往价值不大，但是缺乏管理，导致船舶、货物状况不佳，如继续

存放至一年公告期满后，财产价值可能趋于极低，甚至往往发生财产处置费用超出财产价值的现象。对无主船舶而言，一年公告期内的看管、停泊等费用不菲，而无主船舶只能依法拆解，拆解所得款项可能不足以支付上述费用。

综上，在法律没有禁止的情况下，法院参照《海事诉讼法》规定的精神，及时变现无名船舶及船载油品，避免了损失持续产生和财产保管风险，同时在海事部门监督下由船舶买受人拆解报废无名船，防止重新流入运输市场从事非法运输，也为后续处理同类案件提供了可资借鉴的范例。

二、启动司法程序来认定“财物无主”

认定财产无主案件，是指人民法院按照特别程序依法将某项财产宣布为无主财产，判归国家或集体组织所有的案件。认定财产无主是合法取得权属状况不明的财产的前置条件。部队在职务主管范围内发现财产，对于长期无人认领的，可以参照适用民法中关于“无主财物”的处理程序。

无主财物处理程序如下：

1. 申请

依《民事诉讼法》第一百九十一条第一款的规定，申请认定财产无主，由公民、法人或其他组织向财产所在地基层人民法院提出。申请人可以是“有关机关、企业事业单位、基层组织或者个人”。有关单位包括：财产的发现人、财产所在地的基层组织或者基层人民政府等。法人或其他组织提出申请，主要包括在其主管范围内发现了无主财产。

2. 管辖

审理认定财产无主案的管辖权是财产所在地的基层人民法院。这样规定便于法院了解无主财产的情况，便于寻找财产的原所有人，便于法院及时作出裁判。《民事诉讼法》第一百九十二条规定，人民法院受理申请后，经审查核实，应当发出财产认领公告，公告满一年无人认领的，判决认定财产无主，收归国家或者集体所有。《民事诉讼法》第一百九十三条还规定，判决认定财产无主后，原财产所有人或者继承人出现，在民法通则规定的诉讼时效期间可以对财产提出请求，人民法院审查属实后，应当作出新判决，撤销原判决。

照此方案进入民事处理程序的，公告期限较长且必须由法院来进行公告，最终的裁决处理权仍在法院，事后可能需就财产上缴国库之后的返还、补贴与法院协调，操作起来也相对烦琐，时间较长。但法院依法律程序裁决是解决财产争议的终局性手段，法院有权力也有职责依法定性处理。

三、各国关于遗失物归属问题的立法例

在遗失物归属问题的立法上，罗马法不承认拾得遗失物为所有权之取得方法，规定“拾得遗失物者，于有失主前，负有保管遗失物之义务，不能取得其所有权”，而只能依无因管理，要求失主赔偿费用，且无权请求报酬。

日尔曼法则规定：“遗失物的拾得人，应当向有关机关呈报，或者应当催告失主认领，将原物交还失主，并由失主向拾得人支付报酬；如果遗失人不认领，则遗失物由国库、寺院、拾得人按法律规定的比例分享。”

我国现行法律规定，拾得人拾得遗失物之后无论经过多长时间或为何种行为，均将确定地不能取得遗失物的所有权。拾得人此时虽也不能如先占那样当然地立即取得遗失物的所有权，但拾得人在履行一定程序，尽相应的义务后，便可取得遗失物的所有权或其他权利。按照此种主义，拾得人对于拾得物将永无取得所有权的可能，且拾得人即使拾得价值极小的物，如一分钱的硬币，也不能取得其所有权，而应还于遗失人。这种立法，对市民社会中的人的行为提出了较高的要求。

四、遗失物所有权归属的确定方式

对于遗失物所有权归属的确定，应当从我国国情出发，考虑我国法律传统，不应照搬国外立法，但可借鉴其合理成分，对我国现有立法加以改进。具体方案是以遗失物价值的不同来确定所有权归属。

1. 拾得人时效取得

即价值低于一定标准的遗失物，拾得人经过声明而于法定时间无人认领者，即由拾得人享有所有权之取得权。在此之前，立法应对拾得人对拾得物的占有加以保护。从逻辑上说，拾得人发现并占有遗失物是遗失物拾得效力产生的前提，而且正是基于这种占有才使得拾得人享有了诸如报酬请求权、所有权取得权等权利。因此，这种占有作为合法占有应当加以保护。

2. 价值高于该界限的则应当向有关机构提存

经过公告招领于法定期限无人认领者，所有权归国家享有。拾得人有权取得报酬。应当认为，大额遗失物归国家所有将有利于国家建设，个人取得报酬亦很合理。

通说认为，对无人认领之遗失物的归属不作规定，遗失物从拾得后到被所有人认领前，其所有权处于不确定状态，如果使这种不确定状态一直持续下去，就不利于稳定社会关系，也不利于市场交易和商品流通。因此，在遗失物经一定期限公开招领后，仍未有失主认领的情况下，法律必须对遗失物之归属予以确定。不论谁最终取得遗失物的所有权，都理应扣除遗失物的保管费以及通知、发布公告等必要费用。

第三百一十九条　【拾得漂流物、埋藏物或者隐藏物】

拾得漂流物、发现埋藏物或者隐藏物的，参照适用拾得遗失物的有关规定。法律另有规定的，依照其规定。

【条文疏义】

本条沿用了《物权法》第一百一十四条之规定，仅作文字修订。

一、漂流物、埋藏物、隐藏物有其特定含义

1. 漂流物

漂流物是指所有人不明，漂流于江、河、湖、海、溪、沟上的物品，也包括随山洪等水流运动而漂流发生位移的物。

2. 埋藏物

埋藏物是指埋藏于地下的物。

3. 隐藏物

隐藏物是指放置于隐蔽的特定场所或他物之中，不容易从外部发现的物。

二、拾得漂流物、发现埋藏物或者隐藏物为事实行为

拾得漂流物、发现埋藏物或者隐藏物是指认识漂流物、埋藏物或者隐藏物的所在而予以占有的事实，其性质与先占、遗失物的拾得相同，皆属事实行为。作为原始取得，其不以发现人有行为能力为必要，所以即使为限制民事行为能力人所为的发现，也属有效。

发现埋藏物是所有权的取得方式之一，我国法律采用的是"所有人不明者国家取得所有权主义"，即如果无其他相反的证据，发现的所有人不明的埋藏物或隐藏物的所有权由国家取得。在埋藏物、隐藏物中，有些是具有历史、艺术和科学价值的文物，这些文物并非所有人不明的物，根据相关文物立法的规定，应当是国家所有的财产。

三、有关物权变动"举重明轻"参照相关规定执行

拾得漂流物、发现埋藏物或者隐藏物参照适用拾得遗失物的有关规定，也就是漂流物拾得人、埋藏物或者隐藏物发现人有通知所有人、送交有关机关和妥善保管的义务，同时有请求给付必要费用和报酬的权利。有关部门应当及时通知权利人或发布招领公告。权利人领取漂流物、埋藏物或者隐藏物时未支付保管费等必要费用的，漂流物拾得人、埋藏物或者隐藏物发现人或者有关部门有权留置遗失物。漂流物拾得人、埋藏物或者隐藏物发现人侵占漂流物、埋藏物或者隐藏物的，无权请求必要费用或者报酬。漂流物、埋藏物或者隐藏物自发布招领公告之日起一段时间内无人认领的，扣除保管费等必要费用后，归国家所有。

【典型案例】

对“彭州乌木案”的思考[①]

——发现埋藏物的所有权归属

基本案情

2012年2月8日，四川省彭州市通济镇麻柳村17组村民吴甲亮在吴乙惠自家承包地中发现并掘出几根乌木，其中，一根乌木长达34米、胸径约1.5米、重达60余吨，据有关人员估算，这根乌木的价值高达1000余万元人民币。

吴甲亮认为，该乌木是吴乙惠的承包地里产生的孳息，应为吴乙惠取得乌木所有权。但当地政府认为，地下三尺为国家，且乌木挖出地为国家河道，故7根乌木应为国家所有，后乌木最终被政府挖掘并收走。由于吴甲亮认为政府收走承包地中乌木的做法违法，因而其以当地政府为被告向成都市中级人民法院提起了行政诉讼。

法院审理

该案经过成都市中级人民法院和四川省高级人民法院两级法院审理，经审理后，作出驳回起诉的裁定。

但不论是成都市中级人民法院还是四川省高级人民法院都只是认为，涉案乌木的挖掘地不是吴甲亮的承包地，故吴甲亮不具主张权利的主体资格。至于该乌木究竟应适用什么法律作为处理的依据及归属，并没有涉及。

案件评述

一、“乌木”权属纠纷的法理分析

1. 埋藏物的概念

对于埋藏物的概念，我国法学界学者们的说法各不相同。梁慧星先生认为，埋藏物是指埋藏于土地及他物中，其所有权归谁所属不能判明之动

① 钟琴：《对彭州乌木案的思考》，载《湖北警官学院学报》2013年第5期。

产。王泽鉴先生认为，埋藏物是指埋藏于他物之中，而不知属于谁所有的动产。[①] 谢在全先生认为，埋藏物是指隐藏于他物之中，而其所有人不明之动产。[②] 虽然学者们的说法不太相同，但其观点大体一致，可以归纳为：埋藏物须隐藏在其他物体中，其所有人不明确，是动产。

2. 无主物的概念

（1）无主物即“所有人不明”之物

其是指依物的性质或存在的状态，社会观念上足以推知其曾为人所有且现在仍为其人或其继承人所有，但是在发现时任何人都不能证明自己是所有人的动产。通说认为，“所有人不明”是指根据物之性质、埋藏之状态、埋藏之时日等客观因素足以推知其曾为人所有且现在仍为人所有，但所有人究竟是谁，又无法断定的情形。从学者们对埋藏物所有人不明的界定中，可以看出埋藏物本来是有主物，只是由于某些原因而使所有人不明确，这是与先占对象是无主物的最大不同之处。

（2）动产成为无主物主要分自始无主和抛弃行为两种情形

无主物是指现在不属于任何人所有之物，而不论过去该物是否有主。无主物主要包括野生动植物、其他自然物和抛弃物。无主物适用先占制度，先占指已经所有的意思，先于他人占有无主的动产而取得其所有权的事实。我国《物权法》对先占制度并未明确规定，但在实践中，先占取得作为习惯规则是得到人们承认和保护的。

《民法典》物权编第三百一十九条规定：“拾得漂流物、发现埋藏物或者隐藏物的，参照适用拾得遗失物的有关规定。法律另有规定的，依照其规定。”此为有关制度的完善打开了一条法律通道。

3. 先占取得制度与埋藏物发现制度是有较大区别的

先占制度针对的对象是无主物，而从埋藏物的对象中可推断出其原本

① 王泽鉴：《民法物权：通则·所有权》，中国政法大学出版社 2001 年版，第 293 页。
② 谢在全：《民法物权论》（上册），中国政法大学出版社 1999 年版，第 251 页。

是有主的。大多数所有人不明的埋藏物一般都可以推断出其是有人特意埋藏或隐藏起来的，而在无主物中自始无主的动产大多数都是自然界本身存在的，当然这里要排除法律规定的属于国家所有的野生动植物资源。

二、乌木属于埋藏物还是无主物

要判断乌木是属于埋藏物还是无主物，关键是看乌木是有主物还是无主物。

乌木之所以价值这么高，是因为在几千年的地质活动中，木材在缺氧、高压的状态下发生了质变，且乌木数量稀少，为不可再生资源。在乌木形成过程中占主要地位的是自然之力，几千年前几乎没有人会特意埋下木材让其变成乌木，事实上乌木已经并非“金丝楠木”而是其“死体”，已不属于法律规定的属国家所有的野生动植物资源的范畴。因此，可以推断出乌木属于无主物，应依据民法原理和习惯规则，适用先占取得制度，归先占人所有。

三、对乌木归属的评析

在“彭州乌木案”中，政府认为乌木属所有人不明的埋藏物，应归国家所有。其依据的是《民法通则》第七十九条的有关规定，所有人不明的埋藏物、隐藏物，归国家所有。接收单位应当对上缴的单位或者个人，给予表扬或者物质奖励。同时，《物权法》第一百一十四条也规定，拾得漂流物、发现埋藏物或者隐藏物的，参照适用拾得遗失物的有关规定。法律另有规定的，依照其规定。

很多学者认为，乌木应属于无主物，适用先占规则，归先占人所有。[①] 在目前立法对先占制度规定得不够完善的情形下，由先占人即吴甲亮按民法先占原理和习惯取得乌木实在是无可厚非的。“乌木案”中政府奖励给乌木发现者吴甲亮7万元，奖励的金额也无法律依据，完全取决于政府单方面想法，极易造成政府侵害先占人利益的局面。梁慧星教授认为，对于

---

① 金可可：《论“狗头金”、野生植物及陨石之所有权归属——再论自然资源国家所有权及其限度》，载《东方法学》2015年第4期。

重要的考古、艺术、文化价值的埋藏物，归国家所有，但发现人有权请求相当于埋藏物价值30%的报酬。

目前，我国《物权法》对于先占制度并无明文规定，应依据民法原理和社会习惯，由先占人对发现之物享有所有权，而不是由国家所有。当然，前提是发现物不属于法律明确规定的属于国家所有的文物和珍稀野生动植物。此案中，乌木不属于法律规定的文物和珍稀野生动植物，是无主物，应归发现人所有。国家相对于个人来说处于强势地位，不应利用其优势地位与个人争夺利益。一直以来，在社会实践中对于无主物归先占人所有的情形是普遍存在的，如摘野果、打野兔等，为什么乌木的出现就引起如此大的争议呢？

学界认为主要有三个方面的原因：其一，对于无主物与埋藏物的界定不清楚；其二，我国对于先占制度无明确的法律规定；其三，乌木的价值现时比较巨大。因此，对立法的完善自然势在必行。

四、新中国民法典应完善先占立法

1. 乌木等应予合宪性限缩解释不宜直接由国家取得所有权。宪法中的国家所有和私法中的国家所有具有法秩序的一致性，后者是前者所具有的国家内容实现义务功能的展开方式之一，同时要受到前者的约束，两者共享了规制这个规范目的。并非所有财产都应采取国家所有方式实现规制目的，选择何种规制方式应考量多个因素并按照比例原则进行审查。在乌木情形中，对乌木挖掘的负外部性的消除不应以将乌木归属于国家所有的规制方式实现，相关的私法规范应据此予以解释，甚至进行合宪性的目的性限缩，乌木不能由国家直接享有或取得所有权。①

2. 明确埋藏物的概念和无主物的范围及二者的区分标准

对于埋藏物概念的规定，不应作扩大解释，应限定在能推定其曾经是

① 朱虎：《国家所有和国家所有权——以乌木所有权归属为中心》，载《华东政法大学学报》2016年第1期。

有主的，明确其对象是有主物，如果将埋藏物扩大到包括所有人不明的无主物，那么就没有必要规定先占制度了，只需按照埋藏物的相关规定适用。在实在无法确定物体到底是有主物还是无主物的情况下，应推定该物为无主物，适用先占原则。

对于无主物的范围，可通过排除方式进行确定，国家应明确规定属于国家和集体所有的财产。既不属国家和集体所有，也不属他人所有的物体即为无主物，应由先占人所有。此为公法"法律保全原则"的基本含义。

3. 明确规定先占制度以规定无主物归先占人所有

明确规定先占制度，规定无主物归先占有人所有，同时，也应规定不适用先占原则的物体。如以下动产不得依先占取得：

（1）不融通物，如枪械、毒品等；（2）因诚信原则或善良风俗而不应认定为无主物的物品，如被抛弃的遗体；（3）他人享有排他的先占权的动产；（4）被国家文物保护法和珍稀野生动植物保护法明文保护的文物与珍稀野生动植物；（5）法律规定其他属于国家所有的物品。

4. 对价值极高的无主自然物或文物规定归国家所有，但发现人享有报酬请求权

《瑞士民法典》第724条也有相关规定，学术价值极高的无主自然物或文物，一经发现，归发现地的州所有；同时，自然物或文物发现人及埋藏物的埋藏地所有人，有请求相当报酬的权利，但报酬的数额不得超过该物本身的价值。

故在我国《民法典》编纂过程中，有学者曾建议，立法应借鉴《瑞士民法典》规定：对于学术、文化、考古价值极高的无主自然物或文物归国家所有；对于可以用经济价值衡量的无主物，给予发现人20%～30%的报酬；对于无法用经济价值衡量的无主物，根据实际情况给予一定报酬。

第三百二十条 【从物随主物转让规则】主物转让的，从物随主物转让，但是当事人另有约定的除外。

【条文疏义】

本条沿用了《物权法》第一百一十五条的规定。

一、主物与从物是根据两个物之间的相互关系所作的分类

物都能单独存在，但就其效用观察，并非都能单独使用。凡是必须合并使用才能实现其经济效益的物，且从中能看出主从关系时，这些物就有主物和从物的区别。故而可以客观认为，对于两个相互独立的物却在用途上存在主从关系。换句话说，同属于一人所有的两个独立存在的物，结合起来才能发挥经济效益的，即构成物的主从关系。

所谓主物是指独立存在，与同属一人所有的其他独立物结合使用中起主要效用的物。

主物是能够单独使用的物，所谓从物则是两个独立物结合使用中处于附属地位起辅助配合作用的物，也称附属物。从物是主物的附属物，它不能单独使用，只有在与主物合并使用时才能发挥作用。两者的关系如锁与钥匙、船与桨、表与表链、机器与引带等，前者是主物，后者是从物。

二、"从随主"原则是民法支配法律关系的重要原则

1. 从物随主物而移转但主物却不随从物而移转

所谓"从随主"原则是指在民事法律关系中居于从属地位者往往因居于主要地位者的变动而受到影响的原则。反言之，"从随主"原则即"主不随从"原则。

"从随主"原则涉及民事法律关系的各个层面，在民事法律关系中居举足轻重的地位。就法律关系主体而言，有从债务人随主债务人；就法律关系客体而言，有从物随主物；就法律关系内容而言，有从权利随主权利；就法律关系的变动而言，又有从法律行为随主法律行为。故可见，法律关系的方方面面莫不与"从随主"原则相关，并且受其支配。"从随主"原则在民事法律关系乃至整个民法中的重要价值，不言而喻。

2. 依传统理论“从随主”原则一般包括的内容

(1) 从物随主物权利的变动而变动

物是重要的民事法律关系客体，民法上的“从随主”原则最早源于“从物随主物”。所谓“从物随主物”是指如法律或合同没有相反规定，从物的归属应以主物的归属而定，即让与主物的效力及于从物，在主物上设定抵押权的效力及于从物，因主物的瑕疵解除合同的效力及于从物。

(2) 从权利随主权利的变动而变动

即从权利的发生以主权利的有效存在为前提；从权利随主权利的转移而转移；从权利也随主权利的消灭而消灭。其具体形态包括：担保物权从属于被担保的物权；利息债权从属于原本债权；地役权从属于需役地之所有权。

(3) 从义务随主义务的变动而变动

保证债务附属于主债务；附负担之赠与的受赠人的负担义务附属于赠与人的赠与义务。

(4) 从法律行为随主法律行为的变动而变动

如定金合同附属于主合同。

3. “从随主”原则已为传统民法理论所公认

“从随主”是从具体条款中归纳出的一般性的原则。

鉴于各国民法典并未将“从随主”上升为一般条款，只是分散地规定或隐存于具体的法律条款之中。我国民法著述至今均未将“从随主”原则作出总括性的一般论述，《民法通则》也并未设此原则的一般条款，但毋庸置疑的是，我国民法的一些条款及最高人民法院的司法解释之中，均已体现或贯彻了“从随主”原则。

例如，《民法通则》当时在债权部分规定了保证、抵押、留置这些担保方式，这种立法例以“从随主”原则作理论根据，即担保物权（抵押权、留置权）从属于被担保的债权，保证债务从属于主债务；定金合同从属于主合同。《最高人民法院关于贯彻执行〈中华人民共和国民法通则〉若干问题的意见（试行）》第八十七条规定："有附属物的财产，附属物随财产所有权的转移而转移。但当事人另有约定又不违法的，按约定处理。"本规定即"从随主"原则的体现。

因此，从上述具体规定中均可推导出"从随主"原则在我国的一般适用性。[①]

在司法实践中，就抵押物的从物而言，根据《最高人民法院关于适用〈中华人民共和国民法典〉有关担保制度的解释》第四十条的相关规定，从物产生于抵押权依法设立前，抵押权人主张抵押权的效力及于从物的，人民法院应予支持，但是当事人另有约定的除外。从物产生于抵押权依法设立后，抵押权人主张抵押权的效力及于从物的，人民法院不予支持，但是在抵押权实现时可以一并处分。

【典型案例】

王某宏等与权某之间用益物权纠纷案[②]

——主物与从物的关系

基本案情

2009年1月4日，王某宏与鸿癸公司签订商品房买卖合同，购买了该公司开发的18号楼3单元3×2室、4×2室、5×2室的房产，建筑面积为250.71平方米，其中套内建筑面积为218.45平方米，公共部位与公用房屋分摊面积为32.25平方米，该合同特别约定"地下室：12号至18号，买受人拥有地下室的使用权，车位：赠送"。

2012年3月16日，王某宏与刘某签订借款合同，该合同约定王某宏将坐落于鸿泰花园18号楼3单元3×2室、4×2室及5×2室阁楼抵押给刘

① 孔祥俊、汤维建：《民法上的"从随主"原则》，载《法学研究》1992年第2期。
② 参见权某与王某宏用益物权纠纷案，江苏省徐州市中级人民法院，（2017）苏03民终2425号。

某，双方签订了房地产抵押合同并办理了公证，因王某宏未能清偿债务，刘某主张行使抵押权，后其取得该房产的产权。

2015 年 9 月 16 日，权某与刘某就上述房产签订存量房交易合同，交易价格为 96 万元，出卖的标的物为鸿泰花园 18 号楼 3 单元 3×2 室、4×2 室及 5×2 室阁楼，建筑面积为 250.71 平方米。后双方均按照合同履行了各自的义务。权某认为其应享有 18 号楼 3 单元 12 号至 18 号地下室的使用权，故诉至法院。

法院审理

一审法院经审理认为，王某宏与刘某签订的房地产抵押合同约定将房屋抵押给刘某，刘某实现抵押权后，与权某签订的存量房交易合同均未对 12 号至 18 号地下室的归属作出约定，该地下室虽不具独立的产权，但本案系争的 12 号至 18 号地下室在 18 号楼 3 单元 ±0 基础之上，该单元 1×2 室、2×2 室和 3×2 室、4×2 室、5×2 室（阁楼）分别属于独立的两处房产，开发商在销售房产时已将地下室与 3×2 室、4×2 室、5×2 室（阁楼）房产，车库与 1×2 室、2×2 室搭配销售，该地下室不具独立的产权，只有与 3×2 室、4×2 室、5×2 室（阁楼）房产结合才会发挥更大的效用，具有 3×2 室、4×2 室、5×2 室（阁楼）从物的特性。王某宏与刘某签订的抵押合同、权某与刘某签订的房产转让合同对此均未有特别约定，应当认定为权某所受让房产的从物。

换言之，王某宏已非鸿泰花园 18 号楼 3 单元 3×2 室、4×2 室及 5×2 室阁楼房产的所有权人和土地使用权人，甚而非该小区的业主，占有该不具独立产权的地下室，不利于其合理利用和发挥更大的经济效用。故判决确认位于鸿泰花园（现汉府雅园）小区 12 号至 18 号地下室的使用权归原告权某享有。

二审法院经审理认为，《物权法》及《最高人民法院关于适用〈中华人民共和国担保法〉若干问题的解释》关于从物随主物移转的规则是在确定所有权变动时的特殊规则，在同一主体对不同的物并非均享有所有权时，不能适用主物、从物规则确定物权变动。

但在本案中，权某、刘某对相关不动产权利的取得来自王某宏，而从王某宏与鸿癸公司签订的买卖合同来看，王某宏对案涉地下室只有使用权，没有所有权。因此，即使案涉地下室属于房屋的从物，也不能基于从物规则而认定地下室使用权归权某，一审法院适用法律错误。

从地下室的地理位置及本身的价值、作用来说，地下室的使用权只有依附于房屋所有权才能体现价值及作用。因此，地下室使用权是房屋所有权的从权利，依据民法理论，在当事人没有明确约定排除的情况下，从权利应随同主权利一并转移。并且《合同法》对此有明确规定，除专属于债权人自身的从权利外，债权人转让权利的，受让人取得与债权有关的从权利。所以从这个角度看，因权某已经取得案涉房屋的所有权，一审法院认定地下室使用权归属权某并无不当。综上，一审法院认定事实清楚，适用法律错误，但处理结果并无不当，依法应予维持其判决结果。

案件评述

一、本案涉及主物与从物的关系问题

《最高人民法院关于适用〈中华人民共和国民法典〉有关担保制度的解释》第四十条第一款规定，从物产生于抵押权依法设立前，抵押权人主张抵押权的效力及于从物的，人民法院应予支持，但是当事人另有约定的除外。《民法典》物权编第三百二十条沿袭《物权法》第一百一十五条之规定，主物转让的，从物随主物转让，但当事人另有约定的除外。

根据上述规定，通常认为：

首先，从物并不是主物的组成部分，在物理性质上与主物是可分离的，并有独立存在的价值。如果某物已成为他物的组成部分，如安装在房屋内的灯具，其作为灯具虽然具有独立存在的价值，但因其已安装于房屋中，即成为房屋功能的一部分而不具有从物的特点。

其次，从物是为发挥主物的效用而存在的，主物既有其独立的经济利益，同时也有其独立的经济效用，而从物虽有其独立的经济利益，但却无独立的经济效用。从从物的效用看，须配属于主物，方能发挥其价值，从物的存在是为了辅助主物的存在，增加主物的价值；从物与主物须有一定程度的场所结合关系，如分离甚远，则不能认为二者有主从关系。唯有二者间存在一定程度的场所结合关系，才能有从物与主物关系发生的可能。

再次，从物必须与主物同属于一个人。因为只有在从物与主物同属于一个人的情况下才能适用从物的所有权随主物的所有权转移的规则。如果二者不属于同一人，则从物随主物的转移而转移，将会损害第三人的利益。

最后，当事人间对主物的转移是否及于从物有特别约定的，应当适用该约定。

本案中，虽然抵押合同、执行程序并没有明确提及案涉地下室使用权，但因王某宏享有的地下室使用权属于债权，其并未将该地下室使用权告知抵押权人或执行法院，且相关权属证书也未涉及地下室权属，未公示该使用权的存在，故不能证明抵押权人、执行法院明知该权利存在而故意排除。在王某宏明知该使用权的存在，且未与抵押权人、执行法院约定除外情形的情况下，应依照法律的明确规定或民法基本理论决定地下室使用权与房屋所有权的关系及移转规则。鸿癸公司相关人员也表示“地下室不具有独立产权”。因此，地下室使用权获得的前提为取得房屋所有权，在无房屋所有权的情况下，地下室使用权不能独立存在。

二、从物的认定

作为民事法律关系客体的物，是指存在于人身之外，能满足人们的生产与生活需要并且能为人力所支配的物质实体和自然力。根据不同的标准可以对物作不同的划分。主物和从物是基于互相关联的两个独立存在的物在用途上客观存在的主从关系所做的分类。在理论和实践中，我们要特别注意对从物的认定。

对从物的认定，通常从以下三个方面来考虑：从物应不是主物的成分，应是主物之外的另一独立物；从物须对主物起辅助作用，即可以补助主物的效用；从物须与主物同属一人所有，主物与从物是两个独立存在的物，有两个所有权，但两者必须属于同一人所有时才能构成主从关系。

三、区分主物与从物的法律意义

区分主物与从物的法律意义在于法律或合同没有相反规定或约定时，对主物的处分及于从物，也即民法上“从随主”原则。

《民法典》合同编第六百三十一条所沿袭的《合同法》第一百六十四条规定，如果双方当事人签订的买卖合同因标的物的从物不符合约定而解除合同的，其解除合同的效力不及于主物。这是因为从物只是依附于主物的存在而存在，只是帮助主物实现其价值或功用，从物的存在与否不影响主物的价值或功用。在这种情况下，当事人因为从物不符合约定而解除合同的，不影响合同对主物的效力。从物是依附于主物的存在而存在，或者依靠主物才能具有其功用或价值的，如果就合同主物解除合同，则主物的从物必然失去其功用或价值，再交付从物已无必要，且会给双方带来损失，也与合同目的和当事人订立合同的真实意愿相违背。

四、民法上“从随主”原则的具体适用

区分主物、从物的法律意义在于主物的处分及于从物，也即“从物随主物”。从理论上说，既然主物和从物拥有不同的所有权，主物的处分不能当然地及于从物，但正是基于从物在效用上对主物的补助作用，法律才认可主物的处分及于从物。

1. 就主物的处分其法律效力及于从物

在法律没有相反规定或当事人没相反约定时，主物所有人处分主物时，其效力及于从物。例如，主物所有人转移主物所有权的，则从物所有权随之移转，以贯彻物尽其用原则。《民法典》物权编第三百二十条沿袭《物权法》第一百一十五条规定：“主物转让的，从物随主物转让，但当事人另有约定的除外。”

2. 就主物解除合同其效力及于从物

在当事人没有特别约定的情况下，因作为合同标的物的主物不合约定而解除合同的，解除合同的效力及于从物。但是，因从物不合约定而解除合同的，解除的效力不及于主物。

3. 对主物所有权的一定限制其效力及于从物

当事人若对主物所有权为一定限制，则限制的效力及于从物。例如，当事人若就主物设定抵押，则抵押之效力亦及于从物。

第三百二十一条 【孳息的归属】 天然孳息，由所有权人取得；既有所有权人又有用益物权人的，由用益物权人取得。当事人另有约定的，按照其约定。

法定孳息，当事人有约定的，按照约定取得；没有约定或者约定不明确的，按照交易习惯取得。

【条文疏义】

本条沿用了《物权法》第一百一十六条的规定，仅作文字修订。

一、原物和孳息基于原有物与其产生新物间的关系划分

1. 原物

所谓原物是指依其自然属性或法律规定产生新物的物，如产生幼畜的母畜、带来利息的存款等。

2. 孳息

孳息是与原物相对而言的，指由原物而产生的物。亦即指物或者权益而产生的收益，包括天然孳息和法定孳息。

（1）天然孳息

天然孳息是指依物的自然属性抑或原物是因自然规律而产生的，或者按照物的用法而收获的物。天然孳息的归属，基本上应该是归原物的所有权人取得，但同时也许可他人排斥原物所有权人取得，如因用益物权或因债权等。如树木的果实、牧畜所生的子畜、土地上生长的粮食等。天然孳息，由用益物权人取得；没有用益物权人的，由所有权人取得，但当事人另有约定的除外。

（2）法定孳息

法定孳息是指依一定的法律关系由原物所生的物，是原物的所有权人进行租赁、投资等特定的民事法律行为时，依法律关系所产生的收益，包括利息、租金等所应获得的合法收益。

对于法定孳息的归属，法律原则上更为变通，可以由当事人依约定取得，也可依交易习惯取得。法定孳息，当事人有约定的，按照该约定取得；当事人没有约定或者约定不明确的，按照交易习惯取得。除法律或合同另有规定外，孳息归原物所有人所有，转让原物时，孳息收取权一并转移。

二、原物与孳息可以存在于各种法律关系之中

《民法典》合同编第六百三十条沿袭《合同法》第一百零三条规定："标的物提存后，毁损、灭失的风险由债权人承担。提存期间，标的物的孳息归债权人所有。提存费用由债权人负担。"第一百六十三条规定："标的物在交付之前产生的孳息，归出卖人所有，交付之后产生的孳息，归买受人所有。"

《民法典》物权编第四百一十二条沿袭《物权法》第一百九十七条规定："债务人不履行到期债务或者发生当事人约定的实现抵押权的情形，致使抵押财产被人民法院依法扣押的，自扣押之日起抵押权人有权收取该抵押财产的天然孳息或者法定孳息，但抵押权人未通知应当清偿法定孳息的义务人的除外。前款规定的孳息应当先充抵收取孳息的费用。"

《刑事诉讼法》第二百四十五条规定："公安机关、人民检察院和人民法院对查封、扣押、冻结的犯罪嫌疑人、被告人的财物及其孳息，应当妥善保管，以供核查，并制作清单，随案移送。任何单位和个人不得挪用或者自行处理。对被害人的合法财产，应当及时返还。对违禁品或者不宜长期保存的物品，应当依照国家有关规定处理。对作为证据使用的实物应当随案移送，对不宜移送的，应当将其清单、照片或者其他证明文件随案移送……人民法院作出的判决生效以后，对被扣押、冻结的赃款赃物及其孳息，除依法返还被害人的以外，一律没收，上缴国库。司法工作人员贪污、挪用或者私自处理扣押、冻结的赃款赃物及其孳息的，依法追究刑事责任；不构成犯罪的，给予处分。”

三、其他相关法律对物权另有特别规定的依照其规定

《民法典》物权编第三百二十一条沿袭的《物权法》第一百一十六条与《民法典》合同编第六百三十条沿袭的《合同法》第一百六十三条对孳息皆有规定，前者规定：“天然孳息，由所有权人取得；既有所有权人又有用益物权人的，由用益物权人取得……”；后者规定：“标的物在交付之前产生的孳息，归出卖人所有，交付之后产生的孳息，归买受人所有。”

对此一问题之回答，依上述法律规定，在买卖标的物交付与所有权转移同步时，二者“殊途同归”自无问题；而在所有权保留买卖的情形下，两部法律有截然相反的回答。这是物权法颁布以后，司法实务中无法回避的解释论问题。

实践中，鉴于《民法典》物权编第三百二十一条沿袭《物权法》第一百一十六条没有设置“另有规定除外”的排除情形，以文义解释，这似乎排除了其他法律对孳息归属加以规定的空间。但可以认为：就法律的适用问题，物权法有两种处理方式：第一种是在法条的内部规定其选择适用规则；第二种则是以单独法条加以明确，《物权法》第八条即规定：“其他相关法律对物权另有特别规定的，依照其规定。”

故依照体系解释规则，除非明确地加以排除，《物权法》第八条适用于物权法中所有关于物权的规定。《合同法》中的规定即“其他相关法律对物权另有特别规定的”，依据《物权法》第八条，自有其适用空间。因此，在物权法的背景下，《合同法》第一百六十三条仍然存在，其“交付主义”的判断标准应当坚持，没有排除当事人自由约定的权利。在所有权保留买卖中天然孳息归属的处理规则应当是：当事人有约定的，依照其约定；当事人没有约定的，适用《合同法》第一百六十三条依“交付”处理。[①]《民法典》合同编再次肯认了这一规则。

【典型案例】

谢某臣与李某臣等返还原物纠纷上诉案[②]

——孳息的取得

基本案情

2011年12月13日，谢某臣与李某臣签订代养羊的承包合同，当时李某臣将自家的110只适龄羊（其中2只公羊）承包给谢某臣，并按合同约定每年给李某臣羔羊，合同期满后返还110只适龄羊。

2012年9月，李某臣按约定如期取回了45只羔羊。2013年9月，李某臣没有取回当年的45只羔羊，并口头约定该45只羔羊也继续由谢某臣代养，代养期间羔羊死了不需赔偿。2014年12月13日，合同履行期满，谢某臣返回150只适龄羊，当时只欠52只羊，由于抵顶代养费和草料费，包括损失的羊，所以双方经过口头协议，谢某臣没有返还52只羊。后因羊价上涨，李某臣就以52只羊未返还为由起诉谢某臣，并要求三年的孳息。

法院审理

一审法院经审理认为，因从2014年12月13日至今李某臣没有承担草料费，按养羊的养殖规律每年以10只羔羊抵顶草料费为宜，从应返还的总羊数中扣除30只羔羊。

再审法院经审理认为，本案系由于双方履行代养羊合同期限届满后未及时履行清算合同义务引发的纠纷，故本案案由应为牧业承包合同纠纷。关于应否给付52只适龄母羊的问题，根据《合同法》第一百零七条“当

---

① 秦川、张海鹏：《所有权保留买卖中天然孳息的归属》，载《人民法院报》2012年3月21日。

② 参见谢某臣与李某臣、史某彬等返还原物纠纷案，内蒙古自治区兴安盟中级人民法院，(2018)内22民终18号。

事人一方不履行合同义务或者履行合同义务不符合约定的，应当承担继续履行、采取补救措施或者赔偿损失等违约责任”的规定，原审法院在代养羊合同期满后，双方在无约定的情况下直接参考畜牧师出具的母羊发展及孳息表计算孳息并判决谢某臣给付孳息不当，法院应予纠正。

再审法院判决：谢某臣在判决送达后30日内给付被上诉人李某臣52只适龄母羊。

案件评述

一、本案是关于天然孳息归属的纠纷

如前所述，天然孳息是基于自然规律而由原物产生的物；孳息与原物分离并不影响原物的存在、价值与功能；天然孳息可通过通常使用方法而取得，如对橡胶树割胶而产出的橡胶汁。天然孳息原物依自然属性而产生，在与原物分离前，是原物的一部分，但孳息一经与原物分离，即为独立之物，单独成为所有权的客体，取得原物孳息为所有权的原始取得。在通常情况下，原物的所有权人即为孳息的取得权人，确定了原物的所有权人，也就可以确定孳息的所有权。

本案中，羊羔的法律性质为羊的孳息。根据当事人的约定，母羊生出来的羊羔应当归李某臣所有。羊羔由母羊所生，将羊羔理解为羊的天然孳息，是符合天然孳息的法律含义的。同时，我国法律承认孳息归原物所有人所有的原物主义原则，故羊羔出生以后，应归羊的主人李某臣所有。

二、保管合同期间保管物所产生之孳息的归属

保管期间届满或者寄存人提前领取保管物的，保管人除应当返还原物外，还应当将保管物在保管期间产生的孳息一并返还寄存人。根据物权的一般原则，除法律或合同另有规定外，孳息归原物的所有人所有。在保管合同中，保管人并不享有保管物的所有权，所有权仍归寄存人享有。因此保管人除返还原物外，如果保管物有孳息的，还应一并返还孳息。

三、产生孳息的原物不限于有体物也可包括财产权利

我国现行立法虽然使用了孳息、天然孳息和法定孳息的概念，但对上述概念的含义均未作出明确界定，且孳息制度还有待进一步完善，从而导致实务中对于产生孳息的原物能否是财产权利，物的增值利益、加工物及基于射幸合同关系产生的偶得收益等能否构成孳息认识不一。所以当时有学者认为，我国的民法典应将孳息制度置于总则编中，以强调产生孳息的原物不限于有体物，也包括财产权利，同时对孳息及相关概念作出明确的立法表述。在处理孳息纠纷的司法实务中，判断物或权利的增值利益是否构成孳息，应当区分被动增值与主动增值；孳息形成或分离后虽经人力加工，仍不失为天然孳息，但以不消灭原物为前提；并非基于任何法律关系产生的对价均属法定孳息，产生法定孳息的法律关系仅限于用益法律关系；偶得收益是否构成法定孳息，取决于其产生的基础关系是否属于用益法律关系。①

四、我国的立法应当明确肯认权利孳息

1. 学界通说事实上认为孳息有三种情形

一是有机物基于自然规律产生的出产物；二是物依其用法产生的收获物；三是因法律关系产生的收益。前两种情形下的天然孳息应以有体物为原物，而第三种情形下的法定孳息则并不必然要求其标的物须为有体物，其他不以有体物为基础的财产权利的行使产生的收益同样也可以构成法定孳息。学界均认可租金构成法定孳息，其本质上是基于租赁合同这一债权的行使获得的收益，自为权利孳息范畴。

既然承认租赁债权的行使产生的收益可以构成法定孳息，那么在知识产权的许可使用关系中，通过许可他人使用其商标、专利发明等无体财产权而获得的许可使用费，其与租金在性质上并无本质区别，只不过前者是基于租赁关系、对有体租赁物的有偿使用而获得的收益，后者是基于知识产权的许可使用关系、对无体的商标权和专利权的有偿使用而获得的收益。

① 陈本寒：《孳息界定的立法缺失及其完善》，载《烟台大学学报（哲学社会科学版）》2019年第11期。

但问题是，为什么租金收益可以构成权利孳息，而知识产权中的许可使用费就不可以构成权利孳息呢？

2. 德国民法已有“直接权利孳息”与“间接权利孳息”理论

德国学者梅迪库斯认为，《德国民法典》第99条是在两个不同层面对孳息予以区分：一是依其来源即究竟是源于物还是源于权利；二是依其获取方法即直接还是间接予以区分。故可见，《德国民法典》中规定的孳息有四类：直接实物孳息、间接实物孳息、直接权利孳息和间接权利孳息。

这里所谓直接权利孳息是指所有权除外的权利，依其使用方法所产生的收益。而这里的“权利”不一定非得是实物上的物权，债法上的权利如租赁权的行使获得租金收益，或投资公司获得的股权等所产生的股权红利，也属于直接权利孳息。而所谓间接权利孳息则是指所有权以外的某项权利因法律关系而产生的收入，诸如专利权的许可使用而取得的许可使用费就属于此类。

由此可见，德国的立法与理论对原物的界定既包括有体物，也包括财产权利。其对孳息的分类虽与我国现行法不完全相同，但其将孳息的来源扩展到财产权利的主张是符合法理逻辑的，其物的孳息与权利孳息的划分，无疑对我国立法界定原物的范围具有借鉴意义。

五、民法典对孳息制度编排的体例各国不尽相同

1. 孳息在总则抑或物权编的调整与适用范围不同

《德国民法典》在总则编中将孳息制度作为权利客体予以规定，而并非于物权编中作为单纯的物权客体来规定。其立法旨意显然在于通过总则中关于孳息的规定，将孳息的产生来源覆盖到民法典各编的权利客体，强调不仅有体物产生的收益会构成孳息，各类财产权利的行使产生的收益也可以构成孳息。显而易见，将孳息置于物权编中，将难以对其他财产权的行使产生的孳息加以规定。

而《瑞士民法典》将孳息置于物权编中予以规定，其强调物权的客体须为有体物，而不能是无体财产，因而民法典只对有体物产生的收益作了规定，称为“自然孳息，没有规定以权利为客体的法定孳息”。《日本民法典》在孳息制度的编排上则出现了相互矛盾的做法：一方面仿效《德国民法典》，将孳息制度置于法典总则编加以规定；另一方面又强调无论是天然孳息，还是法定孳息，其原物都必须是有体物。故有学者认为，将孳息制度置于物权编中加以规定，又于总则编“权利客体”中加以规定，逻辑上难以自洽。

2. 孳息制度立法旨在解决由原物产生的收益于分离后的归属

从孳息制度的立法目的看，大陆法系国家规定孳息旨在解决由原物产生的收益在与原物分离后的归属问题。当原物为有体物时，原物依自然规律产生的出产物归谁所有，需要立法者根据人们的生活常识依照从随主的原则来确定；当原物为财产权利时，同样需要立法者对权利行使获得的收益，依据权利行使的目的来确定收益的归属。如果只承认有体物产生的收益构成孳息，而将权利行使获得的收益排除在孳息制度之外，在当事人对权利所生收益的归属无明确约定时，将会导致司法实务在确定该收益归属时无法可依。

第三百二十二条　【添附】 因加工、附合、混合而产生的物的归属，有约定的，按照约定；没有约定或者约定不明确的，依照法律规定；法律没有规定的，按照充分发挥物的效用以及保护无过错当事人的原则确定。因一方当事人的过错或者确定物的归属造成另一方当事人损害的，应当给予赔偿或者补偿。

【条文疏义】

本条系《民法典》新增的规定。添附制度是大陆法系国家物权法中所规定的取得财产权重要的方法和制度。《民法典》颁布前，我国法律一直未明确承认添附制度。

一、添附制度概述

添附制度作为一种确定物权归属的法律制度，即关于加工、附合、混合而产生的物及其归属的详细规则。其意义不仅在于解释了不同新生之物的范围及其产生的原因，还在于根据产生的原因确定不同新生之物的归属，旨在定分止争。

二、添附的所有权取得规则

添附是传统的所有权取得之原因，我国最早在2009年《最高人民法院关于审理城镇房屋租赁合同纠纷案件具体应用法律若干问题的解释》中，对其予以规定。

1. 加工

加工是指一方使用他人的物，将其加工改造为具有更高价值的物。原物因为加工人的劳动而成为新物。此时加工物的所有权如何归属，如果当事人有约定的依约定处理；如无约定，加工所增价值未超过原材料价值，则加工物归原材料所有人所有；如果加工价值显然大于原物的价值，新物可以归加工人所有；如果加工价值与原材料价值相当，可由双方共有。除共有外，不论哪种情况，取得加工物所有权的一方应对对方的加工劳动或原材料价值予以补偿。

2. 附合

附合是指不同所有人的物密切结合在一起而成为一种新物。在附合的情况下，各原所有人的物虽可识别，但非经拆毁不能恢复原来的状态。当动产附合于不动产之上时，由不动产所有人取得附合物的所有权，原动产所有人则可取得与其原财产价值相当的补偿。当动产与动产附合时，附合的动产有主从之别者，由主物的所有人取得附合物的所有权，同时给对方以价值上的补偿；如无主从之别，则由各动产所有人按其动产附合时的价值共有合成物。

3. 混合

混合是指不同所有人的物互相结合在一起，难以分开并形成新的财产。如米与米的混合，酒与酒的混合。混合与附合不同，在混合的情况下，已无法识别原各所有人的财产，而附合则原各所有人的财产仍然能够识别。混合物一般应由原物价值量较大的一方取得所有权，给另一方以相当的补偿。如果原物价值量相差不多，也可由各方共有。

4. 添附的所有权归属规则

（1）约定高于法定

在司法实践中，根据《最高人民法院关于适用〈中华人民共和国民法典〉有关担保制度的解释》第四十一条的有关规定，抵押权依法设立后，抵押财产被添附，添附物归第三人所有，抵押权人主张抵押权效力及于补偿金的，人民法院应予支持。抵押权依法设立后，抵押财产被添附，抵押人对添附物享有所有权，抵押权人主张抵押权的效力及于添附物的，人民法院应予支持，但是添附导致抵押财产价值增加的，抵押权的效力不及于增加的价值部分。抵押权依法设立后，抵押人与第三人因添附成为添附物的共有人，抵押权人主张抵押权的效力及于抵押人对共有物享有的份额的，人民法院应予支持。这里所谓添附包括附合、混合与加工。

故可见因加工、附合、混合而产生的物的归属，有约定的按照约定；没有约定或者约定不明确的，依照法律规定。

（2）物尽其用故先辅以保护无过错当事人的原则

法律没有规定的，按照充分发挥物的效用以及保护无过错当事人的原则确定。发挥物的效用的原则，就是根据物归属于哪一方更能够发挥物的效用，就应归属于哪一方的规则。保护无过错当事人的原则，是指对于无过错一方当事人给予更好的保护。两个原则中，应当首先考虑物的效用原则。

（3）无过错即无责任以此予以衡平

因一方当事人的过错或者确定物的归属给另一方当事人造成损失的，应当给予赔偿。

【典型案例】

军区房地产管理局与广播电视大学房屋租赁合同纠纷案[①]

——论添附物的归属

基本案情

2006年1月，该市广播电视大学承租一处房产，并与当时的出租方签订合同，合同签订不久，广播电视大学包括其法定代表人一起，由于办学之需就在承租的场地上修建了名为军区房地产驻地办事处综合教学楼，对此，被上诉人知悉并默许。

在办学期间，广播电视大学和该市二中接手涉诉房地产，继续办学，从事高三学生的高考补习教学，再后来，广播电视大学完全接手涉诉房地产，从事民办高中教学工作，但尽管承租方数度变更，租赁合同并没有重新签订，继续沿用2006年之前的合同，出租方军区房地产管理局当地办事处向一审法院起诉请求：

解除原、被告签订的军队房地产租赁合同，并移交租赁房地产（城区东环路57号建筑面积10606.20平方米，场地面积13802.31平方米）及附属物；要求被告支付租金61778元（算至2018年2月28日），暖气费180039元，合计241817元，至实际移交房产之日产生的费用；要求被告承担本案诉讼费用。

法院审理

一审法院经审理认为，原、被告签订的军队房地产租赁合同系双方当事人真实意思表示，不违反法律、行政法规的禁止性规定，依法应受法律保护。现原告诉讼要求解除房地产租赁合同，被告亦表示同意解除合同，

---

① 参见军区房地产管理局与广播电视大学房屋租赁合同纠纷案，载中国裁判文书网，http://wenshu.court.gov.cn/content/content?DocID=aff8cbad-3223-4161-8f9e-a8fe007c252d&KeyWord=，最后访问时间：2020年9月22日。

故对原告要求解除军队房地产租赁合同并移交租赁房地产及附属物的诉讼请求，法院予以支持。

关于原告主张的租金 61778 元及暖气费 180039 元，被告均无异议，故对原告的该项诉讼请求，法院予以支持。关于原告主张要求费用付至实际移交房产之日的诉讼请求，因上述费用并未实际发生，原告可待实际产生后再行主张。被告认为，对于解除租赁合同，原告应给予折价补偿并返还保证金。

二审法院没有对添附进行说明，认为一审判决认定事实清楚，适用法律正确，应予维持。

案件评述

一、民法上的添附是混合、附和、加工三者的总称

案涉 2006 年所修建的教学楼，仍然要用 2006 年及其所签的附加协议去解决。附加协议中第七项，只是约定了改造、装修、增扩的情形，规定归出租方所有。还约定新建和添建临时性建筑物、构筑物须征得出租方同意，但对修建的永久性的建筑物如何归属，没做约定，我们认为这是属于民法上的添附行为。

附和是添附中最主要的一种形式，是指不同所有权人的物相结合成为一物，形成新的财产，添附是取得财产所有权的一种方式。在租赁合同关系中，承租人在承租物的基础上添附新物的，必须要经过出租人的同意，本案出租人虽未出具书面文件同意承租人修建教学楼，但承租人在所租场地上修建偌大的教学楼，出租人的办公场地就在添附新物的旁边，出租人在长期与承租人合作的过程中，建造的教学楼可以说取得了出租人的同意，合乎法律规定，故承租人即本案被告的添附行为是合法的。

既然添附行为合法，那么添附物的归属依据《最高人民法院关于贯彻执行〈中华人民共和国民法通则〉若干问题的意见（试行）》第八十六条对合法添附的物权归属所作的简单规定：非财产所有人在使用他人的财产上增添附属物，财产所有人同意增添，并就财产返还时附属物如何处理有

约定的，按约定办理；没有约定又协商不成，能够拆除的，可以责令拆除；不能拆除的，也可以折价归财产所有权人，造成财产所有权人损失的，应当负责赔偿。

二、承租人添附的处理规则

1. 承租人添附制度是常见的

承租人添附的主要形式是：装饰、装修、改建、扩建。这些添附的形式是附合，是动产附合于不动产，即承租人的动产附合于出租人的不动产，即使是改建和扩建，也是将自己的动产即建筑材料附合于原来的不动产之上，也仍然是附合。

2. 承租人添附的具体情况及其处理规则

在房屋承租期间，原则上不得进行添附。如果双方约定可以添附的，应当确认合意的效力，按照合意的规则处理。《最高人民法院关于审理城镇房屋租赁合同纠纷案件具体应用法律若干问题的解释》没有明确予以规定，透露出此为行业习惯。

（1）城镇房屋出租期间原则上应保持原样

这自意味着承租人不得进行添附。

（2）承租人要进行添附时应征得出租人的同意

即双方进行合意，达成协议，按照协议的范围和方法进行。

（3）经出租人同意

《最高人民法院关于审理城镇房屋租赁合同纠纷案件具体应用法律若干问题的解释》第八条规定："承租人经出租人同意装饰装修，租赁期间届满或者合同解除时，除当事人另有约定外，未形成附合的装饰装修物，可由承租人拆除。因拆除造成房屋毁损的，承租人应当恢复原状。"

（4）租赁期间的添附原则上承租人不得主张补偿，除非当事人有约定

除非当事人另有约定，才应按约定处理；《最高人民法院关于审理城镇房屋租赁合同纠纷案件具体应用法律若干问题的解释》第十条规定："承租人经出租人同意装饰装修，租赁期间届满时，承租人请求出租人补

偿附合装饰装修费用的，不予支持。但当事人另有约定的除外。”

（5）原物由于添附增值者方可主张适当补偿

改建、扩建的添附形成的增值部分的用途与租赁房屋的使用目的相同，使出租人的财富增值的，承租人可以主张适当补偿，出租人应当予以补偿。

鉴于《最高人民法院关于审理城镇房屋租赁合同纠纷案件具体应用法律若干问题的解释》只说了扩建，没有说改建，故有学者曾建议立法对此应予以补充。就房屋租赁期间添附的增值部分，明确予以适当的补偿的具体规则：

出租人同意承租人扩建、改建的，原则上应予支持；另有约定的，按照约定处理；没有约定，擅自添附的，出租人应当适当补偿。但如果属于违章搭建、改建或者扩建，则应当按照过错责任承担责任，出租人和承租人各自承当相应的责任。

（6）出租人主张承租人承担民事责任的规则

习惯上，出租人原则上也不得主张恢复原状或者要求损害赔偿，但如果承租人未经出租人同意擅自进行添附，或者出租人明确表示反对的，出租人可以主张恢复原状或者要求损害赔偿。如果改建、扩建符合出租人的利益，使其增加财富，用途相同的，经过确认，对其请求恢复原状和损害赔偿的请求应当驳回，如果承租人主张补偿的，应当适当补偿。

（7）违约解除合同时承租人可对剩余租赁期间装饰装修的残值予以赔偿

就承租人违约时添附的处理而言，《最高人民法院关于审理城镇房屋租赁合同纠纷案件具体应用法律若干问题的解释》第九条规定，承租人经出租人同意对租赁房屋装饰装修，因承租人违约导致租赁合同解除的，承租人要求出租人补偿剩余租赁期内装饰装修残值的，不予支持，但出租人同意利用的，出租人应在可利用价值范围内予以适当补偿。

就出租人违约时添附的处理而言，该司法解释第十一条规定，承租人经出租人同意对租赁房屋装饰装修，因出租人违约导致租赁合同解除，承租人请求出租人赔偿剩余租赁期装饰装修残值的，应予支持。

三、适用添附制度时对行为人主观心态须予以区分

《民法典（草案)》（物权编）曾规定：“法律没有规定的，按照充分发挥物的效用以及保护无过错的当事人的原则确定。因一方当事人的过错或者确定物的归属给另一方当事人造成损失的，应当给予赔偿或者补偿。”

在《民法典》的编纂过程中，有学者认为，首先，该定义比较模糊，担忧法条的可操作性较低。按照充分发挥物的效用更像是添附制度的指导原则而不是一个可以具体实施的法律规则。其次，传统添附制度没有把行为人的主观心态纳入构成要件，这里的“无过错”容易使添附与侵权责任混淆。从各个国家的立法例看，“过错”都没有被纳入判断添附的构成要件，倒是有些国家对于行为人主观上的善意和恶意进行了区分来确定添附物的归属。在理论上，关于添附制度是否应当区分行为人的善意或恶意有多种观点。

有观点认为，在确认添附制度的适用问题上，区分行为人的善意和恶意没有意义，只有在确定求偿金时，区分善意与恶意才有必要。例如，台湾地区学者史尚宽先生认为：“附合得依自然力或人之行为而生。依人之行为而生者，所有人或第三人为善意或恶意及过失之有无，在所不问。唯决定偿金时，应分别善意恶意耳。”①

即只要符合添附的构成要件，无论行为人善意与否，都应当认定构成添附，禁止当事人采用恢复原状的手段对添附物分割。对于添附物的归属同样应直接适用法律规定，不考虑行为人的主观心态，只有在考虑求偿金时才考虑恶意的问题。恶意受损人如果行使不当得利请求权，按照诚信原则，善意受益人可以主张恶意抗辩权，拒绝偿还利益。而如果行为人在添附时不仅没有增加物的价值反而减少其价值或使其毁损，则根本上没有添附的问题，应直接按照侵权处理。②

---

① 史尚宽：《物权法论》，中国政法大学出版社2000年版，第145页。

② 杨凌峰：《添附制度在〈民法典·物权编〉中的完善》，载《湖南人文科技学院学报》2019年第4期。

条文疏义 | 典型案例

中华人民共和国
民法典物权编
实务指引与案例解读

【下册】

李显冬　孟　磊 / 主编

中国法制出版社
CHINA LEGAL PUBLISHING HOUSE

中华人民共和国

民法典物权编

实务指引与案例解读

【下册】

审　定

张勇健

主　编

李显冬　孟　磊

副主编

陈　雪　樊少江　陈佩云

撰稿人

刘　艳　张　迪　王　童　陈　超　邹严毅　王亦卓
刘　今　马闻起　李云琪　张进尧　蔺　迪　孙辉育
张景舜　姚志华　薛　璟　张晓阳　潘　坤　何　欣
刘　群　王子晗　赵　成　鞠　婷　梁鸿郁　刘昕悦
司炜琳　鲁声遥　陈佩云　薛　强　陈　兴　杨　晨
曹玉珠　王晓娜　王浩宇　高　哲　门向飞　高海玲

目　录

Contents

下　册

第三分编　用益物权

第十章　一般规定

第十一章　土地承包经营权

第十二章 建设用地使用权

第十三章 宅基地使用权

第十四章 居 住 权

第十五章　地 役 权

第四分编 担保物权

第十六章 一般规定

第十七章　抵押权

第十八章 质 权

第十九章 留置权

第五分编 占 有

第二十章 占 有

第三分编　用益物权

第十章　一般规定

第三百二十三条　【用益物权的定义】 用益物权人对他人所有的不动产或者动产，依法享有占有、使用和收益的权利。

【条文疏义】

本条沿袭了《物权法》第一百一十七条的规定。

一、用益物权之基本内涵

用益物权作为人类在社会实践中，为解决物质资料的所有与需求之间的矛盾而产生发展起来的一种法律制度，是所有权与其权能相分离的必然结果。

用益物权其实就是指以一定范围内的使用、收益为目的而在他人之物上设立的定限物权。也就是说，非所有人对他人之物依法所享有的占有、使用、收益的排他性的权利。诸如土地承包经营权、建设用地使用权、宅基地使用权、地役权以及自然资源使用权中的海域使用权、探矿权、采矿权、取水权，使用水域、滩涂从事养殖、捕捞的权利也被视为用益物权的范畴。

在司法实践中，根据《最高人民法院关于审理矿业权纠纷案件适用法律若干问题的解释》第一条的相关规定，人民法院审理探矿权、采矿权等矿业权纠纷案件，应当依法保护矿业权流转，维护市场秩序和交易安全，保障矿产资源合理开发利用，促进资源节约与环境保护。

二、用益物权之基本特征

依照经典的民法理论，物权分为自物权和他物权，自物权即指所有权，而他物权包括用益物权和担保物权。

1. 用益物权人的权利应被限制在法律规定的范围内

这是由“物权法定”原则所决定的。

2. 用益物权的客体是他人所有的财产

包括动产和不动产。

3. 用益物权人的权利包括对该不动产或动产的占有、使用和收益

用益物权也被称为限定物权，其只能在法律规定的范围内享有一定的占有、使用和收益的权能，一般均不包括处分。

三、用益物权客体争议

1. 动产“否定说”

针对用益物权的客体范围，学界的一种观点认为，面对物权法定原则的规定，应当慎重对待动产作为用益物权的客体，要么承认，要么不承认。而另一种观点则认为，《物权法》所规定的用益物权与准用益物权均系以不动产即土地为客体而予以设立，并不存在以动产为客体而设立用益物权的情形。因而，此种观点认为，用益物权的客体理当仅限于不动产，应将动产的利用关系交由债法调整。①

2. 动产“肯定说”

综观各国民法，贸然将“动产”从用益物权的客体范围中删去似乎并不妥当。不能因为目前我国无对应的动产用益物权制度，就否认其存在的可能性。且我国《民法典》物权编草案将用益物权客体规定为不动产或动

① 陈俊熹：《民法典分则草案用益物权的一般规定之剖析》，载《法制与社会》2019 年第 31 期。

产，在一定程度上及事实上肯定了动产作为用益物权客体的可能性。①

四、我国民法典关于用益物权的规定独具优势

1. “总分体例”既有一般规定又有具体之补充和完善

由《德国民法典》《日本民法典》以及我国台湾地区的相关规定看，我国不论是原先的《物权法》，还是后来公布的《民法典》物权编草案，在物权理念下对应的各种具体物权编和章节，总要将“一般规定”独立设为一章，这一做法，相当于各章及各种物权所对应的“通则”部分，既起到了对物权编“一般规定”的补充作用，又可以将各类物权的具体特征凸显出来，便于民众阅读。有了概括性的一般规定，再加上更详细的具体规定，这样的法律规范自有利于法律结构的完善性。

2. 注重资源的利用和环境保护

我国在用益物权的一般规定中注重资源利用和环境保护，并因此对一些国家所有的资源使用进行了限制。如果允许对这些资源长期无节制地开发和利用而不顾长远利益，时间一久，会导致资源枯竭。种种迹象表明，如果不对用益物权人的权利进行适当限制，其他民事主体的合法权益最终也会受到不法侵害。

因而，我国物权编中类似于该章的规定实际上既与《民法总则》中“绿色”原则相适应，也与我国“可持续发展”“建设‘富强、民主、文明、和谐、美丽’的社会主义现代化国家”的政策相衔接。既相对于部分国家的相关立法具有先进性，也体现了中国特色社会主义法律制度和体系的独特性。②

---

① 陈俊熹：《民法典分则草案用益物权的一般规定之剖析》，载《法制与社会》2019年第31期。

② 陈俊熹：《民法典分则草案用益物权的一般规定之剖析》，载《法制与社会》2019年第31期。

【典型案例】

集体经济组织内部成员对承包土地所享有的权利[①]

——承包经营权之用益物权及团体属性

基本案情

原告之母袁某萍与黄某章同居后，于1988年3月12日生育长女即原告黄某英，袁与黄于1990年8月10日生育次子黄某袁，黄某章于1992年11月19日死亡。

1992年11月8日，原告、黄某袁将户口迁入母亲袁某萍户籍上，原告及其母袁某萍承包被告的土地后享有了土地经营权。被告将获取的2014年度、2015年度土地流转费分配给了原告，但在分配2016年度的土地流转费时，被告以群众有意见（嫁出去的女子及其子女不享有分配权）为由未分给原告。

2017年11月2日，原告黄某英提起诉讼，诉求被告将2016年度应分配的土地流转费1180元支付给原告，被告对原告诉称基本事实无异议。

被告辩称，未将2016年度获取的土地流转费分给原告的原因是：分配方案由村民小组代表确定后，经村民小组大会予以通过，依确定的分配方案，原告及其母袁某萍等家庭成员不属于2016年度获取的土地流转费分配对象。原告及其母袁某萍等家庭成员虽属本组集体经济组织成员，但原告及其母袁某萍仅享有土地承包经营权，不享有该承包土地的所有权。

---

① 参见黄某英诉甲县乙镇丙村民委员会第九村民小组土地承包经营权纠纷案，载北大法宝，http://www.pkulaw.cn/case/pfnl_a25051f3312b07f3d3ef431b39042d6ae5f37d9727cbb468bdfb.html?keywords=%E7%89%A9%E6%9D%83%E6%B3%95%20%E7%AC%AC%E4%B8%80%E7%99%BE%E4%B8%80%E5%8D%81%E4%B8%83%E6%9D%A1%20%E7%89%A9%E6%9D%83%E6%B3%95%20%E7%AC%AC%E4%B8%80%E7%99%BE%E4%B8%80%E5%8D%81%E4%B8%83%E6%9D%A1&match=Exactt，最后访问时间：2020年6月1日。

法院审理

生效裁判法院经审理认为，《物权法》第一百一十七条规定："用益物权人对他人所有的不动产或者动产，依法享有占有、使用和收益的权利。"因此，原告及其母袁某萍等家庭成员作为被告所属集体经济组织成员，在承包了被告所属集体土地从事生产经营后，享有占有、使用和收益的权利。

《农村土地承包法》（2009 年）第三十六条规定："土地承包经营权流转的转包费、租金、转让费等，应当由当事人双方协商确定。流转的收益归承包方所有，任何组织和个人不得擅自截留、扣缴。"因此，被告将原告及其母袁某萍承包的土地流转后所获取的相应转让费，应归属于原告及其家庭成员。

《最高人民法院关于审理涉及农村土地承包纠纷案件适用法律问题的解释》[①]（法释〔2005〕6 号）第十八条第一款规定："发包方或者其他组织、个人擅自截留、扣缴承包收益或者土地承包经营权流转收益，承包方请求返还的，应予支持。"

因此，判决被告应向原告支付土地流转费 1180 元。

案件评述

一、设立用益物权制度的意义

1. 用益物权制度有利于实现"物尽其用"的社会效益

用益物权作为权利人对他人所有的不动产或动产的使用和收益的法律制度，具有重要的社会意义。对用益物权人来说，是对他人的不动产或动产进行用益的法律途径。这一制度较好地调和了物的使用和所有之间的矛盾，不拥有稀缺资源者可使用他人之不动产或动产提供制度上的保障，成为满足其利用他人不动产或动产的有效法律手段。

特别是因为不动产或部分动产往往具有较高的价值和保值增值的功效，所以所有权人往往不愿意单纯地将其出售以获得交换价值。在不需要对自

---

① 已于 2020 年修正，后文不再注明。

己的不动产或动产予以使用的情况下，所有权人就可以通过设定用益物权，既不丧失对标的物的所有权，又可以向用益物权人收取其获得用益物权的对价，以设定用益物权的方式实现了“物尽其用”。

对整个社会来说，用益物权制度的设立，还有利于达到对物利用的公平和稳定的状态，使得不同用益物权人可以公平地参与机会选择，从而公平地实现了民法市场配置资源的理念。在用益物权设定后，权利人即可稳定地对其进行使用和收益而不受到任何人的非法干涉，这也就保障了对不动产使用的稳定状态，有利于整个社会经济的健康发展。

2. 用益物权反映了物权从“归属到利用”的演进

随着经济的发展，现代社会对资源的需求量不断增大。基于资源的稀缺性，解决“所有”和“利用”间的矛盾是非常现实的问题。大陆法系沿袭了罗马法以所有权为核心来构筑物权体系的传统。但在日耳曼法中，则是以“利用”为核心来构筑其物权法体系的，英美法系国家财产权更强调对物的利用而非所有。故此，用益物权制度在现代物权法中的地位日益重要，呈现出从“所有”到“利用”的演进趋势。

特别是在我国实行生产资料社会主义公有制的条件下，土地等重要的生产资料只能为国家或者集体所有，一般民事主体不能对其享有所有权，因此设定用益物权就是对公有资源进行利用的有效方式。而对国家和集体来说，其对公共资源的所有权往往也并非通过自己使用的方式来实现。因此，建立和完善用益物权制度对于我国来讲，就更有了重要的意义。

二、本案中法律适用的具体情形

本案中根据《物权法》第一百一十七条“用益物权人对他人所有的不动产或者动产，依法享有占有、使用和收益的权利”的规定，原告及其母袁某萍等家庭成员作为被告所属集体经济组织成员，在承包了被告所属集体土地上从事生产经营后，享有占有、使用和收益的权利。法院支持了原告及其母袁某萍的诉求，使其权利达到了对于物利用的公平和稳定的状态，同时达到了物尽其用的社会效益，符合设立用益物权制度的意义。

三、于《物权法》基础上所形成的《民法典》物权编

《民法总则》面世后，《民法典》物权编的起草即进入立法程序，有学者建议在《物权法》到“物权编”的立法过程中，既要对《物权法》中存在的不当之处予以纠正，又要对《物权法》的某些制度及其规则的不足之处予以补充完善。

1. 用益物权概念之界定

在《民法典》的起草进程中，对于《物权法（草案）》中有关用益物权的定义性规定及其用语变化的问题，学界对以用益物权中的担保物权作为他物权的立法分类基本认同；对用益物权的定义，初期鲜有争议。然而，《物权法》的实施逐渐引起了学界的关注，焦点在于用益物权的客体问题。

2002 年 1 月《物权法（草案）》（征求意见稿）未对用益物权作定义性规定；2005 年 7 月《物权法（草案）》第一百二十三条将用益物权定义为“对他人所有的不动产，享有占有、使用和收益的权利”。

2005 年 10 月《物权法（草案）》（修改稿）第一百二十二条则改为“对他人所有的不动产或者动产，享有占有、使用和收益的权利”。此后提交审议的各次修改稿均沿袭这一表述，直至审议通过的《物权法》第一百一十七条规定：“用益物权人对他人所有的不动产或者动产，依法享有占有、使用和收益的权利。”

《物权法》的这一规定可以为将来出现的动产用益物权的认可提供法律依据，故其仍具有积极意义。

2. 我国立法不宜排斥动产用益物权

（1）将动产纳入用益物权客体范围并不违反物权法定原则

物权法定所言之法，从广义的、实质意义上的民法角度而言，既包括《物权法》或《民法典》物权编，也包括其他法律；既包括现行法，也涵盖将来之法。虽然动产用益物权在《物权法》和其他现行法律中“实际上并不存在”，但这并不意味着将来不能通过修法确立某一种或几种动产用益物权，甚至通过司法裁判承认习惯上的动产用益物权。相反，若用益物

权的一般规定中未将动产纳入其客体范围，而后续立法规定某种动产用益物权，则是违反了物权法定原则。因此，当时《物权法》第一百一十七条的规定只是为动产用益物权预留了立法空间，在立法技术上无可厚非。

（2）动产用益物权在当代社会仍有其制度价值

从比较法上看，动产用益物权（用益权）在欧洲各国民法中仍得到普遍承认。《法国民法典》第 578 条中的用益权客体为“他人之物”，并未限定为不动产，动产中的非消耗物上也可设立用益权。《德国民法典》第 1032 条中的用益权可于动产上通过合意与交付而设定。《瑞士民法典》第 745 条、第 746 条也有类似规定。我国物权立法在构建用益物权类型体系时并未移植传统民法中的用益权制度，从而使动产在现行用益物权体系中失去了“容身”之地，但无论从动产用益物权的客观需求（如在大型机械设备、生产工具等非消耗物上设定物权性利用权）还是从“促进物尽其用”的物权立法宗旨考量，为民事主体在某些动产上设定具有物权效力的使用权、收益权（即用益物权）提供一种制度选择都是一种可取的立场。至于公示问题，并非承认动产用益物权的障碍，因为无论是动产交付还是动产物权登记，在我国现行法上都已不是问题。[①]

第三百二十四条　【国家和集体所有的自然资源的使用规则】 **国家所有或者国家所有由集体使用以及法律规定属于集体所有的自然资源，组织、个人依法可以占有、使用和收益。**

【条文疏义】

本条沿袭《物权法》第一百一十八条的规定，仅作文字上的修订。

---

① 温世扬：《从〈物权法〉到“物权编”——我国用益物权制度的完善》，载《法律科学》2018 年第 6 期。

一、对自然资源的使用收益权同样可以成为物权的客体

用益物权的客体包括国家所有或者国家所有由集体使用以及法律规定属于集体所有的自然资源。在这些物上均可成立用益物权。但本条同时要求，用益物权的成立和适用必须依照法律的规定。

本条的规定，体现了用益物权的特性，即物权是成立在他人所有之物上的权利。同时，又体现了中国特色。我国的社会主义性质决定了土地、自然资源等重要的物归国家或集体所有。故又规定单位、个人可依法取得用益物权，符合实际的需要。

二、我国的土地两权分离法律制度是经济体制改革的起点

1. 土地等自然资源公有与其“两权分离”

1982 年《宪法》第十条从宪法层面确认了我国城市土地归国家所有和农村土地集体所有的城乡二元制土地公有的所有权结构。

1986 年通过的《民法通则》第八十条规定了全民所有制单位和集体所有制单位对国家土地进行使用的权利，并且规定公民、集体依法对集体所有的或者国家所有由集体使用的土地的承包经营权，受法律保护。

2. 我国土地以及自然资源的经营权早已开始与承包人再次分离

根据《农村土地承包法》的规定，发生农村土地承包经营权流转，其形式有转包、出租、互换、转让或者其他方式。该法第四十条第一款规定：“土地经营权流转，当事人双方应当签订书面流转合同。”所谓流转是指权利人对其享有的承包经营权在经营者之间依法行使处分权。法律规定双方当事人可以商定关于土地承包经营权流转的转包费、租金、转让费金额，即行使有偿流转。流转时以及后来的收益归承包方所有，任何组织和个人不得擅自截留扣缴。

三、自然资源使用收益与典型用益物权存在明显的差别

1. 自然资源准物权的客体存在不特定性

一方面，有些自然资源使用权的客体很难从物理上予以精确特定化，这以探矿权最为典型；另一方面，有些自然资源使用权的行使在实践中并不需要将客体特定化到具体的物上，如渔业权和狩猎权等。

2. 自然资源准物权在权利的构成上具有复合性

例如，在矿业权的构成上，一方面，该权利为在特定区或工作区内勘探、开采矿产资源之权；另一方面，该权利系对特定矿区或工作区内的资源的使用权。

3. 自然资源准物权之权利取得和行使具有公法管制特点

在权利的取得上，大部分的自然资源使用权需要经过行政许可或者是特许，如探矿权、采矿权、大部分的取水权等。在司法实践中，根据《最高人民法院关于审理矿业权纠纷案件适用法律若干问题的解释》第二条的相关规定，县级以上人民政府自然资源主管部门作为出让人与受让人签订的矿业权出让合同，除法律、行政法规另有规定的情形外，当事人请求确认自依法成立之日起生效的，人民法院应予支持。

4. 自然资源准物权在权利的效力上与用益物权并不完全等同

以排他效力为例，典型物权即在同一标的物上不能同时成立两个或者两个以上内容互不相容的物权。而以取水权为例，并不存在排他效力，同一水域可以存在两个甚至多个取水权，仅对取水次数、数量予以限定。

【典型案例】

用益物权客体的范围是否需经行政机关确认登记①

——用益物权的客体

基本案情

2012年12月21日，子寅县人民政府林业行政主管部门颁发寅林证字（2012）第070××××10号林权证，将位于该县某村中坝社地名为牛滚凼

① 参见黄某会诉徐某明排除妨害纠纷案，载北大法宝，http：//www. pkulaw. cn/case/pfnl_a25051f3312b07f3ed317973c8c71c8f6d7cde1dc6f3219fbdfb. html？keywords =% E7% 89% A9% E6% 9D% 83% E6% B3% 95% 20% E7% AC% AC% E4% B8% 80% E7% 99% BE% E4% B8% 80% E5% 8D% 81% E5% 85% AB% E6% 9D% A1&match = Exact，最后访问时间：2020年6月2日。

的水竹林4.5亩，其四至边界为东至吴某贵熟地边、南至乙村林地边、西至乙村林地埂子、北至张某付水竹林边的林地使用权，确定给原告黄某会管理使用，该林地系南高北低的坡地。2014年年底，被告徐某明在原告拥有管理使用权的林地的东半部分地内种植杉木苗，双方发生争议。

原告黄某会诉称：位于子寅县某村中坝社地名为牛滚凼的林地历来属于原告所有，2017年12月20日，该县人民政府向原告颁发了寅林证字（2017）第070××××10号林权证。2016年1月，被告徐某明将原告的地名为牛滚凼的水竹林地内杉木砍伐50棵，每棵长约3.3米，并在该地内栽种杉木苗约2亩。被告的行为侵犯了原告的林地经营权，原告黄某会要求被告停止在其林地内妨害原告的生产经营行为，并赔偿原告经济损失1500元。

被告徐某明辩称：被告未曾砍伐原告黄某会的树木，未在原告的林地内栽种杉木苗，也不存在侵犯原告林地的经营权；2014年下半年，被告在其自留山“苏麻湾片”林地的边角未造完林的部分砍去杂木，栽种了100余根杉木苗（约0.5亩），被告的自留山四至边界为东至老公路埂子、南至老公路、西至沟心、北至山顶林场地。原告的林地与被告的林地中间有明显的沟壑为界，沟西面是原告的林地，沟东面是被告的林地。

法院审理

法院经审理认为，公民的合法权益受法律保护，禁止他人以任何理由或借口进行侵犯。原告黄某会主张位于子寅县某村中坝社地名为牛滚凼的林地，已经该县人民政府林业行政主管部门确权登记并发给林权证，其合法权益应当受到保护，故原告要求被告徐某明排除妨害的请求有证据佐证，其请求成立，应予支持。

原告主张的林木损失，缺乏相关证据证明，该项请求不成立，法院不予支持。被告徐某明辩解称种植杉木苗的林地系在其自留山苏麻湾片林地范围内，未侵犯原告牛滚凼林地的使用权，被告所依据的林权登记申请表属于行政机关作出具体行政行为的证据，未经行政机关依照法定程序确认其证明效力，该证据的效力待定，且与被告提供的自留山使用证、集体林木采伐申请表记载的四至边界明显不一致，故被告的辩解主张不成立，不予支持。

案件评述

一、土地作为用益物权客体的特殊性

一个国家物权法中的用益物权体系，从根本上说，决定于该国的社会经济体制。[①] 在人类对外界物资的利用中，以土地、房屋为主要形态的不动产，尤其是土地占据着特别重要的地位。土地是与人类生活紧密相关的一种自然物，它为人类提供劳动工具和劳动材料，是社会发展的支柱和基础。因此，必须用不动产所有权以及主要是以不动产为客体的用益物权确认对土地和房屋的归属和利用关系，这就使得不动产所有权、用益物权是一类重要的财产权利。

特别应当强调的是，由于土地资源的稀缺性，满足普遍的所有权需求十分困难，不可能仅仅以所有权制度来满足人类对土地等不动产的利用要求。这就必须在所有权这种总括的归属利益之下，确认一种较所有利益为低的利用利益，以满足非所有人（无土地等不动产的人）对于他人土地等不动产的利用的需要，此即用益物权产生的基本依据。尤其在我国，土地的国家所有、集体所有这种权益状态是法律明确规定的，这是不争的事实。在将市场作为资源配置的主要手段的情况下，确认个人、组织以独立的民事主体身份来使用和收益国家、集体组织所有的土地的权利，即用益物权，自十分必要。

本案中原告占有使用的林地经该县人民政府林业行政主管部门确权登记并发给林权证，其合法权益应当受到保护，而被告所依据的林权登记申请表属于行政机关作出具体行政行为的证据，未经行政机关依照法定程序确认其证明效力，且与被告提供的自留山使用证、集体林木采伐申请表记

---

① 钱明星：《我国用益物权体系的研究》，载《检察日报》2005 年 8 月 25 日。

载的四至边界明显不一致，其不享有对集体所有的该林地的合法权利，《物权法》第一百一十八条对此作出了明确规定。

二、用益物权“物尽其用”的两种形态

在现代社会中，用益物权已经成为对财产利用的经常、重要，甚至在某种意义上是唯一的经济而便捷的手段。就用益物权设定的目的看，有的用益物权主要以取得收益为目的，如土地承包经营权；还有的用益物权不以取得收益为目的，如地上权。各种形态的用益物权从其利用的形态上可以分为：

1. 为“所有”而“利用”的用益物权

地上权是为建造建筑物或其他工作物而使用他人土地的权利。各种地上权均属于为“所有权的实现”而“利用”的用益物权。

2. 为“利用”而“利用”的用益物权

地役权是为需役地的便利而使用供役地的权利。

综上，无论是哪种形态的用益物权，都是把人们对于他人的不动产的利用要求，用法定的权利形态反映出来，以满足人们的生存和发展的需要。①

三、完善准物权理论以健全自然资源资产产权制度②

1. 传统物权理论难以胜任决定资源合理利用与优化配置功能

（1）所有权的支配性在传统理论中过于绝对化

依传统物权理论，只要所有人不损害社会或他人的利益，就可以对其物任意行使支配权，从而排除来自国家或他人的干涉。③ 故只要所有人不愿意实际财产的流转和权能的分离，即使财产长期闲置，甚至明显地被浪费、毁损，法律也不过问，从而使资源的优化配置并在运动中实现增值的

---

① 钱明星：《我国用益物权制度存在的依据》，载《浙江社会科学》2002年第2期。

② 李显冬、牟彤：《完善准物权理论以健全自然资源资产产权制度》，载《中国国土资源经济》2014年第2期。

③ 韩冰：《论近代中国民法变迁中的所有权绝对原则》，载《河北法学》2011年第1期。

可能性受到所有人占有和支配的制约。

（2）现行物权理论不利于资源优化配置以“物尽其用”

为使资源最大限度地发挥效用，自应当由最有能力利用资源的人来对其予以充分占有和利用。而依传统物权理论，在所有权人依法设定他物权时，无论他物权人的权能多么广泛，他物权人最终也不享有对所有物的处分权，因而总是受到所有权人意志的制约。这样，所有权人所拥有的财产价值就难以充分体现出来，当然也就谈不上最大限度地发挥其社会效益。

物权理论从以所有为中心向以利用为中心转变，是生产社会化和资源利用的高效化发展的结果，也是物权社会化发展趋势的体现。社会资源的优化配置和利用已被置于现代物权理论的基础地位。在界定财产归属、明晰产权从而保证经济运行有序化的同时，会实现资源的充分游移，从而保证财产利用的畅通性，以最大可能地发挥资源的效用，寻求最佳的社会经济效益，毋庸置疑，这些业已成为现代物权理论的首要价值目标和立法重心。

2.“准用益物权”可以诠释自然资源使用中的非典型物权属性

（1）“权利束”说

崔建远教授认为，准物权是一组性质有别的权利的总称。它由矿业权、取水权、渔业权和狩猎权等组成。就准物权的本质而言，准物权是与典型物权有所不同的物权，而非物权以外的权利，仍然属于物权范畴。因此，准物权的法律效果在多数情况下与物权的法律效果相同或者相似。在《渔业法》《水法》《矿产资源法》《野生动物保护法》等无相应的具体规定的情形下，均适用物权法乃至民法的一般规定。

（2）“不完全物权”说

刘保玉教授在其文章中对准物权的概念进行了阐释，他认为在法律用语上可以将“准”简解为“近而未达，同类视之”。据此，将准物权定义为：系指在物权法所规定的物权种类之外，性质与要件等相似于物权并准用物权法有关规定的财产权。相对于规范物权而言，准物权是那些“不完全是”物权的特殊权利现象。在由物权、债权、知识产权等私权类别构成的权利色谱中，处在各种典型权利类别夹缝中的混合性权利，其物权色彩偏重者，就可界定为准物权。刘教授同时提出在我国物权立法中，应当采用原则规定与个别事项的具体规定相结合的方式来规范准物权问题。

（3）“准用”物权一般规范说

王利明教授认为，《物权法》确认海域使用权为物权的一种类型，并将其纳入《物权法》的调整范围，这不仅完善了我国物权法的体系，而且对有关实践具有重大意义。海域使用权之所以能够被纳入《物权法》，是因为它具有物权的一些特征。物权法将海域使用权作为一种物权，有利于明确权利归属，解决权利争议，还有助于维护海域利用秩序，保护海洋环境资源，也为海域使用权制度的发展和完善提供了制度空间。在特别法没有规定的情况下，可以准用用益物权的一般规则。因此，这一理论亦被称为“准用益物权说”。

四、自然资源准用益物权可在公法规制下实现整体收益最大化

1. 准物权所涉及的对象为自然资源乃至自然环境

关于准用益物权属性的折中说认为，矿业权、水权、渔业权和狩猎权具有私法兼公法的性质，是具有公法属性的私法。经济学中所谓产权制度的功能在于激励产权主体（即民事主体）以最有效的方式利用资源以实现资源价值的最大化，同时又能给产权主体一定的公法约束。而实现这一功能的关键就在于产权界定必须赋予产权主体明确而对称的权利与责任。既要使权利受到法律的保护，又要使权利无法逃脱相应的责任约束。否则，只有权利激励没有责任约束，必然导致权利的滥用；而只有责任约束没有权利激励，又必然导致资源配置效率的低下。

2. 明确产权增强交易大致预期以实现市场配置资源的决定作用

既然明确产权的归属能够增强交易双方的大致预期程度，从而提高资源配置的效率，自然资源本身所具有的耗竭性和稀缺性，使得人类对自然资源的合理开发利用越来越重视，但市场既需要有自由也需要有秩序。无疑，只有加强秩序才能使市场活动更自由，公法规制不是没有权利内容的秩序，而更多的应是对贯彻“契约自由、意思自治”的市场商品交换活动的管制。

所以，加强民法理论研究中——准用益物权制度的研究，完善我国的自然资源资产产权制度及其公法规制，还须加强有关单行法与特别法的研究与制定。[①]

第三百二十五条 【自然资源有偿使用制度】 国家实行自然资源有偿使用制度，但是法律另有规定的除外。

【条文疏义】

本条沿袭了《物权法》第一百一十九条的规定。

一、自然资源有偿使用制度

本条是关于以土地等自然资源为标的的用益物权的有偿取得的规定。国家作为这些自然资源的所有者，有权要求用益物权人支付其获得用益物权的对价，这也是土地等公有自然资源的所有权的法律实现形式。但出于公益等考虑，这种有偿使用制度也有例外的情况。但这种例外只能由法律作出明文规定，而不可以仅用政策等其他方式来决定。亦即只有在法律有明文规定的情况下，用益物权人才能无偿使用这些自然资源。

二、自然资源有偿制度的发展与演变

我国在计划经济体制下，由国家指定单位进行开发，这些开发者不需要缴纳特别的费用。但随着市场经济体制的逐步确立，自然资源的受益方需要进行有偿使用的政策和法律也逐渐清晰起来。由于自然资源具有经济属性，因此，使用者向资源所有者缴纳一定的费用也符合民法的财产法基

① 李显冬、牟彤：《完善准物权理论以健全自然资源资产产权制度》，载《中国国土资源经济》2014 年第 2 期。

本原则在资源环境中的体现。

在政策上，我国也对自然资源有偿使用制度建立进行了许多探索。2013 年，党的十八届三中全会通过了《中共中央关于全面深化改革若干重大问题的决定》，其中明确提及，要实行资源有偿使用制度，加快自然资源及其产品价格改革，全面反映市场供求，资源稀缺程度、生态环境损害成本和修复效益，逐步将资源税扩展到占用各种自然生态空间中。这样，为进一步制定和完善自然资源有偿使用制度指明了方向。“资源有价、使用有偿”的观念逐渐得到了公众的认同，但是想要落实并非易事，尤其是合理定价便是一大难题。

三、健全自然资源资产的合理利用规则制度

有偿使用并非表明在付出使用费之后可以随心所欲地开发利用自然资源。因此，法律应规定禁止不当开发利用自然资源的行为，比如，应当对矿产资源的开采效率设定最低门槛，禁止因低效率开发利用导致资源的浪费。[①] 同时，也需明确“边开发边保护”的绿色使用规则。

在司法实践中，根据《最高人民法院关于审理矿业权纠纷案件适用法律若干问题的解释》第四条第一款的相关规定，出让人未按照出让合同的约定移交勘查作业区或者矿区、颁发矿产资源勘查许可证或者采矿许可证，受让人请求解除出让合同的，人民法院应予支持。

---

① 施志源：《自然资源资产有偿使用的改革难点与规则完善》，载《中国特色社会主义研究》2019 年第 2 期。

【典型案例】

农用地是否属于资源有偿使用的范围[①]

——以自然资源为标的的用益物权的有偿取得

基本案情

庚辛公司与原戊己农牧场争议的土地系原某某、镇某某农牧场开发国有荒地形成，后由辰巳农场经营。2009年9月10日，该市政府授权庚辛公司负责全市国有农用土地的经营发包事项，并在2010年3月18日市政府对庚辛公司的授权再次予以确认。2010年4月21日，辰巳农场与乙公司签订本案所涉645亩国有农用土地承包合同后，2012年12月20日，丙农场自愿放弃土地经营权，并同意乙公司向其他农户发包。

2013年4月25日，庚辛公司与原戊己农牧场签订《农用土地流转合同》及《补充合同》，约定：甲方（庚辛公司）将二类地645亩转让给乙方（原戊己农牧场），经营流转期自2013年4月22日起至2026年12月31日止。在合同有效期内，甲方可根据发包方土地承包金的情况调整土地流转金。土地流转金在补充合同中约定，补充合同每年签订。根据2013年度签订的《补充合同》，乙方向甲方交纳土地流转金为36元/亩。2014年庚辛公司根据该市政府办公室某政办发〔2013〕76号《关于调整全市国有农用地承包流转金基准价格的通知》的规定，将原戊己农牧场经营的国有土地流转金提高到70元/亩（二类地），要求原戊己农牧场签订补充合同，原戊己农牧场既未与庚辛公司签订补充合同，又未交纳土地流转金，由此引发诉讼。

---

① 参见原戊己农牧场与庚辛公司农业承包合同纠纷案，载北大法宝，http：//www.pkulaw.cn/case/pfnl_a25051f3312b07f3e5e3d5fbc70ae0e2ce8e0c971af13086-bdfb.html?keywords=%E7%89%A9%E6%9D%83%E6%B3%95%20%E5%9B%BD%E5%AE%B6%E5%AE%9E%E8%A1%8C%E8%87%AA%E7%84%B6%E8%B5%84%E6%BA%90%E6%9C%89%E5%81%BF%E4%BD%BF%E7%94%A8%E5%88%B6%E5%BA%A6%2C%E4%BD%86%E6%B3%95%E5%BE%8B%E5%8F%A6%E6%9C%89%E8%A7%84%E5%AE%9A%E7%9A%84%E9%99%A4%E5%A4%96&match=Exact，最后访问时间：2020年6月2日。

法院审理

一审法院经审理认为，庚辛公司与原戊己农牧场农业土地承包合同成立。庚辛公司具有签订国有农用土地承包合同的主体资格。原戊己农牧场作为国有农用土地的使用人与庚辛公司于2013年4月25日签订的《农用土地流转合同》及其《补充合同》，主体适格、内容合法且不损害社会公共利益。国有土地属于自然资源，根据《物权法》第一百一十九条“国家实行自然资源有偿使用制度，但法律另有规定的除外”、第一百三十三条“通过招标、拍卖、公开协商等方式承包荒地等农村土地，依照农村土地承包法等法律和国务院的有关规定，其土地承包经营权可以转让、入股、抵押或者以其他方式流转”、第一百三十四条“国家所有的农用地实行承包经营的，参照本法的有关规定”的规定，庚辛公司经授权对国有农用土地比照村级土地流转价格确定土地承包（流转）金并无不当。

二审法院经审理认为，庚辛公司与原戊己农牧场签订的农用土地流转合同有效。庚辛公司通过合法授权取得了签订国有农用土地承包合同的主体资格，而庚辛公司与原戊己农牧场签订的《农用土地流转合同》及《补充合同》是双方当事人真实意思表示，且该土地流转的程序及合同内容均未违反相关法律法规强制性规定，一审法院认定庚辛公司与原戊己农牧场签订的《农用土地流转合同》及《补充合同》合法有效，并无不当。

本案涉及的农用土地属于有偿使用范围，原戊己农牧场未能提供划拨取得土地使用权的证据，因此，法院对原戊己农牧场关于该土地属于无偿使用范围的上诉主张不予支持。

案件评述

一、本案涉及土地使用权的取得之有效要件问题

按照我国法律的规定，以出让方式取得国有土地使用权，必须同时具备以下三个条件：土地使用者须与市、县人民政府的土地管理部门签订土地出让合同；土地使用者须依照出让合同约定的数额，在合同签订60天内

支付全部土地使用权出让金；应当向县级以上地方人民政府的土地管理部门办理登记，并取得同级人民政府颁发的土地使用权证书。

本案中，庚辛公司通过合法授权取得了签订国有农用土地承包合同的主体资格，而庚辛公司与原戊己农牧场签订的《农用土地流转合同》及《补充合同》是双方当事人的真实意思表示，且该土地流转的程序及合同内容均未违反相关法律法规强制性规定，因此，庚辛公司与原戊己农牧场签订的农用地流转合同有效，原戊己农牧场通过流转的方式获得了庚辛公司出让的该农用地使用权。

二、用益物权有偿取得制度产生的必然性

他物权是从他人之物上派生的权利，是对所有权的一种限制。在市民社会，商品经济条件下，要求所有权人允许他人对自己所有之物享有一定的权利，并且自己的物上权利还要受他人权利的限制，就可以要求他物权人支付相应的对价。以用益物权为例，用益物权人享有对所有人的不动产的占有、使用和收益的权利，而所有权人却在特定的期间丧失了这些所有权固有的权能。在这种情况下，所有权人当然可以要求用益物权人给自己以相应的补偿，以弥补自己权利受到限制的损失，这是商品经济社会中等价有偿的规律所决定的。同时，这也是所有权人实现其所有权的经济价值的一个重要途径。

三、以自然资源为标的之用益物权的有偿取得

1. 国家对于自然资源所有权的行使主要通过设立用益物权来实现

在现代社会，国家有着双重的主体身份。一方面，国家是一个行政主体，各行政机关代表国家作出一定的行政法律行为，实现对社会的管理功能；另一方面，国家也可以民事主体的身份出现，为自己的利益而进行交易等活动，参与经济交往。在国家以土地等自然资源的所有者的身份出现，允许他人在其上设立用益物权时，其更多的是扮演一种民事主体的角色。作为所有权人，在设定用益物权时国家应当获得相应的收益。同时相对于普通民事主体来说，以用益物权的方式实现所有权的经济价值，对国家有着更为重要的意义。

国家代表全体人民享有对土地等自然资源的所有权，就必须合理开发利用这些资源，并实现其在经济上的价值。只有做到了这一点，才能真正发挥这些物的作用，并以之为大众谋取福利。虽然也存在自己使用这些自然资源的情况，但国家对于这些资源的所有权的实现，主要是以设定用益物权的方式来实现的。

2. 对自然资源以有偿使用为原则而以无偿使用为例外

社会公共利益是任何法律都必须考虑的问题，国家代表人民享有自然资源所有权，在行使所有权的过程中就应当对公共利益有更多考虑。在一些特定的情况下，以划拨等方式使用益物权人无偿获得用益物权可能会更符合经济规律和公众的利益。例如，进行铁路兴建等基础设施建设时，由于其投入大、收益慢，企业一般不愿意投资，国家往往要对其投入更大的财力，进行更多的制度支持。在此种情况下，以划拨的方式出让土地使用权，是比较合理的，但这种例外必须有法律上的明文规定。

《土地管理法》第二条第五款规定："国家依法实行国有土地有偿使用制度。但是，国家在法律规定的范围内划拨国有土地使用权的除外。"第五十四条规定："建设单位使用国有土地，应当以出让等有偿使用方式取得；但是，下列建设用地，经县级以上人民政府依法批准，可以以划拨方式取得：（一）国家机关用地和军事用地；（二）城市基础设施用地和公益事业用地；（三）国家重点扶持的能源、交通、水利等基础设施用地；（四）法律、行政法规规定的其他用地。"

最后要指出的是，我国目前仍存在国有资产流失较为严重的问题，在此种情况下，必须加强对土地等自然资源使用权的出让和管理。非有法律明文规定，不得无偿授予自然资源使用权。这对于保护国有资产十分必要。

在司法实践中，根据《最高人民法院关于审理涉及国有土地使用权合同纠纷案件适用法律问题的解释》第三条的相关规定，经市、县人民政府批准同意以协议方式出让的土地使用权，土地使用权出让金低于订立合同时当地政府按照国家规定确定的最低价的，应当认定土地使用权出让合同约定的价格条款无效。当事人请求按照订立合同时的市场评估价格交纳土地使用权出让金的，应予支持；受让方不同意按照市场评估价格补足，请求解除合同的，应予支持。因此造成的损失，由当事人按照各自过错承担责任。

本案也涉及农用地是否属于有偿使用范围的问题，根据2004年《土地管理法》第四十条的规定，有权取得长期使用权的权利人是开发单位或者个人，且经过县级以上人民政府依法批准确定使用权，涉案原戊已农牧场提供的《开荒设计任务书》的申请单位并不是原戊已农牧场，因此原戊已农牧场并非通过开荒的方式取得土地使用权。原戊已农牧场未能提供划拨取得土地使用权的证据，即其未能证明其已通过划拨的方式取得该土地的使用权，因此，其对于该农用地的使用应当适用土地有偿使用制度。

四、完善自然资源有偿使用制度

中共中央办公厅、国务院办公厅2017年1月印发的《关于创新政府配置资源方式的指导意见》（以下简称《意见》），对公共自然资源配置方式作出安排，要求以建立产权制度为基础，实现资源有偿获得和使用。

公共自然资源包括法律明确规定由全民所有的土地、矿藏、水流、森林、山岭、草原、荒地、海域、无居民海岛、滩涂等。在部分国家和地区，由于公共自然资源无序开发利用造成的“公地的悲剧”屡有发生。

上述《意见》指出，要坚持资源公有、物权法定，明确全部国土空间各类自然资源资产的产权主体。对水流、森林、山岭、草原、荒地、滩涂等所有自然生态空间统一进行确权登记。建立健全全民所有自然资源的有偿使用制度，更多引入竞争机制进行配置，完善土地、水、矿产资源和海域有偿使用制度，探索推进国有森林、国有草原、无居民海岛有偿使用。

当前我国自然资源配置仍存在一些问题，政府作为自然资源所有者代表和作为公共利益管理者的职能边界不清，越位与缺位并存，甚至相互掣肘。因此，根据《最高人民法院关于审理涉及国有土地使用权合同纠纷案件适用法律问题的解释》第一条的有关规定，实践中所称的土地使用权出让合同，是指市、县人民政府自然资源主管部门作为出让方将国有土地使用权在一定年限内让与受让方，受让方支付土地使用权出让金的合同。该解释第二条第一款则规定，对于开发区管委会作为出让方与受让方订立的土地使用权出让合同，应当认定无效。对2005年8月1日前，开发区管委会作为出让方与受让方订立的土地出让合同起诉前经市、县人民政府自然资源主管部门追认的，可以认定合同有效。故学界认为，各级政府作为自然资源所有者代表要推动所有权和使用权相分离，并建立健全自然资源有偿使用制度，确保所有者权益。

《意见》还对无线电频率等非传统自然资源配置提出要求。对地面公众移动通信使用频率等商用无线电频率、电信网码号等资源，要逐步探索引入招投标、拍卖等竞争性方式进行配置。优化空域资源配置，提高空域资源使用效率，增加民航可用空域，深化低空空域管理改革。①

第三百二十六条　【用益物权的行使规范】 用益物权人行使权利，应当遵守法律有关保护和合理开发利用资源、保护生态环境的规定。所有权人不得干涉用益物权人行使权利。

【条文疏义】

一、用益物权受行政法规制

以土地出让权为例，根据《最高人民法院关于审理涉及国有土地使用权合同纠纷案件适用法律若干问题的解释》第四条的有关规定，土地使用权出让合同的出让方因未办理土地使用权出让批准手续而不能交付土地，

① 林晖、安蓓：《完善自然资源有偿使用制度》，载新华网，最后访问时间：2017年1月30日。

受让方请求解除合同的，应予支持。

用益物权制度是一种古老的法律制度，其最初类似于我国永佃权的形式，在《汉谟拉比法典》中就有类似规定。到罗马法时代，随着简单商品经济的发展，罗马法除创设较为完整的所有权制度外，用益物权也得到了相应的发展。罗马法认为，所有人在其所有的不动产上设定用益物权，将该财产的占有、使用和收益让与他人行使，不但不会使所有人丧失所有权，而且正是其行使所有权的一种方式。

二、用益物权即限制物权，其用途受限

在司法实践中，根据《最高人民法院关于审理涉及国有土地使用权合同纠纷案件适用法律若干问题的解释》第五条的规定，受让方经出让方和市、县人民政府城市规划行政主管部门同意，改变土地使用权出让合同约定的土地用途，当事人请求按照起诉时同种用途的土地出让金标准调整土地出让金的，应予支持。第六条则规定，受让方擅自改变土地使用权出让合同约定的土地用途，出让方请求解除合同的，应予支持。

用益物权设定的目的就是着眼于不动产的使用价值，因此在一定程度上克服了传统所有权制度因强调物的归属和物的实体支配而导致的对物的利用价值相对模式化的消极观念。[①] 用益物权以物权的特有方式提供了非所有人通过法律行为利用他人财产为自己创造财富的可能性，满足了非所有人的特殊需求。从其产生到发展至今，用益物权从最初附属于所有权的地位过渡成为现代民法中一项完整独立的重要法律制度。[②]

---

① 薛生全：《用益物权的价值取向及立法指引》，载《法学杂志》2018 年第 12 期。

② 参见江平主编：《民法学》，中国政法大学出版社 2010 年版，第 394 页。

【典型案例】

土地承包经营权人能否改变土地性质和用途①

——用益物权的行使

基本案情

2015年12月7日，中央寨十五村民小组与吉乙公司签订了《修路协议书》。

2015年12月10日，该村中央寨十五村民小组对上述修建机耕路向乙己镇人民政府提出申请报告（该报告中丙庚村委签有：同意申请，但至今未取得相关行政机关的批准）。随后，吉乙公司便开始着手修路。因修路需要，2015年12月6日，董某赐与吉乙公司签订了《租地修路合同书》，把自己的承包水田（位于竹枝口、水曹2丘，面积为0.4亩）出租给该公司修路，租地期限均为10年，从2015年12月6日至2025年12月6日，每年每亩租金为1000元。

目前吉乙公司已修建了一条宽6米，长80米的道路。因中央寨十五村民上访，2016年6月8日，该县国土资源局向乙己镇丙庚村委中央寨十五村民小组作出《关于乙己镇丙庚村中央寨十五村民小组反映砖厂老板占用农田修路事项的调查情况答复》。中央寨十五村民小组不服此答复，向该市国土资源局提出信访复查申请，该局作出《关于周某贵等人信访事项的复查意见》，其中载明：机耕路是农村重要的基础设施之一，它在农业现代化建设中起着举足轻重的作用，修建机耕路不违反《基本农田保护条例》和《土地管理法》的有关规定。你们要求毁路还田的理据不足，不予支持；如果认为修路损害了村民的利益，当事人可以通过仲裁、诉讼的渠

---

① 参见甲县吉乙公司等诉甲县乙己镇丙庚村中央寨十五村民小组等土地承包经营权纠纷案，载北大法宝，http：//www.pkulaw.cn/case/pfnl_ a25051f3312b07f3be1f6018e5a9eea6feabce2d06f97b-12bdfb.html？keywords=%E7%88%A9%E6%9D%83%E6%B3%95%20%E4%B8%80%E7%99%BE%E4%BA%8C%E5%8D%81%E6%9D%A1&match=Exact，最后访问时间：2020年6月3日。

道解决。为此，原告遂向该院提起诉讼。

法院审理

根据《国土资源部关于促进农业稳定发展农民持续增收推动城乡统筹发展的若干意见》（国土资发〔2009〕27号）的规定，本案第三人修建案涉道路需要占用耕地，会改变土地使用性质，第三人在未办理设施农用地审批手续，也未经发包方乙己镇丙庚村村民委员会中央寨十五村民小组同意的情形下，与被告董某赐签订了《租地修路合同书》，租用董某赐的承包农田（水田）进行修路。被告董某赐改变了其承包地的农业用途而用于非农建设，违反了法律的强制性规定，因此，《租地修路合同书》无效，被告董某赐与第三人该县吉乙公司对所签订的协议合同书都有过错，依法均应承担相应的民事责任。

原告要求承包方董某赐对案涉承包水田停止侵害、恢复原状，理据充分，应予支持。一审法院一并判决该县吉乙公司对案涉承包水田停止侵害、恢复原状，实体处理并无不当。

案件评述

一、用益物权和所有权之间的关系

在物权法上，用益物权与所有权之间存在十分密切的关系。[①] 两者的关系如下：

1. 用益物权是以所有权为基础而产生的权利

用益物权是支配他人所有之物的一种物权，这就表明用益物权与他人之物的所有权之间存在一种天然的联系。所有权是确定财产归属关系的一种法律表述，只有财产的归属关系明确，财产的利用才存在可能。在财产归属不明的情况下，财产的利用也就不可能有法律上的保障。因此，没有所有权的存在，用益物权也就丧失了存在的基础。

---

① 房绍坤：《用益物权与所有权关系辨析》，载《法学论坛》2003年第4期。

2. 用益物权是所有权行使的一种方式

所有权是所有人对自己财产的一种支配权。这种支配权的行使主要有两种情况：一是由所有人自己行使所有权。这里既包括所有人积极地行使所有权，如居住自己的房屋、使用自己的车辆等；也包括所有人消极地行使权利，即不行使所有权，如使自己的房屋闲置等。二是由非所有人行使所有权，即由所有人之外的人根据法律规定或约定行使所有权。用益物权就是非所有人行使所有权的一种方式，是所有人为更好地发挥所有权的作用而使非所有人行使对其所有物的权利。

对此，德国民法明确区分了所有权的两种行使方式：一是将物自己使用或处分，即直接通过自己对物的利用或变卖而获得物质经济上的好处；二是权利人可以依法定或者约定的方式授权给他人，由他人对自己的物享有使用和变价处分的权利，而自己间接地获得物在经济上的好处。这种方式的实际意义就是所有人在自己的物上设置权利负担，也就是在自己的物上创设限制物权。①

3. 用益物权是对所有权的一种限制

用益物权是所有人行使所有权的一种方式，但这种行使方式与所有人自己行使所有权有明显不同，即所有人在允许他人行使所有权时，应当接受来自用益物权的限制。因此，用益物权实际上是对所有权的一种限制。这种限制体现在以下几个方面：

（1）在用益物权依法成立后所有人不能随意取消

只有在具备法定事由时，所有人才能终止用益物权。例如，《城镇国有土地使用权出让和转让暂行条例》第十七条规定：“土地使用者应当按照土地使用权出让合同的规定和城市规划的要求，开发、利用、经营土地。未按合同规定的期限和条件开发、利用土地的，市、县人民政府土地管理部门应当予以纠正，并根据情节可以给予警告、罚款直至无偿收回土地使

---

① 孙宪忠：《德国当代物权法》，法律出版社 1998 年版，第 177 页。

用权的处罚。”这里的无偿收回土地使用权，显然就是终止用益物权。

（2）所有人在行使所有权时不得妨碍用益物权人行使权利

例如，在地役权中，供役地的所有人虽然有权对供役地行使一定的权利，但不得妨碍地役权人行使地役权。否则，地役权人有权排除干涉。

（3）所有人不能随意变更用益物权人对所有权的义务内容

例如，在土地使用权中，土地所有人不得随意提高土地使用费，不得擅自改变土地使用权的期限。

（4）用益物权具有优先于所有权的效力

通说认为，这是物权“时间在先，权利在先”原则的一种例外。对此，有学者认为，理论上并不存在定限物权优先于所有权的问题，所有权之所以不能干预定限物权，是因为所有人对定限物权负有某种义务，这种义务使得所有人只能在约定或法定的情形下行使所有权。①

二、合法授权之用益物权不得非法剥夺

正因如此，就本案的实体民事权利而言，因为用益物权的主要内容都是对他人之物的占有、使用、收益，其权利的实现又以占有或直接占有为前提，故在本案这样的土地承包法律关系中，在行政合法授权之后，特定的民事主体就取得了直接支配属于集体所有的农地占有、使用、收益的民事权利，故如果又予以非法剥夺，无疑是对用益物权合法权利人经营自主权所指向的合法民事利益的非法侵害。

在司法实践中，根据《最高人民法院关于审理矿业权纠纷案件适用法律若干问题的解释》第三条的相关规定，受让人请求自矿产资源勘查许可证、采矿许可证载明的有效期起始日确认其探矿权、采矿权的，人民法院应予支持。矿业权出让合同生效后、矿产资源勘查许可证或者采矿许可证颁发前，第三人越界或者以其他方式非法勘查开采，经出让人同意已实际占有勘查作业区或者矿区的受让人，请求第三人承担停止侵害、排除妨碍、

① 孟勤国：《物权二元结构论》，人民法院出版社2002年版，第53页。

赔偿损失等侵权责任的，人民法院应予支持。

该解释第四条则规定，出让人未按照出让合同的约定移交勘查作业区或者矿区、颁发矿产资源勘查许可证或者采矿许可证，受让人请求解除出让合同的，人民法院应予支持。受让人勘查开采矿产资源未达到自然资源主管部门批准的矿山地质环境保护与土地复垦方案要求，在自然资源主管部门规定的期限内拒不改正，或者因违反法律法规被吊销矿产资源勘查许可证、采矿许可证，或者未按照出让合同的约定支付矿业权出让价款，出让人解除出让合同的，人民法院应予支持。

三、本案中被告改变承包水田性质的行为属违法行为

本案中，董某赐作为土地承包经营权人，有法定义务保护承包水田，合理开发和利用土地资源。董某赐从甲县乙已镇丙庚村村民委员会中央寨十五村民小组承包水田，但在土地承包合同履行过程中，董某赐与吉乙公司签订《租地修路合同书》，导致该承包水田的用途和性质完全改变，土地因修路而使原来承包种植经济作物发生根本性变化。吉乙公司在该承包水田上修路，未经原发包方该县乙已镇丙庚村村民委员会中央寨十五村民小组同意，也未依法办理审批手续，其行为属于非法改变农村集体土地农业性质和用途的违法行为，依照《最高人民法院关于审理涉及农村土地承包纠纷案件适用法律问题的解释》（法释〔2005〕6号）第八条的规定，法院依原告要求判决承包方董某赐对案涉承包水田停止侵害并恢复原状，体现了对农村集体土地的保护。

第三百二十七条　【被征收、征用时用益物权人的补偿请求权】 因不动产或者动产被征收、征用致使用益物权消灭或者影响用益物权行使的，用益物权人有权依据本法第二百四十三条、第二百四十五条的规定获得相应补偿。

【条文疏义】

本条沿袭了《物权法》第一百二十一条的规定，仅对其中所引致的条款作了修订。

一、征收、征用行为的平衡性

所谓征收，是指国家为了公共利益的需要，将被征收人所有的物收归国有的行为。所谓征用，是指发生在国家和个人、集体之间的所有权转移，是指国家为了社会公共利益的需要，按照法律规定的批准权限和程序批准，并给予集体和个人补偿后，将个人、集体所有的不动产或者动产的使用权而非所有权归于国家所有。

国家依法进行征收时要给予被征收人以相应的经济补偿。在不动产上存在用益物权的情况下，该不动产被征收时一般会导致用益物权的消灭。此时，不仅要给原所有权人以补偿，而且对用益物权人也应给予相应的补偿。

二、不动产的征收、征用

不动产的征收、征用尤其以土地用益物权为主。土地用益物权包括土地承包经营权、国有建设用地使用权、集体建设用地使用权、宅基地使用权等。以建设用地使用权为例，集体建设用地使用权是平衡农民集体和集体成员之间利益的重要制度保障，但目前我国对集体建设用地使用权等用益物权的消灭、收回的法律规定稍显简略，并且收回行为既包括民事行为也包括行政行为，容易混淆集体建设用地使用权收回行为的性质。

三、物权变动视角下的土地征收

为促进土地的有效利用，土地所有权人通过设立用益物权将土地交给他人使用，由此产生了土地所有权人与用益物权人。按照物权理论，这属于物权变动的范畴，因此，集体建设用地使用权的收回也应从物权变动角度分析，确定建设用地使用权收回的含义，并从所有权保护角度扩展其内涵，使其符合集体土地的特性。[①]

按照物权理论，土地征收属于用益物权消灭的一种形式，但当下国家土地征收权适用较为混乱，要加强对农村土地所有权的保护，一方面，需要规范征地圈、缩小征地范围以减少土地行政管理权的侵蚀；另一方面，需要着力理顺集体土地所有权用益物权的设立。特别是应从民法角度构建土地用益物权收回制度，按照土地所有权人及用益物权人之间的权利义务关系，使土地承包经营权、集体建设用地使用权、宅基地使用权收回制度成为农民集体所有权的支点，最终使农民集体土地所有权人与用益物权人在两者关系中各自获取名副其实的法律地位，平衡双方的利益。[②]

四、保障为公共利益而实施土地征收中失地者的权利

目前我国征地补偿范围还仅限定在与被征收土地有直接关联的土地经济损失上，对于与被征收土地有间接联系和因之延伸的一切附带其他妨害、伤害及相关支出费用的损失补偿范围认定机制相对较少。因此，随着征地补偿水平的不断提高，我国应根据经济社会发展的现实情况，进一步细化合理性的赔偿范围，既要维护公共利益，也要维护被征地权利人的合法权利。可借鉴国外有益的做法，在补偿与被征收土地有直接关联的经济价值损失的同时，还应对征地过程中造成的其他服务功能的永久性损害和当事人生存发展利益的长远影响进行补偿。如征地后残留的中断或分割或受到其他干扰等经济利益损失，明确其中土地补偿标准或相应的比例，包括土地承包期内未到期的损失等。

在近年来有关农地法律修改尤其是《民法典》编纂的背景下，学者关于农地法律问题研究多着眼于宏观法律制度完善和改革政策的法律意义与制度供给，而对农地侵权行为这一特殊的行为研究却鲜有涉及。从中国广大农村地区的社会和司法实践来看，农地侵权行为颇具关注价值，其中诸

① 梁亚荣、余敬：《集体建设用地使用权的收回》，载《南京农业大学学报》2015 年第 6 期。
② 梁亚荣、余敬：《集体建设用地使用权的收回》，载《南京农业大学学报》2015 年第 6 期。

多事项，譬如农地侵权行为的特殊内涵和事实构成、以利益保护为目标的私法裁判规则完善等，都值得反思。

党的十九大报告明确指出“增进民生福祉是发展的根本目的”，土地是农民的命根子，农村土地承担着农民生活保障功能的最基本的使命，是生存权益最集中的体现，也是保持农村社会长期稳定的基础。扩大征地补偿范围可保证农民“保底”收益不降低，长期生活水平有保障，通过对土地征用人设计征收目的合法性审查，对土地的直接、间接或未来可期用益物权等损失予以合理的补偿，[①] 从而从根本上保障农民的利益。

【典型案例】

承包地被征收后应如何分配征收补偿费用[②]

——财产被征收或征用时的补偿

基本案情

1985 年，案涉村一组将坐落在东山湾子的 1.59 亩河荒地分给吴某礼一户。当时吴某礼户上有吴某礼、王某芹（二人系夫妻），还有 4 个孩子：吴某华、吴某贞、吴某芬、吴某龙。吴某礼的大女儿吴某华当时已出嫁。经过开荒，此河荒地被开成稻池，后被大水冲走再次成为荒地。第二轮土地承包时，村组未对该河荒地进行分包。

1991 年，被告吴某华与父亲吴某礼分家单立户。1998 年，吴某礼去世。王某芹与吴某龙一直在一户上。吴某芬现与吴某龙、吴某华在一个村

---

① 张兴：《英国土地强制征收与补偿制度对我国的启示》，载《中国国土资源经济》2020 年第 4 期。

② 参见王某芹、吴某龙等与吴某华用益物权纠纷案，载北大法宝，http://www.pkulaw.cn/case/pfnl_a25051f3312b07f3eca9f331794ab9055f833830a5864de5bdfb.html? keywords =% E7% 89% A9% E6%9D% 83% E6% B3% 95% 20% E7% AC% AC% E4% B8% 80% E7% 99% BE% E4% B8% 80% E5% 8D% 81% E4% B8% 83% E6% 9D% A1% 20% E7% 89% A9% E6% 9D% 83% E6% B3% 95% 20% E7% AC% AC% E4% B8% 80% E7% 99% BE% E4% BA% 8C% E5% 8D% 81% E4% B8% 80% E6% 9D% A1&match = Exactt，最后访问时间：2020 年 6 月 6 日。

组，吴某贞嫁到了邻乡老局子村并在该村分得了土地。2012 年，吴某龙与吴某华就旧房院、山林等达成分割协议，但未提及本案争议的河荒地。

2017 年，此河荒地被该县的县政府征收，被告吴某华领取了土地补偿款 17.49 万元。该村村委会以及一组均表示对该河荒地的土地补偿款村组不予提留。

原告王某芹、吴某龙等要求被告返还原告的河荒地补偿款 17.49 万元，被告吴某华辩称，1985 年原告和其在一户时分得河荒地 0.84 亩，后河荒地被开为稻田。1991 年 8 月 6 日，其和父亲吴某礼分家，单独立户。此地被父亲吴某礼分给其种植水稻，直到 1994 年大水将此地冲毁，之后由其种树为林，一直经营至 2017 年该土地被征用，补偿款 17.49 万元应由吴某华自己领取。

法院审理

用益物权人对他人所有的不动产或者动产，依法享有占有、使用和收益的权利。本案争议河荒地是吴某礼一户以家庭承包方式取得的，第二轮土地承包时，案涉村组未就该河荒地进行再次分包，该河荒地的使用权权属清晰。被告吴某华辩称其父亲吴某礼在世时将此河荒地指给了自己，并由自己一直经营和管理至土地征收前，但并无证据证明。即使吴某华陈述的是事实，吴某礼将此河荒地交由吴某华经营、管理，也不表示其放弃了收益的权利。

且此河荒地是分给吴某礼一家六口的，吴某礼当时即便将该地指给了吴某华，也未取得其他家庭成员的同意。吴某礼在土地征收前去世，吴某贞、吴某芬现自愿放弃权利，不参与土地补偿款的分配，因此土地补偿款 17.49 万元应由剩余土地使用权人王某芹、吴某龙、吴某华平均分配，即每人分得三分之一。

综上所述，原告王某芹、吴某龙应分得土地补偿款 17.49 万元的三分之二即 11.66 万元，被告吴某华应将该款给付二原告。

案件评述

一、本案涉及用益物权标的物被征收后对权利人的补偿问题

本案系因承包地被征收而引发的征收补偿费用分配纠纷，本案争议的河荒地是吴某礼这一农户以家庭承包方式取得的，第二轮土地承包时，案涉村组未就该河荒地进行再次分包，该河荒地的使用权权属清晰。

因吴某礼已在土地征收前去世，吴某贞、吴某芬又自愿放弃权利，不参与土地补偿款的分配，因此土地补偿款17.49万元应由剩余土地使用权人王某芹、吴某龙、吴某华平均分配，即每人得三分之一。

二、征收和征用

2004年3月我国进行修宪时，明确区分了“征收”和“征用”两个概念。征收和征用都是出于公共利益的考虑，但两者之间存在一定的区别。征收一般基于公益而使用，征用为紧急状态之下基于公益而使用；征收是所有权的改变，而征用是使用权的改变；征用后原物仍存在的应将其返还给所有人，而征收是所有权的改变，因而不存在此问题。

在过去，我国法学界对于征收和征用并没有进行严格的区分界定，如2004年修订前的《土地管理法》中关于将农村集体所有土地转变为国有土地的规定中使用的是“征用”一词，而其性质实为征收。对此应保持足够的注意。

三、征收、征用不动产或动产应予以补偿

征收是基于公共利益而进行的行为，只是“私权神圣”是民法的基本原则，在由于公共利益而使公民、法人或其他组织的所有权受到损害时，当然应给予其相应的补偿。

1. 补偿的理论依据

对于征收补偿的理论依据，一般采取“特别牺牲说”。即国家的合法征收行为对被征收人造成的损失是无义务的特定人对公共利益所作出的“特别牺牲”，因此这种“牺牲”应当由全体人民来分担，而国家作为全体人民的代表，自应给予被征收人以相应的补偿。同理这也适用于用益物权人。虽然征收的对象并不是用益物权人的不动产，但用益物权人在其上的经济利益的消灭也同样是一种“特别牺牲”，应当予以补偿。

2. 补偿的法律依据

实践中，征收对象类型最多的就是土地。我国实行土地公有制度，土地只有两类，即国有土地和集体所有土地。因此，实践中关于征收的案件也多为征收集体所有的土地时所出现的纠纷。

《土地管理法》第四十八条第二款规定，征用耕地的补偿费用包括土地补偿费、安置补助费以及农村村民住宅、其他地上附着物和青苗的补偿费。相应地，征用农村宅基地等其他土地的补偿费用就包括土地补偿费、安置补助费和地上附着物的补偿费等。《土地管理法实施条例》第二十六条规定：“土地补偿费归农村集体经济组织所有；地上附着物及青苗补偿费归地上附着物及青苗的所有者所有。征用土地的安置补助费必须专款专用，不得挪作他用。需要安置的人员由农村集体经济组织安置的，安置补助费支付给农村集体经济组织，由农村集体经济组织管理和使用；由其他单位安置的，安置补助费支付给安置单位；不需要统一安置的，安置补助费发放给被安置人员个人或者征得被安置人员同意后用于支付被安置人员的保险费用……”《土地管理法实施条例（修订草案）》（征求意见稿）第三十五条再次明确地上附着物和青苗等补偿费用，归其所有权人所有。同时强调地方人民政府应将土地补偿费、安置补助费、农村村民住宅、其他地上附着物和青苗等的补偿费用以及社会保障费用等足额预存。

四、征收、征用中存在的问题及立法建议

1. 现行法律规定存在的问题

从这些规定来看，对于农民亦即用益物权人的保护须不断增强完善。土地补偿费是对于原所有权人的补偿；地上附着物及青苗补偿费是对用益物权人享有的随附征收的物的所有权的补偿；而安置补助费是对剩余劳动力的安置补助，很多情况下并不能真正发到用益物权人手中。也就是说，这里并没有一个真正意义上的对于用益物权（通常为土地承包经营权）消灭的补偿。

应当认为，现行的补偿办法对于用益物权人的保护是不够的，自须改进。

2. 编纂《民法典》中对修改立法的建议

众所周知，土地承包经营权是农民最重要的财产权，是其生活的主要来源。农村的发展和农民的生活主要以土地作为基础。同时考虑到我国农村目前尚未建立有效的社会保障制度，在土地征收时给予其更多补偿应该说是十分必要的。虽然安置补助费在一定程度上可以解决一些问题，但实际上其费用偏低，且实践中农村集体经济组织利用《土地管理法实施条例》第二十六条的规定侵犯农民权益的案件也屡有发生，故相关法律法规的修订业已启动。

《物权法》中明文规定因不动产被征收致使用益物权消灭的，应当给予用益物权人补偿，应该说是一个很大的进步。为满足这种需要，有学者认为，在农村土地征收中建立一个专门的“土地承包经营权补偿费”是十分必要的，即使暂时不能做到这点，至少也应从安置补助费中将此部分独立出来，保证将其发到用益物权人手中。唯其如此，才能真正做到保护用益物权人的合法权益，对其所作出的“特别牺牲”给予适当的补偿。

第三百二十八条　【海域使用权】依法取得的海域使用权受法律保护。

【条文疏义】

本条沿袭了《物权法》第一百二十二条的规定。

一、海域使用权

海域使用权是指单位和个人通过法定程序所取得的在特定海域使用海域资源的权利。

《海域使用管理法》规定海域属于国家所有，国务院代表国家行使海域所有权。任何单位或个人不得侵占、买卖或者以其他方式非法转让海域。单位和个人可以向县级以上人民政府海洋行政主管部门申请使用海域，经依法批准后颁发给相应的海域使用权证书。综上，获得许可之后在特定海域上从事海上航行、海底石油开采、海上养殖、捕捞等行为均属于海域使用权的范畴。

二、海域使用权的法律特征

1. 海域使用权的有限性

《海域使用管理法》根据投入、产出和可持续发展的需求，对不同海域的使用期限作出了不同规定。海域的自然特性决定海域使用权的形式在空间上也必须受到一定限制。

（1）海域是一个立体的生态系统

其由水面、水体、海床和底土组成，生态结构复杂，在纵向上相互影响。

（2）海水始终呈现出流动的状态

海水在横向上处于一种变动状态，如果一片海域出现污染，那么随着海水流动，污染就会扩散到其他海域，所以必须合理划分不同内容的海域使用权，实现海域生态环境的可持续发展。

2. 海域使用权具有排他性

海域使用权作为一种用益物权，必然具有物权的排他性特征。这种排他性不是绝对的，而是相对的，一旦将某一特定海域的使用权确定给某一民事主体，那么在同一时期同一海域范围内，其他民事主体就不得再从事其他非兼容的用海活动。也就是说，绝对排除不兼容的用海活动，只允许其他民事主体进行不妨碍海域使用权人的用海活动。

3. 海域使用权以用益为其基本内容

海域使用权的用益性包括两个方面的内容。第一，海域使用权是国家将其所有的海域的使用价值抽离出来，有偿转让给民事主体的产物。第二，海域使用权人获得的是海域的使用价值，目的在于使用和收益而不是获得海域的交换价值。

4. 海域使用权具有有偿性

我国实行海域有偿使用制度，民事主体取得海域使用权需要支付相应的对价。根据不同的用海类型，海域使用金可以一次性缴纳也可以按年度分期缴纳。此外，对于非经营性的公益用海，《海域使用管理法》还规定了海域使用金的减免政策。

【典型案例】

海域使用权的行使是否会受到限制①

——海域使用权的法律适用

基本案情

2007年11月8日，庚辰公司与辛州港口经济开发区管理委员会（以下简称辛州港口管委会）签订了《辛州港口辛柏油气库项目投资合同书》，庚辰公司及其法定代表人秦某兵，辛州港口管委会及其代表分别在该合同书上盖章、签字。

2008年3月10日，该市发展计划委员会对庚辰公司建设的辛柏油库项目予以登记备案。2009年3月4日，该省人民政府向庚辰公司颁发了编号为国海证094××××02的海域使用权证书。

2011年8月19日，确定选址后，各部门相继下发批文。

2013年1月10日，国投辛州港口公司进入案涉海域建设煤炭码头，煤炭码头用地面积54.23公顷，其中包含庚辰公司建设辛柏油库的海域7.07公顷（106.10亩）。

案涉庚辰公司诉求国投辛州港口公司立即停止擅自在庚辰公司已取得

① 参见甲省乙市庚辰公司与国投辛州港口公司海域使用权纠纷案，载北大法宝，http://www.pkulaw.cn/case/pfnl_ a25051f3312b07f35ee1c67074fde4e825c6c6d27e5598c4bdfb.html?keywords=%E4%BE%9D%E6%B3%95%E5%8F%96%E5%BE%97%E7%9A%84%E6%B5%B7%E5%9F%9F%E4%BD%BF%E7%94%A8%E6%9D%83%E5%8F%97%E6%B3%95%E5%BE%8B%E4%BF%9D%E6%8A%A4&match=Exact，最后访问时间：2020年6月5日。

海域使用权的位于港鹰岭海域用于建设辛州港口辛柏油库 7.07 公顷工业用地上进行建设的侵权行为，并恢复原状交还庚辰公司。

国投辛州港口公司辩称，其建设煤炭码头依法合规。国投辛州港口公司已取得所需的政府许可，已进行港口开工备案，是依规合法使用煤炭码头建设用地，合法建设煤炭码头，且辛柏公司同意，至少其未反对海域盘整并由国投辛州港口公司建设煤炭码头，国投辛州港口公司不构成侵权。另外，煤炭码头是完善辛州煤炭运输系统而建设的具有社会公共利益的建设项目。

法院审理

一审法院经审理认为，庚辰公司缴纳海域使用金后取得案涉海域的海域使用权证，依据《物权法》第一百一十八条“国家所有或者国家所有由集体使用以及法律规定属于集体所有的自然资源，单位、个人依法可以占有、使用和收益”、第一百二十二条“依法取得的海域使用权受法律保护”、《海域使用管理法》第三十条“因公共利益或者国家安全的需要，原批准用海的人民政府可以依法收回海域使用权。依照前款规定在海域使用权期满前提前收回海域使用权的，对海域使用权人应当给予相应的补偿”的规定，庚辰公司可以依自己的意愿和行为对该片海域合法进行管理和使用。

国投辛州港口公司提出其已取得政府审批，但无法提供证据证明该海域已被政府或其他行使公权力的部门收回。故法院认为，国投辛州港口公司未经庚辰公司的许可，在其已依法取得海域使用权的案涉海域上建设煤炭码头的行为侵害了庚辰公司享有的海域使用权，已构成侵权，应当承担民事责任。

另外，庚辰公司享有的海域使用权具有排他性，其权利受到侵害时，自有权要求停止侵害、排除妨害、消除危险等。但本案中庚辰公司要求国投辛州港口公司停止侵害、恢复原状将造成社会财产的巨大损失和浪费，法院不予支持。理由如下：

从建设投入看，庚辰公司所提交的证据显示，其除支出海域使用金外未因国投辛州港口公司的侵权行为造成损失，而国投辛州港口公司投入案涉煤炭码头项目约14亿元；从建设规模上看，经过法院现场勘查，国投辛州港口公司建设的煤炭码头项目是成片式建设，无法分割，基础建设已接近完工；从使用目的上看，国投辛州港口公司建设案涉煤炭码头项目是为了辛州煤炭运输系统而建设的具有社会公共利益的建设项目。综合这几个方面，法院认为，国投辛州港口公司承担侵权责任的方式不宜为停止侵害、恢复原状、返还案涉海域，而对于庚辰公司为此遭受的经济损失，庚辰公司可另案起诉。

庚辰公司不服提起上诉。

二审法院经审理认为，争议焦点为庚辰公司主张国投辛州港口公司停止侵权、恢复原状并返还案涉海域的诉讼请求应否支持。对于国投辛州港口公司煤炭码头项目工程建设侵害了庚辰公司合法的海域使用权的事实，一审判决已经明确认定该行为构成侵权，国投辛州港口公司应当承担侵权民事责任，国投辛州港口公司并未提出上诉。二审法院认为一审判决查明的国投辛州港口公司的侵权行为事实清楚、证据充分、定性准确，应当维持。

再审法院经审理认为，综合国民经济与社会发展规划之考量，辛州市煤炭码头的建设符合公共利益的评判标准，停止建设、恢复原状并返还海域的请求虽是物权保护的方式，但机械地执行只会造成社会物质的极大浪费及项目所涉海域的不可恢复性破坏，不利于社会经济的发展和生态环境的保护，故对庚辰公司的诉讼请求法院不予支持。

案件评述

一、本案涉及海域使用权的问题

本案是一个较为复杂的关于海域使用权的案件，二审重新举证后维持了原判，再审时依旧驳回了申请人的申请，维持了原判。本案中，庚辰公司缴纳海域使用金后，对案涉海域取得海域使用权证，依据《物权法》第一百一十八条和《海域使用管理法》第三十条之规定，庚辰公司依自己的意愿和行为对该片海域进行管理和使用，于法有据。

案涉国投辛州港口公司未经庚辰公司的许可，在其已依法取得海域使用权的案涉海域上建设煤炭码头的行为，侵害了庚辰公司享有的海域使用权，已构成侵权，应当承担侵权民事责任。

只是，辛州市煤炭码头的建设符合公共利益的评判标准，停止建设、恢复原状并返还海域的请求，会造成社会物质的极大浪费及对项目所涉海域的破坏具有不可恢复的特性，不利于社会经济的发展和生态环境的保护。因此，综合国民经济与社会发展规划之考量，法院对海域使用权的救济进行适度限制的判决合情合理。

二、海域使用权的法律属性

1. 海域使用权的客体特殊性

海域使用权所指向的客体是海域资源。传统学说认为，海洋管理与土地利用管理不同，海洋管理是复杂的，这是因为海洋本身的流动性、三维性、自然环境与行政边界缺乏有机联系等多方面的原因造成的。

海洋环境的流动性特点，使其在开发过程中容易产生连带影响，对某一区域海洋的开发利用，不仅影响本区域的自然生态环境和经济效益，而且必然影响邻近海域甚至更大范围的生态环境和经济效益。

海洋环境的多层次复合性特点表明海洋都拥有多种价值和功能，由此导致海洋环境开发利用的多行业性，多行业的立体化开发以及对同一海域某种资源的争相开发，这些现象的存在如果缺少一种强有力的制约监督和协调力量，必将导致海洋开发的无序状态，进而影响海洋环境的利用程度，并不可避免地导致对海洋环境的破坏。

海洋环境的难以分割和难以划界的特点，又使海洋开发利用活动过程增添了更多纠纷和矛盾，需要作为“裁判”的政府出面干预。

海洋经济具有跨地区、跨行业、跨部门，涉及多产业、多学科、多领域的大系统特征，也使海洋经济的管理和协调比陆地更为困难，要求更高。

此外，海洋管理中各管理部门之间存在矛盾，对海洋环境的管理涉及环保、海洋、海事、渔政渔港、军队等多个部门，被人戏称“多龙闹海”。海洋、环保、水产、交通、水利、盐业、旅游、矿产等部门都作为执法部门，依据有关法律法规所赋予的权限进行执法管理，大都自成体系、各自为政，容易造成多头管理、政出多门的弊端。海洋环境管理体制的缺陷，要求加强政府的行政干预，通过制定统一的政策，建立统一的协调管理机制，加强对海洋环境的综合管理，为海洋经济发展创造良好的运行环境。

2. 海域使用权是一种典型的准用益物权

如前所述，海域使用权指向的客体是海域资源，其空间资源的属性，决定了海域的不动产属性，决定了海域使用权为不动产物权，海域应当属于物权法上“以权利为其客体的物权”的范畴，海域使用权是使用海域并获得其利益的权利，属于财产权无疑。它作为排他使用某一特定海域并享有其利益的权利，符合物权的直接支配性和排他性特征，鉴于法律有明文规定，自然属于物权。[①]

具体而言，海域使用权是派生于海域的国家所有权而又与所有权相分离并受所有权人行政许可的被公法意志限制的权利，该权利的实现以对特定海域的占有为前提，以使用、收益为目的，以支付一定的海域使用金为对价，因此，其具备用益物权的基本特征，应定性为一种准用益物权，适用准用益物权的有关规定。

在司法实践中，根据《最高人民法院关于适用〈中华人民共和国民法典〉物权编的解释（一）》第一条的相关规定，因不动产物权的归属，以及作为不动产物权登记基础的买卖、赠与、抵押等产生争议，当事人提起民事诉讼的，应当依法受理。当事人已经在行政诉讼中申请一并解决上述民事争议，且人民法院一并审理的除外。

---

① 王紫零：《我国海域使用权法律制度重新构造》，载《2004 年中国法学会环境资源法学研究会年会论文集》。

三、我国海域使用权的现状

由于海域自身环境及其气候条件、地貌、水文条件的差异，且大多数出让的海域被用于海洋传统产业，如渔业、运输业等，用海性质比较单一，经营利润比较微薄，对个人与企业来说吸引力较小，阻碍了海域的创新性开发，影响了海域使用权的市场化推广、多样化发展以及海域的最优化利用。

另外，由于我国长期“重视陆地、轻视海域”导致海域开发规模较小。而我国海域开发仍处于粗放阶段，再加上海洋科技储备严重不足，致使海域的开发利用效率低，资源浪费严重，未形成规模优势。

针对我国目前海域使用低效率的状况，急需找到一种科学合理的解决方式。海域使用权的市场化或许将会改善我国海域使用状况，促进海洋经济的发展，进而推动整体经济的发展。海域使用权市场化将会成为提高海域使用效率的重要手段。①

当然，在开发海域的同时，要注意对海洋生态环境的保护，以实现对海域的协调利用、高效利用、公平利用和环保利用。可以通过建立海洋自然保护区、进行海洋功能区划分、实行休渔期管理、进行海洋生态修复工程等手段和措施来达到保护与开发海洋资源的目的。

四、完善海域使用权的立法保护

在相关的法律适用上，我国同样采取特别法优于普通法的原则。对于海域使用权，《海域使用管理法》有专门规定，若特别法有规定，则适用特别法；特别法无规定，则适用《民法典》中有关用益物权的一般规定。尽管《海域使用管理法》发挥着重要的确认与维护海域物权的功能，但是学界普遍认为其公法性质过于浓厚。而《物权法》第四十六条规定了国家海域所有权、第一百二十三条规定了海域使用权属于用益物权，条文规定

---

① 周彦彤、王涵、杨佳欣、陈红霞：《海域使用权市场化所面临的现状、问题及对策研究》，载《中国集体经济》2019 年第 22 期。

较为笼统。要形成一套科学规范海域使用权的法律制度，丰富完善海域使用权，有赖于《海域法》的最终制定。[①]

第三百二十九条　【特许物权依法保护】 依法取得的探矿权、采矿权、取水权和使用水域、滩涂从事养殖、捕捞的权利受法律保护。

【条文疏义】

本条沿袭了《物权法》第一百二十三条的规定。

一、矿业权、取水权、渔业权的内涵

1. 矿业权

矿业权是指权利人依法在特定的矿区内勘查、开采矿产资源并取得矿产品的权利。简言之，即对矿产资源开发、利用的权利。《矿产资源法（修订草案）》（征求意见稿）第四条第三款明确规定："勘查、开采矿产资源，应当依法取得探矿权、采矿权。探矿权、采矿权统称矿业权。"

2. 取水权

取水权是指直接从地下、江河、湖泊等水资源中取水的权利。它是出于必须改变自然状态下的水的空间位置，才可以对水进行利用而设立的重要权益，如农业灌溉、工业用水、生活用水和人工养殖的渔业等。其本质上即水资源使用权，是由水资源所有权派生出来的一项以水资源利用、收益为主要目的的权利，包括取水权、用水权等。

3. 渔业权

渔业权是指进行渔业生产、经营的一定活动所应取得的权利。它包括水面、滩涂的养殖使用权和内水、海洋的捕捞权的内容。我国的渔业捕捞，实行捕捞许可制度。笼统来说，渔业权就是进行渔业生产活动应享有的权

---

① 王小军：《论我国〈海域使用管理法〉的修订》，载《上海法学研究》2019年第21卷。

利。我国《渔业法》的颁布，将渔业权确定为在我国内水、滩涂、领海、专属经济区以及属于我国管辖的一切其他海域范围内从事养殖的养殖权和进行捕捞作业的捕捞权。

二、物权与准物权之争议

《物权法》第一百二十三条将矿业权、取水权、渔业权均规定在用益物权中。可见从法律属性上是明确的，从三者的定义以及实践中也可发现，矿业权、取水权、渔业权均表现为对国家所有之物的占有、使用、收益，符合用益物权的特征。

但学界对于三者的法律属性依旧存在诸多争议，主要表现在以下几个方面：

1. 权利行使之后客体能否完好无损，与准物权不同

用益物权是以物的利用为中心，强调物的充分利用，其权利行使之后客体还存在而且完好无损。然而，矿业权、取水权、渔业权的行使将直接导致资源的耗竭，权利的行使可能会使客体不复存在，至少是减损。

2. 耗竭性决定了资源性准物权更强调开发保护并举

用益物权旨在促进“物尽其用”，但由于资源的稀缺性，矿产资源、水资源、渔业资源更强调有节制地开发利用，且在对其开发和利用的同时，还需要对其加以保护。

3. 准物权事实上是以权利为其客体的物权

用益物权的设定以特定事物为基础，其客体是明确的。矿业权、取水权、渔业权的客体具有不确定性，其范围、储量以及价值等都是不确定的，甚至随着时间的推移还会有很大的波动，因而将其表述为一种以利益为内容的权利更好理解。

4. 准物权公私法综合调整被称为“权利束”

用益物权属于民法范畴，民法属于私法领域，而矿业权、取水权、渔

业权均具有强烈的公权色彩，在内容上其作为权利束包含公法规制的内容，[①] 且往往需要得到行政许可才能取得相应权利。在司法实践中，根据《最高人民法院关于审理矿业权纠纷案件适用法律若干问题的解释》第六条的相关规定，矿业权转让合同自依法成立之日起具有法律约束力。矿业权转让申请未经自然资源主管部门批准，受让人请求转让人办理矿业权变更登记手续的，人民法院不予支持。当事人仅以矿业权转让申请未经自然资源主管部门批准为由请求确认转让合同无效的，人民法院不予支持。

当然，物权与准物权的争议目前也仅是在学术范畴，这种争议或许更会促进立法者思考如何完善这三种权利。

三、客体特殊性

依传统民法理论，物权的客体必须是物，而且是特定物。如果物权客体不特定，则无法将一个由物权支配的物与其他物区分开来，物权支配秩序也将无从建立。但矿业权、取水权、渔业权的客体从某种意义上说确实是不确定的。

1. 矿业权的客体

目前对探矿权的属性争议较多，根据对矿业权客体的认识不同，主要可以分为以下几种观点：

（1）债权说

该说认为探矿权是与有关部门签订矿产资源开发利用民事合同而产生的一种合同债务[②]。

（2）知识产权说

该说认为探矿权价值是最终形成的完整的地质勘查报告，探矿权和采矿权的客体是地质勘查成果。地质勘查成果属于科技成果，探矿权属于其他科技成果权中的科技进步成果权[③]。

---

① 崔建远：《关于渔业权的探讨》，载《吉林大学社会科学学报》2003 年第 5 期。

② 何山：《物权法制定之焦点》，武汉大学出版社 2004 年版，第 28 页。

③ 黄发儒：《论探矿权是知识产权》，载《中国矿业》2000 年第 5 期。

（3）物权说

该说认为，矿业权是以矿产资源所有权为基础，具备用益物权之占有、使用、收益等权能，符合物权特征。例如，江平教授认为，我国《物权法》将探矿权和采矿权列为用益物权系列的他物权，应属于用益物权范畴。[①]

（4）准物权说

一些民法学者倾向于准物权说，究其原因在于矿产资源的客体之不特定性以及其行政许可加合同的公法特性。学界普遍赞成准物权说。

2. 取水权的客体

关于取水权的客体，理论界长期存在“一定之水说”和“局部的水资源说”的争论。

（1）一定之水说

该说认为，取水权的客体是水，这里的水包括存在于河流、湖泊、池塘、地下径流、地下土壤中的地表水和地下水。

（2）局部的水资源说

该说认为，取水权的客体是水资源，它在物理上并未与流域或区域水资源相分离而孤立地存在，而是融汇于流域或区域水资源中，是流域或区域水资源的一部分，通过登记方式区别于水资源所有权的客体，其是时空和总量上更为具体的水资源。水自身为动产，水资源以土地为载体，为不动产。应当认为，取水权的客体是对局部水资源的获取权。取水权由水资源所有权而派生，其权利客体必须与其母权保持一致。这也符合他物权客体上的所有权就是他物权的母权的逻辑。[②]

3. 渔业权的客体

在渔业捕捞权的客体方面也存在争议，比如将渔业捕捞权的客体定义

---

① 江平：《矿产资源安与土地资源之权利辨析》，载《中国国土资源经济》2018 年第 1 期。

② 汪佳蕊：《取水权的私权体系构建》，兰州大学 2018 年硕士学位论文。

为水域，或者定义为对水域的使用权这一权利上来。学界更倾向于将渔业捕捞权的客体定义为水域内的水生动植物资源，这一点是在对渔业权的客体进行定义的基础上得来的。因为不管是对捕捞权而言，还是对养殖权而言，最终都是通过水域内的水生动植物资源的转换实现这一权利的真正价值，而不管是养殖水域还是捕捞水域，从海域使用的规定看，都是在为国家所有的基础上设定的。[①]

而且若是从水域这一角度考虑，单就捕捞权的水域在我国就分为内海、近海以及属于我国管辖的其他海域等情况，再加上养殖权的水域，这就使得渔业捕捞权客体变得更加复杂，相应地，渔业捕捞权制度也变得更加混乱，管理起来也变得更加复杂。因此，渔业捕捞权的客体应为特定水域内的获取水生动植物资源的权利。

【典型案例】

享有采矿权的权利人在权利受到侵害时有权获得补偿[②]

——矿业权的法律适用

基本案情

2005 年，乙丙高速公路建设指挥部委托中交第二公路勘察设计研究院（以下简称中交二院）设计乙地至丙地段的线路方案，中交二院制定了《甲省乙地至丙地段高速公路线路方案》。同年 8 月，中交二院委托该省地质调查院对六条线路压覆的矿产资源储量进行评估，并于 2005 年 9 月作出《压覆矿产资源补充调查评价报告》。随后，中交二院将该评价报告报向该

---

① 刘路恒：《论我国海洋渔业捕捞权制度的完善》，中国海洋大学 2018 年硕士学位论文。

② 参见湖北省乙丙高速公路建设指挥部诉丁煤炭公司用益物权纠纷再审案，载北大法宝，http：//www. pkulaw. cn/case/pfnl _ a25051f3312b07f396069d22ae8005-cd873b99e2018c8336bdfb. html? keywords = % E7% 89% A9% E6% 9D% 83% E6% B3% 95% 20% E7% AC% AC% E4% B8% 80% E7% 99% BE% E4% BA% 8C% E5% 8D% 81% E4% B8% 89% E6% 9D% A1&match = Exact&tiao = 1，最后访问时间：2020 年 6 月 6 日。

省国土资源厅审批。该省国土资源厅于2005年11月25日作出土资函〔2005〕360号《关于审查〈甲省乙地至丙地段压覆矿产资源补充调查评价报告〉的函》，对该省地质调查院关于各线路压覆矿产资源储量的评价予以认可，并要求公路建设部门在选线方案确定后向该厅办理建设项目压覆矿产资源储量登记手续，同时指出若需对现设计的公路路径方案进一步调整，应将该设计调整方案报该厅备案。但此后，乙丙高速公路指挥部未将施工线路及压覆矿产资源情况向该省国土资源厅备案。

2011年3月19日，该县戊镇巳村村民委员会（以下简称巳村委会）与丁煤炭公司签订《合并协议书》。同年8月16日，该省国土资源厅向丁煤炭公司颁发采矿许可证。该省盛源矿山设计公司制作的堰塘湾煤矿地形地质及井上下对照图中显示，丁煤炭公司取得的采矿许可证载明的采矿范围包含在原李家沟煤矿的采矿范围内，乙丙高速公路从丁煤炭公司的采矿区域内通过。

就该区域的采矿权，丁煤炭公司与乙丙高速公路指挥部产生争议。

法院审理

再审法院裁判认为，丁煤炭公司享有的采矿权合法有效，乙丙高速公路建设指挥部应当就其压覆行为对该公司进行补偿。首先，丁煤炭公司享有的采矿权系依法定程序取得，应予保护，其次，采矿许可证上注明的“禁止从事生产活动”和“完成有偿化处置工作”并不影响丁煤炭公司主张权利。

关于矿产资源的压覆补偿标准，法律法规并未有明确规定，而国土资发〔2010〕137号通知仅就补偿范围原则上应当包括的内容予以明确，并未将其他补偿费用排除在外，乙丙高速公路建设指挥部的补偿标准应以原鉴定报告为基础。

根据《矿产资源法》第三十三条的规定，我国矿产资源压覆属于行政许可行为，而根据《国土资源部关于进一步做好建设项目压覆重要矿产资源审批管理工作的通知》（国土资发〔2010〕137号）以及该省国土资源厅《关于进一步规范建设项目压覆矿产资源审批管理工作的通知》（土资规〔2013〕1号）的规定，乙丙高速公路压覆矿产资源的数量应以该省国土资源厅的审查结论为依据。

案件评述

一、本案涉及采矿权受到侵害如何救济的问题

采矿权作为用益物权。采矿权人对其依法取得的采矿权所涉矿区范围的矿产资源依法享有占有、使用和收益的权利。

我国《矿产资源法》在第四章“矿产资源的开采”第三十三条规定，在建设铁路、工厂、水库、输油管道、输电线路和各种大型建筑物或者建筑群之前，建设单位必须向所在省、自治区、直辖市地质矿产主管部门了解拟建工程所在地区的矿产资源分布和开采情况。非经国务院授权的部门批准，不得压覆重要矿床。

《矿产资源法实施细则》第三十五条规定，建设单位在建设铁路、公路、工厂、水库、输油管道、输电线路和各种大型建筑物前，必须向所在地的省、自治区、直辖市人民政府地质矿产主管部门了解拟建工程所在地区的矿产资源分布情况，并在建设项目设计任务书报请审批时附具地质矿产主管部门的证明。在上述建设项目与重要矿床的开采发生矛盾时，由国务院有关主管部门或者省、自治区、直辖市人民政府提出方案，经国务院地质矿产主管部门提出意见后，报国务院计划行政主管部门决定。

可见，建设项目压覆矿产资源，实质上涉及对于矿产资源的处置，应当依法得到地质矿产行政主管部门的许可。这些都为采矿权人权益不受基础工程建设侵害提供了法律保障，有关机关有责任予以实施。根据《国土资源部关于进一步做好建设项目压覆重要矿产资源审批管理工作的通知》（国土资发〔2010〕137号）的规定，建设项目压覆已设置矿业权矿产资源的，新的土地使用权人还应同时与矿业权人签订协议，协议应包括矿业权人同意放弃被压覆矿区范围及相关补偿内容。补偿范围原则上应包括：矿业权人被压覆资源储量在当前市场条件下所应缴的价款（无偿取得的除

外)；所压覆的矿产资源分担的勘查投资、已建的开采设施投入和搬迁相应设施等直接损失。

本案中，乙丙高速公司建设指挥部在获得行政许可的情况下对丁煤炭公司享有采矿权的矿产资源进行压覆，根据法律规定，丁煤炭公司享有的采矿权合法有效，乙丙高速公路建设指挥部应当就其压覆行为对该公司进行补偿，最后对丁煤炭公司进行补偿的方式保证了采矿权人的采矿权。

乙丙高速公路压覆矿产资源的数量以该省国土资源厅的审查结论为依据，应由乙丙高速公路建设指挥部按照规定对丁煤炭公司进行相应的补偿。

二、准物权是以权利为其客体的物权

矿业权、取水权、渔业权与其他一般的物权相比有较大的特殊性，在理解其作为物权客体的特殊性时也应当具有弹性。第一，其特定性表现在定量上，由特定地域、空间、期限加以确定；第二，已经确定范围的资源作为权利客体，在该范围保持存续的同一性，不得以他物进行代替。按照传统通说的观点，这种弹性理解特定性恰恰证明了矿产资源、水资源、渔业作为物权客体的不特定性。

传统物权理论承继“物必有体”理念，《物权法》第二条采用负面界定的方式宣示了“法律规定权利作为物权客体的，依照其规定”。物权客体的外延正在不断扩充，虚拟财产、邮箱、股权等客体已经突破了物质实体和自然力的限制。传统民法的主流观点并不区分权利客体和权利对象，不但背离了逻辑统一的规律，而且没有把物上的财产利益从物权所保护的客体中剥离出来，以至于每次有新事物出现，都要争议论证。

在司法实践中，根据《最高人民法院关于审理矿业权纠纷案件适用法律若干问题的解释》第七条的相关规定，矿业权转让合同依法成立后，在不具有法定无效情形下，受让人请求转让人履行报批义务或者转让人请求受让人履行协助报批义务的，人民法院应予支持，但法律上或者事实上不具备履行条件的除外。人民法院可以依据案件事实和受让人的请求，判决受让人代为办理报批手续，转让人应当履行协助义务，并承担由此产生的费用。

三、准物权以行政许可方式设立

矿产资源、水资源、渔业资源作为重要且稀缺的自然资源，一般而言，国家都会对其开发配置和利用保护实行严格管控。

全国人大法学界代表也提出议案，建议就类似于采矿权可以准用物权保护规则的权利作出规定。这些权利大体上有采矿权、海域使用权、渔业权、采伐权、取水权等。它们依据行政批准或者行政许可取得，直接占有使用特定物，有些还可以取得收益，虽然并非根据民事行为取得，但是在权利的享有和保护上可以适用准用益物权的规则，因此民法上统一将这一类权利称为“准物权”。考虑到这些权利都是在所有权基础上设置的，将它们规定在“用益物权”的体系之下，强调其外观上的占有、使用和收益的特点，这种体例既符合法理也符合国情。[①]

在司法实践中，根据《最高人民法院关于审理矿业权纠纷案件适用法律若干问题的解释》第五条的相关规定，未取得矿产资源勘查许可证、采矿许可证，签订合同将矿产资源交由他人勘查开采的，人民法院应依法认定合同无效。第八条则规定，矿业权转让合同依法成立后，转让人无正当理由拒不履行报批义务，受让人请求解除合同、返还已付转让款及利息，并由转让人承担违约责任的，人民法院应予支持。

自可说明，作为临时应急措施的司法解释，早已将列于用益物权之中的“自然资源准物权”与债权在司法实践中予以区分。

① 孙宪忠：《关于修改我国〈物权法〉的方案（征求意见稿）》，载中国法学网，www.iolaw.org.cn，最后访问时间：2020年7月29日。

第十一章　土地承包经营权

第三百三十条　【农村土地承包经营】农村集体经济组织实行家庭承包经营为基础、统分结合的双层经营体制。

农民集体所有和国家所有由农民集体使用的耕地、林地、草地以及其他用于农业的土地，依法实行土地承包经营制度。

【条文疏义】

本条沿袭了《物权法》第一百二十四条的规定。

一、《农村土地承包法》的进一步改革成果

2018 年通过的《全国人民代表大会常务委员会关于修改〈中华人民共和国农村土地承包法〉的决定》，其修改的主要内容包括所有权、承包权、经营权“三权分置”，稳定农村土地承包关系并长久不变，土地经营权入股，维护进城务工和落户农民的土地承包权益等 7 个方面的内容。《农村土地承包法》将土地承包经营权的主体界定为集体农户，但对何为集体农户，农户的家庭成员如何分享土地承包经营权没有进一步的详细规定，这就在某种程度上造成了土地承包经营权的归属不清或主体模糊。《民法典》物权编的编纂以《农村土地承包法》的相关规定为基础，进一步明确了土地承包经营权的主体归属。坚持集体农户的土地承包经营权主体地位。①

二、农村土地承包经营权的法律特征

农村承包经营户和个体承包户不一样，其并非私营经济。个体工商户一直是被当成私营经济看待的；而农村承包经营户，从法律规定上看，应当始终确认其是“集体经济的统一经营形式下面的分散经营层次”。从法律属性上看，承包是集体经济的一种经营形式，而并非私营制，因为土地依然是集体所有的。

1. 农村承包经营户依然是社区性农村集体经济组织成员

农村承包经营于改革开放的历史背景下，被认为是集体经济及集体经济组织统一经营层次下的“分散经营层次”。

2. 农村土地承包经营权是在农村土地承包合同的基础上形成的

农村承包经营户与其所隶属的社区性农村集体经济组织间的关系无疑是家庭联产责任制的承包关系。农村承包经营户在生产和经营活动中所享有的权利和义务，都是根据其与集体经济组织间的承包合同来确定的。

3. 作为其主体的农村承包经营户的内部法律关系在本质上就是家庭成员间的个人合伙

作为农村土地承包经营权主体的承包经营户是我国农村经济体制改革发展的必然产物，其是以血缘为纽带所形成的家庭承包经营的组织形式，独立核算、自负盈亏、自主经营，从法律关系的角度看，其内部无非就是农民家庭成员之间的一种合伙经营关系而已。

4. 农村土地承包经营权的内容是以土地为中心而形成的

农村土地承包经营权的行使无疑只能在法律允许的范围进行商品生产的经营活动，其作为承包法律关系的客体是以集体所有的土地为中心的，当然也包括集体使用的森林、山岭、草原、荒地、滩涂及水面等。在此范

---

① 祝之舟：《农村土地承包经营权的功能转向、体系定位与法律保障——以新〈农村土地承包法〉为论证基础》，载《农业经济问题》2020 年第 3 期。

围外，农民再单独承包乡镇企业或其他生产资料及生活设施的，就是其他承包法律关系了。

【典型案例】

土地承包经营权受到侵害时应如何救济①

——土地承包经营权制度

基本案情

1975 年 1 月 25 日，王某荣结婚，由于其丈夫是军人，故其户口仍在王某学家。1982 年，三跃村发包土地时，因王某荣与王某学一家系同一家庭成员，5 口人承包 5.4 亩地，人均 1.08 亩，承包户户主为王某学。王某荣的户口于 1992 年 1 月迁入该市并转为非农业户口。1997 年第二轮土地承包时，王某学家承包 4.82 亩土地，并于 2005 年取得农村土地承包经营权证，共有人一栏中没有记载王某荣。

后王某荣称其在王某学承包的土地中享有五分之一的承包经营权。双方由此发生争议。

2007 年 10 月 30 日，该市戊庚区农村土地承包仲裁委员会作出裁决：王某荣对王某学所种土地享有承包经营权。

王某学遂向戊庚区人民法院起诉，要求确认三跃村村委会与王某学签订的《土地承包经营合同》有效，同时确认王某荣对王某学承包的土地无承包经营权。

由于王某学于 2010 年 10 月业已死亡，再审时被申请人由王某学变更

---

① 参见王某荣与何某云、王某胜等农村土地承包经营权纠纷案，载北大法宝，http：//222.177.237.213：8000/rwt/BDFB/http/P75YPLURNN4XZZLYF3SXP/case/pfnl_ a25051f3312b07f3b-56e51d677d9fdf643363ec5dbad0054bdfb.html？keywords = % E7% 8E% 8B% E6% B7% 91% E8% 8D% A3% E4% B8% 8E% E4% BD% 95% E7% A6% 8F% E4% BA% 91% E3% 80% 81% E7% 8E% 8B% E5% 96% 9C% E8% 83% 9C% E7% AD% 89% E5% 86% 9C% E6% 9D% 91% E5% 9C% 9F% E5% 9C% B0% E6% 89% BF% E5% 8C% 85% E7% BB% 8F% E8% 90% A5% E6% 9D% 83% E7% BA% A0% E7% BA% B7% E6% A1% 88&match = Exact，最后访问时间：2020 年 6 月 10 日。

为其妻何某云、其子王某东和王某胜。

法院审理

一审法院判决王某学与三跃村村委会签订的《土地承包经营合同》有效，王某荣对王某学承包的土地不享有1.08亩承包经营权。

二审法院驳回王某荣的上诉，维持原判。

再审法院判决撤销二审判决和一审判决第二项，维持一审判决第一项。2009年12月，该省高级人民法院裁定驳回王某荣的再审申请。

2012年6月，该省高级人民法院提审后判决：撤销一、二审判决及原再审民事判决；驳回王某荣的诉讼请求。后最高人民法院提审认为，王某荣作为城市居民，在二轮土地延包中不享有土地承包经营权。

首先，王某荣于1992年1月将户口从王某学家迁至该市相关派出所辖区内落户。《农村土地承包法》（2002年）第二十六条第三款规定："承包期内，承包方全家迁入设区的市，转为非农业户口的，应当将承包的耕地和草地交回发包方。承包方不交回的，发包方可以收回承包的耕地和草地。"

可见迁入设区的市、转为非农业户口，是丧失农村土地承包经营权的条件。由于目前我国法律没有对农村居民个人丧失土地承包经营权的条件作出明确具体的规定，因此，只能比照法律中最相类似的条款进行认定，上述规定应当作为判定在第二轮土地延包中，王某荣是否对王某学家承包的土地享有承包经营权的法律依据。此时王某荣的户口已经迁入设区的市，成为城市居民，因此不应再享有农村土地承包经营权。当地第二轮土地承包仍依照《农村土地承包法》第十五条之规定，以本集体经济组织的农户为单位。延包的含义是只丈量土地，不进行调整。符合增人不增地、减人不减地的政策。王某荣此时已不是王某学家的家庭成员，在二轮土地延包中不享有土地承包经营权。

其次，农村土地承包经营权证是在民事案件中认定当事人是否具有农村土地承包经营权的重要依据。

王某学起诉是因为戊庚区农村土地承包仲裁委员会作出的裁决，确认王某荣在其家庭承包的土地中享有0.96亩土地承包经营权。该裁决书中载明，如不服裁决，可在30日内向法院起诉的内容。因此，法院应当受理此案并作出判决。另外，王某荣并未请求当地村委会另行向其发包土地，而是主张在王某学一家承包的土地中，享有1.08亩承包经营权。

故对于上述发生在平等主体之间的民事权益之争，不应通过行政诉讼解决。

案件评述

一、本案涉及农村土地承包经营制度

土地是我国农民最基本的生产资料和生活保障，土地承包是农民最为关切的经济权利，随着农村经济体制改革的深入开展，农村土地承包经营制度已普遍推行并已开展二轮承包，农村土地承包合同纠纷大量发生。为稳定和完善以家庭承包经营为基础、统分结合的双层经营体制，赋予农民长期而有保障的土地使用权，维护农村土地承包当事人的合法权益，促进农业、农村经济发展和农村社会稳定，最高人民法院先后出台了《关于审理涉及农村土地承包纠纷案件适用法律问题的解释》（法释〔2005〕6号）、《关于审理涉及农村土地承包经营纠纷调解仲裁案件适用法律若干问题的解释》（法释〔2014〕1号）等相关司法解释，2018年12月29日全国人大常委会通过了《农村土地承包法》。

从该省三级法院的4个裁判结果看，部分法院对是否应当受理当事人以其在他人承包的土地中享有承包经营权为由提起的民事诉讼，以及是否可以在一定条件下，对某个自然人是否具有某个农村集体经济组织成员资格作出认定的问题，认识并不完全统一。

本案明确了法院在审理此类案件中，应当比照《农村土地承包法》第二十六条第三款之规定，在认定当事人是否具有某个农村集体经济组织成员资格的基础上，对其是否享有农村土地承包经营权问题作出裁决，因而具有一定的指导意义。

特别需要注意的是，2018 年 12 月修改的《农村土地承包法》第二十七条已将有关规定修订为："……国家保护进城农户的土地承包经营权。不得以退出土地承包经营权作为农户进城落户的条件。承包期内，承包农户进城落户的，引导支持其按照自然有偿原则依法在本集体经济组织内转让土地承包经营权或者将承包地交回发包方，也可以鼓励其流转土地经营权……"

二、家庭联产承包责任制是体制改革的基本成功经验

一般认为，我国农村经济体制改革的基本经验之一就是土地所有权和土地使用权的分离，即土地的集体所有和农户使用。其法律形式就是家庭联产承包责任制。这种方式极大地调动了农民的生产积极性，发展了农村的生产力。

20 多年来的农村改革实践证明，实行家庭承包经营，符合生产关系要适应生产力发展要求的规律，使农户获得了充分的经营自主权，充分调动了亿万农民的生产积极性，极大地解放和发展了农村生产力，实现了我国农业的巨大发展和农村经济的全面繁荣，使广大农民的生活从温饱迈向小康。实行家庭承包经营，符合农业生产的特点，使农户可以根据市场需求和效益原则确定农业生产的品种和结构，使农民成了独立的市场主体。

家庭承包经营是集体经济组织内部的一个经营层次，是双层经营体制的基础。集体经营层次具有生产服务、组织协调和资产积累等功能。农村集体经济组织的主要任务是管理好集体资产，协调好利益关系，组织好生产服务和集体资源开发，壮大经济实力，特别是要增强服务功能，解决一家一户难以解决的困难。这种双层经营体制，不仅适应以手工劳动为主的传统农业，也适应采用先进科学技术和生产手段的现代农业，具有广泛的适应性和旺盛的生命力，必须长期坚持。

稳定完善双层经营体制，关键是稳定完善土地承包关系。土地是农业最基本的生产要素，又是农民最基本的生活保障。稳定土地承包关系，是引导农民珍惜土地，增加投入的需要；是保持农业发展、促进农民增收的需要；是保持农村稳定的需要。

三、农村土地承包的法律形式可以因地制宜、多种多样

根据《农村土地承包法》的规定，农村土地采取农村集体经济组织内部的家庭承包方式，不宜采取家庭承包方式的荒山、荒沟、荒丘、荒滩等农村土地，可以采取招标、拍卖、公开协商等方式承包。可见，农村土地承包经营制度包括两种承包方式，即家庭承包和以招标、拍卖、公开协商等方式的承包。

农村土地承包一般采取农村集体经济组织内部的家庭承包方式。家庭承包方式是指，以农村集体经济组织的每一户家庭全体成员为一个生产经营单位，作为承包人与发包人建立承包关系，承包耕地、林地、草地等用于农业的土地。家庭承包中的承包人是农村集体经济组织的农户。发包人将土地发包给农户经营时，应当按照每户所有成员的人数来确定承包土地的份额，也就是通常所说的“按户承包，按人分地”，也称“人人有份”。由于每个集体经济组织成员在本集体经济组织中均享有成员权，也由于农村土地是农民的基本生产资料，也是他们的基本生活保障，因此，每个农村集体经济组织的成员，不论年长年幼、是男是女都享有土地承包权。凡是本集体经济组织的成员应当人人有份的农村土地，尤其是耕地、林地、草地，都应当依法实行家庭承包。

有些用于农业的土地，如果园，在本集体经济组织内做不到人人有份，只能由少数农户来承包；对于“四荒地”，本集体经济组织成员有的不愿承包，有的根据自己的能力承包的数量不同。这些不宜采取家庭承包方式的农村土地，可以采取招标、拍卖、公开协商等方式承包。这些承包方式都是以自愿、公开、公正的原则进行的，能够更合理地利用这些农村土地。

四、《民法典》贯彻“三权分置”政策对土地承包制度予以重构

2018 年修正的《农村土地承包法》贯彻“三权分置”政策，重构了土地承包经营权的主体制度、权能体系和流转体系，并强化了该权利的稳定性。修正后的《农村土地承包法》对土地承包经营权的身份属性和保障

功能予以固化，并在某种程度上具有了自物权或所有权的性质，成为家庭承包制下集体土地所有权实现的重要机制。随着其与集体土地所有权的内在关联的提升，土地承包经营权在《农村土地承包法》上晋级为物权性土地经营权的母权。为适应土地承包经营权的功能转向和属性变化，此次制定的《民法典》物权编进行了科学回应，一方面，巩固了《农村土地承包法》的修法成果；另一方面，弥补其修法之不足。[①]“三农”问题的关键之一是农民的土地问题，而土地问题的核心是与利益相关方的利益关系紧密相连的土地产权制度的改革和完善。[②]

我国《宪法》第八条第一款规定：“农村集体经济组织实行家庭承包经营为基础、统分结合的双层经营体制……”《农业法》第十条第一款明确规定：“国家实行农村土地承包经营制度，依法保障农村土地承包关系的长期稳定，保护农民对承包土地的使用权。”早在2003年3月1日就开始实施的《农村土地承包法》进一步给予家庭承包以法律保障。

《民法典》物权编的这一规定，更加明确了土地承包经营制度在我国土地产权制度中的地位，为以后的农村土地工作顺利开展奠定了基础。

第三百三十一条　【土地承包经营权内容】 土地承包经营权人依法对其承包经营的耕地、林地、草地等享有占有、使用和收益的权利，有权从事种植业、林业、畜牧业等农业生产。

【条文疏义】

本条沿袭了《物权法》第一百二十五条的规定，进一步明确了土地承

① 祝之舟：《农村土地承包经营权的功能转向、体系定位与法律保障——以新〈农村土地承包法〉为论证基础》，载《农业经济问题》2020年第3期。

② 黄小虎：《论土地在社会主义市场经济中的宏观调控作用》，载《中国地产市场》2004年第2期。

包经营权的物权性质，明确规定了土地承包经营权人依法对其承包经营的耕地、林地、草地等享有占有、使用和收益的权利，有权从事种植业、林业、畜牧业等农业生产。

一、承包经营权人的基本权利

本条规定了承包人对承包地享有的占有、使用和收益这几项最基本、最重要的权利。这些权利都是法定权利，即使在承包合同中没有约定，承包人也依法享有这些权利，任何组织和个人不得剥夺和侵害。

1. 依法享有对承包地占有的权利

占有的权利是土地承包经营权人对本集体所有的土地直接支配和排他的权利。土地承包经营权是在集体或国家所有由集体使用的土地上使用、收益的权利，为实现其使用、收益的目的，必然以对土地占有为前提。

2. 依法享有对承包地使用的权利

农村土地承包经营权设立的目的，就在于由承包人在集体所有的土地上从事种植业、林业、畜牧业等“大农业”生产。因此，承包人对其承包的土地进行合理且有效的使用是其重要权能之一。至于从事农业生产的种类、方式等均由承包人按照土地用途自主决定，承包人享有生产经营自主权，发包人和其他任何第三人都无权干涉。对承包土地的使用不仅限于传统意义上的种粮植树、放牛养羊等，因进行农业生产而修建必要的附属设施，如建造沟渠、修建水井等，也应是对承包土地的一种使用。

3. 依法获取承包地收益的权利

收益权是承包人获取承包地上产生的收益的权利，这种收益主要是从承包地上种植的农林作物以及畜牧中所获得的利益。例如，粮田里产出的粮食、果树产生的果实等。承包人还有权自由处置产品，可以自由决定农林牧产品是否卖、如何卖、卖给谁等问题。承包人对承包地享有的收益权是承包经营权中的重要权利，因此对承包人的收益权应当依法保护，使其得到充分的实现。

二、承包经营权人的其他权利

承包经营权人的上述权利，体现了作为用益物权的承包经营权之最基本的权利，还有一些权利内容体现了承包经营权的物权性质。

1. 较长的承包期及承包期满后可以继续承包

耕地的承包期为30年。草地的承包期为30年至50年。林地的承包期为30年至70年；特殊林木的林地承包期，经国务院林业行政主管部门批准可以延长。承包期届满，由土地承包经营权人按照国家规定继续承包。

2. 依法享有土地承包经营权流转的权利

通过家庭承包取得的土地承包经营权可以依法采取转包、出租、互换、转让或者其他方式流转。通过招标、拍卖、公开协商等方式承包农村土地，经依法登记取得土地承包经营权证或者林权证等权属证书的，其土地承包经营权可以依法采取转让、出租、入股、抵押或者其他方式流转。土地承包经营权流转的收益归承包人所有。

3. 承包期内发包人不得收回承包地

承包期内，承包人全家迁入小城镇落户的，应当按照承包人的意愿，保留其土地承包经营权或者允许其依法进行土地承包经营权流转。承包期内，承包人全家迁入设区的市，转为非农业户口的，应当将承包的耕地和草地交回发包人。

4. 承包期内发包人不得调整承包地

承包期内，除因自然灾害严重毁损承包地等特殊情形对个别农户之间承包的耕地和草地需要适当调整的外，必须经本集体经济组织成员参加的村民会议三分之二以上成员或者三分之二以上村民代表的同意，并报乡（镇）人民政府和县级人民政府农业等行政主管部门批准。承包合同中约定不得调整的，按照其约定。

5. 承包地征收应予依法补偿

承包地被征收的，土地承包经营权人有权依照《民法典》所沿袭的《物权法》第四十二条第二款的规定获得相应补偿。

三、物权化的承包经营权有利于对权利的保护

《物权法》明确将农村土地承包经营权规定为用益物权，体现了党的十五届三中全会“要抓紧制定确保农村土地承包关系长期稳定的法律法规，赋予农民长期而有保障的土地使用权”的要求。

在《农村土地承包法》颁布之前，人们对土地承包经营权大多是从债权的角度即承包合同的角度来认识的。2002 年颁布的《农村土地承包法》将土地承包经营权作为用益物权，但未明确使用“用益物权”的概念。所以 2007 年颁行《物权法》时，根据物权的特征和土地承包经营权的实际状况，将土地承包经营权确立为用益物权，更有利于保护土地承包经营权人的利益。

1. 土地承包经营权中的各项内容为法定权利不得随意变更

合同权利依双方当事人约定，难以避免因发包人违反合同等行为对土地承包经营权造成侵害，故作出此项规定。

2. 土地承包经营权作为用益物权期限较长且比较稳定

合同的期限一般较短且容易发生变化。

3. 承包人所享有的经营自主权发包人不得非法干涉

因合同可以变更，难以避免发包人强令承包人不变更就解除合同的现象发生，故作出此项规定。

4. 承包人作为用益物权人可以对抗发包人的侵害

土地承包经营权不能被任意剥夺，承包地被违法收回后，可以要求返还。而合同有可能随意解除，承包地被违法收回的，承包人虽有可能获得金钱赔偿，但返还承包地并不必然。

5. 承包权作为用益物权是绝对权

承包人可以以用益物权人的地位直接对抗第三人的侵害，这里也包括政府的违法干预。承包人可以据此抵制干预经营自主权的政府决定。

6. 承包经营权可以依法流转

承包人依用益物权享有自主将土地承包经营权流转的权利基础，任何

人不得强迫或者阻碍。而依合同关系难以形成流转的基础，往往受到对方的限制。

7. 土地征用时承包权人为独立的补偿主体

在征地补偿时，承包人可以作为独立的权利主体，土地承包经营权可以作为独立的财产权利获得相应的补偿，而不是仅作为合同一方当事人被忽视。

【典型案例】

承包经营权人依法所享有的占有、使用、收益的权利[①]

——依法取得的土地承包经营权受法律保护

基本案情

案涉土地在第一轮土地承包时由案外人褚某花种植。第二轮土地承包前，因案外人褚某花与被告吕某风换地种植，案涉土地由被告吕某风种植。

1998 年，原告陈某阳取得案涉土地的第二轮土地承包经营权，但被告吕某风未向原告陈某阳归还该土地，一直种植至 2016 年 12 月 6 日，该市郊区人民政府向原告陈某阳核发编号为盐大政农地承包权（2016）第 24××97 号农村土地承包经营权证书，载明坐落于该市郊区××通商镇××组的地块名称为 9 排 5 号、地块编码为 32098210×××00011、二轮承包面积为 1.47 亩（东至空地；西至小路；南至骆某海；北至吕某英），发包给原告陈某阳承包经营，自 1998 年 9 月 1 日起至 2028 年 8 月 31 日止。

原告诉至法院，请求法院判决被告吕某风于 2018 年 4 月 5 日前返还 1.47 亩土地的经营种植权。

① 参见陈某阳诉吕某风土地承包经营权纠纷案，载北大法宝，http：//www. pkulaw. cn/case/pfnl_ a25051f3312b07f30a9c592d5de39249fa4e578d1e67c146bdfb. html？keywords = %%89% A9% E6%9D%83% E6% B3%95%20% E7% AC% AC% E4% B8%80% E7%99% BE% E4% BA%8C% E5%8D%81% E4% BA%94% E6%9D% A1&match = Exact&tiao = 1，最后访问时间：2020 年 6 月 12 日。

法院审理

法院经审理认为，依法取得的土地承包经营权，合法有效，应受法律保护。

本案中，原告陈某阳持有该市郊区人民政府发放的农村土地承包经营权证书，自享有对诉争 1.47 亩土地的承包经营权，故对该土地依法享有占有、使用和收益的权利。

原告要求被告吕某风于 2018 年 4 月 5 日前返还 1.47 亩土地经营种植权的诉讼请求，法院应予支持。

案件评述

一、本案涉及土地承包经营权权属问题

本案案件事实清楚，争议焦点在于案外人褚某花与被告交换土地进行种植后，原告陈某阳持有该市郊区人民政府发放的农村土地承包经营权证书，即享有对诉争 1.47 亩土地的承包经营权，便对该土地依法享有占有、使用和收益的权利。此后原告获得第二轮土地承包经营权，而被告未归还土地，本案中法院支持原告的诉求，充分体现了土地承包经营权人依法对其承包经营的耕地、林地、草地等享有占有、使用和收益的权利。

二、土地承包经营权法律关系受法律保护

土地承包经营权是集体经济组织的成员依法享有的一项权利，任何人，只要属于本集体经济组织的成员，在同等的条件下均能作为承包经营合同的主体，承包集体所有的土地进行农业生产。保护集体经济组织成员所依法享有的土地承包经营权，是我国稳定农村土地承包关系的需要，也是农业生产平稳进行的前提。

三、土地承包经营权人的权利义务内容

1. 农村土地承包经营权人依法享有以下权利

（1）占有权

这是土地承包经营权人对国有或集体所有土地直接控制并支配的权利。

土地承包经营权人为实现对国有或集体所有的土地使用、收益的权利，必须占有该土地，但这并不意味着必须在土地承包经营期内始终直接占有该土地，承包经营权人可采取间接占有的方式，如将土地出租而由承租人直接占有。

（2）使用权

土地承包经营权是按土地属性、约定用途使用国有或集体所有土地的权利。所谓土地属性，指草原、水面、滩涂等土地的自然特性，土地承包人应按照属性使用，如在草地上畜牧、在水面上养鱼等。所谓约定用途是指土地所有人与土地承包人为特定农业目的而对一定属性的土地所约定的使用方法或范围，如在山上种植果树、在滩涂上养殖贝类等。

关于土地的用途，既可以在设立农地使用权时约定，也可以在权利存续期间约定，但未经过登记的土地约定用途，不具有物权效力，不得对抗善意第三人。对未约定特定用途的土地，土地使用人应按照通常的用途使用。而土地的使用分为两类：消费性使用、经营性使用。前者以土地的产出物自用为使用目的，后者以土地的产出物出售后获得的经济利益或以取得土地的法定孳息为使用目的。①

（3）收益权

土地承包人有权获取土地所生利益的权利。土地承包人取得土地使用权后，对在土地上种植、养殖的农业作物、水产品、牲畜禽类等享有所有权。对于在土地承包经营权设立之前既已种植的树木等，其果实等自然孳息归土地承包人所有，而植物本身的所有权归土地所有人所有。

（4）出租权

土地承包人可以在不改变土地用途的前提下，自主出租土地使用权给第三人，不以土地所有人同意为必要，但需要报其备案。但双方当事人在签订承包经营合同时，如果约定不得转租，则土地承包人不得违反约定。

① 梁彗星主编：《中国物权法研究》（下），法律出版社1998年版，第721～722页。

土地承包经营权的出租也不以登记为必要条件，但如果登记则可以产生对抗第三人的效力。为防止土地承包经营权因为多次转租而对土地的利用带来不利影响，避免弱化承包人对土地的现实支配力，法律可以禁止对土地承包经营权的转租。

（5）土地承包经营权之物上请求权

土地承包经营权作为物权中的一种权利，也具有一般物权通常的物上请求权的功能。该权利包括停止侵害、排除妨害、消除危险、返还占有、恢复原状等。该权利可以由土地承包人独立行使，而无须通过土地所有人行使。

2. 土地承包经营权人必须承担的义务

任何权利都是伴随义务而存在的，土地承包经营权也不例外。

（1）合理使用土地的义务

将土地随意转作他用，毫无疑问会损害土地资源。但是如果在规定的用途范围内，过度使用也会造成土地资源的破坏。所以，土地承包经营权人在承包经营期限内负有合理使用土地的义务，如果违反该义务，经所有人阻止或通知改善仍无效的，土地所有人有权终止承包合同。

（2）依约定方法和用途使用土地的义务

换言之，土地承包人不得以约定以外的方法、用途使用土地。对于土地的用途应该按照大类区分，必要时可以进一步约定类别，但不可以过细，否则是对土地承包人生产经营自主权的干涉。

第三百三十二条　【土地的承包期限】耕地的承包期为三十年。草地的承包期为三十年至五十年。林地的承包期为三十年至七十年。

前款规定的承包期限届满，由土地承包经营权人依照农村土地承包的法律规定继续承包。

【条文疏义】

本条沿袭了《物权法》第一百二十六条的规定，但删除了“特殊林木的林地承包期，经国务院林业行政主管部门批准可以延长”的规定，与《农村土地承包法》的相关规定保持一致。

一、土地承包期是农村土地承包经营权存续的期间

在土地承包期内，承包人享有土地承包经营权，依照法律的规定和合同的约定，行使权利、承担义务。土地承包期是土地承包制度的一项重要内容，享有较长的承包期也是承包经营权中的一项重要权利。《民法典》规定的承包期是法定期限，不得随意变更。这一点关系到农民是否可以得到长期而有保障的承包经营权，关系到以家庭承包经营为基础、统分结合的双层经营体制的稳定和完善，关系到农业、农村经济发展和农村社会稳定。本条根据《农村土地承包法》的规定，对不同用途的农用地的承包期作出了规定。

二、耕地的承包期

耕地是指种植农作物的土地，包括灌溉水田、望天田（又称天水田）、水浇地、旱地等。我国耕地总面积约为18.4亿亩，人均1.4亩。实行家庭承包经营的耕地一直占耕地总面积的97%左右。

在我国农村实行家庭联产承包责任制之初，承包期一般都比较短。承包期限过短，难以调动承包人增加投入、合理开发土地的积极性，甚至可能导致短期行为和对土地的掠夺式经营。这样，国家实行土地承包经营制度就失去了积极意义。因此，1984年，国家有关政策要求土地承包期适当延长，一般应在15年以上。1993年，一些较早实行家庭承包经营的地方，第一轮土地承包即将到期。为及时指导农业生产，国家提出，在原定的耕地承包期到期之后，再延长30年。此后，1998年修改的《土地管理法》明确规定，土地承包经营期限为30年。2002年颁布的《农村土地承包法》进一步明确规定，耕地的承包期为30年。

土地承包期限的长短，应考虑我国农村的实际情况，根据农业生产经营的特点和农业经济的发展趋势等因素确定。如果期限过短，不利于土地承包经营权的稳定和农业的发展。耕地的承包期为30年的规定，符合农村耕地承包的现实要求。

三、草地、林地的承包期

1. 草地是指以生长草本植物为主、用于畜牧业的土地

草地包括天然草地、改良草地和人工草地。草原是草地的主体。从1984年开始，在全国推广草原承包工作，一些地方对草地实行50年的承包期。

2. 林地是指生长乔木、竹类、灌木、沿海红树林的土地

林地包括有林地、灌木林地、疏林地、未成林造林地以及迹地和苗圃等。在《农村土地承包法》颁布之前，实践中林地的承包期一般确定为30年至50年。

3. 草地、林地的承包期限在我国有其发展过程

《土地管理法》规定，农民集体所有的土地由本集体经济组织的成员承包经营，从事种植业、林业、畜牧业、渔业生产。土地承包经营期限为30年。国家政策曾原则上要求，土地承包期再延长30年不变，营造林地和“四荒”地等开发性生产的承包期可以更长。根据草地和林地承包的特殊性，《农村土地承包法》明确规定，草地的承包期为30年至50年。林地的承包期为30年至70年；特殊林木的林地承包期，经国务院林业行政主管部门批准可以延长。

4. 同耕地相比草地和林地有其特殊性

以林地为例：

首先，耕地主要用于种植农作物，一般是一年一季或者两季，有的是一年三季，很少种植多年生植物。而林地上一般生长着多年生的乔木、竹类、灌木等。

其次，从事林业开发投资大，林木生长期、收益期长，风险也比较高。例如，榉木、水青冈、红豆杉、柚木的采伐或经营期限在50年至60年。

再如，我国特有的银杏树的生长极为缓慢，所以又被称为“公孙树”，形容祖辈种树到孙辈才结果实。浙江东阳地区种植的香榧树，第15年才开始结果，100年才进入丰产期，并可延续四五百年，有的可达上千年。

最后，我国对森林实行限额采伐制度，林地上种植的林木不能任意采伐。采伐必须申请采伐许可证并按照要求完成更新造林。承包人的生产经营和处置产品的权利受到一定程度的限制。

鉴于草地和林地的特殊性，《农村土地承包法》对草地和林地的承包期作出上述规定。《物权法》的规定与《农村土地承包法》的规定是一致的。

四、依法续包体现用益物权的本质要求

本条第二款规定，前款规定的承包期届满，由土地承包经营权人依照国家规定继续承包。这一规定符合用益物权的基本特征，符合以家庭承包经营为基础、统分结合的双层经营体制必须长期坚持的要求，进一步体现了赋予农民长期且有保障的土地使用权的立法精神，有利于保障广大承包经营权人的利益，更好地鼓励承包人在承包期即将届满时，继续向承包地进行资金、劳力和农田基本建设等方面的投入，促进农业、农村经济的发展和农村社会的稳定。

【典型案例】

承包经营权人户籍迁出后承包经营权的归属①

——土地承包期的法律效力

基本案情

1995年10月20日，土地承包经营户舒某久与肥西县南寅镇卯西桥村

① 参见舒某久与肥西县南寅镇卯西桥村村民委员会土地承包经营权纠纷案，载中国裁判文书网，http：//wenshu. court. gov. cn/content/content? DocID = 1ed905c5 - 5224 - 4cab - 9468 - a7970164fb9d，最后访问时间：2020年6月12日。

经济管理委员会签订了《土地承包合同书》，约定土地承包经营户舒某久承包耕地7.15亩，承包期限30年（自1995年10月20日起至2025年10月20日止）。之后卯西桥村经济管理委员会将7.15亩耕地进行了划分并交付给土地承包经营户舒某久。1999年5月，辰肥市人民政府向土地承包经营户舒某久颁发了《农村集体土地承包经营权证》，确认其享有7.15亩土地的承包经营权。2006年，辰肥行政区划调整，肥西县南寅镇划归为辰肥高新区管理，卯西桥村经济管理委员会变更为卯西桥村村民委员会（以下简称村委会）。2013年1月22日，舒某久居家三人户籍迁入辰肥市申山区井岗镇长江西路×号挂户，在该地未分到土地，未享受失地农民养老保障。2016年，高新区对卯西桥村土地进行了整合和征用，土地承包经营户舒某久积极响应，及时到卯西桥村村委会办理相关登记手续和申请土地流转收益，但卯西桥村村委会均以土地承包经营户舒某久没有土地承包经营权等理由予以拒绝。

原告舒某久的诉讼请求为：确认其享有卯西桥村村委会7.15亩土地承包经营权。被告对此答辩如下：土地承包经营户舒某久的诉称与事实不符。2005年国家取消农业税之前，其已弃荒放弃土地承包经营权，巳阳村民组已将其承包地调整给其他村民经营，其虽持有土地承包经营权证书，但已没有实际意义。土地承包经营户舒某久主张的收益不符合法律规定和辰肥市土地征收补偿规定，其居家户籍于2013年迁至辰肥市申山区井岗镇长江西路×号挂户，其户籍所在地和户籍性质均不清楚，不应享有与其他承包经营户同等的土地流转收益。

法院审理

法院经审理认为，根据《物权法》的规定，耕地的承包期为30年，在承包期内，发包方不得收回承包地，非因法定事由及经法定程序，发包方不得调整承包地。

本案中，土地承包经营户舒某久作为合法的土地承包经营权人，自1995年10月20日起取得位于卯西桥村巳阳村民组7.15亩土地的承包经营权，承包期限为30年，至2025年10月20日止，目前仍在承包经营期内，舒某久居家三人户籍虽于2013年1月22日迁入辰肥市申山区井岗镇长江西路×号挂户，但其在该地未获得土地承包经营权，亦未以书面方式明确表示放弃其承包的巳阳村民组7.15亩土地的承包经营权，故双方之间的土地承包经营权合同关系并未解除，作为发包人的卯西桥村村委会应承担继续履行合同，保障舒某久作为土地承包经营权人的合法权利等义务，故土地承包经营户舒某久要求确认其享有卯西桥村村委会巳阳村7.15亩土地承包经营权，法院依法予以支持。

案件评述

一、本案争议焦点是在承包经营权人户籍迁出后其承包经营权的归属

从法律上来说，土地承包经营权应当自土地承包经营权期限届满后消灭，在承包期内发包人不得收回耕地。承包方全家迁入小城镇落户的，应当按照承包方的意愿，保留其土地承包经营权或者允许其依法进行土地承包经营权流转；承包人在户口迁入地重新获得承包经营权的，应当将在原户籍所在地承包的耕地交回发包方；承包方全家迁入设区的市，转为非农业户口的，应当将承包的耕地和草地交回发包方。承包方不交回的，发包方可以收回承包的耕地和草地。严格遵守法律关于土地承包期的规定，有益于保护承包经营权人的利益。

根据《农业部关于稳定和完善土地承包关系的意见》的规定，承包人以个人名义承包的土地、山岭、草原、滩涂、水面及集体所有的畜禽、水利设施、农机具等，如承包人在承包期内死亡，该承包人的继承人可以继续承包，承包合同由继承人继续履行，直到合同到期。根据《农村土地承包法》的规定，承包期内发包人不得收回耕地，承包期内，妇女结婚，在新居住地未取得承包地的，发包方不得收回其原承包地。

二、法律对土地承包经营权规定期限的制度意义

法律对土地承包经营权规定有限的期限，在于永佃权的社会机能渐微。永佃权是指为支付佃租永久在他人土地上为耕作或畜牧之权利。永佃权对于调和土地的“所有”与“利用”，尤其是土地的开垦矛盾，曾发挥了重要的作用，但是随着社会的变迁，其弊端日益显现。永佃权会造成土地所有权与使用权的永久分离。但随着社会的发展，土地的价值不再局限于农作物的种植或畜牧等，而且种植和畜牧在土地的价值构成中的比重日益降低，对土地所有权人而言，土地已经成为最重要的资产，所有人将土地设定永佃权，永久供他人使用的例子越来越少。而对使用人而言，由于农业生产在现今社会中的经济效益偏低，少有人愿意以永久耕作或畜牧为使用目的。从经济观点而言，永佃权不具有经济效率。同时法律规定土地承包经营权期限为30年以上是与农业生产的投入大、生产周期性长的特点紧密联系的，唯有与农民签订较长的承包期合同，农民才能放心从事农业生产，防止出现涸泽而渔的毁灭式生产。

三、土地承包经营权与传统永佃权的区别

作为为农业目的而使用国家或集体土地的用益物权，土地承包经营权类似于传统民法上的永佃权。

所谓永佃权，是指以支付租金为代价，长期或永久地使用收益他人的不动产的权利。由于土地承包经营权与传统民法中的永佃权在外部特征上相似，故而有学者将两者视为一物，认为“目前我国的农村承包经营权，就是一种新型的永佃权”。[①] 虽然土地承包经营权和传统民法的永佃权均是以种植业、林业、畜牧业为目的而使用他人土地的权利，同属于用益物权，但两者存在明显的区别：

1. 存在基础不同

土地承包经营权建立在土地公有的基础之上，而永佃权是土地私人所有制度下的产物。

2. 处分权能不同

关键在于土地承包经营关系中对经营活动须有一定的监督管理权能，

---

① 杨立新、尹燕：《我国他物权制度的重新构造》，载《中国社会科学》1995 年第 3 期。

尽管发包人对承包人的经营管理不得干涉，而在永佃权中，土地的所有人不对永佃权人享有此种权能。

3. 永佃权具有永久性质而土地承包经营权具有期限性

根据我国现行法律相关规定，耕地的承包经营期限为30年，草地的承包经营期限为30年至50年，林地的承包经营期限为30年至70年。不过承包期限届满后，承包人要求继续承包的，发包人只要没有重大的正当理由，原则上即应与原承包人续签土地承包合同。这恰恰就是其承继永佃权传统的关键所在。

第三百三十三条 【土地承包经营权的设立与登记】

土地承包经营权自土地承包经营权合同生效时设立。

登记机构应当向土地承包经营权人发放土地承包经营权证、林权证等证书，并登记造册，确认土地承包经营权。

【条文疏义】

本条沿袭了《物权法》第一百二十七条的规定。依本条规定，土地承包经营权自土地承包经营权合同生效时设立。将土地承包经营权的发放机关由“人民政府”改为“登记机构”，虽删除了“草原使用证”，但增加“等证书”以明确其为不完全列举。

一、土地承包合同生效是指其产生法律上的约束力

对于合同的生效时间，合同法规定，依法成立的合同，自成立时生效。合同的生效，除附条件、附期限的合同，以及法律、行政法规规定应当办理批准、登记等手续生效的以外，在通常情况下，与合同的成立是一致的。《农村土地承包法》规定，承包合同自成立之日起生效。《民法典》对承包合同的生效作出的规定与《合同法》《农村土地承包法》的规定是一致的，即承包合同自成立之日起生效。

二、土地承包经营权的设立以承包合同生效为前提

承包合同生效时承包经营权即设立虽为特例，但符合我国农村的实际情况。一是承包方案经村民会议或村民代表会议讨论同意，集体经济组织成员相互熟悉，承包的地块人所共知，能够起到相应的公示作用。二是承包证书的发放和登记造册，往往滞后于承包合同的签订，不能因此否定农户的承包经营权。因此，土地承包经营权自承包合同生效时设立，登记造册是对承包经营权予以确认的程序。

三、《物权法》上的登记是土地等不动产物权的公示方法

其功能是对物权的设立、变更、转让或者消灭产生公示作用。登记不仅可以表彰物权的设立、明确归属而且有助于解决物权的冲突。关于物权登记的效力，一般有两种做法：一是登记属于不动产物权变动的必要条件，未经登记，不生效力。二是当事人在物权变动后未经登记，虽然在当事人之间也可有效成立，但是不能对抗善意第三人。对土地承包经营权的设立，考虑到我国农村土地承包的实际情况，本条规定，土地承包经营权自土地承包经营权合同生效时设立。可见，土地承包经营权的设立，不以登记为生效的要件。

四、土地经营权证仅为其权利的法律凭证

土地承包经营权证、林权证、草原使用权证，是承包人享有土地承包经营权的法律凭证。为稳定土地承包关系，更好地保障土地承包经营权人的合法权益，对已经设立的土地承包经营权，县级以上地方人民政府应当积极地向承包人颁发相应的土地承包经营权证书，并登记造册，确认土地承包经营权。此外，颁发土地承包经营权证等证书，应当按照《农村土地承包法》的规定，除按规定收取证书工本费外，不得收取其他费用。以减轻农民负担，维护农民的合法权益。

【典型案例】

土地承包经营权的归属①

——土地承包经营权合同的效力

基本案情

在农村第一轮土地承包时，原告一家八口人［具体为：李某青、马某珍、李某凤、李某英、李某、李某云、李某敏（曾用名李某满、李某珍）］以母亲马某珍为户主向原寅坝县十字乡申山村承包了田地（登记“习惯亩”为8.5亩）。

在第二轮土地承包时，马某珍承包户的原承包土地以原承包人口分成两个户继续承包，其中以本案被告李某凤为户主的承包人口分别为李某凤、李某云、李某敏、李某英（曾用名李某妹），所承包的土地在名为“卯子地”和“辰树坎”的地方各有一宗，总承包面积登记“习惯亩”为3亩。

1997年，原告李某云出嫁后，在嫁入地未重新分得承包土地。2007年原、被告签订了《土地承包协议》，明确原告李某云承包的土地继续由被告管理耕种。现原告主张将户内承包地分割管理，被告李某凤未予应允，双方遂起纷争。

现原告方李某云主张返还该土地，认为被告无理由拒不返还，仍然强占着该土地，并擅自将在该土地上修建了住房，改变了土地的性质。其行为侵害了原告的合法权益，被告应将土地恢复原状后予以归还，同时返还2012年至2014年的粮种补贴1629元，并承担本案诉讼费。被告李某凤辩称，其承包本上的四口人分别为李某凤、肖某荣、肖某富和肖某武，不包含原告。这个承包本登记的只有马某珍、李某珍和本人的土地，没有原告

---

① 参见李某云与李某凤土地承包经营权纠纷案，载中国裁判文书网，http：//wenshu.court.gov.cn/content/content？DocID = 64b76ce4 - f8fa - 4099 - b091 - 46b592231824&KeyWord = %E6%9D%8E%E5%85%B4%E4%BA%91，最后访问时间：2020年6月16日。

的土地，我没有侵占他的土地。我不识字，从未与原告签过协议，我只承认与李某敏签过协议。

法院审理

法院经审理认为，农村妇女依法取得的土地承包经营权受法律保护，任何个人和组织均不得以妇女出嫁等为由侵害其正当权利。本案中，原、被告双方在第一轮土地承包时，均以母亲马某珍为户主参与了其所在集体经济组织的土地承包，根据《物权法》第一百二十七条第一款的规定，双方自母亲马某珍与本集体经济组织签订承包合同时起即应取得了相应的土地承包经营权。

在第二轮土地承包时，被告以其为户主，从原承包户中分离成为一个新的承包户，结合《十字乡申山村村委会证明》（出具日期为2015年3月26日）、《土地承包情况调查登记表》、《土地承包合同书》等证据，可知被告承包户内的土地承包人口包含原、被告在内共4人。原告虽已出嫁，但其在嫁入地并未重新分得承包土地，且其原所在集体经济组织亦未将其份额内的承包土地予以收回，这是原告原所在集体经济组织对其在该组织内仍然享有土地承包经营权的默示认可。被告作为共同承包人，更应承认和保护原告在其承包户内享有的土地承包经营权。

鉴于此，法院依法确认原告在被告承包户内享有四分之一的土地承包经营权份额。

案件评述

一、《物权法》赋予了农民长期有保障的土地承包经营权

《农村土地承包法》虽然对农民拥有长期稳定的土地承包经营权作出了明确规定，但在落实农村土地承包政策的过程中，农村承包合同纠纷大量发生，本案便是因在土地二轮承包后，出嫁女是否还享有土地承包经营权而引发的争议。

我国《物权法》关于土地承包经营权取得的规定和《农村土地承包

法》基本一致。依《物权法》的规定，土地承包经营权自承包合同生效时设立，登记造册是作为对承包经营权予以确认的程序，土地承包经营权证是承包人享有承包经营权的法律凭证。我国《农村土地承包经营权证管理办法》第二条规定，农村土地承包经营权证是农村土地承包合同生效后，国家依法确认承包方享有土地承包经营权的法律凭证。由此可见，发放土地承包经营权证是政府部门在土地承包合同依法成立后应主动履行的一项职责，以家庭联产承包形式产生的土地承包经营权取得的标志是承包合同的成立，而并非以取得土地承包经营权证为依据。

二、既然有案涉土地的承包合同，原告即取得了承包经营权

本案包括原告与被告在内的 4 人共同与村委会签订了包括争议土地在内的土地承包合同，被告李某凤为户主。后原告出嫁，但在出嫁地并未重新获得承包土地，原告也并未作出任何放弃其所有的土地承包经营权的意思表示，根据法律规定，原告仍然享有在其原承包户内的土地承包经营权。

原告与被告夫妇签订协议，将土地交与被告代为管理，不等于原告转让了其所享有的土地承包经营权。被告应遵守约定，在原告提出收回该土地时将土地及时返还。对于农村妇女出嫁问题，农村土地属农民集体所有，集体经济组织成员无论男女都享有平等的承包权利，这在《妇女权益保障法》中亦有规定。如今在一些地方的土地承包中仍旧不同程度地存在歧视妇女、侵害妇女权益的问题。有的地方出嫁妇女特别是离婚丧偶妇女的户口被强行迁出，承包的土地被强行收回，其他与土地相关的经济利益也受到损害。本案中，原告出嫁在外，承包土地由他人代为管理耕种，原告仍享有继续承包该土地的权利。

根据《农村土地承包法》第六条的规定，农村土地承包，妇女与男子享有平等的权利。承包中应当保护妇女的合法权益，任何组织和个人不得剥夺、侵害妇女应当享有的土地承包经营权。

《农村土地承包法》第三十一条规定：“承包期内，妇女结婚，在新居住地未取得承包地的，发包方不得收回其原承包地；妇女离婚或者丧偶，仍在原居住地生活或者不在原居住地生活但在新居住地未取得承包地的，发包方不得收回其原承包地。”第五十六条规定：“任何组织和个人侵害土地承包经营权、土地经营权的，应当承担民事责任。”第五十七条规定：“发包方有下列行为之一的，应当承担停止侵害、排除妨碍、消除危险、返还财产、恢复原状、赔偿损失等民事责任：……（二）违反本法规定收回、调整承包地……（七）剥夺、侵害妇女依法享有的土地承包经营权……”

三、土地承包经营权合同的法律特征

土地承包经营权设立合同，是指土地所有人与土地使用权人之间达成的以设立土地承包经营权为目的和内容的合同。[①] 一方当事人为农业集体经济组织，另一方为从事农业活动的农业经营者。[②] 土地承包经营权合同有如下特征：

该合同是以设立特定的用益物权为目的的合同。当事人签订合同的目的在于在特定农地上设立具体的农地使用权。

1. 土地承包合同是双务合同

土地所有人应将标的物交与土地承包经营权人占用、使用、收益，且不得非法干涉后者行使权利。土地承包经营权人应按照土地用途使用农地，且应履行其他合同义务。

2. 承包合同的生效决定土地承包经营权的设立时间

合同的成立不同于生效。前者只需要双方当事人意思表示一致，后者则涉及相关的法律认定和形式要件完备的问题。

四、土地承包经营权合同的生效要件

1. 承包合同当事人应具备相应的缔约行为能力

所谓“当事人应具备相应的缔约能力”在土地承包经营合同中指作为

---

① 梁慧星主编：《中国民法典草案建议稿附理由（物权编）》，法律出版社2004年版，第254页。

② 陈华彬：《物权法》，法律出版社2004年版，第430页。

发包方的集体经济组织必须有合同涉及土地的所有权或有权处分该土地，而作为承包方的自然人必须是具有完全民事行为能力人。

2. 承包合同的内容不能违反法律和社会公共利益

这是各国法律均承认的一项原则，违反者无效。需要说明的是，因各国法律规定不同以及在不同历史时期的公共利益存在相异性，故此要件的内容具有历史性和地域性。法律规范分为强制性规范和任意性规范，不能违反的法律仅针对的是强制性规范。在土地承包合同中主要指不违反民法的有关规定，以及《农业法》《农村土地承包法》等具体法条中的强制性规范。社会公共利益也就是指公序良俗，其为民法的一项基本原则，所以违反该原则的合同不产生法律效力。[①]

3. 承包合同的内容须确定且可能

合同的内容是确定权利义务的根据，是当事人履行合同的依据。如果合同内容不确定或不可能，就会使当事人无法履行合同，在发生纠纷时，法院难以确定当事人的权利与义务。

4. 承包合同的形式应符合法律的规定或当事人的约定

一般而言，合同的形式由当事人自由选择，但是当事人有特别约定或法律规定的除外。根据我国现行法律规定土地承包经营权合同必须采取书面形式。

5. 土地承包的意思表示须自愿真实

意思表示真实是指缔约人的表示行为应真实反映其内心的效果意思，即效果意思与表示行为一致。意思表示真实是意思自治原则的当然要求，理应成为合同生效要件。

意思表示不真实，对合同效力的影响应视具体情况而定。在一般误解等情况下，合同仍然有效。而在重大误解时，合同则可以被变更或撤销。

---

① 单平基：《〈民法典物权编（草案）〉之土地承包经营权的评析和完善》，载《山东社会科学》2019 年第 2 期。

在乘人之危导致合同显失公平的情况下，合同可能被变更或撤销。在因欺诈、胁迫而成立合同场合，如果损害国家利益，合同无效；如果没有损害国家利益，合同可能被变更或撤销。

五、土地承包经营权合同的内容

一般认为，土地承包经营权合同应当包括如下主要条款：

1. 双方当事人的名称和地址

土地所有人只能是国家和集体经济组织。另一方当事人可以是任何经营农业的法人和自然人。

2. 农地的位置和范围

在合同中，应当标明农地的方位、四至和面积，并尽可能地用绘图表示。

3. 农地用途

当事人之间可以另外约定农地的特别用途。例如，种植用地、养殖用地和畜牧用地等。

4. 农地使用权的期限

不得超过法律规定的最长期限。

5. 其他

例如，有无租金及租金的支付方式等。

六、土地承包经营权的登记

我国的土地承包经营权登记制度，应包括物权公示和农地管理两方面的内容。也就是说，一方面，该制度要以法定方式明确土地承包经营权的归属；另一方面，要以法定形式固定农用土地登记之用途，发放土地承包经营权证、林权证，或者草原使用权证。

根据《物权法》的规定，土地承包经营权合同签订即意味着土地承包经营权的设立，但不以登记为成立要件。

第三百三十四条　【土地承包经营权的互换、转让】土地承包经营权人依照法律规定，有权将土地承包经营权互换、转让。未经依法批准，不得将承包地用于非农建设。

【条文疏义】

本条在《物权法》第一百二十八条的基础上，删去了“土地承包经营权人依照农村土地承包法的规定”和“流转期限不得超过承包期的剩余期限”的规定，改为“依照法律规定”，对文字予以修改，同时吸收了特别法《农村土地承包法》第三十五条中的专门规定，进行了文字整合。

一、土地承包经营权既为用益物权自可依法流转

在稳定家庭承包经营的基础上，允许土地承包经营权的合理流转，既是农业发展的客观要求，也是农村经济发展、农村劳动力转移的必然结果。同时，承包地不但是农民最基本的生活资料，还是农民最基本的生活保障。只有第二产业和第三产业发达，大多数农民实现非农就业并有稳定的工作岗位和收入来源的地方，才有可能出现较大范围的土地流转，发展适度规模经营。土地承包经营权的流转应当遵循一定的原则，具备一定的条件，并限于一定的方式。

二、土地承包经营权流转的原则

根据《农村土地承包法》的规定，土地承包经营权流转应当遵循以下原则：

（1）平等协商、自愿、有偿。任何组织和个人不得强迫或者阻碍承包人进行土地承包经营权流转。（2）不得改变土地所有权的性质和土地的农业用途。（3）流转的期限不得超过承包期的剩余期限。（4）受让方须有农业经营能力。（5）同等条件下本集体经济组织成员享有优先权。

《农村土地承包法》还规定，土地承包经营权流转的主体是承包人。承包人有权依法自主决定土地承包经营权是否流转和流转的方式。土地承包经营权流转的转包费、租金、转让费等，应当由当事人双方协商确定。流转的收益归承包人所有。

三、土地承包经营权流转的方式和条件

根据《民法典》和《农村土地承包法》的规定，通过家庭承包取得的土地承包经营权可以依法采取转包、出租、互换、转让或者其他方式流转。

1. 转包、出租

根据《农村土地承包法》的规定，承包人可以在一定期限内将部分或者全部土地承包经营权转包或者出租给第三方，承包人与发包人的承包关系不变。

转包是指土地承包经营权人把自己在承包期内承包的土地，在一定期限内全部或者部分转交给本集体经济组织内部的其他农户耕种。在通常情况下，受转包人要向转包人即土地承包经营权人支付转包费。

出租是指土地承包经营权人作为出租人，将自己承包期内承包的土地，在一定期限内全部或者部分租赁给本集体经济组织以外的单位或者个人耕种，并收取租金的行为。

转包和出租后，虽然土地不再由土地承包经营权人耕种，但土地承包经营权的主体并没有发生变化。承包关系并不是发包人与受转包人或者承租人之间的关系，而仍然是发包人与原承包人之间的关系。由此可见，承包经营权转包或者出租存在三方当事人、两个方面的法律关系。从转包看，发包人与承包人之间存在土地承包经营权关系，承包人（也即转包人）与受转包人之间存在转包的合同关系。从出租看，发包人与承包人之间存在土地承包经营权关系，承包人（也即出租人）与承租人之间存在租赁合同关系。发包人与承包人之间的关系，属于土地的用益物权关系，是承包法律关系的基础。转包人与受转包人的关系，以及出租人与承租人的关系，属于债权关系。在转包和出租承包地时，承包人应当与受转包人或者承租人签订书面转包或者租赁合同，明确双方的权利义务。采取转包、出租方式流转承包经营权的，应当报发包人备案。

2. 互换

根据《农村土地承包法》的规定，承包人之间为方便耕种或者各自需要，可以对属于同一集体经济组织的土地承包经营权进行互换。

土地承包经营权互换，是土地承包经营权人将自己的土地承包经营权交换给他人行使，自己行使从他人处换来的土地承包经营权。互换从表面上看是地块的交换，但从性质上看，是由交换承包的土地引起的权利本身的交换。权利交换后，原有的发包人与承包人的关系，变为发包人与互换后的承包人的关系，双方的权利义务同时作出相应的调整。互换土地承包经营权，是在同一集体经济组织内部，对人人有份的承包经营权进行的交换。该种交换改变了原有的权利分配，涉及承包义务的履行，因此，应当报发包人备案。

需要注意的是，第一，土地承包经营权互换只是土地承包经营权人的改变，不是原地块承包义务的改变，互换后的土地承包经营权人要履行互换后地块原来负担的义务。第二，互换土地承包经营权，要避免因此而打乱不同农民集体的土地权属。所以，承包人不能与其他集体经济组织的农户互换土地承包经营权。

3. 转让

根据《农村土地承包法》的规定，承包人有稳定的非农职业或者有稳定的收入来源的，经发包人同意，可以将全部或者部分土地承包经营权转让给其他从事农业生产经营的农户，由该农户同发包人确立新的承包关系，原承包人与发包人在该土地上的承包关系即行终止。

土地承包经营权的转让，是指土地承包经营权人将其拥有的未到期的土地承包经营权移转给他人的行为。土地承包经营权的受让对象可以是本集体经济组织的成员，也可以是本集体经济组织以外的农户。

土地承包经营权转让不同于转包、出租和互换。转包和出租，转包人和出租人与发包人的承包关系没有发生变化，转包人与出租人也不失去土地承包经营权。互换土地承包经营权，承包人与发包人的关系虽有变化，但互换土地承包经营权的双方只不过是对土地承包经营权进行了置换，并未丧失该权利。而转让土地承包经营权，承包人与发包人的土地承包关系即行终止，转让人也不再享有该土地承包经营权。

根据《农村土地承包法》的规定，转让土地承包经营权应当符合以下条件：

（1）转让人有稳定的非农职业或者有稳定的收入来源

土地承包经营权是农民最基本的生活保障，因此，有稳定的非农职业或者有稳定的收入来源的，才可以转让土地承包经营权。如何判断“有稳定的非农职业或者有稳定的收入来源”，实践中可根据具体情况确定。比如已成为国家机关工作人员等。

（2）经发包人同意

转让土地承包经营权要经发包人同意，而不像转包、出租、互换只须向发包人备案。一是转让土地承包经营权，使得原有的承包关系终止，发包人与受让方要确定新的承包关系。尤其是将土地承包经营权向本集体组织以外的农户转让，发包人与受让方的关系也不再是集体经济组织与其成员的关系。同时还关系到受让方是否符合法律规定的主体资格，是否具有承包经营的能力的问题。二是转让土地承包经营权，将使承包人失去土地承包经营权，也即失去在农村的生活保障。如果由承包人随意转让，就可能出现某些人为了欠债还钱或者游手好闲将土地承包经营权转让。因此，转让土地承包经营权，经发包人同意是必要的。同时，对符合法律规定的条件转让的，发包人应当准许。

（3）受让方是从事农业生产经营的农户

一是受让方必须从事农业生产。从事工业、商业等生产经营的人不得成为土地承包经营权的受让方。二是受让方是农户。企业、城镇居民等非农户不能成为受让方。这就要求受让人是从事农业生产经营的农户，可以保证土地的农业生产用途，满足其他农户对土地这一生产资料的需求。

承包人转让的土地承包经营权，可以是全部也可以是部分。对于已经转让的，不论是全部转让还是部分转让，受让方都应与发包人确立新的承包关系。对于未转让的部分，原承包人与发包人应重新调整承包关系，变更原有的承包合同。

4. 入股从事农业合作生产

根据《农村土地承包法》的规定，承包人之间为发展农业经济，可以自愿联合将土地承包经营权入股，从事农业合作生产。

对土地承包经营权入股的问题，需要对人人有份的家庭承包和其他方式的承包区别对待。对于前者，以土地承包经营权入股，涉及入股成立的公司破产后，农户可能失去承包经营的土地。对以土地承包经营权入股的情况，也需要区别对待。对入股组成公司从事经营的，如果公司破产，农民会失去承包经营的土地，影响农民的生产生活和农村稳定。对农户之间自愿合作，将土地承包经营权入股，共同发展农业生产的，应当允许。以土地承包经营权入股应当把握以下界限：第一，入股应在承包人之间进行，不包括将土地承包经营权量化为股份，投到从事农业生产的工商企业或者公司，也不包括将土地承包经营权作为投资而成立农业经营公司。第二，土地承包经营权入股是农户以入股的形式组织在一起，从事农业合作生产，收益按照股份分配，而不是将土地承包经营权入股作为赚取经营回报的投资。

5. 土地承包经营权的转让和抵押的限制

关于土地承包经营权的转让和抵押能否放开的问题，在《物权法》起草的过程中有不同意见。现行法律和国家有关加强土地调控的文件对土地承包经营权的转让和抵押区分不同情况作出不同规定。我国地少人多，应当实行最严格的土地管理制度。目前，我国农村社会保障体系尚未全面建立，土地承包经营权是农民安身立命之本，从全国范围看，现在放开土地承包经营权的转让和抵押的条件尚不成熟。农民一旦失去承包地，将会丧失基本生存条件，影响社会稳定。为维护现行法律和现阶段国家有关农村土地政策有效施行，也为今后修改有关法律或者调整有关政策留有余地，

《民法典》沿袭《物权法》的规定，对土地承包经营权流转仅作原则性规定。

四、土地承包经营权流转的期限

1. 土地承包经营权是有期限的用益物权

《民法典》第三百三十二条沿袭《物权法》第一百二十六条的规定，耕地的承包期为30年。草地的承包期为30年至50年。林地的承包期为30年至70年；特殊林木的林地承包期，经国务院林业行政主管部门批准可以延长。

2. 土地承包经营权流转的期限不能长于土地承包经营权的剩余期限

比如耕地的承包期限为30年，承包人耕种了20年后将该土地转包，那么转包的期限不能长于10年。转包合同签订的转包年限长于土地承包经营权的剩余年限的，超过部分无效。

五、未经依法批准不得将承包地用于非农建设

土地承包经营权流转，应当按照土地的原有用途使用土地，不得借流转而改变承包地的原有用途。承包地应当用于种植业等农业生产，不得改变农用土地的用途，将其用于非农业建设。比如不得在承包地上建窑、建坟或者擅自在承包地上建房、挖沙、采石、取土等。违法将承包地用于非农建设的，应当承担法律责任。

【典型案例】

土地承包经营权的流转①

——土地承包经营权人的权利

基本案情

原告杨某文与杜某芬于1995年3月2日协议离婚，约定承包田地双方

---

① 参见杨某文诉寅自县卯澜镇辰义居民委员会第七农业生产合作社农村土地承包合同纠纷案，载中国裁判文书网，http：//wenshu. court. gov. cn/content/content? DocID = e14b6f2e - f419 - 47c1 - 8ea0 - e85400276e0f，最后访问时间：2020年6月16日。

各种一半。原寅自县农业局于2004年4月23日给原告发放农村土地承包经营权证。2004年9月20日，原寅自县农业局作出农字（2004）27号文件，收回了已发给原告的农村土地承包经营权证。原告向法院提起行政诉讼，法院作出（2006）行初字第01号行政判决，判决撤销《关于杨某文〈土地承包经营权证〉办证申请的答复函》，判决原寅自县农业局在判决生效后3个月内按照杨某文与杜某芬的离婚协议为杨某文办理土地承包经营权证。原寅自县农业局履行判决义务，重新为原告颁发了农村土地承包经营权证。

因换发土地承包经营权证，原告杨某文、被告寅自县卯澜镇辰义居民委员会第七农业生产合作社于2007年6月10日签订《农村土地承包合同书》，原寅自县人民政府为原告换发了编号为政农地承包权证（2007）第010××××39号农村土地承包经营权证。

原、被告于2013年签订《土地流转合同书》两份，约定原告将其坐落于甘蔗地脚的0.15亩承包地和学校旁0.1亩承包地流转给被告使用；流转期限为20年，即从2013年7月1日起至2033年6月30日止。原告流转给被告使用的0.25亩承包地，2014年的流转费为1533元，该款项原告至今未领取。

原告要求判令被告立即在其收存的寅自县农村土地承包经营权证换发农户申报表上填写原告的0.75亩承包地；判令被告支付土地流转费1533元及自2014年7月10日起至2014年11月10日止的滞纳金612元，各项费用合计人民币2265元。

被告辩称，被告通过广播的形式通知村民领取土地流转费，原告未按时前往领取，被告已经将土地流转费给付原告的女儿，故原告未领到土地流转费是由其自己造成的。

法院审理

法院经审理认为，原告持有的编号为政农地承包权证（2007）第010××××39号农村土地承包经营权证，已经确认原告对该证书载明的

0.75 亩土地依法享有承包经营权，对被告认为原告不享有该土地承包经营权的意见不予采纳。

原告有权对其承包的土地进行流转，其与被告签订的《土地流转合同书》系双方真实意思表示，符合法律规定，合法有效，双方应当按照约定履行义务。

被告至今未给付原告 2014 年土地流转款 1533 元的行为，已经构成违约，被告应承担违约责任，被告明确表示滞纳金约定合理、无须调整，对原告要求被告支付土地流转费 1533 元、滞纳金 612 元，共计人民币 2145 元的诉讼请求，法院予以支持。

案件评述

一、本案中原告具有土地承包经营权人的权利

1. 本案的争议焦点在于原告是否具有土地承包权人的权利

根据法律的规定，土地承包经营权人有流转其承包土地的权利。本案中，应确定原告杨某文是否享有流转给被告使用的 0.255 亩土地承包经营权。原告与前妻杜某芬的离婚协议中约定，双方各自享有承包田地的一半，经过行政复议，法院作出判决，判令原寅自县农业局为其颁发农村土地承包经营权证，由此确认了原告享有该土地的经营权。

2. 既然换发了确权证书就证明原告享有土地承包经营权

在换发土地承包经营权证时，当地县政府为原告换发了确权证书。证明原告确实享有案涉土地的承包经营权，可以依法行使土地承包经营权人的权利。

二、土地承包经营权人依法享有的权利

土地承包经营权有权人处分其取得的土地承包经营权。土地承包经营权作为物权之财产权的一种，依照财产权的共性，土地承包经营权人可以处分其权利。况且土地承包经营权人将土地承包经营权转包、出租、互换、转让，乃是土地承包经营权人投下巨资，栽植树木等作物后，收回资本的最有效手段，所以为确保土地承包经营权的融通性，增加其价值，法律上

应该规定其自由的处分权。土地承包经营权人处分自身的权利主要采取以下几种方式：

1. 转包

转包是土地承包经营权人与第三人签订转包合同，由第三人承担原承包合同的权利义务。在转包过程中，第三人与土地发包人不直接发生合同上的权利义务关系，一旦发包人不履行原承包合同的义务，根据合同的相对性原则，第三人无权要求发包人履行，但可要求转包人督促发包人履行，在合同无效的情况下，第三人仅能追究转包人的违约责任，转包人在承担责任后，再向发包人追究相应的责任。同理，一旦第三人不履行转包合同，由转包人向发包人承担违约责任。

转包与转让的法律效果不同，究其原因在于转让失去对承包经营权所涉及土地的法律上的占有，而转包仅涉及事实上直接占有的丧失，转包是间接占有的一种方式。所谓间接占有，其构成要件有三：占有媒介关系、他主占有的意思、返还请求权。① 占有媒介的关系，是指占有的成立须基于一定的法律关系，而该种法律关系就是占有的媒介关系。占有的媒介关系可以分为以下两类：契约，如承揽契约、典权和地上权的设定必须有具体的法律关系；基于法律直接规定，如丈夫管理丧失行为能力的妻子的财产，基于无因管理而为的占有也属于此类情况。

间接占有的成立，不以占有媒介关系生效为要件，占有媒介关系即使不发生效力，其间接占有也并不因此受影响。所谓他主占有的意思，是指直接占有物的人有为他人占有的意思，直接占有人对物的占有，须来自他人即间接占有人，并于该占有媒介消失后，负有返还占有物的义务，这是间接占有被肯定为占有的一个重要理由。

而所谓间接占有人的返还请求权是指间接占有人向直接占有人请求返还占有物。此项占有物返还请求权不限于基于占有媒介关系产生的请求权，

① 王泽鉴：《民法物权2：用益物权·占有》，中国政法大学出版社2001年版，第185页。

还包括所有物返还请求权或不当得利返还请求权。土地承包经营权人与第三人签订转包合同，转包合同是占有媒介关系，第三人以他主占有的意思表示占有该土地，履行转包合同所规定的权利与义务，土地承包经营权人在转包合同期限届满的时候可以要求第三人返还对土地的占有，所以土地承包经营权人在转包时，并未失去对土地法律上的占有，只是占有的形式发生变化，由直接占有转化为间接占有。

2. 出租

土地承包经营权作为一种非专属性的财产权，依照其性质，土地承包经营权人可以将承包经营权出租于他人，但如果法律另有规定的则不在此限。如果当事人约定禁止土地承包经营权出租，在解释上应该认定无效。在某些国家的法律中，与土地承包经营权相类似的农地使用权不得让与和设定抵押，倘若又规定禁止出租，则将使土地使用人失去自主择业的自由，终生为农，与民法上“从身份到契约”的历史潮流背道而驰，同时也与现代市场经济谋求经济流通的本旨相违背。

3. 转让

土地承包经营权人可将其权利让与第三人，但契约或习惯另有规定的除外。在有禁止或限制让与的习惯存在时，赋予习惯优先适用的法律效力，故其自然有对抗第三人的法律效力。在契约作出限制转让的规定时，该规定是否有对抗第三人的效力，不无争议。有学者认为，转让是财产权的必有权能，况且此限制规定并非土地承包经营权登记的内容，所以关于限制转让的协议规定，应理解为仅具有债权性质，不能对抗第三人。有学者认为这是《民法典》物权编所规定的，所以具有物权性，可以对抗第三人。有学者持折中观点，认为此限制规定如果没有经过登记，就没有对抗第三人的效力，反之具有对抗第三人的效力。①

折中说为通说，究其原因在于其充分体现了物权公示公信原则。转让

① 谢在全：《民法物权论》（上），中国政法大学出版社 1999 年版，第 369～370 页。

的法律后果是，原来的承包人从承包合同中退出，不再承担承包合同中规定的权利与义务，而由承包合同的受让人承担原合同的权利与义务。正是由于转让的效力具有特殊性，所以法律规定承包合同的转让必须经过发包人的同意。

4. 互换

互换是指土地承包经营权人彼此之间将各自的承包经营权交换，互换实际上是转让的一种特殊的方式，作为被转让的土地承包经营权的对价为价金，而互换中被转让的土地承包经营权的对价则是另一土地承包经营权。

第三百三十五条　【土地承包经营权流转的登记对抗主义】 土地承包经营权互换、转让的，当事人可以向登记机构申请登记；未经登记，不得对抗善意第三人。

【条文疏义】

本条基本沿袭了《物权法》第一百二十九条的规定，仅将“当事人要求登记的，应当向县级以上地方人民政府申请土地承包经营权变更登记”改为“当事人可以向登记机构申请登记”。

一、土地承包经营权流转登记旨在公示物权变动

对互换、转让土地承包经营权进行登记，目的在于将土地承包经营权变动的事实予以公示，使他人明确知晓土地承包经营权之权利人变动的情况。本条对于土地承包经营权的互换、转让，采用登记对抗主义，即不登记不得对抗善意第三人。

也就是说，当事人签订土地承包经营权的互换、转让合同，并经发包人备案或者同意后，该流转行为在当事人之间即发生法律效力，而不强求当事人登记。这样规定，符合中国农村的实际情况。

一是农民承包的是本集体的土地，聚集而居的农户对承包地的情况相互了解；二是互换限于本集体组织内部，农户向本集体经济组织以外的人转让的情况也比较少见；三是变更土地承包经营权登记要履行一定的法律手续，并缴纳相应的费用，会增加农民的负担。与此同时，考虑到土地承包经营权互换、转让后，如果未将权利变动的事实通过登记的方法予以公示，他人可能因不了解权利变动的情况而受到损害。

因此，本法将登记与否的决定权交给了当事人。未经登记的，不能对抗善意第三人。也就是说，不登记将产生不利于土地承包经营权受让人的法律后果。

比如承包人将土地承包经营权转让给他人，如果没有办理变更登记，此后，又将同一块地的承包经营权转让给第三人的话，如果同时办理了变更登记，那么就该块土地的承包经营权的归属发生纠纷时，由于后一个土地承包经营权的转让进行了登记，其权利将受到优先保护。没有登记的当事人将不能取得该地块的土地承包经营权，只能受债权的保护。因此，土地承包经营权的受让人为了更好地维护自己的权益，还是要求办理土地承包经营权流转登记比较妥当。

二、土地承包经营权流转的变更登记旨在保护善意第三人

根据本条规定，将土地承包经营权以互换、转让方式流转，当事人要求登记的，应当向县级以上地方人民政府申请土地承包经营权变更登记。登记部门对符合变更登记条件的，予以变更登记，换发或者更改土地承包经营权证书。

土地承包经营权流转有转包、出租、互换、转让等方式，但本条规定的变更登记只列明了互换与转让两种形式。互换与转让，是将土地承包经营权换由或者转给他人行使，承包经营权的主体发生了变更；而转包和出租，原有的承包人与发包人的承包关系不变，承包人仍享有原来的土地承包经营权。由于变更登记的主要目的是向社会公示权利主体的变化，以保护善意第三人，而转包和出租不发生权利主体的更迭，因此不要求对转包和出租进行变更登记。

土地承包经营权无须登记即可设立，但登记是土地承包经营权物权性流转的对抗要件。土地承包经营权债权性流转不发生物权变动，无须登记。土地承包经营权证书仅是证明土地承包经营权存在的文件，不能起到土地承包经营权公示的作用，也就不能作为土地承包经营权流转的基础。[①]

【典型案例】

土地承包经营权未申请登记的法律效力[②]

——土地承包经营权登记的非强制性

基本案情

原告张某学与被告谢某旺均为该县豆公乡孙村第五小组村民。1997 年 9 月，为方便种地，双方协商换地耕种，原告将其耕种的 4.48 亩土地与被告耕种的 4.71 亩土地进行了互换。

土地互换时，双方未签订书面合同，均未通知村委会，亦未办理登记备案手续。原告主张换地时口头约定 15 年，被告不予认可，原告也未能提供相关的有效证据予以证明。庭审中原告变更诉讼请求，要求将互换土地各自返还。

上诉人（原审原告）要求判令被告返还其土地 3.45 亩。被上诉人（原审被告）诉称判令被告返还原告土地 3.45 亩，侵犯了其土地承包经营权，明显属于物权保护。

法院审理

一审法院经审理认为，本案双方争议的焦点为，原告的诉请有无事实根据和法律依据。

---

① 陈文学、高圣平：《土地承包经营权流转视野下的土地承包经营权登记制度：困境与出路》，载《学术探索》2010 年第 3 期。

② 参见张某学诉谢某旺土地承包经营权确认纠纷案，载中国裁判文书网，http://wenshu.court.gov.cn/content/content?DocID=1e39b428-a45d-4fc5-befd-a7dd0118349b，最后访问时间：2020 年 6 月 30 日。

土地互换是农村土地承包经营权流转的一种合法形式。《农村土地承包法》（2002 年）第四十条规定："承包方之间为方便耕种或者各自需要，可以对属于同一集体经济组织的土地的土地承包经营权进行互换。"原告张某学与被告谢某旺是同一村民小组村民，双方为方便耕种，协商一致将自己耕种的土地进行互换，至今已达 19 年有余，双方已形成长期稳定的土地承包经营权互换合同关系，合同权利义务已经转移。双方对互换后的土地均享受权利，承担义务。

双方互换土地时虽然未办理登记备案手续，但并不影响互换合同的法律效力。原告主张换地时口头约定 15 年，被告不予认可，原告也未能提供相关的有效证据予以证明。原告请求将互换的土地各自返还，无法律依据，不予支持。

综上所述，为维护农村土地互换后的稳定性，结合本案事实，依据《物权法》第一百二十八条、第一百二十九条，《农村土地承包法》第四十条，《最高人民法院关于审理涉及农村土地承包纠纷案件适用法律问题的解释》（法释〔2005〕6 号）第十四条，《民事诉讼法》第六十四条之规定，判决驳回原告张某学的诉讼请求。

二审法院经审理认为，对于当事人之间的土地互换行为，双方均予以认可，且双方互换土地的事实已达 19 年有余，法院予以确认。双方互换土地时虽然未办理登记备案手续，并不影响互换合同的法律效力。一审法院据此判决驳回张某学要求谢某旺返还 3.45 亩土地的诉讼请求，并无不当，应予以维持。

本案当事人之间的争议实质为双方互换土地后的土地承包经营权的归属问题，一审法院确定案由为物权保护不当，二审法院予以纠正，《物权法》第一百二十八条和第一百二十九条是关于土地承包经营权流转、互换等方面的规定，一审法院适用上述法条，并无不当。

案件评述

一、本案涉及土地承包经营权人互换土地行为的法律效力

《农村土地承包法》中对农户互换土地的要求作出了明确和具体的规定，其中规定采取转包、出租、互换或者其他方式流转的，应当呈报发包方备案。我国农村土地大部分是村民集体所有性质，村民小组是本组农户承包土地的发包方，因此，农户之间互换土地应当报村小组备案。《农村土地承包法》对互换土地只是规定备案这一形式要件。

2005 年 9 月 1 日起施行的《最高人民法院关于审理涉及农村土地承包纠纷案件适用法律问题的解释》第十四条规定："承包方依法采取转包、出租、互换或者其他方式流转土地承包经营权，发包方仅以该土地承包经营权流转合同未报其备案为由，请求确认合同无效的，不予支持。"

本案中，原告与被告互换土地已达 19 年有余，形成了长期稳定的土地承包互换合同关系，虽然未办理登记备案手续，但是不影响合同的效力。

二、土地承包经营权流转登记是安全有序流转的保障

随着城市化进程的加快，土地资源的稀缺状况日益突出，我国农村土地流转曾受到严重的限制，严重影响了我国农村经济社会的发展。为此，我国立法通过赋予土地承包经营权物权属性的方式来改变农民对土地投入积极性不高、农村土地经营规模偏小、难以产生规模效益的现状。

土地承包经营的物权化是债权物权化的重要体现，是我国立法的一大进步。然而，实践中立法期待的目标并没有完全实现，土地承包经营权的物权属性并没有得到充分体现。出现这种现象的主要原因是我国并没有建立健全能够促进土地承包经营权流转的配套制度，尤其是没有建立土地承包经营权流转登记制度。

土地承包经营权流转登记是维护土地承包经营权安全、有序流转的重要保障，可是其重要性一直没有引起我国学界和实务界的足够关注。随着我国农村土地市场的进一步开放，农用地的交易日趋复杂化和规模化，对土地承包经营权流转登记制度的研究就显得尤为必要。

借鉴已有的不动产登记理论研究成果，对我国土地承包经营权流转登记现状及其原因进行分析，在尊重我国现有的立法框架和制度构建下，自可确立我国土地承包经营权流转登记制度的最佳方案。故界定土地承包经营权流转登记的内涵，厘清登记性质以及登记在法律上的意义。把握土地承包经营权流转登记的现状，针对土地承包经营权流转登记在立法上规定和实践中存在的问题，对缺陷原因进行分析，完善土地承包经营权流转登记制度的构想，在《民法典》编纂过程中提出构建土地承包经营权流转登记制度的思路和具体措施。①

三、土地承包经营权的物权公示

《农村土地承包法》第三十五条规定："土地承包经营权互换、转让的，当事人可以向登记机构申请登记。未经登记，不得对抗善意第三人。"对土地承包经营权的流转进行登记，指流转土地承包经营权的当事人，申请国家有关登记机构将土地承包经营权互换、转让的事项记载于不动产登记簿上。登记的主要目的在于将土地承包经营权变动的事实予以公示，使他人明确土地承包经营权的权利人。《农村土地承包法》将登记的决定权交给农民，当事人要求登记的，可以登记。未经登记，不能对抗善意第三人。也就是说，不登记将产生不利于土地承包经营权受让人的法律后果。

比如承包户业已将某块土地承包经营权转让给一个人，但没有办理变更登记，之后其又将同一块地的承包经营权转让给另一个人，同时办理了变更登记。如果两位受让人就该块土地的承包经营权发生纠纷，那么，对自己所取得之土地承包经营权进行登记的受让人来说，他的权利将受到法律保护。而没有登记的受让人将不能取得该地块的土地承包经营权。因此，土地承包经营权的受让人为更好地维护自己的权益，要求办理土地使用权的流转登记更为可靠。

① 唐洪旺：《土地承包经营权流转登记制度研究》，华东政法大学2012年硕士学位论文。

四、土地承包经营权采登记对抗主义的理由

1. 承包经营权公示采对抗要件主义

承包经营权公示涉及两个方面的问题，即物权公示的方法和物权公示的效力。

所谓“公示对抗要件主义”，该观点认为，公示方法虽然有社会公信力，但并非物权变动的要件。此观点主要为法国所采纳。《法国民法典》关于此主义的规定成为大陆法系法国法分支国家采行的立法蓝本。根据此种主义，当事人一旦形成物权变动的意思表示，物权变动即发生法律效果，只是在未依法进行公示前，不具有社会的公信力，不能对抗善意第三人，不知情的善意第三人可以未公示为由否认物权变动的效果。

2. 我国《民法通则》一直采折中主义

所谓折中主义是对公示对抗要件主义与公示成立要件主义同时采纳的结果。但在采纳两种主义的同时，往往有所侧重，以一主义为原则，另一主义为例外。《民法通则》第七十二条规定，按照合同或其他合同方式取得财产的，财产所有权从财产交付时转移，法律另有规定或当事人另有约定的除外。此规定体现了在物权公示立法上我国采取“以成立要件为原则，以对抗要件为例外”的折中主义。

3. 土地承包经营权采登记对抗主义更加实事求是

各种登记模式，如果只从一国的经济环境、社会需求及相关配套制度完善和健全上加以解释，很难判断谁优谁劣。必须结合各国特有的经济、社会与文化背景，才能得以说明。[①] 19 世纪的法国在经济上工业不成熟、农业对不动产融资需求不旺盛，在思想上启蒙运动使得个人主义思想勃发，在此逻辑下的法律行为以当事人合意即可成立无须其他形式，以防止国家借此机会干涉私人交易，政治上贵族保守势力不愿面对公示成立要件主义所导致的土地交易频繁化和自身财产的一览无余。在此三个因素的共同作

---

① 谢在全：《民法物权论》（上），中国政法大学出版社 1999 年版，第 65 页。

用下，法国采取公示对抗效力。

而《德国民法典》制定时的经济和社会背景使公示成立要件主义成为立法的必然选择。德国的绝对主义在历史上盛行，国家对私人交易的介入是家常。同时由于《德国民法典》制定前30年战争所导致的经济上恐慌与信用膨胀问题，不动产信用急需加以规制。①

我国之所以规定"以成立要件主义为原则，以对抗要件主义为例外"，是因为从事土地承包经营权变更的主体通常情况下为农民，要求其履行烦琐的登记手续并须缴纳一定费用才能实现土地承包经营权变更，对其过于苛刻。故而土地承包经营权才需要以对抗要件主义来调整。如此不但可保护投资者的积极性，而且可以为土地承包经营权的流转创造更为良好宽松的法律环境。

第三百三十六条　【承包地的调整】 承包期内发包人不得调整承包地。

因自然灾害严重毁损承包地等特殊情形，需要适当调整承包的耕地和草地的，应当依照农村土地承包的法律规定办理。

【条文疏义】

本条沿袭了《物权法》第一百三十条的规定，仅对引致条款进行了相应修订。

一、承包期内不得随意调整承包地

赋予农民长期且有保障的土地使用权，保持农村土地承包关系的长期稳定，是物权法的重要指导思想之一。如果承包方频繁调整承包地，必然

① 梁慧星、陈华彬：《物权法》，法律出版社1998年版，第73～74页。

会产生一些不良后果：其一，群众对中央的承包政策及其贯彻落实情况信心不足，心存疑虑；其二，影响农民在土地投入上的积极性，承包方不愿对土地进行长期投入，甚至有可能会出现掠夺性经营的现象，不利于土地的合理利用；其三，造成农户承包地过于细化，不利于推广使用先进的农业技术和机械化作业；其四，在调整过程中，难免会出现个别工作人员趁机谋取私利或者借机提高承包费用的情况，进而引发新的矛盾。

稳定土地承包关系，是国家农村政策的重要内容，中央有关文件曾指出，今后解决人地关系的矛盾，可按“大稳定、小调整”的原则在农户之间进行调整，也就是说，稳定是前提。在法律中明确规定发包方不得随意调整承包地，维护了土地承包关系的长期稳定，有力保障了承包权人的合法利益。①

二、特殊情形下应允许依法对农户间承包地进行个别调整

土地的承包期限很长，耕地承包经营期限为30年，草地为30年至50年，在如此长的期限内，农村的情况会发生很大的变化，完全不允许调整承包地，不仅难以做到，而且可能不利于保护承包方的权益。为此，规定在特殊情形下允许对承包地进行个别调整，是合情合理的。

考虑到实践中对个别农户之间承包的土地需要适当调整的特殊情形，本条第二款及《农村土地承包法》第二十八条第二款对承包地的调整作出了严格限制的规定：“承包期内，因自然灾害严重毁损承包地等特殊情形对个别农户之间承包的耕地和草地需要适当调整的，必须经本集体经济组织成员的村民会议三分之二以上成员或者三分之二以上村民代表的同意，并报乡（镇）人民政府和县级人民政府农业、林业和草地等主管部门批准。承包合同中约定不得调整的，按照其约定。”

为切实保障承包方的土地承包经营权，《民法典》物权编对个别调整作出严格限制：

---

① 李凤梅：《土地承包经营权长久不变之立法探讨》，载《国土资源情报》2011年第9期。

1. 只有在特殊情形下才可对承包地进行调整

关于在哪些情况下可以调整承包地，这一款的规定是“因自然灾害严重毁损承包地等特殊情形”，但在一般情形下，不应当采取调整承包地的方法，而应当主要通过土地流转、发展第二产业和第三产业等途径，用市场调节的办法解决。

这里的特殊情形，主要包括以下几种：（1）部分农户因自然灾害严重毁损承包地的；（2）部分农户的土地被征收或者用于乡村公共设施和公共事业的建设，丧失土地的农户不愿意“农转非”，不要征地补偿等费用，要求继续承包土地的；（3）人地矛盾突出的，如因出生、婚嫁、户口迁移等原因导致人口变化较大，新增人口较多，而土地较少情形严重，又无其他生活来源的情况。

哪些属于特殊情形，必须严格依法解释，而不是由发包方随意自行解释。如果不属于法定的特殊情形，不应当采取调整承包地的方法，而主要应当通过土地流转、发展第二产业和第三产业等途径，通过市场调节的方法解决问题。

2. 调整的范围只限于特定的农户之间的个别调整

不能以出现特殊情形为借口，在更大范围内进行大规模的调整。仅是有特定的农户出现法定可以调整的情形时，调整范围也就限于该若干农户之间，其他的农户不得任意调整，这也是稳定承包关系的必然要求。

3. 允许调整的对象仅限于耕地和草地并不包括林地

林地的承包经营与耕地、草地相比，具有特殊性。林业生产的周期长、收益慢、风险大、承包期限也更长。稳定林地承包经营权，有利于调动承包方植树造林的积极性，防止乱砍滥伐，保护生态环境。同时，从功能上来说，林地也不同于耕地，一般不具有保障承包方基本生活的功能。如果对林地进行调整，不仅承包方难以获得回报，还会导致环境资源的破坏。由此，基于林地建设需要长期投入的特点，即使出现特殊情形，也不能对所承包的林地进行调整。[①]

4. 个别调整需要遵循法定的程序

需要调整的，首先必须经本集体经济组织成员的村民会议三分之二以上成员或者三分之二以上村民代表的同意，然后报乡（镇）人民政府和县级人民政府农业等行政主管部门批准，未经法定程序，不得调整。这样规定的目的有二：一是尊重多数农民的意愿，防止随意调整承包地；二是加强主管部门的监督作用，并方便对承包地进行管理。

三、合同约定不得调整的须依照约定处理

允许调整承包合同只是例外情形，目的在于解决出现特殊情况时承包方失去土地、生活无保障的问题。为使承包方能放心大胆地经营土地，在土地上进行长期投入，更好地管理和利用所承包的土地，发包方往往与承包方明确约定承包方所承包的土地不得调整。如果承包合同明确约定不得调整承包地，即使出现法律所规定的特殊情形，也不得予以调整，这是尊重双方意愿的体现，也有利于承包关系的长期稳定。当然，如果发包方与承包方自愿协商重新调整，应视为对承包合同的变更，依照变更后的合同约定处理。[②]

【典型案例】

土地承包经营权受法律保护故任何人不得随意侵占[③]

——承包地调整的特殊情形

基本案情

原告童某仙与被告童某平均系该市巳安区卯凉峰镇辰口村村民。1998

① 韩松：《关于土地承包经营权调整的立法完善》，载《法学杂志》2010年第12期。

② 李凤宁：《关于土地承包经营权的立法完善研究》，载《中国土地科学》1999年第4期。

③ 参见童某仙与童某平土地承包经营权纠纷案，载中国裁判文书网，http：//wenshu.court.gov.cn/content/content？DocID＝7e613660－8e3c－4339－8faf－a89601690327，最后访问时间：2020年6月6日。

年10月25日，原告家庭户共4人，以王某洪为代表与原巳安市颊口镇前坑村经济合作社签订《巳安市农村土地承包合同》一份，取得了共计1.93亩土地的承包经营使用权，承包期限自1998年9月1日起至2028年8月31日止，并依法取得巳安市人民政府颁发的该省农村集体土地承包权证一本，该证载明户主为原告丈夫王某洪，家庭成员包括原告童某仙、儿子王某平、女儿王某英。

1999年6月1日，原告丈夫王某洪去世，户主变更为原告童某仙。1998年，原告女儿王某英的户口因婚嫁迁入同村他户。2002年，被告童某平开始经营管理登记在原告童某仙户名下，位于卯凉峰镇辰口村前坑黄泥垅脚，即案涉0.429亩和0.06亩的两块田至今。2002年和2003年的农业税系被告缴纳。2003年之后，国家取消农业税。后又实施按照田亩发放种粮补贴款。《巳安市种粮农户补贴情况调查表》上记载原告童某仙户耕地面积为1.93亩，并按照该1.93亩承包经营土地面积将种粮补贴款发放给原告。

原告要求被告立即退还侵占原告的承包农田0.489亩。被告认为其没有侵占原告坐落于黄泥垅脚的农田，即0.06亩和0.429亩两块。被告虽然于2002年经营管理了上述两块农田，但被告是根据前坑村组里的决议管理。组里决议对承包田作出细微调整。根据相关政策和组里决议，被告经营管理了案涉土地。案涉土地承包经营权系合法取得，不存在侵占原告农田的事实。

法院审理

法院经审理认为，案涉位于卯凉峰镇辰口村前坑黄泥垅脚，面积分别为0.429亩和0.06亩的两块土地，原告童某仙已提交《巳安市农村土地承包合同》、该省《农村集体土地承包权证》等权属证证明其享有承包经营权，且至今仍按照该1.93亩的土地承包面积享受国家发放的种粮补贴。无疑，原告童某仙对案涉土地享有国家认可的合法承包经营权。

《农村土地承包法》第二十八条作出了在承包期内对承包地调整的程

序性规定。公民依法取得的土地承包经营权受法律保护，任何组织和个人侵害承包方的土地承包经营权的，应承担停止侵害、返还原物、恢复原状、排除妨害等民事责任。

在原告童某仙依法对案涉两块土地享有合法承包经营使用权的状况下，被告童某平却在无合法权属来源的情况下，对案涉两块土地经营使用长达15年，其行为构成侵权，应依据《侵权责任法》的相关规定，承担相应的停止侵害、返还原物、赔偿损失等民事法律责任。

案件评述

一、本案涉及发包人在发包期内是否有权调整承包田地

本案中，原告享有土地承包经营权，在承包期内发包方不得调整承包土地，被告童某平经营管理原告童某仙位于卯凉峰镇辰口村前坑黄泥垅脚案涉0.429亩和0.06亩之事实行为，鉴于被告无法定的事实和理由占用了原告的案涉承包地15年之久，侵犯了原告承包经营权，故应依法承担相应的民事侵权责任。

根据《物权法》第一百三十条的规定，在承包期内，如果没有特殊原因，发包人不得调整承包地。

2002年8月29日通过的《农村土地承包法》第二十七条第一款对此作出更为具体的规定："承包期内，发包方不得调整承包地。"该条第二款规定："承包期内，因自然灾害严重毁损承包地等特殊情形对个别农户之间承包的耕地和草地需要适当调整的，必须经本集体经济组织成员的村民会议三分之二以上成员或者三分之二以上村民代表的同意，并报乡（镇）人民政府和县级人民政府农业等行政主管部门批准。承包合同中约定不得调整的，按照其约定。"该条规定保护了承包权人的合法权益，在实践中取得了良好的效果。显然，本案中根本不存在《农村土地承包法》第二十七条所规定的情形，更不存在该条所说的民主程序。被告所抗辩的小调整没有事实依据和法律依据。

二、稳定土地承包关系是农村政策的核心内容

赋予农民长期而有保障的土地使用权，保持农村土地承包关系的长期稳定，是将承包经营权物权化的立法宗旨和指导思想。在相当长的时期内，土地不仅是农民的基本生产资料，而且是农民最主要的生活保障。以家庭承包经营为基础、统分结合的双层经营体制是我国农村经济的一项基本制度。

对承包土地的频繁调整，一是不利于土地承包关系的稳定，不符合承包经营权物权化的要求；二是不利于农民对土地的长期投入，容易造成短期效应，导致对土地生产力的破坏。本条第一款及《农村土地承包法》第二十八条第一款，对承包土地的调整问题作出了明确规定：承包期内发包人不得调整承包地。在法律中明确规定发包人在承包期内不得随意调整承包地，维护了土地承包关系的长期稳定，给农民吃了定心丸。

三、应不应该取消土地调整制度是一个价值判断

有学者认为，需要解决的事实判断是：导致现实中土地调整的原因是什么？能不能取消土地调整制度？若事实判断的结论是能取消，然后就要再进行价值判断：是否应该取消它？若事实判断的结论是不能取消，在价值判断上要考察其有无正当化的基础。

对土地调整的事实判断是：导致现实中存在土地调整的两个因果链条，一个是均等化的链条，另一个是生存保障的链条。斩断均等化的链条是可能的，而对生存保障的链条考察结论是，现实生活中还不可能斩断它，土地调整制度在事实上不得不存在。

有学者认为，作为价值判断，土地调整的存在肯定是有原因的，但未必是合理的，探求了土地调整制度存在的正当化基础，梳理了均等化思路的历史渊源，并批评了它的价值基础，认为不可取，同时论证了生存保障链条的内在价值基础是生存权对自由权的限制。但鉴于我国国情和现实情况，认为在价值判断上应该尽可能地限制土地调整，同时，针对此判断可能遇到的反对意见作了辩护。

有学者认为，在事实判断和价值判断之后，基于生存保障的思路，回答了农村土地调整制度在法律规范上应该如何存在的问题。土地调整的发生，必须首先有人请求调整土地，借用王泽鉴先生的请求权理论的基本模式："谁得向谁，依据何种规范有所主张。"具体到土地调整问题上，就是谁需要请求调整土地，调整土地给谁，谁来决定调整土地，哪些情况下可以调整土地的问题。从民法的角度来说，哪些情况下可以调整土地就是请求土地调整的构成要件问题；谁来决定调整土地，就是农村土地所有权主体是谁的问题；谁可以要求调整土地、调整了的土地给谁都和土地承包经营权的主体问题有关。[①]

第三百三十七条　【承包地的收回】 承包期内发包人不得收回承包地。法律另有规定的，依照其规定。

【条文疏义】

本条沿袭了《物权法》第一百三十一条的规定，仅对有关法律引致的文字部分作了修订。

一、土地承包经营权赋予农民长期而有保障的土地使用权

1. 为保持土地承包关系的长期稳定不得随意收回承包地

属于用益物权的土地承包经营权，为维护农村土地承包关系的长期稳定提供了法律保障。我国农村人多地少，大部分地区经济还比较落后，第二产业和第三产业不够发达，大多数农民一时难以实现非农就业，仍然从事农业生产。农民对土地的依赖性较强，在相当长的时期内，土地仍是农民的基本生产资料和最主要的生活保障。

2. 本条规定对稳定土地承包关系具有重要意义

本条规定体现了用益物权的特征。根据这一规定，除法律对承包地的

---

① 周小勇：《论农村承包土地调整制度》，中国政法大学2005年硕士学位论文。

收回有特别规定外，在承包期内，无论承包人发生什么样的变化，只要作为承包人的家庭还存在，发包人都不得收回承包地。比如承包人家庭中的某人或者数人死亡；子女升学、参军或者在城市就业；妇女结婚，在新居住地未取得承包地的；承包人在农村从事各种非农产业的；承包人进城务工等情况。只要作为承包人的农户家庭没有消亡，发包人都不得收回其承包地。但因承包人死亡，承包经营家庭消亡的，为避免已有承包地的承包人的继承人因继承而获得两份承包地，允许发包人收回承包的耕地和草地。

二、早在2002年《农村土地承包法》就对承包地收回根据具体情况作出分别规定

随着我国城乡经济结构的调整和城镇化的发展，农村剩余劳动力向城镇的转移会不断增加，对于承包人全家离开农村，迁入小城镇或者设区的市，转为非农业户口的，其承包地能否收回的问题，《农村土地承包法》区别不同的情况分别作出规定，以避免发包人随意收回承包地。

1. 进镇落户农民可根据本人意愿保留其承包土地的经营权，也允许依法有偿转让

这里所称的主要是“小城镇”，包括县级市市区、县人民政府驻地镇和其他建制镇。关于承包人全家迁入小城镇落户，其承包地能否收回的问题，中央有关文件曾指出，要积极探索适合小城镇特点的社会保障制度。

这是从我国当前加快小城镇健康发展的政策出发的。国家逐步制定和完善了促进小城镇健康发展的政策措施，加快了小城镇户籍管理制度的改革。为促进小城镇的健康发展，鼓励农民进入小城镇，自1997年开始试点，到2001年正式在全国推行的小城镇户籍管理制度改革，从允许一定条件的城镇暂住人口正式取得城镇户口，演变到基本解除对小城镇的迁移限制，小城镇居民基本实现了迁徙自由。从目前我国发展小城镇的政策出发，对承包人全家迁入小城镇落户的，如果允许收回其承包的土地，将会影响农民进入小城镇的积极性，使其产生后顾之忧，不利于实现我国加快城镇化进程的政策目标。

2. 应考虑到农民迁入小城镇后的社会保障问题

目前，我国的社会保障体系还不够健全和完善，特别是在小城镇，由于各地的社会经济发展不平衡，许多小城镇还没有建立健全社会保障体系。在这种情况下，进入小城镇落户的农民一旦失去非农职业或者生活来源，那么他在农村享有的土地承包经营权仍将是其基本的生活保障。根据我国目前小城镇的社会经济发展状况，2002 年《农村土地承包法》第二十六条第二款规定："承包期内，承包方全家迁入小城镇落户的，应当按照承包方的意愿，保留其土地承包经营权或者允许其依法进行土地承包经营权流转。"2018 年《农村土地承包法》第二十七条第二款规定："国家保护进城农户的土地承包经营权。不得以退出土地承包经营权作为农户进城落户的条件。"第三款规定："承包期内，承包农户进城落户的，引导支持其按照自愿有偿原则依法在本集体经济组织内转让土地承包经营权或者将承包地交回发包方，也可以鼓励其流转土地经营权。"

根据这一规定，承包人全家迁入小城镇落户的，应当按照承包人的意愿，保留其土地承包经营权，承包人可以按照农业生产季节回来耕作，也允许承包人依法将土地承包经营权采取转包、出租、互换、转让或者其他方式进行流转。当然，如果承包人自愿将承包地交回发包人，也是允许的。

随着城市化进程的加快，有一部分农村剩余劳动力向设区的城市转移。目前全家进城落户的人数较少，以后随着社会经济的发展和城市户口的逐步放开会有所增加。承包人全家迁入设区的市，转为非农业户口的，他们已经不再属于农村集体经济组织的成员，不宜再享有在农村作为生产生活基本保障的土地承包经营权。同时，相对于小城镇而言，在设区的市，社会保障制度比较健全，承包人即使失去了稳定的职业或者收入来源，一般也可以享受到城市居民最低生活保障等社会保障。如果允许承包人保留其承包地，就会使其既享有土地承包经营权，又享有城市社会保障，有悖于社会公平。

此外，在设区的市，就业机会相对较多，承包人可以通过多种渠道实现非农就业，获得生活保障，其在农村享有的土地承包经营权所具有的基本生活保障的功能大大弱化。而在我国农村，由于人多地少，大部分地区存在人地矛盾。为缓解农村人地矛盾，发展农村经济，在这种情况下，承包人应当将其承包的土地交回发包人，使留在农村的农民有较多的土地耕种。因此，《农村土地承包法》第二十六条第三款规定，在承包期内，承包方全家迁入设区的市，转为非农业户口的，应当将承包的耕地和草地交回发包方。承包方不交回的，发包方可以收回承包的耕地和草地。交回的耕地和草地，应当用于调整承包土地或者承包给新增人口。

3. 承包人应当交回的承包地仅指耕地和草地，但并不包括林地

这是因为林地的承包经营与耕地、草地的承包经营相比有其特殊性。林业生产经营周期和承包期比较长，投入大、收益慢、风险大。稳定林地承包经营权，有利于调动承包人植树造林的积极性，防止乱砍滥伐，保护生态环境。因此，对林地承包经营权不适用耕地和草地有关收回的规定，即使承包人全家迁入设区的市，转为非农业户口的，其承包的林地也不应当收回，而应当按照承包人的意愿，保留其林地承包经营权或者允许其依法进行林地承包经营权流转。

三、交回土地时承包人向承包地的资产投入应予以补偿

为鼓励农户对土地进行投入，使承包人在交回或者发包人依法收回承包地时，承包人向承包地的资产投入得到补偿，2002 年《农村土地承包法》第二十六条第四款还规定，在承包期内，承包方交回承包地或者发包方依法收回承包地时，承包方对其在承包地上投入而提高土地生产能力的，有权获得相应的补偿。现行《农村土地承包法》第二十七条第四款沿袭了这一规定。如承包人对盐碱度较高的土地或者荒漠化的土地进行治理，使其成为较为肥沃的土地，在交回承包地时，发包人应当对承包人因治理土地而付出的投入给予相应的经济补偿。

【典型案例】

承包期内承包地的归属①

——对发包人的限制及对承包人的保护

基本案情

1992年在第一轮土地承包期间，被告戌海市安屯镇亥屯村北井损坏，所属水田无法耕种，重新打井需要资金。当时亥屯村村委会决定对土地重新分配，每亩收取100元打井费用，并按照缴纳的打井费用数额将水田发包给相应的村民，原告孙某奇按照出资额承包了61.8亩水田。

2001年在第二轮土地承包开始后，被告与原告签订《土地承包合同》，水田和旱田承包面积合计为61.8亩，承包方式为家庭承包，承包期限自2001年3月1日起至2031年3月1日止，并于2006年为原告孙某奇颁发了土地承包经营权证书。

另查明，1991年亥屯村社会负担计算表中记载孙某奇家三口人，承包地面积5.6亩；2005年亥屯村土地台账记载孙某奇家承包地水田和旱田合计54.6亩。按照亥屯村土地的实际情况，原告孙某奇家现承包的土地，包含同村其他村民以家庭承包方式应当承包而未能承包的土地。原告以被告于2014年提出解除《土地承包合同》的行为违法为由向法院提起诉讼，要求确认合同有效，继续履行合同。

一审判决宣判后，亥屯村村委会不服，提起上诉，要求依法撤销原判，改判其与孙某奇所签的承包合同无效。

被告认为，首先，该合同违反法律规定。根据《农村土地承包法》第五条的规定，农村集体经济组织成员有权依法承包由本集体经济组织发包的农

---

① 参见孙某奇诉戌海市安屯镇亥屯村农村土地承包合同纠纷案，载中国裁判文书网，http://wenshu.court.gov.cn/content/content?DocID=9aff9406-dde5-4101-a97b-ccc1c2c5e390，最后访问时间：2020年6月1日。

村土地。该合同剥夺了本村其他没有分到地的村民的合法权益。其次，该承包合同违反法定程序。该合同违反《农村土地承包法》第十八条和第十九条的规定。最后，一审适用法律错误。《物权法》第一百二十五条和第一百三十一条规定的承包经营权人是指第一轮的承包人，而不是孙某奇。《物权法》的生效时间是2007年，不能调整2001年签订的合同。孙某奇在基层法院起诉时已经超过法律规定的诉讼期间，法院应依法裁定驳回起诉，遂请二审法院直接驳回起诉。综上所述，请二审法院依法支持亥屯村村委会的上诉请求。

孙某奇则认为，一审法院认定事实清楚，适用法律正确，请求维持原判。起诉时没有超过诉讼期间，一审时亥屯村村委会并没有提出这个问题。如果《物权法》不能适用，2003年颁布的《农村土地承包法》同样也不能适用。

法院审理

一审法院经审理认为，根据法律规定，土地承包经营权是用益物权，我国实行物权登记对抗制度，本案原告已经取得土地承包经营权证，即依法对其承包经营的耕地享有占有、使用和收益的权利。根据法律规定，承包期内发包人不得收回承包地。关于被告亥屯村村委会提出的双方签订的土地承包合同无效的反驳意见，法院不予支持。故依据《物权法》第一百二十五条和第一百三十一条之规定，确认原告孙某奇与被告戌海市亥屯村村委会签订的土地承包合同有效。

二审法院经审理认为，《物权法》第一百二十五条规定，土地承包经营权人依法对其承包经营的耕地、林地、草地等享有占有、使用和收益的权利，有权从事种植业、林业、畜牧业等农业生产。第一百三十一条规定，承包期内发包人不得收回承包地。《农村土地承包法》等法律另有规定的，依照其规定。

亥屯村村委会提出，一审适用法律错误，《物权法》第一百二十五条、第一百三十一条规定的承包经营权人是指第一轮的承包人，而不是孙某奇。《物权法》的生效时间是2007年，不能调整2001年签订的合同。对于亥屯村村委会提出的上述理由，法院认为，《物权法》中规定的承包经营权人应指依法享有承包经营权的主体，而非特指哪一轮的承包人，亥屯村村委会在庭审中亦表示，其该项主张为其对《物权法》的理解，并无法律依据。原审法院适用《物权法》是为了明确对于土地承包经营权应如何认定及保护，而非调整2001年签订的合同。故亥屯村村委会的上诉理由，法院不予支持。

案件评述

一、本案的焦点在于原、被告签订的承包合同是否有效

本案中，原告与被告签订的《土地承包合同》合法有效。首先双方签订合同是在自愿平等的基础上；内容程序合法；对于主体方面，在农村，农业集体经济组织所有的土地的承包经营合同关系，其主体属特殊主体，即发包方必须是作为土地所有者的农业集体经济组织，承包方必须是该农业集体经济组织的成员，原、被告符合法律对于签订承包经营合同主体资格的规定。

根据《民法典》第三百三十七条所沿袭的《物权法》第一百三十一条“承包期内发包人不得收回承包地”的规定，原告有土地承包经营权，被告方不得以《土地承包合同》无效为由，收回原告已经获得的承包地。

二、我国关于承包地收回的制度

为稳定和完善以家庭承包经营为基础、统分结合的双层经营体制，赋予承包人长期而有保障的土地承包经营权，维护承包人的合法利益，促进经济发展和稳定，必须稳定土地承包关系，禁止发包人随意收回承包地。但如果法律另有规定时，可以另案处理。

1. 原则上禁止发包人随意收回承包地

《民法典》第三百三十七条沿袭了《物权法》第一百三十一条的规定，承包期内，发包人不得收回承包地。这一规定对稳定土地承包关系具有重要意义。根据这一规定，除法律特别规定可以收回承包地的情形外，发包方都不得收回承包地。

发包方原则上不得以任何理由收回承包地，可以切实保障承包方的经

营权，从而有利于调动其在承包地进行长期投入的积极性，鼓励其进行长期投资，提高土地肥力和产出水平，促进生产，发展社会经济。[①]

2. 法律规定只有特定情形下方可收回承包地

其他法律规定的特定情形一般包括以下几种：

（1）举家迁入城镇者

承包期内，土地承包经营权人全家迁入小城镇落户。这种情况应当按照土地承包经营权人的意愿，保留其土地承包经营权或者允许其依照法律规定进行承包经营权流转。

（2）全家农转非

承包期内，土地承包经营权人全家迁入设区的市，转为非农业户口的，应当将承包的耕地和草地交回发包人。土地承包经营权人不交回的，发包人可以收回承包的耕地和草地。

3. 法律规定的其他条件

此为兜底性条款，自不待言。

第三百三十八条 【征收承包地的补偿规则】承包地被征收的，土地承包经营权人有权依据本法第二百四十三条的规定获得相应补偿。

【条文疏义】

本条沿袭了《物权法》第一百三十二条的法律规定，仅对法条引致部分作出文字修订。

一、土地承包经营权是集体所有权上派生出来的用益物权

1. 土地承包经营权人是享有用益物权的权利人

承包人对承包的土地依法享有在承包期内占有、使用、收益等权利，

---

① 新华社：《承包期内发包方不得收回承包地》，载《广西热带农业》2003年第3期。

所以当承包地被依法征收的，承包人自有权依法获得相应的补偿。《宪法》规定，国家为了公共利益的需要，可以依照法律规定对土地实行征收或者征用并给予补偿。《土地管理法》也作出了同样的规定。《物权法》第四十二条第一款、第二款规定，为了公共利益的需要，依照法律规定的权限和程序可以征收集体所有的土地和单位、个人的房屋及其他不动产。征收集体所有的土地，应当依法足额支付土地补偿费、安置补助费、地上附着物补偿费等费用，安排被征地农民的社会保障费用，保障被征地农民的生活，维护被征地农民的合法权益。《农村土地承包法》规定，承包地被依法征收的，承包人有权依法获得相应的补偿。根据《宪法》和上述法律规定，在符合法律规定的条件下，农户承包的集体所有的土地可以被依法征收，同时也要依照法律规定给予补偿。

2. 征地补偿应按被征收土地的原用途确定补偿标准和数额

根据《土地管理法》的规定，原来的土地是耕地的按耕地的标准补偿，原来是林地的按林地的标准补偿，原来是草地的按草地的标准补偿。对于补偿范围、补偿对象和补偿标准，此次《民法典》规定，征收集体所有的土地，应当依法足额支付土地补偿费、安置补助费、地上附着物和青苗的补偿费等费用，安排被征地农民的社会保障费用，保障被征地农民的生活，维护被征地农民的合法权益。

土地补偿费是给予土地所有人和用益物权人（承包人）的投入及造成损失的补偿，应当归土地所有人和用益物权人所有。安置补助费用于被征地的农户的生活安置，如果是农民自谋职业或自行安置的，应当归农民个人所有。地上附着物和青苗的补偿费归地上附着物、青苗的所有人（多为承包人）所有。

对于补偿标准应当按照土地管理法的规定办理。

二、征地维护集体土地所有权和土地承包经营权的权益

1. 征地补偿费用收支分配应向集体经济组织成员公布接受监督

2004 年国务院的有关决定指出，县级以上地方人民政府要采取切实措施，保障被征地农民生活水平不因征地而降低。要保障依法足额和及时支付土地补偿费、安置补助费以及地上附着物和青苗补偿费。在征地过程中，要维护农民集体土地所有权和农民土地承包经营权的权益。在征地依法报批前，要将拟征地的用途、位置、补偿标准、安置途径告知被征地农民。省、自治区、直辖市人民政府应当根据土地补偿费主要用于被征地农户的原则，制定土地补偿费在农村集体经济组织内部的分配办法。被征地的农村集体经济组织应当将征地补偿费用的收支和分配情况，向本集体经济组织成员公布，接受监督。

2. 须确保被征地农民原有生活水平不降低且长远生计有保障

2006 年国务院的有关通知指出，征地补偿安置必须以"确保被征地农民原有生活水平不降低、长远生计有保障"为原则。被征地农民的社会保障费用，按有关规定纳入征地补偿安置费用，不足部分由当地政府从国有土地有偿使用收入中解决。社会保障费用不落实的不得批准征地。土地出让总价款必须首先按规定足额安排支付土地补偿费、安置补助费、地上附着物和青苗补偿费、拆迁补偿费以及补助被征地农民社会保障所需资金的不足。

【典型案例】

承包地被征收时承包人的权利必须有保障[①]

——对征地后土地承包经营权人的补偿

基本案情

原告谢某球于 1973 年 5 月 20 日出生于被告何甲组，其户口登记在其父亲谢某文名下。1995 年年底，国家落实农村土地 30 年承包责任制时，

---

① 参见谢某球诉何甲组承包地征收补偿费用分配纠纷案，载中国裁判文书网，http：//wenshu. court. gov. cn/content/content？DocID = 41b9550f - a4cd - 4c5a - ac0f - a93900009e60，最后访问时间：2020 年 6 月 5 日。

谢某球以户主谢某良的名义，与家庭其他成员一起承包了何甲组责任田。

2005年原告与八一社区非农户邓某兵结婚，并在被告何甲组建房居住，但户口一直未迁出。2008年，原告的户口从何甲组8号分出何甲组8-1号，原告自立一户，以本人为户主，仍登记于被告何甲组，此后原告的户口一直未迁出。

2009年9月30日，宁寅县经济技术开发区与被告何甲组签订《征用土地协议书》。被告何甲组的土地被征收后，原告的房屋也被依法征收拆除并已安置完毕。2010年6月，何甲组确定土地征收款分配方案时，以原告外嫁为由，拒不给原告分配承包地征收补偿款。原告遂向法院提起本案诉讼。

原告请求人民法院依法判令被告何甲组及第三人共同支付原告承包地征收补偿款1万元，并承担本案诉讼费用。

法院审理

法院经审理认为，农村集体经济组织所有的土地依法被征收、征用所获得的土地补偿款以及其他土地收益款，属农村集体经济组织全体成员所有。本集体经济组织成员可以通过民主议定的方式对土地补偿费及土地收益款的使用、分配作出决定，但不得损害集体经济组织成员应当享有的合法权利。

原告谢某球的户口自出生以来一直登记在被告何甲组，且分得了承包地，其结婚后户口未迁出。因此，可以认定原告具备被告集体经济组织成员资格，故原告应当与本组其他组员享有同等的分配征地补偿款的权利。被告应按分配其他成员的标准将相关款项分配给原告。

因被告何甲组集体所有的土地征收补偿款一直存留在第三人卯亭寺村村委会的账户上，故第三人对被告支付给原告征地补偿款具有协助义务。法院作出（2010）宁民初字第1613号民事判决后，该市中级人民法院二审作出（2011）中民一终字第0997号民事判决，支持了原告的诉讼请求。

案件评述

一、关于国家征用的补偿问题为《宪法》和法律所明定

《宪法》第十三条明文规定，公民的合法的私有财产不受侵犯。国家为了公共利益的需要，可以依照法律规定对公民的私有财产实行征收或者征用并给予补偿。个人财产在被国家征收或征用时，以基本法的形式确认当事人补偿请求权，具有重要现实意义。

《民法通则》第一百一十六条规定："当事人一方由于上级机关的原因，不能履行合同义务的，应当按照合同约定向另一方赔偿损失或者采取其他补救措施，再由上级机关对它因此受到的损失负责处理。"

二、土地征用为国家与农民集体间的所有权移转

所谓土地征用是指国家为了社会公共利益的需要，按照法律规定的批准权限和程序批准，并给农民集体和个人补偿后，将农民集体所有土地转变为国家所有。土地征用是保证国家公共设施和公益事业建设所需土地的一项重要措施，几十年来，土地征用制度为保障社会主义建设的顺利进行发挥了巨大作用。《宪法》第十条规定，国家为了公共利益的需要，可以依照法律规定对土地实行征收或者征用并给予补偿，这是我国实行土地征用的宪法依据。①

三、征用补偿应"按照被征用土地的用途"给予补偿

1. 国家建设征用土地与没收土地不同

国家建设征用土地不是无偿地强制进行的，而是有偿地强制进行。土地被征用的集体经济组织应当依法取得经济上的补偿。国家建设征用土地与土地征购不同。它并不是等价的特种买卖，而是有补偿条件的征用，但是，对被征用土地的适当补偿，则是国家建设征用土地所必不可少的条件。所谓适当补偿，就是严格依据《土地管理法》的规定给予补偿，征地补偿

① 郭文才：《农村土地征收补偿款分配纠纷若干法律问题的思考》，载《长春大学学报》2019年第5期。

以使被征用土地单位的农民生活水平不降低为原则。应当指出的是，尽管土地被国家征用，但是土地补偿费以及其他费用并不是由国家直接支付，而是由用地单位支付，这是因为国家并不直接使用这些土地。

2. 集体土地征用意味着农民集体土地所有权的丧失

集体土地被征用意味着农民对土地的使用收益利益的丧失，故用地单位应当根据国家法律的规定，妥善安排被征地单位和农民的生产和生活。非常重要的一点就是给予土地承包权人适当的补偿。

四、土地经营权人获得补偿的主要内容

1. 有权获得地上附着物和青苗的补偿

《土地管理法》修改时对征地补偿涉及的各项费用作出规定，主要包括土地补偿费，安置补助费，农村村民住宅、其他地上附着物和青苗补偿费，以及被征地农民社保费用。《土地管理法实施条例》对各项费用的归属和用途作出规定。其中，土地补偿费归集体所有；安置补助费和社保补贴主要用于安置和保障被征地农民（主要是本集体经济组织成员）的生产生活；地上附着物及青苗补偿费则归其所有者所有。据此，土地经营权人依据承包合同进行农业生产，对地上产出的青苗和建造的相关地上附着物享有所有权的，有权获得地上附着物和青苗的补偿费用。

2. 对于使用权人的损失可依据承包合同要求赔偿

《土地管理法》规定的土地补偿费和安置补助费，主要依据土地产值等因素通过制定区片综合地价的方式进行补偿，并不涉及土地经营权等土地使用权灭失的补偿费用。因征收导致的使用权人利益损失，属于集体经济组织和经营权人的内部民事关系问题，应当根据发包方与承包方签订的合同，结合承包费用、承包期剩余年限等综合因素确定。因此，法院在判决中明确指出，对于相关经营权的损失，应当依法通过民事法律途径解决，政府作为土地征收主体，对此项损失并无法定补偿义务。①

① 刘志强：《承包荒地被征收，如何补偿土地经营权人》，载《中国土地》2020 年第 2 期。

五、本案补偿费用是否应该发放给原告

本案中，原告虽与非农户的邓某兵结婚，但是其户口并没有迁出。应当认定具有被告集体经济组织成员资格，享有取得征地补偿的权利。根据《民法典》第三百三十八条所沿袭的《物权法》第一百三十二条“承包地被征收的，土地承包经营权人有权依照本法第四十二条第二款的规定获得相应补偿”的规定，在土地承包经营权的补偿问题上，要特别注重对农村妇女权益的保护，这在《妇女权益保障法》中自有明文规定。该法第三十条规定：“国家保障妇女享有与男子平等的财产权利。”第三十一条规定：“在婚姻、家庭共有财产关系中，不得侵害妇女依法享有的权益。”第三十二条规定：“妇女在农村土地承包经营、集体经济组织收益分配、土地征收或者征用补偿费使用以及宅基地使用等方面，享有与男子平等的权利。”第三十三条第一款规定：“任何组织和个人不得以妇女未婚、结婚、离婚、丧偶等为由，侵害妇女在农村集体经济组织中的各项权益。”

第三百三十九条　【土地经营权的流转】土地承包经营权人可以自主决定依法采取出租、入股或者其他方式向他人流转土地经营权。

【条文疏义】

本条为《民法典》物权编的新增条款，借鉴了《农村土地承包法》第三十六条的规范，仅作文字上的修改。

一、土地承包经营权是我国农村土地承包责任制下的产物

土地承包经营是我国特有且业已通过立法予以确认的概念，农村土地承包经营权则是指农村土地承包人对其依法承包的土地享有占有、使用、收益和一定范围内予以处分的民事权利。

从概念中可分析出农村土地承包经营权的标的是农村土地，主体部分是耕地和基本农田。土地承包经营权作为设定于农民集体土地所有权上的用益物权，其是一种他物权，土地承包经营权人只能在大农业之特定目的范围内直接支配土地，也就是在农业用地和经营农业的目的范围内支配土地，超越法定目的范围就没有支配的权利了，该支配不仅是无权处分，而且是违反土地用途管制制度有关强制性规定的违法行为。

对于农村土地承包的设立，应当坚持公开、公平、公正的原则，正确处理国家、集体、个人三者的利益关系。

二、土地承包转让的承包合同中规制各方的权利义务

根据惯例，家庭承包经营中合同双方通常有如下的权利义务，须遵守和履行：

1. 发包方的权利

包括发包的权利、监督的权利，以及法律行政法规规定的其他权利。

2. 发包方的义务

要维护承包方的土地经营权，尊重承包方的生产经营自主权，为承包方提供必要的服务，组织农业基础设施建设。

3. 承包方的权利

承包方享有土地承包经营权、土地承包经营权的流转权；当承包土地被征用或占有时依法获得补偿的权利，以及法律行政法规规定的其他权利。

4. 承包方的义务

承包方负有维持土地的农业用途，保护和合理利用土地的法律义务，还负有法律行政法规规定的其他义务。

三、承包经营权是我国经济体制改革中产生的新型物权

承包经营权就是承包人（个人或单位）因从事种植业、林业、畜牧业、渔业生产或其他生产经营项目而承包使用、收益集体所有或国家所有的土地或森林、山岭、草原、荒地、滩涂、水面的权利。结合上一条法律条文可以总结出关于农村土地承包经营权与国有土地承包经营权的共同特征主要有以下几个方面：

1. 承包经营权是存在于集体所有或国家所有的土地或森林、山岭、草原、荒地、滩涂、水面上的权利

承包经营权的标的，是集体所有或国家所有的土地或森林、山岭、草原、荒地、滩涂、水面，而不是其他财产。有的集体组织，按承包人所承包土地的数量，作价或不作价地分给承包人部分耕畜、农具或其他生产资料，这是附属于承包经营权的权利。

农民集体所有的土地由本集体经济组织的成员承包经营的，由发包人与承包人订立承包合同，约定双方的权利和义务。而农民集体所有的土地由本集体经济组织以外的单位或个人承包经营的，根据本条规定，必须经村民会议三分之二以上成员或者三分之二以上村民代表的同意，并报乡（镇）人民政府批准。

2. 承包经营权是承包使用、收益集体所有或国家所有的土地或森林、山岭、草原、荒地、滩涂、水面的权利

承包人对于承包土地等生产资料有权独立进行占有、使用、收益，进行生产经营活动，并排除包括集体组织在内的任何组织或个人的非法干涉。这里应当指出的是，承包人并不取得承包土地或其他生产资料之全部收益的所有权，而是要依约定数额（承包合同）将一部分收益交付发包人，其余的收益归承包人所有。所谓“承包”，其意义主要在此。由于土地这一生产资料的特殊法律地位，承包人对之并无处分权。

3. 承包经营权是为种植业、林业、畜牧业、渔业生产或其他生产经营项目而承包使用收益集体所有或国家所有的土地等生产资料的权利

这里的经营是在大农业的范畴之内，不仅包括种植粮食、棉花油料等作物，还包括树木、茶叶、蔬菜等。故凡是在承包的土地或森林、山岭、草原、荒地、滩涂、水面上经营林业、牧业、渔业等，也都属于承包经营权的范围。

4. 承包经营权是有期限的民事权利

农民集体经济组织的成员承包本集体经济组织的土地，从事种植业、

林业、畜牧业、渔业生产的，在土地承包经营期限内，对个别承包经营者承包的土地进行适当调整的，必须经村民会议三分之二以上成员或者三分之二以上村民代表的同意，并报乡（镇）人民政府和县级人民政府农业行政主管部门批准。

单位、个人承包经营国有土地，或者集体经济组织以外的单位、个人承包经营集体所有的土地，从事种植业、林业、畜牧业、渔业生产，土地承包经营的期限由承包合同约定。该期限虽然由当事人在承包合同中加以约定，但应当根据从事承包经营事业的具体情况，确定承包经营的期限。例如，开发性的承包经营（如开荒造林），由于生产周期较长，需要多年的投资，期限可以长些。这既有利于土地的开发利用，也可以避免承包期限过长不利于对土地所有权的保护。

从以上承包经营权具备的特征可以看出，承包经营权虽然产生于承包合同，但不限于承包人与集体组织间的财产关系，而是一种与债权具有不同性质的物权，并且也是传统民法的物权种类所不能包括的新型物权。

【典型案例】

土地承包经营权出租合同性质如何认定①

——邓某诉曹某土地承包经营权出租合同纠纷案

基本案情

2014年1月17日，邓某与曹某签订《农村土地租用协议》，约定曹某租赁邓某承包的农村土地3.669亩用于经营，租赁期限自2014年2月1日起至2044年2月1日止，按每亩每年500元标准支付租赁费用，每年2月15日之前支付，并约定租金支付时间最迟不得超过半年，否则甲方可以解

① 参见邓某诉曹某土地承包经营权出租合同纠纷案，载北大法宝，http：//www. pku-law. cn/case/pfnl_ a25051f3312b07f399bfb9e432ee90e50634dd880de0f2e1bdfb. html？ keywords =% E5% 9C% 9F% E5%9C% B0% E6%89% BF% E5% 8C% 85% E7% BB% 8F% E8% 90% A5% E6% 9D% 83&match = Exact，最后访问时间：2020年6月7日。

除合同。

同时曹某与邓某所在村民小组大多数农户签约租赁其连片土地发展农业生产，整体面积达70余亩，租期长达30年。在合同签订后，曹某分别于2014年、2015年，按照协议约定的时间，将土地租金支付给柏溪镇长江村第十一村民小组，再由村民小组将租金分别发放给村民。

2016年2月，因曹某未按照协议约定支付原告租金，致邓某于2016年8月起诉到法院。邓某起诉后，曹某于2016年10月13日将2016年度租金按以往付款惯例全部支付给柏溪镇长江村第十一村民小组，但邓某并未前往领取该年度租金。

审理中，经法院释明，邓某表示只要求解除《农村土地租用协议》和请求支付租金，没有其他损失。曹某表示自愿给付邓某2016年度土地租金1834.5元。但双方对于是否解除协议分歧较大，经调解未能达成一致意见。

法院审理

法院经审理认为，原告邓某依据《农村土地租用协议》第三条第三项“租金支付时间最迟不得超过半年，否则违约，甲方可以解除合同”的约定，主张解除合同。但结合本案实际，双方所签协议并不必然解除，其理由如下：

第一，对原告而言，被告迟延支付租金的违约行为，确实给原告造成了一定损失，被告依法应当予以补偿。但原告的实际损失幅度可控。被告在诉讼过程中已然认识到自己的违约过错，主动支付租金，切实以自己的行动履行合同义务，弥补过失。从其迟延履行的实际情况看，应当不是恶意拖欠租金，其违约性质，也不属于根本性违约。

第二，对原告而言，协议解除与否，利益差别不大，但对被告却差别巨大。被告与原告所在村民小组大多数农户签约租赁其连片土地发展农业生产，整体面积达70余亩，租期长达30年，其投资周期长、前期投入较大、后期产出较慢。如果片面机械地解读双方协议约定条文，简单强制解除双方《农村土地租用协议》，势必影响被告正常生产经营，人为扩大损失。如此对被告既不公平，也不合理，同时还与维护生产经营稳定、保护交易安全的法律适用理念和诚实守信的契约精神相悖。

第三，双方签订的协议具有继续履行的基础条件，双方当事人当初自愿合意签订的合同目的依然可以并应当能够实现。继续履行合同更能维护原、被告的长远利益，且也合乎情理。

法院遂于2016年11月4日作出民事判决：被告曹某于判决生效之日起3日内给付原告邓某土地承包费1834.5元；驳回原告邓某的其他诉讼请求。

一审宣判后，双方当事人均未提出上诉，一审判决已经发生法律效力。

案件评述

一、从“两权分离”到“三权分置”

1. 土地制度改革的整体方向应该是赋予农民更多的财产权利

毋庸置疑，其旨在让土地能够有序流转起来，加快构建新型农业经营主体等。目前强调的所有权、承包权和经营权“三权分置”这一主要思路，就是在坚持土地公有制、农村土地集体所有制不变的前提下，进一步探索如何在更开放的市场中把土地资源盘活，进一步细化和分化农民的承包权和经营权，把经营权独立出来，促进承包关系保持长期稳定，以使得将来土地既能够在市场中顺畅地进行交易，又能够保证稳定的承包关系。

2. 本轮土地制度改革的重点

（1）形成并完善土地供应的“双轨制”

一方面，推进征地制度改革，规范征地程序，采取留地安置等方式，不断提高补偿标准和补偿金额；另一方面，出台集体经营性建设用地入市管理办法或条例，指导各地规范有序推进试点。

（2）提高土地流转规模和流转效率

进一步明确土地所有权、承包权和经营权“三权分置”思路，更好地促进土地有序流转。

（3）稳步推进各类土地产权抵押和担保试点以提高土地产权的流动性

党的第十八届三中全会提出未来农村“三块地”允许抵押，包括承包地经营权可以抵押；宅基地上的住房财产权可以抵押或设定担保；集体经营性建设用地可以抵押或设定担保。

（4）合力推进各地试点工作与法律条例的修改

现行的《土地管理法》等法律，不允许集体经营性建设用地入市，也规定农村各类土地不得抵押或设定担保等。这使得各地只能以试点的方式推进上述改革，下一步《土地管理法》等相关法律法规必须作出相应的修改和调整。另外，在诸如抵押权、担保权以及宅基地住房财产权实现等方面，适时修订物权有关法律，并推出专门的规范条例或管理办法。

（5）落实对经营大户的经营权的相关保障

由于欠缺对大户经营权的相关法律保障，往往导致土地纠纷现象频发，从而影响了土地流转和整个规模化经营的进程。土地确权登记颁证无疑是解决问题的有效途径，所以要通过法律途径来保障合同的有效性，对现有的《土地管理法》以及《农村土地承包法》作出相应的修改和调整来保障农户以及经营主体等方面的利益。

二、“三权分置”的法定化

1. 农地“三权分置”是中国特色现代农地制度改革的核心

作为我国农地权利制度改革的既定选择，其旨在实现农地规模化经营，破解农地融资困境，提高农业生产效率。农地“三权分置”政策向可运作的法律实现机制转化，应当以坚持农地集体所有权为前提，以稳定农地既有法权关系为基础，以农地权利财产化为指向。

2. 土地经营权已为次级用益物权的法律明确规范

中央农地政策上的农户承包权即为现行法中的土地承包经营权（包括派生出土地经营权的土地承包经营权）。依据权利行使的用益物权发生逻辑，土地经营权是土地承包经营权人行使其权利而设定的次级用益物权，承包权与经营权的法构造为“用益物权—次级用益物权”。在解释论层面，囿于“物权法定”原则，土地经营权原本并非物权，但其设定一经登记，即获得对抗第三人的效力，并受侵权责任法保护。在立法论层面，我国《民法典》物权编将土地经营权上升为法定的用益物权，进而实现了土地经营权的法定化。

第三百四十条　【土地经营权人的基本权利】 土地经营权人有权在合同约定的期限内占有农村土地，自主开展农业生产经营并取得收益。

【条文疏义】

本条为《民法典》新增条文，沿袭了《农村土地承包法》第三十七条的规范内容。

一、土地经营权的内涵外延

这里所谓“土地经营权”其实是指，受让方根据流转合同的约定，对承包方所承包的农村土地依法所享有的，占有和使用约定的土地开展农业生产经营，并可取得合法收益的权利。

1. 土地经营权的权利主体

土地经营权的权利主体就是根据土地经营权流转合同取得土地经营权的自然人或者组织。

在土地承包方设立土地经营权后，流转后的受让方即成为土地经营权人。土地经营权人可以是自然人，也可以是法人；可以是本集体经济组织的自然人，也可以是非本集体经济组织的自然人；可以是农民专业合作社，也可以是从事农业生产经营的公司。要成为土地经营权人，还必须具备一定的条件，即具有农业经营能力或者资质。土地经营权人如果没有农业经营能力，获得土地经营权后，难以充分有效地利用农业用地，无疑会造成农业用地的资源浪费，不利于维护承包方的利益，也不利于农业的发展。

2. 土地经营权的权利客体

土地经营权的客体应当是承包经营权中农村土地的合法经营权。根据《民法典》所沿袭的《物权法》之规定，农村土地涵盖农民集体所有和国家所有，依法由农民集体使用的耕地、林地、草地，以及其他依法用于农业的土地，它们是土地经营权的权利义务指向的标的。

3. 土地经营权的权利取得

土地经营权是由承包方通过一定的民事法律行为设立的，这种民事法律行为就是与受让方签订土地经营权流转合同。根据《民法典》合同编的有关规定，合同的订立需要经过要约、承诺等阶段，双方意思表示达成一致方能成立。因此，土地经营权的取得也需要经过这个过程。订立过程可能是先由承包方发出要约，向有租赁承包地意向的经营主体作出欲出租承包地的意思表示；也可能是由经营主体向承包方发出欲承租土地的意思表示；还可能是由承包方委托集体经济组织统一发出欲出租承包地的意思表示。接受要约的一方可能认同要约人的意思表示，直接作出承诺，双方意思表示达成一致，订立合同；受要约人也可能对要约的内容进行修改后，作出反要约，此时需要双方进一步协商，达成一致才能构成承诺。因此，要取得土地经营权，必须经过双方协商一致，并签订书面的流转合同。

实践中，这个协商过程可以是承包方与受让方一对一私下进行，也可以是通过政府建立的交易平台公开进行。比如，上海市建立的上海农业要素交易所，对土地经营权实行网上公开挂牌交易。承包方就流转土地经营权事项书面委托村民委员会或者集体经济组织，村民委员会或者集体经济组织统一整理土地后，报送乡镇流转管理服务中心，中心核实土地用途、价格等后提交上海市农业要素交易所，由该交易所在网上向社会公开招标，有意向的经营者可以通过网络系统提交申请、投标，交易所负责评标并确定最终成交方，最后双方签订流转合同。随着农村土地使用权特别是承包土地经营权流转日益增多，土地产权流转交易市场逐步发展。

2014 年 12 月，国务院办公厅印发《关于引导农村产权流转交易市场健康发展的意见》，目前，21个省份出台农村产权流转交易市场建设的指导性文件，全国共有1239个县（市、区），18731个乡镇建立农村土地经营权流转服务中心。

总体上看，逐步构建起了符合农村实际和土地产权流转交易特点的制度框架。

4. 土地经营权的权利期限

（1）土地承包经营权是一种有期限的用益物权

所谓有期限的用益物权，就是权利的存续是有一定期限的。根据《农村土地承包法》第二十一条规定，耕地的承包期为30年，草地的承包期为30年至50年，林地的承包期为30年至70年。因此，土地承包经营权是有期限的。

（2）土地经营权为土地承包经营权派生的有期限的权利

根据《农村土地承包法》的规定，土地经营权流转的期限不得超过承包期的剩余期限。这里的不得超过就是最长期限，当事人可以根据合同约定设定土地经营权的期限，可以是1年、2年、3年、5年或者10年等，只要不超过承包期的剩余期限即可。

5. 土地经营权的权利消灭

（1）作为从权利随着主权利的消灭而消灭

土地经营权是有期限的权利，因此，一旦双方约定的流转期限届满，土地经营权人的权利自然因到期而消灭。土地经营权也可能因为土地经营权流转合同的解除、被撤销或者宣告无效等事由而解除。根据《民法典》总则编的规定，民事法律行为可能因重大误解、受欺诈或者胁迫、显失公平等事由而被撤销，因违反法律、行政法规的强制性规定或违背公序良俗等被宣告无效。因此，如果土地经营权流转合同存在被撤销或者无效事由，经人民法院或者仲裁机构宣告被撤销或者无效后，所取得的土地经营权当然随之消灭。

（2）流转合同解除基于合同取得的土地经营权自归于消灭

双方当事人还可以协商一致解除土地经营权流转合同，一方可以基于约定或者法定事由行使单方解除权而解除土地经营权流转合同。土地经营权消灭后，受让方则须返还对承包地的占有。此外，根据《农村土地承包法》第四十三条的规定，经承包方同意，土地经营权人可以依法投资改良土壤，建设农业生产附属、配套设施，并按照合同约定对其投资部分获得合理补偿。因此，如果承包方同意土地经营权人实施土壤改良、建设农业设施的，土地经营权消灭后，受让方可以按照约定获得合理补偿。

二、土地经营权的权利内容

土地经营权人有权在合同约定的期限内占有农村土地，自主开展农业生产经营并取得收益。根据《农村土地承包法》及相关法律的规定，土地经营权人的权利具体包括以下几个权能：

1. 土地占有权

土地经营权人取得土地经营权后，即有权占有承包方的承包地。所谓占有，就是对承包地的支配并排除他人非法干涉。土地经营权人对承包地的占有是直接占有，是对承包地的实际控制。土地经营权人占有承包地是合法占有，当这项权利受到侵害时，土地经营权人有权要求侵权人承担排除妨碍、停止侵害、赔偿损失等民事责任。占有的客体就是承包地，包括耕地、林地、草地。

2. 土地使用权

使用权，是指按照物的属性和功能，不损毁或改变物的性质，对物加以生产或生活上的利用。土地经营权人对承包地享有使用权，就是利用承包地开展农业生产经营的权利。土地经营权人不得将农业用地转为非农业用地，不得用来建设房屋、工厂等。此外，需要注意的是，土地经营权人还必须严格按照农业用地种类性质使用承包地。土地经营权人流转受让的是耕地，就必须从事种植业，不得变更为林业或者牧业用途；同样地，如果流转受让的是林地或者草地，也不得开垦成为耕地。特别应注意的是，如果受让的是基本农田，还必须遵守国务院有关基本农田保护的行政法规和部门规章的规定。对于土地经营权人的使用权，双方当事人应当在流转合同中依法约定土地的性质、种类和用途，确保土地经营权人按照合同约定使用承包地。

3. 土地收益权

土地经营权人占有、使用流转取得的承包地，最终目的就是取得农业生产经营的收益。例如，利用耕地种植粮食作物、经济作物，产出粮食等农产品；利用林地种植林木后，依法砍伐林木；利用草地放牧牛羊等。这些收益权都属于土地经营权人，任何人不得侵害。此外，土地经营权人也有权利用农业生产设施，开展附随性的经济活动，比如开农家乐、果蔬采摘等商业经营获取收益，这些收益权同样受法律保护。

4. 改良土壤及建设土地附属设施的权利

《农村土地承包法》第四十三条规定，经承包方同意，受让方可以依法投资改良土壤，建设农业生产附属、配套设施，并按照合同约定于土地承包经营权依法流转时，对其投资部分获得合理补偿。因此，土地经营权人经承包方同意，可以对承包地进行改良。比如通过平整土地、培肥地力、修缮沟渠等，建设高标准农田，提升改良耕地的品质。土地经营权人还可以建设农业生产附属、配套设施，比如安装建设农业生产所需的大棚、自动喷灌系统等。土地经营权人进行改良土壤、建设设施的，在土地经营权到期后，还可以根据合同约定获得合理补偿，承包方应当根据约定向其支付相应的补偿费。

5. 土地再流转的权利

有关法律规定，经承包方书面同意，并向本集体经济组织备案，受让方可以再流转土地经营权。根据这一规定，土地经营权人可以再次流转其土地经营权。这种再流转受到几个方面的限制：一是在程序上，既要征得承包方的书面同意，还必须向发包方备案；二是再次流转的权利义务应当与承包方所签流转合同约定保持一致，不能超出原合同约定的权利范围；

三是在流转期限上，再次流转的期限不得超过原流转期限的剩余期限。

6. 以土地经营权融资担保的权利

有关法律规定，受让方通过流转取得的土地经营权，经承包方书面同意并向发包方备案，可以向金融机构融资担保。根据这一规定，土地经营权人可以以土地经营权提供担保向金融机构融资。需要注意的是，土地经营权人以土地经营权设定担保同样要征得承包方的书面同意，并且向发包方备案。

7. 其他权利

土地经营权人还可以根据法律规定或者合同约定享有其他权利。例如，在流转合同有约定的情况下，当承包地被依法征收或者征用时，土地经营权人可以获得相应补偿等。

当然，土地经营权人依法享有权利的同时，也应当遵守法律规定和合同约定的义务。如按照合同约定支付流转价款、按照法律规定利用承包地等。

【典型案例】

签订承包合同不代表土地经营权人享有所有权[1]

——土地经营权人行使权利必须依法进行

基本案情

曾某刚、曾某雄系曾某荣之子，与曾某贵同为原告组内成员。1995 年 10 月 30 日，曾某荣、曾某贵取得该县人民政府颁发的《土地承包合同书》分别承包了耕地 7.2 亩、5.3 亩。1998 年 6 月 23 日，原告与被告签订一份《协议书》（村民曾某荣、曾某雄、曾某贵及潘某明作为原告代表，村民陈

① 参见柳州市柳江区拉堡镇基隆村民委叶家屯与柳州市柳江区拉堡镇基隆村民委员会确认合同无效纠纷案，载中国裁判文书网，http：//wenshu. court. gov. cn/content/content? DocID = 6274bb67 - 803e - 43b1 - aa3b - a988007f9c9f，最后访问时间：2020 年 6 月 8 日。

某廷、刘某芳作为被告代表），约定由原告将门头路西边旱地面积3.69亩有偿转让给被告作为办公建设用地，每亩单价28000元，共计103320元，该款一次性付给原告后，该地长期属被告使用，不得反悔，被告负责公购粮长期减免。

因被告征用原告村民曾某贵、曾某福、曾某刚的旱地3.69亩作为建设村委会办公用地，被告决定将储田1.78亩补给该三户耕种，余下1.91亩青苗费、安置费给该三户，土地费作为原告集体资金使用，1998年6月10日，三户分别领取了各自费用，潘某明作为原告代表也领取了45000元。原告请求确认1998年6月23日潘某明、曾某刚等人与被告所签订的《协议书》无效，请求判令被告将其非法占有的土地3.69亩返还给原告。

被告则认为，原告与被告签订的《协议书》是合法有效的，当时是根据县里的规定来征收的，且按比较高的标准补偿了被征地的村民，依据国家土地局《确定土地所有权和使用权的若干规定》第二十四条的规定被告已经取得了土地的合法使用权，故该3.69亩土地没有必要返还给原告。

法院审理

法院经审理认为，本案涉及以下几个关键问题：

关于原、被告双方签订的《协议书》的效力问题。根据《土地管理法》第二条、第五十九条的规定，任何单位和个人不得侵占、买卖或者以其他形式非法转让土地；乡镇企业、乡（镇）村公共设施、公益事业等乡（镇）建设，应当按照村庄和集镇规划，合理布局，综合开发，配套建设；涉及农用地转为建设用地的，应当办理农用地转用审批手续。且根据《农村土地承包法》（2002年）第八条第一款的规定，未经依法批准不得将承包地用于非农建设。本案原告村民曾某荣、曾某贵取得土地承包权后，其对承包的土地只有使用权，没有所有权，可以将土地承包经营权采取转包、互换、转让等方式流转，但不得改变土地所有权的性质，并不得将承包的土地用于非农建设。

原、被告之间买卖的土地属原告集体所有，曾某荣、曾某贵将其只享有承包经营权的土地非法出卖给被告作为建设用地，改变了土地的使用性质和使用权属，尽管原、被告签订的《协议书》在签订时取得了乡镇政府的同意，但原、被告这一行为违反了土地不得非法买卖的法律禁止性规定，应属无效。据此，法院对原告主张确认1998年6月23日原告与被告所签订的《协议书》无效的请求予以支持。

关于3.69亩土地应否返还给原告的问题。案涉3.69亩土地系曾某荣、曾某贵家庭承包经营地，并已取得了农村土地承包经营权证，且尚在承包经营期限内，故在确认对该宗土地的买卖行为无效后，取得土地的一方应将土地返还给原承包经营权人，原告主张返还土地给原告，将会侵害该宗土地承包经营权人的承包经营权，故法院不予支持。

案件评述

本案双方当事人争议的焦点是双方当事人所签订的《协议书》是否有效。

一、在土地承包经营权人权利范围外的协议之效力问题

本案中，原告和被告签订了《协议书》，约定将原告享有的3.69亩土地有偿转让给被告作为办公用地使用，且被告享有该3.69亩土地的长期使用权。尽管原、被告签订的《协议书》是在双方自愿的基础上，同时也取得了乡镇政府的同意，但原告对承包地只有使用权，没有所有权，原、被告这一行为违反了土地不得非法买卖的法律禁止性规定，原告可以将承包地采取转包、互换、转让等方式进行流转，但不得改变土地所有权的性质，不得将土地用于非农建设。

综上，原、被告签订的《协议书》是无效的，被告应将土地返还给土地原承包经营权人。

二、土地承包经营权人收益的保护

《农村土地承包法》规定农村土地承包方自承包合同生效时取得土地承包经营权。而且，2007年《物权法》的出台也从专门法的层次上把土地承包经营权规定为用益物权的范畴并作了较为详细的规定。《物权法》第一百一十七条规定了用益物权人对他人所有的不动产依法享有占有、使用和收益的权利。那么承包方的土地收益都包括什么呢？农户承包土地的收益作为其用益物权的一部分，包括承包土地直接经营的收益，也包括流转土地的收益。特别是关于土地流转的收益，《农村土地承包法》（2002 年）第三十六条规定土地流转的转包费、租金、转让费等，都应由农户与受让方或承租方协商确定，流转的收益应归农户所有，任何组织和个人不得擅自截留、扣缴。

作为承包方的农户对土地的承包经营权一旦受到侵犯，其既可以从物权法的角度来保护用益物权的完整（《物权法》在第三章专门规定了对物权如何保护及方式，而且在第一百二十条专门强调了所有权人不得干涉用益物权人行使权利），也可以适时选择从合同法的角度来保护承包合同权利的正当享有（发包方提高承包费即涉嫌违约，除非承包合同中有明确规定）。在土地征收、征用方面，因为其对承包方的权益造成的后果最为严重，甚至会致使承包合同标的物即承包土地的灭失，所以在我国相关法律法规均最大限度地保护承包方的正当权益，《物权法》规定了承包户作为用益物权人因不动产被征收、征用致使用益物权消灭或者影响用益物权行使的，用益物权人有权依照《物权法》第四十二条和第四十四条的规定获得相应补偿。

而《土地管理法》规定了被征地农民作为土地使用权人其土地被征收的，按照被征收土地的原用途给予补偿。而且这两部法律都规定了任何单位和个人都不得贪污、挪用、私分、截留、拖欠征收补偿费等费用。当土地承包经营权人取得土地承包经营权时，即享有了占有、使用、收益的权利。除违反法律禁止性规定外，任何人不得侵犯承包经营权人取得收益的权利。

三、直接经营者合法权益法律保护事关“三权分置”的实现

农村土地经营权人的法律保护是最大限度释放土地经营权能、实现土地经营权利用价值、调动土地直接经营者积极性的必要保障。但随着“三权分置”改革的不断推广，越来越多的农村土地逐渐集中到农场主、专业大户、工商企业等新型农业主体手中，在土地流转过程中，农地承包户的权益得到现有法律和政策更多保护的同时，作为流转后实际占有土地的对象，即农地直接经营者权益的法律保护并未得到应有的重视，侵害土地经营权人权益的行为非常普遍且形式多样。

因此，农村土地经营权人权益保护的研究已经成为法学界必须面对的一个问题，需要积极探索出“三权分置”背景下农村土地经营权人权益受侵害的制度成因。在新的农村土地制度改革路径中，土地经营权人作为农地的直接经营者，对其相关权益的法律保护，不仅需要对其合法权益进行法律上的明确，而且应依土地经营权人合理的权益诉求建立一套完整的法律保护制度体系。①

第三百四十一条　【土地经营权的设立与登记】流转期限为五年以上的土地经营权，自流转合同生效时设立。当事人可以向登记机构申请土地经营权登记；未经登记，不得对抗善意第三人。

【条文疏义】

本条为《民法典》的新增条款，其为2015年11月17日《农村土地承包法》第四十一条法律规范之临时应急措施的定型化。

一、确立和完善农村土地承包经营权登记制度意义重大

党的十七届三中全会通过的《中共中央关于推进农村改革发展若干重大问题的决定》，为加强农村土地承包经营权流转制度立法研究指明了方向。农村土地承包经营权流转的立法目的和任务是规范农村土地承包经营权流转行为，维护流转双方当事人合法权益，促进农村经济和农村社会的

① 汪姝丹：《论“三权分置”背景下农村土地经营权人权益的法律保护》，西南政法大学2017年硕士学位论文。

稳定发展。

农地承包户应当是土地承包经营权流转的出让方，股份合作、土地信托、土地银行等将成为新型流转方式。确立和完善农村土地承包经营权流转程序、登记制度以及服务监管制度，无疑对确定流转法律关系，减少流转交易纠纷，提高流转效率，维护农村土地承包经营权流转的良好秩序具有重要意义。[①]

二、土地经营权流转依申请、受理、审核、发证诸步骤进行

1. 凡流转的土地应由承包农户向发包方提出申请

要填写农村土地承包经营权流转申请书，并由村土地流转信息员报乡镇土地流转服务站，乡镇服务站对流转信息进行存储并公开发布。经流转双方协商和共同申请，可由收益评估员进行流转事前价格评估，填写土地承包经营权流转评估审核表，提交流转双方参考，确保流转价格的公平、合理。对已达成协议的，乡镇服务站应当及时向达成流转意向的流转双方提供统一文本格式的流转合同，并指导签订合同。乡镇服务站在指导流转合同签订和鉴证中，如发现流转双方有违反法律法规的约定，要及时予以纠正。流转合同签订后，依据流转当事人的申请进行流转合同的鉴证，要做好相应的手续变更和档案归档工作。

2. 以转包、出租、互换、入股等形式流转的土地应签订合同

流转双方在协商一致的基础上，经乡镇土地流转服务站指导签订书面流转合同。流转合同一式四份，流转双方各执一份，并于合同签订后 3 日内送发包方、乡镇土地流转服务站各备案一份。以转让形式流转的，承包方必须经发包方同意后，再签订流转合同，合同签订后要将全部合同文本送发包方签署意见后才能生效。发包方不同意转让的，应当在 7 日内向承包方书面说明理由。采取互换、转让方式流转土地的，当事人申请办理土

① 黄建水：《农村土地承包经营权流转制度立法研究》，载《河南大学学报（社会科学版）》2011 年第 1 期。

地承包经营权流转登记的，县级人民政府农业行政主管部门应当予以受理，并依照《农村土地承包经营权证管理办法》的规定办理。

3. 土地承包经营权的再流转应取得原承包方的同意

受让方对承包方以转包、出租方式流转的土地实行再流转，应当取得原承包方的同意。通过转让、互换方式取得的土地承包经营权，经依法登记获得土地承包经营权证后，可以依法采取转包、出租、转让或者其他符合法律和国家政策规定的方式流转。

承包方自愿委托发包方或中介组织流转土地的，应当由承包方出具土地流转委托书。没有承包方的书面委托，任何组织和个人无权以任何方式决定流转农户的承包土地。从事土地流转服务的中介组织应当向县级以上人民政府农业行政主管部门备案并接受其指导，依照法律和有关规定提供流转服务。

4. 将“四荒地”的发包纳入土地流转程序进行统一管理

凡是集体经济组织统一管理的荒山、荒沟、荒丘、荒滩，由村集体经济组织进行全面登记，并报乡镇土地流转服务站，建立“四荒地”管理档案，实行统一管理。将“四荒地”的发包纳入土地流转程序进行管理，在采取流转形式前，需通过招标、拍卖、公开协商等方式进行发包。通过规范的方式取得“四荒地”承包权的，在依法登记，办理农村土地承包经营权证后，承包者可以采取不同的流转形式进行流转。

5. 乡镇农村土地流转服务站负责及时办理相关登记

乡（镇）人民政府农村土地承包管理部门应当建立农村土地承包经营权流转情况登记册，及时准确记载农村土地承包经营权流转情况。以转包、出租或者其他方式流转承包土地的，及时办理相关登记；以转让、互换方式流转承包土地的，及时办理有关承包合同和土地承包经营权证变更等手续。

乡镇农村土地流转服务站要及时对各类土地流转进行登记备案，准确无误登记本行政区域内的土地流转情况，对土地流转合同及有关文件、文本、资料进行归档；乡镇农村土地流转服务站可以利用现代化办公资源，将土地流转的情况录入计算机管理。健全农村土地流转及合同签订的登记制度，推进全市农村土地流转管理科学化、制度化、规范化、信息化进程，防范和减少因土地流转引发的各类土地矛盾和纠纷。

【典型案例】

承包地互换究竟违法不违法[①]

——土地承包经营权流转的受让人应得到征用补偿款

基本案情

2000年3月，某村村民王某，将自己位于本村北大路旁的5亩地的承包经营权，以5000元的价格转让给本村村民李某的父亲，之后李某之父一直耕种该承包地。2001年6月，李某之父又用这5亩承包地互换了本村村民陈某位于南头的5亩承包地，互换双方及王某三方又签订了《承包地互换协议》，此后李某家耕种该土地7年之久，在此期间三方共守约定没有出现争议。

2004年，李某之父因病去世。2008年秋，因机场建设需要，有关主管部门依法征用了李某从陈某家互换来的5亩承包地，并付给一定的征用补偿费。但陈某看到政府补偿款时，他称承包地互换违法，阻挠李某领取该地的补偿费。

为此，李某诉至法院要求确认与陈某的互换协议有效，同时享有该5亩承包地的征用补偿款。

法院审理

法院经审理认为，原告李某之父与被告之间关于农村土地承包地的互换行为，是自愿流转的，是双方真实意思表示，是合法有效的，没有登记

---

① 刘成江：《关于农村土地流转的案例分析》，载法律论文资料库，www. law - lib. com/lw/，最后访问时间：2020年6月9日。

只是不能对抗善意第三人。根据《农村土地承包法》（2002 年）第三十八条的规定，土地承包经营权采取互换、转让方式流转，当事人要求登记的，应当向县级以上地方人民政府申请登记。未经登记，不得对抗善意第三人。

《物权法》第一百二十九条规定："土地承包经营权人将土地承包经营权互换、转让，当事人要求登记的，应当向县级以上地方人民政府申请土地承包经营权变更登记；未经登记，不得对抗善意第三人。"①

《最高人民法院关于审理涉及农村土地承包纠纷案件适用法律问题的解释》（法释〔2005〕6 号）第十四条规定："承包方依法采取转包、出租、互换或者其他方式流转土地承包经营权，发包方仅以该土地承包经营权流转合同未报其备案为由，请求确认合同无效的，不予支持。"

土地承包经营权作为一项用益物权，遵循的并非登记生效主义，而是登记对抗主义，故即使土地承包经营权未经登记亦有效，这也可以在《物权法》第一百二十七条第一款"土地承包经营权自土地承包经营权合同生效时设立"的规定得到验证，故法院最终判决原告李某之父与被告承包地互换协议有效，原告李某作为法定继承人享有南头 5 亩承包地的承包经营权及征用土地补偿款。

案件评述

一、土地承包地被依法征收后的补偿主体

从案涉直接的法律依据来看，《农村土地承包法》第十七条规定，承包地被依法征收、征用、占用的，有权依法获得相应的补偿。这是承包人享有的权利。该法第四十三条规定，经承包方同意，受让方可以依法投资改良土壤，建设农业生产附属、配套设施，并按照合同约定对其投资部分获得合理补偿。《民法典》第二百四十三条沿袭了《物权法》第四十二条规定："征收集体所有的土地，应当依法足额支付土地补偿费、安置补助

① 修改后的《农村土地承包法》第四十一条规定："土地经营权流转期限为五年以上的，当事人可以向登记机构申请土地经营权登记。未经登记，不得对抗善意第三人。"

费、地上附着物和青苗的补偿费等费用，安排被征地农民的社会保障费用，保障被征地农民的生活，维护被征地农民的合法权益。”《民法典》第三百三十八条沿袭了《物权法》第一百三十二条“承包地被征收的，土地承包经营权人有权依照本法第四十二条第二款的规定获得相应补偿”的规定，并将其修订为“土地承包经营权人有权依据本法第二百四十三条的规定获得相应补偿”。

综上，本案中，李某之父先基于转让协议取得王某位于本村北大路旁的5亩承包地，后基于互换协议取得陈某位于南头的5亩承包地，2004年李某作为继承人在承包期内继续承包位于南头的5亩地。所以，当2008年秋因机场建设，有关部门需要征用南头的5亩地时，对于依法享有这块土地承包经营权的李某来说，应当得到相应的土地征用补偿费，故此法院的判决自是正确的。

二、土地承包经营权依据土地承包合同即已取得

依“联产承包责任制”签订承包合同是获得土地承经营权的最基本方式，也是其最主要的方式。随着农业产业化经营的推进和农村经济结构的调整，在一定程度上推动了土地规模经营，加快了现代农业的发展进程，促进了农村经济的发展，而为适应这一快速经济发展的需要，农村土地承包经营权的各种流转方式应运而生。从法律学理上看，土地承包经营权的取得，分为原始取得和继受取得。

1.“土地承包经营权”的原始取得

这主要是指承包人与发包人通过订立承包经营合同而取得承包经营权，其中包括家庭承包的方式进行承包，承包人于合同成立生效时取得土地承包经营权。县级以上地方人民政府应当向土地承包经营权人发放土地承包经营权证，并登记造册，确认土地承包经营权。

2.“土地承包经营权”的继受取得

其是指在土地承包经营权的流转过程中，受让人通过转包、出租、互换、转让，入股等方式，依法从原始取得的承包人手中取得土地承包经营权或者因承包人死亡的，其法定继承人在承包期内继续承包而取得的土地承包经营权。

三、土地承包经营权的不动产物权地位业已得到确认

土地承包经营权流转的登记制度问题。随着《物权法》的颁布，土地承包经营权登记制度是物权制度的重要组成部分，登记的主要功能是对物权的设立、变更及消灭而产生公示公信的作用。

《农村土地承包法》（2002 年）第三十八条规定：“土地承包经营权采取互换、转让方式流转，当事人要求登记的，应当向县级以上地方人民政府申请登记。未经登记，不得对抗善意第三人。”修改后改为第四十一条，且增加了流转期限为 5 年的豁免。也就是说，登记限于互换和转让的方式，而转包、出租的土地承包经营权因主体没有发生改变，故不必申请登记。互换、转让方式流转的登记是一种申请行为，也不强制当事人登记，没有登记只是不得对抗善意第三人。事实上，作为土地承包经营权的公示方法的登记制度存在许多问题，从行政主管部门的登记册上很难反映土地承包经营权的真实状况。

在实际操作中，本村村民之间的土地流转是自由的，流转的主体很少会主动要求进行登记，而作为发包人在一定期限内如果没有持合理理由站出来反对的情况下，流转主体一般就这样固定下来。因为，农村是一个大集体，一个村（大队）一般是 30 户至 50 户人家，本村内的土地承包情况，几乎每户人家都知道，这几亩田地是谁家的，谁家的田地有互换情况，谁家的田地转让给哪家，他们都了如指掌。所以，土地承包经营权的登记制度对农民来说，既然是大家都知道的事情，再去登记也没有什么意义。2002 年《农村土地承包法》第三十八条（修改后改为第四十一条）也规定，未经登记，仅是不得对抗善意第三人。

四、土地承包经营权证书的发放为初始的农村土地登记

土地承包经营权流转方式中转让、互换的法律效力，依据《农村土地承包法》第四十条之规定，修改为“土地经营权流转，当事人双方应当签订书面流转合同”。强调土地承包经营权采取转让方式流转的，应当经发包人同意。经发包人同意没有强调一定要采用书面形式，言下之意就是采用口头形式也可以，而实践中大部分都是这么操作的。

《最高人民法院关于审理涉及农村土地承包纠纷案件适用法律问题的解释》（法释〔2005〕6 号）第十三条规定，承包方未经发包方同意，采取转让方式流转其土地承包经营权的，转让合同无效。但发包方无法定理由不同意或者拖延表态的除外。这里增加了一个“但书”规定，扩展了采取转让方式流转土地承包经营权的效力。也就是说，没有经过发包方同意或者发包人不同意，土地承包经营权的转让行为都不必然导致无效，只有发包人有正当理由不同意的情况之下才能认定无效。

按照《农村土地承包法》第十条之规定，国家保护承包方依法、自愿、有偿地流转土地承包经营权。《农村土地承包经营权流转管理办法》第六条规定，承包人有权依法自主决定承包土地是否流转、流转的对象和方式。任何单位和个人不得强迫或者阻碍承包人依法流转其承包土地。

第三百四十二条　【以其他方式承包取得的土地经营权流转】通过招标、拍卖、公开协商等方式承包农村土地，经依法登记取得权属证书的，可以依法采取出租、入股、抵押或者其他方式流转土地经营权。

【条文疏义】

本条为新增条款，内容沿袭《农村土地承包法》第四十九条之规定，并结合《农村土地承包经营权证管理办法》第八条的规定，仅作了文字上的整合。

一、招标、拍卖、公开协商等“其他方式的承包”

对农民集体所有和国家所有依法由农民集体使用的耕地、林地、草地，通常实行农村集体经济组织成员人人有份的家庭承包；对不宜采取家庭承包方式的荒山、荒沟、荒丘、荒滩“四荒地”，可以采取招标、拍卖、公开协商等方式承包。这种方式的承包，也称“其他方式的承包”。

1.“四荒地”招标

（1）“四荒地”公开招标

是指招标人以招标公告的方式邀请不特定的法人或者其他组织投标。投标人应当在招标文件要求提交投标文件的截止时间前，将投标文件送达投标地点。招标人收到投标文件后，应当签收保存，不得开启。投标人少于3人时，招标人应当重新招标。

招标人采用公开招标方式的，应当发布招标公告。依法必须进行招标的项目的招标公告，应当通过国家指定的报刊、信息网络或者其他媒介发布。招标公告应当载明招标人的名称和地址，招标项目的性质、数量、实施地点和时间以及获取招标文件的办法等事项。

（2）“四荒”邀请招标

是指招标人以投标邀请书的方式邀请特定的法人或者其他组织投标。

招标人采用邀请招标方式的，应当向3个以上具备承担招标项目的能力、资信良好的特定的法人或者其他组织发出投标邀请书。投标邀请书应当载明招标人的名称和地址，招标项目的性质、数量、实施地点和时间以及获取招标文件的办法等事项。

2. 拍卖

是指以公开竞价的形式，将特定物或者财产权利转让给最高应价者的买卖方式。拍卖是一种公开的竞买活动，其最大的特点是公开性和竞争性。它由竞买人提出各种标价，通过公开竞争，由拍卖人通过落槌或者以其他公开表示买定的方式接受某项出价，而一经拍定，合同便告成立。拍卖是“四荒地”资源承包中的主要形式。通过拍卖“四荒地”，实现了土地资源的优化配置，农村集体经济组织也由此壮大了经济实力，促进了农业生产和农村经济的可持续发展。

3. 公开协商亦为取得“四荒地”承包经营权的方式

与一般的协商不同的是，公开协商要求发包“四荒地”公开进行。包括与谁协商公开，协商的内容公开，协商议定的结果（如承包的期限、承包费的数额及支付方式）等都要公开，以此接受集体经济组织成员的监督，避免“暗箱操作”，保证公开、公平、公正地发包承包。

其他方式的承包并非集体经济组织成员人人有份的承包，承包人也不局限于农村集体经济组织内部成员。本集体经济组织成员以外的农户、组织等农业生产经营者依照法律规定和承包合同的约定，都可取得对这些土地的承包经营权，从事种植业、林业、畜牧业等农业目的的生产经营。

二、其他方式的承包与家庭承包有所不同

家庭承包是集体经济组织人人有份的承包，主要是对耕地、林地和草地的承包，具有社会保障的功能；其他方式的承包，主要是对“四荒地”等农村土地的承包，是通过市场化的方式获得的承包经营权，是通过招标、拍卖、公开协商等方式有偿取得的，并且不涉及社会保障等因素。以其他方式承包的承包经营权的流转，主要有以下几个特点：

1. 流转的客体一般为“四荒地”等农村土地的承包经营权

如前所述，对农民集体所有和国家所有依法由农民集体使用的耕地、林地、草地，通常实行农村集体经济组织成员人人有份的家庭承包；对不宜采取家庭承包方式的荒山、荒沟、荒丘、荒滩“四荒地”，可以采取招标、拍卖、公开协商等方式承包。

2. 流转有转让、入股、抵押等法律形式

这里所说的入股，主要是指承包人将土地承包经营权量化为股份，投入从事农业生产的公司，或者作为投资成立农业经营公司，以股份作为赚取经营回报。所谓抵押，是指为担保债务的履行，债务人或者第三人不转移财产的占有，将该财产抵押给债权人，债务人不履行到期债务或者发生当事人约定的实现抵押权的情形，债权人有权就该财产优先受偿。这里主要是指承包人将承包经营权抵押给银行等金融机构，以作为偿还贷款的担保。

3. “债权的物权化”为长期流转的法律基础

以招标、拍卖、公开协商等方式取得的土地承包经营权，有的与发包人是债权关系，如承包菜地，约定承包期3年，其间是一种合同关系。而承包“四荒地”，由于期限较长，投入又大，双方需要建立一种物权关系，以便更好地得到保护，因此应当依法登记，取得土地承包经营权证或者林权证等证书。在此前提下，承包经营权才具备流转的基础。

4. 让市场在土地流转中起决定性的作用

其他方式的承包是通过市场化的行为并支付一定的对价获得的，其流转无须向发包人备案或经发包人同意。对受让方也没有特别限制，接受流转的一方可以是本集体经济组织以外的个人、农业公司等。

【典型案例】

承包的土地承包经营权的效力①

——对其他方式承包的土地承包经营权的保护

基本案情

1997年1月1日，第三人王某光与被告老甲五村村民委员会（以下简称老甲五村村委会）签订《土地承包合同》，约定被告老甲五村村委会将村东土地承包给王某光开发使用。土地面积合计2490亩，承包期限10年即自1997年1月1日起至2006年12月31日止。同时约定王某光不得将承包的土地转让、转包和买卖。1999年1月1日，第三人王某光、周某祥、冯某武就上述土地与被告老甲五村村委会签订了《土地延包合同书》，约定土地延包合同期限20年，即自2007年1月1日起至2026年12月31日

① 参见刘某春、魏某营与老甲五村村民委员会土地承包经营权确认纠纷案，载中国裁判文书网，http：//wenshu. court. gov. cn/content/content? DocID = e5b157a1 - 7a2d - 484f - 9da7 - 35bbee331a70，最后访问时间：2020年6月9日。

止，王某光、周某祥、冯某武可将承包的土地转让、转包、继承。其他条款与《土地承包合同》一致。后王某光、周某祥、冯某武与李某年签订了《土地开发合同》，约定王某光、周某祥、冯某武将承包的土地约 3600 亩转包给李某年开发经营，承包期限为 20 年，自 1999 年 1 月 1 日至 2018 年 12 月 30 日。卯利县红光渔业办事处法律服务所作为见证机关在该合同上加盖了公章，被告老甲五村村委会同意李某年在土地上开发，并加盖了公章。

2001 年 2 月 14 日，李某年与付某山签订《盐碱地转让承包合同》，约定李某年将约 3000 亩土地转让承包给付某山，承包期限 18 年，自 2001 年 1 月 1 日起至 2018 年 12 月 30 日止。2007 年 1 月 2 日，被告老甲五村村委会与原告刘某春、魏某营签订《土地承包合同》，约定被告老甲五村村委会同意将已由刘某春、魏某营投资开发的土地 2490 亩承包给刘某春、魏某营养殖使用，承包期限 20 年，自 2007 年 1 月 2 日起至 2026 年 12 月 31 日止。

原告请求确认刘某春与魏某营对老甲五村村委会的土地具有承包经营权，同时请求王某光、周某祥、冯某武赔偿其经济损失 300 万元。被告方认为，王某光、周某祥和冯某武对案涉土地依法具有承包经营权，法院应当驳回刘某春、魏某营要求确认对老甲五村村委会的土地具有承包经营权的诉讼请求；刘某春、魏某营与老甲五村村委会之间签订的《土地承包合同》违反了法律的规定，应依法认定为无效合同。

法院审理

一审法院经审理认为，2007 年 1 月 2 日，刘某春、魏某营与老甲五村村委会所签订的《土地承包合同》合法有效，刘某春、魏某营对本案所涉土地享有承包经营权。本案经法院审判委员会讨论，依照《物权法》第一百三十三条、《农村土地承包法》第四十九条、《民事诉讼法》第六十四条第一款，《最高人民法院关于审理涉及农村土地承包纠纷案件适用法律问题的解释》（法释〔2005〕6 号）第二十条第三项之规定，判决：刘某春、魏某营对2007年1月2日与卯利县红光渔业办事处老甲五村村委会签订的《土地承包合同》中所涉土地享有土地承包经营权；驳回刘某春、魏某营的其他诉讼请求。案件受理费30800元，由卯利县红光渔业办事处老甲五村村委会负担15800元，由刘某春、魏某营负担15000元。

二审法院经审理认为，本案争议的焦点问题是2007年1月2日刘某春、魏某营与老甲五村村委会签订的《土地承包合同》是否有效，刘某春、魏某营对本案所涉土地是否享有承包经营权。

在老甲五村村委会与王某光所签订的《土地承包合同》和老甲五村村委会与王某光、周某祥、冯某武所签订的《土地延包合同》及老甲五村村委会与刘某春、魏某营所签订的《土地承包合同》均合法有效的情况下，应根据相关的法律规定和土地实际占有、投资、使用的情况，从有利于土地秩序的稳定，保护实际使用人的原则，确定土地承包经营权的归属。就本案而言，刘某春、魏某营应享有该宗土地的承包经营权。同时结合涉案土地的利用情况及《农村土地承包法》关于以其他方式承包的立法目的认为，原审依据《最高人民法院关于审理涉及农村土地承包纠纷案件适用法律问题的解释》（法释〔2005〕6号）第二十条第三项的规定，确认本案所涉土地承包经营权属于刘某春与魏某营并无不当。

二审法院驳回上诉，维持原判。

案件评述

本案争议焦点为双方当事人所签订的土地承包合同是否有效。

一、采取转让方式流转的应经发包方同意而采取其他方式流转的则无须发包方同意

发包方是否同意主要看双方转让合同书上是否有发包方签字盖章明示批准同意转让。根据《民法典》合同编第五百零二条“依法成立的合同，自成立时生效，但是法律另有规定或者当事人另有约定的除外。依照法律、行政法规的规定，合同应当办理批准等手续的，依照其规定”的规定，土地承包经营权转让应当经发包方同意是法律明确规定，不是可有可无，不经审批不能默示同意，也不能推定同意，认定发包方同意必须以发包方的明示为依据。土地承包经营权的转包在不改变土地用途的情况下不需要发包方同意，一般要求备案，但不备案也不会因此无效。

二、承包经营权的流转

1. 土地流转的意义

土地流转无论是对经济效益还是对社会效益，都起到了极大的促进作用。它有利于农业结构调整，提高农业效益。同时，可以优化农村劳动力结构，促进劳动力向非农产业转移，增加农民收入，降低农产品成本，提高农业竞争力。这样可以加快传统农业向现代农业转化，提高农业生产率。实现农业增效、农民增收，实现共同富裕。

2. 取得“四荒地”等土地资源承包经营权可采用各种具体方式

其主要有招标、拍卖、公开协商等。

3. 招标投标只是市场经济条件下促进效率优化资源配置的一种交易方式

其基本原则是公开、公平、公正和诚实信用。农村“四荒地”等土地资源的承包可以采取招标投标的方式。招标方通过发布招标公告或者向有意投标承包的集体经济组织内部成员或外部农业生产者发出招标邀请等方式，发出招标信息，列出招标条件，由各有意承包的农业承包经营者作为投标方，向招标方书面提出自己响应招标要求的条件，参加投标竞争。

经招标方对各投标者的条件进行审查比较后，从中择优选定中标者，并与其签订土地承包合同。采用招标投标方式发包“四荒地”，具有明显的优越性。招标方通过对各投标竞争者的条件进行综合比较，从中选择资信情况良好和经营能力强的农业经营者作为中标方，与其签订土地承包合同，有利于调动农民和社会的资金和力量，将过去闲置的“四荒地”资源重新优化配置，形成新的生产力。招标投标活动要依照法定程序公开进行，有利于集体经济组织成员的监督。

三、承包经营权其他几种主要的流转方式

实践中，承包经营权的流转包括两种形式：一是不改变承包经营合同的主体，由承包人通过转包的方式将土地承包经营权转让给他人。承包人仍然是承包经营合同的主体；二是改变承包经营合同的主体。即由承包人将承包经营权转让给他人，承包人完全退出承包合同关系，由受让人取代承包人的地位。

如前所述，如果承包经营权只是债权，则任何转让都必须取得发包人的同意，且在转让的内容、期限等方面受到诸多限制。但如果承包经营权作为物权而存在，则将会为承包经营权的自由转让提供基础和条件。[①]

相关的流转方式包括：

1. 转让

是指农村土地承包经营权人在承包经营期限内，将农村土地承包经营权有偿地转让给他人。这种出让可以采取双方协商的形式，也可以采取招标投标的办法。

2. 出租

实践中，已经存在允许农村土地承包经营权出租的做法。例如，《海南省第二轮土地承包若干规定》第十八条就规定，在承包期内，经发包人同意，承包方可以将土地承包经营权依法租赁，但不得改变土地的集体所有性质和农业用途。

3. 入股

土地承包经营权人可以将土地承包经营权作价入股，并按照该股份获取一定的收益。在土地股份合作制中，土地承包经营权的作价方式应当根据具体情况加以确定。

4. 抵押

通过土地承包经营权的抵押，可以为农民进行农业融资提供条件，也

---

① 王利明：《农村土地承包经营权的若干问题的探讨》，载《中国人民大学学报》2001 年第 6 期。

能够发挥土地承包经营权作为一种用益物权的价值。当然，以土地承包经营权抵押的，在实现抵押权时，不得改变农地的用途。

5. 其他

除上述方式外，如果土地承包经营权人采取其他方式而又不违反法律的规定，也可以实现土地承包经营权的流转。

第三百四十三条 【国有农用地承包经营的法律适用】 国家所有的农用地实行承包经营的，参照适用本编的有关规定。

【条文疏义】

本条基本沿袭《物权法》第一百三十四条之规定，作了文字修订，采用了“本编”这一表述。

国有农用土地属于全民所有，既是重要的自然资源，也是重要的国家资产。

2016 年 12 月 31 日，国土资源部等八部委联合下发了《关于扩大国有土地有偿使用范围的意见》（国土资规〔2016〕20 号），该意见要求，按照“依法依规、因地制宜、先易后难”的原则做好确权登记工作，并对规范推进国有农用地使用制度改革等方面作了明确规定。

国有农用地使用权的取得方式，既关涉国有农用地所有权的实现方式改革，又影响国有农用地使用权的类型及其权能构造。“当抽象的概念及其建构外部体系不足以掌握生活现象的多样性表现形态时，人们首先想到的辅助思考形式是‘类型’。”为此，有必要根据不同取得方式探究国有农用地使用权的不同类型，并通过以划拨方式取得的国有农用地使用权向以出让、作价出资、授权经营等方式取得的国有农用地使用权的转化，探究国有农用地使用权的有偿化改革。

一、划拨的国有农用地使用权

划拨之国有农用地使用权，即确定给农场使用之国有农用地使用权。划拨是国有农用地取得的主要方式。1984 年《森林法》第十六条、1985 年《草原法》第十条以及 1986 年《土地管理法》第十条分别规定可以依法确定给全民所有制单位使用，并规定国有林地、国有草地、国有土地，应当由县级以上人民政府登记核发证书，确认使用权。这也表明，土地是依确定方式取得，而且此处的“确定”与划拨均为无偿且无期限的取得方式，二者并无二致。

二、出让的国有农用地使用权

除承包、划拨、租赁外，在一些地方规范性文件规定的国有农用地所有权行使方式中还包含出让。例如，根据《海南经济特区土地管理条例》第三十三条第二款“国有土地使用权出让、承包用于种植业、畜牧业”的规定，国有农用地使用权可以通过出让取得。此外，《东营市国有农用地和未利用地使用管理暂行办法》第三条规定的国有农用地和未利用地使用权的取得方式，既包括租赁、划拨，又包括出让，由此形成了出让之国有农用地使用权。

三、授权经营的国有农用地使用权

《中共中央、国务院关于进一步推进农垦改革发展的意见》规定，省级以上政府批准实行国有资产授权经营的企业，经批准可以采取授权经营方式处置原生产经营性国有划拨农用地。此外，《关于扩大国有土地有偿使用范围的意见》（国土资规〔2016〕20 号）亦规定，以承包经营以外的合法方式使用国有农用地的国有农场、草场等，可以分别办理国有农用地划拨、出让、作价出资或者入股、授权经营等使用权登记手续。综上，国有农用地使用权的取得方式亦包括授权经营。

四、承包经营的国有农用地使用权

此处的“承包经营”，仅指国有农用地所有权行使层面即由政府部门直接发包产生之承包经营。承包经营的国有农用地使用权直接派生于所有权，亦可称为所有权行使层面的国有农用地承包经营权，不同于国有农用地使用权上派生之职工国有农用地承包租赁权，系不动产用益物权。

五、作价出资的国有农用地使用权

作为所有权行使方式的作价出资，仅指代表国家行使国有农用地所有权的机关直接将国有农用地作价出资，并不包括农场等国有农用地使用权主体将国有农用地使用权作价出资。前者隐含着所有权与使用权的分离，属于所有权行使方式的范畴；而后者并不涉及所有权与使用权的分离，仅是国有农用地使用权流转的方式之一。

【典型案例】

承包经营国有农用地所产生法律关系如何调整①

——国有农用地承包经营的适用规则

基本案情

2000年1月20日，华丰农业公司与中益饲料公司签订《承租经营合同》，合同载明："为进一步规范国有农用地承包使用的经营运作，提高土地产出率，促进经济发展，特订立本合同，明确双方权利及义务。"

2001年12月2日，华丰农业公司与被告中益饲料公司签订《承租经营合同（补充协议）》，协议载明："经甲乙双方共同协商，2000年1月20日双方签订的《承租经营合同》，甲方为了鼓励乙方在华丰农业公司一排田增加投入改善养殖条件，真正形成养殖示范区，对原合同所签订的部分条款作如下补充和调整：1. 承租期限自2000年1月20日起至2015年12月31日止；2. 承包金额上缴自2009年1月1日起至2015年止，承包前三年每年平均为266200元，后三年平均为292820元，最后一年为322102元；3. 其他条款仍按原合同签订的执行，此协议作为双方于2000年1月

① 参见华丰农业公司与中益饲料公司返还原物纠纷、财产损害赔偿纠纷案，江苏省盐城市中级人民法院，（2017）苏09民终3195号。

20日签订承租经营合同不可分割的部分。望共同执行。”该协议签订后，被告中益饲料公司按协议约定交纳了费用。

2015年11月26日，原告华丰农业公司向被告发出书面通知，告知被告承租经营合同将于2015年12月31日到期，要求被告于2016年1月1日前交还承租的塘口。同年12月8日，被告中益饲料公司向原告发函表示：被告承租土地合同虽即将到期，但鉴于被告初期投入400多万元尚未能收回，并依据国有土地发包的相关规定，申请通过协商，招标优先，将原承租地继续承租5年至10年。该复函还述及被告对土地开发及鱼塘资产补偿的意见。

同年12月18日，原告华丰农业公司再次向被告发函，告知不同意补偿，且因推行“公司+专业合作社”的标准化生产模式，“暂不考虑与贵公司订立续租协议”。同年12月26日，被告中益饲料公司又向原告发函表示：被告对案涉土地的承包期限依法应为30年；被告是“响应了政府及开发区港区领导的号召到该地区投资开发的。由于我司的投入，贵司才有3925162元的收益，加上上缴的税费等近500万元，16年来我司在此地块上共投入1600万元之多。至今本金都未能收回”，“确是在我司早期大量的投入，才成了现在的养殖规模，示范地推动了整个华丰及周边地区养殖业的发展。如贵司真的不与我司续签，事实上剥夺了我司作为一个投资承包者依法受益的权利”；被告“要求继续承包，暂不考虑补偿问题”。后双方未能达成一致意见，遂成诉。

法院审理

法院经审理认为：

一、农村土地承包合同具备四个方面的特征

其一，农村土地承包法中所称农村土地必须是农民集体所有或国家所有依法归农民集体使用的农业用地。

其二，该农村土地，使用的主体可能有两种，一是农民即本集体经济组织成员；二是非该集体经济组织成员。

其三，对该农村土地区分两种情况确定承包方式，一是家庭承包；二是其他承包。

其四，因承包方式不同，产生的承包期限不同。家庭承包有相应的法定期限，其他方式承包的承包期限由双方协商确定，而非法定。

二、《物权法》关于土地承包经营的行使分为两类

一类是农村集体经济组织实行家庭承包方式的则适用《物权法》第一百二十五条、第一百二十六条、第一百三十一条的相关规定，即其相关权利均为法律规定的。

另一类是非农村集体经济组织实行非家庭承包经营方式的，即《物权法》第一百三十三条规定的，以招标等方式进行土地承包经营的，依照农村土地承包法等法律和国务院的有关规定予以规范，而《农村土地承包法》对于农村土地的承包有明确规定，即如果是非家庭承包经营的，则也是由双方协商确定合同权利义务，而非适用法定期限。同时，《物权法》第一百三十四条规定的内容，也应参照上述相关规定予以区分。

再就是，《土地管理法》第十四条对于农村集体经济组织成员承包经营明确了法定的权利、期限。根据该法第十五条的规定，不论是国有土地，还是本集体经济组织以外的单位或个人承包经营的农村集体土地，发包方与承包方的权利义务由双方以合同方式进行约定，其合同期限也由双方约定。

本案中，涉案土地为国有性质，用途为农用地，使用权类型为划拨，承包人为单位。由此，涉案土地并非为《农村土地承包法》中规定的农村土地，故不能适用该法予以调整。根据《物权法》第一百三十四条的规定，国有农用地实行承包经营的，参照本法的有关规定，其第一百三十三条对非农村集体组织家庭承包经营的，规定了双方协商确定合同权利义务。而《土地管理法》对各类土地进行了规范，因此本案应适用《物权法》和《土地管理法》的相关规定。

一审法院判决被告中益饲料公司将《承租经营合同》中约定的土地返

还给原告华丰农业公司。二审法院驳回被告的上诉，维持原判。

案件评述

一、国有农用地之属性界定

国家所有的土地主要从两个层面进行认定，一是城市与农村的层面，即城市的土地属于国家所有；城市郊区和农村的土地除法律规定属于国家所有者外均归农民集体所有。二是从资源财产价值实现与土地是否可以分离为前提的自然资源所有权的层面，在依附状态不可分离情形下，自然资源所有权范围内的土地所有权主体与自然资源所有权主体一致，即自然资源属于国家所有的，其范围内的土地属于国家所有，自然资源属于集体所有的，其范围内的土地属于集体所有；在依附状态可分离情形下，自然资源所有权主体与其依附的土地所有权主体可能相异，如矿产资源只能专属于国家所有，但其所依附的土地既可以是国家所有，也可以是集体所有，在此情形下，土地所有权主体按照城市与农村层面的准则进行认定。

按照《土地管理法》关于土地用途分类的规定，土地分为农用地、建设用地和未利用地。未利用地是指可利用但尚未开发利用的土地，在开发后，可以成为用于林业、渔业、牧业、种植业等农用地，也可以成为用于建造建筑物、构筑物、设置居住区等建设用地。[①] 结合《物权法》等关于自然资源面向的资源性土地所有权和城市与农村面向的土地所有权之规定，国有农用地是指位于农村或城市郊区用于种植业、林业、畜牧业、渔业等农业用途的由国家享有所有权的耕地、林地、草地、养殖水面等土地，包括经开发后可用于农业用途的国有未利用地。

二、国有农用地使用权当属用益物权

1. 国有林地和草地是否为用益物权曾有争议

国有农用地使用权尽管已经独立于所有权，但是理论界对《土地管理法》《森林法》《草原法》规定的国有林地、草地的使用权是否具有用益物

---

① 高富平：《物权法原论》（第二版），法律出版社 2014 年版，第 568 页。

权性质仍存在争议，且该争议已经影响到了对国有农用地使用权上派生之职工国有农用地承包租赁权的性质定位。国有农用地使用权的规定基本源于“物权法定”之“法”（指狭义的全国人民代表大会及其常务委员会颁布的法律）以外的部门规章等规范性文件，将其定性为用益物权，尚缺乏《物权法》第五条和《民法总则》第一百一十六条确定的物权法定原则之“法”的明确规定。

例如，从《民法通则》的规定看，虽然置于《民法通则》第五章“民事权利”以及“第一节财产所有权和与财产所有权有关的财产权”名下的第八十条第一款和第八十一条第一款的规定，应适用于国有农用地使用权，但是在《民法通则》第八十条第二款亦规定“公民、集体依法对集体所有的或者国家所有由集体使用的土地的承包经营权，受法律保护”。学界通说认为，在只有《物权法》明确了农民集体土地承包经营权为用益物权的前提下①，能否将《民法通则》视为依物权法定原则确认国有农用地使用权为用益物权的“法”，自须在《民法典》编纂中得以明晰。

2. 将国有农用地使用权定性为用益物权恰恰体现国家立法政策

（1）用益物权是支配权

用益物权人可以凭借自己的意志和行为直接支配国有农用地，无须他人意思或行为的介入。由此，用益物权人可以根据市场机制加强对国有农用地的利用，促进资源优化配置，并克服国有农用地利用中的权利主体虚位、效率低下等弊端。

（2）用益物权是绝对权

其具有排他性和追及效力，其他相对人均有不得侵犯国有农用地使用权的义务。据此，能够更有效地防止甚至解决土地被周边农村集体或个人长期占用问题。而且，基于用益物权系定限物权即对所有权的限制，还可以防止作为所有权代表行使主体的政府部门随意将国有农用地使用权收回

① 高圣平：《新型农业经营体系下农地产权结构的法律逻辑》，载《法学研究》2014年第4期。

并变性为建设用地由此导致国有农用地流失。

（3）用益物权需遵循公示公信原则

将国有农用地使用权定性为用益物权，应积极推进其确权发证。这样有助于明晰国有农用地的权利归属并定分止争，为推进其资产化和资本化奠定基础。

（4）用益物权体现着所有权主体与他物权主体对物上财产利益的分配

将国有农用地使用权定性为用益物权，可以通过国有农用地使用权出资并成为企业法人财产权，以国有农用地使用权为资本纽带，加快农场公司化、股权多元化和垦区集团化，理顺所有权主体与使用权主体之间的权利义务。

三、国有财产有公用公物、经营性国有财产、资源性国有财产之分

国有农用地主要用于农业耕作、养殖等，使用时具有排他性，明显不同于也不应属于公用公物——可列为经营性或资源性国有财产。尽管国有农用地所有权不能私有，但是国有农用地使用权存在农民集体享有的可能性——确权中将权属存在争议的土地划归农民集体或者肯定农民集体拥有使用权的事实即为明证。况且，在诸多地方将国有农用地使用权作价出资或出让给企业经营的背景下，国有农用地使用权亦可成为企业财产。

更重要的是，随着国有农场政企分开、政社分离以及公司化改造的推进发展，国有农用地所有权与使用权的分离已经日益深入，不应再将农场国有农用地使用权简单地视为国有农用地所有权的一项权能。而且，基于农场国有农用地使用权权能与用益物权权能的契合性，国有农用地使用权理应是一项用益物权。因此，案涉《承租经营合同》中约定的土地属于国有农用地，其承包使用应当适用《民法典》物权编之相关规定。

第十二章　建设用地使用权

第三百四十四条　【建设用地使用权的概念】建设用地使用权人依法对国家所有的土地享有占有、使用和收益的权利，有权利用该土地建造建筑物、构筑物及其附属设施。

【条文疏义】

本条沿袭了《物权法》第一百三十五条的有关规定。

一、建设用地使用权是用益物权中的一项重要权利

出让人通过设立建设用地使用权，使建设用地使用权人对国家所有的土地享有占有、使用和收益的权利，建设用地使用权人可以利用该土地建造建筑物、构筑物及其附属设施。建设用地包括住宅用地、公共设施用地、工矿用地、交通水利设施用地、旅游用地、军事设施用地等。本条中的建筑物主要是指住宅、写字楼、厂房等。构筑物主要是指不具有居住或者生产经营功能的人工建造物，比如道路、桥梁、隧道、水池、水塔、纪念碑等。附属设施主要是指附属于建筑物、构筑物的一些设施。

在《物权法》的起草过程中，有人建议用“土地使用权”代替“建设用地使用权”的概念。《民法典》编纂没有采用“土地使用权”的概念，是因为根据《土地管理法》的规定，我国的土地分为农用地、建设用地和未利用地。“土地使用权”是一个广义的概念，包括农用地使用权、建设用地使用权等权利。如果采取“土地使用权”的概念，就需要把土地承包经营权、建设用地使用权和宅基地使用权放入一章规定，而土地承包经营权、建设用地使用权和宅基地使用权在权利的设立、利用等方面存在较大区别，当事人的权利和义务也不尽相同。

比如，建设用地使用权一般是有偿取得，宅基地使用权是无偿取得；建设用地使用权可以依法转让和抵押，宅基地使用权的转让和抵押有严格的限制。因此，《民法典》物权编根据土地的用途，将土地使用权分解为土地承包经营权、建设用地使用权和宅基地使用权，并分章对这些权利作出了规定。《民法典》本章主要是规定当事人如何通过出让和划拨方式取得建设用地使用权，以及取得建设用地使用权后的权利和义务，同时也对集体土地作为建设用地的问题作出了原则性规定。

二、建设用地使用权类似于大陆法系民法中的地上权制度

两者虽然类似但也有所区别。地上权主要是指在他人土地上建造建筑物而取得使用该土地的权利。一些国家和地区的地上权还包括在他人土地上种植竹木的权利。我国的建设用地使用权仅包括在国家所有的土地上建造建筑物、筑构物和其他附属物的权利。另外，在土地私有的国家，土地所有权可以进行流转，设立地上权主要是以地上权人使用为目的，而我国的土地所有权不允许流转，因此，建设用地使用权具有实现土地流转的功能。在司法实践中，根据《最高人民法院关于审理涉及国有土地使用权合同纠纷案件适用法律问题的解释》第一条的相关规定，本解释所称的土地使用权出让合同，是指市、县人民政府自然资源主管部门作为出让方将国有土地使用权在一定年限内让与受让方，受让方支付土地使用权出让金的合同。第二条则规定开发区管理委员会作为出让方与受让方订立的土地使用权出让合同，应当认定无效。本解释实施前，开发区管理委员会作为出让方与受让方订立的土地使用权出让合同，起诉前经市、县人民政府自然资源主管部门追认的，可以认定合同有效。

【典型案例】

国有土地上相关建筑物、构筑物及附属设施拆除后该如何补偿[①]

——国有土地上的建筑物、构筑物及其附属设施的权利归属

基本案情

2009年5月14日，戊甲公司与庚乙公司签订了《国有土地使用权转让合同》，双方约定了戊甲公司将25000平方米的土地使用权转让给庚乙公司以及土地使用权转让价款等相关事项。

合同第七条约定：1. 甲乙双方应当依据法律规定各自承担因本合同行为而依法缴纳的管理费及相关费用。2. 双方另行签订转让土地地上附着物的补偿协议。甲方庚乙公司承诺地上附着物的补偿不影响地上附着物的拆除和本合同的履行，也不影响办理土地使用权证变更手续。

合同签订后，双方按合同约定将转让的土地使用权变更在庚乙公司名下。2009年，庚乙公司在未与戊甲公司就在建厂房、仓库、临时收发室、变压器等地上附着物达成补偿协议的情况下，对上述地上附着物进行了拆除。

戊甲公司在诉讼中提供了该市发展和改革局委托该省某资产评估有限责任公司对上述地上附着物进行的评估报告。评估结论为本次评估的资产价值为人民币4159330元。庚乙公司则在诉讼中提供了由其委托辰巳房地产评估有限公司对该市供热厂东侧未完工工程及仓库价值进行的评估报告，评估结果为：评估对象在估价时点2008年5月20日未完工房地产的已完工部分市场价值评估为994852元；未完工程单价412.85元/平方米，仓库单价663元/平方米。

---

① 参见戊甲公司与庚乙公司土地使用权转让合同纠纷案，载中国裁判文书网，http：//wenshu. court. gov. cn/content/content? DocID =959f00bd -8ede -4071 -8706 - a5a69f531145&KeyWord =，最后访问时间：2020年6月9日。

本案审理期间，双方当事人均请求对戊甲公司要求补偿的地上附着物的价值进行评估鉴定，经一审法院及双方当事人向相关评估中介机构联系了解，在目前没有建筑图纸、无实物的情况下，评估中介机构无法对地上附着物的价值进行评估，双方当事人因此放弃了鉴定请求。

此后，戊甲公司向法庭提交了该自治州中级人民法院作出的民事调解书，以此证明由该市建筑工程有限公司施工的附着物工程款为269.7万元。

法院审理

一审法院经审理认为，在本案诉讼中，双方当事人对地上附着物的补偿价款存在争议，对于两份评估报告，因两份报告结论中的地上附着物价款差额巨大，且均不属于本案诉讼期间由法院委托所作，不能依法由评估报告的鉴定人员到庭说明鉴定结论，无法确认评估报告的客观性、合理性、科学性，故对两份报告结论不予采信。

该调解书确认给付的工程款是在戊甲公司与庚乙公司签订《国有土地使用权转让合同》之前发生并经由人民法院确认的，且调解书给付款项的内容为地上附着物的工程款，未包含其他款项。尽管属于当事人调解而非判决确认的数额，但综合本案实际情况，在对地上附着物不能进行评估鉴定的情况下，参照调解书确认的工程款数额作为庚乙公司拆除戊甲公司的地上附着物补偿款较为公平、合理，故庚乙公司应给付戊甲公司地上附着物补偿款269.7万元。

遂判决庚乙公司于判决生效之日起10日内给付戊甲公司地上附着物补偿款269.7万元。案件受理费40074元，由戊甲公司负担11698元，庚乙公司负担28376元。

二审法院经审理认为，一审判决认定事实清楚，适用法律正确。故判决驳回上诉，维持原判。

案件评述

一、案涉权利人享有对建设用地的占有、使用、收益的权利

建设用地使用权人，有权将建设用地使用权予以处分。案涉戊甲公司与庚乙公司签订了《国有土地使用权转让合同》，双方约定了戊甲公司将25000平方米的土地使用权转让给庚乙公司以及土地使用权转让价款等相关事项。如上所述，庚乙公司违反合同第七条的约定，在未与戊甲公司商量，就在建厂房、仓库、临时收发室、变压器等地上附着物达成补偿协议的情况下对上述地上附着物进行了拆除。由此产生了地上附着物价值的纠纷，双方纷纷进行举证，自行进行鉴定。因缺乏真实性法院不予采信。戊甲公司又向法庭提交了该自治州中级人民法院作出的民事调解书，以此证明由该市建筑工程有限公司施工的地上附着物工程款为269.7万元。该调解书所载款项是早前产生纠纷时，法院进行调解时进行的估价。作为既判的法律事实且为双方所认可，相对客观公正，故法院予以认可。

当事人应当围绕证据的真实性、关联性、合法性，针对证据证明力有无以及证明力大小，进行质疑、说明与辩驳。本案中，双方各自委托评估公司进行的估价，缺乏中立性，真实性存疑，故法院不予采用。法庭所采用的评估为之前诉讼中，法院调解时所采用的既判的评估，符合真实性、关联性、合法性三个要素。

二、国有建设用地使用权之物权法定

改革开放之前，我国只有行政划拨用地，所有权之外的用益物权并不重要。在土地使用制度改革的实践探索中，才逐渐创新产生了其他不同的国有建设用地有偿使用方式，而后逐步上升为法规，形成不同类型的国有建设用地使用权。

改革开放后，《土地管理法》修改，明确规定“国有土地和集体所有的土地的使用权可以依法转让”“国家依法实行国有土地有偿使用制度”，这是出让建设用地使用权的物权法定的肇端。无疑，改革开放使今天广为社会所熟悉的国有土地租赁、国有建设用地使用权作价出资或入股、国有建设用地使用权授权经营等土地有偿使用和资产配置方式，在国有企业改革土地资产处置实践中不断探索、逐步上升为政策和法律制度。

1998 年出台的《土地管理法实施条例》第二十九条明确规定，国有土地有偿使用方式包括国有建设用地使用权出让、国有土地租赁和国有建设用地使用权作价出资或入股。至此，国有建设用地使用权由最初的划拨建设用地使用权一种，扩展为国有划拨建设用地使用权、出让建设用地使用权、承租建设用地使用权、作价出资或入股建设用地使用权和授权经营建设用地使用权 5 种。

尽管划拨和出让建设用地使用权已通过《土地管理法》《城市房地产管理法》《物权法》等法律规定实现了物权法定，但承租建设用地使用权、作价出资、入股建设用地使用权还停留在国务院行政法规层面，授权经营建设用地使用权则更是停留在部委政策性文件层面，尚未真正实现物权法定，亟须在编纂《民法典》物权编中对承租国有建设用地使用权、作价出资或入股国有建设用地使用权、授权经营国有建设用地使用权以及各类集体建设用地使用权等进行明确和规范，真正实现更高层次的“物权法定”。

三、国有建设用地使用权的设立与取得

1. 国家是国有土地所有权的唯一主体

国务院代表国家对国有土地行使所有权，具体由市县人民政府自然资源部门以国有土地所有权代表身份通过划拨、出让等供地行为，将相应的国有建设用地使用权授予使用者。因此，国有建设用地使用权最初是通过政府不同的供地方式设立的。当然，已经设立的建设用地使用权，也可以通过依法转让、作价出资等方式，由新的受让人继受取得。

2. 划拨建设用地使用权是通过行政划拨供地设立的

报经县级以上人民政府依法批准，使用者在缴纳补偿安置等费用后或以无偿方式使用土地时，市、县人民政府自然资源部门向用地者颁发国有土地划拨决定书，经依法登记，用地者领取不动产权证书，取得相应的划拨建设用地使用权。《土地管理法》《城市房地产管理法》等对建设用地划拨范围有严格限定，自然资源部《划拨用地目录》对划拨用地范围进行了具体细化，符合《划拨用地目录》方可以划拨方式提供。此外，因历史原因，单位和个人以各种方式依照法律和有关政策取得国有建设用地使用权，但未向国家缴纳土地有偿使用费用的，也视为划拨建设用地使用权。

3. 出让建设用地使用权的设立与取得为公法的私法化

出让建设用地使用权是通过出让供地方式设立的。国有建设用地使用权出让，应当符合国土空间规划和年度建设用地计划。市、县人民政府自然资源部门应当按照建设用地出让计划和城市规划，拟订出让地块的用途、年限、规划条件和其他土地使用条件等方案，报经市、县人民政府批准后，由市、县人民政府自然资源部门具体组织出让。

国有建设用地使用权出让，可以采取招标、拍卖、挂牌或者双方协议的方式，确定土地使用者后，应当与土地使用者签订书面出让合同。使用者依照出让合同约定付清出让金，依法申请不动产登记，领取不动产权证书，取得出让建设用地使用权。

4. 承租建设用地使用权的设立与取得

承租建设用地使用权是通过国有土地租赁方式设立的。国家以招标、拍卖、挂牌或协议方式将国有建设用地出租给使用者，使用者与县级以上人民政府自然资源部门签订一定年限的土地租赁合同，支付租金，申请不动产登记，取得不动产权证书，取得承租建设用地使用权。国有土地租赁不适用于经营性房地产用地。

5. 作价出资（入股）建设用地使用权的设立与取得

作价出资（入股）建设用地使用权是通过作价出资（入股）方式设立的。经国家批准以国有建设用地使用权作价出资投入股份有限公司或者有限责任公司的，应当由市、县人民政府自然资源部门根据建设用地使用权价格和出让金标准，确定应折算的出资额或股本额，并向企业颁发国有土地使用权作价出资（入股）决定书，企业依法申请不动产权登记，领取不动产权证书，取得相应的作价出资（入股）建设用地使用权。

6. 授权经营建设用地使用权的设立与取得

授权经营建设用地使用权是通过国有建设用地授权经营设立的。国家根据需要，将一定年限的国有建设用地使用权作价后授权给经省级以上人民政府批准设立的国家控股公司，由作为国家授权投资机构的国有独资公司和集团公司经营管理，并向被授权企业发放国有建设用地使用权授权经营决定书，被授权企业依法申请不动产登记，领取不动产权证书，取得授权经营建设用地使用权。[①]

为规范以有偿方式取得的建设用地使用权出租管理，中央一再强调：以出让、租赁、作价出资或入股等有偿方式取得的建设用地使用权出租或转租的，不得违反法律法规和有偿使用合同的相关约定。[②]

第三百四十五条　【建设用地使用权的分层设立】建设用地使用权可以在土地的地表、地上或者地下分别设立。

【条文疏义】

本条文沿袭了《物权法》第一百三十六条第一款的内容。

一、分层次开发土地已成为世界各国土地利用的新趋势

土地资源具有稀缺性和不可再生性，如何充分地发掘土地的价值，是各国共同面临的课题。随着人类社会的进步和发展，特别是现代化专业技术的进步，分层次开发土地成为土地利用的新趋势。

我国越来越多的地区出现利用地下空间建造地下商场、车库等设施，利用地上空间建造空中走廊、天桥等情况。对于空间利用的问题，我国部分地区在出让土地时也进行过探索，如将建设用地使用权人对空间享有的权利通过出让土地的四至、建筑物的高度和深度加以确定，其中建筑物的

① 岳晓武：《国有建设用地使用权的类型、设立与权能》，载《中国土地》2020 年第 3 期。

② 国务院办公厅：《关于完善建设用地使用权转让、出租、抵押二级市场的指导意见》（国办发〔2019〕34 号）2019 年 7 月 6 日。

高度根据规划确定，深度根据技术指标确定的建筑物的基底位置确定。确定范围之外的土地使用权仍属于国家，国家可以再次出让。

由于我国现行法律、行政法规于《物权法》颁行前未对土地分层出让的问题作出规定，实践中对于专门利用地下或者地上空间的权利性质仍不明确，缺乏具体规定，造成一些土地登记机构无法办理登记手续，相关设施权利人的权利得不到确认和法律上的保护。因此，在《民法典》物权编中，对土地分层次利用的权利进行规范已为法律发展的大趋势。

二、土地的公有属性决定了土地上下空间的所有权属于国家和集体

我国城市的土地属于国家所有，农村的土地属于集体所有。土地的性质决定了土地上下空间的所有权属于国家和集体，当事人只能通过设定建设用地使用权等用益物权的方式取得对土地以及上下空间的使用。目前，集体土地需要征收为国家所有后才能出让，国家在出让建设用地使用权时，只要对建筑物的四至、高度、建筑面积和深度作出明确规定，那么该建筑物占用的空间范围就可以确定。根据《民法典》物权编第三百四十八条所沿袭的《物权法》第一百三十八条第四项的规定，建设用地使用权出让时，应当在合同中明确规定建设物、构筑物以及附属设施占用的空间范围，这样建设用地使用权人对其取得的建设用地的范围就能界定清楚。比如，同一块土地地下10米至地上70米的建设用地使用权出让给甲公司建写字楼；地下20米至地下40米的建设用地使用权出让给乙公司建地下商场。在分层出让建设用地使用权时，不同层次的权利人是按照同样的规定取得土地使用权的，在法律上他们的权利和义务是相同的，只不过其使用权所占用的空间范围有所区别。所以，建设用地使用权的概念完全可以解决对不同空间土地的利用问题，《物权法》没有引入空间利用权的概念。因此，本条规定再次肯认建设用地使用权可以在土地的地表、地上或者地下分别设立。

那么，如何调整同一块土地不同用益物权人之间的关系呢？根据《民法典》的有关规定，不动产的权利人根据相邻关系的规定，应当为相邻各权利人提供必要的便利，并在其权利受到损害时，可以请求相邻权利人补偿。不动产的权利人想提高自己土地的便利和效益，可以通过设定地役权取得对他人土地的利用。以上规定完全适用于分层设立的建设用地使用权。在土地分层出让的情况下，不同层次的建设用地使用权人之间应当适用相邻关系的规定。如果建设用地使用权人一方需要利用另一方的建设用地，同样可以通过设定地役权来解决。总之，《民法典》物权编所有适用“横向”不动产之间的相邻关系和地役权等规定都适用“纵向”不动产之间。新设立的建设用地使用权，不得损害已设立的用益物权。

【典型案例】

地下空间建设应否再行征收土地出让金①

——即使补缴应以何时的地价为准

基本案情

案涉土地原签订的《国有建设用地使用权出让合同》第十三条中明确总建筑面积为20万平方米，同时约定了土地利用要求“详见《该城市城乡规划局用地规划条件》（市规条〔2009〕第36号）”的内容，但该规划条件注明的是停车场设置指标及设置原则，而且停车场是包括地面、停车楼和地下停车库等，并没有具体标注地下建筑物的建筑面积。

案涉土地2009年的修建性详细规划则注明总建筑面积为250292平方米，其中地下车库和设备用房建筑面积为46660平方米；2010年调整为总建筑面积为252637平方米，其中地下车库和设备用房建筑面积为47156平

---

① 参见戊申公司与G市国土资源和房屋管理局资源行政管理案，载中国裁判文书网，https://www. itslaw. com/detail? judgementId = 14d63d77 - d25f - 441a - 8ac3 - 79f84082086c&area = 1&index = 1&sortType = 1&count = 11&conditions = searchWord% 2B% E5% B9% BF% E5% B7% 9E% E5% B8% 82% E5% AF% 8C% E6% 9D% B0% E6% 8A% 95% E8% B5% 84% E6% 9C% 89% E9% 99% 90% E5% 85% AC% E5% 8F% B8% 2B1% 2B% E5% B9% BF% E5% B7% 9E% E5% B8% 82% E5% AF% 8C% E6% 9D% B0% E6% 8A% 95% E8% B5% 84% E6% 9C% 89% E9% 99% 90% E5% 85% AC% E5% 8F% B8，最后访问时间：2020年6月2日。

方米。调整后增加的地下建筑面积在原《国有建设用地使用权出让合同》及规划条件中并未约定，而戊申公司与该城市国土资源和房屋管理局也未就此补充签订出让合同，故该城市国土资源和房屋管理局作出两份《缴费通知书》，通知戊申公司关于上述增加面积土地出让金的核算结果，并要求其补缴地下建筑的土地出让金。

戊申公司申请再审称：原一、二审判决认定《国有建设用地使用权出让合同》的总建筑面积增加至252637平方米，并认为该合同未就规划调整增加的地下建筑面积进行约定，属事实认定错误。《国有建设用地使用权出让合同》的土地出让金已经包含地下空间，且车库属于公建配套，我司无须再予以补缴。如果认定《市人民政府办公厅转发市国土房管局关于调整我市国有建设用地使用权出让金计收标准的通知》的效力，依据该通知的相关规定，地下空间也不应征收土地出让金，即便需要补缴，也应以我司受让时的地价为准确定补缴金额。

该市国土资源和房屋管理局作出的行政复议决定书错误，请求对本案依法予以再审，撤销原一、二审判决，撤销该市国土资源和房屋管理局作出的行政复议决定书，判令我司无须补缴土地出让金。

法院审理

法院经审理认为，《物权法》第一百三十六条规定："建设用地使用权可以在土地的地表、地上或者地下分别设立。新设立的建设用地使用权，不得损害已设立的用益物权。"第一百四十一条规定："建设用地使用权人应当依照法律规定以及合同约定支付出让金等费用。"

调整后增加的地下建筑面积在原《国有建设用地使用权出让合同》及规划条件中并未约定，而戊申公司与该市国土资源和房屋管理局也未就此补充签订出让合同，故该城市国土资源和房屋管理局作出两份《缴费通知书》，通知该市戊申公司关于上述增加面积土地出让金的核算结果，并要求其补缴地下建筑的土地出让金，符合《物权法》的上述规定。

戊申公司认为由于地下建筑面积不计入容积率、未列入出让合同约定内容，其无须就补缴事宜签订出让合同并缴纳土地出让金的主张，缺乏法律依据。但该市国土资源和房屋管理局在未与戊申公司就增加的地下建筑土地签订补充出让合同的情况下，要求戊申公司支付逾期缴纳土地出让金的违约金，显属事实依据不足。该市国土资源和房屋管理局作出的《行政复议决定书》对此问题认定正确。

综上，原一、二审判决维持该市国土资源和房屋管理局作出的行政复议决定书是正确的，遂裁定驳回戊申公司的再审申请。

案件评述

一、设立新的建设用地使用权自应当缴纳相应的土地出让金

本案中，终审裁判文书引用了相关法律条文作为法律裁判的依据，对案件双方有关地下空间的建设用地使用权的纠纷进行了裁判。本案的焦点在于是否可以新增建筑面积以及新增建筑面积的土地出让金的缴纳问题。从本案例中可以看出建设用地使用权人能对地下、地上、地表设立新的建设用地使用权。

在司法实践中，根据《最高人民法院关于审理涉及国有土地使用权合同纠纷案件适用法律问题的解释》第三条的相关规定，经市、县人民政府批准同意以协议方式出让的土地使用权，土地使用权出让金低于订立合同时当地政府按照国家规定确定的最低价的，应当认定土地使用权出让合同约定的价格条款无效。当事人请求按照订立合同时的市场评估价格交纳土地使用权出让金的，应予支持；受让方不同意按照市场评估价格补足，请求解除合同的，应予支持。因此造成的损失，由当事人按照过错承担责任。

二、空间建设用地使用权的内涵和外延

空间建设用地使用权是指在土地的地上、地表或者地下一定的三维闭合空间所设立的建设用地使用权，其包含以下四层含义：

1. 空间建设用地使用权实际使用的是特定土地的特定区间，诸如地表、地上、地下的三维闭合区间

一般设立建设用地使用权，只确定建设用地在平面上的范围即可，但

在有的时候，不仅要确定建设用地的平面横向范围，还要确定建设用地的纵向范围，即地上或地下的使用空间。

2. 即使某空间建设用地已设定了使用权，仍应在该建设用地的地上、地表及地下设立新的建设用地使用权

如果空间用地使用权的设立并不影响原有的用益物权的行使，并且空间建设用地使用权人又作出不妨碍原有用益物权的行使的保证后，那么原有的用益物权人就不得阻碍空间建设用地使用权的设立。

3. 空间建设用地使用权一般应由土地所有人为他人设立

现存的建设用地使用权人在其建设用地之外（主要是建设用地的上下空间）不能设立空间建设用地使用权，否则可能损害土地所有人的利益。

4. 对在先用益利益的尊重和保护

空间建设用地使用权人在行使权利时，应当尊重已经设立在先的用益物权权利人的相关权利，不得妨害其行使权利。如果建设用地使用权的地表及其上下已经有既存的用益物权，那么空间建设用地使用权设立时不得影响原存的用益物权的行使和实现。

本案中，戊申公司原来享有的总建筑面积为 20 万平方米，2009 年的修建性详细规划则注明总建筑面积为 250292 平方米，其中地下车库和设备用房建筑面积为 46660 平方米。后来戊申公司新设了部分建筑，2010 年调整为总建筑面积为 252637 平方米，其中地下车库和设备用房建筑面积为 47156 平方米。能否扩大建筑面积，以及扩大后的建筑面积后的土地出让金的缴纳是本案争议的焦点。从法理的角度讲，戊申公司当然可以在不危害他人利益的情况下增加建筑面积，但应当依法缴纳土地出让金。

依据《物权法》第一百三十六条和第一百四十一条之规定，本案最终的裁判非常有力地落实了这一法律规定。《民法典》第三百四十五条和第三百五十一条均沿袭了《物权法》上述规定的基本精神。

三、“上达天庭，下达地宇”土地所有权观念业已落伍

随着经济与社会的发展，对土地的需求量越来越大，土地分层次利用

的问题也日益突出。罗马法中存在“谁拥有土地谁拥有土地之无限上空”的主张，但是该观点在现代社会中已经被抛弃，即使在土地私有的国家，也不存在因拥有土地而当然享有该土地上下空间权利的内容。为适应土地利用由平面趋向立体化发展的趋势，增加土地分层利用的效用，有的大陆法系国家和地区在民法地上权中规定了空间利用的内容，有的国家和地区的单行法中也涉及空间利用权的内容，1966 年《日本民法典》修改时，增加了空间地上权的内容，规定地下或者空间因定上下范围及有工作物，可以以之作为地上权的标的。

我国台湾地区适用的“民法”在制定时，仅就普通地上权作出规定，未规定空间地上权。1988 年台湾地区制定的“大众捷运法”确立了空间地上权的内容，规定大众捷运系统主管机关因路线工程上之必要，可以穿越公有、私有土地之上空或者地下，其土地所有人、占有人或者使用人不得拒绝，必要时可以就其需用之空间范围协议取得地上权，协议不成时，通过征收来取得，并给予相应的补偿。据了解，我国台湾地区在对“民法”进行修订的过程中，其中对于“地上权”的一项重要修正，就是明确规定“空间地上权”，即地上权得在他人土地上下之一定空间范围内设定。

英美法系国家对于空间利用权也有相应的规定。19 世纪 20 年代，美国城市开始进入土地的立体开发时期，将土地上下空间的利用从土地地表分离出来，在一定高度予以分割。在此基础上以一定空间为客体允许让渡和租赁。1927 年美国伊利诺伊州制定的关于铁道上空让渡、租赁的空间权立法，是美国历史上第一部关于空间权的成文法。1973 年俄克拉荷马州也出台了空间法，使已经获得承认的空间权以成文法的形式加以确认。根据该法的规定，空间权是一种不动产，可以成为所有、让渡、租赁、担保及继承的标的，并且在征税及征收上适用不动产的有关规定。

四、更高技术的利用为空间权确立的寸土寸金之社会背景

在社会高速发展的今天，科技日新月异，人们对于自然资源的利用，包括对土地空间的利用的技术水平，都进一步提高。例如，地铁的建设就在地下利用了土地。再则就是在经济日益发展的今天，寸土寸金，人们完全有理由采用更高技术的利用方式，来降低建设成本。这就是本条法律规范所应用的社会背景，也反映了社会发展对于立法的推动作用，同时也是法律适应和推进社会发展的体现。法律应当为社会的发展创造条件，予以支持和推进而不是阻碍和扼杀，这在本条文中的体现是非常明显的。

如何在《民法典》物权编中规定空间利用的权利，在起草过程中即有不同的意见。有人建议，在用益物权一编对“空间利用权”设专章，对空间利用权的设定、期限、转让、抵押等问题作出规定。有人建议，空间权可分为空间基地使用权、空间农地使用权、空间邻地利用权等，还有人建议，应当把这些权利放入《民法典》物权编相应的章节里分别予以规定。

第三百四十六条　【建设用地使用权的设立原则】 设立建设用地使用权，应当符合节约资源、保护生态环境的要求，遵守法律、行政法规关于土地用途的规定，不得损害已经设立的用益物权。

【条文疏义】

本条为新增条款，并吸纳了《物权法》第一百三十六条的相关规定。

《民法典》总则编第九条确立了民法中的“绿色原则”。针对土地开发利用过程中的突出问题，建设用地使用权从设立阶段起就应受“绿色原则”约束。本条将“节约资源、保护生态”内化为建设用地使用权的设立原则。诚然，本条需在相关特别法或司法解释中予以细化。从《物权法》原有的规定看，建设用地使用权的设立是以开发利用、生产经营、社会公共事业为目的在土地上建造并拥有建筑物、构筑物及其附属设施，实现建设用地使用权物尽其用，必须兼顾土地利用效率的最大化和权益保护的平等化。例如，建筑设计不仅要符合土地用途管制和空间规划条件，还应高效利用国土空间，并采取防治水土流失、减少污染等措施，保护周边生态环境。

一、建设用地使用权与传统民法地上权之差别

建设用地使用权不同于传统民法地上权，两者之间在立法目的上和权利基础上均存在重大差别。这些差别是在研究建设用地使用权制度时必须注意到的，具体如下：

1. 二者设立的目的不同

传统地上权设立的目的，是通过在建筑物占用土地上设定特殊的用益物权，而使建筑物所有权与土地所有权在法律上实现分离进而使建筑物所有者尤其是住宅所有者得以安享房屋的居住利益。同时，也为城市中有限的土地上建筑和交易密集的房屋群落提供了制度上的便利。我国建设用地使用权设立的目的主要基于在国有土地所有权禁止转让的前提下，向土地使用者有偿提供土地，实现土地的商品价值。

2. 二者权利的基础不同

传统地上权既可以在国有土地上设立，也可以在私人土地上设立。该权利重在解决房屋所有者的所有权问题，而无须特别关注国有资产经营问题。我国建设用地使用权则只能在国有土地上设立，重在解决国有土地的分配和收益问题。

二、建设用地使用权设立时是否需要征得在先权利人的同意

对于建设用地使用权先后设立的，后设立的权利人是否需要征得先设立的权利人的同意，这是实践中普遍存在的问题。在大陆法系，日本的做法是，如土地上业已存在区分地上权，土地所有权人再在该土地上设立与前一区分地上权客体范围不重叠的区分地上权的情形，则无须得到前一区分地上权人的同意；我国台湾地区“民法”也未规定第三人的同意权。

应当认为，可从如下方面切入：第一，数个建设用地使用权的客体不重叠时，因权利范围不同，土地所有权人再设立分层建设用地使用权时，无须征得在先的分层建设用地使用权人同意。第二，土地所有权人与在先

分层建设用地使用权人之间有特别约定时，再次设立分层建设用地使用权的，应征得该在先的分层建设用地使用权人同意。第三，当数个分层建设用地使用权的客体出现重叠时，土地所有权人再次设立分层建设用地使用权的，应当征得该在先的分层建设用地使用权人同意。综上，设立建设用地使用权不得损害已经设立的用益物权。

【典型案例】

取得建设用地使用权后发现有输油管经过该如何处置[①]

——新设的建设用地使用权不得损害已经设立的用益物权

基本案情

1974年9月4日，某省计划委员会、该省基本建设委员会向燃料化学工业部申请建设湛戊原油管线，燃料化学工业部于1974年10月15日批复该省石油化学工业局同意建设戊江到已名输油管道即戊己原油管线，该管道的走向采取北线平行公路沿铁路一段（即输油管线通过本案涉案土地范围）。戊己原油管线于1977年3月全线埋管竣工。戊己原油管线竣工后属于戊己石化公司占有、使用、处分，戊己石化公司为确保该原油管线安全输油，在该管线上安置管道界桩。

申信房地产公司通过有偿转让方式取得位于遂溪县贸易城××号的国有土地使用权，并于2011年3月18日依法办理了国有土地使用证。2013年，申信房地产公司在位于遂溪县贸易城××号土地上建设楼房挖地基时，发现戊己石化公司所有的输油管（即戊己原油管线的输油管）在其有偿转让土地范围内，占用了申信房地产公司使用的土地，申信房地产公司遂向戊己石化公司提出异议，因双方协商未果，遂成诉。

申信房地产公司请求被告戊己石化公司赔偿各项经济损失合计

---

① 参见申信房地产公司与戊己石化公司财产损害赔偿纠纷案，遂溪县人民法院，（2014）湛遂法民一初字第91号。

4091600 元；戊己石化公司反诉申信房地产公司应停止侵害、恢复土地原状。

法院审理

法院经审理认为，根据《物权法》第一百三十五条“建设用地使用权人依法对国家所有的土地享有占有、使用和收益的权利，有权利用该土地建造建筑物、构筑物及其附属设施”和第一百三十六条“建设用地使用权可以在土地的地表、地上或者地下分别设立。新设立的建设用地使用权，不得损害已设立的用益物权”的规定，《物权法》明确规定建设用地使用权可以分层设立，即在同一宗土地的不同空间可以分别设立地表、地上或地下三项建设用地使用权。

本案中，戊己石化公司于 1974 年经国家燃料化学工业部批准，以划拨方式取得案涉土地下的建设用地使用权，并在案涉土地下铺设戊己原油管线，申信房地产公司于 2011 年 3 月 18 日通过有偿转让方式取得了案涉土地的地表建设用地使用权，根据“新设立的建设用地使用权，不得损害已设立的用益物权”的规定，戊己石化公司作为在先的用益物权人，申信房地产公司系后成立用益物权的权利人，戊己石化公司取得的地下建设用地使用权优于申信房地产公司取得的地表建设用地使用权。

根据《侵权责任法》第二十一条“侵权行为危及他人人身、财产安全的，被侵权人可以请求侵权人承担停止侵害、排除妨害、消除危险等侵权责任”的规定，戊己石化公司是通过国家划拨的方式取得案涉土地的地下建设用地使用权人，通过法院的现场勘验，申信房地产公司施工造成土质松垮，致使戊己石化公司所有的管道有 4 米至 5 米裸露在外，其行为已经侵犯了戊己石化公司的合法权益，理应停止侵害、恢复原状。

案件评述

一、物权请求权之救济途径

对于设立建设用地使用权引发权利冲突的民法救济，主要包括排除妨碍、消除危险请求权和恢复原状、损害赔偿请求权。

1. 排除妨碍、消除危险请求权

地上或地下空间作为一种特殊的不动产，在没有特别规定的情形下，应当适用不动产的物权救济规则。有的学者主张，“如果新设立的分层建设用地使用权人无法排除对地表建设用地使用权人的妨害或消除危险时，新设立的建设用地使用权应当归于无效”,[①] 但这样的物权保护显属过度，对其他权利人也不公平。《民法典》第二百三十六条沿袭《物权法》第三十五条规定：“妨害物权或者可能妨害物权的，权利人可以请求排除妨害或者消除危险。”因此，当不同权利人之间无法达成地役权合同时，在先的建设用地使用权人可以主张物权请求权，请求造成损害的权利人排除妨碍或消除危险。

2. 恢复原状、损害赔偿请求权

根据《民法典》第二百三十七条和第二百三十八条所沿袭的《物权法》第三十六条和第三十七条的规定，在分层建设用地使用权给其他在先的建设用地使用权人造成损害后，在先的权利人可以请求恢复原状或损害赔偿。这里所谓的损害，不仅包括直接造成地上物的损害，还包括新设立的用益物权影响到已设立的用益物权权利的行使。损害原因分为人为和自然因素，损害程度也大小不一。根据损害程度和致损原因的不同，应当区别对待：如果损害的程度属于相邻关系调整范围，应属在先建设用地使用权人容忍义务范畴，而不能请求损害赔偿；如果超出这一限度，且属分层建设用地使用权人的原因造成建筑物下沉、地表塌陷、地层渗水等，那么该权利人应当承担相应的损害赔偿或恢复原状的责任；如果损害是由地质原因引起的，则分层建设用地使用权人无须承担损害赔偿责任；但若地质原因和权利人原因二者结合所导致，可以区分原因之实际由分层建设用地使用权人承担相应的损害赔偿责任。

① 王燕霞：《土地分层利用中的法律问题研究》，载《河北法学》2012 年第 7 期。

二、确立合理的利益协调机制

关于如何协调不同用益物权人之间的权利冲突，本条规定，新设立的建设用地使用权，不得损害已设立的用益物权。从立法本意看，在不违反“绿色原则”时，设定建设用地使用权的主体为土地所有权人，土地所有权人有权根据不同的空间和权利范围设立建设用地使用权，而无须征得在先用益物权人的同意。在此框架下，如果后设立的建设用地使用权仅给在先设立的用益物权造成轻微的妨害或不便，应根据相邻关系的规则处理。如果超出相邻关系的容忍范围，后设立的建设用地分层使用权人在实际利用土地时应按照地役权的相关规则，事先与其他用益物权人订立地役权合同，按照合同约定行使权利。如果后设立的建设用地分层使用权人在利用土地过程中事实上已经对在先用益物权人造成实质损害，包括造成地上物的损害或影响到已设立的用益物权权利的行使，则受害方有权要求排除妨碍、恢复原状、赔偿损失等。

在司法实践中，根据《最高人民法院关于审理涉及国有土地使用权合同纠纷案件适用法律问题的解释》第四条的相关规定，土地使用权出让合同的出让方因未办理土地使用权出让批准手续而不能交付土地，受让方请求解除合同的，应予支持。

第三百四十七条　【建设用地使用权的出让方式】设立建设用地使用权，可以采取出让或者划拨等方式。

工业、商业、旅游、娱乐和商品住宅等经营性用地以及同一土地有两个以上意向用地者的，应当采取招标、拍卖等公开竞价的方式出让。

严格限制以划拨方式设立建设用地使用权。

【条文疏义】

本条沿袭了《物权法》第一百三十七条的规定，删去了关于“采取划拨方式的，应当遵守法律、行政法规关于土地用途的规定”之宣示性表述。

一、建设用地使用权出让主要为有偿出让和无偿划拨两种方式

1. 有偿出让是建设用地使用权出让的主要方式

其是指出让人将一定期限的建设用地使用权出让给建设用地使用权人使用，建设用地使用权人向出让人支付一定的出让金。有偿出让的方式主要包括拍卖、招标和协议等。

2. 计划经济时期土地出让主要是采取单一的无偿划拨的方式

划拨是无偿取得建设用地使用权的一种方式，其是指县级以上人民政府依法批准，在建设用地使用权人缴纳补偿、安置等费用后将该幅土地交付其使用，或者将建设用地使用权无偿交付给建设用地使用权人使用的行为。划拨土地没有期限的规定。

1988 年修改的《土地管理法》规定，国家依法实行国有土地有偿使用制度。1990 年颁布的《城镇国有土地使用权出让和转让暂行条例》规定，国有土地使用权实行有偿出让和转让制度。1994 年颁布的《城市房地产管理法》和 1998 年修订的《土地管理法》基本确立了国有土地的使用采取有偿出让和无偿划拨两种方式。

3. 我国对以划拨方式设立建设用地使用权的范围有严格的限制

《土地管理法》和《城市房地产管理法》规定，下列建设用地，确属必需的，可以由县级以上人民政府依法批准划拨：

（1）国家机关用地和军事用地；

（2）城市基础设施用地和公益事业用地；

（3）国家重点扶持的能源、交通、水利等基础设施用地；

（4）法律、行政法规规定的其他用地。

由于国家机关用地和军事用地等情况会长期存在，完全取消以划拨方式设立建设用地使用权并不现实，划拨方式还会在相当长的时期内存在。但是，并不表明属于以上划拨范围的用地，就当然地可以采取划拨的方式。

划拨方式应当是“确属必需”才能采取。通过划拨方式取得的建设用地使用权，虽然没有期限的规定，但仍是一项独立的财产权利，其性质属于工业用地过度扩张，而违法违规用地、滥占耕地的现象屡禁不止。

二、土地管理中的“招、拍、挂”改革

2004 年，国务院在颁布的《关于深化改革严格土地管理的决定》中提出，工业用地要逐步实行招标、拍卖等公开竞价的方式。2006 年 8 月，国务院发布的《关于加强土地调控有关问题的通知》规定，国家根据土地等级、区域土地利用政策等，统一制定并公布各地工业用地出让最低价标准。工业用地出让最低价标准不得低于土地取得成本、土地前期开发成本和按规定收取的相关费用之和。工业用地必须采用招标、拍卖、挂牌方式出让，其出让价格不得低于公布的最低价标准。低于最低价标准出让土地，或以各种形式给予补贴或返还的，属于非法低价出让国有土地使用权的行为，要依法追究有关人员的法律责任。本条根据现行法律的规定，并结合现实中土地出让的新情况，进一步扩大了采取公开竞价出让建设用地的范围，从“豪华住宅”扩大到“商品住宅”，并把“工业用地”纳入公开竞价出让方式的范围，同时明确对于同一土地有两个以上意向用地者的，一律采取公开竞价的方式。该规定已发展了《城市房地产管理法》的相关规定，符合国家利用土地的政策。

1. 建设用地使用权有偿出让的方式中招标和拍卖都属于公开竞价的方式

协议是指出让人和建设用地使用权人通过协商方式有偿出让土地使用权。协议的方式由于没有引入竞争机制，相对缺乏公开性，现实中一些地区和部门为了招商引资，将本来应当采取的公开竞价方式改为协议方式，或者压低协议出让的价格，随意减免土地出让金，造成土地资源收益的流失，严重损害国家的利益。因此，有学者提出，应当取消协议方式出让土地。

2. 协议的出让方式确有存在必要

现实中一些需要扶持的行业和大型设施用地，仍较适宜采取协议的方式出让使用权。为了防止协议出让土地使用权时可能滋生的腐败行为，严格土地出让秩序，《土地管理法》规定，采取协议方式出让土地使用权的出让金不得低于按国家规定所确定的最低价。国务院、国土资源部也曾多次颁布相关文件，要求各级人民政府依照基准地价制定并公布协议出让土地使用权最低价标准。协议出让土地使用权除必须严格执行规定程序外，出让价格不得低于最低价标准。违反规定出让土地造成国有土地资产流失的，要依法追究责任；情节严重的，依照《刑法》的规定，以非法低价出让国有土地使用权罪追究刑事责任。《民法典》物权编虽然保留了协议出让方式，但是由于扩大了公开竞价出让方式的范围，因此，协议出让的适用范围已经越来越窄，程序则更趋严格。

3. 挂牌等公开竞价出让建设用地使用权的方式

挂牌出让方式是指市、县国土资源管理部门发布挂牌公告，按公告规定的期限将拟出让宗地的交易条件在指定的土地交易场所挂牌公布，接受竞买人的报价申请并更新挂牌价格，根据挂牌期限截止时的出价结果或现场竞价结果确定土地使用者的行为。挂牌方式可以说是土地主管部门将拍卖和招标的特点相结合创设的一项土地使用权出让制度。由于现行法律还没有对挂牌出让方式作出规定，该方式在法律上如何定性和规范，还需要根据实践经验不断完善。

我国土地制度正在改革阶段，今后还可能会出现一些新的公开竞价的出让方式，因此，《民法典》物权编沿袭《物权法》的规定，只是列举了现行法律中已作出规定的拍卖和招标两种出让方式，没有对现实中存在的公开竞价的方式一一列举，但这并不表明出让土地时不能采取挂牌或者其他公开竞价的方式。

【典型案例】

业已拍卖的房屋下的国有土地能否划拨给他人[1]

——房屋的所有权和该房屋占用范围的土地使用权同时转让

基本案情

2002年4月17日，辰某通过拍卖竞得庚辛公司所有的28间房屋。2002年5月9日，该县人民政府为辰某办理了县人民政府契证；5月22日为辰某办理了房屋所有权证；7月11日为辰某换发了房屋所有权证，该证土地状况一栏中的地号、土地使用权取得方式、土地使用年限均为空白。

另查，案涉土地的使用者原为庚辛公司，土地权属性质为国有划拨。

2005年12月31日，该县人民政府依据该市公安局用地申请，将原庚辛公司5449平方米的国有土地使用权调整划拨给该市公安局，作为其行政办公用地使用，并办理了土地使用权证。

辰某认为，该县人民政府作出的《关于市公安局用地的批复》，直接导致其无法办理土地使用权证，并于2014年3月9日向该市中级人民法院提起行政诉讼。

法院审理

该市中级人民法院一审经审理认为：

首先，县人民政府具有依法收回原划拨土地并调整划拨土地使用权的职权。故被诉具体行政行为合法。

其次，辰某于2002年5月22日经竞拍取得案涉土地上房屋的所有权，但其并未取得房屋所占范围土地合法的使用权。因此，该县人民政府的批

---

① 参见辰某与许昌县人民政府行政划拨纠纷案，载中国裁判文书网，https：//www. its-law. com/detail? judgementId = e31807ff - cda6 - 4d71 - 97bc - 617540908898&area = 1&index = 1&sortType = 1&count = 247&conditions = reason% 2B2830% 2B1% 2B% E8% A1% 8C% E6% 94% BF% E5% 88% 92% E6% 8B% A8，最后访问时间：2020年6月20日。

复行为没有侵犯辰某的合法权益。综上，辰某请求撤销被诉具体行政行为的诉讼请求，因缺乏事实依据和法律根据，不予支持。

综上所述，依照《最高人民法院关于执行〈中华人民共和国行政诉讼法〉若干问题的解释》第五十六条第四项之规定，该市中级人民法院判决：驳回辰某要求撤销县人民政府作出的该县政土综〔2005〕16号《关于市公安局用地的批复》的诉讼请求；驳回辰某要求县人民政府、县国土资源局为其办理涉案房屋所占国有土地使用权证的诉讼请求。

二审法院经审理认为，根据《城市房地产管理法》第三十二条之规定，房地产转让、抵押时，房屋的所有权和该房屋占用范围的土地使用权同时转让、抵押。根据《城镇国有土地使用权出让和转让暂行条例》第二十四条之规定，地上建筑物、其他附着物的所有权人或者共有人，享有该建筑物、附着物使用范围内的土地使用权。土地使用者转让地上建筑物、其他附着物所有权时，其使用范围内的土地使用权随之转让，但地上建筑物、其他附着物作为动产转让的除外。根据该条例第四十七条第三款之规定，无偿收回划拨土地使用权时，对其地上建筑物、其他附着物，市、县人民政府应当给予相应补偿。

案涉县人民政府作出被诉批复时，没有考虑争议土地上房屋产权已经发生变化的实际情况，对涉及辰某房屋占用范围内的土地部分应当予以撤销。辰某要求撤销被诉批复的部分理由成立，二审法院予以支持。

综上，一审判决认定事实清楚，适用法律法规错误，应依法改判。依照《行政诉讼法》第六十一条第二项之规定，遂判决：维持案涉市中级人民法院（2014）行初字第02号行政判决第二项；撤销案涉市中级人民法院（2014）行初字第02号行政判决第一项；撤销案涉县人民政府作出的该县［政土综〔2005〕16号］《关于市公安局用地的批复》中关于案涉房屋占用范围内土地的部分。

案件评述

一、土地使用权是一种从所有权中分离出来的财产权

土地使用权作为一种从公有土地所有权中分离出来的我国土地使用制度的具体法律表现形式，是指民事主体在法律允许的范围内对国有土地或集体土地占有、使用、收益和部分处分的权利。

国有土地使用权是指国有土地的使用人依法利用土地并取得收益的权利。国有建设用地是指建造建筑物和构筑物的国有土地，包括城乡住宅和公共设施用地、工矿用地、交通水利设施用地、旅游用地和军事设施用地等所有权为国家的土地。国有建设用地使用权一级市场取得路径为：无偿取得——划拨；有偿取得——出让（协议、招拍挂）、国有土地租赁、国有土地使用权作价出资或入股。二级市场主要取得路径：国有土地使用权的转让、出租和抵押。

二、划拨取得国有建设用地使用权

土地使用权划拨是指经县级以上人民政府依法批准，在土地使用者缴纳补偿、安置等费用后将该幅土地交其使用，或者经县级以上人民政府依法批准后无偿交付给土地使用者使用的行为。

划拨土地使用权的取得有两种基本形式：

其一，经县级以上人民政府依法批准，土地使用者支付征地补偿费用后取得的国有土地使用权。这种划拨土地使用权有两个显著特征：一是土地使用者取得土地使用权必须经县级以上人民政府依法批准；二是土地使用者取得土地使用权必须支付征地补偿等费用。

其二，经县级以上人民政府依法批准后，土地使用者无偿取得的国有土地使用权。这种划拨土地使用权也有两个显著特征：一是土地使用者取得土地使用权必须经县级以上人民政府依法批准；二是土地使用者取得土地使用权是无偿的，也就是说，无须缴纳任何费用、支付任何经济上的代价。

1. 划拨土地使用权的取得和流转

《划拨用地目录》（国土资源部令第9号）规定，符合本目录的建设用地项目，由建设单位提出申请，经有批准权的人民政府批准，方可以划拨方式提供土地使用权；以划拨方式取得的土地使用权，因企业改制、土地使用权转让或者改变土地用途等不再符合本目录的，应当实行有偿使用。

《关于改革土地估价结果确认和土地资产处置审批办法的通知》（国土资发〔2001〕44 号）规定，企业原使用的划拨土地……改制后只要用途符合法定的划拨用地范围，仍可继续以划拨方式使用。改制或改变用途后不再符合法定划拨用地范围的，应当依法实行有偿使用。

2. 划拨土地使用权的终止

划拨土地使用权的终止，是指国家根据划拨土地使用者不再使用土地的事实或者依城市建设发展和规划的需要，将原划拨的土地收回并另行分配，从而造成原土地使用者对划拨土地使用权的丧失。根据《城镇国有土地使用权出让和转让暂行条例》第四十七条的规定，划拨土地使用权的终止有以下两种形式：一是无偿取得划拨土地使用权的土地使用者，因迁移、解散、撤销、破产或其他原因停止使用土地的，由市、县人民政府无偿收回其划拨土地的使用权；二是对划拨土地使用权，市、县人民政府根据城市建设发展需要和城市规划的要求，可以无偿收回。

三、国有建设用地的出让

土地使用权出让是指国家以土地所有者的身份将土地使用权在一定年限内让与土地使用者，并由土地使用者向国家支付土地使用权出让金的行为。其具有如下特征；（1）出让主体的独特性。（2）受让主体的广泛性。（3）客体的有限性。（4）计划性。（5）受让人取得的土地使用权是一项独立的财产权。（6）土地使用权出让是一种有限期、有偿的行为。

原划拨、承租土地使用权人申请办理协议出让，经依法批准，可以采取协议方式，但《国有土地划拨决定书》《国有土地租赁合同》等法律、法规、行政规定明确应当收回土地使用权重新公开出让的除外。

该案例具有典型性，涉及划拨土地出让这一过程，完美地体现了两种设立方式的区别。两者之间存在制度上的隔离。划拨土地只有补交土地出让金后才可以在市场上流通。

第三百四十八条　【建设用地使用权出让合同】通过招标、拍卖、协议等出让方式设立建设用地使用权的，当事人应当采用书面形式订立建设用地使用权出让合同。

建设用地使用权出让合同一般包括下列条款：

（一）当事人的名称和住所；

（二）土地界址、面积等；

（三）建筑物、构筑物及其附属设施占用的空间；

（四）土地用途、规划条件；

（五）建设用地使用权期间；

（六）出让金等费用及其支付方式；

（七）解决争议的方法。

【条文疏义】

本条沿袭了《物权法》第一百三十八条的规定，仅作文字修改，将“规划条件”增加进建设用地使用权出让合同的通常内容示例。

一、建设用地使用权合同设定为国家以民事主体身份所从事的交易行为

1. 建设用地使用权合同一直均被认为属于民事合同

以出让方式设立建设用地使用权的，不论是采取拍卖、招标等公开竞价方式，还是采取协议的方式，双方当事人应当签订建设用地使用权出让合同，以明确双方当事人的权利和义务。建设用地使用权合同一直均被认为属于民事合同，虽然各级人民政府代表国家，以土地所有人的身份与建设用地使用权人签订出让合同，但是该合同属于国家以民事主体的身份与其他主体从事的交易行为。

2. 经济体制改革凸显了“公法私法化”演化的进程

公法和私法并非两部相互对立的法律，它们在共同的价值目标驱使下，出现公法、私法相互影响或者说相互融合的现象，是公法、私法理论在现实生活中正常的表现。中国特色社会主义市场经济推行之后，政府职能开始简化，政府对经济的干预也在逐步放宽。经济基础决定上层建筑，这种经济现象在法律中最为突出的表现就是公法私法化。

公法私法化现象的产生，有利于修复已经遭到破坏的社会关系，简化政府职能、提高政府效率，促进多元化社会控制手段的均衡性发展。[①] 这些举措即“让市场在资源配置中起决定性的作用”。学界将这些行政机关为了实现行政管理或者公共服务目标，与公民、法人或者其他组织协商订立的具有行政法上权利义务内容的协议，称为行政协议，无非是说，其作为行政主体与民事主体在商品交换的条件下，所达成的一种在权利义务方面意思表示一致的协议。

应当认为，在既定的行政协议性质的前提下，司法实践倾向引入民事法律审理行政合同纠纷，故可见其行政合同和民事合同本身“权利束”性质的特征，学界普遍认为，倒不如直接认定这些合同的民事性质，强调这些合同的制定和履行必须遵守相关行政法规或规章，从而实现《行政诉讼法》将行政协议纠纷纳入司法审查范围的真正目的。[②]

二、建设用地使用权出让合同的主要内容

1. 当事人的名称和住所

当事人的名称和住所，是合同中最基本的要件。如果不写明当事人，合同由谁履行就不明确，当事人的权利和义务更无从谈起。虽然出让的土地属于国家所有，但是在出让合同中，国家并不列为出让人。目前一般是

---

① 陈泓至：《公法私法化问题初探》，载《法制与社会》2018 年第 1 期。

② 宿辉：《最高院行政协议司法解释对 PPP 的影响》，载 PPP 知乎，/www. cn_ hw. net/news/，最后访问时间：2020 年 6 月 18 日。

由市、县人民政府土地行政主管部门代表国家作为出让人。在实践中曾出现过经济开发区管理委员会作为出让人的情况，根据2005年《最高人民法院关于审理涉及国有土地使用权合同纠纷案件适用法律问题的解释》的规定，开发区管理委员会作为出让人与受让方签订的出让合同在该司法解释实施后是无效的。

2. 土地界址、面积等

建设用地出让合同中应当明确标明出让建设用地的具体界址、面积等基本的用地状况。为了准确界定建设用地的基本数据，建设用地使用权合同一般会附“出让宗地界址图”，标明建设用地的位置、四至范围等，该附件须经双方当事人确认。

3. 建筑物、构筑物及其附属设施占用的空间

根据《民法典》第三百四十六条所沿袭的《物权法》第一百三十六条的规定，建设用地使用权可以在土地的地表、地上或者地下分别设立。因此，在分层设立建设用地使用权的情况下，必须界定每一建设用地使用权具体占用的空间，即标明建设用地占用的面积和四至范围，建筑物、构筑物以及附属设施的高度和深度，使建设用地使用权人行使权利的范围得以确定。

4. 土地用途、规划条件

土地用途是建设用地使用权合同的重要内容。

土地用途可以分为工业、商业、娱乐、住宅等用途。我国对建设用地实行用途管制，不同用途的建设用地的使用期限是不同的。为了保证建设用地使用权人按照约定的用途使用建设用地，在合同期限内，建设用地使用权人不得擅自改变建设用地的用途；需要改变建设用地使用权用途的，应当征得出让人的同意并经土地行政主管部门和城市规划行政主管部门批准，重新签订或者更改原有的建设用地使用权出让合同，调整土地出让金，并办理相应的登记。

在司法实践中，根据《最高人民法院关于审理涉及国有土地使用权合

同纠纷案件适用法律问题的解释》第六条的相关规定，受让方擅自改变土地使用权出让合同约定的土地用途，出让方请求解除合同的，应予支持。第五条则规定，受让方经出让方和市、县人民政府城市规划行政主管部门同意，改变土地使用权出让合同约定的土地用途，当事人请求按照起诉时同种用途的土地出让金标准调整土地出让金的，应予支持。

5. 建设用地使用权期限

以出让方式设立的建设用地使用权都有期限的规定。

比如，居住用地70年；工业用地50年；教育、科技、文化、卫生、体育用地50年；商业、旅游、娱乐用地40年；综合或者其他用地50年。建设用地使用权出让的期限自出让人向建设用地使用权人实际交付土地之日起算，原划拨土地使用权补办出让手续的，出让年限自合同签订之日起算。

6. 出让金等费用及其支付方式

以出让方式取得建设用地使用权是有偿的，建设用地使用权人应当按照约定支付出让金等费用。对于出让金等费用及其支付方式，《土地管理法》和《城市房地产管理法》都作出了规定，明确应当按照国务院规定的标准和办法，在缴纳土地使用权出让金等土地有偿使用费和其他费用后，方可使用土地。同时，也明确了合同双方当事人的违约责任。建设用地使用权人未按照出让合同约定支付出让金等费用的，出让人有权解除合同，并可以请求违约赔偿。建设用地使用权人按照出让合同约定支付出让金的，市、县人民政府土地行政主管部门必须按照出让合同约定，提供出让的土地；未按照出让合同约定提供出让的土地的，土地使用者有权解除合同，由土地行政主管部门返还出让金，土地使用者并可以请求违约赔偿。根据最高人民法院有关司法解释的规定，经市、县人民政府批准同意以协议方式出让的土地使用权，土地使用权出让金低于订立合同时当地政府按照国家规定确定的最低价的，应当认定土地使用权出让合同约定的价格条款无效。关于出让金的支付方式，根据《城镇国有土地使用权出让和转让暂行条例》的规定，土地使用者应当在签订出让合同后60日内，支付全部土地使用权出让金。不过，目前对于采取拍卖、招标等公开竞价方式设立的建设用地使用权，其出让金的支付方式可以采取一次性支付或者分期支付的办法。逾期未全部支付的，出让人有权解除合同，并可请求违约赔偿。

7. 解决争议的方法

因履行建设用地使用权合同发生争议的，出让人和建设用地使用权人可以双方协商解决，协商不成的，提交双方当事人指定的仲裁委员会仲裁，或者依法向人民法院起诉。

在司法实践中，根据《最高人民法院关于审理涉及国有土地使用权合同纠纷案件适用法律问题的解释》第十条的相关规定，土地使用权人与受让方订立合同转让划拨土地使用权，起诉前经有批准权的人民政府同意转让，并由受让方办理土地使用权出让手续的，土地使用权人与受让方订立的合同可以按照补偿性质的合同处理。第十一条规定，土地使用权人与受让方订立合同转让划拨土地使用权，起诉前经有批准权的人民政府决定不办理土地使用权出让手续，并将该划拨土地使用权直接划拨给受让方使用的，土地使用权人与受让方订立的合同可以按照补偿性质的合同处理。

【典型案例】

土地出让合同的违约金依照哪部法律执行①

——行政许可加合同的法律权利束

基本案情

2010年6月1日，辛甲公司缴纳竞卖保证金1200万元，在戊己市土地矿产交易中心参与公开拍卖，竞得土地。同日，辛甲公司与戊己市国土局签订《国有建设用地使用权出让合同》。

---

①　参见辛甲公司与戊己市国土局国有建设用地使用权出让合同纠纷再审案，载北大法宝，http：//www. pkulaw. com/pfnl/a25051f3312b07f35ea2a772e-4491593f1e761739fb93990bdfb. html?　keyword=% E5% BB% BA% E8% AE% BE% E7% 94% A8% E5% 9C% B0% E4% BD% BF% E7% 94% A8% E6% 9D% 83% E5% 87% BA% E8% AE% A9% E5% 90% 88% E5% 90% 8C，最后访问时间：2020年6月20日。

合同第十条约定："受让人分两期向出让人支付国有建设用地使用权出让价款。第一期人民币5876.55万元，付款时间2010年6月11日之前。第二期人民币5876.55万元，付款时间2010年12月1日之前。"

第三十条约定："受让人应当按照本合同的约定，按时支付国有建设用地使用权出让价款。受让人不能按时支付国有建设用地使用权出让价款的，自滞纳之日起，每日按迟延支付款项的1‰向出让人缴纳违约金，延期付款超过60日，经出让人催交后仍不能支付国有建设用地使用权出让价款的，出让人有权解除合同，受让人无权要求返还定金，出让人并可请求受让人赔偿损失。"

由于辛甲公司未按时支付戊己市国土局土地出让金产生的资金利息以及应付的违约金共1275万元。

故辛甲公司起诉请求，调整案涉《国有建设用地使用权出让合同》中约定的过高违约金和利息1275万元为180.46万元。

法院审理

法院经审理认为，关于该市国土局约定违约金计算方式并无不当，依法予以支持。

原审查明，《国务院办公厅关于规范国有土地使用权出让收支管理的通知》（国办发〔2006〕100号）规定："土地出让合同、征收协议等应约定对土地使用者不按时足额缴纳土地出让收入的，按日加收违约金额1‰的违约金。"戊己市国土局按照该通知规定，计算辛甲公司逾期付款违约金合计1085.74万元。戊己市国土局同时按照银行同期贷款利率计算辛甲公司逾期付款利息189.14万元，以上违约金和利息合计共1274.89万元。

对于约定的违约金计算方式是否过高，应否予以调减的问题。

首先，从土地出让金的缴纳情况看，对土地出让金的缴纳期限，戊己市国土局已经给予辛甲公司充分的准备时间。

其次，从该市国土局要求辛甲公司承担的违约责任方式看，双方签订的《国有建设用地使用权出让合同》第三十条约定，延期缴纳土地出让金，从逾期之日按日1‰违约金，延期付款超过60日，经出让人催缴后仍不能支付国有建设用地使用权出让价款的，出让人有权解除合同，受让人无权要求返还定金，出让人并可请求受让人赔偿损失。因此，辛甲公司缴纳的竞买保证金在竞得土地后已经转为其受让土地使用权缴纳的定金。辛甲公司逾期付款已经超过60日，该市国土局解除合同的条件已经成就，如果该市国土局选择解除合同，收回土地，按照合同约定，定金1200万元不退还辛甲公司，辛甲公司会承担更为严厉的违约责任。且目前辛甲公司竞拍得到的地块业已升值。

据此，法院驳回了辛甲公司的诉讼请求。

案件评述

一、土地出让合同是要式合同

书面合同的价值在纠纷的解决中有着巨大的价值，这在上面的案例中得到了充分的体现。以书面形式订立建设用地使用权出让合同有利于争议的解决。

传统民法根据合同的成立是否需要特定的形式，将合同分为要式合同与不要式合同。要式合同，是指法律要求或者当事人约定必须具备一定形式和手续的合同。前者称为法定之要式合同，后者称为约定之要式合同。不要式合同，是指法律不要求必须具备一定形式和手续的合同。合同的形式，又称合同的方式，是当事人合意的表现形式，是合同内容的外部表现，是合同内容的载体。合同的形式包括口头形式、书面形式和电子数据等其他形式。所谓书面形式，就是指合同书、信件和数据电文（包括电报、电传、传真电子数据交换和电子邮件）等可以有形地表现所载内容的形式。

二、合同形式问题的法律意义

关于合同的形式问题，一直在我国合同法领域占有突出的地位。在《合同法》颁布之前，我国采用严格的形式要件主义，凡是约定或者法律、行政法规、规章规定应当采用书面形式的合同，未采用书面形式的，一律无效。一方面，扩大了合同无效的范围；另一方面，干涉了当事人合同自由。相较于我国已经参加的《联合国国际货物销售公约》中有关形式问题的规定，《民法典》合同编的规定仍然趋于严格。

正是因为上述原因，尽管《合同法》没有作出与《联合国国际货物销售公约》第十一条相同的规定，但就合同要式形式，在立法上作了技术性的弱化。如第三十六条规定，强调当事人之间的合同在形式上虽然与要式要求有所不同，但已经履行主要义务，另一方对此接受的，合同成立。

根据合同自由原则，当事人有权选择合同形式，故合同以不要式合同为常态，但对于一些重要的交易，如不动产买卖，法律常规定当事人应当采取特定的形式订立合同。

三、区分要式合同与不要式合同的主要意义

某些法律和行政法规对合同形式的要求可能成为影响合同效力的因素。

1. 要式合同是指合同的成立须具备特定形式的合同

所谓不要式合同是指当事人订立的合同依法并不需要采取特定的形式。对何谓要式合同，学术界实际上有不同的解释。

2. 要式合同是指必须按照法律规定的形式或手续订立的合同

与此相对应的一个概念为不要式合同，即法律不要求必须以某种形式订立，当事人可以任意采取何种形式都为有效的合同。

3. 要式合同以履行特定方式为合同成立的要件

合同是否要式的关键在于合同的存在，受益人的撤销或变更不必征得同意，但必须通知变更的结果。

4. 两者的区分标准

一般而言，法律要求必须具备一定形式和程序的合同被称为要式合同，反之，法律不要求必须具备一定形式和程序的合同被称为不要式合同。

第三百四十九条　【建设用地使用权的登记】设立建设用地使用权的，应当向登记机构申请建设用地使用权登记。建设用地使用权自登记时设立。登记机构应当向建设用地使用权人发放权属证书。

【条文疏义】

建设用地使用权登记是指县级以上人民政府将土地的权属、用途、面积等基本情况登记在登记簿上，并向建设用地使用权人颁发使用权证书。设立建设用地使用权，建设用地使用权人应当向登记机构申请建设用地使用权登记。登记机构应当向建设用地使用权人发放建设用地使用权证书。建设用地使用权适用登记生效的原则，经登记生效。根据《土地管理法》的规定，我国目前的建设用地使用权是由县级以上人民政府登记造册，核发证书。

在司法实践中，根据《最高人民法院关于审理涉及国有土地使用权合同纠纷案件适用法律问题的解释》第七条的相关规定，本解释所称的土地使用权转让合同，是指土地使用权人作为转让方将出让土地使用权转让于受让方，受让方支付价款的合同。第八条则规定，土地使用权人作为转让方与受让方订立土地使用权转让合同后，当事人一方以双方之间未办理土地使用权变更登记手续为由，请求确认合同无效的，不予支持。

以划拨方式设立建设用地使用权的，根据目前的规定当事人不需要签订合同，而是以国有土地划拨决定书的形式，将建设用地使用权交给建设用地使用权人使用。但是，划拨土地也应当按照以下规定办理登记手续，具体如下：新开工的大中型建设项目使用划拨国有土地的，建设用地使用权人应当在接到县级以上人民政府发给的建设用地批准书之日起30日内，持建设用地批准书申请土地预告登记，建设项目竣工验收后，建设单位应当在该建设项目竣工验收之日起30日内，持建设项目竣工验收报告和其他有关文件申请建设用地使用权登记；其他项目使用划拨国有土地的，建设用地使用权人应当在接到县级以上人民政府批准用地文件之日起30日内，持批准用地文件申请建设用地使用权登记。

目前我国的土地登记是以宗地为基本单元。使用两宗以上建设用地的权利人应当分宗申请登记。两个以上建设用地使用权人共同使用一宗建设用地的，应当分别申请登记。跨县级行政区使用土地的，应当分别向建设用地所在地县级以上地方人民政府土地管理部门申请登记。

【典型案例】

未登记之建设用地使用权效力如何[①]

——建设用地使用权的登记

基本案情

原审法院经审理查明，城投公司原名为壬阳市恒基公司。2003 年 7 月 18 日，俱隆公司与城投公司达成《土地转让协议》，约定将登记在城投公司名下位于西峰区广场南路旁 167.9 亩的土地使用权转让于俱隆公司。

2004 年 12 月 28 日，俱隆公司与城投公司重新达成协议，约定俱隆公司只受让前协议约定的 30.76 亩土地，其余退回城投公司。2007 年 3 月 20 日，城投公司与张某喜签订《土地出让协议》，约定："将市直机关住宅楼用地 10 亩，出让给张某喜用于开发用地。土地四至：东至道路中心线，西至市人大 2 号楼东山墙向东 1.5 米，南至建设大厦附楼北缝 5 米，北至市人大 2 号楼北山墙向北 6.5 米。"张某喜于 2007 年按协议记载面积办理了土地登记，同年 5 月 17 日壬阳市人民政府为张某喜核发了该市国用（2007）第 3195 号国有土地使用权证。

2009 年，天辰公司向市规划局申请拟开发该宗土地修建大厦，当时俱隆公司也向政府申请开发相邻地界的土地，双方在办理规划手续过程中，市政府办公室会议作出了两企业项目联建的规划意见，双方经过商谈于 2007 年 7 月 14 日就如何进行整体工程修建、相邻公用消防通道、地下车库等事宜达成了《协议书》（俱隆公司为甲方，天辰公司为乙方），载明：

---

① 参见俱隆公司与天辰公司确认合同有效纠纷案，载北大法宝，https：//www.pkulaw.com/pfnl/a25051f3312b07f3151424644b52d46e55fdc76-6b1d22b82bdfb.html，最后访问时间：2020 年 6 月 2 日。

“以互惠互利，解决问题为目的，能够使广成大厦与世纪大厦早日开工，顺利建设，双方达成如下协议：一、协议背景：1. 广成大厦四邻：东临广场路，南临世纪大厦，西临人大住宅楼，北临南1－2路。2. 世纪大厦四邻：东临广场路，南临建设大厦，西临人大住宅楼，北临广成大厦。二、协议解决的主要问题：1. 因为乙方的世纪大厦设计方案审批通过再不能变更，甲方要保证按乙方的设计审批方案尺寸实施，并以乙方的世纪大厦北山墙向北留消防通道（通道宽度以规划局核定为准），通道以上空间由甲方建设，甲、乙双方只留收缩缝。2. 甲方办理手续时，在不影响乙方世纪大厦设计审批尺寸及预留消防通道下，乙方积极配合甲方广成大厦建设项目的实施。3. 甲、乙双方共建地下车库，双方各预留一个出口。世纪大厦建成后，乙方向甲方无偿赠送紧靠广成大厦位置的五个地下停车位。4. 甲、乙双方抱着互谅互让的友好合作原则，甲方协助乙方，确保顺利施工。双方协作共同办理世纪大厦、广成大厦项目的后续手续。”

双方并就工程建设规划制作了一份图纸，图纸显示：2009年8月5日，俱隆公司、天辰公司及城投公司均在世纪大厦和广成大厦建设规划图上签名盖章。但事后因俱隆公司未将该宗土地的土地使用权证办理到公司名下，政府部门规划手续也未审批下来，导致双方合作的工程项目至今未能开工建设，签订的合作开发协议至今未履行。后俱隆公司认为城投公司与天辰公司签协议时，将已属于俱隆公司的962.1929平方米的土地转让给了天辰公司。

遂提起诉讼，请求：1. 依法确认原告与被告达成的土地约定合法有效，且对被告张某喜有法律拘束力；2. 判令被告张某喜依图纸约定，将其名下登记的原告的土地权属转移于原告；3. 被告承担本案的诉讼费用。

法院审理

原审法院经审理认为：

其一，《土地管理法》（2004年）第十一条第三款规定：“单位和个人依法使用的国有土地，由县级以上人民政府登记造册，核发证书，确认使用权……”《物权法》第六条规定：“不动产物权的设立、变更、转让和消灭，应当依照法律规定登记……”该法第一百三十九条规定：“设立建设用地使用权的，应当向登记机构申请建设用地使用权登记。建设用地使用权自登记时设立。登记机构应当向建设用地使用权人发放建设用地使用权证书。”

由此可见，我国对土地使用权实行登记生效的法定物权原则，俱隆公司与城投公司所签订的《土地转让协议》仅是合同有效，俱隆公司在法律意义上还尚未取得该宗土地使用权即物权。城投公司将自己所有的国有土地使用权转让给天辰公司，天辰公司又将该宗土地在行政主管部门进行了登记，并取得了国有土地使用权证，张某喜与城投公司签订的《土地出让协议》有效，同时张某喜还取得了该宗土地使用权即物权。《土地管理法》第十三条规定：“依法登记的土地的所有权和使用权受法律保护，任何单位和个人不得侵犯。”故城投公司与张某喜土地使用权转让符合法律规定，应受法律保护。

其二，《物权法》第九条第一款规定：“不动产物权的设立、变更、转让和消灭，经依法登记，发生效力；未经登记，不发生效力，但法律另有规定的除外。”第十四条规定：“不动产物权的设立、变更、转让和消灭，依照法律规定应当登记的，自记载于不动产登记簿时发生效力。”俱隆公司与城投公司签订的土地转让协议早于张某喜与城投公司签订的《土地出让协议》属实，但俱隆公司至今未在相关主管部门进行登记，未取得国有土地使用权证。故张某喜的土地使用权因依法登记而发生效力。俱隆公司的土地使用权因未依法登记，而不发生效力。

其三，俱隆公司、天辰公司于2009年7月14日达成的《协议书》，系双方真实意思表示，现有证据不能证明其违反法律、行政法规的规定，系有效合同，双方签订《协议书》的目的是在相邻的土地上合理、充分运用土地资源，开发建设。从《协议书》内容看，双方约定的是共同开发和工程建设等内容，没有就土地使用权转让问题达成书面协议。俱隆公司提交的图纸，仅是双方在规划共同建设时的一份规划草图，绘制的内容是双方建设广成大厦与世纪大厦建成后的四至范围，该图纸反映的俱隆公司预建的广成大厦占用被告900多平方米土地，仅为广成大厦建成后的用地情形，重要的是双方并未约定将900多平方米土地使用权让与俱隆公司。另外，《协议书》至今尚未履行，俱隆公司没有其他相关证据证明双方就土地使用权转让问题达成过书面协议，仅以一页三方地界相邻人的规划草图来申请确认土地使用权界址，证据不足。故俱隆公司的诉讼请求不能成立，不予支持。此外，城投公司将土地使用权先行出让给俱隆公司后，又将与俱隆公司相邻的土地使用权出让给张某喜，即使确实存在俱隆公司土地使用权面积短缺或不足之情形，责任也在城投公司，而非无过错的被告。依照《土地管理法》第十一条第二款、第十三条，《物权法》第六条、第九条、第十四条、第一百三十九条之规定判决：

驳回俱隆公司的诉讼请求。案件受理费4200元，由俱隆公司负担。

案件评述

房屋作为法律关系比较复杂的资产，使过去单一部门管理模式已经难以适应形势的发展。房产登记须将土地、房屋甚至园林等统一纳入考虑，由一个机构全盘指挥，进行统一登记。2013年国务院决定整合不动产登记职责，建立不动产统一登记制度。由国土资源部负责指导监督全国不动产统一登记职责，不动产统一登记制度的建立，无疑有利于破解各自为政的局面。

一、建设用地使用权与房屋所有权既相互独立又兼具统一

建设用地使用权与房屋所有权是两个独立的权利，但是这两种物权又具有一致性特点。建设用地使用权为用益物权，其产生于国家所有建设用地基础上，而房屋所有权是所有权人依法对自己所有的房屋享有的支配权，包括占有权、使用权、收益权、处分权。建设用地使用权虽有自身独立的价值体现，其也可以单独转让或抵押，但是地上房屋未同时转让或抵押即可能出现纠纷。

所以，房产的处分应遵循一体化的“地随房走”处分原则，有利于房地产交易秩序的安全性和稳定性，也有利于提高物的利用效率。

1. 不动产统一登记建立于土地权利基础之上

房屋是建立在土地的基础上，土地权利是所有不动产权利的核心所在，有地上建筑物登记，必然会有土地登记；反之则不同，有土地登记，不一定有地上建筑物登记。不动产登记的前提条件是不动产单元，而以土地为基础编制是不动产登记的主要部分，土地权利是开展不动产登记的必要条件。

尤其是对于较为复杂的房地产开发项目来说，在建筑物区分所有权产生后，其土地及地上房屋之间的权利呈现的状况为多层次的相互交织，故而在土地使用权及地上建筑物一体化登记模式设计中，应以土地作为核心，才能使这一问题得到良好解决。

2. “房地合一”模式下的一体化登记总体思路及关键点

将核心放在宗地上房屋建设模式上，并对地上建筑物所对应的土地权利进行量化，根据“宗地与房屋客体关系表”，在销售、抵押、查封房屋时，通过对宗地上对应的房屋建设规模进行核减，使土地、房屋一体化登记管理得以实现。

土地出让合同记载的该出让地块允许最大建筑面积的房屋修建，就是指房屋建设规模，房地产开发项目从实施到结束，其间经历了不同的登记形式，包括纯土地、土地带房屋、纯房屋等，在土地与房屋一体化登记过程中始终贯穿着一个纽带，即房屋建设规模。

土地、房屋这两种类别的登记单元在开发项目运作过程中同时存在，这是从不动产单元界定的角度所看到的内容。为使各个不动产单元之间的关联性保持现状，在设计登记方式过程中，以宗地上房屋建设规模作为核心，能够使登记行为确保在各自权利范围内，有助于避免出现超越权利边界的问题。

三、房地产一体化登记模式的优势

1. 以土地作为基础将地房一致原则充分体现

土地能够将整体概念突出，房屋对局部信息更加偏重，规模管理的实行能够改变以往房屋管理的固有模式，可对整体与局部之间的联系进行充分了解。为使土地房屋登记主体的一致性得以保持，可从土地的角度展开土地、房屋登记工作，通过深入调查土地与房屋权利边界之间的具体情况，从而更好地了解两者是否存在冲突问题。

2. 使宗地完整性得以保持

地房登记以宗地上房屋建设规模为核心开展，在分割原宗地过程中，不需要以该楼栋占地范围进行分割，只需要在原宗地上对该楼栋建设规模进行相应扣减即可，其能够使宗地完整性得到保障。

3. 使宗地稳定性得到维持

对于建筑项目的开发一般需要分为几个周期实施，为使土地抵押登记要求得以满足，开发企业一般会进行宗地分割，土地抵押登记的办理往往是以宗地上剩余的房屋建设规模为主，其能够使原宗地内建筑物区分所有权及多层次土地权利问题得以解决，使宗地界线的稳定性得到保障。

四、不动产统一登记是完善市场经济体制建设的必然要求

在不动产统一登记制度确立之前，房屋和土地的管理是在不同的主管部门进行登记的。各个主管部门按照相应的法规规定进行登记，这必然导致房屋和土地等不同类别的管理部门对于二者之间有无冲突等关键问题，难以考虑全面，容易出现房地产分别抵押、土地与地上房屋主体不同的情况。这种方式对于构建安全、稳定的不动产交易秩序，甚至对于社会的和谐稳定都构成一定的隐患。

土地和房屋之间的关系十分密切，两者是不可分割的整体，不动产登记中的地房一体化登记作为一项基本原则，当前对于如何进行一体化登记有着不同的说法，究竟如何有力地推进一体化登记制度，还需要进一步地

探讨。[①]

在司法实践中，根据《最高人民法院关于审理涉及国有土地使用权合同纠纷案件适用法律问题的解释》第九条的相关规定，土地使用权人作为转让方就同一出让土地使用权订立数个转让合同，在转让合同有效的情况下，受让方均要求履行合同的，按照以下情形分别处理：（一）已经办理土地使用权变更登记手续的受让方，请求转让方履行交付土地等合同义务的，应予支持；（二）均未办理土地使用权变更登记手续，已先行合法占有投资开发土地的受让方请求转让方履行土地使用权变更登记等合同义务的，应予支持；（三）均未办理土地使用权变更登记手续，又未合法占有投资开发土地，先行支付土地转让款的受让方请求转让方履行交付土地和办理土地使用权变更登记等合同义务的，应予支持；（四）合同均未履行，依法成立在先的合同受让方请求履行合同的，应予支持。未能取得土地使用权的受让方请求解除合同、赔偿损失的，依照民法典的有关规定处理。

第三百五十条　【土地用途限定规则】建设用地使用权人应当合理利用土地，不得改变土地用途；需要改变土地用途的，应当依法经有关行政主管部门批准。

【条文疏义】

本条沿袭了《物权法》第一百四十条的法律规范，明确指出土地利用应当遵循严格土地用途管制的原则。

一、加强对土地用途的管制是我国土地管理的重要内容

现行有关土地管理的法律、法规以及规范性文件，都对土地用途有着相关规定。加强对土地用途的管制，一直是我国土地行政主管部门对土地市场进行整治的内容之一。

---

① 袁志伟：《不动产统一登记后地房一体化登记模式思考》，载《中国住宅设施》2019 年第 4 期。

建设用地使用权人以无偿或者有偿方式取得建设用地使用权后，确需改变土地用途的，应当向土地行政主管部门提出申请。土地行政主管部门经过审查后，认为改变的土地用途仍符合规划，同意对土地用途作出调整的，根据目前的规定，还需要报市、县人民政府批准，然后出让人和建设用地使用权人应当重新签订建设用地使用权出让合同或者变更合同相应的条款，并按照规定补缴不同用途和容积率的土地差价。如果是将以划拨方式取得的建设用地使用权改为有偿使用方式的，在改变土地用途后，建设用地使用权人还应当补缴出让金。以变更合同条款的形式改变土地用途的，还要依法到登记机构办理变更登记，签订新的建设用地使用权合同的，应办理登记手续。由此可见，改变土地用途有确切的可执行的程序，未依照法定程序经行政主管部门审批的，不得改变土地用途。

二、土地资源的重要性和稀缺性要求建设用地使用权人必须合理地利用土地

建立科学的国土空间用途管制制度是新时代我国国土空间治理现代化的内在需求。而构建统一的国土空间用途管制体系，实现管制对象的全覆盖和管制内容的全方位，是我国国土空间用途管制制度建设的主要任务。要在全面推进城镇空间、农业空间和生态空间的用途管制制度建设基础上，重视不同空间的功能融合；要为地方管理和创新活动留有空间，刚柔并济；要加强资源环境承载力评价，夯实国土空间用途管制制度建设基础；要加强生态保护补偿等配套制度建设，体现国土空间用途管制制度的公平原则。①

---

① 陈美球：《新时代我国国土空间用途管制制度建设》，载《吉首大学学报（社会科学版）》2020 年第 2 期。

【典型案例】

土地用途变更未经行政部门审批对合同效力有何影响①

——土地用途管制的原则

基本案情

2019年4月29日，梁某（甲方）、黄某（乙方）、案涉复兴公司（丙方）三方签订了一份《海华炼锆厂址转让协议》。协议载明：经甲、乙双方共同协商，乙方经了解情况后，愿意购买甲方合法拥有的位于原海华炼锆厂址的部分土地，地价款44万元。地价款由乙方分期支付，先期交的定金可转为首期地价款，合同签订当天，乙方向甲方支付首期地价款15万元。余下地价款27万元于乙方领取新不动产证后90日内付清给甲方。甲方负责2个月内办好过户手续并保证该宅基地界地清楚，如有争议，甲方无条件协助解决。丙方负责协调跟进并代收保管交易定金2万元，待宅基地过户到乙方名下后，届时定金转为地价款由丙方转付给甲方。案涉用地有该县人民政府工业划拨地转为住宅出让地的批文，工业转住宅的地类变更手续由甲方负责，住宅出让费及更名过户所需税费由乙方负责等内容。

另查明，2019年2月29日，黄某向复兴公司缴纳诚意金2万元。2019年4月29日，黄某向梁某支付土地转让款15万元。该县复兴公司于2014年12月4日成立，股东是刘某和李某二人。刘某是法定代表人。之后因黄某请求梁某办证和退款未果，遂诉至法院。

黄某提供了该县住房和城乡规划建设局于2017年5月11日作出的《关于海华综合炼锆厂使用宗地规划意见的答复》，该答复意见中载明了建议只对净用地办理划拨出让手续等内容。

---

① 参见梁某、黄某、复兴公司建设用地使用权合同纠纷案，载北大法宝，https：//www.pkulaw.com/pfnl/a6bdb3332ec0adc444997e32b5eef3b21165174947f69055bdfb.ht-ml，最后访问时间：2020年6月3日。

法院审理

法院经审理认为，被告梁某、被告复兴公司经法院合法传唤，无正当理由拒不到庭参加诉讼，依照《民事诉讼法》的有关规定，视为其已放弃答辩和质证的权利。原告黄某提供的该县住房和城乡规划建设局于 2017 年 5 月 11 日作出的《关于海华综合炼锆厂使用宗地规划意见的答复》，该答复没有原件核对，且原告黄某也认为一直未见原件，只是被告通过微信转发给黄某。法院对该证据真实性无法确认，故不予以采纳。退一步讲，即使该答复是真实的，但是该答复建议只对净用地办理划拨出让手续，何况在案证据未能证实被告已经取得该转让土地的使用权证或工业用地转为宅基地许可证。也就是说，原告黄某没有提供证据证实对被告转让给原告的土地拥有合法的处分权，而我国对土地转让和土地用途的变更实行严格审批制度。

根据《物权法》第一百四十条“建设用地使用权人应当合理利用土地，不得改变土地用途；需要改变土地用途的，应当依法经有关行政主管部门批准”、第一百四十五条“建设用地使用权转让、互换、出资或者赠与的，应当向登记机构申请变更登记”、第一百五十三条“宅基地使用权的取得、行使和转让，适用土地管理法等法律和国家有关规定”以及《合同法》第五十二条“有下列情形之一的，合同无效：（一）一方以欺诈、胁迫的手段订立合同，损害国家利益；（二）恶意串通，损害国家、集体或者第三人利益；（三）以合法形式掩盖非法目的；（四）损害社会公共利益；（五）违反法律、行政法规的强制性规定”的规定，原告黄某与被告签订的《海华炼锆厂址转让协议》无效。因为合同无效，依照《合同法》第五十六条“无效的合同或者被撤销的合同自始没有法律约束力。合同部分无效，不影响其他部分效力的，其他部分仍然有效”的规定，《海华炼锆厂址转让协议》对双方没有约束力。该合同应当予以撤销而非解除。

依照《合同法》第五十八条“合同无效或者被撤销后，因该合同取得的财产，应当予以返还；不能返还或者没有必要返还的，应当折价补偿。

有过错的一方应当赔偿对方因此所受到的损失，双方都有过错的，应当各自承担相应的责任”的规定，原告黄某请求被告返还土地转让款，法院予以支持。即被告梁某收取原告黄某的土地转让款15万元应当予以返还，被告复兴公司收取的合同诚意金2万元，亦依法予以返还原告黄某。

在签订《海华炼锆厂址转让协议》的过程中，原告黄某也存在过错，因此，原告黄某请求被告支付资金占用费，法院不予支持。原告黄某请求被告梁某、复兴公司二人共同承担连带责任，没有法律依据，法院不予支持。

综上，判决撤销原告黄某与被告梁某、被告该县复兴公司三方签订的《海华炼锆厂址转让协议》；被告梁某返还原告黄某土地转让款15万元；被告该县复兴公司返还原告黄某土地转让合同诚意金2万元。

案件评述

一、合理利用土地是土地使用权人的法定义务

依照《宪法》第六条及第十条第一款、第二款的规定，我国实行土地的社会主义公有制。对于宪法上“二元公有”即国家所有和集体所有的法律性质，论者莫衷一是，由此导致了土地公有的公共职能和土地权利的私法使命之间的含混不清。[①] 而由于土地是各社会主体必需的生产和生活资料，土地最终通过不同的社会主体的行为来实现其价值，有关土地制度的讨论实际上围绕着使用展开。

我国法律对以划拨方式使用建设用地的用途有着明确的规定，建设用地使用权人应当严格依照其用途使用土地。以出让方式设立的建设用地使用权，根据不同的土地用途其出让金是不同的。建设用地使用权出让合同中对土地用途都需要作出明确的约定，合理利用土地是基于土地取得方式的要求，未经行政主管部门批准擅自改变约定的土地用途不仅是一种违约行为，而且是违法行为。

---

① 徐键：《建设用地国有制的逻辑、挑战及变革》，载《法学研究》2017年第5期。

二、土地用途的管制活动与公法相衔接

1998年《土地管理法》修订时确立了土地用途管制法律制度，意义重大：一方面，标志着1986年《土地管理法》确立的以“分级限额审批制”为核心的土地管理模式走向终结；另一方面，亦宣示我国以土地规划为基础、以用途分类为核心的新型土地管理模式的确立。[①]

土地用途的确定涉及众多部门和法律关系，是一项复杂的系统工程，需要依照《土地管理法》《城市房地产管理法》《城乡规划法》《行政许可法》等多部法律法规办理用地、规划等审批手续和土地、房产登记手续，如土地上存在建筑还需要该建筑符合建筑质量安全、消防安全、环境保护等诸多条件，还需要土地、规划、建设、消防、环保、发改、公安、城管等多个监管部门协调配合。[②]

自1998年《土地管理法》实施以来，我国的土地用途管制制度有一个非常重要的特点，即除建立了土地利用总体规划制度外，还建立了土地利用年度计划制度，并要求各级人民政府“加强土地利用计划管理，实行建设用地总量控制”。因此，在具体的土地开发项目建设过程中，开发者能否获得建设用地进行开发建设，不仅取决于其建设申请是否符合土地利用总体规划，还取决于本地政府是否拥有足够的年度建设用地指标。由此带来的结果是，在现行的土地用途管制制度中，土地利用总体规划其实只能起到框架性的宏观控制作用，年度建设用地指标制度才构成了土地用途管制的基础和核心。[③] 这也是土地用途的改变经过行政主管部门审批的必要性之所在，设置审批程序才有利于尽可能保障土地使用的科学性。

三、我国土地用途管制的制度演变与优化路径

土地用途管制制度作为土地管理制度体系中核心和基础的组成部分，

---

① 张先贵：《我国土地用途管制改革的法理求解》，载《法学家》2018年第4期。

② 江平、黄耀文：《没收地上违法建筑物疑难问题研究》，载《江西社会科学》2020年第4期。

③ 程雪阳：《新〈土地管理法〉土地用途管制制度改革的得与失》，载《中国法律评论》2019年第5期。

其确立与发展的过程是我国土地管理制度演进历程的重要一环。多年来，这项制度保证了我国耕地数量的基本平衡和国家粮食安全，有力保障了工业化和城镇化对建设用地的需求。但伴随着土地资源市场化配置的推进，农地非农化、“小产权房”、城市无序蔓延等现象逐渐涌现，土地用途管制制度面临着越来越复杂的现实困境，亟须调整和优化。在“空间治理现代化”“农村土地制度改革”“全域空间用途管制”等土地制度改革大讨论的背景下，探讨土地用途管制制度意义重大。①

我国的土地用途管制制度是典型的行政计划型配置制度，存在诸多缺陷，这种严格的政府管制，导致市场机制无法在土地市场上真正发挥作用，在实际运作当中引起了许多不利的后果。为建立开放竞争、统一有序的土地市场，发挥市场在土地资源配置中的决定性作用，我国的土地用途管制制度必须回归匡正市场失灵的辅助本色，加强公众的民主参与，改革行政审批制度，变静态规划为动态规划，并构筑土地用途管制的激励机制。②

我国土地制度改革已经争论多年，中央出台了一些改革的意见和举措；各地方政府也进行了许多实践探索。然而，从总体上看，改革的步伐可以进一步加快，党的十七届三中全会的改革路线尚未得到清晰、有力的贯彻。解决土地改革的一些难题在操作层面上不易形成共识，应该是影响改革进展的主要因素。在这种情形下，讨论改革难题的解决办法，可能比理念的讨论更重要。③

第三百五十一条　【建设用地使用权人支付出让金等费用的义务】 建设用地使用权人应当依照法律规定以及合同约定支付出让金等费用。

---

① 张群、吴次芳：《我国土地用途管制的制度演变与优化路径》，载《中国土地》2019 年第 3 期。

② 许迎春、刘琦、文贯中：《我国土地用途管制制度的反思与重构》，载《城市发展研究》2015 年第 6 期。

③ 党国英：《土地制度改革要坚持用途管制》，载《中国土地》2010 年第 6 期。

【条文疏义】

本条沿袭了《物权法》第一百四十一条关于建设用地使用权人支付出让金等费用义务的规定。本条的规定虽然简单，但是内涵较多。

一、国家收取土地出让金等费用是国家所有权在经济上的体现

从法律角度看，建设用地使用权人支付土地出让金等费用既是法定义务，又是建设用地使用权合同约定的义务。掌握本条规定既需要了解支付土地出让金等费用的意义，还需要明确拒不交纳出让金等费用，将承担相应的法律责任。

我国实行土地公有制，建设用地使用权人使用国家所有的土地，国家收取土地使用权出让金等费用。土地使用权出让金即土地使用权出让收入，简称土地出让收入或土地出让金，是政府代表国家以出让等方式配置国有土地使用权取得的全部土地价款，收取该项费用是国家所有权在经济领域的具体表现。

二、作为概括式的表述，具体缴费须依合同或法律法规明文规定

本条指出建设用地使用权人承担支付土地出让金等费用的义务，而具体支付的性质、内容和方式，由于关联不同类型的土地，不宜在一部法律中穷尽列举，因此本条采取概括式的表述，建设用地使用权人应当依照不同法律的明文规定，以及当事人之间形成的合同中的约定确定土地出让金等费用的支付相关事项。

【典型案例】

未签订土地使用权出让合同而事实进行开发应如何处置①

——土地出让金的法定性

基本案情

2017 年 10 月，盛腾公司因开发建设游泳馆项目向甲萨县自然资源局申请受让并经过招挂牌竞标程序取得位于东沙河北侧国有土地使用权 13650 平方米，出让年限 40 年，设定用途为商业，之后盛腾公司向甲萨县自然资源局支付出让金 200 万元，双方未签订国有建设用地使用权出让合同，但盛腾公司已在涉案土地上开发建设。

2018 年 1 月 23 日，甲萨县自然资源局委托专业土地评估公司对上述国有土地进行评估，评估土地出让金合计 996. 48 万元。2018 年 3 月 5 日，甲萨县自然资源局通知盛腾公司自收到本通知之日起 10 日内足额缴纳土地出让金。但盛腾公司至今未向甲萨县自然资源局支付剩余的国有土地出让金 796. 48 万元。故甲萨县自然资源局向法院提起诉讼，请求判令盛腾公司支付剩余土地出让金。

法院审理

法院经审理认为，原告与被告虽未书面签订《国有建设用地使用权出让合同》，但被告已通过招挂牌竞标程序取得位于东沙河北侧国有土地使用权 13650 平方米，出让年限 40 年，设定用途为商业，并已在案涉土地上开发建设游泳馆项目。原、被告双方已实际履行国有建设用地使用权出让合同，系双方的真实意思表示，未违反国家法律的规定，属有效合同。

依照《物权法》第一百四十一条“建设用地使用权人应当依照法律规

---

① 参见甲萨县自然资源局与盛腾公司建设用地使用权出让合同纠纷案，载北大法宝，https：//www. pkulaw. com/pfnl/a6bdb3332ec0adc4cefef178f54474acf4f4c324ea101c14bdfb. html，最后访问时间：2020 年 6 月 4 日。

定以及合同约定支付出让金等费用”的规定，本案中，被告虽未与原告签订《国有建设用地使用权出让合同》，但被告已在该地块上开发建设施工，且于2018年1月23日，原告委托专业土地评估公司对上述国有土地进行评估，对于评估土地出让金合计996.48万元的评估书，及催缴通知书均未提出异议，应依据评估价格缴纳土地出让金。

被告辩称的理由与事实不符，法院不予采信。原告主张自起诉之日起，每日按迟延支付款项的1%向原告支付违约金的诉讼请求，因未向法庭提交证据证明，法院不予支持。综上对于原告主张被告应缴纳土地出让金796.48万元的请求本院予以支持。

综上所述，依照《合同法》第六十条第一款、第一百零七条，《物权法》第一百四十一条以及《民事诉讼法》第六十四条第一款之规定，判决被告盛腾公司于本判决生效后3日内支付原告甲萨县国土资源局位于东沙河北侧13650平方米国有土地使用权出让金796.48万元。

案件评述

一、支付土地出让金等费用的意义

1. 国有土地行政配置无偿使用制度的弊端

出让金等费用的本质是应当归国家所有的土地收益。这一本质是由我国的土地有偿使用制度决定的。在过去很长一段时期内无偿行政配置土地资源的问题是：

（1）土地资源配置效益差且利用效率低

不但土地资源浪费严重，国家也缺乏调节余缺的机制。

（2）国有土地收益大量流失

土地收益留在了用地者的手中，国家的土地所有权虚置。

（3）市场在资源配置中的调节机制缺失

土地作为生产力要素其价值得不到正常体现，导致市场主体实际上的不平等地位。由于不同企业都从政府无偿得到不同位置和数量的土地，拥有较多土地且位置优越的企业，与缺乏土地位置较差的企业，实际上处于不平等的竞争地位。

2. 实行国有土地有偿使用制度收取出让金等费用具有重要意义

（1）收取出让金取得土地收益能使国家对土地的所有权在经济上得到实现

土地公有制是社会主义公有制的重要组成部分，在市场经济条件下，实行国有土地有偿使用制度，通过收取出让金等费用的方式取得土地收益，才能使国家对土地的所有权在经济上得到实现，国有土地的利用通过建设用地使用权来承载，才能真正保障社会主义公有制的主体地位。

（2）土地是巨大的社会财富且会随着经济和社会的发展不断增值

国家掌握了国有土地的收益，就有足够的财力组织社会化大生产，更好地实现社会主义国家的经济职能。

（3）可以充分发挥市场调节作用，合理配置土地资源，最大限度地实现土地利用效益

土地是基本的生产要素，通过收取或者补交出让金使土地使用权进入市场，有助于形成包括消费品市场、生产资料市场和资金、劳动力、土地等生产要素市场的完整的社会主义市场体系，进而推进社会主义市场经济的健康发展。

二、支付土地出让金等费用的情形

1. 有偿取得建设用地使用权时应予支付的出让金等费用

建设用地使用权的取得，主要通过划拨和出让两种方式。由于划拨土地使用权具有极大的公益属性，故而它是通过划拨这一行政行为取得的。[①]一般认为有偿使用土地指通过出让取得土地使用权的方式。《土地管理法》第二条第五款规定："国家依法实行国有土地有偿使用制度。但是，国家在法律规定的范围内划拨国有土地使用权的除外。"第五十五条第一款规定："以出让等有偿使用方式取得国有土地使用权的建设单位，按照国务

① 况亚军：《公益用地方式探讨》，载《黑龙江省政法管理干部学院学报》2015年第5期。

院规定的标准和办法，缴纳土地使用权出让金等土地有偿使用费和其他费用后，方可使用土地。”《城市房地产管理法》第三条、第十五条也有同样的规定。根据有关规定，以划拨方式取得建设用地使用权的，在取得使用权时国家不收取出让金。

2. 通过划拨取得的建设用地使用权转让时应当补缴出让金

划拨土地往往用途特殊，一旦进行转让则使其特殊性消灭，应当按照出让方式对待，因此转让土地所需的出让金应由使用权人及时补缴。《城市房地产管理法》第四十条规定：“以划拨方式取得土地使用权的，转让房地产时，应当按照国务院规定，报有批准权的人民政府审批。有批准权的人民政府准予转让的，应当由受让方办理土地使用权出让手续，并依照国家有关规定缴纳土地使用权出让金。以划拨方式取得土地使用权的，转让房地产报批时，有批准权的人民政府按照国务院规定决定可以不办理土地使用权出让手续的，转让方应当按照国务院规定将转让房地产所获收益中的土地收益上缴国家或者作其他处理。”此外，《城市房地产管理法》第五十一条规定：“设定房地产抵押权的土地使用权是以划拨方式取得的，依法拍卖该房地产后，应当从拍卖所得的价款中缴纳相当于应缴纳的土地使用权出让金的款额后，抵押权人方可优先受偿。”

3. 土地用途经批准变更的合同双方当事人均有权要求调整土地出让金数额

经有关主管部门批准，改变土地使用权出让合同约定的土地用途的，双方当事人均有权要求按照同种用途的土地出让金标准调整土地出让金数额。如果调整后的出让金数额高于调整前，受让人应当及时补缴该土地出让金，因双方对出让金数额调整不能达成一致而起诉到人民法院的，人民法院应予受理，并依法作出裁决。①

---

① 徐忠兴：《与土地使用权出让金纠纷有关的15个裁判要点》，载北大法宝，https://www.pkulaw.com/specialtopic/f03fe5f7f31a75dfaabb8478ec535ebfbdfb.html，最后访问时间：2020年6月5日。

三、土地出让金价额的限制

对于土地出让金的价额，法律未作上限要求，但是对于下限有明确的规定，如《城市房地产管理法》第十三条第一款规定："土地使用权出让，可以采取拍卖、招标或者双方协议的方式。"该条第三款规定："采取双方协议方式出让土地使用权的出让金不得低于按国家规定所确定的最低价。"如价格过低，《最高人民法院关于审理涉及国有土地使用权合同纠纷案件适用法律问题的解释》第三条规定："经市、县人民政府批准同意以协议方式出让的土地使用权，土地使用权出让金低于订立合同时当地政府按照国家规定确定的最低价的，应当认定土地使用权出让合同约定的价格条款无效。"

四、不交纳出让金等费用的法律责任

正是因为交纳出让金等费用对国家和社会意义重大，且法律对于土地出让金等费用进行了明确，法律、行政法规对不交纳出让金等费用的行为规定了相应的法律责任。例如，《城市房地产管理法》第六十六条规定，违反本法第三十九条第一款关于划拨土地使用权转让须补缴出让金的规定的，由县级以上人民政府土地管理部门没收违法所得，可以并处罚款。可见在有出让合同的情况下，不支付出让金同时还是一种违约行为。

因此，除行政法上的责任，法律、行政法规还规定了相应的违约责任。例如，《城市房地产管理法》第十六条规定："土地使用者必须按照出让合同约定，支付土地使用权出让金；未按照出让合同约定支付土地使用权出让金的，土地管理部门有权解除合同，并可以请求违约赔偿。"《城镇国有土地使用权出让和转让暂行条例》第十四条规定："土地使用者应当在签订土地使用权出让合同后六十日内，支付全部土地使用权出让金。逾期未全部支付的，出让方有权解除合同，并可请求违约赔偿。"

总之，通过支付出让金等费用，向国家上缴土地收益，是国家土地有偿使用制度的重要内容，也是《土地管理法》《城市房地产管理法》等有关法律、行政法规中规定的法定义务。《物权法》第一百三十八条已经将出让金等费用及其支付方式列为建设用地使用权出让合同的条款之一，按时、足额支付出让金，更是建设用地使用权人的合同义务，应当秉持诚实信用原则，认真履行。

第三百五十二条　【建设用地使用权人建造的建筑物、构筑物及其附属设施的归属】 建设用地使用权人建造的建筑物、构筑物及其附属设施的所有权属于建设用地使用权人，但是有相反证据证明的除外。

【条文疏义】

本条沿袭了《物权法》第一百四十二条关于建设用地使用权人所建造的建筑物、构筑物及其附属设施权属的规定，仅作了文字修改。

一、"房随地走"为在多数情况下的一般权属规则

关于建筑物、构筑物及其附属设施的归属，奉行土地私有制的国家一般通过土地权利吸收地上物权利的原则来解决。例如，在德国，在地上权范围内建造的建筑物、构筑物及其附属设施被视为地上权的组成部分，在地上权消灭时，满足法定条件，建筑物、构筑物及其附属设施作为土地的添附，转归土地所有权人。我国是社会主义公有制国家，建筑物、构筑物及其附属设施的所有权具有相对独立性。建设用地使用权人依法取得国有土地的使用权后，就有权利用该土地建造建筑物、构筑物及其附属设施。根据《民法典》第二百三十一条沿袭的《物权法》第三十条之规定，合法建造房屋的，自事实行为成就时取得建筑物的所有权。在多数情况下，建设用地使用权人建造的建筑物、构筑物及其附属设施的所有权是属于建设用地使用权人的。

二、"任何规则都有例外"，但须有相反证据证明

建设用地使用权人建造的建筑物、构筑物及其附属设施由建设用地使用权人所有作为通常情况，但仍然存在这样的例外：在现在的城市房地产建设中，一部分市政公共设施，是通过开发商和有关部门约定，由开发商在房地产项目开发中配套建设的，但是所有权归国家。这部分设施，其性质属于市政公用，其归属就应当按照有充分证据证明的事先约定来确定，而不是当然地归建设用地使用权人所有。后续通过房地产交易成为建设用地使用权的权利人也应当尊重这种权属划分。

把握本条规定还应当注意，这里规定的建筑物、构筑物及其附属设施必须是合法建造产生的。对于非法占地、违规搭建的违法行为，《土地管理法》第七十三条、第七十六条、第八十三条以及其他法律法规的有关规定都明确了制裁措施，这种违法建筑应依法被拆除，不会产生合法的所有权。因此，并不在本条的调整范围。

【典型案例】

建设用地使用权人建造的地上构筑物应归谁所有①

——建设用地使用权人建造的地上物原则上属于其所有

基本案情

2015年5月31日，寅苏一二一智能科技公司（以下简称寅苏一二一公司）作为出租方，卯州中菱通达电梯公司（以下简称卯州中菱公司）作为承租方，双方签订《房屋租赁协议》一份，约定寅苏一二一公司出租给卯州中菱公司位于七都镇××经济开发区中区洪恩路××号的房屋；出租房屋面积共15000平方米；房屋租赁期共60个月，自2015年6月1日起至2020年5月31日止。

2016年6月5日，寅苏一二一公司作为甲方，卯州中菱公司作为乙方，

① 参见卯州中菱公司等诉辰江小贷公司执行异议纠纷案，载中国裁判文书网，http：//wenshu. court. gov. cn/content/content？ DocID = 90f5e452 - 615b - 4385 - b246 - a83b00af20b5&KeyWord = % E4% B8% AD% E8% 8F% B1% E9% 80% 9A% E8% BE% BE，最后访问时间：2020年6月6日。

华甲公司作为丙方，三方签订《补充协议书》一份，明确乙方系主要从事电扶梯生产的企业，根据国家对电扶梯生产许可的相关规定，乙方需要在租赁厂内建造电梯试验塔一座，以满足正常的电扶梯生产许可的要求。鉴于甲方资金缺乏，由乙方出资委托丙方代为建造。

辰江市农村小额贷款股份有限公司（以下简称辰江小贷公司）因寅苏一二一公司未及时向其履行债务，遂向法院申请强制执行，拍卖寅苏一二一公司向其抵押的房屋及土地使用权（其中包括案涉电梯测试塔）。法院于2016年6月7日发出执行公告，进行拍卖。

2016年10月，案涉电梯试验塔主体部分建造完毕，但该塔在建造前未办理相关审批手续，之后亦未进行相关产权登记。

二审原告卯州中菱公司认为，因案涉电梯试验塔坐落于寅苏一二一公司名下的厂房内，故未办理房屋产权登记，但试验塔确系卯州中菱公司所建，所以其公司对此享有权益。一审法院否认卯州中菱公司对试验塔享有所有权，属于认定事实错误。因此该试验塔不应被列为执行标的，法院应排除对该试验塔的强制执行。

被告辰江小贷公司认为，该电梯试验塔与抵押房产不可分割，应该一并执行，并进行拍卖。且该电梯试验塔未办理审批手续，也未办理相关产权登记。请求驳回上诉，维持原判。

法院审理

一审法院经审理认为，案涉电梯试验塔建造在寅苏一二一公司厂区内的事实清楚，该电梯试验塔系建筑物，属于不动产。根据《物权法》的相关规定，建设用地使用权人有权在土地上建造建筑物，建筑物所有权属于建设用地使用权人，但有相反证据证明的除外。也就是说，寅苏一二一公司作为厂区内土地的使用权人有权在厂区建造电梯试验塔，但卯州中菱公司主张其系该电梯试验塔所有权人，主要理由为该塔由其出资建造，但出资建造人与所有权人系不同的法律概念。目前案涉电梯试验塔未办理相关审批手续，未进行相关产权登记，卯州中菱公司也未提供任何证据证明该塔可以登记在其名下，其合法享有物权期待权的事实。

在寅苏一二一公司房产及土地使用权已被整体评估以及面临强制执行的情况下，该塔作为建筑物的一部分，客观上无法单独处置。卯州中菱公司可以通过向寅苏一二一公司主张赔偿出资建造的损失等方式维护自己的权益。故卯州中菱公司提出的排除对电梯试验塔的强制执行并确认该塔所有权归卯州中菱公司的诉讼请求，一审法院难予支持。遂判决驳回原告的诉讼请求。

二审法院经审理认为，根据《物权法》第一百四十二条“建设用地使用权人建造的建筑物、构筑物及其附属设施的所有权属于建设用地使用权人，但有相反证据证明的除外”的规定，本案中，案涉电梯试验塔属于寅苏一二一公司名下建设用地上的建筑物，试验塔所有权应当属于建设用地使用权人寅苏一二一公司。案涉土地使用权不属于卯州中菱公司，卯州中菱公司亦未能提交证据证明试验塔是以卯州中菱公司名义办理建设审批手续，故卯州中菱公司主张对案涉试验塔享有所有权，缺乏依据。遂驳回上诉，维持原判。

案件评述

一、案涉建设用地使用权人对建设用地上的附着物享有所有权

本案中，执行标的物电梯试验塔建立在寅苏一二一公司名下厂房内，该公司是建设用地使用权人，通常情况下，建设用地的使用权人也就是在该用地上建造的建筑物、构筑物及其附属设施的所有权人。但有相反证据证明的除外，如在建设用地使用权人将建设用地使用权及其在建设用地上建筑的房屋一并出租给他人使用的情况下，该建设用地的使用权人就不是该房屋的所有权人。

卯州中菱公司主张该电梯试验塔是自己出资所建，但出资建造人与所有权人系不同的法律概念。若双方有约定附着物归出资建造人所有，那此时出资建造人也可以成为所有人，但应当有相应的证据予以证明。目前案涉电梯试验塔未办理相关审批手续，未进行相关产权登记，中菱公司也未

提供任何证据证明该塔可以登记在其名下，其合法享有物权期待权的事实。所以应按照原则处理，地上建筑物（电梯试验塔）归属于建设用地使用权人（即寅苏一二一公司）。

二、地上权制度设计中的地上建筑物所有权归属

在传统物权法中，与我国建设用地使用权制度最为接近的是地上权制度。

地上权是以在他人土地上拥有建筑物或其他工作物或竹木为目的，而使用其土地的权利。[①] 地上权制度是罗马法“地上物属于土地所有权人”添附原则的例外。为保护建筑人的利益，法律允许建筑人在向土地所有人支付地租后，即享有以保存建筑物或其他工作物为目的的权利。

《法国民法典》中的主物权包括所有权和所有权的派生权利，所有权的派生权利即用益物权（包括用益权、使用权、居住权），而将担保物权视为从物权或附属物权。在法国大革命期间，地上权和永佃权因被人们视为具有封建因素而遭摒弃，故《法国民法典》并没有规定这两种物权。直到20世纪后期，这两种物权才被确认，在司法实践中规定了地上权和长期租赁权（承担着永佃权的角色）。

现代意义的地上权概念产生于德国民法，因为关于物权的概念最早产生于德国民法。德国民法并不承认建筑物的独立性，根据民法“附合”原理，地上物因与土地的附合而失去其独立性。德国1919年颁布的《地上权条例》第12条规定，在他人土地上设定地上权后，该建筑物为地上权之构成部分。可见，设立地上权制度的目的在于阻止土地所有权人对地上物的附合，在坚持不承认建筑物独立性之立法传统的前提下，确保地上权人在他人土地上拥有建筑物所有权的权利。[②]

我国《民法典》第三百二十二条规定：“因加工、附合、混合而产生

---

① 白非：《物权法例论》（第一版），法律出版社2005年版，第218页。

② 吕冲、王淑华：《借用开发商资质自主建房的物权归属问题研究》，载《行政与法》2017年第11期。

的物的归属，有约定的，按照约定；没有约定或者约定不明确的，依照法律规定；法律没有规定的，按照充分发挥物的效用以及保护无过错当事人的原则确定。因一方当事人的过错或者确定物的归属造成另一方当事人损害的，应当给予赔偿或者补偿。”

三、建筑物所有权须以土地权利为其正当根据

建筑物所有权不可能凭空孤立存在，必须以地权作为自己的正当根据。其道理在于，自罗马法以来，法律即奉行土地吸收地上物的原则，尚未收割的农作物、生长于土地上的树木、竖立于土地上的建筑物都属于土地的成分，甚至于落在土地上的小鸟都要如此认定。这固然周到地保护了土地所有权人的利益，但是也阻碍了人们投资于他人的土地且保有建筑物所有权的热情和行为，为平衡地协调土地所有权人和投资于土地的非所有权人之间的利益，让土地所有权人取得非所有权人利用土地的对价，使非所有权人保有建造在他人土地上的建筑物的所有权，法律创设了地上权制度，只要非所有权人在他人的土地上取得地上权，建筑物便不被土地所吸收，而是与地上权相结合，成为地上权人的所有物。

我国借鉴了这种思想及路径，但没有采用地上权的称谓，而是使用了宅基地使用权、集体土地使用权、国有土地使用权、建设用地使用权等概念。其中，宅基地使用权作为农户在集体所有的土地上建造住房并保有住房所有权的正当依据，集体土地使用权作为乡镇企业建造建筑物并保有所有权的正当依据，在广东省也能作为中外合资经营企业、中外合作经营企业、外资独资企业等建造建筑物并保有所有权的正当依据，国有土地使用权作为在国有土地上建造建筑物并保有所有权的正当依据。

《物权法》放弃了国有土地使用权的称谓，改称建设用地使用权，其目的及功能没有变化。关于建设用地使用权作为建筑物所有权的正当依据，其法律依据即《民法典》第三百五十二条所沿袭的《物权法》第一百四十二条关于“建设用地使用权人建造的建筑物、构筑物及其附属设施的所有权属于建设用地使用权人，但有相反证据证明的除外”的规定。土地权利可以是建设用地使用权、宅基地使用权，也可以是集体土地所有权、集体土地使用权，还可以是国有土地租赁权。《民法典》第三百五十二条所沿袭的《物权法》第一百四十二条的但书内容应当指国有土地租赁权为建筑物所有权的正当根据。市政公共设施所有权、职工购买的公有住房的产权都应当以建设用地使用权为其正当根据。①

第三百五十三条　【建设用地使用权的流转方式】 建设用地使用权人有权将建设用地使用权转让、互换、出资、赠与或者抵押，但是法律另有规定的除外。

【条文疏义】

本条是关于建设用地使用权流转方式的规定，沿袭了《物权法》第一百四十三条的规定。

一、建设用地使用权流转形式都应当符合有关法律的规定

建设用地使用权流转的形式包括转让（狭义）、互换、出资、赠与和抵押等。

1. 转让（狭义）

在传统民法上也称“出卖”，建设用地使用权的转让是指当事人以买卖合同的形式移转建设用地使用权的行为。

2. 互换

在传统民法上也称“互易”，建设用地使用权的互换是指当事人双方以各自的建设用地使用权相互交换的行为。

3. 建设用地使用权的出资

这里所谓的“出资”是指建设用地使用权人为取得投资收益，将土地使用权作为出资标的的行为。实践中，以土地使用权作为出资或入股条件

① 崔建远：《确定建筑物所有权的依据》，载《甘肃政法学院学报》2007 年第 11 期。

的现象比较常见。为了实现对土地资源的充分利用和缓解资金压力，立法上应该允许和鼓励这种做法，现行《公司法》即明确规定股东可以用土地使用权出资。

4. 建设用地使用权的赠与与抵押

其是指建设用地使用权人将其拥有的土地使用权无偿转让给他人的行为。

建设用地使用权的抵押是指建设用地使用权人以其拥有的建设用地使用权为自己或他人的债务提供担保的行为。

5. 建设用地使用权抵押具有权利抵押的性质

债权人享有的这种抵押权不是对土地使用权的行使权，而是一种限制权和期待的处分权。抵押之所以也可以成为建设用地使用权流转的方式，是因为当债权人因债务人不履行债务而实现抵押权时，建设用地使用权就由债权人实际取得，从而发生土地使用权的移转。

需要注意的是，在设定建设用地使用权的抵押时，原则上要遵循“房随地走”和“地随房走”的规则，即土地使用权抵押时，该块土地上的建筑物、构筑物及其附属设施随之抵押；建筑物、构筑物及其附属设施抵押时，其所依附的土地使用权也随之抵押。

二、建设用地使用权的流转存在法律的限制性和禁止性情形

为了搞活经济，最大限度地发挥建设用地的使用价值，国家允许并鼓励土地使用权的流转。但是，这并不意味着所有的建设用地的使用权都能参与流转，建设用地使用权的流转也存在法律的限制性和禁止性情形。

《城市房地产管理法》第三十八条规定：“下列房地产，不得转让：（一）以出让方式取得土地使用权的，不符合本法第三十九条规定的条件的；（二）司法机关和行政机关依法裁定、决定查封或者以其他形式限制房地产权利的；（三）依法收回土地使用权的；（四）共有房地产，未经其他共有人书面同意的；（五）权属有争议的；（六）未依法登记领取权属证书的；（七）法律、法规规定禁止转让的其他情形。”本条中的但书“法律另有规定的除外”即指的是此类情况。

【典型案例】

建设用地使用权人可否无条件对建设用地使用权进行流转①

——建设用地使用权流转的法律限制

基本案情

1999年，原告杨某在某镇街道上自建两层砖混结构商住楼1幢，门牌号为某街道55号，一层为两间门面房、二层为住宅房，建筑面积共139.46平方米，土地使用权性质为国有划拨。2007年1月29日，被告曹某与杨某订立《住宅楼买卖协议书》，约定：杨某将其上述私有房屋以8.5万元的价格出卖给曹某，房产证在双方签订协议后交给曹某；房产证过户、土地证领取等相关费用由曹某承担；本协议自双方签字后生效。当日，曹某通过银行转账方式给付杨某购房款8.5万元。同年3月6日，杨某将房屋交付给曹某，曹某随即对该房进行了装修。后杨某反悔，双方遂发生矛盾，杨某用刀砍坏了曹某新换的一楼卷闸门。

诉讼期间，曹某于2010年2月2日向该镇土地管理所递交了交纳土地出让金申请，但双方转让房地产事项未经有批准权的人民政府批准。

杨某诉称，本案讼争房屋买卖前没有土地证，且该房屋所占土地为国有划拨方式取得，根据《城市房地产管理法》第四十条和《划拨土地使用权管理暂行办法》第七条的规定，该房屋转让行为违法，应属无效行为。遂请求人民法院判决确认其与曹某之间的房屋买卖合同无效，并由曹某按原状向其返还某镇某街道55号房屋。

---

① 参见《杨某诉曹某房屋买卖合同纠纷案——划拨土地上私有房屋转让合同具有法律效力》，载最高人民法院中国应用法学研究所编：《人民法院案例选》2014年第2辑（总第88辑），人民法院出版社2014年版，第120页。

法院审理

法院经审理认为，本案争议焦点是划拨取得的国有建设用地使用权及其上私有房屋能否转让的问题。案涉房屋系杨某自建取得，且已领取产权证书，依照《物权法》第三十九条之规定，杨某对该房屋享有占有、使用、收益和处分的权利，故杨某将该房屋出售给曹某系其依法行使财产处分权。

《物权法》第一百四十三条规定："建设用地使用权人有权将建设用地使用权转让、互换、出资、赠与或者抵押，但法律另有规定的除外。"《城市房地产管理法》第四十条第一款规定："以划拨方式取得土地使用权的，转让房地产时，应当按照国务院规定，报有批准权的人民政府审批。有批准权的人民政府准予转让的，应当由受让方办理土地使用权出让手续，并依照国家有关规定缴纳土地使用权出让金。"同时，该法第六十一条第三款规定："房地产转让或者变更时，应当向县级以上地方人民政府房产管理部门申请房产变更登记，并凭变更后的房屋所有权证书向同级人民政府土地管理部门申请土地使用权变更登记……"依据上述法律可知，建设用地使用权人有权将划拨取得的建设用地使用权进行转让，但是要受到一定的限制，要履行相关的法定手续。

本案中，住宅楼买卖协议的目的是转移房屋所有权，尚未改变土地使用权的性质，未损害国家利益和社会公共利益。因此，根据《城市房地产管理法》第四十条和第六十一条的规定，均属于管理性强制性规定而不属于效力性强制性规定，违反该类规定并不导致合同无效，只是应当受到行政主管部门的行政处罚。

该案中，双方当事人已经在协议中明确约定了土地使用权转让及土地出让金缴纳事宜，且该约定并不违反上述法律规定，所以，杨某以签订住宅楼买卖协议时该房屋所占土地系国有划拨土地不能转让为由，主张房屋买卖协议无效，不能成立。

遂判决驳回原告的诉讼请求。

案件评述

一、建设用地使用权人有权转让其使用权只是要受一定限制

本案涉及国有划拨土地上的私有房屋能否转让的问题，进而涉及以划拨方式取得的建设用地使用权能否转让的问题。根据《物权法》“建设用地使用权人有权将建设用地使用权转让、互换、出资、赠与或者抵押，但法律另有规定的除外”的规定，可知，建设用地使用权人有权转让建设用地使用权，但是受到但书规定的限制。《城市房地产管理法》第四十条第一款规定：“以划拨方式取得土地使用权的，转让房地产时，应当按照国务院规定，报有批准权的人民政府审批。有批准权的人民政府准予转让的，应当由受让方办理土地使用权出让手续，并依照国家有关规定缴纳土地使用权出让金。”不过这一限制性规定也只是属于管理性强制规定而不属于效力性强制规定，违反该类规定并不导致合同无效，只是应当受到行政主管部门的行政处罚。

二、土地使用权转让的概念与法律特征

1. 土地使用权转让的概念

土地使用权转让的概念有广义与狭义之分。狭义的土地使用权转让概念前已叙及，广义的土地使用权转让是指土地使用权人通过买卖、互换和赠与等方式将土地使用权移转给他人的民事法律行为。

在土地使用权转让法律关系中，原土地使用权人为转让人，从转让人手中依法取得土地使用权的人为受让人。

2. 土地使用权转让的法律特征

（1）该转让是平等民事主体间发生的土地使用权的移转行为

一般认为，国有土地使用权的出让是民事行为而非行政行为，作为出让一方的国家是以民事主体身份出现的。土地使用权转让行为则发生在公民、法人之间，国家在一般情况下不会成为土地使用权转让合同的主体。

另外，不论当事人通过何种形式转让，转让的都只能是土地使用权，而非土地所有权，这个法律特征也是土地使用权转让与出让的重要区别。

（2）土地使用权转让是一种要式法律行为

根据《城市房地产管理法》第四十一条“房地产转让，应当签订书面转让合同，合同中应当载明土地使用权取得的方式”的规定，不论当事人双方是采取买卖还是赠与的形式转让土地使用权，都应当符合土地使用权转让的形式要件。

（3）土地使用权转让是权利和义务的一并转让

《城市房地产管理法》第四十二条规定：“房地产转让时，土地使用权出让合同载明的权利、义务随之转移。”据此，土地使用权人在转让土地使用权时，不能只移转权利而不移转义务，而必须将原出让合同规定的全部权利、义务移转给受让人。

法律之所以作出这样的规定，是为了保障土地使用权出让合同的履行，避免因转让引起矛盾和纠纷。因为土地使用权一经转让，转让人就不再是土地使用权的权利主体，受让人就成为土地使用权人。但如果转让人未将原土地使用权出让合同规定的义务（如投资开发的义务等）一并移转给受让人，则土地使用权出让合同就根本不能得到履行，并极易导致各种纠纷的发生。

（4）土地使用权转让导致土地使用权与地上建筑物所有权的一并移转

《城镇国有土地使用权出让和转让暂行条例》第二十三条规定：“土地使用权转让时，其地上建筑物、其他附着物所有权随之转让。”

法律之所以作出这种规定，是因为考虑到地上建筑物、其他附属物与土地是合为一体的，在交易的价值上往往也是结合在一起计算的。如果将土地使用权与地上建筑物和附属物分开，就很可能导致地上建筑物和附属物在移转所有权后失去地基使用权，这样就可能出现土地使用权人要求地上建筑物、其他附着物所有人拆除其地上建筑物、其他附着物，以及禁止地上建筑物、其他附着物所有人通行、停车等利用土地行为的后果。[①]

① 兰红燕：《乡村振兴视域下的农村集体土地法律制度完善》，载《河北法学》2019年第4期。

（5）土地使用权转让是有期限的行为

受让人是在转让人的土地使用权有效年限内受让土地使用权，原土地使用权人是将自己享有的未到期的土地使用权有偿或无偿地转让给受让人。[①]

三、合理配置土地应为土地制度最为重要的内容

土地是一个国家存在和发展的基础，综观我国现行国有土地法律制度，与传统民法理论存在矛盾、冲突和悖论。正是由于我国土地法存在理论上的问题，土地法律制度也存在很多问题，实务中的问题更是多种多样。从根本上来说，我国的土地法理论之所以会存在这些问题，主要是因为对国有土地所有权和国有土地使用权没有明确的界定，使得国有土地所有权与土地使用权出现冲突，土地使用权中包含传统民法理论中的占有、使用和处分的权利，使得土地使用权从一个单纯使用权，变成了许多权利的合体，出现了所有权和使用权融合的现状。

综观我国现行法律制度中的国有土地所有权和土地使用权，可以发现国有土地所有权和土地使用权的两权分离不同于传统民法理论，两个权利的分离取代合一成为权利存在的常态。这是由土地的资源属性和我国土地专属国家和集体所有所决定的，是我国不同于世界上任何一个国家的土地权利制度，然而这种分离也给理论和实践带来一系列问题，如国有土地所有权和土地使用权都出现了权利扩张的情况。[②]

国有土地使用权的充分行使对于有效地利用土地资源、实现土地价值，促进我国地产市场的发展具有十分重要的意义，因而它的流转也意义深远。[③] 所以应通过对其流转方式的探讨，明确几种流转方式的概念、生效条件，并对现行法律中临时应急措施的有关规定予以法律上的定型化。

---

① 连昌松、陈敖翔：《论国有土地使用权的流转》，载《行政与法》2003年第6期。

② 焦汝斌：《我国国有土地权利制度理论与实践问题研究》，中国地质大学（北京）2010年硕士学位论文。

③ 连昌松、陈敖翔：《论国有土地使用权的流转》，载《行政与法》2003年第6期。

第三百五十四条　【建设用地使用权流转的合同形式和期限】建设用地使用权转让、互换、出资、赠与或者抵押的，当事人应当采用书面形式订立相应的合同。使用期限由当事人约定，但是不得超过建设用地使用权的剩余期限。

【条文疏义】

本条沿袭了《物权法》第一百四十四条的规定，仅作文字修订。

一、建设用地使用权的流转应当采用书面形式

根据《合同法》第十条第二款的规定，法律、行政法规规定采用书面形式的，合同应当采用书面形式。《城市房地产管理法》第十五条以及有关法律法规中亦规定，土地使用权出让应当采用书面合同。

在合同法理论上，必须采取书面形式的合同属于一种要式合同，要式合同一般适用于交易复杂、涉及利益巨大的情形。建设用地使用权流转之所以必须采用书面形式的要式合同，是因为建设用地使用权涉及对土地这一重要自然资源的利用，关系到国家、社会和用地人的重大利益，要求采用书面形式可以有效地明确权利、义务，避免潜在争议。不仅我国现有法律作出这样的规定，其他国家和地区关于土地等不动产的交易也都要求采用书面形式。本条规定不但与我国的现有规定是一致的，也符合国际通行做法。

在司法实践中，根据《最高人民法院关于审理涉及国有土地使用权合同纠纷案件适用法律问题的解释》第十二条的相关规定，本解释所称的合作开发房地产合同，是指当事人订立的以提供出让土地使用权、资金等作为共同投资，共享利润、共担风险合作开发房地产为基本内容的合同。

二、建设用地使用权流转期限不得超过该使用权的剩余期限

这是符合现有法律规定和国际通行做法。《城市房地产管理法》第四十三条规定："以出让方式取得土地使用权的，转让房地产后，其土地使用权的使用年限为原土地使用权出让合同约定的使用年限减去原土地使用者已经使用年限后的剩余年限。"其他国家关于地上权的规定中也有类似的时间限制。之所以作出这样的限制，是因为建设用地使用权本身就是一种有时限的权利，从理论上说，建设用地使用权人不可能超出自己的权利范围流转权利。在我国的现实中也不允许用益物权人这样扩张权利，侵害作为所有权人的国家的利益。所以在建设用地使用权期间确定的情况下，建设用地使用权的流转也必须受到这一期间的限制。

三、土地市场配置有赖于"契约自由，意思自治"

很多地方政府，譬如某省政府办公厅印发了《关于完善建设用地使用权转让、出租、抵押二级市场的实施意见》（以下简称《实施意见》），提出要以不动产登记为基础，与国土空间规划及相关产业规划相衔接，着力打造"政府引导、市场配置、规则完善、权益保障、秩序规范、活力激发、模式创新、便捷高效"的土地二级市场。到2020年年底，全省初步建立起产权明晰、市场定价、信息积聚、交易安全、监管有效的土地二级市场；到2022年年底，逐步形成市场规则健全完善，交易平台功能齐全，服务监管落实到位，交易成本明显降低，配置效率显著提高，一、二级市场协调发展，市场运行规范有序，资源利用集约高效的现代土地市场体系。

上述《实施意见》明确，建设用地使用权转让、出租、抵押二级市场的交易对象是国有建设用地使用权，重点针对土地交易以及土地连同地上建筑物、其他附着物等整宗地一并交易的情况。涉及房地产交易的，应当遵守《城市房地产管理法》《城市房地产开发经营管理条例》《不动产登记暂行条例》等法律法规规定。已依法入市的农村集体经营性建设用地使用权转让、出租、抵押，可参照该意见执行。

各类导致建设用地使用权转移的行为都应视为建设用地使用权转让，

包括买卖、交换、赠与、出资以及司法处置、资产处置、法人或其他组织合并或分立等形式涉及的建设用地使用权转移。建设用地使用权转移的，地上建筑物、其他附着物所有权应一并转移。

其特别强调，国有土地使用权人应当按照《国有建设用地使用权出让合同》约定或国有建设用地划拨决定书规定的期限和条件投资开发利用土地。在已取得国有土地使用权证或不动产权证书且达到法定、政策规定或合同约定的交易基本条件后方可转让、出租、抵押建设用地使用权。涉及司法处置的情形除外。

上述《实施意见》提出，各市、县自然资源主管部门要依托现有的土地交易机构或不动产登记机构搭建城乡统一的土地交易市场平台，汇集交易信息，提供交易场所，办理交易事务。各市、县要建设覆盖本行政区域的土地二级市场线上交易平台及信息系统，与不动产登记系统有效衔接，提供信息发布、挂牌竞价、签订合同以及交易事项受理、审核和监管等功能，提供一站式服务，实现土地二级市场供需、交易、登记、监管、服务一体化。①

【典型案例】

土地使用权转让订立书面合同的作用与意义②

——建设用地使用权移转合同为要式合同

基本案情

原告陈某柏与康某茂共同生育陈某娅、陈某琴、康某、余某4个女儿，其妻康某茂于2011年11月26日去世。2010年12月21日，寅雄县城卯棵树片区开发协调领导小组办公室与原告陈某柏签订《辰村小区宅基地安置

---

① 王佳丽：《今年底我省要建立起土地二级市场》，载《山西经济日报》2020年5月31日。

② 参见陈某柏诉陈某娅等建设用地使用权转让合同纠纷案，载中国裁判文书网，http://www.pkulaw.com/pfnl/a25051f3312b07f30992751236f327f3d2c84c8864b45d13bdfb.html，最后访问时间：2020年6月7日。

协议书》，在辰村小区政府安置用地内安置给原告建房宅基地100平方米。2012年5月8日，原告陈某柏获得寅雄县人民政府颁发的镇国有土地使用权证，允许原告在位于寅雄县辰村小区内按规划修建住房，规划准建房屋面积为600平方米，修建楼层为第一层至第六层。

2013年3月25日，原告与其建设使用地相邻的李某、王某签订《共同出资修建住房的协议》，协议约定：以上3人分别出100平方米的宅基地，一样多的资金，共同在新村小区修建住房，拟定各自分配一个门面；陈某柏分配房屋的五楼、六楼；李某分配房屋东边二楼、三楼、四楼、七楼，共4套；王某分配房屋西边二楼、三楼、四楼、七楼，共四套。协议签订后，李某、陈某柏、王某于2013年4月开始修建房屋，被告陈某娅、陈某琴在原告与第三人共同协商修建的房屋中参与了投资建房。在房屋修建完工后，因建成的房屋未按土地规划许可的规定修建，导致原告至今未能办理房屋所有权证。后被告陈某娅将修建的房屋向他人出售两套，并获得相应的售房款。

原告陈某柏诉称，其与被告陈某琴、陈某娅约定将宅基地卖给被告修建住房，并由二被告共同向其支付地基款60万元，后被告将房屋卖出，但却仍未向自己支付地基款60万元，遂请求法院由被告向其履行给付义务。

被告陈某娅、陈某琴辩称，争议的地基是原告同意分给她们四姐妹的，并非原告所说的买卖关系，双方也未签订书面的建设用地使用权转让合同。原告主张没有依据，与事实不符。

法院审理

法院经审理认为，原告陈某柏在办理合法建设用地使用权证后与第三人李某、王某签订协议共同修建房屋，被告陈某娅、陈某琴在原告陈某柏共同修建的房屋中参与投资建房。《合同法》第十条规定："当事人订立合同，有书面形式、口头形式和其他形式。法律、行政法规规定采用书面形式的，应当采用书面形式……"

《物权法》第一百四十四条规定："建设用地使用权转让、互换、出资、赠与、或者抵押的，当事人应当采取书面形式订立相应的合同……”《物权法》第一百四十五条规定：“建设用地使用权转让、互换、出资或者赠与的，应当向登记机构申请变更登记。”原告陈某柏提出与被告陈某娅、陈某琴达成口头协议，约定将其土地使用权以60万元出售给二被告的主张，但未能提举证据证实原告与二被告之间对建设用地使用权转让的事实，且原告也未提举证据证实按照法律的规定采用书面形式签订合同及向相关登记机构进行申请变更登记的事实。

审理中虽查明被告陈某娅、陈某琴对原告与第三人共同修建的房屋进行了投资并出售房屋的事实，但该事实亦不能证明原告对其土地建设使用权进行转让的主张。原告陈某柏提出的诉讼请求，无据证实，且与本案查明的事实不相符，故法院不予支持。

案件评述

一、本案原、被告未就建设用地使用权转让签订任何书面的合同，也未办理过户登记，建设用地使用权并没有转移

本案体现了建设用地流转合同要采用书面形式。本案中原告陈某柏主张被告向其支付地基款，却没有书面形式的建设用地使用权转让合同予以证明，所以其主张于法无据。并且双方也未办理过户手续，建设用地使用权并未转移。

二、建设用地使用权的流转是一种要式法律行为

1. 法律对建设用地使用权合同有强制性要求

建设用地使用权在转让、互换、出资、赠与或者抵押时，当事人都必须订立相应的书面合同，要符合建设用地使用权流转的形式要件，这是法律对合同形式的强制性要求。

《民法典》第四百六十四条第一款规定：“合同是民事主体之间设立、变更、终止民事法律关系的协议。”合同反映了双方或多方意思表示一致的法律行为，现阶段已经成为保障市场经济正常运行的重要手段。

传统的合同形式主要有口头形式和书面形式两种：口头形式是指当事

人采用口头或电话等直接表达的方式达成的协议，而书面形式则是指当事人采用非直接表达方式即文字方式来表达协议的内容。

2. 书面形式比口头形式具有更强的证据功能

法律之所以要求当事人应当采取书面形式订立建设用地使用权流转合同，无疑是鉴于其标的金额巨大，对当事人影响显著，为了防范交易风险，维护当事人的权益，促进土地使用权安全流转。与口头形式相比，书面形式具有以下功能：

（1）确保有可以看得见的证据，证明各当事方确有订立合同的意向以及此种意向的性质；

（2）帮助各当事方意识到订立合同的后果；

（3）确保一份文件可为所有人识读；

（4）确保文件恒久保持不变，因而提供对于一项交易的永久性记录；

（5）使一份文件可以复制为若干份，以便各当事方持有一份同样的数据；

（6）使之可以通过签字方式进行数据的核证；

（7）确保一份文件做成为公共机构和法院均可接受的形式；

（8）体现出书面文件作者的意向并提供该意向的一份记录；

（9）可便于以有形的形式储存数据；

（10）便利于稽查及日后的审计、税收或管制目的；

（11）在为生效目的而要求书面形式的情况下，使之产生法律权利和义务。

3. 我国的书面合同是指广义的书面合同

值得注意的是，《合同法》将传统的书面合同形式扩大到数据电文形式，《民法典》第四百六十九条进一步明确："当事人订立合同，可以采用书面形式、口头形式或者其他形式。书面形式是合同书、信件、电报、电传、传真等可以有形地表现所载内容的形式。以电子数据交换、电子邮件等方式能够有形地表现所载内容，并可以随时调取查用的数字电文，视为书面形式。”也就是说，不管合同采用什么载体，只要可以有形地表现所载内容，即视为符合法律对“书面”的要求。

三、建设用地使用权的流转是有期限的行为

法律之所以规定当事人在合同中移转的土地使用权的期限不应当超过原建设用地使用权出让合同剩余的期限，是因为当建设用地使用权在出让时，一般都对出让的期限作出限制。若建设用地使用权人超过出让合同规定的期限将建设用地使用权转让，则本质上是对建设用地所有权人权利的无权处分，该无权处分的行为是无效的。因此，如果建设用地使用权人超过原建设用地使用权出让合同剩余的期限进行转让的话，那么超过的期限部分就是无效的。

第三百五十五条　【建设用地使用权流转登记】 建设用地使用权转让、互换、出资或者赠与的，应当向登记机构申请变更登记。

【条文疏义】

本条沿袭了《物权法》第一百四十五条的法律规范，明确建设用地使用权作为重要的用益物权，不但其取得需要登记，其流转也需要及时变更登记。否则该流转行为就无法发生法律效力，权利人的利益就得不到充分保障。

一、有关行政法规曾对国有土地使用权变更做过具体规定

《土地登记规则》曾经对下列事项有过较为详细和具体的规定：（1）国有土地使用权的转让；（2）划拨改出让；（3）企业入股；（4）单位合并、分立；（5）交换、调整；（6）因抵押而取得土地使用权；（7）因购买房改房而获得国有土地使用权；（8）抵押合同变更，主要是合同主体变更，而使抵押的土地使用权发生变化；（9）土地使用权出租合同的变更；（10）因继承而获得土地使用权或者土地他项权利；（11）其他形式的土地使用权和土地他项权利变更。

二、建设用地使用权流转变更登记随着统一登记之健全与时俱进

随着《土地登记办法》于2008年2月1日起正式实施，《土地登记规则》自动失效。为落实不动产统一登记制度，保障不动产登记法律制度体系协调统一，建立和实施不动产统一登记制度，自是政府转变职能的重要举措，是完善社会主义市场经济体系的基础性制度建设。为了整合不动产登记职责，规范登记行为，方便群众申请登记，保护权利人合法权益，国务院于2014年公布了《不动产登记暂行条例》（国务院令第656号），明确规定国务院国土资源主管部门负责指导、监督全国不动产登记工作。

特别是2016年国土资源部公布实施了《不动产登记暂行条例实施细则》（国土资源部令第63号），对土地、海域以及房屋、林木等不动产登记制度进行了详细规定，进一步规范了不动产登记行为，细化了不动产统一登记制度。为了有效保障不动产登记法律制度体系协调统一，有关部门决定对《土地登记办法》予以废止。可以说，我国的不动产登记制度正在进一步发展完善中，有关建设用地使用权流转后变更登记的规定，也将随着登记制度的健全而进一步完备。

【典型案例】

未经变更登记的土地使用权转让有法律效力吗[①]

——建设用地使用权移转以办理变更登记为生效要件

基本案情

亥川澜峰房地产公司与卯川县国土资源局分别于2008年7月14日、2012年11月23日两次签订了《国有土地使用权出让合同》，通过有偿受

① 参见承甲大酒店诉玉乙公司等物权保护纠纷案，载中国裁判文书网，http：//wenshu.court.gov.cn/content/content? DocID = a32cefe3 - 0c0d - 441d - 85f6 - a86200ad50cf&KeyWord = %E9%87%91%E5%B7%9D%E6%89%BF%E8%BF%90，最后访问时间：2020年6月7日。

让的方式取得4199.50平方米国有土地使用权。后亥川澜峰房地产公司又将该土地使用权转让给承甲大酒店。

2016年8月24日，原告承甲大酒店办理了《国有土地使用权证》，成为上述4199.50平方米国有土地的使用权人。2012年7月4日，承甲大酒店与被告大金川玉乙公司签订了《关于承甲大厦建设对周边采光、通风、日照等补偿协议书》，该协议书约定了原告承甲大酒店将案涉土地转让给被告玉乙公司，作为原告对被告玉乙公司的补偿，交付时间为承甲大厦建成后。签订该协议时原告承甲大酒店并没有取得该协议涉及国有土地的使用权。直至本案一审法庭辩论终结时，原、被告双方均没有到政府土地管理部门办理过案涉国有土地的使用权变更、转让的相关登记。

原告承甲大酒店认为，其是在2016年才取得涉案土地的国有土地使用权证。而2012年7月4日原告与二被告签订的《关于承甲大厦建设对周边采光、通风、日照等补偿协议书》是在二被告阻工的情况下签订的，当时原告无权处分二被告侵占的土地，后也未办理土地使用权变更登记，该协议书不能作为二被告享有案涉土地的使用权的凭证。

被告玉乙公司认为，2014年1月8日承甲大厦建成并完成竣工验收，原告将案涉土地交付给被告玉乙公司使用，根据《关于承甲大厦建设对周边采光、通风、日照等补偿协议书》的约定，应认定被告玉乙公司取得国有土地使用权。

法院审理

法院经审理认为，本案争议的焦点是案涉土地的使用权权属问题。原告承甲大酒店主张其根据2016年8月24日取得国有土地使用权证成为国有土地使用权人，享有本案涉及土地的使用权。而二被告依据2012年7月4日签订的《关于承甲大厦建设对周边采光、通风、日照等补偿协议书》也主张其享有案涉国有土地的使用权。

案涉土地系国有土地，我国对国有土地使用权的变更、转让等有严格的法律规定。根据我国《物权法》第十七条和《土地管理法》第十一条第三款的规定，不动产权属证书是该不动产物权的证明。土地使用权证是权利人对特定土地享有土地使用权的证明。

二被告辩称依照《关于承甲大厦建设对周边采光、通风、日照等补偿协议书》约定，原告将土地以补偿形式转让并交付二被告占有，故二被告对案涉的土地享有使用权。根据《物权法》第六条、第九条、第十四条、第十五条、第一百四十五条和《土地管理法》第十二条的规定，不动产物权的变更、转让经依法登记才发生效力。本案中土地使用权若发生变更、转让也应当依法办理登记。

2012 年 7 月 4 日至一审法庭辩论前，原、被告均没有办理案涉土地的使用权变更、转让登记。故二被告以《关于承甲大厦建设对周边采光、通风、日照等补偿协议书》而主张其享有案涉土地的使用权的理由不成立，该协议书也不是享有物权的凭证，而原告承甲大酒店取得了国有土地使用权证。故案涉土地的使用权人是原告承甲大酒店。

案件评述

一、案涉土地使用权因未办理变更登记仍由原告承甲公司享有

在本案中，原、被告虽然签订了《关于承甲大厦建设对周边采光、通风、日照等补偿协议书》，并在协议中约定原告承甲大酒店将案涉土地转让给被告玉乙公司，作为原告对被告玉乙公司的补偿。但是签订该协议时原告承甲大酒店并没有取得该协议涉及国有土地的使用权。直至本案一审法庭辩论终结时，原、被告双方均没有到政府土地管理部门办理过案涉土地的国有使用权变更、转让的登记。因此，土地使用权人依然是承甲大酒店。

二、建设用地使用权移转变更登记的概念与意义

1. 建设用地使用权移转变更登记的概念

所谓建设用地使用权移转变更登记，是指建设用地使用权人为移转其使用权于他人，由有权机关进行的使用权变更过户手续，亦即国家专门机关经权利人申请将建设用地使用权变动事项记载于有关登记簿的事实。

2. 建设用地使用权移转变更登记的意义

建设用地使用权移转变更登记是众多不动产登记类别里的一种。鉴于建设用地使用权移转变更登记是一种主要的不动产登记制度，属于不动产登记的范畴，下面主要围绕不动产登记制度作简要介绍。

法律之所以要建立不动产登记制度，主要基于以下原因：

（1）建立不动产登记制度以达到“静态秩序，动态安全”之目的

王泽鉴教授云：“以登记作为不动产物权变动的公示方法，是人类法律生活的一项伟大制度。”[①] 从《德国民法典》《瑞士民法典》以及我国台湾地区“民法”看，登记对不动产物权具有如下决定性作用：登记是不动产物权变动的生效要件，即不动产物权依民事法律行为发生变动的，未经登记，不发生效力（创设登记）；非依民事法律行为（事实行为）而取得（享有）不动产物权的，处分该物权时，未经登记，不发生物权效力（宣示登记）；不动产或不动产物权之上设立数个抵押权，依登记之先后确定抵押权的顺位（顺位登记）。

因为物权具有绝对性和对世性的法律特征，故物权的任何变动均应进行公示。交付是动产物权变动的公示手段，而登记则是不动产物权变动的公示手段。登记作为不动产物权（除抵押权外）变动的生效要件，尽管从表面上看是约束当事人之间的法律关系，即只有经过登记才能发生不动产物权转移的效力，但从最终意义上说，登记作为公示手段主要是维护交易安全和保护善意第三人的利益。

对不动产的变动进行登记，是不动产物权本质和现实生活的客观要求。因为不动产的本质就是对不动产的支配权（物权），而这种支配权也必须以一种公开的方式表现出来，方能使人们通过该公示方式得知不动产上物权的存在。对第三人来说，不动产登记的基本功能是权利变动使人知悉的效力，即登记的告知作用。这样有利于当事人及社会一般的第三人明确地

① 王泽鉴：《民法物权》（第二版），北京大学出版社 2010 年版，第 71 ~ 72 页。

知悉不动产的现实状况，有利于维护不动产交易安全。[①]

（2）不动产登记可产生权利正确性推定的效力

即对任何第三人来说，是直接以不动产登记簿所记载的当事人的权利内容为正确，而不管不动产的真实情况如何。不动产登记簿记载的物权应该与实际的不动产物权一致，动产的占有应该与实际的物权一致，这是正常经济和法律秩序的基本要求。现实中，由于当事人的过错或者登记机关的过错，往往会导致登记簿上记载的权利与当事人的实际权利并不一致。但无论是谁的过错，登记对社会一般的第三人而言应该都是正确的，因为登记是国家专门机关所为，当然就最具有公信力。

（3）不动产登记可产生公信的效力以保护善意第三人

即一旦当事人依据法律的规定进行了不动产物权的变更登记，则即使依登记方式表现出来的不动产物权事实上并不存在或有瑕疵，但对于信赖该不动产物权的存在而进行了物权交易的人而言，法律也仍然承认登记具有与该物权为真实时相同的法律效果。假如登记无此效力，那么善意第三人就须在每次交易时都调查标的物的权利状态，否则就要为此承担风险。显然，这对善意第三人是不公平的。登记的公信力以登记的告知和权利的推定力为逻辑起点，以登记功能的实现——“善意取得”为最终归宿。它以牺牲原权利人的利益为代价，以换取交易安全价值的实现。

三、我国法律已规定不动产登记不影响物权转移合同的效力

我国相关法律虽然没有明文将不动产物权转移合同的债权行为与实施登记的物权行为区分开来，在司法实践中，根据《最高人民法院关于适用〈中华人民共和国民法典〉有关担保制度的解释》第五十条的相关规定，抵押人以划拨建设用地上的建筑物抵押，当事人以该建设用地使用权不能抵押或者未办理批准手续为由主张抵押合同无效或者不生效的，人民法院

---

① 朱广新：《民法典物权编总则的三重体系透视》，载《河南师范大学学报（哲学社会科学版）》2019 年第 1 期。

不予支持。抵押权依法实现时，拍卖、变卖建筑物所得的价款，应当优先用于补缴建设用地使用权出让金。当事人以划拨方式取得的建设用地使用权抵押，抵押人以未办理批准手续为由主张抵押合同无效或者不生效的，人民法院不予支持。已经依法办理抵押登记，抵押权人主张行使抵押权的，人民法院应予支持。抵押权依法实现时所得的价款，参照前款有关规定处理。

由此可以得出以下三点结论：

1. 不动产物权转移合同是一种民事法律行为，这种法律行为的直接效力是在当事人之间形成债权债务关系，受债法调整

因此，不动产转移合同能否生效应根据《民法总则》关于民事法律行为的有效条件来衡量，只要符合一般法律行为成立要件，就应当认定其为有效合同，并受法律保护。

2. 合法有效的双务合同对双方当事人均有约束力，当事人在享有其债权的同时，也应当履行自己相应的义务

如果不动产转移合同符合民法规定的有效要件，受让人必须履行支付价款的义务，出让人必须履行交付房屋、土地等不动产并协助受让人到不动产登记机关办理不动产过户手续的义务。

3. 我国实行不动产登记制度，依照现行法律规定，不动产物权的转移须由双方订立书面合同

但是，即使债务人按照不动产物权转移合同交付了不动产，且该不动产已经处于债权人的实际控制之中，也不能发生不动产物权的转移效力。权利人要真正取得合法有效的不动产物权，还必须经双方共同办理不动产物权的转移登记手续。

由此可见，即使按照我国现行法律规定，不动产登记也只是不动产物权转移的生效要件，而不是不动产物权合同的生效要件。因此，未办理过户登记对不动产物权转移合同的生效不发生影响。

第三百五十六条　【建设用地使用权流转之房随地走】

建设用地使用权转让、互换、出资或者赠与的，附着于该土地上的建筑物、构筑物及其附属设施一并处分。

【条文疏义】

本条沿袭了《物权法》第一百四十六条的规定。

一、房地一致同时流转原则

根据法律、行政法规的规定，建设用地使用权流转时，其地上建筑物和其他附着物同时流转。《城市房地产管理法》第三十二条规定："房地产转让、抵押时，房屋的所有权和该房屋占用范围内的土地使用权同时转让、抵押。"《担保法》第三十六条第二款规定："以出让方式取得的国有土地使用权抵押的，应当将抵押时该国有土地上的房屋同时抵押。"《城镇国有土地使用权出让和转让暂行条例》第二十三条规定："土地使用权转让时，其地上建筑物、其他附着物所有权随之转让。"第三十三条第一款规定："土地使用权抵押时，其地上建筑物、其他附着物随之抵押。"

在司法实践中，根据《最高人民法院关于适用〈中华人民共和国民法典〉有关担保制度的解释》第五十一条的相关规定，当事人仅以建设用地使用权抵押，债权人主张抵押权的效力及于土地上已有的建筑物以及正在建造的建筑物已完成部分的，人民法院应予支持。债权人主张抵押权的效力及于正在建造的建筑物的续建部分以及新增建筑物的，人民法院不予支持。当事人以正在建造的建筑物抵押，抵押权的效力范围限于已办理抵押登记的部分。当事人按照担保合同的约定，主张抵押权的效力及于续建部分、新增建筑物以及规划中尚未建造的建筑物的，人民法院不予支持。抵押人将建设用地使用权、土地上的建筑物或者正在建造的建筑物分别抵押给不同债权人的，人民法院应当根据抵押登记的时间先后确定清偿顺序。

在我国，建筑物、其他附着物的归属虽然具有相对独立性，但在转让中必须实行“房地一致”原则，以避免出现“空中楼阁”的尴尬局面。“房随地走”作为实现房地一致的方式之一，已经在法律实践和社会生活中得到普遍接受。本条规定与已有法律制度是一致的，也符合社会生活实际。

二、“房随地走、地随房走”双向统一原则

无论是《城市房地产管理法》第三十二条还是《担保法》第三十六条，都不断强调“房随地走、地随房走”双向统一原则。《民法典》第三百九十七条和第三百九十八条沿袭《物权法》第一百八十二条和第一百八十三条第一款的规定，其中第三百九十七条再次重申该原则：“以建筑物抵押的，该建筑物占用范围内的建设用地使用权一并抵押。以建设用地使用权抵押的，该土地上的建筑物一并抵押。抵押人未依据前款规定一并抵押的，未抵押的财产视为一并抵押。”第三百九十八条亦规定：“乡镇、村企业的建设用地使用权不得单独抵押……”

《物权法》颁行之前，《担保法》在房地产抵押方面采用“房屋抵押权在房产管理部门登记、土地使用权在土地管理部门登记”的分别登记制度；而《物权法》第十条第二款规定：“国家对不动产实行统一登记制度。统一登记的范围、登记机构和登记办法，由法律、行政法规规定。”实务中面临的一个争论问题是，在《担保法》及其司法解释的框架下，若担保实务中出现就房产和地产分别设定抵押权并完成登记的情形，应如何认定两者的效力？

【典型案例】

共有土地使用权分割后其上建筑物如何处理①

——房屋应当随土地使用权一起处分

基本案情

纳某聪与马某英，张某彬与马某芬，纳某忠与马某兰分别系夫妻。2005年7月20日，纳某聪、张某彬、纳某忠共同出资向辰西镇人民政府购买了巳海县第八中学老校址土地资产，同年11月7日取得国有土地使用权证，登记的土地使用权人系纳某聪、张某彬、纳某忠。2014年7月28日取得该土地上的房屋所有权证，附记载明：该房屋属纳某聪、马某英、张某彬、马某芬、纳某忠、马某兰共同共有。房屋所有权人登记为张某彬、马某芬的两本房屋所有权证由纳某忠、马某兰保管。

2015年8月30日，纳某忠、马某兰、纳某聪、马某英、张某彬、马某芬签订《共有土地分割协议》，将共同所有土地证下地块分割成三份归各自所有，并约定：各共有人应协同办理分割登记，不得故意刁难；共有物分割后，各共有人应分得的土地，各自营业，并各自负担分割后的税捐。同日各共有人向巳海县国土资源局申请将共有土地证下地块按三方协商的《共有土地分割协议》分割，划分出各自的土地及房产。随后，三方分别取得了分割后的国有土地使用权证。

原告纳某聪、马某英、张某彬、马某芬认为，依据《共有土地分割协议》，三方已经分别取得了相应的国有土地使用权，并办理了登记。基于所享有的土地使用权，也应享有该土地使用权上的房屋。

被告纳某忠、马某兰认为，原、被告仅是对土地使用权分割达成了协

---

① 参见纳某忠、马某兰共有物分割纠纷案，载中国裁判文书网，http：//wenshu. court. gov. cn/content/content? DocID = 9efb08a1 - e822 - 4372 - b415 - a81c00a28662&KeyWord = % E7% BA% B3% E7% 8E% 89% E8% 81% AA，最后访问时间：2020年6月9日。

议，但未对房屋进行分割处理，不能由此确定房屋所有权归属。

法院审理

法院经审理认为，2015 年 8 月 30 日纳某聪、马某英、张某彬、马某芬、纳某忠、马某兰签订的《共有土地分割协议》未违反法律的禁止性规定，真实、有效，应予以认可。

《物权法》第一百四十六条“建设用地使用权转让、互换、出资或者赠与的，附着于该土地上的建筑物、构筑物及其附属设施一并处分”的规定明确了“房随地走”的原则。即土地的使用权和建筑物的所有权在处分时具有一体化的特色，土地的使用权的处分将导致建筑物的所有权的处分。双方签订的《共有土地分割协议》虽然没有处分土地上的房屋，但依据“房随地走”的原则，房屋应当随土地使用权一起处分。

案件评述

一、案涉争议焦点在于分割的土地上的房屋能否“房随地走”

本案中，根据“房随地走”的原则，附着于土地上的建筑物、构筑物及其附属设施应随土地使用权一并处分，依据《共有土地分割协议》，三方已经分别取得了相应的国有土地使用权，并办理了登记。基于各自所享有的土地使用权，三方也应享有该土地使用权上的房屋的所有权。

二、大陆法系物权法中土地所有权、地上权和建筑物所有权间的关系

在大陆法系国家的物权法中，土地所有权、地上权和建筑物所有权之间的关系，基本上可以归纳为以下三类：

1. 土地所有权与建筑物所有权不可分离

依据罗马法“地上物属于土地”的附合原则，建筑物因属土地的一部分，故其所有权应归属于土地所有权人。

2. 土地所有权与建筑物所有权可以分离，但非土地所有人的建筑物所有权须与地上权不可分离

虽然《德国民法典》第 94 条作出“土地的重要组成部分为定着于土

地的物，特别是建筑物，以及与土地尚未分离的出产物”的规定，即原则上接受了罗马法土地吸附建筑物的原则，但是1919年的《德国地上权条例》则强化了地上权的地位，从此，在地上权的法律关系中，建筑物不再是土地的附属物（即土地所有权的附属物），而是地上权的附属物。

3. 土地所有权可与建筑物所有权相分离，并且建筑物的所有权可以地上权为基础，也可以土地租赁权为基础

《日本民法典》和《不动产登记法》将建筑物视为独立于土地的物，也就是将土地与建筑物分别处理；《日本借地借家法》第2条第1项规定：“借地权，是指以所有建筑物为目的的地上权和土地租赁权。”可见，依据日本法的上述规定，建筑物所有人对土地的权利，既可以是地上权，也可以是土地租赁权，还可以是土地所有权。①

三、我国法律承认建筑物所有权与土地所有权可以分离的原则

1. 我国法律上从未确立过建筑物所有权归属于土地所有人的附合原则

《宪法》第十条规定：“城市的土地属于国家所有。农村和城市郊区的土地，除由法律规定属于国家所有的以外，属于集体所有；宅基地和自留地、自留山，也属于集体所有。国家为了公共利益的需要，可以依照法律规定对土地实行征收或者征用并给予补偿。任何组织或者个人不得侵占、买卖或者以其他形式非法转让土地。土地的使用权可以依照法律的规定转让。一切使用土地的组织和个人必须合理地利用土地。”

《宪法》第十三条规定：“公民的合法的私有财产不受侵犯。国家依照法律规定保护公民的私有财产权和继承权。国家为了公共利益的需要，可以依照法律规定对公民的私有财产实行征收或者征用并给予补偿。”

《城镇国有土地使用权出让和转让暂行条例》第二十三条规定：“土地使用权转让时，其地上建筑物、其他附着物所有权随之转让。”

---

① 韩世远：《划拨土地上房屋之买卖》，载《中国应用法学》2020年第2期。

2. 我国法律一直实行建筑物所有权与土地所有权可以分离的原则

通过考察有关规定可知，在我国土地的国家所有和集体所有与房屋的公民个人所有之间是可以并存的。我国法律始终将土地和建筑物视为各自独立的物，在法律上禁止土地买卖的情况下，房屋买卖从未因此而受到限制。现行土地使用权制度中有关土地权利和建筑物权利的规定，是将土地使用权和建筑物所有权一体化（即两个权利必须归属于同一个主体），使二者不能分别转让或抵押。因此，我国实行的是建筑物所有权独立于土地所有权但又依赖于土地使用权的体制。①

四、就房地分别抵押的不同法理的解读

1. 实践中就房地分别抵押问题的处理有不同观点

（1）无效说

此种意见认为，分别登记的两个抵押权皆违反“房随地走、地随房走”双向统一原则，故应认定两个抵押权均无效。

（2）在先保护说

此种意见认为，因土地使用权抵押设定并登记在先，依法律规定，地上建筑物已视为一并抵押，不能再为其他主体设定抵押，故在先的抵押权有效，在后的抵押权无效。

（3）“集合体先后两押”说

此种意见认为，应根据《担保法》第四十二条第二款关于“一并抵押”的规定，将土地使用权和房屋所有权解释为在一个集合体上设定抵押，故该集合体上先后设定了两个抵押权，构成一物两押，两个抵押权皆应认定为有效，并按照登记先后顺位实行抵押权。

2. 抵押权的实质是价值权则意味着抵押物的价值可以分割

法律之所以强调“房随地走、地随房走”，是因为若两者互异其权利主体，将导致两者在用益物权上的冲突并在流转过程中出现障碍。为减少

① 梁慧星主编：《中国物权法草案建议稿》，社会科学文献出版社2000年版，第488页。

权利冲突并降低交易成本，法律规定两者应同时转移并同一归属。

通常而言，房地产抵押不外乎三种情形：其一，单独抵押；其二，集合抵押；其三，分别抵押。

（1）就单独抵押而言

《担保法》第五十五条和《物权法》第二百条关于土地使用权单独设定抵押权后，地上新增建筑物不属于抵押财产的规定，说明土地使用权可以单独抵押。只是在实现抵押权时，要求“将该土地上新增的建筑物与建设用地使用权一并处分，但新增建筑物所得的价款，抵押权人无权优先受偿”。这无疑充分体现出抵押权的价值权特性和抵押物价值可以分割的精神。

（2）就集合抵押而言

其实质是将房地产作为一个集合体并于其上先后设定两个抵押权。在实现抵押权时，仍要求将土地使用权和房屋所有权一并处分。

（3）就分别抵押而言

虽然土地使用权和房屋所有权之上分别设定了两个独立抵押权，但在实现任一抵押权时，亦应将土地使用权和房屋所有权一并处分。实质上，土地使用权之上的已存房屋和新增房屋并无区别，其所有权与土地使用权之间皆属相互独立的关系。正如新增房屋与土地使用权的价值可以分割一样，房地分别设定抵押的实质就是进行抵押物的价值分割。

3. “房随地走、地随房走”双向统一原则强制的并非抵押权的设定而是其实现

无论是单独抵押，还是集合抵押，抑或分别抵押，在实现抵押权时，均要求同时转移土地使用权和房屋所有权，并确保上述权利取得人为同一主体。据此，“房随地走、地随房走”双向统一原则虽然允许分别设定抵押权，但是在实现抵押权时必须确保房产所有权与土地使用权转移的同时性和权利最终归属的主体同一性。

五、“分别抵押说”得以成立之法理

两个分别完成登记的抵押权，不宜将其解释为集合抵押，而应解释为分别抵押，并应认定两个抵押合同和抵押权登记皆为有效；在行使抵押权时，应就土地使用权和房屋所有权分别估价，一并处分，并就拍卖所得价款分别清偿相应的抵押权。其理由如下：

1. 将房地产分别设定抵押是当事人签订抵押权合同时真实的意思表示

因两个抵押合同均未违反物权法定原则，故法律没有理由强行干预并认定其中一个抵押权为无效。

2. 分别抵押并不违反“房随地走、地随房走”的原则

分别抵押在实现时亦要采用分别估价、一并处分的方式，已经完全可以确保房地产权的同时转移和权属的最终同一性结果。

3. 价格与价值的分割并不导致最终权利归属不同主体

分别抵押的实质是对房屋所有权和土地使用权的价格分割，虽然抵押权设定时导致价值分属于不同的主体，但在实现时并未最终导致权利分别归属于不同的主体。

4. 分别抵押中的抵押权人在缔约时已有明确的法律预期

无疑，抵押权人对土地使用权或房屋所有权的价值享有优先受偿权。若将分别抵押解释为集合抵押，会出现先登记的抵押权人获得超出合同预期之外的利益，而后登记的抵押权人一无所获的结果，这不仅违反抵押合同的约定，而且有违民法公平原则。

尽管根据《民法典》第三百九十七条和第三百九十八条所沿袭的《担保法》第三十六条与《物权法》第一百八十二条、第一百八十三条等规定，土地完成使用权抵押登记后，应将未登记的房屋视为一并抵押，但如果在事实上并未完成房屋抵押权登记时，即使土地使用权的权利人在未完成房屋抵押权登记的情形下，亦可依法对房屋价款优先受偿，但是因已完成房屋抵押权登记的权利人，根据《担保法》第五十四条，尤其是《物权法》第一百九十九条关于登记的抵押权优先于未登记的抵押权之规定，就

房屋抵押物，其应优先于未登记的权利人受偿。

5.《担保法》允许多重抵押而《物权法》认可重复抵押均彰显物尽其用的原则

实践中，“房屋数人共有，土地一人所有”或者“房屋分别所有，土地共同所有”的现象比比皆是，若将“房随地走、地随房走”原则机械地理解为禁止分别抵押，将严重限制融资渠道，人为地设置不动产融资障碍，并出现某层房屋可以抵押，而其他层的房屋不能抵押的不合理结论。

第三百五十七条 【建设用地使用权流转之地随房走】

建筑物、构筑物及其附属设施转让、互换、出资或者赠与的，该建筑物、构筑物及其附属设施占用范围内的建设用地使用权一并处分。

【条文疏义】

本条沿袭了《物权法》第一百四十七条的规定。

一、“房地一致”的另一种表现形式是“地随房走”

我国法律和行政法规均规定，地上建筑物和其他附着物所有权流转时，其使用范围内的建设用地使用权随之流转。《担保法》第三十六条第一款规定：“以依法取得的国有土地上的房屋抵押的，该房屋占用范围内的国有土地使用权同时抵押。”第三款规定：“……以乡（镇）、村企业的厂房等建筑物抵押的，其占用范围内的土地使用权同时抵押。”

《城镇国有土地使用权出让和转让暂行条例》第二十四条规定：“地上建筑物、其他附着物的所有人或者共有人，享有该建筑物、附着物使用范围内的土地使用权。土地使用者转让地上建筑物、其他附着物所有权时，其使用范围内的土地使用权随之转让，但地上建筑物、其他附着物作为动产转让的除外。”第三十三条第二款规定：“地上建筑物、其他附着物抵押时，其使用范围内的土地使用权随之抵押。”

二、“地随房走”被法律实践和社会生活普遍接受

在理解和适用本条规定时，要特别注意和《民法典》第三百五十六条所沿袭的《物权法》第一百四十六条的衔接，这两条实际上作为一个整体，只要建设用地使用权和地上房屋产权有一个发生了转让，另外一个就要相应转让。从法律后果上说，不可能也不允许把“房”和“地”分别转让给不同的主体。

此外，本条中所讲的附属设施占用范围内的建设用地使用权有可能是一宗单独的建设用地使用权，也有可能是共同享有的建设用地使用权中的份额，特别是在建筑物区分所有的情况下。转让占用范围内的建设用地使用权不可能也不应该导致对业主共同享有的建设用地使用权的分割。在这种情况下，除本条规定外，还要依据业主的建筑物区分所有权的有关规定，才能全面确定当事人的权利义务。

三、“房随地走、地随房走”的理解与适用

在司法实践中对该“房随地走、地随房走”物权登记原则的理解与适用不尽统一。

最高人民法院在（2015）民二终字第269号判决中对归纳的两个争议焦点的分析，从司法实践层面解决了两个长期存在的争议问题。

1. 在全国不动产统一登记制度尚未健全时不动产登记机关如何确定

最高人民法院认为：

（1）虽然建设部发布施行的《城市房地产抵押管理办法》及《房屋登记办法》规定办理在建工程抵押登记的部门为房地产行政主管部门，但《担保法》及《城市房地产管理法》作为法律的位阶高于上述两个部门规章，故应当优先适用《担保法》及《城市房地产管理法》。

（2）依据《最高人民法院关于适用〈中华人民共和国担保法〉若干问题的解释》第六十条的规定，以城市房地产或者乡（镇）、村企业的厂房等建筑物抵押的，在县级以上地方人民政府对登记部门未作规定，当事人在土地管理部门或者房产管理部门办理了抵押物登记手续，人民法院可以确认其登记的效力。

2. 仅办理土地使用权抵押登记的，可否依据《民法典》第三百九十七条所沿袭的《物权法》第一百八十二条之规定主张对地上建筑物的优先受偿权

最高人民法院认为：

（1）当事人应当对土地使用权及其地上建筑物一并抵押，如果当事人未一并抵押时，则法律直接规定"视为一并抵押"，即只要土地使用权或地上建筑物之一项办理了抵押登记，即使另外一项没有办理抵押登记，亦依法推定为两者一并抵押。

（2）从市场交易的风险防范角度来看，我国已经确立了房和地应一并抵押的原则，并明确规定土地或者地上建筑物未一并抵押的也视为一并抵押，参与或从事房地产抵押实践的市场主体应当知悉该法律规定。

市场主体在设立土地抵押权时，对该土地上的建筑物是否已经设定抵押权应当负有注意义务，并积极向登记机关进行查询，以避免遭受风险，反之亦然。市场主体如果因自己未尽到上述查询等注意义务，在未来实现抵押权时存在权利冲突而遭受风险，则该损失应由市场主体自行负担。

【典型案例】

房屋产权转让时应否同时办理房屋产权过户手续和土地使用权转让手续[①]

——建设用地使用权应随地上物的移转而一并移转

基本案情

2000 年 10 月 11 日，经西寺堡开发区管委会社会事业局批复，由被告

① 参见赵某佩诉孙某不动产登记纠纷案，载中国裁判文书网，http://www.pkulaw.com/pfnl/a25051f3312b07f31ccdd1b59c007291815c5206995b33c3bdfb.html，最后访问时间：2020 年 6 月 10 日。

孙某在西寺堡镇建设商贸综合楼。被告于2000年11月22日取得建设用地规划许可证、建设工程规划许可证、建设项目选址意见书，并依照规划在案涉开发区投资建设了案涉房屋。

2004年6月14日，被告与原告赵某佩签订《房屋买卖合同》，将其按照前述选址及规划所建的位于西寺堡开发区卯阳路南侧商业楼×号商业房出售给原告赵某佩，原告于2004年6月14日办理了该房屋的所有权证书。

2005年3月31日，西寺堡开发区国土资源局向被告下发缴款通知单，限其于2005年4月25日前缴纳土地出让金与征地管理费、滞纳金。在全国实行土地证和房产证二证合一政策后，原告因无该房屋占用范围内的土地使用权证书，而无法办理不动产登记证书。遂诉至法院，请求被告协助办理过户手续。

法院审理

法院经审理认为，根据《物权法》第一百四十七条“建筑物、构筑物及其附属设施转让、互换、出资或者赠与的，该建筑物、构筑物及其附属设施占用范围内的建设用地使用权一并处分”的规定，房屋转让时房屋的所有权和该房屋占用范围内的土地使用权应同时转让。

本案中，被告孙某通过出让方式取得相应的建设用地使用权后，在其上建设房屋出售给买房人并配合办理了房屋所有权证书，也就是同意将该处房屋及占用范围内的土地使用权转让给房屋买售人。原告赵某佩通过从被告处购买而取得房屋所有权，并依法进行了房屋产权登记，原告就应享有该处商业房所有权及房屋占用范围内的土地使用权。由于被告孙某没有及时办理该处房屋占用范围内土地的使用权证的原因才导致案涉房屋无法办理不动产登记，故对原告要求被告孙某协助其办理案涉土地不动产登记证书的诉讼请求，法院予以支持。

案件评述

一、案涉房屋签订转让合同并已登记，相应的土地使用权随之转移

根据“地随房走”原则，原告赵某佩通过从被告处购买而取得房屋所有权，并依法进行了房屋产权登记，原告就应享有该处商业房所有权及房屋占用范围内的土地使用权。

二、土地使用权和房屋产权存在依附关系

一方面，土地是任何房产的基础，是土地上建筑物的本质组成部分。如果民事主体对土地不享有使用的权利，就无权在该土地上建房或使用房屋。因此，离开了土地的建筑物就是空中楼阁。

另一方面，房屋产权的取得必须建立在已依法取得的土地使用权的基础上。权利人对房屋产权或土地使用权中任何一种权利的处分，往往会涉及另一种权利的变动。

三、我国物权法上的“地随房走”原则

虽然土地使用权和房屋产权是两种不同性质、不能互相替代、具有不同价值的物权，但由于房屋与土地具有不可分离的依附关系，因此在单独将房屋转让、互换、出资或者赠与时，都必然涉及如何处理二者关系的问题。

我国一向采取“地随房走”的原则，即法律将房屋产权和土地使用权视为统一的标的物的组成部分，不允许分别流转，在房屋所有权人将房屋转让、互换、出资或者赠与之时，应当一并移转相应的土地使用权。

《城市房地产管理法》第三十二条规定：“房地产转让、抵押时，房屋所有权和该房屋占用范围内的土地使用权同时转让、抵押。”《城镇国有土地使用权出让和转让暂行条例》第二十四条规定：“地上建筑物、其他附着物的所有人或者共有人，享有该建筑物、附着物使用范围内的土地使用权。土地使用者转让地上建筑物、其他附着物所有权时，其使用范围内的土地使用权随之转让，但地上建筑物、其他附着物作为动产转让的除外。”

《物权法》规定建筑物所有权与建设用地使用权的一体化流转，可以

保障土地与建筑物上的权利归属明确。《民法典》编纂再次将土地使用权与建筑物所有权一体化处置，可以使整个社会的不同产权关系相对简约化，并可以为解决土地使用权或建筑物所有权的归属纠纷提供推定准则。[①]

四、土地与其上房屋的物权主体以同一主体为原则，非同一主体为例外

一般情况下，民事主体只有依法取得土地使用权，才能在土地上依法兴建房屋，取得房屋产权，此时土地使用权主体与房屋产权的主体是同一的。

但是，随着近年来城市住房制度的改革和规模商品房的开发，城市私有房屋的比例呈上升趋势，于是出现了房屋区分所有。所谓“房屋区分所有”，也称“建筑物区分所有”，又称“水平所有”。其实所谓区分所有是将某一幢房屋（特别是楼房）按其本身结构区分为各个独立单元，每个单元均构成一个相对独立的所有权客体（独立的物），于是在一幢房屋上就成立了两个以上的所有权。区分所有是一种房屋所有权形式，它既承认房屋作为一种整体（一个物）存在的事实，又承认这个整体中又可以划分为若干相互独立的部分，各个部分上成立相对独立的所有权，由此形成独特的对独立单元享有单独所有权与对共有或共用部分享有共同所有权。部分房屋区分所有出售后，土地使用权人仍登记为原开发商或原单位，于是产生了房屋产权主体与房屋占有范围内的土地使用权主体并不同一的例外情形。

房屋所有权与土地用益物权均应受到法律保护，但房屋所有权与建设用地使用权、宅基地使用权和地役权之间确实存在事实上和法律上的冲突，而所谓冲突规则的概念明确化，特指在房屋所有权与土地用益物权两者发生冲突时，一种可以最大限度地保障房屋和土地权利人的利益的制度。[②]

① 焦清扬：《国有土地上房屋征收的立法透析与制度反思》，载《河南财经政法大学学报》2016 年第 1 期。

② 王玮立：《房屋所有权与土地用益物权的冲突规则——以汶川地震恢复重建中房地权属配置为例》，西南财经大学 2011 年硕士学位论文。

我国现行房地产立法确立了“房随地走”与“地随房走”原则或称“房地产权一体”原则。如果以这一原则为切入点，来分析由于房屋与其所依存的土地所形成的固定而长期的物理上的联系，必然要求形成科学的房屋所有权与土地使用权关系，并且认为该原则正是适应我国社会经济制度现状和长期发展规划所必须坚持的基本原则。同时，通过简要分析这一原则的利弊，提出对不动产统一登记的需求。所以要对现实生活中如何正确理解和妥善处理房产和地产权益关系，以加强不动产所有权人的物权保护，稳定和促进市场经济发展加以探讨。只有坚持贯彻“房地一致”的原则，并且补充完善这一原则在理论层面和实践操作上的瑕疵，才能够实现法律规范有关社会关系的目标价值。①

第三百五十八条　【建设用地使用权的提前收回及其补偿】 建设用地使用权期间届满前，因公共利益需要提前收回该土地的，应当依据本法第二百四十三条的规定对该土地上的房屋以及其他不动产给予补偿，并退还相应的出让金。

【条文疏义】

本条沿袭了《物权法》第一百四十八条的规定，解决以出让方式设立的建设用地使用权都有期限，而建设用地使用权期间届满前，出让人能否收回建设用地使用权的问题，仅对法条引致的内容作了修订。

一、建设用地因公共利益提前收回会使原权利人承受不利负担

谋取公共福利的成本应由享受该公共利益的社会全体成员平均分担，自然平衡才能得以维护。土地资源的稀缺性及功能的不可替代性，决定了

① 田道岐：《论“房随地走”与“地随房走”原则》，山东大学2015年硕士学位论文。

建设用地使用权具有巨大的经济价值，所以征收或提前收回时，应当正确理解和适用现有法律规范，给予权利人以合理的补偿，以填补公权力对个人权利的剥夺或限制所造成的损失。①

二、提前收回土地私法上即违约只是基于公法优益权仅作补偿

根据《土地管理法》第五十八条的规定，为了公共利益需要使用土地的，由有关人民政府自然资源主管部门报经原批准用地的人民政府或者有批准权的人民政府批准，可以收回国有土地使用权，并应当对土地使用权人给予适当补偿。实践中，当事人一般也在建设用地使用权出让合同中对提前收回的情况作出约定。

国土资源部和国家工商局制定的出让合同示范文本就有提前收回建设用地的内容："根据社会公共利益需要提前收回土地使用权的，出让人应当依照法定程序报批，并根据收回时地上建筑物、其他附着物的价值和剩余年期土地使用权价格给予受让人相应的补偿。"本条对提前收回的补偿标准作出更为细化的规定。

三、对建设用地上的房屋及其他不动产应依征收规定给予补偿

《民法典》第二百四十三条规定，为了公共利益的需要，依照法律规定的权限和程序可以征收集体所有的土地和组织、个人的房屋以及其他不动产。征收集体所有的土地，应当依法及时足额支付土地补偿费、安置补助费以及农村村民住宅、其他地上附着物和青苗等的补偿费用，并安排被征地农民的社会保障费用，保障被征地农民的生活，维护被征地农民的合法权益。

征收组织、个人的房屋以及其他不动产，应当依法给予征收补偿，维护被征收人的合法权益；征收个人住宅的，还应当保障被征收人的居住条件。因此，征收的有关规定是补偿的法律依据。

① 李小秀：《出让、取得建设用地使用权的补偿问题探析》，载《福建法学》2013 年第 2 期。

四、对房屋等构筑物所占用的建设用地则不适用征收的规定

征收是国家把集体所有的土地和单位、个人的不动产变为国有的财产，是一种改变所有权的法律行为。我国城市的土地属于国家所有，建设用地使用权人取得的是对土地使用的权利，国家收回本来就属于自己的建设用地，不适用有关征收的规定。但是，为了公共利益的需要，国家可以提前收回建设用地使用权。由于建设用地使用权人是按照建设用地的使用期限交纳出让金的，因此，提前收回建设用地使用权的，出让人还应当向建设用地使用权人退还相应的出让金。比如，某商场的建设用地使用权期间是40年，该商场30年后被征收，那么对于该商场需要根据征收的规定给予补偿，同时，还应当退还该商场所有权人10年的出让金。

【典型案例】

业已办证的房屋能否被强行收回建设用地使用权①

——建设用地使用权提前收回的条件

基本案情

原告王某德于1998年9月23日在丙野县房地产管理局办理了房产证，丙野县人民政府于2004年9月2日为原告王某德颁发了该房产的国有土地使用权证。

2010年9月3日，被告丙野县国土资源局为案外人卯东亨达煤业有限公司颁发了土地使用权证（王某德的房产也位于该土地上）。2016年11月11日，被告丙野县国土资源局与案外人卯东亨达煤业有限公司就上述土地（其中包含王某德房产所在土地）达成收回土地协议书。

2016年11月17日，丙野县国土资源局向丙野县人民政府递交了《关

---

① 参见王某德与丙野县国土资源局撤销纠纷案，载中国裁判文书网，http：//wenshu. court. gov. cn/content/content? DocID = ca733933 - 5fda - 47c8 - bd2c - a8dd017c0dc9&KeyWord = % E7% 8E% 8B% E5% 85% B4% E5% BE% B7% 7C% E5% B7% A8% E9% 87% 8E% E5% 8E% BF，最后访问时间：2020年6月11日。

于收回并公开出让国有建设用地使用权的请示》。同日，丙野县人民政府作出《关于收回并公开出让国有建设用地使用权的批复》。

2017 年 4 月 14 日，原告王某德通过被告丙野县国土资源局获取了《挂牌成交确认书》，得知被告丙野县国土资源局与案外人寅野万隆置业有限公司就上述土地签订了《挂牌成交确认书》。为此，原告王某德提起诉讼。

原告王某德认为，自己的房屋位于《挂牌成交确认书》所涉土地的范围之内，《挂牌成交确认书》将自己享有使用权的土地转让给他人，侵犯了自己的合法权益，且行政程序违法，《挂牌成交确认书》应当予以撤销。

被告丙野县国土资源局认为，该局依法公开出让该宗土地使用权程序合法，符合法律规定。虽然原告持有所载明房屋的国有土地使用权证，但在出让该宗土地时原告房屋已经被拆迁，该宗土地拆迁房已回迁完毕。撤销所作出的行政行为会给国家利益、社会公共利益造成重大损害。

法院审理

法院经审理认为，原告王某德提交的载有其姓名的房屋产权证、土地使用权证，能够证明其所居住的房屋位于被告丙野县国土资源局与案外人寅野万隆置业有限公司签订的《挂牌成交确认书》所涉土地的范围内，原告王某德与所诉行政行为具有利害关系，其具有诉讼主体资格。

《物权法》第一百四十八条规定："建设用地使用权期间届满前，因公共利益需要提前收回该土地的，应当依照本法第四十二条的规定对该土地上的房屋及其他不动产给予赔偿，并退还相应的出让金。"被告丙野县国土资源局未提供证据证明已就案涉土地、房产向原告王某德作出相关补偿，其作出的与案外人寅野万隆置业有限公司签订《挂牌成交确认书》的行政行为程序违法。

被告丙野县国土资源局作出的行政行为涉及社会公共利益，撤销会给国家利益、社会公共利益造成重大损害，故确认被告丙野县国土资源局该行政行为程序违法，但不予以撤销。

案件评述

一、本案涉及建设用地使用权的收回及补偿问题

本案中，王某德作为该建设用地的使用权人，对该块用地享有使用权，对其上的建筑物、构筑物及其附属设施享有相应的产权。由于建设用地使用权尚未到期，丙野县国土资源局没有权力无偿收回该建设用地的使用权和无偿取得其上相应建筑物的产权。即使是基于公共利益需要收回该块建设用地，也需要以合理的价格对使用权人的建筑物等设施予以购买才行，否则就构成了对建设用地使用权人合法权益的侵犯。由此可见，提前收回建设用地使用权须受到公共利益、相应补偿和退还出让金的条件限制，违反了法定的程序就是对权利人合法权益的侵犯。

二、提前收回建设用地使用权需为公共利益且予以相应补偿并退还出让金

1. 收回建设用地使用权须因公共利益之需要

建设用地使用权一经设立，就应当受到法律保护，非因法定事由不得随意改变。但是，国家可以因为社会公共利益的需要而提前收回已经出让的建设用地。对于法律规定的“社会公共利益优先”这一条限制规定，应当认为是有必要的，但目前法律对社会公共利益的界定模糊。在现代社会，财产权不再是一项绝对的权利，为了社会义务及公共利益，它必须受到限制和干预，房屋所有权也不例外。需要强调的是，提前收回建设用地必须是真正为了公共利益的需要。

2. 我国实际土地征用拆迁可分为两大类型

（1）政府负责的公共设施建设征用土地

此类征用显然是为了公共需要，真正体现公共目的，如交通、水利、国防、文教卫生、国家机关等公共公益事业单位所需用地而进行的土地征用。

当然，在现实的土地征用拆迁执行过程中，有些地方将公共利益扩大化。往往既包括公益性的，也包括商业性的，使得公共目的的外延过于宽

泛，标准过于笼统，导致国家权力的滥用。

（2）政府出面征地后交给各类企业从事一般经济活动

对此类征用非常值得探讨，如果是政府根据法定权限与职责，按照国民经济和社会发展总体规划的要求为设立经济开发区以及为公共卫生、保护环境等目标征用土地，即使交给企业使用，仍在政府宏观管理与调控的权力范围内，应受法律保护。

但是，如果一些企业为了其经济利益而通过政府征用土地，因属于微观经济活动，则不应当动用政府的权力。按照《土地管理法》中“土地的使用权可以依法转让”的规定，企业和私人经济开发用地的取得属于市场行为，应当通过市场交易方式进行，不能借助政府征用的强制手段。而政府直接出面为某些企业征地，实际上充当了房地产开发商的合伙人的角色，不仅破坏了市场经济体制下交易双方平等的关系，而且极易滋生腐败，应当予以禁止。因此，国家今后对于“公共利益目的”的审查仍需要进一步制定有效的程序法规，以确保能更好地维护广大人民的合法权益。①

3. 提前收回建设用地使用权须依法作出相应补偿并退还土地使用出让金

建设用地使用权人取得土地使用权，并在上面投资建设，其主要目的是获得长久的收益，而唯有让其对修建的建筑物、构筑物及其附属设施拥有所有权，才能最大限度地保障其利益。所以法律明确规定，建设用地上建造的建筑物、构筑物及其附属设施的所有权属于建设用地使用权人。

规定在建设用地期限届满前，如果出于公共利益需要收回该土地的，出让人应以合理的价格购买建设用地使用权人的建筑物等设施，除非法律另有规定或者合同另有约定。也即在届满前，如果要收回土地，必须对建设用地上的建筑物等以合理的价格购买，其必须是有偿取得。另外，由于

---

① 胡昱东、吴宇哲：《土地使用权期限与房屋所有权完整性的探讨》，载《江西农业大学学报（社会科学版）》2003 年第 3 期。

政府的征收行为，建设用地使用权人的获益目的不能实现，相应的土地出让金自然也就应当退还。①

三、区分公法私权完善建设用地使用权收回的专门立法

建设用地使用权的收回是土地利用管理的重要一环，收回土地并重新进行市场化的资源配置，对规范土地市场，保护行政相对人的合法权益，促进土地的可持续发展，全面推进土地制度创新，具有重要意义。

目前，我国立法对收回的条件作出规定，但不全面，对公共利益没有明确界定，收回程序国内目前尚无专门的立法，不同的立法对收回行为的定性也存在矛盾，行政法律关系与民事法律关系混淆，行政处理与行政处罚不分。收回土地后的补偿及其他社会保障措施不健全，缺乏事前救济。收回国有建设用地使用权涉及国家利益以及土地使用者的合法权益，而现行法律更多强调政府及其他行政主体的权威和法律地位，忽视对土地使用权人及其他相关权利人的保护，导致实践中相对人的权利容易受到侵害。

为此，应当对土地收回制度进行完善，设立全面的国有建设用地使用权收回制度。首先，应当在《土地管理法》中明确收回的条件，设立公共利益认定程序，对收回行为正确定性。其次，设立独立的收回程序，并引入利益相关者参与机制，对闲置土地的收回，还应设置专门的闲置土地处理机构及闲置土地认定程序。最后，借鉴越南的有效经验制定公平合理的补偿措施。出于公共利益需要的收回则按投资效益性原则进行补偿。②

第三百五十九条　【建设用地使用权期间届满的处理规则】住宅建设用地使用权期间届满的，自动续期。续期费用的缴纳或者减免，依照法律、行政法规的规定办理。

---

① 高飞：《建设用地使用权提前收回法律问题研究——关于〈物权法〉第148条和〈土地管理法〉第58条的修改建议》，载《广东社会科学》2019年第1期。

② 陈香：《我国国有建设用地使用权收回制度的完善》，湖南大学2009年硕士学位论文。

非住宅建设用地使用权期间届满后的续期，依照法律规定办理。该土地上的房屋以及其他不动产的归属，有约定的，按照约定；没有约定或者约定不明确的，依照法律、行政法规的规定办理。

【条文疏义】

本条规定基本沿袭了《物权法》第一百四十九条的规定，并增加了“续期费用的缴纳或者减免，依照法律、行政法规的规定办理”的宣示性规范。

一、住宅建设用地使用权为有期限的用益物权

国家通过出让的方式，使建设用地使用权人获得一定期限内利用土地的权利。根据《城镇国有土地使用权出让和转让暂行条例》的规定，建设用地使用权出让的最高年限为：居住用地 70 年；工业用地 50 年；教育、科技、文化、卫生、体育用地 50 年；商业、旅游、娱乐用地 40 年，综合或者其他用地 50 年。因此，建设用地使用权期间届满后，就面临建设用地使用权如何续期的问题。

二、期满“再次申请”既增加行政成本亦不利于社会安定

《城市房地产管理法》第二十二条规定：“土地使用权出让合同约定的使用年限届满，土地使用者需要继续使用土地的，应当至迟于届满前一年申请续期，除根据社会公共利益需要收回该幅土地的，应当予以批准。经批准准予续期的，应当重新签订土地使用权出让合同，依照规定支付土地使用权出让金。土地使用权出让合同约定的使用年限届满，土地使用者未申请续期或者虽申请续期但依照前款规定未获批准的，土地使用权由国家无偿收回。”

《物权法（草案）》曾经根据当时现行有效法律的规定，对建设用地使用权的续期作出规定。但是，《物权法（草案）》向全社会征求意见后，一些部门和群众对建设用地使用权续期的规定提出了不同意见。有人提出，一幢公寓多户居住，建设用地使用权期间届满，是由住户个人申请续期还是由业主委员会统一申请续期，意见不一致时怎么办等问题需要明确。建设用地使用权续期的问题，确实和老百姓的利益息息相关，应当保障老百姓安居乐业，使有恒产者有恒心。如果规定住宅建设用地需要申请续期，要求成千上万的住户办理续期手续，不仅难以操作，加重了老百姓的负担，也增加了行政管理的成本，不利于社会的安定。

在听取各方面的意见后，《物权法》对住宅建设用地使用权和非住宅建设用地使用权的续期分别作出规定，明确规定住宅建设用地使用权期限届满的，自动续期。续期的期限、土地使用费支付的标准和办法，由国务院规定。“住宅建设用地使用权自动续期”的规定受到了普遍赞同。

同时，有人提出，住户买房时已经支付了土地出让金，续期后不应再交费。有人则认为，续期应交少量的土地使用费。考虑到住宅建设用地使用权续期后是否支付土地使用费是关系到广大群众切身利益的问题，绝大多数住宅建设用地使用权的期限为70年，如何科学地规定建设用地使用权人届时应当承担的义务，目前还缺少足够的科学依据，应当慎重研究，《物权法》以不作规定为宜。而且《物权法》不作规定，也不影响国务院根据实际情况作出相关规定。因此，当时对建设用地使用权期间届满后是否支付土地使用费的问题未作规定。

三、非住宅建设用地使用权未采取自动续期的原因

1. 非住宅建设用地和住宅建设用地有较大的区别

非住宅建设用地的使用期限相对比较短，使用用途也各不相同。有的建设用地使用权人仅需要在特定的期限内使用建设用地，超过该期限，就没有使用该土地的必要。因此，不宜将自动续期作为非住宅建设用地使用权适用的一般原则，是否续期应当由建设用地使用权人自己决定。根据本条的规定，非住宅建设用地使用权的续期，按照法律规定办理，即建设用地使用权人可以在建设用地使用权期间届满前一年申请续期。只要建设用地使用权人提出续期的要求，出让人就应当同意，只有在公共利益需要使用该建设用地的情况下，出让人才有权拒绝建设用地使用权人续期的要求，收回该土地。

2. 住宅建设用地使用权自动续期不会影响城市规划和建设

《民法典》第三百五十八条沿袭《物权法》第一百四十八条规定，建设用地使用期限届满前，因公共利益需要提前收回该土地的，应当依照有关征收的规定对该土地上的房屋及其他不动产给予补偿。在建设用地使用权续期后，因为公共利益需要收回的，自然也可以适用同样的原则。

3. 建设用地使用权期间届满后建筑物归属必须依法有据

《城镇国有土地使用权出让和转让暂行条例》规定，土地使用权期限届满，土地使用权及其地上建筑物、其他附着物所有权由国家无偿取得。有人提出，建设用地使用权期间届满，应当根据公平的原则来确定建筑物等归属，而不宜一律规定归国家所有。现实中也有法律对于非住宅建设用地使用权期间届满后该土地上的厂房等不动产归属问题作出规定。居民依法购买的是以永续存在为其特征的住宅所有权。

再如，《中外合作经营企业法》[①] 曾规定，中外合作者举办合作企业，应当在合作企业合同中约定“合作企业终止时财产的归属”。因此，对于非住宅建设用地到期后地上物归属的问题，解决的办法是，有约定的，应当按照约定，比如按照 BOT 合同的约定处理等；没有约定或者约定不明确的，应当按照有关法律规定办理。

① 现已失效，后文不再注明。

【典型案例】

建设用地使用权期间届满后如何续期①

——建设用地使用权期满后的续期、费用缴纳和不动产归属

基本案情

2009年3月15日，原告陈某彬、被告酉州天下房地产开发有限公司（以下简称酉州天下公司）签订一份《商品房买卖合同》，原告向被告购买坐落于酉州市的一处商品房。合同第一条载明“该地块土地使用权证号，土地使用年限是从2002年11月1日至2072年11月1日”等内容；第二条载明“出卖人在签订本合同时，已向买受人出示上述国有土地使用权证等相关证件”，而土地使用权证载明的土地使用年限是50年；原告于2012年2月6日取得房屋所有权证书，于2013年1月31日取得土地使用权证书。

原告陈某彬认为，在被告办理国有土地使用权证书过程中，原告才知道本幢房屋的国有土地使用权年限终止日期为2050年8月28日，较合同约定的年限减少了22年。根据以上事实，原告认为，被告作为专业的房地产开发企业，对于土地使用年限应是明知的，且被告办理的土地使用权证上载明的土地使用年限截至2050年8月28日。而双方在合同中约定的土地使用年限为自2002年11月1日起至2072年11月1日止。因此，被告多获得的利益应返还给原告，被告多获得的利益应当为被告多收的22年期限的地价款。

被告酉州天下公司认为，原告主张返还多收的地价款，没有事实依据与法律依据。依合同约定本案商品房土地为商住综合用地，据相关规定商住用地使用年限为50年，且合同签订时，被告已向原告出示该房产所在地

---

① 参见陈某彬诉酉州天下房地产开发有限公司商品房预售合同案，载中国裁判文书网，http://wenshu.court.gov.cn/content/content? DocID = 314ddd79-a87c-49b6-ad92-5cfb3f9b3ad4&-KeyWord = %E6%BC%B3%E5%B7%9E，最后访问时间：2020年6月11日。

块的土地使用证所载年限为50年，原告已知悉该地块的年限事实。原、被告签订的合同涉及的土地使用年限为70年，属记录与实际不符。但该出售商品房地块的适用年限应以出售房屋地块的土地使用权证进行确认。《物权法》第一百四十九条规定了“住宅建设用地使用权期间届满的，自动续期”，明确该土地使用年限到期后并不必然产生原告不能继续行使土地使用权的后果。故原告主张返还多收地价款依法无据。

法院审理

法院经审理认为，原、被告签订的《商品房买卖合同》，是双方当事人真实意思表示，未违反法律、行政法规的强制性规定，该合同合法有效，原、被告应依约履行义务。关于土地使用权年限，本案商品房买卖合同系格式合同，双方对条款理解有争议，应作出对提供格式合同一方（被告）不利的解释。所以，关于土地使用权年限原告的合同目的应为70年，被告构成违约。

但《合同法》规定，违约赔偿应根据原告的实际损失计算。《物权法》第一百四十九条规定了“住宅建设用地使用权期间届满的，自动续期”，因50年使用期限还未届满，如何续期，如何进行损失计算也没有相应的法律依据或者政策依据，则土地使用年限到期后不必然产生原告丧失土地使用权的后果。故其主张的违约赔偿额缺乏事实依据和法律依据，不应采纳。如50年到期后，损失实际产生，原告可再另行主张。

案件评述

一、本案涉及建设用地使用权期满后如何处理的问题

本案体现了住宅建设用地使用权期满后会自动续期，故即使双方约定的期限与法律规定不一致，也不会影响当事人的期限利益。对于期限届满后，如何缴费的问题，可能会对原告产生何种损失，还没有明确的法律依据可用以计算。

本条如此规定土地使用权期限届满后的续期和房屋归属有利于建设用

地上原有建筑物或其他附着物的充分利用，有利于充分保护建设用地使用权人的权利。建设用地使用权之所以设定一定期限，主要是因为建设用地使用权是一种用益物权，是一种他物权。既然是在他人之物上成立的物权，肯定要设定一定的用益期限，以保证所有权人的利益得以体现与确认。而且只有在期限明确的情况下，建设用地使用权人行使权利才能有切实的保障。同时，明确用益期限也能够为建设用地使用权人对自己如何在约定的期限内合理使用土地提供重要参考。

问题是，由于建设用地使用权一般设定时期限较长，建设用地使用权人往往在此期间产生大量的投入。如果建设用地使用权到期后，建设用地使用权人还需要使用土地但得不到续期的话，则一定会遭受比较大的损失。且结合我国城市国有土地实行有偿出让制度与转让制度，当时法律规定，土地使用期限届满后如不延期，地上建筑物和附着物都将被国家无偿取得。《城市房地产管理法》第二十二条第二款明确规定："土地使用权出让合同约定的使用年限届满，土地使用者未申请续期或者虽申请续期但依照前款规定未获批准的，土地使用权由国家无偿收回。"

土地使用权期限届满后，如土地使用权人愿意申请延期，则说明地上的建筑物和构筑物对其有继续利用的价值。如果国家（政府）不允许其延期，而由他人取得土地使用权，因为这些地上的建筑物和构筑物对他人并不一定具有继续利用的价值，则会造成财产的损失和浪费。事实上，目前的法律也对此作出相应的规定，如《城镇国有土地使用权出让和转让暂行条例》第四十一条规定："土地使用权期满，土地使用者可以申请续期……"《城市房地产管理法》第二十二条第一款也明确了这一点。但是在该法的第二十条又规定了国家可以因为社会公共利益的需要而不批准土地使用者的续期申请，并收回土地使用权及地上的建筑物和构筑物。

针对这样的情况，《民法典》继续肯认建设用地使用权人可以对建设用地使用权申请续期。所谓建设用地使用权中的续期，是指有期限的建设用地使用权期间届满时，在维持建设用地使用权设立时的条件这一前提下，原建设用地使用权人继续对该土地使用收益。而对于建设用地使用权人提出的续期申请，有关机关一般是原则上予以同意，除非因社会公共利益需要收回该土地。

通过建设用地使用权的续期，有利于建设用地上原有建筑物或其他附着物的充分利用。保障建设用地使用权人续期请求权的实现，可鼓励建设用地使用权人在建设用地使用权期限届满前，继续增加对建设用地的投入，发挥建设用地的最大使用价值。

二、保障老百姓安居乐业故住宅建设用地使用权期满自动续期

我国目前业已销售的商品房屋的所有权自会受到土地使用权期限的限制，由于土地使用权期限的存在，作为住宅的房屋所有权似不完整。随着时间的推移，土地使用权期限性和房屋所有权恒久性间的矛盾必然日益凸显。住宅小区开发70年后，国家已难以收回已经作为商品卖给居民的住宅。

住宅财产所有权以永续存在为其基本法律特征，房屋所有权的无期限性与土地使用权的有期限性两者的冲突问题在所难免，同时，由于我国土地所有权只能归国家和集体所有，这也决定着我国只能对土地使用权与其地上定着物的关系作出特殊规定，即土地和建筑物虽为两个独立的权利但必须归属同一主体。《物权法》为解决法律规范本身的不合理性，采取了法定续约权这一合理选择。《民法典》物权编再次予以了立法肯认。

《城市房地产管理法》的有关规定并没有真正赋予土地使用权人的优先缔约权，也没有能够实际解决到期的土地使用权上的建筑物权属问题。借鉴我国台湾地区适用的“民法”第840条第2项的规定，土地所有人得于地上权存续期间届满前，请求地上权人于建筑物可得使用之期限内，延长地上权之期间，地上权人拒绝延长者不得请求补偿。鉴于地上权之立法沿革与趋势均在保护地上权人之利益言。[1] 这一规定肯认了土地使用权人

---

① 谢在全：《民法物权论》（上册），中国政法大学出版社1999年版，第392页。

的法定续约权。由于此种续约权与承租人的优先承租权相似，即它具有债权物权化的特征，而且从主物权与从物权的关系来看，在房产权保护期限问题上，由于房屋所有权为无期限物权，土地使用权为有期限物权，为保护房屋所有权人的利益，应肯认宅基地使用权年限的确定，实行“地随房走”的原则。[①]

《民法典》编纂再次赋予土地使用权人有法定续约的权利，即可对抗其他人而获得该土地使用权。同时应当兼顾资源利用、经济效益的原则，建立起相应的权利体系。即使土地使用权因公共利益而收回，同样不能违背公平的原则，以保护合同双方的利益。

三、建设用地使用权的规定具有鲜明的中国特色

在坚持城市土地归国家所有的大前提下，在建设用地使用权续期问题上区分住宅用地和非住宅用地。建设用地使用权解决了城市居民住宅用地，工商业及其他建设用地的需要。城市居民通过购买商品房，获得了属于建筑物区分所有权及作为从权利的，由国有建设用地使用权自动续期转化而来的住宅建设用地使用权。如此，极具中国特色的自动续期，不影响使用和交易的建设用地使用权，无疑是一颗定心丸。对安定民心，对房地产交易安全信赖利益的保护和社会秩序的稳定，对政府的公信力的保障，均意义重大。法律赋予续约权体现了对土地使用权人的充分法律保护，“法定续约权”是具有中国特色的民事立法的唯一合理选择。[②]

第三百六十条　【建设用地使用权注销登记】 建设用地使用权消灭的，出让人应当及时办理注销登记。登记机构应当收回权属证书。

---

① 王卫国：《中国土地权利研究》，中国政法大学出版社 1997 年版，第 65 页。

② 李显冬：《论出让的国有土地使用权到期后其上建筑物的权属问题》，载《国家行政学院学报》2005 年第 5 期。

【条文疏义】

本条沿袭了《物权法》第一百五十条之规定，将“建设用地使用权证书”概括表述为“权属证书”。

一、建设用地使用权消灭的原因

建设用地使用权消灭的原因主要包括：建设用地使用权期间届满、建设用地使用权提前收回以及因自然灾害等原因造成建设用地使用权灭失等情形。

1. 因为使用期限届满而未续期

《物权法》第一百四十九条规定，住宅建设用地使用权期间届满的，自动续期。非住宅建设用地使用权期间届满后的续期，依照法律规定办理。该土地上的房屋及其他不动产的归属，有约定的，按照约定；没有约定或者约定不明确的，依照法律、行政法规的规定办理。

2. 被依法收回

《土地管理法》第五十八条规定，有下列情形之一的，由有关人民政府自然资源主管部门报经原批准用地的人民政府或者有批准权的人民政府批准，可以收回国有土地使用权：为公共利益需要使用土地的；为实施城市规划进行旧城区改建，需要调整使用土地的；土地出让等有偿使用合同约定的使用期限届满，土地使用者未申请续期或者申请续期未获批准的；因单位撤销、迁移等原因，停止使用原划拨的国有土地的；公路、铁路、机场矿场等经核准报废的。《物权法》第一百四十八条规定：“建设用地使用权期间届满前，因公共利益需要提前收回该土地的，应当依照本法第四十二条的规定对该土地上的房屋及其不动产给予补偿，并退还相应的出让金。”《城市房地产管理法》第二十六条规定：“以出让方式取得土地使用权进行房地产开发的，必须按照土地使用权出让合同约定的土地用途、动工开发期限开发土地……满二年未动工开发的，可以无偿收回土地使用权；但是，因不可抗力或者政府、政府有关部门的行为或者动工开发必需的前期工作造成动工开发迟延的除外。”

3. 土地灭失

作为权利客体的土地不存在，则建设用地使用权自然消灭。《物权法》规定，建设用地使用权期间届满前，因公共利益需要提前收回该土地的，应当依照法律规定对该土地上的房屋及其他不动产给予补偿，并退还相应的土地出让金。非住宅建设用地使用权期间届满后的续期，依照法律规定办理。该土地上的房屋及其他不动产的归属，有约定的，按照约定；没有约定的或者约定不明确的，依照法律、行政法规的规定办理。建设用地使用权消灭的，出让人应当及时办理注销登记。登记机构应当收回建设用地使用权证书。

二、建设用地使用权消灭后出让人应当及时办理注销登记

根据国土资源部颁布的《土地登记规则》的规定，县级以上人民政府依法收回国有土地使用权的，土地管理部门在收回土地使用权的同时，办理国有土地使用权注销登记，注销土地证书。国有土地使用权出让或者租赁期满，未申请续期或者续期申请未获批准的，原土地使用者应当在期满之日前15日内，持原土地证书申请国有土地使用权注销登记。因自然灾害等造成土地权利灭失的，原土地使用者或者土地所有者应当持原土地证书及有关证明材料，申请土地使用权或者土地所有权注销登记。

考虑到出让人全面掌握建设用地使用权消灭的情形，所以本条规定注销登记应由出让人及时办理。建设用地使用权注销后，登记机构应当收回建设用地使用权证书。

【典型案例】

土地行政管理部门是否有权注销未按用途使用的建设用地使用权[①]

——建设用地使用权的注销登记

基本案情

德旭公司于2015年9月25日与被告午南县自然资源局签订一份《国有建设用地使用权出让合同》，并通过公开“招拍挂”的方式，以10万元/亩的价格获得了午南县产业集聚区梁祝大道（原迎宾大道）西侧96879.30平方米（146亩）工业用地的使用权。案涉土地于2015年11月29日获得了相应的国有土地使用权证。原告于2017年1月20日在午南县房地产管理所办理了两栋厂房13783.36平方米的产权证，原告西侧60亩土地未实施建设。

2018年3月21日，原告向午南县人民政府申请退还该闲置的60亩土地。2018年3月26日，被告午南县自然资源局以午国土〔2018〕56号文件形式向午南县人民政府提交收回位于原告公司西半部分面积40000.8平方米（60亩）的土地，补偿数额由县政府负责核算的请示。2018年4月1日，午南县人民政府作出午政文〔2018〕32号文件，同意收回德旭公司部分国有建设用地使用权，收回地块位于该公司地块西半部分，面积40000.8平方米（60亩）等内容。2018年4月3日，午南县自然资源局向德旭公司送达该文件，德旭公司收到该文件后一直未按照文件内容到被告午南县自然资源局办理土地变更登记。

2019年3月13日，被告午南县自然资源局以午自然资〔2019〕28号文件形式向午南县人民政府提交注销德旭公司午国用〔2015〕第014号国有土地使用权证书的请示。同年3月14日，午南县人民政府作出午政文

---

① 参见德旭公司、午南县自然资源局土地行政管理案，河南省驻马店市中级人民法院，(2020) 豫17行终17号。

〔2019〕26号文件，同意注销德旭公司汝国用〔2015〕第014号国有土地使用权证书。2019年3月15日，午南县自然资源局公告注销德旭公司汝国用〔2015〕第014号土地使用权证书，德旭公司向该市自然资源和规划局申请复议，该市自然资源和规划局于2019年7月2日作出自然资复〔2019〕5号行政复议决定书，维持午南县自然资源局作出的《午南县自然资源局关于注销德旭公司土地使用证（午国用〔2015〕第014号）的公告》(午自资告字〔2019〕029号)。

德旭公司主张午南县自然资源局注销德旭公司国有土地使用权证侵犯了其合法权益，要求撤销前述《公告》及《行政复议决定书》并恢复德旭公司案涉土地的国有土地使用权证，遂成诉。

法院审理

法院经审理认为，本案的争议焦点是，被告午南县自然资源局《关于注销德旭公司土地使用证（午国用〔2015〕第014号）的公告》的注销行为是否合法。原告德旭公司按照《国有建设用地使用权出让合同》于2015年11月29日取得案涉土地使用权证书，因有部分土地闲置超过合同约定期限，被告午南县自然资源局根据原告退还部分土地的申请，向午南县人民政府进行了请示，午南县人民政府作出午政文〔2019〕26号文件，同意注销德旭公司午国用〔2015〕第014号国有土地使用权证书，被告作为政府职能部门按照政府批复作出公告注销行为，其对原告产生行政法律效力，德旭公司具有原告主体资格。根据《土地管理法》第三十七条“禁止任何单位和个人闲置、荒芜耕地……一年以上未动工建设的……连续二年未使用的，经原批准机关批准，由县级以上人民政府无偿收回用地单位的土地使用权”的规定，及德旭公司与被告午南县自然资源局签订的《国有建设用地使用权出让合同》第三十二条的规定，受让人造成土地闲置，满2年，出让人有权无偿收回国有建设用地使用权。德旭公司在取得案涉土地使用权建厂后，有部分土地闲置，按照上述规定，午南县人民政府收回德旭公司的部分土地，是经德旭公司同意及合同的约定，具备事实依据和法律依据。

根据《不动产登记暂行条例实施细则》第十七条和第十九条的规定，当事人可以持人民法院、仲裁委员会的生效法律文书或者人民政府的生效决定，单方申请不动产登记。人民政府作出征收或者收回不动产权利决定生效后，要求不动产登记机构办理注销登记的，不动产登记机构应当在登记事项记载于登记簿前进行公告。

本案中午南县人民政府作出《关于注销德旭公司午国用〔2015〕第014号国有土地使用证书的批复》，被告午南县自然资源局是午南县人民政府负责注销的实施主体，在午南县人民政府批复下发后，被告午南县自然资源局按照规定把批复送达给原告，已经履行了法定告知和说明的义务。

因德旭公司在规定期限内没有办理更换或者注销原土地权利证书手续，被告午南县自然资源局作为政府职能部门，可以按照政府批复行使注销德旭公司土地使用证书的权利，这也是被告午南县自然资源局作为自然资源行政主管部门行使政府职能的基本要求。

综上，德旭公司的诉讼请求没有事实根据和法律依据，审理法院遂驳回了德旭公司的全部诉讼请求。

案件评述

一、注销土地登记的主要类型

根据国家土地管理局印发的《土地登记规则》，我国的注销土地登记，主要包括以下类型：

1. 集体所有的土地依法被全部征用或者农民集体所属成员依法成建制转为城镇居民的集体土地所有权注销登记。

2. 县级以上人民政府依法收回国有土地使用权的国有土地使用权注销登记。

3. 国有土地使用权出让或者租赁期满，未申请续期或续期申请未获批准的国有土地使用权注销登记。

4. 因自然灾害等造成土地权利灭失的土地使用权或者土地所有权注销

登记。

5. 土地他项权利终止的土地他项权利注销登记。

本案中，午南县自然资源局作为政府职能部门按照政府批复行使注销德旭公司土地使用权证书属于第二种情形。

二、出让人及时办理注销登记的必要性

建设用地使用权消灭后，出让人应当及时办理注销登记。根据国土资源部颁布的《土地登记规则》的规定，县级以上人民政府依法收回国有土地使用权的，土地管理部门在收回土地使用权的同时，办理国有土地使用权注销登记，注销土地证书。国有土地使用权出让或者租赁期满，未申请续期或者续期申请未获批准的，原土地使用者应当在期满之日前15日内，持原土地证书申请国有土地使用权注销登记。因自然灾害等造成土地权利灭失的，原土地使用者或者土地所有者应当持原土地证书及有关证明材料，申请土地使用权或者土地所有权注销登记。

实践中，考虑到出让人全面掌握建设用地使用权消灭的情形，所以，本条规定注销登记由出让人及时办理。建设用地使用权注销后，登记机构应当收回建设用地使用权证书。本案中，德旭公司的诉讼请求未被支持，后续应由午南县自然资源局收回其权属证书。

第三百六十一条　【集体土地作为建设用地的法律适用】集体所有的土地作为建设用地的，应当依照土地管理的法律规定办理。

【条文疏义】

本条沿袭了《物权法》第一百五十一条的规定。

一、集体所有土地使用权不得出让、转让或出租用于非农业建设

我国《土地管理法》规定，除耕地外，农民集体所有的土地只能用于乡镇村企业、乡镇村公共设施和公益事业以及农民住宅建设。因此，目前农民集体还不能直接出让自己的土地使用权，从而使集体所有的土地使用权直接进入土地一级市场。农民集体所有的土地必须经过征收才能变为建设用地。

近年来，我国土地制度改革不断深化，国务院先后出台了一系列涉及农村集体建设用地的规定。《国务院关于2005年深化经济体制改革的意见》中明确指出，进一步研究探索农村集体建设用地使用权进入市场。土地行政主管部门一直将加快集体建设用地使用制度改革作为工作的重点，在对集体建设用地进行严格管理的同时，也允许一些地区可以开展集体建设用地流转方面的试点。

二、集体建设用地使用权只能是建设用地使用权的下位阶概念

在统一城乡建设用地市场的政策目标下，集体建设用地使用权与国有建设用地使用权具有相同的权利内容，实行相同的交易规则，受到同等的规划和用途管制。集体建设用地使用权是建设用地使用权的下位阶概念，自可以直接规定于《民法典》物权编建设用地使用权一章，至于其特殊规则可规定于《土地管理法》之中。与国有建设用地使用权一样，集体建设用地使用权可以出让或者划拨方式设立，分别对应于经营性和非经营性用途。经登记而设立的集体建设用地使用权同样具有转让、出租、出资、赠与、抵押和继承等权能。①

考虑到我国土地制度改革正在深化，各地的情况差异较大，土地行政主管部门正在进行土地制度试点和研究，尚待总结实践经验，并在此基础上规范和完善。而且集体建设用地制度如何改革，不但需要通过修改《土地管理法》等法律将解决纠纷的临时应急措施予以法律定型化，而且，作为民事基本法律的《民法典》物权编，还是有必要作出原则性且灵活的规定，为今后土地制度改革留下空间。

---

① 高圣平：《论集体建设用地使用权的法律构造》，载《法学杂志》2019年第4期。

因此，本条对建设用地使用集体所有的土地的情况仅作出原则性规定，明确集体所有的土地作为建设用地的，应当按照《土地管理法》等法律规定办理。

【典型案例】

集体土地作为建设用地的使用范围①

——集体土地作为建设用地的法律规定

基本案情

2015年4月10日，原、被告双方签订《拆迁补偿协议书》，被告将原告位于辰集镇105国道东侧的四间门面房及地上附属物拆除，约定由被告在原址补偿给原告门面房五间，如被告违约，致使房屋无法交付给原告，则被告赔偿给原告120万元房屋款。

被告将原告的房屋拆除后，至今未重建，原告多次找到被告，但被告明确表示在原址处无法重建且不能按约定交付房屋，被告的行为明显已经构成预期违约。原告为维护自身合法权益，依据双方签订的《拆迁补偿协议书》，要求被告支付拆迁补偿款，符合法律规定。原告为维护自身权益，现请求法院依法判令被告支付拆迁补偿款120万元并承担本案诉讼费。

法院审理

一审法院经审理认为，原告与被告签订《拆迁补偿协议书》，双方构成房屋拆迁安置补偿合同法律关系，当事人应当按照上述协议书的约定全面履行自己的义务。被告向原告出具证明书，证明原告的房屋已经拆迁，由于外界原因，无法在原址处重建。该证明说明被告已经用自己的行动明确表示不能履行交付房屋的合同义务，构成预期违约，被告应当按照合同的约定承担违约责任。

---

① 参见房屋拆迁安置补偿合同纠纷再审案，河南省商丘市中级人民法院，（2017）豫14民申48号。

再审法院经审理认为，案涉土地系宅基地，《拆迁补偿协议书》虽系当事人双方的真实意思表示，但实质上涉及宅基地使用权的处分以及集体所有土地的开发建设。《土地管理法》第八条规定，城市市区的土地属于国家所有。农村和城市郊区的土地，除由法律规定属于国家所有的以外，属于农民集体所有；宅基地和自留地、自留山，属于农民集体所有。《物权法》第一百五十一条规定，集体所有的土地作为建设用地的，应当依照土地管理法等法律规定办理。《土地管理法》第四十三条规定，任何单位和个人进行建设，需要使用土地的，必须依法申请使用国有土地；但是，兴办乡镇企业和村民建设住宅经依法批准使用本集体经济组织农民集体所有的土地的，或者乡（镇）村公共设施和公益事业建设经依法批准使用农民集体所有的土地的除外。第六十三条规定，农民集体所有的土地的使用权不得出让、转让或者出租用于非农业建设；但是，符合土地利用总体规划并依法取得建设用地的企业，因破产、兼并等情形致使土地使用权依法发生转移的除外。

综上，法院二审判决认定基本事实清楚，但适用法律错误，法院依法予以纠正，遂驳回原告的诉讼请求。

案件评述

一、案涉集体土地变相参与商业开发违反法律强制性规定

本案中，集体所有的土地作为建设用地来使用，符合本法条的立法主旨。原、被告双方签订《拆迁补偿协议书》，被告将原告位于辰集镇 105 国道东侧的四间门面房及地上附属物拆除，约定由被告在原址补偿给原告门面房五间，如被告违约，致使房屋无法交付给原告，则被告赔偿给原告 120 万元房屋款。

协议虽系当事人双方的真实意思表示，但实质却涉及宅基地使用权的处分以及集体所有土地的开发建设。从法律规定可以看出，国家依法实行国有土地有偿使用制度，严格限制或禁止集体土地（宅基地）用于商业开发、建设。本案双方签订协议，其实质为未经审批，用集体所有的土地变相参与商业开发，违反法律的强制性规定，应属无效。

二、集体建设用地使用权实质上为临时应急措施的法律定型化

1. 建设用地管理制度包括其管理、定额、审批和许可等方面的规定

政府职能部门运用行政的、法律的、经济的和技术的综合手段，来配置协调各部门、各单位、各用地单元的用地关系，保证一要吃饭，二要建设的基本需要，严格控制农业用地向非农业用地转变而采取的各项管理措施，是土地管理工作中的重要组成部分。

2.《土地管理法》按用途将土地分为农用地、建设用地和未利用地

所谓农村集体建设用地使用权，是指在农民集体所有的土地上依法设定的，以营造并保有建筑物、其他构筑物为目的的土地使用权。《物权法》第一百五十一条规定："集体所有的土地作为建设用地的，应当依照土地管理法等法律规定办理。"

3. 我国现行土地立法一直没有明确规定集体建设用地使用权

在现实中农村集体建设用地使用权不仅普遍存在，而且亦被国家有关行政主管部门的行政规章和一些地方性法规所肯定，如 2007 年 12 月国土资源部发布的《土地登记办法》明确规定了土地登记包括国有土地使用权、集体土地所有权、集体土地使用权和土地抵押权、地役权以及依照法律规定需要登记的其他土地权利，其中集体土地使用权包括集体建设用地使用权、宅基地使用权和集体农用地使用权（不包含土地承包经营权）。

农村集体建设用地使用权在我国土地资源的开发利用上是客观存在的现实权利，虽无物权之名，但有物权之实。

三、《物权法》规定的"建设用地使用权"应当作狭义解释

有观点认为，《物权法》第十二章规定的"建设用地使用权"包括国有土地上的建设用地使用权和集体土地上的建设用地使用权两种，因而集体建设用地使用权也是法定的物权类型。也有观点认为，从《物权法》第一百三十五条关于建设用地使用权的定义性规定来看，建设用地使用权的客体仅为国家所有的土地，对以建设为目的使用集体所有的土地，不属于

《物权法》第一百三十五条规范的建设用地使用权的客体范畴。[①]

应当认为，《物权法》规定的“建设用地使用权”只能是在国有土地所有权上创设的建设用地使用权，在集体土地所有权上创设的建设用地使用权不属于法定的物权类型。其主要理由是：

1. 按照物权法定原则上位法对集体建设用地使用权并未作出明确规定

由于没有法律明文确认集体建设用地使用权属于用益物权的范畴，故集体建设用地使用权不能作为物权法规定的“建设用地使用权”的客体。认定集体建设用地使用权属于《物权法》规定的“建设用地使用权”，欠缺明确的法律依据。

2. 实践中“集体建设用地使用权”有“实”无名

从农村集体土地利用的现实情况看，开办乡（镇）村集体企业以及兴建公共设施和公益事业的土地使用者主要是乡镇、村两级农村集体经济组织，即集体土地的所有权人，所有权人有权对所有的土地享有使用的权利。

在乡（镇）、村集体企业及公共设施和公益事业的所有权与集体土地所有权一致的情况下，无须再立法规定创设一种用益物权来使用集体土地，即使个人需要使用集体土地开办企业，但由于国家对集体土地用途的严格监管，需要办理烦琐的审批手续，通常采取租赁、承包的方式利用集体土地，也无须创设一种用益物权来满足土地使用者对集体土地的需求。可以说，在我国目前现行土地法律框架内，尽管集体建设用地使用权有物权之实，但从物权立法层面，集体土地建设用地使用权很难定性为一种用益物权，只能定性为一般性质的民事权利。

四、享有具有真正财产属性的农地权利一直为农民的愿望

传统的城乡二元建设用地制度已经不能满足社会经济发展和建立社会主义市场经济体制的客观要求。各地自发的和政府推动的农村集体建设用

① 山东省日照市中级人民法院课题组、卜宪博：《关于农村集体建设用地使用权流转法律适用问题的调研报告》，载《山东审判》2015 年第 5 期。

地入市试点开启了构建城乡统一建设用地市场的历史进程。

2014年1月19日，中共中央、国务院印发《关于全面深化农村改革加快推进农业现代化的若干意见》，明确指出“在符合规划和用途管制的前提下，允许农村集体经营性建设用地出让、租赁、入股，实行与国有土地同等入市、同权同价”，为我国农村集体建设用地制度改革指明了方向。

基于现实社会背景，对城乡统一建设用地市场构建问题进行研究，在理论和实践上都具有重要意义。在界定城乡统一建设用地市场相关概念的基础上，综合运用系统分析方法、逻辑实证分析法、层次分析方法、模糊综合评价法等多种研究方法，考察城乡建设用地市场的历史沿革与发展现状，就会揭示构建城乡统一建设用地市场面临的主要制约因素，并在此基础上，研究出城乡统一建设用地市场的基本架构、运行机制、收益分配及风险防控，得出城乡统一建设用地市场的基本规定的结论，即城乡统一建设用地市场是指城市建设用地使用权与农村集体建设用地使用权统一交易的市场。①

① 王欢：《城乡统一建设用地市场的构建研究》，山东农业大学2019年博士学位论文。

第十三章　宅基地使用权

第三百六十二条　【宅基地使用权内容】宅基地使用权人依法对集体所有的土地享有占有和使用的权利，有权依法利用该土地建造住宅及其附属设施。

【条文疏义】

本条沿袭了《物权法》第一百五十二条的规定。理解和掌握本条规定要注意下列要点：

一、宅基地归集体所有

这是宅基地使用权能够成为用益物权的前提。根据《宪法》第十条的规定，宅基地和自留地、自留山一样，属于集体所有。因此，农民使用宅基地是对集体所有的土地的使用。

二、宅基地的用途是建造住宅及其附属设施

根据《土地管理法》和国家有关规定，土地的利用必须符合国家对土地的用途管制。我国人多地少，只有最严格地管制土地用途，控制建设用地总量，保护耕地，才能有效地保护资源，实现优化配置，所以农民取得宅基地，必须依法办理有关手续，不得超量多占，也不得违反有关规划，改变土地用途。对有些地方存在的多占宅基地，造成土地浪费的情况应当予以纠正。

三、宅基地使用权是一种带有社会福利性质的权利

宅基地使用权和土地承包经营权一样，由作为集体成员的农民无偿取得、无偿使用。宅基地使用权是农民基于集体成员的身份而享有的福利保障，是农民的安身之本。在我国社会保障体系尚无法覆盖广大农村的现实背景下，土地承包经营权解决了农民的基本衣食来源，宅基地使用权解决了农民的基本居住问题。这两项制度以其鲜明的福利色彩成为维护农业、农村稳定的重要制度。正因为保障功能依然是宅基地使用权制度的首要功能，关于宅基地使用权取得、行使和转让的问题，必须尊重这一现实，以利于保护农民利益。

【典型案例】

已经变成了城市居民还能否主张农村宅基地使用权①

——宅基地使用权主体仅限于集体经济组织成员

基本案情

案涉房屋系1945年以前张家祖遗。张丙忠、张丁恒等兄弟六人。老二张丙忠1958年到西安参加工作，并成家另过，其他弟兄也先后独立另过，老六张丁恒随父母生活。1970年左右，张父去世。1983年，张丁恒出资，重建了砖混结构房屋三间（即争议房）。该房是在原宅基地上建设，未申请新宅基地。1989年，土地管理部门为张丁恒（户主）一家及其母核发了《村民宅基地使用证》。

1996年，因住房面积狭小，经张丁恒及其母申请，户县土地管理部门审批后，同意给张丁恒一家及其母规划新宅基地，规划新建房屋共6间。张丁恒在其填报的《村民宅基占耕地审批表》中，将“原宅基留用人”一栏填写为张丙忠一家，土地管理部门同时批示“原房拆除庄基归集体”。张丁恒在建新房期间，张丙忠给张丁恒3000元人民币。之后，老房（即争议房）未被拆除，张丁恒将老房用作库房堆放杂物。

---

① 参见张丙忠诉张丁恒房屋确权纠纷案，最高人民法院，（2014）民抗字第20号。

2003年年初，张丙忠及妻子向张丁恒表示，年纪大了，已退休想回来居住，并要求装修老房，与母亲同住尽一些孝心。张丁恒表示同意，并帮忙装修，2004年，张母去世。2007年4月，张丙忠要求继续装修老房，张丁恒亦帮忙装修。因老房原来被张丁恒用作库房，堆放物品较多，经两人商量，在该房东边的一块空地上建了一间石棉瓦房，将老房内的杂物搬进了石棉瓦房。之后，张丙忠将部分家具搬入争议房。其间，双方因老房的权属问题发生纠纷。

2007年7月，张戊生等人调解双方纠纷，并形成记录载明，争议房权是张丁恒的，张丙忠可以居住，但不能转让和抵押；房门钥匙双方各拿一把，保证张丁恒出入畅通。但张丙忠、张丁恒没有在记录上签字。

2007年5月，村委会出具证明称，曾于1997年3月研究决定，张丁恒已分配新宅基地，同意原宅基地由张丙忠使用，张丙忠于1997年下半年实际使用、居住老房。但其后，村委会又分别给张丁恒、张丙忠出具了多份前后矛盾的证明。

法院审理

一审法院驳回了张丙忠请求确认老宅基地上的三间房屋归其所有的诉讼请求。

二审法院二审、再审程序均维持了一审法院的判决。

最高人民法院经审委会讨论决定，张丙忠与张丁恒在该县甘亭镇穆南村二组争议的三间房屋归张丙忠所有。

最高人民法院认为，关于案涉宅基地及房屋的归属问题。经申请，土地管理部门审批，同意给其规划新宅基地，其母与张丁恒实际为一户，所批宅基地亦为一处，规划新建房屋共六间；根据《土地管理法》规定的“一户一宅”原则，张丁恒只能拥有新申请的一处宅基地，因此，土地管理部门同时批示“原房拆除庄基归集体”。根据该审批意见，案涉房屋下的宅基地属于村集体。张丁恒无权转让争议房屋。

在再审庭审中，张丁恒亦承认自己无权处分该房，故其要求“张丙忠从张丁恒所有的房屋中搬出”的反诉主张不能成立。张丙忠作为城市居民，在争议房屋的宅基地已属于村集体的情况下，无权主张争议房的所有权。

村委会关于该宅基地的归属意见属于建议意见，未经有关土地管理部门审批同意，不能作为宅基地最终归属的法律依据。

案件评述

一、农村宅基地使用权属于用益物权

在权利实现的制度路径上，主流话语主张赋予农民更为充分的宅基地使用权，希望通过宅基地的自由转让，实现农民财产性收入的增加，同时实现农村集体土地的集约节约利用。与此不同，不少学者秉持较为谨慎的态度：有学者主张，从农民生存权、农村社会基础和社会政策贯彻等角度看待既有宅基地使用权制度，认为应该坚持宅基地制度关涉农民基本生存权的立场，将宅基地使用权制度改革的重点置于宅基地分配制度之上。不仅如此，有学者认为，新一轮的宅基地使用权制度改革，应该从农民居住权利之保障的基本立场出发，实现财产权利与社会权利、边远地区宅基地与城市近郊宅基地之不同土地利益的兼顾。有学者则认为，农村宅基地在土地市场上的升值，取决于土地区位国土管制，在宅基地整理中获得高价的农村，实质上获益于土地规划、偏紧新增建设用地供给和增减挂钩政策，而非宅基地资源本身。

二、农村宅基地依然是村社集体的公共土地资源

农村居民依靠集体成员权享有宅基地并在村社范围内无偿利用。宅基地使用权的实现，主要是指宅基地在村集体范围内的有效配置。宅基地是总量相对有限的土地资源，其利用遵循“一户一宅”原则。宅基地的申请在村集体内部存在竞争性，村民对宅基地的利用会影响到左邻右舍的土地权益和生活利益。这涉及如何对公共资源的使用加以限制以确保其长期价值的公地治理问题。

三、《物权法》颁布之前宅基地管理制度业已逐步成型

根据1962年中央颁布的《农村工作人民公社工作条例修正草案》第

二十一条的规定，生产队范围内的土地，都归生产队所有。生产队所有的土地，包括社员的自留山、自留地、宅基地等，一律不准出租和买卖。

1982 年国务院发布的《村镇建房用地管理条例》第四条规定，农村人民公社、生产大队、生产队的土地，分别归公社、大队、生产队集体所有。社员对宅基地、自留地、自留山、饲料地和承包的土地，只有按照规定用途使用的使用权，没有所有权。不得在自留地、自留山、饲料地和承包的土地上建房、葬坟、开矿和毁田打坯、烧砖瓦等。

1986 年颁布的《土地管理法》第八条规定："集体所有的土地依照法律属于农民集体所有，由村农业生产合作社等农业集体经济组织或者村民委员会经营、管理。已经属于乡（镇）农民集体经济组织所有的，可以属于乡（镇）农民集体所有。村农民集体所有的土地已经分别属于村内两个以上农业集体经济组织所有的，可以属于各该农业集体经济组织的农民集体所有。"

本条再次肯认了农村宅基地归集体所有。

第三百六十三条 【宅基地使用权的法律适用】宅基地使用权的取得、行使和转让，适用土地管理的法律和国家有关规定。

【条文疏义】

本条沿袭了《物权法》第一百五十三条的规定。理解和掌握本条的立法精神，应当注意以下几个方面：

一、有关宅基地使用权取得、行使和转让的规定

《土地管理法》以及《担保法》均有对宅基地使用权行使所作的规定。根据《土地管理法》第六十二条的规定，农村村民一户只能拥有一处宅基地，其宅基地的面积不得超过省、自治区、直辖市规定的标准。

人均土地少、不能保障一户拥有一处宅基地的地区，县级人民政府在充分尊重农村村民意愿的基础上，可以采取措施，按照省、自治区、直辖市规定的标准保障农村村民实现户有所居。

农村村民建住宅，应当符合乡（镇）土地利用总体规划、村庄规划，不得占用永久基本农田，并尽量使用原有的宅基地和村内空闲地。编制乡（镇）土地利用总体规划、村庄规划应当统筹并合理安排宅基地用地，改善农村村民居住环境和条件。

农村村民住宅用地，由乡（镇）人民政府审核批准。其中，涉及占用农用地的，依照《土地管理法》第四十四条的规定办理审批手续。

农村村民出卖、出租、赠与住宅后，再申请宅基地的，不予批准。

国家允许进城落户的农村村民依法自愿有偿退出宅基地，鼓励农村集体经济组织及其成员盘活利用闲置宅基地和闲置住宅。

国务院农业农村主管部门负责全国农村宅基地改革和管理有关工作。

此外，中共中央、国务院通过有关文件，多次强调农村居民建住宅要严格按照所在的省、自治区、直辖市规定的标准，依法取得宅基地。农村居民每户只能有一处不超过标准的宅基地，多出的宅基地要依法收归集体所有。同时禁止城镇居民在农村购置宅基地。

二、农村村民实行“一户一宅”原则

即每户农村村民只能在一个地方拥有一处宅基地。按照法律的规定，农村村民建住宅只能使用本集体经济组织所有的土地，因此，农村居民只能在户口所在村（村民组）内申请宅基地。

这主要是对新申请宅基地而言，但对因房产继承等合法原因形成的多处住宅（包括宅基地）原则上不作处理，农村村民可以出卖等方式处理，也可维护原状，但房屋不得翻建，房屋损坏后，多余的宅基地应当退出。已拥有一处宅基地并达到规定的面积标准，不得购买住宅，也不得到其他地区购买农民集体所有土地的房屋作为住宅。农村村民的宅基地标准由省、自治区、直辖市规定。

三、农村村民建住宅应当符合乡（镇）土地利用总体规划

宅基地尽量使用原有的宅基地和村内空闲地。由于目前农村居民点建设分散，农民宅基地超标现象较为普遍并且村内存在许多空闲地，形成“空心村”。

四、将宅基地审批权限下放到县和乡

农村村民建设住宅，依法经村民代表大会同意后，由乡（镇）人民政府审核批准。其中，涉及占用农用地的，由县级人民政府批准。将宅基地审批权限下放到县、乡，能够切实保障农民依法取得宅基地的合法权益。

五、农村村民出卖或出租住房后不得再批准获得宅基地

这是为了防止农村村民以建住宅为名行房地产之实而采取的措施。但是村（或村民组）内由于两户的宅基地都未达到标准，而进行宅基地调剂，由其中一户申请宅基地的，不属此列，经村民会议讨论同意可以依法申请宅基地。

六、国家鼓励进城居住的村民依法自愿有偿退出宅基地

这是对宅基地自愿有偿退出机制的探索。鼓励进城居住的农村村民依法自愿有偿转让宅基地使用权，实现宅基地的财产权。在有序盘活农村存量宅基地资源和财产权益的同时，保证农村社会的基本稳定。

【典型案例】

未经登记能否取得宅基地使用权[1]

——取得宅基地使用权的资格

基本案情

原告朱某强与被告朱某志虽是多年邻居，但朱某强是与案外人签订协议，置换所得现有的宅基地。2017 年 11 月 15 日，被告在原告宅基地的水

---

① 参见朱某强、朱某志排除妨害纠纷案，贵州省遵义市中级人民法院，（2018）黔 03 民终 1742 号民事裁定书。

池上方建造过梁，造成原告水池受到侵染。原告反对，被告不听劝阻继续建造，严重损害了原告的合法权益。

原告朱某强向一审法院起诉请求：请求判决被告立即停止侵害原告宅基地权益，拆除在原告宅基地上建造的过梁；本案诉讼费用由被告承担。

法院审理

一审法院经审理认为，原告提出的其与案外人签订的协议，只能证明其现在居住的房屋占用的土地系其与他人协议置换所得，并不能证明其已经获得所在的集体经济组织和国家国土、规划、建设部门的许可将该土地作为宅基地使用，也不能证明该土地与被告土地之间的分界线位于何处，故原告并不能证明争议土地的使用权为其享有。原告以其对争议土地享有使用权为由主张停止侵权、排除妨害，但被告亦认为其建造的道路过梁下方土地的使用权系其享有，双方均无充分证据证实已方主张成立，因此双方纠纷的实质是土地权属争议。

根据《土地管理法》第十六条之规定，原告应当首先申请土地所在地土地管理部门或者人民政府对争议进行处理，对人民政府的处理决定不服的，方能向人民法院提起行政诉讼。通过人民政府确权作出的生效确权决定书，或者当事人不服人民政府确权决定而起诉至人民法院，经人民法院审判后作出的生效裁判文书确认原告对争议土地享有权利，而该项权利受到他人侵犯的，原告方可起诉要求侵权人停止侵害、排除妨碍、恢复原状、赔偿损失。

二审法院经审理认为，朱某强与朱某志相邻而居，现因朱某强认为朱某志修建过梁影响了其宅基地使用权的行使，要求法院判令朱某志予以拆除。《物权法》第一百五十三条规定："宅基地使用权的取得、行使和转让，适用土地管理法等法律和国家有关规定。"《土地管理法》第十一条第二款规定："农民集体所有的土地依法用于非农业建设的，由县级人民政府登记造册，核发证书，确认建设用地使用权。"依上述法律规定，经由县级人民政府颁发权属证书方可取得宅基地使用权。

本案中，朱某强主张对宅基地享有使用权所提供的《契约书》，不能作为认定其享有案涉宅基地使用权的依据，根据《土地管理法》第十六条"土地所有权和使用权争议，由当事人协商解决；协商不成的，由人民政府处理"的规定，在朱某强和朱某志均举证证明取得争议宅基地使用权的情况下，应由人民政府对争议宅基地先行处理，故本案不属于人民法院受理民事诉讼的范围。一审裁定驳回朱某强的起诉，具有法律依据，应予以支持。

案件评述

一、案涉双方纠纷的实质是土地权属争议

本案中，朱某强与朱某志相邻而居，现因朱某强认为朱某志修建过梁影响其宅基地使用权的行使，要求法院判令朱某志予以拆除。原告以其对争议土地享有使用权为由主张停止侵权、排除妨害，但被告亦认为其建造的道路过梁下方土地的使用权系其享有，双方均无充分证据证实己方主张成立。

二、《物权法》当时制度构建的主要考虑

1. 宅基地使用权是利用集体土地的使用和收益权能的用益物权

《物权法》在宅基地使用权的规定上，仅用了四个法条作出原则性、概括式的立法，其起到的作用不足以完全满足调控地域辽阔、民俗各异、经济发展不均衡导致的错综复杂的现实状况。

从目前的立法看，宅基地的使用权流转被限定在一定范围，一是不得单独转让，只能"地随房走"；二是只能转让给本集体经济组织成员，不能转让给其他农村集体组织成员或城镇居民。这两种限制性规定，在一定时期有其积极性，即保证了集体用地的稳定性，在一定程度上保障了集体经济组织的土地结构完整；但在现代经济政策下，国家要想改变城乡的二元结构，要想促进城乡的一体发展，就要改变束缚农民进城发展的约束性制度，而立法现状限制了农民对宅基地使用权的直接支配性和排他性特征，收益权能更无从体现，使得宅基地使用权的流转无法获得法学理论上的支持，财产的流动性也被束缚住，其结果只能损害农民的合法权益。只有赋予其更大的依法自由流转、平等交易的空间，才符合物权的本旨。

2. 关于宅基地使用权取得、行使和转让的争议

关于宅基地使用权的取得、行使和转让，曾经引发了热烈的讨论。主要有以下几个方面的争议：

（1）宅基地使用权是否应当有偿取得

一种意见认为，宅基地使用权是村民最基本的居住保障，集体经济组织成员应当无偿取得。另一种意见则认为，现在农村已经存在宅基地分配不均、批少占多等问题，无偿取得宅基地，既无法满足农民群众改善居住条件的需要，也影响了集体经济组织的收益。宅基地应当有偿使用。还有一种意见认为，完全实施有偿使用制度，多数农民难以承受，建议对保障基本居住的宅基地部分，继续采用无偿取得制度，而对超过基本居住范围的部分实行有偿使用制度。对超标多占的宅基地，可以采取累进制计算使用费。

（2）宅基地的取得是否坚持“一户一宅”原则

一种意见认为，农村因继承等原因拥有两处以上宅基地的情况很普遍，“一户一宅”原则过于绝对，难以执行。另一种意见认为，作为分配制度，应当坚持“一户一宅”原则。

3. 关于宅基地使用权转让和抵押的争议

（1）关于宅基地使用权的转让

对宅基地使用权可否放开转让，一直存有不同意见。一种意见认为，宅基地使用权和地上房屋是农民的基本生活条件，如果允许放开转让，可能导致农村土地都被转让出去，农民流离失所，也不利于保护土地资源。另一种意见认为，随着城市化的发展，很多农民进入城市，也有不少城镇居民下乡购房，已经出现宅基地使用权向外流转的情况，特别是在城市附近或者比较发达的地区。宅基地上的房屋属于农民个人所有，应允许转让，或者对转让做出一定的限制。

（2）关于宅基地使用权可否抵押

一种意见认为，宅基地使用权是农民安身立命的基本生活保障，若规定宅基地使用权可以抵押，在实现抵押权时，就面临要么使农民居无定所，要么让抵押权落空的两难境地。另一种意见认为，农民可抵押的财产有限，在保障农民基本居住条件的前提下，应当允许宅基地使用权抵押，以缓解农民贷款难的问题。为防范因此而出现的风险，可以有条件地适当放开。

（3）宅基地使用权转让和抵押的问题比较复杂，不宜一概而论

在《物权法》起草过程中，有意见认为，对这个问题可以暂不作具体规定，待各方面的认识进一步统一，有一些经验的时候，再根据实际情况，通过《土地管理法》等其他法律解决。

三、农村宅基地“三权分置”的选择

1. 我国的农村宅基地只是一种使用权，其所有权始终归村集体

农户对宅基地上的附着物享有所有权，有买卖和租赁的权利，不受他人侵犯。房屋出卖或出租后，宅基地的使用权随之转给受让人或承租人，但宅基地的所有权始终归集体。出卖、出租房屋后再申请宅基地的，不予批准。农户建造房屋及小庭院使用土地，不得超过省、自治区、直辖市规定的标准。

2. “一地两权”宅基地制度已不适应我国农村经济发展的需要

宅基地制度的现实困境主要表现在宅基地空置严重与隐形市场非法流转繁盛的矛盾。基于此，宅基地“三权分置”应运而生，宅基地“三权分置”不仅符合现代《物权法》关于“重用益、轻所有”的发展需要，还可以助推农村经济的发展，促进土地资源的合理配置，对于缓和城乡二元经济结构矛盾也有重要作用。宅基地“三权分置”要继承和发展“两权分离”的宅基地使用权的法律特征，在完善宅基地使用权的法律构造的基础上，强化宅基地使用权的物权权能，并规范宅基地制度相关配套的立法和

法律解释，使之成为《民法典》的重要组成部分。[①]

第三百六十四条　【宅基地灭失后的重新分配】 宅基地因自然灾害等原因灭失的，宅基地使用权消灭。对失去宅基地的村民，应当依法重新分配宅基地。

【条文疏义】

本条沿袭了《物权法》第一百五十四条的规定。理解和把握本条规定需要注意以下方面：

一、重新分配宅基地的客观原因是自然灾害导致宅基地的灭失

虽然从物理属性上讲，土地是不可能消灭的。但是从用途角度上讲，自然灾害等原因可能使土地不再适用某种用途。例如，由于河流改道，原来的住宅和宅基地有可能完全被淹没；又如，由于山体滑坡，原来住宅所在的土地不能再建房居住。在发生这类自然灾害，原有宅基地不可能再用于建设住宅的情况下，就必须对丧失居住条件的集体成员提供新的宅基地以维持生计。

二、可重新分配宅基地的人应是丧失了宅基地的集体成员

宅基地使用权是基于集体经济组织成员身份享有的一种保障性的权利。作为基本保障，宅基地使用权不应当流转到集体之外，也不应当无限扩大，变相侵占集体土地，特别是耕地。所以在因自然灾害等原因重新分配宅基地时，应当按照规定的标准分配给仍然属于本集体经济组织且丧失基本居住条件的村民。对于多占的宅基地的情况，要予以纠正，不应当把多占的宅基地也纳入重新分配。

---

① 吴迪、韩凌月：《宅基地制度在我国的运行困境与宅基地“三权分置”的选择》，载《河南财经政法大学学报》2020 年第 3 期。

三、重新分配宅基地应按国家有关规定注意节约利用和保护耕地

根据《土地管理法》第六十二条和国家的有关规定，宅基地应当符合乡（镇）土地利用总体规划，尽可能利用原有的宅基地和村内空闲地。尽量珍惜每一寸土地，特别是要严格限制对耕地的占用。在重新分配宅基地的情况下，也要按照国家规定的原则，统筹安排，厉行节约，尽可能保证将适宜耕作的土地用于农业生产，严格遵守国家关于土地用途管制和耕地保护的有关规定。

【典型案例】

宅基地使用权因何消灭①

——宅基地使用权的消灭及其后果

基本案情

原告张某荣是亥田县卯巳镇辰未村五组村民。1996年2月13日，张某荣与张某某签订了一份遗赠扶养协议书，约定张某某生前由张某荣赡养，张某某坐落于亥田县卯巳镇辰未村五组的土窑，在其死后归张某荣所有。

该协议于1996年2月24日经亥田县公证处进行了公证。2009年10月至2011年6月，亥田县卯巳镇辰未村被纳入该市"空心村"综合治理改造试点单位，张某某的土窑在该治理改造项目的土地复垦工程中被收回而灭失。原告于2017年3月31日向被告邮寄递交了一份申请书，要求被告给其重新分配宅基地。

被告亥田县国土资源局于2017年6月19日作出《关于卯巳镇辰未村五组张某荣申请重新分配宅基地的答复》，该答复称卯巳镇辰未村"空心村"综合治理项目复垦，并不是国家征收和征用行为，所以不存在为其重新分配宅基地的问题。根据农村村民宅基地管理相关法律规定，农村村民

---

① 参见张某荣与亥田县国土资源局因不履行法定职责案，西安铁路运输中级人民法院，(2018) 陕71行终19号。

住宅用地需要适用宅基地的审批程序。

法院审理

一审法院经审理认为，本案的争议焦点为被告亥田县国土资源局是否应当给原告重新分配宅基地。原告依据《物权法》第一百五十四条“宅基地因自然灾害等原因灭失的，宅基地使用权消灭。对失去宅基地的村民，应当重新分配宅基地”的规定，认为其依照遗赠扶养协议书取得的张某某生前祖遗土窑因“空心村”综合治理而灭失，被告应当重新分配宅基地。

但根据《物权法》第一百五十三条“宅基地使用权的取得、行使和转让，适用土地管理法等法律和国家有关规定”及《土地管理法》第六十二条第三款“农村村民住宅用地，经乡（镇）人民政府审核，由县级人民政府批准”的规定，原告应当依照该法规定的程序向有权机关提出申请。因原告主张被告具有直接向其分配宅基地的法定职责没有法律依据，被告作出的《关于卯巳镇辰未村五组张某荣申请重新分配宅基地的答复》符合上述法律规定。故原告认为被告不履行未向其分配宅基地的法定职责的理由不能成立，法院对其诉讼请求不予支持。

二审法院经审理认为，公民、法人或者其他组织提起履行法定职责之诉时，应当符合相应的法律规定。本案中，张某荣根据《物权法》第一百五十三条、第一百五十四条，《土地管理法》第六十二条第三款之规定，主张亥田县国土资源局具有直接向其分配宅基地的法定职责。

应当注意的是，村民取得宅基地仍应符合相关法律规定的条件并履行法定的程序。因此，张某荣系对法律的片面理解，其主张要求亥田县国土资源局履职缺乏法律依据，原审判决事实清楚、证据确凿、程序合法、适法正确，应予维持。二审法院驳回上诉，维持原判。

案件评述

一、本案涉及重构农村宅基地使用权的分配机制

案涉上诉人张某荣系对法律的片面理解，其主张要求被上诉人亥田县

国土资源局履职缺乏法律依据。

由于我国宅基地的使用权产生于特定历史环境中，受多重因素影响，所以具有社会福利性质，而且这种性质更加倾向于农民的生存保障。对于这一点的强调不管是制度产生时还是现在，立法者都是慎之又慎，特别是改革开放以后经济的飞速发展，这一制度暴露出诸多问题，如城镇居民到农村购买宅基地建房或者直接购买村民的二手房，直接威胁到这一制度设立的原始出发点，国家不得不通过法律规定城镇居民不得在农村购买住宅。但如果只对该制度小修小补不能从根本上解决问题，所以要重构农村宅基地使用权的分配机制，从根本上解决问题。

二、农村宅基地使用权重新分配的条件

1. 宅基地使用权重新分配的基本原则

（1）公法保障与限制原则。

（2）平等保护原则。

（3）合理规划提高土地利用效率原则。

2. 有权要求重新分配的权利人必须是集体经济组织成员

虽然宅基地使用权的物权属性日益增强，但并不能完全抛弃宅基地使用权的生存保障作用。农村宅基地使用权是一种带有社会保障和社会福利性质的权利，是农民的安身立命之本。所以在重新分配宅基地使用权时，分配权人仍然应当是农村集体经济组织成员。

3. 有权要求重新分配的权利人必须得到分配主体的同意

农村宅基地重新分配是建立在宅基地消灭之后的基础之上，并不是所有集体组织成员在没有任何条件的情况下重新获得宅基地使用权。只有在宅基地使用权因自然原因消灭时，又如原有的宅基地已经完全损毁或者部分损毁，农民已经无宅基地可建设住宅，为保障农民的生存，集体经济组织才有义务将本该属于农民的福利发放给他们，重新分配宅基地以供其建设住宅。

所以，分配人符合条件应当依程序向分配主体申请，并得到分配主体同意后才能重新分配宅基地使用权。

4. 分配人必须取得宅基地使用权的权属证书

根据物权公示公信原则，宅基地属于不动产物权以及宅基地使用权属于一种法定的用益物权，必须通过登记才能取得宅基地使用权。所谓公示是指物权在变动时，必须将物权变动的事实通过一定的公示方法向社会公开，从而使第三人知道物权变动的情况，以避免第三人遭受损害并保护交易安全。

《民法典》物权编第二百零八条沿袭《物权法》第六条规定不动产物权的公示，应当依照法律规定登记。由此可见，被分配人只有依照法律规定进行登记后，取得宅基地使用权的权属证书才能将宅基地使用权的存在和变动事实公布于众，并为一般人所知晓，即经过法定的公示程序，才能证明被分配人取得的宅基地使用权具有法律效力，具有公信力，此时被分配人根据该权属证书进行的事实行为是受法律保护的。①

5. 分配农村宅基地必须以户为单位且一户只能拥有一处宅基地

根据我国国情，宅基地使用权的分配必须建立在以户为基础之上且一户只能拥有一处宅基地。当发生农村村民因婚姻、迁入等原因而导致原有家庭户数的分立和增加时，对增加的户应当重新分配宅基地，但一户只能拥有一处宅基地。当发生农村村民因死亡、迁出等原因而导致原有家庭户数的消灭时，农村集体经济组织有权收回其农村宅基地使用权。

6. 分配人的宅基地面积不得超过规定的标准

我国现在面临着土地紧缺和耕地资源匮乏的困境，所以重新分配农村宅基地使用权必须建立在合理有效利用基础之上，对宅基地要进行合理规划，尽量做到不浪费任何一寸土地资源。制订出合理适当的宅基地使用面积标准，分配主体在重新分配时应当严格执行，分配人也应当积极配合。

---

① 耿卓：《宅基地使用权收回的流程规范》，载《交大法学》2018 年第 4 期。

三、农村宅基地制度事关数亿农民生存和农村社会稳定

1. 农村宅基地使用权制度的运行不尽如人意

出现了宅基地面积超标、住宅闲置现象普遍以及收回执行率低等问题。宅基地使用权消灭制度的不完善是产生上述问题的主要原因。目前我国正在积极推行农村土地深化改革，而宅基地制度是改革的关键问题。要想使宅基地改革能够在有序、合法的前提下进行，必须从埋论和立法等方面进一步完善宅基地使用权消灭制度。

2. 应当进一步强调宅基地使用权的物权属性

从宅基地使用权制度的现实状况出发，自须明确宅基地使用权的物权属性，基于物权变动基础规则及私法自治和公共利益平衡等相关理论，才可能具体阐释清楚宅基地使用权消灭的原因及其中存在的问题。

通过深入地分析和系统地梳理，弄清宅基地使用权的变动应遵守物权变动的基本规则，并减少不适当的行政干预，在此理念下通过落实登记制度、完善相关法律规范、构建实质公平的利益分配方式等途径，完善宅基地使用权的消灭制度，保障宅基地深化改革的顺利实施。

学者提出的完善建议包括：完善相关法律规定，强化宅基地使用权的物权属性，平衡私法自治与公共利益的关系，尊重农民意愿，确定合理的补偿标准与完善利益分配机制，落实消灭登记制度等。①

第三百六十五条　【宅基地使用权的变更登记与注销登记】 已经登记的宅基地使用权转让或者消灭的，应当及时办理变更登记或者注销登记。

【条文疏义】

本条沿袭了《物权法》第一百五十五条的规定。

---

① 王慧慧：《论宅基地使用权消灭制度》，河南大学2015年硕士学位论文。

一、宅基地使用权涉及国家对土地资源的管理故为重要的用益物权

从长远发展上看，对宅基地使用权的设立、变更和消灭进行登记，既有利于加强土地管理，又有利于彰显物权的状态，从而减少争端。目前有的地方的宅基地使用权的登记制度不够完善，有的宅基地使用权还没有登记。这一现状尽管还没有引发大的矛盾和纠纷，然而在宅基地使用权发生变动时就有可能带来潜在的风险。本条考虑到我国广大农村的实际情况以及登记制度的现状，虽然没有明确要求所有宅基地使用权一旦发生变更一律登记，但是对于已经登记的宅基地使用权转让或者消灭的，则明确规定了应当及时办理变更或者注销登记。本条的规定既切合了我国物权制度发展的大方向，也有利于从实际出发，未雨绸缪、防患未然。

二、宅基地使用权变更与注销登记的规定曾主要见于《土地登记规则》

《土地登记规则》第三十七条规定："有下列情形之一的，土地使用权转让双方当事人应当在转让合同或者协议签订后三十日内，涉及房产变更的，在房产变更登记发证后十五日内，持转让合同或者协议、土地税费缴纳证明文件和原土地证书等申请变更登记：（一）依法转让土地使用权的；（二）因买卖、转让地上建筑物、附着物等一并转移土地使用权的；房屋所有权变更而使土地使用权变更的，在申请变更登记时，应当提交变更后的房屋所有权证书。"

第三十九条规定："因交换、调整土地而发生土地使用权、所有权变更的，交换、调整土地的各方应当在接到交换、调整协议批准文件后三十日内，持协议、批准文件和原土地证书共同申请变更登记。"

第五十六条规定："因自然灾害等造成土地权利灭失的，原土地使用者或者土地所有者应当持原土地证书及有关证明材料，申请土地使用权或者土地所有权注销登记。"第五十八条规定："土地使用者、所有者和土地他项权利者未按照本规则规定申请注销登记的，土地管理部门可以依照规定直接办理注销土地登记，注销土地证书。"

三、《土地登记规则》与《土地登记办法》均已让位于新法

《土地登记办法》于2008年2月1日起正式实施时，《土地登记规则》自动失效，现《土地登记办法》（国土资源部令第40号）的主要内容已被《不动产登记暂行条例实施细则》所替代。故《土地登记办法》废除后，会落实不动产统一登记制度，保障不动产登记法律制度体系协调统一。现行土地登记的法律依据应包括：《土地管理法》、《土地管理法实施条例》《城市房地产管理法》以及各省市《实施办法》等，故可见《物权法》第一百五十三条对宅基地使用权的取得、行使和转让作了与其他法律和国家有关规定的衔接性规定，已经为未来宅基地使用权制度的发展完善预留了空间。本条对宅基地使用权变更登记和注销登记的规定，将随着我国的土地使用权制度和宅基地使用权制度的发展完善，逐渐发挥其应有的作用。

【典型案例】

未登记的农村房屋转让行为是否应适用物权法登记生效原则[①]

——已经过村民委员会审核并加注算不算登记

基本案情

原告杨某科是位于丙丁市某区诉争房屋的合法产权人。2001年9月6日，原告与李某某签订《协议书》，李某某以4.68万元的价格购买诉争房屋，但是未曾办理过户手续。后原告得知某村搬迁安置和项目建设指挥部与本案第三人李某某签订了《补偿协议书》，原告向该搬迁安置和项目建设指挥部提出了权属异议，要求暂停该《补偿协议书》的履行。

原告认为，李某某在未与原告协商并达成协议的情况下，被告丙丁市国土资源局郊区分局擅自决定变更权属的行为，违反了国家的法律和政策，侵犯了原告的合法权利，故向法院提起诉讼。要求人民法院依法确认丙丁

---

① 参见杨某科诉丙丁市国土资源局郊区分局撤销房屋宅基地变更使用权登记案，阳泉市城区人民法院，（2018）晋0302行初9号。

市国土资源局郊区分局变更权属行为违法，同时撤销丙丁市国土资源局郊区分局对原告位于丙丁市某区诉争房屋房产权属的变更登记行为。

法院审理

一审法院经审理认为，根据《最高人民法院关于执行〈中华人民共和国行政诉讼法〉若干问题的解释》第四十一条第一款之规定，行政机关作出具体行政行为时，未告知公民、法人或者其他组织诉权或者起诉期限的，起诉期限从公民、法人或者其他组织知道或者应当知道诉权或者起诉期限之日起计算，但从知道或者应当知道具体行政行为内容之日起最长不得超过2年。

第三人提供的《居民买卖房屋宅基地变更使用权审批表》显示，在2007年6月8日被告批准原告与第三人之间变更本案所涉房屋宅基地使用权前，曾经某村村民委员会审核并加注情况属实意见，该时间为2007年6月6日，由此推定原告在2007年6月已知悉本案所涉房屋宅基地变更使用权登记事项。原告于2018年2月6日向法院提起行政诉讼，原告的起诉时间明显超过了上述2年的期限限制。故依照《最高人民法院关于适用〈中华人民共和国行政诉讼法〉若干问题的解释》[①] 第三条第一款第二项之规定，裁定如下：驳回原告杨某科的起诉。

案件评述

一、虽以超过法定起诉期限且无正当理由驳回但凸显不动产等级的意义

本案中的涉案房屋所有权既无初始登记，亦无过户登记，该房屋的宅基地使用权也未办理过登记，此种情况在农村地区大量存在。随着城镇化进程加快，农村房屋转让及土地流转现象迅速增多，在土地资本化和拆迁补偿的利益驱动下，曾经卖房卖地的农民又往往反悔请求法院确认房屋所有权未转移。

---

① 现已失效，后文不再注明。

二、宅基地使用权变更与注销登记的规定与时俱进不断演进

宅基地使用权变更登记与注销登记较为系统地表现于《土地登记规则》中。《土地登记规则》第三十七条规定："有下列情形之一的，土地使用权转让双方当事人应当在转让合同或者协议签订后三十日内，涉及房产变更的，在房产变更登记发证后十五日内，持转让合同或者协议、土地税费缴纳证明文件和原土地证书等申请变更登记：（一）依法转让土地使用权的；（二）因买卖、转让地上建筑物、附着物等一并转移土地使用权的……"

《物权法》第一百五十三条对宅基地使用权的取得、行使和转让作了与其他法律和国家有关规定的衔接性规定，已经为未来宅基地使用权制度的发展完善预留了空间。本条对宅基地使用权变更登记和注销登记的规定，将随着我国的土地使用权制度和宅基地使用权制度的发展完善，逐渐发挥其应有的作用。

三、农村房屋因不属于商品房屋具有其特殊性

1.《物权法》有关不动产登记法律效力的规定为一般法规范

如果缺乏登记的农村房屋转让行为发生在《物权法》实施以后，是否就应当以未登记生效为由，对物权变更予以否定呢？房屋固然属于不动产，依照《物权法》的物权公示原则及相关规定，不动产是需要初始登记的，转让时则需过户登记。《物权法》第九条规定："不动产物权的设立、变更、转让和消灭，经依法登记，发生效力；未经登记，不发生效力，但法律另有规定的除外。"那么，是否存在特别规定明确豁免了农村房屋所有权及土地使用权的登记要求呢？答案是否定的。

2. 农村房屋与宅基地有特别法的专门规定

虽然不存在豁免登记的规定，但鉴于"房地一体"的原则以及农村宅基地属农民集体经济组织所有，故亦没有强制性的规定要求农村房屋所有权的变更必须登记。例如，《房屋登记办法》第八十二条第一款规定："依法利用宅基地建造的村民住房和依法利用其他集体所有建设用地建造的房屋，可以依照本办法的规定申请房屋登记。”用词为可以，而非应当或必须，即不登记也可以。这主要是因为我国遵循“房地一体”原则，农村房屋依附于宅基地之上，其转让尚局限于同村组集体经济组织成员之间，村民委员会的见证和记录即完成了公示的作用，并不需要更大范围的公示。

3. 现实中农村房屋的所有权习惯上一般没有公示登记

农村房屋所有权不需要登记，那么宅基地使用权在转让中是否必须办理变更登记呢？《物权法》第一百五十三条规定：“宅基地使用权的取得、行使和转让，适用土地管理法等法律和国家有关规定。”尽管《土地管理法》规定，农民集体所有的土地依法用于非农业建设的，由县级人民政府登记造册，核发证书，确认建设用地使用权，但该条款是针对集体经济组织整体而言的，并没有强制性要求具体到每户的宅基地都必须登记。《物权法》第一百五十五条亦印证了这一点，该条规定：“已经登记的宅基地使用权转让或者消灭的，应当及时办理变更登记或者注销登记。”可见，即便在《物权法》出台后，没有登记的宅基地仍大量存在。已经登记的，应变更登记；没有登记的再转让时，也就不必办理变更登记了。

此外，2008年7月国土资源部下发了《关于进一步加快宅基地使用权登记发证工作的通知》，该通知一方面要求加强宅基地使用权登记工作，另一方面也反映了时至今日，大量农村宅基地尚未登记的事实，宅基地登记正在逐步普及的过程中，不能因为没有登记就将宅基地使用权否定。[①]

四、未登记的农村房屋转让不适用物权法登记生效同样能得以处理

在司法实践中，不能仅以房屋所有权和宅基地使用权未办理登记为由，否定农村房屋产权转让的效力。特别是在《民法典》颁行后，在民事法律行为的理论正本清源之后，不论是将合同的债权行为与不动产登记的物权行为区别开来，还是将未登记的合同视为预约，将正式过户登记的合同视为本约，当买卖合同双方系同村村民，讼争的房屋也在该村，

---

① 陈明：《农村宅基地财产权实现的法律创新》，载《中州学刊》2018年第5期。

房屋交易在村民委员会的见证下进行便具有了一定的公信力和公示效应，故而认定转让合同业已发生了法律效力，在理论上和法律上都有充足的依据。

当然，未登记的宅基地再转让时，或登记制度完备以后，受让方自应在取得物权后，及时办理登记。

第十四章　居住权

第三百六十六条　【居住权的定义】居住权人有权按照合同约定，对他人的住宅享有占有、使用的用益物权，以满足生活居住的需要。

【条文疏义】

本条系《民法典》新增条文。

我国立法过去并没有就居住权给出明确的定义，本条中也只界定了居住权作为单独的用益物权制度，即居住权人对他人住宅享有占有、使用的权利，但居住权的概念在我国法学理论和司法实践中存在许久。早在2002年1月28日，全国人大法工委在《关于物权法（征求意见稿）的说明》中，第一次提出为了“切实保护老年人、妇女以及未成年人居住他人住房的权利”，学者多赞成在《民法典》编纂中规定居住权，并设专章规定居住权制度。此后的几次物权法草案审议稿中，均对居住权加以规定，在2005年7月11日公布并全民讨论的《物权法（草案)》中，其条文由八条增至十二条，规定了居住权的设立、消灭以及权利义务关系，但在最终通过的《物权法》中，却删除了居住权的相关规定。

居住权经历理论和实践的探讨，得以在《民法典》物权编中确立，由此居住权的取得应符合法律规定并经过一定法定程序，在表现形式上居住权的法律关系基于当事人之间的合同而形成，且属于要式法律行为，并不意味着长期居住后居住人即能自然取得该住宅的居住权。

一、居住权的初始设立具有明确的人役性

居住权制度具有悠久的历史，早在古罗马时期，社会实行家长制，存在“每遇家长亡故，那些没有继承权又缺乏或丧失劳动能力的人的生活就成了问题”[①] 的情况，不享有房屋所有权的弱势家庭成员居住问题困扰着彼时的立法者。而当法学家们注意到房屋所有权与使用权能纵向切割的价值，乃利用两权分离理论，创造出居住权概念，解决这一类居住难题。

此种以身份为基础、承担保障功能的居住权，反映了家庭成员间相互扶助之伦理需要，故立法将其限于与住宅所有人具有家庭关系（或准家庭关系）的非房屋所有人，并以权利人生存时间作为权利存续期间。居住权因而具有权利主体的限定性、鲜明的伦理性，并由此衍生出不可转让、不得继承等身份性内容。[②]

二、居住权的内涵随时代发展而扩大已与人役性发生分离

在罗马法时期，居住权功能单一，仅限于满足弱势家庭成员居住需要，身份性要求严格。到了拿破仑时期，居住权身份性要求开始出现松动。《法国民法典》未使用人役权概念，且将居住权设立方式由以遗赠设立为主改为以契约作为基本的设立方式。意志自由在设定居住权时的基础性地位得以确立，为扩大居住权范围打开了方便之门。

在理论及实践的探索中，居住权经历了“主体从仅局限于弱势家庭成员演进到广泛适用于一般财产权利人，其功能也从弱者生活保障演进到财产多元利用方式”的变化过程。证明了居住权与其人役性的定位并非不可拆分。[③]

因社会观念、经济条件改变等不同的原因，罗马法创设居住权的社会基础发生动摇，主要体现在家长制被逐渐取代，随着家庭成员个体意识的觉醒，生存状况自须改善，而且亲属关系中所确立的扶助义务，使设立居

① 周枏：《罗马法原论》（上册），商务印书馆1994年版，第361页。

② 鲁晓明：《“居住权”之定位与规则设计》，载《中国法学》2019年第3期。

③ 鲁晓明：《“居住权”之定位与规则设计》，载《中国法学》2019年第3期。

住权不再是进行家庭扶助的唯一途径。随着房屋供需关系改善，房屋租赁等方式亦可以解决住所问题。

三、居住权的用益属性是其权利的核心内容

《民法典》颁行前，《物权法》对于居住权付之阙如，故普通民众主要依赖生活经验而法官则依靠法律解释来应对居住权纠纷。值得肯定的是，在司法实践中，民众和法官均未囿于物权法定原则而简单地否定居住权概念，而是在不同意义上运用各种解释方法来达到保护居住权之终极目的。基于相关法律缺乏的现实，在物权意义上保护居住权，对此存在三种不同的解释路径。一是将居住权理解为“所有权”。这种理解其实是将当事人享有的居住权与所有权等量齐观。二是将居住权理解为“共同共有权”。三是将居住权理解为大陆法系传统民法中的“人役权。”①

虽然居住权使继承人负有保障特定人在其继承的房屋内生活的权利，在一定程度上限制了继承人权利的行使，但从本质上讲并未改变所有权的性质。因为居住权既不可转让也不能继承，所以当财产转归继承人所有以后，居住权人只能仅在用益物权范围内主张权利。

居住权展示着利益衡量的法政策思想。居住权作为一项很有“人情味”的制度，充满着温暖，传递着关爱，它是罗马人高超的法律技术的体现。居住权中的“他人”大多是社会上的弱势群体，居住权承担着部分社会保障功能，体现法律的人文关怀和社会正义。居住权所体现的对私人财产权利的尊重是一个社会文明发展的表现，也是一个国家的立法者的法学智慧和人文情怀的表现。权利人在自己的财产上为他人创设权利，使自己承担某种义务，法律没有任何理由进行干涉。

---

① 曾大鹏：《居住权的司法困境、功能嬗变与立法重构》，载《法学》2019 年第 12 期。

【典型案例】

没有居住过是否能认定享有居住权[1]

——居住权的设定

基本案情

梅某田与案外人崔某明原系大妻关系，婚后育有一女即梅某卉。2006年8月7日，梅某田与崔某明协议离婚。2009年2月21日，梅某田（甲方）与崔某明（乙方）签订协议，其中第二条对2006年8月7日离婚协议书上未涉及的夫妻共同财产及相关事宜作如下处理：

该市八仙花苑11幢4×4房屋产权归甲方所有，居住权归女儿梅某卉。如果女儿在该市以外的国内其他城市工作生活，甲方可将上述房屋出售但可在女儿所在城市另购置房屋给女儿居住。女儿成家及其他各种大事的费用由双方共同承担。梅某卉毕业后长期在南京工作生活，极少与梅某田联系，并曾在一段时间内将案涉房屋出租给他人居住，梅某田发现后，对房屋进行了换锁，双方发生争议。

2016年5月30日，女儿梅某卉将梅某田诉至一审法院，要求确认居住权。2016年6月22日，经法院调解，双方达成如下调解协议：

1. 梅某田将位于该市八仙花苑11幢4×4室的房屋给梅某卉居住，梅某卉保证每年在上述房屋居住不少于6个月。2. 梅某卉不得将上述房屋出租或无偿提供给他人居住。3. 梅某田需确保梅某卉在上述房屋中的居住权，不得随意更换门锁等妨碍梅某卉居住（钥匙当庭交接）。

2017年年初，梅某卉再次发现门锁被更换，遂申请法院强制执行更换了门锁。2017年3月，梅某田将案涉房屋出售给他人并办理了房产过户手

① 参见梅某卉与梅某田居住权纠纷案，载北大法宝，https：//www. pkulaw. com/pfnl/a25051f3312b07f308ff1e1546bfa92cb3d59e9013a67c69bdfb. html？keyword = % EF% BC% 882017% EF% BC% 89% E8% 8B% 8F06% E6% B0% 91% E7% BB% 882412% E5% 8F% B7#anchor – documentno，最后访问时间：2020年6月12日。

续。梅某卉向法院起诉请求：判令梅某田按同地段同面积房屋租金赔偿其居住权损失1853084元。

另查明，梅某卉于2013年3月购置了在省城某处的房屋，总价为1299870.81元，崔某明为其支付了部分款项，梅某田未为梅某卉支付任何购房款项。

法院审理

法院经审理认为，居住权是指以居住为目的，对他人享有所有权的房屋及其附属设施享有占有、使用的权利，使用是居住权的核心，且使用也限于居住为主要目的。设置居住权可以更为有效地保障社会弱势群体的权益，特别是在离婚纠纷中，处于弱势地位的女方和小孩，使用居住权制度来确保其居住权益，从而解决住房的问题。

本案中，梅某田与崔某明离婚时，虽夫妻缘分已尽，但均愿意充分考虑女儿将来的居住问题，故在协议中约定女儿梅某卉对八仙花苑11幢4×4室享有居住权。该居住权的设立在于梅某田、崔某明作为父母对女儿梅某卉的爱，在于家庭成员之间相互帮助、扶助的义务，符合中国长期以来形成的善良风俗民情。从保护房屋所有权人利益角度考虑，居住权人在享有权利的同时也需要承担一定的义务，如按照正常的使用方式合理利用房屋，不得将房屋用于从事其他营利活动等。

梅某卉毕业后，基本是在省城工作生活，案涉房屋长期处于空关状态，梅某卉还曾于一段时间内将该房屋出租给他人获益。在此情况下，按协议中的约定，梅某田可将案涉房屋出售并在省城另购置房屋给梅某卉居住，而实际情况是梅某卉于2013年3月已在省城购置了一套住房解决了居住问题，而梅某田也于2017年3月将案涉房屋出售给了他人。居住权有其自身固有的价值，房屋作为家庭主要财产，在房产价值飞速增长的情况下，居住权的价值也日趋考验着人伦关系和家庭和谐，在处理此类涉及居住权的案件中需注意平衡及保护当事人的利益。

本案中，梅某卉已在省城购置了一套住房解决了居住问题，梅某田再按协议约定在省城另购置房屋给梅某卉居住已无必要，其按梅某卉购房总价给付一定金额的购房款较为适宜，从民事诉讼解决纠纷的角度出发，综合考虑房屋市场价值、居住权设立的初衷、双方当事人的关系等因素，酌定梅某田一次性给付梅某卉30万元。判决并非最终目的，也不可能一劳永逸地解决双方的家庭矛盾，希望双方当事人能珍惜父女情义，摒弃矛盾，以一颗更为宽容的心去对待彼此，拥抱更美好的未来。

综上，依照《民法通则》第四条的规定，一审法院判决：梅某田于判决生效之日起10日内一次性给付梅某卉30万元。

案件评述

一、反对我国居住权设置的理由已不复存在

数次《民法典》起草过程之中，反对居住权设立的理由为：

1. 我国没有罗马法中的人役权和地役权二分法律结构体系

居住权属于人役权的范畴，存在于“用益权—（使用权）—居住权”这一权利层次之中，居住权不能摆脱此种结构而独立存在。

2. 我国社会难有发挥居住权作用的空间

创设居住权，主要解决父母、离婚后无居住房屋一方和保姆三类人的居住问题。这些特定人的居住问题都可以通过附义务的遗嘱继承、遗赠、赠与、附条件买卖和社会保障制度等解决，利用“合同法上的房屋租赁与物权法上的建筑物区分所有权制度”也可解决特殊群体的居住问题。雇主为保姆设置居住权的情形极为少见，不应为极少数人利益而创设新的物权制度。

3. 居住权的设立会导致现有房屋所有权空虚化

不但其限制所有权人对房屋的利用，难以发挥物之效用，而且居住权无偿将所有权的权能分属两方，不利于房屋的维修、改良，有碍于经济发展。

二、现行物权法体系不能构成反对居住权的理由

1. 没有人役权法律体系并不能否定确立物权性居住权的合理性

虽然我国没有“用益权—（使用权）—居住权”人役权法律结构，但事实上，用益权、使用权和居住权并非同时产生的，罗马法学家盖尤士在

《法学阶梯》中只描述了用益权的规定，经过几个世纪的发展，才确立了使用权和居住权。而且，用益权、使用权和居住权三者并非役权制度下的并列关系，而是从属关系，即使用权实为限制的用益物权，而居住权又为以房屋为标的的使用权。

我国虽然没有规定人役权制度，但是一直有规定用益物权制度，将居住权放在用益物权之下，并不会破坏权利体系的系统性和内在逻辑性。《日本民法典》未规定人役权制度，仅吸收了地役权制度，也足以说明人役权、地役权二元结构不具有唯一性。《德国民法典》和《瑞士民法典》均未规定使用权，却规定了居住权和用益权等。

可见，人役权、地役权的二元结构，“用益权—（使用权）—居住权”法律框架体系并非全有或全无的关系，可以根据本国社会基础选择承继其一部分。

2. 我国既有法律制度并不能完全替代居住权的社会功能

有学者认为现有法律制度完全可以发挥居住权的作用从而替代居住权。但是居住权具有其本身存在的内在价值，租赁、社会保障、遗嘱、遗赠等都与居住权存在显著的差异，均不能同时有效地解决居住权背后的问题，当然可能有时利用某些制度（如附条件遗嘱、遗赠等）也能够解决一些特殊群体的住房问题，但是会增加社会成本和法律关系中的法律风险，这种风险最重要的来源之一即所有权人将房屋转让后，法律对第三人房屋所有权与居住权人房屋居住权的利益平衡问题。在现实生活中，仍存在许多立法者所不能预料到的居住权的需求，其并不限于养老、离婚方式完善我国的社会保障体系，尤其是住房保障体系，则是一种值得借鉴的创新路径。

三、居住权旨在保护特殊群体的居住故具有社会保障意义

1. 《民法典》物权编专门设立居住权制度为物权性的居住提供法律保障

居住权是以居住为目的，对他人的住房及其附属设施所享有的占有、使用的权利。居住权主要是为了赡养、抚养、扶养等生活需要而设立，解决特定的家庭成员和家庭服务人员之间的居住困难问题。在夫妻离婚后，如果一方无房可住，且经济困难，另一方则有帮扶的义务，为其提供居住权。家庭成员和亲属间因为分家析产、共同生活等原因，甚至在长期为家庭提供服务或一起生活的非家庭成员之间，也可以依法设定居住权。

在老龄社会，居住权也为“以房养老”提供了制度支撑。依据这一制度，老年人可以与相关金融机构达成设定居住权并以房养老的协议，由老年人将其房屋所有权在协议生效后移转给金融机构，金融机构在该房屋上为老年人设定永久居住权，由金融机构根据房屋的价值向老年人进行定期的金钱给付，从而确保其生活质量不下降。

2. 居住权所附带的人身性特点使其仍具有重要社会保障意义

在我国广大农村，女方结婚后并无独立的住宅，大多与男方的父母以及兄弟姐妹共同生活，离婚后，女方将会很难找到栖身之地。随着社会老龄化愈加严重，居住权对解决我国老年人养老问题也具有重要意义。特别是在房价高而住房保障体系尚不完善的情况下，增加对居住权的保护，为离婚妇女、孤寡老人等弱势群体提供基本的住房保障，有利于解决这些特定群体的居住困境。

从社会保障角度考虑，若全部依靠政府、保险、公益单位等社会保障制度无疑会加大财政预算的压力，而居住权通过对民事权利义务调整的方式完善我国的社会保障体系，尤其是住房保障体系，则是一种值得借鉴的创新路径。政府对弱势群体的社会保障责任应作为兜底责任，仅在其他途径不能解决时，才可依靠狭义的社会保障法去保护这些弱势群体的利益。正因为如此，居住权既可适当解决住房紧张，保障部分特殊群体的居住问题，又可进一步维护社会稳定。

3. 居住权并不会妨碍社会经济之流通

居住权仅是将房屋所有权和使用权进行分离，使其由不同的民事主体来行使，表面上所有权人不能再对其房屋进行直接利用，如此其所享有的所有权成了一种空虚所有权，但从物之利用整体考虑，此种使用权与所有权的分离，并不会导致物之效用的整体下降，否则就不会出现租赁等使用权能从所有权分离的事实。这种分离使其物之利用权能分散到不同的主体，而物之使用价值不但没有降低，反而通过权能排列组合数量的增加而导致其总价值量增加。

这种可选择权利状态的增加，在商业社会中，必然通过可选择和行为自由增加其价值量。因为使用权能从所有权中分离，不会导致所有权的价值消失，分离使用权能后的所有权实质上即成了未来性的支配权，当居住权消灭后，空虚所有权又会变为完整的所有权，这种未来支配权决定所有权人可以现阶段处分其所有权——本质上是对未来实质所有权的处分。将使用权能与所有权分离的居住权并未降低房屋总的使用价值，却增加了房屋的使用价值的选择可能，这不但能够丰富房屋所有权的实现形式，而且可以达到物尽其用的目的。

进一步考虑，若将其褪去早期的人身性，是否可以增加另一种居住权的类型——投资性居住权。投资性居住权没有人身专属性的约束，可以在市场上自由转让，这并非不值得考虑。赋予居住权之转让内容后，便提供了使用权一种退出机制，这对整个社会的经济活力具有非常重要的意义。[①]

第三百六十七条 【居住权合同】 设立居住权，当事人应当采用书面形式订立居住权合同。

居住权合同一般包括下列条款：

（一）当事人的姓名或者名称和住所；

（二）住宅的位置；

（三）居住的条件和要求；

（四）居住权期限；

① 何涛：《论我国居住权保护的法律进路》，载《厦门特区党校学报》2020年第4期。

（五）解决争议的方法。

【条文疏义】

本条系《民法典》新增条文。

一、《民法典》首次在我国法律中肯认居住权制度

居住权进入《民法典》无疑是新中国物权立法上的一大突破，故为加强对居住权的理解，指导司法实践中对居住权的行使，本条明确当事人应当采取书面形式订立居住权合同旨在当事人之间形成权利义务关系。

在本条第二款中通过列举方式指出居住权合同一般包括的条款内容。《民法典》合同编对合同法律关系的主体、客体、内容作出一般规定，而为体现居住权合同的特殊性，本条中所列举的条款内容同《民法典》合同编第四百七十条相比，保留第一项和第五项，第二项至第四项为居住权合同特有，包括住宅的位置、居住的条件和要求、居住权期限在内，当事人紧紧围绕住宅作出相关约定。

二、居住权合同具有要式性法律特征

居住权法律关系一经形成，即意味着居住权人享有以住宅的占有、使用为目的的用益物权，对住宅的所有人行使权利产生限制，所有人须保障居住权人的权益，因此当事人双方需要以书面形式确定各自权利义务内容，在合同中进行明确，满足居住权合同的要式特征。从合同的历史沿革看，其表现形式有从重形式到重意思的变化过程。这是在交易安全允许的前提下，适应不断发展的社会经济越来越强烈地要求交易便捷的结果，从重形式到重意思的真正转变，是合同自由原则在合同形式上的反映。

当然，重意思不等于完全否定形式。法律难以评价纯粹内心的意思，只有意思以一定载体表现出来，即有一定形式，能被人们把握和认定时，法律才能准确地评价。现代合同法兼顾交易安全与交易便捷两项价值，已经不同程度地将要式合同的运用范围加以扩大，对某些重要领域的合同强调书面形式，要式合同的普遍推广更能说明该问题。因为经过法律规制的要式合同，除不公正条款外，省去消费者调查的麻烦，使其不必耗神费力地就交易条件讨价还价，使居住权缔约速度加快，更加符合交易安全与交易便捷的要求。[①] 这是要式法律行为发展中的“否定”之否定。

三、居住权合同既为合同其内容自应由当事人约定

居住权是指对他人所有的住房及其附属设施占有、使用的权利。根据《民法典》合同编的要求，居住权合同书写的内容由当事人约定。

居住权的内容主要是指居住权人的权利和义务。居住权人享有对房屋的使用权、附属于房屋使用权的各项权利、有权为居住的目的而对房屋进行修缮和维护、有权在居住期间将房屋出租给他人以收取租金等权利。同时在居住期间负有保管房屋的义务、居住期届满时负有返还房屋的义务等。

四、对居住权相关法条中的住宅应作扩大理解

居住权法律关系中的客体是住宅，但是住宅作为法律概念并不明晰，《民法典》中使用住宅一词，表现了立法者对居住权客体以满足居住权人生活需要为主要目的的倾向性，对住宅的法律关系的保护甚至上升至《宪法》层面，《宪法》第三十九条规定中华人民共和国公民的住宅不受侵犯。由此可以看出，立法者对于居住权的司法实践的态度较为谨慎。

事实上，也有学者探讨把“住宅”改为“房屋及其附属设施”。因为在投资性居住权的情形下，除传统意义的住宅外，酒店式公寓、公寓式酒店、酒店客房、民宿之上也可以设立居住权，只有“房屋”才能统摄全部。再者，房屋主体外的“附属设施”也属于居住权的效力范围，应予增加。[②] 尽管用词不同，住宅也应将上述形式包括在内，作扩大理解，由于社会经济的持续变迁和政策法规的不断调整，居住权制度的作用空间会因时因势而推陈出新，开放式的居住权立法符合《民法典》私法自治原则的价值追求。

---

① 纪红心：《论要式合同中的“要式”》，载《法学论坛》2000 年第 5 期。

② 申卫星、杨旭：《中国民法典应如何规定居住权？》，载《比较法研究》2019 年第 6 期。

【典型案例】

居住权合同中能否设置退出权[①]

——居住权合同的内容

基本案情

2018年3月14日，王某（乙方）与戍州市爱馨康颐养老公寓（甲方）签订《戍州市爱馨康颐养老公寓居住权合同》，约定公寓的用途为住宅/老年公寓，乙方申请房屋一间（建筑面积约60平方米），乙方向甲方交纳养老公寓居住权费用43万元，获得公寓的专属居住权；乙方可自由退出甲方项目的养老居住权，但须提前3个月向甲方提出书面申请，乙方在公寓交付使用后退出养老居住权的退费标准为：甲方按照每年43万元的2%扣除使用费，余额无息退还乙方，不满1年按1年计算；甲方应于2018年5月31日前交付公寓。合同还约定了其他的权利义务。

同日，王某向戍州市爱馨康颐养老公寓交付居住权费用43万元。另于2018年12月20日，王某向戍州市爱馨康颐养老公寓交纳住宅维修基金5400元（代收）。

2019年4月26日，因王某家庭出现经济困难，王某向戍州市爱馨康颐养老公寓书面提出退出养老公寓居住权申请。该养老公寓认可收到申请。

因戍州市爱馨康颐养老公寓并未按合同约定向王某返还扣除应交部分的居住权费用，王某遂以此为由诉至法院。

法院审理

法院经审理认为，《戍州市爱馨康颐养老公寓居住权合同》系原、被告的真实意思表示，且不违反法律法规的禁止性规定，原、被告均应按合

① 参见王某与爱馨康颐养老公寓合同纠纷案，载北大法宝，https：//www. pkulaw. com/pfnl/a6bdb3332ec0adc43b84a206137593b072856f2602f30e1fbdfb. html？keyword = % e5% b1% 85% e4% bd% 8f% e6% 9d% 83% e5% 90% 88% e5% 90% 8c，最后访问时间：2020年6月12日。

同约定履行各自的权利义务。《戍州市爱馨康颐养老公寓居住权合同》约定了原告的退出权，现原告依据该条款向被告主张退还相关部分的费用，于法有据，法院予以支持。原告已支付被告居住权费用43万元，按双方约定，原告于2018年5月31日入住，于2019年4月26日申请退出，应支付被告0.86万元（43万元×2%），故被告应返还原告42.14万元。

另，住房维修基金是用于房子保修期满后房子主体构造、公共部位和公共设备的大中修以及更新改造工程。原告已支付被告住宅维修基金，原、被告并未就该部分费用作出约定，考虑到原告实际居住时间较短，该部分费用不应由原告负担。原、被告没有约定被告返还款项的时间，被告应在收到原告申请后合理时间内返还款项，现原告主张被告自2019年7月26日起以42.68万元为基数按照中国人民银行同期贷款利率支付利息至债务清偿之日，法院予以支持。

综上，依照《合同法》第九十三条、第九十六条、第九十七条之规定，判决被告戍州市爱馨康颐养老公寓返还原告王某42.68万元及利息损失。

案件评述

一、居住权的法律性质

1. 居住权作为一种独立的用益物权属他物权

由于居住权人可以对房屋直接行使其权利，但房屋所有人并无积极作为的义务，又由于居住权只有在他人所有的房屋上设定，因而居住权是债权的物权化，是通过合同设定的用益物权。

2. 居住权的主体

主体范围限定为特定的自然人。故法人或其他非法人团体（如合伙团体）不可以成为居住权主体，其主体范围具有有限性。

3. 居住权的客体

客体为他人所有的建筑的全部或一部分，还包括其他附着物。居住权的客体可适于已经存在且适合居住的建筑物，一般为房屋。

4. 居住权是因居住而对房屋进行使用的权利

居住权是为特定的自然人的生活用房的需要而设定的权利。居住权人只能把取得的房屋用于生活需要，对房屋的使用只能限于居住目的，而不能挪作他用，比如用作商业房等。但也有学者认为，当双方当事人有约定时以及在某些特殊情况下，居住权人可以将少量的房屋予以出租以获取收益。

这点也是居住权的一项重要特征。居住权的期限可由当事人在合同或遗嘱中确定或约定，如果没有对期限作出明确规定，则应推定居住权的期限为居住权人的终身。这是因为居住权是供没有房屋的人居住的，所以权利人对房屋的居住权如果没有约定的话，应当理解为与其生命共始终。

5. 居住权被称为“施惠行为”，具有无偿性

居住权人一般无须向房屋的所有人支付对价，这也是由居住权的性质、本质所决定的，其应当是一种无须支付对价的无偿行为；即使居住权人在其居住期间可能需要支付给所有人一定的费用，它也必然要低于租金，否则就无设立之必要。对此，《民法典》第三百六十八条亦有明确规定。

6. 居住权具有不可转让性

就其人役权的性质而言，居住权不能与权利人相分离，故权利人死亡，其权利即行消灭。

二、依据法律及司法解释推定居住权合同成立的必备条款[①]

1. 我国关于合同成立的主流观点是“协议说”即所谓“合意说”

1981 年颁布的《经济合同法》[②] 第九条规定，当事人双方依法就经济合同的主要条款经过协商一致，经济合同就成立了。但目前施行的《合同法》并无有关合同成立的概念性描述，也未对合同成立的必备条款作出强制性规定。

合同内容以条文的形式展现出来就是合同成立时的条款。至于何为成

① 曹小明：《论合同成立的必备条款》，载《法制博览》2018 年第 6 期。

② 现已失效。

立合同的必备条款则要进一步分析。因此，探寻承诺生效时“承诺”的内容或许是确定合同成立必备条款的线索之一。

合同成立的必备条款应当考虑合同内容的条款，以及与要约、承诺相关的条款。《合同法》第三十条规定承诺的内容应当与要约的内容一致。如果受要约人对要约的内容作出实质性变更，则承诺失效，原要约与变动部分作为一个新的要约生效。变更的内容涉及标的、数量、质量、价款或者报酬、履行期限、履行地点和方式、违约责任和解决争议的方法等即为对要约的实质性变更。变更上述内容会导致要约失效，但尚不能据此认定实质性内容就是合同成立的必备条款（内容）。

《合同法》允许承诺对要约作非实质性的变更，变更以后不影响合同的成立。按照否定性的解释方法，非实质性变更的内容就一定不是合同成立的必备条款。但《合同法》第三十一条并未规定合同的非实质性内容，也就是说仅凭《合同法》无法判定合同成立的必备条款，也无法完全排除非必要条款。因此需要将《合同法》以及相关司法解释中提到的合同条款全部列出，再运用减法规则排除非必要性条款，从而确定居住权合同成立所必备的条款。

2. 合同成立的一般性条款的理解

《民法典》合同编第四百七十条列举了合同成立的八项一般性条款：即当事人的名称或者姓名；标的；数量；质量；价款或者报酬；履行期限、地点和方式；违约责任；解决争议的方法。但该条对当事人订立合同仅具有参考价值，并未凭借法律的强制性要求当事人严格采纳上述八项条款中的一项或多项。此种相对宽泛的列举既包括合同成立的必备条款，也涵盖非必要性条款。故要推断出必要条款还需要将非必要性内容予以排除。

3. 依法可排除的非必备条款

分析《民法典》合同编第五百一十条的内容可知，《合同法》允许当事人在订立合同时对质量、价款、报酬、合同履行点等内容约定不明确，甚至允许合同欠缺上述内容。

此即表明“质量”“价款”“报酬”“履行地点”并非合同成立的必备条款。《民法典》合同编第五百一十一条是在第五百一十条的基础之上更进一步地辅助当事人确定合同的内容。如果当事人在穷尽第五百一十条所确立的规则后，仍不能确定合同内容则可依据第五百一十一条的规定来化解纠纷。由此又可以得出结论：除第五百一十条规定的内容外，“履行期限”“履行方式”亦非合同成立的必备条款。

《民法通则》第八十八条与《民法典》合同编第五百一十条规定的都是合同内容中有关质量、期限、地点、价款约定不明时如何确定合同内容的规则，虽充分尊重当事人的意思自治，但也坚持质量、期限、地点等条款内容应当在合同成立时予以确定。这些规定的内容与《民法典》合同编第五百一十一条是协调一致的，不存在矛盾点，虽未对合同成立的必备条款作明确规定，但也为排除合同成立的非必要性条款提供了依据。

三、居住权合同成立的必备条款

将《民法典》合同编第四百八十八条、第五百一十条以及第五百一十一条中列举的内容从合同的一般性条款中排除后，合同的一般性条款中还剩下“当事人名称或者姓名和住所”“标的”“数量”“违约责任”“解决争议的方法”。

对于当事人名称、标的、数量以外的其他合同内容可以将“当事人名称或者姓名”“标的”“数量”划入必备条款的范围。同理，“违约责任”和“解决争议的方法”则被排除在必备条款之处。结合前述排除非必要条款后剩下的内容可以确定合同成立的必备条款应当包含但不限于“当事人名称或者姓名和依据”“标的”“数量”。此三项是合同成立之基本要素。

《民法典》规定居住权合同一般包括下列条款：当事人的姓名或者名称和住所；住宅的位置明确了居住合同的“标的和数量”；居住的条件和要求；居住权期限；解决争议的方法。最后一项则并非居住权合同的必备条款。

故可见，法律只规定合同的示范性条款，应当认为，《民法典》规定的居住权一般条款中既包括主要条款（与必备条款同义），也包括非主要条款。因为习惯上法律不直接规定合同成立的主要条款，而是将这个问题留给理论和判例去解释。

故依据学者关于合同成立必备条款的观点，所有类型的合同都应当具备标的和数量条款。显而易见，居住权合同之标的，即住宅的位置；居住的条件和要求、居住权期限是当事人权利义务关系的核心纽带，而数量则是明确标的的关键。标的与数量的缺失无法利用合同解释等手段来弥补。除标的和数量外，居住权合同内容的确定还应当综合考量法律的特别规定、合同性质以及当事人一方的要求。可见合同的必要条款，可以由法律直接规定产生，也可以由当事人约定产生，还可以基于合同的性质而产生。

既然居住权本质上为债权的物权化，而契约精神之核心即尊重当事人意思自治，合同的订立本质上就是当事人合意的达成，所以任何条款都可能因为当事人的约定而成为居住权合同的必备条款。因此，居住权合同成立的必备条款不必完全拘泥于法律以及司法解释的规定，居住权合同的法律性质以及当事人的特别约定自可以决定其必备条款的范围。

第三百六十八条　【居住权的设立】居住权无偿设立，但是当事人另有约定的除外。设立居住权的，应当向登记机构申请居住权登记。居住权自登记时设立。

【条文疏义】

本条系《民法典》新增条文。

一、居住权设立的必要性及其法律意义

2007年《物权法》并未规定居住权，致使实践中出现的案件只能以债权来处理。居住权债权化的处理结果既难以为居住权人提供充分的保障，也不能忠实地体现所有权人的意志，有违私法自治理念。居住权之物权法定化，不仅能使其获得对世效力，还体现了民法的人文精神。[①]

1.《民法典》中确立居住权制度是对现实需求的回应

居住权制度的立法取舍应是从实证层面来考察其所具有的现实需求的。居住权的现实需求从四类司法案例中得到了证成：既可以保障继承纠纷中被继承人通过遗嘱分割房屋所有权和居住使用权；也可以保障赡养纠纷中法院判决设立居住权和当事人协议约定设立居住权；还可以在离婚纠纷中以设立居住权的形式对生活困难一方予以帮助；最后于分家析产纠纷中，当事人尚可通过分家协议分别确立所有权和居住使用权的归属。

2. 居住权的制度构造应以回应现实为导向

具体而言，应允准意定、法定和法院裁定三种设立方式并存。居住权的主体应限定为自然人，且居住权人和居住权设立人应具有特定的身份关系；居住权的客体可以是房屋的一部分或者独立的房间；对于居住权的内容，应当明确所有权人在居住权存续期间可将设权房屋转让，但居住权人不得将居住权转让、出质，也不得继承，仅可以在一定条件下出租；居住权因期限届满、解除条件成就等情形归于消灭。

二、《民法典》已将居住权作为一项用益物权予以规定

《民法典》物权编对居住权的范围、主体、限制进行规定，充分体现了时代特色，为我国居住问题的解决提供了解决思路。将居住权纳入《民法典》促进了物权结构的完善，是我国《民法典》编纂中的创举，具有重要意义。

随着时代的发展与经济的进步，实务中对居住权设定的呼声越来越高。同时，居住权作为一项用益物权规定在《民法典》中，并不存在逻辑裂痕，反而可以推进物权结构的完善，促进物权的发展。我国于《民法典》编纂的潮流中，将居住权法定无疑是将其作为一项时代号召的新权利，纳

① 李显冬：《我国居住权设立的正当性》，载《法学杂志》2014 年第 12 期。

入民法典的范畴之中；无疑是秉持谨慎的态度，在不扰乱现存物权体系的前提下，促进了物权结构完整，同时回应了时代需求。

三、居住权变动的需要具备社会公示性

意定设立居住权采用书面形式并以登记为居住权生效时间，无疑在一定程度上能够确保居住权行使的安全，旨在限制居住权纠纷的泛滥。当发生居住权纠纷时，因有书面为证和公示之效果，自然还能有利于纠纷迅速得以解决，同时也有利于在法律特征方面，使其与房屋租赁权予以区别。

而传统居住权由于在当时乡土社会之中，当事人彼此熟悉相互之间的个人身份，无论登记与否均不会对权利人构成太大的影响，只有能否产生对抗第三人效力的问题，故可以采取登记对抗主义。但就今天作为纯粹用益物权的居住权的设定而言，鉴于所有人与使用人之间未必具有熟悉个人身份的条件，故而登记之重要性更加凸显。再加上我国不动产物权变动采登记要件主义，居住权作为不动产物权之一种，理当以登记为权利取得的前提条件。自然未经登记的居住权合同，仅能产生合同法意义上债权请求权的法律效果。

【典型案例】

居住权可以无偿设立并应当向登记机构申请登记①

——以公有住房为主要生活居住地的房屋居住权

基本案情

葛夫与王妻系夫妻，王囡系王妻与前夫王某（已死亡）之女，王小囡系王囡之女。系争房屋为公有住房，系王妻前夫王某单位所调配的房屋，承租人原登记为王某。后王某死亡，葛夫与王妻于1993年登记结婚，系争

① 参见葛夫与王囡等用益物权纠纷案，载北大法宝，http：//elib. cugb. edu. cn/https/77726476706e69737468656265737421e7e056d2373b7d5c7f1fc7af9758/pfnl/a25051f3312b07f3ffbd541b27-95e37ddd6b019c6d1b5295bdfb. html？keyword = %E5%B1%85%E4%BD%8F%E6%9D%83，最后访问时间：2020年6月15日。

房屋主要由王囡、王小囡居住使用。后案涉房屋动迁，葛夫以拆迁补偿安置款购买了当地控江三村的房屋，房屋产权登记在葛夫一人名下，葛夫遂与王妻居住在该房。

2008 年系争房屋租赁户名变更登记至王妻名下。2009 年 4 月 13 日，葛夫与案外人钱某签订买卖合同，以 38.5 万元价格将控江三村的房屋转让。2009 年 4 月 15 日，葛夫以夫妻投靠为由将户口从控江三村的房屋迁至系争房屋。当时，王妻为系争房屋户主。2011 年 3 月 16 日，王妻死亡，系争房屋承租户名未作变更。

现葛夫将王囡、王小囡母女诉至法院，请求判决确认对系争房屋享有居住权并要求入住该房。

原审法院另查明，王囡户口于 1992 年迁入系争房屋，王妻户口于 1990 年迁入系争房屋。现系争房屋内共有葛夫、王囡和王小囡三人的户口。

法院审理

一审法院经审理认为，系争房屋为公有居住房屋，葛夫的户口虽于 2009 年迁入系争房屋，但葛夫对系争房屋是否享有居住权应结合葛夫是否符合该房共同居住人的条件及当事人就居住问题的意思表示来综合判断。

根据该市《房屋土地资源管理局关于贯彻实施〈市房屋租赁条例〉的意见（二）》第十二条之规定，本案中，首先，并无证据证明王某去世时葛夫曾在系争房屋实际居住生活 1 年以上；其次，葛夫原有的房屋在拆迁时已获得货币安置，葛夫以安置款购买控江三村房屋并将该房出售系其对自身权益的处分，现其名下虽无房产，但仍属于他处有住房人员；最后，系争房屋主要由王囡、王小囡居住使用，该房确非葛夫与王妻的主要生活居住地，葛夫不符合因结婚而不受居住时间和住房条件限制而享有共同居住人资格的情况。故葛夫不符合系争房屋共同居住人的相关条件。

葛夫称其曾与王妻协商决定出售控江三村房屋后居住系争房屋，故已将全部房款交与王妻，但并未提供交付房款的相关证据，且事实上控江三村房屋出售后葛夫和王妻主要以入住养老院和租赁房屋的形式解决居住问题。综上，一审法院认为，葛夫要求确认对系争房屋享有居住权并入住该房的诉讼请求，缺乏法律和事实依据，不予支持。葛某不服提起上诉。

二审法院经审理认为，本案系争房屋原为王妻单位调配，现葛夫主张其在系争房屋享有居住权，但并未提供证据证明其与王妻结婚后，在系争房屋已形成长期稳定的居住状态。同时根据查明的事实，葛夫原居住的房屋在动迁后，又以拆迁补偿安置款购买了控江三村的房屋，后又将该房屋出售，故葛夫并不符合有关政策规定中关于无其他住房或他处有住房但居住困难的情况。同时，在审理期间，葛夫虽称其将出售控江三村房屋款交与王妻，但也未提供依据予以证明。故结合查明的其他事实，原审法院认为葛夫要求确认其对系争房屋享有居住权依据不足，并无不妥，二审法院予以认同。

故葛夫的上诉请求不能成立，二审法院不予支持，遂判决：驳回上诉，维持原判。

案件评述

一、本案认定的法理依据

本案的争议焦点为葛夫是否可以认定为系争房屋的共同居住人而继续在该房屋居住。公有住房的共同居住人有严格的条件限制，只有满足条件的共同居住人才可以继续在该房屋居住。葛夫无证据证明以系争房屋为主要生活居住地，且不符合无其他住房或者虽有其他住房但居住困难情形，因此不能认定其在系争房屋居住的事实。

二、有必要突破传统人役权界限对居住权进行必要改造和重构

《民法典》物权编第三百六十八条规定了居住权的设立，其指以居住为目的，对他人的住房及其附属设施所享有的占有、使用的权利。居住权列于用益物权，传统民法将其定位为具有人身属性的人役权。

《民法典》物权编增加了居住权制度以回应社会的现实需求，司法实践证明，租赁权制度无法替代居住权制度的功能。设立居住权能够完善住房保障体系，提升房屋的利用效率，有助于应对目前社会居民老龄化的挑战，还可以保障拆迁安置住户的居住权益，以及机关事业单位工作人员家庭成员的居住权，实现“住有所居”的目标。《民法典》物权编准确界定了居住权的人役权属性，但相关规则过度地受到传统人役权的影响和限制，尤其是将居住权的设定限定为无偿，从而使该制度的作用似被削弱。[①]

三、物权定位之居住权不应仅限于满足生活需要

我国学者从居住权创设之初衷出发，执念于居住权的人役性，混淆了居住权本体与外在条件。如此来指导居住权立法，必然使其偏离现实，进而丧失正当性。居住权之意义不应在于为极端萎缩的狭窄主体提供权利支持，而应在于适应建筑物多元利用趋势，改变单纯以土地为对象的不动产用益物权格局，形成以土地物权为主、以房屋物权为辅的不动产用益物权新格局。唯有走出人役权的固执理念，专注于房屋的用益属性，居住权才更具有现实的价值。故而有学者主张，基于物权定位之居住权不应局限于满足人们的生活需要，而应以可出租、可转让和可继承为原则，期限亦得自由约定。[②]

四、民法典物权编设立居住权不宜限定为无偿方式[③]

人役权为具有特定情感关系的人设立，其所具有的是恩赐和慈善的价值，因而通常以无偿为特征。居住权无偿设立正体现了人役权鲜明的特点。大陆法系国家居住权大多具有家庭成员之间扶危济困的属性，在一定程度上其体现了仁慈和慈善的特点。权利人无须为设定人支付相应的对价，所以我国《民法典》物权编（草案）在设定居住权时也基本采纳了这一特征。

但是，从我国《民法典》物权编（草案）的规定看，居住权的设立以无偿为原则，此种限定可能会影响居住权功能的发挥。事实上，从比较法上看，有的国家立法虽然将无偿作为居住权设立的基本原则，但也都设置了有偿性的例外。故而可以认为，不宜将居住权的设立方式仅限于无偿，

---

① 王利明：《论民法典物权编中居住权的若干问题》，载《学术月刊》2019 年第 7 期。

② 鲁晓明：《“居住权”之定位与规则设计》，载《中国法学》2019 年第 6 期。

③ 王利明：《论民法典物权编中居住权的若干问题》，载《学术期刊》2019 年第 7 期。

其主要理由在于：

1. 将居住权的设立严格限定为无偿并不符合居住权的立法目的

居住权以实现“居者有其屋”为其立法目标，只要有利于其目标的实现，自应当鼓励能够实现该目标的居住权形式。居住权虽为用益物权，以满足个人的基本居住需要为目的，但并不能认为居住权只能通过无偿的方式设定。意定居住权的设立可以通过订立合同的方式进行，基于合同设定用益物权的性质就决定了其不可能完全为无偿。

为了满足个人的基本生活需要，当事人在设立居住权时，可以是有偿的，也可以是无偿的，只要是为了满足居住权人的居住需求，法律都应当允许。在许多情形下，当事人在通过合同的方式设定居住权时，本质上就是在从事一种利益交换行为，故而不应当将其完全限定为无偿的情形。尤其是在以房养老和完善住房保障体系的目标中，一概将居住权的设立方式限于无偿，显然不符合居住权制度的本旨。

2. 将居住权的设立方式限于无偿不利于发挥居住权的制度功能

这不但可能导致居住权的功能单一、适用面过分狭窄，而且无偿设立的规制将使得居住权的诸多功能无法充分发挥。特别是在现代社会中，居住权的制度功能已经出现了扩张，内容也在不断地丰富和发展，居住权作为一项用益物权，除能满足个人居住需要外，还有顺应以房养老的现实需要等功能，且能够作为住房改革的重要保障。充分发挥居住权的制度功能，应当允许当事人自主选择居住权的设立方式。

因此，作为用益物权的居住权，其本身作为所有权人利用自己财产的一种方式，允许以有偿的方式设定，自可以确保所有权人的财产得到最为充分的利用。

3. 将居住权的设立方式限于无偿也难以满足现实社会生活的需要

从比较法上看，德国法中的居住权原则上虽是无偿的，但可通过债务契约的有偿特约或阶段性的长期类租金之债约定为有偿法律行为。虽然有偿之支付义务并非物权之内容，但是支付可成为居住权设定之条件，可以认为，此种经验值得我们借鉴。从我国实践看，在有些情形下，当事人可能更愿意通过有偿的方式设定居住权，既可以从居住权的设定中获得收益，又可以为居住人提供居住场所，还可能提升所有权人设定居住权的意愿。这种可以选择有偿或无偿的方式，为所有权人提供更多的选择途径来设定居住权。

在以房养老的情形下，老年人将房屋所有权移转给相关金融机构，由金融机构在该房屋上为老年人设定居住权，并定期对老年人支付一定数额的金钱，如果将居住权的设立方式完全限定为无偿，则可能使得此种以房养老的模式难以运行。因此，将居住权的设立方式限于无偿，表面上有利于保障居住权人的利益，但事实上难以为居住权人提供最大限度的保护，亦难以满足现实需要。

因此当时有学者建议《民法典》物权编应删除有关“居住权的设立必须无偿”的规则，即居住权的设立既可以是无偿的也可以是有偿的，或是通过允许特别约定的方式来变通这一规则。

第三百六十九条　【居住权的限制性规定及例外】 居住权不得转让、继承。设立居住权的住宅不得出租，但是当事人另有约定的除外。

【条文疏义】

本条系《民法典》新增条文。

一、居住权不得转让、继承其设立应有之义故无可厚非

居住权涉及的住宅，如果允许出租，则违背居住权设立的初衷，而且容易与承租权相混淆。即使出租是为了满足居住权人的生活需要，实践中这种情形在传统人役权中也极少遇到。《民法典》物权编规定设立居住权的住宅不得出租，意思就是居住权人不能利用住宅获得收益，当然另有约定的除外，也就是说，以不得出租为原则，以可以出租为例外。因此，也曾有学者建议干脆直接删除“但当事人另有约定的除外”，直接规定居住权涉及的住宅不得出租、继承，没有例外。当然，《民法典》物权编的编纂，自应与时俱进，故而未予采纳。

二、严格限制居住权转让、继承会妨碍其不断与时俱进

为了保持法律适用的灵活性，尊重当事人意思自治，居住权的设定自可适当考虑除外情形，故而以但书方式规定，最简单的做法就是将“转让、继承”后面的句号改为逗号，使但书规定涵盖整个条文。

三、居住权法律适用范围的不断扩张

1. 很多国家在传统居住权制度中都增加了与时代发展相适应的内容

大陆法系各主要国家继承了罗马法传统，均在其民法典中规定了居住权制度。但由于社会政治、经济、文化背景等的不同，完全照搬传统居住权制度已经明显不能适应现代商品经济社会的发展，因此，瑞士、意大利、智利、葡萄牙等国在传统居住权制度中都增加了与时代发展相适应的内容。

在保护居住权人权利的同时，不但明确了居住权人的善良管理人义务、正常维修义务等，《瑞士民法典》还规定，对于居住权人对物的违法或不适当的使用，所有人可以提出异议。并且，在有证据证明其权利遭受危害时，有权请求居住权人提供担保，以此来平衡对所有权人和居住权人的平等保护。但从根本性质上看，这些居住权仍属于传统的人役权性质，其适用范围仍以家庭成员之间的救助或养老为主。

2. 为保持居住权在市场经济社会中长久的生命力其缺陷必须予以克服

不言而喻，传统的居住权到了资本主义时代就有了一定的局限性，特别是居住权适用范围狭窄，且无法流通的缺陷与市场经济的要求格格不入。但继承罗马法传统的意大利、瑞士等国家对上述缺陷的克服不是通过对居住权自身的改变来完成的，而是通过发展用益权使其突破传统人役权性质的限制来解决的。

用益权和居住权存在种属包含关系，且用益权的客体范围涵盖动产和不动产，适用范围相当广泛。在商业流通越来越发达的市场经济社会中，利益驱动使得一切财产都有成为商品的冲动，对他人财产利用的用益权也不例外。为此，现代各国都突破了用益权的人役权性质，规定用益权可以自由转让，从而出现商业化的趋势，即出现所谓的商事用益权。当在商业流通领域对房屋进行投资时，用益权为当事人提供了合适的制度选择。而居住权仍适用于婚姻家庭领域，以解决养老、扶养、抚养等问题。两者相互补充、各司其职，较好地完成了市场经济条件下房屋的利用问题。

因居住权与用益权的特殊包含关系，故居住权可以适用用益权的大部分规则，立法上十分简单。意大利、瑞士等国将居住权和用益权相结合的立法技术，一方面，保持了与罗马法人役权形式上的一致性；另一方面，通过用益权的发展弥补了居住权人役性在市场经济条件下的不足，值得称道。所以，对居住权的研究绝不能抛开用益权而单独地、孤立地进行。

四、通过契约自由原则来进一步发展居住权制度的内涵

1.《法国民法典》中事实上契约业已成为居住权设定的主要方式

《法国民法典》第625条至第635条关于居住权（以及使用权）的规定，明确了居住权可以由法律规定或依合意设定。在以自由主义为其理性基础的《法国民法典》中，居住权设定毋庸置疑地充分体现了契约自由的精神。该法典第628条规定："使用权及居住权依设定行为的规定，其范围的广狭，亦依设定行为的约款决定。"该法典第630条以下关于居住权的规定属任意性规定，只有在当事人未作约定的情况下才具有补充当事人意思表示不足的作用。这自然也就意味着，《法国民法典》赋予当事人以创设居住权的广泛自由，当事人完全可以突破传统居住权的人身专属性、不可转让性、无偿性、期限性等特征，而依合意自由约定其适用范围和权利内容，为居住权的发展预留了一条广阔的通道，增强了其在商品交换过程中的可适性。

2. 德国法上有传统的和摆脱人身专属性限制的两种居住权

德国居住权立法颇具特色和代表性。其在民法典中规定了作为限制性人役权的居住权，即权利人所享有的"排除所有人而将建筑物或建筑物的一部分作为住房使用的权利”。这种作为限制性人役权的居住权，忠实地秉承了罗马法的居住权传统，不得转让和继承，即使出租也需要得到所有权人的同意。

但鉴于在资本主义商品经济已经高度发达的德国社会，对他人住房的物权性利用已经远远超出家庭扶养的范围，更具时代特点的无疑属于商业投资用途，即所谓“建筑造价补贴”“时间分配式共有”等模式。因此立法再照搬产生于罗马田园社会的居住权制度，其不适应性自十分明显。

所以在终老财产范围内，此种在时间上以及人身上的限制，当然完全没有意义。当居住权在某种程度上体现为投入建筑资金之对待给付时（建筑造价补贴），应另当别论。此时居住权之不得转让性与不得使用出租性，即为一项不合理的缺陷。为弥补这种缺陷，德国于1951年通过了《住宅所有权及长期居住权法》，将传统居住权改造成一种长期居住权。与《德国民法典》中的居住权一样，长期居住权也是以住宅为标的之一项物权性使用权，但长期居住权可以让与和继承，而且长期居住权人有权进行任何合理的用益，尤其是享有出租权。

这无疑就使得居住权的“长期性”溢出了婚姻家庭领域，摆脱了人身专属性的限制，成为一种商业投资的手段，因而可以在更广阔的市场中发挥其制度价值。

【典型案例】

房屋的“居住权”是否可以继承及再继承①

——居住权是否应有不得继承的限制

基本案情

1988年4月，被继承人童老爹立下遗嘱将该县汀州镇人民巷×号房屋

① 吴许明：《房屋的“居住权”是否可以继承及再继承》，载福建法院网，fjfy@chinacourt.org/，最后访问时间：2020年6月15日。

归儿子童老大、童老二（二人系原告）所有，其他子女可以居住；儿子童老三（被告）在二楼后厅左边双联房一间和楼下后厅左边一间暂住，但不得扩展；儿子童老四在楼下前厅右边一间双联房暂住。

童老爹去世后，在执行遗嘱中，两原告与其他兄弟达成协议：房屋由两原告领取房屋“两证”（所有权证和土地使用权证），该房传直系子孙居住，任何人不得典卖。被告童老三于1992年未经原告同意私自占住了一楼两间房，2000年自建房屋后搬出该房居住，并将房屋租给他人居住。童老四于2003年去世后，其子童巳孙于2006年未经二原告同意多占了两间房。原告童老大、童老二与被告童老三和童巳孙对房屋的居住权问题发生纠纷，向该县人民法院提起诉讼，要求被告搬出房屋，将房屋交还两原告。

法院审理

该县人民法院经审理后认为，1988年4月，童老爹所立遗嘱，把该县汀州镇人民巷×号房屋产权交由两原告继承，两原告现已领取了房屋所有权证和土地使用权证，但该遗嘱同时还约定了其他兄弟享有居住权，即两原告所取得的房屋所有权上附了他人享有的居住权，遗嘱对被告童老三与被告童巳孙之父童老四的居住房间作出具体指定，但未指明他们居住的期限，因此，被告童老四虽然在2000年后搬到他处居住，但是仍然对讼争房屋拥有居住权。

根据两原告与其他兄弟达成的协议，该房屋有传直系子孙居住的约定，被告童巳孙的父亲童老四去世后，被告童巳孙仍享有居住权。但两被告在实际使用该房屋过程中，占用遗嘱指定外的其他房间，应当交还原告。该院依照《继承法》《民法通则》的规定，作出驳回两原告要求两被告搬出房屋的请求，但两被告必须交还多占的遗嘱指定之外房间的判决。

两原告不服提出上诉，该市中级人民法院作出驳回上诉，维持原判的终审判决。

案件评述

一、本案涉及房屋“居住权”继承与再继承的问题

1. “居住权”是否具有可继承性

从制定《物权法》的过程可知，我国立法当时并不承认“居住权”具有物权性质，但从《继承法》的规定可知，继承的对象是个人的合法财产，其范围主要为被继承人的财产，包括金钱、财物债权，个人承包的收益等，继承的对象不仅包括严格意义上具有物权性质的财产，还包括物权以外的财产权益。因此，本案的“居住权”虽然不具有所有权性质，但它是一种财产权益，作为用益物权仍然可以作为继承的对象。

故此原告的父亲童老爹在遗嘱中把系争房屋的“居住权”指定给部分继承人继承是有效的，法院应当予以支持和保护。

因此，一、二审法院支持和保护被告童巳孙的“居住权”是正确的。

2. “居住权”作为一种特殊的财产权利可否再次继承

本案中的被告童巳孙，是童老爹的继承人童老四的继承人，童老四去世后，该房屋的“居住权”能否再次转由童巳孙继承呢？由于《物权法》未将“居住权”作为物权明定加以保护，因此，“居住权”作为一种特殊的财产权利，从房屋所有权中脱离出来后，具有很强的人身性，即“居住权”只能依附于特定的人，伴随具有“居住权”人的终身，随着“居住权”人死亡，“居住权”也随之消亡。这意味着只要享有“居住权”的人死亡后，并不产生遗留“居住权”这种财产作为遗产供其继承人再次继承的可能。

所以，本案被告童老三本人一生享有其父留给其的“居住权”这样一种合法的权益，而被告童巳孙则不能再次继承其父童老四生前合法享有的“居住权”。本案中，一、二审法院判决童巳孙仍然具有“居住权”是基于原告与各兄弟的协议约定“传直系子孙居住”的理由，即基于合同法上的效力而取得的，并不是从继承法特别是物权法的角度来予以支持的。

二、居住权就是特定人因居住而使用他人房屋的权利

1. 居住权主要是基于婚姻、家庭关系而产生

其主要源于赡养、扶养和抚养的需要，往往涉及家庭成员、配偶的特有及应有的利益，居住权的享有人只能是自然人。可根据遗嘱或遗赠设立，也可以按照合同约定设立。比如，房屋所有权人死亡，他在遗嘱中已经明确房屋所有权由他的儿子继承，但他的配偶还健在，那么他的配偶就拥有此房屋的居住权，直至配偶死亡时止。《民法典（草案）》中对居住权作出这些具体的规定，将使居住权权利人和房屋所有权人在遇到这类问题时有法可依，也更便于法院审理这类案件时依法办案。

居住权的性质，根据居住权的概念及其产生的原因来把握，作为用益物权中的人役权，其主要功能不在于对房屋经济价值的利用和收益，而是基于生活目的对房屋使用价值的利用，其主体往往是妇女、老人、未成年人等社会弱势群体。因此，居住权具有浓厚的社会保障性质。其反映了现代民法社会化趋势的要求，体现了其根本价值取向。

所以依传统民法理论检出居住权的特征之一，其主体以特定的自然人为限，以我国目前的情况看，居住权似乎只能主要去解决离婚妇女、未成年人、需要赡养的老人以及雇主死亡后保姆的居住问题。

2. 居住权以他人的房屋为标的物

居住权必须以他人所有的房屋为标的物。居住权的效力范围可及于他人房屋之全部，亦可及于其一部分。为方便居住权人生活，房屋的附属设施也在居住权效力所及范围之内。

3. 居住权具有很强的人身专属性

居住权的利益专属于特定的家庭成员，因此，居住权不可转让和继承，因居住权人死亡、抛弃或其他法定事由而消失。

4. 居住权取得的无偿性

居住权一般是为了家庭成员等特定人的基本生活而设定的权利，因而设定居住权一般多为无偿，被认为是具有恩惠性质的行为。居住权人不因

使用房屋而向所有人支付对价，也不承担房屋的重大维修费用，但是居住权人要负担水电费等维持房屋正常使用的费用。作为例外，以合同形式设定居住权的，当事人也可以约定支付一定费用，这也是对当事人意思自治原则的尊重。

三、传统居住权终止的主要原因

1. 期限届满或居住权人死亡

设定期限的居住权因期限届满而终止，未设定期限的居住权则因居住权人的自然死亡或宣告死亡而当然终止。

2. 权利混同

当居住权人取得房屋的所有权，从而居住权人与所有权人合二为一时，居住权即丧失了存在的法理基础，自然终止。

3. 居住权人放弃居住权

居住权人得以自己的意思表示对其进行非转让的放弃行为，一旦放弃，居住权即自行终止。

4. 滥用居住权

如果居住权人不依满足基本生活需要的目的行使居住权，则构成对居住权的滥用，房屋所有权人可以撤销居住权。

5. 房屋灭失

作为居住权赖以存在的物质载体，房屋灭失，其上所承载的居住权自然不复存在。

6. 故意侵害房屋所有人及其近亲属的人身权利

为维护社会公平，在居住权存续期间，如果居住权人有故意侵害房屋所有人及其近亲属人身权利的行为，法律可赋予房屋所有人撤销居住权的权利。

综上所述，居住权作为保障社会弱势群体的重要法律制度，对促进家庭、社会和谐具有重要的意义。有利于充分发挥其社会保障功能，实现“住有所居”。

第三百七十条　【居住权的消灭】居住权期限届满或者居住权人死亡的，居住权消灭。居住权消灭的，应当及时办理注销登记。

【条文疏义】

本条系《民法典》新增条文。

一、大陆法系国家民法典对居住权消灭的规定

1. 权利人放弃居住权。

2. 居住权期限届满。

3. 混同。

即居住权人与所有权人身份混同，房屋所有权和他物权归属于一人而消灭。

4. 居住权人自然死亡或宣告死亡。

5. 离婚人已经再婚有其他住处。

6. 私自改变房屋的结构或用途。

7. 经济条件决定其不再享有居住权。

8. 在规定的时间内未行使居住权。

9. 对居住权的客体物毁坏不予修缮导致居住权客体物的损坏和丧失。

有学者建议，可以参考上述情形，制定我国居住权消灭的条件。但需要注意的是，由于居住权人放弃权利而引起的居住权消灭的情况，是否只有符合特定的形式要求才属于放弃，如果进行了他项权利登记，那么必须要去办理居住权的注销登记手续才算放弃。至于混同，在《物权法》中已经有原则性的规定，所以就不用在居住权利中再次赘述了。而对于是否像某些国家一样规定20年或30年未行使居住权，有学者认为，可以依意思表示解释规则归纳到对居住权的放弃之中。对于离婚人再婚或经济条件决定其不必再享有居住权这两项，完全可以由法官根据当时订立的合同或者遗嘱，或者结合居住权人经济情况和居住权的相关法规自由裁量。

二、我国《民法典》明定居住权因期限届满或居住权人死亡而消灭

《民法典》物权编已于第三百六十八条明确规定，居住权的设立采登记对抗主义，顺理成章，居住权消灭的，应当到有关部门办理注销登记。

此次《民法典》物权编编纂终于将居住权予以法定，明确居住权作为居住权人在特定房屋内居住的权利。《民法典》物权编将其解读为对他人的住宅享有占有、使用的用益物权，旨在满足特定人群生活居住的需要。居住权增设的目的，就是要凸显房屋的居住属性，保障居住人尤其是老年人等弱势群体有房可住，并且试图以此保护公租房的居住权益。

《民法典》物权编于第十四章第三百六十六条到第三百七十一条整章新增编写了居住权的有关规定，明确了合同订立的要求以及权利内容：居住权人有权按照合同约定，对他人的住宅享有占有、使用的用益物权，以满足生活居住的需要。设立居住权，当事人应当采用书面形式订立居住权合同。其包括当事人的姓名或者名称和住所；住宅的位置；居住的条件和要求；居住权期限；解决争议的方法。既然设立居住权时，应当向登记机构申请居住权登记，故其自登记时设立。①

三、居住权灭失后注销自在明确解除限制物权对所有权的限制

不动产登记的作用即旨在维护房地产交易安全，保护权利人的合法权益。

房屋是重要的财产，属于民法上的不动产的范畴。房屋登记是公示物权变动情况，保障房地产交易安全的一项基础性法律制度。动产以占有作为权利归属的判定标准，以交付转移占有来认定所有权转移，而房屋不可移动，其所有权归属和转移难以通过占有来判定，其认定标准和动产必然有所区别。房屋的权利状况不能通过占有来判定，其交易风险自然高于动

---

① 陈曼：《居住权的制度构建探析和研究》，广西大学 2019 年硕士学位论文。

产，为了避免在交易过程中可能出现的风险，当事人就要对房屋权利状况进行详细调查，而这种由交易各方自行进行的调查，势必要花费大量的时间和精力，大大增加交易成本。

因此，建立房屋登记制度旨在明确房屋的权利状况，这样既可以保障房屋权利人的权利得到登记机构的公示，也方便相关的利害关系人了解房屋权利现状，有利于保护房地产市场交易活动的安全。为维护房屋所有人合法权益，附属于房屋所有权之上限制其所有权权能行使的居住权消灭以后，自然需要赋予房屋所有人对居住权予以注销登记的权利，以利于房屋所有权人充分行使自己对房屋的占有、使用、收益或处分的所有权权能。

【典型案例】

居住权何时消灭[①]

——王某囡诉颜某婆返还原物纠纷案

基本案情

颜某婆与王某囡系母女关系。颜某婆在该县城镇范围内及该县坑园镇颜岐村内均无房产，其子王某仔系肢体残疾人。颜某婆患有右侧甲状腺癌。

2008年12月11日，王某囡于其兄王某仔处受让取得该县凤城镇江滨东路傲江景城某单元房屋的所有权，并办理了房屋所有权证。

2009年3月2日，上述房屋的土地使用权由王某仔转移给王某囡，王某囡取得国有土地使用证。颜某婆自2006年起至今一直居住于讼争房屋内。

颜某婆向王某囡主张，案涉房屋系颜某婆出资购买并长期支付按揭款，王某仔仅是名义上的所有权人。王某仔曾口头承诺案涉房屋将永久让颜某婆居住。在颜某婆无劳动能力且并无其他房屋可住的情形下，王某囡为其提供住房居住为其应有之义。无论从王某囡的赡养义务，还是民法公序良

① 参见王某囡诉颜某婆返还原物纠纷案，福建省福州市中级人民法院，案号：（2019）闽01民终6630号。

俗的法律原则，亦或是保障居住权益的角度出发，均应当认定颜某婆对案涉房屋具有居住使用的权益。

2018年11月27日，王某囡以其母亲颜某婆拒不搬离其所有的讼争房屋为由，诉至法院。

法院审理

一审法院认为，案涉房屋登记的所有权人为王某囡；颜某婆对该房屋产权登记证书上记载的形式上的权利人并无异议，颜某婆亦非对案涉房屋主张所有权，故王某囡作为房屋所有权人，可以行使返还原物请求权。关于颜某婆居住于案涉房屋内是否基于正当权源。颜某婆虽自2006年起就居住在案涉房屋并持续至今，王某囡在取得房屋产权登记证书后，当时亦同意颜某婆居住在该处，但现王某囡要求颜某婆搬离案涉房屋，即颜某婆居住在该处的正当理由已经因王某囡的拒绝而丧失。

一审法院遂判决颜某婆在判决生效之日起60日内搬离傲江景城的案涉房屋，并将房屋交还王某囡。此后，颜某婆提出上诉。

二审法院认为，本案的争议焦点为王某囡对案涉房屋的所有权与颜某婆对案涉房屋的居住权相冲突时，如何进行利益衡量。根据《中华人民共和国物权法》第七条的规定，物权的取得和行使，应当遵守法律，尊重社会公德，不得损害公共利益和他人合法权益。案涉房屋虽为王某囡所有，但颜某婆为王某囡的母亲，抚养其成长，并为其代办案涉房产购买、装修、产权办理等事宜，年老后为王某囡照顾年幼的孩子，案涉房屋购买、装修后即入住至今，并无其他房屋可供居住。颜某婆上诉认为，其作为生活家庭成员有权居住在案涉房屋内，王某囡对案涉房屋行使物权不得损害其居住的合法权益，有事实和法律依据。

虽然王某囡一审中表示愿意永久承担颜某婆居住房屋的租金或提供坐落于该县经济开发区的另一处房屋供颜某婆居住，但该表示仅为口头承诺，并非确定的法律义务。我国《老年人权益保障法》第十六条第一款规定，子女对父母负有赡养扶助义务；赡养人应当妥善安排老年人住房，不得强迫老年人举证或者迁居条件低劣的房屋。

一审法院在未对颜某婆的居住权利依法予以保障的情形下即判决其搬离案涉房屋，未保障老年人合法权益，应予纠正。颜某婆为离异女士，年龄已超60周岁，身患疾病，无其他经济收入，因此，在颜某婆搬离案涉房屋前，王某囡应先履行安置住房的义务。

遂二审中级人民法院判决：撤销一审判决；王某囡应于本判决生效之日起10日内给付颜某婆住房安置款19.6万元；三、颜某婆应在王某囡履行本判决第二项义务之日起30日内搬离案涉房屋，并将房屋交还王某囡。

案件评述

一、所有权与居住权的法益权衡

本案的争议焦点为居住利益能否成为对抗所有权人行使所有权权能的正当阻却理由。根据物权法定原则，居住权只能由法律明文规定，在《民法典》实施前，居住权并非法定权利。虽然当时居住权利尚未纳入法律权利规范体系内，但其是与民事主体活动密切相关的重要法益，同样应受到法律保护。

需要注意的是，所有权行使并非毫无边界与限制，相反，权利人在行使权利时不得侵犯他人之合法权益与自由，并须受诚实信用、公序良俗等基本原则的约束。故当出现所有权与居住权益冲突的案件时，裁判者应对二者利益的冲突利用公序良俗原则进行权衡与取舍。

二、所有权与居住权益冲突案件中居住权益的正当权源

始于罗马法的居住权其产生之初就带有浓厚的保障弱势群体的初衷，即为解决家长亡故、无财产权的、尚在人世的妻子或被解放的奴隶的居住问题。居住权经过数千年的发展与变革，也被赋予了更多的社会功能，《法国民法典》与《德国民法典》亦从保障婚姻中的弱者出发，逐步扩展了居住权的适用领域。[①]

---

① 朱美丹、张小玉：《论〈民法典〉居住权的价值取向及其适用》，载《嘉兴学院学报》2021年第5期。

司法实践中，涉及居住权益纠纷的民事案件居多，且大部分案件涉及的相关利益主体为老人、妇女和未成年人等社会弱势群体。争议的主要问题多表现为所有权人与居住权人之间的利益冲突，即居住利益能否成为对抗所有权人行使所有权权能的正当阻却事由。

在司法实务中，可将居住权益界定为除所有权人或用益物权人外的其他民事主体基于特殊身份关系或法律事实享有的居住于特定房屋的合法利益。即尽管《物权法》尚未将居住权益确认为权利，但利益主体的居住权益受到侵犯时仍可寻求法律保护和救济。

关于居住权益的法律确认与保护问题，核心争议在于居住权益是否具有对抗所有权人行使物权的效力。现代民法中，所有权行使并非毫无边界与限制，相反，权利人在行使权利时不得侵犯他人之合法权益与自由，并须受诚实信用、公序良俗等基本原则的约束，如《物权法》第七条规定，物权的取得和行使，应当遵守法律，尊重社会公德，不得损害公共利益和他人合法权益。当然，在所有权与居住权益产生冲突的案件中，首先应确认居住权益的正当权源。

其一是身份关系的限定性。即权利人与房屋所有权人或原权利人之间具有特定的身份性关系，如夫妻关系、家庭成员关系、监护抚养关系或者近亲属关系等。其二是居住利益的合法性。主张居住权益的主体须是对房屋的合法占有人，居住利益的取得方式应符合法律规定，不违反公序良俗。其三是居住利益优先的合理性。居住权人对房屋使用权的优先性不能以损害所有权人的居住利益为基础。另外，居住权益的内容应限于合理使用房屋，不包括处分性、收益性等财产内容。

三、涉及居住权益案件的利益衡量

在法律所确认的利益之间发生相互冲突时，法官应对冲突的利益确定其轻重而进行的权衡与取舍活动。在涉及居住权益案件中，纠纷的实质是不同权利主体利益间的冲突；这种冲突具有对立性，只能通过利益衡量后予以取舍。具体到个案裁判中，法官在进行利益衡量时，应考虑公序良俗原则的适用。民法中的公序良俗原则不仅仅具有道德导向的价值作用，还是评价民事法律行为效力的重要标准。公序良俗原则应当作为司法裁判中法官进行利益衡量的限制性条件。

例如，《物权法》第七条规定，物权的取得和行使，应当遵守法律，尊重社会公德，不得损害公共利益和他人合法权益。《老年人权益保障法》第十六条第一款规定，子女对父母负有赡养扶助义务；赡养人应当妥善安排老年人住房，不得强迫老年人举证或者迁居条件低劣的房屋。如个案中主张居住权的主体是与房屋所有权人具有特定身份关系的老年人，那么若认定所有权优先于老年人的居住权而受到保护，则无疑将违背公序良俗原则，裁判的社会效果也不甚理想。法律的一个重要功能在于以国家强制力对弱者利益进行事先保护，以体现法律的人文关怀和社会正义诉求。近年来，我国国民财富持续积累，但社会上仍存在孤寡老人等弱势群体的住房需求在特定情境中难以得到满足的情况，居住权制度将鼓励人们相互扶助，从而自行解决弱势群体的住房难题。[①]

本案二审的裁判思路与《民法典》将社会主义核心价值观融入了法治建设的精神及居住权入法典系为实现帮助弱势群体实现房屋居住的基本需求相一致。我国作为历史悠久的传统大国，中华传统美德始终承继。一个家庭中，家庭成员的互相维护和帮扶关系，不仅体现了家庭成员对弱势群体的关怀和爱护，从社会层面来说也是对社会扶助职能的实现。现实中，很多父母为子女垫资购房，但房屋登记在子女名下。在子女不履行赡养义务时，父母无法就该等房屋提出任何主张，而往往被认定为民间借贷或赠与纠纷，如父母在垫资之初就设立居住权，既能够缓解子女的购房资金压力，又能够确保家庭成员之间相互扶助，共同营造社会主义新型家庭关系。[②]

四、《民法典》设立居住权使得弱势群体的居住权利得以保障

源于罗马法的居住权以人役性为固有属性，在现代各国民法典继承过

---

① 申卫星：《从“居住有其屋”到“住有所居”——我国民法典分则创设居住权制度的立法构想》，载《现代法学》2018 年第 6 期。

② 孙茜：《〈民法典〉视野下居住权制度的理解与适用》，载《法律适用》2020 年第 21 期。

程中逐渐被赋予经济属性。经济性居住权在我国具有现实依据，是现代社会对居住权提出的要求。经济性居住权发展自人役性居住权，二者在产生基础、特征及作用等方面存在较大差异。我国居住权立法应以经济性居住权的价值作为发展与完善的方向，以融合居住权的时代趋势。①

具体到本案，案涉房屋虽为王某囡所有，但颜某婆为王某囡的母亲，二审法院认为，颜某婆作为家庭成员其有权居住在案涉房屋内，王某囡对案涉房屋行使物权不得损害其居住的合法权益。根据《老年人权益保障法》第十六条第一款的规定，子女对父母负有赡养扶助义务；赡养人应当妥善安排老年人住房，不得强迫老年人举证或者迁居条件低劣的房屋。因此，王某囡应先履行安置住房的义务，颜某婆再履行搬离案涉房屋的义务。至于安置款的计算，王某囡应按照1000元/月标准先行向颜某婆支付从2019年6月起至76.5岁止（该省平均人口预期寿命）的住房安置款19.6万元（1000元/月＊196个月）。颜某婆收到安置款项后应当将案涉房屋返还给王某囡。本案二审判决生效后，双方当事人均表示服判息诉，并积极、自觉地履行了各自的义务，达到了较好的定纷止争的社会效果。

第三百七十一条 【以遗嘱设立居住权的法律适用】

以遗嘱方式设立居住权的，参照适用本章的有关规定。

【条文疏义】

本条系《民法典》的新增条文。

一、意定居住权

1. 以遗嘱方式设定居住权核心要素在于意思表示的真实性

遗嘱是指公民生前按照法律规定的方式处分自己的财产及有关事务并于死亡后发生效力的单方法律行为。

---

① 陈洁：《经济性居住权及其立法研究》，载《对外经贸》2021年第4期。

全国人大制定公布的《物权法》（草案征求意见稿）第二百一十二条曾明确：设立居住权，可以根据遗嘱或者遗赠，也可以按照合同约定。根据遗嘱、遗赠或者按照合同约定设立居住权的，应当向县级以上的登记机构申请居住权登记，居住权自记载于登记簿之时起设立。

以遗嘱的方式设立居住权，比如房屋所有人在遗嘱中规定，房屋由法定继承人继承，但必须留出一间房屋由其配偶终身使用。以遗赠的方式设立居住权，如某人在临死前立下遗赠，确定其房产由子女继承，但应留出一间房屋由照顾其多年的保姆终身居住。

2. 合同作为双方法律行为设定居住权以意思表示一致为基本法特征

合同是为适应私有制的商品经济的客观要求而出现的，是商品交换在法律上的表现形式。商品生产出现以后，为了交换的安全和信誉，人们在长期的交换实践中逐渐形成了许多关于交换的习惯和仪式。这些商品交换的习惯和仪式便逐渐成为调整商品交换的一般规则。随着私有制的确立和国家的产生，统治阶级为了维护私有制和正常的经济秩序，把有利于他们的商品交换的习惯和规则用法律形式加以规定，并以国家强制力保障实行，于是商品交换的合同法律形成应运而生。古罗马时期合同就已受到人们的重视。签订合同必须经过规定的方式，才能发生法律效力。当然通过合同的形式，当事人双方达成一致于所有人的房屋上设定居住权，同样需要符合法定的要件。

按照合同设立居住权，亦经常发生，譬如男女双方在离婚时，在离婚协议中规定，离婚后房屋所有权属于男方，但女方应对其中一间房屋享有终身居住权。这都是基于双方当事人的意思表示。[①]

二、法定居住权完善和丰富了关于物权立法的理论[②]

1. 物权法理论中一般认为居住权包括意定居住权和法定居住权两种

---

① 王利明：《物权法论》，中国政法大学出版社2003年版，第532页。转引自陈华彬：《物权法》，法律出版社2004年版，第455页。

② 陈峰：《论法定居住权制度在中国的确立》，载《桂林师范高等专科学校学报》2007年第6期。

以法国、德国为主的物权法一般均规定，设立居住权可以根据遗嘱或者遗赠，也可以按照合同约定，这些都是意定居住权。

2. 法定居住权则是指依照法律的规定可以享有的居住权

法定居住权的确立，是“物权法定”的题中应有之义，但是，在《物权法》未明定“居住权”之前，最高人民法院司法解释一直有为保护离婚后无房屋居住一方当事人的权益而作出的必须解决其居住问题的规定，无疑即具有法定居住权的属性。只是这些规定没有从《物权法》的角度对法定居住权加以规定，所以囿于物权法定原则的束缚，此种权利不能被称之为严格意义上的法定居住权。

特别是由于居住权未被法定化之前，往往就其规定而言容易内容粗泛，且法律规范的层次也较低，其所能规制的居住权之权利和义务的内容，既难以具体化，又不够系统化，往往会造成司法机关在适用中难以操作，当然会对当事人的权益保护造成困难。所以作为统治阶级解决纠纷的临时应急措施的定型化，即使是在广义的物权法律规范体系里，通过单行法律和司法解释来设定的居住权，无疑能大大地充实我国的物权法律规范体系，会给我国的物权法律规范体系增添浓重的时代和人道主义色彩。

法定居住权事实上更突出了其可以通过私法来实现政府干预的社会功能。法定居住权制度所具有的社会保障功能无疑是公法的私法化补充。其保护对象通常是广大的妇女、老年人和未成年人等弱势群体的权益，法律直接规定，在特定情况下必须给予某些社会群体法定范围内的居住权，不但能填补社会保障的漏洞，也有利于社会稳定。

【典型案例】

遗嘱与居住权的碰撞[①]

——涉及居住权的遗嘱是否有效

基本案情

2001年11月27日，原告与马某川（已于2013年1月14日去世）登记结婚，二人均系再婚。二人婚后在寅阳师院生活一区5号楼某单元西单元房共同生活。2007年7月，马某川及其子女与原告签订协议书一份，立协议人为马某川、马某光、马某伟、马某玉和马某设。协议内容是：父亲马某川现住房系1995年房改房。房改初，父亲马某川、母亲杨某灵征求各子女意见并一致口头同意。

其一，由父、母出资6000元和次子马某玉出资4000元购买此房，其房产所有权归马某川、杨某灵；其二，父、母去世后，房屋产权归马某玉所有。

2001年因母亲去世，其父又娶了原告孙某子，由父亲和继母提出，子女同意特立协议：

（1）父亲马某川、继母孙某子健在期间，均有终身居住权；（2）父亲和继母去世后，次子马某玉对该房屋拥有独家继承权。（3）为使本协议顺利执行，案涉房屋之房产证由长子马某光保管。本协议为立协议人的真实意思表示，一式陆份，协议人、受益人孙某子各持一份，以资共同遵守，如有违约，违约人承担相应的法律责任。

上诉人马某玉与被上诉人孙某子房屋居住权纠纷一案，孙某子（一审原告）于2012年12月30日诉至卯龙区人民法院，请求依法确认原告享有案涉房屋的终身居住权。

---

① 参见马某玉与孙某子房屋居住权纠纷案，河南省南阳市中级人民法院，（2013）南民二终字第00563号。

法院审理

一审法院经审理认为，2007 年 7 月，原、被告等人所立协议书，系被告父亲马某川及其子女与原告签订的关于房子的产权及原告孙某子作为受益人的终身居住权的协议书，系双方当事人的真实意思表示，且不违背法律规定，是合法的民事法律行为，应为有效协议，双方当事人应按照协议约定履行自己的义务。

现因被告之父马某川去世，争议房屋也依据 2007 年 7 月所立协议书过户到被告马某玉及其妻子名下。原告孙某子作为马某川的妻子依照该协议当然拥有终身居住权，根据法律规定，民事法律行为从成立时起即具有法律约束力。行为人非依法律规定或者取得对方同意，不得擅自变更或者解除，原告诉讼请求理由正当，依法应予以支持。判决原告孙某子依法享有终身居住权。原审被告不服提起上诉。

二审法院经审理认为，2007 年 7 月，马某玉、其父马某川及其兄弟姐妹与孙某子商定的协议书中载明，“2001 年因母亲去世，父娶孙某子，由父亲、继母提出，子女同意特立协议：父亲马某川、继母孙某子健在期间，均有终身居住权”，该约定权利、义务具体明确，系双方当事人的真实意思表示，且不违反相关法律法规，显属有效协议，双方均应遵照执行。

现上诉人马某玉之父马某川虽已去世，但马某玉与孙某子之间仍有继母继子关系，且仍应依原协议约定和睦相处。马某玉辩称孙某子未曾尽到照顾其父马某川的义务及双方现同住一房屋，经常吵架，主张原协议无效，否认孙某子的终身居住权，显然于法于理不能成立，故法院不予支持。故二审法院判决：驳回上诉，维持原判。

案件评述

一、以遗嘱方式设立房屋居住权一直都有法律效力

《物权法（草案)》曾经有过居住权的规定，但最终还是删除了，但这并不说明我国现行法律并不认可居住权，《最高人民法院关于适用〈中华人民共和国婚姻法〉若干问题的解释（一）》第二十七条虽然使用了“居住权”的表述，但该条所指的“居住权”只是对离婚后经济困难的一方予以物质帮助的一种形式，并不是用益物权形态的居住权，可知当时居住权并非法定物权。因此有人认为，当事人通过遗嘱自行设定居住权的行为无法得到物权法的认可。故而通过遗嘱设定的居住权与所有权被认为相互产生了冲突。

应当认为，虽然《物权法》并没有规定居住权，但可以通过民法的其他制度对依据遗嘱享有的居住权利加以保护，《继承法》第二十一条规定，遗嘱继承或遗赠附有义务的，继承人或者受遗赠人应当履行义务。所以在与本案件类似的情况下，房屋的居住人可以基于合同的约定或遗嘱规定的条件保持对房屋的合法占有，从而满足自己的居住需要，但这种占有并没有可以对抗第三人的物权性的效力。

不过根据相关法律规定，人民法院会支持善意受让人的请求。因为遗嘱的内容并不能约束第三人。通过对遗属设定房屋居住权法律效力的探讨，不难发现，由于《物权法》没有规定居住权，当事人按照自己意愿对死后财产的安排无法得到充分的实现。在现行法律上通过遗嘱方式设定房屋居住权只具有相对效力，而不具有物权性对抗效力，一旦出现继承人转让房屋或者继承人以外的第三人影响权利人居住权益的情况，比如，房屋被征用，第三人损害房屋。由于此时“居住权”不具有对抗力，居住权人的居住权益无法独立得到保障。①

房屋居住权既为特定的自然人享有的占有他人所有的房屋及其附属设施用于居住的权利，本案当事人之间该约定权利、义务具体明确，系双方当事人的真实意思表示，且不违反相关法律法规，显属有效协议，双方均应遵照执行。现马某玉之父马某川虽已去世，但马某玉与孙某子之间仍有继母继子关系，且仍应依原协议约定和睦相处。马某玉辩称孙某子未曾尽

① 包振宇：《论遗嘱设立房屋居住权的法律效力》，载《上海房地》2012年第4期。

到照顾其父马某川的义务及双方现同住一房屋，经常吵架，且主张原协议无效，否认孙某子的终身居住权，显然于法于理不能成立。

二、特定当事人之居住权的法律保护日益完善

在《民法典》的编纂过程中，许多学者曾为居住权立法有过激烈争论，但因缺乏现实基础及普遍适用性而未能落实。随着对继承编所进行的制度改革，已经可以将居住权确立为物权法上的居住权，其是以居住为目的，对他人享有所有权的房屋及其附属设施享有占有、使用的权利。2002年《物权法》（征求意见稿）中首次提出了居住权的概念。2005年的《物权法（草案)》（第四次审议稿）较为详细地规定了该制度，其目的均在于保护社会中弱势群体的基本住房权。

设立居住权制度在《民法典》编纂完成前一直存在较大的争议，《物权法》通过时未确立居住权制度，但这并不意味着法律不保护特定当事人的居住权。设立居住权，可以根据遗嘱或者遗赠，也可以按照合同约定，即有法定居住权和意定居住权之分。[①]

居住权的确立能推动《民法典》继承编制度改革的落实，两者相辅相成，因而在继承编制度改革的方向下，居住权不但可参照国外法设定法定居住权和意定居住权，还能使继承编与居住权同时实现其应有的价值意义。[②] 此次《民法典》物权编业已将居住权予以明确规定，这一法律冲突自然随着居住权立法空白的填补，逐渐得以解决。

---

① 代贞奎：《家事诉讼中居住权的保护》，载《人民法院报》2011年4月28日。

② 陈琪：《论民法典（草案）继承编制度改革与居住权的关系》，载《湖北经济学院学报（人文社会科学版)》2019年第6期。

第十五章 地役权

第三百七十二条 【地役权的定义】地役权人有权按照合同约定，利用他人的不动产，以提高自己的不动产的效益。

前款所称他人的不动产为供役地，自己的不动产为需役地。

【条文疏义】

本条沿袭了《物权法》第一百五十六条之规定。

一、地役权是传统民法用益物权中的一项重要权利

地役权无疑是按照合同约定利用他人的不动产，以提高自己不动产效益的权利。双方达成书面协议，在自己的土地上设立地役权时，提供土地的他人的不动产依法称为供役地，利用他人土地的一方的不动产称为需役地。地役权具有以下特点：

1. 地役权是通过合同法律行为设立的

地役权是地役权人和供役地权利人之间达成以设立地役权为目的和内容的合同所设立的权利。设立地役权，当事人应当采取书面形式订立地役权合同。

2. 地役权的内容是利用他人的不动产的权利

在地役权法律关系中，需役地和供役地属于不同的土地所有权人或者土地使用权人。利用他人的不动产来提高自己不动产的效益，是地役权设

立的主要目的。所谓利用他人的不动产并不以实际占有他人不动产为要件，而是对他人的不动产设置一定的负担。这种负担主要表现在：一是容忍义务。如允许他人通行于自己的土地，以使自己行使土地的权利受到某种限制。二是不妨害地役权人行使权利的义务。在某些情况下，地役权人为了使用供役地的便利，需要在供役地上修建必要的附属设施，如为实现排水地役权，而要在供役地建筑一个水泵。这时，供役地权利人就不得妨害地役权人行使其权利。

3. 设定地役权旨在提高自己不动产的效益

地役权的设立，必须是以增加需役地的利用价值和提高其效益为目的。此种“效益”既包括生活上得到的便利，也包括经营上获得的效益，如为需役地的便利而在供役地上设立的排水、通行设施等，还包括非财产的利益，即具有精神上或者感情上的效益，如为需役地上的视野宽广而设定的眺望地役权等。

二、地役权的分类

为使用自己不动产的便利或提高其效益而按照合同约定利用他人不动产的地役权，可以依据不同的标准进行不同的分类：

1. 积极地役权与消极地役权

这是以地役权的实现方式为标准进行的分类。

（1）积极地役权

是指地役权人可在供役地上为一定的积极行为的地役权，也称作为地役权。

（2）消极地役权

是指以供役地人不得为一定行为为内容的地役权，因其负有一定的不作为义务，而非单纯的容忍义务，又称不作为地役权。

2. 继续地役权与非继续地役权

这是以地役权的行使方式或权利实现的时间是否继续为标准，而将其划分为继续地役权和非继续地役权。

（1）继续地役权

其是指权利的行使无须每次都有地役权人的行为，而权利却能不间断地实现的地役权，道路与设施的存在本身就意味着权利人在持续地行使地役权。消极地役权一般均为继续地役权。

（2）非继续地役权

又称间断地役权，是指每次权利的行使都需要由权利人实施一定的行为，否则无法实现其权利的地役权。

3. 表见地役权与非表见地役权

以地役权的存在是否表现于外部为标准，可将其划分为表见地役权和非表见地役权。

（1）表见地役权

是指权利的存续，能被外界知晓，有外部事实予以表现地役权，如通行地役权或地面排水地役权等。

（2）非表见地役权

是指权利的存续，不能从外界予以认识，无外部事实作为表现的地役权，如埋设地下管线的地役权、眺望地役权、采光地役权、特定营业禁止地役权。

4. 以地役权的内容为标准的分类

（1）通行地役权

即以在他人土地上通行以便到达自己土地为目的的地役权。

（2）取水、排水以及导水的地役权

取水或汲水地役权，即为了需役地的便利在供役地上取水或汲水的权利；所谓导水地役权，即利用管道或沟渠经过供役地把水导入需役地的权利；而传统的排水地役权，即把生活或生产过程中产生的废水排入供役地或经过供役地排向他处的权利。

（3）眺望地役权

即为了确保在自己的土地或建筑物中能够眺望风景，约定供役地的物权人不得建造或种植超过一定高度的建筑物或竹木的权利。

(4) 采光地役权

即为了改善自己的土地或建筑物的采光效果，约定供役地的物权人在一定的区域不得建造建筑物或种植竹木，或者建筑物、竹木不得超出一定高度的权利。

(5) 支撑地役权

即利用他人已经建成的墙壁搭建房屋或其他地上附着物的权利，设立此种地役权往往是为了节省建筑成本或为了扩大房屋的使用面积。

(6) 放牧地役权

即按照约定在供役地上放牧牛、马、驴等牲畜的地役权。

(7) 建造附属设施或安设临时附着物的地役权

需役地的物权人为了更好地利用自己的土地或建筑物，可以与供役地的物权人协商，支付一定的对价，取得一项在供役地上建造建筑物之附属设施或安设临时附着物的地役权。

(8) 排污地役权

这是导水、排水地役权在生产过程中的演进。那些需要排放污染物的企业，尽管其营业可能已经获得环保部门的行政许可，但此种排污行为客观上会给相邻不动产的利用造成损害或不便，企业可以与相邻不动产物权人订立契约，支付对价，从而获得一项排污地役权。

【典型案例】

双方能否对通道约定共同享有永久性使用权①
——地役权基于地役权合同产生

基本案情

2004年，原告彭某刚购买了位于子寅市丑卯区辰巳路359号某花园小区的房屋，由开发商子寅市甲银房地产开发公司（以下简称甲银房地产公司）建设车库，车库位于B栋1层4号、5号、10号、11号、13号～16号，该车库还配备一条78米长的专用车道。

2012年，被告乙创工坊公司购买了临近车库的锁厂，但封闭了独立通行的通道，自2014年下半年起就利用原告车库固有的车道。1993年，子寅市国营子寅市制锁厂（以下简称子寅市制锁厂）与甲银房地产公司签订了《子寅市国营子寅市制锁厂有偿转让部分房产和土地使用权并拆迁还建生产车间、更新设备及相应的生活辅助设施合同书》，合同约定：将子寅市制锁厂所有的坐落于辰巳路19号的18栋房屋转让给甲银房地产公司，在转让土地的南侧留一条7米宽的通道，通道连接辰巳路纵深至分界线，即本案所涉案的通道，双方对通道均共同享有永久性使用权。双方就该合同办理了公证手续。

原告车库位于该通道右侧，被告租赁的房屋位于该通道尽头，双方均需从该通道进入各自的区域。被告乙创工坊公司所有的人员、车辆均从原告车库的车道通行，严重影响了原告的正常出入和管理秩序，且不给予原告补偿。故原告彭某刚起诉到法院，要求被告乙创工坊公司停止侵权行为。

原告彭某刚诉请法院提出如下请求：1. 确认位于子寅市丑卯区辰巳路359号入口通往原告彭某刚车库的一条长78米的车道的地役通行权属原告

---

① 参见彭某刚诉乙创工坊公司地役权纠纷案，湖北省武汉市中级人民法院，案号：（2017）鄂01民终5613号。

彭某刚所有；2. 被告乙创工坊公司的车辆、人员停止通行以上通道，立即停止侵权；3. 诉讼费由被告承担。

被告乙创工坊公司辩称，原、被告主体均不适格，因为双方均不是案涉通道的所有权人，原告不享有地役权。案涉通道是被告乙创工坊公司通往外界的唯一通道，被告乙创工坊公司的通行是经过授权的，有权通行此通道。

法院审理

法院经审理查明，《物权法》第一百五十六条规定，地役权人有权按照合同约定，利用他人的不动产，以提高自己的不动产的效益。他人的不动产为供役地，自己的不动产为需役地。地役权一般涉及两块土地，且这两块土地分属于两个所有权人或者使用权人。地役权以土地为客体，而不包括建筑物。

原告彭某刚主张其为案涉通道的供役地权人，但其提供的国有土地使用权证上仅登记了车库，并未登记案涉通道，其提供的红线定位册针对的并非案涉通道的土地，因此原告彭某刚不是案涉通道土地的所有权人或使用权人。

故原告彭某刚不享有地役权，被告乙创工坊公司的正常通行并不构成对原告的侵权。驳回原告彭某刚的诉讼请求。

案件评述

一、地役权的产生源于地役权合同

地役权是依据当事人的约定而产生的，对他人土地的一种便宜性权利。地役权与相邻权最大的不同就在于后者是法定权利，而前者则是约定权利，需要由当事人双方协商订立合同，从而就地役权的设定及使用方式等达成一致。

一方当事人可以基于约定而赋予另一方当事人利用其土地的权利，由此产生了地役权。当事人之间须在真实意思表示一致的条件下，订立书面的地役权合同，必要时还须履行登记手续，方可保障地役权的行使。

根据法律规定及法理分析可知，当事人是否享有地役权取决于当事人之间是否有关于地役权的约定，即地役权合同。若无此前提，则地役权自然也就不复存在。

二、地役权制度的立法价值

1. 地役权较相邻权而言灵活性更大

（1）相邻关系的规定实际上就是对土地作最低限度的调节与规制

相邻权是法律上当然发生之利用的调节，属法定的权利义务关系，可认定为所有权本身范围内的事情。而地役权则超过了法律所规定的最小限度的调节，它要求当事人通过意思自治的方式进行，因此不再从属于所有权本身的范围之内，而独立于相邻权存在。

（2）地役权与相邻权相比更具有灵活性，故有其自身独特的价值

如上所述，相邻关系属于对所有权的限制或者说是延伸，其创设目的在于发挥不动产的正常效用，维持正常的生产和生活秩序，保障基本的社会生活，也就是说，其保障的是物的最低利用要求。

（3）法律对相邻权进行明文规定无须当事人之间另行约定

设定地役权旨在现有惯常效用的基础上，增加自己利用土地的利益。这种利益的获得，是以供役地承受更多负担来实现的。该负担超过了法律规定的最基本的要求。因此，地役权是通过双方当事人约定来实现的。加之地役权所具有的兼容性，即在同一块供役地上当事人能设立多项互不冲突的地役权，使得不动产在此方面实现了效用最大化。

在现代法上，人们对物的关注逐渐由“归属”转向“利用”。地役权制度的设定，使人们对于发挥物的最大利用价值的愿望有了一种实现的渠道，并且地役权的设定源于当事人之间的约定，是对于私法自治、意思自由的民法价值的极大尊重，因此地役权灵活性的特点越发显著。

2. 地役权较债权而言具有更强的稳定性和对抗效力

虽然当事人之间可以通过设立债权合同实现对特定不动产的利用，但

债权合同具有相对性，效力仅及于合同当事人，而对第三人没有对抗效力，稳定性较差。而地役权作为用益物权的一种，其具有对世性，除法律的强制性规定外，可以对抗任意第三人，因此设立地役权对不动产的利用具有更强的稳定性。

3. 地役权与相邻权作为彼此独立的法律制度各具其内涵

（1）两者产生的原则不同

相邻权基于法律直接规定而产生，是法律要求一方必须为另一方提供便利，是维护正常生活和生产的最低需要。地役权是根据需役地权利人与供役地权利人自愿达成协议而产生的，是地役权人通过利用他人的不动产而使自己的不动产获得更大的效益。

（2）两者的法律性质不同

相邻权是法律上对土地间利用关系的一种最小限度的调节。它不是一项独立的民事权利，更不是独立的他物权，它属于所有权的内容。而地役权的主要功能在于弥补相邻权的不足，在相邻权得不到调节时，可通过约定加以弥补。地役权不仅是一项独立的民事权利，而且是一种独立的物权形式，为用益物权的一种。

考虑到相邻权是法定的对相邻不动产权利人权利的限制，是维护正常生活和生产的最低需要；而地役权则是扩大对他人不动产的利用来提高自己不动产的价值，不能由法律强制，而应采用协商方式由当事人约定，这一制度有存在的必要性。因此，《民法典》物权编在《物权法》的基础上设专章进一步肯认了地役权。

第三百七十三条 【地役权合同】 设立地役权，当事人应当采用书面形式订立地役权合同。

地役权合同一般包括下列条款：

（一）当事人的姓名或者名称和住所；

（二）供役地和需役地的位置；

（三）利用目的和方法；

（四）地役权期限；

（五）费用及其支付方式；

（六）解决争议的方法。

【条文疏义】

本条承袭了《物权法》第一百五十七条之规定。

一、地役权作为法定要式法律行为应当采书面形式予以设定

1. 有关地役权合同主要条款的规定只起提示性与示范性作用

当事人签订合同的目的，是以在特定需役地和供役地上设立具体内容的地役权。因此，合同的条款是否齐备、准确，决定了合同能否顺利地履行以实现订立合同的目的。这里规定的地役权合同内容，只是一般地役权合同应当包括的条款，但不限于这些内容，也不是说合同中缺了其中任何一项就会导致合同不成立或者无效。地役权是由双方当事人通过约定设立的。

2. 对于地役权的内容法律不作严格限制

地役权合同只要双方约定的内容不违反法律的强制性规定，就尊重当事人的约定。但地役权也是受限制的，如果地役权人滥用自己的权利，那么，供役地权利人有权解除地役权合同。对此，《民法典》物权编还规定，地役权人违反法律规定或者合同约定，滥用地役权的，以及有偿利用供役地，约定的付款期限届满后在合理期限内经两次催告未支付费用的，供役地权利人均有权解除地役权合同，地役权消灭。

二、地役权合同的一般内容

1. 地役权合同当事人的姓名或者名称和住所

当事人是合同的主体，如果不写明当事人，就无法确定权利的享有者

和义务的承担者，发生纠纷也难以解决。按照我国土地制度的规定，地役权合同的双方当事人可以是土地所有人、建设用地使用权人、宅基地使用权人和土地承包经营权人等权利人。因此，要将上述权利人或者使用人的姓名或者名称和住所写清楚。

2. 供役地和需役地的位置

签订地役权合同，应当标明供役地和需役地两块土地的方位、四至以及面积，尤其是对供役地的位置更应记录细致，并尽可能绘图表示。

3. 设立地役权利用供役地之目的和方法

这里所谓利用目的，即指设立地役权到底是基于通行、取水、排水、铺设管线等何种目的，准备如何使用供役地，比如设立排水地役权后，是用挖排水渠的方法，还是铺设排水管道的方法来实现。

4. 需要利用供役地的期限

即利用供役地的具体起止时间。地役权的期限由当事人约定，但不得超过土地承包经营权、建设用地使用权等用益物权剩余的期限。地役权的期限是地役权存续的依据，应当有明确的约定。没有约定或者约定不明确的，地役权人可以随时终止合同。

5. 地役权的费用及其支付方式

地役权可以有偿也可以无偿，其主要取决于当事人的约定。如果是有偿的，地役权人与供役地权利人在合同中应当明确约定费用的数额以及支付的方式，是分期支付，还是一次性付清等。

6. 地役权争议的解决方法

解决争议的方法指地役权合同争议的解决途径和方式。双方当事人可以通过和解、调解、仲裁、诉讼等途径来解决地役权合同履行或实施过程中所发生的争议。

【典型案例】

约定拓路又要保滩之调解结果是否设定了地役权[①]

——地役权设立的形式要件

基本案情

朱某彬、李某忠系南、北邻居，2015年1月，双方因拓宽两户门前道路产生纠纷，朱某彬要求拓路，李某忠不同意，寅镇卯盛村村委会民调研员进行调解后，因朱某彬拓路损坏李某忠种植的油菜及朱某彬搭建小屋损毁李某忠部分农作物，朱某彬同意赔偿李某忠损失1000元，并在调解人员的见证下当场予以交付。欠款交付后，朱某彬称拓路后还需保滩，以防道路被雨水冲毁，李某忠表示同意。

2016年夏季，双方因保滩问题又发生争议。2017年2月27日，李某忠以朱某彬非法在其承包的土地上筑路为由，诉请法院判令朱某彬停止侵害并赔偿其损失。

朱某彬辩称，李某忠在村委会工作人员在场的情况下答应筑路、保滩，否则朱某彬不可能自掏腰包拓路和保滩。现在因李某忠反悔，保滩工作无法继续，李某忠应当赔偿损失。

法院审理

一审法院经审理查明，朱某彬占用李某忠的承包土地修筑道路并实施保滩，应当属于在李某忠承包土地上设立地役权。根据《物权法》第一百五十七条之规定，设立地役权，当事人应当采取书面形式订立地役权合同，

---

① 参见朱某彬与李某忠排除妨害纠纷案，载北大法宝，（2017）苏06民终3123号，http：//www. pkulaw. cn/case/pfnl _ a25051f3312b07f3a96de78517e85e1c718988b6561d523dbdfb. htmlkey-words = % E8% AE% BE% E7% AB% 8B% E5% 9C% B0% E5% BD% B9% E6% 9D% 83% EF% BC% 8C% E5% BD% 93% E4% BA% 8B% E4% BA% BA% E5% BA% 94% E5% BD% 93% E9% 87% 87% E5% 8F% 96% E4% B9% A6% E9% 9D% A2% E5% BD% A2% E5% BC% 8F% E8% AE% A2% E7% AB% 8B% E5% 9C% B0% E5% BD% B9% E6% 9D% 83% E5% 90% 88% E5% 90% 8C% E3% 80% 82&match = Exact，最后访问时间：2020年6月5日。

内容一般包括费用及其支付方法。现双方未依照法律规定采取书面形式订立地役权合同，双方设立地役权之合意无效。

李某忠未举证证明其所诉请的朱某彬毁损的农作物确系由朱某彬在筑路及保滩过程中毁损，对李某忠要求朱某彬赔偿该项损失的诉请，人民法院不予支持。但朱某彬自认其在筑路及保滩中占用李某忠承包地及临河岸边的“十边”土地。故朱某彬应当停止继续在李某忠承包地及“十边”土地上筑路及保滩的行为，并将其在李某忠土地上修筑的道路及保滩设施进行拆除、恢复原状。对于李某忠诉请中的合理部分，法院应予支持。

二审法院另查明，地役权是指为使用自己不动产的便利或提高其效益而按照合同约定利用他人不动产的权利。本案中，朱某彬在李某忠户前临河路 3 米的机耕道路上修路和在临河岸边的“十边”土地上实施保滩的行为，未占用李某忠的承包地，故不存在设立地役权的情形，但因临河岸边的“十边”土地由李某忠负责管理使用，故朱某彬在“十边”土地上实施保滩的行为侵犯了李某忠的管理使用权，李某忠有权要求朱某彬停止侵害并恢复原状。

一审认定朱某彬占用李某忠的承包地设立地役权依据不当，但考虑农村土地承包当事人的合法权益应当予以保护，故维持原判。

案件评述

一、本案的争议焦点在于案涉地役权是否设立

根据法律规定，地役权合同的成立应当符合一定的形式要件，即采用书面方式订立的地役权合同，才能有效地设立地役权。换言之，书面的地役权合同是地役权产生的必要条件，也是取得地役权的主要方式。本案中，当事人虽然在村委会工作人员的协商调解下达成了有偿使用土地的口头约定，但是并未以任何书面的形式记载下来。因此，双方当事人之间对于设立地役权的合意不产生任何法律效力，即当事人之间并未设立地役权，口头约定的权利义务对于双方当事人也没有法律约束力。

但《民法典》合同编第四百九十条第二款沿袭《合同法》第三十七条的规定，业已明确：“法律、行政法规规定或者当事人约定合同应当采用书面形式订立，当事人未采用书面形式但是一方已经履行主要义务，对方接受时，该合同成立。”故《民法典》颁行后，随着民事法律行为理论实践正本清源，本案地役权是否设立的认定，肯定不同。

二、地役权合同的概念及其法律特征

地役权合同作为需役地人与供役地人之间所达成的，以设立地役权为目的之意思表示一致的协议。其主要的法律特征为：

1. 地役权合同以设立地役权为目的

地役权的内容因人们生活需要的多样性而各有不同，常见的有通行地役权、引水地役权、排水地役权、汲水地役权、采光权、眺望地役权等。无论其具体内容是什么，可以肯定的是，当事人签订地役权合同的目的都是需役地人希望在供役地上取得地役权。

2. 地役权合同属于双务合同

在地役权合同中，双方当事人都设定了相应的权利和义务。享有权利就要承担相应的义务，反过来，承担义务也就享有权利。

3. 地役权合同既可以是有偿的亦可以是无偿的

地役权合同既可以是有偿的，也可以是无偿的，双方当事人可以对此自由约定。当然，在通常情况下，地役权合同是有偿的。这也是地役权与相邻权的区别之一。后者是所有权的延伸，属于法律明文规定的一项权利，属于最低法律限度内所享有的权利或负担的义务，故一般来说是无偿的。

4. 地役权合同属于要式合同

从本条规定看，地役权合同显然属于要式合同，也就是说，地役权合同是法律规定必须采取一定的形式或者经过一定的程序才能生效的合同，其必须采取书面形式。

民法讲究意思自治，“法无明文规定即可为”，故法律行为以不要式为常态，而以要式为例外。合同作为法律行为中的重要形式，亦然。但为什么本法要规定地役权合同为要式合同，强制当事人签订书面合同呢？此处考虑的是，地役权涉及的是不动产，对当事人利益影响甚巨，如果由当事人口头约定即可设立，则容易因缺乏证据而导致毁约，在诉讼中也容易因此而承担举证不能的不利后果。

但需要注意的是，这是就绝对权意义上而言，其并无对抗善意第三人的效力。就相对权意义而言，像本案地役权口头调解合同，当事人业已履行主要义务，对方亦接受，又有调解工作人员主持证明，如果认为其不属于要式合同，则恐在理论与实践上均会有极大争议。

三、地役权合同的主要条款

1. 地役权合同的条款就是地役权合同的内容

地役权合同的条款是合同中经双方当事人协商一致、约定地役权双方当事人权利义务的具体条文。地役权合同中双方当事人的权利义务，除法律规定外，主要都是依据地役权合同的条款来确定的。

因此，地役权合同的条款是否齐备、是否准确，不但决定了地役权合同能否成立，是否生效，而且事关其能否顺利履行，最终实现订立地役权合同的目的。故可见，地役权合同的条款是非常重要的，所以在此条规定了合同的主要条款。但是，并不是说当事人签订的合同中缺了其中任何一项就会导致合同的不成立或者无效。

2. 地役权合同的主要条款的规定只具有提示性与示范性

地役权合同的主要条款或者合同的内容要由当事人约定，一般包括这些条款，但不限于这些条款。不同的地役权合同内容，由其类型与性质决定，其主要条款或者必备条款自然可能有很大的不同。

由于经济贸易活动的多样性，如果当事人缺乏商贸经验，所订立的地役权合同经常容易引发难以处理的纠纷。实践中，地役权合同的示范文本对于提示当事人在订立地役权合同时，更好地明确各自的权利义务起到了积极作用，对此在《民法典》物权编中才对地役权合同也作出了规定。当然，订立地役权合同自可以参照各类地役权合同的示范文本，其目的当然就是促使地役权当事人订立地役权合同更加认真、更加规范，尽量减少地役权合同的约定由于缺款少项引起纠纷的情况。

3. 加深地役权合同问题的研究对地役权物权法实践具有较大意义

地役权合同的订立，要从土地所有人和土地使用人两个方面弄明白什么样的主体才是合格的地役权主体；而地役权合同的标的也就是地役权的客体为土地和建筑物，而且只要是为了更好地利用土地，无论地表、地下还是地上都可以成为地役权的客体。

所以，搞清地役权合同的基本理论，能够认识到地役权合同的性质实为债权合意，地役权合同标的物为他人的土地，鉴于地役权合同具有双务合同、有偿合同和要式合同三个特征，基于地役权合同为地役权设定之法律基础，说到底，地役权合同之所以存在，是因为其目的就是设定地役权。如此，以地役权合同主体的权利和义务为切入点，其权利义务相伴相生，在法律关系中，二者缺一不可，自成为地役权合同签订的核心。

第三百七十四条　【地役权的设立与登记】 地役权自地役权合同生效时设立。当事人要求登记的，可以向登记机构申请地役权登记；未经登记，不得对抗善意第三人。

【条文疏义】

本条承袭了《物权法》第一百五十八条之规定。

一、地役权合同生效地役权即随之设立

地役权合同自地役权人与供役地权利人自愿达成协议时即为生效，地役权合同一经生效，地役权即为设立。地役权设立以地役权合同生效为要件，如果地役权人或者供役地权利人要求登记的，可以向登记机构申请，办理地役权登记；未经登记，不得对抗善意第三人。

二、地役权登记与否各有利弊

立法过程中对是否必须登记，一直有不同的意见：一种意见认为，地役权应当登记，如果该权利不通过登记予以公示，必然会损害第三人的权益。例如，地役权人和供役地权利人达成协议设立了地役权，这实际上是在供役地上设立了负担，供役地的价值将因此而减少。如果供役地权利人将其土地的使用权转让给第三人，第三人在受让该土地时，不知道该土地上已设立了地役权，仍然以没有负担的土地的价值购买，必然会蒙受损失。另一种意见认为，应将地役权登记生效作为基本原则，登记对抗作为例外。

随着我国人口的增长和工业化的发展，土地资源越来越缺乏，为了解决土地资源的有限性与人类日益增长的需要之间的矛盾，需要通过确认土地之上的各种物权实现土地的高效率的利用。我国农村，地役权 80% ~ 90% 都是不登记的。为方便群众，减少成本，我国《物权法》对地役权实行的是登记对抗主义。

三、登记对抗主义的内涵

1. 地役权应予以登记

登记对抗主要指不登记不得对抗不知道也不应当知道土地设有地役权，而受让了该土地使用权的第三人。我国地役权采登记对抗主义的理由主要在于：地役权主要发生在两个权利人之间，一般不涉及第三人，在发生第三人侵害土地权利的情况下，主要是对土地使用权的侵害，不涉及地役权的侵害，即使不登记，也不影响当事人的权属。而且，鉴于地役权大量发生在农村环境之中，发生于设立了承包经营权、宅基地使用权的集体土地和农村私有房屋上，在我国农村尚未建立起完善的不动产登记制度之前，农村里的地役权大都没有登记，主要均是在熟人社会中靠习俗调整，为方便群众，减少成本，通过登记对抗的折中办法，确认土地之上的各种习惯性物权可以更好地维护地役权人的权益，可以实现土地的高效率利用，更方便快捷。

2. 地役权未经登记不得对抗第三人

不论地役权是在地役权合同签字盖章时成立，还是在登记后成立，有一点是可以肯定的，那就是不经过登记，一定不具有对抗第三人的效力，因地役权合同所产生的权利义务只能作为双方当事人之间的债权债务，在供役地所有人或使用人将供役地转让给他人时，地役权人不得以地役权为由向受让人主张权利。

如因供役地权利人违反地役权合同将供役地转让给他人，给地役权人造成损失的，地役权人只能向供役地权利人主张违约赔偿。①

【典型案例】

未登记的地役权能否受到法律保护②

——地役权的登记对抗主义

基本案情

陈某真系该县下卯镇辰壁村后沃10号房屋实际使用人，该房系其于1999年自建，尚未办理房屋产权登记。陈某真与陈某学、陈某銮房屋的原房主陈某瑞就诉争路段的通行于2006年农历五月订立《巳厝门前通路协议书》，该协议书主要记载了陈某真为从诉争路段通行，向陈某瑞支付通行费用的内容。

之后，陈某瑞于2006年7月将辰壁村后沃3号房屋转让给陈某学、陈某銮夫妻，房屋占地134.5平方米，目前该房屋尚未办理土地使用权变更登记，集体土地建设用地使用权仍登记于陈某瑞名下。

陈某真的房屋与陈某学、陈某銮居住的辰壁村后沃3号房屋相邻。陈某真与陈某学、陈某銮房屋相邻之间原有前宽2.3米、后宽1.36米，长11.5米的空地，陈某真于1999年起在此空地上简易搭盖用于饲养家禽。陈某学、陈某銮正门前道路目前为陈某真房屋前门往沿河村道的主要通道。

---

① 耿卓：《我国地役权现代发展的体系解读》，载《中国法学》2013年第3期。

② 参见陈某真与陈某学、陈某銮相邻通行纠纷案，福建省宁德市中级人民法院，（2016）闽09民终1132号。

双方因通行问题发生纠纷，陈某学、陈某銮将自家门前的道路靠近陈某真房屋部分毁坏以阻碍陈某真通行，双方引发纠纷。

在二审中，陈某学、陈某銮认为一审判决中认定的陈某真从1999年起将其他可供通行的道路用作其他用途，以及自建房起至今诉争土地均作为通道使用，属认定事实错误。于是诉请法院判令撤销一审判决，改判驳回陈某真一审诉讼请求。

陈某真辩称，一审判决认定事实清楚，适用法律正确，应予以维持。诉争后沃10号房屋是其于1999年自建的房屋，虽未办理产权登记，但是其是从1999年使用至今，是合法使用者。其长期在诉争道路上通行，是陈某学、陈某銮破坏道路，阻碍通行。

法院审理

法院经审理查明，本案中，陈某真与陈某学、陈某銮房屋的原房主陈某瑞就诉争路段的通行于2006年农历五月订立《巳厝门前通路协议书》，该协议书主要记载了陈某真为从诉争路段通行，向陈某瑞支付通行费用的内容，因此，该协议书本质上属于地役权合同，陈某真根据该合同享有从诉争路段通行的权利。嗣后，陈某瑞将该房出卖于陈某学、陈某銮，但陈某真自认该地役权设立后未进行登记，现有证据也无法证明陈某学、陈某銮在受让该房屋时即知道或应当知道房屋上设定了地役权。

故依照《物权法》第一百五十八条“地役权自地役权合同生效时设立。当事人要求登记的，可以向登记机构申请地役权登记；未经登记，不得对抗善意第三人”的规定，陈某真与陈某瑞之间的地役权约定不得对抗房屋受让人陈某学、陈某銮。

因此，陈某真以其享有地役权为由，要求从其权利范围之外土地上通行，依据不足，不予支持。故撤销一审判决，驳回陈某真对陈某学、陈某銮的诉讼请求。

案件评述

一、本案的关键在于未登记的地役权是否有对抗的法律效力

地役权属于一项独立的物权，因此应该按照物权的公示原则予以公示，在设定该项权利时进行登记，以便为第三人所了解，这样才能产生对抗第三人的效力。根据本条法律规定，如果当事人之间达成了设定地役权的协议，但未进行登记，那么双方之间虽已经设定了地役权，但该地役权不能对抗善意第三人。

本案中陈某真与房屋的原所有权人双方签订了合同，意思表示真实，合法有效，应当予以确认。该合同主要记载了陈某真为从诉争路段通行，向房屋原所有权人支付通行费用的内容，故应属设立地役权的合同，但根据相关法律规定，设立该项权利，须采取法定方式予以公示，否则，不具有对抗第三人的效力。

二、地役权的登记对抗模式与登记生效模式

本条关于地役权的登记，实际上涉及不动产物权变动的模式选择问题。

从本条规定可以看出，对于地役权的设立，《民法典》采取的是登记对抗主义。也就是说，只要当事人达成合意，签订书面合同，地役权的设立即告成功，登记只是起到对抗第三人的作用。为了更好地理解本条，有必要对物权变动模式作进一步系统的说明。

不动产物权变动模式是指不动产物权产生、变更、消灭的法定方式。由于不动产物权的外在公示方法是登记，所以就不动产的物权变动而言，又主要可以分为两种模式，即“登记要件说”和“登记对抗说”。前者指将登记作为不动产物权变动的生效要件，未经登记，不动产物权不发生变动。德国、瑞士民法以及我国台湾地区“民法”即采此种方式。后者指未经登记，物权的变动在法律上也可有效成立，但只能在当事人之间产生效力，不能对抗第三人。法国、日本民法采纳了此种观点。这两种不动产物权变动模式可谓各有千秋，其主要区别在于以下几点：

(1) 前者以登记为物权变动的生效要件而后者不要求

也就是说，前者对于物权变动的生效采取了"合同 + 登记"的模式，而后者只以当事人合意为要件，即使没有办理登记，当事人之间仍然可以产生物权变动的效果，如当事人之间订立合同移转不动产，在合同生效之后，买受人取得物权，只不过不能对抗第三人而已。

(2) 前者以登记为强制性的要件而后者可由当事人自愿选择

在登记要件主义模式下，如果没有办理登记，将无法产生物权变动的效果。而在登记对抗主义模式下，登记只是一种倡导性的要求，而并不是一种强制性的要求。

三、地役权的从属性对地役权登记制度的影响

地役权具有登记能力但只能依附于其他登记簿进行登记。

1. 地役权是附属于需役地的权利故应在需役地登记簿上登记

在日本，地役权登记应在需役地登记簿上进行登记记载。又因地役权的权利主体随需役地主体的变动而变动，地役权的权利主体就是需役地权利主体。因此，进行地役权设定登记时，无须于登记用纸的相应事项栏内记载登记地役权权利人的姓名、住所。学者认为，地役权作为一种用益物权，应当从权利的角度积极地宣示，以防第三人侵害地役权，且对需役地的受让人而言，他能够通过查看登记簿册即可确知地役权的存在，非常利于地役权的移转。因此，该立法例是从权利的公示角度加以规范。

但因为地役权没有在供役地上进行登记，供役人将供役地转让给第三人时，第三人从供役地的登记权利状态来看，完全无法察觉他人地役权的存在。此时，已经登记的地役权可能就要面临来自善意第三人的威胁，不利于保护交易安全。

2. 地役权供役地负担记载于供役地登记簿才能有效保护供役地的受让人

供役地上所附加的负担必须为外人知晓，才可能保障供役地的交易安全。因此，地役权登记公示的应当是供役地上的权利状态，也就是供役地上的负担，而不是需役地上的权利状态，此种立法例以德国为代表。但该登记非为地役权之成立所需要，且对地役权的公信力也没有意义。

学者认为，该立法例通过在供役地上进行登记公示供役地的负担，最大限度地排除供役地上第三人善意状态的存在，排除了第三人因不知供役地上存在地役权而发生争议的可能性，同时也可以防止第三人的误信，侧重于对第三人权益的保护，有利于交易安全。但是，随着地役权的成立，地役权就从属于需役地，并随需役地而一同移转于权利继受人；至于地役权是否已在需役地登记簿上附注，对该移转不产生影响。因此，这种立法模式的缺陷在于，因地役权没有在需役地登记簿上进行登记，需役地的受让人可能不知晓地役权的存在，并不利于从正面公示地役权，也不利于需役地受让人对地役权的行使。

3. 地役权存在于需役地与供役地之间故应于两种登记簿中共同作出登记

地役权需在两种登记簿中共同作出，否则地役权不能设立，此种规定以瑞士和我国台湾地区为代表。我国台湾地区“土地登记规则”第109条规定，为地役权设定登记时，如需役地属于其他登记机关管辖，供役地所在地之登记机关应于登记完毕后，检附供役地登记用纸他项权利部影本送他登记机关办理登记。

《土地登记办法》第三十七条规定，在土地上设定地役权后应在供役地和需役地的土地登记簿上进行登记；《房屋登记办法》第六十五条也规定，在房屋上设定地役权后应在需役地和供役地房屋登记簿上进行登记。所以，我国地役权的初始登记应当在供役地的登记簿和需役地的登记簿一并为之；在供役地与需役地属于同一登记机关管辖的情况下，由登记机关分别在供役地和需役地的登记簿上进行登记；在供役地与需役地分属不同登记机关管辖的场合，须在供役地的登记机关完成登记后，再由其通知需役地的登记机关在需役地的登记簿上办理登记。

我国在地役权登记实务上显然采取了第三种做法，即地役权需要在供役地和需役地登记簿上作出登记。应当认为：一方面，地役权是在供役地上的负担，登记能够明示供役地上的权利状态，保障供役地法律关系的明晰，对保障交易安全意义甚巨。因此，地役权应在供役地登记簿上登记；另一方面，地役权是从属于需役地的一种物权，作为一种不动产物权，应当通过登记予以公示，且地役权应与需役地共同让与之，如果不在需役地登记簿上进行登记，对地役权的移转将非常不利。因此，地役权也应在需役地登记簿上登记。①

第三百七十五条　【供役地权利人的义务】 供役地权利人应当按照合同约定，允许地役权人利用其不动产，不得妨害地役权人行使权利。

【条文疏义】

本条承袭了《物权法》第一百五十九条之规定。

地役权设立后，供役地权利人应当按照合同的约定履行自己的义务。

一、供役地权利人应允许地役权人依约利用其土地

在地役权人利用供役地时，无疑多多少少会给供役地权利人带来不便。对于供役地权利人来说，其必须按照地役权合同的约定，向地役权人提供土地，并要容忍自己供役地上的负担。这些负担包括允许地役权人利用自己的土地，对自己行使土地的权利进行的某种限制，毋庸置疑即放弃部分使用自己土地的权利，有时甚至还必须容忍对供役地造成某种程度上的损害。

但对供役地权利人诸多的约束行为，都是事先在合同中作了约定的。供役地权利人在负有容忍或者不作为义务的同时，也获得了一定的补偿。民事关系最主要的原则之一就是权利义务平等，有义务必然有权利。供役

① 李遐桢：《地役权从属性与我国地役权法律制度的修正》，载《私法研究》2015 年第 2 期。

地权利人之所以允许地役权人利用自己的土地，在很大程度上也是为了获取一定的收益。

二、供役地权利人不得妨害地役权人行使权利

地役权人为利用供役地，实现地役权的内容，在权利行使的必要范围内，有权在供役地上修建必要的附属设施或者从事某项必要的附属行为，比如，为通行而修建道路等。这时，供役地权利人就不得妨害地役权人行使这些权利。

在市场经济条件下，社会之中的各种物当然更应该物尽其用，对物的利用的终极目标就是最大限度地发挥物的效用。土地是利用性最强、最为稀缺的资源，所以发挥土地的最大价值应该是市场经济发展的客观要求。用益物权制度的逐步完善，使得土地的利用率和经济价值得到了极大提升。因此，具有协调土地所有人之间，土地使用人之间以及土地所有人与使用人之间利益关系的地役权制度，在土地利用关系日趋多样化、复杂化的社会环境下，衡平各方权利人的利益冲突，就显出其重要性了。

【典型案例】

地役权人是否享有排除妨害的权利[①]

——供役地权利人所享有的权利

基本案情

杨某富、杨某佑、罗某贵、杨某琼均系该县寅卯州镇辰岔村何家碾组村民。2003 年 2 月，原告杨某富为车辆通行方便需占用被告罗某贵、杨某佑两家的部分承包土地修建机耕道，经时任社长杨某成协调，于 2003 年 2 月 19 日达成协议，协议甲方为罗某贵、乙方为杨某富，协议书上有罗某贵之妻杨某琼签名，杨某富占用罗某贵承包地面积为 54.1 平方米，协议所涉

---

① 参见罗某贵等诉杨某富等恢复原状纠纷案，四川省凉山彝族自治州中级人民法院，案号：(2017) 川 34 民终 523 号。

杨某佑的12.1平方米承包土地系杨某佑因修房占用罗某贵的承包土地后，按同等面积补给罗某贵的部分，故相应补偿款由杨某富支付给罗某贵。补偿价款为每平方米15元，共811.5元；占地范围内损失桑树60棵，每棵赔偿2元，共120元；以上费用合计930元已于2003年2月18日付清。

协议达成后，杨某富修建了机耕道并使用至今。2016年3月，罗某贵、杨某琼、杨某佑在杨某富修建的机耕道上种植农作物，影响杨某富及附近购房住户车辆通行，双方发生纠纷。杨某富诉请法院判令罗某贵、杨某琼、杨某佑将毁坏的机耕道恢复原状。

罗某贵、杨某琼、杨某佑辩称，其对杨某富提交的《有偿转让土地协议书》提出异议，认为协议上无罗某贵、杨某佑签名；杨某琼虽对协议上的本人签名提出异议，但明确表示不申请进行笔迹鉴定。其要求确认案涉协议无效并提出杨某富应当将侵占土地恢复原状的反诉请求。

法院审理

一审法院经审理认为，合同是平等主体的自然人、法人、其他组织之间设立、变更、终止民事权利义务关系的协议。当事人订立合同，可以采用书面形式、口头形式和其他形式。依法成立的合同，自成立时生效。本案中，杨某琼作为罗某贵之妻、土地承包经营权的共有人，在协议书上代表罗某贵签名应当认定为有权代理。对罗某贵等称未在协议上签名，协议不成立的辩解意见，不予采纳。

《物权法》第一百五十六条规定："地役权人有权按照合同约定，利用他人的不动产，以提高自己的不动产的效益。前款所称他人的不动产为供役地，自己的不动产为需役地。"第一百五十八条规定："地役权自地役权合同生效时设立……"

本案中，杨某富为自家出行方便，与同一集体经济组织的其他成员达成的修路占地补偿协议，其内容并未违反法律、行政法规的效力性强制性规定，协议虽名为《有偿转让土地协议书》，但内容特征与我国《物权法》中"地役权"的法律概念一致，实为地役权合同，其合同效力不容置疑。

综上，案涉协议成立并生效，应受法律保护，予以确认。《合同法》第八条第一款规定：“依法成立的合同，对当事人具有法律约束力。当事人应当按照约定履行自己的义务，不得擅自变更或者解除合同。”《物权法》第一百五十九条规定：“供役地权利人应当按照合同约定，允许地役权人利用其土地，不得妨害地役权人行使权利。”

本案中，罗某贵、杨某琼、杨某佑作为供役地的权利人，在其土地承包经营期限内，应当按照约定，允许杨某富为通行而修建机耕道，并不得妨害其正常使用。因此一审法院经审理认定，杨某富与罗某贵于 2003 年 2 月 19 日签订的《有偿转让土地协议书》有效，予以确认；罗某贵、杨某琼与杨某佑在判决生效之日起 15 日内将毁坏的机耕道恢复原状；驳回罗某贵、杨某琼的反诉请求。

二审法院审理查明的事实与一审审理查明的事实一致，维持原判。

案件评述

一、地役权人的权利

根据本条规定，地役权人享有以下权利：

1. 使用供役地的权利

地役权人有权为需役地的方便与利益使用供役地。需役地的方便与利益泛指开发、利用需役地的各种需要，包括通行、通过、取水、排水、通风、采光、眺望等，以及其他需要供役地人员履行容忍或不作为义务的方便与利益。使用供役地的方式、形态、限度，根据设立地役权的各种具体目的即需役地方便的具体需求而确定。地役权人对供役地的使用，有时是独占性使用，有时是与供役地权利人或其他人共用。而且只要不是性质不相容，同一供役地上，可以设定数个地役权。

2. 实施附属行为的权利

地役权人基于行使、实现或维持其权利的需要，既可以为必要的行为，也可以为必要的设置。如为排水目的而开挖排水沟、为引水目的而修筑引水设施等。地役权人对在供役地上修筑的附属设施享有所有权。

3. 基于地役权的物上请求权

当地役权受到包括供役地权利人在内的任何他人的侵害时，地役权人均享有请求排除妨害、赔偿损失等权利。

二、供役地权利人负有法律上的义务

1. 地役权就供役地权利人而言是一种法律上的负担或义务

土地所有权人（在我国主要是土地使用权人或承包经营权人）为了使用自己的土地而有限地利用他人土地的权利就是地役权。需要役使他人土地的需役地，其土地所有权人或使用人可以依法享有地役权；而供他人行使权利便利的地块的所有权人或使用人，自然也就被认为负有了依法供役的法律义务。因此，从需役地的角度看，地役权是一种权利，而从供役地的角度看，则是一种负担或义务。

地役权是以供役地供需役地便利之用，因此在地役权设立后，供役地所有人及占有人在地役权的目的范围内，除必须容忍地役权人利用他的土地外，还具有不作为的义务。

2. 地役权人享有要求供役地所有人或使用人排除妨碍的物上请求权

在设有积极地役权的情况下，供役地所有人负有容忍地役权人为一定行为的义务，而在设有消极地役权的情况下，供役地所有人则负有不为一定作为的义务。比如甲与乙商量在乙的土地上通行，甲因此支付一定费用，在地役权设定之后，乙就不能阻止甲从其土地上经过，相反，他必须容忍甲的这一行为。而甲与乙商量乙不得在自己的土地上为一定高度的建筑行为以免影响甲对海滩的眺望，甲因此支付一定费用，那么乙就不得再在其土地上进行约定高度以上的房屋建设。反之，则构成对地役权行使的妨碍。

但是如果当事人约定供役地所有人在地役权存续期间，负有使供役地合于约定的某种状态的义务，那么就地役权的本质及这项约定本身来说，并没什么不妥，只不过这项约定仅在当事人之间发生债权的效力，并不产生物权的效力，因此不能以此对抗供役地的受让人。

如果在地役权设立后，供役地所有人或使用人不依合同履行自己的容忍或不作为义务，那么地役权人可根据本条规定要求供役地所有人或使用人排除妨害，这一请求权为物上请求权。

三、双方间的地役权合同当事人自须履行

双方就占用土地所达成的协议属于地役权合同。地役权合同为双务合同，双方的权利义务是相互的，基于该项合同，本案中杨某富与罗某贵经双方协商约定杨某富使用罗某贵的部分土地，并给予一定的补偿，故而当事人之间形成了地役权关系，罗某贵的该部分土地为供役地，杨某富有权按照约定行使地役权，罗某贵应按照协议履行供役义务。

地役权成立，其地役权的期限要到约定期满为止。本案中，罗某贵等人在杨某富修建的机耕道上种植农作物属于侵害杨某富地役权的行为。因此，杨某富有权提出请求排除妨害的物上请求权。[①]

第三百七十六条　【地役权人的义务】地役权人应当按照合同约定的利用目的和方法利用供役地，尽量减少对供役地权利人物权的限制。

【条文疏义】

本条承袭了《物权法》第一百六十条之规定。

鉴于设定地役权的目的在于为自己土地的使用提供便利，以增加自己土地的效益，提高土地的利用价值，所以，地役权人在取得地役权的同时，也应当履行以下义务：

一、按照合同约定的利用目的和方法来利用供役地

如果合同约定的是通行权，地役权人就只能从供役地通行而不能从事

① 苏艳英：《农地权利体系的构建》，载《私法研究》2012 年第 1 期。

其他行为。如果合同约定的供役地通行方法只能是步行，那么机动车就不得穿行。地役权人通过利用供役地达到了自己通行的目的，也就提高了自己土地的效益。

二、地役权人应尽量减少对供役地权利人物权的限制

地役权的实现，前提是供役地权利人为了需役地的便利而承受的负担。因此，地役权人按照合同约定的利用目的和方法利用供役地时，不应过分损害供役地权利人的利益。

1. 地役权人对供役地的使用应当选择损害最小的地点及方式

这样在使得通过地役权增加需役地价值的同时，不至于过分损害供役地的使用。另外，地役权人因其行使地役权的行为对供役地造成变动、损害的，应当在事后恢复原状并补偿损害。

2. 必要设施的设置同样应尽量减少对供役地权利人物权的限制

在某些情况下，为了实现地役权设定的目的，地役权人在供役地上需要修筑一些必要的附属设施，比如为了取水权的实现，要在供役地上修建水泵；或者为了通行权的实现，要在供役地上设置路灯而修筑电线杆等。

地役权人从事这些行为必须是必要的、不得已的，不修建附属设施，地役权就不能有效实现。故而尽管必要，但也要求地役权人采取适当的方法，尽量选择对供役地损害较少的方法行之，尽可能减少对供役地权利人物权的限制。

3. 地役权人依法负有维持其设置的义务

此外，对诸如电线、管道、道路等必要设施自应当注意维修，以免供役地权利人因其设施损害而受到损害。另外，地役权人对于上述设施，在不妨碍其地役权行使的限度内，应当允许供役地权利人使用这些设置。

【典型案例】

地役权人的权利行使究竟有无限制①

——地役权人的义务

基本案情

2000年10月30日，辰陵县巳卯实业开发公司将地块午栏桥地号09－10－42的土地转让给乙未运输集团公司，辰陵县人民政府为乙未运输集团公司办理了申国用（2000）字第2××5号国有土地使用权证，记载使用权面积为6079.24平方米，另道路分摊554.09平方米，四至为：东至本宗地邻街道、南至本宗地外墙与农业银行相邻、西至本宗地外墙与粮站相邻、北至本宗地外墙与私房交界。

2003年8月18日，乙未运输集团公司经过登记的下属机构即乙未运输集团寅卯分公司取得了该宗地上的房屋所有权。2004年9月，乙未运输集团寅卯分公司（甲方）与唐某友（乙方）签订协议书，约定：甲方从甲方征地红线图内划出一块土地给乙方作为通道永久无偿使用。

2015年，唐某友开始在该通道上修建永久性建筑，乙未运输集团寅卯分公司多次劝阻无果。2015年5月12日，辰陵县该相关规划国土建设综合服务站给唐某友下达了《责令停工通知书》，唐某友仍继续在该土地上修建房屋，原告乙未运输集团寅卯分公司遂诉请法院判令唐某友立即停止侵害，拆除违法建筑，恢复原状。

二审被告唐某友辩称，争议的土地并非为乙未运输集团寅卯分公司所有，所有权人为乙未运输集团公司；现争议的围墙外5米宽的土地是案涉分公司以协议的方式无偿让渡给自己使用的，自己有权建房。因此，乙未运输集团寅卯分公司不是适格的主体，一审认定事实及适用法律错误，请

---

① 参见唐某友、乙未运输集团寅卯分公司排除妨害纠纷案，湖南省怀化市中级人民法院，（2016）湘12民终1605号。

求撤销一审判决，驳回乙未运输集团寅卯分公司的诉讼请求。

法院审理

一审法院经审理认为，乙未运输集团寅卯分公司与唐某友之间签订的协议书在实质上已经满足了地役权合同需要书面合同的形式要件。本案唐某友为了自家房屋通行方便，与乙未运输集团寅卯分公司通过自愿协商所达成的协议书，其性质是唐某友（地役权人）在乙未运输集团寅卯分公司（供役地权利人）的土地使用权范围内设定了地役权。

该协议是双方真实的意思表示，没有违反相关法律规定，当事人应当遵守。因此，乙未运输集团寅卯分公司是本案适格的诉讼主体。根据申国用（2000）字第2××5号国有土地使用权证的记载，乙未运输集团寅卯分公司与中国农业银行相邻处向北至与私房交界处的临街面长度为73.4米，而乙未运输集团寅卯分公司与中国农业银行相邻处向北至乙未运输集团寅卯分公司临街面外墙的长度为67.95米，根据乙未运输集团寅卯分公司与唐某友双方签订的协议书，有宽5米的土地使用权由乙未运输集团寅卯分公司让给了唐某友作为通道，永久无偿使用。

根据《物权法》的规定，地役权人应当按照合同约定的利用目的和方法利用供役地，尽量减少对供役地权利人物权的限制。而唐某友在该供役地上修建永久性建筑，违反了合同约定，滥用地役权，同时唐某友的上述行为亦侵犯了乙未运输集团寅卯分公司的国有土地使用权，应予停止侵害。

遂二审法院维持原判，驳回了唐某友的上诉请求。

案件评述

一、地役权人的义务

任何权利的行使都是有边界的。地役权人的义务即其行使地役权应受到的限制。在使用供役地过程中，地役权人的法律义务大致为：

1. 地役权人须正当行使权利

即地役权人对供役地的使用，应当局限在设立地役权的目的范围内，并必须选择对供役地损害最小的地方和方式加以使用。因行使地役权的行为造成供役地变动、损害的，应在使用完毕后恢复原状或补偿损失。

2. 地役权人须负有维持其设置的义务

地役权人对于为行使地役权而在供役地上修建的附属设施，有保养、维修、管理的义务。地役权人与供役地权利人对附属设施的保养、维修、管理另有约定的除外。

3. 地役权的行使不得违背公序良俗

地役权人对于地役权的行使，不得损害社会公共利益，不得违背公序良俗。比如，未经供役地权利人的允许，在需役地上搁置、埋葬尸体及设置灵堂等行为，违背了普通人所认为的秩序，即公序良俗。

二、供役地权利人依法所享有的权利

依据法律的规定，供役地权利人享有以下权利：

1. 地役权附属设施使用权

供役地权利人在不妨碍地役权行使的范围内，可以行使与地役权人相同的权利，可以使用地役权人在供役地上修建的附属设施。

2. 地役权对价支付请求权

地役权的设定为有偿时，供役地权利人有权请求需役地人支付相应对价。

3. 地役权利用场所变更请求权

供役地权利人因使用土地的需要，可在不影响地役权设立目的的前提下，请求变更供役地的利用场所及方法。

三、地役权人应尽可能减少对供役地权利人合法权益的限制

1. 地役权人的权利分为积极权利和消极权利

（1）积极权利

即对供役地的利用权，这种利用权按不同的权利内容，可分为占有状态的利用和非占有状态的利用。例如，在他人土地上建设并维持水渠，是占有状态的利用；在他人土地上通行，是非占有状态的利用。

当供役地的所有权人、使用权人或者第三人妨碍地役权人实施必要的利用行为时，该地役权人有权请求排除妨害。

（2）消极权利

是指限制或禁止供役地所有权人、使用权人在该土地上实施一定行为的权利。禁止妨碍通风、禁止妨碍采光、禁止工程作业等，都是消极的权利。

地役权人行使权利时，应当尊重供役地所有人、使用人的合法权益，尽可能避免损害的发生。因行使地役权而不得不造成损害的，应本着公平原则，给予适当补偿。因行使权利的方式不当或者对避免损害的发生欠缺必要的注意的，应当对所造成的损失承担赔偿责任。

2. 地役权不同的利用目的和方法对供役地所造成的损害并不一样

如果约定的是普通步行通行的权利，与驾驶机动车运输通行所可能形成的损害，明显会有不同。因此在设定地役权时双方应当明确约定地役权利用的目的和方法，如果地役权利用对供役地所有人或使用人会造成很大的损害，地役权人自应当支付更多的费用，以保证双方当事人利益的平衡。

地役权人在行使地役权过程中，应当按照约定的利用目的和方法利用供役地，并且尽可能地减少对他人权利的限制。本案中，乙未运输集团寅卯分公司与唐某友双方签订的协议书，有宽 5 米的土地使用权由乙未运输集团寅卯分公司让给了唐某友作通道永久无偿使用，然而唐某友却在该供役地上修建永久性建筑，违反了合同约定，是滥用地役权。这不仅对于供役地权利人权利的限制超过了法律允许的限度，更是对供役地权利人合法权益的一种侵害，故其应停止侵害并承担相应的损害赔偿责任。

3. 登记对抗较灵活但地役权记载于登记簿更为确定

《瑞士民法典》就在登记设权效力的基础上，于第 738 条明确规定：“权利和义务已经明确登记的，地役权的内容以登记为准。地役权的内容，在登记范围内，依地役权取得原因，或者依在较长时间内无争议且善意行使地役权的方式加以确定。”之所以强调登记有助于确定不动产役权的内容，是因为与其他物权不同，不动产役权旨在实现或增强需役不动产自身的效用，如何使用供役不动产来达到该目的，只有需役不动产权利人最清楚，故利用供役不动产的目的和方法只能由当事人约定（《民法典》物权编第三百七十三条第二款第三项、第三百七十六条），而不能由法律规定。否定登记的设权效力，意味着即便没有登记，这些约定也是不动产役权的内容，但其既缺乏法定的标准，也没有公示的支持，难以为他人知悉，一日发生理解歧义，就不像记载于登记簿那样确定。

需要注意的是，有关供役不动产利用方法的约定违背处分自由原则的，如约定供役不动产权利人不能转让供役不动产，会过度干涉供役不动产权利人的原有权利，则该约定不能登记。不过，如果该约定是当事人双方自愿的意思表示，供役不动产的权利人愿意承受这种限制，是意思自治的结果，法律自应认可其债的约束力。①

第三百七十七条　【地役权的期限】 地役权期限由当事人约定；但是，不得超过土地承包经营权、建设用地使用权等用益物权的剩余期限。

【条文疏义】

本条承袭了《物权法》第一百六十一条之规定。

一、地役权作为用益物权在传统民法理论中属于他物权抑或“定限物权”

“定限物权”亦即限制物权，其与“绝对无限制”的全面支配物的所有权相对立。因此，近代民法中限制物权与所有权的关系有着本质的差异，即所有权是物权的根源，而限制物权是非根源性的，换言之，地役权只是在一定限度内被拟定的一种支配物的方法。从“完全物权”和“不完全物权”方面看，地役权作为“他物权”其“限制”或所谓“定限”就是指

① 常鹏翱：《回归传统：我国地役权规范的完善之道》，载《清华法学》2018年第5期。

其内容、效力等要素或对他物权的行使所作的一种约束性规定，这其中自然可以包括时间的限制，以《民法典》物权编中的“国有建设用地使用权”和“土地承包经营权”最为典型。

二、地役权作为他物权其所受限制的双重性

一般而言，他物权既涉及他物权人与原所有权人之间的关系，又涉及他物权人与第三人（非物权人）之间的关系。前者离不开合同关系的规制，他物权要受合同条款的限制。设定地上权、地役权此类的法律行为自可以附期限，而使地役权等限定于一定的存续期间内。由此可见，地役权与地上权等都要受所附期限和条件的限制。

三、地役权作为他物权的限制至少包含两个层次

1. 就所有权而言他物权本身就是一种受限制的物权

首先，他物权的支配性存在程度上和范围上的限制。由于他物权要受所有权等因素的制约，其支配性并不彻底。正如有学者指出的那样，用益物权的权利内容不包括处分权。因为在用益物权设定以后，物之所有人并没有将其所有权的处分权能转移给用益物权人。地役权作为他物权受设立目的之制约，并不能对标的物进行全面支配。如果说用益物权只是对标的物的使用价值的支配，担保物权则只能支配标的物的交换价值。

其次，地役权作为他物权的客体也受其性质和权利类型的制约。如他物权只能以他人所有之物为其权利客体，且用益物权的标的物仅以不动产为限。

最后，地役权他物权的成立或存续要受期限和条件等因素的限制。

无论是用益物权还是担保物权，一般都是有期限物权（仅永佃权除外），其存续都要受一定期限的限制。此外，他物权中的担保物权还具有一定的附随性（从属性），即担保物权以债权的存在为前提，债权不存在或不能确定的，担保物权便难以成立。

2. 地役权作为他物权的限制较为复杂具有形式多样性的特点

地役权具有表现形式多样、种类繁多的特点，每一种地役权的目的和功能都不尽相同。地役权作为用益物权之所以受限制，是因为其目的除维护他物权人、所有权人与第三人利益之平衡外，更多的是充分发挥物的效用。

在我国，土地承包经营权以及建设用地使用权等都是有期限的，那么作为此类需役地使用权之从属物权的地役权当然也有期限限制。在地役权设立合同中，地役权的行使期限是必设内容，由当事人自愿约定，以书面形式写入合同。

由于我国特有的土地制度，即土地均为国家所有或者集体所有，故在我国广泛存在特有的使用权种类，如土地承包经营权和建设用地使用权等。故签订地役权合同的当事人除土地所有权人外，更多的是土地承包经营权、建设用地使用权等用益物权人。在用益物权人约定地役权期限时，一方面，该期限可以短于需役地的土地承包经营权或建设用地使用权，这主要由需役地人自行决定；另一方面，也可以约定地役权期限与土地承包经营权或建设用地使用权等的期限相同，但是不能超过用益物权的剩余期限。因为在超过需役地的用益物权期限的情况下，需役地的使用权已经消灭了，若供役地的地役权还存在，这一所谓的地役权就失去了需役地这一主物的依托，与地役权的从属特性是相背离的，正所谓“皮之不存，毛将焉附”，这一点是与我国国情相吻合的。

【典型案例】

约定的地役权期限超出法律规定的部分是否有效①

——地役权期限不得超过法律的强制性规定

基本案情

2011 年 1 月 25 日，原告己戊市土畜产有限责任公司与被告甲泰房地产

---

① 参见己戊市土畜产有限责任公司与甲泰房地产开发集团有限公司确认合同效力纠纷案，石家庄市长安区人民法院，(2017) 冀 0102 民初 4589 号。

开发集团有限公司就地役权的设立订立了《地役权设定协议》。约定：被告取得两宗土地使用权后，无偿将南边界点j3、j4、j5、j6范围内的土地交付原告及原告方职工所在的辰街97号小区居民通行使用，并设立地役权给原告方及居民，期限70年，自被告取得土地使用权后开始起算。

案涉合同第七条明确约定：被告在取得土地使用权证后，待规划手续办理完毕10日内，应提供所需的土地证书及其他相应资料、文件，共同与原告到土地部门办理地役权登记。合同订立后，被告为履约，于2013年5月29日和6月17日向原告出具了两份《保证书》，内容是：

一是保证两宗土地所示界点j5、j6与新建住宅楼南墙和东边现有六层住宅南墙保持东西180度直线。

二是j3、j4、j5、j6范围内土地由地役权人自主使用。

合同签订后，2011年1月28日，原告与该市国土资源局签订了该宗土地收购合同。2013年3月，被告通过招拍挂形式取得了上述土地使用权，2014年5月30日，该市人民政府颁发的国有土地使用权证书记载：土地使用权人为甲泰房地产开发集团有限公司，地类（用途）为其他商服用地，使用权面积为4072.7平方米，终止日期为2053年5月20日。

2015年10月26日，被告取得建筑工程施工许可证。现被告已建成一栋乙湾商服楼。2017年8月29日，原告到双方争议的现场进行实地勘查，现双方争议的地块上有一条供小区居民通行的道路，小区大门也在此地块上，辰街97号地小区居民仍在通行。原告多次要求被告按照合同约定履行交付供役地及协助办理地役权登记，但被告以种种理由予以拒绝。鉴于原告多次找被告协商无果，为保障其地役权的行使，诉请法院判令：确认原、被告签订的地役权合同有效；同时请求判令原告办理地役权登记。

被告辩称，首先，地役权的设定是有条件的，当时设定的时候想在原告土地上建两栋住宅楼，如果建成会影响正常通行，则我方与原告签订地役权合同，我方取得土地使用权后由原来计划的两栋住宅变成实际建的一栋商业楼，因情况发生了变化，既然没有阻挡居民的通行，自无须再设定地役权。

其次，在签订地役权合同时是2011年左右，被告称其《保证书》是在2013年5月及6月签订的，土地进行了招拍挂程序，但其在2014年5月才办理土地使用权证书，因此以上行为属于效力待定的无权处分，且其后并未追认。

再次，该市规划局于2015年4月10日公告的规划总平图显示，将原告所主张的设定地役权的地方规划为绿地及消防通道，这使该地役权合同无法履行。

最后，《不动产登记暂行条例》出台后，根据“地随房走”原则，我们已经将商业楼出售，绿地及消防通道我方已无权再设定该地役权。

法院审理

法院经审理认为，因被告开发的辰街99号地块与原告及其职工所在辰街97号小区相邻，为保证原告及原告职工通行，原、被告双方签订了《地役权设定协议》，该协议系双方真实意思表示，合法有效，故原、被告之间存在地役权合同关系。原告起诉要求被告依法协助原告办理地役权登记，因双方有相关约定，且符合《物权法》第一百五十八条的规定，法院予以支持。

原、被告双方签订协议时，约定地役权的期限为70年，但被告取得的国有土地使用权证书中记载的终止日期为2053年5月20日，根据《物权法》第一百六十一条“地役权的期限由当事人约定，但不得超过土地承包经营权、建设用地使用权等用益物权的剩余期限”的规定，故本案中地役权的期限应至2053年5月20日止。

案件评述

一、本案涉及地役权合同的内容及期限问题

本案当中虽然涉及地役权合同是否成立、地役权是否有效的内容，但是也存在国有土地使用权证书中记载的终止日期为2053年5月20日的期限限制问题，故虽然当事人之间对于地役权合同约定的期限为70年，但由于供役地使用期限仅至2053年5月20日，故地役权合同至2053年5月20日止，超出部分无效。

综上，在签订地役权合同时，务必要对合同的具体条款进行明确约定，关于合同内容包括期限的规定也无疑需要明确予以约定。

二、地役权为从物权

应当注意的是，“供役地”和“需役地”的范围主要包括：土地所有权人、土地使用权人、农村土地承包经营权人、宅基地使用人占有或使用的土地，并不仅仅理解为土地所有人所拥有的土地。故地役权不仅可以由需役地的所有权人设立，也可以由需役地的上述使用权人设立，所以这里的从属性不能狭隘地理解为地役权仅从属于需役地的所有权，而事实上更多情况下地役权还从属于需役地上的使用权，也就是说，地役权随需役地上的使用权的消灭而消灭。如果约定的地役权期限超过用益物权的剩余期限，实际上是毫无意义的。正是基于以上考虑，立法才作出如此规定。①

1. 地役权的从属性决定了应当对其期限加以限制

地役权的从属性，是指地役权从属于需役地而存在。地役权的从属性主要表现在：地役权在设立时，应以需役地的存在为前提。因为地役权是以需役地的需要而设立的，所以没有需役地便不存在地役权。

2. 地役权转让时不得将地役权与主权利分离

地役权从属于需役地的所有权或承包经营权等而存在，是从物权的一种。由此，地役权不得与需役地相分离而单独予以转让，不得在转让需役地上的使用权后，自己单独保留地役权，也不能将需役地的所有权或者承包经营权等与地役权分别让与不同的人。

---

① 崔建远：《再论地役权的从属性》，载《河北法学》2010年第12期。

3. 在需役地上设立其他用益物权时应将地役权与主权利一起作为权利标的

比如，在需役地上设立抵押权时，应将地役权与需役地上的使用权一起作为抵押权的标的，而不能仅以其中之一作为抵押权的标的。

4. 地役权随需役地的消灭而消灭

地役权是以满足需役地的需要为使命的，所以当其服务对象消灭时，其自身也自当消灭。

三、本条地役权的期限要受到供役地和需役地上两个期限的限制

本条中所称“不得超过土地承包经营权、建设用地使用权等用益物权剩余的期限”中的“用益物权”是指供役地上的用益物权，还是需役地上的用益物权？应当认为，此处的用益物权既包括供役地上的，又包括需役地上的。原因在于：

首先，如果地役权期限超过了供役地上用益物权的剩余期限，则相当于供役地上的用益物权人与需役地方为供役地所有权人设定了义务，为其增加了不必要的负担。这与民法的意思自治原则是相违背的。

其次，如果地役权期限超过了需役地上用益物权的剩余期限，则如上所述，将对地役权的从属性形成挑战。

故此，应当将此处的用益物权理解为兼指供役地上的用益物权和需役地上的用益物权两种。

第三百七十八条　【在享有或者负担地役权的土地上设立用益物权的规则】

土地所有权人享有地役权或者负担地役权的，设立土地承包经营权、宅基地使用权等用益物权时，该用益物权人继续享有或者负担已经设立的地役权。

【条文疏义】

本条基本承袭了《物权法》第一百六十二条之规定。本条系用益物权的优先性规定，《民法典》在《物权法》第一百六十二条的基础上将适用范围从“土地承包经营权、宅基地使用权”扩大到所有其他类型的用益物权。

一、地役权的附随性意味着新设用益物权要承继原有地役权

1. 地役权的承继人依法承继已有的地役权

即地役权随着土地使用权的让渡而一并让渡，在享有土地使用权的同时也继受需役地上业已存在的地役权利或者地役负担。也就是说，新用益物权人将成为新的地役权关系主体。

据此，就地役权来说，当土地所有权人负担地役权时，若在同一土地上再设立土地承包经营权以及宅基地使用权，这一地役权对承包经营权人及宅基地使用权人继续有效，他们不得以其是从土地所有权人手中直接获得此项权利为由，拒绝提供供役地服务。

同样地，如果土地所有权人在其他供役地上享有地役权，而所有权人在需役地上再设立土地承包经营权或者宅基地使用权，依据地役权的从属性及不可分性原则，地役权继续为土地承包经营权人及宅基地使用权人享有，他们可以继续要求供役地人提供便利服务。

2. 地役权的从属性法律特征

地役权虽为一种独立的用益物权，而不像相邻权为不动产所有权或者使用权内容的扩张或延伸，但地役权必须从属于需役地而存在，此即地役权的从属性。地役权的从属性包含以下内容：

（1）地役权在设立上具有从属性

地役权的设立，以需役地的存在为前提。从物权是指必须依附于其他权利而存在的物权。地役权在与需役地的所有权或使用权的关系上，也是从物权与主物权，故地役权作为从物权，在转让的时候只能随房屋或土地转让，谁享有房屋，谁就享有地役权。自然当土地相关的物权取得、变更或丧失时，其从物权应随其所依附的主物权的转移而转移。

（2）地役权的期限具有限定性

地役权的设定期限不得超过需役地上存在的土地承包经营权、建设用地使用权等用益物权的剩余期限。

3. 地役权的费用缴纳权利义务同样可以承继

因地役权的获得及使用在多数情况下都是有偿的，在设定土地承包经营权及宅基地使用权时，土地所有权人与承包经营权人、宅基地使用人之间应该就地役权的费用进行协商。需要由后来的用益物权人向供役地人交纳费用的，用益物权人应该向供役地人交纳；允许由用益物权人向需役地人收取费用的，用益物权人可向需役地人收取。

二、公有土地的使用权人亦可成为供役地权利人

我国的城市土地属于国家所有，农村土地除属于集体所有外，其他的属于国家所有。故正常情况下，国家以国有土地所有人的身份将土地使用权通过拍卖、招标、划拨等方式让与土地使用权人。国有土地的使用权人根据自身需要可以设立地役权。因此，本条规定的享有地役权或者负担地役权的主体主要是集体土地的所有权人。具体包括两种情况：

1. 享有地役权的土地涉及承包经营权或者宅基地使用权的

《民法典》物权编第三百七十二条、第三百七十七条至第三百八十三条规定，不动产所有权人以及建设用地使用权人、土地承包经营权人和宅基地使用权人，既可以自己所有或使用的不动产为他人不动产的便利而设定地役权，也可为自己不动产的便利而在他人所有或使用的不动产上取得地役权。正如有学者所指出的，虽然不排除地役权设定合同的一方当事人为土地所有权人（国家或者集体）的可能性，但考虑到土地公有制以及地役权系土地实际利用方面之权利的现实，我国的地役权主要发生在非所有权人之间，如土地承包经营权人之间、建设用地使用权人之间、宅基地使用权人之间等。

2. 负担地役权的土地涉及承包经营权或者宅基地使用权的

《民法典》物权编第三百七十九条规定："土地上已经设立土地承包经

营权、建设用地使用权、宅基地使用权等用益物权的，未经用益物权人同意，土地所有权人不得设立地役权。”但就我国目前情况看，对于因南水北调、西气东输、架设电力杆线、铺设石油管道及电力、通信光缆等国家重大工程建设而需要使用他人土地的情形而言，要求需役地权利人逐一征求土地承包经营权人、建设用地使用权人、宅基地使用权人的同意后，才能与土地所有权人签订地役权合同，设立地役权。由于谈判成本十分高昂，在实践中几乎不具有可行性。解决此问题合理的做法应当是，在允许土地所有权人为需役地权利人设定地役权的同时，令地役权人对遭受损失的土地承包经营权人等用益物权人承担相应的补偿义务，以便在保护用益物权人的权益与方便地役权的设立之间获得平衡。①

【典型案例】

土地上享有或负担的地役权作为从权利具有附随性②

——原有的地役权要由新设立的用益物权人所承继

基本案情

原告温某生、罗某娣分别于2004年和2005年购买该县子卯镇辰某村老村部的房屋。原告在购买老村部的房屋时，老村部的围墙外有规划的11间店面，店面间有一供村委会进出的大门，在原告与村委会签订的转让契约中，明确约定“老村部现有大门属购买3户共用，但不准建筑”，同时，根据当时村委会的统一规划，前面围墙外的店面只准建一层，以“公路面为准高”。

如此规定的目的是保证购买老村部各户的通行、采光及视野，即店面所在地为供役地，老村部房屋为需役地。原告在得到了村委会关于店面只

---

① 戴孟勇：《我国〈物权法〉中地役权制度的争点及思考》，载《政治与法律》2009年第11期。

② 参见温某生、罗某娣等与范某武等地役权纠纷案，上杭县人民法院，(2016)闽0823民初1608号。

建一层、不得升楼的承诺后，才购买了老村部房屋。经村委会研究规划后，被告范某武、范某桂和赖某永取得部分店面的土地使用权，并依规定向村、镇申报审批，在审批表中，村委会明确的审批意见为“不准升楼，如若升楼，应强行拆除，按规划统一，定要做到美观化、规格化”。

2016年3月开始，三被告将原来的店面拆除，2016年4月初开始重建。开始拆除时，原告即要求村主任明确告知被告，重建需要遵守原约定和协议，只能建一层，不得超高。但被告未执行村委会的规划。原告等人多次找村委会和镇政府，也请村镇规划站、土管所出面制止被告未批先建的违法行为。有关部门接到原告等人的投诉后，只是象征性发出停建通知，违建行为仍在继续。

原告继续向县城乡规划局投诉。被告对村和镇下发的停建通知不予理睬，现在还继续实施其违建行为，已经严重侵害了原告的用益物权。

《物权法》第一百六十二条规定：“土地所有权人享有地役权或者负担地役权的，设立土地承包经营权、宅基地使用权时，该土地承包经营权人、宅基地使用权人继续享有或者负担已设立的地役权。”原告购买老村部的房屋时同时享有地役权，而现在被告的行为是侵害原告的用益物权的行为，应停止侵害和排除妨碍。为此原告诉请法院判令：

三被告停止在老村部围墙外建店面第二层及以上建筑的行为，以保护原告拥有的地役权（用益物权）；拆除被告在老村部围墙外违规建设的店面的第二层及以上建筑物。

范某武、范某桂、赖某永辩称，第一，地役权的权利来源是合同约定，合法享有地役权必须签订书面地役权合同而且经登记，但原告既没有与村委会签订地役权合同，也未与被告签订地役权合同，更没有登记地役权。

第二，原告诉称对被告不动产享有地役权，无任何法律依据和事实依据。因此，原、被告之间不存在地役关系，被告也未侵害原告的其他权利行为，原告的诉请无事实依据与法律依据，依法应当驳回。

法院审理

法院经审理认为，地役权合同指的是需役地权利人与供役地权利人之间达成的以设立地役权为目的和内容的协议。《物权法》第一百五十七条规定，设立地役权，当事人应当采取书面形式订立地役权合同。故可以认为根据以上法律规定，当事人以合同设立地役权的行为属要式行为，必须采用书面形式。

本案中，原、被之间未签订过任何形式的地役权合同，不存在地役权合同关系。原告主张其与被告之间存在地役权合同关系，没有依据，为此提出的诉请，不予采纳。遂驳回了原告的诉讼请求。

案件评述

一、本案中若地役权合同存在是否应当支持原告的诉讼请求

本案中，根据《物权法》第一百六十四条的规定，当事人以合同设立地役权的行为属要式行为，必须采用书面形式。而原告温某生、罗某娣与案外人该县子卯镇辰某村村委会之间签订房屋买卖合同时，并没有对地役权进行约定。原告温某生、罗某娣与范某武等三被告之间也没有签订书面的地役权合同，因此，原、被告之间未签订过任何形式的地役权合同，不存在地役权合同关系。故法院直接驳回了原告的诉讼请求。

但若原告温某生、罗某娣与案外人该县子卯镇辰某村村委会之间签订房屋买卖合同时，对地役权也一并作出了约定，存在书面地役权合同，那对于原告的诉讼请求是否应当支持呢？答案是肯定的，因为地役权具有附随性，在设有地役权的供役地上新设立用益物权后，新的用益物权也就当然地承继了原来设立的地役权，并负担相应的义务。

同理，若享有地役权的人在需役地上新设立土地承包经营权或者宅基地使用权，依据地役权的从属性，地役权继续为土地承包经营权人及宅基地使用人享有，他们可以继续要求供役地人提供便利服务。

二、用益物权人负担地役权是否以土地所有权人告知为前提

土地所有权人在其土地上拟定设立土地承包经营权或宅基地使用权时，应当将该土地上业已成立的地役权告诉土地承包经营权人和宅基地使用权人。土地所有人的这种告知义务源于合同法上诚实信用原则的要求，土地所有权人在将土地承包或者出让时，负有说明该幅土地上真实权属状态的义务。如果没有说明，那么就有可能影响土地承包经营权人或宅基地使用权人作出真实的意思表示，最终会使土地所有权人承担不如实告知的瑕疵责任。

当然，新设用益物权人负担地役权也是基于地役权的从属性，而不以承继人是否知道该地的权利和负担为要件。地役权之利益、义务随需役地而转移给承继人，不以承继人是否知道地役权存在为前提条件，亦不论承继人是有偿取得还是无偿取得，只要是原来的土地所有权人已设立经过登记公示的地役权，则该幅土地上的权利义务就随需役地一并移转给任何承继人。土地所有权人是否告知，只关系到土地所有权人是否须承担赔偿责任。①

所以，物权登记不是取得地役权的要件，而是对抗要件。当供役地的使用权转让给不知情的第三人时，若之前所设立的地役权未经登记，那么该第三人有权排除案涉地役权。

第三百七十九条　【土地所有权人在已设立用益物权的土地上设立地役权的规则】 土地上已经设立土地承包经营权、建设用地使用权、宅基地使用权等用益物权的，未经用益物权人同意，土地所有权人不得设立地役权。

① 曾大鹏：《论相邻关系的定义与本质》，载《南京大学法律评论》2012年第1期。

【条文疏义】

本条承袭了《物权法》第一百六十三条之规定。

一、改革开放中各种“两权分离”的土地用益物权应运而生

1. 建设用地使用权

建设用地使用权是一种不动产物权，它的取得和使用除取得不动产物权的一般原因外，还有特殊原因，如土地划拨、土地使用权出让、土地使用权转让。

（1）划拨建设用地使用权附加地役权负担依据公法规制

通过土地划拨方式取得建设用地使用权的，该使用权人在设立地役权时需要经过土地所有人即国家的同意。因为国家通过土地划拨方式取得使用权的大多是用于国家机关用地、军事用地、公益事业和城市基础建设等关系国家整体利益的重大事项，所以有学者认为，对其设立地役权影响其使用者，亦要经过土地所有人原则同意，亦即受城乡规划的规制。

（2）出让和转让土地使用权附加地役权负担法不禁止即为许可

通过土地使用权出让和转让方式取得土地使用权的，在国家出让时如果已经对使用权人在权能上加以限制的，使用权人就按其要求实行；如果没有对地役权方面加以限制的，使用权人设定地役权无须经过所有权人同意，受让人依转让时转让人授予的权利行使即可，总之，受让人不能超过出让人的权利范围来行使自己的权利。

2. 土地承包经营权附加地役权依据“契约自由，意思自治”

土地承包经营权关系到种植业、林业、畜牧业等大农业生产，而我国作为以农业为基础的国家，农业关系到整个国家的利益，国家之所以设定土地承包经营权，是因为要给予农民安身立命之本。国家规定了土地承包经营权人可予以流转的权利并且要求转让时需发包方同意，农地流转需要发包方的同意意味着在土地承包经营权人流转土地时关系到各方利益，发包方对这方面有所顾忌，虽然并没有对地役权加以规定，自可“有法依

法，没有法律依习惯，没有习惯依法理”，但地役权关系到耕种问题等所有权人的切身利益，也关系到相邻各方的利益问题，与土地所有权之间流转问题的重要程度并重，故有学者认为，经营权人在设定地役权时不涉及集体公共利益，自无须发包方审批同意。

3. 宅基地使用权附加地役权依据法律和习惯

广义上宅基地是公民因私有房屋而使用国家或集体所有的土地的权利。学者一般认为，既然国家赋予在其土地上建立私有房屋的权利，那么除所有权外，其他权利都应归公民所有，也就是说，公民有权利在私有房屋土地范围内为他人设立地役权，公民是为居住自用，一般不涉及公共利益，所以无须土地所有权人同意。但这并非意味着公民对于宅基地使用权在设立地役权时，即使违反公共利益也是合法的。如有侵权，他方可根据相邻关系调整相互之间的关系。当然，公民在设立地役权时不能违反土地本身的使用用途。[①]

二、供役地设立地役权要由土地的现实用益物权人承担义务自对其利益影响最大

用益物权即为一种独立的物权，用益物权一旦设立，用益物权人便独立地对标的物享有占有、使用和收益的权利。故而“法不禁止即为许可”，用益物权人不仅对所用益的标的物享有支配的权利，而且可以排除包括土地所有权人在内的一切人的干涉，这是用益物权的本质特征之一。故本条立法的旨意，在于土地所有权人未经用益物权人同意，不得在已设立土地承包经营权、建设用地使用权、宅基地使用权的土地上径直设立地役权，限制用益物权人的权利。这是因为土地所有权人业已设立的地役权应当一并由该土地的建设用地使用权人和宅基地使用权人等用益物权人承受。如果未经用益物权人同意，土地所有权人擅自在已经承包、出让的土地上设

---

① 赵茜、余小琴：《用益物权人设定地役权是否需要土地所有人同意》，载《商品与质量》2010 年第 4 期。

立地役权，那么，相当于土地所有权人为用益物权人设定了新的义务，这显然与民法的精神相悖。所以本条特意作出规定，未经用益物权人同意，土地所有权人不得设立地役权。

反过来，这一规定恰恰也再次体现了地役权作为限制物权，其限制了所有权的权能。因此本条才明定，用益物权设立在先的，土地所有权人即不得在同一块地上再新设立地役权，只有经用益物权人同意的可以除外。

当然，如果土地所有权人在已经设立用益物权后，新设立地役权的行为也得到用益物权人的同意，则无疑问。因为用益物权人的同意，是其对自己权利的处分，自然应当得到尊重。

【典型案例】

在设立用益物权后的土地上所有权人可否设立地役权①

——需经用益物权人同意否则将无效

基本案情

1998年7月，被告沈某桂与申亥乡壬卯村经济联合社签订四荒使用权拍卖合同，将本村西涝洼子100亩荒山拍卖给沈某桂使用。2006年，被告沈某桂修建60余亩山地苗圃，浇苗木的水源在其上边的后树林子地上方，当时后树林子地由村委会管理使用。沈某桂通过水管经由后树林子地将水引到其苗圃，其中有1000多米的水管埋在后树林子地的地下，有100多米在后树林子地的地面之上。

2016年4月6日，申亥乡壬卯村村民委员会与原告隋某山签订后树林子《承包山林合同》，原告隋某山取得了上述土地的承包经营权50年。隋某山承包的林地位于沈某桂承包的荒山北面山上，沈某桂承包的山地（苗圃）在隋某山承包的林地山下南面，中间相隔有申亥乡壬卯村林地（约

---

① 参见隋某山、沈某桂排除妨害纠纷案，河北省承德市中级人民法院，（2017）冀08民终3919号。

300米的距离）和一条道路，沈某桂的引水点在隋某山承包林地的北面，用直线管道通过隋某山的林地（不是自然流水方向）。

因此，隋某山诉请法院判令被告将埋在原告承包林地的水管移走并恢复原状。沈某桂未提交书面答辩意见。

法院审理

法院经审理认为，双方争议的焦点是引水管理通行权，是邻地利用的相邻关系，不动产相互毗邻的所有人或使用人的财产权利的延伸，是《物权法》所规定的地役权，《物权法》第一百六十三条规定，土地上已设立土地承包经营权、建设用地使用权、宅基地使用权等权利的，未经用益物权人同意，土地所有权人不得设立地役权。

根据这一规定，在未经过用益物权人同意的情况下，土地所有权人不能在已经设定上述用益物权的土地上再设定地役权。因此，沈某桂引水管线虽然先取得土地使用权，且经村里同意使用村土地埋设管线，并使用至今，但村委会在转移不动产使用权给隋某山时，并未征得该在先权利人同意设立地役权。所以，沈某桂并不享有他人承包土地上的地役权。这意味着，沈某桂如欲引水铺设管钱设备，使用隋某山承包的林地，应征得其同意并书面约定，尽量减少损失，给予适当经济补偿，否则是违法行为，可予以排除。

故此，法院支持了隋某山的诉讼请求。

案件评述

一、本案当事人可以采用协商的方式解决地役权的设定

本案中，虽然沈某桂经过村委会同意铺设引水管线，但村委会业已将案涉林地的使用权转让给隋某山。因此村集体不能未经在先用益物权人同意，而为沈某桂设定地役权。但是其可以与隋某山进行协商，征得隋某山的同意后方可在其承包的土地上为沈某桂书面设定地役权，并可同时约定给付隋某山相应的使用费用。

二、土地所有权人未经用益物权人同意所设定之地役权无效

本条规定，未经用益物权人同意，土地所有权人不得设立地役权。那么土地所有权人在未经用益物权人同意时所设的地役权效力，即应从物债二分角度来予以考虑，亦即应将土地所有权人的设立地役权的合同与设立地役权这一物权行为区分开来。

特别是在法律规定不以合法性作为民事法律行为效力依据的情况下，可以认为，合同约定是有效的，但是物权变动的效力是待定的。也就是说，如果事后得到用益物权人的同意，则设立地役权行为有效；反之，则无效。

如此处理的理由在于：如果认定设立地役权的合同无效，则合同相对方只能通过缔约过失责任要求赔偿；而如果认定该合同有效，仅未有效设立地役权，合同相对方则可要求承担违约责任。后者思维显然更有利于保护交易中的相对方。因为就我国的现实物权登记情况来看，合同相对方要想查明某一不动产上是否存在用益物权是十分困难的，也是不现实的。如果认定合同无效，显然对合同相对方不利。

所以，未经用益物权人同意只是阻碍地役权这一物权的设立，而对设定地役权合同的效力并不产生影响。①

三、未经土地所有权人同意用益物权人亦可以设定地役权

如本条所言，土地所有权人设立地役权要受到在先用益物权人的限制，那么用益物权人设立地役权时是否也应受到土地所有权人的限制呢？答案是否定的。因为地役权的直接承受人是供役地的使用人，所以在先用益物权人所设定的地役权是对其权利的行使，故用益物权人设立地役权时不必经过土地所有权人的同意。当然，其范围自然不能超出用益物权本身所受的限制。

---

① 程淑娟：《公有制下地役权的应用研究》，载《法律科学》2012 年第3 期。

四、带有浓厚英美法国家财产权特征的生态地役权已在勃兴

1. 自然生态环境公法管制的私法化进程

自然生态环境日益面临严重的危机，全球经济的迅速发展带来了环境问题的复杂性和紧迫性。实践证明，单纯依赖政府行政管制措施已无法扭转生态环境日益恶化的局面，人类需要继续探索其他途径解决生态危机。因此，作为私法手段的生态地役权以其强大的制度优势开始进入人们的视野，并成为实现环境资源经济价值和生态价值双赢的有力路径。

生态地役权是指基于环境保护和生态公益的目的，国家、地方政府、公益组织或企业与土地及其附属自然资源权利人协商签订地役权合同，限制土地利用方式或要求供役地人积极作为，使土地及其附属自然资源更好地发挥生态效益，同时给予供役地人合理补偿的特殊地役权。

2. 相对于一般地役权生态地役权具有其法律特殊性

主要表现在：以保护公共生态利益为目的；地役权人相对特殊；需役地不明确；供役地人作为义务；具有物权和环境权双重属性。当然，生态地役权并没有完全突破地役权的基本范畴，它是地役权、公共地役权为了与时俱进而衍生出的三级权利概念。生态地役权源于美国的保护地役权制度，凭借其在美国的高速发展及取得的成果，日益受到包括英美法系和大陆法系在内的许多国家和地区的关注和引进，发展至今已形成了一整套较为成熟的理论和法律体系。

生态地役权全球化的趋势，充分显示了其在环境资源保护领域具有强大的制度优势。因此，针对当前我国面临的生态环境困境，有必要考虑引进该制度，为生态保护提供另一个有效且高效的可选择路径，作为生态行政管理体制的补充。当然，生态地役权制度起源之初就带有浓厚的英美法国家财产权法律体系的特点，我国作为大陆法系国家在引进的过程中会不可避免地遇到一些理论和现实困境。但是，这些法律难题与我国现有的民法体系并不存在本质的冲突，可以通过发挥地役权制度开放性优势，利用制度变革和创新来加以解决。

3.《民法典》物权编对“地役权”再次肯认并奠定了生态地役权的法律基础

《物权法》业已建立了相对完善的“地役权”制度，这就为生态地役权制度的建立提供了法律基础。因此，我国应在考察国外优秀经验的同时，结合我国的法律体系和实际情况，构建符合我国国情的生态地役权制度。在生态地役权立法模式上，我国应采用上位法总括式规定和下位法具体规定相结合的综合立体立法模式。具体而言，首先在物权基本法即《物权法》中对生态地役权的基本内容进行原则性规定，其次再通过有关环境资源法对生态地役权的具体内容进行细致规定。在生态地役权基本制度结构上，需要对生态地役权的主体、客体、内容进行特别的设计。

具体而言，生态地役权的主体由地役权人和供役地权利人组成，地役权人主体范围包括国家、地方政府、公益性组织和企业，其供役地权利人主体范围包括土地所有权人和用益物权人；该生态地役权的客体是具有生态保护价值的土地及其附属自然资源；生态地役权的内容包括供役地权利人的权利义务和地役权人的权利义务，主要表现为供役地开发利用权利的限制和对价补偿的支付。①

4.《民法典》编纂中再次提出应承认区别于意定地役权的法定地役权

区分意定地役权和法定地役权的法律意义在于，地役权的成立要件不同，在我国有必要承认法定地役权或强制缔约而生的地役权，以满足国计民生必需项目的用地需求。

公有制下的地役权应用范围按类型区分为意定地役权和法定地役权。意定地役权是地役权的基本权利模型，它通过缔结地役权合同而产生，私益和公益都可以利用意定地役权；而法定地役权仅限于法律规定情形才能产生，只能用于实现公益。

---

① 陈友平：《我国构建生态地役权制度研究》，西南政法大学2017年硕士学位论文。

第三百八十条　【地役权的转让规则】 地役权不得单独转让。土地承包经营权、建设用地使用权等转让的，地役权一并转让，但是合同另有约定的除外。

【条文疏义】

本条承袭了《物权法》第一百六十四条之规定。

一、地役权作为从权利从属于需役地上的使用权

用益物权为独立物权。用益物权一旦设立，用益物权人便独立地享有对标的物的使用权、收益权，亦即该权利是独立存在的，依当事人之间设立用益物权的行为或者法律的直接规定而产生的用益物权是一种主权利，而不是从属于其他物权的权利。因此，作为用益物权的土地承包经营权、建设用地使用权都是一种独立的权利，它不从属于其他权利。而地役权作为一种为了需役地的便利而产生的用益物权，与需役地的关系极为密切，由此发生了主从权利的关系，即地役权从属于需役地上的使用权。地役权不能与需役地分离而单独转让，它必须随着需役地上的使用权转移而一同转移。

由于地役权的成立必须有需役地与供役地同时存在，因此在法律属性上地役权与其他物权不同。地役权虽然是一种用益物权，但它仍然应当与需役地上的所有权或者使用权共命运，必须与需役地上的所有权或者使用权一同移转，不得与需役地分离而单独让与，这就是地役权的从属性，主要表现在以下三种情形：第一，地役权人不得自己保留需役地上的使用权，而单独将地役权转让；第二，地役权人不得自己保留地役权，而单独将需役地上的使用权转让；第三，地役权人不得将需役地上的使用权与地役权分别让与不同的人。总之，地役权只能随需役地上的使用权的转让而转让，如果违反了地役权的从属性就被认为行为无效。

二、当需役地使用权发生转让时地役权也应随之发生转让

国外的立法例也对此作了规定：《德国民法典》规定，地役权是需役地所有权的主要组成部分，不能与需役地的所有权相分离，因此，需役地转让，地役权也必须随之转让给受让人。《日本民法典》规定，地役权作为需役地所有权的从权利，与之一起移转，或成为需役地上存在的其他权利的标的。但设定行为另有约定时，不在此限。地役权，不得与需役地分离而让与或者成为其他权利的标的。

三、地役权从属性的外延

地役权从属性的外延是指地役权从属性具体有哪些表现形式。结合《民法典》第三百七十七条、第三百八十条、第三百八十一条的规定以及地役权从属性的基本内涵，地役权的从属性表现为设立上的从属性、处分上的一体性，以及消灭上的从属性。

1. 地役权设立的从属性

地役权是从属于需役地的权利，离开需役地则缺少地役权的服务对象，则无法设定地役权。因此，地役权的设定具有从属性。当事人违反地役权的从属性而设定地役权的，其法律效果如何呢？地役权的从属性属于地役权本身的性质，如果违反，不能设定地役权。

离开需役地不得设立地役权，但并不妨碍为将来之需役地设定地役权，此为“将来地役权”。将来地役权是指为尚未存在的未来的不动产的利益而设定的地役权。古罗马时期著名法学家彭波尼在《论萨宾》第三十三卷中论述道：“人们可以为一栋尚不存在的未来的建筑物上设定或取得役权。”因此，在罗马法时期，就已经存在将来地役权。《意大利民法典》第1029条第2款规定：“在待建建筑物上或者在将要取得的土地上设立地役权也同样被允许；但是，上述地役权的设立仅自完成建筑或者取得土地之日起生效。”因此，在意大利也承认了地役权的预先设定。地役权的预先设定是否说明地役权可以脱离需役地而独立存在呢？

应当承认地役权能脱离需役地的预先设定，但从深层分析，该种地役

权仍然没有脱离“需役地”而成为“人役权”，因为这种地役权设立的目的仍然是对某一不动产的使用而不是为某一人的利益，且承认地役权脱离需役地的预先设定能够适应社会生活的不同诉求，也是对不动产当事人财产自由的尊重。但是，地役权的预先设定，并非意味着地役权可以脱离需役地而独立存在，而是仅说明地役权可以先于需役地的存在而设定，但当事人预先设定的地役权要发生效力，必须以需役地的客观存在为要件，因此地役权的预先设定不过是以需役地的客观存在为停止条件，它仍需要需役地的存在为前提。

2. 处分上的一体性

《民法典》物权编第三百八十条和第三百八十一条规定了地役权处分的一体性。地役权处分的一体性源自地役权的从属性，它是地役权从属性的延伸。地役权处分的一体性具体包括地役权转让的一体性与地役权不得单独作为其他权利标的。

（1）地役权不得单独转让

其一，地役权不得单独转让的含义。

地役权要求存在两个不动产：一为需役地，二为供役地。这里的“地役权不得单独转让”是指地役权不能脱离需役地而单独转让还是不能脱离供役地而单独转让，抑或二者都包括在内？应当认为，作为一种从权利，地役权从属于需役地。因此，地役权不得单独转让是指地役权不能脱离需役地而单独转让。地役权人违反该条关于“地役权不得单独转让”的规定，地役权的转让无效，受让人不能取得地役权，地役权仍为需役地而存在。需役地转让的，地役权随之转让。

其二，“用益物权转让的，地役权一并转让”的含义。

不动产作为需役地而为其设定地役权后，该需役不动产之上设定土地承包经营权等用益物权的，用益物权人有权行使地役权；土地承包经营权等用益物权转让的，受让人也享有地役权。且不仅需役地之用益物权人享有地役权利益，需役地之债权利用人等也有权享有地役权利益。

因此，曾有学者建议，应将第二句“土地承包经营权、建设用地使用权等转让的，地役权一并转让”修改为“需役地各时利用人都有权行使地役权”，并作如下理解：一是需役地人在设定地役权后，又在需役地上设定用益物权或其他债权利用权的，使用人享有地役权；二是土地承包经营权人等用益物权人以使用的不动产为需役地而设定地役权的，在其将用益物权转让给他人时，受让人也享有地役权；三是需役地上的用益物权或债权转让时，受让人享有地役权。

其三，“合同另有约定”。

《民法典》第三百八十条规定了“合同另有约定的除外”，那么这里的“合同”隐含了两个合同：一是地役权设立合同，二是需役地上之建设用地使用权、土地承包经营权等用益物权转让合同。

地役权，应该作为需役地（指地役权人的土地从他人土地得到便利者）的所有权的从属权利，随其所有权移转，或者作为需役地上存在的他项权利的标的。但以设定行为作出特别约定时，不在此限。《日本民法典》在例外的情形下就允许地役权合同当事人通过约定排除地役权的从属性，且该约定是有效的。故可以认为，从属性虽然是地役权的固有属性，但是地役权合同当事人之间关于地役权不随需役地移转而移转的约定并不违背地役权的从属性，而应将其解释为地役权消灭的原因。

而且，地役权设立合同中约定需役地之某一使用人不享有地役权的，该约定并不排除需役地所有权人或其他使用人仍可行使地役权，仅被排除之人不享有地役权，因此该约定不违背地役权的从属性，应该解释为有效。

综上，如果地役权是需役地所有权人订立的，用益物权人与第三人之间的约定并不能导致地役权的消灭，而仅产生用益物权之受让人不能行使地役权的效果，需役地所有人仍有权行使地役权。当需役地上设定用益物权时，需役地所有人可与用益物权人约定保留地役权，这时因土地所有权没有移转，需役地仍然存在，土地所有权人保留其地役权的约定没有违反地役权从属于需役地的性质，故该约定应当有效。如果地役权是需役地之用益物权人与供役地人订立的，该地役权一旦设定，即属于需役地的从权利，而不是用益物权的从权利，在解释论上仍为“用益物权之受让人不能行使地役权的效果，但地役权仍存在于需役地上，待用益物权消灭后，需役地所有人仍有权行使地役权”。

（2）地役权不得单独成为其他权利的标的

《民法典》第三百八十一条规定：“地役权不得单独抵押。土地承包经营权、建设用地使用权等抵押的，在实现抵押权时，地役权一并转让。”《日本民法典》规定：“地役权不能与需役地分立作为其他权利的标的。”显然，《日本民法典》之规定相对具有更高的抽象性。

一方面，地役权不能脱离需役地而成为其他权利的标的，如地役权不得单独抵押等。换言之，地役权可以与需役地一并抵押，但是当事人在地役权合同中作出特别约定或者抵押合同中约定地役权不能随之抵押的，地役权即不是抵押财产。另一方面，需役地成为其他权利标的的，基于从属性，地役权也成为其他权利的标的。

【典型案例】

地役权为何不可单独转让①

——地役权的从属性之一

基本案情

2016年，黄某辉购买了李某道名下山场，并于2017年1月11日领取了林权证。之后黄某辉便对该山场进行管理经营。2017年12月，黄某辉对山场进行采伐；2018年3月27日，李某水、苏某兰以山场道路占用其家0.2亩耕田没有支付补偿为由，将道路两侧用锄头挖坑阻碍黄某辉外运采伐的树木，双方发生纠纷，黄某辉遂诉至法院。另查，黄某辉购买的山场

① 参见黄某辉与李某水、苏某兰地役权纠纷案，泾县人民法院，（2018）皖1823民初659号。

原系李某道名下，山场的道路是李某道于2004年修建的，当时修建时亦与李某水、苏某兰等村民发生纠纷，后经所在村委会干部调解，李某道与李某水于2004年12月13日达成了《关于林区干道占用耕地的补偿协议》，由李某道一次性补偿李某水被占0.2亩耕田1000元。

法院审理

法院经审理认为，李某道与李某水在李某道经营山场期间已达成了《关于林区干道占用耕田的补偿协议》，李某道即取得了案涉道路的通行权，而黄某辉购买了李某道名下的山场，李某道原来经营山场的权利与义务均转移给黄某辉，包括案涉道路的通行权，现李某水、苏某兰以山场道路占用其家0.2亩耕田没有支付补偿为由阻碍黄某辉通行，没有事实依据和法律依据，所以，黄某辉关于李某水、苏某兰停止阻碍其对山场道路的通行权的诉讼请求，法院依法予以支持。依照《民法通则》第一百零六条第二款、第一百三十四条第一款第一项、第二项，《物权法》第一百五十九条之规定，判决：被告李某水、苏某兰于判决生效后停止阻碍黄某辉对案涉山场道路的通行权。

案件评述

一、山场的买受人黄某辉享有与山场其他权利一同转让的地役权

本案中李某道与李某水在李某道经营山场期间已达成了《关于林区干道占用耕田的补偿协议》，李某道即取得了地役权。而黄某辉购买了李某道名下的山场，即将李某道经营山场的权利与义务均转移给黄某辉。这其中也包括案涉道路的通行权，即李某水给李某道设定的地役权也涵盖在内。李某水、苏某兰以山场道路占用其家0.2亩耕田没有支付补偿为由阻碍黄某辉通行，既无事实依据，亦无法律根据。地役权不可单独转让原则也是其从属性的体现。地役权是具有从属性的。在用益物权中，除地役权可以和其他物权并存外，其他的用益物权只能独立存在。

二、地役权不得单独转让，故用益物权转让时地役权一并转让

也就是指供役地一方或需役地一方转让其不动产时，此不动产已经存在的地役权也随之转让。

如前所述，地役权作为从属于需役地的他物权，具有从属性。地役权的设定、流转、消灭必须与主权利同命运。这就要求地役权不得与需役地的使用权相分离而单独转让。如果需役地使用权转让的，地役权也应一并转让。地役权不得与需役地相分离而让与主要有如下情况：首先，需役地使用人不得自己保留需役地的使用权，而仅以地役权让与他人。否则，地役权的让与无效，受让人不能取得地役权，地役权仍为需役地而存在。其次，不得仅将需役地的使用权让与他人，而自己则保留地役权。如果当事人双方特别约定仅让与需役地的使用权，而不包括地役权，则需役地使用权的让与当然有效，但是地役权应当理解为因违反了从属性原则，因而具有消灭的原因，也就是说地役权应自此消灭。否则，如果双方没有明确说明，则应当理解为地役权连同需役地使用权一并让与。最后，不得将需役地的使用权与地役权分别让与不同的人。比如将需役地的承包经营权让与甲，却将在他人土地上的通行地役权让与乙。在此情况下，当事人真正的意图显然不在于将地役权连同需役地使用权一并让与，即使需役地使用人将地役权让与他人，该受让人也因没有所依附的需役地，从而使得地役权的让与行为无效，不能取得地役权。①

第三百八十一条　【地役权不得单独抵押】 地役权不得单独抵押。土地经营权、建设用地使用权等抵押的，在实现抵押权时，地役权一并转让。

---

① 郑一珺、常东岳：《债权让与若干实务问题探析》，载《法律适用》2012年第1期。

【条文疏义】

本条承袭了《物权法》第一百六十五条之规定。

一、抵押地役权必须与其他权利一同转让

如同土地承包经营权、建设用地使用权地役权是一种财产权利，但与其他财产权不同的是，地役权不得与土地承包经营权、建设用地使用权等用益物权分离单独存在。地役权是为了提高土地利用的便利而设立的，脱离建设用地使用权、土地承包经营权等用益物权，地役权也就失去了存在的意义。对于受让地役权的主体来说，没有取得土地承包经营权和建设用地使用权，地役权也就无从发挥作用。地役权作为土地使用权的物上权利或者物上负担，与土地使用权紧密联系在一起，因此应一并转让，否则受让的土地价值就会降低或者丧失。

二、地役权不得单独成为其他权利的客体

《民法典》物权编第三百八十一条规定："地役权不得单独抵押。土地经营权、建设用地使用权等抵押的，在实现抵押权时，地役权一并转让。"这自然意味着，地役权不能与需役地分立作为其他权利的标的。一方面，地役权不能脱离需役地而成为其他权利的标的，如地役权不得单独抵押等。换言之，地役权可以与需役地一并抵押，但是当事人在地役权合同中作出特别约定或者抵押合同中约定地役权不能随之抵押的，地役权就不是抵押财产。另一方面，需役地成为其他权利标的的，基于从属性，地役权也成为其他权利的标的。

【典型案例】

承包土地调换其上原来设定的地役权是否算数①

——对地役权抵押权的理解

基本案情

原包产地承包人韩某培，因嫌包产地太远，在第三人的建议下，就与其包产地相近的范某林、苏某花、林某建等5户互相自愿协商调换包产地，总面积1.61亩，并由韩某培提出借款5000元，以置换的土地使用权为抵押。无协议书，但有见证人，无土地承包台账。双方在第二轮和第三轮土地承包时也没有提出更新的要求，双方对此从未提出过异议。

2017年冬，村民王某烜获得韩某培旁边的土地，但需要从韩某培的土地上经过浇水干农活，遂找到刘某琴与苏某花、林某建、范某林等几户人签订地役权协议。后因韩某培得知，要求刘某琴等人把领取的5000元合同款归还给他。然而刘某琴始终以抵押物归己方等人所有为由不同意退还。最后将矛盾反映给了镇司法所。

镇司法所适用法律进行调解。镇司法所认为，该案例的争议焦点是抵押后的土地其地役权是否应当一同转移。根据我国法律法规的具体规定，土地承包经营权、建设用地使用权等抵押的，在实现抵押权时，地役权一并转让。故司法所对双方进行调解。双方达成人民调解协议。

法院审理

地役权随抵押权的实现一并转移。本案涉及建设用地使用权的抵押，抵押权的效力是否及于地役权的问题。根据《物权法（草案）》第一百七十二条的规定，地役权不能单独抵押，土地承包经营权、建设用地使用权抵押的，在实现抵押权时，地役权一并转让。所以，在其他村民实现抵押

① 《30余年土地纠纷得以调解仁寿禄加司法所有妙招》，载《川报观察》2018年11月14日。

权的同时，尽管韩某培获得了土地使用权，但此时其他村民仍然享有地役权。由于没有书面协议，韩某培应当遵守我国关于抵押的相关规定。韩某培的土地在实现抵押权时，地役权一并转让。故韩某培的要求不符合法律规定。我国法律规定的地役权作为以需役地的便利为目的之用益物权是从权利，故从属性是地役权最大的特点，甚至可以说地役权的不可分割性实际上是地役权从属关系的延伸。把握住这点，以便更好地理解其他相关制度。地役权不能单独作为其他权利的客体，这是地役权这一特征的体现。

案件评述

一、地役权不得单独出租、抵押

地役权在出租、抵押时可以与土地的所有权或者有关使用权一并出租、抵押，但不得单独出租、抵押。实现抵押权时，地役权一并转移。这些规定具体体现了地役权的从属关系。但有一点值得商讨，土地承包经营权、建设用地使用权等抵押的，地役权随抵押权的实现一并转让。抵押权是通过土地承包经营权和建设用地使用权的流转而实现的，这难道意味着地役权的转让必须经过土地承包经营权的转让这一方式才合法吗？换句话说，转让建设用地使用权、土地承包经营权的时候一定要转让地役权吗？这是笔者的问题，也是该法律条文一项有待商榷、完善的地方。笔者对于这点提出以下见解：

如果在将土地所有权作抵押时，地役权应当一并抵押。第一种情况，如果是仅将土地上的使用权作抵押的情况下，则可由当事人自由约定是否将地役权作为抵押权的标的。因为在这种抵押所有权的情况下，如果地役权不一并抵押转移，之后抵押权人在实现对土地所有权的抵押权时，土地的所有权就发生转让。而附属于该土地上的地役权却一直在原所有人手中未随着主权利的转移而转移，这会导致从权利地役权与主权利土地的分离，这是违背法律规定的。第二种情况，如果在将土地上的使用权作抵押的情况下，地役权的一并抵押应当允许当事人通过自己约定的方式排除。也就是说，应当以地役权一并抵押为原则，当事人另有约定为补充例外。在当事人未将地役权作为抵押权的标的的情况下，在实现土地承包经营权、建设用地使用权上的抵押权时，不会出现土地所有权这个主权利的转移转让，那么地役权自然不会和主权利分离。故笔者认为该条法律条文应该加入这一原则进行完善。

社会大众对法律问题的判断，反映了社会的法律意识，从专业角度看，本案以调解结案无可厚非，但对地役权抵押从属性的理解，如社会大众之中所言，还有待商榷。

二、地役权法律从属性的法学概观

地役权的从属性的法律含义实际上包括三个方面：

1. 地役权不得与需役地分离而转让

需役地的所有权人不得自己保留需役地的所有权，而将地役权单独转让给他人，需役地的用益物权人也不得自己保留需役地的用益物权，而将地役权单独转让给他人。《物权法》第一百六十四条规定："地役权不得单独转让。土地承包经营权、建设用地使用权等转让的，地役权一并转让，但合同另有约定的除外。"地役权人违反该条关于"地役权不得单独转让"的规定，地役权的转让无效，受让人不能取得地役权，地役权仍为需役地而存在。地役权人违反该条关于"土地承包经营权、建设用地使用权等转让的，地役权一并转让"的规定，以合同特约"地役权不随同土地承包经营权、建设用地使用权等权利的转让而转让"的，在地役权系土地所有权人以其土地作为需役地而设立的情况下，因土地所有权没有移转，需役地仍然存在，土地所有权人保留其地役权的约定没有违反地役权从属于需役地的性质，该约定应当有效；但是，如果地役权系土地承包经营权人、建设用地使用权人或宅基地使用权人为其承包地、建设用地或宅基地的便利而设立的场合，土地承包经营权、建设用地使用权或宅基地使用权单独转让，则违反了地役权从属于需役地的固有性质，应当归于无效。

可见，《民法典》第三百八十条规定的"但是合同另有约定的除外"应当限缩其适用于使用权转让，当事人以合同特约地役权不随之转让的范围。

需要注意，在我国，国家土地所有权不得转让，集体土地所有权不得按照民事的实体法和程序法转让，宅基地使用权只能随着住宅的转让而转让，所以，不会存在依民法程序转让土地所有权而自己保留地役权的情形，也不可能存在依民法程序转让土地所有权和地役权的情形，因而，所谓“需役地的所有权人不得自己保留需役地的所有权，而单独转让地役权给他人”的规则，得将土地所有权排除，宅基地使用权也基本上被排除在外，仅适用于建筑物所有权转让的场合。

2. 需役地的所有权人不得仅将需役地所有权转让给他人而自己保留地役权

一旦违反这一规则，地役权会因违反从属性而归于消灭。对本条所沿袭的《物权法》第一百六十四条关于“地役权不得单独转让”的规定，作反面推论，自应当得出相同的结论。需要注意，该项规则也必须排除土地所有权的适用，宅基地使用权也基本被排除在外了。此处应予讨论的是，如果当事人之间特别约定仅转让作为需役地的建筑物、构筑物及其附属设施的所有权，地役权不随之转让的话，应予如何处理。

有观点认为，需役地所有权的转让固属有效，但地役权宜理解为违反其从属性，因而具有消灭的原因，否则如非有上述特别约定，则宜解释为地役权随同转让。此论应予赞同，因为特别约定需役地所有权转让，需役地所有人保留地役权，在需役地所有权果真转让给他人的情况下，则该地役权失去需役地，失去存在的价值，确无存续的必要，自应归于消灭。

在需役地为承包地或建设用地，土地承包经营权或建设用地使用权转让给他人的情况下，若当事人之间特别约定土地承包经营权或建设用地使用权转让，自己保留地役权，亦应当认为地役权具备消灭的原因。其道理如同上述。

3. 需役地的所有权人不得将需役地的所有权与地役权分别转让给不同的人

有观点认为，当事人之间的真实意思，显然在于不将地役权随同需役地而为转让，故受让人只能取得需役地之所有权，却无从取得地役权；而地役权的转让由于违反了其从属性，则归于无效。在这种情况下，地役权因欠缺需役地的存在而具有了消灭的原因。对《民法典》第三百八十条关于“地役权不得单独转让”的规定，作反面推论，无疑也能得出相同的结论。

需要注意的是，该项规则也必须排除土地所有权的适用，宅基地使用权也基本上被排除在外。[①]

三、地役权的从属性为其固有法律属性

由于地役权的从属性是否为地役权的固有属性，涉及地役权的从属性可否被当事人以约定排除或限制，以及当事人关于限制或排除从属性的约定，是否具有法律效力，抑或部分有效还是全部无效的问题。故对从属性何以为地役权的固有属性，理由如下：

1. 从概念推导：地役权乃为需役地的便利或效益而存在的权利

由此自决定了地役权不得与需役地分离而单独存在，亦即地役权为需役地的从物权。

2. 从构成着眼：地役权的发生恒以存在两块土地为前提，否则其无以成立

《德国民法典》《瑞士民法典》均将地役权视为需役地的构成部分或成分，属于物的构成部分，脱离该物便无所谓成分；地役权作为需役地的成分，自然无法脱离需役地而单独存在。

3. 从历史审视：地役权滥觞于罗马法

《法学阶梯》认为，地役权等役权“之所以被称为对不动产的役权，乃因为没有不动产它们就不可能设立。事实上，任何人，除非他有不动产，都不能获得对都市或乡村不动产的役权；任何人，除非他拥有不动产，也不会对都市或乡村不动产役权承担义务”，由此可见地役权离不开需役地。

① 崔建远：《再论地役权的从属性》，载《河北法学》2010年第12期。

4. 从本质揭示：学说均承认没有需役地便无地役权的现象和道理

甲说认为，地役权为需役地所有权的延长；乙说主张地役权系增加需役地价格的状态。这是罗马法以来的通说。丙说则谓，地役权的主体为需役地，地役权是属于需役地的权利。地役权与需役地所有权之间具有密切关系的思想依然如故。地役权最本质的特征在于与土地的不可分离性。

5. 从地役权与相关权利的关联方面观察：没有需役地就不会产生地役权

《物权法》设计的物权类型有限且采取严格的物权法定主义，因依附供役地而成立的权利，要么是人役权，要么是债权；而人役权也不是物权，而是债权。

综上所述，应当承认从属性是地役权固有属性的结论。

四、地役权从属性规范自应为强制性的法律规范

从属性作为地役权的固有属性自不得将之从地役权中剥离，否则，轻者，地役权成为残疾之物；重者，地役权不复存在。如此，结论自然是：《民法典》第三百八十条沿袭《物权法》第一百六十四条关于地役权从属性的规定，应为强制性规定，而非任意性规定。

地役权的从属性的范围要广于伴随性，尽管伴随性可因地役权的设立行为有特别约定而受到排斥，但并不意味着伴随性以外的从属性也当然如此。再就是，当事人排斥伴随性的特别约定，非经登记，不得以之对抗第三人。这些都表明法律对当事人以特约排除伴随性的有效性是有节制的。

《民法典》第三百八十条分为两句，第一句为“地役权不得单独转让”，第二句为“土地承包经营权、建设用地使用权等转让的，地役权一并转让，但是合同另有约定的除外”。两句中间有“句号”相隔，但书处于第二句之中。如此，将“但是合同另有约定的除外”的但书作为第二句“土地承包经营权、建设用地使用权等转让的，地役权一并转让”的例外，而非作为整个条文（包括第一句“地役权不得单独转让”）的例外，就可以成立。

较为详细些说，只有在“土地承包经营权、建设用地使用权等转让的”场合，当事人才可以约定地役权不随之转让，在建筑物、土地所有权转让的场合，当事人不得约定地役权继续保留在地役权人之手。只是在解释时不得随心所欲，不得全凭解释者的主观好恶，而要取决于从属性是地役权的固有属性，还是立法政策加于其上的属性。①

第三百八十二条　【需役地部分转让效果】 需役地以及需役地上的土地承包经营权、建设用地使用权等部分转让时，转让部分涉及地役权的，受让人同时享有地役权。

【条文疏义】

本条承袭了《物权法》第一百六十六条之规定。

一、地役权的不可分性的具体体现

传统地役权存在于需役地和供役地的全部，不能分割为各个部分或者仅以一部分而存在。即使供役地或者需役地被分割，地役权在被实际分割后的需役地和供役地的各个部分上仍然存在。

在需役地以及需役地上的土地承包经营权、建设用地使用权部分转让，产生了分属不同权利人的两个或者多个用益物权时，地役权在部分转让后的需役地各个部分上依然存续。这是因为地役权是为整个需役地提供便利的，如果土地的用益物权已经部分转让为多个部分，这种为需役地的便利而使用供役地的需要与权利，应当继续存在于已经被部分转让的需役地上。所以，地役权也应当在需役地被部分转让后的各个部分上继续存在。

需役地虽被分割为不同部分，但因地役权的不可分性，新的权利人仍然可以在原来的土地上行使取水地役权，供役地新的权利承继人不得阻止。

---

① 崔建远：《再论地役权的从属性》，载《河北法学》2010 年第 12 期。

但是，如果需役地以及需役地上的土地承包经营权、建设用地使用权被部分转让后，地役权在其性质上只与部分转让后的地块有关系时，那么，地役权就只在其有关部分继续存在。

对于这个问题，多个国家的民法典均有规定。如《德国民法典》规定，地役权人的土地被分割的，其地役权在各个部分继续存在；但在发生疑问时，仅在地役权的行使未对供役地所有权人造成困难时，始得准许。地役权仅对需役地的一部分有利的，地役权在其他部分消灭。《法国民法典》规定，如为其设定地役权的土地后来被分割，对该土地的每一部分地役权仍然存在，但是，不能因此而加重原设有地役权的土地的负担。《瑞士民法典》规定，需役地被分割时，其地役权的通常利益部分仍然存续。但在前款情形中，地役权的行使因某些情况仅限于其中一部分时，供役地所有权人可请求涂销其他部分的地役权。《日本民法典》规定，于土地分割或一部分让与情形，地役权为其各部或于其各部之上存在。但地役权因其性质，只与一部分土地有关时，不在此限。

二、用益物权为独立物权而地役权却从属于需役地的使用权

用益物权一旦设立，用益物权人便独立地享有对标的物的使用权、收益权，亦即该权利是独立存在的，依当事人之间设立用益物权的行为或者法律的直接规定而发生。用益物权是一种主权利，而不是从属于其他物权的权利。因此，作为用益物权的土地承包经营权、建设用地使用权都是一种独立的权利，它不从属于其他权利。而地役权作为一种为需役地的便利而设立的用益物权，与需役地的关系极为密切，由此发生了主从权利的关系，即地役权从属于需役地的使用权。地役权不能与需役地分离而单独转让，它必须随着需役地的使用权转移而一同转移。当需役地的使用权发生转让时，地役权也应当随之发生转让。

国外的立法例也对此作了规定，《德国民法典》规定，地役权是需役地所有权的主要组成部分，不能与需役地的所有权相分离，因此，需役地转让，地役权也必须随之转让给受让人。《日本民法典》规定，地役权作为需役地所有权的从权利，与之一起移转，或成为需役地上存在的其他权利的标的。但设定行为另有订定时，不在此限。地役权，不得与需役地分离而让与或者成为其他权利的标的。

三、地役权的成立必须有需役地与供役地同时存在

在法律属性上地役权与其他物权不同。地役权虽然是一种用益物权，但它仍然应当与需役地的所有权或者使用权共命运，必须与需役地所有权或者使用权一同移转，不得与需役地分离而单独让与，这就是地役权的从属性，主要表现在以下三种情形：

第一，地役权人不得自己保留需役地的使用权，而单独将地役权转让；第二，地役权人不得自己保留地役权，而单独将需役地的使用权转让；第三，地役权人也不得将需役地的使用权与地役权分别让与不同的人。总之，地役权只能随需役地使用权的转让而转让，如果违反了地役权的从属性就被认为行为无效。

按照本条规定，地役权与需役地共存亡，需役地既已转移，为需役地所设定的地役权也当然转移，除非当事人双方在设立地役权合同时另行约定。

【典型案例】

转让权利时未告知的地役权对承受人有无法律上的拘束力[①]

——地役权移转的附随性与不可分性的理解

基本案情

案涉辰巳公司购买了一块位于该市邻近海边的土地，并建有一栋豪华酒店。该地旁边有一座午未商店，案涉辰巳公司与午未商店曾于1994年5月订立一份书面合同约定：午未商店于20年内不得阻碍辰巳公司豪华酒店

① 沈志刚：《以一则案例看相邻权与地役权的区别》，载找法网，https：//china. findlaw. cn/info/wuquanfa/yongyiwuquan/diyiquan/101561. html，最后访问时间：2020年6月14日。

的顾客通过午未商店，也不得拆除该商店和兴建高层建筑，妨碍辰巳公司豪华酒店的旅客在酒店上眺望大海。为此，辰巳公司每年向午未商店支付人民币10万元，以作为补偿。

合同生效后一年，午未商店因经营不善便将其房屋全部转让给癸壬公司。在与癸壬公司订立合同时，午未商店并未向癸壬公司提及其与辰巳公司签订的地役权协议。

癸壬公司购买午未商店的房屋后拆掉该房屋，并欲兴建一幢5层楼高的旅馆，该旅馆与辰巳公司的豪华酒店仅相距约200米。辰巳公司得知这一情况后，立即找午未商店和癸壬公司交涉，请求癸壬公司停止兴建该旅馆，但遭到拒绝，理由是癸壬公司认为，责任在上家午未商店，与他们没有关系。

辰巳公司便在当地法院提起诉讼，请求法院责令癸壬公司停止兴建旅馆，请求确认午未商店与癸壬公司之间转让商店的合同无效。

法院审理

一、案涉兴建5层旅馆是否侵犯辰巳公司的相邻权

有人认为，眺望妨害也属于相邻关系的内容问题，相邻权所涉及的都是当事人最基本且法律必须维护的生活、生产或安全利益，如通风、通行、用水等基本权利，也就是说如果没有此项权利，可能导致当事人利用不动产的障碍或对自己的基本人身权利造成损害。对于眺望来说，其不属于当事人生活、生产中必不可少的利益。易言之，法律无须以眺望为由而要求一方向毗邻的另一方提供便利，或接受限制。正因如此，我国法律并没有将眺望纳入相邻关系调整范围。德国民法典、我国台湾地区“民法”也同样如此认为。

本案中，癸壬公司兴建5层楼高的旅馆相距辰巳公司的豪华酒店有200米，故而也不会影响该豪华酒店的通风和采光问题。虽然癸壬公司旅馆的兴建可能会影响辰巳公司豪华酒店旅客的眺望，但并不构成对该酒店相邻权的侵犯。

二、辰巳公司与午未商店协议产生的权利应是地役权

由于在现实中相邻的土地所有人或使用人之间就如何处理相邻关系问题，常常需要进行协商，我国法律并不排斥协商的相邻关系内容，如相邻两方对共墙的维护协议等，但应明确的是，这类约定只能是法定相邻的补充，协议的内容不得违背相邻权的基本内涵。因此，这种协议仍然是依法产生而不是单纯依当事人的意志产生。如果当事人纯粹根据相互的协议而设定以土地为基础提供便利的权利义务，那么此协议产生的权利则应该是地役权。

本案中，根据前面的分析可知，眺望不可能成为相邻关系的内容之一，因此，可以确定辰巳公司与午未商店之间不是相邻关系。辰巳公司与午未商店的协议虽存在设立地役权的意图，但因欠缺登记要件致使案涉地役权没有能真正产生对抗第三人的法律效力。

三、午未商店与癸壬公司的转让协议是否有效

辰巳公司与午未商店之间虽然订立了旨在取得地役权的合同，该合同也对午未商店的处分权利作出了限制，即规定午未商店在20年内不得拆除该商店，并不许其兴建高层建筑。但是，这只是辰巳公司与午未商店之间的合同义务问题，此合同责任从根本上来说并不能限制午未商店的所有权的内容，即对午未商店而言，其仍享有所有权的占有、使用、收益和处分的权能，因此，午未商店仍有权转让其商店。①

当然，理论上午未商店仍要承担违约责任，但在其经营不善的情况下，那是另一个债权请求权问题，而且，诉讼结果难以预料。只是于我国习惯法上，转卖房地产要“先卖宗族，后卖邻里”自有其道理，这条法律在乾隆二十一年（1756年）即已正式公布，各地宗族即纷纷以家规、族训的方式，把这条法律家规化。② 所以，有学者认为，本案中于同等条件下，辰

---

① 沈志刚：《以一则案例看相邻权与地役权的区别》，载《东方法眼》2004年6月8日。

② 《地契中的宗族社会族人卖产业亲族优先》，载《华西都市报》2018年12月16日。

巳公司作为邻人享有优先购买权。如果依据习惯法能优先购买午未商店，或许也是本案的矛盾得以解决的另一种思路。

四、辰巳公司无权请求癸壬公司停止兴建5层楼的旅馆

本案中，虽然辰巳公司与午未商店的协议中有设定地役权的内容，但因未登记，只成就了相互间的债权请求权，而难以产生相互间土地上物权对抗的法律效力。所以，它不可能对第三人癸壬公司产生法律上的拘束力。

故可以基于午未商店违反合同约定出卖商店而导致相互间在合同中的利益（即眺望权）将受到损害，请求午未商店承担违约责任，但辰巳公司不能要求第三人癸壬公司停止兴建旅馆，也就是说，辰巳公司无权以其与午未商店订立的合同中取得的权利对抗癸壬公司业已取得之物权。[①]

案件评述

一、地役权源于物权，故其是物权从权利

按照法律法规的规定，需役地以及需役地上的土地承包经营权、建设用地使用权部分转让时，转让部分涉及地役权的，受让人同时享有地役权。它是随着物权主体的确立而确立的，同样也是随着物权主体的转移而转移的。当合法的土地承包经营权、建设用地使用权的转移成立，地役权便不得脱离物权主体，二者必须一并转让。

换一种方式看，受让人可能就是因为这土地上具有有利于自己生活工作的地役权，才来购买有关土地。从权利的性质看，地役权属于从物权，地役权应当与主物权同时转让。在转让土地使用权的同时，转让人有义务将土地上的地役权转让给受让人，受让人也同样有权利承继土地上的地役权。地役权是为提高需役地的便利而设定的权利，且单看地役权的话，其实不得被分割为数个部分，或者仅为了需役地的某一部分而存在。地役权在客观上是不可分的，这其实是其物权从属性的延伸。因为地役权是从属于需役地并且为需役地提供便利而存在的，当需役地未被分割时，附于其

① 沈志刚：《以一则案例看相邻权与地役权的区别》，载《东方法眼》2004年6月8日。

上的地役权是不能被分割的。当需役地被分割后，地役权仍会与需役地的某一部分相联系，所以该种情形也应当存在于已经分割的土地上。这更加说明了地役权是从权利，是从属于物权的权力。

二、地役权基本构造和类型上发展使得其基本功能随之扩展

1. 地役权的基本功能在利用方式与利用期限上呈现多元化的趋势

从地役权的基本功能看，一是在利用方式上，地役权的内容会随着物的利用方式的不断增加而更丰富，在物之利用方面发挥的功能会更强大，其对物权法定原则的补充作用也将表现得更显著。二是在利用期限上，根据罗马法的规定，“所有的地役权都必须有其永久的原因”，而在现代社会，由于供役地上的权利不限于所有权，还包括用益物权甚至债权性利用权，因此地役权的存续就有了期限。

从地役权的功能发挥方式看，呈现出多元化趋势。地役权可以作为对城镇规划及其执行出现偏差的事后民事补救手段。此外，“地役权还具有排除或者改变相邻关系适用、满足了人们获得对土地利用形式多样化和稳定化的要求”的功用。①

2. 从地役权的功能发挥领域看，业已不断得以拓展

这表现在私法及其之外两个法律领域。从私法之外的领域看，地役权的设定目的从单纯的经济层面扩展至社会、历史文化、自然生态等方面，越来越呈现出从单一目的到多元目的之趋势。在极端情况下，民事主体还可以把地役权作为一种攻击性防卫工具，更直接有效地保护自身的利益。从私法自身领域看，至少包括所有权和地役权自身内部两个领域。所有权的观念和构造正是在解决实践中以通行地役权和取水地役权为典型代表的物的多层次利用需求问题时才得以发展并更加完善。地役权在其内部所具有的自我修复功能具体表现在相邻关系和土地开发两个领域。

---

① 耿卓：《我国地役权现代发展的体系解读》，载《中国法学》2013 年第 3 期。

第三百八十三条 【供役地部分转让的法律效果】供役地以及供役地上的土地承包经营权、建设用地使用权等部分转让时，转让部分涉及地役权的，地役权对受让人具有法律约束力。

【条文疏义】

本条承袭了《物权法》第一百六十七条之规定。

地役权存在于需役地和供役地的全部，不能分割为各个部分或者仅以一部分而单独存在。就供役地而言，地役权为整个供役地的负担，而不仅是部分供役地的负担。也就是说，应有部分的变化不应影响地役权的存在。

供役地以及供役地上的土地承包经营权、建设用地使用权的转让，会产生分属于不同权利人的两个或者多个用益物权，地役权在转让后的供役地的各个部分上继续存在。例如，甲地在乙地设立取水地役权，而后乙地分割为丙、丁两块地，如果丙、丁都涉及提供甲的取水地役权时，则丙、丁两地的使用人仍然要负担甲的取水地役权。那么，地役权对受让人丙和丁都具有约束力。

但是，如果供役地以及供役地上的土地承包经营权、建设用地使用权转让后，地役权在其性质上只对某部分转让后的供役地有关时，那么，地役权仅对该部分被转让土地受让人具有约束力，这也是本条规定的内容。例如，甲和乙约定，在乙的土地上设立通行地役权。此后，作为供役地权利人的乙将自己土地的使用权转让给了丙和丁。如果只有受让人丙涉及甲的通行地役权，而与受让人丁无关，那么丙仍然要承担继续向甲提供通行地役权的义务，地役权只对受让人丙有约束力。

【典型案例】

转让其他用益物权对供役地之地役权并未提及如何处理[①]

——地役权转移的附随性的表现

基本案情

1990年10月26日，经县土地管理局批准，展某明依法取得了位于该县申湾镇申湾村唐家台地号为0908××××的集体土地，用于宅基地建设，用地南北宽20米、东西长30米，建筑面积120平方米，四至东邻展某千、南至山边崖、西至荒山、北至荒山。

1993年5月13日，该县申湾镇人民政府批准展某义在位于该县申湾镇申湾村唐家台东至展某千、南至109线、西至矿务局加油站、北至荒山，面积为4分的集体土地上建设住房，后展某义在分家时将该处土地的使用权转让给展某明。展某明在该处土地上建设了二层楼房，在邻矿务局加油站处建设了一间6.5米×8.5米的平房，用于商业出租。

1998年3月16日，经该县土地管理局批准，将该县申湾镇银三角国道109线以北的5000平方米荒山划拨给滕某舟建设众力修理厂，并核发了集建（1998）字第090644××××号土地证，其中四至东至展某千用地，以本宗围墙外墙皮为界；南至矿务局加油站，以本宗外墙皮为界；西至荒山，以本宗外墙皮为界，北至荒山，以本宗外墙皮为界；东西长100米，南北宽50米；因该宗土地的通行必须经过展某明在矿务局加油站旁建设的平房，1999年滕某舟与展某明协商拆除了该平房，作为共用通行道路。

2010年3月5日，展某明与滕某舟签订合同，约定与矿务局加油站相邻，由南向北展某明在门口留宽4.5米的道路通向滕某舟的众力工贸公司；滕某舟从该处土地地貌的崖面开始在道路上平整10米平台，崖面向北28

① 参见展某明与众力工贸公司地役权纠纷案，甘肃省白银市中级人民法院，（2012）白中民一终字第9号。

米为展某明使用，滕某舟2011年6月底平整与东面展某千地基相平的平台；如一方违约，向对方赔偿违约金10万元。

滕某舟依约平整了从该处土地地貌的崖面开始向北长28米且与展某千的地基相平的土地，展某明已实际占有使用。

2010年8月2日，众力工贸公司成立，经营系列汽车、汽车配件、电气焊服务等商服业务，滕某舟在取得的该宗土地上建成的众力修理厂，开始经营车辆修理业务。

2011年8月19日，展某明妨碍了众力工贸公司因经营车辆修理等业务在该道路上的通行，双方发生争议，在本案庭审后的2011年10月21日，滕某舟平整了道路上双方约定的10米平台。

法院审理

一审法院经审理认为，用益物权人对他人所有的不动产，依法享有使用的权利。案涉众力工贸公司作为滕某舟依法设立的企业法人，在其依法取得的土地上享有合法的经营权，滕某舟为了其设立公司的经营方便，通过与展某明约定而得以利用其土地双方形成地役权法律关系。按照《物权法》的规定，地役权人有权依照合同约定，利用他人的不动产，以提高自己的不动产的效益。供役地权利人应当按照合同约定，允许地役权人利用其土地，不得妨害地役权人来行使权利。

滕某舟与展某明约定的地役权合同关于道路通行的约定合法有效；地役权合同所附平整该处地貌崖面向北28米长且与东面展某千的地基相平的平台作为通行条件，不违反法律的相关规定，为有偿设立的地役权合同。双方均应按照地役权合同，为对方提供通行便利，不得无故妨害一方合法行使地役权。

本案原告众力工贸公司起诉展某明排除妨害的理由成立，法院予以支持；其要求被告展某明承担违约金10万元，并于赔偿排除妨害前，每日损失4000元的诉讼请求，因本案地役合同的合同主体即地役权人为滕某舟，而非案涉众力工贸公司，且众力工贸公司无证据证明其营业损失，法院对该诉讼请求不予支持。

反诉原告展某明起诉要由反诉被告案涉众力工贸公司承担违约金 10 万元，因本案地役合同的合同主体即地役权人为滕某舟，对反诉原告的该项请求不予支持。

对反诉原告起诉要求反诉被告按市场行情给付门口已拆除房屋租金的请求，因房屋租赁合同的租赁标的物已不存在，租赁合同的目的无法实现，双方又签订了有偿地役权合同，反诉原告的诉讼请求无法律依据，法院不予支持。遂判决展某明停止侵害众力工贸公司在该县银三角矿务局加油站为界宽 4.5 米道路上的通行，并排除妨碍；驳回本案原告众力工贸公司的其他诉讼请求和反诉原告展某明的反诉请求。

展某明不服一审判决，上诉称：

首先，2009 年年初，上诉人展某明与被上诉人众力工贸公司经过协商，被上诉人将上诉人一间铺面拆除作为出路，由被上诉人按照租金的标准支付上诉人地役使用费，原审中展某千、展某义的证言均证实被上诉人要向上诉人支付租金，故被上诉人给付的表面上是租金，实际上即供役地的使用费，原审仅以租赁物不存在为由驳回上诉人的反诉请求，未尽到实体审查义务，因此请求二审法院在进一步审查本案的基础上，支持上诉人要求被上诉人支付 2011 年的地役使用费。

其次，按照双方签订的地役权合同，被上诉人应该在 2011 年 6 月底平出 10 米平台，供上诉人使用，但实际上被上诉人在一审期间才履行了合同约定的义务，已经存在违约事实，应当承担违约责任。故请求法院判令被上诉人向上诉人支付违约金。

最后，原审以主体不当判决驳回上诉人的反诉请求不当，本诉是被上诉人众力工贸公司诉上诉人展某明的地役权纠纷，如果被上诉人众力工贸公司具有主体资格，上诉人的反诉也是符合条件的，原审却认定被上诉人的主体资格适格而判决上诉人的主体资格不适格自不恰当。

被上诉人答辩称，其一，原审认定事实清楚。上诉人与被上诉人之间从未签订过由被上诉人向上诉人支付被拆除铺面租金的合同，2010 年 3 月 5 日上诉人与滕某舟个人签订的合同书上并无租金的约定，该合同书写得很明确，被上诉人所要履行的义务就是在 2011 年 6 月底前平整出 10 米的平台，2011 年之前被上诉人向上诉人支付租金的原因是平台未平整出，2011 年被上诉人已经履行了合同书中的义务，故也不应再支付租金。其二，本案是侵权纠纷，上诉人诉称的是合同纠纷，两者法律关系并不一样，侵权不涉及租金和违约金的问题。故原审判决认定事实清楚，适用法律正确，应当予以维持。

二审查明的事实与一审查明的一致。

二审法院经审理认为，本案中被上诉人众力工贸公司在案涉道路上享有通行权是基于该公司法定代表人滕某舟个人于 2010 年 3 月 5 日与上诉人展某明签订的地役权使用合同，对于妨碍的事实上诉人也无异议，故一审判决上诉人停止侵权、排除妨碍得当。

上诉人展某明诉称按照租金方式支付地役使用费的主张，因双方签订的书面协议中并无该约定，且该协议中已经约定了被上诉人使用该道路的条件即平整该处地貌崖面向北 28 米长且与东面展之千地基相平的平台，按照常理，双方在签订书面协议时应当是将所有达成一致的条件都记录在协议中，本案中双方就拆除房屋租金的问题并未约定在书面协议中，应当视为就该问题未达成一致意见。上诉人展某明仅以一审中的两位证人证言证明有该项约定，属证据不足，对其请求法院不予支持。

综上，原审判决认定事实清楚，适用法律正确，应当予以维持。二审判决驳回上诉，维持原判。

案件评述

一、供役地上的建设用地使用权与地役权一同转让

本案中，合同相对方有变化即发生了建设用地使用权在民事主体之间的转让。在此种情况下，供役地权利人仍受地役权的约束。供役地权利人应当按照合同约定，允许地役权人利用其土地，不得妨害地役权人行使权

利。滕某舟与展某明约定的地役权合同关于道路通行的约定合法有效；地役权合同所附条件，不违反法律的相关规定，自为有偿设立的地役权合同。双方均应按照地役权合同，为对方提供通行便利，不得无故妨害一方合法行使地役权。

供役地作为在地役权法律关系中为需役地人的权益提供便利的土地，其所有人包括该土地的他物权人，在不妨碍地役权行使的前提下，可以使用地役权人在供役地上所建筑的设施，但应按其受益程度负担设置及维修费用。而供役地所有人及其他物权人在不妨害地役权行使的范围内仍享有土地所有人应享的一切权利，地役权为有偿时，供役地所有人对地役权人自然应有对价请求权。

通过其权利可知，供役地以及供役地上的土地承包经营权、建设用地使用权的转让，会产生分属不同权利人的两个或者多个用益物权，地役权在转让后的供役地的各个部分上继续存在。但是，如果供役地以及供役地上的土地承包经营权、建设用地使用权转让后，地役权在其性质上只与某部分转让后的供役地有关时，那么，地役权仅对该部分被转让土地受让人具有约束力。

同样地，出让人对受让人也负有说明义务。当供役地作为标的物转让时，出让人应当对受让人说明该用地上所承受的地役权。如果没有说明，出让人要承担违约责任。如果在设立土地承包经营权合同、建设用地使用权合同、宅基地使用权合同时，出让人已告知该土地上设立的地役权，受让人知晓后仍同意签订合同的，视为受让人承认该土地上的地役权，地役权对受让人产生约束力。①

① 程淑娟：《公有制下地役权的应用研究》，载《法律科学》2012 年第 3 期。

二、地役权从属性的法律内涵的具体体现

1. 学术界对地役权从属性的不同认识

(1) 地役权依附于需役地或使用权与需役地或使用权共命运

当需役地所有权或使用权转移时，即使双方当事人未声明地役权是否转移地役权也当然随之转移于他人。地役权的存续以需役地的存在为前提，与需役地的所有权或其他不动产物权同命运。

(2) 地役权是从属于需役地的用益物权

地役权是为一块被称作需役地的土地而设立的，它几乎被视为该需役地的附属品。

(3) 传统民法理论认为地役权从属于需役地而非从属于需役地人

地役权虽为服务土地，但土地毕竟为权利客体而非权利主体，对于土地之利用，得享受其利益者，应为权利主体之土地所有权人，而非土地，因此，所谓地役权从属于土地者，应系指从属于土地“各时”之所有权人。

简言之，第一种观点认为，地役权是从属于需役地或需役地上之使用权；第二种观点认为，地役权则从属于需役地；而第三种观点认为，地役权是从属于需役地之所有权人。那么，地役权是从属于需役地还是从属于需役地人呢？地役权能否从属于需役地上之使用权呢？只有民事主体才享有民事权利，作为一种民事权利，地役权应该是需役地人享有的用益物权。但地役权并不能脱离需役地而存在，因此地役权依附于需役地从而归属于需役地人。但是，与其他用益物权相比，地役权是一项从属于需役地的权利，它与需役地共命运，离开了需役地，地役权将失去存在的价值，而建设用地使用权等其他用益物权则不存在一块被称为“需役地”的土地，仅存在一块承受负担的土地。

2. 不宜将地役权之从属性界定为“从属于需役地上之使用权”

依《民法典》第三百七十二条的规定，需役地的范围是“不动产”，而《民法典》物权编从第三百七十七条至第三百八十三条则使用了土地承包经营权、建设用地使用权、宅基地使用权等概念。这就导致源于其所沿

袭的《物权法》第一百六十一条至第一百六十七条的规定与第一百五十六条的规定发生了分裂，尤其是《物权法》第一百六十六条规定：“需役地以及需役地上的土地承包经营权、建设用地使用权部分转让时，转让部分涉及地役权的，受让人同时享有地役权。”这就使人产生了土地承包经营权等用益物权也是“需役地”的错觉。

其实，如果为需役地上的某一种具体的权利设定“役权”，该“役权”通常是为特定人的利益而设定，就不再是地役权而是人役权。例如，以土地承包经营权为需役地设定“役权”，该“役权”仅为土地承包经营权人享有，属于典型的人役权范畴，因此用益物权不能成为需役地。自罗马法以降，传统民法理论认为地役权是从属于需役地的权利，并非从属于需役地上的权利，无论需役地的所有权人，还是需役地的用益物权人抑或债权利用人，都享有地役权带来的经济效益。这就是为什么不宜将地役权之从属性界定为“从属于需役地上之使用权”的原因。

《民法典》第三百八十三条所沿袭的《物权法》第一百六十七条规定：“供役地以及供役地上的土地承包经营权、建设用地使用权部分转让时，转让部分涉及地役权的，地役权对受让人具有约束力。”这一条规定是否说明地役权的从属性也包含“地役权从属于供役地”的因素呢？有学者指出：“地役权总是附属于有关的土地，它们不可能直接或者间接地与土地分离：需役地的用益权人或抵押权人由地役权而获得利益，供役地的用益权人或抵押权人则承受其不利益。”地役权是在他人不动产之上存在的负担，没有供役地则无地役权赖以设定的不动产基础，因此供役地也是地役权不可缺少的因素。但是，地役权并非从属于供役地的一项用益物权，而是在供役地上设定的负担。上述规定实际上是对物权追及效力适用于地役权的细化。换句话说，不论供役地流转给何人，需役地人都可追及受让人并向其主张权利。因此，地役权的从属性并不包括“地役权从属于供役地”之内容。

地役权须有利于需役地，乃地役权设定之根本目的，缺少这一必备构成要件，地役权将失去存在的价值。[1]

第三百八十四条　【供役地权利人解除权】地役权人有下列情形之一的，供役地权利人有权解除地役权合同，地役权消灭：

（一）违反法律规定或者合同约定，滥用地役权；

（二）有偿利用供役地，约定的付款期限届满后在合理期限内经两次催告未支付费用。

【条文疏义】

本条承袭了《物权法》第一百六十八条之规定。

一、地役权消灭的一般原因

地役权作为一种不动产物权，自然不动产物权的一般消灭原因，适用于地役权。

1. 地役权因存续期间的届满和约定消灭事由的发生而消灭

地役权作为意定物权必须由当事人以法律行为的方式来设定，而设立地役权涉及双方当事人的利益，所以应当以合同的方式来设定。地役权合同规定了存续期间的，期限届满的地役权自归于消灭；设定地役权的合同若附有解除条件的，条件成就时地役权也归于消灭。故当事人间约定特定事由的出现成为地役权消灭的原因的，特定事由发生，地役权消灭。

在我国，土地承包经营权、建设用地使用权等权利的行使是有期限的，因此地役权的行使同样也是有期限的。地役权期满，地役权终止。这是由物权本身的一系列特点所决定的。

---

① 李遐桢：《地役权从属性与我国地役权法律制度的修正》，载《私法研究》2015 年第 2 期。

2. 地役权因法律上的混同而消灭

这是指基于需役地或供役地基地使用权或农用地使用权的移转或消灭等原因，导致两块土地上的所有权或用益物权归属于同一主体，从而导致地役权的消灭。

3. 地役权因有关土地重新规划而消灭

这是指在因土地的重新规划而导致地役权不能实现其目的之情况下，地役权自然归于消灭。

4. 地役权因抛弃而消灭

对于无偿的地役权，无论何时，其基于物权处分的原则，地役权人可以自行处分地役权。地役权是一种物权，法律又没有禁止其放弃的规定，“法不禁止即自由”，所以地役权人可以随时放弃地役权。此时，地役权自权利人放弃时消灭。

但是对于合同约定的地役权，地役权人就要与供役地权利人取得联系，地役权人应将负担的义务尽数完成，完成后才可以进行自由处分。否则供役地权利人有权要求其继续履行义务。

地役权作为财产权利，因此地役权人是可以放弃其地役权的，地役权人若放弃其地役权，地役权归于消灭。无偿取得的地役权，地役权人可以抛弃地役权，从而导致地役权消灭。对于有偿的、有期限的地役权，只有在支付剩余期间的租金后，才能抛弃。如果需役地上设置了抵押权，地役权的抛弃可能影响抵押权人的利益，所以，抛弃地役权的行为，应当获得抵押权人的同意。

5. 地役权因法院的宣告而消灭

地役权发生后，如果因情势变更等原因，已无存续的必要，经需役地人同意，可撤销地役权。但如果不同意，则供役地权利人可向法院申请，宣告地役权消灭。

二、地役权消灭的特殊原因

1. 土地灭失

由于地役权的客观物质属性，所以无论是需役地还是供役地灭失，地役权均归于消灭。供役地由于自然原因等不可抗力因素不能达到利用目的。换句话说，既无须地役权存在，也就无须因地役权的存在而带来的便利。地役权作为土地的从属物权，当供役地灭失的，地役权自然也就随之消失。所以在地役权行使的过程中，基于以上的某些情形都会导致其作为从权利的灭失。

2. 需役地已无须再利用供役地

由于地役权的功能在于满足需役地权利人的需要，因此若需役地不再需要利用供役地了，那么地役权自应当归于消灭。

3. 供役地无法满足需役地的需要

对供役地来说，供役地表面依旧存在，但是已经没有利用的必要条件了。地役权设立的目的是方便物权的实现，现在物权的目的已经不能达到了，地役权便消灭了。如在一片供役地处开路，而该供役地已经水土流失，无路可走，则该地役权自无存在之必要。

4. 地役权因土地征收而消灭

国家为了公共利益，可以征收需役地或供役地，国家征收而取得供役地的，土地的使用权以及一系列物权变更为国家所有，则土地上的其他原有物权均归于消灭，包括地役权。但如果是需役地被国家征收，国家因地役权的从属性而由供役地权利人处取得地役权。从而导致需役地和供役地的混同，使两者主体合二为一，这样，地役权则不可能存在。或者因国家对土地的征收，而导致对土地用途的变更，地役权没有必要或者不可能实现，从而导致地役权的消灭。

三、《民法典》物权编规定了解除地役权的法定条件

当条件具备时，解除权人可直接行使解除权，使地役权消灭。当地役权合同履行过程中出现以下两项法定事由时，供役地权利人有权解除地役

权合同，地役权随之消灭。

1. 违反法律规定或者合同约定滥用地役权

地役权设定后，地役权人与供役地权利人的任何一方都不得擅自解除地役权合同，但如果地役权人违反法律规定或者合同约定，法律赋予了供役地权利人解除地役权合同的权利。如地役权人超越土地利用的范围不按约定的方法利用供役地等，就属于滥用地役权。

2. 有偿利用供役地约定的付款期限届满后在合理期限内经两次催告未支付费用

地役权合同是否有偿，由地役权人和供役地权利人约定。地役权合同通常为有偿，地役权人必须按照合同的约定履行付款义务。如果地役权人无正当理由，在合同约定的履行期限届满后，仍没有按照合同约定支付供役地权利人费用，而且在一个合理期限内经两次催告，地役权人仍不履行付款义务，表明地役权人没有履行合同的诚意，或者根本不可能再履行合同，供役地权利人可以解除地役权合同。否则，不仅对供役地权利人不公平，而且还会给其造成更大的损失。供役地权利人解除地役权合同的，地役权消灭。

【典型案例】

哪些情况下地役权应予解除[①]

——地役权消灭的原因

基本案情

2006年12月5日，原告甲村村委会与被告张某签订的合同书载明：经甲乙双方协商同意，自村北保阜路经责任田、沙漠、闲散地及原有自然道

① 参见张某与甲村村委会地役权纠纷案，载北大法宝，http：//www. pkulaw. cn/case/pfnl_a25051f3312b07f35b99ac4457b6ab91b15674e30829caefbdfb. html？keywords&match = Fuzzy，最后访问时间：2020年6月19日。

路直到一方山场区域内修建一条道路，由乙方租赁使用。具体条款如下：

“1. 乙方占用村民责任田10.56亩（占地明细单附后）。占地价格每年每亩按800斤小麦价格计算，按砖厂价格、时间兑现。如砖厂停止后，小麦价格于每年8月20日按粮局收购价格为准，每年8月底兑现完毕。

2. 道路中的沙滩、闲散地及原有自然道路归甲方所有，由乙方租赁使用，租赁费每年1000元整。乙方负责出资修路、树木赔偿（一次性已付完），乙方负责保护。若其他方需用此段道路时（乙方管辖区域内除外），经甲方同意，甲方可收取相应的费用。

3. 甲方每年向乙方收取管理费1000元整，连同沙滩、闲散地及原自然道路租赁费共计2000元整，8月底付完。

4. 租赁期为20年（自2006年12月5日起至2026年12月5日止）。20年后，若乙方继续使用，按本合同条款继续履行。

5. 乙方停止不再使用道路时，所租赁的责任田由乙方负责恢复地貌、松软土地到当年能耕种为止。沙滩、闲散地及原自然道路交回甲方，合同终止。

6. 此合同一式两份，甲乙双方各执一份，自即日起生效。”

自2013年以后，被告张某未按该合同约定给付租金及管理费，现被告失去联系。

法院审理

法院经审理认为，上述合同系原、被告的真实意思表示，内容不违背法律法规，合同有效。被告张某连续超过2年不履行付款义务，已构成根本违约，根据《合同法》第九十四条第三项、第四项，《物权法》第一百六十八条，《民事诉讼法》第一百四十四条之规定，判决如下：

解除原告甲村村民委员会与被告张某之间签订的采石占路合同，被告张某于判决生效后10日内将原告甲村村民委员会的沙滩、闲散地、原有自然道路以及村民的责任田10.56亩恢复原状。

案件评述

一、地役权的解除可分为双方合意解除和单方解除

1. 单方解除又分为地役权人单方解除和供役地权利人单方解除

本案中，张某未按合同约定向原告支付合同约定的金额，便视为张某放弃在原告土地上的地役权，符合《物权法》第一百七十五条第二款之规定，有偿利用供役地，约定的付款期限届满后在合理期限内经两次催告未支付费用。故人民法院认定张某不再继续享有设立在原告土地上的地役权。

2. 本条规定的就是供役地权利人单方解除地役权的情形

权利不得滥用，是民法的重要原则。供役地权利人单方解除地役权时，也不得恣意为之，需满足以下两个条件：(1) 地役权人违反法律规定或者合同约定，滥用地役权。当地役权人滥用地役权时，必然会侵犯到供役地权利人的利益，此时自应当赋予其脱离该合同约束的权利。需要强调的是，本条规定的地役权消灭的两项法定事由，是专门为供役地权利人设立的权利，其旨在保障供役地权利人在符合法定条件时可以行使解除权以解除地役权合同。(2) 在约定的地役权为有偿利用的情况下，如果约定的付款期限届满后，在合理期限内经地役权人两次催告，地役权人仍未支付约定的地役权费用。地役权人长期不交付租金，则属严重违约，依据合同法原理，当供役地上出现上述两种情况出现其一时，地役权人均可自行解除地役权。

二、地役权消灭的法律效果

1. 地役权在消灭上同样具有从属性

地役权可随需役地之消灭而消灭，地役权合同中约定地役权存续期间的，如果在存续期间，需役地灭失的，地役权也随之灭失。有学者指出：在土地承包经营权人、建设用地使用权人、宅基地使用权人以其承包地、建设用地或者宅基地作为需役地而设立地役权的场合，按照《民法典》第三百七十七条所沿袭的《物权法》第一百六十一条之规定，当事人约定的地役权的期限不得超过土地承包经营权、建设用地使用权等用益物权的剩余期限。因为土地承包经营权、建设用地使用权等用益物权的存续期间届

满，用益物权归于消灭，承包地、建设用地或宅基地不再是需役地，地役权因无需役地而归于消灭。这也体现出地役权的从属性。

应当认为，需役地之土地承包经营权人或建设用地使用权人，其可与供役地人设定期限超过需役地上之用益物权剩余期限的地役权，且一旦设定，地役权就成了需役地的附属，而不再属于某一个需役地用益物权人。地役权从属于需役地，需役地之物权使用人甚至债权利用人与供役地人约定地役权的期限为用益物权或债权的存续期间的，在用益物权或债权存续期间届满后地役权消灭，这时地役权不因用益物权或债权灭失而消灭，这并非地役权的从属性使然，而是地役权因存续期间届满而消灭。如果需役地之物权使用人或债权利用人与供役地人约定地役权的期限超过需役地上的用益物权或债权的存续期间的，这种约定仍然是有效的，在土地承包经营权、建设用地使用权等用益物权消灭后，地役权仍然存在。

2. 地役权消灭后供役地所有权或使用权即免除限制从而恢复原有状态

《民法典》第三百八十五条规定："已经登记的地役权变更、转让或者消灭的，应当及时办理变更登记或者注销登记。"地役权人占有供役地的，应将其返还供役地权利人。地役权人原为需役地便利而在供役地上设置的工作物，应由地役权人取回，并由地役权人恢复供役地原状。

若供役地人有继续使用工作物的必要，愿以时价购买其设置的工作物时，地役权人不得拒绝。

第三百八十五条　【地役权变动后的登记】已经登记的地役权变更、转让或者消灭的，应当及时办理变更登记或者注销登记。

【条文疏义】

本条承袭了《物权法》第一百六十九条之规定。

一、登记制度是不动产公示的主要制度

不动产物权由于某种原因发生变动时，应当将其变更、转让或者消灭的情形记载于不动产登记簿上，以防止纠纷的发生。公示对于市场经济秩序的建立和维护具有十分重要的意义。登记作为不动产公示的主要制度，是市场经济社会国家维护秩序，保障交易安全的重要法律手段。

二、地役权变更、转让或者消灭都是物权变动的内容

如果地役权已经发生了变动，但没有办理变更登记或者注销登记，则在法律上并没有真正完成物权的变动。从法律效果上看，只要作为公示内容的物权现状没有变动，便可以视为物权变动没有发生过。当地役权人取得供役地的用益物权时，因混同而导致地役权消灭时，就应当及时办理地役权的注销登记，将供役地负担的变化情况及时向公众公示。之所以要求当事人及时办理变更登记或者注销登记，是因为该供役地的用益物权很有可能会转让给第三人，有负担的不动产和没有负担的不动产在价值上是完全不同的，对受让人而言，受让了具有负担的不动产之后，将会使受让人的权利行使受到一定的限制，这样对受让人是不公平的。

因此，为了维护登记簿的公示力、公信力，必须在地役权人办理变更、转让或者注销该地役权登记后，地役权变动才能生效，否则原地役权仍然存在。同时，向公众公开不动产负担的情况，对保护受让人的权益、防止纠纷都具有十分重要的作用。

【典型案例】

未办理变更登记之地役权对供役地人是否有拘束力①

——地役权登记的作用与意义

基本案情

涉案尾砂库的权利人在2002年4月前属原桂阳云箭矿冶公司，相邻的原桂阳县铅锌选厂生产中产生的废水可排放至该尾砂库。原桂阳县铅锌选厂在破产清算期间，于2001年8月20日，破产清算小组与桂阳云箭矿冶公司秉着睦邻友好、尊重历史的原因，就尾砂的使用权签订了《关于尾砂库有关事宜的协议书》，约定桂阳县铅锌选厂公开转让后，受让方可以向尾砂库抽水排放，但有关具体事项由受让方与桂阳云箭矿冶公司协商解决。郴州三和公司合力选厂在2001年9月受让原桂阳县铅锌选厂破产资产（厂区生产、生活设备和设施及所属地产）后开始生产经营，在生产过程中所产生的废水仍排放至涉案尾砂库。

涉案尾砂库几经转让，在2010年转让至郴州天兴公司，并办理了桂国用（2010）字第0××4号国有土地使用权证，使用权面积为271998.85平方米。三和公司的下属企业桂阳县柳塘岭铅锌矿（作为乙方）与天兴公司（作为甲方）为了维护双方共同利益，根据历史原因，本着“互惠、互利、互让”的原则，对尾砂库使用和回收工业废水、废渣的有关事项于2010年7月24日签订了《关于尾砂库使用和回收工业废渣协议》，约定三和公司享有天兴公司尾砂库的使用权和排放权，甲、乙双方联合回收尾砂库废渣，甲方负责尾砂库的综合治理，乙方须支付部分治理费用等内容。三和公司合力选厂在生产过程中产生的废水、废渣一直是向该尾砂库排放，但双方约定联合回收工业废渣内容一直未实际履行。2013年，天兴公司因与广东

① 参见三和公司与宏业公司地役权纠纷案，桂阳县人民法院，（2017）湘1021民初2051号。

南粤银行长沙分行金融借款合同纠纷案，其所属尾砂库被湖南省长沙市天心区人民法院查封。在执行过程中，广东南粤银行长沙分行将其债权转让给郴州正翔公司，郴州正翔公司又将该笔债权转让给了郴州宏业公司。

天心区法院于2016年6月12日作出（2013）天执字第1115－4号执行裁定书，裁定将宏业公司变更为该案申请执行人，2016年6月24日作出（2013）天执字第1115－5号执行裁定书，裁定将天兴公司名下位于湖南省桂阳县城郊乡竹子岭半边月271998.85平方米的国有土地使用权及相应其他权利变更登记至申请执行人宏业公司名下。该裁定送达后，宏业公司对该尾砂库未进行有效管理，至今亦未到国土部门办理权利变更登记手续。

三和公司主张其对该尾砂库享有使用权、排放权和回收废渣的权利，现该宗地使用权已转移登记至宏业公司名下，故请求法院确认三和公司享有的权利，遂成诉。

法院审理

法院经审理认为，本案的焦点为：第一，本案的案由；第二，三和公司对涉案尾砂库是否享有使用权、排放权；第三，三和公司对涉案尾砂库的废渣是否有回收权。

一、关于本案案由

三和公司合力选厂与涉案尾砂库相邻，自三和公司合力选厂从原桂阳县铅锌选厂处受让以来，为了生产便利，提高效益，一直都与涉案尾砂库的权利人有协议约定，三和公司合力选厂在生产过程中产生的废水均可排放至涉案尾砂库中，也就是三和公司利用他人的尾砂库排放废水、废渣，提高自己的不动产的效益，该权利是通过协商约定的方式取得的而非法定方式，三和公司与案涉尾砂库权利人天兴公司约定是有偿使用的，三和公司应当支付尾砂库的综合治理部分费用。综上，三和公司取得涉案尾砂库的排放权，实际就是三和公司与尾砂库的权利人依双方约定设立的用益物权，因此，本案案由应为地役权纠纷。

二、关于三和公司是否享有涉案尾砂库的使用权和排放权

1. 从历史原因分析

三和公司的合力选厂是受让原桂阳县铅锌选厂破产资产（包括厂区生产、生活设备和设施及所属地产），与涉案尾砂库毗邻，当时尾砂库权利人为原桂阳云箭矿冶公司。由于历史原因，原桂阳县铅锌选厂生产过程中所产生的废水允许向尾砂库排放。该选厂破产时又与桂阳云箭矿冶公司签订协议，约定受让方可以向尾砂库抽水排放。在该尾砂库权利人多次变更的情况下，原铅锌选厂的受让方三和公司与尾砂库的权利人商议约定，利用权利人的尾砂库排放生产过程中产生的废水、废渣。否则，三和公司合力选厂生产受限，更不能提高效益。

2. 从现实状况分析

2010 年 7 月 24 日，三和公司下属企业桂阳县柳塘岭铅锌矿与尾砂库的权利人天兴公司签订了《关于尾砂库使用和回收工业废渣协议》，双方商定三和公司享有天兴公司尾砂库的使用权和排放权。天兴公司负责尾砂库的综合治理，三和公司下属企业桂阳县柳塘铅锌矿须支付部分资金。该部分内容的约定，实质上是地役权约定，三和公司作为地役权人按照合同约定，其合力选厂在生产过程中产生的废水、废渣一直向尾砂库排放，且尾砂库内废水经环保部门监测达标。天兴公司作为供役地权利人一直按照合同约定，允许三和公司向尾砂库排放废水、废渣，并无证据证明其妨害三和公司行使权利，三和公司一直是该尾砂库的实际管理人和使用人。在天兴公司经营不善，对尾砂库处于管理缺失状态、安全隐患得不到及时有效治理的情况下，三和公司根据政府安监部门要求出资对尾砂库安全隐患进行了治理，亦是履行了上述协议约定的义务。即使在 2016 年 6 月 24 日人民法院裁定将天兴公司的尾砂库的权利人变更为宏业公司，宏业公司也一直未履行权利人变更登记手续和对尾砂库进行管理治理，因此，该尾砂库涉及的地役权为宏业公司仍具有约束力，三和公司仍是涉案尾砂库的地役权人，有权利用尾砂库排放废水、废渣。

综上，无论是原桂阳县铅锌选厂还是受让方三和公司，为了生产便利，提高自己的效益，均与尾砂库的权利人约定，利用该尾砂库排放废水、废渣，获得排污地役权，且双方均按约定履行，从未产生分歧。不论是需役地还是供役地发生转让，但涉及的地役权对受让人同时享有或对受让人具有约束力，因此，三和公司对涉案尾砂库仍享有地役权，其合力选厂在生产过程中产生的废水、废渣有权向尾砂库排放，相关具体事宜与尾矿库的权利人宏业公司协商。三和公司与天兴公司在上述协议中约定享有尾砂库的使用权，实质是利用尾砂库排放废水、废渣，与法律上规定的以出让、划拨、转让方式获得土地使用权有本质区别，因此，三和公司依约定主张尾砂库的使用权，与法律规定不符，法院不予支持。宏业公司反诉请求确认三和公司不享有尾砂库的排放权的主张，没有事实依据和法律依据，法院亦不予支持。

三、关于尾砂库废渣回收权问题

2010年7月24日，三和公司下属企业桂阳县柳塘岭铅锌矿与天兴公司签订的《关于尾砂库使用和回收工业废渣协议》，约定双方联合回收尾砂库废渣的内容，只对合同双方具有约束力。宏业公司作为尾砂库现在的权利人，其该权利的获得并非合同权利义务转让，而是通过司法执行程序抵偿获得。合同关系的一方当事人将权利义务一并转让时，应当征得另一方当事人的同意，还应当遵守《合同法》有关转让权利和义务的其他规定，否则该转让行为无效。因此，协议约定的联合回收废渣的内容对宏业公司不具有约束力。三和公司依据协议主张对尾砂库废渣具有回收权，于法无据，法院不予支持。宏业公司反诉请求确认三和公司不享有尾砂库废渣回收权的主张，法院予以采纳。

综上所述，三和公司合力选厂一直与涉案尾砂库权利人约定利用该尾砂库排放生产过程中产生的废水、废渣，获得排污地役权。三和公司在与尾砂库权利人天兴公司签订协议获得地役权是有偿的，三和公司须支付尾砂库部分治理费用。涉案尾砂库作为供役地变更权利人为宏业公司，该尾砂库涉及的地役权对宏业公司具有约束力。三和公司合力选厂所产生的废水、废渣有权排放至尾砂库，但三和公司依协议主张涉案尾砂库的使用权和尾砂库内废渣的回收权，无法律依据。

法院经审理判决确认三和公司享有宏业公司位于湖南省桂阳县城郊乡竹子岭半边月 271998.85 平方米尾砂库的排放废水、废渣权利。

案件评述

本案中，案涉当事人宏业公司通过执行程序取得案涉土地的国有土地使用权及相应其他权利，但宏业公司并未对该尾砂库进行有效管理，亦未到国土部门办理权利变更登记手续。法律规定已经登记的地役权变更、转让的，应当及时办理变更登记，此举很好地体现了地役权登记变更的重要性。地役权的及时变更登记，会让大众更加清楚地了解地役权的权利状况，有利于提升商事交易的效率。宏业公司怠于履行变更登记程序，最终，三和公司不得不通过司法程序确认案涉地役权的权利归属。

一、地役权的变更、转让或者消灭并非都要办理登记

就本条而言，应当注意的是本条适用的前提是地役权业已登记。

登记产生的是能对抗善意第三人的效果，但如果当事人在设立地役权时没有进行登记，也并不代表当事人设立的地役权无效。同时，既然当事人在设立地役权时就没有进行登记，那么当该地役权变更、转让或者消灭时，也就无从变更登记或者注销登记。

二、地役权登记仅起到对抗第三人的法律效果

地役权登记实行的是登记对抗主义，而不是登记生效主义。地役权自地役权合同生效之时设立，而不是登记之时设立。未经登记，不得对抗第三人。

地役权登记需要双方自愿申请，并需要提供地役权合同，即如果当事人在设立地役权时已经进行了登记，这就产生了一个公示公信的效果。在这种情况下，当事人对地役权的登记也就能起到对抗善意第三人的作用。同理，当该地役权发生变更、转让或者消灭时，也得履行相应的变更登记或者注销登记义务，以便真正反映该地役权的真实设立状态。

所以只有通过地役权登记，第三人才能通过登记簿了解到该地役权的真实状态，从而决定为还是不为，以及如何为其相应的法律行为。《民法典》物权编为已设立地役权的当事人规定了此项义务，其目的就是要让地役权的登记能尽可能反映地役权的真实归属，以达到法律定分止争的效果。如未及时变更地役权登记，第三人即会依据未变更的登记事项所显示的内容进行交易。为维护交易安全和善意第三人的利益，法律将依据登记的内容来认定事实，这对真实的权利人将是不利的。所以法律鼓励大家及时办理变更登记和注销登记。

三、关于地役权登记应予注意的事项

1. 案涉地役权权属应清楚无争议

当事人申请办理地役权登记时，供役地和需役地的权属状况特别是供役地的权属状况应当清楚无争议，当事人应当提供需役地和供役地的土地权利证书。地役权的期限由当事人约定，但不得超过土地承包经营权、建设用地使用权等用益物权的剩余期限。

2. 地役权登记直接由自然资源行政主管部门办理即可无须报政府审批

符合地役权登记条件的，国土资源行政主管部门应当将地役权合同约定的有关事项分别记载于供役地和需役地的土地登记簿上和土地权利证书中，并将地役权合同保存于供役地和需役地的宗地档案中。

供役地、需役地分属不同自然资源行政主管部门管辖的，当事人可以向负责供役地登记的自然资源行政主管部门申请地役权登记。负责供役地登记的自然资源行政主管部门完成登记后，应当通知负责需役地登记的自然资源行政主管部门，由其记载于需役地的土地登记簿上。

地役权登记后，应向当事人发放他项权利证明书，将地役权情况在土地证书的记事栏上加以记载。虽然地役权的初始登记实行的是登记对抗主义，但是已经登记的地役权变更、转让或者消灭的，应当及时办理变更登记或注销登记。[①]

四、地役权的从属性对地役权登记制度的影响

1. 地役权具有登记能力它只能依附于其他登记簿进行登记

地役权不像土地所有权一样具有独立的登记簿。地役权的存在需要两块不动产，一为“需役地”，二为“供役地”。因此，地役权应在需役地登记簿上进行登记还是在供役地登记簿上进行登记，实成问题。

2. 综观各国立法此形成了三种立法例

（1）地役权是附属于需役地的权利，故地役权应在需役地登记簿上登记

以《日本不动产登记法》为代表。《日本不动产登记法》第112条之二规定：“就需役地无所有权登记时，不得进行地役权设定登记。”第114条规定：“进行地役权设定登记时，于需役地不动产登记用纸中相当事项栏内，应记载供役地不动产的标示、该不动产为地役权标的的意旨、地役权设定目的及范围。”因此，在日本，地役权应在需役地登记簿上进行登记。

又因地役权的权利主体随需役地主体的变动而变动，地役权的权利主体就是需役地权利主体。因此，进行地役权设定登记时，无须在登记簿相应事项栏内记载地役权人的姓名、住所。应当认为，地役权作为一种用益物权，应当从权利的角度积极地宣示，以防止第三人侵害地役权，且对需役地的受让人而言，他能够通过查看登记簿册即可确知地役权的存在，非常利于地役权的移转。

因此，该立法例是从权利的公示角度加以规范。但是，在这种立法例下，因为地役权没有在供役地登记簿上进行登记，供役人将供役地转让给第三人时，第三人从供役地的登记权利状态看，完全无法察觉他人地役权的存在。此时，已经登记的地役权可能就要面临来自善意第三人的威胁。

---

① 于凤瑞：《建筑物区分所有权关系中的自己地役权研究》，载《法律科学》2014年第6期。

如此一来，善意第三人的利益保护与地役权登记制度之间就存在矛盾和冲突。

因此，这种立法例虽然能够公示地役权，但无法公示供役地上的权利负担，不利于保护交易安全，并不是一种理想的立法模式。

（2）地役权登记公示的应当是供役地上的权利状态

地役权是供役地上的负担，而不是需役地上的权利状态，这种供役地上所附加的负担必须为外人知晓，在供役地登记簿上进行地役权登记能有效保护供役地的受让人，保障供役地的交易安全。此种地役权立法例以德国为代表。

《德国土地登记条例》第9条规定："在需役地之登记簿中，可为地役权之登记。"但该登记非为地役权之成立所需要，且对地役权的公信力也没有意义。德国著名民法学家鲍尔和施蒂尔纳认为："地役权的成立，通过物权合意与登记于供役地之登记簿簿页；在需役地之登记簿中，可为地役权之登记，但该登记非为地役权之成立所必需，且对地役权的成立没有意义。"

应当认为，该立法例通过在供役地上进行登记公示供役地上的负担，最大限度地排除供役地上第三人善意状态的存在，排除了第三人因不知供役地上存在地役权而发生争议的可能性，同时也可以防止第三人的误信，侧重于对第三人权益的保护，有利于交易安全。但是，随着地役权的成立，地役权就从属于需役地，并随需役地而一同移转于权利继受人，至于地役权是否已在需役地登记簿上附注，对该移转不产生影响。因此，这种立法模式的缺陷在于，因地役权没有在需役地登记簿上进行登记，需役地的受让人可能不知道该地役权的存在，并不利于从正面公示地役权，也不利于需役地受让人对地役权的行使。

（3）地役权应当在需役地和供役地登记簿中作出，否则地役权不能设立

地役权存在于需役地与供役地之间，不存在缺少供役地或需役地的地役权。

此种规定以瑞士、我国台湾地区为代表。《瑞士民法典》第968条规定："地役权的登记及涂销，须在不动产登记簿的需役地及供役地登记用纸上进行。"我国台湾地区"土地登记规则"第109条规定："为地役权设定登记时，如需役地属于其他登记机关管辖，供役地所在地之登记机关应于登记完毕后，检附供役地登记用纸他项权利部影本送他登记机关办理登记。"

我国《土地登记办法》第三十七条规定，在土地上设定地役权后应在供役地和需役地的土地登记簿上进行登记。《房屋登记办法》第六十五条也规定，在房屋上设定地役权后应在需役地和供役地房屋登记簿上进行登记。因此，我国在地役权登记实务上显然采取了第三种做法，即地役权的初始登记应当在供役地的登记簿上和需役地的登记簿上一并为之；在供役地与需役地属于同一登记机关管辖的情况下由登记机关分别在供役地和需役地的登记簿上进行登记；在供役地与需役地分属不同登记机关管辖的情况下，须在供役地的登记机关完成登记后，再由其通知需役地的登记机关在需役地的登记簿上办理登记。一般来说，因地役权的初始登记应在供役地和需役地的登记簿上一并进行，故通常不会发生仅在需役地的登记簿上予以登记，而没有在供役地的登记簿上进行登记的情况。

应当认为，一方面，地役权是在供役地上的负担，登记能够明示供役地上的权利状态，保障供役地法律关系的明晰，对保障交易安全意义甚巨。因此，地役权应在供役地登记簿上登记；另一方面，地役权系从属于需役地的一种物权，作为一种不动产物权，应当通过登记予以公示，且地役权应与需役地共同让与之，如果不在需役地登记簿上进行登记，对地役权的移转将非常不利。因此，地役权也应在需役地登记簿上进行登记。①

---

① 李遐桢：《地役权从属性与我国地役权法律制度的修正》，载《私法研究》2015年第2期。

第四分编　担保物权

第十六章　一般规定

第三百八十六条　【担保物权的定义】担保物权人在债务人不履行到期债务或者发生当事人约定的实现担保物权的情形，依法享有就担保财产优先受偿的权利，但是法律另有规定的除外。

【条文疏义】

本条承袭了《物权法》第一百七十条的规定。

一、担保物权具有优先受偿的法律效力

担保物权是与用益物权相对应的他物权。

1. 担保物权的概念

所谓担保物权是为了确保债权的实现而设定的，以直接取得或者支配特定财产的变价受偿权为内容的权利，其是为担保债务的履行而在债务人或其保证人的特定物上设立的他物权。

2. 债的担保的概念

债的担保就是法律规定或者合同约定的，以保证债务履行，确保债权实现为其目的之一种法律措施。债的担保主要是通过合同债权设定的担保，包括人的担保和物的担保。

所谓人的担保是指以人的资产和信誉为他人的债务所提供的担保，其主要表现方式是保证。其实质是将债的一般担保扩展到了第三人的财产之上，使债权的受偿机会得以增多。所谓物的担保是指以某一特定财产为自己或他人债务提供担保。其实质是在债务人的财产或他人的财产中划出特定的财产作为实现某一债权的担保，以排除其他债权的平等受偿。当该债权到期未受清偿时，对该担保财产享有优先受偿权，其主要方式包括抵押、质押、留置和定金。

由此可知，物权担保往往通过债权形式予以设定，设定担保物权的目的就是担保债的履行，此时其是从属于债权的，因此是一种从权利，它随着主债权的存在而存在，随着主债权的转移而转移，并随着主债权的消灭而消灭。

二、物的担保旨在确保债权人的债权得以清偿

1. 担保物权通过担保合同而设立

担保合同成立后，自在当事人之间产生一定的权利义务关系。即由担保人和债权人约定，当债务人不履行债务时，担保人按照约定履行债务或者承担责任。担保合同，是以债权人和债务人之间的主合同成立为前提的。债权人和债务人订立的主合同，是担保关系产生的基础，也是担保的对象。

2. 担保合同作为从合同规定了债权人与担保人间的权利和义务

在《民法典》物权编中，担保物权法律关系的当事人有其特定的称谓，主合同的订立者是债权人和债务人，而与债权人约定，当债务人不履行债务时，按照担保合同的约定来履行债务或者承担责任的人是担保人，提供用以担保之物的所有权人可以是债务人，抑或作为第三人的担保人。对债权人来说，当主合同的债务人不履行合同时，债权人依法享有就担保财产优先受偿的权利。在这个意义上，把主合同的债权人称为担保物权人。

3. 优先受偿的效力是担保物权的固有属性

《民法典》物权编第三百八十六条规定，担保物权人在债务人不履行到期债务或者发生当事人约定的实现担保物权的情形时，依法享有就担保财产优先受偿的权利，但法律另有规定的除外。换言之，只要债务人不能履行到期债务或者发生当事人约定的实现担保物权的情形，担保物权人也即债权人有权就担保财产优先受偿。

三、担保物权为法定的物上优先权

1. 担保物权作为物权自具有物权的优先性

法律或司法解释均规定，担保物权的权利人可在特定情形下，对标的物享有优先受偿或要求标的物所有权人优先进行某种给付的权利，这种优先性亦在司法实践中得到认可。

具体表现为：其一，物权优先于债权，即债权到期后，有担保物权的债权可以优先于没有担保物权的债权受偿；其二，如果债权都有担保，则先到期的债权优先受偿。

2. 担保物权不仅优先于一般债权而且可以优先于法定债权

《税收征收管理法》规定，税收优先于无担保债权。可见，担保物权的效力较之税收优先权处于更优越的地位。担保物权一旦设定，税务机关不得因税收优先权而先于担保物权人受偿。当然，对于在担保物权设定之前已经拖欠的税收，税收债权优先于后设定的担保物权。而设定担保物权之后，债务人欠税的，国家只能等债权人就担保物实现权利之后，再行征收。故可见，担保物权优先受偿的效力优先于绝大多数一般债权。

【典型案例】

多种债务并存时担保物权如何受偿①

——担保物权的优先受偿

基本案情

2014年1月，冯某兰与李某波签订书面借款合同，约定如下：

① 参见冯某兰与李某波担保物权纠纷案，永兴县人民法院，（2014）永民特字第3号。

1. 因歌厅装修急需资金，李某波向冯某兰借款300万元；

2. 借期半年，自2013年12月18日起至2014年6月17日止；

3. 自借款日起按实际借款数计算利息并计算复息，在合同约定的期限内月利率按3.5%计算，逾期部分加收0.5%；

4. 借款人李某波以永兴东方花园房产做抵押，到期未偿还的，贷款人有权处理抵押物。

合同签订当日，双方办理了抵押登记手续，登记的债权数额为300万元。随后，李某波向冯某兰出具了借条。借款到期后，李某波未偿还冯某兰的借款本息。

2014年6月23日，冯某兰向法院提出申请，要求将李某波在永兴东方花园的抵押房产予以拍卖、变卖以偿还其借款本金200万元及2014年6月17日前的利息42万元。

法院审理

法院经审理认为，抵押合同自登记之日起生效。债务人不履行债务时，债权人有权依照法律规定以抵押财产折价或者以拍卖、变卖该财产的价款优先受偿。申请人冯某兰与被申请人李某波按照自愿、合法原则订立书面合同，并于次日通过银行转账向被申请人指定账号分两次共汇入200万元，其债权债务关系成立，借款金额应当按实际出借的数额200万元确定。

本案债务人李某波与债权人订立借款合同时，约定抵押物并进行抵押登记，在债务人未清偿债务的情况下，债权人冯某兰向法院提出申请，要求对被申请人李某波抵押的房产予以拍卖、变卖以偿还申请人冯某兰的借款本金及利息。

贷款利率方面，根据法律规定，当事人约定的利率不得超过银行同期贷款利率的4倍，超过部分法律不予保护。依法律规定计算，借贷双方1年期约定的贷款月利息不得高于2%，故双方约定月利率超过2%的部分不受法律保护，超出部分的利息应当予以核减。

据此，裁定准予对李某波名下永兴东方花园的抵押房产采取拍卖、变卖等方式依法变价，申请人冯某兰对变价后所得款项在借款本金200万元、利息24万元及实现抵押权的费用范围内优先受偿。抵押物拍卖、变卖后，其价款超过债权数额的部分归抵押人李某波所有，不足部分由债务人李某波继续清偿。

案件评述

一、担保物权以取得标的物交换价值为其基本内容

担保物权是在所有权上设定的权利，具有限制所有权的权能，因此担保物权与用益物权亦被称为“定限物权”。担保物权是债权人对属于他人所有，但用于担保的财产所享有的一定权利，其是以将来有可能取得的抵押物、质押物、留置物的交换价值为目的。也就是说，担保物权以取得标的物的交换价值进行优先受偿作为基本权利内容。从此种意义上看，担保物权属于价值权和变价权，此乃其价值性。

所以，在抵押权和质押权中都有关于禁止流质契约的规定。法律规定抵押人和抵押权人不能约定在抵押权期限届满前，抵押权人未受清偿时，将抵押物的所有权直接转移给债权人所有。原因在于，此种不依市价进行“变现”的约定，极可能产生对抵押人不公平的结果。

本案中，借款人向出借人提供担保，借款到期后，借款人若不能履行还款义务，出借人就优先对借款人的担保物予以受偿。此时，债权人享有双重请求权，更有利于保障其债权的实现。

二、担保物权优先受偿的例外

1. 国家的税收权优于担保物权

《税收征收管理法》第四十五条规定，税收优先于无担保债权，法律另有规定的除外；纳税人欠缴的税款发生在纳税人以其财产设定抵押、质押或者纳税人的财产被留置之前的，税收应当先于抵押权、质权、留置权执行。纳税人欠缴税款，同时又被行政机关决定处以罚款、没收违法所得的，税收优先于罚款、没收违法所得。税务机关应当对纳税人欠缴税款的情况定期予以公告。该法第四十六条规定，纳税人有欠税情形而以其财产

设定抵押、质押的，应当向抵押权人、质权人说明其欠税情况。抵押权人、质权人可以请求税务机关提供有关的欠税情况。

由此可知，税收在无法律特别规定的情况下优先于担保物权。

2. 破产程序中的特定职工债权优先于担保物权

《企业破产法》第一百零九条规定，对破产人的特定财产享有担保权的权利人，对该特定财产享有优先受偿的权利。该法第一百三十二条规定，破产人在本法公布之日前所欠职工的工资和医疗、伤残补助、抚恤费用，所欠的应当划入职工个人账户的基本养老保险、基本医疗保险费用，以及法律、行政法规规定应当支付给职工的补偿金，依照其第一百一十三条的规定清偿后不足以清偿的部分，以其第一百零九条规定的特定财产优先于对该特定财产享有担保权的权利人受偿。此种权利的诞生也有深刻的社会背景，即在 20 世纪八九十年代立法者为了保护税收和国家权益而作出规定。

3. 承租人的优先购买权优于担保物权

《民法典》物权编第四百零五条将《物权法》第一百九十条的规定修订为，订立抵押合同前抵押财产已出租并转移占有的，原租赁关系不受该抵押权的影响。《民法典》合同编第七百二十六条已将《合同法》第二百三十条修订为："出租人出卖租赁房屋的，应当在出卖之前的合理期限内通知承租人，承租人享有以同等条件优先购买的权利；但是，房屋按份共有人行使优先购买权或者出租人将房屋出卖给近亲属的除外。出租人履行通知义务后，承租人在十五日内未明确表示购买的，视为承租人放弃优先购买权。"

4. 建筑工程承包人的优先受偿权优于抵押权

《民法典》第八百零七条沿袭《合同法》第二百八十六条规定将其修订为，发包人未按照约定支付价款的，承包人可以催告发包人在合理期限内支付价款。发包人逾期不支付的，除按照建设工程的性质不宜折价、拍卖外，承包人可以与发包人协议将该工程折价，也可以申请人民法院将该工程依法拍卖。建设工程的价款就该工程折价或者拍卖的价款优先受偿。

此种权利看似突破了合同相对性，实际却反映了我国为保护建筑工人特别是民工的工资权益的考虑。该项权利对解决现实问题具有重要意义，也随着各级法院的适用指引和解释逐步丰富起来。

三、《民法典》物权编担保物权立法模式之争

《民法典》关于担保物权的内容，其立法模式之争在《民法典》编纂过程中，可以分为：支持现有立法模式安排及否定现有立法模式的两种观点。

1. 独立性较弱的分散式立法模式

持这一态度的学者又可以细分为绝对支持和相对支持两种。持“绝对支持态度”的学者认为，现行担保法律制度分散式的立法模式不存在结构体系上的缺陷，不必进行任何立法结构上的调整，即可在《民法典》分编的编纂中直接适用。

持“相对支持”态度的学者认为，现行担保法律制度以分散式立法模式是可行的，但是需要在具体的制度规则设定及规范性表述上进行一定的修正，才能使担保物权法律制度符合逻辑和体系性要求。

2. 独立性较强的集中式立法模式

集中制立法模式是指担保法律制度在《民法典》中独立成编，主张这一观点的学者认为，首先，在本质上，物之担保的性质不同于物权，因而不能以“担保物权”代称之；其次，将包含“权利”质押在内的物的担保强行纳入物权法律制度会使物权客体“物”的理论体系混乱；最后，物的担保在物权效力和救济途径等方面也存在诸多不适。①

第三百八十七条　【担保物权适用范围及反担保】债权人在借贷、买卖等民事活动中，为保障实现其债权，需要担保的，可以依照本法和其他法律的规定设立担保物权。

---

① 张文：《担保法律制度理发体系定位之刍议》，载《甘肃政法学院学报》2020年第2期。

第三人为债务人向债权人提供担保的，可以要求债务人提供反担保。反担保适用本法和其他法律的规定。

【条文疏义】

一、担保物权的设立及其实现

1. 担保物权依担保合同而设立

本条沿袭了《物权法》第一百七十一条的规定。担保物权是指在买卖等民事活动中，债务人或债务人以外的第三人将特定的财产作为履行债务的担保。当债务人未履行到期债务时，债权人可依照法律规定的程序就该特定财产享有优先受偿的民事权利。担保物权不但包括抵押权、质权和留置权诸法律关系，还涉及那些具有担保功能的法律关系。

根据《最高人民法院关于适用〈中华人民共和国民法典〉有关担保制度的解释》第一条的有关规定，凡因抵押、质押、留置、保证等担保发生的纠纷，均属于担保法律制度调整。所有权保留买卖、融资租赁、保理等涉及担保功能发生的纠纷，也适用担保的有关规定。根据《最高人民法院关于适用〈中华人民共和国民法典〉有关担保制度的解释》第五十三条的有关规定，当事人在动产和权利担保合同中对担保财产进行概括描述，该描述能够合理识别担保财产的，人民法院均应认定担保成立。

2. 担保物权的实现基于约定或者法律规定

根据《最高人民法院关于适用〈中华人民共和国民法典〉有关担保制度的解释》第六十五条的有关规定，在融资租赁合同中，承租人未按照约定支付租金，经催告后在合理期限内仍不支付，出租人请求承租人支付全部剩余租金，并以拍卖、变卖租赁物所得的价款受偿的，人民法院应予支持；当事人请求参照民事诉讼法“实现担保物权案件”的有关规定，以拍卖、变卖租赁物所得价款支付租金的，人民法院应予准许。

出租人请求解除融资租赁合同并收回租赁物，承租人以抗辩或者反诉的方式主张返还租赁物价值超过欠付租金以及其他费用的，人民法院应当一并处理。当事人对租赁物的价值有争议的，应当按照下列规则确定租赁物的价值：（一）融资租赁合同有约定的，按照其约定；（二）融资租赁合同未约定或者约定不明的，根据约定的租赁物折旧以及合同到期后租赁物的残值来确定；（三）根据前两项规定的方法仍然难以确定，或者当事人认为根据前两项规定的方法确定的价值严重偏离租赁物实际价值的，根据当事人的申请委托有资质的机构评估。

二、反担保的内涵及其法律特征

1. 反担保的定义

反担保是指第三人为债务人提供担保时，为保证将来对债务人追偿权的实现，要求债务人为其提供担保的行为。

2. 反担保为附条件的法律行为

只有在债务人到期不偿还债务，本担保人向债权人承担担保责任从而产生了对债务人的追偿权之后，反担保才以本担保中的担保人业已为主债务人承担担保责任为其生效条件，而发挥作用，基于本担保人代替债务人履行合同义务这一法律事实，作为反担保中的债权人方享有债权请求权。

三、反担保的成立要件

基于反担保的定义，反担保的成立应具备以下要件：

1. 第三人向债权人提供了担保

只有当第三人向债权人提供了担保时，担保人的追偿权才有保障的必要。债务人自己为债权人提供担保的情形，不存在追偿权，此即反担保中不适用留置和定金的原因。

2. 债务人或债务人以外的第三人提供了反担保

当反担保人为债务人自己时，方式为抵押或质押；当反担保人为债务人以外的第三人时，方式可以是抵押、质押和保证。

3. 符合一定的法律形式

设立抵押反担保时，需要对不动产进行登记，抵押反担保才能有效设立；设立质押反担保时，动产需要交付，部分权利质权亦需登记，质押反担保才能生效；但反担保方式为保证时，一般只需要书面的反担保合同即可，法律程序方面较其他做法要为简洁。

四、反担保方式的限制

1. 反担保不适用于留置

反担保法律关系的形成至少需要三方法律主体、四种法律角色的存在，而在留置的情况下只存在两方法律关系主体。同时，留置权属于法定物权，直接适用留置权的规定就能保护留置权人的权益。《民法典》物权编第四百四十七条沿袭《物权法》第二百三十条之规定，留置的财产为动产，因为在通常情况下动产的价值较不动产要低。当留置物的价值不足时，无法全面保障担保人的权利。

2. 反担保不适用于定金

从性质上讲，定金合同具有双向性，适用“定金罚则”，属于双务合同。而反担保合同是单务合同，反担保人并不对担保人享有对待给付的权利，反担保人只在担保人负担了担保责任的范畴内履行义务。即使担保人收取了相应的担保费或债务人提供的保证金，其不履行担保义务的，只产生抵扣或返还的法律后果。

五、未约定反担保保证期间时反担保期间的起算点

1. “有约定者按约定”

合同当事人在不违背《担保法》立法原意的情况下，商定了保证期间，则遵循“有约定按约定”规则。

2. 审判实践中对反担保期间起算的不同观点

在反担保中，往往由于法律关系较为复杂，关于担保人为债务人代偿的日期并未事先约定，且通常来讲反担保人对代偿日期并不知悉，只能由担保人自己主动向反担保人行使权利。当担保人和债务人未就清偿期限进行约定时，反担保的保证期间如何起算就显得尤为重要。在没有约定保证期间的反担保合同中，反担保期间的起算点如何确定，在司法实践中存在三种不同的观点：

（1）自担保人向债务人或反担保人主张权利之日起算说

反担保系基于担保人为实现其追偿权而设立，未约定反担保期间的，保证期间自担保人向债务人或反担保人主张权利之日起算。

（2）只受诉讼时效的限制说

反担保责任不存在“期间”问题，担保人只要在诉讼时效内起诉，反担保人就应该承担责任。

（3）从担保人实际履行担保责任之日起算说

反担保的保证期间应当从担保人实际履行担保责任之日起算，未约定反担保期间的，担保人超过6个月未主张权利的，反担保人不承担责任。

应当认为，第三种观点更具有合理性。实际上，无论是本担保还是反担保，其权利客体都是对债务人的债权请求权，本担保人向债权人清偿债务后，即取得了对债务人的追偿权，反担保人即刻成为该笔债务的新担保人。同时，保证期间的设置目的在于督促债权人及时主张权利，本担保人亦可以在签订反担保合同时约定较长的反担保保证期间，以维护自身的合法权益。如果担保人疏于维护自身的权益，让反担保人承担相应的不利后果，则违背了责任自负原则。[①]

3. 反担保不适用宽限期

根据《民法通则》第八十六条和《民法典》第五百五十一条的规定，对履行期限不明确的债权，债务人可以随时向债权人履行，债权人也可以随时要求债务人履行义务，但应当给对方必要的准备时间。“必要的准备时间”即为“宽限期”。

《最高人民法院关于适用〈中华人民共和国担保法〉若干问题的解释》第三十三条曾规定，主合同对主债务履行期限没有约定或者约定不明的，保证期间自债权人要求债务人履行义务的宽限期届满之日起计算。即债权

① 李民：《反担保未约定保证期间的担保责任如何起算》，载《江苏法制报》2019年8月23日。

人对债务人主张权利，并提出合理的宽限期使主债务履行期得以确定，没有约定保证期间的，保证期间自宽限期届满之日起算6个月。由此可见，只有在主债务履行期限不确定的前提下才赋予债务人以宽限期，诉讼时效也自宽限期届满之日起算。

诉讼时效虽然与担保期间的功能目的和法律效果不同，但诉讼时效和保证期间一般都是从债务已届清偿期起算。在反担保关系中，本担保人自其清偿债务之日起即取得对主债务人的追偿权，法律亦规定本担保人自清偿债务后起算诉讼时效，说明该债务清偿期已届满，本担保人可以直接向主债务人追偿，并无宽限期的适用余地，故保证期间自担保人承担责任之日起算。①

六、反担保人可以援引担保人的抗辩权

与担保人享有的权利不同的是，反担保人多了一个可以援引担保人抗辩权的机会，这是反担保人基于自身特殊身份所享有的权利。担保人的抗辩权包括援引主债务人对主债权人的抗辩，担保人对主债权人的抗辩以及自身独有的抗辩，如一般保证人的先诉抗辩权、保证债务诉讼时效经过的抗辩。当然，对于担保人自己独有的抗辩可以予以放弃或因过失而未主张，但法律效果不应及于反担保人，因为这会触动到反担保人的权益。

根据担保法的原理可知，因担保人抛弃其对债权人关于优先行使抵押物受偿权的抗辩会直接影响到反担保人的权益，所以，一旦其放弃了关于债务人提供的物保优先受偿的抗辩，反担保人就会负担大于其本来应履行的担保责任范围，进而使自己的代偿范畴得以扩大，直接对反担保人承担责任的范围大小产生影响。②

所以反担保即指债务人或第三人向担保人做出保证或设定物的担保，在担保人因清偿债务人的债务而遭受损失时，债务人再向担保人予以清偿。

---

① 李民：《反担保未约定保证期间的担保责任如何起算》，载《江苏法制报》2019年8月23日。

② 陈思瑶：《反担保适用法律问题研究》，江西理工大学2017年硕士学位论文。

在保险业务中，保险人为保险标的出具的付款担保中，通常都包括被保险人应承担的部分，也就是被保险人应向保险人出具其自负责的担保证明——被保险人向保险人提供反担保，又称偿还约定书或反保证书。

【典型案例】

给担保做一个担保[①]

——反担保的运行

基本案情

2014年6月，黎某因感激朋友曾经在自己困难时的帮助，经该朋友引荐，为戊州市国辰公司负责人提供反担保。国辰公司向银行申请贷款300万元，期限1年，由银巳投资担保公司提供担保，但银巳投资担保公司要求国辰公司为其提供反担保。

黎某称出于对朋友的信任和感恩，满口答应了担保事宜，并在空白的《不可撤销反担保函》上签下姓名。银行放贷第三天，国辰公司就资不抵债，200余名债权人找国辰公司讨债。月底，银巳投资担保公司向黎某催债，并向法院起诉。银巳投资担保公司称，国辰公司偿还的贷款资金是其提供的。根据《担保法》的相关规定，黎某应向银巳投资担保公司支付300万元本金及所附利息。

法院审理

本案在一审、二审过程中，黎某的诉讼请求均未获支持。黎某对此不服，并投诉二审违反规定，仅有一名法官独立审判，遂向省高院申诉，省高院对此案进行审查后裁定，认为二审判决证据不足，指令戊州市中级人民法院再审。

---

① 沈右荣、俞灿、周金波：《随州男子给担保公司做反担保300万元债务上身》，载《长江商报》2014年8月17日。

案件评述

一、反担保的作用与意义

反担保是针对人保也就是保证担保形式的一种完善机制，由于担保人要承担债务人违约的风险，那么为了降低担保人的风险，法律就赋予担保人在债务人违约而代替债务人履行债务的情况下向债务人追索损失的权利。本案中，由于当时黎某对反担保不甚了解，以至于陷入替人还债的旋涡之中。

二、担保与反担保

1. 反担保是以担保为前提而发生的担保

反担保是相对于之前的本担保而言的。前面的担保叫作本担保，又叫作原始担保。反担保中的债权人为本担保中的担保第三人。反担保中的当事人是反担保人和本担保的担保人。该本担保人只能是担保关系中为债务人提供担保的第三人。反担保中的权利人为本担保中的担保人即义务人，反担保中的义务人可以是债务人，也可以是债务人以外的第三人。

2. 反担保是一种附延缓条件的担保

反担保是以担保的存在为前提的。如果担保关系不能有效存在，反担保也就不能有效存在。从这个意义上来说，担保与反担保之间是一种主从关系，反担保从属于担保。但担保关系消灭，反担保并不必然随之消灭。反担保是以担保中的担保人替主债务人承担担保责任为生效条件的。只有担保人开始承担担保责任，担保人才享有追偿权，也就是说，只有担保人承担了担保责任后，反担保才能发生效力。

3. 反担保的担保对象不同于本担保

本担保的担保对象是主合同债权人对债务人的债权，换言之，所担保的是债务人对债权人之债务的履行，其担保的是债权人之债权的实现。反担保的担保对象则是担保人对被担保人（债务人）的追偿权。该追偿权在担保合同依法成立时既已设定，但在担保人承担担保责任后才实际发生，其性质为担保人基于担保合同关系及代债务人清偿债务之事实而产生的一种新债权。担保人向债务人追偿损失的债权在主体、发生原因及范围等方面，均有别于主合同债权。

担保对象上的特点系反担保最基本的特点，决定了反担保与本担保、再担保的根本区别。

三、反担保合同的法律效力

在司法实践中，根据《最高人民法院关于适用〈中华人民共和国民法典〉有关担保制度的解释》第十九条的相关规定，担保合同无效，承担了赔偿责任的担保人按照反担保合同的约定，在其承担赔偿责任的范围内请求反担保人承担担保责任的，人民法院应予支持。反担保合同无效的，依照本解释第十七条的有关规定处理。当事人仅以担保合同无效为由主张反担保合同无效的，人民法院不予支持。以上是谓“反担保合同的相对独立性”。

第三百八十八条　【担保合同及其与主合同的关系】 设立担保物权，应当依照本法和其他法律的规定订立担保合同。担保合同包括抵押合同、质押合同和其他具有担保功能的合同。担保合同是主债权债务合同的从合同。主债权债务合同无效的，担保合同无效，但是法律另有规定的除外。

担保合同被确认无效后，债务人、担保人、债权人有过错的，应当根据其过错各自承担相应的民事责任。

【条文疏义】

本条沿袭了《物权法》第一百七十二条的规定，同时本条在《物权法》的基础上增加了“担保合同包括抵押合同、质押合同和其他具有担保功能的合同”的表述。

一、担保合同及其从属性

《担保法》第五条第一款规定："担保合同是主合同的从合同，主合同无效，担保合同无效。担保合同另有约定的，按照约定。"因此，担保合同属于从合同。这意味着其订立、生效及其终止都从属于被担保的主合同，其合同责任也具有补偿性与顺序性的特点。主合同履行完毕，主合同终止，从合同也即随之终止；只有当主合同履行遇有障碍，担保合同才补充履行。

需要注意的是，本条规定与《物权法》的规定及《担保法》的有关规定相比较而言，在"主债权债务合同无效的，担保合同无效"后面增加了"但是法律另有规定的除外"，也就是说，担保合同的从属性可以有例外，但此例外规定，仅由法律作出规定才可以，其他任何规范性文件均无权作出此种规定。

二、担保合同无效及其责任承担

《担保法》第五条第二款规定："担保合同被确认无效后，债务人、担保人、债权人有过错的，应当根据其过错各自承担相应的民事责任。"由此看来对于保证合同无效的责任，原则上是根据各方的过错来划分。至于具体该如何承担，《最高人民法院关于适用〈中华人民共和国担保法〉若干问题的解释》也因保证合同无效原因的不同，而作出不同规定。鉴于担保合同本身的合同性质和从属性，担保合同无效的原因主要分为由于担保合同本身缺乏生效要件而归于无效和因担保合同从属性质而无效。

1. 主合同有效而担保合同无效

因担保合同本身缺少生效要件而无效即主合同有效而担保合同无效的情况下，依《最高人民法院关于适用〈中华人民共和国担保法〉若干问题的解释》第七条之规定，主合同有效而担保合同无效，债权人无过错的，担保人与债务人对主合同债权人的经济损失，承担连带责任；债权人、担保人有过错的，担保人承担民事责任的部分，不应超过债务人不能清偿的二分之一。

从《最高人民法院关于适用〈中华人民共和国担保法〉若干问题的解

释》的条文上分析，主合同有效而担保合同无效的情形，担保人则推定为一定有过错。关乎担保合同效力的还有当事人意思表示真实这一条件，如果担保人的意思表示错误是由于主合同当事人双方串通欺骗担保人或者主合同债权人采取欺诈、胁迫等手段，则担保合同无效，担保人不承担责任。除此之外，担保人因自身的原因而意思表示瑕疵则为其自身的过错，应承担责任。

在司法实践中，根据《最高人民法院关于适用〈中华人民共和国民法典〉有关担保制度的解释》第十七条的相关规定，主合同有效而第三人提供的担保合同无效，人民法院应当区分不同情形确定担保人的赔偿责任：（一）债权人与担保人均有过错的，担保人承担的赔偿责任不应超过债务人不能清偿部分的二分之一；（二）担保人有过错而债权人无过错的，担保人对债务人不能清偿的部分承担赔偿责任；（三）债权人有过错而担保人无过错的，担保人不承担赔偿责任。主合同无效导致第三人提供的担保合同无效，担保人无过错的，不承担赔偿责任；担保人有过错的，其承担的赔偿责任不应超过债务人不能清偿部分的三分之一。

2. 主合同无效而担保合同无效

因担保合同的从属性无效即主合同无效而导致担保合同无效的情形下，依《最高人民法院关于适用〈中华人民共和国担保法〉若干问题的解释》第八条规定，主合同无效而导致担保合同无效，担保人无过错的，担保人不承担民事责任；担保人有过错的，担保人承担民事责任的部分，不应超过债务人不能偿还部分的三分之一。可见此种情况下责任因保证人是否有过错而不同。

其一，在担保人无过错的情形下，其对于主合同无效无任何关系，不应当承担任何责任，主合同当事人按照《合同法》的一般规定承担主合同无效的责任。

其二，在担保人有过错的情形下，则应承担不超过债务人不能偿还部分的三分之一。“有过错的情形”一般是指明知主合同缺乏生效的要件还积极与主合同债权人订立担保合同，促使其相信主合同的有效成立并履行主合同。

此外，在保证人有过错的情形下，《最高人民法院关于适用〈中华人民共和国担保法〉若干问题的解释》近乎推定认为债权人对于主合同的无效而引起的保证合同无效有过错，然而事实上主合同最终归于无效但债权人无过错的情形是存在的，这时债权人不应该对保证合同无效承担任何后果，而应归于保证人。

三、无效保证合同责任承担之辨析

在司法实践中，根据《最高人民法院关于适用〈中华人民共和国民法典〉有关担保制度的解释》第二条的相关规定，当事人在担保合同中约定担保合同的效力独立于主合同，或者约定担保人对主合同无效的法律后果承担担保责任，该有关担保独立性的约定无效。主合同有效的，有关担保独立性的约定无效不影响担保合同的效力；主合同无效的，人民法院应当认定担保合同无效，但是法律另有规定的除外。因金融机构开立的独立保函发生的纠纷，适用《最高人民法院关于审理独立保函纠纷案件若干问题的规定》。

对于因保证合同自身原因无效而产生的责任性质，通说认为是缔约过失责任。我国目前实务界和理论界一般认为，“缔约过失责任”是指在订立合同过程中，一方当事人因违反依据诚实信用原则所应担负的义务，而致使另一方当事人之信赖利益受损时，所应承担的责任。根据《民法典》合同编沿袭的《合同法》的一般规定，产生缔约过失责任的行为主要有假借订立合同，恶意进行磋商；故意隐瞒与订立合同有关的重要事实，或者提供虚假情报等一系列违背诚实信用原则的行为。在保证合同自身原因无效的情况下，不同无效原因会致使双方承担不同的责任。

1. 因不具备主体资格而无效

在司法实践中，根据《最高人民法院关于适用〈中华人民共和国民法典〉有关担保制度的解释》第五条的相关规定，机关法人提供担保的，人民法院应当认定担保合同无效，但是经国务院批准为使用外国政府或者国际经济组织贷款进行转贷的除外。居民委员会、村民委员会提供担保的，人民法院应当认定担保合同无效，但是依法代行村集体经济组织职能的村民委员会，依照村民委员会组织法规定的讨论决定程序对外提供担保的除外。

该解释第六条则规定，以公益为目的的非营利性学校、幼儿园、医疗机构、养老机构等提供担保的，人民法院应当认定担保合同无效，但是有下列情形之一的除外：（一）在购入或者以融资租赁方式承租教育设施、医疗卫生设施、养老服务设施和其他公益设施时，出卖人、出租人为担保价款或者租金实现而在该公益设施上保留所有权；（二）以教育设施、医疗卫生设施、养老服务设施和其他公益设施以外的不动产、动产或者财产权利设立担保物权。登记为营利法人的学校、幼儿园、医疗机构、养老机构等提供担保，当事人以其不具有担保资格为由主张担保合同无效的，人民法院不予支持。

当保证人是自然人时，若债权人明知道其不具备保证主体资格而仍与之签订保证合同，债权人和保证人均对合同无效存有过错，否则，债权人无过错，由保证人承担缔约过失责任。当合同相对方是国家机关、公益组织和企业的职能部门时，债权人明知法律禁止其作为保证人而仍与之签订保证合同，此时债权人有过错，与保证人一起承担缔约过失责任。但对方是企业分支机构时，债权人应尽到合理的一般审查义务，否则因贸然与无企业法人授权的分支机构签订保证合同而致使该合同无效时，其自身也有过错。

2. 因意思表示不真实而无效

无论是债权人与债务人恶意串通，骗取保证人提供保证而致使保证合同无效，还是债权人采取欺诈、胁迫手段，从而致使保证人违背自己真实意思而为保证后，因行使撤销权使之无效，保证合同的当事人即债权人，均为故意隐瞒与订立合同有关的重要事实或者提供虚假的情况，使保证人的信赖利益受损，所以其应该承担缔约过失责任。同样地，若保证人采取欺诈或者其他违反诚实信用原则的行为而致使合同无效，其也应该承担缔约过失责任。

3. 因未采取法定的形式而无效

有些特殊的担保合同需要采取特殊的形式才能生效，若不采取法律法规所规定的形式则归于无效，比如对外担保，必须经过国家主管部门批准或必须经过登记才生效，而没有经过批准或登记，对外担保合同无效。因为这些强制性规定是缔约者本应知道的，但是“明知故犯”，使双方花费不必要的缔约费用，致使对方信赖利益受损的，应该承担缔约过失责任。

如上分析，在保证合同自身无效的情形下，或是保证人一方有过错致使合同无效，或是双方均有过错致使合同无效，一方或双方均违背了合同法上对于先合同义务的规定，因此，应承担缔约过失责任。

【典型案例】

主合同无效，担保合同的效力如何①

——担保物权的附从性及无效的责任承担

基本案情

2010年12月8日，冯某其委托亥州银行股份有限公司保甲支行（以下简称保甲支行）向饶某彪经营的杰乙进出口有限公司（以下简称杰乙公司）发放贷款400万元，三方签订了《委托贷款借款合同》。同日，王某康、沈某媚、王某以其所有的房屋为上述借款提供抵押担保，与冯某其、保甲支行签订了《委托贷款抵押合同》，并办理了抵押登记手续。

后保甲支行依约向杰乙公司发放了400万元贷款。借款到期后，因杰乙公司未按期归还借款，以上各方签订了《四方协议》，由王某康、沈某

① 参见王某康、沈某媚等与冯某其、亥州银行股份有限公司保甲支行抵押合同纠纷案，浙江省高级人民法院，（2016）浙民再165号。

媚、王某代为偿还借款本息共计415万元。

2013年10月16日，饶某彪的上述行为被法院判定为贷款诈骗等罪。王某康、沈某媚、王某以重大误解为由，向亥州市区人民法院提起诉讼，请求判令：确认案涉《委托贷款抵押合同》无效，撤销《四方协议》。保甲支行、冯某其返还基于被要求承担保证责任而代偿的415万元，并赔偿利息经济损失786471.11元。

法院审理

一审法院经审理认为，关于合同效力问题，鉴于案涉《委托贷款借款合同》违反法律、行政法规的强制性规定，应认定为无效。案涉担保合同是主合同的从合同，主合同无效，担保合同无效，故《委托贷款抵押合同》作为《委托贷款借款合同》的从合同，亦依法认定为无效合同。而案涉《四方协议》系以借款合同及抵押合同合法有效为前提，因此，也应认定为无效。

关于各方当事人过错责任问题。根据《合同法》第五十八条的规定结合案件证据及认定的事实，王某康、沈某媚、王某及冯某其对于合同无效均有过错，且过错程度相当，由双方各自承担一半的责任。

二审法院同意一审法院裁判意见，驳回上诉，维持原判。

再审法院经审理认为，其一，关于合同效力的问题，一、二审法院认定正确，主合同《委托贷款借款合同》无效，其从合同《委托贷款抵押合同》亦为无效，案涉《四方协议》以上述借款合同及抵押合同为前提，亦应认定为无效。

其二，关于双方过错认定，首先，本案中，三位担保人主观上未尽到审慎的审查义务，对主合同无效存有过错。其次，关于三位担保人应当承担的民事责任问题。根据《担保法》第五条第二款的规定，担保合同被确认无效后，债务人、担保人、债权人有过错的，应当根据其过错各自承担相应的民事责任。基于双方都有过错，省高级人民法院判决维持了二审判决。

案件评述

一、本案中担保合同不具法律上的效力

本案作为一起发生在我国沿海发达地区的复杂买卖合同纠纷，并历经一审、二审、再审的审理，具有很强的代表性。担保合同作为以保障主债权得以实现才在债务人或者第三人的财产上设立的他物权，其效力具有从属性。《担保法》第五条第一款规定："担保合同是主合同的从合同，主合同无效，担保合同无效。担保合同另有约定的，按照约定。"

在本案中，由于饶某彪的贷款行为系犯罪活动，故本案的贷款合同属于违反法律、行政法规的强制性规定的合同，当属无效。主合同无效，从合同也就随之无效。因此，本案所涉担保行为亦应无效。原一、二审法院及再审法院的判决均认定本案贷款合同及担保行为无效是正确的。

二、担保合同责任具有补偿性与顺序性

担保合同为从合同，其产生、效力及其终止都从属于担保的主合同，其合同责任也具有补偿性与顺序性，主合同履行完毕，主合同终止，从合同不需要履行即终止。只有当主合同履行遇有障碍时，担保合同才补充履行。

三、无效担保人的赔偿责任也同样具有补偿性和顺序性

担保合同被确认为无效后，损失范围为主合同债权人的经济损失，该损失属主合同的损失，其与主合同债务人履行能力及其信用直接有关，故首要的、最终的责任承担者应为债务人。

当主合同已适当、全面履行的时候，债权人不存在损失，无效担保赔偿也就不会产生。只有主合同债务人不能清偿时，才需要考虑由谁来承担赔偿责任的问题，所以无效担保对损失的造成是间接的，无效担保人的责任也仅具有补充性。为此学界认为，对于无效"担保人"因此而承担的损失赔偿责任，在主观过错上的要求如果与主合同债权人、债务人等同，实行责任相抵，未免过于苛刻；而采用比较过失规则又过分强调了对债权的保护，忽略了对"担保人"合法权益的保护，从而可能更助长债务人逃避

债务的清偿。

在司法实践中，根据《最高人民法院关于适用〈中华人民共和国民法典〉有关担保制度的解释》第三条的相关规定，当事人对担保责任的承担约定专门的违约责任，或者约定的担保责任范围超出债务人应当承担的责任范围，担保人主张仅在债务人应当承担的责任范围内承担责任的，人民法院应予支持。担保人承担的责任超出债务人应当承担的责任范围，担保人向债务人追偿，债务人主张仅在其应当承担的责任范围内承担责任的，人民法院应予支持；担保人请求债权人返还超出部分的，人民法院依法予以支持。

四、担保合同被认定无效后的责任分配

《担保法》第五条第二款规定："担保合同被确认无效后，债务人、担保人、债权人有过错的，应当根据其过错各自承担相应的民事责任。"本案中，债权人冯某其没有在借款之前仔细查明债务人的各项信息，对于合同无效具有过错。三位担保人主观上没有尽到审慎的审查义务，因此对合同无效也存在过错，法院最终判决双方各自承担一半的责任，符合民法中的公平原则。在司法实践中，根据《最高人民法院关于适用〈中华人民共和国民法典〉有关担保制度的解释》第七条的相关规定，公司的法定代表人违反公司法关于公司对外担保决议程序的规定，超越权限代表公司与相对人订立担保合同，人民法院应当依照民法典第六十一条和第五百零四条等规定处理：（一）相对人善意的，担保合同对公司发生效力；相对人请求公司承担担保责任的，人民法院应予支持。（二）相对人非善意的，担保合同对公司不发生效力；相对人请求公司承担赔偿责任的，参照适用本解释第十七条的有关规定。法定代表人超越权限提供担保造成公司损失，公司请求法定代表人承担赔偿责任的，人民法院应予支持。第一款所称善意，是指相对人在订立担保合同时不知道且不应当知道法定代表人超越权限。相对人有证据证明已对公司决议进行了合理审查，人民法院应当认定其构成善意，但是公司有证据证明相对人知道或者应当知道决议系伪造、变造的除外。

该解释第三十三条则规定，保证合同无效，债权人未在约定或者法定的保证期间内依法行使权利，保证人主张不承担赔偿责任的，人民法院应予支持。

第三百八十九条　【担保范围】担保物权的担保范围包括主债权及其利息、违约金、损害赔偿金、保管担保财产和实现担保物权的费用。当事人另有约定的，按照其约定。

【条文疏义】

本条沿袭了《物权法》第一百七十三条的规定。

一、担保范围应当予以公示

抵押权担保的债权范围，是指抵押权人实现抵押权时，可就抵押物拍卖所得价金优先受偿的范围。担保物权所担保的债权范围，具体说就是，担保物权人实行担保物权时，担保物权人可以就哪些债权对担保物的价值行使优先受偿权，亦即担保物权人得以从担保财产变价中优先受偿的范围。

担保物权无疑是以确保债务得到清偿为目的，作为在债务人或者第三人所有之物上所设定的，以取得担保作用的定限物权。根据《民法典》物权编第三百九十四条的规定，抵押权人在债务人不履行到期债务或者发生当事人约定的实现抵押权的情形时，可以就该财产优先受偿。由于抵押权的这种以支配抵押物交换价值为效力的价值权性特征，优先受偿的范围即抵押权的担保范围，对当事人及第三人的影响甚大，故而必须明确且予以公示，让第三人知道以此可评估风险，维护交易安全。

在司法实践中，根据《最高人民法院关于适用〈中华人民共和国民法典〉有关担保制度的解释》第九条的相关规定，相对人根据上市公司公开披露的关于担保事项已经董事会或者股东大会决议通过的信息，与上市公司订立担保合同，相对人主张担保合同对上市公司发生效力，并由上市公司承担担保责任的，人民法院应予支持。相对人未根据上市公司公开披露的关于担保事项已经董事会或者股东大会决议通过的信息，与上市公司订立担保合同，上市公司主张担保合同对其不发生效力，且不承担担保责任或者赔偿责任的，人民法院应予支持。相对人与上市公司已公开披露的控股子公司订立的担保合同，或者相对人与股票在国务院批准的其他全国性证券交易场所交易的公司订立的担保合同，适用前两款规定。

二、担保范围与登记记载不一致时的处理

《最高人民法院关于适用〈中华人民共和国民法典〉有关担保制度的解释》第四十七条规定，不动产登记簿就抵押财产、被担保的债权范围等所作的记载与抵押合同约定不一致的，应当根据登记簿的记载确定抵押财产、被担保的债权范围等事项。《民法典》物权编第三百八十九条规定，担保物权的担保范围包括主债权及其利息、违约金、损害赔偿金、保管担保财产和实现担保物权的费用。当事人另有约定的，按照约定。

可以看出，就担保范围确定的效力顺序而言，应当是登记簿所记载的内容优先于担保合同的约定，而担保合同的约定优先于法定担保范围。契约自由是民法的基本原则，法律尊重当事人依照自主意思表示形成相互之间的法律关系，只有在当事人意思表示不足的地方，才给予补充性的规定以资明确。

三、不动产登记机关应将担保范围在登记时予以明确

以前由于不动产登记簿缺乏担保范围的设置，导致法院在判断利息是否纳入担保范围时有不同看法，影响了当事人的权利，不利于发挥物权公示的作用。实践中，有些金融机构甚至向登记机构提出将利息纳入主债权进行抵押登记。但这种变通做法因其与申请人提交的原因证明文件记载不符，不被登记机构认可。

目前，《不动产登记暂行条例》第十条规定，不动产登记机构应当依法将各类登记事项准确、完整、清晰地记载于不动产登记簿。抵押登记的担保范围作为对相对人影响较大的事项，其应作为不动产登记簿的登记事项。在不动产登记簿上增加担保范围的记载，并不增加申请人的负担，并非增加前置审批要件。因此，各地登记机构将“担保范围”作为不动产登记簿的抵押登记事项，合理合法。

四、主债务是否包含于担保范围内

按照全国人大法工委对《物权法》第一百七十三条中的担保范围的说明，主债权是指债权人与债务人之间因债的法律关系所发生的原本债权，相对于利息和其他附随债权而言，不包括利息以及其他因主债权而产生的附随债权。

可见，主债权与担保范围是不同性质的记载事项。不动产登记簿记载的主债权不应认定为对担保范围的约定。[①] 在司法实践中，根据《最高人民法院关于适用〈中华人民共和国民法典〉有关担保制度的解释》第十五条的相关规定，最高额担保中的最高债权额，是指包括主债权及其利息、违约金、损害赔偿金、保管担保财产的费用、实现债权或者实现担保物权的费用等在内的全部债权，但是当事人另有约定的除外。登记的最高债权额与当事人约定的最高债权额不一致的，人民法院应当依据登记的最高债权额确定债权人优先受偿的范围。

【典型案例】

代为保管抵押物的费用是否应当算作担保范围[②]

——担保物权的担保范围的确定

基本案情

2005年9月29日，丙亚公司与丁洋公司签订合同，约定由丁洋公司加

---

① 石晨谊：《约定担保范围与登记簿不一致咋处理?》，载《中国国土资源报》2017年7月7日。

② 参见丙亚公司与丁洋公司、戊隆公司承揽合同纠纷案，黑龙江省绥化市中级人民法院，(2017) 黑12民终1144号。

工亚麻布10万米。2005年11月10日，丙亚公司与戊隆公司签订合同，约定由戊隆公司加工亚麻布2.5万米。丁洋公司签订合同后，委托戊隆公司完成加工布匹的工作。

按惯例，在加工完布匹后，丙亚公司应带款提货，交货期限为1个月。但丙亚公司因资金紧张，未按约带款提货，丁洋公司与戊隆公司为保管布匹于2005年12月1日与他人签订租用库房合同，租用其所有的房屋存放亚麻布，为此需要支付租金、倒垛费、装车费等费用。其后，两公司又将给丙亚公司加工的布匹卖出，以补齐拖欠的加工费。

事后，丙亚公司提起诉讼，要求二被告返还亚麻布，并承担违约责任。

法院审理

一审法院经审理认为，丙亚公司与丁洋公司、戊隆公司之间签订的委托加工合同依法成立且有效。丁洋公司与戊隆公司完成加工布匹后，丙亚公司应依约带款提货，在未给付加工费的前提下，丁洋公司与戊隆公司有权留置加工物。

案涉丙亚公司因资金紧张未交付加工费，自是一种违约行为，应承担支付违约金和保管费的责任。但同时，丁洋公司与戊隆公司未经丙亚公司同意，擅自出卖加工承揽的布匹，也应承担赔偿损失的责任。

二审法院经审理认为，其一，关于戊隆公司和丁洋公司是否应承担赔偿责任的问题。本案中，丙亚公司未给付加工款，二被告依法享有留置权，但其在行使留置权进行清偿过程中，未通知丙亚公司给付加工费的期限，也未能提供证据证实其是按照市场价钱变卖，其自行变卖留置物，应承担赔偿责任。

其二，关于丙亚公司是否应支付保管费、搬运费等费用问题。《民法典》第三百八十九条沿袭《物权法》第一百七十三条，同《担保法》第八十三条规定一样，明确留置担保的范围包括主债权及利息、违约金、损害赔偿金、留置物保管费用和实现留置权的费用。依照以上规定，戊隆公司和丁洋公司因保管留置物所支出的必要费用，应由丙亚公司给付。

其三，关于戊隆公司和丁洋公司应否承担连带责任的问题。法院经审理认为，戊隆公司和丁洋公司是两个独立的有限责任公司，虽然公司股东有重合，但是丙亚公司未提供证实这两家公司财产混同的证据，因此其请求上述两家公司承担连带责任，无事实依据和法律依据，法院不予支持。

案件评述

一、丁洋公司与戊隆公司依法享有留置权

《担保法》第八十二条规定："本法所称留置，是指依照本法第八十四条的规定，债权人按照合同约定占有债务人的动产，债务人不按照合同约定的期限履行债务的，债权人有权依照本法规定留置该财产，以该财产折价或者以拍卖、变卖该财产的价款优先受偿。"

《民法典》物权编第四百四十七条第一款规定："债务人不履行到期债务，债权人可以留置已经合法占有的债务的动产，并有权就该动产优先受偿。"本案中，丁洋公司、戊隆公司与丙亚公司的委托加工合同依法成立并生效，待丁洋公司、戊隆公司按期完成加工物之后，丙亚公司到期不支付货款，构成违约，此时的丁洋公司、戊隆公司依法享有留置权，并可以就该财产的价款优先受偿。

二、丁洋公司、戊隆公司同时也应当承担赔偿责任

《担保法》第八十七条规定："债权人与债务人应当在合同中约定，债权人留置财产后，债务人应当在不少于两个月的期限内履行债务。债权人与债务人在合同中未约定的，债权人留置债务人财产后，应当确定两个月以上的期限，通知债务人在该期限内履行债务。债务人逾期仍不履行的，债权人可以与债务人协议以留置物折价，也可以依法拍卖、变卖留置物。留置物折价或者拍卖、变卖后，其价款超过债权数额的部分归债务人所有，不足部分由债务人清偿。"

《民法典》物权编第四百五十三条沿袭了《物权法》第二百三十六条有关规定，将其修订为："留置权人与债务人应当约定留置财产后的债务履行期限；没有约定或者约定不明确的，留置权人应当给债务人六十日以上履行债务的期限，但是鲜活易腐等不易保管的动产除外。债务人逾期未履行的，留置权人可以与债务人协议以留置财产折价，也可以就拍卖、变卖留置财产所得的价款优无受偿。留置财产折价或者变卖的，应当参照市场价格。”

由此可见，留置权人虽有权留置财产，并优先受偿，但是其实现留置权的前提是与债务人协议。本案中的丁洋公司、戊隆公司在没有事前通知丙亚公司的情况下，就擅自将加工物出卖，给丙亚公司造成了损失，因此应当承担相应的赔偿责任。

三、对于留置期间所支付的保管费用应当由丙亚公司承担

《民法典》第三百八十九条的规定是相对抽象的概念，《担保法》第八十三条规定：“留置担保的范围包括主债权及利息、违约金、损害赔偿金，留置物保管费用和实现留置权的费用。”其中规定了担保的范围包括留置物保管费用。其目的是充分实现担保物权的担保作用，保护债权人对担保物权的信赖利益。

本案中，丁洋公司、戊隆公司为了妥善保管留置物加工布匹，租用他人库房，并为此支付了租金、倒垛费、装车费等费用，这些都是保管留置物所支付的必要担保费用。因此依法应当由案涉丙亚公司承担。

四、当事人有约定的自应按照当事人的约定

虽然在《担保法》第八十三条关于留置担保的范围的规定中，并未提到“当事人有约定”的情形，但是综观整部《担保法》，第四十六条抵押担保的范围里写明“抵押合同另有约定的，按照约定”，第六十七条质押担保的范围里写明“质押合同另有约定的，按照约定”。对此，在《民法典》物权编第三百八十九条均得以肯认。

由此可见，《民法典》物权编在关于担保范围这一问题上的态度是，首先尊重当事人的意思自治，如果在担保合同中约定了担保范围，则优先考虑约定，只有在当事人没有约定的情形下，才按照法条的规定处理。这个原则同样适用于留置担保，只是由于留置往往发生于当事人有一方已经出现违约的情形下，所以通常情况下，双方是不可能达成事前约定的。但是在制定《民法典》物权编时，由于《民法典》物权编的有关法条是站在担保的高度，涵盖了抵押、质押和留置，因此在规定时也加上了这一原则。

本案中，由于留置权人丁洋公司、戊隆公司是基于债务人丙亚公司不能按期偿还债务而选择留置的，因此双方不会签订任何留置合同，也没有意思的合意，在此处，直接遵照法律的规定，将保管留置物的费用算在留置的范围之内。

五、担保物权的担保范围①

1. 担保物权是对主债权法律效力的加强和补充

担保物权的设立，是为了保证主债务的履行，使得债权人对于担保财产享有优先受偿权。故此，担保物权的担保范围包括主债权及其利息、违约金、损害赔偿金、保管担保财产和实现担保物权的费用。当事人另有约定的，按照其约定。

在司法实践中，根据《最高人民法院关于适用〈中华人民共和国民法典〉有关担保制度的解释》第三十六条的相关规定，第三人向债权人提供差额补足、流动性支持等类似承诺文件作为增信措施，具有提供担保的意思表示，债权人请求第三人承担保证责任的，人民法院应当依照保证的有关规定处理。第三人向债权人提供的承诺文件，具有加入债务或者与债务人共同承担债务等意思表示的，人民法院应当认定为《民法典》第五百五十二条规定的债务加入。前两款中第三人提供的承诺文件难以确定是保证还是债务加入的，人民法院应当将其认定为保证。第三人向债权人提供的承诺文件不符合前三款规定的情形，债权人请求第三人承担保证责任或者连带责任的，人民法院不予支持，但是不影响其依据承诺文件请求第三人履行约定的义务或者承担相应的民事责任。

---

① 《担保物权的担保范围是什么?》，载握法网，https：//www.00086.net/article/，最后访问时间：2020年3月30日。

2. 担保物权的基本法律特征

（1）担保物权以确保债务的履行为其根本目的

担保物权的设立，是为了保证主债务的履行，使得债权人对于担保财产享有优先受偿权，所以它是对主债权效力的加强和补充。

《民法典》物权编第三百八十八条规定，设立担保物权，应当依照本法和其他法律的规定订立担保合同。同时明确了担保合同的类型。担保合同是主债权债务合同的从合同。主债权债务合同无效，担保合同无效，但法律另有规定的除外。担保合同被确认无效后，债务人、担保人、债权人有过错的，应当根据其过错各自承担相应的民事责任。

担保物权的担保范围包括主债权及其利息、违约金、损害赔偿金、保管担保财产和实现担保物权的费用。当事人另有约定的，按照约定。

（2）担保物权是在债务人或第三人的特定财产上设定的权利

担保物权的标的物，必须是特定物（抵押物可以为不动产，质权、留置权则为动产），否则就无从由其价值中优先受偿。这里的特定，应解释为在担保物权的实行之时是特定的。

第三人提供担保，未经其书面同意，债权人允许债务人转移全部或者部分债务的，担保人不再承担相应的担保责任。

（3）担保物权以支配担保物的价值为内容自属于物权范畴

担保物权与一般物权具有同一性质。不同的是，一般物权以对标的物实体的占有、使用、收益、处分为目的；而担保物权则以标的物的价值确保债权的清偿为目的，以就标的物取得一定的价值为内容。

担保期间，担保财产毁损、灭失或者被征收等，担保物权人可以就获得的保险金、赔偿金或者补偿金等优先受偿。被担保债权的履行期限未届满的，也可以提存该保险金、赔偿金或者补偿金等。

（4）担保物权具有从属性和不可分性

这里所谓“从属性”，是指担保物权以主债权的成立为前提，随主债权的转移而转移，并随主债权的消灭而消灭。抵押权人就债权的处分必须及于抵押权，抵押权人不得将抵押权让与他人而自己保留债权，也不得将债权让与他人而自己保留抵押权，更不得将债权与抵押权分别让与两人。

所谓担保物权的不可分性，是指担保物权所担保的债权的权利人得就担保物的全部行使其权利。这体现在债权一部分消灭，如清偿、让与，债权人仍就未清偿债权部分对担保物的全部行使权利；担保物一部分灭失，残存部分仍担保债权的全部；分期履行的债权，已届履行期的部分未履行时，债权人就全部担保物有优先受偿权。担保物权设定后，担保物价格上涨，债务人就无权要求减少担保物；反之，担保物价格下跌，债务人也无提供补充担保的义务。

故按照相关规定，企业和公民在产生了债权债务关系后，都可以要求提供相应的担保物作为担保。如果在后续合同履行之中，债务人没有按照约定偿还相应的金额时，一旦主债务人违约，债权人就有权依据担保合同来要求担保人偿还债务；亦即债务人未履行到期债务时，债权人可依照法律规定的程序，就该担保财产享有优先受偿的权利。

被担保的债权既有物的担保又有人的担保，债务人不履行到期债务或者发生当事人约定的实现担保物权的情形的，债权人应当按照约定实现债权；没有约定或者约定不明确，债务人自己提供物的担保的，债权人应当先就该物的担保实现债权；第三人提供物的担保的，债权人可以就物的担保实现债权，也可以要求保证人承担保证责任。提供担保的第三人承担担保责任后，有权向债务人追偿。在司法实践中，根据《最高人民法院关于适用〈中华人民共和国民法典〉有关担保制度的解释》第三十二条的相关规定，保证合同约定保证人承担保证责任直至主债务本息还清时为止等类似内容的，视为约定不明，保证期间为主债务履行期限届满之日起6个月。

第三百九十条　【担保物权的物上代位性】 担保期间，担保财产毁损、灭失或者被征收等，担保物权人可以就获得的保险金、赔偿金或者补偿金等优先受偿。被担保债权的履行期限未届满的，也可以提存该保险金、赔偿金或者补偿金等。

【条文疏义】

本条沿袭了《物权法》第一百七十四条的规定。

一、抵押权之物上代位概述

1. 抵押权之物上代位的含义

（1）担保物权人的物上代位权表现于担保物权的物上代位性

其是指担保物因灭失、毁损而获得金钱或其他物的赔偿或补偿时，此等金钱或其他物成为担保物的代替物，担保物权依然存在于其上，债权人有权就该代替物行使担保物权。[①] 担保物权的标的物灭失或毁损，因而获得赔偿金之时，该赔偿金即为担保物权标的物的替代物。[②]

（2）担保物权的物上代位性旨在强化权利人对担保财产交换价值的控制

其不因交换价值载体的改变而使担保物权人丧失支配力。物上代位性极大地强化了担保物权的担保效力，有利于其所担保的债权的实现。

2. 抵押权物上代位之司法实践

在司法实践中，根据《最高人民法院关于适用〈中华人民共和国民法典〉有关担保制度的解释》第四十二条的相关规定，抵押权依法设立后，抵押财产毁损、灭失或者被征收等，抵押权人请求按照原抵押权的顺位就保险金、赔偿金或者补偿金等优先受偿的，人民法院应予支持。给付义务人已经向抵押人给付了保险金、赔偿金或者补偿金，抵押权人请求给付义务人向其给付保险金、赔偿金或者补偿金的，人民法院不予支持，但是给付义务人接到抵押权人要求向其给付的通知后仍然向抵押人给付的除外。

---

① 程啸：《民法典物权编担保物权制度的完善》，载《比较法研究》2018 年第 2 期。

② 梁慧星、陈华彬编著：《物权法》，法律出版社 1997 年版，第 308 页。

抵押权人请求给付义务人向其给付保险金、赔偿金或者补偿金的，人民法院可以通知抵押人作为第三人参加诉讼。

二、抵押权之物上代位的理论基础

1. 作为法律政策选择的“物权说”

所谓“物权说”认为，抵押权属于典型的担保物权，而物权与标的物息息相关，若标的物灭失，物权也随之消灭。虽然抵押权是对抵押物交换价值的支配，但其本质上仍是物权，当抵押物灭失时，即使仅存在抵押物的变形物或替代物，原抵押物也失去了其特定性，原抵押权当然归于消灭。所以，抵押权的物上代位并非原抵押权物权效力的延续，而是为了保护抵押权人的利益，是法律特别规定的结果，是一种法律政策的选择。

2. 作为抵押物交换价值延续的“价值权说”

抵押权是以支配抵押物的交换价值为内容的权利，不同于以取得物的使用价值为目的之用益物权。就抵押权人所把握的交换价值而言，当抵押物发生毁损、灭失的变化时，相应的变形物和替代物都是抵押物交换价值的延续，与原抵押物具有经济上和法律上的“同一性”。抵押权的效力自然不会受到影响。因此，价值权说认为，抵押权人对代位物行使的权利是原抵押权追及效力的体现，而并非一种新成立的抵押权。

3. 作为物上代位与债法上给付不能情形时之代偿请求权的“公平说”

抵押权实质支配的是抵押物的交换价值，抵押物因毁损、灭失而取得的变形物或替代物是原抵押物价值的体现。在抵押物毁损、灭失时，如果抵押人在债务履行期限届满前获得抵押物的代位物，从而摆脱本应承受的抵押权的负担，对抵押权人有失公平。因此，公平说认为物上代位与债法上给付不能情形时之代偿请求权同属代位的法理，是担保物权的价值性和公平原则相结合的产物。

三、抵押权物上代位的性质

分析担保物权的物上代位性，承认该替代物可以继续作为担保财产，其目的在于谋求担保权人权益的安全，以强化担保物权之效力，促进财产的流转。

1. 担保物权延长说

对于担保物权的物上代位性的性质，有观点认为，担保物权的本质为价值权，担保物权的物上代位性只不过是担保物权法律效力的延长，此为担保物权延长说。担保物权延长说是以价值权说或公平说为理论依据的，是价值权说或公平说的当然结论。

2. 法定债权质权说

立法上采取法定债权质权学说的典型国家有两个，即德国和瑞士。抵押物的物上代位性是在该抵押物的变形物请求权之上新成立的一种债权质权，该质权的次序与原来的担保物权的次序相同，此为质权说。

3. 抵押权默示让与说

法国民法采取此种学说，其认为在抵押权设定的同时，物上代位的请求权就由抵押人默示让与了抵押权人，在抵押物因毁损、灭失而使抵押人取得保险金请求权时，抵押权人依默示让与而取得直接请求权，且该项权利仍为抵押权。①

在司法实践中，根据《最高人民法院关于适用〈中华人民共和国民法典〉有关担保制度的解释》第二十四条的相关规定，债权人知道或者应当知道债务人破产，既未申报债权也未通知担保人，致使担保人不能预先行使追偿权的，担保人就该债权在破产程序中可能受偿的范围内免除担保责任，但是担保人因自身过错未行使追偿权的除外。

4. 法定抵押权说

日本学界通说认为抵押权人基于物上代位而获得的请求权，其性质为法定抵押权，是原抵押权效力的延续。在抵押人与抵押权人设定抵押权的同时，抵押权人基于该抵押权的设定，在将来可取得法定债权之抵押。然而实践中代位物通常表现为金钱形态，根据金钱的不特定性，在交付之前

① 刘萍：《论抵押权物上代位的实现制度》，载《法制博览》2018 年第 22 期。

可以扣押或提存代位物作为保全抵押权优先性效力的要件。①

应当认为，担保物权的物上代位性无论解读为原担保物权的延长，还是解读为新成立的质权等，均不是问题的实质。在达成担保物权的物上代位性是一种担保物权的共识之下，重要的是确定一个符合担保物权标的物的基本特征，以及便于该权利实现的担保物权的物上代位的标的物。担保物权的物上代位的情形多种多样，抵押物灭失、毁损所产生的替代物可能是金钱（如赔偿金、保险金），亦可能是其他形态的物。

因此，在抵押物的变形物可以是特定化之物的情况下，抵押权当然代位于该物之上；在抵押物的变形物是保证金、赔偿金、补偿金等无法特定化的物的情况下，担保物权也代位于其请求权之上。

四、担保物的物上代位性来源

首先，担保物因第三人侵权而导致毁损、灭失，担保人获得的赔偿金，应为担保物权的效力所及。

其次，担保物因保险事故而毁损、灭失时，担保人获得的赔偿金，应为担保物权的效力所及。但是，需注意的是，如果担保人不是保险金的请求权人，即担保人不能获得保险金的，担保物权的效力不及于保险金。

最后，担保物因城市规划而被拆迁时，担保人获得的补偿费或补偿费请求权，应为担保物权的效力所及。

当然，在债务未到清偿期的时候，担保人与担保权人可以通过协商，将该赔偿金或保险金向双方约定的第三人提存，在债务履行期限届满而债权人未受清偿时，债权人依法就该提存的赔偿金或保险金优先受偿。

五、抵押权物上代位物的范围

1. 实物变形物与替代物

原抵押物毁损后剩余的残骸以及非依物之通常用法分离成为独立的动产，如建筑物毁损后残留的建材，对于此种类型的实物变形物依抵押权的

---

① 刘萍：《论抵押权物上代位的实现制度》，载《法制博览》2018 年第 22 期。

追及力和不可分性即可解决，不必适用物上代位。而除上述种类的实物变形物、替代物外，如第三人赔偿的实物、征收情况下的拆迁安置房等都应适用物上代位的规定。

在司法实践中，根据《最高人民法院关于适用〈中华人民共和国民法典〉有关担保制度的解释》第二十三条的相关规定，人民法院受理债务人破产案件，债权人在破产程序中申报债权后又向人民法院提起诉讼，请求担保人承担担保责任的，人民法院依法予以支持。担保人清偿债权人的全部债权后，可以代替债权人在破产程序中受偿；在债权人的债权未获全部清偿前，担保人不得代替债权人在破产程序中受偿，但是有权就债权人通过破产分配和实现担保债权等方式获得清偿总额中超出债权的部分，在其承担担保责任的范围内请求债权人返还。债权人在债务人破产程序中未获全部清偿，请求担保人继续承担担保责任的，人民法院应予支持；担保人承担担保责任后，向和解协议或者重整计划执行完毕后的债务人追偿的，人民法院不予支持。

2. 保险金

对于抵押人因抵押物毁损、灭失而享有保险金请求权，抵押权人可否对保险金行使物上代位的问题，我国立法业已明确了保险金为担保物权人行使物上代位的对象。这是由于保险金产生的原因是保险合同的订立及保险费的支付，而合同之债具有相对性，抵押权人并非保险合同的当事人，所以无权介入。

所以，将保险金视为抵押权的物上代位物，在抵押机制中引入了保险制度，充分发挥保险制度的特点，以降低因不可归责于抵押人的原因而造成抵押物毁损、灭失时，可能导致抵押权所受侵害的风险，为保护抵押权人的利益提供了一个有效的途径。

3. 补偿金

抵押物灭失包括实物形态的灭失和法律意义上的灭失，抵押物被征收以后，虽然抵押物的实物形态没有改变，但抵押人不能再支配和处分该财产，因而被征收的财产无法再用于抵押。简言之，抵押财产被征收，实质上是一种法律意义上的灭失。补偿金是指国家根据公共利益的需要依法对集体、个人所有的财产进行征收后所支付的补偿费用，实质上是被征收财产的替代物。

4. 赔偿金

抵押物因第三人原因毁损、灭失而产生的赔偿金，抵押权人能否行使物上代位权，各国规定不一。我国《民法典》物权编规定担保物权人可以就获得的赔偿金优先受偿。

【典型案例】

抵押权人丙达公司是否对政府补偿款享有优先受偿权[①]

——担保物权人的物上代位权的适用范围

基本案情

2011年4月26日，甲洋公司与乙浦建行签订《人民币流动资金贷款合同》，乙浦建行发放贷款1亿元。2011年10月28日，双方又签订《人民币流动资金贷款合同》，合同金额为2.5亿元，乙浦建行实际发放贷款1亿元。甲洋公司将其所有的“神头湾”号、“新英湾”号、“香水湾”号三艘集装箱船舶抵押给了乙浦建行，并办理了抵押登记，担保财产金额为2.5亿元。

后甲洋公司因经营不善申请破产，清算组随即向法院提起诉讼，要求撤销上述抵押权，人民法院经审理后作出了生效判决，撤销2011年4月26日的1亿元抵押，剩余部分抵押仍然有效。

清算组随后将“香水湾”号船以二手船出卖，将剩余两艘船作为废钢船卖出，共计卖得9418万元，并获得政府相关补助6695万元。2014年12

① 参见海南甲洋航运有限公司与中国丙达资产管理股份有限公司海南省分公司破产债权确认纠纷案，海南省第二中级人民法院，（2017）琼97民终1268号。

月12日，丙达公司受让了乙浦建行的上述债权，向清算组申报了上述债权，并要求针对2011年10月28日的抵押，在船舶变现的9418万元和政府补助6695万元的范围内优先受偿。但清算组给出的答复是：政府补助不能算作抵押款。

丙达公司表示异议，遂提起诉讼。

法院审理

一审法院经审理认为，根据《物权法》第一百七十四条的规定，担保物权不仅具有物权性，而且具有价值权性质。作为担保物权，价值权特性基本表现之一就是担保物权的物上代位性，即在担保物的实体发生毁损、灭失或者被征用等情况时，如果存在担保物的价值变形物或代表物，则担保物权仍然可以于其上存在。其中的“变形物或代表物”，通常并非指一般的实体物，而是指因标的物毁损、灭失或者征用等转换而来的金钱。本案中，政府的补贴款是对船舶提前报废拆解的补偿，补贴款应属于船舶处置对价的一部分。因此依法属于抵押权人优先受偿的范围。

二审法院经审理认为，《物权法》第一百七十四条规定：“担保期间，担保财产毁损、灭失或者被征收等，担保物权人可以就获得的保险金、赔偿金或者补偿金等优先受偿。被担保债权的履行期未届满的，也可以提存该保险金、赔偿金或者补偿金等。”根据查明事实，政府的补贴款6695万元是由于清算组依法将案涉抵押物“神头湾”号、“新英湾”号两船拆解以废钢船卖出而获得的政府补助。两船拆解以废钢船卖出，导致了其法律事实上的灭失，而该两船是丙达公司9888万元债权的担保抵押物，根据上述法律规定，故丙达公司对两船的政府补贴款6695万元享有优先受偿权。

案件评述

一、本案涉及物上代位权的问题

《担保法》第五十六条规定：“拍卖划拨的国有土地使用权所得的价款，在依法缴纳相当于应缴纳的土地使用权出让金的款额后，抵押权人有优先受偿权。”该法第五十八条规定：“抵押权因抵押物灭失而消灭。因灭失所得的赔偿金，应当作为抵押财产。”

《民法典》物权编第三百九十条沿袭《物权法》第一百七十四条的规定，再次肯认，担保期间，担保财产毁损、灭失或者被征收等，担保物权人可以就获得的保险金、赔偿金或者补偿金等优先受偿。

本案中，涉案的两艘船属于绝对灭失的状态，并且由于其被拆解还获得了国家的补助，这笔补助金便是船的替代物，法律对于抵押物的变形物，允许其以保证金、赔偿金、补偿金等无法特定化的物而存在。因此，这笔补助金应当属于抵押权人优先受偿的范围。

二、担保物的物上代位的事由

担保物的灭失系担保物权的物上代位的法定事由。担保物的灭失，可以分为两种情况：一种是绝对灭失，另一种是相对灭失。

1. 担保物的绝对灭失

绝对灭失，包括事实上的灭失与法律上的灭失。事实上的灭失是指抵押物的基本形态已不复存在，如抵押物被拆除或遭受不可抗力而毁灭等。法律上的灭失是指虽然抵押物的基本形态尚存，但依据有关法律规定该抵押物不能再作为原权利的标的，如抵押物被国家征用等。

关于抵押物的毁损是否也应属于抵押物的灭失问题，应当区分两种情况：一种是抵押物的形态尚未发生根本性变化，只有一定程度的损坏，只不过是其价值业已减少。在这种情况下，抵押物不应被视为灭失；另一种是抵押物的形态发生了根本性变化，不仅其价值减少，而且从根本上丧失了其使用价值。如作为抵押物的机床虽尚有残存物但主要部件毁损，应视为抵押物灭失。

2. 担保物的相对灭失

相对灭失，是指物理形态依然存在，仅价值发生替代。如担保物被转让、出租等。就担保物绝对灭失而言，无论是事实上灭失，还是法律上灭失，各国立法均视其为担保物权的物上代位的事由。但在担保物相对灭失的情形下，则有明显差异。既有赞成说，也有反对说，还有折中说。

应当认为，在担保物相对灭失的情形下，无论是担保物转让的价金，还是担保物出让的租金，均无须进行物上代位。因为基于担保物权的公示效力及追及效力，即使担保物被转让给第三人，担保物权人仍可以对担保物行使担保物权。

三、担保物权的物上代位性应注意的问题

1. 担保物权人对担保物被征用的补偿金优先受偿

担保物被征用，主要发生在担保物系土地的情形中。根据《土地管理法》第二条之规定，国家可以根据需要征用集体所有的土地或使用国有土地，应支付相应的补偿费及安置补助费。根据本条的规定，对作为担保物的集体所有的土地被征用，担保物权人对补偿费可以优先受偿，但安置补助费不属于物上代位的范围。

对于国有土地，不存在征用的问题，如果国家需要使用抵押人以出让方式取得的国有土地使用权，可以收回该土地使用权，但抵押人已缴纳的土地出让金应予返还。对于国家应返还的土地出让金，担保物权人可以行使物上代位权。

2. 担保物灭失后保险金已被担保人领取

保险金是在担保物权设立时可预期的利益，保险公司在设立保险时需对担保物（保险标的）的法律事实状态有所调查了解，并且应当具有相应的风险承担能力。即使其已向担保人支付了保险金，亦不能免除其应承担的法律责任，除非保险公司能提供担保物权人在保险事故发生后确未采取保全措施或行使权利。但是，实际上，在保险公司已支付保险金的情况下仍要其承担对担保物权人的法律责任，其成本太大。因此，解决的路径可改由抵押人向保险公司对担保物投保，将担保物权人注明为保险受益人。

四、担保人对保险金请求权另行设定质权

担保人对保险金请求另行设定质权，物上代位是否优于质权，则应视设立质权的时间而定。质权在担保物权设立前已有效成立的情况下，担保物权的物上代位性不能对抗该质权；反之，则担保物权的物上代位性优于该质权。

第三百九十一条　【债务转让对担保物权的效力】 第三人提供担保，未经其书面同意，债权人允许债务人转移全部或者部分债务的，担保人不再承担相应的担保责任。

【条文疏义】

本条沿袭了《物权法》第一百七十五条的规定。

担保人的免责，旨在保护担保人的合法权益。司法实践中保证责任免除的一般情形主要包括以下几种：

一、保证合同无效

担保合同无效的，保证人部分免责。《最高人民法院关于适用〈中华人民共和国民法典〉有关担保制度的解释》第十七条规定，主合同有效而第三人提供的担保合同无效，人民法院应当区分不同情形确定担保人的赔偿责任：（一）债权人与担保人均有过错的，担保人承担的赔偿责任不应超过债务人不能清偿部分的二分之一；（二）担保人有过错而债权人无过错的，担保人对债务人不能清偿的部分承担赔偿责任；（三）债权人有过错而担保人无过错的，担保人不承担赔偿责任。主合同无效导致第三人提供的担保合同无效，担保人无过错的，不承担赔偿责任；担保人有过错的，其承担的赔偿责任不应超过债务人不能清偿部分的三分之一。

二、意思表示有瑕疵

《民法典》总则编第一百四十八条规定："一方以欺诈手段，使对方在违背真实意思的情况下实施的民事法律行为，受欺诈方有权请求人民法院或者仲裁机构予以撤销。"其第一百四十九条规定："第三人实施欺诈行为，使一方在违背真实意思的情况下实施的民事法律行为，对方知道或者应当知道该欺诈行为的，受欺诈方有权请求人民法院或者仲裁机构予以撤销。”

因此，主合同当事人双方串通，骗取保证人提供保证；主合同债权人采取欺诈、胁迫等手段，使保证人在违背真实意思，以及主合同债务人采取欺诈、胁迫等手段，使保证人在违背真实意思的情况下提供保证的，债权人知道或者应当知道欺诈、胁迫事实的，保证人免责。

债权人知晓“借款的真实用途与借款合同约定不一致的”，应当向保证人披露。并非只有债权人积极实施了对保证人的欺诈行为时，保证人才能主张免责。债权人对保证人的欺诈，既包括积极实施某一欺诈行为（如捏造事实）；也包括消极的欺诈行为（如隐瞒真相、知情不报），其中任何一种都可构成保证人主张免责的事由。

三、债务转让

1. 主债权具有特定性时保证债权禁止转让

一般而言，在保证期间，债权人依法将主债权转让给第三人的，保证债权同时转让，保证人在原保证担保的范围内对受让人承担保证责任。但保证人与债权人事先约定仅对特定的债权人承担保证责任或者禁止债权转让的，保证人不再承担保证责任。

2. 未经保证人书面同意的债务转让保证人不再承担保证责任

在保证期间，债权人许可债务人转让债务的，应当取得保证人的书面同意，保证人对未经其同意转让的债务不再承担保证责任。如转让债务为部分转让，则保证人对未经其同意转让部分的债务不再承担保证责任，但仍对未转让部分的债务承担保证责任。

在司法实践中，根据《最高人民法院关于适用〈中华人民共和国民法典〉有关担保制度的解释》第十四条的相关规定，同一债务有两个以上第三人提供担保，担保人受让债权的，人民法院应当认定该行为系承担担保责任。受让债权的担保人作为债权人请求其他担保人承担担保责任的，人民法院不予支持；该担保人请求其他担保人分担相应份额的，依照本解释

第十三条的规定处理。

四、合同变更

1. 未经保证人书面同意的主合同变更致保证人不再承担保证责任

债权人与债务人协议变更主合同的，应当取得保证人的书面同意，未经保证人书面同意的，保证人不再承担保证责任。保证合同另有约定的，按照约定。在保证期间，债权人与债务人对主合同数量、价款、币种、利率等内容作出变更，未经保证人同意的，如系减轻债务人债务的，保证人仍应对变更后的合同承担保证责任；如系加重债务人债务的，保证人对加重的部分不承担保证责任。债权人与债务人对主合同履行期限作出变更，未经保证人书面同意的，保证期间为原合同约定的或者法律规定的期间。

2. 借新还旧中的善意保证人不再承担民事责任

主合同当事人双方协议以新贷偿还旧贷，除保证人知道或者应当知道的外，保证人不承担民事责任。新贷与旧贷系同一保证人的，不适用前款的规定。①

五、债权人怠于行使权利

1. 债权人超过保证期间行使权利

在合同约定的保证期间，债权人未对债务人提起诉讼或者申请仲裁，保证人免除保证责任；债权人已提起诉讼或者申请仲裁的，保证期间适用诉讼时效中断的规定。一般保证的保证人与债权人未约定保证期间的，保证期间为主债务履行期限届满之日起 6 个月。在合同约定的保证期间和前款规定的保证期间，债权人未对债务人提起诉讼或者申请仲裁的，保证人免除保证责任；连带责任保证的保证人与债权人未约定保证期间的，债权人有权自主债务履行期限届满之日起 6 个月内要求保证人承担保证责任。在合同约定的保证期间和前款规定的保证期间，债权人未要求保证人承担保证责任的，保证人免除保证责任。

---

① 杨荣宽、林奕言:《九种情况下保证责任可免除》，载《中国商报》2018 年 4 月 12 日。

2. 一般保证保证人与债权人放弃或者怠于行使权利

在主债权履行期限届满后，向债权人提供了债务人可供执行财产的真实情况的，债权人放弃或者怠于行使权利致使该财产不能被执行，保证人可以请求人民法院在其提供可供执行财产的实际价值范围内免除保证责任。

3. 债权人放弃或怠于行使担保物权

同一债权既有保证又有物的担保的，保证人对物的担保以外的债权承担保证责任。债权人放弃物的担保的，保证人在债权人放弃权利的范围内免除保证责任。同一债权上有数个担保物权并存时，债权人放弃债务人提供的物的担保的，其他担保人在其放弃权利的范围内减轻或者免除担保责任。债权人在主合同履行期限届满后怠于行使担保物权，致使担保物的价值减少或者毁损、灭失的，视为债权人放弃部分或者全部物的担保。保证人在债权人放弃权利的范围内减轻或者免除保证责任。

【典型案例】

未经担保人书面同意，债务转让之后，担保人是否还应当承担担保责任[①]

——物权法关于担保人免责的规定

基本案情

2015 年 5 月 21 日，甲和建公司向乙佳公司采购钢材 3000 吨。2016 年 8 月 1 日，乙佳公司与熊某、张某签订了一份《担保协议》，其中认定：甲和建公司（委托人：熊某）在乙佳公司购买钢材，经结算，截至 2016 年 8 月 1 日，甲和建公司尚欠钢材款总额 5845859. 57 元。

三方约定：甲和建公司欠乙佳公司的货款由丙成公司代为支付，用其开发的子寅县定水盛景项目房屋作抵押。同时，熊某用其名下的 2 套房屋，

① 参见熊某、张某买卖合同纠纷案，四川省泸州市中级人民法院，（2018）川 05 民终 504 号。

以及熊某、张某二人共同所有的6套房屋作抵押担保。上述抵押房产，乙佳公司只能择一行使抵押权。协议由三方共同签署，并办理了抵押登记。

2016年9月1日，丙成公司、甲和建公司与乙佳公司签订了一份《债权债务转让协议》，其中确认，甲和建公司前期共欠乙佳公司603.85万元。本协议签订后此款由丙成公司负责支付。但此协议没有熊某、张某二人的签字。

其后，丙成公司没有依约偿还欠款，乙佳公司遂诉至法院，要求熊某与张某承担担保责任。而熊某、张某二人则以债务转让未经其两人同意，因此拒绝继续承担担保责任。

法院审理

一审法院经审理认为，在原告乙佳公司与被告熊某和张某签订《担保协议》时，其中协议内容第三条明确约定熊某和张某二人成为此债务的担保人，本案虽然发生了债务转让的行为，但作为担保人，熊某和张某在《担保协议》中已经作出了书面认可的行为，依照《物权法》第十五条的规定，本案《担保协议》是合法生效的合同，故担保人熊某和张某仍应当在《担保协议》中约定的金额内以其名下的6套房屋承担抵押担保责任。

二审法院经审理认为，依照《物权法》第一百七十五条“第三人提供担保，未经其书面同意，债权人允许债务人转移全部或者部分债务的，担保人不再承担相应的担保责任”的规定，本案中乙佳公司同意甲和建公司将对其的钢材款支付义务转由丙成公司承担，构成债务转移。由于《担保协议》的签订时间先于《债权债务转让协议》，因此本案中熊某和张某向乙佳公司提供担保时间在前，甲和建公司转移债务时间在后，在此情形下，如果需要熊某和张某继续承担担保责任，应当取得二人的书面同意。但本案中没有证据证明甲和建公司就债务转移事宜取得了二人的书面同意。

此外，《担保协议》上载明，若乙佳公司与丙成公司签订协议，需要熊某同意。但在《债权债务转让协议》中，熊某并未作为合同主体出现。

综上所述，本案债务转移时，并未征得担保人的书面同意，因此熊某和张某无须继续承担担保责任。

案件评述

一、未经担保人书面同意的债务转让会导致其部分或全部免责

所谓债务转让，是指在不改变债务的客体和内容的情况下，由第三人取代原债务人或由第三人与原债务人共同承担债务。根据《民法典》合同编的相关规定，债务转让必须经过债权人的同意才有法律效力。但是，仅经过债权人同意的债务转让，而未经担保人的书面同意，担保人可因此不承担或免除部分担保责任。之所以作出这样的规定，是因为第三人为主债务人提供担保，乃是基于对主债务人资力和信誉的了解，第三人的信誉与资力是与原债务人不同的，一旦特定的债务在没有经过其同意的情况下转移给其他人，新的债务人与担保人之间不具有上述关系，会加大担保人的风险。

担保人在主债务人不履行债务时，当其承担了担保责任后享有向主债务人行使追偿权的权利。这就是说，第三人愿意为债务人提供担保是基于主债务人这个特定的主体而作出的。当债务转让，对于新的债务人，担保人对其履行能力缺乏了解和信任，而其支付能力对于担保人追偿权的实现至关重要。如果仅依据合同法的规定判定主债务转让只要征得债权人即担保物权人的同意，担保人对该转让的债务仍需承担责任，则其利益毫无保障，故而将显失公平。

因此，法律规定只有担保人同意债务人转让债务时，才继续承担相应的担保责任，并且该同意须采取书面形式。如果担保人只是口头同意，债务仍转移，则事后可以拒绝追认。

二、担保合同中双方所约定的债务转移不发生效力

虽然，熊某和张某在签订《担保协议》的过程中，约定甲和建公司的所欠债款由丙成公司代为偿还，但是在这份协议中，作为要承担债务的丙成公司并没有参与，也没有在合同中签字。因此债务转移部分对丙成公司不发生效力，不能由此约束合同相对人以外的丙成公司。

三、案涉债务转移未经担保人书面同意，故担保人免责

在第二次签订的合同中，有丙成公司的参与，因此债务转移生效，但是该债务转移发生在《担保协议》签订后，由于第二次签订的合同上没有熊某与张某的签名，且事后两人也表示不承认，那么在没有担保人的书面同意的情况下，为了保护担保人的利益，就应当使担保人免责。

在司法实践中，根据《最高人民法院关于适用〈中华人民共和国民法典〉有关担保制度的解释》第四条的相关规定，有下列情形之一，当事人将担保物权登记在他人名下，债务人不履行到期债务或者发生当事人约定的实现担保物权的情形，债权人或者其受托人主张就该财产优先受偿的，人民法院依法予以支持：（一）为债券持有人提供的担保物权登记在债券受托管理人名下；（二）为委托贷款人提供的担保物权登记在受托人名下；（三）担保人知道债权人与他人之间存在委托关系的其他情形。

第三百九十二条　【人保和物保并存时的处理规则】 被担保的债权既有物的担保又有人的担保的，债务人不履行到期债务或者发生当事人约定的实现担保物权的情形，债权人应当按照约定实现债权；没有约定或者约定不明确，债务人自己提供物的担保的，债权人应当先就该物的担保实现债权；第三人提供物的担保的，债权人可以就物的担保实现债权，也可以请求保证人承担保证责任。提供担保的第三人承担担保责任后，有权向债务人追偿。

【条文疏义】

本条沿袭了《物权法》第一百七十六条的规定。

一、混合担保的定义及法律特征

1. 混合担保的定义

所谓“混合担保”是指基于同一债权既设置保证人的保证，又存在债务人或第三人提供物保的共同担保手段，亦是在债务人无法及时偿还欠款时，有权通过两种担保方式实现债权的多元担保形式。

2. 混合担保的法律特征

（1）复合性

即混合担保既具有物保的特征，又具备人保的特征。虽然混合担保是将物保与人保相互结合，为担保同一债权而形成独特的担保形式。但是物保与人保除最终清偿的顺位有具体法律规定外，各自的基本特征并没有因为这一混合属性而消失。因此，混合担保既具有物保的特征，又具备人保的特征。

（2）独立性

其既区别于对债权设置单一的人的保证，也区别于对债权设置单一的物保，同时也不同于共同保证（即多个保证人就同一债务进行共同保证），以及共同抵押（即同一债权由两个以上的抵押权共同担保）。所以混合担保具备独立的属性。

（3）关联性

即混合担保通过人保和物保的相互结合，而将不同形式的担保人联系到了一起。就同一笔债权设置不同类型的担保而产生的多个担保人，会签署不同的担保合同，但他们相互之间也可能不相识、没联络，却以同一债权作为基础纽带将彼此联系在一起，这也是混合担保的一个重要特征。

（4）多样选择性

混合担保让担保方式更加多样化，使得债权人在选择担保方式的时候可以根据需要选择最优方式进行组合担保，亦可根据债务人的资产情况由债权人通过选择组合担保方式，以确保其债权的安全性。混合担保的方式给债权人和债务人提供更多的选择。

二、混合担保的类型

混合担保是集多重担保关系于一体的特殊担保形式。因此，相较担保形式而言，混合担保的类型也较为多样复杂，司法实践中常见的混合担保类型主要有以下几种：

1. 按份混合担保或连带混合担保

按份混合担保是指担保人所承担的责任是按照份额比例进行分配的，一旦涉及清偿，担保人只需要按比例就自己保证的部分份额进行偿债即可，如果份额比例约定不明，则每人需要按等比例平均分配债务加以清偿。

这种类型的益处有二：其一在于担保人清偿的范围有了明确的界定，因为划定担保范围的做法规避了担保人就全部债务承担责任的风险；其二在于因担保人之间的责任分配范围明朗清晰，彼此间不易引发争执，继而平衡了各担保人之间应受保护的权益。

所以，担保人为保障自身权益的完好，较倾向于按份混合担保的形式对债务进行保证担责。但是对债权人而言，他们往往不会选择这种按份担保的类型，理由是债权人只希望在债务人到期无法清偿债务的时候能找到担保人尽快代为清偿以维护自己完整的权益，但每个担保人的偿付能力不同，若按份担保可能会致使债权实现的进程缓慢且烦琐，由此，诞生了另外一种与按份混合担保互异的担保类型，即连带混合担保。

连带混合担保是指为债权提供担保的各个担保人均对此债权承担共同责任，即在债务人到期无力偿还债款时，债权人有权向任意一个担保人就此债务主张全额清偿，担保人不得持有异议。这种类型的担保使债权人追偿的效率得到快速提升，对债权人十分有利。

当混合担保对按份和连带的约定并不明确时，法院通常从保护债权人的角度出发，将此认定为连带混合担保，以便于债权能够及时兑现。

2. 一般保证责任或连带保证责任的混合担保

一般保证责任的混合担保是保证部分存在先诉抗辩权的混合担保，换言之，当债权进入清偿阶段时，债权人必须先对债务人进行追偿，当债务人到期无力清偿时才可向保证人追偿，亦即在一般保证责任的混合担保形式中涉及债务清偿时有先后顺位问题，必须先是债务人后是保证人，此种做法为保证人提供了“安全垫”，最大限度地保护了保证人的权益。

连带保证责任的混合担保即在涉及债务清偿时，债权人既可以找债务人清偿，也可以找保证人清偿，这对于债权人来说更为有利。因此，在实践中，通常按照实际情况由债权人和保证人权衡利弊后选择合适的担保方式。

3. 债务人为物上保证人及第三人为物上保证人的混合担保

当混合担保存在物保时，通常出现担保物是债务人提供的或是由第三人提供的两种状况。担保物由谁提供，对于债务清偿顺位有一定的影响。《民法典》物权编第三百九十二条对此有所规定，当同笔债权以人保与物保共同担保时，可以约定清偿的顺序，即债权人可以按照事前约定选择先就物保实现债权，还可以先就人保实现债权，且不能违反此约定的清偿顺序与清偿比例；但在事前无约定或者约定不明的情况下，如果担保物是由债务人自己提供的，则应当先就此物实现债权，如果担保物是由第三人提供的，则实现债权的顺序取决于债权人的选择，其既可以先就人保实现债权，也可以先就物保实现债权。

此种分类存在债务人的物保与第三人的物保地位是否一样、债权人在债务清偿时选择担保顺位的权利是否受限的问题，因此，在实践中明确该混合担保类型的适用规则对债权人就担保选择清偿顺序起到重要作用。

三、混合担保责任承担的立法模式分析

有关混合担保的司法应用不仅存在于我国，同时也被世界上其他国家和地区所广泛实践。但由于各国和地区立法背景的差异、法治理念的不同以及学术理论的分歧，致使各国对于混合担保制度的法律规定也不尽相同。

1. 保证人绝对优待主义模式

此种模式是从保证人的权益角度进行考量，即当物保与人保并行存在时，债权人就其债务必须先以物保进行清偿，而后无法就物保进行全部清偿的剩余部分才能追究保证人的责任，并要求保证人进行偿付。如果债权人没有对物进行清偿，或者放弃了此项权利的行使，那么保证人在债权人所放弃的这一赔偿范围内免除责任。

2. 保证人相对优待主义模式

此模式最为突出的特点是赋予保证人代为行使债权的权利，同时包含侵害代位权。换言之，债权人有选择物保或人保的自由，在其向保证人追责实现自己的债权后就结束了其与债务人之间的债权债务关系，保证人对于担保责任的兑现也将债权人对债务人的权利移转到自己身上，所受损失可向债务人进行追索。其中，若出现因债权人致使物保发生灭失的情况，那么保证人在相应赔偿范围之内免予承担担保责任。

保证人相对优待主义模式，顾及债权人会存在从保证人处获得清偿债权而怠于对担保物行使权利的可能性，从而使保证人在代为清偿之后陷入难以获得追偿的困境，故为维护保证人的权益，赋予保证人代位权。

3. 平等主义模式

平等主义模式是指债权人在获得清偿时既可以选择物保，也可以选择人保，而无先后之别。这种平等主义模式典型应用于日本，其考虑的因素是在自由市场经济中，各方主体地位同等，法律行为均由理性人的自由选择，法律不应该过于保护任意一方。我国也逐渐接纳了这种模式的思维，唯一不同的是我国将债务人以自有物提供担保的形式单独提出——当债务人以自有物提供担保时，如果没有约定，则以债务人提供的担保物先进行清偿。

4. 混合主义模式

混合主义模式，顾名思义是将几种立法模式混杂合并在一起进行抉择。混合主义模式的优势在于对人保与物保的执行顺序的明晰以及物保人以时间节点作为追偿条件的划分，物保人可以就此选择担保的时间以维护自己的权益。

综上所述，混合担保责任承担问题在不同的国家及地区有着不尽相同的法律规定，但所有模式均以债权人及担保人的权益为出发点。因此适用何种模式、何种规定才能恰如其分地符合现实需求，仍然是学界密切关注并广泛争论的焦点。

四、担保人外部选择顺位

1. 有约定的按约定

债权人在提供借贷的时候会与债务人及担保人签署相应的借贷合同及担保合同，合同中会约定债务承担的顺位，到偿还时首先按照合同的约定来履行，即先实现人保还是先实现物保，保证人是连带清偿还是拥有先诉抗辩权，这些都以合同的约定为准。

2. 未作约定或者约定不明确的，对债务人自己提供的担保物就其先进行偿债

当担保物是由债务人自己提供时，在进入清偿程序后，债权人只能先通过拍卖、变卖等债务人的担保物受偿，若担保物不足以清偿债权，则再找保证人进行清偿，这是一种减少诉讼成本的模式之选择，顺应了《民法典》的立法初衷。

3. 未作约定或者约定不明对第三人提供的担保物则可由债权人来选择

《民法典》物权编第三百九十二条规定，未作约定或者约定不明确的，第三人提供担保物时，则依据债权人的选择来确定清偿顺序。在抵押物是第三人提供的时候，让债权人选择清偿顺序，原因是法律在对比第三人和债务人提供抵押物两种情形时，认为不同于只有债务人提供担保物，第三人和保证人处于同一地位，如果此时让第三人提供担保物先清偿债务，这对于第三人而言是不公平的，故将这一选择权给予债权人，让债权人根据实际情况进行选择。

担保人外部选择顺序的确立，不但有利于债权人在债权清偿的过程中于恰当的时机选择合适的担保人予以清偿，而且能够更好地平衡各方的利益，更好地维护法律秩序。

五、担保人内部求偿问题

在明确担保人外部选择顺位之后，明晰担保人内部求偿问题也很重要。法律在保护债权人权益的同时也不能忽视担保人的权益保护。

当担保人承担了担保之后均可以向主债务人进行追偿。然而，对于担保人内部之间该如何进行追偿，由于《最高人民法院关于适用〈中华人民共和国担保法〉若干问题的解释》第三十八条与《物权法》第一百七十六条间存在矛盾冲突。有观点认为，在承担完担保责任后，该担保人可以找债务人及任意担保人进行追偿，相当于将承担担保责任后的担保人置于和债权人同样的位置；另有观点认为，仅提供物的担保的第三人履行责任后有权向债务人追偿，但未提出保证人能否找物保人追偿。应当认为，从法律的立法本意上看，前述担保人均有权对内求偿。

在司法实践中，根据《最高人民法院关于适用〈中华人民共和国民法典〉有关担保制度的解释》第十三条的相关规定，同一债务有两个以上第三人提供担保，担保人之间约定相互追偿及分担份额，承担了担保责任的担保人请求其他担保人按照约定分担份额的，人民法院应予支持；担保人之间约定承担连带共同担保，或者约定相互追偿但是未约定分担份额的，各担保人按照比例分担向债务人不能追偿的部分。同一债务有两个以上第三人提供担保，担保人之间未对相互追偿作出约定且未约定承担连带共同担保，但是各担保人在同一份合同书上签字、盖章或者按指印，承担了担保责任的担保人请求其他担保人按照比例分担向债务人不能追偿部分的，人民法院应予支持。除前两款规定的情形外，承担了担保责任的担保人请求其他担保人分担向债务人不能追偿部分的，人民法院不予支持。

《担保法》第二十八条没有对物的担保是由债务人提供还是由第三人提供作出区分，规定只要物的担保与保证并存，物的担保就优先于保证。立法理由上完全采用了“物权优于债权”的原则。《最高人民法院关于适用〈中华人民共和国担保法〉若干问题的解释》第三十八条则对物的担保是由债务人提供，还是由第三人提供，进行了区分，如果物的担保由债务人提供，则物的担保优先于保证；而由第三人提供时，则债权人有权进行选择。当物的担保为债务人自己所提供时，要求债务人首先用自己提供的财产来清偿债权人的债权，在抵押财产不能全部清偿债权时，对该债务提供保证的保证人即要承担剩余部分的责任，这些无疑都是正确的。

因为债务人是本位上的债务承担者，其他物的担保人及保证人仅是代替其承担责任，在他们承担了担保责任后，仍然对债务人享有求偿权。在债务人自己提供物的担保的情况下，首先处理该物清偿债务，可以避免日后的求偿权诉讼。在用作担保的物是由债务人自己提供时，如果债权人先向保证人请求，保证人在代位履行或承担赔偿责任以后，将对主债务人产生求偿权；如果要求此时优先就债务人的物的担保受偿，则避免了因保证人承担责任之后对债务人行使求偿权的麻烦，有利于社会成本的节约。

因此，在用作担保的物是由债务人自己提供时，物的担保优先于人的担保是必要的。但是，在担保物是由第三人提供的情况下，仍然适用物权优先于债权的原则，就值得商榷了。债权人既然为了保障自己的债权能够得以充分的实现而设定了双重担保，那么，当债务人不能履行债务时，就应当赋予债权人选择权，即债权人可以斟酌对自己有利的方式，而决定究竟是行使担保物权，还是行使担保债权。

《民法典》物权编较好地解决了这一问题，主要体现为“物权优于债权”原则的适用，以及以“节约社会成本”为由，对物的担保作出了是由债务人提供还是由第三人提供的区分，从而斟酌是否适用“物权优于债权”原则。

在司法实践中，根据《最高人民法院关于审理矿业权纠纷案件适用法律若干问题的解释》第二十五条的相关规定，当事人在保证合同中约定了保证人在债务人不能履行债务或者无力偿还债务时才承担保证责任等类似内容，具有债务人应当先承担责任的意思表示的，人民法院应当将其认定为一般保证。当事人在保证合同中约定了保证人在债务人不履行债务或者未偿还债务时即承担保证责任、无条件承担保证责任等类似内容，不具有债务人应当先承担责任的意思表示的，人民法院应当将其认定为连带责任保证。

【典型案例】

同一债权既有抵押又有保证，债权人如何实现其权利[①]

——人保与物保并存时的处理方法

基本案情

甲江缘公司向中国建设银行辰寅市农垦支行（以下简称农垦支行）借款，乙大荒担保公司为上述借款提供连带责任保证，与此同时，甲江缘公司以其生产设备作抵押、4560吨水稻作质押为乙大荒担保公司提供反担保；甲江缘公司的法定代表人邵某玲与其夫徐某军用其房产作抵押、股权作质押为乙大荒担保公司提供反担保；丙星公司、丁达公司、戊龙公司、己福公司在1000万元范围内向乙大荒担保公司提供连带责任的反担保。

此后，甲江缘公司没有依约向农垦支行还款，乙大荒担保公司代为偿还了全部借款之后，就向甲江缘公司以及作为担保人的上述4家公司行使追偿权，但此时才发现甲江缘公司之前提出的4560吨水稻质押，由于没有实际交付水稻而导致质权未成立。作为担保人的4家公司以此情况并非担保人的错误为由拒绝承担担保责任。后乙大荒担保公司诉至法院。

法院审理

一审法院经审理认为，依据《物权法》第二百一十二条“质权自出质人交付质押财产时设立”的规定，应认定乙大荒担保公司的水稻质权由于没有实际交付质押物而未设立。这样的后果应当由三方共同承担，因此判令丙星公司、丁达公司、戊龙公司、己福公司在质权未成立价值的50%范围内承担连带保证责任。

---

① 参见黑龙江乙大荒担保公司与甲江缘公司等担保合同纠纷案，最高人民法院，（2017）最高法民申925号。

二审法院经审理认为，四保证人应在案涉质物4560吨水稻价值范围内免除保证责任。

再审法院则认为，其一，乙大荒担保公司与甲江缘公司未能诚实守信积极履行生效的质押合同义务，双方对质权未设立均存在过错，致使本应有效设立的质权未能发挥物的担保效用，过错当事人应承担不利后果。而保证人对此并无过错。

其二，保证合同中虽未明确约定债务人提供水稻质押是保证人提供保证的条件，但《物权法》对债务人提供的物保与第三人提供的人保并存时的债权实现顺序有明确规定，保证人对先以债务人的质物清偿债务存在合理信赖利益。《物权法》第一百七十六条规定："被担保的债权既有物的担保又有人的担保的，债务人不履行到期债务或者发生当事人约定的实现担保物权的情形，债权人应当按照约定实现债权；没有约定或者约定不明确，债务人自己提供物的担保的，债权人应当先就该物的担保实现债权；第三人提供物的担保的，债权人可以就物的担保实现债权，也可以要求保证人承担保证责任。提供担保的第三人承担保证责任后，有权向债务人追偿。"依据上述规定，因本案当事人没有约定债权实现顺序，若债务人提供的担保物权正常设立，保证人只对物的担保以外的债权承担保证责任，故四保证人对自己享有法定的顺位利益存在一种合理信赖，乙大荒担保公司怠于行使质物交付请求权损害了保证人的顺位信赖利益，保证人应在质物优先受偿价值范围内免责。

综上，保证人合理的顺位信赖利益遭受债权人和债务人的侵害，保证人应当在质押物4560吨水稻的价值范围内免除保证责任。因此，驳回乙大荒担保公司的再审申请。

案件评述

一、本案的关键点在于混合共同担保竞存时的责任分担

在《担保法》中，物的担保指抵押、质押、留置这三种担保方式。人的担保，系指自然人、法人或者其他经济组织以其自身的一般财产为他人

的债务提供担保。债权到期未能清偿时，由保证人代为履行，以保证债权得以顺利实现。物的担保具有物权效力，是担保物权，担保权人能得到物的确定性、安全性。而人的担保具有债权效力，与物的担保相比，其不完全性、不确定性是不可否认的。

但在市场经济下，为筹借资金需要，通过资产雄厚、信誉高的人（如银行）提供担保也不失为一种好的方式，其利用度也在逐渐提高。对于债权人来说，债权实现的可靠性越大越有利，因此各国法律都允许同一债权上既存在担保物权又存在人的担保。在同一债权上集中几种担保方式，既可以增加担保的价值，又可以分散因担保物灭失、毁损而引起的担保价值降低的危险。为达到对债权充分而有效之保证，应鼓励行为人参与对债之担保，从而促进债权之成立进而保证其实现。就债权之担保而言，物保与人保的竞存，为各国法律所认可。

简言之，混合共同担保就是人保和物保混合的共同担保。《担保法》第二十八条第一款规定："同一债权既有保证又有物的担保的，保证人对物的担保以外的债权承担保证责任。"但物的担保又因为提供者分为债务人和第三人的不同，直接影响到保证人与物上担保人清偿顺序的先后。

第一种情况是既有保证人，又有债务人提供的物保并存，保证人在物保的范围内免责。因为债务人本身就是第一顺序的本位清偿人，保证人即使因为连带保证承担了保证责任，也要向债务人追偿。因此，如果是债务人自己提供的物保，就应该先于保证责任清偿债务，避免了保证人的追偿，保证人也相应地在物保范围内免责。

第二种情况是既有保证人，又有第三人提供的物保并存，因为二者都有向债务人追偿的权利，因此他们是居于同一清偿顺序，保证人并不能在物保范围内免责，至于如何承担担保责任，要看债权人的选择。

本案即属于第一种情况，因此，保证人可以在物保范围内免责。

二、物的担保责任是否具有优先性

作为法学界一直争论的问题，本条规定较《担保法》第二十八条有优越之处。

“物的担保责任优先说”认为，物之担保中，担保物的提供人仅以特定的担保物为限承担担保责任，即其仅负物之有限责任；而人之保证，保证人以其全部财产，负无限责任，其所负责任较物之担保人更为重。为了公平起见，使物之担保责任优先，以保护保证人。

按照这种观点，物保与人保竞存者，该主债务人不清偿其债务时，依物的担保责任优先原则应该先就担保物拍卖变价来实现主债权人的债权。如果主债权人抛弃担保物权者，无论其物权于保证成立时存在与否，应使保证人就其所抛弃权利之限度内，免其责任。即其担保物权担保全部债权的，保证人得免其全部责任；其担保物权仅担保部分债权的，债权人抛弃担保物权时，保证人得免其部分保证责任。

三、认为物的担保应优先于人的担保的理由

1. 物权优先于债权

人的担保即保证显然属于债的关系，债权人因担保而享有的担保请求权在性质上属于债权而非物权，在因保证而发生纠纷时，债权人只能根据债权的补救方法主张权利，不能运用物权方法直接支配或处分保证人的财产。而物的担保如抵押将产生抵押权等物权，也即当主债务人未履行债务时，债权人可就抵押物的价值优先受偿。当物权和债权并存时，物权具有优先性。

2. 物的担保较之保证更有利于执行

因为担保物是具体的特定财产，并且就该担保物债权人享有优先受偿权；而在保证关系中，是就担保人的所有财产提供担保，担保财产并没有具体的范围，债权人对保证人的财产不享有优先于他人受偿的权利。基于这两点，物的担保应优先于人的担保。

3. 这种观点被认为不利于抵押人而有失公平

这种观点以人之担保的无限责任较物之担保的有限责任为重，得出结论：应给予保证人更多保护。但无限和有限是相对而言的，二者担保的债务并无不同亦不存在轻重之分。并且，对于债权人来说，物上担保人的法律地位与保证人的地位是平等的，二者都是担保人，在实现担保权上不应该有先后位序之别。另外，结合《担保法》第三十五条第一款“抵押人所担保的债权不得超出其抵押物的价值”的规定可知，于担保实物中，在第三人提供抵押担保与保证并存，共同担保同一债权的情形中，因抵押权通常已经担保了全部债权，将使保证人实际上不会承担保证责任而容易导致保证形同虚设的结果。

四、主债权人对如何实现其担保权利具有选择权

其既可向物的担保人请求就担保物的价值实现担保物权，又可向保证人请求承担保证责任。

1. 担保人要承担连带责任

对于物保和人保竞存，在主债务人未能清偿债务时，主债权人可以对担保人中之一人、数人或全体，同时或先后请求代为清偿主债务的全部或部分。被请求的担保人不得以尚有其他担保人为由相互推诿，也不得为分担之抗辩，即不得以超出自己应分担的份额为由拒绝给付。

担保人中之一人为清偿时，其他担保人即免除其对主债权人的担保责任。当然，若该担保人仅清偿担保债务之一部分，则其未履行部分，全体担保人仍负连带担保责任。债权人有权以担保人中之一人、数人或全体对被告提起给付之诉，以一人或数人为被告起诉而获有利判决后，若该担保人不履行债务，债权人得以同一理由向其他担保人起诉，请求履行。

2. 担保人的法律地位

《最高人民法院关于适用〈中华人民共和国担保法〉若干问题的解释》第三十八条第一款规定：“同一债权既有保证又有第三人提供物的担保的，债权人可以请求保证人或者物的担保人承担担保责任……”由此可见，

“物的担保责任优先说”之保证人具有后序利益的看法，并无法律依据，难以被普遍认同。显然，会因过于关注对某一类担保人权益的保护而使法律有失公平。

在司法实践中，根据《最高人民法院关于适用〈中华人民共和国民法典〉有关担保制度的解释》第十八条的相关规定，承担了担保责任或者赔偿责任的担保人，在其承担责任的范围内向债务人追偿的，人民法院应予支持。同一债权既有债务人自己提供的物的担保，又有第三人提供的担保，承担了担保责任或者赔偿责任的第三人，主张行使债权人对债务人享有的担保物权的，人民法院应予支持。

该解释第二十条则规定，人民法院在审理第三人提供的物的担保纠纷案件时，可以适用《民法典》第六百九十五条第一款、第六百九十六条第一款、第六百九十七条第二款、第六百九十九条、第七百条、第七百零一条、第七百零二条等关于保证合同的规定。

3. 债权人有权抛弃此种利益

当然，连带担保责任的成立，原意在于确保债权人的利益，使主债权人债权之实现获得更大的保证，并可使其债权之实现获得较大之便利。债权人可向担保中最具有清偿能力者，请求其为全部之清偿。但如果主债权人自愿抛弃这种保证和便利，使自己处于不利地位，也并无不可。

如前所述，本条规定设定了物的担保和人的保证竞存时可能出现的三种情况，切实保证了主债权人、抵押人和保证人的利益，有利于维护交易安全，促进经济流通，更能体现立法本意。

五、债务人与债权人过失导致物保未设立时保证人免责

本案中，由于甲江缘公司在提供质押之后，没有将质押物水稻实际交付给债权人乙大荒担保公司，导致质权未成功设立，给乙大荒担保公司造成了实际损失。但是此过失并不是作为保证人的4家公司导致的，按照法律规定，如果质权成功设立，则乙大荒担保公司应当就债务人设立的质押物优先受偿，在无法清偿全部债务的情况下，才能够要求4家公司承担保证义务。因此4家公司对此具有信赖利益。

现在由于非保证人的原因，质权未设立，乙大荒担保公司仍然不能在原定质押物的价值范围内要求4家公司承担保证责任，因此4家公司在此范围内免责。

第三百九十三条 【担保物权消灭的情形】有下列情形之一的，担保物权消灭：

（一）主债权消灭；

（二）担保物权实现；

（三）债权人放弃担保物权；

（四）法律规定担保物权消灭的其他情形。

【条文疏义】

本条承继了《物权法》第一百七十七条的规定。担保物权消灭的法定情形主要包括：

一、主债权消灭

根据担保物权的从属性原则，主债权消灭的，担保物权随之消灭，亦即指担保物权所担保的主债权，如果基于清偿、提存、免除、混同等原因而全部消灭时，则担保物权无所依附，从而也随之消灭。

抵押权与其担保的债权同时存在，债权消灭的，抵押权也消灭。质权与其担保的债权同时存在，债权消灭的，质权也消灭。债权消灭的，留置权消灭。一般来说，被担保主债权消灭的原因主要有5个方面：

1. 清偿

是指债务人或第三人清偿全部主债权，从而使债消灭的行为。

2. 提存

是指由于债权人的原因致使债务人不能按期偿还到期债务，债务人将清偿标的交付给特定提存部门或约定的第三人，从而使主债权消灭的行为。

3. 抵销

是指担保物权人与债务人互负债务，根据法律规定或者合同约定符合抵销条件而导致主债权消灭的行为。

4. 免除

是指担保物权人在不损害第三人合法权益的情况下全部免除债务人的债务而致使主债权消灭的行为。

5. 混同

是指担保物权与债务因婚姻、继承、合并等原因归于同一人，从而使主债权消灭的行为。以上原因均可导致主债权消灭，担保物权保全债权的目的不复存在。

二、担保物权实现

担保物权的实现，即指担保物所担保的债权已届清偿期而债务人不能履行债务时，担保物权人通过行使担保物权而使其债权得以优先受偿。担保物权既已实现，担保法律关系随即消灭。即使其债权未完全受偿，担保物权也随之消灭。

三、债权人放弃担保物权的

担保物权的设立旨在保证债权得以实现，对于债权人来说是一种权利，权利既可以行使，也可以放弃，这是权利人的自由。但是，债权人放弃担保物权必须作出明确的意思表示。所以，若债权人放弃担保物权，担保物权随之消灭。

在司法实践中，根据《最高人民法院关于适用〈中华人民共和国民法典〉有关担保制度的解释》第三十四条的相关规定，人民法院在审理保证合同纠纷案件时，应当将保证期间是否届满、债权人是否在保证期间内依法行使权利等事实作为案件基本事实予以查明。债权人在保证期间内未依法行使权利的，保证责任消灭。保证责任消灭后，债权人书面通知保证人要求承担保证责任，保证人在通知书上签字、盖章或者按指印，债权人请求保证人继续承担保证责任的，人民法院不予支持，但是债权人有证据证明成立了新的保证合同的除外。

四、法律规定担保物权消灭的其他情形

由于法律规定不可能穷尽担保物权消灭的所有情形，因此此项规定属于概括其他未列举到的情形的条款，即法律规定的兜底条款。法律明确规定担保物权消灭的，担保物权依法律的规定而消灭。

《担保法》第五十八条、第七十三条、第八十八条分别规定了抵押权因抵押物灭失而消灭、质权因质物灭失而消灭，以及债务人另行提供担保并被债权人接受的，留置权消灭等。当然，担保物权的消灭既可以基于法律的规定，也可以基于当事人的约定。

《民法典》物权编第三百九十三条沿袭《物权法》第一百七十七条，规定了担保物权消灭的几种情形：主债权消灭；担保物权实现；债权人放弃担保物权；法律规定担保物权消灭的其他情形。其基本精神一脉相承。

在司法实践中，根据《最高人民法院关于适用〈中华人民共和国民法典〉有关担保制度的解释》第二十六条的相关规定，一般保证中，债权人以债务人为被告提起诉讼的，人民法院应予受理。债权人未就主合同纠纷提起诉讼或者申请仲裁，仅起诉一般保证人的，人民法院应当驳回起诉。一般保证中，债权人一并起诉债务人和保证人的，人民法院可以受理，但是在作出判决时，除有《民法典》第六百八十七条第二款但书规定的情形外，应当在判决书主文中明确，保证人仅对债务人财产依法强制执行后仍不能履行的部分承担保证责任。债权人未对债务人的财产申请保全，或者保全的债务人的财产足以清偿债务，债权人申请对一般保证人的财产进行保全的，人民法院不予准许。

【典型案例】

未在主债权诉讼时效期间内行使抵押权且抵押人也明确拒绝承担偿还责任时抵押权是否还存在[①]

——担保物权因法律规定的其他情形而消灭

基本案情

1999年12月1日，戊鑫化工公司、戊鑫自行车厂、郊区信用社签订了《最高额抵押担保借款合同》，约定郊区信用社在1999年12月1日至2001年12月1日期间，向戊鑫自行车厂发放最高额不超过75万元的贷款，由戊鑫化工公司以其估价127.5万元的房产作抵押。其后，双方办理了相关房产的抵押登记。

戊鑫自行车厂于2001年7月26日和27日分两次向郊区信用社借款，总额是75万元，合同约定于2001年11月30日前归还。在此期间，郊区信用社更名为农村信用合作联社（以下简称市区信用社）。

戊鑫自行车厂到期未归还欠款，市区信用社于2009年8月19日向人民法院起诉，要求戊鑫化工公司承担担保责任，但法院以超过诉讼时效为由驳回其诉讼请求。

2009年12月12日，市区信用社被当地江南农村商业银行吸收，其债权债务关系一并转移。

其后，戊鑫化工公司向该市中级人民法院起诉，要求确认上述抵押权消灭，且撤销其房产上的抵押登记。而作为被告的当地江南农村商业银行则辩称，抵押权是物权，并不适用有关债权的诉讼时效制度，因此本案中的抵押权并未消灭。

---

① 参见江苏江南农村商业银行与戊鑫化工公司抵押权纠纷案，江苏省常州市中级人民法院，（2015）常商终字第0404号。

法院审理

一审法院经审理认为，《物权法》第二百零二条规定的立法本意旨在督促抵押权人及时行使权利，纠正实践中抵押人义务的不确定性。若抵押权人未及时行使抵押权，抵押人明确拒绝抵押权行使，抵押权人已经无法实际行使抵押权，该抵押权继续存在，将不利于抵押物的流转和利用，不利于保护当事人的合法权益。

抵押人明确拒绝抵押权行使并向法院诉请抵押权消灭，法院应予支持，依法确认抵押权消灭，且该确认行为亦未损害抵押权人的合法权益。本案中，当地江南农村商业银行并无证据证明其在借款诉讼时效期间内向戊鑫化工公司行使抵押权，现戊鑫化工公司明确拒绝案涉抵押权的行使，并请求法院确认抵押权消灭，该主张合理，法院予以支持。

二审法院经审理认为，案涉房屋及土地的抵押权因未在主债权诉讼时效期间行使而归于消灭。理由如下：

首先，诉讼时效一般只适用于债权请求权，而抵押权属于担保物权，不宜适用诉讼时效制度。

其次，《物权法》第一百七十七条规定了担保物权消灭的四种情形，其中第四项规定为兜底条款，即“法律规定担保物权消灭的其他情形”；该法第二百零二条规定，抵押权人应当在主债权诉讼时效期间行使抵押权；未行使的，人民法院不予保护。将上述第二百零二条的规定理解为第一百七十七条第四项规定的担保物权消灭的其他情形，符合物权法体系的内在逻辑。

最后，诚然抵押担保设立的目的主要在于保障债权的实现，但物尽其用、提高担保物的使用效率以及维护交易秩序的稳定同样也是法律的价值追求之一，因此，在保护债权人合法权益的同时，也不能忽视对担保人权益的保护。

本案所涉抵押至一审起诉已逾15年，由于江南农村商业银行并无证据证明其在借款诉讼时效期间内向戊鑫化工公司行使抵押权，现法院生效判决已明确对其抵押权不予保护，且抵押人明确拒绝抵押权行使，抵押权人已经无法实际行使抵押权。综上，驳回上诉，维持原判。

案件评述

一、本案中的抵押权依法成立

本案中，根据1999年三方签订的《最高额抵押担保借款合同》可知，抵押合同依法成立，其后债务人戊鑫自行车厂也按照合同约定向郊区信用社借款，且抵押人戊鑫化工公司也依法办理了抵押登记。因此债权人郊区信用社的抵押权依法成立且有效。

在戊鑫自行车厂未如期偿还债务的时候，郊区信用社便可以就抵押物优先受偿。

二、本案抵押权人未在主债权诉讼时效期间行使抵押权

债权人的郊区信用社以及其后的债权债务承担人均没有在主债权的诉讼时效期间要求行使抵押权，《民法典》第四百一十九条沿袭《物权法》第二百零二条规定："抵押权人应当在主债权诉讼时效期间行使抵押权；未行使的，人民法院不予保护。"因此，此时再要求行使，已经不受人民法院保护。

在司法实践中，根据《最高人民法院关于适用〈中华人民共和国民法典〉有关担保制度的解释》第二十七条的相关规定，一般保证的债权人取得对债务人赋予强制执行效力的公证债权文书后，在保证期间内向人民法院申请强制执行，保证人以债权人未在保证期间内对债务人提起诉讼或者申请仲裁为由主张不承担保证责任的，人民法院不予支持。

三、立法目的在于保护担保人旨在维护交易秩序的稳定

由于案涉当地江南农村商业银行并无证据证明其在借款诉讼时效期间内向戊鑫化工公司行使抵押权，而法院生效判决已明确对其抵押权不予保护，且抵押人明确拒绝抵押权行使，抵押权人已经无法实际行使抵押权。在此情形下，若继续维持抵押登记，则将使抵押物的权利状态永不确定，对抵押人而言，势必影响抵押物的正常使用和流转，妨害抵押人

对抵押物的利用，产生“一次抵押、终身受限”的后果，对抵押人而言过于苛刻。

相反，在抵押权人已经实际不可能行使抵押权的情况下，确认抵押权消灭，并不损害抵押权人的合法权益，且有利于抵押物的有效利用。至于抵押权人，因抵押人已经明确拒绝履行抵押担保义务，故抵押权人已实际丧失了私力救济的条件和机会，溯其根源，在于债权人未在诉讼时效期间积极主张债权和抵押权。对于此种怠于行使权利的行为，应当由其自身承担后果。

四、债权罹于消灭时效后担保物权的法律效力

在《民法典》物权编的编纂过程中，有学者主张，债权罹于消灭时效后，担保它的抵押权并非立即消灭，而应于2年的除斥期间经过后方归于消灭，故此，《民法典》物权编编纂过程中应从《物权法》第二百零二条的既有规定回归至《最高人民法院关于适用〈中华人民共和国担保法〉若干问题的解释》第十二条第二款的规定。

尽管域（境）外多数国家和地区的立法、学理及实务采取质权、留置权担保的债权罹于消灭时效后，质权、留置权本身乃系永久存续，并不消灭，然鉴于现今社会生活的复杂多变，尤其是为使质权设定人、债务人与质权人、留置权人之间的利益实现衡平，于质权、留置权担保的债权罹于消灭时效后，我国《民法典》物权编立法也宜在3年至5年的除斥期间中确定一个期间，于该期间经过后，质权、留置权归于消灭。①

在司法实践中，根据《最高人民法院关于适用〈中华人民共和国民法典〉有关担保制度的解释》第二十八条的相关规定，一般保证中，债权人依据生效法律文书对债务人的财产依法申请强制执行，保证债务诉讼时效的起算时间按照下列规则确定：（一）人民法院作出终结本次执行程序裁定，或者依照《民事诉讼法》第二百五十七条第三项、第五项的规定作出

---

① 陈华彬：《论债权罹于消灭时效后担保物权的效力》，载《法治研究》2019年第11期。

终结执行裁定的，自裁定送达债权人之日起开始计算；（二）人民法院自收到申请执行书之日起 1 年内未作出前项裁定的，自人民法院收到申请执行书满 1 年之日起开始计算，但是保证人有证据证明债务人仍有财产可供执行的除外。一般保证的债权人在保证期间届满前对债务人提起诉讼或者申请仲裁，债权人举证证明存在《民法典》第六百八十七条第二款但书规定情形的，保证债务的诉讼时效自债权人知道或者应当知道该情形之日起开始计算。

同样地，在司法实践中，根据《最高人民法院关于适用〈中华人民共和国民法典〉有关担保制度的解释》第三十五条的相关规定，保证人知道或者应当知道主债权诉讼时效期间届满仍然提供保证或者承担保证责任，又以诉讼时效期间届满为由拒绝承担保证责任或者请求返还财产的，人民法院不予支持；保证人承担保证责任后向债务人追偿的，人民法院不予支持，但是债务人放弃诉讼时效抗辩的除外。

第十七章 抵 押 权

第一节 一般抵押权

第三百九十四条 【抵押权的定义】 为担保债务的履行，债务人或者第三人不转移财产的占有，将该财产抵押给债权人的，债务人不履行到期债务或者发生当事人约定的实现抵押权的情形，债权人有权就该财产优先受偿。

前款规定的债务人或者第三人为抵押人，债权人为抵押权人，提供担保的财产为抵押财产。

【条文疏义】

本条沿袭了《物权法》第一百七十九条的规定。

一、抵押权的内涵

抵押权是债权人对债务人或者第三人不转移占有的担保财产，在债务人届期不履行债务或者发生当事人约定的实现抵押权的情形时，依法享有的就该抵押财产的变价处分权和优先受偿权的总称。

二、抵押权的法律特征

1. 抵押权为担保物权

抵押权是针对财产的交换价值而设定的一种物权，其目的在于以担保财产的交换价值确保债权得以清偿，故而被认为本质上是价值权。从抵押权的性质和目的来看，抵押权自是担保物权。

2. 抵押权是在债务人或第三人的特定财产上设定的担保物权

债权人无须为了自己债权的清偿而在自己的财产上设定抵押权，抵押权是为担保债权的清偿而设定的，它只能针对债权人以外的债务人或者愿意提供财产为债务人履行债务作担保的第三人。

3. 抵押权属约定担保物权而非法定担保物权

根据《民法典》第三百九十六条、第四百条沿袭的《物权法》第一百八十一条、第一百八十五条以及《担保法》第三十三条、第三十八条至第四十三条的规定，抵押权系由当事人的抵押合意而设定。当事人可以自由地就抵押财产、抵押期限、抵押担保范围以及当事人认为需要约定的其他事项进行约定，并在抵押合同或者主债权合同中的抵押条款中予以明确。

4. 抵押权不以转移占有为要件

抵押权是不转移标的物占有的物权，抵押权的公示主要是登记，抵押权的成立与存续，只须登记即可，不必转移标的物的占有。这是抵押与其他形式的担保物权的本质区别。

5. 抵押权的内容是变价处分权和优先受偿权

抵押权的内容有两项：一是抵押财产的变价处分权；二是就抵押财产卖得价金的优先受偿权。变价处分权是指当债务人届期不履行债务时，抵押权人有权以合法方式拍卖、变卖抵押财产或者与抵押人协议以抵押财产折价抵充债务。优先受偿权是指当债务人不履行到期债务或发生当事人约定的抵押权的实现情形时，抵押权人享有就该抵押物的优先受偿权。

抵押是用益保证合同得以履行的一种担保方式。我国《担保法》颁布后，抵押制度在法律上得到极大的完善。抵押作为交易中经常采用的担保方式，在实践中对保障债权实现和债务履行，增强主体的信用、预防和减少不必要的交易风险，发挥了十分重要的作用。抵押权作为一种担保物权，不仅具有物权的一般属性，而且又有不同于其他物权的特性。因抵押不转移占有，使抵押人可继续使用抵押物，抵押权人对特定的抵押财产享有支配权。故抵押权人对抵押物变价后的价值享有优先受偿的权利，构成了抵押权的特点。[①]

三、抵押权的种类

抵押权的种类，根据不同的标准可以进行不同的划分，根据我国《民法典》的相关规定，抵押权主要有以下几种：

1. 根据抵押对象不同分为不动产抵押、动产抵押、权利抵押

（1）不动产抵押

是指以不动产为抵押标的物而设定的抵押。不动产抵押是最普遍的抵押形式。不动产抵押必须办理抵押登记，否则抵押不成立；但抵押权未登记不影响抵押合同的效力。

（2）动产抵押

是指以动产为抵押标的物而设立的抵押。动产抵押并不意味着所有的动产都可以称为抵押的标的物，有一些动产是不适合成为抵押标的物的。动产抵押的特征仍是抵押人不转移对财产的占有，否则将与质押无异。

（3）权利抵押

是指以特定的财产权利为抵押标的物而设立的抵押。对于何种权利可以成为抵押的标的物，一般法律都会作出明确的规定，我国可供抵押的权利一般包括土地使用权。

2. 最高额抵押

最高额抵押，是指抵押人与抵押权人协议，在最高债权额度内，以抵押物对一定时间内连续发生的债权作担保的抵押形式。最高额抵押具有下列特征：

（1）抵押担保的是将来的债权，现在尚未发生。

（2）抵押担保的债权额不确定，但设有最高额限制。

但其最高额限制并非债权的实际最高额。

---

① 赵玲：《论抵押权的优先权》，苏州大学 2002 年硕士学位论文。

（3）实际发生的债权是连续的且不确定的。

即债权人不规定对方实际发生债权的次数和数额。

（4）债权人只可以对抵押财产行使最高限额内的优先受偿权。

（5）最高额抵押只需一次登记即可设置。

我国最高额抵押的适用范围，仅适用于借款合同和债权人与债务人就某项商品在一定期间内连续发生交易而签订的合同。在司法实践中，根据《最高人民法院关于适用〈中华人民共和国民法典〉有关担保制度的解释》第三十条的相关规定，最高额保证合同对保证期间的计算方式、起算时间等有约定的，按照其约定。最高额保证合同对保证期间的计算方式、起算时间等没有约定或者约定不明，被担保债权的履行期限均已届满的，保证期间自债权确定之日起开始计算；被担保债权的履行期限尚未届满的，保证期间自最后到期债权的履行期限届满之日起开始计算。前款所称债权确定之日，依照民法典第四百二十三条的规定认定。

3. 浮动抵押

浮动抵押是指抵押人以其现有的和将来取得的全部财产或部分财产设定抵押权的担保制度。与固定抵押相比，浮动抵押最显著的特征在于其"浮动性"，即抵押财产的不特定性和变动性。

4. 共同抵押

共同抵押，又称为总括抵押，是指为了统一债权的担保，在数个不同财产上设置抵押。共同抵押的突出特点是在数个抵押物上设定数个抵押权，担保同一债权。其中一个抵押权实现，其他财产上的所有抵押权均消灭。

四、抵押权的实现

依据我国法律规定，抵押权的实现必须具备以下四个条件：

1. 抵押权必须有效存在

抵押权设定如果无效或者已被撤销，则不能实现。

2. 必须是债务人履行期限届满

债务人履行债务的期限是否届满是决定债务人是否履行债务的时间

标准。

3. 债权人未受清偿

债务履行期限届满债权人未受清偿，表明债务人未按期履行义务，无论债务是迟延履行，还是拒绝履行，债权人都可以行使抵押权，使债权得以清偿。

4. 债务未受清偿不是由债权人造成的

只有在因债务人方面的原因未能清偿债务而使债权人未受清偿时，抵押权人才可以行使抵押权。如果债权人未受清偿是由于其自己的原因造成的，则抵押权人不能行使抵押权。

【典型案例】

合伙人擅自用合伙财产为自己设立抵押时抵押是否有效①

——物权法对抵押权的界定以及债权人的优先受偿权

基本案情

2006年7月15日，李某军、江某东与案外人江某琦、熊某平、李某学合伙购买了一个建材市场，并于2009年11月28日签订了《建材市场合作购楼协议》，其中约定了各自的股份占比，同时还约定该建材市场归5位股东共同所有，各合伙股东（自然人）不得变卖和处置或转移本楼盘名下产权内的楼盘。

2014年10月5日，各合伙股东召开股东会议，再次对上述事宜进行了明确，并形成了《合伙人会议决议书（三）》（本次合伙人会议李某军未参加）。

各合伙股东合伙购买建材市场后，由合伙人之一的李某军承包经营，承包期限至2014年11月30日期满。

2014年11月23日，各合伙股东再次召开会议形成了承包期满清算依

① 参见李某军与江某东合伙协议纠纷案，福建省三明市中级人民法院，（2018）闽04民终406号。

据及说明的会议内容。该会议内容第二条约定：承包人已按时履行完各项协议内规定的义务。承包期满后以上各发包人分别按以上分配比例只享有建材市场二楼产权的物权权益，家具和其他流动性资产属于承包人个人所有。

2017 年 7 月 26 日，江某东、李某娥用坐落于建材市场的房产作为江某东向寅市晋农商行借款的抵押。李某军认为江某东的此种抵押行为侵犯了合伙人的利益，遂诉至法院，要求江某东交纳违约金，同时立即撤销涉案抵押权。

法院审理

一审法院经审理认为，李某军与江某东等人签订的《建材市场合作购楼协议》及《合伙人会议决议书（三）》系双方当事人的真实意思表示，其内容没有违反法律法规强制性规定，故合法有效，当事人应当按照约定全面履行自己的义务。江某东未依约定完全履行自己的义务，于 2017 年 7 月 26 日擅自将自己持有的建材市场产权证予以抵押贷款，构成违约。

但其违约行为造成的实际损失目前尚不确定，故李某军要求江某东支付违约赔偿金的诉讼主张，不予支持。

江某东、李某娥持有效产权证书与寅市晋农商行签订的《抵押贷款合同》，是平等主体之间的合同缔结，不因《建材市场合作购楼协议》第五条及《合伙人会议决议书（三）》第三条对内部成员的约定，对抗善意缔结合同的第三人。故李某军要求解除江某东、李某娥与寅市晋农商行签订的《抵押贷款合同》，并恢复至原状的诉讼主张，不予支持。

二审法院经审理认为，江某东擅自将登记在其名下而属于全体合伙人的按份共有房产抵押，构成违约。根据《物权法》第一百七十九条第一款“为担保债务的履行，债务人或者第三人不转移财产的占有，将该财产抵押给债权人的，债务人不履行到期债务或者发生当事人约定的实现抵押权的情形，债权人有权就该财产优先受偿”之规定，江某东将属于 5 位合伙人共有的财产为其个人贷款提供抵押担保，致使 5 位合伙人共有的财产面临若江某东不履行到期债务而被债权人就该财产优先受偿的风险，其行为损害其他4位合伙人的财产权益。因此应当支付违约赔偿金。

另外，解除抵押并恢复至原状的行为可能损害案涉寅市晋农商行的合法权利。因此李某军不得以合伙组织的内部约定为由，对抗江某东、李某娥与寅市晋农商行依法建立的抵押借款合同关系。因此该抵押不得被撤销。

案件评述

一、不移转占有是抵押相较其他物的担保形式最典型的特征

不移转担保物的占有并附以公示制度，这就使物的使用价值（在法律上表现为所有权的占有、使用和收益权能，可称之为利用权，它为抵押人所享有）和价值（在法律上表现为所有权的处分权能，可称之为价值权，它为抵押权人所把握）同时得以充分发挥，很好地协调和平衡着抵押人、抵押权人和其他利害关系人以及社会公众的利益，并兼顾效率和公平两大法律价值。

同时，抵押权主要以不动产和高价值化、特定化的动产为标的物，它们具有价值高且恒定、保值增值、安全可靠等优点。因此，抵押是最理想的物的担保形式，素有“担保之王”的美称。[①]

二、案涉抵押物为合伙共同财产，擅自抵押损害了合伙人的利益

案涉抵押物建材市场的房产系合伙的共有物，而合伙人之一江某东却在未经其他合伙人同意的情况下，擅自将其抵押给银行，由于抵押权人可以在债务未按期清偿的条件下优先受偿该处房产，因此可能会损害合伙人的共同利益，故江某东应当为此行为承担责任。

三、案涉抵押合同合法有效、抵押权成功设立，故抵押权人并不丧失优先受偿权

本案中虽然江某东擅自将合伙人共有房产抵押给银行，但是其与银行之间签订的抵押合同基于合同的相对性而合法有效。同时，由于抵押登记

---

① 蔡永民：《比较担保法》，北京大学出版社2004年版，第56页。

已经办理，因此抵押权也已经成功设立，其他合伙人要求撤销该抵押登记是不能够得到支持的，因为合伙人内部的协议不得对抗抵押权人所享有的抵押权。本案例体现了抵押权人的抵押权优先性，保护了抵押权人的合法利益，符合《民法典》本条的规定。

第三百九十五条　【可抵押财产的范围】 债务人或者第三人有权处分的下列财产可以抵押：

（一）建筑物和其他土地附着物；

（二）建设用地使用权；

（三）海域使用权；

（四）生产设备、原材料、半成品、产品；

（五）正在建造的建筑物、船舶、航空器；

（六）交通运输工具；

（七）法律、行政法规未禁止抵押的其他财产。

抵押人可以将前款所列财产一并抵押。

【条文疏义】

本条沿袭了《物权法》第一百八十条的规定。本条在《物权法》的基础上新增了“海域使用权”，同时，删除了“以招标、拍卖、公开协商等方式取得的荒地等土地承包经营权”的规定。

一、抵押物范围的突破

本条以列举加概括的方式规定了抵押财产的范围。

其规定的抵押财产的范围较《物权法》的有关规定有很大的扩充。为拓展经营者的合法融资的渠道，在我国现行抵押制度基础上有所突破。

首先，将原有的“以招标、拍卖、公开协商等方式取得的荒地等土地承包经营权”删除，新增了“海域使用权”。

沿袭《物权法》将《担保法》兜底条款中规定的“依法可以抵押的其他财产”改为“法律、行政法规未禁止抵押的其他财产”。将抵押物的范围极大地扩大了。从原先的法律明确规定才生效变成了法无禁止即可为。就世界各国和地区的立法情况看，现代担保法的发展趋势也是扩大抵押的范围。因此，本条的规定既适应了国际发展趋势，也回应了社会实践的需求。

二、共同抵押

共同抵押，又称“总括抵押权”，其是指为担保同一主债权而在复数的不动产、不动产用益物权或动产上设定的抵押权即抵押人以不同种类的财产，为同一债权设定抵押。共同抵押权作为特殊的抵押权，是以多项财产担保某个债权。共同抵押财产的具体范围，由普通抵押权的客体范围决定。设立共同抵押既可以是同一人，也可以是不同的人；既可以是债务人自身，也可以是第三人；既可以同时设立，也可以追加设立。

共同抵押权具有两个作用：首先是担保价值的聚集。当抵押财产的价格低于被担保的债权额度时，将各个抵押财产集合在一起可以增加担保的价值。其次是分散风险。当抵押财产因消灭、毁损等导致价值减少时，或因经济上的原因导致拍卖困难时，在数个抵押财产上设立抵押权是预防担保价值降低的有效手段。

三、共同抵押之争议

《民法典》第三百九十五条沿袭了《物权法》第一百八十条第二款的规定，抵押人可以将前款所列财产一并抵押。对于该条规定的理解，存在以下不同的认识：

1. 财团抵押说

有学者认为，此条规定的是财团抵押权。财团抵押权是将企业所有的不动产、动产及权利综合视为一项独立的财产而设立的抵押权，其不仅与普通抵押权的标的物是单一物不同，与共同抵押权的标的物是数个物或权利也有差异。[1] 此处“一并抵押”的立法本意，应理解为将多项相同或不同种类的财产结合为一体，以至设立一个单一的抵押权，而非设立多个抵押权。[2]

2. 共同抵押说

有学者认为，该条规定的是共同抵押。共同抵押的主要特点在于，抵押权的表达是数个财产而不是一项财产。从《物权法》的规定看，其表达的是，无论在动产之上还是在不动产以及不动产权利之上，都可以设立共同抵押。[3]

应当认为，该条规定的是共同抵押。财团抵押是指将各个财产组成一个有机的集合体，从而使其担保价值提高，作为大型资金担保的特殊抵押权。[4] 其主要特征在于：列入抵押财产范围的财产仅限于企业现有的固定资产，而随着企业经营而变化的流动资产不属于抵押财产的范围。若将其解释为财团抵押，不仅有违财团抵押的性质，也会与《民法典》物权编第三百九十六条规定的浮动抵押制度发生重叠。

四、共同抵押权的实现方式

在设立共同抵押时，当事人可以通过订立协议将同一债权分摊为数个债权予以支付，并分别设立抵押权。但如果共同抵押人限定各个抵押财产所负担的被担保债权的数额，并且各自所分担的被担保债权金额的总和等于或者低于债权的数额，在实行抵押权时，共同抵押权人只能按照该限定的数额受偿。

至于各个抵押财产变卖的价款，如何妥善协调共同抵押权人与各个抵押人之间的利益，对共同抵押权人的自由选择权加以限制，是立法面临的重要问题。考察大陆法系主要国家或地区的相关规定，对此限制的规则主

---

① 崔建远：《物权法》，中国人民大学出版社 2009 年版，第 531 ~ 532 页。
② 胡康生主编：《中华人民共和国物权法释义》，法律出版社 2009 年版，第 334 页。
③ 王利明：《物权法研究》（下卷），中国人民大学出版社 2007 年版，第 492 ~ 493 页。
④ ［日］我妻荣：《新定担保物权法》，申政武等译，法律出版社 2008 年版，第 503 页。

要有两种。

其一，债务人有限负担规则。即若拍卖的数个抵押财产中有不属于债务人所有的，则仅就债务人所有的抵押财产优先受偿。其二，价格比例分配规则。为实现对抵押权人的债权额担保，在同时拍卖抵押人的抵押财产时，应按照各个抵押财产的价格比例进行债权负担的分配。这两项原则在我国物权法中均有相应的规定。

《民法典》物权编第三百九十二条沿袭《物权法》第一百七十六条规定："被担保的债权既有物的担保又有人的担保的，债务人不履行到期债务或者发生当事人约定的实现担保物权的情形，债权人应当按照约定实现债权；没有约定或者约定不明确，债务人自己提供物的担保的，债权人应当先就该物的担保实现债权；第三人提供物的担保的，债权人可以就物的担保实现债权，也可以请求保证人承担保证责任。提供担保的第三人承担担保责任后，有权向债务人追偿。"

在司法实践中，根据《最高人民法院关于适用〈中华人民共和国民法典〉有关担保制度的解释》第二十九条的相关规定，同一债务有两个以上保证人，债权人以其已经在保证期间内依法向部分保证人行使权利为由，主张已经在保证期间内向其他保证人行使权利的，人民法院不予支持。同一债务有两个以上保证人，保证人之间相互有追偿权，债权人未在保证期间内依法向部分保证人行使权利，导致其他保证人在承担保证责任后丧失追偿权，其他保证人主张在其不能追偿的范围内免除保证责任的，人民法院应予支持。

【典型案例】

以承包租赁经营权用作抵押的能否受法律保护[1]

——《物权法》对抵押物范围的确定

基本案情

2007年11月，李某有向郭某平提出借款请求。郭某平遂给李某有55万元转账支票。

2010年3月6日，郭某平、李某有、刘某芬签订《还款协议书》，其中确认了：截至2010年2月28日李某有尚欠郭某平80万元整，协议除了约定具体的还款时间和方式以外，还约定：以“世纪甲福商务酒店”的承包租赁经营权抵押，该酒店承租人即刘某芬，其与李某有为配偶关系。同时约定：租赁经营权抵押期间，李、刘二人在没有经过郭某平的同意时，不得随意退租，除非已经提供另外的担保方式并得到郭某平的同意。

上述协议约定的还款期限届满后，李某有依然未还款，刘某芬亦未履行担保义务。郭某平曾经多次要求刘某芬偿还借款，刘某芬多次向其交付了世纪甲福商务酒店开具的空头支票，但均被银行以无款为由退票。

2014年1月6日，李某有书写的《借条》载明：“借款人李某有向郭某平借款人民币柒拾万元（70万元）定于2014年5月归还人民币叁拾伍万元（35万元），余款叁拾伍万元（35万元）定于2014年12月归还。”

庭审中，郭某平称《借条》与《还款协议书》是承接关系，郭某平考虑双方是朋友关系，当时同意免除10万元借款金额，只要求偿还70万元。

《借条》约定的还款期限届满后，李某有仍未履行还款义务，刘某芬亦未履行担保义务。郭某平遂诉至法院。

---

① 参见郭某平与刘某芬、李某有民间借贷纠纷案，北京市海淀区人民法院，（2016）京0108民初24164号。

法院审理

法院经审理认为，首先，确认了还款的金额应当是《借条》里约定的70万元。

其次，就刘某芬的担保责任问题，《还款协议书》中载明，刘某芬将“世纪甲福商务酒店”的承包租赁经营权抵押为上述借款进行担保。根据物权法定原则，所谓“承包租赁经营权抵押”，系当事人的误解，并不符合我国《担保法》中关于抵押权设立的规定，“承包租赁经营权”不属于抵押物的范围，双方亦未办理抵押登记。因此，本案涉及的抵押权并未设立。

结合《还款协议书》的内容进行综合分析，刘某芬所谓的抵押实质系刘某芬以世纪甲福商务酒店的经营所得作为资金来源或经济实力的体现，对上述债务提供保证。此外，刘某芬已经将案涉世纪甲福商务酒店的“经营权”转让于案外第三人。

根据《还款协议书》的约定，租赁经营权抵押期间，李某有、刘某芬二人在没有经过郭某平的同意时，不得随意退租。据此，刘某芬私自将酒店的“经营权”转让于案外第三人的行为，违反了协议的约定，应当承担提供其他担保的违约责任。

综合上述两方面因素，法院认定刘某芬应当对诉争债务承担保证责任。就保证的性质，根据《担保法》的相关规定，当事人对保证方式没有约定或者约定不明确的，按照连带责任保证承担保证责任。故刘某芬应当承担连带保证责任。

案件评述

一、承包租赁经营权能否抵押

刘某芬将其对酒店的承包租赁经营权抵押给郭某平，但在当时的《担保法》所列举的几类可以抵押的财产中并未明文规定其能否抵押，因此，在法院内部引起了很大的争议。

承包租赁经营权能否作为抵押物，即衡量特定的财产是否可以作为抵押物，取决于两个核心要素：抵押人是否有权处分以及该物是否为具有交换价值的财产。抵押权从其本质而言是对物的交换价值享有的权利，而长期的承包租赁经营权属用益物权，具有交换价值，因而应当认定可以抵押。随着社会的发展，抵押财产随着其功能的发展，范围也在逐渐扩大，不应将其完全固定化，因此本条沿袭《物权法》的规定，将《担保法》中“依法可以抵押的其他财产”变更为“法律、行政法规未禁止抵押的其他财产”这一扩大规定，也正是为了适应这一需要。

抵押权为直接支配抵押物的交换价值的权利，作为抵押标的的权利也必须具有交换价值。并且，具有交换价值的财产唯有依法可以让与他人的，所有人才可以为他人的利益设定抵押，并且为抵押权的行使而最终变价抵押物创造条件。因此，具有交换价值但法律禁止流通的财产会因难以变现而不得作为抵押物。

本案中，由于发生时间只能适用于旧法，而旧法中没有明文规定承包租赁经营权可以作为抵押物，因此按照当时的法律，该抵押无效。且双方在签订抵押合同之后，也没有依法办理抵押登记，因此抵押权没有被法院认定为成功设立。但是，2007 年 10 月施行的《物权法》第一百八十条业已作出“法律、行政法规未禁止抵押的其他财产”均可以抵押的规定，所以本案适用的法律显然不当。更不待说，如果适用《民法典》物权编相关规定处理本案的话，具有交换价值但法律未禁止流通的财产完全可以作为抵押物。

二、本案名为抵押而实为保证

本案中，虽然双方在合同中约定以承包租赁经营权作为抵押，但是根据双方的意思，并结合《还款协议书》的内容进行综合分析，刘某芬所谓的抵押实质系刘某芬以世纪甲福商务酒店的经营所得作为资金来源或经济实力的体现，对上述债务提供保证。因此本案实质上亦可视为保证合同纠纷。

三、究竟对哪些财产可以抵押学界始终坚持与时俱进

就历史的发展趋势而言，可抵押财产的范围在逐渐扩大，从最初普遍设定的不动产抵押已经发展至对动产抵押和权利抵押的肯认。各国立法对此有不同规定。德国目前抵押财产主要仍限于不动产，而日本的抵押财产范围较广且采多种形式。我国实行的社会主义公有制，使得不动产作为抵押物大大区别于他国。在我国，土地所有权属于国家和集体所有，因而不动产抵押物主要是房屋和其他地上定着物。

动产抵押问题，《物权法》第一百八十一条以列举形式规定了机器设备、交通运输工具等，事实上动产普遍适用于质押，但对于社会中价值越来越大且对抵押人具有较高使用价值的动产抵押较质押有优越性，如企业为融资需要而以企业机器、设备作抵押。其余的则是权利抵押，在我国最为普遍的就是土地使用权的抵押，再进一步说就是建设用地使用权的抵押。而就权利物权而言，虽然《民法典》物权编未明文规定承包租赁权可用作抵押，但该法第四百四十条沿袭《物权法》第二百二十三条的规定，业已明文规定“现有的以及将有的应收账款”完全可以作为权利出质。只是在形式要件上，依《民法典》第四百四十一条的规定，没有权利凭证的，质权自办理出质登记时设立。法律另有规定的，依照其规定。

在司法实践中，根据《最高人民法院关于适用〈中华人民共和国民法典〉有关担保制度的解释》第四十三条的相关规定，当事人约定禁止或者限制转让抵押财产但是未将约定登记，抵押人违反约定转让抵押财产，抵押权人请求确认转让合同无效的，人民法院不予支持；抵押财产已经交付或者登记，抵押权人请求确认转让不发生物权效力的，人民法院不予支持，但是抵押权人有证据证明受让人知道的除外；抵押权人请求抵押人承担违约责任的，人民法院依法予以支持。当事人约定禁止或者限制转让抵押财产且已经将约定登记，抵押人违反约定转让抵押财产，抵押权人请求确认转让合同无效的，人民法院不予支持；抵押财产已经交付或者登记，抵押

权人主张转让不发生物权效力的，人民法院应予支持，但是因受让人代替债务人清偿债务导致抵押权消灭的除外。

第三百九十六条 【浮动抵押】企业、个体工商户、农业生产经营者可以将现有的以及将有的生产设备、原材料、半成品、产品抵押，债务人不履行到期债务或者发生当事人约定的实现抵押权的情形，债权人有权就抵押财产确定时的动产优先受偿。

【条文疏义】

本条沿袭了《物权法》第一百八十一条的规定，删除了“经当事人书面协议”的表述，同时将“实现抵押权时的动产”修改为“抵押财产确定时的动产”。

一、浮动抵押制度

所谓“浮动抵押”，就是指企业以自己现有的以及将来拥有的动产抵押，在债务人不履行债务或发生当事人约定的其他情形时，债权人有权就约定实现抵押权时的动产优先受偿。

浮动抵押源于英美法系，其在拓展中小企业融资渠道，解决融资难问题方面彰显出独具价值的魅力。《物权法》中确立了浮动抵押，成为该法吸收英美法系制度的一项典型的立法成果。《民法典》物权编中几乎原封不动地继受了《物权法》的浮动抵押规则的内容。

《民法典》物权编较《物权法》相比，去掉了“经当事人书面协议”，缩小了法律在浮动抵押方面的限制条件。但是根据《民法典》第四百条“设立抵押权，当事人应当采用书面形式订立抵押合同”之规定，浮动抵押仍然需要签订书面的抵押合同。

二、浮动抵押的特征

浮动抵押具有物的担保的一般特征，如旨在担保债权的实现，抵押权人支配物的交换价值等。与常态抵押相比，浮动抵押又有其特征。

1. 浮动抵押财产的广泛性

浮动抵押的标的物在目前所存在的抵押方式中最为广泛，其标的物的范围没有特别的限制。它既包括公司的动产、不动产和无形资产，也包括公司对外享有的各项财产性权利。因此，在财团抵押中被排除在财团之外的无法特定化的财产，如公司的应收债和半制成品，甚至商誉等也被纳入浮动抵押标的物的范围。总之，所有公司的有形和无形财产，现在和将来的财产均可以成为浮动抵押的标的物。

2. 浮动抵押的主体受有限制

《民法典》本条沿袭了《物权法》第一百八十一条的规定，将浮动抵押的主体限定于“企业、个体工商户、农业生产经营者”，虽其主体范围较之国外立法仍趋于宽泛，只是列举式的规定，但恰恰表明了浮动抵押在主体范围上具有有限性的特征。

3. 浮动抵押财产是非特定物

浮动抵押的财产是“非特定物”。这一点是浮动抵押与一般抵押的根本差异，并决定了与浮动抵押相关制度的衍生和设计。与常态抵押相比，此所谓“非特定物”，首先是指浮动抵押物的集合性。浮动抵押财产的初始形态是企业全部或一类财产的集合物，即以公司（债务人）现在或将来的全部或一类财产为担保标的物。抵押物的集合性是抵押物流动性的前提和保障。

其次是浮动抵押物的浮动性。浮动性是浮动抵押最明显也是最表象的特征。在浮动抵押中，由于抵押人在日常经营范围内有自由处分抵押财产的权利，所以作为抵押物的财产是不特定的，是不停变动的。

4. 抵押人经营自由

浮动抵押“不得对抗正常经营活动中已支付合理价款并取得抵押财产

的买受人”。这是浮动抵押最重要的特征。这其实也是法律赋予抵押人经营自由权的必然制度安排。浮动抵押设立的初衷是改善债务人的经营状况或者扩大其经营规模，因此，与一般抵押中抵押人转让抵押物严格受到限制不同，浮动抵押并不影响抵押人的经营自由，只要在正常的经营范围内，抵押人处分抵押物并不受《物权法》第一百九十一条所确立的“抵押权人同意权”规则的约束。从《民法典》第四百零六条“抵押人转让抵押财产的，应当及时通知押抵权人”之规定即可看出，抵押人享有经营自由。

5. 浮动抵押性质“结晶”的转化性

浮动抵押就像一张展开的大网，在公司的财产上悬挂着。网的中央紧握在债权人手中。只要公司继续履行其债务，这张网就一直悬挂在空中。当债务人违约时，这张网就落在了债务人公司上，笼络了其设立抵押的资产。此时，公司不再具有处分该财产的权利。浮动抵押设定后，因某些事件的发生或行为的作出，浮动抵押转化为固定抵押。这个过程称为“结晶”。

在浮动抵押结晶时，其效力固定在结晶之时公司所有的全部设抵押财产之上。这时，浮动抵押权人一般通过任命接管人的方式实现自己的权利。

三、我国浮动抵押权实现的优先受偿顺位

《民法典》物权编没有规定浮动抵押固定化前后效力变化，单独规定不同于一般抵押权的优先受偿顺位规则。浮动抵押权规定在一般抵押权章节之下，因此，浮动抵押权实现的优先受偿顺位只能参照一般抵押权实现的优先受偿顺位的规定。

依据《民法典》物权编第四百一十四条的规定，同类担保物权竞存时，浮动抵押权实现的优先受偿规则是根据登记与否以及登记时间的先后顺序决定。在同一动产上同时存在浮动抵押权和留置权时，也按照一般抵押权与留置权实现的优先受偿规则，依据《民法典》第四百五十六条的规定，同样适用法定抵押权优先于约定抵押权的规则。《民法典》第四百零四条对浮动抵押权与买受人之间的优先权作出规定，即浮动抵押权“不得对抗正常经营活动中已经支付合理价款并取得抵押财产的买受人”。

四、限制性条款存在时浮动抵押的受偿顺位

1. 浮动抵押的特殊性

浮动抵押人以该种抵押方式取得贷款，并不影响其对于该担保物行使占有、使用、收益以及处分的权利。若浮动抵押人资信状况良好，生产经营都处于一个良性循环中，浮动抵押权人（即贷款人）自然不用担心其权利到期难以实现。但是，若浮动抵押人生产经营状况欠佳，在相同的担保物上后续再设定担保物权，就极有可能造成浮动抵押权人的权利遭到侵害。

鉴于此，在现实操作中，浮动抵押权人在与浮动抵押人签订浮动抵押合同时，通常在浮动抵押合同中附加限制性条款，以达到限制浮动抵押人在该担保物上再行设定担保物权等优先权，以保障自己权利的实现。

2. 浮动抵押的限制性条款又称消极担保条款

（1）广义的限制性条款

此项条款则不仅包括禁止担保人未经贷款人同意设立优先于其受偿或同时按比例受偿的担保物权，还包括限制担保人未经贷款人同意以某些其他方式处分其资产，如设定所有权保留、债务抵销即限定流动资产的账户管理方式等。广义的限制性条款，之所以在浮动抵押合同中颇为罕见，主要原因在于其对浮动抵押人设定了过多限制，以致规定了这样的限制性条款以后，浮动抵押人几乎连正常的经营活动都难以为继了。常态经营活动难以为继，必然使得设定浮动抵押合同的优势荡然无存，因此，现实的浮动抵押融资合同中的限制性条款多以狭义限制性条款存在。

（2）通常意义上的浮动抵押中的限制性条款是指狭义的限制性条款

狭义的限制性条款，有学者将其定义为“借款人向贷款人保证，在其清偿贷款前，不在其财产上设定有利于其他债权人的法律形式”。还有学者将其定义为“借款人对贷款人作出的不得在其财产上为其他债权人再设立优先于贷款人权利之担保的承诺”。

狭义的限制性条款可以达到浮动抵押权不因为同一担保物上后续设定的担保物权而失去优先权的效力。因此，狭义的限制性条款既能达到保障

浮动抵押权人权利的实现，又兼顾了浮动抵押人正常生产经营活动的进行。①

五、我国法律框架下浮动抵押在破产程序中的顺位

《企业破产法》对别除权特别作出规定——对破产人的特定财产享有担保权的权利人，对该特定财产享有优先受偿的权利。通说认为，《企业破产法》的法律条文虽未正式使用“别除权”这一法律术语，但是《企业破产法》规定的“对特定财产享有的优先受偿的权利”即为破产别除权。如果浮动抵押权能够成为别除权的基础权利，那么浮动抵押权人就在破产程序中优先于本条规定的诸项权利受偿。但我国法律目前似乎尚未对此作出回应。

【典型案例】

将生产线上的玻璃作为抵押物能否成功设立抵押权②

——浮动抵押的界定

基本案情

2008年8月至9月，戊甲大建设公司向己乙宇公司提供借款，由冯某成、玻璃公司作为连带保证人，三方就上述内容前后订立了三份《借款协议》与两份《补充协议》，协议里玻璃公司的保证范围为：借款本金、费用、违约金、为实现债权支出的全部费用。

2008年10月7日，玻璃公司向戊甲大建设公司寄送了《亥寅省玻璃公司产品出库单》，用其1~4生产线上的玻璃在4000万元的范围内提供抵押。

当还款期限到期时，己乙宇公司仅偿还了500万元欠款，剩余尚未

---

① 刘丹：《浮动抵押权受偿顺位研究》，南京大学2013年硕士学位论文。

② 参见戊甲大建设公司诉浙江玻璃公司动产浮动抵押权纠纷案，载北大法宝，http://www.pkulaw.com/pfnl/a25051f3312b07f3bee0f82da8fb707bc1eb82cf76153977bdfb.html?keyword=%E5%8A%A8%E4%BA%A7%E6%B5%AE%E5%8A%A8%E6%8A%B5%E6%8A%BC，最后访问时间：2020年6月3日。

偿还。

2010年9月13日，戊甲大建设公司就上述债权债务纠纷诉至法院，生效判决认定：己乙宇公司共欠戊甲大建设公司4250万元，同时还欠戊甲大建设公司为实现该债权所支付的费用167798元，冯某成、玻璃公司承担连带保证责任。

随后，戊甲大建设公司又将玻璃公司诉至法院，要求实现其价值4000万元的抵押权。对此，玻璃公司辩称：从未签订任何抵押合同，也不曾有抵押之意。退一步讲，即便其提供了担保，其所提供的担保为动产浮动抵押担保，该抵押担保亦因未经双方书面协议而不能成立。

法院审理

法院经审理认为，被告玻璃公司向原告出具了产品出库单，为原告提供担保的意思表示十分明确。本案的关键在于被告所提供担保的性质应作何认定，以及该担保是否成立。

关于讼争担保的性质。首先，从原告提供的联系单、出库单看，被告是通过交付出库单的方式，以其相关生产线上的玻璃为原告提供担保，表明讼争担保系物的担保。其次，从担保设立过程看，讼争担保并不涉及担保物的占有转移，被告在庭审中亦认为其提供担保无须向原告交付玻璃，故讼争担保应为抵押担保，而非质押担保。最后，从出库单内容看，双方约定以被告相关生产线上的玻璃提供担保，而且提供担保时并未对用于抵押的玻璃进行具体界定，也未对被告的处分权能作出限制，抵押物具有浮动性，符合《物权法》第一百八十一条规定的动产浮动抵押的特征。

关于讼争担保是否成立。法院经审理认为，根据《合同法》第十一条之规定，原告为主张抵押权利，提供了抵押担保设立过程中形成的联系单、出库单，可以证明本案抵押担保的设立已存在书面形式。退言之，即便本案抵押合同尚不构成书面形式，因被告为提供担保向原告出具了出库单，原告对此亦予以接受，根据《合同法》第三十六条之规定，本案抵押合同据此亦得以成立。

基于上述分析，原告要求确认其享有相关抵押权及优先受偿权，理由正当，法院应当予以支持。

案件评述

一、本案为浮动抵押之典型案例

2007 年《物权法》颁布后，较之《担保法》作出许多修改，其中一项就是将浮动抵押纳入进来。此后，我国逐渐出现了浮动抵押的相关案例。本案就是其中的一个典型案例。

本案中，由于双方还没有对当时新制定的浮动抵押有充分和清晰的了解，因此在引起纠纷以后，对于此种担保究竟是抵押还是质押产生分歧。但当我们仔细研究双方在设立担保时的协议以及其后的履行情况，可以明显看出此种担保就是抵押担保。

首先，从原告提供的联系单、出库单看，被告是通过交付出库单的方式，以其相关生产线上的玻璃为原告提供担保，表明讼争担保系物的担保。

其次，从担保设立过程看，讼争担保并不涉及担保物的占有转移，被告在庭审中亦认为其提供担保无须向原告交付玻璃，故讼争担保应为抵押担保，而非质押担保。

最后，从出库单内容看，双方是约定以被告相关生产线上的玻璃提供担保，而且提供担保时并未对用于抵押的玻璃进行具体界定，也未对被告的处分权能作出限制，抵押物具有浮动性，符合《物权法》第一百八十一条规定的动产浮动抵押的特征。

二、浮动抵押扩大了可担保财产的范围，效率上也便捷快速

浮动抵押扩大了可担保财产的范围。本条规定不但可以扩大企业或者农户的融资渠道，还可以保持企业或者农户的正常经营。特别是在广大农村，宅基地、房屋都不能用于交易，农民可用于担保融资的只有动产。如果限制动产抵押范围，将不利于农村经济的发展。而就世界各国和地区的立法情况看，现代担保法的发展趋势也是扩大抵押的范围。至于一些人担心的动产抵押范围扩大面临公示不足、不利于交易安全的问题，通过一些

具体制度设计是可以解决的。

《物权法》特别是《民法典》物权编对浮动抵押予以肯定，我国的理论界和实务界对浮动抵押的如下优点均予肯认：

其一，以企业拥有的全部财产作为抵押，能够使抵押人继续利用财产，从事经营活动，并通过经营产生效益。

其二，保存了企业整体的价值。因为将企业财产作为一个整体来计算的时候，其整体价值要大于分别计算时的价值。

其三，如果浮动抵押人出现一些法定或约定的事由，甚至濒临破产，依照约定，由抵押权人接管，抵押权人一旦接管，就可以指定管理人，从而可以避免破产，也可以避免将企业资产以贱价出售，保护企业的整体价值，甚至通过向人民法院申请启动破产重整程序，使债务企业获得新生。

三、浮动抵押存在的问题对债权人而言风险很大

对于这个问题，还在寻找更好的解决途径。2007 年《物权法》之所以规定了浮动抵押，主要考虑到银行实务中已经采用了这种担保形式，只不过在法律上肯认了其具有优先权而已，所以作出了有关规定。

对于浮动担保，大陆法系国家大多不予接受的理由主要是：一是浮动担保对债权人保护不利，风险太大。二是浮动担保可能产生过度担保。设定浮动担保后就不能再设定一般担保，这样就不能使被担保的财产价值得到充分利用。三是容易与一般担保产生冲突。例如，设定浮动担保后，再以一部分不动产设定抵押，就会与抵押权产生冲突，引发一些纠纷，如何解决就成为当务之急。在浮动抵押设立后，抵押权的标的不是直接指向某一个具体的物，即使浮动抵押办理了登记，也无法确定抵押权固定在哪个物上，第三人取得浮动抵押范围之内的财产也仍然是善意的。所以在浮动抵押设立之后再设立一个一般抵押，设立在后的一般抵押仍然具有优先权。这就涉及浮动抵押权人的利益如何保证的问题，这仍有待今后探讨。

四、浮动抵押受偿顺位的立法模式

典型的浮动抵押立法模式主要有两种：

1. 英国立法模式

在英国法中，浮动抵押权与其他担保物权的受偿顺位取决于浮动抵押是否“结晶”。具体而言，在浮动抵押“结晶”之前，即浮动抵押的财产最终确定之前，浮动抵押权不仅劣后于针对特定抵押财产上设定的固定抵押权，而且劣后于普通债权；在浮动抵押“结晶”之后，浮动抵押权因抵押物范围得以明确而转化为固定抵押，其效力则优先于后设立的其他担保物权。[①]

2. 美国立法模式

《美国统一商法典》采取的是一种功能主义的统一动产担保立法模式，既没有区分动产抵押和动产质押，也未区分浮动抵押和固定抵押。在动产担保的受偿顺位问题上，遵循的是“先完善者优先于后完善者”“先附着者优先于非完善者”的顺位规则，这一规则概括起来其实就是“经过公示的浮动抵押权所担保的债权优先于其后产生的其他债权受偿”。[②]

五、与浮动抵押密切相关的制度

由浮动抵押财产的可变性所决定，无须经过任何附加手续，“流入”浮动抵押财产的特定物将自动变为浮动抵押财产，因而浮动抵押权人对其享有抵押权；与此相对，浮动抵押人在其正常经营活动中有权出售浮动抵押财产。

在前者，如果“流入”浮动抵押财产的特定物在其流入之前设定有抵押权，之后又自动负担浮动抵押权，就会产生同一物上两个抵押权之间的受偿次序问题。在后者，浮动抵押财产中的某一特定物在“流出”浮动抵押财产之前负担有浮动抵押权，如果浮动抵押人在其正常经营活动中出售抵押财产，则原先存在于出售物上的浮动抵押权能否约束买受人，也会成为问题。

---

① 木拉提、李军：《域外法律制度对完善我国浮动抵押制度的启示》，载《社会科学家》2018 年第 3 期。

② 木拉提、李军：《域外法律制度对完善我国浮动抵押制度的启示》，载《社会科学家》2018 年第 3 期。

所以，深入探讨与浮动抵押相关的抵押权的受偿次序和对抗效力问题，就成了中国现行物权法律制度不能回避的课题。

六、浮动抵押与购买价金担保权的并存

“流入”浮动抵押财产的“特定物”在其流入前设定有抵押权，在其流入后自动负担浮动抵押权，就会产生同一物上两个抵押权之间的受偿次序问题。《民法典》物权编第四百零四条沿袭了《物权法》第一百八十九条第二款的规定，明确浮动抵押权人不得对抗正常经营过程中已支付合理价款并取得抵押财产的买受人，这一制度的本质是对浮动抵押权人优先受偿财产范围的限制。①

2007 年《物权法》顺应市场经济发展的需要，引入了浮动抵押制度。但是，浮动抵押制度作为一项在英美法系蓬勃发展的法律制度，并不是孤立存在的。浮动抵押制度的有效运行，必须有一系列辅助制度加以保障，才能在出现浮动抵押制度与其他的权利并存时达到各方利益的平衡。浮动抵押赋予浮动抵押人在正常经营活动中自由处分抵押物的权利，就必然会导致抵押物像水流一样，存在流入和流出的问题，而流入的财产，无须经过任何手续，自动进入抵押财产的范围。对于流出的浮动抵押物，《民法典》尚有粗略的“购买人不受追及”制度予以回应，但是对于流入的物自动纳入抵押物的范围后与之前权利之冲突，并无相应制度予以解决。

第三百九十七条　【建筑物和相应的建设用地使用权一并抵押规则】 以建筑物抵押的，该建筑物占用范围内的建设用地使用权一并抵押。以建设用地使用权抵押的，该土地上的建筑物一并抵押。

抵押人未依据前款规定一并抵押的，未抵押的财产视

① 李莉：《浮动抵押权人优先受偿范围限制规则研究》，载《西南政法大学学报》2014 年第 3 期。

为一并抵押。

【条文疏义】

本条沿袭了《物权法》第一百八十二条的规定。

一、房地同时抵押原则即所谓“房随地走，地随房走”

房地同时抵押原则也称一致原则，也就是“地随房走，房随地走”的政策。土地和地上建筑物虽为独立的不动产，但其在使用时特别是处分时，从法律层面难以分离。因此，关于建设用地使用权和地上建筑物设定抵押时，应当采取同时抵押的立场，若采取分别抵押，则将不利于建设用地使用权和地上建筑物的流通或转让。

“同时抵押”原则具体表现为：首先，以土地使用权抵押的，应“房随地走”，即以建设用地使用权抵押的，该土地上的建筑物一并抵押。其次，以房产抵押的，应“地随房走”，但是前提条件是该地为建设用地，而不是农村集体土地。也就是说，“地随房走”存在例外，对农村房地产并不适用。因为我国农村集体土地使用权直至“三权分置”前，原则上一直是不允许流通的，不可进入市场。

二、实践中过去常常是房地分别抵押

我国立法坚持“房地一致原则”，即建筑物的所有权人与建筑物所占用土地的使用权人保持一致。《民法典》第三百九十五条沿袭《物权法》第一百八十条列举的可抵押财产中，建筑物和其他土地附着物、建设用地使用权均可成为抵押权标的。但实践中常常出现建筑物和建设用地使用权分别抵押的情形。

抵押人如果未按照此要求一并设立抵押，仅单独抵押建筑物或建设用地使用权的，未抵押的财产视为一并抵押。也就是说，出现这种情况时，并不是抵押违反法律的强制性规定无效，也不是依当事人的意思自治抵押效力仅仅及于该约定的土地或房屋，而是依法律作出的强制性规定，其抵押效力当然及于建筑物范围内的建设用地使用权或建设用地使用权上的建筑物。

三、单独抵押土地使用权

1. 房地抵押的法律效力

一般来说，我国实行的是“地随房走”或“房随地走”的房地一体的抵押制度。《民法典》第三百九十七条沿袭《物权法》第一百八十二条规定：“以建筑物抵押的，该建筑物占用范围内的建设用地使用权一并抵押。以建设用地使用权抵押的，该土地上的建筑物一并抵押。抵押人未依照前款规定一并抵押的，未抵押的财产视为一并抵押。”但是，《民法典》第四百一十七条沿袭《物权法》第二百条又规定：“建设用地使用权抵押后，该土地上新增的建筑物不属于抵押财产。该建设用地使用权实现抵押权时，应当将该土地上新增的建筑物与建设用地使用权一并处分。但是，新增建筑物所得的价款，抵押权人无权优先受偿。”

因此，对于地上没有建筑物的土地使用权，法律允许土地使用权单独进行抵押，并且地上新建的建筑物不属于抵押财产的范围。但抵押权实现时，为了保障“房地一致”，应当对房地一并处分，来实现土地使用权和房屋所有权的使用价值和交换价值。

2. 房地抵押中优先受偿的范围

根据《民法典》第四百一十七条沿袭《物权法》第二百条的规定和《城市房地产管理法》第五十二条的规定，明确建设用地使用权抵押后新增的建筑物不能作为抵押财产。这样规定的主要原因是在设定抵押权时，其标的物不包括新增的建筑物，从而抵押权的效力不能及于新增建筑物。新增的建筑物虽然不属于抵押财产的范围，但一旦抵押的土地上新增了建筑物，其建筑物和建筑物占用范围内的土地便不可分，即“房地一体”，债权人在实现抵押权时，如果将新增建筑物从拍卖的土地使用权中抽离出来，将使新增的建筑物所有权与建筑物所占用的土地使用权权利主体不一致，则这一新增的建筑物权利就无法得到实现。

同时，如果将新增的建筑物拆掉后再行使抵押权不仅会造成资源的浪费，而且新增建筑物的权利人的权利更加得不到保障。因此法律规定对有新增建筑物的建设用地的使用权实现抵押权时，应当将该土地新增的建筑物与建设用地使用权一并处分，但对于拍卖新增建筑物所得的价款，抵押权人不得优先受偿，是遵循价值最大理论且有法律基础的。

四、单独抵押房屋的法律效力

1. 建筑物抵押效力对其占用土地的影响

《民法典》第三百九十七条沿袭《物权法》第一百八十二条规定："以建筑物抵押的，该建筑物占用范围内的建设用地使用权一并抵押。以建设用地使用权抵押的，该土地上的建筑物一并抵押。抵押人未依照前款规定一并抵押的，未抵押的财产视为一并抵押。"根据《民法典》本条规定，地上建筑物抵押的，建设用地使用权也应当一并办理抵押手续。即使抵押权人只办理了房屋抵押登记，没有办理建设用地使用权登记，建设用地也应作为抵押财产进行处置。

2. 有关抵押中优先受偿的范围

单独抵押房屋的土地使用权应当一并抵押。那么抵押权人有权就土地及土地上的建筑物优先受偿。

五、有关抵押权实现的顺位

在已经对土地进行抵押的情况下，再对地上建筑物进行抵押，会构成对土地使用权的重复抵押，即债务人以同一抵押物分别向数个债权人进行抵押的行为。

《民法典》第四百一十四条第一款沿袭《物权法》第一百九十九条规定："同一财产向两个以上债权人抵押的，拍卖、变卖抵押财产所得的价款依照下列规定清偿：（一）抵押权已经登记的，按照登记的时间先后确定清偿顺序；（二）抵押权已经登记的先于未登记的受偿；（三）抵押权未登记的，按照债权比例清偿。"

虽然法律规定抵押地上房屋的，建设用地使用权视为一并抵押，但是此时土地上设立的抵押权属于未登记的抵押权，缺乏公示效果。为保护交易安全，特别是第三人的利益，在受偿顺序上未登记的抵押权要劣后于已经登记的抵押权。

六、《民法典》编纂过程中房地分别抵押问题的相关建议

《担保法》所采用的“房产抵押在房产管理部门登记、无地上定着物的土地使用权抵押在土地管理部门登记”的分别登记制度，是引发争议的根本原因。为避免纷争就必须改革现行的不动产抵押分别登记的现状，按照《民法典》第二百一十条所沿袭的《物权法》第十条“国家对不动产实行统一登记制度”的规定，尽快出台相关的法律、行政法规，规范不动产统一登记的范围、登记机构和登记办法，建立和完善不动产抵押的统一登记制度。在房产和土地登记部门最终合并后，可通过登记机关登记系统联网或并网等过渡措施来实现登记信息共享，以方便不动产抵押登记和查询，降低社会成本，提高登记效率。

【典型案例】

房屋所有权人与土地使用权人不一致是否适用“房地一体”原则[①]

——房地产抵押关系的适用

基本案情

2010年1月，丹辰公司破产管理人与新巳公司签订《房屋转让合同》两份，约定依据北京市第二中级人民法院的裁定，丹辰公司将东城区丹辰大厦破产财产的房屋转让给新巳公司，并将房屋所有权变更登记到新巳公司指定的公司名下。2011年6月28日，新巳公司取得了该房屋的所有权证

---

① 参见北京丹辰公司等与王某等案外人执行异议之诉案，载北大法宝，http：//222.177.237.213：8000/rwt/BDFB/http/P75YPLURNN4XZZLYF3SXP/case/pfnl _ a25051f3312b07f31ea64b4447-6a7276301c6e2856e7481ebdfb.html？keywords = %E5%8C%97%E4%BA%AC%E4%B8%B9%E8%80%80%E6%88%BF%E5%9C%B0%E4%BA%A7%E6%9C%89%E9%99%90%E5%85%AC%E5%8F%B8%E7%AD%89%E4%B8%8E%E7%8E%8B%E5%85%B4%E7%AD%89%E6%A1%88%E5%A4%96%E4%BA%BA%E6%89%A7%E8%A1%8C%E5%BC%82%E8%AE%AE%E4%B9%8B%E8%AF%89%E4%B8%8A%E8%AF%89%E6%A1%88&match = Exact，最后访问时间：2020年6月10日。

书，但双方未办理涉案房屋所占用范围建设用地的土地使用权变更登记手续。

2014 年 7 月 4 日，新巳公司与其债权人王某签订《补充协议书》，明确双方此前曾经签订了借款协议以及抵押协议，并且办理了抵押登记。现双方约定新巳公司再次向王某借款，新巳公司将涉案房屋抵押给王某。王某提供借款后，与新巳公司办理了房屋抵押登记手续并取得了案涉房屋的他项权利证书。

借款到期后，王某与新巳公司共同办理了借款抵押合同的强制执行公证。因新巳公司未履行还款义务，王某向公证处申请执行证书后，向北京市第二中级人民法院申请强制执行。2015 年 2 月 9 日，该院立案执行并予以查封。

丹辰公司向一审法院提出执行异议申请后，法院作出执行裁定书，认为依据《最高人民法院关于人民法院办理执行异议和复议案件若干问题的规定》第二十七条的规定，申请执行人对执行标的依法享有对抗案外人的担保物权等优先受偿权，对于案外人提出的排除执行异议不予支持。因王某对涉案房屋享有抵押权，故丹辰公司的异议请求不能成立，故裁定驳回了丹辰公司的执行异议申请。丹辰公司在收到上述裁定后的法定期间内，提起本案诉讼。

丹辰公司向一审法院起诉请求：判决停止对案涉房屋的强制执行，并解除查封措施，诉讼费用由王某、新巳公司承担。

法院审理

一审法院驳回丹辰公司诉讼请求，丹辰公司再次上诉请求：撤销一审判决，改判支持丹辰公司的一审诉讼请求。二审中新巳公司辩称：一审法院认定事实清楚，适用法律正确，请求维持一审判决，不同意丹辰公司的上诉请求。

二审法院经审理认为，根据《物权法》第一百八十二条的规定，以建筑物抵押的，该建筑物占用范围内的建设用地使用权一并抵押。以建设用地使用权抵押的，该土地上的建筑物一并抵押。抵押人未依照前款规定一并抵押的，未抵押的财产视为一并抵押。因此，案涉房屋所占用范围的建设用地使用权亦应当一并抵押。案涉房屋占用范围内的建设用地使用权目前虽然登记在丹辰公司名下，但不影响王某对该房屋行使抵押权。丹辰公司对涉案房屋并不享有足以排除强制执行的民事权益。

二审判决驳回上诉，维持原判。

案件评述

一、土地使用权与房屋所有权的区别和联系

1. 土地使用权和房屋所有权是相互独立的物权

土地使用权属于民法上的用益物权。用益物权既以取得物的使用价值为目的，其物权的特征就其主体而言，即其不是物的所有人而是物的使用人，其权利只有经登记公示才具有排他性。

房屋产权属于民法上的自物权，亦即所有权。土地使用权和房屋所有权作为相互独立的物权，两者具有不同的使用价值，我国将土地和房屋视作不同的生产、生活资料，设立了不同的部门进行管理。由于两种物权具有相互独立性且登记机关不统一，现实中，不可避免地发生对两种物权的分别处置。

2. 土地使用权与房屋所有权相互不可分割

土地使用权和房屋所有权也存在相互依附的关系。房屋的所有者必须取得其房屋所占有的土地使用权，如果对土地没有使用的权利，就无权在该地上建房，是空中楼阁。房屋的所有权建立在土地使用权取得的基础上，对其中任何一项权利的处置必将影响到另一项权利的变动。在司法实践中，对小区房屋查封并处置，最妥当的方式是同时查封房屋所有权及房屋所占的土地使用权，并且取得对两项物权的优先处置权。

二、处置两项物权所面临的问题

1. 登记机关的不一致

现实生活中很难避免土地和地上建筑物被分别处分的情况，特别是房

屋管理和土地管理分属不同部门时。《民法典》第二百零八条沿袭《物权法》规定："不动产物权的设立、变更、转让和消灭，应当依照法律规定登记。动产物权的设立和转让，应当依照法律规定交付。"但是由于当时现实中登记机关的不一致，这样现实的分别登记和法律规定的统一登记之间就发生了冲突。特别是在有担保的情况下，因为是分别登记，房屋抵押归房产管理部门管理，土地使用权抵押归国土资源局管理，即出现了房地产抵押进行分别登记。这些情况都给执行房地产造成了困难。故而我国《物权法》肯认了"物权公示"原则，《民法典》第二百一十条沿袭《物权法》第十条的规定，再次重申国家对不动产实行统一登记制度。

2. 法律的规定与现实的冲突

《最高人民法院关于人民法院执行工作若干问题的规定（试行）》第九十一条第一款规定："对参与被执行人财产的具体分配，应当由首先查封、扣押或冻结的法院主持进行。"法院对被查封财产的强制处分可以被视为代替财产所有人处分自己的财产。房地登记机关不一致，带来的最大问题就是处分房地产的法院不确定。

坚持"房地一体"的关键点有两个：第一点就是处分房地产时房屋所有权和土地使用权要一同转移，不能分别处分；第二点就是法院处置后，两项权利最终归属同一主体，房屋的所有者必定要是房屋所占有的土地使用权的拥有者。只有保证了这一点，才能符合"房随地走，地随房走"的精神。

本案中，《民法典》物权编第三百五十七条沿袭《物权法》第一百四十七条规定："建筑物、构筑物及其附属设施转让、互换、出资或者赠与的，该建筑物、构筑物及其附属设施占用范围内的建设用地使用权一并处分。"因此，案涉房屋所占用范围内的建设用地使用权应当一并转让给新巳公司。目前，涉案房屋占用范围内的建设用地使用权虽然登记在丹辰公司名下，但并不影响新巳公司对涉案房屋主张所有权。

《民法典》物权编第三百五十七条再次沿袭肯认了这一规定。

三、不动产登记中临时应急措施的定型化

在司法实践中，根据《最高人民法院关于适用〈中华人民共和国民法典〉有关担保制度的解释》第四十六条的相关规定，不动产抵押合同生效后未办理抵押登记手续，债权人请求抵押人办理抵押登记手续的，人民法院应予支持。抵押财产因不可归责于抵押人自身的原因灭失或者被征收等导致不能办理抵押登记，债权人请求抵押人在约定的担保范围内承担责任的，人民法院不予支持；但是抵押人已经获得保险金、赔偿金或者补偿金等，债权人请求抵押人在其所获金额范围内承担赔偿责任的，人民法院依法予以支持。因抵押人转让抵押财产或者其他可归责于抵押人自身的原因导致不能办理抵押登记，债权人请求抵押人在约定的担保范围内承担责任的，人民法院依法予以支持，但是不得超过抵押权能够设立时抵押人应当承担的责任范围。

第三百九十八条 【乡镇、村企业的建设用地使用权与房屋一并抵押规则】 乡镇、村企业的建设用地使用权不得单独抵押。以乡镇、村企业的厂房等建筑物抵押的，其占用范围内的建设用地使用权一并抵押。

【条文疏义】

本条沿袭了《物权法》第一百八十三条的规定。

一、我国集体土地使用权抵押之限制

我国对集体所有的土地管控严格。法律明确规定，乡镇、村企业使用的土地使用权不得单独抵押。乡镇、村企业的土地使用权因属于集体土地使用权，所以不得单独用作抵押来担保债权。

集体所有制土地必须先由国家征收为国有土地后，才可以在市场上流通。也就是说，凡不属于国有土地使用权的土地，一律不准出让。国家之所以作出这种规定，是为了充分保护我国的土地资源，因为多数观点认为，在目前我国关于集体土地使用权的法律规定不完备的情况下，如果允许集体土地使用权流通，极有可能造成国家土地资源的流失和失控。

二、“房地一体主义”

如果乡镇、村企业使用的土地上有房屋及其他地上定着物，设定抵押时，该房产范围内的土地使用权不得和该房产相分离单独设定抵押。以乡镇、村企业的厂房等建筑物抵押应当坚持“地随房走”的原则，将该房屋占有的土地使用权和该房屋同时抵押。所以，当以乡镇、村企业的厂房等建筑物抵押时，为确保其占用范围内的土地使用权及建筑物归属于同一权利人，不管是否协议将其范围内的土地使用权一并抵押，其效力都当然及于该土地使用权。只有这样，才能保证抵押权实现，房屋和土地使用权同时转让，从而使受让人的权利得以实现。

肯定集体土地使用权与其上农房一并抵押，彰显房地一体主义要求，能够实现农房所有权的处分权能。避免出现农房所有权行使过程中的土地使用权障碍，使得所有权不能实现。《国土资源部关于进一步加快宅基地和集体建设用地确权登记发证有关问题的通知》（国土资发〔2016〕191号）强调推进房地一体的集体土地使用权确权登记颁证，体现了“房地一体”的要求。近期有关试点文件均指出确立房地一体的集体土地使用权抵押，代表了改革的方向。①

① 侯霞：《宅基地使用权抵押研究》，载《法制与社会》2020年第7期。

【典型案例】

如何认定违反法律禁止性规定的借款合同中集体土地的性质①

——农村集体土地上房屋抵押权分析

基本案情

2016年4月25日，陈某生向铁寅市农村信用社申请贷款重组。同月29日，铁寅市农村信用社与被告陈某生、周某芳、陈某明、铁寅市鑫丙粮油公司签订《个人担保借款合同》，约定：陈某生等向信用社借款金额97万元，借款用途为偿还原贷款，借款担保方式为抵押担保，担保物是产权人为陈某生的房屋两套；所有权人为铁寅市鑫丙粮油公司的机器设备，对上述房屋已出具房屋产权登记手续，登记权利种类为抵押，也对上述机器设备出具了动产抵押登记书。

另原告称，被告陈某生又用产权人为自己的库房等及其集体土地使用权为上述借款做附属抵押。但原告未提供该房屋产权证、土地使用权证、抵押担保合同及抵押登记他项权证等手续，铁寅市工农乡政府只对2万平方米集体土地使用权出具《同意抵押意见书》。后原告按约定向被告陈某生发放了贷款，但被告陈某生却未能按约定偿还贷款及本息。同月29日，被告陈某生、周某芳共同为原告出具《还款承诺书》，承诺共同承担还款责任。

故原告铁寅市农村信用社诉至法院要求：被告陈某生、周某芳偿还借款本金，支付利息及罚息，要求依法确认原告与被告签订的个人担保借款合同有效，原告对抵押财产及附属抵押财产享有优先受偿权。

法院审理

一审法院经审理认为，原、被告签订的《个人担保借款合同》部分有

① 参见铁寅市农村信用社诉陈某生等金融借款合同纠纷案，载北大法宝，http：//www.pkulaw.cn/Case/pfnl_ a25051f3312b07f32c12991777f8e2deb41b280a601e005ebdfb.html? match = Exact，最后访问时间：2020年6月8日。

效；原告对所有权人为被告的鑫丙粮油公司的机器设备享有优先受偿权。驳回原告其他诉讼请求。

二审法院经审理认为，陈某生提供的担保房屋的性质为农村住宅用房，上述担保房屋占用范围内的土地使用权的性质为集体土地使用权。根据《物权法》第一百八十三条和第一百八十四条的规定，乡镇、村企业的建设用地使用权不得单独抵押……耕地、宅基地、自留地、自留山等集体所有的土地使用权不得抵押。故被上诉人提供的担保房屋及其占用范围内的土地使用权不得设立抵押权，对上诉人的该项上诉主张不予支持。

关于铁寅市农村信用社主张的陈某生同时用产权人为自己的库房等及集体土地使用权做附属抵押，农村信用社对此享有抵押权，应当优先受偿。因该农村信用社未提供证据证明陈某生就上述房屋及土地使用权办理了抵押登记，根据《物权法》第一百八十七条的规定，抵押权自登记时设立。故对于上述房屋及土地使用权，该农村信用社并不享有抵押权，对其该项上诉主张不予支持。

二审法院驳回上诉，维持了一审判决。

案件评述

一、我国集体土地使用权原则上禁止抵押

长期以来，我国集体土地使用权原则上禁止抵押。《担保法》第三十七条所规定的不得抵押的财产范围，其中第二项规定的“耕地、宅基地、自留地、自留山等集体所有的土地使用权”不得抵押，《民法典》出台之前，《物权法》第一百八十四条作出与《担保法》同样的规定。集体土地使用权与我国的社会制度紧密相连，是具有中国特色的权利制度。集体土地不同于国有土地，且其享有权利的主体具有地域性，即仅能由该集体范围内的公民所享有，同时由于集体土地多为耕地、自留地、宅基地、自留山等农业用地，不得随意改变其用途，所以长期以来，我国为了严格维护集体农民的利益，严格禁止集体土地使用权的处分，包括出让、抵押等。如果将集体所有的土地用作抵押，一旦债务无法清偿，将面临该集体土地

使用权属于集体外部人所有的风险，从而可能影响土地的使用及集体内部人的利益。正是在这一意义上，由于乡镇、村土地属于集体土地，所以该土地使用权不得单独抵押。《民法典》第三百九十九条在基本沿袭原来规定的基础上，取消了对集体所有耕地的土地使用权抵押的限制。

二、本条有例外之规定

以乡镇、村企业的厂房等建筑物抵押的，其占用范围内的土地使用权一并抵押，这再次体现了我国土地与建筑物之间权利归属一致性的原则。

无论是将土地与房屋视为主权利还是从权利抑或两个不同的权利，我国土地所有权属于国家所有的制度严格要求土地使用权与建筑物的所有权必须归属于同一人，因而在城市的建设用地使用权的抵押当然及于该范围内的建筑物，建筑物的抵押当然及于该范围内的土地使用权。但由于存在集体土地使用权不能抵押，不能以乡镇、村企业的厂房等建筑物抵押的现实问题，为解决这种矛盾，保持两者权属归属于同一主体，才对此作出例外的规定。

三、本案的法理分析

案涉担保房屋占用范围内的土地使用权的性质为集体土地使用权。根据《民法典》第三百九十八条、第三百九十九条所沿袭的《物权法》第一百八十三条、第一百八十四条的规定，乡镇、村企业的建设用地使用权不得单独抵押，以乡镇、村企业的厂房等建筑物抵押的，其占用范围内的建设用地使用权一并抵押。宅基地、自留地、自留山等集体所有的土地使用权不得抵押。故陈某生提供的担保房屋及其占用范围内的土地使用权不得设立抵押权。

四、我国集体土地用益物权抵押制度的勃兴

我国的农村为改革开放事业贡献了大量的人力以及土地等资源，却在市场经济的进程中明显落后于城市，尤其是城乡收入差距逐步被拉大。为了发展农业，夯实农民收入寻求法律制度上的保障，完善集体土地用益物权抵押制度就是其中一项重要举措。集体土地用益物权抵押不仅涉及法律制度的设计，还涉及市场经济运行体制方面的健全，更重要的是关系到农民的切身利益，而农民的利益又牵涉“三农”问题，是国家政策关心的重点，从2004年到2013年连续十年中央一号文件都以“三农”问题为主题。虽然《担保法》《物权法》等对大部分集体土地用益物权抵押持否定的态度，但随着社会的发展，社会保障体系的完善，土地社会保障功能的逐渐弱化，农民的融资需求逐渐增强，为适应市场经济发展的需要，《民法典》取消了对集体所有耕地土地使用权抵押的限制，并且有必要未雨绸缪，设置其他集体土地用益物权抵押制度，同时完善相关的配套制度，为未来的立法做打算。

五、“典权入典”于民法典编纂中的讨论

1. 典权是最具中国本土特色的物权制度

中国传统的典权制度，在上千年的演进中自成体系，以习惯法的形式代代流传。自清末改律，《大清民律草案》起草，开始“典权入典”，到《中华民国民法典》的颁布，完成了典权制度的成文化。新中国成立以后，废除《六法全书》，而新中国《物权法（草案）》在起草时，由于典权废除论的兴起，典权未能入典。典权在农村土地房屋流转及我国城市化进程中，符合现实需求，故有学者在《民法典》编纂的过程中，考虑重新法定典权。

典权制度萌芽于我国南北朝时期，至唐代与“典”相关的法律规则逐步确立下来，唐代的“不动产之典”与“人身之典”已颇具后世典制的外观。宋代则为“典”的入律时期，这一时期国家开始注重对不动产典买、典卖行为的法律规制，出典程序、典期、典价相关的基本习惯及法律规则也逐步确立。应当说，唐宋时期我国传统典制的基本轮廓业已勾勒完成，明清时期“典”的盛行正是建立于前朝积淀基础之上。①

2. 新中国改革开放后抵押制度蓬勃发展而典权制度却式微

完善典权制度将有利于落实宪法对私有财产的保护，进一步发展社会

---

① 王彬：《唐宋时期典制研究》，载《法制与社会》2017年第10期。

主义市场经济。有关研究从房屋的抵押、典权制度出发，对我国私有财产的保护以及其对当下市场经济发展的意义进行探讨，均旨在对我国民法制度的创新提供有益借鉴。①

由于受典权主客体范围的严格限制及传统典价制度下出典人和典权人权利义务的不对等，典权制度在我国的发展渐趋式微，这恰恰反映和体现了公共财产和私有财产保护发展的不均衡。但是，从我国的国情和文化传统考虑，典权制度有利于填补我国物权法律框架中不动产质押的法律空白，有利于满足新农村建设融资的需求。故许多学者均建议，以《民法典》的编纂为契机，对典权进行现代化改造，将其置于《民法典》物权编用益物权之下。② 但《民法典》最终没有采纳此意见。

3. 典权入典与“农地流转三权分置”理念上相契合

由于农民享有之土地财产权益有限，制约着农户财产进入社会财产增值体系、信用体系、流动体系，故解决土地锐减和农民保障的矛盾迫在眉睫，而想赋予农民更多的财产权利，既得稳定农村土地承包关系，又得让农民对承包地、承包经营权享有抵押、担保等流转权能。为此，国务院办公厅曾于《关于引导农村土地经营权有序流转发展农业适度规模经营的意见》中强调坚持农村土地集体所有，实现所有权、承包权、经营权三权分置，引导土地经营权有序流转。这均须对集体所有权、农户承包权、土地经营权在土地流转中的相互权利关系，特别是其具体实现形式予以研究和探索。

也正是由于现行土地物权制度难以真正让农民通过流转土地取得收益或获得融资，所以坚持农村土地集体所有，实现所有权、承包权、经营权三权分置，才成为解决农村土地流转的捷径。有人认为，此种农村土地三

---

① 关韬睿：《从房屋抵押、典权制度看我国的私有财产保护》，载《人民论坛》2015 年第 3 期。

② 陈耀东、吴迪：《典权制度的现代化改造——兼论“典权入典”》，载《天津师范大学学报（社会科学版）》2019 年第 1 期。

权分置理论事实上是同传统民法理论存在法律逻辑冲突的，不过，只要我们将“三权分置”放在传统典权的制度框架下来考察，即完全可以使农民在集体保有土地所有权的基础上，找到将农村土地承包经营权依法转让的法律途径。应当承认，典权在我国民法典编纂过程中，百年来一直争议不断。①

4. 传统典权与公有制条件下私权主体进入土地市场路径之耦合

引导农村土地经营权有序流转、发展农业适度规模经营是当前我国土地工作之重心。传统典权制度作为一种切实可行的制度构建模式，其既能够解决公有制条件下私权主体进入土地市场的难题，又能够赋予农民在农村土地集体所有权基础上更好地获得土地经营权流转收益的权利。只要将业已法定的农村土地承包经营权借助“有买卖之实而无买卖之名”的传统典权制度予以扬弃，自可合法有序地突破农村土地流转之法律瓶颈。②

第三百九十九条　【禁止抵押的财产范围】下列财产不得抵押：

（一）土地所有权；

（二）宅基地、自留地、自留山等集体所有土地的使用权，但是法律规定可以抵押的除外；

（三）学校、幼儿园、医疗机构等为公益目的成立的非营利法人的教育设施、医疗卫生设施和其他公益设施；

（四）所有权、使用权不明或者有争议的财产；

（五）依法被查封、扣押、监管的财产；

---

① 李显冬、倪淑颖：《“典权入典”与农地流转“三权分置”之契合》，载《中共青岛市委党校青岛行政学院学报》2016年第4期。

② 李显冬、金丽娜、倪淑颖：《农村土地流转与典权之扬弃》，载《国土资源情报》2016年第6期。

（六）法律、行政法规规定不得抵押的其他财产。

【条文疏义】

本条基本沿袭了《物权法》第一百八十四条的规定，但删除了“耕地使用权”不可抵押的原则性规定。

一、土地所有权

1. 在我国土地所有权禁止流通不具有可让与性，故不得抵押

土地所有权既包括国有土地的所有权，又包括集体所有土地的所有权。目前，我国法律没有规定国有土地所有权可以抵押。集体所有土地分为农用地和建设用地，农用地除“四荒地”的承包经营权外，一般不允许抵押，建设用地事实上大多是要先依法转为国家所有，然后才能设定建设用地使用权予以出让。所以，如果允许土地所有权抵押，在实现抵押权后，必然带来土地所有权归属的改变，不但违反宪法和法律关于我国土地只能归国家或者集体所有的规定，而且使土地所有权主体发生变更，会损害农民的利益以至于使土地所有制受到威胁。

2. 可以在市场上流通的只能是土地使用权

在国有土地使用权上设置抵押权是合法的，故其可以抵押。原则上，我国不允许集体所有的土地使用权进入市场流通，仅有两个例外：一是乡镇、村企业的厂房等建筑物抵押的，其占用范围内的集体土地使用权可以同时抵押；二是荒山、荒沟、荒丘、荒滩“四荒”土地使用权可以抵押。而对财产进行查封、扣押、监管后，其权利人不再享有对该财产的处分权，自不能以其为抵押物进行抵押。

3. 农村集体经营性建设用地使用权抵押贷款试点活动

随着《中共中央关于全面深化改革若干重大问题的决定》的颁布，要建立城乡统一的建设用地市场，在符合规划和用途管制的前提下，允许农村集体经营性建设用地出让、租赁、入股，实行与国有土地同等入市、同权同价。全国各地进行了农村集体经营性建设用地使用权抵押贷款试点活

动。在试点范围内，农村集体经营性建设用地也可以进行抵押。农村集体经营性建设用地是指存量农村集体建设用地中，土地利用总体规划和城乡规划确定为工矿仓储、商服等经营性用途的土地。农村集体经营性建设用地使用权抵押贷款，是指以农村集体经营性建设用地使用权作为抵押财产，由银行业金融机构向符合条件的借款人发放的在约定期限内还本付息的贷款。①

其主要分为两种情况：一种情况是尚未入市但已经依法进行不动产登记并持有权属证书的农村集体经营性建设用地，首先要符合环保、规划等要求，具备开发利用的基本条件；其次所有权主体按照法定程序进行决策同意抵押；最后试点县（市、区）政府同意抵押权实现时土地可以入市。另一种情况是尚未入市但改革前依法使用的农村集体经营性建设用地，首先要依法进行不动产登记并持有权属证书；其次要按相关规定办理入市手续；最后要签订土地使用合同，办理变更登记手续。

二、耕地、宅基地、自留地、自留山等集体所有的土地使用权

我国是农业大国，农业是国民经济的基础，而用于种植粮、棉、油、菜等农作物的耕地则是基础的基础。目前，由于国家发展建设征用耕地和一些单位违法乱占耕地，使我国的耕地数量逐年减少。为贯彻落实科学发展观，保证经济社会可持续发展，必须采取更严格的管理措施保护耕地，保障农业持续、稳定、协调发展。因此，本法禁止以耕地抵押。

宅基地是农民生活的必需和赖以生存的所在。在立法过程中，关于宅基地使用权可否抵押一直存在不同意见。考虑到目前我国农村社会保障体系尚未全面建立，宅基地使用权是农民安身立命之本，从全国范围看，现在宅基地使用权的转让和抵押的条件尚不够成熟。特别是农民一户只有一处宅基地，农村居民出卖、出租住房后再申请宅基地的不予批准，这一点

① 为持续深入开展农村集体经营性建设用地入市改革试点工作，后延长《农村集体经营性建设用地使用权抵押贷款管理暂行办法》有效期至2019年12月31日。

与城市居民是不同的。农民一旦失去住房及其宅基地，将会丧失基本生存条件，影响社会稳定。为维护现行法律和现阶段国家有关农村土地政策，本条禁止以宅基地占用范围内的土地使用权抵押。

自留地、自留山是农民作为生活保障的基本生产资料，带有社会保障性质，从保护广大农民的根本利益出发，禁止以自留地、自留山的使用权抵押。

三、学校、幼儿园、医院等以公益为目的的事业单位、社会团体的教育设施、医疗卫生设施和其他社会公益设施

为保障公用事业的发展，防止公益设施的流失，规定公益设施不得抵押。当然，公益单位对公益设施以外的财产为自己的债务设立抵押是允许的。

《民法典》本条规定沿袭了《物权法》第一百八十四条的规定，亦即《担保法》第三十七条的规定，肯认了学校、幼儿园、医院的教育设施、医疗卫生设施不得抵押。在《物权法》立法过程中，对这一规定曾有不同意见。有的认为，随着教育体制和医疗体制的改革，出现了越来越多的民办学校和医院。对于民办学校、幼儿园和医院，国家投资少、融资需求大，又没有教育设施、医疗设施以外的其他财产作为融资的担保，仅靠捐助或者投资人的继续投入等方式筹资，难以满足要求。因此，应当将学校、幼儿园、医院分为公办和民办，允许民办学校、医院的教育设施、医疗卫生设施抵押。有的建议规定，学校、幼儿园、医院的教育设施、医疗卫生设施可以抵押，但实现抵押后，不得改变学校、医院的性质和用途。

需要说明的是，本条禁止抵押的，只是教育设施和医疗卫生设施，比如教学楼、实验室、教学用计算机、实验设备，医院门诊大楼、住院部、X 光机、CT 机、化验仪器。

除学校、幼儿园、医院外，其他社会公益设施也不得抵押，比如，不得将公共图书馆、科学技术馆、博物馆、国家美术馆、少年宫、工人文化宫、敬老院、残疾人福利基金会等用于社会公益目的的设施抵押。

四、所有权、使用权不明或者有争议的财产

财产所有权是权利主体依法对自己的财产占有、使用、收益和处分的权利。财产使用权是依法对财产使用、收益的权利。如果一项财产的所有权或者使用权不明确，甚至是有争议的，将其抵押不仅可能侵犯所有权人或者使用权人的合法权利，而且可能引起矛盾和争议，使得社会关系更加混乱。因此，所有权、使用权不明或者有争议的财产不得抵押。

五、依法被查封、扣押、监管的财产

依法查封、扣押、监管的财产，指人民法院或者行政机关采取强制措施将财产就地贴上封条或者运到另外的处所，不准任何人占有、使用或者处分。依法监管的财产，指行政机关依照法律规定监督、管理的财产。比如海关依照有关法律、法规，监管进出境的运输工具、货物、行李物品、邮递物品和其他物品。对违反海关法和其他有关法律法规规定的进出境货物、物品予以扣留。依法被查封、扣押、监管的财产，其合法性处于不确定状态，国家法律不能予以确认和保护。因此禁止以依法被查封、扣押、监管的财产设立抵押。

在司法实践中，根据《最高人民法院关于适用〈中华人民共和国民法典〉有关担保制度的解释》第三十七条的相关规定，当事人以所有权、使用权不明或者有争议的财产抵押，经审查构成无权处分的，人民法院应当依照民法典第三百一十一条的规定处理。当事人以依法被查封或者扣押的财产抵押，抵押权人请求行使抵押权，经审查查封或者扣押措施已经解除的，人民法院应予支持。抵押人以抵押权设立时财产被查封或者扣押为由主张抵押合同无效的，人民法院不予支持。以依法被监管的财产抵押的，适用前款规定。

六、法律、行政法规规定不得抵押的其他财产

出于法律严密性的考虑，本条还规定了法律、行政法规规定的其他财产不得抵押的兜底条款。除本条前五项所列不得抵押的财产外，在设定抵押权时，还要看其他法律、行政法规有无禁止抵押的规定。

【典型案例】

如何认定抵押财产是否属于禁止抵押范围[①]

——禁止抵押条款的适用

基本案情

2012年2月17日，郑某辉与李某中签订《个人借款合同》，约定李某中向郑某辉提供借款。同日，百丁公司与李某中签订《个人抵押担保合同》，约定百丁公司提供其所有的商业用地为上述合同项下的全部债务提供最高额抵押担保。百丁公司承诺其所提供的抵押财产为可转让、可开发的“商业用地”。

2012年8月14日，百丁公司与李某中签订《抵押担保合同》，约定因郑某辉无法按期归还借款，李某中同意延长借款期限，由百丁公司继续以上述抵押物为主合同项下的债务本息及产生的全部费用提供抵押担保。郑某辉至今未向李某中归还借款本金，百丁公司亦未向李某中履行担保责任。

另查，1998年12月20日，该市国土资源局与百丁公司签订《国有土地使用权出让合同》，约定该市国土资源局将宗地使用权出让给百丁公司。出让宗地的总体规划是建设学校及配套设施项目，该市国土资源局绘制的宗地图显示其上已建设有学校运动场等。百丁公司与李某中签订《个人抵押担保合同》案涉土地系商业用地，使用权人为百丁公司。且该市人民政府颁发的《国有土地使用权证》载明该地用途为商业。

法院审理

一审法院判决郑某辉偿还借款及利息和其他费用；百丁公司应在商业用地的价值范围内对上述债务承担连带赔偿责任。

---

① 参见百丁公司与李某中等借款合同纠纷案，载北大法宝，http：//www. pkulaw. cn/Case/pfnl_ a25051f3312b07f3509bb3f35e1674fc30fd167b4735d476bdfb. html？match = Exact，最后访问时间：2020年6月8日。

二审判决驳回上诉，维持原判。

再审法院经审理认为，原判决以百丁公司未证明出让宗地与案涉土地之间的关系，进而以未证明案涉土地上建成的是否属于教育设施为由，认定案涉抵押合同有效。但根据再审查明的事实，案涉土地是宗地的一部分。案涉土地作为学校校园的一部分，其上建筑物应当认定为教育设施。依据《民办教育促进法》第三条及第五条之规定，案涉学校作为民办学校，应认定为公益性事业单位。依据《担保法》第三十七条第三项及《物权法》第一百八十四条第三项之规定，案涉土地属于学校类教育公益设施，系法律规定不得抵押的设施。以该土地使用权设定的抵押因违反上述法律强制性规定，当属无效。

虽然案涉土地的登记用途为“商业”，但案涉地块上建有教育公益设施已是事实。依据《物权法》第一百八十二条规定的“房地一体”原则，案涉土地上为教育设施，故土地亦不能作为抵押物。因此，案涉两份抵押担保合同因违反了法律强制性规定而无效。李某中主张案涉抵押担保合同应认定为有效的理由不能成立。原判决认定案涉抵押担保合同有效，属认定事实不清、适用法律错误，再审法院予以纠正。

案件评述

一、教育设施不得抵押

《民法典》第三百九十九条第三项沿袭《物权法》第一百八十四条明文规定“学校、幼儿园、医疗机构等为公益目的成立的非营利法人的教育设施、医疗卫生设施和其他公益设施”不得抵押。这无疑沿袭了《担保法》第三十七条“学校、幼儿园、医院的教育设施、医疗卫生设施不得抵押”的规定。《民办教育促进法》第三条规定，民办教育事业属于公益性事业，是社会主义教育事业的组成部分。故学校、幼儿园的教育设施是用来教书育人的，如果允许以学校的教育设施抵押，一旦实现抵押权，不仅办学目的难以达到，严重的可能造成学生失学，影响社会安定。从国家、民族的未来考虑，从维护社会安定出发，从教育的目的着眼，应当禁止以教育设施抵押。

二、除法定的不得抵押财产外，原则上还应符合一般性规定

即抵押人对抵押物有处分权，所以一切盗窃物、违法占有物等不应作为抵押财产。同时《最高人民法院关于适用〈中华人民共和国担保法〉若干问题的解释》还规定了违法、违章建筑物作为抵押的，抵押无效。实务中还出现了大量的有争议的抵押财产，其中表现突出的有两类：一类是楼房按揭中的房屋抵押，另一类是共有财产中共有人设定的抵押。

第四百条 【抵押合同】 设立抵押权，当事人应当采用书面形式订立抵押合同。

抵押合同一般包括下列条款：

（一）被担保债权的种类和数额；

（二）债务人履行债务的期限；

（三）抵押财产的名称、数量等情况；

（四）担保的范围。

【条文疏义】

本条基本沿袭了《物权法》第一百八十五条的规定，但删除了抵押合同条款中应包含抵押财产“质量、状况、所在地、所有权归属或者使用权归属”的规定。

一、抵押需订立书面合同

抵押合同一般涉及的金额比较大，同时法律关系也比较复杂，而且在实现抵押权时，往往涉及第三人的利益，所以法律规定抵押合同要采用书面形式。同时，法律对担保合同的内容也作出了规定。抵押合同所记载的内容不符合法律规定的，当事人应当予以补正。但抵押合同是否成立和生效，应当按照《民法典》合同编关于合同成立与生效的规定判断。

二、明确约定抵押内容

设立抵押的目的就是担保主债权的实现，因此对被担保的主债权应当有明确的约定。当事人对由民事关系产生的债权，在不违反法律、法规强制性规定的情况下，均可设立抵押权等担保物权。

债务人履行债务的期限，决定抵押权人行使抵押权的期限。因此，抵押期限也应在担保合同中约定。抵押财产的名称、数量、质量、状况、所在地、所有权权属或使用权权属，是使抵押权特定所必需的，因此，抵押合同中对此要有所反映。而抵押担保的范围，也就是抵押权所担保的范围，指的是抵押权人得以抵押物的变价优先受偿的债权范围。当事人不仅应约定抵押权是否担保全部债权，还应约定抵押权是否担保利息、违约金、损害赔偿金等。没有约定或约定不明时，则担保范围由法律规定。

三、抵押合同成立和生效

抵押合同是当事人双方对于是否设立抵押、抵押的内容、抵押权的实现等相关问题进行约定的合同，是双方合意的结果。设定抵押的顺序是：抵押人和抵押权人双方先签订抵押合同，依据合同约定、抵押物的性质再设立抵押权。所以抵押合同生效与抵押权生效是两个概念，不能混为一谈。设定抵押合同的是债权行为，抵押合同是债权合同，抵押合同的成立、生效要件满足合同成立、生效要件即可。

《民法典》第五百零二条规定："依法成立的合同，自成立时生效，但是法律另有规定或者当事人另有约定的除外。依照法律、行政法规的规定，合同应当办理批准等手续的，依照其规定。未办理批准等手续影响合同生效的，不影响合同中履行报批等义务条款以及相关条款的效力。应当办理申请批准等手续的当事人未履行义务的，对方可以请求其承担违反该义务的责任。依照法律、行政法规的规定，合同的变更、转让、解除等情形应当办理批准等手续的，适用前款规定。"因此，不论是不动产还是动产抵押合同，均为要式合同，双方在合同书上签字或者盖章，即成立并生效，除非法律另有规定或者合同另有约定如附条件或附期限。

四、抵押合同法律效力的体现

合同成立并不意味着合同生效，合同生效后其效力约束双方当事人：《民法典》第四百六十五条规定：“依法成立的合同，受法律保护。依法成立的合同，仅对当事人具有法律约束力，但是法律另有规定的除外。”依法成立的合同，既然对当事人具有法律约束力，当事人自应当按照约定履行自己的义务，不得擅自变更或者解除合同。

具体表现为：首先，自合同依法成立时起，合同当事人要受到合同的约束；其次，如果情况发生变化需要变更或者解除合同时，应当按照合同的约定或者法律的规定协商解决；最后，除不可抗力等法律规定的免责事由外，当事人不履行合同义务或者履行合同义务不符合约定时，需要承担违约责任。

不动产抵押、动产浮动抵押合同生效后的效力体现在：抵押人必须依法办理抵押登记，否则将构成违约；其他动产抵押合同生效后的效力则体现在：抵押人有依约定办理抵押登记的义务，否则也构成违约。

五、抵押合同效力对于抵押权的影响

抵押合同是一个债权行为，抵押权的设立是物权行为，影响债权行为效力的要件是：双方当事人主体是否适格、当事人意思表示是否真实、合同内容有无违反法律强制性规定等，影响物权行为的要件是法律有无强制性规定必须登记，如果法律有规定，只有登记才生效；如果法律没有规定，如动产抵押，则抵押合同生效时抵押权设立。

对于不动产抵押，抵押权登记生效，抵押合同生效与否并不影响抵押权设立，如果抵押合同无效或者效力待定，当事人办理了不动产抵押登记，抵押权依然设立，债权不能影响物权变动。对于动产抵押，抵押权的设立无须登记，抵押合同生效，抵押权设立，抵押合同无效或者效力待定，抵押权无法设立。因此，对于动产抵押，抵押合同必须有效，才能顺利设立抵押权。

【典型案例】

将汽车驾驶证和车钥匙交付但未订立抵押合同抵押权能否成立①

——抵押合同的一般内容

基本案情

原告李某启因建房需要，在被告申林县蒋某建材经营部订购钢筋，并于当天预付钢筋款3万元。后原告得知被告因经营不善，没有交付钢筋的能力，便找到被告要求立即交付钢筋或者返还钢筋款，被告答应返还钢筋款3万元给原告，并用被告蒋某明之父所有的车辆作为担保，被告方某雄将该车辆钥匙及机动车行驶证交给原告保管。某天上午，原告打电话给被告，被告蒋某明答应会尽快返还款项。之后原告多次打电话给被告，被告一直拖延时间拒不返还款项，原告特诉至法院。

原告李某启持有收据1份，载明内容为："已收到李某启钢筋预付款3万元，我还欠1.1万元的钢筋没有交付。蒋某明"，该收据还盖有"申林建能钢材直销点专用章"及被告方某雄在"经办人"处的签名。

原告自认"申林建能钢材直销点"未依法设立，在本案中不予起诉，并且自认系被告蒋某明、方某雄将被告蒋某明之父所有的车辆钥匙、机动车行驶证及道路运输证交给其保管，当时被告蒋某明之父并未在场。

现原告要求解除其与被告之间钢筋买卖合同关系并返还钢筋款，诉至法院。

---

① 参见李某启与蒋某、蒋某明等买卖合同纠纷案，载北大法宝，http：//222.177.237.213：8000/rwt/BDFB/http/P75YPLURNN4XZZLYF3SXP/case/pfnl _ a25051f3312b07f331c75d09ae3579972-a867fbe768850e0bdfb.html？keywords = %E6%9D%8E%E5%8A%A0%E5%90%AF%E4%B8%8E%E8%92%8B%E6%9E%97%E3%80%81%E8%92%8B%E8%A7%81%E6%98%8E%E4%B9%B0%E5%8D%96%E5%90%88%E5%90%8C%E7%BA%A0%E7%BA%B7&match = Exact，最后访问时间：2020年6月8日。

法院审理

法院经审理认为，关于原告对被告蒋某明之父所有的车辆是否享有优先受偿权。依据《物权法》第一百八十五条第一款“设立抵押权，当事人应当采取书面形式订立抵押合同”之规定，原告在本案中未提交被告蒋某明之父签名的书面抵押合同或者抵押条款，且其自认系被告蒋某明、方某雄将被告蒋某明之父所有车辆的钥匙及相关证件交给其保管，而该被告并未在场。

因此，原告仅凭其持有车辆钥匙及相关证件，不能推定被告蒋某明之父有用其所有的车辆为被告蒋某明或者方某雄的债务进行抵押担保的意思表示。故原告对该车辆的抵押权未设立。

案件评述

一、抵押权的实现之前提

抵押权的实现应当符合以下条件：(1) 抵押权合法有效；(2) 债务履行期届满债权人未受清偿。此外，在有些情况下，担保权的行使可能面临法律上的限制，比如，在企业重整期间，担保物权应暂停行使。

本案中，由于原告和被告之间并没有直接面对面以书面方式订立抵押合同，因此原告仅以第三人转交的、其现在持有的被告所有的车辆和相关证件向法院要求被告履行抵押是没有法律依据的，因此法院的判决正确。

本案中并没有抵押合同的存在，也不具备依法律规定抵押合同应有的书面形式，欠缺：(1) 被担保债权的种类、数额；(2) 债务人履行债务的期限；(3) 抵押财产的名称、数量、质量、状况、所在地权属或使用权权属；(4) 担保的范围。

由此案可知，在没有书面抵押合同时，原告的诉请自无法得到法律的支持。

二、抵押合同效力之确定

1. 抵押合同作为设定担保物权的合同具有从合同的法律属性

其生效以主合同有效为前提，对抵押合同的要式或不要式的规定，依各国立法意旨的不同而有所差别。以法国为代表的意思主义学说的国家，由于不承认物权行为的无因性，对合同的形式并没有严格的要求。而以德国为代表的形式主义则强调合同的形式。

《民法典》第二百一十五条明确规定："当事人之间订立有关设立、变更、转让和消灭不动产物权的合同，除法律另有规定或者当事人另有约定外，自合同成立时生效；未办理物权登记的，不影响合同效力。"因此只要合同自身有效，即使抵押权不成立，但双方间仍然存在抵押合同法律关系，依合同法规定，当事人仍应承担违约责任。若合同不成立，当事人也须承担缔约过失责任，只是该范围远远小于违约责任，因此不利于对无过错当事人权利的保护。而当动产抵押时，抵押权始于抵押合同的有效之时，所以抵押合同自身的效力确定还是极为重要的。

2. 在我国对于抵押合同的规定介于强制性规定和任意性规定之间

首先要求合同的形式为书面形式，若实践中合同的形式不为书面形式，合同是否当然无效？事实上，不动产抵押均要求登记，登记时即要求提供书面抵押合同，在没有书面合同时，登记机关会要求补正，所以该问题一般不存在于不动产登记中，但动产抵押则不要求登记，那么当合同未采用书面形式时，是否当然无效？原则上应当依《民法典》第四百九十条第二款沿袭的《合同法》第三十六条"法律、行政法规规定或者当事人约定采用书面形式订立合同，当事人未采用书面形式但一方已经履行主要义务，对方接受的，该合同成立"之规定来认定。

本案抵押法律关系不能成立的关键，在于蒋某明并非案涉担保物即其父汽车的所有人，故而原告既不能主张案涉汽车担保物权得以设立；也难以要求对案涉汽车予以诉讼保全。

三、抵押合同条款欠缺时合同之效力

1. 据主合同和抵押合同不能补正或推定担保物权的种类数额者抵押不成立

在没有规定担保物权的种类和数额时，《最高人民法院关于适用〈中华人民共和国担保法〉若干问题的解释》第五十六条第一款规定："抵押合同对被担保的主债权种类、抵押财产没有约定或者约定不明，根据主合同和抵押合同不能补正或者无法推定的，抵押不成立。"原则上，抵押合同为从合同，其担保的主债权在主债务合同中均可推定，但若主债务合同的规定自身不明时，即无法推出，同时并非所有的债权均可担保，通说认为仅限于金钱债权，但也有学者认为，非金钱债权可转化为金钱债权的也可担保。[①] 还有一些特殊的债权，如附条件债权，超过诉讼时效的债权可否抵押已引起思考，实践中也越来越趋向于承认其可以成为担保债权。

2. 债务人履行债务的期限一般情况也可由主债务合同规定

这项规定有利于确定抵押权何时行使，即债务履行期届满才可行使。另抵押财产的规定要求抵押财产是抵押人有处分权的财产，且标的明确、合法，若没有约定或约定不明时，依《最高人民法院关于适用〈中华人民共和国担保法〉若干问题的解释》第五十六条"根据主合同和抵押合同不能补正或者无法推定的，抵押不成立"之规定，即合同并不当然无效，可以进行补正或推定。

3. 当事人没有约定担保的范围时即依一般的法定范围

当事人约定其他条款的，不应违反法律的规定。现实中，有当事人在合同中约定抵押期限，抵押期限原则上是法定的，通常是在债务履行期届满两年内行使，若当事人任意约定抵押期限，将可能导致期限过短，不利于抵押权人抵押权的行使；期限过长，将损害普通债权人的利益，同时不符合抵押权自身具有的从属性。

因此《最高人民法院关于适用〈中华人民共和国担保法〉若干问题的解释》第十二条关于"当事人约定的或者登记部门要求登记的担保期间，对担保物权的存续不具有法律约束力"的规定应当予以采纳。抵押权为物权，物权原则上不应受当事人所约定的期限的限制，否则与抵押权担保债

① 谢在全：《民法物权论》（下册），中国政法大学出版社 1999 年版，第 40 页。

权受偿的目的不符。《民法典》第四百一十九条沿袭《物权法》第二百零二条规定，抵押权人应当在主债权诉讼时效期间行使抵押权；未行使的，人民法院不予保护。也就是说，债权不消灭，抵押权不应消灭，不能对抗抵押权人的权利。

在司法实践中，根据《最高人民法院关于适用〈中华人民共和国民法典〉有关担保制度的解释》第四十四条的相关规定，主债权诉讼时效期间届满后，抵押权人主张行使抵押权的，人民法院不予支持；抵押人以主债权诉讼时效期间届满为由，主张不承担担保责任的，人民法院应予支持。主债权诉讼时效期间届满前，债权人仅对债务人提起诉讼，经人民法院判决或者调解后未在民事诉讼法规定的申请执行时效期间内对债务人申请强制执行，其向抵押人主张行使抵押权的，人民法院不予支持。主债权诉讼时效期间届满后，财产被留置的债务人或者对留置财产享有所有权的第三人请求债权人返还留置财产的，人民法院不予支持；债务人或者第三人请求拍卖、变卖留置财产并以所得价款清偿债务的，人民法院应予支持。主债权诉讼时效期间届满的法律后果，以登记作为公示方式的权利质权，参照适用第一款的规定；动产质权、以交付权利凭证作为公示方式的权利质权，参照适用第二款的规定。

第四百零一条　【流押条款的效力】抵押权人在债务履行期限届满前，与抵押人约定债务人不履行到期债务时抵押财产归债权人所有的，只能依法就抵押财产优先受偿。

【条文疏义】

本条修改了《物权法》第一百八十六条关于“不得与抵押人约定债务人不履行到期债务时抵押财产归债权人所有”的规定，即在保持“禁止流押”规则的前提下，若当事人事先作出流押约定，则法律明确了权利人仍能享有的担保权益的范围。

一、流质契约的内涵及其构成要件

1. 传统流质契约的内涵

传统所谓“流质条款”，即所谓“绝押”条款，是指转移抵押物所有权的预先约定。一般在订立抵押合同时，抵押权人和抵押人在合同中不得约定在债务人履行期限届满抵押权人未受清偿时，抵押物所有权转移为债权人所有。亦即法律禁止抵押权人不经任何程序就成为该抵押物的所有权人。

司法实践中出现过以绝押条款的无效确认该抵押合同全部无效的情况。抵押权是一种就物的优先受偿权。当债务履行期届满，债务人不履行债务时，债权人只能通过以抵押物折价或从抵押物变价款中优先受偿，而不能未经折价径直取得抵押物的所有权。流质的约定，不仅与设立抵押的目的相悖，而且容易出现价值较高的物品被以较低的价格转移给抵押权人，造成价值转移失衡，损害债务人的利益。如果抵押合同的当事人违反规定，约定抵押物不经折价或拍卖、变卖而将抵押物所有权转移给抵押权人的，该约定当然无效。

2. 流质契约的构成要件

(1) 须当事人之间存在抵押（质押）担保法律关系

流质契约须存在于抵押或质押法律关系中，没有抵押等担保法律关系的存在，也就不存在流质契约。只有在抵押（质押）法律关系中，才会存在债权到期未受清偿而以担保物作价受偿的问题。

(2) 须在债务履行期间届满前约定

禁止流质契约只限定在债务履行期届满前。因为在债务履行期届满前，对于债权债务及抵押物的价值均未进行清算，其价值未能最终确定，所以有可能过分高于或低于被担保债务的数额。如果当事人在债务履行期届满债务人不履行债务的，抵押权人可以与抵押人协议将抵押财产折价归抵押权人所有，因为债权人与抵押人之间达成的这种协议具有代物清偿契约的性质，属于当事人对抵押权实行方式的约定。

虽然它同样会发生抵押财产所有权转让于债权人的结果，但两者具有本质的不同。两者的区分应以合同达成的时间为标准：凡是在债权已届清偿期之后达成的协议，为抵押财产折价协议；相反，凡是在债权尚未届清偿期之前达成的，以债务人不履行债务时直接转移抵押财产所有权为内容的协议则为流质契约。

（3）须约定债务未清偿时抵押物的所有权即转归债权人

流质契约最明显的特征是在债务履行期届满，债务未受清偿时，抵押物直接归债权人所有。然而，现实生活中并非所有以抵押财产径直冲抵担保债务的约定都是无效的。如果当事人约定该抵押物经双方估价清算后直接冲抵担保债务，这属于对抵押权实行方式的约定，本身应属有效。

如果债务人和抵押权人在合同中约定对抵押权的实行采用抵押财产折抵的同时，又约定排除清算程序的，则构成流质契约；反之，应当属于抵押权实行方式的约定。

二、抵押财产的折价与流质契约的区别

债权人可以通过抵押财产的折价取得抵押财产的所有权，条件是债务履行期届满抵押权人未受清偿，抵押权人与抵押人协议以折价方式取得抵押财产的所有权。需要明确的是，抵押权人与抵押人应当签订取得抵押财产的合同，该合同须在被担保债权已届清偿期后才能签订，且不损害其他抵押权人和债权人的利益。

三、抵押财产的拍卖、变卖与流质契约的区别

如果当事人在签订抵押合同时约定，债务履行期届满抵押权人未受清偿的，抵押权人有权直接委托拍卖机构拍卖抵押财产，该约定不是通过私力转移抵押财产的所有权，不属流质契约。

抵押财产的拍卖，首先由当事人双方协议解决，协议不成的，由法院决定是否将抵押财产公开进行拍卖。通过法律程序变卖抵押财产，能有效保护抵押财产的所有权人或归属者的利益。

四、对我国严格禁止流质契约的反思

根据《民法典》物权编第四百零一条和第四百二十八条的规定，我国长期以来民事立法对流质契约的禁止是严格意义上的禁止。在司法实践中，当事人如果在抵押（质押）合同中约定，债务履行期届满抵押权人（质权人）未受清偿时，抵押财产的所有权转为债权人所有，人民法院应当认定该约定无效，但该内容无效不影响抵押合同其他部分内容以及抵押权的效力。

关于流质契约是否应该被禁止的问题，我国法学界有不同的观点，存在赞成与反对“流质契约之禁止”两种截然相反的观点。

1. 流质契约禁止说

该说认为，流质契约无效。故而其坚持，流质契约的禁止应是严格意义上的禁止，是绝对的和无条件的禁止。即使抵押权人在实现抵押权时，抵押财产的价值可能等于或小于拍卖的价值，抵押权实现的结果实质上并没有侵害抵押人的权利，该流质契约也应当属于无效。但应承认和肯定流质契约以担保物的所有权抵偿债务的效力。①

2. 流质契约合理说

该说认为，禁止流质契约缺乏充分法理依据。因为流质契约并非必然有损于其他债权人的利益，其与担保物的交换价值并不冲突，对债务人的利益也并非必然造成损害，流质契约也不违反信用交易的公平原则。相反，流质契约具有合理性，它符合民商法平等自愿的基本原则，符合市场经济多样化的特质和效益原则，完全符合公平等价和诚实信用原则之精神。②

此次《民法典》编纂再次明确了“禁止流质契约”的规定，同时删掉了《物权法》“不得与抵押人约定债务人不履行到期债务时抵押财产归债权人所有”的规定，反映了立法者在立法过程中对物权人的保护，同时，

---

① 高圣平：《论担保物权“一般规定”的修改》，载《现代法学》2017 年第 6 期。

② 王明锁：《禁止流质约款之合理性反思》，载《西北政法大学学报》2006 年第 1 期。

也照顾了实践中经常由于流质契约约定的无效而受害的债权人，回应了对于该问题的态度，是为“折中说”。

在司法实践中，根据《最高人民法院关于适用〈中华人民共和国民法典〉有关担保制度的解释》第四十五条的相关规定，当事人约定当债务人不履行到期债务或者发生当事人约定的实现担保物权的情形，担保物权人有权将担保财产自行拍卖、变卖并就所得的价款优先受偿的，该约定有效。因担保人的原因导致担保物权人无法自行对担保财产进行拍卖、变卖，担保物权人请求担保人承担因此增加的费用的，人民法院应予支持。当事人依照民事诉讼法有关“实现担保物权案件”的规定，申请拍卖、变卖担保财产，被申请人以担保合同约定仲裁条款为由主张驳回申请的，人民法院经审查后，应当按照以下情形分别处理：（一）当事人对担保物权无实质性争议且实现担保物权条件已经成就的，应当裁定准许拍卖、变卖担保财产；（二）当事人对实现担保物权有部分实质性争议的，可以就无争议的部分裁定准许拍卖、变卖担保财产，并告知可以就有争议的部分申请仲裁；（三）当事人对实现担保物权有实质性争议的，裁定驳回申请，并告知可以向仲裁机构申请仲裁。债权人以诉讼方式行使担保物权的，应当以债务人和担保人作为共同被告。

【典型案例】

受委托人未经抵押人同意可否以公证委托方式将抵押物处分给抵押权人①

——禁止流押的法律分析

基本案情

从2013年开始，原告胡某水向被告邹某红和宁某梁借款。5月3日，

① 参见胡某水与邹某红、龚某路确认合同无效纠纷案，江西省南昌市西湖区人民法院，(2016）赣0103民初574号。

原告胡某水向被告邹某红出具借条一张。同时胡某水与邹某红还签订《抵押借款协议》一份，协议载明原告胡某水用自己所有房产为上述债务提供担保。同日胡某水到公证处办理了《委托书》，委托邹某红作为其代理人代为办理本案所涉房产的一切相关手续。受托人在上述代理范围内所签署的一切有关法律文件，其均予以承认，并承担一切法律后果。此后，原告陆续归还了被告邹某红部分借款，并一直在案涉房屋内开办公司办公。

2013年10月，原告胡某水被公安机关强制戒毒一年。12月3日，被告邹某红作为出卖人胡某水的委托代理人，被告龚某珞作为买受人，签订买卖合同。12月12日，邹某红、龚某珞办理案涉房屋的产权变更，变更至被告龚某珞名下。随后又以龚某珞的案涉房产向银行贷款并打给被告邹某红，邹某红扣除了原告胡某水和宁某梁的欠款，将剩余款14多万元给了宁某梁。

自2015年4月起，原告得知案涉房屋被卖，多次要求两被告予以返还，两被告也答应退还案涉房产并签订协议书，但后因被告龚某珞欠银行贷款未归还等原因未履行。

现原告诉至法院，请求判令：确认邹某红作为代理人以胡某水名义与龚某珞签订的就案涉房屋的买卖合同无效。

法院审理

生效裁判法院经审理认为，本案中，邹某红作为出借人及抵押权人，为达到能够自由处分原告房产、保证债权实现的目的，采用了公证授权委托书的方式取得诉争房屋的处分权，而《物权法》第一百八十六条规定："抵押权人在债务履行期届满前，不得与抵押人约定债务人不履行到期债务时抵押财产归债权人所有。"《担保法》第四十条也有相关规定，上述规定系法律的禁止性规定，根据相关法律，抵押权的行使须依法定程序，或通过与抵押人协议，或通过诉讼等方式进行，否则抵押权人无权擅自径行处分抵押财产。

因此，第三人以上述公证委托的方式变相取得诉争房屋处分权的行为，规避了法律的禁止性规定，该取得诉争房屋处分权的行为无效。因此，被告邹某红作为代理人以胡某水的名义与龚某珞签订的买卖合同无效。

案件评述

一、自罗马法以来多数国家的立法例均禁止流押条款

《德国民法典》第1149条规定："以债权对所有人尚未到期者为限，所有人不得给予债权人请求转移土地所有权以充抵债权的权利，也不得给予强制执行以外的其他方法让与土地的权利。"《瑞士民法典》第816条第2款规定："债权人的不动产担保未受清偿时，其担保的所有权即归债权人所有权的约定，无效。"我国《物权法》亦采取相同的立场，《民法典》则对此作了改变。

二、各国禁止流质条款的缘由

1. 避免债权人乘人之危

法律禁止流押条款的原因主要是，债务人为经济困难所逼迫，债权人乘人之危，迫使以抵押人价值较高的抵押物担保小额债权，与债务人订立流质条款，损害抵押人的利益。

2. 对债权人有时也不公平

从债权人角度讲，抵押权设定后，抵押物价值下降，可能低于所担保的债权。

3. 禁止流质条款是由抵押权的本质决定的

抵押权是价值权，未经折价或变价预先将抵押物的所有权移转于抵押权人所有，违背了抵押权的价值属性。本案双方当事人签订的协议虽然不是典型的流质协议，但是法律依然对其予以禁止，原因就在于这种流质契约类似高利贷的性质，这种条款的设定是抵押人出于经济所迫而接受，对抵押人极为不利。本案双方的约定违反了我国法律的强制性规定，因此是无效的。

三、本案形式上为公证委托而实质则为流质契约

本案原告虽然以公证委托的形式将代为办理涉案房产买卖、过户、领证及收取房款，代为协助购房方办理银行按揭及其有关法律文件等事宜委托给被告，但是仅仅系为担保借款的偿还而实施。一是不属于法律规定的流押条款的外在形式，二是没有直接把抵押物的权利让与被告，而通过“公证委托”这一方式则是变相地将抵押物的所有权、处分权等转移给被告，这也是法律所不允许的。

四、抵押权人只能通过抵押物折价以取得抵押物的所有权

无论是抵押担保还是让与担保，当债务人不能履行合同义务时，债权人都不得在未经估价的情况下将担保物的所有权归为已有，必须经过估价折算，然后担保权人才能就其价金受偿或真正取得标的物的所有权。

本案中原告与被告约定“委托邹某红作为其代理人代为办理本案所涉房产的还贷、解除抵押登记、领取他项权证和房屋所有权证等一切相关手续；代为办理上述房产买卖、过户、领证、拆迁及收取房款等一切相关手续，代为协助购房方办理银行按揭及其相关事宜；并代开、代领无婚姻登记记录证明。受托人在上述代理范围内所签署的一切有关法律文件，其均予以承认，并承担一切法律后果”。该条款属于“流质条款”，因违反《担保法》禁止流质条款的规定而无效，但该条无效并不影响整个合同的效力，合同的其他条款仍然是有效的，所以除该条归于无效而无法履行外，合同当事人仍然应当按照合同的其他条款履行合同。

由于抵押权人只有通过抵押物折价才能取得抵押物的所有权，故必须符合两个条件：一是债务履行期届满抵押权人未受清偿或约定的条件出现；二是抵押权人与抵押人协议以折价取得抵押物的所有权。因此，抵押物折价与流质条款是完全不同的。抵押权的行使必须依照法定程序，而不能径自约定由抵押权人取得所有权。

在司法实践中，当事人在抵押合同中约定“债务履行期届满抵押权人未受清偿的，抵押权人有权直接委托拍卖机构拍卖抵押物”，这样的约定不是流质条款。但是，如果作出“债务履行期届满抵押权人未受清偿的，抵押权人有权直接按照双方已约定的折价率以抵押物折价受偿”的约定，这样的条款本质上就是属于流质条款了，那是不允许的。

鉴于《民法典》物权编业已改变了《物权法》严格禁止“流质契约”的规定，在法律上肯认了流质契约应以担保物所有权之市场价值抵偿债务的法律效力，故而在《民法典》生效实施后，虽然流质约定依然无效，但实现该抵押合同时，可以通过市场变价，在变卖所得的价款范围内，优先受偿，只是流质契约所约定的，直接由抵押权人取得所有权的内容，不受法律保护。

第四百零二条　【不动产抵押登记】 以本法第三百九十五条第一款第一项至第三项规定的财产或者第五项规定的正在建造的建筑物抵押的，应当办理抵押登记。抵押权自登记时设立。

【条文疏义】

本条沿袭了《物权法》第一百八十七条的规定。

一、不动产抵押登记生效主义

《民法典》物权编沿袭《物权法》规定以建筑物和其他土地附着物；建设用地使用权；海域使用权；以及正在建造的建筑物、船舶、航空器设定抵押时，应当登记，抵押权自登记时发生效力。这意味着，我国法律对不动产抵押采登记生效的立法主义。

所谓登记生效主义，是指登记是抵押权成立的要件，抵押物必须进行登记，不经登记抵押权不能产生，非但不能发生对抗第三人的效力，在当事人之间也不产生抵押权。如果不进行登记，设定抵押权仅仅是由当事人约定或在设定抵押时以占有作为公示手段，则所设定的抵押权自然不发生效力。

法律规定登记生效的抵押合同签订后，抵押人违背诚信拒绝办理抵押登记导致债权人受损的，抵押人应当承担赔偿责任。此处的“赔偿责任”并非担保责任，因为抵押权尚未成立，只能是债权法上的责任。

二、动产抵押与不动产抵押的区别

1. 标的物的种类不同

根据《民法典》沿袭《物权法》的规定，可以设定不动产抵押的财产包括：建筑物和其他土地附着物；建设用地使用权；海域使用权；正在建造的建筑物。而可以设定动产抵押的财产则包括：生产设备、原材料、半成品、产品；正在建造的船舶、航空器；交通运输工具；法律、行政法规未禁止抵押的由抵押人所有或依法有权处分的不动产以外的其他财产。可见，与不动产抵押相比，动产抵押标的物在种类上更为丰富，因而更能够满足现代市场经济发展的需求。

2. 抵押权成立条件不同

根据《民法典》第二百零九条所沿袭的《物权法》第九条的规定，不动产抵押权自抵押登记时设立；而动产抵押则适用《民法典》第四百零三条所沿袭的《物权法》第一百八十九条之规定，抵押权自抵押合同生效时设立。

三、未登记不动产抵押合同的效力

《担保法》第四十一条规定不动产抵押合同生效的前提是已经办理抵押登记手续；而《民法典》第二百一十五条沿袭的《物权法》第十五条规定不动产抵押等物权变动合同自合同成立时生效，除非法律另有规定或者合同另有约定。也就是说，《担保法》规定的不动产抵押合同的生效要件是办理不动产抵押登记，而《民法典》物权编沿袭《物权法》再次明确了不动产抵押合同的生效与不动产抵押登记无关，其取决于《民法典》合同编的相关规则。

即在《物权法》语境下，物权变动的原因和结果业已相互区分，是否登记仅涉及不动产抵押权是否设立，抵押合同的效力并不因此受到影响。如无其他令其无效的事由，抵押合同自属有效。

在司法实践中，根据《最高人民法院关于适用〈中华人民共和国民法典〉有关担保制度的解释》第四十八条的相关规定，当事人申请办理抵押登记手续时，因登记机构的过错致使其不能办理抵押登记，当事人请求登记机构承担赔偿责任的，人民法院依法予以支持。

四、不动产抵押合同有效之下的救济路径

在不动产抵押权未设定但抵押合同却为有效的前提下，债权人自无权行使不动产抵押权并就抵押财产优先受偿。除债权人向主债务人请求履行主债务外，是否可基于抵押合同向抵押人主张权利、主张何种权利、如何主张权利，学说和实务中均存不同观点。

1. 无责任说

无责任说认为，不动产抵押权因未登记而不生效力，抵押权人就抵押财产并无优先受偿权，抵押人无须承担责任。

2. 缔约责任说

缔约责任说认为，抵押合同因不动产抵押权未登记而不生效力，抵押权人与抵押人没有依照法律规定或合同约定申请办理抵押登记，属于《民法典》合同编第五百条所沿袭的《合同法》第四十二条第三项规定的“其他违背诚实信用原则的行为”，依据《最高人民法院关于适用〈中华人民共和国合同法〉若干问题的解释（二）》[①] 第八条的规定，应当承担缔约过失责任。在抵押权人与抵押人都不能举证证明自己已经申请不动产抵押登记的情况下，双方均存在过错，应各自承担相应的赔偿责任。

3. 担保责任说

担保责任说认为，在《民法典》物权编第二百一十五条所沿袭的《物权法》第十五条业已承认区分原则的前提之下，债权人即可依据有效之抵押合同请求抵押人承担抵押合同上的担保义务。

---

① 现已失效，后文不再注明。

4. 违约责任说

违约责任说认为，抵押合同的订立和不动产抵押权的设立是两个不同的法律事实，不动产抵押权因未登记而未设立，并不影响抵押合同的法律约束力。登记义务人未履行其义务，导致抵押权人订立抵押合同的目的不能实现，构成违反抵押合同，自应承担相应的违约责任，包括继续办理抵押登记以及不能办理抵押登记情况下的损害赔偿责任。①

应当认为，“违约责任说”值得赞同，主要因为在是否登记不影响抵押合同效力的情形下，抵押人基于有效的抵押合同无须承担任何民事责任，就意味着有效的抵押合同没有任何拘束力，其效力还不如无效或未生效的抵押合同，因为在后一情形中，当事人尚须承担缔约过失责任，抵押合同有效的情况下当然需要承担责任。

五、不动产抵押权未登记时违约责任的具体承担

不动产抵押权未登记时，抵押人自应承担违约责任。在当事人已在抵押合同中约定未办理抵押登记的违约责任的情形下，约定优先，抵押人应依约定承担违约责任。在当事人未作约定的情形下，自应在合同法下展开具体分析。

1. 抵押权人的救济方式

抵押权人在继续履行和赔偿损失之间是否享有选择权如无约定，抵押人违约责任的承担方式自应依“继续履行、采取补救措施或者赔偿损失”予以确定。学说上就“继续履行”和“赔偿损失”的适用顺序，一直存在争议。但在绝大多数裁判实践中往往认为，在“继续履行”和“赔偿损失”之间，抵押权人享有选择权。

2. 抵押权人的损失是主债务未受清偿的部分还是不能清偿的部分

在主从关系的原理之下，抵押合同为担保主债务清偿的工具。《民法

① 高圣平：《未登记不动产抵押权的法律后果——基于裁判分歧的展开与分析》，载《政法论坛》2019 年第 6 期。

典》合同编第五百八十四条违约行为“造成对方损失的”中的“损失”，应考虑主债务的履行情况。基于抵押合同的从属性，抵押合同中就担保范围有特别约定的（即仅提供有限抵押的），尚须在“主债务不能清偿的部分”与抵押担保范围之间进行比较，以其中范围较小者作为抵押人的违约损害赔偿范围，抵押权人的损失范围当然应当确定为未清偿部分更为合理。

3. 抵押人相对于主债务而言是补充责任还是连带责任

如不动产抵押登记依约办理完毕，在抵押权实现条件成就之时，抵押权人自可选择向主债务人主张主债权，亦可选择向抵押人行使抵押权。此际，抵押人并无顺序利益，不得以抵押权人应先向主债务人主张主债权为由进行抗辩。在不动产抵押权因未登记而未设立、抵押合同仍然有效的情形之下，抵押人对于主债务人而言是否存在顺序利益，亦即抵押人的违约损害赔偿责任相对于主债务的履行责任而言是补充责任还是连带责任？既然抵押权人的损失是主债务不能清偿的部分，抵押人对于主债务人而言即享有顺序利益，仅在主债务人不能清偿主债务时承担补充责任。

4. 抵押人承担违约损害赔偿责任的财产范围

抵押人的违约损害赔偿责任范围的判定，自应适用《民法典》合同编第五百八十四条的规定。抵押合同履行后，抵押权人的利益关键点体现为就抵押财产优先受偿，至于抵押合同尚未履行时，抵押人可预见的给抵押权人所造成的损失，也就是就抵押财产无法取得优先受偿的权利。如此，抵押人的违约损害赔偿责任也就应以抵押财产的价值为限，否则，如抵押人承担违约损害赔偿责任的财产范围超过抵押财产的价值，即与《民法典》合同编第五百八十四条确定的可预见规则相违背。

【典型案例】

未办理不动产抵押登记是否必然影响抵押合同效力[①]

——不动产抵押登记生效要件的分析

基本案情

2009年7月25日，被告孙某向被告戊申公司购买房屋。9月3日，原告中国农业银行巳申县支行与被告孙某签订《个人购房担保借款合同》，约定原告向被告孙某提供贷款17万元，贷款用于购房并约定了借款期限和利率。

合同签订后，原告向被告孙某支付了贷款，被告孙某提供其房产为上述贷款抵押担保，并办理了抵押登记手续。从2016年1月起，被告孙某未按时偿还贷款，截至4月14日，尚欠原告贷款本金71318.66元，利息610.64元。现原告以被告违约为由诉至法院。

另，贷款发生在被告孙某与被告邓某州夫妻关系存续期间，被告邓某州向原告出具了共同债务确认书。

原告巳申县支行向法院提出诉讼请求：1. 判决解除原告与被告孙某签订的《个人购房担保借款合同》；2. 判决被告孙某、邓某州偿还原告贷款本金人民币71318.66元，利息610.64元，本息合计71929.30元；3. 判决戊申公司承担连带清偿责任；4. 判决原告对该笔贷款房产抵押具有优先受偿权；5. 判决本案诉讼费及其他相关费用由被告承担。

法院审理

法院经审理认为，被告孙某以其房产为本案债务提供抵押并办理抵押登记手续，故原告依法享有对该抵押物的优先受偿权。对原告请求被告戊申公司承担保证责任的诉请，因双方在《个人购房担保借款合同》中已明

---

① 参见中国农业银行巳申县支行与孙某、邓某州金融借款合同纠纷案，贵州省六盘水市钟山区人民法院，（2016）黔0201民初2901号。

确约定被告戊申公司提供的是阶段性保证担保，保证责任至借款人取得房地产权利证书，并办妥以贷款人为抵押权人的抵押登记手续为止，现被告孙某已取得产权证书并以自己的名义办理了抵押登记手续，故被告戊申公司的保证责任业已免除，该项诉请法院不予支持。

遂生效裁判认定，原告中国农业银行巳申县支行就抵押物即该房产享有优先受偿权。

案件评述

一、不动产抵押登记的法律效力

需要说明的是，《民法典》本条规定与《担保法》的规定不完全一致。《担保法》第四十一条规定："当事人以本法第四十二条规定的财产抵押的，应当办理抵押物登记，抵押合同自登记之日起生效。"《民法典》沿袭《物权法》的规定，之所以将"抵押合同自登记之日起生效"修改为"抵押权自登记时设立"，主要考虑抵押合同的订立是以发生物权变动为目的的原因行为，属于债权关系范畴，其成立、生效应当依据《民法典》合同编的相关规定确定。抵押权的效力，除要求抵押合同合法有效这一要件外，还必须符合物权编规定的公示原则。

毋庸置疑，将抵押合同的效力和抵押权的效力混为一谈，不利于保护抵押合同当事人的合法权益，而且会助长恶意损害他人权益的行为，不利于社会经济秩序的维护。因此，有必要区分抵押合同效力和物权变动效力。

本案中被告以其房产作为抵押，已经签订合法的抵押合同并且完成了登记手续，因此该房产的抵押权已经设立，原告对于抵押物具有优先受偿权。至于原告还要求被告戊申公司履行担保责任，也因为不动产的抵押物已经完成登记，符合合同所约定的无须履行担保责任的要求，因此戊申公司无须承担担保责任。

二、不动产抵押未登记时的法律效力

对于抵押合同有效，却没有办理不动产抵押登记的情况，应区分不同的情况进行处理：

其一，如无其他债权人对不动产抵押物主张权利或者在不动产抵押合同无效的情况下，抵押权人要求抵押人补办登记的，法院应予支持。

因为不动产抵押合同订立后，未办理抵押登记，只是抵押权没有设定，抵押合同并不因此而无效。合同既已生效，对合同当事人就产生约束力，负有办理抵押登记义务的当事人就应按合同履行。即使合同对抵押登记如何办理没有明确约定，但依据诚实信用原则，抵押人应当履行合同义务，办理抵押登记手续。

其二，如抵押物的所有权或与抵押合同约定的抵押权相冲突的他物权已经移转给善意第三人，抵押人应承担相应的违约责任。因为在这样的情况下，必然由于履行不能而使合同目的不能实现。

第四百零三条 【动产抵押的效力】 以动产抵押的，抵押权自抵押合同生效时设立；未经登记，不得对抗善意第三人。

【条文疏义】

本条修改了《物权法》第一百八十八条“以本法第一百八十条第一款第四项、第六项规定的财产或者第五项规定的正在建造的船舶、航空器抵押的，抵押权自抵押合同生效时设立；未经登记，不得对抗善意第三人”的规定，当然也修改了第一百八十九条第一款“企业、个体工商户、农业生产经营者以本法第一百八十一条规定的动产抵押的，应当向抵押人住所地的工商行政管理部门办理登记。抵押权自抵押合同生效时设立；未经登记，不得对抗善意第三人”的规定。

一、动产抵押中抵押权自抵押合同生效时设立

《民法典》本条将《物权法》第一百八十八条规定的“以本法第一百八十条第一款第四项、第六项规定的财产或者第五项规定的正在建造的船舶、航空器抵押的”，修改为“以动产抵押的”；删除了《物权法》第一百八十九条关于企业、个体工商户、农业生产经营者进行浮动抵押须办理登记的规定；也终结了《担保法》第四十一条和第四十二条关于航空器、船舶、车辆抵押应当办理抵押物登记，抵押合同自登记之日起生效的规定；并将《物权法》第一百八十九条规定的各种动产浮动抵押修改为“动产抵押”。

《民法典》本条统一了动产普通抵押和动产浮动抵押中抵押权生效的条件为抵押合同生效，统一了各种动产抵押中抵押权生效的规则，简化了对动产种类的列举，统一规定为“动产”。之前采用列举的方式不仅烦琐，而且对于原《物权法》第一百八十条第一款第七项“法律、行政法规未禁止抵押的其他财产”中动产抵押权何时生效未作出规定。《民法典》出台之前有学者认为，对于“法律、行政法规未禁止抵押的其他财产”，设定抵押的效力可以由当事人约定，认为在私法上法无禁止即自由，《物权法》既然对该项财产设定抵押时是否需要登记没有明确作出规定，因此是可以由当事人自由约定抵押的效力的。《民法典》的修订为所有动产抵押中抵押权生效条件作出依据。

二、动产抵押未经登记不得对抗善意第三人

该规定延续了《物权法》的相关规定。也就是说，《民法典》延续了对动产抵押物采登记对抗主义的立法模式，如果不进行登记，抵押权并不是不能生效，而是自抵押合同生效时生效，只是如果不进行登记的话，不得对抗善意的第三人而已。采取登记对抗主义的，抵押合同的效力并不因登记与否而不同，但是根据已生效的抵押合同所生的抵押权，因未履行登记手续而不能对抗第三人。这里需要注意的是，不得对抗第三人，并不是所有的第三人，而是仅仅限于善意的第三人。善意第三人，即对未登记的抵押权确实不知也无从得知的第三人。

从《民法典》该条文和前一个条文我们可以看出，我国在对抵押登记的效力上是采取区别对待的立法方式，对于不同的抵押物，实行不同的登记效力。在动产抵押方面采取了登记对抗主义，在减少对经济活动干预的同时，又规定了登记制度的必要性，采登记对抗主义旨在鼓励登记和保护交易安全，客观上也成了开展动产抵押登记工作的重要依据。

三、不得对抗善意第三人包括两方面含义

1. 抵押权人的追偿权丧失并将失去该财产上的抵押权

合同签订后，如果抵押人将抵押财产转让，对于善意取得该财产的第三人，抵押权人无权追偿，只能要求抵押人重新提供新的担保，或者要求债务人及时偿还债务。

2. 未登记的抵押权将劣后于已登记的后设之抵押权

抵押合同签订后，如果抵押人以该财产再次设定抵押或者质押，而后位抵押权人进行了抵押登记，或者后位抵押权人因进行了抵押登记或者后位质权人因交付取得了对该动产的实际占有，那么，实现抵押权时，后位抵押权人以及后位质押权人即可以优先于前位未进行抵押登记的抵押权人受偿。

故而可见，不论是一般的动产抵押，还是浮动抵押，只要办理抵押登记抵押权就具有对抗第三人的法律效力其实即是说，抵押财产登记后，不论抵押财产转移到了谁手中，只要债务履行期届满债务人没有履行债务，抵押权就具有追及的法律效力，抵押权人就可以就抵押财产实现自己的抵押权。同时在受偿顺序上已登记的抵押权优先于未登记的抵押权，自然也优先于后设立的抵押权以及质押权受偿。

【典型案例】

同一动产先后抵押时未经登记的抵押合同是否能够对抗已登记的后者[①]

——动产抵押登记对抗要件的分析

基本案情

2012年2月14日，徐某华向李某出具借条，当日，己巳公路公司出具保证书，承诺作为借款人徐某华的连带责任保证人，为上述债务承担连带保证责任。同日，李某向徐某华转账。次日，李某向徐某华汇款并载明汇款用途为借款。同时，高某齐通过银行转账2200万元至李某账户。李某对此予以认可，说明该2200万元由其代为借给徐某华，作为前述1亿元借款的一部分。

2012年11月10日，李某与徐某华签订《借款及欠款偿还协议》。该协议确认徐某华欠李某借款共计1.49亿元。同时约定：徐某华自愿以其庚辛船运公司拥有的造船厂及10艘船舶等作为上述借款及欠款的抵押。由徐某华负责到相关部门办理上述借款的抵押登记手续，并且应将抵押财产所有相关权属证书交付给李某保管。

2013年6月4日，李某作为甲方与徐某华作为乙方一、己巳公路公司作为乙方二、高某齐作为丙方签订《债权划转协议（一）》，主要约定内容如下：因丙方高某齐要求自行向乙方主张债权，甲方和乙方均表示同意。经甲方、乙方和丙方协商一致，特签订协议条款共同执行。

原告高某齐诉讼请求如下：依法判决确认被告庚辛船运公司将该公司造船厂所有的10艘船舶抵押给李某的行为有效，原告与李某共同享有质押权益。

---

① 参见高某齐与徐某华、庚辛船运公司等企业借贷纠纷案，贵州省高级人民法院，（2014）黔高民初字第61号。

法院审理

关于案涉庚辛船运公司将该公司所有的10艘船舶用以担保借款的担保条款的性质与效力。一审法院经审理认为，该条款的性质属于交通工具抵押条款，具有法律效力。根据《物权法》第一百八十条第一款第五项、第六项，第一百八十八条之规定，交通工具抵押合同成立时抵押权即生效，但因其未到船舶管理部门办理抵押登记，不得对抗善意第三人取得该船舶。

而在李某转让部分债权给高某齐后，高某齐依然能根据该协议部分有效的担保条款，要求该协议的担保人继续承担担保责任。根据《最高人民法院关于适用〈中华人民共和国担保法〉若干问题的解释》第七十二条第一款的规定，李某平将依法享有的对10艘船舶的抵押权转让部分债权给高某齐，作为受让人，高某齐可以在其债权份额内对庚辛船运公司10艘船舶行使抵押权。但因10艘船舶未办理抵押登记，该抵押权人不得对抗善意第三人取得该船舶。

生效裁判认定，原告高某齐在其债权范围内对被告庚辛船运公司所有的10艘船舶享有抵押权，但不得对抗善意第三人。

案件评述

一、船舶抵押权实现优先受偿权的条件

根据《海商法》和《船舶登记条例》的规定，这种对抗第三人的效力，来自船舶抵押权的登记制度。在我国，船舶抵押权的登记与船舶所有权的登记一样，只能由法定的船舶登记机关即我国各港口、渔港的港务监督和渔港监督部门办理，其他任何机构均无权办理船舶抵押权登记。

本案中，原告与被告自愿签订船舶抵押借款合同，但并不明确被告在订立合同之后是否也以书面形式向其主管部门进行登记，根据法院查明的事实，原告提交的证据材料上仅有同意二字，不能确认同意的主体是谁，依法不能被认定为登记依据。而未经登记的权利质押依法不能成立权利质权。因此，法院只能认定原告的船舶抵押权未经登记，更未经船舶登记机

关依法登记。所以，原告的船舶抵押权不能对抗第三人。

二、船舶抵押关系不因未办理抵押登记而无效

根据我国《海商法》和《船舶登记条例》的规定，双方当事人只要依法订立了书面的船舶抵押合同，该合同一经签字对当事人即产生法律约束力。因此，法院认定原、被告签订的船舶抵押借款合同有效，并部分支持了原告的诉讼请求，判决被告在一定时限内向原告归还借款本息，若被告不履行该项判决义务，原告有权申请拍卖或变卖抵押船舶，从卖得价款中受偿，但不享有优先受偿权。

三、"不具有优先受偿权"的含义

一种观点认为，所谓"第三人"仅指办理了船舶抵押权登记的债权人，而不包括其他不具有船舶担保的一般债权人。另一种观点认为，"第三人"的范围既包括所有办理了船舶抵押权登记的债权人，也包括所有未办理抵押登记的合同抵押权人和其他一般债权人。还有一种观点认为，"第三人"只包括登记抵押权人和善意受让船舶的人（不论船舶是否过户给该受让人），而不包括其他一般债权人。

应当认为，上述第三种观点比较符合民法物权优于债权的理论，并能体现民法关于"保护善意第三人"的原则。但实践中存在船舶所有人与他人签订虚假抵押借款合同，以逃避已有债务，故意损害一般债权人的合法权益的现象。因此，这种观点显然也有它的弊端。

四、动产的登记对抗主义

鉴于动产和不动产具有物理性质上的差别，其所代表的价值也有明显差异，其交易的流通性更不具有可比性，因此在民法上动产物权的变动均以交付为公示方法，而不动产物权的变动只能以登记为公示方法。

由于抵押权的设立不以占有抵押物为要件，因此抵押权的公示方法无例外地采用登记公示，排除交付公示的方法。然而正因为动产与不动产的异质性，各国法律对抵押权设立的公示要求又有所不同，其具体表现在对待抵押登记的效果上。世界各国通例，一般对不动产抵押采取登记生效定义，规定凡不动产抵押必须登记，抵押自登记之时发生效力。而对动产抵押采取登记对抗主义，规定动产抵押未登记的，不得对抗第三人。

《物权法》则改变了《担保法》列举的方式，将动产一律采用登记对抗主义。但该法依然延续了折中主义的模式，这与我国当时的社会环境是分不开的。《民法典》则完全采用了动产抵押登记对抗主义。在我国，极个别地区仍存在多重登记机关，登记记录不完整，查阅困难，抵押权登记机关收费过高的问题，抵押权登记与其他权利证书之间存在矛盾等。在如此不完备的情况下，要求实现完全的抵押登记要件主义，将会造成许多法律关系的困难。

同时动产原本可以质押，当事人选择将动产进行抵押或质押完全取决于成本的考虑，抵押由于抵押人可继续占有物，而抵押权人不承担物灭失的风险而具有优先于质押的优点，但如果必须为动产（特别是某些价值不太高的）承担昂贵的抵押费用及复杂的抵押手续，则无疑会使动产抵押的作用消失。同时我国《担保法》以前以列举的方式规定某些动产，例如，航空器、船舶、车辆、企业设备等抵押必须办理登记，这就与《民用航空法》《海商法》这些特别法中的登记对抗主义产生冲突，因此这样的规定是无益的。正如王泽鉴先生所言“所以采取登记对抗主义的理由，一方面在于维持交易便捷，另一方面亦使当事人斟酌情势，决定是否申请登记，以保障自己权益，一般而言，标的物的价值重大当事人无不办理登记，第三人可借登记证明了标的物的权属状态；所之，动产担保交易若不为登记则不得对抗善意第三人，以保护交易安全”。[1]

五、善意第三人的认定

就善意第三人是否包括抵押人，一般债权人以及其他未登记之抵押权人的问题，理论界一直存在不同意见。梁慧星教授认为，所谓第三人，是

① 王泽鉴：《动产担保交易法 30 年》，载王泽鉴：《民法学说与判例研究》（第八册），中国政法大学出版社 2003 年版，第 287 页。

指对于动产（抵押财产）有权利要求的所有第三人，包括但不限于取得该动产的第三人、该动产的其他担保权人以及依照合同或者其他债的发生原因而得以对该动产主张权益的人。

王利明教授认为，如果抵押物未登记，则该项财产应当作为抵押人的责任资产用来清偿各个抵押人对其各个债权人的债务，抵押权人也应作为债权人参与对抵押物变价后的价值的平均受偿。因而未登记的抵押权不能对抗抵押人的一般债权人。“如果仍能对抗，则抵押的登记与否实际上不影响抵押权的效力，而虚设抵押、损害债权人利益的现象将难以避免，债权人的权利根本得不到保障。”①

我国台湾地区学者王泽鉴先生则明确把一般债权人排除在抵押权不能对抗的第三人之外。“所谓第三人应指对同一标的物享有物权之人，债务人之一般债权人并不包括在内。”②

应当认为，王泽鉴先生的观点值得赞同。此处的善意第三人仅指在抵押人处受让抵押财产或取得质权、留置权以及取得登记之抵押权等时，并不知道该项财产之上已存在有抵押权人的第三人。实行登记对抗主义的抵押权虽未进行登记，但抵押权人享有之抵押权是有效的，也就可以享有抵押权的物权优先效力。即抵押权优先于一般债权。如果这里的第三人包括抵押人的普通债权人在内，则等于否定了抵押权的物权性质，否定了登记对抗主义的实质。

六、采登记对抗主义旨在鼓励登记和保护交易安全

故这一变通方法并不能否认物权法的基本规则和物权的基本效力。由于物权的优先地位，普通债权根本没有与之对抗的效力。“一般债权人信赖债务人当时之财产财状与清偿能力，如欲优先保护，自须成立担保物权，否则承担不能清偿之危险，而不能承认其有优先于动产抵押权之效力。”③

---

① 王利明：《物权法论》，中国政法大学出版社 2000 年版，第 700～701 页。
② 王泽鉴：《民法学说与判例研究》（第一册），中国政法大学出版社 2003 年版，第 259 页。
③ 王泽鉴：《民法学说与判例研究》（第一册），中国政法大学出版社 2003 年版，第 259 页。

第三人与抵押人交易，若为减少风险，或占有取得物之所有权及他物权或取得经登记的他物权。

否则，如果仅成立一般债权或取得未经登记的他物权，基于物权优先于债权以及同等效力的物权成立在先优于成立在后的一般原则，原抵押权人自可先行实现自身的抵押权，使债权得以实现。

第四百零四条 【动产抵押权对抗效力的限制】 以动产抵押的，不得对抗正常经营活动中已经支付合理价款并取得抵押财产的买受人。

【条文疏义】

本条沿袭了《物权法》第一百八十九条第二款的规定，删除了其第一款“企业、个体工商户、农业生产经营者”以及第二款“依照本法第一百八十一条规定抵押的”等表述，将动产抵押的规则予以扩大。

一、“正常经营买受人规则”条文修订之变化

《物权法》第一百八十九条第二款被称为“正常经营买受人规则”，其是指在浮动抵押情形中，买受人以合理价款于正常经营活动中取得抵押物时，免受抵押权效力的追及。《民法典》本条将此规则扩展到所有动产抵押的情形，在编纂过程中，此举即引发了理论上的分歧。

主要分歧在于：其一，《民法典（草案）》第四百零四条的做法是否有其正当性基础？“正常经营买受人规则”的立法初衷是什么？以及规则扩大适用是否仍符合其初衷？其二，究竟应如何理解“正常经营活动”“合理价款”“取得抵押财产”中的“取得”和“买受人”？其三，“正常经营买受人规则”的扩张适用是否会与《民法典（草案）》第四百零六条的抵押权追及效力规则形成体系冲突？

二、“正常经营买受人规则”的立法初衷

界定“正常经营活动”的范围，一定程度上控制抵押人的故意及欺诈性处分财产的行为，赋予抵押权人对抵押人经营活动的监督权，也更好地保护受让人，给正常交易的受让人以合理的保护。就如何判断正常经营活动的范围，我国学界存在不同解释方法和解释结果。

1. 宽泛解释说

主张宽泛解释的学者认为，市场情况千变万化，经营方式各不相同，经营行为也是各具特色，一一列举正常经营活动的种类难免挂一漏万，因此，将判断行为合理性的权限交由法官，法官评判的标准则是诚实信用原则，并结合交易习惯和商业惯例。

2. 狭义解释说

王利明教授认为，从《物权法》第一百八十九条规定的表述看，应当将正常的经营活动限于移转所有权或其他权利的买卖活动，因为该条规定的只是买受人，显然不包括抵押权人、留置权人等非买卖活动中的当事人，而且必须是合法的交易行为。[①] 学界普遍认为，结合我国的司法实践，狭义解释显然更符合“正常经营买受人规则”的适用。

三、“正常经营买受人规则”扩大适用的正当性

《民法典》将本条关于“正常经营买受人规则”扩大适用于所有动产抵押领域，值得强调的是，此种扩大是附条件的，本条“正常经营活动”隐含着对抵押人主体资格和行为的限制。

1. 浮动抵押人的自由处分权是一种利益平衡的选择

其在保证抵押人行使所有权的同时，加以“日常经营”的限制从而兼顾抵押权人的利益。在一般动产抵押中，禁止抵押物处分同样存在影响抵押人正常经营的可能，如抵押人以现有全部动产提供抵押，若禁止其自由处分，现有财产无法流转而无法获取额外收益，同样阻碍正常经营。

---

① 王利明：《物权法研究》（下卷），中国人民大学出版社 2012 年版，第 1284 页。

2. 出于正常经营活动的需要赋予一般抵押人自由处分权并无不可

《民法典》本条对于抵押人的自由处分权作出了限制，若超出此种限制则有第四百零六条第二款的救济，即抵押权人可以要求抵押人以经营所得提前清偿债务。因而无论从“正常经营买受人规则”本身还是配套制度来说，皆可保证抵押人和抵押权人的利益平衡。由此，如出于正常经营活动需要，赋予一般抵押人自由处分抵押财产之权利并无不可。

3. 对买受人的信赖加以保护体现的是信赖原理的价值取向

“正常经营买受人规则”要求行为人基于合理信赖而获得的正当利益可以得到法律的支持，此种信赖不因权利外观虚假而落空。从实质而言，信赖保护是善意取得制度的基础，也是“正常经营买受人规则”的深层制度基础。

四、“正常经营买受人规则”的适用条件

1. 所谓“正常经营活动”其实是一个模糊性概念

其关乎“正常经营买受人规则”的适用范围，然而《物权法》及《民法典（草案）》对其皆未置笔墨。有学者尝试将其定义为：具备从事某一经营活动资格的经营者，在遵循正常交易规则并保持交易连贯性的前提下，以其通常销售的动产为交易标的，用合理对价进行的买卖、互易以及债务清偿等不损害抵押权的活动。自为学者解读。

2. “正常经营活动”须已支付合理价款

究竟何为“合理”，需要法官在具体案件中主观衡量，但是一定的相对客观的衡量方法应当成为法官裁判的参考。

（1）“正常经营活动”中的市场价格

对于合理价款的界定，应当以接近公平市场价格为准。如果支付的对价在常人看来与市场价格相去甚远，就不能成为合理价格。

（2）“正常经营活动”的综合判断

以正常经营活动中的市场销售价格、进货价格、国家指导价格等为参考，综合判断，一般来说，买受人购买标的物的价格明显低于市场价格，就不能认定为合理价格。

（3）“正常经营活动”的交易习惯和商业惯例之判别

一般情况下，交易习惯或商业惯例中形成的价格即市场价格，然而，当特殊影响因素进入时，单纯依据市场价格或国家指导价格有失公平，此时则应参考交易习惯或商业惯例中对类似情况的价格标准和处理方法。

3. “正常经营活动”中所谓业已“取得抵押财产”

“取得抵押财产”的关键在于“取得”之界定，结合上述对“买受”一词以及经营活动具体类型的解释，其指取得抵押动产的所有权应无疑问。

理论上存在不同意见，有学者认为，此处交付仅指现实交付和简易交付二者，因为指示交付与占有改定不具备公示性，不利于抵押权人利益保障。所谓买受人“取得抵押财产”，至少是买受人基于动产所有权移转的规则取得动产抵押物之所有权。①

另有学者认为，应当包括所有形式的交付，因为4种交付类型皆为动产所有权移转的法定形式，排除任何一个都有违动产物权变动的基本原则，而且指示交付或者占有改定并不会危及抵押权实现。②

此外，还有一种观点认为，转让的抵押动产一旦特定化，即使未交付也可视为符合“取得抵押财产”，因为抵押权人此时已经获得对价保障，动产所有权是否移转并非其所关心。③

应当认为，这些观点都有一定道理，因为即使在间接占有的情况下，鉴于抵押人（亦即出卖人）已经取得价款或者享有价款请求权，其责任财产未减少而不会危及抵押人权利实现。④

---

① 纪海龙：《〈民法典物权法（草案）〉中的“正常经营买受人规则”》，载《云南社会科学》2019年第5期。

② 刘文杰：《浮动抵押效力休眠规则研究——〈物权法〉第189条第2款的理解与适用》，载《研究生法学》2014年第4期。

③ 董学立：《浮动抵押的财产变动与效力限制》，载《法学研究》2010年第1期。

④ 朱良敏：《论“正常经营买受人规则”——以〈民法典（草案）〉第404条为切入点》，载《中南财经政法大学研究生学报》2020年第1期。

4.“正常经营活动”中买受人须为善意

“正常经营买受人规则”要求买受人具备此种“善意”：不知自己的行为因违反抵押权人和抵押人之间的限制处分条款而损害抵押权。

五、“正常经营买受人规则”的合体系性证成

有观点认为“正常经营买受人规则”与其他规则或制度存在冲突，不符合物权法体系协调性的要求。那么此种观点是否合理呢？

首先，就《民法典》第四百零四条与第四百零六条的关系看，第四百零六条第一款是抵押权追及效力的一般规则，适用于所有动产与不动产抵押情形；第四百零四条是一种限制性的动产不受抵押权追及规则。其适用条件极为严格，要求抵押人是具备营业资格的经营者、就该动产抵押物进行的交易属于正常经营活动、转让价款合理、抵押物所有权移转以及买受人善意等，其中任一要件缺失都不会有该规则的适用。因此，第四百零四条与第四百零六条并不冲突。

其次，“正常经营买受人规则”与抵押担保制度的基础存有契合之处，该规则的适用不会降低抵押人资力，即使特殊情形也有《民法典》第四百零六条第二款可予救济，因而并不会影响抵押担保制度“确保债权实现”之基础。①

由以上分析可知，第四百零四条与第四百零六条第一款是“例外与原则”的关系而非冲突关系，规则适用不会影响抵押人资力或债务清偿能力，也不会影响以“确保债权实现”为基础的抵押担保制度。

在司法实践中，根据《最高人民法院关于适用〈中华人民共和国民法典〉有关担保制度的解释》第五十六条的相关规定，买受人在出卖人正常经营活动中通过支付合理对价取得已被设立担保物权的动产，担保物权人请求就该动产优先受偿的，人民法院不予支持，但是有下列情形之一的除

---

① 朱良敏：《论“正常经营买受人规则”——以〈民法典（草案）〉第404条为切入点》，载《中南财经政法大学研究生学报》2020年第1期。

外：（一）购买商品的数量明显超过一般买受人；（二）购买出卖人的生产设备；（三）订立买卖合同的目的在于担保出卖人或者第三人履行债务；（四）买受人与出卖人存在直接或者间接的控制关系；（五）买受人应当查询抵押登记而未查询的其他情形。前款所称出卖人正常经营活动，是指出卖人的经营活动属于其营业执照明确记载的经营范围，且出卖人持续销售同类商品。前款所称担保物权人，是指已经办理登记的抵押权人、所有权保留买卖的出卖人、融资租赁合同的出租人。

【典型案例】

对正常经营同一之动产买卖后浮动抵押其能否对抗债权[①]

——抵押不破买卖的分析

基本案情

2013年2月28日，农发行申卯市分行与辛酉公司签订借款合同一份，同日，农发行申卯市分行与辛酉公司签订了《最高额抵押合同》一份和《浮动抵押合同》一份，3月12日，抵押人辛酉公司与抵押权人农发行申卯市分行又设定了额度为4万吨玉米的浮动抵押，并办理了抵押登记。5月6日，农发行申卯市分行向辛酉公司发出《解除合同通知书》，辛酉公司表示同意解除借款合同。

2012年10月15日，庚辰公司与辛酉公司签订《粮食购销合同》一份。合同签订后，庚辰公司向辛酉公司实际交付玉米6387.5吨。由于辛酉公司资金遇到困难无法支付货款，在货款还清之前，辛酉公司便承诺愿将公司资产和粮库抵押给庚辰公司。12月17日，辛酉公司向庚辰公司出具《借据》一份，表示如果未能按约定时间还清借款，辛酉公司愿将公司资产和粮库抵押给庚辰公司。截至2013年4月8日，辛酉公司尚欠庚辰公司

---

① 参见庚辰公司与农发行申卯市分行、辛酉公司、杨某文金融贷款合同纠纷案，吉林省高级人民法院，（2014）吉民二终字第42号。

借款、粮款。涉案6128.08吨玉米存储于辛酉公司永吉库区，属辛酉公司所有。

农发行申卯市分行请求判令农发行申卯市分行对抵押房屋、土地、机器设备及库存粮食享有优先受偿权。

法院审理

生效裁判法院认为，根据《物权法》第一百八十九条第二款的规定，庚辰公司的主张成立需满足以下条件：第一，庚辰公司与辛酉公司之间成立买卖合同关系；第二，该买卖属于辛酉公司的正常经营活动；第三，庚辰公司支付了合理价款；第四，庚辰公司已取得该6128.08吨玉米。

根据本案已查明的事实，辛酉公司作为粮食购销企业，出卖玉米的行为属于正常经营活动；庚酉公司已实际占有该6128.08吨玉米，因此，条件二和条件四已经成就。条件一有《粮食购销合同》予以证明。关于条件三，庚辰公司并未举证证明其与辛酉公司签订《粮食购销合同》后，实际支付了相应合同价款，但举证证明了辛酉公司尚欠其部分借款和粮款，主张将辛酉公司所欠的借款和粮款认定为支付《粮食购销合同》的价款，根据《合同法》第九十九条关于相互抵销的规定，其主张符合关于抵销权的规定。

因此，原审法院根据《粮食购销合同》约定的玉米单价，通过债务抵销的方式，认定庚辰公司对涉案玉米中的3247吨玉米支付了合理对价，适用法律正确，条件三部分业已成就。

综上，二审法院经审理认为，虽然农发行申卯市分行对6128.08吨玉米享有抵押权，但就其中3247吨玉米抵押权的行使，不得对抗在正常经营活动中已支付合理价款并取得抵押财产的庚辰公司。

原判决认定事实清楚，适用法律正确，农发行申卯市分行与庚辰公司的上诉理由均不能成立。故二审判决：驳回上诉，维持原判。

案件评述

一、根据本条规定申卯市分行的抵押权不能对抗庚辰公司

从案涉辛酉公司与农发行申卯市分行签订的《最高额抵押合同》和《浮动抵押合同》来看，申卯市分行享有最高额抵押权和浮动抵押权。其后辛酉公司将其库存玉米卖给庚辰公司，虽然该浮动抵押已经进行了登记，但是由于庚辰公司是善意的第三人，并且已经取得该批玉米中的3247吨所有权，故根据本条规定，案涉的抵押权并不能对抗抵押人在正常营业范围内所享有的对抵押财产的自由处分权。

二、浮动抵押财产“结晶”前浮动抵押的担保效力较弱

1. 浮动抵押本来仅适用于公司债的担保

浮动抵押作为物权的一种类型，登记具有公示力。在这段时间里，抵押人在正常营业范围内享有对抵押财产的自由处分权。这一点对于抵押权人而言显然是非常不利的。所以几乎所有承认浮动抵押制度的国家均规定，个人、独资商号、合伙商号不得采用此种担保方式。

所谓“浮动抵押结晶”，是指在债权清偿期届满，企业有不能清偿债务之虞或有其他法定的解散事由时，企业担保即结束此前一直持续的睡眠状态，而发挥其效力。此时，浮动不定的企业担保遂变为特定担保。企业担保之标的物的范围由此固定，企业担保权人进而便可从变卖企业财产所得的价金中优先受偿。此学说上称为“企业担保之结晶”。浮动抵押结晶后，导致抵押人不再享有对抵押财产日常经营的处分权，而是受到与固定抵押相同的限制，抵押权特定地附着于固定的财产之上，固定的财产既包括公司当时已经取得的财产，也包括将要取得的财产，从而对抵押权人利益的保护进一步得以加大。

2. 扩大“浮动抵押”的适用范围应注意适当予以监督

这主要是考虑到公司（特别是股份公司）受资本三原则（即资本确定、资本维持和资本不变）的制约，在公司存续期间，其资产价值不会有太大变化，因而具有较高的信誉。同时公司财务报表公开公示制度也便于

债权人和股东对公司财务状况和经营情况进行监督。允许公司采用浮动抵押方式，显然最大限度地弥补了由于抵押标的浮动性给债权人带来的不利影响，因而易于为债权人所接受。而其他主体由于在资产运作和财务制度方面缺乏必要的约束和监督机制，一旦在封押（即结晶）前抽逃资产，则抵押债权人的债权清偿将会落空。这是不允许其他企业和个人采用浮动抵押的主要原因。

《民法典》沿袭《物权法》规定了企业、个体工商户、农业生产经营者均可以设立浮动抵押，在这一点上与其他国家的立法不同。在这种情况下尤其要注意在个体工商户和农业生产经营者设定浮动抵押后对其进行监督，防止侵害债权人利益的情况发生。

第四百零五条　【抵押权和租赁权的关系】抵押权设立前，抵押财产已经出租并转移占有的，原租赁关系不受该抵押权的影响。

【条文疏义】

本条修改了《物权法》第一百九十条“订立抵押合同前抵押财产已出租的”的规定，增加了“转移占有”的规定，删掉了“抵押权设立后抵押财产出租的，该租赁关系不得对抗已登记的抵押权”的规定。

一、租赁在先则“抵押不破租赁”

“抵押不破租赁”理论形成了物权法上的一项重要制度。当租赁合同成立以后，出租人又以该出租物设定抵押时，则会产生租赁权是否继续有效的问题。根据“买卖不破租赁”的规则，在买卖时，买受人所取得的标的物所有权不得对抗租赁权。而抵押权从本质上讲，抵押无须转移占有，故其并无优先于所有权的效力，这样以前存在的租赁权也自可以对抗后设立的抵押权，而继续有效存在了。

因此，当租赁在先，抵押在后时，租赁权优先于抵押权，也就是原租赁关系不受抵押权的影响。当然，新的物权人可以依法取代原所有人的法律地位，于租赁权消灭后，再继续行使其物权的支配权。

二、抵押与租赁设立先后的判断条件

1. 时间点之确定规定

从原先的“订立抵押合同”到现在的“抵押权设立前”，显然是提高了对抵押权的要求，仅仅订立合同仍不属于抵押权设立，此时若不动产出租，则属于出租在前，抵押权在后。对于不动产的抵押必须进行登记，抵押权才真正设立。这一规定显然是督促抵押权人在订立抵押合同后及时设立抵押权，尽快完成登记手续。另外，这也是对出租人的加强保护。一直以来，出租人都是弱势群体，法律扩大对其保护范围，合情合理。

2. 租赁权生效时间

（1）将承租人占有抵押物的时间作为判断标准

如占有发生在抵押之前，则租赁权先于抵押权设立，反之则抵押权优先于租赁权。

（2）未占有的以租赁合同登记时间与抵押设定时间的先后确定

如未发生抵押物占有，则根据租赁合同登记时间与抵押权设立时间的先后来判断。

3. 租赁物占有转移的重要意义

如果承租人并未占有抵押物，也没有办理租赁合同登记，根据《民法典》的有关规定，则抵押权优于租赁权的实现。

4. 租期进行延展原租赁关系并不失去同一性

房屋抵押权和租赁权发生冲突时，应当根据权利成立的先后顺序来解决。房屋租赁权先于抵押权成立的认定标准是，签订租赁合同并占有抵押物的时间早于抵押登记。在特定条件下，法律规定承租人享有优先购买权。[1] 当租赁权在抵押权之前设立，但是租赁合同约定的租期届满的时间早于抵押权登记时间，抵押人与承租人协商续租的情况下，此时租赁权与抵押权先后关系如何确定？

学界通说认为，如果仅是对原租赁合同期限的变更，则仍然属于原租赁合同，此时租赁权仍然设立于抵押权之前。相反，如果抵押人与承租人对于原租赁合同除租期外的主要条款也进行了变更，那么此时的续租就属于新的租赁合同，毫无疑问，抵押权的顺位要优先于租赁权。从合同法的理论看，在其他内容没有变化的前提下，仅对租期进行延展，原租赁关系不失去同一性。

三、抵押在先则抵押得破租赁

抵押权物在设立之后，抵押人的权利虽然受到了限制，但受到限制的主要是价值权，只要不损害抵押物的价值，抵押人对抵押物的其他支配权仍然不受到影响。故抵押人仍然有权将其抵押物出租。不过，抵押物上存在租赁关系毕竟是一种负担，如果允许租赁权可以对抗抵押权，则必将影响抵押权实现时抵押物的价值。

因此，抵押权物设定之后产生的租赁关系，抵押权即应优先于租赁权，在抵押权实现时租赁权不受保护，也就是该租赁关系受已登记的抵押权的影响。这里之所以规定是已登记的抵押权，是因为如果抵押权不进行登记，就不得对抗善意的第三人，自然也就是不得对抗租赁权人。

四、抵押后出租之模式的探讨

《民法典》第四百零五条沿袭《物权法》第一百九十条按照“设立在先，权利优先”原则，来规制抵押权和租赁的关系。主要是基于租赁合同的签订只需承租人与出租人达成合意即可，但由于已设定抵押的财产还负担着租赁法律关系时，抵押权的实现会受到租赁权的阻碍，为追求法价值的平衡，对租赁权进行了限制。

---

① 高丹：《房屋抵押权与租赁权冲突的相关法律问题评析》，载《黑河学刊》2017 年第 4 期。

对于抵押后出租的，不同国家和地区做法也有所不同，我国台湾地区认为，后设立的租赁权若不影响抵押权的完成，即当债务能够被拍卖的价款清偿时，租赁关系依然存在，并不一味地面临被解除的风险。即看租赁权是否影响到抵押权的实现。[①]

日本采用的就是“短期租赁的保护制度”，即法律赋予保护的期间，在此期间内，即便租赁权设立在后，亦可以不受抵押权的干扰，只是该对抗效力并不是阻碍抵押权的实现，而是抵押权的实现不能构成对租赁关系的影响。

对于抵押后出租的情况，实践中到底应当如何处理，还需相应的立法解释与司法解释予以完善。

【典型案例】

已抵押的财产又出租时抵押权实现后租赁合同对受让人有无约束力[②]

——抵押权是否可以破除租赁

基本案情

2003年、2004年和2006年壬申公司与癸酉公司就涉案房屋分别签订了《租赁合同》《补充协议书》《协议书》，约定壬申公司承租癸酉公司一栋房屋，租赁期限至2026年11月10日。

2006年涉案房屋被查封。

2006年12月21日，癸酉公司与丁巳支行签订《最高额抵押合同》，约定癸酉公司以涉案房屋为案外人的债务最高余额提供抵押担保。

2008年12月21日，涉案房屋依据法院生效判决被依法查封。

2010年8月12日，壬申公司与吉大某院签订《房屋租赁合同》，约定

① 欧阳明华：《试论抵押权与租赁权的关系》，载《现代交际》2016年第11期。

② 参见壬申公司与吉林大学某医院房屋租赁合同纠纷案，最高人民法院，（2017）最高法民终338号。

壬申公司将涉案房屋出租给吉大某院，合同签章处，写有“同意出租”字样，并有癸酉公司的公章及法人名章。

2010年8月19日，壬申公司与吉大某院签订《房屋租赁合同》，除房屋租赁期间变更为自2011年1月30日起至2021年1月30日止，以及合同签章处无“同意出租”字样外，其他内容同2010年8月12日签订的《房屋租赁合同》一致。同日，双方签订《壬申有限公司楼房及相关设备交接清单》，列明交接物品。

2011年6月3日，壬申公司向吉大某院送达《通知》《催款通知》，要求吉大某院告知其单位的账户、开户行、金额，以便壬申公司转账，并要求吉大某院速将拖欠的三个月的房租给付壬申公司。

2011年8月12日，吉大某院向壬申公司发出《通知函》，要求壬申公司在收到通知后7日内，支付先行垫付投资款2000万元。17日，壬申公司将2000万元汇入吉大某院账户。23日，吉大某院将该笔款项退还壬申公司。

2011年8月25日，吉大某院向当地中级人民法院提起诉讼，诉请解除与壬申公司签订的《房屋租赁合同》，并要求壬申公司支付其违约金。壬申公司后提起反诉，诉请解除《房屋租赁合同》，并要求吉大某院给付租金、违约金及赔偿损失。2012年9月27日双方分别提出撤回本诉和反诉的请求。(2011) 民一初字第2号民事裁定准予撤诉。

2012年10月30日，壬申公司向该省高级人民法院提起本案诉讼。

壬申公司一审诉称：吉大某院按照约定的租金标准支付自2011年11月30日至今的持续房屋占用费用。

壬申公司上诉请求：1. 依法改判一审判决部分内容，依法支持壬申公司一审部分诉讼请求，或发回重审。2. 判决吉大某院承担违约金1400万元人民币。3. 判决吉大某院给付房屋租金或房屋占用费4374.75万元，及房屋归还前的租金或房屋占用费。4. 判决吉大某院将租赁房屋恢复原状。

吉大某院上诉要求：撤销一审判决，将癸酉公司列为本案当事人继续审理，依法改判驳回壬申公司的全部诉讼请求、支持吉大某院的全部反诉请求。

法院审理

法院经审理认为，根据《物权法》第一百九十条的规定，本案中，一方面，壬申公司与癸酉公司之间的租赁合同订立在法院查封之前，壬申公司与吉大某院之间的转租合同虽订立在法院查封之后，但吉大某院在其租赁期限内承接了壬申公司的承租权，该承租行为并未增加申请执行人实现债权的负担，壬申公司与吉大某院之间的《房屋租赁合同》不应因签订在涉案房屋被法院查封之后而被认定为无效。

另一方面，案涉房屋在壬申公司与吉大某院签订《房屋租赁合同》时，已经由房屋所有权人癸酉公司抵押给丁巳支行，且因丁巳支行依据法院生效判决申请执行而被查封。但癸酉公司在与丁巳支行签订抵押合同之前，已经与壬申公司签订了出租合同，故癸酉公司与壬申公司之间的原租赁关系不受丁巳支行抵押权的影响，壬申公司仍可继续承租本案涉案房屋，在癸酉公司同意的前提下，壬申公司有权就涉案房屋进行转租。

吉大某院对涉案房屋的租赁期限没有超出壬申公司租赁期限，吉大某院在其租期内承接了壬申公司的承租权，并不受抵押权的影响。

二审驳回上诉，维持原判。

案件评述

一、《担保法》和《物权法》均未禁止抵押人将抵押物出租

《担保法》第四十八条明确规定："抵押人将已出租的财产抵押的，应当书面告知承租人，原租赁合同继续有效。"《合同法》第二百二十九条规定："租赁物在租赁期间发生所有权变动的，不影响租赁合同的效力。"也就是说，因实现抵押权而将抵押财产转让时，抵押人与承租人之间原有的租赁关系并不当然终止，承租人可以继续享有租赁权。

因为抵押权人只是就抵押物进行变价并优先受偿，而并不转移所有权，同时该抵押物仍由抵押人占有，抵押人完全可对抵押物进行收益。在同一抵押物上存在抵押权人的抵押权及第三人的租赁权，且抵押权实现时，租

赁期限未到，抵押财产上负担有该租赁权，该租赁权是否可以继续存在呢？

《物权法》即规定了两种情况，租赁权设立在先的，抵押不破租赁；租赁权设立在后的，不影响抵押权。《民法典》只沿袭规定了第一种情况。

二、抵押权与租赁权的效力何者优先

依民法“一物一权”的原则，在同一物上不能同时设立互相抵触的物权。抵押权为担保物权，租赁权是一种以物的使用为内容的债权，两者可以同时并存。但是当两种权利的实现有冲突时，应如何确立二者效力的先后。

1. 租赁权设立在先

出租该物后，当事人可以将该物设定抵押，但依诚实信用原则，应对抵押权人负告知义务，如未告知，致使抵押权人遭受损失，抵押人应负赔偿责任，主要在租赁期长于债务履行期时，承租人以其优先购买权阻碍抵押权人获得抵押物的所有权或是租赁关系的存在影响到抵押物的交换价值时。

2. 抵押权设立在先

抵押人依然可将抵押财产出租，因为抵押权仅是抵押权人享有就抵押物的变价的优先受偿的权利，所有权并未转移，抵押人对于自己的物享有使用权。同时这也正是抵押优于质押的优点，即有利于物的价值利用，但是当租赁期长于债务清偿期时，同样面临抵押权与租赁权效力优先的问题。根据《最高人民法院关于适用〈中华人民共和国担保法〉若干问题的解释》的规定，抵押权效力应当优于租赁权，即当抵押权因有负担而影响抵押权实现时，租赁权不能对抗抵押权，对于承租人的损失，若抵押人已尽告知义务的不承担责任，若未尽告知义务，则由抵押人承担赔偿责任。

对此，亦可参见其他国家的相关规定。如《日本民法典》第395条规定：“不超过第602条所定期间的租赁，虽于抵押权登记后进行登记，亦可以之对抗抵押权人，但是，其租赁害及抵押权人时，法院因抵押人请求，可以命令解除该租赁。”《意大利民法典》第2812条规定：“在抵押权登记后登记设立的地役权不能对抗已设定抵押的债权人，抵押权人得如同没有地役权约束地，拍卖该财产。该规定适用于用益权、使用权和房屋使用权。”

第四百零六条　【抵押期间抵押财产转让应当遵循的规则】抵押期间，抵押人可以转让抵押财产。当事人另有约定的，按照其约定。抵押财产转让的，抵押权不受影响。

抵押人转让抵押财产的，应当及时通知抵押权人。抵押权人能够证明抵押财产转让可能损害抵押权的，可以请求抵押人将转让所得的价款向抵押权人提前清偿债务或者提存。转让的价款超过债权数额的部分归抵押人所有，不足部分由债务人清偿。

【条文疏义】

本条将《物权法》第一百九十一条规定的“抵押期间，抵押人未经抵押权人同意，不得转让抵押财产”的原则性规定修改为抵押人可以通知抵押权人转让抵押财产，并对相应情形下双方的权利义务予以明确。

一、就《物权法》第一百九十一条应予修订之学界的呼吁

《民法典》第四百零六条没有沿袭《物权法》第一百九十一条第二款“抵押期间，抵押人未经抵押权人同意，不得转让抵押财产，但受让人代为清偿债务消灭抵押权的除外”之规定，而是将第二款修订为：“抵押人转让抵押财产的，应当及时通知抵押权人……”因为《物权法》的这一规定从其产生那一刻起就受到法学界的批评，认为它与世界公认的物权法原理不相符合。《物权法》实施数年来的法律实践证明，这个规定也不符合我国市场经济的实践需要。

事实上关于抵押关系存续期间抵押人能否处分标的物的问题，也就是说，在抵押人转让或者对抵押标的物做出其他法律处分时，是否需要抵押权人同意的问题，在制定《物权法》之前法学界早已形成通说，认为“抵押权为把握抵押标的物所担保价值（交换价值）之权利，对于不妨碍标的物价值之处分及用益，无干涉之必要”。[①]

二、抵押物之转让应予以自由

抵押关系期间，抵押物转让自由，不论抵押人进行抵押物转让时，是否经过抵押权人同意，转让合同只要不违反强制性规定，都应是有效的，抵押物都可以进行转让。这一规定使抵押人的处分权得到了很好的保障，也利于抵押物在市场上的自由流通，实现抵押物的价值，同时也能解决司法实践中“同案不同判”的现象。

此外，这一规定也在一定程度上承认了抵押权的追及效力，抵押权人的抵押权不因为抵押人对抵押物的任何处分受到影响，在抵押权实现条件成就时，抵押权人可以行使自己的抵押权，就抵押物优先受偿，也能协调三方之间的利益。

三、对抵押权人的权利保护

抵押关系存续期间抵押人转让抵押标的物有可能损害抵押权的，抵押权人可以要求抵押人提前清偿债务或者将转让价款提存。同时，关于“提前清偿或者提存”制度的适用是有条件限制的，如果要适用这一条，抵押权人就要承担相应的举证责任，证明抵押人的行为损害其抵押权。

这一规定既保护了抵押权人的利益，使抵押权人在抵押物自由转让情况下的合法权益得到保护；又防止抵押权人滥用该条规定来损害抵押人的利益，转让金不用事先进行提存，其价值自能得到最大限度的利用。

四、抵押权的法律属性本质的分析

1. 抵押权是对特定抵押标的物的价值之支配权

抵押权是对特定抵押标的物的物权，是对抵押标的物的支配权，只要

---

① 孙宪忠、徐蓓：《〈物权法〉第 191 条的缺陷分析和修正方案》，载《清华法学》2017 年第 2 期。

抵押标的物存在，其价值就会存在，只要法律上没有消灭该权利的根据，该权利就会一直存在。不论所有权人如何变更，只要作为客体的抵押标的物和作为主体的抵押权人不变，抵押权的实现则不会受到影响。

2. 抵押权是抵押权人的绝对权

抵押权是抵押权人的绝对权，不会因为抵押人的意思而消灭。“物权人行使权利时只是按照自己的意思就可以实现其权利的目的或者说发生最终的效果的权利”[①]，因此，抵押权人实现抵押权时只需依据自己独断的意思表示即可，抵押人的意思不会对抵押权的实现产生任何影响。

3. 抵押权的追及效力

抵押权具有排他性效力，抵押权的实现可以直接排斥标的物的所有权人。在抵押标的物没有转让时，抵押权当然排斥抵押人，在抵押标的物转让之后，抵押权也同样能够排斥标的物的取得人。从法理上看，抵押权是设立在所有权之上的限制物权，具有排斥基础性权利即所有权而优先实现的法律效力。这种排他性可以对抗一切抵押标的物的所有人，不论抵押标的物的所有人具体是谁，都受到抵押权排他性的限制。

五、抵押权登记公示之作用

根据《民法典》物权编第二百零九条来推定，不动产抵押权的设立，必须进行不动产登记。抵押权进行登记，具有决定抵押权生效、权利正确性推定和善意保护第三人的作用。

1. 登记公示的对世效力

登记之后抵押权就产生了对世性的法律效果，能够对抗一切不特定的第三人，能够充分保护作为债权人的抵押权人的利益。抵押权本质上是抵押权人对抵押标的物交换价值的支配权，登记公示以国家信誉为支撑保证了抵押权人对抵押标的物的这种支配状态。即便抵押标的物多次转让，只要抵押登记不变，抵押权则不受其影响。

---

① 孙宪忠：《中国物权法总论》，法律出版社 2014 年版，第 88 页。

2. 排除第三人善意取得的可能

登记公示排除了第三人善意取得的可能，避免了抵押权人遭受抵押权因第三人善意取得标的物而灭失的风险。因为国家登记对当事人以及利害关系人是公开的，利害关系人不能说自己不知道国家登记而提出善意的抗辩。事实上，善意客观标准不仅解决了第三人对前手交易瑕疵不知情或不应知情主观心理举证难的问题，也对保护交易安全更为有利。登记公示向社会公开抵押标的物的抵押状况，推定不特定第三人都知晓或应当知晓抵押权的设立情况，从客观上排除了第三人"善意取得"抵押标的物而灭失抵押权的可能性。这一特点，对于保护抵押权人至关重要。

3. 买受人的合理警示

抵押登记对抵押标的物取得人尽了合理警示义务，保护取得人利益。登记公示已经以法定方式将标的物的抵押状况向社会公开，合理提醒第三人买受抵押标的物可能承担因抵押权实现而丧失标的物的风险，这要求第三人在进行市场交易过程中应对不动产登记簿上是否有对该标的物的抵押记载负有法律上的注意义务。在未履行该注意义务的情况下，标的物取得人因抵押权实现而丧失取得的抵押标的物，应对此自行承担责任。

【典型案例】

抵押期间转让房产案①

——抵押期间转让抵押物的条件

基本案情

1998 年 9 月 15 日，威甲公司与望丁公司签订建设施工合同，将威甲公司综合楼发包给望丁公司承建，望丁公司又将工程转包给工程实际施工人孙某明。2009 年 10 月 20 日，威甲公司与孙某明签订协议书，确认欠孙某

① 参见孙某明与江苏威甲公司、盐城经济开发区祥乙公司案外人执行异议纠纷案，载《最高人民法院公报》2015 年第 7 期。

明工程款405万元，并以房屋抵冲部分工程款。2010年10月26日，法院作出判决，确认孙某明与威甲公司于2009年10月20日签订的协议合法有效。

在祥乙公司申请执行威甲公司、威甲材料公司、威甲制动公司、天行戊建设有限公司借款合同纠纷案中，法院在对威甲公司登记的抵押财产采取强制执行措施时，孙某明提出执行异议。法院裁定，认为孙某明虽然就案涉房屋与威甲公司签订了以房抵债的协议，但双方未能办理过户登记手续，孙某明主张已经取得案涉房屋所有权的异议理由，不能成立，遂裁定驳回孙某明的执行异议。

孙某明不服，向法院提起案外人执行异议之诉，请求：1. 房屋的所有权归孙某明所有；2. 判令威甲公司继续履行双方签订的协议；3. 判令威甲公司、祥乙公司协助孙某明办理房屋过户手续；4. 中止对本案争议房屋的执行；5. 诉讼费用由威甲公司和祥乙公司承担。

法院审理

一审法院经审理认为，关于孙某明对案涉房屋是否具有所有权的问题。《物权法》第一百九十一条第二款规定，抵押期间，抵押人未经抵押权人同意，不得转让抵押财产，但受让人代为清偿债务消灭抵押权的除外。

2007年6月5日，威甲公司因向建行城丙支行借款，将房屋抵押给建行城丙支行，该行于2009年12月4日办理了上述房产抵押注销手续。同日，威甲公司又将案涉房屋抵押给祥乙公司。

2009年10月20日，威甲公司与孙某明签订协议，将案涉房屋转让给孙某明以冲抵孙某明的工程款。以上事实证明，案涉房屋上设有抵押权，威甲公司与孙某明签订协议的时间在案涉房屋抵押期间内，违反了《物权法》的规定，孙某明不能取得案涉房屋的所有权。法院判决驳回孙某明的诉讼请求。

孙某明不服一审判决，提起上诉。二审法院查明的案件事实与一审法院查明的案件事实一致，判决驳回上诉，维持原判。

案件评述

一、“涤除抵押权”为自我救济的权利

《物权法》第一百九十一条第二款中关于“抵押期间，抵押人未经抵押权人同意，不得转让抵押财产，但受让人代为清偿债务消灭抵押权的除外”的规定被认为就是“涤除抵押权”。学界通识，涤除抵押权是为平衡物权流转中受让人权益与抵押权人权益的冲突，使受让人有对于被设定抵押权受让物的自我救济权利。《物权法》认为涤除权是受让人的权利。理由是设置抵押权制度显然是为了保证债务的履行，同时鼓励商事交易。授权买受人行使涤除权，有利于促进抵押物的流通，实现物尽其用，增进经济效益。

在司法裁判实务中，如在招商银行某市分行诉叶某房屋买卖合同纠纷案二审民事判决书①中，上海市第一中级人民法院认为，《物权法》第一百九十一条第二款的规定可以适用于最高额抵押权。该款规定，抵押期间，抵押人未经抵押权人同意，不得转让抵押财产，但受让人代为清偿债务消灭抵押权的除外。根据上述规定，法院认为涤除权是受让人的法定权利，其行使并不需要以抵押权人同意为要件。

因此本案中，案涉房屋上设有抵押权，威甲公司与孙某明签订协议的时间在案涉房屋抵押期间内，违反了《物权法》的规定，孙某明不能取得案涉房屋的所有权。

二、抵押人对抵押物的处分不应受到限制

大多数国家均对限制抵押人对抵押物的处分予以否认，其理由在于抵押权是对物的交换价值享有优先受偿的一种权利，抵押人仍享有所有权。对此，抵押权人无权干涉，若对其加以限制，则在实际上剥夺了抵押人对抵押物的自由处分权，将使抵押物处于冻结状态，只能凝固在抵押人手中，抵押人即使无权利用，但也不可流通转让，这在根本上背离了抵押权制度。

---

① 上海市第一中级人民法院，（2017）沪01民终976号。

而且由于抵押权的追及效力，即无论抵押财产转让到何处，抵押权人都可当然地追及行使其抵押权。

《民法典》此次编纂对抵押物自由流转的规定自解决了这个问题。

第四百零七条　【抵押权的从属性】 抵押权不得与债权分离而单独转让或者作为其他债权的担保。债权转让的，担保该债权的抵押权一并转让，但是法律另有规定或者当事人另有约定的除外。

【条文疏义】

本条沿袭了《物权法》第一百九十二条的规定。

一、抵押权的从属性

抵押权是一种非常典型的担保物权，其以确保主债权得到清偿为目的，这决定其相对于主债权而言具有从属性。这种从属性“乃是自担保物权之存在目的而产生”。[①] 被担保的债权是主权利，担保物权是从权利，二者是主从关系。担保物权的成立以主债权的成立为前提，随主债权的转移而转移，因主债权的消灭而消灭。[②]

从属性决定了抵押权移转的附随性要求：

1. 抵押权不能与债权分离而单独转让

具体而言，抵押权人不得将债权单独转让而自己保留抵押权；抵押权人也不得将抵押权单独转让而自己保留债权；抵押权人也不得将债权与抵押权分别转让给不同的人。

2. 抵押权不能与债权脱离而作为其他债权的担保

即抵押权人不得自己保留债权，而单独以抵押权为其他债权提供担保；

① 谢再全：《民法物权论》，中国政法大学出版社 1999 年版，第 539 页。

② 王全弟：《物权法》，浙江大学出版社 2007 年版，第 363 页。

抵押权人也不得自己保留债权，而单独以债权为其他债权提供担保；抵押权人也不得分离抵押权与债权，分别为不同的债权担保。

当然，在法律另有规定或当事人另有约定时，担保债权的抵押权可以随该债权的转让而一并转让。

二、不动产抵押权转移登记扩大了其对抗范围

登记对抗，即转移登记的法律效力不是使债权受让人取得不动产抵押权，而是对不动产抵押权已转移至受让人处分这一权利状态进行公示。其仅是法律为第三人知晓抵押权归属真实状态而设定的一种形式。因此，发生主债权让与情况，不办理转移登记并不影响不动产抵押权的转移。转移登记不是主债权让与时不动产抵押权转移的生效要件。登记公示是债权受让人取得的不动产抵押权具有对世效力的条件。即不动产抵押权变动一经公示，不管第三人是否实际知晓即可推定第三人已知晓该抵押权的真实权利状态。此后再发生争议时，公示制度就可节省司法资源，实现交易安全和效率价值。故而，转移登记的作用在于扩大抵押权的对抗范围。①

【典型案例】

最高额抵押权未随债权一并转让时如何处理②

——最高额抵押权原则上应随债权的转让一并转让

基本案情

2012年12月28日，嘉乙房地产公司与恒丁银行重庆分行签订《综合授信额度合同》。同日，渝丙房地产公司与恒丁银行重庆分行签订了《最高额抵押合同》，自愿为《综合授信额度合同》项下债务提供最高额抵押

---

① 李康：《主债权让与时不动产抵押权转移登记的效力研究》，华东政法大学2018年硕士学位论文。

② 参见重庆宏甲物资公司诉重庆市嘉乙房地产公司等借款合同纠纷案，载北大法宝，www. pkulaw. com/pfnl/a25051f3312b07f3d184e49455fbca03c969df896f0-dcc28bdfb. html，最后访问时间：2018年11月19日。

担保。抵押物为房产，并依法办理了抵押登记。同日，渝丙房地产公司、魏某、李某、郑某桥、张某农分别与恒丁银行重庆分行签订了《最高额保证合同》，自愿为《综合授信额度合同》项下债务提供最高额连带保证担保。

2013年1月28日、1月29日、1月30日、1月31日，嘉乙房地产公司与恒丁银行重庆分行签订了《流动资金借款合同》，且恒丁银行重庆分行向嘉乙房地产公司指定的账户发放了贷款。借款期满后，六被告均未偿还借款本息。

2013年10月20日、11月20日、12月20日，恒丁银行重庆分行与宏甲物资公司签订《债权转让协议》，将其对嘉乙房地产公司享有的积欠的贷款债权利息转让给宏甲物资公司。

债权转让后，恒丁银行重庆分行向六被告送达了《债权转让通知》，但六被告时至今日仍拒绝向宏甲物资公司清偿债务，其行为已违反《合同法》等相关规定，严重损害了债权人债权的实现。宏甲物资公司请求：1. 嘉乙房地产公司向宏甲物资公司偿还借款本金及利息；2. 宏甲物资公司对渝丙房地产公司的房产享有优先受偿权；3. 渝丙房地产公司、魏某、李某、郑某桥、张某农对宏甲物资公司第一项诉讼请求的清偿范围承担连带责任。

法院审理

法院经审理认为，宏甲物资公司与恒丁银行重庆分行的债权转让行为合法有效。根据《担保法》第二十二条和《最高人民法院关于适用〈中华人民共和国担保法〉若干问题的解释》第二十八条的规定，债权人将主债务转让给第三人，保证债权同时转让。《物权法》第一百九十二条规定，债权转让的，担保该债权的抵押权一并转让。因此，恒丁银行重庆分行将本案所涉债权转让给宏甲物资公司，其抵押权、保证债权已一并转让。

虽然渝丙房地产公司称本案所涉抵押为最高额抵押，不能转让，但《物权法》第二百零四条规定："最高额抵押担保的债权确定前，部分债权转让的，最高额抵押权不得转让，但当事人另有约定的除外。"第二百零六条规定："有下列情形之一的，抵押权人的债权确定：……（三）新的债权不可能发生……”而根据本案查明的事实，恒丁银行重庆分行与嘉乙房地产公司签订的《综合授信额度合同》中约定的授信额度已于2013年1月31日使用完毕，债权已经确定。且恒丁银行重庆分行渝丙房地产公司签订的《最高额抵押合同》中明确约定，抵押权人转让部分或全部债权的，最高额抵押权可以转让。

因此，无论是根据法律的规定还是合同的约定，本案涉及的最高额抵押权应随债权同时转让。故判决宏甲物资公司有权在判决第一项确定的债务范围内对渝丙房地产公司的房产优先受偿；重庆渝丙房地产公司、魏某、李某、郑某桥、张某农对本判决第一项确定的债务承担连带清偿责任。

案件评述

一、主债权转归他人作为从权利的抵押权亦须同时转归他人

主债权因债权人与债权受让人之间债权让与合同的成立，抵押权作为从权利，不可能脱离主债权的存在而单独存在，也不可能为主债权人之外的他人所享有。由于抵押权不具有独立存在的特性，因此《民法典》本条规定，抵押权不得与债权分离而单独转让或者作为其他债权的担保。根据这一规定，抵押权的转让或者以抵押权为其他债权设定担保，应当与抵押权所担保的债权一同进行。抵押权人转让抵押权的，抵押权应当与其所担保的债权一同转让；抵押权人以抵押权向他人提供担保的，抵押权应当与其所担保的债权一同向他人提供担保。单独转让抵押权或者单独以抵押权作为其他债权担保的行为无效。

本案中，宏甲物资公司与恒丁银行重庆分行签订的《债权转让协议》是当事人双方真实意思表示，并未违反法律、行政法规的强制性规定，且宏甲物资公司已按约支付转让款，恒丁银行重庆分行业已按照《合同法》的有关规定对债务人、抵押人、保证人履行了通知义务，加之重庆市某中级人民法院（2014）渝五中法民初字第00375号民事判决已确认转让协议及通知行为合法有效。故宏甲物资公司与恒丁银行重庆分行的债权转让行为合法有效。鉴于《民法典》第四百零七条沿袭了《物权法》第一百九十

二条的规定，明确债权转让的，担保该债权的抵押权一并转让，因此，恒丁银行重庆分行已将本案所涉债权转让给宏甲物资公司，其抵押权、保证债权也一并转让。

二、附随性决定了被担保债权转让的抵押权应随其转让而移转

因此本条规定："债权转让的，担保该债权的抵押权一并转让……"需要注意的是，关于这一规定，本条还有一项但书规定："但是法律另有规定或者当事人另有约定的除外。""法律另有规定"，如《民法典》物权编第四百二十一条规定，最高额抵押担保的债权确定前，部分债权转让的，最高额抵押权不得转让。"当事人另有约定"，既可以是抵押权人在转让债权时，与受让人约定，只转让债权而不转让担保该债权的抵押权，这种情形大多发生在债权的部分转让时；也可以是第三人专为特定的债权人设定抵押的，该第三人与债权人约定，被担保债权的转让未经其同意的，抵押权因债权的转让而消灭。

这里所讲的抵押权不得与债权分离而单独转让，是指抵押权人不得将抵押权单独让与他人而自己保留债权。因为抵押权就其担保的债权而言具有附随性，故没有债权，得到的抵押权就是空的，是没有价值的。同样道理，抵押权人也不得单独将抵押权作为其他债权的担保而自己保留债权，抵押权只有在与其所担保的债权一同作为其他债权的担保时才有意义。

三、债权让与中不动产抵押权之权属的变动

《民法典》第四百零七条沿袭《物权法》第一百九十二条规定了债权让与时，从属于主债权的从权利应当随主债权发生移转，因此，从属于主债权的不动产抵押权也应随债权的让与而发生移转。但是，依据我国物权法定原则，不动产抵押权的变动须登记才生效。对于债权让与中不动产抵押权权属变动的具体规则，我国的法律及相关司法解释并没有作出明确规定，实务中对此存在不同的裁判观点。

虽然目前存在当然移转主义和登记要件主义两种观点，但是不同观点的学者很少有对该问题进行较详细论证，因此该问题始终未得实质性的解决。债权让与中不动产抵押权权属变动，既体现了债权让与的法律效力，又遵循了物权法定原则的严格要求，体现了债权与物权的密切联系。

所以，对债权让与中不动产抵押权权属变动规则的研究，需要在对《物权法》《担保法》《合同法》《最高人民法院关于适用〈中华人民共和国担保法〉若干问题的解释》中涉及的相关法条，进行立法目的解释、体系解释等的基础上，探讨法条背后的理论内涵，并结合国内外立法与实务经验，总结出完善的规则建议。①

因此，《民法典》物权编通过系统性的法律行为规则整合，对实践中提出的债权让与中不动产抵押权权属变动规则缺乏明确的立法之规范，从而造成实务中观点不一的问题，予以体系上的整合。

第四百零八条　【抵押财产价值减少时抵押权人的保护措施】 抵押人的行为足以使抵押财产价值减少的，抵押权人有权请求抵押人停止其行为；抵押财产价值减少的，抵押权人有权请求恢复抵押财产的价值，或者提供与减少的价值相应的担保。抵押人不恢复抵押财产的价值，也不提供担保的，抵押权人有权请求债务人提前清偿债务。

【条文疏义】

本条沿袭了《物权法》第一百九十三条的规定。

一、抵押权人的增保请求权

本条规定，限定了抵押权人增加担保请求权的效力。抵押人对抵押物价值的减损具有过错的，抵押权人才可以在抵押权人因损害所得赔偿范围内，要求提供担保。抵押权是以抵押物的价值作为债权担保的担保物权。

① 武丹丹：《债权让与中不动产抵押权权属变动研究》，西南政法大学 2019 年硕士学位论文。

所以，如果抵押物在抵押期间受到损害而导致其价值减少，那么于抵押权实现时，抵押权人就可能无法完全得以清偿。

因此，在抵押期间对抵押物的侵害，实际上也就是对抵押权的侵害。为了保护抵押权人的合法利益，法律赋予抵押权人以保全抵押权。

二、抵押权提前实现的条件

1. 抵押人实施的行为须使抵押物的价值减少或足以使得抵押物价值减少

这一要件主要包含两个方面的内容：其一，抵押人实施了侵害行为。这种行为包括积极行为和消极行为。其二，侵害抵押权的行为是指抵押物价值减少或者足以使得抵押物价值减少的行为。

2. 使得或足以使得抵押物价值减少的行为必须是抵押人的行为

《物权法》第一百九十三条将行为的主体限定为抵押人，只有在抵押人的行为造成抵押物价值减少的后果或者具有造成抵押物价值减少的危险时，抵押权人才能够对抵押人行使停止侵害请求权、恢复价值请求权、增保请求权、提前实现债权请求权。需要注意的是，抵押权人如何保全抵押权，我国法律尚无明确规定。

3. 抵押权救济的行使顺序

当抵押人的行为“足以”造成抵押物价值减损时，抵押权人可以向抵押人主张停止损害抵押物价值的行为。当抵押人的行为具有损害抵押物价值的风险时，不管损害结果是否产生，抵押权人都可以请求恢复抵押物价值或者要求提供担保，如果抵押人拒绝，抵押权人可以请求债务人继续履行或者提前行使抵押权。

三、抵押权的保全之法理基础

抵押权的保全实质上反映了法律对物权的保护。当抵押人的行为有可能危及抵押物时，即当有侵害抵押权的危险时，抵押权人自然就有权要求停止该行为以消除危险。当抵押人的行为已经实际危及抵押财产时，抵押权人就有权要求恢复抵押财产的价值，或者提供与毁损、减少的价值相当的担保。

只有在抵押人对抵押权人的要求置之不理，既不恢复抵押财产的价值，也不提供与毁损、减少的价值相当的担保的情况下，抵押权人才可以依法要求债务人提前清偿债务。可见，对抵押权的救济措施是有顺位的。

四、抵押权的保全并非基于物权请求权

享有物权请求权的主体只有两种：一是物的所有权人；二是物的占有人。然而，就抵押权而言，抵押权人既非抵押权的所有权人，亦不占有抵押物，因此抵押权人既无法基于所有权人的地位行使物上请求权，也无法基于占有人的地位行使物上请求权，这一点与用益物权人或质权人因占有而可行使物上请求权是有差别的。因此，抵押权人保全抵押权的权利不是物权请求权。

五、抵押权的保全法律制度需要进一步完善

1. 抵押物被侵夺抵押权人可否请求返还

第三人侵夺抵押物之占有，抵押权人是否可以请求予以返还，对此问题一直存在争议。由于抵押权同时具有物权和债权的性质，有学者认为，《民法典》将抵押权纳入物权编而非债权，说明抵押权的性质应当更倾向于物权。但是由于抵押权人并非所有权人，所以也无法基于所有权直接行使返还请求权。

但持肯定说的学者认为，在抵押物所有人不能妥善维持和管理抵押不动产以防止和避免抵押权被侵害时，抵押权人可要求侵夺人直接向自己返还抵押物。[①] 持否定说的学者认为，抵押权人不享有任何物权请求权。在抵押人怠于行使物上请求权的场合，抵押权人只能通过代为行使抵押人的物上请求权，向第三人主张清除危险、排除妨害、恢复原状、返还原物、

---

① 孙鹏、王勤劳：《担保物权侵害及其救济——以担保物侵害为中心》，载《北方法学》2009 年第 2 期。

赔偿损失。①

目前法律对此没有明确规定，还需要相应立法解释或司法解释将此问题完善。

2. 提供的与价值减少部分的担保包含人保

崔建远认为，人保无法确定保证人具有偿还能力，而且也不具有有限受偿的效力②。因此，是否采用人的担保要取决于抵押权人是否同意。但目前我国对此尚无明确规定。

【典型案例】

抵押人的行为足以使抵押财产减少时的法律救济③

——抵押物价值可能减少时才能予以救济

基本案情

2016年3月21日，周某春与深圳乙公司、苏州甲非融资性担保公司南通分公司签订《借款咨询及管理服务协议》。同日周某春与深圳乙公司法定代表人许丁文（丙方）、苏州丙人南通分公司（甲方）签订《保证担保借款合同》，苏州甲非融资性担保公司对该借款承担连带保证责任。

同日苏州甲非融资性担保公司南通分公司与周某春签订《抵押反担保合同》，约定："抵押权存续期间，未经甲方书面同意，乙方不得以任何形式处分抵押机动车辆，或作出任何不利于甲方实现抵押权的改变（包括但不限于：质押、转让、出租、承包、赠与、抵偿债务、以实物形式入股或联营等），否则甲方有权向该车辆的借用人、承租人、受赠人、质押权人

① 蔡立东：《中国法上的抵押权保全——以〈物权法〉第193条为中心》，载《山东大学法律评论》2016年第1期。

② 崔建远：《物权：规范与学说》，清华大学出版社2012年版，第817~818页。

③ 参见苏州甲非融资性担保公司南通分公司诉周某春等返还原物纠纷案，载北大法宝，http://www.pkulaw.cn/Case/pfnl_a25051f3312b07f3e05e4775b09b4d2a16ef6238b8e7b14fbdfb.html?match=Exact，最后访问时间：2020年6月8日。

等处无偿索回该抵押机动车辆，乙方也不得对抵押机动车辆增、拆、改、修或实施任何降低抵押机动车辆价值的行为；否则，乙方应支付不低于借款本金30%以上的违约金，且双方签署的《车辆转让协议》立即生效，甲方有权处理乙方车辆，由此造成甲方损失的，乙方还应承担赔偿责任。”

2016年3月22日，周某春与苏州甲非融资性担保公司南通分公司根据《抵押反担保合同》约定对周某春所有的苏F×轿车办理了抵押登记，抵押权人为苏州甲非融资性担保公司南通分公司。5月26日，苏州甲非融资性担保公司南通分公司员工未经周某春同意开走轿车。轿车此后一直由苏州甲非融资性担保公司南通分公司占有。周某春向法院起诉要求对方返还原物并支付使用费。苏州甲非融资性担保公司南通分公司提起上诉要求撤销原判。

法院审理

一审法院经审理认为，《物权法》第一百九十三条规定：“抵押人的行为足以使抵押财产价值减少的，抵押权人有权要求抵押人停止其行为。抵押财产价值减少的，抵押权人有权要求恢复抵押财产的价值，或者提供与减少的价值相应的担保。抵押人不恢复抵押财产的价值也不提供担保的，抵押权人有权要求债务人提前清偿债务。”

案涉苏州甲非融资性担保公司南通分公司并未证明周某春的行为足以使抵押财产价值减少。即使周某春的行为足以使抵押财产价值减少，苏州甲非融资性担保公司南通分公司也只有权要求周某春提前清偿债务，其占有轿车至今的行为远超法律允许的私力救济的范畴。

苏州甲非融资性担保公司南通分公司并未提出其他抗辩权基础，法院判决，苏州甲非融资性担保公司南通分公司于判决发生法律效力之日起10日内返还周某春汽车，同时一次性支付周某春汽车占有使用费（按照130元/天，自2016年5月26日起计算至实际返还之日止），总额不超过8万元，驳回周某春其他诉讼请求。

二审法院经审理认为，苏州甲非融资性担保公司南通分公司无证据证明周某春在抵押反担保合同期限内擅自处分案涉抵押车辆，或作出任何不利于其分公司实现抵押权的行为。相反，周某春按约偿还了借款本息，原审法院因此认定苏州丙人南通分公司占有案涉车辆，属于无权占有、恶意占有，并无不当。遂判决驳回上诉，维持原判。

案件评述

一、抵押权人提前清偿的权利

抵押权设立后，抵押权人并不实际占有抵押财产，抵押财产仍由抵押人占有、使用和收益，当抵押人的行为侵害抵押权人的利益时，抵押权人有权要求抵押人停止其行为。抵押财产价值减少的，抵押权人可以要求恢复抵押财产的价值，或者就减少的部分提供相应担保；如果抵押人不恢复抵押财产的价值也不提供担保的，抵押权人为保护自己的利益，防止抵押财产的价值进一步减少，有权要求债务人提前清偿债务。本案中虽然对车辆设立了抵押权，但是所有权人依旧为周某春。周某春按约还款，不存在违约情形。

《民法典》本条规定的抵押财产价值减少，须是由于抵押人的行为造成的，即只有在抵押人对抵押财产价值减少有过错时，才按照本条的规定处理。关于抵押人对抵押财产价值减少无过错时如何处理的问题，本条没有作出规定。根据《民法典》物权编第三百九十条的规定，担保期间，担保财产毁损的，抵押权人可以就获得的保险金、赔偿金等优先受偿。被担保债权的履行期未届满的，也可以提存该保险金、赔偿金等。

二、抵押权人的权利及行使条件

抵押物是实现抵押权的标的物，抵押权的效力自然及于抵押物。由于抵押权是为担保债权而存在的，因此在全部债权没有得到清偿之前，抵押权的效力及于整个抵押物。《民法典》物权编第四百零八条规定，抵押人的行为使抵押物价值减少的，抵押权人有权要求抵押人停止其行为。抵押物价值减少时，抵押权人有权要求抵押人恢复抵押物的价值，或者提供与减少的价值相应的担保。

抵押人使抵押物价值减少的行为包括两个方面：一方面，是抵押人的积极行为致使抵押物价值减少；另一方面，是抵押人的消极行为致使抵押物价值减少。对此，抵押权人有权要求抵押人停止其行为。但事实上，很多时候，即使抵押人停止其行为，业已造成了抵押物价值的减少，对此，抵押权人有权要求抵押人恢复抵押物的价值。

如果要求抵押人停止其行为已无法或者不足以恢复抵押物的价值，抵押权人则有权要求抵押人提供与减少的价值相当的担保。本案中，周某春在抵押反担保合同期限内处分案涉抵押车辆，没有作出任何不利于苏州丙人南通分公司实现抵押权的行为，没有任何过错，故无须提供相应的担保。

三、抵押权人对抵押物价值减少无过错

但有时，抵押人对抵押物价值的减少无过错，如因地震、水灾等自然灾害，因失火、被窃等意外事件致使抵押物价值减少。对于非可归责于抵押人的原因使得抵押物价值减少，如果要求抵押人恢复抵押物的原价值或者提供与价值相当的担保，对抵押人有失公正，因此，《担保法》第五十一条第二款规定："抵押人对抵押物价值减少无过错的，抵押权人只能在抵押人因损害而得到的赔偿范围内要求提供担保。抵押物价值未减少的部分，仍作为债权的担保。"

需要说明的是，《担保法》对于抵押权人权利的限制只限于抵押人无过错的情况，如果抵押人对抵押物价值的减少有过错的，抵押权人仍有权要求其提供与减少的价值相当的担保。

第四百零九条　【抵押权人放弃抵押权或抵押权顺位的法律后果】抵押权人可以放弃抵押权或者抵押权的顺位。抵押权人与抵押人可以协议变更抵押权顺位以及被担保的债权数额等内容。但是，抵押权的变更未经其他抵押权人书面同意的，不得对其他抵押权人产生不利影响。

债务人以自己的财产设定抵押，抵押权人放弃该抵押权、抵押权顺位或者变更抵押权的，其他担保人在抵押权人丧失优先受偿权益的范围内免除担保责任，但是其他担保人承诺仍然提供担保的除外。

【条文疏义】

本条沿袭了《物权法》第一百九十四条的规定。

一、抵押权人放弃抵押权的认定

物权的放弃是指物权人不以其物权移转于他人，而使其物权绝对归于消灭之行为。抵押权的放弃为单独行为，系法律行为的一种，因此也必须以意思表示为之。[①] 抵押权的放弃是无相对人的意思表示行为，自意思表示完成时即应生效。

抵押权人放弃抵押权，涉及不同顺位抵押权人的利益。在混合担保情形中，因同时涉及抵押权人和保证人的利益，因此抵押权人放弃抵押权须有明确的意思表示。此外，如果抵押权人放弃抵押权涉及第三人利益，非经第三人同意，抵押权人不得放弃抵押权。由于抵押权人的原因造成抵押物价值减少、毁损、灭失的，也不能一概认定为抵押权人放弃抵押权。

二、抵押权人放弃抵押权的认定之争议

关于抵押权放弃的认定，在司法实务中有两种不同观点。

1. 抵押权人放弃抵押权必须作出明确的意思表示

此种观点认为，抵押权人未对债务人主张抵押权不等于放弃抵押权，保证人不能免除保证责任。在抵押权人没有作出明确的放弃抵押权的意思表示情形下，仅是抵押权人未向债务人主张权利，不能视为放弃抵押权，也不能据此免除保证人的保证责任。

---

① 谢在全：《民法物权论》（下册），台湾新学林出版股份有限公司2014年版，第227页。

抵押权人放弃担保物权，应向担保人作出放弃的意思表示，并向法定登记机关申请注销登记或退还担保物，从而使已设立的担保物权归于消灭。放弃不动产物权，非经登记不发生权利消灭的法律后果。

2. 只要抵押权人不对债务人主张权利就视为放弃抵押权

此种观点认为，在债务人提供抵押和保证人保证并存的情况下，只要抵押权人不对债务人主张权利就应在法律上视为其业已放弃了抵押权，保证人的保证责任也就免除了。

第二种观点旨在促使抵押权人积极行使权利，但同时也加重了抵押权人的责任，易导致抵押权人的权利义务不平衡。

三、抵押权人放弃抵押权顺位的限制

首先，抵押权人可以放弃抵押权或者抵押权的顺位，因为权利人一般是可以放弃财产权利的，抵押权因此也不例外。

其次，抵押权人与抵押人可以协议变更抵押权顺位以及被担保的债权数额等内容，这符合意思自治原则。但抵押权的变更不得对其他抵押权人产生不利影响，除非取得其他抵押权人的书面同意，这符合权利不得滥用原则。

最后，债务人以自己的财产设定抵押，抵押权人放弃该抵押权、抵押权顺位或者变更抵押权的，其他担保人在抵押权人丧失优先受偿权益的范围内免除担保责任。

于此情形，若不免除其他担保人在抵押权人丧失优先受偿范围内的担保责任，则意味着要求其他担保人承担本不应由其承担的担保责任，有失公平。当然，其他担保人承诺仍然提供担保的除外，这是符合意思自治原则的。

四、抵押权顺位的理论争议

在抵押权的顺位问题上，世界各国立法体例一直存在固定主义和升进主义两种模式。我国《担保法》和《物权法》均采用顺位升进主义，《民法典》物权编仍然沿用之。但对于是否应当改顺位升进为顺位固定，学界争论曾非常激烈。

1. 顺位固定主义

持“顺位固定主义”的学者认为，抵押权设定以后，抵押权的顺序位置应保持不变，顺序在先的抵押权消灭时，顺序在后的抵押权并不递升而固定在原有顺序上。该说起源于罗马法，并为德国、瑞士等国立法所采用。顺位固定主义主要表现为两种制度。

（1）空白担保位置制度

空白担保位置制度是指，同一不动产上设立先后次序不同的数个抵押权，在先次序的抵押权消灭后，后次序的抵押权不能请求升进次序，而必须保留空白的担保位置，不动产的所有人可以利用该空白的担保位置来设定一个新的抵押权，瑞士即采用这种担保制度。

（2）所有人抵押制度

所有人抵押制度是指，允许所有人在自己的不动产上为自己设定抵押权，德国即采用这种担保制度。所有人抵押制度又分为原始所有人抵押和后发所有人抵押。

原始所有人抵押是指所有人在自己的所有物上为自己设定的抵押权，这种抵押权自始至终都是归所有人享有的。后发所有人抵押是指为他人设定的抵押权由于法定原因（如被担保债权消灭、抵押权与所有权混同、抵押权绝对抛弃等）而为抵押物的所有人取得。我国台湾地区“民法”采顺位升进主义，但同时承认后发所有人抵押制度。

持“顺位固定主义”观点的学者认为，这一制度有利于防止后顺位抵押权因升进次序而不当得利，同时也有利于保护一般债权人。因为后顺位抵押权人完全知悉自己仅能受偿抵押物剩余价值的情况，并必然会在签订合同时将这些风险考虑进债务合同中，如高利息、高违约金等。而抵押权升进使得这些风险消失，后顺位抵押权人就会因此取得预期外的不当利益，违反了公平原则。

设立所有人抵押制度，先顺位抵押权因债务清偿应当转归所有人。而且，抵押权的顺位固定是对抵押权抽象原则的进一步确认，顺位固定表明各抵押权所支配的标的物的交换价值确定不变，有利于实现抵押权证券化和增强抵押权的可流转性。这些都已是抵押权发展的趋势。

2. 顺位升进主义

持“顺位升进主义”观点的学者认为，在抵押权设立后，顺位在先的抵押权消灭时，后顺位的抵押权依次往前升进。该说起源于日耳曼法，并为法国、日本等国立法所采用，我国也采用了这一立法体例。

当然也有不少学者反对实行“顺位升进主义”，其认为，顺位固定原则必须具备两个前提：其一是承认即使没有被担保的债权，抵押权也存在；其二是承认所有人抵押。在我国目前的抵押权公示制度等配套制度并不健全的情况下，强调顺位升进主义就显得不合时宜了。

【典型案例】

抵押物未登记时，抵押合同中的抵押权人如何处理①

——放弃抵押权的行为无效的保证人负何责任

基本案情

2011 年 3 月 20 日，兆甲公司与天津通乙公司签订《借款合同》，双方约定通乙公司向兆甲公司借款 1700 万元。合同经双方签章后与《抵押担保合同》同时生效。同日，双方签订编号为 ZBD2011 抵字第 042 号的《抵押合同》。王丙、杨丁静、王戊签署《个人担保承诺函》，承诺为上述借款提供保证。保证方式为连带责任保证；同日，三人签署声明，表示“如借款人逾期未还，在规定天数内也未续期，我愿意接受典当行任何形式的催收……若借款人不能偿还所有债务，我愿变卖自己的所有财产偿还借款人所欠债务”。

① 参见王丙、兆甲公司典当纠纷再审案，最高人民法院，（2017）最高法院申 4830 号。

2013年8月29日，通乙公司（乙方）和兆甲公司（甲方）签署《还款协议》，经甲、乙双方充分协商，本着互谅原则，达成如下还款协议：

“乙方积极筹措资金，在2013年10月15日前归还820万元，按时还清该款后，甲方视同乙方还清全部债务，并放弃追究王丙、王戊、杨丁静全部经济责任和个人担保责任。乙方如未能在10月15日前还清820万元，即此协议失效，原先签订的借款合同继续有效，甲方将继续追偿乙方所欠全部债务及所产生的利息并保留追究王丙及其他担保人法律责任的权利，同时可出售所持股权用于归还甲方借款，不足部分将继续向借款人、担保人追偿……”王丙、王戊、杨丁静在该《还款协议》上签字。

《还款协议》签订后，通乙公司并未按照还款协议还款。兆甲公司向法院起诉要求通乙公司返还借款本金630万元并支付相应利息。王丙、杨丁静、王戊对上述款项及利息承担连带清偿责任。

法院审理

一审法院经审理认为，本案中，王丙抗辩本案的《借款合同》签订时，存在债务人提供的抵押物，保证人应在抵押物的价值范围之外承担责任。但是，本案虽然在签订合同时约定有抵押物，但是从当事人的履行情况看，抵押权因未登记而未设立，兆甲公司自始没有获得担保物权，也就谈不上放弃物的担保。

因此，本案不符合《物权法》第一百九十四条第二款“抵押权人放弃该抵押权”的情形，因此保证人不能在担保物权价值范围内免除保证责任。

一审被告不服高级人民法院终审判决，向最高人民法院申请再审，最高人民法院经审查认定，本案不存在合同无效的法定情形，不符合法律规定的保证人不承担民事责任的法定情形。再审中提交的证人证言也不足以推翻书记所证明的案件事实。二审认定的保证期间并未经过；结合合同及资金往来证据，足以认定案件基本事实。故最高人民法院裁定驳回王丙的再审申请。

案件评述

一、本案不符合《物权法》规定的债权人放弃抵押权的情形

《民法典》本条沿袭《物权法》第一百九十四条第二款的规定，债务人以自己的财产设定抵押，抵押权人放弃该抵押权、抵押权顺位或者变更抵押权的，其他担保人在抵押权人丧失优先受偿权益的范围内免除担保责任，但其他担保人承诺仍然提供担保的除外。这里规定的放弃，应理解为权利人抛弃业已存在的权利的法律行为。主要分为两种情形：一是债权人以书面形式明确表示放弃抵押权。二是债权人以行为放弃。例如，因债权人的行为导致抵押物毁损、灭失的，视为债权人放弃抵押权。但是，放弃的前提应为抵押权在放弃时业已存在。

二、在主合同约定的生效条件未成就时保证合同是否生效

案涉王丙认为，涉案借款合同约定了生效条件是与抵押合同同时生效，抵押合同因未办理抵押登记手续不具备合同约定的生效条件，因此借款合同不生效，所以针对借款合同的个人担保函未生效。

固然，仅从合同约定看，本案当事人签订的《借款合同》为附生效条件的合同，在合同约定的条件成就时合同生效。但从当事人的实际履行情况看，各方当事人在约定的条件未成就时就已经实际按照合同约定履行了相应义务。例如，2011 年 3 月 20 日，通乙公司向兆甲公司出具 1700 万元的借款凭证；3 月 21 日，兆甲公司通过案外人账户向通乙公司支付 1700 万元。收款后，通乙公司还款 16 次。通过上述借款凭证的出具与借款的实际给付与偿还，应当认定双方以实际履行改变了合同的生效条件。

故虽然涉案《抵押合同》因未办理抵押登记不生效，但并不影响《借款合同》的效力，《借款合同》合法有效。而《个人担保承诺函》明确约定的是针对该《借款合同》的担保，因此《个人担保承诺函》当然生效，王丙应该受其约束。

第四百一十条 【抵押权实现的方式和程序】 债务人不履行到期债务或者发生当事人约定的实现抵押权的情形，抵押权人可以与抵押人协议以抵押财产折价或者以拍卖、变卖该抵押财产所得的价款优先受偿。协议损害其他债权人利益的，其他债权人可以请求人民法院撤销该协议。

抵押权人与抵押人未就抵押权实现方式达成协议的，抵押权人可以请求人民法院拍卖、变卖抵押财产。

抵押财产折价或者变卖的，应当参照市场价格。

【条文疏义】

本条沿袭了《物权法》第一百九十五条之规定，但不再列明撤销权的行使期间，删除了“协议损害其他债权人利益的，其他债权人可以在知道或者应当知道撤销事由之日起一年内请求人民法院撤销该协议”中“知道或者应当知道撤销事由之日起一年内”的规定。

一、抵押权实现的内涵、前提、实现方式与撤销条件

1. 抵押权实现的内涵

抵押权实现又称抵押权的实行，是指抵押权人于其债权已届清偿期却未获清偿时，可处分抵押物以使其债权优先受偿的行为。

2. 抵押权实现的前提

（1）抵押权有效存在

若抵押物所担保的主合同未成立、被确认为无效，或被撤销，则抵押合同也就相应地被宣告无效；若抵押物所担保的债权已经消灭，则抵押权也就不存在；若因抵押合同自身的原因而导致抵押合同无效，则抵押权也就不能有效存在。

（2）债务人不履行到期债务或者发生当事人约定的实现抵押权的情形。

3. 抵押权实现的方式

（1）折价

折价又称“抵押物协议价”，是指抵押物担保的债权已届清偿期后，抵押权人和抵押人协议用抵押物替代清偿所担保的债权，由抵押权人取得抵押物的所有权，所担保的债权在协议抵偿的金额范围内消灭的一种抵押权实现方式。

（2）拍卖

拍卖又称“竞买”，是指以公开竞价的方式将标的物卖给出价最高的竞买者的活动或行为。拍卖包括协议拍卖和强制拍卖，前者是指由抵押人和抵押权人双方协商一致进行拍卖，后者是指抵押权人申请人民法院进行强制拍卖。由于拍卖采用的是公开竞价的方式，往往能体现抵押物的最大价值，因此，拍卖的形式通常被认为是一种较好地实现抵押权的方式。

（3）变卖

变卖是指以拍卖以外的方式转让抵押物的所有权，并从所得价款中清偿主债权，即以一般的买卖形式实现抵押权，其优点是省时省力。为了规范折价和变卖这两种抵押权实现的方式，《民法典》本条第三款明确规定：“抵押财产折价或者变卖的，应当参照市场价格。”

4. 抵押权实现撤销的条件

概括地说，抵押权实现程序有两种方法和三种方式。两种方法为：一是抵押权人与抵押人协议实现，这种方法充分体现了当事人的意思自治；二是抵押权人向法院申请强制执行实现，使抵押权的实现直接进入强制执行程序。三种方式为：折价、拍卖、变卖。而为了防止抵押权人和抵押人在实现抵押权时恶意串通，保护其他债权人的合法利益，本条明确赋予了其他债权人的撤销权。此撤销权行使的条件如下：

第一，抵押权人与抵押人达成的以抵押财产折价或者以拍卖、变卖该抵押财产所得的价款优先受偿的协议损害其他债权人的利益。

第二，其他债权人以行使撤销权的方式向人民法院提出撤销协议请求。

规定抵押权人与抵押人未就抵押权实现方式达成协议的，抵押权人可以请求人民法院拍卖、变卖抵押财产，而非向法院提起诉讼，即直接赋予抵押权人强制执行请求权，不再要求抵押权人进行烦琐的诉讼，在实现程序上更加简单易行。

二、私力救济与公力救济

所谓“私力救济”是指，抵押权人可自行决定抵押权的实现方式并予以实施，而无须经由抵押人同意，国家在通常情况下也不得强制干预。私力救济能够迅捷及时地保护抵押权人利益，在实践中应用较广。

所谓“公力救济”，又称司法保护主义，是指抵押权人在实行抵押权之前，通常需要获得法院或其他公权力机关签发的裁判或决定，其主要程序为民事诉讼与强制执行。

三、是否允许私力救济

我国现行立法认可抵押权实现的公力救济途径，但对于是否承认抵押权实现的私力救济，学界存有不同观点。

1. 否定说

该说认为，我国法律不承认处分抵押财产是抵押权人可单方行使的权利。因为抵押权为他物权，抵押权人非抵押物的所有人，一般并不拥有对抵押物的处分权。而抵押物的变价决定权不在抵押权人，且若抵押权人可自行处分抵押物，在实践中难免会引发新的纠纷。①

2. 肯定说

该说认为，在抵押权的实现方式上，《担保法》只是规定抵押权人“可以”与抵押人进行协议，而不是“应当”或者“必须”，可见，这一规定并非强制性规范，“协议”只是抵押权人实现其抵押权的途径之一。因此，只要抵押权实现的条件已经成就，抵押权人就可以自行选择实现抵押

---

① 李明发：《抵押权若干问题探讨》，载《河北法学》1998 年第 3 期。

权的方式。[①]

目前，我国并没有明确抵押权实现的私力救济，未来是否会往这个趋势前进，或许还得看实践中抵押权实现的法律适用。[②]

四、抵押权实现的非诉程序

从实现抵押权的方式看，根据《民法典》第四百一十条第二款所沿袭的《物权法》第一百九十五条第二款，以及《民事诉讼法》第一百九十七条的规定，非讼执行程序中仅允许法院裁定对抵押物进行拍卖、变卖。抵押权人只能与抵押人协商对抵押财产折价，而无权要求法院折价处理抵押财产，抵押财产只能通过拍卖、变卖予以变现。

同样，法院在非诉执行程序中也不能依职权对抵押物折价并裁定以抵押物抵偿抵押担保的债权，[③] 毕竟该程序未进行实体审查，直接裁定折价或以物抵债不符合公平原则，亦易生后患。但是实现抵押权的裁定生效后，依当事人申请进入执行程序，抵押物无法变现且抵押权人和抵押人均同意折价的，法院本着尊重当事人处分权的原则，可以进行折价处理。[④]

五、协议处理抵押物

就抵押权人与抵押人同意协商折价而言，《物权法》规定，抵押权人与抵押人可以协议处理抵押物，但不得损害其他权利人利益或公益。协议损害其他债权人利益的，其他债权人可以在知道或者应当知道撤销事由之日起一年内请求人民法院撤销该协议。

但在《民法典》中，删除了此处的条件限制。即债权人不再受到一年时间的限制，只要协议处理抵押物损害了自己的权利，就可以随时依据《民法典》第四百一十条第一款或依《民法典》合同编等行使撤销权以资

---

① 陈华彬：《物权法原理》，国家行政学院出版社 1998 年版，第 629 页。

② 丁亮华：《论抵押权之非诉执行实现——〈物权法〉第 195 条第 2 款的解释论展开》，载《法学家》2013 年第 4 期。

③ 刘海渤：《民事非诉审判程序初探》，载《中国法学》2004 年第 3 期。

④ 杨言军：《非诉程序实现抵押权的若干问题思考——以〈物权法〉第 195 条和新民诉法第 196、197 条展开分析》，载《法律适用》2013 年第 7 期。

救济。

对于此处的修改当然很大程度上保护了债权人的利益，因为实践中抵押人与抵押权人串通损害债权人利益的不在少数，所以立法者在此处的修改显然是对实践中遇到的问题之回应。但对于该条款的适用，是更好地规范了抵押权人与抵押人之间的协议，还是增加了抵押权人与抵押人的风险，还有待在司法实践中检验。

【典型案例】

银行依协议变卖抵押物是否构成了对抵押物的侵权①

——抵押权可以协议变卖的方式来实现

基本案情

2001年3月8日，金辰公司与工行巳戊支行签订《借款合同（一）》。约定金辰公司向工行巳戊支行借款人民币5000万元。同日，双方还签订了《抵押合同（一）》，约定其抵押物的面积同时变更为41095平方米，并办理了变更抵押登记。

2001年5月31日，金辰公司与工行巳戊支行签订《借款合同（二）》。该合同约定，金辰公司向工行巳戊支行借款人民币1000万元。同日，双方还签订了《抵押合同（二）》，约定金辰公司以其位于该市未寅区在建工程9519平方米作为上述借款的抵押物，并办理了抵押登记。

2001年5月31日，工行巳戊支行将1000万元借款支付给金辰公司。

2005年7月15日，工行该市分行与中国申酉资产管理公司（以下简称申酉公司）该市办事处签订了《债权转让合同》，该市分行将金辰公司所欠工行巳戊支行上述借款本金4000万元及相应利息转让给申酉公司该市办事处。

① 最高人民法院：《李戊与辽宁金辰公司金融不良债权追偿纠纷案》，载《最高人民法院公报》2016年第4期。

申西公司该市办事处受让该债权之后，发布催收公告。但金辰公司始终没有向申西公司该市办事处履行偿还义务。

2012年12月3日，申西公司该市办事处与李戊签订《债权转让合同》，约定申西公司该市办事处将其对金辰公司享有的债权本金5000万元及利息4950.87万元，本息合计9950.87万元，以人民币1440万元的价格转让给李戊。协议签订后，李戊付清了全部转让价款，并办理了上述债权的移交手续。申西公司该市办事处在报纸上发布了债权转让公告。

2014年2月25日，李戊向该省高级人民法院起诉，请求判令金辰公司向李戊偿还借款本金人民币5000万元，截至2013年3月30日的利息为人民币5260万元，合计人民币10260万元；确认李戊对本案抵押物依法享有优先受偿权；由金辰公司承担本案全部诉讼费用。

法院审理

法院经审理认为，本案债权转让合同的签订者是工行巳戊支行与申西公司该市办事处，以及申西公司该市办事处与李戊，签订案涉合同反映了各方当事人的真实意思表示，在缔约过程中，各方当事人也遵循了债权转让的操作规程，发布了公告，该债权转让行为没有违反法律和行政法规的禁止性规定。并且《债权转让合同》签订后，李戊已将全部转让价款交付申西公司该市办事处。因此，债权转让行为以及所签订的《债权转让合同》均为有效，应受法律保护。

在李戊提起诉讼之时，上述两份借款合同的主债权诉讼时效期间均未届满，故李戊对两份抵押合同所享有的抵押权并未丧失。《物权法》第一百七十条规定："担保物权人在债务人不履行到期债务或者发生当事人约定的实现担保物权的情形，依法享有就担保财产优先受偿的权利，但法律另有规定的除外。"但本案李戊应当在241万元利息的范围内就抵押物享有优先受偿权。金辰公司关于李戊已经丧失抵押权的抗辩，与事实不符，法院不予支持。

法院遂判决：金辰公司于判决生效后10日内偿还所欠李戊借款利息

241 万元；李戊对金辰公司抵押的财产在 241 万元范围内享有优先受偿权；驳回原告、被告其他诉讼请求。

案件评述

一、关于金辰公司如何承担抵押担保责任的问题

2001 年 3 月 8 日，金辰公司与工行巳戊支行签订了《借款合同(一)》。当日，双方还签署了与上述借款合同相同编号的《抵押合同(一)》，并办理了抵押登记。

2001 年 5 月 31 日，金辰公司与工行巳戊支行签订《借款合同（二)》。当日，双方还签署了编号为 2001 年德字第 014 号的《抵押合同（二)》，并办理了抵押登记。上述抵押担保不违反法律的规定，合法有效，抵押权已设立。《最高人民法院关于审理涉及金融资产管理公司收购、管理、处置国有银行不良贷款形成的资产的案件适用法律若干问题的规定》第九条规定："金融资产管理公司受让有抵押担保的债权后，可以依法取得对债权的抵押权，原抵押登记继续有效。"

《最高人民法院关于审理涉及金融不良债权转让案件工作座谈会纪要》(法发〔2009〕19 号）第十一条规定："国有银行或者金融资产管理公司……在全国或省级有影响的报纸上发布有催收内容的债权转让通知或公告的，该公告或通知之日应为诉讼时效的实际中断日，新的诉讼时效应自此起算……"

申酉公司该市办事处与李戊签订《债权转让合同》后，于 2012 年 12 月 7 日，在该省《法制报》上发布了债权转让公告。本案中，《借款合同(一)》主债权的履行届满期限为 2009 年 3 月 8 日，《借款合同（二)》主债权的履行届满期限是 2009 年 4 月 30 日。

因此，在李戊提起诉讼之时，上述两份合同的主债权诉讼时效期间均未届满，故李戊就两份《抵押合同》所享有的抵押权并未丧失。《物权法》第一百七十条规定："担保物权人在债务人不履行到期债务或者发生当事人约定的实现担保物权的情形，依法享有就担保财产优先受偿的权利，但

法律另有规定的除外。”《民法典》第三百八十六条沿袭了该规定。但本案李戊应当在241万元利息的范围内就抵押物享有优先受偿权。

二、我国抵押权的协议实现方式的评述

抵押权的实现是指当债务人不履行到期债务或者发生当事人约定的实现抵押权的情形时，以抵押物的价值偿还债务的行为。为维护经济法律秩序，抵押权的实现必须按照法定的实现方式和实现程序进行。

在国外的立法例中，不少国家强调仅以公权力方式实现抵押权，而《物权法》尊重当事人双方的自由意志，允许当事人双方协议以抵押财产折价的方式来清偿债务，这有利于降低抵押权实现的成本。

但是，抵押财产的价值高低往往牵涉普通债权人的利益。如果当事人故意串通或者以低于抵押物自身的价值折价，就会导致抵押人自有财产的减少，从而使原本有机会获偿债务的普通债权人或后顺序抵押权人失去受偿的机会，而抵押权人获得不正当利益，也有悖于公平、诚信原则，同时也不符合抵押权设定的本意。因此，我国《物权法》在肯定抵押人和抵押权人意思自治的基础上，为防止其滥用权利而侵害第三人的利益，同时赋予第三人提出异议和撤销的权利。

三、抵押权人的强制执行请求权理论

《物权法》将《担保法》第五十三条规定的向法院提起诉讼实现抵押权改为向法院申请强制执行抵押权，符合抵押权的属性，具有合理性。就抵押物所担保的债权而言，都是以金钱为标的的给付之诉，因此，抵押权人向法院提起的诉讼实际上是债权诉讼。但在司法实践中，根据《最高人民法院关于适用〈中华人民共和国民法典〉有关担保制度的解释》第十二条的相关规定，法定代表人依照《民法典》第五百五十二条的规定以公司名义加入债务的，人民法院在认定该行为的效力时，可以参照本解释关于公司为他人提供担保的有关规则处理。由于抵押权是从属于主债权的，故其不能被作为一个独立的权利获得救济，而只能在债结束后作为强制执行的一项内容来实现。显然，这种做法无视抵押权的物权属性，无视抵押权对标的物的交换价值的直接支配力，剥夺了抵押权人直接就抵押物行使变价权的权利，拖延了债权实现的时间，也加大了当事人的诉讼成本。《民法典》物权编对此予以修正的做法是值得肯定的。

在抵押权人向法院申请拍卖、变卖抵押物时，应当注意以下两点：

第一，向法院申请拍卖、变卖抵押物，在性质上是非诉事件，故应当采用非诉程序，法院应采用裁定的方式。对该项申请，法院无须作实质审查，仅从形式上审查即可。至于抵押权所担保的债权是否存在等实体事项，此时法院无须审查。

第二，如果对法院准许拍卖、变卖的裁定有异议，抵押人或其他利害关系人不得在法院主持的拍卖、变卖程序中，主张抵押权无效、已撤销或债权已经清偿等，以阻止抵押权的实现，而只能另行起诉，保护自己的合法权益。①

第四百一十一条　【浮动抵押财产的确定】依据本法第三百九十六条规定设定抵押的，抵押财产自下列情形之一发生时确定：

（一）债务履行期限届满，债权未实现；

（二）抵押人被宣告破产或者解散；

（三）当事人约定的实现抵押权的情形；

（四）严重影响债权实现的其他情形。

【条文疏义】

本条基本沿袭了《物权法》第一百九十六条的规定，仅对引致条款作了相应的修订。同时，将“抵押人被宣告破产或者被撤销”修改为“抵押人被宣告破产或者解散”。

---

① 谢在全：《民法物权论》，中国政法大学出版社1999年版，第639页。

一、浮动抵押

《民法典》物权编第三百九十六条沿袭了《物权法》第一百八十一条对浮动抵押所作出的规定，再次明定："企业、个体工商户、农业生产经营者可以将现有的以及将有的生产设备、原材料、半成品、产品抵押，债务人不履行到期债务或者发生当事人约定的实现抵押权的情形，债权人有权就抵押财产确定时的动产优先受偿。"

故可见在设定浮动抵押时，抵押人是以现有的和将来的所有财产（包括有形和无形财产）作为担保。也就是说，在设定浮动抵押时，抵押财产是不确定的，用于担保的财产只有在债务履行期届满而债权未受清偿或发生严重影响债权实现的其他情形时才能确定。因此，浮动抵押设定之后仍需确定抵押财产，专业俗语称之为"结晶"。

二、浮动抵押财产确定之情形

依本条规定，浮动抵押财产确定的情形主要有以下几种：

1. 债务履行期届满而债权未受清偿

当债务履行期届满，而债权人未受清偿时，抵押权人就可以依法实现其抵押权。于此情形，抵押财产自然可以确定，否则，抵押权就无从实现。

2. 抵押人被宣告破产或者被撤销

当抵押人被宣告破产或被撤销时，虽然债务的履行期未届满，但是抵押人的民事主体地位将不复存在，为保护抵押权人的利益，此时理应可以确定抵押财产。

3. 当事人约定的实现抵押权的情形

法律尊重当事人的意思自治，只要约定不违反法律的强行性规定，就受到法律的保护。因此，当满足当事人约定的抵押权实现的条件时，抵押财产就开始确定。

4. 严重影响债权实现的其他情形

意指除上述抵押人被宣告破产或被撤销外严重影响债权实现的情形。由于浮动抵押是以将来的财产设定抵押，风险很大，故一旦发生严重影响债权实现的情形，法律即应允许确定抵押财产。

三、“结晶”事由的完善

我国虽然规定了浮动抵押的“结晶”事由，但是还有诸多不完善的地方。例如，《民法典》第四百二十三条第一项和第二项沿袭《物权法》第二百零六条第一项和第二项的规定，对于最高额抵押，规定了当事人可以约定债权确定期间，未约定时，当事人有权自抵押权设立之日起满二年后请求确定债权。最高额抵押和浮动抵押均具有浮动性（不确定性），[①] 且最高额抵押是为连续性交易提供担保，规定两年期间有利于稳定担保关系，保护抵押权人利益。在《民法典》编纂过程中，学者再次建议有关条款应增设“结晶”的撤销规定。[②]

【典型案例】

自然人不履行债务后其所提供浮动抵押担保随之确定[③]

——浮动抵押权的实现以浮动抵押财产的确定为前提

基本案情

案涉当事人古亥从银行贷款购买奶牛，而向案涉当事人购买饲料。

2006 年 12 月 7 日，李申全与古亥签订《抵押合同》，古亥以自营奶牛场 65 头黑白花奶牛作为欠李申全饲料货款 14.88 万元的抵押担保。当地公证处对该抵押进行了抵押登记，并出具了抵押登记证书。2009 年 7 月 17 日，古亥出具欠条，该欠条载明古亥以“家庭共有财产投资开办的牛场的全部奶牛及其奶产品和家庭成员的全部财产”为欠李申全的奶牛饲料款 7.26 万元设置浮动抵押。

---

① 杨文辉：《最高额抵押权决算之研究》，载《法学》2009 年第 3 期。

② 李敏：《论我国浮动担保制度的系统性完善》，载《法学》2020 年第 1 期。

③ 参见李申全诉彭辰巳、钟乙青等执行分配方案异议之诉案，载北大法宝，www.pkulaw.com/pfnl/a25051f3312b07f-3ae90075a8910d0b493772f2f17d0d593bdfb.html，最后访问时间：2020 年 6 月 5 日。

2010年7月10日，古亥养殖场因经营不善，无法清偿债务且经营者古亥及其妻子失联，遂发生债权人强行进入养殖场拉牛的事由。当地政府组织的资产清理小组开展了案涉资产及债务登记工作，贷款银行以及彭辰巳、李午未等人均已申报了债权登记。

2010年7月15日，该市神仙区人民法院查封、扣押了该区古亥养殖场内的肉牛303头、牛圈舍等资产。7月，古亥养殖场的肉牛303头被处置变现，所得价款计23.3万元被提存至神仙区人民法院。

2010年12月27日，神仙区人民法院对李申全的起诉开庭审理，判决古亥应向李申全支付货款7.26万元，并承担相应期限的利息；李申全对古亥养牛场的全部奶牛及家庭共有财产中的生产设备、原材料、半成品、产品享有抵押权。

2011年11月18日，神仙区人民法院作出《古亥系列案件执行分配方案》。该分配方案送达各债权人后，李申全以在15日内申请执行的7.26万元本息是有担保的债权，应有优先受偿权为由对执行分配方案提出异议。

债权人彭辰巳等人均于收到异议通知之日起15日内书面答复不同意李申全的异议。2013年3月14日，李申全以彭辰巳等人为被告向该市神仙区人民法院提起执行分配方案异议之诉，请求依法确认对原分配方案的可分配款，享有先于被告、其他债权人分配受偿的权利。并依此更正其受偿金额、顺序，优先清偿。

法院审理

法院经审理认为，本案当事人的主体适格，李申全主张的抵押应为浮动抵押，古亥养殖场因其经营者古亥及其妻子失联，而发生债权人强行进入养殖场拉牛的事由，表明债务人古亥及其妻子存在恶意逃避债务的行为，严重影响了债权人李申全债权的实现，符合《物权法》第一百九十六条第四项“严重影响债权实现的其他情形”的规定，李申全享有的浮动抵押权的抵押财产范围于该日确定，故法院于2010年7月15日保全查封的303头肉牛，亦应在该日确定为李申全享有的浮动抵押权的抵押财产。

虽然在李申全于2010年9月15日起诉主张债权及抵押权之前，法院保全查封的303头肉牛已被处置变现，但鉴于抵押物即肉牛的特殊性，为保持浮动抵押物的价值，及时变现应属合理的处理，故在保全查封的肉牛被出售变现后，李申全主张实现浮动抵押权时可及于抵押物即肉牛的变现款。所以李申全主张的优先受偿权成立，应予支持。

案件评述

一、浮动抵押设立的初衷

浮动抵押的设立，是抵押人将其现有的或者将来取得的财产作为抵押财产设定抵押，以担保债权的实现。浮动抵押具有标的物的浮动性这一特征，因此浮动抵押权所指向的抵押标的物最终必须予以固定或者特定下来，否则由于抵押物的浮动不定，抵押权无法实现。

浮动抵押是以抵押人现有的或将来取得的动产所设定的抵押，抵押人得正常进行经营活动，但抵押人发生破产或者被撤销时，则意味着抵押人的经营行为已经停止或者丧失营业能力，此时浮动抵押的标的物自应得以确定。

二、浮动抵押权的实现

本案贷款银行可以通过确定浮动抵押财产以实现自己的抵押权，进而实现其债权。古亥出具的欠条已经明确承诺：将家庭共有财产投资开办的牛场的全部奶牛及其奶产品和家庭成员的全部财产作抵押。因此，本案涉及的是典型的浮动抵押方式。

浮动抵押是一种特殊类型的物权担保，是债务人以其现有和未来取得的全部资产（包括不动产、动产和收益）为债权人利益设定的一种非固定担保。可以作浮动抵押的标的物，包括企业的厂房场地、机器设备等固定资产，原材料、库存物资等流动资产，以及应收款项等未来收入等所有资产。在设定浮动抵押时，抵押物并非固定，即债务人仍可以在其生产经营中自由处置已供担保之用的资产，而不同于一般的物权担保，担保一旦设定，抵押人处分抵押物的权利就受到限制。但是，在债务人违约或企业清盘时，须以债务人当时拥有的所有资产固定化为特定担保物，并由债权人指派接管人接管债务人企业，或拍卖，或继续经营。

本案经营者古亥及其妻子失联而发生债权人强行进入养殖场拉牛的事由，表明债务人古亥及其妻存在恶意逃避债务的行为，虽然债务履行期尚未届满，但由于出现了严重影响债权实现的情形，其已不能履行欠条约定的义务。

因此，银行在主债务不能受偿时，可以行使其抵押权，即行使贷款协议约定的浮动抵押的权利。由于浮动抵押在此之前的担保物都是不固定的，故须在债权人主张实现抵押权时固定担保的标的物。借款人李申全同样可以根据实际情况主张变卖或拍卖浮动抵押的财产，以实现其抵押权，进而实现其债权。

三、浮动抵押与一般抵押的区别

1. 两者适用主体和范围的区别

《民法典》沿袭《物权法》的规定，明确浮动抵押只能适用于企业、个体工商户、农业生产经营者，范围较窄。固定抵押适用于在经济活动中的任何债权人与债务人之间，范围较宽。

2. 两者抵押客体的主要区别

第一，《民法典》沿袭《物权法》的规定，明确对于可以设定浮动抵押的财产只限生产设备、原材料、半成品、产品等动产，允许浮动抵押的物范围较窄。而《民法典》沿袭《物权法》对用于固定抵押的物的规定，凡法律、行政法规不禁止抵押的动产、不动产都可以抵押，允许固定抵押的物范围则较宽。

第二，抵押物的确定性不同。在设定抵押时，浮动抵押的抵押物具有不确定性，只有约定或者法定的实现抵押权的条件成就时，抵押财产才确定，也就是说，抵押财产到底有多少，只有到“结晶”时才能得以确定。

而固定抵押在一开始订立抵押合同时，抵押物就是确定的，抵押物自身的数量、价值相对也是确定的。

3. 浮动抵押与固定抵押在抵押期间处分抵押财产的要件不同

浮动抵押从主体上看，只能适用于企业、个体工商户、农业生产经营者，范围较窄；而固定抵押适用于经济活动之中的任何债权人与债务人，范围较宽。

从抵押客体上看，对浮动抵押的财产只限于生产设备、原材料、半成品和产品，允许浮动抵押的范围较窄；而就固定抵押物而言，凡法律、行政法规不禁止，抵押的动产、不动产，均可抵押，其范围较宽。特别就抵押人于抵押权期间处分抵押财产的权利而言，《民法典》物权编第四百零四条沿袭《物权法》第一百八十九条第二款规定："以动产抵押的，不得对抗正常经营中已经支付合理价款并取得抵押财产的买受人。"强调浮动抵押人在正常生产经营活动中可以自由处分抵押物中的动产，不必经抵押权人同意；而固定抵押期间，抵押权人未经抵押权人同意，不得转让抵押财产。

第四百一十二条　【抵押财产孳息归属】 债务人不履行到期债务或者发生当事人约定的实现抵押权的情形，致使抵押财产被人民法院依法扣押的，自扣押之日起，抵押权人有权收取该抵押财产的天然孳息或者法定孳息，但是抵押权人未通知应当清偿法定孳息义务人的除外。

前款规定的孳息应当先充抵收取孳息的费用。

【条文疏义】

本条沿袭了《物权法》第一百九十七条的规定。

一、抵押财产孳息的收取以其与抵押人分离为条件

抵押物的孳息是指由抵押物所产生的收益，包括天然孳息和法定孳息。

抵押权人收取天然孳息，以抵押物被法院依法扣押后与抵押人分离为条件，扣押之前分离的天然孳息归抵押人所有。如果抵押人在债务履行期满抵押物即将被扣押时，使天然孳息违反自然规律提前脱离抵押物，就构成对抵押权的侵害，抵押权人可以要求损害赔偿。

二、抵押权人须将扣押抵押物的事实通知应清偿法定孳息的义务人

抵押权的效力及于抵押物被法院依法扣押后的法定孳息，并以抵押权人将扣押抵押物的事实通知应当清偿法定孳息的义务人为条件。抵押权人未履行通知义务的，抵押权的效力不及于法定孳息，即应当清偿法定孳息的义务人不当然负有向抵押权人清偿法定孳息的义务，仍可向抵押人清偿，清偿给抵押人的法定孳息成为抵押人的一般财产。因此，若抵押权人未将扣押抵押财产的事实通知该第三人，以致第三人向抵押人清偿而造成抵押权人的损害，则第三人和抵押人均不承担责任。

三、清偿顺序

《最高人民法院关于适用〈中华人民共和国担保法〉若干问题的解释》第六十四条曾明确规定债务履行期届满，债务人不履行债务致使抵押物被人民法院依法扣押的，自扣押之日起抵押权人收取的由抵押物分离的天然孳息和法定孳息，按照下列顺序清偿：首先是收取孳息的费用；其次是主债权的利息；最后是主债权。

故可见，抵押权人收取的孳息应当先充抵收取孳息的费用，剩余的孳息与抵押物共同清偿抵押物所担保的债权。

【典型案例】

在抵押房屋被扣押之前抵押权人能否直接收取该房屋的租金①

——抵押权人行使孳息收取权的条件

基本案情

2012年3月18日，被执行人酉甲公司与申请执行人申乙银行上海分行签订

① 参见亥生银行上海分行与申乙银行上海分行等案外人执行异议纠纷案——抵押权人收取孳息权能否对抗法院的扣留、提取措施，载北大法宝，www.pkulaw.com/pfnl/a25051f3312b07f35c9d-38a6a9f0da68454612dc86fa38dbbdfb.html，最后访问时间：2018年11月19日。

《人民币流动资金贷款合同》一份，约定：被告酉甲公司向原告借款人民币900万元用于经营，并约定了利率及逾期还款利率。被告酉甲公司以保证金180万元作为上述借款的质押担保，同时，被告周某某、丙树公司与原告签订《最高额保证合同》，为上述借款承担连带保证责任。因被告未偿还借款，原告遂诉至法院，法院作出的民事调解书已经发生法律效力。

根据该调解书，被执行人酉甲公司应于2013年11月15日前偿付申乙银行上海分行本金及至借款本息实际清偿之日的利息及复利；被执行人周某某、丙树公司对上述债务在最高额990万元范围内承担连带清偿责任。

因被执行人酉甲公司未履行该调解书载明的付款义务，法院轮候查封了被执行人丙树公司名下的房产（查封期限为2014年5月8日至2016年5月7日），因该房产为另一法院首封（查封期限为2014年2月19日至2016年2月18日），本案执行法院无法处置。2014年4月10日，法院向租赁上述房产中部位1、部位2的丁公司发出扣留、提取租金的执行裁定书以及协助执行通知书，并于2015年3月12日收取协助执行义务人丁公司交付的房产租金共计1922296.56元。上述款项法院在扣除应上缴的执行费后，已全部发还给申乙银行上海分行。

2015年4月20日，案外人亥生银行上海分行向法院提出异议称：异议人与丙树公司至该市城区房地产交易中心办理了抵押登记，异议人抵押债权金额为7945万元。该市城区人民法院查封了上述抵押物，系首封，异议人为查封申请人。根据《物权法》等相关法律规定，房屋租金属于法定孳息，应归抵押权人所有，故异议人有权收取案涉房产承租人缴付的租金。

申请执行人申乙银行上海分行不同意异议人提出的异议申请，理由如下：1. 异议人收取抵押物法定孳息不符合法律规定的条件；2. 根据法律规定，租金不属于优先受偿的范围，异议人不能优先受偿；3. 抵押权人可以通过抵押物的变现来实现抵押权，如果支持异议人的异议，普通债权人债权将难以实现，有违公平原则；4. 申请执行人执行在前，异议人申请执行在后。

法院审理

法院经审理认为，根据《民事诉讼法》第二百四十三条的规定，被执行人未按执行通知履行法律文书确定的义务的，人民法院有权扣留、提取其应当履行义务部分的收入，包括被执行人因出租房产而收取的租金。

根据《物权法》第一百九十七条的规定，债务人不履行到期债务或者发生当事人约定的实现抵押权的情形，致使抵押财产被人民法院依法扣押的，自扣押之日起抵押权人有权收取该抵押财产的天然孳息或者法定孳息，但抵押权人未通知应当清偿法定孳息的义务人除外。

异议人根据上述法律规定，基于抵押权人的身份，主张被执行人西甲公司因出租抵押房产而收取的租金属于法定孳息，该抵押房产被法院查封后异议人有权收取该抵押房产的租金。但是异议人未能向法院提供相关证据以证实其曾向承租人发出过要求收取抵押房产租金的通知。何况，本案执行法院早已于2014年4月10日即向承租人发出了扣留提取租金的相关法律文书，异议人在法院将收缴的租金处理完毕之后，才向法院提出要求收取抵押财产孳息的异议申请，显然有悖于法。

故对案外人申乙银行上海分行提出的异议法院不予支持。依照《物权法》第一百九十七条、《民事诉讼法》第二百二十七条的规定，执行法院裁定驳回异议人申乙银行上海分行的异议。

案件评述

一、本案争议的焦点在于抵押物被扣押后抵押权人收取孳息的条件

法院通过查封对抵押财产施以公权力之后，抵押权效力可以及于孳息，满足一定条件时对于抵押物的租金，其他权利人劣后于抵押权人受偿。因此，申乙银行上海分行不同意异议人提出异议申请的第二条理由“根据法律规定，租金不属于优先受偿的范围，异议人不能优先受偿”是错误的。但是法院查封后抵押权人收取法定孳息要以抵押权人将扣押抵押物的事实通知应当清偿法定孳息的义务人为条件。抵押权人未履行通知义务的，抵押权的效力不及于法定孳息，因此法院以异议人未能证明其曾向承租人发出过要求收取抵押房产租金的通知为依据，裁定驳回异议人的异议。

二、与抵押权人孳息收取权有关的理论问题

1. 抵押权的实现“不破租赁”

房屋租金是一种常见的法定孳息形式，在抵押权的效力范围及于房屋租金的情况中，我们首先要厘清抵押权实现与抵押财产出租的关系。《民法典》第四百零五条规定：“抵押权设立前，抵押财产已经出租并转移占有的，原租赁关系不受该抵押权的影响。”该条是在沿袭《物权法》第一百九十条“订立抵押合同前抵押财产已出租的，原租赁关系不受该抵押权的影响”的基础上作了进一步修改，而《物权法》第一百九十条规定则是源于《最高人民法院关于人民法院民事执行中拍卖、变卖财产的规定》（法释〔2004〕16号）第三十一条第二款“拍卖财产上原有的租赁权及其他用益物权，不因拍卖而消灭，但该权利继续存在于拍卖财产上，对在先的担保物权或者其他优先受偿权的实现有影响的，人民法院应当依法将其除去后进行拍卖”的规定。前述“权利继续存在于拍卖财产上，对在先的担保物权或者其他优先受偿权的实现有影响的”，是指因租赁关系的存在，抵押财产无人购买，或者其变价所得不足以清偿抵押权所担保的债权额。

按照《物权法》第一百九十条的规定，对抗租赁权仅需订立抵押合同，而《民法典》第四百零五条修改后的条文在坚持“抵押不破租赁”原则的基础上，明确了抵押权对抗租赁权时，须抵押权已经设立，而并非仅仅“订立抵押合同”。在实际上，抵押合同的订立并不意味着抵押权的设立，在动产抵押场合，订立抵押合同一般意味着抵押权已经设立，但在不动产或不动产权利抵押中，抵押权设立以登记为要件，当事人依据抵押合同只能享有债权性质的权利，而债权是弱于物权的。对于“抵押不破租赁”是仅适用于不动产租赁，还是适用于一切租赁，从《民法典》相关条文的表述看，并未对适用范围作出限制，故应当理解为该规则适用于包括动产在内的租赁。另外，修改后的条文将租赁关系限定在已经将标的物转移占有的基础上，未转移占有的租赁关系不得对抗后设立的抵押权。综上，在先租赁后抵押场合，权利顺序为：已转移占有的租赁权 > 已设立的抵押

权 > 未转移占有的租赁权。[①]

2. 物权堆叠及其次序理论的解读[②]

苏永钦教授认为，应将同一物或物权上，有两个以上的物权或部分物化的权利界定为物权堆叠。基于建立在稳定的权利公示制度上的规范意义，认为堆叠规范应追求自由堆叠、无缝堆叠、物尽其用的目标，通过加入次序变项隐含的时间维度，建构最符合物权堆叠需要的四度空间和多而不乱的堆叠秩序。他还提出，前位优先于后位、例外法定、无害前位行使（权能交叠而不完全含纳于前位权利的后位权利，可以在后位不得妨害前位的原则下同时并存），以及必要时得申请除去的堆叠原则。[③]

三、抵押权的效力及于抵押物的孳息以其查封通知为对抗要件

1. 抵押权即使成立在先也并不必然及于孳息，只有查封后才及于孳息

抵押权对抵押财产的效力范围就是抵押权效力所及标的物的范围，是指当抵押权人实现抵押权时可以就哪些财产进行折价或拍卖、变卖，并优先受偿。一般认为抵押权对抵押财产的效力范围包括该抵押物的从物、添附物、从权利、抵押财产的代位权，以及孳息等。

需要注意的是，孳息与从物等不同，它是抵押人对自己所有的物行使收益权的结果。因此，在抵押物被法院查封、扣押前，抵押人对抵押物孳息享有所有权，即其应当属于抵押人的自有财产，用于抵押人普通债务的清偿。但是，当抵押物被法院查封、扣押后，抵押人对抵押物就不应再享有收益权，而孳息总是附随于抵押物而存在的，故其与抵押物一起为抵押权效力所及，以其交换价值实现担保债权的目的。

根据《民法典》第四百一十二条第一款的规定，抵押权效力及于孳

---

① 参见最高人民法院民法典贯彻实施工作领导小组所著《中华人民共和国民法典物权编理解与适用》相关内容。

② 参见苏永钦：《物权堆叠的规范问题——以次序为轴心的堆叠原则》，北京大学出版社2012年版。

③ 李志刚、李建伟、刘保玉、周伦军、林海权：《房屋抵押与租金质押并存时的租金权利冲突与顺位》，载《人民司法》2019年第3期。

息，是基于对抵押财产的扣押（本款中的扣押，包括现行强制执行法上所说的查封、扣押、冻结等控制性强制执行措施）而当然产生的，无须人民法院对孳息另外采取扣押措施，这是对物执行依据效力的例外。例如，我国台湾地区适用的“民法”第864条即规定：“抵押权之效力，及于抵押物扣押后由抵押人得收取之法定孳息。”

《最高人民法院关于人民法院民事执行中查封、扣押、冻结财产的规定》（法释〔2004〕15号）第二十二条有关“查封、扣押的效力及于查封、扣押物的从物和天然孳息”的规定，是关于查封或扣押对物效力范围的规定，它把法定孳息排除在外；但是，由于法的效力遵从“新法优于旧法”“上位法优于下位法”的原则，因此在《物权法》施行后，在查封或扣押抵押财产所产生的效力上，上述司法解释第二十二条的规定应不再适用。

另外，抵押权的效力只及于抵押物被查封后的孳息，不应及于抵押物被法院查封、扣押前抵押人应收而未收的这部分孳息。依照民法原理，之所以应当排除这部分孳息，是因为基于公平原则这部分孳息本应属于债务人的一般财产，法律不应当过分保护抵押权人的利益，而损害普通债权人的利益。

2. 从立法解释与历史解释的角度予以考察

（1）人大法工委民法室的《中华人民共和国物权法解读》[①]

人大法工委认为：

第一，抵押权设立后，抵押财产的占有、使用和收益权仍由抵押人行使，故因抵押财产的使用而产生的孳息应当归抵押人所有，抵押权的效力不及于这部分孳息。

第二，抵押权人行使抵押权致使抵押财产被人民法院依法扣押的，如果孳息仍为抵押人收取，则会导致抵押人为收取孳息而拖延处理抵押财产，

① 参见全国人大法工委民法室所著《中华人民共和国物权法解读》相关内容。

此时剥夺其收取租金的权利，有利于抵押权人顺利实现抵押权，并能充分发挥抵押财产担保债权受偿的功能。

（2）从历史解释看

《民法典》第四百一十二条沿袭了《物权法》第一百九十七条的规定。而《物权法》第一百九十七条来源于《担保法》第四十七条有关“债务履行期届满，债务人不履行债务致使抵押物被人民法院依法扣押的，自扣押之日起抵押权人有权收取由抵押物分离的天然孳息以及抵押人就抵押物可以收取的法定孳息。抵押权人未将扣押抵押物的事实通知应当清偿法定孳息的义务人的，抵押权的效力不及于该孳息。前款孳息应当先充抵收取孳息的费用”的规定。

3. 抵押权人在采取司法扣押措施后对租金享有优先受偿权但以通知为对抗要件

最高人民法院在（2016）最高法民终542号民事判决书中针对通知的效力问题进行了阐述：一方面，从抵押权效力及于孳息的立法目的看，抵押权系非占有性担保物权，抵押权设立后，抵押财产的占有权、使用权和收益权仍由抵押人行使，因抵押财产的使用而产生的孳息亦当由抵押人所有。但是，当债务人不履行到期债务或者发生约定的实现抵押权之情形，因抵押权人行使抵押权致使抵押财产被法院扣押，就意味着抵押权进入实现程序。如果此时抵押财产的孳息仍为抵押人收取，就会使抵押人为收取孳息而拖延处理抵押物，此时剥夺抵押人收取孳息的权利有利于抵押权的实现，这应是《物权法》第一百九十七条第一款规定抵押权效力自扣押之日起及于孳息的立法目的之所在。

法院通过查封对抵押财产施加公权力后，抵押人收取孳息的权利即被剥夺，抵押权人是否通知法定孳息的清偿义务人，并不影响该立法目的实现。另一方面，从法律规定的通知之目的看，法定孳息系由抵押关系当事人之外的第三人负责清偿。《物权法》第一百九十七条规定的对法定孳息清偿义务人的通知与合同法第八十条规定的债权让与时对债务人的通知，均具有防止发生债务人为错误给付之目的。《合同法》第八十条第一款明确规定“……未经通知，该转让对债务人不发生效力。”参照该规定，对法定孳息清偿义务人之通知亦应当解释为，未经通知对该法定孳息清偿义务人不发生抵押权效力及于孳息之法律效果。进言之，抵押财产被法院扣押后，即使抵押权人怠于通知，抵押权效力已经及于孳息，但清偿义务人因不知抵押财产被扣押的情况而将法定孳息支付给抵押人的，仍产生清偿的效力，抵押权人不得主张清偿无效，即不得对抗清偿义务人。

由此可见，最高人民法院认为《物权法》第一百九十七条规定的通知系对抗要件。

第四百一十三条 【抵押财产变价款的归属原则】

抵押财产折价或者拍卖、变卖后，其价款超过债权数额的部分归抵押人所有，不足部分由债务人清偿。

【条文疏义】

本条沿袭了《物权法》第一百九十八条的规定。

一、抵押权实现

本条规定与《民法典》第四百一十条都就抵押权的实现问题作出规定。本条即直接规定了抵押权行使的结果，即债务完全清偿，抵押权随之消灭，抵押人获得抵押物清偿债务后的价款；债务未完全清偿，抵押权也随之消灭，抵押权人未获得清偿的债务不再享有优先受偿权。

二、抵押权受偿范围

抵押权设立的目的在于担保债务的清偿，因此，抵押权人仅在其债务范围内享有优先受偿权。

当抵押物拍卖、变卖、折价的价款在清偿抵押权人的债务后还有剩余时，若抵押人为第三人，则剩余的价款应该归第三人而非债务人所有；若抵押人为债务人，则剩余的价款应该归债务人所有，以供后顺位抵押权人或普通债权人获得清偿。

如果抵押物拍卖、变卖、折价的价款不足以清偿债务，抵押人对剩余的债权就不再承担担保责任。未清偿的债务随即转化为一般债务，由债务人以其全部财产加以清偿。

【典型案例】

被告在抵押财产不足以偿还债务时作何处理①

——被告作出了全部清偿的意思表示即应承担清偿责任

基本案情

被告辛甲公司因向巳乙银行天津分行申请流动资金贷款500万元，故向原告天津市午丙担保公司提出为其提供担保的申请。2013年7月12日，被告辛甲公司与原告签订《担保协议书》，约定由原告为辛甲公司贷款开具以巳乙银行天津分行为受益人的《担保保证保函》，金额为500万元人民币，有效期为贷款合同生效之日起一年。

同时《担保协议书》还约定，被告辛甲公司向原告天津市午丙担保公司提供几项反担保并另行签订协议。被告天津庚丁公司作为辛甲公司的关联公司与原告天津市午丙担保公司签订的《房屋抵押合同》约定，庚丁公司同意以其位于该市津泰道×号的房产所有权及其所占土地使用权为原告设定抵押反担保。其中，该合同第二条约定："由于甲方（庚丁公司）已将上述房产抵押给巳乙银行天津分行，因此本次抵押无法到房管部门进行登记。甲方保证在发生乙方（原告）为借款人代偿的情况时，乙方有权处分上述房产并优先受偿。若发生产权纠纷或债权债务，概由甲方负责清理，

① 参见天津市午丙担保公司诉天津辛甲公司等担保责任追偿权案，载北大法宝，www.pkulaw.com/pfnl/a25051f3312b07f3324bfa600a8f564e9902a17a537e91-17bdfb.html，最后访问时间：2020年6月8日。

并承担民事责任，由此给乙方造成的一切经济损失，乙方有权向甲方追偿。”该合同第六条约定：“借款人连续三个月未还借款本息或主合同履行期限届满借款人未能清偿债务的，乙方（原告）有权依法以抵押物折价或拍卖、变卖抵押物所得价款优先受偿，超过债权数额的部分归甲方所有，不足部分由甲方继续清偿。”合同载明的抵押房产未进行抵押登记，合同双方对该合同的效力及性质存在较大分歧。

2013年7月12日，原告天津市午丙担保公司与巳乙银行天津分行签订了《最高额保证合同》，约定原告自愿为辛甲公司提供担保，保证最高本金限额为人民币500万元，有效期自2013年7月12日起至2014年7月11日止。

2014年7月16日，因辛甲公司逾期未还款，原告天津市午丙担保公司向巳乙银行天津分行偿付借款本息数额较大，扣除辛甲公司交纳的50万元履约保证金后，原告实际为辛甲公司垫付借款本息数额较大，故向法院提起诉讼。

法院审理

生效裁判法院经审理认为，《房屋抵押合同》第六条约定，借款人不履行债务时，原告有权依法以抵押物折价或拍卖、变卖抵押物所得价款优先受偿，超过债权数额的部分归辛甲公司所有，不足部分由辛甲公司继续清偿。该约定明显不同于《物权法》第一百九十八条规定的抵押人应承担的责任范围，实则辛甲公司承担担保责任的范围不限于抵押的房产，而是对全部债务承担责任。

综上，原告与辛甲公司虽签订《房屋抵押合同》，但合同约定的房屋抵押权因未办理抵押登记而未能有效设立，原告不享有该房屋的优先受偿权。根据《房屋抵押合同》的约定，庚丁公司向原告作出了连带保证的意思表示，其担保的范围亦不限于抵押的房产，庚丁公司提供的担保方式更符合连带保证之特性，故原告与被告庚丁公司之间应为连带责任保证关系，庚丁公司应对辛甲公司的债务承担连带清偿责任。

案件评述

一、原告与被告庚丁公司间的法律关系及庚丁公司的责任承担

根据原告与被告庚丁公司所签的《房屋抵押合同》第二条可知，双方在签订合同时就已知晓抵押的房屋无法办理抵押登记，在此背景下，庚丁公司向原告承诺，“发生代偿情况时，原告有权处分抵押的房产并优先受偿，若发生产权纠纷或债权债务，概由庚丁公司负责清理，并承担民事责任，由此给原告造成的一切经济损失，原告有权向庚丁公司追偿”。上述约定说明庚丁公司向原告作出了承担连带保证责任的意思表示。故原告与被告庚丁公司之间应为连带责任保证担保关系，庚丁公司应对辛甲公司的债务承担连带清偿责任。

二、抵押人为第三人时的抵押权实现的法律后果

当抵押人为第三人时，由于抵押物的功能仅在于保障担保债权的实现，而抵押物并非债务人所有。因此，即使抵押物的价值不足以清偿债务，抵押人的担保责任也随之解除，抵押权人不得向抵押人主张其未实现的债权，而只能要求债务人清偿。当抵押物的价值在清偿所担保的债权后仍有剩余时，抵押权人须将剩余价款归还抵押人，而不得归还债务人。

同时，在抵押权行使后，作为抵押人的第三人在其代为清偿的债务范围内，对债务人享有追偿权，即要求债务人偿还其代为清偿债务所支出的价款。事实上，此时在抵押人与债务人之间就形成了新的债权债务关系，抵押人享有价款给付请求权，债务人则负有给付价款的义务。需要说明的是，若抵押人在为债务人设定抵押时未要求债务人提供反担保，则抵押人对债务人享有的债权就属于普通债权。

第四百一十四条　【同一财产上多个抵押权的效力顺序】同一财产向两个以上债权人抵押的，拍卖、变卖抵押财产所得的价款依照下列规定清偿：

（一）抵押权已经登记的，按照登记的时间先后确定清偿顺序；

（二）抵押权已经登记的先于未登记的受偿；

（三）抵押权未登记的，按照债权比例清偿。

其他可以登记的担保物权，清偿顺序参照适用前款规定。

【条文疏义】

本条沿袭了《物权法》第一百九十九条的规定，删掉了第一项“顺序相同的，按照债权比例清偿”，增加了“其他可以登记的担保物权”参照本条适用的规定。

一、变化旨在“进一步明确实现担保物权的统一受偿规则”

在统一的电子化登记系统之中，各抵押权之间的登记先后顺序可准确无误地确定，已无“顺序相同”的情形，故第一项“顺序相同”情形已显多余。

在司法实践中，根据《最高人民法院关于适用〈中华人民共和国民法典〉有关担保制度的解释》第六十六条的相关规定，同一应收账款同时存在保理、应收账款质押和债权转让，当事人主张参照民法典第七百六十八条的规定确定优先顺序的，人民法院应予支持。在有追索权的保理中，保理人以应收账款债权人或者应收账款债务人为被告提起诉讼，人民法院应予受理；保理人一并起诉应收账款债权人和应收账款债务人的，人民法院可以受理。应收账款债权人向保理人返还保理融资款本息或者回购应收账款债权后，请求应收账款债务人向其履行应收账款债务的，人民法院应予支持。

新增了“其他可以登记的担保物权”参照本条适用的规定，表明只要是可以登记的担保物权，均可适用这一优先顺位规则。立法者旨在“进一步明确实现担保物权的统一受偿规则”，有利于优化营商环境。

二、数个抵押权的清偿顺序

《民法典》采取了登记对抗主义。在登记对抗主义之下，物权彼此对抗的效力优先性取决于物权的登记公示。[①] 因此，登记时间的先后也就成了动产担保权之间发生冲突之时确立彼此之间优先顺位的客观标准。

本条体现了担保物权的一般法理“时间在先，权利在先”“已经登记的优于未经登记的”以及登记对抗主义的原则。

1. “时间在先，权利在先”的原则

如果同一财产上并存的数个抵押权都已经登记，根据“时间在先，权利在先”原则，就应当按照登记的先后顺序清偿。如果登记日相同，即登记顺序相同，就应当按照债权比例清偿。

2. 登记对抗主义——“已登记的优先于未登记的”

如果同一财产上并存的数个抵押权中，既有已经登记的，也有未经登记的，那么已登记的就先于未登记的受偿。根据“登记对抗主义”立法原则，未经登记的抵押权不得对抗善意第三人，因此，未经登记的抵押权自然就不得对抗已经登记的抵押权。

3. 均未登记的按比例清偿——不得对抗善意第三人

若同一财产上并存的数个抵押权都未经登记，则皆不得对抗善意第三人。依债权平等受偿之法理，未经登记的抵押权应当按照比例清偿。

三、数个抵押权竞存之体系化

就动产之上竞存权利之间的优先顺位，《民法典》确立了以下规则体系：

第一，动产之上竞存的抵押权之间，依其登记先后定其顺位；已登记的优先于未登记的；未登记抵押权之间顺位相同，按债权比例受偿。

第二，动产抵押权和动产质权之间，按照登记、交付的时间先后定其优先顺位。

---

① 尹田：《物权法》（第二版），北京大学出版社 2017 年版，第 504 页。

第三，购买价金担保权，如在宽限期内办理登记的，则优先于其他担保物权。

第四，法定动产担保物权优先于约定动产担保物权。如《民法典》第四百五十六条规定："同一动产上已经设立抵押权或者质权，该动产又被留置的，留置权人优先受偿。"

第五，同一应收账款之上的复数保理之间，已登记的先于未登记的受偿；均已登记的，按照登记的先后顺序受偿；均未登记的，由最先到达的应收账款债务人的转让通知中载明的保理人受偿；既未登记也未通知的，按照保理融资或者服务报酬的比例清偿。①

在上述优先顺位规则体系中，《民法典》第四百一十四条确立的是竞存动产担保权之间优先顺位的一般规则，可以适用或准用于其他典型动产担保权和非典型动产担保权，其他优先顺位规则构成这一一般规则的例外，是为优先顺位规则的特别规定，并得优先适用。

如第四百一十五条关于抵押权与质权竞存时的优先顺位规则；第四百一十六条关于购买价金担保权的超优先顺位规则；第四百五十六条关于抵押权或质权与留置权竞存时的优先顺位规则；第七百六十八条关于多数保理人之间的权利顺位等，均为特别规定。②

【典型案例】

借贷中的几个担保纠纷如何确定清偿债务的顺序③

——抵押权已登记的先于未登记的受偿

基本案情

2014年7月18日，财巳公司与梁午荣签订个人借款合同，约定由梁午

① 高圣平：《民法典动产担保权优先顺位规则的解释论》，载《清华法学》2020年第3期。

② 高圣平：《民法典动产担保权优先顺位规则的解释论》，载《清华法学》2020年第3期。

③ 参见财巳公司诉梁午荣等民间借贷纠纷再审案，载北大法宝，www.pkulaw.com/pfnl/a25051f3312b07f313bf237ead980ab5cf184a69e9742da0bdfb.html，最后访问时间：2020年6月3日。

荣向财巳公司借款320万元，用于补充流动资金，借款期限为5个月，自2014年7月18日起至12月18日止，借款月利率为1.2%，按月结息，先付息，后还本。

如梁午荣逾期还款，在合同约定执行贷款利率基础上加收50%的利息，对不能按时支付的利息，自逾期之日起，合同约定的逾期罚息按实际逾期天数计收复利，直至清偿全部贷款本息为止。

同日，陈庚、陈辛、辜亥静分别与财巳公司签订抵押合同，陈庚以位于重庆市×××区××路××16－3房屋为借款设定抵押。辜亥静、陈辛分别以其所有的渝B×××××、渝A×××××小汽车为借款设定抵押担保，双方对抵押权作了登记。

2014年7月18日，根据梁午荣的要求，财巳公司将320万元汇入李丁军账户，完成了出借义务。合同签订后，梁午荣偿还了部分借款本息，截至2014年9月11日，差欠财巳公司借款本金1257752元。财巳公司向一审法院起诉请求：

1. 梁午荣偿还借款本金1360872元，支付截至2014年12月18日的利息52801.85元；支付从2014年12月18日起按月利率1.8%计算至款清为止的逾期罚息、复利；

2. 陈庚以抵押物对债务承担担保责任，财巳公司对位于重庆市×××区××路××16－3房屋享有优先受偿权；

3. 辜亥静以抵押物对债务承担担保责任，财巳公司对牌照号渝B×××××小汽车享有优先受偿权；

4. 陈辛以抵押物对债务承担担保责任，财巳公司对牌照号渝A×××××小汽车享有优先受偿权。

法院审理

法院经审理认为，财巳公司、梁午荣、陈辛、辜亥静所签个人借款合同、抵押合同，意思表示真实，内容不违反法律、行政法规的强制性规定，对双方均有拘束力。

借款到期后，梁午荣未偿还全部借款，构成违约，应当承担合同约定的违约责任。陈庚、陈辛、辜亥静为债务提供抵押担保，财巳公司系抵押权人，有权就抵押物优先受偿。

综上，财巳公司的诉请，理由正当，一审法院予以支持。根据《合同法》第二百零五条、第二百零六条、第二百零七条，《物权法》第一百七十九条，《民事诉讼法》第一百四十四条的规定，判决：

其一，梁午荣于判决发生法律效力后立即偿还财巳公司借款本金1257752元；继续按照月利率1.8%向财巳公司支付逾期罚息和复利（其中逾期罚息以1257752元为基数，自2014年12月18日起计算至款清为止；复利以所欠利息、逾期罚息为基数，自2014年12月18日起计算至款清为止）。

其二，财巳公司有权就被告陈庚提供的抵押物——重庆市×××区××路××16－3房屋优先受偿。

其三，财巳公司有权就辜亥静提供的抵押物——牌照号渝B×××××小汽车优先受偿。

其四，财巳公司有权就陈辛提供的抵押物——牌照号渝A×××××小汽车优先受偿；

最后，驳回财巳公司的其他诉讼请求。

案件评述

一、双方未约定还款顺序

本案的争议焦点是，在借贷关系中，如双方未对还款内容明确一般归还的顺序是先还利息后还本金，本金先还旧后还新，则在已还款中，应当先扣减约定的利息，余款再扣减借款本金。

二、数个抵押权并存时的受偿顺序

由于物权法允许在同一物上设置多个抵押权，这样就存在各个抵押权之间的冲突问题。若抵押物的价值足以清偿全部抵押债务，则各抵押权之间不存在矛盾。但事实上，抵押物的价值往往不足以清偿全部抵押债务。

此时，抵押权人的受偿顺序就有着非常重要的意义。

1. 已登记的抵押权于顺序上先于未登记的抵押权

根据《民法典》第四百零二条和第四百零三条所沿袭《物权法》第一百八十七条、第一百八十八条的规定，不动产抵押权以登记为其生效要件，动产抵押权则采登记对抗主义。基于登记本身的公信力，《民法典》首先肯定登记的抵押权顺序先于未登记的抵押权。

2. 多个登记的抵押权以其登记的先后顺序确定实现的顺序，不区分不动产和动产

若存在多个登记的抵押权，则以登记的先后顺序而非抵押合同签订的先后顺序确定抵押权实现的顺序，在此并不区分不动产和动产。

3. 同时登记顺序相同依债权比例优先受偿，若有剩余再用以清偿未登记的

若存在多个同时登记的抵押权，即顺序相同，则依债权比例优先受偿。在清偿完登记的抵押权后，若该抵押物的价值仍有剩余，则用以优先清偿未登记的抵押权。

4. 多个未登记的抵押权视为同一顺序依债权比例清偿

若存在多个未登记的抵押权，即视各抵押权为同一顺序，而不以抵押合同的签订时间先后来加以区分，则依债权比例清偿。

5. 若该抵押物上的所有抵押权清偿完毕后还有剩余归抵押人所有

三、抵押权和其他担保物权的冲突处理原则

在动产抵押物上，还可能存在其他担保物权。这样，同一动产上设定的抵押权和其他担保物权（留置权和质权）就有可能在权利实现时发生冲突。对此，在实践中，我们应遵循如下原则：

1. 法定担保物权优先于意定担保物权的原则

当抵押权和留置权同时存在于一动产并发生冲突时，留置权应优先于抵押权，因为留置权为法定担保物权，抵押权为意定担保物权。如《海商法》第二十五条第一款规定：“船舶优先权先于船舶留置权受偿，船舶抵

押权后于船舶留置权受偿。”

2. 同一动产上的意定担保依设定顺序确定受偿顺序

当抵押权与质权同时存在于一动产并发生冲突时，由于二者皆为意定担保物权，故应当依权利设立的先后顺序来确定其优先受偿的顺序。

第四百一十五条 【既有抵押权又有质权的财产的清偿顺序】同一财产既设立抵押权又设立质权的，拍卖、变卖该财产所得的价款按照登记、交付的时间先后确定清偿顺序。

【条文疏义】

本条为《民法典》新增法条。其明确了同一财产同时设立抵押权和质权的，按照登记、交付的时间先后确定清偿顺序，改变了以前《最高人民法院关于适用〈中华人民共和国担保法〉若干问题的解释》第七十九条登记的抵押权优先于质权的规定。

一、抵押权与质权的并存

本条规定了同一财产上数个合法有效的抵押权和质权并存时的权利人受偿顺序。当抵押权与质权共存于同一动产并发生冲突时，由于二者皆为意定担保物权，故应当依权利设立的先后顺序来确定其优先受偿的顺序。

二、单条专门规定完善了优先顺位规则

《民法典》单设专条专门规定动产抵押权与动产质权竞存时的优先顺位规则，有利于进一步完善动产担保权优先顺位规则体系。第四百一十五条的政策选择与第四百一十四条相同，均以动产担保权取得对抗效力的时间先后，作为判断竞存担保权之间的顺位关系。①

① 高圣平：《民法典动产担保权优先顺位规则的解释论》，载《清华法学》2020 年第 3 期。

【典型案例】

抵押权和质权同时存在时如何予以清偿[①]

——同一动产上设定的抵押权与质权发生冲突时的处理原则

基本案情

2009年12月22日，农行安戊支行与天巳集团公司、天庚公司共同签订《抵押合同》，约定为确保抵押权人与赣辛电煤公司签订的《固定资产借款合同》的履行，抵押人自愿以自有存货（电煤）提供抵押担保，双方在寅乡市安卯区工商局办理了动产抵押登记。该证载明：抵押人为天已集团公司、天庚公司；抵押权人为农行安戊支行；担保物存放于寅乡市湘卯区青云货场、灯芯桥货场，价值13063.39875万元，被担保债权金额为5000万元。

原告辰州银行寅乡分行于2012年12月4日与赣辛电煤公司、天庚公司分别签订《借款合同》《最高额质押合同》，约定辰州银行寅乡分行向赣辛电煤公司发放3000万元贷款，出质物为天庚公司存放于寅乡市下埠镇灯芯桥的14.4万吨煤。现借款合同到期，赣辛电煤公司无法归还全部到期借款。原告辰州银行寅乡分行以及被告中国农业银行安戊支行分别主张权利。

原告辰州银行寅乡分行向法院提出诉讼请求：请求法院判决中国农业银行安戊支行对拍卖被告天巳燃料集团有限公司、被告天庚公司所有的存放于湘卯区青云货场、灯芯桥货场的原煤所得价款，对被告赣辛电煤公司所欠债务在5000万元本金、利息范围内不享有优先受偿权。

法院审理

法院经审理认为，2009年12月22日，抵押权人中国农业银行安戊支

① 参见辰州银行寅乡分行与中国农业银行安戊支行、江西赣辛电煤公司第三人撤销之诉案，载天眼查网，https://susong.tianyancha.com/8c99e4028a3111e8a8b47cd30ae00894，最后访问时间：2020年6月5日。

行与抵押人天巳集团公司、天庚公司签订了《抵押合同》，并到工商局办理了工商抵字2009年第21号动产抵押登记。

本案原告辰州银行寅乡分行与赣辛电煤公司、天庚公司最早签订《借款合同》《最高额质押合同》的时间是2012年12月4日。中国农业银行安戊支行办理抵押登记的时间早于本案原告辰州银行寅乡分行签订上述两份合同的时间。依照《物权法》第一百七十九条的规定，中国农业银行安戊支行对抵押煤炭享有优先受偿权符合法律规定。

法院依法判决：驳回原告辰州银行寅乡分行的诉讼请求。

案件评述

一、质押合同签订时间与抵押登记时间的认定

依照《民法典》第三百九十四条沿袭的《物权法》第一百七十九条的规定，为担保债务的履行，债务人或者第三人不转移财产的占有，将该财产抵押给债权人的，债务人不履行到期债务或者发生当事人约定的实现抵押权的情形，债权人有权就该财产优先受偿。因此本案中，赣辛电煤公司无法归还全部到期借款时，原告辰州银行寅乡分行以及被告中国农业银行安戊支行都有权向赣辛电煤公司的担保人天庚公司主张其担保物权。

案涉原、被告均与天庚公司签订了担保合同，担保物均为天庚公司存放于寅乡市下埠镇灯芯桥的煤。因此，原、被告签订担保合同的时间为本案的关键。

本案中，原告辰州银行寅乡分行与赣辛电煤公司、天庚公司最早签订借款、质押合同的时间是2012年12月4日。而中国农业银行安戊支行办理抵押登记的时间为2009年12月22日，早于本案原告辰州银行寅乡分行签订借款、质押合同的时间，故中国农业银行安戊支行对天庚公司存放于寅乡市下埠镇灯芯桥的煤享有优先受偿权。

二、同一动产上多个担保物权竞存时的处理原则

1. 物的价值不足以清偿全部债务时权利人的受偿顺序即有重要意义

由于物权法允许在同一物上设置多个担保物权，特别是在动产抵押物

上，还可能存在其他多种担保物权（抵押权和留置权）。这样，同一动产上设定的抵押权和其他担保物权就有可能在权利实现时发生冲突。若该物的价值足以清偿全部债务，则各担保物权之间不存在矛盾。但事实上，物的价值往往不足以清偿全部债务。此时，权利人的受偿顺序就有着非常重要的意义。

2. 同一财产上多个抵押权的清偿顺序

当两个抵押权同时存在于同一动产并发生冲突时，由于不动产抵押权以登记为其生效要件，动产抵押权则采登记对抗主义。基于登记本身的公信力，《民法典》沿袭《物权法》的规定，首先，肯定登记的抵押权顺序先于未登记的抵押权。其次，若存在多个登记的抵押权，则以登记的先后顺序而非抵押合同签订的先后顺序确定抵押权实现的顺序，在此并不区分不动产和动产。在清偿完登记的抵押权后，若该抵押物的价值仍有剩余，则用以优先清偿未登记的抵押权。最后，若存在多个未登记的抵押权，即视各抵押权为同一顺序，而不以抵押合同的签订时间先后来加以区分，则依债权比例清偿。

3. 法定担保物权优先于意定担保物权

当抵押权和留置权同时存在于同一动产并发生冲突时，留置权应优先于抵押权，这符合《担保法》规定的“法定担保物权优先于意定担保物权”的原则，因为留置权为法定担保物权，抵押权为意定担保物权。如《海商法》第二十五条第一款规定：“船舶优先权先于船舶留置权受偿，船舶抵押权后于船舶留置权受偿。”

三、抵押权和质权竞存之学术争议

1. “先押后质”与“先质后押”

动产抵押权的设立不以移转标的物的占有为必要，且抵押权的设立并不限制抵押人对抵押财产的处分，抵押人自可就同一动产为他人设立动产质权。因此，对于“先押后质”中的动产抵押权和动产质权的效力均应予以承认。唯一需要明确的是两者之间的优先顺位。

2. 对于是否存在“先质后押”的情形，学界存在争议

（1）“先质后押”会导致法律冲突

在同一动产上先设定质权再设定抵押权，质权因占有标的物而发生效力，而抵押权实现时也得占有抵押财产，这会导致抵押权人实行其占有时与质权人的占有发生冲突。①

（2）动产抵押权的实现无须移转占有，设定抵押权并不影响质押人占有标的物②

（3）两者不存在法律冲突，质权应优于抵押权的实现③

若当事人同意在出质的财产上设定抵押权，且抵押权所担保的债权清偿期晚于质权人的债权，则不存在法律冲突，只是质权应优于抵押权的实现。④ 民法典虽然没有对“先质后押”明确作出规定，但也未禁止。实践中，“先质后押”的情形不在少数。

第四百一十六条　【买卖价款抵押权】 动产抵押担保的主债权是抵押物的价款，标的物交付后十日内办理抵押登记的，该抵押权人优先于抵押物买受人的其他担保物权人受偿，但是留置权人除外。

【条文疏义】

本条系《民法典》新增规定。

一、本条是动产担保权优先顺位的特殊规则

债务人利用财产的价值来获取更多的信贷，故法律同时需要制定动产担保权优先顺位规则。我国动产担保权优先顺位规则采用一般规则和特殊

① 郭明瑞：《担保法原理与实务》，中国方正出版社 1995 年版，第 74 页。
② 郑玉波：《各种动产担保相互关系之分析》，载《法令月刊》1974 年第 8 期。
③ 郭明瑞：《担保法原理与实务》，中国方正出版社 1995 年版，第 74 页。
④ 郭明瑞：《担保法原理与实务》，中国方正出版社 1995 年版，第 74 页。

规则相结合的方式。《民法典》第四百一十四条规定了动产担保权优先顺位的一般规则：已登记的优先于未登记的，已登记的按照登记时间确定优先顺位，未登记的按照债权比例清偿。作为《民法典》第四百一十四条所确立的“先登记者优先规则”的例外，第四百一十六条奉行的是“后登记者优先规则”，正是基于此，这一优先顺位的例外规则多被称为“超优先顺位规则”。作为“超优先顺位规则”的动产购买价款抵押担保，就是以该动产作为购买该动产价款的抵押，在未约定所有权保留的情况下，即使买受人尚未付价款，动产交付即发生所有权变动，而买受人可以用该动产作抵押为该交易债务提供担保，抵押权人为该动产交易的债权人。

二、法定留置权优先

一般认为，因为抵押权、质押权是约定的担保物权，而留置权是法定的担保物权，法定担保物权应当优先于约定担保物权。但有学者认为，法律赋予留置权优先的本来目的是留置权所担保的债权多是债权人所付出劳动的报酬请求权、所投入的材料及垫付的其他费用的返还请求权，债权人的劳动或其投入的材料等使留置物之价值得以提升，允许动产抵押权或质权优先于留置权，无异于以债权人的劳动或投入来清偿债务人的债务，有违公平原则。并认为，《民法典》中允许行使留置权的主体早已超出对该动产付出劳动或作出其他贡献者，很多行使留置权的主体对该动产并无实质贡献，因此目前留置权绝对优先的规则值得商榷。①

① 高圣平：《民法典动产担保权优先顺位规则的解释论》，载《清华法学》2020年第3期。

【典型案例】

动产担保权优先顺位的特殊规则[①]

——中国建设银行寅城市中心支行融资租赁保证合同纠纷案

基本案情

1985 年 11 月 10 日，华和公司与辛城市塑料厂（以下简称塑料厂）签订了《租赁合同》，约定华和公司购进吹塑机出租给塑料厂，租赁期限为 48 个月，自华和公司对外付款日起计算。总租金 1303472.40 欧元，塑料厂分 8 次以日元支付租金（日元对欧元的兑换率以华和公司对外付款日中国银行的外汇牌价为准），租赁期内，不管塑料厂使用该物件与否，或发生其他任何情况，塑料厂都必须按期支付租金，否则，加付每日万分之五的滞纳金。

租赁期内，物件所有权归华和公司，期满由塑料厂留购。在合同有效期内，除不可抗力外，塑料厂若不支付租金或二次以上迟付租金以及违反合同的任何条款，均视为违约。

寅城建行对租赁合同予以担保，表示在塑料厂确实无力按期还款时，于逾期 15 日内代塑料厂承担包括违约金在内的还款责任。作为合同附件，辛城建行还在给华和公司的《租赁项目付款担保函》中承诺愿承担此项人民币的付款担保责任。

租赁合同生效后，华和公司交付了吹塑机，依约履行了义务。塑料厂租用后，于 1990 年 4 月 14 日交付租金 29024924 日元，其余未付。为此，华和公司和塑料厂于 1991 年 10 月 31 日签订了《租赁合同补充协议书》（以下简称补充协议）。补充协议约定，由于塑料厂资金困难，经塑料厂请求，以塑料厂欠华和公司租金和迟付利息总额重新确定租金总成本，合计

① 参见华和公司诉中国建设银行寅城市中心支行、辛城市塑料厂融资租赁保证合同案，最高人民法院，(1996) 经终字第 257 号判决书。

为85115404日元，重新确定租赁期限为3年，自1992年1月1日起计租金，分6次付清。

寅城建行以保证人的身份在补充协议上盖了章。但补充协议中没有关于保证人及保证责任的约定。补充协议生效后，塑料厂于1993年1月12日和1995年5月16日两次付给华和公司租金本息共计9918007日元，之后，未再支付租金。华和公司多次致函寅城建行，要求其履行担保责任，寅城建行均未履约。

从1992年6月30日至1996年6月30日，塑料厂共欠华和公司租金89283046日元。迟付利息26550171日元。华和公司多次催要未果，向该省高级人民法院提起诉讼。

法院审理

鉴于本条系《民法典》新增之内容，尚未有实际案例可查，故假定于上述类似真实案例中发生了如下法律关系：

假若案涉塑料厂从华和公司处购得价值百万元的吹塑机设备并交付，约定该塑料厂先期交付50万元，并以该套设备向华和公司担保该套设备的剩余50万元价款，于设备交付的第5日办理了抵押登记。

在设备交付的第二日，塑料厂向第三人案涉银行借款20万元用于该设备先期价金交付，以该套设备作为抵押，办理了抵押登记手续。塑料厂借丁寅公司30万元用于先期交付吹塑机货款，在设备交付的第3日，鉴于市场变化，原定产品滞销，便将该套设备出质给丁寅公司，并采用书面形式订立了质押合同。

不巧的是，就在丁寅公司占有该设备第10日，该设备即发生故障，丁寅公司急于使用该设备生产当时畅销的一种产品，于是就经塑料厂同意送当地戊亥机械厂修理，修理后因欠15万元修理费被戊亥机械厂留置。

现塑料厂因经营不善业已破产清算，并已知该套设备目前市场价值已降至90万元，那么该套设备上所设立担保物权的清偿顺序如何呢？

就此后面假定的情节进行法理推导的话，《民法典》第四百五十六条规定了留置权法定优先受偿："同一动产上已经设立抵押权或者质权，该动产又被留置的，留置权人优先受偿。"因此有权行使留置权的戊亥机械厂应当排在优先顺位第一位。

《民法典》第四百一十六条规定："动产抵押担保的主债权是抵押物的价款，标的物交付后十日内办理抵押登记的，该抵押权人优先于抵押物买受人的其他担保物权人受偿，但是留置权人除外。"因此，华和公司享有动产购买价款抵押担保的优先权，排在优先顺位第二位。《民法典》第四百一十五条又规定："同一财产既设立抵押权又设立质权的，拍卖、变卖该财产所得的价款按照登记、交付的时间先后确定清偿顺序。"寅城建行的抵押登记在时间上先于丁寅公司的质押交付，因此寅城建行的抵押担保权优先于丁寅公司的质押权受偿。故此，法院应当将拍卖、变卖该设备所得的价款按照戊亥机械修理厂、华和公司、寅城建行、丁寅公司的顺序进行清偿，未得到偿还的债务只能通过塑料厂的其他财产来予以偿还。

案件评述

《民法典》增加购买价款抵押权优先顺位规则是必要的，其正当性在于以下几个方面：①

一、购买价款抵押担保要优先保护出卖人的利益

此买受人在该动产上设置其他抵押权和质权，无论是否登记，都是建立在出卖人与买受人交易的基础之上，出卖人可以视为最初贡献者，因此优先保护出卖人的利益更为公平。购买价款抵押担保优先保护出卖人利益的立法价值取向，在一定程度上促进了动产交易的成立，从而促进动产流动，符合"物尽其用"的立法目的。

---

① 高圣平：《民法典动产担保权优先顺位规则的解释论》，载《清华法学》2020 年第 3 期。

二、动产购买价款抵押担保优先权旨在保障提供融资信用提供者的优先顺位

在承认未来财产之上的动产担保权依登记时间而确定其优先顺位的情形下，旨在防止所有的新增财产自动“流入”已设定的动产担保权之中。

例如，债务人已经在所有未来财产上设定浮动抵押并已登记，那么该浮动抵押权就优先于后登记的抵押权，该浮动抵押权已经事实上形成了对其后信用提供者的垄断性权利，如果不设置优先顺位作为保证，那么后来该债务人所设立的抵押，无论登记与否，实现抵押权时顺位都只能排在浮动抵押之后，这样就难以有信用提供者接受抵押、提供融资。

动产购买价款抵押担保的优先权保障了为新购置标的物提供融资的新的信用提供者的优先顺位，提高了新的信用提供者为债务人提供融资的积极性，促进了债务者扩大再生产，因债务人财产的增加是由新的信用提供者提供融资所致，所以也并未对之前的抵押权人，包括浮动抵押权人造成损失。

三、《民法典》这一制度旨在保护融资人的权利以促进融资

《民法典》新增的购买价款担保优先顺位规则，其立法意旨在针对交易实践中普遍存在的借款人借款购买货物，同时将该货物抵押给贷款人作为价款的担保的情形，《民法典》赋予了该抵押权优先效力，以保护融资人的权利，促进融资。[①] 现代社会购买价款融资越来越复杂，尤其是购买大型设备时购买价款融资方式不止一种，动产购买价款融资的方式一般包括银行贷款、个人借款、动产购买价款抵押担保、所有权保留交易和融资租赁。

例如，假设本案塑料厂购买吹塑机购买价款的融资方式包括三项担保权，分别是丁寅公司的质押权、寅城建行的抵押权，以及华和公司的抵押权。同样是购买价款融资，《民法典》规定出卖人的购买价款抵押权优先

① 参见沈春耀：2018 年 8 月 27 日在第十三届全国人民代表大会常务委员会第五次会议上《关于〈民法典各分编（草案）〉的说明》。

于其他主体。之所以优先保护出卖人的购买价款抵押权，是因为与其他抵押权人和质押权人相比，出卖人分配融资损失的能力较弱，其所受的损失直接体现为丧失了所购买财产的所有权。

第四百一十七条　【抵押权对新增建筑物的效力】 建设用地使用权抵押后，该土地上新增的建筑物不属于抵押财产。该建设用地使用权实现抵押权时，应当将该土地上新增的建筑物与建设用地使用权一并处分。但是，新增建筑物所得的价款，抵押权人无权优先受偿。

【条文疏义】

本条沿袭了《物权法》第二百条的规定。

一、抵押中的房地一致俗称“房随地走且地随房走”

在不动产统一登记之前，房地权属登记机关各异，实践中发生了许多房与地分别抵押或单独抵押的情形。特别在《物权法》颁布之前，“房地一致”原则虽为通说，但相关法律规范皆未规定违反其的法律后果，实务中对房地分别抵押或单独抵押的理论困惑，莫衷一是。因此，当时《物权法》起草过程中特别讨论了该问题，并予以明文规定。至此，“房地一体主义”得以明文肯认。《民法典》则沿袭了《物权法》的这一规定。

二、“一并抵押”具有法律上的强制性

视为一并抵押的“视为”，应理解为拟制，即有意地将明知为不同者，等同视之。抵押人将房与地分别抵押给不同的抵押权人，未抵押的部分，法律拟制其一并抵押，并且该拟制具有强制性，不可推翻。[①] 换言之，法律不容许当事人特约排除拟制的效果，因而不存在分别抵押部分各自生效

① 高迪：《“房地一致”原则再探》，浙江大学2017年硕士学位论文。

且抵押权效力不及于未抵押部分的可能。

三、对新增建筑物的抵押权效力

1. 房地一并抵押

以地上建筑物抵押的，该建筑物占用范围内的建设用地使用权应当一并抵押，不得仅抵押地上建筑物。此规定与我国奉行的“地随房走”的政策是相一致的。应当指出的是，“地随房走”仅适用于国有土地上的房屋抵押，以及集体所有土地上的乡（镇）、村企业的厂房等建筑物抵押，而不包括集体所有土地上的其他房屋抵押，随同抵押的土地使用权限于房屋等建筑物所占有范围内的建设用地使用权，不得随意扩大范围。

抵押地上建筑物的，债务人不能清偿被担保的债权时，抵押权人可以一并拍卖或变卖抵押的地上建筑物和其占用范围内的建设用地使用权，并以其拍卖或变价金额担保债权的受偿。

2. 建设用地使用权单独抵押

根据《民法典》第三百九十五条第二款所沿袭的《物权法》第一百八十条第二款之规定，建设用地使用权可以设定抵押。但在审判实践中应注意区分以下两种情形：

其一，抵押人仅以建设用地使用权作抵押，而在抵押权生效时该建设用地上不存在可以抵押的建筑物或其他附着物的，则抵押权的效力不及于新增的地上建筑物或附着物。

《民法典》第四百一十七条沿袭了《物权法》第二百条规定：“建设用地使用权抵押后，该土地上新增的建筑物不属于抵押财产。该建设用地使用权实现抵押权时，应当将该土地上新增的建筑物与建设用地使用权一并处分。但是，新增建筑物所得的价款，抵押权人无权优先受偿。”《城市房地产管理法》第五十二条亦规定：“房地产抵押合同签订后，土地上新增的房屋不属于抵押财产。需要拍卖该抵押的房地产时，可以依法将土地上新增的房屋与抵押财产一同拍卖，但对拍卖新增房屋所得，抵押权人无权优先受偿。”

因此，仅以建设用地使用权设定抵押时，债务人不履行债务的，抵押权人仅能以建设用地使用权的变价金优先受偿。

其二，抵押建设用地使用权时，若存在地上建筑物，则应当将地上建筑物一并抵押。

《城镇国有土地使用权出让和转让暂行条例》第三十三条第一款规定："土地使用权抵押时，其地上建筑物、其他附着物随之抵押。"在设定建设用地使用权抵押时存在地上建筑物，而抵押人未将抵押的建设用地使用权范围内的地上建筑物抵押的，则根据本条第一款的规定，未抵押的地上建筑物视为一并抵押。

3. 房地分别抵押并登记的效力

尽管我国法律历来规定"房随地走、地随房走"的双向统一原则，但在实践中由于建设用地使用权与建筑物两者的登记机关和审查权限规定的不同，导致经常发生房地分别抵押并经合法登记的现象。应当认为：

（1）基于交易安全的考虑不宜认定"双向统一"之抵押无效

法律关于建设用地使用权和建筑物所有权结合的规定并不是一种强制性规定，之所以规定"房随地走、地随房走"的双向统一原则，主要目的是避免因为分别抵押所导致的权利冲突和摩擦。但这种权利冲突在实践中是无法避免的，因此在理解该双向统一原则时，应当关注该原则在贯彻时转让的一体和最终权利归属上的一体。质言之，即便出现房地分别抵押的情形，只要在实现权利转移和处置抵押物时能够保持权利归属上的一体，则可以妥当地解决上述权利冲突。特别应当看到，在实践中当事人设定两项抵押的行为完全是自愿的，当事人已经订立了抵押合同，且已经办理了登记手续，不宜认定抵押无效。

（2）解决上述房地分别抵押实行问题的"整体说"与"两权分离说"

其一，采用建设用地使用权和建筑物所有权不可分离的理论来处理。即尽管当事人是将建设用地使用权和建筑物所有权分别抵押，但可以将两个抵押视为"一物二押"，即将建筑物所有权和建设用地使用权的价值作为一个整体看待，在整体之上设立两个抵押。由于这两个抵押都已经登记，所以可以适用《民法典》第四百一十四条的规定，采取登记在先的优先受偿，如果有剩余的，则由后一抵押权人受偿。

其二，采用建设用地使用权和建筑物所有权分离理论来处理。由于当事人在两个抵押合同中都分别约定以建设用地使用权或者建筑物所有权单独进行抵押，不仅在评估作价时分别作价，而且在登记时亦是分别登记，故充分表明当事人不仅具有将建设用地使用权和建筑物所有权分别抵押的合意，而且已经通过登记方式予以公示，因此可以认为两个抵押皆为有效。在抵押权实现之时，应就两项抵押财产分别拍卖、分别受偿，但必须确保竞买人为同一人，以使房地两个权利的最终取得者为同一人。

【典型案例】

土地上新建的二期工程是否属于抵押财产①

——土地上新增的建筑物不属于抵押财产

基本案情

2012年7月3日，宁某市信用社与戊均甲公司签订了《借款合同》，信用社向戊均甲公司放贷7000万元，同日，信用社又与己天乙公司签订《抵押担保合同》，己天乙公司以出让取得的土地使用权为该笔贷款提供抵押担保，并办理了抵押登记。

2012年9月29日，购房人宋某航与己天乙公司签订《房屋买卖合同》。双方当事人在签订该合同时，约定了购买房屋的位置、面积、单价、付款方式等信息，宋某航购买的己天乙公司房屋于2014年3月竣工并交付使用。宋某航向己天乙公司交付首付款14.7万元，于2014年6月23日交齐全部购房款。但由于己天乙公司的原因未办理产权证。宋某航已缴纳物

---

① 参见宁某市信用社与宋某航案外人执行异议纠纷案，黑龙江省牡丹江市中级人民法院，(2016) 黑10民初51号。

业费、电费、供热费、水费等。己天乙公司于2014年1月10日获得诉争房屋商品房预售许可证。

2015年6月1日，该市中级人民法院作出（2015）商初字第71－1号民事裁定，查封了己天乙公司所有的包括涉案房屋在内的位于寅卯市星河公馆项目1～8号楼房屋共154户，同年8月6日作出（2015）商初字第71号民事判决，判决己天乙公司以其所有的抵押土地的土地使用权拍卖、变卖价款优先偿还信用社的借款本息。

原告宁某市信用社认为，宋某航购房的房屋是己天乙公司在抵押土地上开发建设的，其对房屋占用范围内的土地使用权享有优先受偿权。宁某市信用社主张法院对案涉房屋继续执行。

法院审理

法院经审理认为，《最高人民法院关于审理商品房买卖合同纠纷案件适用法律若干问题的解释》①（法释〔2003〕7号）第五条规定："商品房的认购、订购、预订等协议具备《商品房销售管理办法》第十六条规定的商品房买卖合同的主要内容，并且出卖人已经按照约定收受购房款的，该协议应当认定为商品房买卖合同。"双方基于真实意思表示，宋某航已向己天乙公司支付了房屋价款，应当认定宋某航与己天乙公司之间存在合法有效的商品房买卖关系。

信用社对于案涉房屋土地使用权所享有的抵押权合法有效，对抵押土地使用权享有优先受偿权已经生效法律文书确认，根据《物权法》第二百条的规定，该土地上新增建筑物即案涉房屋不属于抵押财产，土地使用权实现抵押权时，可以将该土地上新增建筑物与土地使用权一并处分，但对于新增建筑物所得价款部分无权优先受偿。

因此，信用社对于案涉房屋不享有抵押权，虽然其可以申请法院将案涉房屋与土地使用权一并处分，但对案涉房屋价款部分无权优先受偿。而

① 已于2020年修正，后文不再注明。

在人民法院基于信用社申请对土地使用权及地上房屋一并查封之前，案涉房屋已经出售给宋某航。宋某航作为房屋买受人，在人民法院查封前已签订合法有效的买卖合同，支付全部价款并合法占有使用，对于未办理产权证不存在过错，根据《最高人民法院关于人民法院民事执行中查封、扣押、冻结财产的规定》第十七条的规定，宋某航对案涉房屋的物权期待权可以排除对于案涉房屋的强制执行。

因此，信用社主张对案涉房屋继续执行，法院不予支持。

案件评述

一、案涉焦点在于宋某航购买的己天乙公司的房屋是否属于抵押财产

本案中主要涉及两个问题：一是宋某航与己天乙公司之间是否存在合法有效的商品房买卖关系。二是在抵押土地上存在新增建筑物的问题。

对于第一个问题，依据《最高人民法院关于审理商品房买卖合同纠纷案件适用法律若干问题的解释》（法释〔2003〕7号）第五条的规定，订购商品房符合《商品房销售管理办法》中规定的商品房买卖合同的主要内容且出卖人已收受购房款的，应当认定为商品房买卖合同成立并生效。

本案中，宋某航与己天乙公司双方基于真实意思表示签订购房合同，并且没有违反法律的强制性规定，合法有效，应予以确认。双方当事人在签订该协议时，约定了购买房屋的位置、面积、单价、付款方式等信息，其内容符合《商品房销售管理办法》第十六条规定的商品房买卖合同的主要内容，宋某航亦已向己天乙公司支付了房屋价款，应当认定宋某航与己天乙公司之间存在合法有效的商品房买卖关系。这在《民法典》总则编对民事法律行为正本清源，依负担行为与处分行为的区分，即使物权变动未予公示，债权请求权自不容否认。

对于第二个问题，本案中，宋某航购买的己天乙公司房屋于2014年3月竣工并交付使用，晚于信用社与己天乙公司签订《抵押担保合同》、己天乙公司出让土地使用权作为抵押担保的日期。根据《民法典》第四百一十七条沿袭的《物权法》第二百条之规定，建设用地使用权抵押后，该土地上新增的建筑物不属于抵押财产。需要拍卖该建设用地使用权的，可以将该土地上新增的建筑物与建设用地使用权一并拍卖，但拍卖新增建筑物所得的价款，抵押权人无权优先受偿。因此，即便案涉信用社申请将案涉房屋与土地使用权一并处分，就房屋价款部分也无权优先受偿。

二、法律这样规定是基于土地的合理利用和维护抵押人的权益

本条为针对前面条款的补充性规定，在不动产抵押中，以建设用地使用权作为抵押物而进行融资的情况，在现实中越来越多，由于抵押权的设定并不影响抵押人对物的占有、使用、收益，因而为了抵押人的权益，同时也为了物的价值的合理利用（尤其是土地），若因为抵押权的设置而不得利用，将会造成资源的极大浪费，因此可以在土地上进行建筑物修建，但若抵押人未归还债务，抵押权人即可实现抵押权。

由于新增建筑物价值高且具有相对独立性，不得作为抵押物的从物，否则将会大大影响其他债权人利益，但由于土地及其建筑物的不可分性，法律更加强调二者权利的归属性。因此，拍卖时应一并拍卖，但因其不是抵押物，抵押权人就其价款不得享有优先受偿权。

第四百一十八条　【集体所有土地使用权抵押权的实现效果】 以集体所有土地的使用权依法抵押的，实现抵押权后，未经法定程序，不得改变土地所有权的性质和土地用途。

【条文疏义】

本条将《物权法》第二百零一条“依照本法第一百八十条第一款第三项规定的土地承包经营权抵押的，或者依照本法第一百八十三条规定以乡镇、村企业的厂房等建筑物占用范围内的建设用地使用权一并抵押的”修改为“以集体所有土地的使用权依法抵押的”。

一、可以抵押的“集体所有土地的使用权”之发展变化

按照《物权法》的规定，只有以招标、拍卖、公开协商等方式取得的荒地等土地承包经营权和随乡镇、村企业的厂房等建筑物一并抵押的、其占用范围内的建设用地使用权可以抵押。同时明确规定耕地、宅基地、自留地、自留山等集体所有的土地使用权不得抵押。《民法典》延续了以上两项集体土地使用权抵押的规定，但修改了对不得抵押财产的规定，其放开了对集体所有的耕地使用权抵押的限制，允许对以家庭承包方式承包的耕地进行使用权抵押，在三权分置中这一权利被称为“经营权”。

近年来，我国陆续出台各项政策开展集体土地制度改革。2015 年 1 月，中共中央办公厅、国务院办公厅联合印发了《关于农村土地征收、集体经营性建设用地入市、宅基地制度改革试点工作的意见》，我国以构建城乡统一建设用地市场、改革集体土地增值收益分配机制为方向的“三块地”改革开始加速，在很多地区设立了相关试点，根据相关法规政策的规定，试点地区在试点时间内对相关法律的实施有所调整，在试点地区可以抵押的“集体所有土地的使用权”范围可能更广，如有的试点地区可以实行集体建设用地使用权抵押融资。[①]

二、本条体现了我国法律严格控制集体所有土地的性质和用途

我国土地分为国有土地和集体所有土地，无论是《物权法》还是《民法典》，都明确规定土地所有权不能抵押，因此集体土地使用权抵押的实现也不得改变土地所有权的性质，即集体土地使用权抵押实现后该土地仍然归集体所有。根据《民法典》《土地管理法》等规定，集体土地只能通过征收方式改变土地性质，成为国有土地。

近年来，我国开始实施农村土地“三权分置”改革，农地实行所有权、承包权、经营权三权分置，通过放活“经营权”即使用权来盘活农民的资产，同时我国实行严格的土地利用规划制度和耕地保护制度，集体土

---

① 陈思齐：《成都农村产权抵押融资的两个典型案例》，载《中外企业家》2015 年第 4 期。

地使用权的流转不能改变土地用途，因此无论是以家庭承包方式承包的耕地的经营权，还是以其他方式承包的荒地的使用权，以及随乡镇、村企业的厂房等建筑物一并抵押的其占用范围内的建设用地使用权，在抵押权实现之后，取得土地使用权的主体要严格按照土地规划开发利用该土地，未经法定程序不得改变土地用途。

【典型案例】

能否将购买的被抵押的集体土地使用权擅自改变土地用途①
——物权法对集体土地使用权抵押权实现的限制

基本案情

崇州市隆兴镇黎甲村全村共有21个村民小组，35个村民居住点，806户，总人口2602人，总面积4300亩，耕地2854亩。该村位于崇州市10万亩现代农业综合示范区，主要以乡村旅游、优质粮油为主导产业。过去主要是单家独户自己生产，融资渠道主要是小额信用贷款，且数量少、效益低。

为了推进农业生产方式转变，提高农业综合效益实现增收，2010年，该村在完成农村产权制度改革确权颁证工作后，部分农户萌生了合作融资开展规模生产的想法。

2010年5月，隆兴镇黎甲村15组的30户村民自愿以确权颁证后的101.27亩承包地以每亩折资900元的价格折股入社、作价出资，组建成立崇州市杨柳村土地承包经营权股份合作社，主要从事粮食和高效农作物种植经营。

2010年12月，合作社以101.27亩土地5年的经营权作抵押，获得成都乙银行崇州支行贷款16万元，用于种植羊肚菌、油菜、小麦和水稻。

---

① 转引自陈思齐：《成都农村产权抵押融资的两个典型案例》，载《中外企业家》2015年第4期。

2011年4月，还清本息，余净利润2万余元。截至2012年年底，全年入社土地分红收入已达每亩1200元，比周边未入社土地每亩增收550元。合作社继续拓展壮大，引入了邻村资金互助的模式，鼓励邻村收入丰厚的村民投资到合作社中，每亩的投资价格为700元。到2013年9月，入社人数已经达到了167户，入社土地已达500余亩之多。

法院审理

2014年，郴州市丁县人民法院巡回法庭审理了这起类似的农民集体所有土地使用权转让协议纠纷案件。法院审理查明，双方所转让的地块系集体土地，未经任何机关部门办理审批手续，未取得建房用地许可证或宅基地使用证。

法院经审理认为，根据法律规定，农民集体所有的土地的使用权不得出让、转让或者出租用于非农建设。原、被告私下达成的农用地转让协议，违反了国家法律的强制性规定，双方签订的土地转让协议无效，当事人因该无效行为取得的财产应予以返还，双方私自转让的土地仍归原告所有。

案件评述

一、负面假设①

为适应新增条款的需要，鉴于针对本法条尚无适用本条审理的案例可查，笔者不得不假设了一个情节——在土地使用权抵押过程中，某个合作社由于效益不佳，到期无力偿还贷款，为规避法律责任，将被抵押的集体土地使用权由本案的原告卖给被告。后面的案例是真实的，但与土地使用权抵押的联系是假设的，不过既然允许抵押，肯定是在所难免的。

2014年1月28日，原告付某与被告邓某经协商一致签订了一份《集体土地使用权转让协议》，约定将原告位于丙村的水田一块以4.08万元转让给被告邓某，原告保证该土地在转让给被告前未与第三人有任何形式上

① 鉴于我国有关法律严禁未经审批擅自改变农地用途，并非成功抵押案例的真实结果，而是可能发生的情形。

的土地担保、抵押或流转的情况，被告将此土地用于农村公益事业使用。此协议签订后，被告邓某向原告付某支付了4.08万元的转让款，时隔一个多月后，原告付某以此协议违法为由，诉至法院要求解除与被告签订的协议。[①]

二、对于本案假设前提

就上述假设的案例情节中，如若将集体土地使用权抵押之后，当事人无法偿还银行债务，此时银行自会行使抵押权拍卖集体土地使用权。

依据法理，案涉土地合作社为获取贷款，与成都乙银行所签订的抵押合同，无疑是合法有效的，所抵押的耕地使用权不属于《民法典》所规定的禁止抵押财产。

案涉银行在实现其抵押权、转让集体土地使用权给受让民事主体时，如果存在欺诈行为，或存在重大误解，导致相对一方的民事主体不知所取得的土地使用权用途系耕地的，应根据《民法典》第一百四十七条“基于重大误解实施的民事法律行为，行为人有权请求人民法院或者仲裁机构予以撤销”或第一百四十八条“一方以欺诈手段，使对方在违背真实意思的情况下实施的民事法律行为，受欺诈方有权请求人民法院或者仲裁机构予以撤销”的规定处理。

所以，相对一方的民事主体可以请求人民法院撤销合同。如果购买土地使用权的民事主体在明知其所取得的土地使用权用途限制为耕地的情况下，仍擅自改变土地用途，那么，银行与该公司的合同应属有效，案涉公司自己承担所有责任。

三、集体土地使用权自发利用容易超越法律规定的界限

在集体土地使用权抵押于数量和规模上呈不断扩大的趋势下，随着我国经济的高速发展，各种所有制形式的经济实体不断壮大，对建设用地的

---

① 李娜：《擅自转让集体土地使用权的行为无效》，载湖南法院网，http：//www.hunanfy.chinacourt.gov.cn/2014－07－2216：23：02，最后访问时间：2020年10月9日。

需求也越来越大，可以说，诸多非农建设用地已自发但无序地进入市场流通。集体土地由以前的无偿、无期限、无流动的使用模式趋变为有偿、有期限、可流动的使用模式。

鉴于土地资产价值已广为人们所认识并加以利用，农村集体土地的非农市场价值愈加显现，集体建设用地的资产属性与市场需求日渐显露，以出让、转让、出租、出资等超越《土地管理法》明确规定的使用形式自发流转集体建设用地使用权的现象早已存在，并在数量、规模上呈不断扩大的趋势，演变为关系错综复杂而庞大的集体建设用地的“隐形市场”。同时，集体经济组织及其成员的融资需求和融资意识也逐步强化，现实中，因突破现行法律规定出现的以宅基地、农地承包经营权等集体土地使用权、乡（镇）企业的厂房等建筑物所占用的集体土地使用权直接抵押的案例已非鲜见。

四、集体土地使用权抵押之管理因之前的不规范埋下纠纷隐患

各地土地及房产管理部门对集体土地使用权抵押的管理曾经一度极其不规范。

1. 对于集体土地的使用权和使用权的登记难于规范

乡镇企业用地相对缺乏独立性，大部分乡镇企业未领取集体土地使用证，村镇级集体土地所有者通过向乡镇企业每年收取土地使用费作为一项固定收入，致使部分集体土地及地上建筑物出现权属不清的状况。

2. 有关抵押登记的审查和受理条件五花八门

是否以集体经济组织同意抵押的书面决议作为接受抵押登记的必要条件、集体土地及地上建筑物是否必须经过评估作价、集体土地使用权是否必须办理转用手续等，各地规定均不一致。

3. 集体建设用地使用权及其上建筑物抵押关系未能厘清

按照现行法律规定，在对有地上建筑物的集体土地进行抵押登记时，只需在地上建筑物和集体土地中择一办理抵押登记即可，但现实中大多数地区实行土地与房产分开管理的模式。如房产已在房管局办妥抵押登记后，房管局只对房产抵押的有效性负责，对房产占用土地的抵押是否有效不负责，反之亦然。这种混乱无序的管理状态，容易为集体土地使用权抵押埋下隐患。①

五、对相关立法完善的意见

我国正在进行集体土地制度改革，主要包括农地所有权、承包权、经营权“三权分置”，宅基地所有权、资格权、使用权“三权分置”，集体经营性建设用地入市等。国家出台多项政策鼓励集体土地使用权流转、融资，并已进行多项试点探索，在不久的将来，盘活宅基地使用权流转、抵押，集体所有土地的使用权流转可能成为一种普遍现象。

我国实行严格的土地规划制度，通过土地利用规划，国家将土地资源在各产业部门之间进行合理配置，同时在各产业部门内部进行配置，并对耕地实行特殊保护。为了适应集体所有土地使用权流转的趋势、严格执行土地规划制度、减少有关纠纷、保护各方合法权益，我国应当在有关法律、法规中增加规定。例如，在集体所有土地使用权流转合同中应当明确该土地用途、明确非经法定程序不得更改土地用途，并作为集体所有土地使用权流转合同的生效要件等。

第四百一十九条　【抵押权的存续期间】抵押权人应当在主债权诉讼时效期间行使抵押权；未行使的，人民法院不予保护。

【条文疏义】

本条沿袭了《物权法》第二百零二条的规定。

一、就本条规定的期间法律属性之学术争议

就《民法典》本条所沿袭的《物权法》第二百零二条规定的“期间”

① 王敏：《集体土地使用权抵押贷款业务法律风险的分析》，载《金融经济》2008年第16期。

之法律属性，学界一直存在以下两种不同认识。

1. 诉讼时效说

持该观点的学者认为，期间届满后，“抵押权人丧失的是抵押权受人民法院保护的权利即胜诉权，而抵押权本身并没有消灭”。“人民法院不予保护”类似于《民法通则》关于诉讼时效届满后的法律后果。期间届满后抵押权并不消灭，抵押权人丧失的是抵押权受人民法院保护的权利即胜诉权。

2. 除斥期间说

持该观点的学者认为，期间届满后，将导致抵押权的消灭。从担保物权的立法角度看，担保物权的主要功能在于以为债权人设定担保的方式便利债务人融资，因而担保物权的规则设计主要着眼点就在于充分发挥担保物的经济功能，最大化便利债务人进行融资。但若担保物权在主债权的诉讼时效经过后仍不消灭，则不利于该目的的实现。[①] 因此，允许担保物权在特定期限后消灭有利于发挥担保物的价值。

其实，此期间并非“诉讼时效”与“除斥期间”非此即彼的区分，《民法通则》第一百三十七条规定的最长保护期以及《担保法》规定的保证期间，既不具有“诉讼时效”性质，也不具有“除斥期间”性质，[②] 但这并不影响担保物权在实践中的应用。

二、当事人的抵押权实现协议的效力

主债权诉讼时效届满后抵押人与抵押权人达成抵押权实现协议是否有效，对该条所定期间性质的不同理解，将产生不同的答案。

主张“诉讼时效说”的学者认为，时效届满抵押权人所丧失的仅是请求司法保护的权利（胜诉权），也就是说，抵押权人只是不能请求法院拍卖、变卖抵押物。因此，主债权诉讼时效届满后，抵押权仍然存在，抵押

---

① 杨秋宇：《论担保物权存续期间的制度构造——兼评〈中华人民共和国民法典（草案）〉第419条》，载《东北大学学报》2020年第2期。

② 高圣平：《担保物权的行使期间研究》，载《华东政法大学学报》2009年第1期。

权人与抵押人达成抵押权实现协议，视为抵押人对其时效抗辩的抛弃，如无其他无效事由，该协议有效。

主张“除斥期间说”的学者认为，期间届满抵押权消灭。因此，主债权诉讼时效届满后，抵押权不再存续，不仅胜诉权归于消灭，而且实体权利也归于消灭，此时，抵押权人与抵押人达成的抵押权实现的协议无效。

《民法典》对此并没有明确回应，目前来看，抵押权本无期间限制，《民法典》物权编第四百一十九条只是基于抵押权的从属性就主债权诉讼时效届满对抵押权影响的规定。可以理解为，主债权效力的减弱自然影响到抵押权的效力，在我国没有明确规定主债权诉讼时效届满抵押权消灭的情况下，依物权法定主义，抵押权此际并未消灭。由此推知，抵押权人与抵押人在主债权诉讼时效届满后达成的协议不得仅因此期间经过而无效。①

【典型案例】

当事人约定的抵押期间届满抵押权是否受法律的保护②

——抵押权的行使期间

基本案情

2002年9月5日，被告富寅公司与中国农业银行（以下简称农行）屈卯支行签订《借款合同》，富寅公司自农行屈卯支行借款50万元，还款期限为2003年9月4日；借款月利率为5.7525‰，按月结息，结息日为每月的20日，借款人不按本合同约定的期限归还贷款本金的，贷款人有权对逾期贷款根据逾期天数按日利率万分之二点一计收逾期利息。

《借款合同》第三条还约定：“按照本合同约定收回或提前收回贷款本金、利息、罚息、逾期利息、复利和其他借款人应付费用时，贷款人均可

① 高圣平：《担保物权的行使期间研究》，载《华东政法大学学报》2009年第1期。

② 参见信壬湖癸分公司诉岳阳市富寅公司、何某金融借款合同纠纷案，屈原管理区人民法院，(2017)湘0691民初398号。

直接从借款人任何账户中划收。”同日，被告何某、任某平、巢某军、张某民、田某华、吴某安6人分别与农行屈卯支行签订了一份《抵押合同》，以其所有的房产为富寅公司的该笔贷款作抵押并办理了抵押登记。

2009年10月20日，农行发布资产转让暨受托管理和处置公告。农行亥阳分行于2010年3月10日向富寅公司的法定代表人杨某红邮寄《债务逾期催收通知书》，并分别于2011年10月12日、2013年10月9日和2015年9月25日登报公告对富寅公司进行催收。

2017年3月20日，农行亥阳分行与原告信壬湖癸分公司签订《债权转让协议》，农行亥阳分行将其对富寅公司享有的债权转让给信壬湖癸分公司。2017年6月15日，农行亥阳分行和信壬湖癸分公司联合登报发布了《债权转让通知暨债务催收联合公告》，就债权转让对富寅公司进行了通知，并对债务进行了催收。

按农行屈卯支行在借款凭证“还款情况登记”处的记载，在第一笔贷款中，富寅公司于2003年12月31日还本金5000元，2004年分7次共计还本金11000元，2005年分二次共计还本金2000元（第二次为10月28日），2008年3月31日还本金900元。“还款情况登记”中记载的还款系贷款银行直接从富寅公司的账户中划扣。

原告请求法院判决被告富寅公司归还借款及利息，并要求被告何某、任某平、吴某安、张某民、田某华、巢某军6人承担相应的担保责任，并行使抵押物优先受偿权。

法院审理

法院经审理认为，根据《民法通则》第一百四十条规定：“诉讼时效因提起诉讼、当事人一方提出要求或者同意履行义务而中断。从中断时起，诉讼时效期间重新计算。”《最高人民法院关于审理民事案件适用诉讼时效制度若干问题的规定》[①]（法释〔2008〕11号）第十条第三项规定：“具有

---

① 已于2020年修正，后文不再注明。

下列情形之一的，应当认定为民法通则第一百四十条规定的‘当事人一方提出要求’，产生诉讼时效中断的效力：……（三）当事人一方为金融机构，依照法律规定或者当事人约定从对方当事人账户中扣收欠款本息的……”贷款银行与富寅公司的《借款合同》中约定贷款银行在富寅公司未支付本息时可直接从其任何账户划收，依法应产生诉讼时效中断的效力。

《民法通则》规定的一般诉讼时效期间为2年。第一笔借款中，贷款银行最后二次扣款的时间是2005年10月28日和2008年3月31日。因此，最后一次产生诉讼时效中断的时间点为2005年10月28日，贷款至2007年10月29日诉讼时效期间届满，即2008年3月31日直接扣款时诉讼时效期间已届满。而对于2008年3月31日贷款银行自动扣款900元，本案中贷款银行的扣款系双方事前在合同中进行约定，即使认定为富寅公司自愿履行义务，也只能属于该900元，而非及于全部债务。

因此，根据《物权法》第二百零二条“抵押权人应当在主债权诉讼时效期间行使抵押权；未行使的，人民法院不予保护”之规定，涉案借款债权人未在诉讼时效期间行使抵押权，诉讼时效期间届满，人民法院依法不予保护该抵押权。原告要求抵押担保人承担连带清偿责任的诉讼请求法院不予支持。

案件评述

一、本案的焦点在于双方设定的抵押权是否已过抵押期限

本案中，被告富寅公司的约定还款期限为2003年9月4日。贷款银行扣款日期分别为2003年12月31日，2004年分7次扣款，2005年最后一次还款为当年的10月28日，2008年扣款日期为3月31日。

《民法通则》规定的一般诉讼时效期间为2年。因此，在2005年10月28日起开始计算的诉讼时效到2008年3月31日时诉讼时效期间早已届满。对于2008年3月31日贷款银行自动扣款900元只能认定为富寅公司自愿履行900元还款义务，而非及于全部债务。

因此，由于诉讼时效的超过，根据《物权法》第二百零二条：“抵押权人应当在主债权诉讼时效期间行使抵押权；未行使的，人民法院不予保护”的规定，涉案借款债权人未在诉讼时效期间行使抵押权，诉讼时效期间届满，该借款已丧失胜诉权成为自然债权，被告对原告的抵押权也因担保的主债权丧失胜诉权而依法不再受到法律的保护。

二、本条的规定体现了物权法定主义原则

物权具有排他性、公示性，为稳定物权法律关系、维护社会经济秩序，世界各国的物权法都实行物权法定主义，即关于物权的种类和内容均由国家以法律作出统一的强行性规定，不允许依当事人的意思自由创设物权或变更其内容和效力。这是物权法区别于债法的首要特征。

《担保法》第五十二条关于“抵押权与其担保的债权同时存在，债权消灭的，抵押权也消灭”的规定，对抵押权效力存续期限作出明确规定。依此规定，只要债权存在，抵押权就存在；债权消灭，抵押权才消灭。抵押担保的债权因清偿、提存、抵销、免除、混同等原因全部消灭时，抵押权随之消灭。

反过来看，只要债权消灭、抵押物灭失等法律规定的抵押权效力终止情形尚未出现，抵押权自抵押合同生效后就始终存在，并不依当事人的意思为转移。如当事人排除该条的适用，另行约定抵押担保期限，或者登记机关违反上述法律规定，擅自设定抵押担保续展期限，都违背了物权法定主义原则，应依法认定无效。

《最高人民法院关于适用〈中华人民共和国担保法〉若干问题的解释》第十二条第一款明确规定：“当事人约定的或者登记部门要求登记的担保期间，对担保物权的存续不具有法律约束力。”当然，否定当事人约定或登记部门设定的抵押期限的效力，并非意味着抵押权存续没有任何期限限制，因为该条第二款紧接着明确规定：“担保物权所担保的债权的诉讼时效结束后，担保权人在诉讼时效结束后的二年内行使担保物权的，人民法院应当予以支持。”也就是说，《民法总则》颁布前，法定的抵押权存续期间（法定抵押期限）是主合同债权诉讼时效结束后2年内，抵押权人超过这个法定抵押期限行使抵押权的，人民法院不予支持，抵押人即可依法免责。

第二节 最高额抵押权

第四百二十条 【最高额抵押规则】 为担保债务的履行，债务人或者第三人对一定期间内将要连续发生的债权提供担保财产的，债务人不履行到期债务或者发生当事人约定的实现抵押权的情形，抵押权人有权在最高债权额限度内就该担保财产优先受偿。

最高额抵押权设立前已经存在的债权，经当事人同意，可以转入最高额抵押担保的债权范围。

【条文疏义】

本条沿袭了《物权法》第二百零三条的规定。

一、最高额抵押的内涵

最高额抵押，又称最高限额抵押，是指在预定的最高限额内，为担保在一定范围内连续发生的不特定债权的实现而设定的抵押。最高额抵押制度的确立，为持续发生的交易设定担保提供了便利，使当事人不必为每一个债权分别设立抵押，而仅是确定抵押担保的最高债权限额，在此最高限额内担保将来发生的债权，从而节省了交易成本。

最高额抵押主要适用于连续交易关系，劳务提供关系以及连续借款关系。最高额抵押应当特殊约定，明确最高债权额限度，它与一般抵押一样，都是以一定的财产（主要为不动产）在不转移占有的情况下，作为债权的担保。在债务人不履行债务时，债权人有权依法以该财产折价或者以拍卖、变卖财产的价款优先受偿。

二、最高额抵押的特点

最高额抵押作为特殊的抵押方式，对连续发生的债权和特定的交易关系中的债权具有强大的保障作用。最高额抵押适应实践需求已越来越受到法律的认可。

1. 最高额抵押是为将来发生的债权所作的担保

在一般抵押中，必须是先有债权然后才能设定抵押权，亦即抵押权的设定以债权的存在为前提，然而最高额抵押的设定，则不以债权的已经存在为前提，而是对将来发生的债权作担保。

2. 所担保的债权具有相对的不确定性

一般抵押所担保的债权都是特定的，这不仅表现为债权类型是特定的，而且还表现为债权的数额也是特定的，但最高额抵押所担保的未来债权则是不特定的，即将来的债权是否发生及数额多少均不确定，或者说，仅具相对的确定性。

3. 被担保的债权具有最高限额

相对于一般抵押而言，最高额抵押由于设定抵押时担保债权不确定，而抵押物是特定的，价值是确定的，不能以价值有限的抵押物担保将来发生的数个债务，否则，将会给债权人造成极大的损害。正是由于这一原因，需要对抵押所担保的未来债权设定一个最高限额。

4. 为一定期限内连续发生的债权作担保

一般抵押权为已经存在的债权作担保，通常为一个独立的债，而对最高额抵押而言，是为在一定期限内连续发生的一系列债权作担保，它适用于连续发生的债权法律关系，而不适用于仅发生一个独立债权的情况。

三、最高额抵押之最高额应为债权最高限额而非本金最高限额

最高额抵押之最高额包括债权本金，以及相应之利息、违约金、实现债权费用等其他费用均应计入最高限额，受最高债权额限度之约束。债权

本金加利息等费用超过最高限额的，超过部分不享有优先受偿权。①

在执行分配时，对直接申请参与分配的最高额抵押债权，其合同约定的最高限额与不动产登记簿记载不一致，以文义解释及对物权公示、公信原则等的理解适用，按不动产登记簿记载的债权最高限额确定其优先受偿范围。如抵押权人或执行债权人、被执行人对分配方案有异议，可依法通过分配方案异议之诉予以救济。②

【典型案例】

最高额抵押权应当如何实现③

——物权法对最高额抵押的界定

基本案情

2012年2月14日，延寅邮储银行与桂某华签订了一份《个人最高额授信合同》。该合同为授信合同的有效组成部分，为授信合同项下各单项业务发生的全部债务提供最高额担保，担保范围包括全部贷款及授信业务本金、利息、复利、罚息、违约金、损害赔偿金、实现债权的费用和其他有关费用。

同日，延寅邮储银行又与桂某华签订了一份《个人额度借款合同》。借款人以抵押的担保方式为债权本息、违约金及相关费用提供担保。

同日，延寅邮储银行与孟某华、付某、汪某云、卫某宽、王某刚分别签订了《个人最高额抵押合同》，对桂某华的借款进行担保。在上述合同签订后，延寅邮储银行于2012年2月21日向桂某华发放贷款235万元。

---

① 陈光卓：《最高额抵押中的最高额应为债权最高限额》，载《人民司法》2019年第20期。

② 柯澄川：《最高额抵押债权优先受偿的范围》，载《人民司法》2019年第29期。

③ 参见延寅邮储银行诉孟某华等金融借款合同纠纷案，载北大法宝，https：//www. pkulaw. com/pfnl/a25051f3312b07f3e980502c0f5443cdf5fafa1da33d885ab-dfb. html？keyword = % E5% AD% 9F% E7% A5% A5% E5% 8D% 8E% 20% 20% 20% E4% B8% AD% E5% 9B% BD% E9% 82% AE% E6% 94% BF，最后访问时间：2020年6月8日。

同年12月18日，桂某华将该笔借款本息还清。

2012年12月19日，桂某华申请向延寅邮储银行申请贷款200万元。同月20日，桂某华再次向延寅邮储银行申请贷款35万元。

贷款发放后，借款人桂某华自2013年10月起未按期偿还贷款。后经催要，担保人王某刚于2013年12月20日代偿28万元，于23日代偿133535元。延寅邮储银行多次向桂某华催讨贷款未果，担保人孟某华、付某、汪某云、卫某宽亦拒绝承担担保责任。原告请求，桂某华偿还借款本金、利息、罚息、复利共计2055642.46元（截止日期：2014年4月10日）以及自2014年4月11日至借款实际还清之日按照合同约定新发生的利息、罚息、复利、支付律师费5万元，要求孟某华、付某、汪某云、卫某宽在各自的最高额抵押担保范围内对上述贷款本息及律师费承担抵押担保责任。

法院审理

法院经审理认为，延寅邮储银行与桂某华签订的《个人最高额授信合同》《个人额度借款合同》借款借据、与孟某华、付某、汪某云、卫某宽签订的《个人最高额抵押合同》均系有效合同，有效成立的合同对缔约各方均具有法律约束力，各方应当按照合同约定履行义务。

本案中，延寅邮储银行依约履行了放贷义务，而桂某华未如约还款，已构成违约，孟某华、付某、汪某云、卫某宽亦未履行抵押担保责任，延寅邮储银行要求桂某华偿还借款本息，并要求孟某华、付某、汪某云、卫某宽在最高额抵押担保范围内承担担保责任的诉讼请求，合法正当，证据充分，法院应予支持。

法院依法判决，桂某华偿还借款本金、利息、罚息、复利共计2055642.46元。孟某华、付某、汪某云、卫某宽在各自最高额抵押担保范围内对延寅邮储银行承担担保责任。

案件评述

一、最高额抵押的意义

最高额抵押权之所以受到各国的普遍重视，其原因在于最高额抵押权具有普通抵押权所不具有的功能，其创设的目的在于配合连续性交易的需要，促进商事行为的可持续性，因而具有生命力。

《担保法》规定最高额抵押权的目的是简化手续，方便当事人，促进资金融通，更好地发挥抵押担保的功能。在现代市场经济条件下，商品生产、经营者所需要的资金大都是通过银行借贷而取得的，利用自己的财产去获取银行的信用，融通资金，已成为经济发展的必然要求。如果对于长期贷款合同、银行授信合同及批发商与零售商之间的连续性交易合同等，每次交易都需要分别设定一个普通抵押权，不仅程序烦琐，也给双方当事人带来诸多不便，而且交易额或信用额不易确定。

故而，普通抵押权难以达到融资的目的。既然当事人为达到同一目的，反复实施同一性质的交易行为，并且在一定时期内维持这种交易行为，则不必在每次交易行为中都分别设定抵押权，而仅需要当事人设定抵押权的最高限额，即最高额抵押权。这不仅简化了手续，方便了当事人，而且有利于资金融通，同时也满足了连续性交易的特殊需要。

有学者曾预言，在不久的将来，最高额抵押权制度将可兼有普通抵押权制度的功能，而普通抵押权制度将变成空洞的存在，这种预言在一定程度上道出了最高额抵押权的特有价值功能。

二、最高额抵押的弊端

尽管最高额抵押权具有普通抵押权所不具有的功能，对社会经济生活具有不可替代的作用，但是最高额抵押权也并非十全十美。与任何法律制度一样，最高额抵押权也有其自身的缺陷。因最高额抵押权甚为便利，许多弊端亦随之而产生。

1. 不利于发挥抵押物的经济价值

由于最高额抵押权所担保的债权在确定之前经常处于变动之中，甚至债权额远低于抵押物的价值。在这种情况下，抵押权人就可以不需要足够多的债权额而对抵押物持续地享有抵押权，这无异于是让抵押权人独占抵押物，使抵押物的剩余担保价值无法得到有效利用，影响了抵押物经济价值的实现。

2. 对资金流通及经济的支配关系有一定的影响

在具有独占性的行业中，当事人往往利用其独占的地位，设定与其债权额极不相称的最高额抵押权，从而使资金流通和社会经济关系蒙受不利。对于最高额抵押权的如此弊端，必须加以克服，以最大限度地发挥最高额抵押权的功能。《日本民法典》所规定的最高额抵押权确定制度、减额请求权制度和消灭请求权制度，就是为克服最高额抵押权的上述弊端而设立的。我国《民法典》没有规定如何消除最高额抵押权弊端的措施，有待在最高额抵押权立法上进一步完善。

三、最高额抵押的各国和地区相关规定

1. 在立法例上许多国家的民法规定了最高额抵押权

《德国民法典》第1190条规定："设定抵押权时，得仅规定土地应负担保责任的最高额，而除此以外，则保留债权之确定；其最高额应登入土地登记簿册；债权附有利息者，利息应计入最高额；抵押权虽未在土地登记簿册中载明为保全抵押权者，亦视为保全抵押权；此项债权得依债权转让之一般规定进行转让，债权依规定转让时，其抵押权并不随同转让。"

《瑞士民法典》第825条规定："不动产抵押，亦可为金额不定或应变更的债权，以一定的抵押等级设定，并且不管有何变更，仍维持其登记顺序。"

日本于1971年以第99号法律将最高额抵押权追加于《日本民法典》第398条之中。该法第398条之2第1项规定："抵押权亦得依设定行为所定，为担保属于一定范围的不特定债权，在最高额的限度内设定。"该条还对最高额抵押权所担保的债权范围、优先清偿的范围、债权范围的变更、最高额的变更、债权的确定以及最高额抵押权的让与等都作了详细的规定。

2. 在学说上对最高额抵押权也都持肯定态度并以将来债权担保说解释

我国《担保法》明确规定了最高额抵押权，该法第五十九条规定："本法所称最高额抵押，是指抵押人与抵押权人协议，在最高债权额限度内，以抵押物对一定期间内连续发生的债权作担保。"

我国台湾地区"民法"没有规定可以为将来发生的不特定债权设定最高额抵押权，但有关动产担保交易的规定对动产抵押则承认最高额抵押权的存在，其第16条第2项规定："动产抵押契约以一定期间内所发生之债权作为所担保之债权者，债权金额应为原本及利息之最高额。"我国台湾地区的判例亦承认最高额抵押权，认为"最高额抵押与一般抵押不同，最高额抵押系就将来应发生之债权设定之抵押权，其债权额在结算前并不确定，实际发生之债权额不及最高额时，应以实际发生之债权额为准"。

第四百二十一条 【最高额抵押权担保的部分债权转让效力】最高额抵押担保的债权确定前，部分债权转让的，最高额抵押权不得转让，但是当事人另有约定的除外。

【条文疏义】

本条沿袭了《物权法》第二百零四条的规定。

一、在债权未确定前最高额抵押权不能转让

《担保法》第六十一条规定："最高额抵押的主合同债权不得转让。"由于主合同不得转让，因此，最高额抵押权与一般的抵押权不同，亦不能转让。

学者多对此持异议。《民法典》吸取学者的意见，有所突破。依本条的规定，如果当事人有约定，在最高额抵押权所担保的债权额确定前，最高额抵押权可以与该最高额抵押权的基础法律关系一并转让；如果当事人未作约定，也可单独依债权让与的方法转让，但其转让后成为普通债权，最高额不得随之转让。当然，在最高额抵押权所担保的债权数额确定后，最高额抵押权也就转化为一般债权，可随同其所担保的债权一并转让。

二、本条规定更加尊重当事人的意思自治

本条规定基本沿袭了《担保法》的规定，而且更加尊重当事人的意思自治。也就是说，如果当事人有约定，在最高额抵押权所担保的债权额确定前，最高额抵押权可以与该最高额抵押权的基础法律关系一并转让，此种规定较之《担保法》更为合理。

需要注意的是，本条规定的是最高额抵押期间，主债权部分转让的情况。应当认为，如果在决算前全部转让主债权，即使当事人对此未作约定，最高额抵押权与主债权事实上也是可以一并转让的。

较之《担保法》的规定，《民法典》本条在禁止最高额抵押主合同债权转让的同时，有“部分”二字的限制，因此，从字面上理解，自可以理解是允许的。

三、最高额抵押转让所应遵循的原则

我国法律并没有对最高额抵押的转让作出更为明确的规定，但一般认为，对最高额抵押权的转让问题，应采取以下规则：

1. 最高额抵押权所担保的债权确定后抵押权应随其所担保的债权一同转让

此时的最高额抵押权已经转变为普通抵押权，自应允许与主债权一同转让。

2. 最高额抵押权所担保的债权额确定前其只能与其基础法律关系同时转让

最高额抵押权亦具有从属性，其基础法律关系是最高额抵押权存在的前提。

3. 不转让基础法律关系而只转让特定具体债权时最高额抵押权不随之转让

理由前已述明，而《民法典》本条所作出的“最高额抵押担保的债权确定前，部分债权转让的，最高额抵押权不得转让”的规定则以最高额抵押担保债权的确定作为抵押权可否随债权转让的界限，并未解决基础法律关系转让时最高额抵押权是否随之转让的问题，所以在这一点上应当加以明确才能真正解决实务中的争议。

【典型案例】

最高额抵押主债权部分转让时最高额抵押权何时可以一并转让①

——最高额抵押权随主债权一并转让的条件

基本案情

被告韩甲经贸公司于2014年10月21日与第三人莱乙银行新丙支行签订国内保理业务合同两份。双方签订“托收保付”的保理合同后，韩甲经贸公司实际获得融资款1480万元。2014年10月16日，被告王某霞、徐某明同莱乙银行新丙支行签订了两份《最高额抵押合同》，被告弓某静同莱乙银行新丙支行签订了一份《最高额抵押合同》，被担保的主债权均为韩甲经贸公司自2014年10月16日至2015年10月16日在莱乙银行新丙支行办理业务形成的债权，上述三份合同已分别在新寅市国土资源局、新寅市房产管理局登记。

2014年10月16日，被告卯东昊乙车辆公司、卯东东丁能源公司、卯东宝戊能源公司分别同莱乙银行新丙支行签订了一份《最高额保证合同》，被保证的主债权均为韩甲经贸公司自2014年10月16日起至2015年10月16日止在莱乙银行新丙支行办理业务形成的债权。

借款期限届满，被告偿还了部分利息，本金及其余利息未偿还。2016年4月27日，原告新寅市伟巳商贸公司与莱乙银行新丙支行签订一份《债权转让协议》，莱乙银行新丙支行将本案债权及相关从权利共15320496.29

① 参见卯东昊乙车辆公司等与徐某明金融借款合同纠纷案，山东省泰安市中级人民法院，(2017) 鲁09民终992号。

元（其中本金1480万元，利息520496.29元）以等额的价格转让给原告，原告通过转账支票的方式支付给莱乙银行新丙支行15320496.29元。

原告诉求：要求被告韩甲经贸公司偿还原告债权转让本金，并支付经济损失；同时被告王某霞、徐某明、弓某静、卯东昊乙车辆公司、卯东东丁能源公司、卯东宝戊能源公司承担连带清偿责任。

法院审理

法院经审理认为，本案中关于最高额抵押能否转让，本案债权转让是否有效的问题。《担保法》第六十一条虽规定了“最高额抵押的主合同债权不得转让”，但根据《最高人民法院关于适用〈中华人民共和国担保法〉若干问题的解释》第八十三条第一款“最高额抵押权所担保的不特定债权，在特定后，债权已届清偿期的，最高额抵押权人可以根据普通抵押权的规定行使其抵押权”的规定及《物权法》第二百零四条“最高额抵押担保的债权确定前，部分债权转让的，最高额抵押权不得转让，但当事人另有约定的除外”的规定，在最高额抵押中，一旦主债权特定后，债权人可以像在普通抵押中转让主债权一样转让最高额抵押中的主债权。

本案中，最高额抵押合同所担保主债权的期限自2014年10月16日至2015年10月16日，现该期间已届满，抵押权人的债权已确定，根据上述相关规定，第三人莱乙银行新丙支行将1480万元的债权及附属权利转让给原告的行为合法有效，原告新寅市伟巳商贸公司取得1480万元的债权及其他附属权利。

法院判决被告韩甲经贸公司于判决生效之日起10日内偿还原告新寅市伟巳商贸公司债权转让本金，并支付经济损失。被告王某霞、徐某明、弓某静、卯东昊乙车辆公司、卯东东丁能源公司、卯东宝戊能源公司对上述第一项承担连带清偿责任。

案件评述

一、本案的焦点是最高额抵押能否转让的问题

本案中，根据合同的约定，最高额抵押合同所担保主债权的期限自2014年10月16日至2015年10月16日，至原告起诉时期间已届满，抵押权人的债权已确定。《民法典》第四百二十一条沿袭《物权法》第二百零四条规定："最高额抵押担保的债权确定前，部分债权转让的，最高额抵押权不得转让，但当事人另有约定的除外。"根据上述相关规定，2016年4月27日，第三人莱乙银行新丙支行将1480万元的债权及附属权利转让给原告的行为合法有效。

二、最高额抵押权能否随之转让

因在主债权确定后，最高额抵押权变为普通抵押权，根据一般抵押权的从属性，自是随主债权的转让一并转让，故关于最高额抵押权能否随主债权一并转让这一问题，其前提是"最高额抵押担保的债权确定前"。对于这个问题，学界争论由来已久，而各国立法对此也规定不一。

《德国民法典》明确规定，最高额抵押权所担保的债权可以单独进行转让，但在转让时，最高额抵押权并不随着债权的转让而转让。即禁止最高额抵押权的转让。而日本民法则对此持肯定态度，并且详细规定了转让的情形及法律效果。从《民法典》第四百二十一条的规定看，对于最高额抵押权的转让，我国法律通常持否定态度，但又在"但书"部分尊重了当事人的意思自治。

对此，应当从最高额抵押权的从属性来分析。对于一般抵押权而言，其是从属性权利，当主债权转让时，其应当一并转让。最高额抵押权同样具有从属性，但应当注意，最高额抵押权从属的是主合同约定的债权，这是一个处于变动中的不确定的抽象债权；其所从属的并非在最高额抵押存续期间所产生的某个具体债权。故最高额抵押权并不随部分债权的转让而转让。这也是《民法典》第四百二十一条禁止最高额抵押权转让的原因。

但基于最高额抵押本身即当事人合意的结果，故我国《民法典》并未像《德国民法典》一样，绝对禁止最高额抵押权转让，而是通过当事人的意思自治对最高额抵押权的转让作了开放性的规定：在主债权确定之前，部分债权转让的，最高额抵押权不可随之转让，转让出去的部分债权独立成为普通债权，并不享有优先受偿的权利，但当事人在转让时约定最高额抵押权可以随之全部或部分转让的除外。

三、最高额抵押权转让的学术争议

在《民法典》编纂过程中，有学者指出，最高额抵押权的转让，须在其所担保的债权额确定后，才能随同其所担保的债权一并转让。如果于抵押权所担保的债权额确定前转让抵押权，非将该最高额抵押权的基础法律关系一并转让不可，否则不得为之，此种转让除有最高额抵押权人与受让人外，还应有债务人的参加，亦即须以三方契约为之始可。有的学者还进一步指出，最高额抵押所发生的各个债权，得以抵押权分离，单独依债权让与的方法转让。此时其债权脱离抵押关系而成为普通债权。

有的学者根据《担保法》第六十一条关于最高额抵押的主合同债权不得转让的规定，认为依此规定，抵押权不能与担保的债权分离而单独转让，只能随担保的债权一并转让，而法律又规定最高额抵押的主合同债权不得转让。这样一来，主合同债权不得转让，最高额抵押权也就不能转让。有的学者对此提出了异议，认为对《担保法》第六十一条的规定应当作狭义解释，其立法旨在保持最高额抵押权的完整性和概括性，禁止因主合同债权的分割转让而带来的最高额抵押权的分割，但并不是说最高额抵押权不得与其基础合同同时转让，更不是说限制债权额确定前，其具体债权与抵押权相分离而单独转让。

《担保法》没有对最高额抵押权的转让作出规定。但有人认为《担保法》第六十一条的规定不完全合理。因为按照民法的意思自治原则，合同债权的转让与否，应完全取决于当事人的自由意思，而没有理由加以限制。所以，对于最高额抵押权所担保的主合同债权，应当允许当事人自由转让。

第四百二十二条　【最高额抵押合同条款变更】 最高额抵押担保的债权确定前，抵押权人与抵押人可以通过协议变更债权确定的期间、债权范围以及最高债权额。但是，变更的内容不得对其他抵押权人产生不利影响。

【条文疏义】

本条沿袭了《物权法》第二百零五条的规定。

一、最高额抵押的变更

最高额抵押合同成立后，当事人可以对最高限额合意增加或减少。当然如被担保的债权已经确定，自不存在最高限额的变动问题。最高额抵押担保的债权确定前，抵押人和抵押权人协议变更最高限额，应当取得后顺位的抵押权人或其他利害关系人的同意。因为当事人变更抵押担保的最高限额，对其他就抵押物享有权益的人有相当大的影响，若不限制抵押人和债权人协议变更最高限额，对后顺位的抵押权人或其他担保权人不公正。

我国仅仅规定了最高额抵押合同变更后的内容不得对其他抵押权人产生不利影响。也就是说，只要对其他抵押权人不会产生不利影响，则不用像日本民法那样须征得同意，这有其合理性。但是，如果对其他抵押权人产生不利影响，则后果怎么样，法律并无明确作出规定。这应为一个缺憾。

二、最高额抵押变更的前提

1. 最高额抵押之变更的登记手续

最高额抵押之最高限额的变更，也应当办理相应的登记手续。从物权变动的角度，物权作为对世权，出于其强大的排他效力，对其得丧变更本应进行相应的公示，应当说其作为物权，自得丧变更均需公示，无疑是其物权对世效力的基础。

2. 最高额抵押之变更应取得当事人同意

根据《民法典》物权编第四百二十二条的规定，最高额抵押权的变更应征得其他物权人的同意，未经同意不得对其产生不利影响。

在抵押权顺位采用顺位升进主义的前提下，如限额减少，最高限额的变更已经取得了抵押人的同意，并办理了相应的登记手续，则无论是否已经取得了其他物权人尤其是后顺位抵押权人的同意，该变更均对后顺位抵押权人有效；如限额增加，若未取得全体后顺位抵押权人的同意则增加的限额应该在优先受偿的最后顺位。

三、最高额抵押债权确定期间的变更

确定最高额抵押确定期间的变更是指被担保债权发生的法律基础关系的终止日期的确定。债权确定期间变更包括两种情况，一种是债权确定期间延长，另一种是债权确定期间缩短。

1. 最高额抵押债权确定期间的延长

根据契约自由原则，当事人在最高额抵押担保的债权确定前，对最高额抵押合同被担保债权范围、确定期间进行变更，以适应客观情势的变化，只要不损害其他抵押权人的利益，无疑应当允许。

在采用顺位升进主义的前提下，先顺位抵押权债权期限延长导致后顺位抵押权先行到期，自必然会对后顺位抵押权产生不利影响。此时，应先征得受影响的后顺位抵押权人的同意。但是最高额抵押权与普通抵押权有所不同，即最高额抵押权的后顺位抵押权人对最高限额已经有了预期。因此，在其与债务人签订债权合同时就必然把最高限额作为一个最重要的参考因素，这一点在利率水平上也会有所体现。

2. 最高额抵押债权确定期间的缩短

债权确定期间缩短，则在其他条件不变的情况下，最高额抵押权将来可能担保的债权数量会减少，所以其变更看似并不会对抵押人带来不利影响。但如前述，缩减型的担保债权范围减少，受制于债权形式主义物权变动模式的影响，即使对抵押人无不利影响，也需要先征得抵押人的同意。但是由于债权确定期间的缩短不会对后顺位抵押权人产生不利影响，因此，不需要征得后顺位抵押权人的同意。

四、最高额抵押范围的变更

被担保债权的范围是由债权发生的基础关系类型决定的，所以范围的变更实际上意味着基础法律关系的变更。这种变更可以表现为以下几种：

1. 追加型

在所担保的债权总额达到最高额之前，在假设原担保债权数额不变的情况下，每增加一种新的债权，就会对抵押人产生不利的影响，因此，在追加型的债权范围变更的情况下，应首先征得抵押人的同意。

2. 缩减型

缩减型的债权范围变更应该在变更之前征得抵押人的同意。同时，在征得抵押人同意之后，仍需要办理变更登记，若不办理登记，对于不动产最高额抵押权仍不产生物权变动的效果，对于特殊动产最高额抵押权仍不产生对抗第三人的效果。

3. 取代型

在取代型变更的情形下，看似“一换一”的交换中并不改变基础关系的数量，但取代型的债权范围变更仍属于最高额抵押权变更，需要根据相应的物权变动模式进行登记，取代型债权范围的变更仍然需要征得抵押人的同意。另外，如上所述，由于最高限额未变，不会对其他物权人产生不利影响，因此不需要征得其他物权人尤其是后顺位抵押权人的同意。①

综上，追加型、缩减型、取代型债权范围的变更都属于最高额抵押所担保的债权范围，即属于基础关系的变更，自属于最高额抵押权的变更。

五、最高额抵押从属性对变更的影响

影响担保物权变更的因素主要是所从属的基础债权的变更。最高额抵押权的变更，其从属性范围决定了某一特定事实的变更是否构成最高额抵押权的变更。最高额抵押权从属于将来可能的债权，其债权范围、最高限

---

① 李云鹤：《最高额抵押权变更探析》，载《怀化学院学报》2019 年第 2 期。

额、债权确定期间的变更都可构成最高额抵押权的变更。[①]

【典型案例】

最高额抵押担保的债权确定前最高债权额究竟应如何变更[②]

——最高额抵押权有条件的变更

基本案情

2013年2月7日，原告中国交通银行（以下简称交行）马寅山分行与被告友甲大酒店签订一份《最高额抵押合同》，约定友甲大酒店就中乙股份公司与交行马寅山分行在2013年2月7日至2016年2月7日签订的全部主合同提供最高额抵押担保，担保最高债权额为2500万元，抵押物为友甲大酒店位于安卯省当辰县工业园的国有土地使用权，抵押担保范围为各主合同项下债权本金及利息、复利、罚息、违约金、诉讼费（或仲裁费）、保全费、公告费、执行费、律师费等费用。当日，双方办理了国有土地使用权抵押登记，设立抵押价值为2500万元。

2014年3月19日，友甲大酒店与交行马寅山分行经协商，就2013年2月7日的合同重新签订一份《最高额抵押合同》，将担保期限调整为自2014年3月19日起至2015年9月19日止，担保数额变更为1600万元，但双方并未办理抵押物变更登记。该合同抵押物清单记载，抵押物仍为友甲大酒店位于安卯省当辰县工业园的国有土地使用权。在实现最高额抵押时，当事人双方对变更后的合同内容产生分歧。

原告认为双方虽然签订了新的《最高额抵押合同》，担保数额变更为1600万元，但该变更后的《最高额抵押合同》未办理抵押物变更登记，故对已设立的抵押权不产生变动的法律后果，故担保最高债权额仍为2500万元。

---

① 李云鹤：《最高额抵押权变更探析》，载《怀化学院学报》2019年第2期。

② 参见交行马寅山分行与友甲大酒店等借款合同纠纷案，安徽省高级人民法院，（2016）皖民终584号。

法院审理

法院经审理认为，2014 年 3 月 19 日签订的《最高额抵押合同》是对 2013 年 2 月 7 日签订的《最高额抵押合同》的变更，而非重新设立最高额抵押权。该两份合同不仅主体相同，法律关系一致，而且所涉抵押物及相关他项权证具有同一性。

同时，2014 年 3 月 19 日的合同相较 2013 年 2 月 7 日的合同，在担保期间上有所缩减，担保数额上有所减少。《物权法》第二百零五条规定："最高额抵押担保的债权确定前，抵押权人与抵押人可以通过协议变更债权确定的期间、债权范围以及最高债权额，但变更的内容不得对其他抵押权人产生不利影响。"可见，在此种情形下抵押权是否需要办理变更登记，法律未作出强制性要求。

本案中，双方将最高额债权确定期间由 2013 年 2 月 7 日至 2016 年 2 月 7 日调整为 2014 年 3 月 19 日至 2015 年 9 月 19 日，最高债权额由 2500 万元降低为 1600 万元，该变更显然无碍其他抵押权人的权益，当属合法有效，对双方当事人均具有法律约束力。原告交行马寅山分行在 1600 万元范围内对友甲大酒店的抵押物使用权享有优先受偿权。

案件评述

一、本案的关键在于变更后的《最高额抵押合同》是否生效

由于变更后的 2014 年 3 月 19 日签订的《最高额抵押合同》与 2013 年 2 月 7 日签订的《最高额抵押合同》主体相同，法律关系一致，所涉抵押物及相关他项权证具有同一性，只是在担保期间和担保数额上有所不同，在此种情形下抵押权是否需要办理变更登记，法律未作出强制性要求。《民法典》物权编第四百二十二条所沿袭的《物权法》第二百零五条规定："最高额抵押担保的债权确定前，抵押权人与抵押人可以通过协议变更债权确定的期间、债权范围以及最高债权额，但变更的内容不得对其他抵押权人产生不利影响。"因此变更后的《最高额抵押合同》不违反法律强制

性规定，是合法有效的。

二、最高额抵押合同约款之变更的主要内容

当事人设立最高额抵押合同后，可否变更合同的约款，在理论上有不同的看法。既然最高额抵押合同是当事人双方意思表示一致的结果，则自无限制当事人变更合同约款之理。所以，德、日民法关于最高额抵押合同约款可以变更的规定，有合理和可借鉴之处。最高额抵押合同约款的变更主要包括：

1. 最高额抵押之高额的变更

最高额抵押合同成立后，合同中约定的最高额可依当事人的合意增加或减少。《日本民法典》第398条之5规定："最高额之变更非经有利害关系人之承诺，不得为之。"有学者指出，最高限额的变更，非经登记不生效力；增加最高限额时，不得以其增加部分对抗变更登记前已成立的后顺序抵押权利人。这种观点是正确的，有利于保护第三人的利益。由于最高额直接影响当事人及利害关系人的利益，故不允许当事人一方单独加以变更，但最高额抵押权人放弃权利的除外。

2. 最高额抵押所担保债权的变更

债权的变更就是最高额抵押权所担保的债权范围的变化，主要是指担保债权的更换。对此，各国规定不尽相同。依《德国民法典》的规定，设定抵押权的债权得以其他债权代替之，最高额抵押的债权，经土地所有人和债权人的一致同意并为登记也得为更换，不仅各个债权得以其他债权更换，而且也得将整个债权范围更换。

《日本民法典》第389条之4规定："在原本确定前，得将最高额抵押权所担保的债权范围加以变更，无须取得后顺序的抵押权人或其他第三人的承诺。但原本确定前未登记时，视为未变更。"

我国有学者根据《担保法》第六十一条关于最高额抵押的主合同债权不得转让的规定，认为设定最高额抵押权的债权不能以其他债权代替。这种理解是正确的。但也有人认为，《担保法》第六十一条的规定未必合理，因而按此理解最高额抵押权所担保的债权的变更也就未必合适。有学者认为，在不改变最高额抵押权存在基础的前提下，应当允许当事人变更债权，以满足当事人的利益需要。《民法典》物权编沿袭了《物权法》的规定，再次明确了债权范围可在不损害其他抵押权人利益的情况下予以变更。

3. 最高额抵押决算期的变更

对于最高额抵押合同中约定的决算期，当事人也可以变更，既可以延长决算期，也可以缩短决算期。且此项变更无须征得第三人的同意。但决算期已经登记的，在变更时亦应为变更登记，否则不得对抗第三人。

第四百二十三条　【最高额抵押所担保债权的确定事由】有下列情形之一的，抵押权人的债权确定：

（一）约定的债权确定期间届满；

（二）没有约定债权确定期间或者约定不明确，抵押权人或者抵押人自最高额抵押权设立之日起满二年后请求确定债权；

（三）新的债权不可能发生；

（四）抵押权人知道或者应当知道抵押财产被查封、扣押；

（五）债务人、抵押人被宣告破产或者解散；

（六）法律规定债权确定的其他情形。

【条文疏义】

本条在《物权法》第二百零六条第四项的基础上增加了“抵押权人知道或者应当知道”的表述，并将第五项“被撤销”修改为“解散”。

一、最高额抵押权的确定

最高额抵押权的确定，实际上是指最高额抵押权所担保的债权的确定，具体来说，是指最高额抵押权所担保的一定范围内的不特定债权，因特定事由的发生，而归于具体特定的事实。

最高额抵押权系为将来债权而设定的，其所担保的债权具有变动性。因此，最高额抵押权的实现除具备债权已届清偿期外，还须具备抵押权所担保的债权额确定的条件。确定最高额抵押权所担保的债权额，不仅决定着抵押权人得优先受偿的价值额，而且直接影响着利害关系人的权益。通过最高额抵押权所担保债权的确定制度，再辅之以减额请求权制度、消灭请求权制度，可以防止最高额抵押权人独占抵押物价值的弊端。

在行使最高额抵押权时，其所担保的相对特定的债权应当特定。最高额抵押权确定后，其所担保的债权，以被担保债权确定时存在的、不超过最高限额的特定债权为限，抵押权人可以依照普通抵押权来行使其权利。

二、最高额债权确定时当事人之确定请求

在最高额抵押合同中，如果没有约定决算期，则最高额抵押权就会无限期地延长，最高额范围内的抵押物担保价值就会一直处于被剥夺状态，这对抵押物的所有人甚为不利。因此，法律赋予抵押物所有人有请求确定最高额抵押权担保债权的权利。我国《民法典》也明确了抵押人可行使请求权，但必须自最高额设定时经过2年。对此，《日本民法典》第398条之19规定："最高额抵押设定人，自最高额抵押权设定时经过3年时，得请求应担保的原本的确定。但已定有应担保的原本的确定期日时，不在此限；有前项的请求时，应担保的原本，自其请求时起，因经过两星期而确定。"法律规定的确定请求制度是为保护抵押物所有人的利益而设的，故不允许当事人之间以任何特别约定排除之。即使当事人有排除确定请求权行使的特别约定，亦为无效，不影响确定请求权的存在。

抵押物所有人行使确定请求权仅需要作出意思表示即可，无须采取书面形式。但行使确定请求权须具备三个条件：

1. 行使请求权的人应为抵押物的所有人

如果抵押物为多数人共有，日本有学者认为须由全体共有人共同行使确定请求权，也有学者主张得由共有人中之一人单独行使确定请求权。应当认为，确定请求权并不涉及抵押物的处分，而仅是一种保存行为，故需要由共有人中之一人单独行使。抵押物所有人的债权人能否代位行使确定请求权，日本学者间亦有不同看法。可以认为，应当允许抵押物所有人的债权人代位行使确定请求权。因为如果抵押物所有人不行使确定请求权，则被担保的债权可能继续增加，相应地，抵押物的价值就会减少，抵押物所有人的一般财产也就会因此而减少。故债权人为保全自己的债权，自可代位行使确定请求权。

2. 最高额抵押合同没有约定决算期

合同约定了决算期的，只能依决算期确定抵押最高额。但在特殊情况下，即使抵押合同约定了决算期，若债务人的资产状况显著恶化，日本多数学者认为，抵押物所有人亦可依情势变更原则来行使确定请求权。

3. 最高额抵押合同设定后满一定期间

对此，《日本民法典》规定为 3 年。之所以规定这种期限的限制，主要目的在于协调利害关系人之间的利益关系。即使最高额抵押权设定后未满 3 年，日本多数学者认为，如遇有显著的情势变更时，抵押物所有人亦得行使确定请求权。确定请求权行使后，根据《日本民法典》的规定，须经过两个星期才能产生确定的效力，并非确定请求权一经行使即发生确定的效力。也就是说，在确定请求权行使后两个星期内所发生的债权，仍受最高额抵押权担保，两个星期之后所发生的债权，则非最高额抵押权效力所及。规定犹豫期间之目的在于使抵押权人对于最高额抵押权的确定有充分的行使时间。

三、债权确定之决算期届至

决算期是最高额抵押合同的一个重要内容，是确定最高额抵押权所担保的债权实际数额的时间。如果最高额抵押合同中约定了决算期，则决算期届至时，最高额抵押权所担保的债权额即自行确定。

最高额抵押权之所以设有决算期制度，除为满足确定最高额抵押权的需要外，还具有排除抵押物所有人行使确定请求权的效力。按照《民法典》物权编第四百二十三条的相关规定，抵押物所有人于最高额抵押权设定2年后可以行使确定请求权。在此期间，抵押物所有人原则上须忍受最高额抵押权的存续。只有于最高额抵押权设定2年后，如抵押物所有人行使确定请求权，最高额抵押权才能确定。

在这种情况下，最高额抵押权人要时时顾虑抵押物所有人行使确定请求权，而使自己处于不利地位。为解决这一问题，法律上规定了决算期制度，使抵押物所有人不得行使确定请求权而使最高额抵押权所担保的债权于决算期届至前确定，从而最高额抵押权人的地位因有决算期的约定而较为安稳。

四、债权确定之债权发生的可能性消灭

如果最高额抵押权所担保的债权已没有发生的可能性，则构成最高额抵押权确定的原因。《日本民法典》第398条之20第1项规定："应担保的债权的范围变更、交易终止或因其他事由，应担保的原本确定不发生时，最高额抵押权应担保的债权确定。"最高额抵押权所担保的债权发生的可能性消灭的原因主要有三个：

1. 一定种类交易的终结

如果最高额抵押权所担保的债权系基于一定种类交易所发生的，则于该交易终结时，债权亦无发生的可能性，最高额抵押权即应确定。当事人之间的交易关系的终结，完全取决于双方的意思自治。所以，交易双方当事人合意终结交易关系，二者间的交易关系即为终结，第三人不得干涉。即使只有一方当事人有终结继续交易的意思表示，亦应认为交易关系的终结。

2. 继续性交易合同的终止

如果最高额抵押权所担保的债权系基于连续性交易合同所产生的债权，

则于该合同终止时，该债权已丧失发生的可能性，最高额抵押权即应确定。如果连续性交易合同已被解除的，亦发生同样的后果。

3. 最高额抵押权所担保的债权决定标准变更

最高额抵押权所担保的债权决定标准有所变更，而按变更后的标准，被担保的债权无再发生的可能性时，最高额抵押权即应确定。

【典型案例】

最高额抵押权人的债权何时得以确定[①]

——最高额抵押权确认的条件

基本案情

2015年3月13日，原告中国甲辰银行日寅铁路支行与被告日寅实乙贸易有限公司签订两份《借款合同》，两份合同借款金额分别为500万元、395万元；借款期限为12个月，即自2015年3月13日起至2016年3月13日止，结息日固定为每月的20日；被告日寅实乙贸易有限公司应在结息日向原告支付到期利息。被告日寅实乙贸易有限公司违约情形及违约责任为："（一）违反本合同任一约定或违反任何法定义务可能危及债权的情形……；出现合同约定的任一违约情形，原告可宣布贷款立即到期，要求被告日寅实乙贸易有限公司立即归还合同项下所有到期及未到期债务的本金、利息、费用。"

同日，原告与被告日寅万丙贸易有限公司签订《最高额保证合同》，同时与被告刘某明、杨某科、李某文、陈某恒分别签订三份《本金最高额保证合同》。合同约定："鉴于被告日寅实乙贸易有限公司连续办理发放人民币、外币贷款授信业务而将要与债务人在2015年3月13日至2018年3月13日签订人民币资金借款合同……，保证人愿意为债务人在主合同项下的一系列债务提供最高额保证；保证方式为连带责任保证。"

---

① 参见中国甲辰银行日寅铁路支行与日寅实乙贸易有限公司、日寅万丙贸易有限公司、刘某明、陈某恒等借款合同纠纷案，日照市东港区人民法院，（2015）东商初字第1333号。

原告诉称，合同签订后，原告按时履行了付款义务，但被告日寅实乙贸易有限公司未按约定还息，被告日寅实乙贸易有限公司的行为已经严重违约，威胁到原告的债权安全，根据法律规定，以及原、被告各方签订的贷款合同、担保合同的约定，原告有权提前收回贷款本金及利息，并且被告的保证人应当承担相应保证责任。

法院审理

法院经审理认为，合同签订后，原告按约向被告日寅实乙贸易有限公司发放合同约定的贷款，适当履行了合同义务，被告日寅实乙贸易有限公司亦应按约及时足额履行利息归还义务，然其未归还到期利息，显属违约，按照借款合同约定，原告提前收回贷款的条件成就。故原告有权提前要求被告日寅实乙贸易有限公司归还原告借款本金及利息。

按照涉案《最高额保证合同》及《本金最高额保证合同》的约定，对于主债务提前到期的，原告有权要求保证人履行保证责任。依照《物权法》第二百零六条“有下列情形之一的，抵押权人的债权确定：……（三）新的债权不可能发生……”之规定，现原告于2015年8月3日主张提前收回贷款，双方之间不可能发生新的债权，由此最高额抵押担保债权确定。被告日寅万丙贸易有限公司应对借款本息承担连带清偿责任。

法院判决被告日寅实乙贸易有限公司于判决生效之日起5日内归还原告中国甲辰银行日寅铁路支行借款本金及利息。被告日寅万丙贸易有限公司、刘某明、陈某恒、杨某科、李某文对被告日寅实乙贸易有限公司第一项付款义务承担连带清偿责任。

案件评述

一、本案涉及最高额抵押权人的债权何时得以确定的问题

《民法典》第四百二十三条沿袭的《物权法》第二百零六条规定了“有下列情形之一的，抵押权人的债权确定：……（三）新的债权不可能发生……”本案中，原告按约向被告发放了贷款，履行了合同义务，而被告未按约定还息，其行为已经对双方合同内容构成严重违约。因此原告于2015年8月3日主张提前收回贷款的行为可以认定为双方之间不可能发生新的债权，由此最高额抵押担保债权确定。

二、债权确定之抵押物的查封、扣押

抵押物被查封、扣押作为最高额抵押债权确定的事实之一，是为了保护保全申请人的利益，如果此时债权不确定，抵押人和抵押权人可能会恶意串通，损害保全申请人的利益，因此，将其作为债权确定的事由具有一定的合理性。

但是，在《民法典》颁布以前，抵押物被查封、扣押作为债权确定的情形，其并没有明确规定债权确定的时间点。根据《最高人民法院关于适用〈中华人民共和国担保法〉若干问题的解释》第八十一条的规定，查封、扣押行为发生时，抵押债权的时间点被确定。《最高人民法院关于人民法院民事执行中查封、扣押、冻结财产的规定》第二十七条规定，人民法院在查封、扣押最高额抵押物时应通知抵押权人，最高额抵押的债权在抵押权人收到人民法院通知时或者未收到通知但有证据证明其知道查封、扣押事实时起确定。①

《民法典》第四百二十三条将《物权法》第二百零六条第四项“抵押财产被查封、扣押”修改为“抵押权人知道或者应当知道抵押财产被查封、扣押”，无疑化解了有关纷争。

三、继续完善我国的最高额抵押制度

最高额抵押制度是市场经济发展出来的一种特殊抵押制度，其重要性随之使用的日益频繁而彰显，故其制度的不足之处也随之而来。各国对最高额抵押制度的规定不尽相同，其发展程度也因经济发展、文化差异、交易习惯等原因有发达落后之分。

---

① 韩煦：《最高额抵押债券确定时间点的判定——以抵押物被查封、扣押为基点》，载《上海商学院学报》2018年第4期。

由于历史原因，我国经济经历了一段缓慢发展甚至停滞的时期，市场经济的缓慢发展，使得最高额抵押制度在我国市场交易中也相对滞后。当时涉及抵押制度的《担保法》《物权法》《最高人民法院关于适用〈中华人民共和国担保法〉若干问题的解释》对最高额抵押制度也鲜有规定，其规定的简单导致可操作性不强，使得最高额抵押在市场融资、经济交易中面临诸多问题和挑战。

因此，面对最高额抵押制度在促进交易发生、繁荣市场经济方面具有重要的作用，对这一制度的研究也就有了相当现实的意义与紧迫性。[①]

第四百二十四条　【最高额抵押的法律适用】最高额抵押权除适用本节规定外，适用本章第一节的有关规定。

【条文疏义】

本条沿袭了《物权法》第二百零七条的规定。

一、最高额抵押权的法律适用

最高额抵押不同于一般抵押，应当对其适用作出特别的规定。有关最高额抵押权的法律适用，应当坚持特别法优于普通法的原则，本节有规定的，适用本节的规定，本节未作出规定的，适用一般抵押权的规定。

二、民法根据其适用范围的不同可分为特别法和普通法

1. 英国法中所称的“普通法”（commonlaw）中文翻译并不达意

我国属于大陆法系，一般需要注意大陆法系的“外国法”和英美法系对此的称呼、用词是有差异的。我国法学界一般意义上将“英美法系”，亦即“海洋法系”称为“普通法系”。

其实从英文本义看，更好的意译应当是“共同法”，通俗来说，意思是“大家都认可的法律”。中世纪欧洲大陆也有所谓“普通法”的说法

---

① 高浩景：《最高额抵押制度研究》，江西财经大学 2019 年硕士学位论文。

(juscommune)，其是指罗马法。在这个意义上我们所说的“普通法”，其准确意思大致是“一般的法律”。

2. “共同法”意义上的普通法是相对于“特别法”而言

在“大家都认可的法律”这一意义上的“共同法”语境下，所谓“普通法”适用于一般情况，而“特别法”适用于特定情况。这就是我们今天所谓“特别法优于一般法”的含义。这里，一般法（一般规定）是指在时间、空间、对象以及立法事项上作出的一般性规定的法律规范；而特别法（特别规定）则是指适用于特定时间、特定空间、特定主体（或对象）、特定事项（或行为）的法律规范。“特别法优于一般法”规则不仅适用于同位法之间，而且也适用于不同位阶的法律规范之间，但其适用条件则有不同的要求。

故而其是指具体事项，有特别法规定时应适用特别法，而不适用普通法，只有无特别规定时才适用普通法。就本条规范而言，其含义就是，这里“抵押”被看成了“一般法”性质的法律规范；而“最高额抵押”则被看成了“特别法”的规定。自然，本节对最高额抵押有规定的，适用本节的有关规定，本节未作出规定的，只能适用一般抵押权的一般规定。

三、在法律规范系统中法是有其位阶的

法的位阶是指由立法体制决定的，不同国家机关制定的规范性法律文件在法律渊源体系中所处的效力位置和等级，体现为上位法和下位法的关系。上位法，是指相对于其他规范性法律文件，在法的位阶中处于更高效力位置和等级的那些规范性法律文件。下位法，是指相对于其他规范性法律文件，在法的位阶中处于更低效力位置和等级的那些规范性法律文件。同位法，是指在法的位阶中处于同一效力位置和等级的那些规范性法律文件。

下位法不得与上位法的规定相抵触；同位法之间具有同等效力，在各自的权限范围内施行。

【典型案例】

第三人代债务人清偿主债务最高额抵押权是否有限制[①]

——抵押权相关规定对最高额抵押权的适用

基本案情

2013年2月5日，谷某与招商银行寅地分行签订《个人授信协议》，招商银行寅地分行同意向谷某提供总额为400万元整的授信额度。同日，谷某、成某与招商银行寅地分行签订了《个人授信最高额抵押合同》，约定以谷某、成某自有的位于寅地市某处房产为上述借款向招商银行寅地分行提供抵押担保。同日，谷某与招商银行寅地分行根据《个人授信协议》签订了《个人贷款借款合同》，贷款金额为400万元，贷款期限为12个月。

2013年2月18日，招商银行寅地分行按照约定向谷某发放贷款400万元。直至2014年1月谷某均能按约支付贷款利息。贷款到期后，谷某未能一次性还本付息。系争房屋登记的权利人为谷某。2013年2月，系争房屋上登记设定最高债权限额400万元的抵押，抵押权人为招商银行寅地分行，债权期限自2013年2月5日起至2023年2月5日止。

2016年3月17日，叶某、秦某与谷某签署《寅地市房地产买卖合同》，约定谷某（甲方）将系争房屋转让给叶某、秦某（乙方），转让价款为500万元。被上诉人（原审原告叶某、秦某）愿以代谷某偿还400万元债务的形式涤除抵押权，如果将来另案确定的谷某债务低于400万元，则由他们（叶某、秦某）自行向招商银行寅地分行追回。原审被告谷某承认借款本金为3873276.06元，并且认为按谷某与招商银行寅地分行之间的正常借贷利率，本息合计业已超过400万元。由此同意由叶某、秦某代为清偿本金和正常利息，但不同意叶某、秦某代为清偿逾期利息及违约金等费

① 参见招商银行寅地分行诉叶某房屋买卖合同纠纷案，上海市第一中级人民法院，（2017）沪01民终976号。

用。原审第三人招商银行寅地分行认为，如叶某、秦某代谷某清偿债务，以消灭抵押权的，应理解为清偿全部债务。

法院审理

一审法院经审理认为，最高额抵押权，是指为担保债务的履行，债务人或招商银行寅地分行对一定期间内将要连续发生的债权提供担保财产，债务人不履行到期债务或者发生当事人约定的实现抵押权的情形，抵押权人在最高限额内就该担保财产优先受偿。《最高人民法院关于适用〈中华人民共和国担保法〉若干问题的解释》第八十三条也规定，抵押权人实现最高额抵押权时，如果实际发生的债权余额高于最高限额的，以最高限额为限，超过部分不具有优先受偿的效力；如果实际发生的债权余额低于最高限额的，以实际发生的债权余额为限对抵押物优先受偿。

本案《个人授信协议》和《个人授信最高额抵押合同》项下仅发生一笔贷款，该笔贷款于2014年2月28日到期，抵押权所担保的债权已经特定，即使法院最终判决认定债权余额超过400万元，招商银行寅地分行也仅在400万元限度内有优先受偿的权利，超过部分为一般债权，对此招商银行寅地分行并无异议。

二审法院经审理认为，《物权法》第二百零七条规定，最高额抵押权除适用本节规定外，适用本章第一节一般抵押权的规定。因此，《物权法》第一百九十一条第二款的规定可以适用于最高额抵押权。该款规定，抵押期间，抵押人未经抵押权人同意，不得转让抵押财产，但受让人代为清偿债务消灭抵押权的除外。根据上述规定，涤除权是受让人的法定权利，其行使并不需要以抵押权人同意为要件。法律允许受让人代为清偿债务消灭抵押权的目的是平衡抵押权人和买受人之间的利益，抵押权人在最高额限度内享有优先受偿权的情况下，要求买受人清偿包括超出最高限度的全部债权，显然不符合立法本意。因此招商银行寅地分行要求叶某、秦某代为清偿全部债务后方同意注销抵押，并无法律依据。

综上，叶某、秦某愿意代谷某向招商银行寅地分行清偿400万元以消灭抵押权，买卖合同继续履行已不存在障碍。

案件评述

一、本案涉及涤除权在最高额抵押中的法律适用

《民法典》第四百二十条至第四百二十三条沿袭《物权法》第二百零三条至第二百零六条规定了最高额抵押的特殊规则，对于上述几条未作规定的事项，应当适用一般抵押权的规定。因此，《物权法》第一百九十一条第二款的规定可以适用于最高额抵押权。该款规定，抵押期间，抵押人未经抵押权人同意，不得转让抵押财产，但受让人代为清偿债务消灭抵押权的除外。《民法典》第四百零六条第二款修改了《物权法》第一百九十一条第二款的规定，采纳了从宽的规则。第一，抵押期间，抵押人只要及时通知抵押权人，可以转让抵押财产。第二，如果当事人另有约定，自可依约定。第三，抵押期间，抵押人将抵押财产转让的，抵押权不受影响，抵押权负担会随所有权的转让而转让。受让人在取得所有权的同时，也承受抵押人的义务，受抵押权的约束。第四，抵押权人能够证明抵押财产转让可能损害扣押权的，可以请求抵押人将转让所得的价款提前清偿债务或者提存。

根据上述规定，涤除权是受让人的法定权利，其行使并不需要以抵押权人同意为要件。法律允许受让人代为清偿债务消灭抵押权的目的是平衡抵押权人和买受人之间的利益，抵押权人在最高额限度内享有优先受偿权的情况下，要求买受人清偿包括超出最高限度的全部债权，显然不符合立法本意。因此本案中，招商银行寅地分行（抵押权人）要求叶某、秦某（买受人）代为清偿全部债务后方同意注销抵押，并无法律依据。即在最高额抵押的案件中，适用关于一般抵押中涤除权的规定。

二、除有特殊规定外适用一般抵押的相关规定

最高额抵押为一种特殊的抵押形式，但它依然存在抵押的一般特征，因此法律对于其例外的形式加以规定，其余的情况均可适用一般抵押的相关规定。

事实上，最高额抵押依然是以抵押的形式设定担保物权，它具有抵押的一般特征：第一，涉及三方当事人，债权人、债务人、抵押人，债务人可以和抵押人为同一人。第二，抵押设定在特定的财产上，主要是不动产，也可为动产。第三，抵押物不移转占有。第四，抵押权人享有优先受偿权，但仅在最高额范围内享有。因此，最高额抵押权也属于抵押权，它具有担保物权性，是一种定限物权和担保物权，同样具有不可分性，即被担保的债权数额一旦确定，若债权未得到全部清偿，抵押权人有权对全部抵押物行使抵押权。抵押物的分割或者转让以及被担保债权的部分清偿、分割或者让与，不影响抵押权人对抵押物的全部行使。

在最高额抵押法律关系中，《民法典》沿袭了《物权法》对抵押物是否合法，抵押权的设定，抵押合同、抵押登记及抵押的效力，抵押权的实现，抵押物的保全等方面未作特别规定的，均适用一般抵押的规定。

三、“特别法优于一般法”是各国普遍确立的司法适用的原则

《立法法》第九十二条规定：“同一机关制定的法律、行政法规、地方性法规、自治条例和单行条例、规章，特别规定与一般规定不一致的，适用特别规定……”此条规定与各国确立的“特别法优于一般法”的原则有一定区别。

1. 我国学者的多种解释

一般认为，一般规定是适用于一般情况的法律规定，特别规定是法律对于特殊地区、特殊人员、特殊事项作出的专门规定。其认为特别法与一般法是根据所调整的空间范围、对象（或主体）范围以及事项范围来进行区分的，故而可以从法的空间效力、属人效力以及属事效力上加以区别。可见，这是根据特别法与一般法所适用的效力范围所进行的区分与判断，往往会因人们对法的效力范围的理解各不相同，从而产生理解上的差异。

2. 特别法与一般法的关系可能有的几种情形

（1）同一部门法中特别法与一般法的关系。即同一机关在法律、行政法规、地方性法规、自治条例和单行条例、规章中作出了一般情况下的规定，又在同一法律的其他条文（条款）作出了特别情况下的规定（特别法）。(2) 同一法主体制定的不同部门法的特别法。与一般法的关系，即同一机关针对一般情况与特别情况分别制定了法律、行政法规、地方性法规、自治条例和单行条例、规章。(3) 下位法执行上位法时的特别法与一般法的关系。这是不同立法主体（存在于上下位阶的立法主体之间）制定的特别法与一般法的关系，这种情况下，上位法是一般法，下位法是特别法，下位法是在不与上位法相抵触的情况下，对上位法作出的实施性的规定。

3. 下位法是对上位法内容的具体化，以增加上位法的可操作性

根据《宪法》第八十九条和《立法法》第六十五条的规定，国务院根据宪法和法律，制定行政法规，行政法规可以就"为执行法律的规定需要制定行政法规的事项"作出规定。《立法法》第七十三条规定，地方性法规可以就"为执行法律、行政法规的规定，需要根据本行政区域的实际情况作具体规定的事项"作出规定。《宪法》第九十条第二款、《国务院组织法》第十条、《立法法》第八十条规定，国务院各部、委员会、中国人民银行、审计署和具有行政管理职能的直属机构，可以根据法律和国务院的行政法规、决定、命令，在本部门的权限范围内，制定规章。部门规章可以就"应当属于执行法律或者国务院的行政法规、决定、命令的事项"作出规定。《立法法》第八十二条规定，省、自治区、直辖市和设区的市、自治州的人民政府可以就"为执行法律、行政法规、地方性法规的规定需要制定规章的事项"作出规定。从以上内容可以看出，当行政法规、地方性法规、地方政府规章作为下位法时，其权限或内容之一是对上位法内容的具体化，以增加上位法的可操作性。①

① 江全胜：《"特别法"与"一般法"之关系及适用问题探讨》，载《法律科学》2006年第6期。

第十八章 质 权

第一节 动产质权

第四百二十五条 【动产质权的概念】为担保债务的履行，债务人或者第三人将其动产出质给债权人占有的，债务人不履行到期债务或者发生当事人约定的实现质权的情形，债权人有权就该动产优先受偿。

前款规定的债务人或者第三人为出质人，债权人为质权人，交付的动产为质押财产。

【条文疏义】

本条沿袭了《物权法》第二百零八条的规定。

一、动产质押及其特征

质押可分为动产质押和权利质押两种。

质押就是债务人或第三人将其动产或者权利移交债权人占有，将该动产作为债权的担保，当债务人不履行债务时，债权人有权依法就该财产优先受偿。

《民法通则》仅规定了两种担保物权——抵押权和留置权，没有明文规定质权。但随着建设社会主义市场经济的发展，适应时代的要求，于1995年制定的《担保法》中规定了质权，包括动产质权和权利质权。

动产质押是指可移动并因此不损害其效用的物的质押；权利质押泛指

以可转让的权利为其质押标的物的质押。

二、动产质押的当事人及标的之法律特征

1. 动产质押法律关系有两方当事人

这两方当事人即出质人（债务人或第三人）和质权人（债权人）。出质人是指将其动产（质押财产）交付于质权人作为其债权保证的人。通常情况下，债务人以外的第三人亦可作为出质人。此时，第三人向质权人保证债务人履行债务。当然，这种保证是物的保证，出质物属于该第三人。

如果债务人为出质人，则债务人以自己的物作为其履行债务的担保。无论是债务人作为出质人还是债务人以外的第三人作为出质人，对债权人（质权人）而言，最终的法律效果是一样的：债权人在债务人到期不履行债务时，即可依质权变卖或拍卖出质物优先受偿，而不论该质押财产的所有人是谁，这也正是质权的法律效力所在。

2. 质押财产作为质押法律关系的标的物只能是动产

在质权中，其标的物只能是动产。动产是指可以移动并因此不损害其效用的物，但并非一切动产都可以成为民事法律关系的标的物。

对于那些法律、行政法规禁止流转的物，如毒品、枪支、弹药、金银等，不得作为质押的标的物。对于限制流通物，因随着社会、经济、文化、国防等发展的不同阶段而有不同的规定。因此，以限制流通的动产作为质押财产的，也应当以法律、法规为标准。值得注意的是，机器、交通运输工具等虽在性能上为动产，但在法律关系中一般视为不动产，适用抵押权的相关规定。

三、作为质押财产的动产所具有的法律特征

1. 质押财产必须具有交换价值

质押财产之所以能担保债权的实现，满足债权人的利益，就是因为质押财产具有交换价值，能够在市场中交换。在债务人不履行债务时，债权人即可拍卖或变卖质押财产而从所得价金中优先受偿。

2. 质押财产必须为特定物

质押的标的物应该特定，在某物未特定之前，权利人不能对其直接支配，也不能直接转移占有，所以其不能成为质押的标的物。

3. 质押财产必须具有可让与性

对于那些法律、行政法规规定不能自由流通的动产不能成为质押的标的物。

4. 质押财产须无权利瑕疵

质押财产的出质人应为债务人或第三人，且出质人须保证该动产不为其他第三人追夺，出质人不享有所有权的动产，不能作为质押财产。

四、出质人将其动产移交给质权人占有

出质人须以动产的占有移交于质权人质权方才成立。质权人占有质物应为实际的占有，即将该质物移交于质权人处。质押财产未被质权人实际控制和占有，质押关系不成立，质押合同对当事人不生效力。

五、债务人到期不履行债务会有法律后果

债权人实行质权的前提——债务人到期不履行债务，但如果在债务履行期到来前，质物有损坏或价值有明显减损的情况下，质权人要求债务人提供担保或采取适当方式行使质权的，为例外。

另外，债务人虽为履行但履行不完全时，债权人仍可以实行质权，其效力应及于质押财产的全部。这是由质权的不可分性所决定的。质权人只能以出质人提供的质押财产优先受偿，而不能以债务人的其他财产受偿。当质权人以变卖或拍卖的方式处分质押财产时，应事先通知出质人，并考虑出质人的意见。

在司法实践中，根据《最高人民法院关于适用〈中华人民共和国民法典〉有关担保制度的解释》第五十五条的相关规定，债权人、出质人与监管人订立三方协议，出质人以通过一定数量、品种等概括描述能够确定范围的货物为债务的履行提供担保，当事人有证据证明监管人系受债权人的委托监管并实际控制该货物的，人民法院应当认定质权于监管人实际控制货物之日起设立。监管人违反约定向出质人或者其他人放货、因保管不善导致货物毁损灭失，债权人请求监管人承担违约责任的，人民法院依法予以支持。在前款规定情形下，当事人有证据证明监管人系受出质人委托监管该货物，或者虽然受债权人委托但是未实际履行监管职责，导致货物仍由出质人实际控制的，人民法院应当认定质权未设立。债权人可以基于质押合同的约定请求出质人承担违约责任，但是不得超过质权有效设立时出质人应当承担的责任范围。监管人未履行监管职责，债权人请求监管人承担责任的，人民法院依法予以支持。

【典型案例】

质物交付合法不合约不影响质权设立[①]

——当事人意思自治权需在物权法定前提下行使

基本案情

2015年2月，商投集团与商投石化公司签订《借款协议》，约定商投集团向商投石化公司出借1.5亿元。佳施公司与商投集团签订《质押合同》，约定佳施公司以5万吨抽余油为上述借款提供质押担保。另外，佳施公司、商投集团、丽星公司、丽东公司签订《质物转移占有及保管合同》，约定：上述质物由丽星公司、丽东公司占有保管，佳施公司将质物的货权凭证交付给商投集团，并自交付之日起由商投集团实际占有质物。

商投石化公司到期未履行还款义务，商投集团经催收未果，遂向法院起诉，请求商投石化公司还本付息及支付滞纳金等，并确认商投集团对佳施公司提供质押的5万吨抽余油在上述债权范围内享有优先受偿权。

法院审理

一审法院经审理认为，质权自出质人交付质押财产时设立。《质物转

① 吴学文、刘婷婷：《质物交付合法不合约不影响质权设立》，载《中国商报》2020年4月23日。

移占有及保管合同》约定佳施公司将质物的货权凭证交付给商投集团，并自交付之日起由商投集团实际占有质物。商投集团仅举示了两份货权凭证的复印件，而佳施公司、丽星公司、丽东公司对该复印件的真实性不予确认，该证据不应采信。商投集团举示的证据不足以证明涉案动产质权已依法设立，其主张对涉案质物享有优先受偿权，法院不予支持。

一审判决商投石化公司偿还借款本金、利息、滞纳金，而对商投集团请求确认对涉案质物享有优先受偿权的请求不予支持。

商投集团不服一审判决，向最高人民法院提起上诉。

最高人民法院经审理认为，动产质押，质权自出质人交付质押财产时设立。出质人以间接占有的财产出质的，质押合同自书面通知送达占有人时视为移交。佳施公司以其间接占有的财产出质，质押合同自书面通知送达占有人丽星公司、丽东公司时视为移交。丽星公司、丽东公司作为《质物转移占有及保管合同》的当事人，在签订该合同时已明确知晓佳施公司为上述借款提供动产质押担保的事实，因此，指示交付已经完成，案涉动产质押权已设立。二审判决维持一审有关商投石化公司偿还借款本金、利息、滞纳金的判项，并改判商投集团对佳施公司质押的5万吨抽余油在上述债权范围内享有优先受偿权。

案件评述

一、当事人可否通过意思自治改变法律既定规则实践中一直有争议

1. 当事人意思自治权需在物权法定前提下行使

物权是一种对世权、绝对权，需要贯彻物权法定原则，使物权关系明确化。当然，之所以要求物权变动方式的法定，是因为物权之变动对于当事人和交易安全均有重大影响。诚然，物权变动方式法定会在一定程度上限制交易的自由性，影响到交易效率，但这也正是物权法定的优点所在。

物权法和合同法的价值取向不同，前者倾向于保护交易安全，后者倾向于鼓励交易效率。否定物权变动方式法定尽管满足了当事人的交易自由，但是会威胁交易安全，并使交易主体无所适从，最终将侵害交易效率。

物权法虽为强行法，但同时也是私法，故亦需贯彻意思自治的品质。在法定之外，仍存在意思自治的空间。

2. 物权法定包含物权变动方式的法定

《民法典》总则编第一百一十六条规定："物权的种类和内容，由法律规定。"从字面意思看，该条未规定物权变动方式的法定。但根据《民法典》物权编第二百零八条、第二百零九条等条文的规定，不动产物权的设立、变更、转让和消灭，应当依照法律规定登记。动产物权的设立和转让，应当依照法律规定交付。不动产物权的设立、变更、转让和消灭，经依法登记，发生效力；未经登记，不发生效力，但法律另有规定的除外。上述规定排除了物权变动方式可以由当事人自由约定的可能。

3.《民法典》物权编赋予了当事人在法定物权范围内自由处分物权的权利

权利人对其所有物是否设定物权、设定何种物权、是否变动物权关系等可依法自由处分。《民法典》作为私法，在法定之外，仍存在意思自治的空间。具体表现在：

其一，广义上的物权法赋予了当事人在法定物权范围内自由处分物权的权利。权利人对其所有物是否设定物权、设定何种物权、是否变动物权关系等可依法自由处分。

其二，广义上的物权法本身设有任意性规定，允许当事人以约定排除推定规则的适用，以尊重当事人的意思自治。例如，《民法典》物权编第三百二十条所沿袭的《物权法》第一百一十五条规定，主物转让的，从物随主物转让，但当事人另有约定的除外。又如，《民法典》物权编第三百八十条所沿袭的《物权法》第一百六十四条规定，土地承包经营权、建设用地使用权等转让的，地役权一并转让，但合同另有约定的除外。但就物权变动方式而言，《民法总则》及《物权法》等法律并未给当事人预留可自由约定的空间。因此，若当事人约定的物权变动方式与法律规定不一致，应以法定的变动方式作为判断物权是否设立的依据。

二、物权法定中的“法”包含司法解释

当事人的意思自治权需在物权法定前提下行使。根据《立法法》第一百零四条的规定，最高人民法院解释法律的权力源于全国人大的授权。《最高人民法院关于司法解释工作的规定》第五条亦明确，司法解释具有法律效力。因此，司法解释的效力位阶与其所解释的法律的效力位阶齐平，是物权法定的适用法源。将司法解释确定为物权法定的法源，可以弥补物权立法的不健全，修正绝对物权法定主义的僵化，解决现实生活中的实际问题。

三、案涉当事人以动产作为质押标的质权自交付时设立

本案中，当事人以动产作为质押标的，动产质权自交付时设立。又因质押物由第三人合法占有，根据《物权法》第二十六条的规定，交付方式应为指示交付。

关于指示交付的具体方式，《最高人民法院关于适用〈中华人民共和国担保法〉若干问题的解释》第八十八条规定：“出质人以间接占有的财产出质的，质押合同自书面通知送达占有人时视为移交……”虽然当事人约定交付货权凭证时，质权人占有质押物，但该约定违反了法律规定，因此不能作为质权是否设立的依据。但占有人在签订《质物转移占有及保管合同》时，即已知晓质押担保的事实，故二审据此认定指示交付已完成，质权已依法设立。

综上，本案当事人以指示交付方式完成质物交付，质权已依法设立。

第四百二十六条　【禁止出质的动产范围】法律、行政法规禁止转让的动产不得出质。

【条文疏义】

本条沿袭了《物权法》第二百零九条的规定。

一、禁止质押的动产不得转让

质权与抵押权的根本区别就是质权人占有质物，而抵押权人不占有抵押物。质押财产由出质人移交给质权人占有是质权成立的前提，并且质权以质权人取得质物的交换价值为实质内容，属于价值权。这就要求该财产必须是可以转让的。如果该财产属于法律、行政法规禁止转让的动产，双方订立的质押合同必然因违反法律、行政法规的强制性规定而无效，质权也就无从产生。

这里对规范性法律文件的位阶有限制，仅要求法律、行政法规禁止转让的动产不得出质。在私法领域，“法不禁止即自由”，也即是说，除此之外的其他规范性法律文件，如地方性法规、部门规章等禁止转让的动产可以出质。这一规定与合同编中“违反法律、行政法规的强制性规定的合同无效”的规定保持了一致。该条文是动产质押中标的物可转让性的体现。

二、负面明确究竟什么样的动产才可以成为动产质押的标的物

1. 具有交换价值能够流通的特定动产依法均可成为动产质押的标的

既然动产质押的标的物必为动产，但又不是所有的动产都能成为质押的标的物，那么，《担保法》第三十四条对设定抵押的动产范围进行了限制，要求必须是抵押人所有的机器、交通运输工具和其他财产以及抵押人依法有权处分的国有机器、交通运输工具和其他财产，才能设定抵押。而作为质押标的物的动产，《担保法》及相关法律又都没有特别限制。故一般认为，质押物必须是有交换价值的动产，该动产须特定化，并且最关键的是该动产还要具备可让与性。

2. 对动产质押标的物引入了流通物、限制流通物及禁止流通物的划分方式

流通物是指根据法律规定，允许在民事主体之间按照民事流转程序自由流通的物。[①] 属于流通物的动产当然地可以成为动产质押的标的物。限

---

① 李伟民主编：《法学辞典》，蓝天出版社 1998 年版，第 2381 页。

制流通物是指依照法律、法规规定在民事流通的范围或程序上受到不同限制的物。

禁止流通物是指国家法律、法规不允许在任何民事主体之间流通的物，如国家专有的自然资源（土地、森林、矿藏、水流等）、军事装备、毒品、淫秽物品等。本条就是对禁止流通物不得设质的规定，但是仅是法律、行政法规规定的禁止转让的动产不得设质，这意味着其他规范性法律文件规定的禁止转让的动产仍可设质。

由此可见，虽然动产质押的质物不像动产抵押的抵押物那样由法律来专门规定，但仍然有所限制，即运用了对物的各种分类方法，包括动产与不动产、流通物、限制流通物与禁止流通物划分，明确界定了动产质押标的物的范围。鉴于可成为质物的是动产中的流通物及限制流通物。相比而言，动产质押物较动产抵押物范围要广泛得多。

【典型案例】

股金、股权证书可否作为动产质押物①

——禁止转让的动产不得出质

基本案情

2016年，案外人裴某信以请求确认申亥县农村信用合作联社与甲皓公司签订的权利股权质押合同无效，确认申亥县农村信用合作联社对被告甲皓公司入股股金证号0002××××93的股权不享有优先受偿权为由，向法院提起诉讼。申请人（张甲珍、张乙珍、裴某超）称，原、被告双方也即本案二被申请人之间的质押行为违反法律规定，属违法行为。根据被申请人申亥县农村信用合作联社章程第二十四条“本联社的股金证不得设定权利质押”、第二十五条“本联社社员不得以本联社股金证为自己或他人担

① 参见张甲珍、张乙珍担保物权纠纷特别程序民事裁定案，魏县人民法院，（2017）冀0434民特监1号。

保”，该省信用联社章程第十三条“本联社的股权证书不得设置权利质押”以及中国银监发〔2013〕43号“商业银行不得接受本行股权作为质押物；不得接受银行章程禁止出质的股权作为质押物”的规定，被申请人的行为明显违反上述有关规定，属于违法行为。被申请人（申亥县农村信用合作联社、甲皓公司）针对申请人的意见，认为股权与股金虽有联系，但是不是同一个概念，被申请人认为其对股权没有质押，仅是对股金进行质押。股金质押合同是有效的，根据《合同法》的相关规定，只有违背法律法规的合同才是无效的，因此合同并没有违法，该合同业已生效，中国银监发〔2013〕第43号文仅是一个规章，不能用以判定涉案股权质押合同的有效性。

法院审理

法院经审理认为，申亥县农村信用合作联社与甲皓公司签订的股权质押合同是双方真实意思表示，自双方当事人签字、盖章时合同已经成立。而依法成立的合同，自成立时生效。股权不是法律、法规禁止转让的动产，可以出质，申亥县农村信用合作联社性质为集体所有制企业，其接受被告甲皓公司入股股份用于质押，没有违背法律强制性规定。

因此，法院判决驳回裴某信的诉讼请求。

案件评述

一、本案的焦点在于“不得转让”的股权可否出质

一般认为，质物必须是有交换价值的动产，该动产须特定化，并且最关键的是该动产还要具备可让与性。因此，法律在对动产质押标的物的取舍上引入了流通物、限制流通物及禁止流通物的划分方式。属于流通物的动产当然可以成为动产质押的标的物。限制流通物是指依照法律、法规规定在民事流通的范围或程序上受到不同限制的物。其中的动产能否设质也必须符合法律、法规的规定。

禁止流通物则是指国家法律、法规不允许在任何民事主体之间流通的物，如国家专有的自然资源（土地、森林、矿藏、水流等）、军事装备、毒品、淫秽物品等。《民法典》物权编第四百二十六条沿袭《物权法》第二百零九条对禁止流通物不得出质的规定，即法律、行政法规禁止转让的动产不得出质。由此可以看出，虽然动产质押的质物不像动产抵押的抵押物那样由法律来专门规定，但仍然有所限制，即可成为质物的是动产中的流通物及限制流通物。

《民法典》本条规定限制了质物的范围，但是这里对规范性法律文件的位阶有限制，仅要求法律、行政法规禁止转让的动产不得出质。鉴于涉案所谓的规定源于被申请人申亥县农村信用合作联社章程第二十四条“本联社的股金证不得设定权利质押”、第二十五条“本联社社员不得以本联社股金证为自己或他人担保”以及该省农村信用合作联社章程第十三条“本联社的股权证书不得设置权利质押”及中国银监发〔2013〕43号“商业银行不得接受本行股权作为质押物；不得接受银行章程禁止出质的股权作为质押物”的规定，位阶较低。

故法院经审理认为，案涉股权质押合同是双方真实意思表示，自双方当事人签字、盖章时合同已经成立，是依法成立的合同，自成立时生效，合同没有违背法律强制性规定。

二、动产抵押权欠缺完善的公示制度导致其争议颇多

动产抵押是债务人为担保其债务的履行，对债务人或第三人所有的动产不移转占有设定抵押，当债务人不能偿还债务时，抵押权人可以就抵押标的物拍卖或变卖所得价金优先受偿的担保方式。传统的担保物权主要有抵押权、质权和留置权，而抵押权一般是建立在不动产之上，而动产则是通过转移占有的方式设定动产质权。

但是随着融资担保交易的增多，传统的只能建立在不动产之上的抵押权不能满足经济生活的需要，而动产质权又须移转标的物的占有，造成资源的浪费，新型担保也随之出现，动产抵押就是在这种背景下应运而生的。伴随着动产抵押制度的出现，对动产抵押的争议从未停止过，毕竟传统的抵押一般都是不动产抵押，而对动产只能设定质押，更主要的是动产物权以占有为公示方式，动产抵押如果采用占有的公示方式，无法彰显动产抵押权，采用不动产抵押权登记的公示方式又与动产物权占有公示方式相悖，正是因为动产抵押权没有较好的公示制度，对于动产抵押的争议颇多。同时，《民法典》物权编虽然承认了动产抵押制度，但规定得比较简单，亦有很多动产抵押制度规则不完善，不利于动产抵押制度的适用。[①]

三、动产抵押权客体范围是动产抵押制度研究的一个重要课题

1. 动产抵押权未经公示即已成立导致抵押权各方当事人利益的失衡

动产抵押既然是抵押的一种，自应采取登记的公示方法。赋予动产抵押登记的公示公信力是能够平衡动产抵押制度中各方当事人利益的一种方式，只是动产的种类繁杂、数量众多、流动性强，如何实现登记就成为一个棘手的问题。所以，动产抵押制度在公示方式上的先天缺陷，一直是困扰世界各国承认动产抵押制度并发挥其应有作用的一个根本性障碍。

民法法典化对动产抵押制度的排斥使大陆法系主要国家的民法典未规定动产抵押制度，这是由当时农业及工业早期社会的社会财富结构所决定的，一定程度上维护了物权制度在体系上的一致性和严密性。但随着现代市场经济的不断发展，社会财富结构发生了巨大变化，高价值动产的出现使动产和不动产的价值界限逐渐模糊。

同时，动产设定担保必须转移占有，影响动产使用价值发挥的问题越来越突出。动产抵押因无须将担保标的物交付债权人占有，债务人或标的物的所有人可以继续占有并利用标的物，从而显著地扩充了动产的担保和用益功能，并由此成为近代动产担保制度的亮点。基于经济发展的客观要求，各国开始以颁布单行法的形式有条件地承认动产抵押或发展以不转移占有为标志的非典型性动产担保制度。诸如有的国家颁行的《机动车抵押法》、《飞机抵押法》及《建设机械抵押法》等相关特别法规定了以机动车、飞机、建筑机械为客体的动产抵押制度。此外，船舶也可以设定动产

---

① 李珏：《动产抵押研究》，吉林大学2013年博士学位论文。

抵押权。对于其他动产，如流通中的商品、企业的库存商品和加工原料等则只能靠设定质押或通过让与担保来解决。

由此可见，确定动产抵押权客体范围与动产抵押权的公示公信特别是动产抵押物转让的效力问题密切相关，是实现动产抵押制度中各方当事人利益平衡、维护交易安全的重要影响因素。

2. “准不动产”登记应运而生

我国现行立法和实践中，对存在价值相对较大，具有不动产属性的“准不动产”已经实行登记公示制度，汽车、船舶、飞行器等均是如此。将动产抵押权的客体限定在价值较大，便于通过登记进行物权公示的“准不动产”范围，在具体的立法操作上，既可维护法律体系的稳定，又避免了立法资源的浪费。可以依托现有的民商事法律，对《民法典》物权编的相关规定以立法解释的方式进行缩小解释，为限制动产抵押权客体的范围提供总纲领式的法律依据，然后通过修改《海商法》《民用航空法》等单行法相关规定的方式实现将动产抵押权客体限定于“准不动产”范围内的目的。

3. 限制动产抵押客体范围对提高动产抵押公示公信力保障交易安全意义重大

抵押物的转让，涉及抵押物的利用和抵押权人、抵押人、受让人三方利益的冲突与平衡。动产抵押权公示公信力不高，源于动产的自然属性与抵押权制度间的矛盾。“准不动产”均实行登记制，公信力强，便于购买方查明物权状态，自有利于保障交易的安全，符合意思自治原则。动产抵押制度由于不转移标的物的占有，且存在公信力上的不足，抵押人转让抵押物往往使抵押权人的合法权益受损。《民法典》规定在抵押期间抵押人转让抵押财产须经抵押权人同意，试图通过强制性规定的形式来保护抵押权人的利益，但却带来了一系列制度上的难题，如物的追及效力的承认问题，涤除权的存在问题等都难以解决。

如果动产抵押权客体的范围将普通动产排除在外，限定于便于公示的

“准不动产”范围之内，自可以通过允许动产抵押物的转让，只是以赋予其物的追及效力这种方式，从根本上解决各方当事人利益冲突的问题。

由于我国动产抵押采取了登记对抗主义的物权变动模式，这就使得动产抵押制度因为物权的公示公信力而陷入了进退维谷的尴尬境地。分析国内外动产抵押权客体的立法例证，研究限制动产抵押权客体的范围与解决物权公示公信力问题的关系，自可为如何认定动产抵押物转让的效力、实现动产抵押制度中各方当事人利益平衡提供理论依据。①

第四百二十七条　【质押合同形式及内容】 设立质权，当事人应当采用书面形式订立质押合同。

质押合同一般包括下列条款：

（一）被担保债权的种类和数额；

（二）债务人履行债务的期限；

（三）质押财产的名称、数量等情况；

（四）担保的范围；

（五）质押财产交付的时间、方式。

【条文疏义】

本条基本沿袭了《物权法》第二百一十条的规定，并增加了质押财产交付的“方式”，同时删去了质押财产的“质量、状况”之表述。

一、质押合同

1. 质押合同的概念

质押合同是出质人与质权人双方基于主债务合同就质物担保事项达成

① 张加磊、罗海山：《动产抵押权客体范围限制论》，载《大理学院学报（综合版）》2012 年第 2 期。

的书面合同。质押合同与抵押合同有相似之处，关键区别在于担保期限内担保物由谁占有。质押合同是质权人（通常是债权人）与出质人（既可以是债务人，也可以是第三人）签订的具有担保性质的合同。出质人将一定的财物（通常是动产、有价证券等）交质权人占有，向质权人设定质押担保，当债务人不能履行债务时，质权人可以依法以处分质物所得价款优先受偿。

2. 质押合同为要式法律行为

质押合同的成立除需要当事人意思表示一致外，还必须履行法律规定的特定形式，即订立书面合同。若不订立书面合同，则质押合同因不符合法律规定的形式要件而不能成立，自然更不会发生法律效力。

法律规定质押合同包括这五类条款，但需要明确的是，此五类条款仅起示范作用，并非强制性规定，当事人可以根据约定加以改动或添加。

二、质押合同所担保债权的种类和数额

被担保债权是质押合同所担保的主合同的最主要内容，也是质押合同中约定的担保范围的最主要内容。只有首先确定了某个债权，与其相关联的其他权利事项，如利息、违约金等才能确定。

1. 被担保债权的种类

被担保债权的种类是指被担保债权的法律性质。诸如被担保的可以是金钱之债、种类物给付之债、特定物给付之债抑或以作为或不作为为标的的债权，等等。被担保债权的种类决定了履行主债权所适用的规则，从而也决定了质权实现的方式。

2. 被担保债权的数额

被担保债权的数额是指能够量化并计算出来的主债权的标的数额。该债权不属于金钱债权的，应当明确主债权标的的数量、价款，从而明确实现质权时就质押财产优先清偿的该债权的数额。因此，该债权数额的确定主要是为了明确质押担保的范围以及就质押财产优先受偿的主债权的范围。

三、债务人履行债务的期限

债务人履行债务的期限是指在主债权债务关系中，债务人履行债务的期限，即债务人清偿债务的期限。该期限也是质权得以实现的期限。在主债务履行期到来前，虽然质押关系已经成立，但是质权只是可能的、期待的质权，在该履行期限内债权人仅仅占有质物，不能实行质权。当债务的履行期届满，债务人未履行债务时，质权人才可行使质权。因此，明确债务的履行期限，也是为了限定质权人行使质权的时间。

四、质押财产的名称、数量

1. 质押财产的名称

质押财产的名称表明质押财产为何物，使之能与他物区别开，使质押财产特定化。

2. 质押财产的数量

质押财产的数量是指质押财产在数学上或物理上依一定的单位以数量计算出来。它表明质押财产在量上的大小、多少，数量是计算质押财产价格或价值的基础。

五、担保的范围

担保范围是指质押财产所担保债权的范围，也是质权人实现质权时以质押财产优先受偿的范围。其应由当事人在合同中明确约定，在未作约定的情况下，应从法定。《担保法》规定质押担保的范围包括主债权及利息、违约金、损害赔偿金、质物保管费用和实现质权的费用。

六、质押财产交付的时间

质押财产交付的时间是质押合同订立后，出质人将质物交付给质权人占有的时间。《民法典》第四百二十九条沿袭《物权法》第二百一十二条规定：“质权自出质人交付质押财产时设立。”故如果合同中明确约定了质押财产交付的时间，就可明确质权何时发生效力以及质押财产灭失的风险责任转移的时间。如果出质人在质押合同约定的质物交付时间后将质物交与质权人占有，则质押合同并不以合同约定的交付时间生效，而是以合同签订之时作为合同生效的时间。显而易见，依据法律行为的区分原则，其以质权人接受质押财产并占有的时间为质权设立的物权变动时间。故如果合同未约定质押财产的交付时间，而质权人已实际占有质物，则质权应自质权人实际接受所占有的质物时生效。

【典型案例】

导致质押合同无效的事由[①]

——质押合同条款的内涵

基本案情

2012年12月26日，被告甲盛物流公司向原告聚丙物业公司借款300万元，并由原告及四被告签订《借款协议》，约定："被告甲盛洗煤公司、乙安煤业公司、刘某承担一般担保责任，被告甲盛洗煤公司以资产进行抵押担保、被告乙安煤业公司以煤炭作为质押。借款期限暂定为3个月，如果3个月内未能偿还，则从第4个月起对未偿还部分按月利率1.5%计收利息，借款期限最长不得超过一年。"

协议中对担保的期限、范围未作明确约定。以资产抵押的未明确具体抵押物，更未办理抵押物登记。以煤炭质押的未交付质押物，也未明确质押物的种类、数量等。

借款成立后，甲盛物流公司于2013年7月12日偿还原告20万元。2014年，原告聚丙物业公司就该笔借款提起诉讼，又于6月23日申请撤诉。剩余借款280万元，至今没有偿还。原告诉请被告甲盛物流公司偿还借款本息，并由其余被告（甲盛洗煤公司、乙安煤业公司、刘某）承担抵押和担保责任。

---

① 参见聚丙物业公司与甲盛物流公司、甲盛洗煤公司等借款合同纠纷案，乌拉特中旗人民法院，（2018）内0824民初768号。

法院审理

法院经审理认为，《担保法》抵押合同自登记之日起生效，质押合同自质物移交于质权人占有时生效。

本案《借款协议》中明确约定被告甲盛洗煤公司、乙安煤业公司、刘某承担一般担保责任，被告甲盛洗煤公司以资产进行抵押担保、被告乙安煤业公司以煤炭作为质押。但未办理抵押物登记，也未移交质押物，故抵押合同和质押合同无效。

一般保证的保证人与债权人未约定保证期间的，保证期间为主债务履行期限届满之日起6个月。在保证期间，债权人未对债务人提起诉讼或者申请仲裁的，保证人免除保证责任。双方未约定保证期间，原告也未在主债务履行期限届满之日起6个月内提起诉讼或者申请仲裁，故被告刘某不承担保证责任。

案件评述

一、原、被告的法律关系的性质及其效力

《民法典》本条规定是对于质押合同内容的要求，本案中，双方签订关于质押煤炭的质押合同，但合同中未明确质押物的种类、数量等，且未交付质押物——煤炭，故法院判定质押合同无效。具体原因法院如是阐释："被告甲盛洗煤公司以资产进行抵押担保、被告乙安煤业公司以煤炭作为质押。但未办理抵押物登记，也未移交质押物，故抵押合同和质押合同无效。"

二、质押合同实践条款应予注意的其他问题

实践中，质押合同和抵押合同常常容易出现混淆，因此，规范签订质押合同的注意事项具有重大的实务价值。签订质押合同需在以下几个方面加以注意：

1. 质押合同不得约定之事项

当事人不得在质押合同中约定当债务履行期届满债权人未获清偿时，

质物的所有权即转归债权人所有。这是法律规定的禁止流质条款。

2. 质押合同履行中意外事件的处理办法

质押合同当事人可在合同中约定，如因不可抗力原因致使合同须作一定删节、修改、补充时，不应免除或减少合同当事人的相关权利或义务。双方应最大限度地减少因偶发事件所产生的风险和纠纷。

3. 质押合同履行过程中引发争议的解决途径

在质押合同中可以明确合同履行过程中发生争议的解决途径，也可以先进行协商，协商不成的，向法院提起诉讼。对于履约过程中的费用和诉讼费用的承担也可在合同中给予协商确定。

综上，签订质押合同时应明确具体内容，采用书面形式，依照法律规定来办理，以免引起纠纷，损害双方利益。

三、动态质押从第三人监管质物向声明登录方式的占有公示转换

动态质押在实践中运用广泛，但仍面临着如何确定其法律属性、公示方式及监管人责任等问题。根据《全国法院民商事审判工作会议纪要》（法〔2019〕254号）第六十三条之规定，对动态质押争议问题有所涉及，但具体规则及其适用，尚有解释的必要。

质物的流动性与物权客体特定性并不冲突；质权人通过间接占有质物或共同占有质物均符合“移转占有”的要件，因此对动态质押的效力应予肯定，且应纳入动产质押中。动态质押并非“非典型”担保，其以第三人监管质物的方式实现占有之公示。但随着动产担保物权公示方式统一化，其公示方式亦应转变，宜为声明登录制。监管人应承担审查、保管、监管义务；因监管人主观过错、违反义务的类型不同，承担不同的责任；监管人在承担补充责任后，有权向出质人追偿。①

四、质押合同必备条款的研究

《合同法》未就合同成立之必备条款作明确规定，仅在第二章“合同

① 梁远高：《动态质押的解释路径与法律效果》，载《河南财经政法大学学报》2020年第6期。

的订立”中规定了合同成立的一般性条款。故学者只能一直将过去《合同法》《经济合同法》《民法通则》《民法总则》中关于合同成立的条款进行比较研究，同时综合分析各理论学者关于合同成立之必备条款的主要观点。通过分析法律与法律之间、条文与条文之间的逻辑关系，推断出究竟哪些才是合同成立的必备条款。①

一般认为，合同必要条款涉及合同内容确定性与当事人合意，属于法律对合同成立的最低限度要求。对《合同法》第十四条“具体确定”的学理解释与《最高人民法院关于适用〈中华人民共和国合同法〉若干问题的解释（二)》对三要素的规定，形成了合同必要条款认定规则的双轨模式，而具体的司法实践则存在分歧。

合同必要条款的基本内容与决定因素包括当事人的意思、合同的主要给付义务和诚信原则。在判断当事人合意与否时，应当坚持意思表示的解释优先，同时采取相对弹性化的认定方式，兼顾合同的性质和目的，维护当事人的意思自由，促进交易的正常进行。②

第四百二十八条　【流质条款的效力】 质权人在债务履行期限届满前，与出质人约定债务人不履行到期债务时质押财产归债权人所有的，只能依法就质押财产优先受偿。

【条文疏义】

本条沿袭了《物权法》第二百一十一条的规定，并将“质权人在债务履行期届满前，不得与出质人约定债务人不履行到期债务时质押财产归债权人所有”的表述修改为“质权人在债务履行期限届满前，与出质人约定债务人不履行到期债务时质押财产归债权人所有的，只能依法就质押财产

① 曹小明：《论合同成立的必备条款》，载《法制博览》2018 年第 18 期。
② 邓辉：《论合同的必要条款》，载《财金法学》2018 年第 2 期。

优先受偿”。即当事人事先作出“流质约定”的，权利人仍享有“就质押财产优先受偿”的担保权益。

一、“流质合同”的界定

学界所谓“流质合同”是指出质人与质权人在合同中约定，当债务履行期届满时，若质权人未受清偿，质押财产的所有权即归债权人所有。

对流质约定的禁止，是近代各国民事立法的通例。无论是抵押权还是质押权均禁止流质，原因在于这两种权利都属于对标的物的优先受偿权，其权利的核心就是价值权的实现。而流质的做法通常是质权人趁出质人基于某种急迫需要或陷于穷困的情势，约定未经市场定价即将抵押物所有权归抵押权人所有，从而损害出质人利益的乘人之危的不公平行为。因而，法律禁止当事人之间作出有关流质的约定。一旦约定，皆为无效。即使质押财产的价格与被担保的债权额相当或约定债权人返还超过债权的价款，此种约定仍归于无效。因此，这种禁止是严格意义上的禁止，是绝对的、无条件的。

但是，该部分内容的无效不影响质押合同其他部分的效力。同时，还应注意将流质与折价区分开来。否则，出质人和其他担保物权人，以及普通债权人的利益就得不到保护。

二、“流质条款”的认定标准

1. 债务人意思表示存在瑕疵

在债务履行前债权人往往会利用债务人急需资金的窘困处境和对今后偿债能力的乐观预期，来诱导其作出瑕疵意思表示，得以牟取暴利。基于此，《民法典》第四百零一条和第四百二十八条所规定的抵押人和出质人应当仅限于债务人以自己财产抵押或者出质，不包括第三人提供担保的情形。

2. 债权人享有优先受偿权

《民法典》第四百零一条增加“只能依法就抵押财产优先受偿”的表述，无疑是因为，无论如何，债权人作为担保物权人，对标的物是享有优先受偿权的。如果债权人没有对标的物享有优先受偿权，则债权人与其他一般债权人的地位平等，当债务人的责任财产不足以清偿全部债务时，此处债权人仍是与其他一般债权人平等受偿的，并不会损害其他债权人的利益。

3. 债权人取得大于债权价值的担保物的所有权

对于当事人订立的此种债权人与债务人约定到期不偿还借款，标的物归债权人所有的协议，在大多数情况下，担保财产的价值都会过分高于担保的债权，流质条款之禁止正是为了防止债权人利用债务人的困境，趁机牟取暴利，损害债务人及其他债权人的利益。

如果当事人约定转移所有权时必须经过清算，即在合理评估担保物的价值基础上，实现抵押权，多退少补，最终使得担保物价值与担保的债权相当，则不应当认定当事人的协议为流质条款。

三、其他形似"流质条款"协议而不属于"流质条款"的情形

1. "代物清偿"协议不属于流质条款

所谓"代物清偿"协议是指债权人与债务人在债务履行期届满后，约定以债务人所有的担保物或其他财产折价偿还债权。在"代物清偿"协议中，虽然债权人与债务人同样约定了标的物所有权归债权人所有，但由于"代物清偿"协议是在债务履行期届满之后签订的，此时不存在债权人利用债务人急需资金的处境来逼迫债务人作出有瑕疵的意思表示。

2. "买卖型担保"协议是否属流质条款取决于债权人是否享有优先受偿权

现行"买卖型担保"等当事人协议之所以在司法实践中频频被认定为流质条款，很大一部分原因在于当事人的约定产生了"担保财产归债权人所有"的效果。但是仅仅从当事人的约定产生的效果为"担保财产归债权人所有"这一表面因素判断和认定是不够的。

最高人民法院在审理朱某芳与嘉和泰公司商品房买卖合同纠纷案中认为，案涉《借款协议》并非约定嘉和泰公司到期不能偿还借款则抵押物所有权转移为朱某芳所有。当债务到期未偿还借款时，朱某芳并不能直接按上述约定取得抵押物所有权。朱某芳要想取得《借款协议》所称的“抵押物”即14套商铺的所有权，只能通过履行案涉14份《商品房买卖合同》来实现。[①] 可见，若没有满足流质之优先受偿权的条件，并不属于流质。

3. “让与担保”协议是否属于流质条款关键在于双方是否经过清算程序

让与担保，是指为了担保债权的实现，债务人或第三人将担保物的整体权利转移给债权人，在债权得以按期清偿时，债权人将标的物整体权利返还给担保设定人；在债权届期未受清偿时，债权人可以就担保物的变价优先受偿。[②]

“让与担保”和流质契约，二者都不发生物权变动的效果，但二者存在以下不同：

（1）实践中让与担保以债务合同为主合同，买卖合同为从合同。让与担保的买卖合同是条件成就前保留所有权的买卖合同。虽不发生物权变动，但不影响其买卖合同的效力。

（2）让与担保是清算型。假设以100万元的标的物签订买卖合同，担保60万元的债务。债权人获得标的物的时候需要返回40万元。而流质契约是流质型。100万元的标的物担保60万元的债务，不论标的物价值如何，超出担保债务的部分价值均归属于债权人。

（3）让与担保按民间借贷关系处理而流质契约一般均被禁止。债权人与债务人签订“让与担保”，如果该协议约定债权届期未受清偿时，无须清算，债权人即取得标的物所有权，则属于流质条款。相反，如果该协议约定，债权届期未受清偿的，债权人须进行清算，对标的物的价格进行合理评估，当标的物价值超过债权价值时，超出的部分要返还给债务人，则

---

① 参见朱某芳与嘉和泰公司商品房买卖合同纠纷案，最高人民法院，（2011）民提字第344号。

② 贲寒：《动产抵押的再思考——兼评我国民法（草案）对动产抵押与让与担保制度之规定》，载《中国法学》2003年第2期。

该协议因不满足流质条款第三个构成要件，因而不属于流质条款。

四、“流质条款”之扬弃演进

《民法典》颁布以前，我国禁止流质与禁止流抵最为核心的理由如出一辙，皆为债务人利益之保护，“按债务人借债多为急迫窘困之时，债权人乃利用此一机会，逼使订立流质契约，以价值甚高之抵押物担保小额之债权，希冀债务人届期不能偿债时，得取得其所有权，获非分之利益”[①]。而学界主张禁止流质、流抵的观点也很多，如保护债务人利益说、交易公平说、交换价值说、优先受偿权说。[②]

《民法典》的颁布，将“不得与出质人约定债务人不履行到期债务时质押财产归债权人所有”修改为“与出质人约定债务人不履行到期债务时质押财产归债权人所有的，只能依法就质押财产优先受偿”是对法律实践予以呼应的条文。不再直接认定流质条款无效，而是给质权人优先受偿的权利，仍肯定了其质权人的法律地位。

在司法实践中，根据《最高人民法院关于适用〈中华人民共和国民法典〉有关担保制度的解释》第六十八条的相关规定，债务人或者第三人与债权人约定将财产形式上转移至债权人名下，债务人不履行到期债务，债权人有权对财产折价或者以拍卖、变卖该财产所得价款偿还债务的，人民法院应当认定该约定有效。当事人已经完成财产权利变动的公示，债务人不履行到期债务，债权人请求参照民法典关于担保物权的有关规定就该财产优先受偿的，人民法院应予支持。债务人或者第三人与债权人约定将财产形式上转移至债权人名下，债务人不履行到期债务，财产归债权人所有的，人民法院应当认定该约定无效，但是不影响当事人有关提供担保的意思表示的效力。当事人已经完成财产权利变动的公示，债务人不履行到期债务，债权人请求对该财产享有所有权的，人民法院不予支持；债权人请

---

① 谢在全：《民法物权论》（修订五版）（中册），中国政法大学出版社 2011 年版，第 783 页。

② 王明锁：《禁止流质约款之合理性反思》，载《法律科学》2006 年第 1 期。

求参照民法典关于担保物权的规定对财产折价或者以拍卖、变卖该财产所得的价款优先受偿的，人民法院应予支持；债务人履行债务后请求返还财产，或者请求对财产折价或者以拍卖、变卖所得的价款清偿债务的，人民法院应予支持。债务人与债权人约定将财产转移至债权人名下，在一定期间后再由债务人或者其指定的第三人以交易本金加上溢价款回购，债务人到期不履行回购义务，财产归债权人所有的，人民法院应当参照第二款规定处理。回购对象自始不存在的，人民法院应当依照《民法典》第一百四十六条第二款的规定，按照其实际构成的法律关系处理。

【典型案例】

流质合同的效力如何[①]

——流质约定的禁止范围

基本案情

2009年6月，淮甲公司、志乙公司、江丙公司、华丁公司、天己公司、江庚公司六家公司与曙戊信用社订立《联保企业合作协议》，合同约定：联保企业在曙戊信用社借款，贷款人为曙戊信用社，借款人分别为上述六家企业。由贷款人根据联保企业成员的申请发放贷款，作为保证人的联保企业成员的保证方式为连带责任保证，即任一联保企业成员向贷款人借款均由联保企业的所有其他成员提供连带责任保证，即联保企业成员相互承担连带保证责任。其中第九条约定“借款方任何一成员不能按时履约，贷款方于违约到期日5个工作日内扣划相当于应履约部分的保证金，后通知甲方联保小组的所有成员在一个月内按比例补齐保证金总额……”合同订立后，江庚公司、天己公司借款400万元后没有按照合同约定归还本息。

2013年12月3日，淮甲公司与曙戊信用社订立了《保证合同》，2014

① 参见曙戊信用社与淮甲公司等合同纠纷案，安徽省宿州市中级人民法院，（2017）皖13民终2413号。

年12月23日，淮甲公司向其出具了《承诺书》，主要内容是承诺为天已公司于12月3日在曙戊信用社借款400万元进行担保，并同意如天已公司不能按期偿还借款本息，由淮甲公司在2个月内代为偿还。否则由曙戊信用社从淮甲公司保证金账户扣划保证金代天已公司偿还借款本息。

2014年12月24日，曙戊信用社从淮甲公司的账户转账70万元至江庚公司账户继而转至曙戊信用社账户。2015年3月25日，曙戊信用社从淮甲公司的账户扣划772845.41元至天已公司账户继而转至曙戊信用社账户，用于偿还天已公司所欠曙戊信用社借款本息。

本案争议焦点为：案涉《联保企业合作协议》第九条及《保证合同》第五条（借款方在未按时履约，保证人自愿承担保证责任，如不按照本合同约定履行保证责任的，债权人有权直接从保证人的任何账户中扣收）是否合法有效；曙戊信用社是否有权扣划淮甲公司银行账户中的772845.41元。

法院审理

法院经审理认为，《担保法》第六十六条及《物权法》第二百一十一条均就“禁止流质”作出规定，即禁止出质人和质权人在合同中约定在债务履行期届满质权人未受清偿时，质物的所有权转移为债权人所有。上述法律禁止流质条款目的在于防止质权实现时，剥夺质物按市场定价的机会。

由于货币属于一般等价交换物，具有交换媒介的属性。直接扣收账户资金并不会剥夺资金按照市场定价的机会。账户资金无须经过折价、拍卖等程序变现，曙戊信用社即可在其债权额度内直接扣收款项获得等额清偿。故双方约定在淮甲公司未履行保证责任时，曙戊信用社有权扣划淮甲公司银行账户内资金，并不违反上述法律规定，合法有效。

案件评述

一、禁止“流质契约”的法理原因

《民法典》第四百二十八条沿袭《物权法》第二百一十一条的规定：“质权人在债务履行期届满前，不得与出质人约定债务人不履行到期债务时质押财产归债权人所有。"

这是由于流质契约往往是质权人趁出质人基于某种急迫需要或陷于穷困的情势而进行的，损害出质人利益的乘人之危的不公平行为。因此，法律当然禁止当事人之间有关“流质”的约定。法律禁止流质的目的在于保护出质人利益，保护平等、自愿、公平、诚实信用的经济活动秩序。如果出质人以较大价值的质押财产担保较小数额的债权，并在质押合同中约定债务履行期限届满，质权人未受清偿时，质押财产的所有权即归质权人所有，那么，一旦债务人到期不清偿债务，债权人可以不经任何程序就成为质押财产的所有权人，这对债务人是非常不利的。纵使债务人迟延履行也不可能。如果允许设立流质合同则对整个社会经济秩序甚为不利。故而可以认为，设立流质合同，同时违反平等、自愿、公平、等价有偿、诚实信用等诸多民法基本原则。

二、案涉原告与被告双方签订的“流质”条款何以有效

在案涉法律关系中，当事人约定的是债务不能清偿时，第三人提供的金钱质押直接被债权人（质权人）扣除而获得等额清偿。鉴于货币属于一般等价交换物，具有交换媒介的属性。账户资金无须经过折价、拍卖等程序变现即可得以清偿。

故而直接扣收案涉账户资金并不会剥夺资金按照市场定价的机会。故而双方约定在淮甲公司未履行保证责任时，曙戊信用社有权扣划淮甲公司银行账户内资金，显而易见并不违反有关法律规定，自合法有效。

第四百二十九条　【质权的设立】质权自出质人交付质押财产时设立。

【条文疏义】

本条沿袭了《物权法》第二百一十二条的规定，体现了《民法典》总则编对民事法律行为理论的正本清源，对质押合同的生效与质押权的设立，实现了法律制度上的“物债两分”。

一、动产质押的内涵

动产质押是于债务人或者第三人移交占有的财产上设定担保物权，因此，动产质权的设定以质押财产的占有转移为要件。质押财产的占有移转应当是质押财产占有的实际移转，至于是否必须移交债权人占有不可，本条并未作严格规定。

鉴于物权的私法属性，应当认为，出质人无论是将质押财产移交给债权人还是其代理人抑或出质人和质权人双方约定的第三人均可。但必须由他们实际取得对质押财产的占有，当事人不得约定由出质人代替债权人占有质押财产。当事人约定由出质人代为占有质押财产的，因质押财产的占有未实际发生转移，当然不发生质权设定的效力。

二、质权成立应具备的必备要件

1. 质权人和出质人之间应以书面形式签订质押合同

该合同既可以单独设立，也可以作为主合同中的部分条款。关于质押合同的形式，要求以书面形式作出，否则不具有对抗第三人的效力。有人认为，质权也可以依遗嘱而设立，遗嘱执行人依照遗嘱将标的物交付给质权人，质权就成立。此外，质权的设定，也可以附条件或附期限，将标的物移交给债权人占有，当条件成就，期限到来时，质权就成立。

2. 质物须是可转让和可留置的动产

因为质权的目的在于以质物的交换价值作为担保，并不是以质物的使用价值作为担保，所以，可以作为质物的动产，首先当然应具有财产价值，其次还要有可转让性或可变卖性，否则，当债务人不能清偿到期债务时，因质物不具有可转让性而不能变卖受偿。同时，质权人对质押的财产在债务人履行债务前有留置的权利，在债权清偿前质权人可留置质物并拒绝质物所有人的返还请求，这就要求质物应当具有可留置性。可留置性主要是指从质物本身的物理性质来确定是否可留置，并从质物的法律属性上看是否允许留置，如“禁止扣押之物”不能作为质物。

3. 出质人须交付动产质权标的物于质权人或其代理人，或者约定的第三人占有

这是动产质权成立的最重要条件，也是质押与抵押的本质区别所在。质押合同是实践性合同，合同签订以后，并没有成立，于动产质权标的物交付时，始得成立。质物不交付，质押合同不成立，当然没有法律效力，那么质权也就不可能成立。也就是说，作为出质人，须将质权标的物交付质权人或其代理人，又或约定的第三人，而作为质权人则应对该质物实施占有，交付的方法不以现实交付为限，简易交付或返还请求权让与的方法均可以。如果在质押合同成立之前，质权人已经占有了质权标的物，则质权的设定于双方达成一致时成立。

在司法实践中，根据《最高人民法院关于适用〈中华人民共和国民法典〉有关担保制度的解释》第七十条的相关规定，债务人或者第三人为担保债务的履行，设立专门的保证金账户并由债权人实际控制，或者将其资金存入债权人设立的保证金账户，债权人主张就账户内的款项优先受偿的，人民法院应予支持。当事人以保证金账户内的款项浮动为由，主张实际控制该账户的债权人对账户内的款项不享有优先受偿权的，人民法院不予支持。在银行账户下设立的保证金分户，参照前款规定处理。当事人约定的保证金并非为担保债务的履行设立，或者不符合前两款规定的情形，债权人主张就保证金优先受偿的，人民法院不予支持，但是不影响当事人依照法律的规定或者按照当事人的约定主张权利。

【典型案例】

质权发生效力的时间点[①]

——质权设立以交付质物为要件

基本案情

2007 年，江苏龙甲管道公司购买了涉案钻机设备。2010 年，龙甲管道公司与原告乙通公司签订《设备转让协议》一份，约定将案涉钻机设备以 1119 万元的价格转让给乙通公司。乙通公司向龙甲管道公司支付设备款现金 200 万元，以工程款抵付了 819 万元。后乙通公司与濮阳市丙特科贸公司签订《设备租赁合同》，将涉案钻机设备租赁给濮阳市丙特科贸公司。

丙特科贸公司与油戊公司签订《设备租赁合同》一份，合同附件《甲方提供的主要设备及器具汇总表》载明：普莱姆 PD400 - 90RP 钻机一台，DCI 地磁控向仪器一套，锚固箱一个，操控室一间，3HS - 250 泥浆泵一台，51/2 石油钻杆 160 根，150KW 柴油发电机组一台，ZCSQ - 250 * 2 除砂器一台，LSB160 - 8 除砂泵一台，φ175 * 9.6 无磁钻挺一根，φ600、φ800、φ1000、φ1200、φ1400 飞旋式扩孔器 5 个，φ550、φ750、φ950、φ1150、φ1350 桶式扩孔器 5 个。油戊公司将上述钻机设备及器具用于仪征 - 长岭原油管道复线工程仪征至九江段二标段定向钻穿越工程施工。

2016 年 7 月 2 日，因施工损害赔偿纠纷，丁和公司与油戊公司签订《协议书》一份，其中《协议书》第二条约定：G104 国道及连片养殖塘定向钻穿越工程施工完毕后，钻机设备不撤场。定向钻钻机作为过程中的担保，直到评估、审计结果出来并签订补偿协议后，设备撤场。《协议书》签订后，丁和公司占有了上述约定设备，具体包括：普莱姆 PD400 - 90RP 钻机一台，DCI 地磁控向仪器一套，锚固箱一个，操控室一间，3HS - 250

---

① 参见乙通公司与丁和公司返还原物纠纷案，河南省濮阳市中级人民法院，(2017) 豫 09 民终 2821 号。

泥浆泵一台，51/2 石油钻杆 160 根，150KW 柴油发电机组一台，ZCSQ－250 * 2 除砂器一台，LSB160－8 除砂泵一台，φ175 * 9.6 无磁钻挺一根，φ600、φ800、φ1000、φ1200、φ1400 飞旋式扩孔器 5 个，φ550、φ750、φ950、φ1150、φ1350 桶式扩孔器 5 个。

2017 年 3 月，租赁合同期限届满后，乙通公司向丁和公司、丙特科贸公司发函要求返还钻机设备及附属器具，丁和公司、丙特科贸公司收到函件后未返还。故乙通公司提起诉讼要求返还涉案钻机设备及附属器具。

法院审理

根据《物权法》第二百一十条、第二百一十二条的规定，设立质权，当事人应当采取书面形式订立质押合同；质权自出质人交付质押财产时设立。即设立质权需要生效的质押合同及质押物的交付。

本案中，2016 年 7 月 2 日油戊公司与丁和公司签订的《协议书》所约定的仅为“机械设备不离场”，其并无将涉案设备转移占有的合意，该《协议书》内容并不显示双方之间的质押合同关系，故丁和公司不可能因该《协议书》而获得涉案设备生效的质权。

案件评述

一、本案是一起以动产出质作为借款担保的案件

根据《民法典》第四百二十九条（即本条）的规定，质权是出质人交付质押财产作为债权的担保，债务人不履行债务时，债权人有权依法以该动产的价款优先受偿。质权自质押财产移交于质权人或其代理人占有时设立。双方当事人约定将质押财产移交第三人保管的，质权自质押财产移交第三人占有时设立。

本条规定的是设立质权的条件：当事人应当采取书面形式订立质押合同；质权自出质人交付质押财产时发生效力。即设立质权需要生效的质押合同及质押物的交付。本案中，当事人签订的《协议书》所约定的仅为“机械设备不离场”，其并无将涉案设备转移占有的合意，且“机械设备”未转移占有，丁和公司不可能因该《协议书》而获得涉案设备生效的质权。

根据本条的规定，本案的质权人丁和公司的请求能否得到法院的支持，其关键在于质权是否有效。要解决这一问题，就必须弄清楚质权成立的要件。涉案丁和公司的质权之所以不能成立，显而易见，就是因为其缺少对质物的占有，质权未成立，因此，其诉讼请求不可能得到法院的支持。

二、动产质押的效力分合同效力和质权效力

1. 设定动产质押出质人和质权人应当以书面形式订立质押合同

《物权法》第二百一十二条和《担保法》第六十四条均规定，出质人和质权人应当以书面形式订立质押合同，质押诺成生效，质权自交付时设立。

根据《民法典》第四百二十九条对《物权法》第二百一十二条的修订，质押合同为诺成合同，并不以质物占有的移转作为合同的生效要件。故其自然于订立时即可以成立并生效。但这仅仅形成了一种债权法律行为，其法律效力就是产生了债权法上的请求权。

质押合同的内容应当包括如下条款：被担保的主债权种类，数额；债务人履行债务的期限；质物的名称、数量、质量、状况；质押担保的范围；质物移交的时间；当事人认为需要认定的其他事项。质押合同不完全具备上述内容时，当事人可以事后补正，但不能宣告合同无效。

2. 质权由合同所产生的质押担保物权到质物移交于质权人占有时才得以设立

动产质押物权变动的基本法律特征，要求质权的存在须以质权人占有质物为前提。故质物必须由出质人移交给质权人占有，担保物权才得以设立。因为动产质权作为一种担保物权；其客体仅以动产为限；只有动产质权人依据抵押合同占有了质押物；亦即动产质权基本内容即占有质物，依据质押合同得以实现，其经济价值在当债务人不履行债务时，债权人才可能以质物的价值优先受偿。故而质押人在债权受清偿前占有质物，完全是旨在届时有利于保障该质权人的债权得以实现。

正因如此，质权自质物移交给质权人占有时才得以设立，自然只有出质人将出质的动产移交于债权人占有，债权人才能取得质权。

三、质押期间质权人必须具有法律上控制抵押物的占有

对于动产质押中标的物移转占有在法律上需要注意以下几点：

其一，标的物的占有移转不是动产质押合同的生效条件，而是质权设立的条件。

其二，债务人或者第三人未按质押合同约定的时间移交质物的，质权不成立，由此给质权人造成损失的，出质人应当根据其过错承担赔偿责任。

其三，出质人代质权人占有质物的，质权没有设立。

其四，因不可归责于质权人的事由而丧失对质物的占有，质权人可以向不当占有人请求停止侵害、恢复原状、返还质物。

其五，出质人以间接占有的财产出质的，书面通知送达占有人时视为移交。

占有人收到出质通知后，仍接受出质人的指示处分出质财产的，该行为无效。

就本案而言，传统民法理论认为，质押财产未被质权人实际控制和占有，质押关系不成立，质押合同对当事人不产生效力。这很可能是法官否认质押成立的根本理由。

但本案值得探讨的是，案涉《协议书》所约定的“机械设备不离场”，能否被认为是涉案设备转移占有（即质权人间接占有）的合意。因为交付方式中除现实交付外，尚有法律上的拟制交付。案涉“机械设备不离场”的约定实际上即让质押物处于第三人的控制范围之内，只要书面通知到达了施工现场，施工现场收到出质通知后限制了案涉设备的撤场，就可以认为，案涉质押财产于法律上的交付实际上业已完成。

最后，质押合同中对质押的财产约定不明，或者约定的出质财产与实际移交的财产不一致的，以实际交付占有的财产为准。

第四百三十条　【质权人的孳息收取权】 质权人有权收取质押财产的孳息，但是合同另有约定的除外。

前款规定的孳息应当先充抵收取孳息的费用。

【条文疏义】

本条沿袭了《物权法》第二百一十三条的规定。

一、质权人孳息收取权的依据

关于质权的效力是否当然及于孳息，各国立法并不相同。质权有占有质权与收益质权之分：占有质权是指质权人仅有占有质物而无使用收益的质权；收益质权是指质权人对质物占有并有使用收益的质权。我国并未对此进行划分。学界通说认为，由于质权人占有质物，因此由其收取质物所产生的孳息最为简便可行，同时，收取的孳息用于清偿债务，对于出质人也无损害。

根据本条规定，质权人能否收取孳息分两种情况：其一，如果当事人在合同中明确约定质权人无权收取质物所产生的孳息，则质权人不能收取质物孳息作为债权的担保；其二，如果当事人对质权人能否收取孳息没有约定或者约定不明的，质权人有权依照本条的规定收取质物所产生的孳息。

二、孳息的种类

质物所产生的孳息包括自然孳息和法定孳息。自然孳息是指质物因自然原因由自身分离出来的利益，如果树结的果实、母畜生的幼畜；法定孳息是指依照法律规定由质物所产生的利益，如根据合同产生的租金、利息。

质权人依法收取孳息时，并不当然取得所有权，而是取得孳息的质权，孳息成为质权的标的。如果孳息是金钱，质权人可以直接用于清偿；如果孳息是物，可以由质权人与出质人协议以该孳息折价或者拍卖、变卖，以所得价款优先受偿。

三、质权实现费用的充抵及其顺序

对于质权的实现，要因孳息标的物而有所不同。如果孳息是金钱，则质权人直接以金钱充抵收取孳息的费用等；如果是金钱以外的孳息，当事人可以协商拍卖，或以其他方法变卖。如当孳息物有发生损害危险时，质权人可以适当价格出卖质物，并以所得价款充抵质权人收取孳息等的费用。

依照本条规定，质权人收取孳息物时所支出的合理费用应首先用孳息充抵。在用孳息充抵因收取孳息支付的合理费用后，若尚有余额，即可以将剩余部分用于担保。如果有利息，还可以先充抵利息，再充抵原债权。现代各国立法对此顺序都有相同的规定。依法收取的孳息应当首先充抵收取孳息的费用，然后充抵主债权的利息和主债权。例如，以母牛作为质物的，如果母牛产崽，债务清偿期届满，债务人没有清偿债务，那么当事人可以将牛崽折价或者拍卖、变卖，所得价款先充抵牛崽接生费等。

除非当事人之间另有约定，质权人有权收取质物产生的孳息。质权人所收取的质物孳息，应当首先充抵收取孳息的费用，超出收取孳息的费用的部分，可为债权的担保。

【典型案例】

出质人能否主张收回质押物之孳息[①]

——质权及于孳息

基本案情

2009年8月17日，格甲集团作为债权人、质权人，鑫乙公司及昊丙公司作为出质人，三方签订《最高额股份质押协议》。

协议约定，出质人提供的质押财产是：海丁科技共2991.125万元的股份，其中昊丙公司持有1600万元的股份，鑫乙公司持有1391.125万元的

① 参见陕西昊丙公司、格甲集团盈余分配纠纷案，广东省珠海市中级人民法院，（2017）粤04民终2312号。

股份，质权的效力及于股份在质押期间产生的孳息（包括但不限于送股、派息、转增股份等），出质人在本协议签订后5日内办理完法律规定的质押登记手续，各方确认2991.125万元股股份对应的担保最高额为人民币8亿元，质押担保期限自本协议生效之日起5年，质押担保的主债权包括海丁科技应向格甲集团偿还的全部委托贷款等，质押担保范围为上述主债权及利息、罚息等。

协议签订当日，格甲集团、鑫乙公司及昊丙公司就上述协议约定的股权办理了质押登记。由于在2015年，格甲地产和格甲集团因隶属关系发生变化，所以双方信息沟通不畅。原来格甲集团是格甲地产的控股公司，后来格甲地产隶属该市投资控股有限公司。

昊丙公司称，一审法院经审理确认昊丙公司在作为格甲地产的持股人期间，具有向格甲地产主张2013年度分红的权利。即便昊丙公司将所持股份向格甲集团办理了质押登记，双方约定分红的处理权归属于质押权人，即质押权及于股份及其孳息。然而鉴于本案中，格甲地产并未向昊丙公司实际发放2013年度红利，故而不涉及质押权人的处置权问题。

根据《物权法》第二百一十三条的规定，质押权人仅有收取质物孳息的权利。格甲集团仅作为质押权人，其是否向格甲地产主张分发红利与格甲地产应实际向昊丙公司发放红利并无必然联系，并且本案中格甲地产既未向昊丙公司支付2013年度红利，也未向质权人支付2013年度红利。故原告认为，格甲地产已经构成迟延支付红利，应予支付迟延期间的利息。

法院审理

法院经审理认为，格甲地产在2014年8月20日发布2013年度的分红派息实施公告，确定2013年度的现金红利发放日为2014年8月28日，昊丙公司的现金红利由格甲地产直接派发。按照分红派息实施公告进行分红是上市公司应履行的义务，上市公司应主动向股东派发红利。股票被质押，分红的处理权归属于质权人，属于质押内部关系，不影响格甲地产履行向股东派发红利的义务。

在质押期间，质权人有收取孳息的权利，但本案亦没有证据证明格甲地产将红利支付给质权人格甲集团，故格甲地产没有按照公告所确定的日期派发红利，已构成迟延，应支付迟延派发红利期间的利息。在相应股票已解除质押的情况下，昊丙公司可作为2013年度相应股权的持股人向格甲地产主张权利。因此，昊丙公司除有权获取红利外，还有权对迟延派发红利获取相应的利息。

案件评述

一、本案是股票质押纠纷

案涉格甲集团作为债权人、质权人，案涉鑫乙公司及昊丙公司作为出质人，三方签订《最高额股份质押协议》。协议约定，出质人提供的质押财产是股票。

既然股票已被质押，其分红的处理权自应归属于质权人，属于质押内部关系，不影响格甲地产履行向股东派发红利的义务。在质押期间，质权人有收取孳息的权利。

二、案涉质权效力及于股息红利及利息

本条规定的是质权人收取质物孳息的权利，本案中，出质财产为股权，质权的效力及于股份在质押期间内产生的孳息（包括但不限于送股、派息、转增股份等）。

孳息作为“原物”的对称，是指由原物或权利所产生的利益。例如，树与果实，果实即为孳息；出租房屋与租金，租金即为孳息。这就涉及孳息的两种分类，即法定孳息与天然孳息。法定孳息是指根据法律规定而由原物产生的收益；天然孳息是指由于原物的自然属性而产生的收益。

质押财产本身作为质押法律关系的标的，自无异议。而孳息是由质押财产本身所带来的，那么，质权的效力能否及于质押财产的孳息，并能否以质押财产的孳息优先受偿呢？这就涉及两种情况：

1. 合同有约定者依约定

如果当事人在质押合同中明确规定了质权人有收取孳息的权利，质权的效力及于孳息。质权人即可依质权对孳息优先受偿。如果当事人约定质权人无此权利，则从其约定。

2. 合同无约定者则依法定

如果当事人在质押合同中对质权人收取孳息的权利没有约定，则认为质权人有收取孳息的权利，并可依质权对孳息优先受偿。

所以，本条的规定是在当事人没有相反约定的情况下适用的。如果当事人有与本条相反的约定，则排除本条的适用。质权人对孳息的收取权是指质权人有权进行收取孳息的行为，但是，质权人的这种权利仅是对孳息的质权，而非所有权。即使质权人对孳息进行变卖时也不是在行使所有权，而是质物的变价权。

三、质押物孳息收取权及其归属

1. 所谓质押物孳息收取权是指质权人有权进行收取孳息

《担保法》第六十八条规定："质权人有权收取质物所生的孳息。质押合同另有约定的，按照约定。前款孳息应当先充抵收取孳息的费用。"

应当注意的是，在债务履行期届满前，质权人并非取得孳息的所有权，而是取得对孳息的质权或者占有。故债务履行期届满时，债务人履行债务或者出质人提前清偿债务的，质权人应将质物（包括孳息）返还。如果债务履行期届满质权人未受清偿的，可以与出质人协议以质物（包括孳息）折价，也可以依法拍卖、变卖包括孳息在内的质物。

2. 孳息的收取权属于债权人说

主张孳息收取权属于债权人说的学者认为，债务人应以其财产清偿债务，即使该财产被法院查封。孳息的收取权归属我国法律没有规定，但《担保法》第四十七条曾规定，抵押物于人民法院依法扣押之日起，抵押权人有权收取由抵押物分离的孳息。依据该立法精神，债权人有权自债务人财产被法院查封之日起收取查封物的孳息。质权人亦不例外。

不过也有学者认为此观点值得商榷。首先，普通债权人之债权实现是由债务人的全部或一般财产担保的，而非由特定财产查封物及孳息进行担保。抵押权人就抵押物有担保物权，享有优先受偿效力，对抵押物所产生的孳息当然有优先收取权。但此两种权利（普通债权和抵押担保债权）在性质上有本质的不同，因而须区别对待。其次，如果由债权人收取查封物的孳息并受偿，那么在执行债务人的财产不足以清偿其全部债务，次后其他债务人又申请参与分配时，其他债权人的利益必然受到损害，有违民法关于债权平等的原则。孳息的收取权不能由债权人（申请执行人）享有，而应由法院代为收取。执行法院在执行终结前，根据法律规定按照具体情况对执行债务人财产公平分配便能弥补上述缺陷。

3. 孳息收取权属于执行债务人说

该说认为法院查封后，孳息收取权人仅能收取天然孳息，法定孳息因涉及第三人的清偿，法院查封效力仅限于执行债务人的财产而不能及于法定孳息。① 实际上强制执行法草案（第三稿）也采此种观点。其认为，查封物的所有权在查封期间由法院暂时持有。既然查封物的所有权并非归属于执行债务人，法院作为收取权人当然能够收取查封物产生的一切孳息，包括法定孳息和天然孳息。

4. 孳息收取权发生冲突自有收取顺序问题

孳息收取既可通知法定孳息支付义务人直接向法院履行，也可以委托执行债务人或其他人收取。法院在收取孳息时，如果在查封物上存在众多孳息收取权人，则产生收取权的顺序问题。

从理论上讲，孳息收取权人既可以是享有一定物权之人，如典权人、承包经营权人、质权人、留置权人；也可以是基于债权享有收取权之人，如承租人。在法院与其他人发生行使孳息收取权冲突时，应如何解决，法律没有明文规定。但是在解释上，应以先占有原物的孳息收取权人优先。

---

① 孙加瑞：《中国强制执行制度概论》，中国法制出版社 1999 年版，第 459 页。

第四百三十一条 【质权人对质押财产处分的限制及其法律责任】 质权人在质权存续期间，未经出质人同意，擅自使用、处分质押财产，造成出质人损害的，应当承担赔偿责任。

【条文疏义】

本条沿袭了《物权法》第二百一十四条的规定，仅将“给出质人造成损害的”修改为“造成出质人损害的”，此为表述上的修改，无实质性区别。

一、质权设立之初衷使然

质权的功能在于担保质权人的债权能够得以清偿，质权人占有质押财产，目的在于限制出质人使用或者处分质押财产，这是从质权人利益的角度考虑的，也是质权人实现其担保权的重要条件。

但是，占有质押财产不等于拥有对质押财产的使用、出租、处分的权利。出质人在质权存续期间内对质押财产仍享有除直接占有外的一切权利，因此，质权人欲使用、出租、处分质押财产时，必须经过出质人的同意。如果质权人未经出质人同意而擅自使用、出租、处分质押财产，并且因此给出质人造成损失的，视为侵权行为，应对其造成的损失承担赔偿责任。

二、保护出质人利益之必需

在动产质押过程中，不允许质权人利用质物的规定，是出于对出质人利益的保护。因为出质人将质押财产转移给质权人占有，就已极大地限制了出质人对质押财产之所有权权能的行使，如果对质押财产的占有人——质权人不施以法定的约束，允许其任意利用质押财产，这无疑是对出质人之所有权变相否定的同时，将这种所有权的权能不正当地授予质权人，此种做法违背了民法的基本原则。

因此，法律禁止质权人滥用因其占有质押财产而带来的便利和优势。但是，出于对当事人意思自治的尊重，法律允许出质人自由处分自己的权利——以同意的方式准许质权人利用质押财产。

三、质权人与出质人之间的利益平衡之结果

《民法典》本条规定的内容其实不但沿袭了《物权法》第二百一十四条的内容，而且与《最高人民法院关于适用〈中华人民共和国担保法〉若干问题的解释》的相关规定也是一致的。

动产质押本身要求出质人将质物移转占有方能成立，是为了避免出质人任意地使用、出租、处分质物，不利于质权人权利的实现。同时，如果质权人违背了法律的规定，就应当为其行为造成的损失承担赔偿责任，这符合了民法之权利义务相一致的基本原则。

四、禁止质权人使用、出租或者处分质押物

质权人使用、出租或者处分质押物，并非质权的当然内容或者设定质权的目的，因此，除非依照法律规定或者经过出质人同意，质权人不得使用、出租或者处分质押财产。

质权的功能在于担保质权人的债权能够得以清偿，质权人占有质押财产，目的在于限制出质人使用、出租或处分质物，此为债权人实现其担保权的重要条件。

同时需要指出的是，本条规定禁止质权人使用、出租或者处分质押财产，除非经出质人同意。但因保存质押财产而有必要加以使用的，例如，家用电器为保存的必要而予使用，自无禁止的理由。

国外的相关立法，如《意大利民法典》第2792条第1款就规定了此种情形：未经质押人同意，债权人不得使用质物，但是，为了保管该质物而有必要使用的不在此限。债权人不得以该质物设定质押或者交给他人享用。

【典型案例】

质权人无法返还质物造成损失要承担法律责任①
——质权人的赔偿责任

基本案情

2014年10月29日，原告黄某向被告黄某雕借款1万元，并用自己所有的一辆别克牌SGM7185ATA型小轿车作担保物抵押给被告，同时将该车的行驶证、登记证、购车发票等相关材料一并交给被告，并签订《机动车抵押借款合同》。

合同约定：借款金额1万元，抵押车辆评估价值3万元；借期自2014年10月29日起至11月29日止；抵押车辆及车辆的行驶证、登记证、购车发票等相关手续交由被告封存。借款合同还载明如原告未履行约定，被告有权行使抵押权；原告还清借款后，被告将原告提供的抵押物及相关证件返还原告等内容。

2014年11月29日借款期限届满，原告欲偿还借款给被告，但未能找到被告，无法履行到期债务，也不见自己用于抵押的车辆。后经原告查询得知被告已将其车辆转让给他人，并于2014年12月25日在该市公安局交通警察支队办理车辆转移登记手续。原告因不服该市公安局交通警察支队作出的车辆行政登记，分别于2015年5月4日、6月19日向右江区人民法院提起行政诉讼。

涉案车辆出厂日期为2010年12月14日，原告购买时间为2011年1月11日，购买价格为16.08万元，车辆入户时间为2011年1月30日，抵押时间为2014年10月29日。在该案审理过程中，原告申请对抵押车辆的价格进行评估，经一审法院委托国宏信价格评估公司当地分公司对车辆价值

---

① 参见黄某雕与黄某动产质权纠纷案，广西壮族自治区百色市中级人民法院，（2018）桂10民终1217号。

进行价格评估，评估结论为：质押车辆在价格评估基准日 2014 年 10 月 29 日的价格为 88800 元。由原告支付评估费 1456.31 元。

法院审理

一审法院经审理认为，本案系民间借贷因债权人擅自处分质押物而引发的民事诉讼。根据原、被告签订的《机动车抵押借款合同》，原告为担保债务的履行，将其所有的车辆出质给被告占有。设定动产质权目的在于担保质权人的债权能够得到清偿，如出质人不能清偿借款，质权人则按照法律规定行使权利，擅自处分质物显然不是设定质权的目的。因此，被告作为质权人，未经出质人原告黄某同意，擅自处置该车辆，其行为已经侵犯了原告对涉案车辆的所有权，给原告造成的损失，依法应予赔偿。

二审法院经审理认为，《物权法》第二百一十四条规定："质权人在质权存续期间，未经出质人同意，擅自使用、处分质押财产，给出质人造成损害的，应当承担赔偿责任。"第二百一十九条规定："债务人履行债务或者出质人提前清偿所担保的债权的，质权人应当返还质押财产。债务人不履行到期债务或者发生当事人约定的实现质权的情形，质权人可以与出质人协议以质押财产折价，也可以就拍卖、变卖质押财产所得的价款优先受偿。质押财产折价或者变卖的，应当参照市场价格。"

故原、被告于 2014 年 10 月 29 日签订《机动车抵押借款合同》，约定原告将案涉别克牌轿车交与黄某雕作为借款担保，后其确定将该车交与黄某雕，双方成立以别克牌轿车为标的物的质权。借款期满后，黄某未能及时还款，黄某雕有权通过拍卖、变卖、折价等方式实现质权并优先受偿。但本案黄某雕出售该车未与原告协商，且车辆出卖款明显低于该车市值，给原告造成损失，应予赔偿。

案件评述

一、原、被告之间的抵押合同实质上是质押借款合同

所谓质押其实是指债务人或者第三人将其动产移转占有，以该动产作

为债权的担保，债务人未履行债务时，债权人有权就该动产优先受偿的一种法律制度。

本案中，原告向被告借款1万元，并用自己所有的一辆别克牌轿车作担保物抵押给被告，同时将该车的行驶证、登记证、购车发票等相关材料一并交给被告，签订了《抵押合同》。但是根据合同的内容，与原告将轿车及各种证件交与被告处转移占有的履行事实，原、被告之间的《抵押合同》实质上为质押合同。

二、质押期间被告没有权出售其占有的原告出质的轿车

这是本案处理中所遇到的另外一个问题。根据本条规定，质权人在质权存续期间，未经出质人同意，擅自使用、出租、处分质押财产，给出质人造成损害的，应当承担赔偿责任。换句话说，质权人是没有权利使用、出租、处分质押财产的，除非得到出质人的特别授权。

本案中的债务人将其所有的车辆出质给被告占有，质权人未经出质人同意，擅自处置该车辆，并且将涉案车辆以低于该车市值的价格出卖，其行为侵犯了原告对涉案车辆的所有权，给债务人造成损失，依法应予赔偿。

三、转质为典型的对质押物的处分

转质分为两种，即承诺转质和责任转质。

1. 承诺转质的定义

承诺转质是指经出质人同意，质权人在占有的质押财产上为第三人设定质权的行为。

2. 责任转质的定义

责任转质是指质权人在质权存续中，不经出质人同意，以自己的责任将质押财产转质给第三人的行为。

责任转质无视出质人的意见，质权人自信以自己的责任可在任何情况下对转质负责（包括不可抗力的情形）。责任转质对于出质人来讲，易产生心理隔阂，还难免对质权人能否承担可能发生的全部风险产生疑问，并会增加出质人的风险负担和债务履行之约束。

3. 责任转质的构成要件

责任转质属于质物上质权的再度设定，其构成要件包括：

（1）质权人必须向转质权人说明质物的归属。

责任转质中的质权人必须向转质权人说明质物的归属，以及要使转质权人明知该质物属于再度设质。如果质权人隐秘标的物为他人设质之质物，而以所有人之资格就质物设质时，相对人可以因善意取得之原则取得质权，并不受前位质权的限制。此乃质权的善意取得，已并非转质范畴。

（2）质权人与转质权人之间就质物之设质须有合意。

（3）质权人须将质物之占有移交于转质权人。

（4）转质权须于质权有效存续期间内。

质权因存续期间届满而消灭的，转质权亦当然消灭。

（5）转质权的范围必须在原质权的范围内。

即转质权所担保的债权额，不得超过原质权所担保的债权额。

（6）转质由质权人以自己责任为之无须取得出质人的同意。

4. 符合要件的责任转质产生的法律效力

（1）质权人以自己的责任为转质承担责任

质权人不仅要对出质人承担质物因转质权人的过失而灭失毁损的责任，而且要承担因转质所产生的不可抗力的风险责任。

（2）转质权人在原质权担保债权额的范围内可享有质权

转质权人于自己债权受清偿前，对质物享有留置、占有权，而质权人则丧失该权利。

（3）原质权人因转质权的设定应受不使其消灭之约束

原质权人将自己所把握的质物担保价值赋予转质权人，在其所赋予的数额范围内，应受不使其消灭之约束，不得抛弃其质权或免除其债权之债务。

（4）主债务人如未经转质权人同意对质权人为债务清偿不能产生对抗转质权人的效力

质权人将转质意思已通知主债务人时，主债务人如未经转质权人同意，而对质权人为债务清偿者，不能产生对抗转质权人的效力。

（5）行质权不仅应以自己债权已届满清偿期为条件，而且应以质权人的债权也已届满清偿期为必要

第四百三十二条　【质物保管义务】质权人负有妥善保管质押财产的义务；因保管不善致使质押财产毁损、灭失的，应当承担赔偿责任。

质权人的行为可能使质押财产毁损、灭失的，出质人可以请求质权人将质押财产提存，或者请求提前清偿债务并返还质押财产。

【条文疏义】

本条沿袭了《物权法》第二百一十五条的规定。

一、质权人对质押财产的保管义务

1. 质权人既然占有质物当然有保管质押物的法定义务

质权人应当以善良管理人的注意义务对质物承担保管责任。善良管理人的注意，是指依照一般交易上的观念，认为有相当的知识经验及诚意的人所具有的注意。是否尽到此项注意义务，应当依照抽象的标准加以确定。

2. 质权人违反善良管理人的注意义务应承担过错赔偿责任

质权人在造成出质人的损失时，应承担赔偿责任，这种责任属于过错责任。质权人保管质物不能尽到善良管理人的注意义务而造成质物有发生损失的危险时，出质人有权请求质权人提存质物，或者提前清偿债权以消灭质权。出质人请求提存时，质权人不得以其对质物的占有对抗出质人的请求，质物的提存不影响质权人的质权。出质人请求提前清偿债权而消灭质权的，债权获得全部清偿时，质权人应当返还质物。

二、质权人对质押财产所负的妥善保管义务

1. 妥善保管义务为善良管理人之义务

这里的妥善保管义务是指质权人应当像保管自己的物品一样保管质押财产，不得存有任何的恶意。

对质押财产妥善保管，不得任意作为或不作为使质押财产遭受损害，是质权人的义务。一般情况下，质权人对质押财产的管理，应达到具有相当经验或知识及诚实信用之人所应有的注意程度。

2. 质权人妥善保管义务的期限

质权人的此种义务，存在于对质押财产占有的整个质押期限内，不得懈怠。

此即意味着，自接受质物占有时起至质权消灭时止，在此期限内对质押财产的保管义务持续存在，同时此种义务还应扩及质押财产所生的孳息。在质押财产因归责于质权人之事由而遭受损害时，出质人即可基于所有权要求质权人承担损害赔偿责任。

三、质权人不能妥善保管质押财产时的补救措施

质权人不能妥善保管质押财产是指质权人主观上有过错（包括故意或过失），对质押财产未尽到应有的注意而有可能使质押财产遭受损毁的危险，而并非质押财产已实际遭受毁损。所以，此时出质人并不能向质权人提起损害赔偿的请求。但是，出质人仍可采取一些补救措施，以避免质物由受损的危险转变为实际遭受损失。

根据本条第二款的规定，质押财产遭受损害可能时的补救措施有两条：

1. 出质人可以请求质权人将质押财产提存

提存的本意是指债权人无正当理由而拒绝接受债务人的履行，或债权人下落不明而无法履行，经债务人申请和人民法院或提存机关批准可将标的物提交有关机关保存，如标的物不宜长期保存，也可以变卖后将价金存入银行而消灭债务的一项制度。

由此可见，本条所指提存与上述意思有所不同，它仅是指经出质人要求由债权人把质押财产交付提存机关，目的在于维护交换价值的稳定，并有利于出质人的利益。此时，债务依然存在。

质押财产交付提存机关后，在债权清偿期届至时，如债务人已履行了债务，则出质人可从提存机关取回质押财产。如债务未履行，债权人即可行使质权，以质押财产优先受偿。关于提存费用的负担，法律没有明确规定，我们认为应区别对待：在质权人有过错时，费用由质权人负担；在质权人无过错时，则由出质人负担。另外，也可由质权人负担后，根据情况再行处理。

2. 出质人可以请求提前清偿债务并要求返还质押财产

履行债务是债务人的法定义务，根据《民法典》第五百三十条所沿袭的《合同法》第七十一条的规定，债务人提前履行债务如果对债权人并无不利的，质权人应当接受，此时债务人可以取回质押财产。如果提前履行债务给债权人造成损失的，债权人可以拒绝接受，但应当提供对质物的相应担保。

【典型案例】

质物在质押期间灭失责任由谁承担[①]

——质权人的赔偿责任

基本案情

原、被告于2014年9月16日签订《借款合同》，约定原告（久久煤炭经销公司）向被告（该省森森小额贷款公司）借款1000万元，借款期限6个月。原告将其所有的原煤抵押给被告，双方于9月16日签订了亥森乙（抵）字（2014）第186号《抵押合同》，合同后所附抵押物清单对抵押物的说明为“原煤78000吨，存放地点为亥省酉申市寅卯县农场煤矿蓝菊商

---

① 参见久久煤炭经销公司与森森小额贷款公司动产质权纠纷案，黑龙江省双鸭山市中级人民法院，(2017) 黑05民初28号。

店北侧300米处；新安矿八分厂二队”，抵押物在酉申市工商行政管理局尖山分局办理了动产抵押登记，动产抵押登记书记载“抵押物为该省酉申市寅卯县农场煤矿蓝菊商店北侧300米处数量53000吨，新安矿八分厂二队25000吨，发热量5000卡以上”。

第三人瑞瑞公司、自然人张某为该笔借款提供了担保，并签订了保证合同。

2014年9月25日，森森小额贷款公司（本案被告）为甲方、久久煤炭经销公司为乙方、万万物流公司为丙方，三方签订了三方监管协议，约定“甲方为质权人，乙方为出质人，丙方为甲方委托的受托方，代理甲方占有、监管质物。鉴于甲方和乙方签署的质押担保协议，要求乙方将质押担保物交付甲方，甲方和乙方同意指定丙方为质物提供监管服务，为了保证甲、乙方质押担保协议的有效执行，丙方同意根据本监管协议的约定接受甲方委托并按照甲方的指示提供监管服务”，合同同时约定“丙方给甲方造成损失的，承担甲方实际损失的赔偿责任；甲方因违反协议对乙、丙方造成损失的，承担乙、丙方的实际损失”。合同签署后原煤交由万万物流公司监管。2014年9月30日，被告向原告发放贷款600万元，借款期限至2015年3月29日。2015年3月初，原煤被拉走，现两处存放地点已无原煤，被告不能提供原煤原物或原煤存在地点。

原告酉申市久久煤炭经销公司诉称被告委托万万物流公司对抵押物进行监管。被告于2014年9月30日向原告发放贷款600万元，原告支付利息124万元。剩余贷款400万元，被告以种种借口拒不履行放款义务。

在2015年3月初，原告发现原煤全部被他人拉走，向寅卯县公安局刑警大队报案，经查，原煤由被告拉走。被告在贷款期限未到，双方也没有协商解除借款合同的情况下处置抵押财产，侵犯了原告的财产所有权，给原告造成了巨大的经济损失。

法院审理

法院经审理认为，原告久久煤炭经销公司向被告森森小额贷款公司借款，各方当事人之间签订的均是当事人真实意思表示，合法有效。原告以自有原煤为借款担保，虽然与被告签订的是抵押合同，但根据三方监管协议约定，原告已将原煤交付被告，并由被告委托监管公司进行监管。根据《担保法》第六十三条的规定，债务人将其动产移交债权人占有，将该动产作为债权的担保系动产质押，据此，应认定原告提供原煤作为担保的方式为质押。

被告提出原煤并未转移占有，原告自行承担保管义务的主张与三方监管协议内容不符，人民法院不予采纳。原告于2015年3月初发现原煤被拉走，现原场地已无原煤。在长达两年多的诉讼期间，被告未能提交质物或提供存放质物的地点。依据《物权法》第二百一十五条的规定，被告应就原煤的灭失承担赔偿责任。

案件评述

一、本案涉及质押期间质押物灭失责任的承担问题

本条是关于质权人妥善保管质物的义务规定，本案中，质物为原煤78000吨。质物在质押期间被人拉走，但是在长达两年多的时间内，质权人不能举证证明质物的存放地点和去向，法院推定质物灭失，并判决质权人承担质物灭失的责任，即判决质权人按照质物的评估价格进行赔偿。

二、质押物灭失的法律责任

1. 质押物的绝对灭失

绝对灭失包括事实上的灭失与法律上的灭失。事实上的灭失是指抵押物的基本形态已不复存在，如抵押物被拆除或在遭受不可抗力而毁灭等。法律上的灭失是指虽然抵押物的基本形态尚存，但依据有关法律规定该抵押物不能再作为原权利的标的（如抵押物被国家征用等）。

但是，对于抵押物的毁损是否也应属于抵押物的灭失的问题，一般认为应分为两种情况：如若抵押物的形态尚未发生根本性变化，只有一定程度地损坏，只不过是其价值减少，抵押物不应视为灭失。而如若抵押物的形态发生了根本性变化，不仅其价值减少，而且从根本上丧失了使用价值，自应视为抵押物灭失。

2. 质押物的相对灭失

相对灭失是指物理形态依然存在，仅价值发生替代。如抵押物被转让、出租以及转质等。

对于抵押物的绝对灭失，无论是事实上灭失，还是法律上灭失，各国立法无不视其为抵押权的物上代位的事由。但在抵押物相对灭失的情形下，各国立法有明显差异。既有赞成说又有反对说，还有折中说。

如《日本民法典》不仅承认抵押物绝对灭失情形的物上代位，而且承认抵押物相对灭失情形的物上代位。《日本民法典》第304条规定，抵押权人对抵押物被出售、出租所产生的价金、租金可以进行物上代位。德国对抵押物转让价金请求权的物上代位权持肯定态度，而对抵押物出租的租金请求权的物上代位持否定态度。意大利却只规定在抵押物绝对灭失的情况下才可物上代位。

三、抵押担保期间的确定

1. 按照物权法定主义原则来考察抵押担保期限

不难发现，《担保法》第五十二条关于“抵押权与其担保的债权同时存在，债权消灭的，抵押权也消灭”对抵押权效力存续期限作了明确规定。

2. 只要债权存在，抵押权就存在；债权消灭，抵押权才消灭

抵押担保的债权因清偿、提存、抵销、免除、混同等原因全部消灭时，抵押权随之消灭。抵押权除因主债权消灭而消灭外，根据《担保法》的有关规定，还可因抵押权实现、抵押物灭失、抵押合同解除、抵押物转让价款提存而消灭。

3. 抵押权自抵押合同生效后始终存在而不以当事人的意思为转移

只要债权尚未消灭、抵押物尚未灭失等法律规定的抵押权效力终止情形尚未出现，抵押权自抵押合同生效后始终存在，而不以当事人的意思为转移。

如当事人排除《担保法》第五十二条的适用，另行约定抵押担保期限，或者登记机关违反上述法律规定，擅自设定抵押担保续展期限，都违背了物权法定主义原则，应认定为无效。

四、灭失质押物经济价值的判断

1. 根据证据规则和经验法则来推断质押物的真实价值

实践中，灭失质物的价值往往是可以确定的，即可以根据证据规则和经验法则来推断质物的真实价值。但当灭失质物的价值无法根据现有证据作出认定时，实践中在如何认定灭失质物的价值的问题上，学界有不同的观点。

2. 由主张质物价值区别于债务数额的人负举证责任

有学者认为，如无法估价数额或其他证据证明，应当按照债权数额（含利息等）推定质物的价值。因为在通常情况下，质物价值与债务数额大致相当，谁主张质物价值明显大于或小于债务数额的，谁即应负举证责任。①

3. 作为理性经济人的质权人应承担较重的举证责任

也有学者认为，债权人作为理性自立的经济人，在质权设定时不可能接受市场价值低于债权的质物，因为彼时其处于优势地位。且此案系质押物灭失引发的纠纷，由于债权人占有质押物，故应履行保管义务。如果支持债权人的主张，将助长道德风险，导致更多质押物灭失事件的发生，带来的成本更大。② 故此应当认为，双方均不能举证或者明确质物的价值，质权生效前，双方也都未核实质物价值，则双方均有过错，但质物灭失，质权人存在没有履行保管义务的过错，因此，质权人应该承担较重的责任。

---

① 刘保玉、熊丙万、刘春梅、刘建功、詹巍、叶林、王志诚、刘凯湘、邓峰、李秀霞、高圣平、吴兆祥、李后龙、李志刚、方金刚、王朝辉、吴光荣、贺剑、方斯远、桑本谦：《灭失质物价值的司法认定：裁判依据与法理基础》，载《人民司法》2016 年第 34 期。

② 刘保玉、熊丙万、刘春梅、刘建功、詹巍、叶林、王志诚、刘凯湘、邓峰、李秀霞、高圣平、吴兆祥、李后龙、李志刚、方金刚、王朝辉、吴光荣、贺剑、方斯远、桑本谦：《灭失质物价值的司法认定：裁判依据与法理基础》，载《人民司法》2016 年第 34 期。

第四百三十三条　【质押财产保全】 因不可归责于质权人的事由可能使质押财产毁损或者价值明显减少，足以危害质权人权利的，质权人有权请求出质人提供相应的担保；出质人不提供的，质权人可以拍卖、变卖质押财产，并与出质人协议将拍卖、变卖所得的价款提前清偿债务或者提存。

【条文疏义】

本条沿袭了《物权法》第二百一十六条的规定，仅作文字修改。

一、质权人的担保提供请求权保护

当质物有损坏或者价值明显减少的危险而足以危害质权人权利时，不论质物的损坏或者价值减少的危险原因为何，只要此项原因不可归责于质权人，质权人为保全其质权，可以要求出质人提供相应的担保。

此为质权人的担保提供请求权。当质物有损坏或者价值明显减少的危险而足以危害质权人的权利，经质权人请求而出质人不提供相应担保的，质权人有权处分质物，以处分质物的价金保全质权。此为质权人的紧急变价质物请求权，包括提前清偿请求权和提存请求权。

二、保护的前提须有质押物毁损或者价值减少的事由

不能归责于质权人的事由可能使质押财产毁损或者价值明显减少，是指质物可能毁损或者价值明显减少不是由质权人的保管不善所致，而是由于自然原因等因素导致的。

三、质权人因此享有替代担保请求权

当质物可能存在损坏或者价值明显减少的事实足以危害质权人的利益时，质权人为保全其质权不受损害，可以要求出质人提供相应的担保，此为质权人的替代担保请求权，也被称为质权人的物上代位请求权。

之所以作出替代担保的质物保全规定，主要是因为质押担保是以质物所具有的交换价值确保债权的实现。如果质物的价值可能明显减少或者质物毁损，将直接危害到质权人的质权，法律应当赋予质权人对其担保利益维护的救济手段，允许质权人要求出质人提供相应的担保。“相应的担保”是指与可能毁损或者价值明显减少的数额相当的担保。

四、不提供担保即可以通过协议提前清偿债权或者提存

当质物有可能损坏或者价值明显减少的情况出现时，质权人请求出质人提供相应的担保，出质人不提供的，质权人可以拍卖或者变卖质押财产，并与出质人通过协议将拍卖或者变卖所得的价款提前清偿债权，也可以将处分质物的价款提存。

此时质权人拍卖、变卖质物无须经出质人同意。拍卖、变卖所得的价款在性质上属于质物的替代物，质权人不当然取得价款的所有权，出质人可以用该价款提前向质权人清偿债权；如果以该价款提存的，则要等债权期间届满，以提存的价款清偿债务。无论是提前清偿债权，还是提存后届时清偿债务，对于其价款超出所担保债权的部分，应当直接归还出质人。

【典型案例】

质押期间质权人能否处分质物[①]

——质权人的紧急变价质物请求权

基本案情

2008年7月13日，鑫鹏石化公司与皇中皇金店签订一份《押货协议》，协议约定其将32156克成色黄金质押交付给皇中皇金店，皇中皇金店按当日价计算押货金额的80%付款，利息按月息7.4厘计算，当日预付金额540万元。鑫鹏石化公司在市场行情下滑的情况下必须追加资金，若行情下滑5%，鑫鹏石化公司要追加5%；若行情下滑10%，鑫鹏石化公司若

① 参见鑫鹏石化公司与皇中皇金店、杨某合同纠纷案，河南省三门峡市中级人民法院，(2010) 三民终字第97号。

不追加资金，则皇中皇金店有权将鑫鹏石化公司质押黄金予以处理，一切后果由鑫鹏石化公司负责。

鑫鹏石化公司于签订协议之日付给皇中皇金店黄金32156克，当日金价为210元/克，皇中皇金店2008年7月14日向鑫鹏石化公司转账800万元。但鑫鹏石化公司未按合同约定补足120万元的货，只补充了2389.28克黄金（价值40余万元）。皇中皇金店多次催鑫鹏石化公司追加资金或货款，鑫鹏石化公司置之不理，皇中皇金店无奈于12月12日将鑫鹏石化公司质押的黄金以178.37元/克全部出售用于清偿鑫鹏石化公司的借款，并将出售质押黄金变卖情况通知鑫鹏石化公司工作人员。

鑫鹏石化公司提起诉讼：要求皇中皇金店赔偿损失2654708.80元及利息。

法院审理

一审法院经审理认为，鑫鹏石化公司、皇中皇金店质押借款协议金额，虽开始是540万元，但在该协议上鑫鹏石化公司于当日又给皇中皇金店书写了260万元的借条，皇中皇金店一次给鑫鹏石化公司转账800万元，质押金额应为800万元。

鑫鹏石化公司未按合同约定，在10日内补足同等价值的货和多拿余款（120万元），在市场行情下滑的情况下，又未按约定足额补仓，皇中皇金店按合同约定将质押黄金按市价变卖用于清偿借款，依照合同约定处理质押物，是正当行使合同权利的合法行为，据此鑫鹏石化公司诉讼请求没有事实和法律依据，不予支持。

二审法院经审理认为，在案涉协议履行期间，多次出现了双方《押货协议》第三条约定的“若行情下滑10%，甲方不追加资金，乙方有权将甲方质押的黄金处理”的情形。皇中皇金店于2008年12月12日，在告知鑫鹏石化公司后，将鑫鹏石化公司质押的黄金34545.28克以178.37元/克（较210元/克下跌15.06%）的价格予以出货。皇中皇金店的出货行为是依据双方《押货协议》第三条、第五条的明确约定行使合同权利，也与《物权法》第二百一十六条、《担保法》第七十条之规定相符合。

鉴于案涉《押货协议》是在平等自愿的基础上签订的，是双方真实意思表示，且不违反法律、行政法规的强制性规定，为有效协议。鑫鹏石化公司在履约过程中未完全按照协议约定履行合同义务，皇中皇金店按协议约定将质押黄金按市价变卖用于清偿借款，是正当行使合同权利的合法行为。

鑫鹏石化公司的上诉理由不足，法院不予支持。故判决驳回上诉，维持原判。

案件评述

一、案涉合同合法有效

本案中，双方订立的质押合同合法有效，对双方均有法律约束力。鑫鹏石化公司在合同履行过程中，未按合同约定补足现金。按照合同约定，在金价行情下滑10%时，若鑫鹏石化公司不追加资金，则皇中皇金店有权将质物变卖。

二、在出质人拒绝提供担保的情况下债权人就可以拍卖或变卖质押财产

1. 具有交换价值的质押财产是质押合同的标的物

它之所以能够担保债权的实现，是因为其具有交换价值。如果合同订立，质物交付后，由于不可归责于质权人的过错，质押财产有损毁或者价值明显减少的可能，并足以危害质权人权利的，质权人的担保利益与订立质押合同时的情况相比显然就有了损失，此时该损失如不由出质人弥补，则对质权人极不公平。

本条规定的“相应的担保”就是指质权人要求出质人提供的担保的价值与质押财产毁损或者减少部分的价值相当。即出质人提供的担保在价值上应能替代质押财产损毁或价值明显减少的部分。一般来说，债务未届清偿期前，质权人无权就质押财产受偿，但由于质押财产毁损或价值明显减少，且在出质人拒不提供担保的前提下，为了保护质权人的利益，赋予质权人不必征得出质人同意而拍卖或变卖质押财产的权利。

2. 质权人应当就拍卖或变卖所得价款提前偿付债权或者提存

如果超过所担保债权数额的，则超过部分归出质人所有。拍卖或变卖所得价款属于质押财产的代替物，质权的效力及于该代替物上，但质权人对此不享有所有权。出质人也可以用其提前偿还债务，也可以与质权人协商向第三人或特定机关提存。

提存以后，只有在债务清偿期届满时，才得以提存的价款清偿债务。在质权人对质物进行拍卖或变卖时，如果出质人主张提前清偿债务，而不愿丧失质物所有权的，质权人不应阻碍。但如果因提前履行债务给债权人造成损失的，出质人应当承担责任。在质押财产价值减少或损失时，质权人应依诚实信用原则采取措施防止损失扩大或及时告知出质人，而不能坐视损失扩大，否则质权人也应承担相应的赔偿责任。

三、质权的保护以保全财产优先受偿权制度为核心

《民法典》规定对质权保全优先权旨在实现法律制度间的协调统一。

保全的优先受偿权是指在一定条件下，财产保全的申请人对于其保全的财产享有优先受偿的权利，优先权作为一项重要的债权保护制度，通过破除债权平等原则，赋予特殊债权人以优先于其他债权人而受清偿的权利，目的在于维护社会的公平与正义，实现实质平等。目前世界多个国家民法均规定了保全财产优先受偿权制度，然而目前我国法律则没有明确这一制度，从我国《民事诉讼法》规定的优先权制度目的和申请财产保全的宗旨来看，我国现阶段应规定申请人对保全财产的优先权利，以实现法律制度之间的协调统一，促进社会经济健康有序地发展。

如上文所述，虽然我国法律已经明确了财产保全制度，但是没有明确规定保全财产的优先受偿权制度，这就造成在实践操作中对于保全财产是否有优先受偿权，操作不一。具体操作包括三种情况：保全财产的申请人具有优先受偿权、没有优先受偿权和附条件的优先受偿权。这容易造成司法实践中的混乱，损害财产保全申请人的实质平等权利的同时也严重损害司法公信力和严肃性。[①]

四、《民法典》弥补担保物权制度的结构性缺陷与规范缺位

《民法典》对担保物权制度作了体系化的规定。因受“物债不分”的制度逻辑的影响，《民法典（草案）》在构造担保物权的一般规定以及类型化担保物权的制度结构方面，虽有改善《物权法》规定的某些制度的努力，但总体上对2007年制定的《物权法》规定的担保物权的制度逻辑和体系梳理未有实质性的改善，仍普遍存在担保物权规范的制度逻辑不清晰、制度规范缺位或选择失当、担保物权制度的结构性缺陷等诸多问题。

故学者在《民法典》编纂中曾呼吁，首先应当摒弃自《担保法》以来我国发展担保物权体系的“物债不分”的制度逻辑，以现有的担保物权制度结构和体系为基础，重构担保物权的一般规定，构造逻辑关系相对清晰的担保物权规范，以完善作为民法典组成部分的担保物权制度。[②]

第四百三十四条 【转质】质权人在质权存续期间，未经出质人同意转质，造成质押财产毁损、灭失的，应当承担赔偿责任。

【条文疏义】

本条沿袭了《物权法》第二百一十七条的规定。

一、转质的内涵

质权人为担保自己或者他人的债务，在占有的质物上再次设定质权的行为称为转质，所成立的质权为转质权[③]。因转质而取得质权的人为转质

① 朱洪鹏：《论对保全财产的优先受偿权》，南京师范大学2015年硕士学位论文。

② 邹海林：《论〈民法典各分编（草案）〉“担保物权”的制度完善——以〈民法典各分编（草案）〉第一编物权为分析对象》，载《比较法研究》2019年第2期。

③ 张玉东：《承认抑或否认：解释论视角下的责任转质——以〈物权法〉第217条为中心的分析》，载《山东社会科学》2015年第5期。

权人。转质主要适用于动产质权，也可适用于以交付权利凭证为成立要件的权利质权。

二、转质的种类

依学理通说，转质依其是否经出质人同意，分为“承诺转质”和“责任转质”。

1. 责任转质

所谓“责任转质”，是指质权人在质权存续期间，无须出质人同意而以自己的责任将质押财产转质于第三人的行为。本条规定的就是此种类型。在责任转质的情形中，质权人对质押财产转质后发生的任何损失，包括因不可抗力而发生的损失，均应承担责任。

2. 承诺转质

所谓“承诺转质”，是指质权人征得出质人的同意而将质押财产转质于第三人的行为。在承诺转质的情形中，质权人仅对因转质人的过错（包括主观上的故意和过失）而发生的损失承担责任，对质押财产转质后非因转质人的过错而发生的损失，质权人不承担责任。

三、转质的实践来源

本条相较《最高人民法院关于适用〈中华人民共和国担保法〉若干问题的解释》第九十四条而言有着明显的改进。该司法解释第九十四条第二款认为责任转质无效，这显然不利于质押财产应有价值的发挥。质权人因质权的设定而占有质押财产，一定会妨碍质押财产使用价值的发挥，若质权人能通过转质而充分利用质押财产的交换价值，可以弥补质押财产的使用价值不能充分发挥的缺陷，有助于实现“物尽其用、物有所值”的经营理念。

质权为财产权。质权人对质押财产的占有和收益享有利益，在合理的限度内，法律没有限制当事人利用和处分质权的必要。但基于对出质人之质押财产的安全性考虑，本条虽认可了转质，但又对其作出了严格规定，将质押财产转质后可能面临的风险交由出质人判断选择，即在转质原则上应征得出质人的同意，否则质权人应承担因转质发生的一切损害。这是立法上的一种折中做法。

质权为财产权。质权人对质物的占有和收益享有利益，在合理的限度内，法律没有限制当事人利用和处分质权的必要。

在责任转质的情形中，质权人对转质后发生的任何损失，包括因不可抗力而发生的损失，均承担责任。其对出质人的利益并无明显不利，在对出质人的保护方面，甚至强于承诺转质，同时对于质权人充分利用质物的交换价值有重要意义。因此，本条的规定无疑是进步的，同时也与国际立法趋同。

【典型案例】

未经出质人同意能否处分质押物①

——法律对质权人转质的限定

基本案情

2016年12月8日唐甲到千乙科技公司丙阳分公司申请借款2万元，并与丁贷金融信息服务公司以电子合同的方式签订了《借款协议书》：由丁贷网作为居间服务人，为出借人侯某戊（1000元）、马某己（4356元）、危某庚（1906元）、吴某辛（6000元）、周某辰（6738元）与唐甲提供平台建立借贷关系，年利率8.5%，借款期限1个月，出借人委托丁贷网将借款划入唐甲账户，还款由丁贷网在唐甲相应账户直接划取。

同日，唐甲与千乙科技公司丙阳分公司签订《汽车质押合同》：唐甲将其所有的一辆江淮牌小型汽车，作为质押物，为上述借款提供质押担保。当日唐甲即将该车交付千乙科技公司丙阳分公司，丁贷金融信息服务公司于当日向唐甲银行账户转账支付18259.33元借款。之后丁贷金融信息服务

---

① 参见千乙科技公司与唐甲、千乙科技公司丙阳分公司质押合同纠纷案，四川省资阳市中级人民法院，(2018)川20民终360号。

公司于2017年1月8日从唐甲的银行账户上扣款1788元，2月20日扣款1580元。5月24日，唐甲欲偿还剩余借款本息取回自己质押的车辆时，得知车辆已被处置抵债，双方发生纠纷。

法院审理

一审法院经审理认为，借款合同远远超过法律规定的民间借贷年利率的24%。因此，确认借款期内的年利率8.5%，逾期利息、罚息、违约金、其他约定支出的总和为年利率24%。唐甲于2017年5月24日到千乙科技公司丙阳分公司欲还款取车，因此认定利息起始日为2017年1月8日，截至5月24日。由此，唐甲应付本息共21788元，已扣收3368元，由此，唐甲至今仍欠本息18420元。

因现未见实车，对其他影响价值评估的因素不能确定，该车自购买之日起至质押之日止，共使用1年2个月左右，综合考虑该车折旧15%，因此其价值为76800元×85%＝65280元。

二审法院经审理认为，关于案涉车辆的价值问题。因本案涉案车辆交由千乙科技公司丙阳分公司保管，而该公司事实上已对车辆进行了处置，在该公司无法评估车辆价值的情况下，一审法院根据车辆的使用年限、行驶里程等因素酌定车辆价值为65280元并无不当。故判决驳回上诉，维持原判。

案件评述

一、未经同意转质造成质押财产毁损灭失须承担赔偿责任

唐甲在要偿还千乙科技公司丙阳分公司借款剩余本息的时候，发现自己因借款质押的车辆在未经自己同意的情况下被转质，造成质押财产相对灭失。

《民法典》物权编第四百三十四条沿袭《物权法》第二百一十七条规定："质权人在质权存续期间，未经出质人同意转质，造成质押财产毁损、灭失的，应当承担赔偿责任。"案涉千乙科技公司丙阳分公司须承担赔偿责任，鉴于案涉千乙科技公司丙阳分公司现已没有实际占有质押物，唐甲若先偿还借款，车辆也无法从千乙科技公司丙阳分公司取回，故千乙科技公司丙阳分公司业已造成了质物的灭失。在千乙科技公司丙阳分公司已不能向唐甲返还质押物的情况下，其应承担的损害赔偿责任，具体可与唐甲的还款责任进行抵销。

质权人为担保自己或者他人的债务，以质押财产设定新的质权即转质。转质权也是质权人享有的权利之一，因转质而取得质权的权利人称为转质人。转质不限于动产质权，以财产权利为标的而设定的权利质权，也可以适用转质。

二、责任转质的法律效力

1. 立法对责任转质的效力并没有十分明确的规定

《最高人民法院关于适用〈中华人民共和国担保法〉若干问题的解释》第九十四条第二款规定："质权人在质权存续期间，未经出质人同意，为担保自己的债务，在其所占有的质物上为第三人设定质权的无效……"该规定明确了责任转质无效；然而《民法典》物权编第四百三十四条沿袭《物权法》第二百一十七条规定："质权人在质权存续期间，未经出质人同意转质，造成质押财产毁损、灭失的，应当承担赔偿责任。"该规定只规定了责任转质中的赔偿责任，未明确责任转质的效力。

加之全国人大常委会法制工作委员会曾对该规定作出了"不提倡，也不禁止"的解释，导致司法实践对责任转质效力的认定争议较大。争议的原因是对《物权法》第二百一十七条的不同理解。

一种理解是该规定和《最高人民法院关于适用〈中华人民共和国担保法〉若干问题的解释》第九十四条第二款一样，均是规定责任转质无效及其后果；另一种理解则是结合立法机关的解释，认为该条规范认可责任转质。在现行法体系之下，认可责任转质有效有足够充分且正当的理由。且现代生活对现金流的需求较大，价值选择已从秩序与安全到兼顾效率，在责任转质制度之下，能够更好地满足金融融资的需求，最大程度上实现物尽其用。[①]

2. 有关责任转质法律效力存有不同的学说

相比《最高人民法院关于适用〈中华人民共和国担保法〉若干问题的解释》第九十四条第二款的规定，《物权法》第二百一十七条在立法之后，于《民法典》编纂过程中，关于《物权法》第二百一十七条究竟是否承认了责任转质，在学界产生了三种基本观点，即肯定说、否定说和折中说。

（1）肯定说。肯定说认为，《民法典》第四百三十四条规定了质权人未经出质人同意转质的责任，实际上也就是承认了责任转质。[②] 此外，"承认责任转质，对于质权人充分利用质物的交换价值有重要的意义，而对出质人并无明显不利影响"。[③]

（2）否定说。否定说认为，《民法典》第四百三十四条的规定，是对责任转质的否定。责任转质既增加了出质人的负担（如出质人如欲提前清偿债务而取回质物，必须首先向转质权人清偿），同时增大了出质人（包括提供质物的第三人）的责任承担风险。这些效果都不利于双方当事人，且显然违背民法的意思自治原则。[④]

（3）折中说。折中说认为，根据《民法典》第四百三十四条的规定，在未经出质人同意转质的情况下，质权人不能转质。但在法律上宣告所有的责任转质无效也未必妥当。因此，"在责任转质的情况下，可以根据具体情况确认责任转质有效"。[⑤]

应当认为，在承诺的前提下转质肯定是有效的，但是未经同意转质的，法律也并未规定无效，因此转质应当属于有效行为，但是由此造成的损失，

---

① 代小飞：《责任转质效力研究》，中国社会科学院2019年硕士学位论文。

② 郭明瑞：《担保法》，法律出版社2010年版，第173页。

③ 最高人民法院物权法研究小组：《〈中华人民共和国物权法〉条纹理解与适用》，人民法院出版社2007年版，第641页。

④ 尹田：《物权法》，北京大学出版社2013年版，第585页。

⑤ 王利明：《物权法研究》（第三版）（下卷），中国人民大学出版社2013年版，第1334～1335页。

需要由责任人承担。

3.《民法典》物权编其实是对责任转质予以了一种负面调整模式

《民法典》的颁行使转质有了明文规定。其第四百三十四条规定，质权人在质权存续期间，未经出质人同意转质，造成质押财产毁损、灭失的，应当向出质人承担赔偿责任。

与《民法典》第四百三十四条相近似的立法和相关规定有《日本民法典》第384条和我国台湾地区适用的“民法”。将我国《民法典》第四百三十四条与上述规定对比可以看出，《民法典》物权编第四百三十四条并没有从正面规定转质，而《日本民法典》第384条前段规定“质权人于其权利存续期间，可以以自己的责任，转质质物”；我国台湾地区“民法”规定“质权人于质权存续中，得以自己之责任，将质物转质于第三人”，都是从正面规定了责任转质。

而我国《民法典》第四百三十四条仅规定“质权人在质权存续期间，未经出质人同意转质，造成质押财产毁损、灭失的，应当承担赔偿责任”，这其实是对质权人的加重责任的负面调整之规定。事实上即以规定责任转质的法律效果的方式，间接地规定了责任转质。相比日本和我国台湾地区的相关规定而言，《民法典》的这种规定方式更显立法技术之娴熟。

需要指出的是，“未经出质人同意转质，造成质押财产毁损、灭失的”，并非指“因为转质所造成的质押财产的毁损、灭失”，而是指在转质以后，质押财产所发生的一切毁损、灭失。因为责任转质下质权人的加重责任本质上是一种结果责任。此点可对照《日本民法典》第384条后段，“于此情形，对于因不可抗力造成的、不转质就不会产生的损失，亦负其责任”。

三、责任转质理论与实践需要不断与时俱进

市场经济的快速发展带来的不仅是经济效益，还有因追求经济效益和物尽其用目的所产生的责任转质法律问题。责任转质作为质权人在质权存续期间，未经出质人同意将质物移转给第三人，从而设立新的质权的制度。实践中质权人为担保自己对第三人的债务，将占有的质物转质给其债权人的现象较为常见，此时同一出质物上同时存在质权和转质权。

在司法实践中，有关责任转质纠纷的解决长期存在同案不同判的现象，或是有意避免对责任转质法律规范的适用，或是对责任转质固持保守态度，消极地否定责任转质行为的效力。理论界对有关责任转质的性质、行为效力和构成要件等方面也存在不同意见，一直无法达成较为统一的观点。

应当认为，实务中同案异判的现象主要是与立法尚待进一步完善，加上理论学说庞杂有关。一方面，《最高人民法院关于适用〈中华人民共和国担保法〉若干问题的解释》和《物权法》中都存在有关责任转质的规定，且二者各不相同，导致不同法院在选择适用法律规范时产生差异；另一方面，理论界关于责任转质在法律规范中的解释和具体适用尚存争议，造成不同案件中法院对同一法条的理解存在严重分歧。[①] 可见责任转质制度无论是在学术研究层面还是在司法实践之中，均在《民法典》编纂过程中得到了扬弃。

第四百三十五条　【放弃质权】 质权人可以放弃质权。债务人以自己的财产出质，质权人放弃该质权的，其他担保人在质权人丧失优先受偿权益的范围内免除担保责任，但是其他担保人承诺仍然提供担保的除外。

【条文疏义】

本条沿袭了《物权法》第二百一十八条的规定。

一、质权的抛弃及其后果

质权是质权人的一种财产性权利，所以可以被质权人抛弃，在质权人绝对抛弃其质权时，质权当然消灭。

---

① 张雪：《责任转质研究》，安徽大学 2019 年硕士学位论文。

1. 物保与人保并存

当债务人提供的物保与第三人保证并存时，由于质权属于担保物权，具有物权的属性，在与保证这种担保方式并存时，其效力优先于保证实现。因此，在放弃质权的情况下，其物权的特性使得保证人的保证责任在质权范围内得以豁免。

2. 多个物保并存

当债务人提供的物保与第三人提供的物保并存时，债权人放弃债务人物保的，其他物保人亦在弃权范围内免责。

3. 其他担保人承诺

当质权人抛弃质权时，在一般情况下，其他担保人应该在其放弃的范围内免责，但是担保人承诺仍然提供担保的除外。

二、质权消灭的种类

动产质权作为担保物权，既可因物权和担保物权的一般原因而消灭，又可因其特有的消灭原因而消灭，具体来讲主要有以下五项：

1. 被担保债权的消灭

质权与其担保的债权，同生共存。被担保的债权如果自始无效，则质权当然不发生效力；被担保的债权被撤销而溯及地消灭，质权当然消灭；被担保的债权发生重要变更的，视为被担保的债权消灭，质权也随之消灭。

2. 质权的抛弃及质物的任意返还

质权为财产权利，质权人有权抛弃质权，在质权人抛弃质权时，质权消灭；因质权不得以占有改定的方式设定，故质权人任意将质物返还于质物所有人时，质权也消灭。但若返还非因质权人抛弃质权的意思（如以暂时保管或使用借贷的意思将质物返还出质人）而发生，则不为质物的任意返还，质权并不因此而消灭，仅产生不能对抗善意第三人的效果。

3. 质物占有的丧失

质物占有的丧失是指质权人因质物损失、被盗、被侵害等原因而丧失对质物的占有，不包括质物的任意返还。若因第三人的侵害行为使质物占有丧失，质权人可要求不法占有质物的第三人返还质物，在此种情况下，质权并不消灭，但如果质物已为善意第三人取得所有权，则质权消灭。

4. 质物的灭失

质物毁损、灭失的，物的所有人丧失所有权，则质权消灭。

5. 质权的实现

质权人一经实现质权，质权当然消灭，若质物不能全部清偿质权人的债权数额，其质权也不再存在，未能受偿的债权成为普通债权。

三、质权人放弃质权不得有损于其他利害关系人的利益

所谓“质权人放弃质权不得有损于其他利害关系人的利益”，无疑是民法诚实信用原则的基本要求。当质权所担保的债权有保证人时，质权人有关质权的任何处分行为，将直接影响保证人的利益。为确保保证人的利益不至于因质权人放弃质权而受损，《担保法》第二十八条规定了债权人放弃物的担保的，保证人在债权人放弃权利的范围内免除保证责任。《民法典》第四百三十五条沿袭了《物权法》第二百一十八条规定之精神，但考虑到保证人如愿意承受不利影响从而同意质权人放弃质权，法律自没有横加干涉之必要。本条具体含义可阐释如下：

1. 质权人放弃质权自为质权人对私人利益的处分形态

质权人既有优先于普通债权人就质物优先受偿的权利，也有放弃质权而放弃优先受偿的自由。本条关于“质权人可以放弃质权”之规定，就是对质权人对质权处分行为的肯定，充分体现了法律对质权人的自由之尊重。

2. 质权人放弃质权应当以明示的方式作出

质权人不行使质权或怠于行使质权的，不能推定质权人放弃质权。质权人放弃质权，是质权人的单方意思表示，不需要取得出质人的同意。质权因质权人放弃质权的行为而丧失。

3. 质权放弃使其他担保人在其丧失优先受偿权益的范围内免除了担保责任

在同一债权既有债务人以自己的财产设定的质押担保又有其他担保人

（包括“人保”和“物保”）的场合，由于债务人是本位上的债务承担者，其他物的担保人及保证人仅是代替其承担责任，在他们承担责任后仍然对债务人享有求偿权，因此，在债务人自己出质的情况下，若先处理该质押财产清偿债务，就可以避免日后的求偿权诉讼。

同时，在质权人放弃质权时，其通常会丧失优先受偿权，因此，在质权人放弃质权的情形中，无疑会加大其他担保人的担保责任，这显然不甚公平。为了避免这种情况的发生，本条明确规定，其他担保人在质权人丧失优先受偿权益的范围内免除担保责任。但是，如果其他担保人自愿承受质权人放弃质权所产生的不利影响而承诺愿意继续提供担保的，意味着其同意质权人放弃质权的处分行为，法律亦无加以干涉之必要。

【典型案例】

质权人抛弃质权的法律效力究竟如何①

——对担保人担保范围的影响

基本案情

陈某、黄某于2009年6月8日登记结婚，于2017年3月29日登记离婚。2016年1月26日，陈某、黄某向王某有借款50万元，约定按月利率3%计算利息；黄某发为上述借款提供连带清偿责任，担保期间为自上述借款到期之日起2年。

同日，王某有按照陈某指定账户交付借款50万元。2016年2月1日上午11时44分许，陈某向王某有转账汇款51万元；2016年2月1日下午2时26分许，王某有向陈某转账汇款50万元。当日，陈某在自己汇款给王某有51万元的大额转账凭条下方注明：“此笔款为走账，与借款无关”，并将该大额转账凭条交由王某有持有。

① 参见王某有与陈某民间借贷纠纷案，浙江省金华市中级人民法院，（2017）浙07民终5864号。

2017年2月1日，陈某向王某有出具《债权债务确认书》一份，载明："本人于2016年1月26日向王某有借款人民币50万元整，由黄某发提供担保，另一笔由吴某作为借款人，向王某有借款23.5万元，借款时间为2016年4月5日，由我提供担保。"王某有与陈某均确认，当时借款时陈某曾以自己的奔驰汽车交给王某有作为抵押，后该汽车交由陈某开回。

后王某有向法院起诉提出诉请：其一，判令陈某、黄某归还借款50万元及利息（利息自2016年1月26日起按月利率2%计算至实际归还之日止）；其二，判令黄某发对上述债务承担连带清偿责任。

法院审理

法院经审理认为，本案的争议焦点主要在黄某发是否应对涉案借款承担担保责任。

虽然《物权法》规定了质押合同应采取书面形式，但《物权法》第二百一十二条规定："质权自出质人交付质押财产时设立。"因涉案车辆在本案借款时已被陈某抵押给案外人借款35万元，该车辆在借款时市场价值约52万元，故案涉车辆质押给王某有的质权价值仅为17万元。因王某有已将车辆交由陈某开回，应认定王某有放弃了案涉质权，黄某发作为保证人，应在王某有丧失优先受偿权益的范围内免除担保责任。

因黄某发是对陈某、黄某的50万元提供连带保证，故黄某发应在该50万元本息及实现债权费用扣除17万元的范围内承担连带清偿责任。

最终法院判决黄某发对陈某、黄某的上述债务在扣除17万元的范围内承担连带清偿责任。黄某发承担连带清偿责任后，有权向陈某、黄某追偿。

案件评述

一、抛弃质权使其他担保人于质权人丧失优先受偿权益范围内免除担保责任

《民法典》物权编第四百三十五条沿袭的《物权法》第二百一十八条规定："质权人可以放弃质权。债务人以自己的财产出质，质权人放弃该

质权的，其他担保人在质权人丧失优先受偿权益的范围内免除担保责任，但其他担保人承诺仍然提供担保的除外。”本案中，陈某因借款将自己车辆质押给王某有，后双方都承认陈某将车辆开回，车辆已经脱离王某有的占有，说明王某有默示放弃案涉车辆的质权。

黄某发作为借款保证人在王某有丧失优先受偿权益的范围内免除担保责任。又因黄某发提供的是连带保证，故黄某发应在本金50万元扣除17万元（汽车折价）的范围内承担连带清偿责任。

二、质权人抛弃质权为质权的处分权能之一种形态

质权人有优先于普通债权人就质押财产受偿的权利，质权人可以抛弃此种权利。质权人抛弃质权，故应当明示为之。质权人不行使质权或者怠于行使质权的，不得推定为质权人抛弃质权。质权人抛弃质权，为质权人的单方意思表示，无须取得出质人的同意。质权因质权人抛弃质权的行为而归于消灭。

三、人保与质保并存质权人放弃质权优先受偿责任随之免除

当同一债权既有保证担保又有质权担保时，若质权人抛弃质权，保证人在质权人就质押财产所失优先受偿的利益之限度内，不再承担保证责任。

但若保证人同意质权人抛弃质权，保证人不得依照本条规定主张免予承担保证责任。这里所称保证人的同意，应当以保证人的明示同意为先，即保证人知道质权人抛弃质权，但没有作出反对的意思表示，不得解释为保证人同意质权人抛弃质权。当同一债权既存在出质人提供的物保又存在第三人提供的物保时，也同理为之。

四、质权既为财产权自然可以抛弃

法律对质权人抛弃质权的原因如何，不必加以限定，质权人可以基于任何合法的理由而抛弃质权。但是质权人抛弃质权，不得有损于其他利害关系人的利益，此为民法诚实信用原则的要求。当质权所担保的债权上存在其他担保时，质权人有关质权的任何处分行为，将直接影响其他担保人的利益。

为确保其他担保人的利益不致因质权人抛弃质权而受损害，规定债权人放弃债务人提供的物的担保的，其他担保人在债权人放弃权利的范围内免除担保责任。但考虑到其他担保人如愿意承受不利影响而同意质权人抛弃质权，法律没有加以干涉的必要，因此本条相比《担保法》第二十八条增设了“但书”规定。

五、质权默示抛弃的法律效力

质权人返还质押财产，在有的国家和地区的相关规定中是按照质权人默示抛弃质权处理的，质权因质权人返还质押财产而消灭，如《德国民法典》和我国台湾地区所适用的“民法”。但也有相关规定按照质权人不享有对抗效力来处理，即质权不因质权人返还质押财产而消灭，如《日本民法典》第352条规定：“动产质权人非继续占有质押财产，不得以其质权对抗第三人。”我国《物权法》对质押财产返还对质权的影响未作规定，《最高人民法院关于适用〈中华人民共和国担保法〉若干问题的解释》第八十七条规定：“……质权人将质物返还于出质人后，以其质权对抗第三人的，人民法院不予支持。”由此可见，司法解释采取了质押财产返还不消灭质权的态度，与《日本民法典》关于“不得对抗第三人”的表述近似。

因此，此种观点坚持：在我国现行法律背景下，质权人返还质押财产于出质人，无论是质权人依自己的意思表示（如交付质押财产于出质人保管、使用），还是质权人非依自己的意思表示（如质权人受出质人、债务人的欺诈返还质押财产），均不能产生质权消灭的效果，质权人返还质押财产仅发生该质权“不得对抗第三人”的结果。

但由于此谓“不得对抗第三人”的范围应该包括：质押财产的所有权取得人（善意取得人）、新质权人（出质人以质押财产再出质后形成的质权人）、经登记的动产抵押权人、租赁人、查封债权人、破产债权人。可以认为，尽管质权人因不再继续占有质押财产而不得对抗上述第三人，但仍然可以对抗出质人的一般债权人，否则质权即丧失存在的意义，与质权消灭已无二致，反不如按照质押财产返还、质权消灭的处理方法简洁、关系清楚。

第四百三十六条 【质物返还与质权实现】 债务人履行债务或者出质人提前清偿所担保的债权的，质权人应当返还质押财产。

债务人不履行到期债务或者发生当事人约定的实现质权的情形，质权人可以与出质人协议以质押财产折价，也可以就拍卖、变卖质押财产所得的价款优先受偿。

质押财产折价或者变卖的，应当参照市场价格。

【条文疏义】

本条沿袭了《物权法》第二百一十九条的规定。

债务履行期届满，将产生两种情况：一种情况是质权因其所担保的债权受清偿或者其他原因的发生而消灭；另一种情况是债务未受清偿。就这两种情况，本条规定了两种不同的法律后果：质押物返还和实现质权。鉴于质押担保的目的在于确保债权的清偿，当债务人不履行债务或者违约时，质权人自然就有权将占有的质物以折价、拍卖、变卖等方式变价后，优先受偿。

一、质押物的返还

1. 质权消灭质权人仅负有返还质押物的义务

债务人履行债务是债务消灭的原因之一。由于债权的消灭（无论是到期履行还是提前清偿），质押担保的法律基础不存在了，因而质权就归于消灭。质权消灭的重要法律后果就是质权人将质押财产返还出质人。

债务人于债务履行期届满时履行了债务或者出质人提前清偿了所担保的债权，质权自消灭，质权人对其占有的质押物即负有返还给出质人的义务。可见，将质押财产返还给出质人同样也是质权人的义务。而返还质押财产的同时，自然也就免除了质权人保管质押财产的义务。

2. 质权人拒不返还质押物同样应承担民事责任

质权人是依质押合同来占有质押物的，一旦质权业已消灭，质权人无疑就丧失了继续占有质物的依据，应当将质物返还出质人；出质人因清偿债务，将质物上存在的所有权负担消灭，出质人当然就可以依法请求质权人返还质押物。质权人拒不返还的，同样应当承担民事责任。

3. 质押权人应将质押物返还给出质人但并不一定是债务人

质权人应当向出质人返还质物，因为出质人可以是债务人，也可以是第三人，特别是当出质人不是债务人而是第三人时，债务人虽然清偿了债务，但是由于用于担保的质物的所有权归第三人享有，因此质押权人应当将质押物返还给第三人而非债务人。

二、质权的实现

1. 质权人实现质权

在债务履行期届满而债务人未履行债务时，质权人自可依本条规定与出质人协议以质押财产折价，也可以依法拍卖或变卖质押财产，就所得价款优先清偿自己的担保债权，即质权人之优先受偿权。这种优先受偿权是针对债权人的其他债权人而言的，其他债权人是指没有担保的普通债权人，或有担保但担保顺序在后的债权人。同时，在折价或者变卖质押财产时，应以市场价格为准。

因此，质权人在债权已届清偿期而债务人不履行债务或者发生当事人约定的实现质权的情形时，处分占有的质物从而优先受偿的行为，其前提条件必须是债务履行期届满而债务未受清偿，或者发生当事人约定的实现质权的情形。

2. 协商折价

协商折价是指债务人在履行期限届满但未履行其债务时，经出质人与质权人协议，按照质物的品质并参考市场价格，把质物的所有权由出质人转移给质权人，从而实现质权的一种方式。折价必须由出质人与质权人协商一致，否则即拍卖、变卖。折价与流质不同，折价是在债务履行期届满，债务人不履行债务，质权人实现质权时确定，而流质是在质押合同设定时确定。

3. 拍卖与变卖

拍卖是按照法定程序以公开竞价的方式将质物卖给出价最高者的买卖。变卖是指直接将质物变价卖出的行为，变卖没有公开竞价等形式与程序上的限制，方便、快捷、变价成本小，必须参考市场价格。

【典型案例】

质权人能否出卖质物以优先受偿[1]

——质权实现的条件

基本案情

2014 年 4 月 11 日，谢甲与曾乙签订《借款合同》，该合同约定：曾乙向谢甲借款 8.48 万元，其中 4800 元是利息及服务费，谢甲实际向曾乙提供借款 8 万元；借款期限为 1 个月，从 2014 年 4 月 11 日起至 5 月 10 日止；月利率为 3%；曾乙以其所有的轿车作质押担保，质押物每月服务费 3%，被告向原告交付了质押的车辆，并约定若被告未按合同约定期限清偿债务，原告有权拍卖借款担保物，就所得价款优先受偿，合同还约定借款到期后，如被告没有取回质押车辆，该车辆抵偿借款 6 万元过户给谢甲，并由曾乙向谢甲另行偿还 2 万元借款。曾乙于 5 月 9 日支付了 2 个月的利息 4800 元及一个月的停车费 300 元，之后再未偿还任何借款。

谢甲曾于 2015 年向法院起诉要求被告偿还借款本金 2 万元及利息和其他费用，法院判决曾乙偿还借款本金 2 万元及利息，该民事判决书已发生法律效力。关于本案涉及的另外 6 万元借款，被告从 2014 年 7 月 11 日起

---

① 参见谢甲与曾乙民间借贷纠纷案，宁乡县人民法院，(2015) 宁民初字第 01891 号。

至庭审之日止未向原告支付过利息，也未偿还过借款本金。

原告谢甲遂向法院提出诉讼请求：

1. 判令被告偿还原告借款本金 6 万元及利息 40840 元，后段利息按约定计算至实际清偿之日止；2. 被告支付原告垫付的律师代理费 8000 元；3. 上述费用依法以在被告曾乙名下的抵押财产案涉轿车优先受偿；4. 被告承担本案诉讼费用。

法院审理

法院经审理认为，关于本案主张的 6 万元借款本金，被告一直未偿还，故对要求被告偿还该 6 万元本金的诉讼请求，法院予以支持。

关于该 6 万元借款本金的利息，原、被告约定了月利率为 3% 的借期内利率，被告已按月利率 3% 的标准向原告支付利息至 2014 年 7 月 10 日，关于后段利息，法院支持被告按照借期内的利率向原告支付资金占用期间的利息，现主张按照月利率 2% 的标准计算后段利息，因未超过年利率 24% 的标准，故法院予以支持，由此可计算出自 2014 年 7 月 11 日起至 2017 年 5 月 31 日止的资金占用期间利息为 40840 元（以不超过诉讼请求为限）。

被告曾乙以其所有的轿车为本案借款提供质押担保并交付了质押物，双方形成质押合同关系，该质押合同已经生效。现被告未按期偿还借款，故原告有权按合同约定以被告提供的质押物即轿车拍卖后的价款优先受偿本案借款本息。

法院判决被告曾乙于判决生效之日起 10 日内偿还原告谢甲借款本金 6 万元；被告曾乙于判决生效之日起 10 日内支付原告谢甲借款利息 40840 元，并以 6 万元本金为基数、按照月利率 2% 的标准向原告支付自 2017 年 6 月 1 日起至实际清偿借款之日止的资金占用期间利息；被告曾乙不按以上判决履行债务时，原告谢甲有权就被告曾乙所有的案涉小型轿车拍卖后的价款对上述第一项、第二项债务优先受偿。

案件评述

一、质权人的优先受偿权

曾乙在债务履行期届满的时候，没能偿还到期债务。根据《物权法》第二百一十九条的规定，债务人履行债务或者出质人提前清偿所担保的债权的，质权人应当返还质押财产。债务人不履行到期债务或者发生当事人约定的实现质权的情形，质权人可以与出质人协议以质押财产折价，也可以就拍卖、变卖质押财产所得的价款优先受偿。质押财产折价或者变卖的，应当参照市场价格。谢甲有权就质押财产优先受偿。

二、质权实现的方式

质权实现的方式，依本条的规定有以下三种：

1. 折价

此为质权人与出质人订立协议，由质权人出价购买该质押财产，取得其所有权。此种方式要求双方必须订立协议，质权人无权单独以质押财产折价受偿。如果出质人不同意，则质权人不得以折价方式处理质押财产。

2. 拍卖

拍卖是指以公开竞价的方式把质押财产卖给出价最高的人。但以此种方式拍卖质押财产，其价格可能高于或低于其本身的价格，但在清偿债务后有余额的，应当返还给出质人，不足者应由债务人补足。

3. 变卖

变卖是指将质押财产变卖后，以其价款清偿债务。变卖的优点是快捷、灵活、节省费用，对双方当事人都较为有利。且从本条规定来看，拍卖或变卖方式只需依法进行，无须出质人同意。

需要指出的是，如果数物为同一债权担保，而各个质押财产都为可分之物时，质权也及于各个质押财产。但在质权人以折价、变卖、拍卖方式处理质押财产时，在部分质押财产被折价、变卖、拍卖足以清偿担保的债权时，质权人就不得再对其他质押财产进行折价、变卖、拍卖。因为，债务清偿后，债权就归于消灭了，那么，债权的消灭，意味着质权也不存在。

剩余的质押财产不再是担保的标的物，而成为无负担的物，因此应当返还给出质人。

三、质权人返还质押财产认知和判断进退失据的尴尬境地

《物权法》就动产质权设立在第二百一十二条中规定质权自出质人交付质押财产时设立。在《物权法条文理解与适用》一书中，最高人民法院法官们当时就该条款的解读认为，《物权法》对质押财产返还对质权的影响未作规定，《最高人民法院关于适用〈中华人民共和国担保法〉若干问题的解释》第八十七条第一款规定："出质人代质权人占有质物的，质押合同不生效；质权人将质物返还于出质人后，以其质权对抗第三人的，人民法院不予支持。"由此可见，《最高人民法院关于适用〈中华人民共和国担保法〉若干问题的解释》是采取了质押财产返还不消灭质权的态度，而与《日本民法典》关于"不得对抗第三人"的表述近似。因此，在我国现行法律背景下，质权人返还质押财产于出质人，无论是质权人依自己的意思表示，还是质权人非依自己的意思表示，均不能消灭债权，质权人返还质押财产仅发生该质权"不得对抗第三人"的结果。[①]

但是，《物权法》第二百一十四条规定，质权人在质权存续期间，未经出质人同意，擅自使用、处分质押财产，给出质人造成损害的，应当承担赔偿责任。而就在上述《物权法条文理解与适用》一书中，最高人民法院法官们就该条款的解读又认为：关于质权人丧失占有的效力，如果占有仅为质权行使的对抗要件，出质人和质权人可以借此规避质物的占有转移的效力，增加动产质押担保交易风险。质权人丧失对质物的占有时，依照民法关于占有保护的规定而回复对质物的占有，只要质权人将质物返还于出质人，无论其返还质物出于什么原因，质权即归于消灭。因此，动产质

① 最高人民法院物权法研究小组编著：《物权法条文理解与适用》，人民法院出版社 2007 年版，第632 页。

权人向出质人返还或者交付时约定质权继续存在的，其约定不发生效力。[①]

显而易见，在最高人民法院物权法研究小组所编著的《物权法条文理解与适用》一书中，就同一问题在不同条款的解读中持完全相反的两种意见，由此可见，法律规定的空白与法理研究的滞后，容易导致司法实践中如何对此进行认知和判断的问题，从而陷入一种进退失据的尴尬境地。

那么，质权人返还质押财产后质权究竟是存续还是灭失呢？应当认为，一般而言，质权人丧失对质物的占有且不能回复时则质权消灭。而质权人返还质物于出质人自是丧失对质物占有的情形，而且从质权的性质上来讲，质权属于担保物权的一种，其相应具有物权的对世特性，该特性即要求物权的取得应当以一种公示的方式予以体现。鉴于在无公示的情况下，也就无法产生物权的对抗和优先效力。

因此，当质物返还于出质人后，由于丧失了物权公示公信的效力，从维护交易安全的角度考虑，在质权人返还质物于出质人后导致质权存续的要件欠缺，从而使得质权因此而归于消灭。

第四百三十七条　【出质人请求质权人及时行使质权】 出质人可以请求质权人在债务履行期限届满后及时行使质权；质权人不行使的，出质人可以请求人民法院拍卖、变卖质押财产。

出质人请求质权人及时行使质权，因质权人怠于行使权利造成出质人损害的，由质权人承担赔偿责任。

【条文疏义】

本条沿袭了《物权法》第二百二十条的规定，仅将“因质权人怠于行

---

① 最高人民法院物权法研究小组编著：《物权法条文理解与适用》，人民法院出版社2007年版，第634页。

使权利造成损害的”的表述修改为“因质权人怠于行使权利造成出质人损害的”，其内容并无实质性修改。

一、《民法典》第四百三十七条的功能定位

在对《物权法》第二百二十条的释义中，全国人大常委会法制工作委员会的工作人员就出质人请求质权人及时行使质权制度的正当性进行了如下说明：

为了督促担保物权人及时行使权利，稳定交易秩序，《物权法》对抵押规定了时效，质权同样也存在主债权到期而及时行使质权的问题。但质权与抵押权不同，质物不及时行使会损害出质人的权利。而规定诉讼时效又显然不妥，因为当债务履行期届满债务人不还债，出质人以超过诉讼时效为由强行把质物从质权人手中要回，对质权人也不公。

因此，《民法典》赋予了出质人行使质权的请求权以及质权人怠于行使质权的责任，无疑可以很好地平衡出质人和质权人的利益。[①]

二、质押权的实现

1. 质权的行使，质权只有在债务人于履行期届满仍不履行债务时才能进行

在此之前，质权人直接占有质物的，应尽对质物妥善保管的义务。质权人行使质权应根据质物的特点选择适当的方式，对于动产可采取折价、拍卖或变卖的方式；对于权利证书，可采取兑现、提货、拍卖、转让等方式。

质权人因行使质权而与出质人发生纠纷可采取协商、诉讼、仲裁等方式解决。提起诉讼的，质权人可以起诉出质人和出质债权的债务人，也可以单独起诉出质债权的债务人。出质人请求质权人及时行使质权的一个目的，就是督促质权人及时行使质权。质权人在债务履行期间届满后及时行使质权的请求，也可以在债务履行期间届满之后提出质权人及时行使质权

① 徐同远：《论出质人请求质权人及时行使质权》，载《私法研究》2011 年第 1 期。

的请求。

这样来看，所谓出质人“请求”质权人及时行使质权，并不是在行使请求权，更像是“催告”，属于“质权行使的催告”。[①] 因而，出质人就质权人及时行使质权所提出的请求，应属于准法律行为，是出质人“有意识地，并通过它们来解除某种法律后果的”，但“又不直接地指向这种法律后果的出现，它本身也不以此为效力”。

2. 出质人向质权人提出的及时行使质权的请求并无形式上的限制

这种请求可以用书面形式提出，也可以用口头形式提出。书面形式一般包括信件和数据电文（包括电报、电传、传真、电子数据交换和电子邮件）。

3. 质权行使催告人

质权行使催告人一般应为出质人，既包括质权所担保主债权的债务人，也包括物上保证人。质物取得人也可以提出质权人及时行使质权的请求。出质人提出质权人及时行使质权的请求，应当在质权人行使质权之前；质权人已经行使质权的，出质人自然再无从提出及时行使质权的请求。

三、出质人请求质权人及时行使质权的效果

若质权人怠于行使质权导致质物价值降低或消失，会使出质人的权利受到损害。因此出质人为防止权利受到损害，请求质权人行使质权，会产生以下效果：

1. 变价处分权

出质人行使变价处分权的方式是诉请人民法院拍卖、变卖质物。《物权法》规定出质人此时必须诉诸法院拍卖、变卖质物，目的在于避免纠纷的发生、避免出质人私人出卖质物损害质权人的利益。[②] 这和出质人与质权人协议以质物折价或者采取拍卖、变卖质物的方式来实现质权不同，它

---

① 王利明主编：《中国民法典学者建议稿及立法理由——物权编》，法律出版社2005年版，第480页。

② 王利明：《物权法论》（第二版），中国政法大学出版社2008年版，第406页。

在性质上属于公力救济。[①]

2. 优先受偿权

出质人在该情形中提存质物变价款，属于担保提存，不能实现债务的清偿。由此产生的提存费用由质权人来承担。质权人在出质人所提存的质物变价款上仍有优先受偿权，主债权及其利息、违约金、损害赔偿金、保管质物和实现质权的费用都可以在质物变价款上得到优先受偿。如果拍卖、变卖质物的价款不足以清偿全部债务，质权人仍可以就债务人的一般财产受偿。

3. 出质人的损害赔偿请求权

出质人请求质权人及时行使质权，因质权人怠于行使权利造成损害的，由质权人承担赔偿责任，此时出质人享有一种损害赔偿请求权。因为质物往往存在价格下跌或意外灭失的风险。因此，一旦债务清偿期届满，债务人未清偿债务时，质权人都应当及时行使权利以免给出质人造成损失，出质人也有权请求质权人及时行使质权。

【典型案例】

质权人怠于行使权利所造成的损害如何予以处理[②]

——质权人有义务及时实现质权

基本案情

2011年6月27日，杨某国向徐某借款5万元，后来杨某国仅偿还徐某2.1万元，尚欠2.9万元未能偿还。2013年8月16日，杨某国再次向徐某借款10万元，加上之前的2.9万元欠款，杨某国向徐某出具了13万元的借条一张，借条内容为："今日杨某国自愿以工资卡和奇瑞汽车作抵押，

① 曹士兵：《中国担保制度与担保方法：根据物权法修订》，中国法制出版社2008年版，第266~268页、第317页。

② 参见徐某与杨某国财产损害赔偿纠纷案，淮安市清江浦区人民法院，（2017）苏0812民初9919号。

平均每月还款5000元至1万元不等，直至还清欠款为止。杨某国自愿把奇瑞车送给徐某。如还款期间，杨某国的工资卡被冻结影响还款，杨某国按银行利息赔偿给徐某。”

当徐某领取8400元工资款后，杨某国于2013年9月16日将工资卡挂失，致使徐某无法继续领取，剩余借款12.16万元杨某国拒绝偿还，致徐某诉至法院。

法院于2014年12月3日作出判决，判决被告杨某国于判决生效后10日内，偿还原告徐某借款本金12.16万元，并从2013年9月6日起至本判决生效后确定的履行期届满之日止，以12.16万元为本金按月利率1%支付利息。该案在审理期间，杨某国和徐某对案涉奇瑞汽车均未提出主张，法院对奇瑞汽车未予处理。现杨某国再次诉至法院，请求确认抵押和赠与无效，要求徐某返还车辆。

法院审理

法院经审理认为，从杨某国出具的借条上看，针对本案争议车辆，杨某国有两种意思表示，一种是赠与，另一种是质押。

就赠与而言，案涉借条载明杨某国还清“债款”后把奇瑞汽车送给徐某，此处说的“债款”无论是指双方之间的借款还是购车贷款现在均未还清，故奇瑞汽车赠与徐某所附的条件并未成就，故该赠与合同未生效，所以徐某尚未取得车辆所有权。

从质押来看，争议车辆虽然已经先行抵押给奇瑞汽车金融股份有限公司，但杨某国再行质押给徐某的行为并不违反法律规定，应为有效。我国《物权法》第二百二十条第一款规定，出质人可以请求质权人在债务履行期届满后及时行使质权；质权人不行使的，出质人可以请求人民法院拍卖、变卖质押财产。

从该规定看，徐某在主合同即借款合同纠纷案中，没有同时主张实现从合同的质权，杨某国的合法权益可以通过要求法院予以拍卖、变卖质押车辆来实现，至于其要求返还案涉车辆的诉请，因无法律根据，故法院不予支持。

法院判决驳回杨某国要求确认赠与、质押合同无效，返还车辆的诉讼请求。

案件评述

一、出质人催告权的由来

随着市场价格的变化，质物也存在价格下跌或者意外灭失的风险。本案中，质权人徐某在借款合同纠纷中没有同时主张实现质权，杨某国可以通过要求法院予以拍卖、变卖质押车辆，徐某得以优先受偿，来使部分借款得以清偿。返还案涉车辆的诉请，无法律根据，法院没有支持。

在债务履行期届满时，债务人不履行债务，债权人有权依照《担保法》的相关规定以出质人质押的动产折价或者以拍卖、变卖该动产的价款优先受偿。故债权人在债务履行期届满未受清偿时，是继续留置质物以促使债务人履行债务，还是与出质人协议以质物折价，或是拍卖、变卖质物以便以其价款优先受偿，应是债权人的选择权，债务人没有权利决定怎样行使质权。

但是，在债务履行期届满时，出质人请求债权人及时行使权利的，往往表明债务人此时没有或欠缺其他履行债务的能力，且此时质物的价值能最大限度地满足债权的换价价值，故根据利益衡量和公平原则，由债权人及时行使质权，对债权人和债务人（包括第三人作出质人）是最为公平合理的，因此《物权法》第二百二十条规定："出质人可以请求质权人在债务履行期届满后及时行使质权；质权人不行使的，出质人可以请求人民法院拍卖、变卖质押财产。出质人请求质权人及时行使质权，因质权人怠于行使权利造成损害的，由质权人承担赔偿责任。"

二、出质人请求质权人及时行使质权的条件

1. 质押权的行使与抵押一样是有时效要求的

《最高人民法院关于适用〈中华人民共和国担保法〉若干问题的解释》规定，担保物权所担保债权的诉讼时效结束后，担保权人在诉讼时效结束后的2年内行使担保物权的，人民法院应当予以支持。但是，《民法典》物权编第四百一十九条沿袭《物权法》第二百零二条却规定，抵押权人应当在主债权诉讼时效期间行使抵押权；未行使的，人民法院不予保护。二者的差异非常明显。《民法通则》中抵押与质押并不区分，《担保法》颁行前一直如此。“举重明轻”，故质押的时效，与抵押大同小异为顺理成章之事。

所以，关于质权和留置权是否适用诉讼时效的问题虽然《物权法》并未加以规定，但时效与质权是有必然联系的。因为质权人的主债权也存在时效问题，不能认为质权人持有质物就视为其时效持续中断。

2. 《物权法》是将担保物权的实现期限与主债权的诉讼时效完全重合

显然，《最高人民法院关于适用〈中华人民共和国担保法〉若干问题的解释》赋予抵押权人在主债权诉讼时效超期后的2年内仍可行使抵押权。这种规定的理论依据在于，认为抵押权系独立的物权，其不应受主债权诉讼时效的限制。但由于《物权法》已将抵押权的实现期限与主债权的诉讼时效直接挂钩，使二者在司法保护期上完全重合。主债权诉讼时效一旦届满，抵押权也将归于非强制力保护的范畴，使之丧失依据旧法可以享受“缓期两年”的规定。

3. 问题的解决只应当依赖法律规范的效力层级法理

可以认为，《物权法》的效力层级优先于《担保法》适用，故抵押权必须随同主债权一起适用诉讼时效。因为《物权法》明确规定抵押权的实现期间与主债权的诉讼时效同步，那么就意味着主债权的诉讼时效不超期时，抵押权人可以随时主张抵押权的实现。

但有学者误认为《物权法》已将抵押权的实现期间压缩在主债权届期之日起的2年之内。这一理论的误解之根本原因在于，将债权届期与时效届满两个概念混淆和等同，忽视了主债权时效的动态性和可变性。由于主债权作为民事权利的一种，其必然要适用《民法通则》第一百三十五条普通诉讼时效制度的规定，还要适用第一百三十九条和第一百四十条关于时效中止和中断的规定。这样，主债权届期后其时效存续的实际时限可能大大地超出2年的范围。由于上述主债权时效的动态性直接限制了抵押权的实现期间，故抵押权的存续期限仍然是一个无法绝对固定的时间段。对此，《民法总则》第一百八十八条业已予以修改。

4. 有关司法解释是否剥夺主债务人时效利益和忽视自然法的应有解读

有学者认为，《最高人民法院关于适用〈中华人民共和国担保法〉若干问题的解释》一方面对主债务人所获时效利益予以确认；另一方面又用“缓期两年”的方式延续了与主债务人处于同一责任体系的抵押人的责任期间。由于抵押人在承担了清偿义务后享有向主债务人追偿的权利，故当抵押权人适用上述司法解释所赋予的“缓期两年”的特权迂回实现抵押权后，等于又变相地使主债务人丧失了其所获得的时效利益。

另外，当抵押权因时效届满而丧失司法强制力保护后，是否应视为被彻底“消灭”或是应视为已转换为一种自然债权而继续存续的问题，应当认为，自然债权的解读更加符合诚信原则。如果超期后抵押人仍然自愿履行债务，那么法律没有必要禁止这种基于诚信理念的偿债行为，故应当尊重抵押人的这种意思自治权，而不能强制性地否认其恢复承担抵押义务的法律效力。

《担保法》的最直接目的在于促进资金融通和商品流通，保障债权的实现，《担保法》没有对质权人如何承担责任作过细的规定是由其立法目的所决定的。同时《民法典》本条规定是对《担保法》这一不足之处的弥补，明确规定了质权人怠于行使权利的损害赔偿责任，对平衡债权债务人利益方面无疑是一个巨大的进步。

第四百三十八条　【质押财产变价款归属原则】质押财产折价或者拍卖、变卖后，其价款超过债权数额的部分归出质人所有，不足部分由债务人清偿。

【条文疏义】

本条沿袭了《物权法》第二百二十一条的规定。

一、质押财产变价后的处理

质权人行使质权的，可以将质押财产折价或者拍卖、变卖，用其所得价款清偿债务，若清偿债权后价款仍有剩余，则应当将剩余部分还给出质人，因为此时债权已经消灭，而质押财产折价或者拍卖、变卖所得之价款在清偿后其剩余部分的所有权仍归出质人所有。不足部分已转变为普通债权，仍由债务人负责清偿。

二、《物权法》关于质押物的处置规定

《民法典》第四百三十六条第二款、第三款是关于质押物的处置规定，其中第二款规定“债务人不履行到期债务或者发生当事人约定的实现质权的情形，质权人可以与出质人协议以质押财产折价，也可以就拍卖、变卖质押财产所得的价款优先受偿”，这里包含两层意思：

1. 以质押财产折价须与出质人协商一致否则无权采此形式实现质权

折价是指债务人在履行期限届满未履行其债务时，经出质人与质权人协议，按照质物的品质和参考市场价格，把质物的所有权由出质人转移给质权人，从而实现质权的一种方式。折价必须由出质人与质权人协商一致，否则即拍卖、变卖。折价与流质不同，折价是在债务履行期届满，债务人不履行债务，质权人实现质权时确定，而流质是在质权合同设定时确定。

2. 质权人以变卖或拍卖的方式行使质权无须与出质人协商一致

质权人有单方变卖、拍卖质押财产的权利。即对于质权人行使质权的方式，《民法典》采取了与抵押人行使抵押权的方式不同的立法体例。①

《民法典》第四百三十六条第三款规定：“质押财产折价或者变卖的，

---

① 最高人民法院物权法研究小组编著：《中华人民共和国物权法条文理解与适用》，人民法院出版社 2007 年版，第 646 页。

应当参照市场价格。”这一规定与抵押部分规定相同，为避免损害其他债权人利益和出质人利益，质权人采取变卖形式行使质权的，最好在变卖之前履行评估程序，再参照评估价进行变卖。既然是“参照市场价”，并没有要求非得以市场价（评估价）出售，按市场价（评估价）出售的可能性本身就不大，但是应注意实际成交价与市场价（评估价）不能相去甚远。

【典型案例】

债务人就质物变价清偿债权后不足部分是否仍负清偿义务[1]

——质物变价清偿后价款的归属

基本案情

2015年10月16日，案外人何某与周某庚二人在西美公司欲用一辆奥迪牌轿车向西美公司质押借款9万元，该汽车为周某庚所有。案外人何某、周某庚与西美公司签订《车辆质押借款合同》一份，但合同上未加盖西美公司印章，亦未有西美公司相关人员签名。

合同签订后，西美公司借给案外人何某与周某庚共计人民币9万元，但双方并未对该奥迪牌轿车办理任何质押、抵押登记手续。此后，西美公司将涉案车辆交给李某彬，李某彬又利用非法手段将涉案车辆转卖他人。

周某庚起诉至法院提出诉讼：请求法院判令西美公司、李某彬向周某庚立即归还案涉奥迪轿车一辆或向周某庚赔偿与该车现值相当的现金15.3万元（轿车现值18万元，减去欠款2.7万元等于15.3万元）；本案诉讼费由西美公司、李某彬承担。

法院审理

一审法院经审理认为，周某庚诉称案涉车辆由西美公司交给了李某彬，但未提供充分证据证实，遂不予采信。周某庚诉请要求西美公司、李某彬

---

① 参见周某庚与西美公司、李某彬民间借贷纠纷案，江西省宜春市中级人民法院，（2018）赣09民终795号。

向其立即归还案涉奥迪轿车一辆或向其赔偿与该车现值相当的现金15.3万元，理由不够充分，法院不予支持。遂判决驳回周某庚的诉讼请求。

二审法院经审理认为，西美公司对周某庚提交的车辆质押借款合同予以认可，涉案车辆登记在周某庚名下，因涉案车辆所担保的借款在约定期限内未还清，西美公司在未经周某庚同意的情况下，将涉案车辆交由他人后由李某彬出卖。

依照《最高人民法院关于适用〈中华人民共和国担保法〉若干问题的解释》第九十三条“质权人在质权存续期间，未经出质人同意，擅自使用、出租、处分质物，因此给出质人造成损失的，由质权人承担赔偿责任”之规定，西美公司系未经周某庚同意与李某彬擅自处分涉案车辆，故西美公司与李某彬应当向周某庚承担赔偿责任。

依照《物权法》第二百二十一条“质押财产折价或者拍卖、变卖后，其价款超过债权数额的部分归出质人所有，不足部分由债务人清偿”之规定，涉案车辆变卖清偿债务后的剩余部分，应归周某庚所有。对于西美公司和李某彬共同处分涉案车辆的行为导致周某庚未能拿回涉案车辆的剩余价值部分，由西美公司和李某彬就该剩余价值向周某庚共同承担赔偿责任。

由于涉案车辆已经下落不明，难以找回并无法对车辆价值进行评估，二审期间，李某彬自认将涉案车辆以9.2万元卖出，周某庚同意按李某彬自认的9.2万元认定涉案车辆的现有价值，法院据此确认涉案车辆的价值为9.2万元。周某庚在诉讼请求中自认扣除其所欠西美公司债务2.7万，故李某彬和西美公司应当向周某庚共同赔偿6.5万元。

最后，二审法院判决，撤销一审民事判决；限李某彬和西美公司于判决生效之日起10日内向周某庚共同归还6.5万元；驳回周某庚的其他诉讼请求。

案件评述

一、案涉质押财产为变价清偿

周某庚由于借款向西美公司质押一辆奥迪牌轿车，后西美公司和李某彬共同处分涉案车辆导致周某庚未能拿回涉案车辆的剩余价值部分。依据本条规定，车辆变卖清偿债务后的剩余部分，应归周某庚所有。西美公司和李某彬应就该剩余价值向周某庚共同承担赔偿责任。

二、案涉质权人享有优先受偿权

动产质权的实行，又称为动产质权的行使，是指质权人在债权已届清偿期而债务人不履行债务时，处分质物以优先受偿的行为。在债务人不履行债务时，质权人有权将质物变价处理，并以质物的变价款优先清偿。

质押担保的目的在于确保债权的清偿，受质押物担保的债权不能如期受清偿时，质权人有必要行使质权而优先清偿其债权。动产质权的行使，为动产质权的主要效力，以债权已届清偿期而未受清偿为要件，但《物权法》另有规定的不在此限。所谓“本法另有规定”，如关于质权紧急行使的规定。

三、动产质权的实现方式及其法律效果

1. 动产质权的实现以质权人变价质物受偿为限

动产质权主要有三种实现方式：协议取得质物所有权、拍卖质物受偿及以其他形式变卖质物受偿。质权人以拍卖或者变卖的方法处分质物前，应当对出质人承担通知义务。

2. 质物变价清偿的法律效果

（1）清偿若有剩余应将剩余部分还给出质人

如果质权人按照上述方法行使质权，将质押财产折价或者拍卖、变卖，用其所得价款清偿债务，若清偿债权后价款仍有剩余，则应当将剩余部分还给出质人。

这是因为此时债权已经消灭，而质押财产折价或者拍卖、变卖所得之价款在清偿后其剩余部分的所有权仍归出质人所有。

（2）不足时债务人仍负法定清偿义务

由于质押财产是担保债权实现的标的物，如果质权人实行质权，质押财产被出卖后的价款不足以清偿债务时，债务人无疑仍应负有清偿债务的法定义务，因为此时债权仍部分存在，不过这时债权变成了无质押担保的普通债权而已。

（3）出质人为第三人时，质权一旦实现其担保责任即已免除

当出质人是第三人时，由于质押财产被出卖，出质人就对质权人的债权不再承担责任，也没有清偿剩余债务的义务，因为该第三人的担保责任已经解除。

四、应当允许协商处置质押物

《民法典》第四百二十八条沿袭《物权法》第二百一十一条的规定，质权人在债务履行期届满前，与出质人约定债务人不履行到期债务时质押财产归债权人所有的，只能依法就质押财产优先受偿。通说认为《物权法》规定的是流质禁止的规定，属于强制性规范。

但对当事人在合同中只是约定将质押物的处置权授予质权人而非所有权，该授权是否有效？是否属于流质？有观点认为，允许当事人在签订合同时就授权质权人对质押物享有处置权，其实质是变相流质，有规避法律之嫌，不利于对债务人的保护。

但也有学者认为，出质人自愿授权质权人在必要的时候处置质押物，既不损害公共利益及他人利益，也无损及当事人自己的利益，对之予以强行禁止无必要。此次《民法典》物权编即肯认了此种观点。

1. 授权处置和流质不同

处置是对质押物价值的追求，是按照法律规定的方式对质押物的价值实施变现，质权人从变现价款中优先受偿，其价款超过债权数额的部分归出质人所有，不足部分由债务人清偿。这一做法符合担保物权的设立本意。而流质是将质押物的所有权转移给质权人。对流质予以禁止，是担心债权人可能利用债务人窘困处境，迫使债务人与其订立流抵契约，以价值甚高之抵押物担保小额债权，图谋债务人不能清偿时，谋取非分之利益，从而对出质人的利益造成损害。此为法律所禁止的理由。

2. 质权人对质押物的处置有法律明确授权

为担保债务的履行，《民法典》第四百三十六条沿袭《物权法》第二百一十九条规定，当债务人不履行到期债务或者发生当事人约定的实现质权的情形时，质权人可以与出质人协议以质押财产折价，也可以拍卖、变卖质押财产所得的价款优先受偿，且拍卖、变卖方式都是以公开的议价方式进行，其参照市场价格获取质押物价值更有利于对债务人的保护。

3. 折价方式在实践中亦为可行

有观点认为，对质押物进行折价仅在当事人之间发生，会出现债权人说折价多少就是多少的情况，不利于保护债务人利益。应当认为，就法律价值而言，保护债权人的利益顺利实现是担保制度的立法价值取向，法律无须过分关照债务人利益。就私法自治来讲，当事人之间相约以折价方式实现质权，符合民法的意思自治和权利处分自由；就折价方式来讲，折价无须走拍卖、变卖程序，操作简单，双方达成一致即可，节省成本；就权利救济来讲，一个理性的商人知道如何保护自身的经济利益，况且折价会参照市场价格。纵然其中会有所倾斜，只要在当事人可接受的范围之内，亦属合法。若确实存在质权人以欺诈、胁迫的手段或者乘人之危，使出质人在违背真实意思的情况下达成折价协议的情形，仍然可按照《合同法》第五十四条的规定，出质人有权请求法院或者仲裁机构对该折价协议予以变更或者撤销。

综上，出质人约定将质押物的处置权授予质权人，当出现债务人不履行到期债务或者发生当事人约定的实现质权的情形，由质权人依据授权对质押物实施处置，并就所得价款优先受偿以实现担保物权，应为有效。[①]

其实，流质和折价的根本区别在于，流质是事先约定了价值范围；而折价则是事后才予定价清偿。法律禁止事先约定流质或流抵押条款，但不禁止事后协议折价清偿债务。

---

① 叶梅、乙增武：《应当允许协商处置质押物》，载《检察日报》2014年6月4日。

五、质押物变价权与优先受偿权是其物权直接支配性的体现

债权在现代社会中的优越地位决定了担保物权的优越地位，对担保物权制度进行研究的重要性不言而喻。担保物权不仅被动地保障债权实现，而且有助于诱导债权，促进资金融通，营造友善、有利的投资环境。担保物权的实现是否便利是判断担保物权制度良善的重要标准之一。

担保物权制度的立法及改革，均系以建立高效的担保交易制度为其重要宗旨。自20世纪下半叶以来，担保物权制度成为民法中最活跃的领域，在世界范围内担保物权制度发生了巨大革新。担保物权的实现途径有两个，司法途径和非司法途径，也即公力实现与私力实现。应当认为，担保物权属于物权的范畴，其中两项权能即变价权与优先受偿权。[①] 诚然，《物权法》并没有充分吸收与借鉴世界担保制度改革的先进成果，担保物权的公力实现程序运行不佳，私力实现规则基本缺失，担保物权实现制度的完善迫在眉睫。正是《民法典》物权编努力补正之处。

第四百三十九条　【最高额质权】出质人与质权人可以协议设立最高额质权。

最高额质权除适用本节有关规定外，参照适用本编第十七章第二节的有关规定。

【条文疏义】

本条沿袭了《物权法》第二百二十二条的规定。

一、最高额质权的内涵

最高额质权，是指对于债权人的一定范围内的不特定且连续发生的债权预定一个限额，并由债务人或者第三人提供质押财产予以担保而设定的

---

① 王明华：《论担保物权的实现》，山东大学2014年博士学位论文。

质权。《民法典》对最高额质权持一种肯定的态度，明确规定出质人和质权人可以协议设定最高额质权。

最高额质权和最高额抵押权是类似的。除质押财产移转于质权人占有而不同于最高额抵押权外，在最高额质权的确定以及效力方面，与最高额抵押权并无不同。因此，本条规定，对于最高额质权除本节有关规定外，参照适用《民法典》关于最高额抵押权的规定。

二、最高额质押应具备的条件

最高额质权属于质押担保的一种新类型，除非法律对最高额质押有专门的规定，应参照适用关于质权的一般规定。最高额质押应当具备以下条件：

1. 以协议设定，其设定的方法与质权的设定相同。

2. 预先确定在质押担保的期间内被担保债权的最高额。

3. 质押担保之债属因一定的原因或基础关系而发生的不特定债权。

4. 被担保的债权的发生一般具有交易上的连续性。

三、最高额质权的法律特征

最高额质权是一种特殊的质权，除具有从属性等质权的一般特征外，主要还具有以下特征：

1. 最高额质权所担保的债权具有不确定性

在普通质押权中，被担保债权仅为现存的债权，而且债权数额也是确定的。但是在最高额质权中，被担保债权则常属于将来发生的债权，该债权在质权设定时并不存在，而是预定一个最高额，由债务人或第三人提供质物予以担保。在质权存续期间，其数额是不确定的：既可因债务人的偿债活动而相应减少，也会因债务人与质权人继续签订合同而增加新债权。直到决算期届满，实际发生的债权额才得以确定，此时最高额质权即转化为普通质权。在决算期届满前，债权因清偿、抵销等原因而消灭，最高额质权仍然为将来可能发生的债权而存在，不因现存的债权的消灭而消灭。但是，虽然最高额质权所担保的债权的数额是不确定的，但最高额质权所担保的债权仅限于因特定的原因关系（如借贷）而发生的债权。由于最高额质权所担保的债权仅限于因特定范围的原因关系（或称最高额质权的基础关系）所引起的不断发生的债权，故最高额质权仍然具有一定程度上的特定性。

2. 最高额质权所担保的债权具有最高额限制

最高额是指质权人和出质人约定能够由最高额质权获得优先受偿之债权的最高限额，这是关于最高额质权的量的限制。最高限额的存在，是最高额质权区别于普通质权的又一基本特征。由于在质权设定时担保债权数额不确定，而质物是特定的，质物的价值也是确定的，因此不能以价值有限的质物担保将来发生的无数的债权，否则将会给债权人造成极大的损害。正是由于这一原因，就需要对质权所担保的债权设定最高限额。此外，质权设定的公示原则，亦要求表明质权人对标的物的交换价值的支配范围。被担保债权的价值若无确定，质押权人对标的物的交换价值的支配范围则无法确定。

但是，预定的最高额并非最高额质权所担保的实际债权额，实际债权额的多少在最高额质押确定时才能确定。在最高额质权确定前，被担保的债权额在预定的最高担保额范围内因为基础关系的变化而不断发生变化，质押担保的债权额是无从确定的，亦无确定的必要。在最高额质权确定时，债权额若超过预定的最高担保额，超过部分不属于担保范围，最高额质权实际担保的债权额为预定之最高担保额；债权额若低于预定的最高担保额，则以实际存在的债权额为实际担保债权额。

3. 相对独立性

普通质权具有典型的从属性，一般先有债权存在才设定质权，主债权消灭，质权也消灭。而最高额质权却具有典型的相对独立性，其设定不以主债权的存在为前提，也不能随某一债权的消灭而消灭。在最高额抵押设定时，主债权完全可以是未发生的，而且将来是否发生都不必确定。因此，最高额质权也不同于一般为将来债权担保所设定的质权，就其地位而言，具有相对独立性。

最高额质权不同于一般的质权，应当对其适用作出特别规定。有关最高额质权的法律规定，坚持特别法优于普通法的原则。最高额质权除适用本节有关规定外，还可参照最高额抵押权的规定。

【典型案例】

最高额质权之特殊之处①

——《物权法》对最高额质押的肯认

基本案情

2015年2月9日，申州市经贸原材料有限公司与西东发展银行申州支行签订的《开立银行承兑汇票业务协议书》，金额为400万元，到期日为2016年1月26日。王某华与西东发展银行申州支行签订了案涉《权利质押合同》，约定以西东发展银行申州支行王某华名下一张质押金额为人民币200万元的定期存款存单作为质押物，为西东发展银行申州支行在2015年2月9日至2016年2月9日这段时间内与申州市经贸原材料有限公司办理的融资业务所发生的债权依据主合同内债权人向债务人提供金额为400万元的融资及利息、违约金、损害赔偿金、费用等提供质押担保。

嗣后，该笔承兑汇票400万元到期，申州市经贸原材料有限公司未履行还款义务，西东发展银行申州支行已于2016年1月26日垫款本金人民币200万元，截至3月3日，垫款利息4万元，一张金额为人民币200万元整存整取的定期存款存单现质押于该处，存款期限为一年，自2015年2月9日起至2016年2月9日止，现质押存单已到期。

由于该存款于2015年11月24日和12月8日被申州市两个区级人民法院查封，无法扣划，西东发展银行申州支行认为已妨碍到其实现债权的权

---

① 参见上海西东发展银行申州支行与王某华纠纷案，载中国裁判文书网，http://wenshu.court.gov.cn/website/wenshu/181107ANFZ0BXSK4/index.html? docId=f0e6456993564b93a12908bd79e5168a，最后访问时间：2020年6月20日。

利。请求法院依法裁定：采取拍卖、变卖等方式对西东发展银行申州支行王某华所有的一张金额为人民币200万元的定期存款单依法变价。

西东发展银行申州支行对变价后所得款项在最高额400万元范围内对借款本金200万元及利息4万元（暂计算至2016年3月3日，此后利息仍按照合同约定计算）享有优先受偿权。

本案申请费及相关费用均由被告西东发展银行申州支行承担。在听证过程中西东发展银行申州支行将上述请求调整为：西东发展银行申州支行对被申请人王某华所有的质押金额200万元及利息享有优先受偿权；本案申请费及相关费用均由被告西东发展银行申州支行承担。

法院审理

法院经审理认为，西东发展银行申州支行与王某华之间所签订的《权利质押合同》以及由申州市经贸原材料有限公司与西东发展银行申州支行签订了《开立银行承兑汇票业务协议书》系各方当事人的真实意思表示，内容亦未违反法律、行政法规的规定，合法有效，各方当事人应当按照约定履行义务。

现被告西东发展银行申州支行未能履行担保义务，已构成违约，应依约承担相应的民事责任。故西东发展银行申州支行申请对被告西东发展银行申州支行王某华所有的质押存单所载金额200万元及相应利息享有优先受偿权，西东发展银行申州支行的申请符合法律规定，法院予以支持。

遂法院裁定，申请人西东发展银行申州支行对被申请人王某华所有的质押存单享有优先受偿权，所得款项用于清偿涉案借款本息。

案件评述

一、本案中双方当事人设立了最高额质押权

被申请人王某华为西东发展银行申州支行在2015年2月9日至2016年2月9日的期间内与申州市经贸原材料有限公司办理的融资业务所发生的债权依据主合同内债权人向债务人提供金额为400万元的融资及利息、

违约金、损害赔偿金、费用等提供质押担保。明显是在 2015 年至 2016 年这段时间内设立了最高额为 400 万元的质押权。

二、最高额质权为依照当事人的意思而创设的担保物权

最高额质权的出质人和质权人应当以书面形式订立最高额质押合同，设定最高额质权。出质人和质权人设定最高额质权合同，属于债权行为，出质人应当依照质押合同的规定向质权人交付质物或者履行办理质押登记的手续，最高额质权的设定为质押合同履行的结果。

但最高额质权的确定，并非最高额质权的设定或者生效。最高额质权所担保的债权本身并未特定，质权人无法行使质权。所以，在行使最高额质权前，其所担保的不特定债权应当特定。最高额质权所担保的不特定债权转变为特定债权时，最高额质权转变为动产质权或者权利质权。

三、最高额质押的优势

最高额质押能发展成为一种广泛适用的担保方式的主要原因：

1. 有利于简化质押担保手续，方便当事人，促进资金融通，更好地发挥质押担保的功能

当事人如果要使连续不断的多项交易都能获得质押担保，必须每次交易时都设定质押权，这样就极其烦琐，且增加当事人的成本，不符合现代社会交易迅速与安全的要求，而采用最高额质权制度，则只须订立一个质权设定协议，即可为将来继续发生的一系列债权提供充分的担保，因此对于当事人来说，确有事半功倍、一劳永逸之效。

2. 有利于充分发挥担保物的价值

价值较大的质物如果仅为一个债权作担保，会造成质物价值的浪费，如果能为若干个连续发生的债权作担保，则能充分发挥质物的担保作用。

3. 有利于促进市场交易的发生

最高额质权的功能在于连续性交易形态之需要，在最高额质权存在期间，单个债权消灭的，质权并不会因此而消灭，所以最高额质权可为长期连续性交易提供便利和充分的保障，从而有利于提升市场的交易效率。

第二节 权利质权

第四百四十条 【可出质的权利的范围】 债务人或者第三人有权处分的下列权利可以出质：

（一）汇票、本票、支票；

（二）债券、存款单；

（三）仓单、提单；

（四）可以转让的基金份额、股权；

（五）可以转让的注册商标专用权、专利权、著作权等知识产权中的财产权；

（六）现有的以及将有的应收账款；

（七）法律、行政法规规定可以出质的其他财产权利。

【条文疏义】

本条沿袭了《物权法》第二百二十三条的规定，并将“应收账款”更明确地修改为“现有的以及将有的应收账款”。

一、权利质权客体要件

权利质权的客体需要具备以下两个要件：一是权利质权的客体只能是具有动产性质的各类财产权利；二是法律、行政法规允许此类财产权利出质。所谓“允许出质”自具有可让与性。

在司法实践中，根据《最高人民法院关于适用〈中华人民共和国民法典〉有关担保制度的解释》第六十九条的相关规定，股东以将其股权转移至债权人名下的方式为债务履行提供担保，公司或者公司的债权人以股东未履行或者未全面履行出资义务、抽逃出资等为由，请求作为名义股东的债权人与股东承担连带责任的，人民法院不予支持。

二、当事人约定不得转让的财产权利能否成为质押的客体

在交易实践中，不能转让的财产权利大体可划分为以下三类：

1. 法律明文规定不可转让的财产权利

法律明确规定不得转让的财产权利，即禁止流通物。其既然不具有流通性，自难以变现，自然也就不能将其质押给他人，因而不具有可让与性，无法成为权利质押的客体。

2. 只能由特定人享有的财产权利

基于财产权利的性质只能由特定权利人享有的财产权利不能成为质押的客体。比如，保险金给付请求权等专属于特定人的财产权利，只能由特定权利人享有，不得转让。

3. 当事人约定不得转让的财产权利

当事人约定不得转让的财产权利。如出票人在票据上载明“不得转让”的权利，基于当事人的特别约定，其可让与性可能受到限制。有学者认为，在法律上不得转让的财产仅限于法律禁止流通的财产，当事人约定并不构成不可转让的原因。[①] 也有学者认为，当事人约定不得转让的财产权利能否设定质押，取决于权利质权的设定是否符合善意取得制度的规定。若第三人善意，则质权仍然有效。反之，则其质权自始无效。[②]

应当认为，后一种观点值得赞同。就票据质押而言，以约定不得转让的票据权利设定质押的，一般不会发生善意取得。因为基于票据行为文义性的要求，出票人与持票人之间关于票据权利不得转让的约定必须明确记载于票据之上方为有效。质权人在受让票据时能够明确知道该票据上有不得转让的记载。此种情况下仍然转让的，当然应当认定该票据质押无效。

---

① 肖晓峰：《论禁止背书票据质押》，载《求实》2006 年第 2 期。

② 谢在全：《民法物权论》（下册），中国政法大学出版社 1999 年版，第 806 页。

三、限制流转的财产权利不能成为质押的客体

所谓限制流转的财产权利，是指基于法律的规定，主体范围受到限制或者在法定期限内不得流转的财产权利。我国限制流转的财产权利主要包括以下三类：（1）被法院查封、冻结的财产权利；（2）在法定期限内不得流转的财产权利；（3）法律对权利享有者的资格有特别限制的财产权利。[①]

限制流通的财产权利在其限制事由未消除前不能成为质权的客体。如果允许限制流通的财产权利设定质押，将给质押标的的强制变价带来困难。反而使权利的保护受到阻碍。

四、附条件和附期限的债权能否成为质押的客体

对出质的债权为附条件债权，该质押是否有效，《物权法》对此并无明文规定。学界倡导附条件债权中的附停止条件债权可以成为权利质押的客体。因为此类债权的发生与否，虽系不确定事实的成就与否，但作为其发生基础的契约关系已明确存在，因而可以成为权利质押的客体。[②]

附期限的债权能否成为权利质押的客体，学界对此观点不一。有学者认为，对于附始期的债权可以成为权利质押的客体。因为无论所附期限是否确定及期限长短如何，一旦期限届至，债权必然发生，故其设立质权没有障碍。[③] 也有学者认为，无论是附始期的债权还是附终期的债权，均可成为权利质押的客体。特别是在我国，用益物权总有某种期限限制，如若禁止，几乎将所有自然资源的市场化流转排除在外，故肯定说应为主流，且依法律保留原则，准物权既已事实上规定于物权法，否定说难以成立。但对于该讨论，目前仅停留在学术争议阶段。

五、已过时效的债权能否成为权利质权的客体

债权在性质上为请求权，法律对请求权的保护要受诉讼时效的限制。依照我国《民法通则》及相关司法解释的规定，已过时效的债权虽然会导

---

① 刘保玉：《再论权利客体范围的确定》，载《法学》2016 年第 7 期。
② 谢在全：《民法物权论》（下册），中国政法大学出版社 1999 年版，第 806 页。
③ 谢在全：《民法物权论》（下册），中国政法大学出版社 1999 年版，第 806 页。

致权利人胜诉权的消灭，但不会导致债权人实体债权的消灭。因此，如果以已过时效的债权设定质押，质权人依照债权质押的公示方法通知出质债权的债务人，债务人未提出时效已过的抗辩，则债权质押有效成立；反之，如果出质债权的债务人提出时效已过的抗辩，则该质押不成立。

六、企业的商业秘密能否成为权利质权的客体

对于企业拥有的商业秘密能否成为权利质权的客体，学界观点不一。有学者认为，商业秘密作为一种特殊知识产权，不仅具有禁止他人不法利用从而维护公平竞争的消极防御价值，而且具有积极利用的价值功能。①也有学者认为，以商业秘密为质押客体在技术上无法操作，因为商业秘密的不公开性与质权公示原则的要求背道而驰。②若将商业秘密设立质权，不利于商业秘密的保护，这与商业秘密的设立初衷相悖。

七、企业排污权能否成为权利质权的客体

对于企业排污权是否能够成为权利质权。有学者认为，排污权在法律性质上是权利人所享有的环境容量使用权，即在合法取得的环境容量内排放一定污染物的财产权利，③排污权属于用益物权或准物权的范畴。④既然排污权具有可交易性，当然可以成为抵押权或质权的客体。也有学者持反对态度，认为排污权是一种行政许可的有限授权，这种许可授权根本不构成一项财产权利，因而不应当具有可交易性。⑤归根结底，问题在于对公法私法化，以及市场配置资源的合法权益的法律本质的理解之上。

---

① 尚清峰、鲁宽：《从价值到规范：商业秘密质押法律问题研究》，载《知识产权》2013 年第 12 期。

② 王进、王坤：《论商业秘密的不可质押性》，载《中国发明与专利》2012 年第 5 期。

③ 曹明德：《排污权交易制度探析》，载《法律科学》2004 年第 4 期。

④ 高利红、余耀军：《论排污权的法律性质》，载《郑州大学学报（哲学社会科学版）》2003 年第 3 期。

⑤ 刘保玉：《再论权利客体范围的确定》，载《法学》2016 年第 7 期。

【典型案例】

电网经营企业能否以电费收益进行质押①

——《物权法》对可以进行权利质押的规定

基本案情

2009年11月30日，戊壬农商行所属甲亥农村信用合作社营业部（以下简称合作社）与乙戊电网公司订立《借款合同》，约定乙戊电网公司向合作社借款3526万元，借款期限自2009年11月30日起至2012年11月29日止。

同日，双方订立《抵押合同》，约定为确保《借款合同》的实现，乙戊电网公司向合作社提供抵押担保。同年12月3日，双方办理了该省发展和改革委员会《电费收益权质押登记书》，出质人为乙戊电网公司，质权人为合作社。载明根据乙戊电网公司和合作社于2009年11月30日签订的《借款合同》，出质标的为丙申电站全部电费收益权的100%。因乙戊电网公司到期未按借款合同约定偿还本息，戊壬农商行于2013年2月19日向该省高级人民法院提起诉讼。

该省高级人民法院判决乙戊电网公司归还戊壬农商行的借款本息，如乙戊电网公司未履行债务，戊壬农商行就电费收益质押权享有优先受偿权。

2014年1月20日该省高级人民法院依据戊壬农商行的申请，作出裁定书，冻结丙申电站的电费收益权。2015年9月25日，白某青向该省高级人民法院提出《案外人执行异议申请书》，请求法院中止执行，并解封冻结。

2015年9月，该省高级人民法院冻结了国家电网该省电力公司支付给丙申电站供电费用账户内的资金。2015年10月8日，白某青以与乙戊电网

① 参见青海戊壬农商行与白某青、乙戊电网公司纠纷案，载中国裁判文书网，http：//wenshu. court. gov. cn/website/wenshu/181107ANFZ0BXSK4/index. html？ docId = 17175f1a0e3741b6a526e-4b6a6fd7eb8，最后访问时间：2020年6月20日。

公司签订了《承包合同书》，法院冻结账户内资金错误为由，提起案外人执行异议之诉。

2015 年 10 月 12 日，该省高级人民法院作出中止对丙申电站账户资金执行的裁定。

法院审理

一审法院经审理认为，收益权质押属于权利质押的一种。权利质押是以出质人提供的财产权为标的而成立的质押。权利质权的目的在于权利人通过取得质权的价值，实现债权的优先受偿。电费收益权是电网经营企业按国家有关规定，经国家有关主管部门批准，以售电收入方式获取一定收益的权利。电费收益权质押，系电网经营企业以其拥有的电费收益权作担保，向银行申请贷款的一种担保方式。2009 年 11 月 30 日，本案中，乙戊电网公司为取得 3526 万元的贷款，向戊壬农商行提供了抵押担保，其中将所属丙申电站的不动产土地、房屋，以及动产机器设备抵押给戊壬农商行，并将该电站 100% 的电费收益权质押给戊壬农商行，双方在该省发展和改革委员会办理了电费收益权质押登记，即进行了公示。电费收益权作为一种无权利凭证的权利，质权应自出质登记完成时设立并生效，双方就电费收益权的质押符合法律规定。

二审法院经审理认为，本案的争议焦点是白某青对丙申电站的收益权能否对抗戊壬农商行对乙戊电网公司电费收益权的质押权，白某青对丙申电站的账户资金是否享有足以排除戊壬农商行的强制执行的民事权益。

鉴于该省高级人民法院判决已经确认戊壬农商行对丙申电站的收益权享有优先受偿权。虽然冻结丙申电站收益权在白某青承包经营期内，但白某青在承包期内享有的承包收益权，并不能对抗戊壬农商行依法设立的质押权，亦不足以排除戊壬农商行对乙戊公司冻结账户内电费收益资金的强制执行。

案件评述

一、案涉电费收益权属于权利质权

权利质权的目的在于权利人通过取得质权的价值，实现债权的优先受偿。权利质权具有这样几个特征：

1. 质押的标的物为一定范围内的权利

实际上，可以设定质权的标的物的范围是受限制的，如土地使用权等之类的物权性权利，实际上不能设定质押。而将其划分出界限，又是十分困难的。因此，对于哪些权利可以出质，本条采取了列举的方法并在最后用一个弹性条款作出概括——法律、行政法规规定可以出质的其他财产权利。

2. 虽然权利质权也属于担保物权，但其担保物权性不同于其他担保物权

无论是动产、不动产和具有不动产性质的权利抵押权，还是动产质权，抵押权人和质权人享有的抵押权和质权的物权性是十分明显的，即权利人直接支配其交换价值。而权利质权是获取对质押的特定权利的交换价值的支配权，被支配的对象不是物的交换价值，而是权利的交换价值，只是出于其权利具有与物权一样的绝对性，将这种支配属性也归入物权范畴。

3. 权利质押的公示方式是交付或者登记

质押的生效必须采取公示方式，只不过由于权利作为质押标的的特殊性，其公示方式也与动产质押不尽相同。如债权的质押需要交付债权凭证，股权和知识产权以及案涉收益权的质押则需要办理登记。

二、应收账款也可以进行权利质押

应收账款是指企业因销售商品、提供劳务或许可他人使用企业资产而形成的债权，它可预见一定的现金流入企业，同基金份额一样。

在法律上，应收账款是一种债权，应收账款质押是一种权利质押。汇票、支票、本票、债券、存款单所代表的也是一种债权。

这些债权与普通应收账款债权的区别在于，这些债权由于有一定的书

面凭证作为记载而表征化和固定化了，在一定程度上已经具备了物权化的性质。而普通应收账款债权则由于不具备类似的权利凭证作为表征，在权利的公示、权利的期限及金额以及支付方式等要素方面仍存在不确定性，从而在作为质押的标的方面存在一些不足。所以，《民法典》本条规定明确了普通应收账款债权质押的合法性地位。从国外的立法看，应收账款作为一种普通债权来设定质押，也得到了包括德国、瑞士在内的许多国家的立法承认。

三、应收账款质押的法律特征

不是所有应收账款都可以成为质押的标的，用于质押的应收账款必须具备这样几个特征：

1. 可转让性

即用于设立质押的应收账款必须是依照法律和当事人约定允许转让的。如当事人在产生应收账款的基础贸易或者服务合同中明确约定，基于该基础合同所产生的一切权利是不可以转让的，基础合同的权利义务只及于合同双方，则履行这样的合同产生的应收账款债权就不能作为质押标的。此外，基于特定的与人身性质不能分割的原因产生的应收账款债权，也不宜作为质押标的。

2. 特定性

亦即用于设立质押的应收账款的有关要素，包括金额、期限、支付方式、债务人的名称和地址、产生应收账款的基础合同、基础合同的履行程度等必须明确、具体和固定化。由于应收账款作为普通债权没有物化的书面记载以作为权利凭证，质权人对于质物主张质权的依据主要依靠上述要素来予以明确。

为此，承认应收账款质押的国家的立法，都对质押合同关于用于质押的应收账款的描述，提出了尽可能详尽的要求，否则在面临诉讼时，就可能得不到法院的支持。案涉丙申电站的收益权虽然在白某青的承包经营期内，但那已是另一个法律关系，就像“买卖不破租赁”一样，只要白某青依据原有的承包合同将案涉电站的收益，扣除自己应得的合法承包收入后交给戊壬农商行，案涉应收账款质押的执行，还是没有问题的。

3. 时效性

即用于设定质押的应收账款债权必须尚未超过诉讼时效。超过诉讼时效，便意味着债权人的债权从法律权利蜕变为一种自然权利。因此，从保障银行债权的角度出发，一方面，银行在选取用于质押的应收账款时应确保该应收账款债权尚未超过诉讼时效；另一方面，在融资期限内也要对应收账款债权的时效予以充分关注，及时督促出质人中断诉讼时效。

第四百四十一条　【有价证券质权】 以汇票、本票、支票、债券、存款单、仓单、提单出质的，质权自权利凭证交付质权人时设立；没有权利凭证的，质权自办理出质登记时设立。法律另有规定的，依照其规定。

【条文疏义】

本条基本沿袭了《物权法》第二百二十四条的规定，但对“以汇票、支票、本票、债券、存款单、仓单、提单出质的”不再要求当事人订立书面合同，新增了“法律另有规定的，依照其规定”的表述。

一、权利质权的设立条件变化

与《物权法》条文相比，《民法典》在权利质权方面不再要求订立书面合同为设立权利质权的必要形式，而在实质要件上更强调权利凭证的物权法形式——交付和登记。相比于不动产物权，权利质权首先准用动产物权的交付要件主义，而在无权利凭证，交付行为无法完成时依然采用了登记主义。

二、有权利凭证的质权自权利凭证交付给质权人时设立

权利凭证是指记载权利内容的象征性的证书，通常采用书面形式，如汇票、支票、本票、存款单、仓单、提单和一部分实物债券等都有权利凭证。此时出质人需要将该权利凭证交付给质权人，质权自交付时设立。

在司法实践中，根据《最高人民法院关于适用〈中华人民共和国民法典〉有关担保制度的解释》第五十八条的相关规定，以汇票出质，当事人以背书记载“质押”字样并在汇票上签章，汇票已经交付质权人的，人民法院应当认定质权自汇票交付质权人时设立。

三、没有权利凭证的质权自有关部门办理出质登记时设立

在我国，部分债券如记账式国库券和在证券交易所上市交易的公司债券等都已经实现无纸化，这些债券没有权利凭证，如果要出质，就必须到法律、法规规定的有关登记部门办理出质登记，质权自登记时设立。如记账式国库券须到中央国债登记结算公司办理出质登记，在证券交易所上市交易的公司债券则须到证券登记结算机构办理出质登记。

在司法实践中，根据《最高人民法院关于适用〈中华人民共和国民法典〉有关担保制度的解释》第五十九条的相关规定，存货人或者仓单持有人在仓单上以背书记载“质押”字样，并经保管人签章，仓单已经交付质权人的，人民法院应当认定质权自仓单交付质权人时设立。没有权利凭证的仓单，依法可以办理出质登记的，仓单质权自办理出质登记时设立。出质人既以仓单出质，又以仓储物设立担保，按照公示的先后确定清偿顺序；难以确定先后的，按照债权比例清偿。保管人为同一货物签发多份仓单，出质人在多份仓单上设立多个质权，按照公示的先后确定清偿顺序；难以确定先后的，按照债权比例受偿。存在第二款、第三款规定的情形，债权人举证证明其损失系由出质人与保管人的共同行为所致，请求出质人与保管人承担连带赔偿责任的，人民法院应予支持。

【典型案例】

提单转移占有质权始设立①

——权利质权设立的设立条件

基本案情

2011年12月5日，中国建设银行子荔湾支行（以下简称建行子荔湾支行）与广东蓝寅能源公司（以下简称蓝寅能源），签订《贸易融资额度合同》，建行子荔湾支行向蓝寅能源提供最高不超过等值5.5亿元的贸易融资额度。

2011年12月5日，建行子荔湾支行（乙方）又分别与寅东电力燃料公司（以下简称寅东电力）、寅海海运、蓝某彬（甲方）签订《最高额保证合同》及《最高额自然人保证合同》。

2012年11月2日，蓝寅能源向建行子荔湾支行申请开立贸易融资额度为8592万元的远期信用证。同时为申请开立上述信用证，蓝寅能源向建行子荔湾支行出具了《信托收据》《保证金质押合同》。《信托收据》确认自该收据出具之日起，建行子荔湾支行即取得上述信用证项下所涉单据和货物的所有权，建行子荔湾支行与蓝寅能源之间确立信托法律关系，建行子荔湾支行为委托人和受益人，而蓝寅能源则作为上述信托货物的受托人。《保证金质押合同》则约定蓝寅能源交纳950万元保证金，后又追加31万元保证金，为上述债务提供质押担保。

2012年12月6日，建行子荔湾支行与蓝某彬签订《最高额权利质押合同》，约定蓝某彬以其所持有的蓝寅能源6%的股权，为建行子荔湾支行与寅海海运、蓝寅能源贷款、银行承兑汇票等多项授信业务而签订的借款合同主合同项下的债务，提供最高额权利质押担保。最高额权利质押项下

---

① 参见中国建设银行子荔湾支行与广东蓝寅能源公司、寅东电力燃料公司等信用证纠纷再审案，最高人民法院，（2015）民提字第126号。

担保责任的最高限额为238978.02万元。12月7日，该省工商行政管理局为上述股权质押办理了股权出质登记手续。

2013年3月21日和4月21日，建行子荔湾支行两次向寅东电力、寅海海运、蓝某彬发出逾期贷款（垫款）催收通知书，要求寅东电力、寅海海运、蓝某彬履行保证责任，清偿蓝寅能源拖欠的84867952.27元本金及551641.69元利息。

法院审理

一审法院经审理认为，蓝寅能源已将164998吨煤炭的提单交付给建行子荔湾支行，蓝寅能源同时出具《信托收据》，该提单实际具有质押的性质，故建行子荔湾支行对信用证下的货物164998吨煤炭享有优先受偿权。

二审法院经审理认为，关于建行子荔湾支行是否对案涉164998吨煤炭享有优先受偿权的问题。根据《物权法》第二百一十二条的规定，质权自出质人交付质押财产时设立。动产质权的设立应以出质人交付质押财产为要件，根据《最高人民法院关于适用〈中华人民共和国担保法〉若干问题的解释》第八十八条的规定，出质人以间接占有的财产出质的，质押合同自书面通知送达占有人时视为移交。尽管《信托收据》中存在将处置涉案煤炭的价款用于偿还建行子荔湾支行借款的内容，蓝寅能源也将提单交付给建行子荔湾支行，但并没有证据证明建行子荔湾支行或蓝寅能源将案涉煤炭设定质权情况通知承运人，故建行子荔湾支行对案涉煤炭不享有质权。

最高人民法院再审认为，设立提单权利质押应当满足物权公示要件，将权利凭证即提单交付质权人。建行子荔湾支行持有提单，提单可以设立权利质权，有关合同既有设定担保的一般约定，又有以自己的意思处分提单的明确约定，根据《物权法》第二百二十四条关于权利质押的规定，应当认定建行子荔湾支行享有提单权利质权。

案件评述

一、本案中应当认定当事人享有权利质权

建行子荔湾支行持有提单，提单属于法律规定可以设立权利质权的客体。且设立提单权利质押应当满足物权公示要件，同时须将权利凭证即提单交付质权人。建行子荔湾支行履行了上述程序，应当认定建行子荔湾支行享有提单权利质权。

二、有价证券质权为权利质权的一个重要类别

有价证券在现实生活中占据着愈益重要的地位，但是我国有关有价证券质权的规定尚待进一步完善，相关的理论研究也有待深入，故而对有价证券质权需要进行深入研究。

权利质权是以所有权和不动产用益物权之外的可以转让的其他权利作为标的质权，是一种与动产质权并列的质权形式，具有物权性和价值权性。有价证券质权作为权利质权的一种，以有价证券为权利标的，但是有价证券的种类众多，情形各异，它不同于动产质权，是一种新型的权利质权。也因为有价证券所代表的权利虽各不相同，但是通过证券化的形式使其在权利的表现形态、行使和救济上具有共同点，这种形式统一而内容各异的特征，使其不同于它们所代表的权利，同时也与动产存在天壤之别。

易言之，有价证券就是权利的证券化，是一种重形式轻内容的新型权利形式，具有其所代表的权利和动产的双重特征，因此我们应该承认有价证券质权就是一种新型的权利质权类型。

三、有价证券质权的设定

1. 有价证券质权设定既要遵守权利质权设定的一般规则又有特别设定要件

权利质权设定的一般规则是，动产质权规则的准用和权利让与规则的遵守。有价证券质权设定的特别规则即有价证券质权的设立要件应该包括：达成质押合意，进行质押背书或者登记和现实交付有价证券，但是针对不同的有价证券，其质权设定的要件是有差别的。对于有价证券质押合同是

债权行为还是物权行为，学界存在争议，在我国不承认物权行为理论和物权变动模式上采用债权形式主义的情况下，应为债权合同。同时，基于当事人利益的考虑，质押合同定为诺成合同较好。关于质押合同的形式，原则上应为书面形式，但是采证据效力为好，以使尽可能多的质押合同生效。

2. 设定证券债权质权时书面质押合同不再是必要条件

书面形式是指合同书、信件和数据电文（包括电报、电传、传真、电子数据交换和电子邮件）等可以有形地表现所载内容的形式。所有的以此形式订立的合同都为书面形式合同。

《民法典》第四百四十一条沿袭《物权法》第二百二十四条的规定，但不再要求以汇票、支票、本票、债券、存款单、仓单、提单出质的，当事人应当订立书面合同。即质权自权利凭证交付质权人时设立；没有权利凭证的，债权质权自有关部门办理出质登记时设立。这一规定就是要明确，权利质权的设立，在完成权利凭证交付和登记程序后，权利质权方得有效成立。

3. 证券债权质押以交付为质权的生效要件

只有交付而且必须是有价证券的现实交付，方能成立有价证券质权，但是由于有价证券的类型众多，证券代表的权利和证券结合的紧密程度不同，因此交付的效力范围往往是有差异的。证券债权质权是以有价证券形式体现的将质权标的背书或者登记作为有价证券质权成立要件的债权，其意义重大。①

（1）债权质权出质人应当按照合同的约定将权利凭证交付给质权人

该凭证交付之时即为有价证券质押合同生效之时，债权权利质权方得以设定。质物的移转是质权成立的条件，但并不作为质押合同生效的要件，质押合同生效与质权成立是两回事。因此，签订质押合同时需要注意明确质物交付的具体日期，防止产生歧义。

---

① 汪东丽：《证券质权研究》，山东大学2004年硕士学位论文。

（2）交付可否成立票据质权是票据质押问题的核心争议之一

在《票据法》不承认单纯交付可以转让票据权利的情况下，认为交付不能成立票据质权，即使存在质押合同也不能设定票据质权。《民法典》第四百四十一条没有区分证券的具体类型，规定指示性质的票据可以通过交付成立质权，有学者认为，这与民法理论上指示证券应背书转让的规则相悖。

学界认为，依质押合同和票据交付可以成立物权法上一般债权质权的观点，忽略了票据本身表彰的仍是票据权利，而不是一般债权；只有在票据权利依法被确认为一般民事权利时，才可能成立一般债权质权。在此之前，以其为一般债权设定质权存在法理上的困境。在这个意义上，《民法典》的规定与《票据法》的规定有一些差异，故有学者认为，有必要在立法上区分指示证券和无记名证券：规定指示证券应以背书方式转让和设定质权，无记名证券才以交付转让和设定质权，以明确违反法定转让方式的法律后果。①

四、有价证券为权利质权的重要内容于现实生活中有重要地位

权利质权是以所有权、不动产用益物权之外的可以转让的其他权利作为标的质权，是一种与动产质权并列的质权形式，具有物权性和价值权性。有价证券质权作为权利质权的一种，是以有价证券为权利标的的，但是有价证券的种类众多，情形各异。

第四百四十二条　【有价证券质权人行使权利的特别规定】汇票、本票、支票、债券、存款单、仓单、提单的兑现日期或者提货日期先于主债权到期的，质权人可以兑现或者提货，并与出质人协议将兑现的价款或者提取的货物提前清偿债务或者提存。

---

①　郑孟状、郭站红：《论交付在票据质权设定中的意义》，载《浙江社会科学》2015年第6期。

【条文疏义】

本条沿袭了《物权法》第二百二十五条的规定。

一、有价证券兑现日期先于主债权的可兑现或提货予以实现

本条所指兑现日期，是指汇票、支票、本票、债券、存款单上所记载的权利得以实现的日期。所谓提货日期，是指仓单、提单上记载的交付物品的日期。汇票、支票、本票、债券、存款单、仓单、提单兑现或者提货日期届至时，也就是第三债务人债务的清偿届至日期。在一般情况下，为了免除第三人的债务，应当允许兑现或提货。特别是当上述权利作为质权的标的时，如不允许第三债务人履行债务，则对出质人与质权人均为不利，也会给第三债务人带来一定的损失。这里的损失一般为保管费用的支出。

按本条规定，证券兑现日期或提货日期先于债务履行期的，由质权人实现上述权利，取得所兑现价款或者提取货物而行使占有。此时，第三债务人因向质权人清偿而免除了债务。但是，质权人在取得价款或货物后，应立即告知出质人，并与出质人协议将取得之价款或货物用于提前清偿所担保的债券或向与出质人约定的第三人提存。这里的第三人是指出质人与质权人约定的公民、法人或其他组织。若以取得之货物清偿债权，则既可对其进行折价，也可将其拍卖，或者变卖所得款而为之。如果协议提存，但又未确定提存人的，则可诉请法院指定。

二、证券兑现或提货日期晚于债务履行期的可予转让予以实现

如果本条所列上述诸项证券的兑现或提货日期晚于债务履行期，而被担保的债权又未获清偿，质权人则无权提前兑现或提货。如果允许质权人兑现或提货，就等于要求第三债务人提前履行债务。这样，无疑加重了该第三人的责任，对其并不公平。而且该第三人的债务是对出质人的，原本与质权人无关，只是由于权利质权的设定才与质权人发生了法律上的关系。因为第三债务人的债务尚未届期，如果质权人提前兑现或者提货，即违反了法律的规定。

对此，质权人应当于证券到期日前实现兑现或提取货物来受偿，或在被担保债权届期未获清偿时，于证券上权利行使之日期之前，将证券转让，以所得价款受偿。

【典型案例】

存单先于主债权到期的处理情形①

——《物权法》对票据权利的实现的规定

基本案情

2013年2月1日，中辛公司自开立在中国工商银行蕉城支行（以下简称工行蕉城支行）的14×××47账户向开立在该行的14×××40账户转账500万元。2月4日，中辛公司在工行蕉城支行处开立中国工商银行单位定期存款存单，存单号为闽B0×××8499，账号为14×××40，金额为500万元。2月5日，工行蕉城支行冻结了中辛公司名下的闽B0×××8499存单，冻结方式为只收不付。

2013年2月25日，工行蕉城支行与宏宇公司签订编号为2013年（蕉城）字0024号的《小企业借款合同》；同日，工行蕉城支行与中辛公司签订合同编号为蕉城（质）字0007号的《质押合同》。

上述两份合同约定，工行蕉城支行向宏宇公司发放贷款450万元用于购买材料，年利率为6%，借款期限一年，自实际提款日起算，借款自实际提款日起按日计息，按月结息，借款到期，利随本清；由中辛公司提供存单号为闽B0×××8499、存款金额为500万元的单位定期存款存单为宏宇公司的借款提供质押担保。

2013年2月26日，工行蕉城支行向宏宇公司发放贷款450万元，约定还款日为2014年2月1日。自2013年3月21日起至2014年1月21日止，

① 参见中国工商银行蕉城支行与陈某等案外人执行异议之诉纠纷案，福建省高级人民法院，(2015) 闽民终字第975号。

宏宇公司均正常支付利息。贷款到期后，宏宇公司未能偿还到期贷款。

法院审理

生效裁判法院经审理认为，债务人宏宇公司以中辛公司闽 B0×××8499 单位定期存单进行质押担保，出质人中辛公司与工行蕉城支行签订了《质押合同》，并将上述单位定期存单交付给工行蕉城支行。

本案在一审审理过程中，工行蕉城支行已向法院提交该份单位定期存单的原件，故本案的存单质押已经设立。对于异议人陈某提出的："本案存单时间在先，质押合同签订在后的问题"，法院经审理认为，按照存单质押办理的流程，借款人应先向贷款行提供自有或第三人所有的开户证实书；此外，由贷款行向存款行申请开具单位定期存单。在存款行开具单位定期存单，对存单真实性进行确认并办理冻结止付手续后，贷款行再与出质人签订质押合同。可见，在存单质押贷款办理过程中，开具单位定期存单在先，签订质押合同在后。异议人陈某以本案存单出具的日期在先，质押合同签订的时间在后，主张质押合同无效，是其对办理存单质押贷款规程的错误理解，该项抗辩理由不能成立。

本案中，陈某以存单到期日与借款期限不符为由，主张案涉单位定期存单未实现特定化。但根据《物权法》对于存单兑现日期先于主债权到期时，质权人如何行使权利已作出的规定，可见，对于存单先于主债权到期的情形法律并未禁止。故法院对陈某的此项主张并未支持。

案件评述

一、本案的争议焦点在于存单与质押合同成立的时间先后问题

本案中，按照存单质押办理的流程，借款人应先向贷款行提供自有或第三人所有的开户证实书；再由贷款行向存款行申请开具单位定期存单。存单开具后才签订质押合同。按此逻辑，存单质押成立在先，质押合同签订在后。因此，出质人有权就存单兑现的价款提前清偿债务或者提存。

二、域内和域外的有关规定

1.《担保法》第七十七条

以载明兑现或者提货日期的汇票、支票、本票、债券、存款单、仓单、提单出质的，汇票、支票、本票、债券、存款单、仓单、提单兑现或者提货日期先于债务履行期的，质权人可以在债务履行期届满前兑现或者提货，并与出质人协议将兑现的价款或者提取的货物用于提前清偿所担保的债权或者向与出质人约定的第三人提存。

2. 我国台湾地区适用的“民法”第905条

为质权标的物之债权，其清偿期先于其所担保债权之清偿期者，质权人得请求债务人，提存其为清偿之给付物。

3.《德国民法典》第1281条

（1）债务人仅得对质权人和债权人共同为清偿。

（2）质权人或债权人均得请求债务人向其为清偿。

质权人或债权人均得请求为其提存债务的标的物，以代替清偿，或在债务的标的物不适宜于提存时，得请求将标的物提交法院指定的保管人，以代替给付。

4.《日本民法典》第367条

（1）质权人可以直接收取作为质权标的之债权。

（2）债权的标的为金钱时，质权人以对自己的债权额部分为限，可以收取。

（3）上述债权的清偿期，先于质权人的债权清偿期届至时，质权人可使第三债务人提存其清偿金额。于此情形，质权存在于提存金上。

（4）债权的标的物不是金钱时，质权人于作为清偿所受的物上有质权。

5.《意大利民法典》第2803条

在期限届满时，质押权人有义务收回设定质押的债权，如果债权以货币或者可替代物为标的物，则根据债务人的请求，应当将其置于约定的地点或者司法机构指定的地点保管。如果担保的债权到期，债权人可从收到的货币中扣除足够的数额以满足其债权份额并将余额归还给设定质权的人，如果质物不是货币，质押权人可将其出售或者根据第 2797 条或第 2798 条的规定请求购买质物。

三、有价证券质权的法律效力

1. 有价证券质权效力的范围可以从两个角度来理解

（1）有价证券质权所担保债权的范围

根据《担保法》第八十一条和第六十七条的规定，质押合同有约定的，按照约定；如无约定，则指主债权及利息、违约金、损害赔偿金，实现质权的费用。如果有价证券权利凭证的保管尚需费用的话，还包括此笔费用。

（2）有价证券质权标的物的范围

有价证券质权标的物的范围，我国法律尚未明确规定。但根据《担保法》第八十一条和第六十八条的规定，以及民法的有关解释，应当包括权利本身和从权利收益等。

2. 对质权人的法律效力

有价证券质权对于质权人的效力包括对有价证券的占有、留置及优先受偿等，但其主要效力体现为对质权的实行。

（1）清偿期与质权的实行

有价证券权利的清偿期与其所担保债权的清偿期或许一致，或许不一致。当两者一致时，则有价证券质权需要分别情形分别实行。

其一，有价证券权利的清偿期在被担保债权清偿期之前。

在此种情形下，《担保法》第七十七条规定：“以载明兑现或者提货日期的汇票、支票、本票、债券、存款单、仓单、提单出质的，汇票、支票、本票、债券、存款单、仓单、提单兑现或者提货日期先于债务履行期的，质权人可以在债务履行期届满前兑现或者提货，并与出质人协议将兑现的价款或者提取的货物用于提前清偿所担保的债权或者向与出质人约定的第三人提存。”可见，即使债权未届清偿期，质权人仍可提前收取证券上受之给付。之所以如此规定，是因为证券权利的行使，多有提示、承兑或者提货的期间限制，倘不及时为之，则有丧失之虞。所以法律上不得不准许质权人在被担保债权到期前实行该有价证券质权。

其二，有价证券的清偿期在被担保债权清偿期之后。

对于这种情况，我国《担保法》没有明文规定。但是根据《担保法》第八十一条“权利质押除适用本节规定外，适用本章第一节的规定”和第七十一条第二款“债务履行期届满质权人未受清偿的，可以与出质人协议以质物折价，也可以依法拍卖、变卖质物”的规定，我们认为，被担保之债权到期，证券之给付虽未到期，质权人也可以处分该有价证券，行使自己的权利。例如，当该证券为汇票时，则质权人可以贴现该汇票，提取现款以优先受偿。

（2）标的物与质权的实行

证券的给付（标的物）与被担保的债权的标的物可能相同，也可能不同，具体可分为以下 4 种情况：

第一，当证券的给付为金钱，被担保的债权的标的物也为金钱时，实现质权最为容易。质权人向证券债务人出示证券请求给付，而证券债务人只须向质权人交付证券金额即可。对于有价证券金额超过债权金额的部分，应由质权人返还出质人，不足部分由债务人补足。

第二，当证券给付为金钱，被担保的标的物为非金钱之物时，质权人可收取金钱。当债务人届期不履行或者不能履行债务时，物之债权变成金钱赔偿，以有价证券给付之金钱抵销债权标的价款。

第三，证券给付与被担保债权的标的物均为非金钱之物。这时，应等到被担保的债权给付不能，变为金钱赔偿后，拍卖或者变卖有价证券所受之付，而就其所得价款优先受偿。其实，这种有价证券质权的结果已转化为动产质权。

第四，证券给付为非金钱之物，被担保债权的给付为金钱。在这种情况下，质权人在收取证券给付后，有价证券质权也已变成动产质权，质权人应依动产质押的规定实行自己的质权。

3. 对于证券债务人的法律效力

所谓“证券债务人”是指入质证券的债务人。

当海运公司所签提单的持有人，将该提单质押于其债权人后，则海运公司即成为证券债务人。

由于证券权利的行使以提示证券为必要，而证券义务的履行也须收回证券，所以证券债务人必须向质权人（持证券人）为给付义务，而不得向出质人（原权利人）为给付。[①]

第四百四十三条　【基金份额质权、股权质权】 以基金份额、股权出质的，质权自办理出质登记时设立。

基金份额、股权出质后，不得转让，但是出质人与质权人协商同意的除外。出质人转让基金份额、股权所得的价款，应当向质权人提前清偿债务或者提存。

【条文疏义】

本文基本沿袭了《物权法》第二百二十六条之规定，但不再要求“以基金份额、股权出质的”须订立书面合同，且将所有以基金份额、股权出资的质权的设立方式统一为“自办理出质登记时设立”，使法律规定更为简洁。

一、质权的成立

以基金份额、股权出质的，双方当事人自应订立书面质权合同。合同内容一般包括被担保债权的种类和数额，债务人履行债务的期限，基金份额、股权的相关信息，担保的范围等。

合同订立后，质权并不当然设立。以基金份额出质的，应当到证券登

① 董峻峰：《有价证券质权的几个法律问题探讨》，载《政法论丛》1998年第5期。

记结算机构办理出质登记，质权自登记时设立；以股权出质的，其质权设立的情形分两种：

1. 以证券登记结算机构登记的股权出质的质权自证券登记结算机构办理出质登记时设立

证券登记结算机构，是指为证券交易提供集中登记、存管与结算服务，不以营利为目的的法人。依法应当在证券登记结算机构登记的股权，包括上市公司的股权、公开发行股份的公司的股权、非公开发行但股东在200人以上的公司的股权等，这些股权的表现形式都为股票。根据《证券法》的规定，这些股票都实现无纸化管理，其发行、转让等行为都要受证券监督管理机构的监管，股票的过户、结算、保管等行为都要通过证券登记结算机构。同时，证券登记结算机构的结算采取全国集中统一的电子化运营方式，既方便当事人和第三人登记、查询，也节省登记成本。因此，以这些股权出质的，质权须到证券登记结算机构办理出质登记才能设立。

2. 以其他股权出质的，质权自工商行政管理部门办理出质登记时设立

其他股权，是指不在证券登记结算机构登记的股权，包括有限责任公司的股权，非公开发行的股东在200人以下的股份有限公司的股权等。以这些股权出质的，须到工商行政管理部门办理出质登记，质权自登记时设立。

二、权利质权之不可转让

基金份额、股权出质后，不得转让，但经出质人与质权人协商同意的除外。出质人转让基金份额、股权所得的价款，应当向质权人提前清偿债务或者提存。根据该规定，基金份额股权出质后，原则上不得转让。

1. 无权处分之物权基础

出质人虽然将其基金份额和股权出质了，但仍为基金份额持有人或者股东，转让基金份额和股权是对基金份额和股权的处分，是基金份额持有人和股东的权利，质权人无权转让作为债权担保的基金份额和股权，无权处分构成对基金份额持有人和股东权利的侵害。

2. 出于保护质权人的目的

基金份额和股权虽为出质人所有，但在其上已设立了担保，如果随意转让可能会损害质权人的利益，不利于担保债权的实现。故《民法典》物权编规定不得转让已经出质的基金份额、股权。

3. 当事人约定的除外

出质人与质权人协商一致，都同意转让基金份额和股权，则出质人可以转让。但出质人转让基金份额、股权所得的价款，不能擅自处理，只能向质权人提前清偿债务或者提存。

三、已设立质押的股权转让协议效力

《民法典》明确规定，基金份额、股权出质后，不得转让，但经出质人与质权人协商同意的除外。该规定确立了质权成立的时间为办理登记之日，明确了质权的成立方式和公示方式。

但该条规定并不属于对合同的效力性强制性规定。因转让出资的股权而签订的股权转让合同本身应当有效，即合同在债权领域应当发生效力，只是在物权领域其效力无法发生变动。

只要合同各方当事人的主体合格、意思表示真实，且不违反法律法规的强制性规定，其签订的合同均属合法有效。人民法院不应在没有证据证明合同当事人在签订协议时意思表示不真实的情形下，仅以系争股权在股权转让协议签订前已设立质押为由判定合同无效。否则就是模糊和混同了债权和物权的界限。

四、以股权入质时质权人的权利

1. 优先受偿权

优先受偿权主要体现在价值优先受偿，这是质权人最重要的权利。主要体现在：

（1）质权人就出质股权之价值优先于出质人的其他债权人受清偿。

（2）质权人就出质股权优先于后位的质权人受清偿。

（3）质权人就出质股权所生孳息，有优先受偿权。

2. 物上代位权

因出质股权灭失或其他原因而有赔偿金或代替物时，质权及于该赔偿金或替代物。

3. 质权保全权

质权保全权，是指因质物价值有明显减少的可能，足以危及质权人的权利时，质权人得预行处分质物，以所得价金提前清偿所担保的债权或代充质物。对股权质权，因股权价值的不稳定性，使股权价值易受到市场行情和公司经营状况的影响而发生较大变化。根据《民法典》物权编的相关规定，股权质权人行使质权保全权，须满足以下条件：

（1）股权的价值有明显减少的可能

该可能性是一种现实可能性。

（2）足以危害所担保的债权的实现

如果股权的价值虽有明显减少的可能，甚至已变为现实，但其价值尚足以担保债权时，质权人不能行使质权保全权。

（3）质权人应通知出质人并可以要求其提供进一步的担保

在出质人拒绝时，质权人方可行使质权保全之措施。

（4）实施质权保全的方法

以股票为质权标的物，质权人应告知证券登记机构，在证券交易所按股票转让的方法进行出售。

（5）处分质物所得价金可提前清偿所担保债权或向第三人提存。

4. 质权受到侵害时的救济权

质权受出质人或第三人的侵害时，质权人享有获得救济的权利。质权人可依据民法关于对物权保护的规定行使救济权。股权质权人所应负的义务，根据《民法典》的规定，主要为质权实现后，质权人负返还清偿债权之剩余款项给出质人的义务。

五、出质人的权利

出质人以其拥有的股权出质后，该股权作为债权之担保物，出质人的某些权利因此受到限制，但出质人仍然是股权的拥有者，其股东地位并未发生改变。

1. 表决权

股权质押并不以转移占有为必要条件，而是以质押登记为生效要件和对抗要件。质押登记只是将股权出质的事实加以记载，其目的是限制出质股权转让和以此登记对抗第三人，而不是对股东名册加以变更。在股东名册里，股东仍是出质人。出质股权的表决权应由出质人直接行使。

2. 新股优先认购权

在股权的诸多权能中，包含新股优先认购权，该权能属于股权中的财产性权利，是股东基于其地位而享有的一个优先权。在股权质押期间，该权能仍属于出质人享有。

3. 余额返还请求权

股权质权实现后，处分出质权等价值在清偿债权后尚有剩余的，出质人对质权人有请求返还权。出质人的义务，在股权质押期间，主要为非取得质权人的同意，不得转让出质股权。

【典型案例】

已设立质押的股权签订的股权转让协议是否有效①

——出质人以基金份额、股权出质后不得转让

基本案情

2012年8月3日，巳安农村小额贷款有限公司（以下简称巳安小贷公司）与辰罡钢铁贸易有限公司（以下简称辰罡公司），签订《最高额借款

---

① 参见苏州高新区巳安农村小额贷有限公司诉苏州辰罡钢铁贸易有限公司借款合同纠纷案，载北大法宝，https：//www. pkulaw. com/pfnl/a25051f3312-b07f392f1f379bc4d2434943cce658ed7fce5bdfb. html？keyword = % E9% 80% 9A% E5% AE% 89% E5% B0% 8F% E8% B4% B7% E5% 85% AC% E5% 8F% B8% 20% 20% 20% 20% 20% E6% 88% 90% E7% BD% A1% E5% 85% AC% E5% 8F% B8，最后访问时间：2020年7月2日。

合同》一份，约定巳安小贷公司向辰罡公司提供300万元借款。巳安小贷公司又与张某根签订《权利质押合同》一份，约定张某根以凯未万盛企业的股权为上述债务提供质押担保，作价300万元。凯未万盛企业合伙人决议同意合伙人张某根将其对凯未万盛基金的实缴出资额向巳安小贷公司提供质押担保。

同时，巳安小贷公司与凯未万盛企业、张某根签订《补充协议》一份，约定张某根为凯未万盛企业的有限合伙人，其实缴出资额为300万元；凯未万盛企业同意张某根以其实缴出资额及其享有的财产份额为上述《最高额借款合同》项下的债务向巳安小贷公司提供质押担保；凯未万盛企业进行任何收益分配时、张某根退伙或被除名时、张某根拟转让部分或全部出资额及其享有的财产份额时，应及时通知巳安小贷公司，归属于张某根的任一收益在扣除必须的税收费用后全部进入巳安小贷公司账户，未经巳安小贷公司书面同意，不应支付给张某根或其他任何第三方；凯未万盛企业同意巳安小贷公司因实现质权时，受让张某根的实缴出资额及其享有的财产份额而成为其合伙人。

后因上述贷款到期，辰罡公司未能按约归还借款本金，巳安小贷公司遂诉至法院，要求辰罡公司归还借款本息并对张某根提供质押的凯未万盛企业300万元出资形成的财产份额优先受偿。

法院审理

法院经审理认为，辰罡公司未能按约归还借款本金，应当归还巳安小贷公司借款本金300万元及逾期利息。关于张某根将其向凯未万盛企业的实缴出资额300万元及其享有的财产份额质押是否成立的问题，法院经审理认为，依据《合伙企业法》的规定，有限合伙人可以将其在有限合伙企业中的财产份额出质。但对于以有限合伙企业中的财产份额进行的权利质押，《物权法》和《担保法》均未规定其质权设立的登记手续，故而应当适用动产质权的规定，质权自出质人交付质押财产时设立。

本案中，关于张某根将其出资额及其享有的财产份额出质给巳安小贷公司的相关事宜，凯未万盛企业进行合伙人决议，并与巳安小贷公司以《补充协议》的方式对该出质事宜以及出质后质权人所享有的权利进行了约定。从《补充协议》的内容看，巳安小贷公司实际上已经取得了对该出资额及其享有的财产份额的控制权，应视为该质押权利已经交付给巳安小贷公司，质权自该《补充协议》生效时设立。因此，巳安小贷公司有权就该质押的出资额及其享有的财产份额优先受偿。

综上，法院判决辰罡公司归还巳安小贷公司借款本金300万元及逾期利息，并有权将张某根质押的凯未万盛企业实缴出资额300万元及其享有的财产份额折价或拍卖、变卖所得价款优先受偿。

案件评述

一、私募基金份额的性质及可出质性

本案中，出质人以其作为有限合伙人向有限合伙企业实缴出资所形成的财产份额及相应的财产权益作为质押。此种质押系权利质押，该财产份额为私募基金份额。私募股权投资基金为采取有限合伙的形式设立的股权投资基金。投资者作为有限合伙人只在自己投资金额的限度内承担投资风险。

现行法律明确规定有限合伙人可以将其在合伙企业中的财产份额出质。一是《民法典》物权编沿袭《物权法》《担保法》规定财产权利可以质押，其中包括可以转让的基金份额，且规定非上市股权质押由工商行政管理部门办理；二是《合伙企业法》规定有限合伙人可以将其在有限合伙企业中的财产份额出质。

对于有限合伙企业的财产份额，其作为财产权利的可出质性非常明显。首先，有限合伙企业的财产份额是以有限合伙人的出资为基础，包含利润分享权和剩余财产分配权，因此具有财产性。其次，有别于普通合伙企业，有限合伙企业兼具“资合性”的特点，其中有限合伙人仅就其实际出资范围承担有限责任，因此有限合伙企业的财产份额更具有股权的属性，其可转让性也更为明确。最后，由于有限合伙人并不参与合伙企业管理，故而当质权实现时，也不会由于有限合伙人的退伙或者所有权人的变更而影响合伙企业的稳定与发展。

二、私募基金份额出质的登记障碍

如果将私募基金份额归为《民法典》第四百四十条所沿袭的《物权法》第二百二十三条第四项规定的“基金份额”，则质权实行登记设立主义，质权应当自证券登记结算机构办理出质登记时设立。事实上，私募基金面临的第一个问题就是开户。根据《证券法》第一百五十七条的规定，只有中华人民共和国公民和法人才允许开立证券账户。而合伙企业仍属于“其他组织”的范畴，无法开立证券账户。因此以私募基金份额出质时，证券登记结算机构根本不会受理涉及有限合伙企业的此类申请。

如果将私募基金份额参照《民法典》第四百四十条所沿袭的《物权法》第二百二十三条第四项规定的“股权”，视为“其他股权”出质的，则质权应自工商行政管理部门办理出质登记时设立。但其在法律上并未获得与股权同样的地位和待遇，出质人、质权人抑或有限合伙企业向工商行政管理部门申请办理出质登记时，同样会遭到拒绝。

三、私募基金份额质权的成立判断

应当认为，既然法律明确将有限合伙财产份额作为可以出质的财产权利，则在法律及行政法规对于此种财产权利的质押登记并无其他相关规定的情况下，依照《民法典》第四百四十六条所沿袭之《物权法》第二百二十九条的规定，应当适用动产质权的规定。

动产质权自出质人交付质押财产时设立。“交付”的标准，其一是特定化，其二是质权人实际控制质物。以有限合伙财产份额出质，其出质的财产份额是明确的，是出质人实际出资所形成的财产份额，包括利润分享权和剩余财产分配权，其归属也是明确的，符合特定化要件。质权是否成立，关键是实际控制要件的判断。该财产份额的内容实质是财产权利，是依附于出质人人身的，此种财产权利的主张和实现均有赖于出质人作为有限合伙人即出资者的身份。作为质权人，一旦控制利润分享权和剩余财产分配权，即出质人获得利润分红、转让财产份额、退伙、合伙企业解散均需有质权人的同意方能实现，即可以认为质权人对该财产权利具有实际控制权。

本案中，质权人通过与出质人和有限合伙企业之间的协议和合伙人的决议，其他合伙人同意并认可了质权的设立，并通过合伙企业承诺在进行任何收益分配、出质人退伙、被除名、转让财产份额时均要通知质权人；收益全部进入质权人指定账户，非经质权人书面同意不支付给出质人；同意质权人因实现质权时受让实缴出资额及其享有的财产份额而成为其合伙人。可见该财产权利的实现完全由质权人实际控制，故而可以确认该质押权利已经交付给质权人，质权成立。

第四百四十四条　【知识产权质权】 以注册商标专用权、专利权、著作权等知识产权中的财产权出质的，质权自办理出质登记时设立。

知识产权中的财产权出质后，出质人不得转让或者许可他人使用，但是出质人与质权人协商同意的除外。出质人转让或者许可他人使用出质的知识产权中的财产权所得的价款，应当向质权人提前清偿债务或者提存。

【条文疏义】

本文基本沿袭了《物权法》第二百二十七条的规定，但不再要求“以注册商标专用权、专利权、著作权等知识产权中的财产权出质的”订立书面合同。

一、知识产权同样可以入质

本条为有关知识产权中的财产权设立权利质权的生效要件，以及该权利质权转让问题的法律规定。明确了以可转让的注册商标专用权、专利权、著作权等知识产权中的财产权出质的，不再要求双方必须订立书面合同。只要办理出质登记，质权即可设立。

二、知识产权质权的法律特征

知识产权质押具有权利质押的一般特征，但由于其权利客体的特殊性，又使其具有了自身的特点：

1. 知识产权财产权可以用作担保来设定质权

以专利权为例，专利质押是以专利权中的可让与的财产权作为质押标的，专利权分为专利财产权（如转让权、许可权）与专利人身权（如署名权），由于人身权的专属性，能够转让的仅是财产权，故而只有知识产权中的财产权可以入质。

2. 知识产权质权设定中的时间性与地域限制性

知识产权质押作为具有时间性与地域性专利权被授予之后，权利人既非永久享有，也并非在世界任何其他非知识产权申请国家和地区都可以拥有该项权利，乃是有一定期限且地域限制的民事权利。

这是由于知识产权质押是以知识产权的有效存在为前提的，超出保护期的知识产权便不再受法律的保护，知识产权随即会消灭，进入公有领域，供全社会大众无偿使用。所以，知识产权质押的期间只能在知识产权的保护期内，质押之标的才会有限存在。否则，作为质押标的之知识产权业已不复存在，质权自然也就随之丧失存在的基础与前提而灭失。

知识产权只在注册国受到法律的保护，具有法律上的效力，所以，只有在中国知识产权局注册登记的知识产权才能在我国领域内设定质押，仅在其他任何国家或地区注册的知识产权是不能在我国设立质押的。

3. 知识产权质权具有法律上的不确定性

知识产权的无形性、原创性等法律特征，特别是其创造难，传播易等特点，其在授权之时的经济价值就充满不确定性，在权利有效期内这些特点都处于某种波动状态。毋庸置疑，知识产权价值受法律、市场、技术等多种因素的影响，价值评估影响因素甚多，同时各具体影响因子亦在不断变化，致专利价值不易被准确评估。

4. 知识产权质押具有高风险性

知识产权质押所特有的较高风险性，在市场经济变幻莫测的条件下，再加上市场主体对于知识产权技术的需求的不确定性，以及知识产权价值评估的不确定性，都导致了知识产权价值不确定性风险的存在，这种不确定性使得知识产权质押客体要比一般质押物的经济风险高很多。[①]

三、知识产权质权人的权利

1. 收取质押知识产权的许可使用费

知识产权人于出质前已同他人订立许可使用合同的，其许可使用合同不因知识产权的出质而消灭，他人仍可以继续使用，可以理解为“出质不破许可”。但是，如果许可使用费于知识产权的出质时尚未收取的，质权人有权收取该许可使用费。

2. 限制知识产权出质人出质权利的行使

以依法可转让的商标专用权、专利权、著作权中的财产权出质后，其所有权虽然仍属于商标专用权人、专利权人及著作权人，但是由于该所有权是有负担的所有权，也就是为质权人设定了质权的所有权。转让或者许可他人使用出质的商标专用权和专利权、著作权中的财产权所得的转让费、许可费，并不当然用于清偿担保债权，因为此时债务清偿期尚未届至，故而转让费、许可费应当先向质权人提前偿付所担保的债权或者向与质权人约定的第三人提存。提前给付所担保的债权时，质权即消灭。而向约定的任何公民、法人或其他组织提存时，质权继续存在于提存的转让费、许可使用费上。

3. 质权人可享有留置知识产权出质人有关证书的权利

为了避免其他第三人受损，维持正常的经济流转关系和秩序，应当规定出质人向质权人交付知识产权权利证书（如商标注册证、专利证书、著

① 孙斌：《专利的质押及其价值评估研究》，兰州大学 2016 年硕士学位论文。

作权登记证）。

4. 质权人可享有实现知识产权质权的权利

（1）质押期间质权人不得擅自使用出质的知识产权的客体

知识产权质权人并不能擅自使用入质的质押客体，亦即对商标、专利技术或者作品，如欲使用，须获得出质人的许可，否则同样构成侵权。

（2）允许出质人或者原被许可使用人在原使用范围内继续使用

知识产权人在出质前对于知识产权的客体已为某种使用，或者已允许他人为某种使用的，他们对知识产权客体的使用不得因出质而受影响，知识产权人或者被许可人仍有权在原使用范围内继续予以使用。

（3）主债权获清偿后质权人有义务及时通知质押登记机关

同时负有注销知识产权质押登记的法定义务。

【典型案例】

以知识产权设立质押的生效要区别于一般质押合同的生效[①]

——《物权法》对以知识产权出质的权利的生效要件

基本案情

2012年7月18日原告申东商业银行西江支行与被告派恩公司签署一份《流动资金借款合同》，约定原告向被告派恩公司发放流动资金贷款人民币300万元，贷款期限从2012年7月18日起至2013年7月17日止，贷款利率年息为6.9%。同日原告与被告派恩公司签订一份《知识产权质押合同》，约定由被告派恩公司以其合法拥有的“CAN总线数据采集装置”发明专利中的财产权为上述《流动资金借款合同》提供质押担保。

同日原告与被告王某签署了一份《保证合同》，约定被告王某对借款合同项下的债务提供连带责任保证。

---

① 参见上海申东商业银行西江支行与派恩公司、王某金融借款合同纠纷案，上海市浦东新区人民法院，（2013）浦民六（商）初字第5349号。

2012 年 7 月 18 日，原告按约定向被告派恩公司账户发放流动资金贷款 300 万元。《知识产权质押合同》因故尚未办理质押登记。

贷款发放后，2013 年 3 月 8 日被告派恩公司的投资者擅自签署转让了 51% 部分投资股权并于 4 月 26 日未能支付归还其在申东商业银行西江支行的 300 万元借款，被告派恩公司上述行为已违反《借款合同》的约定，为此原告根据上述合同第十三条的约定，向被告派恩公司发送了《提前到期通知书》，宣布借款合同项下的全部贷款本金 300 万元提前到期，并要求其于 2013 年 5 月 3 日前（含）向原告归还借款本金 300 万元及期内利息 22425 元（暂计算至 2013 年 4 月 28 日）。但被告未履行还款义务。

法院审理

法院经审理认为，原告申东商业银行西江支行与被告派恩公司签订的《流动资金借款合同》、与被告王某签订的《保证合同》系各方当事人真实意思表示，于法不悖，应确认为合法有效，合同对双方均产生约束力。

原告西江支行已按约将贷款存入被告派恩公司指定的账户，被告派恩公司在借款期间内未能按期向案涉商业银行归还欠款，根据上述《流动资金借款合同》第十三条第一款第三项的约定，借款人到期应付而未付其签署的其他借贷合同、协议项下的债务的属违约事件；被告派恩公司的投资人即被告王某于借款期间内转让其所持有的被告派恩公司 51% 股权，根据上述《流动资金借款合同》第十三条第一款第四项的约定，借款人的投资者擅自转让股权的属违约事件，因此被告派恩公司已构成违约，应承担违约责任。

原告要求其支付全部贷款本金、利息、逾期利息的主张，具有事实和法律依据，应予支持。原告要求被告王某在保证期间内承担连带保证责任，有事实及法律依据，法院予以支持。

关于原告要求确认《知识产权质押合同》效力的主张，法院经审理认为，以专利权等知识产权中的财产权出质的，当事人应当订立书面合同，但质权自有关主管部门办理出质登记时设立，即出质登记是知识产权质权的生效要件，区别于知识产权质权合同的生效，诉争《知识产权质押合同》系原告与被告派恩公司的真实意思表示，内容不违反法律、行政法规的强制性规定，因此法院依法确认知识产权质权合同成立并生效，对原告的诉请予以支持。

案件评述

一、知识产权可以作为质权的客体

1. 知识产权被作为质权担保的标的后质权人对其即享有质权

出质人虽对该项权利享有所有权，但对该权利的其他权利则受到了限制。出质人不得对已设质的权利进行转让或许可他人使用。作为质权人，取得质权后也不能对该项权利任意转让或许可他人使用。

如果允许出质人转让或许可他人使用，无论是有偿还是无偿，都是损害质权人利益的行为。因为该转让或许可他人使用的行为必将使出质的权利中的财产权之价值减少。这样，质权的价值也相应减损，质权人债权的顺利实现就会受到影响。但是根据《民法典》本条规定，如果出质人与质权人同意可以将出质的注册商标专用权、专利权、著作权中的财产权转让或许可他人使用，则不会损及质权人的合法利益。

2. 质押标的转让或许可他人使用所得款项在性质上仍归出质人所有

关于出质人与质权人协商转让或许可他人使用出质的注册商标专用权、专利权、著作权中的财产权所得转让费、许可使用费的处理问题，因为被转让或被许可他人使用的行为是在质权设定期间，即债务未届履行期前进行，因此，该转让或许可他人使用所得转让费、许可费在性质上仍归出质人所有，并不当然可由债权人用以清偿债权。

但由于出质人将上述权利中的财产权已作为债务履行的担保，因而负有对质权人不得为损及质权的行为之法定义务。这时，质权人的质权即及于注册商标专用权、专利权、著作权中财产权被转让或被许可使用所得转让费、许可使用费上。

3. 质押标的转让或许可他人使用所得款项应由出质人与质权人协商一致处理

因此，无论出质人还是质权人都不得对此费用进行任意处分。其处理方式，法律规定有两种：一是向质权人提前清偿；二是予以提存。如果提前清偿所担保的债权，此时，由于债务已经提前履行，债权归于消灭，则质权当然消灭。如果提存，应向出质人与质权人约定第三人交付提存物，此时，债权人的质权则转移到提存的转让费或许可使用费上。当债务人履行了债务时，质权人应将该项费用返还给出质人，质权归于消灭。当债务人不履行债务时，质权人才可实现质权，以该项费用受偿，如有剩余，亦应将余额返还给出质人。

二、知识产权设立质权必须公示登记

1. 知识产权设立质押的公示登记

以知识产权中的财产权为出质权利的，应“向其管理部门办理出质登记。质押合同自登记之日起生效”。具体来说，“管理部门”指的是国家工商行政管理局、商标局、国家专利局和国家版权局。国家工商行政管理局和国家专利局已分别就商标专用权质押合同、专利权质押合同和著作权质押合同的登记发布了《商标专用权质押登记程序》《专利权质押合同登记管理暂行办法》《著作权质押合同登记办法》，为当事人办理权利质押合同的登记明确了途径。

2. 著作权管理机构的特殊管理

应当指出的是，《著作权法》对于著作权的产生实行的是“自动产生原则”，尽管著作权人可以向国家版权局或其直属下级机构办理著作权登记，但是这种权利登记不同于商标专用权和专利权登记注册的强制性，而是自愿的，因此，签订著作权质押合同后，当事人要想使该合同生效，一定要向著作权管理机构申请登记。

第四百四十五条　【应收账款质权】 以应收账款出质的，质权自办理出质登记时设立。

应收账款出质后，不得转让，但是出质人与质权人协商同意的除外。出质人转让应收账款所得的价款，应当向质权人提前清偿债务或者提存。

【条文疏义】

本条基本沿袭了《物权法》第二百二十八条的规定，但"以应收账款出质的"不再要求当事人订立书面合同。

一、应收账款质权的沿革

应收账款质权能够纳入《物权法》中并被《民法典》所沿袭，主要得益于金融机构的大力推动。而其之所以持此积极的态度，一是源于现实的强烈需求，二是应收账款担保融资在多个国家已有成功的立法和实践经验，可资借鉴。

应收账款质押性质上属于普通金钱债权质押，是企业融资的重要手段之一。《民法典》物权编中明确应收账款可以作为质押标的，有利于解决中小企业融资难的问题。在这种债权质的设立上，交付债权证书和通知第三债务人这两种传统的公示方法尚不足以达到公示的要求，宜采用登记的方式。本条第一款即选择信贷征信机构作为应收账款质押的登记机关，这一方案无疑也是"临时应急措施的定型化"，具有现实可行性。

二、应收账款质押的定义

所谓应收账款质押，是指应收账款的债权人将其对债务人的应收账款之债权向银行等信贷机构提供质押担保并获得贷款的行为。

从大陆法系国家的法律术语和制度设计的角度来看，这种担保应属于权利质中的普通债权质押。而以票据、存款单、仓单、提单等表彰的债权质押，在设立、公示和实行方面与应收账款质押有着诸多不同，因此另有专门条文对其加以规制。至于收费权，其中主要指公路、桥梁收费权，电信业服务收费权以及高校学生公寓收费权等的授权，虽然其在主体和用途上具有一些特殊性，但在本质上仍是一种未来应收账款即未来债权，因此收费权质押无独立规定之必要，可将其纳入应收账款质押中。

在司法实践中，根据《最高人民法院关于适用〈中华人民共和国民法典〉有关担保制度的解释》第六十一条的相关规定，以现有的应收账款出质，应收账款债务人向质权人确认应收账款的真实性后，又以应收账款不存在或者已经消灭为由主张不承担责任的，人民法院不予支持。以现有的应收账款出质，应收账款债务人未确认应收账款的真实性，质权人以应收账款债务人为被告，请求就应收账款优先受偿，能够举证证明办理出质登记时应收账款真实存在的，人民法院应予支持；质权人不能举证证明办理出质登记时应收账款真实存在，仅以已经办理出质登记为由，请求就应收账款优先受偿的，人民法院不予支持。以现有的应收账款出质，应收账款债务人已经向应收账款债权人履行了债务，质权人请求应收账款债务人履行债务的，人民法院不予支持，但是应收账款债务人接到质权人要求向其履行的通知后，仍然向应收账款债权人履行的除外。以基础设施和公用事业项目收益权、提供服务或者劳务产生的债权以及其他将有的应收账款出质，当事人为应收账款设立特定账户，发生法定或者约定的质权实现事由时，质权人请求就该特定账户内的款项优先受偿的，人民法院应予支持；特定账户内的款项不足以清偿债务或者未设立特定账户，质权人请求折价或者拍卖、变卖项目收益权等将有的应收账款，并以所得的价款优先受偿的，人民法院依法予以支持。

三、与其他质押权利相比应收账款质押有自己明显的特点

1. 应收账款质押的标的仅限于金钱之债而不包括非金钱债权

因此，当债务人不履行债务时，质权人可以直接请求第三债务人即应收账款债务人，向自己给付相应款项，此谓之直接收取权，从而避免了其他类型的质权在实现时通常需要的评估、折价或拍卖、变卖质物等烦琐程序。

2. 作为质押标的的应收账款可以是已经存在的债权也可以是有稳定预期的未来债权

已经存在的债权无论到期或未到期，将来的债权无论成立的条件是否完全具备，均无妨作为质押标的，而且实践中运用较多、从融资角度看价值更大的恰恰是未来债权的质押。而其他权利质中的标的，则均是已经存在的财产权利。以未来发生的应收账款设定质押，还使得这种权利质权遇到自身特有的一些问题，如风险的评估与控制、决算期等。

3. 作为普通债权之一种应收账款质权兼具物权和债权两种特性

一方面，其为一类担保物权，当债务人破产时债权人可以就此应收款项优先受偿。此种物权性之彰显，须依靠公示机制的建立。另一方面，应收账款质权实质上是以一种请求权担保另一种请求权的实现，这层质押担保的外壳看似坚固，实则主债权人的债权能否实现，最终依赖于第三债务人的履行能力即其全部责任财产的多少，这显然不如以特定的有体物担保安全可靠。因此，其担保功能有限，实质上仍带有信用保证的痕迹。

正因如此，在我国应收账款的融资实践中，银行等信贷机构为了降低自身风险，所接受的通常为实现较为可靠的优良债权，其所涉第三债务人多为电力、电信和其他一些资金雄厚的名牌企业等，且常常要求在银行内部设立应收账款质押专户，以方便对其直接监控和划转。

应收账款出质后，不得转让，但出质人与质权人协商同意的可以转让。因为应收账款虽然设质，但其所有权仍为出质人所有，只有出质人即所有权人才享有对应收账款行使处分的权利。作为出质人，其虽为所有权人，但此应收账款已被设质，而且被质权人以登记形式占有，成为债权的担保。因而，出质人的权利已受有限制，不得对应收账款进行转让。否则，即可损及质权人的利益。但是，出质人与质权人协商一致转让应收账款的，根据本条的规定，则是允许的，在此情况下转让应收账款的行为才是合法的行为。

四、应收账款的范围

《应收账款质押登记办法》对应收账款的界定范围为基于合同产生的权利人对义务人享有的具有金钱给付内容的债权。以金钱为给付内容的债权为金钱债权，可以分为基于合同、不当得利、无因管理、侵权产生的金钱债权。与金钱债权相对的是非金钱债权。根据《应收账款质押登记办法》的规定，以合同为基础的非金钱债权，基于不当得利、无因管理、侵权产生的债权应当被排除在出质应收账款范围之外。①

【典型案例】

确认应收账款合同效力纠纷案②

——已经设立质权的应收账款债权转让的法律效力

基本案情

2013 年 7 月 13 日，辰光煤炭公司与巳丰锅炉厂达成《债权转让协议书》，载明：该县辰光煤炭公司欠巳丰锅炉厂货款和借款共 880 万元，经双方协商达成如下协议："子唐热电厂欠辰光煤炭公司货款 8799079.7 元，辰光煤炭公司于 2013 年 7 月 13 日将该笔债权全部转让给巳丰锅炉厂。自转让之日起，巳丰锅炉厂对该笔债权享有权利。"2013 年 8 月 23 日子唐热电厂收到债权转让通知。

法院审理

一审法院经审理认为，兴业担保公司与辰光煤炭公司签订的《应收账款质押反担保合同》真实合法，且该质权因在中国人民银行征信中心进行

---

① 雷明波：《应收账款质权设立要件研究》，载《黑龙江省政法管理干部学院学报》2018 年第 6 期。

② 参见子唐热电厂诉保定市巳丰锅炉厂等确认合同效力纠纷再审案，最高人民法院，（2017）最高法民再 5 号。

了质押登记而设立，质押登记在先，债权转让在后。但《合同法》第五十二条规定："有下列情形之一的，合同无效：……（五）违反法律、行政法规的强制性规定。"《最高人民法院关于适用〈中华人民共和国合同法〉若干问题的解释（二）》第十四条规定："合同法第五十二条第（五）项规定的'强制性规定'，是指效力性强制性规定。"根据上述法律规定，《物权法》第二百二十八条第二款"应收账款出质后，不得转让"的规定非针对质押财产转让合同的效力性强制性规定。质权的设立，依法不影响辰光煤炭公司与巳丰锅炉厂债权转让合同的效力。

综上所述，2013 年 7 月 13 日巳丰锅炉厂与辰光煤炭公司签订的《债权转让协议书》合法有效，并已通知了债务人子唐热电厂，子唐热电厂应向巳丰锅炉厂支付本案涉及的债权。

二审法院经审理认为，《最高人民法院关于当前形势下审理民商事合同纠纷案件若干问题的指导意见》指出："人民法院应当注意根据《合同法解释（二）》第十四条之规定，注意区分效力性强制规定和管理性强制规定。违反效力性强制规定的，人民法院应当认定合同无效；违反管理性强制规定的，人民法院应当根据具体情形认定其效力。"子唐热电厂、兴业担保公司依据《物权法》第二百二十八条第二款"应收账款出质后，不得转让"的规定，主张辰光煤炭公司转让给巳丰锅炉厂在子唐热电厂的债权转让协议因违反法律强制性规定而无效。二审法院经审理认为，该规定是管理性强制规定而非效力性强制规定，又因为巳丰锅炉厂与辰光煤炭公司签订的《债权转让协议书》是双方当事人的真实意思表示，且不违反法律法规的强制性规定，该债权转让协议签订后，债权人辰光煤炭公司也依法通知了债务人子唐热电厂，因此一审法院认定该债权转让协议合法有效，定性准确。

综上，原一审判决结果应予维持。

最高人民法院再审认为，本案中《应收账款质押反担保合同》订立后在中国人民银行征信中心进行了质押登记，根据《物权法》第二百二十八条第一款之规定，合同所设立的应收账款质权已经成立。

《物权法》第二百二十八条第二款规定，应收账款出质后，不得转让，但经出质人与质权人协商同意的除外。出质人转让应收账款所得的价款，应当向质权人提前清偿或者提存。上述规定不影响债权转让合同的效力。现行民法规范中的“不得”二字不是识别效力性强制性规定的标准，将《物权法》第二百二十八条第二款解释为转让设立质押的应收账款债权无效，在强调债权的流通性及价值的背景下，也不利于应收账款债权效益最大化的发挥，有时也并不利于质权人的利益。

从登记制度看，在登记生效主义的物权变动模式下，应当尽量贯彻登记的公信力，如此，不将应收账款债权转让合同归于无效，同时依照物权变动的规则确定质权的归属与效力，在逻辑上更加清晰。因此，法院认定已出质的应收账款债权转让合同有效，并不会对质权人的利益造成不利影响，符合《物权法》第二百二十八条第二款的立法目的，原审判决认为该条规定并非效力性强制性规定，适用法律正确，应予维持。

综上所述，案涉应收账款质权设立在先，因完成质押登记而成立，巳丰锅炉厂与辰光煤炭公司之间债权转让合同成立在后亦发生效力。该应收账款债权因质权行使而消灭并导致巳丰锅炉厂所受让的债权消灭，在满足法定条件时，巳丰锅炉厂可以通过解除债权转让合同并请求辰光煤炭公司继续履行双方之间的原金钱之债，或者请求辰光煤炭公司承担违约损害赔偿责任等方式寻求救济。

显然，巳丰锅炉厂提起本案诉讼请求子唐热电厂履行债务的基础已经不存在，其诉讼请求不应得到支持。原审判决认定事实清楚，但适用法律错误，应予纠正。

案件评述

一、已经设立质权的应收账款债权转让的法律效力

根据《民法典》物权编第四百四十五条第二款沿袭《物权法》第二百二十八条第二款的规定，应收账款出质后，不得转让，但经出质人与质权

人协商同意的除外。出质人转让应收账款所得的价款，应当向质权人提前清偿或者提存。上述规定不影响债权转让合同的效力。主要理由如下：

第一，现行民法规范中的“不得”二字不是识别效力性强制性规定的标准，它有多种解释可能性，有的是指不发生物权变动的效果，有的是指转让合同、设立物权的合同不发生效力或者无效。例如，《城市房地产管理法》第三十八条规定的不得转让的房地产，目前的司法实践也认为，违反该条规定，转让合同并不无效，但是否发生物权变动或者受让人能否请求转让人继续履行，则需要根据该条规定的各项分别判断。

第二，将《民法典》第四百四十五条第二款所沿袭的《物权法》第二百二十八条第二款解释为转让设立质押的应收账款债权无效，在强调债权的流通性及价值的背景下，不利于应收账款债权效益最大化的发挥。这是因为应收账款债权设定质押与应收账款债权转让具有不同的功能和特征，前者旨在为主债权担保，质权是否行使，取决于债务人是否履行债务，具有不确定性。在质权成立至行使质权这一期间内，被担保的主债务人与应收账款债权人均有期限利益，这种期限利益有时对当事人利益巨大，涉及市场波动、商业交易等各种因素。同时，根据应收账款债权实现可能性的不同，应收账款债权具有不同的价值，在应收账款受让人认可该价值的前提下，限制该债权转让，将阻碍应收账款债权人变现其债权并进而损害其利益。另外，在应收账款债权受让人认可该债权价值大于其上设定的质权所担保的主债权并愿意受让该债权的场合，限制该债权流通，就更不具有合理性。

第三，将已出质的应收账款债权转让合同认定为无效，有时并不利于质权人的利益。根据《民法典》第四百四十五条第二款所沿袭的《物权法》第二百二十八条第二款的规定，出质人转让应收账款所得的价款，应当向质权人提前清偿或者提存。如果认定合同无效，则意味着质押人已经取得的转让价款需要返还。对于质权人而言，已经实现的债权（转让价款）与尚未实现的债权（应收账款债权）相比，显然前者对于质权人更有利。

第四，从登记制度看，在登记生效主义的物权变动模式下，应当尽量贯彻登记的公信力，如此，不将应收账款债权转让合同归于无效，同时依照物权变动的规则确定质权的归属与效力，在逻辑上更加清晰。

综上，已出质的应收账款债权转让合同有效，并不会对质权人的利益造成不利影响。

二、本案中子唐热电厂应否向巳丰锅炉厂履行偿还债务的义务

子唐热电厂不负有向巳丰锅炉厂清偿债务的义务。主要理由是：

1. 债权转让的债权受让人行使债权的前提是债权仍然存在

但本案中，案涉应收账款债权因兴业担保公司通过执行程序实现了应收账款质权，其后果是该应收账款债权因子唐热电厂的清偿而消灭。债权因清偿而消灭，作为债权受让人的巳丰锅炉厂请求子唐热电厂清偿债务的基础即不存在。

2. 问题涉及转让已经设立质押的应收账款债权时受让人的注意义务

在《民法典》沿袭《物权法》已经明确规定应收账款质押权办理出质登记时成立的前提下，应贯彻应收账款质押权登记公信力。由此，查询应收账款是否存在质押应是债权受让人交易上的必要注意义务。当然，依据诚实信用原则，应收账款债权转让人亦应负有告知该债权上已设定质押的义务。因此，通常情况下，应当推定受让人明知该权利上已存在质押负担，明知该债权有被质权人实现的风险。所以，债权转让合同生效之时，债权发生转让，债权转让人的合同义务履行完毕。

3. 应收账款债权转让后是否获得实际清偿的风险即由债权受让人承担

这是债权受让人的固有交易风险，因此不宜将债权转让后债权的实际清偿效果作为债权转让人是否完全履行债权转让合同的评价标准。但是，债权转让后，债权转让人应负有保证债权非因债务人根据《民法典》合同编第五百四十八条、第五百四十九条所沿袭的《合同法》第八十二条、第八十三条的规定，享有的抗辩权而导致债权消灭的义务。

因此，在债权受让人善意不知该债权已经设定质押的情况下，因债权质押权的行使导致债权消灭时，就应当评价为债权转让人未依约履行合同，债权转让人构成违约，应承担损害赔偿责任，赔偿范围即质押权行使后导致消灭的债权数额。

本案中，所转让的债权因兴业担保公司行使质权而消灭，如果巳丰锅炉厂为善意，则可以通过主张辰光煤炭公司未履行债权转让合同且不能继续履行请求其承担损害赔偿等违约责任的方式寻求救济。

此外，在债权转让合同及其履行过程中，债权转让合同的成立及生效即完成履行，但是，参照《民法典》合同编第六百一十二条所沿袭的《合同法》第一百五十条的规定，债权转让人在所转让的债权清偿期到来之前，应负有相应的债权瑕疵担保责任。所以，在债权因其上先设立的质权被行使而消灭时，债权转让人应承担相应的瑕疵担保责任。所以，本案中，巳丰锅炉厂受让的债权因质权人兴业担保公司行使质权而消灭，如其对该质权的存在为善意，则可以通过请求辰光煤炭公司承担违约责任或者瑕疵担保责任，或者以辰光煤炭公司违约导致合同目的不能实现为由解除债权转让合同等方式寻求救济。

第四百四十六条　【权利质权的法律适用】权利质权除适用本节规定外，适用本章第一节的有关规定。

【条文疏义】

本条沿袭了《物权法》第二百二十九条的规定，仅对法条引致部分作了必要修订。

一、权利质权的准用动产质权的规定

权利质权和动产质权具有相同的性质，其目的都是担保债权的清偿，就债务人或第三人的财产权利或动产物设定质权。质权人对出质的财产权利或动产物的支配表现为占有。在债务人不履行债务时，质权人即可行使质权，以被其占有的由出质人出质的财产权利或动产物出卖后清偿债务。因此，二者可以适用相同的规则。当然本条规定也是出于避免重复的目的，为使法律规范体系更加严谨的立法考虑而作此技术处理。

在司法实践中，根据《最高人民法院关于适用〈中华人民共和国民法典〉有关担保制度的解释》第六十条的相关规定，在跟单信用证交易中，开证行与开证申请人之间约定以提单作为担保的，人民法院应当依照民法典关于质权的有关规定处理。在跟单信用证交易中，开证行依据其与开证申请人之间的约定或者跟单信用证的惯例持有提单，开证申请人未按照约定付款赎单，开证行主张对提单项下货物优先受偿的，人民法院应予支持；开证行主张对提单项下货物享有所有权的，人民法院不予支持。在跟单信用证交易中，开证行依据其与开证申请人之间的约定或者跟单信用证的惯例，通过转让提单或者提单项下货物取得价款，开证申请人请求返还超出债权部分的，人民法院应予支持。前三款规定不影响合法持有提单的开证行以提单持有人身份主张运输合同项下的权利。

二、依法定方式公示的新类型担保的效力

权利质押作为新类型担保，凡符合权利质权客体要求，且依照法定公示方法进行了质押公示的，应当认定权利质押成立，并适用权利质权的效力规定。只是在实践中出现的以下两种情形，应区别对待：

1. 新类型担保公示方法不符合法律要求

例如，用交付权利凭证替代质押登记的，或者用权利凭证的交付替代背书质押的情形等。对此应认定为权利质权不成立，当然具有权利质权的效力也就无从谈起。

（1）公示法定自不许当事人自由创设

不同的物权有不同的公示方法，公示方法是物权法定原则的重要内容之一，自然不允许当事人去自由创设，此即“物权法定”的应有之义。因为立法者不能既强调物权法定，又允许当事人自由创设或选择权利质权的公示方法。否则，法律强行规定不同权利质权的公示方法将变得毫无意义。

（2）错误公示应认定权利质权不成立

鉴于允许当事人随意改变不同权利质权的公示方法，如此一来，公示与未公示即没有任何区别了，而公示行为又是物权变动的必备要件，故非依法定公示，担保物权不能得以设立。

2. 新类型担保公示合法但合同中约定的“流质条款”无效

在担保实践中，经常出现当事人在质押协议中约定：“债务人届期未清偿被担保债权，担保物归债权人所有”的条款，此种“流质”条款，被《民法典》第四百二十八条所沿袭的《物权法》第二百一十一条明文禁止。在司法实务中，多主张该担保无效，因为禁止流质条款属法律的强制性规定。

但也有学者认为，就此情形，只能认定流质条款无效，权利质权仍可有效成立。首先，从法理上看，一个交易往往需要数个法律行为才能完成，一个法律行为的内容往往也需要由数个意思表示共同构成，各个意思表示之间往往具有相对的独立性。所谓“法律行为或法律关系的事实构成之理论”，在质权担保中，当事人之间通常既存在设立质权的合意，也存在移转质物的合意以及行使质权方式的合意等数个合意行为，这些合意行为之间，存在相对的独立性，其效力彼此是互不发生影响。不能因为其中的一个合意行为违反法律的禁止性规定，就否定整个交易行为的法律效力。鉴于无效的后果将导致交易财产回到未交易前的状态，自罗马法以来各国在涉及财产交易行为效力的解释时，一直均主张“与其使其无效，不如使其有效”。

其次，从立法上看，《民法典》总则编第一百五十六条再次肯认，民事法律行为部分无效其他部分仍然有效。认定有关流质条款无效，即使依据《民法通则》第六十条的规定，依然可以认定质押担保的其他内容仍然有效。

最后，从司法实务的角度看，《物权法》的规定仅是在质权行使方式上，禁止采用流质方式，但并没有规定采用了这种方式会产生何种法律后果。《最高人民法院关于适用〈中华人民共和国担保法〉若干问题的解释》

第五十七条第一款和第九十六条都明确采用了“部分无效说”，认定在约定流质条款的情况下，仅是流质条款无效，该内容的无效并不影响担保合同其他部分内容的效力。

【典型案例】

违反了保理合同的约定能否适用权利质权的规定[①]

——权利质权准用动产质权的规定

基本案情

2012年8月3日中国银行辰州分行与富康公司签订授信额度协议，约定由中国银行辰州分行向富康公司提供2000万元的授信额度。同日，戊业公司、京已公司、王某山、石某凤为上述授信额度协议分别与中国银行辰州分行签订《最高额保证合同》，保证方式为连带责任保证。

2013年1月5日富康公司向中国银行辰州分行融资2000万元。2013年1月10日中国银行辰州分行与富康公司签订了《国内商业发票贴现协议》并将19372800.01元贴现款打入富康公司在中国银行黄亥支行开立的账户。上述款项已由富康公司支取使用，此后富康公司因涉嫌刑事案件、其法定代表人王某山被羁押，富康公司未能按约定向中国银行辰州分行偿还贴现款。

2013年1月9日富康公司出具声明，声明“我公司保证让买方将未结清的合同款项汇往贵行。否则，贵行有权从辰州市南大港管理区富康公司在中国银行黄亥支行的账户（10××50）中扣款或采取其他必要方法执行，以归还我公司在贵行的贴现款项”。

法院审理

《物权法》第二百二十八条规定：“以应收账款出质的，当事人应当订

---

① 参见中国银行辰州分行与沧州市富康公司等合同纠纷案，河北省高级人民法院，（2014）冀民一终字第245号。

立书面合同……”第二百二十九条规定：“权利质权除适用本节规定外，适用本章第一节动产质权的规定。”第二百一十八条规定：“质权人可以放弃质权。债务人以自己的财产出质，质权人放弃该质权的，其他担保人在质权人丧失优先受偿权益的范围内免除担保责任，但其他担保人承诺仍然提供担保的除外。”

法院经审理认为，本案中富康公司与中国银行辰州分行形成应收账款质押的法律关系，在买方付款到账后，中国银行辰州分行通过扣划款实现其债权既是其权利，也是保理合同的基本特征。因中国银行辰州分行放弃通过扣划已付货款实现其债权的权利，致使富康公司再次支配该款，富康公司违反了保理合同的约定，中国银行辰州分行亦构成怠于行使权利，根据上述规定，保证人在中国银行辰州分行放弃权利的范围内应当免除其保证责任。综上，富康公司应偿还中国银行辰州分行欠款 19372800.01 元并支付罚息，罚息按双方约定计算。戊业公司、京己公司、王某山、石某凤不再承担担保责任。

案件评述

一、权利质权的变化

与《物权法》条文相比，《民法典》物权编在权利质权方面不再要求订立书面合同为设立权利质权的必要形式，而在实质要件上更强调权利凭证的物权法形式——交付和登记，相比于不动产物权，权利质权首先准用动产物权的交付要件主义，而在无权利凭证，交付行为无法完成时依然采用了登记主义。

权利质权与动产质权都是以其客体的交换价值的取得为目的的担保物权，有由客体直接取得一定价值的权能，并不因其客体是有体物还是无体物而性质不同，两者共同构成质权的组成部分，在很多内容上是相同的。但权利质权的标的物为权利，而动产质权的标的物为动产，因此两者在某些具体方面如权利的生效上还存在一定的区别。

二、新类型担保的法律效力的解读

1. 未依法定方式公示的新类型担保的法律效力

新型担保依法定方式予以公示，是物权公示原则的必然要求，这在《物权法》中已有规范依据。可见，公示是权利质权设定的法定条件之一。

（1）权利质权作为意定物权其设立、变更和消灭均应依法定方式进行

新类型担保即使符合权利质权的客体要求，但只要未进行公示，也应当认定质权没有成立。

（2）未经公示如若权利质权能设定违背物权的基本法律属性

如果承认未经公示的权利质权也能成立，就必然导致承认权利人的担保权利具有对抗效力，但由于不公示第三人即无法知晓该权利上有他人排他性权利存在，这必然会对善意第三人的利益造成损害。所以，如果一方面承认质权未经公示可以成立，另一方面又主张成立的质权没有对抗效力，那么就违背了《物权法》对物权的基本定义。

2. 未经公示的新类型担保法律关系的法律行为解读

如果担保协议的内容和形式符合法律行为有效要件的规定，自应当认定担保合同有效成立并生效，但其仅构成债权法律关系，此时，担保权利人对担保标的的变价不能享有物权优先受偿权。

因为依据物权变动的区分原则的理论，合意行为与物权变动的公示行为是两个法律行为，缺少公示行为，并不影响合意行为的效力，《民法典》第二百一十五条沿袭《物权法》第十五条的规定也采此主张。因此在缺少公示行为的情况下，不应一概否定合意行为的效力，而应依照法律行为的有效要件，对此类质押合同的效力进行审查。如果符合法律行为的有效要件，则担保合同有效成立并生效。但不赋予此类担保的担保权人以物权性质的优先受偿权，不能具有源于物权的排他属性。

三、法律行为理论为新型担保的物权效力法律的适用正本清源

1. 将具有财产权益的权利纳入担保标的范围之新型担保方式

随着市场对融资需求的不断加剧，以及各种可让与的财产权利不断增

多，在实践中出现了所谓突破《物权法》与《担保法》中对权利质权标的范围之限定，而随着新型担保在实践中的运用日趋广泛、社会关注度的不断提高，其法律性质不明、法律适用不确定的问题逐渐凸显出来，阻碍其进一步的运用，为更好地发挥新型担保授信融资的作用，需要在厘清相关争议的前提下加强对新型担保法律规制的研究。①

2. 新类型担保的法律性质定位不能一概而论

针对交易实践中存在的以《物权法》未明文列举的财产权利为客体的担保方式的性质，部分学者基于其操作流程认为，并非在任何特定权利上设定的担保均属于权利质权，权利质权的有效设定，应符合物权法定原则和物权公示原则的要求。对于不符合上述要求的特定权利上担保也并非当然无效，而是属于权利让与担保范畴。权利让与担保性质上属于债权性担保，让与担保行为的本质是担保物所有权附条件转让的法律行为。司法实践中，权利让与担保行为的有效性与否，过去应适用《民法通则》和《合同法》的有关规定，今后则应适用《民法典》关于附条件法律行为和附条件合同的规定来审查。②

3. 依据“意思自治原则”可将新型担保解读为权利“让与担保”

有学者主张，确定此类担保纠纷当事人各方的权利义务，应当贯彻意思自治原则，而不能仅局限于物权法定原则，这是各类债权合同所共同遵循的原则。在担保合同对当事人的权利义务约定不明的情况下，应当适用《民法典》合同编关于合同条款的解释原则来处理。

对此类未依法公示的新类型担保，虽然可解读为有效担保，但究竟属于何种性质的有效担保？学者讨论颇多。有创建者认为，依照大陆法系的理论和相关判例，此类担保于法律性质上纳入“权利的让与担保”范畴。

所谓让与担保，是指以担保物所有权的附条件转让方式来担保融资的

① 李鸣：《新型担保的法律规制探析》，西南政法大学2015年硕士学位论文。
② 陈本寒：《新类型担保的法律定位》，载《清华法学》2014年第3期。

行为。即债务人以其担保物的所有权附解除条件地让与债权人，用于担保向债权人的借款，如果在约定期限内债务人归还了借款，则所附解除条件成就，担保合同失效，债权人应将担保物的所有权返还给债务人；如果在约定期限内未归还借款，则所附解除条件不成就，担保合同继续有效，担保物的所有权将永远归债权人所有。

权利让与担保与权利质权在客体范围上相同，二者的主要区别在于：

(1) 性质不同

权利让与担保作为债权性质的担保，其设立、行使和当事人权利义务的确定，无须遵守物权法定原则和物权公示原则；而权利质权则是担保物权，其设立、行使和当事人之间的权利义务的确定，必须遵守物权法定原则和物权公示原则。

(2) 适用范围不同

让与担保是商人为了克服动产质权的弊端，在不转移动产性质担保物占有的情况下进行融资的一种担保方式，因此，让与担保自产生以来就只在商事领域适用，民事领域并无适用的必要；而权利质权既可以适用于民事领域，也可适用于商事领域。

(3) 公示要求不同

权利让与担保是债权性担保，无须公示；权利质权是物权性担保，必须公示。

(4) 当事人权利义务的确定依据不同

权利让与担保遵循意思自治原则，当事人之间的权利义务通过担保合同加以约定；权利质权则应遵循物权法定原则，当事人之间的权利义务由法律明确规定。

(5) 担保权的行使方式不同

权利质权的权利人行使质权，只能采取法定的变价清偿方式，法律禁止“流质”的约定；而权利让与担保作为债权，其行使方式完全依当事人的约定，不受“流质”禁止规定的约束。

(6) 创设担保的法律依据不同

权利质权的创设依据是法律的明文规定，是成文法上的担保方式；权利让与担保的创设依据是各国最高法院的司法判例，故而其可以认为是一种判例法上的担保方式。

第十九章 留 置 权

第四百四十七条 【留置权的定义】 债务人不履行到期债务，债权人可以留置已经合法占有的债务人的动产，并有权就该动产优先受偿。

前款规定的债权人为留置权人，占有的动产为留置财产。

【条文疏义】

本条沿袭了《物权法》第二百三十条的有关规定。

一、留置权的法律属性

留置权是传统担保物权的法定担保物权。留置权人可以直接留置债务人的财产，并以其价值而优先受偿，故它是一种他物权，是以取得交换价值为目的之一种法定担保物权。

留置权制度，即当债务人逾期不履行到期的债务时，债权人有权留置其已经合法占有的债务人的动产，并以该财产折价或者以拍卖、变卖该财产的价款优先受偿。此种合法占有虽以按照合同约定占有为主，但不以此为限。

留置权不同于抵押权、质权的本质之处在于留置是一种法定担保物权，即留置权来自法律的规定，且具有法定的范围。这与抵押权、质权由质权人和出质人依照担保合同设定不同。即在符合留置的构成要件时，债权人即留置权人可以径行留置债务人的动产即留置财产，而无须经过债务人的同意，因为留置权在符合法律规定的条件时会自动产生。

在司法实践中，根据《最高人民法院关于适用〈中华人民共和国民法典〉有关担保制度的解释》第六十二条的相关规定，债务人不履行到期债务，债权人因同一法律关系留置合法占有的第三人的动产，并主张就该留置财产优先受偿的，人民法院应予支持。第三人以该留置财产并非债务人的财产为由请求返还的，人民法院不予支持。企业之间留置的动产与债权并非同一法律关系，债务人以该债权不属于企业持续经营中发生的债权为由请求债权人返还留置财产的，人民法院应予支持。企业之间留置的动产与债权并非同一法律关系，债权人留置第三人的财产，第三人请求债权人返还留置财产的，人民法院应予支持。

二、留置权的性质与特征

1. 留置权是法定担保物权

如前所述，抵押权和质押权的设定是由双方当事人订立合同才能产生，而留置权是在符合法律规定的条件时依法自动产生的。同时，留置权不能成为反担保的方式。反担保产生于约定，而留置权发生于法定，所以留置权不能成为反担保的方式。

此外，留置行为与债权人所负之义务不能冲突。《最高人民法院关于适用〈中华人民共和国担保法〉若干问题的解释》第一百一十一条规定："债权人行使留置权与其承担的义务或者合同的特殊约定相抵触的，人民法院不予支持。"例如，承运人在未将货物运抵目的地前不得留置运输货物；加工承揽人未完成加工承揽任务前，不得留置原材料。

2. 留置权是可以二次发生效力的权利

留置权产生后，发生前后两次效力。第一次效力发生在留置权产生之时，留置权人得于其债权未受清前留置债务人的财产，对留置物享有占有权，并享有物上请求权，至债务人履行债务之时，该效力终止。第二次效力是第一次效力发生之后，留置权人于债务人超过法定的宽限期又不履行其义务时，得依法以留置物折价、拍卖或者变卖而实现其优先受偿权。

3. 留置权是从权利

设定留置权旨在担保债务人履行其合同债务，所以其是一种从属于主合同的从权利。

4. 留置权是具有不可分性的物权

留置权的不可分性表现在：留置权所担保的是债权的全部，而非可分割的债权的一部分；留置权人可以对留置物的全部行使权利，而非可分割的留置物的一部分。因此，债权的侵害及部分清偿、留置物的分割等，均不影响留置权的效力。只要债权未受全部清偿，留置权人仍旧可以对留置物的全部行使权利。但是，如果债权人占有的动产为可分物，债权人留置占有的留置物的价值应当相当于债务的金额，而非占有物的全部。

三、留置权人的权利和义务

1. 留置权人的权利

（1）占有权

置权以债权人占有债务人的财产为法定成立条件，因而，留置权一经成立，留置权人就当然享有继续占有留置物的权利。留置物的占有权是留置权物权性的具体表现。

（2）孳息收取权

置权人在占有留置物期间，对留置物所生之自然孳息和法定孳息有权收取。这种孳息收取权系基于留置权效力产生的，而非基于占有的效力。所以，留置权人只能收取孳息，而不能取得孳息的所有权。留置权人收取孳息后，对于孳息成立孳息留置权，与原物成立的留置权一样，具有担保作用，可以用于优先抵偿债权。

（3）使用权

置权人因对留置物享有占有权而负有以善良管理人的注意，妥善保管留置物的义务，原则上，留置权人对留置物只能占有、扣留，而不能使用。但是在下列两种情况下，留置权人可以使用留置物：

第一种情况为保管上的必要。留置权人于保管留置物所必要的范围内，留置权人得使用留置物。如为防止留置的机械生锈而为一定的使用。但是，留置权人的此种必要使用的目的，仅以保存留置物为限，而不得以积极地取得收益为目的，当然，若因留置权人必要使用而产生收益时，留置权人也得收取之，并以之充偿债权。

第二种情况为经留置物所有人同意。留置权人有权使用留置物。这种使用系经所有人同意的合法使用，留置权人当然取得使用权，受法律保护。

(4) 偿还请求权

留置权人以善良管理人尽到注意保管留置物所支出的费用，有权向留置物的所有人要求偿还。因为留置权人是为保管留置物而支出的必要费用，其受益者为留置物的所有人，即债务人。

如《日本民法典》第299条第1项规定："留置权人就留置物支出了必要费时，可使所有人予以偿还。"保管留置物的必要费用是为保存及管理留置物所不可缺少的费用。该费用债权属于留置权所担保的范围。

(5) 优先受偿权

依《最高人民法院关于适用〈中华人民共和国担保法〉若干问题的解释》，债务人到期不履行义务，经债权人催告，在合理期限内仍不履行义务的，债权人有权依法变卖留置物，以变卖财产的价款优先受偿。此种优先受偿权被除日本外的采取物权留置权制度的国家所普遍承认。优先受偿权的受偿范围包括：原债权、利息、违约金、保管留置物的必要费用、行使留置权的费用等。

2. 留置权人的义务

(1) 留置权人对留置物的保管义务

《担保法》第八十六条规定："留置权人负有妥善保管留置物的义务。因保管不善致使留置物灭失或者毁损的，留置权人应当承担民事责任。"留置权人应以善良管理人之注意，保管留置物。留置权人对保管未予以善良管理人之注意的，即为保管不善。

因此，凡是造成留置物毁损、灭失的，都应承担民事责任。留置权人于占有留置物期间是否尽到必要的注意，其采取的措施是否得当，对留置物的损失是否有过错，应由留置权人承担举证责任。留置权人在保管留置物时需要债务人予以协助的，其可以请求债务人协助。如债务人应留置权人的请求却不予以协助，则对由此而造成的留置物的毁损、灭失，债务人不得向留置权人请求损害赔偿。

（2）留置权人不得擅自使用和利用留置物

留置权人原则上并无使用留置物的权利，相反留置权人负有不得擅自使用、利用留置物的义务。除为保管上的必要而使用外，留置权人未经债务人同意的，不仅不得自己使用留置物，也不得将留置物出租或提供担保。

（3）留置权人返还留置物的义务

当留置权所担保的债权消灭时，留置权人有义务将留置物返还于债务人。在债权虽未消灭，但债务人另行提供担保而使留置权消灭时，留置权人也有返还留置物的义务。留置权人违反返还留置物的义务的，构成非法占有，应向债务人或所有人承担民事责任。

【典型案例】

出租人对承租人放置于出租物内的物品是否享有留置权①

——物权法留置权同一法律关系的确定

基本案情

2013年12月28日，西甲莱斯公司（乙方）与龙华钢管公司（甲方）订立房地产租赁契约，2014年10月23日，龙华钢管公司名称变更为巳业仓储公司。

2014年10月9日，一审法院裁定受理波波林乙科技公司对西甲莱斯公司的重整申请，并于同日指定融海投资公司担任西甲莱斯公司管理人。经

① 参见西甲莱斯公司与庚盛隆公司排除妨害纠纷、返还原物纠纷案，江苏省高级人民法院，（2016）苏民终51号。

该市工商行政管理局核准，2014 年 11 月 4 日刊登的庚盛隆公司与巳业仓储公司合并公告中载明，两公司合并方式为庚盛隆公司吸收巳业仓储公司，巳业仓储公司解散注销。即巳业仓储公司的资产归庚盛隆公司所有，所有债权债务由庚盛隆公司承继。

2014 年 12 月 12 日，西甲莱斯公司管理人以西甲莱斯公司债权人的行为可能影响破产程序依法进行为由，向一审法院申请查封西甲莱斯公司所有存货。

2015 年 1 月 8 日，该省通运律师事务所受庚盛隆公司委托函告西甲莱斯公司称，在 2014 年 8 月 19 日前，西甲莱斯公司共结欠运费及至 2014 年 12 月 31 日的房屋租金共计 15299207.138 元，扣除提单及辛熟仓库留置的钢材外，剩余 6462747.138 元为留置涉案仓库的钢管，要求西甲莱斯公司在 3 日内付清欠款，否则庚盛隆公司将以 2200 元/吨左右的价格卖掉涉案钢管。

2015 年 1 月 16 日，西甲莱斯公司通过法律程序申请破产，庚盛隆公司因拿不到租赁费要求西甲莱斯公司将存放在其仓库内的钢管运走，双方协商未果，遂诉诸法院。

法院审理

法院经审理认为，债务人不履行到期债务，债权人可以留置已经合法占有的债务人的动产，并有权就该动产优先受偿。留置权与抵押权、质押权均属于担保物权，但抵押权经登记生效，质押权经登记具有对抗第三人的效力，该两种担保物权均可基于一定的公示方式而产生公信力，而留置权无须登记公示，却会产生优先于抵押权和质押权的法律效力，故对留置权的确认应当严格把握其特性及构成要件。

“合法占有”是留置权成立并实现的前提条件。合法占有的前提是该占有存在法律上的原因，具体包括两种情形：一是基于法律行为通过交付而发生的占有，如买受人基于买卖行为而对出卖人交付货物的占有等；二是基于法律对事实占有的直接规定。

本案中，双方房地产租赁契约约定的解除时间为2014年12月31日，此后双方均无证据证明已作出解除合同的意思表示，直至2015年1月17日庚盛隆公司换锁，西甲莱斯公司要求取回货物，双方的行为可以视为对解除合同达成了一致，由此应认定案涉房地产租赁契约于2015年1月17日解除，故在此之前，巳业仓储公司并不因租赁关系占有案涉财产。

租赁期间，西甲莱斯公司虽进入破产重整程序，但依然有管理人行使西甲莱斯公司的权利，而在房地产租赁契约解除前，法院又对案涉财产予以查封，并仅向西甲莱斯公司制作了查封笔录，要求对案涉财产进行保管，不得转移和处分，因此，巳业仓储公司对案涉仓库中的财产亦未形成无因管理之合法占有，即便其后被庚盛隆公司吸收合并，合并后的庚盛隆公司也同样未对租赁房屋内的动产形成合法占有。因此，庚盛隆公司关于其享有留置权的抗辩不成立。

案件评述

一、留置权对于同一法律关系的牵连性

留置权分为民事留置权和商事留置权。民事留置权注重人们在交往活动中形成的利益关系的平衡，其功能在于纠正单项交往活动造成的利益失衡格局，因此基于公平原则，强调留置物和被担保债权属于同一法律关系，二者之间需要具有直接的牵连关系。

二、留置只能是债务履行期届满后对债务人财产的继续占有

留置的前提是债权人已经合法地占有了债务人的财产，该占有本来是需要按期返还的，但由于债务人未按期履行债务，债权人遂拒绝返还占有物，而继续占有。

本案中，巳业仓储公司既没有形成过合法占有，庚盛隆公司也从来没有对租赁房屋内的动产形成合法占有，故其并不存在合法占有的前提，因此，其要求西甲莱斯公司将存放在其仓库内的钢管运走，此种非法留置的行为应属于侵权，侵犯了西甲莱斯公司的合法财产所有权，理应承担因侵权造成的损失。

仅仅从拒绝返还占有物的角度看，留置具有行使抗辩权的属性，但其本质是通过留置来担保债权的实现。在债务履行期届满后债务人不履行债务的，债权人可以通过处置留置物并享有优先受偿权，保障债权的实现。

三、债务人的债务已到履行期方可成立留置权

关于履行义务迟延是留置权行使的条件问题。因为留置权是因债务人不履行债务而产生的，而债务是否履行，只有债务人的债务履行期届满才能确定。如果债务人的义务尚未到履行期，则无法判断债务人是否自觉履行债务，从而若允许成立留置权，就意味着强制债务人提前履行债务，这显然是不公平的。因此，各国民法均将债务人的债务已到履行期作为留置权成立的条件。因此，留置的前提是债权人已经合法地占有了债务人的财产。

留置物和被担保债权须属于同一法律关系；被担保的债权已届清偿期，被称为留置权成立的积极条件。

关于妨碍留置权成立的消极条件的问题，如果存在妨碍留置权成立的情形，即使具备上述三个条件，留置权仍不能成立。因而这些条件被称为留置权成立的消极条件。妨碍留置权成立的情形有以下几项：

（1）当事人约定排除留置权的适用。

留置权是一种财产权，应当允许当事人约定排除其适用。

（2）留置财产违反社会公共利益或社会公德。

（3）留置财产与债权人所承担的义务相抵触。

留置权一经成立，债权人就成为留置权人，依法对留置物和债务人享有权利。留置权人的权利是留置权效力的最直接体现，是债权人得以实现其债权的根本保证。

第四百四十八条　【留置财产与债权的关系】债权人留置的动产，应当与债权属于同一法律关系，但是企业之间留置的除外。

【条文疏义】

本条沿袭了《物权法》第二百三十一条的规定。

一、留置权的性质与特征

留置权是担保物权。留置权人可以直接留置债务人的财产，并以其价值而优先受偿，故它是一种他物权，是以取得交换价值为目的之一种担保物权。关于留置财产与债权的关系学界存在争议，主要有以下几种学说。

1. 合法占有说

只要是合法占有的财产，债权人便有权留置。留置权的目的在于留置债务人的财产，迫使债务人履行债务，保障债权的实现。但如果允许债权人任意留置与债权的发生没有关系的债务人财产，则对债权人的保护过大，有违公平原则，也会损害其他债权人的利益和交易安全，故此第一种意见不可取。

2. 牵连关系说

即留置财产应当与债权的发生有牵连关系。只是“牵连关系”的概念在理论上有多种解释，存在“一元论”和“二元论”两种观点。

“一元论”认为，留置权的标的物与债权有无牵连关系，应依“统一的单一标准”来判断。但何为“统一的单一标准”，则说法不一：

一是认为标的物为构成债权发生的法律事实之一时，即具有牵连关系；二是认为标的物构成债权发生的基础时，即具有牵连关系；三是认为标的物的存在与债权的发生之间具有相当的因果关系，而且社会一般观念认为有留置权存在的必要时，即认为有牵连关系；四是债权与标的物由于某种经济关系而发生，债务人如自己不履行债务，却要债权人返还其标的物，在社会一般观念认为不当时，即可认为标的物与债权存在牵连关系。

3. 企业间留置牵连除外说

留置财产应当与债权的发生有牵连关系，但企业之间留置的除外。

“二元论”认为，债权与标的物之间存在牵连关系，并不以标的物为债权发生的直接原因为限；如果是债权发生的间接原因，也可以认为有牵连关系。至于哪些是债权发生的间接原因，也存在不同看法：一是认为债权与标的物占有之取得，系因同一交易关系或者同一目的而发生的，即有牵连关系；二是认为债权是因标的物的原因而间接产生的，两者即有牵连关系；三是标的物为因同一原因而发生的债权之标的物时，即存在牵连关系；四是认为债权因标的物而发生，或者债权与标的物的返还请求权因同一法律关系或者生活关系而发生，即有牵连关系。可见，牵连关系的概念过于模糊，范围不确定，法律适用中容易产生分歧，第二种意见和第三种意见也不可取。

4. 企业间留置同一法律关系说

留置财产应当与债权属于同一法律关系，但企业之间留置的除外。

因此，物权法没有采用牵连关系的概念，而是明确规定留置财产应当与债权属于同一法律关系。以至于通说一直认为，不是同一法律关系，即使合法占有财产也不能留置。但现在明确在债权债务双方均为企业的情况下，留置动产可以不受同一法律关系的限制。

这无疑是由于企业间债务属于商务法律关系性质决定的。在商业实践中，企业之间相互交易频繁，追求交易效率，讲究商业信用，如果严格要求留置财产必须与债权的发生具有同一法律关系，则有悖交易迅捷和交易安全原则。商品经济中的企业间交易频繁，确保交易安全，要运用包括留置在内的多种形式维护权益，如果严格限制企业间留置也必须与债权基于同一法律关系，则有悖于交易安全迅速之原则。

即使行使留置权是基于第二个合同关系，已经不是原来的债权债务，但是企业间可以不受“行使留置权要基于同一债权债务关系”的约束。

因此，本条同时规定，企业之间留置的财产，可以不与债权属于同一法律关系。

二、留置权成立的积极条件

1. 本条规定是构成留置权成立的积极要件之一

所谓积极要件，是指成立留置权应当具备的事实要件。

留置权的成立需具备四个积极要件，在上一条对定义的规定中已经涉及了前三个积极要件，即留置的财产必须是动产、须债权人合法占有对方的财产和债务人的义务已届清偿期。本条是对留置权第四个积极要件的规定，也是其中最应当引起注意的要件。

2. 本条通常被称为留置权的“牵连性”

即债权人的债权须和其留置的财产具有牵连关系。《最高人民法院关于适用〈中华人民共和国担保法〉若干问题的解释》第一百零九条规定：“债权人的债权已届清偿期，债权人对动产的占有与其债权的发生有牵连关系，债权人可以留置其所占有的动产。”同时本条还有一项例外规定，即企业之间留置的不受此要件的限制。因此，企业之间的债权人就可以对其任何合法占有的债务人的财产行使留置权。

【典型案例】

高速施救费是否享有留置权①

——留置与债权不属于同一法律关系的债权能否成立留置权

基本案情

2015年1月4日上午10时5分许，被告金华市辰甲进出口公司所有的浙G×××××号小型轿车由加兹（巴基斯坦籍）驾驶于G60沪昆高速往江西方向301公里+100米处发生交通事故。经乘车人黄某巳联系，金华市丙午高速施救公司将该小型轿车拖至原告金华市丁未汽车修理厂处，由原告进行了修理并由原告支付了高速施救费400元。

---

① 参见丁未汽车修理厂诉辰甲进出口公司留置权纠纷案，浙江省金华市金东区人民法院，(2016) 浙0703民初4131号。

戊己财产保险股份有限公司庚辛支公司为被告金华市辰甲进出口公司所有的浙G×××××号小型轿车投保的保险公司，经该公司定损，被告车辆损失为145890元（扣残值后定损金额）。车辆修好后，原告通知被告前来提车并支付相关费用，但被告迟迟不予支付维修费用，车辆也一直停放在原告处。

2015年10月14日，原告诉至法院，要求被告支付原告汽车修理及配件、高速施救费用、逾期未支付费用的占用资金期间的利息。

另查明，原告曾向法院申请执行民事判决，在执行过程中，原告未拿到任何款项。被告未依约按期履行债务，已构成违约，依法应承担民事责任，原告依法对被告车辆享有留置权，可优先受偿。

法院审理

法院经审理认为，原告丁未汽车修理厂与被告辰甲进出口公司之间的修理合同关系已由判决书确认，被告理应及时履行该判决所确认的给付义务。被告未向原告支付修理报酬，原告依法对修理车辆享有留置权，并有权对该车辆折价或者以拍卖、变卖所得的价款享有优先受偿权。

同时法院经审理认为，原告诉请的高速施救费400元，系原告垫付款，不在享受留置权的范围。

案件评述

一、留置是在债务履行期届满后对债务人财产的继续占有

留置的前提是债权人已经合法地占有了债务人的财产，该占有本来是需要按期返还的，但由于债务人未按期履行债务，债权人遂拒绝返还占有物，而继续占有。本案中民事判决书已经确定原、被告之间的债权、债务关系及履行期间，履行期届满后原告依旧占有该车辆，是对该车辆行使留置，并不存在侵害被告车辆权益的行为。不过显而易见，法院认定高速施救费为另一个独立的法律行为其实就是采纳了“同一法律关系说”。

二、同一法律关系就是指同一债权债务关系

1. 我国留置权成立要件中“同一法律关系”的沿革

早期通说认为，留置权成立的牵连关系，体现为债权与留置物的占有取得须基于同一合同关系而产生。《民法通则》首次正式将留置权制度作为债的担保予以明定。《担保法》又明确规定，因保管合同、运输合同、加工承揽合同发生的债权，债权人有留置权。《合同法》具体规定了承揽人、承运人、保管人、行纪人的留置权。

至2000年颁布《最高人民法院关于适用〈中华人民共和国担保法〉若干问题的解释》时，对牵连关系作出了规定。将债权与债务人占有的动产间须存在牵连关系定为明文，突破了“合同关系”的限制，使留置权的发生不再限于特定的合同关系。但对于牵连关系如何界定，当时立法和司法解释没有作出规定。

现在，《民法典》第四百四十八条规定：“债权人留置的动产，应当与债权属于同一法律关系……”其并没有采用以牵连关系作为留置权成立的要件，而是明确规定采用“同一法律关系”来界定留置财产应当与债权之间具有关联性，才能发生留置。

2. 对“同一法律关系”中的“同一”的理解

通说认为，如果留置物的占有与债权基于不同的法律关系，那么留置权即无法成立。但对这里的“同一法律关系”究竟是基于同一种法律关系，还是同一个法律关系，产生了不同看法。

一种观点认为，动产的返还义务与债权在性质上属于同一法律关系框架内，都可以认为有构成留置权适用的条件。同一法律关系在一定情况下可以包括同类的法律关系，连续性的运输行为，在托运人未支付前一次的运输费用时，承运人自可对此次运输的货物行使留置权。

另一种观点认为，所谓动产与债权属于同一法律关系，系指债务人所享有的动产返还请求权与债权同属于一个法律关系。才能行使留置权。

这些学者认为，“同一法律关系”指的应该是同一个法律关系，而不

是同一种法律关系。

(1) 如果两者间没有因果关系不应归入同一种法律关系牵强适用

同一种法律关系中各法律关系间性质相同但各个的法律关系并不一样。

(2)《物权法》规定留置权的产生必须以合法占有债务人的动产为前提，如果丧失了占有，那么其留置权也就发生消灭。

(3)《物权法》的立法原意是对牵连关系进行限制

从债权人、债务人以及利害关系人各方利益平衡的角度考量，“同一法律关系”也不应扩大解释为“同一种法律关系”，而应限制在“同一个法律关系”内。

3. 同一物占有之前产生之债权的适用

一般情况下，留置权人的债权是在留置权人取得动产的占有后才发生的，但如果在取得标的物占有之前，已经产生了债权，那么是否能够认为该债权与占有的动产之间是符合“同一法律关系”的，进而主张留置权呢？对此，学界有不同的主张。

我国台湾学者谢在全先生认为，“按（台湾地区适用的）‘民法’第928条仅规定债权的发生与该动产须有牵连关系，至对于债权发生的时间，并没有限制，所以该问题的关键不在于债权发生在什么时间，而在于债权是否与其占有的动产具有牵连之关系，如果存在牵连关系，即使债权发生于取得动产占有之前，自然应认得主张留置权。唯此种事例，似不多见”。

对上述肯定观点，也有学者持否定立场。此种观点认为，在占有标的物之前所发生的债权，与该标的物并不存在任何关系，自应分别履行，而不能留置占有物。因就理论而言，债权既然是在占有标的物以前就已经发生，就足以看出该债权与占有的标的物之间并没有牵连关系的存在，其债权须于占有该动产时或占有后发生，方可留置。概言之，此观点认为，债权发生在前，占有标的物在后，应认为该债权与占有标的物无牵连关系。

《民法典》对此问题也只是规定“债权人留置的动产，应当与债权属于同一法律关系”，对债权发生的时间并没有给予法定的限制。对于此问题，有相当多的学者赞同上述两种观点中的肯定说，即债权与动产间的同一法律关系，不因债权发生于债权人取得动产之前或者之后而有差异。

三、留置权成立从“同一法律关系”到“牵连关系”的扩张

《民法典》物权编只是明确规定了留置财产应当与债权属于同一法律关系，而没有采用牵连关系的概念，且对牵连关系的构成作了较为严格的限制。但不可否认的是，“同一法律关系”也在一定程度上限制了留置权的适用范围，因此，有学者认为有必要将其适用范围予以扩张，由此以实现民法设立留置权制度的初衷。他们主张将一般侵权之债在留置权中予以适用；将无因管理（限动产）所产生的债权在留置权中适用；将不当得利所产生的债权在留置权中适用；将基于同一生活关系所产生的债权于留置权中适用。只是由于“同一法律关系”概念语义范围较小，它在一定程度上限制了留置权的适用范围。本案如依“牵连关系”理论，案涉金华市丁未汽车修理厂为履行被告金华市辰甲进出口公司之间的受损汽车修理合同，而垫付的高速施救费即使为另一个独立的法律行为，从留置权设立的初衷看，既然其是从公平原则出发，旨在保护债权人的债权得到切实、充分的保障，自然也有必要将其扩展至留置权的适用范围之内。

因此，这些学者基于比较法经验的可借鉴性，特别是建立我国先进的、与国际相通的留置权制度之考量，对于留置权制度主张我国立法也应当予以适当扩大其适用范围，而不应设置过多不必要的限制。①

第四百四十九条　【留置权适用范围的限制性规定】

法律规定或者当事人约定不得留置的动产，不得留置。

【条文疏义】

本条沿袭了《物权法》第二百三十二条之规定。

---

① 陈丽莎：《论我国留置权成立要件中的“同一法律关系”》，载《西安建筑科技大学学报（社会科学版）》2014 年第 1 期。

一、留置权的法定性

留置具有法定性，即留置权的设定直接基于法律的规定。留置权作为一种依照法律规定而享有的权利，不需要合同约定就可以直接享有。但是，留置权毕竟是法律赋予合同债权人的权利，债权人可以行使，也可以抛弃。因此，当事人可以在合同中约定排除留置权，这样当债务履行期届满后，债权人再行使留置权的，人民法院即不予支持。

这不但意味着法律对留置权的规定并非强制性的规定，当事人可以以约定来排除作为民事权利的留置权。自然也就意味着，在没有另外约定排除的情况下，才可以适用留置权的规定。同时，如果法律规定排除留置权的，债权人就不能再予以留置，否则就属于违法行为了。①

二、《民法典》沿袭了《物权法》规定的留置权范围

在很长一段时间内，留置权的适用范围一直被理解为仅仅局限于合同关系，虽然也承认其他法律关系，如不当得利或无因管理等也可以产生留置权，但总表述为，可以产生留置权的合同包括但不限于：承揽合同、运输合同、保管合同、仓储合同和行纪合同。

直到《物权法》扩大了留置权的范围，将其扩展至一切债权人合法占有债务人动产的场合（企业之间），仅强调在涉及自然人时，才限定于动产与债权应属于同一法律关系。相对于在《担保法》的语境下，仅在保管、运输、加工承揽三种情况可行使留置权，显然更适应在纷繁复杂的经济活动中，有利于对债权人的法律保护。

《民法典》明确了留置权优先于抵押权、质押权。因此，在设立动产抵押或质押时，应当充分考虑到该动产的使用等因素，密切关注动产的使用情况，避免发生抵押或质押的动产因他人行使留置权之后所导致的受偿款不足的不利影响。

---

① 王霞：《论留置权的适用范围》，载《山西省政法管理干部学院学报》2005 年第 3 期。

【典型案例】

留置是否在符合成立要件的情形下即适用[①]

——留置权适用的限制

基本案情

2011年6月5日，乙壬光电材料（昆山）有限公司、上海丙光电材料有限公司共同作为委托方（甲方），江苏癸甲国际集团土产进出口股份有限公司作为受托方（乙方）与担保方倪丁、张戊、曹巳签订委托代理进口协议及相关补充协议。

约定由江苏癸甲国际集团土产进出口股份有限公司代理乙壬光电材料（昆山）有限公司进口光电设备，乙壬光电材料（昆山）有限公司须及时付清全部款项，逾期即应承担相应的违约责任，并由倪丁、张戊、曹巳承担担保责任。

合同签订后，江苏癸甲国际集团土产进出口股份有限公司依约与乙壬光电材料（昆山）有限公司及外商签署了相关合同，并向外商支付了货款。但进口货物到货后，乙壬光电材料（昆山）有限公司未能付清全款，该行为已违反合同约定。现诉至法院请求判令：

1. 乙壬光电材料（昆山）有限公司立即给付江苏癸甲国际集团土产进出口股份有限公司欠款21477776.47元及计算至实际给付之日的利息和违约金；2. 倪丁、张戊、曹巳对上述欠款承担连带付款责任；3. 江苏癸甲国际集团土产进出口股份有限公司就编号为201106001的《设备销售合同》及补充合同项下已进关的6台金属有机物化学气相沉积设备享有留置权，可就该留置物折价或拍卖、变卖所得价款优先受偿；4. 本案诉讼费用由乙

---

① 参见江苏癸甲国际集团土产进出口股份有限公司与乙壬光电材料（昆山）有限公司、上海丙光电材料有限公司、倪丁、张戊、曹巳进出口代理合同纠纷案，江苏省南京市中级人民法院，(2014）宁商初字第47号。

壬光电材料（昆山）有限公司、倪丁、张戊、曹巳承担。

法院审理

关于江苏癸甲国际集团土产进出口股份有限公司对已进口的6台设备是否享有留置权，法院认为，已进6台设备中尚有3台设备未办理清关手续，根据《物权法》第二百三十二条的规定，法律规定或者当事人约定不得留置的动产，不得留置。《海关法》第三十七条规定，海关监管的货物，未经海关许可，不得开拆、提取、交付、发运、调换、改装、抵押、质押、留置、转让、更换标记、移作他用或者进行其他处置。据此，江苏癸甲国际集团土产进出口股份有限公司主张对于尚未清关的3台设备享有留置权与现行法律规定相悖，法院不予支持。

就其余3台设备，江苏癸甲国际集团土产进出口股份有限公司与申东物流分公司之间曾签订进口货物仓储、报送、运输委托代理协议，由申东物流分公司代理案涉设备仓储事宜，现申东物流分公司与实际仓储人，均对江苏癸甲国际集团土产进出口股份有限公司作为间接占有人要求确认的留置权不持异议，法院对此亦予确认。

案件评述

一、本案涉及海关监管的货物是否可以留置的问题

《海关法》第三十七条规定，海关监管的货物，未经海关许可，不得开拆、提取、交付、发运、调换、改装、抵押、质押、留置、转让、更换标记、移作他用或者进行其他处置。该条禁止留置的条款仅仅是法律上规定不得留置，但我们认为可以这样理解，留置权的基础是对留置物的“占有”，债权人的债权发生在前，而占有债务人的动产在后，对于此时债权人能否取得对债务人动产的留置权，学界长期存在肯定说与否定说两种不同的观点。

史尚宽先生认为，对于商事留置权而言，其“债权只须因营业而发生，无须于动产之占有取得前即已成立”。但是，由于《物权法》第二百三十条已经明确规定："债务人不履行到期债务，债权人可以留置已经合法占有的债务人的动产……"据此，债权人对动产的占有应发生于债权之前，或占有与债权同时发生，但不得后于债权的发生。

因此，在留置权制度中，债权人的债权须后于对动产的占有而发生，即债权人对债务人动产的占有发生在前、债权发生在后，或者两者同时发生。本案中未清关的3台设备并未处于原告的占有之下，因此不能对其享有留置的权利。

二、关于留置权适用范围的解读

1. 各国有关留置权的立法几乎没有逐一列举留置权适用的范围

应该说，《担保法》制定之时，我国市场经济方刚刚起步，有关市场经济的法律制度还不完善，一套有序的市场经济体制还尚未形成，规定留置权较为狭窄的适用范围符合当时的情势。但随着市场经济的发展，相关市场规则和法律制度的完善，将留置权的适用范围扩大到有关无因管理、仓储合同及其他服务合同发生的债权中既有必要，也更为妥当。

从其他国家和地区有关留置权的立法来看，也几乎没有逐一列举留置权适用范围的。因此，《民法典》物权编沿用《物权法》的规定没有明文列举留置权的适用范围，而只是在法条中对留置权的适用范围作出限制的做法，规定了不得留置的两种情形。应当认为，只要不属于这两种规定的留置权消极条件的情形，又符合留置权成立的积极条件，自然均可以成立留置权。

2. 法律规定的留置权行使的消极条件

（1）法律规定不得留置的依照其规定

如果法律基于公序良俗等原因明确规定某些情形下不得留置或者某些财产不得留置，则须依照该法律规定，不得成立留置权。

（2）当事人约定不得留置的按照约定

对于当事人已经明确约定不得留置的动产，都不能成立留置权。比如，承揽合同当事人事先在合同中约定排除留置权，则在定作人未向承揽人支付报酬或者材料费等价款时，承揽人也不得留置完成的工作成果，而应当依债权本身的效力提起追索价款及违约金的诉讼。留置权属于法定担保物权，法律之所以允许当事人通过约定加以排除，主要是因为留置权的目的是基于公平原则，保护债权人的利益，担保债权的实现，并未涉及公共利益或者其他第三人的利益，如果债权人基于意思自治而自愿放弃这一权利，法律自然无须干涉。

三、我国法律应提出新的留置权适用范围

留置权的适用范围在我国一直存在争议，学界主张扩张其适用范围的呼声日益高涨，且该制度不断呈现出扩大化趋势，但这又与留置权本身所具有的特征及其强大的优先效力相违背。

1. 我国法律应锐意拓宽留置权的适用范围

从留置权的适用范围立法例和效力演变历程，并结合大陆法系主要国家的规定，与英美法系的规定进行对比，可以看出，各国留置权的效力和适用范围也各不相同。我国立法采物权性留置权的模式，将其规定在《民法典》物权编中，具有留置和优先受偿的双重效力。而就留置权的积极适用范围，学者认为留置标的物不仅应当包括动产在内，还应当扩张到有价证券，且不以能够流通为限；留置物之所有权人应当为债务人，而对于第三人的财产则需要借助善意取得制度来进行调整。

其核心理论在于，可留置的债权范围也不应再局限于合同领域。[①]

2. 可以扩大留置物的适用范围但应增设留置抗辩权

留置权保护债权人对物之保值增值所作出的贡献，但留置权所担保的范围仅限于债权人合法占有的，并且为标的物作出了保值增值的债权，不正当地扩大留置权所担保债权范围会造成不公平的司法裁判。应当在未来的债法总则中增设留置抗辩权，扩大留置物的适用范围，但并不给予其优先受偿的权能。

有学者认为，《民法典》第四百四十七条所规定的“债务人的动产”

① 邵妍：《留置权的适用范围研究》，南京财经大学2016年硕士学位论文。

实际上包括债务人交付，但不属于债务人所有的财产，但留置权制度与善意取得制度之间并无衔接点，因此留置权制度不适用善意取得制度。故债权人因故意或重大过失不知债务人没有对标的物进行保值增值活动时，不应享有留置权。[①]

第四百五十条　【可分留置物】留置财产为可分物的，留置财产的价值应当相当于债务的金额。

【条文疏义】

本条沿袭了《物权法》第二百三十三条的规定。

一、可分物留置财产与留置权的不可分性

1. 可分物是指经分割而不损害其经济用途或者失去其价值的物

可分物是“不可分物”的对称。其经过分割以后并不会损害已有的经济用途，也不会降低其价值或改变其性质的物。

可分物与不可分物的区别在于：

（1）分割方法不同

分割可分物的财产时，共有人可将实物加以分割；分割不可分物的财产时，则只能有人获得该物，有人得到金钱补偿。

（2）连带责任不同

同一项债有多数债权人或债务人参加、债的标的物属于可分物时，债权人或者债务人按份享有权利或承担义务；如标的物为不可分物时，债权人或者债务人则享有连带债权或承担连带债务。

但如果留置财产为不可分物，由于该物的分割会减损其价值，因此不适用本条的规定。对于不可分物，债权人可以将其全部留置。

---

① 李泽环：《留置权适用范围研究》，载《法制与社会》2018 年第 24 期。

2. 留置权具有不可分性

留置权具有不可分性的表现为：

（1）留置权所担保的是债权的全部而不是部分

法律脱胎于现实，担保物权的不可分性更多是基于现实中交易的考虑。如果担保物权具有可拆分性，其担保价值会具有不可预测性，对于债权人来讲，可拆分的担保物权会使其债权缺乏保障性。如果放任担保物权被拆分，那么可能会出现担保人恶意拆分或损毁担保物，债权人却不能证明担保人故意损坏担保物，从而逃避其作为担保人应当承担的法律责任。为避免当事人恶意以担保物权是可拆分的为由，通过拆分致使担保物价值低于担保债务，其也可以不用承担本来应承担的担保责任。

（2）留置权的效力及于债权人所留置的全部留置财产

留置权人可以对留置财产的全部行使留置权而非部分行使。因此，债权的侵害及部分清偿、留置物的分割等，均不影响留置权的效力。只要债权未受全部清偿，留置权人仍旧可以对留置物的全部行使权利。所以，如果留置财产为不可分物，由于该物的分割会减损其价值，因此不适用本条的规定。

二、留置权为可分物的适用

《民法典》本条沿袭《物权法》的有关规定，对于留置权的不可分性做了一定程度的缓和，明确规定留置财产为可分物的，留置财产的价值应相当于债务的金额。如此规定，无论是基于债权人留置财产的目的，还是为了担保债权的实现，只要留置财产的价值相当于债务金额，就能够保证其债权得到实现，也就没有必要留置过多的财产。过分强调留置权的不可分性，对债务人不公平，有损其合法权益，也不利于物尽其用。

所以，如果债权人占有的动产为可分物，债权人留置占有的留置物的价值应当相当于债务的金额，而非占有物的全部。该规定的反面解释应当是，留置的财产为不可分物时，不受该规定的限制，即留置权人在债权未受全部清偿前，留置物为不可分物的，留置权人可以就其留置物的全部行使留置权，这也正是《最高人民法院关于适用〈中华人民共和国担保法〉若干问题的解释》第一百一十条的规定。

【典型案例】

留置权人留置超过债务金额的留置物造成损失如何处理[①]

——留置物的价值应与债权相适应

基本案情

2011年8月，原告申甲服饰有限公司、被告高西制衣厂经中间人史某介绍达成口头加工协议，被告为原告加工1200件“鸿衣羽裳”短款羽绒衣皮、800件长款羽绒衣皮，共计2000件。

双方约定2011年8月20日原告送面辅料，9月底被告交货。后原告分别于8月20日、23日，9月21日，10月14日陆续送齐所需面辅料，被告收到面辅料后先组织生产2000件羽绒衣皮的内胆，分别于9月、10月向被告零星发短款衣皮并催要加工款。

由于原告表示资金紧张，未能拿货，被告表示剩余800件长款衣皮不再生产，原告未提出异议。

11月18日，被告将800件短款衣皮抵押给林某并向其借款5万元，表示1个月后衣皮可由林某自行处理，随后通知原告。原告于11月19日表示月底支付加工费，如果不支付就任由被告处理。

12月5日，原告法定代表人郭某到被告处提货，在给付1万元加工费之后取回数件短款羽绒衣皮。至此，原告共给付加工费1万元，取回短款衣皮290件。

几日后，原、被告法定代表人以及林某共同商议解决方案，因抵押的短款衣皮已经被林某部分充绒而未谈妥。

---

① 参见上海申甲服饰有限公司与高邮市高西制衣厂承揽合同纠纷案，高邮市人民法院，(2012)邮商初字第0299号。

12 月底，原告将 1200 件短款衣皮剩余面辅料及 800 件长款衣皮面辅料运回，800 件长款衣皮成品内胆现在被告处未取回，在审理过程中，原告同意取回。目前短款羽绒衣皮还有 50 件成品及 25 件半成品在被告处可以交付原告，原告亦表示认可。

现原告诉至法院，请求除被告交付的 290 件短款衣皮外，要求被告赔偿剩余 910 件短款衣皮以及 800 件长款衣皮内胆布，合计价值 182500 元，面辅料运费 800 元，扣除应当支付的加工费 32000 元，被告还应赔偿原告 151300 元。

法院审理

法院经审理认为，根据《合同法》的规定，定作人未向承揽人支付报酬或者材料费等价款的，承揽人对完成的工作成果享有留置权。根据《物权法》的规定，留置财产为可分物的，留置财产的价值应当相当于债务的金额。债务人不履行到期债务，债权人可以留置已经合法占有的债务人的动产，并有权就该动产优先受偿。

留置权人与债务人应当约定留置财产后的债务履行期间，债务人逾期未履行的，留置权人可以与债务人协议以留置财产折价，也可以就拍卖、变卖留置财产所得的价款优先受偿。留置财产折价或者变卖的，应当参照市场价格。

本案中，被告从 2011 年 10 月初通知原告领取衣皮且向原告索要加工费未果，便开始行使留置权，是其自我权利救济的合法行为。但留置财产为可分物的，留置财产的价值应当相当于债务的金额。留置财产折价或者变卖的应当参照市场价格。根据双方均认可的事实，法院予以确认，378 件短款羽绒衣皮合计价值为 37800 元。

案件评述

一、可分留置物与不可分留置物

留置物为不可分物的，留置权人可以就留置物的全部来行使留置权，但留置物为可分物的，债权人则只能留置与自己的债权额相当的部分，其余部分支付给债务人，否则就会构成侵权。本案中被告高西制衣厂欠申甲服饰有限公司151300元，申甲服饰有限公司留置457件衣皮足矣，无权对另外378件衣皮进行留置，故被告对没有留置权的服装进行抵押并获取借款，由此而产生的损失应当由被告承担。

因为留置权作为担保物权的一种，其功能即在于保护债权人债权的实现，担保债务人履行债务。若在能够充分保护债权人债权实现的情形下侵犯了债务人的利益，显然就与设置留置权的立法旨意相背离。如果留置财产为可分物，同时其价值又大于债务的金额时，若允许债权人留置全部物品，显然是对债务人对除债务金额外的那部分留置物享有所有权的侵犯，相当于毫无依据地在其上设定了留置权，构成了侵权。

另外，还应注意可分物和不可分物的区分标准，即留置物是否可以在不损害其性质或者在不带来较高成本的条件下分开。可分物是指经分割而不损害其经济用途或者失去其价值的物。本条是对留置权的不可分性所做的一定程度的缓和。当然对于不可分物，债权人可以将其全部留置。

二、债权人应根据债权的金额留置相应的财产①

1. 可分物事实上即数个独立之物的集合体

关于留置动产的价值与债权的金额严重不相符的问题，实践中，债权人合法占有的债务人的动产可能是一个独立物，也可能是数个独立物；其占有的独立物可能是不可分物，也可能是可分物。基于担保债权的需要，债权人应根据债权的金额留置相应的财产：如果债权人占有的是数个独立物，其应留置与债权金额相当的一个或者数个独立物；如果债权人占有的是可分物，则留置财产的价值应当相当于债权的金额。但如果债权人占有的债务人的动产为一个独立物且为不可分物，则即使该动产的价值超过债权的金额，债权人也可对之行使留置权。

---

① 尹田：《留置权若干问题研究》，载《中国政法大学学报》2013年第9期。

2. 法律要求留置财产的价值应尽量与债权金额相当

法律之所以要求留置财产的价值与债权金额相当，其目的就是避免债权人滥用留置权以造成债务人的不当损失。而债权人应从占有的可分物中留置与债权金额相当的财产，则是对债权人留置标的在价值量上的一种限制，是留置权得以合法成立的条件，与留置权本身是否具有“不可分性”毫无关系。

对于留置权是否具有不可分性，即留置权成立后是否从整体上担保债权实现，其内容（主要是留置财产的数量）是否不因债权的部分清偿而相应缩减，既有理论对此持肯定态度。但应当看到，留置权与抵押权和动产质权不同，不动产抵押权的标的为一个独立物，且不经不动产登记不得分割（例如，一幢大楼登记为一个所有权标的之后，如需分割为数个所有权，必须经过不动产分割登记方可成立）。因此，一项不动产须以其全部设定抵押，而不得以其部分设定抵押，同时，抵押权设立后，抵押物的整体价值即用以确保担保债权的实现，即使债权得以部分清偿，抵押权仍然整体存在，其内容不发生任何变化，直至债权得到全部清偿。

3. 留置权当然具有不可分性但留置权标的可为数个独立可分动产

很显然，不动产抵押权的不可分性，与不动产抵押物在抵押期间的不可分性，具有内在联系。而动产抵押权的标的通常也是不具可分性的机器设备等，以当事人在实物上可任意分割的动产（即所谓“可分物”，如特定的10吨钢材）设定抵押，较为少见。因此，同不动产抵押权一样，动产抵押权的不可分性大体上也是可以成立的。但留置权则不同，其标的可以是数个独立动产（如同时留置两台机器设备，在这种情况下，究竟是成立了一个留置权还是两个留置权，本身就值得讨论），也可以是可实物分割的动产（如特定的10吨钢材）。如果留置权标的为一个不可分的动产（如一台机器设备），留置权当然具有不可分性，但在留置权标的为数个独立动产或者具有可分性的动产时，留置权标的的数量应随留置权所担保的债权金额的减少而相应减少，明显更具有合理性和妥当性。

因此，《民法典》第四百五十条有关“留置财产为可分物的，留置财产的价值应当相当于债务的金额”的规定应扩张解释为不仅适用于留置权的成立，而且适用于留置权的存续，即在留置权成立后，如留置物为可分物（包括留置物为数项动产或者为可实物分割的动产），则在其所担保的债权金额因债务的部分履行或者其他原因而减少时，留置财产的数量，应相应减少。如非必要，债权人明显超出债权金额留置或者持续留置债务人财产的，债务人有权请求其减少，否则，债权人应承担由此而造成的损失的赔偿责任。此外，依照同样的原则，债权人在将留置物予以拍卖、变卖时，如留置物为数项动产或者可分物，且部分留置物的变价款足以清偿全部债务的，债权人仅有权将适当的部分留置物予以拍卖或者变卖，而不得将全部留置物予以拍卖或者变卖。

4. 债权人明显超出债权金额留置同样构成权利滥用

由罗马法上的“恶意抗辩”发展而来的留置权，最终形成了债权留置权和物权留置权两种不同的留置制度，我国将留置权界定为物权。随着留置权范围的扩大，其作为唯一的法定担保物权在现实社会中发挥着越来越重要的作用。自然，因留置可能产生的侵权也就与日俱增。

留置权侵权以行为人实施了一定的行为为其责任承担的要件。对留置权的保护因其具有债权性与物权性而有所不同，我国对留置权的保护主要分为物权保护模式、侵权保护模式及物权保护与侵权保护并立保护模式三种观点。但可认为物权保护与侵权保护并立的保护模式更具合理性。①

留置事实上通常会与同时履行抗辩权发生重叠，但因留置权与同时履行抗辩权为不同性质、不同效力的权利，故二者之间并不发生典型的权利竞合，不能适用请求权竞合的一般处理原则。毋庸置疑，当留置权行使缺乏必要性和合理性时，即构成留置权的滥用；同样非为必要而债权人明显

---

① 李一弘：《留置权之侵权制度研究》，兰州大学 2014 年硕士学位论文。

超出债权金额留置，或者持续留置债务人财产的，同样构成权利滥用。[①]

第四百五十一条 【留置权人保管义务】 留置权人负有妥善保管留置财产的义务；因保管不善致使留置财产毁损、灭失的，应当承担赔偿责任。

【条文疏义】

本条沿袭了《物权法》第二百三十四条的内容。

一、留置权人的妥善保管义务

在符合留置权成立要件的前提下，债权人固然有权留置占有物，但在留置期间，应当承担妥善保管留置物的义务。因保管不善致使留置物灭失或者毁损的，留置权人应当承担赔偿责任。所谓妥善保管义务，是指留置权人以善意保管人应有的注意，对留置物进行保管。未尽到该义务而致使留置物遭受损失的，应当承担赔偿损失、修理等义务。

二、留置权人的妥善保管义务的内容

1. 留置作为法定担保优先于其他担保物权更应承担妥善保管留置物的义务

妥善保管是指留置权人应根据留置物的性质、保管的场合及保管的技术规程要求，采取适当的保管措施，保持留置物的完好状态，保障其数量和质量。因留置权人保管不善造成留置物灭失、短少、损坏的，留置权人应依过错原则负赔偿责任；如果损害是由第三人的过错引起的，应由有过错的第三人承担责任；如果损害是因不可抗力引起的，则由留置物所有人自己承担。

作为法定担保的留置权具有优先于其他担保物权的法律效力，而且其现实占有质押物，事关所有人就该留置物的有关利益，故因留置权人因保

① 尹田：《留置权若干问题研究》，载《中国政法大学学报》2013年第9期。

管不善致使留置物灭失或者毁损的，留置权人要承担民事责任。

2. 留置权实现之前均不得免除留置权人的保管义务

留置权只有在留置人到期不履行合同时，才能依法实现。就是说，如果留置人不履行合同义务时，留置权人有权继续占有留置物，并限令留置人在2个月以内或以上的合理期限履行合同约定的义务。

留置人不按合同约定的期限履行合同义务的，留置权人可与留置人协议将留置物折价、拍卖、变卖，并用所得价款优先受偿。留置物拍卖、变卖所得价款超过留置担保债权数额部分，应返还留置人；留置物拍卖、变卖所得价款不足以清偿留置担保债权数额部分，留置权人仍有权要求留置人继续清偿。

3. 留置物毁损责任的承担

留置权人应当负有妥善保管留置物的义务。因保管不善致使留置物灭失或者毁损的，留置权人承担民事责任。债权人在依合同占有该物时，就负有保管义务，当债权人享有留置权时，这种基于合同产生的保管义务就转化为基于担保物权而产生的保管义务。在实践中，保管义务实际延续至留置物交还之时，因为从留置权消灭到留置物交还还有一定的期间，在这个短暂的期间内，留置权人仍负有对留置物的保管义务。

妥善保管是指留置权人应根据留置物的性质、保管的场合及保管的技术规程要求，采取适当的保管措施，保持留置物的完好状态，保障其数量和质量。因留置权人保管不善造成留置物灭失、短少、损坏的，留置权人应依过错原则负赔偿责任；如果留置物毁损的，留置权人是需要承担相应的法律责任的；如果损害是由第三人的过错引起的，应由有过错的第三人承担责任。

所谓不可抗力是指不能预见、不能避免和不能克服的客观情况。不可抗力可以是自然原因酿成的，如地震、水灾、旱灾等，也可以是人为的社会因素引起的，如战争、政府禁令、罢工等。当不可抗力事故发生后，可能会导致原有经济法律关系的变更、消灭，如必须变更或解除经济合同；

也可能导致新的经济法律关系的产生，如财产投保人在遇到因不可抗力引起在保险范围内的财产损失时，与保险公司之间产生赔偿关系。

《侵权责任法》第二十九条规定："因不可抗力造成他人损害的，不承担责任。法律另有规定的，依照其规定。"不可抗力是侵权责任的一项免责条件，如果侵权行为是因不可抗力而产生的，对于损害后果，行为人可以不承担赔偿责任。所以，如果留置物的损害是因不可抗力引起的，则要由留置物所有人自己承担。

【典型案例】

留置公司在电报发出后10天内即拍卖留置物是否要承担由此造成的损失[①]

——定作人拒收定作物留置权人能否对定作物予以拍卖

基本案情

郑某系原告安徽辛甲新型建材有限公司委派外出采购石子的工作人员，其从青阳县乙庚矿业有限公司购买1213型号石子3682.7吨，价款总计165721.5元；安徽辛甲新型建材有限公司委托铜陵戊丙物流有限公司安排货船运输。

安徽辛甲新型建材有限公司与铜陵戊丙物流有限公司口头达成约定，从铜陵江东码头通过船运方式将3682.7吨石子运输至安徽省颍上县指定码头，运费每吨39元，总运费143625.3元。原告于10月16日、21日分两次预付铜陵戊丙物流有限公司运费4.2万元，剩余运费到达指定地点后再支付，并约定付清运费后再卸货。

铜陵戊丙物流有限公司与利辛县巳丁航运有限公司所属"壬海1688船""癸浩1666船"达成本次运输任务的口头协议后，2016年10月21

① 参见辛甲新型建材有限公司与铜陵戊丙物流有限公司、利辛县巳丁航运有限公司运输合同纠纷案，颍上县人民法院，(2017) 皖1226民初954号。

日，“壬海 1688 船”在铜陵江东码头装石子 1789.9 吨，次日，“癸浩 1666 船”在该码头装石子 1892.8 吨，两船合计装运石子 3682.7 吨，于 2016 年 11 月 3 日，两船先后到达安徽省颍上县指定码头。

因安徽辛甲新型建材有限公司迟迟不支付剩余运费，两船于同年 11 月 11 日驶离安徽省颍上县指定码头转港至安徽省利辛码头，两船船长按照铜陵戊丙物流有限公司的指示，将所运输的石子 3682.7 吨出售，扣除其运费后，将剩余货款转到铜陵戊丙物流有限公司账户。

原告诉至法院要求被告赔偿经济损失 165721.5 元。

法院审理

法院经审理认为，根据《物权法》的规定，安徽辛甲新型建材有限公司不履行到期债务，利辛县巳丁航运有限公司有权在安徽辛甲新型建材有限公司债务范围内留置已经合法占有的安徽辛甲新型建材有限公司的货物，并负有妥善保管的义务，并给安徽辛甲新型建材有限公司留 2 个月以上履行债务的期间，逾期未履行的，可以就拍卖、变卖留置财产所得的价款优先受偿。

但是，利辛县巳丁航运有限公司留置安徽辛甲新型建材有限公司的全部货物系可分之物，价值大于安徽辛甲新型建材有限公司的债务，且也未依法给安徽辛甲新型建材有限公司留下履行债务的期间，而采取和铜陵戊丙物流有限公司一起将安徽辛甲新型建材有限公司的全部货物予以变卖的方式来实现债权，使安徽辛甲新型建材有限公司购买的货物全部灭失，铜陵戊丙物流有限公司和利辛县巳丁航运有限公司对给安徽辛甲新型建材有限公司造成的 165721.5 元货物损失应当依法承担赔偿责任。

案件评述

一、留置权人对留置物负有保管义务

留置权人对留置物所依法负有的保管义务产生于留置权产生之时。而且从严格意义上说，这种保管义务是在留置权产生之前，债权人对该物的

保管义务的延续。只是债权人在依合同占有该物时，所负有的保管义务是合同义务；而当债权人行使留置权时，这种基于合同产生的保管义务自转化为基于担保物权而产生的保管义务。实践中，保管义务实际延续至留置物交还之时，因为从留置权消灭到留置物交还还有一定的期间，在这个短暂的期间内，留置权人仍负有对留置物的保管义务。

关于何为“妥善保管”的问题，学界有不同的认识。通说认为，留置权人应当以善良管理人的注意保管留置财产。留置权人对保管未予以善良管理人之注意的，即为保管不善，因此而导致留置财产毁损、灭失的，应当负赔偿责任。有的意见认为，除因不可抗力造成留置财产毁损、灭失外，留置权人对留置财产的毁损、灭失均应负保管不善的赔偿责任。

日本以及我国台湾地区“民法”都采纳这种观点。如《日本民法典》第298条规定：“（1）留置权人应以善良管理人的注意，占有留置物。（2）留置权人未经债务人承诺，不得使用、租赁留置物，亦不得以之提供担保。但是，为保全该物而进行必要使用者，不在此限。（3）留置权人违反前二项规定时，债务人可以请求消灭留置权。”

我国台湾地区适用的“民法”第933条规定：“债权人应以善良管理人之注意，保管留置物。”至于实际中如何认定“妥善保管”，应当依据一般交易上的观念，以一个有知识有经验的理性人所应具有的标准来加以衡量。

留置权人占有留置财产，既然必须妥善予以保管，原则上未经债务人同意，就不得使用、出租留置财产或者擅自把留置财产作为其他债权的担保物。但是，留置权人出于保管的需要，为使留置财产不因闲置而生损害，在必要的范围内有使用留置财产的权利，如适当使用留置的机动车或者机械以防止其生锈。

二、留置权作为法定担保物权其成立和消灭都由法律明确规定

根据《担保法》第八十八条的规定，留置权因债权消灭或债务人另行提供担保并被债权人接受的情况下消灭。财产保全是人民法院在诉讼中根据一方当事人的申请或以职权对另一方当事人的财产所采取的查封、冻结等强制性措施，债权人对被保全的财产不享有担保物权。因此，债权人在提起诉讼，并申请人民法院保全了债务人的其他财产后，仍可以行使留置权。

本案航运公司留置建材公司可分的货物后，对价值大于自己债务的留置物，未给债务人留下法律规定的履行期间，即将物流公司承运的货物全部处理，给建材公司造成了超16万元的经济损失，依法自应承担相应的赔偿责任。

第四百五十二条　【留置财产的孳息收取】 留置权人有权收取留置财产的孳息。

前款规定的孳息应当先充抵收取孳息的费用。

【条文疏义】

本条沿袭了《物权法》第二百三十五条的规定。

一、留置权人有权收取孳息

1. 孳息留置权

所谓孳息留置权是指留置权人在留置期间有权收取留置物的孳息，并有就孳息优先受偿的权利。简单来说，孳息即原物所产生的新物，这里的孳息既包括天然孳息，也包括法定孳息。留置权人在占有留置财产期间，有权收取留置财产所产生的孳息。但留置权人并不是基于占有而对孳息享有所有权，而只是基于留置权的效力而就留置物的孳息享有优先受偿的权利，因此对孳息的收取权和优先受偿权从法律属性上看，仍是一种留置权。

2. 原物留置权和孳息留置权是留置权最基本的内容

各国立法一般都规定留置权人在其债权未受偿之前，有权留置其占有的债务人的财产，并对该留置物的孳息有收取的权利。留置权人在占有留置物期间，对留置物所生自然孳息和法定孳息有权收取之后，留置权人即对于收取的孳息成立孳息留置权，与原物成立的留置权一样，具有担保作用，可以用于优先抵偿债权。

孳息留置权也为留置权的范畴，应适用关于留置权的规定。所以当留置权人丧失其占有时，该留置权即为消灭。

二、孳息留置权人对留置物孳息的收取

1. 留置权人在占有留置物期间享有收取留置物孳息的权利

鉴于留置权并非用益物权而为担保物权，所以债权人并无用益留置物的权利。但留置物有孳息的，无论该孳息是法定孳息还是天然孳息，债权人均有收取的权利。只是债权人收取留置物的孳息之后，并不能直接将其归自己所有，而留置权人只享有将孳息予以折价或拍卖、变卖，然后对所得价款优先受偿，从而用以实现留置权的一种权利。

在先充抵收取孳息的费用的前提下，收取的如为天然孳息的，须经协议估价抵偿其债权，或依法拍卖，以所得价金抵偿留置物所担保的主债权；而收取者如为法定孳息且与自己的债权种类相同的，才可直接予以抵偿。

2. 收取留置物的孳息同样是留置权人的义务

既然在留置期间，留置权人虽不能取得孳息的所有权，但留置权人不但可以而且应收取留置物所产生的孳息，这自然也就意味着，留置权人对留置物的孳息同样可以成立留置权，故而，收取留置物的自然孳息或法定孳息，也就成了留置权人在行使留置权过程中的一项法定义务。所以，留置权人应以善良管理人的注意来保管孳息，留置物的孳息又有孳息的，留置权人对这一孳息也取得孳息留置权。如若留置权人欠缺善良管理人的注意，怠于收取孳息，造成债务人损失的，应对债务人负赔偿责任。

三、留置权人收取的孳息用于抵充债权对债务人并无不利

由于留置权人占有留置财产即负有了保管留置物的法定义务，故而由其来收取孳息较为适当；而且留置权人收取的孳息也是用于抵充债权的，这对于债务人也无不利。

《日本民法典》第297条规定："（1）留置权人可以收取由留置物产生的孳息，先于其他债权人，以孳息抵充其债权的清偿。（2）前项孳息，应先抵充债权的利息，尚有剩余时，再抵充原本。"我国台湾地区"民法"第935条规定："债权人得收取留置物所生之孳息，以抵偿其债权。"

我国《担保法》第六十八条规定，质权人有权收取质物所生的孳息。质押合同另有约定的，按照约定。前款孳息应当先充抵收取孳息的费用。所以，其业已肯认，在债务履行期届满前，质权人并非取得孳息的所有权，而是取得对孳息的质权或者占有。故债务履行期届满时，债务人履行债务的或者出质人提前清偿债务的，质权人应将质物（包括孳息）返还。如果债务履行期届满质权人未受清偿的，可以与出质人协议以质物（包括孳息）折价，也可以依法拍卖、变卖包括孳息在内的质物。"举重明轻"，留置权作为法定担保，更具优先性，自应对此参照执行。

【典型案例】

债务人偿还借款时能否要求以自力取得的财产抵偿部分借款①

——留置权的效力及于孳息

基本案情

案涉子甲建设工程有限公司（以下简称子甲公司）与乙丑教育产业发展有限公司（以下简称乙丑公司）建设工程合同案，由案涉省高级人民法院作出判决，判令：

乙丑公司应于判决生效之日起30日内向子甲公司支付工程款203.55005万元及利息；同时，子甲公司应交付本案诉争工程所有工程款正式发票，如未按判决指定的期间履行给付金钱义务，应当加倍支付迟延履行期间的债务利息。判决书认定的诉争所有工程款的总额为2836.54万

① 参见子甲建设工程有限公司、乙丑教育产业发展有限公司建设工程合同纠纷案，江西省高级人民法院，（2017）赣执复72号。

元，扣除逾期交付违约金、未达市优违约金、因质量问题扣减款共计221.12405万元，实际工程款总额为2615.41595万元。

2015年6月法院依据执行裁定书作出协助执行通知书，冻结了乙丑公司在水利水电高等专科学校投资回报款576.288万元。乙丑公司不服，向法院提出执行异议。

乙丑公司提供当地税务局出具的建筑业统一发票一张，证明外地企业在当地工程款发票税率为6.21%。为核实本案诉争工程款的税率问题，法院于2015年11月23日去函高新技术产业开发区地方税务局核实2007年外地企业工程款税率情况。该局《关于核实外地企业工程税率情况的回函》称，如五华公司未提供外出经营许可证明，税率应为6.21%。子甲公司未提供有效证据，并于2016年3月1日收到法院限期交付工程款发票的函件后，答复法院称，“子甲公司现已无法提供工程款发票，也提供不出外出经营许可证明，其同意法院扣税，但税款应由税务机关收取，不应仅从多伦多公司应付五华公司的工程款中抵扣”。

2016年3月乙丑公司向法院出具承诺书：“在子甲公司开具所有工程款2836.54万元的正式发票并交付该公司后，乙丑公司将如数汇入抵扣税金176.15万元给子甲公司，绝不拖延。”另经核实，乙丑公司于2015年10月30日汇至法院专户的446138.5元执行款已到位。2016年3月7日，乙丑公司又向法院汇入1403454.66元。

法院审理

法院经再审认为，根据《物权法》第二百三十条第一款“债务人不履行到期债务，债权人可以留置已经合法占有的债务人的动产，并有权就该动产优先受偿”之规定和第二百三十五条第一款“留置权人有权收取留置财产的孳息”之规定，因案涉子甲公司曾表示其无法提供诉争工程款发票，即表明其不履行生效判决书确定的义务，乙丑公司有权对工程款发票所对应的金额行使留置权，并收取留置金钱的孳息。

案件评述

一、留置物孳息收取权是基于留置物的效力而并非占有的效力

留置权人收取留置物的孳息并不能如同其他孳息收取权人一样，直接取得孳息的所有权，而只能以收取的孳息优先受清偿，即取得了对孳息的留置权和优先受偿权。

本案中，因子甲公司曾表示其无法提供诉争工程款的发票，即表明其不履行生效判决书确定的义务，乙丑公司自有权对工程款发票所对应的金额行使留置权，并收取留置该金钱的孳息。且子甲公司也同意在乙丑公司应支付给子甲公司工程款及利息、违约金总和中扣除发票税款。由于是权利而非义务，所以留置权人也可以抛弃这一权利。

二、孳息不仅包括天然孳息，法定孳息同样也包含在内

法定孳息是拟制的孳息，是用益他人财产的对价。法定孳息与天然孳息一样，都是有体物。一般而言，天然孳息之收取，应依物权法之规定；法定孳息之收取，应依债法之规定。理由在于天然孳息是派生之物、收益之物；法定孳息是交易之物，是作为对价的物。天然孳息是物权法律关系的客体，是静态财产的体现；法定孳息是债权法律关系客体（给付）的给付物（标的物），是商品交换的产物，是动态财产的体现。天然孳息存在于绝对法律关系，是静态的财产；法定孳息存在于相对法律关系（用益法律关系），是财产流通的表现。天然孳息是通过事实行为取得；法定孳息是通过法律行为取得。

天然孳息的物质形式是货币以外的动产。法定孳息的物质形式是货币，但有例外。就留置物而言，所有人有法定孳息收取权时，留置权人行使属于其所有人的权利，收取法定孳息，取得对该孳息的留置权。留置物的孳息（无论天然孳息还是法定孳息），如果是金钱孳息，则可直接用于抵偿债权；如果为其他非金钱孳息，则应依留置权的实现方式（如折价、拍卖、变卖等）以其价金优先受偿。一般说来，留置权人收取的孳息用作清偿债权的顺序为：收取孳息的费用、利息、原债权。若有剩余时，应与原

物一同返还于留置物所有人。

第四百五十三条　【留置权的实现】 留置权人与债务人应当约定留置财产后的债务履行期限；没有约定或者约定不明确的，留置权人应当给债务人六十日以上履行债务的期限，但是鲜活易腐等不易保管的动产除外。债务人逾期未履行的，留置权人可以与债务人协议以留置财产折价，也可以就拍卖、变卖留置财产所得的价款优先受偿。

留置财产折价或者变卖的，应当参照市场价格。

【条文疏义】

本条沿袭了《物权法》第二百三十六条的规定，但对“债务履行期限”没有约定或者约定不明确的情形下的“债务履行期限”由“两个月以上”修改为“六十日以上”。

留置权的实现，也称留置权的实行，它必须经一定程序和具备一定条件，此为各国立法的通例。就本条规定看，留置权的实现须具备这样几个要件：

一、通知债务人在确定的期限内履行其义务

债权人在变价标的物以清偿其债权之前，应当通知债务人履行债务，这是一项法定原则。这是立法例对债权人实行留置权的“变价取偿”方法的基本要求。

一般来说，债权人对债务人的通知具有催告的性质，其内容有二个：一是告知债务人其所给予的宽限期；二是催告债务人应于宽限期内履行义务。但如果债权人与债务人事先已于合同中明确约定了债务宽限期，则债权人可不予通知，但须于债务人在一定期限内仍不履行义务时，才可实现留置权。

二、确定留置财产后债务人履行债务的宽限期

除通知外，留置权人还应留有一定期限以供债务人履行债务。与抵押权、质权不同，留置权人并不能在债务人不履行期限届满未履行债务时即实现留置权。留置权人在留置财产后须再经过一定期间后，才可实现留置权。这里的一定期间，也就是给予债务人的履行债务的宽限期。

依本条规定，留置权人与债务人应当约定留置财产后的债务履行期间；没有约定或者约定不明确的，留置权人应当给债务人两个月以上履行债务的期间，但鲜活易腐等不易保管的动产除外。

三、债务人在宽限期内仍不履行债务且不能另行提供担保

若债务人在宽限期内履行了义务或者另行提供了担保，留置权即消灭，债权人当然不能实现留置权。只有在债务人于宽限期限届满仍不履行义务又不提供另外的担保的情形下，留置权人才可以实现留置权。债务人履行债务应当是无条件的和全面的，债务的部分履行不妨碍债权人变价标的物。债务人提供的担保，不以物权担保为限，第三人的保证也包括在内。

留置权的实现方式实际上是指处分留置物，实行其变价的方法。依据本条的规定，留置权的实现方式有折价与出卖两种。折价，是由留置权人支付商定的价格以抵销留置权所担保的债权而取得留置物的所有权。这种方法虽然较为简便，但只有在双方协商一致时，才可为之。如果双方未就留置物的折价达成协议，则不能采用折价的方法处分留置物。出卖，是指将留置物的所有权有偿出让给第三人，包括拍卖和以一般买卖方式变卖。如果当事人双方就出卖方法达成协议，则应依商定的方法出卖；如果当事人协商不成，留置权人得依法自行出卖留置物，一般应以拍卖的方式进行。同时，留置物折价或者变卖时的价格应当以市场价格为准。

【典型案例】

没有约定或者约定不明债务履行期间的何时可以实现留置权[①]

——留置权人何时能实现留置权

基本案情

2013年3月22日，原告福建省晋江市甲辰鞋业有限公司与被告乙申体育（中国）有限公司签订《生产加工合同》，约定原告为被告加工鞋子总价款446450元。

后原告依约组织生产并于2013年12月交付鞋子325双，并为被告代购材料款11676.5元，但被告仅支付加工款133900元，至今拒绝出货，尚有8885双鞋子存放于原告仓库。

2015年10月14日，法院判决被告支付原告加工款312550元并赔偿利息损失。2016年5月16日，法院判决被告支付原告代购材料款11676.5元及逾期付款利息。后被告拒不履行判决，法院于2017年7月13日委托当地明正资产评估公司对被告存放于原告仓库的8885双鞋子进行价格鉴定。经评估，该批鞋子价值133500元。

法院审理

法院经审理认为，原、被告之间所签订的加工合同未违反法律和法规的禁止性规定，可确认为合法有效。原告已依照合同约定组织生产全部货物并履行通知义务，被告经原告催告拒不履行付款义务，故原告有权留置被告存放于原告仓库内的8885双鞋子。

鉴于双方并未约定留置加工物后的债务履行期间，而原告起诉至今，已逾2个月，原告主张对该批留置物拍卖、变卖所得价款享有优先受偿权，于法有据，予以支持。

---

① 参见福建省晋江市甲辰鞋业有限公司诉乙申体育（中国）有限公司留置权纠纷案，晋江市人民法院，（2017）闽0582民初14192号。

最终法院判决原告福建省晋江市甲辰鞋业有限公司对被告乙申体育（中国）有限公司存放于其仓库的8885双鞋子享有留置权，并有权对该留置物拍卖、变卖所得价款享有优先受偿权。

案件评述

一、留置权实现的条件

留置权人实现留置权必须具备两个条件：

1. 留置权人须给予债务人以履行债务的宽限期

债权已届清偿期债务人仍不履行债务，留置权人并不能立即实现留置权，而必须经过一定的期间后才能实现留置权。这个一定的期间称为宽限期。

宽限期限多长，涉及债权人与债务人利益的平衡问题。期限过长，不利于留置权人实现债权；期限过短，不利于债务人筹集资金，履行义务。为此，根据实践经验和公平原则，本条规定，留置权人与债务人应当约定留置财产后的债务履行期间；没有约定或者约定不明确的，留置权人应当给债务人60日以上履行债务的期间，但鲜活易腐等不易保管的动产除外。

此即意味着，留置权人留置财产后，便可以与债务人自由协商一定的债务履行期限，与《担保法》规定的“不得少于两个月”这一期限不同，物权法没有明确规定双方约定的期限长短，只要双方当事人协商达成一致便可。如果留置权人与债务人对于宽限期限没有约定或者约定不明确的，留置权人可自行确定宽限期限，但不得少于2个月，除非留置财产为鲜活易腐等不易保管的动产，如海鲜、水果、蔬菜等。这些动产保管成本过高，如果期限过长，容易贬值甚至失去价值，对留置权人和债务人都不利，因此，留置权人无须给予债务人2个月以上的宽限期。

2. 债务人于宽限期内仍不履行义务

债务人在宽限期内履行了义务，留置权归于消灭，留置权人当然不能再实现留置权。如果债务人仍不履行义务，留置权人便可以按法律规定的方法实现留置权。

本案中，原告已依照合同约定组织生产全部货物并履行通知义务，被告经原告催告拒不履行付款义务，故原告有权留置被告存放于原告仓库内的8885双鞋子。鉴于双方并未约定留置加工物后的债务履行期间，而原告起诉至今，已逾2个月，原告主张对该批留置物拍卖、变卖所得价款享有优先受偿权，于法有据，法院应予以支持。

二、留置权实现的方法

依照本条的规定，留置权实现的方法有三种，即折价、拍卖和变卖。留置权人可以与债务人协商采取哪种方法实现留置权，一般情况下，双方当事人可以先协议将留置财产折价以实现其债权，如果无法达成协议，留置权人可以依法拍卖或者变卖留置财产，并以拍卖或者变卖所得的价款优先受偿其债权。

1. 折价

折价是指留置权人与债务人协议确定留置财产的价格，留置权人取得留置财产的所有权以抵销其所担保的债权。这种方法比较简单，但必须双方当事人协商一致，否则就应当采取拍卖或者变卖的方法。

2. 拍卖

拍卖是指依照拍卖法规定的拍卖程序，于特定场所以公开竞价的方式出卖留置财产的方式。拍卖的公开性和透明度都比较高，但费用较高。

3. 变卖

变卖是指以一般的买卖形式出卖留置财产的方式。由于拍卖的费用较高，有的双方当事人不愿意负担这一费用，因此采取费用较为低廉的变卖方式。本条第二款还规定，无论留置财产是拍卖还是变卖，都必须参照市场价格，而不能随意降低该留置财产的价格。

三、留置权的实现

1. 留置权是具有二次法律效力的担保物权

留置权的第一次法律效力的发生于履行期限届满而未履行债务之时。此时也即为留置权的成立，留置权人得留置其所占有的债务人的动产。留置权的这一效力是因其成立而当然发生的，是行使留置权的效力而产生的，不是留置权的最终实现。留置权的第一次效力在于以对留置物的扣留造成债务人心理上的负担，以促使其履行义务。此时，留置权人并不能即以留置物受偿其债权。

2. 留置权第二次效力的发生条件

留置权的第二次效力，是在留置权人留置留置物后一定期限即所谓宽限期内，债务人仍不履行债务时才得以发生的。此时留置权人得以留置物的变价所得优先受偿其债权。

可见，留置权的第二次效力才为留置权的根本效力和最终的效力，其作用在于确保债权人的债权受偿。留置权的第二次效力一经实现，留置权因其最终目的的实现而消灭。

第四百五十四条 【债务人请求留置权人行使留置权】 债务人可以请求留置权人在债务履行期限届满后行使留置权；留置权人不行使的，债务人可以请求人民法院拍卖、变卖留置财产。

【条文疏义】

本条沿袭了《物权法》第二百三十七条的规定。

留置权为物权，其不受所担保的债权的诉讼时效的限制。因此，留置权人在其所担保的债权的诉讼时效完成后，仍可以对留置财产行使留置权。理论上说，留置权可以长期不灭，其行使并无时间限制。但是，如果留置权人长期持续占有留置财产而不实现，不符合“物尽其用”的原则，也会对社会、经济生活产生不利影响。而且，在有的情况下，留置财产会有自然损耗或者贬值的可能，如果长期不实现留置权，留置财产的价值会受影响，对债务人不利。因此，不能让留置权人无限期地留置财产而不行使留置权。

债务履行期限届满，如果债务人自知没有能力履行债务，可以请求留置权人及时实现留置权，如果留置权人不实现的，债务人有权请求人民法院拍卖或者变卖该留置财产，以消灭留置权。

【典型案例】

债务人能否单方主张放弃留置物的所有权与其所负债务相抵销①

——债务人是否可以请求人民法院拍卖、变卖留置财产

基本案情

2014 年 1 月 29 日，杨某某向壬甲服装厂出具欠条一份，载明杨某某结欠 2014 年加工费 10 万元。2015 年 11 月 26 日，杨某某支付加工费 5 万元，壬甲服装厂在欠条上对上述付款事实进行了备注。

2015 年 5 月 24 日，杨某某雇用的工作人员沈某到壬甲服装厂处提货，壬甲厂服装填写了提货单，并载明加工客户为湖州杨某某，另载明杨某某以前欠加工费 115347 元，当前欠加工费 124164.9 元，其代理人沈某在提货单位处签了字。

2015 年 9 月 11 日，杨某某的代理人沈某再次到壬甲服装厂处提货，壬甲服装厂再次填写了提货单，并载明加工客户为湖州杨某某，该提货单另载明以前欠加工费合计 124164.9 元，共欠加工费合计 126387.9 元，沈某再次于提货单位处签了字。

杨某某认为提货单上其提货代理人沈某的签字，仅代表提取了加工好的货物，对于结欠的加工费金额，没有杨某某本人的签字故不能确认；鉴于壬甲服装厂与杨某某在 2014 年 1 月 29 日对之前的加工费进行结算时为 10 万元，而 2015 年 5 月 24 日与 9 月 11 日提取的货物均系 2013 年 11 月 10 日加工好的货物，相应的加工费已计算在 2014 年 1 月 29 日的欠条中；故

① 参见吴江市壬甲服装厂与杨某某加工合同纠纷案，江苏省苏州市中级人民法院，(2018) 苏 05 民终 3821 号。

2014 年 1 月 29 日后杨某某支付了加工费 5 万元后，杨某某尚欠壬甲服装厂加工费 5 万元，但这 5 万元其已用留置在壬甲服装厂处的布匹予以抵销了。

而壬甲服装厂认为他们并没有对杨某某加工的货物进行过留置，送货单上清楚地表明是在客户提货的同时确认结欠加工费的总额，提货以后才涉及加工费的支付。

双方因货款加工费的数额及是否可以用单方主张放弃留置物的所有权的方式，与其所负债务相抵销的方式消灭留置权，而产生了纠纷，遂到法院起诉。

法院审理

一审法院经审理认为，根据双方的交易习惯，其结算习惯系由杨某某本人与壬甲服装厂进行结算以确认加工费，壬甲服装厂并无证据证明沈某曾代表杨某某与壬甲服装厂进行过加工费的结算，或沈某具有代表杨某某与壬甲服装厂进行加工费结算的权限，故案涉上述两份提货单上载明的加工费结欠数额，不能作为壬甲服装厂与杨某某已经进行结算的依据，故上述两份提货单中载明的加工费数额应予认定。

根据法律规定，留置权因债权消灭或债务人另行提供担保并被债权人接受而消灭，债务人可以请求留置权人在债务履行期限届满后行使留置权，但债务人无权以单方主张放弃留置物的所有权而与其所负债务相抵销的方式消灭留置权，本案中杨某某未提交证据证明壬甲服装厂、杨某某就留置物抵销债权达成过协议，故对杨某某诉称留置权的行使不予认可。

综上，壬甲服装厂与杨某某之间的加工合同关系合法有效，壬甲服装厂按约完成了加工业务，杨某某自应及时付款。故判决杨某某应于判决生效之日起 10 日内支付壬甲服装厂加工费 61040. 9 元并赔偿逾期付款利息损失（以 61040. 9 元为基数，自 2017 年 9 月 26 日起至实际支付之日止，按照中国人民银行公布的同期同档贷款基准利率计算）。

二审法院经审理认为，一审法院认定事实清楚，适用法律正确，遂维持了一审判决。

案件评述

一、债务人的留置权行使请求权

案涉壬甲服装厂在杨某某拒绝支付加工费的情况下，对加工的货物享有留置权，其不同意用剩余的加工物或布匹抵销加工款，杨某某可在结清加工费后提取相应货物。但在壬甲服装厂并未主动行使留置权的情况下，法院经审理认为，债务人无权以单方主张放弃留置物的所有权而与其所负债务相抵销的方式消灭留置权，鉴于本案中杨某某不能提交证据证明壬甲服装厂与杨某某之间，就留置物抵销债权达成过协议，故对杨某某诉称留置权的行使，以及其留在壬甲服装厂的布匹已经予以抵销，不予认可。

其实，根据《物权法》第二百三十七条的规定，债务人可以请求留置权人在债务履行期届满后行使留置权，所谓债务人无权以单方主张放弃留置物的所有权而与其所负债务相抵销的方式消灭留置权。反过来看，虽然本案中杨某某未提交证据证明其与壬甲服装厂就留置物抵销债权达成过协议，但在主债务履行期届满后，不愿意履行合同义务时，债务人有权主动请求留置权人在债务履行期限届满后行使留置权，若像本案这样，“留置权人不行使的，债务人可以请求人民法院拍卖、变卖留置财产”，以清偿自己的主债务。

二、留置权是否受诉讼时效的限制

1. 《民法典》修正了《担保法》留置权行使无须通过诉讼的认识

《担保法》的规定容易让人误以为留置权不需通过诉讼即可行使。《民法典》本条规定肯认了，既然债务人可以通过诉讼请求人民法院拍卖、变卖留置财产，那么债权人在债务人不履行债务时请求行使留置权的诉权，与其留置权本身，均应受诉讼时效规制。

2. 我国法律对质权和抵押权各有明确的时间限制

而留置权的行使，是否受诉讼时效的限制，我国现行法并未明确规定。但考虑到留置权因债权已届清偿期债务人不履行债务，债权人占有债务人的财产而发生效果，只要债权人占有而不给付或者返还留置物，则留置权始终处于有效状态，留置权的行使不受债权人诉讼时效是否完成的影响，债权虽然超过了诉讼时效期间，但留置权人仍可行使留置权。

3. 已经超过诉讼时效的债权依然能够行使法定抵销权

从世界各国家和地区对于已经超过诉讼时效的债权还能否行使法定抵销权，多数持肯定态度，且法律中有明确规定，其唯一一个特别强调的条件是，抵销适状应当发生在债权诉讼时效消灭之前。由此结论是，抵销权成立的依据是双方债务均为合法有效且有适于抵销的事实，与其他问题无关，抵销权成立以后，即使一方债务因时效经过成为自然债务，抵销权不受影响。

对于诉讼时效届满即当事人提出的请求权超过法律所规定的诉讼时效期限，罹于诉讼时效的债权是否享有法定抵销权的问题，有学者认为，超过诉讼时效的债权，已经成为自然债务，它和原债务已存在性质上的明显区别，允许超过诉讼时效的债权抵销，固然有利于保障权利人利益，尽量减少权利人丧失权利的可能性，但并不利于维护时效制度适用的效力。对于时效已经届满的债权，能否抵销应该区分两种情况：如果被动债权的时效期间已经届满，而主动债权的时效期间没有届满，则可以抵销；在此种情况下作出抵销，可以认为债务人抛弃了时效利益。如果主动债权的时效期间已经届满，而被动债权的时效期间没届满，则不可抵销，否则将无异于强迫对方履行自然债务。

也有学者认为，抵销的效果是使对立的债权在相当额度范围内归于消灭，故以双方债务的有效存在为前提。其中，主动债务须具有强制履行的效力，不完全债权若属于丧失执行力，则不得由债权人用作主动债权主张抵销，否则将无异于强制债务人履行不完全债务。这样，罹于诉讼时效的债权，其债务人可以拒绝履行，债权人不能以之作为主动债权主张抵销，除非债务人抛弃时效利益。

4. 被动债权罹于诉讼时效可做抵销可认为债务人抛弃了其时效利益

可以认为，超过诉讼时效期间的债权，不得作为主动债权主张抵销，否则无异于强迫对方履行自然债务。如果被动债权已经罹于诉讼时效，就可做抵销。于此场合，可认为债务人抛弃了时效利益。

《担保法》第八十四条第三款规定，“当事人可以在合同中约定不得留置的物”，承认了当事人可以约定部分地排除留置权。《最高人民法院关于适用〈中华人民共和国担保法〉若干问题的解释》第一百零七条规定：“当事人在合同中约定排除留置权，债务履行期届满，债权人行使留置权的，人民法院不予支持。”顺理成章，既然留置权是债权人的权利，债权人可以依法享有留置权，自然也可以预先抛弃留置权。

三、留置权在民事执行中的法律保护

1. 债权请求和留置权请求能否在同一诉讼中解决

实务中，有法官认为，债权请求为给付之诉，留置权请求，特别是确认留置权的请求属于确认之诉，不应当在同一诉中解决。依民事诉讼原理，在同一诉讼中，可以处理不同的诉讼请求，即可以涉及不同种类的诉。留置权与债权存在从属关系，允许当事人在同一诉讼中同时请求，有助于减轻当事人的讼累，也有助于节省司法资源。海事法院在处理船舶修理合同纠纷时，均受理当事人同时请求给付修理费和确认或者行使留置权的案件，经审理依法得以支持其诉求。

2. 对留置财产的执行进行明确规范

《最高人民法院关于人民法院民事执行中查封、扣押、冻结财产的规定》中对于留置权及留置权人权利的保障有明确的条款。

该规定第二条第一款规定：“人民法院可以查封、扣押、冻结被执行人占有的动产、登记在被执行人名下的不动产、特定动产及其他财产权。”第三款规定：“对于第三人占有的动产或者登记在第三人名下的不动产、特定动产及其他财产权，第三人书面确认该财产属于被执行人的，人民法院可以查封、扣押、冻结。”此处明确指出人民法院可以查封、扣押、冻结“被执行人占有的动产”，而对于第三人占有的动产，必须经第三人书面确认该财产属于被执行人的，人民法院方可以查封、扣押、冻结。应当认为，此条文正是基于对留置权及留置权人权利的保障而设立，是对于被执行人留置财产的执行的明确规范。

3. 对留置权在执行工作中的实现予以保障

《最高人民法院关于人民法院民事执行中查封、扣押、冻结财产的规定》第十一条规定："查封、扣押、冻结担保物权人占有的担保财产，一般应当指定该担保物权人作为保管人；该财产由人民法院保管的，质权、留置权不因转移占有而消灭。"其肯认法院可以查扣留置财产，但原则上仍应交留置权人对该财产予以保管。留置权不因转移占有而消失，亦即留置权不因人民法院保管留置财产而消灭，留置权人对于留置财产上已设立的抵押权或质权而产生的其他权利人依法仍享有优先受偿的权利。

4. 留置权人在民事执行中的义务

《最高人民法院关于人民法院民事执行中查封、扣押、冻结财产的规定》第十三条第二款规定："对第三人为自己的利益依法占有的被执行人的财产，人民法院可以查封、扣押、冻结，第三人可以继续占有和使用该财产，但不得将其交付给被执行人。"对于这条规定，应当认为，是对留置权人在人民法院执行中所应尽的义务进行了明确，即不得擅自将已被依法查扣的留置财产交付给被执行人。

同时《最高人民法院关于人民法院民事执行中拍卖、变卖财产的规定》第二十七条规定："人民法院裁定拍卖成交或者以流拍的财产抵债后，除有依法不能移交的情形外，应当于裁定送达后十五日内，将拍卖的财产移交买受人或者承受人。被执行人或者第三人占有拍卖财产应当移交而拒不移交的，强制执行。"该规定明确提出留置权人有依法配合人民法院执行工作的义务，留置财产被人民法院依法拍卖后，留置权人必须配合执行工作移交财产。

第四百五十五条　【留置权实现方式】留置财产折价或者拍卖、变卖后，其价款超过债权数额的部分归债务人所有，不足部分由债务人清偿。

【条文疏义】

本条沿袭了《物权法》第二百三十八条的规定。

一、留置权的实现

留置权的实现，是指留置权人的债权届期未受清偿时，于法定条件下得将留置物变价或取得其所有权，以优先受偿其债权的行为。

依据《民法典》的有关规定，留置权的实现应具备以下几项要件：

1. 留置权所担保的债权已届期清偿期

只有当留置权所担保的主债权的清偿期限已经届满，留置权才初步具备了实现的条件。

2. 留置权的实现必须履行一定的程序

留置权不同于其他担保物权的一个重要特点就在于其发生两次效力，当债权清偿期限届满而债务人不履行债务时，留置权仅产生留置的效力，即权利人有权留置标的物，但尚不发生优先受偿效力。也就是说，留置权人不能立即将留置权进行变价并优先受偿，而必须再履行一定的程序方能真正实现留置权。

依据《民法典》第四百五十三条第一款以及《最高人民法院关于适用〈中华人民共和国担保法〉若干问题的解释》第一百一十三条的规定，该程序分为以下两种：

（1）必须宽限期业已经过而债务人仍不履行债务

债权人与债务人应当在主债权合同中约定，当债权人留置财产后，债务人应当在不少于2个月的期限内履行债务。如果经过这一宽限期，债务人仍不履行债务，则债权人可以不经通知，直接行使留置权。

（2）应确定2个月以上的期限通知债务人在该期限内履行债务

如果债权人与债务人在合同中未约定宽限期的，债权人留置债务人财产后，应当确定2个月以上的期限，并通知债务人在该期限内履行债务。如果债务人逾期仍不履行债务的，留置权人方可实现留置权，将留置物变价并就所得价款优先受偿。

如果债权人没有履行通知义务而直接变价处分留置物的，应当对此造成的损失承担赔偿责任。

《民法典》第四百五十三条第一款规定“六十日”以上的期限的原因在于：留置权是依法产生的担保物权，本来已经对债权人极为有利，为了平衡债权人与债务人之间的利益关系，因此在债权人处分留置物的问题上就应当采取较为慎重的态度，给债务人留有较为充分的偿还债务的期限。但是，该期限既不能过长也不能过短，《民法典》根据实践经验与公平原则确定了该期限最短不能少于60日的规定。至于由2个月变为60日，仅仅由于“月”有大小，故统一定为“六十日”可避免理解为执行中的歧义。

所谓债权人的“通知”虽然从理论上采取书面或口头均可，但是实践中仍应当尽量采取书面形式，这样能够减少不必要的纠纷。

值得注意的一个问题是，如果债权人在留置了债务人的财产并确定了2个月以上的期限，如果无法通知债务人履行债务，诸如债务人下落不明等，此时在债权人确定的期限届满后，债权人即可实现留置权。应当认为，此时限即为宽限期的最高期限，旨在避免债权人长期占有留置物而支出过多的保管费用。而且如果留置权长期存在，债权人也不能对此予以使用收益而导致留置物的长期闲置，违背了物尽其用的原则。更为重要的是，此等长期占有可能会危害到债务人的其他债权人的利益，因而明显不具有社会妥当性。至于这个最高期限的确定，有学者认为可以2年为宜。

由于社会生活的复杂性，千奇百态的事情总会存在，因此适用单一的规则可能无法满足社会生活的需要。《民法典》关于“鲜活易腐等不易保管的动产除外”的规定可操作性较强，即鲜活易腐等不易保管的动产，如蔬菜等之上成立的留置权在实现时不必满足经过2个月以上的债务人偿还债权的宽限期的限制，即可直接变卖受偿或者提存。

在实现留置权时，即在债权人或者债务人请求人民法院拍卖、变卖的权利及留置财产折价或者变卖时，应当参考市场价格。

二、债权人实现留置权的方法主要有三种

1. 债权人可以与债务人协议以留置物折价

所谓折价，是指经债权人与债务人协议，或者协议不成时经由人民法院审理判决后，按照留置物自身的品质、参考市场价格，把留置物的所有权由债务人转移给债权人，从而实现留置权的一种方法。

2. 债权人可以依法拍卖留置物

如果债权人与债务人就拍卖留置物协商一致，则可以自行委托拍卖机构进行拍卖。如果当事人就拍卖没有达成一致，则只能通过法院依据《民事诉讼法》以及最高人民法院有关司法解释的规定进行强制拍卖。

3. 债权人可以依法变卖留置物

变卖是对标的物进行换价的一种比拍卖更为简易的方式，它不需要经过竞价，由当事人或法院直接将标的物以相当的、合理的价格出卖。当事人可以通过协商将留置物变卖，如果协商不成的，留置权人可以向法院起诉，在获得胜诉判决后通过法院的强制执行程序将留置物拍卖或变卖。但是，在司法实践中，为确保公平、公开、公正，人民法院一般是以拍卖为原则而以变卖为例外。

当留置物折价或者拍卖、变卖后，其价款超过债权数额的部分归债务人所有，不足部分仍由债务人清偿。不过此时的未清偿部分的债权已经属于普通债权，不能享有优先受偿的权利。

留置权实现的方法主要就是以上三种，但是要实现留置权，却需要符合《民法典》物权编等相关规定，需要具备《民法典》物权编的几项实现要件，只有符合了《民法典》物权编的相关规定，才能正常、合理、合法地实现留置权。

【典型案例】

留置物变价后价款不足债权数额部分如何处理[①]

——留置物变价不足以清偿债务的处理

基本案情

2008年7月17日，原告上海申戊实业有限公司、被告酉亥展示设施（上海）有限公司签订了《厂房租赁合同书》，约定原告将其所有的位于上海市浦东新区航头镇航南公路×号的厂房或仓库租赁给被告，其中合同第13.1条第2款明确约定原告有权留置被告的财产，以支付因租赁行为所产生的全部费用。

由于被告拒付租金，原告于2012年7月9日向被告发出书面通知，要求解除《厂房租赁合同书》，并先后两次向法院提起诉讼。

上海市浦东新区人民法院于2012年9月10日和2013年5月13日分别判决被告应付原告自2012年4月1日起至7月9日止的租金人民币402523.8元和滞纳金（2012年7月9日前为39936.18元，自7月10日起至判决生效之日以402523.8元为本金按每日1‰计算），自2012年7月10日起至实际返还房屋之日止的房屋使用费（按每日8030.4元计算），解除合同违约金732774元；以及判决被告应付原告违约金10万元、电费72523.43元、水费3817.59元。

法院审理

法院经审理认为，被告经法院传票传唤无正当理由拒不到庭应诉，放弃了对原告所主张的事实和证据进行辩驳的权利，由此产生的法律后果由被告自行承担。原告对被告享有的到期债权业经法院生效判决确认，原告留置了被告在租赁原告厂房内的财产，故原告有权就留置财产优先受偿。

① 参见上海申戊实业有限公司与酉亥展示设施（上海）有限公司留置权纠纷案，上海市浦东新区人民法院，（2013）浦民一（民）初字第42495号。

原告主张留置权可适用我国物权法的相关规定。故判决如下：

确认原告上海申戊实业有限公司对归被告西亥展示设施（上海）有限公司所有的位于上海市浦东新区航头镇航南公路×号厂房内的财产拍卖所得价款86.7万元，在扣除评估咨询费1.3万元后，在到期债权3262085.46元范围内有权优先受偿，不足部分由被告西亥展示设施（上海）有限公司清偿。

案件评述

一、留置权的实现

如果留置权人按照《民法典》本条规定行使质权，将留置财产折价或者拍卖、变卖，用其所得价款清偿债务，若清偿债权后价款仍有剩余，则应当将剩余部分还给债务人，因为此时债权已经消灭，而留置财产折价或者拍卖、变卖所得之价款在清偿后其剩余部分的所有权仍归债务人所有。不足部分已转变为普通债权，仍由债务人负责清偿。

债务人逾期未履行债务的，留置权人可以与债务人协议以留置财产折价，也可以就拍卖、变卖留置财产所得的价款优先受偿。根据《民法典》第四百五十四条的规定，债务人可以请求留置权人在债务履行期间届满后行使留置权；留置权人不行使的，债务人可以请求人民法院拍卖、变卖留置财产。

二、留置权实现效果

留置财产被折价或者拍卖、变卖后，可能出现以下三种情况：

1. 债权债务相抵

留置财产折价或者被拍卖、变卖所得的价款刚好满足留置权人的债权，留置权人的债权完全得以实现，债务人的留置权财产也因为折价或者拍卖、变卖而被处分，不存在剩余价款返还的问题。二者的债权债务关系以及担保关系完全消灭。

2. 留置财产价值超过债权数额

留置财产折价或者被拍卖、变卖所得的价款超过了留置权人的债权数额，超过的部分应当归债务人所有。由于留置权人实现留置权是以留置物的变价优先受偿其债权。因此，在留置物折价或者出卖，债权人以其所得价款受偿留置权所担保的债权后，应当将余额返还给债务人，如无法返还则应当予以提存，提存费用由债务人负担。如果是人民法院根据《民法典》第四百五十五条，即《物权法》第二百三十八条的规定对留置财产进行拍卖、变卖的，人民法院在扣除留置权人的债权额后，应当将剩余部分及时返还给债务人。

3. 留置财产少于债权数额

留置财产折价或者被拍卖、变卖所得的价款不足以清偿留置权人的债权。由于留置财产不能完全满足留置权人的债权，所以留置权人与债务人之间的债权债务关系并不因实现留置权即完全消灭，留置权人仍可以就留置财产不足以清偿的部分要求债务人偿还。只不过剩余债权就变成了无担保物权的普通债权，留置权人也成了普通债权人，留置权人可以普通债权人的身份要求债务人偿还剩余债务，债务人拒绝偿还的，其可以向人民法院起诉。

本案中，被告酉亥展示设施（上海）有限公司欠原告上海申戌实业有限公司 3262085. 46 元，拍卖所得 86. 7 万元，拍卖所得恰恰是上述第三种情况，根据物权法规定应当先扣除相应费用，因此只能在扣除评估咨询费 1. 3 万元后，就剩余的 85. 4 万元拍卖款优先受偿。

第四百五十六条　【留置权优先于其他担保物权效力】

同一动产上已经设立抵押权或者质权，该动产又被留置的，留置权人优先受偿。

【条文疏义】

本条沿袭了《物权法》第二百三十九条的规定。

根据本条的规定，留置权优先于抵押权和质押权而优先受偿。之所以法律如此规定，是因为考虑到这样几个原因：

一、留置权较抵押权和质押权所担保之债权的性质不同

抵押权和质押权所担保的债权是一般的债权利益，而留置权所担保的债权则通常事关工资或劳动报酬，甚至是具有共有物的性质的法律关系。而法律对于劳动者的工资，各国都给予了特别保护，使其优先得以支付。

二、留置物对实现留置权的必要性

就抵押权、质押权和留置权所冒风险大小而言，虽然两者都要冒因担保物被分割、毁损或灭失而导致担保权益受损乃至落空的风险，但法律对抵押权、质押权和留置权风险的救济却是不同的。法律赋予了抵押权、质押权以不可分性和物上代位性，即抵押权和质押权不但与抵押物和质押物不可分，即使在抵押物和质押物变形的情况下，如抵押人和质押人出让抵押物或质押物给第三人，第三人合法取得所有权的，那么原抵押权和质押权效力及于抵押人或质押人所得的价款。而留置权却仅有不可分性而无物上代位性，即留置物一旦消失，留置权便无从谈起。也就是说，留置权受损和落空的风险更大。为弥补这一不足，所以要赋予留置权以优先的效力，来保护两个类别的债权人的合法利益体现公平与正义。

三、留置权优先行使的公平性

如果不赋予留置权优先于抵押权和质押权行使的原则，那么留置权人会因害怕自己的债权得不到有效保障而拒绝签订合同。因此，本条确立的留置权优先于抵押权和质押权原则，是在总体上维系公平的体现。

【典型案例】

留置权与抵押权并存时何者优先受偿①

——留置作为法定担保物权应予优先的原则

基本案情

2009年1月15日，某银行沧浪支行与程某签订《个人一手自用汽车贷款合同》，约定沧浪支行贷给程某人民币23万元用于购买汽车；沧浪支行与程某签订的个人贷款抵押合同，约定为担保沧浪支行与程某签订的《个人一手自用汽车贷款合同》项下债务的履行，抵押人（程某）自愿将其购买的汽车为抵押权人（沧浪支行）的债权设立抵押担保，抵押担保范围为借款本金、利息、违约金、实现债权的律师费等。

2009年1月24日，双方到机动车抵押登记部门办理抵押物登记手续。

2010年6月9日，程某所有的轿车在苏州市高新区发生交通事故，后该车辆被送至申星汽车公司进行修理。该车修理完毕，程某及其家人并未至申星汽车公司支付修理费用并提取车辆。

申星汽车公司催讨案涉费用未果后，向法院提起诉讼。法院审理后认为程某车辆发生损害后至申星汽车公司处修理，双方之间的修理合同关系依法成立，合法有效。现受损车辆修理完毕，且修理费用已由保险公司定损，对该费用程某理应支付。现程某未予支付的行为已构成违约，遂判决：

程某应于本判决生效之日起10日内向申星汽车公司支付修理费用14.88万元，并支付相应利息（自2010年8月29日起按中国人民银行同期贷款利率计算至判决确定的给付之日止）。

因程某未按合同履行还款义务，沧浪支行向法院提起诉讼，2011年7月20日，法院作出判决，判令程某于判决生效10日内向沧浪支行归还借

---

① 参见申星汽车公司、程某等修理合同纠纷案，苏州市姑苏区人民法院，（2014）姑苏执异字第0036号。

款本金114999.98元，利息2049.02元，罚息350.84元；程某如不能履行上述债务，沧浪支行有权就抵押物案涉汽车进行拍卖、协议折价、变卖，并从所得价款中优先受偿。

上述判决发生法律效力后，程某未履行义务。沧浪支行于2013年6月20日向法院申请执行，在执行过程中，法院于2014年4月8日将涉案车辆自申星汽车公司提取（扣押）至法院，并于11月3日以157696元拍卖成交，抵押权人沧浪支行要求优先受偿，申星汽车公司遂提出异议。

法院审理

法院经审理认为，汽车修理合同属于加工承揽合同，当债务人不履行债务时，债权人依法享有留置权。本案中，申星汽车公司有权对涉案车辆行使留置权，现留置权所担保的债务清偿期已经届满，并经人民法院判决确认和对留置标的物依法拍卖。

当同一财产抵押权与留置权并存时，留置权人优先于抵押权人受偿，因此，申星汽车公司依法有权先于该车的抵押权人就该车拍卖款进行受偿。故裁定如下：

异议人即申请执行人申星汽车公司就汽车拍卖所得款享有优先于第三人某银行沧浪支行受偿的权利。

案件评述

一、本案为同一财产上留置权和抵押权何者优先受偿纠纷

抵押权基于法律协议，当债务人不能履行债务时，它能够保护债权人。抵押权赋予债权人从协议中确定的抵押资产的出售所得现金中，获得偿还的权利。在被称作抵押协议的法律文件中，双方规定了各项抵押条款。抵押权作为一种担保物权，是实践中最理想，被广泛使用的担保形式，因为它的担保效力最可靠，而且能充分发挥担保财产的作用，既然抵押物不转移其占有，那么它既可以发挥其使用价值，也可以由所有人继续使用并发挥它的使用价值，取得的收益亦可以清偿债务，这样就使债权人的权益得

到最充分的保障。

基于抵押权这种区别于其他担保物权的优势，使抵押权在市场经济中对促进市场经济正常、良性运转起着促进和保护作用，随着市场经济不断有序的深入和发展，抵押权受到越来越多的人的青睐，成为最常见、最常用的担保形式。

留置权是指当债务人逾期不履行债务时，合法占有债务人动产的债权人有权留置动产并享有对该动产拍卖所得之价款优先受偿的权利。

《民法典》第四百五十六条规定，当同一财产抵押权与留置权并存时，留置权人优先于抵押权人受偿。本案中，程某所有的轿车作为抵押物，由于抵押权的特征未转移占有，在使用过程中车辆受损送至修理厂，过程中产生给付纠纷使得修理厂获得留置权且并未存在留置权消灭的法定原因。汽车修理合同属于加工承揽合同，当债务人不履行债务时，债权人自有留置权，所以修理厂取得合法留置权。显而易见，案涉汽车修理不好，其价值必然大大降低，对抵押人也有不利。

二、本案特殊情形

在与某银行沧浪支行间的贷款合同关系中，因程某未按合同履行还款义务，沧浪支行向法院提起诉讼，法院作出判决，判令程某于判决生效10日内向沧浪支行归还借款本金和利息以及罚息；程某如不能履行上述债务，沧浪支行有权就抵押物汽车进行拍卖、协议折价、变卖，并从所得价款中优先受偿。

判决发生法律效力后，程某未履行义务。沧浪支行于是向法院申请执行，法院提取留置权人处的汽车进行拍卖。沧浪支行要求优先受偿，案涉申星汽车公司遂提出异议。这是因为，留置权的取得，债权人须合法占有债务人的财产，其占有方式是直接占有还是间接占有均可。申星汽车公司在法院强制提取汽车时对汽车属于合法直接占有，作为债权人出于对担保债的履行，留置权业已依法成立。

申星汽车公司所占有留置财产虽被提取拍卖，但申星汽车公司仍有权对汽车行使留置权，所依据的理由既有法理依据，又有法条规范明文。《民法典》本条已明文规定，当同一财产抵押权与留置权并存时，留置权人优先于抵押权人受偿。此案中财产已被拍卖，故申星汽车公司就汽车拍卖所得款，依法享有优先于案涉某银行沧浪支行受偿的权利。

第四百五十七条　【留置权消灭】 留置权人对留置财产丧失占有或者留置权人接受债务人另行提供担保的，留置权消灭。

【条文疏义】

本条沿袭了《物权法》第二百四十条的规定。

一、留置权消灭的一般原因

留置权的消灭，是指在留置权成立后因一定的法律事实而使其不再存在。引起留置权消灭的法律事实，就是留置权消灭的原因。留置权作为一种法定担保物权，可因法律规定的以下三种原因而消灭。

其一是物权消灭的共同原因，即可因标的物的灭失、公用征收、混同、抛弃等原因归于消灭；其二是由于担保物权消灭的共同原因，即因被担保债权的消灭而消灭或者因担保物权的实现而消灭；其三是本条规定的留置权消灭的特别原因。

二、留置权消灭的特别原因

留置权的消灭既为留置权在成立后由于一定法律事实的出现，留置权不复存在，因此，留置权消灭的特殊原因须由法律明确规定。《民法典》本条沿袭《物权法》第二百四十条之规定，留置权人对留置财产丧失占有或者留置权人接受债务人另行提供担保的，留置权消灭。

1. 留置权因占有的丧失而消灭

对留置物的占有是留置权存在的前提，债权人对留置物占有的丧失使得留置担保设定的基础得以丧失，占有不仅为留置权的成立要件，也是留置权的存续要件，因而丧失占有构成留置权的消灭原因。债权人对留置物占有的丧失分两种情形：所谓留置权人对标的物占有的丧失，既包括其占有被他人侵夺，也包括留置权人自己将留置物返还给所有人。由于债权人的原因丧失占有，如债权人将留置物返还给债务人，在此情形下，留置权当然消灭，即使因其他原因重新占有了留置物，也不能恢复留置权。

2. 债务人另行提供担保

留置权人留置债务人财产的目的就是给债务人以财产利益的制约，促使其履行债务，只要能够确保债权的实现，债权人自无留置的必要。因此，大多数国家的立法例都规定，留置物所有人可以提出相当担保而使留置权归于消灭。留置物的所有人，为了使留置权消灭，有向留置权人提出相当担保的权利，留置权人则对留置物的所有人有受领其另行提供担保的义务。否则如果允许留置权人任意拒绝从而阻止留置权的消灭，对留置物所有人甚为不利。

既然债务人可以另行提供担保，取代留置担保，消灭留置权。债的担保方式有许多，如保证、抵押、质押等，这些担保方式都具有担保债权实现的同样作用。债务人另行提供的担保方式，自须经债权人认可，否则也不能消灭留置权。由于留置担保属于法定担保，留置权的发生不以当事人的意志为转移，所以不排除留置担保对当事人而言，并非是最佳担保的可能性。

此外，留置物让债权人占有以后，债权人自无法再使用留置物，这实际上当然会导致留置物的闲置，既不利于留置物效用的充分发挥，也不利于整个社会经济活动的流转，特别是就许多特定物而言，因此，法律允许当事人另行协商设定担保以取代留置权，这样既有助于物的效用的发挥，也促进了商品流转。

债务人为清偿债务，已提出相当的担保的，债权人的留置权即自然消灭。另外，因为留置权人未经所有人同意不得对留置物进行使用收益，而留置物所有人因留置物处于留置权人占有之下，也不能进行使用收益，况且还可能出现因较少的债权而留置价值较大的物的现象，这对留置物所有人十分不利，也不利于充分发挥物的使用价值。

至于第三人或债务人的非法侵夺导致债权人对留置物占有的丧失，此情形下债权人的占有权可以对抗侵夺人，有权要求其停止侵害、恢复原状、返还原物。债权人的留置权并不当然消灭，虽然留置权在其丧失占有时即消灭，但在其恢复占有时又可重新取得留置权。

【典型案例】

留置权在成立后如何自然消灭[①]

——留置权消灭的特殊原因

基本案情

2016年7月29日，原告张某玉在被告姚某君处修理车辆，后原、被告双方因修理费价格及修理质量产生纠纷。

2016年7月30日凌晨，原告将其所有车辆驶离被告的修理厂，在此过程中原告将被告价值6000元的液压千斤顶损坏。2016年11月25日，被告在该县寅花镇高速路出口处将原告所有的车牌号码为黑×××××挂车车斗一辆予以扣留。后原、被告双方对于支付修理费及车辆返还问题多次协商未果。

原告随即向法院提起诉讼，请求法院依法判令被告返还原告所有的挂车车斗（价值3万元）并赔偿原告损失费1万元。

法院审理

法院经审理认为，根据《物权法》第二百四十条的规定，留置权人对留置财产丧失占有或者留置权人接受债务人另行提供担保的，留置权消灭。

---

① 参见张某玉与姚某君返还原物纠纷案，郯城县人民法院，（2017）鲁1322民初1223号。

被告在2016年7月29日因修理费问题将原告车辆留置是行使留置权的合法行为，但原告在7月30日凌晨将其车辆驶离被告修理厂后，被告对留置物的占有已经丧失，被告的留置权已经消灭。因此被告在2016年11月25日将原告另一车辆扣留的行为不属于行使留置权的行为，故被告应当对原告所有的案涉挂车车斗予以返还。

案件评述

一、本案为典型的留置权行使案例

留置权作为一种法定担保物权，其功能主要是通过留置权人留置合法占有债务人的动产，促使债务人尽快偿还债务。如果债务人为清偿债务另行提供了相当的担保，该担保就构成了留置权的替代，债权人的债权受偿得到了充分的保障，原留置财产上的留置权理应消灭。债务人另行提供担保导致留置权消灭的，应当满足以下条件：一是债务人另行提供的担保应当被债权人接受；若债权人不接受新担保的，留置权不消灭。二是债务人另行提供的担保所能担保的债权应当与债权人的债权额相当。由于留置权是以先行占有的与债权有同一法律关系的动产为标的物，留置物的价值有可能高于被担保的债权额，但债务人另行提供的担保所能担保的债权不以留置物的价值为标准，一般应与被担保的债权额相当。当然在双方当事人协商一致的情况下，债务人另行提供的担保所能担保的债权也可以低于或者高于债权人的债权额。

留置权产生的前提条件是债权人对债务人财产的合法占有。留置权人的这种占有应当为持续不间断的占有，否则留置权就会因占有的丧失而消灭。《日本民法典》规定，留置权因占有丧失而消灭。我国台湾地区“民法”规定，留置权因占有之丧失而消灭。虽然我国《担保法》对此未作出规定，但我国《海商法》第二十五条第二款规定，船舶留置权在造船人、修船人不再占有所造或者所修的船舶时消灭。此外，我国的司法实践也承认，留置权人对留置财产丧失占有时，留置权消灭。

本案中，姚某君作为曾经的留置权人，在张某玉将所留置的财产转移，丧失对财产的直接占有后，重新通过其他手段占有原留置财产的，留置权在首次丧失占有后即消灭。

但理论上也认为，第三人或债务人的非法侵夺导致债权人对留置物占有的丧失，此情形下债权人的占有权可以对抗侵夺人，有权要求其停止侵害、恢复原状、返还原物。债权人的留置权并不当然在其丧失占有时消灭。具体到本案而言，应当认为质权人依然可以起诉到法院，要求实现间接占有的留置物的留置权，或要求债务人予以侵权赔偿。

二、法律对留置权消灭原因的规定不断与时俱进

《担保法》规定留置权因下列原因消灭：一是债权消灭；二是债务人另行提供担保并被债权人接受。很显然，这一规定存在两个明显的问题：第一，将担保物权消灭的共同原因同留置权消灭的特别原因并列，没有层次；第二，对留置权的消灭原因的规定是不全面的，其消灭原因显然并不限于这两项。

1. 债权清偿期的延缓也是一种留置权消灭的特别原因

《民法典》本条规定对留置物丧失占有构成其消灭之原因，与国际立法趋同。由于留置权是法定担保物权，其在具备成立要件时便成立，旨在促使债务人履行债务。法律明确规定，债务人超过约定期限不履行债务时，债权人可以行使留置权。如果留置权人同意延缓其债权的清偿期，则不能请求债务人即时履行债务。留置权人既然已同意债务人延期履行，就不能认为债务人超过约定期限不履行债务，留置权人就不得行使留置权，留置权自应当消灭。至于其后债务人在留置权人同意的延缓期限届至仍不履行债务时，若具备留置权的成立要件，债权人可再成立留置权，但新成立的留置权与前一留置权的消灭无关，并非前已消灭的留置权的再生或恢复，而是属于另一新的留置权成立的问题。

2. 债权清偿期的延缓是否消灭留置权

有学者认为，尽管法律没有规定对债权人同意延缓债权清偿期时留置权消灭，但依法理应作此解释，即债权清偿期延缓的，留置权也消灭。但此种仅从逻辑上所作推导，对此，另一些学者则认为，清偿期之延缓仅仅是留置权对留置权实现的一种限制，并非导致留置权消灭的理由，此时债权人仍然“留置”着标的物，即留置权仍然在“默默”地存续着，而在延缓期届满后，债权人即可对留置物实现优先受偿权。①

特别是留置权的消灭原因有其自身的特殊性；标的物在实物形态上的灭失不必然导致留置权的消灭；混同可以作为留置权的消灭原因，但在留置权与质权或抵押权混同时只有在它们所担保债务同一时，方能产生留置权消灭的效果；留置权可基于主债权诉讼时效的届满而丧失“胜诉权”；但占有的一时丧失并不能导致留置权的消灭；相当“人保”而非“物保”的提出须以债权人接受为必要才能消灭留置权，故而他们主张，清偿期的延缓不能作为留置权的消灭原因。②

三、留置权人非基于自己意思丧失占有留置权并不当然消灭

1. “占有的丧失”作为留置权消灭的原因是世界各国或地区的通行做法

占有是留置权的构成要件之一，占有丧失则留置权消灭，并无异议，但是对于占有丧失的具体认定学界存有争议。对于“另行提供担保”，虽然明确了要以债权人接受为必要，然此项规定是否合理，学界一直认为尚值得进一步探讨。

（1）占有的丧失以及立法初衷理解有异

留置权的成立和持续以占有留置物为要件，故占有的丧失为留置权消灭的原因，对此学界并无异议。唯占有之丧失系非出于自己之意思者，如本案这样留置权是否归于消灭，学者有不同见解。

首先，为留置权当然归于消灭说。理由之一为，留置权如因被侵夺而丧失占有者，须不能依占有保护之规定请求返还占有物时，留置权始归于

① 陈龙业：《论留置权的消灭原因》，载《中国人民公安大学学报》2008 年第 3 期。

② 陈龙业：《论留置权的消灭原因》，载《中国人民公安大学学报》2008 年第 3 期。

消灭说。

梁慧星教授主张，留置权人丧失对留置物的占有，不能依法条规定的占有返还之诉请求返还留置物，或者在占有丧失经过一年未提起占有返还之诉请求返还留置物的，留置权消灭。

王利明教授主张，留置权人将留置物返还于债务人的，留置权消灭。因不可归责于留置权人的事由丧失留置物的占有的，留置权人可以向不当占有人请求停止侵害，恢复原状、返还留置物。

赞同前一种意见的理由主要是：相较质权的相关规定，依我国台湾地区“民法”第898条规定，质权人丧失质物之占有，不能请求返还者，其动产质权消灭。而其第938条对留置权的消灭却只规定：留置权因占有之丧失而消灭。显然，留置权不以“不能请求返还者”为消灭的前提。

此外，留置权的特性和利益平衡，体现着留置权的法定性和物权性以及留置权的成立和存续使得留置权人的法律地位优显尊彰的特点。故法律制度的设计要认真考虑的是保护失利者的利益，故而限制债权人留置权的获得以及限制留置权的存续期限就成了其主要的法律措施。因此，于留置权人在留置物丧失占有的情况下即可消灭留置权的法律制度安排，不失为一剂既可限制留置权存续期限，又可实现相关主体间利益平衡的良方。

此种论证方法有其一定的道理，也颇有新意，但也有学者不予苟同。认为采取这种留置权因占有丧失而当然丧失的做法，将会导致更大的利益失衡，违背留置权保全债权实现的制度初衷。

（2）只有不主张占有返还之诉或虽主张占有返还之诉但超过其除斥期间的留置权方为消灭

应当认为，在留置权人非基于自己意思而丧失占有时，留置权并不当然消灭，只有在其不主张占有返还之诉或主张占有返还之诉超过其除斥期间的，留置权方为消灭。留置财产丧失占有之后又重新恢复占有，可以有条件地恢复留置权。具体而言，在留置权因留置财产被他人侵夺丧失占有而消灭时，其效力是相对的。

如果债权人依保护占有的规定请求返还该物并恢复占有后，则于该物返还之时恢复其留置权。留置权人自己放弃留置财产的占有而消灭留置权，当其再取得该物的占有时，如果留置权人知有留置权的存在而放弃其物时，为留置权的抛弃，从而留置权终局消灭；留置权人不知有留置权的存在而返还其物时，例如，不知占有物与债权有关联关系或知之而不知法律上可成立留置权而返还其物，则因明显无抛弃留置权的意思，就其物有留置权恢复的可能。

2. 恢复留置权须具备留置权成立的其他要件

（1）留置财产所有人受其物的返还前非为债务人（例如，依善意取得的留置权），或债务人受留置财产的返还后以之让与第三人时，则其后债权人虽再取得其物的占有，不得就其物再生留置权。

（2）商人间因营业关系而认为有关联关系所发生的留置权，债权人再取得返还物的占有之际，须仍有商人的资格，而且其占有须因营业关系而取得。

四、留置后相当担保的提出

相当担保的提出实际上是将债权由留置权担保改换为其他形式的担保。留置权成立以后，留置财产被债权人留置，债务人无法对该物行使权利，留置财产无法被利用，自不利于发挥物的效益。就一般情况而言，留置财产的价值往往大于债务人债务的价值，对债务人自更为不利。为平衡双方当事人之间的利益关系，既保障债权人的债权实现，又保障债务人不遭受更大的损失，法律准许债务人在另行提供债权担保的情况下，由债权人返还留置财产给债务人，因而使留置权消灭。债权人的债权已由另外的担保形式得到切实担保，留置权当然应归于消灭。只是对相当担保的提出作为留置权的消灭原因并无争议，但对其是否以债权人接受为必要则有不同认识。

《担保法》规定提供担保须被债权人接受的，留置权方可消灭。应当认为，债务人提供的担保区分为物的担保和人的担保，故不可一概而论。

对于物的担保，只要其在数量上“相当”，则债权人的留置权就当然消灭；而对于人的担保，则要以债权人接受为必要。

这是由于留置权为法定担保物权，对留置物所有人的约束极为严格，其丧失对留置物的占有，不能对留置物为必要的使用收益，从某种意义上说，留置物所有人在留置权法律关系中处于弱势地位。因此，在留置物所有人提供相当的担保足以保全原留置权所担保的债权时，赋予其提供担保的“形成权”保护，对其弱势地位进行“纠偏”安排，使其在无害于债权人利益的前提下恢复对留置物的占有、使用、收益和完整的处分权，应属公平合理且符合物尽其用的原则。

但对于“人的担保”，因其仅仅是通过责任财产的扩大化来增强债权实现的可能性，相对于“物的担保”来说，其实现具有较大的不确定性，担保的作用较弱。留置权的首要目的是担保债权的实现，这种基于公平角度对债务人利益的关怀，不应以牺牲债权人的利益为代价。故若仅以债务人提出相当的人的担保，留置权就当然消灭，此时就有可能增加债权实现的风险。即仅以人的担保来置换物的担保，会影响债权人的利益，因此应当征得债权人的同意，方为合理。①

① 陈龙业：《论留置权的消灭原因》，载《中国人民公安大学学报》2008 年第 3 期。

第五分编 占 有

第二十章 占 有

第四百五十八条 【有权占有法律适用】基于合同关系等产生的占有，有关不动产或者动产的使用、收益、违约责任等，按照合同约定；合同没有约定或者约定不明确的，依照有关法律规定。

【条文疏义】

本条沿袭了《物权法》第二百四十一条的规定。

一、占有的法律含义及起源

所谓占有，是指对于物有事实上的管领之力。这里的管领之力就是对物具有实际上的控制与支配。在占有关系中，对物具有管领之人为占有人；被管领之物为占有物，是占有法律关系的客体。

占有的概念起源于罗马法。在罗马法中，所谓占有是指“一种可以充分处分物的、同物的事实关系，它同时要求具备作为主人处分物的实际意图”。[1] 经过日耳曼法和近现代资本主义立法的发展，各民族法律的相互借

---

① ［意］彼德罗·彭凡得：《罗马法教科书》，黄风译，中国政法大学出版社 1992 年版，第 270 页。

鉴和融合，当代各国立法中关于占有的概念的规定，主要包括事实说和权利说两种观点。采取事实说的代表国家为德国和瑞士。

二、占有的法律性质

设立占有旨在维护物的事实秩序。占有的本质是一种事实状态还是一种权利，在理论上历来有争论，各国立法例也不一致。但无论将占有规定为一种事实还是权利，各国法律中对于占有人应享有的权利和给予其的保护并没有多大的区别。

目前我国司法实务和民法理论通说认为占有为事实状态，而非权利。占有是一种人对物的控制与支配的事实状态。它可因享有所有权、他物权、债权或者其他权利而发生，也可因某种缺乏权利依据的行为以及单纯的自然事实而发生。①

当事人可以基于合同关系产生占有，诸如，基于租赁合同对房屋的占有，基于保管合同对保管物的占有，基于借用合同对借用物的占有等。由于合同种类繁多，每一具体合同关系又各有特点，当事人可能对占有物有各种各样的要求和想法，所以法律赋予当事人自行约定有关不动产或者动产的使用、收益、违约责任等问题的权利。

这种做法既体现了立法者对当事人权利的尊重，也是对合同法律关系中意思自治原则的最好贯彻。此外，当合同当事人对有些问题没有约定或约定不明时，这些问题即可依据法律的有关规定来解决。

三、占有的法律特征

占有作为物权法中一项重要制度具有如下法律特征：

1. 就占有关系的主体而言，占有是一种事实而非权利

因此其主体可为一切民事主体，既可为自然人，也可为法人或其他组织，国家亦可为占有的主体；对自然人而言，即可为有民事行为能力人，也可为限制民事行为能力人或无民事行为能力人。

---

① 梁慧星主编：《中国民法典草案建议稿附理由·物权编》，法律出版社2004年版，第423页。

2. 就占有关系的客体而言只能是有体物

对于不以物之占有而成立的财产权，如地役权、专利权等，不能成立占有，只能成立准占有。当然，这里的物既可为动产，也可为不动产；而且这里的物并不仅限于流通物，对于非流通物中不能成为所有权客体的物也可成为占有的客体，因为占有不是权利而是事实。

3. 占有的意思在于其要有事实上的管领力

就占有的成立要件看，仅要求占有人对物基于占有的意思有事实上的管领力为已足。并不要求占有人应以所有的意思或为自己的意思支配物。

4. 取得占有的行为既可为法律行为也可为事实行为

取得占有的行为既可以为法律行为，如承租人基于租赁合同而对租赁物的占有、借用人基于合同而对借用物的占有等，也可以为事实行为，如拾得遗失物或发现埋藏物等。

四、占有法律关系的构成要件

1. 占有的主体首先应具有权利能力

对自然人而言，如前所述，既然占有是一种客观事实，那么对占有的主体不应以行为能力来进行限制，无行为能力人和限制行为能力人也可以成为占有的主体。对于法人而言，在其机关为其管领物的情况下，也可以成为占有人。

2. 占有的客体应包括动产和不动产

一般认为应将占有的客体限定于有体物。有些国家和地区（如我国台湾）适用准占有制度对无形财产的占有者进行保护。但要注意的是，“物之重要成分不得单独为所有权或其他物权的客体，但物的成分，无论其为重要成分或非重要成分，事实上得为管领者，皆可作为占有的客体”。[①]

3. 占有的客观要件即占有行为的存在其应有事实上的管领力

需要指出的是，这种管领力并不以物理上的接触和掌握为必要条件，

---

① 王泽鉴：《民法物权用益物权·占有》，中国政法大学出版社 2001 年版，第 162 页。

只要依一般社会观念可以确认某人对某物存在控制和支配的客观关系，就可以认定占有的客观条件业已满足。这需要通过空间关系和时间关系两个方面来进行判断。从空间上看，人与物之间应存在依社会一般观念认可的管领关系。如放牧中的羊群为放牧人所占有。从时间上看，占有人对物的占有应具备相当时间的持续性。转瞬即逝的接触不成立占有。如客人暂时使用主人的茶具，不是我们这里所讲的占有。

4. 占有的主观要件应具备实际占有和支配物的自然能力

无行为能力人和限制行为能力人可以成为占有的主体，但正如在纯客观说的限制中已经提到的那样，占有的成立应符合社会的一般观念，占有人应具备实际占有和支配物的自然能力。王泽鉴先生指出，“取得某物的占有或维持其占有皆不以具有行为能力为必要，只要对物有为支配的自然能力，即为已足，故无行为能力人或限制行为能力人具有此种能力时，亦得为占有人”。[①]

五、占有制度有其独特的社会功能和意义

1. 占有制度的设立旨在保护现实存在的占有关系从而维护社会的经济秩序

学者认为，“盖对物之事实支配既已确定存在，自必已形成一定之社会秩序，而维护此项秩序之安定，以确保社会之和平，实为当然之任务”。[②] 立法者占有制度中设计了一系列的有利于占有人的推定方法，以稳定现实的占有关系，从而有利于达到对社会经济秩序的保护。

2. 占有制度的设立有利于维护商品交易的安全

在商品交易中，要交易人查明对方是否确实享有所有权或他物权，对交易人而言是十分困难的。据此，民法确立了物权的公示公信制度，以确保交易的安全和顺畅。占有制度也可在一定程度上起到这样的作用。所有

---

① 王泽鉴：《民法物权用益物权·占有》，中国政法大学出版社 2001 年版，第 161 页。

② 谢在全：《民法物权论》（下册），中国政法大学出版社 1999 年版，第 939 页。

权或他物权常需通过占有来实现，而依照占有的推定效力，其可以起到“表彰本权”的作用，从而可以维护交易的顺利进行，促进经济的发展。

总之，占有制度具有保护占有和表彰本权的功能，在一些国家和地区的规定中还有取得本权的功能（如我国台湾地区“民法”中关于取得时效、无主物先占和遗失物拾得的规定）。占有制度体现了民法上的公平原则和诚实信用原则，有利于达到定分止争的目的。

【典型案例】

基于合同关系所占有的不动产或动产所涉及的法律适用①

——使用、受益、违约责任等的适用

基本案情

原告吴某甲在壬山县丙城镇合法经营“乾唐石材厂”，于2012年5月20日租赁刘某厚的挖掘机一台，并约定常年租赁、租金每月5万元。于2012年5月25日租赁刘某忠的液压破碎锤两台，并约定常年租赁、租金每月6万元；2014年2月12日零时左右，被告公司的人员到原告石材厂将挖掘机一台和破碎锤一台强行拖走。后原告向被告追索，被告拒不返还。

原告于2014年3月10日诉至法院，请求判令被告停止侵权，返还被拖走的挖掘机、破碎锤，赔偿给原告造成的经济损失。同时查明，租用同类挖掘机、破碎锤在壬山县丙城镇当地通常租赁费用分别为每月3.5万元、3万元。

被告名称原为癸宁戊通源担保有限公司现更名为癸宁亥通源非融资性担保有限公司。

---

① 参见吴某甲与癸宁亥通源非融资性担保有限公司返还原物纠纷案，载中国裁判文书网，http://wenshu.court.gov.cn/website/wenshu/181107ANFZ0BXSK4/index.html? docId = 6129b953f79f-43cf8c779c2a16258648，最后访问时间：2020年6月20日。

法院审理

法院经审理认为，原告基于合法有效的租赁合同产生的占有、使用、收益，属于合法行为，受法律保护。在租赁关系存续期间，被告癸宁亥通源非融资性担保有限公司从原告处强行拖走挖掘机、破碎锤的行为侵犯了原告的合法占有权，其行为明显违法。原告有权请求被告停止侵权、返还被拖走的挖掘机、破碎锤。

刘某厚在卯宁中院已出庭证实其与原告所订的租赁挖掘机合同及收取租赁费的真实性，破碎锤属刘某忠所有并有与原告所订破碎锤租赁合同证实；刘某厚、刘某忠要求原告给付租赁费经壬山县丙镇人民调解委员会调解达成了协议，原告向被告主张经济损失于法有据、证据充分，重审期间原告降低了赔偿数额的主张，法院予以采纳。

经壬山县人民法院审判委员会讨论研究，根据《民法通则》第五条，《物权法》第三十四条、第二百四十一条、第二百四十五条的规定，判决如下：

被告癸宁亥通源非融资性担保有限公司停止侵权，于判决书生效后10日内返还给原告吴某甲租赁的挖掘机、破碎锤各一台并赔偿原告吴某甲的经济损失从2014年2月12日起按每日2167元计算至挖掘机、破碎锤返还止。

案件评述

一、本案是一起基于租赁合同产生的占有而发生纠纷的案件

当占有人的权利或利益受到侵害时，可以按照法定程序，根据占有受侵害的情形不同，分别行使占有物返还请求权、占有排除妨害请求权、占有消除危险请求权、损害赔偿请求权予以保护。

本案中，原、被告双方基于租赁合同关系产生了占有纠纷，由于合同未约定有关动产租赁的违约责任，原告吴某甲依据法律请求被告返还原物并补偿经济损失。该请求合法合理，被告虽强行拖走挖掘机和破碎锤使得原告丧失占有，但原告是基于合法的租赁关系对挖掘机和破碎锤享有占有的权利，并不因占有的丧失就丧失对租赁物在租赁期间的占有主体资格。故当原告的利益受到侵害时向法院请求被告返还原物赔偿损失应得到法院支持。

二、《民法典》对占有已有明文规定却无间接占有之规范

1.《民法典》就占有的规定有所不足

《民法典》共计有五个条文对直接占有予以规定，却未设专门条文对间接占有进行规范，间接占有仍停留于法教义学上的概念之中。此外，学者认为，虽然《民法典》第四百六十二条对占有保护请求权进行了规定，但第四百五十八条到第四百六十一条均与占有保护请求权不甚相关。我国的占有保护请求权规范实际上处于孤立的状态，缺少相关规则在法律适用上的配合。这不但增加了法律解释的工作量，并且往往难以获得精准、稳定的结论。

2. 占有保护请求权在间接占有受侵害时需有法律适用体系

学者均拟通过对间接占有的概念、缘起及要件的梳理，借助典型案例归纳侵害间接占有类型与相对应的占有保护请求权适用路径，从而构建占有保护请求权在间接占有受侵害时的法律适用体系。

（1）间接占有的缘起在于占有概念的扩张与观念化

间接占有作为一种占有的状态，与占有的概念不可分离。占有，乃为对于物有事实上管领力之事实。对于物有事实上的管领力这是指对于物得为支配，排除他人的干涉。也可认为，为物之事实之支配，以相当关系确定，由外部可认识，以社会观念判断其支配关系。

人对物有实际之接触，或物理上之扩张者足当之，但不以此为限，此因社会之进步，科学之发达，事实上之管领力已随着社会需求而日趋抽象化，成为观念之产物。由于社会实践的发展和社会需求的变化，“事实上管领力”日趋抽象化，观念化的事实上管领力被纳入占有的概念中。这表明占有的概念顺应社会需求的变迁，司法实践开始通过社会一般观念认定事实管领力，赋予法律意义以扩张占有的概念。

因此，现行的占有概念中，“对于物有事实上的管领力”既包括传统意义上对物的直接支配力也包括社会一般观念所认定的事实上的管领力。此即间接占有得以形成的根基，因为间接占有的“体素”系由观念上的事实管领力构成。

（2）占有的要件除对物有事实上管领力外是否包括“占有意思”之争议

主观说认为，占有的成立须兼具事实上之管领力与占有意思。而客观说认为，占有系对于物的事实管领力，无须有特别的意思，仅须有管领的意思即可，此为管领事实的一部，而非独立的要素。至于纯粹客观说认为，占有并不以意思为必要，仅有事实上支配为已足。目前通说认为，占有的要件除事实上管领力外，还包括占有意思。理由在于，取得和维持占有均须占有之意思，否则占有难以实现。这在间接占有中尤为明显。

间接占有之成立，间接占有人须有“以媒介占有之意思”，直接占有人须有“为他人占有之意思”，缺乏其一则无法成立间接占有。在间接占有的过程中，若直接占有人由“为他人占有之意思”转变为“自己占有之意思”，间接占有即消灭。间接占有人失去“以媒介占有之意思”，亦同。

可见，若否认占有之意思，间接占有将失去存在的根基，此外即使在纯粹客观说下，间接占有的成立仅需体现观念上的事实管领力。而观念上的事实管领力的认定，是依据社会一般观念对间接占有人的“以媒介占有之意思”和直接占有人的“为他人占有之意思”进行评价而得出的。

故原告基于合法有效的租赁合同产生的占有、使用、收益，属于合法行为，受法律保护。在租赁关系存续期间，被告癸宁亥通源非融资性担保有限公司从原告处强行拖走挖掘机、破碎锤的行为侵犯了原告的合法占有权。如果认为占有意思非占有的构成要件，那么衡量间接占有的标准则在于是否对物有观念上的事实管领力。若依据纯粹客观说，则须依间接占有的“体素”要件进行分析，即就占有媒介关系和返还请求权进行认定。而返还请求权这一要件并非用以认定“观念的事实管领力”，其作用在于为间接占有人提供对抗直接占有人的手段，以维持观念的事实管领力。占有媒介关系才是认定是否存在观念的事实管领力的核心。

本案中，占有媒介关系的认定是通过租赁关系中当事人的意思来完成的。租赁合同是双方当事人之间的意思合致，对此，租赁合同法律关系的内容业已表达得非常清楚，被告强行拖走租赁而来的挖掘机和破碎锤的行为，使得原告丧失了直接占有，这违反了租赁合同中双方意思表示一致的基本要求，且同时构成了对租赁权人合法占有的侵害，更不待说租赁物的所有权。

第四百五十九条　【恶意占有人的损害赔偿责任】 占有人因使用占有的不动产或者动产，致使该不动产或者动产受到损害的，恶意占有人应当承担赔偿责任。

【条文疏义】

本条沿袭了《物权法》第二百四十二条的规定。

一、无权占有的定义

无权占有是占有的一个重要分类，又称无权源占有，指非基于本权或者说是欠缺法律上原因的占有。

二、无权占有的构成要件

1. 无权占有的主观要件

物权法理论的鼻祖萨维尼早在19世纪就提出了心素和体素的观点，其中心素是取得占有的意思，体素指的是对物的物质本体的实际控制。鉴于此，无权占有的主观方面可以界定为，占有人有占有的意思。①

① 孙云霞：《我国的无权占有制度研究》，首都经贸大学2013年硕士学位论文。

2. 无权占有的客观要件

无权占有人将其占有的意思表现于外部的行为形成无权占有的客观要件。这个外部的意思表示主要体现在无权占有人对物事实上的控制和支配。所谓控制，是指物处于无权占有人的管理或影响之下；所谓支配，是指无权占有人能够对物加以一定的利用。这里的控制和支配要求是实际的、排他的、公开和公然的、主张权利而对抗的（或者敌对的）、持续的，在特殊情形下，还有满足法定期限的要求。

三、产生无权占有的原因类型

1. 因合同行为而产生的无权占有

《民法典》第四百五十八条就有权占有作出明确规定："基于合同关系等产生的占有，有关不动产或者动产的使用、收益、违约责任等，按照合同约定；合同没有约定或者约定不明确的，依照有关法律规定。"

（1）这里的"基于合同关系"应理解为基于合法有效的合同关系

就是说，只有基于法律明确规定或者合法、有效的合同明确约定而产生的占有才是有权占有；除此之外的占有，如合同自始无效、合同期限届满等情况下产生的占有均应视为无权占有。

（2）无权占有可以为"自始无权占有"亦可为"嗣后无权占有"

就无权占有而言，其表现形态要么是自始无权占有，即占有从一开始就没有法律依据；要么是占有的合法性嗣后丧失，即先前的占有是有合法依据的，但是后来此种合法依据丧失，因此产生的占有是无权占有。

2. 因不当得利而产生的无权占有

《民法典》第一百二十二条规定，因他人没有法律根据，取得不当利益，受损失的人有权请求其返还不当利益。不当得利分给付型不当得利和非给付型不当得利两种，无权占有可以成为其客体。不当得利的取得，不是由于受益人针对受害人而为的违法行为而是受益人因没有合法的依据而形成无权占有，这种情形下产生的是自始无权占有，如占有拾得遗失物、盗赃物均为无权占有。

3. 因侵权行为而产生的无权占有

关于侵权行为下的无权占有《德国民法典》有专条规定，这是我国无权占有制度需要借鉴的一个精点。《侵权责任法》第二条规定："侵害民事权益，应当依照本法承担侵权责任。本法所称民事权益，包括生命权、健康权、姓名权、名誉权、荣誉权、肖像权、隐私权、婚姻自主权、监护权、所有权、用益物权、担保物权、著作权、专利权、商标专用权、发现权、股权、继承权等人身、财产权益。"根据《侵权责任法》的规定，其适用范围扩大业已扩张至所有权以外的其他绝对权，这自然也为侵权行为产生无权占有提供了法律依据。

4. 由事实行为而产生的无权占有

此处所要阐述的观点主要集中在违章建筑是否构成无权占有的情形。

（1）违章建筑是指违反法律法规的规定而建造的房屋及其设施

其大体包括两种：一是建筑人未取得土地使用权而修建的建筑物，二是建筑人在取得土地使用权的土地上违反规划建设许可规定擅自修建的建筑物。对该类特殊不动产的占有界定为无权占有，能否纳入占有保护范畴，值得深入分析。

（2）对违章建筑的概念及是否存在司法保护途径问题学界众说纷纭

反对说认为，无权占有特别是非法占有本身违法应予取缔，如果承认占有保护，则相当于承认了非法状态，显然违反法的秩序。肯定说则认为，非法占有也有保护请求权，否则，任由他人随意侵害，也侵害了社会秩序。笔者认为应赋予该类案件诉争标的以占有保护。①

四、占有人使用占有物的法律责任

1. 占有人对物进行占有都是为了满足自己的某种需要

此种需要可以物的交换价值满足，如质权人占有质物，以其交换价值来确保其主债权的实现；此种需要也可以物的使用价值满足，如租赁人占

---

① 孙云霞：《我国的无权占有制度研究》，首都经贸大学2013年硕士学位论文。

有租赁房屋，以其使用价值来满足自己住宿的生活需要。在有权占有的情况下，占有人对物的此种权利不言而喻，所以对占有物进行正常使用而导致物的损害的，自然应依其本权来予以解决。

2. 在善意占有人对物进行正常使用的过程中物所发生的正常的效用或价值减低善意占有人不负有赔偿责任

对善意占有人而言，法律上一般认为其有对占有物进行使用收益的权利。即有权按照物的物理性能和正常用途对其加以使用并收取孳息的权利。

法律为保护其利益，以法定的方式确认了其对占有物的使用权，其为有权使用，因此对此部分损失不必赔偿。但在无权占有的情况下，因为对物进行正常的使用而导致其受到损害的，则要区分善意占有和恶意占有来进行具体分析。

3. 占有人行使对占有物的使用的权利必须是基于其对占有物所行使的权利种类

在其基于所有权等包含使用权能的权利对物进行占有时，其有权对物进行使用；而在其基于质权、留置权等不包含使用权能的权利对物进行占有时，就不能对占有物予以使用。在这种情况下使用并造成物的损害的，善意占有人也应当赔偿。

4. 恶意占有人不享有对占有物进行使用收益的权利

因为恶意占有人明知或应知自己并不对物享有此种使用的权利，法律没有必要对其进行保护。在为其使用而导致占有物发生损害的，其自然应当承担损害赔偿责任。

【典型案例】

占有的不动产或动产受到损害后占有人的责任①

——占有人的赔偿责任

基本案情

原告张某亚系案涉中华牌汽车的车辆所有者。原、被告曾在2012年共同做生意，原告将车钥匙一把借与被告项某使用。

原告于2013年1月30日回上海，由被告项某驾驶原告车辆将原告送到机场。原告要求被告送完原告后将车辆送还到原告家楼下，但被告没有送还，并且拒绝归还车辆。

2013年8月9日，原告在香醇波尔多小区发现该车辆，报警后用自己的车钥匙打开车门将车开走。

另查明，原告将车辆找回后，因车牌丢失，补办车牌支付人民币200元。

因案涉车辆已被刮碰，到汽车修理店对车辆受损部位进行了维修，支付修车费人民币2190元。

原告的案涉车辆在被告占有期间因车辆违章被扣6分，车辆违章罚款人民币850元。

法院审理

法院经审理认为，法人的合法财产权益受法律保护。无权占有不动产或者动产的，权利人可以请求返还原物。

本案中，被告未经原告允许将原告车辆开走，被告在占有原告车辆期间，致原告车辆被刮碰和车辆违章扣分和罚款，故被告应对原告车辆被其占有期间发生的损失承担赔偿责任。

---

① 参见张某亚与项某返还原物纠纷案，沈阳市铁西区人民法院，（2013）沈铁西民一初字第1240号。

案件评述

一、本案的性质

本案是因无权占有使用导致占有物受损的案件。案件中原告仅要求被告送其到机场后返还车辆到原告楼下，但被告基于无权占有在明知不能使用的情况下使用了原告的车辆，还在使用期间致使案涉车辆受到损害。其为恶意占有人。原告作为所有权人可以请求返还原物，同时在被占有物受到损害的情况下，原告作为权利人自可以依法请求被告赔偿其恶意占有造成的损失。

二、占有中的恶意占有

占有人可以依照法律的规定或当事人的约定使用占有物，有时还可以就占有物取得收益，但能否合法享有该收益的所有权则通常因占有人主观上的善意与恶意不同而有所区别。所谓使用，是指按照物的物理性能及正常用途加以利用。善意占有人在善意占有期间对物的使用为有权使用，取得的收益也归其所有。而恶意占有人则无此权利，在物的权利人请求返还占有物时，恶意占有人应返还已收取的收益。

再看占有人因使用占有物，致占有物受到损害时，善意占有人与恶意占有人是否应当承担责任。善意占有人对占有物的使用，被规定为其合法享有的权利，善意占有人正常使用其占有的动产或不动产，即使该动产或不动产受到损害，他也无须承担赔偿责任。这样的规定是为了保护善意占有人，防止善意占有人蒙受不测损害。因此，当占有物消灭或受到损害时，物的权利人也不得请求善意占有人给予赔偿。而当恶意占有人因使用其占有物而致使占有物受到损害的，恶意占有人则应承担赔偿责任，此处法律突出保护的是物的权利人的合法权益，所以物的权利人对占有物所受到的损害，可以依法请求恶意占有人给予赔偿。

三、占有的分类

依占有的不同状态可以对占有作不同分类，而不同种类的占有则有不同的法律效果。

1. 自主占有与他主占有

以占有人是否具有所有的意思为标准分为自主占有与他主占有。

(1) 自主占有

自主占有是指以所有的意思所进行的占有，自主占有中占有人以物属于自己所有为要素。

买卖关系中买受人占有买卖之标的物即所谓自主占有，但需要注意的是，盗贼对赃物的占有也是自主占有。

(2) 他主占有

他主占有是指不以所有的意思所进行的占有，他主占有中，仅有基于某种特定关系而支配物的意思即可。地上权人、借用人、监护人等所进行的占有即他主占有。

此种分类的意义主要在于：在取得时效、先占及占有物毁损灭失时，以及占有人的赔偿责任范围等问题上，自主占有和他主占有两者会有不同的具体要求。作为取得时效和先占的占有，应当是自主占有。

2. 直接占有与间接占有

以占有人在事实上是否直接占有其物为标准分为直接占有与间接占有。

(1) 直接占有

直接占有是指占有人事实上占有其物，即直接对物具有事实上的管领力。如质权人、保管人等基于物权或债权关系而直接占有他人之物。

(2) 间接占有

间接占有是指基于一定法律关系而对事实上占有其物之人有返还请求权的占有。如出质人、寄托人等基于物权或债权关系，自己不直接占有该物，而是通过他人所进行的占有。

3. 有权占有与无权占有

以有无占有的权源作标准分为有权占有与无权占有。

(1) 有权占有

有权占有又被称为“正权源占有”，是指基于本权即基于法律上的原因而进行的占有。如基于所有权、质权、租赁权或地上权等所进行的占有。

（2）无权占有

无权占有也被称为“无权源占有”，是指非基于本权或者说是欠缺法律上原因的占有。如盗窃人占有赃物或承租人在租赁关系消灭后继续占有租赁物等情形。

4. 善意占有与恶意占有

在无权占有中，以占有人的主观心理状态的不同为标准分为善意占有与恶意占有。

（1）善意占有

善意占有是指占有人不知其并无占有的权源，而误信其有正当权源且无怀疑地所进行的占有。如对盗窃赃物，买受人信赖出卖人有所有权而进行买卖并且进行的占有。故可见，所谓“善意占有”，是指占有人不知道而且也不应该知道自己的占有是没有法律上的依据的而为的占有，这个时候是一种“非所有人的善意占有”。

而且一定要注意，根据传统的罗马法中间的观点，任何人都不能把自己没有的权利转让给别人。所以如果第一个人的占有是非法的占有，不管第二个人的占有有没有对价，他的占有都是非法的占有。

（2）恶意占有

恶意占有是指占有人知道并无占有的权源，或对于该物自己是否有权占有虽有怀疑而依然进行的占有。譬如，对于盗赃物，买受人明知出卖人无所有权而买受并且占有。故可见，恶意占有是指占有人明知或者应当知道自己的占有是没有法律上的依据而为的占有，这个时候就叫作“非所有人的恶意占有”。

5. 无过失占有与有过失占有

以有无过失为标准划分为无过失占有与有过失占有。

（1）无过失占有

无过失占有是指占有人不知道也不应当知道自己没有占有的权利的占有。

（2）有过失占有

有过失占有是指占有人应当知道但由于自己的过失而不知其没有占有的权利的占有。

6. 无瑕疵占有与有瑕疵占有

（1）无瑕疵占有

无瑕疵占有是指善意且无过失、和平、公然、持续的占有。

（2）有瑕疵占有

有瑕疵占有是指恶意且有过失、强暴、隐秘、不持续的占有。

第四百六十条　【权利人的返还请求权和占有人的费用求偿权】不动产或者动产被占有人占有的，权利人可以请求返还原物及其孳息；但是，应当支付善意占有人因维护该不动产或者动产支出的必要费用。

【条文疏义】

本条沿袭了《物权法》第二百四十三条的规定，仅有个别字词调整，无实质变化。

一、占有物返还请求权

所谓占有物返还请求权，是指占有人的占有物被侵占时，可以请求侵占人返还占有物的权利。这项请求权的目的，旨在恢复占有人对物的占有，而并非恢复占有物的原有状态。如果占有物已经遭到毁损，可请求损害赔偿。其请求权基础即《民法典》第四百六十二条，占有的不动产或者动产被侵占的，占有人有权请求返还原物。

二、占有物返还请求权的行使条件

1. 占有返还请求权之权利的行使以占有物被侵夺为要件

此权利的行使须有占有物被侵夺的事实。这里所谓侵夺，是指非基于占有人的意思而排除占有人对物的事实上的管领力。占有的动产被盗抢或者不动产被霸占等，均可产生占有返还请求权。没有他人的积极侵夺行为则无此请求权，如借用人期限届满不返还借用物，遗失物被拾得人占有，均不能认为是侵夺占有。

2. 享有该请求权的主体既包括直接占有人也包括间接占有人

此请求权人应为占有人，非占有人即使对占有物享有合法的权源，也不能行使占有物返还请求权。不论正当与否，也不论善意还是恶意，只要是被侵害的占有人都享有此项权利。但占有辅助人不能作为此项请求权的主体，只能以占有人的名义来行使占有物返还请求权。

3. 此项请求权的相对人不限于最初的侵夺者还包括侵夺者的概括继受人

此项权利的相对人应为侵夺人以及侵夺者的概括继受人。对于不具备即时取得条件的善意特定继受人，由于其不了解侵夺的事实，出于保护善意第三人和保证交易的安全的考虑，应对其已确定的占有加以保护，因而其不应作为占有物返还请求权的相对人。

4. 案涉占有物须仍然存在并可返还

占有物必须存在且能返还，否则无法行使占有物返还请求权，只能请求损害赔偿。

三、占有物返还请求权中善意占有人的费用求偿权

1. 占有是指占有人对不动产或动产的实际控制

占有人可以是依法占有不动产或动产，也可能是无权占有他人的动产或不动产。所有人在其所有物被他人非法占有时，可以向非法占有人请求返还原物。适用返还原物这种保护方法，其前提必须是原物仍然存在，如

果原物已经灭失，就只能请求赔偿损失。①

2. 占有返还请求权只能向非法占有人请求返还

财产所有权人只能向没有法律根据而侵犯其所有物的人，即非法占有人请求返还。如果占有人对于所有人的财产的占有是一种合法占有，那么在合法占有人合法占有期间，所有人不能请求返还原物。当然，权利人要求返还财产时，对于原物所生的孳息，可以同时要求返还。②

3. 请求返还占有物应向善意占有人偿还有关的必要费用

善意占有人在占有期间，就占有物可能支出的必要费用是指为保护占有物的效用和价值所必需的费用，包括通常的维护或修缮费用、缴纳税费、动物饲养费、为避免占有物的毁损灭失所支出的费用等。

而必要费用的计算，则应以善意占有人实际支出的金额为准。但其支出金额中的非必要费用，应当予以扣除。必要费用所生利息，不在请求偿还的范围之内。

四、占有物返还请求权的内容

一般认为，返还请求权的效力及于原物的返还、孳息的返还、返还费用的负担以及损害赔偿等问题。

1. 原物的返还（占有移转）

物权人行使返还请求权的目的是恢复对原物的占有，为此，相对人应将所有物或标的物移交物权人占有。此种移交占有，通常须相对人为积极的作为。但在无权占有非因相对人的行为而致时，相对人仅负不作为的容忍义务。

移转占有的方式（即交付），包括现实交付和观念交付。现实交付是指直接移转占有，即相对人直接将标的物交给物权人；观念交付是指以现实交付以外的其他方式交付标的物，包括占有改定、指示交付、拟制交付、

---

① 全国人大常委会法制工作委员会民法室编著：《物权法（草案）参考》，中国民主法制出版社2005年版，第472页。

② 杨立新、程啸、梅夏英、朱呈义：《物权法》，中国人民大学出版社2004年版，第39页。

简易交付等。

在各种交付方式中，虽以现实交付为常见，但观念交付的情形较为特殊。应当指出，无权占有人在返还原物时，应当恢复物的原有状态。所谓原有状态，是指原物在被占有人无权占有时的状态。但是，无权占有人已尽到善良管理人的注意义务而原物仍然受到正常损耗的除外。

2. 占有物返还请求权行使中孳息的返还

在物权人之物为无权占有人占有期间，可能产生孳息。对此孳息是否应当随原物一并返还，罗马法即已确立“孳息随原物”的规则。在罗马法的所有物返还之诉中，被告在返还所有物的同时，也应返还孳息。此种返还责任，因被告是善意还是恶意而有不同：善意占有人只返还判决时现存的孳息，对于已经消耗掉的孳息，不负返还责任。但是，善意占有人对于尚存于他人之处的孳息也应返还。恶意占有人则应当返还诉讼开始前后已经取得和可能取得的全部孳息，包括已经消耗掉的孳息和因疏忽而未收取的孳息。

在现代民法中，对于恶意占有人应当返还全部孳息，立法和学说，意见一致。意见不同者在于，对于善意占有人已收取之现存孳息应否返还。对此，我国台湾地区适用的“民法”第952条规定：“善意占有人，依推定其为适法所有之权利，得为占有物之使用及受益。”有学者据此认为，善意占有人对于已收取之现存孳息，无须返还。亦有学者认为，这种规定和见解并不合理，因为善意的无权占有毕竟也是无权占有，让无权占有人取得孳息所有权，对所有人来说是不公平的。从公平角度出发，应当赋予所有人孳息返还请求权，只是应同时赋予善意占有人收取费用的求偿权。

应当指出的是，返还孳息所称的“孳息”仅指占有人在无权占有期间所收取的孳息，而不包括其在有权占有期间根据法律规定或者合同约定所收取的孳息，对于有权收取的孳息，占有人不负返还义务。

3. 孳息返还请求权既可以自力请求亦可以通过公力救济的方式行使

物权人在提出孳息请求权时，可以和原物返还一并提出，也可以单独提出。在公力救济的情形下，如果物权人在提出返还原物的同时，没有提出返还孳息的请求，则法院不得就孳息返还作出判决。如善意占有人在返还原物之诉中败诉，从判决生效之日起，其将变成恶意占有人，对于此后原物所生的全部孳息，其应当返还。

【典型案例】

权利人对被他人非法占有之物的权利[①]

——返还原物及孳息请求权的行使

基本案情

2015年4月29日上午，原告孙某权到被告高某华家中寻找自己丢失的小牛，原告妻子在被告的牛圈中找了一圈后离开。

同日上午10时许，原告的家人到被告家中要将被告牛圈中的一头黄白花小母牛强行拉走，被告妻子不同意，双方发生了争吵，后经被告所在合作社的社长劝开。

下午2时许，原告同镇派出所人员共同到被告家中认领丢失的小牛，因原、被告对被告家中的小母牛是不是原告丢失有争议，经派出所人员调解双方均同意，原告将已生育小牛的母牛拉到现场，如果被告牛圈中的小牛跟原告所拉的母牛走，原告就将小牛带走，但直到当日下午7时许，原告没有如约到场。

2015年4月30日晚8时许，被告到派出所要求原告拉母牛前去认领其丢失的小牛，原告依然没有到场。

2015年5月1日，被告听说同村的钟某义捡拾了一头小牛，被告叫上

① 参见孙某权与高某华返还原物纠纷案，临泽县人民法院，（2015）临民初字第765号。

同社的村民前去查看，小牛的外貌特征与原告陈述的相似，被告打电话让原告认领，原告却没有到场。当时，被告同捡拾小牛的钟某义协商，小牛丢失已经八九天了，需要喝奶，被告的母牛正在哺乳小牛，便让被告将小牛拉走喂养，钟某义向被告索要捡拾小牛时抓牛的工钱，被告没有同意就回家了。

次日，被告又与捡拾小牛的钟某义协商，最终被告支付了1000元将小牛拉回家。同时，被告给派出所打电话，让原告前来认领丢失的小牛。

2015年5月2日下午，经调解，原、被告达成了原告给被告赔礼道歉，被告给原告返还黄白花小母牛一头，原告给被告支付2000元费用的调解协议。协议达成后，原告表示回家取钱，然后到被告处拉牛。

但原告离开后再没有到被告家拉牛，也没有支付被告2000元费用。同时，原告向当地派出所书写证明一份，表示放弃丢失小牛的饲养权，如因疾病或其他原因导致小牛死亡不追究被告责任。现原告起诉要求被告返还丢失的小牛一头或折价赔偿4000元。

法院审理

法院经审理认为，动产被占有人占有的，权利人可以请求返还原物，但应当支付善意占有人因维护该动产支出的必要费用。本案中，原告在不能确定被告家牛圈内饲养的小牛系原告所有而要强行带走，引起纠纷的发生。

被告找到原告丢失的小牛，因真正的捡拾人无力饲养，被告具有饲养小牛的便利条件，被告占有该小母牛后及时通知原告并向公安机关报案，该占有行为不违反法律规定，应为合法善意的占有行为。被告占有该小牛后经公安机关会同基层组织代表联合调解达成了调解协议，该调解协议是具有调解职能的组织调解后达成的具有民事权利义务内容的调解协议，经双方当事人签字或者盖章后，具有民事合同性质，应为合法有效协议，双方均应按照协议履行义务。

据此，依据《合同法》第六十条第一款、《物权法》第二百四十三条之规定，判决如下：第一，被告高某华返还原告孙某权的黄白花小母牛犊一头，逾期折价赔偿4000元；第二，原告孙某权支付被告高某华调解协议约定的费用2000元。

案件评述

一、本案涉及不动产原物返还请求权的问题

《民法典》物权编关于不动产原物返还请求权的规定，旨在保护物之权利人的合法权益，使其享有合法权利的动产或不动产不受非法占有，从而维护物权法律关系，保证物的占有秩序。

此种返还原物请求权，自为物上请求权之一种。在物权人对物的支配权受到侵害时，返还原物请求权是恢复其原有权利状态的基本手段，它充分体现了物权的归一力和追及力。

二、善意占有人因维护占有物支出的必要费用可请求返还

1. “非所有人的善意占有”

善意占有人是指占有人不知其并无占有的权源，而误信其有正当权源且无怀疑地所进行的占有。如对盗窃赃物，买受人信赖出卖人有所有权而进行买卖并且进行的占有。依据传统罗马法的观点，任何人都不能把自己没有的权利转让给别人。所以如果第一个人的占有是非法的占有，不管第二个人的占有有没有对价，他的占有都是非法的占有。

2. 因维护被占有的不动产或动产所支出的必要费用之返还

本案的特别之处为，被告听说同村的钟某义捡拾了一头小牛，被告叫上同一合作社的村民前去查看，小牛的外貌特征与原告陈述的相似，被告打电话让原告认领，原告没有到场。当时，被告同捡拾小牛的钟某义协商，小牛丢失已经八九天了，需要喝奶，被告的母牛正在哺乳小牛，便让被告将小牛拉走喂养代为看管并通知了原告。

被告找到原告丢失的小母牛，因真正的捡拾人无力饲养，被告具有饲养小母牛的便利条件，被告占有该小母牛后及时通知原告并向公安机关报案，该占有行为并不违反法律规定且已尽到注意义务，为合法善意的占有

行为。有权请求原告支付因维护该不动产或动产支出的必要费用。

3. 返还原物及孳息之费用的负担

对于返还原物及孳息的费用，究竟应当由物权人负担还是应当由相对人负担，学者们的观点并不一致。“物权人负担说”认为，物权人行使返还请求权，应当自己取回其物，相对人仅负有容忍的义务，费用当然由物权人负担；“相对人负担说”认为，相对人应以积极的作为方式完成移转占有的交付义务，并承担移转占有的费用；“分别负担说”认为，在无权占有是由相对人自己的原因造成时，相对人应自己承担费用完成移转占有的义务，但在无权占有是由物权人或他人的原因造成时，相对人仅负容忍物权人取回其物的义务，而不必负担返还费用；“共同负担说”认为，在无权占有非因可归责于当事人双方的事由所造成时，应依公平原则，由当事人双方共同分担返还费用。

在无权占有是因可归责于相对人的原因造成时，应由相对人负担返还的费用；在无权占有是非因可归责于相对人的原因（不可抗力或第三人的过错等）造成时，应考虑该返还是否对双方当事人有益，对双方有益的，应由双方当事人分担返还费用；仅对一方当事人有益的，应由受益的一方当事人承担返还费用。

此案中，原告为小母牛的合法所有人，基于动产被占有请求被告返还原物，被告仅对其行使了代管的权利。原告有权行使返还原物请求权。

三、善意占有人孳息取得权的立法基础探讨

《民法典》第四百六十条不同于多数大陆法系经典立法例，并未给予善意占有人孳息取得权，这一点无论是在学理上还是在司法实务上都引来了不少非议，《物权法》通过时，当时对于该法第二百四十三条的规定，多数学者或者司法工作者即认为，这一规定对于善意占有人的保护不够。主要原因在于现阶段善意占有人仅能主张必要费用请求权也不足够调整善意占有人与原物权利人的利益关系，有碍公平。对于必要费用的范围应当作扩大解释，使其涵盖有益费用、孳息取得费用等成本。[①]

四、恶意占有人之有益费用的偿付请求权的探讨

一直有学者认为，《物权法》第二百四十三条未规定恶意占有人可否向本权人[②]请求偿付对占有物支出的有益费用，构成法律漏洞，极易导致本权人与占有人权利义务失衡。

一方面，这一立法缺失直接导致司法实践对相关案件呈现判决不一的乱象，制约了占有制度实践功能的发挥；另一方面，在民法典中规范此项求偿权既要避免恶意占有人滥施费用，又要防止本权人不当得利，较之其他类型的无权占有费用求偿权更为复杂。《民法典》未对这一问题予以明文规定，留待学说与判例将“临时应急措施予以法律定型化”。[③]

第四百六十一条　【占有物毁损或者灭失时占有人的责任】占有的不动产或者动产毁损、灭失，该不动产或者动产的权利人请求赔偿的，占有人应当将因毁损、灭失取得的保险金、赔偿金或者补偿金等返还给权利人；权利人的损害未得到足够弥补的，恶意占有人还应当赔偿损失。

【条文疏义】

本条沿袭了《物权法》第二百四十四条的规定。

---

① 龚攀：《善意占有人孳息取得全研究——〈物权法〉第243条检讨》，北京工商大学2011年硕士学位论文。

② 单平基：《民法典编纂中恶意占有有益费用求偿权的证立及界分》，载《当代法学》2016年第3期。

③ 密尔松认为：“那些最大的变革从来都不是预先设计好的。甚至当某项立法导致了重大的后果时，人们也可以肯定地说这样的结果并不是出自立法者的本意。立法者只是提出了对一个小问题的救济措施，但实际发生的情况可能是当时大量的事件利用了这种救济方式，并极大地偏离了立法者的意图。社会潮流利用它可以利用的一切事物。”参见［英］密尔松：《普通法的历史基础》，李显冬等译，中国大百科全书出版社1999年版，第18页。

一、占有物之毁损灭失

1. 占有物的毁损和灭失

毁损较容易理解，是指占有物因遭到破坏和损害，而不具备最初的性能与功用。灭失则稍复杂一些，是指占有物对于占有人已不复存在，包括物的实体消灭和物失其下落，或者被第三人善意取得而不能返还。

2. 合法占有人与善意占有人对占有物的使用和收益为占有人的权利

合法占有人与善意占有人因其正常使用对占有物造成的消灭或损害，占有人不负赔偿责任。但该物毕竟在法律上不属于占有人所有，如果造成占有物毁损灭失，占有人即应对物的权利人予以赔偿，以保护物的权利人的利益。但法律应当减轻合法占有人与善意占有人的责任，以贯彻法律对合法占有人与善意占有人的保护。

因此，在确定其责任时，应当依照不当得利的返还原则，即合法占有人与善意占有人因占有物的毁损和灭失受有利益时，才对物的权利人承担返还自己所得利益的责任。

3. 占有人因物的毁损和灭失所取得之利益的归属

这是指占有物的毁损、灭失是由于第三人或不可抗力等原因所造成时，占有人所得到的保险金、赔偿金或者补偿金等。这就是《物权法》第二百四十四条所规定的第一层含义：占有的不动产或者动产毁损、灭失，该不动产或者动产的权利人请求赔偿的，占有人应当将因毁损、灭失取得的保险金、赔偿金或者补偿金等返还给权利人。

二、善意占有与恶意占有对损害赔偿请求权的影响

要了解占有人的责任，即须先明确善意占有与恶意占有的区分。这是依据占有人的主观心理状态对无权占有所作的划分。所谓善意占有，是指占有人不知道或者不应当知道自己没有合法根据而从事的无权占有；而恶意占有，是指占有人知道或者应当知道自己没有合法根据而从事的无权

占有。①

1. 善意占有人的法律责任

善意占有人虽推定对占有物享有损害赔偿请求权，但仅是消极维护其占有，并非占有人就是真正的权利人，善意占有人在占有期间，因可归责于自己的事由致占有物毁损或灭失，应向占有物的本权人负赔偿责任。但应注意的是：

（1）善意占有人有过错

善意占有人承担赔偿责任以可归责于自己的事由而致占有物毁损或灭失为前提。所谓可归责于自己的事由是指善意占有人对占有物的毁损、灭失主观上有过错，即有故意或过失，如果系由不可抗力致占有物毁损、灭失则不承担赔偿责任。

（2）善意占有人仅负担有限责任

占有人应当将因毁损、灭失取得的保险金、赔偿金或者补偿金等返还给权利人即可，而无须向权利人赔偿他所受到的全部损失。

2. 恶意占有人的法律责任

恶意占有不受占有法律制度的保护，因此，恶意占有人于任何情况下均应负向物之本权人返还原物的义务，但其应在负担返还原物义务的同时，与返还原物请求权人之间也产生相应的权利义务关系。

（1）恶意占有人对占有物毁损、灭失的赔偿责任

恶意占有人在占有期间，因可归责于自己的事由而致占有物毁损、灭失时，即负全部的赔偿责任。当然，因不可归责于占有人的原因，如不可抗力，致占有物毁损、灭失的，则不承担赔偿责任。

恶意占有人明知自己无权占有仍占有他人之物，其占有不仅缺乏法律上的根据，而且也缺乏道德上的正当性，在法律上并无予以保护的必要。因此，各国法律对恶意占有人均科以较重的法律责任。我国《民法典》第

---

① 杨立新、程啸、梅夏英、朱呈义：《物权法》，中国人民大学出版社2004年版，第397页。

四百六十一条规定，恶意占有人对权利人的损害未得到足够弥补的部分有继续赔偿的责任。这是指占有物为第三人或其他原因损害时，第三人的赔偿不足以弥补全部损害的，恶意占有人应当予以补足。

（2）恶意占有人的孳息返还义务

由于恶意占有不受法律保护，因此恶意占有人不仅应向权利人返还原物，而且应返还原物所生孳息，包括天然孳息和法定孳息。如果因恶意占有人之过失而致孳息损失的，还负孳息损失的赔偿责任，如恶意占有人本应收取的孳息，因其过失而未收取，对此各国民法均有类似规定。

【典型案例】

权利人的赔偿请求权[①]

——占有人对权利人的损害赔偿

基本案情

2011 年 7 月 16 日，被告李某保与被告壬阳县住房和城乡建设局签订了《西山镇棚户区改造房屋征收与补偿协议》，后原告郎某军起诉至法院，要求法院确认两被告签订的上述协议无效。

原告诉称，案涉房产系原告所有。2011 年 3 月 7 日，两被告未经原告同意，擅自将原告房屋拆毁，为此原告将两被告诉至法院，经两审法院作出判决，认定在两被告签订的《西山镇棚户区改造房屋征收与补偿协议》中，正房补偿协议无效。现两被告未对违法后果给原告造成的损失予以赔偿。故诉至法院，要求两被告恢复原告被毁损的房屋（砖木结构，面积为 26.43 平方米），要求被告承担本案的诉讼费用。

法院判决于被告李某保与被告壬阳县住房和城乡建设局签订的《西山镇棚户区改造房屋征收与补偿协议》中，正房（面积为 26.43 平方米）补

---

① 参见郎某军与壬阳县住房和城乡建设局、李某保物权保护纠纷案，固阳县人民法院，(2014) 固民初字第 759 号。

偿协议无效，南房（面积为30.36平方米）补偿协议有效。原告郎某军不服法院判决结果，提起上诉，该市中级人民法院驳回上诉，维持原判。

另查明，被告李某保获得产权调换房屋为壬阳县金山雅园小区17号楼××室。但因被告李某保未补交房屋差价，未入住。

法院审理

再审法院经审理认为，公民的合法财产受法律保护。本案中被告壬阳县住房和城乡建设局与被告李某保签订了《西山镇棚户区改造房屋征收与补偿协议》，但此拆迁补偿协议被依法确认部分无效，从而失去了合法拆除案涉房屋的基础，原告作为产权所有人，要求被告承担赔偿责任，应予支持。

关于两被告的责任问题，再审法院经审理认为，根据《物权法》第二百四十四条的规定，占有的不动产或者动产毁损、灭失，该不动产或者动产的权利人请求赔偿的，占有人应当将因毁损、灭失取得的保险金、赔偿金或者补偿金等返还给权利人；权利人的损害未得到足够弥补的，恶意占有人还应当赔偿有关损失。

本案中，被告李某保系房屋拆迁前的占有人，后因其与被告壬阳县住房和城乡建设局签订了《西山镇棚户区改造房屋征收与补偿协议》，导致原告房屋毁损，且被告李某保已获得回迁安置房的资格，其摇号所定的面积为82.15平方米的房屋包含了原告郎某军的正房拆除后回迁应得面积，即26.43平方米，故按照上述法律规定，应由被告李某保赔偿原告的损失。

原告要求恢复原状，法院认为房屋已经拆迁，后又在原来的地基上建了新的房屋，没有恢复原状的可能性，故被告李某保应将所得的利益返还给原告郎某军。根据同区域房屋价格，按照2598元/平方米的价格赔偿原告的房屋损失，符合公平原则。故判决如下：被告李某保于判决生效后30日内赔偿原告郎某军房屋损失共计68665.14元（26.43平方米×2598元/平方米）；驳回原告郎某军的其他诉讼请求。

案件评述

一、本案为侵权损害赔偿

侵权损害赔偿是指行为人因侵权而造成的他人财产、人身和精神的损害，依法应承担的以给付金钱或实物为内容的民事责任方式。侵权损害赔偿是一种适用最为普通、经常的民事责任方式。由于其涉及的内容较为庞杂，所以我们可以说，损害赔偿又是一种法律制度，它是由赔偿原则、赔偿范围、赔偿方式等各项制度构成的一个制度体系。

二、侵权损害的特征

1. 损害赔偿责任的承担方式以造成他人财产或人身损害为转移

在各种责任形式中，停止侵害、排除妨碍、消除影响这几种责任的承担，均不能以实际造成他人的财产或人身损害为前提，只要受害人的财产、人身或其他权利遭到侵害、面临危险或受到妨碍，即可要求行为人承担此几项责任；返还财产、恢复原状、修理、重作、更换这几种责任的承担只以财产受到侵害为前提；消除影响、恢复名誉和赔礼道歉这几种责任的承担通常仅以人身权或知识产权受到侵害为前提。而损害赔偿责任的承担既可以以他人财产受到损害为前提，也可以以他人的人身受到损害为前提。

2. 损害赔偿以给付金钱或实物财产为内容

在其他责任形式中，侵权行为人不存在向受害人给付金钱的问题；即使以实物财产赔付，该财产也应属于侵权行为人所有。而在返还财产的责任形式中，侵权人向受害人返还的财产本来就属于受害人所有或管理。

3. 损害赔偿责任的承担受各种因素的制约

其他形式的责任，在实际承担时均较为简单，易于操作，而损害赔偿责任在实际承担时却较为复杂，通常会受到各种因素的影响。比如，要考虑到赔偿的范围、赔偿数额的计算、侵权人和受害人的经济状况，在故意侵权中，还要考虑到惩罚性赔偿，如《消费者权益保护法》第四十九条的规定等。

本案例直接体现了法条所描述的占有人侵害权利人的法定权利给其造

成了财产上的损害，依法应承担民事责任。在郎某军起诉至法院后，应按照法院最终判决对郎某军进行侵权损害赔偿。故占有人李某保侵害权利后应当将因毁损、灭失所取得的补偿金等返还给权利人郎某军，权利人的损害未得到足够弥补的，恶意占有人李某保还应当赔偿损失。

4. 恶意占有人必要费用求偿权

《民法典》第四百六十条未承认恶意占有必要费用求偿权，不利于占有人正当利益的维护，更直接导致司法呈现判决不一的乱象。恶意占有人应享有必要费用求偿权，避免本权人不当获利，同时亦可激励占有人积极维护占有物的良好状态，借无权占有人之手护本权人之利，最大限度地发挥占有制度的实践功能。恶意占有人可在实际支出的必要费用范围内求偿，且不应受占有物所生孳息的限制。[①] 所以，恶意占有人为保存占有物之需要而支出的必要费用，有权依无因管理的规定请求物之权利人偿还；然而对于有益费用，恶意占有人不得请求偿还。

三、占有人享有的占有损害赔偿请求权体系之完善

占有损害赔偿请求权是当占有人享有的合法利益受到侵害时法律所提供的救济途径。《民法典》第四百六十二条虽然沿袭《物权法》第二百四十五条规定了占有人享有占有损害赔偿请求权，但是由于《物权法》该条文规定，学界一直存在诸多争议，因此在实务中也少有适用。立法自应对占有损害赔偿请求权进一步加以完善，明确占有损害赔偿请求权属于侵权损害赔偿请求权，使占有制度体系更加健全。

1. 占有损害赔偿请求权的法律属性之争

传统民法认为，占有本质上是一种事实，我国物权法沿用占有本身是一种事实这种观点，为保护这种占有的事实就产生了占有人享有的各种权利。关于占有性质问题的争论，无论是否承认占有是一种权利，抑或从占有保护的角度，都无可否认占有具有保护之利益。而具体到对占有的保护

① 单平基：《恶意占有必要费用求偿权的证成》，载《社会科学战线》2013 年第 12 期。

方式，通常即被称为占有损害赔偿请求权，其体现的理念为“没有救济即没有权利”。

（1）占有损害赔偿请求权是占有保护请求权的重要内容

占有保护请求权是指占有状态受到侵害或有受到侵害危险之时，占有人可以请求排除对占有的妨害或者受侵害的危险时，要求恢复占有的圆满状态。故维持对占有物事实上的管领力可被视为一种民事权利。占有损害赔偿请求权同占有物返还请求权、占有妨害排除请求权、占有危险消除请求权目的相同，均为使占有不受到侵夺或妨害，只是侵害人的责任形式不同。故占有损害赔偿请求权并未超出占有保护请求权的范畴。

但也有学者认为，这种说法混淆了占有保护请求权和损害赔偿请求权的本质属性。行使占有保护请求权是为了恢复占有人对占有物支配的事实状态，占有损害赔偿请求权旨在赔偿占有人未能占有、使用占有物客观上可得之利益。占有人对占有物可得之利益并不与占有事实画等号，也即存在占有事实不一定会产生利益，占有人所获得的利益由占有事实衍生而来。因此占有保护请求权和损害赔偿请求权之目的并不同。

（2）占有损害赔偿请求权是侵权责任的参引性规范

持该观点的学者认为，侵害占有的损害赔偿规范并非一项独立的请求权基础规范，而是一条参引规范，其指示参照《侵权责任法》关于过失责任之规则。实际上还是适用一般侵权行为规则。应将占有损害赔偿请求权解释为侵权行为的参引性规范，适用过失侵权的要件。

但反对者认为，论及占有保护功能，虽然占有的性质为事实或权利在学界存在争议，但占有人具有利益毋庸置疑，故占有可以被看作是所有权的“类似权利”应为通说，而承认占有损害赔偿请求权为一种参引性规范，则否定了占有具有“类似权利”的性质，逻辑上存在矛盾。

该学者认为占有损害赔偿规范应该参照《侵权责任法》中的过失责任规则适用，应当认为这实际上混淆了请求权基础和民事责任的归责原则。在侵权责任制度中，过错是侵权责任的构成要件之一，归责原则也是基于这一要件所产生的进一步发展。而请求权基础的含义则是我们可以依据何种法律依据，向法院请求保护我们的合法权益。故可见两者是完全不同的。

2. 占有损害赔偿请求权应是一种侵权损害赔偿请求权

学者多比较赞同这种说法，其原因有三个：

（1）占有损害赔偿是债权上的法律责任

《民法典》第四百六十二条规定了占有保护请求权和占有损害赔偿请求权。前者是为了恢复占有圆满之状态，是占有人的物上请求权，具有绝对性；后者是“填补损害”之制度设计，是在侵害人对占有利益造成损害的情况下，占有人得向其请求损害赔偿的权利，具有相对性，且以给付为请求内容，故占有损害赔偿是债权上的责任。萨维尼在《论占有》中即认为：占有保护的根据在于私犯之债。

（2）占有损害赔偿与侵权行为的构成要件相符合

占有损害赔偿请求权作为解决损害赔偿问题的方式之一，在法律没有特别规定的情况下，一般都应以侵害人之过错为要件。其构成要件有侵害占有之行为、占有人之利益损失以及两者间的因果关系。故可见，占有损害赔偿请求权自属于侵权损害赔偿请求权。

（3）占有利益应该属于侵权法所保护的“法益”

《民法典》侵权责任编对侵权责任客体所作的规定，应解释为包括了占有利益，这无疑是解决占有损害赔偿请求权性质的关键。理论上是将侵权行为分为权利侵害和法益侵害。如果承认占有人对占有物合法地享有利益，那么该利益应受到法律的保护，当占有利益受到侵害时就应支持占有人行使占有损害赔偿请求权来填补其受到的损害。所以应当认为侵权责任编所规定的“民事权益”包括占有利益，故占有人享有的占有损害赔偿请求权即一种侵权损害赔偿请求权。

第四百六十二条　【占有保护的方法】占有的不动产或者动产被侵占的，占有人有权请求返还原物；对妨害占有的行为，占有人有权请求排除妨害或者消除危险；因侵占或者妨害造成损害的，占有人有权依法请求损害赔偿。

占有人返还原物的请求权，自侵占发生之日起一年内未行使的，该请求权消灭。

【条文疏义】

本条沿袭了《物权法》第二百四十五条的规定，并在请求损害赔偿前增加了“依法”二字之表述。

一、占有保护请求权之基础

占有人无论是否占有，其占有受他人侵害均可享有占有保护请求权。根据民法原理，已成立的占有状态，纵然与法律相抵触，也不许他人以私力加以改变，而只能依合法途径予以排除。在他人以私力侵害占有时，法律赋予占有人以占有保护请求权。占有保护请求权为实体权利，不以诉讼上行使为必要。侵害人只要实施了法律禁止的侵害行为，即应承担相应的责任，不问占有人是否享有权利。

二、占有请求权的种类

根据占有受侵害的不同情形，分别发生占有物返还请求权、占有妨害除去请求权、占有妨害防止请求权，以及占有损害赔偿请求权。

1. 占有物返还请求权

占有物返还请求权，是指占有人的占有物被侵占的，占有人有权请求侵占人及继受人返还占有物。占有人非因他人侵占而丧失占有物的，如因受欺诈、胁迫而交付，不享有占有物返还请求权，占有人要恢复占有，应依法律行为的规定，主张撤销已成立的法律关系。

2. 占有妨害除去请求权

占有妨害除去请求权，是指占有受他人妨害时，占有人有权请求妨害人以其自己的费用除去妨害状态或者停止侵害。

3. 占有妨害防止请求权

占有妨害防止请求权，是指有受他人妨害的危险时，占有人有权请求其采取必要措施，防止妨害的发生。是否有妨害的危险，应依社会观念，并结合客观情况加以判断。

4. 占有损害赔偿请求权

占有损害赔偿请求权，是指侵害他人占有，给占有人造成使用收益、费用以及责任上的损害的，应依侵权行为的规定承担损害赔偿的责任。但恶意占有人不得请求损害赔偿。

三、占有除斥期间的规定

所谓除斥期间又称“预定期间”或“预备期间”，其是指法律规定的某种民事权利有效存续的期间。除斥期间也是一种法律事实，权利人在法律规定的期限内不行使其权利，其权利即被除斥。

除斥期间不同于诉讼时效，其特征在于：

（1）它是权利人依法可行使权利的期限。

其本质是权利的存续期。

（2）它是法律规定的不变期间。

一般不发生期间中断、中止或延长问题。

（3）其适用直接凭借法院职权。

不取决于当事人诉讼主张。

（4）其期间原则上自权利确立之日起算。

（5）它所消灭的是实体权利（非胜诉权）。

一般适用于形成权，如追认权、撤销权、解除权等。本条规定的占有人返还原物请求权的除斥期间，自侵占发生之日起 1 年内未行使的，该请求权消灭。

【典型案例】

占有人的返还原物请求权①

——对妨害占有的处理

基本案情

原告许某帅的父亲许某修与被告许某远系叔伯兄弟。2014年9月30日，原告许某帅父亲许某修驾驶案涉奔驰车外出时，被告陈某勤、许某远、许某熙、许某星四人以许某修欠账未还为由，将车辆强行驾离现场，原告之父许某修当即向公安机关报案，该县公安局辰村派出所出警后将被告陈某勤和被告许某星带到该所询问，但原告租赁的黑色奔驰一辆还是未被公安机关追回。原告多次向被告请求返还黑色奔驰车无果，故诉至法院。

请求法院依法判令被告返还原告黑色奔驰车一辆并判令被告赔偿奔驰轿车被扣押期间损失20.02万元（每日1400元）。2015年10月，被告许某远亲戚驾驶车辆行驶至该市公安局天津路分局巡防区域，被天津路分局巡防大队以该车辆属西川省子都市丑牛区公安局立案上网通报的车辆予以扣押。2015年10月下旬，车辆移交西川省子都市丑牛区公安局。

另查明：案涉奔驰车辆登记车主为杨某总，现属在逃人员，下落不明。2013年12月27日，杨某总从陆某婷处以88万元价格购买此车。2014年1月24日，双方在车辆交通管理部门进行了过户。原告许某帅庭审时向法庭提交汽车租赁一份、收条一张，协议载明："甲方（出租方）：杨某总，乙方（承租方）许某帅。经甲、乙双方自愿协商，甲方将自己名下的奔驰350型轿车一辆（车号豫C×××××）租赁给乙方使用，为防止以后发生纠纷，双方订立协议。"协议最后，显示有甲、乙双方签名捺印，落款日期为2014年6月1日。收条载明："今收许某帅租车金72万元，租金保

① 参见许某帅与许某星、许某远等占有物返还纠纷案，宜阳县人民法院，（2016）豫0327民初2213号。

证金20万元，共计92万元。杨某总（有指印），2014年6月1号。”

法院审理

法院经审理认为，根据《物权法》的规定，占有的动产被侵占的，占有人有权请求返还原物；占有人返还原物的请求权，自侵占发生之日起1年内未行使的，该请求权消灭。

四被告于2014年9月30日将案涉奔驰车驾离现场后，该案于2016年9月7日起诉，侵占时间将近2年，原告许某帅已丧失返还原物请求权，况且，该车辆现查明属涉案车辆，已被公安机关扣押，事实上也不能返还。因此，原告许某帅请求四被告返还黑色奔驰车于法无据，法院不予支持。

关于原告许某帅要求四被告承担租车损失的问题，法院经审理认为，原告许某帅提供的证据显示购买车辆价格88万元，租赁协议和收条载明一次性支付了1年的租金和保证金共计92万元，协议内容与常人日常生活经验不相符合，由于车辆所有人杨某总下落不明，不能对证据进行调查核实，该租赁协议和收条真伪不能辨别，原告许某帅是否属于合法占有人不能认定，故其要求被告赔偿奔驰轿车被扣押期间损失20.02万元（每日1400元）证据不充足，法院不予认可。故判决驳回原告许某帅的诉讼请求。

案件评述

一、本案涉及占有保护请求权的问题

1. 占有保护请求权是以保护占有的现实状态为宗旨的独立的请求权

案涉原告所占有的动产被本案的被告侵占，占有人有权行使返还原物请求权。占有是一种对物的事实上的管领力，对占有的保护有利于社会平和秩序的维持，有利于物权体系的完善。对占有物权法上的保护可分为自力救济和公力救济即占有保护请求权。

2. 占有保护请求权之功能仅在于恢复对物的占有，不涉及占有物的权利归属

占有保护请求权是法律为保护占有的事实而赋予的，占有是事实而非

权利，自然也就不可能由权利体现于外部而产生一种救济性的权利。占有保护请求权作为一种救济性权利实乃法律的特别赋予，以使物的现实占有人能继续保持其占有状态，维护社会平和稳定的秩序。占有保护请求权以占有被侵害为要件，自占有被侵害开始产生占有保护请求权。作为占有保护请求权行使主体的占有人，可为有权占有，也可为无权占有，即使是无权占有也受法律保护，他人亦不能以强力侵夺，因为占有是对事实和秩序的保护。

二、占有保护请求权的行使

1. 占有的保护是针对占有损害的保护

对占有的保护就是对社会安宁和稳定的维护，也是占有诸种效力得以实现的保障。占有保护请求权，是指占有人在占有被侵害时，可以请求侵害人恢复其圆满状态的权利。其包括占有物返还请求权、占有妨害排除请求权、占有妨害防止请求权等。

2. 占有是一种对物的事实上的管领力

对占有的保护有利于社会平和秩序的维持，有利于物权体系的完善。关于占有，物权法上的保护可分为自力救济和公力救济即占有保护请求权。占有保护请求权不同于物权请求权，它是以保护占有的现实状态为宗旨的独立的请求权。占有保护请求权是法律为保护占有的事实而赋予的，占有是事实而非权利，自然也就不可能由权利体现于外部而产生一种救济性的权利。

3. 占有保护请求权作为一种救济性权利实乃法律的特别赋予

其旨在使物的现实占有人能继续保持其占有状态，维护社会平和稳定的秩序。它的功能仅仅在于恢复占有人对物的占有，而不涉及占有物的权利归属问题。占有保护请求权以占有被侵害为要件，占有被侵害时始产生占有保护请求权。占有保护请求权行使主体的占有人，可为有权占有，也可为无权占有，即使是无权占有也受法律保护，他人不能以强力侵夺，强调占有旨在对事实和秩序的保护。

三、占有物返还请求权

1. 占有物返还请求权于占有物被侵夺且已实际丧失占有时方可行使

在占有物被侵夺但占有尚未完全丧失时，很多国家规定占有人可享有自力救济权，自行排除侵害的行为。自力救济权强调的是即时性，在侵夺人已经完全取得占有之后，原占有人则只能以行使占有物返还请求权，而不能再自力救济。占有物返还请求权的主体为占有人，不以其对占有物是否享有权利，享有什么权利为基础。占有物返还请求权的相对人为现在的占有人。在占有物被侵夺，占有人丧失占有时，可向新的占有人主张取回占有物。

2. 占有物返还请求权应在一定的期间内行使

（1）我国法律将此期间定义为1年的除斥期间

如果将占有物返还请求权规定为消灭时效，从占有人知道或应该知道占有被侵害时起算，且适用中止和中断的规定，将会使此种权利处于一种长期的不稳定状态。妨害防止请求权本身就有一定的急迫性；而占有物返还请求权即使消灭，占有人一般也可以依据其本权为基础提出相应的请求。因此，规定1年的除斥期间是比较合适的。

（2）占有物返还请求权其期间自占有物被侵夺之时起计算

占有妨害防止请求权，自妨害发生之时起计算。本案于2016年9月7日起诉，侵占持续将近2年，故原告许某帅已丧失返还原物请求权。

四、占有损害赔偿请求权的适用范围

1. 占有根据其有无本权可以分为有权占有和无权占有

目前我国实践中对于有权占有受到侵害时通常是通过本权进行保护，本权保护和占有保护的差异在于本权人主张物上请求权的对象是无权占有人，占有人主张占有保护请求权和占有损害赔偿请求权的相对人是侵害或者妨害占有人，这是物权的保护和占有的保护最大的区别。无权占有可以进一步细分为善意占有和恶意占有。

2. 侵害有权占有的求偿依据权源可以分基于物权和基于债权的占有

前者包括所有权、用益物权和担保物权等，后者包括基于租赁合同、买卖合同和保管合同所产生的占有等。

对于有权占有是否可以适用占有保护请求权和占有损害赔偿请求权，全国人大法工委明确作出解释："不因有权占有和无权占有的区别而有所差别，都可适用《物权法》第二百四十五条的规定。"但是《物权法》第二百四十一条却专门规定基于合同关系产生的占有，按照合同约定。这一规定使得基于合同关系产生的占有某种程度上不能适用占有制度。这固然是出于合同关系中意思自治原则优先的考虑，不过根据萨维尼的观点，占有是所有权的类似权利，它具有物权的部分属性，占有人因其占有而享有利益，这种占有利益也具有绝对性，一定程度上可以对抗除本权人外的任意第三人——从占有的推定功能中可见一斑。因此，占有具有一定程度上的绝对性，即便是基于合同关系的占有，完全适用意思自治也需要进行价值上的衡量，得慎重考虑。

3. 允许有权占有人通过占有制度保护自己的合法利益有其理由

（1）从规范属性上来看本权保护和占有保护是不同的

侵害占有和侵害本权并非完全是一一对应的关系。占有制度对占有之保护和物权制度或债权制度对本权之保护目的完全不同，前者在于保护法律上平和之秩序和公共利益，后者在于保护本权人自身的合法利益。行使占有损害赔偿请求权和一般侵权损害赔偿请求权结果上可能是相同的，但是出发点不一致，不在一个制度规范的模式下，不能混为一谈。

（2）制度体系设计上有权占有是占有制度的重要组成部分

若排除占有制度对有权占有的保护，我国的占有制度就将变成"无权占有制度"，成了仅适用于处理非法占有的规范。更何况《民法典》中仅规定了排除占有制度对基于合同关系产生的占有之适用。反推之，我们可以认为，《民法典》中占有的规定对其他有权占有仍有适用的余地。而基于合同关系的占有是否应该排除适用占有制度，学者也持否定态度。

（3）债权关系具有相对性而占有则具有绝对性

在合同关系以外的第三人侵害占有时，占有人若只能适用债权保护自己的权益，难免有些不足。也有学者认为："基于债权产生的占有是否受侵权法保护，取决于它是否足以使占有本权可被第三人识别。"其所持观点是侵权法所保护的不是占有本身，而是因占有事实存在而被强化了的本权。这种观点首先适用了债的相对性，但其同时又承认占有强化了本权，是"因占有的取得使债权强化为物权，因为占有而存在权利为第三人知晓的可能"。故而有学者认为，这种观点在逻辑上自相矛盾。

（4）占有保护请求权和占有损害赔偿请求权的适用较为便利

在占有事实明确的前提下，有权占有人又何必舍近求远，大动干戈地去利用本权保护自己的占有利益呢？一则，对有权占有人来说既浪费时间和精力，又可能会使损失扩大，得不偿失。二则，从比较法的角度看，在日本等大陆法系国家存在专门的占有之诉，发生纠纷时初级法院可适用简易程序高效迅速作出判决。占有之诉的适用势必大大减轻法官的工作量，提高法院工作效率，以免浪费社会资源。三则，占有本身是对本权的强化，适用占有制度保护本权人的利益就是体现。一般认为，适用占有制度能更好地保护本权人的权利，且不会出现法律冲突。

4. 侵害无权占有的同样有其求偿的法律依据

无权占有人是否可以请求损害赔偿，关键在于无权占有人是否可以享有占有所得的利益。

（1）文义解释并未限定占有损害赔偿请求权的适用范围

《民法典》第四百六十二条第一款第三句中似乎是肯定无权占有亦可以适用占有损害赔偿请求权。且由《民法典》第四百五十九条可知，无权占有人同样有权对占有物使用和获得收益。

（2）承认无权占有人有使用收益权与占有维护既存事实状态之目的并不矛盾

占有制度的意义在于维护现存的占有之事实状态，从而维护法律平和状态和社会公共利益，承认无权占有人享有使用收益权与这一目的并不违背。

（3）允许无权占有人对占有物使用收益有利于社会物尽其用

允许无权占有人对占有物使用收益亦能保护本权人的利益——通常本权人丧失对物的占有后难以对物进行管理，允许无权占有人管理占有物，并对其使用收益，当权利人向无权占有人主张权利时，无权占有人应向权利人返还因此所得之利益。因此，权利人本来可能因占有丧失而丧失的利益也能得到保护。

图书在版编目（CIP）数据

中华人民共和国民法典物权编实务指引与案例解读：上、下册 / 李显冬，孟磊主编．—北京：中国法制出版社，2021.5

ISBN 978-7-5216-1383-4

Ⅰ.①中… Ⅱ.①李…②孟… Ⅲ.①物权法-法律解释-中国 Ⅳ.①D923.25

中国版本图书馆 CIP 数据核字（2020）第 202663 号

责任编辑 谢雯 孙静　　封面设计 杨泽江

中华人民共和国民法典物权编实务指引与案例解读（上、下册）

ZHONGHUA RENMIN GONGHEGUO MINFADIAN WUQUANBIAN SHIWU ZHIYIN YU ANLI JIEDU (SHANG、XIACE)

主编/李显冬，孟磊

经销/新华书店

印刷/北京虎彩文化传播有限公司

开本/730 毫米×1030 毫米 16 开　　印张/119 字数/1392 千

版次/2021 年 5 月第 1 版　　2021 年 5 月第 1 次印刷

中国法制出版社出版

书号 ISBN 978-7-5216-1383-4　　定价：358.00 元

北京西单横二条 2 号

邮政编码 100031　　传真：010-66031119

网址：http://www.zgfzs.com　　**编辑部电话：010-66070046**

市场营销部电话：010-66033393　　**邮购部电话：010-66033288**

（如有印装质量问题，请与本社印务部联系调换。电话：010-66032926）